ISBN 978-0-483-38126-1
PIBN 10768338

FB &c Ltd, Dalton House, 60 Windsor Avenue, London, SW19 2RR.
Company number 08720141. Registered in England and Wales.

For support please visit www.forgottenbooks.com

ΜΕΓΑΛΟΠΟΛΙΤΟΥ
ΣΤΟΡΙΩΝ
ΤΩΝ ΣΩΖΟΜΕΝΩΝ
ΤΟΜΟΣ ΔΕΥΤΕΡΟΣ.

AMSTELODAMI,

Ex Officina JOHANNIS JANSSONII à WAESBERGE & JOHANNIS à SOMEREN. 1670.

ΠΟΛΥΒΙΟΥ ΤΟΥ ΛΥΚΟΡΤΑ
ΜΕΓΑΛΟΠΟΛΙΤΟΥ
ΙΣΤΟΡΙΩΝ
τῶν σωζομένων

ΤΟΜΟΣ ΔΕΥΤΕΡΟΣ.

POLYBII LYCORTÆ
F. MEGALOPOLITANI
HISTORIARUM
QUÆ SUPERSUNT,

TOMUS SECUNDUS,

Interprete

ISAACO CASAUBONO,
cum utriusque CASAUBONI & aliorum Notis,

ACCURANTE

JACOBO GRONOVIO.

AMSTELODAMI,
Apud JOANNEM JANSSONIUM à WAESBERGE,
& JOANNEM à SOMEREN. *Anno* 1670.

PRÆFATIO

AD

LECTOREM.

Lector Candide,

VIno vendibili non opus esse hedera suspensâ, *est vetustate tritum & veritate communitum proverbium. Enimverò quævis merx proba semetipsam vel tacendo commendat, usque adeò ut minimè necesse quis habeat, Libros quosque decantatissimos ullis surpervacaneis extollere laudibus. Quod quum plurimum intersit Reip. literariæ, ut antiqua præclarissimorum Autorum monumenta-ne intercidant, sed in manus seræ posteritatis quàm emendatissimè perveniant, nos fore operæ pretium facturos duximus, si præ cæteris florentissimis selectiores nonnullos Historicos Græcos typis nostris excudere excu-*

ſoſque publici juris ac uſus facere contenderemus.

Poſteaquam igitur Typographiæ noſtræ ope evulgaveramus Arrianum, atque animadverteramus, operam noſtram navatam non mediocriter literatiſſimis quibuſque æqui ac boni cenſoribus probari, conſtitutum nobis fuit etiam in lucem edere Polybium & Appianum. Quinetiam prelo noſtro jam ſubjecimus Thucydidem, atque ſtat ſententia ſubdendi eidem etiamnum alios id genus Autores graves complures, utpote quorum ergò à Viris illuſtribus etiam atque etiam petimus, ut ſi penes illorum unum & item alterum deliteſcant quædam vel excuſa vel manuſcripta Autorum conſimilium nondum publicata exempla, ipſa in gratiam laudatæ Reip. literariæ nobiſcum haud gravatim communicentur atque ita ex tenebris captivitatis oblivioſis in lucem libertatis glorioſam glorioſè vindicentur. Quippe non eſt cujuſvis Muſarum alumni, in Autoribus Achaicis verum à falſo diſcernere, genuinum pro adulterino ſubſtituere, ſphalmata chalcographica quærere,

quæſita

quæsita invenire, inventa detegere, detecta corrigere, correcta pro gratis ac ratis accipere.

Quantum autem nos operæ ac impensæ impenderimus nominatim in Polybium Megalopolitanum, quem jam communi omnium indigentium usui utendum publicè damus, non nostrum est verbosè recensere; sed procul dubio loquetur hæc Editio novissima tam libere pro semetipsa, ut omnis Lector benevolus ac sincerus ad eam sit adhinniturus & ex Plinio confessurus: In arduis magnificum abundè est voluisse. *Enimverò huic nostro Novo Operi non tantum Notas Casauboni notorias, sed quascunque excerptas etiam Autorum aliorum alias, usqueadeò ut longè plus ususfructus ex hoc nostro Polybio omnis Lector æquus sit percepturus quàm ex ullis aliis anterioribus. Quid multa? Si plurimis Græcæ Linguæ Professoribus studiosisque Hellenicarum historiarum conquisitoribus institutum hoc nostrum non fore ingratum neu displiciturum intellexerimus, indies magis magisque in nobis accendetur studium gratificandi saluti publicæ, quam statuit Legem*

Lex

PRÆFATIO.

Lex XII. *Tabularum ſupremam. Interea loci, percomis Lector, tu his tibi impræſentiarum oblatis dextrè utere ac lætè fruere; noſtris verò conatibus honori Reip. literariæ velificantibus perbenignè ſave, ave, benè vale & in amore noſtrûm cale.*

ΠΟΛΥΒΙΟΥ ΤΟΥ ΛΥΚΟΡΤΑ
ΜΕΓΑΛΟΠΟΛΙΤΟΥ
ΙΣΤΟΡΙΩΝ
ΤΩΝ ΣΩΖΟΜΕΝΩΝ
ΤΟΜΟΣ ΔΕΥΤΕΡΟΣ.

POLYBII LYCORTÆ F.
MEGALOPOLITANI
HISTORIARUM
QUÆ SUPERSUNT
TOMUS SECUNDUS.

ΕΚ ΤΗΣ ΔΩΔΕΚΑΤΗΣ

ΙΣΤΟΡΙΑΣ

ΤΩΝ

ΠΟΛΥΒΙΟΥ ΤΟΥ ΜΕΓΑΛΟΠΟΛΙΤΟΥ

ΠΑΡΕΚΒΟΛΑΙ.

E POLYBII MEGA-LOPOLITANI DUODECIMA HISTORIA EXCERPTA.

Timæum de rebus Africæ veteribus narrationibus fidem habuisse & veritatem plane ignorasse.

Ὅτι Τίμαιος περὶ τῆς κατὰ Λιβύην ἀνιστόρητος ἐγένετο, καὶ ταῖς ἀρχαίαις φήμαις ἀλλμὴν ἐνδεδεμένος.

De Africæ animalibus.

Περὶ τῶν κατὰ Λιβύην ζώων.

Timæum de Corsicæ insulæ animalibus feris multa falsa finxisse.

Ὅτι Τίμαιος περὶ τῶν κατὰ Κύρνον τὴν νῆσον ζώων ἀγρίων πολλὰ ἐτερατεύσατο.

Cuniculi & leporis differentia.

Κυνίκλου καὶ λαγωοῦ τίς ἡ διαφορά.

Quam ob caussam omnia Corsicæ animalia videantur esse fera.

Διὰ τί πάντα τὰ κατὰ Κύρνον ζῶα ἄγρια εἶναι δοκεῖ.

Multa in Corsica animalia,

Ὅτι καὶ ἐν Κύρνῳ πολλὰ ζῶα,

καὶ ἐν Ἰταλίᾳ αἱ ὗς ταῖς σάλπιγξι πειθαρχοῦσι.

1 ΤΗΝ μὲν τῆς χώρας ἀρετὴν πᾶς ἄν τις θαυμάσειε· τὸν δὲ Τίμαιον εἴποι τις ἂν οὐ μόνον ἀνιστόρητον γεγονέναι περὶ τῶν κατὰ τὴν Λιβύην, ἀλλὰ καὶ παιδαριώδη, καὶ τελέως ἀσυλλόγιστον, καὶ ταῖς ἀρχαίαις φήμαις ἀκμὴν ἐνδεδεμένον, ἃς παρειλήφαμεν, ὡς ἀμμώδους πάσης καὶ ξηρᾶς καὶ ἀκάρπου ὑπαρχούσης τῆς Λιβύης. ὁ δ᾽ αὐτὸς λόγος καὶ περὶ τῶν ζώων. τό, τε γὰρ τῶν ἵππων, καὶ τῶν βοῶν, καὶ προβάτων, ἅμα δὲ τούτοις αἰγῶν πλῆθος τοσοῦτόν ἐστι κατὰ τὴν χώραν, ὅσον οὐκ οἶδ᾽ εἰ δύναιτ᾽ ἂν εὑρεθῆναι κατὰ τὴν λοιπὴν οἰκουμένην. διὰ τὸ πολλὰ τῶν κατὰ Λιβύην ἐθνῶν, τοῖς μὲν ἡμέροις μὴ χρῆσθαι καρποῖς, ἀπὸ δὲ τῶν θρεμμάτων καὶ σὺν τοῖς θρέμμασιν ἔχειν τὸν βίον. Καὶ μὴν τὸ τῶν ἐλεφάντων καὶ λεόντων καὶ παρδάλεων πλῆθος καὶ τὴν ἀλκὴν, ἔτι δὲ βουβάλων κάλλος καὶ στρουθῶν μεγέθη, τίς οὐχ ἱστόρησεν; ὧν κατὰ μὲν τὴν Εὐρώπην τὸ παράπαν οὐδέν ἐστιν· ἡ δὲ Λιβύη πλήρης ἐστὶ τῶν προειρημένων. περὶ ὧν οὐδὲν ἱστορήσας Τίμαιος, ὥσπερ ἐπίτηδες τἀναντία τοῖς κατ᾽ ἀλήθειαν ὑπάρχουσιν ἐξηγεῖται. καθάπερ δὲ καὶ περὶ τῶν κατὰ Λιβύην ἀπεσχεδίακεν, οὕτω καὶ περὶ τῶν κατὰ τὴν νῆσον τὴν προσαγορευομένην Κύρνον. καὶ γὰρ ὑπὲρ ἐκείνης μνημονεύων ἐν τῇ δευτέρᾳ βίβλῳ φησίν, αἶγας ἀγρίας καὶ πρόβατα καὶ βοῦς ἀγρίους ὑπάρχειν ἐν αὐτῇ

& in Italia suum greges tubarum cantu regi.

QUEMADMODUM præstantiam agrorum Africanorum in omnibus licet mirari; sic Timęum jure pronuntiet aliquis, non solum imperitum rerum Africæ, sed etiam puerili ingenio virum, ac prorsus infirmo judicio, & qui antiquitus traditis opinionibus supra modum fuerit deditus: quasi videlicet universa Africa esset arenosa, sicca, & sterilis. idem & de animalibus quoque dictum volumus. nam equorum, boum, & ovium, necnon caprarum, tanta est in iis locis copia, quantam haut satis scio, an in ulla parte Orbis terrarum totius sit invenire. Est verò ejus rei caussa hęc; quod multi Africę populi quum fruges cultura hominum provenientes ignorent, è pecoribus, atque adeo cum pecoribus aluntur. Jam vero elephantorum, leonum, pardorum multitudinem ac robur, bubalorum item pulchritudinem, & struthionum ingentia corpora, quis fando non accepit? quorum animalium in Europa quidem nullum penitus invenias; Africa vero iis est referta. Timæus qui de his nihil quicquam didicerat, velut de industria ea memorię mandavit, quę cum veritate pugnarent. Qui ut in rebus Africæ futilitatem suam prodidit, sic etiam in iis quæ ad Corsicam nomine insulam spectant, pari levitate est usus. In secunda namque historiarum suarum mentionem ejus faciens, ait; Capras feras ovesque, item

boves

boves feros in ea multos reperiri; ad hæc cervos, lepores, lupos, & aliorum animantium nonnulla: quorum venationibus insulani exerceantur, quum per totam vitam hoc unico studio occupentur. Atqui in ea insula, nedum capra fera aut bos, sed ne lepus quidem aut lupus aut cervus, aut simile his ullum aliud animal offenditur, præter vulpes & cuniculos, & oves feras. Cuniculum si procul intuearis, putes esse leporem parvum; ubi in manus sumpseris, magnam observes differentiam & in specie & in gustu. Ut plurimum intra terram cuniculi nascuntur. Quod autem omnia Corsicæ animalia videantur esse fera, id propter hanc fit caussam. Quum sit insula densis arboribus consita, loca multa habeat prærupta atque aspera, pastores pascentia pecora sequi nequeunt. sed quoties opportuna nacti pascua cogere greges volunt, tuba convocant animalia: quæ sine ullo errore ad suam quodque tubam accurrunt. Quod si qui in hanc appellunt insulam, postquam capras aut boves solas pascere observaverint, manum propterea voluerint illis injicere, bestiæ propius eos ad se accedere, ut pote nulla assuetudine sibi notos, non patiuntur, sed fugiunt. quoties vero pastor animadverso descendere quosdam in terram, tuba signum dedit, effuso omnes feruntur cursu, & ad tubam omnes concurrunt, ita speciem animalium ferorum præbent. Cujus rei veritatem cum ignoraret, & negligenter inquisisset Timæus, illa effutiit. Neque verò mirum id debet videri: Nam & in Italia

πολλοὺς, ἔτι δ' ἐλάφους καὶ λαγῶς,
καὶ λύκους, καί τινα τῶν ἄλλων ζῴων.
καὶ τοὺς ἀνθρώπους περὶ ταῦτα
διατρίβειν κυνηγετοῦντας, καὶ τὴν
ὅλην τοῦ βίου διαγωγὴν ἐν τούτοις
ἔχειν. Κατὰ δὲ τὴν προειρημένην
νῆσον, οὐχ οἷον αἲξ ἄγριος ἢ βοῦς,
ἀλλ' οὐδὲ λαγὼς, οὐδὲ λύκος, οὐδ' ἔλα-
φος, οὐδ' ἄλλο τῶν τοιούτων ζῴων οὐδέν
ἐστι. πλὴν ἀλωπέκων, καὶ κυνίκλων,
καὶ προβάτων ἀγρίων. ὁ δὲ κύνικλος
πόρρωθεν ὁρώμενος, δοκεῖ εἶναι
λαγὼς μικρός. ὅταν δ' εἰς τὰς
χεῖρας λάβῃ τις, μεγάλην ἔχει
διαφορὰν καὶ κατὰ τὴν ἐπιφάνειαν,
καὶ κατὰ τὴν βρῶσιν. γίγνεται δὲ τὸ πλεῖον
μέρος κατὰ γῆς. Δοκεῖ γε μὴν πάντ'
εἶναι τὰ ζῷα κατὰ τὴν νῆσον ἄγρια διὰ
τοιαύτην αἰτίαν. Οὐ δύνανται 2
κατὰ τὰς νομὰς συνακολουθεῖν οἱ
ποιμένες τοῖς θρέμμασι, διὰ τὸ
σύνδενδρον καὶ κρημνώδη καὶ τραχεῖαν
εἶναι τὴν νῆσον· ἀλλ' ὅταν βούλωνται
συναθροῖσαι, κατὰ τοὺς εὐκαίρους
τόπους ἐφιστάμενοι, τῇ σάλπιγγι
συγκαλοῦσι τὰ ζῷα, καὶ πάντα πρὸς
τὴν ἰδίαν ἀδιαπτώτως συντρέχει σάλπιγγα. λοιπὸν ὅταν τινὲς προσπλεύ-
σαντες πρὸς τὴν νῆσον, αἶγας ἢ βοῦς
θεάσωνται νεμομένας ἐρήμους, κἄπειτα
βουληθῶσι καταλαβεῖν, οὐ προσίεται
τὰ ζῷα διὰ τὴν ἀσυνήθειαν, ἀλλὰ
φεύγει. ὅταν δὲ καὶ συνιδὼν ὁ ποι-
μὴν τοὺς ἀποβαίνοντας σαλπίζῃ,
προτροπάδην ἅμα φέρεται καὶ
συντρέχει πρὸς τὴν σάλπιγγα.
Διὸ φαντασίαν ἀγρίων ποιεῖ. ὑ-
πὲρ ὧν Τίμαιος κακῶς καὶ παρέργως ἱστορήσας, ἐσχεδίασε. Τὸ δὲ
τῇ σάλπιγγι πειθαρχεῖν, οὐκ ἔστι
θαυμάσιον. καὶ γὰρ κατὰ τὴν Ἰτα-

λίαν οἱ τὰς ὗς τρέφοντες, οὐ χωρίζουσι τὰ κατὰ τὰς νομάς. οὐ γὰρ ἕπονται κατὰ πόδας οἱ συφορβοὶ τοῖς θρέμμασιν, ὥσπερ παρὰ τοῖς Ἕλλησιν, ἀλλὰ προηγοῦνται φωνοῦντες τῇ βυκάνῃ κατὰ διάστημα. τὰ δὲ θρέμματα κατόπιν ἀκολουθεῖ, καὶ συντρέχει πρὸς τὴν φωνήν. καὶ τηλικαύτη γίνεται συνήθεια τοῖς ζώοις πρὸς τὴν ἰδίαν βυκάνην, ὥστε θαυμάζειν καὶ δυσπαραδέκτως ἔχειν τοὺς πρώτους ἀκούσαντας. διὰ γὰρ τὴν πολυχειρίαν καὶ τὴν λοιπὴν χορηγίαν, μεγάλα συμβαίνει τὰ συβόσια κατὰ τὴν Ἰταλίαν ὑπάρχειν, καὶ μάλιστα τὴν παλαιάν, παρά τε τοῖς Τυρρηνικοῖς καὶ Γαλάταις, ὥστε τὴν μίαν τοκάδα, χιλίους ἐκτρέφειν ὗς, ποτὲ δὲ καὶ πλείους. Διὸ καὶ κατὰ γένη ποιοῦνται καὶ καθ' ἡλικίαν τὰς ἐκ τῶν νυκτερευμάτων ἐξαγωγάς. ὅθεν εἰς τὸν αὐτὸν τόπον προαγομένων καὶ πλειόνων συστημάτων, οὐ δύνανται ταῦτα κατὰ γένη τηρεῖν, ἀλλά γε συμπίπτει κατά τε τὰς ἐξελασίας καὶ νομὰς ἀλλήλοις. ὁμοίως δὲ καὶ τὰς προσαγωγάς. ἐξ ὧν αὐτοῖς ἐπινενόηται πρὸς τὸ διακρίνειν ὅταν συμπέσῃ χωρὶς κόπου καὶ πραγματείας τὸ κατὰ βυκάνην. ἐπειδὰν γὰρ τῶν νεμόντων ὁ μὲν ἐπὶ τοῦτο τὸ μέρος προάγῃ φωνῶν, ὁ δ' ἐπὶ ἕτερον ἀποκλίνας, αὐτὰ δι' αὑτῶν χωρίζεται τὰ θρέμματα, καὶ κατακολουθεῖ ταῖς ἰδίαις βυκάναις μετὰ τοιαύτης προθυμίας, ὥστε μὴ δυνατὸν εἶναι βιάσασθαι, μηδὲ κωλῦσαι μηδενὶ τρόπῳ τὴν ὁρμὴν αὐτῶν. Παρὰ δὲ τοῖς Ἕλλησι κατὰ τοὺς δρυμοὺς ἐπειδὰν ἀλλήλοις συμπέσῃ διώκοντα τὸν καρπόν, ὁ πλείονας ἔχων χοίρους

qui sues alunt, loca non separant, quò illa pastum abigunt. neque ut fit a Græcis, præeuntia pecora è vestigio sequuntur subulci; sed præeunt & per intervalla buccina clangentes ipsa vocant. sues præcedentium vestigiis insistunt, & ad sonum concurrunt. atque ea animalia buccinæ suæ ita assuescunt, ut qui rem primo audiunt miraculi loco ducant, & vix ac ne vix quidem fidem ei habeant. Porro Itali homines quia carnibus tenerorum porcorum, & omnino magna succidiæ copia utuntur, magnos propterea suum greges alunt; maxime autem veteris Italiæ incolę, Etrusci & Galli. adeo ut scrofam sit invenire, quę alumnum gregem alat mille porcorum, aut etiam plurium. Iccirco per genera sive sexus & ætates educuntur ex haris in quibus pernoctant. unde fit, ut quum in eundem locum plures greges pastum agantur, generatim separata servare non queant: sed interdum misceantur invicem, sive cum foras educuntur, sive cum pascuntur: & similiter quoque dum reducuntur. & ob hanc caussam porculatores, ut sine labore & magno negotio distinctionem permistorum gregum facerent, in eam rem uti buccina excogitarunt. Simulac enim pastorum alius in hanc partem procedens insonuerit, alius in illam se deflexerit, ipsa per se pecora statim discernuntur, & suas buccinas singuli ita sequuntur, ut per vim retinere, aut impetum currentium retardare nullo pacto valeas. Apud Græcos verò quoties diversi greges, dum per saltus fructus sectantur inter se fuerint permixti; is

qui

qui plures porcos habuerit, & occasionem in rem suam vertere sciverit, aliena pecora intra suum gregem recipiens, simul abigit. interdum etiam fures abigei qui latenter subsiderant, sues abducunt; quum interea porculator ignoret quomodo illi sint amissi; quia procul ab eo abscedere solent pecora, studio concitata inveniendi fructus, ubi semel illi de arboribus ceperint decidere.

Confutatio eorum quæ scripserat Timæus super coloniæ deductione Locrorum Epizephyriorum. ipsos è Græciæ Locris quidem esse oriundos, sed nullo fœdere cum iis fuisse junctos.

Centum familiæ nobilium apud utrosque Locros.

Virgo PHIALIPHERA apud Locros Epizephyrios.

Fraus ab antiquis Locrensibus adhibita in pangendo cum Siculis fœdere.

EQUIDEM Locros Epizephyrios, quæ Italiæ urbs est, sæpius adii; nec semel usuvenit, ut in rebus magnis mea opera esset ipsis usui. nam quum ad bellum Hispaniense, auxilia ab iis Romani exigerent, & ad bellum Dalmaticum tenerentur iidem ex fœdere copias maritimas mittere; ut eorum munium ipsis gratia fieret impetravimus nos. Itaque cives, vexatione, periculo & sumptu non mediocri per nos liberati;

καὶ κατευκαιρήσας, περιλαβὼν τοῖς ἰδίοις θρέμμασιν, ἀπάγει τὰ τοῦ πλησίου. ποτὲ δὲ κλέπτης ὑποκαθίσας ἀπήλασεν, οὐδ᾽ ἐπιγινώσκοντος τοῦ προσάγοντος πῶς ἀπέβαλε διὰ τὸ μακρὰν ἀποσπᾶσθαι τὰ κτήνη τῶν προσαγόντων, ἁμιλλώμενα περὶ τὸν καρπόν, ὅταν ἀκμὴν ἄρχηται ῥεῖν. πλὴν ταῦτα μὲν ἐπὶ τοσοῦτον.

Ἔλεγχος τῶν ὑπὸ Τιμαίου ῥηθέντων περὶ τῆς Λοκρῶν τῆς κατὰ τὴν Ἰταλίαν ἀποικίας· καὶ ὅτι ἦσαν μὲν ἄποικοι τῶν κατὰ τὴν Ἑλλάδα Λοκρῶν· οὐ μὴν συνθήκας πρὸς αὐτοὺς εἶχον.

Αἱ ἑκατὸν οἰκίαι τῶν εὐγενῶν παρ᾽ ἀμφοτέροις τοῖς Λοκροῖς.

Ἡ λεγομένη ΦΙΑΛΗΦΟΡΟΣ παρὰ Λοκροῖς τοῖς Ἐπιζεφυρίοις.

Τῶν πάλαι Λοκρῶν δόλευμα, ἐν τῷ ποιεῖσθαι ὁμολογίας πρὸς Σικελούς.

ΕΜΟΙ δὲ συμβαίνει καὶ παραβεβληκέναι πλεονάκις εἰς τὴν 3
τῶν Λοκρῶν πόλιν, καὶ παρεσχῆσθαι χρείας αὐτοῖς ἀναγκαίας. καὶ γὰρ τῆς εἰς Ἰβηρίαν στρατείας αὐτοὺς παραλυθῆναι συνέβη δι᾽ ἐμέ, καὶ τῆς εἰς Δαλματεῖς ἣν ὤφειλον κατὰ θάλατταν ἐκπέμπειν Ῥωμαίοις κατὰ τὰς συνθήκας. ἐξ ὧν καὶ κακοπαθείας καὶ κινδύνου καὶ δαπάνης

ἱκανῆς τινὸς ἀπολυθέντες, πάντες ἡμᾶς ἠμείψαντο τοῖς τιμίοις καὶ φιλανθρώποις. Διόπερ ὀφείλω μᾶλλον εὐλογεῖν Λοκροὺς, ἢ τοὐναντίον. ἀλλ᾽ ὅμως οὐκ ὤκνησα καὶ λέγειν καὶ γράφειν, ὅτι τὴν ὑπ᾽ Ἀριστοτέλους παραδεδομένην ἱστορίαν περὶ τῆς ἀποικίας, ἀληθινωτέραν εἶναι συμβαίνει τῆς ὑπὸ Τιμαίου λεγομένης. Σύνοιδα γὰρ τοῖς ἀνθρώποις ὁμολογοῦσιν, ὅτι παραδόσιμος αὐτοῖς ἐστιν αὕτη περὶ τῆς ἀποικίας ἡ φήμη παρὰ πατέρων, ἣν Ἀριστοτέλης εἴρηκεν, οὐ Τίμαιος. καὶ τούτων γε τοιαύτας ἔφερον ἀποδείξεις. Πρῶτον μὲν, ὅτι πάντα τὰ διὰ προγόνων ἔνδοξα παρ᾽ αὐτοῖς, ἀπὸ τῶν γυναικῶν, οὐκ ἀπὸ τῶν ἀνδρῶν εἴη· οἷον εὐθέως, τὸ εὐγενεῖς παρὰ σφίσι νομίζεσθαι τοὺς ἀπὸ τῶν Ἑκατὸν οἰκιῶν λεγομένους· ταύτας δ᾽ εἶναι τὰς ἑκατὸν οἰκίας τὰς προκριθείσας ὑπὸ τῶν Λοκρῶν, πρὶν ἢ τὴν ἀποικίαν ἐξελθεῖν· ἐξ ὧν ἔμελλον οἱ Λοκροὶ κατὰ τὸν χρησμὸν κληροῦν τὰς ἀποσταλησομένας παρθένους εἰς Ἴλιον. τούτων δή τινας τῶν γυναικῶν συνεξάραι μετὰ τῆς ἀποικίας· ὧν τοὺς ἀπογόνους ἔτι νῦν εὐγενεῖς νομίζεσθαι, καὶ καλεῖσθαι τοὺς ἀπὸ τῶν ἑκατὸν οἰ-
4 κιῶν. Πάλιν ἐπὶ τῆς ΦΙΑΛΗΦΟΡΟΥ παρ᾽ αὐτοῖς λεγομένης, τοιαύτη τις ἱστορία παρεδέδοτο· διότι καθ᾽ ὃν καιρὸν τοὺς Σικελοὺς ἐκβάλοιεν τοὺς κατασχόντας τὸν τόπον τοῦτον τῆς Ἰταλίας, ὧν ἐν ταῖς θυσίαις προηγεῖτο

nullum non vicissim honoris & humanitatis genus nobis rependerunt. ut caussa mihi sit, cur Locrenses laudare potius debeam, quam contrarium facere. Nihil tamen propterea sum cunctatus, & dicere & scribere, narrationem ab Aristotele proditam memoriæ super deductione ejus coloniæ veriorem esse ea quam affert Timæus. Compertum namque mihi est, ipsos Locrenses fateri eã se à patribus traditam accepisse famam de sua colonia, quam habet Aristoteles, non quam Timæus. cujus sententiæ hæc illi certissima argumenta afferebant. Primum est, quod si quod decus, si qui honores per manus accepti à majoribus apud illos hodieque durant, ii à fœminis non viris originem habuerunt. Exempli gratia; nobiles apud eos censentur, qui sint orti ex iis quas vocant Centum familias. has autem esse illas centum familias, quibus prærogativa honoris communibus suffragiis fuerat delata, priusquam deduceretur colonia: è quibus Locrenses illas centum virgines sorte legere ex oraculi responso tenebantur, quæ erant quotannis ad Ilium mittendæ. Harum nempe mulierum nonnullas, cum reliquis in coloniam esse profectas: quarum posteri etiam nunc nobiles censeantur, & vulgo à Centum familiis oriundi nuncupentur. Jam de ea quæ apud illos nuncupatur PHIALEPHOROS, quod phialam gestans thensam ducat, ejusmodi historia dicebatur memoriæ prodita: Quo tempore ipsi Siculos finibus suis ejecerint, qui illam Italiæ partem occupaverant, fuisse illis in more positum, ut in ut in eorum sacris præiret aliquis è clarissimis & nobilissimis civibus: ipsos qui patria instituta nulla haberent, plures gentis Siculæ ritus moresque assumpsisse; & in his istum quoque ab illorum temporibus Locrenses servasse: cæterum accepto à Siculis ritui hanc se correctionem adhibuisse ajebant, quod non puerum phialiferum caperent, sed ob sexus fœminei inter ipsos nobilitatem, phialiferam virginem. Fœdera cum Locris qui Græciam habent, neque nunc esse neque unquam fuisse ipsis dicebantur. contra cum Siculis fœdus sibi intercedere, ceu traditione majorum acceptum, omnes affirmabant. qua de re hæc narrabant. Primo adventu suo Siculos se invenisse eam quam ipsi nunc colunt regionem obtinentes: qui re inopinata perculsi, quum præ metu ipsos recepissent, cum iis se fœdus in hæc verba fecisse; AMICITIAM CUM SICULIS LOCRENSES SERVATUROS, ET REGIONEM HANC PRO COMMUNI AMBOBUS POPULIS HABITUROS, QUANDIU TERRÆ HUIC PEDIBUS SUIS INSISTERENT, ET IMPOSITA HUMERIS CAPITA GESTARENT. Hæc quum ita convenissent, Locrenses ad præstandum jusjurandum ajunt accessisse, postquam in calceamentorum sola terram injecissent, humeris autem capita alliorum ita superposuissent, ut non apparerent: deinde, è calceis terram excussisse, capita alliorum abjecisse; ac mox, ubi primum data est occasio, Siculos regione expulisse. ita Locris ista narrantur.

τῶν ἐνδοξοτάτων καὶ τῶν εὐγενεστάτων ὑπάρχων τις, αὐτοὶ καὶ πλεῖω τῶν συγγενικῶν ἐθῶν παραλαβόντες, διὰ τὸ μηδὲν αὐτοῖς πάτριον ὑπάρχειν, καὶ τοῦτο διαφυλάττοιεν ἀπ' ἐκείνων. αὐτὸ δὲ τοῦτο διορθώσαιντο, τῷ μὴ παῖδα ποιεῖν ἐξ αὐτῶν τὸν φιαληφόρον, ἀλλὰ παρθένον, διὰ τὴν ἀπὸ τῶν γυναικῶν εὐγένειαν. Συνθῆκαι δὲ πρὸς μὲν τοὺς κατὰ τὴν Ἑλλάδα Λοκροὺς, οὔτ' ἦσαν, οὔτ' ἐλέγοντο παρ' αὐτοῖς γεγονέναι· πρὸς μέντοι Σικελοὺς πάντες εἶχον ἐν παραδόσει. Περὶ ὧν ἔλεγον, διότι καθ' ὃν καιρὸν ἐκ τῆς πρώτης παρουσίας καταλάβοιεν Σικελοὺς κατέχοντας ταύτην τὴν χώραν ἐν ᾗ νῦν κατοικοῦσι, καταπλαγέντων αὐτοὺς ἐκείνων, καὶ προσδεξαμένων διὰ τὸν φόβον, ὁμολογίας ποιήσαιντο τοιαύτας. Η ΜΗΝ ΕΥΝΟΗΣΕΙΝ ΑΥΤΟΙΣ ΚΑΙ ΚΟΙΝΗι ΤΗΝ ΧΩΡΑΝ ΕΞΕΙΝ, ΕΩΣ ΑΝ ΕΠΙΒΑΙΝΟΥΣΙ ΤΗι ΓΗι ΤΑΥΤΗι, ΚΑΙ ΤΑΣ ΚΕΦΑΛΑΣ ΕΠΙ ΤΟΙΣ ΩΜΟΙΣ ΦΟΡΩΣΙ. τοιούτων δὲ τῶν ὅρκων γινομένων, φασὶ τοὺς Λοκροὺς εἰς μὲν τὰ πέλματα τῶν ὑποδημάτων ἐμβαλόντας γῆν, ἐπὶ δὲ τοὺς ὤμους σκορόδων κεφαλὰς ἀφανεῖς ὑποθεμένους, οὕτω ποιήσασθαι τοὺς ὅρκους. κἄπειτα τὴν μὲν γῆν ἐκβαλόντας ἐκ τῶν ὑποδημάτων, τὰς δὲ κεφαλὰς τῶν σκορόδων ἀπορρίψαντας, μετ' οὐ πολὺ, καιροῦ παραπεσόντος, ἐκβαλεῖν τοὺς Σικελοὺς ἐκ τῆς χώρας. ταῦτα μὲν οὖν λέγεται παρὰ Λοκροῖς.

Τιμαίου ἀπόφασις· ὅτι τὸν μὲν κανόνα ἡ εὐθύτης χαρακτηρίζει· τὴν δὲ ἱστορίαν, ἡ ἀλήθεια.

Timæi dictum: Regulam quidem rectitudine, at historiam veritate definiri.

Πολυβίου ἐπίκρισις περὶ τοῦ ῥητοῦ τούτου.

Polybii de hoc dicto judicium.

Ὅτι τὸ ψεῦδος, τὸ μὲν κατ' ἄγνοιαν, τὸ δὲ κατὰ προαίρεσιν.

Mendacium duplex esse; ab ignoratione, aut voluntate profectum.

5 ΚΑΘΑΠΕΡ γὰρ ἐπὶ τῶν κανόνων κἂν ἐλάττων ᾖ τῷ μήκει, κἂν τῷ πλάτει ταπεινότερος, μετέχῃ δὲ τῆς τοῦ κανόνος ἰδιότητος, κανόνα φησὶν εἶναι, καὶ δεῖν προσαγορεύειν οὕτως· ὅταν δὲ τῆς εὐθείας καὶ τῆς πρὸς ταύτην οἰκειότητος οὐκ ἐγγίζει, πάντα μᾶλλον δεῖν ἢ κανόνα καλεῖν· τὸν αὐτὸν τρόπον καὶ τῶν συγγραμμάτων, ὅσα μὲν ἂν ἢ κατὰ τὴν λέξιν, ἢ κατὰ τὸν χειρισμὸν, ἢ κατ' ἄλλο τι διαμαρτάνηται τῶν ἰδίων μερῶν, ἀντέχηται δὲ τῆς ἀληθείας, προσίεσθαί φησι τὸ τῆς ἱστορίας ὄνομα τὰς βίβλους· ὅταν δὲ ταύτης παραπέσῃ, μηκέτι καλεῖσθαι δεῖν ἱστορίαν. Ἐγὼ δὲ διότι μὲν ἡγεῖσθαι δεῖ τῶν τοιούτων συγγραμμάτων τὴν ἀλήθειαν, ὁμολογῶ. καὶ κατὰ τὴν πραγματείαν αὐτός που κέχρημαι λέγων οὕτως· ὅτι καθάπερ ἐμψύχου σώματος τῶν ὄψεων ἐξαιρεθεισῶν ἀχρειοῦται τὸ ὅλον, οὕτως ἐξ ἱστορίας ἐὰν ἄρῃς τὴν ἀλήθειαν, τὸ καταλειπόμενον αὐτῆς ἀνωφελὲς γίγνεται διήγημα. Δύο μὴν τρόπους φαμὲν εἶναι ψευδοῦς· ἕνα μὲν τὸν κατ' ἄγνοιαν, ἕτερον

AIT Timæus: quemadmodum in regulis, si qua brevior justo fuerit, aut latitudine minus alta quàm par erat, officio tamen regulæ proprio fungatur, nihilo secius regulam esse, & appellari eo nomine debere: contra, si à linea recta discedat, & regulæ proprietatem non servet, quiduis potius quàm regulam esse nominandam: ita plane etiam in historiis rem habere. Nam si qua fuerit scripto, aut genere dictionis, aut dispositionis modo, aut ulla alia re vitiosa quæ tamen veritatem ubique tueatur exacte; nihil vetat, inquit Timæus quo minus etiam ac scripti libri, historię nomine afficiantur. qui si à vero aberraverint, non jam posse eam dici historiam. Ego verò, fateor quidem præcipuam veritatis curam esse ducendam in ejusmodi scriptis. qui etiam in hoc ipso meo opere his alicubi verbis sum usus: Ut animal luminibus ademptis prorsus inutile redditur; ita si veritatem ex historia tollas, quod superest illius, narratio est nullius usus. Sed nos duplex esse mendacii genus dicimus: unum quod ab ignoratione veri proficiscitur, alterum quod à certo

nimia

animi proposito mentiendi. qui igitur per ignorationem à veritate aberrarent, his veniam esse dandam; qui voluntate & certo proposito, ab iis capitali odio esse dissidendum.

Reprehensio Timæi ob maledicentiæ virus.

Calumniæ ejus in Democharem.

Maledicta ejusdem in Agathoclem, partim turpia, partim etiam falsa.

Officium historici veritatem professi esse, ut præclara facta etiam scelestissimorum hominum ne prætermittat.

QUEMADMODUM viri prudentes & cordati quando inimicos volunt ulcisci, nequaquam illud primum considerant, quid ille dignus sit pati quicum iis res est; sed illud potius, quid sibi facere conveniat; ita & cum alicui probra dicuntur, non id primo est attendendum, quid inimicos audire conveniat; verùm id, ut summè necessarium, est potius cogitandum, quid nos deceat dicere. Illos vero qui ira atque odiis suis cuncta metiuntur, necesse est temere quiduis effutire, & in omnibus quę dicant modestiæ fines longe migrare. Jure igitur nos quoque in pręsentia fecisse videamur, si plerisque eorum quæ à Timæo in Democharem sunt dicta, fidem abrogaverimus. illi contra jure merito neque veniam concedat quisquam, neque fidem ullam habeat, postquam adeo

δὲ τὸν κατὰ προαίρεσιν. καὶ τούτων δεῖν τοῖς μὲν κατ' ἄγνοιαν διαμαρτάνουσι τῆς ἀληθείας, διδόναι συγγνώμην· τοῖς δὲ κατὰ προαίρεσιν, ἀκαταλλάκτως ἔχειν.

Ἡ καθ' ὑπερβολὴν πικρία τοῦ Τιμαίου ἐν ταῖς λοιδορίαις.

Ὅσα κατὰ τοῦ Δημοχάρους ἐψεύσατο.

Ὅτι κατὰ Ἀγαθοκλέους τὰ μὲν παρὰ τὸ πρέπον ἐλοιδόρησε, τὰ δὲ καὶ ἐψεύσατο.

Ὅτι καὶ περὶ τῶν ἀσεβεστάτων τὰ πρὸς ἔπαινον ἥκοντα οὐ δεῖ παραλείπειν τὸν τῆς ἀληθείας γνήσιον ἐξηγητὴν ξυγγραφέα.

ΚΑΘΑΠΕΡ γὰρ οἱ νοῦν ἔχοντες ἐπὰν ἀμύνασθαι 6
κρίνωσι τοὺς ἐχθρούς, οὐ τοῦτο πρῶτον σκοποῦνται, τί παθεῖν ἄξιός ἐστιν ὁ πλησίον, ἀλλὰ τί ποιεῖν αὑτοῖς πρέπει, τοῦτο μᾶλλον· οὕτω καὶ περὶ τῶν λοιδοριῶν· οὐ τί τοῖς ἐχθροῖς ἀκούειν ἁρμόζει, τοῦτο πρῶτον ἡγητέον, ἀλλὰ τί λέγειν ἡμῖν πρέπει, τοῦτο ἀναγκαιότατον λογιστέον. περὶ δὲ τῶν πάντα μετρούντων ταῖς ἰδίαις ὀργαῖς καὶ φιλοτιμίαις, ἀνάγκη πάνθ' ὑποπίπτειν ἐστὶ, καὶ πᾶσι διαπίπτειν παρὰ τοῦ δέοντος λεγομένοις. Διὸ δὴ καὶ νῦν ἡμεῖς μὲν εἰκότως ἂν δέξαιμεν ἀθετεῖν τοῖς ὑπὸ Τιμαίου κατὰ Δημοχάρους εἰρημένοις. ἐκεῖνος δ' ἂν οὐκ εἰκότως τυγχάνοι συγγνώμης οὐδὲ πίστεως ὑπ' οὐδενός,

διὰ

διὰ τὸ περιφυῶς ἐν ταῖς λοιδορίαις ἐκπίπτειν τοῦ καθήκοντος, διὰ τὴν ἔμφυτον πικρίαν. Καὶ γὰρ οὐδὲ τὰς κατ' Ἀγαθοκλέους ἔγωγε λοιδορίας, εἰ καὶ πάντων γέγονεν ἀσεβέστατος, εὐδοκῶ. λέγω δ' ἐν τούτοις, ἐν οἷς ἐπὶ καταστροφῇ τῆς ὅλης ἱστορίας φησὶ, γεγονέναι τὸν Ἀγαθοκλέα κατὰ τὴν πρώτην ἡλικίαν κοινὸν πόρνον, ἑτοιμον τοῖς ἀκρατεστάτοις, κολοιὸν, τριόρχην, πάντων τῶν βουλομένων, τοῖς ὄπισθεν ἔμπροσθεν γεγονότα· πρὸς δὲ τούτοις, ὅτ' ἀπέθανε, τὴν γυναῖκα φησὶ κατακλαιομένην αὐτὸν, οὕτω θρηνεῖν· τί δ' οὐκ ἐγὼ σέ; τί δ' οὐκ ἐμὲ σύ; ἐν γὰρ τούτοις πάλιν οὐ μόνον ἄν τις ἐπιφθέγξατο τὰ περὶ Δημοχάρους· ἀλλὰ καὶ τὴν ὑπερβολὴν θαυμάσειε τῆς πικρίας. ὅτι γὰρ ἐκ φύσεως ἀνάγκη μεγάλα προτερήματα γεγονέναι περὶ τὸν Ἀγαθοκλέα, τοῦτο δῆλόν ἐστιν ἐξ αὐτῶν ὧν ὁ Τίμαιος ἀποφαίνεται. εἰ γὰρ εἰς τὰς Συρακούσας παρεγενήθη φεύγων τὸν τροχὸν, τὸν καπνὸν, τὸν πηλὸν, περί τε τὴν ἡλικίαν ὀκτωκαίδεκα ἔτη γεγονὼς, καὶ μετά τινα χρόνον ὁρμηθεὶς ἀπὸ τοιαύτης ὑποθέσεως, κύριος μὲν ἐγενήθη πάσης Σικελίας, μεγίστους δὲ κινδύνους περιέστησε Καρχηδονίοις, τέλος ἐγγηράσας τῇ δυναστείᾳ, κατέστρεψε τὸν βίον βασιλεὺς προσαγορευόμενος· ἆρ' οὐκ ἀνάγκη μέγα τι γεγονέναι χρῆμα καὶ θαυμάσιον τὸν Ἀγαθοκλέα, καὶ πολλὰς ἐσχηκέναι ῥοπὰς καὶ

Agathoclem, quique magnis à

manifestè, præ insito ipsius animo maledicendi studio, modum omnem in convitiando excessit. Mihi verò ne illa quidem maledicta placent, quæ Timæus in Agathoclem contulit; etsi fuit ille sane scelestissimus & omnium maxime impius. dico autem ista, quę in operis totius sui fine posuit; quo loco ait, Agathoclem in prima ætate publicum fuisse prostibulum, passim omnium incontinentissimorum libidini expositum; graculum, triorcham sive buteonem, qui aversus & adversus impudicus obviis quibusq; pateret. Ad hæc, ubi fato esset functus, ejus uxorem mortuum maritum lamentantem, hujusmodi plangorem edidisse; Quid non ego tibi? quid nō tu mihi? Ista enim qui legunt, non ea dumtaxat merito usurpaverint, quæ de superioribus adversus Democharem modò dicebamus: sed hoc amplius, vehementissimum illud maledicendi studium quo Timæus flagrabat, jure miretur. Quod enim sit omnino necesse, ut ingentibus à natura dotibus esset ornatus Agathocles; id verò etiam ex illis, quæ de eo ipsemet Timæus scribit, liquido constat. Nam si figularem rotam, & fumum ac lutum fugiens, quum vix decem & octo esset annorum, Syracusas primùm venit; ac mox à tali profectus principio, Siciliam universam suo subjecit imperio, maxima Pœnis creavit pericula, postremò ubi in tyrannide consenuisset, & nomen Regium esset consecutus, ita vitam finivit; quis neget magnum profectò virum & admirabilem fuisse natura dotibus, & præsidiis ad res

sollerter

sollerter gerendas esset instructus? Propterea debent rerum gestarum scriptores, non ea solum quæ ad criminandum & accusandum Agathoclem valent tradere posteris; verùm etiam illa, quæ cum ejus laude sunt conjuncta. id enim veræ proprium est historię. At egregius hic scriptor maledicendi studio occæcatus, minus recte facta cum quadam animi malignitate solitus narrare, & simul omnia in majus attollere, præclara facinora, simul cuncta prætermisit. ignorans utique, nihilo tolerabilius hoc esse mendacii genus, si quis historiam scribere professus, quæ gesta sunt non commemoret.

δυνάμεις πρὸς τὸν πραγματικὸν τρόπον; ὑπὲρ ὧν δεῖ τὴν συγγραφέα, μὴ μόνον τὰ πρὸς διαβολὴν χρησιμεύοντα καὶ κατηγορίαν ἐξηγεῖσθαι τοῖς ἐπιγιγνομένοις, ἀλλὰ καὶ τὰ πρὸς ἔπαινον ἥκοντα περὶ τὸν ἄνδρα. τοῦτο γὰρ ἴδιόν ἐστι τῆς ἱστορίας. ὁ δὲ παρεσκοτισμένος ὑπὸ τῆς ἰδίας πικρίας, τὰ μὲν ἐλαττώματα δυσμενικῶς καὶ μετ' αὐξήσεως ἡμῖν ἐξήγγελκε, τὰ δὲ κατορθώματα συλλήβδην παραλέλοιπεν· ἀγνοῶν ὅτι τὸ ψεῦδος οὐχ ἧττόν ἐστι περὶ τοὺς οὐ τὰ γεγονότα γράφοντας ἐν ταῖς ἱστορίαις.

Zaleuci lex, super eo qui rem in judicium deductam debet possidere lite pendente.

Quæstio inexplicabilis ad eam legem pertinens.

Lex altera Zaleuci, de iis qui novam interpretationem alicujus legis afferre volverint.

Ζαλεύκου νόμος περὶ τῆς κατοχῆς τῶν ἀμφισβητουμένων ἕως τῆς κρίσεως.

Ζήτημα ἄπορον περὶ τούτου τοῦ νόμου.

Νόμος ἕτερος Ζαλεύκου, περὶ τῶν βουλομένων λέγειν ὑπὲρ τῆς γνώμης τινὸς τῶν νόμων.

ERANT apud Locrenses duo adolescentuli, qui de servo controversiam inter se habebant. Et horum quidem alter puerum illum per longioris temporis spatium possederat: alter verò biduo prius, quam rus esset profectus, absente domino servum ad se domum per vim abduxerat. hujus rei factus alter certior, domum ubi servus jam erat sese contulerat, eumque prehensum manu in judicium adduxerat; quod jus esse diceret, ut in sua illum

ΝΕΑΝΙΣΚΩΝ δυοῖν περί τινος οἰκέτου διαφερομένων, συνέβαινε παρὰ 7
μὲν τῷ ἑτέρῳ καὶ πλείω χρόνον γεγονέναι τὸν παῖδα· τὸν δ' ἕτερον ἡμέραις δυσὶ πρότερον εἰς τὸν ἀγρὸν ἐλθόντα, μὴ παρόντος τοῦ δεσπότου, μετὰ βίας εἰς οἶκον ἀγηοχέναι τὸν δοῦλον. κἄπειτα τὸν ἕτερον αἰσθόμενον, ἐλθεῖν ἐπὶ τὴν οἰκίαν, καὶ λαβόντα πάλιν, ἰέναι ἐπὶ τὴν ἀρχήν, καὶ φάναι δεῖν κύριον

αὐτὸν εἶναι, καὶ διδόναι τοὺς ἐγγυητάς. Κελεύειν γὰρ τὸν Ζαλεύκου νόμον, τοῦτον δεῖν κρατεῖν τῶν ἀμφισβητουμένων ἕως τῆς κρίσεως, παρ' οὗ τὴν ἀγωγὴν συμβαίνει γίγνεσθαι. τοῦ δ' ἑτέρου κατὰ τὸν αὐτὸν νόμον παρ' αὐτοῦ φάσκοντος γεγονέναι τὴν ἀγωγὴν, (ἐκ γὰρ τῆς οἰκίας τῆς ἐκείνου τὸ σῶμα πρὸς τὴν ἀρχὴν ἥκειν ἀπαγόμενον·) τοὺς προκαθημένους ἄρχοντας διαπορουμένους ὑπὲρ τοῦ πράγματος, ἐπισπάσασθαι καὶ συμμεταδοῦναι τῷ Κοσμοπόλιδι. τὸν δὲ διαστείλασθαι τὸν νόμον, φήσαντα ΠΑΡΑ ΤΟΥΤΩΝ ΤΗΝ ΑΓΩΓΗΝ ΓΙΓΝΕΣΘΑΙ, παρ' οἷς ἂν ἔσχατον ἀδήριτον ᾖ χρόνον τινὰ γεγονὸς τὸ διαμφισβητούμενον. ἐὰν δέ τις ἀφελόμενος βίᾳ παρά τινος, ἀπαγάγῃ πρὸς αὐτὸν, κἄπειτα παρὰ τούτου τὴν ἀγωγὴν ὁ προϋπάρχων ποιῆται δεσπότης, οὐκ εἶναι ταύτην κυρίαν. Τοῦ δὲ νεανίσκου δεινοπαθοῦντος, καὶ μὴ φάσκοντος εἶναι τοῦ νομοθέτου ταύτην τὴν προαίρεσιν, προκαλέσασθαι φησὶ τὸν Κοσμόπολιν, εἴ τις βούληται λέγειν ὑπὲρ τῆς γνώμης κατὰ τὸν Ζαλεύκου νόμον. τοῦτο δ' ἐστὶ καθισάντων τῶν χιλίων, καὶ βρόχων κρεμασθέντων, λέγειν ὑπὲρ τῆς τοῦ νομοθέτου γνώμης. ὁπότερος δ' ἑαυτῶν φανῇ τὴν προαίρεσιν ἐπὶ τὸ χεῖρον ἐκδεχόμενος, τοῦτον διὰ τῆς ἀγχόνης ἀπόλλυσθαι, βλεπόντων τῶν χιλίων.

potestate haberet, ac sponsores daret. Lege namque Zaleuci esse cautum, ut rem de qua sit controversia, ille possideat quandiu lis pendebit, penes quem erat cum in jus fuit adducta. Lege eadem nitente altero, ac dicente eum se esse unde servus fuerit abductus: (de domo namque sua mancipium ad tribunal in forum venisse, alio abducente;) qui judicium illud exercebant, quid super ea re pronuntiarent incerti, seruum unâ secum trahentes ad Cosmopolim, (is est major magistratus) se conferunt, cum ipso communicaturi. Cosmopolis Zaleuci legi hanc distinctionem adhibuit; Quod scriptum esset, UNDE RES CONTROVERSA FUISSET IN JUS ADDUCTA; id de eo accipiendum, qui ultimus ante quam nascere tur controversia, per aliquod tempus rem possederit, qua de re nunc agitur. quod si aliquis illud ipsum per vim alteri ereptum domum suam deduxerit, ac mox prior dominus inde rem litigiosam in judicium adduxerit; possessionem illam pro rata & legitima non esse habendam. Adversus injuriam hujus interpretationis quum fremeret adolescens, & legislatoris eam esse mentem negaret; Cosmopolim conditionem quiritanti obtulisse narrat auctor, ut de sententia legis differeret si quis vellet ex formula à Zaleuco præscripta. Ea autem erat; ut in CIↃ virum consessu, laqueis de utriusque collo pendentibus, legislatoris sententiam ambo explicarent: uter autem eorum visus fuerit in deteriorem partem legis mentē torquere, is præsentibus CIↃ viris laqueo vitam finiret.

Hæc

Hæc postquam ita proposuisset Cosmopolis, ait auctor dixisse adolescentem, iniquam esse conditionem quæ offerebatur: nam illi quidem alterum fortasse aut tertium annum vitæ superesse: (neque enim multo minor erat Cosmopolis annis nonaginta;) sibi, ut ratio probabilis suadeat, maximam superesse vitæ partem. Hoc faceto dicto quum rem seriam in jocum juvenis vertisset, judices secundum Cosmopolis sententiam vindicias pronunciarunt.

Reprehensio Callisthenis qui res gestas Alexandri scripserat.

Callisthenem præ imperitia rei militaris & artis Tacticæ, in præliorum descriptionibus multa absurda & quæ fieri non poterant temere effutiisse.

MENTIONEM hoc loco faciemus unius dumtaxat pugnæ acie instructa pugnatæ, quæ & nobilissima fuit, neque longe abest à temporibus quorum modò meminimus: cui denique, quod est omnium maximum, Callisthenes ipse interfuit. Eam dico pugnam, quam in Cilicia Alexander cum Dario commisit. Jam Alexander, inquit Callisthenes, fauces superaverat, & quas Ciliciæ Pylas vocant. Darius per Amanicas Pylas ducto agmine, in Ciliciam cum copiis jam pervenerat. ubi certior factus ab indigenis, præcessisse Alexandrum Syriam petentem, sequi illum instituit. Ad fau-

Ταῦτα προτείναντος τοῦ Κοσμοπόλιδος, τὸν νεανίσκον εἰπεῖν φησὶν, ἄνισον εἶναι τὴν συνθήκην· τῷ μὲν γὰρ ἔτη δύο ἢ τρία καταλείπεσθαι τοῦ ζῆν· (συνέβαινε γὰρ τὸν Κοσμόπολιν οὐ πολὺ λείπειν τῶν ἐνενήκοντα ἐτῶν) αὐτῷ δὲ τοῦ βίου τὸ πλεῖον ἐκ τῶν εὐλόγων ἐπιμένειν. ὁ μὲν οὖν νεανίσκος οὕτως εὐτραπελευσάμενος, ἐξέλυσε τὴν σπουδήν. οἱ δ' ἄρχοντες ἐκύρωσαν τὴν ἀγωγὴν κατὰ τὴν τοῦ Κοσμοπόλιδος γνώμην.

Ἔλεγχος Καλλισθένους τοῦ τὰ κατ' Ἀλέξανδρον συγγεγραφότος.

Ὅτι ὁ ξυγγραφεὺς διὰ τὴν τῆς Τακτικῆς ἀπειρίαν ἐν ταῖς τῶν παρατάξεων ἐξηγήσεσι πλεῖστα ὅσα ἄτοπα καὶ πάντως ἀδύνατα ἐσχεδίασε.

ΜΝΗΣΘΗΣΟΜΕΘΑ μιᾶς 8
παρατάξεως, ἣν ἅμα μὲν ἐπιφανεστάτην εἶναι συμβέβηκεν, ἅμα δὲ τοῖς καιροῖς οὐ μακρὰν ἀπηρτίσθαι, τὸ δὲ μέγιστον παρατετευχέναι τὸν Καλλισθένην. λέγω δὲ περὶ τῆς ἐν Κιλικίᾳ γενομένης Ἀλεξάνδρῳ πρὸς Δαρεῖον. ἐν ᾗ φησὶ μὲν Ἀλέξανδρον ἤδη διαπεπορεῦσθαι τὰ στενὰ, καὶ τὰς λεγομένας ἐν τῇ Κιλικίᾳ Πύλας. Δαρεῖον δὲ χρησάμενον τῇ διὰ τῶν Ἀμανίδων λεγομένων Πυλῶν πορείᾳ, κατᾶραι μετὰ τῆς δυνάμεως εἰς Κιλικίαν. πυθόμενον δὲ παρὰ τῶν ἐγχωρίων προάγειν τὸν Ἀλέξανδρον ὡς ἐπὶ Συρίαν, ἀκολουθεῖν.

καὶ

καὶ συνεγγίσαντα ταῖς στενοῖς, στρατοπεδεῦσαι παρὰ τὸν * Πύρον ποταμόν. εἶναι δὲ κατὰ μὲν τόπον τὸ διάστημα οὐ πλεῖον τῶν τεττάρων καὶ
δέκα σταδίων ἀπὸ θαλάττης ἕως
πρὸς τὴν παρώρειαν. διὰ δὲ τούτου
φέρεσθαι τὸν προειρημένον ποταμὸν
ἐπικάρσιον, ἀπὸ μὲν τῶν ὀρῶν εὐθέως
εἰς ἐκρήγματα τῶν πλευρῶν. διὰ δὲ
τῶν ἐπιπέδων ἕως εἰς θάλασσαν, ἀπο-
τόμους ἔχοντα καὶ δυσβάτους λόφους.
ταῦτα δ᾽ ὑποθέμενος, ἐπεὶ συνεγ-
γίζοιεν οἱ περὶ τὸν Ἀλέξανδρον ἐξ
ὑποστροφῆς ἐπ᾽ αὐτοὺς ἀναχωροῦν-
τες, κρῖναι φησὶ Δαρεῖον καὶ τοὺς
ἡγεμόνας, τὴν μὲν φάλαγγα τάξαι
πᾶσαν ἐν αὐτῇ τῇ στρατοπεδείᾳ
καθάπερ ἐξ ἀρχῆς εἶχε. χρήσασθαι
δὲ τῷ ποταμῷ προβλήματι διὰ
τὸ παρ᾽ αὐτὴν ῥεῖν τὴν στρατοπεδείαν. Μετὰ δὲ ταῦτα φησί, τοὺς
μὲν ἱππεῖς τάξαι παρὰ θάλατταν,
τοὺς δὲ μισθοφόρους ἑξῆς τούτοις
παρ᾽ αὐτὸν τὸν ποταμὸν ἐχομένους
τούτοις, τοὺς δὲ πελταστὰς συνάπτον-
9 τας τοῖς ὄρεσι. πῶς δὲ προέταξε τούτους πρὸ τῆς φάλαγγος, τοῦ ποταμοῦ
ῥέοντος παρ᾽ αὐτὴν τὴν στρατοπεδείαν,
δυσχερὲς κατανοῆσαι· καὶ ταῦτα τῷ
πλήθει τοσούτων ὑπαρχόντων· τρισ-
μύριοι μὲν γὰρ ἱππεῖς ὑπῆρχον,
ὡς αὐτὸς ὁ Καλλισθένης φησί, τρισ-
μύριοι δὲ μισθοφόροι. πόσον δ᾽
εἶχον οὗτοι τόπου χρείαν, εὐχερὲς
καταμαθεῖν. Πλεῖστον μὲν γὰρ ἱππέων τάττεται βάθος ἐπ᾽ ὀκτὼ
πρὸς ἀληθινὴν χρείαν· καὶ μεταξὺ
τῶν ἰλῶν ἑκάστης ἴσον ὑπάρχειν δεῖ
διάστημα τοῖς μετώποις πρὸς τὸ
ταῖς ἐπιστροφαῖς δύνασθαι καὶ τοῖς
περισπασμοῖς εὐχρηστεῖν. ἐξ ὧν
τὸ στάδιον ὀκτακοσίους λαμβά-

ces ut ventum, prope amnem Pinarum castris locum cepit. Patet autem eo loci, ut hic ait, intervallum à mari ad montis radices, stadia quatuordecim. per hoc spatium transverso limite dictus amnis labitur: qui quidem in jugis exortus, mox per intercisa montis latera erumpit, ac deinde per patentes campos ad mare usque defertur, præruptis & inaccessis collibus eum cingentibus. His ita positis, addit Callisthenes Alexandrum conversa signa versus hostem reduxisse: eoque jam appropinquante, consilium cepisse Darium & ejus duces, universam phalangem eo ipso in loco ubi tendebant ordinandi, sicut à principio fecerant; flumine, quod castra ipsa pręfluebat, pro munitione hosti objecto. Postea subjicit: Darium secundum mare equites constituisse; proximos his in fluminis ripa mercenarios; cetratos deinde, ita ut montes contingerent. Sed quonam modo ante phalangis aciem hos Darius locaverit, propter ipsa castra fluvio labente, complecti mente difficile est, in tanta pręsertim hominum multitudine. nam Callisthene ipso teste, equites erant CCIↃↃ CCIↃↃ CCIↃↃ; & mercenarii pari numero. Quę multitudo armatorum quo spatio potuerit capi, scire est pronum. In veris namque ac legitimis præliis, ita plurimum equestris acies ordinatur, ut ejus profunditas sit equitum octonum: Iam inter turmas vacuum spatium sit oportet pro cujusque fronte, quò possit commode vel in latus vel retrorsum conversio turmarum institui. hac ratione stadium equites octingentos

gentos capit. ſtadia decem, equitum octo millia: ſtadia quatuor ter mille, ducentos. ita ut locum illum quem diximus ſtadiorum quatuordecim, equitum millia undecim & ducenti fuerint impleturi. Quod ſi univerſam multitudinem equitum tricies mille, in aciem eo loci inſtrueres, parum abeſt quin triplex agmen efficeres; ſecundo primum ſubſequente, tertio ſecundum. cedo igitur locum ubi mercenariorum manus eſſet poſita: niſi forte dicat aliquis, pone equites eam ſtetiſſe. at hoc Calliſthenes non dicit: qui ſcribit, cum induceretur in pugnam acies, conductitium militem & Macedonas inter ſe concurriſſe. qua ex re neceſſario intelligendum, dicti loci partem dimidiam verſus mare, ab equitibus fuiſſe occupatam; dimidium alterum montes verſus, cepiſſe mercenarios. Quæ quum ita ſint, facile iniri ratio poteſt, quanta eſſet equitum profunditas, & quàm longo intervallo fluvius Pinarus à Darii caſtris diſtaret. Ait deinde; ubi jam hoſtes appropinquabant, Darium qui in media verſabatur acie, mercenarios è cornu ad ſe vocaſſe: quod qua ratione ſit dictum, dubitare licet. nam mercenarios ſane & equites ſeſe invicem contigiſſe in medio illo ſpatio, prorſus eſt neceſſe. Darius igitur qui jam inter mercenarios eſſet, qui & quorſum aut quomodo mercenarios vocabat? Poſtremò ait; equites qui in dextro ſtabant cornu, in hoſtem invehentes, Alexandrū ipſum eſſe aggreſſum. illum cum ſuis horum impetum forti animo excepiſſe; & vice verſa in ipſos invectum atrocem pu-

νει. τὰ δὲ δέκα, τοὺς ὀκτακισχιλίους, τὰ δὲ τέτταρα τρισχιλίους διακοσίους. ὥστ' ἀπὸ τῶν μυρίων χιλίων διακοσίων πεπληρῶσθαι τὸν τῶν τεσσαρεσκαίδεκα σταδίων τόπον. ἐὰν δὲ πάντας ἐκτάττῃ τοὺς τρισμυρίους, βραχὺ λείπει τοῦ τριφαλαγγίαν ἐπάλληλον εἶναι τῶν ἱππέων αὐτῶν. εἰς ποῖον οὖν τόπον ἐτάττετο τὸ τῶν μισθοφόρων πλῆθος; εἰ μὴ νὴ Δία κατόπιν τῶν ἱππέων. ἀλλ' οὔ φησιν· ἀλλὰ συμπεπτωκέναι τούτους τοῖς Μακεδόσι κατὰ τὴν ἐπαγωγήν· ἐξ ὧν ἀνάγκη ποιεῖσθαι τὴν ἐκδοχήν, διότι τὸ μὲν ἥμισυ τοῦ τόπου τὸ παρὰ θάλατταν, ἡ τῶν ἱππέων ἐπεῖχε τάξις. τὸ δ' ἥμισυ τὸ πρὸς τοῖς ὄρεσιν, ἡ τῶν μισθοφόρων. ἐκ δὲ τούτων εὐσυλλόγιστον, πόσον ὑπῆρχε τὸ βάθος τῶν ἱππέων, καὶ ποῖον ἔδει τόπον ἀπέχειν τὸν ποταμὸν ἀπὸ τῆς στρατοπεδείας. μετὰ δὲ ταῦτα συνεγγιζόντων τῶν πολεμίων, φησὶ τὸν Δαρεῖον αὐτὸν κατὰ μέσην ὑπάρχοντα τὴν τάξιν, καλεῖν τοὺς μισθοφόρους ἀπὸ τοῦ κέρατος πρὸς αὐτόν. πῶς δὲ λέγεται τοῦτο, διαπορεῖν ἐστι. τῶν γὰρ μισθοφόρων ἀνάγκη καὶ τῶν ἱππέων τὴν συναφὴν κατὰ μέσον ὑπάρχειν τὸν τόπον. ὥστ' ἐν αὐτοῖς ὢν τοῖς μισθοφόροις ὁ Δαρεῖος, ποῦ, καὶ πρὸς τί, καὶ πῶς, ἐκάλει τοὺς μισθοφόρους; Τὸ δὲ τελευταῖον φησὶ τοὺς ἀπὸ τοῦ δεξιοῦ κέρατος ἱππεῖς ἐπαγαγόντας, ἐμβαλεῖν τοῖς περὶ τὸν Ἀλέξανδρον. τοὺς δὲ γενναίως δεξαμένους, ἀντεπάγειν καὶ ποιεῖν μάχην ἰσχυράν. ὅτι δὲ ποταμὸς ἦν ἐν μέσῳ, καὶ ποταμὸς οἷον ἀρτίως εἶπεν, ἐπελάθετο. Τούτοις δ' ἐστὶ παραπλήσια τὰ κατὰ τὸν Ἀλέξανδρον. φησὶ γὰρ αὐτὸν ποιήσασθαι τὴν εἰς τὴν Ἀσίαν διάβασιν, πεζῶν μὲν ἔχοντα τέτταρας μυριάδας, ἱππεῖς δὲ τετρακισχιλίους καὶ πεντακοσίους. μέλλοντι δ' εἰς Κιλικίαν ἐμβάλλειν, ἄλλους ἐλθεῖν ἐκ Μακεδονίας, πεζοὺς μὲν πεντακισχιλίους, ἱππεῖς δὲ ὀκτακοσίους. ἀφ' ὧν εἴ τις ἀφέλοι τρισχιλίους μὲν πεζούς, τριακοσίους δ' ἱππεῖς, ἐπὶ τὸ πλεῖον ποιῶν τὴν ἀπουσίαν τῶν πρὸς τὰς γεγενημένας χρείας· ὅμως πεζοὶ μὲν ἀπολειφθήσονται τετρακισμύριοι δισχίλιοι· τούτων οὖν ὑποκειμένων, φησὶ τὸν Ἀλέξανδρον πυθέσθαι τὴν Δαρείου παρουσίαν εἰς Κιλικίαν, ἑκατὸν ἀπέχοντα σταδίους ἀπ' αὐτοῦ, διαπορευόμενον ἤδη τὰ στενά· διόπερ ἐξ ὑποστροφῆς πάλιν ποιεῖσθαι τὴν πορείαν διὰ τῶν στενῶν, ἄγοντα πρῶτον μὲν τὴν φάλαγγα· μετὰ δὲ ταῦτα τοὺς ἱππεῖς, ἐπὶ πᾶσι δὲ τὸ σκευοφόρον. ἅμα δὲ τῷ πρῶτον εἰς τὰς εὐρυχωρίας ἐκπεσεῖν, διασκευάζεσθαι παραγγείλαντα πᾶσιν ἐπιπαρεμβαλεῖν τὴν φάλαγγα, καὶ ποιήσασθαι τὸ βάθος αὐτῆς ἐπὶ τριάκοντα καὶ δύο. μετὰ δὲ ταῦτα πάλιν, εἰς ἑκκαίδεκα. τὸ δὲ τελευταῖον εἰσεγγίζοντα τοῖς πολεμίοις εἰς ὀκτώ. Ταῦτα δ' ἐστὶ μείζω τῶν προειρημένων ἀλογήματα. τοῦ γὰρ σταδίου λαμβάνοντος ἄνδρας ἐν τοῖς πορευτικοῖς διαστή-

gnam accendisse. Atenim inter duas acies medium fuisse fluvium, & quidem ejusmodi fluvium, qualem ante describebat, hoc vero Callisthenes erat oblitus. Similia his sunt quæ de Alexandro scribit. Quem ait in Asiam trajecisse cum peditum ccıɔɔ ccıɔɔ ccıɔɔ ccıɔɔ ccıɔɔ; equitibus cıɔ cıɔ cıɔ cıɔ ıɔ. deinde quum inibi esset, ut in Ciliciam intraret, supplementum advenisse ei è Macedonia peditum ıɔɔ. equitum ıɔccc. qua ex multitudine si quis tollat pedites quidem cıɔ cıɔ cıɔ, equites vero ccc, ita ut numerum quam maxime augeat eorum qui propter varios usus potuerunt abesse; relinquentur tamen peditum duo & quadraginta millia; equitum quatuor millia. His ita positis, narrat Callisthenes; Alexandrum de adventu Darii in Ciliciam certiorem esse factum, quum ab ipso stadia centum non amplius distaret, postquā fauces ipse jam superasset. Propterea converso itinere iterum per fauces reduxisse: in primo agmine fuisse phalangem, proximum huic equitatum, in ultimo agmine impedimenta. Simul ventum in campos patentes, edixisse omnibus Alexandrū, ut in legitimum phalangis ordinem instruerentur, seque manipuli manipulis applicarent; ac profunditatem aciei instituisse, armatorum binum & tricenum: postea vero senum denum. postremò ubi jam hostes appropinquabant, octonum. sed deliria hæc sunt, prioribus etiam majora. Enimvero stadium unum capit homines mille sexcentos, quoties intervallorum rationes ad faciendum iter sunt accommocommodatæ, octonis denis profunditatem agminis constituentibus, & viro quoque pedes senos ab altero distante. Quod quum ita sit, perspicuum est, decem stadia pedites capturа esse ccIↃↃ & IↃↃ CIↃ. viginti stadia, alterum tantum. Ex his facile intelligitur, oportuisse quando Alexander aciem suam ita ordinavit, ut ejus profunditas esset militum senum denum; campos illum esse nactum viginti stadia patentes: quanquam etiam sic superfuerint, quos locus non capiebat, equites omnes, cum peditum decem millibus. Subjicit his: Alexandrum ubi jam ab hoste stadia dumtaxat XL aberat, copias suas fronte recta & æquata in eum duxisse: quo delirio, vix ac ne vix quidem majus aliud queat excogitari. Nam ubi terrarum ejusmodi loca invenias, maxime autem in Cilicia, per quæ loca phalangem sarissis armatam, stadia viginti in latitudinem porrectam, quadraginta in longitudinem stadia fronte recta & æquata ducas? Nam si quis acie sic ordinata procedere decreverit, tot se illi impedimenta offerent, ut ne percensere quidem illa facile aliquis valeat. ad cujus rei faciendam fidem, vel illa suffecerint quæ ab ipso Callisthene dicuntur. Qui quidē ait, torrētes fluvios qui è montibus cadunt, tot locis hiatus aperire in subjecta planitie, ut pars magna Persarum fugientium in illis cavernis perierit. At Hercules, voluit Alexander parata suorum ut acies esset, sicunde hostis apparuisset: quasi vero potuerit quicquam esse imparatius, ea phalange cujus frons esset dissipata & divulsa,

κασιν, ὅταν εἰς ὀκτωκαίδεκα τὸ
βάθος ὦσι, χιλίους ἑξακοσίους,
ἑκάστου τῶν ἀνδρῶν ἓξ πόδας ἀπέ-
χοντος· φανερὸν ὅτι τὰ δέκα στάδια λήψεται μυρίους ἑξακισχι-
λίους· τὰ δὲ εἴκοσι τοὺς διπλα-
σίους. ἐκ δὲ τούτων εὐθεώρητον,
ὅτι καθ' ὃν καιρὸν ἐποίησε τὴν
δύναμιν Ἀλέξανδρος ἑκκαίδεκα
τὸ βάθος, ἀναγκαῖον ἦν εἴκοσι
σταδίων ὑπάρχειν τὸ τοῦ τόπου
διάστημα, καὶ περιττεύειν ἔτι τοὺς
μὲν ἱππεῖς πάντας, τῶν δὲ πεζῶν
μυρίους. μετὰ δὲ ταῦτα φησί, II
μετωπηδὸν ἄγειν τὴν δύναμιν, ἀ-
πέχοντα τῶν πολεμίων περὶ τετταράκοντα σταδίους. τούτου δὲ
μεῖζον ἀλόγημα δυσχερὲς ἐπινοῆ-
σαι. ποῦ γὰρ εὕροι τις τοιούτους τόπους, ἄλλως τε καὶ κατὰ
Κιλικίαν, ὥστε ἐπὶ σταδίους εἴκοσι μὲν τὸ πλάτος, τετταρά-
κοντα δὲ τὸ μῆκος, μετωπηδὸν ἄγειν φάλαγγα σαρισ-
σοφόρον; τοσαῦτα γάρ ἐστιν ἐμ-
πόδια πρὸς τὴν τοιαύτην τάξιν καὶ χρείαν, ἅ τις οὐδ' ἐξα-
ριθμήσαιτο ῥᾳδίως. ἐκ δὲ τῶν
ὑπ' αὐτοῦ τοῦ Καλλισθένους λεγομένων, ἱκανὸν ὑπάρχει πρὸς
πίστιν· τοὺς γὰρ ἀπὸ τῶν ὀρῶν
χειμάῤῥους καταφερομένους το-
σαῦτά φησι ποιεῖν ἐκρήγματα
κατὰ τὸ πεδίον, ὥστε καὶ τῶν
Περσῶν κατὰ τὴν φυγὴν διαφθα-
ρῆναι λέγουσι τοὺς πλείστους ἐν
τοῖς τοιούτοις κοιλώμασι. Νὴ Δί',
ἀλλ' ἕτοιμος ἐβούλετ' εἶναι πρὸς
τὴν τῶν πολεμίων ἐπιφάνειαν. τί
δ' ἀνετοιμότερον φάλαγγος ἐν
μετώπῳ διαλελυμένης καὶ διε-
σπασμένης; πόσῳ γὰρ ἐκ πο-

ρευτικῆς ἀγωγῆς ἁρμοζούσης παρατάξαι ῥᾴδιον, ἢ διαλελυμένην ἐν μετώπῳ καὶ διεσπασμένην δύναμιν ἐπὶ τὴν αὐτὴν εὐθεῖαν ἀναγαγεῖν, καὶ συστῆσαι πρὸς μάχην ἐν τόποις ὑλώδεσι καὶ περικεκλασμένοις; διόπερ οὐδὲ παρὰ μικρὸν ἦν κρεῖττον ἄγειν διφαλαγγίαν ἢ τετραφαλαγγίαν ἁρμόζουσαν· εἰ καὶ τόπον πρὸς πορείαν εὑρεῖν οὐκ ἀδύνατον, καὶ τὸ παρατάξαι ταχέως ῥᾴδιόν γε, δυνάμενον διὰ τῶν προδρόμων ἐκ πολλοῦ γινώσκειν τὴν τῶν πολεμίων παρουσίαν. Ὁ δὲ χωρὶς τῶν ἄλλων οὐδὲ τοὺς ἱππεῖς προέθετο μετωπηδὸν ἄγων τὴν δύναμιν ἐν τόποις ἐπιπέδοις· ἀλλ' ἐξ ἴσου
2 ποιεῖ τοῖς πεζοῖς. Τὸ δὲ δὴ πάντων μέγιστον, ἤδη γὰρ συνεγγὺς ὄντα τοῖς πολεμίοις αὐτὸν, εἰς ὀκτὼ ποιῆσαι φησὶ τὸ βάθος. ἐξ οὗ δῆλον, ὅτι κατ' ἀνάγκην ἐπὶ τετταράκοντα σταδίους ἔδει γενέσθαι τὸ μῆκος τῆς φάλαγγος. εἰ δ' ὅλως συνήσπισαν κατὰ τὸν ποιητὴν οὕτως, ὥστε συνερεῖσαι πρὸς ἀλλήλους, ὅμως εἴκοσι σταδίων ἔδει τὸν τόπον ὑπάρχειν. αὐτὸς δέ φησι λείπειν τῶν δεκατεσσάρων σταδίων. καὶ τούτου μέρος μέν τι πρὸς θαλάττῃ, ... τοὺς ἡμίσεας ἐπὶ τοῦ δεξιοῦ, ἔτι δὲ τὴν ὅλην τάξιν ἀπὸ τῶν ὀρῶν ἱκανὸν τόπον ἀφεστάναι πρὸς τὸ μὴ τοῖς πολεμίοις ὑποπεπτωκέναι τοῖς κατέχουσι τὰς παρωρείας. ἴσμεν γὰρ ὃ ποιεῖ πρὸς τούτους ἐπικάμπιον. ὑπολειπόμεθα καὶ νῦν ἡμεῖς τοὺς

Quanto namque facilius erat futurum, ex agmine ad iter composito, phalangis aciem instruere, quàm interruptas in fronte & divulsas copias ad priorem figuram lineamque rectam revocare, atque in locis sylvosis & amfractis apte ad pugnam eos dirigere? Erat igitur profectò longe satius divisas copias ducere in duo vel etiam quatuor agmina partitas, quæ se aliud post aliud sequerentur; quando & viæ ad ita faciendum iter aptę poterant inveniri; & legitimam repente instruere aciem facile erat futurum: quum præsertim, per precursores sciri multo antè hostis adventus posset. At hic, ut alia taceam absurda, quum per loca plana exercitum fronte æquata duceret, ne equites quidem præmisit: sed peditibus eos exæquavit. Omnium vero absurdissimum est hoc: Ait Macedonem hostibus appropinquantem, ò-ctonum militum profundam aciem struxisse. ex eo apparet, phalangem illam stadia quadraginta necessario in longitudinem patuisse. Sed demus densatam sic fuisse aciem, quod ait poëta, ut conserti invicem hęrerent; omnino tamen stadiorum viginti locum illum esse oportuit. at ipse ait minorem fuisse stadiis quatuordecim. hujus quoque spatii partem aliquam propter mare..... dimidium hujus numeri in dextro cornu: quinetiam scribit idem aciem universam à montibus mediocri spatio fuisse distantem, ne hosti qui radices montis obtinebat subjiceretur. Scimus sane dicere illum, partem aciei Alexandri in forcipis figuram fuisse reflexam; Iccirco etiam nos hic relinquamus in eum usum decem peditum millia; qui major est numerus eo quem ipse desiderat. Ex istis tandem sequitur, vel ipso auctore Callisthene, phalangis longitudinem stadia undecim ad summum patuisse; intra quod intervallum duûm & triginta millium hominum consertis clypeis densatorum acies tricenos milites in profunditate habens necessario fuerit contenta. at ille ait profunditatem aciei octonum hominum fuisse cum est pugnatum. Sunt verò hoc genus peccata ejusmodi, ut excusationem nullam prorsus admittant. Nam quod per rerum naturam fieri potest, id statim fidem sua sponte invenit. Quoties igitur aliquis viritim ponit intervallum, & certam loci mensuram designat, numerum item hominum; hic si mentiatur, nulla ratione potest excusari. Iam quæ his adjecit absurda alia commemorare longum sit. pauca tantum afferemus. Ait Alexandrum in ordinanda acie summo studio id operam dedisse, ut cum ea parte hostilis aciei pugnam capesseret, in qua Darius ipse staret: Darium quoque initio, ex adverso Alexandri pugnare voluisse: mox vero sententiam mutasse. At quomodo dignoscere sese invicem Reges potuerint, & rescire in qua parte sui exercitus uterque stationem cepisset, aut quò tandem post mutatam sententiam transierit Darius, nihil plane horum dicitur. Prętterea, qui potuit phalanx ordinata amnis supercilium pręruptum & spinis obsitũ; (nam hęc loci illius facies pene ubique;) ascendere & superare; Tantæ hujus absurditatis Alexandrum damnare; nefas profectò fue-

μυρίους πεζοὺς, πλείους ὄντας
τῆς ἐκείνου προθέσεως. ὥς' ἐκ
τούτων ἕνδεκα σαδίους ἐπὶ τὸ
πλεῖον ἀπολείπεσθαι τὸ τῆς φάλαγγος μῆκος, κατ' αὐτὸν τὸν
Καλλισθένην· ἐν οἷς ἀνάγκη τοὺς
τρισμυρίους καὶ δισχιλίους ἐπὶ
τριάκοντα τὸ βάθος ὑπάρχειν
συνησπικότας. ὁ δὲ φησὶν εἰς
ὀκτὼ τεταγμένων γενέσθαι τὴν μάχην. Τὰ δὲ τοιαῦτα τῶν ἁμαρτημάτων, οὐδ' ἀπολογίαν ἐπιδέχεται. τὸ γὰρ ἀδύνατον ἐν
πράγμασιν, αὐτόθεν ἔχει τὴν
πίστιν. διόπερ ὅταν καὶ τὰ κατ'
ἄνδρα διαστήματα, καὶ τὸ πᾶν
τοῦ τόπου μέγεθος ὡρισμένον
ὑποθῶσι, καὶ τὸν ἀριθμὸν τῶν
ἀνδρῶν, ἀναπολόγητον γίγνεται
τὸ ψεῦδος. Τὰ μὲν γὰρ ἁμαρ- 13
τούτοις ἀλογήματα, μακρὸν ἂν
εἴη λέγειν πάντα, πλὴν τελέως
ὀλίγων. Φησὶ γὰρ τὸν Ἀλέξανδρον σπουδάζειν κατὰ τὴν τάξιν, ἵνα κατὰ τὸν Δαρεῖον αὐτὸν ποιήσηται τὴν μάχην. ὁ-
μοίως δὲ κατὰ μὲν ἀρχὰς καὶ
τὸν Δαρεῖον αὐτὸν βούλεσθαι
κατὰ τὸν Ἀλέξανδρον· ὕστερον
δὲ μετανοῆσαι. πῶς δ' ἐπέγνω-
σαν ἀλλήλους οὗτοι, ποῦ τῆς ἰ-
δίας δυνάμεως ἔχουσι τὴν τάξιν, ἢ ποῦ μετέβη πάλιν ὁ
Δαρεῖος, ἁπλῶς οὐδὲν λέγεται. πῶς δὲ προσανέβη πρὸς τὴν
ὀφρὺν τοῦ ποταμοῦ φαλαγγιτῶν τάξις, ἀπότομον οὖσαν καὶ
βατώδη; καὶ γὰρ τοῦτο παρ'
ὀλίγον. Ἀλεξάνδρῳ μὲν οὖν οὐκ
ἐποιστέον τὴν τοιαύτην ἀτοπίαν,
ὁμολογουμένην ὄν, παραλαμβά-

νεαζ παρ' αὐτοῦ τὴν ἐν τοῖς πολεμικοῖς ἐμπειρίαν καὶ τελείαν ἐκ παιδός· τῷ δὲ συγγραφεῖ μᾶλλον, ὃς διὰ τὴν ἀπειρίαν, οὐδὲ τὸ δυνατὸν καὶ τὸ μὴ δυνατὸν ἐν τοῖς τοιούτοις δύναται διευκρινεῖν. Περὶ μὲν οὖν Ἐφόρου καὶ Καλλισθένους, ταῦθ' ἡμῖν εἰρήσθω.

rit: quem constat & disciplinam & usum rerum bellicarum à puero fuisse edoctum: sed scriptorem potius, hominem adeo rudem & imperitum, ut quid in talibus fieri queat aut nequeat, internoscere non sit quitus. Ac de Ephoro quidem & Callisthene hactenus.

Ὑποθῆκαι πάλαι τινὶ δοθεῖσαι μέλλοντι ὑπὲρ εἰρήνης καὶ πολέμου δημηγορεῖν ἐνστήσασθαι κατὰ πρεσβείαν. Ἔστι δὲ οἷον κοινὸς τόπος εἰς σύγκρισιν εἰρήνης καὶ πολέμου.

Monita cuidam olim data, qui legatus aliquò proficiscebatur; de pace & bello acturus. Est autem ceu locus communis ad comparationem pacis & belli.

14 ΠΡΩΤΟΝ μὲν οἴεται δεῖν ἀναμνησθῆναι τοὺς συνέδρους, διότι κοιμωμένους τὸν ὄρθρον, ἐν μὲν τῷ πολέμῳ διεγείρουσιν αἱ σάλπιγγες, κατὰ δὲ τὴν εἰρήνην οἱ ὄρνιθες. Μετὰ δὲ ταῦτα τὸν Ἡρακλέα φησί, τὸν μὲν Ὀλυμπίων ἀγῶνα θεῖναι καὶ τὴν ἐκεχειρίαν, δεῖγμα ποιούμενον τῆς αὑτοῦ προαιρέσεως· ὅσοις δ' ἐπολέμησε, τούτους πάντας βεβλαφέναι κατὰ τὴν ἀνάγκην καὶ κατ' ἐπιταγήν· ἑκουσίως δὲ παραίτιον κακοῦ οὐδενὶ γεγονέναι τῶν ἀνθρώπων. Ἑξῆς δὲ τούτοις, παρὰ μὲν τῷ ποιητῇ, τὸν Δία παρεισάγεσθαι δυσαρεστούμενον τῷ Ἄρει καὶ λέγοντα.

Ἔχθιστος δέ μοί ἐσσι θεῶν, οἳ Ὄλυμπον ἔχουσιν.
Αἰεὶ γάρ τοι ἔρις τε φίλη, πόλεμοί τε, μάχαι τε.

ὁμοίως δὲ καὶ τὸν φρονιμώτατον τῶν ἡρώων λέγειν.

ANTE omnia iis qui concilium participant revocandum censet in memoriam, quomodo jacentes in stratis mane exsuscitet, belli quidem tempore tubarum cantus; pacis verò, gallorum. Ait deinde, ludicrum quidem Olympicum & in totum ejus festi solennia, instituisse Herculem; declarantem quis suus esset sensus, quæ mens animi: iis autem omnibus quibuscum bella gessit, damna ipsum intulisse necessitate compulsum, & alieno jussu: sponte quidem sua nemini mortalium ullum unquam detrimentum importasse. Subjicit his, Jovem apud poëtam induci Marti succensentem, ac dicentem:

Cælicolarum unum eximie te semper ego odi,
Quod tibi rixa placet bellumque & prælia sæva.

consentientem his etiam esse orationem, quæ heroum prudentissimo attribuitur;

Non

Non habet ille tribum, nec sedem, juraque nescit,
Quisquis amat durum crudelia prælia Martis.

Poëtæ autem etiam Euripidem assentiri, cujus hæc sunt:

O pax alma, datrix opum,
O pulcherrima cælitum,
Quàm te mens sitit! ô moram!
Obrepat metuo mihi
Ætas ne mala, te prius
Suavem ô quàm tucor diem,
Plausus undique cum strepent,
Cantusque, & chori, amicaque
Comessatio floribus.

Ad hæc, simillimum ait bellum quidem morbo; pacem verò sanitati: per hanc siquidem, & qui ægrotant refici; per illum, etiam sanos interire. Accedit, quod vigente pace senes convenienter naturæ sepeliuntur à juvenibus; cujus fit contrarium in bello. Omnium maximum illud est, quod belli tempore, ne muro quidem urbis tenus securitas sperari potest: pacis vero tempore etiam ad fines usque regionis. & similia istis alia.

Quum duo sint instrumenta res cognoscendi, auditus & visus, visum esse certiorem.

Timæum ad res cognoscendas solo auditu esse usum.

Instrumentum auditus esse duplex; librorum lectionem, & propriam cujusque inquisitionem.

Timæum in rerum inquisitione segniter esse versatum.

Ἀφρήτωρ, ἀθέμιστος, ἀνέστιός ἐστιν ἐκεῖνος,
Ὃς πολέμου ἔραται ἐπιδημίου, ὀκρυόεντος.

ὁμογνωμονεῖν δὲ τῷ ποιητῇ καὶ τὸν Εὐριπίδην, ἐν οἷς φησιν·

Εἰρήνα βαθύπλουτε,
Κἀλλίστα μακάρων θεῶν.
Ζῆλός μοι σέθεν. ὡς χρονίζεις!
Δέδοικα δὲ μὴ
Πρὶν ὑπερβάλῃ με γῆρας,
Πρὶν ἂν χαρίεσσαν προσιδεῖν ὥραν,
Καὶ καλλιχόρους ἀοιδὰς,
Φιλοστεφάνους τε κώμους.

Ἔτι δὲ πρὸς τούτοις ὁμοιότατον εἶναί φησι, τὸν μὲν πόλεμον τῇ νόσῳ, τὴν δ' εἰρήνην τῇ ὑγιείᾳ. ἐν ᾗ μὲν γὰρ καὶ τοὺς κάμνοντας ἀναλαμβάνεσθαι, ἐν ᾧ δὲ καὶ τοὺς ὑγιαίνοντας ἀπόλλυσθαι. καὶ κατὰ μὲν τὴν εἰρήνην τοὺς πρεσβυτέρους ὑπὸ τῶν νέων θάπτεσθαι κατὰ φύσιν, ἐν δὲ τῷ πολέμῳ τἀναντία. τὸ δὲ μέγιστον, ἐν μὲν τῷ πολέμῳ, μηδ' ἄχρι τῶν τειχῶν εἶναι τὴν ἀσφάλειαν. κατὰ δὲ τὴν εἰρήνην, μέχρι τῶν τῆς χώρας ὅρων· καὶ τούτοις ἕτερα παραπλήσια.

Ὅτι δυοῖν ὄντων ὀργάνων τοῦ μανθάνειν, ἀκοῆς καὶ ὁράσεως, ἀληθινωτέρα ἐστὶν ἡ ὅρασις.

Ὅτι ὁ Τίμαιος δι' ἀκοῆς μόνον ἐπολυπραγμόνησε.

Ὅτι ἡ δι' ἀκοῆς ὁδὸς διττή· ἡ μὲν διὰ ὑπομνημάτων, ἡ δὲ δι' ἀνακρίσεως.

Ὅτι ὁ Τίμαιος περὶ τὰς ἀνακρίσεις ῥαθύμως ἀνεστράφη.

Ὅτι τὸ δι' αὑτοῦ πολυπραγμονεῖν δυσχερὲς μέν ἐστιν, μέγα δέ τι συμβάλλεται πρὸς τὸ γράφειν ἱστορίας καὶ ἐμπειρεῖν πραγμάτων.

Τίς ἐστιν ἐπιτήδειος ξυγγραφεὺς ἱστορίας.

Ὁ τοῦ Τιμαίου βίος.

5 ΔΥΟΙΝ γὰρ ὄντων κατὰ φύσιν ὡσανεί τινων ὀργάνων ἡμῖν, οἷς πάντα πυνθανόμεθα καὶ πολυπραγμονοῦμεν, ἀκοῆς καὶ ὁράσεως· ἀληθινωτέρας δ' οὔσης οὐ μικρῷ τῆς ὁράσεως κατὰ τὸν Ἡράκλειτον, (ὀφθαλμοὶ γὰρ τῶν ὤτων ἀκριβέστεροι μάρτυρες) τούτων Τίμαιος τὴν ἡδίω μὲν, ἥττω δὲ τῶν ὁδῶν ὥρμησε πρὸς τὸ πολυπραγμονεῖν. τῶν μὲν γὰρ διὰ τῆς ὁράσεως εἰς τέλος ἀπέστη, τῶν δὲ διὰ τῆς ἀκοῆς ἀντεποιήσατο. καὶ ταύτης δὲ οὔσης διττῆς, τοῦ μὲν διὰ τῶν ὑπομνημάτων, τοῦ δὲ δι' ἀνακρίσεως· περὶ τὰς ἀνακρίσεις ῥαθύμως ἀνεστράφη, καθάπερ ἐν τοῖς ἀνώτερον ἡμῖν δεδήλωται. Δι' ἣν δ' αἰτίαν ταύτην ἔσχε τὴν αἵρεσιν, εὐχερὲς καταμαθεῖν. ὅτι τὰ μὲν ἐκ τῶν βιβλίων δύναται πολυπραγμονεῖσθαι χωρὶς κινδύνου καὶ κακοπαθείας, ἐάν τις αὐτὸ τοῦτο προνοηθῇ μόνον, ὥστε λαβεῖν ἢ πόλιν ἔχουσαν ὑπομνημάτων πλῆθος, ἢ βιβλιοθήκην που γειτνιῶσαν· λοι-

Suapte opera res inquirere, difficile quidem esse; sed ad scribendam historiam plurimum conferre, & ad rerum notitiam.

Quis sit idoneus ad scribendam historiam.

Timæi vita.

QUUM duo quasi instrumenta sint nobis à natura data, quibus rerum omnium cognitionem, & capimus & serio inquirimus, auditus & visus: sitque visus non paullo quàm auditus verior, ut placet Heraclito; oculi enim testes sunt certiores auribus; harum duarum viarum perveniendi ad rerum notitiam, eam solam Timæus instititit, quę erat jucundior. nam oculis per omnem vitam parcens, aures in eam rem adhibuit. Iam quum duobus modis sensus audiendi ad rerum perceptionem possit esse usui; si vel aliorum scriptis utaris, vel ipse quæ scire voles inquiras; in dijudicandis iis quæ sibi narrarentur, quàm negligens fuerit Timæus, jam antea in præcedentibus est à nobis ostensum. Quæ autem illum impulerit caussa, ut ad rerũ notitiam consequendam hanc potius viam ingrederetur, quàm alteram, facile potest cognosci. Enimvero, quæ librorum auxilio paratur cognitio, ea neque periculo ulli est conjuncta, neque vexationi. Ubi namque hoc unum aliquis sibi prospexerit, ut in urbe habitet copia librorum instructa; vel certe, ut aliquam prope se bibliothecam habeat: de

cætero

cætero jam nihil desideratur aliud, nisi ut vel in lectulo jacens, quodcunque scire voluerit, vestiget, & priorum scriptorum dicta (quod sine vexatione ulla potest fieri) inter se contendat & culpas observet. At illa rerum curiosa inquisitio, quam suopte Marte facere aliquis instituit, magnis constat laboribus, magno sumptu. cęterum ad historiam multum hæc confert, atque adeo pars illius est potissima. Manifestum hoc cujuis esse potest, vel illorum ipsorum testimoniis, qui res gestas mandarunt. Nam Ephori dictum est; Si posset fieri ut ipsi qui scribunt rebus gerendis intervenirent, hanc demum fore ex omnibus præstantissimam illas cognoscendi rationem. Et Theopompus; in bellicis quidem rebus, ait, ille pręstat omnibus, qui pręliis quàm plurimis interfuit. inter oratores vero ille excellit, qui plurimas ipse caussas egit. neq; aliter res habet cum in medicina, tum in arte gubernandi naves. Sed melius hoc ipsum & significantius poëta declaravit. Nam ille quum vellet nobis ostẽdere, qualem esse oporteat virum politicum, & in rerum actu positum, persona Ulyssis in medium adducta, sic fere ait;

Musa virum memora versutum, qui loca multa
Errans lustravit.

Et mox,

Multorum ille hominum mores cognovit & urbes:
Multa tulit qui dura, salo jactatus & undis.

& alibi,

Qui multa est passus bellans, multa æquora sulcans.

τὸν κατακείμενον ἐρευνᾷν δεῖ τὸ ζητούμενον, καὶ συγκρίνειν τὰς τῶν προγεγονότων συγγραφέων ἀγνοίας, ἄνευ πάσης κακοπαθείας. ἡ δὲ πολυπραγμοσύνη, πολλῆς μὲν προσδεῖται ταλαιπωρίας καὶ δαπάνης, μέγα δέ τι συμβάλλεται, καὶ μέγιστόν ἐστι μέρος τῆς ἱστορίας. Δῆλον δὲ τοῦτ᾽ ἔστιν ἐξ αὐτῶν τῶν τὰς συντάξεις πραγματευομένων. ὁ μὲν γὰρ Ἔφορος φησίν· εἰ δυνατὸν ἦν αὐτοὺς παρεῖναι πᾶσι τοῖς πράγμασι, ταύτην δὴ διαφέρειν πολὺ τῶν ἐμπειριῶν. ὁ δὲ Θεόπομπος· τοῦτον μὲν ἄριστον ἐν τοῖς πολεμικοῖς, τὸν πλείστοις κινδύνοις παρατετευχότα· τοῦτον δὲ δυνατώτατον ἐν λόγῳ, τὸν πλείστων μετεσχηκότα πολιτικῶν ἀγώνων. τὸν αὐτὸν δὲ τρόπον συμβαίνει ἐπὶ ἰατρικῆς καὶ κυβερνητικῆς. Ετι δὲ τούτων ἐμφαντικώτερον ὁ ποιητὴς εἴρηκε περὶ τούτου τοῦ μέρους. ἐκεῖνος γὰρ βουλόμενος ὑποδεικνύειν ἡμῖν οἷον δεῖ τὸν ἄνδρα τὸν πραγματικὸν εἶναι, προθέμενος τὸ τοῦ Ὀδυσσέως πρόσωπον, λέγει πως οὕτως·

Ανδρα μοι ἔννεπε Μοῦσα πολύτροπον, ὃς μάλα πολλὰ
Πλάγχθη.

καὶ προβάς,

Πολλῶν δ᾽ ἀνθρώπων ἴδεν ἄστεα, καὶ νόον ἔγνω·
Πολλὰ δ᾽ ὅγ᾽ ἐν πόντῳ πάθεν ἄλγεα ὃν κατὰ θυμόν.

καὶ ἔτι,

Ανδρῶν τε πολέμους, ἀλεγεινά τε κύματα πείρων.

16 Δοκεῖ δέ μοι καὶ τὸ τῆς ἱστορίας πρόσχημα τοιοῦτον ἄνδρα ζητεῖν. ὁ μὲν οὖν Πλάτων φησὶ, τότε τἀνθρώπεια καλῶς ἕξειν, ὅταν ἢ οἱ φιλόσοφοι βασιλεύσωσιν, ἢ οἱ βασιλεῖς φιλοσοφήσωσι. κἀγὼ δ' ἂν εἴποιμι, διότι τὰ τῆς ἱστορίας ἕξει τότε καλῶς, ὅταν ἢ οἱ πραγματικοὶ τῶν ἀνδρῶν γράφειν ἐπιχειρήσωσι τὰς ἱστορίας, μὴ καθάπερ νῦν παρέργως, νομίσαντες δὲ καὶ τοῦτ' εἶναι σφίσι τῶν ἀναγκαιοτάτων καὶ καλλίστων, ἀπερισπάστως παράσχωνται πρὸς τοῦτο τὸ μέρος τὰ κατὰ τὸν βίον· ἢ οἱ γράφειν ἐπιβαλλόμενοι, τὴν ἐξ αὐτῶν τῶν πραγμάτων ἕξιν ἀναγκαίαν ἡγήσωνται πρὸς τὴν ἱστορίαν. πρότερον δ' οὐκ ἔσται παῦλα τῆς τῶν ἱστοριογράφων ἀγνοίας. Ὧν ὁ Τίμαιος οὐδὲ τὴν ἐλαχίστην πρόνοιαν θέμενος, ἀλλὰ καταβιώσας ἐν ἑνὶ τόπῳ ξενιτεύων καὶ σχεδὸν ὡσανεὶ κατὰ πρόθεσιν ἀπειπάμενος καὶ τὴν ἐνεργητικὴν, τὴν περὶ τὰς πολεμικὰς καὶ πολιτικὰς πράξεις, καὶ τὴν ἐκ τῆς πλάνης καὶ θέας αὐτοπάθειαν· οὐκ οἶδ' ὅπως ἐκφέρεται δόξαν, ὡς ἕλκων τὴν τοῦ συγγραφέως προστασίαν. Καὶ διότι τὸ τῆς ἱστορίας τοιοῦτόν ἐστιν, αὐτὸν ἀνθομολογούμενον εὐχερὲς παραδεῖξαι τὸν Τίμαιον. κατὰ γὰρ τὸ προοίμιον τῆς ἕκτης βίβλου φησὶ, τινὰς ὑπολαμβάνειν, διότι τινὸς μείζονος δεῖται φύσεως καὶ φιλοπονίας καὶ παρασκευῆς τὸ τῶν ἐπιδεικτικῶν λόγων γένος, ἢ τὸ τῆς ἱστορίας· τούτους δὲ τὰς

Ac mihi ſane videtur hiſtoriæ dignitas ejuſmodi virum deſiderare. Dicebat olim Plato, tunc fore beatas res hominum, quando vel philoſophi eſſent regnaturi, vel Reges philoſophiæ ſtudiis vacaturi. Ego quoque dixerim, bene tunc hiſtoriæ fore conſultum, quando viri politici qui res gerunt, hiſtorias ſcribere ſeriò, non quaſi aliud agentes, inſtituerint; & perſuaſi rem univerſam eam eſſe è maxime ſibi neceſſariis ac pulcherrimis, ita ſe illi ſtudio applicuerint, ut per omnem vitam illud non ponant: aut qui conſcribendas hiſtorias ſuſcipiunt, in animum induxerint, omnino ei negotio pares ſe nunquam futuros, aliter quàm ſi prudentiam rerum uſu collectam ſibi paraverint. Quod priuſquam eveniat, qui hiſtorias conſcribunt, multa peccandi nullum finem facient. Timæus vero qui de comparandis ſibi hiſce præſidiis ne minimam quidem curam unquam habuit; ſed uno loco perpetuo ſe continvit, ibique hoſpes vixit, homini pene ſimilis, qui actuoſæ vitæ ex profeſſo renuntiavit, & cunctis quà bellicis, quà civilibus actionibus, itemque ei experientiæ quam ſuopte labore aliquis peregrinando & regiones varias viſendo poteſt parere; quomodo præſtantis & gravis hiſtorici opinionem obtinuerit, equidem neſcio. Quod autem hiſtoria ardua cum primis res ſit, confitentem ipſum Timæum exhibere facile eſt. Nam is in libri ſexti proœmio ſcribit, non deeſſe qui exiſtiment, orationem quæ in demonſtrativo genere verſatur, majore ingenio, induſtria & apparatu indigere, quàm hiſtoriam: & addit, jam olim qui ita ſentie-

ſentiebant, negotium Ephoro faceſſiſſe; qui quum ſatis pro rei dignitate hujus ſententiæ auctoribus reſpondere non potuerit; ipſe hiſtoriam cum orationibus in demonſtrativo genere contendens, ſcriptionem utramque inter ſe conatur comparare.

δόξας πρότερον μὲν Ἐφόρῳ φησὶ παραπεσεῖν· οὐ δυνηθέντος δ' ἱκανῶς ἐκείνου πρὸς τοὺς ταῦτα λέγοντας ἀπαντῆσαι, πειρᾶται συγκρίνειν αὐτὸς ἐκ παραβολῆς τὴν ἱστορίαν τοῖς ἐπιδεικτικοῖς λόγοις.

ΕΚ ΤΗΣ ΤΡΙΣΚΑΙΔΕΚΑΤΗΣ

ΙΣΤΟΡΙΑΣ

ΤΩΝ

ΠΟΛΥΒΙΟΥ ΤΟΥ ΜΕΓΑΛΟΠΟΛΙΤΟΥ

ΠΑΡΕΚΒΟΛΑΙ.

E POLYBII MEGA-

LOPOLITANI TERTIADECIMA

HISTORIA EXCERPTA.

Ὅτι ἡ πλεονεξία πάθος ἐστὶν ἀνήκεστον.

Ὅτι ἡ κακοπραγμοσύνη τοῖς πλείστοις τῶν πολιτικῶν καὶ πραγματικῶν ἐπονειδίστως ἐπιτηδεύεται.

Ἔπαινος τοῦ τῶν Ἀχαιῶν ἔθνους, τοῦ ἀπὸ τῆς ἐπιπολαζούσης κακοπραγμοσύνης ἀπηλλοτριωμένου.

Ἡ τῶν Ἀχαιῶν καὶ τῶν Ῥωμαίων αἵρεσις περὶ τὰ πολεμικά.

1 ΚΑΘΑΠΕΡ ἐπὶ τῶν ὑδρωπικῶν οὐδέποτε ποιεῖ παῦλαν, οὐδὲ κόρον τῆς ἐπιθυμίας ἡ τῶν ἔξωθεν ὑγρῶν πα-

Auaritiam animi morbum esse insanabilem.

Pleraque à politicis hominibus & iis qui publica negotia tractant, cum dolo malo administrari.

Gentis Achæorum laudatio, abhorrentis à dolo malo quo passim omnes utebantur.

Achæorum & Romanorum instituta rei militaris.

UEMADMODUM aqua intercute laborantium cupiditatem nemo unquam sedaverit, neque satiaverit liquoris ex-

ris externi admotione, nisi qui affecti corporis morbum prius sanaverit: ita plane cupiditatem augendi census exsatiare nemo queat, quin animi vitium ratione correxerit. Fuit cui in tractandis negotiis dolus malus placeret, quem Regi convenire nemo sane dixerit. etsi non desunt, qui in tam crebro usu hodie doli mali, necessarium eum esse dicant, ad publicarum rerum administrationem. Cæterum Achæi ab ejusmodi mente quam longissimè aberant. qui quidem dolosas erga amicos machinationes imperii amplificandi gratia, usque adeo abhorrebant, ut ne hostes quidem per fraudem vellent vincere. Quippe qui victoriam nullam neque satis illustrem, neque stabilem ducerent, nisi quis propalam hostes aggressus, animos ipsis virtute sua fregisset. Propterea convenerat inter ipsos ut neque occultis telis alter in alterum uterentur, neque missilibus è longinquo jactis. Cernendi namque controversias solam putabant legitimam esse rationem, cum pede collato pugnatur comminus. Iccirco etiam quoties armis decertare statuissent, & bella & prælia sibi invicem denunciabant; loca item ad quæ aciei instruendæ caussa essent venturi. Nunc, si quis Imperator suum aliquod consilium bellicum minus occulverit, vitio id illi vertunt. Adhuc apud Romanos veterum institutorum rei militaris leviter impressa vestigia quædam manent. nam & bella indicunt, & insidiis rarò utuntur, & comminus rem gerentes pugnam edunt statariam.

ράθεσις, ἐὰν μὴ τὴν ἐν αὐτῷ τῷ σώματι διάθεσιν ὑγιάζῃ τις· τὸν αὐτὸν τρόπον οὐδὲ τὴν πρὸς τὸ πλεῖον ἐπιθυμίαν οἷόν τε κορέσαι, μὴ οὐ τὴν ἐν τῇ ψυχῇ κακίαν λόγῳ τινὶ διορθωσάμενον. Ἐγένοντό τινες περὶ τὴν τοιαύτην κακοπραγμοσύνην, ἣν δὴ βασιλικὴν μὲν οὐδαμῶς οὐδεὶς ἂν εἶναι φήσειεν· ἀναγκαίαν δὲ βούλονται λέγειν ἔνιοι πρὸς τὸν πραγματικὸν τρόπον, διὰ τὴν νῦν ἐπιπολάζουσαν κακοπραγμοσύνην. Οἱ μὲν Ἀχαιοὶ πολύ τι τοῦ τοιούτου μέρους ἐκτὸς ἦσαν. τοσοῦτον γὰρ ἀπηλλοτρίωντο τοῦ κακομηχανεῖν περὶ τοὺς φίλους, χάριν τοῦ τῷ τοιούτῳ συναύξειν τὰς σφετέρας δυναστείας, ὡς οὐδὲ τοὺς πολεμίους ᾑροῦντο δι' ἀπάτης νικᾷν, ὑπολαμβάνοντες οὐδὲν οὔτε λαμπρὸν, οὐδὲ μὴν βέβαιον εἶναι τῶν κατορθωμάτων, ἐὰν μή τις ἐκ τοῦ προφανοῦς μαχόμενος ἡττήσῃ ταῖς ψυχαῖς τοὺς ἀντιταττομένους. Διὸ καὶ συνετίθεντο πρὸς σφᾶς μήτε ἀδήλοις βέλεσι, μήθ' ἑκηβόλοις χρήσασθαι κατ' ἀλλήλων· μόνην δὲ τὴν ἐκ χειρὸς καὶ συστάδην γινομένην μάχην, ἀληθινὴν ὑπελάμβανον εἶναι κρίσιν πραγμάτων. ἢ καὶ τοὺς πολέμους ἀλλήλοις προὔλεγον καὶ τὰς μάχας, ὅτε προθοῖντο διακινδυνεύειν, καὶ τοὺς τόπους, εἰς οὓς μέλλοιεν ἐξιέναι, παραταξάμενοι. Νῦν δὲ καὶ φαύλου φασὶν εἶναι στρατηγοῦ τὸ προφανῶς τι πράττειν τῶν πολεμικῶν. βραχὺ δέ τι λείπεται παρὰ Ῥωμαίοις ἴχνος ἔτι τῆς ἀρχαίας αἱρέσεως περὶ τὰ πολεμικά. καὶ γὰρ προλέγουσι τοὺς πολέμους, καὶ ταῖς ἐνέδραις σπανίως χρῶνται, καὶ τὴν μάχην ἐκ χειρὸς ποιοῦνται καὶ συστάδην.

ταῦτα

ταῦτα μὲν οὖν εἰρήσθω πρὸς τὸν ἐπιπολάζοντα νῦν ὑπὲρ τὸ δέον ἐν τῇ κακοπραγμοσύνῃ ζῆλον περὶ τοὺς ἡγουμένους, ἔν τε ταῖς πολιτικαῖς καὶ πολεμικαῖς οἰκονομίαις.

Ὅτι Φίλιππος πρὸς τὸ κακοποιεῖν Ῥοδίους πάντα λίθον ἐκίνησε.

Ὅτι Ἡρακλείδης ὁ τοῦ Φιλίππου στρατηγὸς ἐπίσημος, Ταραντῖνος ἦν, ἄνθρωπος ἐξωλέστατος.

2 Ὁ ΔΕ Φίλιππος Ἡρακλείδῃ μὲν καθαπερεὶ ὑπόθεσιν δοὺς, ἐπέταξε φροντίζειν πῶς ἂν κακοποιήσῃ καὶ διαφθείρῃ τὰς τῶν Ῥοδίων νῆας· εἰς δὲ τὴν Κρήτην πρεσβευτὰς ἐξαπέστελλε τοὺς ἐρεθιοῦντας καὶ παρορμήσοντας ἐπὶ τὸν κατὰ τῶν Ῥοδίων πόλεμον. ὁ δ᾽ Ἡρακλείδης ἄνθρωπος εὖ πεφυκὼς πρὸς τὸ κακὸν, ἕρμαιον ἡγησάμενος τὴν ἐπιταγὴν, καὶ διανοηθείς τινα δή ποτ᾽ οὖν παρ᾽ αὑτῷ, μετά τινα χρόνον ὥρμησε, καὶ παρῆν καταπλέων εἰς τὴν Ῥόδον. Συνέβαινε δὲ τὸν Ἡρακλείδην τοῦτον, τὸ μὲν γένος ἀνέκαθεν εἶναι Ταραντῖνον, πεφυκέναι δὲ ἐκ βαναύσων καὶ χειροτεχνῶν ἀνθρώπων· μεγάλα δ᾽ ἐσχηκέναι προτερήματα πρὸς ἀπόνοιαν καὶ ῥᾳδιουργίαν. Πρῶτον μὲν γὰρ ἀναφανδὸν τῷ σώματι παρεκέχρητο κατὰ τὴν πρώτην ἡλικίαν· εἶτ᾽ ἀγχίνους ὑπῆρχε καὶ μνήμων· καὶ πρὸς μὲν τοὺς ταπεινοτέρους καταπληκτικώτατος, καὶ θρασύτατος, πρὸς

Hæc nos dicta voluimus, adversus istud quod supra modum inter principes viros nunc viget, & ceu mutua æmulatione quadam alitur, studium dolo malo utendi in administratione rerum sive civilium, sive bellicarum.

Philippi studium & conatus nocendi Rhodiis.

Heraclidem Philippi ducem inter primos, Tarentinum fuisse, virum perditissimum.

PHILIPPUS quasi argumentum exercendi ingenii Heraclidæ vellet dare, id illum jusserat agere, ut quo posset cunque maleficio naves Rhodiorum læderet, easque corrumperet: ipse interim legatos in Cretam miserat, qui ad bellum contra Rhodios suscipiendum Cretenses irritarent atque impellerent. Heraclides qui ad maleficium egregiè à natura esset comparatus, Philippi jussum pro lucro deputans, postquam nescio quę consilia animo versasset apud se, mox profectus Rhodum navigavit. Hic enimvero Heraclides quod ad vetustam generis originem, Tarentinus, majoribus erat ortus sordidis, & qui artes sellularias exercerent; ipse ad quodcunque scelus vel flagitium hominis perditi audendum magna præsidia habebat. Jam primùm, ineunte ætate prostituto palam corpore, impudice vixerat; ad hæc sollertia mentis & memoria valebat. adversus humiles tenuesque terribilis supra modum atque audax, ad demulcendum potentiores

tiores adulatorum artes mirifice callebat. Is primo exulare extorris ab solo patrio fuerat coactus, quod Romanis Tarentum prodere esset visus; non quod inter cives aliquid ipse tunc posset; verùm architectus quum esset, per occasionem reficiendi partem aliquam murorum, claves ejus portæ qua itur in mediterranea in potestate tunc habebat. Quum ad Romanos perfugisset, atque inde vice versa literas Tarentum & ad Hannibalem mitteret, ubi patuit dolus, exitum rei providens, ad Philippum rursus aufugit. apud quem eam sibi fidem conciliavit, eo potentiæ crevit, ut evertendi tanti regni præcipua propemodum caussa ipse exstiterit.

δὲ τοὺς ὑπερέχοντας κολακικώτατος. οὗτος ἀρχῆθεν μὲν ἐκ τῆς πατρίδος ἐξέπεσε, δόξας τὸν Τάραντα πράττειν Ῥωμαίοις· οὐ πολιτικὴν ἔχων δύναμιν· ἀλλ' ἀρχιτέκτων ὑπάρχων, καὶ διά τινας ἐπισκευὰς τῶν τειχῶν, κύριος γενόμενος τῶν κλειδῶν τῆς πύλης τῆς ἐπὶ τὸ μεσόγαιον φερούσης. καταφυγὼν δὲ πρὸς Ῥωμαίους, καὶ πάλιν ἐκεῖθεν γράφων, καὶ διαπεμπόμενος εἰς τὸν Τάραντα καὶ πρὸς Ἀννίβαν, ἐπεὶ καταφανὴς ἐγίνετο, προαισθόμενος τὸ μέλλον, αὖθις ἔφυγε πρὸς τὸν Φίλιππον. παρ' ᾧ τοιαύτην περιεποιήσατο πίστιν καὶ δύναμιν, ὥστε τοῦ καταστραφῆναι τὴν τηλικαύτην βασιλείαν, σχεδὸν αἰτιώτατος γεγονέναι.

VERITATEM vim habere maximam, & de mendacio semper triumphare.

Ὅτι ἡ ΑΛΗΘΕΙΑ μεγίστην ἔχει δύναμιν, καὶ ἀεί ποτε καταγωνίζεται τὸ ψεῦδος.

EQUIDEM existimo Naturam mortalibus VERITATEM constituisse Deam maximam, maximamque illi vim attribuisse. Nam hæc cum ab omnibus oppugnetur, atque adeo omnes nonnunquam verisimiles conjecturæ à mendacio stent; ipsa per se nescio quomodo in animos hominum sese insinuat; & modò repente illam suam vim exerit; modò tenebris obtecta longo tempore, ad extremum suapte vi ipsa vincit obtinetque & de mendacio triumphat.

ΚΑΙ μοι δοκεῖ μεγίστην θεὸν 3
τοῖς ἀνθρώποις ἡ φύσις ἀποδεῖξαι τὴν ΑΛΗΘΕΙΑΝ, καὶ μεγίστην αὐτῇ προσθεῖναι δύναμιν. πάντων γοῦν αὐτὴν καταγωνιζομένων, ἐνίοτε δὲ καὶ πασῶν τῶν πιθανοτήτων μετὰ τοῦ ψεύδους ταττομένων· οὐκ οἶδ' ὅπως αὐτὴ δι' αὑτῆς εἰς τὰς ψυχὰς εἰσδύεται τῶν ἀνθρώπων· καὶ ποτὲ μὲν παραχρῆμα δείκνυσι τὴν αὑτῆς δύναμιν, ποτὲ δὲ πολὺν χρόνον ἐπισκοτισθεῖσα, τέλος αὐτὴ δι' ἑαυτῆς ἐπικρατεῖ, καὶ καταγωνίζεται τὸ ψεῦδος.

Ὅτι Νάβις ὁ φονικώτατος τῶν Λακεδαιμονίων τύραννος ἀσέβειαν καὶ παρανομίαν εἰς τοὺς πολίτας ἐνεδείξατο.

ΑΠΗΓΑ μηχανὴ τοῦ Νάβιδος, πρὸς ἀνθρώπων ὄλεθρον.

4 Ὁ ΔΕ τῶν Λακεδαιμονίων τύραννος Νάβις, ἔτος ἤδη τρίτον ἔχων τὴν ἀρχὴν, ὁλοσχερὲς μὲν οὐδὲν ἐπεβάλλετο πράττειν, οὐδὲ τολμᾷν, διὰ τὸ πρόσφατον εἶναι τὴν ὑπὸ τῶν Ἀχαιῶν ἧτταν τοῦ Μαχανίδου· καταβολὴν δ' ἐποιεῖτο, καὶ θεμέλιον ὑπεβάλλετο πολυχρονίου καὶ βαρείας τυραννίδος. διέφθειρε γὰρ τοὺς λοιποὺς ἄρδην ἐκ τῆς Σπάρτης· ἐφυγάδευσε δὲ τοὺς κατὰ πλέον πλούτῳ διαφέροντας ἢ δόξῃ προγονικῇ. τὰς δὲ τούτων οὐσίας καὶ γυναῖκας διεδίδου τῶν ἄλλων τοῖς ἐπιφανεστάτοις καὶ τοῖς μισθοφόροις. οὗτοι δ' ἦσαν ἀνδροφόνοι, καὶ παραχίται, λωποδύται, τοιχωρύχοι. καθόλου γὰρ τοῦτο τὸ γένος ἤθροιζε πρὸς αὐτὸν ἐπιμελῶς ἐκ τῆς οἰκουμένης, οἷς ἄβατος ἦν ἡ θρέψασα δι' ἀσέβειαν καὶ παρανομίαν. ὧν προστάτην καὶ βασιλέα αὑτὸν ἀναδείξας, καὶ χρώμενος δορυφόροις καὶ σωματοφύλαξι τούτοις, δῆλον ὅτι ἔμελλε πολυχρόνιον ἕξειν τὴν ἐπ' ἀσεβείᾳ φήμην καὶ δυναστείαν. ὥστε χωρὶς τῶν προειρημένων, οὐκ ἐξήρκειτο φυγαδεύων τοὺς πολίτας· ἀλλ' οὐδὲ τοῖς φεύγουσιν οὐδεὶς τόπος ἦν ἀσφαλὴς, οὐδὲ καταφυγὴ βέβαιος. τοὺς μὲν γὰρ ἐν ταῖς ὁδοῖς ἐπαποστέλλων ἀνῄρει, τοὺς

Nabidis crudelissimi Lacedæmoniorum tyranni immanitas in cives horrendä.

APEGA machina Nabidis ad tollendos homines.

NABIS Lacedæmoniorum Tyrannus qui tertium jam annum rerum potiebatur, nihil ille quidem majoris rei aggredi vel moliri audebat; quod recens adhuc esset memoria devicti ab Acheis Machanidæ. sed mansuræ diutius ac durę tyrannidis principia ponebat, & fundamenta jaciebat. reliquias enim nominis Spartani funditus delebat. eos qui opibus aut gloria majorum cæteris prestabant, solum vertere cogebat. horum fortunas & uxores iis qui inter reliquos eminebant & mercenario militi dividebat; hi autem erant, homicidæ, effractores, præmiatores nocturni, vecticularii. nam hoc dumtaxat genus hominum, quibus propter impia facinora, & immania scelera pedem in patria sua ponere non licebat, sedulo Nabis toto undique ex Orbe terrarum ad se arcessebat. Horum ille patronum & Regem quum se constituisset, stipatores & satellites eos sibi instituisset, in longum videlicet tempus istorum ope & impietatis suæ famam & dominationem erat extensurus. Itaque præter illa quæ jam diximus, cives in exilium pellere non contentus; id operam dabat, ne quis exulibus locus esset tutus, ne ullum perfugium securum. alios enim percussoribus summissis per vias occidebat, alios ab exi-

ab exilio revocatos trucidabat. Postremo in iis urbibus quas haberent exules, conductis per homines nullo modo suspectos vicinis domibus iis quas ipsi incolerent, Cretenses eò mittebat, qui parietibus intergerinis effractis, per apertas fenestras exulum alios stantes, alios decumbentes in suis ædibus sagittis configebant & necabant. ut miseris Lacedæmoniis nullus ad perfugium locus satis tutus pateret, nullum tempus à periculo esset immune. Atque hac sane ratione plurimos eorum è medio sustulit. Idem Nabis machinam quoque, si tamen ea machina est dicenda, talem struxerat. Simulacrum muliebre erat pretiosis vestibus adornatum; formæ similitudine Nabidis uxorem arte eximia referens. Quoties civium aliquos tyrannus ad se vocabat, ut pecuniis eos emungeret, principio longa oratione eaque perbenigna ipsos compellabat; periculum quod regioni & urbi etiam ab Achæis imminebat, ipsis ob oculos ponebat; quantum stipendiariorum numerum salutis ipsorum caussa aleret, significabat; quantos in sacris procurandis, aut publicis negotiis sumptus faceret. Ejusmodi sermonibus si, qui audiebant, commoverentur, ad destinata exsequenda hoc illi satis erat. sin aliqui essent, qui pecunias pendere recusantes, jussa capessere detrectarent; in hæc tum verba tyrannus erumpebat: Equidem fortasse quod cupio persuadere tibi non valeo: Apegam vero hanc (id nomen Nabidis conjux habebat) puto tibi

δ' ἐκ τῶν τόπων ἐπάναγαγόντας ἐφό-
νευε. τὸ δὲ τελευταῖον, ἐν ταῖς πόλεσι τὰς συνεχεῖς οἰκίας ὅπου τις
τυγχάνοι κατοικῶν τῶν φυγάδων μι-
σθούμενος δι' ἀνυπονοήτων ἀνθρώπων,
εἰς ταύτας εἰσέπεμπε Κρῆτας· οἵτινες ῥήγματα ποιοῦντες ἐν τοῖς τοί-
χοις, καὶ διὰ τῶν ὑπαρχουσῶν θυρί-
δων τοξεύοντες τοὺς μὲν ἑστῶτας τῶν
φυγάδων, τοὺς δ' ἀνακειμένους ἐν
ταῖς ἰδίαις οἰκίαις διέφθειρον. ὥστε
μήτε τόπον εἶναι μηδένα φεύξιμον,
μήτε καιρὸν ἀσφαλῆ τοῖς ταλαι-
πώροις Λακεδαιμονίοις. Καὶ δὴ
τῷ τοιούτῳ τρόπῳ τοὺς μὲν πλείστους αὐτῶν ἠφάνισε. Κατεσκευά- 5
σατο δὲ καί τινα μηχανήν, εἰ μηχανὴν ταύτην χρὴ λέγειν. ἦν γὰρ
εἴδωλον γυναικεῖον πολυτελέσιν ἱ-
ματίοις ἠμφιεσμένον. κατὰ δὲ τὴν
μορφὴν εἰς ὁμοιότητα τῇ τοῦ Νάβιδος γυναικὶ διαφόρως ἀπειργα-
σμένον. ὁπότε δέ τινας τῶν πολιτικῶν ἀνεκαλέσατο, βουλόμενος
εἰσπράξαι χρήματα· τὰς μὲν
ἀρχὰς διετίθετο λόγους πλείονας καὶ
φιλανθρώπους, ὑποδεικνύων μὲν
τὸν ὑπὸ τῶν Ἀχαιῶν ἐπικρεμάμε-
νον τῇ χώρᾳ καὶ τῇ πόλει φόβον·
διασαφῶν δὲ τὸ πλῆθος τῶν μισθοφόρων τὸ τρεφόμενον τῆς ἐκείνων
ἀσφαλείας χάριν· ἔτι δὲ τὰς εἰς
τοὺς θεοὺς καὶ τὰς κοινὰς τῆς πόλεως
δαπάνας. εἰ μὲν οὖν ἐντρέποιντο
διὰ τῶν τοιούτων λόγων, εἶχεν
ἀποχρώντως αὐτῷ πρὸς τὸ προ-
κείμενον· εἰ δέ τινες ἐξαρνούμενοι
διωθοῖντο τὴν ἐπιταγὴν, ἐπε-
φθέγγετο λόγον τοιοῦτον· Ἴσως ἐγὼ
μὲν οὐ δύναμαί σε πείθειν. Ἀπῆ-
γαν μέν τοι ταύτην δοκῶ σε πείσειν. τοῦτο δ' ἦν ὄνομα τῇ γυναικὶ

τοῦ Νάβιδος. καὶ ταῦτ' ἔλεγε, καὶ παρῆν ὃ μικρῷ πρότερον ἔλεγον εἴδωλον. ὃ δεξιωσάμενος ἐπειδὰν ἐκ τῆς καθέδρας ἀνέστησε τὴν γυναῖκα, καὶ περιέπτυξε ταῖς χερσὶ, προσήγετο κατὰ βραχὺ πρὸς τὰ στέρνα. τοὺς δὲ πήχεις εἶχε καὶ τὰς χεῖρας πλήρεις σιδηρῶν γόμφων ὑπὸ τοῖς ἱματίοις. ὁμοίως καὶ κατὰ τοὺς μαστούς. ὅταν οὖν προσήρεισε ταῖς χερσὶ πρὸς τὰ νῶτα τῆς γυναικὸς, κἄπειτα διὰ τῶν ὀργάνων ἑλκόμενον, ἐπέτεινε καὶ προσῆγε πρὸς τοὺς μαστοὺς, κατ' ἐλάχιστον πᾶσαν ἠνάγκαζε φωνὴν προΐεσθαι τὸν πιεζόμενον. Καὶ πολλοὺς δή τινας. τῷ τοιούτῳ τρόπῳ διέφθειρε τῶν ἐξαρνουμένων.

persuasuram. Simul hæc ille dicebat, & statim aderat simulacrum de quo sumus locuti. tum autem tyrannus ubi è sede sua mulierem excitasset, per speciem comitatis dextram prehendens, utraque manu collocutorem amplectebatur, ac paullatim ad pectus admovebat. erant autem illi cubiti & brachia ferreis clavis plena, quos vestis occultabat. similiter etiam in mammis infixos habuit clavos. quando igitur brachia impresserat dorso mulieris, mox organis quibusdam attractum intendebat & paullatim ad mammas adducens, eum qui premebatur omne genus voces cogebat edere. Atque hoc modo muitos eorum sustulit, qui pecunias dare recusabant.

ΕΚ ΤΗΣ ΤΕΣΣΑΡΕΣΚΑΙΔΕΚΑΤΗΣ

ΙΣΤΟΡΙΑΣ

ΤΩΝ

ΠΟΛΥΒΙΟΥ ΤΟΥ ΜΕΓΑΛΟΠΟΛΙΤΟΥ

ΠΑΡΕΚΒΟΛΑΙ.

E POLYBII MEGALOPOLITANI QUARTADECIMA HISTORIA EXCERPTA.

Res præclarè gestæ in Africa à Scipione adversus Asdrubalem Pœnum, & Syphacem Regem Numidarum.

Ὅσα ὁ Σκιπίων ἐν τῇ Λιβύῃ συνεχῶς ἐπενοήσατο κατὰ Ἀσδρούβα τοῦ Καρχηδονίου, καὶ Σύφακος τοῦ τῶν Νομάδων βασιλέως.

Quomodo materia, è qua erant structa tabernacula Carthaginiensium & Numidarum, occasionem Scipioni præbuerit facinus edendi miræ virtutis & audaciæ.

Πῶς ἀφορμὴ ἐγένετο τῷ Σκιπίωνι ἐκ τῆς σκηνοποιΐας τῶν Φοινίκων καὶ Νομάδων πρὸς τὸ ἀποδεῖξαι ἔργον κάλλιστον καὶ παραβολώτατον.

Quomodo Scipio studium pacis simulans, hostem reddidit incautum ac negligentem.

Πῶς ὁ Σκιπίων σπουδάζειν ὑπὲρ τῆς εἰρήνης προσποιησάμενος τῶν ὑπεναντίων τὴν σπουδὴν ἔλυσε.

Ἐμπρησμὸς τῶν Σύφακος καὶ Ἀσδρούβου στρατοπεδειῶν.

Πῶς οἱ Καρχηδόνιοι ταῖς ψυχαῖς οὐχ ἡττημένοι ἐν ἡμέραις τριάκοντα διπλασίως ἐπεῤῥώσθησαν.

Πῶς ὁ Σκιπίων ἐκ παρατάξεως ἐνίκησε τοὺς ἐναντίους.

Πῶς οἱ Καρχηδόνιοι τῇ μάχῃ λειφθέντες, ταῖς ψυχαῖς οὐδὲ τότε ἡττήθησαν.

I OI μὲν οὖν ὕπατοι περὶ ταύτας ἐγίνοντο τὰς πράξεις· ὁ δὲ Πόπλιος ἐν τῇ Λιβύῃ κατὰ τὴν παραχειμασίαν συνθανόμενος, ἐξαρτύειν στόλον τοὺς Καρχηδονίους, ἐγίνετο μὲν καὶ περὶ ταύτην τὴν παρασκευήν. οὐχ ἧττον δὲ καὶ περὶ τὴν τῆς Ἰτύκης πολιορκίαν. οὐ μὴν οὐδὲ τὰς κατὰ τὸν Σύφακα τελέως ἐλπίδας ἀφίστατο· διεπέμπετο δὲ συνεχῶς, διὰ τὸ μὴ πολὺ ἀφεστάναι τὰς δυνάμεις ἀλλήλων· πεπεισμένος, μετακαλέσειν αὐτὸν ἀπὸ τῆς τῶν Καρχηδονίων συμμαχίας. οὐ γὰρ ἀπεγίνωσκε, καὶ τῆς παιδίσκης αὐτὸν ἤδη κόρον ἔχειν, δι' ἣν εἵλετο τὰ Καρχηδονίων, καὶ καθόλου τῆς πρὸς Φοίνικας φιλίας, διά τε τὴν φυσικὴν τῶν Νομάδων ἀψικορίαν, καὶ διὰ τὴν πρός τε τοὺς θεοὺς καὶ τοὺς ἀνθρώπους ἀθεσίαν. ὢν δὲ περὶ πολλὰ τῇ διανοίᾳ, καὶ ποικίλας ἔχων ἐλπίδας ὑπὲρ τοῦ μέλλοντος διὰ τὸ καταῤῥωδεῖν τὸν ἔξω κίνδυνον, τῷ πολλαπλασίους εἶναι τοὺς ὑπεναντίους, ἐπελάβετο τινὸς ἀφορμῆς τοιαύτης. τῶν γὰρ διαπεμπομένων

Incendium castrorum & Asdrubalis & Syphacis.

Quomodo Carthaginienses animos invictos gerentes, diebus triginta duplo animosiores sint facti.

Quomodo Scipio prælio hostes devicerit.

Quomodo Carthaginienses prælio victi animis manserint invictis.

UM Consules in his erant occupati, Publius interim in Africa hibernans, cognito Carthaginienses classem parare, ad curam rei nauticæ ipse quoque se convertit: sic tamen, ut de obsidione Uticæ non minus cogitaret. Sed nec de Syphace spem abjecerat: quin potius, quia amborum copiæ haut procul invicem distabant, suos ad eum assidue mittebat; persuasus, se posse ipsum à Pœnorum societate revocare. Nam quum solita sint Numidarum ingenia cito fastidire quæ cupide appetierunt, & fidem diis pariter atque hominibus facile mutare; non desperabat Scipio, posse fieri, ut & puellæ propter quam Carthaginiensibus se adjunxerat, & omnino amicitiæ Pœnorum satietas eum cepisset. Qui autem in varias partes animum versaret, & de futuro spe magna duceretur, dimicationem in patentibus campis refugiens, eo quod multis partibus plures erant Pœni, oblatam sibi occasionem hujusmodi arripuit. Renun-

Renuntiaverant ipsi quidam ex iis quos ad Syphacem miserat; Carthaginienses hibernacula sua ex lignea omnis generis materia, & frondis congerie, nulla terra immista, exædificasse: Numidarum illos qui eo loci primi constiterant, ex arundinibus; illos qui jam ex urbibus eodem conveniebant, è sola fronde tentoria structa habere; partim intra, partim extra fossam etiam vallumque locis occupatis. Ratus itaque Scipio, nihil tentari à se posse, neque magis improvisum hosti, neque magis conducibile suis rationibus, quàm si igne inimicos aggrederetur, ad hoc inceptum totus se convertit. Syphax quum ad Publium sæpius mitteret, eò semper revoluebatur, ut diceret; Pœnis Italia, pariterque Romanis Africa esse excedendum. quod ad illa quæ in medio essent sita, permittendam utrique populo possessionem eorum quæ uterque jam obtineret. Quas conditiones Publius initio ne auribus quidem admittebat ullo modo: sed tunc per eos quos ad Syphacem mittebat, levem aliquam spem ipsi faciebat, rem posse ita ut ipse proponebat, convenire. Ita factum ut Numida, qua fuit levitate, libertatem commeandi ultro citroque, multo adhuc libentius quàm ante & incautius permitteret. iccirco etiam dum hæc aguntur & plures & sæpius sunt missi. interdum vero & dies aliquot alteri in alterorum castris sine ulla cautione, habitarunt. Quo tempore Scipio, cum legatis quos mitteret, semper aliquos spectatæ prudentiæ viros, aut etiam militares interdum, sordido humilique habitu & ad instar servorum concinnatos,

πρὸς τὸν Σύφακα τινὲς ἀπήγγελλον αὐτῷ· διότι συμβαίνει τοὺς μὲν Καρχηδονίους ἐκ παντοδαπῶν ξύλων καὶ φυλλάδος ἄνευ γῆς ἐν τῇ παραχειμασίᾳ κατεσκευακέναι τὰς σκηνάς. τῶν δὲ Νομάδων τοὺς μὲν ἐξ ἀρχῆς ἐκ καλάμων, τοὺς δὲ συναγομένους ἐκ τῶν πόλεων ὡς τὸ παρὸν ἐξ αὐτῆς τῆς φυλλάδος σκηνοποιεῖσθαι· τοὺς μὲν ἐντὸς, τοὺς δὲ πλείους αὐτῶν ἐκτὸς τῆς τάφρου καὶ τοῦ χάρακος. νομίσας οὖν ὁ Πόπλιος παραδοξοτάτην μὲν τοῖς πολεμίοις, πραγματικωτάτην δὲ σφίσιν εἶναι τὴν διὰ τοῦ πυρὸς ἐπιβολὴν, ἐγίνετο περὶ ταύτην τὴν κατασκευήν. ὁ δὲ Σύφαξ ἐν ταῖς πρὸς τὸν Πόπλιον διαποστολαῖς ἀεί πως ἐπὶ ταύτην κατήντα τὴν γνώμην· ὅτι δέοι Καρχηδονίους μὲν ἐκ τῆς Ἰταλίας ἀπαλλάττεσθαι, Ῥωμαίους δὲ παραπλησίως ἐκ τῆς Λιβύης. τὰ δὲ μεταξὺ τούτων ἔχειν ἀμφοτέρους, ὧν τότε κατεῖχον. ὧν ὁ Πόπλιος ἀκούων ἐν τοῖς πρὸ τοῦ χρόνοις, οὐδαμῶς ἀνείχετο. τότε δὲ τῷ Νομάδι βραχεῖαν ἔμφασιν ἐποιήσατο διὰ τῶν ἀποστελλομένων, ὡς οὐκ ἀδυνάτου τῆς ἐπιβολῆς οὔσης ἧς ἐπιβάλλεται. δι᾽ οὗ συνέβη τὸν Σύφακα κουφισθέντα πολλαπλασίως ἐπιῤῥωσθῆναι πρὸς τὴν ἐπιπλοκήν. οὗ γινομένου, πλείους ἦσαν οἱ διαπεμπόμενοι καὶ πλεονάκις. ἔστι δ᾽ ὅτε καί τινας ἡμέρας ἔμενον παρ᾽ ἀλλήλοις ἀπαρατηρήτως. ἐν αἷς ὁ Πόπλιος ἀεί τινας μὲν τῶν πραγματικῶν, οὓς δὲ καὶ στρατιωτικῶν ῥυπαντὰς καὶ ταπεινοὺς εἰς δουλικὰς ἐσθῆτας διασκευάζων, μετὰ τῶν ἀποστελλομένων ἐξέπεμπε, χάριν τοῦ τὰς προσόδους καὶ τὰς εἰσόδους τὰς εἰς ἑκατέραν τὴν παρεμβολὴν ἀσφαλῶς ἐξερευνῆσαι καὶ κατοπτεῦσαι. Δύο γὰρ ἦσαν στρατοπεδεῖαι· μία μὲν, ἣν Ἀσδρούβας εἶχε μετὰ πεζῶν τρισμυρίων καὶ τρισχιλίων ἱππέων· ἄλλη δὲ περὶ δέκα σταδίους ἀφεστῶσα ταύτης, ἡ τῶν Νομάδων, ἱππεῖς μὲν εἰς μυρίους ἔχουσα, πεζοὺς δὲ περὶ πεντακισμυρίους ἤδη. ἣ καὶ μᾶλλον εὐέφοδος ἦν, καὶ τὰς σκηνὰς εἶχε τελέως εὐφυεῖς πρὸς ἐμπυρισμὸν, διὰ τὸ τοὺς Νομάδας, ὡς ἄρτι εἶπον, μὴ διὰ ξύλων, μηδὲ διὰ γῆς, ἁπλῶς δὲ κάνναις καὶ καλάμοις χρῆσθαι πρὸς τὰς σκηνοποιΐας.

2 Ἐπειδὴ δὲ τὰ μὲν τῆς ἐαρινῆς ὥρας ὑπέφαινεν ἤδη, τῷ δὲ Σκιπίωνι πάντα διηρεύνητο πρὸς τὴν προκειμένην ἐπιβολὴν τὰ κατὰ τοὺς ὑπεναντίους, τὰς μὲν νῆας καθεῖλκε, καὶ μηχανὰς κατεσκεύαζε ταύταις ὡς πολιορκήσων ἐκ θαλάττης τὴν Ἰτύκην· τοῖς δὲ πεζοῖς, οὖσιν ὡς δισχιλίοις, κατελάβετο πάλιν τὸν ὑπὲρ τὴν πόλιν κείμενον λόφον, καὶ τοῦτον ὠχύρου καὶ διετάφρευε πολυτίμως· τοῖς μὲν ὑπεναντίοις ποιῶν φαντασίαν, ὡς τοῦτο πράττων τῆς πολιορκίας ἕνεκα, τῇ δ᾽ ἀληθείᾳ βουλόμενος ἐφεδρεύειν τοῖς κατὰ τὸν τῆς πράξεως καιρὸν, ἵνα μὴ τῶν στρατοπέδων ἐκ τῆς παρεμβολῆς χωρισθέντων, οἱ τὴν Ἰτύκην παραφυλάττοντες στρατιῶται, τολμήσωσιν ἐξελθεῖν ἐκ τῆς πόλεως, ἐγχειρεῖν τε τῷ χάρακι διὰ τὸ σύνεγγυς εἶναι, καὶ πολιορκεῖν τοὺς φυλάττοντας. ταῦτα δὲ παρασκευαζόμενος, ἅμα διεπέμπετο πρὸς τὸν Σύφακα, πυνθανόμενος ἐὰν συγχωρῇ τοῖς παρακαλουμένοις, εἰ καὶ Καρχηδονίοις ἔσται ταῦτα κατὰ γνώμην, καὶ μὴ πάλιν ἐκεῖνοι φήσουσι

proficiſci jubebat; qui exitus atque aditus utrorumque caſtrorum tutò explorarent ac ſpecularentur. Erant enim gemina caſtra. altera habuit Aſdrubal cum peditibus ccIↄↄ ccIↄↄ ccIↄↄ, equitibus cIↄ cIↄ cIↄ. altera caſtra decem inde circiter ſtadia, Numidæ habebant, in quibus erant equitum ccIↄↄ, peditum vero jam ad millia quinquaginta. & erat ad hæc caſtra facilior aditus quàm ad altera; tum autem tabernacula Numidarum incendi penitus facilia; quoniam, ut modo dicebamus, ad tentoria ſua exſtruenda, neque ligneam materiam, neque terram adhibent, ſed cannas dumtaxat; ſive ſtoream & arundines. Poſteaquam & ver jam appetebat, & Scipio abunde exploraverat de hoſtibus quæ ad id quod parabat ſcire ipſum oporteret, deductis navibus, machinis eas, velut à mari aggreſſurus Uticam, inſtruit. duo millia militum ad capiendum quem antea tenuerat tumulum ſuper Uticam mittit; eumque munit & impenſiore ſtudio foſſa pręcingit: in ſpeciem, ut hoſti perſuaderet, ad obſidionem Uticæ illa ſe facere: re vera, ut pręſidium ſuis in tempus quo deſtinata exſequeretur, proſpiceret. ne ubi legiones caſtris eduxiſſet, manus militum qui Uticam cuſtodiebant, eruptione facta ex urbe, caſtra Romana, adeo pręſertim Uticę propinqua, aggredi auderent, & relictas ibi ad cuſtodiam cohortes obſiderent. Simul hęc parabat Scipio, ſimul legatos ad Syphacem mittebat, qui ex eo quęrerent, ſi ipſe poſtulatis ejus conſentiret, ecquid Pœni forent aſſenſuri; & num poſtea eſſent dicturi,

de iis

de iis quæ conveniſſent deliberare ſe velle. hoc amplius Scipio, legatos ſuos ad ſe reverti vetuerat, niſi certum reſponſum eſſet datum. Poſt horum adventum Syphax, legatione eorum audita, in animum ſibi induxit, id ſtudere Cornelium, ut pax conveniret; partim quod negarent illi ſe prius redituros, quàm reſponſum ab eo accepiſſent; partim quod Romanus Imperator de conſenſu Pœnorum eſſet ſollicitus. Igitur miſſis legatis, qui Aſdrubalem omnia edocerent, & ſimul hortarentur, ut pacem acciperet; ipſe interim negligenter & incautè agebat, & ſubinde advenientes Numidas extra caſtra tendere ſinebat. Publius interim, quum ſimilis negligentiæ ſimulatione uteretur, reapſe tamen neceſſaria incepto cùm maxime apparabat. Ubi Numidæ renuntiatum eſt à Pœnis, ut inchoatum pacis negotium ad effectum perduceret; atque ille geſtiens lætitia ejus rei certiores legatos fecit; è veſtigio illi ad caſtra Romana, ut Regis mandata Scipioni afferrent, revertuntur. quibus acceptis, extemplo Imperator retro commeare ad Syphacem legatos jubet, qui dicerent; Publio quidem conditiones probari, eumque ſtudio pacis duci; ſed diverſam concilii ſententiam eſſe; cui placeat, in eodem res ſtatu ac prius erant manere. Veniunt legati, & quod fuerant juſſi Numidæ ſignificant. Propterea autem hos remiſerat Scipio, ne ſi manentibus adhuc induciis, quæ pacis cauſſa

βουλεύεσθαι περὶ τῶν συγχωρουμένων. ἅμα δὲ τούτοις προσενετείλατο τοῖς πρεσβευταῖς, μὴ πρότερον ὡς αὐτὸν ἀπιέναι, πρὶν ἢ λαβεῖν ἀπόκρισιν ὑπὲρ τούτων. Ὧν ἀφικομένων, διακούσας ὁ Νομὰς ἐπείσθη, διότι πρὸς τὸ συντελεῖν ἐστὶ τὰς διαλύσεις ὁ Σκιπίων· ἔκ τε τοῦ φάσαι τοὺς πρέσβεις μὴ πρότερον ἀπαλλαγήσεσθαι, πρὶν ἢ λαβεῖν παρ' αὐτοῦ τὰς ἀποκρίσεις, ἔκ τε τοῦ διευλαβεῖσθαι τὴν τῶν Καρχηδονίων συγκατάθεσιν. Διὸ καὶ πρὸς μὲν τὸν Ἀσδρούβαν ἐξαυτῆς ἔπεμπε διασαφῶν τὰ γιγνόμενα, καὶ παρακαλῶν δέχεσθαι τὴν εἰρήνην. αὐτὸς δὲ ῥαθύμως διῆγε, καὶ τοὺς ἐπισυναγομένους Νομάδας ἐκτὸς εἴα τῆς παρεμβολῆς αὐτοῦ κατασκηνοῦν. ὁ δὲ Πόπλιος κατὰ μὲν τὴν ἐπίφασιν ἐποίει τὸ παραπλήσιον, κατὰ δὲ τὴν ἀλήθειαν τὰ μάλιστα περὶ τὰς παρασκευὰς ἦν. Ἐπειδὴ δὲ παρὰ μὲν τῶν Καρχηδονίων τῷ Σύφακι διεσαφήθη συντελεῖν τὰ κατὰ τὰς συνθήκας, ὁ δὲ Νομὰς περιχαρὴς ὢν εἶπε τοῖς πρεσβευταῖς ὑπὲρ τούτων· εὐθέως οἱ πρέσβεις ἀπῄεσαν εἰς τὴν ἰδίαν παρεμβολήν, μηνύσοντες τῷ Ποπλίῳ τὰ πραχθέντα παρὰ τοῦ βασιλέως. ὧν ἀκούσας ὁ τῶν Ῥωμαίων στρατηγὸς, αὖθις ἐκ ποδὸς ἔπεμπε πρέσβεις δηλώσοντας τῷ Σύφακι, διότι συμβαίνει τὸν μὲν Πόπλιον εὐδοκεῖν καὶ σπουδάζειν ὑπὲρ τῆς εἰρήνης, τοὺς δ' ἐν τῷ συνεδρίῳ διαφέρεσθαι καὶ φάναι διαμένειν ἐπὶ τῶν ὑποκειμένων. οἱ δὲ παραγενόμενοι, διεσάφησαν ταῦτα τῷ Νομάδι. τὴν δὲ ἀποστολὴν ταύτην ὁ Σκιπίων ἐποιήσατο, χάριν τοῦ μὴ δόξαι παρασπονδεῖν, ἐὰν ἔτι μενούσης τῆς ὑπὲρ

τῶν διαλύσεων ἐπικηρυκείας πρὸς
ἀλλήλους πράξῃ τι τῶν πολεμικῶν
ἔργων. γενομένης δὲ τῆς ἀπορρήσεως
ταύτης, ἅπαν τὸ γινόμενον ἀνεπί-
ληπτον ἕξειν ὑπέλαβε τὴν προαί-
3 ρεσιν. ὁ δὲ Σύφαξ ταῦτα διακούσας, ἔφερε μὲν δυσχερῶς, διὰ τὸ
προκατηλπικέναι περὶ τῶν διαλύ-
σεων· συνῆλθε δὲ πρὸς τὸν Ἀσδρούβαν εἰς λόγους, καὶ διεσάφει τὰ
παρὰ τῶν Ῥωμαίων αὐτῷ προσαγ-
γελλόμενα. περὶ ὧν πολλὰ διαπορήσαντες ἐβουλεύοντο πῶς σφίσι
καθήκει χρῆσθαι τοῖς ἑξῆς πράγμασι, πλεῖστον ἀπέχοντες ταῖς ἐννοίαις
καὶ ταῖς ἐπιβολαῖς τοῦ μέλλοντος.
περὶ φυλακῆς μὲν γάρ, ἢ τοῦ πείσεσθαί τι δεινόν, οὐδ᾽ ἥντινοῦν εἶχον πρό-
ληψιν· περὶ δὲ τοῦ δρᾶσαί τι καὶ προκαλέσασθαι τοὺς πολεμίους εἰς ἴσον καὶ
ὁμαλὸν τόπον, πολλή τις ἦν αὐτῶν
ὁρμὴ καὶ προθυμία. Πόπλιος δὲ
κατὰ τὸν καιρὸν τοῦτον, τοῖς μὲν πολλοῖς ὑπεδείκνυε διά τε τῆς παρασκευῆς, καὶ τῶν παραγγελμάτων, ὡς
κατὰ τῆς Ἰτύκης ἔχων πρᾶξιν· τῶν
δὲ χιλιάρχων τοὺς ἐπιτηδειοτάτους καὶ πιστοτάτους καλέσας περὶ
μέσον ἡμέρας, ἐξέθηκε τὴν ἐπιβολήν,
καὶ παρήγγειλε δειπνοποιησαμένους
καθ᾽ ὥραν, ἐξάγειν τὰ στρατόπεδα
πρὸ τοῦ χάρακος, ἐπειδὰν κατὰ τὸν
ἐθισμὸν οἱ σαλπιγκταὶ σημαίνωσιν
ἅμα πάντες. Ἔστι γὰρ ἔθος Ῥωμαίοις, κατὰ τὸν τοῦ δείπνου καιρὸν τοὺς βυ-
κανίστας καὶ σαλπιγκτὰς πάντας
σημαίνειν παρὰ τὴν τοῦ στρατηγοῦ
σκηνήν, χάριν τοῦ τὰς νυκτερινὰς
φυλακὰς κατὰ τὸν καιρὸν τοῦτον
ἵστασθαι κατὰ τοὺς ἰδίους τόπους.
μετὰ δὲ ταῦτα τοὺς κατασκόπους ἀνα-

factæ fuerant, hostile aliquid tentaret, fidem violasse posset videri. post istam namque denunciationem, liberam quiduis faciendi fore voluntatem, neque ulli obnoxiam calumniç existimabat. Cum molestia Rex Syphax hęc accepit; ut qui de pace certam jam spem præcepisset: cęterum ad colloquendum cum Asdrubale profectus, quem acceperat à Romanis nuntium illi communicat. Habita est inter ipsos super ea re longa consultatio: qua id unum agitabant, quid deinceps sibi esset faciendum. in qua sane deliberatione, longe illis inita consilia ab eo quod erat futurum aberrarunt. nam de adhibenda cautione, & periculis quæ imminere poterant, ne minimam quidem mentionem fecerunt; ad lædendum hostem & in æquum ac planum locum perducendum, studium multum atque alacritatem ostenderunt. Quæ dum aguntur, Scipio ex iis quæ apparabat, queque imperabat, multitudinis animis hanc opinionem ingenerabat, quasi capiendæ per proditionem Uticæ spem haberet: at Tribunis militum quos maxime idoneos putabat, & quibus plurimum fidebat, circa meridiem convocatis, suum illis consilium aperuit. iisdem mox edixit, ut tempori cenarent, & copias extra vallum educerent, ubi signum pro more æneatores simul omnes dedissent. Est enim hæc Romanis consuetudo, ut hora cœnæ buccinatores omnes & tubicines juxta Prætorium concinant, ad id, ut eo tempore nocturnæ vigiliæ in suis quæque locis & stationibus collocentur. Secundum hæc exploratoribus

ad se

ad se vocatis quos in castra Punica sæpius miserat, quæ ab ipsis referebantur sive super itineribus, sive super aditibus ad castra, accurate inquirebat, & inter se contendebat; in omnibus quæ dicerentur judicio & consilio Massanissæ, ut pote illorum locorum periti, stans. Ubi omnia fuerunt expedita ad ipsius inceptum necessaria, relicto in castris idoneo selectorum militum præsidio, exeunte prima vigilia, cum copiis in hostes stadia inde sexaginta distantes, ire pergit. Desinente vigilia tertia ad hostes perventum est. Ibi Scipio, partem alteram copiarum Lælio Massanissæque ac Numidas attribuit, & castra Syphacis jussit invadere: utrunque prius obtestatus, ut viros fortes se præberent, neve temere quicquam facerent: meminissent etiam & etiam, in nocturnis aggressionibus quantum oculis impedimenti & obstaculi ad res gerendas nox afferat, tantum mente & virtute esse explendum. Ipse reliquum exercitum assumit, & adversus Asdrubalem ducit. Erat autem hoc illi constitutum, non ante incipere, quàm Lælius in castra hostium ignem jam conjecisset. Hæc Publius cogitans, lento incedebat gradu. Lælius & Massanissa copias inter se partiti, hostes simul sunt aggressi. Quum autem tabernacula essent ita confecta, quod ante dicebamus, quasi de industria incendio essent præparata, ubi semel qui in primo erant agmine ignem conjecissent, conflagrantibus statim primis tentoriis, tum

καλεσάμενος, οὓς ἐτύγχανε διαπεμπόμενος εἰς τὰ τῶν πολεμίων
στρατόπεδα, συνέκρινε καὶ διηρεύ-
να τὰ λεγόμενα περί τε τῆς πορείας,
καὶ τῆς εἰσόδου τῶν εἰς τὰς παρεμβολὰς, χρώμενος ἐπικριτῇ τῶν
λεγομένων καὶ συμβούλῳ τῷ Μασσανάσσῃ διὰ τὴν τῶν τόπων ἐμπειρίαν:
ἐπειδὴ δὲ πάντ' ἦν αὐτῷ ἕτοιμα τὰ πρὸς 4
τὴν χρείαν αὐτῷ τῆς ἐνεστώσης, ἀ-
πολιπὼν τοὺς ἱκανοὺς καὶ τοὺς ἐπιτηδείους ἐπὶ τῆς παρεμβολῆς, ἀναλαβὼν τὰς δυνάμεις προῆγεν ἀρχῇ ληγούσης τῆς πρώτης φυλακῆς. περὶ γὰρ
ἑξήκοντα σταδίους ἀπεῖχον οἱ πολέμιοι. συνεγγίσας δὲ τοῖς πολεμίοις περὶ
τὴν τρίτην φυλακὴν λήγουσαν, Γαΐῳ
μὲν Λαιλίῳ καὶ Μασσανάσσῃ τοὺς
ἡμίσεις ἀπονείμας τῶν στρατιωτῶν καὶ
πάντας τοὺς Νομάδας, ἐπέταξε
ποιεῖσθαι τὴν προσβολὴν πρὸς τὴν τοῦ Σύφακος χάρακα· παρακαλέσας ἄνδρας ἀγαθοὺς γενέσθαι, καὶ μηδὲν εἰκῇ
πράττειν· σαφῶς εἰδότας, ὅτι καθ'
ὅσον ἐμποδίζει καὶ κωλύει τὰ τῆς ὁράσεως τὸ σκότος, κατὰ τοσοῦτον δεῖ συν-
εκπληροῦν τῇ διανοίᾳ καὶ τῇ τόλμῃ
τὰς νυκτερινὰς ἐπιβολάς. αὐτὸς δὲ
τὴν λοιπὴν στρατιὰν ἀναλαβὼν, ἐποιεῖτο
τὴν ὁρμὴν ἐπὶ τὸν Ἀσδρούβαν. ἦν δὲ αὐτῷ
συλλελογισμένον, μὴ πρότερον ἐγχειρεῖν, ἕως ἂν οἱ περὶ τὸν Λαίλιον πρῶτοι τὸ πῦρ ἐμβάλωσι τοῖς πολεμίοις.
Οὗτος μὲν τοιαύτας ἔχων ἐπινοίας,
βάδην ἐποιεῖτο τὴν πορείαν. οἱ δὲ περὶ
τὸν Λαίλιον εἰς δύο μέρη σφᾶς αὐτοὺς
διελόντες, ἅμα προσέβαλλον τοῖς
πολεμίοις. τῆς δὲ τῶν σκηνῶν διαθέσεως,
οἵαν ἐπιτηδὲς πρὸς ἐμπυρισμὸν κα-
τεσκευασμένης, καθάπερ ἀνώτερον
εἶπον· ὡς οἱ προηγούμενοι τὸ πῦρ
ἐνέβαλλον, καταινεμηθὲν εἰς τὰς

πρώτας σκηνὰς, εὐθέως ἀβοήθητον
ἐποίει τὸ κακὸν διά τε τὴν συνέχειαν τῶν
σκηνῶν, καὶ διὰ τὸ πλῆθος τῆς ὑποκειμένης ὕλης. ὁ μὲν οὖν Λαίλιος ἔχων
ἐφεδρείας τάξιν ἔμενεν· ὁ δὲ Μασσανάσσης εἰδὼς τοὺς τόπους καθ' οὓς
ἔμελλον οἱ φεύγοντες τὸ πῦρ ποιήσασθαι τὴν ἀποχώρησιν, ἐν τούτοις ἐπέστησε τοὺς αὐτοῦ στρατιώτας. τῶν δὲ Νομάδων οὐδεὶς ἁπλῶς συνυπώπτευ-
σε τὸ γιγνόμενον, οὐδ' αὐτὸς ὁ Σύφαξ.
ἀλλ' ὡς αὐτομάτως ἐμπεπρησμένου
τοῦ χάρακος, ταύτην ἔχον τὴν διάληψιν. ὅθεν ἀνυπονοήτως οἱ μὲν ἐκ
τῶν ὕπνων, οἱ δ' ἀκμὴν ἔτι μεθυσκό-
μενοι καὶ πίνοντες ἐξεπήδων ἐκ τῶν
σκηνῶν. καὶ πολλοὶ μὲν ὑφ' αὑτῶν
περὶ ταῖς τοῦ χάρακος ἐξόδους συν-
επατήθησαν· πολλοὶ δὲ τῷ πυρὶ
καταληφθέντες, ὑπὸ τῆς φλογὸς
κατεπρήσθησαν· οἱ δὲ καὶ διαφυγόντες τὴν φλόγα, πάντες εἰς τοὺς
πολεμίους ἐμπίπτοντες, οὔθ' ὃ πά-
σχουσιν, οὔθ' ὃ ποιοῦσι γιγνώσκοντες,
διεφθείροντο. Κατὰ δὲ τὸν καιρὸν
5 τοῦτον οἱ Καρχηδόνιοι θεωροῦντες τὸ
πλῆθος τοῦ πυρὸς, καὶ τὸ μέγεθος
τῆς ἐξαιρουμένης φλογὸς, ὑπολαβόντες αὐτομάτως ἀνῆφθαι τὸν τῶν Νομάδων χάρακα, τινὲς μὲν ἐβοήθουν
ἐξαυτῆς· οἱ δὲ λοιποὶ πάντες ἐκ-
τρέχοντες ἐκ τῆς παρεμβολῆς ἄνο-
πλοι, συνίσταντο πρὸ τῆς ἰδίας στρατοπεδείας, ἐκπλαγεῖς ὄντες ἐπὶ τοῖς
γιγνομένοις. ὁ δὲ Σκιπίων τῶν πραγμάτων ὡσανεὶ κατ' εὐχὴν αὐτῷ προ-
χωρησάντων, ἐπιπεσὼν τοῖς ἐξελη-
λυθόσιν, οὓς μὲν ἐφόνευεν, οὓς δὲ κατα-
διώκων ἅμα τὸ πῦρ ἐνέβαλλε ταῖς
σκηναῖς. οὗ γινομένου, παραπλήσια
συνέβαινε πάσχειν τοὺς Φοίνικας ὑπὸ
τοῦ πυρὸς καὶ τῆς ὅλης περιστάσεως τοῖς

quod erant tabernacula continua, tum propter subjectæ materiæ copiam, nullum penitus remedium malo poterat afferri. Et Lælius quidem velut subsidio relictus, substiterat: Massanissa vero qui nota haberet itinera, per quæ evasuri essent qui ignem fugiebant, suos milites ad ea loca disposuit. Nemini penitus Numidarum, ac ne Syphaci quidem ulla suspicio ejus quod agebatur est suborta: sed vallum sua sponte incensum esse omnes putabant. iccirco, quibus nihil hostile suspectum esset, pars è cubilibus semisomnes, pars è compotationibus, quibus tunc cum maxime operam dabant, prodeuntes, è tabernaculis exiliebant. Multi dum extra vallum præcipiti fuga ruunt, à suismet sunt obtriti. multos ab igne correptos flamma hausit. qui flammam effugerant, in hostem incidentes, priusquam scirent quid paterentur, aut quid agerent, peribant. Eo tempore Carthaginienses ignium multitudinem conspicati, & flammæ sursum se attollentis magnitudinem, sua sponte incendium ortum in Numidarum castris quum putarent, partim ad ferendam opem accurrerunt; reliqui omnes è castris facto concursu progressi, inermes pro vallo constiterunt, miraculo inopinati casus defixi. Scipio rebus ipsi quasi ex voto succedentibus, in egressos irruens, alios trucidat, alios persequitur fugientes; eademque opera tentoriis ignem injicit. Quod ut factum, & incendii & universæ hujus calamitatis mala non leviora Pœni sunt experti, ac Numidæ, de quibus modò dicebamus. Aſdrubal qui ex rebus ipſis ducta conjectura cognoſcebat, non temere neque ſuis, neque Numidicis caſtris hunc accidiſſe caſum; ſed dolo atque audacia hoſtium ortum eſſe incendium, omiſſa ſtatim opis ferendæ cura, ſaluti ſuæ conſuluit; quum tenuis jam ejus quoque rei ſpes ipſi eſſet relicta. Nam & flamma velociter per continua ſerpens, omnia loca occupabat: & omnia itinera ſtrage erant obruta equorum, jumentorum, virorum, partim ſemimortuorum, partim ambuſtorum; aut quorum certe ita pavore conſternata eſſet mens, ut etiamſi qui exerendæ virtutis impetum ſumerent, ipſe tamen tumultus, & rerum omnium perturbatio impedimento eſſent, quò minus ſperare ſalutem poſſent. Similia his & Syphaci evenerunt & aliis ducibus. Syphax ſanè & Aſdrubal periculo ſeſe ambo cum paucis equitibus eripuerunt. illa verò tot millia virorum, equorum, & jumentorum, infeliciter & miſerabiliter ſunt igne abſumpta; nonnulli quum turpi atque ignominioſo habitu incendium fugerent, manibus hoſtium periere: qui eos, non ſolum armis, verùm etiam veſtimentis nudatos, trucidabant. Cerneres totum locum ejulatu, clamore incondito, metu, fragore inuſitato, ad hæc ignibus late graſſantibus & flammarum ingentibus globis, omnino refertum: quarum rerum vel unica, nedum omnes ita repente ex inopinato obortæ, ad humani ingenii conſternationem fuerit ſatis. Itaque imagine aliqua exprimere quod tunc accidit, mortalium nemo queat;

ἄρτι ῥηθεῖσι περὶ τῶν Νομάδων. οἱ δὲ περὶ τὸν Ἀσδρούβαν, τοῦ μὲν τῷ πυρὶ βοηθεῖν αὐτόθεν, εὐθέως ἀπέστησαν, γνόντες ἐκ τοῦ συμβαίνοντος, ὅτι καὶ περὶ τοὺς Νομάδας οὐκ αὐτομάτως, καθάπερ ὑπέλαβον, ἀλλ' ἐκ τῆς πολεμίων ἐπιβουλῆς καὶ τόλμης ἐγεγόνει τὸ δεινόν· ἐγίγνοντο δὲ περὶ τὸ σώζειν ἑαυτούς, βραχείας σφίσι καὶ περὶ τοῦτο τὸ μέρος ἐλπίδος ἔτι καταλειπομένης. τό, τε γὰρ πῦρ ταχέως ἐπενέμετο, καὶ περιελάμβανε πάντας τοὺς τόπους, αἵ, τε δίοδοι πλήρεις ἦσαν ἱππέων, ὑποζυγίων, ἀνδρῶν, τῶν μὲν ἡμιθνήτων καὶ διεφθαρμένων ὑπὸ τοῦ πυρός, τῶν δ' ἐξεπτοημένων καὶ παρεστώτων ταῖς διανοίαις· ὥστε καὶ τοῖς ἀνδραγαθεῖν παρεσκευασμένοις ἐμπόδια ταῦτα γίνεσθαι, καὶ διὰ τὴν ταραχὴν καὶ σύγχυσιν ἀνέλπιστον εἶναι τὴν σωτηρίαν. παραπλήσια δὲ τούτοις ἦν καὶ τὰ περὶ τὸν Σύφακα καὶ τοὺς ἄλλους ἡγεμόνας. πλὴν οὗτοι μὲν ἀμφότεροι μετ' ὀλίγων ἱππέων ἐξέσωσαν αὐτούς. αἱ δὲ λοιπαὶ μυριάδες ἀνδρῶν, ἵππων, ὑποζυγίων, ἀτυχῶς μὲν καὶ ἐλεεινῶς ὑπὸ τοῦ πυρὸς ἀπώλλυντο· αἰσχρῶς δὲ καὶ ἐπονειδίστως ἔνιοι τῶν ἀνδρῶν τὴν τοῦ πυρὸς βίαν φεύγοντες, ὑπὸ τῶν πολεμίων διεφθείροντο, χωρὶς οὐ μόνον τῶν ὅπλων, ἀλλὰ καὶ τῶν ἱματίων γυμνοὶ φονευόμενοι. καθόλου δὲ πᾶς ἦν ὁ τόπος οἰμωγῆς, βοῆς ἀτάκτου, φόβου, ψόφου παρηλλαγμένου, σὺν δὲ τούτοις πυρὸς ἐνεργοῦ καὶ φλογὸς ὑπερβαλλούσης πλήρης. ὧν ἓν ἱκανὸν ἦν ἐκπλῆξαι τὴν ἀνθρωπίνην φύσιν, μὴ δ' ὅτι καὶ πάνθ' ὁμοῦ συγκυρήσαντα παραδόξως. Διὸ καὶ τὸ γεγονὸς, οὐδὲ καθ' ὑπερβολὴν

εἰκάσαι

εἰκάσαι δυνατὸν οὐδενὶ τῶν ὄντων ἐστίν. οὕτως ὑπερπεπταίκει τῇ δεινότητι πάσας τὰς προειρημένας πράξεις. εἰ καὶ πολλῶν καὶ καλῶν διειργασμένων Σκιπίωνι, κάλλιστον εἶναί μοι δοκεῖ τοῦτο τοὔργον, καὶ παραβολώ-
6 τατον τῶν ἐκείνῳ πεπραγμένων. Οὐ μὴν ἀλλὰ τῆς ἡμέρας ἐπιγινομένης, καὶ τῶν πολεμίων τῶν μὲν ἀπολωλότων, τῶν δὲ προτροπάδην πεφευγότων, παρακαλέσας τοὺς χιλιάρχους, ἐκ ποδὸς ἐπηκολούθει. τὰς μὲν οὖν ἀρχὰς ὁ Καρχηδόνιος ὑπέμενε, καίπερ αὐτῷ προσαγγελίας γινομένης. τοῦτο δ' ἐποίει πιστεύων τῇ τῆς πόλεως ὀχυρότητι· μετὰ δὲ ταῦτα συνθεωρήσας τοὺς ἐγχωρίους στασιάζοντας, καταπλαγεὶς τὴν ἔφοδον τοῦ Σκιπίωνος, ἔφυγε μετὰ τῶν διασεσωσμένων. οὗτοι δ' ἦσαν ἱππεῖς μὲν οὐκ ἐλάττους πεντακοσίων, πεζοὶ δὲ περὶ δισχιλίους. οἱ δ' ἐγχώριοι συμφρονήσαντες, ἐπέτρεψαν περὶ σφῶν αὐτῶν τοῖς Ῥωμαίοις. ὁ δὲ Πόπλιος, τούτων μὲν ἐφείσατο, δύο δὲ τὰς παρακειμένας πόλεις ἀφῆκε τοῖς στρατοπέδοις διαρπάζειν. καὶ ταῦτα διαπραξάμενος, αὖθις ἐπὶ τὴν ἐξ ἀρχῆς ἐπανήκει παρεμβολήν. Οἱ δὲ Καρχηδόνιοι παλιντρόπου τῆς ἐλπίδος αὐτοῖς ἀποβαινούσης πρὸς τὰς ἐξ ἀρχῆς ἐπιβολὰς, βαρέως ἔφερον τὸ γεγονός· ἐλπίσαντες γὰρ πολιορκήσειν τοὺς Ῥωμαίους, συγκλείσαντες εἰς τὴν ἄκραν τὴν * προσοῦσαν τῆς Ἰτύκης, ἐν ᾗ τὴν παραχειμασίαν ἐποιοῦντο, κατὰ γῆν μὲν τοῖς πεζοῖς στρατεύμασι, κατὰ θάλατταν δὲ ναυτικαῖς δυνάμεσι· καὶ πρὸς τούτοις πάσας ἡτοι-

licet omnia ſibi ob oculos ponat, quæ terribilia præ cæteris cenſentur. Adeo facinus illud ſpecie quadam horrifica res geſtas hactenus commemoratas ſuperat. Ac licet multa præclara facta antea fuerint à Scipione edita ; mihi tamen facinus iſtud ex omnibus præclariſſimum, & inſignis cujuſdam præ cæteris audaciæ videtur fuiſſe. Cæterum ubi illuxit, Publius hoſtibus partim exſtinctis, partim in effuſam verſis fugam, Tribunos militum cohortatus, è veſtigio perſequi reliquias inſtitit. Pœnus venientem initio exſpectavit, etiam poſt acceptum de ejus adventu nuntium : faciebat enim illi animos urbs in qua erat, egregie munita: ſed mox cives inter ſe animis diſſidere conſpicatus, metu imminentis jamjam Scipionis, cum cæteris, qui eodem ſeſe è fuga receperant, aufugit: erant hi, equites ad quingentos, pedites circiter bis mille. Cives ſeditione ſublata, Romanis ſeſe dediderunt. Publius quum nihil quicquam hoſtile in hos feciſſet, proximas duas urbes militi diripiendas conceſſit. atque his rebus confectis ad ea unde profectus erat caſtra, eſt reverſus. Carthaginienſes, quibus ſuæ ſpes omnes adeo in contrarium vertebant, & plane ſecus atque ipſi initio ſibi propoſuerant, cladem hanc graviter admodum tulerunt. Speraverant illi ſe Romanum exercitum in eo colle incluſuros qui Uticæ imminet, ubi hoſtis hibernabat; ibique ſe illum obſeſſuros, à terra quidem terreſtribus, à mari verò nauticis copiis : ſuoſque omnes

apparatus

apparatus ad hoc inceptum retulerant: nunc adeo præter omnem rationem & cunctorum opinionem in tecta è locis apertis concedere compulsi, & hoc amplius, de sua & patriç suæ salute, jamjam se periclitaturos nihil dubitantes, metu penitus perculsi, animis consternabantur. Et quum ipsa rerum necessitate adacti, prospicere in posterum, ac quid esset facto opus consultare conarentur, pars Senatus inopia consilii hærebat, alii varias easque admodum confusas sententias in medium afferebant. Erant qui censerent, ad Hannibalem mittendum eumque ex Italia esse arcessendum; ceu spe illa unica relicta, quam in eo Imperatore & ejus exercitu ponerent: alii petendas à Scipione inducias per legatos dicebant, & cum eo esse agendum de finiendo bello ac pace facienda. Nec deerant, qui bono animo esse omnes juberent, exercitum conscribi decernerent, & ad Syphacem legatos mitti. hunc namque in urbem Abbam Carthagini propinquam se recepisse, ibique amissorum exercituum reliquias colligere. Atque hæc demum vicit sententia. Ita igitur Carthaginienses, misso Asdrubale copias reparabant. Qui etiam Syphacem per legatos orarunt, ut ferre sibi opem vellet, maneretque in eodem proposito, quod initio susceperat; nec dubitaret Imperatorem suum mox sese illi cum copiis fore conjuncturum. Eo tempore dux Romanus Uticæ oppugnandæ intentus, cognito Syphacem substitisse, & Pœnos exercitum denuo cogere, id potius operam dabat, ut eductis legionibus

μακότες τὰς παρασκευάς· ἅμα τῷ
μὴ μόνον τῶν ὑπαίθρων οὕτως ἀλόγως καὶ παραδόξως ἐκχωρῆσαι τοῖς
ὑπεναντίοις, ἀλλὰ καὶ τὸν περὶ
σφῶν αὐτῶν καὶ τῆς πατρίδος ὅσον
οὔπω ἤδη προσδοκᾶν κίνδυνον, τελέως ἐκπλαγεῖς ἦσαν καὶ περίφοβοι
ταῖς ψυχαῖς. Οὐ μὴν ἀλλὰ τῶν
πραγμάτων ἀναγκαζόντων ποιεῖσθαι πρόνοιαν καὶ βουλὴν ὑπὲρ τοῦ
μέλλοντος, ἦν τὸ συνέδριον ἀπορίας καὶ ποικίλων καὶ τεταραγμένων
ἐπινοημάτων πλῆρες. οἱ μὲν γὰρ
ἔφασαν δεῖν πέμπειν ἐπὶ τὸν Ἀννίβαν,
καὶ καλεῖν ἐκ τῆς Ἰταλίας· ὡς μιᾶς
ἔτι καταλειπομένης ἐλπίδος τῆς ἐν
ἐκείνῳ τῷ στρατηγῷ, καὶ ταῖς μετ'
ἐκείνου δυνάμεσιν· οἱ δὲ διαπρεσβεύεσθαι πρὸς τὸν Πόπλιον ὑπὲρ
ἀνοχῶν, καὶ λαλεῖν ὑπὲρ διαλύσεων
καὶ συνθηκῶν· ἕτεροι δὲ θαρρεῖν
καὶ συνάγειν τὰς δυνάμεις, καὶ διαπέμπεσθαι πρὸς τὸν Σύφακα. καὶ
γὰρ πλησίον αὐτὸν εἰς τὴν Ἄββαν ἀπο-
κεχωρηκέναι, συναθροίζειν δὲ τοὺς
ἀπὸ τοῦ κινδύνου διαφυγόντας. καὶ
δὴ καὶ τέλος αὕτη τῶν γνωμῶν ἐπε-
κράτησεν. οὗτοι μὲν οὖν τάς τε
δυνάμεις ἤθροιζον, ἐκπέμψαντες
τὸν Ἀσδρούβαν. καὶ διεπέμψαντο
πρὸς τὸν Σύφακα δεόμενοι σφίσι
βοηθεῖν καὶ μένειν ἐπὶ τῶν ὑποκειμένων κατὰ τὴν ἐξ ἀρχῆς πρόθεσιν, ὡς αὐτίκα μάλα τοῦ στρατηγοῦ
μετὰ τῶν δυνάμεων πρὸς αὐτὸν
συνάψοντος. ὁ δὲ τῶν Ῥω- 7
μαίων στρατηγὸς, ἐγίγνετο μὲν
καὶ περὶ τὴν τῆς Ἰτύκης πολιορ-
κίαν· τὸ δὲ πλεῖον, ἀκούων ἐπιμένειν τὸν Σύφακα, καὶ τοὺς Καρχηδονίους πάλιν ἀθροίζειν στρατιάν;

ἐξῆγε

ἐξῆγε τὰς δυνάμεις, καὶ παρενέβαλε περὶ τῆς Ἰτύκης. ἅμα δὲ καὶ νείμας τὰ τῶν λαφύρων, τοὺς ἐμπόρους ἐξαπέστειλε, λυσιτελῶς· καλῆς γὰρ τῆς τῶν ὅλων ἐλπίδος ὑπογραφομένης ἐκ τοῦ γεγονότος εὐτυχήματος, ἑτοίμως τὴν παροῦσαν ὠφέλειαν οἱ στρατιῶται παρ' οὐδὲν ποιούμενοι διετίθεντο τοῖς ἐμπόροις. Τῷ δὲ βασιλεῖ τῶν Νομάδων καὶ τοῖς φίλοις, τὸ μὲν πρῶτον ἐδόκει κατὰ τὸ συνεχὲς εἰς τὴν οἰκείαν ποιεῖσθαι τὴν ἀναχώρησιν· τῶν δὲ Κελτιβήρων αὐτοῖς ἀπαντησάντων περὶ τὴν Ἄββαν, οἵτινες ἐτύγχανον ὑπὸ τῶν Καρχηδονίων ἐξενολογημένοι πλείους ὄντες τῶν τετρακισχιλίων· πιστεύοντες ταῖς χερσὶ ταύταις, οὕτως ἐπέστησαν, καὶ βραχύ τι ταῖς ψυχαῖς ἐθάῤῥησαν. Σὺν δὲ τούτοις ἅμα καὶ τῆς παιδίσκης, ἥ τις ἦν θυγάτηρ μὲν Ἀσδρούβα τοῦ στρατηγοῦ, γυνὴ δὲ τοῦ Σύφακος, καθάπερ ἐπάνω προεῖπον, δεομένης καὶ λιπαρούσης μένειν, καὶ μὴ καταλιπεῖν ἐν τοιούτοις καιροῖς τοὺς Καρχηδονίους, ἐπείσθη καὶ προσέσχε τοῖς παρακαλουμένοις ὁ Νομάς. Οὐ μικρὰ δὲ καὶ τοὺς Καρχηδονίους ἐλπίζειν παρεσκεύασαν οἱ Κελτίβηρες· ἀντὶ μὲν γὰρ τῶν τετρακισχιλίων, μυρίους αὐτοὺς ἀπήγγελον εἶναι· κατὰ δὲ τοὺς κινδύνους ἀνυποστάτους ὑπάρχειν, καὶ ταῖς ψυχαῖς, καὶ τοῖς καθοπλισμοῖς. ἐκ δὲ ταύτης τῆς φήμης καὶ τῆς χυδαίου καὶ πανδήμου λαλιᾶς μετεωρισθέντες οἱ Καρχηδόνιοι, διπλασίως ἐπεῤῥώσθησαν πρὸς τὸ πάλιν ἀντιποιήσασθαι τῶν ὑπαίθρων· καὶ τέλος ἐν ἡμέραις τριάκοντα περὶ τὰ Μεγάλα πεδία καλούμενα βαλλόμενοι χάρακα, συνεστρατοπέδευον ὁμοῦ τοῖς Νο-

è castris, ante Uticam aciem instructam teneret. Simul capta spolia militi partitus, mercatores ab exercitu dimisit. utili sane consilio. nam quia prospero prælio paullo ante pugnatum erat, in bonam spem de summæ rei victoria omnes adducebantur; & milites prædam modò partam haut magni facientes, mercatoribus eam non gravate divendebant. Regi Numidarum cum amicis deliberanti placebat initio, in itinere inchoato pergere, & domum se recipere. Sed quum circa urbem Abbam Celtiberi ei occurrissent, quos Carthaginiensium conquisitores conduxerant, supra millia hominum quatuor; eo auxilio Numidæ confisi, animisque aliquantulum receptis, substiterunt. Accessere deinde Sophonisbæ preces, quæ Asdrubalis filia erat, Syphacis uxor. Hæc maritum obsecrans, multumque obtestans ut maneret, neque Carthaginienses necessario ipsorum tempore desereret, pervicit tandem, & quod petebat à Numida impetravit. Celtiberi quoque non mediocri spe Carthaginienses implebant: quorum non quatuor sed decem advenisse millia nunciabatur: eos porro animos in prælia ipsos afferre, id genus armorum, nemo ut vim ipsorum posset sustinere. Ad hanc famam & vulgi atque universæ plebis sermones quum civitas sese erexisset, duplo animosiores evasere Pœni ad prodeundum in loca aperta. Trigesimo denique die, in Magnis, ita vocant, campis castra fecerunt; ibique Nu-

midis

midis & Celtiberis juncti, exercitum suum, in quo erant ad summum triginta hominum millia, in iisdem castris continuerunt. Postquam hujus rei nuntius ad Rom. exercitum est allatus, repente Scipio ad educendas legiones se comparavit. Ubi igitur Uticam obsidentibus, & classis Præfectis, de iis quæ fieri vellet edixisset; cum reliquo omni exercitu sine ullis impedimentis, ire ad hostes pergit. Quintis castris ad Magnos campos est perventum, unde non longe hostes aberant. Primo die in tumulo triginta ferme stadia distante à Punicis castris consedit. Postero die in campos degressus è tumulo aciem instruit, equitatu hosti objecto, & stadia septem ex eo loco antrorsum progredi jusso. Per insequens biduum ibi quum mansissent, ac levibus prȩliis sese invicem exercitus lacessissent; quarto die, destinato consilio utrinque eductis copiis, in aciem descensum est. Publius in acie instruenda Romanæ militiæ consuetudinem simpliciter servavit. In prima acie locavit signa Hastatorum; deinde Principum; postremos omnium in subsidiis Triarios. Equitatum Italicum à dextro cornu, ab lȩvo Numidas Massanissamq; constituit. Syphax Asdrubalque Numidis in sinistro locatis, Carthaginiésibus in dextro, Celtiberos in mediam aciem ex adverso cohortium Romanarũ receperunt; Ita instructi concurrunt. Primo impetu Numidȩ ab Italicis equitibus pelluntur, Carthaginienses a Massanissa, utpote qui animos tot prioribus cladibus fractos gererent. Celtiberi cũ Romanis congressi fortiter dimicabant:

μάσι, καὶ τοῖς Κελτίβηρσιν, ὄντες οὐκ ἐλάττους οἱ πάντες τρισμυρίων. Ὧν 8
διασαφηθέντων εἰς τὸ τῶν Ῥωμαίων στρατόπεδον, εὐθέως ὁ Πόπλιος ἐγίγνετο περὶ τὴν ἔξοδον. καὶ συντάξας τοῖς πολιορκοῦσι τὴν Ἰτύκην, ἃ δέον ἦν πράττειν, καὶ τοῖς κατὰ θάλατταν, ἐξώρμησε, τὸ στράτευμα πᾶν ἔχων εὔζωνον. ἀφικόμενος δὲ πεμπταῖος ἐπὶ τὰ Μεγάλα πεδία, καὶ συνεγγίσας τοῖς πολεμίοις, τὴν μὲν πρώτην ἡμέραν ἐπί τινος λόφου κατεστρατοπέδευσε, περὶ τριάκοντα σταδίων ἀπέχων τῶν πολεμίων· τῇ δ' ἑξῆς καταβὰς εἰς τὰ πεδία, καὶ προθέμενος ἐν ἑπτὰ σταδίοις τοὺς ἱππέας, παρενέβαλλε. δύο δὲ τὰς κατὰ πόδας ἡμέρας, μείναντες, καὶ βραχέα διὰ τῶν ἀκροβολισμῶν καταπειράσαντες ἀλλήλων, τῇ τετάρτῃ κατὰ πρόθεσιν ἐξῆγον ἀμφότεροι, καὶ παρενέβαλλον τὰς δυνάμεις. Ὁ μὲν οὖν Πόπλιος ἁπλῶς κατὰ τὸ παρ' αὐτοῖς ἔθος ἔθηκε πρῶτον μὲν τὰς τῶν ἁστάτων σημαίας· ἐπὶ δὲ ταύταις τὰς τῶν πριγκίπων· τελευταίας δ' ἐπέστησε κατόπιν τὰς τῶν τριαρίων. τῶν δ' ἱππέων τοὺς μὲν Ἰταλικοὺς ἐπὶ τὸ δεξιὸν ἔθηκε, τοὺς δὲ Νομάδας καὶ Μασσανάσσην ἐπὶ τὸ λαιόν. οἱ δὲ περὶ τὸν Σύφακα καὶ τὸν Ἀσδρούβαν, τοὺς μὲν Κελτίβηρας μέσους ἔταξαν ἀντίους ταῖς τῶν Ῥωμαίων σπείραις, τοὺς δὲ Νομάδας ἐξ εὐωνύμου, τοὺς δὲ Καρχηδονίους ἐκ τῶν δεξιῶν. Ἅμα δὲ τῷ γενέσθαι τὴν πρώτην ἔφοδον, εὐθέως οἱ Νομάδες ἐνέκλιναν τοὺς Ἰταλικοὺς ἱππεῖς, οἵ τε Καρχηδόνιοι τοὺς περὶ τὸν Μασσανάσσην, ἅτε πλεονάκις ἤδη προηττημένοι ταῖς ψυχαῖς.

οἱ δὲ

οἱ δὲ Κελτίβηρες ἐμάχοντο γενναίως,
συστάντες τοῖς Ῥωμαίοις. οὔτε γὰρ
φεύγοντες ἐλπίδα σωτηρίας εἶχον,
διὰ τὴν ἀπειρίαν τῶν τόπων· οὐδὲ
ζωγρείᾳ κρατηθέντες, διὰ τὴν ἀθεσίαν τὴν εἰς τὸν πόλεμον. οὐδὲν γὰρ
πολέμιον πεπονθότες ὑπ' αὐτοῦ κατὰ
τὰς ἐν Ἰβηρίᾳ πράξεις, ἀδίκως
ἐφαίνοντο καὶ παρασπόνδως ἥκειν κατὰ
Ῥωμαίων συμμαχήσοντες τοῖς Καρχηδονίοις. οὐ μὴν ἀλλ' ἅμα τῷ
κλῖναι τοὺς ἀπὸ τῶν κεράτων, ταχέως
κυκλωθέντες ὑπὸ τῶν πριγκίπων καὶ
τριαρίων, αὐτοῦ κατεκόπησαν πάντες, πλὴν τελέως ὀλίγων. οἱ μὲν
οὖν Κελτίβηρες τοῦτον τὸν τρόπον
ἀπώλοντο, μεγάλην παρασχόμε-
νοι χρείαν τοῖς Καρχηδονίοις, οὐ
μόνον κατὰ τὴν μάχην, ἀλλὰ καὶ κατὰ
τὴν φυγήν. εἰ μὴ γὰρ τοῦτ' ἐμπόδιον
ἐγένετο τοῖς Ῥωμαίοις, ἀλλ' εὐθέως
ἐκ ποδὸς ἠκολούθησαν τοῖς φεύγουσι, παντελῶς ἂν ὀλίγοι ἔφυγον τῶν
ὑπεναντίων. νῦν δὲ περὶ τούτους
γενομένης ἐπιστάσεως, οἵ τε περὶ τὸν
Σύφακα μετὰ τῶν ἱππέων ἀσφαλῶς
ἐποιήσαντο τὴν ἀποχώρησιν εἰς τὴν
οἰκείαν, οἵ τε περὶ τὸν Ἀσδρούβαν
μετὰ τῶν διασωζομένων εἰς τὴν Καρ-
9 χηδόνα. Ὁ δὲ στρατηγὸς τῶν Ῥωμαίων
ἐπεὶ τὰ σκῦλα καὶ τοὺς αἰχμαλώτους εὐτρεπεῖς ἔθετο, συγκαλέσας
τὸ συνέδριον, ἐβουλεύετο περὶ τῶν
ἑξῆς τί δέον εἴη ποιεῖν. ἔδοξεν οὖν
αὐτοῖς τὸν μὲν στρατηγὸν Πόπλιον καὶ
μέρος τι τῆς δυνάμεως, τὸν μὲν ἐπιπορευόμενον τὰς πόλεις, τὸν δὲ Λαίλιον, καὶ τὸν Μασσανάσσην λαβόντας
τούς τε Νομάδας καὶ μέρος τῶν Ῥωμαίων στρατοπέδων, ἕπεσθαι τοῖς περὶ
τὸν Σύφακα, καὶ μὴ διδόναι χρόνον εἰς ἐπίστασιν καὶ παρασκευήν.

quod nec in fuga salus ulla ostendebatur, locis ignotis; neque spes veniæ ab Scipione erat, si vivi caperentur; propter perfidiam; qua usi fuerant quando in hoc bellum consenserant. Nam quum hostile nihil ab eo res in Hispania gerente passi essent, nefarie violata fide mercenariis armis oppugnatum Romanos pro Carthaginiensibus venisse existimabantur. Igitur nudata utrinque cornibus acie, Celtiberi circumfusis undique Principibus & Triariis, omnes, paucis admodum exceptis, sunt cæsi. Et hi quidem isto modo perierunt; quorum opera magno Carthaginiensibus fuit usui, non solum decertantibus, verum etiam fugientibus. Nam si Romanorum impetum nihil Celtiberi essent remorati, atque illi statim fugientes Pœnos vestigiis ipsorum essent persecuti; pauci omnino illorum manus hostium effugissent. Nunc per eam moram quam isti attulerunt, & Syphax cum suo equitatu sine discrimine in regnum sese recepit suum; & Asdrubal cum superstitibus Pœnis Carthaginem pervenit. Rom. Imperator omnibus ordinatis quæ ad spolia & captivos spectabant, concilium convocat, & quid porrò esset agendum consultat. Placuit deliberantibus hæc sententia, ut Imperator urbes circa omnes raptim perdomaret; Lælius & Massanissa Numidis assumptis & legionum Rom. parte, Syphacem persequerentur, neque ullum ei ad deliberandum de suis rebus, & ad vires reparandas tempus darent.

Hoc

Hoc inito consilio, in diversa duces sunt profecti; pars adversus Syphacem cum iis quos diximus militibus; Imperator ad urbes infestandas. quarum aliæ præ metu in voluntariam deditionem venerunt; alias Scipio per vim oppugnavit & coronâ cepit. Erant sane tunc in Africæ regione omnia ad mutationem prona. quod propter longa & diuturna bella, quæ in Hispania Pœni gesserant, continuis laboribus & tributorum pensionibus populi supra modum fuerant vexati. Carthagini vero quum jam ante ingentis trepidationis essent plena omnia, major tamen tunc temporis rerum cunctarum perturbatio est coorta; ceu plane hoc iterato ictu spes universæ ipsorum, quas in se haberent repositas, concidissent, ac nulla amplius restaret. Veruntamen qui in publico concilio plus animi sibi esse videri volebant, classem adversus eos qui Uticam obsiderent, mitti jubebant; ut & obsidionem, si fieri posset, solverent, & navali prȩlio cum hostibus, ab ea parte imparatis, decertarent. ad Hannibalem quoque iidem legatos decernebant, ut iis sine ulla mora missis, hanc quoque spem civitas periclitaretur. utrique enim huic incepto magnas inesse opportunitates ad salutem, rationes probabiles suadere. Disputabant alii, in occasione tam præcipiti nullum ejusmodi consiliis esse locum; sed ipsam urbem esse muniendam, & ad sustinendam obsidionem omnia comparanda. multas namque rei bene gerendæ occasiones Fortunam si concordes invicem manerent, ultro fore oblaturam. De pace etiam

οὗτοι μὲν ταῦτα βουλευσάμενοι, διεχωρίσθησαν, οἱ μὲν ἐπὶ τὸν Σύφακα μετὰ τῶν προειρημένων στρατιωτῶν, ὁ δὲ στρατηγὸς ἐπὶ τὰς πόλεις. ὧν αἱ μὲν ἐθελοντὴν προσετίθεντο τοῖς Ῥωμαίοις διὰ τὸν φόβον· ἃς δὲ πολιορκῶν ἐξ ἐφόδου κατὰ κράτος ᾕρει. πάντα δ' ἦν οἰκεῖα μεταβολῆς τὰ κατὰ τὴν χώραν· ἅτε συνεχῶς τε ἐγκείμενα ταῖς κακοπαθείαις καὶ ταῖς εἰσφοραῖς διὰ τὸ πολυχρονίους γεγονέναι τοὺς κατὰ τὴν Ἰβηρίαν πολέμους. Ἐν δὲ τῇ Καρχηδόνι μεγάλης καὶ πρότερον ὑπαρχούσης ἀκαταστασίας, ἔτι μείζω τότε συνέβαινε γίγνεσθαι τὴν ταραχὴν, ὡς ἂν ἐκ δευτέρου τηλικαύτῃ πληγῇ πεπτωκότων ἤδη καὶ ἀπειπόντων τὰς ἐν αὐτοῖς ἐλπίδας. οὐ μὴν ἀλλ' οἱ μὲν ἀνδρωδέστατοι δοκοῦντες εἶναι τῶν συμβούλων, ταῖς μὲν ναυσὶν ἐκέλευον ἤδη μὲν πλεῖν ἐπὶ τοὺς τὴν Ἰτύκην πολιορκοῦντας, καὶ τήν τε πολιορκίαν πειρᾶσθαι λύειν, καὶ ναυμαχεῖν τοῖς ὑπεναντίοις ἀπαρασκεύοις οὖσι πρὸς τοῦτο τὸ μέρος· ἐπί τε τὸν Ἀννίβαν πέμπειν ἠξίουν, καὶ μηδεμίαν ὑπερβολὴν ποιησαμένους, ἐξελέγχειν καὶ ταύτην τὴν ἐλπίδα. μεγάλας γὰρ ἀμφοτέραις εἶναι ταῖς ἐπιβολαῖς ἐκ τῶν κατὰ λόγον ἀφορμὰς πρὸς σωτηρίαν. τινὲς δὲ ταῦτα μὲν ἔφασαν μηκέτι φέρειν τοὺς καιροὺς, τὴν δὲ πόλιν ὀχυροῦν καὶ παρασκευάζεσθαι πρὸς πολιορκίαν. πολλὰς γὰρ δώσειν ἀφορμὰς τὸ αὐτόματον, ἂν ὁμονοῶσιν. ἅμα δὲ βουλεύεσθαι περὶ διαλύσεως καὶ συνθηκῶν παρῄνουν, ἐπὶ τίσι, καὶ πῶς ἂν λύσιν ποιήσαιντο τῶν ἐνεστώτων κακῶν. γενομένων δὲ καὶ πλειόνων λόγων περὶ ταῦτα, πάσας ἐκύρωσαν ἅμα τὰς γνώμας.

10 Κειθέντων δὲ τούτων, οἱ μὲν εἰς τὴν Ἰταλίαν μέλλοντες πλεῖν, εὐθέως ἐκ τοῦ βουλευτηρίου προῆγον ἐπὶ θάλατταν, ὁ δὲ ναύαρχος ἐπὶ τὰς ναῦς· οἱ δὲ λοιποὶ περί τε τῆς κατὰ τὴν πόλιν ἀσφαλείας προενοοῦντο, καὶ περὶ τῶν κατὰ μέρος ἐβουλεύοντο συνεχῶς. καὶ ὁ Πόπλιος καταγέμοντος ἤδη τοῦ στρατοπέδου τῆς λείας διὰ τὸ μηδένα ἀντιπράττειν, ἀλλὰ πάντας εἴκειν ταῖς ἐπιβολαῖς, ἔκρινε τὸ μὲν τῶν λαφύρων πλεῖον εἰς τὸν ἐξ ἀρχῆς παραπέμψαι παρασκευήν· αὐτὸς δὲ τὴν στρατείαν ἀναλαβὼν εὔζωνον, καταλαβέσθαι τὸν ἐπὶ Τύνητι χάρακα, καὶ στρατοπεδεῦσαι τοῖς Καρχηδονίοις ἐν συνόψει· μάλιστα γὰρ οὕτως ἐκφοβήσειν ὑπελάμβανε, καὶ καταπλήξειν αὐτούς. Οἱ μὲν οὖν Καρχηδόνιοι μετ' ὀλίγας ἡμέρας τά τε πληρώματα καὶ τὰς σιταρχίας ἑτοίμας ἔχοντες ἐν ταῖς ναυσὶν, ἐγίγνοντο πρὸς ἀναγωγὴν καὶ τοῖς προκειμένοις. ὁ δὲ Πόπλιος ἧκε πρὸς τὸν Τύνητα, καὶ φυγόντων τὴν ἔφοδον αὐτοῦ τῶν παραφυλαττόντων, κατέλαβε τὸν τόπον. ὁ δὲ Τύνης ἀπέχει μὲν τῆς Καρχηδόνος ὡς ἑκατὸν εἴκοσι σταδίους· ἔστι δὲ συνοπτὸς σχεδὸν ἐξ ὅλης τῆς πόλεως. διαφέρει δ' ὀχυρότητι καὶ φυσικῇ καὶ χειροποιήτῳ, καθάπερ καὶ πρότερον ἡμῖν εἴρηται. Τῶν δὲ Ῥωμαίων ἄρτι κατεστρατοπεδευκότων, ἀνήγοντο ταῖς ναυσὶν οἱ Καρχηδόνιοι, ποιούμενοι τὸν πλοῦν

& fœderibus ut deliberaretur iidem auctores erant; quibus conditionibus & quomodo liberari à præsentibus malis possent. Quibus de rebus quum plures essent dictæ sententiæ, omnes quodammodo à Carthaginiensibus sunt probatæ. Atque his ita constitutis, qui in Italiam erant profecturi, à Curia rectà ad mare se contulerunt; qui præerat classi, ad naves. cæteri quoque similiter partim securitati urbis prospiciebant, partim alia pro se quisque ministeria sine intermissione obibant. At Scipio, gravem jam spoliis exercitum trahens, quod nemo illi resisteret, sed ejus inceptis omnes concederent, partem prædæ majorem in vetera castra, ubi condita erant militaria, decrevit mittendam. ipse cum expedito jam exercitu ad munitionem occupandam Tuneti impositam contendit, ut in conspectu Carthaginiensium signa constitueret; nihil dubitans, hoc pacto plurimum illis se timoris atque terroris incussurum. Post dies paucos, ubi jam Pœni naves suas defensoribus & remigio atque commeatu instruxissent, ad deducendas naves ipsi quidem se accinxerunt, & ad ea quæ modò dicebamus exsequenda: Publius verò Tunetem ducit, eumque locum relictum fuga custodum occupat. Tunes Carthagine abest stadia ferme cxx. locus cum operibus, tum suapte natura, sicut jam ante ostendimus, tutus, quique ex omni fere parte Carthaginis potest conspici. Vix dum satis eo loci Romanus vallum jecerat, cum Carthaginienses sublatis anchoris classe

Uticam

Uticam petere aggrediuntur. Quam eorum molitionem conspicatus Scipio, conturbari animus illi cepit, metu ne quid ea res detrimenti Romanæ classi importaret; nemine ibi quicquam hostilis suspicante, & rebus omnibus ad imminens certamen imparatis. Igitur omisso opere, atque itinere pronuntiato, ad ferendam suis opem accurrit. Ubi quum naves rostratas offendisset ad removenda quidem aut admovenda tormenta, & omnino ad obsidionis usus, rite ac convenienter comparatas; ad prælium verò navale minime omnium accommodatas; quum è contrario in eum usum per totam hiemem classis hostilis fuisset aptata; damnata spe prodeundi in altum, & cum hostibus classe decertandi, rostratas simul omnes in terram vertit, eisque onerariarum triplicem aut etiam quadruplicem ordinem à tergo circunjecit, deinde.......

εἰς τὴν Ἰτύκην. Ὁ δὲ Πόπλιος ὁρῶν τὸν ἀνάπλουν τῶν ὑπεναντίων, καὶ δεδιὼς μή τι περὶ τὸ σφέτερον αὐτῷ ναυτικὸν συμβῇ, διεταράσσετο, πάντων ἀνυπονοήτως διακειμένων καὶ ἀπαρασκεύως πρὸς τὸ μέλλον. αὖθις δ᾽ ἐκ μεταβολῆς ἀναστρατοπεδεύσας, ἠπείγετο βοηθήσων τοῖς ἰδίοις πράγμασι. καταλαβὼν δὲ τὰς καταφράκτους ναῦς, πρὸς μὲν τὰς ἐξαιρέσεις καὶ προσαγωγὰς τῶν ὀργάνων, καὶ καθόλου πρὸς πολιορκίαν, εὖ καὶ δεόντως ἐξηρτυμένας, πρὸς δὲ ναυμαχίαν, ἥκιστα παρεσκευασμένας, τὸν δὲ τῶν ὑπεναντίων στόλον ἐξ ὅλου τοῦ χειμῶνος πρὸς αὐτὸ τοῦτο κατηρτισμένον· τὸ μὲν ἀντανάγεσθαι καὶ ναυμαχεῖν ἀπογνούς, συνορμήσας δὲ τὰς καταφράκτους νῆας, περιέστησε ταύτας τὰς φορτηγοὺς ἐπὶ τρεῖς καὶ τέτταρας τὸ βάθος. κἄπειτα......

ΕΚ ΤΗΣ ΠΕΝΤΕΚΑΙΔΕΚΑΤΗΣ

ΙΣΤΟΡΙΑΣ

ΤΩΝ

ΠΟΛΥΒΙΟΥ ΤΟΥ ΜΕΓΑΛΟΠΟΛΙΤΟΥ

ΠΑΡΕΚΒΟΛΑΙ.

E POLYBII MEGA-LOPOLITANI QUINTADECIMA HISTORIA EXCERPTA.

Πῶς ὁ Σκιπίων παρασπονδηθεὶς ὑπὸ τῶν Καρχηδονίων, πρέσβεις πρὸς αὐτοὺς ἐξαπέστειλε σπουδάζων ὑπὲρ τῆς εἰρήνης.

Πῶς παροξυνθέντες οἱ πρέσβεις εἰς τὴν Καρχηδόνα μετὰ παρρησίας ὑπὲρ τῶν ἐνεστώτων διελέξαντο.

Πῶς οἱ Καρχηδόνιοι κουφισθέντες ταῖς ἐπὶ Αννίβᾳ ἐλπίσι συγχέαι πάλιν τὸν πόλεμον θέλοντες, ἀναιρεῖν τοὺς πρέσβεις ἐνεχείρησαν.

Quomodo Scipio fide induciarum à Carthaginiensibus violata, legatos Carthaginem miserit studio conciliandæ pacis.

Quomodo legati Romani de perfidia Pœnorum magna cum libertate Carthagini sint questi.

Quomodo Carthaginienses spe illa inducti quam in Hannibale ponebant, belli denuo excitandi studio legatos Rom. occidere sint aggressi.

Belli

Belli novum principium è graviore caussa & acrioribus odiis quàm antè.

Præparationes variæ ad pugnam utriusque Imperatoris Scipionis & Hannibalis.

Scipionis stratagema quo usus est circa speculatores Hannibalis in suis castris exceptos.

Quomodo Hannibali nata sit voluntas colloquendi cum Publio.

Colloquium longe clarissimorum illorum Imperatorum.

Polybii observatio super futuro mox certamine.

Quomodo uterque Imperator suorum aciem die pugnæ ordinavit.

Quomodo Scipio & Hannibal suos exercitus ante pugnam sint allocuti.

Quomodo Carthaginienses & Romani acerrime inter se pugnarint, ac tandem penes Romanos victoria steterit.

Etsi moleste ferebat Scipio non solum periisse Romanis tantū commeatuum; sed etiam hostibus jam esse illo casu partam rerum omnium necessariarum copiam; multo tamen erat illi gravius, quod jusjurandum & pactas inducias quum violassent

Ἀρχὴ πολέμου βαρυτέρα τῆς πρόσθεν καὶ δυσμενικωτέρα.

Παρασκευαὶ ποικίλαι πρὸς μάχην ἀμφοτέρων τῶν στρατηγῶν, Σκιπίωνός τε καὶ Αννίβου.

Σκιπίωνος στρατήγημα περὶ τοὺς Αννίβου κατασκόπους ἐν τῇ αὐτοῦ στρατοπεδείᾳ ἑαλωκότας.

Πῶς Αννίβας εἰς ὁρμὴν ἔπεσε τοῦ βούλεσθαι συνελθεῖν εἰς λόγους τῷ Ποπλίῳ.

Κοινολογία στρατηγῶν ἐπιφανεστάτων τῶν προειρημένων.

Επίστασις τοῦ ξυγγραφέως ὑπὲρ τοῦ μέλλοντος ἀγῶνος.

Αμφοτέρων τῶν στρατηγῶν ἔκταξις εἰς μάχην τῶν ἰδίων δυνάμεων.

Παραινέσεις πρὸς τὸ γενναίως μάχεσθαι Σκιπίωνος καὶ Αννίβου.

Πῶς καρτερῶς συστάντος ἀγῶνος μεταξὺ Καρχηδονίων καὶ Ρωμαίων, τέλος ἐνικήθησαν οἱ Καρχηδόνιοι.

Ο ΔΕ Πόπλιος, βαρέως μὲν ἔφερεν ἐπὶ 1
τῷ μὴ μόνον σφίσι παρῃρῆσθαι τὴν χορηγίαν· ἀλλὰ καὶ τοῖς ἐχθροῖς παρεσκευάσθαι δαψίλειαν τῶν ἀναγκαίων· ἔτι δὲ βαρύτερον ἐπὶ τῷ παραβεβηκέναι τοὺς ὅρκους καὶ τὰς συνθήκας τοὺς

Καρχηδονίους, καὶ πάλιν ἐξ ἄλλης ἀρχῆς ἐγείρεσθαι τὸν πόλεμον. Διὸ καὶ παραυτίκα προχειρισάμενος πρεσβευτὰς, Λεύκιον * Σερούιον, καὶ Λεύκιον * Σεῖλιον, καὶ Λεύκιον Φάβιον, ἐξαπέστειλε, διαλεξομένους τοῖς Καρχηδονίοις ὑπὲρ τῶν γεγονότων· ἅμα δὲ καὶ δηλώσοντας ὅτι κεκύρωκε τὰς συνθήκας ὁ δῆμος τῶν Ῥωμαίων. ἄρτι γὰρ ἧκε τῷ Ποπλίῳ γράμματα διασαφοῦντα περὶ τῶν προειρημένων. Οἱ δὲ παραγενηθέντες εἰς τὴν Καρχηδόνα, τὸ μὲν πρῶτον εἰς τὴν σύγκλητον, μετὰ δὲ ταῦτα πάλιν ἐπὶ τοὺς πολλοὺς ἀχθέντες, ἔλεγον ὑπὲρ τῶν ἐνεστώτων μετὰ παρρησίας· πρῶτον μὲν ἀναμιμνήσκοντες ὡς οἱ παρ' ἐκείνων πρεσβευταὶ παραγενηθέντες εἰς Τύνητα πρὸς σφᾶς, καὶ παρελθόντες εἰς τὸ συνέδριον, οὐ μόνον τοῖς θεοῖς σπείσαιντο, καὶ τὴν γῆν προσκυνήσαιεν, καθάπερ ἐστὶν ἔθος τοῖς ἄλλοις ἀνθρώποις· ἀλλὰ καὶ πεσόντες ἐπὶ τὴν γῆν ἀγεννῶς, τοὺς πόδας καταφιλοῖεν τοῦ συνεδρίου· μετὰ δὲ ταῦτα πάλιν ἀναστάντες, ὡς κατηγορήσαιεν σφῶν αὐτῶν, διότι καὶ τὰς ἐξ ἀρχῆς γενομένας συνθήκας Ῥωμαίοις καὶ Καρχηδονίοις ἀθετήσαιεν αὐτοί· διόπερ ἔφασαν οὐκ ἀγνοεῖν, ὅτι πᾶν εἰκότως ἂν πάθοιεν ὑπὸ Ῥωμαίων· ἀλλὰ τῆς τύχης ἕνεκα τῶν ἀνθρώπων, ἐδέοντο μηδὲν παθεῖν ἀνήκεστον· ἔσεσθαι γὰρ τὴν σφετέραν ἀβουλίαν, ἀπόδειξιν τῆς Ῥωμαίων καλοκαγαθίας. Ὧν μνημονεύοντα τὸν στρατηγὸν, ἔφασαν αὐτὸν οἱ πρέσβεις καὶ τοὺς ἐν τῷ συνεδρίῳ τότε γενομένους ἐκπλήττεσθαι, τίνι ποτὲ πιστεύοντες, ἐπιλανθάνονται τῶν τότε ῥηθέντων,

Carthaginienses, novum denuo bellum esset inde oriturum. Propterea delectos è vestigio legatos L. Servilium L. Bæbium & L. Fabium Carthaginem proficisci jubet, qui injuriam acceptam cum Pœnis expostulent. simul ut significent, populum Rom. pacis conditiones probasse. Commodùm enim paullo antè fuerant Publio redditæ literę, quibus id ipsum nuntiabatur. Carthaginem ut venerunt legati, producti primò in Curia, mox ad populum in concione, magna cum libertate de rebus præsentibus disseruerunt. Ante omnia commemorarunt, quomodo legati Punici Tunetem ad se venissent; ibique in concilium admissi, non solum tellure adorata diis libaverant, qui mos est etiam aliorum hominum; sed hoc amplius, humili atque abjecto animo in terram procubuerant, & eorum qui in concilio sedebant pedes fuerant osculati; deinde, ubi se humo erexissent, quomodo sese incusaverant, quòd pacem quæ erat Carthaginiensibus cum Romanis ipsi principio violassent; non igitur negare se, quin digni essent omnia pati, quæ Romani vellent: orare tamen per communem hominum Fortunam, ne quid in se durius populus Rom. consuleret. futuram enim Pœnorum imprudentiam benignitatis & moderationis Romanorum posteris documentum. Horum sermonum memorem Imperatorem Scipionem & alios qui tum intererant concilio, demirari satis non posse, quo tandem præsidio freti Carthaginienses, eorum quæ tunc sunt dicta obliti, justi, jusjurandum & fidem induciarum violarint. Fere tamen liquido constare hoc hominibus, eò audaciæ ipsos pervenisse, ob eam fiduciam quam in Hannibale ponerent, & eo exercitu quem ille in Africam reportaverat. Sed enim errare ipsos vehementer. Quem enim fugeret Hannibalem cum suis copiis, postquam tota Italia cedere esset coactus, alterum ipsum annum circa Lacinium hæsisse; eò fuisse conclusum, ac tantum non obsessum; ut vix inde eripere sese potuerit, ut huc veniret? Atqui etiamsi victor ex Italia Hannibal excessisset, quia tamen nobiscum acie est illi confligendum, qui duas continuas victorias de vobis reportavimus: spes de futuro incertas habere vos par erat; neque victoriam dumtaxat animo præcipere debebatis; sed etiam illud cogitare, vinci denuo vos posse. quod si accidat, quos opem poscetis deos? quibus verbis victores convenietis, ut illos ad vestrarum calamitatum commiserationem adducatis? merito namque vobis, quæ vestra est levitas atque imprudentia, spes omnes & divinæ & humanę opis fuerint præclusæ. Hæc legati quum dixissent Curia excesserunt. Carthaginiensium pauci omnino fuere, qui fœderis servandi essent auctores. pars major eorum qui Remp. gerebant, quique intererant concilio, & impositas leges conditionibus pacis gravabantur; & libertatem Rom. legatorum iniquo animo ferebant: ad hæc deductas in portum onerarias, & commeatus qui in eis erant, dimittere de manibus non poterant. Supra omnia erat, quod non levem ali-

ἀθετεῖν δὲ τολμῶσι τοὺς ὅρκους καὶ τὰς συνθήκας. Σχεδὸν δὲ τοῦτ' εἶναι δῆλον, ὡς Αννίβᾳ πεποιθότες, καὶ ταῖς μετὰ τούτου παρούσαις δυνάμεσι, ταῦτα τολμῶσι ποιεῖν· κακῶς φρονοῦντες. σαφῶς γὰρ εἰδέναι πάντας, ὅτι ἐκεῖνοι δεύτερον ἔτος ἤδη φεύγοντες ἐκ πάσης Ιταλίας εἰς τοὺς περὶ Λακίνιον τόπους, κἀκεῖ συγκεκλεισμένοι, καὶ μονονοὺ πολιορκούμενοι, μόλις ἑαυτοὺς ἐκσεσωκότες ἥκουσι νῦν. Οὐ μὴν ἀλλὰ εἰ καὶ νενικηκότες παρῆσαν, καὶ πρὸς ἡμᾶς ἔμελλον διακινδυνεύειν τοὺς δυσὶ μάχαις ἑξῆς ὑμᾶς ἤδη νενικηκότας· ὅμως ἀμφιδόξους ἔχειν ἔδει τὰς ἐλπίδας ὑπὲρ τοῦ μέλλοντος, καὶ μὴ μόνον τοῦ νικᾶν ἔννοιαν λαμβάνειν, ἀλλὰ καὶ τοῦ σφαλῆναι πάλιν. οὗ συμβάντος, ποίους ἐπικαλέσεσθε ἔφη θεούς; ποίοις δὲ χρώμενοι λόγοις, τὸν ἐκ τῶν κρατούντων ἔλεον ἐπισπάσεσθε πρὸς τὰς ἑαυτῶν συμφοράς; πάσης εἰκὸς ὑμᾶς ἐλπίδος ἀποκλεισθήσεσθαι, καὶ παρὰ θεῶν καὶ παρ' ἀνθρώπων, διὰ τὴν ἀθεσίαν καὶ τὴν ἀβουλίαν. Οἱ μὲν οὖν
πρέσβεις τοιαῦτα διαλεχθέντες 2
ἀνεχώρησαν. τῶν δὲ Καρχηδονίων ὀλίγοι μὲν ἦσαν οἱ συναινοῦντες μὴ παραβαίνειν τὰς ὁμολογίας· οἱ δὲ πλείους καὶ τῶν πολιτευομένων καὶ τῶν βουλευομένων, βαρέως μὲν ἔφερον τὰς ἐν ταῖς συνθήκαις ἐπιταγάς, δυσχερῶς δ' ἀνείχοντο τὴν τῶν πρεσβευτῶν παρρησίαν. πρὸς δὲ τούτοις, οὐχ οἷοί τ' ἦσαν προέσθαι τὰ κατηγμένα πλοῖα, καὶ τὰς ἐκ τούτων χορηγίας. τὸ δὲ συνέχον, οὐ μικράς, ἀλλὰ μεγάλας

εἶχον ἐλπίδας νικήσειν διὰ τῶν περὶ τὸν Ἀννίβαν. Τοῖς μὲν οὖν πολλοῖς ἔδοξε τοὺς πρέσβεις ἀναποκρίτους ἐξαποστέλλειν· τῶν δὲ πολιτευομένων οἷς ἦν προκείμενον ἐκ παντὸς τρόπου συγχέαι πάλιν τὸν πόλεμον, οὗτοι συνεδρεύσαντες, μηχανῶνται τι τοιοῦτον. Ἔφασαν δεῖν πρόνοιαν ποιήσασθαι τῶν πρεσβευτῶν, ἵνα μετ' ἀσφαλείας ἀνακομισθῶσιν εἰς τὴν ἰδίαν παρεμβολήν. καὶ παραυτίκα τούτοις μὲν ἡτοίμαζον δύο τριήρεις παραπομπούς· πρὸς δὲ τὸν ναύαρχον Ἀσδρούβαν διεπέμψαντο παρακαλοῦντες ἑτοιμάσαι πλοῖα μὴ μακρὰν τῆς τῶν Ῥωμαίων παρεμβολῆς· ἵν' ἐπειδὰν αἱ παραπέμπουσαι νῆες ἀπολείπωσι τοὺς Ῥωμαίους, ἐπαναχθέντα ταῦτα καταποντίσῃ τοὺς πρεσβευτάς· ἐφώρμει γὰρ αὐτοῖς τὸ ναυτικὸν κατὰ τοὺς πρὸ τῆς Ἰτύκης ἐγκειμένους τόπους. οὗτοι μὲν οὖν ταῦτα διαταξάμενοι πρὸς τὸν Ἀσδρούβαν, ἐξέπεμπον τοὺς Ῥωμαίους, ἐντειλάμενοι τοῖς ἐπὶ τῶν τριήρων, ἐὰν παραλλάξωσι τὸν Μάκαραν ποταμόν, αὖθις ἀπολιπόντας ἀποπλεῖν ἐν τῷ ὅρῳ τοὺς πρεσβευτάς. καὶ γὰρ ἦν ἐκ τούτων τῶν τόπων συνορᾶν ἤδη τὴν τῶν ὑπεναντίων παρεμβολήν. Οἱ δὲ παραπέμποντες, ἐπεὶ κατὰ τὸ συνταχθὲν παρήλλαξαν τὸν ποταμόν, ἀσπασάμενοι τοὺς Ῥωμαίους, αὖθις ἐπανέπλεον. οἱ δὲ περὶ τὸν Λεύκιον, ἄλλο μὲν οὐδὲν ὑφεωρῶντο δεινόν· νομίσαντες δὲ τοὺς παραπέμποντας δι' ὀλιγωρίαν αὐτοὺς προαπολιπεῖν, ἐπὶ ποσὸν ἐδυσχέραινον. Ἅμα δὲ τῷ μονωθέντας αὐτοὺς πλεῖν, ἐπανάγονται τρισὶ

quam, ſed ingentem ſpem habebant per Hannibalem vincendi. Igitur multitudini placebat, ut ſine reſponſo legati dimitterentur. at principes civitatis, quibus erat propoſitum, quò bellum iterum accenderent miſcere omnia, in unum congregati, dolum hujuſmodi commoliuntur. Securitati Romanorum legatorum proſpiciendum dixerunt, ut ad ſua caſtra tuto revehantur. ac ſtatim duas iis triremes præpararunt, quæ ipſos proſequerentur. ad Aſdrubalem vero Imperatorem Pœnum miſerunt, qui cum ipſo agerent, ut non procul à Rom. caſtris milites in navibus teneret paratos; qui legatos populi Rom. ſimulac à proſequente ipſos præſidio fuerint relicti, invadant, eoſque ſubmergant. Claſſis namque Punica in locis ad Uticam prominentibus ſtationem habebat. Et hi quidem datis in hanc ſententiam mandatis ad Aſdrubalem, Romanos dimittunt. Præfectis triremium præcipiunt, ut poſtquam Macrę ſive Bagradę fluminis oſtium ſuperaverint, deductos eatenus legatos ibi relinquant, & Carthaginem redeant. nam ex eo loco hoſtium caſtra poterant conſpici. Qui proſequebantur, ſimulac dictum amnem ſuperaverant, pro eo ut juſſi fuerant, Romanis valedicunt, & retro vela vertunt. Offendit nonnihil ea res L. Servilium & cæteros legatos; non quò mali quicquam ſuſpicarentur; ſed quod incuria & contemptu deducentium fieri putarent, ut citius quàm conveniret ab iis relinquerentur. Verum ubi ſoli jam Romani ceperunt navigare, ſubito Carthagi-

Carthaginienses tribus triremibus ex insidiis in eos invehuntur; & Romanam quinqueremem sunt aggressi; quam etsi rostro ferire celeritate subterlabentem non potuerunt; neque in tabulatum ejus insilire, militibus qui ibi stabant fortiter eos repellentibus; modò tamen latera petentes, modò omni ex parte cum Romanis dimicantes, vulneribus defensores affecerunt, multosque eorum interemerunt. donec Romani suorum multitudinem à castris in littus ad populandum effusam, opis sibi ferendæ gratia in oppositam oram accurrere conspicati, impetu maximo in terram navim immiserunt. Periit propugnatorum pars maxima; legati, mirabili quodam casu in siccum sunt ejecti. His ita factis, novum belli principium exstitit, & quidem gravius quàm antè, atque ex acrioribus odiis. Nam & Romani quod fidem sibi violatam dicerent; omne studium atq; operam ut Carthaginienses vincerent adhibuerunt. & Carthaginienses, sceleris quod admiserant sibi conscii, quidvis facere aut pati erant parati, quò ne in potestatem hostium venirent. Quum igitur utriusque populi hic esset impetus & ardor animi, nemo erat qui dubitaret, fore opus ut tam vehemens disceptatio ferro cerneretur. Quę res faciebat, ut non solum Italię populi & Africę, verùm etiam Hispanię, Siciliæ & Sardinię in spem rerum novarum erigerentur, & ad exspectationem futuri intenti, ancipites cogitationes animis agitarent. Eodem tempore Hannibal qui equitatu deficiebatur, ad Numidam Tychæum, è

τριήρεσιν ἐξ ὑποβολῆς οἱ Καρχηδόνιοι. καὶ παραβαλόντες τῇ Ῥωμαϊκῇ πεντήρει, τρῶσαι μὲν οὐχ οἷοί τ' ἦσαν, ὑποχωρούσης τῆς νεώς· οὐδὲ τοῦ καταστρώματος ἐπιβῆναι, διὰ τὸ γενναίως ἀμύνεσθαι τοὺς ἄνδρας· ἐκ παραβολῆς δὲ καὶ πέριξ προσμαχόμενοι, κατετίτρωσκον τοὺς ἐπιβάτας καὶ διέφθειραν πολλοὺς αὐτῶν. ἕως οὗ κατιδόντες οἱ Ῥωμαῖοι τοὺς προνομεύοντας τὴν παραλίαν ἀπὸ τῆς ἰδίας στρατοπεδείας παραβοηθοῦντας ἐπὶ τὸν αἰγιαλὸν, ἐξέβαλον τὴν ναῦν εἰς τὴν γῆν. τῶν μὲν οὖν ἐπιβατῶν οἱ πλεῖστοι διεφθάρησαν, οἱ δὲ πρεσβευταὶ παραδόξως ἐξεσώθησαν. Γενομένων 3
δὲ τούτων, αὖθις ὁ πόλεμος ἄλλην ἀρχὴν εἴληφε βαρυτέραν τῆς πρόσθεν, καὶ δυσμενικωτέραν. οἵ τε γὰρ Ῥωμαῖοι δοκοῦντες παρεσπονδῆσθαι, φιλοτίμως διέκειντο πρὸς τὸ περιγενέσθαι τῶν Καρχηδονίων. οἵ τε Καρχηδόνιοι συνειδότες σφίσι τὰ πεπραγμένα, πρὸς πᾶν ἑτοίμως εἶχον πρὸς τὸ μὴ τοῖς ἐχθροῖς ὑποχείριοι γενηθῆναι. Τοιαύτης δὲ τῆς ἀμφοῖν παραστάσεως ὑπαρχούσης, προφανὲς ἦν ὅτι δεήσει μάχῃ κρίνεσθαι περὶ τῶν ἐνεστώτων. ἐξ οὗ συνέβαινε μὴ μόνον τοὺς κατὰ τὴν Ἰταλίαν καὶ Λιβύην πάντας, ἀλλὰ καὶ τοὺς κατὰ τὴν Ἰβηρίαν καὶ Σικελίαν καὶ Σαρδίνα μετεώρους εἶναι καὶ περισπᾶσθαι ταῖς διανοίαις, καραδοκοῦντας τὸ συμβησόμενον. Κατὰ δὲ τὸν καιρὸν τοῦτον Ἀννίβας ἐλλείπων τοῖς ἱππικοῖς, διέπεμπε πρός τινα Νομάδα Τυχαῖον,

ὃς ἦν μὲν οἰκεῖος Σύφακος, ἱππεῖς δὲ μαχιμωτάτους ἔχειν ἐδόκει τῶν κατὰ Λιβύην· παρακαλῶν αὐτὸν βοηθεῖν καὶ συνεπιλαμβάνεσθαι τῶν καιρῶν· σαφῶς γινώσκοντα, διότι Καρχηδονίων κρατησάντων, δύναται διαφυλάττειν τὴν ἀρχήν. Ρωμαίων δ' ἐνικησάντων, καὶ τῷ βίῳ κινδυνεύσειν διὰ τὴν Μασσανάσσου φιλαρχίαν. οὗτος οὖν πεισθεὶς τοῖς παρακαλουμένοις, ἧκε μετὰ δισχιλίων ἱππέων πρὸς τὸν Αννίβαν.

4 Πόπλιος δὲ τὰ περὶ τὴν ναυτικὴν δύναμιν ἀσφαλισάμενος, καὶ καταλιπὼν Βαίβιον ἀντιστράτηγον, αὐτὸς μὲν ἐπεπορεύετο τὰς πόλεις, οὐκέτι παραλαμβάνων εἰς τὴν πίστιν τοὺς ἐθελοντὴν σφᾶς ἐγχειρίζοντας· ἀλλὰ μετὰ βίας ἀνδραποδιζόμενος, καὶ φανερὰν ποιῶν τὴν ὀργὴν ἣν εἶχε πρὸς τοὺς πολεμίους διὰ τὴν Καρχηδονίων παρασπόνδησιν. πρὸς δὲ Μασσανάσσην διεπέμπετο συνεχῶς, ἀποδηλῶν αὐτῷ τίνα τρόπον παραβεβηκότες εἶεν οἱ Φοίνικες τὰς σπονδὰς, καὶ παρακαλῶν ἀθροίζειν ὡς πλείστην δύναμιν, καὶ συνάπτειν αὐτῷ κατὰ σπουδήν. Ο γὰρ Μασσανάσσης ἅμα τῷ γενέσθαι τὰς συνθήκας, καθάπερ εἴρηται πρότερον, εὐθέως ἀφορμήσας μετὰ τῆς ἰδίας δυνάμεως, προσλαβὼν δέκα σημαίας Ρωμαϊκὰς ἱππέων καὶ πεζῶν, καὶ πρεσβευτὰς παρὰ τοῦ στρατηγοῦ, χάριν τοῦ μὴ μόνον τὴν πατρῴαν ἀρχὴν ἀπολαβεῖν, ἀλλὰ καὶ τὴν τοῦ Σύφακος προσκατακτήσασθαι διὰ τῆς Ρωμαίων ἐπικουρίας. ὃ καὶ συνέβη γενέσθαι. Συνέτυχε δὲ καὶ

Syphacis familiaribus, & qui unus ex omnibus Afris aptissimos ad pugnã equos habere dicebatur, legatos misit, qui auxilium ab eo peterent, rogarentque ut præsentem occasionem ne dimitteret; verùm ita sibi persuaderet, stare suum imperium ita demum posse, si penes Carthaginienses victoria stetisset: sin Romani vicissent, etiam de vita ipsum, quæ est Massanissæ latè dominandi cupiditas, periclitaturum. Hac cohortatione inductus Tychæus, cum CIↃ CIↃ equitibus ad Hannibalem venit. Publius ubi securitati classis prospexisset, Bæbium summæ rei præfectum vicem suam in castris relinquens, ipse cum exercitu profectus, quacunque incederet urbes aggrediebatur; non jam ut antè voluntate sua dedentes se in fidem recipiens; sed per vim expugnans, & sub jugum omnes mittens; quanta in hostes incitatus esset ira propter Carthaginiensium perfidiam, præ se ferens. Idem & ad Massanissam nuntios subinde mittebat, quo pacto scelere Pœnorum ruptæ essent induciæ ei significans; orabat etiam, ut coacto quanto maximo posset exercitu, ad se quam primum veniret. Massanissa namque statim post pactas inducias, quod ante ostendimus, ab exercitu Romano cum suorum militum manu discedens, signa decem quà equitum quà peditum è legionibus Rom. cum legatis ab Imperatore acceperat; eo consilio, ut Romanorum ope adjutus, non solùm regnum paternum reciperet, sed etiam Syphacis imperium suo posset adjicere. quod etiam factum est. Eodem quoque accidit

accidit tempore, ut ab Roma legati ad navalia castra Romanorum appellerent. Bæbius Romanis ad Imperatorem extemplo missis, Carthaginienses penes se detinuit: qui etiam alias curis anxii ac prope confecti, hoc insuper, versari sese in summis periculis putabant. Audito enim scelere in Romanos legatos admisso, quo sese Carthaginienses impiaverant; ne dubitandum quidem illis videbatur, Romanos hanc immanitatem in se ulturos. Scipio ut ab iis qui venerant accepit, Senatum populumque Rom. pacis à se pactæ cum Carthaginiensibus conditiones probare, & ad omnia quæ postulasset faciles se præbuisse, eo nuntio vehementer lætatus; Bæbio mandavit, ut Carthaginiensium legatis nullum non humanitatis comitatisque genus exhiberet, eosque Carthaginem dimitteret. Ac mihi videtur Scipio, qui sciret populum Rom. nihil habere antiquius fide erga legatos, sapientissimo ac prudentissimo consilio hoc fecisse: qui rem ipsam apud se reputans, non tam cogitavit quid digni essent pati Carthaginienses, quàm Romanis quid facere conveniret. Is igitur iracundiæ suæ moderatus, & cupiditati qua flagrabat scelus admissum ulciscendi, conatus est, ut veteri verbo dicitur, *majorum præclara exempla tueri*. Itaque & eorum qui Carthagini erant, & ipsius Hannibalis, quorum amentiam virtute & probitate sua superaverat, animos hoc facinore mirum in modum infregit. Carthaginienses enimvero cum vident urbes capi, & omni clade

τοὺς ἐκ Ῥώμης πρεσβευτὰς περὶ τοὺς αὐτοὺς καιροὺς εἰς τὸ ναυτικὸν χάρακα τῶν Ῥωμαίων καταπλεῦσαι. τοὺς μὲν οὖν παρ' αὐτῶν ὁ Βαίβιος παραχρῆμα πρὸς τὸν Πόπλιον ἐξέπεμψε, τοὺς δὲ τῶν Καρχηδονίων παρακατεῖχε, τά τε λοιπὰ δυσθύμως διακειμένους, καὶ νομίζοντας ἐν τοῖς μεγίστοις εἶναι κινδύνοις. πυθόμενοι γὰρ τὴν γεγενημένην ἐκ τῶν Καρχηδονίων ἀσέβειαν πρὸς τοὺς τῶν Ῥωμαίων πρέσβεις, πρόδηλον ἐδόκουν εἶναι σφίσι τὴν ἐκ τούτων τιμωρίαν. Ὁ δὲ Πόπλιος διακούσας τῶν παραγεγονότων, ὅτι προθύμως ἥ τε σύγκλητος ὅ, τε δῆμος ἀποδέξαιντο τὰς γενομένας δι' αὐτοῦ συνθήκας πρὸς τοὺς Καρχηδονίους, καὶ διότι πρὸς πᾶν τὸ παρακαλούμενον ἑτοίμως ἔχοιεν, ἐπὶ μὲν τούτοις ἔχαιρε μεγάλως· τοὺς δὲ τῶν Καρχηδονίων προσέταξε τῷ Βαιβίῳ μετὰ πάσης φιλανθρωπίας ἀποπέμπειν εἰς τὴν οἰκείαν· πάνυ καλῶς βουλευσάμενος, ὥς γε μοι δοκεῖ, καὶ φρονίμως. θεωρῶν γὰρ τὴν σφετέραν πατρίδα περὶ πλείστου ποιουμένην τὴν περὶ τοὺς πρεσβευτὰς πίστιν, ἐσκοπεῖτο παρ' αὐτῷ συλλογιζόμενος, οὐχ οὕτω τί δέον παθεῖν Καρχηδονίους, ὡς τί δέον ἦν πρᾶξαι Ῥωμαίους. Διὸ παρακατασχὼν τὸν ἴδιον θυμὸν, καὶ τὴν ἐπὶ τοῖς γεγονόσι πικρίαν, ἐπειράθη φυλάξαι κατὰ τὴν παροιμίαν, πατέρων εὖ κείμενα ἔργα. τοιγαροῦν καὶ τοὺς ἐν τῇ Καρχηδόνι πάντας ἥττησε ταῖς ψυχαῖς, καὶ τὸν Ἀννίβαν αὐτὸν, ὑπερθέμενος τῇ καλοκαγαθίᾳ τὴν ἐκείνων ἄνοιαν. Οἱ δὲ Καρχηδόνιοι θεω- 5
ροῦντες τὰς πόλεις ἐκπορθουμένας,

ἔπεμπον πρὸς τὸν Ἀννίβαν, δεόμενοι μὴ μέλλειν, ἀλλὰ πελάζειν τοῖς πολεμίοις, καὶ κρίνειν τὰ πράγματα διὰ μάχης. Ὁ δὲ διακούσας, τοῖς μὲν παροῦσιν ἀπεκρίθη τἄλλα σκοπεῖν· περὶ δὲ τοῦ * ῥᾳθυμεῖν, διαλήψεσθαι τὸν καιρὸν αὐτός. Μετὰ δέ τινας ἡμέρας ἀναζεύξας ἐκ τῶν περὶ τὸν Ἀδρύμητα τόπων, προῆλθε καὶ κατεστρατοπέδευσε περὶ Ζάμαν. αὕτη δ' ἐστὶ πόλις ἀπέχουσα Καρχηδόνος ὡς πρὸς τὰς δύσεις ὁδὸν ἡμερῶν πέντε. κἀκεῖθεν ἐξέπεμψε τρεῖς κατασκόπους, βουλόμενος ἐπιγνῶναι, ποῦ στρατοπεδεύουσι, καὶ πῶς χειρίζεται τὰ κατὰ τὰς παρεμβολάς. ὁ δὲ τῶν Ῥωμαίων στρατηγὸς Πόπλιος ἐπαναχθέντων ὡς αὐτὸν τῶν κατασκόπων, τοσοῦτον ἀπέσχε τοῦ κολάζειν τοὺς ἑαλωκότας, καθάπερ ἔθος ἐστὶ τοῖς ἄλλοις, ὡς τοὐναντίον συστήσας αὐτοῖς χιλίαρχον, ἐπέταξε πάντα καθαρείως ὑποδεῖξαι τὰ κατὰ τὴν παρεμβολήν. γενομένου δὲ τούτου, προσεπύθετο τῶν ἀνθρώπων, εἰ πάντα φιλοτίμως αὐτοῖς ὑπέδειξεν ὁ συσταθείς. τῶν δὲ φησάντων, δοὺς ἐφόδια καὶ παραπομπὴν ἐξαπέστειλε· προστάξας ἐπιμελῶς Ἀννίβᾳ διασαφεῖν περὶ τῶν ἀπηντημένων αὐτοῖς. ὧν παραγενηθέντων, θαυμάσας ὁ Ἀννίβας τὴν μεγαλοψυχίαν καὶ τόλμαν τἀνδρός, οὐκ οἶδ' ὅπως εἰς ὁρμὴν ἔπεσε τοῦ βούλεσθαι συνελθεῖν εἰς λόγους τῷ Ποπλίῳ. κρίνας δὲ τοῦτο, διεπέμψατο κήρυκα, φάσκων βούλεσθαι κοινολογηθῆναι πρὸς αὐτὸν ὑπὲρ τῶν ὅλων. ὁ δὲ Πόπλιος ἀκούσας

belli affici, ad Hannibalem mittunt, orant moram omnem ut tollat, hostibus appropinquet, atque acie cum iis decernat. Quæ ille mandata ut accepit, iis qui advenerant, Ipsis rerum summam curæ esse, respondit: agendi vero tempora se, ubi primum oblata foret occasio, sumpturum. Post dies paucos motis castris è locis circa Adrumetum, pergit ire; deinde circa Zamam vallum jacit. Zama quinque dierum iter occasum versus ab Carthagine abest. Inde tres speculatores ab eo missi, quorum opera cognosceret ubi Scipio castra metaretur, & quo pacto cuncta in castris administrarentur. qui ad Romanum Imperatorem quum essent deducti, tantum abfuit ut de captis supplicium sumeret, quod facere alii solent, ut contra unum eis è Tribunis militum tradiderit, jussum omnia ipsis bona fide ostendere quæ essent in castris. quinetiam ubi factum erat quod jusserat, ab iisdem percunctatus est, Satin' accuratè omnia ipsis ostendisset qui fuerat traditus. quum dixissent speculatores, ita esse factum; viatico donatos & datis qui prosequerentur, retro ad Hannibalem dimisit; jussitque ut cuncta Hannibali quæ sibi acciderant, aut quæ cognoverant diligenter renuntiarent. Post reditum speculatorum Hannibal magnitudinem animi & fiduciam Scipionis demirans, impetum nescio quomodo sumpsit cum illo colloquendi. deinde ut sedit ejus animo hæc sententia, præconem ad Scipionem misit, qui diceret, velle se cum ipso de summa rerum colloqui. Publius audito præco-

nis nunnis nuntio, potestatem ejus quod postulabat Pœno facit. Missurum etiam se ad illum dixit, qui locum & tempus indicaret, ubi convenire Hannibalem constituisset. His auditis in castra Punica redit præco. Postridie ejus diei Massanissa cum sex millibus peditum, quatuor equitum venit. Quem ubi comitate singulari excepisset Scipio, gratulatus ei, quod populos omnes qui Syphaci prius parebant sui juris fecisset, castra inde movit. Ventum est ad Margarum, sive Nadagaram urbem; ibi Scipio consedit, nactus locum tum ad cætera opportunum, tum quod aquatio intra teli conjectum erat. Eo ex loco nuntium ad Carthaginiensem Imperatorem misit, paratum se esse significans, ad conveniendum ipsum colloquii caussa. Hannibal eo accepto nuntio, castra movet. Postquàm propius ventum, ut jam triginta non amplius stadia in medio essent, in tumulo Pœnus consedit, commodo alioquin ad institutum negotium, nisi quod longinquioris paullo aquationis erat; ita ut ejus milites in aquando laboris plurimum sufferre cogerentur. Postero die Imperatores ambo è suis castris, equitibus paucis comitati, progrediuntur. soli deinde comitibus summotis, cum singulis interpretibus in medium procedunt. Tum Hannibal prior post salutationem ita cepit loqui. Si jam esset integrum optaturum se fore, ut neque Romani quicquam unquam eorū quæ sunt extra Italiam concupissent, neq; Carthaginienses eorum quæ extra Africam.

ταῦτα τοῦ κήρυκος, συγκατατίθεται τοῖς παρακαλουμένοις. ἔφη δὲ πέμψειν πρὸς αὐτὸν, διασαφῶν, ἐπειδὰν μέλλῃ συμπορεύεσθαι, τὸν τόπον καὶ τὸν καιρόν. Ταῦτα μὲν οὖν ἀκούσας ὁ κῆρυξ, ἐπανῆλθε πάλιν εἰς τὴν ἰδίαν παρεμβολήν. τῇ δ᾽ ἐπαύριον ἧκε Μασσανάσσης, ἔχων πεζοὺς μὲν εἰς ἑξακισχιλίους, ἱππεῖς δὲ περὶ ἑξακισχιλίους. ὃν ἀποδεξάμενος ὁ Πόπλιος φιλανθρώπως, καὶ συγχαρεὶς ἐπὶ τῷ πάντας ὑπηκόους πεποιῆσθαι τοὺς πρότερον Σύφακι πειθομένους, ἀνέζευξε. καὶ παραγενηθεὶς πρὸς πόλιν Μάργαρον, κατεστρατοπέδευσε, πρός τε τὰ ἄλλα τόπον εὐφυῆ καταλαβόμενος, καὶ τὴν ὑδρείαν ἐντὸς βέλους ποιησάμενος. κἀντεῦθεν ἐξέπεμ- 6
ψε πρὸς τὸν τῶν Καρχηδονίων στρατηγὸν, φάσκων ἕτοιμος εἶναι συμπορεύεσθαι πρὸς αὐτὸν εἰς λόγους. ὧν ἀκούσας Αννίβας, ἀνέζευξε· καὶ συνεγγίσας, ὥστε μὴ πλεῖον ἀπέχειν τριάκοντα σταδίων, κατεστρατοπέδευσε πρός τινα λόφον, ὃς τὰ μὲν λοιπὰ πρὸς τὸν παρόντα καιρὸν ὀρθῶς ἔχειν ἐδόκει· τὴν δ᾽ ὑδρείαν ἀποτέρω μικρὸν εἶχε· καὶ πολλὴν ταλαιπωρίαν ὑπέμενον οἱ στρατιῶται περὶ τοῦτο τὸ μέρος. Κατὰ δὲ τὴν ἑξῆς ἡμέραν προῆλθον ἀπὸ τῆς ἰδίας παρεμβολῆς ἀμφότεροι μετ᾽ ὀλίγων ἱππέων· κἄπειτα χωρισθέντες ἀπὸ τούτων, αὐτοὶ συνῆλθον εἰς τὸ μέσον, ἔχοντες ἑρμηνέα μεθ᾽ ἑαυτῶν. δεξιωσάμενος δὲ πρῶτος Αννίβας, ἤρξατο λέγειν. Ὡς ἐβούλετο μὲν ἂν μήτε Ῥωμαίους ἐπιθυμῆσαι μηδέποτε μηδενὸς τῶν ἐκτὸς Ἰταλίας, μήτε Καρχηδονίους τῶν ἐκτὸς Λιβύης.

ἀμφοτέροις γὰρ εἶναι ταύτας καὶ
καλλίστας δυναστείας, καὶ συλλήβδην
ὡσανεὶ περιωρισμένας ὑπὸ τῆς φύσεως. ἐπεὶ δὲ πρῶτον μὲν ὑπὲρ τῶν
κατὰ Σικελίαν ἀμφισβητήσαντες,
ἐξεπολεμήσαμεν ἀλλήλους· μετὰ
δὲ ταῦτα πάλιν ὑπὲρ τῶν κατ' Ἰβη-
ρίαν· τὸ δὲ τέλος ὑπὸ τῆς τύχης
ἀπονουθετούμενοι, μέχρι τούτου
προβεβήκαμεν, ὥστε καὶ περὶ τοῦ τῆς
πατρίδος ἐδάφους ἡμᾶς κεκινδυνευκέναι, τοὺς δ' ἀκμὴν ἔτι
καὶ νῦν κινδυνεύειν· λοιπόν ἐστιν
εἴ πως δυνάμεθα δι' αὑτῶν, πα-
ραιτησάμενοι τοὺς θεοὺς, διαλύεσθαι
τὴν ἐνεστῶσαν φιλοτιμίαν. Ἐγὼ μὲν
οὖν ἕτοιμός εἰμι, τῷ πεῖραν εἰληφέ-
ναι διὰ τῶν πραγμάτων, ὡς μετάθε-
τός ἐστιν ἡ τύχη, καὶ παρὰ μικρὸν εἰς
ἑκάτερα ποιεῖ μεγάλας ῥοπὰς, κα-
7 θαπερεὶ νηπίοις χρωμένη. σὲ δ' ἀγωνιῶ Πόπλιε λίαν, ἔφη, καὶ διὰ τὸ νέον
εἶναι κομιδῇ, καὶ διὰ τὸ πάντα σοι κατὰ
λόγον κεχωρηκέναι, καὶ τὰ κατ' Ἰβηρίαν, καὶ τὰ κατὰ τὴν Λιβύην· καὶ μηδέπω
μέχρι γε τοῦ νῦν εἰς τὴν τῆς τύχης ἐμπεπτωκέναι παλινρύμην· μή ποτε
οὐ πεισθῇς διὰ ταῦτα τοῖς ἐμοῖς
λόγοις, καίπερ οὖσι πιστοῖς. Σκό-
πει δ' ἀφ' ἑνὸς τοῦ λόγου τὰ πράγ-
ματα· μὴ τὰ τῶν προγεγονότων,
ἀλλὰ τὰ καθ' ἡμᾶς αὐτούς. Εἰμὶ
τοιγαροῦν Ἀννίβας ἐκεῖνος, ὃς
μετὰ τὴν ἐν Κάνναις μάχην σχεδὸν
ἁπάσης Ἰταλίας ἐγκρατὴς γενόμενος, καὶ μετά τινα χρόνον ἧκεν
πρὸς αὐτὴν τὴν Ῥώμην, καὶ στρατοπεδεύσας ἐν τετταράκοντα σταδίοις,
ἐβουλευόμην ὑπὲρ ὑμῶν καὶ τοῦ
τῆς ὑμετέρας πατρίδος ἐδάφους,

Utriusque enim populi hæc propria esse, eaque pulcherrima imperia, à Natura ipsa suis finibus comprehensa, ac quasi circunscripta. Nunc quoniam de Sicilia primo disceptantes bellum inter nos gessimus; deinde autem de Hispaniæ possessione, ac tandem, bonam nobis mentem Fortuna corrumpente, eò usque sumus progressi, ut de patriæ solo vos antea sitis periclitati, nunc ipsi cum maxime periclitemur; illud jam superest, ut si qua ratione possumus, iram Deûm deprecati, tantæ huic pervicaciæ finem imponamus. Equidem, ipsa edoctus experientia quàm mutabilis res sit Fortuna, quàm sæpe rei minimæ interventu magna in utramvis partem momenta faciat, dum mortales non secus ac pueros infantes ludibrio habet; ad quieta consilia sum paratus. De te P. Corneli, vehementer sum anxius, inquit, & sollicitus; ne forte, sive quia juvenis es admodum; sive quia ex animi sententia semper omnia tibi successere, cum in Hispania, tum in Africa; neque unquam hactenus Fortunæ magno impetu retro ruentis periculum fecisti; verbis meis, licet fide dignis, parum tamen fidei habeas. Quin tu potius considera mihi ex uno quod jam dicam, cujusmodi sit rerum humanarum conditio: neque ego de eorum qui olim fuerunt rebus loquor; verùm de iis quæ nobis ipsis contigerunt. Nempe Hannibal ego ille sum, qui post Cannensem pugnam, totius propemodum potitus Italiæ, aliquanto post tempore Romam ipsam petii, & quum millia passuum quinque ab Urbe consedissem, de vobis & patriæ vestrę solo quid

quid mihi statuendum esset, deliberabam: qui nunc in Africa ad te virum Romanum accessi, de mea & populi Carthaginiensis salute tecum acturus. Te hortor Publi, ut hæc intuens, spiritus magnos nimis ne geras; sed in deliberando de rebus præsentibus humanæ sortis memorem te probes. id autem est, ut bonorum maximum, malorum minimum eligas. Enimvero quis compos mentis discrimen tantum adire velit, quantum tibi nunc imminet? è quo si victor discesseris, neque tuam tibi, neque patriæ gloriam multum sanè amplificabis; sin victus fueris, tot ante parta decora, tot adoreas ipse per te funditus evertes. Sed quorsum tandem omnis hæc mea spectat oratio? Ut omnia populi Rom. sint, de quibus hactenus fuit inter nos contentio. Ea autem sunt, Sicilia, Sardinia, Hispaniæ provinciæ. horum nomine adversus Romanos ne bellum unquam Carthaginienses suscipiant. Similiter & aliȩ insulȩ, quotquot Italiam & Africam interjacent, omnes ut populi sint Rom. Nam equidem per ejusmodi conditiones & Carthaginiensium securitati in posterum, & glorię sive tuę, sive universi nominis Rom. quàm optime fore consultum existimo. Et Hannibal quidem hæc dixit. cujus sermonem excipiens Cornelius, Manifestum dixit esse, Romanos neque ei bello quod de Sicilia fuit gestum, prębuisse caussam; neque item ei quod de Hispania. atque hoc omnium optime scire ipsum Hannibalem; sed & deos immortales omnium quæ acciderunt testes fuisse: qui decus victorię iis tri-

πῶς ἐστί μοι χρηστέον: ὃς νῦν ἐν Λιβύῃ πάρειμι πρὸς σὲ Ῥωμαῖον ὄντα, περὶ τῆς ἐμαυτοῦ καὶ τῶν Καρχηδονίων σωτηρίας κοινολογησόμενος. Εἰς ἃ βλέποντα, παρακαλῶ σε μὴ μέγα φρονεῖν· ἀλλ᾽ ἀνθρωπίνως βουλεύεσθαι περὶ τῶν ἐνεστώτων· τοῦτο δ᾽ ἐστὶ, τῶν μὲν ἀγαθῶν ἀεὶ τὸ μέγιστον, τῶν κακῶν δὲ τοὐλάχιστον αἱρεῖσθαι. τίς οὖν ἂν ἕλοιτο νοῦν ἔχων πρὸς τοιοῦτον ὁρμᾷν κίνδυνον, οἷός σοι νῦν ἐνέστηκεν; ἐν ᾧ νικήσας μὲν, οὔτε τῇ σαυτοῦ δόξῃ μέγα τι προσθήσεις, οὔτε τῇ τῆς πατρίδος· ἡττηθεὶς δὲ, πάντα τὰ πρὸ τούτου σεμνὰ καὶ καλὰ δι᾽ αὐτὸν ἄρδην ἀναιρήσεις: Τί οὖν ἐστιν, ὃ προτίθεμαι τέλος τῶν νῦν λόγων; πάντα περὶ ὧν πρότερον ἠμφισβητήσαμεν, Ῥωμαίων ὑπάρχειν. ταῦτα δ᾽ ἦν, Σικελία, Σαρδὼ, τὰ κατὰ τὴν Ἰβηρίαν. καὶ μηδέποτε Καρχηδονίους Ῥωμαίοις ὑπὲρ τούτων ἀντάρασθαι πόλεμον. Ὁμοίως δὲ καὶ ἄλλας νήσους, ὅσαι μεταξὺ κεῖνται τῆς Ἰταλίας καὶ Λιβύης Ῥωμαίων ὑπάρχειν. ταύτας γὰρ πέπεισμαι τὰς συνθήκας, καὶ πρὸς τὸ μέλλον ἀσφαλεστάτας μὲν εἶναι Καρχηδονίοις; ἐνδοξοτάτας δὲ σοὶ καὶ πᾶσι Ῥωμαίοις. Ἀννίβας 8
μὲν οὖν ταῦτ᾽ εἶπεν. Ὁ δὲ Πόπλιος ὑπολαβὼν, Οὔτε τοῦ περὶ Σικελίας, ἔφη, πολέμου Ῥωμαίους, οὔτε τοῦ περὶ τῆς Ἰβηρίας αἰτίους γεγονέναι, Καρχηδονίους δὲ προφανῶς· ὑπὲρ ὧν κάλλιστα γινώσκειν αὐτὸν τὸν Ἀννίβαν· μάρτυρας δὲ καὶ τοὺς θεοὺς γεγονέναι τούτων, περιθέντας τὸ

κράτος

κράτος οὐ τοῖς ἄρχουσι χειρῶν ἀδίκων, ἀλλὰ τοῖς ἀμυνομένοις. βλέπειν δὲ καὶ τὰ τῆς τύχης οὐδενὸς ἧττον, καὶ τῶν ἀνθρωπίνων στοχάζεσθαι κατὰ δύναμιν. ἀλλ' εἰ μὲν πρὸ τοῦ τοὺς Ῥωμαίους διαβαίνειν εἰς Λιβύην, αὐτὸς ἐξ Ἰταλίας ἐκχωρήσας προὔτεινες τὰς διαλύσεις ταύτας, οὐκ ἂν οἴομαί σε διαψευσθῆναι τῆς ἐλπίδος. ἐπεὶ δὲ σὺ μὲν ἄκων ἐκ τῆς Ἰταλίας ἀπηλλάγης, ἡμεῖς δὲ διαβάντες εἰς τὴν Λιβύην τῶν ὑπαίθρων ἐκρατήσαμεν, δῆλον ὡς μεγάλην εἴληφε τὰ πράγματα παραλλαγήν. Τὸ δὲ δὴ μέγιστον, ἤλθομεν ἐπί τι μέρος ἡττηθέντων, καὶ δεηθέντων τῶν παρὰ σοῦ πολιτῶν. ἐθέμεθα συνθήκας ἐγγράπτους, ἐν αἷς ἦν πρὸς τοῖς ὑπὸ σοῦ νῦν προτεινομένοις· τοὺς αἰχμαλώτους ἀποδοῦναι χωρὶς λύτρων Καρχηδονίους· τῶν πλοίων τῶν καταφράκτων παραχωρῆσαι· πεντακισχίλια τάλαντα προσενεγκεῖν· ὅμηρα δοῦναι περὶ τούτων. ταῦτα ἦν ἃ συνεθέμεθα πρὸς ἀλλήλους. ὑπὲρ τούτων ἐπρεσβεύσαμεν ἀμφότεροι πρός τε τὴν σύγκλητον τὴν ἡμετέραν, καὶ πρὸς τὸν δῆμον· ἡμεῖς μὲν ὁμολογοῦντες εὐδοκεῖν τοῖς γεγραμμένοις, Καρχηδόνιοι δὲ δεόμενοι τούτου τυχεῖν. Ἐπείσθη τὸ συνέδριον τούτοις, ὁ δὲ δῆμος συγκατήνεσε. τυχόντες ὧν ἠξίουν, ἠθέτησαν ταῦτα Καρχηδόνιοι, παρασπονδήσαντες ἡμᾶς. τί λείπεται ποιεῖν; σὺ τὴν ἐμὴν χώραν μεταλαβὼν εἰπόν. ἀφελεῖν τὰ βαρύτατα τῶν ὑποκειμέ-

buerint, non qui armis injustis priores lacessiverant, sed qui vim vi repellebant. Fortunæ vim tam sibi esse notam quàm ulli unquam mortalium; & humanæ infirmitatis habere se rationem quantam posset maximam: cæterùm pacis hasce leges, si priusquam Romani in Africam trajecissent, ipse Italiæ egressus finibus obtulisses, tua te spes, opinor, nequaquam fefellisset. Nunc quum ipse quidem invitus Italia excesseris, nos vero in Africam transgressi, agros omnes & quicquid in aperto est occupaverimus, magnam rerum mutationem esse factam quis non intelligit? Quod maximum omnium est, civibus tuis devictis & pacem petentibus, jam inter nos aliquo modo convenerat: jam leges fœderis erant conscriptæ; in quibus præter illa quę à te nunc afferuntur, hæc amplius continebantur; captivos omnes ut sine pretio Carthaginienses redderent: naves rostratas ut traderent. talentûm quinque millia ut penderent: his staturos se pactis, obsides ut darent: hæc sunt de quibus inter nos convenerat: de quibus utrique per legatos cum senatu & populo nostræ civitatis egeramus: quum equidem hasce nobis non improbari conditiones diceremus; Carthaginienses verò, easdem ut impetrarent precibus contenderent. Pactis conditionibus Senatus est assensus: easdem quoque Rom. populus ratas esse jussit. Tui cives, Hannibal, quod postulabant consecuti, pacti formulam antiquarunt, & fidem nobis datam violarunt. Quid jam opus facto? finge te eum esse qui ego sim, & mihi respõde. An gravissima quæque eorum quæ

legibus

legibus pacis tuis imperantur, sunt tollenda? nempe ut eo sui sceleris accepto pręmio, bene de se meritos per fidem in posterum circunvenire doceantur. Imò, inquies, ut iis quæ jam petunt impetratis, gratiam nobis habeant. Atenim, quę modò cum vittis & infulis postulabant ea consecuti, simul exiguam spem aliquam per te sunt nacti, loco inimicorum atque hostium è vestigio habere nos ceperunt. Sic igitur habe; referre ad populum Rom. de hac pace ita demum licet, si pręter pactas jam leges durius aliquid fuerit imperatum: sin etiam illorum quę convenerunt, aliquid detrahatur, nihil habet ea deliberatio, de quo referatur. Quis igitur nostrę etiam orationis erit finis? nimirum, ut vos patriamque vestram fidei nostrę permittatis; aut pręlio dimicantes, vincatis. Hæc inter se collocuti Hannibal & Scipio, frustra verbis tentata spe conventionis, ad suos se receperunt. Postero die prima statim luce, copias ambo eduxerunt, & prælio decertarunt: Carthaginienses quidem de sua salute, & rebus Africæ, Romani verò de Orbis terrarum dominatione atque imperio. Quis autem ista secum animo reputare queat, ut non rei tantæ narratione afficiatur? Nam neque exercitus bellicosiores, neque Imperatores feliciores, aut qui in bellicis certaminibus magis se exercuissent, temere aliquis inveniat; neque ubi majora certantibus prœmia Fortuna proposuisset, quàm illa quæ erant tunc proposita. Non enim Africam dumtaxat vel Europam in potestate sua erant habituri qui victores ab ea pugna

νων ἐπιταγμάτων; ἵνα δὴ λαβόντες ἆθλα τῆς παρανομίας, διδαχθῶσι τοὺς εὖ ποιοῦντας εἰς τὸ λοιπὸν παρασπονδεῖν; ἀλλ' ἵνα τυχόντες ὧν ἀξιοῦσι, χάριν ὀφείλωσιν ἡμῖν; ἀλλὰ νῦν μεθ' ἱκετηρίας τυχόντες ὧν παρεκάλουν, ὅτι βραχείας ἐλπίδος ἐπελάβοντο τῆς κατὰ σὲ, παρὰ πόδας ὡς ἐχθροῖς ἡμῖν κέχρηνται καὶ πολεμίοις. * ἐν οἷς βαρυτέρου μέν τινος προσεπιταχθέντος, δυνατὸν ἀνενεγκεῖν τῷ δήμῳ περὶ διαλύσεως· ὑφαιρέσιν δὲ ποιουμένοις τῶν ὑποκειμένων, οὐδὲ ἀναφορὰν ἔχει τὸ διαβούλιον. Τί πέρας οὖν πάλιν τῶν ἡμῶν λόγων; ἢ τὴν ἐπιτροπὴν ὑμᾶς διδόναι περὶ σφῶν αὐτῶν καὶ τῆς πατρίδος, ἢ μαχομένους νικᾶν.

Ταῦτα μὲν οὖν διαλεχθέντες αὐ- 9
τοῖς Αννίβας καὶ Πόπλιος, ἐχωρίσθησαν, ἀξύμβατον ποιησάμενοι τὴν κοινολογίαν. Εἰς δὲ τὴν ἐπαύριον ἅμα τῷ φωτὶ τὰς δυνάμεις ἐξῆγον ἀμφότεροι, καὶ συνίσταντο τὸν ἀγῶνα, Καρχηδόνιοι μὲν ὑπὲρ τῆς σφετέρας σωτηρίας καὶ τῶν κατὰ τὴν Λιβύην πραγμάτων· Ῥωμαῖοι δὲ περὶ τῆς τῶν ὅλων ἀρχῆς καὶ δυναστείας. Εφ' ἃ τίς οὐκ ἂν ἐπιστήσας, συμπαθὴς γένοιτο κατὰ τὴν ἐξήγησιν; οὔτε γὰρ δυνάμεις πολεμικωτέρας, οὔθ' ἡγεμόνας ἐπιτυχεστέρους τούτων, καὶ μᾶλλον ἀθλητὰς γεγονότας τῶν κατὰ πόλεμον ἔργων εὕροι τις ἂν ἑτέρους· οὐδὲ μὴν ἆθλα μείζω τὴν τύχην ἐκτεθεικυῖαν τοῖς ἀγωνιζομένοις, τῶν τότε προκειμένων. οὐ γὰρ τῆς Λιβύης αὐτῆς, οὐδὲ τῆς Εὐρώπης ἔμελλον κυριεύειν

οἱ τῇ μάχῃ κρατήσαντες, ἀλλὰ καὶ
τῶν ἄλλων μερῶν τῆς οἰκουμένης,
ὅσα νῦν πέπτωκεν ὑπὸ τὴν ἱσο-
ρίαν. ὃ καὶ συνέβη γενέσθαι μετ'
ὀλίγον. Πλὴν ὁ μὲν Πόπλιος ἔ-
θηκε τὰς τάξεις τῶν ἰδίων δυνάμεων τὸν τρόπον τοῦτον. Πρῶτον μὲν
τοὺς ἀστάτους καὶ τὰς τούτων σημαίας ἐν διαστήμασιν. ἐπὶ δὲ τούτοις τοὺς πρίγκιπας, τιθεὶς τὰς
σπείρας, οὐ κατὰ τὸ τῶν πρώτων σημαιῶν διάστημα, καθάπερ
ἔθος ἐστὶ τοῖς Ῥωμαίοις· ἀλλὰ
κατ' ἀλλήλους ἐν ἀποστάσει διὰ τὸ
πλῆθος τῶν παρὰ τοῖς ἐναντίοις
ἐλεφάντων. τελευταίους δ' ἐ-
πέστησε τοὺς τριαρίους. ἐπὶ δὲ τῶν
κεράτων ἔταξε κατὰ μὲν τὸ λαιὸν,
Γάιον Λαίλιον, ἔχοντα τοὺς Ἰταλικοὺς ἱππέας· κατὰ δὲ τὸ δεξιὸν μέρος, Μασσανάσσην μετὰ πάντων τῶν
ὑφ' ἑαυτὸν ταττομένων Νομάδων.
τὰ δὲ διαστήματα τῶν πρώτων
σημαιῶν ἀνεπλήρωσε ταῖς τῶν γρο-
σφομάχων σπείραις· παραγγείλας
τούτοις προκινδυνεύειν· ἐὰν δὲ
ἐκβιάζωνται, καὶ κατὰ τὴν τῶν
θηρίων ἔφοδον, ἀποχωρεῖν· τοὺς
μὲν καταταχοῦντας, διὰ τῶν ἐπ'
εὐθείας διαστημάτων εἰς τοὐπίσω τῆς
ὅλης δυνάμεως· τοὺς δὲ περικα-
ταλαμβανομένους, εἰς τὰ πλά-
για παρίστασθαι κατὰ τὰς ση-
10 μαίας. Ταῦτα δ' ἑτοιμασάμενος, ἐπεπορεύετο παρακαλῶν τὰς
δυνάμεις, βραχέως μὲν, οἰκείως
δὲ τῆς ὑποκειμένης περιστάσεως.
Ἠξίου γὰρ μνημονεύοντας τῶν προγεγονότων ἀγώνων, ἄνδρας ἀγαθοὺς
γίνεσθαι σφῶν καὶ τῆς πατρίδος
ἀξίους· καὶ λαμβάνειν πρὸ ὀ-
φθαλμῶν, ὅτι κρατήσαντες μὲν τῶν

discessissent; verùm & cæteras quoque Orbis terrarum partes, quotquot hactenus in notitiam hominum venerunt. Quod quidem non multo post fieri contigit. Cæterum copiarum suarum ordines ita tum Scipio disposuit. Primum Hastatos eorumque manipulos per intervalla; horum à tergo Principes locavit: positis eorum manipulis non ex adverso vacui spatii quo distabant invicem Hastatorum manipuli, sicut mos est Romanorum; sed alios post alios in eadem serie, cum aliquo intervallo, propter multitudinem elephantorum quos Pœni habebant. ultimos in extrema acie Triarios constituit. ab lævo cornu C. Lælium cum Italico equitatu, ab dextro Massanissam, cum omnibus suis Numidis opposuit. Vias patentes inter manipulos antesignanorum, velitum manipulis complevit; dato præcepto, ut ante alios pugnam committerent. sin autem hostium vim, aut elephantorum impetum sustinere non possent, retro pedem ut referrent; partim qui celeritate possent alios prævertere, per vias rectas inter manipulos patentes, pone aciem universam; partim qui circunfuso hoste comprehendi metuerent, in dextram sinistramve iis sese applicarent intervallis quæ essent inter signa. His ita ordinatis, quaqua incederet per aciem, suos adhortabatur, paucis ille quidem, sed ad præsens discrimen apte & convenienter. Petebat enim à militibus suis, ut memores pugnarum quas ante pugnassent, viros se præberent, priore sua virtute & Romano dignos nomine; ponerent sibi

illud

illud ob oculos; se victis eo prælio hostibus, non Africæ tantum possessionem firmam obtenturos; sed etiam Orbis terrarum reliqui imperium ac dominationem sibi & patrię suæ sine ulla controversia quæsituros. Sin de exitu certaminis secus eveniret, cogitarent, eos qui inter dimicandum diem clauderent ultimum, loco sepulcralis ornamenti, atque ejus pulcherrimi, relaturos hoc decus, quod pro patria mortem oppetierint: qui periculum declinassent, vitam deinceps omnem acturos & turpissimam & miserrimam. Siquidem iis qui fugerint, nullum esse tota Africa locum, qui securitatem possit prętare. iis verò qui in Pœnorum manus inciderint, quæ sint eventura, non esse obscurum recta ratione rem putantibus. Quæ superi, inquit, à vobis omnibus avertant. Quum igitur Fortuna in utramvis partem præmia nobis proposuerit omnium maxima, quid caussæ dicemus, cur non ignavissimi mortalium, atque, ut omnia verbo complectar, stultissimi simus existimandi, si rebus in arbitrio nostro positis, pro iis bonis quæ sunt omnium pulcherrima, præ nimia cupiditate vitę ea elegerimus mala, quę sunt omnium gravissima? Petere igitur se, cùm hoste sic congrederentur, ut qui duo hæc tantum prę oculis haberent, aut victoriam aut mortem. Nam qui hoc essent animo prædititi, semper eos de oppositis hostibus victoriam reportare, ubi semel vitæ posita spe hostem invadere & cum eo pugnare sint aggressi. Et Scipio quidem hoc fere modo suos adhortabatur. At Hannibal belluas (LXXX autem erant, & eo plures,) ante aciem universam; mercenarios proximos illis à tergo consti-

ἐχθρῶν, οὐ μόνον τῶν ἐν Λιβύῃ πραγμάτων ἔσονται κύριοι βεβαίως· ἀλλὰ καὶ τῆς ἄλλης οἰκουμένης τὴν ἡγεμονίαν καὶ δυναστείαν ἀδήριτον αὑτοῖς τε καὶ τῇ πατρίδι περιποιήσουσιν. ἐὰν δ' ὡς ἄλλως ἐκβῇ τὰ κατὰ τὸν κίνδυνον, οἱ μὲν ἀποθανόντες εὐγενῶς ἐν τῇ μάχῃ, κάλλιστον ἐντάφιον ἕξουσι τὸν ὑπὲρ τῆς πατρίδος θάνατον· οἱ δὲ διαφυγόντες, αἴσχιστον καὶ ἐλεεινότατον τὸν ἐπίλοιπον βίον. ἀσφάλειαν γὰρ τοῖς φυγοῦσιν οὐδεὶς ἱκανὸς περιποιῆσαι τόπος τῶν ἐν τῇ Λιβύῃ. πεσοῦσι δ' ὑπὸ τὰς τῶν Καρχηδονίων χεῖρας, οὐκ ἄδηλα εἶναι τὰ συμβησόμενα τοῖς ὀρθῶς λογιζομένοις. ὧν, ἔφη, μηδενὶ γένοιτο πεῖραν ὑμῶν λαβεῖν. τῆς δ' ὅλης τύχης ἡμῖν τὰ μέγιστα τῶν ἄθλων εἰς ἑκάτερον τὸ μέρος ἐκτεθεικυίας, πῶς οὐκ ἂν εἴημεν ἀγεννέστατοι, καὶ συλλήβδην ἀφρονέστατοι πάντων, εἰ παρέντες τὰ κάλλιστα τῶν ἀγαθῶν, ἑλοίμεθα τὰ μέγιστα τῶν κακῶν διὰ φιλοζωΐαν; Διόπερ ἠξίου δύο προθεμένους, ταῦτα δ' ἐστὶν, ἢ νικᾶν ἢ θνήσκειν, ὁμόσε χωρεῖν εἰς τοὺς πολεμίους. τοὺς γὰρ τοιαύτας ἔχοντας διαλήψεις, κατ' ἀνάγκην ἀεὶ κρατεῖν δεῖ τἀναντία τιθεμένων· ἐπειδὰν ἀπελπίσαντες τοῦ ζῆν, ἴωσιν εἰς τὴν μάχην. Ὁ μὲν οὖν Πόπλιος II
τοιαύτην ἐποιήσατο τὴν παραίνεσιν. ὁ δ' Αννίβας τὰ μὲν θηρία πρὸ πάσης τῆς δυνάμεως ὄντα πλείω τῶν ὀγδοήκοντα· μετὰ δὲ ταῦτα τοὺς μισθοφόρους ἐπέστησε,

περὶ μυρίους ὄντας καὶ δισχιλίους τὸν ἀριθμόν. οὗτοι δ' ἦσαν Λιγυστινοί, Κελτοί, Βαλιαρεῖς, Μαυρούσιοι. τούτων δὲ κατόπιν παρέλαβε τοὺς ἐγχωρίους Λίβυας, καὶ Καρχηδονίους. ἐπὶ δὲ πᾶσι τοὺς ἐξ Ἰταλίας ἥκοντας μεθ' ἑαυτοῦ, πλεῖον ἢ στάδιον ἀποστήσας τῶν προτεταγμένων· τὰ δὲ κέρατα διὰ τῶν ἱππέων ἠσφαλίσατο, θεὶς ἐπὶ μὲν τὸ λαιὸν τοὺς συμμάχους Νομάδας, ἐπὶ δὲ τὸ δεξιὸν τοὺς τῶν Καρχηδονίων ἱππεῖς. παρήγγειλε δὲ τοὺς ἰδίους στρατιώτας ἕκαστον παρακαλεῖν, ἀναφέροντας τὴν ἐλπίδα τῆς νίκης ἐφ' ἑαυτὸν καὶ τὰς μεθ' ἑαυτοῦ παραγεγενημένας δυνάμεις. τοῖς δὲ Καρχηδονίοις ἐκέλευσε τοὺς ἡγουμένους τὰ συμβησόμενα περὶ τέκνων καὶ γυναικῶν ἐξαριθμεῖσθαι καὶ τιθέναι πρὸ ὀφθαλμῶν, ἐὰν ἄλλως πως ἐκβῇ τὰ τῆς μάχης. οὗτοι μὲν οὖν οὕτως ἐποίουν τὸ παραγγελθέν. Αννίβας δὲ τοὺς μεθ' ἑαυτοῦ παραγεγονότας ἐπιπορευόμενος, ἠξίου καὶ παρεκάλει διὰ πλειόνων, μνησθῆναι μὲν τῆς πρὸς ἀλλήλους ἑπτακαιδεκαέτους συνηθείας· μνησθῆναι δὲ τοῦ πλήθους τῶν προγεγονότων αὐτοῖς πρὸς Ρωμαίους ἀγώνων. ἐν οἷς ἀηττήτους γεγονότας, οὐδ' ἐλπίδα τοῦ νικᾶν οὐδέποτ' ἔφη Ρωμαίοις αὐτοὺς ἀπολελοιπέναι. τὸ δὲ μέγιστον, ἠξίου λαμβάνειν πρὸ ὀφθαλμῶν χωρὶς τῶν κατὰ μέρος κινδύνων καὶ τῶν ἀναριθμήτων προτερημάτων, τήν τε περὶ τὸν Τρεβίαν ποταμὸν μάχην πρὸς τὸν πατέρα τοῦ νῦν ἡγουμένου Ρωμαίων· ὁμοίως τὴν ἐν Τυρρηνίᾳ πρὸς Φλαμίνιον μάχην· ἔτι δὲ τὴν περὶ Κάννας λεγομένην πρὸς Αἰμίλιον. αἷς οὔτε κατὰ πλῆθος τῶν ἀνδρῶν,

tuit, numero ad duodecim millia. erant hi Ligures, Galli, Baleares, Mauri. pone hos in mediam aciem indigenas Afros & Carthaginienſes recepit. ſpatio deinde amplius quàm ſtadii relicto, Italicos milites qui ſecum venerant à tergo omnium conſtituit. Cornua equitatu firmavit. lævum ſocii Numidæ, dextrum equites Carthaginienſium tenuerunt. ducibus deinde præcepit, ut ſuos quique milites adhortarentur, juberentque ſpem victoriæ in ſe ponere, & eo quem ex Italia adduxerat exercitu. Carthaginienſibus vero, ut recenſerent iidem atque ob oculos ponerent, ſi alius eſſet pugnę exitus quàm optarent, quę calamitas liberos ipſorum ac conjuges maneret. Et illi quidem uti fuerant juſſi, fecerunt. Hannibal verò eorum ordines qui ſecum venerant obambulans, petebat ab iis, multumque ipſos hortabatur, meminiſſent commilitii quod annos ſeptendecim invicem coluerant: meminiſſent illarum tot numero pugnarum, quas cum Romanis pugnaſſent; è quibus quum ſemper invicti diſceſſiſſent, ne ſpem quidem ullam ſe Romanis reliquiſſe unquam vincendi. Ante omnia, ut oculis ſibi ſubjicerent poſtulabat, pręter tot certamina per partes habita, & infinitas numero victorias, prælium ad Trebiam cum hujus ipſius Romanorum Imperatoris patre commiſſum: prælium item in Etruria, cum Flaminio: necnon illud quod ad Cannas vocant, cum Æmilio. quæ omnia prælia cum præſenti certamine nullo modo ſint comparanda;

ſive

sive ob virorum numerum, sive ob virtutem militum. Simul hæc dicens, respicere in hostium aciem, eamque conspicari jubebat. neque enim pauciores tantum, verùm ne multesimam quidem partem esse eorum, qui in prioribus illis certaminibus secum decertaverint. ad virtutem porrò quod attineret, ne institui quidem comparationem ullam posse. Nam illos quum antea invicti fuissent, viribus integris secum rem gessisse; horum autem alios esse illorum sobolem, alios superstites quasdam reliquias eorum quos in Italia ipsi vicissent, & qui sæpe in fugam à se fuissent versi. Videndum igitur illis esse, ne suam sibi ipsi, & sui Imperatoris gloriam, & partum virtute cognomen everterent; sed fortiter decertando, late sparsam de se famam, quasi essent invicti, magis magisque firmarent. Ita utrinque Imperatores suas copias sunt cohortati. Postea verò quàm omnia ad pugnam necessaria ambo paraverant, quum Numidici equites multo ante levibus præliis sese mutuo lacessere cepissent; tunc Hannibal eos qui elephantis insidebant jussit, impetum in hostem facere. Simulac tubæ cornuaque undique concinverunt, parte bestiarum prę metu retro aversâ, & in Numidas Pœnorum auxiliares irruente; confestim Massanissa lævum cornu Punicæ aciei equestri auxilio nudavit. Reliqui elephanti medio inter geminas acies campo, impetu facto in Romanos velites, cum multis suis vulneribus ingentem hostium stragem edebant:

οὔτε κατὰ τὰς ἀρετὰς ἀξίας εἶναι
συγκρίσεως πρὸς τὸν νῦν ἐπιφερόμενον κίνδυνον. καὶ ταῦτα λέγων,
ἅμα βλέπειν αὐτοὺς ἐκέλευε,
καὶ τὴν τῶν ὑπεναντίων κατο-
πτεύειν τάξιν· οὐ γὰρ οἷον ἐλάττους,
ἀλλ' οὐδὲ πολλοστὸν μέρος εἶναι τῶν
τότε πρὸς αὐτοὺς ἀγωνισαμένων·
ταῖς γε μὴν ἀρεταῖς, οὐδὲ σύγκρισιν ἔχειν· ἐκείνους μὲν γὰρ ἀ-
ηττήτους ὄντας, ἐξ ἀκεραίου διη-
γωνίσθαι πρὸς σφᾶς· τούτων δὲ
τοὺς μὲν ἐκγόνους εἶναι, τοὺς δὲ
λείψανα τῶν ἡττημένων ἐν Ἰταλίᾳ,
καὶ πεφευγότων αὐτὸν πλεονάκις.
Διόπερ ᾤετο δεῖν μὴ καταλῦσαι
μήτε τὴν σφῶν αὐτῶν, μήτε τὴν
τοῦ προεστῶτος δόξαν καὶ προση-
γορίαν· ἀλλ' ἀγωνισαμένους εὐψύχως, βεβαιῶσαι τὴν διαδεδο-
μένην περὶ αὐτῶν φήμην, ὡς ὄντων ἀηττήτων. Ταῦτα μὲν οὖν
καὶ τοιαῦτα παρεκάλεσαν ἀμφότεροι. Ἐπειδὴ δ' ἑκατέροις ἦν 12
εὐτρεπῆ τὰ πρὸς τὸν κίνδυνον,
πάλαι τῶν Νομαδικῶν ἱππέων πρὸς
ἀλλήλους ἀκροβολιζομένων· τότε
παρήγγειλε τοῖς ἐπὶ τῶν ἐλεφάντων Ἀννίβας ποιεῖσθαι τὴν ἔφοδον
ἐπὶ τοὺς ὑπεναντίους. Ἅμα δὲ
τῷ πανταχόθεν τὰς σάλπιγγας καὶ
τὰς βυκάνας ἀναβοῆσαι, τινὰ μὲν
διαταραχθέντα τῶν θηρίων, ἐξαυτῆς ὥρμησε παλίσσυτα κατὰ
τῶν βεβοηθηκότων τοῖς Καρχηδονίοις
Νομάδων· διὸ διὰ τῶν περὶ τὸν Μασσανάσσην ταχέως ἐψιλώθη τὸ λαιὸν κέρας τῶν Καρχηδονίων· τὰ δὲ λοιπὰ
συμπεσόντα τοῖς τῶν Ῥωμαίων γρο-
σφομάχοις ἐν τῷ μεταξὺ χώρᾳ τῶν
παρατάξεων, πολλὰ μὲν ἔπασχε κακά, πολλὰ δ' ἐποίει τοὺς ὑπεναντίους.

ἕως ὅτου πεφοβημένα, τὰ μὲν διὰ τῶν διαστημάτων ἐξέπεσε, δεξαμένων αὐτὰ τῶν Ῥωμαίων ἀσφαλῶς, κατὰ τὴν τοῦ στρατηγοῦ πρόνοιαν· τὰ δ' ἐπὶ τὸ δεξιὸν μέρος παραφυγόντα διὰ τῶν ἱππέων συνακοντιζόμενα, τελέως εἰς τὸν ἔξω τόπον τῶν στρατοπέδων ἐξέπεσεν. Ὅτε δὴ καὶ Λαίλιος ἅμα τῇ περὶ τοὺς ἐλέφαντας ταραχῇ ἐμβαλὼν, ἠνάγκασε φυγεῖν τοὺς τῶν Καρχηδονίων ἱππεῖς προτροπάδην. οὗτος μὲν οὖν ἐπέκειτο τοῖς φεύγουσιν ἐκθύμως· τὸ δ' ὅμοιον ἐποίει καὶ Μασσανάσσης. Κατὰ δὲ τὸν καιρὸν τοῦτον αἱ φάλαγγες ἀμφότεραι βάδην ἀλλήλαις καὶ σοβαρῶς ἐπήεσαν, πλὴν τῶν ἐκ τῆς Ἰταλίας μετ' Ἀννίβου παραγεγονότων· οὗτοι δ' ἔμενον ἐπέχοντες τὸν ἐξ ἀρχῆς τόπον. Ἐπειδὴ δ' ἐγγὺς ἦσαν ἀλλήλων, οἱ μὲν Ῥωμαῖοι κατὰ τὰ πάτρια συναλαλάξαντες καὶ συμψοφήσαντες τοῖς ξίφεσι τοὺς θυρεοὺς, προσέβαλλον τοῖς ὑπεναντίοις· οἱ δὲ μισθοφόροι τῶν Καρχηδονίων ἀδιάκριτον ἐποίουν τὴν φωνὴν καὶ παρηλλαγμένην. οὐ γὰρ πάντων ἦν κατὰ τὸν ποιητὴν ὁ αὐτὸς θροῦς, οὐδ' ἴα γῆρυς,

Ἄλλη δ' ἄλλων γλῶσσα, πολύκλητοι δ' ἔσαν ἄνδρες,

καθάπερ ἀρτίως ἐξηριθμησάμην.
13 Πάσης δ' οὔσης ἐκ χειρὸς καὶ κατ' ἄνδρα τῆς μάχης, διὰ τὸ μὴ δόρασι μηδὲ ξίφεσι χρῆσθαι τοὺς ἀγωνιζομένους, τῇ μὲν εὐχερείᾳ καὶ τόλμῃ προεῖχον οἱ μισθοφόροι τὰς ἀρχὰς, καὶ πολλοὺς κατετραυμάτιζον τῶν Ῥωμαίων· τῇ δὲ τῆς συντάξεως ἀκριβείᾳ καὶ τῷ καθοπλισμῷ πιστεύοντες οἱ Ῥωμαῖοι, μᾶλλον ἐπέβαινον εἰς τὸ πρόσθεν. ἅμα δὲ τοῖς μὲν Ῥωμαίοις ἑπομένων καὶ παρακαλούντων τῶν κατόπιν, τοῖς

donec metu consternati partim per aciei Romanorum intervalla erumpunt; Romanis sine ullo suo periculo (id enim pro sua prudentia caverat Scipio;) eos admittentibus: alii in dextram partem fuga delati, equitum jaculis confodiuntur, & ex acie penitus excidunt. Lælius ut turbatos à belluis vidit hostes, in eos invectus, Carthaginiensem equitatum effusam capere fugam compulit. Et Lælius quidem fugientes animose persequebatur: idemque & Massanissa quoque faciebat. Hæc vero dum aguntur, utraque peditum acies lenti ac superbis incessibus gradum promovebat; iis exceptis, qui ex Italia cum Hannibale venerant: nam hi stationem, in qua primo fuerant positi, servarunt. Ubi prope est ventum, Romani more patrio clamorem tollunt, & gladiis ad scuta concrepant; ac subito hostem adoriuntur. Carthaginiensium mercenarii indiscretas & dissonas voces edebant: ut quibus - *vox eadem*, quod ait poëta, *non esset, nec sonus idem.*

Sermo etenim varius varia de gente vocatis,

sicut paullo antè recensui. Quum in dextris omne certamen esset, ac vir cum viro confligeret, quia non hastis ac ne gladiis quidem res gerebatur, agilitate & audacia mercenarii Pœnorum initio prævalebant, multosque adeo Romanos vulnerarunt: verùm Romani eximia ordinatione suæ aciei, & genere armorum freti, gradum ulterius magis inferebant. Ac quoniam Romanos quidem sui qui erant à tergo & sequebanquebantur & urgebant assidua cohortatione; contra mercenariis non appropinquabant Carthaginienses, neque opem ferebant, sed præ metu animos despondebant; ad extremum in fugam Barbari inclinarunt: ac qui manifesto proditos sese putarent à suis, dum se retro recipiunt, in eos quos à tergo habuerant irruentes, ipsos occidunt. Quæ sanè res fecit, ut multi Carthaginiensium strenue dimicando occumberent. à mercenariis namque cæsi, præter voluntatem simul cum suis, simul cum Romanis manus conserebant. qui ceu mente emota & more inusitato quum præliarentur, & suorum & hostium multos peremerunt. Hoc igitur pacto in Hastatos illati, ordines eorum conturbarunt. Quod ut animadversum est à Principum centurionibus, suos illis manipulos opposuerunt. Ita pars maxima cum mercenariorum, tum Carthaginiensium, partim mutuis invicem vulneribus, partim ab Hastatis cæsa, eo loci periit. Eos qui cædi superfuerant ac fugiebant, in suam aciem misceri non est passus Hannibal: sed proximos à fronte ordines hastas prætendere jubens, ne appropinquantes admitterentur impediit. ita ut cornua & late patentes circa campos petere sint coacti. Enimvero quum esset omne spatium inter reliquas acies, cruore, cæde ac vulneribus refertum, è parta jam victoria oriens impedimentum magna difficultate Romanum Imperatorem afficiebat. Nam & labes sanguinis mortuorum, cruore respersorum, & qui acervatim alius super alium ceciderant; ad hæc arma pas-

δὲ μισθοφόροις τῶν Καρχηδονίων οὐ συνεγγιζόντων, οὐδὲ παραβοηθούντων ἀλλ' ἀποδειλιώντων ταῖς ψυχαῖς· πέρας ἐνέκλιναν οἱ Βάρβαροι· καὶ δόξαντες ἐγκαταλείπεσθαι περιφανῶς ὑπὸ τῶν ἰδίων, ἐπιπεσόντες κατὰ τὴν ὑποχώρησιν εἰς τοὺς ἐφεστῶτας, ἔκτεινον τούτους· ὃ καὶ πολλοὺς ἠνάγκασε τῶν Καρχηδονίων ἀνδρωδῶς ἀποθανεῖν· φονευόμενοι γὰρ ὑπὸ τῶν μισθοφόρων, ἐμάχοντο παρὰ τὴν αὑτῶν προαίρεσιν ἅμα πρός τε ἰδίους καὶ πρὸς τοὺς Ῥωμαίους. ποιούμενοι δὲ τὸν κίνδυνον ἐκστατικῶς καὶ παρηλλαγμένως, οὐκ ὀλίγους διέφθειραν, καὶ τῶν ἰδίων καὶ τῶν ὑπεναντίων. Καὶ δὴ τῷ τοιούτῳ τρόπῳ συνέχεαν ἐπιπεσόντες τὰς τῶν ἀστάτων σημαίας. Οἱ δὲ τῶν πριγκίπων ἡγεμόνες συνθεασάμενοι τὸ γεγονὸς, ἐπέστησαν τὰς αὑτῶν τάξεις. τῶν δὲ μισθοφόρων καὶ τῶν Καρχηδονίων τὸ πλεῖστον μέρος τὸ μὲν ὑφ' αὑτῶν, τὸ δ' ὑπὸ τῶν ἀστάτων, αὐτοῦ κατεκόπη. τοὺς δὲ διασωζομένους καὶ φεύγοντας οὐκ εἴασε καταμιγῆναι ταῖς δυνάμεσιν Ἀννίβας· ἀλλὰ προβάλλεσθαι παραγγείλας τοῖς ἐπιστάταις, ἐκώλυσε μὴ παραδέξασθαι τοὺς ἐγγίζοντας. ὅθεν ἠναγκάσθησαν οὗτοι μὲν ποιεῖσθαι τὴν ἀποχώρησιν ἐπὶ τὰ κέρατα καὶ τὰς ἐκ τούτων
εὐρυχωρίας. Γενομένου δὲ τοῦ με- 14
ταξὺ τόπου τῶν καταλειπομένων στρατοπέδων πλήρους αἵματος, φόνου, νεκρῶν, πολλὴν ἀπορίαν παρεῖχε τῷ τῶν Ῥωμαίων στρατηγῷ τὸ τῆς τροπῆς ἐμπόδιον. ὅ, τε γὰρ τῶν νεκρῶν ὄλισθος ὡς ἂν αἱμοφύρτων καὶ σωρηδὸν πεπτωκότων, ἥ τε τῶν χύδην ἐρριμμένων ὅπλων ὁμοῦ τοῖς

πεπτωκόσιν ἀλογίᾳ, δυσχερῆ τὴν δίοδον ἔμελλε ποιήσειν τοῖς ἐν τάξει συμπορευομένοις. Οὐ μὴν ἀλλὰ τοὺς μὲν τραυματίας εἰς τοὐπίσω τῆς παρατάξεως κομισάμενος, τοὺς δὲ διώκοντας τῶν ἀστάτων ἀνακαλεσάμενος διὰ τῆς σάλπιγγος, τοὺς μὲν αὐτοῦ πρὸ τῆς μάχης κατὰ μέσους τοὺς πολεμίους ἐπέστησε· τοὺς δὲ πρίγκιπας καὶ τριαρίους πυκνώσας ἐφ᾽ ἑκάτερον τὸ κέρας, προάγειν παρήγγελλε διὰ τῶν νεκρῶν. ἐπειδὴ δ᾽ ὑπερβάντες ἐξ ἴσου τοῖς ἀστάτοις ἐγένοντο, συνέβαλλον αἱ φάλαγγες ἀλλήλαις μετὰ τῆς μεγίστης ὁρμῆς καὶ προθυμίας. ὄντων δὲ καὶ τοῖς πλήθεσι καὶ τοῖς φρονήμασι καὶ ταῖς ἀρεταῖς καὶ τοῖς καθοπλισμοῖς παραπλησίων ἀμφοτέρων, ἄκριτον ἐπὶ πολὺ συνέβαινε γίνεσθαι τὴν μάχην, ἐν αὐταῖς ταῖς χώραις ἐναποθνησκόντων τῶν ἀνδρῶν διὰ φιλοτιμίαν· ἕως οἱ περὶ τὸν Μασσανάσσην καὶ Λαίλιον ἀπὸ τοῦ διώγματος τῶν ἱππέων ἀνακάμπτοντες, δαιμονίως εἰς δέοντα καιρὸν συνῆψαν. ὧν προσπεσόντων τοῖς περὶ τὸν Ἀννίβαν κατόπιν, οἱ μὲν πλεῖστοι κατεκόπησαν ἐν τῇ τάξει· τῶν δὲ πρὸς φυγὴν ὁρμησάντων, ὀλίγοι μὲν τελέως διέφυγον, ἅτε τῶν ἱππέων ἐν χερσὶν ὄντων, καὶ τῶν τόπων ἐπιπέδων ὑπαρχόντων. ἔπεσον δὲ τῶν Ῥωμαίων ὑπὲρ τοὺς χιλίους πεντακοσίους, τῶν δὲ Καρχηδονίων ὑπὲρ δισμυρίους. αἰχμάλωτοι δ᾽ ἑάλωσαν οὐ πολὺ τούτων ἐλάττους.

15 Ἡ μὲν οὖν ἐπὶ πᾶσι γινομένη μάχη, καὶ τὰ ὅλα κρίνασα Ῥωμαίοις διὰ τῶν προειρημένων ἡγεμόνων, τοιοῦτον ἔσχε τὸ τέλος. Μετὰ δὲ τὴν μάχην, Πόπλιος μὲν ἐπακολουθήσας καὶ διαρπάσας τὸν χάρακα τῶν Καρχηδονίων, αὖθις ἀνεχώρησεν εἰς

ſim disjecta, & cum ipſis cadaveribus temere jacentia, aciei ſub ſignis & ordinatè procedenti viam difficilem præbebant. Scipio tamen ſauciis pone ultimam aciem ſubductis, & Haſtatis qui hoſtem inſequebantur per tubicines, receptui illis canentes, revocatis; ipſos quidem Haſtatos eo loci ſtare ante pugnam juſſos, mediæ Pœnorum aciei oppoſuit: Principes vero Triarioſque denſare ordines, & per ſtrages mortuorum pergere ad utrumque cornu jubet. Qui ſuperatis viæ impedimentis, vbi frontem æquatam cum Haſtatis efficiebant, ingenti ardore & alacritate animorum, acies ambæ concurrerunt. Quæ & numero, & animis & virtute atque armatura pares inter ſe quum eſſent, in ipſo veſtigio præ obſtinatione morientibus qui confligebant, diu pugna neutro inclinata ſtetit. donec Maſſaniſſa & Lælius, qui equites perſequebantur, inde revertentes, ſane quàm in tempore & divinitus advenerunt. quibus Hannibalis aciem averſam invadentibus, plerique Pœnorum in ſuis ſtationibus ſunt trucidati; pauci omnino eorum qui ſe in pedes conjecerāt, penitus effugerunt; nam & equites comminus eos cædebant, & loca plana erant. Ceciderunt Romanorum CIↃ IↃ & plures; Carthaginienſium ſupra CCIↃↃ CCIↃↃ. par ferme numerus captus eſt. Hunc habuit exitum ultima illa pugna, per dictos Imperatores commiſſa, quæ Orbis imperium Romanis adjudicavit. A prælio P. Cornelius, poſtquam aliquandiu hoſtem eſſet inſecutus, & Pœnorum caſtra diripuiſſet, in ſua mox

rever-

revertitur. Hannibal cum equitibus paucis se recipiens, continuis itineribus Adrumetum tandem evasit: omnia in prælio expertus, quæ à bono Imperatore & magno rerum usu prædito, poterant præstari. Jam primùm cum Scipione congressus, ut ad concordiam sua opera res deduceretur, laboravit. quod quidem consilium prodentis hosti victoriam non est, verùm ejus qui Fortunæ diffidat, & inopinatos atque mirabiles præliorum eventus provideat. Prælio deinde cum hoste suscepto, ita omnia administravit, ut qui eodem genere armorum uteretur, certamen cum iis instituere majore arte non potuerit, quàm ab Hannibale tum sit factum. Nam quum Romanæ aciei instructio solui ac divelli sit difficilis, evenit ut singuli & universè & per partes in omnia latera pugnent, idque per eam quæ semel initio facta fuerit aciei ordinationem; quod semper quæ periculo proxima sunt signa eò quò res vocat unâ sese convertant. Accedit, quod genere ipso armorum securitatem & audaciam præbente (nam & scutum magnitudinem habet, & gladius sufferre ictus potest;) acerrima propter has caussas prælia cient, & victoriam hostibus difficillime concedunt. Hannibal tamen, ad unumquodque horum, ita suas copias, quantum ejus fieri poterat, rationes secutus probabiles, accommodaverat è re nata, ut nihil quiret aptius excogitari. Nam & à principio multos sibi comparaverat elephantos, & tunc in prima fronte eos collocaverat; ut ordines aciei

τὴν ἰδίαν παρεμβολήν. Ἀννίβας δὲ μετ'
ὀλίγων ἱππέων κατὰ τὸ συνεχὲς ποιούμενος τὴν ἀναχώρησιν, εἰς Ἀδρύμητα
διεσώθη· πάντα τὰ δυνατὰ ποιήσας
κατὰ τὸν κίνδυνον, ὅσα τὸν ἀγαθὸν ἔδει
στρατηγὸν, καὶ πολλῶν ἤδη πραγμάτων πεῖραν εἰληφότα. Πρῶτον
μὲν γὰρ εἰς λόγους συνελθὼν, ἐπειράθη δι' αὑτοῦ λύσιν ποιήσασθαι τῶν
ἐνεστώτων. οὗτο δ' ἐστὶν, οὐ προ-
δέντος τὰ κατορθώματα, ἀλλ' ἀ-
πιστοῦντος τῇ τύχῃ, καὶ προορω-
μένου τὰ περὶ τὰς μάχας ἐκβαί-
νοντα παράλογα. Μετὰ δὲ ταῦτα
συγκαταστὰς εἰς τὸν κίνδυνον, οὕτως
ἐχρήσατο τοῖς πράγμασιν, ὥστε
μὴ δυνατὸν εἶναι βέλτιον πρὸς Ῥωμαίους ἀγῶνα συστήσασθαι παρα-
πλησίῳ καθοπλισμῷ χρώμενον,
οὗ τότε συνεστήσατο Ἀννίβας. οὔσης γὰρ δυσδιασπάστου τῆς Ῥωμαίων τάξεως καὶ δυνάμεως, τοὺς
ἄνδρας συνέβη καὶ καθόλου καὶ κατὰ
μέρη μάχεσθαι πρὸς πάσας τὰς
ἐπιφανείας, διὰ τῆς μιᾶς ἐκτάξεως,
ἀεὶ τῶν ἔγγιστα τοῦ δεινοῦ σημαιῶν
συνεπιστρεφουσῶν πρὸς τὸ δεόμενον.
ἔτι δὲ τοῦ καθοπλισμοῦ σκέπην καὶ
θράσος παρασκευάζοντος, καὶ
διὰ τὸ μέγεθος τοῦ θυρεοῦ καὶ τὴν
τῆς μαχαίρας ὑπομονὴν τῶν πλη-
γῶν, δύσμαχοι γίγνονται καὶ δυσ-
καταγώνιστοι, διὰ τὰς προειρημένας αἰτίας. Ἀλλ' ὅμως πρὸς ἕκα- 16
στα τούτων οὕτως ἐνδεχομένως Ἀννίβας ἐκ τῶν κατὰ λόγον ἡρμόσατο παρ' αὐτὸν τὸν καιρὸν, ὥσθ' ὑ-
περβολὴν μὴ καταλιπεῖν. τὸ μὲν
γὰρ τῶν ἐλεφάντων πλῆθος, ἐξ αὐτῆς
παρεσκευάσατο, καὶ τότε προε-
βάλλετο, χάριν τοῦ συνταράξαι καὶ

διασπάσῃ τὰς τάξεις τῶν ὑπεναντίων. τοὺς δὲ μισθοφόρους προέταξε, καὶ τοὺς Καρχηδονίους ἔθηκε μετὰ τούτους ἕνεκα τοῦ προεκλύσαι μὲν τῷ κόπῳ τὰ σώματα τῶν πολεμίων, ἀχρειῶσαι δὲ τὰς ἀκμὰς τῶν ὅπλων διὰ τὸ πλῆθος τῶν φονευομένων, ἀναγκάσαι δὲ τοὺς Καρχηδονίους μέσους ὄντας μένειν καὶ μάχεσθαι κατὰ τὸν ποιητήν,

Ὄφρα καὶ οὐκ ἐθέλων τις ἀναγκαίῃ πολεμίζοι.

Τοὺς δὲ μαχιμωτάτους καὶ στασιμωτάτους τῶν ἀνδρῶν ἐν ἀποστάσει παρενέβαλε, χάριν τοῦ προορωμένους ἐκ πολλοῦ τὸ συμβαῖνον, καὶ διαμένοντας ἀκεραίους τοῖς τε σώμασι καὶ ταῖς ψυχαῖς, σὺν καιρῷ χρήσασθαι ταῖς σφετέραις ἀρεταῖς. Εἰ δὲ πάντα τὰ δυνατὰ ποιήσας πρὸς τὸ νικᾶν, ἐσφάλη, τὸν πρὸ τούτου χρόνον ἀήττητος ὤν, συγγνώμην δοτέον. ἔστι μὲν γὰρ ὅτε καὶ ταὐτόματον ἀντέπραξε ταῖς ἐπιβολαῖς τῶν ἀγαθῶν ἀνδρῶν· ἔστι δ' ὅτε πάλιν κατὰ τὴν παροιμίαν,

Ἐσθλὸς ἐών, ἄλλου κρείττονος ἀντέτυχεν.

ὃ δὴ καὶ τότε γεγονέναι περὶ ἐκεῖνον φήσειεν ἄν τις.

Romanæ conturbarent & divellerent. Jam mercenarios in prima acie, & proximos his Carthaginienſes ſtatuerat; tum ut hoſtium corpora ante veram pugnam labore fatigaret, prę que multitudine eorum qui occiderentur arma inimicorum hebetatis mucronibus redderet inutilia: tum ut Carthaginienſes ſtare & pugnare cogeret in media poſitos acie;

Vſque vel invitis ubi ſit pugnare neceſſe,

ſicut ait Poëta. Pugnaciſſimos vero ſuorum & maxime ſtabiles aliquanto ſpatio à cæteris ſeparaverat, ut multò ante prælii eventum proſpicerent, & corporibus animiſque integri manerent, ac mox ubi foret opportunum, vires ſuas animoſe exererent. Quòd ſi eum poſtquam omnia feciſſet, quę ad vincendum poterant fieri, ſpes eſt fruſtrata, virum ante eam diem invictum, venia ipſi danda. Nam interdum virorum fortium inceptis Fortuna ipſa & caſus reſiſtunt. Interdum vero id evenit quod proverbio dici ſolet, ut

Occurrat forti qui mage fortis erat.

quod tunc Hannibali contigiſſe aliquis merito dixerit.

Ὅτι τὰ ὑπεραίροντα τὴν κοινὴν συνήθειαν, πρὸς τὸ ἐκκαλεῖσθαι ἔλεον γιγνόμενα, ἐὰν μὴ αὐτοπαθῶς ἀλλὰ καθ' ὑπόκρισιν γίγνηται, οὐκ ἔλεον ἀλλ' ὀργὴν ἐξεργάζεται καὶ μῖσος.

Quæ communem conſuetudinem excedunt, & ad captandam miſericordiã fiunt, ea ſi non ex vero affectu ſed per ſimulationem fiant, non miſericordiam, ſed iram & odium concitare.

Τὰ προτεινόμενα ὑπὸ τοῦ

Conditiones pacis à Scipione Car-

ne Carthaginiensibus oblatæ, ut pacem illis concederet.

Quomodo Hannibal Gisgonem oblatis conditionibus contradicere parantem, de superiore loco detraxerit: & Carthaginienses impulerit, ut pacem iis legibus facerent.

QUÆ communem consuetudinem & vulgo receptos mores excedunt, ea quoties ex vero affectu existimantur proficisci, propter calamitatum magnitudinem, videntium atque audientium misericordiam solent elicere; nec fere est quisquam nostrûm, quem rei novitas non commoveat. At quoties fallendi studio & per simulationem ejusmodi aliquid fit, non commiseratio, sed ira & odium sequuntur; quod tunc legatis Carthaginiensium accidit. Eos Scipio paucis ita cepit alloqui: Ipsorum quidem caussâ, nihil quicquam esse, cur ullam ipsis humanitatem tribuere Romani debeant; quando etiam ipsi fateantur se, & jam inde à principio Romanis contra fœdera bellum intulisse, cum Saguntinorum urbem exciderunt; & nuper fidem violasse, cùm jusjurandum & scripto jam comprehensas leges pacis antiquarunt. Decrevisse tamen Romanos, tum suamet ipsorum caussâ, tum propter Fortunam & rerum humanarum conditionem, pro sua lenitate & animi magnitudine cum ipsis agere. Ac ne ipsos quidem aliter dixit existimatu-

Σκιπίωνος τοῖς Καρχηδονίοις εἰς τὸ συγχωρῆσαι αὐτοῖς εἰρήνην.

Πῶς Ἀννίβας Γίσγωνα ἀντιλέγειν τοῖς προτεινομένοις μέλλοντα, καὶ ἤδη καταρχόμενον κατέσπασεν ἀπὸ τοῦ βήματος· καὶ τὰ προτεινόμενα ἔπεισε δέξασθαι τοὺς Καρχηδονίους.

ΤΑ γὰρ ὑπεραίροντα τὴν κοινὴν συνήθειαν τῶν παρ' ἐνίοις ἐθισμῶν, ὅταν μὲν αὐτοπαθῶς δόξῃ γίγνεσθαι, διὰ τὸ μέγεθος τῶν συμπτωμάτων, ἔλεον ἐκκαλεῖται παρὰ τοῖς ὁρῶσι καὶ τοῖς ἀκούουσι, καὶ συγκινεῖ πως ἕκαστον ἡμῶν ὁ ξενισμός. ἐπὰν δὲ φαίνεται γοητείας χάριν καὶ καθ' ὑπόκρισιν γίγνεσθαι τὸ τοιοῦτον, οὐκ ἔλεον, ἀλλ' ὀργὴν ἐξεργάζεται καὶ μῖσος. ὃ καὶ τότε συνέβη γενέσθαι περὶ τοὺς πρεσβεύοντας τῶν Καρχηδονίων. Ὁ δὲ Πόπλιος διὰ βραχέων ἤρξατο λέγειν πρὸς αὐτούς· ὡς ἐκείνων μὲν χάριν οὐδὲν ὀφείλουσι ποιεῖν φιλάνθρωπον, ὁμολογούντων αὐτῶν διότι καὶ τὸν πόλεμον ἐξ ἀρχῆς ἐπενέγκαιεν Ῥωμαίοις παρὰ τὰς συνθήκας, ἐξανδραποδισάμενοι τὴν Ζακανθαίων πόλιν· καὶ πρώην παρασπονδήσαιεν, ἀθετήσαντες τοὺς ὅρκους καὶ τὰς ἐγγράπτους ὁμολογίας· αὐτῶν δὲ χάριν ἔφασαν καὶ τῆς τύχης καὶ τῶν ἀνθρωπίνων κεκρίσθαι σφίσι πρᾴως χρῆσθαι καὶ μεγαλοψύχως τοῖς πράγμασι. φανήσεσθαι δὲ τοῦτο κἀκείνοις ἔφησεν, ἐὰν ὀρθῶς διαλαμβά-

λαμβά-

λαμβάνωσι περὶ τῶν ἐνεστώτων. οὐ
γὰρ εἴ τι πάσχειν ἢ ποιεῖν ἢ διδόναι
σφίσιν ἐπιταχθήσεται, τοῦτο δεῖ
νομίζειν δεινόν· ἀλλ' εἴ τι συγχω-
ρηθήσεται φιλάνθρωπον, τοῦτο
μᾶλλον ἡγεῖσθαι παράδοξον. ἐπεί
περ ἡ τύχη παρελομένη τὸν ἔλεον
αὐτῶν καὶ τὴν συγγνώμην διὰ τὴν
σφετέραν ἀδικίαν, ὑποχειρίους
πεποίηκε τοῖς ἐχθροῖς. Ταῦτα δ'
εἰπὼν, ἔλεγε τὰ φιλάνθρωπα δι-
δόμενα, καὶ πάλιν ἃ δέον ἦν ὑπο-
18 μένειν αὐτούς· ἦν δὲ τὰ κεφάλαια
τῶν προτεινομένων ταῦτα. ΠΟ-
ΛΕΙΣ ΕΧΕΙΝ ΚΑΤΑ ΛΙ-
ΒΥΗΝ, ΑΣ ΚΑΙ ΠΡΟΤΕ-
ΡΟΝ ΕΙΧΟΝ, Η ΤΟΝ ΤΕ-
ΛΕΥΤΑΙΟΝ ΠΟΛΕΜΟΝ ΕΞ-
ΕΝΕΓΚΕΙΝ ΡΩΜΑΙΟΙΣ· ΚΑΙ
ΧΩΡΑΝ, ΗΝ ΚΑΙ ΤΟ ΠΑ-
ΛΑΙΟΝ ΕΙΧΟΝ· ΚΤΗΝΗ,
ΚΑΙ ΣΩΜΑΤΑ, ΚΑΙ ΤΗΝ
ΑΛΛΗΝ ΥΠΑΡΞΙΝ. ΑΠΟ
ΔΕ ΤΗΣ ΗΜΕΡΑΣ ΕΚΕΙ-
ΝΗΣ ΑΣΙΝΕΙΣ ΚΑΡ-
ΧΗΔΟΝΙΟΥΣ ΥΠΑΡΧΕΙΝ.
ΕΘΕΣΙ ΚΑΙ ΝΟΜΟΙΣ
ΧΡΗΣΘΑΙ ΤΟΙΣ ΙΔΙΟΙΣ
ΑΦΡΟΥΡΗΤΟΥΣ ΟΝΤΑΣ.
Ταῦτα μὲν οὖν ἦν τὰ φιλάνθρωπα·
τὰ δ' ἐναντία τούτοις πάλιν· ΤΑ
ΚΑΤΑ ΤΑΣ ΑΝΟΧΑΣ ΑΔΙ-
ΚΗΜΑΤΑ ΓΕΝΟΜΕΝΑ
ΠΑΝΤΑ ΚΑΡΧΗΔΟΝΙΟΥΣ
ΑΠΟΚΑΤΑΣΤΗΣΑΙ ΡΩ-
ΜΑΙΟΙΣ. ΤΟΥΣ ΑΙΧΜΑΛΩ-
ΤΟΥΣ ΚΑΙ ΔΡΑΠΕΤΑΣ ΕΚ
ΠΑΝΤΟΣ ΑΠΟΔΟΥΝΑΙ ΤΟΥ
ΧΡΟΝΟΥ. ΤΑ ΜΑΚΡΑ ΠΛΟΙΑ
ΠΑΡΑΔΟΥΝΑΙ ΠΑΝΤΑ, ΠΛΗΝ
ΔΕΚΑ ΤΡΙΗΡΩΝ. ΟΜΟΙΩΣ
ΚΑΙ ΠΕΡΙ ΤΟΥΣ ΕΛΕΦΑΝ-

ros, si rerum præsentium statum re
cte considerarent. non enim si qui
aut pati, aut facere, aut dare ipsis fue
rit imperatum, durum hoc & grav
illis debere videri; verùm illud po
tius pro miraculo ipsis fore haben
dum, si quid benignius obtinerent
postquam eos Fortuna, omni mise
ricordiæ spe ac veniæ à se destitu
tos, propter ipsorum perfidiam, i
potestatem hostium tradidit. Hæ
locutus Scipio, tum benigniore
conditiones pacis recensuit, tum
alia quæ ipsos oporteret sufferre
Erant autem oblatarum conditio
num præcipua capita hæc. QUA
URBES IN AFRICA PRIUS TE
NUISSENT, QUAM ULTIMUM
HOC BELLUM POPULO ROM
INFERRENT; QUOS ITEM AGRO
ANTEA POSSEDISSENT, QU
PECORA, AUT QUAS ALIAS FA
CULTATES, OMNIA TENERENT
IMMUNES AB OMNI DAMN
HOSTILI CARTHAGINIENSES A
EO DIE ESSENT. UT LIBER
INSTITUTIS LEGIBUSQU
SUIS VIVERENT, NEQU
ULLO PRÆSIDIO TENERENTUR
Et benigniores quidem conditione
hujusmodi erant: duriores contr
istæ. QUÆCUNQUE PER INDU-
CIAS CARTHAGINIENSES MALE-
FICIO ABSTULISSENT, OMNIA
ROMANIS RESTITUERENT. CA-
PTIVOS ITEM ET FUGITIVOS,
SINE ULLA TEMPORIS PRÆ-
SCRIPTIONE, REDDERENT.
NAVES LONGAS OMNES, PRÆ-
TER DECEM TRIREMES, TRA-
DERENT. SIREMPS LEX ET
DE ELEPHANTIS UT ESSET.

BELLUM

BELLUM EXTRA AFRICAM NEMINI OMNINO INFERRENT: AC NE IN AFRICA QUIDEM ULLI, INJUSSU POPULI ROMANI. QUAS DOMOS, AGROS, URBES, AUT QUODCUNQUE ALIUD TENERENT, QUOD MASSANISSÆ FUERIT, AUT MAJORUM EJUS, INTRA FINES IPSIS DEMONSTRANDOS, OMNIA MASSANISSÆ REDDERENT. FRUMENTUM EXERCITUI STIPENDIUMQUE AUXILIIS, DONEC AB ROMA SUPER CONDITIONIBUS PACIS FORET RESPONSUM, PRÆSTARENT. DECEM MILLIA TALENTUM ARGENTI, DESCRIPTA PENSIONIBUS ÆQUIS DUCENUM EUBOICORUM TALENTUM, IN ANNOS QUINQUAGINTA SOLVERENT. OBSIDES FIDEI CAUSSA DARENT, QUOS SCIPIO E CARTHAGINIENSIUM PUBE ELEGISSET; NE MINORES QUATUORDECIM ANNIS; NEU TRIGINTA MAJORES. Hæc Romanus Imperator Carthaginiensibus dixit legatis. qui iis auditis, quantocius domum reversi, in concione rem edunt. Fama est, quum eo tempore quidam è Senatorum numero oblatis pacis conditionibus contradicere aggrederetur, jamque esset orsus dicere, processisse Hannibalem, & arreptum è superiore loco hominem detraxisse.

ΤΑΣ. ΠΟΛΕΜΟΝ ΜΗΔΕΝΙ ΤΩΝ ΕΞΩ ΤΗΣ ΛΙΒΥΗΣ ΕΠΙΦΕΡΕΙΝ ΚΑΘΟΛΟΥ· ΜΗΔΕ ΤΩΝ ΕΝ ΤΗι ΛΙΒΥΗι ΧΩΡΙΣ ΤΗΣ ΡΩΜΑΙΩΝ ΓΝΩΜΗΣ. ΟΙΚΙΑΣ, ΚΑΙ ΧΩΡΑΝ, ΚΑΙ ΠΟΛΕΙΣ, ΚΑΙ ΕΙ ΤΙ ΕΤΕΡΟΝ ΕΣΤΙ ΜΑΣΣΑΝΑΣΣΟΥ ΤΟΥ ΒΑΣΙΛΕΩΣ, Η ΤΩΝ ΠΡΟΓΟΝΩΝ, ΕΝΤΟΣ ΤΩΝ ΑΠΟΔΕΙΧΘΗΣΟΜΕΝΩΝ ΟΡΩΝ ΑΥΤΟΙΣ, ΠΑΝΤ' ΑΠΟΔΟΥΝΑΙ ΜΑΣΣΑΝΑΣΣΗι. ΣΙΤΟΜΕΤΡΗΣΑΙ ΤΕ ΤΗΝ ΔΥΝΑΜΙΝ ΤΡΙΜΗΝΟΥ, ΚΑΙ ΜΙΣΘΟΔΟΤΗΣΑΙ ΜΕΧΡΙ ΑΝ ΕΚ ΡΩΜΗΣ ΑΝΤΙΦΩΝΗΘΗΙ, ΚΑΤΑ ΤΑΣ ΣΥΝΘΗΚΑΣ. ΕΞΕΝΕΓΚΕΙΝ ΑΡΓΥΡΙΟΥ ΤΑΛΑΝΤΑ ΜΥΡΙΑ ΚΑΡΧΗΔΟΝΙΟΥΣ ΕΝ ΕΤΕΣΙ ΠΕΝΤΗΚΟΝΤΑ, ΦΕΡΟΝΤΑΣ ΚΑΘ' ΕΚΑΣΤΟΝ ΕΝΙΑΥΤΟΝ ΕΥΒΟΙΚΑ ΤΑΛΑΝΤΑ ΔΙΑΚΟΣΙΑ. ΟΜΗΡΟΥΣ ΔΟΥΝΑΙ ΠΙΣΤΕΩΣ ΧΑΡΙΝ ΕΚΑΤΟΝ, ΟΥΣ ΑΝ ΠΡΟΓΡΑΨΑΙ ΤΩΝ ΝΕΩΝ Ο ΣΤΡΑΤΗΓΟΣ ΤΩΝ ΡΩΜΑΙΩΝ· ΜΗ ΝΕΩΤΕΡΟΥΣ ΤΕΣΣΑΡΕΣΚΑΙΔΕΚΑ ΕΤΩΝ, ΜΗΔΕ ΠΡΕΣΒΥΤΕ-
ΡΟΥΣ ΤΡΙΑΚΟΝΤΑ. Ταῦτα 19
μὲν οὖν ὁ στρατηγὸς εἶπε τῶν Ῥωμαίων τοῖς πρεσβευταῖς. οἱ δ' ἀκούσαντες, ἠπείγοντο καὶ διεσάφουν τοῖς ἐν τῇ πατρίδι. Καθ' ὃν δὴ καιρὸν λέγεται μέλλοντος τινὸς τῶν ἐκ τῆς γερουσίας ἀντιλέγειν τοῖς προτεινομένοις, καὶ καταρχομένου, προελθόντα τὸν Ἀννίβαν κατασπάσαι τὸν ἄνθρωπον ἀπὸ τοῦ βήματος.

τῶν δ

τῶν δὲ λοιπῶν ἐξοργισθέντων διὰ τὸ παρὰ τὴν συνήθειαν αὐτὸν τοῦτο πρᾶξαι· πάλιν τὸν Ἀννίβαν ἀναστάντα φάναι φασὶν ἀγνοεῖν, καὶ συγγνώμην ἔχειν, εἴ τι παρὰ τοὺς ἐθισμοὺς πράττει· γινώσκοντας, ὅτι τὴν μὲν ἔξοδον ἐκ τῆς πατρίδος ἐνναέτης ὢν ποιήσαιτο, πλείω δὲ τῶν πέντε καὶ τετταράκοντα ἐτῶν ἔχων, εἰς αὐτὴν ἐπανήκοι. Διόπερ ἠξίου μὴ τοῦτο σκοπεῖν, εἴ τι παραπέπαικε τῆς συνηθείας· πολὺ δὲ μᾶλλον εἰ τοῖς πατρίδος πράγμασιν ἀληθινῶς συμπάσχει. διὰ γὰρ ταῦτα καὶ νῦν εἰς τὴν ἀλογίαν ἐμπεπτωκέναι ταύτην. θαυμαστὸν γὰρ αὐτῷ φανῆναι καὶ τελέως ἐξηλλαγμένον, εἴ τις ὑπάρχων Καρχηδόνιος, καὶ συνειδὼς τὰ βεβουλευμένα καὶ κοινῇ τῇ πατρίδι καὶ κατ' ἰδίαν ἑκάστοις ἡμῶν κατὰ Ῥωμαίων· οὐ προσκυνεῖ τὴν τύχην, εἰ γεγονὼς ὑποχείριος, τοιούτων τυγχάνει φιλανθρωπιῶν· οὓς εἴ τις ὀλίγαις πρότερον ἡμέραις ἤρετο, τί ποτ' ἐλπίζουσι πείσεσθαι τὴν πατρίδα κρατησάντων Ῥωμαίων, οὐδ' ἂν εἰπεῖν οἷοί τ' ἦσαν, διὰ τὸ μέγεθος καὶ τὴν ὑπερβολὴν τῶν προφαινομένων αὐτοῖς κακῶν. Διόπερ ἠξίου καὶ νῦν μὴ ἐπὶ λόγον ἄγειν, ἀλλ' ὁμοθυμαδὸν δεξαμένους τὰ προτεινόμενα, θύειν τοῖς θεοῖς, καὶ πάντας εὔχεσθαι βεβαιῶσαι ταῦτα τὸν δῆμον τῶν Ῥωμαίων. Φανέντος δὲ φρονίμως αὐτοῦ καὶ τοῖς καιροῖς οἰκείως συμβουλεύειν, ἔδοξε ποιεῖσθαι τὰς συνθήκας ἐπὶ τοῖς προειρημένοις. Καὶ τὸ μὲν συνέδριον παραυτίκα πρεσβευτὰς

deinde cæteris, quod prætet consuetudinem liberæ civitatis id fecisset Hannibal, irascentibus; iterum surrexisse Hannibalem, & ignorantiâ lapsum se dixisse, dignumque esse, cui veniam tribuerent, si quid præter mores faciat; memores, novem se annorum ab Carthagine esse profectum; quò nunc major annis quinque & quadraginta redierit. Postulare igitur, ne illud attenderent, si quid adversus morem consuetum peccaret; verùm illud potius, ecquid vero affectu patriæ rebus afflictis condolescat. eam siquidem esse eaussam cur hoc per imprudentiam admiserit. Sibi namque mirum esse visum, & plane a statu præsenti alienum, si quis civis Carthaginiensis, non ignarus eorum quæ tum publice patria, tum privatim singuli civium in Romanos consuluissent; non jam adoraret Fortunam, quòd in eorum potestate positus, conditiones adeò benignas impetret. Quum ante paucos dies si quis cives interrogasset, ubi Romani vicissent ecquid patriam mali putarent fore passuram; ne dicere quidem potuissent; ea magnitudo ingentium malorum unicuique ob oculos versabatur. Igitur nunc quoque æquum censere se, ne ad conciones rem deducerent, sed communi sententia oblatas conditiones universi probarent; ac rem sacram diis facerent, cunctique eos venerarentur, ut pactas leges fœderis ratas esse populus Rom juberet. Prudens & temporibus conveniens Hannibalis consilium quum esset visum, placuit, in eas quę sunt antè expositæ conditiones, pacem facere. Ac statim à Senatu missi sunt legati, qui in propositas leges pacis consentirent.

Quomodo Philippus & Antiochus Reges simulata amicitia cum Ptolemæo Ægypti Rege cognomento Philopatore quoad vixit, statim ab ejus morte, consilium inierunt occidendi pupilli ab eo relicti, & regni inter se dividendi.

Polybii observatio, quomodo dictorum Regum perfidiam ultum sit numen diris suppliciis, & pupillo regnum per Romanos servavit.

QUIS mortalium non admiretur, Antiochum & Philippum Ptolemæo dum erat in vivis, & eorum auxilio non indigebat, paratos fuisse opem ferre: postea verò quàm idem fato esset functus puero pupillo relicto, cui suum conservare regnum jure naturæ tenebantur; mutuis hortatibus, sese invicem concitasse, ut diviso inter sese pupilli imperio, ipsum tollere aggrederentur? Facerent saltem quod tyranni solent, & pudori suo levem aliquem prętextum obtenderent. Nunc ita repente, ea impudentia, & adeo ferina rabie sunt grassati, ut tritum proverbium jure tollerent; piscium eam esse vitam. nam inter hos, etiam ejusdem generis, minoris perniciem majoris ajunt esse alimentum ac vitam. Enimvero quis fœdus inter istos ictum considerans, non sibi

ἐξέπεμπε τοὺς ἀνθομολογησομένους περὶ τούτων.

Πῶς ὅ, τε Φίλιππος καὶ Ἀντίοχος οἱ βασιλεῖς φιλίαν ὑποκρινάμενοι πρὸς Πτολεμαῖον τὸν Φιλοπάτορα, ἕως ἔζη, αὐτίκα τελευτήσαντος αὐτοῦ ὥρμησαν ἐπὶ τὸ διελόμενοι τὴν τοῦ υἱοῦ αὐτοῦ ἀρχὴν, ἐπανελέσθαι τὸν ἀπολελειμμένον.

Πολυβίου ἐπίστασις, πῶς τὸ δαιμόνιον τοὺς προειρημένους βασιλέας ἐτίσατο πικρῶς, καὶ τῷ παιδὶ τὴν βασιλείαν διὰ Ῥωμαίων διεσώσατο.

ΤΟΥΤΟ δὲ τίς οὐκ ἂν θαυμάσειε, πῶς ὅτε μὲν αὐτὸς ὁ Πτολεμαῖος ζῶν, οὐ προσεδεῖτο τῆς τούτων ἐπικουρίας, ἕτοιμοι βοηθεῖν ἦσαν· ὅτε δ᾽ ἐκεῖνος μετήλλαξε, καταλιπὼν παιδίον νήπιον, ᾧ κατὰ φύσιν ἀμφοῖν ἐπέβαλλε συσσώζειν τὴν βασιλείαν, τότε παρακαλέσαντες ἀλλήλους, ὥρμησαν ἐπὶ τὸ διελόμενοι τὴν τοῦ παιδὸς ἀρχὴν, ἐπανελέσθαι τὸν ἀπολελειμμένον, οὐδ᾽ ὥσπερ καθάπερ οἱ τύραννοι, βραχεῖαν δή τινα προβαλλόμενοι τῆς αἰσχύνης πρόφασιν. ἀλλ᾽ ἐξαυτῆς ἀναίδην καὶ θηριωδῶς οὕτως, ὥστε προσόφλειν τὸν λεγόμενον τῶν ἰχθύων βίον· ἐν οἷς φασιν ὁμοφύλοις οὖσι τὴν τοῦ μείονος ἀπώλειαν τῷ μείζονι τροφὴν γίγνεσθαι καὶ βίον. Ἐξ ὧν τίς οὐκ ἂν ἐμβλέψας οἷον εἰς κάτοπτρον, εἰς

τὴν συντὴν συνθήκην ταύτην, αὐτόπτης δόξειε γίγνεσθαι τῆς πρὸς τοὺς θεοὺς ἀσεβείας, καὶ τῆς πρὸς τοὺς ἀνθρώπους ὠμότητος, ἔτι δὲ ὑπερβαλλούσης πλεονεξίας τῶν προειρημένων βασιλέων; Οὐ μὴν ἀλλά τις ἂν εἰκότως τῇ τύχῃ μεμψάμενος ἐπὶ τῶν ἀνθρωπείων πραγμάτων ἐν τούτοις, ἀντικαταλλαγείη, διότι ἐκείνοις μὲν ἐπέθηκε μετὰ ταῦτα τὴν ἁρμόζουσαν δίκην, τοῖς δ᾽ ἐπιγινομένοις ἐξέθηκε κάλλιστον ὑπόδειγμα πρὸς ἐπανόρθωσιν, τὸν τῶν προειρημένων βασιλέων παραδειγματισμόν. ἔτι γὰρ αὐτῶν παρασπονδούντων μὲν ἀλλήλους, διασπωμένων δὲ τὴν τοῦ παιδὸς ἀρχήν, ἐπιστήσασα Ῥωμαίους, ἃ 'κεῖνοι κατὰ τῶν πέλας ἐβουλεύσαντο παρανόμως, ταῦτα κατ᾽ ἐκείνων δικαίως ἐκύρωσε καὶ καθηκόντως. παραυτίκα γὰρ ἑκάτεροι διὰ τῶν ὅπλων ἡττηθέντες, οὐ μόνον ἐκωλύθησαν τῆς τῶν ἀλλοτρίων ἐπιθυμίας, ἀλλὰ καὶ συγκλεισθέντες εἰς φόρους, ὑπέμειναν Ῥωμαίοις τὸ προσταττόμενον. τὸ τελευταῖον ἐν πάνυ βραχεῖ χρόνῳ, τὴν μὲν Πτολεμαίου βασιλείαν ἡ τύχη διώρθωσε, τὰς δὲ τούτων δυναστείας καὶ τοὺς διαδόχους, τοὺς μὲν ἄρδην ἀναστάτους ἐποίησε καὶ πανωλέθρους· τοὺς δὲ μικροῦ δεῖν τοῖς αὐτοῖς περιέβαλε συμπτώμασι.

videatur quasi in speculo suismet oculis spectare impietatem adversus deos, crudelitatem erga homines & profundam quandam avaritiam istorum Regum? Sed enim si quis propter ista Fortunam accusaverit, (quod videtur meritò potuisse,) & illius administrationem rerum humanarum; redeat hic cum illa in gratiam, quæ meritas mox ab istis pœnas exegit, & documentum posteris corrigendi vitam ac mores, dictorum Regum supplicium per omnium ora traductum, proposuit. Adhuc enim ipsi, sese quidem mutuis fraudibus appetebant, pupilli verò regnum dividebant, cum ecce, Fortuna Romanis in eos immissis ac concitatis, quæ ipsi in alios sceleste machinati fuerant, eadem jure merito adversus ipsos rata esse jussit. Mox enim ambo victi armis, non solum aliena concupiscere sunt impediti, sed etiam eò necessitatis redacti, ut tributum pensitarent, & dicto audientes esse Romanis cogerentur. Ac tandem Fortuna, quum Ptolemæi regnum, brevissimo tempore interjecto, in pristinum statum restituisset; horum dominationes ac successores, partim funditus evertit delevitque omnes; partim calamitatibus non sane multò levioribus, afflixit.

Πῶς οἱ ἐν Βιθυνίᾳ Κιανοὶ μεγίσταις περιέπεσον συμφοραῖς διὰ τὴν αὐτῶν ἀβουλίαν, καὶ κακοπολιτίαν.

Quomodo Ciani, Bithyniæ populus, in maximas calamitates imprudentiâ suâ, & prava administratione suæ Reip. inciderunt.

Ὅτι τὸ τῶν ἀνθρώπων γένος

Homines interdum ipsis brutis

brutis animalibus esse imprudentiores.

Quomodo Philippus Prusiæ genero opem ferens in caussa injusta, multa simul peccaverit.

Quomodo populus Rhodiorum in Philippum odium acerrimum conceperit, ob scelera ipsius in miseros Cianos.

Quomodo etiam Ætolis propter eandem caussam in odium venerit.

IN hæc tam gravia mala Ciani inciderunt, non adeo Fortunæ culpa, neque ob suam in alios iniquitatem; sed multo magis, imprudentia, & suæ Reip. administratione prava; dum pessimo cuique honores semper mandant, & in eos qui se improbis opponerent animadvertunt, quò possent fortunas alii aliorum inter se dividere. Ita illi in ejusmodi infortunia sponte sua impegerunt, in quæ omnes mortales impingere quum sit manifestissimum, dementiæ tamen finem imponere, nescio quo modo non possunt. quin ne illud quidem facile ab iis impetres, ut minus aliquanto sibi fidant, quod brutorum tamen nonnulla faciunt. Nam hęc, non solum si multum ipsa aliquando laboraverint, ut se ab esca vel laqueis expedirent, verùm etiam si aliud quod animal periclitatum esse viderint, non facile ad simile quicquam adducas; sed & locum suspectum habent, & ab omni re quæ in eorum oculos incurrit, sibi me-

καὶ τῶν ἀλόγων ζώων πολλάκις ἐστὶν ἀφρονέστερον.

Πῶς ὁ Φίλιππος παρασπονδοῦντι τῷ κηδεστῇ Προυσίᾳ βεβοηθηκὼς κατὰ τῶν Κιανῶν, πολλὰ ὁμοῦ πεπλημμεληκὼς εἴη.

Πῶς οἱ Ῥόδιοι ἀπεθηριώθησαν πρὸς τὸν Φίλιππον διὰ τὴν αὐτοῦ παρανομίαν εἰς τοὺς ταλαιπώρους Κιανούς.

Πῶς καὶ τοῖς Αἰτωλοῖς μῖσος ἐκ ταύτης τῆς πράξεως ἐνειργάσατο.

ΚΙΑΝΟΙ μὲν οὖν περιέπεσον τηλικαύταις συμφοραῖς, 21
οὐχ οὕτω διὰ τὴν τύχην, οὐδὲ διὰ τὴν τῶν πέλας ἀδικίαν, τὸ δὲ πλεῖον διὰ τὴν αὐτῶν ἀβουλίαν καὶ κακοπολιτείαν, προάγοντες ἀεὶ τοὺς χειρίστους, καὶ κολάζοντες τοὺς ἐναντιουμένους τούτοις, ἵνα διαιρῶνται τὰς ἀλλήλων οὐσίας, εἰς ταύτας οἷον ἐθελοντὴν ἐνέπεσον τὰς ἀτυχίας· εἰς ἃς οὐκ οἶδ᾽ ὅπως πάντες ἄνθρωποι προφανῶς ἐμπίπτοντες, οὐ δύνανται λῆξαι τῆς ἀνοίας· ἀλλ᾽ οὐδὲ βραχὺ διαπιστῆσαι ῥᾴδιον, καθάπερ ἔνια τῶν ἀλόγων ζώων. ἐκεῖνα γὰρ οὐ μόνον ἐὰν αὐτὰ πολὺ δυσχρηστήσῃ περὶ τὰ δελέατα καὶ τὰς ἄρκυς, ἀλλὰ κἂν ἕτερον ἴδῃ κινδυνεῦον, οὐκ ἂν ἔτι ῥᾳδίως αὐτὰ προσαγάγῃς πρὸς οὐδὲν τῶν τοιούτων, ἀλλὰ καὶ τὸν τόπον ὑποπτεύει, καὶ παντὶ τῷ φαινομένῳ

διαπιστεῖ. Οἱ δ' ἄνθρωποι τοὺς
μὲν ἀκούοντες ἀπολλυμένους ἄρδην
τῷ προειρημένῳ τρόπῳ, τοὺς δ'
ἀκμὴν ὁρῶντες· ὅμως ὅταν τις
χρησάμενος τῷ πρὸς χάριν λόγῳ προτείνῃ τὴν ἐλπίδα τῆς ἐξ
ἀλλήλων ἐπανορθώσεως, πρόσισι
πρὸς τὸ δέλεαρ ἀνεπιστάτως. σαφῶς εἰδότες, ὅτι τῶν τοιαῦτα
δελέατα καταπιόντων, οὐδεὶς οὐδέποτε σέσωσται· πᾶσι δ' ὁμολογουμένως ὄλεθρον ἐπενήνεγκαν
2 αἱ τοιαῦται πολιτεῖαι. Ὁ δὲ Φίλιππος κύριος γενόμενος τῆς
πόλεως, περιχαρὴς ἦν, ὡς καλήν τινα καὶ σεμνὴν πρᾶξιν τε-
τελεσμένος, καὶ βεβοηθηκὼς μὲν
προθύμως τῷ κηδεστῇ, καταπε-
πληγμένος δὲ πάντας τοὺς ἀλ-
λοτριάζοντας, σωμάτων δὲ καὶ
χρημάτων εὐπορίαν ἐκ τοῦ δικαίου περιπεποιημένος. τὰ δ'
ἐναντία τούτοις οὐ καθεώρα, καίπερ
ὄντα προφανῆ· πρῶτον μέν, ὡς οὐκ
ἀδικουμένῳ, παρασπονδοῦντι δὲ τῷ
κηδεστῇ τοὺς πέλας ἐβοήθει· δεύτερον,
ὅτι πόλιν Ἑλληνίδα περιβαλὼν τοῖς
μεγίστοις ἀτυχήμασιν ἀδίκως, ἔμελλε κυρώσειν τὴν περὶ αὐτοῦ διαδεδομέ-
νην φήμην ὑπὲρ τῆς εἰς τοὺς φίλους
ὠμότητος. ἐξ ἀμφοῖν δὲ δικαίως καὶ
κληρονομήσειν παρὰ πᾶσι τοῖς Ἑλ-
λησι τὴν ἐπ' ἀσεβείᾳ δόξαν. τρίτον
ὡς ἐνυβρίκει τοῖς ἀπὸ τῶν προειρημένων πόλεων πρεσβευταῖς· οἳ παρῆσαν ἐξελούμενοι τοὺς Κιανοὺς ἐκ τῶν
περιεστώτων κακῶν, ὑπὸ δ' ἐκείνου
παρακαλούμενοι καὶ διαλεγόμενοι
καθ' ἡμέραν αὐτόπται γεγόνασι τούτων,
ὧν ἥκιστ' ἂν ἐβουλήθησαν. Πρὸς δὲ
τούτοις, ὅτι τοὺς Ῥοδίους οὕτως ἀπετε-
θηριώκει τότε πρὸς αὐτόν, ὥστε μηδέ-

tuunt. Homines vero, quum alias civitates eo quem diximus modo funditus perjisse audiant, alias ipsi cum maxime perire videant; simul ac tamen aliquis blandis eos sermonibus aggressus, spem cõmodi alicujus ex alieno damno parandi ostenderit, incogitanter & securi de eventu, ad escam accedunt: haut dubii, neminem unquam mortalium tali modo inescatum, exitium vitasse. quum ejusmodi administratio Reip. omnibus sine controversia pernitiem afferat. At Philippus urbis Cianorum potitus, ceu præclaro & gravi aliquo facinore edito, lætitia gestiebat. ut qui genero prompte opem tulisset; omnibus qui à sua amicitia se alienarent, terrorem incussisset; captivorum deniq; & pecuniæ ingentem copiam legitima ratione sibi comparasset. Contraria vero his non videbat, etsi erant omnibus manifesta; primum, genero se, non qui injuriam passus esset, verùm qui fluxa fide usus, aliis faceret, suppetias tulisse. deinde, se qui Græcam urbem malis longe omnium maximis affecisset, famam jam antè disseminatam de sua in amicos crudelitate esse confirmaturum: qua utraque ex re, impietatis opinionem apud omnes Græcos foret perpetuo obtenturus. postremò, gravem se injuriam atque contumeliam legatis civitatum imposuisse; qui ad eum quum venissent, ut Cianos ex urgentibus calamitatibus liberarent, rogatu ipsius & quotidianis sermonibus deliniti, eorum quæ minime voluissent, fuerant spectatores. Accedebat his, quod Rhodiorum animos odio iraque adversus

versus se ita efferaverat, ut jam de Philippo verba fieri non possent pati. Atqui Fortuna hac certe in parte Philippi caussam manifestò ivit adjutum. Differebat ejus legatus apud Rhodios in theatro, de ejus factis, magnanimitatem Philippi verbis prędicans. ipsum, qui oppidum jam quodammodo in potestate haberet, populo Rhodiorum hoc gratificari. atque hoc ipsum facere, ut calumnias hominum factionis contrariæ refutet, suumque animum & propositum civitati patefaciat. Inter hæc venit aliquis in Prytaneum, è classe commercii gratiâ Rhodum commeare solita, qui captivitatem & servitutem Cianorũ nuntiabat, & Philippi crudelitatem, qua esset in illos usus. Rhodii ubi Prytanis rem in theatro nuntiavit, propter legatum ea quæ diximus tunc cum maxime commemorantem, & magnitudinem perfidiæ, ut nuntio fidem haberent inducere animum non potuerunt. Philippus enimvero ubi perfidia singulari non adeo Cianos, ut seipsum decepisset, eò venit amentiæ, & omnis officii fines longe adeo migravit, ut quorum pudere ipsum vehementissime oportebat, ea sibi ipse ut pręclare facta laudi duceret, deque iis se impotenter jactaret. At Rhodiorum populus ab eo die Philippum lóco hostis habebat, & in apparatibus conquirendis ad hunc scopum semper respiciebat. Ætolorum quoque simile odium ex eadem caussa sibi contraxit. Nuper enim iis conciliatus, & genti Ætolorum manus porrigens; quum amicis ac sociis uteretur Ætolis, Lysimachensibus, Chal-

νὰ λόγον ἔτι προσίεσθαι περὶ Φιλίππου. καὶ γὰρ ἡ τύχη πρός γε τοῦτο τὸ 23
μέρος αὐτῷ συνήργησε προφα-
νῶς. ὅ, τε γὰρ πρεσβευτὴς ἐν τῷ
θεάτρῳ τὸν ἀπολογισμὸν ἐποιεῖτο
πρὸς τοὺς Ῥοδίους, ἐμφανίζων τὴν
τοῦ Φιλίππου μεγαλοψυχίαν, καὶ
διότι τρόπον τινὰ κρατῶν ἤδη τῆς
πόλεως, δίδωσι τῷ δήμῳ τὴν χάριν
ταύτην, ποιεῖ δὲ τοῦτο, βουλόμενος
ἐλέγξαι μὲν τὰς τῶν ἀντιπραττόντων
αὐτῷ διαβολάς, φανερὰν δὲ τῇ πόλει
καταστῆσαι τὴν αὑτοῦ προαίρεσιν· καὶ
παρῆν τις ἐκ κατάπλου πρὸς τὸ
Πρυτανεῖον, ἀναγγέλλων τὸν ἐξανδρα-
ποδισμὸν τῶν Κιανῶν, καὶ ὠμότητα τοῦ Φιλίππου τὴν ἐν τούτοις γεγενημένην. ὥστε τοὺς Ῥοδίους ἔτι μεταξὺ τοῦ πρεσβευτοῦ
τὰ προειρημένα λέγοντος, ἐπεὶ
προελθὼν ὁ Πρύτανις διεσάφει τὰ
προσηγγελμένα, μὴ δύνασθαι πιστεῦσαι διὰ τὴν ὑπερβολὴν τῆς
ἀθεσίας. Φίλιππος μὲν οὖν
παρασπονδήσας οὐχ οὕτω Κιανοὺς
ὡς ἑαυτόν, εἰς τοιαύτην ἄνοιαν,
ἢ καὶ παράπτωσιν τοῦ καθήκοντος
ἧκεν, ὥστ' ἐφ' οἷς ἐχρῆν αἰσχύνεσθαι καθ' ὑπερβολήν, ἐπὶ τούτοις ὡς καλοῖς σεμνύνεσθαι καὶ
μεγαλαυχεῖν. ὁ δὲ τῶν Ῥοδίων
δῆμος ἀπὸ ταύτης τῆς ἡμέρας ὡς
περὶ πολεμίου διελάμβανε τοῦ
Φιλίππου, καὶ πρὸς τοῦτον τὸν
σκοπὸν ἐποιεῖτο τὰς παρασκευάς.
Παραπλήσιον δὲ καὶ τοῖς Αἰτωλοῖς
μῖσος ἐκ ταύτης τῆς πράξεως ἐνειργάσατο πρὸς αὐτόν. ἄρτι γὰρ διαλε-
λυμένος, καὶ τὰς χεῖρας ἐκτείνων
πρὸς τὸ ἔθνος, οὐδεμιᾶς προφάσεως
ἐπιγινομένης, φίλων ὑπαρχόντων καὶ
συμμάχων Αἰτωλῶν, Λυσιμαχέων,

Χαλκηδονίων, καὶ Κιανῶν, βραχεῖ χρόνῳ πρότερον· πρῶτον μὲν προσηγάγετο τὴν Λυσιμαχέων πόλιν ἀποσπάσας ἀπὸ τῆς τῶν Αἰτωλῶν συμμαχίας· δεύτερον δὲ τὴν Χαλκηδονίων, τρίτην δὲ τὴν Κιανῶν ἐξηνδραποδίσατο, στρατηγοῦ παρ᾽ Αἰτωλῶν ἐν αὐτῇ διατρίβοντος, καὶ προεστῶτος τῶν κοινῶν. Προυσίας δὲ καθὸ μὲν ἡ πρόθεσις αὐτοῦ συντελείας ἔτυχε, περιχαρὴς ἦν· καθὸ δὲ τὰ μὲν ἆθλα τῆς ἐπιβολῆς ἕτερος ἀπέφερεν, αὐτὸς δὲ πόλεως οἰκόπεδον ἔρημον ἐκληρονόμει, δυσχερῶς διέκειτο. ποιεῖν δ᾽ οὐδὲν οἷός τε ἦν.

cedoniis & Cianis, paullo antè Philippus, nulla re interveniente quam prætexeret, civitatem Lyſimachiam primò, ab Ætolorum ſocietate avulſam, ſibi adjunxit; deinde Chalcedonem; poſtremo Cianorum urbem, quum eſſet ibi dux ab Ætolis miſſus, penes quem erat ſumma rerum, in ſervitutem miſit. Pruſias vero etſi propoſitum ſuum ad exitum fuiſſe perductum, gaudio exultabat; quia tamen incepti illius præmia alter abſtulerat; ipſe, deleta urbe, ſoli deſerti hereditatem creverat, iniquo rem animo ferebat. Sed quid ageret?

Αἱ ἐν Ἀλεξανδρείᾳ γενόμεναι στάσεις ἐμφύλιοι μεταξὺ τῶν ἐπιτρόπων τοῦ ἀπολελειμμένου ὑπὸ Πτολεμαίου τοῦ βασιλέως παιδός.

Seditio inteſtina Alexandriæ in Ægypto coorta inter tutores pupilli Regis morte patris Ptolemæi derelicti.

Πῶς Ἀγαθοκλῆς συναθροίσας τοὺς Μακεδόνας, καὶ εἰς τούτους εἰσελθὼν μετὰ τοῦ βασιλέως καὶ τῆς Ἀγαθοκλείας, ἐγχειρήσας αὐτοὺς διὰ Κριτολάου παροργίζειν κατὰ Τληπολέμου, οὐδὲν ἤνυσε.

Quomodo Agathocles præſidio Macedonum convocato, eos adierit cum Rege & Agathoclea ſorore ſua; ac per Critolaum conatus in Tlepolemum eos irritare, fruſtra fuerit.

Πῶς Δανάη ἡ τοῦ Τληπολέμου πενθερὰ ἑλκυσθεῖσα διὰ τῆς πόλεως εἰς φυλακὴν ἀπετέθη.

Quomodo Danaë Tlepolemi ſocrus per forum tracta in carcerem fuerit conjecta.

Πῶς Μοιραγένης κελεύσαντος Ἀγαθοκλέους περὶ τὸ βασανισθῆναι ἐπιμαθεὶς ἤδη, παραδόξως τυχὼν σωτηρίας, τοὺς Μακεδόνας κατὰ τοῦ Ἀγαθοκλέους παρώξυνε.

Quomodo Mœragenes juſſu Agathoclis ad ſubeunda tormenta præparatus, caſu inopinato ſalutem nactus, Macedones adverſus Agathoclem concitarit.

Quomodo

Quomodo latens jam antè odium in Agathoclem in animis omnium Alexandrinorum, confestim ut dux oblatus est repente exarserit.

Quomodo Oenanthe mulierum odium in se & universam domum Agathoclis conciverit.

Tumultus & clamor omnium qui Alexandriæ erant, adversus Agathoclem, in angulo Palatii tunc cum Rege latitantem.

Quomodo Macedones vi illata Agathocli, eum tandem coegerint Regem sibi tradere.

Quomodo Sosibius habens Regem in sua potestate, ei persuaserit ut Agathoclem & omnes qui Eurydicen ipsius matrem læserant, multitudini traderet.

Quomodo Agathocles & alii plurimi cum cruciatibus diris fuerint occisi.

Reprehensio eorum qui casum Agathoclis cum tragica exaggeratione supra meritum rei narraverant.

ALEXANDRIÆ Agathocles primos omnium Macedones congregavit, & ad eos cum Rege & Agathoclea sorore adiit. Ibi

Πῶς τὸ πάλαι ὑποικουρούμενον μῖσος πάντων τῶν ἐν Ἀλεξανδρείᾳ κατὰ τοῦ Ἀγαθοκλέους προστάτου λαβόμενον ταχέως οἱονεὶ πῦρ ἐξέλαμψε.

Πῶς Οἰνάνθη τὴν ἐκ τῶν γυναικῶν ὀργὴν καθ' αὑτῆς καὶ πάσης τῆς συγγενείας τοῦ Ἀγαθοκλέους ἐξῆψε.

Ταραχὴ καὶ βοὴ ἀλλόκοτος πάντων ἐν Ἀλεξανδρείᾳ κατὰ Ἀγαθοκλέους τοῦ ἐν τῇ αὐλῇ που τέως κεκρυμμένου μετὰ τοῦ βασιλέως.

Πῶς οἱ Μακεδόνες βιασάμενοι τὸν Ἀγαθοκλέα, τέλος ἠνάγκασαν αὐτὸν ἐκπέμπειν τὸν βασιλέα.

Πῶς Σωσίβιος κρατήσας τοῦ βασιλέως ἔπεισεν αὐτὸν παραδοῦναι τῷ πλήθει τὸν Ἀγαθοκλέα, καὶ πάντας τοὺς εἰς τὴν ἰδίαν μητέρα πεπλημμεληκότας.

Πῶς ὅ, τε Ἀγαθοκλῆς καὶ ἄλλοι πλεῖστοι οἰκτρῶς αἰκισθέντες ἐφονεύθησαν.

Τοῦ ξυγγραφέως ἐπιτίμησις τῶν ἐξηγησαμένων τὰ τοῦ Ἀγαθοκλέους μετὰ τραγῳδίας αἰσχύνειν.

ΠΡΩΤΟΥΣ δὲ συναθροίσας τοὺς Μακεδόνας, 24
εἰς τούτους εἰσῆλθε μετὰ τοῦ βασιλέως καὶ τῆς Ἀγαθοκλείας. Ἐ-

τὰς μὲν ἀρχὰς ὑπεκρίνατο τὸν οὐ δυνάμενον εἰπεῖν ἃ βούλεται διὰ τὸ πλῆθος τῶν ἐπιφερομένων δακρύων. ἐπεὶ δὲ πλεονάκις ἀπομάττων τῇ χλαμύδι, κατεκράτησε τῆς ἐπιφορᾶς, καὶ βαστάσας τὸ παιδίον· Λάβετε, ἔφη, τοῦτον ὃν ὁ πατὴρ ἀποθνήσκων, εἰς μὲν τὰς ἀγκάλας ἔδωκε ταύτῃ, δείξας τὴν ἀδελφήν· παρακατέθετο δ' εἰς τὴν ὑμετέραν, ὦ ἄνδρες Μακεδόνες, πίστιν. ἡ μὲν οὖν καὶ ταύτης εὔνοια βραχεῖάν τινὰ ῥοπὴν ἔχει πρὸς τὴν τούτου σωτηρίαν· ἐν ὑμῖν δὲ κεῖται καὶ ταῖς ὑμετέραις χερσὶ τὰ τούτου νυνὶ πράγματα. Τληπόλεμος γὰρ πάλαι μὲν ἦν δῆλος τοῖς ὀρθῶς σκοπουμένοις μειζόνων ἐφιέμενος, ἢ καθ' ἑαυτὸν πραγμάτων· νῦν δὲ καὶ τὴν ἡμέραν καὶ τὸν καιρὸν ὥρικεν, ἐν ᾗ μέλλει τὸ διάδημα ἀναλαμβάνειν. καὶ περὶ τούτων οὐχ αὐτῷ πιστεύειν ἐκέλευεν, ἀλλὰ τοῖς εἰδόσιν τὴν ἀλήθειαν, καὶ παροῦσι νῦν ἐξ αὐτῶν τῶν πραγμάτων. καὶ τοῦτ' εἰπὼν, εἰσῆγε τὸν Κριτόλαον, ὃς ἔφη καὶ τοὺς βωμοὺς αὐτὸς ἑωρακέναι κατασκευαζομένους, καὶ τὰ θύματα παρὰ τοῖς πλήθεσιν ἑτοιμαζόμενα πρὸς τὴν τοῦ διαδήματος ἀνάδειξιν. ὧν οἱ Μακεδόνες ἀκούοντες, οὐχ οἷον ἠλέουν αὐτὸν, ἀλλὰ πρὸς οὐδενὶ προσεῖχον τῶν λεγομένων, καὶ μυχθίζοντες δὲ καὶ διαψιθυρίζοντες ἐξελήρησαν οὕτως, ὥστε μηδ' αὐτὸν εἰδέναι μήτε πῶς τὸ παράπαν ἐκ τῆς ἐκκλησίας ἀπελύθη. Παραπλήσια δὲ τούτοις ἐγίγνετο καὶ περὶ τὰ λοιπὰ συστήματα κατὰ τοὺς λοιποὺς ἐκκλησιασμούς. Ἐν δὲ τῷ μεταξὺ πολὺς ἦν

principio, non posse se quę vellet proloqui simulavit, propter lacrymarum vim per genas ubertim manantium. deinde ut lumina chlamyde sæpius abstergens, fletum illum vehementer erumpentem repressisset, puerum manibus gestans; Accipite, ait, hunc, quem moriens pater, isti quidem (sororem simul ostendebat) in ulnas tradidit; vestræ verò, viri Macedones, fidei permisit. Et potest quidem istius quoque benevolentia leve saltem aliquod ad hujus salutem momentum facere; cæterum in vobis & in dextris vestris illius universæ fortunæ nunc sunt positæ. Tlepolemus enim, dudum ille quidem palàm fecit, recta ratione rem putantibus majora se, quàm pro sui loci homine, concupiscere: Nunc verò & diem & horam designavit, qua sit diadema assumpturus. Quibus de rebus non sibi credere illos jubebat, sed iis qui rei veritatem nossent, & qui ex ipso negotio jam venirent. Simul hæc locutus, Critolaum induxit, qui aras etiam sibi visas diceret, in eam rem structas; & paratas à multitudine victimas, ad solemnia diadematis assumpti agitanda. Hæc loquentem Macedones quum audirent, adeo nulla ejus misericordia tangebantur, ut nulli eorum quę dicerentur attenderent; verùm hominem subsannantes, & inter se susurrantes, nugarentur; ita ut ne Agathocles quidem sciret, quo pacto ex illa concione esset dimissus. Et quum per cætera quoque civitatis corpora deinceps conciones coegisset, simili pacto ab omnibus est exceptus. Inter hęc multi subti ſubinde è ſuperiorum provinciarum exercitibus, appellebāt, qui ſuos alii cognatos, alii amicos hortabantur, ut communibus miſeriis ſuccurrerent: neque ſe ab hominibus adeo indignis tam impudenter contumeliis affici paterentur. Maxime verò plebem ad ſumendū ſupplicium de iis qui principes civitatis tunc erant hoc impulit; quod ſcirent moræ periculum ad ſe ſpectare: quia omnem commeatum Alexandriam importari ſolitum Tlepolemus in poteſtate habeat. Acceſſit deinde aliud Agathoclis facinus, quod & vulgi & Tlepolemi iram vehementer intendit. Is enim quò ſuam cum Tlepolemo diſcordiam faceret palàm ſocrum ipſius, Danaen nomine, ex ęde Cereris abreptam, & per mediam urbem revelata facie tractam, in carcerem conjecerat. Quo nomine ſuccenſens illi populus, non jam inter privatos, neque arcanò, ſermones ea de re ſerebat: ſed etiam noctibus animi ſui indicia quovis loco inſcribebat. quidam etiam per circulos coacti, ſuum in eos qui res obtinebant odium palàm præ ſe ferebant. Quæ omnia vulgo fieri quum cerneret Agathocles, de ſalute jam ſua ſpem habens exiguam, modò fugam cogitabat; ſed qui in eam rem nihil præparaſſet, quæ fuit ejus imprudentia, incepto deſiſtebat: modò conjurationis ſocios & audacię centuriabat: quaſi mox hoſtes ſuos partim jugulaturus eſſet, partim comprehenſurus: ac deinde potentiam tyrannicam ſibi paraturus. Hęc cogitante Agathocle, delatum eſt

ὁ καταπλέων ἐκ τῶν ἄνω στρατοπέδων, καὶ παρεκάλουν οἱ μὲν συγγενεῖς, οἱ δὲ φίλους βοηθεῖν τοῖς ὑποκειμένοις, καὶ μὴ περιϊδεῖν σφᾶς ἀναιδῶς ὑφ' οὕτως ἀναξίων ὑβριζομένους. μάλιστα δὲ παρώξυνε τοὺς πολλοὺς πρὸς τὴν κατὰ τῶν προεστώτων τιμωρίαν, τὸ γινώσκειν ὅτι τὸ μέλλειν καθ' αὐτῶν ἐστὶ, διὰ τὸ πάντων τῶν παρακομιζομένων ἐπιτηδείων εἰς τὴν Ἀλεξάνδρειαν κρατεῖν τοὺς περὶ τὸν Τληπόλεμον. Ἐγένετο δέ τι καὶ ἐξ αὐτῶν τῶν περὶ τὸν Ἀγαθοκλέα συνέργημα πρὸς τὸ τὴν ὀργὴν ἐπιτεῖναι τήν τε τῶν πολλῶν, καὶ τὴν τοῦ Τληπολέμου. Τὴν γὰρ Δανάην, ἥτις ἦν πενθερὰ τοῦ προειρημένου, λαβόντες ἐκ τοῦ τῆς Δήμητρος ἱεροῦ, καὶ διὰ μέσου τῆς πόλεως ἑλκύσαντες ἀκατακάλυπτον, εἰς φυλακὴν ἀπέθεντο, βουλόμενοι φανερὰν ποιεῖν τὴν πρὸς τὸν Τληπόλεμον διαφοράν. ἐφ' οἷς τὸ πλῆθος ἀγανακτοῦν, οὐκέτι κατ' ἰδίαν, οὐδὲ δι' ἀπορρήτων ἐποιεῖτο τοὺς λόγους· ἀλλ' οἱ μὲν τὰς νύκτας εἰς πάντα τόπον ἐπέγραφον, οἱ δὲ τὰς ἡμέρας συστρεφόμενοι κατὰ μέρη φανερῶς ἐξέφερον ἤδη τὸ μῖσος εἰς τοὺς προεστῶτας. οἱ δὲ περὶ τὸν Ἀγαθοκλέα βλέποντες τὰ συμβαίνοντα, καὶ μοχθηρὰς ἐλπίδας ἔχοντες περὶ αὐτῶν, τοτὲ μὲν ἐγίγνοντο περὶ δρασμόν. οὐδενὸς δ' αὐτοῖς ἡτοιμασμένου πρὸς τοῦτο τὸ μέρος διὰ τὴν σφετέραν ἀβουλίαν, ἀφίσταντο τῆς ἐπιβουλῆς· τοτὲ δὲ συνωμότας κατέγραφον καὶ κοινωνοὺς τῆς τόλμης· ὡς αὐτίκα μάλα τῶν ἐχθρῶν τοὺς μὲν κατασφάξοντες, τοὺς δὲ συλληψόμενοι· μετὰ δὲ ταῦτα τυραννικὴν ἐξουσίαν περιποιησόμενοι. Ταῦτα δ' αὐτῶν διανοουμένων, προσέπεσε διαβολὴ

κατά τινος Μοιραγένους ἑνὸς τῶν σωματοφυλάκων, διότι μηνύοι πάντα τῷ Τληπολέμῳ, καὶ συνεργοίη διὰ τὴν πρὸς Ἀδαῖον οἰκειότητα τὸν ἐπὶ τῆς Βουβάστου τότε καθεσταμένον. ὁ δ' Ἀγαθοκλῆς εὐθέως συνέταξε Νικοστράτῳ τῷ πρὸς τοῖς γράμμασι τεταγμένῳ, συλλαβόντα τὸν Μοιραγένην φιλοτίμως ἐξετάσαι, πᾶσαν προστιθέντα βάσανον. οὗτος μὲν οὖν παραχρῆμα συλληφθεὶς ὑπὸ τοῦ Νικοστράτου, καὶ παραχθεὶς εἴς τινα μέρη τῆς αὐλῆς ἀποκεχωρηκότα, τὸ μὲν πρῶτον ἐξ ὀρθῆς ἀνεκρίνετο περὶ τῶν προσπεπτωκότων· πρὸς οὐδὲν δὲ τῶν λεγομένων ἀνθομολογούμενος, ἐξεδύθη. καὶ τινὲς μὲν τὰ πρὸς τὰς βασάνους ὄργανα διεσκεύαζον, οἱ δὲ τὰς μάστιγας ἔχοντες μετὰ χεῖρας, ἀπεδύοντο τὰς χλαμύδας. Κατὰ δὲ τὸν καιρὸν τοῦτον προστρέχει τις τῶν ὑπηρετῶν πρὸς τὸν Νικόστρατον, καὶ ψιθυρίσας πρὸς τὴν ἀκοὴν, ἅττα δή ποτ' οὖν, ἀπηλλάττετο μετὰ σπουδῆς. ὁ δὲ Νικόστρατος ἐκ ποδὸς ἐπηκολούθει τούτῳ, λέγων μὲν οὐδὲν, τύπτων δὲ συνεχῶς τὸν
6 μηρόν. περὶ δὲ τὸν Μοιραγένην ἄφατον ἦν καὶ παράλογον τὸ συμβαῖνον. οἱ μὲν γὰρ μονονοὺ διατεταμένοι τὰς μάστιγας παρέστησαν, οἱ δὲ πρὸ ποδῶν αὐτοῦ τὰ πρὸς ἀνάγκας ὄργανα διεσκεύαζον· τοῦ δὲ Νικοστράτου παραχωρήσαντος, ἔστησαν ἀχανεῖς πάντες ἐμβλέποντες ἀλλήλοις, προσδοκῶντες ἀεί ποτε τὸν προειρημένον, ὅταν ἀνακάμψῃ. χρόνου δὲ γινομένου, κατὰ βραχὺ διέρρεον οἱ παρεστῶτες· τέλος δὲ ὁ Μοιραγένης ἀπελείφθη. καὶ μετὰ ταῦτα διελθὼν τὴν αὐλὴν

Mœragenis satellitum unius nomen: quod omnia Tlepolemo indicaret, ejusque adjuvaret conatus, propter illam necessitudinem quæ ipsi intercederet cum Adæo Præfecto urbis Bubasti. Confestim Agathocles præcepit Nicostrato qui erat à cura epistolarum, Mœragenem ut prehenderet, & omni tormentorum genere proposito veritatem de illo exprimeret. Is igitur extemplo correptus à Nicostrato, & in semotam quandam regiæ partem abductus, principio vestigiis suis insistens, de iis quæ nuntiata fuerant diligenter est interrogatus: deinde quum nihil eorum quæ dicebantur fateretur, est exutus. & erant jam qui torquendi instrumenta disponerent aptarentque: alii flagra manibus tenentes suis eum chlamydibus denudabant. Inter hæc accurrit aliquis apparitorum ad Nicostratum, & postquam aliquid ei in aures immurmurasset, quicquid tandem illud esset, festinanter ab eo discedit. Nicostratus abeuntem è vestigio sequitur, tacitus ille quidem; sed femur assidue feriens. Mœrageni verò res tunc evenit dictu difficilis & stupenda. Stabant prope ipsum, hinc illi qui flagra tantum non ad feriendum jam intenderant: inde illi qui instrumenta ad torquendum disponebant & concinnabant. Postquam loco excessit Nicostratus, omnes sese invicem intuentes, stupore sunt defixi, reditum Nicostrati præstolantes. Ubi aliquandiu est exspectatum, paullatim qui aderant, dilabi ceperunt, & Mœragenes nudus est relictus. qui postea per regiam

transiens,

transiens, præter spem suam nudus ad Macedonum quoddam tentorium regiæ vicinum devenit. eo loci prandentes Macedones nactus, ad id ipsum forte fortuna vocatos, casum illis suum aperuit, & insperatam salutem quæ sibi obtigerat. Illi primò fidem dictis nullam habere; deinde quum nudum cernerent, cogi credere. Enimvero Mœragenes tam inopinato defunctus periculo, cum lacrymis Macedones hortari instititit, ut non suæ tantum saluti consulerent, sed Regis quoque atque imprimis propriæ ipsorum. certum namque exitium omnibus impendere, nisi temporis occasionem prehendissent; quando odium multitudinis in ipsum viget maxime, & ad pœnas exigendas ab Agathocle, nemo non est paratus ac promptus. ejus autem rei nunc cum maxime esse tempus; & duces tantum, atque auctores opus esse. His auditis Macedones iram concipiunt, ac tandem Mœrageni morem gerunt. Omnium prima tentoria Macedonum adeunt; deinde aliorum militum. Sunt autem hæc continua, & in unam urbis partem vergunt omnia. Quum autem vulgi in eam rem jampridem esset paratus impetus, nec quicquam deesset præter eum qui hortaretur & daret incentivum, simulac res cepta est, repente incendium quasi quoddam effulsit. Necdum enim quatuor elapsæ erant horæ, cum & militarium virorum & civium omnia genera ad insurgendum in Agathoclem consensêrunt. Quo sane tempore & casus quidam ad rem cito perficiendam valuit plurimum. Agathocli

ἀνελπίστως παρέπεσε γυμνὸς εἴς
τινα σκηνὴν τῶν Μακεδόνων, σύνεγγυς κειμένην τῆς αὐλῆς. Καταλαβὼν δὲ κατὰ τύχην ἀρι-
στῶντας καὶ συνηθροισμένους, ἔλεγε τὰ περὶ αὐτὸν συμβεβηκότα,
καὶ τὸ παράλογον τῆς σωτηρίας.
οἱ δὲ τὰ μὲν ἠπίστουν, τὰ δὲ πάλιν ὁρῶντες αὐτὸν γυμνὸν, ἠναγκάζοντο πιστεύειν. ἐκ δὲ ταύτης
τῆς περιπετείας ὅ, τε Μοιραγένης
μετὰ δακρύων ἐδεῖτο τῶν Μακεδόνων,
μὴ μόνον τῆς αὐτοῦ συνεπιλαβέσθαι
σωτηρίας, ἀλλὰ καὶ τῆς τοῦ βασιλέως, καὶ μάλιστα τῆς σφῶν αὐτῶν. πρόδηλον γὰρ εἶναι πᾶσι τὸν
ὄλεθρον, ἐὰν μὴ συνάψωνται τοῦ καιροῦ καθ' ὃν ἀκμάζει τὸ τῶν πολλῶν
μῖσος, καὶ πᾶς ἕτοιμός ἐστι πρὸς
τὴν κατ' Ἀγαθοκλέους τιμωρίαν. ἀκ-
μάζειν δὲ νῦν μάλιστα ἔφη, καὶ προσδεῖσθαι τῶν καταρξομένων. Οἱ δὲ Μα- 2
κεδόνες ἀκούσαντες τούτων, παρο-
ξύνονται, καὶ πέρας ἐπείσθησαν τῷ
Μοιραγένει. καὶ πρώτας μὲν εὐθέως
ἐπῄεσαν τὰς τῶν Μακεδόνων σκηνὰς, μετὰ δὲ ταῦτα τὰς τῶν ἄλλων
στρατιωτῶν. εἰσὶ δ' αὗται συνεχεῖς πρὸς ἓν μέρος ἀπνενευκυῖαι
τῆς πόλεως. Οὔσης δὲ τῆς μὲν ὁρμῆς πάλαι προχείρου τῆς τῶν πολλῶν,
προσδεομένης δὲ τοῦ προκαλεσαμένου
μόνον, καὶ τολμήσοντος, ἅμα τῷ λαβεῖν ἀρχὴν τὸ πρᾶγμα, ταχέως οἱονεὶ πῦρ ἐξέλαμψεν. οὐ γὰρ ἐγενήθησαν ὧραι τέσσαρες, καὶ πάντα τὰ
γένη συμπεφωνήκει, καὶ τὰ στρατιωτι-
κὰ καὶ τὰ πολιτικὰ πρὸς τὴν ἐπίθεσιν.
Συνήργησε γὰρ μεγάλα καὶ ταὐτόματον ἐν τῷ καιρῷ τούτῳ πρὸς τὴν
συντέλειαν, ὁ μὲν γὰρ Ἀγαθοκλῆς

ἀνενεχθείσης πρὸς αὐτὸν ἐπιστολῆς, καὶ κατασκόπων ἐπαναχθέντων, καὶ τῆς μὲν ἐπιστολῆς γεγραμμένης πρὸς τὰς δυνάμεις παρὰ τοῦ Τληπολέμου, καὶ δηλούσης ὅτι παρέσται ταχέως, τῶν δὲ κατασκόπων διασαφούντων ὅτι πάρεστιν· οὕτως ἐξέστη τῶν φρενῶν, ὥστ' ἀφέμενος τοῦ πράττειν τι καὶ διανοεῖσθαι περὶ τῶν προσπεπτωκότων, ἀπῆλθε κατὰ τὸν εἰθισμένον καιρὸν εἰς τὸν πότον, κἀκεῖ κατὰ τὴν εἰθισμένην ἀγωγὴν ἐπετέλει τὴν συνουσίαν. Ἡ δὲ Οἰνάνθη περικακοῦσα παρῆν εἰς τὸ Θεσμοφορεῖον, ἀνεῳγμένου τοῦ νεὼ διά τινα θυσίαν ἐπέτειον. καὶ τὸ μὲν πρῶτον ἐλιπάρει γονυπετοῦσα καὶ μαγγανεύουσα πρὸς τὰς θεάς. μετὰ δὲ ταῦτα καθίσασα πρὸς τὸν βωμὸν, εἶχε τὴν ἡσυχίαν. αἱ μὲν οὖν πολλαὶ τῶν γυναικῶν ἡδέως ὁρῶσαι τὴν δυσθυμίαν, καὶ περικάκησιν αὐτῆς, ἀπεσιώπων. αἱ δὲ τοῦ Πολυκράτους συγγενεῖς, καί τινες ἕτεραι τῶν ἐνδόξων, ἀδήλου τῆς περιστάσεως αὐταῖς ἀκμὴν ὑπαρχούσης, προσελθοῦσαι παρεμυθοῦντο τὴν Οἰνάνθην. ἡ δ' ἀναβοήσασα μεγάλῃ τῇ φωνῇ, Μή μοι πρόσιτε φησὶ θηρία· καλῶς γὰρ ὑμᾶς γινώσκω, διότι καὶ φρονεῖθ' ἡμῖν ἐναντία, καὶ ταῖς θεαῖς εὔχεσθε τὰ δυσχερέστερα καθ' ἡμῶν. Οὐ μὴν ἀλλὰ ἔτι πέποιθα τῶν θεῶν βουλομένων γεύσειν ὑμᾶς τῶν ἰδίων τέκνων. καὶ ταῦτ' εἰποῦσα, ταῖς ῥαβδούχοις ἀνείργειν προσέταξε, καὶ παίειν τὰς μὴ πειθαρχούσας. αἱ δ' ἐπιλαβόμεναι τῆς προφάσεως ταύτης, ἀπηλλάσσοντο πᾶσαι, τοῖς θεοῖς ἀνίσχουσαι τὰς χεῖρας, καὶ καταρώμεναι λαβεῖν αὐτὴν ἐκείνην πεῖραν τούτων, ἃ κατὰ τῶν πέλας

reddita eſt quædam epiſtola, & ſpeculatores ad eum deducti. epiſtolam Tlepolemus ſcripſerat ad exercitus, citò ſe adfuturum nuntians: ſpeculatores jam adeſſe nuntiabant. Hæc ita Agathoclem de ſtatu mentis dejecerunt, ut agendi aliquid & conſultandi de iis quæ nuntiata fuerant cura omiſſa, mox, qua ſolitus erat hora, ad convivium abjerit, atque ibi pro conſueto more genio inter ſuos indulſerit. Oenanthe vero malis ingemens ſuis ad Theſmophorium, (ea eſt Cereris ac Proſerpinæ ædes) forte tunc anniverſarii cujuſdam ſacri cauſſa apertum, ſe contulit; ubi ſtatim flexis genibus cum blanditiis & multo lenocinio deabus preces fundere cepit. deinde ad aram ut conſedit, quieta manebat. Lætæ illam pleræque mulieres animum ita deſpondentem, & mala ſua lamentantem, ſpectabant tacitæ. verùm Polycratis cognatæ & quædam aliæ è nobilioribus, Oenanthæ caſum penitus ignorantes, ad eam accedunt, & conſolari aggrediuntur. Illa clamore edito, Ne me, ait voce alta, ô feræ accedatis. Vos enim ego probe novi; noſtris partibus contrarias vos ſcio eſſe, & nunc deas orare, ut diriſſima quæque nobis eveniant. Spero tamen futurum, diis volentibus, ut ipſa vos ad edendos liberos adigam. Hæc locuta, fœminas quæ ſibi apparebant, jubet illas ut ſummoverent, & ſi non parerent, eas virgis ſuis uti cæderent. Mulieres hac occaſione arrepta, diſcedunt omnes, manus ad deos tollentes, & hoc carmine Oenanthen devoventes; Experiretur ipſamet, quæ ut experirentur alii

facturam

facturam sese minaretur. Quum igitur jam viri res novas moliri constitutum haberent, ubi ira illa accessit, quam per domos singulas mulieres concitabant, duplo vehementius odium exarsit. Ut primum noctis tenebras cives sunt assecuti, tumultus, luminum, cursitationis plena urbs erat. Alii in Stadio cum clamore congregari; alii mutuo sese cohortari: alii ut fugâ malo praeverterent, in domos & loca minime suspecta se abdere. Jam quicquid est vacuae areae circa regiam, item Stadium, & platea, turba hominum omnis generis erant referta, eorùmque maxima frequentia qui Liberi patris Theatrum celebrare solent; cum Agathocles, qui non multo ante convivio finem imposuerat, vino gravis è somno excitatur. qui omni cum sua cognatione, si Philonem excipias, ad Regem venit. apud quem pauca conquestus de miserabili sua sorte, manu ei apprehensa, ad Syringem, (ea est transitoria quaedam ambulatio) quae est inter Maeandrum & Palaestram, & ad theatri fert aditum ascendit: deinde foribus duabus prioribus probe firmatis, cum duobus aut tribus satellitibus, Rege & cognatis, ultra tertias fores se recepit. Erant autem fores cancellatim reticulatae, lumen admittentes, & duobus vectibus claudebantur. Eo tempore quum ex universa urbe congregata esset multitudo tanta, ut non loca dumtaxat plana hominibus essent referta, verùm etiam gradus atque tecta, clamor ingens & confusa vociferatio est edita. erant enim mulieres pariter

ἐπανατεῖναι πράξειν. Ἤδη δὲ κε- 2
κριμένου τοῦ καινοτομεῖν τοῖς ἀνδράσιν, ἐπιγινομένης καθ᾽ ἑκάστην οἰκίαν καὶ τῆς ἐκ τῶν γυναικῶν ὀργῆς, διπλάσιον ἐξεκαύθη τὸ μῖσος. Ἅμα δὲ τῷ μεταλαβεῖν τῆς νυκτὸς, πᾶσα πλήρης ἦν ἡ πόλις θορύβου καὶ φώτων καὶ διαδρομῆς. οἱ μὲν γὰρ εἰς τὸ Στάδιον ἠθροίζοντο μετὰ κραυγῆς, οἱ δὲ παρεκάλουν ἀλλήλους, οἱ δὲ κατεδύοντο διαδιδράσκοντες εἰς ἀνυπονοήτους οἰκίας καὶ τόπους. Ἤδη δὲ τῶν περὶ τὴν αὐλὴν εὐρυχωριῶν καὶ τοῦ Σταδίου, καὶ τῆς πλατείας πλήρεις ὑπαρχούσης ὄχλου παντοδαποῦ, καὶ τῆς περὶ τὸ Διονυσιακὸν θέατρον προστασίας, πυθόμενος τὸ συμβαῖνον Ἀγαθοκλῆς, ἐξηγέρθη μεθύων ἄρτι καταλελυκὼς τὸν πότον. καὶ παραλαβὼν τοὺς συγγενεῖς πάντας πλὴν Φίλωνος, ἧκε πρὸς τὸν βασιλέα. καὶ βραχέα πρὸς τοῦτον οἰκτισάμενος, καὶ λαβόμενος αὐτοῦ τῆς χειρὸς, ἀνέβαινεν εἰς τὴν Σύριγγα τὴν μεταξὺ τοῦ Μαιάνδρου καὶ τῆς Παλαίστρας κειμένην, καὶ φέρουσαν ἐπὶ τὴν τοῦ θεάτρου πάροδον. Μετὰ δὲ ταῦτα δύο θύρας ἀσφαλισάμενος τὰς πρώτας, εἰς τὴν τρίτην ἀνεχώρησε μετὰ δύο ἢ τριῶν σωματοφυλάκων, καὶ τοῦ βασιλέως, καὶ τῆς αὐτοῦ συγγενείας. Συνέβαινε δὲ τὰς θύρας εἶναι δικτυωτὰς διαφανεῖς, ἀποκλειομένας δὲ διπλοῖς μοχλοῖς. Κατὰ δὲ τὸν καιρὸν τοῦτον ἠθροισμένου τοῦ πλήθους ἐξ ἁπάσης τῆς πόλεως, ὥστε μὴ μόνον τοὺς ἐπιπέδους τόπους, ἀλλὰ καὶ τὰ βάθρα καὶ τὰ τέγη καταγέμειν ἀνθρώπων, ἐγίγνετο βοὴ καὶ κραυγὴ σύμμικτος, ὡς ἂν γυναικῶν ὁμοῦ καὶ παίδων

ἀνδράσιν ἀναμεμιγμένων. οὐ γὰρ ἐλάττω ποιεῖται παιδάρια τῶν ἀνδρῶν περὶ τὰς τοιαύτας ταραχὰς, ἔν τε τῇ Καρχηδονίων πόλει καὶ κατὰ τὴν
29 Ἀλεξάνδρειαν. Ἤδη δὲ τῆς ἡμέρας εὖ ὑποφαινούσης, ἦν μὲν ἄκριτος ἡ κραυγή, μάλιστα δ' ἐξ αὐτῆς ἐξέλαμψε τὸ καλεῖν τὸν βασιλέα. Τὸ μὲν οὖν πρῶτον οἱ Μακεδόνες ἐξαναστάντες, κατελάβοντο τὸν χρηματιστικὸν πυλῶνα τῶν βασιλείων. μετὰ δέ τινα χρόνον ἐπιγνόντες ποῦ τῆς αὐλῆς ὁ βασιλεὺς, περιελθόντες τὰς μὲν πρώτας τῆς πρώτης σύριγγος ἐξέβαλλον θύρας. ἐγγίσαντες δὲ τῆς δευτέρας, ἠτοῦντο τὸν παῖδα μετὰ κραυγῆς. οἱ δὲ περὶ τὸν Ἀγαθοκλέα, βλέποντες ἤδη τὰ καθ' αὑτοὺς, ἐδέοντο τῶν σωματοφυλάκων, πρεσβεῦσαι περὶ αὐτῶν πρὸς τοὺς Μακεδόνας· δηλοῦντας ὅτι τῆς ἐπιτροπείας ἐκχωροῦσι, καὶ τῆς ἄλλης ἐξουσίας καὶ τῶν τιμῶν, ἔτι δὲ τῶν χορηγιῶν, ὧν ἔχουσι πάντων· αὐτὸ δὲ τὸ πνευμάτιον δέονται συγχωρηθῆναι σφίσι μετὰ τῆς ἀναγκαίας τροφῆς, ἵνα χωρήσαντες εἰς τὴν ἐξ ἀρχῆς διάθεσιν, μηδὲ βουληθέντες ἔτι δύνωνται λυπεῖν μηδένα. Τῶν μὲν οὖν ἄλλων σωματοφυλάκων οὐδεὶς ὑπήκουσεν· Ἀριστομένης δὲ μόνος ὑπέστη τὴν χρείαν ταύτην, ὁ μετά τινα χρόνον ἐπὶ τῶν πραγμάτων γενόμενος. Ὁ δ' ἀνὴρ οὗτος τὸ μὲν γένος ἦν Ἀκαρνὰν, προβαίνων δὲ κατὰ τὴν ἡλικίαν, γενόμενος κύριος τῶν ὅλων πραγμάτων, κάλλιστα καὶ σεμνότατα δοκεῖ προστῆναι τοῦ τε βασιλέως καὶ τῆς βασιλείας, καὶ κατὰ τοσοῦτον, καθ' ὅσον κεκολακευκέναι τὴν Ἀγαθοκλέους εὐκαιρίαν.

puerique viris permisti. Fieri hoc amat & Carthagini & Alexandriæ, ut in hujusmodi tumultibus non minus pueruli, quàm viri turbent. Ubi jam dies plane illucescebat, clamor audiebatur incertus; ex quo tamen regii nominis appellatio præcipuè emicabat. Macedones suis exciti tabernaculis, ante omnia portam illam regiæ & vestibulum occupant, in quo Reges soliti de negotiis conveniri. deinde ut post temporis aliquantum didicerunt, in qua regiæ parte esset Rex; facto undique impetu primas primæ Syringis fores emoliuntur. Ad alteram ut appropinquarunt, convitio puerum sibi tradi poscebant. Agathocles quo res suæ loco starent intelligens, cum satellitibus egit, ut legationem suo nomine ad Macedonas obirent; iisque declararent, paratum se Regis tutela cedere, potentia, honoribus, annonis & reditibus quos haberet: pro animula dumtaxat deprecari, ut ejus usuram sibi, cum necessario victu, concederent; ita ut reversus in pristinum statum, negotium facessere, ne si velit quidem, cuiquam valeat. Quum cæterorum satellitum nemo esset qui roganti annueret: Aristomenes solus hanc ei operam navavit: qui aliquanto post regni negotia curavit. Erat Aristomenes genere Acarnan; qui grandioris ætatis factus, rerum omnium potestatem summam obtinens, & in Rege ipso regendo, & in regno administrando sapientissimè & honestissimè creditus est se gessisse: neque minus sollerter hoc præstitisse, quam sollers fuerat antè prosperæ Agathoclis fortunæ adulator.

adulator. Primus namque omnium, Agathocle domum invitato ad convivium, coronam auream uni ei è convivis detulit: quem honorem Regibus ſolis haberi moris fuit. Primus ejuſdem imaginem annulo inſculptam geſtare ſuſtinuit; & nata ſibi filia cum eſſet, Agathocleæ nomen illi indidit. Verum de his hactenus dixiſſe ſufficiat. Is igitur mandatis quæ dixi oneratus, per quandam egreſſus portulam, ad Macedones acceſſit. qui poſtquam pauca eſſet locutus, & Agathoclis voluntatem expoſuiſſet; extemplo Macedones eum ſpiculis configere ſunt aggreſſi. verum repente quorundam manibus protectus, qui cædem multitudinis deprecati ſunt, cum his mandatis eſt reverſus; Aut Regem ut adduceret revertens, aut ipſe quoque ne exiret. Cum his dictis Ariſtomenem Macedones dimiſerunt: tum autem ad ſecundas ubi acceſſiſſent fores, has quoque emoliuntur. Agathocles, & qui cum ipſo erant, Macedonum vehementem impetum quà ex factis ipſorum, quà ex reſponſo quod erat allatum, animadvertentes; principio manibus per fores porrectis, (Agathoclea etiam uberibus, quibus Regem ſe dicebat aluiſſe;) Macedones obſecrare inſtitit, nullo non genere vocis edito, ſolius ut ſibi vitæ ſervandæ fieret poteſtas. Ubi fortunam ſuam diu multumq; lamentatus nihil promovebant, puerum cum ſatellitibus tandem emiſerunt. Macedones traditum ſibi Regem, equo ſtatim imponunt, & in Stadium adducunt. Ad cujus conſpectum clamore & plauſu ab univerſa corona edito,

Πρῶτος μὲν γὰρ ὡς ἑαυτὸν ἐπὶ δεῖπνον καλέσας τὸν Ἀγαθοκλέα, χρυσοῦν στέφανον ἀνέδωκε μόνῳ τῶν παρόντων· ὃ τοῖς βασιλεῦσιν αὐτοῖς ἔθος ἐστὶ μόνοις συγχωρεῖσθαι. πρῶτος δὲ τὴν εἰκόνα τοῦ προειρημένου φέρειν ἐτόλμησεν ἐν τῷ δακτυλίῳ. γενομένης δὲ θυγατρὸς αὐτῷ, ταύτην Ἀγαθόκλειαν προσηγόρευσεν. Ἀλλ' ἴσως ὑπὲρ μὲν τούτων ἐξαρκεῖ καὶ τὰ νῦν εἰρημένα. λαβὼν δὲ τὰς προειρημένας ἐντολάς, καὶ διά τινος ῥινοπύλης ἐξελθών, ἧκε πρὸς τοὺς Μακεδόνας. βραχέα δ' αὐτοῦ διαλεχθέντος, καὶ δηλώσαντος τὴν προαίρεσιν, ἐπεβάλοντο μὲν οἱ Μακεδόνες παραχρῆμα συγκεντῆσαι. ταχὺ δὲ τινῶν ὑπερεχόντων αὐτοῦ τὰς χεῖρας, καὶ παραιτησαμένων τοὺς πολλούς, ἐπανῆλθε λαβὼν ἐντολήν· ἢ τὸν βασιλέα πρὸς αὐτοὺς ἄγοντ' ἥκειν, ἢ μηδ' αὐτὸν ἐξιέναι. Τὸν μὲν οὖν Ἀριστομένην, ταῦτ' εἰπόντες οἱ Μακεδόνες, ἀπέπεμψαν· αὐτοὶ δὲ ταῖς δευτέραις θύραις ἐγγίσαντες, ἐξέωσαν καὶ ταύτας. οἱ δὲ περὶ τὸν Ἀγαθοκλέα θεωροῦντες τὴν τῶν Μακεδόνων βίαν, διά τε τῶν ἐνεργουμένων, καὶ διὰ τῆς ἀποκρίσεως, τὸ μὲν πρῶτον ἐπεβάλοντο διὰ τῆς θύρας προτείναντες τὰς χεῖρας· ἡ δ' Ἀγαθόκλεια καὶ τοὺς μαστούς, οἷς ἔφη θρέψαι τὸν βασιλέα· δεῖσθαι τῶν Μακεδόνων, πᾶσαν προϊέμενοι φωνὴν πρὸς τὸ περιποιήσασθαι τὸ ζῆν αὐτὸ μόνον. ἐπεὶ δὲ πολλὰ κατολοφυρόμενοι τὴν αὑτῶν τύχην οὐδὲν ἤνυον, τέλος ἐξέπεμψαν τὸν παῖδα μετὰ τῶν σωματοφυλάκων. οἱ δὲ Μακεδόνες παραλαβόντες τὸν βασιλέα, καὶ ταχέως ἐφ' ἵππον ἀναβιβάσαντες, ἦγον εἰς τὸ Στάδιον. Ἅμα δὲ τῷ φανῆναι, μεγάλης κραυγῆς καὶ κρότου γενηθέντος,

ἐπιστή-

ἐπιστήσαντες τὸν ἵππον, καθεῖλον τὸν παῖδα. καὶ προσαγαγόντες, ἐκάθισαν εἰς τὴν βασιλικὴν θέαν. περὶ δὲ τοὺς ὄχλους ἐγίνετό τις ἅμα χαρὰ καὶ λύπη. τὰ μὲν γὰρ ἦσαν περιχαρεῖς ἐπὶ τῷ κεκομίσθαι τὸν παῖδα, τὰ δὲ πάλιν δυσηρεστοῦντο μὴ συνειλῆφθαι τοὺς αἰτίους, μηδὲ τυγχάνειν τῆς ἁρμοζούσης τιμωρίας. διὸ καὶ συνεχῶς ἐβόων, ἄγειν κελεύοντες καὶ παραδειγματίζειν τοὺς πάντων τῶν κακῶν αἰτίους. Ἤδη δὲ τῆς ἡμέρας προφαινούσης, καὶ τοῦ πλήθους ἐπ᾽ οὐδὲν δυναμένου πέρας ἐπερείσασθαι τὴν ὁρμὴν· Σωσίβιος, ὃς ἦν μὲν υἱὸς Σωσιβίου, τότε δὲ σωματοφύλαξ ὑπάρχων, μάλιστα τὸν νοῦν προσεῖχε τῷ τε βασιλεῖ καὶ τοῖς πράγμασιν. θεωρῶν γὰρ τήν τε τοῦ πλήθους ὁρμὴν ἀμετάθετον οὖσαν, καὶ τὸ παιδίον δυσχρηστούμενον διά τε τὴν τῶν παρεστώτων ἀσυνήθειαν, καὶ διὰ τὴν περὶ τὸν ὄχλον ταραχὴν, ἐπύθετο τοῦ βασιλέως εἰ παραδῶσι τοῖς πολλοῖς τοὺς εἰς αὐτὸν ἢ τὴν μητέρα τι πεπλημμεληκότας. τοῦ δὲ κατανεύσαντος, τῶν μὲν σωματοφυλάκων τισὶν εἶπε, δηλῶσαι τὴν τοῦ βασιλέως γνώμην. τὸ δὲ παιδίον ἀναστήσας, ἀπῆγε πρὸς τὴν θεραπείαν εἰς τὴν ἰδίαν οἰκίαν σύνεγγυς οὖσαν. τῶν δὲ διασαφούντων τὰ παρὰ τοῦ βασιλέως, κατερρήγνυτο πᾶς ὁ τόπος ὑπὸ τοῦ κρότου καὶ τῆς κραυγῆς. Οἱ δὲ περὶ τὸν Ἀγαθοκλέα καὶ τὴν Ἀγαθόκλειαν ἐν τούτῳ τῷ καιρῷ διεχωρίσθησαν ἀλλήλων εἰς τὰς ἰδίας καταλύσεις. ταχὺ δὲ τῶν στρατιωτῶν τινὲς, οἱ μὲν ἐθελοντὴν, οἱ δ᾽ ὑπὸ τοῦ πλήθους ἐξωτρυμμένοι, ὥρμησαν ἐπὶ τὸ ζητεῖν τοὺς προειρημένους. Τοῦ δὲ
31 ποιεῖν αἷμα καὶ φόνους, ἐγίνετό τις

equum ſiſtunt, ac detractum inde puerum propius admovent & in regibus proprio ſpectandi ſuggeſtu collocant. At turba partim lætari, partim dolere. quod puerum recepiſſent, lætitia geſtiebant; quod non & ſontes ſimul comprehenſi forent, nec meritas pœnas luerent, ægrè ferebant. Igitur continuis clamoribus malorum omnium auctores duci jubebant, ut per omnium ora traducti pœnis afficerentur. Iam exorto die, quum nihil populus inveniret in quod iram ſuam effunderet, Soſibius, Soſibii filius, inter ſatellites tunc merens, quid Regi regnoque expediret tum optime perſpexit. Nam qui iram multitudinis ſedari nullo pacto poſſe cerneret; puerum verò angore affici, partim quod eorum qui ſibi aderant nemini antea conſueſſet; partim propter turbæ tumultum; Regem interrogavit, Ecquid plebi eos foret traditurus, quicunque in ſe aut matrem ſuam aliquid deliquiſſent? eo annuente, ſatellitum nonnullis dixit, ut Regis voluntatem palàm facerent. Ipſe puerum ſede excitatum, domum ſuam, quæ aberat non longe, ad curandum corpus abducit. Satellitibus regia mandata exponentibus, plauſu & clamore omnia loca rumpebantur. Dum hæc aguntur, Agathocles & Agathoclea ſeparantur, & in ſua ſe uterque recipiunt hoſpitia. Statim verò quidam è militibus, partim ſua ſponte, partim plebis impulſu ad illos quærendos ſe accingunt. Fundendi vero ſanguinis & faciendæ cædis, caſu

fortuito

fortuito hujuſmodi exſtitit principium. Quidam è miniſtris & adulatoribus Agathoclis nomine Philo, plenus crapulæ in Stadium exivit. Hic concitatum vulgi ſtudium conſpicans, adſtantibus dixit, Si egrederetur Agathocles, futurum, ut ipſos ſicut jam antea, pœniteret. Qui audierant, alii differre hominem convitiis; alii protrudere. conanti ſe defendere, ab aliis laceratur chlamys, alii haſtarum admotis mucronibus, ipſum configunt. Qui ſimulac in arenam mediam contumeliæ ergo eſt tractus adhuc palpitans, ubi ſemel multitudo cædem guſtavit, omnes ut cæteri advenirent cupiditate ſumma exſpectabant. Nec multo poſt, adeſt Agathocles in vinculis ductus: quem ſtatim ingreſſum nonnulli, qui primi accurrerant, confoderunt: non ſane inimicorum, verùm amicorum potius officio fungentes. per eos namque eſt conſecutus, ne quem merebatur exitum faceret. Secundum hunc ductus eſt Nico, deinde Agathoclea nuda, cum ſororibus, ac deinde univerſa cognatio. Noviſſimam omnium Oenanthen è Theſmophorio avulſam, nudam, equo vehentem, in Stadium induxerunt. Quibus ſimul omnibus populo traditis, alii mordere, alii mucronibus configere, alii oculos eruere. Ut quiſque autem illorum ceciderat, jacentis membra diſtrahebant, donec artus omnium detruncaſſent. Eſt enim hoc Ægyptiis hominibus innatum, ut dum feruent ira mirum in modum ſint crudeles. Per idem quoque tempus mulierculæ nonnullæ, quæ cum Arſinoe fue-

ἐκ ταὐτομάτου καταρχὴ τοιαύτη. τῶν γὰρ Ἀγαθοκλέους ὑπηρετῶν καὶ κολάκων τις ὄνομα Φίλων, ἐξῆλθε κραιπαλῶν εἰς τὸ Στάδιον. οὗτος θεωρῶν τὴν ὁρμὴν τῶν ὄχλων, εἶπε πρὸς τοὺς παρεστῶτας, ὅτι πάλιν αὐτοῖς καθάπερ καὶ πρῴην, ἐὰν Ἀγαθοκλῆς ἐξέλθῃ, μεταμελήσει. τῶν δ' ἀκουσάντων, οἱ μὲν ἐπελοιδόρουν αὐτόν, οἱ δὲ προὐώθουν. ἐπιβαλλομένου δ' ἀμύνεσθαι, ταχέως οἱ μὲν τὴν χλαμύδα περιέρρηξαν· οἱ δὲ τὰς λόγχας προσερείσαντες, ἐξεκέντησαν. ἅμα δὲ τῷ τοῦτον εἰς τὸ μέσον ἑλκυσθῆναι μεθ' ὕβρεως ἔτι σπαίροντα, καὶ γεύσασθαι τὰ πλήθη φόνου, πάντες ἐκαραδόκουν τὴν τῶν ἄλλων παρουσίαν. Μετ' οὐ πολὺ δὲ παρῆν ἀγόμενος πρῶτος Ἀγαθοκλῆς δέσμιος, ὃν εὐθέως εἰσιόντα προσδραμόντες τινὲς ἄφνω συνεκέντησαν, ἔργον ποιοῦντες οὐκ ἐχθρῶν, ἀλλ' εὐνοούντων· αἴτιοι γὰρ ἐγένοντο τοῦ μὴ τυχεῖν αὐτὸν τῆς ἁρμοζούσης καταστροφῆς. μετὰ δὲ τοῦτον ἤχθη Νίκων, εἶτα Ἀγαθόκλεια γυμνὴ σὺν ταῖς ἀδελφαῖς· ἑξῆς δὲ τούτοις πάντες οἱ συγγενεῖς. ἐπὶ πᾶσιν ἐκ τοῦ Θεσμοφορείου τὴν Οἰνάνθην ἀποσπάσαντες, ἧκον εἰς τὸ Στάδιον ἄγοντες γυμνὴν ἐφ' ἵππου. παραδοθέντων δὲ πάντων ὁμοῦ τοῖς ὄχλοις, οἱ μὲν ἔδακνον, οἱ δὲ ἐκέντουν, οἱ δὲ τοὺς ὀφθαλμοὺς ἐξέκοπτον. ἀεὶ δὲ τοῦ πεσόντος τὰ μέλη διέσπων, ἕως ὅτου κατελώβησαν πάντας αὐτούς. Δεινὴ γάρ τις ἡ περὶ τοὺς θυμοὺς ὠμότης γίγνεται τῶν κατὰ τὴν Αἴγυπτον ἀνθρώπων. Κατὰ δὲ τὸν καιρὸν τοῦτον σύντροφοι τῆς Ἀρσινόης γεγενημέναι τινὲς παιδίσκαι, πυθό-

μεναι

μέναι παραγεγονέναι τὸν Φιλάμμωνα τριταῖον ἀπὸ Κυρήνης, τὸν ἐπιστάντα τῷ φόνῳ τῆς βασιλίσσης, ὥρμησαν ἐπὶ τὴν οἰκίαν αὐτοῦ. καὶ βιασάμεναι, τὸν μὲν Φιλάμμωνα τύπτουσαι τοῖς λίθοις καὶ τοῖς ξύλοις ἀπέκτειναν· τὸν δὲ υἱὸν ἀπέπνιξαν ἀντίπαιδα τὴν ἡλικίαν ὄντα. σὺν δὲ τούτοις τὴν γυναῖκα τοῦ Φιλάμμωνος γυμνὴν εἰς τὴν πλατεῖαν ἐξελκύσασαι, διέφθειραν. Καὶ τὰ μὲν περὶ τὸν Ἀγαθοκλέα καὶ τὴν Ἀγαθόκλειαν καὶ τοὺς τούτων συγγενεῖς, τοιοῦτον ἔσχε τὸ τέλος.

32 Ἐγὼ δ' οὐκ ἀγνοῶ μὲν τὰς τερατείας καὶ διασκευάς, αἷς κέχρηνται πρὸς ἔκπληξιν τῶν ἀκουόντων ἔνιοι τῶν γεγραφότων τὰς πράξεις ταύτας, πλείω τὸν ἐπιμετροῦντα λόγον διατιθέμενοι τοῦ συνέχοντος τὰ πράγματα, καὶ κυρίου· τινὲς μὲν ἐπὶ τὴν τύχην ἀναφέροντες τὰ γεγονότα, καὶ τιθέντες ὑπὸ τὴν ὄψιν τὸ ταύτης ἀβέβαιον καὶ δυσφύλακτον· οἱ δὲ τὸ παράδοξον τῶν συμβεβηκότων ὑπὸ λόγον ἄγοντες, πειρώμενοι τοῖς γεγονόσιν αἰτίας καὶ πιθανότητας ὑποτάττειν. Οὐ μὴν ἔγωγε προεθέμην τούτῳ χρήσασθαι τῷ χειρισμῷ περὶ τῶν προειρημένων· διὰ τὸ μήτε πολεμικὴν τόλμαν καὶ δύναμιν ἐπίσημον γεγονέναι περὶ τὸν Ἀγαθοκλέα, μήτε χειρισμὸν πραγμάτων ἐπιτυχῆ καὶ ζηλωτόν, μήτε τὸ τελευταῖον τὴν αὐλικὴν ἀγχίνοιαν καὶ κακοπραγμοσύνην διαφέρουσαν· ἐν ᾗ Σωσίβιος καὶ πλείους ἕτεροι κατεβίωσαν, βασιλεῖς ἐκ βασιλέων μεταχειριζόμενοι· τὰ δ' ἐναντία τούτοις συμ-

rant educatæ, audito ante triduum Alexandriam ab oppido Cyrenarum adveniſſe Philammonem, cui reginæ occidendę negotium fuerat commiſſum; in ejus domum fecerunt impetum. quò quum irrupiſſent per vim, Philammonem ſaxorum fuſtiumque ictibus occiderunt: filium, ætate plane puerum, ſtrangularunt: ad hæc conjugem Philammonis nudam traxerunt in plateam, ibique trucidarunt. Et Agathocles quidem atque Agathoclea, cum tota cognatione, hoc modo perierunt. Porrò autem non fugit me, quoſdam ex iis qui caſum hunc in literas retulerunt, ut audientium animos ſtupore percellerent, miraculoſam & ingenioſam narrationem concinnaſſe; qui etiam, orationem documenti cauſſa ſolitam adjici prolixius explicaverunt, illa quæ res ipſas continebat, & propria hiſtorię erat: dum alii, ad Fortunam omnia referentes, quàm ſit illa inconſtans, quàm difficile ſibi ab illa caveatur, ponere ob oculos volunt: alii, novitatem & miraculum illius eventus reputantes, cauſſas quæ ſimilitudinem veri habeant, rerum geſtarum commemorationi ſubjicere conantur. Mihi vero res iſtorum aliter narrari debere ſunt viſæ. quoniam Agathocles neque audacia militari aut inſigni virtute fuit præditus; neque ulla rerum adminiſtrandarum felici induſtria, & digna quam alii imitentur; poſtremò ne aulica quidem ulla ſollertia, aut eximia in dolis conſuendis verſutia: qua arte Soſibius & ſæpe multi quum excellerent, alios ex aliis Reges, quorum negotia gerebant, per omnem vitam ſuam in

potestate

potestate habuerunt. In Agathocle secus res habuit. Nam hic à Philopatore cum admiratione omnium ad rerum curam fuit promotus; quod esset ipse parum idoneus administrationi sui regni; verum is, hac dignitate auctus, ac postea tempus accommodatissimum nactus Rege defuncto, conservandæ suæ potentiæ, propter ignaviam & socordiam omnibus exosus, & rerum administrationem & vitam brevissimo tempore simul amisit. Quare in hujusmodi personis illa oratione utendum non est, quæ documenti caussa solet adjici; quasi de Agathocle aut Dionysio Siculo sermo esset, aut de aliis qui rebus gestis magnum sibi nomen pepererunt. Nam illorum alter è plebeio atque humili ortus est principio; Agathocles verò, ut quidem eum irridens ait Timæus, figulus quum esset, relicta rota, argilla, & fumo, juvenis Syracusas venit. Ac principio quidem evaserunt ambo suis temporibus tyranni Syracusarum: urbis quæ & splendorem & opes maximas tunc obtinuit. deinde universæ Siciliæ Reges ambo sunt habiti; partem etiam Italiæ aliquam suæ potestati subjecerunt. hoc amplius vero Agathocles, non tantum Africæ portionem quandam sui juris facere est conatus; verùm etiam tantis hisce honoribus est immortuus. Propterea dicitur Publ. Scipio qui primus Carthaginienses bello domuit, interrogatus, ecquos mortalium putaret in administratione rerum sollertissimos, & cum judicio audacissimos; Agathoclis & Dionysii Siculorum nomina edidis-

βεβηκέναι περὶ τὸν προειρημένον ἄνδρα. προαγωγῆς μὲν γὰρ ἔτυχε παραδόξου διὰ τὴν τοῦ Φιλοπάτορος ἀδυναμίαν τοῦ βασιλεύειν. τυχὼν δὲ ταύτης, καὶ παραλαβὼν διαφυέστατον καιρὸν μετὰ τὸν ἐκείνου θάνατον πρὸς τὸ συντηρῆσαι τὴν ἐξουσίαν, ἅμα τὰ πράγματα καὶ τὸ ζῆν ἀπέβαλε διὰ τὴν ἰδίαν ἀνανδρίαν καὶ ῥᾳθυμίαν ἐν πάνυ βραχεῖ χρόνῳ καταγνωσθείς.

33 Διόπερ οὐ χρὴ τοῖς τοιούτοις προσάπτειν τὸν ἐπιμετρούμενον λόγον· καθάπερ εἶποί τις Ἀγαθοκλεῖ καὶ Διονυσίῳ τοῖς Σικελιώταις, καί τισιν ἑτέροις, τῶν ἐν πράγμασιν ἐπ᾽ ὀνόματος γεγονότων. ἐκείνων γὰρ, ὁ μὲν ἕτερος ἐκ δημοτικῆς καὶ ταπεινῆς ὑποθέσεως ὁρμηθεὶς· ὁ δ᾽ Ἀγαθοκλῆς, ὡς ὁ Τίμαιος ἐπισκώπτων φησὶ, κεραμεὺς ὑπάρχων, καὶ καταλιπὼν τὸν τροχὸν καὶ τὸν πηλὸν καὶ τὸν καπνὸν, ἧκε νέος ὢν εἰς τὰς Συρακούσας. καὶ τὸ μὲν πρῶτον ἐγενήθησαν ἀμφότεροι κατὰ τοὺς ἰδίους καιροὺς τύραννοι Συρακουσῶν, πόλεως τῆς μέγιστον ἀξίωμα τότε καὶ μέγιστον πλοῦτον περιπεποιημένης· μετὰ δὲ ταῦτα βασιλεῖς ἁπάσης Σικελίας νομισθέντες, καί τινων καὶ τῆς Ἰταλίας μερῶν κυριεύσαντες. Ἀγαθοκλῆς δ᾽ οὐ μόνον καὶ τῶν τῆς Λιβύης ἐνεπείρασεν· ἀλλὰ καὶ τέλος ἐναπέθανε ταῖς ὑπεροχαῖς ταύταις. Διὸ καὶ Πόπλιον Σκιπίωνα φασὶ τὸν πρῶτον καταπολεμήσαντα Καρχηδονίους, ἐρωτηθέντα τίνας ὑπολαμβάνει πραγματικωτάτους ἄνδρας γεγονέναι, καὶ σὺν νῷ τολμηροτάτους· εἰπεῖν τοὺς περὶ Ἀγαθοκλέα καὶ Διονύσιον τοὺς Σικελιώτας.

Καὶ περὶ μὲν τῶν τοιούτων ἀνδρῶν εἰς ἐπίστασιν ἄγειν τοὺς ἀναγινώσκοντας, καί που καὶ τῆς τύχης ποιήσασθαι μνήμην, ἔτι δὲ τῶν ἀνθρωπείων πραγμάτων, καὶ καθόλου προστιθέναι τὸν ἐπιδιδάσκοντα λόγον· ἐπὶ δὲ τῶν προειρημένων ἀνδρῶν, οὐδαμῶς ἁρμόζει. Διὰ
34 δὴ ταύτας τὰς αἰτίας, τὸν μετ' αὐξήσεως λόγον ἀπεδοκιμάσαμεν ὑπὲρ Αγαθοκλέους, οὐχ ἥκιστα δὲ καὶ διὰ τὸ πάσας τὰς ἐκπληκτικὰς περιπετείας μίαν ἔχειν φαντασίαν τὴν πρώτην ἀξίαν ἐπιστάσεως· τὸ δὲ λεῖπον οὐ μόνον ἀνωφελῆ γίνεσθαι τὴν μάκρωσιν καὶ θέαν αὐτῶν, ἀλλὰ καὶ μετά τινος ὀχλήσεως ἐπιτελεῖσθαι τὴν ἐνέργειαν τῶν τοιούτων. Δυοῖν γὰρ ὑπαρχόντων τελῶν, ὠφελείας καὶ τέρψεως, πρὸς ἃ δεῖ τὴν ἀναφορὰν ποιεῖσθαι τοὺς διὰ τῆς ἀκοῆς ἢ διὰ τῆς ὁράσεως βουλομένους τι πολυπραγμονεῖν, καὶ μάλιστα τῷ τῆς ἱστορίας γένει τούτου καθήκοντος· ἀμφοτέρων τούτων ὁ πλεονασμὸς ὑπὲρ τῶν ἐκπληκτικῶν συμπτωμάτων ἐκτὸς πίπτει. ζηλοῦν γὰρ τίς ἂν βουληθείη τὰς παραλόγους περιπετείας; οὐδὲ μὴν θεώμενος, οὐδ' ἀκούων ἥδεται συνεχῶς οὐδεὶς τῶν παρὰ φύσιν γινομένων καὶ παρὰ τὴν κοινὴν ἔννοιαν τῶν ἀνθρώπων. ἀλλ' εἰσάπαξ μὲν καὶ πρῶτον σπουδάζομεν ἃ μὲν ἰδεῖν, ἃ δὲ ἀκοῦσαι χάριν τοῦ γνῶναι τὸ μὴ δοκοῦν δυνατὸν εἶναι, διότι δυνατόν ἐστιν. ὅταν δὲ πισθῶμεν, οὐδεὶς τοῖς παρὰ φύσιν ἐγχρονίζων εὐδοκεῖ. τὸ δ' αὐτὸ πλεονάκις ἐγκυρεῖν, οὐδ' ὅλως ἂν βουληθείη

ſe. De ſimilibus igitur his viris agenti conveniat lectorem monere, ut quaſi gradum ſiſtat, & advertat animum; Fortunæ etiam & humanarum rerum nonnihil meminiſſe; atque omnino, illam quæ documenti cauſſa adjicitur orationem, narrationi ſubtexere: agenti vero de iis quorum caſum antea expoſuimus, nequaquam. Propterea & nos in Agathoclis rebus commemorandis exaggerationem omnem reſpuimus. Quum præſertim, omnes mirabiles & ſtupendi caſus unam dumtaxat ſpeciem habeant dignam cui immoremur; eam videlicet, per quam nobis primo innoteſcunt. de cætero autem, non ſolum ſine ullo fructu aut prolixius ii narrentur, aut diutius ſpectentur, verum etiam cum aliqua vel audientium vel intuentium id fiat moleſtia. Duo nempe fines quum ſint, utilitas & oblectatio, ad quos referre omnia eos oportet, qui vel auditus ſenſui, vel viſus aliquid ſtudent exponere; quumque in hiſtoria maxime hoc ſit obſervandum; ab utroque horum fine aliena res eſt, ſtupendis illis caſibus nimium immorari. Nam imitari quæ contra rationem eveniunt, quis optet? ſed nec ſpectare neque audire aſſidue quiſquam velit, quæ contra naturam aut communes hominum notiones contingunt. Talia enim ſemel ac prima vice libenter vel ſpectamus, vel audimus; ut diſcamus fieri illa poſſe, quæ exiſtimabamus non poſſe. cujus rei fides ubi eſt facta, nemini rebus contra naturam diutius immorari eſt gratum. occurrere vero ſibi idem ſæpius, nemo non abominetur.

Itaque aut imitatione dignum sit oportet, aut jucundum, id quod narratur. multa autem commemorare aut multis, quæ ad neutrum finem illorum quos diximus possint referri, tragœdiæ potius quam historiæ conveniat. Sed enim danda fortasse iis hominibus venia est, qui neque ad considerandum Naturæ opera animum attollunt: neque ad illa quę per universum Orbem terrarum fiunt. Putant enim isti, ea in quæ forte inciderunt, aut quæ ab aliis audita diligentius ad animum revocarunt; omnium quæ unquam acciderunt, maxima esse, maximeque admirabilia. Quo fit, ut de iis rebus quæ nec sunt novæ, quia etiam aliis prius dictæ sunt; neque aut juvare aut oblectare queunt, prolixiores per imprudentiam sermones quàm par sit, ipsi habeant.

διόπερ ἢ ζηλωτὸν εἶναι δεῖ τὸ λεγόμενον, ἢ τερπνόν. ὁ δὲ τῶν ἐκτὸς τούτων συμφορῶν πλεονασμὸς, οἰκειότερον ἐστι τραγῳδίας, ἤπερ ἱστορίας. Ἀλλ' ἴσως ἀναγκαῖον ἐστὶ συγγνώμην ἔχειν τοῖς μὴ συνεφιστάνουσιν μήτ' ἐπὶ τὰ τῆς φύσεως, μήτ' ἐπὶ τὰ καθόλου καὶ τὰ τῆς οἰκουμένης πράγματα. Δοκεῖ γὰρ αὐτοῖς ταῦτ' εἶναι μέγιστα καὶ θαυμαστότατα τῶν προγεγονότων, οἷς ἂν αὐτοὶ παρατυχόντες ἐγκυρήσωσιν, ἢ πυθόμενοι παρὰ τινῶν πρὸς αὐτὰ ταῦτα προσέχωσι τὸν νοῦν. διὸ καὶ λανθάνουσι πλείω τοῦ καθήκοντος διατιθέμενοι λόγον ὑπὲρ τῶν μήτε καινῶν ὄντων, διὰ τὸ καὶ ἑτέροις πρότερον εἰρῆσθαι, μήτ' ὠφελεῖν, μήτε τέρπειν δυναμένων.

ΕΚ ΤΗΣ ΕΚΚΑΙΔΕΚΑΤΗΣ

ΙΣΤΟΡΙΑΣ

ΤΩΝ

ΠΟΛΥΒΙΟΥ ΤΟΥ ΜΕΓΑΛΟΠΟΛΙΤΟΥ

ΠΑΡΕΚΒΟΛΑΙ.

E POLYBII MEGALOPOLITANI SEXTADECIMA HISTORIA EXCERPTA.

Ἡ περὶ Χίον ναυμαχία Φιλίππου καὶ Ἀττάλου τῶν βασιλέων, καὶ Ῥοδίων, Ἀττάλῳ συμμαχούντων.

Πῶς ὁ Φίλιππος τοῖς ὅλοις ἠλαττωμένος τῆς νίκης ἀντεποιήσατο διά τινας προφάσεις.

1 ΔΕ Φίλιππος, τῶν μὲν κατὰ τὴν πολιορκίαν ἀποπιπτόντων αὐτῷ, τῶν δὲ πολεμίων ἐφορμούντων πλείοσι καταφράκτοις ναυσίν, ἠπορεῖτο, καὶ δυσχρήστως διέκειτο περὶ

Dimicatio navalis circa Chium inter Philippum Macedonem & Attalum Reges, & Rhodios Attali ſocios.

Quomodo Philippus univerſo prælio victus, certis tamen de cauſſis victoriam ſibi vindicarit.

HILIPPUS Rex, quum neque ſuſcepta obſidio votis reſponderet, & hoſtes in anchoris ſtantes, multis cum navibus tectis imminerent; animi anxius, quid ad cætera conſilii caperet ne-

ret nesciebat. Sed quoniam præsens status eligendi quod mallet facultatem ei non dabat, præter adversariorum exspectationem, classe est profectus. Nam Attalus putabat ipsum in cuniculis agendis, & operæ & temporis plus adhuc esse impensurum. Ille vero hoc potissimum consilio vela subito fecit, quod celeritate hostes se præversurum confideret; atque ita tutò jam propter terram ad Samum perventurum. cæterùm spes illum sua vehementer est frustrata. Nam Attalus & Theophiliscus statim ut oram solvere Philippum senserunt, propositi memores, ei exsequendo se accinxerunt. Quia tamen persuasum habebant, ut modò dicebam, Philippum in obsidione adhuc permanere, eò factum, ut soluto navium ordine in eum inveherentur. Sed quum remigio essent usi acerrimo, assecuti adortique sunt, Attalus quidem dextram classis hostilis partem, quæ reliquum agmen antecedebat; Theophiliscus vero eos qui ad sinistram erant. Philippus angustiis temporis deprehensus, data dextimis tessera, & mandato ut proras navium in hostem converterent, & pugnarent acriter; ipse cum lembis ad parvas quasdam se recepit insulas, quæ in medio trajectu sunt sitæ, ibique prælii eventum exspectavit. Erat porrò numerus navium, quæ illud certamen conseruerunt hic: Philippi quidem constratæ, tres & quinquaginta; item aliæ apertæ. lembi cum pristibus centum & quinquaginta: nam eas quæ erant Sami, non potuit omnes instruere. Hostium verò longæ naves erant;

τοὺς μέλλοντας. οὐκ ἐπιδεχομένων δὲ τῶν παρόντων αἵρεσιν, ἀνήχθη παρὰ τὴν τῶν πολεμίων προσδοκίαν. Ἔτι γὰρ αὐτὸν ἤλπιζον οἱ περὶ τὸν Ἄτταλον προσκαρτερήσειν τῇ τῶν μετάλλων κατασκευῇ. μάλιστα δ' ἐσπούδαζε ποιήσασθαι τὸν ἀνάπλουν αἰφνίδιον, πεπεισμένος καταταχήσειν, καὶ τὸ λοιπὸν ἀσφαλῶς ἤδη κομισθήσεσθαι παρὰ τὴν γῆν εἰς τὴν Σάμον. διεψεύσθη δὲ παρὰ πολὺ τοῖς λογισμοῖς. οἱ γὰρ περὶ τὸν Ἄτταλον καὶ Θεοφιλίσκον ἅμα τῷ συνιδεῖν αὐτὸν ἀναγόμενον εἴχοντο τῶν προκειμένων εὐθέως. συνέβη δὲ τὸν ἀνάπλουν αὐτῶν γενέσθαι διαλελυμένον, ἅτε πεπεισμένων τὸν Φίλιππον, καθάπερ εἶπον, ἔτι μένειν ἐπὶ τῶν ὑποκειμένων. Οὐ μὴν ἀλλὰ χρησάμενοι ταῖς εἰρεσίαις ἐνεργῶς, προσέβαλλον, Ἄτταλος μὲν τῷ δεξιῷ καὶ καθηγουμένῳ τῶν πολεμίων, Θεοφιλίσκος δὲ τοῖς εὐωνύμοις. Φίλιππος δὲ περικαταλαμβανόμενος τοῖς καιροῖς, δοὺς τὸ σύνθημα τοῖς ἐπὶ τοῦ δεξιοῦ, καὶ παραγγείλας ἀντιπρώρους ποιεῖν τὰς ναῦς, καὶ συμπλέκεσθαι τοῖς πολεμίοις ἐρρωμένως, αὐτὸς ὑπὸ τὰς νησίδας ἀναχωρήσας μετὰ τῶν λέμβων, τὰς μεταξὺ τοῦ πόρου κειμένων, ἀπεκαραδόκει τὸν κίνδυνον. Ἦν δὲ τὸ μὲν τοῦ Φιλίππου νεῶν τὸ πλῆθος τὸ συγκαταστὰν εἰς τὸν ἀγῶνα, κατάφρακτοι τρεῖς καὶ πεντήκοντα, σὺν δὲ τούτοις ἄφρακτα. λέμβοι δὲ σὺν ταῖς πρίστεσιν ἑκατὸν καὶ πεντήκοντα. τὰς γὰρ ἐν τῇ Σάμῳ ναῦς οὐκ ἠδυνήθη καταρτίσαι πάσας. τὰ δὲ τῶν πολεμίων σκάφη, κα-

κατάφρακτα μὲν ἦν ἑξήκοντα καὶ
πέντε σὺν τοῖς τῶν Βυζαντίων· μετὰ δὲ τούτων ἐννέα τριημιολίαι
καὶ τριήρεις τρεῖς ὑπῆρχον. λα-
2 βούσης δὲ τὴν καταρχὴν τῆς ναυμαχίας ἐκ τῆς Ἀττάλου νεὼς,
εὐθέως πάντες οἱ σύνεγγυς ἀπαραγγέλτως συνέβαλον ἀλλήλοις.
Ἄτταλος μὲν οὖν συμπεσὼν ὀκτήρει, καὶ προεμβαλὼν ταύτῃ καιρίαν καὶ ὕφαλον πληγὴν, ἐπὶ πολὺ τῶν ἐπὶ τοῦ καταστρώματος
ἀγωνισαμένων, τέλος ἐβύθισε τὴν
ναῦν. Ἡ δὲ τοῦ Φιλίππου δεκήρης ναυαρχὶς οὖσα, παραλόγως
ἐγένετο τοῖς ἐχθροῖς ὑποχείριος.
ὑποπεσούσης γὰρ αὐτῇ τριημιο-
λίας, ταύτῃ δοῦσα πληγὴν βιαίαν
κατὰ μέσον τὸ κύτος ὑπὸ τὸν θρα-
νίτην σκαλμὸν, ἐδέθη, τοῦ κυβερ-
νήτου τὴν ὁρμὴν τῆς νεὼς οὐκέτι
δυνηθέντος ἀναλαβεῖν. διὸ καὶ
προσκρεμαμένου τοῦ πλοίου αὐτῇ,
ἐδυσχρηστεῖτο καὶ δυσκίνητος ἦν
πρὸς πᾶν. ἐν ᾧ καιρῷ δύο πεντήρεις προσπεσοῦσαι, καὶ τρώ-
σασαι τὴν ναῦν ἐξ ἀμφοῖν τοῖν
μεροῖν, καὶ τὸ σκάφος καὶ τοὺς
ἐπιβάτας τοὺς ἐν αὐτῷ διέφθειραν, ἐν οἷς ἦν καὶ Δημοκράτης ὁ
τοῦ Φιλίππου ναύαρχος. Κατὰ δὲ
τὸν αὐτὸν καιρὸν Διονυσόδωρος
καὶ Δεινοκράτης ὄντες ἀδελφοὶ,
καὶ ναυαρχοῦντες παρ᾽ Ἀττάλῳ,
συμπεσόντες· ὁ μὲν ἑπτήρει τῶν
πολεμικῶν, ὁ δ᾽ ὀκτήρει, παραβόλως ἐχρήσαντο τῇ ναυμαχίᾳ.
Δεινοκράτης μὲν πρὸς ὀκτήρη συμπεσὼν, αὐτὸς μὲν ἔξαλον ἔλαβε
τὴν πληγὴν ἀναστείρου τῆς νεὼς
οὔσης· τὴν δὲ τῶν πολεμίων

rinæ ad feriendum vehementer

tectæ quidem, quinque & sexaginta, cum iis quas Byzantini miserant: adde his trieremiolias novem, & triremes tres. Ubi primum ab Attali navi prælium est commissum, omnes repente qui propius aberant, non exspectato pugnæ signo, inter se concurrerunt. Attalus cum octere congressus, primo statim impetu quum exitiali ictu infra eam partem quæ ex aqua extabat, navem vulnerasset; licet qui super tabulato erant propugnatores, diu multumque conflixerint; tandem tamen eam demersit. Philippi deceres, quæ prætoria tunc navis erat, casu quodam mirabili in hostium potestatem venit. Subierat ipsam trieremiolia quædam navis. in hanc ictu violento impacta, circa medium alveum sub scalmo supremorum remigum, (thranitas vocant) illigata hæsit; neque enim gubernator potuit amplius navis impetum retinere. Itaque deceris è cujus latere navigium pendebat, magnis incommodis affecta, nullam in partem facile flecti poterat. Inter hæc duæ quinqueremes facto in decerem impetu, eaque ab latere utroque vulnerata, cum ipsam, tum omnes qui in ea fuere defensores, depresserunt; inter quos erat Democrates, Philippi navarchus. Dum hæc aguntur, Dionysodorus & Dinocrates qui & fratres erant, & navarchi apud Attalum merebant; ille cum heptere hostili, hic cum octere inito certamine, miram atque insperatam belli fortunam sunt experti. Dinocrates cum octere congressus, quia proram cum parte carexerat, quum in ea parte navis suæ

quæ

quæ aquis extabat, vulnus accepisset; hostilem verò contrà infra aquam sauciasset; principio separari non poterat; quantumvis retro puppim inhibere sæpe esset conatus. quare Macedonibus rem forti animo gerentibus, extremum periculum adiit. Verùm ut auxilio venit illi Attalus, eo impetu quem Rex fecit in hostium navem, solutis quæ prius invicem connexæ hærebant, Dinocrates quidem improvisò est liberatus: at hostilis navis epibatæ postquam certamen acre edidissent, omnes perierunt. Navim eorum à defensoribus vacuam, cepit Attalus. Dionysodorus quum magno impetu ad feriendum rostro ferretur, ipse quidem ab ictu quem meditabatur aberravit; sed quum præter hostes transcurreret, dexter remorum ordo navi ipsius est detersus, tignis quoque ipsis simul confractis, quibus turres erant superstructę. quod ut accidit, omni ipsum ex parte hostes circumvadunt. oritur clamor & trepidatio. ac cætera quidem propugnatorũ turba, una cum navigio est demersa. Dionysodorus verò cum duobus aliis ad trieremioliã quæ suppetias veniebat, enatavit. Jam reliquæ naves utriusque classis certamen ęquabant. nam ut pars Philippi lemborum numero vincebat; ita Attalus eo superior erat, quod pluréis tectas naves habebat. Et ad dextrum quidem Philippicæ classis cornu quod attinet; ea tunc facies rerum erat, ut cum anceps plane victotia maneret, ejus tamen obtinendæ spes luculentiores penes Attalum essent. Rhodii, qui principio cũ è portu vela in altũ dederunt, procul ab hostibus, sicut dicebamus paullò antè, fuerant abrepti, quia tamen celeritate

τρώσας ναῦν ὑπὸ τὰ * βίαχα, τὸ μὲν πρῶτον οὐκ ἐδύνατο χωρισθῆναι, καίπερ πολλάκις ἐπιβαλλόμενος πρύμναν κρούειν. διὸ καὶ τῶν Μακεδόνων εὐψύχως ἀγωνιζομένων, εἰς τὸν ἔσχατον παρεγένετο κίνδυνον. Ἀττάλου δὲ ἐπιβοηθήσαντος αὐτῷ, καὶ διὰ τῆς εἰς τὴν πολεμίαν ναῦν ἐμβολῆς λύσαντος τὴν συμπλοκὴν τῶν σκαφῶν, ὁ μὲν Δεινοκράτης ἀπελύθη παραδόξως· οἱ δὲ τῆς πολεμίας νεὼς ἐπιβάται πάντες εὐψύχως διαγωνισάμενοι, διεφθάρησαν. τὸ δὲ σκάφος ἔρημον ἀπολειφθὲν, ὑποχείριον ἐγένετο τοῖς περὶ Ἄτταλον. Ὁ δὲ Διονυσόδωρος μετὰ βίας ἐπιφερόμενος εἰς ἐμβολὴν, αὐτὸς μὲν ἥμαρτε τοῦ τρῶσαι· παραπεσὼν δὲ τοῖς πολεμίοις, ἀπέβαλε τὸν δεξιὸν ταρσὸν τῆς νεὼς, ὁμοῦ συῤῥαγέντων καὶ τῶν πυργούχων. οὗ γινομένου, περιέστησαν αὐτὸν πανταχόθεν οἱ πολέμιοι. κραυγῆς δὲ καὶ θορύβου γινομένου, τὸ μὲν λοιπὸν πλῆθος τῶν ἐπιβατῶν ἅμα τῷ σκάφει διεφθάρη, τρίτος δ' αὐτὸς ὁ Διονυσόδωρος ἀπενήξατο πρὸς τὴν ἐπιβοηθοῦσαν αὐτῷ τριημιολίαν. Τῶν δὲ 3
λοιπῶν νεῶν, τοῦ πλήθους ὁ κίνδυνος ἐφάμιλλος ἦν. καθ' ὅσον γὰρ ἐπλεόναζον οἱ παρὰ τοῦ Φιλίππου πολέμιοι, κατὰ τοσοῦτον διέφερον οἱ περὶ τὸν Ἄτταλον τῷ τῶν καταφράκτων νεῶν πλήθει. Καὶ τὰ μὲν περὶ τὸ δεξιὸν κέρας τοῦ Φιλίππου, τοιαύτην εἶχε τὴν διάθεσιν, ὥστ' ἀκμὴν ἄκριτα μένειν τὰ ὅλα, πολὺ δὲ τοὺς περὶ τὸν Ἄτταλον ἐπικυδεστέρας ἔχειν τὰς ἐλπίδας. οἱ δὲ Ῥόδιοι κατὰ μὲν τὰς ἀρχὰς εὐθέως ἐκ τῆς ἀναγωγῆς ἀπεσπάσθησαν τῶν πολεμίων, καθάπερ ἀρτίως εἶπα· τῷ δὲ ταχυναυτεῖν παρὰ

πολὺ διαφέροντες τῶν ἐναντίων, συνῆψαν τοῖς ἐπὶ τῆς οὐραγίας Μακεδόσι. καὶ τὸ μὲν πρῶτον ὑποχωροῦσι τοῖς σκάφεσι κατὰ πρύμναν ἐπιφερόμενοι, τοὺς ταρσοὺς παρέλυον. ὡς δ' οἱ μὲν παρὰ τοῦ Φιλίππου συνεπιστρέφειν ἤρξαντο, παραβοηθοῦντες τοῖς κινδυνεύουσι· τῶν δὲ Ῥοδίων οἱ καθυστεροῦντες ἐκ τῆς ἀναγωγῆς συνῆψαν τοῖς περὶ τὸν Θεοφιλίσκον, τότε καὶ κατὰ πρόσωπον ἀντιπρώρους τάξαντες τὰς ναῦς, ἀμφότεροι συνέβαλον εὐψύχως ὁμοῦ ταῖς σάλπιγξι καὶ τῇ κραυγῇ παρακαλοῦντες ἀλλήλους. Εἰ μὲν οὖν μὴ μεταξὺ τῶν καταφράκτων νεῶν ἔταξαν οἱ Μακεδόνες τοὺς λέμβους, ῥᾳδίαν ἂν καὶ σύντομον ἔλαβε κρίσιν ἡ ναυμαχία. Νῦν δὲ ταῦτ' ἐμπόδια πρὸς τὴν χρείαν τοῖς Ῥοδίοις ἐγίγνετο κατὰ πολλοὺς τρόπους. μετὰ γὰρ τὸ κινηθῆναι τὴν ἐξ ἀρχῆς τάξιν ἐκ τῆς πρώτης συμβολῆς, πάντες ἦσαν ἀναμὶξ ἀλλήλοις. ὅθεν οὔτε διεκπλεῖν εὐχερῶς, οὔτε στρέφειν ἐδύναντο τὰς ναῦς, οὔτε καθόλου χρῆσθαι τοῖς ἰδίοις προτερήμασιν, ἐμπιπτόντων αὐτοῖς τῶν λέμβων, ποτὲ μὲν εἰς τοὺς ταρσούς, ὥστε δυσχρηστεῖν ταῖς εἰρεσίαις· ποτὲ δὲ πάλιν εἰς τὰς πρώρας· ἔστι δ' ὅτε κατὰ πρύμναν, ὥστε παραποδίζεσθαι καὶ τὴν τῶν κυβερνητῶν καὶ τὴν τῶν ἐρετῶν χρείαν. Κατὰ δὲ τὰς ἀντιπρώρους συμπτώσεις, ἐποίουν τι τεχνικόν. αὐτοὶ μὲν γὰρ ἐν πρώρᾳ τὰ σκάφη ποιοῦντες, ἐξάλους ἐλάμβανον τὰς πληγάς· τοῖς δὲ πολεμίοις ὕφαλα τραύματα διδόντες, ἀβοηθήτους ἐσκολίαζον

navigandi classem Macedonicam longe superabant; agmen ultimum aciei Philippicę sunt assecuti. Primo igitur in retrocedentes naves à puppi invehendo, remorum ordines ipsis confringebant: ubi verò jam aciei hostilis naves ad defendendas eas quę invadebantur, ceperunt sese convertere; & pars Rhodiæ classis quę portu serius solverat, alteram partem quæ cum Theophilisco erat tandem consecuta, se illi conjunxerat; utriusque tunc classis naves, proris in hostem versis, tubarum clangore & clamoribus sese invicem cohortantes, animose inter se concurrerunt. Quod si Macedones inter naves tectas lembos non collocassent, cita & facili victoria certamen fuisset diremptum. Nunc ea re conatus Rhodiorum variis modis sunt impediti. Nam ubi semel primo concursu commota est quę instituta à principio fuerat aciei ordinatio, omnes inter se erant permisti. unde eveniebat, ut neque libere inter ordines discurrere, neque naves possent convertere; neque ulla ratione eo quo valebant bono uti; quia lembi in ipsos incurrentes, modò in navium remos impingebantur; ut à remigio postea vehementer laborarent; modò in proras, modò in puppeis. adeo ut gubernatorum pariter atque remigum ministeria præpedirentur. Quoties verò frontibus adversis concurrebatur, non sine arte id faciebant. qui suarum navium proras hostibus continenter obvertentes, vulnera semper extra aquam accipiebant; qûum contra hostes sub aqua saucientes, eos ipsis infligerent ictus, quibus nullum adhiberi poterat rerat remedium. Sed raro ad id certamen Rhodii descendebant. nam quia Macedones è tabulatis dimicantes, quoties stabili pugna comminus res gerebatur acerrime se defendebant, concurrere cum hoste in totum declinabant crebris verò inter ordines hostilium navium discursibus, remos illis detrahentes, reddebant ipsos inutiles; deinde rursus, modò hinc modò illinc adnavigantes, alios à puppi invadentes, aliis impingentes obliquis, & sese cum maximè vertentibus, nonnullos sauciabant; nonnullis partem semper aliquam nautici instrumenti corrumpebant: & hoc pacto pugnantes hostium complures naves perdebant. Insigne vero præ cæteris trium quinqueremium Rhodiarum fuit discrimen; prætoriæ, in qua Theophiliscus erat: deinde illius cui Philostratus trierarchus præerat; postremò illius, quæ Autolycum gubernatorem habebat, & Nicostratum vehebat. Hæc navis, quum in hostilem quandam fecisset impetum, atque in ea rostrum reliquisset; evenit ut & quæ icta fuerat cum ipsis viris demergeretur, & Autolycus, aqua maris per proram ingrediente, cinctus ab hostibus generose primo pugnaret; postea verò vulnere accepto, ut erat armatus decideret; ac cæteri quoque epibatæ strenuè dimicantes morerentur. Quo tempore Theophiliscus cum tribus quinqueremibus auxilio accurrens, navem illæ quidem utpote aqua plenam, servare non potuit: sed hostium duas sauciavit, & defensores ex ea ejecit. Lembis deinde pluribus, & quibus-

τὰς πληγάς. σπανίως δ' εἰς τοῦτο συγκατέβαινον· καθόλου γὰρ ἐξέκλινον τὰς συμπλοκὰς, διὰ τὸ γενναίως ἀμύνεσθαι τοὺς Μακεδόνας ἀπὸ τῶν καταστρωμάτων ἐν ταῖς συστάδην γινομέναις μάχαις. τὸ δὲ πολὺ κατὰ μὲν τοὺς διέκπλους παρασύροντες τῶν πολεμίων νεῶν τοὺς ταρσοὺς, ἠχρείουν. μετὰ δὲ ταῦτα πάλιν ἐκπεριπλέοντες, καὶ τοῖς μὲν κατὰ πρύμναν ἐμβάλλοντες, τοῖς δὲ πλαγίοις καὶ στρεφομένοις ἀκμὴν προσπίπτοντες, οὓς μὲν ἐτίτρωσκον, οἷς δὲ παρέλυον ἀεί τι τῶν πρὸς τὴν χρείαν ἀναγκαίων. καὶ δὴ τῷ τοιούτῳ τρόπῳ μαχόμενοι, παμπληθεῖς τῶν πολεμίων ναῦς διέφθειραν. Ἐπιφανέστατα δ' ἐκινδύνευσαν 4
τρεῖς πεντήρεις τῶν Ῥοδίων· ἥ τε ναυαρχὶς, ἐφ' ἧς ἔπλει Θεοφιλίσκος· μετὰ δὲ ταύτην, ἧς ἐτριηράρχει Φιλόστρατος· τρίτη δὲ, ἣν ἐκυβέρνα μὲν Αὐτόλυκος, ἐπέπλει δὲ Νικόστρατος. ταύτης γὰρ ἐμβαλούσης εἰς πολεμίαν ναῦν, καὶ καταλιπούσης ἐν τῷ σκάφει τὸν ἔμβολον, συνέβη δὴ τὴν μὲν πληγεῖσαν, αὔτανδρον καταδῦναι· τοὺς δὲ περὶ τὸν Αὐτόλυκον εἰσρεούσης εἰς τὴν ναῦν τῆς θαλάσσης διὰ τῆς πρώρας, κυκλωθέντας ὑπὸ τῶν πολεμίων, τὰς μὲν ἀρχὰς ἀγωνίζεσθαι γενναίως· τέλος δὲ τὸν μὲν Αὐτόλυκον ἐκπεσεῖν τρωθέντα μετὰ τῶν ὅπλων εἰς θάλατταν· τοὺς δὲ λοιποὺς ἐπιβάτας ἀποθανεῖν μαχομένους γενναίως. Ἐν ᾧ καιρῷ Θεοφιλίσκος βοηθήσας μετὰ τριῶν πεντήρων, τὴν μὲν ναῦν οὐκ ἠδυνήθη σῶσαι, διὰ τὸ πλήρη θαλάττης εἶναι· δύο δὲ ναῦς πολεμίας τρώσας, τοὺς ἐπιβάτας ἐξέβαλε. ταχὺ δὲ περιχυθέντων αὐτῷ λέμ-

βων

βαν πλειόνων, καὶ καταφράκτων νεῶν, τοὺς μὲν πλείστους ἀπέβαλε τῶν ἐπιβατῶν, ἐπιφανῶς ἀγωνισαμένους· αὐτὸς δὲ τρία τραύματα λαβὼν, καὶ παραβόλως τῇ τόλμῃ κινδυνεύσας, μόλις ἐξέσωσε τὴν ἰδίαν ναῦν, ἐπιβοηθήσαντος αὐτῷ Φιλοστράτου, καὶ συναναδεξαμένου τὸν ἐνεστῶτα κίνδυνον εὐψύχως. συνάψας δὲ τοῖς αὐτοῦ σκάφεσι, πάλιν ἐξ ἄλλης ὁρμῆς συνεπλέκετο τοῖς πολεμίοις, τῇ μὲν σωματικῇ δυνάμει παραλυόμενος ὑπὸ τῶν τραυμάτων, τῇ δὲ τῆς ψυχῆς γενναιότητι, λαμπρότερος ὢν καὶ παραστατικώτερος, ἢ πρόσθεν. Συνέβη δὲ δύο γενέσθαι ναυμαχίας πολὺ διεστώσας ἀλλήλων. τὸ μὲν γὰρ δεξιὸν κέρας τοῦ Φιλίππου κατὰ τὴν ἐξ ἀρχῆς πρόθεσιν, ἀεὶ τῆς γῆς ὀρεγόμενον, οὐ μακρὰν ἀπεῖχε τῆς Ἀσίας· τὸ δ' εὐώνυμον διὰ τὸ παραβοηθῆσαι τοῖς ἐπὶ τῆς οὐραγίας ἐξ ὑποστροφῆς, οὐ πολὺ τῆς Χίας ἀποσχὸν, ἐναυμάχει τοῖς Ῥοδίοις. Οὐ μὴν ἀλ-
5 λὰ παρὰ πολὺ τοῦ δεξιοῦ κέρατος κατακρατούντων τῶν περὶ τὸν Ἄτταλον, καὶ συνεγγιζόντων ἤδη πρὸς τὰς νησίδας, ὑφ' αἷς ὁ Φίλιππος ὥρμει καραδοκῶν τὸ συμβησόμενον· συνιδὼν Ἄτταλος μίαν πεντήρη τῶν ἰδίων ἐκτὸς τοῦ κινδύνου τετρωμένην καὶ βαπτιζομένην ὑπὸ νεὼς πολεμίας, ὥρμησε παραβοηθήσων ταύτῃ μετὰ δύο τετρήρων. τοῦ δὲ πολεμίου σκάφους ἐγκλίναντος, καὶ ποιουμένου τὴν ἀποχώρησιν ὡς πρὸς τὴν γῆν, ἐπέκειτο φιλοτιμότερον, ἐγκρατὴς γενέσθαι σπουδάζων τῆς νεώς. ὁ δὲ Φίλιππος συνθεασάμενος ἀπεσπασμένον πολὺ τὸν Ἄτταλον ἀπὸ τῶν

dam constratis eum circundantibus, amissa parte maxima suorum epibatarum, postquam insigniter decertassent; ipse tribus vulneribus saucius, in magnum præ audacia præcipiti adductus periculum, ægre tandem, adjuvante Philostrato, qui animo forti in præsenti discrimine comitem se illi adjecerat, navem suam servavit. Qui mox ubi suorum navibus se conjunxisset, denuo pugnam capessens, hostes est adortus, corporis quidem robore soluto ex vulneribus; sed propter mentis generositatem vehementior & animi præsentioris quàm antè. Accidit autem, ut duæ navales pugnæ, admodum inter se distantes committerentur. Nam dextrum Philippi cornu terram semper, ut ab initio fuerat constitutum, petens, non procul aberat ab Asia. at lævum quod se converterat ut postremæ aciei navibus præsidium ferret, haut longe à Chio distans cum Rhodiis decertavit. Jam classis Attali dextro cornu certam victoriam modò non manibus tenens, parvis insulis appropinquabat, in quibus Philippus prælii eventum exspectans, in anchoris stabat: quando Attalus quinqueremem unam è suis extra prælium animadvertens sauciatam, quæ ab hostili nave demergebatur, cum duabus triremibus ad ferendum ei opem contendit. & quum inimica navis inclinasset in fugam, seque in terram recepisset; insequitur Rex, cupidius quàm par erat, navis potiri studens. Philippus ut Attalum vidit longo intervallo à suis separatum, quinqueremibus quatuor

assumptis,

assumptis, & tribus hemioliis, cum ea lemborum copia quæ præstò erat, in eum est profectus. Qui Attalum interclusum à sua classe coëgit, de sua salute vehementer anxium, naves in continentem ejicere: quo facto, ipse quidem Rex cum sociis navalibus Erythras concessit: at naves & regiam supellectilem Philippus cepit. Nam Attalus & qui circa eum erant, illo tempore arte quadam usi, pretiosissima quæque de supellectile regia super tabulatum navis exposuerunt: unde evenit, ut Macedones qui in eam lembis vecti primi inciderunt, conspicati pocula multa, vestem purpuream, & vasa alia res ejusmodi comitari solita, omissa persequendi cura, ad ea diripienda se converterint. qua ex re id consecutus est Attalus, ut tuto sibi Erythras profugere liceret. Philippus qui universi prælii victoriam luculentam hosti tradiderat, casu inopinato Attali elatus, in altum vela dedit; idemque studio summo naves suas colligens, bono animo esse militem jubebat, quando navali prælio vicissent. Plerosque sane hominum, qui videbant Philippum regiam Attali navim suis alligatam in portum deducere, cogitatio subierat, non parum probabilis, quasi Attalus periisset. At Dionysodorus conjectans id quod Regi à quo stabat acciderat, sublato in altum signo, naves suas coëgit: quibus statim ad ipsum collectis, ad oræ Asiaticæ stationes, sine periculo se contulit.

ἰδίων, παραλαβὼν τέτταρας πεντήρεις καὶ τρεῖς ἡμιολίας, ἔτι δὲ τῶν λέμβων τοὺς ἐγγὺς ὄντας, ὥρμησε· καὶ διακλείσας τὸν Ἄτταλον ἀπὸ τῶν οἰκείων νεῶν, ἠνάγκασε μετὰ μεγάλης ἀγωνίας εἰς τὴν γῆν ἐκβαλεῖν τὰ σκάφη. τούτου δὲ συμβάντος, αὐτὸς μὲν ὁ βασιλεὺς μετὰ τῶν πληρωμάτων εἰς τὰς Ἐρυθρὰς ἀπεχώρησε· τῶν δὲ πλοίων καὶ τῆς βασιλικῆς παρασκευῆς ἐγκρατὴς ὁ Φίλιππος ἐγένετο. Καὶ γὰρ ἐποίησαν τι τεχνικὸν ἐν τούτοις τοῖς καιροῖς οἱ περὶ τὸν Ἄτταλον. τὰ γὰρ ἐπιφανέστατα τῆς βασιλικῆς κατασκευῆς, ἐπὶ τὸ κατάστρωμα τῆς νεὼς ἐξέβαλον. ὅθεν οἱ πρῶτοι τῶν Μακεδόνων συνάψαντες ἐν τοῖς λέμβοις, συνθεασάμενοι ποτηρίων πλῆθος, καὶ πορφυρῶν ἱμάτιον, καὶ τῶν τούτοις παρεπομένων σκευῶν, ἀφέμενοι τοῦ διώκειν, ἀπένευσαν ἐπὶ τὴν τούτων ἁρπαγήν. διὸ συνέβη τὸν Ἄτταλον ἀσφαλῆ ποιήσασθαι τὴν ἀποχώρησιν εἰς τὰς Ἐρυθράς. Φίλιππος δὲ τοῖς μὲν ὅλοις ἠλαττωμένος παρὰ πολὺ τὴν ναυμαχίαν, τῇ δὲ περιπετείᾳ τῇ κατὰ τὸν Ἄτταλον ἐπαρθεὶς, ἐπανέπλει, καὶ πολὺς ἦν συναθροίζων τὰς σφετέρας ναῦς, καὶ παρακαλῶν τοὺς ἄνδρας εὐθαρσεῖς εἶναι, διότι νικῶσι τῇ ναυμαχίᾳ. καὶ γὰρ ὑπέδραμέ τις ἔννοια καὶ πιθανότης τοῖς ἀνθρώποις, ὡς ἀπολωλότος τοῦ Ἀττάλου, διὰ τὸ κατάγειν τοὺς περὶ τὸν Φίλιππον ἀναδεδεμένους τὴν βασιλικὴν ναῦν. Ὁ δὲ Διονυσόδωρος ὑπονοήσας τὸ περὶ τὸν αὐτοῦ βασιλέα γεγονὸς, ἤθροιζε τὰς οἰκείας ναῦς, ἐξαίρων σύνθημα. ταχὺ δὲ συλλεχθεισῶν πρὸς αὐτὸν, ἀπέπλει μετ' ἀσφαλείας εἰς τοὺς κατὰ τὴν Ἀσίαν ὅρμους.

Καλῶ

Κατὰ δὲ τὸν αὐτὸν καιρὸν οἱ πρὸς τοὺς
Ῥοδίους ἀγωνιζόμενοι τῶν Μακεδόνων,
πάλαι κακῶς πάσχοντες, ἐξέλυον
αὑτοὺς ἐκ τοῦ κινδύνου, μετὰ προφάσεως, κατὰ μέρη ποιούμενοι τὴν ἀποχώρησιν, ὡς ταῖς οἰκείαις προσδύοντες
ἐπικουρῆσαι ναυσίν. οἱ δὲ Ῥόδιοι τὰς
μὲν ἀναδησάμενοι τῶν νεῶν, τὰς δὲ προ-
διαφθείραντες ταῖς ἐμβολαῖς, ἀ-
6 πέπλευσαν εἰς τὴν Χίον. Ἐφθάρησαν
δὲ τοῦ μὲν Φιλίππου ναῦς, ἐν μὲν τῇ
πρὸς Ἄτταλον ναυμαχίᾳ, δεκήρης,
ἐννήρης, ἑπτήρης, ἑξήρης. τῶν δὲ λοιπῶν κατάφρακτοι μὲν δέκα, καὶ τριημιολίαι τρεῖς. λέμβοι δὲ πέντε καὶ
εἴκοσι, καὶ τὰ τούτων πληρώματα.
ἐν δὲ τῇ πρὸς Ῥοδίους διεφθάρησαν
κατάφρακτοι μὲν δέκα, λέμβοι δὲ
περὶ τετταράκοντα τὸν ἀριθμόν. ἥ-
λωσαν δὲ δύο τετρήρεις, καὶ λέμβοι
σὺν τοῖς πληρώμασιν ἑπτά. τῶν δὲ
παρ' Ἀττάλου κατέδυσαν μὲν τριη-
μιολία μία καὶ δύο πεντήρεις, καὶ τὸ
τοῦ βασιλέως σκάφος. τῶν δὲ
Ῥοδίων διεφθάρησαν μὲν δύο πεντήρεις, καὶ τριήρεις· ἥλω δ' οὐδέν.
ἄνδρες δὲ τῶν μὲν Ῥοδίων ἀπέθανον εἰς
ἑξήκοντα· τῶν δὲ παρ' Ἀττάλου πρὸς
ἑβδομήκοντα. τῶν δὲ Φιλίππου, Μακεδόνες μὲν εἰς τρισχιλίους, τῶν δὲ πληρωμάτων εἰς ἑξακισχιλίους. ἑάλωσαν
δὲ ζωγρείᾳ τῶν μὲν συμμάχων καὶ Μακεδόνων εἰς δισχιλίους, τῶν δ' Αἰγυ-
7 πτίων εἰς ἑπτακοσίους. Καὶ τὸ μὲν
τέλος τῆς περὶ Χίον ναυμαχίας τοιοῦτο
συνέβη γενέσθαι. Τῆς δὲ νίκης ὁ Φίλιππος ἀντεποιεῖτο κατὰ δύο προφάσεις. κατὰ μίαν μέν, ὅτι τὸν Ἄτταλον εἰς τὴν
γῆν ἐκβαλὼν, ἐκράτησε τῆς νεὼς ἐκεί-
νου· καθ' ἑτέραν δέ, ὅτι καθορμισθεὶς
ἐπὶ τὸ καλούμενον Ἀργέννον, ἐδόκει
πεποιῆσθαι τὸν ὅρμον ἐπὶ τῶν ναυαγίων.

Quæ dum aguntur, Macedones qui cum Rhodiis dimicabant, jamdiu laborantes, prælio excesserunt, & alii post alios, per caussam subveniendi celeriter suis navibus, sese receperunt. At Rhodii naves alias suis revinctas trahentes, alias rostrorum ictibus quassatas relinquentes, Chium navigarunt. Amisit Philippus è navibus suis, in prælio quidem adversus Attalum, decerem, ennerem, hepterem, hexerem. & ex cæteris, constratas decem, trieremiolias tres, lembos quinque & viginti cum sociis navalibus; in conflictu cum Rhodiis perierunt eidem tectæ naves decem, lembi ad quadraginta. captæ sunt quadriremes duæ, & lembi septem cum remigibus. Attalus verò è suis desideravit trieremioliam unam, & duas quinqueremes, quæ sunt submersæ, & regiam ipsam navem. Rhodiorum periere quinqueremes duæ, & triremes. nihil autem captum fuit. Viri mortui sunt Rhodii quidem, ad sexaginta; de copiis vero Attali, ad septuaginta. è classe Philippi, Macedones circiter tria millia; socii verò navales ad sex millia. Capti sunt vivi, Macedones cum sociis, circiter bis mille; Ægyptii ad septingentos. Et pugnæ quidem navalis ad Chium pugnatæ hic fuit exitus. Victoriam verò Philippus duplici prætextu sibi vindicabat. Unus erat, quòd Attalo in terram expulso, navem ipsius ceperat. Alter, quod naves quum ejecisset circa Argennum promontorium, videbatur stationem occupasse, quæ naufragiis immineret.

Conve-

Convenienter his & ſequenti die ſeſe idem geſſit, tabulas naufragii colligens, & mortuos, qui poterant agnoſci, ad ſepulturam tollens; ut eam opinionem quam dixi, in animis hominum confirmaret. Nam alioquin ne ipſi quidem Philippo eſſe perſuaſum ſe viciſſe, Rhodii & Dionyſodorus paullo poſt evicerunt. Nam die poſtero, quum in ea re Philippus eſſet adhuc occupatus, per nuntios conſilio communicato, adverſus eum ſunt profecti. collocatiſque in frontem navibus, nemine contra ipſos prodeunte, Chium ſunt reverſi. Philippus qui nunquam uno tempore neque terra neque mari tantum virorum amiſerat, dolebat ille quidem de accepta clade; adeo ut prior ille impetus magna jam ex parte in eo reſideret. apud exteros tamen ſenſum animi occulere modis omnibus conabatur; licet res ipſæ ejus rei facultatem nequaquam concederent. Nam ut alia taceam, vel illa quæ poſt prælium contigerunt, omnes qui ſpectarent pavore ſtupefaciebant. Quia enim cædes tot hominum eſſet facta, repente quidem totus ille maris tractus cadaveribus, ſanguine, armis & fractis navibus eſt refertus. Inſecutis vero diebus, cerneres per littora earum rerum omnium quas diximus inter ſe permixtarum, acervos paſſim ac temere congeſtos. quo ſpectaculo non ipſe tantum, ſed etiam cuncti Macedones haut mediocriter confuſi perturbabantur. Theophiliſcus quum diem unum ſupervixiſſet, & de prælio navali ad patriam literas exaraſſet, Cleonæum denique ſuam vicem

ἀκόλουθα δὲ τούτοις ἔπραττε καὶ
κατὰ τὴν ἑξῆς ἡμέραν συνάγων
τὰ ναυάγια, καὶ τῶν νεκρῶν ποιούμενος ἀναίρεσιν τῶν ἐπιγινωσκομέ-
νων, χάριν τοῦ συναύξειν τὴν
προειρημένην φαντασίαν. ὅτι γὰρ
οὐδ᾽ αὐτὸς ἐπέπειστο νικᾶν, ἐξή-
λεγξαν αὐτὸν οἵ τε Ῥόδιοι καὶ Διονυσόδωρος μετ᾽ ὀλίγον. κατὰ γὰρ τὴν
ἐπιοῦσαν ἡμέραν ἔτι περὶ ταῦτα
γινομένου τοῦ βασιλέως, διαπεμ-
ψάμενοι πρὸς ἀλλήλους, ἐπέπλευ-
σαν αὐτῷ, καὶ στήσαντες ἐν μετώπῳ
τὰς ναῦς, οὐδενὸς ἐπ᾽ αὐτοὺς ἀντα-
ναγομένου, πάλιν ἀπέπλευσαν εἰς
τὴν Χίον. Ὁ δὲ Φίλιππος οὐδέποτε
τοσούτους ἄνδρας ἀπολωλεκώς,
. . . . οὔτε κατὰ θάλατταν ἐνὶ
καιρῷ, βαρέως μὲν ἔφερε τὸ γεγονός, καὶ τὸ πολὺ τῆς ὁρμῆς αὐτοῦ
παρῄτειτο. πρός μέντοι γε τοὺς
ἐκτὸς ἐπειρᾶτο κατὰ πάντα τρόπον ἐπικρύπτεσθαι τὴν αὑτοῦ διάληψιν, καίπερ οὐκ ἐώντων αὐτῶν
τῶν πραγμάτων. Χωρὶς γὰρ τῶν
ἄλλων, καὶ τὰ μετὰ τὴν μάχην
συμβαίνοντα πάντας ἐξέπληττε τοὺς
θεωμένους. γινομένης γὰρ τοσαύτης φθορᾶς ἀνθρώπων, παρ᾽ αὐτὸν μὲν τὸν καιρόν πως ὁ πόρος
ἐπληρώθη νεκρῶν, αἵματος, ὅ-
πλων, ναυαγίων· ταῖς δ᾽ ἑξῆς
ἡμέραις τοὺς αἰγιαλοὺς ἦν ἰδεῖν
φύρδην σεσωρευμένους ἀναμὶξ
πάντων τῶν προειρημένων. ἐξ
ὧν οὐ μόνον αὐτός, ἀλλὰ καὶ πάντες οἱ Μακεδόνες εἰς διατροπὴν
ἐνέπιπτον οὐ τὴν τυχοῦσαν. Θε- 8
οφιλίσκος δὲ μίαν ἡμέραν ἐπι-
βιώσας, καὶ τῇ πατρίδι γράψας
ὑπὲρ τῶν κατὰ τὴν ναυμαχίαν, καὶ Κλε-
οναῖον ἡγεμόνα συστήσας ἀνθ᾽ ἑαυτοῦ

τῆς

ταῖς δυνάμεσι, μετήλλαξε τὸν βίον ἐκ τῶν τραυμάτων· ἀνὴρ καὶ κατὰ τὸν κίνδυνον ἀγαθὸς γενόμενος, καὶ κατὰ τὴν προαίρεσιν μνήμης ἄξιος. μὴ γὰρ ἐκείνου τολμήσαντος προσεπιβαλεῖν τῷ Φιλίππῳ τὰς χεῖρας, πάντες ἂν καταπροεῖντο τοὺς καιροὺς, δεδιότες τὴν τοῦ Φιλίππου τόλμαν. Νῦν δ' ἐκεῖνος ἀρχὴν πολέμου ποιήσας, ἠνάγκαζε μὲν τὴν αὑτοῦ πατρίδα συνεξαναστῆναι τοῖς καιροῖς· ἠνάγκασε δὲ τὸν Ἄτταλον μὴ μέλλειν, καὶ παρασκευάζεσθαι τὰ πρὸς τὸν πόλεμον, ἀλλὰ πολεμεῖν ἐρρωμένως καὶ κινδυνεύειν. τοιγαροῦν εἰκότως αὐτὸν οἱ Ῥόδιοι καὶ μεταλλάξαντα, τοιαύταις ἐτίμησαν τιμαῖς, δι' ὧν οὐ μόνον τοὺς ζῶντας, ἀλλὰ καὶ τοὺς ἐπιγινομένους ἐξεκαλέσαντο πρὸς τοὺς ὑπὲρ τῆς πατρίδος καιρούς.

exercitui præfecisset, ex vulneribus obiit. vir, & propter navatam egregie operam in prælio, & ob genus institutorum ac consiliorum dignus memoria. Qui si auctor audendi & moliendi aliquid adversus Philippum non exstitisset, videntur omnes Philippi audacia territi, rei bene gerendæ occasionem fore prætermissuri. Nunc ille bellum inchoans, cives suos coëgit, ad oblatam opportunitatem sese excitare & in Macedonem insurgere. coëgit & Attalum non cunctari, nec jam bellum apparare, sed gerere omnibus viribus, & periculum adire. Meritò igitur hunc Rhodii etiam mortuum ejusmodi honoribus affecerunt, per quos non illos dumtaxat qui tum vivebant, sed & posteros ad bene merendum de patria necessariis ipsius temporibus, erant provocaturi.

Διὰ τί οἱ πολλοὶ ἀφίστανται τῶν προθέσεων.

9 Τί οὖν ἦν τὸ τῆς ὁρμῆς ἐπιλαβόμενον; οὐδὲν ἕτερον, ἀλλ' ἡ φύσις τῶν πραγμάτων. ἐκ πολλοῦ μὲν γὰρ ἐνίοτε πολλοὶ τῶν ἀδυνάτων ἐφίενται διὰ τὸ μέγεθος τῶν προφαινομένων ἐλπίδων, κρατούσης τῆς ἐπιθυμίας τῶν ἑκάστου λογισμῶν. ὅταν δ' ἐγγίσωσι τοῖς ἔργοις, οὐδενὶ λόγῳ πάλιν ἀφίστανται τῶν προθέσεων, ἐπισκοτούμενοι καὶ παραλογιζόμενοι τοῖς λογισμοῖς, διὰ τὴν ἀμηχανίαν καὶ τὴν δυσχρηστίαν τῶν ἀπαντωμένων.

Cur multi sæpe inceptis suis desistant.

QUIDNAM erat igitur quod eorum inhiberet impetum? Ipsa nempe rerum natura, nec quicquam aliud. Interdum enim multi, dum è longinquo res intuentur, etiam ea quæ fieri nequeunt concupiscunt; propter magnitudinem spei quæ ostentatur, cupiditate usum mentis & rationis in singulis mortalium vincente. qui ubi ad rem propius est ventum, temere rursus inceptis absistunt; difficultatibus atque impedimentis quæ occurrunt, oculis ipsorum caliginem offundentibus, & in varios errores ipsos inducentibus.

Quomodo Philippus obsessa Prinassensium urbe, quum nihil promoveret, dolo & stratagemate usus, oppido fuerit potitus.

SECUNDUM hæc Philippus, quum impressionibus urbem aliquoties tentasset, neque exitum conatus, propter egregiam loci munitionem, habuisset, castris inde motis, castella & agrorum vicos populari instituit. deinde profectus ex eo loco, ad Prinassum oppidum cum exercitu consedit. Ubi cratibus & reliquo urbium obsidendarum apparatu celeriter expedito, cuniculis agendis oppugnationem est aggressus. Quoniam verò saxosis locis irritum erat ejus inceptum, hujusmodi commentum excogitavit. Sonum interdiu sub terra edens, quasi agerentur cuniculi; noctis silentio terram aliunde convehebat, & ad ora fovearum apponebat; ut oppidani terræ congestæ copiam ingentem secum reputantes, pavore quaterentur. Igitur principio quidem Prinassenses obsidionem generose tolerare: ubi verò missi sunt à Philippo qui significarent, ad duo ferme jam murorum jugera se sublicis suspendisse; & quærerent ab ipsis, utrum mallent, impunitatis ne fide accepta, oppido excedere, an cum ipsa urbe postquam incendio consumptæ forent sublicæ, simul cuncti perire: tum enimvero fide habita eis quæ dicebantur, urbem tradiderunt.

Πῶς ὁ Φίλιππος τὴν τῶν Πρινασσέων πόλιν πολιορκῶν, καὶ οὐδὲν ἀνύων, δόλῳ καὶ στρατηγήματι ἐγκρατὴς αὐτῆς ἐγένετο.

ΜΕΤΑ ταῦτα δὲ ποιησάμενος ὁ Φίλιππος τινὰς ἀπράκτους προσβολὰς διὰ τὴν ὀχυρότητα τοῦ πολίσματος, αὖθις ἀπεχώρει, πορθῶν τὰ φρούρια, καὶ τὰς κατὰ τὴν χώραν συνοικίας. ὅθεν ἀπαλλαττόμενος, προσεστρατοπέδευσε τῇ Πρινασσῷ. ταχὺ δὲ γέῤῥα καὶ τὴν τοιαύτην ἑτοιμάσας παρασκευὴν, ἤρξατο πολιορκεῖν διὰ τῶν μετάλλων. οὔσης δὲ ἀπράκτου τῆς ἐπιβολῆς αὐτῷ διὰ τὸ πετρώδη τὸν τόπον ὑπάρχειν, ἐπινοεῖ τι τοιοῦτον. τὰς μὲν ἡμέρας ψόφον ἐποίει κατὰ γῆς, ὡς ἐνεργουμένων τῶν μετάλλων· τὰς δὲ νύκτας ἔξωθεν ἔφερε χοῦν, καὶ παρέβαλε παρὰ τὰ στόμια τῶν ὀρυγμάτων· ὥστε διὰ τοῦ πλήθους τῆς σωρευομένης γῆς στοχαζομένους, καταπλαγεῖς γενέσθαι τοὺς ἐν τῇ πόλει. Τὰς μὲν οὖν ἀρχὰς ὑπέμενον οἱ Πρινασσεῖς εὐγενῶς· ἐπεὶ δὲ προσπέμψας ὁ Φίλιππος ἐνεφάνιζε διότι πρὸς δύο πλέθρα τοῦ τείχους αὐτοῖς ἐξερήρεισται, καὶ προσεπυνθάνετο πότερα βούλονται, λαβόντες τὴν ἀσφάλειαν ἐκχωρεῖν, ἢ μετὰ τῆς πόλεως συναπολέσθαι πανδημεὶ τῶν ἐρεισμάτων ἐμπρησθέντων, τηνικάδε πιστεύσαντες τοῖς λεγομένοις, παρέδωσαν τὴν πόλιν.

Τῆς τῶν Ἰασέων πόλεως θέσις καὶ ἀρχαιολογία.

Ἀγάλματα οὐ νιφόμενα, καὶ σώματα σκιὰν οὐ ποιοῦντα.

Περὶ τοῦ τερατεύεσθαι καὶ ψευδοδοξεῖν τῆς πρὸς τὸ θεῖον εὐσεβείας χάριν, Πολυβίου γνώμη.

11 ΗΔΕ τῶν Ἰασέων πόλις, κεῖται μὲν ἐπὶ τῆς Ἀσίας ἐν τῷ κόλπῳ τῷ μεταξὺ κειμένῳ τοῦ τε Μιλησίας Ποσειδίου καὶ τῆς Μυνδίων πόλεως, προσαγορευομένῳ δὲ παρὰ τοῖς πλείστοις Βαργυλιητικῷ, συνωνύμως ταῖς περὶ τὸν μυχὸν αὐτοῦ πόλεσιν ἐκτισμέναις. Εὔχονται δὲ τὸ μὲν ἀνέκαθεν Ἀργείων ἄποικοι γεγονέναι· μετὰ δὲ ταῦτα Μιλησίων, ἐπαγαγομένων τῶν προγόνων τὸν Νηλέως υἱὸν τοῦ κτίσαντος Μίλητον, διὰ τὴν ἐν τῷ Καρικῷ πολέμῳ γενομένην φθορὰν αὐτῶν. τὸ δὲ μέγεθος τῆς πόλεως ἐστὶ δέκα στάδια. Καταπεφήμισται δὲ καὶ πεπίστευται παρὰ μὲν τοῖς Βαργυλιήταις, διότι τὸ τῆς Κινδυάδος Ἀρτέμιδος ἄγαλμα, καίπερ ὂν ὑπαίθριον, οὔτε νίφεται τὸ παράπαν, οὔτε βρέχεται· παρὰ δὲ τοῖς Ἰασεῦσι, τὸ τῆς Ἑστίας. καὶ ταῦτα τινὲς εἰρήκασι καὶ τῶν συγγραφέων. Ἐγὼ δὲ πρὸς τὰς τοιαύτας ἀποφάσεις τῶν ἱστοριογράφων, οὐκ οἶδ' ὅπως παρ' ὅλην τὴν πραγματείαν ἐναντιούμενος καὶ δυσαναχετῶν διατελῶ. Δοκεῖ γάρ μοι τὰ τοιαῦτα παντάπασι παιδικῆς εἶναι . . . . τῆς . . ὅσα μὴ μόνον τῆς τῶν εὐλόγων ἐκτὸς πίπτει

Iassensium urbis situs & antiquitates.

Simulacra in qua nix nunquam cadebat; & corpora sine umbra.

Iudicium Polybii de iis qui pietatis ergo miracula & falsas opiniones confingunt.

URBS Jassensium in ora Asiæ sita est, ad sinum qui ab altera parte Neptuni fano terminatur, in Milesiorum ditione posito; ab altera Myndiorum urbe; & vulgo Bargylieticus appellari solet; appellatione indita ab iis urbibus, quæ in ultimo ejus recessu sunt conditæ. Hi primam sibi generis originem fuisse ab Argivis gloriantur: proximam à Milesiis, quum majores ipsorum, post ingentem bello Carico acceptam ab ipsis cladem civium, filium Nelei qui Miletum coloniam deduxerat, in suam accivissent urbem. Oppidi magnitudo decem est stadiorum. Fama est, eaque apud Bargylietas pro vera obtinet, simulacrum Dianæ Cindyadis, etsi sub divo positum, neque ningi unquam, neque complui. quod etiam de Vesta apud Jassenses dicitur. nec desunt, ne ex historiæ quidem scriptoribus, qui hæc in literas retulerunt. Ego verò dictis hujusmodi eorum qui res gestas scribunt, nescio quo modo contradicere passim in hoc opere sum solitus, eaque ferre impatienter. Nam equidem puerilis duco levitatis omnia, quæ propius considerata non solum à rationibus probabilibus abhorrent;

horrent; sed etiam ab eo quod fieri potest. Dicere enim, quædam corpora in lumine posita umbram non efficere, hominis est deploratè perditi. Hoc tamen Theopompus fecit; qui auctor est, eos qui in templum Jovis in Arcadia quod à nemine aditur, fuerint ingressi, umbræ expertes reddi. Cui simile est quod modò dicebamus. Enimvero in iis quidem quæ ad conservandam vulgi pietatem erga numen pertinent, danda est nonnullis scriptorum venia, si miraculorum narrationibus & id genus fabulis indulgeant. veruntamen, quod modum excedit id illis non condonandum. Et est quidem fortasse in omni re difficile terminum invenire ubi sistas: non plane tamen eius inveniendi negata est facultas. Itaque si meo standum judicio, detur his venia aut ignorantibus quædam, aut falsa etiam opinantibus, dumtaxat intra modum: sin autem res modum penitus excesserit, repudianda censetor.

Publii Scipionis reditus in Urbem, & triumphus.

Syphacis Regis mors.

NON multo post illa de quibus modò egimus tempora, Publius Scipio ex Africa Romam est reversus. Cujus viri quum ea esset exspectatio, quam par erat tantis rebus gestis; & summam speciem ejus pompa habuit, & multitudo erga ipsum ingentem benevolentiam exhibuit. Neque hæc temere eveniebant, sed justis de caussis ac

θεωρίας· ἀλλὰ καὶ τῆς τοῦ δυνατοῦ. Τὸ γὰρ φάσκειν ἔνια τῶν σωμάτων ἐν φωτὶ τιθέμενα μὴ ποιεῖν σκιάν, ἀπηλγηκυίας ἐστὶ ψυχῆς· ὃ πεποίηκε Θεόπομπος, φήσας, τοὺς εἰς τὸ τοῦ Διὸς ἄβατον ἐμβαίνοντας κατ' Ἀρκαδίαν, ἀσκίους γίνεσθαι. τούτῳ δὲ παραπλήσιόν ἐστι καὶ τὸ νῦν λεγόμενον. Ὅσα μὲν οὖν συντείνει πρὸς τὸ διασώζειν τὴν τοῦ πλήθους εὐσέβειαν πρὸς τὸ θεῖον, δοτέον ἐστὶ συγγνώμην ἐνίοις τῶν συγγραφέων, τερατευομένοις καὶ λογοποιοῦσι περὶ τὰ τοιαῦτα· τὸ δ' ὑπερβάλλον, οὐ συγχωρητέον. Τάχα μὲν οὖν ἐν παντὶ δυσπαράγραφός ἐστιν ἡ ποσότης· οὐ μὴν ἀπαράγραφός γε. Διὸ καὶ παρὰ βραχὺ μὲν ἢ καὶ ἀγνοεῖν ἢ καὶ ψευδοδοξεῖν, δεδόσθω συγγνώμη· τὸ δ' ὑπερβάλλον, ἀθετείσθω, κατά γε τὴν ἐμὴν δόξαν.

Ποπλίου Σκηπίωνος εἰς τὴν Ῥώμην ἐπάνοδος καὶ θρίαμβος.

Σύφακος τοῦ βασιλέως θάνατος.

ΠΟΠΛΙΟΣ δὲ Σκη- I
πίων ἧκεν ἐκ Λιβύης οὐ πολὺ κατόπιν τῶν προειρημένων καιρῶν. οὔσης δὲ τῆς προσδοκίας τῶν πολλῶν ἀκολούθου τῷ μεγέθει τῶν πράξεων, μεγάλην εἶναι συνέβαινε καὶ τὴν φαντασίαν περὶ τὸν ἄνδρα, καὶ τὴν τοῦ πλήθους εὔνοιαν πρὸς αὐτόν. καὶ τοῦτο εἰκότως ἐκ τῶν κατὰ λόγον ἐγίγνετο, καὶ

καθηκόντως. οὐδέποτε γὰρ ἂν ἐλπίσαντες Ἀννίβαν ἐκβαλεῖν ἐξ Ἰταλίας, οὐδ' ἀποτρέψασθαι τὸν ὑπὲρ αὐτῶν καὶ τῶν ἀναγκαίων κίνδυνον· τότε δοκοῦντες ἤδη βεβαίως οὐ μόνον ἐκτὸς γεγονέναι παντὸς φόβου καὶ πάσης περιστάσεως· ἀλλὰ καὶ κρατεῖν τῶν ἐχθρῶν, ὑπερβολὴν οὐ κατέλιπον χαρᾶς. ὡς δὲ καὶ τὸν θρίαμβον εἰσῆγε, τότε καὶ μᾶλλον ἔτι διὰ τῆς τῶν εἰσαγομένων ἐναργείας μιμνησκόμενοι τῶν προγεγονότων κινδύνων, ἐκπαθεῖς ἐγίγνοντο κατά τε τὴν πρὸς θεοὺς εὐχαριστίαν, καὶ κατὰ τὴν πρὸς τὸν αἴτιον τῆς τηλικαύτης μεταβολῆς εὔνοιαν. Καὶ γὰρ ὁ Σύφαξ ὁ τῶν Μασσαισυλίων βασιλεὺς, ἤχθη τότε διὰ τῆς πόλεως ἐν τῷ θριάμβῳ μετὰ τῶν αἰχμαλώτων, ὃς καὶ μετά τινα χρόνον ἐν τῇ φυλακῇ τὸν βίον μετήλλαξε. Τούτων δὲ συντελεσθέντων, οἱ μὲν ἐν τῇ Ῥώμῃ κατὰ τὸ συνεχὲς ἐπὶ πολλὰς ἡμέρας ἀγῶνας ἦγον καὶ πανηγύρεις ἐπιφανῶς, χορηγὸν ἔχοντες εἰς ταῦτα τὴν Σκηπίωνος μεγαλοψυχίαν.

merito. Nam qui nunquam sperare ausi essent, Hannibalem se ex Italia ejecturos, neque amolituros se è suis cervicibus & suorum necessariorum imminens periculum: quum eo tempore non solum omni plane jam liberatos metu sese viderent, & adversis suis defunctos; sed etiam hostes à se devictos, gaudio fruebantur inęstimabili. Ubi verò urbem triumphans est invectus, tum sane multo etiam magis, per intuitum eorum quæ traducebantur, in memoriam priorum malorum redeuntes; ad gratias diis agendas, & benevolentiam ei præstandam, qui tantæ mutationis auctor ipsis exstiterat, conversi, vix præ affectu apud se erant. Tunc etiam Syphax, Masæsyliorum Rex, cum captivis per urbem ductus est in triumpho. qui non ita multo post, in carcere diem supremum obiit. His peractis, Romani per continuos dies aliquot, ludos & spectacula insigni apparatu celebrarunt, Scipione in eam rem, qua fuit magnificentia, sumptus suppeditante.

Πῶς ὁ Φίλιππος κατὰ τὴν ναυμαχίαν ἐλαττωθεὶς, δαιμονίως καταντήσας τῶν νικησάντων Ἀττάλου καὶ Ῥοδίων, καθίκετο τῶν ἑξῆς πράξεων.

Quomodo Philippus accepta clade in navali prælio, adeo generose in curam incubuerit belli contra Attalum & Rhodios, ut res deinceps feliciter gereret.

Ὅτι ἀνάγκη τὸν τῆς ἀληθείας ἀντεχόμενον συγγραφέα τοὺς αὐτοὺς ποτὲ μὲν ἐπαινεῖν, ποτὲ δὲ καταμέμφεσθαι.

Historicum veritatis studiosum cogi sæpe eosdem modò laudare, modò vituperare.

13 ΑΛΛ' ἐμοὶ δοκεῖ τὸ μὲν ἄρξασθαι καλῶς καὶ συνακμάσαι

MIHI verò, præclare aliquod negotium incipere, & ardorem illum

illum eo usque servare, donec magnum incrementum res inchoata acceperit, res videtur esse, quam sæpe multi præstiterunt. at destinata ad exitum perducere, & si quid fortuna inceptis restiterit, prudentia supplere quod minus æquæ voluntati ipsius defuerit, paucis datum est posse præstare. Propterea Attali & Rhodiorum mollitiem, jure tunc aliquis potuit accusare: Philippi verò regium animum ac magnum, & in proposito constantiam commendare: non quidem tanquam mores ejus in universum laudans; sed vim illius atque impetum in rebus præsentibus admirans. Utor autem hac distinctione, ne quis forte arbitretur ea dicere me, quæ inter se pugnent: qui paullo ante Attalum & Rhodios quum laudaremus, Philippo autem succenseremus; nunc ejus contrarium faciamus. Quam etiam ob caussam operis initio diserte monebam, necesse esse, ut in scribenda historia eosdem aliquando laudes, aliquando vituperes; quandoquidem negotiorum mutationes in deterius & res adversæ voluntates consiliaque hominum solent mutare; sępe etiam mutationes factæ in melius. Quin suapte natura homines interdum, modò ad salubria inclinant consilia, modò ad contraria. Quorum aliquid in Philippo tunc temporis mihi videtur usuvenisse. Nam is detrimenta quæ acceperat ægerrime ferens, & pleraque omnia per iram & indignationem faciens, cum stupenda quadam animi præsentia & divinitus ad medēdum malis præsentibus magno conatu sese accinxit; & quum ita

ταῖς ὁρμαῖς πρὸς τὴν τῶν πραγμάτων αὔξησιν, ἐπὶ πολλῶν ἤδη γεγένηται. τὸ δ' ἐπὶ τέλος ἀγαγεῖν τὸ προτεθὲν, καί που καὶ τῆς τύχης ἀντιπιπτούσης, συνεκπληρῶσαι τῷ λογισμῷ τὸ τῆς προθυμίας ἐλλιπὲς, ἐπ' ὀλίγων γίγνεται. Διὸ καὶ τότε δικαίως ἄν τις τὴν μὲν Ἀττάλου καὶ Ῥοδίων ὀλιγωρίαν καταμέμψαιτο· τὸ δὲ Φιλίππου βασιλικὸν καὶ μεγαλόψυχον, καὶ τὸ τῆς προθέσεως ἐπίμονον ἀποδέξαιτο· οὐχ ὡς καθόλου τὸν τρόπον ἐπαινῶν, ἀλλ' ὡς τὴν πρὸς τὸ παρὸν ὁρμὴν ἐπισημαινόμενος. Ποιοῦμαι δὲ τὴν τοιαύτην διαστολὴν, ἵνα μή τις ἡμᾶς ὑπολάβῃ μαχόμενα λέγειν ἑαυτοῖς· ἄρτι μὲν ἐπαινοῦντας Ἄτταλον καὶ Ῥοδίους, Φίλιππον δὲ καταμεμφομένους, νῦν δὲ τοὐναντίον. τούτου γὰρ χάριν ἐν ἀρχαῖς τῆς πραγματείας διεστειλάμην, φήσας ἀναγκαῖον εἶναι ποτὲ μὲν εὐλογεῖν, ποτὲ δὲ ψέγειν τοὺς αὐτούς· ἐπειδὴ πολλάκις μὲν αἱ πρὸς τὸ χεῖρον τῶν πραγμάτων ῥοπαὶ καὶ περιστάσεις ἀλλοιοῦσι τὰς προαιρέσεις τῶν ἀνθρώπων, πολλάκις δὲ αἱ πρὸς τὸ βέλτιον. ἔστι δ' ὅτε κατὰ τὴν ἰδίαν φύσιν ἄνθρωποι, ποτὲ μὲν ἐπὶ τὸ δέον ὁρμῶσι, ποτὲ δ' ἐπὶ τοὐναντίον. Ὧν ἕν τι μοι δοκεῖ καὶ τότε γεγονέναι περὶ τὸν Φίλιππον. ἀσχάλλων γὰρ ἐπὶ τοῖς γεγονόσιν ἐλαττώμασι, καὶ τὸ πλεῖον ὀργῇ καὶ θυμῷ χρώμενος, παραστατικῶς καὶ δαιμονίως ἐνώρμησεν εἰς τοὺς ἐνεστῶτας καιρούς· καὶ τούτῳ τῷ τρόπῳ καταινέστη τῶν Ῥοδίων καὶ τοῦ βασιλέως Ἀττάλου, καὶ καθίκετο τῶν ἑξῆς πράξεων. Ταῦτα μὲν οὖν προήχθην εἰπεῖν, διὰ τὸ τινὰς μὲν πρὸς τῷ τέρματι, καθάπερ οἱ κακοὶ τῶν σταδιέων, ἐγκαταλιπεῖν τὰς ἑαυτῶν προθέσεις, τινὰς δ' ἐν τούτῳ μάλιστα νικᾶν τοὺς ἀντιπάλους.

animatus adversus Rhodios ac Regem Attalum insurrexiſſet, quæ deinceps agere inſtituit, ea ad felicem perduxit exitum. Atque hęc ut dicerem eo ſum impulſus, quod nonnullos viderem circa ipſam metam, ſicut mali curſores in ſtadio ſolent, ſuis deſiſtere inceptis; nonnullos verô, in ea potiſſimum negotiorum parte adverſarios ſuperare.

Ἡ τῆς Ἀβύδου καὶ Σηστοῦ θέσις, καὶ ἡ εὐκαιρεία τῶν πόλεων.

Σύγκρισις τοῦ μεταξὺ Σηστοῦ καὶ Ἀβύδου πορθμοῦ πρὸς τὸν κατὰ τὰς Ἡρακλέους στήλας.

Πῶς Φιλίππου τὴν Ἄβυδον πολιορκοῦντος οἱ Ἀβυδηνοὶ τὰ πρῶτα ἐῤῥωμένως ὑπέμενον τὰς αὐτοῦ ἐπιβολάς.

Πρεσβεία τῶν Ἀβυδηνῶν πρὸς Φίλιππον ἄπρακτος.

Ἡ τῶν Ἀβυδηνῶν ἀπόνοια θαυμαστή τε καὶ φρικτή.

Ἡ Μάρκου Αἰμιλίου ὑπὲρ τῶν Ἀβυδηνῶν ἔντευξις πρὸς Φίλιππον ἄπρακτος.

Πῶς ἁλούσης τῆς πόλεως οἱ Ἀβυδηνοὶ ἑαυτοὺς καὶ τὰς γυναῖκας καὶ τὰ τέκνα διαφόροις τρόποις διεχειρίσαντο.

Situs Abydi & Seſti, & illorum oppidorum opportunitas.

Comparatio freti quod eſt inter Seſtum & Abydum, cum eo quod eſt ad columnas Herculis.

Quomodo Abydum obſidente Philippo Abydeni ejus conatibus primò fortiter reſtiterint.

Legatio Abydenorum ad Philippum, irrita.

Abydenorum deſperatio, mirabilis & horrenda.

M. Æmilii pro Abydenis cum Philippo colloquium, ſed irritum.

Quomodo urbe capta Abydeni ſe, uxores, liberos, vario genere mortis occiderunt.

14 ΤΗΝ δὲ τῆς Ἀβύδου καὶ Σηστοῦ θέσιν, καὶ τὴν εὐκαιρείαν τῶν πόλεων, τὸ μὲν διὰ πλειόνων ἐξαριθμεῖσθαι, μάταιον εἶναί μοι δοκεῖ, διὰ τὸ πάντας ὧν καὶ μικρὸν ὄφελος, ἱστορηκέναι διὰ τὴν

SITUM Abydi & Seſti, earumq; urbium opportunitatem, pluribus velle perſequi, inanis, opinor, fuerit labos: quum propter peculiarem locorum naturam, eam rem omnes, niſi quis plane homo nihi-

nihili sit, exploratam habeant. Summatim tamen velut memoriam lectorum refricare, ut eò magis advertant animum, non inutile impręsentiarum arbitror futurum. Poterit verò aliquis dictarum urbium commoditatem cognoscere, non adeo ipsa contemplans loca illa, ac comparans eadem & contendens cum iis quę jam commemorabimus. Quemadmodum enim ex eo quem Oceanum nonnulli vocant, alii Atlanticum pelagus, ingredi in mare nostrum nemo queat, nisi qui per fretum ad Herculis columnas transierit: ita neque è nostro in Propontidem & Pontum, quisquam veniat, qui per medium fretum inter Sestum & Abydum non introeat. Non secus autem ac si Fortuna, in duobus hisce fretis efficiendis, certam quandam rationem esset secuta, multis partibus Hellespontiaco majus est alterum ad columnas Herculis. istud enim patet in latitudinem, stadia sexaginta: Abydenum, duo solùm: idque eam ob caussam, ut conjectare possit aliquis, quia mare externum multis vicibus nostrum magnitudine superat. Cæterùm quod ad Abydum est majores habet opportunitates eo quod ad columnas Herculis. nam Abydenum utrinque ab hominibus habitatum, propter assidua inter ipsos commercia, portę instar obtinet. quod quidem modò ponte jungitur, ab iis qui pedestri itinere utramque continentem volunt adire; modò navigatur, idque continuè. Contra freto ad columnas Herculis qui utantur rari sunt, & ii quoque raró; tum quia cæteri populi ad eas

ἰδιότητα τῶν τόπων. κεφαλαιωδῶς γε μὴν ὑπομνῆσαι τοὺς ἀναγινώσκοντας ἐπιστάσεως χάριν, οὐκ ἄχρηστον εἶναι νομίζω πρὸς τὸ παρόν. Γνοίη δ' ἄν τις τὰ περὶ τὰς προειρημένας πόλεις, οὐχ οὕτως ἐξ αὐτῶν τῶν ὑποκειμένων τόπων, ὡς ἐκ τῆς παραθέσεως καὶ συγκρίσεως τῶν λέγεσθαι μελλόντων. Καθάπερ γὰρ οὐδ' ἐκ τοῦ παρὰ μέν τισιν Ὠκεανοῦ προσαγορευομένου, παρὰ δέ τισιν Ἀτλαντικοῦ πελάγους δυνατὸν εἰς τὴν καθ' ἡμᾶς θάλασσαν εἰσπλεῦσαι, μὴ οὐχὶ διὰ τοῦ καθ' Ἡρακλέους στήλας περαιωθέντα στόματος· οὕτως οὐδ' ἐκ τῆς καθ' ἡμᾶς εἰς τὴν Προποντίδα καὶ τὸν Πόντον ἀφικέσθαι, μὴ οὐχὶ διὰ τοῦ μεταξὺ Σηστοῦ καὶ Ἀβύδου διαστήματος ποιησάμενον τὸν εἴσπλουν. Ὥσπερ δὲ πρός τινα λόγον τῆς τύχης ποιουμένης τὴν κατασκευὴν ἀμφοτέρων τῶν πορθμῶν, πολλαπλάσιον εἶναι συμβαίνει τὸν καθ' Ἡρακλέους στήλας πόρον τοῦ κατὰ τὸν Ἑλλήσποντον. ὁ μὲν γάρ ἐστιν ἑξήκοντα σταδίων· ὁ δὲ κατὰ τὴν Ἄβυδον δυοῖν, ὡσανεί τινος τεκμαιρομένου διὰ τὸ πολλαπλασίαν εἶναι τὴν ἔξω θάλατταν τῆς καθ' ἡμᾶς. εὐκαιρότερον μέν τοί γε τοῦ καθ' Ἡρακλέους στήλας στόματός ἐστι, τὸ κατὰ τὴν Ἄβυδον. τὸ μὲν γὰρ ἐξ ἀμφοῖν ὑπ' ἀνθρώπων οἰκούμενον, πύλης ἔχει διάθεσιν διὰ τὴν πρὸς ἀλλήλους ἐπιμιξίαν· ποτὲ μὲν γεφυρούμενον ὑπὸ τῶν πεζεύειν ἐπ' ἀμφοτέρας τὰς ἠπείρους προαιρουμένων· ποτὲ δὲ πλωτευόμενον συνεχῶς. τὸ δὲ καθ' Ἡρακλέους στήλας, σπάνιον ἔχει τὴν χρῆσιν, καὶ σπανίοις διὰ τὴν ἀνεπιμιξίαν τῶν ἐθνῶν τῶν πρὸς τοῖς πέρασι κατοικούντων τῆς Λιβύης καὶ τῆς Εὐρώπης, καὶ διὰ τὴν ἀγνωσίαν τῆς ἐκτὸς θαλάττης. Αὕτη δ' ἡ τῶν Ἀβυδηνῶν πόλις περιέχεται μὲν ἐξ ἀμφοῖν τοῖν μεροῖν ὑπὸ τῶν τῆς Εὐρώπης ἀκρωτηρίων· ἔχει δὲ λιμένα δυνάμενον σκέπειν ἀπὸ παντὸς ἀνέμου τοὺς ἐνορμῶντας.: ἐκτὸς δὲ τῆς εἰς τὸν λιμένα καταγωγῆς, οὐδ' ὡς οὐδαμῇ δυνατόν ἐστιν ὁρμῆσαι πρὸς τὴν πόλιν, διὰ τὴν ὀξύτητα καὶ βίαν τοῦ ῥοῦ τοῦ κατὰ τὸν πόρον.

15 Οὐ μὴν ἀλλ' ὅγε Φίλιππος τὰ μὲν ἀποσταυρώσας, τὰ δὲ περιχαρακώσας, τοὺς Ἀβυδηνοὺς ἐπολιόρκει, καὶ κατὰ γῆν ἅμα καὶ κατὰ θάλατταν. Ἡ δὲ πρᾶξις αὕτη κατὰ μὲν τὸ μέγεθος τῆς παρασκευῆς καὶ τὴν ποικιλίαν τῶν ἐν τοῖς ἔργοις ἐπινοημάτων, δι' ὧν οἱ πολιορκοῦντες καὶ πολιορκούμενοι πρὸς ἀλλήλους εἰώθασιν ἀντιμηχανᾶσθαι καὶ φιλοτεχνεῖν, οὐ γέγονε θαυμάσιος· κατὰ δὲ τὴν γενναιότητα τῶν πολιορκουμένων καὶ τὴν ὑπερβολὴν τῆς εὐψυχίας, εἰ καί τις ἄλλη μνήμης ἀξία καὶ παραδόσεως· τὰς μὲν γὰρ ἀρχὰς πιστεύοντες αὑτοῖς οἱ τὴν Ἄβυδον κατοικοῦντες, ὑπέμενον ἐρρωμένως τὰς τοῦ Φιλίππου παρασκευάς· καὶ τῶν τε κατὰ θάλατταν προσαχθέντων μηχανημάτων τὰ μὲν τοῖς πετροβόλοις τύπτοντες, διεσάλευσαν· τὰ δὲ τῷ πυρὶ διέφθειραν· ὥστε οὕτω καὶ τὰς ναῦς μόλις ἀνασπάσαι τοὺς πολεμίους ἐκ τοῦ κινδύνου. τοῖς δὲ κατὰ γῆν ἔργοις, ἕως μέν τινος προσαντεῖχον εὐψύχως, οὐκ ἀπελπίζοντες κατακρατήσειν τῶν πολεμίων. ἐπειδὴ δὲ τὸ μὲν ἐκτὸς τοῦ τείχους ἔπεσε διὰ τῶν ὀρυγμάτων· μετὰ δὲ ταῦτα διὰ τῶν μετάλλων ἤγγιζον οἱ Μακεδόνες τῷ

gentes, quæ fines illos ultimos Africæ & Europæ colunt, raro commeant; tum etiam quod mare exterius est ignotum. Hæc porrò urbs Abydus promontoriis duobus Europæ hinc & inde cingitur. Portum habet, quò si navem applicueris, ab omni vento eris tutus. quod si quis in portum non appulerit, is nulla plane ratione ad urbem stare in ancoris poterit; ea rapiditate & violentia labentes per fretum aquæ agitantur.

Philippus quum urbi Abydo hinc munimentum è sudibus defixis objecisset, inde eos circumvallasset, à terra simul & à mari obsidione Abydenos premebat. Hæc autem obsidio, etsi quod ad magnitudinem apparatuum, & varietatem inventorum in operibus struendis, quæ obsidentes obsessique in mutuam perniciem moliri solent, & studiose excogitare, nequaquam fuit admirabilis; propter obsessorum tamen generositatem, & supra quàm dici queat celsum animum, digna est profectò, si qua ulla alia, cujus memoria posteris tradatur. Principio oppidani suis freti viribus, conatus Philippi valenter sustinebant. Et illas quidem machinas quæ à mari admovebantur, partim ballistis quassatas non patiebantur consistere; partim igne corrumpebant: adeo ut ipsas quoque naves ægre periculo hostes eripuerint. Iis verò operibus quæ a terra excitabantur, quum aliquandiu fortiter restitissent, non sine spe, victis hostibus superiores se tandem futuros: postquam exteriore muro cuniculis subruto, Macedones agendis item cuniculis interiori jam muro

qui

qui è regione collapsi, inque ejus vicem fuerat excitatus, appropinquabant; tunc temporis obsessi missis legatis Iphiade & Pantacnoto, cum Philippo egerunt, ut urbem acciperet; milites ab Rhodiis & Attalo præsidio missos data fide dimitteret; liberos homines sineret quò sua quemque voluntas impelleret, & quò posset, cum eis quæ gestarent vestimentis, excedere. Jubente Philippo ut vel permitterent sibi omnia, vel fortiter pugnarent, redeunt legati. Abydeni auditis quæ renuntiabantur, in desperationem adducti, conveniunt in concionem, de rebus præsentibus consultaturi. Visum illis faciendum, primùm ut servos libertate donarent, quò fideles eos & promptos adjutores in omnibus haberent: deinde ut matronas omnes in templo Dianæ congregarent; infantes cum nutricibus in Gymnasio; argentum dein omne & aurum in forum deferrent; pretiosam pariter vestem in quadriremem Rhodiam & triremem Cyzicenam. Hęc cum proposuissent, ac mox consentientibus suffragiis, sicut fuerat decretum, essent exsecuti; in concionem rursus convenerunt. ibi delecti quinquaginta è senioribus, viri maxima auctoritate præditi, & eo corporis robore, ut peragere quod foret constitutum possent; Hi coram universis civibus jusjurandum adacti, se ubi interiorem murum occupatum ab hoste vidissent, infantes & conjuges fore occisuros; naves modo dictas incensuros; argentum & aurum, sicut devovissent, in mare conjectu-

κατὰ τὸ πεπτωκὸς ὑπὸ τὸ ἔνδοθεν ἀν-
τῳκοδομημένον τεῖχος· τὸ τηνικάδε
πέμψαντες πρεσβευτὰς Ἰφιάδην καὶ
Παντάκνωτον, ἐκέλευον παραλαμβάνειν τὸν Φίλιππον τὴν πόλιν· τοὺς μὲν
στρατιώτας ὑποσπόνδους ἀφέντα τοὺς
παρὰ Ῥοδίων καὶ παρ' Ἀττάλου· τὰ
δ' ἐλεύθερα τῶν σωμάτων ἐάσαντα
σώζεσθαι κατὰ δύναμιν, οὗ ποτ' ἂν ἕκαστος προαιρῆται μετὰ τῆς ἐσθῆτος τῆς περὶ
τὸ σῶμα. τοῦ δὲ Φιλίππου προστάτ-
τοντος περὶ πάντων ἐπιτρέπειν, ἢ
μάχεσθαι γενναίως· οὗτοι μὲν ἐπανῆλθον. οἱ δ' Ἀβυδηνοὶ πυθόμενοι τὰ I
λεγόμενα, συνελθόντες εἰς ἐκκλησίαν, ἐβουλεύοντο περὶ τῶν ἐνεστώτων,
ἀπονοηθέντες ταῖς γνώμαις. Ἔδοξεν
οὖν αὐτοῖς, πρῶτον μὲν τοὺς δούλους
ἐλευθεροῦν, ἵνα συναγωνιστὰς ἔχοιεν
ἀπροφασίστους· ἔπειτα συναθροῖσαι
τὰς μὲν γυναῖκας εἰς τὸ τῆς Ἀρτέμιδος ἱερὸν ἁπάσας, τὰ δὲ τέκνα σὺν
ταῖς τροφοῖς εἰς τὸ γυμνάσιον· ἑξῆς
δὲ τούτοις τὸν ἄργυρον καὶ τὸν χρυσὸν εἰς
τὴν ἀγορὰν συναγαγεῖν. ὁμοίως δὲ καὶ τὸν
ἱματισμὸν τὸν ἀξιόλογον, εἰς τὴν τετρή-
ρη τὴν Ῥοδίαν, καὶ τὴν τριήρη τὴν τῶν Κυζι-
κηνῶν. Ταῦτα δὲ προθέμενοι καὶ
πράξαντες ὁμοθυμαδὸν κατὰ τὸ δόγμα, πάλιν συνηθροίσθησαν εἰς τὴν
ἐκκλησίαν· καὶ πεντήκοντα προεχειρίσαντο τῶν πρεσβυτέρων ἀνδρῶν, καὶ
μάλιστα πιστευομένων, ἔτι δὲ τὴν σωματικὴν δύναμιν ἐχόντων πρὸς τὸ
δύνασθαι τὸ κριθὲν ἐπιτελεῖν· καὶ τούτους ἐξώρκισαν ἐναντίον ἁπάντων τῶν
πολιτῶν· ἦ μὴν ἐὰν ἴδωσι τὸ διατείχισμα καταλαμβανόμενον ὑπὸ τῶν
ἐχθρῶν, κατασφάξειν μὲν τὰ τέκνα
καὶ τὰς γυναῖκας, ἐμπρήσειν δὲ τὰς
προειρημένας ναῦς, ῥίψειν δὲ κατὰ τὰς
ἀρὰς τὸν ἄργυρον καὶ τὸν χρυσὸν εἰς τὴν

θάλατταν. Μετὰ δὲ ταῦτα παραστησάμενοι τοὺς ἱερέας, ὤμνυον πάντες ἢ κρατήσειν τῶν ἐχθρῶν, ἢ τελευτήσειν μαχόμενοι περὶ τῆς πατρίδος. ἐπὶ δὲ πᾶσι σφαγιασάμενοι, κατάρας ἠνάγκαζον ἐπὶ τῶν ἐμπύρων ποιεῖσθαι τοὺς ἱερέας καὶ τὰς ἱερείας περὶ τῶν προειρημένων. ταῦτα δ' ἐπικυρώσαντες, τοῦ μὲν ἀντιμεταλλεύειν τοῖς πολεμίοις ἀπέστησαν· ἐπὶ δὲ τοιαύτην γνώμην κατέστησαν, ὥστ' ἐπειδὰν πέσῃ τὸ διατείχισμα, τότ' ἐπὶ τοῦ πτώματος διαμάχεσθαι καὶ διαπο-
17 θνήσκειν πρὸς τοὺς βιαζομένους. Ἐξ ὧν εἴποι τις ἂν καὶ τὴν λεγομένην Φωκικὴν ἀπόνοιαν καὶ τὴν Ἀκαρνάνων εὐψυχίαν ὑπερβεβληκέναι τὴν τῶν Ἀβυδηνῶν τόλμαν. Φωκεῖς τε γὰρ δοκοῦσι τὰ παραπλήσια βουλεύσασθαι περὶ τῶν ἀναγκαίων οὐκ εἰς τέλος ἀπηλπισμένας ἔχοντες τὰς τοῦ νικᾶν ἐλπίδας, διὰ τὸ μέλλειν ποιεῖσθαι τὸν κίνδυνον πρὸς τοὺς Θετταλοὺς ἐν τοῖς ὑπαίθροις ἐκ παρατάξεως. ὁμοίως δὲ καὶ τὸ τῶν Ἀκαρνάνων ἔθνος, ὅτε προαισθόμενον τὴν Αἰτωλῶν ἔφοδον, ἐβουλεύσαντο παραπλήσια περὶ τῶν ἐνεστώτων. ὑπὲρ ὧν τὰ κατὰ μέρος ἡμεῖς ἐν τοῖς πρὸ τούτων ἱστορήκαμεν. Ἀβυδηνοὶ δὲ συγκεκλεισμένοι, καὶ σχεδὸν ἀπηλπικότες τὴν σωτηρίαν, πανδημεὶ προείλοντο τῆς εἱμαρμένης τυχεῖν μετὰ τῶν τέκνων καὶ τῶν γυναικῶν μᾶλλον, ἢ ζῶντες ἔτι πρόληψιν ἔχειν τοῦ πεσεῖσθαι τὰ σφέτερα τέκνα καὶ τὰς γυναῖκας ὑπὸ τὴν τῶν ἐχθρῶν ἐξουσίαν. Διὸ καὶ μάλιστ' ἄν τις ἐπὶ τῆς Ἀβυδηνῶν περιπετείας μέμψαιτο τῇ τύχῃ, διότι τὰς μὲν τῶν προειρημένων συμφορὰς

ros. Secundum hæc præeuntibus execrabile carmen ſacerdotibus, jurarunt omnes, aut hoſtem ſuperaturos ſe, aut pro patria dimicantes mortem oppetituros. Poſtremò mactatis victimis, dum ſacra in aris adolentur, ſexus utriuſque ſacerdotes ſuper iis quæ diximus diras coëgerunt concipere. Quæ omnia ut firmarunt, à fodiendis cuniculis contra hoſtium cuniculos ſuperſederunt; verùm in eam cuncti ſententiam conſenſerunt; ut poſtquam murus interior foret dejectus, ruinis inſiſtentes adverſus irrumpentem hoſtem dimicantes, veſtigiis ſuis immorerentur. Ut poſſit aliquis meritò dicere, Abydenorum audaciam & Phocenſium deſperationem & Acarnanum animoſitatem ſuperaſſe. Nam & Phocenſes de ſuis neceſſariis idem creduntur feciſſe decretum, non prorſus deſperantes de victoria, cum inibi eſſent, ut in aperto & patentibus campis adverſus Theſſalos acie juſta decertarent. Et gens quoque Acarnanum certior facta de Ætolorum adverſus ſe ſuſcepta expeditione, ſimile conſilium ſuper rebus ſuis inivit; ſicut in ſuperioribus ſigillatim eſt à nobis oſtenſum. Abydeni verò omni ex parte concluſi, & ſalutem ſuam prope jam deſperantes, fato defungi cum liberis & conjugibus ſimul cuncti præoptarunt, quàm ut viventes cogitationem illam præciperent; & uxores mox & liberos ſuos in poteſtatem hoſtium eſſe venturos. Itaque de Abydenorum maxime caſu cum Fortuna fas ſit expoſtulare; quæ Phocenſium & Acarnanum calamitates miſerata, in meliorem repente statum eos restituit, victoriam simul & salutem iis largita, quos omnis penitus spes bona destituerat: de Abydenis verò mente fuit contraria. Nam viri occubuerunt; urbs capta est; liberi cum ipsis matribus in potestatem hostium venerunt. Postquam enim murus interior ceciderat, militaris ætas ruinis insistens, sicut omnes juraverant, adeo audacter in hostem pugnavit, ut Philippus, qui fessis Macedonibus recentes subinde ad noctem usque submiserat, pugna tandem abstiterit, de exitu totius incepti pene jam desperans. Non enim super mortuorum cadaveribus tantum ingredientes, qui in prima acie Abydenorum stabant, incredibili cum ardore dimicabant; neque gladiis tantum & hastis præcipiti quadam audacia rem gerebant; sed etiam, ubi quidque horum redditum inutile, nulli poterat esse usui, aut illud connisi ejecerant de manibus; cum Macedonibus de cætero comminus congredientes, alios cum suis ipsorum armis subvertebant; aliorum sarissas confringebant, deinde illa ipsa fragmenta in contrarium vertentes, cuspidibus facies hostium, & quicquid in iis nudum appareret, cædentes, tantum eis periculi facessserunt, ut animos penitus desponderent. Ubi nox lucem abstulit, prælii factus est finis. Quum autem plurimi illis ruinis essent immortui, ac reliqui præ lassitudine & vulneribus, exhaustis penitus essent viribus, Glaucides & Theognetus paucis è senioribus convocatis, spe ducti propriæ salutis, decus illud ingens &

οἷον ἐλεήσασα, παραυτίκα διωρθώσατο, περιθεῖσα τὴν νίκην ἅμα καὶ τὴν σωτηρίαν τοῖς ἀπηλπισμένοις· περὶ δὲ Ἀβυδηνῶν τὴν ἐναντίαν εἶχε διάληψιν. οἱ μὲν γὰρ ἄνδρες ἀπέθανον, ἡ δὲ πόλις ἑάλω, τὰ δὲ τέκνα σὺν αὐταῖς μητράσιν ἐγένετο τοῖς ἐχθροῖς ὑποχείρια.
Πεσόντος γὰρ τοῦ διατειχίσματος, 18
ἐπιβάντες ἐπὶ τὸ πτῶμα κατὰ τοὺς ὅρκους, διεμάχοντο τοῖς πολεμίοις οὕτω τετολμηκότως, ὥστε τὸν Φίλιππον καίπερ ἐκ διαδοχῆς προβαλόντα τοὺς Μακεδόνας ἕως νυκτὸς τέλος ἀποστῆναι τῆς μάχης, δυσελπιστήσαντα καὶ περὶ τῆς ὅλης ἐπιβολῆς. Οὐ γὰρ μόνον ἐπὶ τοὺς θνήσκοντας τῶν πολεμίων ἐπιβαίνοντες ἠγωνίζοντο μετὰ παραστάσεως οἱ προκινδυνεύοντες τῶν Ἀβυδηνῶν, οὐδὲ τοῖς ξίφεσι καὶ τοῖς δόρασιν αὐτοῖς ἐμάχοντο παραβόλως· ἀλλ᾽ ὅτε τι τούτων ἀχρειωθὲν ἀδυνατήσειεν, ἢ μετὰ βίας περιοῖντο ἐκ τῶν χειρῶν, συμπλεκόμενοι τοῖς Μακεδόσιν, οὓς μὲν ἀνέτρεπον ὁμοῦ τοῖς ὅπλοις, ὧν δὲ συντρίβοντες τὰς σαρίσσας, αὐτοῖς τοῖς ἐκείνων κλάσμασιν ἐκ διαλήψεως τύπτοντες αὐτῶν ταῖς ἐπιδορατίσι τὰ πρόσωπα καὶ τοὺς γυμνοὺς τόπους, εἰς ὁλοσχερῆ διατροπὴν ἦγον. Ἐπιγενομένης δὲ τῆς νυκτὸς, καὶ διαλυθείσης τῆς μάχης, τῶν μὲν πλείστων τεθνεώτων ἐπὶ τοῦ πτώματος, τῶν δὲ λοιπῶν ὑπὸ τοῦ κόπου καὶ τῶν τραυμάτων ἀδυνατούντων, συναγαγόντες ὀλίγους τινὰς τῶν πρεσβυτέρων Γλαυκίδης καὶ Θεόγνητος, κατέβαλον τὸ σεμνὸν καὶ θαυμάσιον τῆς τῶν πολιτῶν προαιρέ-

admirabile adeo generosæ men-

πως διὰ τὰς ἰδίας ἐλπίδας. ἐβε-
λεύσαντο γὰρ τὰ μὲν τέκνα καὶ τὰς
γυναῖκας ζωγρεῖν, ἅμα δὲ τῷ
φωτὶ τοὺς ἱερεῖς καὶ τὰς ἱερείας ἐκπέμπειν μετὰ στεμμάτων πρὸς τὸν Φίλιππον, δεησομένους καὶ παραδι-
19 δόντας αὐτῷ τὴν πόλιν. Κατὰ δὲ
τοὺς καιροὺς τούτους Ἄτταλος ὁ
βασιλεὺς ἀκούσας πολιορκεῖσθαι
τοὺς Ἀβυδηνοὺς, δι᾽ Αἰγαίου
ποιησάμενος τὸν πλοῦν εἰς Τέ-
νεδον· ὁμοίως δὲ καὶ τῶν Ῥωμαίων Μάρκος Αἰμύλιος ὁ νεώ-
τατος ἧκε καταπλέων εἰς αὐτὴν
τὴν Ἄβυδον. Οἱ γὰρ Ῥωμαῖοι τὸ σα-
φὲς ἀκούσαντες ἐν τῇ Ῥόδῳ περὶ
τῆς τῶν Ἀβυδηνῶν πολιορκίας, καὶ βουλόμενοι πρὸς αὐτὸν τὸν Φίλιππον
ποιήσασθαι τοὺς λόγους κατὰ τὰς ἐντολὰς, ἐπιστήσαντες τὴν πρὸς τοὺς βασιλέας ὁρμὴν ἐξέπεμψαν τὸν προειρημένον. ὃς καὶ συμμίξας περὶ τὴν Ἄβυδον, διεσάφει τῷ βασιλεῖ διότι δέδοκται τῇ συγκλήτῳ παρακαλεῖν αὐτὸν,
μήτε τῶν Ἑλλήνων μηδενὶ πολεμεῖν,
μήτε τοῖς Πτολεμαίου πράγμασιν
ἐπιβάλλειν τὰς χεῖρας· περὶ δὲ τῶν εἰς
Ἄτταλον καὶ Ῥοδίους ἀδικημάτων δίκας ὑπέχειν. καὶ διότι ταῦτα μὲν οὕτω
πράττοντι, τὴν εἰρήνην ἄγειν ἐξέσται· μὴ
βουλομένῳ δὲ πειθαρχεῖν, ἑτοίμως ὑπάρξειν τὸν πρὸς Ῥωμαίους πόλεμον. τοῦ
δὲ Φιλίππου βουλομένου διδάσκειν, ὅτι
Ῥόδιοι τὰς χεῖρας ἐπιβάλοιεν αὐτῷ,
μεσολαβήσας ὁ Μάρκος ἤρετο· τί δ᾽
Ἀθηναῖοι; τί δὲ Κιανοί; τί δὲ νῦν Ἀβυ-
δηνοί; καὶ τούτων τίς, ἔφη, σοὶ πρότε-
ρος ἐπέβαλε τὰς χεῖρας; ὁ δὲ βασιλεὺς ἐξαπορήσας κατὰ τρεῖς τρόπους
ἔφησεν αὐτῷ συγγνώμην ἔχειν ὑπερη-
φάνως ὁμιλοῦντι· πρῶτον μὲν ὅτι νέος
ἐστὶ, καὶ πραγμάτων ἄπειρος· δεύτε-

tis, civibus suis juerunt detractum. Statuerunt enim, liberis ac conjugi bus vitam servare; & prima luce sa cerdotes utriusque sexus cum vela mentis ad Philippum mittere, qu urbem illi tradentes, exitium depre carentur. Sub idem verò tempu Rex Attalus, audita Abydenoru obsidione, per Ægæum mare ad T nedum venit; itemque ex iis legat Romanis qui ad Reges Ptolemæu & Antiochum missi erant, M Æmi lius, minimus natu, ad ipsam Aby dum navigavit. Nam legati, audit Rhodi quod res erat de obsidion Abydi, cum ipso Philippo colloqu cupientes, sicut in mandatis acce perant, inhibito itinere ad Reges hunc miserant. qui ad Abydu cum Philippo congressus ei signi ficavit, decrevisse senatum, a ipso petere, ne ulla cum Græco rum gente bellaret, neve Ptole mæi rebus manus injiceret: & u pro injuriis Attalo atque Rhodii illatis, judicium subiret. Hæc faceret, quo minus pace frueretur nihil vetare: si non obtemperaret bellum illi à populo Rom. esse pa ratum. Quum Rex à Rhodiis ul tro se lacessitum docere conare tur, interfatur Æmilius, & Qui Athenienses? ait. quid Ciani quid nunc Abydeni? quis horu te prior lacessivit? Tum Rex qui responderet nihil habens; tres caus sas esse dixit, cur ipse ei superbiu & ferocius secum agenti, daret ve niam: primùm, quod juvenis rerum rudis esset: deinde quo

form

forma suos æquales antecederet; & erat ita re vera: tertiò quod Romanus esset. Ego verò, inquit, maxime quidem illud opto, ne fœdus Romani violent, & bellum nobiscum ne gerant: sin illud quoque fecerint; deos venerati, fortiter nos defendemus. Quæ postquam dicta essent, à Philippo discessit Æmilius. Rex urbis potitus, opes Abydenorum nactus ab ipsismet congestas, ex facili eas accepit; deinde impetum tot numero civium conspicatus, qui sese, liberos suos, & conjuges jugulabant, occidebant, suspendebant, in puteos conjiciebant, de tectis præcipites dabant, eo spectaculo obstupefactus, & rem ægre ferens, edixit; Tridui spatium se illis concedere, qui laqueo vitam finire aut jugulare se vellent. Verum Abydeni, qui jam ita de se statuerant, ut fuerat ab ipsis initio decretum, & prodi à se illos existimabant, qui pro patria strenuè dimicantes occubuerant; vivere diutius non sustinebant, nisi forte vinculis aut alia vi præpedirentur: reliqui sine ulla cunctatione, per cognationes ad mortem ruebant.

ἔθνει, ὅτι κάλλιστος ὑπάρχει τῶν καθ' αὑτόν· καὶ γὰρ ἦν τοῦτο κατὰ ἀλήθειαν .... μάλιστα μὲν ἀξιῶ Ῥωμαίους, ἔφη, μὴ παραβαίνειν τὰς συνθήκας, μηδὲ πολεμεῖν ἡμῖν· ἐὰν δὲ καὶ τοῦτο ποιῶσιν, ἀμυνούμεθα γενναίως παρακαλέσαντες τοὺς θεούς. οὗτοι μὲν οὖν ταῦτα εἰπόντες διεχωρίσθησαν ἀπ' ἀλλήλων. Ὁ δὲ Φίλιππος κυριεύσας τῆς πόλεως, τὴν ὕπαρξιν ἅπασαν καταλαβὼν συνηθροισμένην ὑπὸ τῶν Ἀβυδηνῶν, ἐξ ἑτοίμου παρέλαβε. θεωρῶν δὲ τὸ πλῆθος καὶ τὴν ὁρμὴν τῶν σφᾶς αὐτοὺς καὶ τὰ τέκνα καὶ τὰς γυναῖκας ἀποσφαττόντων, κατακαιόντων, ἀπαγχόντων, εἰς τὰ φρέατα ῥιπτούντων, κατακρημνιζόντων ἀπὸ τῶν τεγῶν, ἐκπλαγὴς ἦν· καὶ διαλγῶν ἐπὶ τοῖς γινομένοις, παρήγγειλε· διότι τρεῖς ἡμέρας ἀναστροφὴν δίδωσι τοῖς βουλομένοις ἀπάγχεσθαι καὶ σφάττειν αὑτούς. Οἱ δ' Ἀβυδηνοὶ προδιειληφότες ὑπὲρ αὑτῶν κατὰ τὴν ἐξ ἀρχῆς στάσιν, καὶ νομίζοντες οἱονεὶ προδόται γεγονέναι τῶν ὑπὲρ τῆς πατρίδος ἠγωνισμένων καὶ τεθνεώτων, οὐδαμῶς ὑπέμενον τὸ ζῆν, ὅσοι μὴ δεσμοῖς ἢ τοιαύταις ἀνάγκαις προκατελήφθησαν. οἱ δὲ λοιποὶ πάντες ὥρμων ἀμελλήτως κατὰ συγγενείας ἐπὶ τὸν θάνατον.

Philopœmenis Prætoris Achæorum adversus Nabidem Lacedæmoniorum tyrannum expeditio.

Φιλοποίμενος τοῦ τῶν Ἀχαιῶν στρατηγοῦ ἔξοδος κατὰ Νάβιδος τοῦ Λακεδαιμονίων τυράννου.

Qua ratione Philopœmen Achæorum copias Tegeam ita convocaverit, ut ignari totius incepti, & quò irent, omnibus

Τίνι τρόπῳ Φιλοποίμην τὴν συλλογὴν τῶν Ἀχαιῶν εἰς Τεγέαν ἐχειρίσατο, ὥστε συνέρχεσθαι αὐτοὺς ἁπανταχόθεν εἰς ἕνα καιρὸν ῥεῖν, περὶ τῆς ἐπιβολῆς μηδὲν εἰδότας, οὔτε ποῦ πορεύονται.

ex locis tempore eodem convenirent.

ὉΔΕ Φιλοποίμην ἐξελογίσατο τὰ διαστήματα τῶν Ἀχαϊκῶν πόλεων ἁπασῶν, καὶ ποῖαι δύνανται κατὰ τὰς αὐτὰς ὁδοὺς εἰς τὴν Τεγέαν παραγίγνεσθαι· λοιπὸν, ἐπιστολὰς ἔγραψε πρὸς πάσας τὰς πόλεις, καὶ ταύτας διέδωκε ταῖς πορρωτάτω πόλεσι, μερίσας οὕτως, ὥστε καθ' ἑκάστην ἔχειν μὴ μόνον τὰς ἑαυτῆς· ἀλλὰ καὶ τὰς τῶν ἄλλων πόλεων, ὅσαι κατὰ τὴν αὐτὴν ὁδὸν ἔπιπτον. ἐγέγραπτο δ' ἐν ταῖς πρώταις τοῖς Ἀποτελείοις τοιαῦτα· Ὅταν κομίσησθε τὴν ἐπιστολὴν, παραχρῆμα ποιήσασθε τοὺς ἐν ταῖς ἡλικίαις ἔχοντας τὰ ὅπλα, καὶ πένθ' ἡμερῶν ἐφόδια, καὶ πᾶν τἀργύριον ἀθροίζεσθαι παραυτίκα πάντας εἰς τὴν ἀγοράν· ἐπειδὰν δὲ συλλεχθῶσιν, οἱ παρόντες ἀναλαβόντες αὐτοὺς, ἄγετε εἰς τὴν ἑξῆς πόλιν. ὅταν δ' ἐκεῖ παραγένησθε, τὴν ἐπιστολὴν ἀπόδοτε τὴν ἐπιγεγραμμένην τῷ παρ' ἐκείνων Ἀποτελείῳ, καὶ πειθαρχεῖτε τοῖς ἐγγεγραμμένοις. Ἐνεγέγραπτο δ' ἐν ταύτῃ ταὐτὰ τοῖς πρόσθεν, πλὴν διότι τὸ τῆς ἑξῆς κειμένης ὄνομα πόλεως, οὐ ταὐτὴν εἶχεν εἰς ἣν ἔδει προάγειν. τούτου δὲ τοῦ χειρισμοῦ γινομένου κατὰ τὸ συνεχὲς, πρῶτον μὲν οὐδεὶς ἐγίγνωσκε πρὸς τίνα πρᾶξιν ἢ πρὸς ποίαν ἐπιβολήν ἐστιν ἡ παρασκευή· εἶτα ποῦ πορεύεται, πλὴν τῆς ἑξῆς πόλεως, οὐδεὶς ἁπλῶς ᾔδει. πάντες δὲ διαποροῦντες καὶ παραλαμβάνοντες ἀλλήλους, προῆγον εἰς

PHILOPOEMEN quum intervalla omnium Achaïcarum urbium apud se perpendisset, & quænam essent, è quibus Tegeam viâ eâdem veniri posset; epistolas de cætero ad omnes scripsit; easque ad remotissimas quasque urbes curavit perferendas; ita fasciculos earum concinnans, ut singulæ acciperent, non solum quæ sibi essent scriptæ; sed etiam quæ ad alia oppida, quæcunque in viam eandem incidebant. In illis primis scriptum erat ad Præfectos urbium: His literis acceptis, date operam ut omnis confestim militaris ætas armis, viatico ad dies quinque, & pecunia instructa, in forum subitò conveniat; quò ut convenerint, vos Præfecti qui aderitis ipsos sumite, & ad proximam urbem ducite. eò postquam erit ventum, date Præfecto ejus oppidi epistolam illi inscriptam, & quod in ea scriptum erit facite. Scriptum autem erat in hac quoque, idem atque in prioribus literis: nisi quod urbis deinceps sequentis ad quam fuit pergendum non adscribebatur idem nomen. Quæ ratio, quum in singulis urbibus per quas iter erat, fuisset observata, illud eveniebat, ut nemo sciret prorsus, neque cujus facinoris aut incepti gratiâ hic fieret apparatus, neque quo iretur, excepta urbe dumtaxat proxima. verùm omnes pariter incerti, sese invicem assumebant, & ad ulteriora perge-

pergebant. Jam quia non omnes quæ longiſſimè diſtabant à Tegea urbes pari intervallo aberant, non eadem hora cunctis illis redditæ ſunt literæ; ſed ſingulis pro ratione intervalli. Unde evenit, ut neque Tegeatis ſcientibus quid pararetur, neque iis qui adveniebant, omnes Achæi Tegeam cum armis omnibus portis ingrederentur. Hoc autem ſtratagemate ut uteretur, propterea Philopœmeni venit in mentem, quia Tyranni ſpeculatoribus & certis hominibus qui rumuſculos omnes captabant, omnia erant plena. Quo die univerſi Achæi Tegeam erant conventuri, ſelectorum manum miſit, juſſam, ubi noctem circa Sellaſiam egiſſent, ut die ſequenti ſimul illuxiſſet, Laconicam incurſarent. quod ſi miles conductitius ad ferendam opem accurreret, ac negotium eis faceſſeret, ad Scotitam ſe ut reciperent juſſit, & de cætero Didaſcalondæ Cretenſi parerent. hujus enim fidei permiſerat, & mandata de univerſo incepto dederat. Igitur ad conſtitutum locum fiduciæ pleni progrediuntur iſti: at Philopœmen, tempori cœnam ſumere juſſis Achæis, Tegea exercitum eduxit. & quum per noctem citatim contendiſſet, ſub diluculum ſuos in inſidiis circa Scotitam collocavit: eſt id loci nomen inter Tegeam & Lacedæmonem. Poſtridie ejus diei, conductitiorum præſidium quod erat Pellenæ, ſimul ac incurſionem Achæorum, ſigno dato, ei qui in ſpeculis ſtabant, ſignificaſſent, è veſtigio, ſicut erant ſoliti, auxiliatum veniunt, & hoſtibus in-

πύμπροσθεν. τῷ δὲ μὴ τὸ ἴσον ἀπέχειν τῆς Τεγέας τὰς πορρωτάτω κειμένας πόλεις, οὐχ ἅμα πάσαις ἀπεδόθη τὰ γράμματα ταῦτα, ἀλλὰ κατὰ λόγον ἑκάσταις. ἐξ ὧν συνέβη μήτε τῶν Τεγεατῶν εἰδέναι τὸ μέλλον, μήτε τῶν παραγινομένων, ἅμα πάντας τοὺς Ἀχαιοὺς καὶ κατὰ πάσας τὰς πύλας εἰς τὴν Τεγέαν εἰσπορεύεσθαι σὺν τοῖς ὅπλοις.

21 Ταῦτα δὲ διεστρατήγει καὶ παρεβάλλετο τῇ διανοίᾳ, διὰ τὸ πλῆθος τῶν ὠτακουστῶν καὶ κατασκόπων τοῦ Τυράννου. Κατὰ δὲ τὴν ἡμέραν, ἐν ᾗ συναθροίζεσθαι τὸ πλῆθος ἔμελλε τῶν Ἀχαιῶν εἰς Τεγέαν, ἐξαπέστελλε τοὺς ἐπιλέκτους, ὥστε νυκτερεύσαντας περὶ Σελλασίαν, ἅμα τῷ φωτὶ κατὰ τὴν ἐπιοῦσαν ἡμέραν ἐπιτρέχειν τὴν Λακωνικήν. ἐὰν δ' οἱ μισθοφόροι βοηθήσαντες παρενοχλῶσιν αὐτοὺς, συνέταξε ποιεῖσθαι τὴν ἀποχώρησιν ἐπὶ τὸν Σκοτίταν, καὶ τὰ λοιπὰ πειθαρχεῖν Διδασκαλώνδᾳ τῷ Κρητί. τούτῳ γὰρ ἐπεπιστεύκει καὶ διετέτακτο περὶ τῆς ὅλης ἐπιβολῆς. οὗτοι μὲν οὖν προῆγον εὐθαρσῶς ἐπὶ τὸ συντεταγμένον. ὁ δὲ Φιλοποίμην ἐν ὥρᾳ παραγγείλας δειπνοποιεῖσθαι τοῖς Ἀχαιοῖς, ἐξῆγε τὴν δύναμιν ἐκ τῆς Τεγέας. καὶ νυκτοπορήσας ἐνεργῶς, περὶ τὴν ἑωθινὴν ἐνεκάθισε τὴν στρατιὰν ἐν τοῖς περὶ τὸν Σκοτίταν προσαγορευομένοις τόποις, ὅς ἐστι μεταξὺ τῆς Τεγέας καὶ τῆς Λακεδαίμονος. Οἱ δ' ἐν τῇ Πελλήνῃ μισθοφόροι κατὰ τὴν ἐπιοῦσαν ἡμέραν ἅμα τῷ σημῆναι τοὺς σκοποὺς τὴν καταδρομὴν τῶν πολεμίων, ἐκ χειρὸς ἐβοήθουν καθάπερ ἔθος ἦν αὐτοῖς, καὶ προσε-

ἔκειντο

ρὸν, περὶ τῆς ἐπιβολῆς μηδὲν εἰδότας, οὔτε ποῦ προάγονται.

20 Ὁ ΔΕ Φιλοποίμην ἐξελογίσατο τὰ διαστήματα τῶν Ἀχαϊκῶν πόλεων ἁπασῶν, καὶ ποῖαι δύνανται κατὰ τὰς αὐτὰς ὁδοὺς εἰς τὴν Τεγέαν παραγίγνεσθαι· λοιπὸν, ἐπιστολὰς ἔγραψε πρὸς πάσας τὰς πόλεις, καὶ ταύτας διέδωκε ταῖς πορρωτάτω πόλεσι, μερίσας οὕτως· ὥστε καθ' ἑκάστην ἔχειν μὴ μόνον τὰς ἑαυτῆς· ἀλλὰ καὶ τὰς τῶν ἄλλων πόλεων, ὅσαι κατὰ τὴν αὐτὴν ὁδὸν ἔπιπτον. ἐγέγραπτο δ' ἐν ταῖς πρώταις τοῖς Ἀποτελείοις τοιαῦτα· Ὅταν κομίσησθε τὴν ἐπιστολὴν, παραχρῆμα ποιήσατε τοὺς ἐν ταῖς ἡλικίαις ἔχοντας τὰ ὅπλα, καὶ πένθ' ἡμερῶν ἐφόδια, καὶ πᾶν τἀργύριον ἀθροίζεσθαι παραυτίκα πάντας εἰς τὴν ἀγοράν· ἐπειδὰν δὲ συλλεχθῶσιν, οἱ παρόντες ἀναλαβόντες αὐτοὺς, ἄγετε εἰς τὴν ἑξῆς πόλιν. ὅταν δ' ἐκεῖ παραγένησθε, τὴν ἐπιστολὴν ἀπόδοτε τῷ ἐπιγεγραμμένῳ τῶν παρ' ἐκείνων Ἀποτελείων, καὶ πειθαρχεῖτε τοῖς ἐγγεγραμμένοις. Ἐγέγραπτο δ' ἐν ταύτῃ ταὐτὰ τοῖς πρόσθεν, πλὴν διότι τὸ τῆς ἑξῆς κειμένης ὄνομα πόλεως, οὐ ταὐτὴν εἶχεν εἰς ἣν ἔδει παράγειν. τοιούτου δὲ τοῦ χειρισμοῦ γινομένου κατὰ τὸ συνεχὲς, πρῶτον μὲν οὐδεὶς ἐγίγνωσκε πρὸς τίνα πρᾶξιν ἢ πρὸς ποίαν ἐπιβολήν ἐστιν ἡ παρασκευή· εἶτα ποῦ πορεύεται, πλὴν τῆς ἑξῆς πόλεως, οὐδεὶς ἁπλῶς ᾔδει. πάντες δὲ διαποροῦντες καὶ παραλαμβάνοντες ἀλλήλους, προῆγον εἰς

pergebant. Jam quia non omnes quæ longiſſimè diſtabant à Tegea urbes pari intervallo aberant, non eadem hora cunctis illis redditæ ſunt literæ; ſed ſingulis pro ratione intervalli. Unde evenit, ut neque Tegeatis ſcientibus quid pararetur, neque iis qui adveniebant, omnes Achæi Tegeam cum armis omnibus portis ingrederentur. Hoc autem ſtratagemate ut uteretur, propterea Philopœmeni venit in mentem, quia Tyranni ſpeculatoribus & certis hominibus qui rumuſculos omnes captabant, omnia erant plena. Quo die univerſi Achæi Tegeam erant conventuri, ſelectorum manum miſit, juſſam, ubi noctem circa Sellaſiam egiſſent, ut die ſequenti ſimul illuxiſſet, Laconicam incurſarent. quod ſi miles conductitius ad ferendam opem accurreret, ac negotium eis faceſſeret, ad Scotitam ſe ut reciperent juſſit, & de cætero Didaſcalondæ Cretenſi parerent. hujus enim fidei permiſerat, & mandata de univerſo incepto dederat. Igitur ad conſtitutum locum fiduciæ pleni progrediuntur iſti: at Philopœmen, tempori cænam ſumere juſſis Achæis, Tegea exercitum eduxit. & quum per noctem citatim contendiſſet, ſub diluculum ſuos in inſidiis circa Scotitam collocavit: eſt id loci nomen inter Tegeam & Lacedæmonem. Poſtridie ejus diei, conductitiorum præſidium quod erat Pellenæ, ſimul ac incurſionem Achæorum, ſigno dato, ei qui in ſpeculis ſtabant, ſignificaſſent, è veſtigio, ſicut erant ſoliti, auxiliatum veniunt, & hoſtibus in-

πύμπεσθεν. τῷ δὲ μὴ τὸ ἴσον ἀπέχειν τῆς Τεγέας τὰς πορρωτάτω κειμένας πόλεις, οὐχ ἅμα πάσαις ἀπεδόθη τὰ γράμματα ταύταις, ἀλλὰ κατὰ λόγον ἑκάσταις. ἐξ ὧν συνέβη μήτε τῶν Τεγεατῶν εἰδότων τὸ μέλλον, μήτε τῶν παραγινομένων, ἅμα πάντας τοὺς Ἀχαιοὺς καὶ κατὰ πάσας τὰς πύλας εἰς τὴν Τεγέαν εἰσπορεύεσθαι σὺν τοῖς ὅπλοις. Ταῦτα δὲ διεστρατήγει καὶ περιεβάλλετο τῇ διανοίᾳ, διὰ τὸ πλῆθος τῶν ὠτακουστῶν καὶ κατασκόπων τοῦ Τυράννου. 2 Κατὰ δὲ τὴν ἡμέραν, ἐν ᾗ συναθροίζεσθαι τὸ πλῆθος ἔμελλε τῶν Ἀχαιῶν εἰς Τεγέαν, ἐξαπέστειλε τοὺς ἐπιλέκτους, ὥστε νυκτερεύσαντας περὶ Σελλασίαν, ἅμα τῷ φωτὶ κατὰ τὴν ἐπιοῦσαν ἡμέραν ἐπιτρέχειν τὴν Λακωνικήν. ἐὰν δ' οἱ μισθοφόροι βοηθήσαντες παρενοχλῶσιν αὐτοὺς, συνέταξε ποιεῖσθαι τὴν ἀποχώρησιν ἐπὶ τὸν Σκοτίταν, καὶ τὰ λοιπὰ πειθαρχεῖν Διδασκαλώνδᾳ τῷ Κρητί. τούτῳ γὰρ ἐπεπιστεύκει καὶ διετέτακτο περὶ τῆς ὅλης ἐπιβολῆς. οὗτοι μὲν οὖν προῆγον εὐθαρσῶς ἐπὶ τὸ συντεταγμένον. ὁ δὲ Φιλοποίμην ἐν ὥρᾳ παραγγείλας δειπνοποιεῖσθαι τοῖς Ἀχαιοῖς, ἐξῆγε τὴν δύναμιν ἐκ τῆς Τεγέας. καὶ νυκτοπορήσας ἐνεργῶς, περὶ τὴν ἑωθινὴν ἐνεκάθισε τὴν στρατιὰν ἐν τοῖς περὶ τὸν Σκοτίταν προσαγορευομένοις τόποις, ὅς ἐστι μεταξὺ τῆς Τεγέας καὶ τῆς Λακεδαίμονος. Οἱ δ' ἐν τῇ Πελλήνῃ μισθοφόροι κατὰ τὴν ἐπιοῦσαν ἡμέραν ἅμα τῷ σημῆναι τοὺς σκοποὺς τὴν καταδρομὴν τῶν πολεμίων, ἐκ χειρὸς ἐβοήθουν καθάπερ ἔθος ἦν αὐτοῖς, καὶ προσἔκειντο τοῖς ὑπεναντίοις. τῶν δ' Ἀχαιῶν κατὰ τὸ συνταχθὲν ὑποχωρούντων, εἵποντο κατόπιν ἐπικείμενοι θρασέως καὶ τετολμηκότως. ἅμα δὲ τῷ παραβάλλειν εἰς τοὺς κατὰ τὴν ἐνέδραν τόπους, διαναστάντων τῶν Ἀχαιῶν, οἱ μὲν κατεκόπησαν, οἱ δ' ἑάλωσαν αὐτῶν.

cumbunt. Achæi, ita ut præceptum fuerat, pedem referre: illi cum ingenti audacia & ferocia inſequi atque à tergo urgere. Verùm ut in locum inſidiarum eſt ventum, conſurgentibus Achæis, partim trucidati, partim vivi ſunt capti.

ΕΚ ΤΗΣ ΕΠΤΑΚΑΙΔΕΚΑΤΗΣ

ΙΣΤΟΡΙΑΣ

ΤΩΝ

ΠΟΛΥΒΙΟΥ ΤΟΥ ΜΕΓΑΛΟΠΟΛΙΤΟΥ

ΠΑΡΕΚΒΟΛΑΙ.

E POLYBII MEGALOPOLITANI SEPTIMADECIMA

HISTORIA EXCERPTA.

Quomodo Rex Philippus & Romanorum Imperator T. Flaminius unà cum Amynandro Athamanum Rege & civitatum legatis prope Nicæam urbem in sinu Maliaco sitam, colloquium habuerint, nullo fructu.

Πῶς ὅ, τε βασιλεὺς Φίλιππος καὶ ὁ Ῥωμαίων στρατηγὸς Τίτος Φλαμίνιος σὺν τῷ βασιλεῖ τῶν Ἀθαμάνων Ἀμυνάνδρῳ, καὶ τοῖς τῶν συμμάχων πρέσβεσιν, ἐγγὺς Νικαίας τῆς ἐν τῷ Μηλιεῖ κόλπῳ ἀσύμβατον κοινολογίαν ἐποιήσαντο.

Quomodo post colloquium legationes undique ad Senatum Romam fuerint missæ.

Πῶς πάντες οἱ προειρημένοι ἐξέπεμψαν πρέσβεις πρὸς τὴν σύγκλητον τῶν Ῥωμαίων.

Quomodo Senatus auditis legationibus omnibus bellum

Πῶς ἡ σύγκλητος πάντων ἀκούσασα πρὸς τὸν Φίλιππον

πόλεμον

πόλεμον ἐψηφίσατο.

1 Ἐπελθόντος δὲ τοῦ τεταγμένου καιροῦ, παρῆν ὁ μὲν Φίλιππος ἐκ Δημητριάδος ἀναχθεὶς εἰς τὸν Μηλιέα κόλπον, πέντε λέμβους ἔχων καὶ μίαν πρίστιν, ἐφ' ἧς αὐτὸς ἐπέπλει. Συνῆσαν δ' αὐτῷ Μακεδόνες μὲν Ἀπολλόδωρος καὶ Δημοσθένης, οἱ γραμματεῖς· ἐκ Βοιωτίας Βραχύλλης, Ἀχαιὸς δὲ Κυκλιάδας, ἐκπεπτωκὼς ἐκ Πελοποννήσου διὰ τὰς πρότερον ὑφ' ἡμῶν εἰρημένας αἰτίας. μετὰ δὲ τοῦ Τίτου παρῆν ὅ, τε βασιλεὺς Ἀμύνανδρος, καὶ παρ' Ἀττάλου Διονυσόδωρος. ἀπὸ δὲ τῶν ἐθνῶν καὶ πόλεων· τῶν μὲν Ἀχαιῶν Ἀρισταίνετος καὶ Ξενοφῶν· παρὰ δὲ Ῥοδίων, Ἀκεσίμβροτος ὁ ναύαρχος· παρὰ δὲ τῶν Αἰτωλῶν, Φαινέας ὁ στρατηγὸς, καὶ πλείους δ' ἕτεροι τῶν πολιτευομένων. Συνεγγίσαντες δὲ κατὰ Νίκαιαν πρὸς τὴν θάλατταν, οἱ μὲν περὶ τὸν Τίτον ἐπέστησαν παρ' αὐτὸν τὸν αἰγιαλόν. ὁ δὲ Φίλιππος ἐγγίσας τῇ γῇ, μετέωρος ἔμενε. τοῦ δὲ Τίτου κελεύοντος αὐτὸν ἀποβαίνειν, διαναστὰς ἐκ τῆς νεὼς, οὐκ ἔφησεν ἀποβήσεσθαι. τοῦ δὲ πάλιν ἐρομένου, τίνα φοβεῖται; φοβεῖσθαι μὲν ἔφησεν ὁ Φίλιππος οὐδένα, πλὴν τοὺς θεούς· ἀπιστεῖν δὲ τοῖς πλείστοις τῶν παρόντων, μάλιστα δ' Αἰτωλοῖς. τοῦ δὲ τῶν Ῥωμαίων στρατηγοῦ θαυμάσαντος, καὶ φήσαντος ἴσον εἶναι πᾶσι τὸν κίνδυνον, καὶ κοινὸν τὸν καιρόν· μεταλαβὼν ὁ Φίλιππος, οὐκ ἔφησεν αὐτὸν ὀρθῶς λέγειν· Φαινέου μὲν γὰρ

decreverit adversus Philippum.

Postquam constitutus colloquio dies aderat, Philippus ab Demetriade profectus cum quinque lembis & una pristi qua vehebatur ipse, ad sinum Maliacum venit. Erant cum eo è Macedonibus Apollodorus & Demosthenes regii scribæ. è Bœotia, Brachylles: ex Achæis Cycliadas, qui propter caussas jam antè nobis expositas, è Peloponneso exulabat. Cum Tito advenerunt Rex Amynander, & Dionysodorus Attali legatus. item gentium & civitatum legati; Achæorum, Aristænetus & Xenophon: Rhodiorum, Acesimbrotus ipsorum navarchus: Ætolorum, Phæneas Prætor, & plures alii ex iis qui Rempub. administrabant. Quum prope Nicæam mari proximassent, qui erant cum Flaminio in ipso littore substiterunt. at Philippus ubi terræ appropinquasset, in ancoris stabat. Jubente Tito, ut in terram egrederetur; Rex in proram navis se erigens, facturum negavit. illo rursus interrogante, Quem tandem timeret? Timere quidem se, respondet Rex, neminem præter deos immortales: at plurimorum qui aderant, non credere fidei, atque omnium minimè Ætolis. mirante Rom. Imperatore, & dicente; Istud quidem par omnibus esse periculum, & occasionem communem; excipiens Rex, Titum dixit errare: nam Phænea quidem sublato, non defore

defore multos qui Prætores Ætolorum sint futuri: Philippus vero si perisset, neminem in præsentia esse, qui Macedonum Rex foret. Absurdo & insolente principio visus Rex omnibus colloquium inchoasse: Titus tamen, aperire illum quorsum venisset, jussit. at Rex, non suam, verum Titi orationem esse dixit: itaque petere se ab eo, ut significaret, quid sibi esset faciendum, quò pacem tandem impetraret. tunc Rom. Imperator; Simplicem sibi eamque evidentem ait esse orationem: Jubere enim, ut ex universa Græcia excedat; captivos & transfugas quos habet, singulis ut reddat; loca Illyrici Romanis tradat, quæcunque post pacem in Epiro factam occupasset; similiter etiam Ptolemæo omnes ut restituat urbes, quas post Ptolemæi Philopatoris obitum illi ademisset. Hæc locutus Imperator, & facto dicendi fine, conversus ad alios, mandata proferre singulos jubet, quæ ab iis accepissent, quorum missu venerant. Primus sermonem excepit Dionysodorus Attali legatus; & naves regias captivosque dixit reddendos, quæ ad Chium navali prælio capta essent: Veneris templum & Nicephorium quæ evastasset, pro incorruptis esse restituenda. Post hunc Rhodiorum navarchus Acesimbrotus, Peræa (regio est continentis adversus insulam,) quam Rhodiis Philippus ademisset, excedendum ipsi esse: deducenda præsidia ex Jasso, Bargyliis, & Euromensium urbe. Perinthios in antiquam communis juris formulam quod ipsis interce-

πυθόντος τί, πολλοὺς εἶναι τοὺς στρα-
τηγήσοντας Αἰτωλῶν· Φιλίππου
δ' ἀπολομένου, κατὰ τὸ παρὸν οὐκ
εἶναι τὸν βασιλεύσοντα Μακεδόνων.
Ἐδόκει μὲν οὖν πᾶσι φορτικῶς κα-
τάρχεσθαι τῆς ὁμιλίας· ὅμως δὲ λέγειν
αὐτὸν ἐκέλευεν ὁ Τίτος, ὑπὲρ ὧν
πάρεστιν. ὁ δὲ Φίλιππος οὐκ ἔφη
τὸν λόγον αὐτῷ καθήκειν, ἀλλ' ἐ-
κείνῳ· διόπερ ἠξίου διασαφεῖν τὸν Τίτον, τί δεῖν ποιήσαντα τὴν εἰρήνην
ἄγειν; ὁ δὲ τῶν Ρωμαίων στρατηγὸς,
αὐτῷ μὲν ἁπλοῦν τινα λόγον ἔφη
καθήκειν καὶ φαινόμενον. Κελεύειν
γὰρ αὐτὸν ἐκ μὲν τῆς Ἑλλάδος ἁπάσης
ἐκχωρεῖν· ἀποδόντα τοὺς αἰχμαλώτους καὶ τοὺς αὐτομόλους ἑκάστοις οὓς
ἔχει· τοὺς δὲ κατὰ τὴν Ἰλλυρίδα τόπους
παραδοῦναι Ρωμαίοις, ὧν γέγονε
κύριος μετὰ τὰς ἐν Ἠπείρῳ διαλύσεις·
ὁμοίως δὲ καὶ Πτολεμαίῳ τὰς πόλεις
ἀποκαταστῆσαι πάσας, ἃς παρῄρηται
μετὰ τὴν Πτολεμαίου τοῦ Φιλοπάτορος
θάνατον. Ταῦτα δ' εἰπὼν ὁ Τίτος, 2
αὐτὸς μὲν ἐπέσχε, πρὸς δὲ τοὺς ἄλλους
ἐπιστραφεὶς, ἐκέλευε λέγειν ἅπερ
ἑκάστοις αὐτῶν οἱ πέμψαντες εἴησαν
ἐντεταλμένοι. Πρῶτος δὲ Διονυσόδωρος ὁ παρ' Ἀττάλου μεταλαβὼν τῶν
λόγων, τάς τε ναῦς, ἔφη δεῖν αὐτὸν
ἀποδοῦναι τὰς τοῦ βασιλέως, τὰς γενομένας αἰχμαλώτους ἐν τῇ περὶ
Χίον ναυμαχίᾳ, καὶ τοὺς ἅμα ταύταις
ἄνδρας· ἀποκαταστῆσαι δὲ καὶ τὸ τῆς Ἀ-
φροδίτης ἱερὸν ἀκέραιον, καὶ τὸ Νικηφόριον, ἃ κατέφθειρε. Μετὰ δὲ
τοῦτον ὁ τῶν Ροδίων ναύαρχος Ἀκεσίμβροτος, τῆς μὲν Περαίας ἐκέλευεν
ἐκχωρεῖν τὸν Φίλιππον, ἧς αὐτῶν
παρῄρηται· τὰς δὲ φρουρὰς ἐξάγειν
ἐξ Ἰασσοῦ καὶ Βαργυλίων, καὶ τῆς Εὐρω-
μέων πόλεως· ἀποκαταστῆσαι δὲ καὶ

Περινθίους εἰς τὴν Βυζαντίων συμπο-
λιτείαν· παραχωρεῖν δὲ καὶ Σηστοῦ
καὶ Ἀβύδου, καὶ τῶν ἐμπορείων καὶ λιμέ-
νων τῶν κατὰ τὴν Ἀσίαν ἁπάντων. Ἐπὶ
δὲ τοῖς Ῥοδίοις Ἀχαιοὶ Κόρινθον ἀπή-
τουν, καὶ τὴν τῶν Ἀργείων πόλιν ἀβλαβῆ.
Μετὰ δὲ τούτους Αἰτωλοὶ πρῶτον μὲν
τῆς Ἑλλάδος ἁπάσης ἐκέλευον ἐξίστασθαι, καθάπερ καὶ Ῥωμαῖοι· δεύτερον δ' αὐτοῖς ἀποκαθιστάναι τὰς
πόλεις ἀβλαβεῖς, τὰς πρότερον
μετεχούσας τῆς τῶν Αἰτωλῶν συμπολιτείας. Ταῦτα δ' εἰπόντος τοῦ
Φαινέου τοῦ τῶν Αἰτωλῶν στρατηγοῦ,
μεταλαβὼν Ἀλέξανδρος ὁ προσα-
γορευόμενος Ἴσιος, ἀνὴρ δοκῶν πραγ-
ματικὸς εἶναι, καὶ λέγειν ἱκανός· οὔτε
3 διαλύεσθαι νῦν ἔφησε τὸν Φίλιππον
ἀληθινῶς, οὔτε πολεμεῖν γενναίως,
ὅταν δέῃ τοῦτο πράττειν· ἀλλ' ἐν μὲν
τοῖς συλλόγοις καὶ ταῖς ὁμιλίαις ἐνε-
δρεύειν καὶ παρατηρεῖν, καὶ ποιεῖν τὰ τῶν
πολεμούντων ἔργα· κατ' αὐτὸν δὲ τὸν πόλεμον ἀδίκως ἵστασθαι, καὶ λίαν ἀγεν-
νῶς· ἀφέντα γὰρ τοῦ κατὰ πρόσωπον ἀ-
παντᾶν τοῖς πολεμίοις, φεύγοντα
τὰς πόλεις ἐμπιπράναι καὶ διαρπάζειν, καὶ διὰ ταύτης τῆς προαιρέσεως
ἡττώμενον, τὰ τῶν νικώντων ἆθλα λυμαίνεσθαι. Καίτοι γε τοὺς πρότερον
Μακεδόνων βεβασιλευκότας οὐ ταύτην ἐσχηκέναι τὴν πρόθεσιν, ἀλλὰ τὴν
ἐναντίαν· μάχεσθαι μὲν γὰρ πρὸς ἀλλήλους συνεχῶς ἐν τοῖς ὑπαίθροις,
τὰς δὲ πόλεις σπανίως ἀναιρεῖν καὶ
καταφθείρειν. τοῦτο δ' εἶναι πᾶσι
φανερὸν ἔκ τε τοῦ πολέμου τοῦ περὶ τὴν
Ἀσίαν, ὃν Ἀλέξανδρος ἐπολέμησε
πρὸς Δαρεῖον· ἔκ τε τῆς τῶν διαδεξα-
μένων ἀμφισβητήσεως, καθ' ἣν ἐπολέμησαν πάντες πρὸς Ἀντίγονον
ὑπὲρ τῆς Ἀσίας. παραπλησίως δὲ καὶ

dit cum Byzantiis esse restituendos: excedendum etiam Sesto, Abydo, & omnibus Asiæ emporiis atque portibus. Secundum Rhodios Achæi Corinthum repetebant, & Argos oppidum, sine ullo damno. Secuti deinde Ætoli, postularunt primo ut universa Græcia excederet, sicut & Romani petierant; deinde urbes incorruptas Ætolis redderet, quæ prius juris aut ditionis eorum fuissent. Hæc Phæneas Ætolorum Prætor quum dixisset, excepit orationem ejus Alexander cognomine Isius; vir, ut erat opinio hominum, & in rebus gerendis singularis sollertiæ & facundus: qui dixit; Neque de pace cum fide Philippum nunc agere neque bella vera virtute gerere, quando est opus. verùm in colloquiis insidiari, captare & omnia facere, quæcunque hostes solent: in bello iniquè & omnino parum generosè dimicare: neque enim æquo campo, collatis signis congredi cum hostibus, sed refugientem incendere ac diripere urbes; & hoc genere instituti vincentium præmia victum corrumpere. At non antiquos Macedoniæ Reges hoc proposito fuisse, verùm contrario potius: qui acie in campo assidue bellare inter se soliti, urbes raro exscindebant aut perdebant. Liquido hoc constare tum ex eo bello quod in Asia Alexander cum Dario gessit; tum ex illa contentione quæ inter ejus successores fuit, quando pro imperio Asiæ cuncti adversus Antigonum bellum gesserunt. Quod institutum omnes

qui

qui deinceps successerunt, ad Pyrrhum usque servarunt. in patentibus etenim campis ad congrediendum faciles fuisse, omniaque experiri solitos, quo sese invicem armis superarent: urbibus pepercisse, ut illis ipsi victores regnarent, & honorem à subditis consequerentur. Nam quorum caussa bellum sit conflatum tollentem, bellum interim ipsum relinquere, furoris & quidem vehementis esse opus. Id autem facere nunc Philippum. Plures enim ipsum, quo tempore ex Epiri faucibus festinatò se recipiebat, urbes in Thessalia Thessalis amicum & socium evastasse, quam ullus unquam hostium fecerit, qui cum ipsis bella gesserunt. Multa ad hæc alia in eandem sententiam quum disservisset, his ad extremum verbis est usus. Philippum interrogavit, cur Lysimachiam Ætolis societate junctam, & in qua Prętor erat ab ea gente missus, Prætore ejecto, præsidium urbi imposuerit? cur Cianos Ætolis similiter societate junctos, ipse Ætolorum amicus, in servitutem addixisset? quid caussæ esse diceret, cur nunc Echinum, Thebas Phthias, Pharsalum & Larissam teneret? His dictis tacuit Alexander. Philippus quum propius terram quàm antè accessisset, seque in navi erexisset; Ætolicam nimirum inquit & theatralem orationem Alexander habuit: certo enim scire omnes, neminem esse mortalium, qui socios suos volens damnis afficiat: verum eas interdum necessitates temporum incidere, ut multa illis qui rebus præsunt contra suam voluntatem sint necessariò facienda.

τοὺς τούτους διαδεξαμένους μέχρι
Πύρρου κεχρῆσθαι τῇ προαιρέσει ταύτῃ. διακινδυνεύειν μὲν γὰρ πρὸς αὐτοὺς ἐν τοῖς ὑπαίθροις προχείρως, καὶ
πάντα ποιεῖν εἰς τὸ καταγωνίσασθαι
διὰ τῶν ὅπλων ἀλλήλους· τῶν δὲ πόλεων
φείδεσθαι χάριν τοῦ τοὺς νικήσαντας
ἡγεῖσθαι τούτων, καὶ τιμᾶσθαι παρὰ
τοῖς ὑποταττομένοις. Τὸ δ' ἀναι-
ροῦντα περὶ ὧν ὁ πόλεμός ἐστι, τὸν
πόλεμον αὐτὸν καταλιπεῖν, μανίας
ἔργον εἶναι, καὶ ταύτης ἐρρωμένης·
ὃ νῦν ποιεῖν τὸν Φίλιππον. Τοσαύτας γὰρ διεφθαρκέναι πόλεις ἐν Θετταλίᾳ φίλον ὄντα καὶ σύμμαχον,
καθ' ὃν καιρὸν ἐκ τῶν ἐν Ἠπείρῳ στενῶν ἐποιεῖτο τὴν σπουδήν, ὅσας οὐδείς
ποτε τῶν Θετταλοῖς πεπολεμηκότων
διέφθειρε. Πολλὰ δὲ καὶ ἕτερα πρὸς
ταύτην τὴν ὑπόθεσιν διαλεχθείς, τε-
λευταίοις ἐχρήσατο τούτοις. Ἤ-
ρετο γὰρ τὸν Φίλιππον, διὰ τί Λυσιμαχίαν μετ' Αἰτωλῶν ταττομέ-
νην, καὶ στρατηγὸν ἔχουσαν παρ' αὐτῶν, ἐκβαλὼν τοῦτον κατάσχοι φρου-
ρᾷ τὴν πόλιν; διὰ τί δὲ Κιανοὺς παραπλησίως μετ' Αἰτωλῶν συμπολι-
τευομένους, ἐξανδραποδίσαιτο φίλος
ὑπάρχων Αἰτωλοῖς; τί δὲ λέγων, κα-
τέχει νῦν Ἐχῖνον καὶ Θήβας τὰς Φθίας,
καὶ Φάρσαλον καὶ Λάρισαν; ὁ μὲν
οὖν Ἀλέξανδρος ταῦτ' εἰπὼν, ἀπεσιώπησεν. ὁ δὲ Φίλιππος ἐγγίσας τῇ γῇ 4
μᾶλλον ἢ πρόσθεν, καὶ διαναστὰς ἐπὶ
τῆς νεὼς, Αἰτωλικὸν ἔφη καὶ θεα-
τρικὸν διατεθεῖσθαι τὸν Ἀλέξανδρον λόγον· σαφῶς γὰρ πάντας γινώσκειν ὅτι τοὺς ἰδίους συμμάχους
ἑκὼν μὲν, οὐδεὶς διαφθείρει· κατὰ
δὲ τὰς τῶν καιρῶν περιστάσεις πολλὰ
ποιεῖν ἀναγκάζεσθαι τοὺς ἡγουμένους
παρὰ τὰς ἑαυτῶν προαιρέσεις.

ἔτι δὲ ταῦτα λέγοντος τοῦ βασιλέως, ὁ Φαινέας ἠλαττωμένος τοῖς ὄμμασιν, ἐπὶ πλεῖον ὑπέκρουε τὸν Φίλιππον, φάσκων αὐτὸν ληρεῖν· δεῖν γὰρ ἢ μαχόμενον νικᾶν, ἢ ποιεῖν τοῖς κρείττοσι τὸ προσταττόμενον. ὁ δὲ Φίλιππος καίπερ ἐν κακοῖς ὤν, ὅμως οὐκ ἀπείχετο τοῦ καθ' αὑτὸν ἰδιώματος, ἀλλ' ἐπιστραφείς· τοῦτο μὲν, ἔφησεν, ὦ Φαινέα, καὶ τυφλῷ δῆλον. ἦν γὰρ εὔθικτος, καὶ πρὸς τοῦτο τὸ μέρος εὖ πεφυκὼς πρὸς τὸ διαχλευάζειν ἀνθρώπους. αὖθις δὲ πρὸς τὸν Ἀλέξανδρον ἐπιστρέψας· ἐρωτᾷς με, φησὶν, Ἀλέξανδρε, διὰ τί Λυσιμαχίαν προσέλαβον; ἵνα μὴ διὰ τὴν ὑμετέραν ὀλιγωρίαν ἀνάστατος ὑπὸ Θρᾳκῶν γένηται, καθάπερ νῦν γέγονεν, ἡμῶν ἀπαγαγόντων τοὺς στρατιώτας διὰ τοῦτον τὸν πόλεμον· οὐ τοὺς φρουροῦντας αὐτὴν, ὡς σὺ φῄς, ἀλλὰ τοὺς παραφυλάττοντας. Κιανοῖς δ' ἐγὼ μὲν οὐκ ἐπολέμησα, Προυσίου δὲ πολεμοῦντος, βοηθῶν ἐκείνῳ συνεξεῖλον αὐτοὺς, ὑμῶν αἰτίων γινομένων. Πολλάκις γὰρ κἀμοῦ καὶ τῶν ἄλλων Ἑλλήνων διαπρεσβευομένων πρὸς ὑμᾶς, ἵνα τὸν νόμον ἄρητε τὸν διδόντα τὴν ἐξουσίαν ὑμῖν ΑΓΕΙΝ ΛΑΦΥΡΟΝ ΑΠΟ ΛΑΦΥΡΟΥ, πρότερον ἔφατε τὴν Αἰτωλίαν ἐκ τῆς Αἰτωλίας ἀρεῖν, ἢ
5 τοῦτον τὸν νόμον. Τοῦ δὲ Τίτου θαυμάσαντος τί τοῦτο ἐστὶν, ὁ βασιλεὺς ἐπειρᾶτο διασαφεῖν αὐτῷ λέγων· ὅτι τοῖς Αἰτωλοῖς ἔθος ὑπάρχει μὴ μόνον πρὸς οὓς ἂν αὐτοὶ πολεμῶσι, τούτους αὐτοὺς ἄγειν καὶ τὴν τούτων χώραν· ἀλλὰ κἂν ἕτεροί τινες πολεμῶσι πρὸς ἀλλήλους, ὄντες Αἰτωλῶν φίλοι καὶ σύμμαχοι, μηδὲν ἧττον ἐξεῖναι τοῖς Αἰτωλοῖς ἄνευ κοινοῦ

Hæc dicentem adhuc Philippum aſperius interpellat Phæneas, oculis debilis, & delirare dicit Philippum: aut bello enim vincendum eſſe, aut melioribus parendum. Philippus, etſi malo tunc loco res ejus erant, conſuetudine tamen ſibi propria non abſtinuit; ſed converſus, Apparet id quidem, inquit, etiam cæco. erat enim dicax, & ad ludendum jocoſè in quoſvis naturam cum primis aptam habebat. Is deinde ad Alexandrum denuò converſus, Rogas me, Alexander, inquit, quare Lyſimachiam acceperim? ne per incuriam veſtram à Thracibus deleretur; quemadmodum nunc accidit, poſtquam ego ob bellum hoc milites inde deduxi; qui urbem illam, non ut tu dicis, præſidio tenebant, ſed præſidium ipſi præſtabant. Neque ego cum Cianis bellavi; ſed Pruſiæ cum iis bellanti opem ferens, in exſcindenda urbe Cio eum juvi. Atque hoc uti facerem in cauſſa vos fuiſtis. Nam quum ſæpe ego cæterique Græci per legatos vobiſcum egiſſemus, ut legem illam tolleretis, quæ poteſtatem vobis facit CAPIENDI SPOLIUM A SPOLIO, Ætoliam vos prius ex Ætolia ablaturos reſpondiſtis, quàm ut hanc legem antiquaretis. Mirante Flaminio quid hoc rei eſſet; vim legis Rex illi exponere aggreditur, &, Hæc, ait, conſuetudo apud Ætolos obtinet, ut non eos ſolum quibuſcum ipſi bellum gerunt, & agros eorum infeſtent; ſed etiam ſi quando alii inter ſe bellaverint, qui ſint Ætolorum ſocii & amici, jus ut ſit Ætolis nihilo ſecius, publica tantum auctoritate

ritate dempta, apud utrosque militare, & ditionem utrorumque agere ferre. Adeo Ætoli jura omnia vel amicitiæ vel odii ignorant; sed omnibus qui de re aliqua contenderint, parati sunt inimici atque hostes. Quo igitur jure isti me incusare audent, si amicus Ætolorum quum essem, idemque Prusiæ socius, dum societate junctos mihi defendo, secius aliquid in Cianos consului? Sed quod longe omnium gravissimum est, pares sese Romanis faciunt, & Ætoli tanquam Romani Græcia universa Macedonem decedere jubent. Quæ vox quum sit in totum superba; à Romanis tamen profecta, potest tolerari; ab Ætolis vero non potest. Ecqua vos me Græcia jubetis excedere? quibus illam finibus terminatis? nam ipsorum Ætolorum plerique non sunt Græci. neque enim Græcia est, ubi sunt Agraorum, Apodotorum atque etiam Amphilochorum gentes: An igitur istos mihi populos conceditis? Ad hæc verba quum non tenuisset risum T. Quintius; Verum ista, Rex ait, adversus Ætolos dixisse sufficiat. Ad Rhodios & Attalum quod spectat; Si apud æquum judicem res ageretur, justius videretur, ut illi potius naves captas & viros nobis redderent, quàm ut nos ipsis. neque enim primi nos Attalum vel Rhodios lacessivimus; sed contra, illi nos, vel confessione omnium. Quia tamen ita jubes, Peræam Rhodiis, & naves Attalo cum captivis qui comparebunt, restituam. Nicephorium & Veneris templum, quæ sunt vastata, quum nequeam aliâs in integrum

δόγματος καὶ παρ' ἀμφοτέροις πο-
λεμοῦσι, τὴν χώραν ἄγειν τὴν ἀμφοτέρων. Ὥστε παρὰ μὲν τοῖς Αἰτωλοῖς
μήτε φιλίας ὅρους ὑπάρχειν, μήτ'
ἔχθρας· ἀλλὰ πᾶσι τοῖς ἀμφισβητοῦσι περί τινος, ἑτοίμους ἐχθροὺς εἶναι
τούτους καὶ πολεμίους. Πόθεν οὖν ἔξεστι
τούτοις ἐγκαλεῖν νῦν, εἰ φίλος ὑπάρχων Αἰτωλοῖς ἐγὼ, Προυσίου δὲ
σύμμαχος, ἔπραξά τι κατὰ Κιανῶν, βοηθῶν τοῖς αὐτοῦ συμμάχοις; Τὸ δὲ δὴ πάντων δεινότατον,
οἱ ποιοῦντες ἑαυτοὺς ἐφαμίλλους Ρωμαίοις, καὶ κελεύοντες ἐκχωρεῖν
Μακεδόνα ἁπάσης τῆς Ἑλλάδος. τοῦτο γὰρ αἰαφθέγξασθαι καὶ καθόλου μέν
ἐστιν ὑπερήφανον· οὐ μὴν ἀλλὰ Ρωμαίων μὲν λεγόντων ἀνεκτὸν, Αἰτωλῶν δ' οὐκ ἀνεκτόν. ποίας δὲ κε-
λεύετέ με, φησὶν, ἐκχωρεῖν Ἑλλάδος; καὶ πῶς ἀφορίζετε ταύτην;
αὐτῶν γὰρ Αἰτωλῶν οὐκ εἰσὶν Ἕλληνες
οἱ πλείους. τὸ γὰρ τῶν Ἀγραῶν ἔθνος
καὶ τὸ τῶν Ἀποδωτῶν, ἔτι δὲ τῶν Ἀμφιλό-
χων, οὐκ ἔστιν Ἑλλάς. ἢ τούτων μὲν
παραχωρεῖτέ μοι; τοῦ δὲ Τίτου γε- 6
λάσαντος, ἀλλὰ δὴ πρὸς μὲν Αἰτωλοὺς, ἀρκείτω μοι ταῦτ', ἔφη· πρὸς
δὲ Ροδίους καὶ πρὸς Ἄτταλον, ἐν μὲν
ἴσῳ κριτῇ δικαιότερον ἂν νομισθείη
τούτους ἡμῖν ἀποδιδόναι τὰς αἰχμαλώτους ναῦς καὶ τοὺς ἄνδρας, ἤπερ ἡμᾶς
τούτοις. οὐ γὰρ ἡμεῖς Ἀττάλῳ πρότεροι καὶ Ροδίοις τὰς χεῖρας ἐπεβά-
λομεν, οὗτοι δ' ἡμῖν ὁμολογουμένως.
οὐ μὴν ἀλλὰ σοῦ κελεύοντος, Ροδίοις
μὲν ἀποδίδωμι τὴν Περαίαν, Ἀττάλῳ
δὲ τὰς ναῦς καὶ τοὺς ἄνδρας τοὺς διασωζομένους. τὴν δὲ τοῦ Νικηφορίου
καταφθορὰν καὶ τοῦ τῆς Ἀφροδίτης
τεμένους, ἄλλως μὲν οὐκ εἰμὶ δυνα-

τὸς ἀποκαταστήσειν· φυτὰ δὲ καὶ κηπουροὺς πέμψειν, τοὺς φροντιοῦντας θεραπείας τοῦ τόπου καὶ τῆς αὐξήσεως τῶν ἐκκοπέντων δένδρων. πάλιν δὲ τοῦ Τίτου γελάσαντος, ἐπὶ τῷ χλευασμῷ, μεταβὰς ὁ Φίλιππος ἐπὶ τοὺς Ἀχαιούς, πρῶτον μὲν τὰς εὐεργεσίας ἐξηριθμήσατο τὰς ἐξ Ἀντιγόνου γεγενημένας εἰς αὐτούς, εἶτα τὰς ἰδίας· ἑξῆς δὲ τούτοις προηνέγκατο τὸ μέγεθος τῶν τιμῶν τῶν ἀπηντημένων αὐτοῖς παρὰ τῶν Ἀχαιῶν. τελευταῖον δ' ἀνέγνω τὸ περὶ τῆς ἀποστάσεως ψήφισμα, καὶ τῆς πρὸς Ῥωμαίους μεταθέσεως. ᾗ χρησάμενος ἀφορμῇ, πολλὰ κατὰ τῶν Ἀχαιῶν εἰς ἀθεσίαν εἶπε καὶ ἀχαριστίαν. ὅμως δ' ἔφη, τὸ μὲν Ἄργος ἀποδώσειν· περὶ δὲ τῆς Κορίνθου βουλεύσεσθαι μετὰ τοῦ Τίτου.
7 Ταῦτα δὲ διαλεχθεὶς πρὸς τοὺς ἄλλους, ἤρετο τὸν Τίτον, φήσας πρὸς ἐκεῖνον αὐτῷ τὸν λόγον εἶναι καὶ πρὸς Ῥωμαίους· πότερον οἴεται δεῖν ἐκχωρεῖν ὧν ἐπέκτηται πόλεων καὶ τόπων ἐν τοῖς Ἕλλησιν, ἢ καὶ τούτων, ὅσα παρὰ τῶν γονέων παρείληφε; τοῦ δ' ἀποσιωπήσαντος, ἐκ χειρὸς ἀπαντᾶν οἷοί τ' ἦσαν, ὁ μὲν Ἀρισταίνετος ὑπὲρ τῶν Ἀχαιῶν, ὁ δὲ Φαινέας ὑπὲρ τῶν Αἰτωλῶν· ἤδη δὲ τῆς ὥρας συγκλειούσης, ὁ μὲν τούτων λόγος ἐκωλύθη διὰ τὸν καιρόν· ὁ δὲ Φίλιππος ἠξίου γράψαντας αὐτῷ δοῦναι πάντας, ἐφ' οἷς δεήσει γίνεσθαι τὴν εἰρήνην. μόνος γὰρ ὢν οὐκ ἔχειν μεθ' ὧν βουλεύηται· βούλεσθαι δὲ ἐλθὼν αὐτὸς λόγον δοῦναι περὶ τῶν ἐπιταττομένων. Ὁ δὲ Τίτος οὐκ ἀηδῶς μὲν ἤκουε τοῦ Φιλίππου χλευάζοντος· μὴ βουλόμενος δὲ τοῖς ἄλλοις μηδὲν εἰπεῖν δοκεῖν,

restituere; plantas & hortulanos mittam quibus locorum cultura sit futura curæ, & cæsarum arborum incrementum. Quum illudentis urbanitas Flaminio risum denuo expressisset, Philippus translato ad Achæos sermone, beneficia primum recensuit jam inde ab Antigono, in ipsos collata; deinde quæ erant à se profecta: honorum postea magnitudinem exposuit, quos ab Achæis Macedoniæ Reges fuerant consecuti: postremò decretum illud recitavit, quod de sua à Macedonibus defectione & transitione ad Romanos fecerant: eaque usus occasione, invectus est graviter in eorum perfidiam & ingratum animum. Argos tamen se redditurum eis dixit: de Corintho cum Tito deliberaturum esse. Hæc locutus cum aliis, à Tito quæsivit, (jam enim sibi cum eo & cum Romanis sermonem esse;) utrum iisne urbibus Græciæ locisque decedere se æquum censeat, quę à se ipso capta habeat; an iis etiam, quæ à majoribus suis accepisset. Silente Quintio, parabant extemplo respondere, Aristænetus quidem pro Achæis, Phæneas verò pro Ætolis: sed quum tardior jam hora diem clauderet, temporis angustiis exclusa est eorum oratio: Postulavit Philippus, scriptas dari sibi à singulis conditiones, quibus pax esset conventura. solum enim se esse, nec habere quicum deliberet: velle verò se reverti, ut de iis quæ imperabantur seriò secum cogitaret. Non erat Quintio ingratum acroama Philippum audire facete ludentem: qui tamen ne videretur nihil dixisse,

Philip-

Philippum viciſſim ipſe quoque cavillans; Et merito quidem Philippe, ait, ſolus nunc es; amicos enim omnes qui optima tibi ſuggeſturi erant conſilia, ſuſtuliſti. Macedo ubi Sardonium quendam riſum ediſiſſet, conticuit. Tunc igitur poſtquam ſinguli quæ volebant ſcripto eſſent complexi, convenienter eis quę antea diximus, eaq; Philippo exhibuiſſent, & poſtero die ſe iterum Nicęam conventuros conſtituiſſent, in diverſa abierunt. Quintius poſtero die ad conſtitutum locum, ubi omnes erãt, venit: Philippus verò nullus venit. Jam diei pars magna proceſſerat, & fere jam Quintius venturum eum deſperabat; quum Philippus ſub ipſam veſperam iiſdem atq; ante comitatus, apparet: poſtquam diem cõſumpſiſſet, ut quidem ipſe dicebat, quum tam gravia imperarentur, inops conſilii & magnis difficultatibus affectus: ut vero aliis videbatur, eo fine, ut paratos in ſe invehi Achæos & Ætolos, ſpatio temporis excluderet. Animadverterat enim pridie cum diſcederet, ambos paratos verbis ſecum altercari, & querelas ſuas proferre. quã etiam ob cauſſam tunc ſimulac propius acceſſiſſet, petiit, ut ſummotis aliis, ne utriſque altercantibus verba dumtaxat funderentur, ſed aliquis tandem finis rei imponi poſſet, cum ipſo Romano Imperatore liceret ſibi colloqui. Et quum ſæpius hoc ipſum peteret, idque ut ſibi tribueretur ęquum eſſe diceret; quęſivit Titus ab iis qui aderant, Quid facto eſſet opus? Cunctis hortantibus ut congrederetur, & audiret quid eſſet dicturus; Quintius Appio

ἀντεπέσκωψε τὸν Φίλιππον, εἰπὼν
οὕτως. Εἰκότως, ἔφη, Φίλιππε
μόνος εἶ νῦν· τοὺς γὰρ φίλους τοὺς τὰ
κράτιστά σοι συμβουλεύσοντας, ἀπώ-
λεσας ἅπαντας. ὁ δὲ Μακεδὼν ὑπο-
μειδιάσας Σαρδόνιον, ἀπεσιώπησε.
καὶ τότε μὲν ἅπαντες ἐγγράπτους
δόντες τῷ Φιλίππῳ τὰς ἑαυτῶν
προαιρέσεις, ἀκολούθως τοῖς προειρημένοις ἐχωρίσθησαν, ταξάμενοι
κατὰ τὴν ἐπιοῦσαν εἰς Νίκαιαν
πάλιν ἀπαντήσειν. Τῇ δ' αὔριον
οἱ μὲν περὶ τὸν Τίτον ἧκον ἐπὶ τὸν
ταχθέντα τόπον, ἐν ᾧ πάντες ἦ-
σαν, ὁ δὲ Φίλιππος οὐ παρεγίγνετο. τῆς δ' ἡμέρας ἤδη παραγού- 8
σης ἐπὶ πολὺ, καὶ σχεδὸν ἀπεγνωκό-
των τῶν περὶ τὸν Τίτον, παρῆν ὁ Φίλιππος δείλης ὀψίας ἐπιφαινό-
μενος μεθ' ὧν καὶ πρότερον· καὶ κα-
τατετριφὼς τὴν ἡμέραν, ὡς μὲν αὐτὸς ἔφη, διὰ τὴν ἀπορίαν καὶ δυσ-
χρησίαν τῶν ἐπιταττομένων· ὡς
δὲ τοῖς ἄλλοις ἐδόκει, βουλόμενος ἐκκλεῖσαι τῷ καιρῷ τήν τε τῶν
Ἀχαιῶν καὶ τὴν τῶν Αἰτωλῶν κατηγορίαν. ἑώρα γὰρ τῇ πρόσθεν
ἀπαλλαττόμενος, ἀμφοτέρους τούτους ἑτοίμους ὄντας πρὸς τὸ συμπλέκεσθαι καὶ μεμψιμοιρεῖν αὐτῷ. Διὸ
καὶ τότε συνεγγίσας, ἠξίου τὸν τῶν
Ῥωμαίων στρατηγὸν ἰδίᾳ πρὸς αὐτὸν
διαλεχθῆναι περὶ τῶν ἐνεστώτων, ἵνα
μὴ λόγοι λέγωνται μόνον ἐξ ἀμφοτέρων ἀψιμαχούντων, ἀλλὰ καὶ
τέλος τι τοῖς ἀμφισβητουμένοις
ἐπιτεθῇ. πλεονάκις δ' αὐτοῦ παρακαλοῦντος καὶ προσαξιοῦντος,
ἤρετο τοὺς συμπαρόντας ὁ Τίτος, τί
δέον εἴη ποιεῖν; τῶν δὲ κελευόντων
συνελθεῖν, καὶ διακοῦσαι τῶν λεγομένων, παραλαβὼν ὁ Τίτος Ἄππιον

Κλαύδιον χιλίαρχον ὄντα τότε, τοῖς μὲν ἄλλοις μικρὸν ἀπὸ τῆς θαλάττης ἀναχωρήσασιν εἶπεν αὐτόθι μένειν· αὐτὸς δὲ τὸν Φίλιππον ἐκέλευσεν ἐκβαίνειν. ὁ δὲ βασιλεὺς παραλαβὼν Ἀπολλόδωρον καὶ Δημοσθένην, ἀπέβη. συμμίξας δὲ Τίτῳ, διελέγετο καὶ πλείω χρόνον. Τίνα μὲν οὖν ἦν τὰ τότε ῥηθέντα παρ' ἑκατέρου, δυσχερὲς εἰπεῖν. ἔφη δ' οὖν ὁ Τίτος μετὰ τὸ χωρισθῆναι τὸν Φίλιππον, διασαφῶν τοῖς ἄλλοις τὰ παρὰ τοῦ βασιλέως· Αἰτωλοῖς μὲν ἀποδοῦναι Φάρσαλον καὶ Λάρισσαν· Θήβας δ' οὐκ ἀποδιδόναι. Ῥοδίοις δὲ τῆς μὲν Περαίας παραχωρεῖν· Ἰασοῦ δὲ καὶ Βαργυλίων οὐκ ἐκχωρεῖν. Ἀχαιοῖς δὲ παραδιδόναι τὴν Κόρινθον, καὶ τὴν τῶν Ἀργείων πόλιν. Ῥωμαίοις δὲ τὰ κατὰ τὴν Ἰλλυρίδα φάναι παραδώσειν, καὶ τοὺς αἰχμαλώτους πάντας. Ἀττάλῳ δὲ τάς τε ναῦς ἀποκαταστήσειν, καὶ τῶν ἀνδρῶν τῶν ἐν ταῖς ναυμαχίαις ἁλόντων ὅσοι πάρεισι.
9 Πάντων δὲ τῶν παρόντων δυσαρεστουμένων τῇ διαλύσει, καὶ φασκόντων δεῖν τὸ κοινὸν ἐπίταγμα πρῶτον ποιεῖν; (τοῦτο δ' ἦν ἁπάσης ἐκχωρεῖν τῆς Ἑλλάδος·) εἰ δὲ μή, διότι τὰ κατὰ μέρος μάταια γίνεται, καὶ πρὸς οὐδέν· θεωρῶν ὁ Φίλιππος τὴν ἐν αὐτοῖς ἀμφισβήτησιν, καὶ δεδιὼς ἅμα τὰς κατηγορίας, ἠξίου τὸν Τίτον ὑπερθέσθαι τὴν σύνοδον εἰς τὴν αὔριον, διὰ τὸ καὶ τὴν ὥραν εἰς ὀψὲ συγκλείειν. ἢ γὰρ πείσειν, ἢ πεισθήσεσθαι τοῖς παρακαλουμένοις. τοῦ δὲ συγχωρήσαντος, ταξάμενοι συμπορεύεσθαι πρὸς τὸν κατὰ Θρό-

Claudio tunc Tribuno militum secum assumpto, cæteris dixit, ut paullulum à mari se summoverent, atque ibi manerent: à Philippo deinde ut in terram egrederetur petit. Rex cum Apollodoro & Demosthene est egressus. Qui ubi in colloquium Titi venit, non modicum temporis spatium sermonem cum eo habuit. In eo congressu quæ fuerint ab utroque acta difficile dictu est; Quintius certe post Regis discessum à Philippo dicta hæc retulit ad socios: Ætolis Pharsalum Larissamque eum reddere; Thebas non reddere. Rhodiis regione quam Peræam vocant cedere; Jasso & Bargyliis non excessurum. Achæis non Argis modo sed etiam Corintho cessurum. Romanis totam Illyrici oram traditurum, & omnes captivos. Attalo naves restituturum, & ex iis qui præliis navalibus erant capti quotquot comparerent. Hæ conditiones pacis quum nulli omnium placerent partium, dicerentque ante omnia faciendum esse Regi, quod consilium universum imperaverat; (id autem erat, ut tota decederet Græcia;) idque nisi faceret, inanes & nullius plane fructus istas de singulis rebus pactiones futuras; ut vidit Philippus quanta contentione res in concilio ageretur; simul veritus paratas in se criminationes; à Quintio petit, ut rem totam in crastinum differret: quum præsertim orta vespera diem jam clauderet: profectò aut persuasurum se, aut persuaderi sibi passurum, ut conditiones acciperet. Annuente Quintio, littus ad Thronium destinatur ad convenienniendum; atque ita ſolvitur colloquium. Poſtero die ad conſtitutum locum mature veniunt omnes. Ibi Philippus locutus pauca, & omnes qui aderant & maxime Quintium rogare, ne inſtitutam pacificationem abrumperent; quando plerorumque animi ad pacis & concordiæ ſtudium jam eſſent adducti: verùm de iis quæ in controverſia verſarentur, ſi fieri ulla ratione poſſet, per ſe convenirent; ſin hoc non poſſet, legatos dixit ſe Romam ad Senatum miſſurum; & vel perſuaſurum Patribus ut ea ſibi concederent de quibus eſſet contentio, vel quaſcunque ſenatus dediſſet leges pacis accepturum. Hanc conditionem ferente Rege, cæteri omnes bellum dixerunt eſſe apparandum; neque rationem poſtulatorum ejus habendam. at Romanus Imperator, Ne ſe quidem ignorare ait, parum fieri ſimile veri, Philippum ullam earum rerum quæ ab ipſo petebantur eſſe conceſſurum: quoniam tamen nihil quicquam ſuis inceptis noceret petitio cujus veniam ſibi dari Philippus peteret, licere hoc illi concedere. Nam ne ſic quidem firmari quicquam eorum poſſe quæ nunc agerentur, abſque auctoritate Senatus. ad explorandam verò Patrum voluntatem opportunam eſſe inſtantem tempeſtatem. Nam quum per hiemem nihil exercitus poſſint agere, non alienum, ſed potius cunctorum rationibus conveniens eſſe, ut hoc quaſi ſeponatur tempus quo præſens rerum ſtatus ad Senatum referatur. Omnibus in Quintii ſententiam citò concedentibus, quod à conſilio referendi cuncta

νιον αἰγιαλὸν, τότε μὲν ἐχωρίσθησαν· τῇ δ' ὑστεραίᾳ πάντες ἧκον ἐπὶ τὸν ταχθέντα τόπον ἐν ὥρᾳ. καὶ βραχέα διαλεχθεὶς ὁ Φίλιππος, ἠξίου πάντας, μάλιστα δὲ τὸν Τίτον, μὴ διακόψαι τὴν διάλυσιν, τῶν γε δὴ πλείστων εἰς συμβατικὴν διάθεσιν ἠγμένων· ἀλλ' εἰ μὲν ἐνδέχεται, δι' αὐτῶν συμφώνους γενέσθαι περὶ τῶν ἀντιλεγομένων· εἰ δὲ μὴ, πρεσβεύσειν ἔφη πρὸς τὴν σύγκλητον, κἀκείνην πείσειν περὶ τῶν ἀμφισβητουμένων, ἢ ποιήσειν ὅ, τι ποτ' ἂν ἐπιτάττῃ. Ταῦτα δ' αὐτοῦ προτείνοντος, οἱ μὲν ἄλλοι πάντες ἔφασαν δεῖν πράττειν τὰ τοῦ πολέμου, καὶ μὴ προσέχειν τοῖς ἀξιουμένοις· ὁ δὲ τῶν Ῥωμαίων στρατηγὸς, οὐκ ἀγνοεῖν μὲν οὐδ' αὐτὸς ἔφη, διότι τὸν Φίλιππον οὐκ εἰκός ἐστι ποιῆσαι τῶν παρακαλουμένων οὐδέν· τῷ δ' ἁπλῶς μηδὲν ἐμποδίζειν τὰς σφετέρας πράξεις τὴν αἰτουμένην χάριν ὑπὸ τοῦ βασιλέως, ἐκποιεῖν, ἔφη, χαρίζεσθαι. κυρωθῆναι μὲν γὰρ οὐδ' ὡς εἶναι δυνατὸν οὐδὲν τῶν νῦν λεγομένων ἄνευ τῆς συγκλήτου. πρὸς δὲ τὸ λαβεῖν πεῖραν τῆς ἐκείνων γνώμης, εὐφυῶς ἔχειν τὸν ἐπιφερόμενον καιρόν. Τῶν γὰρ στρατοπέδων οὐδ' ὡς δυναμένων οὐδὲν πράττειν διὰ τὸν χειμῶνα, τοῦτον ἀποθέσθαι τὸν χρόνον εἰς τὸ προσανενεγκεῖν τῇ συγκλήτῳ περὶ τῶν προσπιπτόντων, οὐκ ἄθετον, ἀλλ' οἰκεῖον εἶναι πᾶσι.
Ταχὺ δὲ συγκατατεθειμένων ἁπάν- 10
των διὰ τὸ θεωρεῖν τὸν Τίτον οὐκ
ἀλλότριον ὄντα τῆς ἐπὶ τὴν σύγ-

κλητον ἀναφορᾶς, ἔδοξε συγχωρεῖν τῷ Φιλίππῳ πρεσβεύειν εἰς τὴν Ῥώμην· ὁμοίως δὲ καὶ παρ' αὐτῶν πέμπειν ἑκάστους πρεσβευτὰς τοὺς διαλεχθησομένους τῇ συγκλήτῳ καὶ κατηγορήσοντας τοῦ Φιλίππου. τοῦ δὲ πράγματος τῷ Τίτῳ τοῦ κατὰ τὸν σύλλογον κατὰ νοῦν καὶ κατὰ τοὺς ἐξ ἀρχῆς διαλογισμοὺς προκεχωρηκότος, παραυτίκα τὸ συνεχὲς τῆς ἐπιβολῆς ἐξύφαινε, τά τε καθ' αὐτὸν ἀσφαλιζόμενος ἐπιμελῶς, καὶ πρόλημμα τῷ Φιλίππῳ ποιῶν οὐδέν. Δοὺς γὰρ ἀνοχὰς διμήνους αὐτῷ, τὴν μὲν πρεσβείαν τὴν εἰς τὴν Ῥώμην ἐν τούτῳ τῷ χρόνῳ συντελεῖν ἐπέταξε· τὰς δὲ φρουρὰς ἐξάγειν παραχρῆμα τὰς ἐκ τῆς Φωκίδος καὶ Λοκρίδος ἐκέλευσε. διετάξατο δὲ καὶ περὶ τῶν ἰδίων συμμάχων φιλοτίμως, ἵνα κατὰ μηδένα τρόπον μηδὲν εἰς αὐτοὺς ἀδίκημα γίγνηται κατὰ τοῦτον τὸν χρόνον ὑπὸ Μακεδόνων. Ταῦτα δὲ ποιήσας πρὸς τὸν Φίλιππον ἔγγραπτα, λοιπὸν αὐτὸς ἤδη δι' αὑτοῦ τὸ προκείμενον ἐπετέλει. καὶ τὸν μὲν Ἀμύνανδρον εἰς τὴν Ῥώμην ἐξέπεμπε παραχρῆμα, γινώσκων αὐτὸν εὐάγωγον μὲν ὄντα, καὶ ῥᾳδίως ἐξακολουθήσοντα τοῖς ἐκεῖ φίλοις, ἐφ' ὁπότερα ἂν ἄγωσιν αὐτόν· Φαντασίαν δὲ ποιήσοντα καὶ προσδοκίαν διὰ τὸ τῆς βασιλείας ὄνομα. μετὰ δὲ τοῦτον ἐξέπεμπε τοὺς παρ' αὑτοῦ πρέσβεις, Κόιντόν τε τὸν Φάβιον, ὃς ἦν αὐτῷ τῆς γυναικὸς ἀδελφιδοῦς, καὶ Κόιντον Φούλβιον· σὺν δὲ τούτοις Ἄππιον Κλαύδιον ἐπικαλούμενον Νέρωνα. παρὰ δὲ τῶν Αἰτωλῶν ἐπρέσβευον Ἀλέξανδρος Ἴσιος, Δαμόκριτος Καλυδώ-

ad Senatum non abhorrere ipſum intelligerent, placuit Philippo concedere, ut legatos Romam mitteret: ſimul etiam placuit, ut ſinguli legatos è ſuis eodem mitterent, qui cum Senatu agerent, & Philippum incuſarent. Ita quum ex animi ſententia, ut à principio cogitaverat, colloquii negotium Quintio ſucceſſiſſet, orſa deinceps ſua ſine mora ulla pertexebat; & ſecuritati ſuæ cum cura proſpiciens, & Philippo nihil prorſus quo res ejus meliores fierent, neque prærogativam ullam largiens. Nam quum inducias in duos menſes illi daret, ut eo tempore legationem Romam expediret præcepit; ſimul ut præſidia Phocide ac Locride extemplo deduceret, juſſit. qui etiam ſtudio ſummo populi Rom. ſociis cavit, ne per induciarum tempus ullam à Macedonibus quacumque ratione injuriam acciperent. Atque hæc induciarum cum Philippo pacta quum ſcripto curaſſet comprehendi, de cætero ſuum ipſe propoſitum per ſe exſequebatur. Igitur qui ſciret Amynandrum ingenio eſſe admodum flexili, nec difficulter amicis quos ipſe Quintius Romæ habebat obſecuturum, in utramvis partem ducere illum vellent; eumdemq; ob nomen regium ſpeciem legationis adjecturum, & magnam hominum opinionem concitaturum; Romam è veſtigio eum miſit. Poſt hunc Legatos à ſe miſit Q Fabium, (is uxori Quintii ſororis filius erat) & Q. Fulvium; & cum his Appium Claudium cognomine Neronem. Ætolorum nomine legationem obierunt iſti; Alexander Iſius, Damocritus

Calydo-

Calydonius, Dicæarchus Trichoniensis, Polemarchus Arsinoensis, Lamius Ambraciota, Nicomachus Acarnan. Eorum nomine qui Thurio aufugerant, & in Ambracia jam habitabant, Theodotus Pheræus è patria Thessalia extorris, Strati inquilinus. Ab Achæis missus est Xenophon Ægiensis. ab Rege Attalo, Alexander solus. ab Atheniensium civitate, Cephisodorus, & qui circa eum erant. Hi Romam prius venerunt, quam de provinciis magistratuum anni præsentis quicquam decrevissent Patres; utrumne ambo Coss. in Galliam essent mittendi, an eorum alter adversus Philippum. Postquam certo compererant Quintii amici ambos Coss. tumultus Gallici caussa in Italia mansuros; Legati omnes in Senatum venerunt, & in Philippum asperrime sunt invecti. Et cætera quidem eorum oratio similis illi fuit quam apud Regem ipsum antea habuerant. Illud vero unum impensè studuerunt, ut Patrum animis hanc opinionem ingenerarent; si Chalcis, Corinthus & Demetrias à Macedone tenerentur, non posse Græcos ne cogitatione quidem libertatem consequi. Ipsius siquidem Philippi dictum hoc esse; & verissime illum quidem tunc locutum, quando dixit, commemorata loca compedes Græciæ esse; & recte sane ita illum pronuntiasse. Nam neque Peloponnesios respirare à malis posse, quandiu Corintho regium præsidium insidebit: neque Locros, & Bœotos atque Phocenses mutire ausuros, dum Chalcidem Philippus tenebit, & reliquam Eubœam.

νιος, Δικαίαρχος Τριχωνιεύς,
Πολέμαρχος Ἀρσινοεὺς, Λάμιος
Ἀμβρακιώτης, Νικόμαχος Ἀ-
καρνάν. τῶν δ' ἐκ Θουρίου πεφευγότων, κατοικούντων δ' ἐν Ἀμ-
βρακίᾳ, Θεόδοτος Φεραῖος φυ-
γὰς ἐκ Θετταλίας, κατοικῶν δ'
ἐν Στράτῳ. παρὰ δὲ τῶν Ἀχαιῶν
Ξενοφῶν Αἰγιεύς. παρὰ δὲ τοῦ βασιλέως Ἀττάλου μόνος Ἀλέξανδρος.
παρὰ δὲ τοῦ δήμου τῶν Ἀθηναίων, οἱ περὶ Κηφισόδωρον. Οὗτοι δὲ παρε- II
γενήθησαν εἰς τὴν Ῥώμην πρὸ τοῦ τὴν
σύγκλητον διαλαβεῖν ὑπὲρ τῶν εἰς
τοῦτον τὸν ἐνιαυτὸν καθεσταμένων·
πότερον ἀμφοτέρους ὑπάτους εἰς
τὴν Γαλατίαν, ἢ τὸν ἕτερον αὐτῶν δεήσει
πέμπειν ἐπὶ Φίλιππον. πεπεισμένων δὲ τῶν Τίτου φίλων μένειν τοὺς
ὑπάτους ἀμφοτέρους κατὰ τὴν Ἰταλίαν
διὰ τὸν ἀπὸ τῶν Κελτῶν φόβον, εἰσελθόντες εἰς τὴν σύγκλητον πάντες,
κατηγόρουν ἀποτόμως τοῦ Φιλίππου. τὰ μὲν οὖν ἄλλα παραπλήσια
τοῖς καὶ πρὸς αὐτὸν τὸν βασιλέα πρότερον εἰρημένοις ἦν· τοῦτο δ' ἐπιμελῶς ἐνετίκτειν ἐπειρῶντο τῇ συγκλήτῳ πάντες, διότι τῆς Χαλκίδος
καὶ τῆς Κορίνθου καὶ τῆς Δημητριάδος
ὑπὸ τῷ Μακεδόνι ταττομένων, οὐχ
οἷόν τε τοὺς Ἕλληνας ἔννοιαν λαβεῖν
ἐλευθερίας. ὁ γὰρ αὐτὸς Φίλιππος
εἶπε τοῦτο, καὶ λίαν ἀληθὲς ἔφασαν
ὑπάρχειν· ὃς ἔφη τοὺς προειρημένους
τόπους εἶναι πέδας Ἑλληνικὰς, ὀρθῶς
ἀποφαινόμενος. οὔτε γὰρ Πελοποννη-
σίους ἀναπνεῦσαι δυνατὸν, ἐν Κορίνθῳ
βασιλικῆς φρουρᾶς ἐγκαθημένης·
οὔτε Λοκροὺς καὶ Βοιωτοὺς καὶ Φωκέας θαρσῆσαι, Φιλίππου Χαλκίδα
κατέχοντος καὶ τὴν ἄλλην Εὔβοιαν·

οὐδὲ

οὐδὲ μὴν Θετταλοὺς, οὐδὲ Μάγνητας δυνατὸν ἀναψύξασθαι τῆς ἐλευθερίας οὐδέποτε, Δημητριάδα Φιλίππου κατέχοντος καὶ Μακεδόνων. διὸ καὶ τὸ παραχωρεῖν τῶν ἄλλων τόπων τὸν Φίλιππον, φαντασίαν εἶναι, χάριν τοῦ τὸν παρόντα καιρὸν ἐκφυγεῖν. ᾗ δ' ἂν ἡμέρα βουληθῇ, ῥᾳδίως πάλιν ὑφ' αὑτὸν ποιήσασθαι τοὺς Ἕλληνας, ἐὰν κρατῇ τῶν προειρημένων τόπων. Διόπερ ἠξίουν τὴν σύγκλητον ἢ τούτων τῶν πόλεων ἀναγκάσαι τὸν Φίλιππον ἐκχωρεῖν, ἢ μένειν ἐπὶ τῶν ὑποκειμένων, καὶ πολεμεῖν ἐρρωμένως πρὸς αὐτόν. καὶ γὰρ λελύσθαι τὰ μέγιστα τοῦ πολέμου, τῶν τε Μακεδόνων προηττημένων δὶς ἤδη, καὶ κατὰ γῆν πλείστων αὐτοῖς χορηγιῶν ἐκδεδαπανημένων. Ταῦτα δ' εἰπόντες, παρεκάλουν μήτε τοὺς Ἕλληνας ψεῦσαι τῶν περὶ τῆς ἐλευθερίας ἐλπίδων, μήθ' ἑαυτοὺς ἀποστερῆσαι τῆς καλλίστης ἐπιγραφῆς. Οἱ μὲν οὖν παρὰ τῶν Ἑλλήνων πρέσβεις ταῦτα καὶ τούτοις παραπλήσια διελέχθησαν. οἱ δὲ παρὰ τοῦ Φιλίππου, παρεσκευάσαντο μὲν ὡς ἐπὶ πλεῖον ποιησόμενοι τοὺς λόγους, ἐν ἀρχαῖς δ' εὐθέως ἐκωλύθησαν. ἐρωτηθέντες γὰρ, εἰ παραχωροῦσι Χαλκίδος, καὶ Κορίνθου, καὶ Δημητριάδος, ἀπεῖπαν μηδεμίαν ἔχειν περὶ τούτων ἐντολήν. οὗτοι μὲν οὖν ἐπιτιμηθέντες, οὕτω κατέπαυσαν τὸν λόγον. Ἡ δὲ σύγκλητος,
12 τοὺς μὲν ὑπάτους ἀμφοτέρους εἰς Γαλατίαν ἐξαπέστειλε, καθάπερ ἐπάνω προεῖπα· τὸν δὲ πρὸς τὸν Φίλιππον πόλεμον ἐψηφίσατο κατάμονον εἶναι, δοῦσα τῷ Τίτῳ τὴν ἐπιτροπὴν ὑπὲρ τῶν Ἑλληνικῶν. Ταχὺ δὲ τούτων εἰς τὴν

neque verò Thessalos aut Magnetes vel levem saltem gustum aliquem libertatis posse unquam percipere, si Philippus & Macedones Demetriadem in potestate haberent. Quod igitur aliis locis cessurum se Philippus diceret, ad speciem hoc solum fieri, ut præsens periculum evitet. nam qua die primum voluntas eum ceperit, Gręcos ipsum, locorum quę diximus potientem, denuo sibi fore subjecturum. Propterea Senatum obsecrabant, ut vel excedere illis oppidis Philippum cogeret, vel nihil ultra moveret, sed cum eo totis viribus bellum gereret. Jam enim belli partem maximam esse confectam; bis antè & terra & mari devictis Macedonibus, & plerisque commeatibus absumptis. Preces secundum ista adjiciebant; ne spem quam de libertate Græci conceperant, irent destitutum: neve pulcherrimi tituli gloriam sibimet ipsi inviderent. Et Græcorum quidem legati, hæc similiaque his alia disseruerunt. At Regis legati longiorem orationem exorsi, statim à principio sunt impediti. Interrogati namque, cessuri ne essent Chalcide, Corintho & Demetriade, mandatum de his ullum se accepisse negarunt. Atque ita à Patribus objurgati finem dicendi fecerunt. Senatus Coss. ambobus in Galliam proficisci jussis, ut antea dicebam; ut duraret bellum cum Philippo decrevit, & rerum Græcanicarum arbitrium Quintio permisit. Cujus rei nuntius quum celeriter in Græciam esset allatus, mirifice omnia Tito ex animi sententia succedebant; Fortuna

tuna quidem ejus consilia nonnihil adjuvante; sed multo magis, quod singulari prudentia omnia essent ab ipso administrata. Nam si quis alius Romanorum, hic profectò vir sollers cum primis fuit. Adeo enim dextre sciteque & prudenter non solum in publicis inceptis se gerebat, verùm etiam in privatis congressibus, ut nihil posset magis. Et tamen juvenis admodum erat. nam annorum triginta major tum non fuit. idemque primus Romanorum cum exercitu in Græciam trajecerat.

Humanum genus ipsis brutis esse deterius.

QUUM videatur genus hominum versutia & vafritie omnia animalia superare: multa dici tamen possunt, cur deterrimum habeatur. Nam cæteræ animantes quæ solis cupiditatibus corporis serviunt, per has dumtaxat in fraudem labuntur: at humanum genus hoc amplius adscitis imbutum opinionibus, non pauciora per inconsiderantiam & pravam ratiocinationem peccat, quàm per naturam.

Militiæ Romanæ mos, ut vallum singuli ferant ad usus repentinos.

Descriptio valli ex usu disciplinæ militaris Romanæ; & quanto sit utilior vallo Græcanico.

Ἑλλάδα διαστραφέντων, ἐγεγόνει τῷ Τίτῳ πάντα κατὰ νοῦν. ἐπὶ βραχὺ μὲν καὶ ταὐτομάτου συνεργήσαντος, τὸ δὲ πολὺ διὰ τῆς αὐτοῦ προνοίας ἁπάντων κεχειρισμένων. πάνυ γὰρ ἀγχίνους εἰ καί τις ἕτερος Ῥωμαίων, καὶ ὁ προειρημένος ἀνὴρ γέγονεν. οὕτω γὰρ εὐστόχως ἐχείριζε καὶ νουνεχῶς οὐ μόνον τὰς κοινὰς ἐπιβολάς, ἀλλὰ καὶ τὰς κατ' ἰδίαν ἐντεύξεις, ὥσθ' ὑπερβολὴν μὴ καταλιπεῖν. Καίτοι καὶ νέος ἦν κομιδῇ. πλείω γὰρ τῶν τριάκοντα ἐτῶν οὐκ εἶχε. καὶ πρῶτος εἰς τὴν Ἑλλάδα διαβεβήκει μετὰ στρατοπέδων.

Οτι τὸ τῶν ἀνθρώπων γένος, καὶ τῶν ἀλόγων φαυλότερον.

ΤΟ τῶν ἀνθρώπων γένος δοκοῦν πανουργότατον εἶναι τῶν ζώων, πολὺν ἔχει λόγον τοῦ φαυλότατον ὑπάρχειν. τὰ μὲν γὰρ ἄλλα ζῶα ταῖς τοῦ σώματος ἐπιθυμίαις αὐταῖς δουλεύοντα, διὰ μόνας ταύτας σφάλλεται· τὸ δὲ τῶν ἀνθρώπων γένος καὶ προσδεδοξοποιημένον, οὐχ ἧττον διὰ τὴν ἀλογιστίαν, ἢ διὰ τὴν φύσιν ἁμαρτάνει. I 3

Ῥωμαϊκὸν ἔθος, χάρακα παρακομίζειν πρὸς τὰς ἐκ τοῦ καιροῦ χρείας.

Διαγραφὴ χάρακος τοῦ κατὰ τὴν Ῥωμαϊκὴν ἀγωγήν· καὶ ὅτι πολὺ διαφέρει τοῦ κατὰ τὴν Ἑλληνικὴν ἀγωγήν.

Πῶς ὅ, τε Ῥωμαίων στρατηγὸς καὶ Φίλιππος σὺν ταῖς αὐτῶν δυνάμεσι περὶ Φερὰς τῆς Θετταλίας καταστρατοπεδεύσαντες τοῦ κρίνειν τὰ ὅλα διὰ μάχης ἀπέστησαν.

Quomodo Rom. Imperator & Philippus quum prope Pheras in Thessalia castra vicina haberent, à certamine de summa rerum suscipiendo abstinuerint.

Πῶς κατὰ πορείαν ἐγγισασῶν περὶ τὸ Θετίδιον τῶν Μακεδονικῶν καὶ Ῥωμαϊκῶν στρατιῶν, οἱ προκινδυνεύοντες μάχην οὐ τὴν τυχοῦσαν συνῆψαν.

Quomodo circa Thetidium quum Macedonicus & Romanus exercitus sibi invicem occurrissent per velites prælium non mediocre sit commissum.

Αἰτωλῶν ἰδίωμα περὶ τὰς μάχας.

Ætolorum proprium genus pugnæ.

Πῶς ὁ Φίλιππος ἀλόγως κουφισθεὶς εἰς ὁλοσχερῆ ἀγῶνα πρὸς Τίτον Φλαμίνιον συγκατέστη περὶ Κυνὸς κεφαλὰς, λόφους οὕτω καλουμένους.

Quomodo Philippus temerario consilio usus in casum universæ dimicationis venerit circa Cynoscephalas, colles ita dictos.

Ἔκταξις ἑκατέρου τοῦ στρατηγοῦ τῶν ἰδίων δυνάμεων.

Aciei ordinatio utriusque Imperatoris.

Μάχη καρτερὰ καὶ νίκημα Ῥωμαίων.

Pugna atrox, & Romanorum victoria.

Πολυβίου παρέκβασις, περιέχουσα σύγκρισιν τοῦ καθοπλισμοῦ Ῥωμαίων καὶ Μακεδόνων, καὶ τῆς συντάξεως τῆς ἑκατέρων.

Digressio Polybii, continens comparationem armaturæ Romanorum & Macedonum, & aciei instruendæ ratio qua utrique utebantur.

Ὅτι Ἀννίβας καὶ Πύρρος ὁ μὲν καθοπλισμῷ Ῥωμαίων, ὁ δὲ καὶ ὅπλοις καὶ δυνάμεσιν Ἰταλικοῖς ἐχρήσαντο.

Quomodo Hannibal & Pyrrhus usi sint, ille quidem armis Romanorum, hic vero & armis & milite Italico.

Ὅτι ἡ Μακεδονικὴ φάλαγξ τὴν αὐτῆς ἰδιότητα ἔχουσα ἀνυπόστατος.

Phalangem Macedonicam quamdiu incorrupta manet, vinci non posse.

Mensura

Mensura areæ quam occupant singuli milites in phalange.

In phalange ultra quintum jugum, sive seriem, sarissam protendi non posse, nisi inutiliter.

Romanorum neque armaturam neque ordinationem vi phalangis parem esse.

Caussam cur Romani phalangem vincant, esse quod facile solvitur, & est difficilis ejus usus.

Philippum qui rebus lætis potentia recte uti nescivit, in adversis tamen prudentissimum fuisse.

Ἐμβαδοῦ μέτρον τῶν ἐν τῇ φάλαγγι ἱσταμένων.

Ὅτι ἐν τῇ φάλαγγι πέρα τοῦ πέμπτου ζυγοῦ προβολὴ σαρισσῶν οὐ γίνεται, ἢ οὐδὲν ἀνύει.

Ὅτι ὁ Ῥωμαίων καθοπλισμὸς καὶ τάξις οὐ δύναται μένειν κατὰ πρόσωπον τῆς φάλαγγος.

Ὅτι ἡ αἰτία παρ' ἣν συμβαίνει Ῥωμαίους νικᾶν τὴν φάλαγγα, ἐστὶν ἡ λύσις τῆς φάλαγγος, καὶ δυσχρηστία.

Ὅτι Φίλιππος ἐν ταῖς ἐπιτυχίαις τὴν ἐξουσίαν οὐ φέρων ἀνθρωπίνως, ἐν τοῖς ἐλαττώμασι καὶ λίαν ἐσωφρόνει.

QUUM non posset Quintius comperiri quo loco hostes castra haberent; certò tamen sciret in Thessaliam ipsos jam advenisse, militibus præcepit, ut vallos singuli cæderent, quos secum ferrent; si qua forte nasceretur occasio iis utendi. Hoc autem, Græcorum quidem instituto videtur fieri omnino haut posse: Romanorum verò moribus, levis est labor. Nam Græci in itinere faciendo ipsum corpus suũ vix sustinent; & vexationẽ ejus oneris vix egre sufferunt. Romani quum scuta ansarum sive vinculorum coriaceorum ope ex humeris suspensa gestent, manibus ipsa pila, hoc amplius vallum ferre non detrectant. Accedit, quod ipsorum vallorum

14 Ὁ ΔΕ Τίτος οὐ δυνάμενος ἐπιγνῶναι τοὺς πολεμίους, ᾗ στρατοπεδεύουσι, τοῦτο δὲ σαφῶς εἰδὼς, ὅτι πάρεισιν εἰς Θετταλίαν, προσέταξε κόπτειν χάρακας πᾶσιν, ἕνεκα τοῦ παρακομίζειν μεθ' ἑαυτῶν πρὸς τὰς ἐκ τοῦ καιροῦ χρείας. Τοῦτο δὲ κατὰ μὲν τὴν Ἑλληνικὴν ἀγωγὴν, ἀδύνατον εἶναι δοκεῖ· κατὰ δὲ τὴν τῶν Ῥωμαίων, εὔκοπον. οἱ μὲν γὰρ Ἕλληνες μόλις αὐτῶν κρατοῦσι τῶν σαρκῶν ἐν ταῖς πορείαις, καὶ μόλις ὑπομένουσι τὸν ἀπὸ τούτων κόπον· Ῥωμαῖοι δὲ, τοὺς μὲν θυρεοὺς τοῖς ὀχεῦσι τοῖς σκυτίνοις ἐκ τῶν ὤμων ἐξηρτηκότες, ταῖς δὲ χερσὶν αὐτοὺς τοὺς γαίσους φέροντες, ἐπιδέχονται τὴν παρακομιδὴν τοῦ χάρακος. ἅμα δὲ καὶ μεγάλην εἶναι συμβαίνει

τῆς δια-

τὴν διαφορὰν τούτων. οἱ μὲν γὰρ Ἕλληνες τοῦτον ἡγοῦνται χάρακα βέλτιστον, ὃς ἂν ἔχοι πλείστας ἐκφύσεις καὶ μεγίστας πέριξ τοῦ πρέμνου· παρὰ δὲ Ῥωμαίοις δύο κεραίας ἢ τρεῖς ἔχουσιν οἱ χάρακες, ὅτε δὲ πλείστας, τέτταρας. καὶ ταύτας . . . ἔχοντες λαμβάνονται . . . ἐναλλάξ. ἐκ δὲ τούτου συμβαίνει τήν τε κομιδὴν εὐχερῆ γίνεσθαι τελέως, (ὁ γὰρ εἷς ἀνὴρ φέρει τρεῖς καὶ τέτταρας, συνθεὶς ἐπ' ἀλλήλους) τήν τε χρείαν ἀσφαλῆ διαφερόντως. ὁ μὲν τῶν Ἑλλήνων ὅταν τεθῇ πρὸ τῆς παρεμβολῆς, πρῶτον μέν ἐστιν εὐδιάσπαστος. ὅταν γὰρ τὸ μὲν κρατοῦν καὶ πιεζόμενον ὑπὸ τῆς γῆς ἐνυπάρχῃ μόνον, αἱ δ' ἀποφύσεις ἐκ τούτου πολλαὶ καὶ μεγάλαι, κἄπειτα δύο παραστάντες ἢ τρεῖς ἐκ τῶν ἀποφύσεων ἐπισπάσωνται τὸν αὐτὸν χάρακα, ῥαδίως ἐκσπᾶται. τούτου δὲ συμβαίνοντος, εὐθέως πύλη γίνεται διὰ τὸ μέγεθος· καὶ τὰ παρακείμενα λέλυται, τῷ βραχείας τὰς εἰς ἀλλήλους ἐμπλοκὰς καὶ τὰς ἐπαλλάξεις γίνεσθαι τοῦ τοιούτου χάρα-
15 κος· παρὰ δὲ Ῥωμαίοις συμβαίνει τοὐναντίον· τιθέασι γὰρ εὐθέως ἐμπλέκοντες εἰς ἀλλήλους οὕτως, ὥστε μήτε τὰς κεραίας εὐχερῶς ἐπιγνῶναι, ποίας εἰσὶν ἐκφύσεως τῶν ἐν τῇ γῇ κατωρυγμένων· μήτε τὰς ἐκφύσεις, ποίων κεραιῶν. λοιπὸν οὔτ' ἐπιλαβέσθαι παρείραντα τὴν χεῖρα δυνατὸν, ἅτε πυκνῶν οὐσῶν καὶ προσπιπτουσῶν αὐταῖς· ἔτι δὲ φιλοπόνως ἀπωξυμμένων τῶν κεραιῶν· οὔτ' ἐπιλαβόμενον ἐκσπάσαι ῥάδιον, διὰ τὸ πρῶτον μὲν πάσας τὰς προσβολὰς σχεδὸν αὐτοκράτορα τὴν

differentia est magna. Græci, vallum putant optimum illum esse, qui plurimos & maximos circa ipsum stipitem habeat surculos erumpentes. Valli quibus Romani utuntur, duos ramulos aut tres habent, aut qui plurimos quatuor, & quidem ii sumuntur valli, in quibus surculi ab uno latere sint enati, non ab utroque alternatim. unde fit, ut & gestatio eorum sit prorsus facilis; singuli enim ternos quaternosve in unum fascem compositos ferunt: & usus eximiè firmus. Græcus siquidem vallus pro castris defixus, facile potest evelli. quoniam enim pars stipitis quæ in terra obruta ipsum opus continet sola est, surculi verò ex ipso enati & multi sunt & grandes; si accesserint duo aut tres, qui surculis prehensis vallum convellant, nullo negotio evellitur. quod ubi accidit, statim propter stipitis magnitudinem patet aditus; & quum ejusmodi valli ob surculorum brevitatem implicari atque alternatim complecti sese parum valeant; uno avulso, eorum qui ei adsident solvitur compages. Apud Romanos hujus contrarium evenit: nam statim à principio sic eos inter se implicant, ut neque surculorum extrema ex qua propagine manent earum quæ in terram sunt defossæ, possit dignosci; nec quæ propagines ad quos pertineant surculos. Jam per foramina manus immittere & vallum prehendere; id vero neque fieri potest; impedientibus surculis densis quos magno studio exacuunt: & si apprehenderis, extrahere tamen difficile. Ratio autem est; quoniam quamcunque partem valli prehenderis,

deris, huic terra eam præstat firmitudinem, ut nisi cum toto opere labefactari nequeat. deinde, quòd unum si attrahas surculum, multos simul, sibi invicem propter mutuam implicationem obsequentes, tollas necesse est. Ut autem duo aut tres eundem simul vallum prehendant, vix ac ne vix quidem fieri queat. Quod si quis forte usus concussione crebra & violenta, unum alterumque sudem evulserit; ejusmodi fit intervallum, quod ne apparet quidem. Quum igitur adeo præstet Romanus vallus, quia facile est parabilis, & quia commode gestatur, postremò quia est ejus usus firmus ac stabilis; liquet manifestò, si ulla res alia ex institutis militaribus Romanorum, hanc certe, meo quidem judicio, æmulatione & imitatione esse dignam. Quintius igitur his præparatis ad incerta casuum, cum universo exercitu gradu lento procedebat. Ubi jam quinquaginta non amplius stadia à Pheræorum urbe aberat, castra ibi locat. Postero die missi ab eo sunt sub lucis exortum, qui loca inspicerent, & diligenter inquirerent, si forte per aliquam occasionem discere possent, ubi tandem essent hostes, & quid agerent. Eodem quoque tempore Philippus, cognito Romanos circa Thebas consedisse, cum omnibus copiis Larissa profectus, Pheras duxit. unde quum stadia circiter triginta abesset, tunc quidem castra ibi fecit, & suis edixit, ut mature omnes corpora curarent: at summo mane expergefacto milite, præmissis iis qui agmen præcedere soliti, jussit eos colles summos circa

ἐκ τῆς γῆς δύναμιν ἔχειν· δεύτερον δέ, τὸ τὴν μίαν ἐπισπώμενον κεραίαν, πολλὰς ἀναγκάζεσθαι πειθομένας ἅμα βαστάζειν διὰ τὴν εἰς ἀλλήλους ἐμπλοκήν. δύο δὲ καὶ τρεῖς ἐπιλαβέσθαι ταυτοῦ χάρακος, οὐδ᾽ ὅλως εἰκός. ἐὰν δέ ποτε καὶ κατακραδήσας ἐκσπάσῃ τις ἕνα καὶ δεύτερον, ἀνεπιγνώστως γίγνεται τὸ διάστημα. Διὸ καὶ μεγάλης διαφορᾶς, τῷ καὶ τὸ εὔρεσιν ἑτοίμην εἶναι τοῦ τοιούτου χάρακος, καὶ τὸ κομιδὴν εὐχερῆ, καὶ τὸ χρείαν ἀσφαλῆ καὶ μόνιμον· φανερόν, ὡς εἰ καί τι τῶν ἄλλων πολεμικῶν ἔργων ἄξιον ζήλου καὶ μιμήσεως ὑπάρχει παρὰ Ῥωμαίοις, καὶ τοῦτο κατά γε τὴν ἐμὴν γνώμην. Πλὴν ὅγε Τίτος ἑτοιμασάμενος ταῦτα πρὸς τὰς ἐκ τοῦ καιροῦ χρείας, προῆγε παντὶ τῷ στρατεύματι βάδην. ἀπέχων δὲ περὶ πεντήκοντα στάδια τῆς τῶν Φεραίων πόλεως, αὐτοῦ παρενέβαλε. κατὰ δὲ τὴν ἐπιοῦσαν ὑπὸ τὴν ἑωθινὴν ἐξέπεμπε τοὺς κατοπτεύσοντας καὶ διερευνησομένους, εἴ τινα δυνηθεῖεν λαβεῖν ἀφορμὴν εἰς τὸ γνῶναι ποῦ ποτέ εἰσι, καὶ τί πράττουσιν οἱ πολέμιοι. Φίλιππος δὲ κατὰ τὸν αὐτὸν καιρὸν πυνθανόμενος τοὺς Ῥωμαίους στρατοπεδεύειν περὶ τὰς Θήβας, ἐξάρας ἀπὸ τῆς Λαρίσης παντὶ τῷ στρατεύματι, προῆγε ποιούμενος τὴν πορείαν ὡς ἐπὶ τὰς Φεράς. ἀπέχων δὲ περὶ τριάκοντα στάδια, τότε μὲν αὐτοῦ καταστρατοπεδεύσας ἐν ὥρᾳ, παρήγγειλε πᾶσι γίγνεσθαι περὶ τὴν τοῦ σώματος θεραπείαν. ὑπὸ δὲ τὴν ἑωθινὴν ἐξεγείρας τὴν δύναμιν, τοὺς μὲν εἰθισμένους προπορεύεσθαι τῆς δυνάμεως προεξαπέστελλε· συντάξας ὑπερβάλλειν τοὺς ὑπὲρ τὰς Φερὰς ἀκρο-

ἀκρολοφίαις· αὐτὸς δὲ τῆς ἡμέρας διαφαινούσης, ἐκίνει τὴν δύναμιν ἐκ τοῦ χάρακος. παρ' ὀλίγον μὲν οὖν ἦλθον ἀμφοτέρων οἱ προεξαπεσταλμένοι, τοῦ συμπεσεῖν ἀλλήλοις περὶ τὰς ὑπερβολάς. προϊδόμενοι γὰρ σφᾶς αὐτοὺς ὑπὸ τὴν ὀρφνήν, ἐκ πάνυ βραχέως διαστήματος ἐπέστησαν, καὶ ταχέως ἔπεμπον ἀποδηλοῦντες ἀμφότεροι τοῖς ἡγεμόσι τὸ γεγονός, καὶ πυνθανόμενοι τί δέον εἴη ποιεῖν ...... ἐπὶ τῶν ὑποκειμένων στρατοπεδειῶν, κἀκείνους ἀνακαλεῖσθαι. τῇ δ' ἐπαύριον ἐξέπεμψαν ἀμφότεροι κατασκοπῆς ἕνεκα τῶν ἱππέων καὶ τῶν εὐζώνων, περὶ τριακοσίους ἑκατέρων. ἐν οἷς ὁ Τίτος καὶ τῶν Αἰτωλῶν δύο οὐλαμοὺς ἐξαπέστειλε διὰ τὴν ἐμπειρίαν τῶν τόπων· οἳ καὶ συμμίξαντες ἀλλήλοις ἐπὶ τὰ τῶν Φερῶν ὡς πρὸς Λάρισσαν, συνέβαλλον ἐκθύμως. τῶν δὲ περὶ τὸν Εὐπόλεμον τὸν Αἰτωλὸν εὐρώστως κινδυνευόντων καὶ συνεκκαλουμένων τοὺς Ἰταλικοὺς πρὸς τὴν χρείαν, θλίβεσθαι συνέβαινε τοὺς Μακεδόνας. καὶ τότε μὲν ἐπὶ πολὺν χρόνον ἀκροβολισάμενοι, διεχωρίσθησαν εἰς τὰς αὐτῶν παρεμβολάς·
16 κατὰ δὲ τὴν ἐπιοῦσαν ἀμφότεροι δυσαρεστούμενοι τοῖς περὶ τὰς Φερὰς τόποις, διὰ τὸ καταφύτους εἶναι καὶ πλήρεις αἱμασιῶν καὶ κηπίων, ἀνέζευξαν. Ὁ μὲν οὖν Φίλιππος ἐποιεῖτο τὴν πορείαν ὡς ἐπὶ τὴν Σκοτοῦσσαν, σπεύδων ἐκ ταύτης τῆς πόλεως ἐφοδιάσασθαι, καὶ μετὰ ταῦτα γενόμενος εὐτρεπής, λαβεῖν τόπους ἁρμόζοντας ταῖς αὐτοῦ δυνάμεσιν. ὁ δὲ Τίτος ὑποπτεύσας τὸ μέλλον, ἐκίνει τὴν δύναμιν ἅμα τῷ Φιλίππῳ, σπεύδων προκαταφθεῖραι τὸν ἐν τῇ Σκοτουσσαίᾳ σῖτον.

Pheras ſuperare. Ipſe, ut clarus illuxit dies, vallo copias eduxit. Non multum abfuit quin circa collium cacumina concurrerent inter ſe, qui utraque ex parte exercitus antecedere fuerant juſſi. Nam hi quum per cœli caliginem ſeſe mutuo proſpexiſſent, parvo admodum intervallo diſtantes alteri ab alteris ſubſtiterunt; & confeſtim utrinque ad ſuos duces miſerunt, qui ſignificarent quod acciderat. illis autem viſum manere in ſuis caſtris, & anteceſſores revocare. Poſtridie ejus diei duces utrinque ſpeculandi cauſſa equites tricenos cum totidem velitibus miſerunt. in his erant duæ Ætolorum turmæ, quorum opera uſus eſt Quintius propter locorum peritiam. qui prope Pheras in via quæ Lariſſam ducit congreſſi, pugnam atrocem cient. Et quum Eupolemus Ætolus acriter dimicans Italicos ad prælium pariter ineundum excitaret, premi Macedones ceperunt. deinde poſt extractam in longum tempus velitationem, in caſtra tarde utrinque eſt diſceſſum. Sequenti die damnatis locis circa Pheras, quod arboribus erant conſiti, & maceriarum pleni atque hortorum, caſtra inde movent. Philippus, cui erat in animo commeatus exercitui ſuo proſpicere ex urbe Scotuſſa, & poſtquam neceſſariis rebus omnibus eſſet probe inſtructus, apta ſuis copiis loca deligere; Scotuſſam iter avertit. Flaminius id ipſum ſuſpicatus, eodem tempore cum Philippo caſtra movit, ad corrumpendas agri Scotuſſæi ſegetes feſtinans.

Quoniam autem ambos exercitus in illo itinere editi in altitudinem tumuli dividebant., neque Romani quò pergerent Macedones videbant, neque Macedones quò Romani. Ejus diei itinere confecto, Titus ad Eretriam Pheræ, Philippus ad amnem Oncheſtum quum perveniſſent, ibi conſederunt, neque alter de alterius caſtris quicquam reſciverant. Poſtero die progreſſi ambo, caſtrametati ſunt, Philippus quidem ad Melambium, locum ita dictum in agro Scotuſſæo; Titus verò circa Thetidium in Pharſalia; etiam tunc penitus ſeſe ignorantes. Effuſo imbre cum ſtupendis tonitribus, accidit ſequenti die ſub ipſum mane, ut obſcuratus nubibus aër univerſus terræ incumberet; adeo ut propter offuſam rebus caliginem nemo alium ante pedes ſtantem cerneret. Philippus tamen ad locum deſtinatum pervenire cupiens, motis caſtris copias omnes circumducebat. Sed officiente nebula ejus itineri, poſtquam viæ non multum confeciſſet, exercitui vallum circundedit: unde præſidium idoneum emiſit, dato præcepto, ut tumulorum intermediorum vertices inſiderent. Quintius circa Thetidium caſtra habens, anxius & ſollicitus quo loco eſſent hoſtes, decem equitum turmis antecedentibus velites ad mille dimiſit, juſſitq; ut locis magna cautione exploratis, agros incurſarent. Illi dum ad juga collium ire pergunt, imprudentes, propter ejus diei tenebras, in ſtationes Macedonum incidunt. Quum principio

τῆς δ' ἑκατέρων πορείας μεταξὺ κειμένων ὄχθων ὑψηλῶν, οὔθ' οἱ Ρωμαῖοι συνεώρων τοὺς Μακεδόνας
ποῖ ποιοῦνται τὴν πορείαν, οὔθ' οἱ
Μακεδόνες τοὺς Ρωμαίους. Ταύτην
μὲν τὴν ἡμέραν ἑκάτεροι διανύσαντες,
ὁ μὲν Τίτος ἐπὶ τὴν προσαγορευομένην Ερέτριαν τῆς Φ.....ς, ὁ δὲ
Φίλιππος ἐπὶ τὸν Ογχηστὸν ποταμὸν,
αὐτοῦ κατέζευξαν, ἀγνοοῦντες ἀμφότεροι τὰς ἀλλήλων παρεμβολάς.
Τῇ δ' ὑστεραίᾳ προελθόντες ἐστρατο-
πέδευσαν· Φίλιππος μὲν ἐπὶ τὸ
Μελάμβιον προσαγορευόμενον τῆς
Σκοτουσσαίας· Τίτος δὲ περὶ τὸ
Θετίδιον τῆς Φαρσαλίας, ἀκμὴν
ἀγνοοῦντες ἀλλήλους. ἐπιγενομένου δὲ
ὄμβρου καὶ βροντῶν ἐξαισίων, παντελῶς συνέβη τὸν ἀέρα τὸν ἐκ τῶν νεφῶν
κατὰ τὴν ἐπιοῦσαν ἡμέραν ὑπὸ τὴν ἑωθινὴν πεσεῖν ἐπὶ τὴν γῆν· ὥστε διὰ
τὸν ἐφεστῶτα ζόφον μηδὲ τοὺς ἐν
ποσὶ δύνασθαι βλέπειν. οὐ μὴν
ἀλλ' ὅγε Φίλιππος κατανύσαι
σπεύδων ἐπὶ τὸ προκείμενον, ἀ-
ναζεύξας προῄει μετὰ πάσης τῆς στρατιᾶς. δυσχρηστούμενος δὲ κατὰ τὴν
πορείαν διὰ τὴν ὁμίχλην, βραχὺν
τόπον διανύσας, τὴν μὲν δύναμιν εἰς
χάρακα παρενέβαλε, τὴν δ' ἐφεδρείαν ἀπέστειλε, συντάξας ἐπὶ τοὺς
ἄκρους ἐπιβαλεῖν τῶν μεταξὺ κειμένων
βουνῶν. ὁ δὲ Τίτος στρατοπεδεύων 17
περὶ τὸ Θετίδιον, καὶ διαπορούμενος
ὑπὲρ τῶν πολεμίων ποῦ ποτ' εἰσὶ,
δέκα προθέμενος οὐλαμοὺς, καὶ τῶν
εὐζώνων εἰς χιλίους ἐξαπέστειλε,
παρακαλέσας εὐλαβῶς ἐξερευνω-
μένους ἐπιπορεύεσθαι τὴν χώραν. Οἱ
καὶ προάγοντες ὡς ἐπὶ τὰς ὑπερβολὰς, ἔλαθον ἐμπεσόντες εἰς τὴν

τῶν Μακεδόνων ἐφεδρείαν διὰ τὸ δύσοπτον τῆς ἡμέρας. οὕτω μὲν οὖν ἐν ταῖς ἀρχαῖς ἐπὶ βραχὺ διαταραχθέντες ἀμφότεροι, μετ' ὀλίγον ἤρξαντο καταπειράζειν ἀλλήλων· διεπέμψαντο δὲ καὶ πρὸς τοὺς ἑαυτῶν ἡγεμόνας ἑκάτεροι τοὺς διασαφήσοντας τὸ γεγονός. Ἐπειδὴ δὲ κατὰ τὴν συμπλοκὴν οἱ Ῥωμαῖοι κατεβαροῦντο, καὶ κακῶς ἔπασχον ὑπὸ τῆς τῶν Μακεδόνων ἐφεδρείας, πέμποντες εἰς τὴν ἑαυτῶν παρεμβολὴν, ἐδέοντο σφίσι βοηθεῖν. ὁ δὲ Τίτος παρακαλέσας τοὺς περὶ τὸν Ἀρχέδαμον καὶ τὸν Εὐπόλεμον Αἰτωλοὺς, καὶ δύο τῶν παρ' αὐτοῦ χιλιάρχων ἐξέπεμψε μετὰ πεντακοσίων ἱππέων καὶ δισχιλίων πεζῶν· ὧν προσγινομένων τοῖς ἐξ ἀρχῆς ἀκροβολιζομένοις, παραυτίκα τὴν ἐναντίαν ἔσχε διάθεσιν ὁ κίνδυνος. οἱ μὲν γὰρ Ῥωμαῖοι προσλαβόντες τὴν ἐκ τῆς βοηθείας ἐλπίδα, διπλασίως ἐπερρώσθησαν πρὸς τὴν χρείαν· οἱ δὲ Μακεδόνες, ἠμύνοντο μὲν γενναίως, πιεζόμενοι δὲ πάλιν οὗτοι καὶ καταβαρούμενοι τοῖς ὅπλοις, προσέφυγον πρὸς τοὺς ἄκρους, καὶ διεπέμποντο πρὸς τὸν βασιλέα περὶ βοηθείας.

18 ὁ δὲ Φίλιππος οὐδέποτ' ἂν ἐλπίσας κατ' ἐκείνην τὴν ἡμέραν ὁλοσχερῆ γενέσθαι κίνδυνον, διὰ τὰς προειρημένας αἰτίας, ἀφεικὼς ἔτυχε καὶ πλείους ἐκ τῆς παρεμβολῆς ἐπὶ χορτολογίαν. Τότε δὲ πυνθανόμενος τὰ συμβαίνοντα παρὰ τῶν διαποστελλομένων, καὶ τῆς ὁμίχλης ἤδη διαφαινούσης, παρακαλέσας Ἡρακλείδην τε τὸν Γυρτώνιον, ὃς ἡγεῖτο τῆς Θετταλικῆς ἵππου, καὶ Λέοντα τὸν τῶν Μακεδόνων ἱππάρχην, ἐξέπεμψε· σὺν δὲ τούτοις Ἀθηναγόραν ἔχοντα πάντας τοὺς μισθοφόρους, πλὴν τῶν Θρᾳκῶν. συναψάντων δὲ τούτων τοῖς ἐν ταῖς

& Macedones & Romanos nonnihil casus inopinatus turbasset, mox tamen tentare sese invicem orsi, ad duces suos utrique miserunt, qui significarent quod acciderat. In eo concursu Romani quum laborare inciperent, nec jam hostilium stationum vim sustinerent, subsidium è castris suis acciverunt. Quintius Archedamum Eupolemumque Ætolos & Tribunos militum duos cohortatus, cum equitibus quingentis & duobus peditum millibus, suppetias laborantibus ferre jussit. quæ manus ut conjuncta iis fuit qui dudum cum hoste velitabantur, prælii facies extemplo est mutata. Nam Romani ob præsens auxilium nova spe recreati, duplo animosius pugnam capessebant. Macedones verò, etsi fortiter illi quidem sese defendebant; pressi tamen vice sua, & armorum pondere gravati, ad collium vertices se receperunt, & auxilium per nuntios ab Rege petierunt. Philippus, qui nunquam futurum cogitaverat, ut ad universæ rei dimicationem eo die veniretur, eam ob caussam copiarum partem maximam è castris eductam, pabulatum dimiserat. Tunc verò ab iis qui subinde mittebantur rem omnem edoctus, & per caliginem die jam illucescente, cohortatus Heraclidem Gyrtonium, qui Thessalico equitatui præerat, & Leonem, equitum Macedonum Præfectum, eos suppetias misit; Athenagora ipsis adjecto, qui omnes conductitios, præter Thraces, ducebat. Hi postquam stationibus prioribus se conjunxissent, Macedones auctis viribus gravi accessione hujus auxilii, hostibus incumbunt. Itaque rursus isti Romanos vice versa è summis depulerunt collibus. Qui, si equitum Ætolicorum pertinax pugna non obstitisset, terga penitus vertere hostes coëgissent. Plane enim illi tunc temporis animosè & præcipiti cum audacia dimicarunt. Nam Ætoli quanto in præliis pedestribus sunt aliis inhabiliores, & propter genus armorum & propter ordinationis modum quo utuntur, ad ea certamina quæ acie instructa de summa rerum instituuntur; tantum præstant cæteris Græcis in præliis equestribus, quando catervatim aut etiam viritim, res geritur. Hi igitur etiam tunc irruentium hostium impetum quum essent remorati, ad plana usque loca Romani non sunt propulsi: sed ubi aliquantum se summovissent ab hoste, in eundem rursus obversi constiterunt. Titus videns, non velites solum & equos in fugam inclinasse, verum etiam universum exercitum propter istos metu consternatum; eductis copiis omnibus, prope ipsos colles aciem instruit. Dum hæc agebantur alii post alios de statione Macedonum ad Philippum accurrere, & hujusmodi clamoribus eum compellare; Fugiunt hostes, ô Rex: ne occasionem prætermiseris: non sustinent nos Barbari. tuus hic est dies, tua hæc opportunitas. adeo ut Philippus cui tamen loca displicebant, ad subeundam prælii aleam impelleretur. Tumuli quos diximus ob aliquam canini capitis similitudinem, Cynoscephalæ vocan-

ἐφεδρείαις, καὶ προσγενομένης τοῖς Μακεδόσι βαρείας χειρὸς, ἐνέκειντο τοῖς πολεμίοις, καὶ πάλιν οὗτοι τοὺς Ῥωμαίους ἤλαυνον ἐκ μεταβολῆς ἀπὸ τῶν ἄκρων. Μέγιστον δ' αὐτοῖς ἐμπόδιον ἦν τοῦ μὴ τρέψασθαι τοὺς πολεμίους ὁλοσχερῶς, ἡ τῶν Αἰτωλικῶν ἱππέων φιλοτιμία. Πάνυ γὰρ ἐκθύμως οὗτοι καὶ παραβόλως ἐκινδύνευον. Αἰτωλοὶ γὰρ καθ' ὅσον ἐν τοῖς πεζικοῖς ἐλλιπεῖς εἰσὶ, καὶ τῷ καθοπλισμῷ καὶ τῇ συντάξει πρὸς τοὺς ὁλοσχερεῖς ἀγῶνας, κατὰ τοσοῦτον τοῖς ἱππικοῖς διαφέρουσι πρὸς τὸ βέλτιον τῶν ἄλλων Ἑλλήνων ἐν τοῖς κατὰ μέρος καὶ κατ' ἰδίαν κινδύνοις. Διὸ καὶ τότε τούτων παρακατασχόντων τὴν ἐπιφορὰν τῶν πολεμίων, οὐκέτι συνηλάθησαν, ἕως εἰς τοὺς ἐπιπέδους τόπους· βραχὺ δ' ἀποσχόντες ἐκ μεταβολῆς ἔστησαν. ὁ δὲ Τίτος θεωρῶν οὐ μόνον τοὺς εὐζώνους καὶ τοὺς ἱππέας ἐγκεκλικότας, ἀλλὰ διὰ τούτους καὶ τὴν ὅλην δύναμιν ἐπτοημένην, ἐξῆγε τὸ στράτευμα πᾶν, καὶ παρενέβαλε πρὸς τοῖς βουνοῖς. Κατὰ δὲ τὸν αὐτὸν καιρὸν ἕτερος ἐφ' ἑτέρῳ τῶν ἐκ τῆς ἐφεδρείας Μακεδόνων ἔθει πρὸς τὸν Φίλιππον ἀναβοῶν· Βασιλεῦ, φεύγουσιν οἱ πολέμιοι· μὴ παρῇς τὸν καιρόν· οὐ μένουσιν ἡμᾶς οἱ Βάρβαροι. σὴ νῦν ἐστιν ἡμέρα, σὸς ὁ καιρός. ὥστε τὸν Φίλιππον, καίπερ οὐκ εὐδοκούμενον τοῖς τόποις, ὅμως ἐκκληθῆναι πρὸς τὸν κίνδυνον. Οἱ γὰρ προειρημένοι λόφοι, καλοῦνται μὲν Κυνὸς κεφαλαί· τραχεῖς δ'

εἰσὶ καὶ περικεκλασμένοι, καὶ πρὸς ὕψος ἱκανὸν ἀνατείνοντες. Διὸ καὶ προορώμενος ὁ Φίλιππος τὴν δυσχρηστίαν τῶν τόπων, ἐξ ἀρχῆς μὲν οὐδαμῶς ἡρμόζετο πρὸς ἀγῶνα· τότε δὲ παρορμηθεὶς διὰ τὴν ὑπερβολὴν τῆς εὐελπιστίας τῶν ἀγγελλόντων, ἕλκειν παρήγγελλε τὴν δύναμιν ἐκ τοῦ χάρα-
19 κος. Ὁ δὲ Τίτος παρεμβαλὼν τὴν αὑτοῦ στρατιὰν ἐξῆς ἅπασαν, ἅμα μὲν ἐφήδρευε τοῖς προκινδυνεύουσιν, ἅμα δὲ παρεκάλει τὰς τάξεις ἐπιπορευόμενος. ἡ δὲ παράκλησις ἦν αὐτοῦ βραχεῖα μὲν, ἐμφαντικὴ δὲ καὶ γνώριμος τοῖς ἀκούουσιν. ἐναργῶς γὰρ ὑπὸ τὴν ὄψιν ἐνδεικνύμενος ἔλεγε τοῖς αὑτοῦ στρατιώταις. Οὐχ οὗτοι Μακεδόνες εἰσὶν, ὦ ἄνδρες, οὓς ὑμεῖς προκατέχοντας ἐν Μακεδονίᾳ τὰς εἰς τὴν Ἐορδαίαν ὑπερβολὰς, ἐκ τοῦ προφανοῦς μετὰ Σουλπικίου βιασάμενοι πρὸς τόπους ὑπερδεξίους ἐξεβάλετε, πολλοὺς αὐτῶν ἀποκτείναντες; οὐχ οὗτοι Μακεδόνες εἰσὶν, οὓς ὑμεῖς προκατέχοντας τὰς ἀπηλπισμένας ἐν Ἠπείρῳ δυσχωρίας ἐκβιασάμενοι ταῖς ἑαυτῶν ἀρεταῖς, φεύγειν ἠναγκάσατε; οἱ ῥίψαντες τὰ ὅπλα τέως εἰς Μακεδονίαν ἀνεκομίσθησαν. πῶς ἂν ὑμᾶς εὐλαβεῖσθαι καθήκει, μέλλοντας ἐξ ἴσου ποιεῖσθαι τὸν κίνδυνον πρὸς αὐτούς; Τί δὲ προορᾶσθαι τῶν προγεγονότων, ... ἀλλ' οὐ τἀναντία δι' ἐκεῖνα καὶ νῦν θαρρεῖν; διόπερ, ὦ ἄνδρες, παρακαλέσαντες σφᾶς αὐτοὺς, ὁρμᾶσθε πρὸς τὸν κίνδυνον ἐρρωμένως. Θεῶν γὰρ βουλομένων, ταχέως πέπεισμαι ταὐτὸ τέλος ἀποβήσεσθαι

tur; ſunt autem aſperi, cavi amfracti que & in altitudinem ſic ſatis magnam editi. Iccirco Philippus, difficultates locorum proſpiciens, ad certamen neutiquam ab initio ſeſe comparabat; tunc vero ſpei bonæ magnitudine, quam illi oſtendebant qui eos nuntios afferebant, induci ſe paſſus eſt, ut vallo educi copias juberet. Quintius univerſa ſuorum acie ordinata, ſimul anteceſſores in ſtationibus collocabat; ſimul ordines luſtrans cunctos adhortabatur. Ejus allocutio brevis illa quidem fuit, ſed efficaciæ plena, & audientibus nota. nam quaſi ſub ipſum oculorum aſpectum rem preſentem ſiſteret, ita milites alloquebatur. Nonne Macedones iſti ſunt, ô commilitones, quos in Macedonia vos quum fauces inſiderent quibus aditur Eordæa, aperto Marte aggreſſi, duce Sulpicio, & ad loca edita per vim conniſi, loco dejeciſtis, multoſque eorum occidiſtis? Nonne Macedones iſti ſunt, quos in Epiro quum illas vias invias præoccupaſſent, per quas traduci poſſe exercitum omnes deſperabant, vos veſtra virtute, magna vi irruentes, deturbaſtis, & projectis armis fugere tantiſper donec in Macedoniam ſeſe recepiſſent, coegiſtis? quî igitur nunc metuere vos deceat, ex æquo cum iiſdem pugnaturos? Quid? an rerum præclare geſtarum recordatio ſegniores vos reddet? an non potius etiam nunc per illa creſcet vobis animus? Agite igitur, commilitones, mutuis hortatibus excitati, valida vi ad prælium vos accingite. Nam qualis fuit ſuperiorum certaminum exitus, talem

talem hujus quoque dimicationis citò futurum, diis volentibus, confido. Hæc ubi Quintius dicta dedit, dextram aciei partem stare jussit immotam, & ante hanc elephantos. lævam ipse cum velitibus superbo incessu in hostes induxit. Antecessores Romanorum ubi legionum à tergo præsidium accessit, iterum conversi, acriter hostes adoriuntur. Quo tempore Philippus, copiarum suarum partem maximam conspicatus pro castris in acie jam stare, ipse cum cetratis & dextra phalangis parte ulterius progrediens, colles ipsos raptim conscendere instituit: Nicanori, cui Elephanto erat cognomen, imperat, daret operam ut è vestigio pars aciei altera sequeretur. Mox ubi ad summós colles primi pertingere ceperunt, confestim ad sinistram signa convertit, & locis superioribus occupatis, aciem ibi direxit. Quoniam enim Macedones qui aciem antecedebant, per longum spatium Romanos urserant, ab altera parte collium quæ castra Romana spectabat insequentes, nudata præsidio cacumina invenit. Dum adhuc dextimos Rex ordinabat, superveniunt conductitii quos summa vi hostis premebat. Nam ubi velitibus Romanis graviter armati sese adjunxerunt, sicut modò dicebam, pugnantesque ipsos adjuvare hi sunt aggressi; velites, accedente eorum opera, & hoc quasi pondere ad libramentum assumpto, hostibus acriter incumbentes, multos eorum occiderunt. Rex initio cum venit,

τῆς παρούσης μάχης τοῖς προγεγονόσι
κινδύνοις. Οὗτος μὲν οὖν ταῦτ' εἰπών,
τὸ μὲν δεξιὸν μέρος ἐκέλευε μένειν
κατὰ χώραν, καὶ θηρία πρὸ τούτων·
τῷ δ' εὐωνύμῳ μετὰ τῶν εὐζώνων
ἐπῄει σοβαρῶς τοῖς πολεμίοις. οἱ
δὲ προκινδυνεύοντες τῶν Ῥωμαίων,
προσλαβόντες τὴν τῶν πεζῶν στρατοπέδων ἐφεδρείαν, ἐκ μεταβολῆς
ἐνέκειντο τοῖς ὑπεναντίοις. Φί- 20
λιππος δὲ κατὰ τὸν αὐτὸν καιρὸν ἐπειδὴ τὸ πλέον μέρος ἤδη
τῆς ἑαυτοῦ δυνάμεως ἑώρα παρεμ-
βεβληκὸς πρὸ τοῦ χάρακος, αὐτὸς μὲν ἀναλαβὼν τοὺς πελταστὰς
καὶ τὸ δεξιὸν τῆς φάλαγγος, προῆγε, σύντομον ποιούμενος τὴν πρὸς
τοὺς λόφους ἀνάβασιν· τοῖς δὲ
περὶ τὸν Νικάνορα τὸν ἐπικαλούμενον Ἐλέφαντα συνέταξε, φροντίζειν ἵνα τὸ λοιπὸν μέρος τῆς δυνάμεως ἐκ ποδὸς ἕπηται. Ἅμα δὲ
τῷ τοὺς πρώτους ἅψασθαι τῆς ὑπερ-
βολῆς, εὐθέως ἐξ ἀσπίδος παρενέβαλε καὶ προκατελάμβανε τοὺς ὑ-
περδεξίους.. Τῶν γὰρ προκινδυνευ-
όντων Μακεδόνων ἐπὶ πολὺ πεθλι-
φότων τοὺς Ῥωμαίους ἐπὶ θάτερα
μέρη τῶν λόφων, ἐρήμους κατέλαβε τοὺς ἄκρους. ἔτι δὲ παρεμβάλ-
λοντος αὐτοῦ τὰ δεξιὰ μέρη τῆς στρατιᾶς, παρῆσαν οἱ μισθοφόροι πιεζόμενοι κατὰ κράτος ὑπὸ τῶν πολεμίων.
προσγενομένων γὰρ τοῖς τῶν Ῥωμαίων
εὐζώνοις τῶν ἐν τοῖς βαρέσιν ὅπλοις
ἀνδρῶν, καθάπερ ἀρτίως εἶπα, καὶ
συνεργούντων κατὰ τὴν μάχην,
προσλαβόντες οἱονεὶ σήκωμα τὴν τούτων χρείαν, βαρέως ἐπέκειντο τοῖς
πολεμίοις, καὶ πολλοὺς αὐτῶν ἔκτεινον. Ὁ δὲ βασιλεὺς ἐν μὲν ταῖς
ἀρχαῖς ὅτε παρεγίγνετο, θεωρῶν οὐ

μακρὰν τῆς τῶν πολεμίων παρεμβολῆς συνεστῶτα τὸν τῶν εὐζώνων κίνδυνον,
περιχαρὴς ἦν· ὡς δὲ πάλιν ἐκ μεταβολῆς ἑώρα κλίνοντας τοὺς ἰδίους, καὶ
προσδεομένους ἐπικουρίας, ἠναγκάζετο βοηθεῖν καὶ κρίνειν ἐκ τοῦ
καιροῦ τὰ ὅλα· καίπερ ἔτι τῶν
πλείστων μερῶν τῆς φάλαγγος κατὰ
πορείαν ὄντων, καὶ προσβαινόν-
των πρὸς τοὺς βουνούς. προσδεξάμενος δὲ τοὺς ἀγωνιζομένους,
τούτους μὲν ἤθροιζε πάντας ἐπὶ τὸ
δεξιὸν κέρας καὶ τοὺς πεζοὺς καὶ
τοὺς ἱππέας· τοῖς δὲ πελτασταῖς
καὶ τοῖς φαλαγγίταις παρήγγειλε διπλασιάζειν τὸ βάθος, καὶ
πυκνοῦν ἐπὶ τὸ δεξιόν. γινομένου
δὲ τούτου, καὶ τῶν πολεμίων ἐν
χερσὶν ὄντων, τοῖς μὲν φαλαγγίταις ἐδόθη παράγγελμα καταβα-
λοῦσι τὰς σαρίσσας ἐπάγειν, τοῖς
δ᾽ εὐζώνοις κερᾶν. Κατὰ δὲ τὸν
αὐτὸν καιρὸν Τίτος δεξάμενος
εἰς τὰ διαστήματα τῶν σημαιῶν τοὺς
προκινδυνεύοντας, προσέβαλε τοῖς
πολεμίοις. γινομένης δὲ τῆς ἐξ ἀμφοῖν
21 συμπτώσεως μετὰ βίας καὶ κραυγῆς
ὑπερβαλλούσης, ὡς ἂν ἀμφοτέρων
ὁμοῦ συναλαλαζόντων, ἅμα δὲ καὶ τῶν
ἐκτὸς τῆς μάχης ἐπιβοώντων τοῖς ἀ-
γωνιζομένοις, ἦν τὸ γινόμενον ἐκ-
πληκτικὸν καὶ παραστατικὸν ἀγωνίας.
τὸ μὲν οὖν δεξιὸν τοῦ Φιλίππου λαμ-
πρῶς ἀπήλλαττε κατὰ τὸν κίνδυνον,
ἅτε καὶ τὴν ἔφοδον ἐξ ὑπερδεξίου ποιούμενον, καὶ τῷ βάρει τῆς συντάξεως
ὑπερέχον, καὶ τῇ διαφορᾷ τοῦ καθοπλισμοῦ πρὸς τὴν ἐνεστῶσαν χρείαν πολὺ διαλλάττον· τὰ δὲ
λοιπὰ μέρη τῆς δυνάμεως αὐτοῦ,

conspicatus nôn procul ab hostium castris manus conserere expeditos, gaudio exultare. at mox, facta commutatione, suos videns inclinare, & subsidio opus habere, suppetias illis venire; & quamvis pleræque partes phalangis in itinere adhuc pergebant, & ad tumulos accedebant; universæ tamen pugnæ aleam è re nata subire est coactus. Igitur acceptis iis qui præliabantur, omnes hos in dextro cornu pedites equitesque congregavit. cetratis & phalangitis præcepit, ut aciem profundiorem duplo efficerent, & in dextra parte ordines ut densarent. Eo facto, quia jam hostes aderant, phalangitis data est tessera, ut demissis sarissis hostem invadant; expeditis, ut supra Romanæ aciei cornua ordines porrigant. Quo etiam tempore, Quintius velitibus receptis in aciei intervalla, pugnam commisit. Et quum factus esset concursus magna vi & cum clamoribus insanum magnis: (nam & acies utraque consuetum illum præliantibus clamorem simul sustulit; & qui extra prælium erant, dimicantium alacritatem suis acclamationibus excitabant;) prorsus terribile spectaculum cerneres, quodque spectantium animos præ anxietate consternaret. Qui in dextra parte regiæ aciei stabant, ii pugnam admodum secundam faciebant: nam & de superiore loco hostem petebant; & ipso quasi pondere ordinationis suæ vincebant; & genere quoque armorum ad præsentem dimicationem accommodatissimo, longè præstabant. Jam quod ad reliquas partes Macedonici exercitus attinet,

tinet, partim dimicantibus suis cohærentes, procul ab hoste erant summoti; partim altitudinem collium recens emensi, in verticibus sese ostendebant; pars nempe aciei læva. Titus postquam videt phalangis impetum sustineri à suis non posse, verùm sinistram aciem jam esse impulsam, & multis occisis, cæteros è prælio sensim se recipere; nullam denique nisi in dextra acie spem salutis superesse, eò sese confestim contulit. ibi conspicatus hostium alios decertantibus adhærere, alios è summis collibus cum maxime descendere, nonnullos ipsis tumulorum verticibus insidere, elephantibus ante aciem constitutis, signa in hostes intulit. Macedones enimvero, qui neque ducem habebant ad signum dandum, nec cogere se in unum corpus, & propriam phalangis figuram constituere poterant, (tum quia difficultates locorum impediebant; tum etiam, quod vestigia pugnam conferentium sequentes, in modum procedentis agminis, non autem aciei instructæ, erant dispositi;) ne primum quidem impetum Romanorum ex propinquo vires conferentium exceperunt; sed à principio statim ab elephantis perturbati, sic ut ordines confunderent, in fugam inclinarunt. Fugientes istos plerique Romani sunt insecuti. Erat inter hos Tribunus quidam militum, quem signa non amplius viginti sequebantur. hic salubri consilio è re nata apud se excogitato, ad universam victoriam magnum fecit momentum. Cernens enim Philippum longe ultra reliquam aciem

τὰ μὲν ἐχόμενα τῶν κινδυνευόντων ἐν ἀποστάσει τῶν πολεμίων
ἦν, τὰ δ' ἐπὶ τῶν εὐωνύμων ἄρτι διηνυκότα τὰς ὑπερβολὰς ἐπε-
φαίνετο τοῖς ἄκροις. ὁ δὲ Τίτος
θεωρῶν οὐ δυναμένους τοὺς παρ'
αὐτοῦ στέγειν τὴν τῆς φάλαγγος
ἔφοδον, ἀλλ' ἐκπιεζομένους τοὺς
ἐπὶ τῶν εὐωνύμων, καὶ τοὺς μὲν
ἀπολωλότας ἤδη, τοὺς δ' ἐπὶ πό-
δα ποιουμένους τὴν ἀναχώρησιν,
ἐν δὲ τοῖς δεξιοῖς μέρεσι κατα-
λειπομένας τῆς σωτηρίας τὰς ἐλπί-
δας· ταχέως ἀφορμήσας πρὸς τούτους, καὶ συνθεασάμενος τῶν πολεμίων, τὰ μὲν συνεχῆ τοῖς διαγωνι-
ζομένοις, τὰ δ' ἐκ τῶν ἄκρων ἀκμὴν
ἐπικαταβαίνοντα, τὰ δ' ἐπὶ τοῖς ἄ-
κροις ἐφεστῶτα· προθέμενος τὰ θηρία, προσῆγε τὰς σημαίας τοῖς πολεμίοις. οἱ δὲ Μακεδόνες οὐδὲ τὸν πα-
ραγγελοῦντα ἔχοντες, οὔτε συστῆσαι
δυνάμενοι καὶ λαβεῖν τὸ τῆς φάλαγγος ἴδιον σχῆμα, διά τε τὰς τῶν
τόπων δυσχερείας, καὶ διὰ τὸ τοῖς
ἀγωνιζομένοις ἑπόμενοι πορείας
ἔχειν διάθεσιν, καὶ μὴ παρατάξεως,
οὐδὲ προσεδέξαντο τοὺς Ῥωμαίους
εἰς τὰς χεῖρας ἔτι· δι' αὐτῶν δὲ τῶν
θηρίων πτοηθέντες καὶ διασπασθέν-
τες ἐνέκλιναν. Οἱ μὲν οὖν πλεί- 23
ους τῶν Ῥωμαίων ἑπόμενοι τούτους ἔκτεινον, εἷς δὲ τῶν χιλιάρχων τῶν ἅμα τούτοις σημαίας ἔ-
χων οὐ πλείους εἴκοσι, καὶ παρ'
αὐτὸν τὸν τῆς χρείας καιρὸν συμ-
φρονήσας ὃ δέον εἴη ποιεῖν, μεγάλα συνεβάλετο πρὸς τὴν τῶν
ὅλων κατόρθωσιν. Θεωρῶν γὰρ τοὺς
περὶ τὸν Φίλιππον ἐπὶ πολὺ προ-

πεπτωκότας τῶν ἄλλων, καὶ πιέζοντας τῷ βάρει τὸ σφέτερον εὐώνυμον, ἀπολιπὼν τοὺς ἐπὶ τοῦ δεξιοῦ νικῶντας ἤδη καταφανῶς, ἐπιστρέψας δ' ἐπὶ τοὺς ἀγωνιζομένους, καὶ κατόπιν ἐπιγενόμενος, προσέβαλλε κατὰ νώτου τοῖς Μακεδόσι. Τῆς δὲ τῶν φαλαγγιτῶν χρείας ἀδυνάτου καθεστώσης ἐκ μεταβολῆς καὶ κατ' ἄνδρα κινδυνεύειν, οὗτος μὲν ἐπέκειτο κτείνων τοὺς ἐν ποσὶν, οὐ δυναμένους αὑτοῖς βοηθεῖν, ἕως οὗ ῥίψαντες τὰ ὅπλα, φεύγειν ἠναγκάσθησαν οἱ Μακεδόνες· συνεπιθεμένων αὐτοῖς ἐκ μεταβολῆς καὶ τῶν κατὰ πρόσωπον ἐγκεκλικότων. Ὁ δὲ Φίλιππος ἐν μὲν ταῖς ἀρχαῖς, καθάπερ, εἶπα, τεκμαιρόμενος ἐκ τοῦ καθ' αὑτὸν μέρους, ἐπέπειστο τελέως νικᾶν· τότε δὲ συνθεασάμενος ἄφνω ῥιπτοῦντας τὰ ὅπλα τοὺς Μακεδόνας, καὶ τοὺς πολεμίους κατὰ νώτου προσβεβληκότας, βραχὺ γενόμενος ἐκ τοῦ κινδύνου μετ' ὀλίγων ἱππέων καὶ πεζῶν, συνεθεώρει τὰ ὅλα· κατανοήσας δὲ τοὺς Ῥωμαίους κατὰ τὸ δίωγμα τοῦ λαιοῦ κέρως τοῖς ἄκροις ἤδη προσπελάζοντας, ἐγίγνετο . . . . πλείστους ἐκ τοῦ καιροῦ συναθροίσας τῶν Θρᾳκῶν καὶ Μακεδόνων. Τίτος δὲ τοῖς φεύγουσιν ἑπόμενος, καὶ καταλαβὼν ἐν ταῖς ὑπερβολαῖς ἄρτι τοῖς ἄκροις ἐπιβαλλούσας τὰς εὐωνύμους τάξεις τῶν Μακεδόνων, ταῖς μὲν . . . . ἐπέστη, τῶν πολεμίων ὀρθὰς ἀνασχόντων τὰς σαρίσας. ὅπερ ἔθος ἐστὶ ποιεῖν τοῖς Μακεδόσιν, ὅταν ἢ παραδιδῶσιν αὑτοὺς, ἢ μεταβάλλωνται

suam progressum, lævam Romanæ aciei partem ipso quasi pondere obterentem; dextimis qui non ancipitem jam victoriam obtinebant relictis, ad pugnantes se cum suis avertit; quorum à tergo ut constitit, Macedones aversos invadit. Ac quoniam ea phalangis ratio est, ut retrorsum convertere se, & prælia viritim capessere nequeat; Tribunus proximum quemque Macedonum, qui defendere ipsi se non poterant, cædere non destitit, donec projectis armis fugam arripere hostes sunt coacti; quum etiam à fronte Romani qui in fugam inclinaverant, signis conversis ipsos pariter urgerent. Rex Philippus initio, quod modò dicebam, ex illa parte in qua ipse erat, conjecturam de universa pugna faciens, plenam sibi victoriam haut dubie spondebat. Tum verò ut repente videt Macedones arma projicere, eorumque tergis hostes incumbere, prȩlio paullulum excedens cum equitibus & peditibus paucis, quo loco esset rerum summa cȩpit contemplari. Et quum animadvertisset, Romanos qui lævum cornu persequebantur summis jam collibus appropinquare; subito congregata Thracum & Macedonum, quantam maximam poterat, manu, fugam adornavit. Titus interim fugientes persequebatur: qui dum in colles aciem erigit, sinistros Macedonum ordines in summos vertices tantum quod pervenisse offendit; à quibus pugna lacessendis ideo abstinuit, quia sarissas tenebant in altum erectas. Macedonibus ea consuetudo est, quoties aut deditionem, aut transi-

tionem

tionem ad hostes faciunt. Facti deinde caussam percontatus Imperator, impetum eorum quos secum habebat inhibuit, æquum esse judicans, ut pavefactis parceret. verùm hæc dum cogitabat Titus, quidam ex antesignanis de superiore loco irruentes, manus cum ipsis conserunt. multos eorum isti letho dederunt: pauci armis projectis fuga sibi consuluerunt. Postquam omni ex parte prælium erat confectum, & Romani victoriam obtinebant, Philippus versus Tempe se recepit. Primo die circa Turrim Alexandri, ut vocant, quum tetendisset; sequenti, ut Gonnos pervenit, qui locus est in ipso Tempium aditu, substitit, eo consilio ut eos qui fugâ evasissent, exspectaret. Romani aliquantisper fugientes insecuti, mox alii ad detrahenda mortuis spolia; alii ad captivos in unum locum cogendos; plures ad diripienda castra hostium se convertunt. Ac quoniam Ætolos eò jam irrupisse offenderunt, præda sibi debita fraudari se rati, queri de Ætolis ceperunt, & Imperatori dicere; Pericula ipsum quidem sibi imperare; at prædam aliis concedere. Tunc sane in castra sua reversi, noctem ibi egerunt: insecuto verò die, simul captivos & quod erat reliquum spoliorum coëgerunt in unum: simul pergentes ire, Larissam petierunt. Ceciderunt eo prælio è Romanorum exercitu circiter septingenti;

πρὸς τοὺς ὑπεναντίους. μετὰ δὲ ταῦτα
πυθόμενος τὴν αἰτίαν τοῦ συμβαίνοντος, παρακατεῖχε τοὺς μεθ' ἑαυτοῦ, φείσασθαι κρίνων τῶν ἀποδεδειλιακότων. ἀκμὴν δὲ τοῦ Τίτου ταῦτα διανοουμένου, τῶν προηγουμένων τινὲς ἐπιπεσόντες αὐτοῖς ἐξ ὑπερδεξίου, προσέφερον τὰς χεῖρας· καὶ τοὺς μὲν πλείους διέφθειρον, ὀλίγοι δέ τινες διέφυγον ῥίψαντες τὰ
ὅπλα. πανταχόθεν δὲ τοῦ κιν- 2
δύνου συντέλειαν εἰληφότος, καὶ κρατούντων τῶν Ῥωμαίων, ὁ μὲν Φίλιππος ἐποιεῖτο τὴν ἀποχώρησιν ὡς ἐπὶ τὰ Τέμπη. Καὶ τῇ μὲν πρώτῃ περὶ τὸν Ἀλεξάνδρου καλούμενον πύργον ηὐλίσθη· τῇ δ' ὑστεραίᾳ προελθὼν εἰς Γόννους ἐπὶ τὴν εἰσβολὴν τῶν Τεμπῶν, ἐπέμεινε βουλόμενος ἀναδέξασθαι τοὺς ἐκ τῆς φυγῆς ἀνασωζομένους. Οἱ δὲ Ῥωμαῖοι μέχρι μέν τινος ἐπακολουθήσαντες τοῖς φεύγουσιν, οἱ μὲν ἐσκύλευον τοὺς τεθνεῶτας, οἱ δὲ τοὺς αἰχμαλώτους ἤθροιζον, οἱ δὲ πλείους ὥρμησαν ἐπὶ τὴν διαρπαγὴν τοῦ τῶν πολεμίων χάρακος. ἔνθα δὴ καταλαβόντες τοὺς Αἰτωλοὺς προεμπεπτωκότας, καὶ δόξαντες στερεῖσθαι τῆς σφίσι καθηκούσης ὠφελείας, ἤρξαντο καταμέμφεσθαι τοὺς Αἰτωλοὺς, καὶ λέγειν πρὸς τὸν στρατηγὸν, ὅτι τοὺς μὲν κινδύνους αὐτοῖς ἐπιτάττει, τῆς δ' ὠφελείας ἄλλοις παρακεχώρηκε. καὶ τότε μὲν ἐπανελθόντες εἰς τὴν ἑαυτῶν στρατοπεδείαν, ηὐλίσθησαν. εἰς δὲ τὴν ἐπαύριον, ἅμα μὲν ἠθροίζοντο τοὺς αἰχμαλώτους, καὶ τὰ λειπόμενα τῶν σκύλων, ἅμα δὲ προῆγον ποιούμενοι τὴν πορείαν ὡς ἐπὶ Λαρίσσης. Επεσον δὲ τῶν μὲν Ῥωμαίων πρὸς τοὺς ἑπτακοσίους.

τῶν δὲ

τῶν δὲ Μακεδόνων ἀπέθανον μὲν οἱ πάντες, εἰς ὀκτακισχιλίους· ζωγρείᾳ δ' ἑάλωσαν οὐκ ἐλάττους πεντακισχιλίων. Καὶ τῆς μὲν ἐν Θετταλίᾳ γενομένης περὶ Κυνὸς κεφαλὰς Ῥωμαίων καὶ Φιλίππου μάχης, τοιοῦτον ἀπέβη τὸ τέλος. Ἐγὼ δὲ κατὰ μὲν τὴν ἕκτην βίβλον ἐν ἐπαγγελίᾳ καταλιπὼν, ὅτι λαβὼν τὸν ἁρμόζοντα καιρὸν, σύγκρισιν ποιήσομαι τοῦ καθοπλισμοῦ Ῥωμαίων καὶ Μακεδόνων, ὁμοίως δὲ καὶ τῆς συντάξεως τῆς ἑκατέρων, τί διαφέρουσιν ἀλλήλων πρὸς τὸ χεῖρον, καὶ τί πρὸς τὸ βέλτιον· νῦν ἐπ' αὐτῶν τῶν πράξεων πειράσομαι τὴν ἐπαγγελίαν ἐπὶ τέλος ἀγαγεῖν.

24 Ἐπεὶ γὰρ ἡ μὲν Μακεδόνων σύνταξις ἐν τοῖς πρὸ τοῦ χρόνοις, δι' αὐτῶν τῶν ἔργων διαδοῦσα τὴν πεῖραν, ἐκράτει τῶν τε κατὰ τὴν Ἀσίαν καὶ τῶν Ἑλληνικῶν συντάξεων· ἡ δὲ Ῥωμαίων τῶν τε κατὰ τὴν Λιβύην καὶ τῶν κατὰ τὴν Εὐρώπην προσεσπερίων ἐθνῶν ἁπάντων· ἐν δὲ τοῖς καθ' ἡμᾶς καιροῖς, οὐχ ἅπαξ, ἀλλὰ καὶ πλεονάκις γέγονε τούτων τῶν τάξεων καὶ τῶν ἀνδρῶν πρὸς ἀλλήλους διάκρισις· χρήσιμον καὶ καλὸν ἂν εἴη τὸ τὴν διαφορὰν ἐρευνῆσαι, καὶ παρὰ τί συμβαίνει Ῥωμαίους ἐπικρατεῖν, καὶ τὸ πρωτεῖον ἐκφέρεσθαι τῶν κατὰ πόλεμον ἀγώνων· ἵνα μὴ Τύχην λέγοντες, μόνον μακαρίζωμεν τοὺς κρατοῦντας ἀλόγως, καθάπερ οἱ μάταιοι τῶν ἀνθρώπων· ἀλλ' εἰδότες τὰς ἀληθεῖς αἰτίας, ἐπαινῶμεν καὶ θαυμάζωμεν κατὰ λόγον τοὺς ἡγουμένους. Περὶ μὲν οὖν τῶν πρὸς Ἀννίβαν ἀγώνων γεγονότων

è Macedonibus verò desiderati sunt, ut omnes una summa complectamur, hominum circiter octo millia. capti sunt vivi non pauciores quinque millia. Atque hic fuit exitus ejus prælii, quod ad Cynoscephalas in Thessalia cum Philippo Romani fecerunt. Ego vero qui in sexto hujus operis sum pollicitus, me ubi forem nactus occasionem, armaturæ Romanorum & Macedonum comparationem instituturum, similiterque ordinationis aciei utrisque propriæ; qua re alteri ab alteris differant, sive quæ deterior, sive quæ melior sit: nunc in ipsis rebus gestis, quod promisi reapse præstare conabor. Quoniam enim Macedonica ordinatio superioribus temporibus consuetas Asiaticis hominibus, & Græcis dispositiones (quod sæpe ipsis rerum experimentis est probatum) vincebat: pariterque Romani Africæ populos, & omnes qui sunt in Europa occidentem versus: nostra verò memoria non semel, sed sæpius usuvenit, ut tum acies horum, tum ipsi viri inter se committerentur; utile fuerit ac pulchrum, scrutari discrimen, & caussam investigare, propter quam Romani vincant, & è bellicis certaminibus palmam referre soleant. ne Fortunæ hoc attribuentes decus, beatos dumtaxat temere sine ratione victores, quod vanissimi quique mortalium faciunt, prædicemus; sed ubi veras caussas noverimus, certa ratione & laudemus duces & miremur. Ac de præliis quidem quæ Romani cum Hannibale conserverunt, & cladibus quas in iis acceperunt, pluribus jam

non

non est agendum: nam iis cladibus neque armorum genus, neque instruendæ aciei ratio caussam præbuerunt; sed cum dexteritas, tum capitale Hannibalis ingenium, eas nomini Romano ignominias imposuerunt: quod nos in ipsis certaminibus exponendis quum demonstraverimus, dictis nostris fidem astruit, primum quidem ipse belli exitus: nam simulac Romanis Imperator est exortus ingenii viribus Hannibali par & similis, ilicet victoria eosdem est secuta: deinde Hannibal ipse; qui damnato genere armorum prius consueto, post primam statim victoriam quam de Romanis est consecutus, armis ipsorum copias suas quum armasset, iisdem perpetuo deinceps est usus. Pyrrhus sane non armis dumtaxat, verum etiam milite Italico uti solitus; in bello adversus Romanos signa Italicorum & cohortes phalangis more instructas, alternatim in acie collocabat. qui tamen, ne sic quidem, vincere potuit; sed ancipites semper certaminum exitus habuit. Hæc necessariò præfanda mihi erant, ne quid esset, quod sententiæ super his rebus nostræ, vel in speciem repugnaret. Redeo nunc ad institutam comparationem. Enimvero perspicuum est multis rationibus, retinente phalange proprietatem suam & vires, nihil quicquam posse reperiri, quod à fronte ei resistere, aut ejus incumbentis impetum sustinere valeat. Quoties densatio fit aciei ad certamen, consistit vir unà cum armis in tribus pedibus. Sarissæ vero longitudo, ut quidem vetus institutum erat, cubitorum est sexde-

Ῥωμαίοις, καὶ τὰ ἐν τούτοις ἐλαττωμάτων, οὐδὲν ἂν δέοι πλείω λέγειν· οὐ γὰρ παρὰ τὸν καθοπλισμὸν, οὐδὲ παρὰ τὴν σύνταξιν· ἀλλὰ παρὰ τὴν ἐπιδεξιότητα τὴν Ἀννίβου καὶ τὴν ἀγχίνοιαν περιέπιπτον τοῖς ἐλαττώμασι. δῆλον δὲ τοῦτο πεποιήκαμεν ἡμεῖς ἐπ' αὐτῶν ὑποδεικνύοντες τῶν ἀγώνων. μαρτυρεῖ δὲ τοῖς ἡμετέροις λόγοις, πρῶτον μὲν τὸ τέλος τοῦ πολέμου· παραγενομένου γὰρ στρατηγοῦ τοῖς Ῥωμαίοις, παραπλησίαν δύναμιν ἔχοντος Ἀννίβᾳ, ταχέως καὶ τὸ νικᾶν συνεξηκολούθησε τοῖς προειρημένοις· εἶτα καὐτὸς Ἀννίβας, ἀποδοκιμάσας τὸν ἐξ ἀρχῆς αὐτοῖς ὑπάρχοντα καθοπλισμὸν, ἅμα τῷ νικῆσαι τῇ πρώτῃ μάχῃ, παραχρῆμα τοῖς Ῥωμαίων ὅπλοις καθοπλίσας τὰς οἰκείας δυνάμεις, τούτοις διετέλεσε χρώμενος τὸν ἑξῆς χρόνον. Πύρρος γε μὴν οὐ μόνον ὅπλοις, ἀλλὰ καὶ δυνάμεσιν Ἰταλικοῖς συγκέχρηται, τιθεὶς ἐναλλὰξ σημαίαν καὶ σπεῖραν φαλαγγικὴν ἐν τοῖς πρὸς Ῥωμαίους ἀγῶσιν. ἀλλ' ὅμως, οὐδ' οὕτως ἐδύνατο νικᾶν, ἀλλ' ἀεί πως ἀμφίδοξα τὰ τέλη τῶν κινδύνων αὐτοῖς ἀπέβαινε. περὶ μὲν οὖν τούτων ἀναγκαῖον ἦν προειπεῖν, χάριν τοῦ μηδὲν ἀντεμφαίνειν ταῖς ἡμετέραις ἀποφάσεσιν. ἐπάνειμι δ' ἐπὶ τὴν προκειμένην σύγκρισιν. Ὅτι 25
μὲν ἐχούσης τῆς φάλαγγος τὴν αὐτῆς ἰδιότητα καὶ δύναμιν, οὐδὲν ἂν ὑποσταίη κατὰ πρόσωπον, οὐδὲ μεῖναι τὴν ἔφοδον αὐτῆς, εὐχερὲς καταμαθεῖν ἐκ πολλῶν. Ἐπεὶ γὰρ ὁ μὲν ἀνὴρ ἵσταται σὺν τοῖς ὅπλοις ἐν τρισὶ ποσὶ κατὰ τὰς ἐναγωνίους πυκνώσεις. τὸ δὲ τῶν σαρισσῶν μέγεθος ἐστὶ κατὰ μὲν τὴν ἐξ ἀρχῆς ὑπόθεσιν ἑκκαίδεκα πηχῶν,

κατὰ

κατὰ δὲ τὴν ἁρμογὴν τὴν πρὸς τὴν ἀλήθειαν δεκατεσσάρων· τούτων δὲ τοὺς τέτταρας ἀφαιρεῖ τὸ μεταξὺ τοῖν χεροῖν διάστημα, καὶ τὸ κατόπιν σήκωμα τῆς προβολῆς· φανερὸν ὅτι τοὺς δέκα πήχεις προπίπτειν ἀνάγκη τὴν σάρισσαν πρὸ τῶν σωμάτων ἑκάστου τῶν ὁπλιτῶν, ὅταν εἴη δι' ἀμφοῖν τοῖν χεροῖν προβαλλόμενος ἐπὶ τοὺς πολεμίους. ἐκ δὲ τούτου συμβαίνει, τὰς μὲν τοῦ δευτέρου καὶ τρίτου καὶ τετάρτου πλεῖον, τὰς δὲ τοῦ πέμπτου ζυγοῦ σαρίσσας δύο προπίπτειν πήχεις ἀπὸ τῶν πρωτοστατῶν, ἐχούσης τῆς φάλαγγος τὴν αὑτῆς ἰδιότητα καὶ πύκνωσιν κατ' ἐπιστάτην καὶ κατὰ παραστάτην, ὡς Ὅμηρος ὑποδείκνυσιν ἐν τούτοις·

Ἀσπὶς ἄρ' ἀσπίδ' ἔρειδε, κόρυς κόρυν, ἀνέρα δ' ἀνήρ.
Ψαῦον δ' ἱππόκομοι κόρυθες λαμπροῖσι φάλοισι
Νευόντων· ὡς πυκνοὶ ἐφέστασαν ἀλλήλοισι.

Τούτων δ' ἀληθινῶς καὶ καλῶς λεγομένων, δῆλον ὡς ἀνάγκη καθ' ἕκαστον τῶν πρωτοστατῶν σαρίσσας προπίπτειν πέντε, δυσὶ πήχεσι διαφερούσας ἀλλήλων κατὰ
26 μῆκος. ἐκ δὲ τούτου ῥᾴδιον ὑπὸ τὴν ὄψιν λαβεῖν τὴν τῆς ὅλης φάλαγγος ἔφοδον καὶ προβολήν, ποίαν τινὰ εἰκὸς εἶναι, καὶ τίνα δύναμιν ἔχειν, ἐφ' ἑκκαίδεκα τὸ βάθος οὖσαν. ὧν ὅσοι πέμπτου ζυγοῦ ὑπεραίρουσι, ταῖς μὲν σαρίσσαις οὐδὲν οἷοί τ' εἰσὶ συμβάλλεσθαι πρὸς τὸν κίνδυνον· διόπερ

cim: sed ut postea ad veram pugnam fuit aptata, quatuordecim. hujus porro mensuræ quatuor absumit cubitos spatium inter manus ambas, unâ cum libramento posticæ partis ultra illud quod prætenditur. Quæ quum ita sint, liquet sarissam cujusque armati, quando ambabus manibus in hostes illam porrigit, cubitos decem ultra ejus corpus necessario protendi. unde fit, ut secundi quidem & tertii ac quarti ordinis, sive jugi, sarissæ plures cubitos; quinti vero duos tandem protendantur ante præcedentium ordines; si modò phalanx proprietatem suam obtineat, & convenienter sibi densata sit, ratione cujusque armati, sive ponè, sive ad latus stantis: quam hisce versibus Homerus ostendit.

Scutum scuto hæsit, galeæ galea, atque viro vir:
Et cristæ è conis tangebant se invicem equinæ
Nutantum; serie ut densa pressere virum vir.

Quæ verè & præclare quum dicantur, apparet necesse esse, ut singuli eorum qui in primo stant ordine, quinas præ se prominentes sarissas habeant, inter quas ratione longitudinis binûm cubitorum erit discrimen. Jam quum phalanx à fronte introrsus in sexdecim armatorum ordines pateat, facile cuivis est ex antedictis ob oculos sibi ponere, quantam vim par sit ipsam habere, cum porrectis sarissis in hostem incumbit. Porrò armati qui ordinem, sive jugum, quintum excedunt; sarissis illi quidem pugnam adjuvare nihil queunt; eamque ob causob cauſſam viritim illas non prætendunt: ſed ad humeros præcedentium inclinatas & ſurſum ſpectantes eas geſtant, ut aciei ſecuritatem ab eo qui ſupra verticem eſt loco præſtent; denſitate ſariſſarum iis telis obſtante, quæ impetu ſuo ultra primos ordines delata, incidere in poſteriores poſſent. at pondere ipſo corporis iidem, quoties inducta eſt in hoſtem phalanx, dum antecedentes urgent obnitendo, & impreſſioni vim atque violentiam adjiciunt, & ordinibus primoribus retro ſe avertendi omnem penitus facultatem adimunt. Ejuſmodi quum ſit & phalangis univerſæ, & partium ejus ratio ac diſpoſitio; ſequitur ut armaturæ atque inſtructionis aciei Romanæ proprietates & differentias ad comparandum exponamus. Conſiſtunt ſane etiam Romani cum ipſis armis, in trium pedum ſpatio. Sed quum in eorum pugna ſinguli armati ſeſe moveant, quia corpus ſcuti objectu defendunt, in omnem partem unde quis ictum minetur, ſubinde ſe convertentes, iidemque cæſim pariter & punctim gladiis feriant; nemo non intelligit oportere, ut aliquantum vacui ſpatii habeant quo diſtent alter ab altero. Id autem ſpatium, ſi volumus ipſos munia ſua commode exſequi, trium erit minimum pedum, tum ratione eorum qui ad latus, tum eorum qui ponè ſtant. Ita fiet ut Romanus miles unus duos phalangitas primi ordinis habeat ſibi oppoſitos; adeo ut ſariſſis decem illi ſit occurrendum, & cum iis decertandum. quas neque cædere, quantumvis præcipiti feratur celeritate,

οὐδὲ ποιοῦνται κατ' ἄνδρα τὴν ἐπιβολήν· παρὰ δὲ τοὺς ὤμους τῶν προηγουμένων ἀνανενευκυίας φέρουσι, χάριν τοῦ τὸν κατὰ κορυφὴν τόπον ἀσφαλίζειν τῆς ἐκτάξεως, εἰργουσῶν τῇ πυκνώσει τῶν σαρισσῶν ἴσα τῶν βελῶν ὑπερπετῆ τῶν πρωτοστατῶν φερόμενα, δύναται προσπίπτειν πρὸς τοὺς ἐφεστῶτας. αὐτῷ γε μὴν τῷ τοῦ σώματος βάρει κατὰ τὴν ἐπαγωγὴν πιέζοντες οὗτοι τοὺς προηγουμένους, βιαίαν μὲν ποιοῦσι τὴν ἔφοδον, ἀδύνατον δὲ τοῖς πρωτοστάταις τὴν εἰς τοὔπισθεν μεταβολήν. Τοιαύτης οὔσης περὶ τὴν φάλαγγα διαθέσεως καὶ καθόλου καὶ κατὰ μέρος, ῥητέον ἂν εἴη καὶ τοῦ Ρωμαίων καθοπλισμοῦ καὶ τῆς ὅλης συντάξεως τὰς ἰδιότητας καὶ διαφορὰς ἐκ παραθέσεως. Ἵστανται μὲν οὖν ἐν τρισὶ ποσὶ μετὰ τῶν ὅπλων καὶ Ρωμαῖοι. τῆς μάχης δ' αὐτοῖς κατ' ἄνδρα τὴν κίνησιν λαμβανούσης διὰ τὸ τῷ μὲν θυρεῷ σκέπειν τὸ σῶμα συμμετατιθεμένους ἀεὶ πρὸς τὸν τῆς πληγῆς καιρὸν, τῇ μαχαίρᾳ δ' ἐκ καταφορᾶς καὶ διαιρέσεως ποιεῖσθαι τὴν μάχην· προφανὲς ὅτι χάλασμα καὶ διάστασιν ἀλλήλων ἔχειν δεήσει τοὺς ἄνδρας ἐλάχιστον τρεῖς πόδας κατ' ἐπιστάτην καὶ κατὰ παραστάτην, εἰ μέλλουσιν εὐχρηστεῖν πρὸς τὸ δέον. ἐκ δὲ τούτου συμβήσεται τὸν ἕνα Ρωμαῖον ἵστασθαι κατὰ δύο πρωτοστάτας τῶν φαλαγγιτῶν, ὥστε πρὸς δέκα σαρίσας αὐτῷ γίνεσθαι τὴν ἀπάντησιν καὶ τὴν μάχην· ἃς οὔτε κόπτοντα τὸν ἕνα καταταχῆσαι δυνατὸν, ὅταν

ἅπαξ

ἅπαξ συνάψωσιν εἰς τὰς χεῖρας· οὔτε βιάσασθαι ῥᾴδιον, μηδέν γε τῶν ἐφεστώτων δυναμένων συμβάλλεσθαι τοῖς πρωτοστάταις, μήτε πρὸς τὴν βίαν, μήτε πρὸς τὴν τῶν μαχαιρῶν ἐνέργειαν. Ἐξ ὧν εὐκατανόητον ὡς
27 οὐχ οἷόν τε μεῖναι κατὰ πρόσωπον τὴν τῆς φάλαγγος ἔφοδον οὐδένα, τηρούσης γε τὴν αὑτῆς ἰδιότητα καὶ δύναμιν, ὡς ἐν ἀρχαῖς εἶπα. Τίς οὖν αἰτία τοῦ νικᾶν Ῥωμαίους, καὶ τί τὸ σφάλλον ἐστὶ τοὺς ταῖς φάλαγξι χρωμένους; Ὅτι συμβαίνει τὸν μὲν πόλεμον ἀορίστους ἔχειν καὶ τοὺς καιροὺς καὶ τοὺς τόπους τοὺς πρὸς τὴν χρείαν· τῆς δὲ φάλαγγος ἕνα καιρὸν εἶναι καὶ τόπον, ἓν γένος, ἐν οἷς δύναται τὴν αὑτῆς χρείαν ἐπιτελεῖν. Εἰ μὲν οὖν τις ἦν ἀνάγκη τοῖς ἀντιπάλοις εἰς τοὺς τῆς φάλαγγος καιροὺς καὶ τόπους συγκαταβαίνειν, ὅτε μέλλοιεν κρίνεσθαι περὶ τῶν ὅλων· εἰκὸς ἦν κατὰ τὸν ἄρτι λόγον ἀεὶ φέρεσθαι τὸ πρωτεῖον τοὺς ταῖς φάλαγξι χρωμένους. Εἰ δὲ δυνατὸν ἐκκλίνειν, καὶ τοῦτο ποιεῖν ῥᾳδίως, πῶς ἂν ἔτι φοβερὸν εἴη τὸ προειρημένον σύνταγμα; Καὶ μὴν ὅτι χρείαν ἔχει τόπων ἐπιπέδων καὶ ψιλῶν ἡ φάλαγξ, πρὸς δὲ τούτοις μηδὲν ἐμπόδιον ἐχόντων, λέγω δ' οἷον τάφρους, ἐκρήγματα, συναγκείας, ὀφρῦς, ῥεῖθρα ποταμῶν, ὁμολογούμενόν ἐστι· πάντα γὰρ τὰ προειρημένα παραποδίζειν καὶ λύειν τὴν τοιαύτην τάξιν ἱκανὰ γίνεται. Διότι δ' εὑρεῖν τόπους ποτὲ μὲν ἐπὶ σταδίους εἴκοσι, ποτὲ δὲ καὶ

quisquam poterit unus; neque perrumpet facile. quum quidem posteriores ordines prioribus nihil conferre valeant, neque ut violentius ipsi irrumpant, neque ut gladii eorum efficaciore ictu feriant. Ex his quivis intelligat, nullam aciem esse posse tam firmam, ut impressionem phalangis à fronte sustinere queat; si modo illa, ut initio dicebam, proprietatem suam & vires obtineat. Quænam igitur caussa est, cur vincant Romani, & cujus rei gratiâ qui phalangibus utuntur, clades accipiunt? Quia bellicorum quidem certaminum & tempora & loca sunt incerta, atque indefinita; phalangi verò unum est tempus, unus locus, unus modus quibus perficere opus suum queat. Quod si qua necessitas adversarios compelleret, quoties controversias de summa rerum acie decernere parant, temporibus ac locis phalangi aptis sese accommodare; rationi sit consentaneum, eos qui phalanges instruunt victoriam semper relaturos. Sin autem periculum à phalange potest evitari, idque adeo non magna cum difficultate fit, cur, obsecro, ea forma aciei instruendæ, tantopere metuenda censeatur? Est sane in confesso apud omnes, opus esse phalangi loca plana, non arboribus vestita, nulla item habentia impedimenta; nullas, putà, fossas, hiatus, convalles, clivorum supercilia, aut amnium alveos. quidvis enim eorum quæ commemoravimus, ad impediendam solvendamque ejusmodi aciem fuerit satis. Atenim illud quoque fatebuntur omnes, ut patentes campi modò ad stadia

stadia viginti, modò ad plura inveniantur, aut omnino, penè dixerim, fieri non posse, aut admodum rarò. Verum esto; inveniantur loca hujusmodi. Quid? si hostes eò noluerint descendere, sed passim fines incursando, quà urbes, quà agros sociorum evastaverint, aciei ita digestæ ecqua erit utilitas? quippe si locis immoretur sibi aptis, adeo prodesse amicis nihil poterit, ut ne se quidem ipsa sit servatura. nam commeatuum advectio ab hostibus nullo negotio impedietur, ubi semel aperta omnia loca extra munitiones, nemine repugnante, suæ potestati subjecerint. quod si loca relinquens sibi apta conari aliquid voluerit, hostibus ex facili erit superabilis. Sed & si in planitiem demiserit sese aliquis, verum is phalangi contra se venienti, exercitum suum universum uno eodemque tempore non objiciens, sub ipsum discrimen pugnam fugâ declinarit, quid sit eventurum, facile intellectu est ex iis quæ nunc Romani faciunt. Nam quod modo dicebamus, id non amplius argumentis & rationibus colligendum, sed ex iis rebus quæ jam sunt gestæ. Non enim aciem suam Macedonicæ adæquant longitudine Romani, ut copiis universis cum phalange frontem committant; sed virium suarum parte in subsidium sepositâ, alterâ cum hostibus confligunt. Sive igitur phalangitæ oppositam sibi aciem impulerint, sive ipsi ab ea fuerint impulsi, solutum est quod fuit phalangi proprium. Nam aut cedentes insequendo, aut incumbentes fugiendo, cæteram suam aciem dere-

πλείους, ἐν οἷς μηδέν τι τοιοῦτον ὑπάρχει, σχεδὸν ὡς εἰπεῖν ἀδύνατόν ἐστιν, εἰ δὲ μή γε, τελέως σπάνιον· καὶ τοῦτο πᾶς ἄν τις ὁμολογήσειεν. Ου μὴν ἀλλ' ἔστω τόπους εὑρῆσθαι τοιούτους. ἐὰν οὖν οἱ μὲν πολεμοῦντες εἰς μὲν τούτους μὴ συγκαταβαίνωσι, περιπορευόμενοι δὲ πορθῶσι τὰς πόλεις καὶ τὴν χώραν τὴν τῶν συμμάχων, τί τῆς τοιαύτης ὄφελος ἔσται συντάξεως; μένουσα μὲν γὰρ ἐν τοῖς ἐπιτηδείοις αὐτῇ τόποις, οὐχ οἷον ὠφελεῖν δύναιτ' ἂν τοὺς φίλους, ἀλλ' οὐδ' αὐτὴν σώζειν. αἱ γὰρ τῶν ἐπιτηδείων παρακομιδαὶ κωλυθήσονται ῥᾳδίως ὑπὸ τῶν πολεμίων, ὅταν ἀκονιτὶ κρατῶσι τῶν ὑπαίθρων. ἐὰν δ' ἀπολείπουσα τοὺς οἰκείους τόπους, βούληταί τι πράττειν, εὐχείρωτος ἔσται τοῖς πολεμίοις. Ου μὴν ἀλλὰ κἂν εἰς τοὺς ἐπιπέδους συγκαταβάς τις τόπους, μὴ πᾶν ἅμα τὸ σφέτερον στρατόπεδον ὑπὸ τὴν ἐπαγωγὴν τῆς φάλαγγος καὶ τὸν ἕνα καιρὸν ὑποβάλῃ, βραχέα δὲ φυγομαχήσῃ κατ' αὐτὸν τὸν τοῦ κινδύνου καιρόν· εὐθεώρητον γίνεται τὸ συμβησόμενον, ἐξ ὧν ποιοῦσι Ῥωμαῖοι νῦν.
Οὐκέτι γὰρ ἐκ τοῦ 28
λόγου δεῖ τεκμαίρεσθαι τὸ νυνὶ λεγόμενον ὑφ' ἡμῶν, ἀλλ' ἐκ τῶν ἤδη γεγονότων. οὐ γὰρ ἐξισώσαντες τὴν παράταξιν πᾶσιν ἅμα συμβάλλουσι τοῖς στρατοπέδοις μετωπηδὸν πρὸς τὰς φάλαγγας· ἀλλὰ τὰ μὲν ἐφεδρεύει τῶν μερῶν αὐτοῖς, τὰ δὲ συμμίσγει τοῖς πολεμίοις. λοιπὸν ἄντ' ἐκπιέσωσιν οἱ φαλαγγῖται τοὺς καθ' αὐτοὺς προσβάλλοντες, ἄντ' ἐκπιεσθῶσιν ὑπὸ τούτων, λέλυται τὸ τῆς φάλαγγος ἴδιον. ἢ γὰρ ἑπόμενοι τοῖς ὑποχωροῦσιν, ἢ φεύγοντες τοὺς προσκειμένους, ἀπολείπουσι τὰ λοιπὰ μέρη τῆς οἰκείας

L δυνά-

δυνάμεως. οὗ γενομένου, δέδοται τοῖς ἐφεδρεύουσι τῶν πολεμίων διάστημα καὶ τόπος, ὃν οὗτοι κατεῖχον, πρὸς τὸ μηκέτι κατὰ πρόσωπον ὁρμᾶν, ἀλλὰ παρεισπεσόντας πλαγίους παρίστασθαι καὶ κατὰ νώτου τοῖς φαλαγγίταις. ὅταν δὲ τοὺς μὲν τῆς φάλαγγος καιροὺς καὶ τὰ προτερήματα ῥᾴδιον εἴη φυλάξασθαι, τοὺς δὲ κατὰ τῆς φάλαγγος ἀδύνατον· πῶς οὐ μεγάλην εἰκὸς εἶναι τὴν διαφορὰν ἐπὶ τῆς ἀληθείας τῶν προειρημένων; Καὶ μὴν πορευθῆναι διὰ τόπων παντοδαπῶν ἀναγκαῖον τοὺς χρωμένους φάλαγξι, καὶ καταστρατοπεδεῦσαι· ἔτι δὲ τόπους εὐκαίρους προκαταλαβέσθαι, καὶ πολιορκῆσαί τινας καὶ πολιορκηθῆναι, καὶ παραδόξοις ἐπιφανείαις περιπεσεῖν. ἅπαντα γὰρ ταῦτά ἐστι πολέμου μέρη, καὶ ῥοπὰς ποιεῖ πρὸς τὸ νικᾶν, ποτὲ μὲν ὁλοχερεῖς, ποτὲ δὲ μεγάλας. ἐν οἷς πᾶσιν ἡ μὲν Μακεδόνων ἐστὶ σύνταξις δύσχρηστος, ποτὲ δ᾽ ἄχρηστος, διὰ τὸ μὴ δύνασθαι τὸν φαλαγγίτην μήτε κατὰ τάγμα, μήτε κατ᾽ ἄνδρα παρέχεσθαι χρείαν· ἡ δὲ Ῥωμαίων εὔχρηστος. πᾶς γὰρ Ῥωμαῖος ὅταν ἅπαξ καθοπλισθεὶς ὁρμήσῃ πρὸς τὴν χρείαν, ὁμοίως ἥρμοσται πρὸς πάντα τόπον καὶ καιρὸν, καὶ πρὸς πᾶσαν ἐπιφάνειαν. καὶ μὴν ἕτοιμός ἐστι, καὶ τὴν αὐτὴν ἔχει διάθεσιν, ἄν τε μετὰ πάντων δέῃ κινδυνεύειν, ἄν τε μετὰ μέρους, ἄν τε κατὰ σημαίαν, ἄν τε καὶ κατὰ ἄνδρα. διὸ

linquunt. quo facto, ſpatium locuſque in quo illi ſtabant, hoſtibus datur, in ſubſidium præparatis; ut non jam à fronte phalangitas invadant, ſed vel ad latera progreſſi, vel etiam à tergo, in eorum ordines irrumpant. Quum ergo phalangis quidem opportunitates, & quicquid eſt quo illa præcipue valet, evitari facile queant, quæ verò contra ipſam faciunt nullo pacto ſint evitabilia; quî poteſt fieri, ut in veris pugnis diſcrimen ingens inter phalangem & Romanam aciem non inveniatur? Jam quum neceſſe ſit phalangi utentibus per cuicuimodi loca ambulare, interdum & caſtra facere; ad hæc loca opportuna præoccupare, obſidere, obſideri, & in hoſtem incidere inde apparentem unde nemo putaſſet mortalium; ſunt enim iſtæ omnes belli partes, è quibus victoria universa nonnunquam pendet; nonnunquam momentum ad eam parandam magnum faciunt: in his omnibus Macedonica ordinatio modò cum magna difficultate uſurpatur, modò nulli eſt uſui: quia miles phalangita, neque per cohortes, neque viritim operam poteſt navare. Romanus contra, commode ubique rem gerit. Quilibet enim Romanus miles ubi ſemel armis inſtructus ad pugnam ſe accinxit, ex æquo paratus eſt ad quemvis locum, quodvis tempus, quemvis hoſtem undeunde ille apparuerit; hoc amplius paratus eſt idem, ſervatque eundem ſtatum & rationem, ſive cum universa ſua legione ſit dimicandum, ſive cum ejus parte, ſive cum manipulo, ſive denique vir cum viro manum ſit conſerturus. Quum igitur commodo

modo partium usu longe præstent legiones Romanorum; finem quoque optatum suorum consiliorum, longè melius iidem quàm cæteri consequuntur. Ego verò, ut de hisce rebus differerem pluribus verbis, propterea necessarium duxi, quod & multi Græcorum illo tempore quo victi sunt Macedones, in eam repente cogitationem venerunt, ut rem pro incredibili haberent & quæ fidem excederet: & posthac etiam quæsituri sint multi, cur & quomodo phalangis instructio Romanorum armaturâ sit deterior. Cęterum Philippus, quum in eo certamine nihil prætermisisset, quod à se præstari posset, universo tamen prælio victus, ubi eorum qui è pugna evaserunt, quantos poterat plurimos excepisset: ipse quidem per Tempe in Macedoniam contendit; è satellitibus verò suis unum ad regias chartas corrumpendas & comburendas, priore nocte Larissam misit. In quo, facinus regii animi ab eo est editum; cum ne in afflicta quidem fortuna sua, officii est oblitus. Norat enim Rex, multas se hostibus ansas præbiturum, ad negotium facessendum tum sibi, tum amicis suis, si Romani eorum monimentorum potirentur. Accidit hoc & aliis fortasse jam antè, ut rebus lætis potentiam ferre, sicut homines par erat, nequirent; in adversis cautè admodum & prudenter statum suum conservarent: cæterùm uni ex omnibus Philippo maxime hoc usuvenit; sicut ex iis liquidò constabit quæ deinceps dicentur. Nam ut à principio quo ferretur impetu ad recta consilia perspicue ex-

καὶ παρὰ πολὺ τῆς κατὰ μέρος
εὐχρηστίας διαφερούσης, παρὰ
πολὺ καὶ τὰ τέλη συνεξακολου-
θεῖ ταῖς Ῥωμαίων προθέσεσι μᾶλλον ἢ ταῖς τῶν ἄλλων. Περὶ μὲν
τούτων ἀναγκαῖον ἡγησάμην εἶναι τὸ διὰ πλειόνων ποιήσασθαι
μνήμην, διὰ τὸ καὶ παρ' αὐτὸν
τὸν καιρὸν πολλοὺς τῶν Ἑλλήνων
διαλαμβάνειν, ὅτε Μακεδόνες ἡττήθησαν, ἀπίστῳ τὸ γεγονὸς ἐοικέ-
ναι· καὶ μετὰ ταῦτα πολλοὺς διαπο-
ρήσειν, διὰ τί καὶ πῶς λείπεται τὸ σύνταγμα τῆς φάλαγγος ὑπὸ τοῦ Ῥωμαίων καθοπλισμοῦ. Φίλιππος 29
δὲ τὰ δυνατὰ πεποιηκὼς πρὸς τὸν
ἀγῶνα, τοῖς δ' ὅλοις πράγμασιν
ἐσφαλμένος, ἀναδεξάμενος ὅσους
ἐδύνατο πλείστους τῶν ἐκ τῆς μάχης
ἀνασωζομένων· αὐτὸς μὲν ὥρμησε
διὰ τῶν Τεμπῶν εἰς Μακεδονίαν· εἰς
δὲ τὴν Λάρισσαν ἔτι τῇ προτεραίᾳ
νυκτὶ διεπέμψατο τινὰ τῶν ὑπασπιστῶν, ἐντειλάμενος ἀφανίσαι
καὶ κατακαῦσαι τὰ βασιλικὰ γράμ-
ματα· ποιῶν πρᾶγμα βασιλικὸν, τὸ μηδ' ἐν τοῖς δεινοῖς λήθην ποιεῖσθαι τοῦ καθήκοντος.
σαφῶς γὰρ ᾔδει διότι πολλὰς ἀφορμὰς δώσει τοῖς ἐχθροῖς καὶ καθ'
ἑαυτοῦ καὶ κατὰ τῶν φίλων, ἐὰν κρατή-
σωσι Ῥωμαῖοι τῶν ὑπομνημάτων.
Ἴσως μὲν οὖν καὶ ἑτέροις ἤδη τοῦτο
συμβέβηκε, τὸ τὰς μὲν ἐν ταῖς
ἐπιτυχίαις ἐξουσίας μὴ δύνασθαι
φέρειν ἀνθρωπίνως, ἐν δὲ ταῖς πε-
ριπετείαις εὐλαβῶς ἵστασθαι καὶ νουνε-
χῶς· ἐν τοῖς δὲ μάλιστα καὶ περὶ Φίλιππον τοῦτο γέγονε· δῆλον δ' ἔσται
τοῦτο διὰ τῶν μετὰ ταῦτα ῥηθησομένων.
Καθάπερ γὰρ καὶ τὰς ἐξ ἀρχῆς ὁρμὰς
ἐπὶ τὸ δέον αὐτοῦ σαφῶς ἐδηλώσα-

μένον, καὶ πάλιν τὴν ἐπὶ τὸ χεῖρον μεταβολὴν, καὶ πότε, καὶ διὰ τί, καὶ πῶς ἐγένετο, καὶ τὰς ἐν ταύτῃ πράξεις μετ' ἀποδείξεως ἐξηγησάμεθα· τὸν αὐτὸν τρόπον χρὴ καὶ τὴν μετάνοιαν αὐτοῦ δηλῶσαι, καὶ τὴν εὐστοχίαν, καθ' ἣν μεταθέμενος τοῖς ἐκ τῆς τύχης ἐλαττώμασιν, εὐλογιστότατα δοκεῖ κεχρῆσθαι τοῖς καθ' αὑτὸν καιροῖς. Τίτος δὲ μετὰ τὴν μάχην ποιησάμενος τὴν καθήκουσαν πρόνοιαν περί τε τῶν αἰχμαλώτων καὶ τῶν ἄλλων λαφύρων, ἤει πρὸς Λάρισαν.

posuimus; ac deinde facta illius mutatione in deterius, quando, quam ob caussam, & cur id acciderit, & quas res ita immutatus egerit, narratione nostra demonstravimus; eodem etiam modo pœnitentiam quoq; illius, & ingenii dexteritatem necessum indicare; per quam una cum mutata in deterius Fortuna mutatus ipse, necessario suo tẽpore summo judicio & prudentia fuisse usus videtur. Quintius à pugna, ubi captivis & reliquæ prædæ quanta par erat cura prospexisset, Larissam duxit.

Ὅτι τὸ προχείρως πιστεύειν μεγάλων αἴτιον κακῶν καὶ τοῖς πανούργοις δοκοῦσιν εἶναι.

Facile aliis fidem habere, magna detrimenta afferre, etiam iis qui præ cæteris astuti audiunt.

30 ΟΤΙ τοῖς αὐτοῖς καὶ διὰ τῶν αὐτῶν ἀπατώμενοι πάντες, οὐ δυνάμεθα λῆξαι ἀνοίας. Τοῦτο γὰρ τὸ γένος τῆς ῥᾳδιουργίας πολλάκις ὑπὸ πολλῶν ἤδη γέγονε. καὶ τὸ μὲν παρὰ τοῖς ἄλλοις διαχωρεῖν, ἴσως οὐ θαυμαστόν· τὸ δὲ παρ' οἷς ἡ πηγὴ τῆς τοιαύτης ὑπάρχει κακοπραγμοσύνης. ἀλλ' ἔστιν αἴτιον, τὸ μὴ πρόχειρον ὑπάρχειν τὸ παρ' Ἐπιχάρμῳ καλῶς εἰρημένον· Νᾶφε, καὶ μέμνασο ἀπιστεῖν. ἄρθρα ταῦτα τῶν φρενῶν.

QUUM per eadem & per eosdem cuncti mortaleis decipiamur, amentiæ tamen desinere non possumus. nam fraudes hoc genus multi jam sæpe exercuerunt. Et cæteros quidem homines locum illis dare, nihil fortasse fuerit mirandum. illud jure mireris, capi hac fraude etiam illos, à quibus, ceu fonte quodam, doli mali genus hoc manavit. Ratio est, quia præclarum Epicharmi dictum non habent in promptu; *Sobrius esto; & nemini credere memento; hi sunt articuli prudentiæ.*

Σύλλογος ἐν Λυσιμαχείᾳ γενόμενος τοῦ βασιλέως Ἀντιόχου καὶ τῶν ἀπὸ Ῥώμης πρεσβευτῶν.

Conventus Lysimachiæ habitus à Rege Antiocho, & Romanis legatis.

31 ΚΑΤΑ δὲ τὸν αὐτὸν καιρὸν ἧκον μετὰ τῶν δέκα, Πόπλιος μὲν

SUB hoc tempus & decem legatorum P. Lentulus à Bargyliis

L. Teren-

L. Terentius & P. Villius à Thasso in Hellespontum venerunt. de quorum adventu quum citò Rex factus esset certior, paucis diebus omnes Lysimachiam convenerunt. Hegesianax quoque & Lysias qui ad Titum missi fuerant, in tempus illius conventus inciderunt. Et privati quidem congressus Regis cum Romanis, simplicitatis atque humanitatis pleni fuerunt. mox verò ut in communi omnium consessu de publicis rebus agi ceptum, longe alia rerum facies exstitit. Nam L. Cornelius æquum censebat, ut Ptolemæo cederet Antiochus urbibus ditionis ejus, quas ipse recens in Asia occupaverat. iis verò quæ à Philippo essent possessæ, ut excederet, deûm & hominum fidem testans, etiam & etiam contendebat. ridiculam enim rem fore, si postquam Romani cum Philippo bellum gessissent, superveniens Antiochus belli præmia auferret. monebat etiam, ut à liberis civitatibus abstineret. & in universum mirari se dixit, qua ratione ductus cum tantis copiis quà pedestribus, quà navalibus, in Europam trajecisset. nam si istud unum exceperis, quod Romanos aggredi proposuisset, nihil quicquam relictum esse quod super hoc ipsius consilio quicunque recta ratione rem putarent, cogitare saltem possent. Et Romani quidem his dictis conticuerunt. Rex ante omnia mirari se dixit, quonam jure Romani de Asiæ urbibus controversiam sibi moveant. hoc enim faciendi quibusvis potius quàm Romanis jus esse. petiit deinde ab illis, ne ullo pacto rebus Asiæ curiosius sese

Λέντουλος ἐκ Βαργυλίων, Λεύκιος δὲ Τερέντιος, καὶ Πόπλιος
Οὐΐλλιος ἐκ Θάσου. ταχὺ δὲ τῷ
βασιλεῖ διασαφηθείσης τῆς τούτων
παρουσίας, πάντες ἐν ὀλίγαις ἡμέραις ἠθροίσθησαν εἰς τὴν Λυσιμά-
χειαν. Συνεκύρησαν δὲ καὶ οἱ περὶ
τὸν Ἡγησιάνακτα καὶ Λυσίαν οἱ πρὸς
τὸν Τίτον ἀποσταλέντες εἰς τὸν καιρὸν
τοῦτον. Αἱ μὲν οὖν κατ' ἰδίαν ἐντεύξεις τοῦ τε βασιλέως καὶ τῶν Ῥωμαίων,
τελέως ἦσαν ἀφελεῖς καὶ φιλάν-
θρωποι. μετὰ δὲ ταῦτα γινομένης
συνεδρείας κοινῆς ὑπὲρ τῶν ὅλων,
ἀλλοιοτέραν ἔλαβε τὰ πράγματα
διάθεσιν. ὁ γὰρ Λεύκιος ὁ Κορνήλιος,
ἠξίου μὲν καὶ τῶν ὑπὸ Πτολεμαῖον ταт-
τομένων πόλεων, ὅσας νῦν εἴληφε
κατὰ τὴν Ἀσίαν, παραχωρεῖν τὸν
Ἀντίοχον· τῶν δ' ὑπὸ Φίλιππον διε-
μαρτύρετο φιλοτίμως ἐξίστασθαι.
γελοῖον γὰρ εἶναι τὰ Ῥωμαίων ἆθλα
τοῦ γεγονότος αὐτοῖς πολέμου πρὸς
Φίλιππον, Ἀντίοχον ἐπελθόντα παραλαμβάνειν. παρῄνει δὲ καὶ τῶν
αὐτονόμων ἀπέχεσθαι πόλεων. Καθόλου δ' ἔφη θαυμάζειν, τίνι λόγῳ
τοσαύταις μὲν πεζικαῖς, τοσαύταις
δὲ ναυτικαῖς δυνάμεσι πεποίηται
τὴν εἰς τὴν Εὐρώπην διάβασιν. πλὴν
γὰρ τοῦ προτίθεσθαι Ῥωμαίοις
ἐγχειρεῖν αὐτὸν, οὐδ' ἔννοιαν ἑτέραν καταλείπεσθαι παρὰ τοῖς ὀρθῶς λογιζομένοις. Οἱ μὲν οὖν Ῥωμαῖοι ταῦτ' εἰπόντες, ἀπεσιώπησαν. ὁ δὲ βασιλεὺς πρῶτον μὲν δια- 32
πορεῖν ἔφη κατὰ τίνα λόγον ἀμφισβητοῦσι πρὸς αὐτὸν ὑπὲρ τῶν ἐπὶ τῆς
Ἀσίας πόλεων. πᾶσι γὰρ μᾶλλον ἐπιβάλλειν τοῦτο ποιεῖν, ἢ Ῥωμαίοις.
δεύτερον δ' ἠξίου μηδὲν αὐτοὺς πολυπραγμονεῖν καθόλου τῶν κατὰ τὴν

Ἀσίαν· οὐδὲ γὰρ αὐτὸς περιεργάζεσθαι τῶν κατὰ τὴν Ἰταλίαν ἁπλῶς οὐδέν. εἰς δὲ τὴν Εὐρώπην ἔφη διαβεβηκέναι μετὰ τῶν δυνάμεων, ἀνακτησόμενος τὰ κατὰ τὴν Χερρόνησον καὶ τὰς ἐπὶ Θρᾴκης πόλεις· τὴν γὰρ τῶν τόπων τούτων ἀρχὴν, μάλιστα πάντων αὐτῷ καθήκειν. Εἶναι μὲν γὰρ ἐξ ἀρχῆς τὴν δυναστείαν ταύτην Λυσιμάχου· Σελεύκου δὲ πολεμήσαντος πρὸς αὐτὸν, καὶ κρατήσαντος τῷ πολέμῳ, πᾶσαν τὴν Λυσιμάχου βασιλείαν δορύκτητον γενέσθαι Σελεύκου. κατὰ δὲ τοὺς τῶν αὑτοῦ προγόνων περισπασμοὺς ἐν τοῖς ἑξῆς χρόνοις, πρῶτον μὲν Πτολεμαῖον παρασπασάμενον σφετερίσασθαι τοὺς τόπους τούτους, δεύτερον δὲ Φίλιππον. αὐτὸς δὲ νῦν οὐ κτᾶσθαι τοῖς Φιλίππου καιροῖς συνεπιτιθέμενος, ἀλλὰ ἀνακτᾶσθαι τοῖς ἰδίοις καιροῖς συγχρώμενος. Λυσιμαχεῖς δὲ παραλόγως ἀναστάτους γεγονότας ὑπὸ Θρᾳκῶν, οὐκ ἀδικεῖν Ῥωμαίους κατάγων καὶ συνοικίζων. ποιεῖν γὰρ τοῦτ' ἔφη, βουλόμενος οὐ Ῥωμαίοις τὰς χεῖρας ἐπιβαλεῖν, Σελεύκῳ δ' οἰκητήριον ἑτοιμάζειν. Τὰς δ' αὐτονόμους τῶν κατὰ τὴν Ἀσίαν πόλεων, οὐ διὰ τῆς Ῥωμαίων ἐπιταγῆς, δέον εἶναι τυγχάνειν τῆς ἐλευθερίας, ἀλλὰ διὰ τῆς αὑτοῦ χάριτος. Τὰ δὲ πρὸς Πτολεμαῖον, αὐτὸς ἔφη διεξάξειν εὐδοκουμένως ἐκείνῳ· κρίνειν γὰρ οὐ φιλίαν μόνον, ἀλλὰ καὶ μετὰ τῆς φιλίας ἀναγκαι-
33 ότητα συντίθεσθαι πρὸς αὐτόν. Τῶν δὲ περὶ τὸν Λεύκιον οἰομένων δεῖν καλέσαι τοὺς Λαμψακηνοὺς καὶ τοὺς Σμυρναίους, καὶ δοῦναι λόγον αὐτοῖς, ἐγίνετο τοῦτο. παρῆσαν δὲ παρὰ μὲν

immiſcerent; nam ſe quoque de iis quæ in Italia gerantur nihil quicquam inquirere. In Europam copias trajeciſſe, ut Cheroneſum & Thraciæ urbes recuperaret: quandoquidem eorum locorum imperium ad ſe meliore quàm ad ullum alium jure pertineat. Olim nempe Lyſimachi eam dynaſtiam fuiſſe; cum eo bellum geſſiſſe Seleucum, eundemque bello viciſſe: atque ita regnum Lyſimachi univerſum, belli jure Seleuci fuiſſe factum. Poſt illa quidem accidiſſe, ut dum majores ſui aliis curis detinerentur, primum Ptolemæus, deinde Philippus, loca illa alienæ dominationi ſubtracta, ſibi vindicarent. nunc verò ſe eadem loca illa, non quidem neceſſario Philippi tempore abutentem, capere; ſed tempore ſuo recte utentem, recipere. Lyſimachenſes ex inopinato à Thracibus urbe ſua everſos quod in patriam reſtituat, eamque frequentet coloniam, nullam in eo ſe Romanis injuriam facere. neque enim id agere ſe, ut populum Romanum bello laceſſat, verùm ut Seleucus filius eam ſedem regni habeat. Græcorum liberas civitates, quæ ſunt in Aſia, libertatem nanciſci debere, non ex Romanorum juſſione, verùm ex beneficio ſuo. Quod ad Ptolemæum attinet, Ego, inquit, per me ex ipſius voluntate rem componam. ſtatuiſſe enim, non tantum amicitiam, verum etiam cum amicitia affinitatem cum ipſo jungere. Quum dixiſſet L. Cornelius æquum videri, ut Lampſaceni Smyrnæique vocarentur, & dicendi poteſtas illis fieret; ita eſt factum. Aderant Lampſacenorum

rum quidem legati Parmenion & Pythodorus: Smyrnæorum verò, Cœranus & cum ipso alii. Quibus liberam orationem habentibus, indignatus Rex, quod videretur apud judices Romanos eorum quæ fecisset rationem contendentibus secum reddere; loquentem Parmenionem interpellans, Desine, inquit, plura dicere: non enim Romanis judicibus, sed Rhodiis, disceptare hasce controversias mihi placet. Ita colloquium tunc est solutum, quum nullo modo inter ipsos convenisset.

Λαμψακηνῶν, οἱ περὶ Παρμενίωνα καὶ Πυθόδωρον· παρὰ δὲ Σμυρναίων οἱ περὶ Κοίρανον. ἂν μετὰ παρρησίας διαλεγομένων, δυσχεράνας ὁ βασιλεὺς ἐπὶ τῷ δοκεῖν λόγον ὑπέχειν ἐπὶ Ῥωμαίων τοῖς πρὸς αὐτὸν ἀμφισβητοῦσι, μεσολαβήσας τὸν Παρμενίωνα παῦσαι φησὶ τῶν πολλῶν· οὐ γὰρ ἐπὶ Ῥωμαίων, ἀλλὰ ἐπὶ Ῥοδίων ὑμῖν δοκῶ διακριθῆναι περὶ τῶν ἀντιλεγομένων. Καὶ τότε μὲν ἐπὶ τούτοις διέλυσαν τὸν σύλλογον, οὐδαμῶς συνδοκήσαντες ἀλλήλοις.

Quomodo Scopas Ætolus, ut aliquanto prius Cleomenes Spartanus, Alexandriæ perierit; sed non pariter atque ille gloriose.

Πῶς Σκόπας ὁ Αἰτωλὸς καθάπερ καὶ Κλεομένης ὁ Λακεδαιμόνιος ἐν Ἀλεξανδρείᾳ ἀπώλετο, τῆς δ' ἐπὶ παραβόλῳ τόλμῃ δόξαν οὐχ ὁμοίως ἐκείνῳ εὕρατο.

Viros impios qui contra naturam vitam instituunt, merito etiam morte non secundum naturam perire.

Ὅτι οἱ ἀσεβεῖς παρὰ φύσιν ἐνστησάμενοι τὸν αὐτῶν βίον, εἰκότως παρὰ φύσιν καὶ τῆς εἱμαρμένης τυγχάνουσι.

Ptolemæi Regis adhuc pueri Anacleteria.

Πτολεμαίου τοῦ βασιλέως, παιδὸς ἔτι ὄντος, Ἀνακλητήρια.

AUDACIUM inceptorum & præclarorum, desiderio quidem multi tanguntur, sed illa vel attingere non sane multi audent. Et tamen ad tentandum fortunam & audendum, majora præsidia Scopas habuit quàm Cleomenes. nam ille ab inimicis præventus, eò angustiarum est redactus, ut spes omnes suas in propriis dumtaxat famulis & amicis haberet sitas: quas tamen ille spes nequaquam destituit, sed quantum ejus fieri poterat, expertus est omnes;

ΤΩΝ γὰρ παραβόλων καὶ καλῶν ἔργων ἐφίενται μὲν πολλοὶ, τολμῶσι δ' ὀλίγοι ψαύειν. καίτοι πολὺ καλλίους ἀφορμὰς εἶχε Σκόπας, ἢ Κλεομένης πρὸς τὸ παραβάλλεσθαι καὶ τολμᾶν. ἐκεῖνος μὲν γὰρ προκαταληφθεὶς, εἰς αὐτὰς συνεκλείσθη τὰς ἐν τοῖς ἰδίοις οἰκέταις καὶ φίλοις ἐλπίδας, ἀλλ' ὅμως οὐδὲ ταύτας ἐγκατέλιπεν· ἀλλ' ἐφ' ὅσον ἦν δυνατὸν, ἐξήλεγξε, 34

τὸ καλῶς ἀποθανεῖν, τοῦ ζῆν αἰσχρῶς περὶ πλείονος ποιησάμενος. Σκόπας δὲ καὶ χεῖρα βαρεῖαν ἔχων συνεργὸν, καὶ καιρὸν, ἅτε τοῦ βασιλέως ἔτι παιδὸς ὄντος, μέλλων καὶ βουλευόμενος προκατελήφθη. Γνόντες γὰρ αὐτὸν οἱ περὶ τὸν Ἀριστομένην συναθροίζοντα τοὺς φίλους εἰς τὴν ἰδίαν οἰκίαν, καὶ συνεδρεύοντα μετὰ τούτων, πέμψαντες τινὰς τῶν ὑπασπιστῶν, ἐκάλουν εἰς τὸ συνέδριον. ὁ δ᾽ οὕτω παρεξεστήκει τῶν φρενῶν, ὡς οὔτε πράττειν ἐτόλμα τῶν ἑξῆς οὐδὲν, οὔτε καλούμενος ὑπὸ τοῦ βασιλέως, οἷός τ᾽ ἦν πειθαρχεῖν, ὃ πάντων ἐστὶν ἔσχατον· ἕως οἱ περὶ τὸν Ἀριστομένην γνόντες αὐτοῦ τὴν ἀλογίαν, τοὺς μὲν στρατιώτας καὶ τὰ θηρία περιέστησαν περὶ τὴν οἰκίαν. Πτολεμαῖον δὲ τὸν Εὐμένους πέμψαντες μετὰ νεανίσκων, ἄγειν αὐτὸν ἐκέλευον, ἐὰν μὲν ἑκὼν βούληται πειθαρχεῖν· εἰ δὲ μὴ, μετὰ βίας. Τοῦ δὲ Πτολεμαίου παρεισελθόντος εἰς τὴν οἰκίαν, καὶ δηλοῦντος ὅτι καλεῖ Σκόπαν ὁ βασιλεύς· τὰς μὲν ἀρχὰς οὐ προσεῖχε τοῖς λεγομένοις, ἀλλὰ καὶ βλέπων εἰς Πτολεμαῖον ἀτενὲς ἔμενε καὶ πλείω χρόνον, ὡσανεὶ προσανατεινόμενος αὐτῷ καὶ θαυμάζων τὴν τόλμαν. ὡς δ᾽ ἐπελθὼν ὁ Πτολεμαῖος θρασέως ἐπελάβετο τῆς χλαμύδος αὐτοῦ, τότε βοηθεῖν ἠξίου τοὺς παρόντας. ὄντων δὲ καὶ τῶν εἰσεληλυθότων νεανίσκων πλειόνων, καὶ τὴν ἔξω περίστασιν διασαφήσαντός τινος, συνείξας τοῖς παροῦσιν ἠκολούθει μετὰ
35 τῶν φίλων. ἅμα δὲ τῷ παρελθεῖν εἰς τὸ συνέδριον, βραχέα μὲν ὁ βασιλεὺς κατηγόρησε· μετὰ δὲ τοῦτον Πολυκράτης ἄρτι παραγεγονὼς ἀπὸ

mori honeste potius quàm turpiter vivere præoptans. At Scopas quum & numerosam militum manum haberet, cujus auxilio uteretur & tempus esset nactus opportunum, Rege adhuc puero; dum contatur, dum deliberat, est præventus. Nam ubi didicit Aristomenes amicos illum suos domum cogere, & unâ cum ipsis consultare; missis satellitum nonnullis, ad Regium consilium eum vocavit. Scopæ verò repente adeo exter- nata mens est, ut neque eorum, quæ moliebatur tentare quicquam auderet; nec Regi parere, cum ab eo vocaretur, sustineret: quæ totius dementiæ ultima est linea. demum Aristomenes cognita ipsius inopia consilii, domum ipsius militibus & elephantis circumdat: deinde Ptolemæum Eumenis filium cum præsidio juvenum mittit, & ut Scopam adducant imperat; si sponte sua obtemperaret, volentem; sin minus, per vim. Postquam in ædeis Ptolemæus irrupisset, dixissetque Scopam à Rege arcessi; ille principio, rationem ejus nullam habuit; verùm defixis in Ptolemæum oculis, sic satis diu mansit, quasi minas illi intendens, & audaciam ejus demirans. ubi verò Ptolemæus propius ad eum accedens, audacter chlamydis laciniam prehendit, tum Scopas ut sibi opem ferrent qui aderant, rogavit. Sed quum & plures milites essent ingressi, & dixisset aliquis, domum præsidio foris cinctam esse, præsenti fortunæ concedens, unâ cum amicis est secutus. Qui simulac concilium est ingressus, Rex ipsum paucis accusavit: secundùm Regem Polycrates, qui recens è Cypro venerat;

ferat; postremò, Aristomenes. Accusationis formula, quod ad cætera, jam dictis erat similis; nisi quod hoc amplius adjectum est, quòd amicorum cœtum coëgisset ad deliberandum, quodque vocanti Regi non paruisset. Ob quas criminationes, non solum qui Regis concilium participabant, omnes eum damnabant; sed etiam è legatis exterarum gentium quotquot aderant. Aristomenes quando ipsum accusaturus erat, tum alios Græcos viros illustres secum accepit, tum etiam legatos Ætolorum qui de pace fuerant missi: inter quos Dorymachus erat, Nicostrati filius. Finita horum oratione, Scopas facta sibi dicendi potestate, excusationes aliquas in medium afferrę est orsus: sed nemine ad ejus verba attendente, propter absurditatem factorum, statim unâ cum amicis in carcerem est conjectus. proxima dein nocte, Aristomenes Scopam quidem & ejus cognatos omnes veneno sustulit: Dicæarcho verò torquendi instrumenta & flagra quum adhibuisset, ita demum vitam illi eripuit; debitas pœnas communi Gręcorum nomine ab ipso exigens. Hic enim est ille Dicęarchus, quem Philippus quum Cycladas insulas per magnum nefas bello aggressus est lacessere, ducem classis instituit, & universo negotio præfecit. Qui ad exsequendum facinus palàm impium quum mitteretur, adeo pensi nihil habuit scelus tantum patrare, ut contra væcordię immanitate deis pariter & hominibus terrorem se injecturum existimaverit. Nam ut in portu naves constituit, duas excitavit aras,

Κύπρου, τελευταῖος δ' Ἀριστομένης. Ἦν δὲ τὰ μὲν ἄλλα παραπλήσιος ἡ κατηγορία πάντων τοῖς ἄρτι ῥηθεῖσι. προσετέθη δὲ τοῖς προειρημένοις ἡ μετὰ τῶν φίλων συνεδρεία, καὶ τὸ μὴ παραχῆναι καλούμενον ὑπὸ τοῦ βασιλέως. Ἐφ' οἷς οὐ μόνον οἱ τοῦ συνεδρίου κατεγίγνωσκον αὐτοῦ πάντες, ἀλλὰ καὶ τῶν ἔξωθεν τῶν πρεσβευτῶν οἱ συμπαρόντες. ὁ δ' Ἀριστομένης ὅτε κατηγορεῖν ἔμελλε, πολλοὺς μὲν καὶ ἑτέρους παρέλαβε τῶν ἐπιφανῶν ἀνδρῶν ἀπὸ τῆς Ἑλλάδος, καὶ τοὺς παρὰ τῶν Αἰτωλῶν δὲ πρεσβεύοντας ἐπὶ τὰς διαλύσεις, ἐν οἷς ἦν καὶ Δορύμαχος ὁ Νικοστράτου. ῥηθέντων δὲ τούτων, μεταλαβὼν ὁ Σκόπας, ἐπεχείρει μὲν φέρειν τινὰς ἀπολογισμούς· οὐδενὸς δὲ προσέχοντος αὐτῷ διὰ τὴν τῶν πραγμάτων ἀλογίαν, εὐθέως οὗτος μὲν εἰς φυλακὴν ἀπήγετο μετὰ τῶν φίλων. ὁ δ' Ἀριστομένης ἐπιγινομένης τῆς νυκτὸς, τὸν μὲν Σκόπαν καὶ τοὺς συγγενεῖς αὐτοῦ καὶ φίλους πάντας διέφθειρε φαρμάκῳ. Δικαιάρχῳ δὲ καὶ στρέβλας καὶ μάστιγας προσαγαγὼν, οὕτως αὐτὸν ἐπανείλετο, λαβὼν παρ' αὐτοῦ δίκην καθήκουσαν καὶ κοινὴν ὑπὲρ πάντων τῶν Ἑλλήνων. Ὁ γὰρ Δικαίαρχος οὗτος ἦν, ὃν Φίλιππος, ὅτε προέθετο παρασπονδεῖν τὰς Κυκλάδας νήσους, καὶ τὰς ἐφ' Ἑλλησπόντου πόλεις, ἀπέδειξε τοῦ στόλου παντὸς ἡγεμόνα, καὶ τῆς ὅλης πράξεως προστάτην. ὃς ἐπὶ πρόδηλον ἀσέβειαν ἐκπεμπόμενος, οὐχ οἷον ἄτοπόν τι πράσσειν ἐνόμιζεν· ἀλλὰ τῇ τῆς ἀπονοίας ὑπερβολῇ, καὶ τοὺς θεοὺς ὑπέλαβε καταπλήξεσθαι, καὶ τοὺς ἀνθρώπους. ὡς γὰρ ὁρμίσειε τὰς ναῦς, δύο κατεσκεύαζε βωμούς· τὸν μὲν

Ἀσεβείας, τὸν δὲ Παρανομίας, καὶ ἐπὶ τούτοις ἔθυε· καὶ τούτους προσεκύνει καθαπερανεὶ δαίμονας. Διὸ καὶ δοκεῖ μοι τυχεῖν τῆς ἁρμοζούσης δίκης, καὶ παρὰ θεῶν, καὶ ἀνθρώπων. παρὰ φύσιν γὰρ ἐνστησάμενος τὸν αὑτοῦ βίον, εἰκότως παρὰ φύσιν καὶ τῆς εἱμαρμένης ἔτυχε. Τῶν δὲ λοιπῶν Αἰτωλῶν τοὺς βουλομένους εἰς τὴν οἰκείαν ἀπαλλάττεσθαι, πάντας ἀπέλυσεν ὁ βασιλεὺς
6 μετὰ τῶν ὑπαρχόντων. Σκόπα δὲ καὶ ζῶντος μὲν ἐπίσημος ἦν ἡ φιλαργυρία· πολὺ γὰρ δή τι τοὺς ἄλλους ἀνθρώπους ὑπερέθετο κατὰ τὴν πλεονεξίαν. ἀποθανόντος δὲ καὶ μᾶλλον ἐγνώσθη διὰ τὸ πλῆθος τοῦ χρυσίου καὶ τῆς κατασκευῆς τῆς εὑρημένης παρ' αὐτῷ. λαβὼν γὰρ συνεργὸν τὴν * ἀγχαερότητα τὴν χαριμόρτου, καὶ τὴν μέθην, ἄρδην ἐξετοιχωρύχησε τὴν βασιλείαν. Ἐπειδὴ δὲ τὰ κατὰ τοὺς Αἰτωλοὺς ἔθετο καλῶς οἱ περὶ τὴν αὐλήν, εὐθέως ἐγίγνοντο περὶ τὸ ποιεῖν Ἀνακλητήρια τοῦ βασιλέως. οὐδέπω τῆς ἡλικίας κατεπειγούσης· νομίζοντες δὲ λήψεσθαί τινα τὰ πράγματα κατάστασιν, καὶ πάλιν ἀρχὴν τῆς ἐπὶ τὸ βέλτιον προκοπῆς, δόξαντος αὐτοκράτορος ἤδη γεγονέναι τοῦ βασιλέως. χρησάμενοι δὲ ταῖς παρασκευαῖς μεγαλομερῶς, ἐπετέλουν τὴν πρᾶξιν ἀξίως τοῦ τῆς βασιλείας προσχήματος· πλεῖστα Πολυκράτους δοκοῦντος εἰς τὴν ἐπιβολὴν ταύτην αὐτοῖς συνηργηκέναι. Ὁ γὰρ προειρημένος ἀνὴρ καὶ κατὰ τὸν πατέρα μὲν ἔτι νέος ὤν, οὐδενὸς ἐδόκει τῶν περὶ τὴν αὐλὴν δευτερεύειν, οὔτε

Impietatis alteram, alteram Iniquitatis; & super iis rem divinam fecit, ac quasi deos est istos veneratus. Ut equidem non dubitem, deos & homines pœnas ab eo quibus erat dignus expetiisse. Nam qui vitam instituisset contra naturam; merito etiam contra naturam fato est functus. E cæteris Ætolis siqui fuerunt qui redire in patriam vellent, abeundi & omnia sua auferendi potestatem Rex cunctis fecit. Scopæ & dum viveret nota fuit omnibus avaritia; (nam is habendi cupiditate longo intervallo cæteros mortales antecedebat;) verùm ab ejus morte magis innotuit; ob vim auri ingentem & supellectilis copiam apud eum repertam. Propositum namque ipsius adjuvantibus ... & temulentia, ipsum prope regnum parietibus effractis funditus rapinis exhauserat. Enimvero Ætolorum motu composito, è vestigio aulici ad consueta solennia, quando aliquis Rex salutatur, quæ Anacleteria vocant, celebranda se comparant; ætate quidem necdum exigente; sed quod existimarent, ubi innotuisset sui juris & arbitrii Regem esse factum, in aliquo meliore statu ipsius regnum fore quieturum, & ab eo principio aliquid semper deinceps incrementi accepturum. Proviso igitur rerum omnium magnifico apparatu, pro dignitate regni quod destinaverant sunt exsecuti. Opinio multorum fuit, Polycratem hujus incepti auctores longe plurimum adjuvisse. Hic enim vir, jam inde à Ptolemæi patris temporibus, cum adhuc juvenis ipse esset, nulli procerum ejus aulę fuisse videtur secundus,

cundus, neque auctoritate, neque rebus gestis: eodemque loco fuit sub eo qui jam regnabat. Nam quum difficilibus & variis temporibus, Cypri administratio & omnium redituum qui inde proveniunt, ejus fidei fuisset commissa; non solum puero Regi insulam conservavit; sed etiam pecuniæ vim non mediocrem coëgit, quam ipse tunc, tradita provincia Ptolemæo Megalopolitano, Alexandriam veniens, Regi advexerat. Eam ob caussam magno omnium applausu tunc exceptus, non mediocrem insecutis temporibus opum vim est adeptus: donec procedente ætate, ad omne genus libidinis, & flagitiosam vitam est delapsus. Quam itidem famam Ptolemæus Agesandri filius in senectute obtinuit. ad quorum tempora ubi ventum fuerit, non pigebit nos turpia facta recensere, quæ ipsi dum in magna potentia erant, admiserunt.

κατὰ τὴν πίστιν, οὔτε κατὰ τὰς πράξεις· ὁμοίως δὲ κατὰ τὸν ἐνεστῶτα βασιλέα. Πιστευθείσης γὰρ τῆς Κύπρου καὶ τῶν ἐν ταύτῃ προσόδων ἐν καιροῖς ἐπισφαλέσι καὶ ποικίλοις, οὐ μόνον διεφύλαξε τῷ παιδὶ τὴν νῆσον, ἀλλὰ καὶ πλῆθος ἱκανὸν ἤθροισε χρημάτων· ἃ τότε παραγεγόνει κομίζων τῷ βασιλεῖ, παραδεδωκὼς τὴν ἀρχὴν τῆς Κύπρου Πτολεμαίῳ τῷ Μεγαλοπολίτῃ. τυχὼν δὲ διὰ ταῦτα μεγάλης ἀποδοχῆς καὶ περιουσίας ἐν τοῖς ἑξῆς χρόνοις, μετὰ ταῦτα προβαινούσης τῆς ἡλικίας, ὁλοσχερῶς εἰς ἀσέλγειαν ἐξώκειλε καὶ βίον ἀσυρῆ. παραπλησίαν δέ τινα τούτῳ φήμην ἐκληρονόμησεν ἐπὶ γήρως καὶ Πτολεμαῖος ὁ Ἀγησάνδρου. περὶ ὧν ὅταν ἐπὶ τοὺς καιροὺς ἔλθωμεν, οὐκ ὀκνήσομεν διασαφεῖν τὰ παρακολουθήσαντα ταῖς ἐξουσίαις αὐτῶν ἀπρεπῆ.

ΕΚ ΤΩΝ

ΠΟΛΥΒΙΟΥ

ΤΟΥ ΜΕΓΑΛΟΠΟΛΙΤΟΥ

ΙΣΤΟΡΙΩΝ ΕΚΛΟΓΑΙ

ΠΕΡΙ ΠΡΕΣΒΕΙΩΝ.

EX LIBRIS HISTORIARUM

POLYBII

MEGALOPOLITANI

EXCERPTA

LEGATIONUM.

ΤΟΥ ΠΕΡΙ ΠΡΕΣΒΕΙΩΝ ΤΕΥΧΟΥΣ ΡΩΜΑΙΩΝ ΠΡΟΣ ΕΘΝΙΚΟΥΣ

Προοίμιον.

IN VOLUMEN LEGATIONES CONTINENS ROMANORUM ET ALIARUM GENTIUM

Procemium.

QVICVNQVE olim sive Reges, sive sortis privatæ homines, mente fuerunt. neque voluptatibus depravata, neque mollitie corrupta; sed animi nobilitatem intemeratam ad virtutem conservarunt: hi profectò & inter labores durarunt, & otium in literis consumpserunt; ac si qui illorum vitam in studiis diligentius egissent,

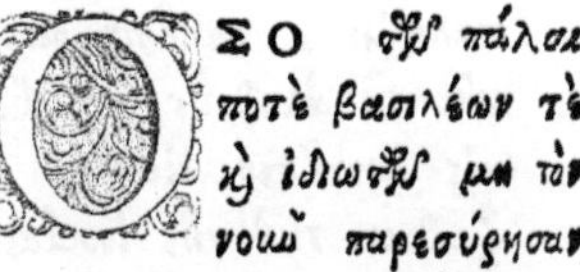

ΟΣΟ τῶν πάλαι ποτὲ βασιλέων τε καὶ ἰδιωτῶν μὴ τὸν νοῦν παρεσύρησαν ἡδοναῖς, ἢ κατεμαλακίσθησαν, ἀλλὰ τὸ τῆς ψυχῆς εὐγενὲς ἀκηλίδωτον ἀρετῇ συνετήρησαν· οὗτοι δὴ οὗτοι καὶ πόνοις ἐνεκαρτέρησαν, καὶ λόγοις ἐνησχολήθησαν, καὶ ἄλλος ἄλλο τι, τῶν ὅσοι λογικώτερον ἐπεβίωσαν, παιδείας ἐρασταὶ γεγονό-

τες,

τες, σπουδαιότερον τινὰ συνεγράψαντο· τοῦτο μὲν τῆς σφῶν αὐτῶν πολυμαθείας δεῖγμα ἐναργὲς τοῖς μετέπειτα καταλιπεῖν ἱμειρόμενοι· τοῦτο δὲ καὶ εὔκλειαν ἀείμνηστον ἐκ τῶν ἐντυγχανόντων καρπώσασθαι μνώμενοι. Ἐπεὶ δὲ ἐκ τῆς τῶν τοσούτων ἐτῶν περιδρομῆς ἄπλετόν τι χρῆμα καὶ πραγμάτων ἐγίγνετο, καὶ λόγων ἐπλέκετο, ἐπ᾽ ἄπειρόν τε καὶ ἀμήχανον ἡ τῆς ἱστορίας εὐρύνετο συμπλοκή. Ἔδει δὲ ἐπιρρεπέστερον πρὸς τὰ χείρω τὴν τῶν ἀνθρώπων προαίρεσιν μετατίθεσθαι χρόνοις ὕστερον, καὶ ὀλιγώρως ἔχειν πρὸς τὰ καλὰ, καὶ ῥαθυμότερον διακεῖσθαι πρὸς τὴν τῶν φθασάντων γενέσθαι κατάληψιν, κατόπιν γινομένης τῆς τοῦ ἀληθοῦς ἐπιτεύξεως· ὡς ἐντεῦθεν ἀδηλίᾳ σκιάζεσθαι τὴν τῆς ἱστορίας ἐφεύρεσιν, τῇ μὲν σπάνει βίβλων ἐπωφελῶν, τῇ δὲ πρὸς τὴν ἐκτάδην πολυλογίαν δειμαινόντων καὶ κατορρωδούντων. Ὁ τῆς πορφύρας ἀπόγονος Κωνσταντῖνος, ὁ ὀρθοδοξότατος καὶ

eruditionis amore inflammati, aliquid impensiore cura conscripserunt; partim quòd multiplicis doctrinæ suæ certum aliquod posteris monumentum relinquere averent; partim etiam, immortalis memoriæ desiderio, quam apud lectores consequerentur. Quoniam verò per tot annorum curricula & res immensæ quotidie exoriebantur, & scripta contexebantur; historiæ conscriptio semper latius sese propagans, infinita jam res erat, & quæ humani ingenii modum excederet. Enimvero aliter evenire non poterat, quin hominum studia & voluntates posterioribus temporibus ad deteriora se inclinarent, honesta susque deque haberent, & ad cognoscendas priorũ seculorum res, evaderent negligentiores, investigatione veri semel neglecta vel desperata. ita ut historiæ cognitio tenebris obvoluta, redderetur incerta; tum propter utilium librorum inopiam, tum quia ad illa tot & tam immensa volumina vulgò homines ceu metu perciti expavescebant. Iccirco Constantinus Porphyrogenetus Imperator,

rator, omnium qui unquam fuerunt rectæ fidei tenacissimus & Christianissimus, ingenio præditus ad rerum pulchrarum perceptionem acutissimo, ea denique præstans intelligentia, ut facile quidvis ad effectum perduceret, illud primo fore optimum est ratus, & vulgo omnibus utile ac conducibile; ut libros omnis generis scientiarum doctrina varia refertos, undique ex orbis totius singulis partibus magna diligentia inquireret, atque in unum colligeret: deinde vastam illam scriptorum immensitatem quæ lectores enecabat, (quum præsertim molesta plerisque omnibus & tædii plena ea res videretur;) in partes minutas putavit distribuendam; & luculentam utilitatem quæ poterat inde percipi, oculis hominum exponere. Adeo ut hoc delectu habito, majore attentione & assiduitate eorum scriptorum lectioni quæ ingenia alunt incumbere studiosi queant, & diuturniore eorum tractatione facundiam orationis animo imprimere, & in ea informari. Hoc amplius Imperator, magno sane & felici conatu, opus universum in tractatus

Χριστιανικώτατος τῶν πώποτε βεβασιλευκότων, ὀξυωπέστερον πρὸς τὴν τῶν καλῶν κατανόησιν διακείμενος, καὶ δραστήριον ἐσχηκὼς νοῦν, ἔκεινο βέλτιστον εἶναι καὶ κοινωφελὲς, τῷ τε βίῳ ὀνησιφόρον, πρότερον μὲν ζητητικῇ διεγέρσει βίβλους, ἄλλοθεν ἄλλας, ἐξ ἁπάσης ἑκασταχοῦ οἰκουμένης συλλέξασθαι παντοδαπῆς καὶ πολυειδοῦς ἐπιστήμης ἐγκύμονας· ἔπειτα τὸ τῆς πλατυεπείας μέγεθος καὶ ἀκοὰς ἀποκναῖον, ἄλλως τε καὶ ὀχληρὸν καὶ φορτικὸν φαινόμενον τοῖς πολλοῖς, δεῖν ᾠήθη καταμερίσαι τοῦτο εἰς λεπτομέρειαν· ἀνεπιφθόνως τε προθεῖναι κοινῇ τὴν ἐκ τούτων ἀναφυομένην ὠφέλειαν. ὡς ἐκ μὲν τῆς ἐκλογῆς προσεκτικωτέρως καὶ ἐνδελεχέστερον κατεντυγχάνειν εἰς τοὺς τροφίμους τῶν λόγων, καὶ μονιμώτερον ἐντυποῦσθαι τούτοις τὴν τῶν λόγων ὠφέλειαν· μεγαλοφυῶς τε καὶ ἀνεπιβόλως πρὸς τούτοις καταμερίσαι εἰς ὑποθέσεις διαφόρους, τρεῖς ἐπὶ τοῖς πεντήκοντα ἀριθμὸν οὔσας· ἐν αἷς ἅπασα ἱστορικὴ μεγαλουργία συγκλείεται. Καὶ οὐκ ἔστιν οὐδὲν τῶν ἐγκειμένων, ὃ διαφεύξεται τὴν τοιαύτην τῶν ὑποθέσεων ἀπαρίθμησιν· οὐδὲν τὸ παράπαν ἀφαιρουμένης τῆς τοῦ λόγου ἀκολουθίας τῇ διαιρέσει τῶν ἐννοιῶν· ἀλλὰ σύσσωμον σωζούσης καὶ ἑκάστῃ ὑποθέσει προσαρμοζομένης τῆς τηλικαύτης, οὐ συνόψεως, ἀληθέστερον δ' εἰπεῖν, οἰκειώσεως. Ὧν κεφαλαιωδῶν ὑποθέσεων, ἡ προκειμένη αὕτη καὶ ἐπιγραφομένη Περὶ πρεσβειῶν Ῥωμαίων πρὸς ἐθνικούς, τυγχάνει οὖσα ἑβδόμη ἐπὶ τοῖς εἴκοσι· τῆς πρώτης τὸ ἐπώνυμον λαχούσης Περὶ βασιλέων ἀναγορεύσεως. Ἐμφαίνει δὲ τουτὶ τὸ προοίμιον, τίνας οἱ λόγοι πατέρας κέκτηνται, καὶ ὅθεν ἀποκυΐσκονται. ὡς ἂν μὴ ὦσιν αἱ κεφαλαιώδεις ὑποθέσεις ἀκατονόμαστοι, καὶ μὴ γνήσιοι ἀλλὰ νόθοι τε καὶ ψευδώνυμοι. Εἰσὶ δὲ ἐκ τῶν ὑποτεταγμένων χρονικῶν.

diversos, numero tres & quinquaginta, censuit dividendum: in quibus, & sub quorum titulis, quicquid habet historia majus & nobilius, inclusum continetur: neque inest quicquam historiæ insertum, quod partitionem hanc in hosce tractatus effugerit. Neque verò propter diversitatem sententiarum & argumentorum, series ac dispositio operis totius ullo modo corrumpitur; verùm servat hæc Synopsis, vel ut verius dicam, hæc rerum cognatarum in unum adunatio, in singulorum corporum partibus concinnandis, unicuique tractatui convenientem rationem. Horum porrò tractatuum qui historiæ summam complectuntur, præsens hic De legationibus Romanorum & aliarum gentium *inscriptus, est vicesimus septimus. primo autem nomen inditum,* De Imperatorum renunciatione. *Declarat insuper hoc proœmium, quos patres & auctores, quæque scripta habeant, & quorum parta sint ingeniis; ne tractatus hi summarii nominibus suis careant, & habeantur non pro legitimis, sed pro spuriis, & pseudonymis. Sunt autem hæc desumpta ex Annalibus infra subjectis;*

I. Petri

I.	*Petri Patricii & Magistri.*	α΄.	Πέτρου Πατρικίου καὶ Μαγίστρου.
II.	*Georgii Monachi Chronica historia.*	β΄.	Γεωργίου μοναχοῦ Χρονικῆς.
III.	*Iohannis Antiocheni.*	γ΄.	Ιωάννου Αντιοχέως.
IV.	*Dionysii Halicarnassei Antiquitatibus Romanis.*	δ΄.	Διονυσίου Αλικαρνασσέως Ρωμαϊκῆς ἀρχαιολογίας.
V.VI.	*Polybii Megalopolitani & Appiani.*	ε. ς΄	Πολυβίου Μεγαλοπολίτου, καὶ Αππιανοῦ.
VII.	*Zosimi Ascalonitæ.*	ζ΄.	Ζωσίμου Ασκαλωνίτου.
VIII.	*Iosephi Antiquitatibus Iudaïcis.*	ή.	Ιωσήπου Ιουδαϊκῆς ἀρχαιολογίας.
IX.	*Diodori Siculi.*	θ΄.	Διοδώρου Σικελιώτου.
X.	*Dionis Cocceiani.*	ί.	Δίωνος Κοκκηϊανοῦ.
XI.	*Procopii Cæsariensis.*	ια΄.	Π ροκοπίου Καισαρέως.
XII.	*Prisci Rhetoris.*	ιβ΄.	Πρίσκου ῥήτορος.
XIII.	*Malchi Sophistæ.*	ιγ΄.	Μάλχου σοφιστοῦ.
XIV.	*Menandri Protectoris.*	ιδ΄.	Μενάνδρου Προτίκτορος.
XV.	*Theophylacti Simocatæ Expræfecti & Rescriptoris.*	ιε΄.	Θεοφυλάκτου ἀπὸ Επάρχων καὶ Αντιγραφέως, τοῦ Σιμοκάτου.

ΕΚ ΤΩΝ

ΠΟΛΥΒΙΟΥ

ΤΟΥ ΜΕΓΑΛΟΠΟΛΙΤΟΥ

ΕΚΛΟΓΑΙ ΠΕΡΙ ΠΡΕΣΒΕΙΩΝ.

E POLYBII MEGA-

LOPOLITANI HISTORIIS

EXCERPTA LEGATIONUM.

Α.

Πῶς Ἱερώνυμος ὁ βασιλεὺς Συρακουσίων, τὸ μὲν διὰ τὴν αὑτοῦ ἀβουλίαν, τὸ δὲ ὑπὸ συμβούλων κακῶν ἐπαρθεὶς, ἀθετήσας τὰς συντεθειμένας συνθήκας Ἱέρωνι τῷ πάππῳ πρὸς Ῥωμαίους, συμμαχίαν ἔθετο πρὸς Καρχηδονίους.

ΟΤΙ μετὰ τὴν ἐπιβουλὴν τὴν κατὰ Ἱερωνύμου τοῦ βασιλέως Συρακουσίων, ἐκχωρήσαντος τοῦ Θράσωνος, οἱ περὶ

I.

Quomodo Hieronymus Rex Syracuſiorum, partim propria levitate, partim ſuaſu malorum conſiliariorum, rupto fœdere quod fuit Hieroni ejus avo cum Romanis, ſocietatem cum Carthaginienſibus junxerit.

POST conjurationem in caput Hieronymi Regis Syracuſarum factam, Thraſone de medio ſublato, Zoippus

Zoippus & Andranodorus Hieronymo sunt auctores, ut legatos è vestigio ad Hannibalem mittat. qui delectis ad id munus Polycleto Cyrenensi, & Philodemo Argivo, hos in Italiam proficisci jubet, datque eis mandata, ut de societate ineunda verba cum Carthaginiensibus faciant: simul verò fratres misit Alexandriam. Hannibal Polycletum & Philodemum humaniter excipit; adolescentique Hieronymo spes præclaras ostentat, & statim legatos dimittit: cumque his Hannibalem Carthaginiensem, triremium tunc præfectum; & unà cum superioribus viros Syracusios Hippocratem atque Epicydem fratrem illius natu minorem. Multos jam annos hi fratres Hannibali militabant, ut qui lares Carthagini haberent; postquam eorum avus, quod diceretur uni è filiis Agathoclis Agatharcho manus intulisse, patrium Syracusarum solum vertere fuerat coactus. Hi igitur ubi Syracusas venissent, & legationem Polycletus ac Philodemus renuntiassent; mandata item quæ ab Hannibale acceperat Carthaginiensis exposuisset: nulla per Regem mora fuit, quominus societatem cum Carthaginiensibus statim jungeret. Placuit verò illi, ut Hannibal qui missus ad se fuerat, Carthaginem celeriter proficisceretur: quo & ipse suos missurum se recepit, de communi re cum Carthaginiensibus collocuturos. Eodem tempore Prætor Rom. cujus Sicilia provincia erat, certior factus de iis quæ Syracusanus

τὸν Ζώιππον καὶ Ανδρανόδωρον, πείθουσι τὸν Ιερώνυμον, εὐθέως πρεσβευτὰς πρὸς τὸν Αννίβαν πέμψαι· προχειρισάμενος δὲ Πολύκλειτον Κυρηναῖον, καὶ Φιλόδημον τὸν Αργεῖον, τούτους μὲν εἰς Ιταλίαν ἀπέστειλε, δοὺς ἐντολὰς λαλεῖν ὑπὲρ κοινοπραγίας τοῖς Καρχηδονίοις· ἅμα δὲ καὶ τοὺς ἀδελφοὺς εἰς Αλεξάνδρειαν ἀπέπεμψεν. Αννίβας δὲ τοὺς περὶ Πολύκλειτον καὶ Φιλόδημον ἀποδεξάμενος φιλανθρώπως, καὶ πολλὰς ἐλπίδας ὑπογράψας τῷ μειρακίῳ Ιερωνύμῳ, σπουδῇ πάλιν ἀπέπεμπε τοὺς πρέσβεις· σὺν δὲ τούτοις Αννίβαν τὸν Καρχηδόνιον, ὄντα τότε τριήραρχον, καὶ τοὺς Συρακουσίους Ιπποκράτη καὶ τὸν ἀδελφὸν αὐτοῦ τὸν νεώτερον Επικύδη. Συνέβαινε δὲ τούτους τοὺς ἄνδρας καὶ πλείω χρόνον ἤδη στρατεύεσθαι μετ᾽ Αννίβου, πολιτευομένους παρὰ Καρχηδονίους, διὰ τὸ φεύγειν αὐτῶν τὸν πάππον ἐκ Συρακουσῶν, δόξαντα προσενηνοχέναι τὰς χεῖρας ἑνὶ τῶν Αγαθοκλέους υἱῶν, Αγαθάρχῳ. Παραγινομένων δὲ τούτων εἰς τὰς Συρακούσας, καὶ τῶν μὲν περὶ Πολύκλειτον ἀποπρεσβευσάντων, τοῦ δὲ Καρχηδονίου διαλεχθέντος κατὰ τὰς ὑπ᾽ Αννίβου δεδομένας ἐντολὰς, εὐθέως ἕτοιμος ἦν κοινωνεῖν Καρχηδονίοις τῶν πραγμάτων. καὶ τόν τε παραγεγονότα πρὸς αὐτὸν Αννίβαν ἔφη δεῖν πορεύεσθαι κατὰ τάχος εἰς τὴν Καρχηδόνα, καὶ παρ᾽ αὐτοῦ συμπέμπειν ἐπηγγείλατο τοὺς διαλεχθησομένους τοῖς Καρχηδονίοις. Κατὰ δὲ τὸν καιρὸν τοῦτον, ὁ τεταγμένος ἐπὶ Λιλυβαίου στρατηγὸς τῶν Ρωμαίων ταῦτα πυνθανόμενος ἔπεμψε πρὸς Ιερώνυμον πρέσβεις τοὺς ἀνανεωσομένους τὰς πρὸς τοὺς προγόνους αὐτοῦ συντεθειμένας συνθήκας. Ὁ δὲ Ἱερώνυμος ἅτε ἐν μέσῳ ὄντων τῶν πρεσβευτῶν, ἔφη συλλυπεῖσθαι τοῖς Ῥωμαίοις, ὅτι κακοὶ κακῶς ἐν ταῖς κατὰ τὴν Ἰταλίαν μάχαις ἀπολώλασιν ὑπὸ Καρχηδονίων. τῶν δὲ καταπλαγέντων τὴν ἀσοχίαν, ὅμως δὲ προσπυνθανομένων, τίς λέγει ταῦτα περὶ αὐτῶν; ἔδειξε τοὺς Καρχηδονίους παρόντας, καὶ τούτους ἐκέλευσε διελέγχειν, εἴπερ τυγχάνουσι ψευδόμενοι. τῶν δὲ φησάντων, οὐ πάτριον εἶναι σφίσι πιστεύειν τοῖς πολεμίοις, παρακαλούντων δὲ μηδὲν ποιεῖν παρὰ τὰς συνθήκας, ὅτι τοῦτο καὶ δίκαιον ἐστὶ καὶ συμφέρον αὐτῷ μάλιστ᾽ ἐκείνῳ· περὶ μὲν τούτων ἔφη βουλευσάμενος αὐτοῖς πάλιν διασαφήσειν. εἴρετο δὲ πῶς πρὸ τῆς τελευτῆς τοῦ πάππου πλεύσαντες ἕως τοῦ Παχύνου πεντήκοντα ναυσὶ, πάλιν ἀνακάμψαιεν; Συμβεβήκει δὲ Ῥωμαίους, βραχεῖ χρόνῳ πρότερον ἀκούσαντας Ἱέρωνα μετηλλαχέναι, καὶ δὴ ἀγωνιάσαντας, μή τι νεωτερίσωσιν οἱ ἐν ταῖς Συρακούσαις, καταφρονήσαντες τῆς τοῦ καταλελειμμένου παιδὸς ἡλικίας, πεποιῆσθαι τὸν ἐπίπλουν· πυθομένους δὲ τὸν Ἱέρωνα ζῆν, αὖθις εἰς τὸ Λιλύβαιον ἀναδραμεῖν. Διὸ καὶ τότε προσομολογούντων πεποιῆσθαι μὲν τὸν ἐπίπλουν, θέλοντας ἐφεδρεῦσαι τῇ νεότητι τῇ ἐκείνου καὶ συνδιαφυλάξαι τὴν ἀρχὴν αὐτῷ. προσπεσόντος δὲ ζῆν τὸν πάππον, ἀποπλεῦσαι πάλιν· ῥηθέντων δὲ τούτων πάλιν ὑπολαβὼν τὸ μειράκιον

retulisse : hæc inquam quum

Rex parabat, legatos ad eum misit, renovandi fœderis caussâ, quod cum ejus majoribus fuerat factum Hieronymus qui præsentem legationem odio habebat, Ego, inquit, vicem vestram, Romani, doleo, quod mali malè à Carthaginiensibus cæsi in præliis per Italiam habitis, perieritis. Hominis importunitatem stupere legati; quærere tamen, quo auctore hæc diceret. ille, Carthaginiensibus qui aderant ostensis, Isti, ait, mendacii vobis sunt arguendi, si quid forte præter verum narrarunt. quum dicerent legati, non solere Romanos fidem hostibus habere: ipsum vero monerent, ne fidem mutaret: id enim & æquum esse, & rebus maxime illius expedire: Ego verò, Rex inquit, super hoc deliberatione babita quod statuero faciam vos ut sciatis. Pergit deinde illos interrogare, quî factum esset, quod quum ante obitum avi sui quinquaginta navium classe Pachynum usque accessissent; cursum inde retro flexissent? Acciderat nempe aliquanto prius, ut Romani audito Hieronem fato esse functum, anxii ne quid ex contemptu ætatis relicti pueri, rerum novarum moveretur Syracusis, Pachynum usque navigarent: sed mox ubi vivere adhuc Hieronem accepissent, Lilybæum extemplo redirent. Tunc igitur quum fassi essent ingenuè, eò se quidem classem appulisse: idque eo animo, ut juventuti illius adessent, parati ad omne auxilium, quò regnum illi suum communi opera conservarent: simul vero fuisset nuntiatum vivere ipsius avum, pedem dixissent legati, subjicit adolescens;

Nunc

Nunc quoque, inquit, finite me Romani, postquam mutata velificatione ad spes Carthaginiensium me denuo contuli, meum mihi conservare imperium. Romani cognita inclinatione animi illius, nulla tum voce edita, discesserunt, & rem omnem ei à quò missi fuerant, significarunt. atque ex illo ipsum observare, sibique ab eo ut certo hoste cavere ceperunt. Hieronymus legatos cum Hannibale ad Carthaginienses proficisci jubet, Agatharchum, Onesigenem, & Hipposthenem: præcepit his, fœdus istis conditionibus facerent: CARTHAGINIENSES UT TERRESTRIBUS MARITIMISQUE COPIIS OPEM SIBI FERRENT: UBI ROMANOS COMMUNI OPERA EXPULISSENT SICILIA, INSULAM ITA DIVIDERENT, UT HIMERA FLUVIUS, QUI MEDIAM FERE UNIVERSAM SICILIAM DIVIDIT, UTRIUSQUE POPULI PROVINCIARUM ESSET TERMINUS. ubi appulerunt legati, agunt de hisce rebus cum Carthaginiensibus: quibus paratis quascunque conditiones probare, negotium conficiunt. Interea Hippocrates atque Epicydes in animum adolescentis se insinuare: quem initio narrationibus oblectabant, cum illi exponerent, quomodo in Italiam Hannibal venisset, quas ibi pugnas signis collatis edidisset. Postea verò hujusmodi sermones apud illum ceperunt habere: nemini adeo sicut ipsi imperium universæ Siciliæ convenire: primò quia Nereide Pyrrhi filia sit genitus: quem solum omnes Siculi & certo consilio

κιον, Ἐάσατε τοίνυν, ἔφη, κἀμὲ νῦν, ἄνδρες Ῥωμαῖοι, διαφυλάξαι τὴν ἀρχήν, παλινδρομήσαντα πρὸς τὰς Καρχηδονίων ἐλπίδας. οἱ δὲ Ῥωμαῖοι συνέντες τὴν ὁρμὴν αὐτοῦ, τότε μὲν κατασιωπήσαντες ἐπανῆλθον, καὶ διεσάφουν τὰ λεγόμενα τοῖς πέμψασι· τὸ δὲ λοιπὸν ἤδη προσεῖχον, καὶ παρεφύλαττον ὡς πολέμιον. Ἱερώνυμος δὲ προχειρισάμενος Ἀγάθαρχον καὶ Ὀνησιγένη καὶ Ἱπποσθένη πέμπει μετ' Ἀννίβου πρὸς Καρχηδονίους, δοὺς ἐντολὰς ἐπὶ τοῖσδε ποιεῖσθαι τὰς συνθήκας· ΕΦ' ΩΙ ΚΑΡΧΗΔΟΝΙΟΥΣ ΒΟΗΘΕΙΝ, ΚΑΙ ΠΕΖΙΚΑΙΣ ΚΑΙ ΝΑΥΤΙΚΑΙΣ ΔΥΝΑΜΕΣΙ, ΚΑΙ ΣΥΝΕΚΒΑΛΟΝΤΑ ΡΩΜΑΙΟΥΣ ΕΚ ΣΙΚΕΛΙΑΣ, ΟΥΤΩ ΔΙΕΛΕΣΘΑΙ ΤΑ ΚΑΤΑ ΤΗΝ ΝΗΣΟΝ, ΩΣΤΕ ΤΗΣ ΕΚΑΤΕΡΩΝ ΕΠΑΡΧΙΑΣ ΟΡΟΝ ΕΙΝΑΙ ΤΟΝ ΙΜΕΡΑΝ ΠΟΤΑΜΟΝ· ΟΣ ΜΑΛΙΣΤΑ ΠΩΣ ΔΙΧΑ ΔΙΑΙΡΕΙ ΤΗΝ ΟΛΗΝ ΣΙΚΕΛΙΑΝ. Οὗτοι μὲν οὖν ἀφικόμενοι πρὸς Καρχηδονίους διελέγοντο περὶ τούτων, καὶ τοῦτ' ἔπραττον, εἰς πᾶν ἑτοίμως συγκαταβαινόντων τῶν Καρχηδονίων. Οἱ δὲ περὶ τὸν Ἱπποκράτην λαμβάνοντες εἰς τὰς χεῖρας τὸ μειράκιον, τὰς μὲν ἀρχὰς ἐψυχαγώγουν· ἐξηγούμενοι τὰς ἐν Ἰταλίᾳ πορείας Ἀννίβου καὶ παρατάξεις καὶ μάχας. μετὰ δὲ ταῦτα φάσκοντες μηδενὶ καθήκειν μᾶλλον τὴν ἁπάντων Σικελιωτῶν ἀρχήν, ὡς ἐκείνῳ, πρῶτον μὲν διὰ τὸ τῆς Πύρρου θυγατρὸς υἱὸν εἶναι Νηρηΐδος· ὃν μόνον κατὰ προαίρεσιν καὶ κατ' εὔνοιαν, Σικελιῶται πάντες εὐδόκησαν σφῶν αὐτῶν ἡγεμόνα εἶναι καὶ βασιλέα· δεύτερον δὲ κατὰ τὴν Ἱέρωνος τοῦ πάππου δυναστείαν. καὶ τέλος ἐπὶ τοσοῦτον ἐξωμίλησαν τὸ μειράκιον, ὥστε καθόλου μηδενὶ προσέχειν τῶν ἄλλων, διὰ τὸ καὶ φύσει μὲν ἀκατάστατον ὑπάρχειν· ἔτι δὲ μᾶλλον ὑπ' ἐκείνων τότε μετεωρισθέν. Ἀκμὴν τῶν περὶ Ἀγάθαρχον ἐν τῇ Καρχηδόνι τὰ προειρημένα διαπραττομένων, ἐπιπέμπει πρεσβευτὰς, τὴν μὲν τῆς Σικελίας ἀρχὴν φάσκων αὐτῷ καθήκειν ἅπασαν· ἀξιῶν δὲ Καρχηδονίους μὲν βοηθεῖν περὶ Σικελίας, αὐτὸς δὲ Καρχηδονίοις ὑπισχνούμενος ἐπαρκεῖν εἰς τὰς κατὰ τὴν Ἰταλίαν πράξεις. Τὴν μὲν οὖν ὅλην ἀκαταστασίαν καὶ μανίαν καλῶς συνθεωρούμενοι Καρχηδόνιοι τοῦ μειρακίου, νομίζοντες δὲ κατὰ πολλοὺς τρόπους συμφέρειν σφίσι τὸ μὴ προέσθαι τὰ κατὰ τὴν Σικελίαν· ἐκείνῳ μὲν ἅπαντα συγκατένευον· αὐτοὶ δὲ καὶ πρότερον ἤδη παρασκευασάμενοι ναῦς, καὶ στρατιώτας, ἐγίνοντο πρὸς τὸ διαβιβάζειν τὰς δυνάμεις εἰς τὴν Σικελίαν. Οἱ δὲ Ῥωμαῖοι ταῦτα πυνθανόμενοι, πάλιν ἔπεμψαν πρὸς αὐτὸν πρέσβεις, διαμαρτυρόμενοι μὴ παραβαίνειν τὰς πρὸς τοὺς προγόνους αὐτοῦ τεθειμένας συνθήκας. ὑπὲρ ὧν Ἱερώνυμος ἀθροίσας τὸ συνέδριον, ἀνέδωκε διαβούλιον, τί δέει ποιεῖν. Οἱ μὲν οὖν ἐγχώριοι, τὴν ἡσυχίαν ἦγον, δεδιότες τὴν τοῦ προεστῶτος ἀκρισίαν. Ἀριστόμαχος δ' ὁ Κορίνθιος, καὶ Δάμιππος ὁ Λακεδαιμόνιος, καὶ Αὐτόνους ὁ Θετταλὸς, ἠξίουν ἐμμένειν ταῖς πρὸς Ῥωμαίους συν-

& ob benevolentiam ducem ac Regem habere consenserint: deinde propter Hieronis avi ipsius dominatum. Ac tandem ita adolescentem hoc genus fabulis isti ceperunt, ut cæterorum omnium nullam omnino rationem haberet. Nam & natura sua levis erat: & multo etiam magis tunc isti animum illius vana spe inflaverant. Igitur cùm maxime ea quę diximus Carthagine agerentur ab Agatharcho, legationem aliam mittit: qua universum Sicilię imperium ad se spectare dicebat: æquum etiam censebat, ut sibi in dominatu Siciliæ parando opem ferrent Carthaginienses: quum vicissim ipse promitteret, se illis auxiliaturum ad ea perficienda, quæ in Italia gerebant. Non fugit Carthaginienses, quanta hujus adolescentis in omnibus rebus esset inconstantia, quis furor: sed qui multis nominibus sua putarent interesse, ne res Siciliæ negligerent: Regi quidem omnia concedunt; at ipsi, quod jam antè instituerant, navibus militibusque præparatis, de transportandis in eam insulam copiis cogitabant. His auditis Romani, legatos denuo ad Regem mittunt, qui illum moneant obtestenturque ne discederet à fœdere quod cum ejus majoribus populo Rom. fuisset. Super ea re convocat Hieronymus concilium: & quid sit opus facto consultat cum amicis. ibi tum populares Regis silentium tenuerunt, stultitiam ejus reveriti, qui præsidebat. Aristomachus verò Corinthius, Damippus Lacedæmonius, & Autonus Thessalus, ut in societate Romanorum maneret, auctores

fuerunt,

fuerunt. solus Andranodorus pro sententia dixit, Non esse occasionem prætermittendam: porrò autem occasionem unam esse, eamque jam instantem, per quam facile ei sit Siciliæ imperium sibi parare. quę postquam iste dixisset, Hippocratem rex interrogavit, quorum sententiæ accederet? qui ubi Andranodoro se assentiri significasset; concilium statim est dimissum. Ac bellum quidem cum Romanis isto modo fuit decretum: cæterùm Hieronymus dum id agit ut in dando legatis responso dexteritate usus videatur: in eam sinisteritatem incidit, quæ non dicam parum grata Romanis erat futura; sed omnino palàm eos erat offensura. Infit enim, mansurum se in amicitia Romanorum, si omne primò aurum illi redderent quod ab avo Hierone accepissent: deinde frumentum, & quæcunque alia munera ab eo collata fuissent jam inde à principio fœderis, omnia restituerent: tertiò concederent omnem cis amnem Imeram agrum, atque urbes, ditionis Syracusiorum esse. Post ista soluto concilio, legati discesserunt. Hieronymus ex illo tempore ad bellum cepit se accingere, copias cogere, arma, & cætera omnia ei incepto necessaria comparare.

II.

Quomodo Romani in summa frumenti inopia, subsidium à Ptolemæo missis legatis petierint.

MISERE legatos Romani ad Ptolemæum, ut frumento ab

θήκαις. Ἀνδρανόδωρος δὲ μόνος, οὐκ ἔφη δεῖν παριέναι τὸν καιρόν· εἶναι δὲ τὸν ἐνεστῶτα μόνον, ἐν ᾧ καθικτήσασθαι δυνατόν ἐστι τὴν τῆς Σικελίας ἀρχήν. τοῦ δὲ ταῦτ' εἰπόντος, εἴρετο τοὺς περὶ τὸν Ἱπποκράτην, ποίας μετέχουσι γνώμης; τῶν δὲ φησάντων, τῆς Ἀνδρανοδώρου, πέρας εἶχε τὸ διαβούλιον. καὶ τὰ μὲν τοῦ πολέμου τοῦ πρὸς Ῥωμαίους ἐκεκύρωτο τὸν τρόπον τοῦτον. Βουλόμενος δὲ μὴ σκαιῶς δοκεῖν ἀποκρίνεσθαι τοῖς πρεσβευταῖς, εἰς τηλικαύτην ἀστοχίαν ἐνέπεσε, δι' ἧς τοῖς Ῥωμαίοις οὐ μόνον δυσαρεστήσειν, ἀλλὰ καὶ προσκόπτειν ἔμελλε προφανῶς. ἔφη γὰρ ἐμμένειν ἐν ταῖς συνθήκαις, ἐὰν αὐτῷ πρῶτον μὲν τὸ χρυσίον ἀποδῶσι πᾶν, ὃ παρὰ Ἱέρωνος ἔλαβον τοῦ πάππου· δεύτερον δὲ τὸν σῖτον ἐκ παντὸς ἀποκαταστήσωσι τοῦ χρόνου, καὶ τὰς ἄλλας δωρεὰς, ἃς εἶχον παρ' ἐκείνου· τὸ δὲ τρίτον, ὁμολογήσωσι τὴν ἐντὸς Ἱμέρα ποταμοῦ χώραν καὶ πόλεις εἶναι Συρακουσίων. Οἱ μὲν οὖν πρεσβευταὶ καὶ τὸ συνέδριον ἐπὶ τούτοις ἐχωρίσθησαν. οἱ δὲ περὶ τὸν Ἱερώνυμον ἀπὸ τούτων τῶν καιρῶν, ἐνῆγον τὰ τοῦ πολέμου, καὶ τάς τε δυνάμεις ἤθροιζον καὶ καθώπλιζον, τάς τε λοιπὰς χορηγίας ἡτοίμαζον.

B.

Πῶς Ῥωμαῖοι μεγάλης παρ' αὐτοῖς οὔσης σπανίας, πρεσβευτὰς ἔστειλαν πρὸς Πτολεμαῖον, σίτου χορηγίαν αἰτοῦντες.

ΟΤΙ οἱ Ῥωμαῖοι πρεσβευτὰς ἐξαπέστειλαν πρὸς Πτολεμαῖον, βουλόμενοι σίτῳ χορηγηθῆναι, διὰ τὸ μεγάλην εἶναι παρ' αὐτοῖς σπάνιν· ὡς ἂν τῆς μὲν κατὰ τὴν Ἰταλίαν ὑπὸ τῶν στρατοπέδων ἁπάσης ἐφθαρμένου μέχρι τῶν τῆς Ῥώμης πυλῶν. ἔξωθεν δὲ μὴ γινομένης ἐπικουρίας, ἅτε κατὰ πάντα τὰ μέρη τῆς οἰκουμένης πολέμων ἐνεστώτων, καὶ στρατοπέδων παρακαθημένων, πλὴν τῶν κατ' Αἴγυπτον τόπων. εἰς γὰρ τοσοῦτο κατὰ τὴν Ῥώμην προεβεβήκει τὰ τῆς ἐνδείας, ὥστε τὸν Σικελικὸν μέδιμνον, πεντεκαίδεκα δραχμῶν ὑπάρχειν. ἀλλ' ὅμως τοιαύτης οὔσης τῆς περιστάσεως, οὐκ ἠμέλουν τῶν πολεμικῶν.

Γ.

Πῶς Ἄτταλος ὁ βασιλεὺς μετὰ τὴν πρὸς Φίλιππον ναυμαχίαν Ἀθήναζε ἐλθὼν, εἰς τὸν κατὰ Φιλίππου πόλεμον Ἀθηναίους ἐνῆγε.

Ὅσας τιμὰς ὁ τῶν Ἀθηναίων δῆμος Ἀττάλῳ ἐψηφίσατο.

ΟΤΙ ὁ τῶν Ἀθηναίων δῆμος, ἐξέπεμπε πρεσβευτὰς πρὸς Ἄτταλον τὸν βασιλέα, τοὺς ἅμα μὲν εὐχαριστήσοντας ἐπὶ τοῖς γεγονόσι, ἅμα δὲ παρακαλέσοντας αὐτὸν ἐλθεῖν Ἀθήναζε, χάριν τοῦ συνδιαλαβεῖν περὶ τῶν ἐνεστώτων. ὁ δὲ βασιλεὺς μετά τινας ἡμέρας πυθόμενος καταπεπλευκέναι Ῥωμαίων πρεσβευτὰς εἰς τὸν Πειραιᾶ, καὶ νομίζων ἀναγκαῖον εἶναι τὸ συμμίξαι τούτοις, ἀνήχθη κατὰ σπουδήν. Ὁ δὲ τῶν Ἀθηναίων δῆμος γνοὺς τὴν παρουσίαν

eo juvarentur, cujus magna in urbe tum fuit inopia. nam Italicum omne, ab exercitibus fuerat corruptum, usque ad ipsas Romæ portas. è regionibus verò extra Italiam, nihil subsidii afferebatur: quum per omnes orbis terrarum partes bellaretur, essentque ubique locorum exercitus, Ægypto solùm excepta. Eò autem Romæ pervenerat annonæ inopia, ut modius Siculus drachmis quindenis æstimaretur. & tamen etiam in hac tanta necessitate belli curam Patres non omittebant.

III.

Quomodo Attalus post prælium navale cum Philippo habitum, Athenas venerit, & populo Atheniensium persuaserit, ut societatem belli contra Philippum inirent.

Quos honores populus Atheniensium Attalo decreverit.

MISSI sunt à populo Atheniensi ad Regem Attalum legati; partim ob ea quæ gesta fuerant gratulaturi: partim ab eo petituri, ut ad deliberandum in commune de iis quæ instabant, Athenas vellet venire. Rex ubi post paucos dies cognovisset, Romanorum legatos in Piræeum appulisse, existimans sibi illis conventis opus, celeriter eò est profectus. Populus Atheniensium cognito ejus adventu, de

proce-

procedendo obviam regi, & tota ratione ejus excipiendi magnificè decernit. Attalus qua primum die navim ad Piræeum applicuit, cum Romanorum legatis colloquium habuit: quumque injecta ab iis fuisset mentio pristinæ societatis, & ad bellum contra Philippum paratum animum ostendissent, ovare lætitia Attalus. Postridie ejus diei unâ cum Romanis, & Atheniensium magistratibus magno comitatu in urbem Athenas ascendit. non enim magistratus solummodo aut sacerdotes, sed & cives omnes cum liberis & conjugibus obviam ei prodierunt. qui postquam venientibus juncti sunt, tanta in eo occursu humanitatis ac benevolentiæ cum erga Romanos, tum & multo quidem magis erga Attalum indicia sunt præstita, ut nihil posset amplius. ubi Dipylum Attalus est ingressus, utriusque generis sacerdotes ad dextram, sinistramque illi adstiterunt. omnia dein templa illi patuerunt: omnibus aris paratæ victimæ adstabant; æquum censentibus Atheniensibus, ut sacra ubique faceret. postremò tantos ei honores decreverunt, quantos nemini unquam temere ex omnibus quos ante hanc memoriam benè de se meritos agnoverunt. Ut cætera missa faciam, etiam tribum unam de nomine Attali nuncuparunt, & inter illos generis sui auctores à quibus suas tribus appellarunt hujus quoque nomen consecrarunt. Deinde populo in concionem congregato, eò regem vocarunt: qui tamen venire supersedit, ea excusatione usus, quòd diceret rem fore illiberalẽ ac sibi molestam, si ipse incoram prodiret, ac sua

αὐτοῦ, μεγαλομερῶς ἐψηφίσαντο περὶ τῆς ἀπαντήσεως, καὶ τῆς ὅλης ἀποδοχῆς τοῦ βασιλέως. Ἄτταλος δὲ καταπλεύσας εἰς τὸν Πειραιᾶ, τὴν μὲν πρώτην ἡμέραν ἐχρημάτισε τοῖς ἐκ τῆς Ῥώμης πρεσβευταῖς· θεωρῶν δ᾽ αὐτοὺς, καὶ τῆς προγεγενημένης κοινοπραγίας μνημονεύοντας, καὶ πρὸς τὸν κατὰ τοῦ Φιλίππου πόλεμον ἑτοίμους ὄντας, περιχαρὴς ἦν. τῇ δὲ ἐπαύριον ἅμα τοῖς Ῥωμαίοις καὶ τοῖς τῶν Ἀθηναίων ἄρχουσιν ἀνέβαινεν εἰς ἄστυ μετὰ μεγάλης προστασίας. οὐ γὰρ μόνον οἱ τὰς ἀρχὰς ἔχοντες, μετὰ τῶν ἱερέων, ἀλλὰ καὶ πάντες οἱ πολῖται μετὰ τέκνων καὶ γυναικῶν ἀπήντων αὐτοῖς. ὡς δὲ συνέμιξαν, τοιαύτη παρὰ τῶν πολλῶν ἐγένετο κατὰ τὴν ἀπάντησιν φιλανθρωπία, πρός τε Ῥωμαίους καὶ ἔτι μᾶλλον πρὸς τὸν Ἄτταλον, ὥσθ᾽ ὑπερβολὴν μὴ καταλιπεῖν. ἐπεὶ δ᾽ εἰσῄει κατὰ τὸ Δίπυλον, ἐξ ἑκατέρου τοῦ μέρους παρέστησαν τὰς ἱερείας καὶ τοὺς ἱερεῖς. μετὰ δὲ ταῦτα πάντας μὲν τοὺς ναοὺς ἀνέῳξαν, ἐπὶ δὲ πᾶσι θύματα τοῖς βωμοῖς παραστήσαντες, ἠξίωσαν αὐτὸν θῦσαι. Τὸ δὲ τελευταῖον ἐψηφίσαντο τιμὰς τηλικαύτας, ἡλίκας οὐδενὶ ταχέως τῶν πρότερον εἰς αὐτοὺς εὐεργετῶν γεγονότων. πρὸς γὰρ τοῖς ἄλλοις, καὶ φυλὴν ἐπώνυμον ἐποίησαν Ἀττάλῳ, καὶ κατένειμαν αὐτὸν εἰς τοὺς Ἐπωνύμους τῶν ἀρχηγετῶν. Μετὰ δὲ ταῦτα συναγαγόντες ἐκκλησίαν, ἐκάλουν τὸν προειρημένον. παραιτουμένου δὲ καὶ φάσκοντος εἶναι φορτικὸν, τὸ κατὰ πρόσωπον εἰσελθόντα διαπορεύεσθαι τὰς εὐεργεσίας τὰς αὐτοῦ τοῖς

εὖ πεπον-

εὖ πεπονθότες, τὴν εἴσοδον παρῆκε. γράψαντα δ' αὐτὸν, ἠξίουν ἐκδοῦναι περὶ ὧν ὑπολαμβάνει συμφέρειν πρὸς τοὺς ἐνεστῶτας καιρούς. τοῦ δὲ πειθέντος καὶ γράψαντος, εἰσήνεγκαν τὴν ἐπιστολὴν οἱ προεστῶτες. Ἦν δὲ τὰ κεφάλαια τῶν γεγραμμένων· ἀνάμνησις τῶν πρότερον ἐξ αὐτοῦ γεγονότων εὐεργετημάτων εἰς τὸν δῆμον· ἐξαρίθμησις τῶν πεπραγμένων αὐτῷ πρὸς Φίλιππον κατὰ τοὺς ἐνεστῶτας καιρούς· τελευταία δὲ παράκλησις εἰς τὸν κατὰ Φιλίππου πόλεμον καὶ διορκισμὸς, ὡς ἐὰν μὴ νῦν ἕλωνται συμβαίνειν γενναίως εἰς τὴν ἀπέχθειαν ἅμα Ῥοδίοις καὶ Ῥωμαίοις καὶ αὐτῷ· μετὰ δὲ ταῦτα παρέντες τοὺς καιροὺς, κοινωνεῖν βούλωνται τῆς εἰρήνης, ἄλλων αὐτὴν κατεργασαμένων, ἀστοχήσειν αὐτοὺς τοῦ τῇ πατρίδι συμφέροντος. Τῆς δὲ ἐπιστολῆς αὐτῆς ἀναγνωσθείσης, ἕτοιμον ἦν τὸ πλῆθος ψηφίζεσθαι τὸν πόλεμον, καὶ διὰ τὰ λεγόμενα καὶ διὰ τὴν εὔνοιαν τὴν πρὸς τὸν Ἄτταλον. οὐ μὴν ἀλλὰ καὶ τῶν Ῥοδίων ἐπεισελθόντων, καὶ πολλοὺς πρὸς τὴν αὐτὴν ὑπόθεσιν διατεθεμένων λόγους, ἔδοξε τοῖς Ἀθηναίοις ἐκφέρειν τῷ Φιλίππῳ τὸν πόλεμον. ἀπεδέξαντο δὲ καὶ τοὺς Ῥοδίους μεγαλομερῶς, καὶ τόν τε δῆμον ἐστεφάνωσαν ἀριστείας στεφάνῳ· καὶ πᾶσι Ῥοδίοις ἰσοπολιτείαν ἐψηφίσαντο· διὰ τὸ κἀκείνους αὐτοῖς χωρὶς τῶν ἄλλων, τάς τε ναῦς ἀποκαταστῆσαι

ipſe beneficia in os illis commemoraret qui acceperant. Rogarunt igitur, ut brevi ſcripto illa complecteretur de quibus pro rerum præſentium ſtatu tractandum in concione exiſtimaret. quod cum rex facturum ſe recepiſſet, atque adeo feciſſet, principes Athenienſium ipſius epiſtolam ad populum detulerunt. Capita ejus ſcriptionis erant hæc. commemoratio priorum ipſius erga populum Athenienſem beneficiorum: enumeratio eorum quæ his ipſis temporibus adverſus Philippum geſſerat: poſtremò adhortatio ad bellum contra Philippum, cum adjecto jurejurando: niſi jam in odium Philippi cum Rhodiis, Romanis, atque ipſo fortiter conſenſerint: mox ubi prætermiſſa ab eis fuerit occaſio, ſi venire in ſocietatem pacis quæ fuerit ab aliis confecta optaverint, nequaquam illis integrum tunc futurum publicæ rei ſuæ conſulere. Poſt recitatam epiſtolam paratus fuit populus, bellum decernere, & propter comprehenſas ibi rationes, & propter benevolentiam qua Attalum proſequebatur. Sed ubi poſtea ingreſſi eſſent Rhodiorum legati, multaque dixiſſent quò ad idem bellum Athenienſes concitarent: tum vero plane faciendum cenſuerunt, ut Philippo bellum indicerent. Etiam in honorem Rhodiorum multa magnifice ſunt decreta. populo corona virtutis ergò delata: omnibus Rhodiis idem juris tributum quod civium quivis haberet, optimo jure qui eſſet. idque, & alias quidem ob cauſſas, cæterùm eo etiam nomine, quod captivas Athenien-

Atheniensium naves, eis restituissent, cum ipsis hominibus. Et legati quidem Rhodiorum rebus hisce confectis, Cium versus atque ad reliquas insulas & Rhodum cum classe sunt profecti.

IV.

Romanorum mandata ad Philippum missa in Græcorum gratiam & Attali.

QUO tempore Romanorum legati Athenis versabantur, Nicanore Philippi duce agrum Atticum populante ad ipsam usque Academiam: Romani præmissis ad Nicanorem caduceatoribus cum ipso sunt collocuti: petierunt autem ab eo, renuntiaret Philippo, Romanos eum monere, ne cui Græcorum factam injuriam vellet: injuriarum quas Attalus accepit, apud æquos judices rationem redderet. hæc si faceret, licere illi in bona pace cum Romanis vivere: sin obtemperare nollet, contrarium illi eventurum. his auditis discessit Nicanor. Romani verò eodem hoc de Philippo sermone usi sunt apud Epirotas Phœnicæ, cùm illam oram præternavigarent; apud Amynandrum, cùm in Athamaniam ascendissent; item apud Ætolos Naupacti; & apud Achæos Ægii. eò verò tempore ubi per Nicanorem hæc Philippo significassent, ad Antiochum & Ptolemæum, ut controversias illorum dirimerent, contenderunt.

τὰς αἰχμαλώτους γινομένας, καὶ τοὺς ἄνδρας. οἱ μὲν οὖν πρέσβεις οἱ παρὰ τῶν Ῥοδίων ταῦτα διαπράξαντες, ἀνήχθησαν εἰς τὴν Κίον ἐπὶ τὰς νήσους μετὰ τοῦ στόλου.

Δ.

Ῥωμαίων πρὸς Φίλιππον ὑπὲρ τῶν Ἑλλήνων καὶ Ἀττάλου ἐντολαί.

ΟΤΙ καθ' ὃν χρόνον οἱ τῶν Ῥωμαίων πρέσβεις ἐν ταῖς Ἀθήναις ἐποιοῦντο τὴν διατριβήν, Νικάνορος τοῦ παρὰ Φιλίππου καταστρέχοντος τὴν Ἀττικὴν ἕως τῆς Ἀκαδημίας, προδιαπεμψάμενοι πρὸς αὐτὸν οἱ Ῥωμαῖοι κήρυκας, συνέμιξαν αὐτῷ, καὶ παρεκάλεσαν ἀναγγεῖλαι τῷ Φιλίππῳ· διότι Ῥωμαῖοι παρακαλοῦσι τὸν βασιλέα, τῶν μὲν Ἑλλήνων μηδενὶ πολεμεῖν· τῶν δὲ γεγονότων εἰς Ἄτταλον ἀδικημάτων δίκας ὑπέχειν ἐν ἴσῳ κριτηρίῳ. καὶ διότι πράξαντι μὲν ταῦτα, τὴν εἰρήνην ἄγειν ἔξεστι πρὸς Ῥωμαίους, μὴ βουλομένῳ δὲ πείθεσθαι, τἀναντία συνεξακολουθήσειν ἔφασαν. ὁ μὲν οὖν Νικάνωρ ταῦτα ἀκούσας, ἀπηλλάγη. τὸν αὐτὸν δὲ λόγον τοῦτον οἱ Ῥωμαῖοι καὶ πρὸς Ἠπειρώτας εἶπαν περὶ Φιλίππου, παραπλέοντες ἐν Φοινίκῃ, καὶ πρὸς Ἀμύνανδρον ἀναβάντες εἰς Ἀθαμανίαν· παραπλησίως καὶ πρὸς Αἰτωλούς, ἐν Ναυπάκτῳ, καὶ πρὸς τοὺς Ἀχαιοὺς ἐν Αἰγίῳ. τότε δὲ διὰ τοῦ Νικάνορος τῷ Φιλίππῳ ταῦτα δηλώσαντες, αὐτοὶ μὲν ἀπέπλευσαν ὡς Ἀντίοχον καὶ Πτολεμαῖον ἐπὶ τὰς διαλύσεις.

Ε'.

Ἀχαιῶν καὶ Ῥωμαίων πρεσβεῖαι πρὸς Ῥοδίους.

ΟΤΙ παρῆσαν μετὰ τὴν ἅλωσιν Ἀβύδου, παρὰ μὲν τῶν Ἀχαιῶν ἔθνους, εἰς τὴν Ῥόδον πρεσβευταί, παρακαλοῦντες τὸν δῆμον, εἰς τὰς πρὸς τὸν Φίλιππον διαλύσεις· οἷς ἐπελθόντων ἐκ τῆς Ῥώμης πρεσβευτῶν, καὶ διαλεγομένων ὑπὲρ τοῦ μὴ ποιεῖσθαι διαλύσεις πρὸς Φίλιππον ἄνευ Ῥωμαίων, ἔδοξε προσέχειν τῷ δήμῳ τοῖς Ῥωμαίοις, καὶ στοχάζεσθαι τῆς τούτων φιλίας.

V.

Legationes Achæorum & Romanorum ad Rhodios.

POST captam Abydum, advenit Rhodum legatio Achæorum, populum hortans ad pacem cum Philippo faciendam. inter hæc verò cum Roma supervenissent legati, atque illi disservissent in eam sententiam, Romanis inconsultis nequaquam cum Philippo esse transigendum: visum populo habendam esse Romanorum rationem, & eorum amicitiam respiciendum.

ς'.

Καταρχὴ τοῦ πρὸς ἀλλήλους μίσους Ῥωμαίων καὶ Αἰτωλῶν, μετὰ τὴν ἐν Κυνὸς κεφαλαῖς μάχην.

Σύλλογος Τίτου καὶ πάντων τῶν συμμάχων περὶ διαλύσεως πρὸς Φίλιππον.

Σύλλογος τῶν αὐτῶν καὶ τοῦ βασιλέως Φιλίππου, ἐν ᾧ συνεφωνήθη ἡ διάλυσις, Αἰτωλῶν καὶ πάνυ δυσαρεστούντων.

ΚΑΘΟΛΟΥ τῇ περὶ τὰ λάφυρα πλεονεξίᾳ τῶν Αἰτωλῶν, ... εἶτ' οὐκ ἐβούλετο Φίλιππον ἐκβαλὼν ἐκ τῆς ἀρχῆς, Αἰτωλοὺς καταλιπεῖν δεσπότας τῶν Ἑλλήνων. δυσχερῶς δὲ ἔφερε καὶ τὴν ἀλαζονείαν αὐτῶν· θεωρῶν ἀντεπι-

VI.

Initium odii quod inter Romanos & Ætolos est conflatum, post commißum ad Cynoscephalas prælium.

Conventus Titi & sociorum omnium ad deliberandum super pace.

Conventus eorundem & Regis Philippi in quo pax convenit, Ætolis multum indignantibus.

ERAT omnino exosa Tito Ætolorum avaritia & prædæ ingens cupiditas. deinde autem nolebat post ereptum Philippo dominatum, Ætolos relinquere Græcorum dominos. offendebat præterea Titum jactantia illorum: cùm intelligeret

ipsos

ipſos victoriæ decus à Romanis ad ſe transferre, & univerſam Græciam præclaris ſuis facinoribus implere. propterea in congreſſibus ſuperbius cum iis agebat; de publicis rebus apud eos ſilebat; per ſe & amicos ſuos conſilia exſequebatur. Quum igitur hoc modo male conveniret inter utroſque, venere poſt paucos dies legati à Philippo Demoſthenes, Cycliadas, Limnæus: quibuſcum longo ſermone habito tribunis præſentibus, dierum XV inducias extemplo pepigit. conſtituit etiam ſe dum illæ durarent cum Philippo conventurum, & unâ cum illo acturum de iis quæ jam eſſent facienda. Quia autem perquam humane peractum eſt hoc colloquium, duplicatæ ſunt ſuſpiciones de Tito. Jam enim inter Græcos graſſabatur ſordida hæc munerum captatio, gratis nemine quicquam faciente: quæ morum nota cùm ubique pro legitima obtineret apud Ætolos, perſuadere ſibi illi non poterant, ſine muneribus contigiſſe hanc voluntatis Titi erga Philippum mutationem; ignari morum atque inſtitutorum in hac parte Romanorum. Verum ex ſeipſis conjecturam faciebant, & perquàm eſſe probabile diſputabant, Philippum tempori ſeſe accommodantem, magnam pecuniæ vim offerre; Titum verò oculos contra attollere non ſuſtinere. At Titus conſtituta cum Philippo die, literas extemplo ad ſocios dedit, quibus tempus illis indicabat, quo ad conventum eſſent venturi. ipſe paucis poſt diebus ad condictum locum quà patet ad Tempe aditus, ſe contulit. Quum autem

γραφομένους ἐπὶ τὸ νίκημα, καὶ πληροῦντας τὴν Ἑλλάδα τῆς αὑτῶν ἀνδραγαθίας. Διὸ καὶ κατά τε τὰς ἐντεύξεις ἀγερωχότερον αὐτοῖς ἀπήντα, καὶ περὶ τῶν κοινῶν ἀπεσιώπα, καὶ τὰ προκείμενα συνετέλει δι' αὑτοῦ καὶ διὰ τῶν ἰδίων φίλων. Τοιαύτης δὲ οὔσης δυσχρηστίας ἐν ἀμφοτέροις, ἧκον πρεσβευταὶ μετά τινας ἡμέρας παρὰ τοῦ Φιλίππου, Δημοσθένης καὶ Κυκλιάδας, καὶ Λιμναῖος· πρὸς οὓς κοινολογηθεὶς ὁ Τῖτος ἐπὶ πλεῖον μετὰ τῶν χιλιάρχων, πεντεκαιδεχημέρους ἀνοχὰς ἐποιήσατο παραχρῆμα· συνετάξατο δὲ καὶ συμπορεύεσθαι τῷ Φιλίππῳ κοινολογησόμενος ὑπὲρ τῶν καθεστώτων ἐν ταύταις. Γενομένης δὲ ταύτης τῆς ἐντεύξεως φιλανθρώπου, διπλασίως ἐξεκάετο τὰ τῆς ὑποψίας, κατὰ τοῦ Τίτου. Ἤδη γὰρ κατὰ τὴν Ἑλλάδα τῆς δωροδοκίας ἐπιπολαζούσης, καὶ τοῦ μηδένα μηδὲν δωρεὰν πράττειν, καὶ τοῦ χαρακτῆρος τούτου νομιστευομένου παρ' Αἰτωλοῖς, οὐκ ἐδύναντο πιστεύειν διότι χωρὶς δώρων ἡ τηλικαύτη μεταβολὴ γέγονε τοῦ Τίτου πρὸς τὸν Φίλιππον· οὐκ εἰδότες τὰ Ῥωμαίων ἔθη καὶ νόμιμα περὶ τοῦτο τὸ μέρος· ἀλλ' ἐξ αὑτῶν τεκμαιρόμενοι καὶ συλλογιζόμενοι, διότι τὸν μὲν Φίλιππον εἰκὸς ἦν προτείνειν πλῆθος χρημάτων διὰ τὸν καιρόν· τὸν δὲ Τῖτον μὴ δύνασθαι τούτοις ἀντοφθαλμεῖν. Ὁ δὲ Τῖτος ταξάμενος ἡμέραν πρὸς τὸν Φίλιππον, τοῖς μὲν συμμάχοις ἔγραψε παραχρῆμα διασαφῶν πότε δεήσει παρεῖναι πρὸς τὸν σύλλογον. αὐτὸς δὲ μετά τινας ἡμέρας, ἧκε πρὸς τὴν εἰσβολὴν τῶν Τεμπῶν, εἰς τὸν ταχθέντα χρόνον. ἀθροι-

σθέντων

συναχθέντων δὲ τῶν συμμάχων, καὶ τοῦ συνεδρίου συναχθέντος ἐξ αὐτῶν τούτων, ἀναστὰς ὁ τῶν Ῥωμαίων στρατηγὸς ἐκέλευε λέγειν ἕκαστον ἐφ' οἷς δεῖ ποιεῖσθαι τὰς πρὸς τὸν Φίλιππον διαλύσεις. Ἀμύνανδρος μὲν οὖν ὁ βασιλεὺς βραχέα διαλεχθεὶς καὶ μέτρια, κατέπαυσε τὸν λόγον. ἠξίου γὰρ πρόνοιαν αὐτοῦ ποιήσασθαι πάντας· ἵνα μὴ χωρισθέντων Ῥωμαίων ἐκ τῆς Ἑλλάδος εἰς ἐκεῖνον ἀπερείδηται τὴν ὀργὴν ὁ Φίλιππος· εἶναι γὰρ εὐχειρώτους Ἀθαμᾶνας ἀεὶ Μακεδόσι, διά τε τὴν ἀσθένειαν καὶ γειτνίασιν τῆς χώρας. Μετὰ δὲ τοῦτον Ἀλέξανδρος ὁ Αἰτωλὸς ἀναστάς· καθότι μὲν ἤθροικε τοὺς συμμάχους ἐπὶ τὸ περὶ τῶν διαλύσεων διαβούλιον, καὶ καθότι νῦν ἑκάστους ἀξιοῖ λέγειν τὸ φαινόμενον, ἐπῄνεσε τὸν Τίτον· τοῖς δ' ὅλοις πράγμασιν ἀγνοεῖν ἔφη καὶ διαπίπτειν αὐτόν· εἰ πέπεισται διαλύσεις ποιησάμενος πρὸς Φίλιππον, ἢ Ῥωμαίοις τὴν εἰρήνην, ἢ τοῖς Ἕλλησι τὴν ἐλευθερίαν βέβαιον ἀπολείψειν. οὐδέτερον γὰρ εἶναι τούτων δυνατόν· ἀλλ' εἰ βούλεται καὶ τὴν τῆς πατρίδος πρόθεσιν ἐπιτελῆ ποιεῖν, καὶ τὰς ἰδίας ὑποσχέσεις ἃς ὑπέχηται πᾶσι τοῖς Ἕλλησι· μίαν ὑπάρχειν ἔφη διάλυσιν πρὸς Μακεδόνας, τὸ Φίλιππον ἐκβάλλειν ἐκ τῆς ἀρχῆς. τοῦτο δ' εἶναι καὶ λίαν εὐχερές, ἐὰν μὴ παρῇ τὸν ἐνεστῶτα καιρόν. πλείω δὲ πρὸς ταύτην τὴν ὑπόθεσιν διαλεχθείς, κατέπαυσε τὸν λόγον. ὁ δὲ Τίτος ἀναδεξάμενος, ἀστοχεῖν αὐτὸν ἔφησεν, οὐ μόνον τῆς Ῥωμαίων προαιρέσεως, ἀλλὰ καὶ τῆς αὐτοῦ προθέσεως, καὶ μάλιστα τοῦ τῶν Ἑλλήνων συμφέροντος. Οὔτε

socii convenissent, essetque ex eorum numero congregatum concilium, consurgens dux Romanus jubet dicere unumquemque illorum quibus conditionibus faciendam pacem cum Philippo censeat. Pauca tunc Amynander eaque modesta ubi disseruisset, finem dicendi fecit. postulabat autem, ut sui rationem omnes haberent: ne postquam è Græcia discesserint Romani, omne adversus se iracundiæ virus Philippus effundat. parvo siquidem negotio Athamanas vinci à Macedonibus, quoties libitum ipsis fuerit, posse; gentem sine viribus & Macedoniæ vicinam. Post hunc surgit Alexander Ætolus: & eo quidem nomine Titum laudat, quòd sociorum concilium ad tractandum de pace coëgerit: quodque singulos jam hortetur ad dicendam sententiam: cæterum tota rerum natura illum aberrare ait fallique, si ita existimat, pace cum Philippo facta, aut pacem Romanis aut Græcis libertatem firmam se relicturum. quorum neutrum fieri queat. Nam si populi Rom. destinata velit exsequi, aut suas ipsius pollicitationes quibus apud Græcos se obstrinxit implere, unicam esse belli cum Macedonibus finiendi viam, ut regno deturbetur Philippus. id vero ad prime facile esse, si modò præsentem occasionem de manibus sibi elabi non sineret. in hanc sententiam plura disseruit; deinde conticuit. Titus sermonem hujus excipiens, negavit eum intelligere quæ sit populi Rom. voluntas, quod proprium suum consilium, omnium vero maximè, quid sit Græcis ex usu. Neque enim solere Romanos quoties bellum primò gerant cum aliquo, illius fortunas funditus statim evertere. exemplo esse Hannibalem & Carthaginienses: à quibus cum gravissima passi essent Romani, mox ubi fuit in eorum potestate quicquid omnino vellent in ipsos consulere, nullum sævitiæ aut crudelitatis exemplum in Carthaginienses edidisse. Sibi quoque id animi nunquam fuisse, ut bellum cum Philippo statueret gerendum inexpiabile. qui si ante prælium facere imperata voluisset, paratum fuisse se pacem cum ipso facere. Mirari verò se ait, quî fiat ut quum celebrato tunc conventui ad pacem ineundam interfuerint omnes, nunc à pacificatione penitus abhorreant? An hoc ideo fit, quia vicimus? ait. Atqui summæ hoc quidem fuerit dementiæ. oportet enim viros fortes, in ipsa quidem dimicatione infestos hosti esse, & irarum plenos; clades vero si fuerit accepta, generosos & magni animi: at victoria parta, moderatos, mites & humanos; contra quam vos me nunc hortamini. Sed & Græcis quoque conducibile est, Macedonum regnum longe quidem quam antè humilius atque infirmius fieri; non tamen penitus tolli. alioquin sine mora ipsos Thracum & Gallorum injurias esse experturos. ita enim sæpius jam antè contigisse. Denique sibi ait videri, & cæteris qui adessent Romanis; Si Philippus omnia facere sustineret, quę prius imperata illi fuissent à sociis, pacem illi concedendam, ubi prius super eo Patrum sententiam exquisissent. Ætolorum in potestate

γὰρ Ῥωμαίους οὐδενὶ τὸ πρῶτον πολεμήσαντας, εὐθέως ἀναστάτους ποιεῖν τούτους. πίστιν δ' ἔχειν τὸ λεγόμενον, ἔκ τε τῶν κατ' Ἀννίβαν καὶ Καρχηδονίους, ὑφ' ὧν τὰ δεινότατα παθόντας Ῥωμαίους, καὶ μετὰ ταῦτα γενομένους κυρίους ὃ βουληθεῖεν πρᾶξαι κατ' αὐτῶν ἁπλῶς; οὐδὲν ἀνήκεστον βουλεύσασθαι περὶ Καρχηδονίων. καὶ μὴν οὐδ' αὐτὸς οὐδέποτε ταύτην ἐσχηκέναι τὴν αἵρεσιν, ὅτι δεῖ πολεμεῖν πρὸς τὸν Φίλιππον ἀδιαλύτως. ἀλλ' εἴπερ ἐβουλήθη ποιεῖν τὰ παρακαλούμενα πρὸ τῆς μάχης, ἑτοίμως ἂν διαλελῦσθαι πρὸς αὐτόν. διὸ καὶ θαυμάζειν ἔφη πῶς μετέχοντες τότε τοῦ περὶ τῆς διαλύσεως συλλόγου ἅπαντες, νῦν ἀκαταλλάκτως ἔχουσιν. ἢ δῆλον ὅτι νενικήκαμεν; ἀλλὰ τοῦτό γε ἐστὶ πάντων ἀγνωμονέστατον. πολεμοῦντας γὰρ δεῖ τοὺς ἀγαθοὺς ἄνδρας, βαρεῖς εἶναι καὶ θυμικοὺς, ἡττωμένους δὲ γενναίους καὶ μεγαλόφρονας. νικῶντάς γε μὴν μετρίους, καὶ πρᾳεῖς καὶ φιλανθρώπους· ὑμεῖς δὲ τἀναντία παρακαλεῖτε νῦν. Ἀλλὰ μὴν καὶ τοῖς Ἕλλησι ταπεινωθῆναι μὲν ἐπὶ πολὺ συμφέρει τὴν Μακεδόνων ἀρχὴν, ἀρθῆναί γε μὴν οὐδαμῶς. τάχα γὰρ αὐτοὺς πεῖραν λήψεσθαι τῆς Θρᾳκῶν καὶ Γαλατῶν παρανομίας. τοῦτο γὰρ ἤδη καὶ πλεονάκις γεγονέναι. Καθόλου δ' αὐτὸς μὲν ἔφη καὶ τοὺς παρόντας Ῥωμαίων κρίνειν· ἐὰν Φίλιππος ὑπομένῃ πάντα ποιεῖν τὰ πρότερον ὑπὸ τῶν συμμάχων ἐπιταττόμενα, διδόναι τὴν εἰρήνην αὐτῷ, προσλαβόντας καὶ τὴν τῆς συγκλήτου γνώμην. Αἰτωλοὺς δὲ, κυρίους εἶναι βουλευομένους ὑπὲρ σφῶν αὐτῶν. τοῦ δὲ Φαινέου μετὰ ταῦτα βουλομένου λέγειν ὅτι μάταια πάντα τὰ πρὸ τοῦ γέγονε. τὸν γὰρ Φίλιππον ἐὰν διολισθῇ τὸν παρόντα καιρὸν, ἤδη πάλιν ἀρχὴν ἄλλην ποιήσεσθαι πραγμάτων· ὁ Τίτος αὐτόθεν ἐξ ἕδρας, καὶ θυμικῶς, Παῦσαι, φησὶ, Φαινέα ληρῶν· ἐγὼ γὰρ οὕτως χειριῶ τὰς διαλύσεις, ὥστε μήτε βουληθέντα τὸν Φίλιππον ἀδικεῖν δύνασθαι τοὺς Ἕλληνας. καὶ τότε μὲν ἐπὶ τούτοις ἐχωρίσθησαν. Τῇ δὲ ὑστεραίᾳ παραγενομένου τοῦ βασιλέως, καὶ τῇ τρίτῃ πάντων εἰς τὸν σύλλογον ἀθροισθέντων, εἰσελθὼν ὁ Φίλιππος, εὐστόχως καὶ συνετῶς, ὑπετέμετο τὰς πάντων ὁρμάς. ἔφη γὰρ τὰ μὲν πρότερον ὑπὸ Ῥωμαίων καὶ τῶν συμμάχων ἐπιταττόμενα πάντα συγχωρεῖν καὶ ποιήσειν· περὶ δὲ τῶν λοιπῶν, διδόναι τῇ συγκλήτῳ τὴν ἐπιτροπήν. τούτων δὲ ῥηθέντων, οἱ μὲν ἄλλοι πάντες ἀπεσιώπησαν. ὁ δὲ τῶν Αἰτωλῶν Φαινέας· τί οὖν ἡμῖν οὐκ ἀποδίδως Φίλιππε, ἔφη, Λάρισσαν τὴν Κρεμαστὴν, Φάρσαλον, Θήβας τὰς Φθίας, Ἐχῖνον; ὁ μὲν οὖν Φίλιππος ἐκέλευε παραλαμβάνειν αὐτούς. ὁ δὲ Τῖτος, τῶν μὲν ἄλλων, οὐκ ἔφη δεῖν οὐδεμίαν· Θήβας δὲ μόνον τὰς Φθίας. Θηβαίους γὰρ ἐγγίσαντος αὐτοῦ μετὰ τῆς δυνάμεως, καὶ παρακαλοῦντος σφᾶς εἰς τὴν Ῥωμαίων πίστιν, οὐ βουληθῆναι. Διὸ νῦν κατὰ πόλεμον ὑποχειρίων ὄντων, ἔχειν ἐξουσίαν ἔφη βουλεύεσθαι περὶ αὐτῶν ὡς ἂν προαιρῆται. τῶν δὲ περὶ τὸν Φαινέαν ἀγανακτούντων, καὶ λεγόντων, ὅτι δέον αὐτοὺς εἴη πρῶτον μὲν καθότι συνεπολέμησαν, νῦν κομίζεσθαι τὰς πόλεις τὰς πρότερον μεθ'

esse, sibi consulerent si vellent. Conante postea Phænea dicere, frustra cecidisse quicquid hactenus esset actum: Philippum enim si præsens periculum effugerit, alia denuò orsurum esse bella: Titus repente ut erat in sedili, & iracunde, Desine, inquit, Phænea delirare: ego enim conventionis negotium ita administrabo, ut in potestate Philippi non sit futurum, si vel maxime voluerit Græcos lædere. ita tunc solutum est concilium. postridie venit Philippus: tertio autem die cum frequens concilium convenisset, ingressus Philippus, omnium animos in se concitatos sollerter atque prudenter repressit: omnia enim quæ prius imperassent Romani sociique, concedere se, eaque rata habere: de cæteris verò liberum Senatui arbitrium permittere. hæc quum ille dixisset, reliquos omnes tenuit silentium. At Ætolus Phæneas; Quid ergo, inquit, est caussæ, Philippe, quominus reddas nobis Larissam Cremastam, Pharsalum, Thebas Phthias & Echinum? Vos verò, respondens Philippus ait, illas accipite. at Titus, Cæterarum ait, nullam tradi oportet; prę-ter unicam, Thebas Phthias. quippe se cum exercitu prope Thebas appropinquasse; & ut fidei Romanorum se permitterent ab illis petisse: quod facere ipsi recusaverint. Nunc igitur quum bello victos teneat in potestate, licere sibi ex animi sui sententia cum ipsis agere. Indignante Phænea, dicenteque, æquum esse ut urbes ipsi reciperent, quę Ætolorum concilii prius erant: idque primò quia bellum unà cum Romanis gesserant:

ferant:

ferant; deinde ex legibus initæ inter ipsos à principio societatis: sic enim convenisse, ut eorum quæ bello caperentur, supellectilia Romanorum essent; urbes Ætolorum. Ad hæc Titus; in utroque horum Phæneam ignorantia labi: nam & societatem illam tunc fuisse solutam, quando Ætoli pacem cum Philippo, Romanis relictis, fecerunt. sin durare adhuc societatem illam voluerint; tum verò oportere ut accipiant aut recuperent Ætoli, non eas urbes quæ ultro Romanorum fidei sese permiserint: quod jam faciant omnia Thessaliæ oppida: sed eas, quæ vi fuerint subactæ. Placuit cæteris hæc Titi oratio: quam Ætoli iniquis auribus admittebant. Jamque adeo ingentium malorum principium quoddam nascebatur. ex ista siquidem dissensione, & scintilla ista, exarsit mox bellum contra Ætolos, & quod adversus Antiochum est gestum. Porrò caussa præcipua quæ Titum impellebat ad consilia pacis, fuit, quod intellexerat Antiochum è Syria cum exercitu esse profectum, & Europam versus iter instituisse. itaque anxius erat ac sollicitus, ne forte Philippus arrepta spe quæ se offerebat, ad defensionem urbium sese converteret, & bellum trahendum: atque ita Consul alter adveniret, ad quem decus omne rerum à se gestarum reflecteretur. Propterea Philippo, sicut ipse postulabat, quatuor mensium induciæ fuere concessæ: qui si Tito præsentis pecuniæ talenta quadringenta numeraret, filiumque Demetrium & aliquot alios ex amicis daret obsides, permissum

αὐτῶν συμπολιτευομένας· ἔπειτα κατὰ τὴν ἐξ ἀρχῆς συμμαχίαν, καθ' ἣν ἔδει τῶν κατὰ πόλεμον ἁλόντων, τὰ μὲν ἔπιπλα Ῥωμαίων εἶναι, τὰς δὲ πόλεις Αἰτωλῶν. ὁ Τίτος ἀγνοεῖν αὐτοὺς ἔφη κατ' ἀμφότερα· τήν τε γὰρ συμμαχίαν λελύσθαι, καθ' ὃν καιρὸν τὰς διαλύσεις ἐποιήσαντο πρὸς Φίλιππον ἐγκαταλείποντες Ῥωμαίους· εἴ τε καὶ μένειν ἔτι τὴν συμμαχίαν, δεῖν αὐτοὺς νομίζεσθαι καὶ παραλαμβάνειν, οὐκ εἴ τινες ἐθελοντὴν σφᾶς εἰς τὴν Ῥωμαίων πίστιν ἐνεχείρισαν (ὅπερ αἱ κατὰ Θετταλίαν πόλεις ἅπασαι πεποιήκασι νῦν) ἀλλ' εἴ τινες κατὰ κράτος ἑάλωσαν. Τοῖς μὲν οὖν ἄλλοις ὁ Τίτος ἤρεσκε ταῦτα λέγων· οἱ δ' Αἰτωλοὶ βαρέως ἤκουον, καί τις οἷον ἀρχὴ κακῶν ἐγεννᾶτο μεγάλων. ἐκ γὰρ ταύτης τῆς διαφορᾶς, καὶ τούτου τοῦ σπινθῆρος μετ' ὀλίγον ὅ, τε πρὸς Αἰτωλοὺς, ὅ, τε πρὸς Ἀντίοχον ἐξεκαύθη πόλεμος. τὸ δὲ συνέχον ἦν τῆς ὁρμῆς τῆς τοῦ Τίτου πρὸς τὰς διαλύσεις, ὅτι ἐπυνθάνετο τὸν Ἀντίοχον ἀπὸ Συρίας ἥκειν μετὰ δυνάμεως, ποιούμενον τὴν ὁρμὴν ἐπὶ τὴν Εὐρώπην. διόπερ ἠγωνία, μὴ ταύτης ὁ Φίλιππος τῆς ἐλπίδος ἀντιλαμβανόμενος, ἐπὶ τὸ πολιοφυλακεῖν ὁρμήσῃ, καὶ τρίβειν τὸν πόλεμον· εἶτα ἑτέρου παραγενηθέντος ὑπάτου, τὸ κεφάλαιον τῶν πράξεων εἰς ἐκεῖνον ἀνακλασθῇ. διὸ συνεχωρήθη τῷ βασιλεῖ, καθάπερ ἠξίου, λαβόντα τετραμήνους ἀνοχὰς, παραχρῆμα μὲν δοῦναι τῷ Τίτῳ τὰ υ' τάλαντα, καὶ Δημήτριον τὸν υἱὸν εἰς ὁμηρείαν, καί τινας ἑτέρους τῶν φίλων. περὶ δὲ τῶν ὅλων πέμπειν εἰς τὴν Ῥώμην, καὶ διδόναι τῇ συγκλήτῳ τὴν ἐπιτροπήν. καὶ τότε μὲν ἐχωρίσθησαν, πιστωσάμενοι περὶ τῶν ὅλων πρὸς ἀλλήλους, ἐφ᾽ ᾧ Τίτον, ἐὰν μὴ συντελῆται τὰ κατὰ τὰς διαλύσεις, ἀποδοῦναι Φιλίππῳ τὰ υ´ τάλαντα, καὶ τοὺς ὁμήρους. μετὰ δὲ ταῦτα πάντες ἔπεμπον εἰς τὴν Ῥώμην· οἱ μὲν συνεργοῦντες· οἱ δ᾽ ἀντιπράττοντες τῇ διαλύσει.

Z.

Πῶς ἐν τῇ Ῥώμῃ ἐκυρώθησαν αἱ πρὸς τὸν Φίλιππον διαλύσεις.

Ἀνδρῶν δέκα κατάστασις τῶν χειριούντων τὰ κατὰ τὴν Ἑλλάδα.

Ἀχαιῶν λόγοι πρὸς τὴν σύγκλητον περὶ συμμαχίας ἄπρακτοι.

ΟΤΙ ἐπὶ Μαρκέλλου Κλαυδίου ὑπάτου, παρειληφότος τὴν ὕπατον ἀρχήν, ἧκον εἰς τὴν Ῥώμην, οἵ τε παρὰ τοῦ Φιλίππου πρέσβεις, οἵ τε παρὰ τοῦ Τίτου καὶ τῶν συμμάχων, ὑπὲρ τῶν πρὸς Φίλιππον συνθηκῶν. λόγων δὲ πλειόνων γινομένων ἐν τῇ συγκλήτῳ, ταύτῃ μὲν ἔδοξε βεβαιοῦν τὰς ὁμολογίας· εἰς δὲ τὸν δῆμον εἰσενεχθέντος τοῦ διαβουλίου, Μάρκος αὐτὸς ἐπιθυμῶν τῆς εἰς τὴν Ἑλλάδα διαβάσεως, ἀντέλεγε· καὶ πολλὴν ἐποιεῖτο σπουδὴν εἰς τὸ διακόψαι τὰς συνθήκας. οὐ μὴν ἀλλ᾽ ὅγε δῆμος, κατὰ τὴν τοῦ Τίτου προαίρεσιν ἐπεκύρωσε τὰς διαλύσεις. Ὧν ἐπιτε-

ei eſt ut de ſumma rerum legatos Romam mitteret, & Senatui arbitrium omne deferret. His peractis alius alio diſceſſerunt: data invicem acceptaque fide, ſi exitum pacificatio inſtituta non habuerit, fore ut accepta quadringenta talenta Titus redderet Philippo cum obſidibus. Poſt hæc univerſi Romam legatos miſere, alii ut pacem adjuvarent, alii ut ſe illi opponerent.

VII.

Quomodo pax cum Philippo facta fuerit Romæ confirmata.

Decem virorum creatio ad conſtituendas res Græciæ.

Achæi ſocietatem à Senatu petunt, nec impetrant.

CLAUDIO Marcello Cos. paullo poſtquàm initus fuit ab illo magiſtratus, Romam legati venerunt, de fœdere iciendo cum Philippo acturi; tum quos ipſe miſerat, tum quos Titus & ſocii. Poſt habitas in Senatu à pluribus orationes, placuit Patribus, probandas eſſe conditiones pacis de quibus convenerat. Ubi verò ad populum rei cognitio eſt delata, Marcus ipſe trajiciendi in Græciam cupidus, rogationi contradixit: magnoque ſtudio conatus eſt fœdus illud abrumpere. populus tamen Quintii Flaminii voluntatem ſecutus, pacificationem firmam ac ratam eſſe juſſit. Itaque pace

pace facta extemplo senatus x viros è primoribus legit, & in Græciam misit, ut de communi sententia unâ cum Tito res Græciæ componerent, & Græcis libertatem firmarent. Facta in Senatu mentio est à Damoxeno Ægiensi Achæorum legato, & de societate: sed quod existerent qui petitioni illius sese opponerent; Elei namque in os dixerunt, velle se Achæis litem movere super Triphylia; Messenii, super Asio & Pylo; qui populi socii tunc Romanorum erant: idem & Ætoli dixere de Pherarum urbe: propterea rejectum est negotium ad decemuiros. & in Senatu quidem Romano hæc tum temporis sunt gesta.

λεσθεισῶν, εὐθέως ἡ σύγκλητος ἄνδρας δέκα καταστήσασα τῶν ἐπιφανῶν, ἐξέπεμπε τοὺς χειριοῦντας τὰ κατὰ τὴν Ἑλλάδα μετὰ τοῦ Τίτου, καὶ βεβαιώσοντας τοῖς Ἕλλησι τὴν ἐλευθερίαν. Ἐποιήσαντο δὲ λόγους ἐν τῇ συγκλήτῳ καὶ περὶ τῆς συμμαχίας οἱ παρὰ τῶν Ἀχαιῶν πρέσβεις, οἱ περὶ Δαμόξενον τὸν * Ἀτλέα. γενομένης δ' ἀντιρρήσεως κατὰ τὸ παρὸν, διὰ τὸ κατὰ πρόσωπον Ἠλείους μὲν ἀμφισβητεῖν τοῖς Ἀχαιοῖς ὑπὲρ τῆς Τριφυλίας, Μεσσηνίους δ' ὑπὲρ Ἀσίου καὶ Πύλου, συμμάχους τότε Ῥωμαίων ὑπάρχοντας· Αἰτωλοὺς δὲ περὶ τῆς Ἡραιέων πόλεως· ὑπέρθεσιν ἔλαβε τὸ διαβούλιον, ἐπὶ τοὺς δέκα. καὶ τὰ κατὰ τὴν σύγκλητον ἐπὶ τούτοις ἦν.

VIII.

H.

Quomodo Bœoti deficere à Romanis inceperint.

Cædes Brachyllæ Bœotarchæ qui ad Philippum res trahebat, facta ab iis qui Romanis favebant.

Πῶς Βοιωτοὶ ἀρχὴν ἀποστάσεως ἀπὸ Ῥωμαίων ἐποιήσαντο.

Πῶς οἱ τὰ Ῥωμαίων φρονοῦντες Βραχύλλην τὸν Βοιωτάρχην φιλιππίζοντα ἐπανείλοντο.

In Græcia post prælium quo victi sunt Macedones ad Cynoscephalas, quum Elatiæ hibernaret Titus, Bœoti cupientes suos recipere qui Philippo militaverant, Legationem ad Titum miserunt, petentes ut redire illis liceret impune. Titus, cui suspectus jam tum erat Antiochus, studio adjungendi sibi Bœotorum animos, petitioni illorum facilem se præbuit. Quum igitur omnes

ΟΤΙ κατὰ τὴν Ἑλλάδα μετὰ τὴν μάχην, Τίτου παραχειμάζοντος ἐν Ἐλατείᾳ, Βοιωτοὶ, σπουδάζοντες ἀνακομίσασθαι τοὺς ἄνδρας τοὺς παρ' αὐτῶν στρατευσαμένους παρὰ τῷ Φιλίππῳ, διεπρεσβεύοντο περὶ τῆς ἀσφαλείας αὐτῶν, πρὸς Τίτον. ὁ δὲ βουλόμενος ἐκκαλεῖσθαι τοὺς Βοιωτοὺς πρὸς τὴν σφετέραν εὔνοιαν, διὰ τὸ προορᾶσθαι τὸν Ἀντίοχον, ἑτοίμως συνεχώρησεν. ταχὺ δὲ πάντων ἀνακομισθέντων ἐκ τῆς Μακεδονίας, ἐν οἷς ἦν καὶ Βραχύλλης, τοῦτον μὲν εὐθέως Βοιωτάρχην κατέστησαν. παραπλησίως δὲ καὶ τοὺς ἄλλους τοὺς δοκοῦντας εἶναι φίλους τῆς Μακεδόνων οἰκίας ἐτίμων, καὶ προῆγον οὐχ ἧττον ἢ πρότερον. ἔπεμψαν δὲ καὶ πρεσβείαν πρὸς τὸν Φίλιππον, τὴν εὐχαριστήσουσαν ἐπὶ τῇ τῶν νεανίσκων ἐπανόδῳ, λυμαινόμενοι τὴν τοῦ Τίτου χάριν. ἃ συνορῶντες οἱ περὶ τὸν Ζεύξιππον, καὶ Πεισίστρατον, καὶ πάντες οἱ δοκοῦντες εἶναι Ῥωμαίων φίλοι, δυσχερῶς ἔφερον, προορώμενοι τὸ μέλλον, καὶ δεδιότες περὶ σφῶν αὐτῶν, καὶ τῶν ἀναγκαίων. σαφῶς γὰρ ᾔδεισαν, ὡς ἐὰν μὲν οἱ Ῥωμαῖοι χωρισθῶσιν ἐκ τῆς Ἑλλάδος, ὁ δὲ Φίλιππος μένῃ παρὰ πλευρὰν συνεπισχύων ἀεὶ τοῖς πρὸς σφᾶς ἀντιπολιτευομένοις, οὐδαμῶς ἀσφαλῆ σφίσιν ἐσομένην τὴν ἐν τῇ Βοιωτίᾳ πολιτείαν. Διὸ καὶ συμφρονήσαντες ἐπρέσβευον πρὸς Τίτον εἰς τὴν Ἐλάτειαν. συμμίξαντες δὲ τῷ προειρημένῳ, πολλοὺς καὶ ποικίλους εἰς τοῦτο τὸ μέρος διετίθεντο λόγους, ὑποδεικνύντες τὴν ὁρμὴν τοῦ πλήθους, τὴν οὖσαν ἤδη νῦν καθ' αὑτῶν, καὶ τὴν ἀχαριστίαν τῶν ὄχλων. καὶ τέλος ἐπαῤῥήσαν εἰπεῖν, ἐὰν μὴ τὸν Βραχύλλην ἐπανελόμενοι καταπλήξωσι τοὺς πολλοὺς, οὐκ εἶναι ἀσφάλειαν τοῖς Ῥωμαίων φίλοις χωρισθέντων τῶν στρατοπέδων. ὁ δὲ Τίτος ταῦτα διακούσας, αὐτὸς μὲν οὐκ ἔφη κοινωνεῖν τῆς πράξεως ταύτης· τοὺς δὲ βουλομένους πράττειν, οὐ κωλύειν. καθόλου δὲ λαλεῖν αὐτοὺς ἐκέλευσε περὶ τούτων Ἀλεξαμένει τῷ τῶν Αἰ-

ſtatim è Macedonia eſſent reverſi, Brachyllam qui eorum fuit unus Bœotarcham conſtituerunt. ſimiliter & reliquos quorum erat notum in reges Macedoniæ ſtudium, honorabant, & ad dignitates non minus quàm antè vocabant. quin & Philippo per legatos gratias egerunt, propter juvenum reditum, beneficium quod à Tito acceperant obliterantes. quæ quum cernerent Zeuxippus, Piſiſtratus, & quicunque Romanæ partis eſſe credebantur, ægrè ferebant; quod imminentia mala præviderent, ſuæque ac neceſſariorum ſuorum ſaluti metuerent. certo enim ſciebant, ubi ſemel Romani pedem è Græcia extuliſſent, remanente Philippo qui ſuis in adminiſtratione Reipub. adverſariis vires ſubinde è propinquo ſuggerat, nequaquam tutum ſibi fore in Bœotorum civitate manere. Omnes igitur conſentientibus ſuffragiis ad Titum Elateam, ceu publico nomine legati, ſe conferunt. ibi in colloquium Titi admiſſi, multa ac varia in eam ſententiam apud eum diſſerunt: quum multitudinis concitata in ſe ſtudia illi ob oculos ponerent, & vulgi animum ingratum. tandem eo progreſſa eſt ipſorum oratio, ut dicere non vererentur; niſi ſublato de medio Brachylla terror cæteris injiceretur, nullam fore amicis Romanorum, poſtquam exercitus diſceſſerint, ſecuritatem. His auditis Titus, ſe quidem ejus conſilii participem fieri nolle ait; cæterùm, ſi quis rem velit exſequi, nullum allaturum impedimentum. denique juſſit eos cum Alexamene prætore

Ætolo-

Ætolorum de his agere. dicto paruit Zeuxippus, estque de ea re cum Alexamene collocutus. is facile assensus adductusque ut ea probaret quæ dicebantur, tres ex Ætolicis copiis, tres ex Italicis juvenes delegit, quibus mandatum est, ut Brachyllæ manus afferrent.

τωλῶν στρατηγῷ. τῶν δὲ περὶ τὸν Ζεύξιππον πειθαρχησάντων καὶ διαλεγομένων, ταχέως ὁ προειρημένος πεισθεὶς καὶ συγκαταθέμενος τοῖς λεγομένοις, τρεῖς μὲν τῶν Αἰτωλικῶν συνέστησε· τρεῖς δὲ τῶν Ἰταλικῶν νεανίσκων, τοὺς προσοίσοντας τὰς χεῖρας τῷ Βραχύλλῃ.

IX.

Senatusconsultum super pace cum Philippo facta à Q. Flaminio.

Quomodo soli Ætoli Senatusconsultum illud carpserunt.

Quomodo in ipsis ludis Isthmicis præco Senatusconsultum de libertate Græcorum recitarit.

Quæ peracto ludicro decemviri cum Tito responsa dederint legatis Antiochi, Philippi, Ætolorum.

Hoc ipso tempore quo illa gerebantur, quæ modò diximus, venere Roma decem legati ad res in Græcia constituendas, consultum Senatus deferentes, quód de pace cum Philippo fuerat factum. Ejus Senatusconsulti præcipua capita erant hæc: UT CÆTERI OMNES GRÆCI ET QUI IN ASIA DEGUNT, ET QUI IN EUROPA, LIBERI SINT, SUISQUE LEGIBUS UTANTUR: UT QUI IN PHILIPPI DITIONE SUNT, ET SI QUAS ILLE URBES GRÆCORUM

Θ.

Δόγμα τῆς συγκλήτου περὶ τῆς πρὸς Φίλιππον διαλύσεως.

Πῶς μόνοι οἱ Αἰτωλοὶ κατελάλουν τὸ δόγμα.

Πῶς Ἰσθμοῖ τῶν Ἰσθμίων ἀγομένων ὁ κήρυξ τὸ ὑπὲρ τῆς τῶν Ἑλλήνων ἐλευθερίας κήρυγμα ἀνηγόρευσε.

Πῶς οἱ δέκα ἄνδρες σὺν Τίτῳ ἐχρημάτισαν τοῖς Ἀντιόχου, Φιλίππου καὶ Αἰτωλῶν πρεσβευταῖς.

ΟΤΙ κατὰ τὸν καιρὸν τοῦτον ἧκον ἐκ τῆς Ῥώμης οἱ δέκα δι' ὧν ἔμελλε χειρίζεσθαι τὰ κατὰ τοὺς Ἕλληνας· κομίζοντες τὸ τῆς συγκλήτου δόγμα, τὸ περὶ τῆς πρὸς Φίλιππον εἰρήνης. ἦν δὲ τὰ συνέχοντα τοῦ δόγματος ταῦτα. ΤΟΥΣ ΜΕΝ ΑΛΛΟΥΣ ΕΛΛΗΝΑΣ ΠΑΝΤΑΣ ΤΟΥΣ ΤΕ ΚΑΤΑ ΤΗΝ ΑΣΙΑΝ, ΚΑΙ ΚΑΤΑ ΤΗΝ ΕΥΡΩΠΗΝ, ΕΛΕΥΘΕΡΟΥΣ ΥΠΑΡΧΕΙΝ, ΚΑΙ ΝΟΜΟΙΣ ΧΡΗΣΘΑΙ ΤΟΙΣ ΙΔΙΟΙΣ· ΤΟΥΣ ΔΕ ΤΑΤΤΟΜΕΝΟΥΣ ΥΠΟ ΦΙΛΙΠΠΟΝ ΚΑΙ ΤΑΣ ΠΟΛΕΙΣ ΤΑΣ ΕΜΦΡΟΥΡΟΥΣ

ΠΑΡΑ-

ΠΑΡΑΔΟΥΝΑΙ ΦΙΛΙΠΠΟΝ ΡΩΜΑΙΟΙΣ ΠΡΟ ΤΗΣ ΤΩΝ ΙΣΘΜΙΩΝ ΠΑΝΗΓΥΡΕΩΣ. ΕΥΡΩΜΟΝ ΔΕ ΚΑΙ ΠΗΔΑΣΑ, ΚΑΙ ΒΑΡΓΥΛΙΑ, ΚΑΙ ΤΗΝ ΙΑΣΣΕΩΝ ΠΟΛΙΝ, ΟΜΟΙΩΣ ΑΒΥΔΟΝ, ΘΑΣΟΝ, ΜΥΡΙΝΑΝ, ΠΕΡΙΝΘΟΝ, ΕΛΕΥΘΕΡΑΣ ΑΦΕΙΝΑΙ, ΤΑΣ ΦΡΟΥΡΑΣ ΕΞ ΑΥΤΩΝ ΜΕΤΑΣΤΗΣΑΜΕΝΟΝ· ΠΕΡΙ ΤΗΣ ΤΩΝ ΚΙΑΝΩΝ ΕΛΕΥΘΕΡΩΣΕΩΣ, ΤΙΤΟΝ ΓΡΑΨΑΙ ΠΡΟΣ ΠΡΟΥΣΙΑΝ ΚΑΤΑ ΤΟ ΔΟΓΜΑ ΤΗΣ ΣΥΓΚΛΗΤΟΥ. ΤΑ Δ' ΑΙΧΜΑΛΩΤΑ, ΚΑΙ ΤΟΥΣ ΑΥΤΟΜΟΛΟΥΣ ΑΠΑΝΤΑΣ ΑΠΟΚΑΤΑΣΤΗΣΑΙ ΦΙΛΙΠΠΟΝ ΡΩΜΑΙΟΙΣ, ΕΝ ΤΟΙΣ ΑΥΤΟΙΣ ΧΡΟΝΟΙΣ· ΟΜΟΙΩΣ ΔΕ ΚΑΙ ΤΑΣ ΚΑΤΑΦΡΑΚΤΟΥΣ ΝΑΥΣ, ΠΛΗΝ ΠΕΝΤΕ ΣΚΑΦΩΝ ΚΑΙ ΤΗΣ ΕΚΚΑΙΔΕΚΗΡΟΥΣ. ΔΟΥΝΑΙ ΔΕ ΚΑΙ ΧΙΛΙΑ ΤΑΛΑΝΤΑ· ΤΟΥΤΩΝ ΤΑ ΜΕΝ ΗΜΙΣΗ ΠΑΡΑΥΤΙΚΑ, ΤΑ Δ' ΗΜΙΣΗ ΚΑΤΑ ΦΟΡΟΥΣ, ΕΝ ΕΤΕΣΙ ΔΕΚΑ. Τούτου δὲ τοῦ δόγματος διαδοθέντος εἰς τοὺς Ελληνας, οἱ μὲν ἄλλοι πάντες εὐθαρσεῖς ἦσαν καὶ περιχαρεῖς, μόνοι δ' Αἰτωλοί, δυσχεραίνοντες ἐπὶ τῷ μὴ τυγχάνειν ὧν ἤλπιζον, κατελάλουν τὸ δόγμα, φάσκοντες, οὐ πραγμάτων, ἀλλὰ γραμμάτων μόνον ἔχειν αὐτὸ διάθεσιν. καί τινας ἐλάμβανον πιθανότητας ἐξ αὐτῶν τῶν ἐγγράπτων, πρὸς τὸ διαπιστεῖν τοὺς ἀκούοντας, τοιαύτας. Εφασκον γὰρ εἶναι δύο γνώμας ἐν τῷ δόγματι, περὶ τῶν ὑπὸ Φιλίππου φρουρουμένων πόλεων. τὴν μὲν μίαν, ἐπιτάττουσαν ἐξάγειν τὰς

PRÆSIDIIS TENET, EAS ANTE CELEBRATIONEM LUDICRI ISTHMIORUM ROMANIS PHILIPPUS TRADAT. EUROMUM, PEDASA, BARGYLIA, JASSUM, ITEM ABYDUM, THASUM, MYRINAM, PERINTHUM, DEDUCTIS INDE PRÆSIDIIS, LIBERAS ESSE SINAT: DE LIBERATIONE CIANORUM SCRIBAT TITUS AD PRUSIAM, QUID SENATUI PLACEAT: CAPTIVOS ET TRANSFUGAS OMNES UT PHILIPPUS ROMANIS RESTITUAT INTRA IDEM TEMPUS: ITEM NAVEIS OMNES TECTAS, SCAPHIS QUINQUE EXCEPTIS, ET UNA QUAM SEXDECIM VERSUS REMORUM AGUNT: HOC AMPLIUS DET PHILIPPUS MILLE TALENTUM: DIMIDIUM PRÆSENS: DIMIDIUM PENSIONIBUS DECEM ANNORUM. Postquam hoc Senatusconsultum diditum est inter Græcos, cæteri quidem bonæ spei pleni lætitia gestire: soli Ætoli, offensi quod ea quæ speraverant non consequebantur, decretum clam mussantes, carpebant; non res, sed verba eo contineri jactitantes. atque ut illos concitarent qui aures ipsis præbebant, ex formula decreti cavillationem hujusmodi arripiebant. Ajebant enim duas eo decreto sententias comprehendi super urbibus, in queis præsidia habebat Philippus: alterâ juberi, ut deducantur à Philippo

præsi-

præsidia, urbesque Romanis tradantur: alteram sententiam præsidiis amotis urbibus libertatem dare. nominatim autem eas designari quibus libertas indulgetur: eas nempe quæ sunt in Asia: quæ autem Romanis tradantur, eas videlicet esse quæ sunt in Europa. putà, Oreum, Eretriam, Chalcidem, Demetriadem, Corinthum. Ex quo facile omnes intelligant, Romanos vicem Philippi Græciæ compedes suscipere: atque ita mutationem fieri dominorum, non libertatem quæri Græciæ. hæc ubique assidue ab Ætolis jactabantur. Ab Elatia profectus cum decem legatis Titus, quum Anticyram trajecisset, mox Corinthum pervenit. ibi cum his concilia agitabat, & de summa rerum tractabat. Quoniam autem in ore multitudinis erat Ætolorum criminatio, eique à multis fides habebatur, coactus est Quintius multis variisque rationibus uti, ut eos doceret qui in concilio aderant; si vellent Græcorum præconia & laudationem sine ulla exceptione mereri; si fidem omnibus facere, ad liberandam Græciam, non compendii ullius gratia, se mare à principio trajecisse; omnibus excedendum esse locis, & universas urbes esse liberandas, quas jam Philippus præsidiis suis occupet. Hæc autem difficultas inde nascebatur in concilio, quia de cæteris quidem urbibus Romæ decem legati prius tractaverant, & expressa à Senatu mandata acceperant: de Chalcide verò, Corintho & Demetriade, propter Antiochum libera potestas facta

φρουρὰς τὸν Φίλιππον, τὰς δὲ πόλεις παραδιδόναι Ῥωμαίοις· τὴν δ' ἑτέραν, ἐξάγοντα τὰς φρουρὰς, ἐλευθεροῦν τὰς πόλεις· τὰς μὲν οὖν ἐλευθερουμένας, ἐπ' ὀνόματι δηλοῦσθαι· ταύτας δ' εἶναι τὰς κατὰ τὴν Ἀσίαν· τὰς δὲ παραδιδομένας Ῥωμαίοις, φανερὸν, ὅτι τὰς κατὰ τὴν Εὐρώπην. εἶναι δὲ ταύτας, Ὠρεὸν, Ἐρέτριαν, Χαλκίδα, Δημητριάδα, Κόρινθον. ἐκ δὲ τούτων, εὐθεώρητον ὑπάρχειν πᾶσιν, ὅτι μεταλαμβάνουσι τὰς Ἑλληνικὰς πέδας παρὰ Φιλίππου Ῥωμαῖοι. καὶ γίνεται μετάθεσις δεσποτῶν, οὐκ ἐλευθέρωσις τῶν Ἑλλήνων. Ταῦτα μὲν ὑπ' Αἰτωλῶν ἐλέγετο καταχόρως. ὁ δὲ Τίτος ὁρμήσας ἐκ τῆς Ἐλατείας μετὰ τῶν δέκα, καὶ καταίρας εἰς τὴν Ἀντίκυραν, παραυτίκα διέπλευσεν εἰς τὴν Κόρινθον. κἀκεῖ παραγενόμενος, συνήδρευε μετὰ τούτων, καὶ διελάμβανεν περὶ τῶν ὅλων. πλεοναζούσης δὲ τῆς τῶν Αἰτωλῶν διαβολῆς, καὶ πιστευομένης παρ' ἐνίοις, πολλοὺς καὶ ποικίλους ἠναγκάζετο ποιεῖσθαι λόγους ὁ Τίτος ἐν τῷ συνεδρίῳ· διδάσκων, ὡς εἴπερ βούλονται καὶ τὴν τῶν Ἑλλήνων εὔκλειαν ὁλόκληρον περιποιήσασθαι, καὶ καθόλου πιστευθῆναι παρὰ πᾶσιν, διότι καὶ τὴν ἐξ ἀρχῆς ἐποιήσαντο διάβασιν, οὐ τοῦ συμφέροντος ἕνεκεν, ἀλλὰ τῆς τῶν Ἑλλήνων ἐλευθερείας, ἐκχωρητέον εἴη πάντων τῶν τόπων, καὶ πάντας ἐλευθερωτέον τὰς πόλεις, τὰς νῦν ὑπὸ Φιλίππου φρουρουμένας. Ταύτην δὲ συνέβαινε γίνεσθαι τὴν ἀπορίαν ἐν τῷ συνεδρίῳ, διὰ τὸ περὶ μὲν τῶν ἄλλων, ἐν τῇ Ῥώμῃ προδιειληφέναι, καὶ ῥητὰς ἔχειν τοὺς δέκα παρὰ τῆς συγκλήτου τὰς ἐντολάς· περὶ δὲ Χαλκίδος καὶ Κορίνθου, καὶ Δημητριάδος, ἐπιτροπὴν αὐτοῦ δεδιότες διὰ τὸν Ἀντίοχον· ἵνα βλέποντες πρὸς τοὺς καιροὺς, βουλεύωνται περὶ τῶν προειρημένων πόλεων, κατὰ τὰς αὐτῶν προαιρέσεις. Ὁ γὰρ προειρημένος βασιλεὺς, δῆλος ἦν, ἐπέχων πάλαι τοῖς κατὰ τὴν Εὐρώπην πράγμασιν. Οὐ μὴν, ἀλλὰ τὴν μὲν Κόρινθον ὁ Τίτος ἔπεισε τὸ συνέδριον ἐλευθεροῦν παραχρῆμα, καὶ τοῖς Ἀχαιοῖς ἐγχειρίζειν διὰ τὰς ἐξ ἀρχῆς ὁμολογίας. τὸν δ' Ἀκροκόρινθον, καὶ Δημητριάδα, καὶ Χαλκίδα παρακατέχειν. δεξαμένων δὲ τούτων καὶ τῆς Ἰσθμίων πανηγύρεως ἐπελθούσης, καὶ σχεδὸν ἀπὸ πάσης τῆς οἰκουμένης τῶν ἐπιφανεστάτων ἀνδρῶν συνεληλυθότων διὰ τὴν προσδοκίαν τῶν ἀποβησομένων, πολλοὶ καὶ ποικίλοι καθ' ὅλην τὴν πανήγυριν ἐνέπιπτον λόγοι· τῶν μὲν ἀδύνατον εἶναι φασκόντων Ῥωμαίους ἐνίων ἀποστῆναι τόπων καὶ πόλεων. τῶν δὲ διοριζομένων, ὅτι τῶν μὲν ἐπιφανῶν εἶναι δοκούντων τόπων ἀποστήσονται, τοὺς δὲ φαντασίαν μὲν ἔχοντας ἐλάττω, χρείαν δὲ τὴν αὐτὴν παρέχεσθαι δυναμένους, καθέξουσι. καὶ τούτους εὐθέως ἐπεδείκνυσαν αὐτοὶ, καθ' αὑτοὺς καὶ διὰ τῆς πρὸς ἀλλήλους εὑρησιλογίας. Τοιαύτης δ' οὔσης ἐν τοῖς ἀνθρώποις τῆς ἀπορίας, ἀθροισθέντος τοῦ πλήθους εἰς τὸ στάδιον ἐπὶ τὸν ἀγῶνα, προελθὼν ὁ κήρυξ καὶ σιωπησάμενος τὰ πλήθη διὰ τοῦ σαλπιγκτοῦ, τόδε κήρυγμα ἀνηγόρευσεν. Η ΣΥΓΚΛΗΤΟΣ Η ΡΩΜΑΙΩΝ ΚΑΙ ΤΙΤΟΣ ΚΟΙΝΤΙΟΣ ΣΤΡΑΤΗΓΟΣ ΚΑΤΑΠΟΛΕΜΗΣΑΝΤΕΣ ΒΑΣΙΛΕΑ ΦΙΛΙΠΠΟΝ, ΚΑΙ ΜΑΚΕΔΟΝΑΣ ΑΦΙΑΣΙΝ ΕΛΕΥΘΕΡΟΥΣ, ΑΦΡΟΥΡΗΤΟΥΣ, ΑΦΟΡΟΛΟΓΗΤΟΥΣ,

concilio fuerat, ut quod tempora Reipub. postulassent, id ex animi sui sententia de dictis urbibus statuerent. Dubitabat enim nemo, quin is Rex quem commemoravimus Europæ rebus pridem immineret. Tandem concilio persuasit Titus, ut Corinthum liberarent, & Achæis traderent: Acrocorinthum, Demetriadem, & Chalcidem retinuit. His ita decretis, cum jam Isthmiorum panegyris adesset, ac fere ex omnibus orbis partibus clarissimi quique viri propter exspectationem ejus quod eventurum esset, convenissent, multi variique toto conventu sermones habebantur: quum alii dicerent; omnino fieri non posse, ut Romani certis locis atque urbibus se abstinerent: alii futurum statuerent, ut celebrioribus quidem locis abstinerent: cæterum ea retinerent quæ celebritatis minus haberent, usum exhibere eundem possent: atque ea loca ipsi designabant, tum apud se quisque, tum in mutuis dissertationibus. Hac incertitudine hominum mentes agitabantur, eratque in Stadio coacta multitudo ad certamen, cum ecce præco in mediam arenam procedit, & facta per tubicinem audientia, ita pronuntiat. SENATUS ROMANUS ET TITUS QUINTIUS IMPERATOR, PHILIPPO REGE ATQUE MACEDONIBUS DEVICTIS LIBEROS, SINE PRÆSIDIO, IMMUNES, SUIS LEGIBUS ESSE

ΝΟΜΟΙΣ ΧΡΩΜΕΝΟΥΣ

JUBENT

JUBENT CORINTHIOS, PHOCENSES, LOCRENSES, EUBOEENSES, ACHÆOS QUOS NOMINANT PHTHIOTAS, MAGNETAS, THESSALOS, PERRHÆBOS. Quum autem ad prima statim præconis verba ingens supra modum plausus fuisset excitatus, nonnulli vocem præconis ne audiverunt quidem: alii iterum audire avebant. plerique hominum vix satis sibi credere, & propter rei novitatem, ea quæ dicebantur velut in somnis sibi videri audire. Pars alio impetu sumpto clamare, accederet pręco cum tubicine in medium Stadium, & iterum eadem repeteret: quum unusquisque, ut equidem puto, non audire dumtaxat, sed videre ipsum præconem averet, qui ea pronuntiabat, quæ ipsi credere non poterant. Ubi iterum processit præco in medium, & imperato per tubicinem silentio tumultuque sedato, eadem quæ prius eodemque modo pronuntiavit; tantus erupit cum clamore plausus, ut ægre qui ista nunc audiunt, rem cogitatione sibi fingere valeant. Posteaquam tandem plaudendi finis est factus, athletis quidem nemo fuit omnium qui intenderet: sed omnes sermonibus rem celebrantes, alii apud amicos invicem, alii apud se ipsos, velut de potestate mentis exierant. qui etiam dimissis ludis (tanta fuit gaudii illius magnitudo,) dum gratias Tito agunt, pene illum enecarunt: quippe alii suis ipsorum oculis incoram eum spectare, & salutis suæ auctorem salutare cupientes, alii dexteram ejus tangere gestientes,

ΤΟΙΣ ΠΑΤΡΙΟΙΣ· ΚΟΡΙΝΘΙΟΥΣ, ΦΩΚΕΑΣ, ΛΟΚΡΟΥΣ, ΕΥΒΟΕΙΣ, ΑΧΑΙΟΥΣ ΤΟΥΣ ΦΘΙΩΤΑΣ, ΜΑΓΝΗΤΑΣ, ΘΕΤΤΑΛΟΥΣ, ΠΕΡΡΑΙΒΟΥΣ· κρότου δ' ἐν ἀρχαῖς εὐθέως ἐξαισίου γινομένου, τινὲς μὲν οὐδ' ἤκουσαν τοῦ κηρύγματος· τινὲς δὲ πάλιν ἀκούειν ἐβούλοντο. τὸ δὲ πολὺ μέρος τῶν ἀνθρώπων, διαπιστούμενον, καὶ δοκοῦν ὡσανεὶ καθ' ὕπνον ἀκούειν τῶν λεγομένων, διὰ τὸ παράδοξον τοῦ συμβαίνοντος, ὥς τις ἐξ ἄλλης ὁρμῆς ἐβόα προσάγειν τὸν κήρυκα, καὶ τὸν σαλπιγκτὴν εἰς μέσον τὸ στάδιον, καὶ λέγειν πάλιν ὑπὲρ τῶν αὐτῶν. ὡς μὲν ἐμοὶ δοκεῖ, βουλομένων τῶν ἀνθρώπων μὴ μόνον ἀκούειν, ἀλλὰ καὶ βλέπειν τὸν λέγοντα, διὰ τὴν ἀπιστίαν τῶν ἀναγορευομένων. ὡς δὲ πάλιν ὁ κήρυξ προσελθὼν εἰς τὸ μέσον, καὶ κατασιωπησάμενος διὰ τοῦ σαλπιγκτοῦ τὸν θόρυβον, ἀνηγόρευσε ταυτὰ, καὶ ὡσαύτως τοῖς πρόσθεν, τηλικοῦτον συνέβη καταῤῥαγῆναι τὸν κρότον, ὥστε μὴ ῥᾳδίως ἂν ὑπὸ τὴν ἔννοιαν ἀγαγεῖν τοῖς νῦν ἀκούουσι τὸ γεγονός. Ὡς δέ ποτε καὶ κατέληξεν ὁ κρότος, τῶν μὲν ἀθλητῶν ἁπλῶς οὐδεὶς οὐδένα λόγον εἶχεν ἔτι· πάντες δὲ διαλαλοῦντες οἱ μὲν πρὸς ἀλλήλους· οἱ δὲ πρὸς σφᾶς αὐτοὺς, οἱονεὶ παραστατικοὶ ταῖς διανοίαις ἦσαν· οἱ δὲ μετὰ τὸν ἀγῶνα διὰ τὴν ὑπερβολὴν τῆς χαρᾶς, μικροῦ διέφθειραν τὸν Τῖτον, εὐχαριστοῦντες· οἱ μὲν γὰρ ἀντοφθαλμῆσαι κατὰ πρόσωπον, καὶ σωτῆρα προσφωνῆσαι βουλόμενοι, τινὲς δὲ τῆς δεξιᾶς ἅψασθαι σπουδάζοντες·

οἱ δὲ πολλοί, στεφάνους ἐπιρριπτοῦντες καὶ λημνίσκους, παρ' ὀλίγον διέλυσαν τὸν ἄνθρωπον. Δοκούσης δὲ τῆς εὐχαριστίας ὑπερβολικῆς γενέσθαι, θαρρῶν ἄν τις εἶπεν· διότι πολὺ καταδεεστέραν εἶναι συνέβαινε τοῦ τῆς πράξεως μεγέθους. θαυμαστὸν γὰρ ἦν καὶ τὸ Ῥωμαίους ἐπὶ ταύτης γενέσθαι τῆς προαιρέσεως, καὶ τὸν ἡγούμενον αὐτῶν Τίτον, ὥστε πᾶσαν ὑπομεῖναι δαπάνην, καὶ πάντα κίνδυνον χάριν τῆς τῶν Ἑλλήνων ἐλευθερίας· μέγα δὲ καὶ τὸ δύναμιν ἀκόλουθον τῇ προαιρέσει προσενέγκασθαι· τούτων δὲ μέγιστον ἔτι, τὸ μηδὲν ἐκ τῆς τύχης ἀντιπαίσαι πρὸς τὴν ἐπιβολήν· ἀλλ' ἁπλῶς ἅπαντα πρὸς ἕνα καιρὸν ἐκδραμεῖν, ὥστε διὰ κηρύγματος ἑνός, ἅπαντας καὶ τοὺς τὴν Ἀσίαν κατοικοῦντας Ἕλληνας, καὶ τοὺς τὴν Εὐρώπην, ἐλευθέρους, ἀφρουρήτους, ἀφορολογήτους γενέσθαι, νόμοις χρωμένους τοῖς ἰδίοις. Διελθούσης δὲ τῆς πανηγύρεως, πρώτοις μὲν ἐχρημάτισαν τοῖς παρ' Ἀντιόχου πρεσβευταῖς· διακελευόμενοι τῶν ἐπὶ τῆς Ἀσίας πόλεων τῶν μὲν αὐτονόμων ἀπέχεσθαι καὶ πρὸς μηδένα πολεμεῖν· ὅσας δὲ νῦν παρείληφε τῶν ὑπὸ Πτολεμαῖον καὶ Φίλιππον ταττομένων, ἐκχωρεῖν· σὺν δὲ τούτοις, προηγόρευον μὴ διαβαίνειν εἰς τὴν Εὐρώπην μετὰ δυνάμεως· οὐδένα γὰρ ἔτι τῶν Ἑλλήνων, οὔτε πολεμεῖσθαι νῦν ὑπ' οὐδενός, οὔτε δουλεύειν οὐδενί. καθόλου δὲ καὶ ἐξ αὐτῶν τινας ἔφασαν ἥξειν πρὸς τὸν Ἀντίοχον. ταῦτα μὲν οὖν οἱ περὶ τὸν Ἡγησιάνακτα καὶ Λυσίαν λαβόντες τὰς ἀποκρίσεις ἐπανῆλθον. Μετὰ δὲ τούτους εἰσεκαλοῦντο πάντας τοὺς ἀπὸ τῶν ἐθνῶν καὶ πόλεων παραγεγονότας· καὶ τὰ δόξαντα τῷ συνεδρίῳ διεσάφουν.

plerique coronas & lemniscos jacientes, parum abfuit quin homini spiritum eliderent. Etsi autem videtur ejusmodi gratiarum actio modum excessisse: audacter tamen dicere queat aliquis; longe inferiorem eam fuisse meriti illius magnitudine. Erat enim admiratione digna res, Romanos & imperatorem illorum Quintium, in animum induxisse ut ad libertatem Grecis parandam, nullam impensam recusarent, nullum periculum: magnum & illud erat, vires incepto pares fuisse ab iis adhibitas: supra omnia maximum erat, Fortunam nulla in re huic consilio esse adversatam: sed ita omnia penitus in unum tempus concurrisse congruisseque, ut uno præconio omnes Græci, quique Asiam quique Europam colunt, liberi, sine præsidiis, immunes, suis legibus esse pronunciarentur. Peracta celebritate, Romani primis omnium Antiochi legatis operam dederunt: jusseruntque eum liberis in Asia civitatibus abstinere, neque ullam earum bello lacessere: iis item excedere quæ Ptolemæi aut Philippi fuissent, priusquam illas occuparet; denuntiarunt insuper, ne cum exercitu in Europam trajiceret: quum nemo jam è Græcis aut bello peteretur à quoquam; aut cuiquam serviret. addiderunt denique, quosdam è suo numero ad Antiochum esse venturos. Hoc ubi responsum acceperunt Hegesianax & Lysias, ad Regem sunt reversi. Secundum hos vocati omnes sunt, quos gentes aut civitates miserant: & quæ concilium decreverat illis sunt declarata.

Igitur Orestis, (Macedonum gens ita vocatur,) quod durante adhuc bello Romanis se adjunxissent, suas leges reddiderunt liberarunt etiam Perrhæbos, Dolopas, Magnetas. Thessalis præter libertatem concessam etiam Phthiotas Achæos attribuerunt, Thebis Phthioticis & Pharsalo excepto: nam pro Pharsalo Ætoli acri studio contendebant; ex legibus prioris fœderis eam urbem sibi vindicantes. idem & de Leucade postulabant. Sed concilium deliberationem super bisce Ætolorum postulatis ad Senatum iterum rejecit. Phocenses & Locrenses habere eis permiserunt concilio suo contributos, sicut ante habuerant. Corinthum, Triphyliam, & Heream, Achæis reddiderunt. Oreum & Eretriam plures Eumeni dabant. sed Tito cum concilio controversante, rata ea sententia non fuit. quare etiam paullo post Senatus libertatem his civitatibus dedit, & unâ cum his Carysto. Pleurato Lychnis & Parthini dati: Illyriorum utraque civitas, sed sub ditione Philippi fuerat. Amynandro tenere permiserunt castella, quæ per belli tempus capta Philippo ademisset. His ita constitutis, decem legati partiti sese sunt: ac Publius quidem Lentulus Bargylia nave contendit, eamque urbem liberam esse jussit. Lucius Stertinius Hephæstiam & Thasum & Thraciæ urbes adiit, atque idem fecit. Publius Villius, & Lucius Terentius ad Regem Antiochum est profectus. Gnæus Cornelius ad

Μακεδόνων μὲν οὖν τοὺς Ὀρέστας καλουμένους, διὰ τὸ προσχωρῆσαι σφίσι κατὰ τὸν πόλεμον, αὐτονόμους ἀφῆκαν. ἠλευθέρωσαν δὲ Περραιβοὺς καὶ Δόλοπας, καὶ Μάγνητας. Θετταλοῖς δὲ μετὰ τῆς ἐλευθερίας, καὶ τοὺς Ἀχαιοὺς τοὺς Φθιώτας προσένειμαν, ἀφελόμενοι Θήβας τὰς Φθίας, καὶ Φάρσαλον· οἱ γὰρ Αἰτωλοὶ περί τε τῆς Φαρσάλου, μεγάλην ἐποιοῦντο φιλοτιμίαν, φάσκοντες αὐτῶν δεῖν ὑπάρχειν κατὰ τὰς ἐξ ἀρχῆς συνθήκας· ὁμοίως δὲ καὶ περὶ Λευκάδος. Οἱ δὲ ἐν τῷ συνεδρίῳ, περὶ μὲν τούτων τῶν πόλεων ὑπερέθεντο τοῖς Αἰτωλοῖς τὸ διαβούλιον πάλιν ἐπὶ τὴν σύγκλητον. τοὺς δὲ Φωκέας, καὶ τοὺς Λοκροὺς, συνεχώρησαν αὐτοῖς ἔχειν καθάπερ εἶχον καὶ πρότερον ἐν τῇ συμπολιτείᾳ. Κόρινθον δὲ καὶ τὴν Τριφυλίαν, ... ἐπὶ δὲ τὴν Ἐρετριέων πόλιν, ἐδόκει μὲν τοῖς πλείοσιν Εὐμένει διδόναι· Τίτου δὲ πρὸς τὸ συνέδριον διαστείλαντος, οὐκ ἐκυρώθη τὸ διαβούλιον. διὸ καὶ μετά τινα χρόνον ἠλευθερώθησαν αἱ πόλεις αὗται διὰ τῆς συγκλήτου, καὶ σὺν ταύταις Κάρυστος. ἔδωκαν δὲ καὶ Πλευράτῳ Λυχνίδα καὶ Πάρθον, οὔσας μὲν Ἰλλυρίδας, ὑπὸ Φίλιππον δὲ ταττομένας. Ἀμυνάνδρῳ δὲ συνεχώρησαν, ὅσα παρεσπάσατο κατὰ τὸν πόλεμον ἐρύματα τοῦ Φιλίππου, κρατεῖν τούτων. Ταῦτα δὲ διοικήσαντες ἐμέρισαν σφᾶς αὐτούς. καὶ Πόπλιος μὲν Λέντουλος εἰς Βαργύλια πλεύσας, ἠλευθέρωσε τούτους. Λεύκιος δὲ Στερτίνιος, εἰς Ἡφαιστίαν καὶ Θάσον ἀφικόμενος, καὶ τὰς ἐπὶ Θρᾴκης πόλεις, ἐποίησε τὸ παραπλήσιον. πρὸς δὲ τὸν Ἀντίοχον ὥρμησαν, Πόπλιος Οὐίλλιος καὶ Λεύκιος Τερέντιος· οἱ δὲ περὶ Γνάϊον τὸν Κορ-

νήλιον

ἧκον πρὸς τὸν βασιλέα Φίλιππον. ᾧ καὶ συμμίξαντες πρὸς τοῖς Τέμπεσι, περί τε τῶν ἄλλων διελέχθησαν, ὑπὲρ ὧν εἶχον τὰς ἐντολάς, καὶ συνεβούλευον αὐτῷ πρεσβευτὰς πέμπειν εἰς τὴν Ῥώμην ὑπὲρ συμμαχίας· ἵνα μὴ δοκῇ τοῖς καιροῖς ἐφεδρεύων ἀποκαραδοκεῖν τὴν Ἀντιόχου παρουσίαν. Τοῦ δὲ βασιλέως συγκατατεθεμένου τοῖς ὑποδεικνυμένοις, εὐθέως ἀπ' ἐκείνου χωρισθέντες, ἧκον ἐπὶ τὴν τῶν Θερμικῶν σύνοδον, καὶ παρελθόντες εἰς τὰ πλήθη, παρεκάλουν τοὺς Αἰτωλοὺς διὰ πλειόνων, μένειν ἐπὶ τῆς ἐξ ἀρχῆς αἱρέσεως, καὶ διαφυλάττειν τὴν πρὸς Ῥωμαίους εὔνοιαν. Πολλῶν δὲ παρισταμένων, καὶ τῶν μὲν πράως καὶ πολιτικῶς μεμψιμοιρούντων αὐτοῖς, ἐπὶ τῷ μὴ κοινωνικῶς χρῆσθαι τοῖς εὐτυχήμασι, μηδὲ τηρεῖν τὰς ἐξ ἀρχῆς συνθήκας· τῶν δὲ λοιδορούντων καὶ φασκόντων οὔτ' ἂν ἐπιβῆναι τῆς Ἑλλάδος οὐδέποτε Ῥωμαίους, οὔτ' ἂν νικῆσαι Φίλιππον, εἰ μὴ δι' ἑαυτούς· τὸ μὲν ἀπολογεῖσθαι πρὸς ἕκαστα τούτων, οἱ περὶ τὸν Γνάιον ἀπεδοκίμασαν· παρεκάλουν δ' αὐτοὺς πρεσβεύειν εἰς τὴν Ῥώμην, διότι πάντων παρὰ τῆς συγκλήτου τεύξονται δικαίων, ὃ καὶ πεισθέντες ἐποίησαν. Καὶ τὸ μὲν τέλος τοῦ πρὸς Φίλιππον πολέμου τοιαύτην εἶχε διάθεσιν.

Ι.

Λευκίου Κορνηλίου ὡς Ἀντίοχον ἄφιξις.

ΟΤΙ προχωρούσης τῷ Ἀντιόχῳ κατὰ νοῦν τῆς ἐπιβολῆς,

Regem Philippum. Quem ut convenit ad Tempe, tum de cæteris rebus cum eo est collocutus, prout in mandatis habebat: tum etiam consilium ei dedit, ut ad societatem petendam mitteret Romam legatos: ne temporum opportunitates captasse & Antiochi adventum cupide exspectasse videretur. Assentiente Rege ei consilio quod monstrabatur, extemplo Cornelius ab eo discedens, Thermopylas ad Græcorum conventum venit. Ibi, ad multitudinem ut adiit, multis verbis Ætolos monuit ut in priore sententia manerent, & populi Rom. amicitiam constanter custodirent. Quum multi ad Cornelium accederent, atque alii leni civilique oratione apud eum quererentur, quod victoriæ fructus nequaquam secum communicassent; neque legibus fœderis quod initio inter ipsos esset factum, Romani stetissent: alii convitiis incesserent, dicerentque, Romanos absque se fuisset, ne pedem quidem in Græcia fuisse unquam posituros, nedum Regem Philippum debellaturos: non putavit Cornelius sibi faciendum, ut ad singula horum quæ dicebantur responderet: tantùm monuit, legatos mitterent Romam; omnia enim æqua ipsos à Senatu impetraturos. quod & consilio hujus usi fecerunt. Bellum quod cum Philippo Rege est gestum, hunc finem habuit.

X.

Lucii Cornelii ad Antiochum adventus.

QUUM ex animi sententia Antiocho inceptum procederet, atque

atque is jam in Thracia esset, venit Selymbriam L. Cornelius. Hic legatus à Senatu missus fuerat ad pacem conciliandam inter ipsum Antiochum & Ptolemæum.

παρόντι ἐν Θρᾴκῃ τῷ Ἀντιόχῳ, κατέπλευσαν εἰς Σηλυμβρίαν οἱ περὶ Λεύκιον Κορνήλιον. οὗτοι δ' ἦσαν παρὰ τῆς Συγκλήτου πρέσβεις, ἐπὶ τὰς διαλύσεις ἐξαπεσταλμένοι, τὰς Ἀντιόχου καὶ Πτολεμαίου.

XI.

Responsum Bœotorum ad legationem Philippi.

MISERAT Philippus legatos ad Bœotos: illi responsum legatis dederunt: postquam ad nos Philippus venerit, de postulatis ejus consultabimus.

ΙΑ.

Βοιωτῶν ἀπόκρισις πρὸς Φιλίππου πρεσβευτάς.

ΟΤΙ Φιλίππου πρεσβεύσαντος πρὸς Βοιωτοὺς, οἱ Βοιωτοὶ ἀπεκρίθησαν τοῖς πρεσβευταῖς, διότι παραγινομένου τοῦ βασιλέως πρὸς αὐτοὺς, τότε βουλεύσονται περὶ τῶν παρακαλουμένων.

XII.

Legationes Epirotarum & Eleorum ad Antiochum.

DUM Chalcide Antiochus agebat, sub principium hiemis venere ad eum legati, Charopus missus ab Epirotarum gente: & Callistratus ab Eleorum civitate. Postulabant ab eo Epirotæ, ne ipsos ante tempus in bellum adversus Romanos conjiceret; quos videbat universæ Græciæ versus Italiam præjacere. quod si posset ipse Epiro præsidens securitatem ipsis præstare, & urbibus & portubus illum se excepturos. sin hoc

ΙΒ.

Ἠπειρωτῶν καὶ Ἠλείων πρὸς Ἀντίοχον πρεσβεῖαι.

ΟΤΙ Ἀντιόχου διατρίβοντος ἐν τῇ Χαλκίδι, καὶ τοῦ χειμῶνος καταρχομένου, παρεγένοντο πρὸς αὐτὸν πρεσβευταὶ παρὰ μὲν τοῦ τῶν Ἠπειρωτῶν ἔθνους, οἱ περὶ Χάροπα· παρὰ δὲ τῆς τῶν Ἠλείων πόλεως, οἱ περὶ Καλλίστρατον. οἱ μὲν οὖν Ἠπειρῶται παρεκάλουν αὐτὸν, μὴ προεκβιβάζειν σφᾶς εἰς τὸν πρὸς Ῥωμαίους πόλεμον, θεωροῦντα, διότι πρόκεινται πάσης τῆς Ἑλλάδος πρὸς τὴν Ἰταλίαν. ἀλλ' εἰ μὲν αὐτὸς δύναται προκαθίσας τῆς Ἠπείρου, παρασκευάζειν σφίσι τὴν ἀσφάλειαν, ἔφασαν αὐτὸν δέξεσθαι καὶ ταῖς πόλεσι καὶ τοῖς λιμέσι. εἰ δὲ μὴ κρίνῃ τοῦτο πράττειν κατὰ τὸ παρὸν, συγγνώμην ἔχειν ἠξίουν αὐτοῖς, δεδιότι τὸν ἀπὸ Ῥωμαίων πόλεμον. οἱ δὲ Ἠλεῖοι παρεκάλουν πέμπειν τῇ πόλει βοήθειαν. ἐψηφισμένων γὰρ τῶν Ἀχαιῶν τὸν πόλεμον, εὐλαβεῖσθαι τὴν τούτων ἔφοδον. ὁ δὲ βασιλεὺς τοῖς μὲν Ἠπειρώταις ἀπεκρίθη διότι πέμψει πρεσβευτὰς τοὺς διαλεχθησομένους αὐτοῖς ὑπὲρ τῶν κοινῇ συμφερόντων. τοῖς δ' Ἠλείοις ἐξαπέστειλε χιλίους πεζοὺς, ἡγεμόνα συστήσας Εὐφάνην τὸν Κρῆτα.

non statuerit facere impræsentiarum; veniam sibi dari æquum censebant, si bellum à Romanis sibi inferendum metuerent. Elei à rege petebant, ut sibi subsidium mitteretur; quia enim bellum gerere Achæi decreverint, vereri se ne ab iis invadantur. Respondit Rex Epirotis, legatos se missurum, qui de iis quæ ad communem utilitatem spectant, cum ipsis agant. Eleis mille peditum submisit, duce Euphane Cretensi.

ΙΓ.

Πῶς οἱ Αἰτωλοὶ ἁλούσης ὑπὸ Ῥωμαίων Ἡρακλείας οὐχ ἅπαξ πρὸς Ῥωμαίους πρεσβείας πέμψαντες, τέλος ἠναγκάσθησαν εἰς Ῥωμαίων πίστιν αὑτοὺς ἐγχειρίσαι.

Πῶς οἱ Αἰτωλοὶ τῷ τῆς πίστεως ὀνόματι πλανηθέντες, ἐπεὶ ἔγνωσαν ἣν δύναμιν ἔχει τὸ πρᾶγμα, ἀποθηριωθέντες ἠκύρωσαν τὰς διαλύσεις.

Νικάνδρου τοῦ πρὸς Ἀντίοχον πεμφθέντος ἐπάνοδος, καὶ πρὸς Φίλιππον κοινολογία.

XIII.

Quomodo Ætoli post captam à Romanis Heracleam, missis ad Romanos non semel legatis, tandem dedere se in fidem populi Rom. fuerint coacti.

Quomodo Ætoli FIDEI nomine decepti, ubi vim formulæ animadverterunt, efferati animis, pacta conventa antiquarunt.

Nicandri qui ad Antiochum fuerat missus ab Ætolis, reditus; & habitum ab eo colloquium cum Philippo.

ΟΤΙ οἱ περὶ τὸν Φαινέαν, τὸν τῶν Αἰτωλῶν στρατηγὸν, μετὰ τὸ γενέσθαι τὴν Ἡράκλειαν ὑποχείριον τοῖς Ῥωμαίοις, ὁρῶντες τὸν περιεστῶτα καιρὸν τὴν Αἰτωλίαν· καὶ λαμβάνοντες πρὸ ὀφθαλμῶν τὰ

POSTEAQUAM fuit capta à Romanis Heraclea, Phæneas Prætor Ætolorum cogitans quantum periculum Ætoliam circunstaret, sibique ob oculos ponens, qui

maneret

maneret casus reliquas civitates; induciarum pacisque petendæ oratores ad Manium statuit mittere. hoc consilio missi sunt Archedamus, Pantaleo, & Chalesus. qui ubi consulem Rom. convenerunt, longiorem paraverant orationem: sed interfatus Cos. ne plura dicerent impediit. M? enim Acilius sibi otium esse in præsentia negavit, occupato circa administrationem prædæ ex Heraclea: datis vero decem dierum induciis, L. Valerium Flaccum se cum iis dixit missurum, cui exponerent si qua vellent. Induciæ ut sunt factæ, & Lucius una cum illis Hypatam venit, de præsenti negotio multi sunt habiti sermones. Ibi Ætoli defensionem instituebant, merita sua antiqua in populum Rom. commemorantes. at Lucius inhibito hoc eorum incepto, genus hoc defensionis negavit præsenti convenire tempori. nam quum pristina benevolentiæ officia essent ab iis violata, & per ipsos Ætolos accensum hoc tantum odium; nihil jam prioribus meritis præsens tempus sublevari. Itaque omissa defensione, ut totam in preces orationem verterent, auctor illis erat, utque peccatorum veniam impetrare à Cos. precibus contenderent. Ætoli post longiorem disceptationem super variis quæ in sermonem inciderant, decernunt summam rerum suarum M? Acilio permittere, seque in Romanorum fidem dedere: ignari quæ verbo vis insit: sed FIDEI voce decepti, quasi propter illud mitior Consul ipsis esset futurus. Apud Ro-

συμβεβηκότα ταῖς ἄλλαις πόλεσιν, ἔκριναν διαπέμπεσθαι πρὸς τὸν Μάνιον, ὑπὲρ ἀνοχῶν καὶ διαλύσεως. ταῦτα δὲ διαλαβόντες ἐξαπέστειλαν Ἀρχέδαμον καὶ Πανταλέοντα, καὶ Χάλησον· οἱ συμμίξαντες τῷ στρατηγῷ τῶν Ῥωμαίων, προέθεντο μὲν καὶ πλείους ποιεῖσθαι λόγους· μεσολαβηθέντες δὲ κατὰ τὴν ἔντευξιν, ἐκωλύθησαν. ὁ γὰρ Μάνιος, κατὰ μὲν τὸ παρὸν, οὐκ ἔφασκεν εὐκαιρεῖν περισπώμενος ὑπὸ τῆς ἐκ τῆς Ἡρακλείας λαφύρων οἰκονομίας. δεχημέρους δὲ ποιησάμενος ἀνοχὰς, ἐκπέμψειν ἔφη μετ᾽ αὐτῶν Λεύκιον, πρὸς ὃν ἐκέλευσε λέγειν, ὑπὲρ ὧν ἂν δέοιντο. Γενομένων δὲ τῶν ἀνοχῶν, καὶ τοῦ Λευκίου συνελθόντος εἰς τὴν Ὑπάταν, ἐγίνοντο λόγοι καὶ πλείους ὑπὲρ τῶν ἐνεστώτων. Οἱ μὲν οὖν Αἰτωλοὶ συνίσταντο τὴν δικαιολογίαν, ἀνέκαθεν προσφερόμενοι τὰ προγεγονότα σφίσι φιλάνθρωπα πρὸς τοὺς Ῥωμαίους. ὁ δὲ Λεύκιος ἐπιτεμὼν αὐτῶν τὴν ὁρμὴν, οὐκ ἔφη τοῖς παροῦσι καιροῖς ἁρμόζειν τοῦτο τὸ γένος τῆς δικαιολογίας. λελυμένων γὰρ τῶν ἐξ ἀρχῆς φιλανθρώπων δι᾽ ἐκείνους, καὶ τῆς ἐνεστώσης ἔχθρας, δι᾽ Αἰτωλοὺς γεγενημένης, οὐδὲν ἔτι συμβάλλεσθαι τὰ τότε φιλάνθρωπα πρὸς τοὺς νῦν καιρούς. Διόπερ ἀφεμένους τοῦ δικαιολογεῖσθαι, συνεβούλευε τρέπεσθαι πρὸς τὸν ἀξιωματικὸν λόγον, καὶ δεῖσθαι τοῦ στρατηγοῦ συγγνώμης τυχεῖν ἐν τοῖς ἡμαρτημένοις. Οἱ δ᾽ Αἰτωλοὶ, καὶ πλείω λόγον ποιησάμενοι περὶ τῶν ὑποπιπτόντων, ἔκριναν ἐπιτρέπειν τὰ ὅλα Μανίῳ, δόντες αὐτοὺς εἰς τὴν Ῥωμαίων πίστιν· οὐκ εἰδότες ἣν δύναμιν ἔχει τοῦτο. τῷ δὲ τῆς ΠΙΣΤΕΩΣ ὀνόματι πλανηθέντες, ὡς ἂν διὰ τοῦτο * λᾳοτέρου σφίσι Λευκίου ὑπάρξον-

τος.

τος. Παρὰ δὲ Ῥωμαίοις ἰσοδυναμεῖ τό, τε ΕΙΣ ΤΗΝ ΠΙΣΤΙΝ ΑΥΤΟΝ ΕΓΧΕΙΡΙΣΑΙ, καὶ τὸ ΤΗΝ ΕΠΙΤΡΟΠΗΝ ΔΟΥΝΑΙ ΠΕΡΙ ΑΥΤΟΥ ΤΩι ΚΡΑΤΟΥΝΤΙ. Πλὴν ταῦτα κρίναντες, ἐξέπεμψαν ἅμα τῷ Λευκίῳ τοὺς περὶ Φαινέαν, διασαφήσοντας τὰ δεδογμένα τῷ Μανίῳ κατὰ σπουδήν. οἱ καὶ συμμίξαντες τῷ στρατηγῷ, καὶ πάλιν ὁμοίως δικαιολογηθέντες ὑπὲρ αὐτῶν, ἐπὶ καταστροφῆς εἶπαν· ΔΙΟΤΙ ΚΕΚΡΙΤΑΙ ΤΟΙΣ ΑΙΤΩΛΟΙΣ ΣΦΑΣ ΑΥΤΟΥΣ ΕΓΧΕΙΡΙΖΕΙΝ ΕΙΣ ΤΗΝ ΡΩΜΑΙΩΝ ΠΙΣΤΙΝ. ὁ δὲ Μάνιος μεταλαβών, οὐκοῦν οὕτως ἔχει ταῦτα φησὶν, ὦ ἄνδρες Αἰτωλοί; τῶν δὲ κατανευσάντων· Τοιγαροῦν πρῶτον μὲν δεήσει μηδένα διαβαίνειν ὑμῶν εἰς τὴν Ἀσίαν, μήτε κατ᾽ ἰδίαν, μήτε μετὰ κοινοῦ δόγματος· δεύτερον, Δικαίαρχον ἐκδοτὸν δοῦναι, καὶ Μενέστρατον τὸν Ἠπειρώτην, ὃς ἐτύγχανε τότε παραβεβοηθηκὼς εἰς Ναύπακτον· σὺν δὲ τούτοις, Ἀμύνανδρον τὸν βασιλέα καὶ τῶν Ἀθαμάνων, τοὺς ἅμα τούτῳ συναποχωρήσαντας πρὸς αὐτούς. ὁ δὲ Φαινέας, μεσολαβήσας, Ἀλλ᾽ οὔτε δίκαιον ἔφησεν, οὔθ᾽ Ἑλληνικόν ἐστιν ὦ στρατηγὲ τὸ παρακαλούμενον. ὁ δὲ Μάνιος, οὐχ οὕτως ὀργισθεὶς, ὡς βουλόμενος εἰς ἔννοιαν αὐτὸν ἀγαγεῖν τῆς περιστάσεως, καὶ καταπλήξασθαι τοῖς ὅλοις· Ἔτι γὰρ ὑμεῖς Ἑλληνοκοπεῖτε, φησὶ, καὶ περὶ τοῦ δέοντος καὶ καθήκοντος ποιεῖσθε λόγον, δεδωκότες ἑαυτοὺς εἰς τὴν πίστιν; οὓς ἐγὼ δήσας εἰς τὴν ἅλυσιν ἀπάξω πάντας, ἂν τοῦτο ἐμοὶ δόξῃ. ταῦτα λέγων, φέρειν ἅλυσιν ἐκέλευε καὶ σκύλακα σιδηροῦν ἑκάστῳ περιθεῖναι περὶ τὸν τράχηλον. οἱ

manos verò ejusdem significationis sunt ista: FIDEI SE PERMITTERE, & VICTORIS ARBITRIO SE PERMITTERE. Ætoli igitur hoc facto decreto, Phæneam cum Lucio miserunt, qui Manio quæ decreta fuerant indicaret. is ut Consulem convenit, ac similiter caussam Ætolorum apud eum egit, ita ad extremum finivit, ut diceret, DECREVISSE ÆTOLOS, SESE FIDEI POP. ROM. PERMITTERE. excipiens Manius, Itane ergo est, inquit, sicut dicitis ô Ætoli? quum affirmaret Phæneas, & qui cum eo erant: pergit Cos. Ergo oportebit primùm quidem nequis Ætolorum in Asiam transeat, neque privatim neque publice: deinde Dicæarchum ut mihi dedatis, & Menestratum Epirotam; (is Naupactum cum præsidio erat ingressus;) ad hæc Amynandrum & eos Athamanes qui illum secuti à nobis defecerunt. Heic interfatus Phæneas, Atqui, ait, neque justum est neque moris Græcorum quod nobis Cos. imperas. ad hæc Manius, non tam ira concitatus, quàm eo consilio, ut quò essent redacti tandem sentirent, utque illis terrorem ab omni parte quam maximum incuteret: Vosne, inquit, Græculi mores vestros adhuc mihi memoratis, & de eo quod convenit, deque officio verba facitis, qui fidei meæ vos permiseritis? quos ego, si ita visum fuerit, catenis vinctos duci omnes jubebo. simul cum his catenas afferri jussit, & boiam ferream cujusque illorum collo aptari. demirari

mirari tum Phæneas quique cum eo erant, atque omnes ſtare muti; tanquam inopinata hujuſce caſus novitas & corporum & animorum uſum ipſis ademiſſet. At Lucius & alii nonnulli qui aderant Tribuni Manium orarunt, ne quid ſecius in prҿſentes Ætolos, qui legatorum perſonas ſuſtinebant, conſuleret. Adnuente Manio, cepit Phæneas: dixit namque, & ſe & Apocletos Ætolorum imperata facturos: ſed & multitudinis concilio opus eſſe, ſi firmari vellet quæ imperaſſet. Approbante Acilio quæ ille dixerat, rurſus decem dierum inducias poſtulabat Phæneas. re impetrata, ita diſceſſum eſt tum quidem. Hypatam deinde ut venit Phæneas, in concilio delectorum, (Apocletos ipſi vocant,) quæ facta dictaque fuerant exponit. quibus auditis, tum primum venit Ætolis in mentem ſui erroris, & quam duram conditionem ſubjiſſent. viſum ergo ad civitates ſcribere & Ætolos convocare, deliberaturos ſuper iis quæ imperabantur. Poſteaquam verò in vulgus innotuere quæ Phæneæ acciderant, ita efferata eſt multitudo, ut ne deliberandi quidem gratiâ convenire quiſquam vellet. Igitur, cum rei difficultas quæ Ætolorum vires ſuperabat, impediit ne de iis quæ imperabantur deliberaretur: tum etiam, ubi Nicander eo ipſo tempore ex Aſia rediens Phalaram in ſinu Maliaco, unde erat navi profectus, appulit, & propenſum Regis animum in Ætolorum gentem declaravit, quidve in poſterum polliceretur, multo adhuc magis neglexe-

μὲν οὖν περὶ τὸν Φαινέαν ἔκθαμβοι γεγονότες, ἵστασαν ἄφωνοι πάντες, οἱονεὶ παραλελυμένοι καὶ τοῖς σώμασι, καὶ ταῖς ψυχαῖς, διὰ τὸ παράδοξον τῶν ἀπαντωμένων. ὁ δὲ Λεύκιος, καί τινες ἕτεροι τῶν συμπαρόντων χιλιάρχων, ἐδέοντο τοῦ Μανίου, μηδὲν βουλεύσασθαι δυσχερὲς ὑπὲρ τῶν παρόντων ἀνδρῶν, ἐπεὶ τυγχάνουσιν ὄντες πρεσβευταί. τοῦ δὲ συγχωρήσαντος, ἤρξατο λέγειν ὁ Φαινέας· ἔφη γὰρ αὐτὸν καὶ τοὺς Αποκλήτους ποιήσειν τὰ προσταττόμενα, προσδεῖσθαι δὲ καὶ τῶν πολλῶν, εἰ μέλλει κυρωθῆναι τὰ παραγγελλόμενα. τοῦ δὲ Μανίου φήσαντος αὐτὸν ὀρθῶς λέγειν, ἠξίου πάλιν ἀνοχὰς αὐτοῖς δοθῆναι δεχημέρους. Συγχωρηθέντος δὲ καὶ τούτου, τότε μὲν ἐπὶ τούτοις ἐχωρίσθησαν· παραγενόμενοι δ' εἰς τὴν Υπάταν διεσάφουν τοῖς Αποκλήτοις τὰ γεγονότα, καὶ τοὺς ῥηθέντας λόγους. ὧν ἀκούσαντες, τότε πρῶτον ἔννοιαν ἔλαβον Αἰτωλοὶ τῆς αὐτῶν ἀγνοίας, καὶ τῆς ἐπιφερομένης αὐτοῖς ἀνάγκης. διὸ γράφειν ἔδοξεν εἰς τὰς πόλεις, καὶ συγκαλεῖν τοὺς Αἰτωλούς, χάριν τοῦ βουλεύσασθαι περὶ τῶν προσταττομένων. Διαδοθείσης δὲ τῆς φήμης ὑπὲρ τῶν ἀπηντημένων τοῖς περὶ τὸν Φαινέαν, οὕτως ἀπεθηριώθη τὸ πλῆθος, ὥστ' οὐδ' ἀπαντᾶν οὐδεὶς ἐπεβάλετο πρὸς τὸ διαβούλιον. τοῦ δ' ἀδυνάτου κωλύσαντος βουλεύσασθαι περὶ τῶν ἐπιταττομένων, ἅμα δὲ καὶ τοῦ Νικάνδρου κατὰ τὸν καιρὸν τοῦτον καταπλεύσαντος ἐκ τῆς Ασίας εἰς τὰ Φάλαρα, τοῦ κόλπου τοῦ Μηλιέως, ὅθεν καὶ τὴν ὁρμὴν ἐποιήσατο, καὶ διασαφοῦντος τὴν τοῦ βασιλέως εἰς αὐτὸν προθυμίαν καὶ τὰς εἰς τὸ μέλλον ἐπαγγελίας· ἔτι μᾶλλον ὠλιγώρη-

σχεῖν, τοῦ μηδὲν γενέσθαι πέρας ὑπὲρ τῆς εἰρήνης. ὅθεν ἅμα τῷ διελθεῖν τὰς ἐν ταῖς ἀνοχαῖς ἡμέρας, κατάμονος αὖθις ὁ πόλεμος ἐγεγόνει τοῖς Αἰτωλοῖς. Περὶ δὲ τῆς συμβάσης τῷ Νικάνδρῳ περιπετείας οὐκ ἄξιον παρασιωπῆσαι. παρεγενήθη μὲν γὰρ ἐκ τῆς Ἐφέσου δωδεκαταῖος εἰς τὰ Φάλαρα πάλιν ἀφ' ἧς ὡρμήθη ἡμέρας· καταλαβὼν δὲ τοὺς Ῥωμαίους ἔτι περὶ τὴν Ἡράκλειαν, τοὺς Μακεδόνας μὲν ἀφεστῶτας ἀπὸ τῆς Λαμίας, οὐ μακρὰν δὲ στρατοπεδεύοντας τῆς πόλεως· τὰ μὲν χρήματα εἰς τὴν Λαμίαν διεκόμισε παραδόξως. αὐτὸς δὲ τῆς νυκτὸς ἐπεβάλετο κατὰ τὸν μεταξὺ τόπον τῶν στρατοπέδων, διαπεσεῖν εἰς τὴν Ὑπάταν. ἐμπεσὼν δ' εἰς τοὺς προκοίτους τῶν Μακεδόνων, ἀνήγετο πρὸς τὸν Φίλιππον ἔτι τῆς συνουσίας ἀκμαζούσης· πρὸς τὸ πείσεσθαί τι δεινὸν πεσὼν ὑπὸ τοῦ Φιλίππου τὸν θυμὸν, ἢ παραδοθήσεσθαι τοῖς Ῥωμαίοις. τοῦ δὲ πράγματος ἀγγελθέντος τῷ βασιλεῖ, ταχέως ἐκέλευσε τοὺς ἐπὶ τούτων ὄντας, θεραπεῦσαι τὸν Νίκανδρον, καὶ τὴν λοιπὴν ἐπιμέλειαν αὐτοῦ ποιήσασθαι φιλάνθρωπον. μετὰ δέ τινα χρόνον, αὐτὸς ἐξαναστὰς συνέμιξε τῷ Νικάνδρῳ· καὶ πολλὰ καταμεμψάμενος τὴν κοινὴν τῶν Αἰτωλῶν ἄγνοιαν, ἐξ ἀρχῆς μὲν ὅτι Ῥωμαίους ἐπαγάγοιεν τοῖς Ἕλλησι μετὰ δὲ ταῦτα πάλιν Ἀντίοχον, ὅμως ἔτι καὶ νῦν παρεκάλει, λήθην ποιησαμένους τῶν προγεγονότων, ἀντέχεσθαι τῆς πρὸς αὐτὸν εὐνοίας, καὶ μὴ θελῆσαι συνεπεμβαίνειν τοῖς κατ' ἀλλήλων καιροῖς. Ταῦτα μὲν οὖν παρῄνει τοῖς προεστῶσι τῶν Αἰτωλῶν ἀναγγέλλειν. αὐτὸν δὲ τὸν Νίκανδρον παρακαλέσας μνημονεύειν τῆς εἰς αὐτὸν γεγενημένης εὐεργ-

runt inchoatam pacificationem ad exitum perducere. Itaque exactis induciarum diebus, bellum Ætolis cum populo Rom. manebat. Non est autem prætermittendus qui Nicandro contigit casus. Is duodecimo die quàm navem conscenderat, Epheso revertens Phalaram tenuit. quumque offendisset Romanos Heracleæ adhuc hærere, Macedonas verò Lamià quidem castra movisse, sed non procul ab urbe consedisse; pecuniam inusitata quadam sollertia Lamiam devexit; ipse noctu inter utraque castra medio agro dum conatur Hypatam evadere, in stationem selectorum Macedonum incidit, & ad Philippum est deductus, nondum convivio dimisso: male videlicet à Rege multandus, ubi iræ ipsius fuisset expositus; aut Romanis ad supplicium tradendus. Verumenimuero Rex Philippus posteaquam hoc ei nuntiatum est, ministros confestim jubet, ad quos ea cura pertinebat, Nicandrum ut curent, & cæteris rebus omnibus humaniter illum habere studeant. Tum autem non ita multo post ipse de mensa surgit, & Nicandrum convenit. & quum oratione longa conquestus multa esset de publica Ætolorum amentia; qui primum Romanos, deinde Antiochum in Græciam adduxissent: ut vel nunc præteritorum obliti amicitiam suam respicerent monuit, neque vellent adversis rebus suis invicem insultare atque insidiari. Hæc principibus Ætolorum ut renuntiaret, eum hortatus est: Nicandrum deinde monitum ut beneficii quod jam à se accipiebat

piebat meminisset, cum idoneo comitatu dimisit, jussitque eos quibus id negotii dabat, ut Hypatam tutò ipsum deducerent. Nicander cui plane contrà spem suam atque opinionem omnium ea res evenisset, tum quidem ad suos est reversus: insecutis verò temporibus, ab hoc principio benevolum semper animum erga regiam domum Macedonum servavit. quamobrem postea Persici belli tempore obligatus eo quod diximus beneficio, cum Persei conatibus lentè & invitus resisteret, suspectus delatusque fuit; ac tandem Romam accitus, ibi vitam cum morte commutavit.

γισίας, ἐξέπεμπε μετὰ προπομπῆς ἱκανῆς, παραγγείλας τοῖς ἐπὶ τούτων τεταγμένοις, ἀσφαλῶς εἰς τὴν Ὑπάτην αὐτὸν ἀποκαταστῆσαι. Ὁ δὲ Νίκανδρος τελέως ἀνελθών, καὶ παραδόξου φανείσης αὐτῷ τῆς ἀπαντήσεως, τότε μὲν ἀνεκομίσθη πρὸς τοὺς οἰκείους· κατὰ δὲ τὸν ἑξῆς χρόνον ἀπὸ ταύτης τῆς ἐντεύξεως εὔνους ὢν διετέλει τῇ Μακεδόνων οἰκίᾳ. διὸ καὶ μετὰ ταῦτα κατὰ τοὺς Περσικοὺς καιροὺς, ἐνδεδεμένος τῇ προειρημένῃ χάριτι, καὶ δυσχερῶς ἀντιπράττων ταῖς τοῦ Περσέως ἐπιβολαῖς, εἰς ὑποψίαν καὶ διαβολὰς ἐμπεσών, καὶ τέλος ἀνακληθεὶς εἰς Ῥώμην, ἐκεῖ μετήλλαξε τὸν βίον.

XIV.

Legatio Lacedæmoniorum ad Senatum Romanum.

CONTIGIT tempore eodem ut & missa à Lacedæmoniis legatio Romam rediret, re infecta cujus perficiendæ spe illuc iuerat. De obsidibus & pagis agebatur. At senatus ad pagos quidem quod attinet, respondit se super ea re mittendis legatis daturum mandata. de obsidibus, amplius velle se deliberare. Ad exules verò quod spectat, mirari se Achæos dixit, qui ipsos in patriam non reducerent, quando liberata jam foret Sparta.

ΙΔ.

Πρεσβεία Λακεδαιμονίων πρὸς τὴν Ῥωμαίων σύγκλητον.

ΟΤΙ κατὰ τὸν καιρὸν τοῦτον συνέβη καὶ τὴν ἐκ τῆς Ῥώμης πρεσβείαν, ἣν ἀπέστειλαν οἱ Λακεδαιμόνιοι, παραγενέσθαι διεψευσμένην τῶν ἐλπίδων. Ἐπρέσβευον μὲν γὰρ περὶ τῶν ὁμήρων, καὶ τῶν κωμῶν. ἡ δὲ σύγκλητος περὶ μὲν τῶν κωμῶν, ἔφησεν ἐντολὰς δώσειν τοῖς παρ' αὐτῆς ἀποστελλομένοις πρέσβεσιν. περὶ δὲ τῶν ὁμήρων, ἔτι βουλεύσασθαι θέλειν· περὶ δὲ τῶν φυγάδων, τῶν Ἀχαιῶν θαυμάζειν ἔφησεν, πῶς οὐ κατάγουσιν αὐτοὺς εἰς τὴν οἰκείαν, ἠλευθερωμένης τῆς Σπάρτης.

ΙΕ.

Ὅσα ἡ Σύγκλητος Φιλίππῳ ἐχαρίσατο μετὰ τὸν πρὸς Ἀντίοχον πόλεμον.

ΟΤΙ κατὰ τοὺς αὐτοὺς καιροὺς, ἡ σύγκλητος ἐχρημάτισε τοῖς παρὰ Φιλίππου πρεσβευταῖς. ἧκον γὰρ παρ' αὐτοῦ πρέσβεις ἀπολογιζόμενοι τὴν εὔνοιαν καὶ προθυμίαν ἣν παρέσχε τοῖς Ῥωμαίοις ὁ βασιλεὺς ἐν τῷ πρὸς Ἀντίοχον πολέμῳ· ὧν διακούσασα, τὸν μὲν υἱὸν Δημήτριον ἀπέλυσε τῆς ὁμηρείας παραχρῆμα· ὁμοίως δὲ καὶ τῶν φόρων ἐπηγγείλατο παράλυσιν, διαφυλάξαντος αὐτοῦ τὴν πίστιν ἐν τοῖς ἐνεστῶσι καιροῖς· παραπλησίως δὲ καὶ τοὺς τῶν Λακεδαιμονίων ὁμήρους ἀφῆκε. πλὴν Ἀρμένα τοῦ Νάβιδος υἱοῦ· οὗτον δὲ μετὰ ταῦτα συνέβη νόσῳ μεταλλάξαι τὸν βίον.

XV.

Indulgentia Senatus ergà Philippum post bellum adversus Antiochum.

CIRCA tempus illud quo hæc gerebantur, admissi sunt in Senatum legati Regis Philippi & à Patribus auditi. Venerant enim ab eo legati, ad declarandam benevolentiam & studium quo usus Rex fuerat tempore belli adversus Antiochum. quibus auditis, Senatus Demetrio quidem necessitatem extemplo remisit manendi Romæ pro obside: sed & tributum quoque pariter se remissurum promisit, si in bello jam instanti fidem Rex constanter servaret. Similiter & Lacedæmoniorum obsides dimissi, excepto Armena Nabidis filio: qui postea è morbo diem suum ibi obiit.

Ις.

ΕΘΟΣ Ῥωμαίων, μετὰ νίκην ἐλιννύας ἡμέρας ἄγειν.

Ὅσα ἡ Σύγκλητος Αἰτωλοῖς ἐχρημάτισε.

ΟΤΙ Ῥωμαίοις τῆς κατὰ τὴν ναυμαχίαν νίκης ἄρτι προσηγγελμένης, πρῶτον μὲν τῷ δήμῳ παρήγγειλαν ἐλιννύας ἄγειν ἡμέρας ἐννέα. τοῦτο δ' ἐστι σχολάζειν πανδημεὶ, καὶ θύειν τοῖς θεοῖς χαριστήρια τῶν εὐτυχημάτων. μετὰ δὲ ταῦτα

XVI.

Mos Romanorum parta victoria, supplicationes decernendi.

Responsum Ætolis datum à Senatu.

POST navale prælium ut Romam victoria est nuntiata, populo edictum est, ut novem dies festos ageret. hoc autem est, ut ab opere omnes abstinerent, & pro re bene gesta diis sacrificarent. Deinde legatis, de legatis, qui ab Ætolis & Manio fuerant missi, datus est Senatus. posteaquam multa utrinque fuissent dicta, visum Patribus duas conditiones Ætolis ferre: vel Senatui liberum arbitrium de se & suis omnibus permitterent: vel mille talentum confestim darent, eosdemque amicos & inimicos haberent. Postulantibus Ætolis ut diserte Senatus exponeret, quarum rerum in se arbitrium permittere eos Romanis oporteret: non admisere Patres ejusmodi distinctionem. itaque infecta pace sunt dimissi.

τοὺς παρὰ τῶν Αἰτωλῶν πρέσβεις, καὶ τοὺς παρὰ τοῦ Μανίου, προσῆγον τῇ συγκλήτῳ. γινομένων δὲ πλειόνων παρ' ἀμφοῖν λόγων, ἔδοξε τῷ συνεδρίῳ, δύω προτείνειν γνώμας τοῖς Αἰτωλοῖς· ἢ διδόναι τὴν ἐπιτροπὴν περὶ πάντων τῶν καθ' αὑτοὺς· ἢ χίλια τάλαντα παραχρῆμα δοῦναι, καὶ τὸν αὐτὸν ἐχθρὸν καὶ φίλον νομίζειν Ῥωμαίοις. Τῶν δ' Αἰτωλῶν ἀξιούντων διασαφῆσαι ῥητῶς ἐπὶ τίσι δεῖ διδόναι τὴν ἐπιτροπὴν, οὐ προσεδέχετο τὴν διαστολὴν ἡ σύγκλητος. διὸ καὶ τούτοις γέγονε κατάμονος ὁ πόλεμος.

XVII.

IZ.

Atheniensium legatio ad Romanos pro Ætolis.

Ætolorum anxietas in probandis aut repudiandis conditionibus quas Romani offerebant.

Πρεσβεία Ἀθηναίων πρὸς Ῥωμαίους ὑπὲρ Αἰτωλῶν.

Αἰτωλῶν δυσχέρεια ἐπὶ τοῖς προτεινομένοις ὑπὸ Ῥωμαίων.

Quo tempore oppidum Amphissensium à Manio Acilio obsidione premebatur, populus Atheniensis cognitis eorum miseriis, & Publii Scipionis Africani adventu, legationem cujus princeps erat Echedemus proficisci jussit, mandavitque ei, ut Lucium ac Publium Cornelios fratres salutaret: simul exploraret, si qua ratione pax genti Ætolorum conciliari posset. Publius eorum adventum sibi gratum esse testatus, comiter & humane cum iis agebat: quod cerneret ad proposita exsequenda, & ea consilia

ΟΤΙ πολιορκουμένων τῶν Ἀμφισσέων ὑπὸ Μανίου τοῦ Ῥωμαίων στρατηγοῦ, κατὰ τὸν καιρὸν τοῦτον ὁ τῶν Ἀθηναίων δῆμος πυνθανόμενος τήν τε τῶν Ἀμφισσέων ταλαιπωρίαν, καὶ τὴν τοῦ Ποπλίου παρουσίαν, ἐξαπέστειλε πρεσβευτὰς τοὺς περὶ τὸν Ἐχέδημον, ἐντειλάμενος ἅμα μὲν ἀσπάσασθαι τοὺς περὶ τὸν Λεύκιον καὶ Πόπλιον· ἅμα δὲ καταπειράζειν τῆς πρὸς Αἰτωλοὺς διαλύσεως. ὧν παραγινομένων, ἀσμένως ἀποδεξάμενος ὁ Πόπλιος ἐφιλανθρώπει τοὺς ἄνδρας, θεωρῶν ὅτι παρἔξοιντο χρείαν αὐτῷ πρὸς τὰς προκειμένας ἐπιβολάς. ὁ γὰρ προειρημένος ἀνήρ, ἐβούλετο θέσθαι μὲν καλῶς τὰ κατὰ τοὺς Αἰτωλούς· εἰ δὲ μὴ συνυπακούοιεν, πάντως διειλήφει παραλιπὼν ταῦτα, διαβαίνειν εἰς τὴν Ἀσίαν· σαφῶς γινώσκων, διότι τὸ τέλος ἐστὶ τοῦ πολέμου, καὶ τῆς ὅλης ἐπιβολῆς, οὐκ ἐν τῷ χειρώσασθαι τὸ τῶν Αἰτωλῶν ἔθνος· ἀλλ' ἐν τῷ νικήσαντας τὸν Ἀντίοχον κρατῆσαι τῆς Ἀσίας. Ἅμα τῷ μνησθῆναι τοὺς Ἀθηναίους ὑπὲρ τῆς διαλύσεως, ἑτοίμως προσδεξάμενος τοὺς λόγους, ἐκέλευσε παραπλησίως πειράζειν αὐτοὺς καὶ τῶν Αἰτωλῶν. οἱ δὲ περὶ τὸν Ἐχέδημον προδιαπεμψάμενοι, καὶ μετὰ ταῦτα πορευθέντες εἰς τὴν Ὑπάταν, αὐτοὶ διελέγοντο περὶ τῆς διαλύσεως τοῖς ἄρχουσι τῶν Αἰτωλῶν. ἑτοίμως δὲ κἀκείνων συνυπακουόντων, κατεστάθησαν οἱ συμμίξοντες τοῖς Ῥωμαίοις· οἳ καὶ παραγενόμενοι πρὸς τοὺς περὶ τὸν Πόπλιον, καταλαβόντες αὐτοὺς στρατοπεδεύοντας ἐν ξ' σταδίοις ἀπὸ τῆς Ἀμφίσσης, πολλοὺς διετίθεντο λόγους, ἀναμιμνήσκοντες τῶν γεγονότων σφίσι φιλανθρώπων πρὸς Ῥωμαίους· ἔτι δὲ * πρᾳότερον καὶ φιλανθρωπότερον ὁμιλήσαντος τοῦ Ποπλίου, καὶ προφερομένου τάς τε κατὰ τὴν Ἰβηρίαν καὶ τὴν Λιβύην πράξεις, καὶ διασαφοῦντος τίνα τρόπον κέχρηται τοῖς κατ' ἐκείνους τοὺς τόπους αὐτῷ πιστεύσασι, καὶ τέλος φάσκοντος δεῖν ἐγχειρίζειν σφᾶς αὐτοὺς καὶ πιστεύειν· τὰς μὲν ἀρχὰς ἅπαντες οἱ παρόντες, εὐέλπιδες ἐγενήθησαν, ὡς αὐτίκα μάλα τελεσιουργηθησομένης τῆς διαλύσεως. ἐπεὶ δὲ πυθομένων τῶν Αἰτωλῶν ἐπὶ τίσι δεῖ ποιεῖσθαι τὴν

quæ animo tunc versabat, utilem operam ipsorum futuram. Erat Publii consilium, componere res Ætolorum: aut si morem gerere illi nollent, omnino eos in præsentia missos facere constituerat, & in Asiam trajicere. Probe namque intelligebat, nequaquam in eo belli exitum & omnium quæ moliebantur esse situm, ut Ætolorum gentem sub jugum Romani mitterent: sed in eo potius, ut victo Antiocho Asiam obtinerent. Itaque simulac pacificationis mentio injecta fuit ab Atheniensibus, lubente animo audita eorum oratione, ut vicissim Ætolorum voluntatis periculum facerent, jussit. Legati igitur Atheniensium præmissis prius nonnullis, deinde ipsi Hypatam profecti, cum principibus Ætolorum de pace verba fecerunt. Quum & illi extemplo consilium amplecterentur, delecti sunt, qui cum Romanis agerent. Hi ut ad Publium venerunt, octo ferme passuum millia ab Amphissa castra habentem, multa disserverunt, quibus suorum in populum Romanum meritorum memoriam renovabant. Quum Publius benignius adhuc & humanius quàm antè eos excepisset, atque is res à se gestas in Hispania pariter & Africa commemorans, exponeret, quomodo cum iis egisset qui iis in locis suæ fidei se permisissent: & tandem æquum censeret, ut ipsi quoque dederent sese, & Romanis permitterent: initio quidem magna in spe fuere qui aderant, pacis mox perficiendæ: sed ubi sciscitantibus Ætolis quibus legibus pax esset con-

ventura;

ventura; dixit iis Lucius, duarum conditionum alteram eis esse eligendam: nam aut arbitrium de se suisque omnibus Romanis permitterent: aut mille talentûm confestim darent, eosdemque amicos & inimicos haberent: indignari vel maxime qui aderant Ætoli: quod colloquio antè habito non responderet hæc sententia: veruntamen relaturos se ad concilium Ætolorum quæ imperarentur dixerunt. Ita isti ad consultandum de iis quæ fuerant proposita sunt reversi. de quibus & Echedemus cæterique legati cum Apocletis deliberarunt. Porrò conditionum quæ exigebantur altera, propter imperatæ summæ vim ingentem, præstari non poterat: altera Ætolos terrebat: quia jam semel, cum se suaque fidei permisissent, formula decepti, pœne in vincula fuerant conjecti. Tantis igitur difficultatibus circumventi & consilii inopia affecti, eosdem legatos mittunt, oraturos ut aut ex summa pecuniæ demerent, aut permissionem extra eorum qui Rempublicam administrarant & mulierum corpora fieri juberent. Publium hi conveniunt, & quod decretum ab Ætolis fuerat ei aperiunt. Respondet Lucius, traditam sibi pacis faciendæ potestatem, iis dumtaxat conditionibus, quas paullo antè exposuisset. ita domum isti redierunt. Echedemus & cæteri Athenienfium legati Hypatam usque eos secuti, auctores Ætolis fuerunt, quandoquidem ne pax conveniret impedimenta adhuc objicerentur, inducias poscerent & dilatione impetrata præsentium malorum,

…ρίην, ὁ Λεύκιος διεσάφησεν, διότι δυοῖν προκειμένων αὐτοῖς, αἵρεσις ὑπάρχει· δεῖ γὰρ ἢ τὴν ἐπιτροπὴν διδόναι περὶ πάντων τῶν καθ' αὑτοὺς, ἢ χίλια τάλαντα παραχρῆμα, καὶ τὸν αὐτὸν ἐχθρὸν αἱρεῖσθαι, καὶ φίλον Ῥωμαίοις· ἐδυσχέρησαν μὲν οἱ παρόντες τῶν Αἰτωλῶν, ὡς ἔνι μάλιστα, διὰ τὸ μὴ γίνεσθαι τὴν ἀπόφασιν ἀκόλουθον τῇ προγενομένῃ λαλιᾷ· πλὴν ἐπανοίσειν ἔφασαν ὑπὲρ τῶν ἐπιταττομένων τοῖς Αἰτωλοῖς. οὗτοι μὲν οὖν ἐπανῄεσαν βουλευσόμενοι περὶ τῶν προειρημένων. οἱ δὲ περὶ τὸν Ἐχέδημον συμμίξαντες τοῖς Ἀποκλήτοις, ἐβουλεύοντο περὶ τῶν προειρημένων. ἦν δὲ τῶν ἐπιταττομένων, τὸ μὲν, ἀδύνατον διὰ τὸ πλῆθος τῶν χρημάτων· τὸ δὲ φοβερὸν, διὰ τὸ πρότερον αὐτοὺς ἀπατηθῆναι, καθ' ὃν καιρὸν ἐπινεύσαντες ὑπὲρ τῆς ἐπιτροπῆς, παρὰ μικρὸν εἰς τὴν ἅλυσιν ἐνέπεσον. Διόπερ ἀπορούμενοι καὶ δυσχερηνούμενοι περὶ ταῦτα, πάλιν ἐξέπεμπον τοὺς αὐτοὺς δεησομένους, ἢ χρημάτων ἀφελεῖν, ἵνα δύνωνται τελεῖν· ἢ τῆς ἐπιτροπῆς ἐκτὸς ποιῆσαι τοὺς πολιτικοὺς ἄνδρας καὶ τὰς γυναῖκας. οἱ καὶ συμμίξαντες τοῖς περὶ τὸν Πόπλιον, διεσάφουν τὰ δεδογμένα. τοῦ δὲ Λευκίου φήσαντος ἐπὶ τούτοις ἔχειν παρὰ τῆς συγκλήτου τὴν ἐξουσίαν, ἐφ' οἷς ἀρτίως εἶπεν· οὗτοι μὲν αὖθις ἐπανῆλθον. Οἱ δὲ περὶ τὸν Ἐχέδημον ἐπακολουθήσαντες εἰς τὴν Ὑπάταν, συνεβούλευσαν τοῖς Αἰτωλοῖς, ἐπεὶ τὰ τῆς διαλύσεως ἐμποδίζοιτο κατὰ τὸ παρὸν, ἀνοχὰς αἰτησαμένους, καὶ τῶν ἐνεστώτων κακῶν ὑπέρθεσιν ποιησαμένους, πρε-

 σβεύειν

σβεύειν πρὸς τὴν σύγκλητον· κἂν μὲν ἐπιτυγχάνωσι περὶ τῶν ἀξιουμένων· εἰ δὲ μή, τοῖς καιροῖς ἐφεδρεύειν. χεῖρον μὲν γὰρ ἀδύνατον γενέσθαι τῶν ὑποκειμένων τὰ περὶ σφᾶς, βελτίω γε μὴν οὐκ ἀδύνατον διὰ πολλὰς αἰτίας. φανέντων δὲ καλῶς λέγειν τῶν περὶ τὸν Ἐχέδημον, ἔδοξεν πρεσβεύειν τοῖς Αἰτωλοῖς ὑπὲρ τῶν ἀνοχῶν. ἀφικόμενοι δὲ πρὸς τὸν Λεύκιον, ἐδέοντο συγχωρηθῆναι σφίσι κατὰ τὸ παρὸν, ἑξαμήνους ἀνοχὰς, ἵνα πρεσβεύσωσι πρὸς τὴν σύγκλητον. ὁ δὲ Πόπλιος πάλαι πρὸς τὰς κατὰ τὴν Ἀσίαν πράξεις παρωρμημένος, ταχέως ἔπεισε τὸν ἀδελφὸν, ὑπακοῦσαι τοῖς ἀξιουμένοις. Γραφεισῶν δὲ τῶν ὁμολογιῶν, ὁ μὲν Μάνιος, λύσας τὴν πολιορκίαν, καὶ παραδοὺς ἅπαν τὸ στράτευμα, καὶ τὰς χορηγίας τοῖς περὶ τὸν Λεύκιον, εὐθέως ἀπηλλάττετο μετὰ τῶν χιλιάρχων εἰς τὴν Ῥώμην.

legatos ad Senatum mitterent. fortaſſe enim quæ peterent obtenturos: ſin minus, temporum opportunitates eſſe captandas. eo ſiquidem ſtatu ipſorum eſſe fortunas, ut deterior fieri nequeat : levari per multas cauſſas minimo negotio poſſit. Amplexi ſunt hoc legatorum Athenienſium conſilium Ætoli, & legatos ad petendas inducias miſerunt. Ad Lucium ut ventum eſt, ſex menſium inducias in præſentia ſibi dari popoſcerunt quò ad Senatum legatos mitterent. Publius, qui ad res in Aſia gerendas totus dudum ferebatur, facile perſuaſit Lucio fratri, ut Ætolorum petitioni annueret. Poſtquam conventio eſt præſcripta, M? Acilius ſoluta obſidione Amphiſſæ traditoque Conſuli univerſo exercitu & belli paratibus, repente cum tribunis militum provincia deceſſit.

ΙΗ.

Πρεσβεία Φωκαιέων πρὸς Σέλευκον τὸν Ἀντιόχου.

ΟΤΙ κατὰ τοὺς αὐτοὺς χρόνους οἱ τῶν Φωκαιέων ἄρχοντες δεδιότες τάς τε τῶν πολλῶν ὁρμὰς διὰ τὴν σιτοδείαν καὶ τὴν τῶν Ἀντιοχιστῶν φιλοτιμίαν, ἐξέπεμψαν πρεσβευτὰς πρὸς Σέλευκον, ὄντα περὶ τοῖς ὅροις τῆς χώρας αὐτῶν, ἀξιοῦντες μὴ πελάζειν τῆς πόλεως, ὅτι πρόκειται σφίσι τὴν ἡσυχίαν ἄγειν καὶ καραδοκεῖν τὴν τῶν ὅλων κρίσιν· μετὰ δὲ ταῦτα πειθαρχεῖν τοῖς

XVIII.

Phocæenſium legatio ad Seleucum Antiochi F.

EADEM tempeſtate Phocæenſium magiſtratus quum ſuſpectas multitudinis voluntates haberent propter gravem frumenti inopiam, & quorundam ſtudia qui ad Antiochum plebem trahebant, legationem ad Seleucum Antiochi filium, qui aberat ab eorum finibus non longe, miſerunt; rogantes ne urbi ſuæ appropinquaret: ſibi enim propoſitum eſſe quieſcere atque exſpectare quem exitum bellum univerſum

versum nancisceretur: tum deinde imperata facere. E legatis Seleuci sectam sequebantur & factionis ejus erant Aristarchus, Casander, Rhodon: contrarii his & Romanæ partis Hegias & Gelias. Ad regem ut ventum, extemplò Seleucus cum Aristarcho & cæteri ejusdem partis familiarius versari: Hegiam & qui cum eo sentiebant aspernari: dein cognita inclinatione animorum vulgi, & frumenti inopia, nullo dato responso, aut habito colloquio cum iis qui venerant, urbem versus duxit.

XIX.

Literæ Lucii Consulis.

SUB idem tempus advenere Samum literæ Seleuco & Eumeni à Lucio Consule & Publio Scipione: quibus literis de pactis induciis cum Ætolorum gente, & profectione terrestrium copiarum versus Hellespontum certiores fiebant. Antiocho similiter & Seleuco eadem ab Ætolis sunt nuntiata.

XX.

Societas inter Eumenem Regem & Achæos.

IN Græcia quum Legatio venisset in Achaiam ab Eumene, societatis jungendæ caussâ missa, multitudo Achæorum in concilio con-

εἰρημένοις. ἦσαν δὲ τῶν πρεσβευτῶν ἴδιοι μὲν τοῦ Σελεύκου, καὶ ταύτης τῆς ὑποθέσεως, Ἀρίσταρχος καὶ Κάσανδρος, καὶ Ῥόδων· ἐναντίοι δὲ καὶ πρὸς Ῥωμαίους ἀπονενευκότες, Ἡγίας καὶ Γελίας. ὧν συμμιξάντων, ὁ Σέλευκος εὐθέως, τοὺς μὲν περὶ τὸν Ἀρίσταρχον ἀνὰ χεῖρας εἶχε· τοὺς δὲ περὶ τὸν Ἡγίαν παρεώρα. πυθόμενος δὲ τὴν ὁρμὴν τῶν πολλῶν, καὶ τὴν σπάνιν τοῦ σίτου, παρεὶς τὸν χρηματισμὸν, καὶ τὴν ἔντευξιν τῶν παραγεγονότων, προῆγε πρὸς τὴν πόλιν.

ΙΘ.

Λουκίου ὑπάτου γράμματα.

ΟΤΙ κατὰ τὸν καιρὸν τοῦτον εἰς τὴν Σάμον προσέπεσε γράμματα, τοῖς περὶ τὸν Λεύκιον καὶ τὸν Εὐμένη, παρά τε Λουκίου τοῦ τὴν ὕπατον ἀρχὴν ἔχοντος, καὶ παρὰ Ποπλίου Σκιπίωνος, δηλοῦντα τὰς πρὸς τοὺς Αἰτωλοὺς γεγενημένας συνθήκας ὑπὲρ τῶν ἀνοχῶν, καὶ τὴν ἐπὶ τὸν Ἑλλήσποντον πορείαν τῶν πεζικῶν στρατοπέδων. ὁμοίως δὲ καὶ τοῖς περὶ τὸν Ἀντίοχον, καὶ Σέλευκον, ταῦτα διεσαφεῖτο παρὰ τῶν Αἰτωλῶν

Κ.

Εὐμένους καὶ Ἀχαιῶν συμμαχία.

ΟΤΙ καὶ κατὰ τὴν Ἑλλάδα, πρεσβείας παραγενομένης εἰς Ἀχαΐαν παρ' Εὐμένους τοῦ βασιλέως ὑπὲρ συμμαχίας, ἀθροισθέντες συναχθέντες εἰς ἐκκλησίαν οἱ πολλοὶ τῶν Ἀχαιῶν, τήν τε συμμαχίαν ἐπεκύρωσαν, καὶ νεανίσκους ἐξαπέστειλαν, πεζοὺς μὲν χιλίους, ἱππεῖς δὲ ρ, ὧν ἡγεῖτο Διοφάνης ὁ Μεγαλοπολίτης.

ΚΑ.

Πῶς ὁ βασιλεὺς Εὐμένης εἰς Πέργαμον συγκλεισθεὶς προτεινομένην Ῥωμαίοις διάλυσιν ὑπ' Ἀντιόχου ἔπεισε μὴ δέξασθαι.

ΟΤΙ Ἀντίοχος ὁ βασιλεὺς εἰς τὴν Πέργαμον ἐμβαλών, πυθόμενος δὲ τὴν παρουσίαν Εὐμένους τοῦ βασιλέως, καὶ θεωρῶν οὐ μόνον τὰς ναυτικάς, ἀλλὰ καὶ τὰς πεζικὰς δυνάμεις ἐπ' αὐτὸν παραγινομένας, ἐβουλεύετο λόγους ποιήσασθαι περὶ διαλύσεως, ὁμοῦ πρός τε Ῥωμαίους καὶ τὸν Εὐμένη καὶ τοὺς Ῥοδίους. ἐξάρας οὖν ἅπαντι τῷ στρατεύματι, παρῆν πρὸς τὴν Ἐλαίαν. καὶ λαβὼν λόφον τινὰ καταντικρὺ τῆς πόλεως, τὸ μὲν πεζικὸν ἐπὶ τούτου κατέστησε· τοὺς δ' ἱππεῖς παρ' αὐτὴν τὴν πόλιν παρενέβαλε πλείους ὄντας ἑξακισχιλίων. αὐτὸς δὲ μεταξὺ τούτων γενόμενος, διεπέμπετο πρὸς τοὺς περὶ τὸν Λεύκιον εἰς τὴν πόλιν ὑπὲρ διαλύσεως. Ο δὲ στρατηγὸς ὁ τῶν Ῥωμαίων, συναγαγὼν τούς τε Ῥοδίους καὶ τὸν Εὐμένη, ἠξίου λέγειν περὶ τῶν ἐνεστώτων τὸ φαινόμενον. οἱ μὲν οὖν περὶ τὸν Εὔδημον καὶ Παμφιλίδαν, οὐκ ἀλλότριοι τῆς διαλύσεως ἦσαν. ὁ δὲ βασιλεύς, οὔτ' εὐσχήμονα τὴν διάλυσιν, οὔτε δυνατὴν ἔφησε κατὰ τὸ παρὸν εἶναι. εὐσχήμονα μὲν γὰρ ἔφη, πῶς οἷόν τε γίνεσθαι

gregata societatem firmavit: & juvenum manum suppetias ei misit, pedites mille cum equitibus centum; Diophane Megalopolitano omnibus his copiis præposito.

XXI.

Quomodo Eumenes Rex Pergami inclusus, oblatam pacem ab Antiocho ne acciperent Romani auctor fuerit.

FECERAT Rex Antiochus in agrum Pergamenum impressionem; deinde audito Eumenem Regem adesse; cognito etiam non navales solum copias, verùm & terrestres adversus ipsum convenisse, de pace cum Romanis simul atque Eumene & Rhodiis agendum sibi statuit. Igitur motis castris ad Elæam accedit. & tumulo quodam adversus urbem occupato, peditum omnes copias ibi constituit: equitatum (erant autem supra sex millia equitum,) in campis sub ipsa urbis mœnia ordinatum locat. Inter hos ipse quum esset, in urbem ad Lucium missitavit, qui de pace agerent. Romanus Imperator in unum convocatis Rhodiis atque Eumene, sententias eorum de præsenti negotio exquisivit. Eudemus igitur & Pamphilidas non aspernari pacem: Rex neque honestum esse dicere de pace agi; nec finem rei hoc tempore imponi posse. Quî enim, inquit, honesta potest

fieri

fieri conventio, si mœnibus inclusi pacem fecerimus? sed ne ratio quidem ulla est, ait, ejus conficiendæ. quomodo enim, si Consulem non exspectaverimus, absque illius auctoritate fœdus de quo convenerit firmare poterimus? Ad hæc, si vel maxime spes ostendatur concordiæ cum Antiocho ineundæ; scilicet neque navales copias neque pedestres prius reducere in patriam licebit, quàm & populus & Senatus quæ fuerint probata rata esse jusserint. Restat igitur, ut dum exspectabitur eorum jussio, hiberna his in locis copiæ agant, ac bellum quidem omittant; cæterùm commeatibus præbendis & cæteris rebus necessariis socios exhauriant. deinde si pax Senatui non fuerit probata, instaurandum novum de integro bellum tunc erit, cum diis volentibus id omnino perfecisse possumus. Hæc tum suasit Eumenes; cujus consilio utens Lucius, Antiocho respondit, ante Proconsulis adventum, pacem fieri non posse. Antiochus eo responso accepto, Elæensium agrum extemplo vastavit. deinde autem Seleuco in his locis commorante, Antiochus cum infesto exercitu continuis itineribus pergens, in eum quem vocant Thebes campum impressionem fecit; quumque in agrum opulentum & bonorum omnium ubere ac beata copia abundantem devenisset, præda omne genus exercitum suum implevit.

τὴν σύμβασιν, ἐὰν τειχήρεις ὄντες ποιώμεθα τὰς διαλύσεις; καὶ μὴν οὐδὲ δυνατὴν ἔφησε κατὰ τὸ παρόν. πῶς γὰρ ἐνδέχεται μὴ προσδεξαμένους ὕπατον, ἄνευ τῆς ἐκείνου γνώμης, βεβαιῶσαι τὰς ὁμολογηθείσας συνθήκας; χωρίς τε τούτων, ἐὰν ὅλως γένηταί τι σημεῖον ὁμολογίας πρὸς τὸν Ἀντίοχον· οὔτε τὰς ναυτικὰς δυνάμεις ἐνδυνατὸν ἐπανελθεῖν δήπουθεν εἰς τὴν ἰδίαν, οὔτε τὰς πεζικάς, ἐὰν μὴ πρότερον, ὅ, τε δῆμος, ἥ τε σύγκλητος ἐπικυρώσῃ τὰ δοχθέντα. λείπεται δὲ καραδοκοῦντας τὴν ἐκείνων ἀπόφασιν, παραχειμάζειν ἐνθάδε, καὶ πράττειν μὲν μηδέν· ἐκδαπανᾶν δὲ τὰς τῶν ἰδίων συμμάχων χορηγίας καὶ παρασκευάς. ἐπεὶ δ᾽ ἂν μὴ * παρῇ τῇ συγκλήτῳ διαλύεσθαι, καινοποιεῖν πάλιν ἀπ᾽ ἀρχῆς τὸν πόλεμον· ἐν οἷς δυνάμεθα θεῶν βουλομένων, πέρας ἐπιθεῖναι τοῖς ὅλοις. Ὁ μὲν οὖν Εὐμένης ταῦτα εἶπεν· ὁ δὲ Λεύκιος ἀποδεξάμενος τὴν συμβουλίαν, ἀπεκρίθη τοῖς περὶ τὸν Ἀντίοχον, ὅτι πρὸ τοῦ τὸν ἀνθύπατον ἐλθεῖν, οὐκ ἐνδέχεται γενέσθαι τὰς διαλύσεις, ὧν ἀκούσαντες οἱ περὶ τὸν Ἀντίοχον, παραυτίκα μὲν ἐδῄουν τὴν τῶν Ἐλαιτῶν χώραν. ἑξῆς δὲ τούτοις, Σέλευκος μὲν ἐπὶ τούτων ἔμενε τῶν τόπων· Ἀντίοχος δὲ κατὰ τὸ συνεχὲς ἐπιπορευόμενος, ἐνέβαλεν εἰς τὸ Θήβης καλούμενον πεδίον· καὶ παραβεβληκὼς εἰς χώραν εὐδαίμονα, καὶ γέμουσαν ἀγαθῶν, ἐπλήρου τὴν στρατιὰν παντοδαπῆς λείας.

KB.

Πῶς Ἀντιόχου καὶ Ῥωμαίων εἰς συμμαχίαν τὸν Προυσίαν κατὰ τὸν αὐτὸν καιρὸν παρακαλουμένων, τέλος ἐξενίκησαν οἱ Ῥωμαῖοι.

ΟΤΙ Ἀντίοχος ὁ βασιλεὺς παραγενόμενος εἰς τὰς Σάρδεις ἀπὸ τῆς προρρηθείσης στρατιᾶς διεπέμπετο συνεχῶς πρὸς Προυσίαν, παρακαλῶν αὐτὸν εἰς τὴν σφετέραν συμμαχίαν. ὁ δὲ Προυσίας πρὸ μὲν τοὺς ἀνώτερον χρόνους, οὐκ ἀλλότριος ἦν τοῦ κοινωνεῖν τοῖς περὶ τὸν Ἀντίοχον· πάνυ γὰρ ἐδεδίει τοὺς Ῥωμαίους, μὴ ποιῶνται εἰς τὴν Ἀσίαν διάβασιν ἐπὶ καταλύσει πάντων τῶν δυναστῶν. παραγενομένης δ' ἐπιστολῆς αὐτῷ παρά τε Λευκίου καὶ Ποπλίου τῶν ἀδελφῶν, κομισάμενος ταύτην καὶ διαγνοὺς, ἐπὶ ποσὸν ἔστη τῇ διανοίᾳ καὶ προεῖδε τὸ μέλλον ἐνδεχομένως· ἅτε τῶν περὶ τὸν Πόπλιον ἐναργέσι κεχρημένων, καὶ πολλοῖς μαρτυρίοις, πρὸς πίστιν διὰ τῶν ἐγγράπτων. οὐ γὰρ μόνον ὑπὲρ τῆς ἰδίας προαιρέσεως ἔφερεν ἀπολογισμοὺς, ἀλλὰ καὶ περὶ τῆς κοινῆς ἁπάντων Ῥωμαίων· δι' ὧν παρεδείκνυον, οὐχ οἷον ἀφῃρημένοι τινὸς τῶν ἐξ ἀρχῆς βασιλέων τὰς δυναστείας, ἀλλὰ τινὰς μὲν καὶ προσκατεσκευακότες αὐτοὶ δυνάστας· ἐνίους δ' ηὐξηκότες, καὶ πολλαπλασίους αὐτῶν τὰς ἀρχὰς πεποιηκότες· ὧν κατὰ μὲν τὴν Ἰβηρίαν, Ἀνδοβάλην καὶ Κολίχαντα προεφέροντο· κατὰ δὲ τὴν Λιβύην, Μασσανάσσην· ἐν δὲ τοῖς κατὰ

XXII.

Quomodo Rege Antiocho & Romanis eodem tempore Prusiam ad societatem invitantibus, vicerint tandem Romani.

SECUNDUM expeditionem de qua diximus, Sardeis venit Rex Antiochus. atque inde loci subinde ad Prusiam misit, qui eum hortarentur ad ineundam secum societatem. Prusias superioribus quidem temporibus non erat alienus à consilio jungendæ cum Antiocho societatis: admodum enim Romanos formidabat, ne ad tollendas omnes dominationes in Asiam trajicerent. postea verò quàm allatæ ei fuerunt literæ à Lucio & Publio Scipionibus fratribus, atque ille eas accepit legitque, jactatione animi aliquantum est liberatus, & futurum belli eventum non levibus conjecturis est auguratus. Publius siquidem ut fidem illi faceret, multis argumentis iisque perspicuis & evidentibus in literis ad eum datis usus fuerat. neque suum dumtaxat animum ab ea mente alienum ostenderat, sed & universi populi Rom. quem demonstrabat adeo non ademisse ulli antiquo & legitimo Regi dominationem suam; ut contra nonnullos ipse regulos qui ante non erant instituerit: quorundam majestatem auxerit, amplificato multis partibus eorum regno. Ex horum numero proferebantur in exemplum, ex Hispania Indibilis & Colchas; ex Africa Massanissa; ex Illyrico

Illyrico Pleuratus; quos omnes de regulis tenuibus ac vilibus ut certi Reges ab omnibus agnoscerentur, populus Rom. fecisset. Addebat pariter & de Philippo ac Nabide qui essent in Græcia: quorum illum bello victum, eoque necessitatis adactum ut obsides dare, tributa pendere consentiret: & tamen huic, simul exiguum aliquod suæ benevolentiæ testimonium hoc tempore exhibuisset, filium & omnes juvenes eos qui unà cum ipso obsides Romæ erant, esse restitutos; tributa etiam ex parte aliqua remissa; multas item urbes redditas, quæ per bellum fuerant captæ. Nabim ut funditus tolleret in potestate Populi Rom. fuisse: quod ille non fecerit, sed ei quamvis tyranno pepercisse, fidei vinculis dumtaxat, prout moris est, acceptis. Hæc ut consideraret Prusias per literas monebant Scipiones: & ut posito metu de suo regno, populi Romani partem amplecteretur. fore enim nunquam ut ejus consilii ipsum pœniteat. His auditis Prusias alium animum induit. Venit postea ad eum legatio cujus princeps C. Livius: tum verò Rex cum his legatis collocutus, spes consiliaque sua ab Antiocho penitus separavit. Antiochus hac spe destitutus, Ephesum se contulit. qui quum ita judicaret, nullam esse aliam rationem impediendi ne pedestres copiæ hostium trajicerent, atque omnino bellum ex Asia expellendi, quàm si potentem maris se firmè stabiliret, navale prælium facere, & dimicatione maritima cum hoste cernere proposuit.

τὴν Ἰλλυρίδα τύποις, Πλευρᾶτον. οὓς ἅπαντας ἔφασαν ἐξ ἐλαφρῶν καὶ τῶν τυχόντων δυναστῶν, πεποιηκέναι βασιλεῖς ὁμολογουμένως. ὁμοίως κατὰ τὴν Ἑλλάδα, Φίλιππον καὶ Νάβιν· ὧν, Φίλιππον μὲν καταπολεμήσαντες καὶ συγκλείσαντες εἰς ὅμηρα καὶ φόρους, βραχεῖαν αὐτοῦ νῦν λαβόντες ἀπόδειξιν εὐνοίας, ἀποκαθεστακέναι μὲν αὐτῷ τὸν υἱὸν, καὶ τοὺς ἅμα τούτῳ συνομηρεύοντας νεανίσκους, ἀπολελυκέναι δὲ τῶν φόρων. πολλὰς δὲ τῶν πόλεων ἀποδεδωκέναι τῶν ἁλουσῶν κατὰ πόλεμον. Νάβιν δὲ δυνηθέντες ἄρδην ἐπανελέσθαι, τοῦτο μὲν οὐ ποιῆσαι· φείσασθαι δ' αὐτοῦ, καίπερ ὄντος τυράννου, λαβόντες πίστεις τὰς εἰθισμένας· εἰς ἃ βλέποντα παρεκάλουν τὸν Προυσίαν διὰ τῆς ἐπιστολῆς, μὴ δεδιέναι περὶ τῆς ἀρχῆς, θαῤῥοῦντα δὲ αἱρεῖσθαι τὰ τῶν Ῥωμαίων· ἔσεσθαι γὰρ ἀμεταμέλητον αὐτῷ τὴν τοιαύτην προαίρεσιν. ὧν ὁ Προυσίας διακούσας, ἐπ' ἄλλης ἐγένετο γνώμης. ὡς δὲ παρεγενήθησαν πρὸς αὐτὸν πρέσβεις οἱ περὶ τὸν Γάϊον Λίβιον, τελέως ἀπέστη τῶν κατὰ τὸν Ἀντίοχον ἐλπίδων, συμμίξας τοῖς προειρημένοις ἀνδράσιν. Ἀντίοχος δὲ ταύτης ἀποπεσὼν τῆς ἐλπίδος, παρῆν εἰς Ἔφεσον. καὶ συλλογιζόμενος ὅτι μόνως ἂν οὕτω δύναιτο κωλῦσαι τὴν τῶν πεζικῶν στρατοπέδων διάβασιν, καὶ καθόλου τὸν πόλεμον ἀπὸ τῆς Ἀσίας ἀποτρίβεσθαι, εἰ βεβαίως κρατοίη τῆς θαλάττης, προέθετο ναυμαχεῖν, καὶ κρίνειν τὰ πράγματα διὰ τῶν κατὰ θάλατταν κινδύνων.

ΚΓ.

Ὅτι μετὰ τὴν Ῥωμαίων διάβασιν εἰς τὴν Ἀσίαν πτοηθεὶς Ἀντίοχος πρεσβείαν ἔπεμψε πρὸς Ῥωμαίους ὑπὲρ εἰρήνης.

Ὅτι Ῥωμαῖοι καὶ στρατευόμενοι τὰς πατρίους θυσίας ἐσπουδασμένως τηροῦσι.

Αἱ τοῦ Ἀντιόχου ἐντολαὶ δημοσίᾳ τε πρὸς τὸ συνέδριον, καὶ ἰδίᾳ πρὸς Πόπλιον Σκηπίωνα.

ΟΤΙ ὁ Ἀντίοχος μετὰ τὴν κατὰ τὴν ναυμαχίαν γενομένην ἧτταν, ἐν ταῖς Σάρδεσι παριεὶς τοὺς καιροὺς, καὶ καταμέλλων ἐν τοῖς ὅλοις, ἅμα τῷ πυθέσθαι τῶν πολεμίων τὴν διάβασιν, συντριβεὶς τῇ διανοίᾳ, καὶ δυσελπίσας, ἔκρινε διαπέμπεσθαι πρὸς τοὺς περὶ τὸν Λεύκιον καὶ Πόπλιον ὑπὲρ διαλύσεων. προχειρισάμενος οὖν Ἡρακλείδην τὸν Βυζάντιον, ἐξέπεμψε δοὺς ἐντολάς· ὅτι παραχωρεῖ τῆς τε τῶν Λαμψακηνῶν καὶ Σμυρναίων, ἔτι δὲ τῆς Ἀλεξανδρέων πόλεως, ἐξ ὧν ὁ πόλεμος ἔλαβε τὰς ἀρχάς. ὁμοίως δὲ κἄν τινας ἑτέρας ὑφαιρεῖσθαι βούλωνται τῶν κατὰ τὴν Αἰολίδα καὶ τὴν Ἰωνίαν, ὅσαι τἀκείνων ᾕρηνται κατὰ τὸν ἐνεστῶτα πόλεμον. πρὸς δὲ τούτοις, ὅτι τὴν ἡμισείαν δώσει τῆς γεγενημένης σφίσι δαπάνης, εἰς τὴν πρὸς αὐτὸν διαφοράν. Ταύτας μὲν οὖν ὁ πεμπόμενος εἶχε τὰς ἐντολὰς πρὸς τὴν κατὰ κοινὸν ἔντευξιν·

XXIII.

Quomodo post Romanorum trajectionem in Asiam metu consternatus Antiochus legatos de pace ad Romanos miserit.

Romanorum in sacris curandis patrio ritu, etiam cum in expeditione versabantur, cura & studium.

Mandata Antiochi & publice ad concilium, & privatim ad Scipionem Africanum data.

POST victores dimicatione maritima Romanos, Antiochus Sardibus hærens rei gerendæ temporibus consumptis, & summa lentitudine omnia administrans, simul intellexit trajecisse hostes Hellespontum ; fractus animo, & desperans rebus suis, legatos ad Lucium & Publium Scipiones de pace statuit mittendos. Igitur Heraclidem Byzantium ad id munus deligit, & cum his mandatis mittit: Lampsaco & Smyrna nec non Alexandria, quæ urbes caussam bello præbuerint, cessurum se : ac si quas alias in Æolide & Jonia Romani, quod suarum partium præsenti bello fuerint, vindicare ab imperio regio velint , has quoque tradere paratum. Ad hæc, impensæ in bellum adversus se factæ partem dimidiam Regem præstaturum. Hæc data Heraclidæ mandata sunt in publico colloquio exponenda: alia

alia deinde addita, privatim ad Publium perferenda; quæ cujusmodi fuerint deinceps explicabimus. Is legatus ut ad Hellespontum venit, & Romanos eodem in loco reperit stativa agentes, ubi primùm postquam mare trajecerant, tentoria fixerant; lætari primò, quòd crederet multum se eo adjuvari ad impetranda quæ vellet, quòd quieti hostes se continerent, neque post transitum in Asiam quidquam tentassent. mox cognitò Publium trans mare adhuc esse, male agi secum existimavit: quod in illius animo & voluntate momentum maximum ad negotium conficiendum esset positum. Caussa autem cur in primis castris hæreret exercitus, & quare à legionibus Publius se disjunxisset, fuit quòd Salius ille erat: Est autem Saliorum collegium, ut diximus in iis quæ de populi Rom. institutis disseruimus, unum ex illis tribus collegiis, per quæ præcipua Romæ sacrificia diis fiunt: estq; ita moribus eorum receptum, ut quocunque in loco fuerint deprehensi Salii tempore ejus solennitatis, ex eo ne discedant. Id quod Publio tunc accidit. nam quum inibi copiæ essent, ut in Hellespontum trajicerent, incidit tempus illud; adeo ut excedere loco non posset. inde factum ut ab exercitu separaretur Publius, & in Europa maneret. utque exercitus post transitum in Asiam eodem loco consisteret, neque eorum quæ res postulabat quidquam posset exsequi, dum exspectatur Publius. Qui postquam advenit, diebus aliquot elapsis Heraclides in concilium vocatus, &

ἰδίᾳ δὲ πρὸς τὸν Πόπλιον ἑτέρας, ὑπὲρ ὧν τὰ κατὰ μέρος ἐν τοῖς ἑξῆς δηλώσομεν. ἀφικόμενος δὲ εἰς τὸν Ἑλλήσποντον ὁ προειρημένος πρεσβευτής, καὶ καταλαβὼν τοὺς Ῥωμαίους ἔτι ὄντας ἐπὶ τῆς στρατοπεδείας, οὗ πρῶτον κατεσκήνωσαν ἐπὶ τῆς διαβάσεως· ταῖς μὲν ἀρχαῖς ἥσθη, νομίζων αὐτῷ συνεργὸν εἶναι πρὸς τὴν ἔντευξιν, τὸ μένειν ἐπὶ τῶν ὑποκειμένων, καὶ πρὸς μηδὲν ὡρμηκέναι τῶν ἑξῆς τοὺς ὑπεναντίους. πυθόμενος δὲ τὸν Πόπλιον ἔτι μένειν ἐν τῷ πέραν, ἐδυσχέρησε, διὰ τὸ τὴν πλείστην ῥοπὴν κεῖσθαι τῶν πραγμάτων ἐν τῇ 'κείνου προαιρέσει. Αἴτιον δ' ἦν καὶ τοῦ μένειν τὸ στρατόπεδον ἐπὶ τῆς πρώτης παρεμβολῆς, καὶ τοῦ κεχωρίσθαι τὸν Πόπλιον ἀπὸ τῶν δυνάμεων, τὸ Σάλιον εἶναι τὸν προειρημένον ἄνδρα. τοῦτο δ' ἐστι, καθάπερ ἡμῖν ἐν τοῖς περὶ τῆς πολιτείας εἴρηται, τῶν τριῶν ἓν σύστημα, δι' ὧν συμβαίνει τὰς ἐπιφανεστάτας θυσίας ἐν τῇ Ῥώμῃ συντελεῖσθαι τοῖς θεοῖς, * τριακονθήμερον μὴ μεταβαίνειν κατὰ τὸν καιρὸν τῆς θυσίας, ἐν ᾗ ἂν χώρᾳ καταληφθῶσιν οἱ Σάλιοι οὗτοι. ὃ καὶ τότε συνέβη γενέσθαι Ποπλίῳ· τῆς γὰρ δυνάμεως μελλούσης περαιοῦσθαι, κατέλαβεν αὐτὸν οὗτος ὁ χρόνος, ὥστε μὴ δύνασθαι μεταβαλεῖν τὴν χώραν. Διὸ συνέβη τόντε Σκηπίωνα χωρισθῆναι τῶν στρατοπέδων, καὶ μεῖναι κατὰ τὴν Εὐρώπην. τὰς δὲ δυνάμεις περαιωθείσας μένειν ἐπὶ τῶν ὑποκειμένων, καὶ μὴ δύνασθαι πράττειν τῶν ἑξῆς μηδέν, προσαναδεχομένας τὸν προειρημένον ἄνδρα. Ὁ δὲ Ἡρακλείδης, μετά τινας ἡμέρας παραγινομένου τοῦ Ποπλίου, κληθεὶς πρὸς τὸ συνέδριον εἰς ἔντευξιν, διελέγετο περὶ ὧν εἶχε τὰς ἐντολάς· φάσκων τῆς τε τῶν Λαμψακηνῶν καὶ Σμυρναίων, ἔτι δὲ τῆς τῶν Ἀλεξανδρέων πόλεως ἐκχωρεῖν τὸν Ἀντίοχον· ὁμοίως δὲ καὶ τῶν κατὰ τὴν Αἰολίδα καὶ τὴν Ἰωνίαν, ὅσαι τυγχάνουσιν ᾑρημέναι τὰ Ῥωμαίων. πρὸς δὲ τούτοις τὴν ἡμίσειαν ἀναδέξεσθαι τῆς γεγενημένης αὐτοῖς δαπάνης εἰς τὸν ἐνεστῶτα πόλεμον. πολλὰ δὲ καὶ ἕτερα πρὸς ταύτην τὴν ὑπόθεσιν διελέχθη, παρακαλῶν τοὺς Ῥωμαίους, μήτε τὴν τύχην λίαν ἐξελέγχειν, ἀνθρώπους ὑπάρχοντας, μήτε τὸ μέγεθος τῆς αὐτῶν ἐξουσίας ἀόριστον ποιεῖν· ἀλλὰ περιγράφειν, μάλιστα μὲν τοῖς τῆς Εὐρώπης ὅροις· καὶ γὰρ ταύτην μεγάλην ὑπάρχειν καὶ παράδοξον, διὰ τὸ μηδένα καθῖχθαι τῶν προγεγονότων αὐτῆς. εἰ δὲ πάντως καὶ τῆς Ἀσίας βούλονται τινὰ προσεπιδράττεσθαι, διορίσαι ταῦτα· πρὸς πᾶν γὰρ τὸ δυνατὸν, προσελεύσεσθαι τὸν βασιλέα. Ῥηθέντων δὲ τούτων, ἔδοξε τῷ συνεδρίῳ, τὸν στρατηγὸν ἀποκριθῆναι, διότι τῆς μὲν δαπάνης, οὐ τὴν ἡμίσειαν, ἀλλὰ πᾶσαν, δίκαιον ἐστὶν, Ἀντίοχον ἀποδοῦναι. φῦναι γὰρ τὸν πόλεμον ἐξ ἀρχῆς, οὐ δι' αὐτοὺς, ἀλλὰ δι' ἐκεῖνον. τῶν δὲ πόλεων, μὴ τὰς κατὰ τὴν Αἰολίδα, καὶ τὴν Ἰωνίαν μόνον ἐλευθεροῦν, ἀλλὰ πάσης τῆς ἐπὶ τάδε τοῦ Ταύρου δυναστείας ἐκχωρεῖν. Ὁ μὲν οὖν πρεσβευτὴς ταῦτα ἀκούσας παρὰ τοῦ συνεδρίου, διὰ τὸ πολὺ τῶν ἀξιουμένων τὰς ἐπιταγὰς ὑπεραίρειν, οὐδένα λόγον ποιησάμενος, τῆς μὲν κοινῆς ἐντεύξεως ἀπέστη· τὸν δὲ Πόπλιον ἐθεράπευσε φιλοτίμως. λαβὼν δὲ

ad colloquium admissus, quæ acceperat mandata edidit, dixitque velle Antiochum Lampsaco, Smyrna necnon Alexandria Romanis cedere: & si quæ aliæ in Æolide & Jonia Romanarum partium in præsenti bello fuerint: ad hæc impensæ in bellum istud factæ, partem dimidiam in se suscipere Antiochum. Multa præterea alia ad eundem finem spectantia disseruit: quum Romanos hortaretur, ut memores homines se natos, neque Fortunam nimis experiri vellent, neque imperii sui magnitudinem in infinitum producere: finirent potius illud; maximè quidem Europæ finibus: id quoque magnum esse & supra hominum fidem: utpote quale nemo ante hanc memoriam fuit consecutus. quod si omnino etiam ex Asia partem aliquam præterea abstrahere velint, illam definiant: Regem enim ad omnia paratum venire, quę fieri possent. His expositis, de concilii sententia in hæc verba respondit Consul; Æquum esse, ut Antiochus impensæ in bellum factæ non dimidiam partem, sed totam ipsam præstet. neque enim propter Romanos, sed propter Regem constitutum initio bellum fuisse, æquum etiam esse, ut non eas dumtaxat urbes quæ sunt in Æolide atque Jonia liberet; verùm & universo cis Taurum montem imperio cedat. Legatus postquam hæc in concilio audivit, quoniam postulata hæc fines mandatorum longe excedebant, quæ dicta fuerant pro indictis habuit, ac deinceps publico congressu abstinuit. Publium verò privatim summo studio coluit:

coluit: & oportunum aliquando tempus nactus, mandata ei aperuit, quæ ab Antiocho acceperat Erant autem hæc: Omnium primùm filium ei sine pretio redditurum Regem dixit. (acciderat enim principio belli, ut P. Scipionis filius captus ad Antiochum deduceretur;) dixit deinde, paratum esse Antiochum, & jam Scipioni quantam velle se significasset pecuniæ vim dare; & deinceps regni opes cum eo communicare, si per eum pacem iis quas proposuerat conditionibus, impetrasset. Publius ad hæc: quod de filio polliceretur, id se ait accipere: multumque se illi eo nomine debiturum, si promisso fides existeret. ad cætera quod attinet, ignorantiâ labi ipsum dixit, planeque ab utilis sibi consilii via aberrare, non in hoc solummodo privato secum colloquio: sed etiam cum in concilio verba fecit. Nam si dum Lysimachiam, & aditum in Chersonesum habuit in potestate, has obtulisset conditiones; facile ipsum quæ vellet fuisse consecuturum. Similiter si etiam postquam his cessit, ad Hellespontum cum exercitu occurrisset, & speciem ostentans impedituri transitum nostrum, hæc eadem per legatos petiisset; fieri potuisse, ut & sic rem impetraret. nunc concesso copiis nostris in Asiam transitu, & non solùm frenis, sed etiam sessore accepto; qui legatus veniat pacem ex æquo petens, jure merito repulsam ferre, ac spe sua destitui. Monebat ergo illum, rebus suis ut melius consuleret, & qui sit præsens suus status vere considraret. pro filii liberatione promissa

καιρὸν ἁρμόζοντα, διελέγετο περὶ ὧν εἶχε τὰς ἐντολάς· αὗται δ' ἦσαν· διότι πρῶτον μὲν, χωρὶς λύτρων ὁ βασιλεὺς αὐτῷ τὸν υἱὸν ἀποδώσει. συνέβαινε γὰρ ἐν ἀρχαῖς τοῦ πολέμου, τὸν υἱὸν τὸν τοῦ Σκηπίωνος γεγονέναι τοῖς περὶ Ἀντίοχον ὑποχείριον· δεύτερον δὲ, διότι καὶ κατὰ τὸ παρὸν, ἕτοιμός ἐστιν ὁ βασιλεὺς, ὅσον ἂν ἀποδείξῃ διδόναι πλῆθος χρημάτων· καὶ μετὰ ταῦτα κοινὴν ποιεῖν τὴν ἐκ τῆς βασιλείας χορηγίαν, ἐὰν συνεργήσῃ ταῖς ὑπὸ τοῦ βασιλέως προτεινομέναις διαλύσεσιν. Ὁ δὲ Πόπλιος, τὴν μὲν κατὰ τὸν υἱὸν ἐπαγγελίαν, ἔφη, δέχεσθαι, καὶ μεγάλην χάριν ἕξειν ἐπὶ τούτοις, ἐὰν βεβαιώσῃ τὴν ὑπόσχεσιν. περὶ δὲ τῶν ἄλλων, ἀγνοεῖν αὐτὸν ἔφη, καὶ παραπαίειν ὁλοσχερῶς τοῦ σφετέρου συμφέροντος, οὐ μόνον κατὰ τὴν πρὸς αὐτὸν ἔντευξιν, ἀλλὰ κατὰ τὴν πρὸς τὸ συνέδριον· εἰ μὲν γὰρ ἔτι Λυσιμαχίας, καὶ τῆς εἰς τὴν Χερρόνησον εἰσόδου κύριος ὑπάρχων, ταῦτα προὔτεινε, ταχέως ἂν αὐτὸν ἐπιτυχεῖν. Ὁμοίως, εἰ καὶ τούτων ἐκχωρήσας παραγεγόνει πρὸς τὸν Ἑλλήσποντον μετὰ τῆς δυνάμεως, καὶ δῆλος ὢν ὅτι κωλύσει τὴν διάβασιν ἡμῶν, ἐπρέσβευε περὶ τῶν αὐτῶν τούτων· κἂν οὕτως αὐτὸν ἐφικέσθαι τῶν ἀξιουμένων. ὅτε δὲ ἐάσας ἐπιβῆναι τῆς Ἀσίας τὰς ἡμετέρας δυνάμεις, καὶ προσδεξάμενος οὐ μόνον τὸν χαλινὸν, ἀλλὰ καὶ τὸν ἀναβάτην, παραγίνεται πρεσβεύων περὶ διαλύσεων ἴσων· εἰκότως ἂν ἀποτυγχάνειν, καὶ διαψεύσεσθαι τῶν ἐλπίδων. Διόπερ αὐτῷ παρῄνει, βέλτιον βουλεύεσθαι περὶ τῶν ἐνεστώτων, καὶ βλέπειν τοὺς καιροὺς ἀληθινῶς. ἀντὶ δὲ τῆς κατὰ τὸν υἱὸν ἐπαγχηλίας, ὑπισχνεῖτο δώσειν αὐτῷ συμβουλίαν ἀξίαν τῆς προτεινομένης χάριτος. παρεκάλει γὰρ αὐτὸν εἰς πᾶν συγκαταβαίνειν· μάχεσθαι δὲ κατὰ μηδένα τρόπον Ῥωμαίοις. Ὁ μὲν Ἡρακλείδης ταῦτα ἀκούσας, ἐπανῆλθε, καὶ συμμίξας, διεσάφει τῷ βασιλεῖ τὰ κατὰ μέρος. Ἀντίοχος νομίσας οὐδὲν ἂν βαρύτερον αὐτῷ γενέσθαι πρόσταγμα τῶν νῦν ἐπιταττομένων, εἰ ληφθείη μαχόμενος· τῆς μὲν περὶ τὰς διαλύσεις ἀσχολίας ἀπέστη· τὰ δὲ πρὸς ἀγῶνα πάντα, καὶ πανταχόθεν ἡτοίμαζεν.

consilium illi se pollicebatur daturum, dignum ostenso beneficio. Hortabatur namque ut nullam pacis conditionem recusans, quocunque Romani vocarent, sequeretur; bello adversus Romanos modis omnibus ut absisteret. His auditis revertitur Heraclides. qui Regem ut convenit, omnia sigillatim ei exposuit. Antiochus, nihil gravius sibi si bello esset victus, imperatum iri ratus, cogitatione pacis abstinuit, & necessaria ad prælium omnia undique apparavit.

ΚΔ.

Πῶς ὁ Ἀντίοχος πρῶτον μὲν ἐπικηρυκευσάμενος, ἔπειτα δὲ πρέσβεις ἀποστείλας πρὸς τοὺς Σκηπίωνας, εἰρήνην διεπράξατο αὐτῷ, καὶ ἐπὶ τίσιν αὐτῆς ἔτυχε.

XXIV

Quomodo Antiochus caduceatoribus primùm missis, deinde legatis, pacem à Romanis impetravit, & quibus conditionibus.

ΟΤΙ μετὰ τὴν νίκην οἱ Ῥωμαῖοι τὴν αὐτῶν πρὸς Ἀντίοχον, παρειληφότες καὶ τὰς Σάρδεις, καὶ τὰς ἀκροπόλεις ἄρτι, ἧκε Μουσαῖος, ἐπικηρυκευόμενος παρ᾽ Ἀντιόχου. τῶν δὲ περὶ τὸν Πόπλιον φιλανθρώπως προσδεξαμένων αὐτὸν, ἔφη βούλεσθαι τὸν Ἀντίοχον ἐξαποστεῖλαι πρεσβευτὰς τοὺς διαλεχθησομένους ὑπὲρ τῶν ὅλων. διόπερ ἀσφάλειαν ἠξίου δοθῆναι τοῖς παραγινομένοις. τῶν δὲ συγχωρησάντων, οὗτος μὲν ἐπανῆλθεν. Μετὰ δέ τινας ἡμέρας ἧκον πρέσβεις παρὰ τοῦ βασιλέως Ἀντιόχου, Ζεῦξις, ὁ πρότερον ὑπάρχων Λυδίας σατράπης, καὶ Ἀντίπατρος ἀδελφιδοῦς· οὗτοι δὲ πρῶτον μὲν ἔσπευδον ἐντυχεῖν

POST victoriam Romanorum de Rege Antiocho, mox à captis Sardibus & arcibus aliquot, venit Musæus caduceator ab Antiocho missus: qui à Publio Scipione humanè acceptus, dixit, velle Antiochum legatos mittere de summa rerum acturos. postulabat igitur commeatum dari iis qui essent venturi. Re impetrata, revertitur caduceator. Paucis deinde post diebus, venere legati à Rege Antiocho, Zeuxis qui præfectus Lydiæ fuerat, & Antipater fratris filius. hi ut prius Eumenem Regem convenirent, operam dederunt; veriti

sie prone propter ſimultates priſtinas, cupidior ipſis nocendi foret. Eo moderatiore & placatiore quàm ſperarant invento, confeſtim ut ſibi daretur concilium ſunt eniſi. Quo ipſis præbito, & alia quidem multa diſſeruerunt: cum Romanos hortarentur, ut clementer & magno animo rebus ſuis ſecundis uterentur; dicerentque non tam id Antiocho fore conducibile, quàm ipſis Romanis, quando jam illis Fortuna imperium & dominatum orbis terrarum tradidiſſet. Cæterum caput & primus ſcopus legationis erat, quid facto opus eſſet, ut pacem & amicitiam populi Romani Rex impetraret. Qui intererant concilio, quod jam antè factum ſuper his rebus fuerat, habitaque deliberatio, Publium juſſerunt ea quæ ipſi decreverant edere. tum Publius; Nunquam, inquit, Romani poſt victoriam hoſtibus ſuis implacabiliores fuerunt. nunc igitur idem reſponſi laturos ipſos à Romanis, quod prius tuliſſent, cùm ad Helleſpontum prius quàm prælium committeretur venerunt. OPORTERE NIMIRUM, UT EUROPA IPSI EXCEDERENT, ET ASIA OMNI CIS TAURUM: AD HÆC PRO IMPENSIS IN BELLUM FACTIS, AMPLIUS DARENT QUINDECIM MILLIA TALENTUM EUBOICORUM; QUINGENTA PRÆSENTIA, DUO MILLIA ET QUINGENTA, CUM POPULUS ROMANUS PACEM CONFIRMAVERIT. RELIQUA DEINDE PER DUODECIM ANNOS, ITA UT

Εὐμένει τῷ βασιλεῖ, διειλαβόμενοι μὴ διὰ τὴν προγεγενημένην παρατριβὴν, φιλοτιμότερος ᾖ πρὸς τὸ βλάπτειν αὐτούς. εὑρόντες δὲ παρὰ τὴν προσδοκίαν μέτριον αὐτὸν καὶ πρᾶον, εὐθέως ἐγίνοντο περὶ τὴν κοινὴν ἔντευξιν. Κληθέντες δ᾽ εἰς τὸ συνέδριον, πολλὰ μὲν καὶ ἕτερα διελέχθησαν, παρακαλοῦντες πράως χρήσασθαι καὶ μεγαλοψύχως τοῖς εὐτυχήμασι· φάσκοντες οὐχ οὕτως Ἀντιόχῳ τοῦτο συμφέρειν, ὡς αὐτοῖς Ῥωμαίοις, ἐπείπερ ἡ τύχη παρέδωκεν αὐτοῖς τὴν τῆς οἰκουμένης ἀρχὴν καὶ δυναστείαν. Τὸ δὲ συνέχον, ἠρώτων, τί δεῖ ποιήσαντας τυχεῖν τῆς εἰρήνης καὶ τῆς φιλίας τῆς πρὸς Ῥωμαίους. οἱ δὲ ἐν τῷ συνεδρίῳ πρότερον ἤδη συνηδρευκότες καὶ βεβουλευμένοι περὶ τούτων, τότε ἐκέλευον διασαφεῖν τὰ δεδογμένα τὸν Πόπλιον· ὁ δὲ προειρημένος ἀνὴρ, οὔτε νικήσαντας ἔφη Ῥωμαίους οὐδέποτε γενέσθαι βαρυτέρους· διὸ καὶ νῦν αὐτοῖς τὴν αὐτὴν ἀπόκρισιν δοθήσεσθαι παρὰ Ῥωμαίων, ἣν καὶ πρότερον ἔλαβον, ὅτε πρὸ τῆς μάχης παρεγενήθησαν ἐπὶ τὸν Ἑλλήσποντον. ΔΕΙ ΓΑΡ ΑΥΤΟΥΣ, ΕΚ ΤΕ ΤΗΣ ΕΥΡΩΠΗΣ ΕΚΧΩΡΕΙΝ, ΚΑΙ ΤΗΣ ΑΣΙΑΣ ΤΗΣ ΕΠΙ ΤΑΔΕ ΤΟΥ ΤΑΥΡΟΥ ΠΑΣΗΣ· ΠΡΟΣ ΔΕ ΤΟΥΤΟΙΣ, ΕΥΒΟΙΚΑ ΤΑΛΑΝΤΑ ΕΠΙΔΟΥΝΑΙ ΜΥΡΙΑ ΚΑΙ ΠΕΝΤΑΚΙΣΧΙΛΙΑ ΡΩΜΑΙΟΙΣ, ΑΝΤΙ ΤΗΣ ΕΙΣ ΤΟΝ ΠΟΛΕΜΟΝ ΔΑΠΑΝΗΣ. ΤΟΥΤΩΝ ΔΕ, Φ´ ΜΕΝ ΠΑΡΑΧΡΗΜΑ, ΔΙΣΧΙΛΙΑ ΔΕ ΚΑΙ Φ´ ΠΑΛΙΝ, ΕΠΕΙΔΑΝ Ο ΔΗΜΟΣ ΚΥΡΩΣΗι ΤΑΣ ΔΙΑΛΥΣΕΙΣ. ΤΑ ΔΕ ΛΟΙΠΑ ΤΕΛΕΙΝ ΕΝ ΕΤΕΣΙ ΙΒ´, ΔΙ-

ΔΟΝΤΑ ΚΑΘ' ΕΚΑΣΤΟΝ ΕΤΟΣ, ΧΙΛΙΑ ΤΑΛΑΝΤΑ· ΑΠΟΔΟΥΝΑΙ ΔΕ ΚΑΙ ΕΥΜΕΝΕΙ Υ' ΤΑΛΑΝΤΑ ΠΡΟΣΟΦΕΙΛΟΜΕΝΑ, ΚΑΙ ΤΟΝ ΕΛΛΕΙΠΟΝΤΑ ΣΙΤΟΝ ΚΑΤΑ ΤΑΣ ΠΡΟΣ ΤΟΝ ΠΑΤΕΡΑ ΣΥΝΘΗΚΑΣ. ΣΥΝ ΔΕ ΤΟΥΤΟΙΣ, ΑΝΝΙΒΑΝ ΕΚΔΟΥΝΑΙ ΤΟΝ ΚΑΡΧΗΔΟΝΙΟΝ, ΚΑΙ ΘΟΑΝΤΑ ΤΟΝ ΑΙΤΩΛΟΝ, ΚΑΙ ΜΝΑΣΙΛΟΧΟΝ ΑΚΑΡΝΑΝΑ, ΚΑΙ ΦΙΛΩΝΑ, ΚΑΙ ΕΥΒΟΥΛΕΙΔΗΝ ΤΟΥΣ ΧΑΛΚΙΔΕΑΣ. ΠΙΣΤΙΝ ΔΕ ΤΟΥΤΩΝ ΟΜΗΡΟΥΣ Κ' ΔΟΥΝΑΙ ΠΑΡΑΧΡΗΜΑ ΤΟΝ ΑΝΤΙΟΧΟΝ, ΤΟΥΣ ΠΑΡΑΓΡΑΦΕΝΤΑΣ. Ταῦτα μὲν οὖν ὁ Πόπλιος ἀπεφήνατο ὑπὲρ παντὸς τοῦ συνεδρίου· Συγκατατεθειμένων δὲ τῶν περὶ τὸν Ἀντίπατρον καὶ Ζεῦξιν, ἔδοξε πᾶσιν ἐξαποστεῖλαι πρεσβευτὰς εἰς τὴν Ῥώμην τοὺς παρακαλέσοντας τὴν σύγκλητον καὶ τὸν δῆμον, ἐπικυρῶσαι τὰς συνθήκας. Καὶ τότε μὲν ἐπὶ τούτοις ἐχωρίσθησαν· ταῖς δ' ἑξῆς ἡμέραις, οἱ Ῥωμαῖοι διεῖλον τὰς δυνάμεις. μετὰ δέ τινας ἡμέρας παραγενομένων ὁμήρων εἰς τὴν Ἔφεσον, εὐθέως ἐγίνοντο περὶ τὸ πλεῖν εἰς τὴν Ῥώμην, ὅ, τ' Εὐμένης, οἵ τε παρὰ τῶν Ῥωμαίων πρεσβευταὶ παραπλησίως δὲ καὶ παρὰ Ῥοδίων, καὶ παρὰ Σμυρναίων, καὶ σχεδὸν τῶν ἐπὶ τάδε τοῦ Ταύρου πάντων τῶν κατοικούντων ἐθνῶν καὶ πολιτευμάτων ἐπρέσβευον εἰς τὴν Ῥώμην.

CIↃ TALENTA QUOT ANNIS PENDERENT. EUMENI QUOQUE QUADRINGENTA TALENTA ADHUC DEBITA REDDERENT, ET QUOD FRUMENTI RELIQUUM ESSET, QUOD EX FOEDERE CUM PATRE ICTO DEBERETUR. HANNIBALEM PRÆTEREA CARTHAGINIENSEM DEDERENT, ET THOANTEM ÆTOLUM, NECNON MNASILOCHUM ACARNANEM, ET CUM IIS CHALCIDENSES PHILONEM ET EUBULIDAM. PIGNORIS AUTEM LOCO, DARET EXTEMPLO ANTIOCHUS OBSIDES VIGINTI, QUORUM NOMINA FUERINT ADSCRIPTA. Hæc Publius totius concilii nomine pronuntiavit. Quum acciperent conditiones Antipater & Zeuxis, placuit omnibus Romam legatos mitti, qui Senatum populumque Rom. orarent, pacem ut comprobarent, atque ita tum discessum est. Sequentibus diebus Romani exercitum in hiberna dimiserunt. elapsis deinde non multis diebus, postquam deducti Ephesum essent obsides, navigationem Romam præpararunt Eumenes & Romanorum legati; itemque Rhodiorum Smyrnensium, & omnium ferme cis Taurum gentium ac civitatum oratores Romam sunt profecti.

ΚΕ.

XXV.

Πῶς ὁ βασιλεὺς Εὐμένης καὶ οἱ παρὰ Ῥοδίων πρεσβευταὶ

Quomodo Rex Eumenes & legati à Rhodiis missi super non-

nonnullis Græcorum in Asia urbibus, quæ erant libertate donandæ, apud ipsos Romanos & in Senatu disceptaverint.

APPETENTE jam æstate post victum à Romanis Antiochum, Rex Eumenes & Antiochi legati, ac Rhodiorum, aliarumque item gentium Romam venerunt. omnes enim propemodum qui Asiam colunt populi, statim à victoria suos Romam legatos misere; cum spes omnes suas in posterum universi in Senatu Romano haberent sitas. Qui quum venissent, omnes singulari humanitate ab ordine amplissimo sunt excepti: præcipuâ verò munificentiâ & itum est obviam Regi Eumeni, & lautia ei sunt præbita: secundum hunc Rhodiis. Postquam audiendarum legationum tempus venit, primus omnium in Senatum vocatus est Eumenes, petitumque ab eo, ut quid sibi à Patribus tribui vellet, omissa in id verecundia, diceret. Ad ea respondente Rege, Si ab aliis impetratum aliquid beneficii vellet, consilio se Romanorum fuisse usurum; ne quid aut immoderate cupiisse, aut petiisse supra meritum videri posset. nunc quando ab ipsis Romanis petitum beneficium venerit, optimum ducere se ipsorum munificentiam in se & fratres suos eorum arbitrii facere: assurgit seniorum aliquis, & Eumenem jubet, diceret sine metu quid sibi videretur: esse enim propositum Patribus, quibus possent cunque rebus ei gratificari.

Περὶ τῶν ἐλευθερωθησομένων ἐν Ασίᾳ Ελλήνων ἠμφισβήτησαν ἐπὶ δικασταῖς Ῥωμαίοις, καὶ ἐν αὐτῇ τῇ συγκλήτῳ.

ΟΤΙ ἤδη τῆς θερείας ἐνισαμένης μετὰ τὴν νίκην τῶν Ῥωμαίων τὴν πρὸς Αντίοχον, παρῆν ὅ τε βασιλεὺς Ευμένης, οἵ τε παρ' Αντιόχου πρέσβεις, οἵ τε παρὰ τῶν Ῥοδίων· ὁμοίως δὲ καὶ παρὰ τῶν ἄλλων. σχεδὸν γὰρ ἅπαντες, οἱ κατὰ τὴν Ασίαν εὐθέως μετὰ τὸ γενέσθαι τὴν μάχην, ἔπεμπον πρεσβευτὰς εἰς τὴν Ῥώμην, διὰ τὸ πᾶσι τότε, καὶ πάσας τὰς ὑπὲρ τοῦ μέλλοντος ἐλπίδας, ἐν τῇ συγκλήτῳ κεῖσθαι. Απαντας μὲν οὖν τοὺς παραγενομένους ἐπεδέχετο φιλανθρώπως ἡ σύγκλητος· μεγαλομερέστατα δὲ καὶ κατὰ τὴν ἀπάντησιν, καὶ ταῖς τῶν ξενίων παροχαῖς, Ευμένη τὸν βασιλέα· μετὰ δὲ τοῦτον τοὺς Ῥοδίους. Επειδὴ δ' ὁ τῆς ἐντεύξεως καιρὸς ἦλθεν, εἰσεκαλέσαντο πρῶτον τὸν βασιλέα, καὶ λέγειν ἠξίουν μετὰ παρρησίας, ὧν βούλεται τυχεῖν παρὰ τῆς συγκλήτου. τοῦ δ' Ευμένους φήσαντος, διότι, εἰ καὶ παρ' ἑτέρων τυχεῖν τινος ἐβούλετο φιλανθρώπου, Ῥωμαίοις ἂν ἐχρήσατο συμβούλοις, πρὸς τὸ μήτ' ἐπιθυμεῖν μηδενὸς παρὰ τὸ δέον, μήτ' ἀξιοῦν μηδὲν πέρα τοῦ καθήκοντος· ὁπότε δ' αὐτὸς πάρεστι δεόμενος Ῥωμαίων, ἄριστον εἶναι νομίζει τὸ διδόναι τὴν ἐπιτροπὴν ἐκείνοις, καὶ περὶ αὐτοῦ καὶ περὶ τῶν ἀδελφῶν. τῶν δὲ πρεσβυτέρων τινὸς ἀναστάντος, καὶ κελεύοντος μὴ καταρρωδεῖν, ἀλλὰ λέγειν τὸ φαινόμενον· διότι πρόκειται τῇ συγκλήτῳ πᾶν αὐτῷ χαρίζεσθαι τὸ δυνατόν·

ἔμενεν ἐπὶ τῆς αὐτῆς γνώμης. Χρόνου δ' ἐγγινομένου, ὁ μὲν βασιλεὺς ἐξεχώρησεν, ἡ δὲ σύγκλητος ἐβουλεύετο τί δεῖ ποιεῖν. ἔδοξεν οὖν τὸν Εὐμένη παρακαλεῖν, αὐτὸν ἀποδεικνύναι θαρροῦντα, περὶ ὧν πάρεστιν· καὶ γὰρ εἰδέναι τὰ διαφέροντα τοῖς ἰδίοις πράγμασιν ἐκεῖνον ἀκριβέστερον, καὶ τὰ κατὰ τὴν Ἀσίαν. δι' ξαντων δὲ τούτων εἰσεκλήθη, καὶ τῶν πρεσβυτέρων τινὸς ἀποδείξαντος τὰ δεδογμένα, λέγειν ἠναγκάσθη περὶ τῶν προκειμένων. Ἔφασκεν οὖν ἄλλο μὲν οὐδὲν εἰπεῖν περὶ τῶν καθ' αὑτόν, ἀλλὰ μένειν ἐπὶ τῆς αὐτῆς γνώμης, τελέως διδοὺς ἐκείνοις τὴν ἐξουσίαν. ἕνα δὲ τόπον ἀγωνιᾶν, τὸν κατὰ τοὺς Ῥοδίους. διὸ καὶ προήχθαι νῦν εἰς τὸ λέγειν ὑπὲρ τῶν ἐνεστώτων. ἐκείνους γὰρ παρεῖναι μὲν οὐδὲν ἧττον ὑπὲρ τοῦ τῆς σφετέρας πατρίδος συμφέροντος σπουδάζοντας, ἢ περὶ αὐτὸν ὑπὲρ τῆς ἰδίας ἀρχῆς φιλοτιμεῖσθαι κατὰ τὸ παρόν. τοὺς δὲ λόγους αὐτῶν τὴν ἐναντίαν ἔμφασιν ἔχειν τῇ προθέσει τῇ κατὰ τὴν ἀλήθειαν. τοῦτο δ' εἶναι ῥᾴδιον καταμαθεῖν· ἐρεῖν μὲν γὰρ αὐτούς, ἐπειδὰν εἰσπορευθῶσι, διότι πάρεισιν, οὔτε παρ' ὑμῶν αἰτούμενοι τὸ παράπαν οὐδέν, οὔθ' ἡμᾶς βλάπτειν θέλοντες κατ' οὐδένα τρόπον. πρεσβεύουσι δὲ περὶ τῆς ἐλευθερίας τῶν τὴν Ἀσίαν κατοικούντων Ἑλλήνων. τοῦτο δ' οὐχ οὕτως αὑτοῖς εἶναι κεχαρισμένον φήσουσιν, ὡς ὑμῖν καθῆκον καὶ τοῖς γεγονόσιν ἔργοις ἀκόλουθον. ἡ μὲν οὖν διὰ τῶν λόγων φαντασία, τοιαύτη τις αὐτῶν ἔσται· τὰ δὲ κατὰ τὴν ἀλήθειαν, τὴν ἐναντίαν ἔχοντα τούτοις εὑρεθήσεται διάθεσιν. Τῶν γὰρ πόλεων ἐλευθερωθεισῶν, ὡς αὐτοὶ

perſtat Rex in eadem ſententia. Quum aliquandiu ita certatum eſſet, Eumenes templo exceſſit: Senatus qui remanſerat, quid opus facto conſultat. Placuit igitur Regem hortari, ut exprimeret ipſe fidenter, quorum cauſſa veniſſet: ipſum enim optimè ſcire, quæ regno ſuo ſint accommoda Aſiamque melius noſſe. his ita decretis reductus eſt: & cum ſeniorum aliquis Patrum voluntatem ei indicaſſet, coactus eſt quæ vellet dicere. tum ergo Rex: Aliud quidem nihil de rebus ſuis dicturum, ait, eademque in ſententia perſeveraturum, atque omnino ipſorum arbitrio rem permiſſurum. Una in parte anxium laborare ſe, quæ ad Rhodios pertineret: propterea ſui officii putaſſe, ut de præſenti negotio verba apud eos faceret. Nam & illos adeſſe non minore cum ſtudio patriæ commoda promovendi, quàm cupiat ipſe regno ſuo eſſe conſultum. cæterùm eorum orationem contrariam ſpeciem oſtendere, ejus quod re vera ab ipſis agitur. id quod cognitu ſit facile. dicturos enim ubi datus eis fuerit Senatus; veniſſe non ut quicquam omnino petant à vobis, aut ut nos ulla re lædant: ſed ad impetrandam Græcorum, qui in Aſia ſunt, libertatem eſſe miſſos: quod non tam gratum ſibi dicent futurum, quàm vos decere, & antefactis convenire. Et orationis quidem illorum hic color erit: at rem ipſam contrario plane modo ſe habere invenietis. Nam ſi, quod ipſi poſtulabunt, liberatæ

civitates

civitates fuerint, eveniet, ut maximum potentia eorum capiat incrementum; nostra quodammodo tollatur. libertatis enim nomen & indulgentia suis legibus vivendi, omnes penitus à nobis avertet, non solùm qui jam liberabuntur, sed etiam veteres subditos nostros; ubi semel vester hic animus illis innotuerit: eademque res hos omnes Rhodiis adjunget. Quippe ita natura comparatum est, ut hi per Rhodios liberati, (sic enim ipsi sibi persuadebant,) verbo quidem socii eorum sint futuri; re autem vera imperata omnia illorum sint facturi, tanto obligati beneficio. Oramus igitur vos, Patres conscripti, caveatis hac in parte, ne per incogitantiam alios ex sociis præter modum extollatis; alios sine ratione deprimatis. Simul videte, ne si in illos qui adversum vos arma tulerint, beneficia vestra conferatis; veros amicos præ illis contemnatis atque aspernemini. Equidem in aliis rebus jure meo quocunque, sine pertinacia cuilibet cedam: in certamine verò amicitiæ vestræ & benevolentiæ erga vos, nemo plane est mortalium à quo vinci me, pro mea virili, æquo animo sim passurus. neque dubito parentem meum, si esset in vivis, eadem quæ ipse dico, fore dicturum. Nam & ille primus ferme omnium Asiam Græciamque incolentium, in amicitiam societatemque vestram quum venisset, constantissima fide ad extremum finem vitæ, hanc servavit: neque id animo dumtaxat, sed etiam factis.

παρακαλοῦσιν, τὴν μὲν τούτων συμβήσεται δύναμιν αὐξηθῆναι πολλαπλασίως· τὴν δὲ ἡμετέραν, τρόπον τινὰ καταλυθῆναι. τὸ γὰρ τῆς ἐλευθερίας ὄνομα, καὶ τῆς αὐτονομίας, ἡμῖν μὲν ἄρδην ἀποσπάσει πάντας, οὐ μόνον τοὺς νῦν ἐλευθερωθησομένους, ἀλλὰ καὶ τοὺς πρότερον ἡμῖν ὑποταττομένους, ἐπειδὰν ὑμεῖς ἐπὶ ταύτης ὄντες φανεροὶ γένησθε τῆς προαιρέσεως· τούτοις δὲ προσθήσει πάντας. τὰ γὰρ πράγματα φύσιν ἔχει τοιαύτην. δόξαντες γὰρ ἐλευθερῶσθαι διὰ τούτους, ὀνόματι μὲν ἔσονται σύμμαχοι τούτων· τῇ δ' ἀληθείᾳ, πᾶν ποιήσουσι τὸ κελευόμενον ἑτοίμως, τῇ μεγίστῃ χάριτι γεγονότες ὑπόχρεοι. Διόπερ, ὦ ἄνδρες, ἀξιοῦμεν ὑμᾶς, τοῦτον τὸν τόπον ὑπιδέσθαι, μὴ λάθητε τοὺς μὲν παρὰ τὸ δέον αὔξοντες, τοὺς δὲ ἐλαττοῦντες τῶν φίλων ἀλόγως· ἅμα δὲ τούτοις, τοὺς μὲν πολεμίους γεγονότας εὐεργετοῦντες· τοὺς δ' ἀληθινοὺς φίλους παρορῶντες, καὶ καταλιγωροῦντες τούτων· ἐγὼ δὲ περὶ μὲν τῶν ἄλλων, ὅτου δέοι παντὸς παραχωρήσαιμι τοῖς πέλας ἀφιλονείκως· περὶ δὲ τῆς ἡμετέρας φιλίας καὶ τῆς εἰς ὑμᾶς εὐνοίας, ἁπλῶς οὐδέποτ' ἂν οὐδενὶ τῶν ὄντων ἐκχωρήσαιμι κατὰ δύναμιν. Δοκῶ δὲ καὶ τὸν πατέρα τὸν ἡμέτερον, εἴπερ ἔζη, τὴν αὐτὴν ἂν προέσθαι φωνὴν ἐμοί. καὶ γὰρ ἐκεῖνος πρῶτος μετασχὼν τῆς ὑμετέρας φιλίας καὶ συμμαχίας, σχεδὸν πάντων τῶν κατὰ τὴν Ἀσίαν καὶ τὴν Ἑλλάδα μενόντων, εὐγενέστατα διεφύλαξε ταύτην ἕως τῆς τελευταίας ἡμέρας, οὐ μόνον κατὰ τὴν προαίρεσιν, ἀλλὰ καὶ κατὰ τὰς πράξεις.

πάντων γὰρ ὑμῖν ἐκοινώνησε τῶν κατὰ τὴν Ἑλλάδα πολέμων· καὶ πλείστας μὲν εἰς τούτους πεζικάς, καὶ ναυτικὰς δυνάμεις παρέσχετο τῶν ἄλλων συμμάχων. πλείστην δὲ συνεβάλετο χορηγίαν, καὶ μεγίστους ὑπέμεινε κινδύνους· τέλος δὲ εἰπεῖν, κατέστρεψε τὸν βίον, ἐν αὐτοῖς τοῖς ἔργοις, κατὰ τὸν Φιλιππικὸν πόλεμον, παρακαλῶν Βοιωτοὺς εἰς τὴν ὑμετέραν φιλίαν καὶ συμμαχίαν. Ἐγὼ δὲ διαδεξάμενος τὴν ἀρχήν, τὴν μὲν προαίρεσιν τὴν τοῦ πατρὸς διεφύλαξα· ταύτην γὰρ οὐχ οἷόν τ' ἦν ὑπερθέσθαι· τοῖς δὲ πράγμασιν ὑπερεθέμην. οἱ γὰρ καιροὶ τὴν ἐκ πυρὸς βάσανον ἐμοὶ μᾶλλον ἢ ἐκείνῳ προσήγαγον. Ἀντιόχου γὰρ σπουδάζοντος ἡμῖν θυγατέρα δοῦναι, καὶ συνοικειωθῆναι τοῖς ὅλοις, διδόντος παραχρῆμα μὲν τὰς πρότερον ἀπηλλοτριωμένας ἀφ' ἡμῶν πόλεις, μετὰ δὲ ταῦτα πᾶν ὑπισχνουμένου ποιήσειν, εἰ μεταλάβοιμεν τοῦ πρὸς ὑμᾶς πολέμου· τοσοῦτον ἀπέσχομεν τοῦ προσδέξασθαί τι τούτων, ὡς πλείσταις μὲν καὶ πεζικαῖς καὶ ναυτικαῖς δυνάμεσι τῶν ἄλλων συμμάχων, ἠγωνισάμεθα μεθ' ὑμῶν πρὸς Ἀντίοχον. πλείστας δὲ χορηγίας συμβεβλήμεθα πρὸς τὰς ὑμετέρας χρείας, ἐν τοῖς ἀναγκαιοτάτοις καιροῖς· εἰς πάντας δὲ τοὺς κινδύνους δεδώκαμεν αὐτοὺς ἀπροφασίστως, μετά γε τῶν ὑμετέρων ἡγεμόνων. τὸ δὲ τελευταῖον, ὑπεμείναμεν συγκλεισθέντες εἰς αὐτὸν τὸν Πέργαμον πολιορκεῖσθαι καὶ κινδυνεύειν ἅμα περὶ τοῦ βίου καὶ τῆς ἀρχῆς, διὰ τὴν πρὸς τὸν ὑμέτερον δῆμον εὔνοιαν. Ὥσθ' ὑμᾶς, ὦ ἄνδρες Ῥωμαῖοι, πολλοὺς μὲν γεγονότας αὐτόπτας, πάντας δὲ

omnibus enim bellis quæ in Græcia gessistis pater interfuit: & ad illa, terrestribus navalibusque copiis, ut nemo sociorum vestrorum, vobis est auxiliatus: sed & commeatibus idem vos adjuvit plurimis, maximaque pro vobis pericula adiit: ac postremò cùm Bœotos ad amicitiam societatemque vestram hortaretur bello Philippico, in ipsis laboribus vitam finivit. Hujus ego regnum ut suscepi, voluntatem quidem & studium patris erga vos servavi: etenim erant illa inexuperabilia: rebus ipsis meritisque superavi. tempora enim mihi magis quàm illi tribuerunt materiam, ut velut in ignes fides mea probaretur, Nam quum Antiochus filiam suam in matrimonium mihi dare vellet, & rebus omnibus mihi conjungi optaret, civitates extemplo restitueret, quæ defecerant à nobis, quidvis in posterum polliceretur, si bellum adversus vos cum eo gereremus: tantum abfuit, ut quicquam eorum acciperemus, ut contra plurimis pedestribus navalibusque copiis quàm ullus sociorum vestrorum contra Antiochum pro vobis steterimus: plurimis commeatibus, necessariis maxime temporibus vos adjuverimus; omnibus periculis absque ulla tergiversatione, cum vestris ducibus, nos objecerimus: postremò includi in urbem Pergamum sustinuerimus, atque in ea obsessi de vita simul & regno, propter constantem erga populum Rom. benevolentiam, simus periclitati. Quum igitur, Patres conscripti, multi vestrûm spectatores fuerint eorum quæ dixi, omnes

omnes

omnes exploratum habeatis vera illa esse, æquum est, parem & vos meritis nostris curam habere nostri. Esset enim res omnium indignissima, si Massanissam, qui non solum hostis vester aliquando fuerat, sed etiam ad extremum, cum paucis equitibus in castra vestra confugerat: quia uno contra Carthaginienses bello fidem servasset; magnæ partis Africæ Regem costitueritis: Pleuratum vero nihil quicquam omnino de vobis meritum, eo solum nomine quod in fide mansisset, omnium totius Illyrici regulorum maximum constitueritis: nos verò, qui & ipsi & majores nostri, in maximis pulcherrimisque inceptis vos adjuvimus, contemptui habueritis. Quid igitur est quod ego postulo? & quid tribui mihi à vobis æquum censeo? dicam equidem libere, quandoquidem exigitis hoc à me, ut quid sentiam vobis dicam. Si vobis sedet animo, partem aliquam terrarum cis montem Taurum, quæ Antiocho prius parebant, tenere; hoc verò est, quod omnium maxime optaverimus, sic enim regnum nostrum fore tutissimum existimamus, si vobis finitimi fuerimus: & potentia vestra frui quàm maxime potuerimus. Sed si alia vobis mens est, & universa decedititis Asia; neminem digniorem esse cui belli præmiis cedatis quàm me, dicere ausim. At Hercule, honestius est civitates quę serviunt liberari. Ita, opinor, si ea audacia non fuerunt, ut cum Antiocho bellum adversus vos gererent. sin autem hoc patrare sustinuerunt, multo est honestius, veris amicis gratias pro meritis referre,

γινώσκοντας, διότι λέγομεν ἀληθῆ, δίκαιον ἐστὶ τὴν ἁρμόζουσαν πρόνοιαν ποιήσασθαι περὶ ἡμῶν. καὶ γὰρ ἂν πάντων γένοιτο δεινότατον, εἰ Μασσανάσσην μὲν τὸν οὐ μόνον ὑπάρξαντα πολέμιον ὑμῖν, ἀλλὰ καὶ τὸ τελευταῖον καταφυγόντα πρὸς ὑμᾶς μετὰ τῶν ἱππέων· τοῦτον, ὅτι καθ' ἕνα πόλεμον τὸν πρὸς Καρχηδονίους ἐτήρησε τὴν πίστιν, βασιλέα τῶν πλείστων μερῶν τῆς Λιβύης πεποιήκατε. Πλευράτον δὲ πράξαντα μὲν ἁπλῶς οὐδὲν, διαφυλάξαντα δὲ μόνον τὴν πίστιν, μέγιστον τῶν κατὰ τὴν Ἰλλυρίδα δυναστῶν ἀναδεδείχατε· ἡμᾶς δὲ τοὺς διὰ προγόνων τὰ μέγιστα καὶ κάλλιστα τῶν ἔργων ὑμῖν συγκατειργασμένους παρ' οὐδὲν ποιήσετε. τί οὖν ἐστιν ὃ παρακαλῶ; καὶ τίνος φημὶ δεῖν ἡμᾶς τυγχάνειν παρ' ὑμῶν; ἐρῶ μετὰ παρρησίας, ἐπείπερ ἡμᾶς ἐξεκαλέσασθε πρὸς τὸ λέγειν ὑμῖν τὸ φαινόμενον. εἰ μὲν αὐτοὶ κρίνετε εἶναι τόπους διακατέχειν τῆς Ἀσίας, τῶν ὄντων μὲν ἐπὶ τάδε τοῦ Ταύρου, ταττομένων δὲ πρότερον ὑπ' Ἀντίοχον· τοῦτο καὶ μάλιστα βουλοίμεθ' ἂν ἰδεῖν γινόμενον· καὶ γὰρ ἀσφαλέστατα βασιλεύσειν ὑμῖν γειτνιῶντες ὑπολαμβάνομεν, καὶ μάλιστα μετέχοντες τῆς ὑμετέρας ἐξουσίας. εἰ δὲ τοῦτο μὴ κρίνετε ποιεῖν, ἀλλ' ἐκχωρεῖν τῆς Ἀσίας ὁλοσχερῶς, οὐδενὶ φαμὲν δικαιότερον εἶναι παραχωρεῖν ὑμᾶς τῶν ἐκ τοῦ πολέμου γεγονότων ἄθλων, ἤπερ ἡμῖν. Νὴ Δία, κάλλιον ἐστὶν τοὺς δουλεύοντας ἐλευθεροῦν. εἴγε μὴ μετ' Ἀντιόχου πολεμεῖν ὑμῖν ἐτόλμησαν· ἐπεὶ δὲ τοῦθ' ὑπέμειναν, πολλῷ κάλλιον, τὸ τοῖς ἀληθινοῖς φίλοις τὰς ἁρμοζούσας χάριτας ἀποδιδόναι μᾶλ-

λον,

λον, ἢ τοὺς πολεμίους γεγονότας εὐεργετεῖν. Ὁ μὲν οὖν Εὐμένης, ἱκανῶς εἰπὼν ἀπηλλάγη· τὸ δὲ συνέδριον, αὐτόν τε τὸν βασιλέα καὶ τὰ ῥηθέντα φιλοφρόνως ἀπεδέχετο, καὶ πᾶν τὸ δυνατὸν προθύμως εἶχεν αὐτῷ χαρίζεσθαι. Μετὰ δὲ τοῦτον, ἐβούλοντο μὲν εἰσάγειν Ῥοδίους. ἀφυστεροῦντος δέ τινος τῶν πρεσβευτῶν, εἰσεκαλέσαντο τοὺς Σμυρναίους. οὗτοι δὲ πολλοὺς μὲν ἀπολογισμοὺς εἰσήνεγκαν περὶ τῆς αὐτῶν εὐνοίας καὶ προθυμίας, ἣν παρέσχηνται Ῥωμαίοις κατὰ τὸν ἐνεστῶτα πόλεμον. οὔσης δὲ τῆς περὶ αὐτῶν δόξης ὁμολογουμένης, διότι γεγόνασι πάντων ἐκτενέστατοι τῶν ἐπὶ τῆς Ἀσίας αὐτονομουμένων, οὐκ ἀναγκαῖον ἡγούμεθα εἶναι τοὺς κατὰ μέρος ἐκτίθεσθαι λόγους. Ἐπὶ δὲ τοῖς εἰσῆλθον οἱ Ῥόδιοι, καὶ βραχέα προσενεγκάμενοι περὶ τῶν κατ' ἰδίαν σφίσι πεπραγμένων εἰς Ῥωμαίους, ταχέως εἰς τὸν περὶ τῆς πατρίδος ἐπανῆλθον λόγον· ἐν ᾧ μέγιστον αὐτοῖς ἔφασαν γεγονέναι σύμπτωμα κατὰ τὴν πρεσβείαν, πρὸς ὃν οἰκειότατα διάκεινται βασιλέα καὶ κοινῇ καὶ κατ' ἰδίαν, πρὸς τοῦτον αὐτοῖς ἀντιπεπτωκέναι τὴν φύσιν τῶν πραγμάτων. τῇ μὲν γὰρ αὐτῶν πατρίδι δοκεῖν τοῦτο κάλλιστον εἶναι, καὶ μάλιστα πρέπον Ῥωμαίοις, τὸ τοὺς ἐπὶ τῆς Ἀσίας Ἕλληνας ἐλευθερωθῆναι, καὶ τυχεῖν τῆς αὐτονομίας, τῆς ἅπασιν ἀνθρώποις προσφιλεστάτης· Εὐμένει δὲ καὶ τοῖς ἀδελφοῖς, ἥκιστα τοῦτο συμφέρειν. φύσει γὰρ πᾶσαν μοναρχίαν, τὸ μὲν ἴσον ἐχθαίρειν, ζητεῖν δὲ, πάντας, εἰ δὲ μήγ', ὡς πλείστους, ὑπηκόους

quàm eorum commodis consulere qui hostes vestri fuerunt. Ubi satis esset locutus Eumenes, templo exiit. & Regem & ejus orationem benevolis animis Patres exceperunt: eratque illorum voluntas propensa ad bene de eo merendum quibuscunque rebus possent. Post hunc statuerat Senatus Rhodios introducere: sed quia non aderant quidam ex illa legatione, Smyrnæos vocarunt. Multa hi de sua benevolentia & animo quem bonum & fidelem Romanis præsenti bello præstitissent, disseruerunt. Quoniam autem hæc de illis fama apud cunctos obtinet, omnium civitatum liberarum quæ in Asia sunt, constantissimam in fide Romanis servanda hanc fuisse, nihil arbitramur esse opus, ut quæ ab illis sunt dicta sigillatim exponamus. Secundum hos Rhodii sunt ingressi. qui ubi pauca in medium attulêre, quæ privatim Romanis pręstitissent; mox ad sermonem de patria orationem suam retulerunt. Perquàm autem incommode illud sibi in hac legatione usuvenisse dixerunt, ut cum eo Rege, quicum & publice & privatim conjunctissimi sint, ipsa rerum natura ipsos commiserit. patriæ namque suę pulcherrimum illud videri & Romanis convenientissimum, ut Græci qui in Asia sunt liberentur, & eam juris æqualitatem consequantur, quæ omnibus mortalibus est jucundissima. Eumeni vero & fratribus, nequaquam id esse commodum. Quippe ita natura comparatum, ut omne unius imperium æqualitatem juris oderit: omnes autem, vel certè quàm plurimos, sibi esse

esse subjectos, & dicto audientes cupiat. Verumtamen licet hęc ita se habeant, quin sint quod tendant impetraturi, nullo modo dubitare: non quia majore gratia apud Romanos polleant, quàm Eumenes: sed quòd justiora sint quæ ipsi suadeant, & sine controversia omnibus utiliora. Nam si non possent Romani gratiam meritorum aliter Eumeni referre, quàm tradendis liberis civitatibus; merito difficilis & impedita præsens deliberatio censeretur. vel enim amici veri parum habenda esset ratio; vel quod sit honestum & ipsis conveniens fore negligendum, & rerum à se gestarum gloriam obscurandam atque deponendam. sed si utrique rei provideri abunde potest, quis amplius dubitationi superest locus? Enimvero ut in lauto convivio, suppeditant quæ omnibus abundè sufficiant, & eo plura etiam. Lycaoniam enim, Phrygiam ad Hellespontum, Pisidiam, item Chersonesum, quæque circumjacent Europæ, dare quibus volueritis, vobis licet. Harum regionum una quælibet adjuncta regno Eumenis, decem partibus majus quam nunc sit, illud effecerit. omnes verò aut pleræque attributæ, quavis alia dominatione regnum illius possunt reddere nihilo deterius. Licet igitur vobis P. C. & amicos augere commodis, & instituti vestri gloriam non abjicere, neque deponere. Non est enim vobis idem actionum finis propositus, ac cæteris esse solet; verùm longe diversus. Alii omnes bella suscipiunt cupiditate impulsi

εἶναι σφίσι καὶ πειθαρχεῖν. Ἀλλὰ καίπερ τοιούτων ὄντων τῶν πραγμάτων, ὅμως ἔφασαν πεπεῖσθαι, διότι καθίξονται τῆς προθέσεως οὐ τῷ πλεῖον Εὐμένους δύνασθαι παρὰ Ῥωμαίοις· ἀλλὰ τῷ δικαιότερα φαίνεσθαι λέγοντες, καὶ συμφορώτερα πᾶσιν ὁμολογουμένως. Εἰ μὲν γὰρ μὴ δυνατὸν ἦν ἄλλως Εὐμένει χάριν ἀποδοῦναι Ῥωμαίους, εἰ μὴ παραδοῖεν αὐτῷ τὰς αὐτονομουμένας πόλεις, ἀπορεῖν εἰκὸς ἦν περὶ τῶν ἐνεστώτων· ἢ γὰρ φίλον ἀληθινὸν ἔδει παριδεῖν, ἢ τοῦ καλοῦ καὶ καθήκοντος αὐτοῖς ὀλιγωρῆσαι, καὶ τὸ κλέος τῶν ἰδίων πράξεων ἀμαυρῶσαι καὶ καταβαλεῖν. εἰ δ' ἀμφοτέρων τούτων ἱκανῶς ἔξεστιν προνοηθῆναι· τίς ἂν ἔτι περὶ τούτου διαπορήσειεν; Καὶ μὴν ὥσπερ ἐν δείπνῳ πολυτελεῖ, πάντα ἔνεστιν ἱκανὰ πᾶσιν, καὶ πλείω τῶν ἱκανῶν. καὶ γὰρ Λυκαονίαν, καὶ Φρυγίαν, τὴν ἐφ' Ἑλλησπόντου, καὶ τὴν Πισιδικὴν, πρὸς δὲ ταύταις Χερρόνησον, καὶ τὰ προσοριζοῦντα ταύταις τῆς Εὐρώπης ἔξεστιν ὑμῖν, οἷς ἂν βούλησθε, δωρεῖσθαι. ὧν ἑνός τινος προστεθέντος πρὸς τὴν Εὐμένους βασιλείαν, δεκαπλασίαν αὐτὴν δύναται ποιεῖν τῆς νῦν ὑπαρχούσης· πάντων δὲ τούτων ἢ τῶν πλείστων αὐτῇ προσμερισθέντων, οὐδεμιᾶς ἂν γένοιτο τῶν ἄλλων δυναστειῶν καταδεεστέρα. Ἔξεστιν οὖν, ὦ ἄνδρες Ῥωμαῖοι, καὶ τοὺς φίλους μεγαλομερῶς σωματοποιῆσαι, καὶ τὸ τῆς ἰδίας ὑποθέσεως λαμπρὸν μὴ καταβαλεῖν. οὐ γὰρ δὴ ὑμῖν, καὶ τοῖς ἄλλοις ἀνθρώποις ταὐτὸ τέλος τῶν ἔργων, ἀλλ' ἕτερον. οἱ μὲν γὰρ ἄλλοι πάντες ὁρμῶσι πρὸς τὰς

πράξεις,

πράξεις, ὀρεγόμενοι τοῦ καταστρέψασθαι καὶ προσλαβεῖν πόλεις, χορηγίας, ναῦς· ὑμᾶς δὲ πάντων τούτων ἀπροσδεήτους πεποιήκατε, πάντα τὰ κατὰ τὴν οἰκουμένην τεθεικότες ὑπὸ τὴν ὑμετέραν ἐξουσίαν. τίνος οὖν ἔτι προσδεῖσθε, καὶ τίνος ἂν ἔτι δέοι πρόνοιαν ὑμᾶς ποιεῖσθαι τὴν ὀχυρωτάτην; δῆλον, ὡς ἐπαίνου καὶ δόξης παρ' ἀνθρώποις· ἃ καὶ κτήσασθαι μέν ἐστι δυσχερέστερον, κτησαμένους δὲ διαφυλάξαι χαλεπώτατον. γνοίητε δ' ἂν τὸ λεγόμενον οὕτως. Ἐπολεμήσατε πρὸς Φίλιππον, καὶ πᾶν ὑπεμείνατε χάριν τῆς τῶν Ἑλλήνων ἐλευθερίας· τοῦτο γὰρ προέθεσθε, καὶ τοῦθ' ὑμῖν ἆθλον ἐξ ἐκείνου τοῦ πολέμου περιγέγονεν, ἕτερον δ' ἁπλῶς οὐδέν. ἀλλ' ὅμως εὐδοκεῖτε τούτῳ μᾶλλον, ἢ τοῖς παρὰ Καρχηδονίων φόροις· καὶ μάλα δικαίως. Τὸ μὲν γὰρ ἀργύριον ἐστὶ κοινόν τι πάντων ἀνθρώπων κτῆμα· τὸ δὲ καλὸν, καὶ πρὸς ἔπαινον καὶ τιμὴν ἀνῆκον, θεῶν καὶ τῶν ἔγγιστα τούτοις πεφυκότων ἀνδρῶν ἐστί. τοιγαροῦν σεμνότατον τῶν ὑμετέρων ἔργων ἡ τῶν Ἑλλήνων ἐλευθέρωσις. τούτῳ νῦν ἐὰν μὲν προσθῆτε τ' ἀκόλουθον, τελειωθήσεται τὰ τῆς ὑμετέρας δόξης. ἐὰν δὲ παρίδητε, καὶ τὸ πρὶν ἐλαττωθήσεται φανερῶς. Ἡμεῖς οὖν ὦ ἄνδρες, καὶ τῆς προαιρέσεως γεγονότες αἱρετισταὶ, καὶ τῶν μεγίστων ἀγώνων καὶ κινδύνων ἀληθινῶς ὑμῖν μετεσχηκότες, καὶ νῦν οὐκ ἐγκαταλείπομεν τὴν τῶν φίλων τάξιν. ἀλλ' ἅ γε νομίζομεν ὑμῖν καὶ πρέπειν καὶ συμφέρειν, οὐκ ὠκνήσαμεν ὑπομνῆσαι μετὰ παῤῥησίας· οὐδενὸς στοχαζόμενοι τῶν

rum ausi sumus cum ingenua

populos subigendi, & occupandi urbes; commeatus, naves. Vos ne istiusmodi egeretis, nunc effecistis, cum quicquid ubique est in orbe terrarum ditioni vestræ subjecistis. qua igitur re adhuc egetis? aut quid est, cui providere vos quàm diligentissimè oporteat? laus nimirum & gloria apud omne genus humanum: quæ res & parantur difficilius quam alia; & partæ conservantur difficillime. Id ita esse sic facile intelligetis. Gessistis cum Philippo bellum, omniaque dura estis perpessi, pro libertate Græciæ: hoc enim vobis proposueratis, & hoc præmium unicum ex hoc bello retulistis; aliud omnino nihil. in quo tamen ipsi lubentius acquiescitis quàm in illis terribilibus pœnis, quas à Carthaginiensibus exegistis. & merito quidem. Pecuniæ namque, communis est omnibus mortalibus possessio: honestas ac decus & quicquid ad laudem honoremque spectat, diis & iis hominibus qui ad illorum naturam proxime accedunt, convenit. igitur omnium vestrorum operum gloriosissimum est libertas Græcis reddita. In hoc incepto, si quo cepistis pede perrexeritis, perveniet ad cumulum vestra gloria. sin autem illud neglexeritis, etiam ei quæ parta jam est nonnihil manifestò decedet. Nos igitur P.C. qui & in hoc instituto vobiscum conspiravimus, & maxima certamina & pericula vobiscum animo sincero adjimus, ne nunc quidem amicorum partes deseruimus; sed quæ existimabamus vobis convenire & conducibilia esse, eo libertate vos admonere; nihil aliud spectan-

ſpectantes, neque pluris quicquam æſtimantes, quam officium. Hæc quum dixiſſent Rhodii, modeſtè & pulchrè de rebus præſentibus viſi ſunt diſſeruiſſe. Poſt iſtos ſunt introducti legati Antiochi, Antipater & Zeuxis; qui quum ſupplicantium & rogantium verbis eſſent uſi, Patres ejus pacis conditiones quæ in Aſia facta fuerat, comprobaverunt. & quum paucos poſt dies etiam populus eam juſſiſſet eſſe ratam, cum Antipatro fœdus icerunt, quo pacta illa confirmabantur. Secundum hæc alios introduxerunt, qui ex Aſia Legati venerant. quibus raptim auditis, idem omnibus reſponſum dederunt, quod fuit hujuſmodi: decem legatos ſenatum eſſe miſſurum ad controverſias inter civitates diſceptandas. Hoc dato reſponſo, mox decem legatos decreverunt, quorum arbitrio permiſſa eſt rerum particularium adminiſtratio. de ſumma rerum ipſi conſtituerunt: ut è cis Taurum montem incolentibus populis, qui Antiocho Regi quondam paruiſſent, Eumeni attribuerentur, præter Lyciam Cariamque uſque, ad Mæandrum amnem; ea civitatis Rhodiorum eſſent. è civitatibus Græcanicis, quæ Attali ſtipendiariæ fuiſſent, hæ ut idem ſtipendium Eumeni præberent: quę Antiocho tantum, eæ liberæ atque immunes eſſent. haſce totius adminiſtrationis formulas ubi dedere Patres decem legatis, in Aſiam eos ad Gnæum conſulem proficiſci juſſerunt. Omnibus deinde rebus compoſitis, accedunt iterum legati Rhodii ad Senatum, & de Solis urbe quæ

ἄλλων, οὐδὲ περὶ πλείονος οὐδὲν ποιησάμενοι τοῦ καθήκοντος αὐτοῖς. Οἱ μὲν οὖν Ῥόδιοι ταῦτα εἰπόντες, πᾶσιν ἐδόκουν μετρίως καὶ καλῶς διειλέχθαι περὶ τῶν προκειμένων. Ἐπὶ δὲ τούτοις εἰσήγαγον τοὺς παρ' Ἀντιόχου πρεσβευτάς, Ἀντίπατρον καὶ Ζεῦξιν. ὧν μετ' ἀξιώσεως καὶ παρακλήσεως ποιησαμένων τοὺς λόγους, εὐδόκησαν ταῖς γεγενημέναις ὁμολογίαις, πρὸς τοὺς περὶ τὸν Σκηπίωνα κατὰ τὴν Ἀσίαν. καὶ μετά τινας ἡμέρας τοῦ δήμου συνεπικυρώσαντος, ἔτεμον ὅρκια περὶ τούτων πρὸς τοὺς περὶ τὸν Ἀντίπατρον. Μετὰ δὲ ταῦτα καὶ τοὺς ἄλλους εἰσῆγον, ὅσοι παρῆσαν ἀπὸ τῆς Ἀσίας πρεσβεύοντες, ὧν ἐπὶ βραχὺ μὲν διήκουσαν· ἅπασι δὲ τὴν αὐτὴν ἔδωκαν ἀπόκρισιν. αὕτη δ' ἦν, ὅτι δέκα πρεσβευτὰς ἐξαποστελοῦσι, τοὺς ὑπὲρ ἁπάντων τῶν ἀμφισβητουμένων ταῖς πόλεσι διαγνωσομένους. δόντες δὲ ταύτας τὰς ἀποκρίσεις, μετὰ ταῦτα κατέστησαν δέκα πρεσβευτάς, οἷς περὶ μὲν τῶν κατὰ μέρος ἔδωκαν τὴν ἐπιτροπήν· περὶ δὲ τῶν ὅλων αὐτοὶ διέλαβον, ὅτι δεῖ τῶν ἐπὶ τάδε τοῦ Ταύρου κατοικούντων, ὅσοι μὲν ὑπ' Ἀντίοχον ἐτάττοντο, τούτους Εὐμένει δοθῆναι, πλὴν Λυκίας καὶ Καρίας, τὰ μέχρι τοῦ Μαιάνδρου ποταμοῦ· ταῦτα δὲ Ῥοδίων ὑπάρχειν. τῶν πόλεων τῶν Ἑλληνίδων, ὅσαι μὲν Ἀττάλῳ φόρον ἐπετέλουν, ταύτας τὸν αὐτὸν Εὐμένει τελεῖν· ὅσαι δὲ Ἀντιόχῳ μόνον, ταύταις ἀφεῖσθαι τὸν φόρον. δόντες δὲ τοὺς τύπους τούτους ὑπὲρ τῆς ὅλης διοικήσεως, ἐξέπεμπον τοὺς δέκα πρὸς Γνάϊον τὸν ὕπατον εἰς τὴν Ἀσίαν. Ἤδη δὲ τούτων διῳκημένων, προσῆλθον αὖθις οἱ Ῥόδιοι πρὸς τὴν σύγκλητον, ἀξιοῦντες περὶ

Σόλων τῶν Κιλικίων· διὰ γὰρ τὴν συγγένειαν ἔφασαν καθήκειν αὐτοῖς, προνοεῖσθαι τῆς πόλεως ταύτης. εἶναι γὰρ Ἀργείων ἀποίκους Σολεῖς, καθάπερ καὶ Ῥοδίους· ἐξ ὧν ἀδελφικὴν οὖσαν ἀπεδείκνυον τὴν συγγένειαν πρὸς ἀλλήλους· ὧν ἕνεκα δίκαιον ἔφασαν εἶναι τυχεῖν αὐτοὺς τῆς ἐλευθερίας ὑπὸ Ῥωμαίων, διὰ τῆς Ῥοδίων χάριτος: ἡ δὲ σύγκλητος διακούσασα περὶ τούτων, εἰσεκαλέσατο τοὺς παρ᾽ Ἀντιόχου πρεσβευτάς· καὶ τὸ μὲν πρῶτον ἐπέταττε πάσης Κιλικίας ἐκχωρεῖν τὸν Ἀντίοχον. οὐ προσδεχομένων δὲ τῶν περὶ τὸν Ἀντίπατρον, διὰ τὸ παρὰ τὰς συνθήκας εἶναι, πάλιν ὑπὲρ αὐτῶν τῶν Σόλων ἐποιοῦντο τὸν λόγον. Φιλοτίμως δὲ πρὸς τοῦτο διερειδομένων τῶν πρεσβευτῶν, τούτους μὲν ἀπέλυσαν· τοὺς δὲ Ῥοδίους εἰσκαλεσάμενοι, διεσάφουν τὰ συναντώμενα παρὰ τῶν περὶ τὸν Ἀντίπατρον, καὶ προσεπέλεγον, ὅτι πᾶν ὑπομενοῦσιν, εἰ πάντως τοῦτο κέκριται Ῥοδίοις. τῶν δὲ πρεσβευτῶν εὐδοκουμένων τῇ φιλοτιμίᾳ τῆς συγκλήτου, καὶ φασκόντων οὐδὲν ἔτι πέρα ζητεῖν· ταῦτα μὲν ἐπὶ τῶν ὑποκειμένων ἔμεινεν. Ἤδη δὲ πρὸς ἀναζυγὴν τῶν δέκα, καὶ τῶν ἄλλων πρεσβευτῶν ὄντων, κατέπλευσαν τῆς Ἰταλίας εἰς Βρεντήσιον, οἵ τε περὶ τὸν Σκηπίωνα καὶ Λεύκιον, οἱ τῇ ναυμαχίᾳ νικήσαντες τὸν Ἀντίοχον. οἳ καὶ μετά τινας ἡμέρας, εἰσελθόντες εἰς τὴν Ῥώμην, ἦγον θριάμβους.

Κϛ.

Ἀμυνάνδρου μετὰ τὸ ἀναλαβεῖν τὴν ἀρχὴν πρεσβεία πρὸς τοὺς Σκηπίωνας.

in Cilicia est, cum iis agunt: nam propter generis communionem sui esse officii, ut civitati illi consulant. Argis & illos sicut sese oriundos esse: ab ea germanitate fraternam inter ipsos vigere charitatem. æquum igitur esse ut Solenses gratiâ Rhodiorum nixi, libertatem à populo Rom. impetrarent. His auditis vocati sunt à Patribus Antiochi legati: ac principio quidem imperatum à Senatu ut omni Cilicia Antiochus excederet. quod quum recusaret Antipater, & fœdera testaretur adversus quæ istud esset; iterum Patres de Solis cum eo egerunt. qui quum huic postulato summa vi reniteretur, Senatus eo dimisso Rhodios vocat; & quomodo eorum petitio ab Antipatro esset excepta, significat: deinde hæc verba Patres adjiciunt; si utique decretum hoc à Rhodiis esset, Senatum quidvis esse facturum. postquam ostendissent legati, hoc tantum Senatus studium satis sibi esse, dixissentque nihil amplius se postulare, in eodem statu Soli manserunt. Sub id verò tempus quo decem legati, & alii qui ex Asia missi fuerant, profectionem ab urbe parabant, Brundusium in Italiam Publius Scipio & Lucius appulerunt, qui dimicatione navali Antiochum vicerant: atque hi paucos post dies triumphantes Romam sunt invecti.

XXVI.

Amynander in regnum restitutus legatos mittit ad Sciciones Ephesum.

Expedi-

Expeditio Ætolorum quâ subjiciũt sibi Amphilochiam, Aperantiam, & Dolopiam.

Quomodo Ætoli Antiocho devicto suis fortunis desperantes, opera Atheniensium & Rhodiorum sunt usi ad molliendam Romanorum iram adversus se.

Αἰτωλῶν στρατεία καὶ καταδούλωσις Ἀμφιλοχίας, Ἀπεραντίας, Δολοπίας.

Πῶς Αἰτωλοὶ νικηθέντος Ἀντιόχου δυσελπίσαντες διὰ τῆς τῶν Ἀθηναίων καὶ Ῥοδίων μεσιτείας παρῃτοῦντο τὴν ὀργὴν τῶν Ῥωμαίων.

REX Athamanum Amynander, recuperata possessione tuta, ut rebatur, sui regni, legatos Romam misit, & ad Scipiones in Asiam: adhuc enim Ephesi morabantur: partim excusans sese, quod per Ætolos in regnum esset restitutus: partim Philippum incusans. præcipue vero Romanos rogabat, ut se in societatem reciperent. Ætoli opportunum tempus nactos sese rati ad recuperandam Amphilochiam, & Aperantiam; expeditionem in ea loca suscipiunt. Itaque postquam exercitum ex universo populo Nicander Prætor congregasset, in Amphilochiæ fines impressionem faciunt. Quum plerique horum voluntati se dedidissent, in Aperantiam transierunt. ea quoque ultro se dedente, in Dolopiam duxerunt. Hi aliquandiu speciem ostenderunt hominum qui essent restituri, fide Regi Philippo servata. cæterùm posteaquam ob oculos sibi posuerunt quæ Athamanibus acciderant, & Philippi fugam; citò pœnitentia ducti, Ætolis se conjunxerunt. Ubi Ætolis cuncta ex animo processis-

ΟΤΙ Ἀμύνανδρος ὁ τῶν Ἀθαμάνων βασιλεύς, δοκῶν ἤδη τὴν ἀρχὴν ἀνειληφέναι βεβαίως, εἰς Ῥώμην ἐξέπεμπε πρεσβευτάς, καὶ πρὸς τοὺς Σκηπίωνας εἰς τὴν Ἀσίαν· ἔτι γὰρ ἦσαν περὶ τοὺς κατὰ τὴν Ἔφεσον τόπους. τὰ μὲν, ἀπολογούμενος, τῷ δοκεῖν δι' Αἰτωλῶν πεποιῆσθαι τὴν κάθοδον· τὰ δὲ, κατηγορῶν τοῦ Φιλίππου. τὸ δὲ πολὺ, παρακαλῶν προσδέξασθαι πάλιν αὐτὸν εἰς τὴν συμμαχίαν. Οἱ δ' Αἰτωλοὶ νομίσαντες ἔχειν εὐφυῆ καιρὸν, πρὸς τὸ τὴν Ἀμφιλοχίαν, καὶ τὴν Ἀπεραντίαν ἀνακτήσασθαι; προέθεντο στρατεύειν εἰς τοὺς προειρημένους τόπους. ἀθροίσαντος δὲ Νικάνδρου τοῦ στρατηγοῦ πάνδημον στρατιὰν, ἐνέβαλον εἰς τὴν Ἀμφιλοχίαν. τῶν δὲ πλείστων αὐτοῖς ἐθελοντὴν προσχωρησάντων, μετῆλθον εἰς τὴν Ἀπεραντίαν. καὶ τούτων δὲ προσθεμένων ἑκουσίως, ἐστράτευσαν εἰς τὴν Δολοπίαν, οὗτοι δὲ βραχὺν μέν τινα χρόνον ὑπέδειξαν, ὡς ἀντιποιησόμενοι, τηρήσαντες τὴν πρὸς Φίλιππον πίστιν. λαβόντες δὲ πρὸ ὀφθαλμῶν τὰ περὶ τοὺς Ἀθαμᾶνας καὶ τὴν τοῦ Φιλίππου φυγὴν, ταχέως μετενόησαν, καὶ προσέθεντο πρὸς τοὺς Αἰτωλούς. γενομένης δὲ τῆς τῶν πραγμάτων εὐρείας τοιαύτης, ἀπήγαγε τὸ στρατόπεδον ὁ Νίκανδρος εἰς τὴν οἰκείαν, δοκῶν ἠσφαλίσθαι τὰ κατὰ τὴν Αἰτωλίαν τοῖς προειρημένοις ἔθνεσι καὶ τόποις· τοῦ μηδένα δύνασθαι κακοποιεῖν τὴν χώραν αὐτῶν. Ἄρτι δὲ τούτων συμβεβηκότων, καὶ τῶν Αἰτωλῶν ἐπὶ τοῖς γεγονόσι φρονηματιζομένων, προσέπεσε φήμη περὶ τῆς κατὰ τὴν Ἀσίαν μάχης, ἐν ᾗ γνόντες ἡττημένον ὁλοσχερῶς τὸν Ἀντίοχον, αὖθις ἀνετράπησαν ταῖς ψυχαῖς· ὡς δὲ παραγενηθεὶς ἐκ Ῥώμης ὁ Δαμοτέλης, τόν τε πόλεμον ἀνήγγειλε διότι μένει κατάμονος, καὶ τὴν τοῦ Μάρκου, καὶ τῶν δυνάμεων διάβασιν ἐπ' αὐτούς· τότε δὴ παντελῶς εἰς ἀμηχανίαν ἐνέπιπτον, καὶ διηπόρουν πῶς δεῖ χρήσασθαι τοῖς ἐπιφερομένοις πράγμασιν. ἔδοξεν οὖν αὐτοῖς πρός τε Ῥοδίους πέμπειν, καὶ πρὸς Ἀθηναίους, ἀξιοῦντας καὶ παρακαλοῦντας πρεσβεῦσαι περὶ αὐτῶν εἰς τὴν Ῥώμην, καὶ παραιτησαμένους τὴν ὀργὴν τῶν Ῥωμαίων, ποιήσασθαί τινα λύσιν τῶν περιεστώτων κακῶν τῇ Αἰτωλίᾳ· ὁμοίως δὲ καὶ παρ' αὐτῶν ἐξέπεμψαν πάλιν πρεσβευτὰς εἰς τὴν Ῥώμην, Ἀλέξανδρον τὸν Ἴσιον ἐπικαλούμενον, καὶ Φαινέαν, σὺν δὲ τούτοις Χάροπα, ἔτι δ' Ἄλυπον τὸν Ἀμβρακιώτην, καὶ Λύκωπον.

sent, Nicander exercitum domum reduxit; adjectione harum gentium & locorum, securitati Ætoliæ probe consultum existimans: ita ut hostiliter in ejus fines incursionem facere nemo posset. Vix hæc erant peracta, cum Ætolis successu rerum suarum ferocientibus, fama affertur de pugna in Asia pugnata totis viribus, qua esset penitus fusus Antiochus; quæ res eorum animos vehementer iterum terruit Mox ut Damoteles ab Roma rediit, & manere ipsis bellum renuntiavit, Marcum quoque Fulvium Consulem jam cum exercitu belli gerendi caussa trajecisse: tum enimvero inopia consilii laborare, & qua ratione imminentis belli molem sustinerent anxii dubitare. Visum igitur ipsis faciendum, ut ad Rhodios & Athenienses mitterent, eosque rogarent & hortarentur ad legatos suâ gratiâ Romam mittendos: qui Romanorum iram deprecati, instantibus malis Ætoliam aliquo modo liberarent. ipsi quoque à se pariter Romam proficisci legatos jusserunt, Alexandrum cognomine Isium, & Phæneam: cumque his Charopem, nec non Alypum Ambraciensem, & Lycopum.

ΚΖ.

Πῶς Ῥωμαῖοι Ἀμβρακίαν πολιορκεῖν ἐπιχείρησαν συμβουλευσάντων Ἠπειρωτῶν.

Πῶς ἁλόντων ἐν Ἠπείρῳ τριῶν

XXVII.

Quomodo Romani legatorum Epirotarum secuti consilium Ambraciam obsidere cœperint.

Quomodo captis in Epiro tribus

tribus Ætolorum legatis, avaritiam unius illorum horrendam caſus adjuverit.

VENERANT ad Conſulem Romanum ex Epiro legati. cum iis conſultabat Fulvius de ſua adverſus Ætolos expeditione. illis placebat Ambraciam aggredi: (nam ea tempeſtate Ambracienſes Ætolico concilio ſeſe contribuerant:) cujus ſententiæ rationes has afferebant: ſive ad certamen deſcendere Ætoli vellent, pulcherrimos circa campos ad dimicandum eſſe: ſive metu detrectarent certamen, facilem ejus urbis expugnationem fore. abundare enim regionem copia materiæ ad belli uſus, & opera facienda. & Arethontem amnem præter ipſa mœnia fluere, tum ad comportanda quæ caſtrenſi uſui ſunt neceſſaria per anni tempus, (æſtas enim erat) opportunum; tum operibus etiam munimento futurum. Cos. probato hoc legatorum conſilio, caſtra movet, & per Epirum Ambraciam ducit. eò ut ventum, non audentibus Ætolis contra prodire, Fulvius urbem circumit, ſitum diligenter obſervans, & magno ſtudio oppugnationem illius urget. At qui Romam miſſi fuerant legati, à Siberto Petrati filio in Cephallenia deprehenſi, Charandrum ſunt deducti. Epirotis principio placuit Buletum eos transferre, & diligenter cuſtodire. deinde lapſis aliquot diebus, pretium ab iis exegerunt, quoniam bellum ſibi eſſet cum

ἐξ Αἰτωλίας πρεσβευτῶν, ἑνὸς αὐτῶν τῇ παραδόξῳ πλεονεξίᾳ ταὐτόματον συνήργησεν.

ΟΤΙ παραγενομένων πρὸς τὸν στρατηγὸν τῶν Ῥωμαίων ἐξ Ηπείρου πρεσβευτῶν, ἐκοινολογεῖτο τούτοις περὶ τῆς ἐπὶ τοὺς Αἰτωλοὺς στρατείας. τῶν δὲ πρεσβευτῶν στρατεύειν ἐπὶ τὴν Αμβρακίαν συμβουλευόντων (συνέβαινε γὰρ τότε πολιτεύεσθαι τοὺς Αμβρακιώτας μετὰ τῶν Αἰτωλῶν) καὶ φερόντων ἀπολογισμοὺς, διότι καὶ πρὸς τὸ μάχεσθαι τοῖς στρατοπέδοις, ἐὰν εἰς τοῦτο βούλωνται συγκαταβαίνειν Αἰτωλοὶ, καλλίστους εἶναι τόπους συμβαίνει περὶ τὴν προειρημένην πόλιν· κἂν ἀποδειλιῶσιν, εὐφυῶς αὐτὴν κεῖσθαι πρὸς πολιορκίαν· καὶ γὰρ ἄφθονον ἔχειν τὴν χώραν εἰς χρείαν, πρὸς τὰς τῶν ἔργων παρασκευάς· καὶ τὸν Αρέθοντα ποταμὸν ῥέοντα παρὰ τὴν πόλιν συνεργήσειν, πρός τε τὰς τοῦ στρατοπέδου χρείας, ἅτε θέρους ὄντος, καὶ πρὸς τὴν τῶν ἔργων ἀσφάλειαν. Δοξάντων δὲ τῶν πρεσβευτῶν καλῶς συμβουλεύειν, ἀναζεύξας ὁ στρατηγὸς, ἦγε διὰ τῆς Ηπείρου τὴν στρατιὰν ἐπὶ τὴν Αμβρακίαν. ἀφικόμενος δὲ, καὶ τῶν Αἰτωλῶν οὐ τολμώντων ἀπαντᾶν, περιῄει κατοπτεύων τὴν πόλιν, καὶ συνῆγε τὰ τῆς πολιορκίας φιλοτίμως. Καὶ οἱ εἰς τὴν Ῥώμην ἀποσταλέντες πρέσβεις, παρατηρηθέντες ὑπὸ Σιβήρτου τοῦ Πετράτου περὶ τὴν Κεφαλληνίαν, κατήχθησαν εἰς Χάρανδρον. τοῖς δὲ Ηπειρώταις ἔδοξεν, τὰς μὲν ἀρχὰς εἰς Βουλετὸν ἀποθέσθαι, καὶ φυλάττειν ἐπιμελῶς τοὺς ἄνδρας· μετὰ δέ τινας ἡμέρας ἀπῄτουν αὐτοὺς λύτρα, διὰ τὸ, πόλεμον ὑπάρχειν σφίσι πρὸς τοὺς Αἰτωλούς. Συνέβαινε δὲ τὸν μὲν Ἀλέξανδρον πλουσιώτατον εἶναι πάντων τῶν Ἑλλήνων· τοὺς δὲ λοιποὺς οὐ καθυστερεῖν τοῖς βίοις· πολὺ δὲ λείπεσθαι τοῦ προειρημένου ταῖς οὐσίαις. καὶ τὸ μὲν πρῶτον, ἐκέλευον ἕκαστον ἀποδοῦναι πέντε τάλαντα. τοῦτο δὲ τοῖς μὲν ἄλλοις οὐδ' ὅλως ἀπήρεσκεν, ἀλλ' ἐβούλοντο· περὶ πλείστου ποιούμενοι τὴν σφῶν αὐτῶν σωτηρίαν. ὁ δὲ Ἀλέξανδρος οὐκ ἂν ἔφη συγχωρῆσαι· πολὺ γὰρ εἶναι τὸ ἀργύριον φαίνεσθαι· καὶ τὰς νύκτας διαγρυπνῶν ὠλοφύρετο πρὸς αὐτόν, εἰ δεήσοι πέντε τάλαντα καταβάλλειν. οἱ δ' Ἠπειρῶται προορώμενοι τὸ μέλλον, καὶ διαγωνιῶντες, μὴ γνόντες οἱ Ῥωμαῖοι, διότι πρεσβεύοντας πρὸς αὐτοὺς κατεσχήκασι, κἄπειτα γράψαντες παρακαλῶσι, καὶ κελεύωσιν ἀπολύειν τοὺς ἄνδρας, συγκαταβάντες, τρία τάλαντα πάλιν ἀπῄτουν ἕκαστον. Ἀσμένως δὲ τῶν ἄλλων προσδεξαμένων, οὗτοι μὲν διεγγυηθέντες ἐπανῆλθον. ὁ δ' Ἀλέξανδρος, οὐκ ἂν ἔφη δοῦναι πλεῖον ταλάντου· καὶ γὰρ τοῦτ' εἶναι πολύ· καὶ τέλος ἀπογνοὺς αὐτόν, ἔμεινεν ἐν τῇ φυλακῇ· πρεσβύτερος ἄνθρωπος, πλειόνων ἢ διακοσίων ταλάντων ἔχων οὐσίαν· ἐμοὶ δοκεῖ, κἂν ἐκλιπεῖν τὸν βίον, ἐφ' ᾧ μὴ δοῦναι τὰ τρία τάλαντα. Τοσαύτη τις ἐνίοις πρὸς τὸ πλεῖον ὁρμὴ παρίσταται, καὶ προθυμία. τότε δ' ἐκείνῳ, καὶ τὸ αὐτόματον συνήργησε πρὸς τὴν φιλαργυρίαν, ὥστε παρὰ πᾶσιν ἐπαίνου καὶ συγκαταθέσεως τυχεῖν τὴν ἀλογίαν αὐτοῦ διὰ τὴν περιπέτειαν· μετὰ γὰρ ὀλίγας ἡμέρας γραμμάτων παραγενηθέντων ἐκ τῆς Ῥώμης περὶ τῆς ἀφέσεως, αὐτὸς μόνος

Ætolis. Porrò autem Alexander legationis hujus princeps, omnium Græcorum erat ditiſſimus: cæteri non erant illi quidem inopes, cenſum tamen longe minorem dicto viro habebant. Initio juſſere eos Epirotæ quina talenta dare. id vero reliqui plane non abnuere, ſed ultro etiam optare; ut qui ſalute ſua nihil antiquius haberent. Alexander contra negare ſe facturum: magnam enim ſibi eam pecuniam videri. qui etiam noctes inſomnes ducens, ſecum lamentabatur; ſi quinque talentorum ſumma ſibi eſſet pendenda. Epirotæ providentes quod futurum erat, & admodum ſolliciti ne Romani, cognitò eos detinuiſſe legatos ad ſe miſſos, per literas cum ipſis agerent, & captivos juberent miſſos facere; remiſſa pretii parte, terna talenta à captivis exigebant. Quam conditionem cum cæteri lubente animo accepiſſent, datis prædibus domum redierunt. Alexander verò amplius talento ſe daturum negavit; id quoque multum eſſe: ac tandem ſpreta ſalute ſua in carcere manſit: homo ſenex, ducentorum amplius talentorum cenſum habens: qui vel vitam, puto equidem, projecturus erat, priuſquam tria talenta daret. Adeo nonnullis avaritia ſedet animo, & opum cupiditas. Tunc tamen ſordes illius caſus etiam adjuvit, ita ut ex eventu omnes illum laudarent, & ſtultitiam ejus comprobarent: nam poſt dies non ita multos, quum Roma literæ eſſent allatæ de eorum liberatione, ipſe ſolus ſine

pretio

pretio est dimissus. Ætoli intellecto ejus casu Damotelem iterum delegerunt, qui Romam legatus proficisceretur: is vt Leucadem venit, certior factus Consulem per Epirum Ambraciam versus exercitum ducere, desperato legationis exitu, in Ætoliam est reversus.

XXVIII.

Quomodo Ambracia post multorum dierum obsidionem M. Fulvio Cos. tandem fuerit tradita.

Quomodo Aetolorum genti pax data fuerit à Consule Romano.

Exemplum fœderis cum Ætolis facti.

Eo tempore Atheniensium & Rhodiorum legati ad castra Romana venerunt, ad pacem impetrandam Æolos adjuturi. eodem & Amynander Rex Athamanum fide accepta à Marco pro tempore, se contulit; Ambracienses è præsentibus malis eripere satagens. hos enim singulari charitate complectebatur, quod majorem partem temporis Ambracię exulaverat. Acarnanes item nonnulli post dies paucos venerunt, Damotelem adducentes. Marcus enim certior factus de eorum legatorum casu, ad Thyrenses scripserat, ut eos ad se reducerent.

ἀυτῶν, ἔγραψε τοῖς Θυρεεῦσι, ἀνα-

ἀπελύθη χωρὶς λύτρων. οἱ δ' Αἰτωλοὶ γνόντες τὴν αὐτοῦ περιπέτειαν, Δαμοτέλη προεχειρίσαντο πάλιν εἰς τὴν Ῥώμην πρεσβευτήν. ὃς ἐκπλεύσας μέχρις Λευκάδος, καὶ γνοὺς προσάγοντα διὰ τῆς Ἠπείρου μετὰ τῆς δυνάμεως Μάρκον ἐπὶ τὴν Ἀμβρακίαν, ἀπογνοὺς τὴν πρεσβείαν, αὖθις ἀνεχώρησεν εἰς τὴν Αἰτωλίαν.

ΚΗ.

Πῶς Μάρκῳ Φουλβίῳ ὑπάτῳ Ἀμβρακία ἱκανὸν ἤδη χρόνον πολιορκουμένη τέλος παρεδόθη.

Πῶς οἱ Αἰτωλοὶ διελύθησαν πρὸς τὸν ὕπατον τῶν Ῥωμαίων.

Τὰ κατὰ μέρος τῶν συνθηκῶν τῶν πρὸς τοὺς Αἰτωλούς.

ΟΤΙ κατὰ τὸν καιρὸν τοῦτον, οἱ παρὰ τῶν Ἀθηναίων, καὶ τῶν Ῥοδίων πρέσβεις ἧκον ἐπὶ τὸ στρατόπεδον τῶν Ῥωμαίων, συνεπιληψόμενοι τῆς διαλύσεως. ὅ, τε βασιλεὺς τῶν Ἀθαμάνων Ἀμύνανδρος παρεγένετο, σπουδάζων ἐξελέσθαι τοὺς Ἀμβρακιώτας ἐκ τῶν περιεστώτων κακῶν, δοθείσης αὐτῷ τῆς ἀσφαλείας ὑπὸ τοῦ Μάρκου διὰ τὸν καιρόν. πάνυ γὰρ οἰκείως εἶχε πρὸς τοὺς Ἀμβρακιώτας, διὰ τὸ καὶ πλείω χρόνον ἐν τῇ πόλει ταύτῃ διατετρίφθαι κατὰ φυγήν. ἧκον δὲ καὶ παρὰ τῶν Ἀκαρνάνων μετ' ὀλίγας ἡμέρας ἄγοντες τινὲς τοὺς περὶ Δαμοτέλη. ὁ γὰρ Μάρκος, πυθόμενος τὴν περιπέτειαν κομίζειν τοὺς ἄνδρας ὡς αὐτόν.

πάντων δὲ τούτων ἠθροισμένων, συνηργεῖτο φιλοτίμως τὰ πρὸς τὰς διαλύσεις. Ὁ μὲν οὖν Ἀμύνανδρος κατὰ τὴν αὑτοῦ πρόθεσιν, εἴχετο τῶν Ἀμβρακιωτῶν, παρακαλῶν σώζειν σφᾶς αὐτοὺς· εἶναι γὰρ τοῦτο οὐ μακρὰν, ἐὰν βουλεύσωνται βέλτιον περὶ αὑτῶν. πλεονάκις δὲ προσπελάζοντος αὐτοῦ τῷ τείχει, καὶ διαλεγομένου περὶ τούτων, ἔδοξε τοῖς Ἀμβρακιώταις εἰσκαλέσασθαι τὸν Ἀμύνανδρον εἰς τὴν πόλιν· τοῦ δὲ στρατηγοῦ συγχωρήσαντος τῷ βασιλεῖ τὴν εἴσοδον, οὗτος μὲν οὖν εἰσελθὼν διελέγετο τοῖς Ἀμβρακιώταις περὶ τῶν ἐνεστώτων. Οἱ δὲ παρὰ τῶν Ἀθηναίων καὶ τῶν Ῥοδίων πρεσβεῖς, λαμβάνοντες εἰς τὰς χεῖρας τὸν στρατηγὸν τῶν Ῥωμαίων, καὶ ποικίλως ὁμιλοῦντες, πραΰνειν ἐπειρῶντο τὴν ὀργὴν αὐτοῦ. τοῖς δὲ περὶ τὸν Δαμοτέλη καὶ Φαινέαν, ὑπέθετό τις, ἔχεσθαι καὶ θεραπεύειν τὸν Γάϊον Οὐαλέριον. οὗτος δ' ἦν Μάρκου μὲν υἱὸς, τοῦ πρώτου συνθεμένου πρὸς Αἰτωλοὺς τὴν συμμαχίαν· Μάρκου δὲ τοῦ τότε στρατηγοῦντος, ἀδελφὸς ἐκ μητρός· ἄλλως δὲ πρᾶξιν ἔχων νεανικὴν, ἢ μάλιστα παρὰ τῷ στρατηγῷ πιστευόμενος ἦν· ὃς παρακληθεὶς ὑπὸ τῶν περὶ τὸν Δαμοτέλη, καὶ νομίσας ἴδιον εἶναι τὸ πρᾶγμα, καὶ καθήκειν αὑτῷ τὸ προστῆναι τῶν Αἰτωλῶν, πᾶσαν εἰσεφέρετο σπουδὴν καὶ φιλοτιμίαν ἐξελέσθαι σπουδάζων τὸ ἔθνος ἐκ τῶν περιεστώτων κακῶν. ἐνεργῶς δὲ πανταχόθεν προσαγομένης τῆς φιλοτιμίας, ἔλαβε τὸ πρᾶγμα συντέλειαν. οἱ μὲν γὰρ Ἀμβρακιῶται πεισθέντες ὑπὸ τοῦ βασιλέως, ἐπέτρεψαν τὰ καθ' αὑτοὺς τῷ στρατηγῷ τῶν Ῥωμαίων, καὶ παρέδωκαν τὴν πόλιν, ἐφ' ᾧ τοὺς Αἰ-

hisce omnibus in unum coactis, de pacificatione summo studio agebatur. Amynander sicut initio ei propositum fuerat, finem nullum faciebat Ambracienses monendi, hortandi, ut saluti consulerent suæ, quæ non longe petenda ipsis esset, si modò saniora vellent inire consilia. Qui quum persæpe muris succederet, deque iis rebus colloqueretur, placuit Ambraciensibus Amynandrum in urbem vocare; quod & Consul Regi permisit ut faceret. Et ille quidem oppidum ingressus, de præsenti negotio cum Ambraciensibus colloquebatur: interea verò legati Atheniensium & Rhodiorum assidue Romanum Imperatorem convenire, variaque oratione illum aggredi, quò iram ejus mollirent. Damoteli verò & Phæneæ suggessit aliquis, ut C. Valerium impensius colerent. hic M. Lævini filius erat, qui primus cum Ætolorum gente societatem pepigerat; Marci consulis frater, matre genitus eadem; juvenis alioquin gnavus atque eximie industrius; quo præcipuè nomine apud Cos. gratia pollebat: rogatus à Damotele, suique maxime operis id esse ratus, sibique convenire, ut Ætolorum patrocinium susciperet; omne studium atque contentionem animi adhibebat, quò eam gentem tot malis circumstantibus eriperet. estque tandem id negotium omnibus acriter connitentibus ad exitum perductum. Ambracienses enim à Rege compulsi, Romano Consuli se permiserunt, & pacti ut sine fraude abirent Ætoli, urbem tradiderunt: id primum ab iis est exceptum, fidem erga socios servantibus. Marcus verò, his legibus pacem cum Ætolis fieri consensit: UT DUCENTA EUBOICA TALENTA PRÆSENTIA ROMANI AB ÆTOLIS ACCIPERENT: TRECENTA PER ANNOS SEX PENSIONIBUS ÆQUIS. CAPTIVOS PERFUGASQUE OMNES QUI APUD IPSOS ESSENT, INTRA PROXIMOS SEX MENSES SINE PRETIO REDDERENT ROMANIS: URBEM NEQUAM FORMULÆ SUI JURIS HABERENT, AUT POSTEA FACERENT, QUÆ POST ID TEMPUS QUO TITUS QUINTIUS TRAJECISSET IN TERRAM GRÆCIAM, AUT VI CAPTA AB ROMANIS ESSET, AUT VOLUNTATE IN AMICITIAM VENISSET. CEPHALLENES UNIVERSI UT EXTRA JUS FOEDERIS ESSENT. Hæc summa capita sunt ejus pacis, cujus prima delineatio tunc temporis facta est. Quæ priusquam rata essent, oportebat ut ante omnia Ætoli ea comprobarent; deinde ut ad Romanos omnia referrentur. Igitur Athenienses & Rhodii in castris manserunt, responsum Ætolorum exspectantes. Damoteles verò, quique erant cum ipso, in Ætoliam reversi quæ impetraverant, Ætolis exposuerunt. Illi cæteris quidem assentiri omnibus; omnia enim supra eorum spem erant: de urbibus verò quæ concilii Ætolorum prius

πόλεις ὑποσπόνδους ἀπελθεῖν. τοῦτο γὰρ ὑφείλοντο πρῶτον, τηροῦντες τὴν πρὸς τοὺς συμμάχους πίστιν. Ὁ δὲ Μάρκος συγκατέθετο τοῖς Αἰτωλοῖς ἐπὶ τούτῳ ποιήσασθαι τὰς διαλύσεις· ΩΣΤΕ ΔΙΑΚΟΣΙΑ ΜΕΝ ΕΥΒΟΙΚΑ ΤΑΛΑΝΤΑ ΠΑΡΑΧΡΗΜΑ ΛΑΒΕΙΝ. ΤΡΙΑΚΟΣΙΑ Δ' ΕΝ ΕΤΕΣΙΝ ΕΞ, ΠΕΝΤΗΚΟΝΤΑ ΚΑΘ' ΕΚΑΣΤΟΝ ΕΤΟΣ. ΑΠΟΚΑΤΑΣΤΑΘΗΝΑΙ ΔΕ ΚΑΙ ΤΟΥΣ ΑΙΧΜΑΛΩΤΟΥΣ ΚΑΙ ΤΟΥΣ ΑΥΤΟΜΟΛΟΥΣ ΡΩΜΑΙΟΙΣ ΑΠΑΝΤΑΣ ΤΟΥΣ ΠΑΡ' ΑΥΤΟΙΣ ΟΝΤΑΣ, ΕΝ ΕΞ ΜΗΣΙ ΧΩΡΙΣ ΛΥΤΡΩΝ. ΠΟΛΙΝ ΔΕ ΜΗΔΕΜΙΑΝ ΕΧΕΙΝ ΕΝ ΤΗΙ ΣΥΝΠΟΛΙΤΕΙΑΙ, ΜΗΔΕ ΤΙΝΑΣ ΜΕΤΑ ΤΑΥΤΑ ΠΡΟΣΛΑΒΕΣΘΑΙ ΤΟΥΤΩΝ, ΟΣΑΙ ΜΕΤΑ ΤΗΝ ΤΙΤΟΥ ΚΟΙΝΤΙΟΥ ΔΙΑΒΑΣΙΝ ΕΑΛΩΣΑΝ ΥΠΟ ΡΩΜΑΙΩΝ, Η ΦΙΛΙΑΝ ΕΠΟΙΗΣΑΝΤΟ ΠΡΟΣ ΡΩΜΑΙΟΥΣ· ΚΕΦΑΛΛΗΝΙΟΥΣ ΔΕ ΠΑΝΤΑΣ ΕΚΣΠΟΝΔΟΥΣ ΕΙΝΑΙ ΤΟΥΤΩΝ ΤΩΝ ΣΥΝΘΗΚΩΝ. Ταῦτα μὲν οὖν ὑπετυπώθη τότε κεφαλαιωδῶς περὶ τῆς διαλύσεως. ἔδει δὲ τούτοις, πρῶτον μὲν εὐδοκῆσαι τοὺς Αἰτωλούς· μετὰ δὲ ταῦτα γίνεσθαι τὴν ἀναφορὰν ἐπὶ Ῥωμαίους. οἱ μὲν οὖν Ἀθηναῖοι καὶ Ῥόδιοι, παρέμενον αὐτοῦ, καραδοκοῦντες τὴν τῶν Αἰτωλῶν ἀπόφασιν. οἱ δὲ περὶ τὸν Δαμοτέλη ἐπανελθόντες, διεσάφουν τοῖς Αἰτωλοῖς περὶ τῶν συγκεχωρημένων. Τοῖς μὲν οὖν ὅλοις εὐδόκουν· καὶ γὰρ ἦν αὐτοῖς ἅπαντα παρὰ τὴν προσδοκίαν· περὶ δὲ τῶν πόλεων τῶν πρότερον συμπολιτευομένων αὖθις διαπορήσαντες ἐπὶ πόσον, τέλος συγκατέθεντο τοῖς προτεινομένοις. ὁ δὲ Μάρκος παραλαβὼν τὴν Ἀμβρακίαν, τοὺς μὲν Αἰτωλοὺς ἀφῆκεν ὑποσπόνδους· τὰ δ' ἀγάλματα, καὶ τοὺς ἀνδριάντας, καὶ τὰς γραφὰς, ἀπήγαγεν ἐκ τῆς πόλεως· ὄντα καὶ πλείω, διὰ τὸ γεγονέναι βασίλειον Πύρρου τὴν Ἀμβρακίαν. ἐδόθη δ' αὐτῷ καὶ στέφανος, ἀπὸ ταλάντων πεντήκοντα καὶ ρ'. Ταῦτα δὲ διοικησάμενος ἐποιεῖτο τὴν πορείαν εἰς τὴν μεσόγαιον τῆς Αἰτωλίας, θαυμάζων ἐπὶ τῷ μηδένα αὐτῷ παρὰ τῶν Αἰτωλῶν ἀπαντᾶν. παραγενόμενος δὲ πρὸς Ἄργος τὸ καλούμενον Ἀμφιλοχικὸν κατεστρατοπέδευσεν, ὃ ἀπέχει τῆς Ἀμβρακίας ρπ' στάδια. ἐκεῖ δὲ συμμιξάντων αὐτῷ τῶν περὶ τὸν Δαμοτέλη, καὶ διασαφούντων ὅτι δέδοκται τοῖς Αἰτωλοῖς βεβαιοῦν τὰς δι' ἑαυτῶν γεγενημένας ὁμολογίας, διεχωρίσθησαν, Αἰτωλοὶ μὲν εἰς τὴν οἰκείαν· Μάρκος δὲ εἰς τὴν Ἀμβρακίαν. κἀκεῖσε παραγενόμενος, οὗτος μὲν ἐγίνετο περὶ τὸ διαβιβάσαι τὴν δύναμιν εἰς τὴν Κεφαλληνίαν. οἱ δ' Αἰτωλοὶ προχειρισάμενοι Φαινέαν καὶ Νίκανδρον πρεσβευτὰς ἐξέπεμψαν εἰς τὴν Ῥώμην περὶ τῆς εἰρήνης. ἁπλῶς γὰρ οὐδὲν ἦν κύριον τῶν προειρημένων, εἰ μὴ καὶ τῷ δήμῳ δόξαι τῷ τῶν Ῥωμαίων. Οὗτοι μὲν οὖν παραλαβόντες τούς τε Ῥοδίους καὶ τοὺς Ἀθηναίους, ἔπλεον ἐπὶ τὸ προκείμενον· παραπλησίως δὲ καὶ Μάρκος ἐξαπέστελλε Γάϊον τὸν Οὐαλέριον καί τινας ἑτέρους τῶν φίλων, πράξοντας τὰ περὶ τῆς εἰρήνης. Ἀφικομένων δ' εἰς τὴν Ῥώμην, πάλιν ἐκαινοποιήθη τὰ τῆς ὀργῆς πρὸς Αἰτωλοὺς διὰ Φιλίππου τοῦ βασιλέως·

fuerant, quum aliquandiu inter ſeſe diſputaſſent, tandem oblatas conditiones acceperunt. Romanus Imperator tradita ſibi Ambracia, Ætolos, ut erat conventum, poſt datam fidem abire permiſit. ſigna, ſtatuas, & tabulas pictas urbe avexit: quarum rerum eò major ibi reperta eſt copia, quod regia Pyrrhi quondam Ambracia fuerat. data & corona aurea Conſuli, centum quinquaginta pondo. His ad hunc modum adminiſtratis, in mediterranea Ætoliæ Marcus proficiſcitur; admirans quòd nemo Ætolorum ſibi occurreret. Ad Argos Amphilochium, quod Ambracia tria ferme & viginti millia paſſuum diſtat, ut venit, caſtra ibi poſuit. eo loci Damoteles ipſum convenit, & Ætolorum decretum aperuit, quo pacem à ſe impetratam à Romanis comprobaverant. deinde diſceſſerunt, Ætoli quidem in patriam; Marcus verò ad Ambraciam: quò ubi ventum eſt, dum ipſe in Cephalleniam copias trajicit, Ætoli Phæneam & Nicandrum legatos Romam mittunt acturos de pace. omnino enim nihil eorum quæ dicta ſunt ratum erat, priuſquam populus Rom. id comprobaſſet. Ita iſti Rhodiorum & Athenienſium legatis aſſumptis, ad perficiendum quod deſtinaverant ſunt profecti. Sed & Marcus C. Valerium & quoſdam alios ex amicorum cohorte in urbem miſit, qui in petenda pace Ætolos adjuvarent. Romæ verò poſtquam eò legati advenerunt, revocata eſt ira adverſus Ætolos per Philippum Regem:

qui

qui Athamaniam & Dolopiam injuriâ sibi fuiſſe ereptas ab Ætolis existimans, per legatos cum amicis egerat, ut ſuâ gratiâ Patres Ætolis iraſcerentur, neque pacem probarent. Itaque ingreſſos in Senatum Ætolos Patres negligenter audiverunt: ſed deprecantibus pro illis Rhodiorum & Athenienſium legatis, mutatus eſt eorum animus, & Ætoli æquis auribus ſunt auditi: quum uiſus eſſet Damis Iceſiæ filius, tum alia multa præclare in oratione quam habuit dixiſſe: tum & exemplo ad id quod agebatur accommodatiſſimo eſſe uſus. Dixit enim, jure quidem Romanos Ætolis iraſci; qui magnis à populo Rom. beneficiis affecti, nequaquam pro iis parem gratiam retuliſſent; ſed Romanorum imperium, excitato bello adverſus Antiochum, in magnum periculum adduxiſſent. cæterùm errare Romanos in eo, quòd univerſæ genti propterea ſuccenſeant. ſimile enim in civitatibus evenire multitudini, ac ſolet in mari. Nam mare natura quidem ſua tranquillum ſemper eſſe ac ſedatum, & omnino ejuſmodi ut accedentibus ad ſe & periculum ſui facientibus nullam exhibeat moleſtiam: ubi vero irruentium ventorum vi fuerit concitatum, & præter naturam ſuam agitatum: nihil jam ſævius neque terribilius eſſe mari. Id ipſum & Ætolis hoc tempore eveniſſe. hos quandiu mentis ſuę compotes fuerunt, præcipua inter omnes Græcos benevolentia populum Rom. eſſe proſecutos, inque omnibus inceptis conſtantiſſime adjuviſſe: poſtea verò quàm ab Aſia Thoas & Dicæarchus,

ἐκεῖνος γὰρ δοκῶν ἀδίκως ὑπὸ τῶν Αἰτωλῶν ἀφαιρεῖσθαι τὴν Ἀθαμανίαν, καὶ τὴν Δολοπίαν, διεπέμψατο πρὸς τοὺς φίλους, ἀξιῶν αὐτοὺς συνοργισθῆναι, καὶ μὴ προσδέξασθαι τὰς διαλύσεις. Διὸ καὶ τῶν μὲν Αἰτωλῶν εἰσπορευθέντων, παρήκουεν ἡ σύγκλητος· τῶν δὲ Ῥοδίων καὶ τῶν Ἀθηναίων ἀξιούντων, ἀνετράπη καὶ προσεῖχε τὸν νοῦν. καὶ γὰρ ἐδόκει Δάμις ὁ Ἰκεσίου, ἄλλα τε καλῶς εἰπεῖν καὶ παραδείγματι πρὸς τὸ παρὸν οἰκείῳ χρήσασθαι κατὰ τὸν λόγον. Ἔφη γὰρ ὀργίζεσθαι μὲν εἰκότως τοῖς Αἰτωλοῖς· πολλὰ γὰρ εὖ πεπονθότας τοὺς Αἰτωλοὺς ὑπὸ Ῥωμαίων, οὐ χάριν ἀποδεδωκέναι τούτων· ἀλλ' εἰς μέγαν ἐνεσχηκέναι κίνδυνον τὴν Ῥωμαίων ἡγεμονίαν, ἐκκαύσαντας τὸν πρὸς Ἀντίοχον πόλεμον. ἐν τούτῳ δὲ διαμαρτάνειν τὴν σύγκλητον, ἐν ᾧ τὴν ὀργὴν φέρει ἐπὶ τοὺς Αἰτωλούς. εἶναι γὰρ τὸ συμβαῖνον ἐν ταῖς πολιτείαις περὶ τὰ πλήθη, παραπλήσιον τῷ γινομένῳ περὶ τὴν θάλασσαν· καὶ γὰρ ἐκείνην, κατὰ μὲν τὴν αὐτῆς φύσιν, ἀεί ποτ' εἶναι γαληνὴν καὶ καθεστηκυῖαν, καὶ συλλήβδην τοιαύτην, ὥστε μηδέποτ' ἂν ἐνοχλῆσαι μηδένα τῶν προσπελαζόντων αὐτῇ καὶ χρωμένων· ἐπειδὰν δ' ἐμπεσόντες εἰς αὐτὴν ἄνεμοι βίαιοι ταράξωσι, καὶ παρὰ φύσιν ἀναγκάσωσι κινεῖσθαι, τότε μηδὲν ἔτι δεινότερον εἶναι, μηδὲ φοβερώτερον θαλάττης· ὃ καὶ νῦν τοῖς κατὰ τὴν Αἰτωλίαν συμπεσεῖν. ἕως μὲν γὰρ ἦσαν ἀκέραιοι, πάντων τῶν Ἑλλήνων ὑπῆρχον ὑμῖν εὐνούστατοι καὶ βεβαιότατοι συνεργοὶ πρὸς τὰς πράξεις· ἐπεὶ δ' ἀπὸ μὲν τῆς Ἀσίας πνεύσαντες Θόας καὶ Δικαίαρχος·

ἀπὸ δὲ τῆς Εὐρώπης Μενέστας καὶ Δαμόκριτος συνετάραξαν τοὺς ὄχλους, καὶ παρὰ φύσιν ἠνάγκασαν πᾶν καὶ λέγειν καὶ πράττειν· τότε δὴ κακῶς φρονοῦντες, ἐβουλήθησαν μὲν ὑμῖν, ἐγένοντο δ' αὐτοῖς αἴτιοι κακῶν. Δεῖ δὲ ὑμᾶς πρὸς μὲν ἐκείνους ἔχειν ἀπαραιτήτως· ἐλεεῖν δὲ τοὺς πολλοὺς, καὶ διαλύεσθαι πρὸς αὐτούς· εἰδότας, ὅτι γενόμενοι πάλιν ἀκέραιοι, καὶ πρὸς τοῖς ἄλλοις, ἔτι νῦν ὑφ' ὑμῶν σωθέντες, εὐνούστατοι πάλιν ἔσονται πάντων Ἑλλήνων. Ο μὲν οὖν Ἀθηναῖος ταῦτα εἰπὼν, ἔπεισε τὴν σύγκλητον διαλύεσθαι πρὸς τοὺς Αἰτωλούς. Δόξαντος δὲ τῷ συνεδρίῳ. καὶ τοῦ δήμου συνεπιψηφίσαντος, ἐκυρώθη τὰ κατὰ τὰς διαλύσεις. Τὰ δὲ κατὰ μέρος ἦν τῶν συνθηκῶν ταῦτα. Ο ΔΗΜΟΣ Ο ΤΩΝ ΑΙΤΩΛΩΝ ΤΗΝ ΑΡΧΗΝ ΚΑΙ ΤΗΝ ΔΥΝΑΣΤΕΙΑΝ ΤΟΥ ΔΗΜΟΥ ΤΩΝ ΡΩΜΑΙΩΝ ΑΔΟΛΩΣ ΤΗΡΕΙΤΩ. ΜΗ ΔΙΑΓΕΤΩ ΔΙΑ ΤΗΣ ΧΩΡΑΣ ΚΑΙ ΤΩΝ ΠΟΛΕΩΝ ΕΠΙ ΡΩΜΑΙΟΥΣ, Η ΤΟΥΣ ΣΥΜΜΑΧΟΥΣ ΚΑΙ ΦΙΛΟΥΣ ΑΥΤΩΝ· ΜΗΔΕ ΧΟΡΗΓΕΙΤΩ ΜΗΔΕΝ ΔΗΜΟΣΙΑι ΒΟΥΛΗι. ΕΧΘΡΟΝ ΚΑΙ ΦΙΛΟΝ ΤΟΝ ΑΥΤΟΝ ΕΧΕΤΩ ΤΟΙΣ ΡΩΜΑΙΟΙΣ. ΚΑΙ ΕΑΝ ΠΟΛΕΜΩΣΙ ΠΡΟΣ ΤΙΝΑΣ ΡΩΜΑΙΟΙ, ΠΟΛΕΜΕΙΤΩ ΠΡΟΣ ΑΥΤΟΥΣ Ο ΔΗΜΟΣ Ο ΤΩΝ ΑΙΤΩΛΩΝ. ΤΟΥΣ ΔΕ ΔΡΑΠΕΤΑΣ ΚΑΙ ΤΟΥΣ ΑΙΧΜΑΛΩΤΟΥΣ ΠΑΝΤΑΣ ΤΟΥΣ ΡΩΜΑΙΩΝ ΚΑΙ ΤΩΝ ΣΥΜΜΑΧΩΝ ΑΠΟΔΟΤΩΣΑΝ ΑΙΤΩΛΟΙ (ΧΩΡΙΣ

ab Europa Meneſtas & Damocritus flare cepiſſent, & multitudinem concitaſſent, ac contra naturam ſuam quidvis dicere & facere compuliſſent: tum enimverò, inquit, pravis conſiliis uſi, ſtudio vobis nocendi, tanta hæc mala ſibi arceſſiverunt. Vos igitur erga illos quidem oportet eſſet inexorabiles; multitudinem verò miſerari, & cum ea conciliari; perſuaſos, Ætolorum populum mentis ſuæ iterum compotem factum, cum ad cætera beneficia veſtra hic cumulus acceſſerit, ut jam ſervati à vobis fuerint, benevolentia erga vos Græcos omnes denuo eſſe ſuperaturum. Hac oratione perſuaſit Patribus legatus Athenienſis, ut pacem cum Ætolis facerent. Quod quum Senatus cenſuiſſet, populus juſſiſſet, pacis leges ſunt confirmatæ. Fuerunt autem ejus pacis conditiones hę, IMPERIUM MAJESTATEMQUE POPULI ROM. GENS ÆTOLORUM CONSERVATO SINE DOLO MALO. NE QUEM EXERCITUM, QUI ADVERSUS ROMANOS AUT SOCIOS AMICOSQUE EORUM DUCETUR, PER FINES SUOS ET URBES TRANSIRE SINITO: NEVE ULLA OPE AUT PUBLICO CONSILIO JUVATO. HOSTES EOSDEM ET AMICOS HABETO, QUOS POPULUS ROM. SI ADVERSUS QUOS ROMANI BELLUM GERANT, CONTRA EOSDEM ET POPULUS ÆTOLORUM BELLUM GERITO. PERFUGAS FUGITIVOS, CAPTIVOSQUE ROMANORUM AUT SOCIORUM REDDUNTO ÆTOLI: PRÆTER-

QUAM

QUAM SI QUI CAPTI, CUM DOMOS REDISSENT ITERUM CAPTI SUNT: AUT SI QUI EO TEMPORE EX IIS CAPTI SUNT, QUI TUM HOSTES ERANT ROMANIS, CUM INTER AUXILIA ROMANA ÆTOLI ESSENT. ALII INTRA DIES CENTUM POST FOEDUS ICTUM CORCYRÆORUM MAGISTATIBUS TRADANTUR. QUI NON COMPAREBUNT, QUANDO QUISQUE EORUM INVENTUS FUERIT SINE DOLO MALO TRADATUR. ATQUE HIS POST FOEDUS IN ÆTOLIAM REDITUS NE ESTO. ARGENTI, QUOD ATTICO DETERIUS NON ESSET, DUCENTA EUBOICA TALENTA PRÆSENTIA PROCONSULI IN ACHAIA AGENTI, ÆTOLI DARENT. PRO TERTIA ARGENTI PARTE AURUM SI DARE MALLENT, DARENT; DUM PRO ARGENTEIS DECEM MINIS, UNAM AURI PENDERENT: A QUO DIE SANCITUM FOEDUS ESSET, IN PROXIMOS SEX ANNOS QUINQUAGINTA TALENTA ANNUA UTI PENDERENT. EAQUE PECUNIA UT ROMAM TUTO CURETUR, IPSI PROVIDENTO. OBSIDES XL ARBITRATU CONSULIS DANTO, NE MINORES DUODECIM ANNORUM: NEU MAJORES QUADRAGINTA IN ANNOS SEX. OBSES NE ESTO PRÆTOR, PRÆFECTUS EQUITUM,

ΤΩΝ, ΟΣΟΙ ΚΑΤΑ ΠΟΛΕΜΟΝ ΑΛΟΝΤΕΣ, ΕΙΣ ΤΗΝ ΙΔΙΑΝ ΑΠΗΛΘΟΝ, ΚΑΙ ΠΑΛΙΝ ΕΑΛΩΣΑΝ. ΚΑΙ ΧΩΡΙΣ ΤΩΝ ΟΣΟΙ ΠΟΛΕΜΙΟΙ ΡΩΜΑΙΩΝ ΕΓΕΝΟΝΤΟ, ΚΑΘ' ΟΝ ΚΑΙΡΟΝ ΑΙΤΩΛΟΙ ΜΕΤΑ ΡΩΜΑΙΩΝ ΣΥΝΕΠΟΛΕΜΟΥΝ) ΕΝ ΗΜΕΡΑΙΣ Ρ' ΑΦ' ΗΣ ΑΝ ΤΑ ΟΡΚΙΑ ΤΕΛΕΣΘΗι ΤΩι ΑΡΧΟΝΤΙ ΤΩι ΕΝ ΚΕΡΚΥΡΑι· ΕΑΝ ΔΕ ΜΗ ΕΥΡΕΘΩΣΙ ΤΙΝΕΣ ΕΝ ΤΩι ΧΡΟΝΩι ΤΟΥΤΩι, ΟΤΑΝ ΕΜΦΑΝΕΙΣ ΓΕΝΩΝΤΑΙ, ΤΟΤΕ ΑΠΟΔΟΤΩΣΑΝ ΧΩΡΙΣ ΔΟΛΟΥ· ΚΑΙ ΤΟΥΤΟΙΣ ΜΕΤΑ ΤΑ ΟΡΚΙΑ ΜΗ ΕΣΤΩ ΕΠΑΝΟΔΟΣ ΕΙΣ ΤΗΝ ΑΙΤΩΛΙΑΝ. ΔΟΤΩΣΑΝ ΔΕ ΑΙΤΩΛΟΙ ΑΡΓΥΡΙΟΥ ΜΗ ΧΕΙΡΟΝΟΣ ΑΤΤΙΚΟΥ, ΠΑΡΑΧΡΗΜΑ ΜΕΝ ΤΑΛΑΝΤΑ ΕΥΒΟΙΚΑ Σ' ΤΩι ΣΤΡΑΤΗΓΩι ΤΩι ΕΝ ΤΗι ΕΛΛΑΔΙ· ΑΝΤΙ ΤΡΙΤΟΥ ΜΕΡΟΥΣ ΤΟΥ ΑΡΓΥΡΙΟΥ, ΧΡΥΣΙΟΝ ΕΑΝ ΒΟΥΛΩΝΤΑΙ ΔΙΔΟΝΤΕΣ, ΤΩΝ ΔΕΚΑ ΜΝΩΝ ΑΡΓΥΡΙΟΥ, ΧΡΥΣΙΟΥ ΜΝΑΝ ΔΙΔΟΝΤΕΣ. ΑΦ' ΗΣ ΑΝ ΗΜΕΡΑΣ ΤΑ ΟΡΚΙΑ ΤΜΗΘΗι ΕΝ ΕΤΕΣΙ ΤΟΙΣ ΠΡΩΤΟΙΣ ΕΞ, ΚΑΤΑ ΤΟ ΕΤΟΣ ΕΚΑΣΤΟΝ, ΤΑΛΑΝΤΑ Ν'· ΚΑΙ ΤΑ ΧΡΗΜΑΤΑ ΚΑΘΙΣΤΑΤΩΣΑΝ ΕΝ ΡΩΜΗι· ΔΟΤΩΣΑΝ ΑΙΤΩΛΟΙ ΟΜΗΡΟΥΣ ΤΩι ΣΤΡΑΤΗΓΩι Μ'. ΜΗ ΝΕΩΤΕΡΟΥΣ ΕΤΩΝ ΙΒ'. ΜΗΔΕ ΠΡΕΣΒΥΤΕΡΟΥΣ Μ', ΕΙΣ ΕΤΗ ΕΞ, ΟΥΣ ΑΝ ΡΩΜΑΙΟΙ ΠΡΟΚΡΙΝΩΣΙ, ΧΩΡΙΣ ΣΤΡΑΤΗΓΟΥ, ΚΑΙ ΙΠΠΑΡΧΟΥ,

ΧΟΥ, ΚΑΙ ΔΗΜΟΣΙΟΥ ΓΡΑΜΜΑΤΕΩΣ, ΚΑΙ ΤΩΝ ΩΜΗΡΕΥΚΟΤΩΝ ΕΝ ΡΩΜΗι· ΚΑΙ ΤΑ ΟΜΗΡΑ ΚΑΘΙΣΤΑΘΩΣΑΝ ΕΙΣ ΡΩΜΗΝ. ΕΑΝ ΔΕ ΤΙΣ ΑΠΟΘΑΝΗι ΤΩΝ ΟΜΗΡΩΝ, ΑΛΛΟΝ ΑΝΤΙΚΑΘΙΣΤΑΤΩΣΑΝ. ΠΕΡΙ ΔΕ ΚΕΦΑΛΛΗΝΙΑΣ, ΜΗ ΕΣΤΩ ΕΝ ΤΑΙΣ ΣΥΝΘΗΚΑΙΣ. ΟΣΑΣ ΧΩΡΑΣ ΚΑΙ ΠΟΛΕΙΣ ΚΑΙ ΑΝΔΡΑΣ (ΟΙΣ ΟΥΤΟΙ ΕΧΡΩΝΤΟ ΕΠΙ ΤΙΤΟΥ ΚΟΙΝΤΙΟΥ, ΚΑΙ ΓΝΑΙΟΥ ΔΟΜΙΤΙΟΥ ΣΤΡΑΤΗΓΩΝ) Η ΥΣΤΕΡΟΝ ΕΑΛΩΣΑΝ, Η ΕΙΣ ΦΙΛΙΑΝ ΗΛΘΟΝ ΡΩΜΑΙΟΙΣ, ΤΟΥΤΩΝ ΤΩΝ ΠΟΛΕΩΝ, ΚΑΙ ΤΩΝ ΕΝ ΤΑΥΤΑΙΣ ΜΗΔΕΝΑ ΠΡΟΣΛΑΒΕΤΩΣΑΝ ΑΙΤΩΛΟΙ. Η ΔΕ ΠΟΛΙΣ ΚΑΙ Η ΧΩΡΑ Η ΤΩΝ ΟΙΝΙΑΔΩΝ, ΑΚΑΡΝΑΝΩΝ ΕΣΤΩ. Τμηθέντων δὲ τῶν ὁρκίων ἐπὶ τούτοις, συνετέλεστο τὰ τῆς εἰρήνης. καὶ τὰ μὲν κατὰ τοὺς Αἰτωλοὺς, καὶ καθόλου τοὺς Ἕλληνας τοιαύτην ἔσχε τὴν ἐπιστροφήν.

SCRIBA PUBLICUS: NEU QUIS QUI ANTE OBSES FUERIT APUD ROMANOS. OBSIDES ROMAM TRANSPORTANDOS IPSI CURANTO. SI QUIS OBSIDUM DIEM SUUM OBIERIT, ALIUM VICEM ILLIUS DANTO. CEPHALLENIA EXTRA PACIS LEGES ESTO. QUI AGRI, QUÆ URBES, QUI HOMINES ÆTOLORUM JURIS ALIQUANDO FUERUNT; QUI EORUM T. QUINTIO CN. DOMITIO COSS. POSTVE EOS COSS. AUT ARMIS SUBACTI, AUT VOLUNTATE IN DITIONEM P. R. VENERUNT NE QUAM EARUM URBIUM, AUT HOMINUM QUI IN IIS SUNT, ÆTOLI RECEPISSE VELINT. OENIADÆ CUM URBE AGRISQUE ACARNANUM SUNTO. His legibus icto fœdere, pax consummata fuit. Et in Ætolos quidem, atque adeo in universos Græcos, ita à Romanis est animadversum.

ΚΘ.

Ὁ χρόνος τοῦ πρὸς τοὺς ἐν Ἀσίᾳ Γαλάτας γινομένου πολέμου ὑπὸ Μανλίου τοῦ ὑπάτου.

ΟΤΙ καθ' ὃν καιρὸν ἐν τῇ Ῥώμῃ τὰ περὶ τὰς συνθήκας τὰς πρὸς Ἀντίοχον, καὶ καθόλου περὶ τῆς Ἀσίας αἱ πρεσβεῖαι διεπράττοντο· κατὰ δὲ τὴν Ἑλλάδα, τὸ τῶν Αἰτωλῶν ἔθνος ἐπολεμεῖτο· κατὰ τοῦτον συνέβη τὸν περὶ τὴν Ἀσίαν πρὸς τοὺς Γαλάτας πόλεμον ἐπιτελεσθῆναι, ὑπὲρ οὗ νῦν ἐνιστάμεθα τὴν διήγησιν.

XXIX.

Tempus quo gestum est bellum contra Gallogræcos à Cn. Manlio Cos.

Quo tempore Romæ de pace cum Antiocho agebatur, & legatis qui undique ad Romanos ex Asia venerant opera dabatur, urgente in Græcia bello adversus Ætolos: tunc etiam in Asia cum Gallogræcis bellum est confectum, quod nunc ordiri pergam.

XXX.

XXX.

Quomodo Moagetes Cibyræ tyrannus ægrè adduci se passus sit, ut pecunia salutem propriam redimeret.

ERAT Moagetes Cibyræ tyrannus, homo crudelis & dolosus: veruntamen appropinquante consule Rom. Cibyræ, & C. Helvio ad tentandum ejus animum præmisso, legatos misit; orans ut cohiberet à populatione agri militem: se enim populi Rom. amicum esse, & imperata facturum. simul hæc dicens coronam offerebat quindecim pondo. His auditis Helvius, integros à populatione agros servaturum pollicitus, ire ad Consulem legatos, & de summa rerum apud eum disceptare jussit: à tergo enim sequi illum cum exercitu. Quod cum esset factum, & misisset Moagetes cum legatis fratrem suum, Cnæus qui in itinere eis occurrerat minaciter & aspere cum iis est locutus: dixitque, non animum dumtaxat alienatum à populo Rom. habuisse Moagetem præ cæteris Asiæ regulis: sed etiam vires omnes suas ad evertendum imperium Rom. contulisse: proinde dignum animadversione & pœna potius quàm amicitia Romanorum. Legati hac vehemente Cos. ira perturbati, cęteris mandatis omissis, tantum illud petere, ut cum Moagete ipsę colloqui vellet. quo impetrato, Cibyram sunt reversi. Postero autem die exiit tyrannus cum amicis,

Λ.

Πῶς Μοαγέτης ὁ τῆς Κιβύρας τύραννος, μόλις ἐπείσθη χρημάτων μέρος προέσθαι, μᾶλλον ἢ τὴν ἰδίαν σωτηρίαν.

ΟΤΙ Μοαγέτης ὁ τῆς Κιβύρας τύραννος, ὠμὸς ἦν καὶ δόλιος· πλὴν συνεγγίζοντος ὑπάτου Ρωμαίων τῇ Κιβύρᾳ, καὶ τοῦ Ελουΐου πεμφθέντος εἰς ἀπόπειραν, ἐπὶ τίνος ἐστὶ γνώμης, πρεσβευτὰς ἐξέπεμψε, παρακαλῶν μὴ φθεῖραι τὴν χώραν, ὅτι φίλος ὑπάρχοι Ρωμαίων, καὶ πᾶν ποιήσαι τὸ παραγγελόμενον· καὶ ταῦτα λέγων ἅμα προὔτεινε στέφανον ἀπὸ πεντεκαίδεκα ταλάντων. ὧν ἀκούσας, αὐτὸς μὲν ὑφέξεσθαι τῆς χώρας ἔφη· πρὸς δὲ τὸν στρατηγὸν ἐκέλευσε πρεσβεύειν ὑπὲρ τῶν ὅλων. ἕπεσθαι γὰρ αὐτὸν μετὰ τῆς στρατείας κατὰ πόδας. γενομένου δὲ τούτου, καὶ πέμψαντος τοῦ Μοαγέτου, μετὰ τῶν πρεσβευτῶν καὶ τὸν ἀδελφὸν, ἀπαντήσας κατὰ πορείαν ὁ Γνάϊος, ἀνατατικῶς καὶ πικρῶς ὡμίλησε τοῖς πρεσβευταῖς· φάσκων οὐ μόνον ἀλλοτριώτατον γεγονέναι Ρωμαίων τὸν Μοαγέτην πάντων τῶν κατὰ τὴν Ἀσίαν δυναστῶν· ἀλλὰ καὶ κατὰ τὸ * ... Ρώμην ὅλην εἰς καθαίρεσιν τῆς ἀρχῆς· καὶ ἄξιον ἐπιστροφῆς εἶναι καὶ κολάσεως μᾶλλον, ἢ φιλίας. οἱ δὲ πρεσβευταὶ καταπλαγέντες τὴν ἐπίτασιν τῆς ὀργῆς, τῶν μὲν ἄλλων ἐντολῶν ἀπέστησαν, ἠξίουν δ᾽ αὐτὸν εἰς λόγους ἐλθεῖν τῷ Μοαγέτῃ. συγχωρήσαντος δὲ, τότε μὲν ἐπανῆλθον εἰς τὴν Κιβύραν· εἰς δὲ τὴν ἐπαύριον ἐξῆλθε μετὰ τῶν φίλων ὁ τύραννος,

κατὰ

κατά τε τὴν ἐσθῆτα καὶ τὴν ἄλλην προστασίαν, λιτὸς καὶ ταπεινός, ἔν τε τοῖς ἀπολογισμοῖς καταλοφυρόμενος τὴν ἀδυναμίαν τὴν αὐτοῦ, καὶ τὴν ἀσθένειαν ὧν ἐπῆρχε πόλεων· καὶ ἠξίου προσδέξασθαι τὰ ιέ τάλαντα τὸν Γνάϊον· ἐκράτει δὲ τῆς Κιβύρας καὶ Συλείου, καὶ τῆς Ἀλίνδης πόλεως. ὁ δὲ Γνάϊος καταπλαγεὶς τὴν ἀπόνοιαν, ἄλλο μὲν οὐδὲν εἶπε πρὸς αὐτόν· ἐὰν δὲ μὴ διδῷ φ' τάλαντα μετὰ μεγάλης χαρᾶς, οὐ τὴν χώραν ἔφη φθερεῖν, ἀλλὰ τὴν πόλιν αὐτὴν πολιορκήσειν, καὶ διαρπάσειν. Ὅθεν ὁ Μοαγέτης καταῤῥωδήσας τὸ μέλλον, ἐδεῖτο μηδὲν ποιῆσαι τοιοῦτον, καὶ προσετίθει κατὰ βραχὺ τῶν χρημάτων· καὶ τέλος ἔπεισε τὸν Γνάϊον, ρ' τάλαντα, καὶ μυρίους μεδίμνους λαβόντα πυρῶν, προσδέξασθαι πρὸς τὴν φιλίαν αὐτόν.

& vestitus & comitatus tenuiter atque abjectè. & de suis rebus locutus, deque inopia sua multum questus, & de urbium suæ ditionis egestate, Cnæum orabat, ut XV talenta acciperet. Erant autem sub eo Cibyra, Syleum, & Alinda urbes. At Cnæus perditam hominis impudentiam miratus, aliud ei nihil respondit: sed si quingenta talenta alacri animo sibi non numeraret, non agros tantum se populaturum dixit, verùm ipsam quoque urbem obsessurum, & direpturum. Itaque impendentis mali metu perculsus Moagetes, ne quid ejusmodi faceret orare, & paullatim ad summam aliquid adjicere. tandem Consuli persuasit, ut acceptis centum talentis, & decem millibus medimnûm frumenti, in amicitiam populi Rom. ipsum susciperet.

ΛΑ.

Ὅσα Μάνλιος πρὸς Γαλάτας πολεμῶν διεπράξατο πρὸς τινὰς ἐν Παμφυλίᾳ καὶ Καρίᾳ πόλεις.

ΟΤΙ κατὰ τὸν καιρὸν ἡνίκα Γνάϊος διήει τὸν Κολοβάτον προσαγορευόμενον ποταμόν, ἦλθον πρὸς αὐτὸν πρέσβεις, ἐκ τῆς Ἰσιόνδα προσαγορευομένης πόλεως, δεόμενοι σφίσι βοηθῆσαι. τοὺς γὰρ Τελμισσεῖς ἐπισπασαμένους Φιλόμηλον, τήν τε χώραν ἔφασαν αὐτῶν ἀνάστατον πεποιηκέναι, καὶ τὴν πόλιν διηρπακέναι, νῦν τε πολιορκεῖν τὴν ἄκραν συμπεφευγότων εἰς αὐτὴν πάντων

XXXI.

Manlii res obiter gestæ in Pamphylia & Caria, quo tempore bellum cum Gallogræcis gerebat.

Quo tempore Cnæus Manlius Colobatum quem vocant amnem trajecit, venerunt ad eum legati à civitate quæ Isionda dicitur, orantes ut sibi ferret opem. Telmessenses namque accitis Philomeliensibus agrum omni clade belli pervastasse, urbem diripuisse, nunc quoque arcem obsidere, quò cives universi cum conjugi-

bus

bus & liberis confugissent. Cnæus his auditis suum illis auxilium prolixè est pollicitus. ac statim lucro deputans hanc sibi offerri occasionem, Pamphyliam versus agmen duxit. cæterum ubi Telmisso appropinquasset, acceptis quinquaginta talentis, amicitiam cum iis pepigit; similiter & cum Aspendiis: deinde aliarum quoque civitatum legatis in Pamphylia susceptis, cum in congressibus eadem illa eis persuasisset quæ ante sunt dicta; atque etiam Isiondenses obsidione exemisset, Gallogræcos repetere instituit.

τῆς πόλεως, ὁμοῦ γυναιξὶ καὶ τέκνοις. ὧν διακούσας ὁ Γνάϊος, ἐκείνοις μὲν ὑπέσχετο βοηθήσειν μετὰ μεγάλης χάριτος· αὐτὸς δὲ νομίσας ἕρμαιον εἶναι τὸ προσπεπτωκὸς, ἐποιεῖτο τὴν πορείαν ὡς ἐπὶ Παμφυλίας. ὁ δὲ Γνάϊος συνεγγίσας τῇ Τελμισσῷ, πρὸς μὲν τούτους συνέθετο φιλίαν, λαβὼν ν΄ τάλαντα, παραπλησίως δὲ καὶ πρὸς Ἀσπενδίους· ἀποδεξάμενος δὲ καὶ τοὺς παρὰ τῶν ἄλλων πόλεων πρεσβευτὰς κατὰ τὴν Παμφυλίαν, καὶ τὴν προειρημένην δόξαν ἐνεργασάμενος ἑκάστοις κατὰ τὰς ἐντεύξεις· ἅμα δὲ καὶ τοὺς Ισιονδεῖς ἐξελόμενος ἐκ τῆς πολιορκίας, αὖθις ἐποιεῖτο τὴν πορείαν ὡς ἐπὶ τοὺς Γαλάτας.

XXXII.

Progressus expeditionis contra Gallogræcos.

CYRMASIS urbe capta, & multa præda, Cos. castra movit. cui propter paludes progredienti, occurrerunt legati à Lysinoe fidei illius sese permittentes. quibus susceptis in Sagalassenum agrum venit, & præda ingente abacta, quid consilii capturi essent oppidani exspectabat. deinde ut legati venerunt, iis admissis accepta corona quinquaginta talentorum & xx millibus hordei, ac totidem tritici, pacem Sagallassensibus dedit.

ΛΒ.

Τὰ ἑξῆς τῆς κατὰ Γαλατῶν στρατείας.

ΟΤΙ Κύρμασαν πόλιν λαβὼν ὁ Γνάϊος, καὶ λείαν ἄφθονον, ἀνέζευξε. προάγοντος δὲ αὐτοῦ παρὰ τὴν λίμνην, παρεγένοντο πρέσβεις ἐκ Λυσινόης, διδόντες αὑτοὺς εἰς τὴν πίστιν· οὓς προσδεξάμενος, ἐνέβαλεν εἰς τὴν τῶν Σαγαλασσέων γῆν, καὶ πολὺ πλῆθος ἐξελασάμενος λείας, ἀπεκαραδόκει τοὺς ἐκ τῆς πόλεως, ἐπὶ τίνος ἔσονται γνώμης. παραγινομένων δὲ πρεσβευτῶν ὡς αὐτὸν, ἀποδεξάμενος τοὺς ἄνδρας, καὶ λαβὼν ν΄ ταλάντων στέφανον, καὶ δισμυρίους κριθῶν μεδίμνους, καὶ δισμυρίους πυρῶν, προσεδέξατο τούτους εἰς τὴν φιλίαν.

ΛΓ.

Ἐποσσογνάτου Γαλάτου δυνάστου πρὸς Γαλάτας ἄλλους πρεσβεία ἄπρακτος.

ΟΤΙ Γνάϊος ὁ στρατηγὸς τῶν Ῥωμαίων πρέσβεις ἐξαπέστειλε πρὸς τὸν Ἐποσσόγνατον τὸν Γαλάτην, ὅπως πρεσβεύσῃ πρὸς τοὺς τῶν Γαλατῶν βασιλεῖς. καὶ ὁ Ἐποσσόγνατος ἔπεμψε πρὸς Γνάϊον πρέσβεις, καὶ παρεκάλει τὸν Γνάϊον τὸν τῶν Ῥωμαίων στρατηγὸν, μὴ προεξαναστῆναι, μηδ' ἐπιβαλεῖν χεῖρας τοῖς Τολιστοβόγοις Γαλάταις· καὶ διότι πρεσβεύσεται πρὸς τοὺς βασιλεῖς αὐτὸς Ἐποσσόγνατος, καὶ ποιήσεται λόγους ὑπὲρ τῆς φιλίας, καὶ πείσεσθαι πρὸς πᾶν αὐτοὺς παραστήσεσθαι τὸ καλῶς ἔχον. ὄντος δὲ τοῦ Γναΐου πρὸς τὸ πολισμάτιον τὸ καλούμενον Γορδεῖον, ἧκον παρ' Ἐποσσογνάτου πρέσβεις ἀποδηλοῦντες ὅτι πορευθεὶς διαλεχθείη τοῖς τῶν Γαλατῶν βασιλεῦσιν. οἱ δ' ἁπλῶς εἰς οὐδὲν συγκαταβαίνοιεν φιλάνθρωπον· ἀλλ' ἠθροικότες ὁμοῦ τέκνα καὶ γυναῖκας, καὶ τὴν ἄλλην κτῆσιν ἅπασαν εἰς τὸ καλούμενον ὄρος Ὄλυμπον, ἕτοιμοι πρὸς μάχην εἰσίν.

XXXIII.

Eposognatus Gallorum regulus ad alios regulos ejusdem gentis legationem obit, frustra.

CN. Manlius Romanus Imperator legatos misit ad Eposognatum, unum ex regulis Gallogræcorum; ut legationem ipse obiret ad ejus gentis regulos. Eposognatus missis ad Cos. legatis, eum oravit, ne præpropere castra moveret, neve Tolistobogios Gallos hostiliter invaderet. ipsum enim ad Reges iturum Eposognatum; & ut Romanorum amicitiam respiciant fore illis auctorem, persuasurumque adeo ipsis, ut nullam conditionem modicam & tolerabilem detrectent. Ad oppidulum quod Gordium vocant stativa habente Cos. legati ab Eposognato venerunt nuntiantes profectum eum ad reges Gallorum, cum ipsis esse collocutum: sed ad nullam æquam conditionem potuisse perduci. qui quidem liberos simul atque uxores, cum reliqua substantia universa in montem contulerint, quem Olympum nominant, sintque ad pugnandum parati.

ΛΔ.

Πῶς οἱ Τεκτόσαγες Γαλάται προσποιούμενοι κοινολογίας ἔφεσιν, τῷ Ῥωμαίων στρατηγῷ ἐνήδρευσαν.

ΟΤΙ τῶν Ῥωμαίων μετὰ τὴν τῶν Γαλατῶν νίκην στρατοπεδευόν-

XXXIV.

Quomodo Galatæ Tectosages specie colloquii Romano Imperatori insidias struxerint.

ROMANIS ad Ancyram post victos in Olympo monte Gallos stabos ſtativa habentibus, quum inibi eſſet Cnæus Cos. ut vlterius progrederetur, oratores Tectoſagum venerunt, petentes ab eo ut relictis eo loci copiis ipſe poſtero die in medium locum inter bina caſtra progrederetur: adfuturos & reges Gallorum, ut de pace agant. quum Cnæus eſſet aſſenſus, & ſicut conſtitutum fuerat, quingentis equitibus comitatus veniſſet, Reges non adfuerunt. Conſule in caſtra Romana reverſo, redeunt legati, ad excuſationem Regum ſuorum cauſſas quaſdam prætexentes: rogantes etiam, ut iterum venire vellet: Reges enim Gallogræcorum principes gentis miſſuros, quibuſcum de rebus omnibus poſſet tractari. Cnæus iterum pollicitus, ipſe quidem in caſtris remanet: ſed Attalum cum Tribunis quibuſdam, & trecentorum equitum præſidio mittit. Ad hoc colloquium acceſſerunt Galli ut convenerat, ſuntque pacis conditiones dictæ. at finem rebus poſſe imponi de quibus eſſet actum, aut confirmari quæ placita eſſent, negarunt poſſe. verùm poſtero die Reges venturos affirmabant, pactaque cum Cnæo, ſi modo ille adfuerit, inituros, & negotio finem impoſituros. Promittente Attalo adfuturum Conſulem, utrinque diſceſſum eſt. Fruſtratio hæc Gallorum & dolus quo Romanos appetiefunt, eò ſpectabat, ut conjuges pleraſque & liberos cum rebus ſuis trans Halym trajicerent. præcipuè verò Conſulem Romanum, ſi poſſet fieri, capere cupiebant: aut certè, ſi id minus poſſet, omnino occidere. hoc

των περὶ τὴν Ἄγκυραν πόλιν, καὶ τοῦ Γναΐου τοῦ στρατηγοῦ παράγειν εἰς τοὔμπροσθεν μέλλοντος, παραγίνονται πρέσβεις παρὰ τῶν Τεκτοσάγων, ἀξιοῦντες τὸν Γναῖον, τὰς μὲν δυνάμεις ἐᾶσαι κατὰ χώραν, αὐτὸν δὲ κατὰ τὴν ἐπιοῦσαν ἡμέραν προελθεῖν εἰς τὸν μεταξὺ τόπον τῶν στρατοπέδων· ἥξειν δὲ καὶ τοὺς παρ' αὐτῶν βασιλεῖς κοινολογησομένους ὑπὲρ τῶν διαλύσεων. τοῦ δὲ Γναΐου συγκαταθεμένου καὶ παραγενηθέντος κατὰ τὸ συνταχθὲν μετὰ φ' ἱππέων· τότε μὲν οὐκ ἦλθον οἱ βασιλεῖς· ἀνακεχωρηκότος δὲ αὐτοῦ πρὸς τὴν ἰδίαν παρεμβολήν, αὖθις ἧκον οἱ πρέσβεις, ὑπὲρ μὲν τῶν βασιλέων, σκήψεις τινὰς λέγοντες· ἀξιοῦντες δὲ πάλιν ἐλθεῖν αὐτόν, ὅτι τοὺς πρώτους ἄνδρας ἐκπέμψουσι κοινολογησομένους ὑπὲρ τῶν ὅλων. ὁ δὲ Γναΐος καταινέσας ἥξειν, αὐτὸς μὲν ἔμενεν ἐπὶ τῆς ἰδίας στρατοπεδείας· Ἄτταλον δὲ καὶ τῶν χιλιάρχων τινὰς ἐξαπέστειλεν μετὰ τριακοσίων ἱππέων. οἱ δὲ τῶν Γαλατῶν, ἦλθον μὲν κατὰ τὸ συνταχθέν, καὶ λόγους ἐποιήσαντο περὶ τῶν πραγμάτων· τέλος δὲ ἐπιθεῖναι τοῖς προειρημένοις, ἢ κυρῶσαί τι τῶν δοξάντων, οὐκ ἔφασαν εἶναι δυνατόν. τοὺς δὲ βασιλεῖς τῇ κατὰ πόδας ἥξειν διωρίζοντο, συνθησομένους καὶ πέρας ἐπιθήσοντας, εἰ καὶ Γναΐος ὁ στρατηγὸς ἔλθοι πρὸς αὐτούς. Τῶν δὲ περὶ τὸν Ἄτταλον ἐπαγγελλαμένων ἥξειν τὸν Γναΐον, τότε μὲν ἐπὶ τούτοις διελύθησαν. Ἐποιοῦντο δὲ ὑπερθέσεις ταύτας οἱ Γαλάται, καὶ διεστρατήγουν τοὺς Ῥωμαίους, βουλόμενοι τῶν τε σωμάτων τινὰ τῶν ἀναγκαίων καὶ τῶν χρημάτων ὑπερθέσθαι πέραν Ἅλυος ποταμοῦ· μάλιστα δὲ τὸν στρατηγὸν τῶν Ῥωμαίων, εἰ δυνηθεῖεν, λαβεῖν ὑποχείριον· εἰ δὲ μήγε, πάντως ἀποκτεῖναι. Ταῦτα προθέμενοι, κατὰ τὴν ἐπιοῦσαν ἐκαραδόκουν τὴν παρουσίαν τῶν Ῥωμαίων, ἑτοίμους ἔχοντες ἱππεῖς εἰς χιλίους. ὁ δὲ Γνάϊος διακούσας τὰ περὶ τὸν Ἄτταλον, καὶ πεισθεὶς ἥξειν τοὺς βασιλεῖς, ἐξῆλθε καθάπερ εἰώθει μετὰ φ' ἱππέων. συνέβη δὲ ταῖς πρότερον ἡμέραις τοὺς ἐπὶ τὰς ξυλίας καὶ χορτολογίας ἐκπορευομένους ἐκ τοῦ τῶν Ῥωμαίων χάρακος ἐπὶ ταῦτα τὰ μέρη πεποιῆσθαι τὴν ἔφοδον * ἐπὶ τοὺς ἐφεδρείᾳ χρωμένους τοῖς ἐπὶ τὸν σύλλογον πορευομένοις ἱππεῦσιν. οὗ καὶ τότε γινομένου, καὶ πολλῶν ἐξεληλυθότων, συνέταξαν οἱ χιλίαρχοι τοὺς εἰθισμένους ἐφεδρεύειν τοῖς προνομεύουσιν ἱππεῖς, ἐπὶ ταῦτα τὰ μέρη ποιήσασθαι τὴν ἔξοδον. ὧν ἐκπορευθέντων αὐτομάτως τὸ δέον ἐγενήθη πρὸς τὴν ἐπιφερομένην χρείαν.

consilio die sequenti adventum Romanorum exspectabant, paratis in id mille circiter equitibus. Consul affirmanti Attalo venturos Reges fidem habens, castris exiit, ut erat ei moris, cum quingentis equitibus. Acciderat autem ut superioribus diebus lignatores & pabulatores qui è Rom. castris exierant, eam partem incursarent, in qua præsidium equitum qui Cos. ad colloquium comitabantur, pro statione ac præsidio haberent. id quum tunc quoque factum esset, multique exiissent, Tribuni equitum stationem pabulatores consequi solitam eam partem petere jusserunt. quo facto, provisum fuit casu ei malo quod impendebat.

ΛΕ.

Οτι Μάνλιος ὁ τῶν Ῥωμαίων στρατηγὸς παραχειμάζων ἐν Ἐφέσῳ ἐχρημάτισε τοῖς ἀπανταχόθεν τῆς Ἀσίας παραγινομένοις πρεσβευταῖς.

Ἐγγέγραπται συνθηκῶν τῶν συγχωρηθεισῶν Ἀντιόχῳ νικηθέντι ὑπὸ τῶν νικησάντων Ῥωμαίων.

XXXV.

Manlii Romani Imperatoris Ephesi hibernantis responsa, legatis data, qui ex omnibus Asiæ partibus ad ipsum convenerant.

Formula fœderis, quod devicto Antiocho Regi Romani victores concesserunt.

ΟΤΙ κατὰ τοὺς καιροὺς τούτους, κατὰ τὴν Ἀσίαν Γναίου τοῦ τῶν Ῥωμαίων στρατηγοῦ παραχειμάζοντος ἐν Ἐφέσῳ, κατὰ τὸν τελευταῖον ἐνιαυτὸν τῆς ὑποκειμένης Ὀλυμπιάδος, παρεγίνοντο πρέσβεις παρά τε τῶν Ἑλληνίδων πόλεων τῶν ἐπὶ τῆς Ἀσίας, καὶ παρ᾽ ἑτέρων πλειόνων, συμ-

EODEM ferme tempore anno præsentis Olympiadis ultimo ad Cn. Manlium proconsulem Ephesi in Asia hibernantem, legationes ex civitatibus Græcorum aliisque multis gentibus venerunt, propter victoriam de Gallis coronas illi undique afferentes. Omnes enim qui regiones cis Taurum colunt non adeo lætati sunt victo Antiocho, quòd liberati essent alii tributis, alii præsidio, omnes necessitate parendi jussis illius; quàm quòd metus à Barbaris esset ipsis ademptus, neque amplius injurias gentis immanis essent toleraturi. Venit & missus ab Antiocho Musæus, & Gallorum legati, ut scirent quibus legibus pacem à Romanis essent impetraturi. Similiter quoque oratores missi sunt & ab Ariarathe Cappadocum rege: nam hic quòd inita cum Antiocho societate fortunarum omnium & totius spei, in acie pro illo contra Romanos steterat, metuebat sibi & de statu suo etiam atque etiam anxius erat. Quamobrem missis sæpius legatis scire avebat, quid dare quidve facere oporteret, ut noxam errore contractam ne lueret. Proconsul civitatum oratores omnes laudatos comiterque exceptos, dimisit: Gallis respondit, postquam venisset Eumenes, de pace cum iis se acturum: legatis Ariarathis dixit, pacem daturum, ubi prius talenta sexcenta numerasset. Cum Antiochi legato constituit, venturum se cum exercitu ad fineis Pamphyliæ, & talentûm duo millia & quingenta, cum frumento, quod ante pacem metiri militibus Romanis tenebatur Rex, pacto cum Lucio Scipione fœdere, accepturum. Secundum hæc, lustrato exercitu, appetente jam vere, assumptoque Attalo, profectus,

φέρουσαι στεφάνους τῷ Γναΐῳ, διὰ τὸ νενικηκέναι τοὺς Γαλάτας. ἅπαντες γὰρ οἱ τὴν ἐπὶ τάδε τοῦ Ταύρου κατοικοῦντες, οὐχ οὕτως ἐχάρησαν Ἀντιόχου λειφθέντος, ἐπὶ τῷ δοκεῖν ἀπολελύσθαι, τινὲς μὲν φόρων, οἱ δὲ φρουρᾶς, καθόλου δὲ πάντες, βασιλικῶν προσταγμάτων· ὡς ἐπὶ τῷ τὸν ἀπὸ τῶν Βαρβάρων αὐτοῖς φόβον ἀφῃρῆσθαι, καὶ δοκεῖν ἀπηλλάχθαι τῆς τούτων ὕβρεως καὶ παρανομίας. ἦλθε δὲ καὶ παρ' Ἀντιόχου Μουσαῖος, καὶ παρὰ τῶν Γαλατῶν πρεσβευταί, βουλόμενοι μαθεῖν ἐπὶ τίσιν αὐτοὺς δεῖ ποιεῖσθαι τὴν φιλίαν. ὁμοίως δὲ καὶ παρὰ Ἀριαράθου, τοῦ τῶν Καππαδοκῶν βασιλέως· καὶ γὰρ οὗτος, μετασχὼν Ἀντιόχῳ τῶν αὐτῶν ἐλπίδων, καὶ κοινωνήσας τῆς πρὸς Ῥωμαίους μάχης, ἐδεδίει καὶ διηπορεῖτο περὶ τῶν καθ' αὑτόν. Διὸ καὶ πλεονάκις πέμπων πρεσβευτὰς, ἐβούλετο μαθεῖν τί δοὺς, ἢ τί πράξας, δύναιτ' ἂν παραιτήσασθαι τὴν σφετέραν ἄγνοιαν. Ὁ δὲ στρατηγὸς τὰς μὲν παρὰ τῶν πόλεων πρεσβείας πάσας ἐπαινέσας, καὶ φιλανθρώπως ἀποδεξάμενος, ἐξαπέστειλε· τοῖς δὲ Γαλάταις ἀπεκρίθη, διότι προσδεξάμενος Εὐμένη τὸν βασιλέα, τότε ποιήσεται τὰς πρὸς αὐτοὺς συνθήκας· τοῖς δὲ παρὰ Ἀριαράθου εἶπεν, ἑξακόσια τάλαντα δόντας, τὴν εἰρήνην ἔχειν. πρὸς δὲ τὴν Ἀντιόχου πρεσβείαν, συνετάξατο μετὰ τῆς δυνάμεως ἥξειν ἐπὶ τοὺς τῆς Παμφυλίας ὅρους, τά τε δισχίλια τάλαντα καὶ φʹ κομιούμενος, καὶ τὸν σῖτον ὃν ἔδει δοῦναι τοῖς στρατιώταις αὐτοὺς πρὸ τῶν συνθηκῶν, κατὰ τὰς πρὸς Λεύκιον ὁμολογίας. Μετὰ δὲ ταῦτα, καθαρμὸν ποιησάμενος τῆς δυνάμεως, καὶ τῆς ὥρας παραδιδούσης, παραλαβὼν Ἄτταλον ἀνέζευξεν.

καὶ παραγενόμενος εἰς Ἀπάμειαν ὀγδοαῖος, ἐπέμεινε τρεῖς ἡμέρας· κατὰ δὲ τὴν τετάρτην, ἀναζεύξας προῆγε, χρώμενος ἐνεργοῖς ταῖς πορείαις. ἀφικόμενος δὲ τριταῖος, εἶδε τὸν συνταχθέντα τόπον τοῖς περὶ Ἀντίοχον, καὶ αὐτοῦ κατεστρατοπέδευσε. συμμιξάντων δὲ τῶν περὶ τὸν Μουσαῖον, καὶ παρακαλούντων αὐτὸν ἐπιμεῖναι, διότι καθυστεροῦσιν αἵ θ' ἅμαξαι καὶ τὰ κτήνη τὰ παρακομίζοντα τὸν σῖτον, καὶ τὰ χρήματα, πεισθεὶς τούτοις, ἐπέμεινε τρεῖς ἡμέρας. τῆς δὲ χορηγίας ἐλθούσης, τὸν μὲν σῖτον ἐμέτρησε ταῖς δυνάμεσι· τὰ δὲ χρήματα παραδοὺς τινὶ τῶν χιλιάρχων, συνέταξε παρακομίζειν εἰς Ἀπάμειαν. αὐτὸς δὲ πυνθανόμενος τὸν ἐπὶ τῆς Πέργης καθεσταμένον ὑπ' Ἀντιόχου φρούραρχον, οὔτε τὴν φρουρὰν ἐξάγειν, οὔτ' αὐτὸν ἐκχωρεῖν ἐκ τῆς πόλεως, ὥρμησε μετὰ τῆς δυνάμεως ἐπὶ τὴν Πέργην. Ἐγγίζοντος δ' αὐτοῦ τῇ πόλει, παρῆν ἀπ' αὐτῆς ὁ τεταγμένος ἐπὶ τῆς φρουρᾶς, ἀξιῶν καὶ δεόμενος, μὴ προκαταγινώσκειν αὐτοῦ· ποιεῖν γὰρ ἕν τι τῶν καθηκόντων· παραλαβὼν γὰρ ἐν πίστει παρ' Ἀντιόχου τὴν πόλιν, τηρεῖν ἔφη ταύτην, ἕως ἂν διασαφηθῇ πάλιν παρὰ τοῦ πιστεύσαντος τί δεῖ ποιεῖν· μέχρι δὲ τοῦ νῦν ἁπλῶς οὐδὲν αὐτῷ παρ' οὐδενὸς ἀποδεδηλῶσθαι. διόπερ ἠξίου λθ' ἡμέρας, χάριν τοῦ διαπεμψάμενος ἐρέσθαι τὸν βασιλέα τί δεῖ πράττειν. ὁ δὲ Γνάϊος θεωρῶν τὸν Ἀντίοχον ἐν πᾶσι τοῖς ἄλλοις εὐσυνθετοῦντα, συνεχώρησε πέμπειν, καὶ πυνθάνεσθαι τοῦ βασιλέως. καὶ μετά τινας ἡμέρας πυθόμενος, παρέδωκε τὴν πόλιν. Κατὰ δὲ τὸν καιρὸν τοῦτον οἱ δέκα πρεσβευταὶ καὶ ὁ βασιλεὺς Εὐμένης εἰς Ἔφεσον κατέπλευσαν, ἤδη τῆς θερείας ἐναρχομένης· καὶ δύο ἡμέρας ἐκ

die octavo Apameam venit. ibi triduum stativis habitis, quarto die motis castris, magnis itineribus pergit ire. tertiis castris ad locum constitutum legatis Antiochi pervenit, ibique consedit. mox à Musæo conventus rogatusque est, ut commoraretur eo loci: quoniam plaustra & jumenta quæ frumentum & pecuniam advehebant ad diem condictam necdum convenerant. Ita rogatu hujus triduum ibi stativa habuit. deinde quum omnia essent advecta, frumentum copiis divisit, pecuniam uni Tribunorum militum traditam, Apameam deportari jussit. Ipse factus certior Præfectum præsidii quod Pergæ imposuerat Antiochus, neque præsidium educere, neque ipsum urbe excedere, Pergam exercitum ducit. Appropinquanti occurrit egressus urbe præsidii Præfectus, petens atque orans ne se caussa incognita damnaret: facere enim quod sui sit officii: commissam enim fidei suæ urbem ab Antiocho servare velle, donec is à quo illam provinciam acceperit, quid esset opus facto sibi significasset: de quo ad hunc diem nihil penitus ei esset indicatum. orabat igitur XXXIX dierum spatium concedi, ad voluntatem Regis super eo per nuntios sciscitandum. Manlius quum videret in cæteris omnibus Antiochum fidem servare, ut mitteret Regemque consuleret permisit. Cognita Regis voluntate, urbem tradidit. Sub idem tempus, decem legati & Rex Eumenes ineunte jam æstate Ephesum appulerunt: ubi cum è

nausea

nausea biduum se refecissent, Apameam ascenderunt. Proconsul audito eorum adventu, fratrem Lucium cum quatuor millibus militum ad Oroandenses misit, ad reliquum pecuniæ ex eo quod pepigerant accipiendum: sive admonendi tantum ii essent, sive etiam cogendi: ipse cum exercitu profectus pergebat ire, ut quamprimum Eumenem conveniret. Apameam ut venit, invento ibi Rege cum decem legatis, de iis quæ agenda essent consultabat. Primum igitur placuit ipsis ictum cum Antiocho fœdus pacemque confirmare: de qua disceptare amplius nihil attineret, cum ex scriptis legibus esset transigendum. Ejus fœderis formula, qua de rebus singulis cavebatur, talis fuit. AMICITIA UT ESSET ANTIOCHO CUM POPULO ROM. PERPETUA, LEGES FOEDERIS SERVANTI. NE QUOS HOSTES POPULI ROM. REX PER FINEIS REGNI SUI, EORUMVE QUI SUB DITIONE EJUS ESSENT, TRANSIRE SINERET, NEU COMMEATU, NEU QUA ALIA OPE JUVARET. IDEM ROMANI SOCIIQUE, ANTIOCHO, ET IIS QUI SUB IMPERIO EJUS ERUNT, PRÆSTENT. BELLI GERENDI JUS ANTIOCHO NE SIT CUM IIS QUI INSULAS COLUNT, NEVE CUM HIS QUI SUNT IN EUROPA. EXCEDITO URBIBUS, AGRIS, VICIS, CASTELLIS CIS TAURUM MONTEM USQUE AD TANAIM AMNEM, ET A VALLE TAURI USQUE AD JUGA

τὸ πλῆθος προσαναλαβόντες αὐτοὺς, ἀνέβαινον εἰς τὴν Ἀπάμειαν. ὁ δὲ Γνάϊος προσπεσούσης αὐτῷ τῆς τούτων παρουσίας, Λούκιον μὲν τὸν ἀδελφὸν μετὰ τετρακισχιλίων ἐξαπέστειλε πρὸς τοὺς Ὀροανδεῖς περὶ ἀνάγκης ἔχοντας διάθεσιν, χάριν τοῦ κομίσασθαι τὰ προσοφειλόμενα τῶν ὁμολογηθέντων χρημάτων· αὐτὸς δὲ μετὰ τῆς δυνάμεως ἀναζεύξας, ἐπείγετο, σπεύδων συμμῖξαι τοῖς περὶ τὸν Εὐμένη. παραγενόμενος δὲ εἰς τὴν Ἀπάμειαν, καὶ καταλαβὼν τόν τε βασιλέα καὶ τοὺς δέκα, συνήδρευε περὶ τῶν πραγμάτων. Ἔδοξεν οὖν αὐτοῖς κυρῶσαι πρῶτον τὰ πρὸς Ἀντίοχον ὅρκια, καὶ τὰς συνθήκας, ὑπὲρ ὧν οὐδὲν ἂν δέοι πλείω διατίθεσθαι λόγον, ἀλλ' ἐξ αὐτῶν τῶν ἐγγραπτῶν ποιεῖσθαι τὰς διαλύσεις. Ην δὲ τοιαύτη τις ἡ τῶν κατὰ μέρος διάταξις· ΦΙΛΙΑΝ ΥΠΑΡΧΕΙΝ ΑΝΤΙΟΧΩι ΚΑΙ ΡΩΜΑΙΟΙΣ ΕΙΣ ΑΠΑΝΤΑ ΤΟΝ ΧΡΟΝΟΝ, ΠΟΙΟΥΝΤΙ ΤΑ ΚΑΤΑ ΤΑΣ ΣΥΝΘΗΚΑΣ· ΜΗ ΔΙΙΕΝΑΙ ΔΕ ΒΑΣΙΛΕΑ ΑΝΤΙΟΧΟΝ, ΚΑΙ ΤΟΥΣ ΥΠΟΤΑΤΤΟΜΕΝΟΥΣ ΔΙΑ ΤΗΣ ΑΥΤΩΝ ΧΩΡΑΣ ΕΠΙ ΡΩΜΑΙΟΥΣ, ΚΑΙ ΤΟΥΣ ΣΥΜΜΑΧΟΥΣ, ΠΟΛΕΜΙΟΥΣ· ΜΗΔΕ ΧΟΡΗΓΕΙΝ ΑΥΤΟΙΣ ΜΗΔΕΝ. ΟΜΟΙΩΣ ΔΕ ΚΑΙ ΡΩΜΑΙΟΥΣ ΚΑΙ ΤΟΥΣ ΣΥΜΜΑΧΟΥΣ, ΕΠ' ΑΝΤΙΟΧΟΝ, ΚΑΙ ΤΟΥΣ ΥΠ' ΕΚΕΙΝΟΝ ΤΑΤΤΟΜΕΝΟΥΣ. ΜΗ ΠΟΛΕΜΗΣΑΙ ΔΕ ΑΝΤΙΟΧΟΝ ΤΟΙΣ ΕΠΙ ΤΑΙΣ ΝΗΣΟΙΣ, ΜΗΔΕ ΤΟΙΣ ΚΑΤΑ ΤΗΝ ΕΥΡΩΠΗΝ. ΕΚΧΩΡΕΙΤΩ ΔΕ ΠΟΛΕΩΝ, ΚΑΙ

ΧΩΡΑΣ, ... ΜΗ ΕΞΑΓΑΓΕΤΩ ΜΗΔΕΝ ΠΛΗΝ ΤΩΝ ΟΠΛΩΝ ΩΝ ΦΕΡΟΥΣΙΝ ΟΙ ΣΤΡΑΤΙΩΤΑΙ. ΕΙ ΔΕ ΤΙ ΤΥΓΧΑΝΟΥΣΙΝ ΑΠΕΝΗΝΕΓΜΕΝΟΙ, ΚΑΘΙΣΤΑΤΩΣΑΝ ΠΑΛΙΝ ΕΙΣ ΤΑΣ ΑΥΤΑΣ ΠΟΛΕΙΣ· ΜΗΔ' ΥΠΟΔΕΧΕΣΘΩΣΑΝ ΤΩΝ ΕΚ ΤΗΣ ΕΥΜΕΝΟΥΣ ΤΟΥ ΒΑΣΙΛΕΩΣ, ΜΗΤΕ ΣΤΡΑΤΙΩΤΑΣ, ΜΗΤ' ΑΛΛΟΝ ΜΗΔΕΝΑ. ΕΙ ΔΕ ΤΙΝΕΣ, ΕΞ ΩΝ ΑΠΟΛΑΜΒΑΝΟΥΣΙΝ ΟΙ ΡΩΜΑΙΟΙ ΠΟΛΕΩΝ, ΜΕΤΑ ΔΥΝΑΜΕΩΣ ΕΙΣΙΝ ΑΝΤΙΟΧΟΥ, ΤΟΥΤΟΥΣ ΕΙΣ ΑΠΑΜΕΙΑΝ ΑΠΟΚΑΤΑΣΤΩΣΑΝ. ΤΟΙΣ ΤΕ ΡΩΜΑΙΟΙΣ, ΚΑΙ ΤΟΙΣ ΣΥΜΜΑΧΟΙΣ ΕΙ ΤΙΝΕΣ ΕΙΕΝ, * ΕΚ ΤΗΣ ΑΝΤΙΟΧΟΥ ΒΑΣΙΛΕΙΑΣ * ΕΙΝΑΙ ΤΗΝ ΕΞΟΥΣΙΑΝ ΚΑΙ ΜΕΝΕΙΝ ΕΙ ΒΟΥΛΟΝΤΑΙ ΚΑΙ ΑΠΟΤΡΕΧΕΙΝ. ΤΟΥΣ ΔΕ ΔΟΥΛΟΥΣ ΡΩΜΑΙΩΝ ΚΑΙ ΤΩΝ ΣΥΜΜΑΧΩΝ ΑΠΟΔΟΤΩ ΑΝΤΙΟΧΟΣ, ΚΑΙ ΟΙ ΥΠ' ΑΥΤΟΝ ΤΑΤΤΟΜΕΝΟΙ, ΚΑΙ ΤΟΥΣ ΑΛΟΝΤΑΣ, ΚΑΙ ΤΟΥΣ ΑΥΤΟΜΟΛΗΣΑΝΤΑΣ, ΚΑΙ ΕΙ ΤΙΝΑ ΑΙΧΜΑΛΩΤΟΝ ΠΟΘΕΝ ΕΙΛΗΦΑΣΙΝ. ΑΠΟΔΟΤΩ ΔΕ ΑΝΤΙΟΧΟΣ, ΕΑΝ ΗΙ ΔΥΝΑΤΟΝ ΑΥΤΩΙ, ΚΑΙ ΑΝΝΙΒΑΝ ΑΜΙΛΚΟΥ ΚΑΡΧΗΔΟΝΙΟΝ, ΚΑΙ ΜΝΑΣΙΛΟΧΟΝ ΑΚΑΡΝΑΝΑ, ΚΑΙ ΘΟΑΝΤΑ ΑΙΤΩΛΟΝ, ΕΥΒΟΥΛΙΔΑΝ ΚΑΙ ΦΙΛΩΝΑ ΧΑΛΚΙΔΕΙΣ, ΚΑΙ ΤΩΝ ΑΙΤΩΛΩΝ ΟΣΟΙ ΚΟΙΝΑΣ ΕΙΛΗΦΑΣΙΝ ΑΡΧΑΣ. ΚΑΙ ΤΟΥΣ ΕΛΕΦΑΝΤΑΣ ΤΟΥΣ ΕΝ ΑΠΑΜΕΙΑΙ ΠΑΝΤΑΣ, ΚΑΙ ΜΗΚΕΤΙ ΑΛΛΟΥΣ ΕΧΕΤΩ. ΑΠΟΔΟΤΩ

QUÆ IN LYCAONIAM VERGUNT. NE QUA, PRÆTER ARMA SUA, MILITES EX IIS LOCIS EFFERRENT. SI QUÆ EXTULISSENT, IN EASDEM URBES RECTE RESTITUERENT. NE MILITEM NEU QUEM ALIUM EX REGNO EUMENIS RECIPERET. SI QUI EARUM URBIUM QUAS REGI AUFERUNT ROM. IN EXERCITU ANTIOCHI FUERINT, APAMEAM OMNES UT REMITTERET. APUD ROMANOS SOCIOSQUE SI QUI SINT EX REGNO ANTIOCHI, IIS JUS MANENDI ABEUNDIQUE UT SIT. SERVOS ROMANORUM AUT SOCIORUM REDDITO ANTIOCHUS, QUIQUE ILLI PAREBUNT: ITEM BELLO CAPTOS, TRANSFUGAS, ET SICUNDE QUEM CAPTIVUM ACCEPERINT. REDDITO ANTIOCHUS, SI IN EJUS POTESTATE FUERIT, ET HANNIBALEM HAMILCARIS FILIUM, ET MNASILOCHUM ACARNANEM ET THOANTEM ÆTOLUM, EUBULIDAM ET PHILONEM CHALCIDENSES, ET QUICUNQUE ÆTOLORUM SUAM REMPUBLICAM ADMINISTRASSINT. ELEPHANTOS OMNES QUOS APAMEÆ HABET TRADITO, NEQUE ALIOS PARATO.

TRA-

TRADITO ET NAVES LONGAS CUM VELIS ARMAMENTISQUE EARUM. NEVE PLUREIS QUAM DECEM NAVEIS TECTAS HABETO: NULLAM ITEM, QUÆ TRIGINTA REMIS AGATUR HABETO, NEVE MINOREM EX BELLI CAUSSA QUOD IPSE ILLATURUS ERIT. NEVE NAVIGATO CITRA CALYCADNUM PROMONTORIUM: EXTRA QUAM SI QUA NAVIS STIPENDIUM, AUT LEGATOS, AUT OBSIDES PORTABIT: MILITES MERCEDE CONDUCENDI EX IIS GENTIBUS QUÆ SUB DITIONE POPULI ROM. SUNT, JUS ANTIOCHO NE ESTO, NEVE EXULES RECIPIENDI. RHODIORUM SOCIORUMVE QUÆ ÆDES INTRA FINES REGNI ANTIOCHI SUNT, EÆ RHODIORUM SUNTO, UT ANTE BELLUM AB ANTIOCHO ILLATUM. SI QUÆ PECUNIÆ IPSIS DEBENTUR, EARUM EXACTIO ESTO. ITEM SI QUID ADEMPTUM, ID CONQUISITUM REDDITOR. QUÆ AD RHODIOS SPECTANT IMMUNIA SUNTO, UT ANTE BELLUM ERANT. SI QUAS URBES QUAS TRADERE ANTIOCHUM OPORTET, IDEM REX ALIIS DEDIT, ETIAM EX HIS PRÆSIDIA EDUCITO. SI QUI POST FACTAM PACEM AD EUM VELINT CONFUGERE, EOS UT NE SUSCIPERET. ARGENTI OPTIMI DATO ANTIOCHUS

ΔΕ ΚΑΙ ΤΑΣ ΝΑΥΣ ΤΑΣ ΜΑΚΡΑΣ, ΚΑΙ ΤΑ ΕΚ ΤΟΥΤΩΝ ΑΡΜΕΝΑ ΚΑΙ ΤΑ ΣΚΕΥΗ. ΚΑΙ ΜΗΚΕΤΙ ΕΧΕΤΩ ΠΛΗΝ Ι' ΚΑΤΑΦΡΑΚΤΩΝ· ΜΗΔΕ ΤΡΙΑΚΟΝΤΟΚΩΠΟΝ ΕΧΕΤΩ ΕΛΑΥΝΟΜΕΝΟΝ· ΜΗΔ' ΑΥΤΟ ΠΟΛΕΜΟΥ ΕΝΕΚΕΝ, ΟΥ ΑΥΤΟΣ ΚΑΤΑΡΧΗι. ΜΗΔΕ ΠΛΕΙΤΩΣΑΝ ΕΠΙ ΤΑΔΕ ΤΟΥ ΚΑΛΥΚΑΔΝΟΥ ΑΚΡΩΤΗΡΙΟΥ, ΕΙ ΜΗ ΦΟΡΟΥΣ, Η ΠΡΕΣΒΕΙΣ, Η ΟΜΗΡΟΥΣ ΑΓΟΙΕΝ. ΜΗ ΕΞΕΣΤΩ ΔΕ ΑΝΤΙΟΧΩι, ΜΗΔΕ ΞΕΝΟΛΟΓΕΙΝ ΕΚ ΤΗΣ ΥΠΟ ΡΩΜΑΙΟΥΣ ΤΑΤΤΟΜΕΝΗΣ· ΜΗΔ' ΥΠΟΔΕΧΕΣΘΩ ΤΟΥΣ ΦΕΥΓΟΝΤΑΣ. ΟΣΑΙ ΔΕ ΟΙΚΙΑΙ ΡΟΔΙΩΝ, Η ΤΩΝ ΣΥΜΜΑΧΩΝ ΗΣΑΝ ΕΝ ΤΗι ΥΠΟ ΒΑΣΙΛΕΑ ΑΝΤΙΟΧΟΝ ΤΑΤΤΟΜΕΝΗι, ΤΑΥΤΑΣ ΕΙΝΑΙ ΡΟΔΙΩΝ, ΩΣ ΚΑΙ ΠΡΟ ΤΟΥ * ΤΟΝ ΠΟΛΕΜΟΝ ΕΞΗΕΓΚΑΝ. ΚΑΙ ΕΙ ΤΙ ΧΡΗΜΑ ΟΦΕΙΛΕΤ' ΑΥΤΟΙΣ, ΟΜΟΙΩΣ ΕΣΤΑΙ ΠΡΑΞΙΜΟΝ, ΚΑΙ ΕΙ ΤΙ ΑΠΕΛΗΦΘΗ ΑΠ' ΑΥΤΩΝ, ΑΝΑΖΗΤΗΘΕΝ ΑΠΟΔΟΘΗΤΩ. ΑΤΕΛΗ ΔΕ ΟΜΟΙΩΣ ΚΑΙ ΠΡΟ ΤΟΥ ΠΟΛΕΜΟΥ, ΤΑ ΠΡΟΣ ΤΟΥΣ ΡΟΔΙΟΥΣ ΥΠΑΡΧΕΤΩ. ΕΙ ΔΕ ΤΙΝΑΣ ΤΩΝ ΠΟΛΕΩΝ, ΑΣ ΑΠΟΔΟΥΝΑΙ ΔΕΙ ΑΝΤΙΟΧΟΝ, ΕΤΕΡΟΙΣ ΔΕΔΩΚΕΝ ΑΝΤΙΟΧΟΣ, ΕΞΑΓΕΤΩ ΚΑΙ ΕΚ ΤΟΥΤΩΝ ΤΑΣ ΦΡΟΥΡΑΣ, ΚΑΙ ΤΟΥΣ ΑΝΔΡΑΣ. ΕΑΝ ΔΕ ΤΙΝΕΣ ΥΣΤΕΡΟΝ ΑΠΟΤΡΕΧΕΙΝ ΒΟΥΛΩΝΤΑΙ, ΜΗ ΠΡΟΣΔΕΧΕΣΘΑΙ· ΑΡΓΥΡΙΟΥ ΔΕ ΔΟΤΩ ΑΝΤΙΟΧΟΣ ΑΤΤΙΚΟΥ, ΡΩ-

ΜΑΙΟΙΣ ΑΡΙΣΤΟΥ, ΤΑΛΑΝΤΑ ΜΥΡΙΑ ΔΙΣΧΙΛΙΑ ΕΝ ΕΤΕΣΙΝ ΙΒʹ. ΔΙΔΟΥΣ ΚΑΘʼ ΕΚΑΣΤΟΝ ΕΤΟΣ ΧΙΛΙΑ· ΜΗ ΕΛΑΤΤΟΝ Δʼ ΕΛΚΕΤΩ ΤΟ ΤΑΛΑΝΤΟΝ ΛΙΤΡΩΝ ΡΩΜΑΪΚΩΝ Πʹ, ΚΑΙ ΤΟΥ ΣΙΤΟΥ Φʹ ΚΑΙ Μʹ. ΕΥΜΕΝΕΙ ΤΑΛΑΝΤΑ ΤΝΘʹ, ΕΝ ΕΤΕΣΙ ΤΟΙΣ ΠΡΩΤΟΙΣ Εʹ, ΚΑΤΑ ΤΟ ΕΤΟΣ ΤΩι ΕΠΙΒΑΛΛΟΜΕΝΩι ΚΑΙΡΩι ΚΑΙ ΤΟΙΣ ΡΩΜΑΙΟΙΣ· ΑΠΟΔΟΤΩ ΚΑΙ ΤΟΥ ΣΙΤΟΥ, ΚΑΘΩΣ ΕΤΙΜΗΣΕΝ Ο ΒΑΣΙΛΕΥΣ ΑΝΤΙΟΧΟΣ, ΤΑΛΑΝΤΑ ΡʹΚΖʹ. ΚΑΙ ΔΡΑΧΜΑΣ ΧΙΛΙΑΣ Σʹ ΟΚΤΩ, ΑΣ ΣΥΝΕΧΩΡΗΣΕΝ ΕΥΜΕΝΗ ΛΑΒΕΙΝ, ΓΑΖΑΝ ΕΥΑΡΕΣΤΟΥΜΕΝΗΝ ΕΑΥΤΩι. ΟΜΗΡΟΥΣ ΔΕ ΔΙΔΟΤΩ ΑΝΤΙΟΧΟΣ, ΔΙʼ ΕΤΩΝ ΤΡΙΩΝ ΑΛΛΟΥΣ ΑΝΤΑΠΟΣΤΕΛΛΩΝ, ΜΗ ΝΕΩΤΕΡΟΥΣ ΕΤΩΝ ΙΗʹ, ΜΗΔΕ ΠΡΕΣΒΥΤΕΡΟΥΣ ΜΕʹ. ΕΑΝ ΔΕ ΤΙ ΔΙΑΦΩΝΗΣΗι ΤΩΝ ΑΠΟΔΙΔΟΜΕΝΩΝ ΧΡΗΜΑΤΩΝ, ΤΩι ΕΧΟΜΕΝΩι ΕΤΕΙ ΑΠΟΔΟΤΩΣΑΝ. ΑΝ ΔΕ ΤΙΝΕΣ ΤΩΝ ΠΟΛΕΩΝ, Η ΤΩΝ ΕΘΝΩΝ ΠΡΟΣ Α ΓΕΓΡΑΠΤΑΙ ΜΗ ΠΟΛΕΜΕΙΝ ΑΝΤΙΟΧΟΝ, ΠΡΟΤΕΡΟΙ ΕΚΦΕΡΩΣΙ ΠΟΛΕΜΟΝ, ΕΞΕΣΤΩ ΠΟΛΕΜΕΙΝ ΑΝΤΙΟΧΩι. ΤΩΝ ΔΕ ΕΘΝΩΝ ΚΑΙ ΠΟΛΕΩΝ ΤΟΥΤΩΝ, ΜΗ ΕΧΕΤΩ ΤΗΝ ΚΥΡΙΑΝ ΑΥΤΟΣ· ΜΗΔʼ ΕΙΣ ΦΙΛΙΑΝ ΠΡΟΣΑΓΕΣΘΩ. ΠΕΡΙ ΔΕ ΤΩΝ ΑΔΙΚΗΜΑΤΩΝ ΤΩΝ ΠΡΟΣ ΑΛΛΗΛΟΥΣ

ROMANIS ATTICA TALENTA XII MILLIA, INTRA DUODECIM ANNOS, PENSIONIBUS ÆQUIS, TALENTUM NE MINUS PONDO OCTUAGINTA ROMANIS PONDERIBUS PENDAT. ET TRITICI QUADRAGINTA SUPRA QUINGENTA MILLIA MODIUM. EUMENI TALENTA CCCLIX INTRA PROXIMOS QUINQUE ANNOS, PENSIONIBUS ÆQUIS, EODEM QUO ET ROMANIS TEMPORE, REPENDITO. ET PRO TRITICO, QUOD ÆSTIMATIONE FIAT AB ANTIOCHO, TALENTA CXXVII. ET DRACHMAS CIƆCCVIII. QUAS PERMISIT ...... EUMENI UT ACCIPERET, QUI EAM SUMMAM SIBI SATIS ESSE ACCEPTAM OSTENDIT: OBSIDES ROMANIS XX DATO, ET PRO TRIENNIO MUTATO: NE MINORES OCTONUM DENUM ANNORUM, NEU MAJORES QUINUM QUADRAGENUM. IN SINGULORUM ANNORUM PENSIONIBUS, SI QUID A PACTIS DISCREPAVERIT, ANNO PROXIMO PENDITO. SI QUÆ URBES AUT GENTES ADVERSUS QUAS NE BELLUM GERAT ANTIOCHUS, HOC FOEDERE CAUTUM EST IPSI ULTRO BELLUM INFERENT, BELLANDI JUS ESTO ANTIOCHO. DUM NE QUAM URBIUM HARUM BELLI JURE TENEAT, AUT IN AMICITIAM ACCIPIAT. CONTROVERSIAS INTER SE ORTAS

ORTAS JURE AC JUDICIO DISCEPTENT. SI QUID POSTEA ADDI DETRAHIVE DE COMMUNI SENTENTIA PLACUISSET, UT ID SALVO FOEDERE LICEAT. His legibus fœdere icto, & jurejurando firmato confestim Proconsul Q. Minucium Thermum & Lucium fratrem, qui tum forte ab Oroandensibus pecunias asportaverant, in Syriam misit, qui ab Rege jusjurandum exigerent, & omnes conditiones firmarent. Q. Fabio Labeoni, qui classi præerat, literas per certos tabellarios misit, jubens ipsum Patara ut rediret, quæque ibi naves regiæ essent, eas ut tradi sibi jussas, cremaret.

ΓΙΝΟΜΕΝΩΝ ΕΙΣ ΚΡΙΣΙΝ ΠΡΟΣΚΑΛΕΙΣΘΩΣΑΝ. ΕΑΝ ΔΕ ΤΙ ΘΕΛΩΣΙ ΠΡΟΣ ΤΑΣ ΣΥΝΘΗΚΑΣ ΑΜΦΟΤΕΡΟΙ ΚΟΙΝΩι ΔΟΓΜΑΤΙ ΠΡΟΣΤΕΘΗΝΑΙ Η ΑΦΑΙΡΕΘΗΝΑΙ, ΕΠ' ΑΥΤΩΝ ΕΞΕΣΤΩ. Τμηθέντων δὲ τῶν ὁρκίων ἐπὶ τούτοις, εὐθέως ὁ στρατηγὸς Κόϊντον Μινούκιον Θέρμον καὶ Λεύκιον τὸν ἀδελφὸν, ἄρτι κεκομικότας τὰ χρήματα παρὰ τῶν Ὀροανδέων εἰς Συρίαν ἐξαπέστειλε, συντάξας κομίζεσθαι τοὺς ὅρκους παρὰ τοῦ βασιλέως, καὶ διαβεβαιώσασθαι τὰ κατὰ μέρος ὑπὲρ τῶν συνθηκῶν. πρὸς δὲ Κόϊντον Φάβιον τὸν ἐπὶ τοῦ ναυτικοῦ στρατηγὸν, ἐξέπεμψε γραμματοφόρους, κελεύων πάλιν πλεῖν αὐτὸν εἰς Πάταρα, καὶ παραλαβόντα τὰς ὑπαρχούσας αὐτόθι ναῦς διαπρῆσαι.

XXXVI.

Decem legatorum ordinatio summæ rerum.

APAMEÆ decem legati, & Proconsul populi Rom. auditis omnibus qui eò convenerant, iis qui de agro aut pecunia, aut simili re alia inter se contendebant, urbes ex communi consensu assignarunt, in quibus suas controversias disceptarent. De summa rerum hoc modo constituerunt. Quæ civitates liberæ, ante bellum stipendium Antiocho Regi pendebant, atque in eo bello fidem populo Romano servaverant,

Λϛʹ.

Η τῶν δέκα περὶ τῶν ὅλων διάληψις.

ΟΤΙ κατὰ τὴν Ἀπάμειαν, οἵ τε δέκα καὶ Γνάϊος ὁ στρατηγὸς τῶν Ρωμαίων διακούσαντες πάντων τῶν ἀπηντηκότων, τοῖς μὲν περὶ χώρας, ἢ χρημάτων, ἢ τινὸς ἑτέρου διαφερομένοις, πόλεις ἀπέδωκαν ὁμολογουμένας ἀμφοτέροις, ἐν αἷς διακριθήσονται περὶ τῶν ἀμφισβητουμένων· τὴν δὲ περὶ τῶν ὅλων ἐποιήσαντο διάληψιν τοιαύτην. Ὅσαι μὲν τῶν αὐτονόμων πόλεων, πρότερον ὑπετέλουν Ἀντιόχῳ φόρον, τότε δὲ διεφύλαξαν τὴν πρὸς Ρωμαίους πίστιν, ταύτας μὲν ἀπέλυσαν τῶν φόρων. ὅσαι δ' Ἀττάλῳ σύνταξιν ἐτέλουν, ταύτας ἐπέταξαν τὸν αὐτὸν Εὐμένει διδόναι φόρον. εἰ δέ τινες ἀποστᾶσαι τῆς Ῥωμαίων φιλίας, Ἀντιόχῳ συνεπολέμουν, ταύτας ἐκέλευσαν Εὐμένει διδόναι τοὺς Ἀντιόχῳ διατεταγμένους φόρους. Κολοφωνίους δὲ τοὺς τὸ Νότιον οἰκοῦντας, καὶ Κυμαίους καὶ Μυλασσεῖς, ἀφορολογήτους ἀφῆκαν. Κλαζομενίοις δὲ καὶ δωρεὰν προσέθηκαν τὴν Δρυμοῦσσαν καλουμένην νῆσον. Μιλησίοις δὲ τὴν ἱερὰν χώραν ἀποκατέστησαν, ἧς διὰ τοὺς πολεμίους πρότερον ἐξεχώρησαν. Χίους δὲ, καὶ Σμυρναίους, ἔτι δ' Ἐρυθραίους, ἔν τε τοῖς ἄλλοις προῆγον, καὶ χώραν προσένειμαν, ἧς ἕκαστοι κατὰ τὸ παρὸν ἐπεθύμουν, καὶ σφίσι καθήκειν ὑπελάμβανον· ἐντρεπόμενοι τὴν εὔνοιαν καὶ σπουδὴν, ἣν παρέσχοντο κατὰ τὸν πόλεμον αὐτοῖς. ἀπέδωκαν δὲ καὶ Φωκαιεῦσι τὸ πάτριον πολίτευμα, καὶ τὴν χώραν ἣν καὶ πρότερον εἶχον. Μετὰ δὲ ταῦτα Ῥοδίοις ἐχρημάτισαν διδόντες Λυκίαν, καὶ Καρίαν τὰ μέχρι Μαιάνδρου ποταμοῦ, πλὴν Τελμισσοῦ. περὶ δὲ τοῦ βασιλέως Εὐμένους καὶ τῶν ἀδελφῶν, ἔν τε ταῖς πρὸς Ἀντίοχον συνθήκαις τὴν ἐνδεχομένην πρόνοιαν ἐποιήσαντο, καὶ τότε τῆς μὲν Εὐρώπης αὐτῷ προσέθηκαν Χερρόνησον, καὶ Λυσιμαχίαν, καὶ τὰ προσορίζοντα τούτοις ἐρύματα καὶ χώραν, ἧς Ἀντίοχος ἐπῆρχε· τῆς δ' Ἀσίας Φρυγίαν τὴν ἐφ' Ἑλλήσποντον, Φρυγίαν τὴν μεγάλην, Μυσοὺς, οὓς πρότερον αὐτὸς παρεσπάσατο, Λυκαονίαν, Μιλυάδα, Λυδίαν, Τράλλεις, Ἔφεσον, Τελμισσόν. ταύτας μὲν οὖν ἔδωκαν Εὐμένει τὰς δωρεάς· περὶ δὲ τῆς Παμ-

iis immunitatem dederunt. quæ vectigales Attalo fuerant, eas vectigal idem pendere Eumeni jusserunt. quæ à Romanis defecerant & partium Antiochi fuerant, eas idem stipendium Eumeni jusserunt pendere, quod prius Antiocho pendebant. Colophonios qui Notium habitant, Cymæos, Mylassenses immunes in posterum ab omni pensitatione tributi futuros pronuntiarunt. Clazomeniis super immunitatem & Drymussam insulam dono dederunt. Milesiis Sacrum agrum quo propter hostes prius cesserant, restituerunt. Chios, Smyrnæos, Erythræos pro singulari fide erga populum Romanum quam eo bello præstiterant, & in omni præcipuo honore habuerunt, & impræsentiarum agro donarunt, quem quique illorum cupiebant, & ad se pertinere autumabant: Phocæensibus & pristinæ leges restitutæ, & ager quem ante habuerant redditus. Secundum hæc cum Rhodiis est actum: Lycia & Caria datæ usque ad Mæandrum amnem, præter Telmessum. Regis Eumenis fratrumque ejus & in pace cum Antiocho rationem habuerunt quantum fieri poterat; & tunc in Europa Chersonesum & Lysimachiam, finitimaque castella & agrum quibus finibus tenverat Antiochus adjecerunt. in Asia Phrygiam utramque, (alteram ad Hellespontum, majorem alteram vocant,) Mysos quos prius ipse subegerat, Lycaoniam, Milyada, Lydiam, Tralles, Ephesum, Telmessum; has regiones & urbes decem legati Eumeni donaverunt. de Pamphylia quam Eumenes citra nes citra Taurum esse dicebat, legati Antiochi ultra Taurum, disceptatum quum esset, integra res ad Senatum rejicitur. Jam autem omnibus rebus ordinatis, aut iis saltem quæ maximè erant necessariæ, cum omni exercitu ad Hellespontum sunt profecti, ut in transitu quæ gesta erant cum Gallis firmarent.

φυλίας, Εὐμένους μὲν εἶναι φάσκοντος αὐτὴν ἐπὶ τάδε τοῦ Ταύρου, τῶν δὲ παρ' Ἀντιόχου πρεσβευτῶν, ἐπέκεινα, διαπορήσαντες, ἀνέθεντο περὶ τούτων εἰς σύγκλητον. σχεδὸν δὲ τῶν ἀναγκαιοτάτων, καὶ πλείστων αὐτοῖς διῳκημένων, ἀναζεύξαντες, προῆγον ἐφ' Ἑλλήσποντον, βουλόμενοι κατὰ τὴν πάροδον ἔτι τὰ πρὸς τοὺς Γαλάτας ἀσφαλίσασθαι.

XXXVII.

Quomodo facta cædes Lacedæmoniorum ab exulibus qui in ora maritima habitabant caussa dissidii fuit inter Rom. & Achæos.

Legatio Ptolemæi Regis Ægypti ad gentem Achæorum, & hujus ad illum.

POST illam hominum cædem, quæ Compasii facta est, Lacedæmoniorum nonnulli ægre rem ferentes, existimantesque vim & auctoritatem Romanorum solutam esse, Romam profecti Philopœmenem & administrationem ejus incusarunt. tandemque à M. Lepido, qui postea fuit Pontifex, tunc Consule, literas expresserunt ad commune Achæorum; quibus literis Achæos increpabat, ob pravè administratas res Lacedæmoniorum. his Romam profectis, extemplo Philopœmenes Nicodemum Eleum delegit, quem Romam mitteret.

ΛΖ.

Πῶς ἡ ἐν Κομπασίῳ γενομένη Λακεδαιμονίων ἐπαναίρεσις ἀρχὴ δυσχρηστίας ἐγένετο μεταξὺ Ῥωμαίων καὶ Ἀχαιῶν.

Πρεσβεία Πτολεμαίου τοῦ βασιλέως πρὸς τοὺς Ἀχαιούς, καὶ τῶν Ἀχαιῶν πρὸς αὐτίν.

ΟΤΙ μετὰ τὴν ἐν τῷ Κομπασίῳ τῶν ἀνθρώπων ἐπαναίρεσιν, δυσαρεστήσαντες τινὲς τῶν ἐν τῇ Λακεδαίμονι τοῖς γεγονόσι, καὶ νομίσαντες ὑπὸ τοῦ Φιλοποίμενος ἅμα τὴν δύναμιν καὶ τὴν προστασίαν καταλελῦσθαι τὴν Ῥωμαίων, ἐλθόντες εἰς Ῥώμην, κατηγορίαν ἐποιήσαντο τῶν διῳκημένων, καὶ τοῦ Φιλοποίμενος. καὶ τέλος ἐξεπορίσαντο γράμματα πρὸς τοὺς Ἀχαιοὺς παρὰ Μάρκου Λεπίδου, τοῦ μετὰ ταῦτα γενηθέντος ἀρχιερέως, τότε δὲ τὴν ὕπατον ἀρχὴν εἰληφότος· ὃς ἔγραφε τοῖς Ἀχαιοῖς, φάσκων οὐκ ὀρθῶς αὐτοὺς κεχειρικέναι τὰ κατὰ τοὺς Λακεδαιμονίους· ὧν πρεσβευόντων, εὐθέως ὁ Φιλοποίμην πρεσβευτὰς καταστήσας τοὺς περὶ τὸν Νικόδημον τὸν Ἠλεῖον, ἐξέπεμψεν εἰς τὴν Ῥώμην.

Κατὰ

Κατὰ δὲ τὸν καιρὸν τοῦτον, ἧκεν καὶ παρὰ Πτολεμαίου πρεσβευτὴς, Δημήτριος Ἀθηναῖος, ἀνανεωσόμενος τὴν προϋπάρχουσαν συμμαχίαν τῷ βασιλεῖ, πρὸς τὸ ἔθνος τῶν Ἀχαιῶν. ὧν προθύμως ἀναδεξαμένων τὴν ἀνανέωσιν, κατέστησαν πρεσβευτὰς πρὸς Πτολεμαῖον Λυκόρταν, ὅσπερ ἡμῶν πατὴρ, καὶ Θεοδωρίδας, καὶ Ῥωσιτέλης Σικυώνιοι· χάριν τοῦ δοῦναι τοὺς ὅρκους ὑπὲρ τῶν Ἀχαιῶν, καὶ λαβεῖν παρὰ τοῦ βασιλέως. Ἐγενήθη δέ τι κατὰ τὸν καιρὸν τοῦτον πάρεργον μὲν ἴσως, ἄξιον δὲ μνήμης. Μετὰ γὰρ τὸ συντελεσθῆναι τὴν ἀνανέωσιν τῆς συμμαχίας ὑπὲρ τῶν Ἀχαιῶν, ὑπεδέξατο τὸν πρεσβευτὴν ὁ Φιλοποίμην. γινομένης δὲ παρὰ τὴν συνουσίαν μνήμης τοῦ βασιλέως, ἐπιβαλὼν ὁ πρεσβευτὴς, πολλοὺς τινὰς διετίθετο λόγους, ἐγκωμιάζων τὸν Πτολεμαῖον, καί τινας ἀποδείξεις προεφέρετο, τῆς τε περὶ τὰς κυνηγίας εὐχερείας καὶ τόλμης· ἑξῆς τε τῆς περὶ τοὺς ἵππους καὶ τὰ ὅπλα δυνάμεως, καὶ τῆς ἐν τούτοις ἀσκήσεως. τελευταῖον δ' ἐχρήσατο μαρτυρίῳ πρὸς πίστιν τῶν εἰρημένων· ἔφη γὰρ αὐτὸν κυνηγετοῦντα, ταῦρον βαλεῖν ἐφ' ἵππου μεσαγκύλῳ.

Circa idem tempus venit Alexandria Demetrius Atheniensis, Ptolemæi legatus, ad renovandam societatem Regis nomine cum gente Achæorum. qui fœdere libenter renovato, legatos ad Regem mittendos delegerunt; Lycortam parentem nostrum, & Theodoridam, & Rhositelem Sicyonios: ut & præstarent ipsi jusjurandum, & à Rege exigerent. Accidit tunc aliquid, quod etsi præter rem est, non tamen fortasse indignum quod commemoretur. Quum enim post renovatam societatem cum Achæis, convivio legatum Ptolemæi Philopœmenes excepisset, orto super mensam sermone de Rege, legatus arrepta ansa laudare Ptolemæum multis verbis cepit: singularem illius dexteritatem atque audaciam in venando aliquot argumentis comprobans: deinde quantum in regendis equis, & tractandis armis posset, quantumque illarum rerum usum haberet, commemoravit. postremo ad confirmanda quæ dixerat hoc quasi luculentum testimonium addidit, Regem amentato jaculo taurum confecisse.

ΛΗ.

XXXVIII.

Πῶς Βοιωτοὶ κατ' ὀλίγον διεβλήθησαν πρὸς Ῥωμαίους τε καὶ Ἀχαιούς.

Quomodo Bœoti paulatim inimici facti sint Romanorum & Achæorum.

ΟΤΙ κατὰ τὴν Βοιωτίαν, μετὰ τὸ συντελεσθῆναι τὰς πρὸς Ἀντίοχον Ῥωμαίοις συνθήκας, ἀποκοπεισῶν τῶν ἐλπίδων πᾶσι τοῖς καινοτομεῖν

POST factam pacem à Romanis cum Rege Antiocho, præcisa omni spe rerum novandarum cupidis illarum, in Bœotia admini-

administratio publicarum rerum aliam denuo formam & faciem suscepit. Itaque quum ab annis vigintiquinque continuum ferme justitium obtinvisset, cepere per omnes civitates spargi hominum voces, dicentium, jam mutuas controversias esse disceptandas, privatorumque lites terminandas. Post multas verò super eo contentiones, quòd plures turbatores otii propter suam inopiam essent, quàm divites, casus extitit qui bonarum partium homines plurimum adjuvit. Jam pridem id operam dabat Titus Flamininus Romæ, ut Zeuxippo reditus in Bœotiam pateret: quòd in bellis contra Antiochum & Philippum fideli ejus opera plurimum esset usus. Is igitur illo tempore à Senatu impetravit, ut ad Bœotos de Zeuxippo & cæteris qui cum ipso exulabant, revocando in patriam scriberent. Iis literis acceptis, veriti Bœoti, ne si illi ab exilio essent revocati, ab amicitia Regum Macedoniæ avellerentur, ut publico omnium consensu condemnatio Zeuxippi cui ante subscripserant confirmaretur, conventum instaurarunt. atque ita restitutis judiciis, cognitio celebrata est accusationum Zeuxippi; qui uno judicio sacrilegii est condemnatus, quod mensæ Jovis argenteas laminas detraxisset: altero judicio cædis, quod Brachyllam occidisset. His peractis, nulla ratio habita est literarum Senatus: sed Romam missa legatio, cujus caput Callicritus, ut denuntiarent non posse se antiquare quod ex legibus suis semel statuissent.

ἐπιβαλλομένοις, ἄλλην ἀρχὴν καὶ διάθεσιν ἐλάμβανον αἱ πολιτεῖαι. Διὸ καὶ τῆς δικαιοδοσίας ἑλκομένης παρ' αὐτοῖς σχεδὸν ἐξ εἴκοσι καὶ πέντε ἐτῶν, τότε λόγοι διεδίδοντο κατὰ τὰς πόλεις, φασκόντων τινῶν διότι δεῖ γίνεσθαι διέξοδον καὶ συντέλειαν τῶν πρὸς ἀλλήλους. Πολλῆς δὲ περὶ τούτων ἀμφισβητήσεως ὑπαρχούσης, διὰ τὸ πλείους εἶναι τοὺς καχέκτας τῶν εὐπόρων, ἐγένετό τι συνέργημα τοῖς τὰ βέλτιστα αἱρουμένοις ἐκ ταυτομάτου τοιοῦτον. Ο γὰρ Τῖτος ἐν τῇ Ῥώμῃ πάλαι μὲν ἐσπούδαζε περὶ τοῦ καταπορευθῆναι τὸν Ζεύξιππον εἰς τὴν Βοιωτίαν· ἅτε κεχρημένος αὐτῷ συνεργῷ πρὸς πολλὰ κατὰ τοὺς Ἀντιοχικοὺς καὶ Φιλιππικοὺς καιρούς. κατὰ δὲ τοὺς τότε χρόνους ἐξειργάσατο γράψαι τὴν σύγκλητον τοῖς Βοιωτοῖς, διότι δεῖ κατάγειν Ζεύξιππον, καὶ τοὺς ἀμφ' αὐτὸν φυγάδας εἰς τὴν οἰκείαν. ὧν προσπεσόντων, δείσαντες οἱ Βοιωτοὶ, μὴ κατελθόντων τῶν προειρημένων, ἀποσπασθῶσιν ἀπὸ τῆς Μακεδόνων εὐνοίας, βουλόμενοι κατακυρωθῆναι τὰς κρίσεις τὰς κατὰ τῶν περὶ τὸν Ζεύξιππον, ἃς ἦσαν πρότερον αὐτοὶ ἔτι ὑπογεγραμμένοι· καὶ τούτῳ τῷ τρόπῳ τῶν δικῶν, μίαν μὲν αὐτῶν κατεδίκασαν ἱεροσυλίας, διότι λεπίσειεν τὴν τοῦ Διὸς τράπεζαν ἀργυρᾶν οὖσαν· μίαν δὲ θανάτου, διὰ τὸν Βραχύλλου φόνον. Ταῦτα δὲ διοικήσαντες, οὐκ ἔτι προσεῖχον τοῖς γραφομένοις, ἀλλ' ἔπεμπον πρεσβευτὰς εἰς τὴν Ῥώμην, τοὺς περὶ Καλλίκριτον, φάσκοντες οὐ δύνασθαι τὰ κατὰ τοὺς νόμους ὠκονομημένα παρ' αὐτοῖς ἄκυρα ποιεῖν.

Εν δὲ

Ἐν δὲ τοῖς καιροῖς τούτοις πρεσβεύσαντος αὐτοῦ τοῦ Ζευξίππου πρὸς τὴν σύγκλητον, οἱ Ῥωμαῖοι τὴν τῶν Βοιωτῶν προαίρεσιν ἔγραψαν πρός τε τοὺς Αἰτωλοὺς καὶ πρὸς Ἀχαιούς, κελεύοντες κατάγειν Ζεύξιππον εἰς τὴν οἰκείαν. οἱ δὲ Ἀχαιοὶ τοῦ μὲν διὰ στρατοπέδων ποιεῖσθαι τὴν κάθοδον, ἀπέχον· πρεσβευτὰς δὲ προεχειρίσαντο πέμπειν τοὺς παρακαλέσοντας τοὺς Βοιωτούς, τοῖς λεγομένοις ὑπὸ τῶν Ῥωμαίων πειθαρχεῖν, καὶ τὴν δικαιοδοσίαν καθάπερ καὶ τὴν ἐν αὐτοῖς, οὕτω καὶ τὴν πρὸς αὐτοὺς ἐπὶ τέλος ἀγαγεῖν. συνέβαινε γὰρ καὶ τὰ πρὸς τούτους συναλλάγματα παρέλκεσθαι πολὺν ἤδη χρόνον. ὧν διακούσαντες οἱ Βοιωτοί, στρατηγοῦντος Ἱππίου παρ' αὐτοῖς, παραχρῆμα μὲν ὑπέχοντο ποιήσειν τὰ παρακαλούμενα· μετ' ὀλίγον δὲ πάντων ὠλιγώρησαν· διόπερ ὁ Φιλοποίμην, Ἱππίου μὲν ἀποτιθεμένου τὴν ἀρχήν, Ἀλκέτου δὲ παρειληφότος, ἀπέδωκε τοῖς αἰτουμένοις τὰ ῥύσια κατὰ τῶν Βοιωτῶν· ἐξ ὧν ἐγένετο καταρχὴ διαφορᾶς τοῖς ἔθνεσιν οὐκ εὐκαταφρόνητος. παραυτίκα γὰρ ἔλαβε τῶν Μυρρίχου θρεμμάτων καὶ τοῦ Σίμωνος. καὶ περὶ ταῦτα γινομένης συμπλοκῆς, οὐκ ἔτι πολιτικῆς διαφορᾶς, ἀλλὰ πολεμικῆς ἔχθρας ἐγίνετο καταρχὴ καὶ προοίμιον. εἰ μὲν οὖν ἡ σύγκλητος προσέθηκε τὸ ἀκόλουθον περὶ τῆς καθόδου τῶν περὶ τὸν Ζεύξιππον, ταχέως ἂν ἐξεκαύθη πόλεμος. νῦν δὲ ἐκείνη τε παρεσιώπησεν, οἵ τε Μεγαρεῖς ἐπέσχον τὰ ῥύσια * διαπρεσβευσαμένων τοῖς συναλλάγμασιν.

Eodem verò tempore quum Zeuxippus ipse ad senatum legatus venisset, Romani quid Bœoti decrevissent Ætolis & Achæis significarunt, eosque jusserunt, ut Zeuxippo reditum conficerent. Achæi cum exercitu quidem eum reducendum non censuerunt: sed legatos proficisci ad Bœotos jusserunt, qui eos monerent ut Romanis obtemperarent, & ut quemadmodum jus sibi inter se reddere ceperant, ita etiam Achæis redderent, quibus esset aliquid cum ipsis negotii. Jamdudum enim lites trahebantur ex contractibus natæ quos forte cum Bœotis Achæi contraxissent. His auditis Bœoti quum esset apud illos prætor Hippias, polliciti in præsentia facturos quæ petebant Achæi; mox nullam penitus eorum rationem habuerunt. Quapropter Philopœmenes post Hippiæ Præturam, cum in ejus locum substitutus esset Alcetas, postulantibus facultatem dedit res à Bœotis per vim repetendi. unde belli non levis inter illas gentes caussa extitit. Confestim enim pecorum Myrrichi & Simonis pars est abacta: quumque de præda pugnatum esset, non jam civilis controversiæ, verùm odii hostilis jacta sunt principia. quòd si Zeuxippi reditum ab exilio Senatus uti inceperat, urgere perrexisset, bellum statim exarsisset. at è contrario, tum Senatus rem silentio transmisit. Tum & Megarenses legatione missa super contractibus quos habebant Achæi cum Bœotis, violentam rerum repetitionem inhibuerunt.

XXXIX.

Quam ob caussam inimicati inter se sint Lycii & Rhodii.

ORTA est inter Lycios & Rhodios controversia ex hujusmodi caussa. Quo tempore decem legati res Asiæ ordinabant, adiere illos Rhodiorum legati, Theętetus & Philophron, orantes ut sibi Lycia & Caria pro benevolentia & fide quam bello adversus Antiochum Romanis pręstitissent, darentur. adierunt eosdem & legati Iliensium Hipparchus & Satyrus; qui pro mutua inter ipsos cognatione eos rogarunt, ut Lyciis veniam delictorum darent. Utraque legatione audita, conati sunt decemuiri utrique genti, quod in ipsis esset, satisfacere. Nam in gratiam Iliensium, nihil asperius in Lycios consuluerunt: Rhodiis verò ut gratificarentur, Lyciorum gentem eis contribuerunt. Ex eo decreto motus & bellum non pœnitendum inter Lycios & Rhodios est ortum. Nam Ilienses quidem Lyciorum urbes circumeundo omnibus nuntiarunt, sua opera placatos eis esse Romanos, & libertatem se ipsis impetrasse. Theætetus verò in patriam ubi rediit, renunciavit Rhodiis, Lyciam & Cariam usque ad Mæandrum amnem Romanos dono ipsis dedisse. Post hoc Lycii Rhodiorum societatem missis legatis petierunt. at Rhodii civium suorum certo numero delecto, ad res singulas ordinandas in urbibus Lyciæ &

ΛΘ.

Ἐκ ποίας αἰτίας ἐγένετο Λυκίοις διαφορὰ πρὸς Ροδίους.

ΟΤΙ ἐγένετο Λυκίοις διαφορὰ πρὸς Ροδίους, διὰ τοιαύτας αἰτίας. Καθ' οὓς καιροὺς οἱ δέκα διῴκουν τὰ περὶ τὴν Ἀσίαν, τότε παρεγενήθησαν πρέσβεις παρὰ μὲν Ροδίων Θεαίτητος, καὶ Φιλόφρων, ἀξιοῦντες αὐτοῖς δοθῆναι τὰ κατὰ Λυκίαν, καὶ Καρίαν, χάριν τῆς εὐνοίας καὶ προθυμίας, ἣν παρέσχηνται σφίσι κατὰ τὸν Ἀντιοχικὸν πόλεμον· παρὰ δὲ τῶν Ἰλιέων ἧκον Ἵππαρχος καὶ Σάτυρος, ἀξιοῦντες διὰ τὴν πρὸς αὐτοὺς οἰκειότητα, συγγνώμην δοθῆναι Λυκίοις τῶν ἡμαρτημένων. ὧν οἱ δέκα διακούσαντες, ἐπειράθησαν ἑκατέρων στοχάσασθαι κατὰ τὸ δυνατόν. διὰ μὲν γὰρ τοὺς Ἰλιεῖς, οὐθὲν ἐβουλεύσαντο περὶ αὐτῶν ἀνήκεστον. τοῖς δὲ Ροδίοις χαριζόμενοι, προσένειμαν ἐν δωρεᾷ τοὺς Λυκίους. Ἐκ ταύτης τῆς διαλήψεως ἐγενήθη στάσις καὶ διαφορὰ τοῖς Λυκίοις πρὸς αὐτοὺς τοὺς Ροδίους οὐκ εὐκαταφρόνητος. Οἱ μὲν γὰρ Ἰλιεῖς ἐπιπορευόμενοι τὰς πόλεις αὐτῶν ἀπήγγελον, ὅτι παρῄτηνται τὴν ὀργὴν τῶν Ῥωμαίων, καὶ παραίτιοι γεγόνασιν αὐτοῖς τῆς ἐλευθερίας. οἱ δὲ περὶ τὸν Θεαίτητον ἐποιήσαντο τὴν ἀγγελίαν ἐν τῇ πατρίδι, φάσκοντες Λυκίας καὶ Καρίας μέχρι τοῦ Μαιάνδρου δεδόσθαι Ροδίοις ὑπὸ Ῥωμαίων ἐν δωρεᾷ· λοιπὸν οἱ μὲν Λύκιοι πρεσβεύοντες ἧκον εἰς τὴν Ῥόδον ὑπὲρ συμμαχίας· οἱ δὲ Ῥόδιοι προχειρισάμενοι τινὰς τῶν πολιτῶν, ἐξαπέστελλον τοὺς διατάξοντας ταῖς κατὰ Λυκίαν καὶ Καρίαν πόλεσιν, ὡς

ἕκαστα

ἕκαστα δεῖ γενέσθαι. μεγάλης δ' οὔσης τῆς παραλλαγῆς περὶ τὰς ἑκατέρων ὑπολήψεις· ἕως μέν τινος, οὐ πᾶσιν ἔκδηλος ἦν ἡ διαφορὰ τῶν προειρημένων· ὡς δ' εἰσελθόντες εἰς τὴν ἐκκλησίαν οἱ Ρόδιοι, διελέγοντο περὶ συμμαχίας· καὶ μετὰ τούτους Ποθίων ὁ Πρύτανις τῶν Ροδίων, ἀναστὰς ἐζήτησε τὴν ἑκατέρων αἵρεσιν, καὶ προσεπετίμησεν τοῖς Λυκίοις· πᾶν γὰρ ὑπομένειν ἔφασαν μᾶλλον, ἢ ποιήσειν Ροδίοις τὸ προσταττόμενον.

Cariæ miserunt. & quũ adeo discreparent mentes & sententiæ amborum populorum, initio non omnes intelligebant, quàm diversa inter se sentirent: postea verò quàm Lycii in concionem prodierunt, & de societate ineunda verba facere ceperunt: & postea Rhodiorum Prytanis Pothion surrexit, civesque in suffragia misit; Lycios autem ob postulatum ejusmodi objurgavit: tum verò patuit error: dixerunt enim Lycii, quidvis se potius perpessuros quàm ut Rhodiis essent dicto audientes.

M.

Πρεσβεῖαι πολλῶν ἐθνῶν πρὸς Ρωμαίους κατὰ Φιλίππου.

Πρεσβεία Ρωμαίων πρὸς Φίλιππον.

ΟΤΙ κατὰ τοὺς αὐτοὺς καιροὺς ἧκον εἰς τὴν Ρώμην παρά τε τοῦ βασιλέως Εὐμένους πρεσβευταὶ, διασαφοῦντες τὸν ἐξοδιασμὸν τοῦ Φιλίππου τῶν ἐπὶ Θρᾴκης πόλεων· καὶ παρὰ Μαρωνιτῶν οἱ φυγάδες, κατηγοροῦντες, καὶ τὴν αἰτίαν ἀναφέροντες τῆς αὐτῶν ἐκπτώσεως ἐπὶ τὸν Φίλιππον· ἅμα δὲ τούτοις Ἀθαμᾶνες, Περραιβοὶ, Θετταλοὶ φάσκοντες κομίζεσθαι δεῖν αὐτοὺς τὰς πόλεις ἃς παρῄλετο Φίλιππος αὐτῶν κατὰ τὸν Ἀντιοχικὸν πόλεμον. ἧκον δὲ καὶ παρὰ τοῦ Φιλίππου πρέσβεις πρὸς ἅπαντας τοὺς κατηγορήσοντας ἀπολογησόμενοι. Γενομένων δὲ πλειόνων λόγων πᾶσι τοῖς προειρημένοις πρὸς τοὺς παρὰ τοῦ Φιλίππου πρε-

XL.

Variarum gentium legationes ad Romanos contra Philippum.

Romanorum legatiò ad Philippum.

CIRCA eadem tempora Romam venerunt Eumenis legati de Thraciis oppidis per vim à Philippo tributum pendere coactis acturi; venerunt & Maronitarum exules, eundem Regem accusantes, & exilii sui caussam ad illum referentes. Cum his præterea erant Athamanes, Perrhæbi, Thessali, æquum esse dicentes, ut urbes reciperent, quas per Antiochici belli tempus ipsis ademisset Philipppus. Sed & Philippi legati venere, ut omnium illorum accusationibus responderent. Quum autem multæ habitæ fuissent disceptationes inter oratores quos diximus & Philippi legatos;

placuit

placuit Senatui, extemplo legationem mittere, quæ de Philippi rebus cognosceret, & securitatem omnibus præstaret, qui coram rege expostulare & eum incusare vellent. Decreti autem sunt legati Q. Cæcilius, & M. Bæbius, & Tib. Sempronius.

σβευτὰς, ἔδοξε τῇ συγκλήτῳ παραυτίκα καταστῆσαι πρεσβείαν, τὴν ἐπισκεψομένην τὰ κατὰ τὸν Φίλιππον, καὶ παρέξουσαν ἀσφάλειαν τοῖς βουλομένοις κατὰ πρόσωπον λέγειν τὸ φαινόμενον, καὶ κατηγορεῖν τοῦ βασιλέως. Καὶ κατεστάθησαν οἱ περὶ τὸν Κόϊντον Καικίλιον, καὶ Μάρκον Βαίβιον καὶ Τιβέριον Σεμπρώνιον.

XLI.

Concilium Achæorum Prætore Aristæno habitum, in quo de variis actum negotiis, & responsa data legatis diversis, qui à multis Regibus, & civitatibus ad gentem Achæorum fuerant missi.

Factiones duæ in concilio Achæorum, Aristæni & Diophanis cum suis, & Philopœmenis ac Lycortæ patris Polybii.

QUOD ad res Pheloponnesi attinet, jam diximus gentem Achæorum quando Philopœmenes erat Prætor, legatos Romam misisse de civitate Lacedæmoniorum; & ad Ptolemæum Regem, qui veterem cum eo societatem renovarent. Hoc vero tempore Prætore Achæorum Aristæno, redierunt qui ad Ptolemæum missi fuerant legati, cum Megalopoli Achæorum conventus celebraretur. quo etiam Eumenes legatos miserat, centum xx

ΜΑ.

Ὅτι ἐν συνόδῳ Ἀχαιῶν, στρατηγοῦντος Ἀρισταίνου συνελθούσῃ, ᾠκονομήθη περὶ διαφόρων πραγμάτων καὶ πρὸς πρεσβευτὰς πολλαχόθεν ἀπὸ βασιλέων τε καὶ πόλεων πολλῶν παραγενομένους.

Ἀντιπολιτεία ἐν τοῖς Ἀχαιοῖς Ἀρισταίνου καὶ Διοφάνους καὶ τῶν ἅμα τούτοις αἱρετιστῶν, πρὸς τοὺς περὶ Φιλοποίμενα καὶ Λυκόρταν.

ΟΤΙ κατὰ τὴν Πελοπόννησον, ἐπὶ Φιλοποίμενος στρατηγοῦντος, εἴς τε τὴν Ῥώμην ἐξαπέστειλε πρεσβευτὰς τὸ τῶν Ἀχαιῶν ἔθνος, ὑπὲρ τῆς Λακεδαιμονίων πόλεως, πρός τε τὸν βασιλέα Πτολεμαῖον, τοὺς ἀνανεωσομένους τὴν προϋπάρχουσαν αὐτοῖς συμμαχίαν, ἐδηλώσαμεν. Κατὰ δὲ τὸν ἐνεστῶτα χρόνον, Ἀρισταίνου στρατηγοῦντος, οἵ τε παρὰ Πτολεμαίου τοῦ βασιλέως πρέσβεις ἧλθον, ἐν Μεγαλοπόλει τῆς συνόδου τῶν Ἀχαιῶν ὑπαρχούσης. ἐξαπεστάλκει δὲ καὶ ὁ βασιλεὺς Εὐμένης πρεσβευτὰς, ἐπαγγελλόμενος ἑκατὸν καὶ εἴκοσι τάλαντα δώσειν τοῖς Ἀχαιοῖς, ἐφ᾽ ᾧ δανειζομένων τούτων ἐκ τῶν τόκων μισθοδοτεῖσθαι τὴν βουλὴν τῶν Ἀχαιῶν, ἐπὶ ταῖς κοιναῖς συνόδοις. Ἧκον δὲ καὶ παρὰ Σελεύκου τοῦ βασιλέως πρεσβευταὶ, τήν τε φιλίαν ἀνανεωσόμενοι, καὶ δεκαναΐαν μακρῶν πλοίων ἐπαγγελλόμενοι δώσειν τοῖς Ἀχαιοῖς. Ἐχούσης δὲ τῆς συνόδου πραγματικῶς, πρῶτοι παρῆλθον οἱ περὶ Νικόδημον τὸν Ἠλεῖον, καὶ τούς τε ῥηθέντας ἐν τῇ συγκλήτῳ λόγους ὑφ᾽ αὐτῶν ὑπὲρ τῆς τῶν Λακεδαιμονίων πόλεως διῆλθον τοῖς Ἀχαιοῖς, καὶ τὰς ἀποκρίσεις ἀνέγνωσαν· ἐξ ὧν ἦν λαμβάνειν ἐκδοχὴν, ὅτι δυσαρεστοῦνται μὲν καὶ τῇ τῶν τειχῶν καθαιρέσει καὶ τῇ καταλύσει . . . . . τῶν ἐν τῷ Κομπασίῳ διαφθαρέντων· οὐ μὴν ἄκυρόν τι ποιεῖν· οὐδενὸς δ᾽ οὔτ᾽ ἀντειπόντος, οὔτε συνηγορήσαντος, οὕτω πως παρεπέμφθη. Μετὰ δὲ τούτους εἰσῆλθον οἱ παρ᾽ Εὐμένους πρέσβεις, καὶ τήν τε συμμαχίαν τὴν πατρικὴν ἀνενεώσαντο, καὶ τὴν ὑπὲρ τῶν χρημάτων ἐπαγγελίαν διεσάφησαν τοῖς πολλοῖς. καὶ πλείους δὲ πρὸς ταύτας ὑποθέσεις διαλεχθέντες, καὶ μεγάλην εὔνοιαν καὶ φιλανθρωπίαν τοῦ βασιλέως ἐμφήναντες πρὸς τὸ ἔθνος, κατέπαυσαν τὸν λόγον. Μεθ᾽ οὓς Ἀπολλώνιος ὁ Σικυώνιος ἀναστὰς, κατὰ μὲν τὸ πλῆθος τῶν διδομένων χρημάτων, ἀξίαν ἔφη τὴν δωρεὰν τῶν Ἀχαιῶν· κατὰ δὲ τὴν προαίρεσιν τοῦ διδόντος, καὶ τὴν χρείαν εἰς ἣν δίδονται, πασῶν αἰσχίστην, καὶ παρανομωτάτην. Τῶν γὰρ νόμων

talenta se Achæis daturum pollicens, ut fœnore legitimo occupatâ eâ summâ, è reditibus alerentur qui in publicis conventibus ad concilium convenissent. Præterea venerunt etiam Seleuci legati, tum renovandæ amicitiæ, tum ut decem naves longas Achæis pollicerentur. Quum in concilio de rebus agi seriò cepisset, primus omnium est ingressus Nicodemus Eleus; qui habitos in Romano Senatu sermones de Achæis super civitate Lacedæmoniorum, concilio renunciavit. datum deinde responsum lectum est; ex quo facile poterat fieri conjectura, displicuisse Patribus, & quod mœnia Spartæ essent dejecta, & quod soluta esset illorum Reipub. forma; nec non cædem eorum qui in Compasio fuerant occisi. nihil tamen Senatus eorum quæ statuissent Acbæi irritum jubebat esse. Nemine reperto qui vel ad repugnandum, vel ad assentiendum verba faceret, silentio res est transmissa. Secundum hęc ingressi sunt legati Eumenis,& societatem quę patri ipsius fuerat cum Achęis renovavit: de pecunia etiam pollicitationem Regis multitudini aperuit, quumq; in eam sententiam multa disseruissent, summamque Regis benevolentiam & humanitatem erga Achęorum gentem palàm fecissent, dicere desierunt. Post hæc surgit Apollonius Sicyonius,& pecuniam quę dono offerebatur, si magnitudo illius spectaretur, dignam Achęis esse dixit: sin animus donantis, & finis quò pertineret illa liberalitas, rem esse turpissimam & iniquissimam. Nam quum legibus cautum

tum esset, ne quis sive privatus, sive in magistratu constitutus, dona à Rege quacunque tandem ex caussa, caperet; iniquissimum facinus futurum, si accepta ea pecunia, omnes palàm acceptorum munerum rei essent futuri. Ad hæc dubitare neminem posse, quin summum dedecus cum re esset conjunctum. Nam quis non videat, & probrosum & noxium fore, si quotannis publicum concilium stipendia à Rege Eumene acciperet, & ad deliberandum de publicis rebus velut escâ prius deglutitâ, accederent. Nunc pecunias largiri Eumenem: mox Prusiam largiturum: Seleucum deinde facturum idem. Quum autem Regum & liberarum civitatum res inter se natura sua pugnent, & plurimæ ac maximę quęque consultationes nostrę sint de controversiis quas habemus cum Regibus; duorum alterum manifestò necessarium erit, aut ut Regum utilitatem nostris commodis anteponamus; aut si aliter fecerimus, ut ingrati videamur, si iis nos opponamus, quorum erimus mercenarii. Hortari igitur Achęos, non solum ut munus recusent, verum etiam, ut Eumenem quod ei talis largitionis in mentem venerit, odio habeant. Surrexit post hunc Casander Ægineta, & Achæis in memoriam revocat Æginetarum calamitatem, in quam propterea inciderant, quoniam concilii Achæorum erant. Publium Sulpicium classe in Æginam venisse, & miseros Æginetas venum dedisse omnes: quibus de rebus locuti antè sumus: ostendimusq; quomodo Ætoli urbis potiti, ex pacto fœderis

κωλυόντων μηδένα, μήτε ἰδιωτῶν, μήτε τῶν ἀρχόντων παρὰ βασιλέως δῶρα λαμβάνειν κατὰ μηδ' ὁποίαν οὖν πρόφασιν, πάντας ἅμα δωροδοκεῖσθαι προφανῶς προσδεξαμένους τὰ χρήματα, πάντων εἶναι παρανομώτατον· πρὸς δὲ τούτοις αἴσχιστον ὁμολογουμένως. Τὸ γὰρ ὀψωνιάζεσθαι τὴν βουλὴν ὑπ' Ευμένους, καθ' ἕκαστον ἔτος, καὶ βουλεύεσθαι περὶ τῶν κοινῶν καταπεπωκότας οἱονεὶ δέλεαρ, πρόδηλον ἔχειν τὴν αἰσχύνην καὶ τὴν βλάβην· νῦν μὲν γὰρ Ευμένη διδόναι χρήματα· μετὰ δὲ ταῦτα Προυσίαν δώσειν· καὶ πάλιν Σέλευκον. Τῶν δὲ πραγμάτων ἐναντίαν φύσιν ἐχόντων, τοῖς τε βασιλεῦσιν καὶ ταῖς δημοκρατίαις, καὶ τῶν πλείστων καὶ μεγίστων διαβουλίων αἰεὶ γινομένων περὶ τῶν πρὸς τοὺς βασιλεῖς ἡμῖν διαφερόντων, φανεροῖς ἀνάγκη, δυοῖν θάτερον, ἢ τὸ τῶν βασιλέων λυσιτελὲς ἐπίπροσθεν γίνεσθαι τοῦ ἰδίου συμφέροντος· ἢ τούτου μὴ συμβαίνοντος, ἀχαρίστους φαίνεσθαι πᾶσιν ἀντιπράττοντας τοῖς αὐτῶν μισθοδόταις. Διὸ μὴ μόνον ἀπείπασθαι παρεκάλει τοὺς Ἀχαιούς, ἀλλὰ καὶ μισεῖν τὸν Ευμένη, διὰ τὴν ἐπίνοιαν τῆς δόσεως. Μετὰ δὲ τοῦτον ἀναστὰς Κάσανδρος Αἰγινήτης, ἀνέμνησε τοὺς Ἀχαιοὺς τῆς Αἰγινητῶν ἀκληρίας, ᾗ περιέπεσον διὰ τὸ μετὰ τῶν Ἀχαιῶν συμπολιτεύεσθαι· ὅτε Πόπλιος Σουλπίκιος ἐπιπλεύσας τῷ στόλῳ, πάντας ἐξηνδραποδίσατο τοὺς ταλαιπώρους Αἰγινήτας, ὑπὲρ ὧν διεσαφήσαμεν, τίνα τρόπον Αἰτωλοὶ κύριοι γενόμενοι τῆς πόλεως, κατὰ τὰς πρὸς

Ῥωμαίους συνθήκας Ἀττάλῳ παραδοῖεν, τριάκοντα τάλαντα παρ' αὐτοῦ λαβόντες. ταῦτ' οὖν τιθεὶς τοῖς Ἀχαιοῖς πρὸ ὀφθαλμῶν, ἠξίου τὸν Εὐμένη, μὴ διάφορα προτείνοντα, θηρεύειν τὴν τῶν Ἀχαιῶν εὔνοιαν, ἀλλὰ τὴν πόλιν ἀποδιδόντα, τυγχάνειν πάντων τῶν φιλανθρώπων ἀναντιρρήτως. τοὺς δὲ Ἀχαιοὺς παρεκάλει μὴ δέχεσθαι τοιαύτας δωρεάς, δι' ὧν φανήσονται καὶ τὰς εἰς τὸ μέλλον ἐλπίδας ἀφαιρούμενοι τῆς Αἰγινητῶν σωτηρίας. Τοιούτων δὲ γενομένων λόγων, ἐπὶ τοσοῦτον παρέστη τὸ πλῆθος, ὥστε μὴ τολμῆσαι μηδένα συνειπεῖν τῷ βασιλεῖ· πάντας δὲ μετὰ κραυγῆς ἐκβαλεῖν τὴν προτεινομένην δωρεάν, καίτοι δοκούσης αὐτῆς ἔχειν τι δυσαντοφθάλμητον, διὰ τὸ πλῆθος τῶν προτεινομένων χρημάτων. Ἐπὶ δὲ τοῖς προειρημένοις, εἰσήχθη τὸ παρὰ τοῦ Πτολεμαίου διαβούλιον, ἐν ᾧ προσκληθέντων τῶν ἀποσταλέντων πρεσβευτῶν ὑπὸ τῶν Ἀχαιῶν πρὸς Πτολεμαῖον, προελθὼν Λυκόρτας μετὰ τῶν πρεσβευτῶν, ἀπελογίσατο πρῶτον μέν, τίνα τρόπον, καὶ δοῖεν καὶ λάβοιεν τοὺς ὅρκους ὑπὲρ τῆς συμμαχίας· εἶτα, ὅτι κομίζοιεν δωρεὰν κοινῇ τοῖς Ἀχαιοῖς, ἑξακισχίλια μὲν ὅπλα χαλκᾶ πελταστικά, διακόσια δὲ τάλαντα, νομίσματος ἐπισήμου χαλκοῦ· πρὸς δὲ τούτοις, ἐπῄνεσε τὸν βασιλέα καὶ βραχέα περὶ τῆς εὐνοίας αὐτοῦ, καὶ προθυμίας τῆς εἰς τὸ ἔθνος εἰπών, κατέστρεψε τὸν λόγον. ἐφ' οἷς ἀναστὰς ὁ τῶν Ἀχαιῶν στρατηγὸς Ἀρίσταινος, εἴρετο τόν τε παρὰ τοῦ Πτολεμαίου πρεσβευτήν, καὶ τοὺς ἐξαποσταλμένους ὑπὸ τῶν Ἀχαιῶν ἐπὶ τὴν ἀνανέωσιν, ποίαν

quod illis erat cum Romanis, Attalo eam tradidissent, triginta talentis addictam. Hæc ille ob oculos Achæis ponens, æquum censebat ut non pecuniarum largitione Achæorum benevolentiam captaret; sed urbem redderet, seque eo facto benevolentiæ testimonia summo cunctorum assensu impetraturum confideret. Ab Achæis vero petebat, ne ejusmodi admitterent dona, quæ spem salutis etiam in posterum Æginetis sint ademptura. Hac oratione adeò concitata est multitudo, ut caussam Regis tueri nemo auderet: sed cum clamore oblatam largitionem, etsi propter vim ostensæ pecuniæ supra modum blandientem, respuerent. Secundum hæc profertur Ptolemæi decretum: cum quidem vocatis qui ad Ptolemæum missi ab Achæis fuerant, ingressus Lycortas cum cæteris legatis, primùm exposuit quonam modo & præstitissent & exegissent à Rege jusjurandum: addidit deinde, attulisse se donum communi Achæorum, arma ænea ad peltastas instruendos, sex millia. pecuniæ signatæ æreæ talenta ducenta: post hæc Regis laudes commemoravit: tum ubi pauca de Regis benevolentia & prompto animo erga gentem Achæorum disseruisset, finem dicendi fecit. Surgens dein Aristænus Prætor Achæorum, & ab legato Ptolemæi, & ab iis qui renovando fœderi missi ab Achæis fuerant, sciscitatur, ec-

quam

quam ſocietatem renovaturus venerit? Quum reſponderet nemo, & mutuo ſeſe omnes interrogarent, magna in concilio exorta eſt dubitatio. Oriebatur autem dubitatio ex eo, quod, quum plura fuiſſent fœdera Achæis cum Regibus Ptolemæi majoribus, quæ pro conditione temporum plurimum inter ſe differrent; neque legatus Ptolemæı ullam diſtinctionem fecerat, cum fœdus renovabat; ſed universè de negotio fuerat locutus: neque etiam illi quos Achæi miſerant: verùm quaſi ſemel dumtaxat ſocietatem pepigiſſent, jusjurandum ſimpliciter nulla adhibita diſtinctione, & præſtiterant ipſi, & acceperant à Rege. Itaque promente in medium Prætore omnia priora fœdera, & ſingula diſtincte expendente, quoniam longè diverſa illa erant, volebat multitudo cognoſcere, ecquod jam fœdus renovaret. Id vero docere quum neque Philopœmenes poſſet, qui Prætor renovandı fœderis auctor fuerat, neque Lycortas, cæterive legati, qui Alexandriam juerant; hi quidem temere atque inconſiderate rem geſſiſſe publicam exiſtimati ſunt: Ariſtænus verò opinionem magnam inde retulit, ut qui ſolus judicio uteretur: ac tandem decretum illud firmari non eſt paſſus: ſed rem de qua omnes dubitarent, in aliud tempus rejecit. Ingreſſis poſtea Seleuci legatis, placuit Achæis amicitiam quidem cum Rege Seleuco renovare: ſed navium quas donabat munus in præſentia non accipere. His ita tum conſtitutis, in ſuam quiſque patriam ſoluto conventu diſceſſerunt.

ἥκε συμμαχίαν ἀνανεωσόμενος; οὐδενὸς δ' ἀποκρινομένου, πάντων δὲ διαλαλούντων πρὸς ἀλλήλους, πλῆρες ἦν τὸ βουλευτήριον ἀπορίας. ἦν δὲ τὸ ποιοῦν τὴν ἀλογίαν, ὅτι οὐσῶν καὶ πλειόνων συμμαχιῶν τοῖς Ἀχαιοῖς πρὸς τὴν Πτολεμαίου βασιλείαν, καὶ τούτων ἐχουσῶν μεγάλας διαφορὰς, κατὰ τὰς τῶν καιρῶν περιστάσεις· οὔθ' ὁ παρὰ τοῦ Πτολεμαίου πρεσβευτὴς οὐδεμίαν ἐποιήσατο διαστολὴν, ὅταν ἀνενεοῦτο; καθολικῶς δὲ περὶ τοῦ πράγματος ἐλάλησεν· οὔθ' οἱ πεμφθέντες πρέσβεις· ἀλλ' ὡς μιᾶς ὑπαρχούσης, αὐτοί τε τοὺς ὅρκους ἔδωκαν, καὶ παρὰ τοῦ βασιλέως ἔλαβον· ὅθεν προφερομένου τοῦ στρατηγοῦ πάσας τὰς συμμαχίας, καὶ κατὰ μέρος ἐν ἑκάστῃ διαστελλομένου, μεγάλης οὔσης διαφορᾶς, ἐζήτει τὸ πλῆθος εἰδέναι ποίαν ἀνανεοῖτο συμμαχίαν. οὐ δυναμένου δὲ λόγον ὑπέχειν, οὔτε τοῦ Φιλοποίμενος, ὃς ἐποιήσατο στρατηγῶν τὴν ἀνανέωσιν, οὔτε τῶν περὶ τὸν Λυκόρταν, τῶν πρεσβευσάντων εἰς τὴν Ἀλεξάνδρειαν· οὗτοι μὲν ἐσχεδιακότες ἐφαίνοντο τοῖς κοινοῖς πράγμασιν· ὁ δ' Ἀρίσταινος μεγάλην ἐφείλκετο φαντασίαν ὡς μόνος εἰδὼς τί λέγει· καὶ τέλος οὐκ εἴασε κυρωθῆναι τὸ διαβούλιον· ἀλλ' εἰς ὑπέρθεσιν ἤγαγε τὴν προειρημένην ἀλογίαν. Τῶν δὲ παρὰ τοῦ Σελεύκου πρέσβεων, εἰσελθόντων, ἔδοξε τοῖς Ἀχαιοῖς, τὴν μὲν φιλίαν ἀνανεώσασθαι πρὸς τὸν Σέλευκον· τὴν δὲ τῶν πλοίων δωρεὰν, κατὰ τὸ παρὸν ἀπείπασθαι. καὶ τότε μὲν περὶ τούτων βουλευσάμενοι, διέλυσαν εἰς τὰς ἰδίας ἕκαστοι πόλεις.

Μετὰ δὲ ταῦτα τῆς πανηγύρεως ἀκμαζούσης, ἧκε Κόιντος Καικίλιος ἐκ Λακεδαιμονίας, ἀνακάμπτων ἀπὸ τῆς πρεσβείας, ἣν ἐπρέσβευε πρὸς Φίλιππον. καὶ συναγαγόντος Ἀρισταίνου τοῦ στρατηγοῦ τὰς ἀρχὰς εἰς τὴν τῶν Ἀργείων πόλιν, εἰσελθὼν ὁ Κόιντος, ἐμέμψατο, φάσκοντος αὐτοὺς βαρύτερον καὶ πικρότερον τοῦ δέοντος κεχρῆσθαι τοῖς Λακεδαιμονίοις· καὶ παρεκάλει διὰ πλειόνων διορθώσασθαι τὴν προγεγενημένην ἄγνοιαν. Ὁ μὲν οὖν Ἀρίσταινος εἶχε τὴν ἡσυχίαν, δῆλος ὢν ἐξ αὐτοῦ τοῦ σιωπᾶν, ὅτι δυσαρεστεῖται τοῖς ᾠκονομημένοις, καὶ συνευδοκεῖ τοῖς ὑπὸ Καικιλίου λεγομένοις. Ὁ δὲ Διοφάνης ὁ Μεγαλοπολίτης, ἄνθρωπος στρατιωτικώτερος ἢ πολιτικώτερος, ἀναστὰς, οὐχ οἷον ἀπελογήθη τι περὶ τῶν Ἀχαιῶν· ἀλλὰ καὶ προσυπέδειξε τῷ Καικιλίῳ, διὰ τὴν πρὸς τὸν Φιλοποίμενα παρατριβὴν, ἕτερον ἔγκλημα κατὰ τῶν Ἀχαιῶν. Ἔφη γὰρ οὐ μόνον τὰ κατὰ Λακεδαίμονα κεχειρίσθαι κακῶς, ἀλλὰ καὶ τὰ κατὰ Μεσσήνην. ἦσαν γὰρ περὶ τῶν φυγαδικῶν τοῖς Μεσσηνίοις ἀντιρρήσεις τινὲς πρὸς ἀλλήλους περὶ τὸ τοῦ Τίτου διάγραμμα, καὶ τὴν τοῦ Φιλοποίμενος διόρθωσιν· ὅθεν ὁ Καικίλιος, δοκῶν ἔχειν καὶ τῶν Ἀχαιῶν αὐτῶν τινὰς ὁμογνώμονας, μᾶλλον ἠγανάκτει τῷ μὴ κατακολουθεῖν ἑτοίμως τοῖς ὑπ' αὐτοῦ παρακαλουμένοις τοὺς συνεληλυθότας. τοῦ δὲ Φιλοποίμενος καὶ Λυκόρτα, σὺν δὲ τούτοις Ἄρχωνος, πολλοὺς καὶ ποικίλους διατιθεμένων λόγους, ὑπὲρ τοῦ καλῶς μὲν διῳκῆσθαι τὰ κατὰ τὴν Σπάρτην, καὶ συμφέροντας αὐτοῖς μάλιστα τοῖς Λακεδαιμονίοις·

Secundum hæc dum celebratur solennitas, venit Q. Cæcilius, revertens è legatione quam ad Philippum obierat. Postquam Aristænus Prætor principes Achæorum in Argivorum urbem convocasset, ingreditur Cęcilius, & verba facere incipit: quum diceret, Lacedęmonios durius & asperius, quàm par esset, fuisse tractatos, multis dein monere, culpam ut emendarent. Ad hæc illius verba Aristænus silentium tenuit: eo ipso quod taceret, palam faciens displicere sibi quæ facta essent, & orationem Cæcilii probare. Diophanes verò Megalopolitanus, homo militaris vitæ quàm civilis majorem usum habens, non solum non excusavit factum illud Achæorum; verum etiam propter simultatem quam cũ Philopœmene exercebat, aliam Achęorum indicavit criminationem. Dixit enim, non solum Lacedæmonios male fuisse tractatos; sed etiam cum Messeniis iniquè actum esse ab iisdem Achæis. Erant autem Messeniis quædam inter ipsos controversię circa Titi decretum, super iis qui ab exilio fuerant revocati, & circa moderationem quam ei decreto Philopœmenes adhibuerat. Cæcilius igitur, qui Achęorum nonnullos secum sentire animadverteret, eo gravius indignari, quod in sententiam quam ipse dixerat universum concilium non statim pedibus iret. Sed quum multis variisque rationibus Philopœmenes & Lycortas & simul cum his Archon demonstrassent, recte omnia quæ ad Lacedæmonios pertinebant fuisse administrata; atque ex ipsorum imprimis Lacedæmoniorum

rum utilitate ; neque posse quicquam eorum quæ fuerant facta, mutari, quin omnia humana, divinàque jura violarentur ; visum est concilio, nihil moveri oportere : & in hanc sententiam legato dandum responsum. Cæcilius horum intellecta voluntate, postulat ut concilium gentis Achęorum sibi detur. tum verò principes Achæorum ab eo petunt, scripta mandata ederet, quę de eo acceperat à Senatu. qui quum taceret, negare illi se concionem multitudinis convocaturos: neque enim per leges id prius licere, quàm edita essent mandata scripto comprehensa, de iis rebus quarum caussa postuletur concilium. Cæcilius in tantam exarsit iram, quod nullum suorum postulatorum admitti videret, ut responsum accipere à principibus Achæorum noluerit, sed sine responso abjerit. Achæi ejus licentiæ quam & antea M. Fulvius & jam Q. Cæcilius usurpassent, caussam referebant ad Aristęnum & Diophanem. hos enim quòd in Republica dissiderent à Philopœmene, illos à cæteris abalienatos sibi adjunxisse. & erant vulgo apud multitudinem Aristænus & Diophanes suspecti. hęc igitur tum in Peloponneso gerebantur.

ἀδυνάτων δ' εἶναι τὸ κινῆσαί τι τῶν ὑποκειμένων, ἄνευ τοῦ παραβῆναι καὶ τὰ πρὸς τοὺς ἀνθρώπους δίκαια, καὶ τὰ πρὸς τοὺς θεοὺς ὅσια, μένειν ἔδοξε τοῖς παροῦσιν ἐπὶ τῶν ὑποκειμένων, καὶ ταύτην δοῦναι τῷ πρεσβευτῇ τὴν ἀπόκρισιν. Ὁ δὲ Καικίλιος, ὁρῶν τὴν τούτων προαίρεσιν, ἠξίου τοὺς πολλοὺς αὐτοὺς συναγαγεῖν εἰς ἐκκλησίαν. οἱ δὲ τῶν Ἀχαιῶν ἄρχοντες, ἐκέλευον αὐτὸν δεῖξαι τὰς ἐντολάς, ἃς εἶχε παρὰ τῆς συγκλήτου περὶ τούτων. τοῦ δὲ παρασιωπῶντος, οὐκ ἔφασαν αὐτῷ συνάξειν τὴν ἐκκλησίαν· τοὺς γὰρ νόμους οὐκ ἐᾶν, ἐὰν μὴ φέρῃ τις ἔγγραπτα παρὰ τῆς συγκλήτου περὶ ὧν οἴεται δεῖν συνάγειν. ὁ δὲ Καικίλιος ἐπὶ τοσοῦτον ὠργίσθη, διὰ τὸ μηθὲν αὐτῷ συγχωρεῖσθαι τῶν ἀξιουμένων, ὥστ' οὐδὲ τὴν ἀπόκρισιν ἠβουλήθη δέξασθαι παρὰ τῶν ἀρχόντων, ἀλλ' ἀναπόκριτος ἀπῆλθεν. Οἱ δ' Ἀχαιοί, τὴν αἰτίαν ἀνέφερον, καὶ τῆς πρότερον παρρησίας τῆς Μάρκου τοῦ Φολουίου καὶ τῆς τότε τῆς περὶ τὸν Καικίλιον ἐπὶ τὸν Ἀρίσταινον, καὶ τὸν Διοφάνην, ὡς τούτους ἀντισπασαμένους διὰ τὴν ἀντιπολιτείαν τὴν πρὸς τὸν Φιλοποίμενα. καί τις ἦν ὑποψία τῶν πολλῶν, πρὸς τοὺς προειρημένους ἄνδρας. καὶ τὰ μὲν κατὰ Πελοπόννησον ἐν τούτοις ἦν.

XLII.

Legationes variæ Romam missæ ; & vice versa a Romanis ad Philippum & Græcos.

ΜΒ.

Πρεσβεῖαι διάφοροι πρὸς Ῥωμαίους, καὶ πάλιν Ῥωμαίων πρός τε Φίλιππον καὶ πρὸς Ἕλληνας.

Ἀπόκρισις τῆς Συγκλήτου τοῖς Ἀχαιοῖς ἐδόθη Καικιλίου καὶ Λακεδαιμονίων πολλὰ τοῦ ἔθνους καταδολεσχησάντων.

Responsum à Senatu datum Achæis, postquam Cæcilius & Lacedæmonii multa de iis jure vel injuria apud Patres essent questi.

ΟΤΙ τῶν περὶ τὸν Καικίλιον ἀνακεχωρηκότων ἐκ τῆς Ἑλλάδος, καὶ διασεσαφηκότων τῇ συγκλήτῳ, περί τε τῶν κατὰ Μακεδονίαν καὶ τῶν κατὰ Πελοπόννησον, εἰσήγαγον εἰς τὴν σύγκλητον τοὺς περὶ τούτων γεγονότας πρεσβευτάς. εἰσελθόντων δὲ πρῶτον τῶν παρὰ τοῦ Φιλίππου, καὶ παρ' Εὐμένους· ἔτι δὲ τῶν ἐξ Αἴνου καὶ Μαρωνείας φυγάδων, καὶ ποιησαμένων τοὺς λόγους ἀκολούθως τοῖς ἐν Θετταλονίκῃ ῥηθεῖσιν, ἐπὶ τῶν περὶ τὸν Καικίλιον· ἔδοξε τῇ συγκλήτῳ πέμπειν πάλιν ἄλλους πρεσβευτὰς πρὸς τὸν Φίλιππον, τοὺς ἐπισκεψομένους, πρῶτον μὲν εἰ παρακεχώρηκεν τῶν ἐν Περραιβίᾳ πόλεων κατὰ τὰ τῶν περὶ τὸν Καικίλιον ἀποκρίσεις· εἶτα τοὺς ἐπιτάξοντας αὐτῷ τὰς φρουρὰς ἐξάγειν ἐξ Αἴνου καὶ Μαρωνείας· καὶ συλλήβδην ἀποβαίνειν ἀπὸ τῶν παραθαλαττίων τῆς Θρᾴκης ἐρυμάτων, καὶ τόπων καὶ πόλεων. Μετὰ δὲ τούτους εἰσῆγον τοὺς ἀπὸ Πελοποννήσου παραγεγονότας· οἵ τε γὰρ Ἀχαιοὶ πρεσβευτὰς ἀπεστάλκεισαν τοὺς περὶ Ἀπολλωνίδαν τὸν Σικυώνιον δικαιολογησομένους πρὸς τὸν Καικίλιον ὑπὲρ τοῦ μὴ λαβεῖν αὐτὸν ἀπόκρισιν, καὶ καθόλου διδάξοντας, ὑπὲρ τῶν κατὰ Λακεδαίμονα πραγμάτων· ἔκ τε τῆς Σπάρτης Ἀρεὺς καὶ Ἀλκιβιάδης ἐπρέσβευον· οὗτοι δ' ἦσαν τῶν ἀρχαίων φυγάδων, τῶν ὑπὸ τοῦ Φιλοποίμενος, καὶ τῶν Ἀχαιῶν νεωστὶ κατηγμένων

CUM Q. Cæcilius cæterique legati è Græcia discessissent, & legationem suam quam in Macedonia & Peloponneso obierant renuntiassent, legatos, qui ex iis locis venerant, in Senatum introduxerunt. & quum essent ingressi primo legati Philippi & Eumenis, deinde Æni & Maroneæ exules, atque ea iterassent, quæ Thessalonicæ prius dixerant apud Cæcilium & reliquos legatos: Patres aliam legationem ad Philippum decreverunt, ad visendum redditæne civitates Perrhæbiæ essent, sicut Cæcilius & cæteri legati pronuntiaverant: jubendumque ut ab Æno & Maronea præsidia deduceret: utque omnibus maritimæ oræ in Thracia castellis, locis, urbibus excederet. Post hos introducti qui è Peloponneso venerant: nam & Achæi legatos Apollonidam & Sicyonium miserant, ut Cæcilio qui nullum responsum acceperat, pro Achæis responderent in Senatu, & omnia Patres edocerent quæ Lacedæmone essent gesta. Etiam è Sparta Areus & Alcibiades legati Romam venerant. Ex antiquis exulibus isti erant, quos recens Philopœmenes & Achæi in patriam restituerant. quæ

præci-

præcipuè res iram Achæorum accendit: quod quum tanto tamque recenti beneficio ab Achæis hi exules fuissent affecti, adeo ingrati in ipsos repente exstitissent, ut legationem adversus gentem Achæorum susciperent & infesta jam oratione apud rerum dominos accusarent illos, à quibus præter spem servati, & in patriam reducti fuissent. quum utriusque partis legatos inter se Patres commisissent, atque illi suæ caussæ justa exposuissent; & hinc Apollonidas Sicyonius persuadere Senatui contendisset, non potuisse ulla ratione melius res Spartæ administrari, quàm factum esset ab Achæis & Philopœmene: hinc Areus contrarium demonstrare esset conatus; dixissetque primûm exhaustas vireis civitatis abducta per vim plebe; deinde continuis periculis urbem esse objectam, redactam ad tam paucos, qui etiam nudati muris essent: ad hæc libertatem civitati penitus ademptam; ut quæ non solum publicis decretis Achæorum parere haberet: sed etiam Prætoribus illorum semper ancillari cogeretur: his auditis placuit Patribus, ut de his quoque rebus iisdem legatis darentur mandata. Decreta autem est legatio in Græciam, cujus princeps Appius Claudius fuit. Responderunt etiam in Senatu Cæcilio pro Achæorum principibus qui missi ab illis fuerant; dixerunt, nihil eos peccasse, neque jure accusari posse, quòd concilium populi non convocassent. Lege enim cautum apud Achæos esse, ne concilium liceret indicere aliter,

εἰς τὴν οἰκείαν· ὃ καὶ μάλιστα τοὺς Ἀχαιοὺς εἰς ὀργὴν ἦγε, τῷ δοκεῖν μεγάλης οὔσης καὶ προσφάτου τῆς εἰς τοὺς φυγάδας εὐεργεσίας, ἐξαυτῆς ἐπὶ τοσοῦτον ἀχαριστεῖσθαι παρ' αὐτοῖς, ὥστε καὶ καταπρεσβεύειν, καὶ κατηγορίαν ποιεῖσθαι πρὸς τοὺς κρατοῦντας τῶν ἀνελπίστως αὐτοὺς σωσάντων, καὶ καταγαγόντων εἰς τὴν πατρίδα. ποιησαμένων δὲ καὶ τούτων πρὸς ἀλλήλους ἐκ συγκαταθέσεως τὴν δικαιολογίαν, καὶ διδασκόντων τὴν σύγκλητον· τῶν μὲν περὶ τὸν Ἀπολλωνίδαν τὸν Σικυώνιον, ὡς οὐκ ἂν δυνατὸν εἴη τὸ παράπαν ἄμεινον χειρισθῆναι τὰ κατὰ τὴν Σπάρτην ἢ νῦν κεχείρισται διὰ τῶν Ἀχαιῶν, καὶ διὰ Φιλοποίμενος· τῶν τε περὶ τὸν Ἀρέα τἀναντία πειρωμένων λέγειν, καὶ φασκόντων πρῶτον μὲν καταλελύσθαι τὴν τῆς πόλεως δύναμιν, ἐξηγμένου τοῦ πλήθους μετὰ βίας· εἶτ' ἐν αὐτοῖς * ἐπισφαλῆ μὲν ὀλίγοις οὖσι, καὶ τούτοις τῶν τειχῶν περιῃρημένων· ἀπαρρησίαστον δὲ διὰ τὸ μὴ μόνον τοῖς κοινοῖς δόγμασι τῶν Ἀχαιῶν πειθαρχεῖν· ἀλλὰ καὶ κατ' ἰδίαν ὑπηρετεῖν τοῖς ἀεὶ καθισταμένοις ἄρχουσι. διακούσασα δὲ τούτων ἡ σύγκλητος ἔκρινε τοῖς αὐτοῖς πρεσβευταῖς δοῦναι καὶ περὶ τούτων ἐντολάς, καὶ κατέστησε πρεσβευτὰς ἐπὶ τὴν Ἑλλάδα, τοὺς περὶ Ἄππιον Κλαύδιον. ἀπελογήθησαν δὲ καὶ πρὸς τὸν Καικίλιον ὑπὲρ τῶν ἀρχόντων οἱ παρὰ τῶν Ἀχαιῶν πρέσβεις ἐν τῇ συγκλήτῳ, φάσκοντες οὐθὲν ἀδικεῖν αὐτούς, οὐδ' ἀξίους ἐγκλήματος ὑπάρχειν, ἐπὶ τῷ μὴ συνάγειν τὴν ἐκκλησίαν· νόμον γὰρ εἶναι παρὰ τοῖς Ἀχαιοῖς, μὴ συγκαλεῖν τοὺς πολλούς, ἐὰν μὴ περὶ συμμαχίας ἢ πολέμου δέῃ γίνεσθαι διαβούλιον· ἢ παρὰ συγκλήτου τις ἐνέγκῃ γράμματα. διὸ καὶ δικαίως τότε βουλεύσασθαι μὲν τοὺς ἄρχοντας συγκαλεῖν τοὺς Ἀχαιοὺς εἰς ἐκκλησίαν· κωλύεσθαι δ' ὑπὸ τῶν νόμων, διὰ τὸ μήτε γράμματα φέρειν αὐτὸν παρὰ συγκλήτου, μήτε τὰς ἐντολὰς ἐγγράπτους ἐθέλειν δοῦναι τοῖς ἄρχουσιν. ὧν ῥηθέντων, ἀναστὰς Καικίλιος, τοῦ τε περὶ τὸν Φιλοποίμενα καὶ Λυκόρταν κατηγόρησε· καὶ καθόλου τῶν Ἀχαιῶν, καὶ τῆς οἰκονομίας, ἧς περὶ τῆς τῶν Λακεδαιμονίων ἐκέχρηντο πόλεως. ἡ δὲ σύγκλητος διακούσασα τῶν λεγομένων, ἔδωκε τοῖς Ἀχαιοῖς ἀπόκρισιν· ὅτι περὶ μὲν τῶν κατὰ Λακεδαίμονα πέμψει τοὺς ἐπισκεψομένους· τοῖς δὲ πρεσβευταῖς τοῖς ἀεὶ παρ' ἑαυτῶν ἐκπεμπομένοις παρῄνει προσέχειν τὸν νοῦν, καὶ * καταλογὴν ποιεῖσθαι τὴν ἁρμόζουσαν· καθάπερ καὶ Ῥωμαῖοι ποιοῦνται τῶν παραγινομένων πρὸς αὐτοὺς πρεσβευτῶν.

quàm si de societate aut de bello foret deliberandum: aut literas ab Senatu aliquis afferret. meritò igitur tunc principes Achæorum de convocanda multitudine consultasse: sed id quo minus facerent, per leges stetisse: quoniam neque literas Senatus afferret Cæcilius, neque mandata scripta vellet edere. Post hæc verba, surgit Cæcilius, & Philopœmenem ac Lycortam incusat; atque omnes in universum Achæos, & ordinationem qua usi erant in rebus Lacedæmoniorum componendis. Senatus omnibus auditis quæ dicta fuerant, responsum Achæis dedit; missurum se legatos ad visendum quomodo cum Lacedæmoniis esset actum. monuit verò, ut populi Ro. legatos qui in Græciam mitterentur, observarent & quanto par esset cum honore susciperent: sicut Romani facerent in iis qui ad ipsos venirent.

ΜΓ.

Σύνοδος Ἀχαιῶν ἐν Κλείτορι τῆς Ἀρκαδίας, καὶ παρουσία Ῥωμαίων.

ΟΤΙ κατὰ τὴν ὀγδόην καὶ μ' Ὀλυμπιάδα πρὸς ταῖς ρ', παρουσία ἐγένετο πρεσβευτῶν Ῥωμαίων εἰς Κλείτορα, καὶ σύνοδος τῶν Ἀχαιῶν· καὶ οἱ ῥηθέντες ὑπὸ ἀμφοτέρων λόγοι, περὶ τῶν κατὰ Λακεδαίμονα πραγμάτων, καὶ τὰ δέξαντα τοῖς Ἀχαιοῖς ταῦτα κεφαλαιωδῶς.

XLIII.

Concilium Achæorum Clitore in Arcadia Romanis legatis datum.

OLYMPIADE CXLVIII. Clitorem in Arcadia Ro. legati venerunt, & concilium Achæorum ibidem celebratum. narrantur deinde Polybio sermones utrinque habiti de rebus Lacedæmoniorum, quæque ab Achæis decreta in eam rem facta fuerint: atque hæc summatim.

XLIV.

XLIV.

Philippi facinus impium in Maronitas admissum.

Demetrius Philippi F. Romam à patre mittitur obses futurus.

Rex Philippus à suis legatis qui Romæ erant per missos in id ipsum certior factus, fore illi necessario cedendum civitatibus Thraciæ; ægre nuntium illum ferens, quod regni fines undiquaque imminui sibi cerneret, in miseros Maronitas iram effudit. Onomasto enim, (is Thraciæ præfectus erat,) ad se venire jusso, de suo incepto egit cum ipso. Qui ut in Thraciam rediit, Casandrum in urbem Maroneam misit, vulgo omnibus ibi notum ac familiarem, quod ut plurimum eo loci habitaret. Pridem enim Philippus aulicos suos in iis urbibus locaverat, effecerat-que ut consuetus & familiaris esset indigenis regiorum ad se horum adventus. post paucos verò dies ubi parati erant Thraces, iis per Casandrum nocte intromissis, fit cædes ingens, multique Maronitarum pereunt. Philippus hoc modo punitis qui suæ parti adversabantur, exsatiata ira, legatorum adventum exspectabat. nihil dubitans, perculsis omnibus terrore, neminem hiscere adversus se ausurum. Non multo post veniunt Appius & legati alii: qui re statim cognita

ΜΔ.

Φιλίππου δεινὸν ἀσέβημα εἰς τοὺς Μαρωνίτας.

Δημήτριος ὁ τοῦ Φιλίππου ὁμηρεύσων εἰς Ῥώμην πέμπεται.

Ὅτι Φίλιππος ὁ βασιλεὺς, διαπεμψαμένων πρὸς αὐτὸν ἐκ τῆς Ῥώμης τῶν ἰδίων πρεσβευτῶν, καὶ δηλούντων, ὅτι δεήσει κατ' ἀνάγκην ἀποβαίνειν ἀπὸ τῶν ἐπὶ Θρᾴκης πόλεων· πυθόμενος ταῦτα, καὶ βαρέως φέρων ἐπὶ τῷ δοκεῖν πανταχόθεν αὐτοῦ περιτέμνεσθαι τὴν ἀρχὴν, ἐναπηρείσατο τὴν ὀργὴν εἰς τοὺς ταλαιπώρους Μαρωνίτας. μεταπεμψάμενος γὰρ Ὀνόμαστον τὸν ἐπὶ Θρᾴκης τεταγμένον, ἐκοινολογήθη τούτῳ περὶ τῆς πράξεως. ὁ δ' Ὀνόμαστος ἀναχωρήσας, εἰσαπέστειλε Κάσανδρον εἰς Μαρώνειαν, συνήθη τοῖς πολλοῖς ὑπάρχοντα, διὰ τὸ ποιεῖσθαι τὴν πλείονα χρόνον ἐκεῖ τὴν διατριβήν· ἅτε τοῦ Φιλίππου πάλαι τοὺς αὐλικοὺς ἐγκαθικότος εἰς τὰς πόλεις ταύτας, καὶ συνήθεις πεποιηκότος τοὺς ἐγχωρίους τῆς τούτων παρεπιδημίας. μετὰ δέ τινας ἡμέρας ἑτοιμασθέντων τῶν Θρᾳκῶν, καὶ τούτων ἐπεισελθόντων διὰ τοῦ Κασάνδρου νυκτὸς, ἐγένετο μεγάλη σφαγή, καὶ πολλοὶ τῶν Μαρωνιτῶν ἀπέθανον. κολασάμενος δὲ τῷ τοιούτῳ τρόπῳ τοὺς ἀντιπράττοντας ὁ Φίλιππος, καὶ πληρώσας τὸν ἴδιον θυμὸν, ἐκαραδόκει τὴν τῶν πρεσβευτῶν παρουσίαν πεπεισμένος, μηδένα τολμήσειν κατηγορήσειν αὐτοῦ διὰ τὸν φόβον. Μετὰ δέ τινα χρόνον παραγενομένων τῶν περὶ τὸν Ἄππιον, καὶ ταχέως πυθο-

μένων

μέναν τὰ γεγονότα κατὰ τὴν Μαρώνειαν, καὶ πικρῶς τοῦ Φιλίππου μεμψιμοιρούντων ἐπὶ τούτοις, ἐβούλετο μὲν ἀπολογεῖσθαι, φάσκων μὴ κεκοινωνηκέναι τῆς παρανομίας· ἀλλὰ τοὺς ἐν αὐτοῖς στασιάζοντας Μαρωνίτας· καὶ τοὺς μὲν ἀποκλίνοντας πρὸς Ευμένη κατὰ τὴν εὔνοιαν· τοὺς δὲ πρὸς ἑαυτόν, εἰς ταύτην ἐμπεπτωκέναι τὴν ἀτυχίαν. καλεῖν δ᾽ ἐκέλευε κατὰ πρόσωπον εἴ τις αὐτοῦ κατηγορεῖ. Τοῦτο δ᾽ ἐποίει πεπεισμένος μηδένα τολμήσειν διὰ τὸν φόβον, τῷ δοκεῖν τὴν μὲν ἐκ Φιλίππου τιμωρίαν ἐκ χειρὸς ἔσεσθαι τοῖς ἀντιπράξασι· τὴν δὲ Ῥωμαίων ἐπικουρίαν μακρὰν ἀφεστάναι. τῶν δὲ περὶ τὸν Ἄππιον οὐ φασκόντων προσδεῖσθαι δικαιολογίας· σαφῶς γὰρ εἰδέναι τὰ γεγονότα, καὶ τὸν αἴτιον τούτων· εἰς ἀπορίαν ἐνέπιπτεν ὁ Φίλιππος· καὶ τὴν μὲν πρώτην ἔντευξιν ἄχρι τούτου προβάντες ἔλυσαν. Κατὰ δὲ τὴν ἐπιοῦσαν ἡμέραν οἱ περὶ τὸν Ἄππιον πέμπειν ἐπέταττον τῷ Φιλίππῳ τὸν Ὀνόμαστον καὶ τὸν Κάσανδρον ἐξαυτῆς εἰς τὴν Ῥώμην, ἵνα πύθηται ἡ σύγκλητος περὶ τῶν γεγονότων. ὁ δὲ βασιλεὺς διατραπεὶς ὡς ἔνι μάλιστα, καὶ ἀπορήσας ἐπὶ πλεῖω χρόνον, τὸν μὲν Κάσανδρον ἔφη πέμψειν τὸν αὐθέντην γεγονότα τῆς πράξεως, ὡς ἐκεῖνοι φασίν, ἵνα πύθηται περὶ τούτου τῆς ἀληθείας ἡ σύγκλητος· τὸν δ᾽ Ὀνόμαστον ἐξῃρεῖτο, καὶ παρ᾽ αὐτά, καὶ μετὰ ταῦτα τοῖς πρεσβευταῖς ἐντυγχάνων· ἀφορμῇ μὲν χρώμενος, τῷ μὴ οἷον ἐν τῇ Μαρωνίᾳ παραγεγονέναι τὸν Ὀνόμαστον, κατὰ τὸν τῆς σφαγῆς καιρόν· ἀλλὰ μηδ᾽ ἐπὶ τῶν σύνεγγυς τόπων γεγονέναι. τῇ δ᾽ ἀληθείᾳ, δεδιὼς μὴ παραγενηθεὶς εἰς τὴν Ῥώ-

cum graviter Philippo eo nomine succenserent; ille enimvero purgare se velle,& ad se pertinere tantum scelus abnuere; verùm ad cives ipsos Maronitas, qui seditione inter se dimicassent: quorum alii quum pro sua benevolentia ad Eumenem inclinarent, alii ad se; ex ea contentione in tantum incidisse infortunium. denique si quis accusare vellet, eum jubebat vocari, ut in suum conspectum veniret. Hoc autem ille faciebat, persuasus neminem præ metu prodire ausurum. propterea quod adversantibus paratum à Philippo supplicium; præsidium verò à Romanis longe erat abfuturum. Negante Appio excusationem opus esse; scire enim se certò quæ facta essent & quo auctore, cepit Philippo aqua hærere. ac primo quidem congressu hactenus productum colloquium; deinde discessum est. Sequente die Appius jubet Philippum ut Onomastum & Casandrum Romam sine mora mitteret; de iis quæ acciderant â Patribus interrogandos. Ea voce Philippus perturbari quàm vehementissime; ut perdiu quid consilii caperet animi dubius nesciret. deinde Casandrum quidem se missurum respondet, à quo scelus esset patratum, ut quidem ipsi dicerent; quò possent Patres rei veritatem ex eo cognoscere. Onomastum, & tum repente, & quoties postea cum legatis est locutus, semper excepit: eo utens prætextu, quod cædis illius tempore non modò Maroneæ ille, sed ne in regione quidem propinqua fuisset: vera autem caussa erat, quod metueret, ne si Romam

mam Onomaſtus veniret, quem multorum talium facinorum miniſtrum & conſcium habebat, non ſolùm in Maronitas admiſſum ſcelus, ſed etiam alia omnia Romanis indicaret. Tandem Onomaſto quęſtioni exempto, Caſandrum cum legatis proficiſci juſſum, miſſis qui Epirum uſque eum proſequerentur, veneno ſuſtulit. Legati à Philippo ita ſunt digreſſi ut non dubitarent, quin & ſceleris Maroneæ admiſſi reus eſſet Philippus, & animum à Romanis alienatum haberet. Philippus per ſe tum rem putans, & habita cum amicis Apelle & Philocle conſultatione, certò cognovit, longe proceſſiſſe ſuam cum Romanis controverſiam; eamque non jam occultam eſſe, verùm pleriſque hominum innotuiſſe. Itaque ad ulciſcendum ſe modis omnibus, & injurias ſuas perſequendas erat in univerſum paratus. Sed quoniam ad nonnulla quæ in eam rem poſtea excogitaverat imparatus erat, cogitare cepit quanam ratione moram aliquam impetrare poſſet, & tempus ad bellum præparandum. Statuit igitur Demetrium minorem filium mittere Romam, ſimul ad purganda crimina, ſimul ad petendam veniam, etiam ſi quid in iis eſſet peccatum. prorſus namque perſuaſum habebat, per hunc quiduis a Senatu obtineri poſſe; quòd juvenis Romę obſes ſpecimē præſtantiſſimę indolis dediſſet. Hæc animo verſans, ſimul neceſſaria parabat ad mittendum Demetriū & amicos quos in comitatū erat illi adjūcturas: ſimul Byzātiis promiſit, opem ſe ipſis laturū;

μένῳ, καὶ πολλῶν ἔργων αὐτῷ κεκοινωνηκὼς τοιούτων, οὐ μόνον τὰ κατὰ τοὺς Μαρωνίτας, ἀλλὰ καὶ τἄλλα πάντα διασαφήσῃ τοῖς Ῥωμαίοις. καὶ τέλος τὸν μὲν Ὀνόμαστον ἐξείλετο· τὸν δὲ Κάσανδρον μετὰ τὸ τοὺς πρεσβευτὰς ἀπελθεῖν, ἀποστείλας, καὶ παραπέμψας ἕως Ἠπείρου, φαρμάκῳ διέφθειρεν. οἱ δὲ περὶ τὸν Ἄππιον κατεγνωκότες τοῦ Φιλίππου, καὶ περὶ τῆς εἰς τοὺς Μαρωνίτας παρανομίας, καὶ περὶ τῆς πρὸς Ῥωμαίους ἀλλοτριότητος, τοιαύτας ἔχοντες διαλήψεις ἐχωρίσθησαν. Ὁ δὲ βασιλεὺς γενόμενος καθ' ἑαυτὸν, καὶ συμμεταδοὺς τῶν φίλων Ἀπελλεῖ καὶ Φιλοκλεῖ περὶ τῶν ἐνεστώτων, ἔγνω σαφῶς ἐπὶ πολὺ προβεβηκυῖαν αὐτοῦ τὴν πρὸς Ῥωμαίους διαφορὰν, καὶ ταύτην οὐκ ἔτι λανθάνουσαν, ἀλλὰ καταφανῆ τοῖς πλείστοις οὖσαν. Καθόλου μὲν οὖν πρόθυμος ἦν, εἰς τὸ κατὰ πάντα τρόπον ἀμύνασθαι καὶ μετελθεῖν αὐτούς· πρὸς ἐνίας δὲ τῶν ἐπινοουμένων ἀπόχρος ἂν ἐπεβάλετο, πῶς ἂν ἐπιγένοιτό τις ἀναστροφὴ, καὶ λάβοι χρόνον πρὸς τὰς εἰς τὸν πόλεμον παρασκευάς. ἔδοξεν οὖν αὐτῷ τὸν νεώτατον υἱὸν Δημήτριον πέμπειν εἰς τὴν Ῥώμην· τὰ μὲν ἀπολογησόμενον ὑπὲρ τῶν ἐγκαλουμένων· τὰ δὲ καὶ παραιτησόμενον, εἰ καί τις ἄγνοια ἐγεγόνει περὶ αὐτῶν. πάνυ γὰρ ἐπέπειστο διὰ τούτου πᾶν τὸ προτεθὲν ἀνύσεσθαι παρὰ τῆς συγκλήτου· διὰ τὴν ὑπεροχὴν τὴν γεγενημένην τοῦ νεανίσκου κατὰ τὴν ὁμηρείαν. Ταῦτα δὲ διανοηθεὶς, ἅμα μὲν ἐγίνετο περὶ τὴν ἐκπομπὴν τούτου, καὶ τῶν ἅμα τούτῳ συνεξαποσταλησομένων φίλων· ἅμα δὲ τοῖς Βυζαντίοις ὑπέσχετο βοηθήσειν·

οὐχ

οὐχ οὕτως ἐκείνων στοχαζόμενος, ὡς ἐπὶ τῇ ἐκείνων προφάσει, βουλόμενος καταπλῆξαι τοὺς τῶν Θρᾳκῶν δυνάστας τῶν ὑπὸ τὴν Προποντίδα κατοικούντων, χάριν τῆς προκειμένης ἐπιβολῆς.

non tam quod illis cuperet, quàm ut per speciem auxilii Byzantiis ferendi, regulis Thracum qui ad Propontidem habitant, terrorem injiceret, ne ad ea quæ moliebatur sibi impedimento essent.

ΜΕ.

Τῶν ἀπὸ Ῥώμης πρεσβευτῶν εἰς Κρήτην ἄφιξις, καὶ διάλυσις τῶν ἐνουσῶν Κρησὶ πρὸς ἀλλήλους διαφορῶν.

ΟΤΙ κατὰ τὴν Κρήτην, κοσμοῦντος ἐν Γορτύνῃ Κυδάτου Ἀντιτάλκους, κατὰ πάντα τρόπον ἐλαττούμενοι Γορτύνιοι τοὺς Κνωσσίους, ἀποτεμόμενοι τῆς χώρας αὐτῶν, τὸ μὲν καλούμενον Λυκάστιον προσένειμαν Ῥαυκίοις· τὸ δὲ Διατόνιον, Λυκτίοις. Κατὰ δὲ τὸν καιρὸν τοῦτον, παραγενομένων τῶν πρεσβευτῶν ἐκ τῆς Ῥώμης εἰς τὴν Κρήτην τῶν περὶ τὸν Ἄππιον, χάριν τοῦ διαλῦσαι τὰς ἐνεστώσας αὐτοῖς πρὸς ἀλλήλους διαφορὰς, καὶ ποιησαμένων λόγους ὑπὲρ τούτων * τῶν Κνωσσίων καὶ Γορτυνίων· πεισθέντες οἱ Κρηταιεῖς, ἐπέτρεψαν τὰ καθ᾽ αὐτοὺς τοῖς περὶ τὸν Ἄππιον. Οἱ δὲ πεισθέντες, Κνωσσίοις μὲν ἀποκατέστησαν τὴν χώραν· Κυδωνιάταις δὲ προσέταξαν τοὺς μὲν ὁμήρους ἀπολαβεῖν, οὓς ἐγκατέλειπον δόντες τοῖς περὶ Χασμίωνα πρότερον· τὴν δὲ Φαλασάρναν ἀφεῖναι, μηδὲν ἐξ αὐτῆς νοσφισαμένους. περὶ δὲ τὸ κατὰ κοινοδίκαιον συνεχώρησαν αὐτοῖς, βουλομένοις μὲν αὐτοῖς, ἐξεῖναι μετέχειν· μὴ

XLV.

Legatorum Romanorum adventus in Cretam; & turbatarum ibi rerum compositio ipsorum operâ.

Quo tempore Gortynæ in Creta Cosmus erat, (id nomen est magistratus apud Cretenses,) Cydates Antitalcis filius, Gortynii omnibus modis Cnossiorum vires attenuare cupientes, parte agrorum illis adempta, Lycastium, quod vocant, Rauciis contribuerunt; Diatonium Lyctiis. ea verò tempestate quum venisset in Cretam Romana legatio, cujus princeps erat Appius, ut exortas inter ipsos seditiones componeret: postquam de iis rebus apud Cnossios & Gortynios verba fecissent, tandem persuaderi sibi passi sunt Cretenses, ut liberum de se Appio & cæteris legatis arbitrium permitterent. Hi exorati ut de caussa vellent cognoscere, Cnossiis ademptum agrum restituerunt: Cydoniatis præceperunt ut obsides suos reciperent, quos Chasmioni prius datos, postea dereliquerant: iidem Phalasarna ut excederent, neque ex ea quicquam auferrent. Permisit etiam illis, ut concilii publici essent si vellent: si verò nollent, id quoque ut liberum illis esset, modò cætera abstinerent Creta. neque hoc solum iis, sed & Phalasarnensibus, qui Menœtium, clarissimum suæ civitatis virum, occiderant, concesserunt.

βουλομένοις δὲ, καὶ τοῦτ' ἐξεῖναι, πάσης ἀπεχομένοις τῆς ἄλλης Κρήτης, αὐτοῖς τε καὶ τοῖς ἐκ Φαλασάρνης φυγάσιν, οἳ ἀπέκτειναν τοὺς περὶ Μενοίτιον ἐπιφανεστάτους ὄντας τῶν πολιτῶν.

XLVI.

Cujusmodi responsa dederit Senatus Romanus legatis qui ex universa Græcia ad accusandum Philippum venerant: itemque Demetrio Philippi, quem pater ob id ipsum Romam proficisci jusserat.

Μϛ.

Οσα ἡ Ρωμαίων σύγκλητος ἐχρημάτισε τοῖς ἀπὸ τῆς Ἑλλάδος πρεσβευταῖς πολλὰ κατηγορήσασι τοῦ Φιλίππου, καὶ τῷ Δημητρίῳ τῷ τοῦ Φιλίππου, ἐπ' αὐτὸ τοῦτο εἰς Ῥώμην ὑπὸ τοῦ πατρὸς πεμφθέντος.

OLYMPIADE centesima quadragesima nona Romam convenerunt legati ex Græcia, tanto numero, quantus vix unquam antè fuerat conspectus. Postea enim quàm eò redactus est Philippus, ut disceptare è formula fœderis cogeretur cum finitimis; estque fama vulgata, Romanos crimina querimoniasque de Philippo non aspernari, atque adeo curæ illis esse salutem eorum qui controversias cum Rege habent: omnes Macedoniæ accolæ, alii priuatim, alii civitatum, alii gentium nomine, quæ pro se quæque in id conspiraverant, Romam ad Philippum incusandum venerunt. Sed & Eumenis legatio unà adfuit, cum fratre ejus Atheneo, ad querendum de eodem: simul quòd non deducerentur ex Thraciæ urbibus præsidia; simul quod in Bithyniam Prusiæ auxilia missa fo-

ΟΤΙ κατὰ τὴν θ' καὶ μ' Ὀλυμπιάδα περὶ τὰς ρ', εἰς τὴν Ῥώμην ἠθροίσθησαν πρεσβειῶν πλῆθος ἀπὸ τῆς Ἑλλάδος, ὅσον οὐ ταχέως πρότερον. Τοῦ γὰρ Φιλίππου συγκλεισθέντος εἰς τὴν κατὰ τὸ σύμβολον δικαιοδοσίαν πρὸς τοὺς ἀστυγείτονας, καὶ τῶν Ῥωμαίων γνωσθέντων, ὅτι προσδέχονται τὰς κατὰ Φιλίππου κατηγορίας, καὶ πρόνοιαν ποιοῦνται τῆς ἀσφαλείας τῶν πρὸς αὐτὸν ἀμφισβητούντων· ἅπαντες οἱ παρακείμενοι τῇ Μακεδονίᾳ παρῆσαν· οἱ μὲν κατ' ἰδίαν, οἱ δὲ κατὰ πόλιν, οἱ δὲ κατὰ τὰς ἐθνικὰς συστάσεις, ἐγκαλοῦντες τῷ Φιλίππῳ. Σὺν δὲ τούτοις, οἱ παρ' Εὐμένους ἧκον, ἅμ' Ἀθηναίῳ τῷ τοῦ βασιλέως ἀδελφῷ, κατηγορήσοντες αὐτοῦ, περί τε τῶν ἐπὶ Θρᾴκης πόλεων, καὶ περὶ τῆς ἀποστολῆς Πρου-

σίᾳ

σιαβενθείας. Ἧκε δὲ καὶ Δημήτριος ὁ τοῦ Φιλίππου, πρὸς πάντας τούτους ἀπολογησόμενος, ἔχων Ἀπελλῆν καὶ Φιλοκλῆ μεθ' ἑαυτοῦ, τοὺς τότε δοκοῦντας εἶναι πρώτους φίλους τοῦ βασιλέως. Παρῆσαν δὲ καὶ παρὰ Λακεδαιμονίων πρέσβεις, ἀφ' ἑκάστου γένους τῶν ἐν τῇ πόλει. Πρῶτον μὲν οὖν ἡ σύγκλητος εἰσεκαλέσατο τὸν Ἀθηναῖον, καὶ δεξαμένη τὸν στέφανον, ὃν ἐκόμιζεν ἀπὸ μυρίων καὶ πεντακισχιλίων χρυσῶν, ἐπῄνεσέ τε μεγαλομερῶς τὸν Εὐμένη, καὶ τοὺς ἀδελφοὺς διὰ τῆς ἀποκρίσεως· καὶ παρεκάλεσε μένειν ἐπὶ τῆς αὐτῆς αἱρέσεως. ἐπὶ δὲ τούτῳ τὸν Δημήτριον εἰσαγαγόντες οἱ στρατηγοὶ, παρεκαλέσαντο τοὺς κατηγοροῦντας τοῦ Φιλίππου πάντας· καὶ παρῆγον κατὰ μίαν πρεσβείαν. Οὐσῶν δὲ τῶν πρεσβειῶν πολλῶν, καὶ τῆς εἰσόδου τούτων γινομένης ἐπὶ τρεῖς ἡμέρας, εἰς ἀπορίαν ἐνέπιπτεν ἡ σύγκλητος, περὶ τοῦ πῶς δεῖ χειρισθῆναι τὰ κατὰ μέρος. παρά τε γὰρ Θετταλῶν, καὶ κατὰ κοινὸν ἧκον καὶ κατ' ἰδίαν ἀφ' ἑκάστης πόλεως πρεσβευταί· παρά τε Περραιβῶν, ὁμοίως δὲ καὶ παρ' Ἀθαμάνων, καὶ παρ' Ἠπειρωτῶν, καὶ παρ' Ἰλλυριῶν· οἱ μὲν περὶ χώρας, οἱ δὲ περὶ σωμάτων· οἱ δὲ περὶ θρεμμάτων ἧκον ἀμφισβητοῦντες· ἔνιοι δὲ περὶ συμβολαίων, καὶ τῶν εἰς αὐτοὺς ἀδικημάτων. τινὲς μὲν οὖν φάσκοντες μὴ δύνασθαι τυχεῖν τοῦ δικαίου κατὰ τὸ σύμβολον, διὰ τὸ τὸν Φίλιππον ἐγκόπτειν τῇ δικαιοδοσίᾳ· τινὲς δ' ἐγκαλοῦντες τοῖς κρίμασιν, ὡς παραβεβραβευμένοι, διαφθείραντος τοῦ Φιλίππου τοὺς δικαστάς. Καθόλου δὲ ποικίλη τις ἦν

rent. Venit & Demetrius Philippi filius ad omnes horum criminationes responsurus; habens in comitatu suo Apellem, & Philoclem, qui ea tempestate principem locum in amicitia Philippi obtinebant. Aderant & Lacedæmoniorum legationes diversæ, à singulis factionibus civitatis separatim missæ. Ante omnes alios Senatus vocavit Athenæum: & accepta corona quam attulerat aureorum quindecies mille, ita respondit, ut verbis magnificis Eumenem & ejus fratres laudaret: rogavit etiam, hunc animum ut servarent. deinde Coss. Demetrium introduxerunt, & ad caussam agendam omnes hortati sunt qui Philippi incusandi gratia venerant: easque legationes separatim singulas produxerunt. Quum autem plurimæ essent legationes illæ, eæque per triduum jam auditæ fuissent; Patres dubitatio incessit, quonam modo in hoc negotio se gererent: nam è Thessalia legati venerant, alii communi totius gentis nomine; alii missu urbium singularum; eodemque modo è Perrhæbia, Athamania, Epiro, Illyrico: quorum alii agro multatos se querebantur; alii mancipia adempta; aut pecus abactum. quidam pacta violata objiciebant. nonnulli dicere, jus æquum secundum pacta obtineri à Philippo non posse; quia Rex quominus jus redderetur impediret. alii de judiciis queri, in quibus prævalente gratia Philippi apud judices quos corrupisset, facta sibi esset injuria. Atque omnino, ex objectis criminibus varia quædam

in au-

In audientium animis confusio existebat, quum tot res simul memoria complecti haut facile esset. Senatus igitur, qui nec satis cognoscere ipse omnia poterat, & ęquum non censebat ut Demetrius horum omnium singillatim rationem redderet: (erat enim Senatus propenso in Demetrium animo; & juvenem admodum eum esse videbat, longe impa rem vafris versutisque accusatorum ingeniis. quum præsertim Patribus esset propositum, non Demetrium orantem audire; sed Philippi mentem certo experimento cognoscere:) Demetrio necessitatem respondendi ad singula remisit: à juvene & ipsius comitibus quæsiuit, ecquem de his rebus commentarium à Rege accepissent; quem respondisset, accepisse se; & libellum quendam non magnum manu porrecta ostendisset; Senatus jussit ipsum ad singulas criminationes ea dicere, quæ commentario continerentur in brevem sententiam coacta. In eo libro Rex, de aliis fecisse se quod decreto Romanorum jussus fuerat: de aliis quominus decreto obtemperaretur per eos stetisse, qui accusarent. Ad pleraque autem capita erant hæc verba adjecta: LICET ÆQUO JURE NOBISCUM IN HAC RE CÆCILIUS CÆTERIQUE LEGATI NON EGERINT. &, ETSI INIQUE HÆC ADVERSUS NOS SUNT DECRETA. Quum in singulis caussis hic animus Philippi se ostenderet, Senatus auditis legationibus omnibus, unica sententia omnia est complexus: Demetrio namque per Cos. magnifice laudato, & benigne habito, multisque verbis eum hortatus, ut populi Rom. amicus esset,

ἀκρισία καὶ δυσχώρησις ἐκ τῶν κατηγορουμένων. ὅθεν ἡ σύγκλητος οὔτ᾽ αὐτὴ δυναμένη διευκρινεῖν, οὔτε τὸν Δημήτριον κρίνουσα δεῖν ἐφ᾽ ἑκάστοις τούτων λόγον ὑπέχειν· ἅτε καὶ φιλανθρώπως πρὸς αὐτὸν διακειμένη, καὶ θεωροῦσα νέον ὄντα κομιδῇ, καὶ πολὺ τῆς τοιαύτης συστροφίας καὶ ποικιλίας ἀπολειπόμενον· μάλιστα δὲ βουλομένη, μὴ τῶν Δημητρίου λόγων ἀκούειν· ἀλλὰ τῆς Φιλίππου γνώμης ἀληθινὴν λαβεῖν πεῖραν· αὐτὸν Δημήτριον παρέλυσε τῆς δικαιολογίας. εἴρετο δὲ τὸν νεανίσκον καὶ τοὺς σὺν αὐτῷ φίλους, εἴ τινα περὶ τούτων ὑπομνηματισμὸν ἔχουσι παρὰ τοῦ βασιλέως; τοῦ δὲ Δημητρίου φήσαντος ἔχειν, καὶ προτείναντος τι βιβλίδιον, οὐ μέγα· λέγειν αὐτὸν ἐκέλευσεν ἣν περὶ τὰ ὑπομνήματα περιεῖχε πρὸς ἕκαστον τῶν κατηγορουμένων, ἀπόφασιν κεφαλαιώδη. Ὁ δὲ, τὸ μὲν πεποιηκέναι τὸ προσταχθὲν ὑπὸ Ῥωμαίων ἔφασκεν· ἢ τὴν αἰτίαν τοῦ μὴ πεπρᾶχθαι τοῖς ἐγκαλοῦσιν ἀνετίθει. προσέκειτο δὲ πρὸς ταῖς πλείσταις ἀποφάσεσιν· ΚΑΙΤΟΙ ΟΥΚ ΙΣΩΣ ΧΡΗΣΑΜΕΝΩΝ ΗΜΙΝ ΤΩΝ ΠΡΕΣΒΕΥΤΩΝ ΤΩΝ ΠΕΡΙ ΚΑΙΚΙΛΙΟΝ ΕΝ ΤΟΥΤΟΙΣ. καὶ πάλιν, ΚΑΙΤΟΙΓΕ ΟΥ ΔΙΚΑΙΩΣ ΗΜΩΝ ΤΑΥΤΑ ΠΑΣΧΟΝΤΩΝ. Τοιαύτης δ᾽ οὔσης τῆς Φιλίππου γνώμης ἐν πάσαις ταῖς ἀποφάσεσι, διακούσασα τῶν παραγεγονότων ἡ σύγκλητος, μίαν ἐποιήσατο περὶ πάντων διάληψιν· ἀποδεξαμένη γὰρ τὸν Δημήτριον μεγαλομερῶς καὶ φιλανθρώπως διὰ τοῦ στρατηγοῦ, πολλοὺς καὶ παρακλητικοὺς πρὸς αὐτὸν διατεθειμένη λόγους, ἀπεκρσιν ἔδωκε· διότι περὶ πάντων καὶ τῶν εἰρημένων ὑπ᾽ αὐτοῦ, καὶ τῶν ἀνεγνωσμένων Δημητρίῳ πιστεύει· διότι τὰ μὲν, γέγονε· τὰ δὲ, ἔσται, καθάπερ δίκαιον ἐστὶ γίνεσθαι. ἵνα δὲ καὶ Φίλιππος εἰδῇ, διότι τὴν χάριν ταύτην ἡ σύγκλητος Δημητρίῳ δίδωσιν, ἐξαποστελεῖν ἔφη πρεσβευτὰς ἐποψομένους, εἰ γίνεται πάντα κατὰ τὴν τῆς συγκλήτου βούλησιν· ἅμα δὲ διασαφήσοντας τῷ βασιλεῖ, διότι τῆς συμπεριφορᾶς τυγχάνει ταύτης διὰ Δημήτριον. καὶ ταῦτα μὲν τοιαύτης ἔτυχε διεξαγωγῆς. Μετὰ δὲ τούτους εἰσῆλθον οἱ παρ᾽ Εὐμένους πρέσβεις, περί τε τῆς βοηθείας τῆς ἀποσταλείσης ὑπὸ τοῦ Φιλίππου τῷ Προυσίᾳ, κατηγορῆσαι, καὶ περὶ τῶν ἐπὶ Θρᾴκης τόπων· φάσκοντες οὐδ᾽ ἔτι καὶ νῦν αὐτὸν ἐξαγηοχέναι τὰς φρουρὰς ἐκ τῶν πόλεων. Τοῦ δὲ Φιλοκλέους ὑπὲρ τούτων βουληθέντος ἀπολογεῖσθαι, διὰ τὸ καὶ πρὸς τὸν Προυσίαν πεπρεσβευκέναι, καὶ τότε περὶ τούτων ἐξαπεστάλθαι πρὸς τὴν σύγκλητον ὑπὸ τοῦ Φιλίππου· βραχὺν τινα χρόνον ἡ σύγκλητος ἐπιδεξαμένη τοὺς λόγους, ἔδωκεν ἀπόκρισιν· διότι τῶν ἐπὶ Θρᾴκης τόπων, ἐὰν μὴ καταλάβωσιν οἱ πρεσβευταὶ πάντα διῳκημένα κατὰ τὴν τῆς συγκλήτου γνώμην, καὶ πάσας τὰς πόλεις εἰς τὴν Εὐμένους πίστιν ἐγκεχειρισμένας, οὐκ ἔτι δυνήσεται φέρειν, οὐδὲ καρτερεῖν παρακουομένη περὶ τούτων. Καὶ τῆς μὲν Φιλίππου καὶ Ῥωμαίων διατριβῆς ἐπὶ πολὺ προβαινούσης, ἐπίστασις ἐγενήθη κατὰ τὸ παρὸν, διὰ τὴν τοῦ Δημητρίου παρουσίαν· πρὸς μέντοι γε τὴν καθόλου τῆς οἰκίας ἀτυχίαν, οὐ μικρὰ συνέβη τὴν εἰς τὴν Ῥώμην τοῦ νεανίσκου πρεσβείαν συμβάλλεσθαι. Ἥ τε γὰρ σύγκλητος ἀναδεξαμένη τὴν χάριν ἐπὶ τὸν Δημήτριον, ἐμετεώρισε μὲν τὸ

ita respondit: De omnibus quæ vel dixisset, vel legisset Demetrius, Senatum ipsi credere, & confidere, patrem ejus quà fecisse, quà facturum esse omnia ut ęquum justumque est. atque ut sciret Philippus Demetrio beneficium hoc tribui à Senatu, missuros esse Patres legatos, ad visendum an ex voluntate Senatus cuncta administrentur: simul ut Regi significent, propter Demetrium hanc ipsi veniam esse indultam. hunc exitum habuit id negotium. Post hos ingressi sunt Eumenis oratores, ad querendum de missis auxiliis Prusiæ à Philippo; & de urbibus Thraciæ; quod dicerent, ne nunc quidem pręsidia ab Rege esse deducta. Quum vellet Philocles dicere aliquid ad excusandum Regem, quòd & ad Prusiam legationem obierat, & de iisdem rebus eo tempore missus fuerat à Philippo ad Senatum: Patres oratione ipsius aliquandiu patienter audita, responsum dederunt; Quod ad loca illa sita in Thracia attineret, nisi omnia ex voluntate Senatus facta invenirent legati, omnesque urbes in fidem Eumeni permissas; Senatum non amplius toleraturum, neque passurum sibi in ea re diutius verba dari. Ita crescente in dies simultate inter Philippum & Romanos, Demetrii adventus Romam in præsentia moram rebus injecit. Cæterum ad universam regiæ domus calamitatem, momentum non paruum attulit hęc juvenis illius legatio. Nam Senatus qui uni Demetrio hoc beneficium voluit imputari, & adolescentis ani-

mum

mum inani ſpe ſuſtulit: & Perſeum Philippumque offendit graviter: quòd non propter ſe, verùm propter Demetrium benignitatem populi Rom. viderentur experiri. Quo quidem tempore aliquis, ſeducto adoleſcente, & arcano cum ipſo habito, nec brevi colloquio, perniciem domus ipſe quoque multum adjuvit. nam & juvenem blanda ſpe demulſit, quaſi eſſent Romani non multo poſt Regem eum conſtituturi: & Philippum quoque non mediocriter irritavit, hortatus illum per literas, ut iterum Romam Demetrium cum amicis mitteret: magno namque ipſi uſui & commodo eo loci illum futurum. His ſiquidem occaſionibus impulſus Perſeus, mox patri perſuaſit, ut in Demetrii mortem conſentiret. quæ omnia quomodo acciderint, ſigillatim in ſequentibus declarabimus. Poſt iſtos vocati ſunt Lacedæmoniorum legati. Horum erant factiones quatuor. Quidam ad liberationem impetrandam veterum exulum venerant: poſtulantes, ut omnes poſſeſſiones, quas irrogati ſibi exilii tempore habebant, ipſis reſtituerentur. Areus & Alcibiades petebant, ut exulibus de ſuis bonis ad unius talenti æſtimationem redderetur: cætera bene meritis civibus dividerentur. Serippi legatio eò ſpectabat, ut in eo ſtatu Reſpubl. conſervaretur qui tum fuit, cùm Achæorum concilii erant. Cauſſam eorum qui mortis damnati ab Achæis aut in exilium pulſi fuerant Charon agebat; poſtulans ut reditus in patriam iis concederetur, & ut reſp. in priorem ſta-

μειράκιον· ἐλύπησε δὲ καὶ τὸν Περσέα, καὶ τὸν Φίλιππον ἰσχυρῶς, τῷ δοκεῖν μὴ δι᾽ αὐτοὺς, ἀλλὰ διὰ Δημήτριον τυγχάνειν τῆς παρὰ Ῥωμαίων φιλανθρωπίας. Ὅτε καὶ τις ἐκκαλεσάμενος τὸ μειράκιον, καὶ προσβιβάσας εἰς λόγους ἀπορρήτους, οὐκ ὀλίγα συνεβάλετο πρὸς τὴν αὐτὴν ὑπόθεσιν. τόν τε γὰρ νεανίσκον ἐψυχαγώγησεν, ὡς αὐτίκα μάλα συγκατασκευασόντων αὐτῷ Ῥωμαίων τὴν βασιλείαν· τούς τε περὶ τὸν Φίλιππον ἠρέθισε γράψας, ἐξ αὐτῆς τὸν Δημήτριον ἀποστέλλειν πάλιν εἰς τὴν Ῥώμην μετὰ τῶν φίλων, ὡς πλεῖστον ὠφέλιμον καὶ χρησιμώτατον. ταύταις γὰρ ταῖς ἀφορμαῖς χρησάμενος ὁ Περσεὺς, μετ᾽ ὀλίγον ἔπεισε τὸν πατέρα συγκαταθέσθαι τῷ Δημητρίου θανάτῳ. Περὶ μὲν οὖν τούτων ὡς ἐχειρίσθη τὰ κατὰ μέρος, ἐν τοῖς ἑξῆς δηλώσομεν. Ἐπὶ δὲ τούτοις εἰσεκλήθησαν οἱ παρὰ τῶν Λακεδαιμονίων πρέσβεις· Τούτων δ᾽ ἦσαν διαφοραὶ δ΄. οἱ μὲν γὰρ περὶ λύσεως ἥκοντες τῶν ἀρχαίων φυγάδων, ἐπρέσβευον φάσκοντες δεῖν ἔχειν αὐτοὺς πάσας τὰς κτήσεις, ἐφ᾽ ὧν ἐξ ἀρχῆς ἔφυγον· οἱ δὲ περὶ τὸν Ἄρεα καὶ τὸν Ἀλκιβιάδην, ἐφ᾽ ἴσῳ ταλαντιαίαν λαβόντες κτῆσιν ἐκ τῶν ἰδίων, τὰ λοιπὰ διαδοῦναι τοῖς ἀξίοις τῆς πολιτείας. Σήριππος δὲ ἐπρέσβευε, περὶ τοῦ μένειν τὴν ὑποκειμένην κατάστασιν, ἣν ἔχοντες ποτὲ συνεπολιτεύοντο μετὰ τῶν Ἀχαιῶν. Ἀπὸ δὲ τῶν τεθανατωμένων, καὶ τῶν ἐκπεπτωκότων, κατὰ τὰ τῶν Ἀχαιῶν δόγματα παρῆσαν οἱ περὶ Χάρωνα, κάθοδον αὐτοῖς ἀξιοῦντες συγχωρηθῆναι, καὶ τὴν πολιτείαν ἀποκατασταθῆναι

θῆναι τοιαύτην. ἐποιοῦντο δὲ πρὸς τοὺς Ἀχαιοὺς οἰκείους ταῖς ἰδίαις ὑποθέσεσι λόγους. οὐ δυναμένη δὲ διευκρινεῖν ἡ σύγκλητος τὰς κατὰ μέρος διαφορὰς, προεχειρίσατο τρεῖς ἄνδρας, τοὺς καὶ πρότερον ἤδη πεπρεσβευκότας περὶ τούτων εἰς τὴν Πελοπόννησον. οὗτοι δ' ἦσαν Τίτος, Κόϊντος, Καικίλιος. ἐφ' οἷς γενομένων λόγων πλειόνων, ὑπὲρ μὲν τοῦ καταπορεύεσθαι τοὺς καταπεφευγότας καὶ τεθανατωμένους, καὶ περὶ τοῦ μένειν τὴν πόλιν μετὰ τῶν Ἀχαιῶν, ἐγένετο πᾶσι σύμφωνον· περὶ δὲ τῶν κτήσεων, πότερον δεῖ τὸ τάλαντον, εἰς * τε γὰρ φυγάδας ἐκ τῶν ἰδίων ἐκλέξασθαι, περὶ τούτων διημφισβήτουν πρὸς ἀλλήλους. ἵνα δὲ μὴ πάλιν ἐξ ἀκεραίου περὶ πάντων ἀντιλέγοιεν, ἔγγραπτον ὑπὲρ τῶν ὁμολογουμένων γίνεσθαι ἐκέλευον, ἐφ' ᾧ πάντες ἐπεβάλλοντο τὰς ἰδίας σφραγῖδας. οἱ δὲ περὶ τὸν Τίτον βουλόμενοι καὶ τοὺς Ἀχαιοὺς εἰς τὴν ὁμολογίαν ἐκπλῆξαι, προσεκαλέσαντο τοὺς περὶ Ξέναρχον. οὗτοι γὰρ ἐπρέσβευον τότε παρὰ τῶν Ἀχαιῶν, ἅμα μὲν ἀνανεούμενοι τὴν συμμαχίαν· ἅμα δὲ τῇ τῶν Λακεδαιμονίων διαφορᾷ προσεδρεύοντες· καὶ παρὰ τὴν προσδοκίαν ἐρωτώμενοι περὶ τῶν γεγραμμένων, εἰ συνευδοκοῦσιν, οὐκ οἶδ' ὅπως εἰς ἀπορίαν ἐνέπεσον· δυσηρεστοῦντο μὲν γὰρ τῇ καθόδῳ τῶν φυγάδων, καὶ τῶν τεθανατωμένων, διὰ τὸ γίνεσθαι παρὰ τὰ τῶν Ἀχαιῶν δόγματα, καὶ παρὰ τὴν στήλην· εὐδοκοῦντο δὲ τοῖς ὅλοις, τῷ γεγράφθαι, διότι δεῖ τὴν πόλιν τῶν Λακεδαιμονίων πολιτεύειν μετὰ τῶν Ἀχαιῶν· καὶ πέρας τὰ μὲν ἀπορούμενοι, τὰ δὲ

tum restitueretur. Omnes hi cum Achæis sic agebant, uti postulabat caussa quam defensum venerant. Senatus cùm tot hasce controversias non satis caperet, tres viros delegit, qui jam antè de iis rebus legati in Peloponnesum missi fuerant. hi autem erant Titus * Quintius, Cæcilius. apud quos postquam esset hęc controversia diu multumque agitata, de reditu quidem in patriam quà exulum, quà mortis damnatorum; item de eo ut in concilio Achæorum civitas maneret, facile inter omnes convenit: de possessionibus verò, & an æquum esset, ut exules è bonis suis ad talenti unius æstimationem optarēt; hęc erant de quibus inter ipsos non conveniebat. Porrò ne super omnibus iterum de integro altercarentur, referri in scripta quę partium consensu essent probata, & omnium signa pactis scriptis imprimi, jusserūt. Cupiens verò Titus Achęos injecto terrore ad consentiendum impellere, Xenarchum ad se vocavit, qui partim de renovanda societate legatus Romam venerat: partim ut ad controversiam quę Achæis erat cum Lacedæmoniis, attenderet. Hic ex inopinato interrogatus de scriptis conditionibus ecquid illis consentiret, nescio quomodo incertus quid responderet hęsit. erat enim hoc ei molestum, quod exulibus & mortis damnatis in patriam reditus concedebatur, quum Achęorum decreto id repugnaret, & inscriptioni steiæ: rem tamen in universum probabat, quia scriptum erat, ut concilii Achæorum civitas Lacedæmoniorum esset. tandem, partim ex consilii inopia, copia, partim quia Romani terruerant, signum suum imprimit. Senatus Q. Marcium decrevit legatum, & tum in Macedoniam, tum in Peloponnesum proficisci jussit.

XLVII.

Quomodo Philopœmen Prætor Achæorum Titi consilio & contrariæ factionis hominum, sollerter restitit.

DINOCRATES Messenius Romam legatus venit: ubi quum offendisset Titum legationem obire jussum ad Prusiam & Seleucum, supra modum lætatus eo est: existimabat enim Titum, qui sibi amicus esset, (nam bello Laconico familiariter cum illo vixerat:) Philopœmenis autem inimicus, ubi in Græciam venisset, res Messeniorum ex sua voluntate administraturum. Itaque omni cura alia omissa, Titum unum assiduè colere, in hoc spes suas universas reponere. Venit mox in Græciam cum Tito Dinocrates: nihil dubitans, simul pedem in Peloponneso Titus posuisset, res Messeniorum ex ipsius voluntate ordinatum iri. At Philopœmenes, cui certo constabat Titum de rebus Græciæ nullum à Senatu mandatum accepisse, nihil movere, sed adventum ejus exspectare. Qui Naupactum ut appulit, literas ad Prætorem & magistratus gentis

καταπληττόμενοι τοὺς ἄνδρας, ἐπεβάλλοντο τῇ σφραγῖδι. ἡ δὲ σύγκλητος προχειριζομένη Κόϊντον Μάρκιον πρεσβευτὴν ἐξαπέστελλεν ἐπί τε τὰ κατὰ Μακεδονίαν, καὶ τὰ κατὰ Πελοπόννησον.

ΜΖ.

Πῶς Φιλοποίμην ὁ τῶν Ἀχαιῶν στρατηγὸς τῇ τε Τίτου καὶ τῶν ἀντιστασιαστῶν προαιρέσει πραγματικῶς ἀντέστη.

ΟΤΙ Δεινοκράτης ὁ Μεσσήνιος παραγενόμενος εἰς τὴν Ῥώμην πρεσβευτὴς, καὶ καταλαβὼν τὸν Τίτον πρεσβευτὴν καθεσταμένον ὑπὸ τῆς συγκλήτου πρός τε Προυσίαν καὶ τὸν Σέλευκον περιχαρὴς ἐγενήθη· νομίζων τὸν Τίτον διά τε τὴν πρὸς αὐτὸν φιλίαν, (ἐγεγόνει γὰρ αὐτῷ συνήθης κατὰ τὸν Λακωνικὸν πόλεμον·) καὶ διὰ τὴν πρὸς τὸν Φιλοποίμενα διαφορὰν, παραγενόμενον εἰς τὴν Ἑλλάδα, χειριεῖν τὰ κατὰ τὴν Μεσσήνην πάντα κατὰ τὴν αὐτοῦ προαίρεσιν. Διὸ καὶ παρεὶς τἄλλα προσεκαρτέρει τῷ Τίτῳ, καὶ πάσας εἰς τοῦτον ἀπηρείσατο τὰς ἐλπίδας. Καὶ ὁ Δεινοκράτης παρῆν μετὰ τοῦ Τίτου εἰς τὴν Ἑλλάδα, πεπεισμένος, ἐξ ἐφόδου τὰ κατὰ τὴν Μεσσήνην ἐγχειρισθήσεσθαι κατὰ τὴν αὐτοῦ βούλησιν. οἱ δὲ περὶ τὸν Φιλοποίμενα, σαφῶς ἐπεγνωκότες, ὅτι περὶ τῶν Ἑλληνικῶν ὁ Τίτος οὐδεμίαν ἐντολὴν ἔχει παρὰ τῆς συγκλήτου, τὴν ἡσυχίαν εἶχον, καραδοκοῦντες αὐτοῦ τὴν παρουσίαν. Ἐπεὶ δὲ καταπλεύσας εἰς Ναύπακτον, ἔγραφε τῷ στρατηγῷ καὶ τοῖς δημιουργοῖς τῶν Ἀχαιῶν, κελεύων συνάγειν τοὺς Ἀχαιοὺς εἰς ἐκκλησίαν· ἀντέγραψαν αὐτῷ διότι ποιήσουσιν, ἂν γράψῃ περὶ τίνων βούλεται διαλεχθῆναι τοῖς Ἀχαιοῖς. τοὺς γὰρ νόμους ταῦτα τοῖς ἄρχουσιν ἐπιτάττειν. τοῦ δὲ μὴ τολμῶντος γράφειν, αἱ μὲν τοῦ Δεινοκράτους ἐλπίδες, καὶ τῶν ἀρχαίων λεγομένων φυγάδων, τότε δὲ προσφάτως ἐκ τῆς Λακεδαίμονος ἐκπεπτωκότων, καὶ συλλήβδην ἡ τοῦ Τίτου παρουσία, καὶ προσδοκία, τοῦτον τὸν τρόπον διέπεσεν.

Achæorum, (demiurgos vocant), dedit, jubens ad concilium cogi multitudinem. Reſcriptum eſt, factum iri uti jubebat, ſi per literas ſignificaſſet qua de re cum populo velit agere: ita enim leges imperare magiſtratibus. Tito non audente ſcribere quid vellet, ſpes Dinocratis, & eorum exulum, quos veteres vocant, qui tunc recens è Lacedæmone fuerant ejecti, atque omnino Titi adventus & exſpectatio ad irritum iſto pacto cecidit.

ΜΗ.

Πῶς Φίλιππος ἀπὸ τῶν ἐπὶ Θρᾴκης Ἑλληνίδων πόλεων ἀπέβη.

Τοῦ αὐτοῦ ἐκστρατεία ἐπὶ τοὺς Βαρβάρους.

ΟΤΙ τῶν περὶ τὸν Κόϊντον τὸν Μάρκιον πρεσβευσάντων εἰς Μακεδονίαν, ἀπέβη μὲν ἀπὸ τῶν ἐπὶ Θρᾴκης Ἑλληνίδων πόλεων ὁλοχερῶς ὁ Φίλιππος, καὶ τὰς φρουρὰς ἐξήγαγεν· ἀπέβη δὲ βαρυνόμενος καὶ στένων. διωρθώσατο δὲ καὶ τἄλλα πάντα, περὶ ὧν οἱ Ῥωμαῖοι ἐπέταττον, βουλόμενος ἐκείνοις μὲν, μηδεμίαν ἔμφασιν ποιεῖν ἀλλοτριότητος, λαμβάνειν δὲ ἀναστροφὴν πρὸς τὰς εἰς τὸν πόλεμον παρασκευάς· τηρῶν δὲ τὴν προκειμένην ὑπόθεσιν, ἐξῆγε στρατιὰν ἐπὶ τοὺς Βαρβάρους· διελθὼν δὲ διὰ μέσης τῆς Θρᾴκης, ἐνέβαλεν εἰς Ὀδρύσας, Βέσσους, καὶ Δενθηλήτους. Παραγενόμενος δὲ ἐπὶ τὴν προσαγορευομένην Φιλίππου πόλιν, φυγόντων τῶν ἐνοικούντων εἰς τὰς ἀκρωρείας,

XLVIII.

Quomodo Philippus è Thraciæ Græcorum urbibus exceſſit.

Ejuſdem expeditio adverſus Barbaros.

POSTQUAM Q. Marcius in Macedoniam legatus venit, exceſſit quidem penitus ex urbibus Thraciæ quas Græci habitabant, Philippus, & præſidia ex iis deduxit; ſed exceſſit invitus ac gemens. Omnia item alia Romanorum imperata fecit: quod cuperet nullum alienati animi indicium ipſis dare, ſed moram temporis nanciſci ad bellum præparandum. Quo etiam conſilio expeditionem adverſus Barbaros ſuſcepit & per mediam Thraciam in fines Odryſarum, Beſſorum, Dentheletarum expeditionem ſuſcepit. Ad urbem quam Philippopolim dicunt, ut venit, primo impetu illam occupat, fugâ oppidanorum deſertam, qui in montes confugerant: deinde per campos, quàm latè patent vagatus, aliis vi domitis, aliis in fidem acceptis, præsidio Philippopoli imposito, in regnum suum est reversus. id verò præsidium non multo post ab Odrysis, fidem Regi non servantibus, fuit expulsum.

ἐξ ἐφόδου κατέσχε τὴν πόλιν. Μετὰ δὲ ταῦτα πᾶν τὸ πεδίον ἐπιδραμὼν, καὶ τοὺς μὲν ἐκπορθήσας, παρ' ὧν δὲ πίστεις λαβὼν, ἐπανῆλθε, φρουρὰν καταλιπὼν ἐν τῇ Φιλίππου πόλει. ταύτην δὲ συνέβη μετά τινα χρόνον ἐκπεσεῖν ὑπὸ τῶν Ὀδρυσῶν, ἀθετησάντων τὰς πρὸς τὸν βασιλέα πίστεις.

XLIX.

Lacedæmoniorum exulum legatio Romam missa.

Eo tempore missi sunt Romam legati ab iis qui Lacedæmone exulabant: inter quos erant Arcesilaus & Agesipolis, qui in ætate puerili Rex Spartæ fuerat. In hos legatos piratæ in mari inciderunt eosque occiderunt. Qui in eorum locum suffecti sunt, ii Romam incolumes pervenerunt.

ΜΘ.

Πρεσβεία εἰς Ῥώμην τῶν ἐκ Λακεδαίμονος φυγάδων.

ΟΤΙ κατὰ τοὺς αὐτοὺς καιροὺς, ἐξαπεστάλησαν ὑπὸ τῶν ἐκ Λακεδαίμονος φυγάδων πρέσβεις εἰς τὴν Ῥώμην, ἐν οἷς ἦν Ἀρκεσίλαος, καὶ Ἀγησίπολις, ὃς ἔτι παῖς ὢν, ἐγενήθη βασιλεὺς ἐν τῇ Σπάρτῃ. τούτους μὲν οὖν λῃσταί τινες περιπεσόντες ἐν τῷ πελάγει διέφθειραν. Οἱ δὲ μετὰ τούτων κατασταθέντες διεκομίσθησαν εἰς τὴν Ῥώμην.

L.

Principium eorum malorum quæ paullo post Demetrio acciderunt.

Postea quàm Demetrius ab Roma in Macedoniam est reversus, Senatus responsum afferens, quo significabant Romani, uni Demetrio ferri acceptum debere, quod veniam Philippo dedissent, eique credidissent: omnia enim fecisse & porrò facturos in Demetrii gratiam; Macedones Demetrium

Ν.

Καταρχὴ τῆς μετ' οὐ πολὺ συμβάσης περὶ τὸν Δημήτριον τραγῳδίας.

ΟΤΙ τοῦ Δημητρίου παραγενηθέντος ἐκ τῆς Ῥώμης εἰς τὴν Μακεδονίαν, καὶ κομίζοντος τὰς ἀποκρίσεις, ἐν αἷς οἱ Ῥωμαῖοι πᾶσαν τὴν ἐξ αὐτῶν χάριν καὶ πίστιν εἰς τὸν Δημήτριον ἀπηρείδοντο, καὶ διὰ τοῦτον ἔφασαν ταῦτα πεποιηκέναι καὶ ποιήσειν· οἱ μὲν Μακεδόνες ἀπεδέχοντο τὸν Δημήτριον, μεγάλων ὑπολαμβάνοντες ἀπολελύσθαι φόβων καὶ κινδύνων. προσεδόκων γὰρ ὅσον οὔπω τὸν ἀπὸ Ῥωμαίων πόλεμον ἐπ' αὐτοὺς ἥξειν, διὰ τὰς τοῦ Φιλίππου παρατριβάς. Ὁ δὲ Φίλιππος καὶ Περσεὺς, οὐχ ἡδέως ἑώρων τὸ γινόμενον, οὐδ' ἤρεσεν αὐτοῖς, τὸ δοκεῖν τοὺς Ῥωμαίους αὐτῶν μὲν μηθένα λόγον ποιεῖσθαι· τῷ δὲ Δημητρίῳ πᾶσαν ἀνατιθέναι τὴν ἐξ αὐτῶν χάριν. Οὐ μὴν ὁ μὲν Φίλιππος ἐπεκρύπτετο τὴν ἐπὶ τούτοις δυσαρέστησιν· ὁ δὲ Περσεὺς, οὐ μόνον ἐν τῇ πρὸς Ῥωμαίους εὐνοίᾳ παρὰ πολὺ τἀδελφοῦ λειπόμενος· ἀλλὰ καὶ περὶ τἄλλα πάντα καθυστερῶν, καὶ τῇ φύσει καὶ τῇ κατασκευῇ, δυσχερῶς ἔφερε· τὸ δὲ συνέχον, ἐδεδίει περὶ τῆς ἀρχῆς, μὴ πρεσβύτερος ὢν ἐξωσθῇ, διὰ τὰς προειρημένας αἰτίας· διὸ τούς τε φίλους ἔφθειρε τοὺς τοῦ Δημητρίου....

cum favore conspiciebant, magno metu magnisque periculis per eum liberatos se existimantes. Nam propter Philippi offensiones, existimabant non multo post Romanos cum infesto exercitu adfuturos. At Philippus & Perseus iniquo animo hoc ferebant: neque placebat ipsis, quod Romani nulla ipsorum ratione habita, Demetrio imputari vellent omnia sua beneficia. Sed Philippus quidem displicere hæc sibi dissimulat: Perseus verò qui non solùm benevolentia populi Romani à fratre vincebatur: sed & plerisque aliis in rebus, cum ingenio tum disciplina & usu longe erat illi inferior, dolorem suum prodebat. Cujus quidem præcipua caussa erat, quod metuebat ne qui ætate major esset, regno tamen propter dictas caussas extruderetur: iccirco amicos Demetrii corrumpebat.

ΝΑ.

Ἀποκρίσεις διάφοροι τῆς συγκλήτου τῶν Ῥωμαίων διαφόροις πρεσβευταῖς δοθεῖσαι.

Δυσαρέστησις τῆς συγκλήτου πρὸς τοὺς Ἀχαιούς.

ΟΤΙ κατὰ τὸ δεύτερον ἔτος, ἡ σύγκλητος παραγινομένων πρέσβεων παρὰ Εὐμένους καὶ Φαρνάκου, καὶ παρὰ τοῦ τῶν Ἀχαιῶν ἔθνους· ἔτι δὲ παρὰ τῶν ἐκ τῆς Λακεδαίμονος ἐκπεπτωκότων, καὶ παρὰ τῶν κατεχόντων τὴν πόλιν, ἐχρημάτισε τούτοις. Ἧκον δὲ καὶ Ῥόδιοι πρεσβεύοντες ὑπὲρ τῆς

L I.

Responsa diversa Romani Senatus, diversis legatis data.

Abalienatio Senatus ab Achais.

ANNO altero hujus Olympiadis venerunt Romam legati ab Eumene, & Pharnace, & Achæorum gente, item ab iis Lacedæmoniis qui patria sua erant extorres; necnon ab iis qui eam civitatem tenebant: quibus omnibus Senatus est datus. Adfuerunt & legati Rhodiorum, querentium de Sino-

Sinopenſium clade. His igitur & iis quos Eumenes ac Pharnaces miſerant, reſponſum à Patribus: legatos ad res Sinopenſium ſpeculandas, & Regum controverſias cognoſcendas, miſſurum Senatum. Quum autem ex Græcia recens Q. Marcius rediiſſet, & ſtatum Macedoniæ ac Peloponneſi Patres edocuiſſet, non exiſtimabat quidem Senatus, opus eſſe ut alios de iiſdem rebus audiret: veruntamen introductis Peloponneſiis Macedonibuſque legatis, aures quidem illis commodavit: cæterùm & in reſponſis dandis & in ſententiis de rebus ferendis, non eorum habuerunt rationem quæ dixiſſent legati; ſed eorum quæ Martius in legatione ſibi cognita dixerat. Is autem de Rege Philippo renuntiaverat, feciſſe illum quidem imperata, ſed gravatè omnia feciſſe: ac data occaſione quidvis eum adverſus Romanos moliturum. Propterea Philippi legatis reſpondens Senatus, Philippum ita laudavit ob ea quæ fecerat, ut cavendum illi in poſterum diceret, ne quid adverſus populum Rom. faceret. De rebus Peloponneſi hæc retulerat Marcius: Achæos nihil ad Senatum referre velle; ſed ſublatis ſpiritibus, id agere, ut omnia per ſe adminiſtrent. hos ſi in præſentia negligenter ſolùm audirent, & ſignificationem quamvis levem darent, ſibi facta illorum diſplicere; extemplo Lacedæmonem & Meſſenen conſenſuras. quod ſi accideret; cum multis precibus Romam, velut ad perfugium ſuum,

συμφρονήσει. τούτου δὲ γινομένου μετὰ μεγά-

Σινωπέων ἀτυχίας. Τούτοις μὲν οὖν καὶ τοῖς παρ' Εὐμένους καὶ Φαρνάκου πρεσβεύουσιν, ἡ σύγκλητος ἀπεκρίθη· διότι πέμψει πρεσβευτὰς τοὺς ἐπισκεψομένους περί τε Σινωπέων καὶ περὶ τῶν τοῖς βασιλεῦσιν ἀμφισβητουμένων. Τοῦ δὲ Κοΐντου Μαρκίου προσφάτως ἐκ τῆς Ἑλλάδος παραγεγονότος, καὶ περί τε τῶν ἐν Μακεδονίᾳ, καὶ περὶ τῶν ἐν Πελοποννήσῳ διασεσαφηκότος, οὐκ ἔτι πολλῶν προσεδεήθη λόγων ἡ σύγκλητος· ἀλλ' εἰσκαλεσαμένη καὶ τοὺς ἀπὸ Πελοποννήσου καὶ Μακεδόνας πρεσβεύοντας, διήκουσε μὲν τῶν λόγων· τὰς γε μὴν ἀποκρίσεις ἔδωκε, καὶ τὴν διάληψιν ἐποιήσατο τῶν πραγμάτων, οὐ πρὸς τοὺς τῶν πρεσβευτῶν λόγους, ἀλλὰ πρὸς τὴν ἀποπρεσβείαν ἁρμοσαμένη τοῦ Μαρκίου. ὃς ὑπὲρ μὲν τοῦ Φιλίππου τοῦ βασιλέως ἀπηγγέλκει, διότι πεποίηκε μὲν τὰ προσταττόμενα, πεποίηκε δὲ ταῦτα πάντα βαρυνόμενος· καὶ ὅτι λαβὼν καιρὸν, πᾶν τι ποιήσει κατὰ Ῥωμαίων. Διὸ τοῖς μὲν παρὰ τοῦ Φιλίππου πρεσβευταῖς, τοιαύτην ἔδωκε τὴν ἀπόκρισιν, δι' ἧς ἐπὶ μὲν τοῖς γεγονόσιν ἐπῄνει τὸν Φίλιππον· εἰς δὲ τὸ λοιπὸν ᾤετο δεῖν προσέχειν αὐτὸν, ἵνα μηδὲν ὑπεναντίον φαίνηται πράττων Ῥωμαίοις. Περὶ δὲ τῶν κατὰ Πελοπόννησον ὁ Μάρκιος, τοιαύτην ἐπεποίητο τὴν ἐπαγγελίαν· διότι τῶν Ἀχαιῶν οὐ βουλομένων ἀναφέρειν οὐδὲν ἐπὶ τὴν σύγκλητον· ἀλλὰ φρονηματιζομένων, καὶ πάντα δι' ἑαυτῶν πράττειν ἐπιβαλλομένων· ἐὰν παρακούσωσι μόνον αὐτῶν κατὰ τὸ παρὸν καὶ βραχεῖαν ἔμφασιν ποιήσωσι δυσαρεστήσεως, ταχέως ἡ Λακεδαίμων τῇ Μεσσήνῃ λης χάριτος ἥξειν τοὺς Ἀχαιοὺς ἔφη, καταπεφευγότας ἐπὶ Ῥωμαίους. Διὸ τοῖς μὲν ἐκ τῆς Λακεδαίμονος ἀπεκρίθησαν τοῖς περὶ Σήριππον, βουλόμενοι μετέωρον ἐᾶσαι τὴν πόλιν· διότι πάντα πεποιήκασιν αὐτοῖς τὰ δυνατά· κατὰ δὲ τὸ παρὸν οὐ νομίζουσιν εἶναι τοῦτο τὸ πρᾶγμα πρὸς αὐτούς. Τῶν δὲ Ἀχαιῶν παρακαλούντων, εἰ μὲν δυνατόν ἐστι, βοήθειαν αὐτοῖς πέμψαι κατὰ τὴν συμμαχίαν ἐπὶ τοὺς Μεσσηνίους· εἰ δὲ μή, προνοηθῆναι, ἵνα μηδεὶς τῶν ἐξ Ἰταλίας, μήθ' ὅπλα, μήτε σῖτον, εἰς τὴν Μεσσήνην εἰσαγάγῃ· τούτων μὲν οὐδενὶ προσεῖχον· ἀπεκρίθησαν δέ, διότι οὐδ' ἂν ὁ Λακεδαιμονίων ἢ Κορινθίων ἢ Ἀργείων ἀφίστηται δῆμος, οὐ δεήσει τοὺς Ἀχαιοὺς θαυμάζειν, ἐὰν μὴ πρὸς αὐτοὺς ἡγῶνται. Ταύτην δὲ τὴν ἀπόκρισιν ἐκθέμενοι, κηρύγματος ἔχουσαν διάθεσιν τοῖς βουλομένοις ἕνεκεν Ῥωμαίων ἀφίστασθαι τῆς τῶν Ἀχαιῶν πολιτείας· λοιπὸν τοὺς πρεσβευτὰς παρακατεῖχον, καραδοκοῦντες τὰ κατὰ τὴν Μεσσήνην, πῶς προχωρήσει τοῖς Ἀχαιοῖς. Καὶ τὰ μὲν κατὰ τὴν Ἰταλίαν ἐν τούτοις ἦν.

venturos Achæos affirmabat. Iccirco Patres legationi Lacedæmoniorum cujus princeps erat Serippus, quum exspectatione suspensam civitatem illam vellent relinquere, responderunt: Se illos antea omni ope adjuvisse: nunc verò ita existimare Senatum, ad curam suam id negotium non pertinere. Petentibus Achæis, ut si fieri posset, auxilia sibi secundum fœderis leges mitterent adversus Messenios: sin hoc nollent, providerent certè ne quis ex Italia arma frumentumue Messenam importaret: neglectis hisce postulatis, responderunt; Etiamsi Lacedæmonii, aut Corinthii, aut Argivi ab iis se abjungerent, mirari Achæos non debere, si nihil ad se eam rem pertinere Patres ducerent. Hoc edito responso, quod instar præconii fuit, si quis vellet ab Achæorum concilio recedere, ut per Romanos id sibi sciret licere; legatos Romæ detinuerunt, auide exspectantes, quem exitum Achæi habituri essent eorum quæ contra Messenios parabant. Hæc in Italia tum quidem gerebantur.

N B.

Πῶς ὁ Λυκόρτας τοὺς Μεσσηνίους παραστησάμενος, πάντας τοὺς μετεσχηκότας τοῦ φόνου τοῦ Φιλοποίμενος ἐπανείλετο.

LII.

Quomodo Lycortas postquam Messenios facere deditionem coëgisset, auctores cædis Philopœmenis omnes sustulerit.

ΟΤΙ ὁ Λυκόρτας ὁ τῶν Ἀχαιῶν στρατηγὸς, τοὺς Μεσσηνίους καταπληξάμενος τῷ

QUUM Lycortas Achæorum Imperator Messenios bello terruisset; omnibus antea mussan-

mussantibus ob terrorem magistratuum, ægre tum nonnulli præsidio freti hostium, vocem liberam ausi sunt mittere; ac dicere, legatos de pace esse mittendos. Dinocrates non amplius resistere multitudini ausus, quod undique cinctus teneretur, temporum necessitati cedens, in suas ædes se recepit. multitudo autem, seniorum hortatu, & maxime legatorum, qui è Bœotia venerant, (ii erant Epænetus & Apollo dorus, qui quum jam antè ad agendum de pace venissent, opportunè tunc Messenæ sunt reperti:) horum igitur hortatibus impulsi Messenii, legatos ad petendam pacem decreverunt miseruntque, delictorum veniam poscentes. Achæorum Imperator magistratibus in concilium assumptis, audita legatione Messeniorum; Unicam patere illis viam ad pacem obtinendam ab Achæorum gente dixit: si auctores rebellii & cędis Philopœmenis statim sibi dederent: de cæteris omnibus liberum Achæis arbitrium permitterent; in arcem præsidium sine mora reciperent. Quæ ubi multitudini sunt nuntiata, qui belli auctores male jam dudum oderant, eos corripere & dedere parati erant; alii qui nihil mali ab Achæis manere se confidebant, conditionem facile probarunt, ut omnium arbitrium illis permitteretur. Caput autem illud erat; quod quum optandi quid vellent potestas illis nulla esset, conditiones quæ sibi offerebantur communi consensu acceperunt. Igitur Lycortas arce statim

πολέμῳ ..... πάλαι μὲν οἱ Μεσσήνιοι καταπεπληγμένοι τὸν πρὸ τοῦ χρόνον τοὺς προεστῶτας, τότε μόλις ἐθάῤῥησαν τινὲς αὐτῶν φωνὴν ἀφιέναι (πιστεύσαντες τῇ τῶν πολεμίων ἐφεδρείᾳ) καὶ λέγειν, ὅτι δεῖ πρεσβεύειν ὑπὲρ διαλύσεως. Οἱ μὲν οὖν περὶ τὸν Δεινοκράτην οὐκ ἔτι δυνάμενοι πρὸς τὸ πλῆθος ἀντοφθαλμεῖν, διὰ τὸ περιέχεσθαι, τοῖς πράγμασιν εἴξαντες, ἀνεχώρησαν εἰς τὰς ἰδίας οἰκήσεις. οἱ δὲ πολλοὶ παρακληθέντες ὑπό τε τῶν πρεσβυτέρων, καὶ μάλιστα τῶν ἐκ Βοιωτίας πρεσβευτῶν, (οἳ πρότερον ἤδη παραγεγονότες ἐπὶ τὰς διαλύσεις, Ἐπαίνετος καὶ Ἀπολλόδωρος, εὐκαίρως τότε παρέτυχον ἐν τῇ Μεσσήνῃ,) ταχέως ἐπακολουθήσαντες ἐπὶ τὰς διαλύσεις οἱ Μεσσήνιοι, κατέστησαν πρεσβευτὰς, καὶ τούτους ἐξέπεμψαν· δεόμενοι τυχεῖν συγγνώμης ἐπὶ τοῖς ἡμαρτημένοις. Ὁ δὲ στρατηγὸς τῶν Ἀχαιῶν παραλαβὼν τοὺς συνάρχοντας, καὶ διακούσας τῶν παραγεγονότων, μίαν ἔφη Μεσσηνίοις πρὸς τὸ ἔθνος εἶναι διάλυσιν· ἐὰν μὲν τοὺς αἰτίους τῆς ἀποστάσεως καὶ τῆς Φιλοποίμενος ἀναιρέσεως ἤδη παραδῶσιν αὐτῷ· περὶ δὲ τῶν ἄλλων ἁπάντων ἐπιτροπὴν δῶσιν τοῖς Ἀχαιοῖς· εἰς δὲ τὴν ἄκραν ἐνδέξωνται παραχρῆμα φυλακήν. Ἀναγγελθέντων δὲ τούτων εἰς τοὺς ὄχλους, οἱ μὲν πάλαι πικρῶς διακείμενοι πρὸς τοὺς αἰτίους τοῦ πολέμου, πρόθυμοι τούτους ἦσαν ἐκδιδόναι καὶ συλλαμβάνειν· οἱ δὲ, πεπεισμένοι μηδὲν πείσεσθαι δεινὸν ἀπὸ τῶν Ἀχαιῶν, ἑτοίμως συγκατέβαινον εἰς τὴν ὑπὲρ τῶν ὅλων ἐπιτροπήν. τὸ δὲ συνέχον, οὐκ ἔχοντες αἵρεσιν περὶ τῶν παρόντων, ὁμοθυμαδὸν ἐδέξαντο τὰ προτεινόμενα. Τὴν μὲν οὖν ἄκραν εὐθέως θέας παραλαβὼν ὁ στρατηγὸς, τοὺς πελταστὰς εἰς αὐτὴν παρήγαγε. μετὰ δὲ ταῦτα προσλαβὼν τοὺς ἐπιτηδείους ἐκ τοῦ στρατοπέδου, παρῆλθεν εἰς τὴν πόλιν· καὶ συναγαγὼν τοὺς ὄχλους, παρεκάλεσε τὰ πρέποντα τοῖς ἐνεστῶσι καιροῖς, ἐπαγγελλόμενος ἀμεταμέλητον αὐτοῖς ἔσεσθαι τὴν πίστιν. Τῆς μὲν οὖν ὑπὲρ τῶν ὅλων διαλήψεως τὴν ἀναφορὰν ἐπὶ τὸ ἔθνος ἐποιήσατο. καὶ γὰρ ὥσπερ ἐπίτηδες συνέβαινε τότε πάλιν συναγαγέσθαι τοὺς Ἀχαιοὺς εἰς Μεγάλην πόλιν ἐπὶ τὴν δευτέραν σύνοδον. τῶν δὲ ἐν ταῖς αἰτίαις, ὅσοι μὲν μετέσχον τοῦ παρ' αὐτὸν τὸν καιρὸν ἐπανελέσθαι τὸν Φιλοποίμενα, τούτοις ἐπέταξε παραχρῆμα, πάντας αὐτοὺς ἐξάγειν ἐκ τοῦ ζῆν.

sibi tradita, cetratos in eam induxit: deinde cum delectis ex omni exercitu urbem est ingressus: & concione convocata, convenienter præsenti Fortunæ eos est hortatus: pollicitus datam ipsis fidem nunquam iri violatum. Deliberationem porrò de summa rerum ad gentem Achæorũ rejecit. etenim quasi de industria tunc commodùm accidit, ut iterum Megalopolim ad conventum alterum Achæorum concilium convenisset. Ex iis qui maleficii alicujus accusabantur; universis per quos factum fuerat, ut Philopœmenes statim captus interficeretur, ut educerent ipsi sese è vivis, imperavit.

ΝΓ.

Μεσσηνίων ἀποκατάστασις διὰ Λυκόρτα.

Ῥωμαίων πολιτικὴ συνυπόκρισις πρὸς τοὺς Ἀχαιοὺς, καὶ ἡ ἄγαν φιλοτιμία αὐτῶν.

Ἡ τῆς Σπάρτης μετὰ τῶν Ἀχαιῶν συμπολιτεία.

Πρεσβεῖαι διάφοροι πρὸς Ῥωμαίους ἀπὸ τῆς Σπάρτης καὶ τῶν φυγάδων.

LIII.

Messenii virtute Lycortæ in integrum restituti.

Romanorum dissimulatio mentis suæ erga Achæos; & eorundem ambitio.

Sparta contribuitur concilio Achæorum.

Legationes variæ tum à Lacedæmoniorum civitate missæ, tum ab exulibus.

ΟΤΙ οἱ Μεσσήνιοι διὰ τὴν αὐτῶν ἄγνοιαν, εἰς τὴν ἐσχάτην παραγενόμενοι διάθεσιν, ἀποκατέστησαν εἰς τὴν ἐξ ἀρχῆς κατάστασιν τῆς συμπολιτείας, διὰ τὴν Λυκόρτα καὶ τῶν Ἀχαιῶν μεγαλοψυχίαν. ἡ δ' Ἄβια, καὶ Θούρια καὶ

QUUM Messenii culpa sua in statum omnium miserrimum devenissent, magnanimitate Lycortæ & Achæorum in pristinum locum sunt restituti, ut essent concilii Achæorum. Ea tempestate Abia,

Thuria,

Thuria, Phara à Messeniis divulsæ, ac propria columna erecta, concilii Achæorum singulæ participes sunt factæ. Romani ut cognoverunt, ex animi sententia Achæis bellum cum Messeniis cessisse, dissimulata priore sententia, aliud iisdem legatis responsum dant: certioresque illos faciunt, Senatum providisse, ne quisquam ex Italia aut arma aut frumentum Messenam importaret. Qua re declaratum est à Romanis, adeo non repudiare aut contemnere se externa negotia; licet parum ad ipsos attinentia; ut contra etiam indignentur, si ad ipsos omnia non referantur, neque ex ipsorum sententia cuncta administrentur. Postea verò quàm Lacedæmonem legati Rom. cum Senatus responso, venerunt; extemplo Achæorum Prætor, Messeniaco bello confecto, multitudinis concilium Sicyonem indixit. Quò ut ventum, de recipienda Sparta in societatem Reipub. deliberationem proposuit: Romanos enim, quibus liberum de ea urbe arbitrium fuerat prius permissum, jam negotium totum respuere: respondisse enim, res Lacedæmoniorum nihil ad se pertinere. Quoniam verò cupiant qui Spartæ in præsentia rerum potiuntur, participes concilii Achæorum fieri; hortari Prætor gentem Achæorum, ut eos reciperent. id enim duas ob caussas rationibus ipsorum conducere. primum quia homines sibi adjungent, qui Achæorum genti fidem servarunt: deinde quia veteres exules quorum ingratum

Φαραί· κατὰ γὰρ τὸν καιρὸν τοῦτον, ἀπὸ μὲν τῆς Μεσσήνης ἐχωρίσθησαν· ἰδίαν δὲ θέμεναι στήλην, ἑκάστη μετεῖχε τῆς κοινῆς συμπολιτείας. Ῥωμαῖοι δὲ πυθόμενοι κατὰ λόγον κεχωρηκέναι τοῖς Ἀχαιοῖς τὰ κατὰ τὴν Μεσσήνην, οὐδένα λόγον ποιησάμενοι τῆς πρότερον ἀποφάσεως, ἄλλην ἔδωκαν τοῖς αὐτοῖς πρεσβευταῖς ἀπόκρισιν· διασαφοῦντες, ὅτι πρόνοιαν πεποιήκασι τοῦ μηδένα τῶν ἐξ Ἰταλίας, μήθ' ὅπλα, μήτε σῖτον εἰσάγειν εἰς τὴν Μεσσήνην. Ἐξ οὗ καταφανὲς ἅπασιν ἐγενήθη, ὅτι τοσοῦτον ἀπέχουσι τοῦ τὰ μὴ λίαν ἀναγκαῖα τῶν ἐκτὸς πραγμάτων ἀποτρίβεσθαι καὶ παρορᾶν, ὡς τοὐναντίον καὶ δυσχεραίνουσιν ἐπὶ τῷ μὴ πάντων τὴν ἀναφορὰν ἐφ' ἑαυτοὺς γίνεσθαι, καὶ πάντα πράττεσθαι μετὰ τῆς αὐτῶν γνώμης. Εἰς δὲ τὴν Λακεδαίμονα παραγινομένων τῶν πρεσβευτῶν ἐκ τῆς Ῥώμης, καὶ κομιζόντων τὴν ἀπόκρισιν, εὐθέως ὁ στρατηγὸς τῶν Ἀχαιῶν μετὰ τὸ συντελέσαι τὰ κατὰ τὴν Μεσσήνην, συνῆγε τοὺς πολλοὺς εἰς τὴν τῶν Σικυωνίων πόλιν. ἀθροισθέντων δὲ τῶν Ἀχαιῶν, ἐδίδου διαβούλιον ὑπὲρ τοῦ προσλαβέσθαι τὴν Σπάρτην εἰς τὴν συμπολιτείαν, φάσκων Ῥωμαίους μὲν ἀποτρίβεσθαι τὴν πρότερον αὐτοῖς δοθεῖσαν ἐπιτροπὴν ὑπὲρ τῆς πόλεως ταύτης· ἀποκεκρίσθαι γὰρ αὐτοὺς νῦν, μηδὲν εἶναι τῶν κατὰ Λακεδαίμονα πραγμάτων εἰς αὐτούς· τοὺς δὲ κυριεύοντας τῆς Σπάρτης κατὰ τὸ παρὸν βούλεσθαι σφίσιν μετέχειν τῆς συμπολιτείας. Διὸ παρεκάλει προσδέξασθαι τὴν πόλιν· εἶναι γὰρ τοῦτο κατὰ δύο τρόπους συμφέρον· καθ' ἕνα μὲν ὅτι τούτους προσλήψουσι, τοὺς διατετηρηκότας τὴν πρὸς τὸ ἔθνος πίστιν· καθ' ἕτερον δὲ, διότι τῶν ἀρχαίων φυγάδων τοὺς

ἀχαρί-

ἀχαρίστως καὶ ἀσεβῶς ἀνεστραμμένους εἰς αὐτούς, οὐχ ἕξουσι κοινωνοὺς τῆς πολιτείας· ἀλλ' ἑτέρους αὐτῶν ἐκκεκλικότων τῆς πόλεως· οἱ βεβαιώσαντες τὰς ἐκείνων προαιρέσεις, ἅμα τὴν ἁρμόζουσαν αὐτοῖς χάριν ἀποδώσουσι μετὰ τῆς τῶν θεῶν προνοίας. Ὁ μὲν οὖν Λυκόρτας ταῦτα καὶ τὰ τοιαῦτα λέγων, παρεκάλει τοὺς Ἀχαιοὺς προσδέξασθαι τὴν πόλιν. ὁ δὲ Διοφάνης, καί τινες ἕτεροι, βοηθεῖν ἐπειρῶντο τοῖς φυγάσι, καὶ παρεκάλουν τοὺς Ἀχαιοὺς μὴ συνεπιθέσθαι τοῖς ἐκπεπτωκόσιν· μηδὲ δι' ὀλίγους ἀνθρώπους, συνεπισχύσαι τοῖς ἀσεβῶς καὶ παρανόμως αὐτοὺς ἐκ τῆς πατρίδος ἐκβεβληκόσι. Τοιαῦτα μὲν οὖν τὰ ῥηθέντα παρ' ἑκατέρων· οἱ δ' Ἀχαιοὶ διακούσαντες ἀμφοτέρων, ἔκριναν προσλαβέσθαι τὴν πόλιν· καὶ μετὰ ταῦτα, στήλης προγραφείσης, συνεπολιτεύετο μετὰ τῶν Ἀχαιῶν ἡ Σπάρτη, προσδεξαμένων τῶν ἐν τῇ πόλει τούτους τῶν ἀρχαίων φυγάδων, ὅσοι μηδὲν ἐδόκουν ἀγνωμόνως πεποιηκέναι κατὰ τοῦ τῶν Ἀχαιῶν ἔθνους. οἱ δ' Ἀχαιοὶ ταῦτα κυρώσαντες, πρεσβευτὰς ἀπέστελλον εἰς τὴν Ῥώμην τοὺς περὶ Βίππον τὸν Ἀργεῖον, διασαφήσοντας τῇ συγκλήτῳ περὶ πάντων. ὁμοίως δὲ καὶ Λακεδαιμόνιοι τοὺς περὶ Χάρωνα κατέστησαν. ἐξαπέστελλον δὲ καὶ οἱ φυγάδες τοὺς περὶ Κλῆτιν Διακτόριον, τοὺς καταστησομένους ἐν τῇ συγκλήτῳ πρὸς τοὺς παρὰ τῶν Ἀχαιῶν πρεσβευτάς. Εἰς δὲ τὴν Ῥώμην παραγεγονότων τῶν πρεσβευτῶν, παρά τε τῶν ἐκ Λακεδαίμονος φυγάδων, καὶ παρὰ τῶν Ἀχαιῶν· ἅμα δὲ καὶ τῶν παρ' Εὐμένους, καὶ παρ' Ἀριαράθου τοῦ βασιλέως ἡκόντων, καὶ τῶν παρὰ Φαρνάκου· τούτοις πρώτων

animum atque impietatem essent experti, participes suæ Reipub non essent habituri: sed iis urbe excedentibus, alios recepturi, qui decreta concilii Achæorum confirmabunt, & pro accepto beneficio parem gratiam, volentibus diis, reddent. Has & similes his rationes Lycortas afferebat, cum Achæos hortabatur, ut Spartam reciperent. Diophanes verò & alii nonnulli, exulibus patrocinari conabantur: monebantque Achæos, ne hominum extorrium fortunam urgere etiam ipsi vellent: neve propter paucos suam potentiam iis commodarent, à quibus impie & contra jus expulsi essent è patria. Hæc ab utraque parte dicta sunt: quibus omnibus auditis, statuunt Achæi urbem recipere: & ex illo tempore, postquam scripta & posita fuit columna, concilio Achæorum contributa est Sparta: suntque in urbem restituti è numero exulum illi, qui ingrati adversus gentem Achæorum animi nullum specimen dedissent. Posteaquam hæc ita Achæi transegerunt, legationem ad populum Romanum obire jusserunt Bippum Argivum, qui de omnibus rebus Senatum faceret certiorem. Lacedæmonii quoque Charonem legarunt: sed & exules Cletim Diactorium miserunt, ut apud Senatum contra legatos Achæorum caussam suam tueretur. Quum autem venissent Romam tum omnes illi, quos modò commemoravimus legati; tum quos Eumenes, & Ariarathes miserant, & quos Pharnaces: Patres his primum dederunt

Sena-

Senatum. Ac quoniam non multò antè Marcius & cæteri legati, quos ad cognoſcendum de bello inter Eumenem & Pharnacem Patres legaverant, legationem ſuam renuntiaverant, & moderationem Eumenis in omnibus rebus, Pharnacis verò avaritiam & ingentem ſuperbiam pluribus expoſuerant; Senatus auditis eorum legatis, quid ſtatuendum foret non diu dubitavit. Reſpondit autem; iterum ſe legatos miſſurum, qui de eorum Regum controverſiis diligentius cognoſcerent. Ingreſſis deinde Lacedæmoniis exulibus, & cum his qui ab civitate illa miſſi fuerant, Senatus eorum orationibus diligenter auditis, civitatis quidem legatis ob illa quæ acciderant, nihil quicquam ſuccenſuit: exulibus verò promiſit, ſcripturum ſe ad Achæos, ut in patriam reſtituerentur. Poſt aliquot dies, quum introductus eſſet Bippus Argivus, quem gens Achæorum miſerat, & de reſtituta in priorem ſtatum Meſſena certiorem Senatum faceret, Patres, nihil omnino improbantes eorum quæ geſta fuerant, legatos benigne acceperunt.

LIV.

De reſtitutione exulum Lacedæmoniorum.

QUUM Lacedæmonii exules in Peloponneſum reverſi eſſent ab Roma, & genti Achæorum à Senatu literas attuliſſent, quibus agebant cum illis Patres ut da-

ἐχρημάτισεν ἡ σύγκλητος. βραχεῖ δὲ χρόνῳ πρότερον, ἀπηγγελκότων τῶν περὶ τὸν Μάρκιον πρεσβευτῶν, οὓς ἀπεστάλκεισαν, ἐπὶ τὸν Εὐμένει καὶ Φαρνάκει συνεστηκότα πόλεμον, καὶ διασεσαφηκότων περί τε τῆς Εὐμένους μετριότητος ἐν πᾶσιν, καὶ περὶ τῆς Φαρνάκου πλεονεξίας, καὶ καθόλου τῆς ὑπερηφανίας· οὐκ ἔτι πολλῶν προσεδεήθη λόγων ἡ σύγκλητος, διακούσασα τῶν παραγεγονότων. ἀπεκρίθη δὲ διότι πάλιν πέμψει πρεσβευτὰς τοὺς φιλοτιμώτερον ἐπισκεψομένους ὑπὲρ τῶν διαφερόντων τοῖς προειρημένοις. Μετὰ δὲ ταῦτα τῶν ἐκ τῆς Λακεδαίμονος φυγάδων εἰσπορευθέντων, καὶ τῶν ἐκ τῆς πόλεως ἅμα τούτοις, ἐπὶ πολὺ διακούσασα, τοῖς μὲν ἐκ τῆς πόλεως, οὐδὲν ἐπετίμησε περὶ τῶν γεγονότων· τοῖς δὲ φυγάσιν ἐπηγγείλατο γράψειν πρὸς τοὺς Ἀχαιοὺς περὶ τοῦ κατελθεῖν αὐτοὺς εἰς τὴν οἰκείαν. Μετὰ δέ τινας ἡμέρας εἰσπορευθέντων τῶν περὶ Βίππον τὸν Ἀργεῖον, οὓς ἀπεστάλκει τὸ τῶν Ἀχαιῶν ἔθνος, καὶ διασαφούντων περὶ τῆς Μεσσηνίων ἀποκαταστάσεως· οὐθενὶ δυσαρεστήσασα περὶ τῶν οἰκονομουμένων ἡ σύγκλητος, ἀπεδέξατο φιλανθρώπως τοὺς πρεσβευτάς.

ΝΔ.

Περὶ τῆς καθόδου τῶν ἐκ τῆς Λακεδαίμονος φυγάδων.

ΟΤΙ κατὰ τὴν Πελοπόννησον παραγινομένων ἐκ Ῥώμης τῶν ἐκ τῆς Λακεδαίμονος φυγάδων, καὶ κομιζόντων παρὰ τῆς συγκλήτου γράμματα τοῖς Ἀχαιοῖς,

ὑπὲρ

ὑπὲρ τοῦ προνοηθῆναι ὑπὲρ τῆς αὐτῶν καθόδου καὶ σωτηρίας εἰς τὴν οἰκείαν, ἔδοξε τοῖς Ἀχαιοῖς ὑπερθέσθαι τὸ διαβούλιον, ἕως ἂν οἱ παρ' αὐτῶν ἔλθωσι πρεσβευταί. ταῦτα δὲ τοῖς φυγάσιν ἀποκριθέντες, συνέθεντο τὴν πρὸς Μεσσηνίους στήλην, συγχωρήσαντες αὐτοῖς πρὸς τοῖς ἄλλοις φιλανθρώποις, καὶ τριῶν ἐτῶν ἀτέλειαν, ὥστε τὴν τῆς χώρας καταφθορὰν μηδὲν ἧττον βλάψαι τοὺς Ἀχαιοὺς, ἢ Μεσσηνίους. τῶν δὲ περὶ τὸν Βίππον, παραγινομένων ἐκ τῆς Ῥώμης, καὶ διασαφούντων γραφῆναι τὰ γράμματα περὶ τῶν φυγάδων, οὐ διὰ τὴν τῆς συγκλήτου σπουδὴν, ἀλλὰ διὰ τὴν τῶν φυγάδων φιλοτιμίαν, ἔδοξε τοῖς Ἀχαιοῖς μένειν ἐπὶ τῶν ὑποκειμένων.

ΝΕ.

Σπουδὴ ἄπρακτος Ῥωμαίων περὶ τὸ διαλύειν Φαρνάκην πρὸς Εὐμένη καὶ Ἀριαράθην.

ΟΤΙ κατὰ τὴν Ἀσίαν Φαρνάκης ὁ βασιλεὺς, πάλιν ὀλιγωρήσας τῆς γεγενημένης ἐπὶ Ῥωμαίους ἀναφορᾶς, Λεώκριτον μὲν ἔτι κατὰ χειμῶνα μετὰ μυρίων στρατιωτῶν ἐξαπέστειλε πορθήσοντα τὴν Γαλατίαν· αὐτὸς δὲ, τῆς ἐαρινῆς ὥρας ἀποφαινούσης, ἤθροιζε τὰς δυνάμεις, ὡς ἐμβαλῶν εἰς τὴν Καππαδοκίαν. ἃ πυνθανόμενος Εὐμένης, δυσχερῶς μὲν ἔφερε τὸ συμβαῖνον, διὰ τὸ πάντας τοὺς τῆς πίστεως ὅρους ὑπερβαίνειν τὸν Φαρνάκην· ἠναγκάζετο δὲ τὸ παραπλήσιον ποιεῖν. Ἤδη δ' αὐτοῦ συνηθροικότος τὰς δυνάμεις, κατέπλευ

rent operam, quò revocati ab exilio patriæ suæ restituerentur: visum Achæis, deliberationem super eo negotio tantisper differre, donec legati quos ipsi miserant rediissent. Hoc dato exulibus responso, columnam icti fœderis cum Messeniis posuerunt; concessa ipsis, super cætera beneficia, etiam triennii immunitate: adeo ut populatio agrorum non minus Achæis quàm Messeniis noxia fuerit: Ubi verò reversus Roma Bippus renuntiavit, quæ de exulibus fuerant scripta, non tam è Senatus voluntate esse profecta, quàm ipsorum importunitate fuisse expressa; statuerunt Achæi nihil movendum.

LV.

Bellum inter Pharnacem & Eumenem atque Ariarathem conflatum Romani dirimere conantur; frustra.

IN Asia Rex Pharnaces aspernatus iterum nomen Romanum, quum caussæ cognitio ad Senatum fuisset delata, Leocritum per hiemis tempus cum decem militum millibus ad devastandam Galatiam misit. ipse vere ineunte copias cogere, ceu facturus in Cappadociam impressionem. quæ Eumenes ut cognovit, etsi gravissime indignabatur, quod omnes fidei leges migrasset Pharnaces; ipse tamen idem facere cogebatur. Quum jam conve-

nisset

nisset ejus exercitus, venit Roma Attalus. postquam unâ congressi de præsenti negotio inter se tractassent, subitò cum copiis castra moverunt. in Galatiam reversi, Leocritum quidem ibi non offenderunt: sed quum Carsignatus & Gæzotoris qui antea Pharnaci adhæserant legatos subinde mitterent, ne quid sibi noceretur poscentes, & imperata cuicuimodi illa essent, facturos se pollicentes; repudiata horum petitione, quia fidem prius mutassent, cum omni exercitu adversus Pharnacem proficiscuntur. Quintis castris Calpito ad Halym amnem est ventum. sexto deinde die Amisum pervenerunt. ubi postquam Ariarathes Cappadocum Rex cum suis se illis conjunxisset, agrum Amisenum sunt ingressi. Quum vix metati castra essent, nuntius affertur, adesse legatos populi Rom. ad pacem conficiendam. quo cognito Eumenes Attalum misit qui illos exciperet; ipse copias duplicare, & magno studio ornare, tum ut paratæ essent ad belli usum, si opus foret: tum ut Romanis ostenderet, satis sibi esse virium ad Pharnacem ulciscendum & debellandum. Hortantibus legatis post suum adventum, ut bellandi finem faceret, respondent Eumenes & Ariarathes, paratos se ad omnia quæ vellent suaderentque. orant vero Romanos, ut si fieri posset conventum cogerent, cui interesset Pharnaces: ut dum in præsentia negotium tractaretur, magis ac magis perfidiam hominis & crudelitatem animadverterent: quod si fieri id

γῶν, ἴδωσι τὴν ἀθεσίαν αὐτοῦ, καὶ τὴν ὠμότητα

σαν ἐκ τῆς Ῥώμης οἱ περὶ τὸν Ἄτταλον. ὁμοῦ δὲ γενόμενοι καὶ κοινολογηθέντες ἀλλήλοις, ἀνέζευξαν παραχρῆμα μετὰ τῆς στρατιᾶς. ἀφικόμενοι δὲ εἰς τὴν Γαλατίαν, τὸν μὲν Λεώκριτον, οὐκ ἔτι κατέλαβον· τοῦ δὲ Καρσιγνάτου, καὶ τοῦ Γαιζοτόριος διαπεμπομένων πρὸς αὐτοὺς ὑπὲρ ἀσφαλείας, οἵτινες ἐτύγχανον ἔτι πρότερον ᾑρημένοι τὰ Φαρνάκου, καὶ πᾶν ὑπισχνουμένων ποιήσειν τὸ προσταττόμενον, ἀπωσάμενοι τούτους διὰ τὴν προγεγενημένην ἀθεσίαν· ἐξάραντες παντὶ τῷ στρατοπέδῳ, προῆγον ἐπὶ τὸν Φαρνάκην. παραγενόμενοι δ' ἐκ Καλπίτου πεμπταῖοι πρὸς τὸν Ἅλυν ποταμὸν, ἑκταῖοι πάλιν ἀνέζευξαν εἰς Ἀμισόν· ἔνθα καὶ Ἀριαράθης ὁ τῶν Καππαδοκῶν βασιλεὺς συνέμιξεν αὐτοῖς μετὰ τῆς οἰκείας δυνάμεως· καὶ ἦλθον εἰς τὴν Ἀμισέων χώραν. ἄρτι δὲ κατεστρατοπεδευκότων αὐτῶν, προσέπεσε παραγεγονέναι τοὺς ἐκ τῆς Ῥώμης πρεσβευτὰς ἐπὶ τὰς διαλύσεις. Ὧν ἀκούσας ὁ βασιλεὺς Εὐμένης, Ἄτταλον μὲν ἐξαπέστειλε τούτους ἐκδεξόμενον· αὐτὸς δὲ τὰς δυνάμεις ἐδιπλασίαζε, καὶ διεκόσμει φιλοτίμως· ἅμα μὲν ἁρμοζόμενος πρὸς τὰς ἀληθινὰς χρείας· ἅμα δὲ βουλόμενος ἐνδείκνυσθαι τοῖς Ῥωμαίοις, ὅτι δι' αὑτοῦ δυνατός ἐστι τὸν Φαρνάκην ἀμύνασθαι καὶ καταπολεμεῖν. Παραγενομένων δὲ τῶν πρέσβεων, καὶ παρακαλούντων λύειν τὸν πόλεμον, ἔφασκον μὲν οἱ περὶ τὸν Εὐμένη καὶ τὸν Ἀριαράθην, ἕτοιμοι πρὸς πᾶν εἶναι τὸ παρακαλούμενον· ἠξίουν δὲ τοὺς Ῥωμαίους, εἰ μὲν ἔτι δυνατὸν, σύλλογον αὐτοὺς συναγαγεῖν πρὸς τὸν Φαρνάκην· ἵνα κατὰ πρόσωπον λεγομένων τῶν λό-
διὰ πλειόνων· εἰ δὲ μὴ τοῦτ' εἴη

δυνατὸν, αὐτοὺς γενέσθαι κριτὰς τῶν πραγμάτων, ἴσους καὶ δικαίους. Τῶν δὲ πρεσβευτῶν ἀναδεχομένων, πάντα τὰ δυνατὰ καὶ καλῶς ἔχοντα ποιήσειν· ἀξιούντων δὲ τὴν στρατιὰν ἀπάγειν ἐκ τῆς χώρας (ἄτοπον γὰρ εἶναι παρόντων αὐτῶν καὶ λόγους ποιουμένων ὑπὲρ διαλύσεων, ἅμα παρεῖναι τὰ τοῦ πολέμου, καὶ κακοποιεῖν ἀλλήλους·) συνεχώρησαν οἱ περὶ τὸν Εὐμένη, καὶ τῇ κατὰ πόδας εὐθέως ἀναζεύξαντες, οὗτοι προῆγον ὡς ἐπὶ Γαλατίας. οἱ δὲ Ῥωμαῖοι πρὸς τὸν Φαρνάκην συμμίξαντες, πρῶτον μὲν ἠξίουν αὐτὸν εἰς λόγους ἐλθεῖν τοῖς περὶ τὸν Εὐμένη· μάλιστα γὰρ ἂν οὕτω τυχεῖν τὰ πράγματα διεξαγωγῆς. τοῦ δὲ πρὸς τοῦτο τὸ μέρος ἀντιβαίνοντος, καὶ τέλος ἀπειπαμένου, δῆλον μὲν εὐθέως ἦν τοῦτο καὶ Ῥωμαίοις, ὅτι καταγινώσκει προφανῶς ἑαυτοῦ καὶ διαπιστεῖ τοῖς σφετέροις πράγμασι· πάντη δὲ πάντως βουλόμενοι λῦσαι τὸν πόλεμον, προσεκαρτέρουν ἕως οὗ συνεχώρησε πέμψειν αὐτοκράτορας ἐπὶ θάλατταν τοὺς συνθησομένους τὴν εἰρήνην, ἐφ' οἷς ἂν οἱ πρεσβευταὶ κελεύσωσιν. Ἀφικομένων δὲ τῶν πρέσβεων, καὶ συνελθόντων ὁμοῦ τῶν τε Ῥωμαίων, καὶ τῶν περὶ Εὐμένη, καὶ τούτων μὲν εἰς ἅπαν ἑτοίμως συγκαταβαινόντων, χάριν τοῦ συντελεσθῆναι τὴν εἰρήνην· τῶν δὲ παρὰ τοῦ Φαρνάκου πρὸς πᾶν διαφερομένων καὶ τοῖς ὁμολογηθεῖσιν οὐκ ἐμμενόντων, ἀλλ' ἀεί τι προσεπιζητούντων, καὶ μεταμελομένων· ταχέως τοῖς Ῥωμαίοις ἐγένετο δῆλον ὅτι ματαιοπονοῦσιν· οὐ γὰρ οἷός ἦν συγκαταβαίνειν ὁ Φαρνάκης εἰς τὰς

non poſſet, petere ab illis, ut juſtè & ęquè diſceptarent ſuas controverſias. Promittentibus legatis omnia ſe pro virili facturos, quæ æqua forent; petentibuſque ut exercitus ex hoſtico deduceretur: (etenim rem fore abſurdam, ſi eodem tempore, quo de pace Romani agerent, bello ſe ipſi invicem laceſſerent, & armis infeſtarent;) aſſenſus eſt Eumenes, ac ſequenti die motis ſignis in Galatiam ducere exercitum cepit. Romani poſteaquam cum Pharnace ſunt congreſſi, omnium primum ab eo petierunt, ut in colloquium cum Eumene venire ne gravaretur; quoniam rerum tranſigendarum hæc munitiſſima eſſet via. Huic petitioni quum Pharnaces repugnaret, ac tandem facere quod rogabatur penitus negaſſet, facile ſtatim & Romani intellexerunt, Pharnacem palàm damnare ſpes ſuas, ac rebus ſuis diffidere: ſed quia bello finem imponere omnino propoſuerant, non prius deſtiterunt, quàm pollicitus eſt ſe miſſurum legatos ad oram maritimam, cum libera poteſtate pacem iis legibus conficiendi, quas ipſi legati dixiſſent. Poſtquam venerunt legati, inſtituto colloquio, cui ipſi intererant, cum Romanis & Eumene, hic quidem ſtudio pacis ad omnes conditiones paratus erat deſcendere: contra verò legati Pharnacis controverſiam de omnibus rebus movere, pactis non ſtare, ſed amplius ſemper aliquid poſcere, ſententiam dein mutare: ut facile intelligerent Romani, fruſtra ſe laborare: quum non is eſſet Pharnaces

qui

quì consentire paci vellet. Itaque soluto infecta pace colloquio, quum Romani Pergamo discessissent, & Pharnacis legati essent dimissi, duravit inter Reges bellum, & necessaria in eam rem apparare instítit Eumenes: qui tamen eodem tempore obnixe rogatus ab Rhodiis, celeriter ad eos se contulit, ut bellum contra Lycios administraret.

διαλύσεις· ὅθεν ἀπράκτου γενομένης τῆς κοινολογίας, καὶ τῶν Ῥωμαίων ἀπαλλαγέντων ἐκ τοῦ Περγάμου, καὶ τῶν παρὰ τοῦ Φαρνάκου πρέσβεων ἀπολυθέντων εἰς τὴν οἰκείαν, ὁ μὲν πόλεμος ἐγκεχείρητο κατάμονος· οἱ δὲ περὶ τὸν Εὐμένη πάλιν ἐγίνοντο περὶ τὰς εἰς τοῦτον παρασκευάς. Ἐν ᾧ καιρῷ τῶν Ῥοδίων ἐπισπασαμένων τὸν Εὐμένη, καὶ φιλοτίμως, οὗτος μὲν ἐξώρμησε μετὰ πολλῆς σπουδῆς, πράξων τὰ κατὰ τοὺς Λυκίους.

LVI.

Νϛʹ.

Quomodo Eumenes fratres suos Romam miserit; quos Patres magnificentia singulari quum suscepissent, mox iisdem promiserunt, omnino se liberaturos Eumenem à cura belli contra Pharnacem.

Πῶς Εὐμένους εἰς Ῥώμην πέμψαντος τοὺς ἀδελφούς, ἡ σύγκλητος μεγαλοπρεπέστατα τούτους δεξαμένη, κατὰ πάντα τρόπον λύσειν τὸν πρὸς Φαρνάκην πόλεμον ὑπέσχετο.

POSTEAQUAM ictum esset fœdus inter Pharnacem, Attalum & cæteros, cum suis quisque copiis domum omnes sunt reversi. Per idem tempus, Eumenes Pergami tum commorans, è gravi morbo convaluerat. Qui post Attali fratris adventum, ubi omnia quæ gesta fuerant cognovisset, approbassetque, fratres omnes suos Romam mittere statuit. Nam & iis mittendis legatis finem se tandem impositurum bello adversus Pharnacem sperabat; & prætereа fratres commendare optabat, cum privatim amicis atque aliis quibuscum jus hospitii illi erat

ΟΤΙ γενομένων συνθηκῶν πρὸς ἀλλήλους Φαρνάκου καὶ Ἀττάλου, καὶ τῶν λοιπῶν, ἅπαντες μετὰ τῶν οἰκείων δυνάμεων ἀνεχώρησαν εἰς τὴν οἰκείαν. Εὐμένης δὲ κατὰ τὸν καιρὸν τοῦτον ἀπολελυμένος τῆς ἀρρωστίας, καὶ διατρίβων ἐν Περγάμῳ, παραγενομένου τἀδελφοῦ, καὶ διασαφοῦντος περὶ τῶν ᾠκονομημένων, εὐδοκήσας τοῖς γεγονόσιν, προέθετο πέμπειν τοὺς ἀδελφοὺς ἅπαντας εἰς τὴν Ῥώμην· ἅμα μὲν ἐλπίζων, πέρας ἐπιθήσειν τῷ πρὸς τὸν Φαρνάκην πολέμῳ διὰ τῆς τούτων πρεσβείας· ἅμα δὲ συστῆσαι σπουδάζων τοὺς ἀδελφοὺς τοῖς τε ἰδίᾳ φίλοις καὶ ξένοις ὑπάρχουσιν αὐτῷ ἐν τῇ Ῥώμῃ καὶ τῇ συγκλήτῳ κατὰ κοινόν. προθύμως δὲ καὶ τῶν περὶ τὸν Ἄτταλον ὑπαρχόντων, ἐγένοντο περὶ τὴν ἐκδημίαν. Καὶ τούτων παραγενομένων εἰς τὴν Ῥώμην, καὶ κατ' ἰδίαν μὲν πάντες, ἀπεδέχοντο τοὺς νεανίσκους φιλανθρώπως, ἅτε συνήθειαν ἐσχηκότες ἐν ταῖς περὶ τὴν Ἀσίαν στρατείαις· ἔτι δὲ μεγαλομερέστερον ἡ σύγκλητος ἀπεδέξατο τὴν παρουσίαν αὐτῶν. Καὶ γὰρ ξένια καὶ παροχὰς τὰς μεγίστας ἐξέθηκεν αὐτοῖς, καὶ περὶ τῶν ἐντεύξεων καλῶς ἀπήντησεν. Οἱ δὲ περὶ τὸν Ἄτταλον εἰσελθόντες εἰς τὴν σύγκλητον, τά τε προϋπάρχοντα φιλάνθρωπα διὰ πλειόνων λόγων ἀνενεώσαντο, καὶ τοῦ Φαρνάκου κατηγορήσαντες, παρεκάλουν ἐπιστροφήν τινα ποιήσασθαι, δι' ἧς τεύξεται τῆς ἁρμοζούσης δίκης. ἡ δὲ σύγκλητος διακούσασα, φιλανθρώπως ἀπεκρίθη, διότι πέμψει πρεσβευτὰς τοὺς κατὰ πάντα τρόπον λύσοντας τὸν πόλεμον. Καὶ τὰ μὲν κατὰ τὴν Ἰταλίαν οὕτως εἶχεν.

Romæ; tum publice Senatui. Atque hoc etiam Attalo quum apprime gratum accidisset, itineri se accinxerunt. Romam deinde ut ventum, privatim pro se quisque eos juvenes, quos in bellis Asiaticis notos habuerant, comiter accipere. sed longe magnificentius Senatus advenientes eos excepit. Nam & hospitia & lautia uberrima iis exhibuit; & ab iis appellatus benigne respondit. Attalus in Senatum ingressus, pristina suorum merita luculenta oratione in memoriam revocavit; & de Pharnacis questus injuriis, negotium Patres ut susciperent oravit, & Pharnacem pro commerita noxa ut castigarent. Patres re audita, benigne responderunt, missuros se legatos, qui bello huic omnino finem sint imposituri. Et in Italia quidem hæc tum sunt gesta.

ΝΖ.

Τίνος χάριν οἱ Ἀχαιοὶ πρεσβευτὰς πρὸς τὸν βασιλέα Πτολεμαῖον προυχειρίσαντο Λυκόρταν τὸν τοῦ συγγραφέως πατέρα, καὶ Πολύβιον αὐτόν, καὶ Ἄρατον τὸν τοῦ Ἀράτου.

ΟΤΙ κατὰ τοὺς αὐτοὺς καιροὺς Πτολεμαῖος ὁ βασιλεὺς βουλόμενος ἐμπλέκεσθαι τῷ τῶν Ἀχαιῶν ἔθνει, διεπέμψατο πρεσβευτήν· ἐπαγγελλόμενος δέκα ναῦς δώσειν ἐντελῆ πεντηκοντηρικῶν πλοίων.

LVII.

Quam ob caussam Achaorum gens legatos ad Ptolemæum Regem decreverit Lycortam patrem Polybii, Polybium ipsum, & Aratum Arati filium.

CIRCA tempus idem Rex Ptolemæus cupiens societatem inire cum gente Achæorum, legatum misit decem naves pollicens quinquaginta remorum, omnibus rebus instructas.

Achæi, quòd esset munus dignum cujus haberetur gratia, promissionem ejus cupidè susceperunt. Accedit enim sumptus earum navium ad summam talentorum ferme decem. Post hanc deliberationem legati decernuntur Lycortas & Polybius, unaque cum his Aratus, Arati Sicyonii filius: qui & Regi gratias agerent pro armis quæ prius miserat, & pro pecunia: simul qui naves ab eo acciperent, & in Peloponnesum devehendas curarent. Legatos autem propterea hos potissimum delegerunt: Lycortam, quia Prætor quum is esset quando Ptolemæus societatem renovavit, impenso studio illi faverat. Polybium licet annis minorem quàm per leges liceret, quia hoc ipsum fœdus pater ejus Lycortas, legatus ad Regem Ptolemæum quum venisset, renovaverat: idemque arma & pecuniam Achæis advexerat, quæ Rex genti ipsorum muneri miserat: pariter & Aratum propter notitiam & amicitiam quæ majoribus ejus cum Ægypti Regibus intercesserat. Sedenim patriæ fines legatio ista, interveniente morte Ptolemæi sub idem tempus, non excessit.

οἱ δ' Ἀχαιοὶ καὶ διὰ τὸ δοκεῖν τὴν δωρεὰν ἀξίαν εἶναι χάριτος, ἀσμένως ἀπεδέξαντο τὴν ἐπαγγελίαν. Δοκεῖ γὰρ ἡ δαπάνη, οὐ πολὺ λείπειν τῶν δέκα ταλάντων. Ταῦτα δὲ βουλευσάμενοι, προεχειρίσαντο πρεσβευτὰς, Λυκόρταν, καὶ Πολύβιον, καὶ σὺν τούτοις Ἄρατον, υἱὸν Ἀράτου τοῦ Σικυωνίου· καὶ τοὺς ἅμα μὲν εὐχαριστήσοντας τῷ βασιλεῖ, περί τε τῶν ὅπλων, ὧν πρότερον ἀπέστειλε, καὶ τοῦ νομίσματος· ἅμα δὲ παραληψομένους τὰ πλοῖα, καὶ πρόνοιαν ποιησομένους, περὶ τῆς ἀποκομιδῆς αὐτῶν. Κατέστησαν δὲ τὸν μὲν Λυκόρταν, διὰ τὸ κατὰ τὸν καιρὸν καθ' ὃν ἐποιεῖτο τὴν ἀνανέωσιν τῆς συμμαχίας ὁ Πτολεμαῖος, στρατηγοῦντα τότε συνεργῆσαι φιλοτίμως αὐτῷ· τὸν δὲ Πολύβιον, νεώτερον ὄντα τῆς κατὰ τοὺς νόμους ἡλικίας, διὰ τὸ, τὴν τότε συμμαχίαν αὐτοῦ τὸν πατέρα πρεσβεύσαντα πρὸς Πτολεμαῖον ἀνανεώσασθαι· καὶ τὴν δωρεὰν τῶν ὅπλων καὶ τοῦ νομίσματος ἀγαγεῖν τοῖς Ἀχαιοῖς· παραπλησίως δὲ καὶ τὸν Ἄρατον διὰ τὰς προγονικὰς συστάσεις πρὸς τὴν βασιλείαν. Ου μὴν συνέβη γε τὴν πρεσβείαν ταύτην ἐξελθεῖν, διὰ τὸ μεταλλάξαι τὸν Πτολεμαῖον περὶ τοὺς καιροὺς τούτους.

LVIII.

Lycortæ in Achæorum conventu generoso & libero cive digna sententia.

Legatio ab Achæis ad Senatum missa.

Quomodo Callicrates, unus ex illis legatis, perperam legationem obiens, & libertatem

NH.

Λυκόρτα γνώμη γενναία καὶ φιλελεύθερος ἐν τῷ συλλόγῳ τῶν Ἀχαιῶν.

Πρεσβεία ὑπ' Ἀχαιῶν πεμφθεῖσα πρὸς τὴν σύγκλητον.

Πῶς Καλλικράτης εἷς ὢν τῶν πρεσβευτῶν, παραπρεσβεύσας καὶ προδοὺς τοῖς Ῥωμαίοις τὴν τῆς πατρίδος ἐλευθερίαν, πρῶτος αἴτιος ἐγένετο τοῦ ἀφαιρεθῆναι τοῖς Ἀχαιοῖς, μᾶλλον δὲ πᾶσι τοῖς Ἕλλησι, τὴν ἰσολογίαν.

patriæ Romanis prodens, primus auctor & caußa exstiterit, cur Romani Achæis, atq; adeo Græcis omnibus jus ademerint secum ex æquo agendi.

ΟΤΙ κατὰ τὸν καιρὸν τοῦτον ἀναγνωσθέντος Ὑπερβάτου τοῦ στρατηγοῦ διαβουλίου ὑπὲρ τῶν γραφομένων παρὰ Ῥωμαίων, ὑπὲρ τῆς τῶν ἐκ Λακεδαίμονος φυγάδων καθόδου, τί δεῖ ποιεῖν· οἱ μὲν περὶ τὸν Λυκόρταν παρεκάλουν μένειν ἐπὶ τῶν ὑποκειμένων· διότι Ῥωμαῖοι ποιοῦσι μὲν τὸ καθῆκον αὑτοῖς, συνυπακούοντες τοῖς ἀκληρεῖν δοκοῦσιν εἰς τὰ μέτρια τῶν ἀξιουμένων· ὅταν μέντοι γε διδάξῃ τις αὐτούς, ὅτι τῶν παρακαλουμένων, τὰ μὲν ἐστὶν ἀδύνατα, τὰ δὲ μεγάλην αἰσχύνην ἐπιφέροντα καὶ βλάβην τοῖς φίλοις· οὔτε φιλονεικεῖν εἰώθασιν, οὔτε παραβιάζεσθαι περὶ τῶν τοιούτων. Δι' ὃ καὶ νῦν ἐάν τις αὐτοὺς διδάξῃ, ὅτι συμβήσεται τοῖς Ἀχαιοῖς, ἂν πειθαρχήσωσι τοῖς γραφομένοις, παραβῆναι τοὺς ὅρκους, τοὺς νόμους, τὰς στήλας, ἃ συνέχει τὴν κοινὴν συμπολιτείαν ἡμῶν· ἀναχωρήσουσι καὶ συγκαταθήσονται, διότι καλῶς ἐπέχομεν, καὶ παραιτούμεθα περὶ τῶν γραφομένων. Ταῦτα μὲν οὖν οἱ περὶ τὸν Λυκόρταν ἔλεγον· οἱ δὲ περὶ τὸν Ὑπέρβατον καὶ Καλλικράτην, πειθαρχεῖν τοῖς γραφομένοις παρῄνουν, καὶ μήτε νόμον, μήτε στήλην, μήτ' ἄλλο μηδὲν τούτου νομίζειν ἀναγκαιότερον. Τοιαύτης δ' οὔσης τῆς ἀντιλογίας, ἔδοξε τοῖς Ἀχαιοῖς

EADEM illa tempestate quum ad concilium retulisset Prętor Hyperbatus, quæ de exulum restitutione Romani scripserant, ut super eo deliberaretur: Lycortas Achæis auctor fuit, ne quicquam propterea mutarent. Romanos enim, facere illos quidem pro suo officio, quum miserorum hominum precibus ac voluntati, quæ præsertim æqua videatur, morem gerunt: cæterum ubi aliquis ipsos docuerit, ea quæ postulentur partim fieri non posse, partim conjuncta esse cum ingenti sociorum pop. Rom. dedecore & damno; non esse moris illorum cõtendere pertinaciter, & invitos ad talia compellere. Itaq; etiam in hac re, posteaquam cognoverint non posse Achæos ipsorum voluntati per literas significatę, aliter obtemperare, quam ut jusjurandum, leges, fœdera stelis inscripta, quibus communis eorum Resp. continetur, violent; discessuros à proposito & consensuros, justam habere nos caussam cur moras trahamus, & literis ipsorum parere detrectemus. ita quidem Lycortas: Hyperbatus verò & Callicrates, exsequendi quod scripserant Romani auctores erant Achęis: neve ullius legis, fœderis stelæ inscripti, aut omnino cujusquam rei alius, potiorem habendam rationem censerent. Hoc

pacto dissidentibus sententiis eorum qui concilio intererant, visum

Achæis

Achæis faciendum, ut Romam legatos mitterent, ad illa exponenda Senatui, quæ disseruerat Lycortas. Decreti statim sunt Callicrates Leontesius, Lysiadas Megalopolitanus, Aratus Sicyonius; quos cum mandatis proficisci jusserunt. Romam ut ventum, estque Senatus Callicrati datus, tantum abest ut convenienter acceptis mandatis cum Patribus ageret; ut plane è contrario aggrederetur, non solum eos audacter incusare qui à se in Rep. dissiderent: sed ipsum quoque Senatum sui officii monere. Ipsos namque Romanos in caussa esse dixit, cur minus morigeros Græci se adversus illos præberent; sive aliquid ipsis scriberent, sive aliquid imperarent. Nam quum duæ jam sint, ajebant, factiones in omnibus quæ populari statu reguntur civitatibus: quumque alii dicant exsequi oportere omnia de quibus scriberent Romani, neque aut legem, aut fœdus stelæ inscriptum, aut quicquam aliud ducendum esse antiquius Romanorum voluntate; contrà alii leges in medium afferant, jusjurandum, & positas columnas; atque iidem hortentur populos ne illa temere migrent: horum sententiam vulgo Achæorum multo acceptiorem esse, faciliusque eam vincere apud multitudinem posse. ex quo fieri, ut qui Romanæ sunt partis inglorii apud vulgum sint, & calumniis obnoxii: contrarium verò in Repub. sentientes diversa omnia experiantur. Quod si aliquam Senatus daret significationem, illa se curare, citò & omnes civitatum principes ad Romanam partem esse

πρεσβευτὰς ἐξαποστεῖλαι πρὸς τὴν σύγκλητον, τοὺς διδάξοντας ἃ Λυκόρτας λέγει. οἳ παραυτίκα κατέστησαν πρεσβευτάς, Καλλικράτην Λεοντήσιον, Λυσιάδαν Μεγαλοπολίτην, Ἄρατον Σικυώνιον· καὶ δόντες ἐντολὰς ἀκολούθους τοῖς προειρημένοις, ἐξαπέστειλαν. Ὧν καὶ παραγενομένων εἰς τὴν Ῥώμην, εἰσελθὼν ὁ Καλλικράτης εἰς τὴν σύγκλητον, τοσοῦτον ἀπέσχε τοῦ ταῖς ἐντολαῖς ἀκολούθως διδάσκειν τὸ συνέδριον· ὥστε τοὐναντίον, ἐκ καταβολῆς ἐπεχείρησεν, οὐ μόνον τῶν ἀντιπολιτευομένων κατηγορεῖν θρασέως, ἀλλὰ καὶ τὴν σύγκλητον νουθετεῖν. Ἔφη γὰρ, αὐτοὺς τοὺς Ῥωμαίους αἰτίους εἶναι τοῦ μὴ πειθαρχεῖν αὐτοῖς τοὺς Ἕλληνας, ἀλλὰ παρακούειν, καὶ τῶν γραφομένων, καὶ τῶν παραγγελλομένων. δυοῖν γὰρ οὐσῶν αἱρέσεων κατὰ τὸ παρὸν ἐν πάσαις ταῖς δημοκρατικαῖς πολιτείαις, καὶ τῶν μὲν φασκόντων δεῖν ἀκολουθεῖν τοῖς γραφομένοις ὑπὸ Ῥωμαίων, καὶ μήτε νόμον, μήτε στήλην, μήτ' ἄλλο μηδὲν, προυργιαίτερον νομίζειν τῆς Ῥωμαίων προαιρέσεως· τῶν δὲ τοὺς νόμους προφερομένων, καὶ τοὺς ὅρκους καὶ στήλας, καὶ παρακαλούντων τὰ πλήθη μὴ ῥᾳδίως ταῦτα παραβαίνειν· ἀχαϊκωτέραν εἶναι παρὰ πολὺ ταύτην τὴν ὑπόθεσιν, καὶ νικητικωτέραν ἐν τοῖς πολλοῖς· ἐξ οὗ τοῖς μὲν αἱρουμένοις τὰ Ῥωμαίων, ἀδοξίαν συνεξακολουθεῖν παρὰ τοῖς ὄχλοις καὶ διαβολήν· τοῖς δ' ἀντιπράττουσι τἀναντία. Ἐὰν μὲν οὖν ὑπὸ τῆς συγκλήτου γίνεταί τις ἐπισημασία, ταχέως καὶ τοὺς πολιτευομένους μεταθέσθαι πρὸς τὴν Ῥωμαίων αἵρεσιν, καὶ τοὺς πολλοὺς τούτοις ἐπακολουθήσειν διὰ τὸν φόβον. ἐὰν δὲ παρολιγωρῆται τοῦτο τὸ μέρος, ἅπαντας ἀπονεύσειν ἐπ' ἐκείνην τὴν ὑπόθεσιν· ἐνδοξότερον γὰρ εἶναι καὶ καλλίω παρὰ τοῖς ὄχλοις. Διὸ καὶ νῦν ἤδη τινὰς οὐθὲν ἕτερον προφερομένους δίκαιον πρὸς φιλοδοξίαν, δι' αὐτὸ τοῦτο τῶν μεγίστων τυγχάνειν τιμῶν παρὰ τοῖς ἰδίοις πολιτεύμασι, διὰ τὸ δοκεῖν ἀντιλέγειν τοῖς ὑφ' ὑμῶν γραφομένοις, χάριν τοῦ διαμένειν τοὺς νόμους ἰσχυροὺς καὶ τὰ δόγματα τὰ γινόμενα παρ' αὐτοῖς. Εἰ μὲν οὖν διαφόρως ἔχουσιν ὑπὲρ τοῦ πειθαρχεῖν αὐτοῖς τοὺς Ἕλληνας, καὶ συνυπακούειν τοῖς γραφομένοις· ἄγειν αὐτοὺς ἐκέλευε τὴν ἀγωγὴν, ἣν καὶ νῦν ἄγουσιν. εἰ δὲ βούλονται γίνεσθαι σφίσι τὰ παραγγελλόμενα, καὶ μηδένα καταφρονεῖν τῶν γραφομένων, ἐπιστροφὴν ποιήσασθαι παρεκάλει τοῦ μέρους τούτου τὴν ἐνδεχομένην. σαφῶς γὰρ εἰδέναι, διότι τἀναντία συμβήσεται ταῖς ἐπινοίαις αὐτῶν· ὃ καὶ νῦν ἤδη γινόμενον. Πρώην μὲν γὰρ ἐν τοῖς Μεσσηνιακοῖς, πολλὰ ποιήσαντος Κοΐντου Μαρκίου, πρὸς τὸ μηδὲν τοὺς Ἀχαιοὺς βουλεύσασθαι περὶ Μεσσηνίων ἄνευ τῆς Ῥωμαίων προαιρέσεως, παρακούσαντας καὶ ψηφισαμένους αὐτοὺς τὸν πόλεμον, οὐ μόνον τὴν χώραν αὐτῶν καταφθεῖραι πᾶσαν ἀδίκως· ἀλλὰ καὶ τοὺς ἐπιφανεστάτους τῶν πολιτῶν, οὓς μὲν φυγαδεῦσαι, τινὰς δ' αὐτῶν ἐκδότους λαβόντας, αἰκισαμένους πᾶσαν αἰκίαν, ἀποκτεῖναι· διότι προεκαλοῦντο περὶ τῶν ἀμφισβητουμένων ἐπὶ Ῥωμαίους. Νῦν δὲ πάλιν ἐκ πλείονος χρόνου

transituros; & vulgus etiam ubique præ metu, eorum exemplum secuturum. sin hoc facere Patres neglexerint; ilicet à Romanis omnes ad contrariam factionem defecturos, quæ apud vulgus paratam laudem & honestatis opinionem habeat. Jamque adeo nonnullos cernere esse, qui quum aliud nihil ad magistratus ambiendos adferrent, unam illam ob caussam maximos in suis civitatibus honores sint consecuti, quod literis vestris se opposuerint, patriæque leges & decreta prius facta propugnaverint. Siquidem igitur non curarent Romani, dicto sibi audientes ut essent Græci, & literis ipsorum ut obtemperarent; tenerent sanè instituta quibus hactenus essent usi: at si morem geri suis mandatis, neque aspernari quemquam vellent quæ scripsissent; Patres hortabatur, ut in hanc curam seriò incumberent. certo enim scire se, contrarium eventurum ejus quod ipsi cogitaverint: sicut in præsentia evenisset. Nam antea belli Messeniaci tempore, quum summo studio Quintus Marcius id egisset, ne Romanis inconsultis quicquam Achæi super rebus Messeniorum decernerent: illos contra, neglecto populi Romani imperio, ac bello etiam propria sua auctoritate decreto, non solùm agrum omnem eorum iniquè vastasse, sed & civium clarissimos quosque, partim in exilium expulisse, partim deditione acceptos, omni genere cruciatus vexatos occidisse: idque non aliam ob caussam, nisi hanc, quod ad controversiam disceptandam, Romanos appellassent. Nunc quoque idem evenisse;

nisse. Nam quum literas de restituendis Lacedæmoniorum exulibus ad Achæos mittere pridem Romani non cessent: tantum abesse ut morem voluntati eorum gerant, ut fœdus icerint, & columnę inscripserint, ac jurejurando fidem suam obstrinxerint, nunquam exules iri restitutum. quæ cogitare ipsos, & in posterum providere ęquum censebat. Hęc similiaque his Callicrates dixit; deinde abiit. Secundum hæc introducuntur exules qui pauca de se locuti, nonnullis etiam in medium allatis, quæ ad excitandum vulgo misericordiam valent, recesserunt. Senatus probato consilio quod suggerebat Callicrates, differentibus etiam nonnullis, oportere conditionem illorum meliorem facere, qui decreta ipsius propugnarent: illos vero qui se eis opponerent, humiliores infirmioresque redigere: ita demum instituit, omnes qui in suis civitatibus bonarum essent partium, deprimere: eos verò qui suam sectam, quo jure quave injuria, sequerentur, alere, omnibusque rebus ornare. ex quo paullatim factum est cum proceden te tempore ut Senatus assentatoribus abundaret, amicis veris destitueretur. Tunc igitur, de reditu quidem exulum non solum ad Achæos scripsit, hortans ut ad rem perficiendam vires contenderent: sed etiam ad Ætolos, Epirotas, Athenienses quoque, Bœotos & Acarnanes, quasi fidem omnium appellans, ad frangendam Achæorum potentiam. de Callicrate verò nominatim, nulla cæterorum legatorum mentione facta, adjectum est responso, ita singulos in civitatibus debere esse animatos, ut

γραφόντων αὐτῶν ὑπὲρ τῆς καθόδου τῶν ἐκ Λακεδαίμονος φυγάδων· τοσοῦτον ἀπέχειν τοῦ πειθαρχεῖν, ὡς καὶ στήλην τεθεῖσθαι καὶ πεποιῆσθαι πρὸς τοὺς κατέχοντας τὴν πόλιν ὅρκους, ὑπὲρ τοῦ μηδέποτε κατελεύσεσθαι τοὺς φυγάδας. εἰς ἃ βλέποντας αὐτούς, ἠξίου πρόνοιαν ποιεῖσθαι τοῦ μέλλοντος. Ὁ μὲν οὖν Καλλικράτης ταῦτα καὶ τοιαῦτα εἰπών, ἀπῆλθεν. οἱ φυγάδες δ' ἐπεισελθόντες, καὶ βραχέα περὶ αὐτῶν διδάξαντες, καί τινα τῶν πρὸς τὸν κοινὸν ἔλεον εἰπόντες, ἀνεχώρησαν. ἡ δὲ σύγκλητος, δόξασα τὸν Καλλικράτην λέγειν τι τῶν αὐτῇ συμφερόντων, καὶ διδαχθεῖσα, διότι δεῖ τοὺς μὲν τοῖς αὐτῆς δόγμασι συνηγοροῦντας αὔξειν· τοὺς δὲ ἀντιλέγοντας ταπεινοῦν· οὕτω καὶ τότε πρῶτον ἐπεβάλετο τοὺς μὲν κατὰ τὸ βέλτιστον ἱσταμένους ἐν τοῖς ἰδίοις πολιτεύμασιν ἐλαττοῦν· τοὺς δὲ καὶ δικαίως ..... προστρέχοντας αὐτῇ σωματοποιεῖν. Ἐξ ὧν αὐτῇ συνέβη κατὰ βραχὺ, τοῦ χρόνου προβαίνοντος, κολάκων μὲν εὐπορεῖν, φίλων δὲ σπανίζειν ἀληθινῶν. Οὐ μὴν ἀλλὰ τότε, περὶ μὲν τῆς καθόδου τῶν φυγάδων, οὐ μόνον τοῖς Ἀχαιοῖς ἔγραψε, παρακαλοῦσα συνεπισχύειν· ἀλλὰ καὶ τοῖς Αἰτωλοῖς καὶ τοῖς Ἠπειρώταις, σὺν δὲ τούτοις, Ἀθηναίοις, Βοιωτοῖς, Ἀκαρνᾶσιν· πάντας ὡσανεὶ προδιαμαρτυρομένη χάριν τοῦ συντρῖψαι τοὺς Ἀχαιούς. περὶ δὲ τοῦ Καλλικράτους αὐτοῦ, κατ' ἰδίαν παρασιωπήσασα τοὺς συμπρεσβευτάς, κατέταξεν εἰς τὴν ἀπόκρισιν· διότι δεῖ τοιούτους ὑπάρχειν ἐν τοῖς πολιτεύμασιν ἄνδρας, οἷος ἐστι

Καλλικράτης. ὁ δὲ προειρημένος ἔχων τὰς ἀποκρίσεις ταύτας, παρῆν εἰς τὴν Ἑλλάδα περιχαρής· οὐκ εἰδὼς ὅτι μεγάλων κακῶν ἀρχηγὸς γέγονε πᾶσι μὲν τοῖς Ἕλλησι, μάλιστα δὲ τοῖς Ἀχαιοῖς. Ἔτι γὰρ τούτοις ἐξῆν καὶ κατ᾽ ἐκείνους τοὺς χρόνους κατὰ ποσὸν ἰσολογίαν ἔχειν πρὸς Ῥωμαίους, διὰ τὸ τετηρηκέναι τὴν πίστιν ἐν τοῖς ἐπιφανεστάτοις καιροῖς, ἐξ οὗ τὰ Ῥωμαίων εἵλοντο. λέγω δὲ τοῖς κατὰ Φίλιππον καὶ Ἀντίοχον· ὅτι δὲ τοῦ τῶν Ἀχαιῶν ἔθνους ηὐξημένου, καὶ προκοπὴν εἰληφότος κατὰ τὸ βέλτιστον, ἀφ᾽ ὧν ἡμεῖς ἱστοροῦμεν χρόνων, αὕτη πάλιν ἀρχὴ τῆς ἐπὶ τὸ χεῖρον ἐγένετο μεταβολῆς, ... τὸ Καλλικράτους θράσος. ὅτι Ῥωμαῖοι ὄντες ἄνθρωποι, καὶ ψυχῇ χρώμενοι λαμπρᾷ, καὶ προαιρέσει καλῇ, πάντας μὲν ἐλεοῦσι τοὺς ἐπταικότας, καὶ πᾶσι πειρῶνται χαρίζεσθαι τοῖς καταφεύγουσιν ὡς αὐτούς. ὅταν μέν τοι γέ τις ὑπομνήσῃ τῶν δικαίων, τετηρηκὼς τὴν πίστιν, ἀνατρέχουσι καὶ διορθοῦνται σφᾶς αὐτοὺς κατὰ δύναμιν ἐν τοῖς πλείστοις. Ὁ δὲ Καλλικράτης πρεσβεύσας κατὰ τοὺς ἐνεστῶτας καιροὺς εἰς τὴν Ῥώμην χάριν τοῦ λέγειν τὰ δίκαια περὶ τῶν Ἀχαιῶν· χρησάμενος κατὰ τοὐναντίον τοῖς πράγμασι, καὶ συνεπισπασάμενος τὰ κατὰ Μεσσηνίους, ὑπὲρ ὧν οὐδ᾽ ἐνεκάλουν Ῥωμαῖοι, παρῆν εἰς Ἀχαΐαν προσαναταινόμενος τὸν ὑπὸ Ῥωμαίων φόβον, καὶ διὰ τὴν ἀποπρεσβείαν καταπληξάμενος, καὶ συντρίψας τοὺς ὄχλους· διὰ τὸ μηδὲν εἰδέ-

Callicratem. Is igitur cum his responsis gaudio ovans in Græciam revertitur: nihil cogitans, quantorum malorum cum in universum Græcis, tum maxime Achæis auctor extitisset. Nam ad hanc usque diem, Achæi societatem ex æquo cum Romanis aliquò saltem modo colebant: quoniam ex quo sectam populi Rom. ceperunt sequi, fidem constanter temporibus maxime insignibus servaverant: tempora dico, bellorum quæ Philippus & Antiochus gesserunt. Quum igitur gens Acheorum ab iis temporibus quæ historia nostra complectitur, præclaris institutis usa, incrementa assiduè accepisset; per Callicratis audaciam factum, ut in deterius mutare inciperet. Nam Romani etsi pro sua humanitate, magnitudine animi, & honesto proposito, omnium infortuniis moveri solent, & omnibus opem ferre qui ad presidium ipsorum confugiunt, enituntur: si qui tamen expertæ fidei socii juris sui illos admoneant, ut plurimum ad sese confestim redeunt, & secius admissa pro virili corrigunt. At Callicrates legatione ad populum Rom. ea tempestate functus, ut caussam Acheorum tueretur: quum plane contrarium ejus fecisset, cujus caussa missus fuerat; quum etiam Messeniorum negotium accivisset, licet eo nomine querela Romanorum nulla unquam fuisset audita; ubi in Achaiam est reversus, metum P. R. omnibus incutere, & renuntiatione legationis suæ omnes terrere: universæ denique multitudinis animos dejicere. Itaque

ergo,

ergo, quod nihil quidquam eorum populus sciret quæ revera ipse in Senatu dixerat; primum quidem Prætor est creatus: homo ut cætera sileam vitia, etiam munerum largitione corruptus: deinde postquam magistratum iniisset, exules Lacedæmoniorum & Messeniorum in suam quemque patriam restituit.

LIX.

Quomodo & quibus conditionibus bellum sit terminatum, quod Eumenes & Ariarathes cum Pharnace gesserunt.

PHARNACES subita & gravi hostium impressione territus, ad quascunque pacis conditiones accipiendas paratus fuit: quare etiam legatos ad Eumenem & Ariarathem misit. Quum autem Eumenes & Ariarathes mentionem de pace factam æquis auribus accepissent, & suos statim legatos ad Pharnacem misissent; idque sæpius ab utraque parte factum esset; his tandem conditionibus pax convenit: EUMENI, PRUSIÆ, ET ARIARATHI CUM PHARNACE ET MITHRIDATE PAX ESTO PERPETUA. GALATIAM PHARNACES NE INGREDITOR ULLO MODO. QUÆCUNQUE ANTEA PHARNACI CUM GALLIS FOEDERA FUERUNT, DIRIMUNTOR. PAPHLAGONIA PA-

γνοίᾳ τῶν ὑπ' αὐτοῦ κατ' ἀλήθειαν εἰρημένων ἐν τῇ συγκλήτῳ τοὺς πολλούς· πρῶτον μὲν ἡρέθη στρατηγὸς, πρὸς τοῖς ἄλλοις κακοῖς καὶ δωροδοκηθείς· ἑξῆς δὲ τούτοις, παραλαβὼν τὴν ἀρχὴν, κατῆγε τοὺς ἐκ τῆς Λακεδαίμονος, καὶ τοὺς ἐκ τῆς Μεσσήνης φυγάδας.

ΝΘ.

Πῶς καὶ ἐπὶ τίσι διελύθη ὁ συστὰς Φαρνάκῃ πρὸς Εὐμένη καὶ Ἀριαράθην πόλεμος.

ΟΤΙ ὁ Φαρνάκης, ἐξαπιναίως καὶ βαρέως αὐτῷ τῆς ἐφόδου γινομένης, ἕτοιμος ἦν πρὸς πᾶν τὸ περιστάμενον· πρέσβεις γὰρ ἐξαπέστελλε πρὸς Εὐμένη καὶ Ἀριαράθην. Τῶν δὲ περὶ Εὐμένη, καὶ Ἀριαράθην, προσδεξαμένων τοὺς λόγους, καὶ παραχρῆμα συνεξαποστειλάντων πρεσβευτὰς παρ' αὐτῶν πρὸς τὸν Φαρνάκην, καὶ τούτου γινομένου πλεονάκις παρ' ἑκατέρων, ἐκυρώθησαν αἱ διαλύσεις ἐπὶ τούτοις· ΕΙΡΗΝΗΝ ΥΠΑΡΧΕΙΝ ΕΥΜΕΝΕΙ ΚΑΙ ΠΡΟΥΣΙΑι, ΚΑΙ ΑΡΙΑΡΑΘΗι ΠΡΟΣ ΦΑΡΝΑΚΗΝ, ΚΑΙ ΜΙΘΡΙΔΑΤΗΝ ΕΙΣ ΤΟΝ ΠΑΝΤΑ ΧΡΟΝΟΝ· ΓΑΛΑΤΙΑΝ ΜΗ ΕΠΙΒΑΙΝΕΙΝ ΦΑΡΝΑΚΗΝ, ΚΑΤΑ ΜΗΔΕΝΑ ΤΡΟΠΟΝ· ΟΣΑΙ ΓΕΓΟΝΑΣΙΝ ΠΡΟΤΕΡΟΝ ΣΥΝΘΗΚΑΙ ΦΑΡΝΑΚΗι ΠΡΟΣ ΓΑΛΑΤΑΣ, ΑΚΥΡΟΥΣ ΥΠΑΡΧΕΙΝ. ΟΜΟΙΩΣ ΠΑ-

ΦΛΑ-

ΦΛΑΓΟΝΙΑΣ ΕΚΧΩΡΕΙΝ, ΑΠΟΚΑΤΑΣΤΗΣΟΝΤΑ ΤΟΥΣ ΟΙΚΗΤΟΡΑΣ, ΟΥΣ ΠΡΟΤΕΡΟΝ ΕΞΑΓΗΟΧΕΙ, ΣΥΝ ΔΕ ΤΟΥΤΟΙΣ, ΟΠΛΑ ΚΑΙ ΒΕΛΗ, ΚΑΙ ΤΑΣ ΑΛΛΑΣ ΠΑΡΑΣΚΕΥΑΣ. ΑΠΟΔΟΥΝΑΙ ΔΕ ΚΑΙ ΑΡΙΑΡΑΘΗι ΤΩΝ ΤΕ ΧΩΡΙΩΝ, ΟΣΑ ΠΑΡΗιΡΗΤΟ ΜΕΤΑ ΤΗΣ ΠΡΟΥΠΑΡΧΟΥΣΗΣ ΠΑΡΑΣΚΕΥΗΣ, ΚΑΙ ΤΟΥΣ ΟΜΗΡΟΥΣ. ΑΠΟΔΟΥΝΑΙ ΔΕ ΚΑΙ ΤΗΙΟΝ ΠΑΡΑ ΤΟΝ ΠΟΝΤΟΝ. ὃ μετ' ὀλίγον χρόνον Εὐμένης ἔδωκεν Προυσίᾳ πεισθείς, μετὰ μεγάλης χάριτος. ἐγράφη δὲ καὶ ΤΟΥΣ ΑΙΧΜΑΛΩΤΟΥΣ ΑΠΟΚΑΤΑΣΤΗΣΑΙ ΦΑΡΝΑΚΗΝ ΧΩΡΙΣ ΛΥΤΡΩΝ, ΚΑΙ ΤΟΥΣ ΑΥΤΟΜΟΛΟΥΣ ΑΠΑΝΤΑΣ· ΠΡΟΣ ΔΕ ΤΟΥΤΟΙΣ ΤΩΝ ΧΡΗΜΑΤΩΝ ΚΑΙ ΤΗΣ ΓΑΖΗΣ, ΗΣ ΑΠΗΝΕΓΚΕ ΠΑΡΑ ΜΟΡΖΙΟΥ ΚΑΙ ΑΡΙΑΡΑΘΟΥ, ΑΠΟΔΟΥΝΑΙ ΤΟΙΣ ΠΡΟΕΙΡΗΜΕΝΟΙΣ ΒΑΣΙΛΕΥΣΙΝ, ΕΝΝΑΚΟΣΙΑ ΤΑΛΑΝΤΑ· ΚΑΙ ΤΟΙΣ ΠΕΡΙ ΤΟΝ ΕΥΜΕΝΗ, Τ' ΠΡΟΣΘΕΙΝΑΙ ΤΗΣ ΕΙΣ ΤΟΝ ΠΟΛΕΜΟΝ ΔΑΠΑΝΗΣ. ἐπεγράφη δὲ καὶ ΜΙΘΡΙΔΑΤΗι ΤΩι ΤΗΣ ΑΡΜΕΝΙΑΣ ΣΑΤΡΑΠΗι Τ' ΤΑΛΑΝΤΑ, ΔΙΟΤΙ ΠΑΡΑΒΑΣ ΤΑΣ ΠΡΟΣ ΕΥΜΕΝΗ ΣΥΝΘΗΚΑΣ, ΕΠΟΛΕΜΗΣΕΝ ΑΡΙΑΡΑΘΗι. Συμπεριελήφθησαν δὲ ταῖς συνθήκαις, τῶν μὲν κατὰ τὴν Ἀσίαν δυναστῶν, Ἀρταξίας ὁ τῆς πλείστης Ἀρμενίας ἄρχων, καὶ Ἀκουσίλοχος· τῶν δὲ κατὰ τὴν Εὐρώπην, Γάταλος ὁ Σαρμάτης· τῶν δὲ αὐτονομουμένων, Ἡρακλεῶται,

RITER EXCEDITO, ET QUOS PRIUS INDE EDUXIT INCOLAS RESTITUITO: ET SIMUL CUM HIS ARMA, TELA ET RELIQUUM OMNEM APPARATUM. REDDITO ETIAM ARIARATHI LOCA OMNIA QUÆ FUERE EI ADEMPTA, CUM OMNI INSTRUMENTO QUOD PRIUS IBI FUIT; ITEMQUE OBSIDES. REDDITO ETIAM TEJUM QUOD EST AD PONTUM. id oppidum aliquanto post Eumenes Prusiæ dedit ab eo exoratus, in magnam accipientis gratiam. Adhoc ſcriptum in fœdere: UT CAPTIVOS TRANSFUGASQUE OMNES SINE PRETIO PHARNACES REDDERET. ITEM UT EX EA PECUNIA ET GAZA QUAM A MORZIA ET ARIARATHE ABSTULISSET, REGIBUS ANTE NOMINATIS NONGENTA REDDERET TALENTA. EUMENI VERO HOC AMPLIUS PRO BELLI IMPENSIS, TRECENTA TALENTA PENDERET. præterea ſcriptum, UT MITHRIDATES PRÆFECTUS ARMENIÆ TRECENTA SOLUERET TALENTA, QUIA BELLUM CUM ARIARATHE GESSIT, CONTRA FOEDUS QUOD CUM EUMENE HABUIT. Comprehenſi ſunt hoc fœdere, è dynaſtis Aſiæ, Artaxias majoris partis Armeniæ regulus, & Acuſilochus: ex Europæis, Gatalus Sarmata: è liberis civitatibus, Heracleotæ, Meſembriani, Cherroneſironesitæ, & cum his præterea Cyziceni. Postremo loco adjectum de obsidibus, quot numero & cujus conditionis eos dare Pharnacem oporteret. qui simul venerunt, reversæ sunt copiæ. itaque belli, quod Eumenes & Ariarathes cum Pharnace gesserunt, hic fuit exitus.

L X.

Quomodo Lycii missis Romam legatis Senatum à Rhodiis abalienarint.

Laodice Persei sponsa ad sponsum à Rhodiis deducta.

POSTQUAM missi Coss. fuissent Tiberius & Claudius in expeditionem contra Istros & Agrios, Senatus exeunte jam æstate Lyciorum legatis operam dedit: qui Romam venerant postquam bello jam Lycii fuerant devicti, quum longo antè tempore fuissent missi. Nam Xanthii sub tempus belli imminentis, & in Achaiam & Romam legationem miserant cujus princeps Nicostratus. Hi Romam ut venerunt, multos Patrum ad misericordiam commoverunt, quum & Rhodiorum crudelitatem, & calamitatem suam ob oculos illis ponerent. ac tandem eò Senatum adduxerunt, ut legatos Rhodum mitterent, qui significarent, inspectis commentariis quos decem legati in Asia fecerant, quo tempore

Μεσημβριανοί, Χερρονησῖται· σὺν δὲ τούτοις, Κυζικηνοί. περὶ δὲ τῶν ὁμήρων, τελευταῖον ἐγράφη, πόσους δεήσει καὶ τίνας δοῦναι τὸν Φαρνάκην· ὧν καὶ παραγενηθέντων, ἐξ αὐτῆς ἀνέζευξαν αἱ δυνάμεις. Καὶ τοῦ μὲν Εὐμένει καὶ Ἀριαράθῃ πρὸς Φαρνάκην συστάντος πολέμου, τοιοῦτον ἀπέβη τὸ τέλος.

Ξ.

Πῶς οἱ Λύκιοι πρέσβεις εἰς Ῥώμην ἀπεσταλκότες, τὴν σύγκλητον κατὰ τῶν Ῥοδίων παρώργισαν.

Νυμφαγωγία Λαοδίκης πρὸς Περσέα ὑπὸ Ῥοδίων.

ΟΤΙ μετὰ τὴν ἀποστολὴν τῶν ὑπάτων Τιβερίου καὶ Κλαυδίου τῶν πρὸς Ἴστρους καὶ Ἀγρίους, ἡ σύγκλητος ἐχρημάτισε, τοῖς παρὰ τῶν Λυκίων ἥκουσι πρεσβευταῖς, ἤδη τῆς θερείας ληγούσης, οἵτινες παρεγένοντο μὲν εἰς τὴν Ῥώμην, ἤδη καταπεπολεμημένων τῶν Λυκίων· ἐξαπεστάλησαν δὲ χρόνοις ἱκανοῖς ἀνώτερον. Οἱ γὰρ Ξάνθιοι, καθ' ὃν καιρὸν ἔμελλον εἰς τὸν πόλεμον ἐμβαίνειν, ἐξέπεμψαν πρεσβευτὰς εἴς τε τὴν Ἀχαΐαν καὶ τὴν Ῥώμην τοὺς περὶ Νικόστρατον· οἳ τότε παραγενηθέντες εἰς τὴν Ῥώμην, πολλοὺς εἰς ἔλεον ἐξεκαλέσαντο τῶν ἐν τῷ συνεδρίῳ, τιθέντες ὑπὸ τὴν ὄψιν, τήν τε Ῥοδίων βαρύτητα, καὶ τὴν αὐτῶν περίστασιν. καὶ τέλος εἰς τοῦτο ἤγαγον τὴν σύγκλητον, ὥστε πέμψαι πρεσβευτὰς εἰς τὴν Ῥόδον τοὺς διασαφήσοντας, ὅτι τῶν ὑπομνηματισμῶν ἀναληφθέντων, οὓς οἱ δέκα πρέσβεις ἐποιήσαντο κατὰ τὴν Ἀσίαν, τὴν Ἀσίαν, ὅτε τὰ πρὸς Ἀντίοχον ἐχείριζον, εὕρηνται Λύκιοι δεδομένοι Ροδίοις, οὐκ ἐν δωρεᾷ· τὸ δὲ πλεῖον, ὡς φίλοις καὶ συμμάχοις. Τοιαύτης δὲ γινομένης διαλύσεως, οὐδ᾽ ὅλως ἤρεσκε πολλοῖς τὸ γεγονός. ἐδόκουν γὰρ οἱ Ρωμαῖοι τὰ κατὰ τοὺς Ροδίους καὶ Λυκίους διαγωνοθετεῖν, θέλοντες ἐκδαπανᾶσθαι τὰς παραθέσεις τῶν Ροδίων καὶ τοὺς θησαυρούς, ἀκηκοότες τήν τε νυμφαγωγίαν τῆς νεωστὶ τῷ Περσεῖ γεγενημένην ὑπ᾽ αὐτῶν, καὶ τὴν ἀνάπτερξιν τῶν πλοίων. Συνέβαινε γὰρ βραχεῖ χρόνῳ πρότερον, ἐπιφανῶς καὶ μεγαλομερῶς ταῖς παρασκευαῖς ἀναπεπειρᾶσθαι τοὺς Ροδίους ἅπασι τοῖς σκάφεσι τοῖς ὑπάρχουσιν αὐτοῖς. καὶ γὰρ ξύλων πλῆθος εἰς ναυπηγίαν ἐδέδοτο παρὰ τοῦ Περσέως τοῖς Ροδίοις· καὶ σελγίδα χρυσῆν ἑκάστῳ τῶν * φρακτήτων ἐδεδώρητο, τῶν νεωστὶ νενυμφαγωγηκότων αὐτῷ τὴν Λαοδίκην.

cum Antiocho res composuerunt: repertum esse Lycios Rhodiis fuisse concessos, non pro munere; sed potius, tanquam amicos & socios. Hoc negotium quum ita esset transactum, multitudini nequaquam res probabatur. existimabantur enim Romani proposito præmio, ceu fieri amat a præsidibus ludorum, Rhodios & Lydios inter se committere, ad exhauriendos apparatus Rhodiorum, & thesauros: postquam audivissent quomodo Persei sponsam Rhodii classe ad eum deduxerant, & quomodo navium suarum periculum fecissent. Acciderat namque paullo antè, ut Rhodii cum insigni & magnifico apparatu omnium quas habebant navium experimentum agerent. Perseus enim navalis materiæ ad classem ædificandam ingentem copiam illis fuerat largitus: qui etiam singulis militibus à quibus paullo antè Laodice sponsa ipsius fuerat deducta, tæniam ex auro donavit.

Ξ Α.

Ροδίων δυσαρέστησις πρὸς Ρωμαίους ἐπὶ τῷ ὑπὲρ Λυκίων δόγματι.

ΟΤΙ εἰς τὴν Ρόδον παραγινομένων τῶν ἐκ τῆς Ρώμης πρεσβευτῶν, καὶ διασαφούντων τὰ δεδογμένα τῇ συγκλήτῳ, θόρυβος ἦν ἐν τῇ Ρόδῳ, καὶ πολλὴ ταραχὴ περὶ τοὺς πολιτευομένους· ἀγανακτούντων ἐπὶ τῷ μὴ φάσκειν ἐν δωρεᾷ δεδόσθαι τοὺς Λυκίους αὐτοῖς,

LXI.

Rhodii ægre ferunt decretum Senatus Romæ factum in gratiam Lyciorum.

POSTQUAM populi Rom. legatio Rhodum venit, & Senatus decretum exposuit, tumultus Rhodi & magna perturbatio inter cives est orta: omnibus iniquo animo ferentibus, quod dicerent Romani Lycios datos Rhodiis fuisse, non loco muneris, verùm ut pro sociis eos ciis eos haberent. Nam quum res Lyciorum ordinasse recte non multo antè sibi viderentur; aliud denuo molestiarum principium sibi videbant exoriri. Lycii enim simul ac venerunt Romani, & ista Rhodiis declararunt, seditionem iterum excitarunt: seque paratos ostenderunt omnia pati, quò legibus suis & libertati redderentur. Rhodii verò legatione audita, Romanos à Lyciis fuisse deceptos rati, legatum statim Lycophronem miserunt, qui Senatum de omnibus quæ diximus edoceret. Et harum quidem rerum hic fuit tum status. quum crederentur Lycii brevi admodum tempore adversus Rhodios rebellaturi.

ἀλλὰ κατὰ συμμαχίαν. Ἄρτι γὰρ δοκοῦντες καλῶς τεθεῖσθαι τὰ κατὰ Λυκίους, αὖθις ἄλλην ἀρχὴν ἑώρων φυομένην πραγμάτων. εὐθέως γὰρ οἱ Λύκιοι τῶν Ῥωμαίων παραγινομένων, καὶ διασαφούντων ταῦτα τοῖς Ῥοδίοις, πάλιν ἐστασίαζον· καὶ πᾶν ὑπομένειν οἷοί τ' ἦσαν, ὑπὲρ τῆς αὐτονομίας, καὶ τῆς ἐλευθερίας. Οὐ μὴν, ἀλλ' οἵγε Ῥόδιοι ἀκούσαντες τῶν πρεσβευτῶν, καὶ νομίσαντες ἐξηπατῆσθαι τοὺς Ῥωμαίους ὑπὸ τῶν Λυκίων, παραχρῆμα κατέστησαν τοὺς περὶ Λυκόφρονα πρεσβευτὰς, διδάξοντας τὴν σύγκλητον περὶ τῶν προειρημένων. Καὶ ταῦτα μὲν ἐπὶ τούτων ἦν· ὅσον οὔπω δοκούντων πάλιν ἐπαναστήσεσθαι τῶν Λυκίων.

LXII.

Dardaniorum legatio metum à Bastarnis & Perseo Rege, Romanis nuntians.

SENATUS post legationis Rhodiorum adventum, ea audita, responsum dare distulit. quum autem Dardanii venissent, & de Bastarnis exposuissent, quanta eorum multitudo, quàm ingentia eorum corpora, quanta in periculis esset illorum audacia; docuissent etiam; de societate cum iis inita à Perseo & Gallis: dixissentque, majori sibi Perseum quàm Bastarnas esse terrori; ac propterea, opem sibi ferri postulassent: quum præterea Thessali qui aderant, quæ dixerant Dardanii suo testimonio confirmassent, & auxilium etiam ipsi poposcis-

ΞΒ.

Δαρδανίων πρεσβεία πρὸς Ῥωμαίους τὸν ἀπὸ Βασταρνῶν καὶ Περσέως φόβον ἀγγέλλουσα.

ΟΤΙ ἡ σύγκλητος παραγενομένων τῶν ἐκ τῆς Ῥόδου πρεσβευτῶν, διακούσασα τῶν λόγων, ὑπερέθετο τὴν ἀπόκρισιν. ἡκόντων δὲ τῶν Δαρδανίων, καὶ περὶ τοῦ πλήθους τῶν Βασταρνῶν, καὶ περὶ τοῦ μεγέθους τῶν ἀνδρῶν καὶ τῆς ἐν τοῖς κινδύνοις τόλμης ἐξηγουμένων, καὶ διασαφούντων περὶ τῆς Περσέως κοινοπραγίας, καὶ τῶν Γαλατῶν· καὶ φασκόντων τοῦτον ἀγωνιᾶν μᾶλλον ἢ τοὺς Βαστάρνας· καὶ διὰ ταῦτα δεομένων σφίσι βοηθεῖν· παρόντων δὲ καὶ Θετταλῶν καὶ συνεπιμαρτυρούντων τοῖς Δαρδανίοις, καὶ παρακαλούντων καὶ τούτων

ἐπὶ τὴν

ἐπὶ τὴν βοήθειαν· ἔδοξε τῇ συγκλήτῳ πέμψαι τινάς, τοὺς αὐτόπτας ἐσομένους τῶν προσαγγελλομένων. καὶ παραυτίκα καταστήσαντες Αὖλον Ποστούμιον ἐξαπέστειλαν· καὶ σὺν τούτῳ τινὰς τῶν νέων.

sent: decrevit Senatus quosdam mittere, ad visendum quid eorum esset, quæ nuntiabantur. & statim Aulo Postumio negotium datum, ut eò proficisceretur: suntque cum ipso proficisci jussi è junioribus nonnulli.

ΞΓ.

Πῶς τὸ κοινὸν τῶν Βοιωτῶν τῇ ἰδίᾳ αὐτῶν ἀλογιστίᾳ κατὰ πόλεις διεσκορπίσθη.

Ὅτι ἐν τῷ καιρῷ τούτῳ, παρεγένοντο πρέσβεις, παρὰ μὲν Θεσπιέων, οἱ περὶ Λάσυν καὶ Καλλίαν· παρὰ δὲ Νέωνος, Ἰσμηνίας. οἱ μὲν περὶ Λάσυν ἐνεχείριζον τὴν ἑαυτῶν πατρίδα Ῥωμαίοις. ὁ δὲ Ἰσμηνίας κατὰ κοινὸν πάσας τὰς ἐν τῇ Βοιωτίᾳ πόλεις διδοὺς εἰς τὴν τῶν πρεσβευτῶν πίστιν. ἦν δὲ τοῦτο μὲν ἐναντιώτατον τοῖς περὶ τὸν Μάρκιον· τὸ δὲ κατὰ πόλιν διελεῖν τοὺς Βοιωτοὺς οἰκειότατον. Διὸ τοὺς μὲν περὶ τὸν Λάσυν, καὶ τοὺς Χαιρωνεῖς, καὶ τοὺς Λεβαδεῖς, καὶ τοὺς ἄλλους, ὅσοι παρῆσαν ἀπὸ τῶν πόλεων, ἀσμένως ἀπεδέχοντο καὶ κατέψων· τὸν δὲ Ἰσμηνίαν παρεδειγμάτιζον ἀποτριβόμενοι καὶ παρορῶντες. Ὅτε καὶ συνεπιθέμενοι τινὲς τῶν φυγάδων, μικροῦ κατέλευσαν τὸν Ἰσμηνίαν, εἰ μὴ κατέφυγεν ὑπὸ τὰ δίθυρα τῶν Ῥωμαίων. Κατὰ δὲ τὸν καιρὸν τοῦτον ἐν ταῖς Θήβαις συνέβαινε ταραχὰς εἶναι καὶ στάσεις· οἱ μὲν γὰρ ἔφασαν δεῖν διδόναι τὴν πόλιν εἰς τὴν Ῥωμαίων πίστιν· οἱ δὲ Κορωνεῖς καὶ Ἁλιάρτιοι, συνδεδραμηκότες

LXIII.

Quomodo commune Bœotorum propria ipsorum culpa fuerit solutum, & oppidatim divisum.

Ea tempestate venerunt legati, Thespiensium quidem missu, Lasys & Callias: Neonis verò, Ismenias. Lasys patriam suam Romanis tradebat. Ismenias, omnes Bœotiæ urbes in commune, easque fidei legatorum permittebat. id verò à proposito Marcii alienissimum erat: sicut contra consiliis ejus accommodatissimum ut separata per singulas civitates concilia Bœoti haberent. Itaque Lasym, Chæronenses, Lebadenses, & reliquos à civitatibus missos læti suscipiebant & demulcebant: Ismeniam decretis suis eludebant, summoventes ipsum atque aspernantes. Quo quidem tempore exules nonnulli, conspiratione facta, Ismeniam tantum non saxis obruissent; nisi sub Romanorum legatorum tribunal confugisset. Per id tempus vigebant Thebis tumultus & seditiones: nam alii urbem fidei Romanorum permittendam censebant: Coronæi verò & Haliartii facto Thebas concursu rerum

curam

curam acriter ad se trahebant, & in societate Persei manendum esse contendebant. Ac fuerunt quidem aliquandiu paria contendentium studia: sed ubi primus omnium Olympichus Coronæus mutata sententia adhærendum esse Romanis dixit; animorum totius multitudinis facta inclinatio est & mutatio. Primo igitur Dicetan legatum proficisci ad Marcium compulerunt, qui de societate cum Perseo illi satisfaceret. Neonem deinde atque Hippiam ejecerunt, impetumque in eorum domos fecerunt: jusserunt etiam ut universæ administrationis suæ rationem redderent: hi namque erant quorum auctoritate contracta fuerat cum Perseo societas. Qui morem extemplo quum gessissent, concione advocata, ante omnia quosdam elegerunt qui ad Romanos proficiscerentur, deinde magistratibus præceperunt, ut de societate cum iis agerent; postremò legatos decreverunt, qui Romanis urbem traderent: exulesque suos in pristinas sedes restituerunt. Hæc dum ita geruntur Thebis, exules qui Chalcide erant, duce atque auctore Pompida Ismeniam, Neonem, & Dicetam deferre instituerunt. Quum autem manifestus esset illorum error & Romani exulibus faverent, ad extremum periculi & inopiæ consilii Hippias, & qui earum erant partium, venerunt: adeo ut concitata vehementius multitudine, etiam de vita repente periclitarentur: donec Romani aliquam sibi curam esse de eorum salute ostendentes, ruentis turbæ impetum inhibuerunt. Ubi

εἰς τὰς Θήβας ἀκμὴν ἀντεποιοῦντο τῶν πραγμάτων, καὶ μένειν ἔφασαν δεῖν ἐν τῇ πρὸς τὸν Περσέα συμμαχίᾳ. Καὶ μέχρι μέν τινος, ἐφάμιλλος ἦν ἡ διάθεσις τῶν στασιαζόντων· Ὀλυμπίχου δὲ τοῦ Κορωνέως πρώτου μεταθεμένου, καὶ φάσκοντος δεῖν ἀντέχεσθαι Ῥωμαίων, ἐγίνετο καὶ ὁλοσχερὴς ῥοπὴ, καὶ μετάπτωσις. καὶ πρῶτον μὲν τὸν Δικέταν ἠνάγκασαν πρεσβεύειν πρὸς τοὺς περὶ τὸν Μάρκιον, ἀπολογησόμενον ὑπὲρ τῆς πρὸς τὸν Περσέα συμμαχίας. Μετὰ δὲ ταῦτα τοὺς περὶ τὸν Νέωνα, καὶ Ἱππίαν ἐξέβαλλον συντρέχοντες ἐπὶ τὰς οἰκίας αὐτῶν. καὶ κελεύοντες αὐτοὺς ὑπὲρ αὐτῶν ἀπολογεῖσθαι περὶ τῶν διῳκονομημένων· οὗτοι γὰρ ἦσαν οἱ τὰ περὶ τὴν συμμαχίαν οἰκονομήσαντες. τούτων δὲ παραχωρησάντων, ἐξαυτῆς ἀθροισθέντες εἰς ἐκκλησίαν, πρῶτον μὲν τινὰς ἐψηφίσαντο . . . . . καὶ τοῖς Ῥωμαίοις· εἶτα συνεργεῖν ἐπέταξαν τοῖς ἄρχουσι τὴν συμμαχίαν. ἐπὶ δὲ πᾶσι πρεσβευτὰς κατέστησαν τοὺς ἐγχειριοῦντας τὴν πόλιν Ῥωμαίοις, καὶ κατέταξαν τοὺς παρ' αὐτῶν φυγάδας. Τούτων δὲ συντελουμένων ἐν ταῖς Θήβαις, οἱ φυγάδες ἐν τῇ Χαλκίδι προστησάμενοι Πομπίδην, κατηγορίαν ἐποιοῦντο τῶν περὶ τὸν Ἰσμηνίαν, καὶ Νέωνα, καὶ Δικέταν. Προδήλου δὲ τῆς ἀγνοίας οὔσης τῶν προειρημένων, καὶ τῶν Ῥωμαίων συνεπισχυόντων τοῖς φυγάσιν, εἰς τὴν ἐσχάτην διάθεσιν ἦλθον οἱ περὶ τὸν Ἱππίαν· ὥστε καὶ τῷ βίῳ κινδυνεῦσαι παρ' αὐτὸν τὸν καιρὸν, ὑπὸ τῆς ὁρμῆς τοῦ πλήθους· ἕως οὗ βραχύ τι τῆς ἀσφαλείας αὐτῶν προυνοήθησαν οἱ Ῥωμαῖοι, παρακατασχόντες τὴν ἐπιφορὰν τῶν ὄχλων. τῶν δὲ Θηβαίων παραγινομένων, καὶ κομιζόντων τὰ προειρημένα δόγματα καὶ τὰς τιμάς, ταχεῖαν ἕκαστα τῶν πραγμάτων ἐλάμβανε τὴν ἀνταπόδοσιν· ἅτε τῶν πόλεων παρακειμένων ἀλλήλαις, ἐν πάνυ βραχεῖ διαστήματι. πλὴν ἀποδεξάμενοι τοὺς Θηβαίους οἱ περὶ τὸν Μάρκιον, τήν τε πόλιν ἐπῄνεσαν, καὶ τοὺς φυγάδας συνεβούλευσαν ἀπαγαγεῖν εἰς τὴν οἰκείαν. εὐθύς τε παρήγγειλαν πρεσβεύειν πᾶσι τοῖς ἀπὸ τῶν πόλεων εἰς τὴν Ῥώμην διδόντας αὐτοὺς εἰς τὴν πίστιν κατ' ἰδίαν ἑκάστους. πάντων δὲ κατὰ τὴν πρόθεσιν αὐτοῖς χωρούντων· ταῦτα δ' ἦν τὸ διαλῦσαι τῶν Βοιωτῶν τὸ ἔθνος, καὶ λυμήνασθαι τὴν τῶν πολλῶν εὔνοιαν πρὸς τὴν Μακεδόνων οἰκίαν· οὗτοι μὲν μεταπεμψάμενοι Σερουΐον ἐξ Ἄργους, καὶ καταλιπόντες ἐπὶ τῆς Χαλκίδος, προῆγον ἐπὶ Πελοπόννησον. Νέων δὲ μετά τινας ἡμέρας ἀνεχώρησεν εἰς Μακεδονίαν. οἱ δὲ περὶ τὸν Ἰσμηνίαν καὶ Δικέταν, τότε μὲν ἀπήχθησαν εἰς φυλακήν. μετὰ δέ τινα χρόνον ἀπήλλαξαν αὑτοὺς ἐκ τοῦ ζῆν. Τὸ δὲ τῶν Βοιωτῶν ἔθνος ἐπὶ πολὺν χρόνον συντετηρηκός τε τὴν κοινὴν συμπολιτείαν, καὶ πολλοὺς καὶ ποικίλους καιροὺς διαπεφευγὸς παραδόξως, τότε προπετῶς καὶ ἀλογίστως, ἑλόμενον τὰ παρὰ Περσέως, εἰκῇ καὶ παιδαριωδῶς πτοηθὲν, κατελύθη καὶ διεσκορπίσθη κατὰ πόλεις. οἱ δὲ περὶ τὸν Αὖλον καὶ Μάρκιον, παραγενηθέντες εἰς τὴν τῶν Ἀργείων πόλιν, ἐχρημάτισαν ταῖς συναρχίαις ταῖς τῶν Ἀχαιῶν, καὶ παρεκάλεσαν Ἄρχωνα τὸν στρατηγὸν, χιλίους ἐκπέμψαι στρατιώτας εἰς Χαλκίδα παραφυλάξοντας τὴν πόλιν μέχρι τῆς Ῥωμαίων διαβάσεως. Τοῦ δὲ Ἄρχωνος ἑτοίμως συνυπακού-

verò advenerunt Thebani, qui decreta Thebanorum, & delatos Romanis honores nuntiabant, extemplo omnia in vicem contrariam sunt mutata; maxime propter intervallum exiguum quo duæ illæ urbes inter se distant. Cæterum Marcius benigne exceptis legatis, civitatem dilaudavit, & consilium iis dedit ut exules in patriam reducerent. monuit insuper, ut ex omnibus civitatibus Romam mitterentur legati, qui singulas illas in fidem Romanorum permitterent. omnibus deinde rebus ex animi sententia confectis, dissoluta nempe societate mutua gentis Bœotorum, & aversis populorum animis à Macedonum domo regia; Marcius cæterique Romani Argis accito Servio, Chalcidi eum præficiunt; ipsi in Peloponnesum proficiscuntur. Neon post paucos dies in Macedoniam se transfert. Ismenias & Dicetas in carcerem tunc conjecti, non multo post mortem sibi consciverunt. At gens Bœotorum, quæ unam Rempub. longo tempore coluerat, & cum admiratione omnium multa magnaque pericula evaserat; quum temerario vel potius nullo consilio, Persei partes esset amplexa, puerilem in modum sine caussa, consternata, soluta est & oppidatim dissipata. Aulus & Marcius postquam Argos ventum; cum magistratibus Achæorum, qui eò loci convenerant, egerunt, & Prætorem Archonem rogarunt, ut Chalcidem milites mille præsidii caussa mitterent, donec Romani illuc trajicerent. quod quum ab Archone ſine mora eſſet factum, Romani hiſce rebus per hiemem in Græcia geſtis, & Publio convento, Romam navibus petierunt.

L X I V.

Quomodo Hegeſilochus Rhodiorum Prytanis amicitiam populi Romani civibus ſuis conſervarit.

CIRCA tempus idem Tiberius & Poſtumius inſulas circumeuntes, & Aſiæ urbes, Rhodum quoque adierunt; etſi Rhodii tempeſtate illa hac inſpectione nequaquam opus habebant. Hegeſilochus enim, qui in ſummo tum magiſtratu erat, (Prytanim ipſi vocant;) magnæ vir dignationis, qui etiam poſtea legatione Romam eſt functus; jam antea ſimul ac cognitum eſt, bellum à Romanis cum Perſeo geſtum iri: tum ad cætera quod attinet ſuos cives fuerat cohortatus, ut ſpes ſuas cum Romanis jungerent: tum etiam auctor Rhodiis fuerat, ut quadraginta naves reficerent; ne ſi quæ tempora inciderent, ut iis populo Romano opus eſſet, in apparanda claſſe tunc cum peteretur, eſſent occupati: ſed rebus antè præparatis, extemplò quod decretum foret præſtarent. Hæc ille tum Romanis oſtentans, & apparatus ipſos oculis eorum ſubjiciens, legatos dimiſit, de civitate optime ſentientes. Tiberius ſtudio Rhodiorum collaudato, Romam eſt reverſus.

-σαντος, οὗτοι μὲν ταῦτα διαπράξαντες ἐν τοῖς Ἕλλησι κατὰ χειμῶνα, καὶ τῷ Ποπλίῳ συμμίξαντες, ἀπέπλεον εἰς τὴν Ῥώμην.

ΞΔ.

Πῶς Ἡγησίλοχος ὁ τῶν Ῥοδίων πρύτανις τὴν Ῥωμαίων φιλίαν τοῖς αὐτοῦ πολίταις διετήρησε.

ΟΤΙ οἱ περὶ τὸν Τιβέριον, καὶ Ποστούμιον, κατὰ τοὺς αὐτοὺς καιροὺς, ἐπιπορευόμενοι τὰς νήσους, καὶ τὰς κατὰ τὴν Ἀσίαν πόλεις· ..... πλεῖστον δ' ἐν τῇ Ῥόδῳ, καίπερ οὐ προσδεομένων τῶν Ῥοδίων κατὰ τοὺς τότε χρόνους· Ἡγησίλοχος γὰρ τότε πρυτανεύων ἀνὴρ τῶν εὐδοκιμούντων, ὁ καὶ μετὰ ταῦτα πρεσβεύσας εἰς τὴν Ῥώμην, ἔτι πρότερον ἅμα τῷ φανερὸν γενέσθαι διότι μέλλουσι πολεμεῖν Ῥωμαῖοι τῷ Περσεῖ, τά τε ἄλλα παρακεκλήκει τοὺς πολλοὺς ὑπὲρ τοῦ κοινωνεῖν τῶν αὐτῶν ἐλπίδων· καὶ μ' ναῦς συμβουλεύσας τοῖς Ῥοδίοις ὑποζωννύειν· ἵνα ἐάν τις ἐκ τῶν καιρῶν γένηται χρεία, μὴ τότε παρασκευάζωνται πρὸς τὸ παρακαλούμενον, ἀλλ' ἑτοίμως διακείμενοι πράττωσι τὸ κριθὲν ἐξαυτῆς· ἃ τότε προσφερόμενος τοῖς Ῥωμαίοις, καὶ δεικνὺς ὑπὸ τὴν ὄψιν τὰς παρασκευὰς, εὐδοκουμένας τῇ πόλει, τοὺς πρεσβευτὰς ἐξαπέστειλεν. οἱ δὲ περὶ τὸν Τιβέριον ἀποδεδεγμένοι τὴν τῶν Ῥοδίων εὔνοιαν, ἐκομίζοντο εἰς τὴν Ῥώμην.

ΞΕ.

Περσεὺς τῆς Ῥοδίων προαιρέσεως ἀπόπειραν λαμβάνειν βουλόμενος, πρέσβεις πρὸς αὐτοὺς ἀποστέλλει.

ΟΤΙ Περσεὺς μὲν μετὰ τὸν σύλλογον τὸν πρὸς τοὺς Ῥωμαίους τῶν Ἑλλήνων, πάντα τὰ δίκαια κατέταττεν εἰς τὴν ἐπιστολήν, καὶ τοὺς ὑφ᾽ ἑκατέρων ῥηθέντας λόγους· ἅμα μὲν ὑπολαμβάνων, ὑπερδέξιος φανήσεσθαι τοῖς δικαίοις· ἅμα δὲ βουλόμενος ἀπόπειραν λαμβάνειν τῆς ἑκάστων προαιρέσεως. πρὸς μὲν οὖν τοὺς ἄλλους, δι᾽ αὐτῶν τῶν γραμματοφόρων ἔπεμπε τὰς ἐπιστολάς· εἰς δὲ τὴν Ῥόδον, καὶ πρεσβευτὰς συναπέστελλεν, Ἀντήνορα καὶ Φίλιππον. οἳ καὶ παραγενηθέντες, τὰ γεγραμμένα τοῖς ἄρχουσιν ἀπέδωκαν. καὶ μετά τινας ἡμέρας ἐπελθόντες ἐπὶ τὴν βουλὴν, παρεκάλουν τοὺς Ῥοδίους, κατὰ μὲν τὸ παρὸν, ἡσυχίαν ἔχειν, ἀποθεωροῦντας τὸ γινόμενον· ἐὰν δὲ Ῥωμαῖοι παρὰ τὰς συνθήκας ἐγχειρῶσι τὰς χεῖρας ἐπιβάλλειν τῷ Περσεῖ καὶ Μακεδόσιν, πειρᾶσθαι διαλύειν· τοῦτο γὰρ πᾶσι μὲν συμφέρειν· πρέπειν δὲ μάλιστα Ῥοδίοις. ὅσῳ γὰρ πλεῖον ὀρέγονται τῆς ἰσηγορίας καὶ παρρησίας, καὶ διατελοῦσι προστατοῦντες, οὐ μόνον τῆς αὐτῶν, ἀλλὰ καὶ τῆς τῶν ἄλλων Ἑλλήνων ἐλευθερίας· τοσούτῳ καὶ τὴν ἐναντίαν προαίρεσιν μάλιστα δεῖν αὐτοὺς * προχειρεῖσθαι καὶ φυλάττεσθαι κατὰ δύναμιν. ταῦτα καὶ πλείω τούτοις παραπλήσια διαλεχθέντων τῶν πρέσβεων, ἤρεσκε μὲν ἅπασι τὰ λεγόμενα· προκατειχόμενοι δὲ τῇ πρὸς

L XV.

Perseus ad explorandas voluntates populi Rhodiorum, legatos Rhodum mittit.

PERSEUS post colloquium cum Romanis habitum, omnia suæ caussæ jura epistolæ unius formaest complexus, & quæ ab utraque parte fuerant dicta: simul, quia futurum arbitrabatur, ut superior fuisse in disceptatione videretur: simul, quòd cupiebat omnium animos periclitari. & circa alias quidem civitates, per tabellarios dumtaxat, literas illas formatas misit; Rhodum verò etiam legatos ire jussit, Antenorem & Philippum. Qui ubi eò ventum, literas magistratibus tradunt: deinde post paucos dies in Senatum veniunt, à Rhodiis petunt, ut in præsentia quidem nihil moveant, sed quid geratur velut è specula prospiciant: verùm si Romani contra fœderis leges Perseum & Macedones aggrediantur lacessere, pacem ut conciliare inter ipsos conentur. Id enim fieri, & interesse omnium, & Rhodiis præcipue convenire. Nam quò plus ipsi quàm cæteri æquabilitati juris & libertati studeant, (ut qui non suæ tantum libertatis sint custodes ac vindices, sed & reliquorum etiam Græcorum:) eo diligentius observare, sibique pro virili cavere ipsos debere ab illis, quorum mens & consilia in contrarium tendant. Hæc & similia his plura quum disseruissent legati, etsi placebat omnibus eorum oratio: quia tamen præoccupati benevolentia Roma-

Romanorum animi erant, & partis melioris auctoritas vincebat; cæteris quidem rebus comes se erga legatos exhibent: cæterùm responsi loco Perseum rogant, nequid hujusmodi à se postularet, unde possint existimari voluntati Romanorum contrarium aliquid facere. Antenor responsum quidem non accepit: verum reliqua Rhodiorum civilitate & humanitate usus, in Macedoniam est reversus.

Ῥωμαίους εὔνοια, καὶ νικῶντος αὐτοῖς τοῦ βελτίονος, τὰ μὲν ἄλλα ἀπεδέξαντο φιλανθρώπως τοὺς πρεσβευτάς· ἠξίουν δὲ τὸν Περσέα διὰ τῆς ἀποκρίσεως, εἰς μηδὲν αὐτοὺς παρακαλεῖν τοιοῦτο, ἐξ οὗ φανήσονται πρὸς τῶν Ῥωμαίων ἀντιπράττοντες βουλήσιν. οἱ δὲ περὶ τὸν Ἀντήνορα τὴν μὲν ἀπόκρισιν οὐκ ἔλαβον, τὴν δὲ λοιπὴν φιλανθρωπίαν ἀποδεξάμενοι τῶν Ῥοδίων, ἀπέπλευσαν εἰς τὴν Μακεδονίαν.

LXVI.

Legationes Persei ad Bœotorum urbeis, & nonnullarum ex urbibus Bœotiæ ad ipsum.

Quum esset relatum Perseo, nonnullas è civitatibus Bœotiæ in suscepta erga se benevolentia adhuc perstare, legatum eò misit Antigonum Alexandri filium. qui in Bœotiam ubi venit, cæteras quidem civitates, quòd nullam occasionem jungendæ cum iis societatis inveniret, prætermisit: Coroneam verò atq; Haliartum adiit, & ut ab amicitia Macedonum ne discederent, cives est hortatus. Qui propensis animis ejus orationem quum excepissent, & legatos in Macedoniam mittendos decrevissent; abit Antigonus, & ad Perseum reversus, quid in Bœotia egisset, illi exposuit. Nec multo post adsunt legati, præsidium mitti petentes ad illas civitates, quæ sectam Macedonum sequerentur:

ξϛʹ.

Πρεσβεῖαι Περσέως τε πρὸς τὰς ἐν τῇ Βοιωτίᾳ πόλεις, καὶ τινῶν ἐξ αὐτῶν πρὸς τὸν Περσέα.

Ὅτι Περσεὺς πυνθανόμενος ἔτι τινὰς τῶν ἐν τῇ Βοιωτίᾳ πόλεων ἀντέχεσθαι τῆς πρὸς αὐτὸν εὐνοίας, Ἀντίγονον ἐξαπέστειλε τὸν Ἀλεξάνδρου, πρεσβευτήν· ὃς καὶ παραγενόμενος εἰς Βοιωτοὺς, τὰς μὲν ἄλλας πόλεις παρῆκε, διὰ τὸ μηδεμίαν ἀφορμὴν λαμβάνειν ἐπιπλοκῆς· εἰς δὲ Κορώνειαν καὶ * Θήβας, ἔτι δ' Ἁλίαρτον εἰσελθὼν, παρεκάλεσε τοὺς ἀνθρώπους ἀντέχεσθαι τῆς πρὸς Μακεδόνας εὐνοίας. τῶν δὲ προθύμως ἀποδεχομένων τὰ λεγόμενα, καὶ πρεσβευτὰς ψηφισαμένων πέμπειν εἰς Μακεδονίαν, οὗτος μὲν ἀπέπλευσε, καὶ συμμίξας τῷ βασιλεῖ, διεσάφει τὰ κατὰ τὴν Βοιωτίαν. παραγενομένων δὲ καὶ τῶν πρεσβευτῶν μετ' ὀλίγον, καὶ παρακαλούντων βοήθειαν ἐκπέμψαι ταῖς πόλεσι ταῖς αἱρουμέναις τὰ Μακεδόνων·

τοὺς γὰρ Θηβαίους βαρεῖς ὄντας ἐπικεῖσθαι καὶ παρενοχλεῖν αὐτούς, διὰ τὸ μὴ βούλεσθαι συμφρονεῖν σφίσιν, μηδ' αἱρεῖσθαι τὰ Ῥωμαίων· ἅπερ ὁ Περσεὺς διακούσας, βοήθειαν μὲν οὐδαμῶς ἔφη δύνασθαι πέμπειν οὐδενὶ διὰ τὰς ἀνοχάς· καθόλου δ' αὐτοὺς παρεκάλει, Θηβαίους μὲν ἀμύνασθαι κατὰ δύναμιν, Ῥωμαίοις δὲ μὴ πολεμεῖν, ἀλλὰ τὴν ἡσυχίαν ἔχειν.

imminere enim illis infestos Thebanos & molestias exhibere, quod secum in suscipienda Romanorum parte consentire nollent. Horum postulatis responsum à Perseo est; præsidium quidem se, propter inducias cum Romanis factas, mittere non posse: cęterùm suadere, ut à Thebanorum quidem injuriis, quibus possent rationibus sese vindicarent: cum Romanis verò, ne bellum susciperent, sed pacem cum iis colerent.

ΞΖ.

Ἡ τῶν παρὰ Ῥοδίοις περσιζόντων σπουδὴ πρὸς τὸ ἀπάγειν τοὺς πολίτας ἀπὸ τῆς Ῥωμαίων συμμαχίας.

ΟΤΙ Γάϊος ἔτι περὶ τὴν Κεφαλληνίαν ὁρμῶν, ἐξέπεμψε τοῖς Ῥοδίοις γράμματα περὶ πλοίων ἐξαποστολῆς, συνθεὶς τὴν ἐπιστολὴν ἀλείπτῃ τινὶ Σωκράτει. παραγενομένων δὲ τῶν γραμμάτων εἰς τὴν Ῥόδον Στρατοκλέους πρυτανεύοντος τὴν δευτέραν ἑξάμηνον, καὶ τοῦ διαβουλίου προτεθέντος· τοῖς μὲν περὶ τὸν Ἀγαθάγητον καὶ Ῥοδοφῶντα, καὶ Ἀστυμήδην, ἔτι δ' ἑτέροις πλείοσιν, ἐδόκει πέμπειν τὰς ναῦς, καὶ συνάπτεσθαι τῆς ἀρχῆς εὐθέως τοῦ πολέμου, μηδεμίαν πρόφασιν ποιουμένους. οἱ δὲ περὶ τὸν Δίνωνα, καὶ Πολυάρατον, δυσαρεστοῦντες μὲν καὶ τοῖς ἤδη γεγονόσι φιλανθρώποις πρὸς Ῥωμαίους, τότε δὲ προθέμενοι τὸ τοῦ βασιλέως Εὐμένους πρόσωπον, ἤρξαντο λυμαίνεσθαι τὴν τῶν πολλῶν προαί-

LXVII.

Conatus ejus factionis quæ apud Rhodios Perseo favebat, abducendæ civitatis à societate Romanorum.

CAJUS Lucretius Prætor, dum circa Cephalleniam stahat classis, per literas cum Rhodiis egit, naves sibi mitti petens: eamque epistolam Socrati aliptæ tradidit perferendam. Hæc Rhodum illo tempore est perlata, quo posterioris semestris Stratocles Prytanis erat, qui summus est apud Rhodios magistratus. Quum ea de re consultatio haberetur, Agathageto quidem & Rhodophonti, & Astymedi ac pluribus aliis placebat, ut sine ulla tergiversatione, naves mitterent Rhodii, & ut jam inde à principio belli, cum Romanis sese jungerent. at Dino & Polyaratus, quibus ne illa quidem probabantur quæ antea Romanorum ad gratiam fuerant decreta, interposita tunc Eumenis persona alienare animos multitu-

dinis

dinis ceperunt. Quippe ſuſpectus vulgo Regis Eumenis animus erat; quicum & controverſiam aliquam habebant, partim ob veterem cauſſam ex bello contra Pharnacem: cum Helleſponti fretum ſuis navibus obſidente Eumene, ne cui navi in Pontum tranſitus pateret, Rhodii ſe oppoſuerunt, & conatum ipſius impedierunt: partim quod paucis antè annis, occaſione Lyciaci belli recruduerant inter ipſos odia: propter caſtella quædam & agrum, qui in extremis finibus ſitus oppoſitæ continentis Rhodiorum, (Peræam vulgo nominant;) à præſidiariis Eumenis quotidie infeſtabatur. quas omnes ob cauſſas cupidis auribus univerſa admittebant, quæ contra Regem dicerētur. Hac arreptâ anſâ, Dino epiſtolam ludibrio habere: cum diceret, non à Romanis eam fuiſſe miſſam, ſed ab Eumene, qui id omni ſtudio ageret, ut ad bellum ipſos traheret, ac populo impenſas & moleſtias non neceſſarias conciliaret. Confirmandæ ſuæ ſententiæ argumentum hoc afferebat; quòd ea epiſtola ab alipta neſcio quo, vilis hoc genus ſortis homine, allata Rhodum fuiſſet: quum nequaquam id ſit moris Romanorum; qui ad perferendos ejuſmodi nuntios, vel præcipuæ dignationis viros magno ſtudio deligere ſoleant. Hæc autem illi dicebant, non quia ignorarent eam epiſtolam à Lucretio fuiſſe ſcriptam. nam id probe ſciebant: ſed ut multitudini perſuaderent, ne ulla in re faciles ſe erga Romanos præberent, ſed in omnibus lentos ac difficiles; quò offenſionum & ſimultatis cauſ-

ρεσιν. Ὑπαρχούσης γὰρ τοῖς Ῥοδίοις ὑποψίας, καὶ διαφορᾶς πρὸς τὸν Εὐμένη, πάλαι μὲν ἐκ τοῦ πολέμου τοῦ πρὸς Φαρνάκην· ὅτε τοῦ βασιλέως Εὐμένους ἐφορμοῦντος ἐπὶ τοῦ κατὰ τὸν Ἑλλήσποντον στόματος, χάριν τοῦ κωλύειν τοὺς πλέοντας εἰς τὸν Πόντον, ἐπελάβοντο τῆς ὁρμῆς αὐτοῦ, καὶ διεκώλυσαν Ῥόδιοι· μικροῖς δ᾽ ἀνώτερον χρόνοις ἐκ τῶν Λυκιακῶν ἀναξαινομένης τῆς διαφορᾶς, ἔκ τινων ἐρυμάτων καὶ χώρας, ἣν συνέβαινε κεῖσθαι μὲν ἐπὶ τῆς ἐσχατιᾶς τῆς τῶν Ῥοδίων Περαίας, κακοποιεῖσθαι δὲ συνεχῶς διὰ τῶν ὑπ᾽ Εὐμένει ταττομένων· ἐκ πάντων δὲ τούτων δυσηκόως διέκειντο πρὸς πᾶν τὸ λεγόμενον κατὰ τοῦ βασιλέως. Διὸ ταύτης ἐπιλαβόμενοι τῆς ἀφορμῆς οἱ περὶ τὸν Δίνωνα, διέσυρον τὴν ἐπιστολὴν, φάσκοντες, οὐ παρὰ Ῥωμαίων αὐτὴν ἥκειν, ἀλλὰ παρ᾽ Εὐμένους, θέλοντος αὐτοῦ ἐκείνους κατὰ πάντα τρόπον ἐκβιβάζειν εἰς τὸν πόλεμον, καὶ προσάπτειν τῷ δήμῳ δαπάνας, καὶ κακοπαθείας οὐκ ἀναγκαίας. καὶ μαρτύριον ἐποίουν τῆς ἑαυτῶν ἀποφάσεως τὸ παραγεγονέναι φέροντα τὴν ἐπιστολὴν, ἀλείπτην τινὰ, καὶ τοιοῦτον ἄνθρωπον, οὐκ εἰωθότων τοῦτο ποιεῖν Ῥωμαίων· ἀλλὰ καὶ λίαν μετὰ πολλῆς σπουδῆς καὶ προστασίας διαπεμπομένων ὑπὲρ τῶν τοιούτων. Ἔλεγον δὲ ταῦτα, καλῶς μὲν εἰδότες ὅτι συμβαίνει γεγράφθαι τὴν ἐπιστολὴν ὑπὸ τοῦ Λουκρητίου· βουλόμενοι δὲ τοὺς πολλοὺς διδάσκειν μηδὲν ἐξ ἑτοίμου ποιεῖν Ῥωμαίοις, ἀλλ᾽ ἐν πᾶσι δυσχρηστεῖν καὶ διδόναι προσκοπῆς καὶ δυσαρεστήσεως ἀφορμάς. ἦν γὰρ τὸ προκείμενον αὐτοῖς ἀπὸ μὲν τῆς πρὸς Ῥωμαίους εὐνοίας ἀλλοτριοῦν τὸν δῆμον· εἰς δὲ τὴν τοῦ Περσέως φιλίαν ἐμπλέκειν καθόσον οἷοί τ' ἦσαν. Συνέβαινε δὲ τοὺς προειρημένους οἰκείους ὑπάρχειν, διὰ τὸ, τὸν μὲν Πολύαρατον, ἀλαζονικώτερον ὄντα καὶ κενόδοξον, ὑπόχρεων πεποιηκέναι τὴν οὐσίαν· τὸν δὲ Δίνωνα φιλάργυρον ὄντα καὶ θρασὺν ἐξ ἀρχῆς, οἰκεῖον εἶναι τὸν ἐκ τῶν δυναστῶν καὶ βασιλέων ἐπανορθώσεως. ἐφ' οἷς Στρατοκλῆς ὁ Πρύτανις ἐπαναστὰς, καὶ πολλὰ μὲν κατὰ τοῦ Περσέως εἰπὼν, πολλὰ δὲ περὶ Ῥωμαίων ἐπ' ἀγαθῷ, παρώρμησε τοὺς πολλοὺς εἰς τὸ κυρῶσαι τὸ ψήφισμα, τὸ περὶ τῆς ἐξαποστολῆς τῶν πλοίων. καὶ παραυτίκα καταρτίσαντες τριήρεις ἕξ, πέντε μὲν ἐξαπέστειλαν ἐπὶ Χαλκίδος, ἡγεμόνα συστήσαντες ἐπ' αὐτῶν Τιμαγόραν· τὴν δὲ μίαν εἰς Τένεδον, ἐφ' ἧς ἄρχων ἐπέπλει Τιμαγόρας. Ὃς καὶ καταλαβὼν ἐν Τενέδῳ Διοφάνην ἀπεσταλμένον ὑπὸ τοῦ Περσέως πρὸς Ἀντίοχον, αὐτοῦ μὲν οὐκ ἐγενήθη κύριος, τοῦ δὲ πληρώματος. ὁ δὲ Λουκρήτιος πάντας ἀποδεξάμενος φιλανθρώπως, τοὺς κατὰ θάλατταν παραγεγονότας συμμάχους, ἀπέλυσε τῆς χρείας· φήσας οὐ προσδεῖσθαι τὰ πράγματα τῆς κατὰ θάλατταν βοηθείας.

sæ nascerentur: id enim compositum ipsis erat, ut quantum possent ab Romanis eorum animos abalienarent, & Perseo conciliarent. Caussæ autem cur Perseo dicti viri faverent, erant: quod Polyaratus quidem homo ad ostentationem & inanem gloriam comparatus; contracto ære alieno, bona sua omnia creditoribus opposuerat. Dino verò avaritiæ deditus, atque audax, jam inde à principio vitæ rei familiari potentum & Regum largitionibus augendæ, studebat. Adversus istos quum Prytanis Stratocles sese comparasset, & multa contra Perseum disseruisset, Romanos è contrario multis laudasset; Rhodios pervicit, ut decretum de mittendis navibus sanciretur. Itaque sex triremibus extemplò instructis, Chalcidem quinque miserunt duce Timagora: unam Tenedum, cui præfectus est Timagoras alter. Hic inventum in Tenedo Diophanem, qui à Perseo ad Antiochum fuerat missus; ipsum quidem capere non potuit; at navem cum omni instrumento cepit. Lucretius, omnibus sociis quorum naves convenerant, benigne exceptis: quia nusquam erat maritimum bellum, opera eorum non est usus.

ΞΗ.

Πρόσταγμα τοῖς Περσέως πρεσβευταῖς, καὶ τῆς Ἰταλίας ὑπὲρ τοῦ ἐκ τῆς Ῥώμης ἀπαλλάττεσθαι.

ΟΤΙ οἱ Ῥωμαῖοι τῶν ἀπὸ τῆς Ἀσίας παραγεγονότων πρεσβευτῶν διακούσαντες, τά

LXVIII.

Edictum Senatus, quo jubentur legati Persei Urbe excedere & finibus Italiæ.

ROMANI legationibus auditis quæ ex Asia venerant, Rhodiorum & reliquarum civitatum

tum ſtatu cognito, legatis Perſei Senatum præbuerunt. Tum igitur Solon atque Hippias de univerſis rebus dicere, & Patrum iram deprecari ſunt conati. præcipuâ tamen curâ inſidiarum Eumeni factarum crimen defenſum. Poſtquam peroraſſent, Senatus, qui bellum jam ante decreverat, denuntiavit eis, ut & ipſi, & quicunque è gente Macedonum Romam tum forte adveniſſet, extemplo mœnibus Urbis, Italia intra trigeſimum diem excederent. vocatos deinde in Senatum Conſules hortati ſunt Patres conſcripti, ut ad omnes occaſiones intenti, nulla in re ceſſarent.

τε κατὰ τὴν Ῥόδον, καὶ τὰ κατὰ τὰς ἄλλας πόλεις, προσεκαλέσαντο τοὺς παρὰ τοῦ Περσέως πρεσβευτάς· οἱ δὲ περὶ τὸν Σόλωνα καὶ τὸν Ἱππίαν, ἐπεχειρῶντο μὲν, καὶ περὶ τῶν ὅλων λέγειν τι, καὶ παραιτεῖσθαι τὴν σύγκλητον· τὸ δὲ πλέον ἀπελογοῦντο περὶ τῆς ἐπιβουλῆς τῆς κατὰ τὸν Εὐμένη. ληξάντων δὲ τῆς δικαιολογίας αὐτῶν, πάλαι προδιειληφότες ὑπὲρ τοῦ πολεμεῖν, προσέταξαν αὐτοῖς ἐκ μὲν τῆς Ῥώμης εὐθέως ἀπαλλάττεσθαι καὶ τοῖς ἄλλοις ἅπασι Μακεδόσιν, ὅσοι παρεπιδημοῦντες ἔτυχον· ἐκ δὲ τῆς Ἰταλίας, ἐν τριάκονθ᾽ ἡμέραις ἐκχωρεῖν. μετὰ δὲ ταῦτα τοὺς ὑπάτους ἀνακαλεσάμενοι παρώρμων ἔχεσθαι τῶν καιρῶν, καὶ μὴ καθυστερεῖν.

LXIX.

Quomodo Perſeus poſt relatam de Romanis victoriam, pacem petens, impetrare illam non potuit.

Populi Romani conſuetudo, rebus adverſis animos attollere; lætis, ſummittere.

Post victoriam Macedonum concilium habenti Perſeo de ſumma rerum, fuerunt ex ejus amicis, qui pro ſententia dicerent, oportere ut legatos Rex mitteret ad Conſulem; & conditionem etiamnum illi offerrent, eadem penden di tributa, quæ olim pater bello devictus promiſiſſet; iiſdemque locis excedendi. Nam ſi his legibus pax daretur, glorioſum ſibi finem

ΞΘ.

Πῶς Περσεὺς ἐν τῇ πρὸς Ῥωμαίους μάχῃ ἐπὶ κρεισσόνων γεγονὼς, καὶ εἰρήνης ὀρεγόμενος, ταύτης οὐκ ἔτυχε.

Ῥωμαίων ἔθος, ἐν ταῖς ἐλαττώσεσι μέγα φρονεῖν· ἐν ταῖς εὐτυχίαις μέτρια.

ΟΤΙ μετὰ τὴν νίκην τῶν Μακεδόνων, συνεδρίου παρὰ τῷ Περσεῖ συναχθέντος, ὑπέδειξάν τινες τῶν φίλων, διότι δεῖ πρεσβείαν πέμψαι τὸν βασιλέα πρὸς τὸν στρατηγὸν τῶν Ῥωμαίων, ὑποδεχόμενον ἔτι καὶ νῦν, ὅτι φόρους δώσει Ῥωμαίοις, ὅσους πρότερον ὑπέσχετο ὁ πατὴρ καταπολεμηθεὶς, καὶ τόπων ἐκχωρήσει τῶν αὐτῶν. Ἐὰν γὰρ δέξωνται τὰς διαλύσεις, καλὴν ἔφασαν ἔσεσθαι τῷ βασιλεῖ τὴν ἐξαγωγὴν τοῦ πολέμου, πεπροτερηκότι διὰ τῶν ὑπαίθρων· καὶ καθόλου πρὸς τὸ μέλλον εὐλαβεστέρους ὑπάρξειν τοὺς Ῥωμαίους, πεῖραν εἰληφότας τῆς Μακεδόνων ἀνδρείας, εἰς τὸ μηδὲν ἄδικον, μηδὲ βαρὺ προστάττειν Μακεδόσιν. ἐάν τε μὴ δέξωνται θυμομαχοῦντες ἐπὶ τοῖς γεγονόσιν, ἐκείνοις μὲν δικαίως νεμεσήσειν τὸ δαιμόνιον· αὐτῷ δὲ διὰ τὴν μετριότητα, συναγωνιστὰς ὑπάρξειν τοὺς θεοὺς, καὶ τοὺς ἀνθρώπους. Ταῦτα μὲν ἐδόκει τοῖς πλείοσι τῶν φίλων· συγκατατεθεμένου δὲ τοῦ Περσέως, ἐπέμποντο παραχρῆμα πρεσβευταὶ, Πάνταυχος Βαλάκρου, καὶ Μήδων Βερροιαῖος· ὧν παραγενομένων πρὸς τὸν Λικίνιον, εὐθέως ὁ στρατηγὸς συνῆγε συνέδριον. τῶν δὲ πρέσβεων διασαφησάντων τὰ κατὰ τὰς ἐντολὰς, μεταστησάμενοι τοὺς περὶ τὸν Πάνταυχον, ἐβουλεύοντο περὶ τῶν προσπεπτωκότων. ἔδοξεν οὖν αὐτοῖς ὁμοθυμαδὸν, ὡς βαρυτάτην δοῦναι τὴν ἀπόκρισιν. Ἴδιον γὰρ τοῦτο πάντη παρὰ Ῥωμαίοις ἔθος, καὶ πάτριόν ἐστι· τὸ κατὰ μὲν τὰς ἐλαττώσεις αὐθαδεστάτους καὶ βαρυτάτους φαίνεσθαι· κατὰ δὲ τὰς ἐπιτυχίας, ὡς μετριωτάτους. τοῦτο δὲ διότι καλὸν, πᾶς ἄν τις ὁμολογήσειεν· εἰ δὲ καὶ δυνατὸν ἐν ἐνίοις καιροῖς, εἰκότως ἄν τις ἐπαπορήσειεν. Πλὴν τότε γε τοιαύτην ἔδωκαν τὴν ἀπόκρισιν· ἐκέλευον γὰρ ἐπιτρέπειν τὸν Περσέα τὰ καθ' αὑτόν· καὶ καθόλου διδόναι τῇ συγκλήτῳ τὴν ἐξουσίαν, ὡς ἂν αὐτῇ δοκῇ βουλεύεσθαι περὶ τῶν κατὰ τὴν Μακεδονίαν. οἱ δὲ περὶ τὸν Πάνταυχον ταῦτα ἀκούσαντες, ἐ-

bello Regem impositurum; postquam patentibus campis acie victoriam esset adeptus: Romanos verò qui Macedonum virtutem forent experti, cautiores in posterum futuros, neque iniquum aut grave quicquam imperare Macedonibus ausuros. Quod si animis magis quàm viribus post cladem acceptam pertenderent, & oblatas conditiones respuerent: eorum quidem superbiam jure merito numen fore ulturum: ipsius vero moderationi, deos hominesque auxiliatores futuros. Hæc quum plerisque amicorum probaretur sententia, iisque & Perseus esset assensus; confestim legati mittuntur Pantauchus Balacri filius & Medo Berœensis. qui postquam ad Licinium venissent, Consul frequens concilium ad legatos audiendos dum mandata exponerent, adhibuit: deinde his summotis, de re proposita consultari ceptum. Omnium ea sententia fuit; responsum dandum quàm asperrimum. Est enim hoc perpetui moris Romanorum, quem à majoribus acceperunt; acceptis detrimentis maxime pervicaces, & hostibus infestos se ostendere: victoria verò parta, maxime moderatos. quod pulcherrimum esse institutum, nemo diffiteatur: sed id an omni tempore locum habere queat, jure aliquis dubitet. tum quidem certè responsum ejusmodi ab illis datum: jusserunt enim Perseum Romanis sese permittere, atque omnino liberam Senatui potestatem facere statuendi de Macedonia quod ipsi libitum esset. quo responso accepto, Pantauchus & Medo

Medo ad Perſeum reverſi, Regi amiciſque ejus legationem renuntiarunt. Quidam illorum ſuperbiam admirati eaque re irritati, auctores Perſeo fuerunt, ne quem poſthac legatum neque nuntium ulla de re mitteret. at Perſeo non ea mens fuit: qui ſummam pecuniæ adaugens, ad Licinium ſubinde mittebat. ſed quum nihil proficeret, & plerique amici conſilium reprehenderent, dicerentque, victorem ipſum facere, quæ victum aliquem fractis rebus deceat: tum demum poſita ſpe rei per legationes conficiendæ, Sycurium verſus unde erat profectus, caſtra movere eſt coactus. Atque hæc quidem ita ſe habebant.

πανῆλθον καὶ διεσάφουν τῷ Περσεῖ καὶ τοῖς φίλοις· ὧν τινες ἐκπληττόμενοι τὴν ὑπερηφανίαν, παρωξύνοντο, καὶ συνεβούλευον τῷ Περσεῖ, μήτε διαπρεσβεύεσθαι μηκέτι, μήτε διαπέμπεσθαι περὶ μηδενός. οὐ μὴν ὁ Περσεὺς τοιοῦτος ἦν· ἀλλὰ προστιθεὶς καὶ τὸ πλῆθος αὐτοῦ τῶν χρημάτων, διεπέμπετο πλεονάκις πρὸς τὸν Λικίνιον. προκόπτων δ' οὐδὲν, ἀλλὰ καὶ τῶν πλείστων φίλων ἐπιτιμώντων αὐτῷ, καὶ φασκόντων, ὅτι νικῶν ποιεῖ τὰ τοῦ λειπομένου καὶ τοῖς ὅλοις ἐπτωκότος· οὕτως ἠναγκάσθη, τὰς διαπρεσβείας ἀπογνοὺς, μεταστρατοπεδεῦσαι πάλιν ἐπὶ τὸ Συκύριον. Καὶ ταῦτα μὲν ἐπὶ τούτων ἦν.

LXX.

Rhodiorum cum Rege Perſeo ſuper redemptione captivorum conventio.

Quo tempore liberatus eſt Perſeus bello contra Romanos, quum veniſſet Rhodum Antenor miſſu Perſei ad redimendos captivos qui cum Diophane navigabant, magnopere hæſitatum eſt ab iis qui Rempub. adminiſtrabant, quid opus eſſet facto. nam Philophroni & Theæteto nullo placebat modo, ut Rhodii Perſei rebus ſe immiſcerent. Dinoni contra & Polyarato id placebat. ac tandem facta eſt cum Perſeo ſuper captivorum redemptione conventio.

O.

Ροδίων διάταξις πρὸς τὸν Περσέα, περὶ τῆς τῶν αἰχμαλώτων διαλυτρώσεως.

ΟΤΙ κατὰ τὸν καιρὸν, ἡνίκα Περσεὺς ἐκ τοῦ πολέμου τοῦ πρὸς Ρωμαίους ἀπελύθη, Ἀντήνορος παραγινομένου παρὰ τοῦ Περσέως περὶ τῆς τῶν αἰχμαλώτων διαλυτρώσεως, τῶν μετὰ Διοφάνους πλεόντων, ἐνέπεσε μεγάλη τοῖς πολιτευομένοις ἀπορία, περὶ τοῦ τί δέον εἴη ποιεῖν. τοῖς μὲν γὰρ περὶ τὸν Φιλόφρονα καὶ Θεαίτητον, οὐδαμῶς ἤρεσκε προσδέχεσθαι τὴν τοιαύτην ἐπιπλοκήν· τοῖς δὲ περὶ τὸν Δείνωνα καὶ Πολυάρατον ἤρεσκε. καὶ τέλος ἐποιήσαντο διάταξιν πρὸς τὸν Περσέα, περὶ τῆς τῶν αἰχμαλώτων διαλυτρώσεως.

ΟΑ.

Πρεσβεία Ἀντιόχου πρὸς Ῥωμαίους.

ΟΤΙ Ἀντίοχος ὁρῶν ἐκφανῶς ἤδη τοὺς κατὰ τὴν Ἀλεξάνδρειαν παρασκευαζομένους εἰς τὸν περὶ Κοίλης Συρίας πόλεμον· εἰς μὲν τὴν Ῥώμην ἔπεμψε πρεσβευτὰς τοὺς περὶ Μελέαγρον, ἐντειλάμενος λέγειν τῇ συγκλήτῳ, καὶ διαμαρτύρεσθαι, διότι παρὰ πάντα τὰ δίκαια Πτολεμαῖος αὐτῷ τὰς χεῖρας ἐπιβάλλει.

LXXI.

Antiochi legatio ad Romanos.

ANTIOCHUS ubi vidit manifesto jam Regem Alexandriæ ad bellum pro Cœle Syria se parare, Meleagrum misit Romam legatum, qui mandatu suo Patribus conscriptis nuntiaret & testans fœdera diceret, præter omne jus à Ptolemæo se invadi.

ΟΒ.

Πρεσβεῖαι πρὸς τὴν σύγκλητον Ἀντιόχου καὶ Πτολεμαίου τῶν βασιλέων.

ΟΤΙ τοῦ πολέμου τοῦ περὶ Κοίλης Συρίας ἤδη καταρχὴν λαβόντος, Ἀντιόχῳ καὶ Πτολεμαίῳ τοῖς βασιλεῦσιν, ἧκον πρέσβεις εἰς τὴν Ῥώμην· παρὰ μὲν Ἀντιόχου, Μελέαγρος, καὶ Σωσιφάνης, καὶ Ἡρακλείδης· παρὰ δὲ Πτολεμαίου, Τιμόθεος, καὶ Δάμων. Συνέβαινε δὲ κρατεῖν τὸν Ἀντίοχον τῶν κατὰ Κοίλην Συρίαν καὶ Φοινίκην πραγμάτων. ἐξ οὗ γὰρ Ἀντίοχος ὁ πατὴρ τοῦ νῦν λεγομένου βασιλέως, ἐνίκησε τῇ περὶ τὸ Πάνιον μάχῃ τοὺς Πτολεμαίου στρατηγούς· ἀπ' ἐκείνων τῶν χρόνων ἐπείθοντο πάντες οἱ προειρημένοι τόποι τοῖς ἐν Συρίᾳ βασιλεῦσι. Διόπερ ὁ μὲν Ἀντίοχος ἡγούμενος τὸν κατὰ πόλεμον ἰσχυροτάτην

LXXII.

Antiochi & Ptolemæi Regum legationes ad Senatum missæ.

QUUM jam esset inchoatum à Regibus Antiocho & Ptolemæo bellum pro Cœla Syria, Romam legati venerunt; Antiochi quidem, Meleager, Sosiphanes & Heraclides; Ptolemæi verò, Timotheus & Damon. Erat autem illo tempore Antiochus, in Cœle Syria & Phœnice rerum dominus. nam posteaquam Antiochus, pater illius de quo nunc loquimur Regis, ad Panium duces Ptolemæi devicit, ex illo tempore omnia commemorata loca Syriæ Regibus paruerunt. Itaque Antiochus, qui bello quæsitorum justissimam atque

hone-

honestissimam possessionem esse existimabat, pro suis illa habebat. at Ptolemæus, qui putaret priorem Antiochum contra jus & fas pupillari patris sui ætati insidiatum, urbes ipsi eripuisse quas in Syria Cœla habebat, cedere ei locis illis non poterat. Propterea venit Meleager, ut Senatum testaretur, priorem Ptolemæum contra omne jus ipsum lacessere. Timotheus verò ad renovandam amicitiam venerat, & imponendum finem bello contra Perseum: præcipuè autem ad observandos Meleagri cum Romanis congressus. Sed de pace quidem cum Perseo, M. Æmilii consilium secutus, ne facere quidem verba est ausus. amicitiam verò ubi renovasset, & congruentia postulatis suis responsa accepisset, Alexandriam est reversus. Meleagro Senatus respondit, Quinto Marcio se permissurum, ut de iis rebus ad Ptolemæum scribat, ita ut esse è re populi Rom. fideque sua viderit. Et hæ quidem res impræsentiarum hoc pacto sunt administratæ.

καὶ καλλίστην εἶναι κτῆσιν, ὡς ὑπὲρ ἰδίαν ἐποιεῖτο τὴν σπουδήν. ὁ δὲ Πτολεμαῖος ἀδίκως ὑπολαμβάνων τὸν πρότερον Ἀντίοχον συνεπιθέμενον τῇ τοῦ πατρὸς ὀρφανίᾳ παρῃρῆσθαι τὰς κατὰ Κοίλην Συρίαν πόλεις αὐτοῦ, οὐχ οἷός τε ἦν ἐκείνῳ παραχωρεῖν τῶν τόπων τούτων. Διόπερ οἱ περὶ τὸν Μελέαγρον ἧκον, ἐντολὰς ἔχοντες μαρτύρεσθαι τὴν σύγκλητον, διότι Πτολεμαῖος αὐτῷ παρὰ πάντα τὰ δίκαια τὰς χεῖρας ἐπιβάλλει πρότερος· οἱ δὲ περὶ τὸν Τιμόθεον, περί τε τῆς φιλανθρώπων ἀνανεάσεως, καὶ τῆς διαλύσειν τὸν πρὸς Περσέα πόλεμον· μάλιστα δὲ παρατηρεῖν τὰς τῶν περὶ τὸν Μελέαγρον ἐντεύξεις. Περὶ μὲν οὖν τῆς διαλύσεως, οὐκ ἐθάρρησαν εἰπεῖν, Μάρκου συμβουλεύσαντος αὐτοῖς Αἰμιλίου. περὶ δὲ τῶν φιλανθρώπων, ἀνανεωσάμενοι, καὶ λαβόντες ἀποκρίσεις ἀκολούθους τοῖς ἀξιουμένοις, ἐπανῆλθον εἰς τὴν Ἀλεξάνδρειαν. τοῖς δὲ περὶ τὸν Μελέαγρον, ἡ σύγκλητος ἀπεκρίθη· διότι Κοΐντῳ Μαρκίῳ δώσει τὴν ἐπιτροπὴν γράψαι τε περὶ τούτων πρὸς Πτολεμαῖον, ὡς αὐτῷ δοκεῖ συμφέρειν ἐκ τῆς ἰδίας πίστεως. καὶ ταῦτα μὲν οὕτως ἐχειρίσθη κατὰ τὸ παρόν.

LXXIII.

Rhodii per legatos & amicitiam cum Romanis renovant: & frumenti exportandi veniam impetrant.

ILLIS ipsis temporibus inclinante æstate & Rhodiorum

ΟΓ.

Ῥόδιοι διὰ πρεσβείας τὴν πρὸς Ῥωμαίους φιλίαν ἀνανεοῦνται, καὶ σίτου ἐξαγωγὴν ἑαυτοῖς ἐξεργάζονται.

ΟΤΙ κατὰ τοὺς καιροὺς τούτους, ἦλθον καὶ παρὰ Ῥοδίων

πρέσβεις

πρέσβεις, ἤδη τῆς θερείας ληγούσης, Ἡγησίλοχος, καὶ Νικαγόρας, καὶ Νίκανδρος· τήν τε φιλίαν ἀνανεωσόμενοι, καὶ σίτου θέλοντες ἐξαγωγὴν λαβεῖν· ἅμα δὲ καὶ περὶ τῶν διαβολῶν ἀπολογησόμενοι, τῶν λεγομένων κατὰ τῆς πόλεως. Ἐκφανέστατα γὰρ ἐδόκουν στασιάζειν ἐν τῇ Ῥόδῳ· οἱ μὲν περὶ τὸν Ἀγαθάγητον καὶ Φιλόφρονα, καὶ Ῥοδοφῶντα, καὶ Θεαίτητον, ἀπερειδόμενοι πάσας τὰς ἐλπίδας ἐπὶ Ῥωμαίους· οἱ δὲ περὶ τὸν Δίνωνα, καὶ Πολυάρατον, ἐπὶ Περσέα καὶ Μακεδόνας. ἐξ ὧν πλεονάκις ἐν τοῖς ἐκείνων πράγμασι ἀντιρρήσεως γινομένης, καὶ διελκομένων τῶν διαβουλίων, ἐλάμβανον ἀφορμὰς οἱ βουλόμενοι λογοποιεῖν κατὰ τῆς πόλεως. Οὐ μὴν ἥ γε σύγκλητος τότε προσεποιήθη τούτων οὐδέν, καίπερ σαφῶς εἰδυῖα τὰ γινόμενα παρ' αὐτοῖς. σίτου δὲ δέκα μυριάδας μεδίμνων ἐξάγειν ἐκ Σικελίας ἀφῆκαν. Ταῦτα μὲν οὖν ἡ σύγκλητος ἐχρημάτισε διὰ τῶν Ῥοδίων πρεσβευτῶν. ἀναλόγως δὲ καὶ τοῖς ἄλλοις ἅπασιν ἀπήντησε τοῖς ἀπὸ τῆς Ἑλλάδος παραγεγονόσι, τηροῦσι τὴν αὐτὴν ὑπόθεσιν. καὶ τὰ μὲν κατὰ τὴν Ἰταλίαν ἐν τούτοις ἦν.

legati venerunt, Hegesilochus, Nicanor & Nicander: tum ad renovandam amicitiam, tum ut facultatem exportandi frumenti acciperent: simul ut criminationibus responderent, quæ civitati objiciebantur. Erat namque notissimum, intestina seditione laborare Rhodios: quum Agathagetus, Philophron, Rhodophon & Theætetus spes omnes suas in Romanis defixissent: Dino contrà & Polyaratus, in Perseo & Macedonibus. ex quo persæpe fiebat, ut rebus quæ ad deliberandum proponebantur in contrarias partes disceptatis, & dissidentibus sententiis, occasionem inde sumerent, qui detractum ire civitati cupiebant. Verum Patres nihil eorum sibi innotuisse simulabant; qui tamen omnia quæ apud illos fuerant gesta probe norant. frumenti verò exportandi è Sicilia ad centum mille modiûm potestatem fecerunt. At Senatus quidem Rom. cum Rhodiorum legatis ita egit. itemque erga omnes alios Græcorum legatos, qui eandem sequebantur sectam, similiter se gessit. hic tum fuit Italiæ status.

ΟΔ.

Τῶν περὶ Γάιον Ποπίλιον περιπορευομένων τὰς τῆς Ἀχαΐας πόλεις, συνήχθη αὐτοῖς εἰς Αἴγιον τῶν Ἀχαιῶν ἡ βουλή.

Τοῖς αὐτοῖς ἐν Αἰτωλίᾳ συνήχθη ἐκκλησία εἰς Θέρμον.

LXXIV.

C. Popilio legato Rom. urbes Græciæ circumeunte, datur illi concilium Achæorum Ægii.

Eadem legatio ad multitudinem admittitur in Ætolia Thermi.

Factiones duæ in conventu Ætolico, aliis res ad Romanos trahentibus, aliis aliter sentientibus.

Consultatio principum gentis Achæorum super ista legatione Rom. & imminente Persico bello.

Archonis Prætura, & Polybii Præfectura equitum.

Attalus petit ab Achæis ut fratris sui Regis Eumenis honores dejectos restituere in integrum velint.

PER idem tempus Aulus Hostilius proconsul, hiberna cum copiis in Thessalia habens, legatos circum civitates Græciæ misit, C. Popilium, & Cn. Octavium: qui Thebas primò venerunt; ubi laudatis civibus, hortati eos sunt ut in populi Rom. amicitia manerent. Secundum hæc Peloponnesi omnes urbes adeunt, & Senatusconsultum, de quo paullo antè sumus locuti, ostentantes clementiam humanitatemque Senatus ubique prædicant: simul in sermonibus significationem dabant, notos sibi esse in singulis civitatibus, eos qui ab amicitia Romanorum longius quàm par esset recederent: similiterque illos, qui pronis animis in eam incumberent. eratque omnibus manifestum, non minus offensæ apud ipsos contrahi, si quis lentum se præberet, quam si palam factionis esset contratriæ. Quæ res sollicito & an

Στάσις τῆς ἐν Αἰτωλίᾳ συνόδου, τῶν μὲν ῥωμαϊζόντων, τῶν δὲ περὶ τοὐναντίον περιτετρεπόντων.

Σκέψις τῶν ἐν Ἀχαιοῖς προεστώτων ὑπὲρ τῆς πρεσβείας ταύτης τῶν Ῥωμαίων.

Ἀρχωνος στρατηγία, καὶ Πολυβίου ἱππαρχία.

Ἀττάλου δέησις ὑπὲρ τοῦ ἀποκατασταθῆναι ἐν Ἀχαιοῖς τὰς τοῦ Εὐμένους τιμάς.

ΟΤΙ Αὖλος κατὰ τοῦτον τὸν χρόνον, ἀντιστράτηγος ὤν, καὶ παραχειμάζων ἐν Θετταλίᾳ μετὰ τῶν δυνάμεων, ἐξέπεμψε πρεσβευτὰς, εἰς τοὺς κατὰ τὴν Ἑλλάδα τόπους, Γάϊον Ποπίλλιον, καὶ Γνάϊον Ὀκταούϊον· οἳ πρῶτον μὲν εἰς Θήβας ἐλθόντες, ἐπῄνεσαν καὶ παρεκάλεσαν τοὺς Θηβαίους, διαφυλάττειν τὴν πρὸς Ῥωμαίους εὔνοιαν. Ἑξῆς δὲ τούτοις ἐπιπορευόμενοι τὰς ἐν Πελοποννήσῳ πόλεις, ἐπιδεικνύειν ἐπειρῶντο τοῖς ἀνθρώποις, τὴν τῆς συγκλήτου πρᾳότητα, καὶ φιλανθρωπίαν· προφερόμενοι τὰ δόγματα τὰ μικρῷ πρότερον ῥηθέντα· ἅμα δὲ διὰ τῶν λόγων παρενέφαινον, ὡς εἰδότες τοὺς ἐν ἑκάστῃ τῶν πόλεων παρὰ τὸ δέον ἀναχωροῦντας· ὡσαύτως δὲ καὶ τοὺς προσπίπτοντας. καὶ δῆλοι πᾶσι ἦσαν δυσαρεστούμενοι τοῖς ἀναχωροῦσιν, οὐχ ἧττον ἢ τοῖς ἐκφανῶς ἀντιπράττουσιν. ἐξ ὧν τοὺς πολλοὺς εἰς ἐπίστασιν καὶ διαπόρησιν ἦγον, ὑπὲρ τοῦ, τί ποτ' ἂν ἢ λέγοντες ἢ πράττοντες εὐστοχοῖεν τῶν παρεστώτων καιρῶν. οἱ δὲ περὶ τὸν Γάϊον, συναχθείσης τῆς τῶν Ἀχαιῶν ἐκκλησίας, ἐλέγοντο μὲν βεβουλεῦσθαι κατηγορήσειν τῶν περὶ τὸν Λυκόρταν, καὶ τὸν Ἀρχωνα, καὶ Πολύβιον, καὶ παραδείξειν ἀλλοτρίους ὑπάρχοντας τῆς τῶν Ῥωμαίων αἱρέσεως, καὶ τὴν ἡσυχίαν ἄγοντας κατὰ τὸ παρὸν, οὐ φύσει τοιούτους ὄντας· ἀλλὰ παρατηροῦντας τὰ συμβαίνοντα, καὶ τοῖς καιροῖς ἐφεδρεύοντας. Ου μὴν ἐθάῤῥησαν τοῦτο ποιῆσαι, διὰ τὸ μηδεμίαν εὔλογον ἀφορμὴν ἔχειν κατὰ τῶν προειρημένων ἀνδρῶν. Διὸ συναχθείσης αὐτοῖς τῆς βουλῆς εἰς Αἴγιον, ἀσπαστικήν τε καὶ παρακλητικὴν ποιησάμενοι τὴν πρὸς τοὺς Ἀχαιοὺς ἔντευξιν, ἀπέπλευσαν εἰς τὴν Αἰτωλίαν. καὶ πάλιν ἐκεῖ συναχθείσης αὐτοῖς τῆς ἐκκλησίας εἰς Θέρμον, παρελθόντες εἰς τοὺς πολλοὺς, παρακλητικοὺς καὶ φιλανθρώπους διετίθεντο λόγους. τὸ δὲ συνέχον αὐτοῖς τῆς ἐκκλησίας, ὁμήρους ἔφασαν δεῖν δοθῆναι σφίσι παρὰ τῶν Αἰτωλῶν. τούτων δὲ καταβάντων, Πρόανδρος ἐπαναστὰς, ἐβούλετο τινὰς εὐχρησίας πρὸς αὐτοὺς γεγενημένας εἰς τοὺς Ῥωμαίους προφέρεσθαι, καὶ κατηγορεῖν τῶν διαβαλλόντων αὐτόν· ἐφ' ὃν Γάϊος πάλιν ἐπαναστὰς καὶ καλῶς εἰδὼς ἀλλότριον αὐτὸν ὄντα Ῥωμαίων, ὅμως ἐπῄνεσε, καὶ πᾶσι τοῖς εἰρημένοις ἀνθωμολογήσατο. Μετὰ δὲ τοῦτον, προελθὼν Λυκίσκος, ἐπ' ὀνόματος μὲν, οὐδενὸς ἐποιήσατο κατηγορίαν· καθ' ὑπόνοιαν δὲ, πολλῶν. Ἔφη γὰρ, περὶ μὲν τῶν κορυφαίων, καλῶς βεβουλεῦσθαι Ῥωμαίους, ἀπαγαγόντας αὐτοὺς εἰς τὴν Ῥώμην· λέγων τοὺς περὶ τὸν Εὐπόλεμον καὶ Νίκανδρον· τοὺς δὲ συνα-

xios pleroſq; reddebat, quibus dictis factisve ſuas rationes ad præſentem ſtatum ſatis accommodare poſſent. Enimverò Popilius cæterique legati, convocato Achaico concilio accuſaturi Lycortam, Archonem, & Polybium dicebãtur; & probaturi alienos eos eſſe à conſiliis populi Romani; eoſque in præſentia quieſcere, non quòd quietis & publice tranquillitatis ſtudio ducãtur; ſed quia exitus rerũ obſervent & temporũ opportunitatibus immineant. Id tamen facere non ſunt auſi legati; ut qui nihil haberent quod dictis viris cùm aliquá ſimilitudine veri objicerent. Itaque poſteaquam coactũ Ægii concilium adiiſſent, benigneque omnes ſalutaſſent, cohortatiq; eſſent, in Ætoliam trajecerunt. Ibi quoq; congregatum Thermi concilium adeunt, benigna & prolixa oratione multitudinem ad officium hortaturi. Cæterum cauſſa præcipua convocati concilii erat, quòd obſides ſibi dari ab Ætolis poſtulabant. qui ubi adveniſſent, ſurgit Proander, & commemoratis aliquot ſuis in populum Rom. meritis, invehi in eos incipiebat, qui ſe falſis criminationibus onerarent; at Cajus iterum ſurgens, licet probe perſpectum ejus alienum a Romanis animum haberet; laudavit tamen, & omnibus quæ dixerat eſt aſſenſus. Poſt hunc procedit in medium Lyciſcus, nominatim quidem neminem accuſans; ſuſpiciones verò in multos jaciens. Dixit enim; Recte quidem Romanos conſuluiſſe in eo quod gentis principes (Eupolemum & Nicandrum intelligens) Romam abduxiſſent: ſed remanere adhuc in

Ætolia

Ætolia adjutores illorum, & eorundem consiliorum participes: quos omnes, nisi liberos suos ultro obsides Romanis tradant, simili ratione ad bonam mentem esse revocandos. maxime autem Archidamum & Pantaleontem sermo ejus designabat. Hic verò quum dicendi vices alii concessisset, surgit Pantaleon; & postquam paucis verbis Lycisco fecisset convitium, quem sine pudore, & illiberaliter potentioribus adulari dixit: ad Thoantem se convertit; hunc ratus esse cujus calumniis peteretur, quæ fidem eo magis mererentur, quod nulla mutui inter ipsos odii esset suspicio. Hic igitur, partim revocatis in memoriam Antiochici belli temporibus, partim ingrati animi vitio illi exprobrato, quòd quum deditione traditus Romanis fuisset; per suam & Nicandri legationem, insperatam salutem esset adeptus: citò Achæos impulit, ut non solum Thoanti obstreperent quoties verba facere conaretur; verum etiam communi consensu lapidibus eum peterent. Quæ ubi acciderunt, Popilius brevi sermone castigata Ætolorum amentia, qui Thoantem lapidabant: mox cum legationis collega in Acarnaniam est profectus, facto de obsidibus silentio: erantque omnia in Ætolia suspicionum mutuarum, & tumultuum plena. Dum in Acarnania morantur legati advertit animos Græcorum hæc legatio, ut quid ageretur ducerent accuratius sibi observandum. Iis igitur assumptis, qui in reliqua administratione publicæ rei consentiebant, (hi erant Arcesilaus, Ariston Megalopolitanus, Stra-

γωνιστὰς, καὶ τοὺς παραστάτας τοὺς ἐκείνων, ἐπιμένειν κατὰ τὴν Αἰτωλίαν· οὓς δεῖν ἅπαντας τῆς αὐτῆς τυχεῖν ἐκείνοις ἐπιστροφῆς, ἂν μὴ παραθῶνται τὰ τέκνα Ῥωμαίοις εἰς ὁμηρίαν· μάλιστα δὲ κατ' Ἀρχιδάμου καὶ Πανταλέοντος ἐποίει τὰς ἐμφάσεις. τούτου δὲ παραχωρήσαντος, Πανταλέων ἀναστὰς, τὸν μὲν Λυκίσκον, διὰ βραχέων ἐλοιδόρησε, φήσας αὐτὸν ἀναισχύντως καὶ ἀνελευθέρως κολακεύειν τοὺς ὑπερέχοντας· ἐπὶ δὲ τὸν Θόαντα μετέβη, τοῦτον ὑπολαμβάνων εἶναι τὸν ἀξιοπίστως ἐνιέντα τὰς κατ' αὐτῶν διαβολὰς, τῷ δοκεῖν μηδεμίαν ὑπάρχειν αὐτοῖς πρὸς τοῦτον διαφοράν· καὶ τὰ μὲν ὑπομνήσας τῶν κατ' Ἀντίοχον καιρῶν, τὰ δὲ ὀνειδίσας εἰς ἀχαριστίαν αὐτῷ· διότι δοθεὶς ἔκδοτις Ῥωμαίοις, πρεσβευσάντων αὐτοῦ καὶ Νικάνδρου, τύχῃ τῆς σωτηρίας ἀνελπίστως, ταχέως ἐξεκαλέσατο τοὺς Ἀχαιοὺς, εἰς τὸ μὴ μόνον θορυβεῖν τὸν Θόαντα, ὅτε βουληθεὶς τι λέγειν, . . . καὶ βάλλειν ὁμοθυμαδόν. Γενομένων δὲ τούτων, βραχέα καταμεμψάμενος ὁ Γάϊος τοὺς Αἰτωλοὺς, ἐπὶ τῷ βάλλειν τὸν Θόαντα· οὗτος μὲν εὐθέως μετὰ τοῦ συμπρεσβευτοῦ ἀπῆρεν εἰς Ἀκαρνανίαν, ἐκσιωπηθεὶς περὶ τῶν ὁμήρων. τὰ δὲ κατὰ τὴν Αἰτωλίαν, ἐν ὑποψίαις ἦν πρὸς ἀλλήλους καὶ ταραχαῖς ὁλοσχερέσιν. Κατὰ δὲ τὴν Ἀκαρνανίαν; . . . .

. . . . . ὅτι ἔδοξε τοῖς Ἕλλησι περὶ τῆς πρεσβείας ἐπιστάσεως χρείαν ἔχειν τὸ γινόμενον. παραλαβόντες οὖν τοὺς κατὰ τὴν ἄλλην πολιτείαν ὁμογνωμονοῦντας, οὗτοι δ' ἦσαν Ἀρκεσίλαος, Ἀρίστων Μεγαλοπολίτης, Στράτος Τριτταιεύς, Ξένων Παταρεὺς, Ἀπολλωνίδης Σικυώνιος, ἐβουλεύοντο περὶ τῶν ἐνεστώτων. ὁ μὲν Λυκόρτας, ἔμενεν ἐπὶ τῆς ἐξ ἀρχῆς προθέσεως, κρίνων μήτε Περσεῖ, μὴ Ρωμαίοις συνεργεῖν μηδὲν ὁμοίως, μηδ' ἀντιπράσσειν μηδετέροις. τὸ μὲν γὰρ συνεργεῖν, ἀλυσιτελὲς ἐνόμιζεν εἶναι πᾶσι τοῖς Ἕλλησιν, προορώμενος τὸ μέγεθος τῆς ἐσομένης ἐξουσίας περὶ τοὺς κρατήσαντας· τὸ δ' ἀντιπράττειν ἐπισφαλὲς, διὰ τὸ πολλοῖς καὶ τοῖς ἐπιφανεστάτοις Ρωμαίων ἀντωφθαλμηκέναι περὶ τῶν κοινῶν πραγμάτων κατὰ τοὺς ἀνώτερον καιρούς· ὁ δὲ Ἀπολλωνίδης καὶ Στράτων, ἀντιπράττειν μὲν ἐπιτηδὲς Ρωμαίοις οὐκ ᾤοντο δεῖν· τοὺς δ' ὑπερκυβιστῶντας καὶ διὰ τῶν κοινῶν πραγμάτων ἰδίᾳ χάριν ἀποτιθεμένους παρὰ Ρωμαίοις, καὶ τοῦτο πράττοντας παρὰ τοὺς νόμους, καὶ παρὰ τὸ κοινῇ συμφέρον, τούτους ἔφασαν δεῖν κωλύειν, καὶ πρὸς τούτους ἀντοφθαλμεῖν εὐγενῶς. ὁ δ' Ἄρχων ἀκολουθεῖν ἔφη δεῖν τοῖς καιροῖς, καὶ μὴ διδόναι τοῖς ἐχθροῖς ἀφορμὴν εἰς διαβολὴν, μηδὲ προΐεσθαι σφᾶς αὐτοὺς εἰς τὴν αὐτὴν ἐλθεῖν διάθεσιν τοῖς περὶ Νίκανδρον· οἵτινες πρὶν ἢ λαβεῖν πεῖραν τῆς τούτων ἐξουσίας, ἐν ταῖς μεγίσταις εἰσὶ ταλαιπωρίαις. Ταύτης δὲ τῆς γνώμης μετέχον, Πολύαινος, Ἀρκεσίλαος, Ἀρίστων, Ξένων. Διὸ καὶ τὸν μὲν Ἄρχωνα πρὸς τὴν στρατηγίαν ἔδοξεν αὐτοῖς εὐθέως προπορεύεσθαι· τὸν δὲ Πολύβιον πρὸς τὴν ἱππαρχίαν. Τούτων δὲ νεωστὶ γεγονότων, καὶ προδιειληφότων τῶν περὶ τὸν Ἄρχωνα, διότι δεῖ συμπράττειν Ρωμαίοις καὶ τοῖς τούτων φίλοις, τυχικῶς πως συνέβη τὸν Ἄτταλον πρὸς ἑτοίμους ὄντας ποιήσασθαι τοὺς

tius Trittæensis, Xeno Patarensis, Apollonides Sicyonius:) de re proposita consultabant. Et Lycortas quidem in sententia manens quam à principio habuerat; censebat Perseo Romanisque pariter neque opem ferendam, neque resistendum. nam auxiliari quidem, omnibus Græcis conducibile non esse autumabat: quanta esset futura victoris potentia animo prospiciens: resistere vero, periculosum rebatur; quod jam antea in publicis consiliis ausi essent multis, iisque clarissimis, proceribus Romanis se opponere. Apollonides & Strato, ut Græci ex professo Romanis adversarentur, non probabant: verùm si qui aleam periculosissimam jaci vellent, & proditione salutis publicæ privatim sibi Romanorum gratiam irent quæsitum; horum impediendos esse conatus, & fortiter iis esse resistendum. Archoni placebat, ut temporum rationem haberent; ne hostibus calumniandi occasio daretur: denique cavendum esse ne sua culpa idem infortunium incurrerent, cum Nicandro; qui priusquam Romanorum potentiam esset expertus, in maximas calamitates incidisset. Eadem fuit sententia & Polyæni, Arcesilai, Aristonis, & Xenonis. Propterea placuit, ut ad Præturam gentis statim procederet Archo: ad equitum verò præfecturam Polybius. Hæc quum ita essent gesta, & jam haberet constitutum Archo, auxiliandum esse Romanis & eorum amicis; casu evenit, ut Attalus regis Eumenis frater paratum offenderet,

quando

quando ipſum convenit. Itaque læ tus Archon aſſentiri illi, & ad impetranda quæ poſtulabat ſuam operam ei polliceri. Miſſi deinde ſunt ab Attalo legati, qui gentis concilium adierunt, quod erat prius è duobus legitimis. Ubi quum apud Achæos verba feciſſent de reſtituendis Regi honoribus; rogaſſentque ut in Attali gratiam hoc facerent: quæ ſuper eo multitudinis voluntas eſſet cognoſci non poterat: ad contradicendum verò multi multis de cauſſis ſurrexerunt. Nam qui auctores initio fuerant tollendorum Eumenis honorum, ratam manere ſuam ſententiam volebant: alii ſuo privatim nomine Regi offenſi, ejus ulciſcendi opportunum tempus nactos ſe putabant: quoſdam impellebat invidia erga fautores Attali; ut omni ſtudio contenderent, ne is rem perficeret. Tandem ſurgit Archon, ut legatorum petitionem adjuvaret: res namque ipſa poſtulabat, ut Prætor ſententiam diceret. Is locutus pauca diſcedit: veritus ne quia magnis impenſis magiſtratus ipſi conſtabat, ſpe lucelli cujuſdam ductus, id conſilium dare videretur. In ſumma omnium perturbatione & conſilii inopia, ſurgit Polybius; qui longam orationem habuit, multitudini præcipuè gratam, qua de facto ab Achæis decreto ſuper tollendis honoribus diſſerens; eſſe in eo ſcriptum oſtendebat, honores illos tollendos, qui eſſent indecori & contra leges: nequaquam verò omnes tollendos. Sed Soſigenem & Diopithem Rhodios, qui per id tempus judicia exercebant, offenſos privatis ex cauſſis

λόγους. Διὸ καὶ προθύμως αὐτῷ κατανεύσαντες, ὑπέσχοντο συμπράξειν ὑπὲρ τῶν παρακαλουμένων. Τοῦ δ' Ἀττάλου πέμψαντος πρεσβευτὰς, καὶ παραγενομένων τούτων εἰς τὴν πρώτην ἀγορὰν, καὶ διαλεγομένων τοῖς Ἀχαιοῖς περὶ τοῦ τὰς τιμὰς ἀποκατασταθῆναι τῷ βασιλεῖ, καὶ παρακαλούντων ποιῆσαι τοῦτο, διὰ τὴν Ἀττάλου χάριτος· ὁ μὲν ὄχλος ἄδηλος ἦν, ἐπί τινος ὑπάρχει γνώμης· πρὸς δὲ τὴν ἀντιλογίαν ἀνίσταντο πολλοὶ, καὶ διὰ πολλὰς αἰτίας. οἱ μὲν γὰρ ἐξ ἀρχῆς αἴτιοι γενόμενοι τῆς ἀναιρέσεως τῶν τιμῶν, βεβαιοῦν ἐβούλοντο τὴν αὐτῶν γνώμην· οἱ δὲ ἐκ τῶν κατ' ἰδίαν ἐγκλημάτων, ὑπέλαβον καιρὸν ἔχειν ἀμύνεσθαι τὸν βασιλέα· τινὲς δὲ διὰ τὸν πρὸς τοὺς συμπράττοντας φθόνον, ἐφιλοτιμοῦντο μὴ κρατῆσαι τὸν Ἄτταλον τῆς ἐπιβολῆς· ὁ δ' Ἄρχων ἀνέστη μὲν βοηθήσων τοῖς πρεσβευταῖς· ἐκάλει γὰρ τὰ πράγματα τὴν τοῦ στρατηγοῦ γνώμην· βραχέα δ' εἰπὼν ἀνεχώρησε διευλαβηθεὶς· μὴ δόξῃ κέρδους τινὸς ἕνεκεν συμβουλεύειν, διὰ τὸ πλῆθος ἱκανὸν χρημάτων εἰς τὴν ἀρχὴν δεδαπανηκέναι. Πολλῆς δ' οὔσης ἀπορίας, ὁ Πολύβιος ἀναστὰς, ἐποιήσατο μὲν καὶ πλείονας λόγους, μάλιστα δὲ προσείδαμεν πρὸς τὴν τῶν πολλῶν γνώμην· ὑποδείξας τὸ γεγονὸς ἐξ ἀρχῆς ψήφισμα τῶν Ἀχαιῶν ὑπὲρ τῶν τιμῶν· ἐν ᾧ γεγραμμένον ἦν, ὅτι δεῖ τὰς ἀπρεπεῖς ἀρθῆναι τιμὰς, καὶ τὰς παρανόμους, οὐ μὰ Δί' ἁπάσας· τοὺς δὲ περὶ Σωσιγένην καὶ Διοπείθην Ῥοδίους, δικαστὰς ὑπάρχοντας κατ' ἐκεῖνον τὸν καιρὸν, καὶ διαφερομένους ἔκ τινων ἰδίων πρὸς τὸν Εὐμένη, λαβομένους ἔφη τῆς ἀφορμῆς ταύτης, πάσας ἀνατετροφέναι τὰς τιμὰς τοῦ βασιλέως· καὶ τοῦτο πεποιηκέναι παρὰ τὸ τῶν Ἀχαιῶν δόγμα, καὶ παρὰ τὴν δοθεῖσαν αὐτοῖς ἐξουσίαν· καὶ τὸ μέγιστον, παρὰ τὸ δίκαιον, καὶ τὸ καλῶς ἔχον. οὐ γὰρ ὡς ἠδικημένους τοὺς Ἀχαιοὺς βουλεύσασθαι τὰς τιμὰς αἱρεῖν τὰς Εὐμένους· ἀλλὰ μείζους αὐτοῦ ζητοῦντος τῶν εὐεργετιῶν, τούτῳ προσκόψαντας ψηφίσασθαι τὸ πλεονάζον παρελεῖν. Διόπερ ἔφη δεῖν, καθάπερ οἱ δικασταὶ τὴν ἰδίαν ἔχθραν ἐπίπροσθεν ποιήσαντες τοῦ τῶν Ἀχαιῶν εὐσχήμονος, ἀνέτρεψαν πάσας τὰς τιμάς· οὕτω τοὺς Ἀχαιοὺς κυριωτάτην ἡγησαμένους τὸ σφίσι καθῆκον καὶ πρέπον, διορθώσασθαι τὴν τῶν δικαστῶν ἁμαρτίαν· καὶ καθόλου τὴν πρὸς τὸν Εὐμένη γεγενημένην ἀλογίαν. ἄλλως τε καὶ μέλλοντας, μὴ μόνον ἐπ' αὐτὸν τὸν βασιλέα τὴν χάριν ἀποδίδοσθαι ταύτην, ἔτι δὲ μᾶλλον εἰς τὸν ἀδελφὸν Ἄτταλον. Τοῦ δὲ πλήθους εὐδοκήσαντος τοῖς λεγομένοις, ἐγράφη δόγμα προστάττον τοῖς ἄρχουσι πάσας ἀποκαταστῆσαι τὰς Εὐμένους τοῦ βασιλέως τιμάς· πλὴν εἴ τινες ἀπρεπές τι περιέχουσι τῷ κοινῷ τῶν Ἀχαιῶν, ἢ παράνομον. τοῦτον μὲν δὴ τὸν τρόπον, καὶ κατὰ τοῦτον τὸν καιρὸν Ἄτταλος διωρθώσατο τὴν γενομένην ἀλογίαν περὶ τὰς ὑπαρχούσας Εὐμένει τ' ἀδελφῷ τιμὰς κατὰ τὴν Πελοπόννησον.

Eumeni, hanc arripuiſſe occaſionem, & omnes Regis honores evertiſſe. Id verò feciſſe illos contra Achæorum decretum, mandatæque ſibi poteſtatis fines exceſſiſſe; & quod præcipuum, jus omne atque honeſtatem migraſſe. neque enim accepta aliqua injuria irritatos ſtatuiſſe Achæos Eumeni honores detrahere; ſed quod majores ipſe quam pro beneficiis ſuis in Achæorum gentem poſtulaſſet, ea re offenſos decreviſſe, ut quod modum excedebat detraheretur. Oportere igitur, ajebat Polybius, ut quemadmodum judices illi potiore odii ſui ratione habita, quàm decori & officii Achæorum, omnes ſimul honores everterant: ita Achæi officium ſuum atque honeſtatem omnibus rebus anteponentes, culpam illorum judicum, & quidquid omnino priore contemptu in Eumenem peccatum eſſet, id emendarent: quum præſertim, non Regem dumtaxat eo facto eſſent demerituri; verùm etiam fratrem quoque illius Attalum. Hæc ſententia multitudini quum placuiſſet, factum eſt decretum, quo jubebantur magiſtratus, omnia quæ ad Eumenis honorem ſpectabant inſtaurare: niſi quid forte in iis eſſet, quod aut Achæorum commune parum deceret, aut legibus repugnaret. Ita igitur Attalus, quæ temere in Peloponneſo peccata fuerant circa Eumenis fratris honores, tunc temporis emendavit.

LXXI.

LXXV

Romanis in Acarnania res ordinantibus, quidam cives inducendi in vrbes præsidii sunt auctores; alii contrarium suadent.

ACARNANUM concilio Thurii congregato, Æschrion, Glaucus & Chremes, qui Romanis favebant, Popilium hortabantur, ut præsidia in Acarnaniam induceret: non deesse enim inter cives, qui ad Perseum & Macedonas res traherent. Contrarium huic consilium Diogenes dabat: neque enim ullam in urbem præsidium esse inducendum; quod iis fieret, qui hostes Romanis & bello victi essent: Acarnanas fecisse nihil, cur ulla ratione mererentur præsidia recipere. at Chremem & Glaucum studio firmandæ suæ privatim potentiæ, eos qui à se dissideant in Repub. per calumniam criminari; & præsidium velle attrahere, cujus ope, suam habendi cupidinem sint expleturi. Postquam hæc dicta essent, cernens Popilius iniquo animo ferri præsidia à populis, qui Senatus propositum sequi volebant; Diogenis sententiæ atque consilio assensus, post laudatos Acarnanas, Larissam ad Proconsulem est profectus.

ΟΕ.

Ῥωμαίοις εἰς Ἀκαρνανίαν ἀφικομένοις συμβουλεύουσιν, οἱ μὲν φρουρὰς εἰσάγειν εἰς τὰς πόλεις· οἱ δὲ μὴ εἰσάγειν.

ΟΤΙ κατὰ τὴν Ἀκαρνανίαν συναχθείσης τῆς ἐκκλησίας εἰς Θύριον, Αἰσχρίων μὲν καὶ Γλαῦκος καὶ Χρέμης, φίλοι ὄντες Ῥωμαίων, παρεκάλουν τοὺς περὶ τὸν Γάϊον, ἔμφρουρον ποιῆσαι τὴν Ἀκαρνανίαν· εἶναι γὰρ παρ' αὐτοῖς, τοὺς ἀποφέροντας τὰ πράγματα πρὸς Περσέα καὶ Μακεδόνας. Διογένης δὲ τὴν ἐναντίαν ἐποιήσατο τούτοις συμβουλίαν· οὐ γὰρ ἔφη δεῖν φρουρὰν εἰσάγειν εἰς οὐδεμίαν πόλιν. ταῦτα γὰρ ὑπάρχειν τοῖς πολεμίοις γενομένοις, καὶ καταπολεμηθεῖσιν ὑπὸ Ῥωμαίων· οὐδὲν δὲ πεποιηκότας Ἀκαρνᾶνας, οὐκ ἀξίους εἶναι φρουρὰν εἰσδέχεσθαι κατ' οὐδένα τρόπον· τοὺς δὲ περὶ Χρέμην καὶ Γλαῦκον, ἰδίαν ἐθέλοντας κατασκευάζεσθαι δυναστείαν, διαβάλλειν τοὺς ἀντιπολιτευομένους, καὶ θέλειν ἐπισπᾶσθαι φρουρὰν τὴν συνεπισχύσουσαν ταῖς αὐτῶν πλεονεξίαις. Ῥηθέντων δὲ τούτων, οἱ περὶ τὸν Γάϊον, θεωροῦντες τοὺς ὄχλους δυσαρεστουμένους ταῖς φρουραῖς, καὶ βουλομένους στοιχεῖν τῇ τῆς συγκλήτου προθέσει, συγκατατεθέμενοι τῇ τοῦ Διογένους γνώμῃ, καὶ συνεπαινέσαντες, ἀπῆραν ἐπὶ Λαρίσσης πρὸς τὸν ἀνθύπατον.

Οϛʹ.

Πρεσβεία ὑπὸ Περσέως ἀποσταλεῖσα ὡς Γέντιον τὸν βασιλέα.

ΟΤΙ Περσεὺς πρὸς Γέντιον τὸν βασιλέα ἀπέστειλε πρεσβευτὰς, Πλευρατόν τε τὸν Ἰλλυριὸν ὄντα φυγάδα παρ᾽ αὐτῷ, καὶ τὸν Βεῤῥοιαῖον Ἀδαῖον, οὓς ἐντολὰς διασαφεῖν τὰ πεπραγμένα κατὰ τὸν πόλεμον πρός τε Ῥωμαίους αὐτῷ, καὶ πρὸς Δαρδανίους· ἔτι δὲ καὶ πρὸς Ἠπειρώτας, καὶ πρὸς Ἰλλυριοὺς κατὰ τὸ παρόν· καὶ παρακαλεῖν αὐτὸν πρὸς τὴν τούτου καὶ Μακεδόνων φιλίαν καὶ συμμαχίαν. Οἱ καὶ ποιησάμενοι τὴν πορείαν ὑπὲρ τὸ Σκόρδον ὄρος, διὰ τῆς Ἐρήμου καλουμένης Ἰλλυρίδος, ἣν οὐ πολλοῖς χρόνοις πρότερον ἀνάστατον ἐποίησαν Μακεδόνες, διὰ τὸ δυσχερεῖς ποιῆσαι τοῖς Δαρδανεῦσι τὰς εἰς τὴν Ἰλλυρίδα εἰσβολάς· πλὴν οἵ γε περὶ τὸν Ἀδαῖον, διὰ τούτων τῶν τόπων, μετὰ πολλῆς κακοπαθείας ἦλθον εἰς Σκόρδαν, καὶ πυθόμενοι τὸν Γέντιον ἐν Λίσσῳ διατρίβειν, διεπέμψαντο πρὸς αὐτόν. τοῦ δὲ ταχέως αὐτοὺς μεταπεμψαμένου, συμμίξαντες διελέγοντο, περὶ ὧν εἶχον τὰς ἐντολάς. Ὁ δὲ Γέντιος οὐκ ἐδόκει μὲν ἀλλότριος εἶναι τῆς πρὸς τὸν Περσέα φιλίας· ἐσκήπτετο δὲ τοῦ μὴ παραχρῆμα συγκατατίθεσθαι τοῖς ἀξιουμένοις, τὴν ἀχορηγησίαν, καὶ μὴ δύνασθαι χωρὶς χρημάτων ἀναδέξασθαι τὸν πρὸς Ῥωμαίους πόλεμον. Οἱ μὲν περὶ τὸν Ἀδαῖον ταύτας λαβόντες τὰς ἀποκρίσεις ἐπανῆλθον. ὁ δὲ Περσεὺς παραγενόμενος εἰς Στύβῤῥαν τήν τε λείαν ἐλαφυροπώλησε, καὶ τὴν δύναμιν ἀνέπαυε, προσδεχόμενος τοὺς

LXXVI.

Legatione missa tentat Perseus Gentii Regis animum.

PERSEUS legatos ad Gentium regem Pleuratum Illyrium exulantem apud se, & Adæum Macedonem Berœæum, misit: quibus mandavit ut exponerent quæ bello egisset adversus Romanos Dardanosque: adjicerent præsentis expeditionis in Epiro & Illyrico opera: hortarentur Gentium ad amicitiam ac societatem secum & cum Macedonibus jungendam. Hi transgressi jugum Scordi montis, per Illyrici quas vocant solitudines, (eam terram non multis antè annis de industria Macedones populando à cultoribus vacuam fecerant, quò transitus difficiles Dardanis in Illyricum redderent;) per ea inquam loca cum ingenti vexatione Adæus & Pleuratus Scordam pervenerunt. qui cognito Lissi Gentium morari, ad illum miserunt. ac mox ab illo acciti, ut eò ventum, mandata exponunt. Gentius videbatur quidem non esse alienus ab amicitia cum Perseo contrahenda: verùm ne statim legatorum postulatis adnueret, hoc prætextu est usus; quod à rebus bello necessariis esset imparatus; quodque sine pecunia bellum adversus Romanos suscipere non posset. Hoc accepto responso Adæus ad Perseum redit. Stuberam Rex tunc venerat, & prædam ac spolia ibi vendebat, suosque milites reficiebat,

bat, Pleurati reditum exspectans. qui ut est reversus, postquam intellexit Perseus, quæ responderat Gentius; extemplo Adæum remittit, addito Glaucia ex numero custodum corporis, & quodam Illyrio, quod linguæ Illyricæ is esset peritus, cum iisdem mandatis. quasi parum perspicuè declarasset Gentius, qua sibi re esset opus; & quo pacto flecti posset, ut postulatis eorum adnueret. iis iter aggressis ipse cum exercitu Ancyram petit.

LXXVII.

Quomodo Perseus, loco pecuniæ missis iterum legatis ad Gentium, fatali quadam væcordia rerum magnarum gerendarum facultatem ipse sibi præripuit.

SUB id tempus qui ad Gentium missi fuerant redierunt; quum neque fecissent quicquam amplius quam antea; neque amplius quicquam renuntiarent, quàm antea; manente Gentio in eadem voluntate. Gentius enimvero paratus erat consilia sua omnia cum Perseo consociare. sed pecunia sibi opus esse dicebat. quam rem Perseus contemptim audiens, Hippiam iterum mittit, ad fœdus firmandum; nulla ejus mentione facta in quo uno totius negotii cardo vertebatur; quum tamen unica illa esset ratio qua posset benevolum Gentium sibi reddere. Ut

περὶ τὸν Πλευρᾶτον. παραγενομένων δ' αὐτῶν, ἀκούσας τὰ παρὰ τοῦ Γεντίου, πάλιν ἐξ αὐτῆς ἔπεμπε τὸν Ἀδαῖον, καὶ σὺν τούτῳ τὸν Γλαυκίαν, ἕνα τῶν σωματοφυλάκων, καὶ τρίτον τὸν Ἰλλυριὸν, διὰ τὸ τὴν διάλεκτον εἰδέναι τὴν Ἰλλυρίδα, δοὺς ἐντολὰς τὰς αὐτάς. ὥσπερ οὐ κυρίως τοῦ Γεντίου διασεσαφηκότος, τίνος προσδεῖται, καὶ τίνος γενομένου δύναται συγκαταβῆναι εἰς τὰ παρακαλούμενα. τούτων δ' ἀφορμησάντων, ἀναζεύξας αὐτὸς μετὰ τῆς δυνάμεως, ἐποιεῖτο τὴν πορείαν ἐπ' Ἀγκύραν.

ΟΖ.

Ὅτι Περσεὺς πέμψας πάλιν πρὸς Γέντιον πρέσβεις, δέον ἀργύριον πέμπειν, μεγίστων πραγμάτων ἀφορμὰς ὑπὸ δαιμονοβλαβείας ἑαυτὸν ἀφείλετο.

ΟΤΙ κατὰ τὸν καιρὸν τοῦτον ἧκον οἱ πρὸς τὸν Γέντιον ἀποσταλέντες πρέσβεις· οὔτ' ἀκηνομηκότες πλεῖον οὐδὲν τῶν πρότερον, οὔτ' ἀναγγέλλοντες πλεῖον οὐδὲν ὧν καὶ πρότερον, διὰ τὸ τὸν Γέντιον μένειν ἐπὶ τῆς αὐτῆς αἱρέσεως· ὄντα μὲν ἕτοιμον τῷ Περσεῖ κοινωνεῖν τῶν αὐτῶν πραγμάτων· χρημάτων δὲ φάσκοντα χρείαν ἔχειν. ὧν ὁ Περσεὺς παρακούσας, πάλιν ἔπεμπε τοὺς περὶ τὸν Ἱππίαν, βεβαιωσομένους ὑπὲρ τῶν ὁμολογιῶν· τὸ συνέχον παραλιπὼν, δι' οὗ ἐξῆν μόνου εὐνοοῦντα ποιῆσαι τὸν Γέντιον. ὥστε διαπορεῖν, πότερα δεῖ λέγειν ἐπὶ τῶν τοιούτων, ἀλογιστίαν, ἢ δαιμονοβλάβειαν. δοκῶ μὲν, ὅτι, δαιμονοβλάβειαν. οἵτινες ἐφίενται μὲν τοῦ μεγάλα τολμᾶν, καὶ παραβάλλονται μὲν τῇ ψυχῇ· παραλείπουσι δὲ τὸ συνέχον ἐν ταῖς ἐπιβολαῖς, βλέποντες αὐτὸ, καὶ δυνάμενοι πράττειν. Ὅτι γὰρ εἰ Περσεὺς κατ᾽ ἐκεῖνον τὸν καιρὸν, ἠβουλήθη προέσθαι χρήματα, καὶ κοινῇ τοῖς πολιτεύμασι, καὶ κατ᾽ ἰδίαν τοῖς βασιλεῦσι καὶ τοῖς πολιτευομένοις, οὐ λέγω μεγαλομερῶς, καθάπερ ἐξῆν αὐτῷ, χορηγιῶν ἕνεκεν, ἀλλὰ μετρίως μόνον· πάντας ἂν συνέβη καὶ τοὺς Ἕλληνας καὶ τοὺς βασιλεῖς, εἰ δὲ μή γε, τοὺς πλείστους ἐξελεγχθῆναι· δοκῶ μηδένα τῶν νοῦν ἐχόντων πρός με διαμφισβητῆσαι περὶ τούτων. Νῦν δὲ καλῶς ποιῶν, οὐκ ἦλθε ταύτην τὴν ὁδὸν, δι᾽ ἧς ἢ κρατήσας τῶν ὅλων, ἐξουσίαν ὑπερήφανον ἔχεν, ἢ σφαλεὶς, πολλοὺς ἂν ἐποίησε τῆς αὐτῆς * πείρας αὐτῷ λαχεῖν· ἀλλὰ τὴν ἐναντίαν, δι᾽ ἧς ὀλίγοι τελέως ἠλογήθησαν τῶν Ἑλλήνων ὑπὸ τὸν τῆς πράξεως καιρόν.

equidem dubitem, peccata hujuscemodi hominum, imprudentiamne appellem, an fatalem amentiam & divinitus immissam. puto autem istud potius quam illud eis convenire. qui quidem magna cupiunt moliri, & cuivis periculo suam objiciunt vitam; id tamen omittunt, quod in consiliis suscipiendis præcipuum est, idque scientes & prudentes, quum in potestate ipsorum sit illud præstare. Nam illa tempestate si pecunias largiri Perseus voluisset, & publice civitatibus, & privatim Regibus, atque iis qui publica negotia tractabant; non dicam ea qua poterat magnificentia impensas subministrando, sed modica tantum liberalitate utendo; evenisset, ut omnes Græciæ populi, omnesque vel certe quàm plurimi Reges voluntates suas nudarent. de quo non arbitror quemquam prudentum fore mecum disputaturum. Nunc recte fecit Perseus, qui hanc non ingressus sit viam; per quam, aut plenâ victoriâ partâ dominationem superbam erat obtenturus: aut si vinceretur, in ejusdem pernitiei societatem multos secum attracturus, sed contrariam potius viam institit; unde factum, ut pauci omnino Græci, per occasionem ejus belli quod ipse gessit, in fraudem inciderint.

ΟΗ.

LXXVIII.

Ἀχαιῶν δόγμα περὶ τοῦ πανδημεὶ βοηθεῖν Ῥωμαίοις κατὰ Περσέως.

Decretum Achæorum, de submittendis Marcio pro viribus auxiliis.

Πολυβίου πρὸς τὸν τῶν Ῥωμαίων ὕπατον πρεσβεία.

Polybii ad Cos. cum Perseo bellum gerentem legatio.

Πρεσβεία πρὸς Ἄτταλον.

Legatio ad Attalum missa.

Ptole-

Ptolemæi Regis Anacleteria, & eo nomine missa ab Achæis legatio gratulādi caussa.

Polybii cum Consule colloquium.

Ejusdem in patriam reversi præclarum facinus, quo sumptu ingenti gens Achæorum est liberata.

QUO tempore dicebatur Perseus Thessaliam cum exercitu venturus, & probabili ratione adducti homines credebant, universo bello finem impositum iri; visum Archoni rebus ipsis suspiciones & calumnias in Achæos collatas, iterum refutare. Iccirco auctor Achæis fuit, ut decretum facerent de expeditione cum universę gentis copiis suscipienda versus Thessaliam, ut omnis fortunæ periculum unâ cum Romanis adirent. Hoc facto decreto, placuit Achæis, ut conscribendi curam Archo susciperet, & eorum omnium parandorum, quæ expeditioni essent necessaria; ad Consulem legati ut mitterentur in Thessaliam, qui de hoc Achæorum decreto certiorem illum facerent: & ab eo discerent quando & quo in loco ipsorum copias velit Romano exercitui se conjungere. Ac statim decrevere legatum Polybium & alios. summoque studio Polybio mandarunt, ut si placeat Consuli mitti exercitum, reliquos legatos extemplo mitteret, id renuntiaturos; ne serius quàm oporteret ad illum copiæ Achaicæ venirent.

Πτολεμαίου τοῦ βασιλέως Ἀνακλητήρια, καὶ περὶ αὐτὴν συγχαριστικὴ Ἀχαιῶν πρεσβεία.

Ἔντευξις Πολυβίου πρὸς τὸν Ὕπατον.

Τοῦ αὐτοῦ εἰς τὴν πατρίδα ἐπανελθόντος ἐπινόημα πρὸς τὸ παραλυθῆναι τὸ ἔθνος δαπάνης μεγίστης.

ΟΤΙ τοῦ Περσέως * βουλομένου ἥξειν μετὰ δυνάμεως εἰς Θετταλίαν, καὶ λήψεσθαι τὰ ὅλα κρίσιν ἐκ τῶν κατὰ λόγον· ἔδοξε τοῖς περὶ τὸν Ἄρχωνα, δι' αὐτῶν τῶν πραγμάτων ἀπολογεῖσθαι πάλιν πρὸς τὰς ὑπονοίας καὶ διαβολάς. Εἰσήνεγκαν οὖν εἰς τοὺς Ἀχαιοὺς δόγμα, διότι δεῖ πανδημεὶ ποιησαμένους τὴν ἔξοδον εἰς Θετταλίαν, κοινωνῆσαι τῶν πραγμάτων ὁλοσχερῶς τοῖς Ῥωμαίοις. καὶ τούτου κυρωθέντος, ἔδοξε τοῖς Ἀχαιοῖς τὸν Ἄρχωνα γίνεσθαι εἰς τὴν συναγωγὴν τοῦ στρατεύματος, καὶ περὶ τὰς εἰς τὴν ἔξοδον παρασκευάς· πρὸς δὲ τὸν ὕπατον πρεσβευτὰς πέμπειν εἰς Θετταλίαν, τοὺς τὰ δεδογμένα τοῖς Ἀχαιοῖς διασαφήσοντας, καὶ πευσομένους, πότε, καὶ ποῦ δεῖ συμμιγνύειν αὐτῷ τὸ στρατόπεδον. καὶ κατέστησαν πρεσβευτὰς παραχρῆμα Πολύβιον καὶ ἄλλους· καὶ ἐνετείλαντο τῷ Πολυβίῳ φιλοτίμως, ἐὰν ὁ στρατηγὸς εὐδοκῇ τῇ παρουσίᾳ τοῦ στρατοπέδου, τοὺς μὲν πρεσβευτὰς ἐξαυτῆς πέμπειν διασαφήσοντας, ἵνα μὴ καθυστερῶσι τῶν καιρῶν αὐτὸν δὲ φροντίζειν, ἵνα τὸ στράτευμα πᾶν ἐν ταῖς πόλεσιν ἀγορὰς ἔχῃ, δι' ὧν ἂν ἐμπορεύηται, καὶ μηδὲν ἐλλείπῃ τῶν ἐπιτηδείων τοὺς στρατιώτας. ταύτας μὲν οὖν ἔχοντες οἱ προειρημένοι τὰς ἐντολὰς ἐξώρμησαν. Κατέστησαν δὲ καὶ πρεσβευτὰς πρὸς Ἄτταλον τοὺς περὶ Τηλόκριτον, ἀποκομίζοντας τὸ δόγμα τὸ περὶ τῆς ἀποκαταστάσεως τῶν Εὐμένους τιμῶν. Κατὰ τὸν αὐτὸν καιρὸν, καὶ περὶ τοῦ βασιλέως Πτολεμαίου προσπεσόντος τοῖς Ἀχαιοῖς, διότι γέγονεν αὐτῷ τὰ νομιζόμενα γίνεσθαι τοῖς βασιλεῦσιν, ὅταν εἰς ἡλικίαν ἔλθωσιν, Ἀνακλητήρια, νομίσαντες σφίσι καθήκειν ἐπισημήνασθαι τὸ γεγονὸς, ἐψηφίσαντο πέμπειν πρεσβευτὰς ἀνανεωσομένους τὰ προϋπάρχοντα τῷ ἔθνει φιλάνθρωπα πρὸς τὴν βασιλείαν· καὶ παραυτίκα κατέστησαν Ἄλκιθον καὶ Πασιάδαν. Οἱ δὲ περὶ τὸν Πολύβιον καταλαβόντες τοὺς Ῥωμαίους, ἐκ μὲν τῆς Θετταλίας κεκινηκότας, ἐν δὲ τῇ Περραιβίᾳ στρατοπεδεύοντας Ἀζωρίου μεταξὺ καὶ Δολίχης· τὴν μὲν ἔντευξιν ὑπερέθεντο, διὰ τοὺς περιεστῶτας καιρούς· τῶν δὲ κατὰ τὴν εἴσοδον τὴν εἰς Μακεδονίαν κινδύνων μετεῖχον. ἐπεὶ δὲ τοῦ στρατεύματος καταίραντος ἐπὶ τοὺς καθ' Ἡράκλειαν τόπους ἔδοξε καιρὸς εἶναι πρὸς ἔντευξιν, ἅτε τοῦ στρατηγοῦ δοκοῦντος ἠνύσθαι τὸ μέγιστον τῶν προκειμένων· τότε λαβόντες καιρὸν, τὸ ψήφισμα τῷ Μαρκίῳ προσήνεγκαν, καὶ διεσάφουν τὴν τῶν Ἀχαιῶν προαίρεσιν· διότι βουληθεῖεν αὐτῷ πανδημεὶ τῶν αὐτῶν μετασχεῖν ἀγώνων καὶ κινδύνων· καὶ

Interea verò prospiceret ipse, ut quascunque urbes in transitu aditurus esset exercitus, in iis commeatus haberet, quo ne militibus quicquam deesset. his mandatis acceptis Polybius cæterique abiere. Decreverunt insuper Achæi legatum Telocritum ad Attalum; qui decretum ei afferret, quo restituti erant Eumeni omnes honores. Per idem tempus quum fama esset allata Achæis, celebrata fuisse in honorem Ptolemæi Regis Anacleteria, sicut est moris Ægypti Regibus, ubi ad legitimam regnandi ætatem pervenerunt; officii sui esse existimantes, ut suæ ob id quod gestum erat lætitiæ significationem darent, legatos decreverunt mittere; ad renovandam amicitiam quæ genti Achæorum erat cum Ægypti Regibus. Statim igitur Alcithus & Pasidas sunt delecti. At Polybius nactus Romanos ex Thessalia progressos, & in Perrhæbiâ inter Azorium ac Dolichen stativa habentes, convenire quidem illos propter circunstantia pericula in præsentia omisit; certaminum verò omnium quæ in Macedoniæ ingressu habita sunt, fuit particeps. deinde ubi jam Heracleam usque exercitus pervenisset, opportunum visum est tempus Imperatoris conveniendi: ut pote quum videretur Cos. partem jam maximam susceptæ expeditionis confecisse. Tum igitur, ut primum ejus faciendi opportunitatem est nactus, decretum Achæorum Q. Marcio tradit; & studium Achæorum illi exponit, qui cum universis suis viribus certaminum ac periculorum omnium fieri participes decreve-

creve-

creverint. Ad hæc ostendit, quomodo ad omnia de quibus vel scripsissent vel aliquod mandatum dedissent Romani, toto belli hujus tempore, obsequentes fuissent. Marcius eorum voluntate verbis magnificis laudata, laboris & impensæ gratiam Achæis fecit; quod nihil jam opus esset amplius ad hoc bellum sociorum auxiliis. Igitur redeuntibus cæteris legatis in Achaiam, Polybius in castris remanens, rebus quæ gerebantur interfuit: donec relatum est Marcio, Appium Centonem postulasse ab Achæis, ut quinque millia militum in Epirum sibi mitterent. tum vero Marcius Polybium redire jussit, multumque monuit curaret, ne ii milites Appio darentur, neve gens Achæorum impensas adeo graves frustra faceret: nullam enim caussam habere Appium, cur auxiliarem illam manum posceret. Studione erga Achæos hoc ille fecerit, an ut Appio facultatem res gerendi eriperet, difficile dictu. Cæterum Polybius in Peloponnesum reversus, postquàm acceptæ jam ex Epiro literæ essent, coacto non multo post Sicyonem Achæorum concilio, in quæstionem ac dubitationem penitus magnam incidit. Nam ubi de Centonis postulatis haberi consultatio cepit, quæ privatim à Marcio acceperat mandata negligere nefas ducebat: at recusare palàm militum auxilium, quibus nihil opus habebant Achæi; hoc vero adprime periculosum erat. In tam difficili & ancipiti deliberatione, ad se expediendum usus est Polybius decreto Senatus, quo erat cautum, ne ulla ratio

πρὸς τούτοις ὑπέδειξαν, διότι πᾶν τὸ γραφὲν ἢ παραγγελθὲν τοῖς Ἀχαιοῖς ὑπὸ Ῥωμαίων, κατὰ τὸν ἐνεστῶτα πόλεμον, ἀναντίῤῥητον γέγονε· τοῦ δὲ Μαρκίου τὴν μὲν προαίρεσιν ἀποδεχομένου τῶν Ἀχαιῶν μεγαλωστὶ, τῆς δὲ κακοπαθείας αὐτοὺς καὶ τῆς δαπάνης παραλύοντος, διὰ τὸ μηκέτι χρείαν ἔχειν τοὺς καιροὺς τῆς τῶν συμμάχων βοηθείας· οἱ μὲν ἄλλοι πρέσβεις, ἐπανῆλθον εἰς τὴν Ἀχαΐαν· ὁ δὲ Πολύβιος αὐτοῦ μένας μετεῖχε τῶν ἐνεστώτων πραγμάτων· ἕως ὁ Μάρκιος ἀκούσας Ἄππιον τὸν Κέντωνα πεντακισχιλίους στρατιώτας αἰτεῖσθαι παρὰ τῶν Ἀχαιῶν εἰς Ἤπειρον, ἐξαπέστειλε τὸν προειρημένον, παρακαλέσας φροντίζειν, ἵνα μὴ δοθῶσιν οἱ στρατιῶται, μηδὲ τηλικοῦτον δαπάνημα μάταιον γένηται τοῖς Ἀχαιοῖς· πρὸς οὐδένα γὰρ λόγον αἰτεῖν τοὺς στρατιώτας τὸν Ἄππιον. πότερα δὲ τοῦτ' ἐποίει κηδόμενος τῶν Ἀχαιῶν, ἢ τὸν Ἄππιον ἀπραγεῖν βουλόμενος, χαλεπὸν εἰπεῖν· πλὴν ὅγε Πολύβιος ἀναχωρήσας εἰς τὴν Πελοπόννησον, ἤδη τῶν γραμμάτων ἐκ τῆς Ἠπείρου προσπεπτωκότων, καὶ μετ' οὐ πολὺ συναχθέντων εἰς Σικυῶνα τῶν Ἀχαιῶν, εἰς πρόβλημα παμμέγεθες ἐνέπεσε. Τοῦ γὰρ διαβουλίου προτεθέντος ὑπὲρ ὧν ὁ Κέντων ᾔτειτο στρατιωτῶν, ἃ μὲν ὁ Μάρκιος αὐτῷ καταφροντίζειν ἰδίᾳ ἐνετείλατο, ταῦτα * φροντίζειν οὐδαμῶς ἔκρινεν· τὸ δὲ μηδεμιᾶς ὑπαρχούσης χρείας φανερῶς ἀντιλέγειν τῇ βοηθείᾳ, τελέως ἦν ἐπισφαλές. Δυσχρήστου δὲ καὶ ποικίλης οὔσης τῆς ὑποθέσεως, ἐχρήσατο βοηθήματι πρὸς τὸ παρὸν τῷ τῆς συγκλήτου δόγματι· τῷ κελεύοντι

μηδένα

μηδένα προσέχειν τοῖς ὑπὸ τῶν στρατηγῶν γραφομένοις, ἐὰν μὴ τοῦτο ποιῶσιν, κατὰ τὸ δόγμα τῆς συγκλήτου. τοῦτο δ' οὐκ ἦν προσκείμενον τοῖς γράμμασιν. διὸ καὶ κατεκράτησε τοῦ τὴν ἀναφορὰν ἐπὶ τὸν ὕπατον γενέσθαι, καὶ δι' ἐκείνου παραλυθῆναι τῆς δαπάνης τὸ ἔθνος, οὔσης ὑπὲρ ἑκατὸν εἴκοσι τάλαντα. τοῖς γε μὴν βουλομένοις διαβάλλειν αὐτὸν πρὸς τὸν Ἄππιον, μεγάλας ἀφορμὰς ἔδωκεν, ἅτε διακόψας τὴν ἐπιβολὴν αὐτοῦ, τὴν περὶ τῆς βοηθείας.

eorum haberetur, quæ à magistratibus Romanis scriberentur, nisi ex Senatus consulto id facerent. quod quia literis Appii Centonis non erat adjectum; tandem obtinuit Polybius, ut res ad Cos. referretur: & per illum Achæi impensa, quæ centum & viginti talentorum summam superabat, liberarentur. At si quis de ipso detrahere apud Appium vellet, ei benignam materiam hoc pacto suppeditavit: ut pote qui inceptum illius de impetrandis auxiliis fregisset.

ΟΘ.

Τῶν ἐν Κρήτῃ Κυδωνιατῶν πρὸς Εὐμένη πρεσβεία.

ΟΤΙ κατὰ τὴν Κρήτην, δεδιότες Κυδωνιᾶται τοὺς Γορτυνίους, διὰ τὸ καὶ πρότερον ἤδη παρ' ὀλίγον κεκινδυνευκέναι τῇ πόλει, τῶν περὶ Νοθοκράτην ἐπιβαλλομένων αὐτὴν κατασχεῖν, ἐξέπεμψαν πρέσβεις πρὸς Εὐμένη, βοήθειαν αἰτούμενοι κατὰ τὴν συμμαχίαν. ὁ δὲ βασιλεὺς προχειρισάμενος Λέοντα, καὶ στρατιώτας σὺν τούτῳ τ', ἐξαπέστειλε κατὰ σπουδήν. ὧν παραγινομένων, οἱ Κυδωνιᾶται τὰς κλεῖς τῶν πυλῶν τῷ Λέοντι παρέδωκαν, καὶ καθόλου τὴν πόλιν ἐνεχείρισαν.

LXXIX.

Cydoniatarum Cretensium ad Eumenem Regem legatio.

CYDONIATÆ, qui populus est Cretæ, metuentes sibi a Gortyniis, à quibus jam antè ne caperetur ipsorum urbs in præsentissimum periculum venerat, quando eam occupare Nothocrates est aggressus; legatos ad Eumenem misêrunt, auxilium ex fœdere eum poscentes. Rex Leonem ducem delegit, quem eò celeriter cum trecentorum militum manu misit. Id ubi advenit præsidium, Cydoniatæ portarum claveis Leoni tradiderunt, & universam civitatem ejus curæ permiserunt.

Π.

Πρεσβεῖαι δισσαὶ Ῥοδίων· Ἀγησιλόχου μὲν εἰς τὴν Ῥώμην, Ἀγησιπόλιδος δὲ πρὸς τὸν ἐν Μακεδονίᾳ ὕπατον Μάρκιον.

LXXX.

Populi Rhodii legationes duæ; Agesilocho Romam misso, Agesipoli vero ad Marcium Cos. bellum in Macedonia administrantem.

Marcii

Marcii Cos. fraudulenta molitio in Rhodios: & ipsorum Rhodiorum insignis imprudentia ac levitas.

GLISCEBANT Rhodi magis magisque in dies contrariæ factiones Nam quum de Senatus decreto famâ cognovissent, quo sanciebant Patres, non quæ magistratus Rom. imperassent, verùm quæ ipsi decrevissent, ea esse deinceps præstanda; vulgo omnibus Senatus prudentiam laudantibus, Philophron & Theætetus hac occasione arrepta, pergebant porrò in suo proposito: dicebantque legatos ad Senatum esse mittendos, & ad Consulem Q. Marcium Philippum: necnon ad C. Marcium Figulum, cui classis provincia erat. Jam tum enim omnibus notum erat, quosdam ex iis magistratibus qui recenter Romæ inierant, in Græciæ regiones fore venturos. Hæc sententia quum post multam altercationem obtinuisset, Romam ineunte æstate missi sunt Hegesilochus Hegesiæ filius, Nicagoras Nicandri filius: ad Consulem verò, & classis præfectum Agesipolis, Ariston, Pancrates. Mandatum his omnibus erat, ut amicitiam cum populo Romano renovarent, utque criminationibus iis responderent, quibus nonnulli civitatem onerabant. at Hegesilocho Hegesiæ hoc insuper negotii impositum, ut de exportando frumento faceret mentionem. Quos igitur sermones apud Senatum isti legati habuerint, quæ à Patribus responsa tulerint, & quomodo omne

Μαρκίου σκαιωρία κατὰ Ῥοδίων· καὶ αὐτῶν Ῥοδίων παράδοξος ἀλογιστία καὶ κέπφωσις.

ΟΤΙ ἐν τῇ Ῥόδῳ τὰ τῆς ἐκπολιτείας ἀεὶ μᾶλλον ἐπέτεινεν. Προσπεσόντων γὰρ αὐτοῖς τῶν τῆς συγκλήτου δογμάτων, ἐν οἷς διεσάφει, μηκέτι προσέχειν τοῖς τῶν στρατηγῶν ἐπιτάγμασιν, ἀλλὰ τοῖς αὐτῆς δόγμασιν. καὶ τῶν πολλῶν ἀποδεχομένων τὴν τῆς συγκλήτου πρόνοιαν, οἱ περὶ τὸν Φιλόφρονα καὶ Θεαίτητον ἐπιλαβόμενοι τῆς ἀφορμῆς ταύτης, ἐξειργάζοντο τὰ ἀκόλουθα· φάσκοντες δεῖν ἐκπέμπειν πρεσβευτὰς πρὸς τὴν σύγκλητον, καὶ τὸν Κόϊντον Μάρκιον τὸν ὕπατον, καὶ πρὸς Γάιον τὸν ἐπὶ τοῦ ναυτικοῦ. Τότε γὰρ ἤδη γνώριμον ἦν ἅπασιν, ὡς τινες τῶν καθισταμένων ἀρχόντων ἐν τῇ Ῥώμῃ παραγίνεσθαι μέλλουσιν εἰς τοὺς κατὰ τὴν Ἑλλάδα τόπους. κρατηθείσης δὲ τῆς ὑποθέσεως, καίπερ ἀντιρρήσεως γενομένης, ἀπεστάλησαν εἰς μὲν τὴν Ῥώμην ἀρχομένης θερείας, Ἡγησίλοχος Ἡγησίου, Νικαγόρας Νικάνδρου· πρὸς δὲ τὸν ὕπατον, καὶ τὸν ἐπὶ τοῦ ναυτικοῦ στρατηγὸν, Ἀγησίπολις, Ἀρίστων, Παγκράτης· ἐντολὰς ἔχοντες ἀνανεοῦσθαι τὰ φιλάνθρωπα πρὸς Ῥωμαίους, καὶ πρὸς τὰς διαβολὰς ἀπολογεῖσθαι τὰς λεγομένας ὑπό τινων κατὰ τῆς πόλεως· οἱ δὲ περὶ τὸν Ἡγησίλοχον, ἅμα τοῖς προειρημένοις, καὶ περὶ σιτικῆς ἐξαγωγῆς ποιησόμενοι λόγους. Τὰ μὲν οὖν ὑπὸ τούτων ῥηθέντα πρὸς τὴν σύγκλητον, καὶ τὰς δοθείσας αὐτοῖς ἀποκρίσεις ὑπὸ τῆς συγκλήτου,

καὶ διότι

καὶ διότι πάντων τῶν φιλανθρώπων τυχόντες ἐπανῆλθον, ἐν τοῖς Ἰταλικοῖς εἴπομεν. Περὶ δὲ τούτου τοῦ μέρους, χρήσιμόν ἐστι πλεονάκις ὑπομιμνήσκειν, ὃ δὴ καὶ πειρώμεθα ποιεῖν· διότι πολλάκις ἀναγκαζόμεθα τὰς ἐντεύξεις τῶν πρεσβευτῶν, καὶ τοὺς χρηματισμοὺς πρότερον ἐξαγγέλλειν τῆς καταστάσεως, καὶ τῆς ἐξαποστολῆς. Ἐπεὶ γὰρ καθ' ἕκαστον ἔτος τὰς κατ' ἀλλήλων πράξεις γράφοντες, πειρώμεθα ἐν ἑνὶ καιρῷ συγκεφαλαιοῦσθαι τὰς παρ' ἑκάστοις πράξεις· δῆλον ὡς ἀναγκαῖόν ἐστι τοῦτο συμβαίνειν περὶ τὴν γραφήν. οἱ δὲ περὶ τὸν Ἀγεσίπολιν, ἀφικόμενοι πρὸς τὸν Κόϊντον, καταλαβόντες αὐτὸν ἐν Μακεδονίᾳ πρὸς Ἡράκλειαν στρατοπεδεύοντα, διελέγοντο περὶ ὧν εἶχον τὰς ἐντολάς. ὁ δὲ διακούσας, οὐχ οἷον αὐτὸς ἔφη προσέχειν ταῖς διαβολαῖς· ἀλλὰ κἀκείνους παρεκάλει μηδενὸς ἀνέχεσθαι τῶν λέγειν τι τολμώντων κατὰ Ῥωμαίων· καὶ πολλὰ καθόλου τῶν εἰς φιλανθρωπίαν ἡκόντων ἐπεμέτρησεν. ἔγραψε δὲ ταῦτα καὶ πρὸς τὸν δῆμον τῶν Ῥωμαίων. Τοῦ δ' Ἀγεσιπόλιδος ἐψυχαγωγημένου κατὰ τὴν ὅλην ἀπάντησιν ἰσχυρῶς, λαβὼν αὐτὸν κατ' ἰδίαν εἰς τὰς χεῖρας ὁ Κόϊντος, θαυμάζειν ἔφη, πῶς οὐ πειρῶνται διαλύειν οἱ Ῥόδιοι τὸν ἐνεστῶτα πόλεμον, μάλιστα τοῦ πράγματος ἐκείνοις καθήκοντος. Πότερα δὲ τοῦτ' ἐποιεῖτο, Ἀντίοχον ὑποπτεύων, μήποτε κρατήσας τῆς Ἀλεξανδρείας, βαρὺς ἔφεδρος αὐτοῖς γένηται τοῦ πρὸς τὸν Περσέα πολέμου χρόνον λαμβάνοντος· ἤδη

genus humanitatis & comitatis experti redierint; in expoſitione rerum Italicarum jam diximus. Eſt verò lector nobis ſæpe hujus admonendus, ſicut etiam ſtudioſe facimus: quod non raro orationes habitas à legatis & data illis reſponſa, cogimur prius exponere, quàm de ipſorum legatione decreta & de miſſione verba fecerimus. Quoniam enim per annos ſingulos res geſtas quæ tempore inter ſe congruunt ſcribentes, quę apud quamque gentem ſunt facta ſummatim uno tempore conamur referre: perſpicuum eſt, id inter ſcribendum itá neceſſario evenire. Ageſipolis ut ad Q. Marcium venit, quem in Macedonia eſt aſſecutus ad Heracleam caſtra habentem, mandata ſua illi expoſuit. quibus auditis Cos. non ſolum dixit nullam ſe iis fidem habere, qui de Rhodiis detraherent: ſed legatos etiam eſt hortatus, ne quemquam eorum ferrent, qui de Romanis aliquid blaterare auderent: multaque omnino humanitatis officia cumulate iis præſtitit. ſcripſit & de iiſdem rebus ad populum Rom. Quum autem Ageſipolis comitate Cos. quam hoc congreſſu omnibus in rebus experiebatur, mirificè captus eſſet; ſeducit eum Marcius ad familiare colloquium; & mirari ſe ait, cur Rhodii bellantes pro Cœle Syria Reges componere inter ſe non conarentur: id enim ipſis vel maxime convenire. Hoc verò quo animo Cos. faceret, utrumne quia Antiochi animum ſuſpectum habebat; ne forte ſi Alexandriam occupaſſet, bello adverſus Perſea moram trahente, infeſtus ac gravis hoſtis Romanis immi-

immineret. quum præsertim bellum pro Cœle Syria jam tum ferme palàm concitatum crederetur: an quia videbat paullo post de summa re decretum iri cum Perseo, spemque de victoria magnam conceperat, quod jam Romanæ legiones in Macedoniam pervenissent; stimulare voluerit Rhodios, quò se medios interponerent inter Reges, atque eo pacto occasionem Romanis darent, statuendi de ipsis prout vellent; utrum inquam horum cogitarit, pro certo affirmari non potest: veruntamen quod posterius dixi, puto verius: idque Rhodiorum casus confirmant, qui paullo post illis acciderunt. Agesipolis ad Cajum classi præfectum mox profectus, benigneque ab eo habitus, ac multo etiam comius quàm fuisset à Marcio Cos. brevi Rhodum est reversus. Ubi postquam legationem renuntiasset, quum viderentur ambo duces Romani in comitate atque humanitate verbis declaranda, & benevolentia in responso significanda, ex æquo invicem certasse; erigi animis omnes Rhodii, ac vana spe inflari: at non omnes eodem modo. Nam pars sanior ob Romanorum benignitatem lætitia gestiebat: qui rerum novarum cupidi erant, & in præsentem statum male affecti, ii cogitare apud se instituerunt; ingentem hanc supra modum comitatem Romanorum indicio esse, terreri ipsos imminenti periculo, neque ex animi sententia res ipsis succedere. Postea verò quàm insuper accidisset, ut inter quosdam effutiret Agesipolis, privatim sibi à Marcio fuisse mandatum, ut in Se-

γὰρ τότε συνέβαινε συγκεχύσθαι τὸν περὶ Κοίλης Συρίας πόλεμον· ἢ θεωρῶν ὅσον οὔπω κριθησόμενα τὰ κατὰ τὸν Περσέα, τῶν Ῥωμαϊκῶν στρατοπέδων ἐν Μακεδονίᾳ παραβεβληκότων· καὶ καλὰς ἐλπίδας ἔχων ὑπὲρ τῶν ἀποβησομένων, ἐβούλετο τοὺς Ῥοδίους παρεξωσίας μεσίτας ἀποδεῖξαι· καὶ τοῦτο πράξαντας, δοῦναι τοῖς Ῥωμαίοις ἀφορμὰς εὐλόγους, εἰς τὸ βουλεύεσθαι περὶ αὐτῶν, ὡς ἂν αὐτοῖς φαίνηται· τὸ μὲν ἀκριβὲς οὐ ῥᾴδιον εἰπεῖν· δοκῶ δὲ μᾶλλον τὸ τελευταῖον εἰρημένον, ἐξ ὧν ἐμαρτύρησε τὰ μετ᾽ ὀλίγον συμβάντα τοῖς Ῥοδίοις. Οἵγε περὶ τὸν Ἀγησίπολιν, ἐξαυτῆς βαδίσαντες πρὸς τὸν Γάϊον, καὶ πάντων τυχόντες τῶν φιλανθρωπιῶν, ὑπερβολικώτερον ἢ παρὰ τῷ Μαρκίῳ, ταχέως εἰς τὴν Ῥόδον ἀνεχώρησαν. Γινομένης δὲ τῆς ἀποπρεσβείας, καὶ τῆς τε διὰ τῶν λόγων φιλανθρωπίας, καὶ τῆς διὰ τῶν ἀποκρίσεων εὐνοίας, ἑκατέρων τῶν στρατηγῶν ἐφαμίλλου γινομένης, ὀρθοὶ καὶ μετέωροι ταῖς διανοίαις ἐγενήθησαν οἱ Ῥόδιοι· οὐ μὴν πάντες ὡσαύτως. Οἱ μὲν γὰρ ὑγιαίνοντες, περιχαρεῖς ἦσαν ἐπὶ τῇ φιλανθρωπίᾳ τῶν Ῥωμαίων· οἱ δὲ κινηταὶ καὶ καχέκται συνελογίζοντο παρ᾽ αὐτοῖς, σημεῖον εἶναι τὴν ὑπερβολὴν τῆς φιλανθρωπίας, τοῦ δεδιέναι τὴν περίστασιν τοὺς Ῥωμαίους, καὶ μὴ χωρεῖν αὐτοῖς τὰ πράγματα κατὰ λόγον. Ὅτε δὲ καὶ τὸν Ἀγησίπολιν συνέβη διαφθέγξασθαι πρός τινας τῶν φίλων, ὅτι παρὰ τοῦ Μαρκίου κατ᾽ ἰδίαν ἐντολὰς εἴληφε, μνημονεύειν πρὸς τὴν βουλὴν ὑπὲρ τοῦ διαλύειν τὸν πόλεμον· τότε δὴ τελέως οἱ περὶ τὸν Δείνωνα, συνέθεντο ἐν κακοῖς μεγάλοις εἶναι τοὺς Ῥωμαίους. ἀπέστειλαν δὲ καὶ πρεσβευτὰς εἰς τὴν Ἀλεξάνδρειαν, τοὺς διαλύσοντας τὸν ἐνεστῶτα πόλεμον, Ἀντιόχῳ καὶ Πτολεμαίῳ.

ΠΑ.

Πῶς Ἀντίοχος παραλαβὼν τὰ κατὰ Αἴγυπτον ἐχρήσατο τοῖς πράγμασι.

Πρεσβεῖαι διάφοροι παρ' Ἑλλήνων πρὸς τὸν Πτολεμαῖον, ἃς ἐν Αἰγύπτῳ κατέλαβεν ὁ Ἀντίοχος.

ΟΤΙ μετὰ τὸ παραλαβεῖν Ἀντίοχον τὰ κατὰ τὴν Αἴγυπτον, ἔδοξε τοῖς περὶ τὸν Κομανὸν καὶ Κινέαν συνεδρεύουσι μετὰ τοῦ βασιλέως, κοινοβούλιον καταγράφειν ἐκ τῶν ἐπιφανεστάτων ἡγεμόνων, τὸ βουλευσόμενον περὶ τῶν ἐνεστώτων. πρῶτον οὖν ἔδοξε τῷ συνεδρίῳ τοὺς ἀπὸ τῆς Ἑλλάδος παρεπιδημήσαντας πέμπειν πρεσβευτὰς ὡς τὸν Ἀντίοχον, κοινολογησομένους ὑπὲρ διαλύσεως. Ἦσαν δὲ τότε παρὰ μὲν τοῦ κοινοῦ τῶν Ἀχαιῶν πρεσβεῖαι διτταί· μία μὲν ὑπὲρ τῆς τῶν φιλανθρώπων ἀνανεώσεως, ἧς ἐπρέσβευον Ἀλκίθος Ξενοφῶντος, Αἰγιεύς, καὶ Παπάδας· ἄλλη δὲ περὶ τοῦ τῶν ἀνταγωνιστῶν ἀγῶνος. ἦν δὲ καὶ παρὰ Ἀθηναίων πρεσβεία περὶ δωρεᾶς, ἧς ἡγεῖτο Δημάρατος

natu Rhodiorum de componenda pace inter Reges mentionem faceret: tum enimvero nihil dubitare Dino, quin pessimo loco res Romanorum essent. ergo etiam legati Alexandriam, ad dirimendum bellum quod inter Antiochum & Ptolemæum erat conflatum, mittuntur.

LXXXI.

Quomodo Antiochus occupata Ægypto in rebus ordinandis se gesserit.

Legationes diversæ Græcorum in Ægypto repertæ ab Antiocho, quæ ad Ptolemæum fuerant missæ.

POSTEAQUAM Ægyptus ab Antiocho fuit occupata, Comano & Cinea de summa rerum cum Rege consultantibus, visum est faciendum; ut concilium ex illustrissimis quibusque ducibus conscriberetur, de cujus sententia omnia deinceps gererentur. Ei concilio ante omnia placuit, ut advenæ Græci qui forte ibi reperiebantur, legati ad Antiochum proficiscerentur, de pace cum eo acturi. Erant tunc eo loci legationes duæ ab Achæorum gente missæ: una ad renovandam cum Rege amicitiam: quæ mandata fuerat Alcitho Xenophontis filio, Ægiensi, & Pasiadæ: altera de antagonistarum agone. Erat & missa ab Atheniensibus de donatione quadam legatio, cujus princeps Demaratus. item sacræ legationes ab iis-

ab iisdem duæ: una de festo Panathenæorum: cujus caput fuit Callias quinquertio. altera de mysteriis, quam obibat Cleostratus, qui super eo ad Regem orationem habuit. Mileto aderant Eudemus & Icesius: Clazomenis Apollonides & Apollonius. cum his legatos misit Rex etiam Tlepolemum & Ptolemæum rhetorem. hi igitur adverso flumine navigantes, obviam processerunt.

καὶ θεωρίαι δισσαί, μία μὲν ὑπὲρ τῶν Παναθηναίων, ἧς προειστήκει Καλλίας ὁ παγκρατιαστής· ἡ δ' ἄλλη περὶ μυστηρίων, ὑπὲρ ἧς Κλεόστρατος ἐποιεῖτο τὸν χρηματισμὸν καὶ τοὺς λόγους. ἐκ δὲ Μιλήτου παρῆσαν Εὔδημος, καὶ Ἱκέσιος· ἐκ δὲ Κλαζομενῶν Ἀπολλωνίδης, καὶ Ἀπολλώνιος. ἐξαπέστειλε δὲ καὶ ὁ βασιλεὺς Τληπόλεμον καὶ Πτολεμαῖον τὸν ῥήτορα πρεσβευτάς. οὗτοι μὲν οὖν ἔπλεον ἀνὰ τὸν ποταμὸν εἰς τὴν ἀπάντησιν.

LXXXII.

ΠΒ.

Colloquium Antiochi Ægypto occupata, & legatorum è Græcia missorum.

Iura Regum Syriæ, quibus probabant pertinere ad ipsos Cœlam Syriam.

Κοινολογία τῶν ἀπὸ τῆς Ἑλλάδος πρεσβευτῶν πρὸς τὸν Ἀντίοχον τὴν Αἴγυπτον κατασχόντα.

Τῶν ἐν Συρίᾳ βασιλέων δίκαια, δι' ὧν δεικνύουσι, ὅτι αὐτῶν ἐστὶν ἡ Κοίλη Συρία.

Quo tempore Ægyptus in potestatem Antiochi venit, convenerunt eodem Græci legati de pace ad ipsum missi. quos quum benigne suscepisset, primo die ad epulas magnifice structas invitavit: postridie verò sui conveniendi potestatem fecit, & mandata jussit expromere. Primi igitur omnium verba apud Regem fecerunt legati Achæorum; deinde Atheniensium, Demaratus. secundum hos Eudemus Milesius. Qui quum eodem tempore eademque de re omnes dissererent, eveniebat, ut rationes quas singuli afferebant per quam similes essent. Omnes enim Eulæi culpa

ΟΤΙ κατὰ τὸν καιρὸν, ὅτε Ἀντίοχος τὴν Αἴγυπτον παρέλαβε, συνῆψαν τῶν ἀπὸ τῆς Ἑλλάδος πρεσβευτῶν, οἱ πεμφθέντες ἐπὶ τὰς διαλύσεις· ἀποδεξάμενος δὲ τοὺς ἄνδρας φιλανθρώπως, τὴν μὲν πρώτην ὑποδοχὴν αὐτῶν ἐποιήσατο μεγαλομερῶς· κατὰ δὲ τὴν ἑξῆς ἔδωκεν ἔντευξιν, καὶ λέγειν ἐκέλευσε περὶ ὧν ἔχουσι τὰς ἐντολάς. Πρῶτοι μὲν οὖν οἱ παρὰ τῶν Ἀχαιῶν ἐποιήσαντο λόγους· τούτοις δ' ἑξῆς Δημάρατος ὁ παρὰ τῶν Ἀθηναίων· μετὰ δὲ τοῦτον Εὔδημος ὁ Μιλήσιος. Πάντων δὲ περὶ τὸν αὐτὸν καιρὸν καὶ τὴν αὐτὴν ὑπόθεσιν διειλεγμένων, παραπλησίους εἶναι συνέβαινε καὶ τοὺς κατὰ μέρος αὐτῶν λόγους. τὴν μὲν γὰρ αἰτίαν τῶν συμβεβηκότων πάντες ἀνέφερον ἐπὶ τοὺς περὶ τὸν Εὐλαῖον· τὴν δὲ συγγένειαν, καὶ τὴν ἡλικίαν τὴν τοῦ Πτολεμαίου προφερόμενοι, παρῃτοῦντο τὴν ὀργὴν τοῦ βασιλέως. Ἀντίοχος δὲ πᾶσι τούτοις ἀνθομολογησάμενος, καὶ προσαυξήσας τὴν ἐκείνων ὑπόθεσιν, ἤρξατο λέγειν ὑπὲρ τῶν ἐξ ἀρχῆς δικαίων, δι' ὧν ἐπειρᾶτο συνιςάνειν τὴν ἐν Συρίᾳ βασιλέων ὑπάρχουσαν κτῆσιν τῶν κατὰ Κοίλην Συρίαν τόπων. Ἰσχυροποιῶν μὲν τὰς ἐπικρατείας τὰς Ἀντιγόνου τοῦ πρώτου κατάρξαντος τῆς ἐν Συρίᾳ βασιλείας· προφερόμενος δὲ τὰ συγχωρήματα τὰ γενόμενα Σελεύκῳ διὰ τῶν ἀπὸ Μακεδονίας βασιλέων, μετὰ τὸν Ἀντιγόνου θάνατον· ἑξῆς δὲ τούτοις ἀπερειδόμενος ἐπὶ τὴν τελευταίαν κατὰ πόλεμον Ἀντιόχου τοῦ πατρὸς ἔκτησιν· ἐπὶ δὲ πᾶσιν ἐξαρνούμενος τὴν ὁμολογίαν, ἣν ἔφασαν οἱ κατὰ τὴν Ἀλεξάνδρειαν γενέσθαι Πτολεμαίῳ, τῷ νεωστὶ μετηλλαχότι πρὸς Ἀντίοχον τὸν ἐκείνου πατέρα· ὅτι δεῖ λαβεῖν αὐτὸν ἐν φερνῇ Κοίλην Συρίαν, ὅτ' ἐλάμβανε Κλεοπάτραν, τὴν τοῦ νῦν βασιλεύοντος μητέρα. Πρὸς ταύτην τὴν ὑπόθεσιν διαλεχθεὶς καὶ πείσας, οὐ μόνον αὐτὸν, ἀλλὰ καὶ τοὺς ἀπηντηκότας, ὡς δίκαια λέγει, τότε μὲν διέπλευσεν εἰς τὴν Ναύκρατιν· χρησάμενος δὲ καὶ τούτοις φιλανθρώπως, καὶ δοὺς ἑκάςῳ τῶν Ἑλλήνων τῶν κατοικούντων χρυσοῦν, προῆγεν ἐπὶ τῆς Ἀλεξανδρείας· τοῖς δὲ πρεσβευταῖς τὴν ἀπόκρισιν ὑπέσχετο δώσειν, ὅταν οἱ περὶ τὸν Ἀριςείδην καὶ Θῆριν ἀνακάμψωσιν ὡς αὐτόν· ἐξαπεςαλκέναι γὰρ ἐκείνους ἔφη πρὸς τὸν Πτολεμαῖον·

susceptum bellum dicere: dein cognationem atque ætatem Ptolemæi allegantes, Regis iram deprecari. Antiochus quum orationibus illorum esset assensus, atque ipse etiam plura in eandem sententiam disseruisset: justa sua commemorare cepit; magno studio probare contendens, pertinere ad Syriæ Reges Cœlæ Syriæ possessionem. Principio dicere, idque multis studiose confirmare, Antigonum primum à quo regnum Syriæ conditum, ea loca imperio suo tenuisse; proferre deinde in medium instrumenta concessionis post mortem Antigoni Seleuco à Macedonicis Regibus factæ: secundum ista, Antiochum patrem bello novissimo Cœlam Syriam recepisse, multumque eo jure niti. postremò negare verum esse de pactis quæ legati Alexandrini facta dicebant fuisse inter Ptolemæum nuper mortuum, & Antiochum hujus patrem: quibus pactis nomine dotis concedebatur Ptolemæo Cœle Syria, quando in uxorem duceret Cleopatram, ejus qui jam regnat matrem. In hanc sententiam Rex quum multa disseruisset, nec tantum sibi, sed etiam omnibus qui præsentes erant, caussam suam probavisset; Naucratim tunc quidem navibus petiit: atque eo etiam loco benigne appellatis tractatisque civibus, in Græcos vero qui ibi commorabantur, aureis singulis divisis, Alexandriam iter instituit: at legatis pollicitus est daturum se iis responsum, postquam Aristides & Theris essent reversi. hos namque à se ad Ptolemæum missos esse: velle enim

enim se, omnium consiliorum suorum conscios ac testes habere Græcos legatos.

βούλεσθαι δὲ πάντων συνίστορας εἶναι καὶ μάρτυρας τοὺς ἀπὸ τῆς Ἑλλάδος πρεσβευτάς.

LXXXIII.

ΠΓ.

Antiochus ex Ægypto Romam & legatos mittit & pecuniam.

Ἀντίοχος ἐξ Αἰγύπτου πρέσβεις καὶ ἀργύειον εἰς Ῥώμην πέμπει.

POSTEAQUAM Alexandriam oppugnare desiisset Antiochus, legatos Romam misit. hi autem erant Meleager, Sosiphanes, Heraclides; centum quinquaginta talenta pactus se daturum: quinquaginta ad coronam Romanis: reliquam summam, ut quibusdam Grecis civitatibus dividatur.

ΟΤΙ Ἀντίοχος μετὰ τὸ καταλιπεῖν Ἀλεξάνδρειαν πολιορκεῖν, πρεσβευτὰς εἰς τὴν Ῥώμην ἐξέπεμπεν. οὗτοι δ' ἦσαν, Μελέαγρος, Σωσιφάνης, Ἡρακλείδης, συνθεὶς ρʹ καὶ νʹ τάλαντα· πεντήκοντα μὲν στέφανον Ῥωμαίοις· τὰ δὲ λοιπὰ τῶν χρημάτων εἰς δωρεὰν τισὶ τῶν κατὰ τὴν Ἑλλάδα πόλεων.

LXXXIV.

ΠΔ.

Rhodiorum legatorum congressus cum Antiocho habitus dum erat in Ægypto.

Τῶν ἀπὸ Ῥόδου πρέσβεων ἔντευξις πρὸς Ἀντίοχον, ἐν Αἰγύπτῳ τότε ὄντα.

PER eosdem dies Rhodiorum legatio, cujus princeps erat Pratio ad componendam pacem missa, Alexandriam portum tenvit: eademque mox in castra ad Regem venit. Hi in colloquium Antiochi admissi, dum patriæ conjunctionem cum utroque regno commemorant, & mutua inter ambos Reges necessitudinis jura, quæque ad utrumque ex pace confecta reditura sint commoda, longam orationem sunt exorsi: at Rex dicentem legatum interpellans; longiore oratione ni-

ΟΤΙ κατὰ τὰς αὐτὰς ἡμέρας κατέπλευσαν ἐκ Ῥόδου πρέσβεις εἰς τὴν Ἀλεξάνδρειαν ἐπὶ τὰς διαλύσεις, οἱ περὶ Πρατίωνα· καὶ μετ' οὐ πολὺ παρῆσαν εἰς τὴν παρεμβολὴν πρὸς Ἀντίοχον. γενομένης δὲ τῆς ἐντεύξεως, πολλοὺς διετίθεντο λόγους, τήν τε τῆς ἰδίας πατρίδος εὔνοιαν προφερόμενοι πρὸς ἀμφοτέρας τὰς βασιλείας, καὶ τὴν αὐτῶν τῶν βασιλέων ἀναγκαιότητα πρὸς ἀλλήλους, καὶ τὸ συμφέρον ἑκατέροις ἐκ τῆς διαλύσεως· ὁ δὲ βασιλεὺς ἔτι λέγοντα τὸν πρεσβευτὴν ἐπιτιμῶν, οὐκ ἔφη προσδεῖσθαι πολλῶν λόγων· τὴν μὲν γὰρ βασιλείαν εἶναι Πτολεμαίου τοῦ πρεσβύτου· πρὸς δὲ τοῦτον καὶ διαλελύσθαι πάλαι, καὶ φίλον ὑπάρχειν· καὶ νῦν βουλομένων τῶν ἐν τῇ πόλει κατάγειν τοῦτον, μὴ κωλύειν Ἀντίοχον· καὶ δὴ πεποίηκεν.

hil opus esse ait: regnum enim ad Ptolemæum majorem pertinere: cum isto verò pacem dudum se fecisse, & amicum esse. atque adeo, inquit Antiochus, si ab exilio eum revocare cives voluerint, per se licere. & ita fecit.

ΠΕ.

Περσέως πρὸς τὸν κατὰ Ῥωμαίων πόλεμον παρασκευαί, καὶ διάφοροι πρεσβεῖαι πρὸς Γέντιον, Εὐμένη, Ἀντίοχον τοὺς βασιλέας, καὶ πρὸς τοὺς Ῥοδίους.

ΟΤΙ παραγενομένων περὶ τοῦ χειμῶνος τῶν περὶ τὸν Ἱππίαν, οὓς ἀπεστάλκει πρεσβευτὰς ὁ Περσεὺς πρὸς Γέντιον ὑπὲρ τῆς συμμαχίας, καὶ διασαφούντων, ὅτι πρόθυμος ὁ βασιλεύς ἐστιν ἀναδέχεσθαι τὸν πρὸς Ῥωμαίους πόλεμον, ἐὰν αὐτῷ δοθῇ τριακόσια τάλαντα καὶ πίστεις αἱ προσήκουσαι περὶ τῶν ὅλων· πυθόμενος ταῦτα καὶ κρίνων ἀναγκαίαν εἶναι τὴν Γεντίου κοινοπραγίαν, προεχειρίσατο Πάνταυχον ἕνα τῶν πρώτων φίλων, καὶ τοῦτον ἐξαπέστειλε, δοὺς ἐντολάς· πρῶτον μὲν ὁμολογῆσαι τὰ περὶ τῶν χρημάτων, ὅρκους καὶ δοῦναι καὶ λαβεῖν ὑπὲρ τῆς συμμαχίας· εἶτα τοὺς ὁμήρους ἐξαυτῆς κἀκεῖνον πέμπειν ὡς ἂν δοκῇ Πανταύχῳ, καὶ παρ' αὐτοῦ λαμβάνειν, οὓς ἂν ἀποφήνῃ Γέντιος διὰ τῶν ἐγγράπτων· πρὸς δὲ τούτοις διατάξασθαι περὶ τῆς κομιδῆς τῶν τριακοσίων ταλάντων.

LXXXV.

Persei apparatus ad bellum contra Romanos gerendum: item legationes variæ, ad Reges Gentium, Eumenem, Antiochum; & populum Rhodium.

QUUM ante hiemem rediisset Hippias quem societatis juvandæ caussa Perses ad Gentium miserat, atque is renuntiaret paratum Regem esse, bellum adversus Romanos suscipere, si trecenta sibi talenta numerarentur; & de summa re idonea ratione sibi caveretur: his Rex auditis, necessariam sibi esse judicans Gentii societatem, Pantauchum ex fidissimis amicis delectum, datis mandatis misit, qui primum quidem pecuniam daturum pactus, jusjurandum super societate præstaret atque exigeret: deinde ut obsides statim mitteret, prout Pantaucho videretur, & ab eo acciperet, quos Gentius in fœderis formula nominatim indicasset. ad hæc ut de transvectione illorum trecentorum talentorum, cum Gentio constitueret.

Pantau-

Pantauchus ſtatim profectus, ubi Medeonem Labeatidis venit, obvium ibi nactus Gentium, facile adoleſcenti perſuaſit, ut ſpes omnes ſuas cum Perſeo conjungeret. icto fœdere ſocietatis & conſcripto, extemplo Gentius, ſimul obſides miſit, quos Pantauchus ſcripſerat: ſimul Olympionem cum his, qui jusjurandum à Perſeo & obſides exigeret: itemque alios qui pecuniam tuto curarent. perſuaſit etiam Pantauchus Gentio, ut unà cum iis quos diximus, legatos mitteret qui iis comitati quos Perſeus erat miſſurus, Rhodum legationem obirent, de communi ſocietate acturi. Id ſi fieret, & belli ſocietatem inire ſecum Rhodii vellent, nullum plane futurum negotium Romanos vincere aſſerebat. Gentius hiſce omnibus poſtulatis annuit; Parmenionem & Morcum deligit, & cum iſtis mandatis mittit, ut poſtquam jusjurandum atque obſides à Perſeo accepiſſent, & de pecunia conveniſſet, Rhodum legationem ſuſciperent. Igitur hi omnes in Macedoniam ire: Pantauchus verò ad fodiendum Regi latus manere; qui juvenem aſſidue moneret urgeretque, ne in bello apparando ceſſaret, ſed compararet ſe, quò poſſet loca, urbes, ſocios hoſti præcipere. maxime autem illum hortabatur, ut ad navale bellum neceſſaria pararet. Nam quum Romani ab ea parte penitus eſſent imparati, ipſum in Epiri ora & Illyrici nullo

ὁ δὲ Πάνταυχος ἐξ αὐτῆς ποιησάμενος τὴν ὁρμήν, καὶ παραγενόμενος εἰς Μετέωνα τῆς Λιβιάδος· κἀνταῦθα συμμίξας τῷ Γεντίῳ, ταχέως παρεστήσατο τὸν νεανίσκον πρὸς τὸ κοινωνεῖν τῷ Περσεῖ τῶν αὐτοῦ ἐλπίδων. τμηθέντων δὲ τῶν ὁρκίων ὑπὲρ τῆς συμμαχίας καὶ καταγραφέντων, εὐθέως ὁ Γένθιος, ἅμα τοὺς ὁμήρους ἔπεμπε τοὺς ὑπὸ τοῦ Πανταύχου καταγραφέντας· καὶ σὺν τούτοις Ὀλυμπίωνα, παραληψόμενον τοὺς ὅρκους καὶ τοὺς ὁμήρους παρὰ τοῦ Περσέως· ἑτέρους δὲ τοὺς περὶ τῶν χρημάτων ἕξοντας τὴν ἐπιμέλειαν. σὺν δὲ τοῖς προειρημένοις, ἔπεισεν ὁ Πάνταυχος τὸν Γένθιον, καὶ πρεσβευτὰς συνεξαποστέλλειν. οἵτινες ἅμα τοῖς παρὰ τοῦ Περσέως πεμπομένοις εἰς τὴν Ῥόδον πρεσβεύσωσιν, ὑπὲρ τῆς κοινῆς συμμαχίας. τούτου γενομένου, καὶ συνεμβάντων τῶν Ῥοδίων εἰς τὸν πόλεμον, τελέως εὐκαταγωνίστους ἐσομένους ἀπέφαινε τοὺς Ῥωμαίους. ὁ δὲ πεισθεὶς τοῖς παρακαλουμένοις, καὶ προχειρισάμενος Παρμενίωνα καὶ Μόρκον ἐξαπέστειλε, δοὺς ἐντολάς, ὅταν λάβωσι τοὺς ὅρκους παρὰ τοῦ Περσέως, καὶ τοὺς ὁμήρους, καὶ περὶ τῶν χρημάτων γένηται σύμφωνον, πρεσβεύειν εἰς τὴν Ῥόδον. Οὗτοι μὲν οὖν πάντες προῆγον εἰς τὴν Μακεδονίαν. ὁ δὲ Πάνταυχος μένων παρὰ πλευράν, ὑπεμίμνησκε καὶ παρώξυνε τὸν νεανίσκον, πρὸς τὸ μὴ καθυστερεῖν ταῖς παρασκευαῖς· ἀλλ᾽ ἕτοιμον ὄντα προκαταλαμβάνειν καὶ τόπους καὶ πόλεις, καὶ συμμάχους· μάλιστα δ᾽ αὐτὸν ἠξίου παρασκευάζεσθαι πρὸς τὴν κατὰ θάλατταν μάχην. Τῶν γὰρ Ῥωμαίων εἰς τέλος ἀπαρασκεύων ὄντων πρὸς τοῦτο τὸ μέρος, κατά τε τοὺς περὶ τὴν Ἤπειρον καὶ τοὺς περὶ τὴν Ἰλλυρίδα τόπους, ἀκονητὶ πᾶν τὸ προτεθὲν ἐπιτελεσθήσεσθαι δι' αὐτοῦ, καὶ τῶν ὑπ' αὐτοῦ πεμπομένων. Ὁ μὲν οὖν Γένθιος τούτοις τοῖς λόγοις ἀναπειθόμενος, ἐγίνετο περί τε τὰς κατὰ γῆν, καὶ κατὰ θάλατταν παρασκευάς. ὁ δὲ Περσεὺς παραγινομένων εἰς τὴν Μακεδονίαν τῶν πρεσβευόντων παρὰ τοῦ Γενθίου, καὶ τῶν ὁμηρευόντων, ὁρμήσας ἀπὸ τῆς περὶ τὸν Ἐνιπέα ποταμὸν παρεμβολῆς μετὰ πάντων τῶν ἱππέων, ἀπήντα τοῖς προειρημένοις εἰς τὸ Δῖον· καὶ συμμίξας πρῶτον μὲν ἀπέδωκε τοὺς ὅρκους ὑπὲρ τῆς συμμαχίας, ἐνώπιον πάντων τῶν ἱππέων· πάνυ γὰρ ἐβούλετο σαφῶς εἰδέναι τοὺς Μακεδόνας, τὴν τοῦ Γενθίου κοινοπραγίαν· ἐλπίζων εὐθαρσεστέρους αὐτοὺς ὑπάρξειν, προσγενομένης ταύτης τῆς ῥοπῆς. ἔπειτα δὲ τοὺς ὁμήρους παρελάμβανε, καὶ παρεδίδου τοὺς ἑαυτοῦ τοῖς περὶ Ὀλυμπίωνα, ὧν ἦσαν ἐπιφανέστατοι, Λίμναιος ὁ Πολεμοκράτους, καὶ Βάλαυχος ὁ Πανταύχου. μετὰ δὲ ταῦτα, τοὺς μὲν ἐπὶ τὰ χρήματα παρόντας, εἰς Πέλλαν ἐξέπεμπεν, ὡς ἐκεῖ παραληψομένους. τοὺς δὲ πρεσβευτὰς τοὺς εἰς τὴν Ῥόδον, εἰς Θετταλονίκην πρὸς Μητρόδωρον, συντάξας ἑτοίμους εἶναι πρὸς τὸν πλοῦν· ἔπεισε δὲ καὶ τοὺς Ῥοδίους συμβαίνειν εἰς τὸν πόλεμον. Ταῦτα δὲ διοικήσας, Κρυφῶντα μὲν ἐξέπεμψε πρεσβευτὴν πρὸς Εὐμένη, καὶ πρότερον ἤδη ἀπεσταλμένον· Τηλέμναστον δὲ τὸν Κρῆτα, πρὸς τὸν Ἀντίοχον· μὴ παρορᾶν τὸν καιρὸν, μηδ' ὑπολαμβάνειν πρὸς αὐτὸν μόνον ἀνήκειν τὴν ὑπερηφανίαν, καὶ τὴν βαρύτητα τῶν Ῥωμαίων· σαφῶς δὲ γινώσκειν, ὡς ἐὰν μὴ καὶ νῦν αὐτὸς συνεπιλαμ-

labore quicquid destinasset, & per se & per alios quos eò mitteret, esse effecturum. Gentius igitur hujusmodi sermonibus perpulsus, terra marique necessaria bello comparabat. Perseus verò venientibus in Macedoniam legatis Gentii, & illis qui futuri erant obsides, ab iis castris, statim quæ ad Enipeum amnem habebat, cum omni equitatu profectus, ad Dium occurrit. Quò ubi conventum, ante omnia Perseus jusiurandum dedit, circumfuso agmine equitum: admodum enim volebat Rex, Macedones certo exploratam habere initam cum Gentio societatem: quod speraret, accessionem huius momenti ad rem bene gerendam animos illis adjecturam. Secundum hæc missos obsides suscepit, suosque vicissim Parmenioni tradidit. eorum nobilissimi erant, Limnæus Polemocratis filius, & Balauchus Pantauchi filius. deinde eos qui ad pecunias acccipiendas venerant, Pellam misit, ibi illam accepturos. Legati Rhodum ituri Thessalonicam ad Metrodorum missi, & ut parati essent ad navem conscendendam jussi. Hæc legatio Rhodiis persuasit, ut Perseo ad hoc bellum se conjungerent: qua re confecta, Cryphontem legatum ad Eumenem, qui jam antè parem legationem objerat, misit: Telemnastum Cretensem ad Antiochum; ne occasionem missam faceret, neve arbitraretur, ad unum se Romanorum superbiam & dura imperia spectare: quin potius pro certo haberet, ejusdem se quoque fortunæ periculum brevi facturum, nisi nunc ipsum

ipſum adiuvaret, maxime quidem concilianda pace: ſin minus, opem ferendo.

LXXXVI.

Legatio gemina populi Rhodij; una ad Romanos, ad dirimendum bellum contra Perſeum: altera ad Cretenſes, de amicitia & ſocietate.

QUUM fuiſſent indicta à Rhodiis comitia, vicit in iliis eorum ſententia, quibus placebat legatos de pace mitti. Ac Rhodiorum quidem diſſidentes animos, hoc modo ſicut dictum eſt, quum de more conciones ad populum habendi ageremus, decretum iſtud palàm fecit. quod eos plus poſſe manifeſtò arguit, qui Perſeo faverent, quàm eos qui patriæ ſaluti ac legibus conſultum vellent. Prytanes igitur legationes extemplo inſtituerunt, ad dirimendum bellum: Romam quidem Ageſipolim & Cleombrotum: ad Cos. verò & Perſeum Damonem, Nicoſtratum, Ageſilochum, & Telephum. Secundum hæc etiam reliqua convenienter iſtis adminiſtrarunt, tandemque peccata peccatis adeo cumularunt, ut excuſationi nullus relinqueretur locus. Protinus enim etiam in Cretam legatos miſerunt, ad renovandam cum univerſis Cretenſibus amicitiam: monendùmque ut temporum conditionem ac periculum imminens attenderent; & cum Rhodiorum populo conſentientes, eundem inimicum atque amicum

βάνηται, μάλιστα μὲν διαλύων τὸν πόλεμον· εἰ δὲ μή, βοηθῶν, ταχέως πεῖραν λήψεται τῆς αὐτῆς ἑαυτοῦ τύχης.

Π ϛ'.

Πρεσβεῖαι Ροδίων δισσαί· ἡ μὲν πρὸς Ρωμαίους, διαλύουσα τὸν πρὸς Περσέα πόλεμον· ἡ δὲ εἰς Κρήτην, περὶ φιλίας καὶ συμμαχίας.

ΟΤΙ προτεθείσης χειροτονίας τοῖς Ροδίοις, ἐνίκων οἷς ἤρεσκε πέμπειν τοὺς πρεσβευτὰς ὑπὲρ τῆς διαλύσεως· καὶ τὴν μὲν Ροδίων ἀντιπολιτείαν, τοῦτον τὸν τρόπον ὡς ἐν τῷ περὶ δημηγορίας τέθειται, διέκρινε τὸ διαβούλιον· ἐν ᾧ πλεῖον ἐφάνησαν ἰσχύοντες οἱ τὰ τοῦ Περσέως αἱρούμενοι, τῶν σώζειν σπουδαζόντων τὴν πατρίδα καὶ τοὺς νόμους. οἱ δὲ Πρυτάνεις παραχρῆμα πρεσβευτὰς κατέστησαν τοὺς διαλύσοντας τὸν πόλεμον· εἰς μὲν τὴν Ρώμην Ἀγησίπολιν καὶ Κλεόμβροτον· πρὸς δὲ τὸν στρατηγὸν καὶ Περσέα, Δάμωνα, καὶ Νικόστρατον, καὶ Ἀγησίλοχον, καὶ Τήλεφον. Τούτων δ' ἑξῆς τὸ συνεχὲς ἐξειργάζοντο, καὶ προσεπίθεσαν, ποιοῦντες ἀναπολόγητον τὴν ἁμαρτίαν. εὐθέως γὰρ εἰς τὴν Κρήτην ἔπεμπον πρεσβευτάς, τοὺς ἀνανεωσομένους πρὸς πάντας Κρῆτας τὰ ὑπάρχοντα φιλάνθρωπα, καὶ παρακαλέσοντας βλέπειν τοὺς καιροὺς καὶ τὴν περίστασιν, καὶ συμφρονεῖν τῷ δήμῳ, καὶ τὸν αὐτὸν ἐχθρὸν αἱρεῖσθαι καὶ φίλον· ὁμοίως δὲ καὶ κατ᾽ ἰδίαν πρὸς τὰς πόλεις ὑπὲρ τῶν αὐτῶν διαλεχθησομένους.

ΠΖ.

Ὅσα ἐπράχθη παρὰ Ῥοδίοις μετὰ τὴν παρουσίαν τῶν παρὰ Γεντίου πρεσβευτῶν.

ΟΤΙ τῶν περὶ τὸν Παρμενίωνα καὶ Μόρκον, καὶ τῶν παρὰ τοῦ Γεντίου, καὶ σὺν τούτοις τοῦ Μητροδώρου παραγινομένων εἰς τὴν Ῥόδον, καὶ συναχθείσης τῆς βουλῆς, παντάπασιν θορυβώδης ἦν ἡ ἐκκλησία· τῶν μὲν περὶ τὸν Δείνωνα φανερῶς ἤδη τολμώντων λέγειν τὰ τοῦ Περσέως· τῶν δὲ περὶ Θεαίτητον, καταπεπληγμένων τὰ συμβαίνοντα. καὶ γὰρ ἡ τῶν λέμβων παρουσία, καὶ τὸ πλῆθος τῶν ἀπολωλότων ἱππέων, καὶ ἡ τοῦ Γεντίου μετάθεσις, συνέτριβεν αὐτούς. Διὸ καὶ τὸ πέρας τῆς ἐκκλησίας ἀκόλουθον ἐγενήθη τοῖς προειρημένοις. ἔδοξε γὰρ τοῖς Ῥοδίοις ἀποκριθῆναι φιλανθρώπως ἀμφοτέροις τοῖς βασιλεῦσι, καὶ διασαφεῖν, ὅτι δέδοκται διαλύειν αὐτοῖς τὸν πόλεμον, καὶ παρακαλεῖν κἀκείνους εὐδιαλύτους ὑπάρχειν· ἐδέξαντο δὲ καὶ τοὺς πρεσβευτὰς ἐπὶ τὴν κοινὴν ἑστίαν τοὺς παρὰ τοῦ Γεντίου, μετὰ πολλῆς φιλανθρωπίας.

ΠΗ.

Παραδειγματισμὸς τῶν ἀπὸ Ῥόδου πρέσβεων ὑπὸ τῆς Ῥωμαίων συγκλήτου ἐπὶ μεγίστῃ αὐτῶν ἀλογίᾳ καὶ οἰήσει.

ducerent. missi item sunt ad singulas civitates, qui de iisdem rebus cum illis agerent.

LXXXVII.

Quæ Rhodi sunt gesta postquam eò advenerunt Gentii Regis legati.

POSTEAQUAM Parmenio & Morcus Gentii legati, & una cum his Metrodorus Persei, Rhodum pervenissent, convocato populo ad deliberandum, tumultuosa modis omnibus concio fuit: quum & Dinon jam favere palàm Perseo auderet: & Theætetum contrà, quæ acciderant terrerent. nam & lemborum adventus, & numerus ingens occisorum equitum, & Gentii transitus ad Persei partem, animos illi dejiciebant. Itaque exitum ea concio habuit convenientem iis quæ diximus. decretum enim à Rhodiis, benignum ambobus Regibus responsum dare: iisque significare, statuisse Rhodios bello finem imponere: ipsosque adeo monere, faciles se ad pacem ut præberent. suntque etiam Gentii legati in Prytaneo magna comitate ab iis excepti.

LXXXVIII.

Rhodiorum legati à Senatu Romano, pro commerita ejus populi noxa & levitate insigni, excipiuntur.

Quo

Quo tempore victus Perseus effugit, placuit Senatui legatos Rhodiorum, qui ad pacem cum Perseo faciendam venerant, in Curiam vocare: Fortuna velut de industria in scenam producente Rhodiorum stultitiam: si tamen Rhodiorum dicenda ea est, & non potius certorum hominum, qui Rhodi tunc multum præ cæteris poterant. Enimvero legati, quorum princeps Agesipolis, Senatum ingressi, missos se dixerunt ad dirimendum bellum: id enim consilii Rhodios, quia bellum diutius trahebatur, suscepisse; quod animadverterent, tum universis Græcis id bellum esse incommodum: tum ipsis quoque Romanis, propter magnitudinem impensarũ. nunc quando finitum bellum esset, ita ut semper optaverat Rhodii, gratulari se illis. Hæc ubi breviter dixisset Agesipolis, Curia excessit. Senatus ea occasione usus, quum publicare ad exemplum aliorum stultitiam Rhodiorum vellet, responsum edidit, cujus præcipua capita hæc erant: Existimare Senatum; Rhodios, neque propter utilitatem Græciæ, neque studio populi Rom. sed pro Perseo legationem eam misisse: nam si pro Græcis legatos mittere in animo habuissent, opportunius illud tempus fuisse, quando Perseus Græcorum agros atque urbes vastabat; toto ferme biennio in Thessalia castra habens. quòd igitur eo prætermisso tempore, nunc veniant & bellum dirimere conentur, postquam nostri exercitus in Macedoniam sint transgressi, & inclusus Perseus exiguam prorsus salutis spem habeat:

ΟΤΙ κατὰ τὸν καιρὸν ἐν ᾧ Περσεὺς ἡττηθεὶς ἀνεδίδρασκεν, ἔδοξε τῇ συγκλήτῳ τοὺς παρὰ τῶν Ροδίων πρεσβευτὰς παραγεγονότας ὑπὲρ τοῦ διαλύειν τὸν πρὸς Περσέα πόλεμον προσκαλέσασθαι· τῆς τύχης ὥσπερ ἐπίτηδες ἀναβιβαζούσης ἐπὶ σκηνὴν, τὴν τῶν Ροδίων ἄγνοιαν· εἰ χρὴ Ροδίων λέγειν, ἀλλὰ μὴ τῶν ἐπιπολασάντων ἀνθρώπων τότε κατὰ τὴν Ρόδον. οἱ δὲ περὶ τὸν Αγέπολιν εἰσπορευθέντες, ἐλθεῖν μὲν ἔφασαν διαλύσοντες τὸν πόλεμον· τὸν γὰρ δῆμον τῶν Ροδίων ἑλκομένου τοῦ πολέμου καὶ πλείω χρόνον, θεωροῦντα διότι τοῦτο μὲν τοῖς Ελλησιν ἀλυσιτελὲς, καὶ αὐτοῖς δὲ Ρωμαίοις, διὰ τὸ μέγεθος τῶν δαπανημάτων, ἐλθεῖν ἐπὶ ταύτην τὴν γνώμην· νῦν δὲ λελυμένου τοῦ πολέμου κατὰ τὴν τῶν Ροδίων βούλησιν, συγχαίρειν αὐτοῖς. Ταῦτα μὲν οἱ περὶ τὸν Αγέπολιν εἰπόντες, βραχέως ἐπανῆλθον. Η δὲ σύγκλητος χρωμένη τῷ καιρῷ, καὶ βουλομένη παραδειγματίσαι τοὺς Ροδίους, ἀπόκρισιν ἐξέβαλεν, ἧς ἦν τὰ συνέχοντα ταῦτα· διότι τὴν πρεσβείαν ταύτην, οὔτε τῶν Ελλήνων ἕνεκεν ὑπολαμβάνουσιν ἐσταλκέναι τοὺς Ροδίους, οὔθ' ἑαυτῶν, ἀλλὰ Περσέως· εἰ μὲν γὰρ τῶν Ελλήνων χάριν ἐπρέσβευον, ἐκεῖνον οἰκειότερον εἶναι τὸν καιρὸν, ὅτε ὁ Περσεὺς τὴν τῶν Ελλήνων χώραν ἐπόρθει καὶ τὰς πόλεις· στρατοπεδεύων μὲν ἐν Θετταλίᾳ, σχεδὸν ἐπὶ δύο ἐνιαυτούς.... τὸ δὲ παρέντας ἐκεῖνον τὸν καιρὸν, νῦν παρεῖναι σπουδάζοντας διαλύειν τὸν πόλεμον, ὅτε παρεμβεβληκότων τῶν ἡμετέρων στρατοπέδων εἰς Μακεδονίαν, συγκεκλεισμένος ὁ Περσεὺς, ὀλίγας παντάπασιν ἐλπίδας εἶχε τῆς σωτηρίας.

προφανὲς εἶναι τοῖς ὀρθῶς σκοπουμένοις, διότι τὰς πρεσβείας ἐξέπεμψαν, οὐ διαλύειν ἐθέλοντες τὸν πόλεμον, ἀλλ' ἐξελέσθαι τὸν Περσέα καὶ σῶσαι, καθ' ὅσον εἰσὶ δυνατοί. δι' ἃς αἰτίας οὔτ' εὐεργετεῖν, οὔτε φιλανθρώπως αὐτοῖς ἀποκρίνεσθαι κατὰ τὸ παρὸν ὀφείλειν ἔφασαν. Ταῦτα μὲν ἡ σύγκλητος ἐχρημάτισε τοῖς παρὰ τῶν Ῥοδίων πρεσβευταῖς.

ΠΘ.

Περὶ τῆς τῶν Αἰγύπτου βασιλέων βοήθειαν τοὺς Ἀχαιοὺς αἰτησάντων, καὶ ἰδίᾳ τόν τε Λυκόρταν καὶ τὸν Πολύβιον· καὶ περὶ τούτου διαβούλια τῶν Ἀχαιῶν καὶ πλείω.

ΟΤΙ κατὰ τὴν Πελοπόννησον ἔτι κατὰ χειμῶνα πρεσβείας παραγινομένης παρὰ τῶν βασιλέων ἀμφοτέρων Πτολεμαίου, καὶ Πτολεμαίου περὶ βοηθείας, ἐγενήθη διαβούλια καὶ πλείω, πολλὴν ἔχοντα φιλοτιμίαν· τοῖς μὲν γὰρ περὶ τὸν Καλλικράτην καὶ Διοφάνην, καὶ σὺν τούτοις Ὑπερβάτονον, οὐκ ἤρεσκε διδόναι βοήθειαν. τοῖς δὲ περὶ τὸν Ἀρχωνα, καὶ Λυκόρταν, καὶ Πολύβιον, ἤρεσκε τὸ διδόναι τοῖς βασιλεῦσι κατὰ τὴν ὑπάρχουσαν συμμαχίαν. ἤδη γὰρ συνέβαινε τότε τὸν νεώτερον Πτολεμαῖον ὑπὸ τῶν ὄχλων ἀναδεδεῖχθαι βασιλέα διὰ τὴν περίστασιν· τὸν δὲ πρεσβύτερον ἐκ τῆς Μέμφεως καταπεπορεῦσθαι, καὶ συμβασιλεύειν τἀδελφῷ. Καὶ δεόμενοι παντοδαπῆς ἐπικουρίας, ἐξαπέστελλον πρεσβευτὰς

perſpicuum eſſe recte judicantibus, Rhodios legationem miſiſſe non ad pacem faciendam, ſed ad Perſeum ex periculo, quod in ipſis foret, eripiendum. Propterea cenſere Patres, neque lautia aut aliud beneficium, neque ullum benignum reſponſum legatis dare ſe debere. Atque eo modo cum Rhodiorum legatis actum à Patribus.

LXXXIX.

Quomodo Ægypti Reges auxiliares copias ab Achæis petierint, & nominatim, Lycortam ac Polybium: deque ea re varia in variis conventibus Achæorum conſultationes.

QUUM ante exitum hiemis ab utroque Rege, Ptolemæo, inquam, & Ptolemæo, legatio de auxilio ferendo in Peloponneſum veniſſet: variè conſultatum eſt, & quidem acri multorum contentione: nam Callicrati quidem & Diophani & Hyperbatono qui ſe iſtis adjunxerat, opem ferri illis non placebat: Archoni verò, Lycortæ & Polybio, ex fœderis legibus auxilium mittendum videbatur. Jam enim eo tempore junior Ptolemæus propter conditionem rerum ac temporum à multitudine Rex fuerat renuntiatus: & unâ cum fratre major regnabat Memphi reverſus & regię reſtitutus. Ac quia omnis generis auxiliis indigebant, Eumenem &

Diony-

Dionyſodorum legatos ad gentem Achæorum miſerant: qui pedires mille, equites ducentos petehant: ducem autem auxiliarium omnium copiarum Lycortam, equitum verò Polybium. Iidem ad Sicyonium Theodoridam ſcripſerant, rogantes ut mercenarios milites conduceret, ad mille. Porrò viri illi quos nominavimus, ex rebus geſtis plurimis, de quibus antè diximus, Ægypti Regibus probe noti erant. Poſt adventum vero legatorum, quo tempore Achæorum conventus Corinthi agitabatur, quum illi veterem amicitiam quam multis argumentis invicem fuerant teſtati, renovaſſent, & afflictum Regum ſtatum ob oculos poſuiſſent, opem poſcentes; erat quidem parata multitudo non parte aliqua copiarum, ſed omnibus viribus, ſi opus eſſet, Regibus (ambo namque & diademate & regia poteſtate erant præditi;) ire ſuppetias. ſed huic ſententiæ adverſari Callicrates, & qui cum eo ſentiebant. dicebant enim, cùm in univerſum alienis negotiis eſſe abſtinendum Acheis; tum verò hoc potiſſimum tempore, quando ab omni alia cura liberi, Romanis operam navare debeant: nam tunc cum maxime opinio hominum erat, totis viribus brevi certatum iri: ut pote Q. Marcio Philippo in Macedonia hibernante: erantque vulgo omnes ſolliciti, ne Romanis defuiſſe, aut parum in tempore adfuiſſe viderentur. Heic Lycortas & Polybius ſuſcepto ſermone, dicere ſunt orſi, tum alia multa afferentes in medium, tum etiam, quod ſuperiore anno quum eſſet factum ab

Εὐμένη καὶ Διονυσόδωρον πρὸς Ἀχαιοὺς, αἰτοῦντες πεζοὺς μὲν χιλίους, ἱππεῖς δὲ διακοσίους· ἡγεμόνα δὲ τῆς ὅλης συμμαχίας Λυκόρταν, τῶν δ' ἱππέων Πολύβιον. Πρὸς δὲ Θεοδωρίδαν τὸν Σικυώνιον διεπέμψαντο παρακαλοῦντες αὐτὸν, συστήσασθαι ξενολόγιον χιλίων ἀνδρῶν. Συνέβαινε δὲ τοὺς μὲν βασιλεῖς τὴν ἐπὶ πλεῖον σύστασιν ἔχειν πρὸς τοὺς εἰρημένους ἄνδρας ἐκ τῶν πράξεων, ὧν εἰρήκαμεν. Τῶν δὲ πρεσβευτῶν παραγενομένων, τῆς συνόδου τῶν Ἀχαιῶν οὔσης ἐν Κορίνθῳ, καὶ τότε φιλάνθρωπα πρὸς τὴν βασιλείαν ἀνανεωσαμένων, ὄντα μεγάλα, καὶ τὴν περίστασιν τῶν βασιλέων ὑπὸ τὴν ὄψιν ἀγόντων, καὶ δεομένων σφίσι βοηθεῖν· τὸ μὲν πλῆθος τῶν Ἀχαιῶν ἕτοιμον ἦν, οὐ μέρει τινὶ, πανδημεὶ δὲ συγκινδυνεύειν, εἰ δέοιτο, τοῖς βασιλεῦσιν. ἀμφότεροι γὰρ εἶχον τό τε διάδημα καὶ τὴν ἐξουσίαν. οἱ δὲ περὶ τὸν Καλλικράτην ἀντέλεγον, φάσκοντες δεῖν καθόλου μὲν μὴ πραγματοκοπεῖν· ἐν δὲ τοῖς παροῦσι καιροῖς, μηδ' ὅλως· ἀλλ' ἀπερισπάστους ὑπάρχοντας, Ῥωμαίοις παρέχεσθαι χρείας· μάλιστα γὰρ ἦν τότε προσδόκιμος ὁ περὶ τῶν ὅλων κίνδυνος, ἅτε τοῦ Κοΐντου τοῦ Φιλίππου τὴν παραχειμασίαν ἐν τῇ Μακεδονίᾳ ποιουμένου. Τῶν δὲ πολλῶν εἰς ἀπορίαν ἐμπιπτόντων, μὴ δόξωσι Ῥωμαίων ἀστοχεῖν, μεταλαβόντες τοὺς λόγους οἱ περὶ τὸν Λυκόρταν καὶ Πολύβιον, ἐδίδασκον ἄλλα τε καὶ πλείω προφερόμενοι· καὶ διότι τῷ πρότερον ἔτει ψηφισαμένων τῶν Ἀχαιῶν, πανδημεὶ συστρα-

τεύειν

τάξειν τοῖς Ῥωμαίοις, καὶ πεμψάντων πρεσβευτὴν τὸν Πολύβιον, ὁ Κόιντος ἀποδεξάμενος τὴν προθυμίαν, ἀπεῖπε τοῦ μὴ χρείαν ἔχειν τῆς βοηθείας, ἐπεὶ κεκράτηκε τῆς εἰς Μακεδονίαν εἰσβολῆς· ἐξ ὧν ἀπεδείκνυντο σκηπτόμενοι οὗτοι τὴν Ῥωμαίων χρείαν, πρὸς τὸ διαλῦσαι τὸ βοηθεῖν. διὸ παρεκάλουν τοὺς Ἀχαιοὺς ὑποδεικνύοντες τὸ μέγεθος τῆς περιστάσεως, ἐν ᾗ συνέβαινε τότε τὴν βασιλείαν ὑπάρχειν, μὴ παριδεῖν τὸν καιρόν· ἀλλὰ μνημονεύοντας τῶν ὁμολογιῶν καὶ τῶν εὐεργεσιῶν, μάλιστα δὲ τῶν ὅρκων, ἐμπεδοῦν τὰς συνθήκας. Τῶν δὲ πολλῶν ἐπιφερομένων πάλιν, βοηθεῖν· τότε μὲν οἱ περὶ τὸν Καλλικράτην, ἐξέβαλον τὸ διαβούλιον, διασείσαντες τοὺς ἄρχοντας ὡς οὐκ οὔσης ἐξουσίας κατὰ τοὺς νόμους ἐν ἀγορᾷ βουλεύεσθαι περὶ βοηθείας. Μετὰ δέ τινα χρόνον συγκλήτου συναχθείσης εἰς τὴν τῶν Σικυωνίων πόλιν, ἐν ᾗ συνέβαινε μὴ μόνον συμπορεύεσθαι τὴν βουλήν, ἀλλὰ πάντας τοὺς ἀπὸ τριάκοντα ἐτῶν· καὶ λόγων γινομένων πλειόνων, καὶ μάλιστα τοῦ Πολυβίου διοριζομένου, πρῶτον μὲν περὶ τοῦ χρείαν μὴ ἔχειν τοὺς Ῥωμαίους τῆς βοηθείας, καὶ δοκοῦντος οὐκ εἰκῇ ταῦτα λέγειν (διὰ τὸ γεγονέναι τὴν παρελθοῦσαν * νύκτα ἐν τῇ Μακεδονίᾳ) παρὰ τῷ Φιλίππῳ· δεύτερον δὲ φάσκοντος, ἐὰν καὶ δέωνται Ῥωμαῖοι τῆς συμμαχίας, οὐ διὰ τοὺς διακοσίους ἱππεῖς καὶ χιλίους πεζοὺς τοὺς ἀποσταλησομένους εἰς Ἀλεξάνδρειαν, ἀδυνατήσειν τοὺς Ἀχαιοὺς βοηθεῖν Ῥωμαίοις· καλῶς γὰρ ποιοῦντας αὐτούς, καὶ τρεῖς ἄγειν καὶ τέτταρας μυριάδας ἀνδρῶν μαχίμων·

Achæis decretum de ferenda Romanis ope totis viribus gentis, missusque in eam rem esset Polybius; Marcius laudata eorum voluntate, auxilio sibi opus esse negarat, postquam semel superato saltu trangressus esset in Macedoniam. Sine caussa igitur Romanorum utilitatem prætexi ab iis, qui id agerent, ne auxilia Regibus mittantur. hortari ergo Acheos, quibus periculi magnitudinem, in quo regnum illud versabatur, ostendebant, ne occasionem prætermitterent: sed pactorum, & acceptorum beneficiorum, imprimis verò jurisjurandi memores, societatis leges servarent. Quum iterum multitudo acclamasset, opem ferendam; Callicrates deliberationem illam fregit, metu magistratibus injecto quasi leges potestatem ipsis non concederent, in ejusmodi conventu de auxiliis deliberandi. Paullo post verò concilio in urbem Sicyoniorum convocato, cui non magistratus solummodo intererant, verum etiam omnes annis triginta majores; postquam multi sermones habiti essent, & Polybius imprimis confirmasset, nullo Romanos auxilio habere opus; quod non temere dici ab illo videbatur; quia superiore anno cum Marcio Philippo Cos. in Macedonia fuerat: deinde adjecisset, si vel maxime auxiliis Acheorum indigeant Romani, propter equites ducentos, pedites mille, quos Alexandriam miserint, nihilo tamen difficilius Achæis futurum, auxilia eis submittere: nullo enim suo incommodo triginta, vel etiam quadraginta bellatorum millia ducturos:

movit

movit Polybii oratio multitudinis animos; eoque omnes inclinabant, ut Regibus subsidia mitterentur. Postridie verò ejus diei, quo die secundum leges oportebat, ut qui sententias dixerant decreta ad disceptandum proponerent: Lycortas hujusmodi decretum proposuit: Auxilium esse mittendum: Callicrates verò hujusmodi: Legatos oportere mitti ad pacem inter Reges & Antiochum faciendam. de quibus quum iterum disceptari cepisset, acri contentione res acta: sed in qua longe vincebat Lycortas: comparatione si quidem inter hæc regna instituta, magnum discrimen inveniebatur. Nam ad Syriacum quidem Antiochi quod attinet, vix ullum alicujus necessitudinis, quæ illi fuerit cum Græcis hominibus, argumentum afferri poterat; de prioribus temporibus loquor: nam ejus qui tum regnabat magnus & liberalis animus Græcis erat notus: at regni Ptolemaici tot & tanta in Achæos merita extiterant, ut nihil supra. Hoc vero argumentum Lycortas ita ut par erat verbis ornans, magnificam Regum illorum speciem hominum animis insinuabat: ipsa quippe comparatio res esse genere toto diversas arguebat. ut enim regum Alexandriæ beneficia percensere erat difficile: ita nullum omnino poterat inveniri ab Antiochi regno profectum, quo res Achæorum adjuvisset.

εὐδοκοῦντες τοῖς λεγομένοις ἔρεπον οἱ πολλοὶ πρὸς τὸ πέμπειν τὴν συμμαχίαν. τῇ δὲ δευτέρᾳ τῶν ἡμερῶν, ἐν ᾗ κατὰ τοὺς νόμους ἔδει τὰ ψηφίσματα προσφέρειν τοὺς βουλομένους· οἱ μὲν περὶ τὸν Λυκόρταν προσήνεγκαν, διότι δεῖ πέμπειν τὴν βοήθειαν· οἱ δὲ περὶ τὸν Καλλικράτην, διότι δεῖ πρεσβευτὰς ἐξαποστέλλειν τοὺς διαλύσοντας τοὺς βασιλεῖς πρὸς τὸν Ἀντίοχον. πάλιν δὲ τῶν διαβουλίων προτεθέντων, ἀγὼν ἐγίνετο νεανικός· πολύ γε μὴν ὑπερεῖχον οἱ περὶ τὸν Λυκόρταν· αἵ τε γὰρ βασιλεῖαι συγκρινόμεναι, μεγάλην εἶχον διαφοράν. ὑπὸ μὲν γὰρ τοῦ Ἀντιόχου, σπάνιον ἦν εὑρεῖν οἰκεῖόν τι γεγονὸς καθόλου πρὸς τοὺς Ἕλληνας, ἔν γε τοῖς ἀνώτερον χρόνοις· καὶ γὰρ ἡ τοῦ τότε βασιλεύοντος μεγαλοψυχία, δῆλος ἐγένετο τοῖς Ἕλλησιν· ὑπὸ δὲ τοῦ Πτολεμαίου, τοσαῦτα καὶ τηλικαῦτα τοῖς Ἀχαιοῖς ἐγεγόνει φιλάνθρωπα κατὰ τοὺς ἀνώτερον χρόνους, ὥστ' ἂν μηδενὶ πλεῖον. Ἃ διατιθέμενος ἀξίως ὁ Λυκόρτας, μεγάλην ἐποιεῖτο φαντασίαν· ἅτε τῆς παραθέσεως ὁλοσχερῆ τὴν διαφορὰν ἐχούσης. Καθ' ὅσον γὰρ οὐκ ἐξαριθμήσασθαι ῥᾴδιον ἦν, τὰς τῶν ἐν Ἀλεξανδρείᾳ βασιλέων εὐεργεσίας, κατὰ τοσοῦτον ἁπλῶς οὐδὲν ἦν εὑρεῖν φιλάνθρωπον, ἐκ τῆς Ἀντιόχου βασιλείας ἀπηντημένον εἰς πραγμάτων λόγον τοῖς Ἀχαιοῖς.

Ϟ.

XC.

Πρεσβεία Ῥωμαίων εἰς Αἴγυπτον.

ΟΤΙ ἡ σύγκλητος πυνθανομένη τὸν Ἀντίοχον, τῆς μὲν Αἰγύπτου κύριον γεγονέναι, τῆς δ' Ἀλεξανδρείας παρ' ὀλίγον· νομίζουσα πρὸς αὐτὴν τι διατείνειν τὴν αὔξησιν τοῦ προειρημένου βασιλέως, κατέστησε πρεσβευτὰς, τοὺς περὶ Γάιον Ποπίλλιον, τόν τε πόλεμον λύσοντας, καὶ καθόλου θεασομένους τὴν τῶν πραγμάτων διάθεσιν, ποῖα τίς ἐστιν. Καὶ τὰ μὲν κατὰ τὴν Ἰταλίαν ἐν τούτοις ἦν.

Romanorum legatio in Ægyptum missa.

QUUM intelligeret Senatus Antiochum cætera Ægypto occupata, inibi esse ut Alexandriam occuparet: ratus nonnihil ad se pertinere incrementa hujus Regis, legationem decrevit, cujus princeps Cajus Popillius, tum ad pacem faciendam; tum ad visendum quæ in universum rerum isthic facies esset. Ac in Italia quidem ista tum gerebantur.

ϞΑ.

XCI.

Καλλικράτους μηχανὴ πρὸς τὸ διαλύειν τῶν Ἀχαιῶν σπουδὴν τοῦ βοηθεῖν τοῖς ἐν Αἰγύπτῳ βασιλεῦσι· καὶ Πολυβίου ἐπὶ τούτῳ δυσαρέστησις.

ΟΤΙ ἕως μέν τινος οἱ περὶ τὸν Ἀνδρονίδαν καὶ Καλλικράτην ἐχρῶντο τοῖς ὑπὲρ τῆς διαλύσεως λόγοις· οὐδενὸς δὲ προσέχοντος αὐτοῖς, ἐπεισήγαγον μηχανήν. Παρῆν γὰρ ἐκ πορείας εἰς τὸ θέατρον γραμματηφόρος, φέρων ἐπιστολὴν παρὰ Κοΐντου Μαρκίου· δι' ἧς παρεκάλει τοὺς Ἀχαιοὺς, ἀκολουθοῦντας τῇ Ῥωμαίων προαιρέσει, πειρᾶσθαι διαλύειν τοὺς βασιλεῖς. Συνέβαινε γὰρ καὶ τὴν σύγκλητον ἀπεσταλκέναι πρεσβευτὰς τοὺς περὶ * Νεμέσιον, διαλύσοντας τοὺς βασιλεῖς. * ἦν

Callicratis commentum ad impediendū quominus Achai Regibus Ægypti auxilia mitterent, ut cupiebant: & ex ea re Polybii indignatio.

PERSTITERUNT aliquandiu Andronidas & Callicrates in suscepta sententia suadenda, de pace inter Reges facienda: sed quum ipsis nemo se adjungeret, astu adversarios aggrediuntur. Inductus est enim in theatrum rectâ ab itinere, tabellarius literas Q. Marcii afferens: quibus Achæos hortabatur, ut Romanorum voluntatem secuti, conciliare invicem Reges conarentur. Nam & Senatus legationem miserat, cujus princes erat * Nemesius ad pacificandum inter Reges. Hoc vero aliud nihil

nihil erat, nisi prætextus quidam. Titus enim quum eos conciliare non potuisset, re penitus infecta, Romam redierat. Tum Polybius respectu Marcii contradicere epistolæ nolens, publicarum rerum cura & administratione se abdicavit. atque ita evenit, ut auxiliorum quæ petebant spe Reges exciderent. Decretum igitur ab Achæis factum est, de mittendis legatis qui de pace agerent. ea legatio mandata est Archoni Ægiratæ, Arcesilao & Aristoni Megalopolitanis. Legati verò Ptolemæi spe auxiliorum amissa, epistolam Regum, quam paratam habebant, magistratibus tradiderunt; quibus petebant ab Achæis, ut ad bellum quod sustinebant, Lycortam & Polybium sibi mitterent.

γὰρ ἦν τὸ κατὰ τῆς ὑποθέσεως. Οἱ γὰρ περὶ τὸν Τίτον ἀδυνατήσαντες διαλύειν, ἀνακεχωρήκεσαν εἰς τὴν Ῥώμην ἄπρακτοι τελέως. Ἀλλ' οἱ περὶ τὸν Πολύβιον οὐ βουλόμενοι διὰ τὸν Μάρκιον πρὸς τὴν ἐπιστολὴν ἀντιλέγειν, ἀνεχώρησαν ἐκ τῶν πραγμάτων. καὶ τὰ μὲν κατὰ τὴν βοήθειαν, οὕτω διέπεσε τοῖς βασιλεῦσι. Τοῖς δ' Ἀχαιοῖς ἔδοξε πρεσβευτὰς ἀποστέλλειν τοὺς διαλύσοντας, καὶ κατεστάθησαν Ἄρχων Αἰγειράτης, Ἀρκεσίλαος καὶ Ἀρίστων, Μεγαλοπολῖται. Οἱ δὲ παρὰ τοῦ Πτολεμαίου πρεσβευταὶ διαψευσθέντες τῆς συμμαχίας, ἀνέδωκαν τοῖς ἄρχουσιν ἑτοίμους ἔχοντες ἐπιστολὰς παρὰ τῶν βασιλέων, δι' ὧν ἠξίουν τοὺς Ἀχαιοὺς ἐκπέμπειν Λυκόρταν καὶ Πολύβιον, ἐπὶ τὸν ἐνεστῶτα πόλεμον.

XCII.

ϞΒ.

C. Popillii legati P. R. celeberrima ad Regem Antiochum legatio in Ægyptum.

Ejusdem in Cyprum adventus, & res ibi gestæ.

Ἡ πολυθρύλλητος Ποπιλλίου τοῦ Ῥωμαίων στρατηγοῦ ὡς τὸν βασιλέα Ἀντίοχον πρεσβεία.

Τοῦ αὐτοῦ εἰς Κύπρον ἄφιξις, καὶ αἱ ἐκεῖ πράξεις.

Quum Antiochus ad Ptolemæum Ægypti Regem occupandi Pelusii gratia venisset, Popillius dux Romanus procul salutanti Regi & dexteram porrigenti, tabellas quas manibus tenebat, Senatusconsultum continentes tradit: atque omnium primum id legere jubet. noluit enim, ut equidem arbitror, amicitiæ tesseram prius dare,

Ὅτι τοῦ Ἀντιόχου πρὸς Πτολεμαῖον ἕνεκεν τοῦ τὸ Πηλούσιον κατασχεῖν ἀφικομένου, ὁ Ποπίλλιος ὁ τῶν Ῥωμαίων στρατηγὸς, τοῦ βασιλέως πόρρωθεν ἀσπαζομένου διὰ τῆς φωνῆς, καὶ τὴν δεξιὰν προτείνοντος, πρόχειρον ἔχων τὸ δελτάριον, ἐν ᾧ τὸ τῆς συγκλήτου δόγμα κατεγέγραπτο, προὔτεινεν αὐτῷ, καὶ τοῦτ' ἐκέλευσε πρῶτον ἀναγνῶναι τὸν Ἀντίοχον. ὡς μὲν ἐμοὶ δοκεῖ, πρότερον ἀπἀξιῶν τὸ τῆς φιλίας σύνθημα ποιεῖν, πρὶν ἢ τὴν προαίρεσιν ἐπιγνῶναι τοῦ δεξιουμένου· πότερα φίλιος ἢ πολέμιός ἐστιν. Ἐπεὶ δ᾽ ὁ βασιλεὺς ἀναγνοὺς, ἔφη βούλεσθαι μεταδοῦναι τοῖς φίλοις ὑπὲρ τῶν προσπεπτωκότων· ἀκούσας ὁ Ποπίλλιος, ἐποίησε πρᾶγμα, βαρὺ μὲν δοκοῦν εἶναι, καὶ τελέως ὑπερήφανον. ἔχων γὰρ πρόχειρον ἀμπελίνην βακτηρίαν, περιέγραψε τῷ κλήματι τὸν Ἀντίοχον· ἐν τούτῳ τε τῷ γύρῳ τὴν ἀπόφασιν ἐκέλευε δοῦναι περὶ τῶν γεγραμμένων. ὁ δὲ βασιλεὺς ξενισθεὶς τὸ γινόμενον καὶ τὴν ὑπεροχὴν, βραχὺν χρόνον ἐναπορήσας, ἔφη ποιήσειν πᾶν τὸ παρακαλούμενον ὑπὸ Ῥωμαίων· οἱ δὲ περὶ τὸν Ποπίλλιον, τότε τὴν δεξιὰν αὐτοῦ λαμβάνοντες ἅμα πάντες, ἠσπάζοντο φιλοφρόνως. ἦν δὲ τὰ γεγραμμένα, λύειν ἐξαυτῆς τὸν πρὸς Πτολεμαῖον πόλεμον. διὸ καὶ δοθεισῶν αὐτῷ ῥητῶν ἡμερῶν, οὗτος μὲν ἀπήγετο τὰς δυνάμεις εἰς τὴν Ἀγρίαν βαρυνόμενος, καὶ στένων· εἴκων δὲ τοῖς καιροῖς κατὰ τὸ παρόν· οἱ δὲ περὶ τὸν Ποπίλλιον καταστησάμενοι τὰ κατὰ τὴν Ἀλεξάνδρειαν, καὶ παρακαλέσαντες τοὺς βασιλεῖς ὁμονοεῖν, ἅμα δὲ προστάξαντες αὐτοῖς Πολυάρατον ἀναπέμπειν εἰς Ῥώμην, ἀνέπλευσαν ἐπὶ τὴν Κύπρον· βουλόμενοι καὶ τὰς ἐκεῖ ὑπαρχούσας δυνάμεις ἐκβαλεῖν ἐκ τῆς νήσου κατὰ σπουδήν. Ἀφικόμενοι δὲ καὶ καταλαβόντες ἡττημένους μάχῃ τοὺς τοῦ Πτολεμαίου στρατηγοὺς, καὶ καθόλου φερόμενα ..... τὰ κατὰ τὴν Κύπρον, ταχέως ἀνέστησαν τὸ στρατόπεδον ἐκ τῆς χώρας, καὶ παρήδρευσαν, ἕως ἀπέπλευσαν αἱ δυνάμεις ἐπὶ Συρίας. Καὶ Ῥωμαῖοι μὲν ὅσον οὔπω καταπι-

quàm voluntate ſalutantis cognita; utrum amicus an boſtis eſſet perſpectum haberet. perlectis tabellis, quum velle ſe, adhibitis amicis, de præſenti negotio deliberare, Antiochus dixiſſet: eo audito, Popillius rem fecit in ſpeciem aſperam, & omnino ſuperbam. Erat forte illi in manibus pro geſtamine vitis; hac ille vite Regem circunſcripſit; ac prius quàm circulo deſcripto excederet, tabellis eum reſpondere juſſit. Obſtupefactus Rex iſto adeo inſolito atque imperioſo facto, ubi parumper hæſitaſſet; Faciam, ait, quicquid populus Romanus jubet: tum demum Popillius & qui cum eo erant, Regis dextram omnes prehendere, & comiter ipſum ſalutare. Ejus Senatusconſulti mens erat: ut extemplo bellum adverſus Ptolemæum finiret. itaque paucorum dierum ac numero certo definitorum ſpatio conceſſo, Antiochus copias Agriam ſuas, gravate ille quidem ac gemens, ſed tamen abduxit, in præſentia tempori cedendum ratus. Popillius rebus Alexandriæ compoſitis, & ad concordiam Reges hortatus, ut Polyaratum Romam mitterent, juſſit. Quibus rebus hoc modo peractis, mox Cyprum navigat; idque ea fine & conſilio, ut quantocyus Antiochi copias quæ ibi erant ex inſula dimitteret. Ibi quum devictos Ptolemæi duces inveniſſet, atque omnino res Cypri malo poſitas loco adveniens offendiſſet; caſtris confeſtim motis, in propinquo tantiſper conſedit, donec in Syriam is exercitus abiiſſet. Hoc pacto Romani regnum Ptolemæi, quod

quod tantum non labefactatum jam erat, conservarunt. Ita namque Fortuna res Persei ac Macedonum pro arbitrio suo administravit: ut Alexandriam atque universam Ægyptum, quæ ad extremum periculi venerant, id potissimum erexerit ac restituerit; quod cum Perseo debellatum prius fuerit. Nam hoc nisi accidisset, neque de ea re constitisset, nunquam, opinor, esset adductus Antiochus, ut imperata faceret.

Finis trigesimi libri Historiarum.

XCIII.

Quomodo Attalus Regis Eumenis frater, Romam quum venisset, comitate Romanorum inflatus, & spe elatus lautioris fortunæ, propemodum fuit impulsus ad conturbandum statum & universum regnum Regum Pergamenorum: nisi ab inconsulto consilio eum Stratius medicus revocasset.

Quomodo Rhodiorum legati iram populi Rom. fuerint deprecati, ac tandem impetrarint, ne durissima sententia adversus ipsorum urbem pronuntiaretur.

Astymedem legatum Rhodium reprehendit Polybius, quod defensionem patriæ suæ ita instituisset, ut cum crimi-

πονηρευομένην τοῦ Πτολεμαίου βασιλείαν, τούτῳ τῷ τρόπῳ διέσωσαν· τῆς τύχης οὕτω βραβευούσης τὰ κατὰ τὸν Περσέα πράγματα καὶ τοὺς Μακεδόνας· ὥστε καὶ πρὸς τὸν ἔσχατον καιρὸν ἐλθόντα τὰ κατὰ τὴν Ἀλεξάνδρειαν, καὶ τὴν ὅλην Αἴγυπτον, παρὰ τοῦτο πάλιν ὀρθωθῆναι, παρὰ τὸ φθάσαι κριθέντα τὰ κατὰ τὸν Περσέα πράγματα. Μὴ γὰρ γινομένου τούτου καὶ πιστευθέντος, οὐκ ἄν μοι δοκεῖ, πειθαρχῆσαι τοῖς ἐπιταττομένοις Ἀντίοχον.

Τέλος τοῦ τριακοστοῦ λόγου.

ϞΓ.

Πῶς Ἄτταλος ὁ τοῦ βασιλέως Εὐμένους ἀδελφὸς εἰς Ῥώμην ἀφικόμενος ταῖς τῶν Ῥωμαίων φιλανθρωπίαις κουφωθεὶς, καὶ μετέωρος ταῖς ἐλπίσι γενόμενος, παρ' ὀλίγον ἦλθε τοῦ λυμήνασθαι τὰ σφέτερα πράγματα, καὶ τὴν ὅλην βασιλείαν· εἰ μὴ Στράτιος ὁ ἰατρὸς ἀνεκάλεσεν αὐτὸν ἀπὸ τῆς ἀλόγου φορᾶς.

Πῶς οἱ τῶν Ῥοδίων πρέσβεις τὴν ὀργὴν τῶν Ῥωμαίων παρῃτήσαντο, καὶ τέλος ἐξενίκησαν μηδὲν αὐτοὺς ἀνήκεστον βουλεύσασθαι περὶ τῆς σφετέρας πόλεως.

Ἀστυμήδους τοῦ Ῥοδίου πρεσβευτοῦ ἐξευτελισμός, ὅτι συνεστήσατο τὴν τῆς πατρίδος δικαιολογίαν ἐκ τῶν ἄλλων Ἑλλήνων κατηγορίας.

Τὰ κατὰ τὸν καιρὸν τοῦτον τοῖς Ῥοδίοις συμβάντα, καὶ ὑπ' αὐτῶν πραχθέντα.

ΟΤΙ κατὰ τὸν καιρὸν τοῦτον ἦλθε παρὰ τοῦ βασιλέως Εὐμένους, ἀδελφὸς Ἄτταλος, ἔχων μὲν πρόφασιν, εἰ καὶ μὴ τὸ κατὰ τοὺς Γαλάτας ἐγεγόνει σύμπτωμα περὶ τὴν βασιλείαν, ὅλως ἐλθεῖν εἰς τὴν Ῥώμην, ἕνεκεν τοῦ συγχαρῆναι τῇ συγκλήτῳ, καὶ τυχεῖν τινὸς ἐπισημασίας, διὰ τὸ συμπεπολεμηκέναι, καὶ πάντων εὐθύμως σφίσι μετεσχηκέναι τῶν κινδύνων· τότε δὲ καὶ διὰ τὴν Γαλατικὴν περίστασιν ἠναγκασμένος, ἧκεν εἰς τὴν Ῥώμην. Πάντων δὲ φιλοφρόνως αὐτὸν ἀποδεχομένων, διά τε τὴν ἐν τῇ στρατείᾳ γεγενημένην συνήθειαν, καὶ διὰ τὸ δοκεῖν εὔνουν αὐτοῖς ὑπάρχειν, καὶ γινομένης τῆς ἀπαντήσεως ὑπὲρ τὴν προσδοκίαν· μετέωρος ἐγενήθη ταῖς ἐλπίσιν, οὐκ εἰδὼς τὴν ἀληθινὴν αἰτίαν τῆς ἀποδοχῆς. Διὸ καὶ παρ' ὀλίγον ἦλθε τοῦ λυμήνασθαι τὰ σφέτερα πράγματα, καὶ τὴν ὅλην βασιλείαν. Τῶν γὰρ πλείστων Ῥωμαίων ἀπηλλοτριωμένων τῆς τοῦ βασιλέως Εὐμένους εὐνοίας, καὶ πεπεισμένων αὐτὸν πλάγιον ἐν τῷ πολέμῳ γεγονέναι, λαλοῦντα τῷ Περσεῖ, καὶ τοῖς καιροῖς ἐφεδρεύοντα τοῖς κατ' αὐτῶν· ἔνιοι τῶν ἐπιφανῶν ἀνδρῶν λαμβάνοντες εἰς τὰς χεῖρας τὸν Ἄτταλον παρεκάλουν·

natione omnium Græcorum eßet conjuncta.

Casus varii qui per illa tempora Rhodiis acciderunt, & res ab iis gestæ.

PER idem tempus venit Romam à fratre Eumene Rege missus Attalus: qui, ut illa clades non accidisset quam regno intulerant Galli; omnino tamen Romam veniendi caussam habebat; quo nempe Senatui gratularetur; & ut, quoniam eo bello Romanos adjuverat, & ad omnia pericula hilarem se ac promptum præbuerat socium, quàm gratum id officium Patribus esset, aliquo favoris & benevolentiæ testimonio experiretur: tum verò propter Gallicum tumultum, etiam necessario Romam venerat. Quum autem benigne omnes illum exciperent, partim ob præcedentem consuetudinem, quòd simul eo bello militaverant; partim quia amicum sibi illum esse credebant: quumque majore quàm sperasset ipse comitatu, obviam ei esset processum: inflari vana spe cepit, veræ caussæ ignarus, cujus gratia adeo benigne fuisset exceptus. Itaque nihil propius factum, quàm ut omnia ejus regni perturbaret, ipsumque adeo regnum everteret. Nam quum plerorumque è Romanis alienati animi ab Eumene essent, atque eum obliquè in hoc bello se gessisse crederent; colloquia cum Perseo habentem, & temporibus Romanorum imminentem: quidam è principibus seducere ad familiaria colloquia Attalum, atque

atque hortari instituerunt, ut quam pro fratre susceperat legationem poneret, ac pro se loqueretur. Senatum enim à fratre ejus alienatum, proprium ipsi dominatum ac potentiam velle conciliare. Ex quo fiebat, ut Attalo erigerentur animi, & ut in privatis colloquiis locum daret hujuscemodi hortatibus. eò denique progressus est, ut nonnullis è proceribus reciperet, in Curiam se venturum, ut de ea re verba apud Patres faceret. Hæc dum animo volueret Attalus, præsagiens animo Rex Eumenes quod futurum erat, Romam post fratrem mittit Stratium, medicum, magnæ apud se fidei atque auctoritatis virum. Huic re communicata dat in mandatis, industriam omnem suam ut in eo poneret, ne Attalus eorum sequeretur consilia, qui ipsorum regnum perditum cupiebant. Is Romam ut venit, multos ac varios cum Attalo sermones arcanò habuit: & erat Stratius vir prudentiæ cujusdam singularis, & ad persuadendum efficax: atque ille quidem ægre, sed tamen fecit quod destinaverat, & Attalum ab illo parum sano impetu revocavit. Posuerat enim ei ob oculos, & jam in præsentia regnare ipsum, non minus quàm fratrem; à quo hoc dumtaxat differat, quod præcipuum capitis insigne non gerat, neque Rex audiat: cætera par atque idem & ipsi quoque esse imperium. in posterum regni non dubium successorem ipsum relinqui: neque verò eam spem abesse longe: quum propter infirmitatem corporis in dies, atque in horas, vitæ

τὴν μὲν ὑπὲρ τἀδελφοῦ πρεσβείαν ἀποθέσθαι, περὶ δὲ αὑτοῦ ποιεῖσθαι τοὺς λόγους· βούλεσθαι γὰρ αὐτῷ τὴν σύγκλητον συγκατασκευάζειν ἰδίαν ἀρχὴν καὶ δυναστείαν, διὰ τὴν ἀλλοτριότητα τὴν πρὸς τὸν ἀδελφόν. ἐφ' οἷς συνέβαινε τὸν Ἄτταλον ἐπὶ πολὺ μετεωρίζεσθαι, καὶ συγκαταινεῖν ἐν ταῖς κατ' ἰδίαν ὁμιλίαις τοῖς εἰς τοῦτο τὸ μέρος αὐτὸν παρορμῶσι. τέλος δὲ πρὸς ἐνίους τῶν ἀξιολόγων ἀνδρῶν συνέθετο, παρελθὼν εἰς τὴν σύγκλητον ποιήσεσθαι τοὺς περὶ τούτων λόγους. Τοιαύτης δ' οὔσης τῆς διαθέσεως περὶ τὸν Ἄτταλον, ὑποπτευσάμενος ὁ βασιλεὺς τὸ μέλλον, ἐπιπέμπει Στράτιον τὸν ἰατρὸν εἰς τὴν Ῥώμην, ὃς μεγίστην παρ' αὐτῷ πίστιν εἶχε, τὰ μὲν ὑποδείξας, τὰ δὲ ἐντειλάμενος, πᾶσαν ὑπενέγκασθαι μηχανὴν, πρὸς τὸ μὴ κατακολουθῆσαι τὸν Ἄτταλον τοῖς βουλομένοις λυμήνασθαι τὴν βασιλείαν αὐτῶν. Ὁ δὲ παραγενόμενος εἰς τὴν Ῥώμην, καὶ λαβὼν εἰς τὰς χεῖρας τὸν Ἄτταλον, πολλοὺς μὲν καὶ ποικίλους διέθετο λόγους· καὶ ἦν ὁ ἄνθρωπος ἔχων τι νουνεχὲς καὶ πειστικόν· μόγις δὲ καθίκετο τῆς προθέσεως, καὶ μετεκάλεσε τὸν Ἄτταλον ἀπὸ τῆς ἀλόγου φορᾶς, θεὶς ὑπὸ τὴν ὄψιν, ὅτι κατὰ μὲν τὸ παρὸν συμβασιλεύει τἀδελφῷ, τούτῳ διαφέρων ἐκείνου, τῷ μὴ διάδημα περιτίθεσθαι, μηδὲ χρηματίζειν βασιλεύς· τὴν δὲ λοιπὴν ἴσην καὶ τὴν αὐτὴν ἔχειν ἐξουσίαν. εἰς δὲ τὸ μέλλον ὁμολογουμένως καταλείπεται διάδοχος τῆς ἀρχῆς· οὐ μακρὰν ταύτης ἐλπίδος ὑπαρχούσης, ἅτε τοῦ βασιλέως διὰ μὲν τὴν σωματικὴν ἀσθένειαν, ἀεὶ προσδοκῶντος τὸ ἐκ τοῦ βίου μετάστασιν· διὰ δὲ τὴν ἀπαιδίαν, οὐδ' εἰ βουληθείη, δυναμένου τὴν ἀρχὴν ἄλλῳ καταλιπεῖν. οὐδέπω γὰρ ἀναδεδειγμένος ἐτύγχανε κατὰ φύσιν υἱὸς ὢν αὐτῷ, ὁ μετὰ ταῦτα διαδεξάμενος τὴν ἀρχήν. τὸ δὲ συνέχον, θαυμάζειν ἔφη πόσα βλάπτει τοὺς ἐνεστῶτας καιρούς. μεγάλην γὰρ εἰδέναι πᾶσι τοῖς θεοῖς χάριν, εἰ συμπνεύσαντες καὶ μιᾷ γνώμῃ χρώμενοι, δύναιντο τὸν ἀπὸ Γαλατῶν φόβον ἀπώσασθαι, καὶ τὸν ἀπὸ τούτων ἐφεστῶτα κίνδυνον· εἰ δὲ νῦν εἰς στάσιν καὶ διαφορὰν ἥξει πρὸς τὸν ἀδελφόν, πρόδηλον εἶναι διότι καταστρέψει τὴν βασιλείαν, καὶ στερήσει μὲν αὑτὸν καὶ τῆς παρούσης ἐξουσίας καὶ τῆς εἰς τὸ μέλλον ἐλπίδος· στερήσει δὲ καὶ τοὺς ἀδελφοὺς τῆς ἀρχῆς, καὶ τῆς ἐν αὐτῇ δυναστείας. Ταῦτα δὲ καὶ τούτοις ἕτερα παραπλήσια διατιθέμενος ὁ Στράτιος, ἔπεισε τὸν Ἄτταλον μένειν ἐπὶ τῶν ὑποκειμένων. Διόπερ εἰσελθὼν εἰς τὴν σύγκλητον ὁ προειρημένος, συνεχάρη μὲν ἐπὶ τοῖς γεγονόσιν, καὶ περὶ τῆς καθ' αὑτὸν εὐνοίας καὶ προθυμίας, ἣν παρέσχετο εἰς τὸν κατὰ τὸν Περσέα πόλεμον ἀπελογίσατο. παραπλησίως δὲ καὶ περὶ τοῦ πέμψαι πρεσβευτάς, τοὺς παρακαθέξοντας τὴν τῶν Γαλατῶν ἀπόνοιαν· καὶ πάλιν εἰς τὴν ἐξ ἀρχῆς αὐτοὺς ἀποκαταστήσοντας διάθεσιν, παρεκάλεσε διὰ πλειόνων. ἐποιήσατο δὲ λόγους καὶ περὶ τῆς Αἰνίων, καὶ τῆς Μαρωνιτῶν πόλεως, ἀξιῶν αὑτῷ δοθῆναι ταύτας ἐν δωρεᾷ. τὸν δὲ κατὰ τοῦ βασιλέως λόγον, καὶ τὸν περὶ τοῦ μερισμοῦ τῆς ἀρχῆς, εἰς τέλος παρεσιώπησεν. Ἡ δὲ σύγκλητος ὑπολαμβάνουσα πάλιν αὐτὸν ἰδίᾳ περὶ

finem exſpectet Eumenes: qui liberos nullos habens, ne ſi cupiat quidem, regnum aliis poſſit relinquere. necdum enim is naturalis filius Eumenis fuerat declaratus, qui poſtea illi ſucceſſit. Hoc verò unicum præcipue mirari ſe Stratius dicere; cur hoc potiſſimum tempore tantum communi regno periculum iret creatum. quippe diis omnibus maximas fore agendas gratias, ſi conſentientes omnes atque animis invicem juncti, præſentem Galaticum tumultum, & imminens ab ea gente periculum potuerint evitare: quod ſi ſeditionem ac controverſiam cum fratre nunc moveret, proculdubio regnum everſurum eſſe; & tum ea potentia quam jam habeat ſeſe ipſum privaturum; tum ea etiam ſpe, quæ ipſum in poſterum maneat. privaturum etiam fratres regno, & ea quam in regno obtineant potentia. Hæc & ſimilia his alia diſſerens Stratius, Attalum pervicit, ut nihil quicquam moveret. Qui in Senatum ut venit, gaudium de Perſeo victo ſuum teſtatus, de fide atque alacritate animi ſua quam ad id bellum adhibuerat diſſeruit. tum de mittendis legatis qui Gallorum perditam audaciam ſua præſentia reprimerent, & ad ſtatum priorem eos redigerent, multis verbis apud Patres egit. adjecit etiam de Æniorum & Maronitarum urbibus, quas ſibi dono dari poſtulabat. accuſationem fratris & petitionem de dividendo regno penitus omiſit. Senatus qui exiſtimaret Attalum iterum ad ſe

aditu-

aditurum, & de iis rebus separatim acturum; legatos missurum se promisit, & in muneribus largiendis quę moris est dare, magnificentia singulari est usus: urbes etiam illas daturum se est pollicitus. Sed quum post exhibita sibi omnia humanitatis officia urbe exiisset Attalus, neque eorum quę sperabat Senatus quicquam fecisset; frustrati Patres sua spe, quatenus nihil aliud poterant, dum is esset adhuc in Italia Ænum & Maroneam liberas pronuntiarunt; promissione quam Attalo fecerant revocata. legationem etiam, cujus princeps P. Licinius, ad Gallogræcos miserunt; cui mandata quænam dederint, ut difficilę dictu est; ita conjectare ex iis quæ postea contigerunt, non est difficile. res siquidem ipsæ quas gesserunt id arguent.

Venit tunc Romam legatio duplex Rhodiorum. priorem Philocrates obibat; posteriorem Philophron & Astymedes. Rhodii enim responso illo accepto, quod statim post pugnatam cum Perseo pugnam Agepolidi datum fuerat; ira Patrum adversus se cognita, & minis auditis, extemplo legationes illas miserunt. Porro Astymedes & Philophron ex hominum sermonibus quos conveniebant, suspectos se intelligentes, omniumque voluntates à Rhodiis abalienatas, animis prorsus conciderunt, ut quò se verterent nescirent. At quum Prætorum unus è Rostris concionans, rogationem ad populum tulisset de bello Rhodiis indicendo; tum enimvero pavore lymphatis non constare mens, patriæ periculum reputantibus:

τούτων εἰσπορεύσεσθαι, τούς τε πρεσβευτὰς συμπέμψειν. ὑπέσχετο, καὶ τοῖς εἰθισμένοις δώροις ἐτίμησεν αὐτὸν μεγαλομερῶς· ἐπηγγείλατο δὲ καὶ τὰς προειρημένας πόλεις δώσειν. Ἐπειδὴ δὲ παρατυχὼν τῆς φιλανθρωπίας ὥρμησεν ἐκ τῆς Ῥώμης, οὐδὲν ποιήσας τῶν προσδοκωμένων· διαψευσθεῖσα τῶν ἐλπίδων ἡ σύγκλητος, ἄλλο μὲν οὐδὲν εἶχεν ποιεῖν· ἔτι δὲ κατὰ τὴν Ἰταλίαν ὄντος αὐτοῦ, τὴν μὲν Αἶνον καὶ τὴν Μαρωνίαν ἠλευθέρωσεν, ἀθετήσασα τὴν ἐπαγγελίαν. τοὺς δὲ περὶ τὸν Πόπλιον Λικίνιον ἔπεμψε πρεσβευτὰς πρὸς τοὺς Γαλάτας· οἷς ποίας μὲν ἔδωκεν ἐντολάς, εἰπεῖν οὐ ῥᾴδιον· στοχάζεσθαι δὲ ἐκ τῶν μετὰ ταῦτα συμβαινόντων οὐ δυσχερές. τοῦτο δ' ἔσται δῆλον ἐκ τῶν πράξεων αὐτῶν.

Ἧκον δὲ καὶ παρὰ Ῥοδίων πρέσβεις, πρῶτον μὲν οἱ περὶ Φιλοκράτην· μετὰ δὲ τούτους, οἱ περὶ Φιλόφρονα καὶ Ἀστυμήδην. οἱ γὰρ Ῥόδιοι κομισάμενοι τὴν ἀπόκρισιν, ἣν οἱ περὶ τὸν Ἀγέπολιν ἔλαβον εὐθέως μετὰ τὴν παράταξιν, καὶ θεωροῦντες ἐκ ταύτης τὴν πρὸς αὐτοὺς ὀργήν, καὶ τὴν ἀνάτασιν τῆς συγκλήτου, παραυτίκα τὰς προειρημένας πρεσβείας ἐξέπεμψαν. οἱ δὲ περὶ τὸν Ἀστυμήδην καὶ Φιλόφρονα κατανοοῦντες ἐκ τῶν ἐντεύξεων, καὶ κοινῇ καὶ κατ' ἰδίαν τὴν ὑφόρασιν, καὶ τὴν ἀλλοτριότητα τῶν ἀνθρώπων τὴν πρὸς αὐτούς, εἰς ἀθυμίαν ὁλοσχερῆ καὶ δυσχρηστίαν ἐνέπιπτον. ὡς δὲ καὶ τῶν στρατηγῶν τις ἀναβὰς ἐπὶ τοὺς Ἐμβόλους, παρεκάλει τοὺς ὄχλους ἐπὶ τὸν κατὰ Ῥοδίων πόλεμον· τότε δὲ παντάπασιν ἔξω τοῦ φρονεῖν γενόμενοι, διὰ τὸν περὶ τῆς πατρίδος κίνδυνον, εἰς τοιαύτην ἦλθον διάθεσιν, ὥστε καὶ φαιὰ βαλεῖν ἱμάτια, καὶ κατὰ τὰς παρακλήσεις μηκέτι παρακαλεῖν, μηδ' ἀξιοῦν τοὺς φίλους, ἀλλὰ δεῖσθαι μετὰ δακρύων, μηδὲν ἀνήκεστον βουλεύσασθαι περὶ αὐτῶν. Κατὰ δέ τινας ἡμέρας, εἰσαγαγόντος αὐτοὺς Ἀντωνίου τοῦ δημάρχου, καὶ τὸν στρατηγὸν τὸν παρακαλοῦντα πρὸς τὸν πόλεμον κατασπάσαντος ἀπὸ τῶν Ἐμβόλων, ἐποιεῖτο τοὺς λόγους, πρῶτον μὲν Φιλόφρων, μετὰ δὲ τοῦτον Ἀστυμήδης. ὅτε δὴ κατὰ τὴν παροιμίαν τὸ Κύκνειον ἐξηχήσαντες ἔλαβον ἀποκρίσεις τοιαύτας, δι' ὧν τοῦ μὲν ὁλοσχεροῦς φόβου τοῦ κατὰ τὸν πόλεμον, ἐδόκουν παραλελύσθαι· περὶ δὲ τῶν κατὰ μέρος ἐγκλημάτων αὐτοῖς ἡ σύγκλητος πικρῶς καὶ βαρέως ὠνείδισεν. Ἦν δ' ὁ νοῦς τῆς ἀποκρίσεως τοιοῦτος. Ὅτι εἰ μὴ δι' ὀλίγους ἀνθρώπους τοὺς αὐτῶν φίλους, καὶ μάλιστα δι' αὐτούς, ᾔδεισαν καλῶς καὶ δικαίως, ὡς δέον ἦν αὐτοῖς χρήσασθαι. Ὁ δ' Ἀστυμήδης, αὑτῷ μὲν ἐδόκει καλῶς εἰρηκέναι περὶ τῆς πατρίδος· οὐ μὴν τοῖς γε παρεπιδημοῦσιν, οὔτε τοῖς ἐκεῖ μένουσι τῶν Ἑλλήνων, οὐδαμῶς ἤρεσκεν. ἐξέβαλε γὰρ ἔγγραπτον μετὰ ταῦτα ποιήσας τὴν σύνταξιν τῆς δικαιολογίας· ἣ τοῖς πλείστοις τῶν ἀναλαμβανόντων εἰς τὰς χεῖρας, ἄτοπος ἐφαίνετο καὶ τελέως ἀπίθανος. Συνεστήσατο γὰρ τὴν δικαιολογίαν, οὐ μόνον ἐκ τῶν τῆς πατρίδος δικαίων· ἔτι δὲ μᾶλλον ἐκ τῆς τῶν ἄλλων κατηγορίας. τὰ μὲν γὰρ ἐνεργήματα καὶ συνεργήματα παραβάλλων καὶ συγκρίνων, τὰ μὲν τῶν ἄλλων ἐπειρᾶτο ψευδοποιεῖν καὶ

tanto denique metu affici, ut pullata veste se amicirent, & quum amicos hortarentur ad ferendam opem, non hortantium, neque postulantium verbis uterentur, sed preces mixtas lacrymis adhiberent, ne quid durius in patriam ipsorum vellent ire consultum. Die quadam ab Antonio tribuno plebis ad populum sunt introducti, & Prætor ille qui de bello ipsis indicendo promulgationem tulerat, de Rostris ab eo detractus: ipsi verba ad populum fecerunt, prius quidem Philophron, deinde etiam Astymedes. cum quidem olorina quod ajunt voce edita, ejusmodi responsionem acceperunt; quæ extremo quidem illo periculo belli quod metuebant, Rhodios eximebat: verùm de injuriis multa sigillatim aspere, ac dure exprobrabantur in eo à Patribus. Erat autem responsi hæc fere sententia: Nisi per paucos populo Rom. amicos staret, ac maxime per ipsos legatos, scire probe Senatum, quid sibi in Rhodios juris fuerit. Cæterum Astymedes qui visus sibi est ea actione patriam pulchre defendisse; Gręcis tamen hominibus probatus non est: neque iis qui forte illuc advenerant, neque iis qui inibi habitabant. & quum postea in literas ab eo relata publicataque ea concio fuisset; qui illam legebant, & absurdam & in totum ad persuadendum ineptam pronuntiabant. Namque ille patriæ caussam non magis ejus justis commemorandis est tutatus; quàm aliorum criminationibus. quę enim pro Romanis vel soli fecerant Rhodii, vel ipsos adjuvando, comparans contendensque, merita omnium

mnium aliorum mendaciis obscurare atque elevare conabatur: Rhodiorum verò facta similia, (& erat multus in explicanda ea similitudine) quàm maxime poterat exaggerabat. In peccatis contra: sua delicta aliis aspere & odiose exprobrans, Rhodiorum culpas minuebat: ut ex illa comparatione, quæ erant à suis admissa, parva esse & venia digna ostenderet; aliorum adprime gravia, & quæ nullam mererentur veniam. & tamen, ajebat, omnibus his delictorum gratia à Romanis est facta. Enimvero defensionis hoc genus viro politico nequaquam convenire existimamus. nam & ex iis qui societatem occulti cujusdam facinoris habuerunt, non illos laudamus, qui ob metum aut vexationem conscios indicaverint: verùm illos potius, qui nullis tormentis aut suppliciis potuerint adigi, ut eorundem consiliorum socios in eandem calamitatem trahant. Hi sunt quos laudare solemus, quos pro viris bonis habere. Astymedes verò qui propter ancipitem metum omnia aliorum peccata ob oculos imperantibus ponere sustinuit, & eorum memoriam renovare, quorum oblivionem principis populi animis tempus induxerat, quî poterat intelligentibus non displicere? Cęterùm hoc edito responso, extemplò Rhodum abiit Philocrates: Astymede in urbe remanente, qui omnia sollicitus observaret, ne quid forte ipsos lateret eorum, quæ quotidie nuntiabantur, aut adversus patriam dicebantur. Hoc responso Rhodum allato, quia maximo illo metu belli à Romanis inferendi videbantur libe-

ταπεινοῦν· τὰ δὲ τῶν Ῥοδίων ηὔξανε, πολλαπλασιάζων καθ' ὅσον οἷός τ' ἦν. τὰ δ' ἁμαρτήματα κατὰ τοὐναντίον, τὰ μὲν τῶν ἄλλων ἐξωνείδιζε πικρῶς καὶ δυσμενικῶς, τὰ δὲ τῶν Ῥοδίων ἐπειρᾶτο περιστέλλειν· ἵνα κατὰ τὴν παράθεσιν, τὰ μὲν οἰκεῖα μικρὰ καὶ συγγνώμης ἄξια φανῇ, τὰ δὲ τῶν πέλας, ἀπαραίτητα, καὶ μεγάλα τελέως· ἐφ' οἷς ἔφη συγγνώμης τετευχέναι τοὺς ἡμαρτηκότας ἅπαντας. Τὸ δὲ γένος τοῦτο τῆς δικαιολογίας, οὐδαμῶς ἂν πρέπειν ἀνδρὶ πολιτικῷ δόξειεν· ἐπεί τοι καὶ τῶν κοινοπραγησάντων περί τινων ἀπορρήτων, οὐ τοὺς διὰ φόβον ἢ πόνον μηνυτὰς γινομένους τῶν συνειδότων ἐπαινοῦμεν· ἀλλὰ τοὺς πᾶσαν ἐπιδεξαμένους βάσανον καὶ τιμωρίαν, καὶ μηδενὶ τῶν συνειδότων παραιτίους γινομένους τῆς αὐτῆς συμφορᾶς, τούτους ἀποδεχόμεθα, καὶ τούτους ἄνδρας ἀγαθοὺς νομίζομεν. Ὁ δὲ διὰ τὸν ἄδηλον φόβον πάντα τὰ τῶν ἄλλων ἁμαρτήματα θεὶς ὑπὸ τὴν ὄψιν τοῖς κρατοῦσιν, καὶ καινοποιήσας, ὑπὲρ ὧν ὁ χρόνος εἰς λήθην ἀγηόχει τοὺς ὑπερέχοντας, πῶς οὐκ ἔμελλε δυσαρεστήσειν τοῖς ἱστορήσασι; Τὴν δὲ προειρημένην ἀπόκρισιν οἱ μὲν περὶ τὸν Φιλοκράτην λαβόντες ἐξαυτῆς ὥρμησαν· οἱ δὲ περὶ τὸν Ἀστυμήδην αὐτόθι μένοντες παρήδρευον, χάριν τοῦ μηδὲν αὐτοὺς λανθάνειν τῶν προσπιπτόντων, ἢ λεγομένων κατὰ τῆς πατρίδος. Προσπεσούσης δὲ τῆς ἀποκρίσεως ταύτης εἰς τὴν Ῥόδον, δόξαντες ἀπολελύσθαι τοῦ μεγίστου φόβου τοῦ κατὰ τὸν πόλεμον, τ᾽ ἄλλα καίπερ ἀκμὴν ὄντα δυσχερῆ, ῥᾳδίως ἔφερον. οὕτως ἀεὶ τὰ μείζω τῶν προσδοκωμένων κακῶν λήθην ποιεῖ τῶν ἐλαττόνων συμπτωμάτων. Διὸ καὶ παραχρῆμα ψηφισάμενοι τῇ Ῥώμῃ στέφανον ἀπὸ μυρίων χρυσῶν, καὶ καταστήσαντες πρεσβευτὴν ἅμα καὶ ναύαρχον Θεόδοτον, ἐξέπεμπον θερείας ἀρχομένης, ἄγοντα τὸν στέφανον· καὶ μετὰ τούτου τοὺς περὶ Ῥοδοφῶντα, πειρασομένους κατὰ πάντα τρόπον συμμαχίαν συνθέσθαι πρὸς Ῥωμαίους. Τοῦτο δ᾽ ἐποίησαν, βουλόμενοι οὐ διὰ τοῦ ψηφίσματος τῆς πρεσβείας ἀποτυχεῖν, ἐὰν ἄλλως δόξῃ Ῥωμαίοις· δι᾽ αὐτῆς δὲ τῆς τοῦ ναυάρχου προαιρέσεως τὴν κατάπειραν ποιήσασθαι. τὴν γὰρ ἐξουσίαν εἶχε ταύτην ὁ ναύαρχος ἐκ τῶν νόμων. οὕτω γὰρ ἦν πραγματικὸν τὸ πολίτευμα τῶν Ῥοδίων, ὡς σχεδὸν ἔτη τετταράκοντα πρὸς τοῖς ἑκατὸν κεκοινωνηκὼς ὁ δῆμος Ῥωμαίοις τῶν ἐπιφανεστάτων καὶ καλλίστων ἔργων, οὐκ ἐπεποίητο πρὸς αὐτοὺς συμμαχίαν. τίνος δὲ χάριν οὕτως ἐχείριζον οἱ Ῥόδιοι τὰ καθ᾽ αὑτούς, οὐκ ἄξιον παραλιπεῖν. Βουλόμενοι γὰρ μηδένα τῶν ἐν ταῖς ὑπεροχαῖς καὶ δυναστείαις ἀπελπίζειν τὴν ἐξ αὐτῶν ἐπικουρίαν καὶ συμμαχίαν, οὐκ ἐβούλοντο συνδυάζειν, οὐδὲ προκαταλαμβάνειν σφᾶς αὐτοὺς ὅρκοις καὶ συνθήκαις· ἀλλ᾽ ἀκέραιοι διαμένοντες κερδαίνειν τὰς ἐξ ἑκάστων ἐλπίδας. Τότε δὲ μεγάλην ἐποιοῦντο φιλοτιμίαν, βουλόμενοι ταύτης τῆς τιμῆς τυχεῖν παρὰ Ῥωμαίων, οὐ κατεπειγόμενοι συμμαχίας, οὐδ᾽ ἀγωνιῶντες ἁπλῶς οὐδένα κατὰ τὸ παρόν,

rati; cætera etsi erant admodum tristia, æquo animo ferebant. Adeo majora exspectata mala, leviorum casuum facile semper oblivionem inducunt. Itaque coronam confestim è decem millibus aureorum Romæ decernunt. Theodoto legationem eam simul & classis præfecturam mandant, & ineunte æstate ad deferendam coronam proficisci jubent. Simul cum hoc legationem aliam cujus princeps Rhodophon, miserunt, ut modis omnibus societatem cum Romanis eniterentur contrahere. Hoc autem eo consilio fecerunt, ne si aliter Romanis videretur, prçter irritam legationem, & facti decreti pœniteret: itaque per ipsum classis Præfectum tentare animos Romanorum statuerunt. Ex legibus namque sanciendæ societatis potestatem classis Præfectus habebat. Porrò autem civitas Rhodiorum tanta prudentia atque sollertia regebatur, ut qui nobilissimas pulcherrimasque victorias Romanorum adjuverant, per annos centum & quadraginta fœdus societatis nullum cum iis percussissent. Et est operæ non prætermittere, cujus rei gratia ita Remp. suam Rhodii gubernarint. Qui enim nulli Regum aut dynastarum spem auxilii societatisque suæ vellent abscindere, arctius se cum quoquam copulare, & libertatem sibi jurejurando ac pactis præcipere nolebant: sed omnia sibi servantes integra, spes singulorum lucrari. Illo verò tempore summa contentione sunt enisi, quò illum honorem à Romanis impetrarent: non adeo quòd novis societatibus studerent, aut quòd quemquam præter ipsos Romanos

in

in præsentia metuerent: verùm ut ex recentis consilii comparatione, suspiciones eorum qui de sua civitate tristius aliquid cogitabant, tollerent. Vix Romam legatio illa appulerat, cujus princeps Theætetus, cum descivere Caunii: Mylassenses quoque Euromensium oppida occuparunt. Sub idem fere tempus editum est à Patribus Senatusconsultum, quo Caribus & Lyciis omnibus quos Rhodiis post confectum bellum Antiochicum attribuerant, libertas concedebatur. Igitur ad Caunios quidem quod attinet atque Euromenses, ea molestia citò defuncti sunt Rhodii: misso enim Lyco cum exercitu, quanquam Cybiratarum aderant auxilia, coëgerunt imperio parere. in Euromensium quoque provinciam expeditione suscepta, Mylassenses Alabandenosque, qui ad ipsos Orthosiam usque conjunctis viribus venerant, acie vicerunt. At postquam de facto pro Lyciis Caribusque decreto nuntium acceperunt; ilicet mentes ipsis iterum pavore sunt concussæ: male metuentibus, ne & coronam frustra donassent: & societatem frustra sperassent.

πλὴν αὐτῶν τῶν Ῥωμαίων· ἀλλὰ βουλόμενοι κατὰ τὴν ὑπέρθεσιν τῆς ἐπιβολῆς, ἀφαιρεῖσθαι τὰς ἐπινοίας τῶν δυσχερές τι διανοουμένων περὶ τῆς πόλεως. Ἄρτι δὲ τῶν περὶ τὸν Θεαίτητον καταπεπλευκότων, ἀπέστησαν Καύνιοι· κατελάβοντο δὲ καὶ Μυλασσεῖς τὰς ἐν Εὐρώμῳ πόλεις. Κατὰ δὲ τὸν αὐτὸν καιρὸν ἡ σύγκλητος ἐξέβαλε δόγμα, διότι δεῖ Κᾶρας καὶ Λυκίους, ἐλευθέρους εἶναι πάντας, ὅσους προσένειμε Ῥοδίοις μετὰ τὸν Ἀντιοχικὸν πόλεμον. Τὰ μὲν οὖν κατὰ τοὺς Καυνίους καὶ τοὺς Εὐρωμεῖς, ταχέως οἱ Ῥόδιοι διορθώσαντο. τοὺς μὲν Καυνίους, Λύκον ἀποπέμψαντες μετὰ στρατιωτῶν, ἠνάγκασαν πάλιν ὑφ' αὐτοῖς τάττεσθαι, καίπερ Κιβυρατῶν αὐτοῖς παραβοηθησάντων. ἐπὶ δὲ τὰς ἐν Εὐρώμῳ πόλεις στρατεύσαντες, ἐνίκησαν μάχῃ Μυλασσεῖς, καὶ Ἀλαβανδεῖς· ἀμφοτέρων παραγενομένων μετὰ στρατιᾶς ἐπ' Ὀρθωσίαν. Τοῦ δὲ περὶ τῶν Λυκίων καὶ Καρῶν δόγματος αὐτοῖς προσπεσόντος, πάλιν ἀπεσοβήθησαν ταῖς διανοίαις, δείσαντες μήποτε μάταιος μὲν αὐτοῖς ἡ τοῦ στεφάνου δόσις γέγονε· μάταιαι δὲ αἱ περὶ τῆς συμμαχίας ἐλπίδες.

XCIV.

Quomodo post debellatum Perseum undique ex universa Græcia legati ad Romanos, qui in Macedonia res ordinabant, fuerint missi.

ϘΔ.

Πῶς μετὰ τὴν τοῦ Περσέως κατάλυσιν, πανταχόθεν ἀπὸ τῆς Ἑλλάδος πρέσβεις ἐξεπέμφθησαν ὡς τοὺς τῶν Ῥωμαίων στρατηγοὺς εἰς τὴν Μακεδονίαν.

Πῶς τότε οἱ δέκα ἄνδρες ἐχρήσαντο τοῖς Ἕλλησι.

ΟΤΙ μετὰ τὴν τοῦ Περσέως κατάλυσιν, ἅμα τῷ κριθῆναι τὰ ὅλα, πανταχόθεν ἐξέπεμπον πρεσβείας συγχαρισομένους τοῖς στρατηγοῖς ἐπὶ τοῖς γεγονόσιν. τῶν δὲ πραγμάτων ὁλοσχερῶς ἐπὶ Ῥωμαίους κεκλικότων, ἐπιπολάζοντες διὰ τὸν καιρὸν οἱ δοκοῦντες εἶναι φίλοι Ῥωμαίων ἐν πᾶσι τοῖς πολιτεύμασιν, εἴς τε τὰς πρεσβείας οὗτοι καθίσταντο καὶ τὰς ἄλλας χρείας· διὸ συνέδραμον εἰς τὴν Μακεδονίαν, ἐκ μὲν Ἀχαΐας, Καλλικράτης, Ἀριστόδημος, Ἀγησίας, Φίλιππος· ἐκ δὲ Βοιωτίας, οἱ περὶ Μνάσιππον· ἐκ δὲ τῆς Ἀκαρνανίας, οἱ περὶ Χρέμην· παρὰ δὲ τῶν Ἠπειρωτῶν, οἱ περὶ τὸν Χάροπα καὶ Νικίαν· παρὰ δὲ τῶν Αἰτωλῶν, οἱ περὶ τὸν Λυκίσκον, καὶ Τίσιππον. Ἁπάντων δὲ τούτων ὁμοῦ γενομένων, καὶ πρὸς αὐτὴν τὴν ὑπόθεσιν ἁμιλλωμένων προθύμως, καὶ μηδενὸς ὑπάρχοντος ἀνταγωνιστοῦ διὰ τὸ τοὺς ἀντιπολιτευομένους ἅπαντας, εἴκοντας τοῖς καιροῖς, ἀνακεχωρηκέναι τελέως, ἀκονιτὶ κατεκράτησαν τῆς ὑποθέσεως οἱ προειρημένοι. Πρὸς μὲν οὖν τὰς ἄλλας πόλεις, καὶ τὰς ἐθνικὰς συστάσεις, οἱ δέκα δι' αὐτῶν τῶν στρατηγῶν ἐποιήσαντο τὴν ἐπιταγήν, οὓς δεήσει πορεύεσθαι τῶν ἀνδρῶν εἰς τὴν Ῥώμην. οὗτοι δ' ἦσαν οὓς ἀπεῖπαν, οὓς ἀπέγραψαν οἱ προειρημένοι κατὰ τὰς ἰδίας ἀντιπαραγωγάς, πλὴν ὀλίγων τελέως, τῶν ἔκδηλόν τι πεποιηκότων· πρὸς δὲ τὸ τῶν Ἀχαιῶν ἔθνος πρεσβευτὰς ἐξέπεμψαν, τοὺς ἐπιφανεστάτους ἄνδρας

Quomodo tunc temporis erga Græcos Romani ſe geſſerint.

POST everſum Perſei regnum, ſtatim à victoria quæ bello finem impoſuit, undique legationes mittebantur, ad gratulandum ducibus Romanis ob rem bene geſtam. & quum ad Romanos ſumma rerum inclinaret, quoniam in ſingulis civitatibus ſuperiores tum erant, pro conditione temporum, qui exiſtimabantur amici Romanorum eſſe; & legationes & aliarum rerum adminiſtrationes illis mandabantur. Venerunt igitur tempore eodem in Macedoniam ex Achaia Callicrates, Ariſtodamus, Ageſias, Philippus: è Bœotia, Mnaſippus: ex Acarnania, Chremes: ex Epiro, Charops & Nicias: ex Ætolia, Lyciſcus & Tiſippus. Hi ut ſimul convenerunt, quum ad eundem ſcopum omnes ſtudioſius collimarent in orationibus ſuis; neque exſtaret quiſquam qui ſe illis opponeret; quia omnes quicunque aliarum erant partium, temporibus cedentes à gubernaculis Reipublicæ penitus ſeſe removerant; nullo penitus negotio deſtinata perfecerunt. Igitur aliis quidem civitatibus & gentium conciliis decem legati per duces imperarunt, quos Romam mitti vellent. ii autem erant, quos ipſi renuntiaverant, quorum nomina ipſi dederant, factionis ſuæ quiſque præter oppidò paucos, eximio aliquo merito inſignes. Ad gentem vero Achæorum clariſſimos è decem legatorum numero miſe-

runt,

runt, Cajum Claudium, & Cnæum Domitium, idque duas ob caussas: primum quia verebantur, ne Achæi facere quæ literis essent imperata, nollent: atque etiam ne in periculum Callicrates veniret; ut pote qui, quæcunque in universos Græcos per calumniam erat molitus, jam perfecisset; quod sane ita erat: deinde quia in literis quæ fuerant captæ, nihil explorati, aut certi adversus quemquam Achæorum erat repertum. Verùm de his aliquanto post literas ad Achæos Consul misit: qui tamen, ad propriam quidem ipsius voluntatem quod attinet, Lycisci & Callicratis calumnias nequaquam probabat: quod etiam postea rebus ipsis manifestum est factum.

τῆς δίκης Γάϊον Κλαύδιον, καὶ Γνάϊον Δομέτιον διὰ δύο αἰτίας· πρῶτον μὲν εὐλαβούμενοι τοὺς Ἀχαιοὺς, μή ποτ' οὐ πειθαρχήσωσι τοῖς γραφομένοις, ἀλλὰ καὶ κινδυνεύσωσιν οἱ περὶ τὸν Καλλικράτην, δόξαντες ἐξειργάσθαι τὰς κατὰ πάντων τῶν Ἑλλήνων διαβολάς· ὃ κατ' ἀλήθειαν ἦν· δεύτερον δὲ διὰ τὸ μηθὲν ἐν τοῖς αἰχμαλώτοις γράμμασιν ἀκριβὲς εὑρῆσθαι κατὰ μηδενὸς τῶν Ἀχαιῶν. Περὶ μὲν οὖν τούτων, μετά τινα χρόνον, ἐξέπεμπεν ὁ στρατηγὸς τὰς ἐπιστολὰς, καὶ τοὺς πρέσβεις, καίπερ οὐκ εὐδοκούμενος, κατά γε τὴν αὐτοῦ γνώμην, ταῖς τῶν περὶ τὸν Λυκίσκον καὶ Καλλικράτην διαβολαῖς· ὡς ἐξ αὐτῶν τῶν πραγμάτων ὕστερον ἐγένετο καταφανές.

XCV.

Ptolemai & Ptolemai Ægypti Regum legatio Romam missa, & Menalcidæ dimissio rogatu Popillii.

AEGYPTI Reges liberati bello contra Antiochum, ante omnia legatum Romam miserunt Numenium ex numero amicorum, gratias pro acceptis beneficiis acturum. missum etiam fecerunt Menalcidam Lacedæmonium qui necessariis regum temporibus sedulò erat abusus, ad rem familiarem augendam: quia C. Popillius missionem ejus ac liberationem loco beneficii à Regibus petierat.

ϞΕ.

Τῶν τῆς Αἰγύπτου βασιλέων πρεσβεία πρὸς Ῥωμαίους, καὶ Μεναλκίδου ἀπόλυσις εἰς χάριν Ποπιλλίου.

ΟΤΙ κατὰ τὴν Αἴγυπτον οἱ βασιλεῖς ἀπολελυμένοι τοῦ πρὸς Ἀντίοχον πολέμου, πρῶτον μὲν εἰς Ῥώμην πρεσβευτὴν ἐξέπεμψαν Νουμήνιον, ἕνα τῶν φίλων, εὐχαριστήσοντα περὶ τῶν εἰς αὐτοὺς γεγονότων εὐεργετημάτων. ἀπέλυσαν δὲ καὶ τὸν Λακεδαιμόνιον Μεναλκίδαν, ἐνεργῶς κεχρημένον τοῖς κατὰ τὴν βασιλείαν καιροῖς πρὸς τὴν ἰδίαν ἐπανόρθωσιν· Γαΐου Ποπιλλίου τὴν ὑπὲρ τῆς ἀπολύσεως χάριν αἰτησαμένου παρὰ τῶν βασιλέων.

ϟϛʹ.

Τίνος χάριν ἡ σύγκλητος τὸν Κότυος υἱὸν αἰχμάλωτον ὄντα ἀπέλυσε.

ΟΤΙ κατὰ τὸν καιρὸν τοῦτον, Κότυς, ὁ τῶν Ὀδρυσῶν βασιλεὺς ἀπέστειλε πρεσβευτὰς εἰς τὴν Ῥώμην, ἀξιῶν ἀποδοθῆναι τὸν υἱὸν αὐτῷ, καὶ περὶ τῆς γενομένης πρὸς Περσέα κοινοπραγίας δικαιολογούμενος. οἱ δὲ Ῥωμαῖοι νομίσαντες ἠνύσθαι σφίσι τὸ προκείμενον, τοῦ πρὸς τὸν Περσέα πολέμου κατὰ νοῦν προκεχωρηκότος· τὴν δὲ πρὸς Κότυν διαφορὰν, πρὸς οὐδὲν ἔτι διατείνειν· συνεχώρησαν αὐτῷ κομίζεσθαι τὸν υἱὸν, ὃς ὁμηρείας χάριν δοθεὶς εἰς Μακεδονίαν, ἑαλώκει μετὰ τῶν Περσέως τέκνων· βουλόμενοι τὴν αὐτῶν πρᾳότητα καὶ μεγαλοψυχίαν ἐμφαίνειν· ἅμα δὲ καὶ τὸν Κότυν αἰδούμενοι, διὰ τῆς τοιαύτης χάριτος.

XCVI.

Quid spectarit Senatus, cum Cotyi Regi filium captivum reddidit.

PER idem tempus Odrysarum Rex Cotys legatos Romam misit, qui filium sibi reddi postularet, & de inita cum Perseo societate rationem redderet. Romani re jam perfecta quam destinaverant, quum ex animi sententia bellum adversus Perseum eis successit: neque quicquam amplius ipsorum interesset, ut inimicitias cum Cotye exercerent: filium suum ipsi tradi promiserunt; qui obses in Macedoniam à patre missus, unâ cum Persei liberis fuerat captus. ut eo pacto & benignitatem suam atque animi magnitudinem ostenderent, & Cotyi hoc beneficio honorem habuisse viderentur.

ϟζʹ.

Προυσίου τοῦ Βιθυνοῦ ἐν βασιλικῇ τύχῃ ἀνδραποδώδης ψυχή.

Τῆς συγκλήτου πραγματικὸν διαβούλιον πρὸς τὸ λάθρα ταπεινῶσαι τὸν Εὐμένη.

ΟΤΙ κατὰ τὸν αὐτὸν καιρὸν ἦλθε καὶ Προυσίας ὁ βασιλεὺς εἰς τὴν Ῥώμην, συγχαρησόμενος τῇ συγκλήτῳ, καὶ τοῖς στρατιώταις ἐπὶ τοῖς γεγονόσιν. ὁ δὲ Προυσίας οὗτος, οὐδαμῶς γέγονεν ἄξιος

XCVII.

Prusiæ Regis Bithyniæ in fortuna regia animus mancipio dignus.

Senatus astutum decretum, ut Eumenem humiliorem infirmioremque redigerent.

EODEM quoque tempore & Prusias Bithyniæ Rex Romam venit, ad gratulandum Senatui & militibus de parta victoria. Porrò hic Prusias nequaquam majestate regia

regia ullo modo dignus erat: quod ex his facile aliquis colligat. Jam primùm, quum legati ad ipsum venirent, raso capite, pileatus, togatus, & more Romano calceatus obviam iis processit: plane eo habitu ornatus, qualis solet esse apud Romanos recens manumissorum, quos libertos vocant: & quum legatos salutasset, Ecce me, inquit, vestrum libertum, omnia vestra caussa cupientem, instituta omnia vestra imitari paratum. qua voce nulla fingi potest minus generosa. Tum verò ingressus Curiam, ad januam stans Curiæ, ex adverso Patrum, demissis manibus limen salutavit, Senatorumque consessum, & simul, Saluete, inquit, dii servatores mei. quæ vox adeo indigna viro est, adeo muliebres sapit blanditias & adulationem, ut nihil fœdius ventura post ætas sit latura. Similis istis & oratio fuit quam ingressus Curiam habuit: cujus vel meminisse hoc loco dedecet. hujus summa vilitate animadversa, Romani responsum tanto benignius dederunt. Secundum quæ fama est allata, adventare Eumenem: quæ res sollicitos non mediocriter habuit Patres. nam quum odium illius concepissent, certaque ac fixa staret illis sententia: indicium hujus suæ voluntatis nullo pacto dare volebant. Qui enim ostenderant Regem se Eumenem omnium primum & maximum ex populi Romani amicis habere; si cum eo congrederentur, & potestatem ei

τοῦ τῆς βασιλείας προσχήματος· τεκμήραιτο δ' ἄν τις ἐκ τούτων. Ὅς γε πρῶτον μὲν πρεσβευτῶν παραγεγονότων Ῥωμαϊκῶν πρὸς αὐτὸν, ἐξυρημένος τὴν κεφαλὴν, καὶ πίλεον ἔχων, καὶ τήβενναν καὶ καλικίους, ἀπήντα τούτοις· καὶ καθόλου τοιαύτῃ διασκευῇ κεχρημένος, οἵαν ἔχουσιν οἱ προσφάτως ἠλευθερωμένοι παρὰ Ῥωμαίοις, οὓς καλοῦσι λιβέρτους· καὶ δεξιωσάμενος τοὺς πρεσβευτὰς, ὁρᾶτ', ἔφη, τὸν ὑμέτερον λίβερτον ἐμὲ, πάντα βουλόμενον χαρίζεσθαι, καὶ μιμεῖσθαι τὰ παρ' ὑμῖν· ἧς ἀγεννεστέραν φωνὴν, οὐ ῥᾴδιον εἰπεῖν. τότε δὲ κατὰ τὴν εἴσοδον τὴν εἰς τὴν σύγκλητον, στὰς κατὰ τὸ θύρετρον, ἀντίος τοῦ συνεδρίου, καὶ καθεὶς τὰς χεῖρας ἀμφοτέρας, προσεκύνησε τὸν οὐδὸν· καὶ τοὺς καθημένους ἐπιφθεγξάμενος, Χαίρετε θεοὶ σωτῆρες· ὑπερβολὴν οὐ καταλιπὼν ἀνανδρίας, ἅμα δὲ καὶ γυναικισμοῦ καὶ κολακείας, οὐδενὶ τῶν ἐπιγινομένων. Ἀκόλουθα δὲ τούτοις καὶ κατὰ τὴν κοινολογίαν εἰσελθὼν ἐπετελέσατο· περὶ ὧν καὶ τὸ γράφειν ἀπρεπὲς ἦν. Φανεὶς δὲ τελέως εὐκαταφρόνητος, ἀπόκρισιν ἔλαβε, δι' αὐτὸ τοῦτο φιλάνθρωπον. Ἤδη δὲ τούτου τὰς ἀποκρίσεις εἰληφότος, προσέπεσε παραγίνεσθαι τὸν Εὐμένη· τοῦτο δὲ τὸ πρᾶγμα πολλὴν ἀπορίαν παρεῖχε τοῖς ἐν τῷ συνεδρίῳ. Διαβεβλημένοι γὰρ πρὸς αὐτὸν, καὶ διαλήψεις ἀμεταθέτους ἔχοντες οὐκ ἐβούλοντο κατ' οὐδένα τρόπον ἐμφανίζειν αὐτούς. Πᾶσι γὰρ ἀναδεδειχότες πρῶτον καὶ μέγιστον φίλον τὸν βασιλέα τοῦτον, ἔμελλον εἰς ὄψιν ἐλθόντες, καὶ προσδεξάμενοι δικαιολογίαν· εἰ μὲν τὸ δοκοῦν ἀποκριθεῖεν, ἀκολουθοῦντες ταῖς ἰδίαις

διαλή-

διαλήψεσιν, ἐκθεατρίζειν αὐτούς· εἰ τοιοῦτον ἄνθρωπον ἐπὶ τοσοῦτον ἐξετίμησαν ἐν τοῖς ἀνώτερον χρόνοις. εἰ δὲ δουλεύοντες τῇ τῶν ἐκτὸς φαντασίᾳ, φιλανθρώπως ἀποκριθεῖεν, παρέψεσθαι τὴν ἀλήθειαν, καὶ τὸ τῇ πατρίδι συμφέρον. Διόπερ ἐξ ἑκατέρας τῆς ἀποφάσεως, μέλλοντος ἀπηντᾶν τινὸς αὐτοῖς ἐξακολουθήσειν, εὕροντο λύσιν τοῦ προβλήματος τοιαύτην· ὡς γὰρ καθόλου δυσαρεστούμενοι ταῖς τῶν βασιλέων ἐπιδημίαις, δόγμα τι ποιοῦντες ἐξέβαλον· μηδένα βασιλέα παραγίνεσθαι πρὸς αὐτούς. Μετὰ δὲ ταῦτα πυθόμενοι τὸν Εὐμένη καταπεπλευκέναι τῆς Ἰταλίας εἰς Βρεντέσιον, ἐπαπέστειλαν τὸν ταμίαν, φέροντα τὸ δόγμα, καὶ κελεύοντα λέγειν πρὸς αὐτόν, εἰ δὲ μηδενὸς δεῖται, παραγγέλλοντα τὴν ταχίστην αὐτὸν ἐκ τῆς Ἰταλίας ἀπαλλάττεσθαι. Ὁ δὲ βασιλεὺς συμμίξαντος αὐτῷ τοῦ ταμίου, γνοὺς τὴν τῆς συγκλήτου προαίρεσιν, εἰς τέλος ἀπεσιώπησεν, οὐδενὸς φήσαντος προσδεῖσθαι. Καὶ δὴ τούτῳ τῷ τρόπῳ, συνέβη τὸν Εὐμένη κωλυθῆναι τῆς εἰς τὴν Ῥώμην ἀναβάσεως. Συνηκολούθηκει δὲ καὶ ἕτερόν τι πραγματικὸν τούτῳ τῷ διαβουλίῳ· μεγάλου γὰρ ὑπὸ τῶν Γαλατῶν ἐπικρεμαμένου κινδύνου τῇ βασιλείᾳ, προφανὲς ἦν ὅτι διὰ τὸν σκυβαλισμὸν τοῦτον, οἱ μὲν τοῦ βασιλέως σύμμαχοι ταπεινωθήσονται πάντες· οἱ δὲ Γαλάται διπλασίως ἐπιρρωσθήσονται πρὸς τὸν πόλεμον· διὸ πάντῃ πάντες βουλόμενοι ταπεινοῦν αὐτόν, ἐπὶ ταύτην κατηνέχθησαν τὴν γνώμην. Τούτων δὲ

facerent caussæ suæ defendendæ: aut dato ex animi sui sententia responso, imprudentiam suam publicaturi erant; qui hominem iis moribus tanti fecissent antea: aut famæ publicæ serviendo, ac benignum ei responsum dando, in veritatem & utilitatem patriæ erant peccaturi. Quoniam igitur utroque modo eventura erant quæ nollent, huic incommodo sic occurrerunt: nam quasi in universum ipsis displiceret Romam adventus Regum; Senatusconsultum est ab iis editum, quo vetabant Reges ullos ad se venire: deinde certiores facti Eumenem Brundusium in Italiam appulisse; Quæstorem ad eum miserunt, qui decretum Senatus ei afferret; & dicere eum juberet, Ecquid ope Senatus in aliquo esset ei opus: quod si Patres nihil posceret, denuntiaret ei, ut quàm primum Italia excederet. Rex habito cum Quæstore colloquio, intellecta Senatus voluntate, verbum nullum commutauit, nulla re opus habere se confirmans. Hoc pacto consecuti sunt Romani, ne Eumenes Romam veniret. Sed & aliud quid præterea hoc Senatusconsulto sunt adepti, quod adprime ad rem faciebat: nam quum ingens illi regno periculum immineret à Gallogræcis, non erat dubium quin propter hanc contumeliosam Eumenis rejectionem, amicis quidem omnibus illius animi conciderent: Galatæ vero duplo ad persequendum bellum animosiores essent futuri. Qui igitur cuperent omnes modis omnibus Eumenem deprimere, hoc consilium injuerunt. Atque hæc ineunte hieme sunt

sunt facta. Secundum quæ, omnibus legationibus datus est Senatus. nulla namque fuit civitas, nullus dynasta, nullus Rex, qui tempore illo legatos ad gratulandum populo Rom. non misisset: quibus omnibus benevole & comiter responsum; exceptis Rhodiis: quos Senatus, modò spe, modò metu in posterum ostentato dimisit. sed & Atheniensibus irati Patres erant.

γινομένων, ἔτι κατ' ἀρχὰς τοῦ χειμῶνος, λοιπὸν ἡ σύγκλητος ἅπασι τοῖς παραγεγονόσι κατὰ πρεσβείαν (οὐ γὰρ ἦν οὔτε πόλις, οὔτε δυνάστης, οὔτε βασιλεὺς ὃς οὐκ ἐπεστάλκει πρεσβείαν κατ' ἐκεῖνον τὸν καιρὸν, τὴν συγχαρησομένην ἐπὶ τοῖς γεγονόσιν) εἰς ἅπασιν οἰκείως ἀπήντησε, καὶ φιλανθρώπως πλὴν τῶν Ροδίων. τούτους δὲ παρέπεμπε ποικίλας ἐμφάσεις ποιοῦσα περὶ τοῦ μέλλοντος. ἐπείχετο δὲ καὶ κατὰ τοὺς Ἀθηναίους.

XCVIII.

Quomodo Athenienses miserorum vicinorum calamitates in compendii sui occasionem vertere sint conati: & super eo Polybii judicium.

VENERANT Romam Atheniensium legati, præcipuè quidem ad deprecandum pro salute Haliartiorum. quæ illorum oratio quum audita esset contemptim, aliud agere ceperunt, & sermone de Delo, Lemno atque agro Haliartiorum instituto, eorum sibi possessionem depoposcerunt. acceperant enim de his rebus duplicia mandata. quæ ad Delum quidem & Lemnum quod attinet, cur quisquam reprehendat caussæ nihil dici potest: nam & jam antè ea loca sibi Athenienses vindicaverant: de Haliartiorum vero agro jure aliquis eis succenseat. Urbem enim omnium ferme Bœoticarum antiquissimam, gravi casu oppressam, non adjuvare modis omni-

ϞΗ.

Πῶς Ἀθηναῖοι τὰς τῶν ἠκληρηκότων συμφορὰς εἰς κέρδους πρόφασιν τρέπειν ἐπεχείρησαν· καὶ τούτου περὶ Πολυβίου ἐπίκρισις.

ΟΤΙ οἱ Ἀθηναῖοι παρεγένοντο πρεσβεύοντες, τὸ μὲν πρῶτον ὑπὲρ τῆς τῶν Ἁλιαρτίων σωτηρίας. παρακουόμενοι δὲ περὶ τούτου τοῦ μέρους, ἐκ μεταθέσεως διελέγοντο περὶ Δήλου καὶ Λήμνου, καὶ τῆς τῶν Ἁλιαρτίων χώρας, εἰς ἑαυτοὺς ἐξαιτούμενοι τὴν κτῆσιν. εἶχον γὰρ διττὰς ἐντολάς· οἷς περὶ μὲν τῶν κατὰ Δῆλον καὶ Λῆμνον, οὐκ ἄν τις ἐπιτιμήσειε, διὰ τὸ καὶ πρότερον ἀντιπεποιῆσθαι τῶν νήσων τούτων· περὶ δὲ τῆς τῶν Ἁλιαρτίων χώρας, εἰκότως ἄν τις καταμέμψαιτο. Τὸ γὰρ πόλιν σχεδὸν ἀρχαιοτάτην τῶν κατὰ τὴν Βοιωτίαν ἐπταικυῖαν, μὴ

συνε-

συνεπανορθοῦν κατὰ πάντα τρόπον· τὸ δ' ἐναντίον, ἐξαλείφειν, ἀφαιρουμένους καὶ τὰς εἰς τὸ μέλλον ἐλπίδας τῶν ἠκληρηκότων· δῆλον ὡς οὐδενὶ μὲν ἂν δόξαι τῶν Ἑλλήνων καθήκειν, ἥκιστα δὲ τῶν ἄλλων Ἀθηναίοις. τὸ γὰρ τὴν μὲν ἰδίαν πατρίδα, κοινὴν ποιεῖν ἅπασι· τὰς δὲ τῶν ἄλλων ἀναιρεῖν, οὐδαμῶς οἰκεῖον ἂν φανείη τοῦ τῆς πόλεως ἤθους· πλὴν ἥγε σύγκλητος καὶ τὴν Δῆλον αὐτοῖς ἔδωκε καὶ τὴν Λῆμνον. καὶ τὰ μὲν κατὰ τοὺς Ἀθηναίους τοιαύτην εἶχε διάθεσιν.

bus, ut in integrum restitueretur: sed contra delere velle ex hominum memoria, præcisa miseris spe etiam omni aliquando se erigendi: hoc vero tum Græcorum nemini, tum autem minus quàm cæteris conveniat Athenienſibus. Parum enim moribus atque institutis ejus civitatis congruat, communem omnibus patriam urbem suam declarare: & suas aliis patrias ire deletum. veruntamen Senatus dedit eis Delum & Lemnum. & Athenienſium quidem res ita se habebant.

ϞΘ.

Ῥόδιοι ἔκ τε Καύνου καὶ Στρατονικείας φρουρὰς ἐξάγουσι.

ΟΤΙ κατὰ τὸν καιρὸν τοῦτον, Θεαίτητος εἰσελθὼν εἰς τὴν σύγκλητον, λόγους μὲν ἐποιήσατο περὶ τῆς συμμαχίας· ὑπερτιθεμένης δὲ τῆς συγκλήτου τὸ διαβούλιον, οὗτος μὲν μετήλλαξε τὸν βίον κατὰ φύσιν· ἔτη γὰρ εἶχε πλείω τῶν ὀγδοήκοντα. Παραγινομένων δὲ φυγάδων, ἔκ τε Καύνου, καὶ Στρατονικείας εἰς τὴν Ῥώμην, καὶ παρελθόντων εἰς τὴν σύγκλητον, ἐγένετο δόγμα· Ῥοδίους ἐξάγειν τὰς φρουρὰς ἔκ τε Καύνου, καὶ Στρατονικείας. οἱ δὲ περὶ τὸν Φιλόφρονα, καὶ Ἀστυμήδην, λαβόντες ταύτην τὴν ἀπόκρισιν, ἀπέπλευσαν κατὰ σπουδὴν εἰς τὴν οἰκείαν· δεδιότες μὴ παρακούσαντες οἱ Ῥόδιοι περὶ τοῦ τὰς φρουρὰς ἐξάγειν, αὖθις ἄλλην ἀρχὴν ἐγκλημάτων ποιήσωσιν.

XCIX.

Rhodii è Cauno & Stratonicea præsidia sua educunt.

EODEM etiam tempore Theætetus quum ei Senatus esset datus, de societate verba fecit: sed dum Patres moras nectunt, illum interea fatum occupat: erat enim octogenario major. Deinde advenerunt Romam Caunii & Stratonicenses exules: qui postquam in Senatu essent auditi, factum est Senatusconsultum, quo jubebantur Rhodii præsidia Cauno & Stratonicea educere. Eo responso accepto Philophron & Astymedes, festinanter in patriam sunt profecti; verebantur enim, ne Rhodii si præsidia educere neglexissent, aliarum denuo calamitatum principium suæ civitati exoriretur.

C.

Cnossiorum & Gortyniorum bellum contra Raucios.

Rhodiorum legatio Romam, ad societatem petendam, frustra.

PER idem tempus Cnossii & Gortynii bellum cum Rhauciis gerebant: icto fœdere inter ipsos, quod & jurejurando firmaverant; non prius se bellandi finem facturos, quàm Rhaucum vi expugnassent. Rhodii cognita Cauniorum legatione, quum animadverterent nihil remittere Romanorum iram; obsecuti per omnia eorum voluntati quam responso significaverant, legationem cujus Aristoteles princeps erat, Romam miserunt. His mandatum erat, ut societatis iterum mentionem facerent, inque eam curam incumberent. Sed quum adulta jam æstate in urbem legati isti venissent, & dato ipsis Senatu, post expositum Rhodiorum obsequium in omnibus quæ imperata fuerant, ad societatem multis variisque rationibus Patres essent hortati; Senatus ejusmodi responsum dedit, in quo nulla amicitiæ mentione facta, ut societatem Rhodiis indulgerent, Patres sui officii negarunt esse.

P.

Κνωσσίων καὶ Γορτυνίων πρὸς τοὺς Ῥαυκίους πόλεμος.

Ῥοδίων πρεσβεία εἰς Ῥώμην ὑπὲρ συμμαχίας ἄπρακτος.

ΟΤΙ ἐπολέμησαν κατὰ τὸν καιρὸν τοῦτον Κνώσσιοι μετὰ Γορτυνίων πρὸς τοὺς Ῥαυκίους· καὶ συνθήκας ἐποιήσαντο πρὸς ἀλλήλους ἐνόρκους, μὴ πρότερον λύσειν τὸν πόλεμον πρὶν ἢ κατὰ κράτος ἑλεῖν τὴν Ῥαῦκον. Οἱ δὲ Ῥόδιοι, κομισάμενοι τὰ περὶ τῶν Καυνίων, καὶ θεωροῦντες οὐ καταλήγουσαν τὴν ὀργὴν τῶν Ῥωμαίων, ἐπειδὴ περὶ πάντων ἀκολούθως ταῖς ἀποκρίσεσιν ἐπειθάρχησαν, εὐθέως τοὺς περὶ Ἀριστοτέλην πρεσβευτὰς καταστήσαντες, ἐξέπεμπον εἰς τὴν Ῥώμην, δόντες ἐντολάς, πειράζειν πάλιν περὶ τῆς συμμαχίας. Οἱ καὶ παραγενηθέντες εἰς τὴν Ῥώμην θερείας ἀκμαζούσης, εἰσῆλθον εἰς τὴν σύγκλητον· καὶ παραυτίκα περὶ τοῦ πεπειθαρχηκέναι τὸν δῆμον τοῖς ἐπιταττομένοις διεσάφουν, καὶ παρεκάλουν ὑπὲρ τῆς συμμαχίας, πολλοὺς καὶ ποικίλους διαθέμενοι λόγους. ἡ δὲ σύγκλητος ἔδωκεν ἀπόκρισιν, ἐν ᾗ τῆς μὲν φιλίας παρεσιώπησε· περὶ δὲ τῆς συμμαχίας, οὐκ ἔφη καθήκειν αὐτῇ τοῦτο συγχωρεῖν Ῥοδίοις κατὰ τὸ παρόν.

CI.

Antiochi dexteritas in excipiendo Tiberio legato.

MOX à confectis hisce certaminibus, legatus venit ad

PA.

Ἀντιόχου ἐπιδεξιότης πρὸς Τιβέριον Ῥωμαίων πρεσβευτήν.

ΟΤΙ μετὰ τὴν συντέλειαν τῶν ἀγώνων ἄρτι τούτων γεγονότων,

ἧκον οἱ περὶ τὸν Τιβέριον πρεσβευταί, κατασκόπων ἔχοντες τάξιν· οἷς οὕτως ἐπιδεξίως ἀπήντησεν Ἀντίοχος καὶ φιλοφρόνως, ὥστε μὴ οἷον τοὺς περὶ τὸν Τιβέριον ὑποπτεῦσαί τι περὶ αὐτοῦ πραγματικὸν, ἢ παρατριβῆς ἔμφασιν ἔχον, ἐκ τῶν κατὰ τὴν Ἀλεξάνδρειαν· ἀλλὰ καὶ τῶν λεγόντων τι τοιοῦτον καταγινώσκειν, διὰ τὴν ὑπερβολὴν τῆς κατὰ τὴν ἀπάντησιν φιλανθρωπίας. ὅς γε πρὸς τοῖς ἄλλοις καὶ τῆς αὐλῆς παρεχώρησε τοῖς πρεσβευταῖς, μικροῦ δὲ καὶ τοῦ διαδήματος κατὰ τὴν ἐπίφασιν· καίπερ οὐκ ὢν τῇ προαιρέσει τοιοῦτος, ἀλλὰ τοὐναντίον.

Antiochum Tiberius, ad explorandum rerum statum missus: quem ea dexteritate excepit Rex, ut non solum moliri eum res novas nihil suspicaretur, aut ullum signum animadverteret animi propter illa quæ Alexandriæ acciderant, subalienati: sed etiam omnibus se opponeret, qui ejusmodi aliquid dicerent. tantam humanitatem in eo congressu Tiberio Antiochus exhibuerat. Qui, ut cætera taceam, aula concessit legatis Romanis, & ipso etiam, prope dixerim, diademate, in speciem quidem: quum tamen, non ad Romanos voluntas ejus inclinaret, sed in contrariam potius partem.

ΡΒ.

Τῶν ἐκ τῆς Ἀσίας πρέσβεων εἰς Ῥώμην ἄφιξις.

ΟΤΙ τοῖς παρὰ τῶν ἐκ τῆς Ἀσίας Γαλατῶν πρεσβευταῖς συνεχώρησαν τὴν αὐτονομίαν, μένουσιν ἐν ταῖς ἰδίαις κατοικίαις, καὶ μὴ στρατευομένοις ἐκτὸς τῶν ἰδίων ὅρων.

CII.

Gallogræcorum legatio Romam missa.

LEGATIS qui à Gallogræcis missi fuerant, permiserunt Patres, ut suis legibus uterentur; si modò intra habitationes proprias sese continerent, & extra fines armati non prodirent.

ΡΓ.

Τῶν κατὰ τὴν Πελοπόννησον ὀργὴ πρὸς Καλλικράτην.

ΟΤΙ κατὰ τὴν Πελοπόννησον, παραγινομένων τῶν πρεσβευτῶν, καὶ διασαφούντων τὰ κατὰ τὰς ἀποκρίσεις, οὐκ ἔτι θόρυβος ἦν, ἀλλ᾽ ὀργὴ καὶ μῖσος ἐκφανὲς πρὸς τοὺς περὶ τὸν Καλλικράτην.

CIII.

Ira Peloponnesiorum adversus Callicratem.

QUOD ad Peloponnesum, postquam reversi sunt legati, & responsa quæ acceperant ediderunt; non jam tumultuari omneis, sed iram atque odium palàm concipere adversus Callicratem.

CIV.

Eumenes accuſatur Romæ à Pruſiæ legatis.

Aſtymedis legatio altera Romam, qua ſocietatem patriæ ſuæ tandem à Romanis impetravit.

VENERANT Romam legati, & ab aliis quidem pluribus miſſi, ſed inter quos eminebant hi: Aſtymedes à Rhodiis: ab Achæis Eureas, Anaxidamus & Satyrus: à Pruſia, Pytho. atque his omnibus Senatus eſt datus. Legatus Pruſiæ Eumenem Regem accuſabat, quædam loca ab eo ſibi adempta conquerens: & quod à Galatia omnino non abſtineret, nec Senatus decretis morem gereret: ſed eos quidem, qui ſuas partes ſequerentur, aleret omnibuſque rebus ornaret: eos vero qui Romanæ partis erant, & ex Senatus decretis adminiſtrari Remp. cupiebant, humiliores redigeret. Aderant & è civitatibus Aſiaticis nonnulli, qui Regem accuſabant, & initam ab eo ſocietatem cum Antiocho ſignificabant. His auditis Senatus, neque criminationes reſpuit, neque mentem aperuit ſuam, ſed clam apud ſe habuit; Eumeni atque Antiocho in omnibus rebus diffidens. Gallis interim aliquid ſemper deferebat, & in libertate vindicanda adjuvabat. Introducti deinde ſunt in Curiam Rhodii, auditique. Fuit tum Aſtymedis moderata oratio, ac civilior

διήκουε τούτων. ὁ δ' Ἀστυμήδης εἰσελθὼν

ΡΔ.

Κατηγορία Εὐμένους ὑπὸ τῶν Προυσίου πρεσβευτῶν.

Ἀστυμήδους δευτέρα Ῥώμην ἄφιξις, δι' οὗ τῆς Ῥωμαίων συμμαχίας οἱ Ῥόδιοι ἔτυχον.

ΟΤΙ εἰς τὴν Ῥώμην παραγεγονότων πρεσβευτῶν πλειόνων καὶ ἑτέρων, ἐπιφανεστάτων δὲ, παρὰ μὲν Ῥοδίων τῶν περὶ Ἀστυμήδην· παρὰ δὲ τῶν Ἀχαιῶν, τῶν περὶ Εὐρέαν καὶ Ἀναξίδαμον, καὶ Σάτυρον· παρὰ δὲ Προυσίου, τῶν περὶ Πύθωνα· τούτοις ἐχρημάτισεν ἡ σύγκλητος. Οἱ μὲν οὖν παρὰ τοῦ Προυσίου, κατηγορίαν ἐποιοῦντο Εὐμένους τοῦ βασιλέως, φάσκοντες αὑτοῦ τε τινὰ χωρία παραιρεῖσθαι τὸν Εὐμένη, καὶ τῆς Γαλατίας οὐκ ἀφίστασθαι τὸ παράπαν, οὐδὲ πειθαρχεῖν τοῖς τῆς συγκλήτου δόγμασιν· ἀλλὰ τοὺς τὰ σφέτερα μὲν φρονοῦντας σωματοποιεῖν· τοὺς δὲ τὰ Ῥωμαίων αἱρουμένους, καὶ βουλομένους πολιτεύεσθαι τοῖς τῆς συγκλήτου δόγμασιν ἀκολούθως, κατὰ πάντα τρόπον ἐλαττοῦν. Ἦσαν δέ τινες πρεσβευταὶ, καὶ παρὰ τῶν τῆς Ἀσίας πόλεων, οἳ κατηγόρουν τοῦ βασιλέως, ἔμφασιν ποιοῦντες τῆς πρὸς τὸν Ἀντίοχον κοινοπραγίας. Ἡ δὲ σύγκλητος διακούσασα τῶν κατηγορούντων, οὔτ' ἀπέρριπτε τὰς διαβολὰς, οὔτ' ἐξέφαινε τὴν ἑαυτῆς γνώμην, ἀλλὰ συνετήρει παρ' ἑαυτῇ, διαπιστοῦσα καθόλου τοῖς περὶ τὸν Εὐμένη καὶ τὸν Ἀντίοχον· τοῖς γε μὴν Γαλάταις ἀεί τι προσετίθει καὶ συνεπίσχυε περὶ τῆς ἐλευθερίας. Μετὰ δὲ ταῦτα προσκαλεσαμένη τοὺς Ῥοδίους, μετρίως ἔφη, καὶ βέλτιον ἢ κατὰ τὴν περὶ ταύτης πρεσβείαν. ἀφέμενος γὰρ τοῦ κατηγορεῖν τῶν ἄλλων, ὥρμησεν ἐπὶ τὸ παραιτεῖσθαι, καθάπερ οἱ μαστιγούμενοι, τὰς πληγάς· φάσκων ἱκανοῖς προστίμοις περιπεπτωκέναι τὴν πατρίδα, καὶ μείζοσι τῆς ἁμαρτίας. καὶ προστιθέμενος, ἐξηγεῖτο τὰς ἐλαττώσεις κεφαλαιωδῶς διεξιών· πρῶτον μὲν ὅτι Λυκίαν καὶ Καρίαν ἀπολωλέκασιν, εἰς ἣν ἐξ ἀρχῆς μὲν ἐδαπάνησαν χρημάτων ἱκανὸν πλῆθος, τρισσοὺς πολέμους ἀναγκασθέντες πολεμεῖν αὐτοῖς· νυνὶ δὲ προσόδων ἐστέρηνται πολλῶν, ὧν ἐλάμβανον παρὰ τῶν προειρημένων· ἀλλ' ἴσως, ἔφη, ταῦτα μὲν ἔχει λόγον. καὶ γὰρ ἐδώκατε ὑμεῖς αὐτὰ τῷ δήμῳ, μετὰ χάριτος τῆς εὐνοίας .... καὶ χαρίζοντες αὐτὰ κατὰ λόγον ἐδοκεῖτε τοῦτο πράττειν, ἐμπεσούσης τινὸς ὑποψίας καὶ διαφορᾶς ὑμῖν· ἀλλὰ Καῦνον δήπου διακοσίων ταλάντων ἐξηγοράσαμεν παρὰ τῶν Πτολεμαίου στρατηγῶν· καὶ Στρατονίκειαν ἐλάβομεν ἐν μεγάλῃ χάριτι παρ' Ἀντιόχου, καὶ Σελεύκου, καὶ παρὰ τούτων τῶν πόλεων ἀμφοτέρων ἑκατὸν καὶ εἴκοσι τάλαντα τῷ δήμῳ πρόσοδος ἔπιπτε καθ' ἕκαστον ἔτος· τούτων ἁπασῶν ἐστερήμεθα τῶν προσόδων, θέλοντες πειθαρχεῖν τοῖς ὑμετέροις προστάγμασιν. ἐξ ὧν μείζονα φόρον ἐπιτεθείκατε τοῖς Ῥοδίοις τῆς ἀγνοίας, ἢ Μακεδόσι τοῖς διὰ παντὸς πολεμίοις ὑμῖν ὑπάρξασι. Τὸ δὲ μέγιστον σύμπτωμα τῆς πόλεως, καταλέλυται γὰρ ἡ τοῦ λιμένος πρόσοδος, ὑμῶν Δῆλον μὲν ἀτελῆ πεποιηκότων, ἀφῃρημένων δὲ τοῦ δήμου παρρησίαν, δι' ἧς καὶ τὰ κατὰ τὸν λιμένα, καὶ τἆλλα σχεδὸν πάντα τῆς πόλεως ἐτύγχανε τῆς ἁρμοζούσης προστασίας.

quam priore legatione. omiſſa enim criminatione aliorum, id unum egit, ut ad inſtar eorum qui flagellantur, majus ſupplicium deprecaretur, ſatis pœnarum dediſſe patriam dicens, & longe ſupra delictum. Addebat deinde breviter, particularem detrimentorum enumerationem. Jam primum Lyciam Cariamque Rhodios amiſiſſe, quæ magnis ipſis conſtarent impenſis, quod tria bella adverſus ipſos ſuſtinere fuiſſent coacti. nunc reditibus multis eſſe privatos, quos ex illis populis percipiebant. ſed hæc fortaſſe non ſine cauſſa; ipſi enim populo noſtro beneficii loco dederatis: qui nunc cum beneficium veſtrum revocaſtis, ſuſpicione quadam & controverſia interveniente, jure veſtro eſtis uſi. Atenim Caunum à Ptolemæi ducibus talentis ducentis redemimus: idemque Stratoniceam pro magno beneficio ab Antiocho & Seleuco accepimus. quarum urbium utraque centum viginti annua talenta civitati noſtræ pendebat: nunc omnibus reditibus privati ſumus, dum juſſis veſtris morem gerimus. ita ut Rhodii propter delictum ex imprudentia profectum, gravius à vobis ſint multati, quàm Macedones perpetui hoſtes veſtri. Præcipua verò Rhodiorum calamitas illa eſt, quod portus vectigal amiſit: quum & Delum juſſeritis eſſe immunem, & populo libertatem ademeritis ſtatuendi, ſicut antè faciebat, tum de portorio, tum de cæteris publicis rebus.

Id ita esse, nullo negotio potest intelligi. Portorium enim quod superioribus temporibus decies centenis drachmarum millibus redimebatur, ut nunc locatur, ad centum quinquaginta millia vix pervenit. Adeo potissima quæque loca nostræ urbis iræ vestræ, Patres conscripti, incendio conflagrarunt. Quod si publico consilio peccatum adversus vos esset, alienatusque à vobis populus esset; fortasse & vobis justa foret caussa, cur in suscepta ira inexorabiles permaneritis. nunc quum liquido constet vobis, paucorum culpa id delictum esse admissum, eosque adeo omnes à populo suppliciis esse affectos; quid est cur placari erga illos qui nihil deliquerunt nolitis? vos qui benignitate & magnanimitate, quam aliis omnibus præstitistis, cæteros universos populos longe antecellitis. Omnibus igitur vectigalibus suis nudatus populus, libertate etiam amissa; quæ duo ut retineret nullum ad hanc usque diem laborem, nullam ærumnam recusavit; postulat nunc à vobis, Romani, petitque, ut post pœnas exactas pro delicto satis grandes, posita ira redire in gratiam, societatem secum velitis inire. quò omnes intelligant vos non amplius populo Rhodio iratos, ad pristinam mentem & benevolentiam rediisse, qua aliquando eum complectebamini. hoc enim est quo nunc patriæ nostræ est opus, non autem belli & armorum ulla societate. Hæc similiaque his quum dixisset Astymedes, visa omnibus illius oratio præsenti Rhodiorum statui convenire.

Ὅτι δὲ τοῦτ' ἔστιν ἀληθές, οὐ δυσχερὲς καταμαθεῖν. Τοῦ γὰρ ἐλλιμενίου κατὰ τοὺς ἀνώτερον χρόνους, διευρίσκοντος ἑκατὸν μυριάδας δραχμῶν, νῦν * εὑρήκατε πεντεκαίδεκα μυριάδας, ὥστε καὶ λίαν ὦ ἄνδρες Ῥωμαῖοι τὴν ὑμετέραν ὀργὴν ἧφθαι τῶν κυρίων τόπων τῆς πόλεως. Εἰ μὲν συμβεβήκει πάνδημον γεγονέναι τὴν ἁμαρτίαν, καὶ τὴν ἀλλοτριότητα τοῦ δήμου, τάχα ἴσως ἐδοκεῖτε καὶ ὑμεῖς εὐλόγως, ἐπίμονον καὶ δυσπαραίτητον ἔχειν τὴν ὀργήν. εἰ δὲ σαφῶς ἴστε παντάπασιν ὀλίγους γεγονότας αἰτίους τῆς τοιαύτης ἀλογίας, καὶ τούτους ἅπαντας ἀπολωλότας ὑπ' αὐτοῦ τοῦ δήμου, τί πρὸς τοὺς μηδὲν αἰτίους ἀκαταλλάκτως ἔχετε; καὶ ταῦτα πρὸς τοὺς ἄλλους ἅπαντας εἶναι δοκοῦντες πρᾳότατοι καὶ μεγαλοψυχότατοι; Διόπερ ὦ ἄνδρες Ῥωμαῖοι, ἀπολωλεκὼς ὁ δῆμος τὰς προσόδους, τὴν παρρησίαν, τὴν ἰσολογίαν, ὑπὲρ ὧν τὸν πρὸ τοῦ χρόνον πᾶν ἀναδεχόμενος διατετέλεκεν, ἀξιοῖ καὶ δεῖται πάντων ὑμῶν, ἱκανὰς ἔχων πληγάς, λήξαντας τῆς ὀργῆς, διαλυθῆναι καὶ συνθέσθαι τὴν συμμαχίαν· ἵνα γένηται τοῦτο ἐμφανὲς ἅπασιν, ὅτι τὴν μὲν ὀργὴν ἀποτέθεισθε τὴν πρὸς Ῥοδίους, ἀνακεχωρήκατε δ' ἐπὶ τὴν ἐξ ἀρχῆς αἵρεσιν, καὶ φιλίαν. τούτου γὰρ χρείαν ἔχει νῦν ὁ δῆμος, οὐ τῆς διὰ τῶν ὅπλων καὶ στρατιωτῶν συμμαχίας. Ταῦτα μὲν οὖν καὶ τούτοις παραπλήσια διαλεχθεὶς Ἀστυμήδης, ἐδόκει πρεπόντως τοῖς καιροῖς πεποιῆσθαι τοὺς λόγους.

πλεῖστα γε μὴν συνήργησαν τοῖς Ῥοδίοις πρὸς τὸ τυχεῖν τῆς συμμαχίας, οἱ περὶ τὸν Τιβέριον ἄρτι παραγεγονότες· οὗτοι γὰρ ἀπομαρτυρήσαντες, πρῶτον μὲν πᾶσι τοῖς τῆς συγκλήτου δόγμασι πεπειθαρχηκέναι τοὺς Ῥοδίους, ἔπειτα πάντας τοὺς αἰτίους τῆς ἀλλοτριότητος κατακεκρίσθαι θανάτου παρ' αὐτοῖς, ἥττησαν τοὺς ἀντιλέγοντας, καὶ ἐποιήσαντο τὴν πρὸς Ῥωμαίους συμμαχίαν.

plurimum tamen Rhodios ad impetrandam societatem Tiberius adjuvit, nuper ex Asiatica legatione reversus. Qui quum renuntiasset, omnibus Patrum decretis obtemperatum fuisse à Rhodiis : deinde omnes capitis fuisse damnatos, quorum opera alienatus populus fuerat à Romanis ; dicentibus contrarium os obturavit & ut societatem Romani cum Rhodiis inirent, pervicit.

ΡΕ.

Ῥωμαίων ἀπόκρισις κατὰ τῶν περιστάντων ἐν ταῖς πατρίσιν Ἑλλήνων, τότε κατεχομένων· καὶ ἐκ τούτου ὁλοσχερὴς πάντων ἀθυμία καὶ παράλυσις ψυχῆς.

ΟΤΙ μετά τινα χρόνον εἰσῆλθον οἱ παρὰ τῶν Ἀχαιῶν πρέσβεις, ἔχοντες ἐντολὰς ἀκολούθως ταῖς ἀποκρίσεσιν, ἃς πρότερον ἐλαβον. αὗται δ' ἦσαν· διότι θαυμάζουσι, πῶς ὑπὲρ ὧν αὐτοὶ κεκρίκασι, περὶ τούτων αὐτοὺς παρακαλοῦσι κρίνειν. διὸ τότε παρῆσαν οἱ περὶ τὸν Εὐρέαν, πάλιν ἐξ ἀρχῆς ἐμφανίζοντες, διότι τὸ μὲν ἔθνος οὔτε δικαιολογουμένων ἀκήκοε τῶν κατηγορημένων, οὔτε κρίσιν οὐδεμίαν πεποίηται περὶ αὐτῶν· τὴν δὲ σύγκλητον ἀξιοῖ, πρόνοιαν ποιήσασθαι τῶν ἀνθρώπων, ἵνα κρίσεως τύχωσι, καὶ μὴ καταφθαρῶσιν ἄκριτοι· καὶ μάλιστα μὲν αὐτὴν ἐξ-

CV.

Romanorum sententia adversus Græcos nonnullos, qui patrias suas ad Perseum trahere voluisse accusati, captivi tunc tenebantur. & ex ea re secuta animorum consternatio & pavor omnium.

ALIQUANTO post Achæorum legati inCuriam sunt ingressi, convenientia habentes mandata ei responso, quod à Senatu antè acceperāt. responsum autem fuerat; Mirari populum Romanum Acheos, qui arbitrium Senatui ejus rei deferant, de qua ipsi jam statuerint. iccirco legatio hæc fuerat missa, cujus princeps Eureas, ut Patribus iterum confirmaret, neque in judicio fuisse unquam auditos ab Achæis eos, quorum nomina erant delata: neque ullam adversus ipsos sententiam ab iis esse pronuntiatam. propterea postulare Achæos à Senatu, ut cognosci de eorum hominum

caussa

caussa jubeat, neque indemnatos perire miseros patiatur. quod si posset fieri, maxime optare Achæos, ut Senatus ipse re inquisita quinam ex his sontes sint, sua sententia declaret: sin hoc per occupationes varias non liceat; negotium Achæis ut permitterent: qui odium suum erga improbos in scelerum auctoribus sint palàm facturi. In hanc sententiam sicut mandatum fuerat, disserentes legatos quum audissent Patres, incessit eorum animos dubitatio, quid esset opus facto; quoniam quicquid statuerent, prodebantur eorum consilia. Nam ut judicium de reis peragerent, convenire sibi non arbitrabantur: sine judicio autem eos dimittere, cum manifesta pernicie eorum erat conjunctum, qui populi Romani sectam sequebantur. Itaque partim coacti Patres, partim quia spem omnem multitudini præcidere volebant de eorum salute qui tenebantur captivi, ut omnes deinceps labia compescerent, & jussis parerent; in Achaia quidem ad Callicratem; in aliis vero civitatibus, ad eos qui Romanę partis erant hujusmodi responsum miserunt: Neque vobis neque populis vestris conducibile esse existimamus, ut isti homines in patriam revertantur. Hoc edito responso, Græcorum omnium mentes, nedum eorum qui Romam fuerant evocati; consternatio ingens subiit, ut plane animos universi desponderent, velut in communi omnium luctu: quod videretur hoc responso miseris hominibus spes salutis in perpetuum esse præcisa. At Tiberius ex Asiatica legatione reversus, certius nihil de

ἐπίστασιν, διασαφῆσαι τοὺς ἐνόχους ὄντας τοῖς ἐγκλήμασιν· εἰ δὲ διὰ τοὺς περισπασμοὺς αὐτὴ μὴ δύναται τοῦτο ποιῆσαι, τοῖς Ἀχαιοῖς ἐπιτρέψαι περὶ τοῦ πράγματος· οἳ πειράσονται μισοπονήρως χρήσασθαι τοῖς αἰτίοις. Ἡ δὲ σύγκλητος διακούσασα τῶν πρεσβευτῶν, ἀκολούθως ταῖς ἐντολαῖς διαλεγομένων, καὶ δυχερησοῦσα, διὰ τὸ πανταχόθεν ἐξελέγχεσθαι· τό, τε γὰρ κρίνειν οὐκ ἐνόμιζεν αὐτῇ καθήκειν· τό, τε χωρὶς κρίσεως ἀπολύειν τοὺς ἄνδρας, πρόδηλον ἔχειν ἐδόκει τὸν ὄλεθρον τοῖς φίλοις αὐτῶν. διόπερ ἀναγκαζομένη καὶ βουλομένη παρελέσθαι καθόλου τὴν ἐλπίδα τῶν πολλῶν ὑπὲρ τῆς τῶν κατεχομένων σωτηρίας, ἵνα * συμμίξαντες πειθαρχῶσιν· ἐν μὲν Ἀχαΐᾳ τοῖς περὶ τὸν Καλλικράτην· ἐν δὲ τοῖς ἄλλοις πολιτεύμασι τοῖς δοκοῦσιν εἶναι Ῥωμαίων ..... ἔγραψαν ἀπόκρισιν τοιαύτην· ὅτι ὑμῖν οὐχ ὑπολαμβάνομεν συμφέρειν, οὔτε τοῖς ὑμετέροις δήμοις, τοὺς ἄνδρας ἐπανελθεῖν εἰς οἶκον. Ταύτης δὲ τῆς ἀποκρίσεως ἐκπεσούσης, οὐ μόνον περὶ τοὺς ἀνακεκλημένους ἐγένετό τις ὁλοσχερὴς ἀθυμία καὶ παράλυσις τῆς ψυχῆς, ἀλλὰ καὶ περὶ τοὺς Ἕλληνας, ὡσανεὶ κοινόν τι πένθος· ἅτε δοκούσης τῆς ἀποκρίσεως ὁλοσχερῶς ἀφαιρεῖσθαι τὴν ἐλπίδα τῆς σωτηρίας τῶν ἀκληρούντων. Οἱ δὲ περὶ τὸν Τιβέριον ἥκοντες ἀπὸ τῆς πρεσβείας, ὀυδὲν περιττότερον ἠδυνήθησαν, οὔτ' αὐτοὶ διαλαβεῖν, οὔτε τῇ Eumenis & Antiochi consiliis, συγκλήτῳ διασαφῆσαι περὶ τὰ κατὰ τὸν Εὐμένη καὶ τὸν Ἀντίοχον, ἢ ὑπὲρ ὧν καὶ πρότερον ὄντες ἐν τῇ Ῥώμῃ διελάμβανον. οὕτως αὐτοὺς οἱ βασιλεῖς ἐξετέμοντο τῇ κατὰ τὴν ἀπάντησιν φιλανθρωπίᾳ. Κατὰ δὲ τὴν Ἑλλάδα διαγγελθείσης ἀποκρίσεως τῆς τοῖς Ἀχαιοῖς δεδομένης ὑπὲρ τῶν καταιτιαθέντων, τὰ μὲν πλήθη συνετρίβη ταῖς διανοίαις· καί τις οἷον ἀπελπισμὸς ὑπέδραμε τοὺς ἀνθρώπους· οἱ δὲ περὶ τὸν Χάροπον καὶ Καλλικράτην, καὶ πάντες οἱ τῆς αὐτῆς ὑποθέσεως προεστῶτες, μετέωροι πάλιν ἐγενήθησαν.

neque ipse cognoscere, neque Senatui renuntiare potuit, illis quæ jam antè quàm Roma proficisceretur, cognoverat. Adeo comitate sua Reges in mutuis congressibus eum sibi adjunxerant. Cæterùm ubi per Græcorum civitates responsum illud est vulgatum, quod Achæis dederant Romani super illis qui accusati fuerant; vulgo omnium dejecti sunt animi, desperatione quadam mentes singulos invadente. at Charopus & Callicrates, & quicunque eam sectam sequebantur, nova iterum spe sunt elati.

ΡϚʹ.

Πῶς οἱ περὶ Ἄτταλον καὶ Ἀθήναιον ἀπολογησάμενοι ὑπὲρ τἀδελφοῦ Εὐμένους πρὸς τὴν σύγκλητον, ἐξέλυσαν αὐτὸν ἀπὸ τῶν ἐπιφερομένων αἰτιῶν.

ΟΤΙ Τιβέριος τοὺς Καμμανοὺς, τὰ μὲν βιασάμενος, τὰ δὲ παραλογισάμενος, ὑπηκόους ἐποίησε Ῥωμαίοις. εἰς δὲ τὴν Ῥώμην καὶ πλειόνων παραγεγονότων, ἐχρημάτισεν ἡ σύγκλητος τοῖς περὶ Ἄτταλον καὶ τὸν Ἀθήναιον. συνέβαινε γὰρ τὸν Προυσίαν, οὐ μόνον αὐτὸν ἐνεργῶς κεχρῆσθαι ταῖς διαβολαῖς, ταῖς κατὰ τὸν Εὐμένη καὶ τὸν Ἄτταλον, ἀλλὰ καὶ τοὺς Γαλάτας παρωξυκέναι, καὶ τοὺς Σελγεῖς, καὶ πλείους ἑτέρους κατὰ τὴν Ἀσίαν πρὸς τὴν αὐτὴν ὑπόθεσιν. ὧν χάριν ὁ βασιλεὺς Εὐμένης ἐξαπεστάλκει τοὺς ἀδελφοὺς, ἀπολογησομένους πρὸς τὰς ἐπιφερομένας δι-

CVI.

Quomodo Attalus & Athenæus instituta apud Senatum excusatione fratris Eumenis, ab impositis criminationibus eum liberarunt.

TIBERIUS Cammanos partim vi partim dolo & astutia in ditionem populi Rom. redegit. Romam verò quùm plures legati venissent, Senatus Attalo & Athenæo est datus. Prusias enim, non solum calumniabatur ipse omni studio Eumenem & Attalum, verùm etiam Gallos ac Selgenses, multosque alios Asiæ populos ad faciendum idem impulerat. Iccirco Rex Eumenes fratres Romam miserat, qui ad omnes criminationes responderent. Hi igitur

Curiam

Curiam ingressi, omnibus qui aliquid objicerent, non male visi sunt respondisse: ac tandem, non solum omnia quæ objiciebātur crimina diluerunt; sed etiam honoribus, priusquam in patriam redirent, sunt aucti. At non propterea suspicionem dudum conceptam adversus Eumenem & Antiochum, remisit Senatus: sed C. Sulpitium & Manium Sergium decrevit legatos, misitque; partim ut res Græcorum propius aspicerent: partim ut inter Megalopolitanos & Lacedæmonios controversiam disceptarent, quæ super agro quodam dubii juris fuerat inter ipsos exorta. Præcipuus tamen legationis hujusce erat finis, ut de consiliis Antiochi atque Eumenis accurate inquirerent; nunquid bello necessaria appararent, ac societatem adversus Romanos junxissent.

CVII.

Demetrius Seleuci F. obses Romæ, à Senatu petens ut in regnum patrium restitueretur, nihil obtinet.

Quid secutus sit Romanus Senatus, cum puerum Regem in regno obtinendo Demetrio viro anteponit.

Legatio Romanorum, res variorum Regum inspectura.

DEMETRIUS Seleuci filius, quum multos jam annos obses Romæ esset detentus, ille quidem jam dudum injuriâ detineri se querebatur. datum enim se fuisse à Seleuco patre, fidei ejus

ἀβολάς· οἳ καὶ παρελθόντες εἰς τὴν σύγκλητον, ἐνδεχομένως ἔδοξαν πρὸς ἅπαντας τοὺς κατηγοροῦντας ποιήσασθαι τὴν ἀπολογίαν. καὶ τέλος, οὐ μόνον ἀποτρεψάμενοι τὰς ἐπιφερομένας αἰτίας, ἀλλὰ καὶ τιμηθέντες ἐπανῆλθον εἰς τὴν Ἀσίαν. Οὐ μὴν τῆς γε κατὰ τὸν Εὐμένη, καὶ κατὰ τὸν Ἀντίοχον ὑποψίας ἔληγεν ἡ σύγκλητος· ἀλλὰ Γάϊον Σουλπίκιον, καὶ Μάνιον Σέργιον, καταστήσασα πρεσβευτὰς ἐξαπέστελλεν· ἅμα μὲν ἐποπτεύσοντας τὰ κατὰ τοὺς Ἕλληνας· ἅμα δὲ τοῖς Μεγαλοπολίταις, καὶ τοῖς Λακεδαιμονίοις διευκρινήσοντας περὶ τῆς ἀντιλεγομένης χώρας· μάλιστα δὲ πολυπραγμονήσοντας τὰ κατὰ τὸν Ἀντίοχον, καὶ τὰ κατὰ τὸν Εὐμένη· μή τις ἐξ αὐτῶν παρασκευὴ γίνεται, καὶ κοινοπραγία κατὰ Ῥωμαίων.

ΡΖ.

Δημήτριος ὁμηρεύων ἐν Ῥώμῃ παρακαλῶν τὴν σύγκλητον κατάγειν αὐτὸν, οὐδὲν ἀνύει.

Τίνος χάριν ἡ σύγκλητος τὸν ἀπολελειμμένον παῖδα προτιμᾷ τοῦ Δημητρίου.

Πρεσβεία Ῥωμαίων, τὰ τῶν βασιλέων πράγματα ἐπισκεψομένη.

ΟΤΙ Δημήτριος ὁ τοῦ Σελεύκου, πολὺν ἤδη χρόνον κατεχόμενος ἐν τῇ Ῥώμῃ κατὰ τὴν ὁμηρείαν, πάλαι μὲν ἐδόκει παρὰ τὸ δίκαιον κατέχεσθαι· δοθῆναι γὰρ ὑπὸ Σελεύκου τοῦ πατρὸς, τῆς ἐκείνου πίστεως ἕνεκεν· Ἀντιόχου δὲ μεταληφότος τὴν βασιλείαν, οὐκ ὀφείλειν ὑπὲρ ἐκείνου τέκνων ὁμηρεύειν. Οὐ μὴν ἀλλὰ τὸν μὲν πρὸ τοῦ χρόνον, ἦγε τὴν ἡσυχίαν, καὶ μάλιστα διὰ τὴν ἀδυναμίαν, ἦν γὰρ ἔτι παῖς· τότε δὲ τὴν ἀκμαιοτάτην ἔχων ἡλικίαν, ἐποιήσατο λόγους, εἰσελθὼν εἰς τὴν σύγκλητον, ἀξιῶν καὶ παρακαλῶν, καταγαγεῖν αὐτὸν ἐπὶ τὴν βασιλείαν. καθήκειν γὰρ αὐτῷ μᾶλλον, ἢ τοῖς Ἀντιόχου τέκνοις τὴν ἀρχήν. Διατιθέμενος δὲ καὶ πλείονας λόγους αὐτοῦ περὶ τὴν προειρημένην ὑπόθεσιν, καὶ μάλιστα προσδραμόντας ἐν τῷ λέγειν, διότι συμβαίνει καὶ πατρίδα καὶ τροφὸν, τὴν Ῥώμην ὑπάρχειν αὐτῷ· καὶ τοὺς μὲν υἱοὺς τῶν ἐκ τοῦ συνεδρίου ἅπαντας, ἀδελφῶν ἔχειν διάθεσιν· τοὺς δὲ βουλευτὰς πατέρων, διὰ τὸ παραγενέσθαι μὲν ἔτι νήπιος· τότε δὲ κατ' ἡλικίαν ὑπάρχειν ἐτῶν εἴκοσι καὶ τριῶν· συνετρέποντο μὲν ἅπαντες ἀκούοντες ἐν ἑαυτοῖς· κοινῇ γε μὴν ἔδοξε τῇ συγκλήτῳ, τὸν μὲν Δημήτριον κατέχειν· τῷ δὲ καταλελειμμένῳ παιδὶ, συγκατασκευάζειν τὴν ἀρχήν. Τοῦτο δ' ἐποίησεν, ὡς ἐμοὶ δοκεῖ, ὑπιδόμενοι τὴν ἀκμὴν τοῦ Δημητρίου· μᾶλλον δὲ κρίναντες συμφέρειν τοῖς σφετέροις πράγμασι τὴν νεότητα, καὶ τὴν ἀδυναμίαν τοῦ παιδὸς τοῦ διαδεδεγμένου τὴν βασιλείαν. Ἐγένετο δὲ τοῦτο δῆλον ἐκ τῶν μετὰ ταῦτα συμβαινόντων· εὐθέως γὰρ καταστήσαντες πρεσβευτὰς τοὺς περὶ Γνάιον Ὀκταούιον, καὶ Σπόριον Λουκρήτιον, καὶ Λεύκιον Αὐρήλιον, ἐξέπεμψαν τοὺς διοικήσοντας τὰ κατὰ τὴν βασιλείαν, ὡς αὐτῇ προῃρεῖτο, διὰ τὸ μηδέν' αὐτοῖς ἐμποδὼν στησόμενον εἶναι τοῖς ἐπιταττομένοις· τοῦ μὲν βασιλέως παι-

obſidem : nunc quum patris loco Antiochus regnaret, ut pro illius liberis obſes remaneret, id verò æquum non eſſe. Sed hactenus quidem Demetrius, ut qui propter ætatem puerilem ſupereſſe rebus ſuis non poſſet, nihil moverat : tum verò quum tempus ætatis florentiſſimæ ageret, in Curiam ingreſſus, à Patribus poſtulavit, petiitque, ut per populum Rom. in regnum reſtitueretur. ad ſe enim potius quàm ad Antiochi filios regnum pertinere. Et quum in hanc ſententiam plura diſſeruiſſet, atque illud præſertim ſubinde repetiiſſet, patriam ſibi & altricem terram eſſe Romanam; omnes ſenatorum filios inſtar fratrum; ipſos ſenatores loco patrum; ut qui Romam puer veniſſet, jam autem annos tres & viginti eſſet natus: etſi movebantur Patres quum hæc dicentem audirent: omnes tamen communi conſenſu decreverunt, Demetrium eſſe detinendum: & puero quem Antiochus reliquerat regnum firmandum. Cujus conſilii, ea, niſi fallor, cauſſa fuit: quod florem ætatis in qua tum erat Demetrius ſuſpectum Senatus habebat, conducibilioremque rebus ſuis ætatem infirmam illius qui relictus erat ſucceſſor judicabat. Atque hoc quæ poſtea ſunt ſecuta palàm fecerunt. extemplo enim legatos decreverunt, Cn. Octavium, Sp. Lucretium, & L. Aurelium : quos ad regnum illud adminiſtrandum ex voluntate ipſius Senatus, miſerunt: quippe fore neminem impedimento, Rege puero,

& prin-

& principibus aulæ bene agi secum existimantibus, si Romani Demetrio regnum non traderent, quod futurum existimabant. Profectus igitur est Cnæus cum cæteris legatis postquam mandata hujusmodi essent accepta; ante omnia, ut naves tectas comburerent: deinde ut elephantis nervos inciderent: Et uno verbo, regias opes quam maxime possent imminuerent. Præterea mandatum istis est, ut Macedoniam inviserent: nam Macedones qui popularis status insolentes erant, & publici concilii usum nullum habebant, seditiones inter se agitabant. Jussi etiam fuerant hi legati, res Gallogræcorum, & Ariarathis regnum diligenter invisere, deinde missæ ad illos sunt literæ, quibus jubebantur Reges Alexandriæ omni studio invicem conciliare.

CVIII.

M. Iunii ad Ariarathem regem legatio.

PER id tempus venerunt Roma legati, primo quidem M. Junius, ad disceptandas controversias inter Gallogræcos & Regem Ariarathem: postquam enim Trocmi regni Cappadociæ nullam partem occupare potuerunt; (etenim Cappadoces ingenti assumpta audacia, urbem . . . . . repente munierant,) confugientes ad Romanos, Ariarathem in odium illorum adducere sunt conati. Iccirco missa est ad Regem legatio, cujus princeps Junius: cum his Rex pro tempore

δὲς ὄντος, τῶν δὲ προεστώτων ἀσμενιζόντων ἐπὶ τῷ μὴ παραδιδόναι τὰ πράγματα τῷ Δημητρίῳ· μάλιστα γὰρ τοῦτο προσεδόκων. Οἱ μὲν οὖν περὶ τὸν Γνάϊον ἐξώρμησαν, ἔχοντες ἐντολὰς, πρῶτον μὲν, τὰς ναῦς τὰς καταφράκτους διαπρῆσαι· μετὰ δὲ ταῦτα, τοὺς ἐλέφαντας νευροκοπῆσαι, καὶ καθόλου λυμήνασθαι τὴν βασίλειον δύναμιν. Προσενετείλαντο δὲ τούτοις, καὶ τὰ κατὰ τὴν Μακεδονίαν ἐπισκέψασθαι. συνέβαινε γὰρ τοὺς Μακεδόνας ἀήθεις ὄντας δημοκρατικῆς καὶ συνεδριακῆς πολιτείας, στασιάζειν πρὸς αὑτούς. ἔδει δὲ τοὺς περὶ τὸν Γνάϊον καὶ τὰ περὶ τοὺς Γαλάτας, καὶ τὰ κατὰ τὴν Αριαράθου βασιλείαν ἐποπτεῦσαι. μετὰ δέ τινα χρόνον αὐτοῖς ἐπαπεστάλη γράμματα παρὰ τῆς συγκλήτου, καὶ τοὺς ἐν Ἀλεξανδρείᾳ βασιλεῖς διαλῦσαι κατὰ δύναμιν.

ΡΗ.

Μάρκου Ἰουνίου πρὸς Αριαράθην πρεσβεία.

ΟΤΙ κατὰ τοὺς καιροὺς τούτους παρεγένοντο πρέσβεις ἐκ τῆς Ῥώμης, πρῶτον μὲν οἱ περὶ τὸν Μάρκον Ἰούνιον διευκρινήσοντες τὰ πρὸς τοὺς Γαλάτας διαφέροντα τῷ βασιλεῖ· ἐπειδὴ γὰρ οὐκ ἠδυνήθησαν οἱ Τρόκμοι δι᾽ αὐτῶν ἀποτεμέσθαι τῆς Καππαδοκίας οὐδέν· ἀλλ᾽ ἐκ χειρὸς ὠκοδομήσαντο τὴν * δίκην ἐπιβαλόμενοι τόλμαν, καταφυγόντες ἐπὶ Ῥωμαίους, διαβάλλειν ἐπειρῶντο τὸν Αριαράθην. ὧν χάριν ἀπεστάλησαν οἱ περὶ τὸν Ἰούνιον. πρὸς οὓς ὁ βασιλεὺς ποιησάμενος τοὺς ἁρμόζοντας λόγους, καὶ τἄλλα φιλανθρώπως ὁμιλήσας, ἐκείνους μὲν εὐλογοῦντας ἀπέστειλε· μετὰ δὲ ταῦτα παραγινομένων πρεσβευτῶν τῶν περὶ Γνάιον Ὀκταούιον, καὶ Σπόριον Λυκρήτιον, καὶ διαλεγομένων τῷ βασιλεῖ πάλιν περὶ τῶν πρὸς τοὺς Γαλάτας αὐτῷ διαφερόντων, βραχέα περὶ τούτων κοινολογησάμενος, καὶ φήσας εὐπαραγωγὸς εἶναι πρὸς τὸ κριθέν· λοιπὸν ἤδη τὸν πλείω λόγον ὑπὲρ τῶν κατὰ Συρίαν ἐποιεῖτο πραγμάτων, εἰδὼς ἐκεῖσε προάγοντας τοὺς περὶ τὸν Ὀκτάουιον· ὑποδεικνύων αὐτοῖς τὴν ἀκαταστασίαν τῆς βασιλείας, καὶ τὴν οἰκειότητα τῶν προεστώτων αὐτῆς· καὶ προσεπαγγελλόμενος, ἀκολουθήσειν μετὰ δυνάμεως, καὶ συνεφεδρεύειν τοῖς καιροῖς, ἕως ἂν ἐπανέλθωσι πάλιν ἐκ τῆς Συρίας ἀσφαλῶς. Οἱ δὲ περὶ τὸν Γνάιον ἐν πᾶσιν ἀποδεχόμενοι τὴν τοῦ βασιλέως εὔνοιαν καὶ προθυμίαν, κατὰ μὲν τὸ παρὸν, οὐκ ἔφασαν προσδεῖσθαι τῆς παραπομπῆς· εἰς δὲ τὸ μέλλον, ἐάν τις ὑποπίπτῃ χρεία, διασαφήσειν ἀόκνως· κρίνειν γὰρ αὐτὸν ἕνα τῶν ἀληθινῶν Ῥωμαίοις φίλων.

locutus, quod prolixa humanitate eos accepisset, suas ipsius laudes prædicantes dimisit. Postea legati alii venerunt, Gn. Octavius & Spurius Lucretius. qui ubi Regem denuo allocuti essent super controversia quam habebat cum Gallogræcis; ille paucis rem omnem exponere, ac dicere, in eorum judicio facile se acquieturum. cæterùm de Syriæ rebus pleraque omnis ejus fuit oratio, quod sciret eò pergere Octavium. ostendit igitur legatis, & regni illius quàm incertus esset status, & quanta sibi cum illis necessitudo intercederet, qui rerum ibi potirentur. Pollicitus item est illis, cum copiis se eos comitaturum, & paratum intentumque ad omnem occasionem futurum, donec absq; omni periculo ex Syria essent reversi. Legati ubi significassent quàm grata sibi esset hæc Regis benevolentia & propensus animus, in præsentia quidem ejus comitatu opus sibi non esse dixerunt: in posterum verò si qua in re præsidio opus haberent, illi se absque ulla cunctatione significaturos: quem inter verè amicos populi Rom. numerarent.

ΡΘ.

Πῶς Ἀριαράθης διὰ πρέσβεων τὴν πρὸς Ῥωμαίους φιλίαν ἀνενεώσατο.

ΟΤΙ παρεγίνοντο κατὰ τὸν αὐτὸν καιρὸν παρὰ Ἀριαράθου τοῦ νεωστὶ διαδεδεγμένου τὴν Καππαδοκῶν βασιλείαν πρέσβεις, ἀνανεωσόμενοι τήν τε φιλίαν

CIX.

Ariarathes Rex per legatos amicitiam cum populo Rom. renovat.

EODEM tempore ab Ariarathe, qui regni Cappadociæ successionem paullo antè adierat, venerunt legati, ad renovandam amicitiam & societatem, quæ jam antè

antè illi erat cum populo Romano: hortandumque Senatum, ut Regem qui publice privatimque universis Romanis cupiebat, benevolentia sua complecteretur. Senatus audita ejus oratione, non solum amicitiam societatemque renovavit; sed etiam laudato Regis animo comiter legatos excepit. Hoc autem propterea factum, quia Tiberius qui ad cognoscenda Regum consilia fuerat missus, reversus ab ea legatione, de hujus Regis & patris ipsius animo erga populum Romanum, atque in universum de eorum regno, multa benigna retulerat. Itaque Patres ei fidem habentes, tum legatos tractarunt humanè, tum etiam Ariarathis animum laudarunt.

καὶ συμμαχίαν τὴν προϋπάρχουσαν, καὶ καθόλου παρακαλέσοντες τὴν σύγκλητον ἀποδέξασθαι τὴν τοῦ βασιλέως εὔνοιαν, καὶ προθυμίαν ἣν ἔχει, καὶ κοινῇ καὶ κατ' ἰδίαν πρὸς ἅπαντας Ῥωμαίους. ἡ δὲ σύγκλητος διακούσασα τῶν λόγων, τήν τε φιλίαν ἀνενεώσατο καὶ τὴν συμμαχίαν· καὶ καθόλου τὴν ὅλην αἵρεσιν ἀποδεξαμένη τοῦ βασιλέως, φιλάνθρωπος ἐγενήθη. Τοῦτο δ' ἐγένετο μάλιστα διὰ τὸ τοὺς περὶ τὸν Τιβέριον, καθ' ὃν καιρὸν ἐξαπεστάλησαν ἐπισκεψόμενοι τὰ κατὰ τοὺς βασιλεῖς, ἐπανελθόντας, εὐφήμους λόγους ποιήσασθαι, περί τε τοῦ πατρὸς καὶ καθόλου τῆς βασιλείας αὐτοῦ. Οἷς πιστεύσαντες οἱ τοῦ συνεδρίου, τούς τε πρεσβευτὰς φιλανθρώπως ἀπεδέξαντο, καὶ τὴν ὅλην αἵρεσιν τοῦ βασιλέως.

CX.

Rhodiorum legatio ad populum Rom.

RHODII posteaquam ex illa priore calamitate respirarunt, legatos Romam Cleagoram & Lygdamim proficisci jusserunt, qui . . . . . sibi concedi postularent: deinde ut eorum nomine qui in Lycia & Caria prædia habebant, peterent, quo illa sibi pari atque antea jure possidere liceret. Insuper decreverunt iidem in honorem populi Romani colossum cubitorum triginta in æde Minervæ dedicare.

ΡΙ.

Ῥοδίων ὡς Ῥωμαίους πρεσβεία.

ΟΤΙ Ῥόδιοι διαπεπνευκότες ἐκ τῆς περὶ αὐτοὺς γενομένης δυσχερείας, ἔπεμπον εἰς τὴν Ῥώμην πρεσβευτὰς τοὺς περὶ Κλεαγόραν καὶ Λύγδαμιν ἀξιώσοντας σφίσι παραχωρηθῆναι· περὶ δὲ τῶν ἐχόντων ἐν τῇ Λυκίᾳ καὶ Καρίᾳ κτήσεις, αἰτησομένους τὴν σύγκλητον, ἵνα αὐτοῖς ἔχειν ἐξῇ, καθὰ καὶ πρότερον. Ἐψηφίσαντο δὲ καὶ κολοσσὸν στῆσαι τοῦ δήμου τῶν Ῥωμαίων ἐν τῷ τῆς Ἀθηνᾶς ἱερῷ, τριακοντάπηχυν.

ΡΙΑ.

ΡΙΑ.

Πῶς Καλυνδεῖς ἀποστάντες Καυνίων Ῥοδίοις ἑαυτοὺς ἐνεχείρισαν.

ΟΤΙ τῶν Καλυνδέων ἀποστάντων Καυνίων, καὶ μετὰ ταῦτα πολιορκεῖν ἐπιβαλλομένων αὐτοὺς τῶν Καυνίων, τὰς μὲν ἀρχὰς ἀπεκαλέσαντο Κνιδίους οἱ Καλυνδεῖς· ὧν καὶ παραπεσόντων κατὰ βοήθειαν ἐπὶ ποσὸν ἀντεῖχον τοῖς ὑπεναντίοις. Αγωνιῶντες δὲ τὸ μέλλον, πρέσβεις ἐξέπεμψαν πρὸς Ῥοδίους, ἐγχειρίζοντες σφᾶς αὐτοὺς καὶ τὴν πόλιν. οἱ δὲ Ῥόδιοι πέμψαντες βοήθειαν, καὶ κατὰ γῆν καὶ κατὰ θάλατταν, τήν τε πολιορκίαν ἔλυσαν, καὶ παρέλαβον τὴν πόλιν. Συνέβη δὲ καὶ τὴν σύγκλητον αὐτοῖς βεβαιῶσαι τὴν τῶν Καλυνδέων κτῆσιν.

CXI.

Calyndenses populus Cariæ à Cauniis ad Rhodios deficiunt.

QUUM à Cauniis Calyndenses defecissent, ac postea obsidionem eorum aggressi essent Caunii; illi principio quidem à Cnidiis auxilia poposcerunt: quorum adventu aliquandiu hostibus restiterunt: sed mox de exitu belli anxii & solliciti, legationem ad Rhodios miserunt, se suamque urbem illis dedentes. Rhodii terra marique auxilio misso, urbem obsidione liberarunt, eamque sibi traditam acceperunt. Mox & Senatus ejus possessionis retinendæ jus & potestatem illis concessit.

ΡΙΒ.

Ἀριαράθης τυχὼν τῆς Ῥωμαίων εὐνοίας θύει χαριστήρια.

Τοῦ αὐτοῦ πρεσβεία πρὸς Λυσίαν ὑπὲρ ἀνακομιδῆς τῶν μητρός τε καὶ ἀδελφῆς ὀστῶν.

Ο ΔΕ Ἀριαράθης ὁ βασιλεὺς Καππαδοκίας προσδεδεγμένος τοὺς εἰς τὴν Ῥώμην ἀπεσταλμένους πρεσβευτάς, νομίσας ἐκ τῶν ἀποκρίσεων ἐν ὀρθῷ κεῖσθαι τὴν βασιλείαν αὐτῷ, ἐπειδὴ καθίκετο τῆς Ῥωμαίων εὐνοίας, ἔθυε τοῖς

CXII.

Ariarathes diis sacra facit ob Romanorum erga se benevolentiam.

Idem per legatos cum Lysia agit, ut ab Antiochia sibi mittatur matris suæ sororisq; ossa.

REX Cappadociæ Ariarathes, post reditum eorum legatorum quos Romam miserat, persuasus ex eorum responsis in tuto sibi regnum esse collocatum, quando semel benevolentiam Romanorum esset nactus; ut pro tanto beneficio diis gratias ageret, rem sacram facere

facere instituit, & duces suos convivio excepit. Secundum hæc Antiochiam legatos ad Lysiam misit, quò sororis matrisque ossa reciperet. Igitur de scelere impio quod fuerat admissum expostulare in præsentia supersedendum sibi esse existimavit, quantumvis iniquo animo rem ferret; ne si Lysiam irritaret, voti sui compos fieri non posset. Propterea proficiscentibus legatis mandata dedit, cum postulatis precibusque conjuncta. Quum autem, permittente Lysia reportatæ reliquiæ ad illum fuissent, magnifico apparatu illa suscepit, & summo studio juxta patris tumulum posuit.

CXIII.

Ptolemæi junioris in Urbem adventus, quò per Senatum Romanum restitueretur in Cypri regnum.

Polybii observatio super Romanis; quibus semper stultitia aliorum occasio fuit amplificandi imperii.

POSTQUAM Ptolemæi regnum sunt partiti, venit Romam Ptolemæus junior, ut institutam cum fratre partitionem redderet infectam: quod diceret, non sponte se, verùm difficultatibus temporum necessario cedentem, id fecisse quod jussus erat: petere igitur à Senatu, ut Cyprum sibi adjudicaret.

θεοῖς χαριστήρια τῶν γεγονότων, καὶ τοὺς ἡγεμόνας εἱστία. Μετὰ δὲ ταῦτα πρεσβευτὰς ἀπέστειλε πρὸς τοὺς περὶ τὸν Λυσίαν εἰς τὴν Ἀντιόχειαν, σπουδάζων ἀνακομίσασθαι τὰ τῆς ἀδελφῆς καὶ μητρὸς ὀστᾶ. Τὸ μὲν οὖν ἐγκαλεῖν ὑπὲρ τοῦ γεγονότος ἀσεβήματος, ἀπεδοκίμαζεν, οὐ βουλόμενος ἐρεθίζειν τοὺς περὶ τὸν Λυσίαν, ἵνα μὴ διαψευσθῇ τῆς προθέσεως, καίπερ βαρέως φέρων τὸ γεγονός· ἀξιωματικὰς δὲ δοὺς ἐντολὰς, ἐξαπέστειλε τοὺς πρέσβεις. Τῶν δὲ περὶ τὸν Λυσίαν συγχωρησάντων, καὶ τῶν ὀστῶν ἀνακομισθέντων ὡς αὐτὸν, ἀποδεξάμενος μεγαλομερῶς τὴν παρουσίαν αὐτῶν, ἔθαψε παρὰ τὸν τοῦ πατρὸς τάφον κηδεμονικῶς.

ΡΙΓ.

Πτολεμαίου τοῦ νεωτέρου εἰς Ῥώμην ἄφιξις, δεομένου διὰ τῆς συγκλήτου ἐπὶ τὴν Κύπρον κατάγεσθαι.

Πολυβίου ἐπίστασις περὶ τοῦ πῶς Ῥωμαῖοι διὰ τὴν τῶν πέλας ἀγνοίας αὔξουσι τὴν ἰδίαν ἀρχήν.

ΟΤΙ μετὰ τὸ μερίσαι τοὺς Πτολεμαίους τὴν βασιλείαν, παρεγένετο Πτολεμαῖος ὁ νεώτερος εἰς τὴν Ῥώμην, ἀθετεῖν βουλόμενος τὸν γεγονότα μερισμὸν αὑτῷ πρὸς τὸν ἀδελφόν· φάσκων, οὐχ ἑκὼν, ἀλλὰ κατ' ἀνάγκην τῷ καιρῷ συλληφθεὶς, πεποιηκέναι τὸ προσταττόμενον· καὶ παρεκάλει τὴν σύγκλητον μερίσαι τὴν Κύπρον αὐτῷ· καὶ

γὰρ καὶ

γὰρ καὶ τούτου γινομένου, καταδεεστέραν ἕξειν μερίδα τῆς ἀδελφοῦ παρὰ πολύ. Τῶν δὲ περὶ τὸν Κανουλήϊον καὶ Κόϊντον ἀπομαρτυρούντων τοῖς περὶ τὸν Μενίθυλλον, τοῖς παρὰ τοῦ πρεσβυτέρου παραγεγονόσι πρεσβευταῖς, διότι καὶ Κυρήνην ὁ νεώτερος καὶ τὸ πνεῦμα δι' αὐτοὺς ἔχοι· τοιαύτην γενέσθαι τὴν τῶν ὄχλων πρὸς αὐτὸν ἀλλοτριότητα καὶ προσκοπήν· διὸ καὶ παρ' ἐλπίδα καὶ παραδόξως δεδομένων αὐτῷ τῶν κατὰ Κυρήνην πραγμάτων ἀσμένως δέξασθαι· καὶ σφαγίων τμηθέντων καὶ λαβεῖν τοὺς ὅρκους παρὰ τἀδελφοῦ, καὶ δοῦναι περὶ τούτων· τοῦ δὲ Πτολεμαίου πᾶσι τούτοις ἀντιλέγοντος· ἡ σύγκλητος, ἅμα μὲν ὁρῶσα τὸν μερισμὸν οὐ γεγονότα τελέως, ἅμα δὲ βουλομένη διελεῖν τὴν βασιλείαν πραγματικῶς, αὐτῶν αἰτίων γινομένων τῆς διαιρέσεως· συγκατέθετο τοῖς ὑπὸ τοῦ νεωτέρου παρακαλουμένοις ἐπὶ τῷ σφετέρῳ συμφέροντι. Πολὺ γὰρ ἤδη τοῦτο τὸ γένος ἐστὶ τῶν διαβουλίων παρὰ Ῥωμαίοις, ἐν οἷς διὰ τῆς τῶν πέλας ἀγνοίας αὔξουσι καὶ κατασκευάζονται τὴν ἰδίαν ἀρχήν· πραγματικῶς ἅμα χαριζόμενοι, καὶ δοκοῦντες εὐεργετεῖν τοὺς ἁμαρτάνοντας. Διὸ καὶ καθορῶντες τὸ μέγεθος τῆς ἐν Αἰγύπτῳ δυναστείας, καὶ δεδιότες ἄν ποτε τύχῃ προστάτου, μὴ μεῖζον φρονῇ τοῦ καθήκοντος, κατέστησαν πρεσβευτὰς, Τίτον Τορκουάτον, καὶ Γνάϊον Μερούλαν, τοὺς κατάξοντας ἐπὶ τὴν Κύπρον τὸν Πτολεμαῖον, καὶ τελειώσοντας ἅμα τὴν ἐκείνων καὶ τὴν αὐτῶν πρόθεσιν. Καὶ παραχρῆμα τούτους ἐξαπέστειλαν, δόντες ἐντολὰς διαλῦσαι τοὺς ἀδελφούς, καὶ κατασκευάσαι τῷ νεωτέρῳ τὴν Κύπρον χωρὶς πολέμου.

nam etiam ſic, longe deteriorem ſuam portionem futuram, portione fratris. Et quum Canulejus ac Quintus ſuo teſtimonio confirmarent, quod dicebat legatio à majore fratrum miſſa, cujus princeps Menithyllus: Ptolemæum nempe juniorem, non ſolum Cyrenen, ſed & ipſam vitam ſua opera retinere: adeo vulgo omnium animos ab eo alienatos eſſe, tantamque offenſam contractam, ut pro magno beneficio conceſſum ſibi præter ſpem ſuam & omnium opinionem Cyrenæ regnum acciperet: idque pactum ſacris rite peractis, fide data invicemque accepta eſſe firmatum; omnibus his contradicente Ptolemæo, Senatus, partim quod partitionem non plane peractam animadverteret, partim quòd cato conſilio, auctoribus ipſis fratribus regnum optaret dividi, utilitatis ſuæ cauſſa poſtulata junioris accepit. Multum enim Romani hoc genere conſiliorum utuntur; ita ſollerter ſe gerentes, ut videantur eo tempore beneficium dare imprudentibus, quando per aliorum imprudentiam imperiū ſuum adaugent atque amplificant. Tunc igitur potentia regni Ægyptiaci intellecta, veriti ne ſi caput contingeret illi imperio, altius quàm par eſſet ſpiraret; Titum Torquatum & Gn. Merulam legatos decreverunt, qui Ptolemæum in Cyprum reducerent & qui ex ſua atque ipſius voluntate, negotium illud conficerent. Protinus ergo & legatio hæc miſſa eſt, cum mandatis, ut pacem inter fratres conciliarent, & juniori regnum Cypri traderent.

CXIV.

Quomodo Demetrius Seleuci F. quum Romæ esset obses, & post patris mortem, regnum ipsi à Romanis eßet nullo jure ademptum, solutus priore obligatione; quia facultatem repetendi Syriam impetrare à Senatu non poterat, sollerti astu ab urbe egressus, abiit: usus in eo incepto, consilio quidem Polybii; ministerio verò aliorum, oppidò paucorum.

EODEM fere tempore, postquàm esset Romam nuntius allatus de casu Cnæi, qui occisus fuerat; quum etiam legati Antiochi quos Lysias miserat, Romam venissent, & multa disseruissent quò probarent cædis ejus conscium Regem non fuisse: Senatus legatos remisit, nulla prolata sententia, quia mentem suam prodere omnino nolebat. at Demetrius hoc nuntio perculsus, Polybium arcessit, & cum eo deliberat, deberetne iterum de suis rebus cum Patribus agere. Polybius Demetrium monuit, caveret ad eundem lapidem bis offendere: quin potius spes suas in seipso poneret, auderetque aliquid regno dignum: multas enim ipsi præsentem rerum statum occasiones exhibere. Demetrius animadverso quò hoc consilium spectaret, in præsentia verbum non dicere: at

ΡΙΔ.

Πῶς Δημήτριος ὁμηρεύων παρὰ Ῥωμαίοις, λυθείσης τῆς ὁμηρείας μετὰ τὴν τοῦ πατρὸς τελευτὴν, καὶ τῆς βασιλείας ὑπὸ τῆς συγκλήτου ἀλόγως στερηθείς· οὐ συγχωρούσης αὐτῷ τῆς βουλῆς εἰς τὴν πατρίδα ἐπανελθεῖν, πραγματικῶς ἐξελθὼν τῆς Ῥώμης ἀπῆρε· συμβούλῳ μὲν Πολυβίῳ χρησάμενος, συνεργοῖς δὲ ἄλλοις πάνυ ὀλίγοις.

ΟΤΙ περὶ τὸν καιρὸν τοῦτον προσπεσούσης τῆς περὶ τὸν Γνάιον περιπετείας, ὡς ἀνῃρέθη· καὶ τῶν παρὰ τοῦ βασιλέως Ἀντιόχου πρεσβευόντων, ὧν ὁ Λυσίας ἔπεμψε, παραγεγονότων, καὶ πολλοὺς διαθεμένων λόγους, ὑπὲρ τοῦ μὴ κεκοινωνηκέναι τῆς πράξεως τοὺς τοῦ βασιλέως φίλους· ἡ μὲν σύγκλητος παρέπεμπε τοὺς πρεσβεύοντας, οὐ βουλομένη διδόναι περὶ τούτων ἀπόφασιν οὐδεμίαν, οὐδ' ἐκτίθεσθαι καθόλου τὴν αὑτῆς γνώμην. ὁ δὲ Δημήτριος ταραχθεὶς ἐπὶ τοῖς ἠγγελμένοις, ἐξ αὐτῆς προσεκάλει τὸν Πολύβιον, καὶ προσανέφερεν διαπορῶν, εἰ δέοι πάλιν ἐντυχεῖν τῇ συγκλήτῳ περὶ τῶν καθ' αὑτόν. ὁ δὲ παρεκάλει μὴ δὶς πρὸς αὐτὸν λίθον πταίειν· ἀλλ' ἐν ἑαυτῷ τὰς ἐλπίδας ἔχειν, καὶ τολμᾶν τι βασιλείας ἄξιον· πολλὰς γὰρ ὑποδεικνύειν ἀφορμὰς τοὺς ἐνεστῶτας καιρούς. Ὁ δὲ Δημήτριος συννοήσας τὸ λεγόμενον, τότε μὲν ἀπεσιώπησε·

μετ' ὀλίγον δέ τινι τῶν συνήθων Ἀπολλωνίῳ μετέδωκε περὶ τῶν αὐτῶν. ὁ δὲ προειρημένος ἄκακος ὤν, καὶ κομιδῆ νέος, συνεβούλευε πεῖραν ἐπιλαβεῖν τῆς συγκλήτου· πεπεῖσθαι γὰρ, ἐπεὶ τῆς βασιλείας ἀλόγως αὐτὸν ἐστέρησε, τῆς γε ὁμηρείας αὐτὸν ἀπολύσειν. ἄτοπον γὰρ εἶναι τελέως, Ἀντιόχου τοῦ παιδὸς διαδεδεγμένου τὴν ἐν Συρίᾳ βασιλείαν, Δημήτριον ὁμηρεύειν ὑπὲρ αὐτοῦ. τούτοις μὲν οὖν τοῖς λόγοις πεισθεὶς πάλιν, εἰσῆλθεν εἰς τὴν σύγκλητον ὁ προειρημένος, καὶ παρεκάλει τῆς γε κατὰ τὴν ὁμηρείαν ἀνάγκης αὐτὸν ἀπολύειν, ἐπεὶ τὴν βασιλείαν ἔκριναν Ἀντιόχῳ συγκατασκευάζειν. καὶ πλείω δὲ πρὸς ταύτην τὴν ὑπόθεσιν αὐτοῦ διαλεχθέντος, ἔμεινεν ἡ σύγκλητος ἐπὶ τῆς αὐτῆς αἱρέσεως· ὅπερ εἰκὸς ἦν. καὶ γὰρ πρότερον, οὐ διὰ τὸ μὴ λέγειν τὰ δίκαια τὸν Δημήτριον, ἔκριναν τὴν ἀρχὴν τῷ παιδὶ συνδιαφυλάσσειν· ἀλλὰ διὰ τὸ συμφέρειν τοῖς σφετέροις πράγμασιν. μενόντων δὲ τῶν ὅλων ἐπὶ τῆς αὐτῆς διαθέσεως, μένειν εἰκὸς ἦν καὶ τὴν τῆς Συγκλήτου διάληψιν ἐπὶ τῆς αὐτῆς προαιρέσεως. Πλὴν ὅ γε Δημήτριος μάτην ἐξηχήσας τὸ κύκνειον, καὶ γνοὺς ὅτι καλῶς αὐτῷ συνεβούλευεν ὁ Πολύβιος, μὴ δὶς πρὸς τὸν αὐτὸν λίθον πταίειν· μετεμελήθη ἐπὶ τοῖς γεγονόσι, ἅμα δὲ καὶ φύσει μεγαλόφρων ὑπάρχων, καὶ τόλμαν ἱκανὴν ἔχων πρὸς τὸ κριθὲν, εὐθέως ἐκάλει Διόδωρον, προσφάτως ἐκ τῆς Συρίας παραγεγονότα, καὶ μετεδίδου περὶ τῶν καθ' αὐτόν. Ὁ δὲ Διόδωρος, τροφεὺς μὲν ἐγεγόνει τοῦ Δημητρίου· πανοῦργος δ' ὤν, καὶ κατωπτευκὼς ἐπιμελῶς τὰ

non multo post, de iisdem rebus cum Apollonio ex familiarium numero communicare. Is, ut homo minime malus & admodum juvenis, iterum explorandam voluntatem Senatus censebat: neque enim dubitare se, quoniam sine caussa regno eum Patres spoliassent, quin necessitatem certe manendi Romæ pro obside forent illi remissuri. rem enim esse penitus absurdam, quum in regno Syriæ Antiochus successisset, obsidem fidei illius ipsum retineri. Hujus oratione persuasus Demetrius, iterum in Curiam venit, & ut saltem necessitate liberaretur manendi Romæ pro obside, orat, quando regnum Antiocho firmassent. In hanc mentem quum plura etiam Demetrius dixisset, nihilominus tamen in sententia Senatus mansit. & merito quidem; nam & antea regnum puero conservandum decreverat, non quia injusta esset Demetrii oratio: sed quia ita Reip. expediret. & quum status rerum idem maneret, rationi consentaneum erat, ut & Senatus sententia in eodem proposito maneret. Cæterum Demetrius frustra olorina voce edita, postquam experientia magistra cognovisset, rectum fuisse Polybii consilium, ne ad eundem lapidem bis offenderet; pœnitentia ductus sui facti, quum præsertim magni vir animi esset, & satis audaciæ haberet, ad exsequendum quod semel statuisset; Diodorum ad se vocat, qui recens è Syria venerat, deque suis rebus cum eo deliberat. Fuerat hic Diodorus, Demetrii educator, homo vafer: qui Syriæ statu accuratè perspecto, dicebat

dicebat illi, rebus ibi turbatis propter Cnæi cædem; quum neque populi Lysiæ fiderent, neque Lysias populis; & Senatus crederet fraude aulicorum Regis suos legatos fuisse violatos; opportunissimum esse tempus ad aliquid moliendum, ut in ipso regno repente hominibus sese ostenderet: statim enim Syros regnum fore in ipsum translaturos, si vel uno puero comitatus veniret. neque enim ausuros Patres puero Regi opem ferre: neque potentiam Lysiæ à quo tantum scelus admissum, suis viribus stabilituros. Superesse nunc illam curam, ut Roma insciis omnibus discederet, priusquam de ejus consilio ulla suspicio cuiquam oboriretur. Hoc consilio probato, Demetrius Polybium ad se vocat: quid pararet significat: orat, vellet se in hoc incepto ire adjutum, & unà secum deliberare, qua ratione posset evadere. Forte illo tempore erat Romæ Menithyllus Alabandensis, missus à seniore Ptolemæo, ut patrocinium suæ caussæ ageret apud Patres, & adversus juniorem Ptolemæum certamen pro se susciperet: huic Menithyllo arcta familiaritas & necessitudo cum Polybio intercedebat. qui ratus aptissimum eum esse ad hoc ministerium obeundum, quanto maximo poterat studio illum Demetrio commendavit. Is igitur particeps consilii factus, & navem & quæcunque ad iter forent necessaria paraturum se recepit. Ac quum in ostio Tiberis Carthaginiensium navem quæ sacra gestabat invenisset, hanc ad vecturam con-

κατὰ τὴν Συρίαν, ὑπεδείκνυεν αὐτῷ διότι τῶν μὲν ἐκεῖ τεταραγμένων διὰ τὸν Γναΐου φόνον, καὶ διαπιστούντων τῶν μὲν πολλῶν τοῖς περὶ τὸν Λυσίαν, τῶν δὲ περὶ τὸν Λυσίαν τοῖς πολλοῖς· τῆς δὲ συγκλήτου πεπεισμένης ἐκ τῶν τοῦ βασιλέως φίλων γεγονέναι τὴν εἰς τοὺς σφετέρους πρεσβευτὰς παρανομίαν· κάλλιστον εἶναι καιρὸν ἐπιφανῆναι τοῖς πράγμασι· ταχέως γὰρ τοὺς μὲν ἐκεῖ μεταρρίψειν τὴν βασιλείαν εἰς αὐτὸν, κἂν ὅλως μετὰ παιδὸς ἑνὸς ποιήσηται τὴν παρουσίαν· τὴν δὲ σύγκλητον οὐ τολμήσειν ἐπιβοηθήσειν, οὐδὲ συνεπισχύειν τοῖς περὶ τὸν Λυσίαν, τοιαῦτα διειργασμένοις· λοιπὸν εἶναι τὸ λαθεῖν, ἐκ τῆς Ῥώμης ἀπελθόντας, καὶ μηδένα λαβεῖν ἔννοιαν τῆς ἐπιβολῆς αὐτοῦ. Δοξάντων δὲ τούτων, μεταπέμπεται τὸν Πολύβιον· καὶ δηλώσας τὰ δεδογμένα, παρεκάλει συνεπιλαβέσθαι τῆς ἐπιβολῆς, καὶ συνδιανοηθῆναι πῶς ἂν χειρισθείη τὰ κατὰ τὸν δρασμόν. Συνέβαινε δὲ κατὰ τὸν καιρὸν τοῦτον, Μενίθυλλον μὲν τὸν Αλαβανδέα παρεῖναι πρεσβεύοντα παρὰ τοῦ πρεσβυτέρου βασιλέως Πτολεμαίου, χάριν τοῦ συγκαταστῆναι καὶ δικαιολογηθῆναι πρὸς τὸν νεώτερον Πτολεμαῖον· ἐτύγχανε δὲ προϋπάρχουσα τῷ Πολυβίῳ πρὸς τὸν Μενίθυλλον ἰσχυρὰ συνήθεια καὶ πίστις. διὸ καὶ νομίσας αὐτὸν ἐπιτήδειον εἶναι πρὸς τὴν ἐνεστῶσαν χρείαν, συνέστησε τῷ Δημητρίῳ, μετὰ μεγάλης σπουδῆς καὶ φιλοτιμίας. Ο δὲ κοινωνήσας τῆς ἐπιβολῆς, ἀνεδέξατο, τήν τε ναῦν ἑτοιμάσας, καὶ τἄλλα πρὸς τὸν πλοῦν ἀπαρκεῖν. Ουτος μὲν οὖν εὑρὼν ἐν τῷ στόματι τοῦ Τιβέριος ὁρμοῦσαν Καρχηδονίαν ναῦν ἱεραγωγὸν, ταύτην ἐναυλάσαιτο. Συμβαίνει δὲ τὰ πλοῖα ταῦτα, κατ' ἐκλογὴν λαμβάνεσθαι ἐκ τῆς Καρχηδόνος, ἐφ' οἷς εἰς τὴν Τύρον ἐκπέμπουσιν οἱ Καρχηδόνιοι τὰς πατρίους ἀπαρχὰς τοῖς θεοῖς· ἐναυλοῦτο δὲ φανερῶς εἰς τὴν ἰδίαν ἀνακομιδήν. διὸ καὶ τήν τε τῶν ἐπιμηνίων παρασκευὴν ἀνυπόπτως ἐποιεῖτο καὶ φανερῶς ἐλάλει, καὶ συνετάττετο τοῖς ναυτικοῖς. Ἐπεὶ δ' ἦν πάντα ἕτοιμα τῷ ναυκλήρῳ, καὶ λοιπὸν ἔδει τὸν Δημήτριον ἀπαρτίζειν τὰ καθ' αὑτόν· τὸν τροφέα προαπέστειλεν εἰς τὴν Συρίαν ὠτακουστήσοντα καὶ καταπλεύσοντα τὰ ἐκεῖ συμβαίνοντα περὶ τοὺς ὄχλους. Ὁ δὲ σύντροφος Ἀπολλώνιος ἐξ ἀρχῆς αὐτῷ μετεῖχε τῆς ἐπιβολῆς. δυοῖν δ' ὑπαρχόντων ἀδελφοῖν, Μελεάγρου καὶ Μενεσθέως, τούτοις ἐκοινωνήσατο τὴν πρᾶξιν· ἄλλῳ δ' οὐδενὶ τῶν μετ' αὐτοῦ, καίτοι πλειόνων ὄντων. οὗτοι δ' ἦσαν Ἀπολλωνίου κατὰ φύσιν υἱοί, τοῦ μεγάλην μὲν δικαιρείαν ἔχοντος παρὰ Σελεύκῳ, μεταστάντος δὲ κατὰ τὴν Ἀντιόχου μετάληψιν τῆς ἀρχῆς εἰς Μίλητον. Τῆς δὲ συνταχθείσης ἡμέρας πρὸς τοὺς ναυτικοὺς συνεγγιζούσης, ἔδει γενέσθαι παρά τινι τῶν φίλων ὑποδοχὴν πρὸς τὴν ἔξοδον. παρὰ γὰρ αὐτῷ ποιεῖν τὸ δεῖπνον οὐχ οἷόν τ' ἦν. εἴθιστο γὰρ ἐπιμελῶς καλεῖν ἅπαντας τοὺς περὶ αὐτὸν ὄντας· οἱ δὲ συνειδότες τὴν πρᾶξιν, ἔμελλον ἐξ οἴκου δειπνήσαντες, ἐπὶ τὸ πλοῖον ἥξειν, ἔχοντες ἕνα παῖδα μεθ' ἑαυτῶν ἕκαστος· τοὺς γὰρ λοιποὺς ἀπεστάλκεισαν εἰς Ἀναγνείας, κατὰ τὴν ἐπιοῦσαν αὐτοὶ παρεσόμενοι. τὸν δὲ Πολύβιον

ducit. Solent autem cum cura hæ naves deligi ex omni numero navium quæ ſunt Carthagine ad deferendas Tyrum primitias, quas illuc Carthaginienſes diis patriis mittunt. conduxit autem palàm ad reditum ſuum. Iccirco etiam commeatus ſine cujuſquam ſuſpicione apparabat, & cum nautis in oculis omnium colloquebatur, & tempus conſtituebat. Poſtquam nauclerus omnia parata habuit, & nihil jam reſtabat, niſi ut Demetrius ad iter ſe compararet: ſuum illum educatorem in Syriam præmiſit, qui omnes ibi rumuſculos colligeret, & quis populorum eſſet ſenſus exploraret. Apollonius verò qui educatus cum ipſo fuerat, hujus incepti jam à principio conſcius erat: quod etiam duobus ejus fratribus Meleagro & Meneſtheo ſolis ex omnibus familiaribus & convictoribus, qui multi erant, communicaverat. hos fratres Apollonius ille genuerat, qui plurimum gratia apud Seleucum aliquando valuit: deinde ubi ad Antiochum regnum fuit tranſlatum, Miletum ex aula migravit. Poſtquam conſtituta cum nautis dies venit, ut exiret urbe Demetrius, apud quendam ex amicis convivium celebraturus erat. nam in hoſpitio quidem ſuo cœnare non poterat; quod eſſet illi conſuetudo, quam diligenter ſervaverat, omnes qui circa ipſum erant invitare. deinde qui arcani conſcii erant, cœnatione egreſſi, navim rectâ cum ſingulis quiſque pueris petere debebant. nam reliquos Anagniam miſerant, tanquam eodem poſtridie & ipſi eſſent ituri. Accidit autem,

autem, ut quum hæc gererentur, æger Polybius in lectulo decumberet: quem tamen nihil eorum quæ fiebant fugiebat: quum Menethyllus, ut quidque novi acciderat, de singulis continuò eum moneret. Is igitur vehementer sollicitus, ne quia Demetrius natura sua conviviis plurimum gaudebat, & juvenis admodum tunc erat, extracta in tempus longius compotatione, exeundi consilium propter temulentiam aliquomodo impeditum hæreret: brevi pittacio conscripto atq; obsignato, puerum è suis, quum jam tenebresceret, mittit, eique mandat, ut pincerna Demetrii vocato, pittacium illi traderet; non addito, quis ipse esset, aut à quo mitteretur: juberetque Demetrio id extemplo legendum dari. Factum est plane uti jusserat: & Demetrius acceptum pittacium legit. In eo hæ gnomæ erant descriptæ.

Cunctaris? illuc nempe, tendis, ô miser,
Vbi atra nox. Fortuna forteis adjuvat.
Aude, periclitare, age quid. non feceris,
Aut feceris. prius omnia quàm te deseras.
Sobrius esto: nemini fidem habẽdam memento: hi sunt nervi prudentiæ.

His lectis Demetrius, cognito & quò hæc præcepta spectarent, & à quo sibi mitterentur, extemplo nauseabundum se simulans, convivio excessit, amicis simul cum eo egredientibus. Ad tentorium ut ventum, famulos ad illud iter minus aptos, Anagniam proficisci jubet; mandatque illis, ut cum retibus ac

συνέβαινε κατὰ τὸν καιρὸν τοῦτον ἠσθενηκότα, μένειν κατακλινῆ· εἰδέναι δὲ πάντα τὰ πραττόμενα, τοῦ Μενιθύλλου συνεχῶς αὐτῷ μεταδιδόντος ἀεὶ περὶ τῶν ὑποπιπτόντων. Διό περιαγωνιάσας ὁ προειρημένος, μὴ τῆς συνηθείας ἑλκυσθείσης, ἅτε τοῦ Δημητρίου συμποτικοῦ φυσικῶς καὶ νεωτέρου τελέως ὑπάρχοντος, ἀπόρημά τι γένηται περὶ τὴν ἔξοδον διὰ τὴν μέθην· γράψας βραχὺ πιττάκιον καὶ σφραγισάμενος, πέμπει παρ' αὐτοῦ παῖδα, συσκοτάζοντος ἄρτι τοῦ θεοῦ· συντάξας ἐκκαλεσάμενον τὸν οἰνοχόον τοῦ Δημητρίου, δοῦναι τὸ πιττάκιον, μηδὲν εἰπόντα, τίς ἢ παρὰ τίνος· καὶ κελεύειν ἀποδιδόναι τῷ Δημητρίῳ ὡς παραχρῆμα διαναγνῶναι. Γενομένων δὲ πάντων κατὰ τὸ συνταχθὲν, λαβὼν ὁ Δημήτριος ἐπανέγνω. τὸ δὲ πιττάκιον περιεῖχε τὰς γνώμας ταύτας.

Οδρῶν τὰ τοῦ μέλλοντος, οἴχεται φέρων
Εἷς ὁ φέρει νύξ· τοῖς δὲ τολμῶσι τι πλέον.
Τόλμα τι, κινδύνευε, πρᾶττε· ἀποτύγχανε,
Επίτυχε· πάντα μᾶλλον, ἢ σαυτὸν πρόου.
Νῆφε, καὶ μέμνησο ἀπιστεῖν· ἄρθρα ταῦτα τῶν φρενῶν.

Ταῦτα διαναγνοὺς ὁ Δημήτριος, καὶ συννοήσας τὰς ὑποθέσεις, καὶ τίνες, καὶ παρὰ τίνος εἰσί, παραυτίκα προσποιηθεὶς ὡς ἐπιναύσιος γεγονὼς, ἀπηλλάττετο, συμπροπεσόντων αὐτῷ καὶ τῶν φίλων. Παραγενόμενος δ' ἐπὶ σκηνὴν, τοὺς μὲν ἀνεπιτηδείους τῶν οἰκετῶν ἐξέπεμψε εἰς τὰς Αναγνίας, συντάξας λαβόντας τὰ λίνα, καὶ τοὺς κύνας ἀπαντᾶν ἐπὶ τὸ Κίρκαιον· ἐκεῖ γὰρ ἐπιμελῶς εἰώθει κυνηγετεῖν τὸ πρίν· ἐξ οὗ καὶ τὰ πρὸς τὸν Πολύβιον αὐτῷ συνηθείας τὴν καταρχὴν γενέσθαι συνέπεσε. Μετὰ δὲ ταῦτα τοῖς περὶ τὸν Νικάνορα, διεσάφησε τὴν ἐπιβολὴν, καὶ κοινωνεῖν παρεκάλει τῶν αὐτῶν ἐλπίδων. Πάντων δὲ προθύμως δεξαμένων τὸν λόγον, παρήγγειλε κατὰ σπουδὴν ἐπανελθόντας ἐπὶ τὰς ἰδίας καταλύσεις, τοῖς μὲν παισὶ συντάττειν προάγειν ὑπὸ τὴν ἑωθινὴν εἰς τὰς Ἀναγνείας, καὶ μετὰ τῶν κυνηγῶν ἀπαντᾶν εἰς τὸ Κίρκαιον· αὐτοὺς δὲ λαβόντας ἐσθῆτας τὰς ὁδοιπορικὰς, ἀνακάμπτειν ὡς αὐτὸν, εἰπόντας τοῖς οἰκέταις, ὅτι μετὰ τοῦ Δημητρίου συμμίξουσιν αὐτοῖς κατὰ τὴν ἐπιοῦσαν ἐπὶ τὸν προειρημένον τόπον. Γενομένων δὲ πάντων καθὼς προείρηται, προῆγον εἰς τὴν Ὠστίαν νυκτὸς ἐπὶ τὸ στόμα τοῦ Τιβέριος. Ὁ δὲ Μενίθυλλος προπορευόμενος ἐκοινολογεῖτο τοῖς ναυτικοῖς, φάσκων αὐτῷ προσπεπτωκέναι παρὰ τοῦ βασιλέως· διὸ δέον ἐστὶν, αὐτὸν μὲν μένειν κατὰ τὸ παρὸν ἐν τῇ Ῥώμῃ· τῶν δὲ νεανίσκων τοὺς πιστοτάτους ἐκπέμψαι πρὸς αὐτὸν, παρ᾽ ὧν ἐπιγνώσεται πάντα τὰ κατὰ τὸν ἀδελφόν· διόπερ αὐτὸς μὲν οὐκ ἔφησεν ἐμβαίνειν, τοὺς δὲ νεανίσκους ἥξειν περὶ μέσας νύκτας τοὺς μέλλοντας πλεῖν. τῶν δὲ ναυκλήρων ἀδιαφορούντων διὰ τὸ μένειν αὐτοῖς τὸ ταχθὲν ναῦλον ἐξ ἀρχῆς, καὶ πάντα κατητοιμακότων ἐκ πολλοῦ τὰ πρὸς τὸν πλοῦν· παρῆσαν οἱ περὶ τὸν Δημήτριον, κατὰ τρίτην φυλακὴν λήγουσαν, ὄντες ὀκτὼ καὶ παῖδες πέντε, καὶ παιδάρια

canibus venaticis ad Circæum sibi occurrerent: ubi solitus erat antea studiose venari: unde etiam contigerat, ut Polybium propius noscendi occasio primùm ei daretur. Secundùm hæc Nicanori & ejus comitibus, quod destinabat aperit, atque illos hortatur, ut eorundem consiliorum secum velint esse participes. Quum operam prolixe omnes pollicerentur; monuit eos, ut domum suam quisque celeriter repeterent: & famulis imperarent, ut mane orto Anagniam proficiscerentur, & cum venatoribus Circæum sibi occurrerent: ipsi interim viatoriis sumptis vestibus ad se redirent, famulisque dicerent, postridie ejus diei in illum quem diximus locum ad se venirent: ibi enim cum Demetrio sese futuros. Postquam omnia essent administrata ut mandaverat, noctu ad Ostiam, ubi ostium Tiberis, progreditur. Interea loci Menithyllus præcedit illos, & nautis significat, novi aliquid à Rege se accepisse; cujus gratia oporteat ut ipse quidem in urbe adhuc hæreret; sed juvenes probatissimæ fidei ad illum mitteret, qui de fratre omnia ei sint renuntiaturi. Propterea se quidem navim non conscensurum, verùm eos juvenes, qui iter sint confecturi, circa mediam noctem esse venturos. Nauclerus, cui de constituta ab initio mercede nihil propterea deperibat, omnia dudum parata habens ad solvendum, id se non curare ostendit. Interea exeunte tertia vigilia adest Demetrius cum suis comitibus: ii autem erant omnino octo, cum famulis quinque & tenerioris

ætatis

ætatis pueris tribus. deinde ubi cum his locutus esset Menithyllus, & præparatum commeatum illis ostendisset; quum etiam nauclero & vectoribus eos studio magno commendasset; navem conscenderunt. Gubernator simul illuxit, ancoras tollere, & navigationi simpliciter se accingere; ut qui de eo quod erat gestum nihil cogitaret: sed tanquam milites quosdam à Menithyllo ad Ptolemæum deveheret. Romæ verò postridie illius diei nemini in mentem venit, ut Demetrium aut eos qui cum ipso erant egressi, inquireret. Nam qui ibi remanserant, Circæum rebantur ipsum esse profectum: qui erant Anagniæ, eodem se contulerunt, tanquam ibi eum reperturi. Itaque prorsus evasio illius ex urbe latuit: donec aliquis puerorum, qui Anagniam ad dictum locum venerant, flagris cæsus, Circæum curriculo petit, ut Demetrium ibi conveniret: quo non invento, Romam iterum accurrit, ratus in itinere se illi occursurum. tum autem, quum nusquam Demetrium offendisset, amicis qui Romæ erant, & iis quos domi Demetrius reliquerat, rem declaravit. Itaque, postquam die quarto à discessu quæsitus esset Demetrius, oborta est quædam hominibus suspicio ejus quod gestum erat. Die quinto Senatus ea de re est habitus: cum quidem Demetrius, sextum jam agens ab exitu ab urbe diem ad fretum Siculum pervenerat. abeuntem Patres persequendum non duxerunt: quod persuasum haberent, multum jam itineris esse ab eo confectum: secundo enim vento navigabat: simul cogitarent, si vellent

τρία. τοῦ δὲ Μενιθύλλου κοινολογηθέντος αὐτοῖς, καὶ παραδείξαντος τὴν τῆς ἐπιμελείας παρασκευὴν, ἔτι δὲ συστήσαντος τῷ ναυκλήρῳ καὶ τοῖς ἐπιβάταις ἐκτενῶς, οὗτοι μὲν ἐπέβησαν· ὁ δὲ κυβερνήτης ἀπὸ διαφώσκοντος, ἄρας τὰς ἀγκύρας, ἔπλει τὸν πλοῦν ἁπλῶς, οὐδεμίαν ἔννοιαν ἔχων τοῦ πράγματος· ἀλλ' ὡς στρατιώτας τινὰς ἄγων παρὰ τοῦ Μενιθύλλου πρὸς τὸν Πτολεμαῖον. Ἐν δὲ τῇ Ῥώμῃ κατὰ τὴν ἐπιοῦσαν οὐδεὶς ἐπιζητήσειν ἔμελλε τὸν Δημήτριον, οὐδὲ τοὺς μετ' ἐκείνου προάγοντας. Οἱ μὲν γὰρ αὐτοῦ μένοντες ὡς ἐπὶ τὸ Κίρκαιον ὡρμηκότα διελάμβανον· οἱ δὲ ἐν ταῖς Ἀναγνείαις, ἀπιόντων ἐπὶ τὸν αὐτὸν τόπον, ὡς ἐκεῖ παρεσομένου· δι' ὃ συνέβαινε τελέως ἄσημον εἶναι τὸν δρασμόν, ἕως οὗ τῶν παίδων τις μεμαστιγωμένος ἐν ταῖς Ἀναγνείαις, ἀπαντῶν ἐπὶ τὸν αὐτὸν τόπον, ἔδραμεν ἐπὶ τὸ Κίρκαιον, ὡς ἐκεῖ τῷ Δημητρίῳ συμμίξων. οὐχ εὑρὼν δὲ, πάλιν εἰς τὴν Ῥώμην ἔτρεχεν, ὡς κατὰ πορείαν ἀπαντήσων. οὐδαμῇ δὲ συντυχὼν αὐτῷ, τοῦτο διεσάφησε τοῖς ἐν Ῥώμῃ φίλοις, καὶ τοῖς καταλελειμμένοις ἐπὶ τῆς οἰκίας. ἐπιζητουμένου δὲ τοῦ Δημητρίου κατὰ τὴν τετάρτην ἡμέραν ἀφ' ἧς ὥρμησεν, ὑπενοήθη τὸ γεγονός· τῇ δὲ πέμπτῃ σύγκλητος ἐθέας συνήγετο περὶ τούτων, ἐν ᾗ συνέβαινε τὸν Δημήτριον ἕκταιον ἤδη, ἐπὶ τοῦ πορθμοῦ τοῦ κατὰ Σικελίαν ὑπάρχειν. τὸ μὲν οὖν διώκειν ἀπέγνωσαν, ἅμα μὲν ὑπολαμβάνοντες αὐτὸν πολὺ προειληφέναι κατὰ τὸν πλοῦν· καὶ γὰρ εἶχε φορὸν ἄνεμον. ἅμα δὲ προορώμενοι τὸ βουληθέντες κωλύειν, ἀδυνατήσειν. πρεσβευτὰς δὲ κατέστησαν μετά τινας ἡμέρας τοὺς περὶ Τιβέριον Γράκχον, καὶ Λεύκιον Λέντλον, καὶ Σερουΐλιον Γλαυκίαν· οἵτινες ἔμελλον πρῶτον μὲν ἐποπτεύσειν τὰ κατὰ τοὺς Ἕλληνας· ἔνθεν ἐπιβάλλοντες ἐπὶ τὴν Ἀσίαν, τά τε κατὰ τὸν Δημήτριον καραδοκήσειν, καὶ τὰς τῶν ἄλλων βασιλέων προαιρέσεις ἐξετάσειν, καὶ τὰ πρὸς τοὺς Γαλάτας ἀντιλεγόμενα τοῖς προειρημένοις διευκρινήσειν. διὸ τὸν Τιβέριον κατεστήσαντο πάντων αὐτόπτην γεγονέναι. Καὶ τὰ μὲν κατὰ τὴν Ἰταλίαν ἐν τούτοις ἦν.

gabat: simul cogitarent, si vellent eum impedire, in sua potestate non futurum. post paucos deinde dies Tiberium Gracchum, Lucium Lentulum & Servilium Glauciam legatos decreverunt, qui res in Græcia inspicerent: deinde in Asiam transgressi, quid moliretur Demetrius observarent, animos item aliorum regum explorarent: & controversias eorum cum Gallogræcis disceptarent. hæc omnia Tiberius præsens cognoscere jussus est à Patribus. Et in Italia quidem ista tum gerebantur.

ΡΙΕ.

Τῶν τῆς Αἰγύπτου βασιλέων διάστασις· καὶ τοῦ νεωτέρου Πτολεμαίου πεῖραι διάφοροι πρὸς τὸ ὑποτάττειν αὐτῷ τὴν Κύπρον καὶ τὴν Κυρήνην.

ΜΕΤΑ δὲ ταῦτα Πτολεμαῖος ὁ νεώτερος παραγενόμενος εἰς τὴν Ἑλλάδα μετὰ τῶν πρεσβευτῶν, συνήθροιζε ξενολόγιον ἐμβριθές· ἐν οἷς προσελάβετο καὶ Δαμάσιππον τὸν Μακεδόνα· ὃς κατασφάξας ἐν τῇ Φακῷ τοὺς συνέδρους, ἔφυγε μετὰ γυναικὸς καὶ τέκνων ἐκ τῆς Μακεδονίας. ἀφικόμενος δὲ εἰς τὴν τῶν Ῥοδίων Περαίαν, καὶ ξενισθεὶς ὑπὸ τοῦ δήμου, προέθετο πλεῖν εἰς τὴν Κύπρον. οἱ δὲ περὶ τὸν Τορκουάτον θεωροῦντες αὐτὸν συνεσταλμένον ξενικὴν χεῖρα βαρεῖαν, ὑπεμίμνησκον τῶν ἐντολῶν· διότι δεῖ χωρὶς πολέμου ποι-

CXV.

Regum Ægypti inter ipsos contentio; & junioris Ptolemæi conatus diversi ad subjiciendam imperio suo Cyprum, & Cyrenen.

SECUNDUM hæc Ptolemæus junior in Græciam venit, ibique strenuorum adprime militum manum conduxit: inter quos etiam Damasippum Macedonem assumpsit, qui post jugulatos Phaci; quod Macedoniæ est oppidum, publici concilii consessores, cum uxore & liberis è Macedonia aufugerat. Rex quum in oppositam Rhodiis continentem, Peræam dicunt, venisset, à populo exceptus hospitio, Cyprum navigare constituit. Torquatus cæterique legati ut vident magnam mercenariorum militum vim ab eo coactam, Patrum mandata in memoriam revocaverunt; quibus sine armis

armis eum reducere jubebantur. tandem persuaserunt ei, ut postquam Sidam usque militem mercenarium adduxisset, missos omnes faceret, & ab adeunda Cypro abstineret, daretque operam ut in Cyrenaïcis finibus eum possent convenire. se interim Alexandriam profecturos, & Regis voluntatem ad ea quæ ab ipso poscebantur inclinaturos, & ad fines illos ei occursuros, ipsumque Regem secum adducturos. Flexit hæc oratio juniorem Ptolemæum, effecitque ut de Cypri occupatione desperans, conductitium militem dimitteret, atque ipse in Cretam rectâ abiret, unâ cum Damasippo, & Gn. Merula, qui fuit unus ex numero legatorum. dein quum milites mille in Creta conduxisset, inde profectus Libynam venit, & ad Apim portum tenuit. Torquatus interim & Titus Alexandriam delati, persuadere conati sunt seniori Ptolemæo, ut redire in gratiam cum fratre vellet, eique Cyprum concederet. sed Ptolemæo quædam pollicente, quædam negligenter audiente, atque hoc modo tempus extrahente; junior fratrum castris in Libyna ad Apim positis, ut convenerat, ægerrime ferens, nihil secum ea de re fuisse actum: primo Cnæum Alexandriam misit, tanquam per hunc & Torquatum quod cupiebat esset effecturus. Sed quum hoc quoque consilium eundem exitum habuisset, quem priora: atque ita tempus in longum extraheretur; jamque adeo dies quadraginta præteriissent, quum interim nuntius nullus afferretur, de summa rerum dubitare cepit.

εἶναι τὴν κάθοδον. καὶ τέλος ἔπεισαν αὐτὸν, ἕως Σίδης προσαγαγόντα τὸ ξενολόγιον, διαλύσασθαι, καὶ τῆς εἰς Κύπρον ἐπιβολῆς ἀποστῆναι, καὶ συμμίσγειν αὐτοῖς ἐπὶ τοὺς τῶν Κυρηναίων ὅρους. αὐτοὶ δὲ πλεύσαντες εἰς τὴν Ἀλεξάνδρειαν, ἔφασαν παραστήσεσθαι τὸν βασιλέα πρὸς τὰ παρακαλούμενα, καὶ συναντήσειν ἐπὶ τοὺς ὅρους, ἔχοντες κἀκεῖνον μεθ' αὐτῶν. Τούτοις μὲν οὖν τοῖς λόγοις πεισθεὶς ὁ νεώτερος Πτολεμαῖος, ἀπογνοὺς τὰ κατὰ τὴν Κύπρον, τὸ μὲν ξενολόγιον διέλυσεν· αὐτὸς δὲ τὸ μὲν πρῶτον εἰς Κρήτην ἀπέπλευσεν, τόν τε Δαμάσιππον ἔχων μεθ' ἑαυτοῦ, καὶ τῶν πρεσβευτῶν ἕνα Γνάϊον Μερούλαν. ξενολογήσας δὲ ἐκ τῆς Κρήτης περὶ χιλίους στρατιώτας, ἀνήχθη· καὶ διάρας εἰς τὴν Λιβύην, κατέσχεν ἐπὶ τὸν Ἄπιν. Οἱ δὲ περὶ τὸν Τορκουάτον καὶ τὸν Τίτον διακομισθέντες εἰς τὴν Ἀλεξάνδρειαν, ἐπειρῶντο μὲν παρακαλεῖν τὸν πρεσβύτερον Πτολεμαῖον διαλύεσθαι πρὸς τὸν ἀδελφὸν, καὶ συγχωρεῖν αὐτῷ τὴν Κύπρον. τοῦ δὲ Πτολεμαίου τὰ μὲν ἐπαγγελλομένου, τὰ δὲ παρακούοντος καὶ τῷ τοιούτῳ τρόπῳ κατατρίβοντος τὸν χρόνον· στρατοπεδεύων ὁ νεώτερος μετὰ τῶν Κρητῶν ἐν τῇ Λιβύῃ περὶ τὸν Ἄπιν κατὰ τὸ συντεταγμένον, καὶ τελέως ἀσχάλλων ἐπὶ τῷ μηδὲν διασαφήσασθαι· τὸ μὲν πρῶτον ἐξαπέστειλε τὸν Γνάϊον εἰς τὴν Ἀλεξάνδρειαν, ὡς διὰ τούτου, καὶ τῶν περὶ τὸν Τορκουάτον ἐπιτευξομένων. συνεξομοιωθέντος δὲ τούτου τοῖς πρότερον, καὶ τοῦ χρόνου διελκομένου, καὶ τετταράκοντα διελθουσῶν ἡμερῶν, καὶ μηδενὸς προσπίπτοντος, εἰς ἀπορίαν ἐνέπιπτε περὶ τῶν ὅλων.

Ὁ γὰρ πρεσβύτερος βασιλεὺς παραγενόμενος, θρησκείας προσφερόμενος, πάντας ἐξιδιάσατο τοὺς πρεσβεύοντας, καὶ παρακατεῖχε τὸ πλεῖον οὐχ ἑκόντας, ἀλλὰ ἄκοντας. Κατὰ δὲ τὸν καιρὸν τοῦτον, προσέπεσε τῷ νεωτέρῳ Πτολεμαίῳ τούς τε Κυρηναίους ἀφεστάναι, καὶ τὰς πόλεις συμφρονεῖν τούτοις· κεκοινωνηκέναι δὲ περὶ τῆς ἀποστάσεως, καὶ Πτολεμαῖον τὸν * συμπέτησιν, ὃς ἦν τὸ γένος Αἰγύπτιος· ἐπιστεύθη δὲ τὴν ἐπιμέλειαν τῶν ὅλων ὑπὸ τοῦ βασιλέως, καθ' ὃν καιρὸν ἐποιεῖτο τὸν πλοῦν εἰς τὴν Ῥώμην. Τούτων δὲ προσπιπτόντων τῷ βασιλεῖ, καὶ μετ' ὀλίγον, διότι στρατοπεδεύουσιν ἐν τοῖς ὑπαίθροις οἱ Κυρηναῖοι, δείσας μὴ βουλόμενος προσλαβεῖν τὴν Κύπρον, καὶ τὴν Κυρήνην ἀπολέσῃ· πάντα τἄλλα πάρεργα θέμενος, ἀνέζευξεν ἐπὶ Κυρήνης. Παραγενόμενος δ' εἰς τὸν Μέγαν καλούμενον Καταβαθμὸν, κατέλαβε τοὺς Λίβυας, μετὰ τῶν Κυρηναίων κατέχοντας τὰς δυσχωρίας. ὁ δὲ Πτολεμαῖος ἀπορούμενος ἐπὶ τῷ συμβαίνοντι, τοὺς μὲν ἡμίσεις τῶν στρατιωτῶν ἐμβιβάσας εἰς τὰ πλοῖα, περιπλεῖν τὰς δυσχωρίας ἐπέταξε, καὶ κατὰ νώτου τοῖς πολεμίοις ἐπιφαίνεσθαι· τοὺς δ' ἡμίσεις ἔχων αὐτὸς, ἐβιάζετο κατὰ στόμα πρὸς τὴν ἀνάβασιν. τῶν δὲ Λιβύων καταπλαγέντων τὴν ἐξ ἀμφοῖν ἔφοδον, καὶ λιπόντων τοὺς τόπους, ἅμα τῆς ἀναβάσεως ἐγένετο κύριος, καὶ τῆς ὑποκειμένης τετραπυργίας, ἐν ᾗ συνέβαινε πλῆθος ἄφθονον ὕδατος ὑπάρχειν. ὅθεν ἀφορμήσας ἑβδομαῖος ἧκε διὰ τῆς ἐρήμου. Παραπλεόντων δ' αὐτῷ καὶ τῶν ἐπὶ Μοχυρίνου, συνέβαινε τοὺς Κυρηναίους στρατοπεδεύειν, ὄντας εἰς ὀκτακισχι-

Advenerat enim major fratrum, & miris blanditiis legatos ſibi conciliaverat, ibique detinuerat, invitos magis quàm volentes. Inter hæc Ptolemæo juniori ſignificatur, rebellaſſe Cyrenenſes, & civitates cum ipſis conſpiraſſe. conſcium etiam defectionis eſſe Ptolemæum ..... genere Ægyptium; quem Rex quum Romam navigationem inſtitueret, univerſo regno præfecerat. Hæc ubi Regi nuntiata, & mox addito, Cyrenenſes ſub ſignis exercitum jam habere, metuens ne dum imperio Cyprum cupit adjicere, etiam Cyrenen amittat; omnem aliarum rerum curam inſuperhabens Cyrenen revertitur. Ad magnum quem vocant Catabathmon ut ventum, locorum anguſtias à Libynis cum Cyrenenſibus reperit occupatas. Ptolemæus hac difficultate ſibi objecta, dimidiam militum partem navibus imponit, & loca anguſta circumnavigare jubet, dareque operam ut hoſtes nec opinantes ex improviſo invadant: ipſe cum altera parte exercitus à fronte eos aggreſſus, ſuperare montem conabatur. Libynæ metu perculſi quòd utrinque peti ſe viderent, ſtationes deſerunt. ita Rex non liberè tantum adſcenſu potitur; ſed etiam ſubjectam quatuor turrium munitionem, ubi magna erat aquæ copia, in poteſtatem redigit. inde ſeptimis caſtris ſolitudinem emenſus, Cyrenen pervenit. Quum manus militum qui Mochyrini erant maritimo itinere illum comitaretur; ſub pellibus jam in armis Cyrenenſes erant; pedites ad octo millia, equites ad quingentos. Nam Cyrenenses, ex iis quæ Ptolemæus Alexandriæ gesserat animadversa ejus voluntate; quum cernerent nihil regii in ejus animo atque administratione inesse; sed tyrannice omnia ab eo administrari; ut sua sponte se illi subjicerent inducere in animum non poterant: quin potius perpeti omnia sustinebant, prius quàm spem libertatis desererent. tum igitur illo appropinquante, aciem eduxerunt. ac tandem etiam victus est Ptolemæus.

λίους, ἱππεῖς δὲ περὶ πεντακοσίους. Οἱ γὰρ Κυρηναῖοι πεῖραν εἰληφότες τῆς τοῦ Πτολεμαίου προαιρέσεως, ἐκ τῶν κατὰ τὴν Ἀλεξάνδρειαν πεπραγμένων, καὶ θεωροῦντες οὐ βασιλικὴν, ἀλλὰ τυραννικὴν οὖσαν τὴν ἀρχὴν αὐτοῦ καὶ τὴν ὅλην αἵρεσιν, οὐχ οἷοί τ' ἦσαν ἐθελοντὴν σφᾶς αὐτοὺς ὑποτάττειν, ἀλλὰ πᾶν ὑπομένειν ἐτόλμων, ἀντεχόμενοι τῆς πρὸς τὴν ἐλευθερίαν ἐλπίδος· διὸ καὶ τότε συνεγγίσαντος αὐτοῦ, ἐξαυτῆς παρετάξαντο, καὶ τέλος ἡττήθη.

CXVI.

ΡΙϚ'.

Legati Romam missi à Ptolemæo Rege minore natu fratrum.

Πρέσβεις παρὰ τοῦ νεωτέρου Πτολεμαίου εἰς Ῥώμην πεμφθέντες.

CIRCA idem tempus & Cn. Merula venit Alexandriâ, nuntiavitque Regi nihil eorum quæ à fratre ejus fuerant postulata potuisse impetrari: quod diceret pactis esse standum quæ facta essent ab initio. his auditis Rex Comanum & Ptolemæum fratres Romam legatos proficisci jubet cum Cnæo Merula, qui de iniquitate fratris & contemptu erga populum Rom. cum Senatu agerent. eodem etiam tempore legati in itinere pergentes, Titum re infecta dimiserunt. Hic tum erat Alexandrinarum, & Cyrenaicarum rerum status.

ΟΤΙ κατὰ τὸν καιρὸν τοῦτον ἦλθε καὶ Γνάιος ὁ Μερούλας ἐκ τῆς Ἀλεξανδρείας διασαφῶν τῷ βασιλεῖ, διότι εἰς οὐθὲν τῶν ἀξιουμένων προσελήλυθεν ὁ ἀδελφός· ἀλλὰ φησὶ, δεῖν μένειν ἐπὶ τοῖς ἐξ ἀρχῆς διωμολογημένοις. ὁ δὲ βασιλεὺς ταῦτα διακούσας, εὐθέως προχειρισάμενος Κομανὸν καὶ Πτολεμαῖον τοὺς ἀδελφοὺς, ἐξαπέστελλε πρεσβευτὰς εἰς τὴν Ῥώμην μετὰ τοῦ Γναΐου διασαφήσοντας τῇ συγκλήτῳ περὶ τῆς τοῦ ἀδελφοῦ πλεονεξίας, καὶ καταφρονήσεως. ἀπέλυσαν δὲ κατὰ τὸν αὐτὸν καιρὸν καὶ τοὺς περὶ Τίτον ἀπράκτους οἱ πρεσβευταὶ πορευόμενοι. Καὶ τὰ μὲν κατὰ τὴν Ἀλεξάνδρειαν καὶ Κυρήνην ἐπὶ τούτων ἦν.

ΡΙΖ.

Πῶς ἐπειδὴ ἡ σύγκλητος ὑπὸ τῶν πρέσβεων τοῦ νεωτέρου Πτολεμαίου συνεπεχύσαν μὲν αὐτῷ, τὴν δὲ πρὸς τὸν πρεσβύτερον συμμαχίαν ἀναιρεῖν.

ΟΤΙ κατὰ τοὺς ὑποκειμένους καιροὺς ἧκον παρὰ τοῦ νεωτέρου Πτολεμαίου, πρέσβεις οἱ περὶ τὸν Κομανόν, καὶ παρὰ τοῦ πρεσβυτέρου παραπλησίως, οἱ περὶ τὸν Μενίθυλλον τὸν Ἀλαβανδέα· ὧν εἰσελθόντων εἰς τὴν σύγκλητον, καὶ πολλῶν λόγων γινομένων καὶ φιλαπεχθῶν κατὰ πρόσωπον εἰς ἀλλήλους· καὶ τῶν περὶ Τίτον καὶ Γνάιον ἐπιμαρτυρούντων, καὶ συνεπισχυόντων τῷ νεωτέρῳ μετὰ πολλῆς σπουδῆς· ἔδοξε τῇ συγκλήτῳ, τοὺς περὶ Μενίθυλλον ἐν πένθ' ἡμέραις ἀποτρέχειν ἐκ τῆς Ῥώμης, καὶ τὴν συμμαχίαν ἀναιρεῖν τὴν πρὸς τὸν πρεσβύτερον· πρὸς δὲ τὸν νεώτερον πέμψαι πρεσβευτὰς τοὺς διασαφήσοντας τὰ δεδογμένα τῇ συγκλήτῳ. καὶ κατεστάθησαν Πόπλιος Ἀπούστιος, καὶ Γάιος Λέντλος. οἳ καὶ πλεύσαντες ἐξαυτῆς εἰς τὴν Κυρήνην, ἀπήγγειλαν τῷ Πτολεμαίῳ τὰ δεδογμένα μετὰ πολλῆς σπουδῆς. ὁ δὲ Πτολεμαῖος ἐπαρθεὶς εὐθέως ἐξενολόγει, καὶ ταῖς ἐπιβολαῖς ὅλος καὶ πᾶς ἦν περὶ τὴν Κύπρον. καὶ τὰ μὲν κατὰ τὴν Ἰταλίαν ἐν τούτοις ἦν.

CXVII.

Quomodo per legatos ſuos junior Ptolemæus Senatum impulerit, ut ſibi quidem faveret, majoris vero natu Ptolemæi amicitiæ renuntiaret.

PER illa tempora de quibus loquimur, venit à Ptolemæo juniore miſſa legatio, cujus princeps Comanus, & à majore item fratre alia, cujus caput Menithyllus Alabandenſis: Poſtquam legati in Senatum ſunt ingreſſi, longa inter ipſos altercatione habita, quum alter alteri os convitio verberaſſet; quia Titus & Cnæus ſuo teſtimonio & favore omni ac ſtudio cauſſam junioris ſublevabant; decrevit Senatus, ut intra dies quinque Menithyllus urbe excederet, & ut fœdus quod cum majore natu Ptolemæo erat, tolleretur. Legatos præterea decrevit ad juniorem mittendos, qui hoc Patrum decretum illi adferrent. Legati lecti ſunt, Publius Apuſtius, & Cajus Lentulus: qui extemplo Cyrenam profecti, nuntium eorum quæ geſta fuerant, magna diligentia ad Regem pertulerunt. Ille confeſtim nova ſpe inflatus, milites conducere, & animum atque mentem omnem ad conſilia de Cypro occupanda transferre. hæc tum in Italia ſunt geſta.

ΡΙΗ.

Πῶς ὁ Μασσανάσσης πρὸς τοὺς Καρχηδονίους διαφερόμενος,

CXVIII.

Quomodo Maſſaniſſa in iis contentionibus quas habuit cum populo Carthaginienſi,

per

per Romanos semper vicit, jure vel injuria.

In Africa Rex Massanissa, quum animadvertisset quàm multæ urbes circa minorem Syrtim essent conditæ; quæ illius agri bonitas quem vocant Emporia; jam olim cupiditatis oculis ad eos reditus adjectis qui uberrimi inde proveniebant; tandem circa illa fere tempora de quibus diximus, Carthaginiensium patientiam tentare instituit. & agrum quidem facile illi fuit occupare, omnium quæ in aperto erant locorum potenti: quòd Carthaginienses & aliâs natura sua ad gerendum terrâ bellum inepti, tum propter longam pacem penitus erant effœminati: urbes verò capere Massanissa non potuit, Carthaginiensibus illas custodientibus. Quum autem ambo controversias suas ad Senatum referrent. & multæ propterea ab utrisque missæ legationes Romam venissent; semper judicio Romanorum caussa Carthaginiensium erat deterior; non quia justis deficerentur, sed quia è re sua judices esse existimabant, ut sic judicarent. Annis verò aliquot priùs Massanissa ipse Aphtheratum qui ab ipso defecerat, cum exercitu persequens, à Carthaginiensibus petierat, ut sibi per hunc ipsum agrum liceret transire: qui, ceu nihil agro illo ad Massanissam pertinente, recusarunt. Veruntamen eò tandem necessitatis redacti sunt Carthaginienses, ut non solùm agri, & urbium illarum jacturam facerent; sed hoc

ὑπὸ τῶν Ῥωμαίων παρὰ τὸ δίκαιον ἐσωματοποιήθη.

Ὅτι κατὰ τὴν Λιβύην Μασσανάσσης, θεωρῶν τὸ πλῆθος τῶν πόλεων τῶν περὶ τὴν μικρὰν Σύρτιν ἐκτισμένων, καὶ τὸ κάλλος τῆς χώρας, ἣν καλοῦσιν Ἐμπόρια, καὶ πάλαι τὸ πλῆθος τῶν προσόδων τῶν γινομένων ἐν τούτοις τοῖς τόποις ὀφθαλμιῶν, ἐπεβάλετο καταπειράζειν τῶν Καρχηδονίων, οὐ πολλοῖς ἀνώτερον χρόνοις τῶν λεγομένων καιρῶν. Τῆς μὲν οὖν χώρας, ταχέως ἐγενήθη κύριος, ὅτε τῶν ὑπαίθρων κρατῶν· διὰ τὸ τοὺς Καρχηδονίους ἀεὶ μὲν ἀλλοτρίους ὑπάρχειν τῆς ἐν τῇ γῇ χρείας, τότε δὲ καὶ τελέως ἐκτεθηλάνθαι, διὰ τὴν πολυχρόνιον εἰρήνην. τῶν δὲ πόλεων οὐκ ἠδυνήθη γενέσθαι κύριος, διὰ τὸ τοὺς Καρχηδονίους ἐπιμελῶς τηρεῖν αὐτάς. Ἀμφοτέρων δὲ ποιουμένων τὴν ἀναφορὰν ἐπὶ τὴν σύγκλητον ὑπὲρ τῶν ἀμφισβητουμένων, καὶ πρεσβευτῶν πολλάκις ἐληλυθότων διὰ ταῦτα παρ' ἑκατέρων, αἰεὶ συνέβαινε τοὺς Καρχηδονίους ἐλαττοῦσθαι παρὰ τοῖς Ῥωμαίοις, οὐ τῷ δικαίῳ, ἀλλὰ τῷ πεπεῖσθαι τοὺς κρίνοντας συμφέρειν σφίσι τὴν τοιαύτην γνώμην. ἐπεὶ τοῖς χρόνοις οὐ πολλοῖς ἀνώτερον, αὐτὸς ὁ Μασσανάσσης διώκων τὸν Ἀφθήρατον ἀποστάτην μετὰ στρατοπέδου δίοδον ᾐτήσατο τοὺς Καρχηδονίους, διὰ ταύτης τῆς χώρας. οἱ δὲ οὐχ ὑπήκουσαν, ὡς οὐδὲν αὐτῷ προσηκούσης. Οὐ μὴν ἀλλὰ τέλος εἰς τοῦτο συνεκλείσθησαν οἱ Καρχηδόνιοι διὰ τῶν ἀποφάσεων, διὰ τοὺς νῦν λεγομένους καιρούς· ὥστε μὴ μόνον τὰς πόλεις

πόλεις καὶ τὴν χώραν ἀποβαλεῖν, ἀλλὰ καὶ πεντακόσια τάλαντα προσθεῖναι τῶν καρπίων τοῦ χρόνου, ἐξ οὗ συνέβη γενέσθαι τὴν ἀμφισβήτησιν.

amplius, talenta quingenta fructuum nomine, quos à principio controversiæ perceperant penderent.

ΡΙΘ.

Τῶν βασιλέων Προυσίου, Εὐμένους, Ἀριαράθου εἰς Ῥώμην πρεσβεῖαι.

CXIX.

Legationes Romam missæ à tribus Regibus; Prusia, Eumene, Ariarathe.

ΟΤΙ κατὰ τὴν Ἀσίαν Προυσίας μὲν ἐξέπεμψεν εἰς τὴν Ῥώμην πρεσβευτὰς μετὰ Γαλατῶν, τοὺς κατηγορήσοντας Εὐμένους· οὗτος δὲ πάλιν τὸν ἀδελφὸν Ἄτταλον ἀπολογησόμενον πρὸς τὰς διαβολάς. Ἀριαράθης δὲ τῇ τε Ῥώμῃ, στέφανον ἐξαποστείλας ἀπὸ χρυσῶν μυρίων, ἔπεμψε καὶ πρεσβευτὰς τοὺς διασαφήσοντας τῇ συγκλήτῳ τήν τε πρὸς τὸν Τιβέριον ἀπάντησιν αὐτοῦ, καὶ καθόλου παρακαλέσοντας διασαφεῖν ὑπὲρ ὧν ἂν δέωνται, διότι πᾶν ποιήσειν ἕτοιμός ἐστι Ῥωμαίοις τὸ παραγγελλόμενον.

QUOD ad res attinet Asiaticas, Prusias Rex legationem communem cum Gallogræcis Romam misit, qui de Eumene quererentur. Eumenes vicissim fratrem Attalum, qui suam caussam ageret. Ariarathes verò Romæ coronam misit aureorum decies mille, & simul legatos; qui Senatui significarent, quomodo Tiberium excepisset; & paratum ipsum esse quicquid imperarent Romani, mandatis eorum obtemperare.

ΡΚ.

Δημητρίου τοῦ βασιλέως τῶν ἀπὸ Ῥώμης πρέσβεων θεραπεία· καὶ εἰς Ῥώμην ἀποστολὴ πρέσβεων σὺν δώροις καὶ τοῖς τοῦ γεγενημένου φόνου ἐνόχοις.

CXX.

Demetrii Regis studium demerendi legatos Roma missos: & in urbem legatio cum muneribus ac cædis factæ legati Romani reis.

ΟΤΙ τοῦ Μηνοχάρους παραγενηθέντος εἰς τὴν Ἀντιόχειαν πρὸς Δημήτριον, καὶ διασαφήσαντος τῷ βασιλεῖ τὴν γεγενημένην ἔντευξιν αὐτῷ πρὸς τοὺς περὶ Τιβέ-

POSTQUAM Menochares ad Demetrium Antiochiam venisset, & sermones Regi exposuisset, quos in Cappadocia cum Tiberio aliisque legatis habuerat, existimans

ſtimans Rex ſupra omnia neceſſarium ſuis rebus eſſe in præſentia, ut prædictos viros omnibus modis ſibi adjungeret & placaret; relictis rebus, ad eos miſit primùm in Pamphyliam: deinde iterum Rhodum, quidvis facturum ſe in gratiam Romanorum promittens, donec perfecit, ut Rex ab illis ſalutaretur. Tiberius enim, qui ex animo illi cupiebat, plurimum illum adjuvit ad impetrandum quod cupiebat, & ad jus regni ei conciliandum. Demetrius occaſionem nactus quam diximus, legatos extemplo Romam miſit, qui coronam adferrent, & illum cujus manu Cnæus fuerat occiſus Romanis adducerent, ac ſimul criticum Iſocratem.

CXXI.

Senatus comitas in excipiendis legatis quos Ariarathes miſerat, & Attalo.

EODEM tempore venerunt Ariarathis legati, coronam aureorum decies mille adferentes; ac voluntatem egregiam Regis ergà populum Rom. declarantes: cujus rei teſtem citabant ipſum Tiberium & reliquos legatos. Quorum ubi conſentiens eorum orationi teſtimonium eſt auditum; Patres coronam magni beneficii loco acceperunt, & viciſſim quæ plurimi apud Romanos æſtimari ſolent dona, ſcipionem, ſellamque eburneam, illi miſerunt. atque hos legatos Senatus

ριον ἐν τῇ Καππαδοκίᾳ, νομίσας ὁ βασιλεὺς ἀναγκαιότατον εἶναι τῶν παρόντων, τὸ τοὺς προειρημένους ἄνδρας ἐξομιλῆσαι καθόσον οἷός τ' ἦν· πάντα τἄλλα πάρεργα ποιησάμενος, διεπέμπετο πρὸς τούτους, τὸ μὲν πρῶτον εἰς Παμφυλίαν· μετὰ δὲ ταῦτα πάλιν εἰς Ῥόδον, πάντα ποιήσειν Ῥωμαίοις ἀναδεχόμενος, ἕως ἐξειργάσατο, βασιλεὺς ὑπ' αὐτῶν προσαγορευθῆναι. καὶ γὰρ ἦν ὁ Τιβέριος εὔνους αὐτῷ διαφερόντως. Διὸ καὶ μεγάλα συνεβάλλετο πρὸς τὸ καθικέσθαι καὶ κτήσασθαι τὰ κατὰ τὴν ἀρχὴν αὐτῷ. ὁ δὲ Δημήτριος τυχὼν τῆς προειρημένης ἀφορμῆς, εὐθέως εἰς τὴν Ῥώμην ἔπεμπε πρεσβευτάς, στέφανόν τε κομίζοντας, καὶ τὸν αὐτόχειρα τοῦ Γναΐου γεγονότα, καὶ σὺν τούτοις τὸν κριτικὸν Ἰσοκράτην.

ΡΚΑ.

Φιλοφροσύνη τῆς συγκλήτου πρός τε τοὺς ἀπὸ Ἀριαράθου πρέσβεις, καὶ πρὸς τὸν Ἄτταλον.

ΟΤΙ κατὰ τὸν καιρὸν τοῦτον, ἧκον παρὰ Ἀριαράθου πρέσβεις, στέφανόν τε κομίζοντες ἀπὸ μυρίων χρυσῶν, καὶ διασαφοῦντες τὴν τοῦ βασιλέως προαίρεσιν, ἣν ἔχει πρὸς τὰ Ῥωμαίων πράγματα· καὶ τούτων μάρτυρας * ἐπέμποντο τοὺς περὶ τὸν Τιβέριον. ὧν ἀνθομολογησαμένων, ἡ σύγκλητος τὸν στέφανον ἀπεδέξατο μετὰ μεγάλης χάριτος, καὶ τὰ μέγιστα τῶν παρ' αὐτῇ νομιζομένων δώρων ἀντιπέστειλε, τόν τε σκηπίωνα καὶ τὸν ἐλεφάντινον δίφρον. τούτους μὲν ἐξαυτῆς, ἔτι πρὸ ἔτι πρὸ τοῦ χειμῶνος ἀπέλυσεν ἡ σύγκλητος. Μετὰ δὲ τούτους, Ἀττάλου παραγενηθέντος, ἤδη τῶν ὑπάτων τὰς ἀρχὰς εἰληφότων, καὶ τῶν Γαλατῶν αὐτοῦ κατηγορησάντων, οὓς ἀπεστάλκει Προυσίας, καὶ πλειόνων ἑτέρων ἀπὸ τῆς Ἀσίας· διακούσασα πάντων ἡ σύγκλητος, οὐ μόνον ἀπέλυσε τῶν διαβολῶν τὸν Ἄτταλον· ἀλλὰ καὶ προσαυξήσασα τοῖς φιλανθρώποις ἐξαπέστειλε. καθ' ὅσον γὰρ ἀπηλλοτρίωτο τοῦ βασιλέως, καὶ διεφέρετο πρὸς τὸν Εὐμένη, κατὰ τοσοῦτον ἐφιλοφρονεῖτο καὶ συνηύξετο τὸν Ἄτταλον.

absque mora ante hiemis initium dimisit. Post istos venit Attalus, postquam novi jam Consules inivissent. hic à Gallogræcis accusatus, quos miserat Prusias, itemque ab aliis qui aderant ex Asia, à Senatu qui omnes audiverat, non solùm liberatus est à criminationibus: sed etiam honore auctus, & summa humanitate exceptus est ac dimissus. quantum enim erant alienati Patrum animi à Rege Eumene, quem oderant; tantum benevolentiæ erga Attalum præ se ferebant, & studii amplificandæ ejus dignitatis.

ΡΚΒ.

Τῶν Δημητρίου πρέσβεων εἰς Ῥώμην ἄφιξις.

Λεπτίνου τοῦ αὐτόχειρος τοῦ Γναΐου παράστημα τῆς ψυχῆς θαυμαστὸν καὶ ἐπιτυχές.

Ἰσοκράτους ἀνθρώπου λάλου καὶ περπέρου ἀτύχημα, καὶ ὑπὸ τοῦ φόβου ἀποθηρίωσις.

Ἀχαιῶν πρεσβεία εἰς Ῥώμην ὑπὲρ Πολυβίου καὶ Στρατίου.

CXXII.

Legatorum Demetrii adventus in Urbem.

Leptinæ qui legatum Rom. occiderat constantia sive audacia mirabilis & felix.

Isocratis hominis locutuleii & vani infortunium, & præ metu efferatio.

Achæorum legatio Romam missa ad liberandum Polybium & Stratium.

ΟΤΙ ἧκον καὶ παρὰ τοῦ Δημητρίου τοῦ βασιλέως πρέσβεις, οἱ περὶ τὸν Μηνοχάρην, στέφανον ἀπὸ μυρίων χρυσῶν τῇ Ῥώμῃ κομίζοντες· ἅμα δὲ καὶ τὸν προστεθεικότα τῷ Γναΐῳ τὰς χεῖρας ἄγοντες. ἡ δὲ σύγκλητος ἐπὶ πολὺ μὲν χρόνον διηπόρησε περὶ τούτων, πῶς δεῖ χρήσασθαι τοῖς πράγμασιν. ὅμως δὲ προσεδέξατο καὶ τοὺς πρεσβευτὰς καὶ

QUUM & Demetrii Regis legati, Menocharis aliique venissent coronam aureorum decies mille ROMÆ adferentes; & illum simul adducentes qui Cnæo manus intulerat: perdiu dubitatum est à Patribus, quid esset opus facto: tandem & legatos suscepit Senatus & coronam accepit: homines verò

qui

qui fuerant adducti, rejecit; etsi missus à Demetrio fuerat non solùm Leptines, qui Cnæi cædem manu propria patraverat; verũ etiam Isocrates Hic erat grammaticus, ex eorum numero qui recitationes publicas habere solent: homo natura loquax, putidus ostentator, odiosus & ipsis quoq; Grçcis exosus. ut quẽ Alcęus in commissionibus urbanitate dictorum lacessere atque irridere fuerit solitus Iste quum in Syriam venisset, ingenia Syrorum habens despectui, non continens se intra professionis fines, etiam de publicis rebus verba facere & sententiam pronuntiare suam cepit: quum diceret, jure occisum fuisse Cnæum: quin cæteros quoque populi Romani legatos esse jugulandos, ut ne unus quidem relinqueretur superstes, qui cladis nuntium Romam adferret. ut desinant tandem ajebat, superbe adeo imperare aliis, & hanc impudentem dominandi licentiam usurpare. Et ille quidem hujusmodi verba funditans, hoc ipse sibi infortunium arcessivit. Est autem cum primis memorabile quod utrique horum virorum accidit. nam Leptines post patratam Cnæi cædem, extemplo Laodiceæ versatus est in publico, auditaque est illius vox, jure cæsum esse Cnæum, neque sine numine deûm id esse factum. & postquam Demetrius regnum suscepit, adire regem Leptines, orare ne cæde Cnæi moveretur, neve propterea in Laodicenses gravius quicquam iret consultum. ipsum enim se Romam profecturum, & Senatui probaturum, diis volentibus id à se admissum. demum quia

τὸν στέφανον· τοὺς γε μὴν ἀγομένους ἀνθρώπους οὐ προσεδέξατο. καίτοι γε Δημήτριος, οὐ μόνον τὸν Λεπτίνην ἀπέστειλε τὸν αὐτόχειρα τοῦ Γναΐου γενομένου· ἀλλὰ καὶ τὸν Ἰσοκράτην. Οὗτος δ' ἦν μὲν γραμματικὸς, τῶν τὰς ἀκροάσεις ποιουμένων· φύσει δὲ ὢν λάλος καὶ πέρπερος καὶ καταφορὴς, προσέκοπτε μὲν καὶ τοῖς Ἕλλησιν ἅτε καὶ τῶν περὶ τὸν Ἀλκαῖον ἐν ταῖς συγκρίσεσιν ἐπιδεξίως σκωπτόντων αὐτὸν, καὶ διαχλευαζόντων. Παραγενόμενος δὲ εἰς τὴν Συρίαν, καὶ καταφρονήσας τῶν ἀνθρώπων, οὐκ ἠρκεῖτο περὶ τῶν ἰδίων ἐπιτηδευμάτων ποιούμενος τοὺς λόγους· ἀλλὰ καὶ πραγματικὰς ἀποφάσεις ἐξέβαλε, φάσκων δίκαια πεπονθέναι τὸν Γνάϊον· δεῖν δὲ καὶ τοὺς ἄλλους πρεσβευτὰς ἀπολωλέναι, πρὸς τὸ μηδὲ τὸν ἀγγελοῦντα καταλειφθῆναι τοῖς Ῥωμαίοις τὸ γεγονὸς, ἵνα παύσωνται τῶν ὑπερηφάνων ἐπιταγμάτων, καὶ τῆς ἀναιδοῦς ἐξουσίας. Τοιαῦτα μὲν οὖν ῥιψολογῶν, ἐνέπεσεν εἰς τὴν προειρημένην ἀτυχίαν. Ἐγένετο δέ τι περὶ τοὺς προειρημένους ἄξιον μνήμης. ὁ μὲν γὰρ Λεπτίνης μετὰ τὸ προσενέγκαι Γναΐῳ τὰς χεῖρας, εὐθέως ἐν τῇ Λαοδικείᾳ περιῄει, φανερῶς φάσκων δίκαια πεπονθέναι τὸν Γνάϊον, καὶ μετὰ τῆς τῶν θεῶν γνώμης ταῦτα πεπραχέναι. τοῦ δὲ Δημητρίου παραλαβόντος τὰ πράγματα, προσεπορεύετο τῷ βασιλεῖ, παρακαλῶν αὐτὸν μὴ δεδιέναι τὸν Γναΐου φόνον, μηδὲ βουλεύεσθαι μηδὲν δυσχερὲς κατὰ τῶν Λαοδικέων. αὐτὸς γὰρ εἰς τὴν Ῥώμην πορεύσεσθαι, καὶ διδάξειν τὴν σύγκλητον, ὅτι μετὰ τῆς τῶν θεῶν γνώμης ταῦτα πεποίηκεν· καὶ πέρας, διὰ τὴν ἑτοιμότητα καὶ προθυμίαν οὗτος μὲν ἄνευ δεσμῶν ἤχθη καὶ φυλακῆς· ὁ δὲ Ἰσοκράτης ἐμπεσὼν εἰς τὴν αἰτίαν, ὁλοσχερῶς παρεξέστη τῇ διανοίᾳ· τοῦ γὰρ κλοιοῦ αὐτῷ περὶ τὸν τράχηλον περιτεθέντος, καὶ τῆς ἁλύσεως, σπανίως μὲν ἤδη τὴν τροφὴν προσίετο. τῆς δὲ τοῦ σώματος θεραπείας εἰς τέλος ἀπέστη. δι' ὃ καὶ παρεγένετο εἰς τὴν Ῥώμην, θέαμα θαυμάσιον· εἰς ὃν ἀποβλέψας ἄν τις ὁμολογήσειε, διότι καὶ κατὰ σῶμα καὶ κατὰ ψυχὴν οὐδέν ἐστι ἀνθρώπου φοβερώτερον, ὅταν ἅπαξ ἀποθηριωθῇ. ἥτε γὰρ ὄψις ἐκτόπως ἦν αὐτοῦ φοβερὰ καὶ θηριώδης, ὡς ἀνθρώπου πλεῖον ἐνιαυτοῦ μήτε τὸν ῥύπον, μήτε τοὺς ὄνυχας, μήτε τὰς τρίχας ἀφῃρημένου· τότε κατὰ τὴν διάνοιαν ἐκ τῆς τῶν ὀμμάτων ἐμφάσεως καὶ κινήσεως, τοιαύτην ἐποιεῖτο τὴν φαντασίαν· ὥστε τὸν θεασάμενον, πρὸς πᾶν ζῶον ἑτοιμότερον ἂν προσελθεῖν, ἢ πρὸς ἐκεῖνον. ὁ δὲ Λεπτίνης μένων ἐπὶ τῆς ἐξ ἀρχῆς προαιρέσεως, εἴς τε τὴν σύγκλητον ἕτοιμος ἦν εἰσπορεύεσθαι, πρός τε τοὺς ἐντυγχάνοντας ἁπλῶς ἀνθωμολογεῖτο περὶ τῆς πράξεως· καὶ προσδιωρίζετο μηδὲν αὐτῷ δυσχερὲς ἀπαντήσειν ὑπὸ Ῥωμαίων καὶ τέλος δυστόχησε τῆς ἐλπίδος. Ἡ γὰρ σύγκλητος, ὡς ἐμοὶ δοκεῖ, ὑπολαβοῦσα, διότι δόξει τοῖς πολλοῖς ἔχειν τοῦ φόνου δίκην, ἐὰν τοὺς αἰτίους παραλαβοῦσα τιμωρήσηται· τούτους μὲν οὐ προσεδέξατο, * μικροῦ δεῖν· ἐτήρει δὲ τὴν αἰτίαν ἀκέραιον, ὥστ' ἔχειν ἐξουσίαν ὅτε βουληθείη, χρήσασθαι τοῖς ἐγκλήμασι. Διὸ καὶ τὴν ἀπόκρισιν ἔδωκε τοιαύτην τῷ Δημητρίῳ· διότι τεύξεται τῆς φι-

ſponte ſua atque alacris ihat, ſine vinculis & cuſtodibus Romam hic ductus eſt. Iſocrates contra, ſimul ac nomen ejus fuit delatum, mente captus eſt, atque in totum alienatus: ubi verò etiam collum ſibi boja circundari vidit, & vincula admoveri; cibum raró ſumere, corporis cultum penitus aſpernari. Itaque Romam ut venit, mirum hominibus ſpectaculum præbuit: ut qui illud conſideraverit cogatur fateri, & corpore & animo maxime omnium formidabile animal eſſe hominem, quando ſemel in ferinam rabiem fuerit verſus. nam & aſpectus illius ſupra modum terribilis, atque efferatus erat; ut hominis qui per annuum ſpatium & eo amplius, neque ſordes, neque ungues, neque pilos purgaſſet. animi verò habitum oculorum ſpecies ac motus eum eſſe arguebant, ut qui ſpectaret nullius feræ occurſum æquè refugeret, atque illius. Leptines contra ſibi ſemper conſtans, in Senatum venire paratus erat, & quum cædem à ſe patratam apud omnes quibuſcum loquebatur fateretur; illud conſtanter affirmabat, nihil ſibi Romanos eſſe nocituros. Quæ ſpes tandem eum non fefellit: nam Senatus, quod judicaret, ut equidem exiſtimo, vulgo omnibus viſum iri ſe debitas pro cæde pœnas exegiſſe, ſi traditos ſibi ejus necis auctores ſupplicio affeciſſet: hos quidem ſuſcipere noluit.... ſed integra omnia ſibi ſervabat, ut quoties vellet vindicandi criminis poteſtatem haberet. Icciirco etiam Demetrio hujuſmodi reſponſum dedit; Senatum ſuam illi benevolentiam

tiam impertiturum, si idonea ratione caverit, se in ipsius potestate futurum, sicut esset olim. Venerant & Achæorum legati Xeno & Telecles, ut impositas criminationes diluerent, idque Polybii maxime gratia atque Stratii. nam cæterorum plurimos & præcipuos quosque, longa dies absumpserat. Venerant autem hi legati nudas preces pro mandatis adferentes; ne ulla in re voluntati aut judicio Senatus viderentur sese velle opponere. Ii quum in Curiam essent ingressi, & convenientem proposito suo orationem habuissent; ne sic quidem quicquam impetrarunt. nam contra decrevit Senatus nihil esse movendum.

λανθρώπων, ἐὰν τὸ ἱκανὸν ποιῇ τῇ συγκλήτῳ κατὰ τὴν ἐξ ἀρχῆς ἐξουσίαν. Ἧκον δὲ καὶ παρὰ τῶν Ἀχαιῶν πρεσβεῖς οἱ περὶ Ξένωνα καὶ Τηλεκλῆν, ὑπὲρ τῶν κατῃτιαμένων, καὶ μάλιστα τοῦ Πολυβίου, καὶ τοῦ Στρατίου χάριν. τοὺς μὲν γὰρ πλείστους σχεδὸν ἅπαντας ὁ χρόνος ἤδη καταναλώκει, τούς γε δὴ καὶ μνήμης ἀξίους. παρῆσαν δ' οἱ πρεσβεῖς ἐντολὰς ἔχοντες ἁπλῶς ἀξιωματικὰς, χάριν τοῦ πρὸς μηδὲν ἀντιφιλονεικεῖν τῇ συγκλήτῳ. εἰσπορευθέντων δὲ καὶ ποιησαμένων τοὺς ἁρμόζοντας λόγους, οὐδ' ὣς οὐδὲν ἠνύσθη· τὸ δ' ἐναντίον ἔδοξε τῇ συγκλήτῳ, μένειν ἐπὶ τῶν ὑποκειμένων.

CXXIII.

Legationes Romam missæ ab Atheniensibus & Achæis, de caussa Deliorum, qui in Achaiam sese transtulerant.

VENIT Romam legatio, cujus principes erant Thearidas & Stephanus, ab Atheniensibus & Achæis pro caussa Deliorum missa. Nam Delii post acceptum responsum, quo permissa Atheniensibus Delo, ipsi excedere insula jubebantur, sua omnia exportantes; fortunas suas in Achaiam transtulerant. Ubi, concilii publici participes facti, ex æquo agere cum Atheniensibus volebant, juxta leges fœderis, quod erat iisdem Atheniensibus cum Achæis. & quum negarent Athenienses ejus fœderis jura quicquam pertinere ad

ΡΚΓ.

Πρέσβεις ὡς τοὺς Ῥωμαίους παρὰ τῶν Ἀθηναίων καὶ τῶν Ἀχαιῶν, ὑπὲρ Δηλίων τῶν εἰς Ἀχαΐαν μεταστάντων.

ΟΤΙ παρὰ τῶν Ἀθηναίων ἧκον πρέσβεις καὶ παρὰ τῶν Ἀχαιῶν οἱ περὶ Θεαρίδαν, καὶ Στέφανον, ὑπὲρ τῶν Δηλίων. Τοῖς γὰρ Δηλίοις διαδοθείσης ἀποκρίσεως παρὰ Ῥωμαίων, μετὰ τὸ συγχωρηθῆναι τὴν Δῆλον τοῖς Ἀθηναίοις· αὐτοῖς μὲν ἐκχωρεῖν ἐκ τῆς νήσου, τὰ δ' ὑπάρχοντα κομίζεσθαι· μεταστάντες εἰς Ἀχαΐαν οἱ Δήλιοι καὶ πολιτογραφηθέντες, ἐβούλοντο τὸ δίκαιον ἐκεῖ λαβεῖν παρὰ τῶν Ἀθηναίων, κατὰ τὸ πρὸς τοὺς Ἀχαιοὺς σύμβολον. τῶν δ' Ἀθηναίων φασκόντων, μηδὲν εἶναι πρὸς αὐτοὺς τῶν δικαιοδοσίας ταύτης, ἣν ἐποιοῦντο ῥύσια τοὺς Ἀχαιοὺς οἱ Δήλιοι κατὰ τῶν Ἀθηναίων. ὑπὲρ ὧν τότε πρεσβεύσαντες, ἔλαβον ἀπόκρισιν· κυρίας εἶναι τὰς κατὰ τοὺς νόμους γεγενημένας παρὰ τοῖς Ἀχαιοῖς οἰκονομίας περὶ τῶν Δηλίων.

ΡΚΔ.

Λισσίων καὶ Δαορσῶν πρέσβεις, κατηγοροῦντες τῶν Δαλματέων.

Ὅτι τῶν Λισσίων καὶ τῶν Δαορσῶν, πλεονάκις διαπρεσβευσαμένων εἰς τὴν Ῥώμην, καὶ διασαφούντων, ὅτι Δελματεῖς τὴν χώραν ἀδικοῦσι, καὶ τὰς πόλεις τὰς μετ' αὐτῶν ταττομένας· αὗται δέ εἰσιν, Ἐπέτιον καὶ Τραγύριον· ὁμοίως δὲ καὶ τῶν Δαορσῶν ἐγκαλούντων· ἐξαπέστειλεν ἡ σύγκλητος πρεσβευτὰς τοὺς περὶ Γάϊον Φάννιον, ἐποπτεύσοντας τὰ κατὰ τὴν Ἰλλυρίδα· καὶ μάλιστα τούτων τὰ κατὰ τοὺς Δελματεῖς. Οὗτοι δὲ μέχρι μὲν ἔζη Πλευρᾶτος, ὑπήκουον ἐκείνῳ· μεταλλάξαντος δὲ τούτου τὸν βίον, καὶ διαδεξαμένου Γεντίου τὴν βασιλείαν, ἀποστάντες ἀπὸ τούτου, τοῖς ὁμόροις προσεπολέμουν, καὶ κατεστρέφοντο τοὺς ἀστυγείτονας· ὧν ἔνιοι καὶ φόρους αὐτοῖς ἔφερον· ὁ δὲ φόρος ἦν, θρέμματα καὶ σῖτος. Καὶ οἱ μὲν περὶ Φάννιον, ἐπὶ τούτοις ἐξώρμησαν.

ΡΚΕ.

Δελματέων πρὸς τοὺς ἀπὸ Ῥώμης πρεσβευτὰς παράνομος ἀπάντησις.

Delios; postulabant Delii ab Achæis, ut res Atheniensium agere ferre jus sibi fasque esset. De his rebus, quum hi legati venissent, responsum tulerunt; Placere Senatui servari illa, quæ in caussa Deliorum legitime ordinata essent ab Achæis.

CXXIV

Lissiorum, & Daorsorum legati ad Dalmatas accusandos missi.

POSTEAQUAM Lissii & Daorsi sæpius communi consensu legatos Romam misissent; quibus significabant Lissii Dalmatas & agros & urbes suæ ditionis infestare: hæ autem sunt Epetium & Tragurium; similique modo etiam Daorsi de iisdem querebantur: Senatus legatum misit Cajum Fannium ad res Illyrici visendas, & maxime Dalmatarum. Hic populus, quandiu vixit Pleuratus, ei paruit: post obitum verò illius, quum in regno Gentius successisset, ab illo defecerant Dalmatæ, & bella cum finitimis gerebant, vicinosque populos imperio suo subjiciebant: ita ut eorum nonnulli tributa ipsis penderent. tributum autem erat, pecus & frumentum. Atque hæc legationis Fannii caussa fuit.

CXXV.

Dalmatæ legatos Romà missos feritate Barbara excipiunt.

Belli

Belli Romanorum contra Dalmatas, quæ fuerit vera caussa, qui item prætextus & color.

Quum ex Illyrico reversus C. Fannius, renuntiasset Senatui, tantum ab eo abesse Dalmatas, ut satisfacere iis, quos continuis injuriis lacessiverant, ullo modo vellent; ut ne aureis quidem sibi præbere sustinuissent: quod dicerent, nihil sibi commune esse cum Romanis: addebat Fannius, neque hospitii factam sibi copiam, neque aliud quicquam eorum quæ necessaria sunt fuisse præbitum: equos quin etiam per vim sibi ademptos esse, quos habebant ex alia urbe: sed & manus sibi inferre eos voluisse; nisi tempori cedentes cum magno silentio eorum finibus excessissent. His diligenter à Senatu auditis, etsi offendebatur contumaci & scævo Dalmatarum ingenio: magis tamen eo movebatur, quod multas ob caussas opportunum rebatur esse tempus belli cum gente illa gerendi. Nam Romani, ex quo Demetrium Pharium ejecerant, penitus eam partem Illyrici, quæ ad Adriaticum mare inclinat neglexerant. Accedit, quòd Italicos homines longa pace torpere omnino nolebant. agebatur autem duodecimus jam annus à bello cum Perseo & Macedonibus gesto. Itaque bello adversus istos suscepto, quà renovare in suis, ut sic dicam, spiritum illum militarem & alacritatem pugnandi

Τοῦ πρὸς Δελματεῖς πολέμου τίς ἐγένετο Ῥωμαίοις καὶ ἡ ἀληθὴς αἰτία, καὶ ἡ πρὸς τοὺς ἐκτὸς πρόφασις.

ΟΤΙ τῶν περὶ τὸν Γάϊον Φάννιον παραγεγονότων ἐκ τῆς Ἰλλυρίδος, καὶ διασαφούντων ὅτι τοσοῦτον ἀπέχοιεν οἱ Δελματεῖς τοῦ διορθοῦσθαί τι τῶν ἐγκαλουμένων πρὸς τοὺς ὑπ' αὐτῶν φάσκοντας ἀδικεῖσθαι συνεχῶς· ὥστε οὐδὲ λόγον ἐπιδέχοιντο καθόλου παρ' αὐτοῦ· λέγοντες, οὐδὲν αὐτοῖς εἶναι καὶ Ῥωμαίοις κοινόν. πρὸς δὲ τούτοις διεσάφουν μὴ κατάλυμα δοθῆναι σφίσι, μήτε παροχὴν, ἀλλὰ καὶ τοὺς ἵππους οὓς εἶχον παρ' ἑτέρας πόλεως, ἀφελέσθαι τοὺς Δελματεῖς μετὰ βίας αὐτῶν· ἑτοίμους δ' εἶναι καὶ τὰς χεῖρας προσάγειν· εἰ μὴ συνείξαντες τῷ καιρῷ, μετὰ πολλῆς ἡσυχίας ἐποιήσαντο τὴν ἀπόλυσιν. Ὧν ἡ σύγκλητος ἀκούσασα μετ' ἐπιστάσεως, ἠγανάκτει μὲν, καὶ ἐπὶ τῇ τῶν Δελματέων ἀπειθείᾳ, καὶ σκαιότητι· τὸ δὲ πλεῖστον, ὑπέλαβε τὸν καιρὸν ἐπιτήδειον εἶναι πρὸς τὸ πολεμῆσαι τοῖς προειρημένοις διὰ πλείους αἰτίας. Τά τε γὰρ μέρη ταῦτα τῆς Ἰλλυρίδος τὰ νεύοντα πρὸς τὴν Ἀδρίαν, ἀνεπίσκεπτα τελέως ἦν αὐτοῖς, ἐξ οὗ Δημήτριον τὸν Φάριον ἐξέβαλον. τούς τε κατὰ τὴν Ἰταλίαν ἀνθρώπους, οὐκ ἐβούλοντο κατ' οὐδένα τρόπον ἀπολλύσθαι διὰ τὴν πολυχρόνιον εἰρήνην. ἔτος γὰρ ἦν τότε δωδέκατον, ἀπὸ τοῦ πρὸς Περσέα πολέμου, καὶ τῶν ἐν Μακεδονίᾳ πράξεων. Διόπερ ἐβουλεύοντο πόλεμον ἐνστησάμενοι πρὸς τοὺς προειρημένους, ἅμα μὲν ὡσανεὶ καινοποιήσειν τὰς ὁρμὰς καὶ προθυμίας τῶν ἰδίων ὄχλων· ἅμα δὲ καταπληξάμενοι τοὺς Ἰλλυριούς, ἀναγκάσειν πειθαρχεῖν τοῖς ὑπ' αὐτῶν παραγγελλομένοις. αὗται μὲν οὖν ἦσαν αἰτίαι, δι' ἃς ἐπολέμησαν Ῥωμαῖοι Δαλματεῦσι· τοῖς γε μὴν ἐκτὸς .... τὸν πόλεμον ἀναδεικνύειν, ὡς διὰ τὴν εἰς τοὺς πρεσβευτὰς ὕβριν κεκρικότες πολεμεῖν.

ΡΚϚ'.

Ἀριαράθης ἐπταικὼς τοῖς ἰδίοις πράγμασιν εἰς Ῥώμην παραγίνεται, καὶ πάλιν ἐκεῖ ὑπὸ τῶν Δημητρίου καὶ Ὀλοφέρνους πρέσβεων παραγκωνίζεται.

ΟΤΙ ὁ βασιλεὺς Ἀριαράθης ἐπιπαρεγένετο εἰς τὴν Ῥώμην, ἔτι θερείας οὔσης· τότε δὲ παρειληφότων τὰς ἀρχὰς τῶν περὶ τὸν Σέξτον Ἰούλιον, ἐγένετο περὶ τὰς κατ' ἰδίαν ἐντεύξεις, οἰκείαν ποιούμενος προσκοπὴν καὶ φαντασίαν τῆς ὑποκειμένης περιστάσεως. Παρῆσαν δὲ καὶ παρὰ Δημητρίου πρεσβεῖς οἱ περὶ τὸν Μιλτιάδην, πρὸς ἑκατέραν τὴν ὑπόθεσιν ἡρμοσμένοι· καὶ γὰρ περὶ Ἀριαράθου ἀπολογεῖσθαι, καὶ κατηγορεῖν αὐτοῦ παρεσκευάζοντο φιλαπεχθῶς. ἀπεστάλκει δὲ καὶ Ὀλοφέρνης πρεσβευτὰς τοὺς περὶ Τιμόθεον καὶ Διογένην, στέφανόν τε κομίζοντας τῇ Ῥώμῃ, καὶ τὴν φιλίαν, καὶ τὴν συμμαχίαν ἀνανεωσομένους· τὸ δὲ πλεῖον συγκαταστησομένους πρὸς Ἀριαράθην· καὶ τὰ μὲν ἀπολογησομένους, τὰ δὲ κατηγορήσοντας. Ἐν μὲν οὖν ταῖς κατ' ἰδίαν ἐντεύξεσιν, μείζω φαντασίαν εἷλκον οἱ περὶ τὸν Διογένην

cupiebant; quà terrorem Illyricis injicere, ut imperata facere posthac cogerentur. Propter has caussas Dalmatis bellum indixerunt: ipsi tamen apud externos hanc afferebant caussam, quòd contumeliam legatis suis factam, bello sibi persequendam judicassent.

CXXVI.

Ariarathes post acceptum grande aliquod infortunium Romam venit, ubi iterum à legatis Demetrii & Holophernis superatur.

VENIT Romam Rex Ariarathes, priusquam exiisset æstas. & quum magistratum eo tempore iniisset Sextus Julius cum collega, ad illum adivit, convenientem calamitati in qua versabatur fortunam atque speciem præ se ferens. Venerat & Demetrii legatio, cujus princeps Miltiades, in utrumque paratus: nam & ad excusanda quæ objiceret Ariarathes instructus erat, & ad criminandum illum odiosè. Holophernes quoque legatos miserat, Timotheum & Diogenem; ut coronam Romæ adferrent, & amicitiam atque societatem renovarent. cæterùm præcipua legationis caussa erat, ut in judiciali contentione adversus Ariarathem starent: & quà defenderent facta à suis; quà illum accusarent. Enimvero Diogenes & Miltiades tum in privatis congressibus speciem majo-

rem

rem oſtentabant; ut pote plureis cum uno compoſiti: & præterea qui omnibus fortunæ rebus florentes ſpectarentur; ille afflictus & miſer: tum etiam ubi ad res exponendas ventum, longè ſuperiores fuerunt. quidvis enim dicere, & ad omnia reſpondere, ſpreta veritate, audebant. porrò quæ ab illis dicebantur ea nec confutata manebant: quia aderat nemo qui veritatem tueretur. Quum igitur ſine difficultate vinceret mendacium, viſi ſunt quod volebant efficere.

καὶ Μιλτιάδην, ἅτε καὶ κατὰ τὸ πλῆθος πρὸς ἕνα συγκρινόμενοι, καὶ κατὰ τὴν ἄλλην περίστασιν εὐτυχοῦντες, πρὸς ἐπταικότα θεωρούμενοι· παραπλησίως δὲ καὶ περὶ τὴν τῶν πραγμάτων ἐξήγησιν πολὺ περιῆσαν. πᾶν μὲν γὰρ καὶ πρὸς παντοῖα λέγειν ἐθάρρουν, οὐδένα λόγον ποιούμενοι τῆς ἀληθείας. τὸ δὲ λεγόμενον ἀνυπεύθυνον ἦν, οὐκ ἔχον τὸν ἀπολογησόμενον. λοιπὸν ἀκονιτὶ τοῦ ψεύδους ἐπικρατοῦντος, ἐδόκει σφίσι τὰ πράγματα κατὰ γνώμην χωρεῖν.

CXXVII.

Legatio Romam miſſa ab urbe Epiri Phœnica.

CIRCA idem tempus, venerunt ex Epiro legati, qui ab incolis Phœnicæ miſſi erant, & qui ab exulibus. hi apud Senatum cauſſam ſuam præſentes diſceptarunt. deinde reſponſum acceperunt; Senatum de eorum rebus mandata legatis daturum, qui cum C. Marcio in Illyricum erant profecturi.

PKZ.

Πρεσβεία εἰς Ῥώμην ἀπὸ τῆς ἐν Ἠπείρῳ Φοινίκης.

ΚΑΤΑ τὸν καιρὸν τοῦτον παραγεγονότων πρεσβευτῶν ἐξ Ἠπείρου, παρά τε τῶν τὴν Φοινίκην κατεχόντων, καὶ παρὰ τῶν ἐκπεπτωκότων, καὶ ποιησαμένων λόγους κατὰ πρόσωπον, ἔδωκεν ἀπόκρισιν αὐτοῖς ἡ σύγκλητος, ὅτι δώσει περὶ τούτων ἐντολὰς τοῖς ἀποστελλομένοις πρεσβευταῖς εἰς τὴν Ἰλλυρίδα μετὰ Γαΐου Μαρκίου.

CXXVIII.

Athenæus ab Attalo fratre ac Rege miſſus, Romam venit queſtum de Pruſiæ injuriis.

ATTALUS à Pruſia victus fratrem Athenæum cum Pub. Lentulo proficiſci juſſit, ad

PKH.

Ἀθήναιος ὑπὸ Ἀττάλου τοῦ ἀδελφοῦ πεμφθεὶς εἰς Ῥώμην παραγίνεται Προυσίου κατηγορήσων.

ΟΤΙ Ἄτταλος ἡττηθεὶς παρὰ Προυσίου, προχειρισάμενος Ἀθήναιον τὸν ἀδελφὸν, ἐξαπἔστελλε μετὰ τὸ πε ὶ τὸν Πόπλιον Λέντλον, διασαφήσοντα τῇ συγκλήτῳ τὸ γεγονός. οἱ δ' ἐν τῇ Ῥώμῃ, τοῦ μὲν Ἀνδρονίκου παραγενομένου καὶ διασαφοῦντος τὰ περὶ τὴν πρώτην ἔφοδον τῶν πολεμίων, οὐ προσεῖχον· ἀλλ' ὑπενόουν τὸν Ἄτταλον βουλόμενον αὐτὸν ἐπιβαλεῖν τῷ Προυσίᾳ τὰς χεῖρας, προφάσεις προκατασκευάζεσθαι, καὶ προκαταλαμβάνειν διαβολαῖς· ἅμα δὲ τοῦ τε Νικομήδους, καὶ τῶν περὶ τὸν Ἀντίφιλον τῶν παρὰ τοῦ Προυσίου πρεσβευτῶν διαμαρτυρομένων μηδὲν εἶναι τούτων, ἔτι μᾶλλον ἠπίστει τὰ λεγόμενα περὶ τοῦ Προυσίου. μετὰ δέ τινα χρόνον, ἐπιδιασαφουμένης τῆς περιπετείας, ἀμφιδοξήσασα περὶ τῶν προσπιπτόντων ἡ σύγκλητος, ἐξαπέστελλε πρεσβευτὰς Λεύκιον Ἀπουλήιον, καὶ Γάϊον Πετρώνιον, τοὺς ἐπισκεψομένους πῶς ἔχει τὰ κατὰ τοὺς προειρημένους βασιλεῖς.

ΡΚΘ.

Πρεσβεία Ῥωμαίων πρὸς Προυσίαν ὑπὲρ Ἀττάλου.

Ῥωμαίων διαβούλιον περὶ τῶν κατηπαμένων Ἀχαιῶν, καὶ ἐν αὐτῷ πολιτικὸν στρατήγημα Αὔλου Ποστουμίου.

ΟΤΙ ἡ σύγκλητος ἔτι κατὰ χειμῶνα διακηκοῦσα τῶν περὶ Πόπλιον Λέντλον ὑπὲρ τῶν κατὰ Προυσίαν, διὰ τὸ νεωστὶ παραγεγονέναι τούτους ἐκ τῆς Ἀσίας, εἰσεκαλέσατο καὶ τὸν Ἀθήναιον τὸν Ἀττάλου τοῦ βασιλέως ἀδελφόν. Ου

declarandum Senatui quod acciderat. Romani enim post Andronici adventum, quum ille primam hostium impressionem narraret, dictis non movebantur: sed in suspicionem veniebant, Attalum quod cuperet ipse Prusiam adoriri, occasiones belli præparare, & criminationibus eum antevertere. dein Nicomede, & Antiphilo Prusiæ legatis testantibus, nihil eorum quæ dicerentur esse facta; multo adhuc minus fidei habere Patres iis quæ de Prusia nuntiabantur. Mox verò magis magisque re omni explorata, incerti Patres quantum his nuntiis tribuere fidei deberent, L. Apulejum, & C. Petronium legatos miserunt, ad invisendum quo loco Regum illorum res essent.

CXXIX.

Legatio à Romanis missa ad Prusiam in Attali Regis gratiam.

Romanorum deliberatio super Achæis qui Romæ detinebantur; & in eorum fraudem Auli Postumii versuta malitia.

QUUM sub hiemis exitum Senatus Pub. Lentulum qui recens ex Asia redierat, super iis quæ fecerat Prusias audivisset, Athenæum quoque Attali Regis fratrem in Curiam revocavit. Ibi non fuit

multis

multis verbis opus, sed statim cum prædicto legatos mittere decrevit C. Claudium Centonem, L Hortensium & C. Aurunculejum, quibus mandata dedit, ut prohiberent Prusiam quo minus bellum cum Attalo gereret. Xeno quoque Ægiensis & Telecles Tegeata Romam ab Achæis missi fuerant de iis qui captivi tenebantur. Ea legatione in Senatu audita, eaque re ad deliberandum proposita, parum abfuit quin Patres reos absolverent. quod quominus fieret, per Aulum Postumium Prętorem, qui Senatum tunc habebat, stetit. Nam quum tres dictæ sententiæ essent, una eorum qui dimittendos censebant; altera contrarium censentium; tertia eorum quibus placebat absolvi quidem illos, sed in præsentia retineri: plerisque de absolutione consentientibus; Prætor una sententia prætermissa, duas rogatione sua est complexus: QUI EVOCATOS SENTITIS DIMITTENDOS, in hanc partem; QUI ALIA OMNIA, in illam partem ite. tum verò qui retinendos in præsentia censuerant, iis se adjunxerunt, qui absolvendos negabant: & ita auctores contrariæ sententiæ numero vicerunt. eo tum loco fuit istud negotium.

μέντοι πολλῶν προσεδεήθη λόγων, ἀλλ' εὐθέως καταστήσασα πρεσβευτάς, συνεξαπέστειλε τῷ προειρημένῳ τοὺς περὶ Γάιον Κλαύδιον Κέντωνα, καὶ Λεύκιον Ὁρτήσιον, καὶ Γάιον Αὐρουγκολήϊον, ἐντολὰς δοῦσα, κωλύειν τὸν Προυσίαν Ἀττάλῳ πολεμεῖν. Παρεγένοντο δὲ καὶ παρὰ τῶν Ἀχαιῶν πρέσβεις εἰς Ῥώμην ὑπὲρ τῶν κατεχομένων, οἱ περὶ Ξένωνα τὸν Αἰγιέα, καὶ Τηλεκλέα τὸν Τεγεάτην. ὧν ποιησαμένων λόγους ἐν τῇ συγκλήτῳ, καὶ τοῦ διαβουλίου προτεθέντος, παρ' ὀλίγον ἦλθον ἀπολῦσαι τοὺς κατῃτιαμένους οἱ τοῦ συνεδρίου. τὴν δὲ αἰτίαν ἔσχε τοῦ μὴ συντελεσθῆναι τὴν ἀπόλυσιν Αὖλος Ποστούμιος, στρατηγὸς ὢν ἑξαπέλεκυς, καὶ βραβεύων τὸ διαβούλιον. Τριῶν γὰρ οὐσῶν γνωμῶν, μιᾶς μὲν τῆς ἀφιέναι κελευούσης· ἑτέρας δὲ τῆς ἐναντίας ταύτῃ· τρίτης δὲ τῆς ἀπολύειν μέν, ἐπισχεῖν δὲ κατὰ τὸ παρόν. καὶ πλειόνων δὲ ὄντων τῶν ἀφιεμένων, παρελθὼν τὴν μίαν γνώμην, διερώτα τὰς δύο καθολικῶς. ΟΙΣ ΔΟΚΕΙ ΤΟΥΣ ΑΝΑΚΕΚΛΗΜΕΝΟΥΣ ΑΦΙΕΝΑΙ· ΚΑΙ ΤΟΥΝΑΝΤΙΟΝ· λοιπὸν οἱ πρὸς τὸ παρὸν ἐπέχειν κελεύοντες, προσέβησαν πρὸς τοὺς μὴ φάσκοντας δεῖν ἀπολύειν, καὶ πλείους ἐγενήθησαν τῶν ἀφιέντων. καὶ ταῦτα μὲν ἐπὶ τούτων ἦν.

CXXX.

Teleclis & Anaxidami Achæorum legatio ad Romanos.

POSTEAQUAM legati qui Romam iverant reversi in Achajam renuntiassent, nihil propius

ΡΑ.

Τηλεκλέους καὶ Ἀναξιδάμου τῶν Ἀχαιῶν εἰς Ῥώμην πρεσβεία.

ΟΤΙ τῶν ἐκ τῆς Ῥώμης πρεσβευτῶν ἀνακαμψάντων εἰς τὴν Ἀχαΐαν, καὶ διασαφησάντων ὅτι παρ' ὀλίγον ἔλθοι τὰ πράγματα τοῦ πάντας ἐπανελθεῖν τοὺς κατεχομένους· εὐέλπιδες γενόμενοι καὶ μετεωρισθέντες οἱ πολλοί, πάλιν ἐξ αὐτῆς ἔπεμπον Τηλεκλέα τὸν Μεγαλοπολίτην καὶ Ἀναξίδαμον. καὶ τὰ μὲν κατὰ Πελοπόννησον, ἐπὶ τούτων ἦν.

factum esse, quàm ut omnes redirent qui captivi tenebantur: plerique omnes eo nuntio in spem adducti erigere animos ceperunt; atque extemplo Teleclem Megalopolitanum & Anaxidamum Romam denuo proficisci jubent. hic tum fuit rerum in Peloponneso status.

ΡΛΑ.

Μασσαλιητῶν εἰς Ῥώμην πρεσβεία ὑπὲρ βοηθείας.

ΟΤΙ κατὰ τὸν αὐτὸν καιρὸν, ἧκον πρεσβευταὶ καὶ παρὰ Μασσαλιητῶν· οἱ πάλαι μὲν κακῶς πάσχοντες ὑπὸ τῶν Λιγυστινῶν· τότε δὲ συγκλειόμενοι τελέως, καὶ πρὸς τούτοις καὶ πολιορκουμένων τῶν πόλεων Ἀντιπόλεως, καὶ Νικαίας, ἐξαπέστειλαν πρεσβευτὰς εἰς τὴν Ῥώμην, τούς τε τὰ γινόμενα διασαφήσοντας, καὶ δεομένους σφίσι βοηθεῖν. Ὧν καὶ παρελθόντων εἰς τὴν σύγκλητον, ἔδοξε τῷ συνεδρίῳ, πρεσβευτὰς πέμψαι, τοὺς ἅμα μὲν αὐτόπτας γενησομένους τῶν γινομένων, ἅμα δὲ πειρασομένους λόγῳ διορθώσασθαι τὴν τῶν Βαρβάρων ἄγνοιαν.

CXXXI.

Massilienses per legatos opem Romanos poscunt.

CIRCA tempus idem adfuerunt & Massiliensium legati, quos jampridem Ligures vexabant: tum verò in magnas angustias redegerant: nam & urbes eorum Antipolis atque Nicæa obsessæ à Liguribus tenebantur. Propterea legatos Romam miserant, qui & quo loco res eorum essent Romanis significarent; & opem sibi ferri peterent. Hi quum in Senatu fuissent auditi, legatio decreta est, partim ad invisendum regionum illarum statum: partim si fieri posset, ad emendandum sine armis quæ peccata erant à Barbaris.

ΡΛΒ.

Πτολεμαίου τοῦ νεωτέρου εἰς Ῥώμην ἄφιξις καὶ βοηθείας ἐπιτυχία.

ΟΤΙ κατὰ τοὺς καιροὺς καθ' οὓς ἐξέπεμψεν ἡ σύγκλητος τὸν Ὀπίμιον ἐπὶ τὸν τῶν Ὀξυβίων πόλεμον, ἧκε Πτολεμαῖος ὁ νεώτε-

CXXXII.

Ptolemæus junior Romam venit, & à Romanis impetrat ut opem sibi serio ferant.

QUO tempore Senatus Opimium ad gerendum bellum adversus Oxybios misit, junior Ptolemæus in Urbem venit;

qui

qui ut ingressus est in Curiam, fratrem cepit accusare, auctoremque eum dicere insidiarum quibus fuerat attentatus. simul vulnerum cicatrices oculis spectandas exhibebat; multisque deinceps verbis rei atrocitatem exaggerans, ad miserationem sui flectere animos hominum conabatur. Sed & senioris Ptolemæi legati aderant, Neolaidas & Andromachus; qui ad criminationes omnes fratris responderent. Verùm istorum Senatus ne admittere quidem ad aureis orationem voluit. adeo mentes omnium accusationibus fratris erant occupatæ. His igitur extemplo Roma jussis facessere, legati quinque sunt decreti, inter quos erant Cn. Merula, & L. Thermus, & singulis quinqueremes attributæ. Datum iis negotium fuit, ut cum juniore Ptolemæo profecti, in insulam Cyprum eum restituerent. scriptum etiam ad socios Græcos & Asiaticos, licere illis Ptolemæum in recuperatione Cypri adjuvare.

ρος εἰς τὴν Ῥώμην· καὶ παρελθὼν εἰς τὴν σύγκλητον, ἐποιεῖτο κατηγορίαν τἀδελφοῦ, φέρων τὴν αἰτίαν τῆς ἐπιβουλῆς ἐπ' ἐκεῖνον. ἅμα δὲ τὰς ἐκ τῶν τραυμάτων οὐλὰς ὑπὸ τὴν ὄψιν δεικνὺς, καὶ τὴν λοιπὴν δεινολογίαν ἀκόλουθον τούτοις διατιθέμενος, ἐξεκαλεῖτο τοὺς ἀνθρώπους πρὸς ἔλεον. Ἧκον δὲ καὶ παρὰ τοῦ πρεσβυτέρου πρέσβεις, οἱ περὶ τὸν Νεολαΐδην, καὶ Ἀνδρόμαχον, ἀπολογούμενοι πρὸς τὰς τἀδελφοῦ γινομένας κατηγορίας. ὧν ἡ σύγκλητος οὐδ' ἀναδέχεσθαι δικαιολογουμένων ἠβουλήθη, προκατειλημμένη ταῖς ὑπὸ τοῦ νεωτέρου διαβολαῖς· ἀλλὰ τούτοις μὲν ἀπαγγέλλειν ἐκ τῆς Ῥώμης προσέταξεν ἐξαυτῆς· τῷ δὲ νεωτέρῳ πέντε πρεσβευτὰς κατέστησαν τοὺς περὶ Γνάιον Μερούλαν, καὶ Λεύκιον Θέρμον, καὶ πεντήρη δοῦσα τῶν πρεσβευτῶν ἑκάστῳ, τούτοις μὲν παρήγγειλε κατάγειν Πτολεμαῖον εἰς Κύπρον· τοῖς δὲ κατὰ τὴν Ἑλλάδα καὶ τὴν Ἀσίαν συμμάχοις ἔγραψαν, ἐξεῖναι συμπράττειν τῷ Πτολεμαίῳ τὰ κατὰ τὴν κάθοδον.

CXXXIII.

ΡΛΓ.

Decem legati à Senatu missi ad coërcendas Prusiæ injurias.

Δέκα πρέσβεις ὑπὸ τῆς συγκλήτου πεμφθέντες εἰς καταστολὴν Προυσίου.

QUUM Hortensius & Aurunculejus Pergamo reversi renuntiassent, quanto contemptui Senatus mandata Prusias habuisset, qui violato fœdere adversus ipsos & Attalum Pergami inclu-

ΟΤΙ τῶν περὶ τὸν Ὀρτήσιον καὶ Αὐρουγκουλήιον παραγενομένων ἐκ τοῦ Περγάμου, καὶ διασαφούντων τήν τε τοῦ Προυσίου καταφρόνησιν τῶν τῆς συγκλήτου παραγγελμάτων, καὶ διότι παρασπονδήσας, καὶ συγκλείσας εἰς τὸ Πέργα-

μιον

μον αὐτούς τε καὶ τοὺς περὶ τὸν Ἄτταλον, πᾶσαν βίαν ἐνεδείξατο καὶ παρανομίαν· ἡ σύγκλητος ὀργισθεῖσα, καὶ βαρέως φέρουσα τὸ γεγονός, ἐξαυτῆς δέκα πρεσβευτὰς κατέστησε, τοὺς περὶ Λεύκιον Ἀνίκιον, καὶ Γάιον Φάννιον, καὶ Κόϊντον Φάβιον Μάξιμον· καὶ παραχρῆμα ἐξαπέστειλεν, ἐντολὰς αὐτοῖς δοῦσα, διαλῦσαι τὸν πόλεμον, καὶ τὸν Προυσίαν ἀναγκάσαι δίκας ὑποσχεῖν Ἀττάλῳ τῶν κατὰ τὸν πόλεμον ἀδικημάτων.

sus, omnem vim atque injuriam esset expertus: Patres irati, & indignatione facinoris commoti, decem extemplo legatos decreverunt; in queis L. Anicius, & C. Fannius, & Q. Fabius Maximus: eosque statim cum mandatis miserunt, ut bello finem imponerent; & Prusiam pro injuriis bello illatis pœnas Attalo pendere cogerent.

ΡΛΔ.

Πῶς Ῥωμαῖοι δεομένων τῶν Μασσαλιητῶν τὸν κατὰ Ὀξυβίων καὶ Δεκιητῶν πόλεμον καὶ ἐνεστήσαντο καὶ συνετέλεσαν.

ΟΤΙ τῶν Μασσαλιητῶν διαπρεσβευσαμένων πρὸς Ῥωμαίους, κακῶς πάσχειν αὐτοὺς ὑπὸ τῶν Λιγυστινῶν, παραχρῆμα κατέστησαν Φλαμίνιον, καὶ Ποπίλλιον Λαινάτην, καὶ Λεύκιον Πόππιον πρεσβευτάς· οἳ καὶ πλέοντες μετὰ τῶν Μασσαλιητῶν προσέσχον τῆς Ὀξυβίων χώρας κατὰ πόλιν Αἴγιτναν. οἱ δὲ Λιγυστινοί, προακηκοότες ὅτι πάρεισιν ἐπιτάξοντες αὐτοῖς λύειν τὴν πολιορκίαν, τοὺς μὲν ἄλλους ἔτι καθορμιζομένους ἐπελθόντες ἐκώλυσαν τῆς ἀποβάσεως· τὸν δὲ Φλαμίνιον καταλαβόντες ἀποβεβηκότα καὶ τὰς ἀποσκευὰς ἀποτεθειμένον, τὰς μὲν ἀρχὰς ἐκέλευον αὐτὸν ἐκ τῆς χώρας ἀπολύεσθαι· τοῦ δὲ παρακούοντος, ἤρξαντο τὰ σκεύη διαρπάζειν· τῶν δὲ παίδων, καὶ τῶν ἀπελευθέρων ἀντιποιουμένων καὶ κωλυόντων, ἀπεβιάζοντο, καὶ

CXXXIV.

Quomodo Romani rogatu Massiliensium bellum adversus Oxybios & Decietas Ligures susceperunt ac confecerunt.

QUUM venisset Romam legatio Massiliensium, quæ vexari eos à Liguribus nuntiabat, extemplo decrevit Senatus legatos Flaminium, Popillium Lænatem, ac L. Pupium. qui cum Massiliensibus profecti, Ægitnam urbem in agro Oxybiorum naves appuierunt. At Ligures audito venisse illos, ut solvi obsidionem juberent: cæteros quidem dum adhuc portum ingrediuntur, supervenientes ipsi facere escensionem prohibuerunt: Flaminium verò quum navi jam egressum invenissent, & sarcinas in terram expositas, principio excedere agro suo jusserunt; deinde quia imperium contemnebat, impedimenta illius diripere, eos qui pro sarcinis dimicabant & quo minus diriperentur impediebant, vi repellere, manus-

manusque ipsis inferre. cum quidem Flaminio suis opem ferente, ipse vulneratus, duo è familia humi prostrati, reliqui in navim sunt compulsi. ut Flaminius ipse rudentibus anchorisque præcisis, ægre saluti suæ consuluerit. Is igitur Massiliam delatus, omni studio ac diligentia curabatur. Senatus vero de iis quæ acciderant factus certior, extemplo alterum Cos. Q. Opimium cum exercitu proficisci jussit, ad bellum cum Oxybiis & Deciatis gerendum. Opimius die militi edicta ad conveniendum in agrum Placentinorum, Apenninis montibus superatis, in fines Oxybiorum pervenit. dein positis ad Apronem fluvium castris, hostes quos congregari in unum intellexerat, & acie confligere paratos esse, ibi exspectavit. mox admotis copiis ad oppidum Ægitnam, ubi violati fuerant populi Rom. legati, vi illam occupat, cives mulctat servitute, auctores injuriæ catenis oneratos Romam mittit: atque his rebus peractis, obviam hostibus procedit. Oxybii spem nullam veniæ superesse rati post admissum in legatos delictum; temeraria æstuantes ira, cæcum ac furiosum capiunt impetum; & priusquam se cum iis Deciatæ junxissent, qui ad numerum quatuor millium convenerant, inimicos invadunt. Consul impressionem atque audaciam Barbarorum ut videt; mirari ille quidem desperatorum hominum furorem; sed qui in incepto hostium isto rationem nullam deprehenderet, homo

προσέφερον τούτοις τὰς χεῖρας. ἐν ᾧ καιρῷ καὶ τοῦ Φλαμινίου βοηθοῦντος τοῖς ἰδίοις, τοῦτον μὲν κατέτρωσαν· δύο δὲ τῶν οἰκετῶν κατέβαλον· τοὺς δὲ λοιποὺς κατεδίωξαν εἰς τὴν ναῦν· ὥστε τὸν Φλαμίνιον μόγις ἀποκόψαντα τ' ἀπόγαια καὶ τὰς ἀγκύρας, διαφυγεῖν τὸν κίνδυνον. Οὗτος μὲν ἀπηκομισθεὶς εἰς Μασσαλίαν, ἐθεραπεύετο μετὰ πάσης ἐπιμελείας· ἡ δὲ σύγκλητος πυθομένη τὰ γεγονότα, παραχρῆμα τὸν ἕνα τῶν ὑπάτων Κόϊντον Ὀπίμιον ἐξαπέστειλε μετὰ δυνάμεως, πολεμήσοντα τοῖς Ὀξυβίοις, καὶ Δεκιήταις. Ὁ δὲ Κόϊντος συναθροίσας τὰς δυνάμεις εἰς τὴν τῶν Πλακεντίνων πόλιν, καὶ ποιησάμενος τὴν πορείαν διὰ τῶν Ἀπεννίνων ὀρῶν, ἧκεν εἰς τοὺς Ὀξυβίους. στρατοπεδεύσας δὲ παρὰ τὸν Ἄπρωνα ποταμὸν, ἀνεδέχετο τοὺς πολεμίους, πυνθανόμενος αὐτοὺς ἀθροίζεσθαι, καὶ προθύμους εἶναι πρὸς τὸ διακινδυνεύειν. καὶ προσαγαγὼν τὴν στρατιὰν ὁ Κόϊντος πρὸς τὴν Αἴγιτναν, ἐν ᾗ συνέβη τοὺς πρεσβευτὰς παρασπονδηθῆναι· τὴν πόλιν κατὰ κράτος ἑλὼν, ἐξηνδραποδίσατο, καὶ τοὺς ἀρχηγοὺς τῆς ὕβρεως ἀπέστειλε δεσμίους εἰς τὴν Ῥώμην· καὶ ταῦτα διαπραξάμενος, ἀπήντα τοῖς πολεμίοις. οἱ δὲ Ὀξύβιοι νομίζοντες ἀπαραίτητον αὐτοῖς εἶναι τὴν εἰς τοὺς πρεσβευτὰς ἁμαρτίαν· παραλόγῳ τινὶ χρησάμενοι θυμῷ, καὶ λαβόντες ὁρμὴν παραστατικὴν, πρὶν ἢ τοὺς Δεκιήτας αὐτοῖς συμμῖξαι, περὶ τετρακισχιλίους ἀθροισθέντες, ὥρμησαν ἐπὶ τοὺς πολεμίους. Ὁ δὲ Κόϊντος ἰδὼν τὴν ἔφοδον καὶ τὸ θράσος τῶν Βαρβάρων, τὴν μὲν ἐπίνοιαν αὐτῶν κατεπλάγη· θεωρῶν δὲ μηδενὶ λόγῳ

ταύτῃ

ταύτῃ χρωμένους τοὺς ἐχθροὺς, εὐθαρσὴς ἦν, ἅτε τριβὴν ἐν πράγμασιν ἔχων, καὶ τῇ φύσει διαφερόντως ἀγχίνους ὑπάρχων. Διόπερ ἐξαγαγὼν τὴν αὑτοῦ στρατιὰν, καὶ παρακαλέσας τὰ πρέποντα τοῖς καιροῖς, ἤδη βάδην ἐπὶ τοὺς πολεμίους. χρησάμενος δὲ συντόνῳ προσβολῇ, ταχέως ἐνίκησε τοὺς ἀντιταξαμένους· καὶ πολλοὺς μὲν αὐτῶν ἀπέκτεινε· τοὺς δὲ λοιποὺς ἠνάγκασε φυγεῖν προτροπάδην. Οἱ δὲ Δεκιῆται ἠθροισμένοι παρῆσαν, ὡς μεθέξοντες τοῖς Ὀξυβίοις τῶν αὐτῶν κινδύνων. ὑστερήσαντες δὲ τῆς μάχης, τοὺς φεύγοντας ἐξεδέξαντο, καὶ μετ᾽ ὀλίγον συνέβαλον τοῖς Ῥωμαίοις, μετὰ μεγάλης ὁρμῆς καὶ προθυμίας. ἡττηθέντες δὲ τῇ μάχῃ, παραυτίκα πάντες παρέδωκαν σφᾶς αὐτοὺς, καὶ τὴν πόλιν εἰς τὴν Ῥωμαίων πίστιν. ὁ δὲ Κόιντος, κύριος γενόμενος τούτων τῶν ἐθνῶν, παραυτίκα μὲν τῆς χώρας, ὅσην ἐνεδέχετο, προσέθηκε τοῖς Μασσαλιήταις· εἰς δὲ τὸ μέλλον ὅμηρα τοὺς Λιγυστινοὺς ἠνάγκασε διδόναι, κατά τινας τακτοὺς χρόνους τοῖς Μασσαλιήταις. αὐτὸς δὲ παροπλίσας τοὺς ἀντιταξαμένους, καὶ διελὼν τὴν δύναμιν κατὰ τὰς πόλεις, αὐτοῦ τὴν παραχειμασίαν ἐποιήσατο. Καὶ ταῦτα μὲν ὀξεῖαν ἔλαβε καὶ τὴν ἀρχὴν καὶ τὴν συντέλειαν.

ΡΛΕ.

Πῶς οἱ ἀπὸ Ῥώμης πρέσβεις τῷ Προυσίᾳ ἀπειθοῦντι τὴν φιλίαν ἀπειπάμενοι, τὰ ἑξῆς ἐπράξαντο.

ΟΤΙ κατὰ τὴν Ἀσίαν Ἄτταλος ἔτι κατὰ χειμῶνα συνήθροιζε μεγά-

prudens & eximia quadam atque singulari sagacitate mentis præditus, de exitu prælii bene sperabat. Igitur copias castris educere, milites ut res atque tempus monebat alloqui: deinde sensim in hostem vadere. Primo impetu, quem dedit vehementissimum, oppositam aciem cito perculit. multi sunt occisi; reliqui in effusam fugam dare se coacti. Interim congregatis copiis adveniunt Deciatæ, ut in omnibus periculis quæ Oxybii adirent, socios se illis præberent. sed quia post pugnam pugnatam venerant, fugientium è clade fugam sistunt, & mox cum Romanis vi magna atque alacritate confligunt. Eo prælio victi, sine mora omnes & se & urbem suam in fidem Romanis dedunt. Consul his populis superatis, agri capti quantam maximam poterat partem Massiliensibus statim attribuit: Ligures deinde compulit, ut certis temporibus renovandos Massiliensibus darent obsides. ipse eas gentes quæ secum pugnaverant exarmat; & distributo per oppida exercitu, hiberna ibi egit. Atque ita bellum hoc & susceptum est, & magna celeritate confectum.

CXXXV.

Quomodo missi à Romanis legati Prusiæ non obtemperanti mandatis Senatus amicitiam renuntiarint, & bellum deinceps apparaverint.

QUOD ad res Asiæ, Attalus dum adhuc esset hiems, magnum exerci-

exercitum coëgit: quum & Ariarathes & Mithridates ejus socii copias ipsi tum equestres tum pedestres, duce Demetrio Ariarathis filio, submisissent. In his apparatibus dum occupatur Attalus, legati Romani veniunt: qui Regem Quadis convenerunt, & de omnibus rebus cum eo locuti, ad Prusiam rectâ sunt profecti. Eò ut ventum, voluntatem Senatus seriò illi declararunt. Prusias ex iis quæ imperabantur nonnulla facturum se pollicitus, de plerisque negabat. Itaque Romani legati pertinaciâ illius offensi, amicitiæ & societati ipsius renuntiarunt: atque extemplo omnes eo relicto ad Attalum pergere. Tum verò Prusias pœnitentia ductus, orans obsecransque legatos aliquandiu sequi: & quum nihil proficeret, domum reversus, in summa consilii inopia versari. Interim Romani Attalo auctores sunt, ut cum exercitu in regni finibus manens, ipse quidem bello neminem lacessat, sed urbes suas ac pagos ab injuria defendat. Ipsi in varias partes divisi, partim Romam properant, ad significandam Senatui Regis Prusiæ pertinaciam; partim in Joniæ regiones tendunt: quidam ad Hellespontum, & vicinos Byzantio tractus: quorum omnium unum idemque erat propositum; ut ab amicitia & societate Prusiæ homines revocarent: Attalo verò benevolentiam cunctorum conciliarent, & quibus possent cunque modis eum adjuvarent.

λας δυνάμεις· ἅτε καὶ τῶν περὶ Ἀριαράθην, καὶ τὸν Μιθριδάτην ἐξαπεσταλκότων αὐτῷ στρατιὰν ἱππέων καὶ πεζῶν κατὰ τὴν συμμαχίαν, ὧν ἡγεῖτο Δημήτριος Ἀριαράθου. ὄντος δὲ περὶ ταῦτα αὐτοῦ τὰς κατασκευάς, ἧκον ἐκ τῆς Ῥώμης οἱ πρέσβεις· οἳ καὶ συμμίξαντες αὐτῷ περὶ Κάδους, καὶ κοινολογηθέντες περὶ τῶν πραγμάτων, ὥρμησαν πρὸς τὸν Προυσίαν. ἐπειδὴ δὲ συνέμιξαν, διεσάφουν αὐτῷ τὰ παρὰ τῆς συγκλήτου, μετὰ πολλῆς ἐπιστάσεως. ὁ δὲ Προυσίας ἔνια μὲν τῶν προσταττομένων προσεδέχετο, τοῖς δὲ πλείστοις ἀντελέγετο· διόπερ οἱ Ῥωμαῖοι προσκόψαντες αὐτῷ, τήν τε φιλίαν ἀπείπαντο, καὶ τὴν συμμαχίαν, καὶ πάντες ἐξαυτῆς ἀπηλλάττοντο πάλιν ὡς τὸν Ἄτταλον. ὁ δὲ Προυσίας μετανοήσας, μέχρι μὲν τινος ἐπηκολούθει λιπαρῶν· ἐπεὶ δ' οὐδὲν ἤνυεν, ἀπαλλαγεὶς, ἐν ἀμηχανίαις ἦν. Οἱ δὲ Ῥωμαῖοι τὸν μὲν Ἄτταλον ἐκέλευον προκαθίσαντα τῆς αὐτοῦ χώρας μετὰ δυνάμεως, αὐτὸν μὲν μὴ κατάρχειν τοῦ πολέμου· ταῖς δὲ πόλεσι ταῖς αὐτοῦ, καὶ ταῖς κώμαις, τὴν ἀσφάλειαν παρασκευάζειν. αὐτοὶ δὲ μερίσαντες σφᾶς αὐτοὺς, οἱ μὲν ἔπλεον κατὰ σπουδὴν ἀπαγγέλλοντες τῇ συγκλήτῳ τὴν ἀπείθειαν τοῦ Προυσίου· τινὲς δὲ ἐπὶ τῆς Ιονίας ἐχωρίσθησαν· ἕτεροι δὲ ἐφ' Ἑλλησπόντου, καὶ τῶν κατὰ τὸ Βυζάντιον τόπων· μίαν ἔχοντες καὶ τὴν αὐτὴν πρόθεσιν ἅπαντες, ἀπὸ μὲν τῆς Προυσίου φιλίας καὶ συμμαχίας ἀποκαλεῖν τοὺς ἀνθρώπους, Ἀττάλῳ δὲ προσνέμειν τὴν εὔνοιαν καὶ συμμαχεῖν κατὰ δύναμιν.

ΡΛϚʹ.

Διάλυσις πολέμου ὃν περὶ ἀλλήλους ἐπολέμουν οἱ περὶ Αριαράθην καὶ Ατταλον.

ΚΑΤΑ δὲ τοὺς αὐτοὺς καιροὺς Αττάλου ἀδελφὸς Αθήναιος κατέπλευσε, ναυσὶ καταφράκτοις ὀγδοήκοντα· ὧν αἱ πέντε μὲν τριήρεις ἦσαν Ροδίων, τῶν ἀποσταλεισῶν εἰς τὸν Κρητικὸν πόλεμον· εἴκοσι δὲ Κυζικηνῶν· ἑπτὰ δὲ ἐπὶ ταῖς εἴκοσι τῶν περὶ τὸν Ατταλον· αἱ δὲ λοιπαὶ τῶν ἄλλων συμμάχων. Ποιησάμενος δὲ τὸν πλοῦν ἐφ' Ελλησπόντου, καὶ συνάψας ταῖς πόλεσιν ταῖς ὑπὸ Προυσίαν ταττομέναις, ἀποβάσεις τε συνεχεῖς ἐποιεῖτο, καὶ κακῶς διετίθει τὴν χώραν. Η δὲ σύγκλητος διακούσασα τῶν παρὰ τοῦ Προυσίου πρεσβευτῶν ἀνακεχωρηκότων, ἐξαυτῆς τρεῖς ἄλλους ἀπέστειλεν, Αππιόν τε τὸν Κλαύδιον, καὶ Λεύκιον Οππιον, καὶ Αυλον Ποστούμιον· οἳ καὶ παραγενόμενοι εἰς τὴν Ασίαν, διέλυσαν τὸν πόλεμον, εἰς τὰς τοιαύτας συνθήκας ἐπαναγόμενοι τοὺς βασιλέας ἀμφοτέρους· ΩΣΤΕ ΠΑΡΑΧΡΗΜΑ ΜΕΝ, ΕΙΚΟΣΙ ΚΑΤΑΦΡΑΚΤΟΥΣ ΝΗΑΣ ΑΠΟΔΟΥΝΑΙ ΠΡΟΥΣΙΑΝ ΑΤΤΑΛΩι· ΠΕΝΤΑΚΟΣΙΑ ΔΕ ΤΑΛΑΝΤΑ ΚΑΤΕΝΕΓΚΕΙΝ, ΕΝ ΕΤΕΣΙΝ ΕΙΚΟΣΙ· ΤΗΝ ΔΕ ΧΩΡΑΝ ΑΜΦΟΤΕΡΟΥΣ ΕΧΕΙΝ, ΗΝ ΚΑΙ ΠΡΟΤΕΡΟΝ ΕΙΧΟΝ, ΟΤΕ ΕΙΣ ΤΟΝ ΠΟΛΕΜΟΝ ΕΝΕΒΑΙΝΟΝ· ΔΙΟΡΘΩΣΑΣΘΑΙ ΔΕ ΠΡΟΥΣΙΑΝ, ΚΑΙ ΤΗΝ ΚΑΤΑΦΘΟΡΑΝ ΤΗΣ ΧΩΡΑΣ, ΤΗΣ ΤΕ ΜΗΘΥΜΝΑΙΩΝ ΚΑΙ ΤΩΝ ΑΙΓΕΩΝ, ΚΑΙ ΤΗΣ ΚΥΜΑΙΩΝ,

CXXXVI.

Belli quod inter se gerebant Ariarathes & Attalus Reges terminatio.

CIRCA idem tempus, Athenæus Attali frater classem adduxit navium tectarum octoginta; quarum quinque triremes Rhodiorum erant, quæ ad bellum Creticum fuerant missæ: viginti Cyzicenorum: septem & viginti Attali: reliquæ aliorum sociorum. Is directo cursu in Hellespontum, quoties aliquam prætervehēretur earum urbium quæ Prusiæ parebant, crebras escensiones faciens, agrum illarum populabatur. Senatus auditis legatis, qui à Prusia redierant, tres alios continuò misit, Appium Claudium, Lucium Oppium, & Aulum Postumium. Hi in Asiam ubi venerunt, bello finem imposuerunt; & ut Reges ambo in hujusmodi conditiones consentirent, pervicerunt. PRUSIAS UT ATTALO VIGINTI NAVES TECTAS CONFESTIM TRADAT: TALENTA QUINGENTA INTRA VIGINTI ANNORUM SPATIUM PENDAT. AGRUM UTERQUE UT POSSIDEAT, QUEM ANTE INCHOATUM HOC BELLUM OBTINEBAT. ITEM UT PRUSIAS DAMNA SARCIAT AGRIS ILLATA METHYMNÆORUM, ÆGIENSIUM, CUMÆORUM,

ET

ET HERACLEOTARUM: CENTUMQUE ILLIS TALENTA SOLVAT. Hoc fœdere istis scripto, Attalus copias suas, & navales & terrestres domum reduxit. Atque hoc modo singula sunt eo bello gesta, quod Attali & Prusiæ controversia excitaverat.

ΚΑΙ ΗΡΑΚΛΕΙΩΤΩΝ· ΕΚΑΤΟΝ ΤΑΛΑΝΤΑ ΔΟΝΤΑ ΤΟΙΣ ΠΡΟΕΙΡΗΜΕΝΟΙΣ. Γραφεισῶν δὲ τούτοις τῶν συνθηκῶν, ἀπῆγον τὰς δυνάμεις εἰς τὴν οἰκείαν οἱ περὶ τὸν Ἄτταλον, τὰς πεζικὰς καὶ τὰς ναυτικάς. Καὶ τὰ μὲν Ἀττάλου καὶ Προυσίου διαφορᾶς, τοιοῦτος τότε κατὰ μέρος χωρισμὸς ἐγεννήθη τῶν πράξεων.

CXXXVII.

Legatio Achæorum pro evocatis Romam.

EODEM fere tempore, quum Achæorum legati qui Romæ erant, in Curiam venissent, de iis qui ad caussam dicendam fuerant evocati, visum Patribus, nihil movendum.

ΡΛΖ.

Ἀχαιῶν πρεσβεία ὑπὲρ τῶν ἀνακεκλημένων.

ΟΤΙ κατὰ τὸν καιρὸν τοῦτον ἐν τῇ Ῥώμῃ τῶν ἐκ τῆς Ἀχαΐας πρεσβευτῶν εἰσελθόντων εἰς τὴν σύγκλητον περὶ τῶν ἀνακεκλημένων, ἔδοξε τῷ συνεδρίῳ μένειν ἐπὶ τῶν ὑποκειμένων.

CXXXVIII.

Heraclidæ adventus in Urbem cum liberis Antiochi Regis.

Rhodiorum legatio super bello cum Cretensibus.

ADHUC æstas erat, cum Romam Heraclides advenit, & Laodicen atque Alexandrum eò adduxit. Qui dum in Urbe commoratur, magnæ fortunæ speciem ostentavit, vafrè agens omnia, & consultò tempus extrahens, ut Senatum ad ea quæ moliebatur flecteret. Venit etiam Romam Astymedes Rhodiorum legatus, quem & classis

ΡΛΗ.

Ἡρακλείδου εἰς Ῥώμην ἄφιξις μετὰ τῶν Ἀντιόχου τέκνων.

Ῥοδίων πρεσβεία ὑπὲρ τοῦ πρὸς Κρῆτας πολέμου.

ΟΤΙ ὁ Ἡρακλείδης ἔτι τῆς θερείας ἀκμαζούσης, παρῆγεν εἰς τὴν Ῥώμην ἄγων τὴν Λαοδίκην καὶ τὸν Ἀλέξανδρον. ποιούμενος δὲ τὴν παρεπιδημίαν μετὰ τερατείας ἅμα καὶ κακουργίας, ἐνεχρόνιζε κατασκευαζόμενος τὰ περὶ τὴν σύγκλητον. Καὶ Ἀστυμήδης ὁ Ῥόδιος πρεσβευτὴς ἅμα καὶ ναύαρχος καθεσταμένος, παρελθὼν ἐξ αὐτῆς εἰς τὴν σύγκλητον, διελέγετο περὶ τοῦ πολέμου τοῦ πρὸς Κρηταιεῖς. ἡ δὲ σύγκλητος προσέχουσα τὸν νοῦν ἐπιμελῶς, παραχρῆμα πρεσβευτὰς ἐξαπέστελλε τοὺς περὶ Κόϊντον λύσοντας τὸν πόλεμον.

præfectum fecerant. qui sine mora ad Senatum adiit, & de bello adversus Cretenses verba fecit. Patres eo audito, & re seriò cognita, extemplò Quintum legatum miserunt ad finem bello imponendum.

ΡΛΘ.

Κρητῶν καὶ Ροδίων πρεσβεῖαι εἰς τοὺς Ἀχαιούς.

Ἀντιφάτου τοῦ Κρητικοῦ πρεσβευτοῦ ἔπαινος.

ΟΤΙ κατὰ τὸν καιρὸν τοῦτον οἱ Κρηταιεῖς πρεσβευτὰς ἀπέστελλον πρὸς Ἀχαιοὺς ὑπὲρ βοηθείας, τοὺς περὶ Ἀντιφάτην Τηλεμνάστου Γορτύνιον· παραπλησίως δὲ καὶ Ρόδιοι τοὺς περὶ Θεοφάνην. οὔσης δὲ τῆς συνόδου τῶν Ἀχαιῶν ἐν Κορίνθῳ, καὶ διαλεγομένων τῶν πρεσβευτῶν ἑκατέρων ὑπὲρ τῆς βοηθείας, ἔρεπον ταῖς γνώμαις οἱ πολλοὶ μᾶλλον ἐπὶ τοὺς Ροδίους· ἐντρεπόμενοι καὶ τὸ τῆς πόλεως ἀξίωμα, καὶ τὴν ὅλην αἵρεσιν τῆς πολιτείας καὶ τῶν ἀνδρῶν. Εἰς ἃ βλέπων Ἀντιφάτης, ἐβουλήθη πάλιν ἐπεισελθεῖν. τοῦ δὲ στρατηγοῦ συγχωρήσαντος, ἐχρήσατο λόγοις βαρυτέροις ἢ κατὰ Κρῆτα καὶ σπουδαιοτέροις. καὶ γὰρ ἦν ὁ νεανίσκος οὐδαμῶς Κρητικὸς, ἀλλὰ πεφευγὼς τὴν Κρητικὴν ἀναγωγήν. διὸ καὶ συνέβαινε τοὺς Ἀχαιοὺς ἐπιδέχεσθαι τὴν παρρησίαν αὐτοῦ· καὶ μᾶλλον ἔτι διὰ τὸ τὸν πατέρα τοῦ προειρημένου Τηλέμναστον, μετὰ πεντακοσίων Κρητῶν ἐλθόντα, συμπεπο-

CXXXIX.

Cretensium & Rhodiorum legationes ad gentem Achæorum.

Antiphatis legati Cretici laus.

EODEM quoque tempore Cretenses ad Achæorum gentem misere legatos, in queis erat Antiphates Telemnasti F. Gortynius, opem sibi ferri petentes: miserunt & Rhodii Theophanem. Tunc temporis Achæorum concilium Corinthi convenerat: ubi quum esset audita utraque legatio ad petenda auxilia missa: in Rhodios plerorumque propensior voluntas fuit: quum partim splendor urbis & dignitas homines moveret: partim civitatis illius instituta & ipsorum civium mores. Quæ quum animadverteret Antiphates, iterum venire in Curiam voluit; atque ut permissu Cos. eò venit, orationem habuit gravem & seriam, nec pro Cretensis hominis captu. etenim hic juvenis Creticum nihil omnino sapiebat, eratque penitus à perversa institutione Cretensium alienus. propterea Achæis grata erat illius in dicendo libertas: eo quidem impensiùs, quod pater ejus Telemnastus, tempore belli adversus Nabidem gesti, auxiliaribus copiis quin-

quingentorum Cretensium adductis, magno usui illis fuerat. Nibilominus tamen etiam post auditam hujus orationem, manebant in sententia plerique, & operm Rhodiis ferendam esse censebant: donec surgeret Callicrates Leontesius, qui dixit; non licere Achæis absque Romanorum voluntate, neque bellum cuiquam inferre, neque auxilia ulli populo adversus quemcunque hostem submittere. hac ille oratione pervicit, ne quid omnino moveretur.

λεμηκέναι τὸν πρὸς Νάβιν πόλεμον συνεχῶς αὐτοῖς· πολλῶν διακουσάντες, οὐδὲν ἧττον ὁρμὴν εἶχον οἱ πολλοὶ τοῖς Ῥοδίοις βοηθεῖν, ἕως Καλλικράτης ὁ Λεοντήσιος ἀναστὰς, Οὐκ ἔφη δεῖν οὔτε πολεμεῖν οὐδενὶ χωρὶς τῆς Ῥωμαίων γνώμης, οὔτε βοήθειαν πέμπειν οὐδενὶ κατ' οὐδενός. καὶ διὰ ταῦτα κατίσχυσε μένειν ἐπὶ τῶν ὑποκειμένων.

CXL.

Attali Eumenis filii, itemque Demetrii, Demetrii F. in Urbem adventus.

Quomodo Heraclides à Romano Senatu impetrarit, ut liceret Antiochi liberis in regnum patrium reverti.

QUUM plures legationes Romam venissent, primo omnium Attalo Eumenis Regis filio, Senatus est datus. Nam is puer admodum eo tempore Romam venerat, ut Senatui se commendaret, & amicitiam hospitiique jus, quod patri fuerat cum populo Romano, renovaret. Hic igitur à Senatu & paternis amicis singulari humanitate susceptus, accepto responso ex animi sui sententia, honoribusque affectus, qui puero id ætatis conveniebant, post paucos dies domum est reversus: omnibus Græciæ civitatibus per quas iter

ΡΜ.

Ἄφιξις εἰς Ῥώμην Ἀττάλου τε τοῦ Εὐμένους υἱοῦ, καὶ Δημητρίου τοῦ Δημητρίου.

Πῶς Ἡρακλείδης κάθοδον εἰς τὴν βασιλείαν τοῖς Ἀντιόχου τέκνοις παρὰ τῆς συγκλήτου διεπράξατο.

ΟΤΙ πρεσβειῶν διαφόρων παραγινομένων εἰς τὴν Ῥώμην, ἡ σύγκλητος πρῶτον μὲν εἰσεκαλέσατο τὸν Εὐμένους τοῦ βασιλέως υἱὸν Ἄτταλον. παραγεγόνει γὰρ ἔτι παῖς ὢν κατὰ τὸν καιρὸν τοῦτον εἰς Ῥώμην, χάριν τοῦ τῇ τε συγκλήτῳ συσταθῆναι, καὶ τὰς πατρικὰς ἀνανεώσασθαι φιλανθρωπίας καὶ ξενίας. Οὗτος μὲν οὖν φιλανθρωπίνως, ὑπό τε τῆς συγκλήτου, καὶ τῶν πατρικῶν φίλων ἀποδεχθεὶς, καὶ λαβὼν ἀποκρίσεις ἃς ἐβούλετο, καὶ τιμὰς ἁρμοζούσας τῇ καθ' αὐτὸν ἡλικίᾳ, μετά τινας ἡμέρας ἐπανῆλθεν εἰς τὴν οἰκείαν· πασῶν αὐτὸν τῶν κατὰ τὴν Ἑλλάδα πόλεων ἐκτενῶς καὶ μεγαλοψύχως ἀποδεξαμένων κατὰ τὴν δίοδον. Ηκε δὲ καὶ Δημήτριος κατὰ τὸν αὐτὸν καιρόν. τυχὼν δὲ μετρίας ἀποδοχῆς ὡς παῖς, αὖθις ἀνεχώρησεν εἰς τὴν οἰκείαν. Ο δ' Ηρακλείδης κεχρονικὼς ἐν τῇ Ρώμῃ, παρῆλθεν εἰς τὴν σύγκλητον, ἔχων μεθ' ἑαυτοῦ τὴν Λαοδίκην, καὶ τὸν Αλέξανδρον. Πρῶτον μὲν οὖν ὁ νεανίσκος, ἐποιήσατο τινὰς μετρίους λόγους· ἠξίου δὲ Ρωμαίους μνησθῆναι τῆς πρὸς τὸν Αντίοχον, τὸν αὐτοῦ πατέρα, φιλίας καὶ συμμαχίας· μάλιστα δὲ συγκατασκευάζειν αὐτῷ τὴν βασιλείαν· εἰ δὲ μὴ, συγχωρῆσαι τὴν κάθοδον, καὶ μὴ κωλῦσαι τοὺς βουλομένους συμπράττειν αὐτῷ πρὸς τὸ καθικέσθαι τῆς πατρῴας ἀρχῆς. ὁ δ' Ηρακλείδης διαλαβὼν τὸν λόγον, καὶ πολλήν τινα ποιησάμενος, Αντιόχου μὲν μνήμην ἐπ' ἀγαθῷ, Δημητρίου δὲ κατηγορίαν, εἰς τοῦτο κατέστησεν· ὅτι δεῖ συγχωρεῖν τὴν κάθοδον τῷ νεανίσκῳ καὶ τῇ Λαοδίκῃ, κατὰ τὸ δίκαιον, οὖσιν Αντιόχου τοῦ βασιλέως ἐκγόνοις κατὰ φύσιν. Τοῖς μὲν οὖν μετρίοις τῶν ἀνθρώπων, οὐδὲν ἤρεσκε τούτων· ἀλλὰ καὶ τὴν κατασκευὴν τοῦ δράματος ἐνενόουν, καὶ τὸν Ηρακλείδην ἐβδελύττοντο περιφανῶς. οἱ δὲ πολλοὶ, γεγοητευμένοι διὰ τῆς Ηρακλείδου γοητείας, συγκατηνέχθησαν ἐπὶ τὸ γράφειν δόγμα τοιοῦτον. ΑΛΕΞΑΝΔΡΟΣ ΚΑΙ ΛΑΟΔΙΚΗ ΒΑΣΙΛΕΩΣ ΥΙΟΙ, ΦΙΛΟΥ ΚΑΙ ΣΥΜΜΑΧΟΥ ΗΜΕΤΕΡΟΥ ΓΕΓΕΝΗΜΕΝΟΥ, ΕΠΕΛΘΟΝΤΕΣ ΕΠΙ ΤΗΝ ΣΥΓΚΛΗΤΟΝ, ΛΟΓΟΥΣ ΕΠΟΙΗΣΑΝΤΟ . . . .

faciebat, summo studio & magnificentia eum excipientibus. Adfuit ibidem per id tempus & Demetrius: qui modico paratu ut puer, exceptus, in patriam denuo se contulit. Heraclides verò diuturniore mora in urbe facta, in Curiam unâ cum Laodice & Alexandro venit. Ibi primò adolescens pauca est locutus: postulavitque ut meminissent Romani amicitiæ & societatis, quæ Antiocho parenti suo cum illis fuisset: deinde ut maximè quidem in recuperando suo regno se adjuvarent: sin id minus vellent, redire saltem sibi in Syriam permitterent, neque eos impedirent, qui ad paternum regnum obtinendum opem sibi ferre essent parati. Mox Heraclides sermonem excipere; & postquam laudes ac merita Antiochi pluribus exposuisset, adjecta criminatione Demetrii; postremò subjicere, æquum justumque esse, ut adolescentulo huic & Laodicæ, qui sunt legitima stirps Regis Antiochi, reditus in patriam concedatur. Sed eorum omnium quæ dicebat iste, nihil quicquam placebat sanæ mentis hominibus: qui & fictam eam esse commentitiamque fabulam intelligebant; & Heraclidem palàm abominabantur. At vulgus Senatorum quos prestigiis suis Heraclides sibi conciliaverat, in eam sententiam omnes consenserunt, ut hujusmodi Senatusconsultum scriberetur: QUOD ALEXANDER ET LAODICE REGIS F. F. QUI AMICUS SOCIUSQUE POP. R. FUIT, IN SENATU VERBA FECERUNT . . . .

SENATUS UT IN PATRIS REGNUM VELUT POSTLIMINIO REVERTERENTUR, IIS PERMISIT. ET FERRE IPSIS OPEM, UTI POSTULAVERUNT, DECREVIT. Hac arrepta occasione Heraclides, militem extemplo conducere, & multos viros illustres sibi adjungere. dein Ephesum ut venit, bellum quod moliebatur sedulo apparare cepit.

CXLI.

Adventus Romam legatorum, quos partim populi socii ex Hispania miserant, partim Aranacæ hostes.

Quomodo ubi Senatus bellum adversus Aranacas decresset, neq; Tribuni militum, neque legati, neque milites Romæ sunt reperti, præ pavore.

Quomodo Africanus posterior, juvenis quum esset ad bellum contra Aranacas sese ultro Coss. obtulerit, eosque magna difficultate expedierit.

CELTIBERI inducias pacti cum M. Claudio duce Romani exercitus, Romam suos legatos miserunt. deinde autem exspectantes responsum Senatus, quieti se continebant. At Marcus expeditione facta adversus Lusitanos, postquam urbem Ercobricam vi

Η ΔΕ ΣΥΓΚΛΗΤΟΣ ΑΥΤΟΙΣ ΕΞΟΥΣΙΑΝ ΕΔΩΚΕΝ ΕΠΙ ΤΗΝ ΠΑΤΡΩΙΑΝ ΑΡΧΗΝ ΚΑΤΑΠΟΡΕΥΕΣΘΑΙ, ΚΑΙ ΒΟΗΘΕΙΝ ΑΥΤΟΙΣ, ΩΣ ΗΞΙΟΥΝ, ΕΔΟΞΕΝ. Ὁ δ' Ἡρακλείδης ἐπιλαβόμενος τῆς ἀφορμῆς ταύτης, εὐθέως ἐξενολόγει, καὶ προσεκαλεῖτο τῶν ἐπιφανῶν ἀνδρῶν .... ἀφικόμενος δ' εἰς τὴν Ἔφεσον, ἐγίνετο περὶ τὴν παρασκευὴν τῆς προκειμένης ἐπιβολῆς.

ΡΜΑ.

Ἄφιξις εἰς Ῥώμην πρέσβεων παρά τε Βελλῶν καὶ Τίγγων τῶν συμμάχων, καὶ παρὰ Ἀρανάκων τῶν πολεμίων.

Πῶς ψηφισθέντος πολέμου κατὰ τῶν Ἀρανάκων, οὔτε χιλίαρχοι, οὐδὲ πρεσβευταὶ, οὔτε στρατιῶται ἐν τῇ Ῥώμῃ ὑπὸ τῆς πτοίας μετέχειν τῆς πείρας ἤθελον.

Πῶς ἀπορούσης τῆς συγκλήτου Πόπλιος Κορνήλιος Ἀφρικανὸς νέος ὢν τὴν κατ' Ἀρανάκων στρατείαν ἑκὼν ὑπεστήσατο.

ΟΤΙ ἐπειδὴ οἱ Κελτίβηρες ἀνοχὰς ποιησάμενοι πρὸς Μάρκον Κλαύδιον τὸν στρατηγὸν τῶν Ῥωμαίων, ἐξαπέστειλαν τὰς πρεσβείας εἰς τὴν Ῥώμην. οὗτοι μὲν ἡσυχίαν ἦγον, καραδοκοῦντες τὴν ἀπόφασιν τῆς συγκλήτου. Μάρκος δὲ στρατεύσας εἰς τοὺς Λυσιτανούς, καὶ τὴν Ἐρκόβρικα πόλιν κατὰ κράτος ἑλὼν, ἐν Κορδύβῃ τὴν παραχειμασίαν ἐποιεῖτο. τῶν δὲ πρεσβειῶν εἰς τὴν Ῥώμην παραγινομένων, τοὺς μὲν παρὰ τῶν Βελλῶν καὶ Τίττων ὅσοι τὰ Ῥωμαίων ᾑροῦντο, παρεδέξαντο πάντας εἰς τὴν πόλιν· τοὺς δὲ παρὰ τῶν Ἀραυάκων, πέραν τοῦ Τιβέρεως ἐκέλευσαν κατασκηνοῦν, διὰ τὸ πολεμίους ὑπάρχειν, ἕως βουλεύσωνται περὶ τῶν ὅλων. Γενομένου δὲ καιροῦ πρὸς ἔντευξιν, κατὰ πόλιν ὁ στρατηγὸς εἰσῆγε πρότερον τοὺς συμμάχους· οἱ δὲ καίπερ ὄντες Βάρβαροι διετίθεντο λόγους, καὶ πάσας ἐξεδιηγεῖν ἐπειρῶντο τὰς διαφοράς, ὑποδεικνύντες, ὡς εἰ μὴ συστήσονται καὶ τεύξονται τῆς ἁρμοζούσης κολάσεως οἱ πεπολεμηκότες, παραυτίκα μὲν ἐπανελθόντων τῶν Ῥωμαϊκῶν στρατοπέδων ἐκ τῆς Ἰβηρίας, ἐκ χειρὸς προσεπιθήσουσι τὴν δίκην αὐτοῖς, ὡς προδόταις γεγονόσι· ταχὺ δὲ πάλιν αὐτοὶ κινήσουσι πραγμάτων ἀρχήν, ἐὰν ἀνεπιτίμητοι διαφύγωσιν ἐκ τῆς πρώτης ἁμαρτίας· ἑτοίμους δὲ πάντας πρὸς καινοτομίαν ποιήσουσι τοὺς κατὰ τὴν Ἰβηρίαν, ὡς ἱκανοὶ γεγονότες ἀντίπαλοι Ῥωμαίοις. Διόπερ ἠξίουν ἢ μένειν τὰ στρατόπεδα κατὰ τὴν Ἰβηρίαν, καὶ διαβαίνειν καθ' ἕκαστον ἔτος ὕπατον, ἐφεδρεύσοντα τοῖς συμμάχοις, καὶ κολάσοντα τὰς Ἀραυάκων ἀδικίας· ἢ βουλομένους ἀπάγειν τὰς δυνάμεις, παραδειγματιστέον εἶναι τὴν τῶν προειρημένων ἐπανάστασιν, ἵνα μηδεὶς ἔτι ποιεῖν θαρρῇ τὸ παραπλήσιον τούτοις. Οἱ μὲν οὖν Βελλῶν καὶ Τίττων συμμαχοῦντες Ῥωμαίοις, ταῦτα καὶ τὰ τούτοις παραπλήσια διελέχθησαν. Ἐπὶ δὲ τού-

cepiſſet, Cordubæ hiberna agebat. Romę verò poſt legatorum adventũ qui à Bellis & Tingis, partis Romanæ populis, mittebantur, ii omnes in urbem admiſſi: at quos Aranacæ mittehant, quod ea gens eſſet inimica; donec de tota illorum cauſſa deliberatum eſſet, à Patribus, ultra Tiberim tendere ſunt juſſi. dein ubi viſum eſt commodùm dare eis Senatum, Cos. ſocios primum vocavit, ſeparatim cujuſque civitatis. illi etſi erant Barbari, orationem tamen habuerunt, qua de variis ſuorum generibus hominum & factionum inter ſuos enucleate diſſerebant; oſtendebantque, niſi res in tuto collocarent Romani, & ab iis qui bellum cum ipſis geſſerant, pœnas prout erant meriti exigerent, futurum omnino, ut ſimulac Romani exercitus Hiſpania exceſſerint, in ſe, tanquam patrię proditores, extemplo ab hoſtibus Romani nominis ſæviatur. Nam ſi præterita maleficia impune ferrent, non multo poſt novas turbas ab iiſdem iri excitatum: facileque eos effecturos ut ad res novandas omnes in Hiſpania cum ipſis conſpirent, quod Romanæ potentiæ ſuſtinendæ pares ſe præbuerint. orare igitur, ut vel retinerent in Hiſpania legiones, ad quas Conſul quotannis mitteretur, qui præſidio foret ſociis, & injurias Aranacarum reprimeret: aut ſi revocare exercitus vellent, plane faciendum illis eſſe, hos ut caſtigarent exempli cauſſa, ne poſthac in mentem cuiquam veniat tale quid audere. Hæc & ſimilia his apud Patres conſcriptos Belli & Tingi, qui Romanorum ſectam ſequebantur ſunt locuti.

cuti. Secundum hos, legati hostium sunt introducti. Prodeunt igitur in medium Aranacæ, demissa atque humili in speciem oratione utentes; cæterùm animos præ se ferentes, nondum fractos, & qui verbis similes nequaquam essent. Nam & incertos Fortunæ casus sæpe commemorabant; & temporum pugnas ita ancipiti Marte pugnatas significabant, ut existimandum relinquerent, superiores se è præliis discessisse: postremò summam suæ legationis hanc esse; si mulctæ nomine pro admissa culpa aliquid certi sibi imperaretur, facturos imperata; id verò ubi fecissent, fœdus restitui sibi postulabant, quod C o s. Tiberio, cum Senatu icerant. Patres audita utraque hac legatione, eos acciverunt quos Marcellus miserat. quos quum ad pacem proniores esse cernerent, & Consulem hostium petitioni potius favere, quam sociorum, responsum Aranacis, pariter & sociis dederunt; Ambos in Hispania voluntatem Senatus à Marcello esse intellecturos. iidem tamen rati vera esse ac Reip. conducibilia, quæ dixerant socii; & Aranacas quidem ingentes admodum animos fovere, Marcellum verò bellum metu refugere: legatis suis arcana dederunt mandata, ut bellum fortiter atque ut Romanos decebat, gererent. decreta autem continuatione belli, quia virtuti Marcelli diffidebant, ante omnia de mittendo alio duce cogitarunt: jam enim novi Coss. inierant Aulus Postumius, & Lu-

τοῖς εἰσῆγον τοὺς παρὰ τῶν πολεμίων. οἱ δ' Ἀρανάκαι παρελθόντες, κατὰ μὲν τὴν ὑπόκρισιν ἐχρῶντο τοῖς λόγοις, ὑποπεπτωκότως καὶ ταπεινῶς· τῇ γε μὴν προαιρέσει ὡς διέφαινον, οὐκ εἴκουσι τοῖς λόγοις, οὐδ' ἡττωμένῃ. Καὶ γὰρ τὰ τῆς τύχης ἄδηλα πολλάκις ὑπεδείκνυον, καὶ τὰς προγεγενημένας μάχας ἀμφιδηρίτους ποιοῦντες ἐν πᾶσι ταῖς ἐμφάσεσιν ἀπέλιπον, ὡς ἐπικυδεστέρων αὐτῶν γεγονότων. τέλος δ' εἶναι τῶν λόγων· εἰ μέν τι δεῖ ῥητὸν πρόστιμον ὑπομένειν τῆς ἀγνοίας, ἀναδέχεσθαι τοῦτο ἔφασαν. τελεσθέντος δὲ τοῦ προστάγματος, ἐπανάγειν ἠξίουν ἐπὶ τὰς κατὰ Τιβέριον ὁμολογίας αὐτοῖς γενομένας πρὸς τὴν σύγκλητον. Οἱ δὲ ἐν τῷ συνεδρίῳ διακούσαντες ἀμφοτέρων, εἰσῆγαγον τοὺς παρὰ τοῦ Μαρκέλλου πρέσβεις. θεωροῦντες δὲ καὶ τούτους ἐπινεύοντας ἐπὶ τὴν διάλυσιν, καὶ τὸν στρατηγὸν προσνέμοντα τὴν αὐτοῦ γνώμην τοῖς πολεμίοις, μᾶλλον ἢ τοῖς συμμάχοις· τοῖς μὲν Ἀρανάκαις ἔδωκαν καὶ τοῖς συμμάχοις ἀπόκρισιν, ὅτι Μάρκελλος ἀμφοτέροις ἐν Ἰβηρίᾳ διασαφήσει τὴν τῆς συγκλήτου γνώμην. οὗτοι δὲ νομίσαντες τοὺς συμμάχους ἀληθῆ καὶ συμφέροντα σφίσι λέγειν, τοὺς δὲ Ἀρανάκας ἀκμὴν μεγαλοφρονεῖν, τὸν δὲ στρατηγὸν ὑποδειλιᾶν τὸν πόλεμον· ἐντολὰς ἔδωκαν δι' ἀπορρήτων τοῖς παρ' ἐκείνου πρεσβευταῖς, πολεμεῖν γενναίως, καὶ τῆς πατρίδος ἀξίως. Ἐπειδὴ δὲ τὸν πόλεμον ἐποιήσαντο κατὰ μόνον, πρῶτον μὲν τῷ Μαρκέλλῳ διαπιστήσαντες, ἕτερον στρατηγὸν ἔμελλον διαπέμπειν εἰς τὴν Ἰβηρίαν· ἤδη γὰρ ἔτυχον ὕπατοι τότε καθεσταμένοι, καὶ τὰς ἀρχὰς παρειληφότες, Αὖλος Ποσούμιος, καὶ

Λεύκιος Λικίνιος Λεύκολλος. ἔπειτα περὶ τὰς παρασκευὰς ἐγίνοντο φιλοτίμως καὶ μεγαλομερῶς· νομίζοντες διὰ ταύτης τῆς πράξεως κεκρίσεσθαι τὰ κατὰ τὴν Ἰβηρίαν. Κρατηθέντων μὲν γὰρ τῶν ἐχθρῶν, πάντας ὑπέλαβον σφίσι ποιήσειν τὸ προσταττόμενον· ἀποστρεψαμένων δὲ τὸν ἐνεστῶτα φόβον, οὐ μόνον Ἀρουακοὺς καταθαρρήσειν . . . . . Ὅσῳ δὲ φιλοτιμότερον ἡ σύγκλητος διέκειτο πρὸς τὸν πόλεμον, τοσούτῳ σφίσι τὰ πράγματα ἀπέβαινε παραδοξότερα. τοῦ μὲν γὰρ Κοΐντου τοῦ τὸν πρότερον ἐνιαυτὸν στρατηγήσαντος ἐν Ἰβηρίᾳ, καὶ τῶν μετ' αὐτοῦ στρατευσαμένων, ἠγγελκότων εἰς τὴν Ῥώμην, τήν τε συνέχειαν τῶν ἐκ παρατάξεως κινδύνων, καὶ τὸ πλῆθος τῶν ἀπολωλότων, καὶ τὴν ἀνδρείαν τῶν Κελτιβήρων· τοῦ δὲ Μαρκέλλου προφανῶς ἀποδειλιῶντος τὸν πόλεμον, ἐνέπεσέ τις πτοία τοῖς νέοις παράλογος, οἵαν οὔκ ἔφασαν οἱ πρεσβύται γεγονέναι πρότερον. εἰς γὰρ τοῦτο προὔβη τὰ τῆς ἀποδειλίας, ὥστε μήτε χιλιάρχους προσπορεύεσθαι πρὸς τὴν ἀρχὴν τοὺς ἱκανούς, ἀλλ' ἐλλείπειν τὰς χώρας· τὸ πρότερον εἰθισμένων πολλαπλασίων προσπορεύεσθαι τῶν καθηκόντων· μήτε τοὺς εἰσφερομένους ὑπὸ τῶν ὑπάτων πρεσβευτὰς ὑπακούειν, οὓς ἔδει πορεύεσθαι μετὰ τοῦ στρατηγοῦ· τὸ δὲ μέγιστον, τοὺς νέους διακλίνειν τὰς καταγραφάς, καὶ τοιαύτας πορίζεσθαι προφάσεις, ἃς λέγειν μὲν αἰσχρὸν ἦν, ἐξετάζειν δ' ἀπρεπές, ἐπιτίνειν δ' ἀδύνατον. τέλος δὲ καὶ τῆς συγκλήτου καὶ

cius Licinius Lucullus. Secundum hæc ad belli apparatus se converterunt, summo adhibito studio, ut omnium rerum ingens suppeteret copia: quòd existimarent bello Hispaniensi finem ea expeditione iri impositum. Nam semel subactis hostibus, omnes imperata facturos rebantur: sin contrà evitatum ab iis esset belli hujus periculum, non Aranacas dumtaxat, verùm omnes reliquos populos rebellaturos. Quò autem vehementius in hujus belli curam Senatus incumbebat, eò majori fuit admirationi quòd tunc accidit. Quum enim Quintus, qui anno superiore rem bellicam in Hispania administraverat, & qui sub illo stipendia fecerant, Romam renuntiassent, assidue fuisse acie instructa pugnandum; quàm multi in iis præliis essent occisi; quanta Celtiberorum virtus extitisset: præterea Marcello belli hujus metum palàm profitente; ejusmodi pavor juniorum mentes incessit, ut nihil simile unquam accidisse seniores affirmarent. Tantus enim terror animos hominum occupavit, ut neque Tribuni quot erat opus magistratibus nomina darent; qui prius solebant multo plures quam quibus opus esset, sese offerre: neque legati quos unâ cum belli duce oportebat proficisci, delecti à Consulibus conditionem acciperent: & quod maximum erat, juniores ad nomina non responderent: sed eas excusationes comminiscerentur, quarum meminisse turpe erat, examinare indecorum, pœna afficere nefas. Tandem, quum neque Senatus neque magistratus habe-

haberent quò se verterent, neque scirent quem finem juvenes facturi essent impudentiæ; (nam hoc verbo coacti sunt propter rei novitatem uti;) Pub. Cornelius Africanus, ætate juvenis, sed qui belli suasor fuerat, adolescens probitatis & temperantiæ laude insignis; verùm cui laus bellica adhuc deerat; quum cerneret in quantis angustiis Patres versarentur, surgit è medio, dixitque: sive Tribunum, sive legatum vellent se mittere in Hispaniam cum consulibus, in potestate Senatus se futurum; ad utrumque enim esse paratum: etsi, inquiebat, si mei privatim commodi rationem habeam, profectio in Macedoniam, tum ad securitatem, tum ad utilitatem potior mihi fuerit: (eo siquidem tempore Macedones nominatim Scipionem poscebant ad disceptandas controversias, quas inter se habebant:) sed me, ajebat Scipio, tempora Reip. magis movent, quæ veræ laudis cupidos in Hispaniam vocant. Quum mira esset omnibus visa Scipionis oratio, qua suam Reip. operam offerebat, & propter ętatem & propter aliorum cunctationem, ac metum; repente omnes adolescentem complecti, atque laudare: quod etiam die sequenti impensiùs adhuc fecerunt. Nam qui meticulosi prius apparuerant, metuentes jam, ne comparati cum Scipione ignominiam reportarent, partim legatos se cum belli ducibus profecturos ultro sunt professi: partim militiæ catervatim & per sodalitates nomina dabant.

τῶν ἀρχόντων ἐν ἀμηχανίᾳ ὄντων, τί τὸ πέρας ἔσται τῆς τῶν νέων ἀναισχυντίας (τούτῳ γὰρ ἠναγκάζοντο χρῆσθαι τῷ ῥήματι διὰ τὰ συμβαίνοντα·) Πόπλιος Κορνήλιος Ἀφρικανὸς, νέος μὲν ὢν, δοκῶν δὲ σύμβουλος γεγονέναι τοῦ πολέμου, ἐπὶ καλοκἀγαθίᾳ καὶ σωφροσύνῃ δόξαν ὁμολογουμένην πεποιημένος, τῆς δὲ ἐπ᾽ ἀνδρείας φήμης προσδεόμενος· θεωρῶν τὴν σύγκλητον ἀπορουμένην, ἀναστὰς εἶπεν, εἴτε χιλίαρχον, εἴτε πρεσβευτὴν, πέμπειν αὐτὸν εἰς τὴν Ἰβηρίαν, μετὰ τῶν ὑπάτων, ἐξεῖναι· πρὸς ἀμφότερα γὰρ ἑτοίμως ἔχειν. καίτοιγ᾽ ἔφη κατ᾽ ἰδίαν μὲν αὐτῷ τὴν εἰς Μακεδονίαν ἔξοδον, ἅμα μὲν ἀσφαλεστέραν εἶναι . . . . . (συνέβαινε γὰρ τότε τοὺς Μακεδόνας ἐπ᾽ ὀνόματος καλεῖν τὸν Σκηπίωνα, διαλύσοντα τὰς ἐν αὐτοῖς στάσεις·) ἀλλὰ τοὺς τῆς πατρίδος καιροὺς ἔφη κατεπείγειν μᾶλλον, καὶ καλεῖν εἰς τὴν Ἰβηρίαν τοὺς ἀληθινῶς φιλοδοξοῦντας. πᾶσι δὲ παραδόξου φανείσης τῆς ἐπαγγελίας, καὶ διὰ τὴν ἡλικίαν, καὶ διὰ τὴν ἄλλων εὐλάβειαν· παραυτίκα μὲν εὐθέως συνέβη μεγάλην ἀποδοχὴν γενέσθαι τοῦ Σκηπίωνος· ἔτι δὲ μᾶλλον τῆς ἑξῆς ἡμέρας. Οἱ γὰρ πρότερον ἀποδειλιῶντες, ἐντρεπόμενοι τὸν ἐκ παραθέσεως ἔλεγχον, οἱ μὲν πρεσβεύσειν ἐθελοντὴν ἐπηγγέλλοντο τοῖς στρατηγοῖς· οἱ δὲ πρὸς τὰς στρατιωτικὰς καταγραφὰς προσέπιπτον, κατὰ συστρέμματα καὶ συνηθείας.

ΡΜΒ.

Καταρχὴ τοῦ πρὸς Καρχηδονίους τρίτου πολέμου.

Πῶς οἱ Καρχηδόνιοι ἀπειλούντων τῶν Ῥωμαίων, καὶ τῶν Ἰτυκαίων τὰ αὑτῶν τῇ συγκλήτῳ ἐπιτρεψάντων, ὁλοσχεροῦς περιστάσης αὐτοὺς ἀμηχανίας, τέλος καὶ αὐτοὶ ἔδωκαν αὑτοὺς εἰς τὴν Ῥωμαίων ἐπιτροπήν.

Τί δύναται παρὰ Ῥωμαίοις, τὸ ΔΟΥΝΑΙ ΑΥΤΟΥΣ ΕΙΣ ΕΠΙΤΡΟΠΗΝ.

Τὰ συμβάντα τοῖς Καρχηδονίοις μετὰ τὸ δοῦναι αὑτούς.

ΟΤΙ τῶν Καρχηδονίων πάλαι βουλευομένων περὶ τοῦ πῶς ἀπαντῆσαι δεῖ πρὸς τὴν Ῥωμαίων ἀπόκρισιν, καὶ τῶν Ἰτυκαίων ὑποτεμομένων τὴν ἐπίνοιαν αὐτῶν, τοῖς Ῥωμαίοις τὴν ἑαυτῶν παραδιδόντων πόλιν, ὁλοσχερὴς ἀμηχανία περιέστη τοὺς ἀνθρώπους. Μιᾶς γὰρ ἐλπίδος ἔτι φαινομένης αὐτοῖς, εἰ συγκαταβαῖεν εἰς τὸ δοῦναι τὴν ἐπιτροπὴν περὶ αὐτῶν, διότι πάντως εὐδοκεῖν ποιήσουσι τοὺς Ῥωμαίους, διὰ τὸ μηδ᾽ ἐν ταῖς μεγίσταις περιστάσεσι καταπολεμηθέντας, καὶ πρὸς τοῖς τείχεσι τῶν πολεμίων ὑπαρχόντων, μηδέποτε τὴν ἐπιτροπὴν δεδωκέναι τῆς πατρίδος· καὶ ταύτης τῆς ἐπινοίας τὸν καρπὸν ἀπέβαλον, προκατα-

CXLII.

Principium belli Punici tertii.

Quomodo Carthaginienses, Romanis adversus ipsos iratis postquam Uticenses sese in fidem Po. Rom. dedidißent; ad summam consilii inopiam redacti, tandem ipsi quoque facere idem fuerint coacti.

Quam vim habeat apud Romanos DEDERE SE IN FIDEM.

Quæ Carthaginiensibus acciderunt, postquam sese Romanis dediderunt.

QUUM Carthaginienses post acceptum Romanorum responsum, quid facto esset opus dudum deliberassent, & excogitati ab ipsis consilii gratiam Uticenses præripuissent, tradita maturè urbe sua in Romanorum potestatem; prorsus quò se verterent, aut quam ad salutem inirent viam nesciebant. Nam illi quidem spem sibi superesse hanc unicam existimabant, si eò descenderent, ut liberum de se arbitrium Romanis permitterent: sic enim illis se omnino satisfacturos: quando superioribus temporibus, ne tum quidem cum bello victi extremam periculi aleam subiissent, atque adeo pro mœnibus hostis esset, adduci unquam potuerant, ut patriam Romanis dederent. Sed hujus quoque consilii fructum occuparant

parant Uticenses, atque illis ademerant : nam si vel maximè eorum quos diximus exemplum sequerentur, nihil tamen novi neque miri eos fecisse, Romani erant existimaturi. Veruntamen quoniam duorum malorum alterum erat eligendum ; ut vel bellum fortiter sustinerent, vel potestati alienæ se suaque permitterent: post multas in Senatu dictas arcanò sententias, legatos decreverunt qui suo arbitrio Reip. consulerent; eosque cum his mandatis proficisci jusserunt, ut præsentis status ratione habita, ea facerent quæ è Rep. esse viderentur. Hanc legationem obierunt Giscon, qui Strytanus dictus, Hamilcar, Misdes, Gillicas, & Mago. Venerunt igitur Romam hi Carthaginiensium legati : qui bellum decretum invenerunt, & duces cum exercitibus jam profectos. Itaque quum tempus ad deliberandum res nullum darent, arbitrio Romanorum se suaque omnia permiserunt. Quam vim hoc habeat PERMITTERE ARBITRIO, diximus quidem jam antè: sed breviter heic quoque repetendum. Nam qui Pop. Rom. arbitrio se suaque permittunt, ii agrum primo illis dant omnem quem habent, & urbes quæcunque sunt in illo: ad hæc viros pariter & fœminas, quotquot in agro fuerint ; amnes, portus, sacra, monumenta denique: ita ut omnium domini fiant Romani : ipsi vero qui se permittunt, omnium omnino rerum dominium amittant. Postquam Carthaginienses hanc pactionem fecerunt, accitis mox in Curiam, exposuit Consul

ληφθέντες ὑπὸ τῶν Ἰτυκαίων· οὐδὲν γὰρ ξένον, οὐδὲ παράδοξον ἔμελλε φανήσεσθαι τοῖς Ῥωμαίοις, εἰ ταυτὸν ποιήσαιμεν τοῖς προειρημένοις. Οὐ μὴν κακῶν αἱρέσεως καταλειπομένης, ἢ τὸν πόλεμον ἀναδέχεσθαι γενναίως, ἢ διδόναι τὴν ἐπιτροπὴν περὶ τῶν καθ' αὑτοὺς, πολλοὺς καὶ ποικίλους ἐν τῷ συνεδρίῳ δι' ἀπορρήτων ποιησάμενοι λόγους, κατέστησαν πρεσβευτὰς αὐτοκράτορας, καὶ τούτους ἐξαπέστελλον· δόντες ἐντολὴν, βλέποντας πρὸς τὰ παρόντα πράττειν τὸ δοκοῦν συμφέρειν τῇ πατρίδι. Ἦσαν δὲ πρεσβεύοντες Γίσκων, Στρυτάνος ἐπικαλούμενος, Ἀμίλκας, Μίσδης, Γιλλίκας, Μάγων. Ἧκον δὲ οἱ πρέσβεις παρὰ τῶν Καρχηδονίων εἰς Ῥώμην· καὶ καταλαβόντες πόλεμον δεδογμένον, καὶ τοὺς στρατηγοὺς ὡρμηκότας μετὰ τῶν δυνάμεων, οὐκ ἔτι διδόντων βουλὴν αὐτοῖς τῶν πραγμάτων, ἔδωκαν τὴν ἐπιτροπὴν περὶ αὑτῶν. Περὶ δὲ τῆς ἐπιτροπῆς, εἴρηται μὲν ἡμῖν καὶ πρότερον· ἀναγκαῖον δ' ἐστὶ καὶ νῦν ὑπομνῆσαι κεφαλαιωδῶς. Οἱ γὰρ διδόντες αὑτοὺς εἰς τὴν Ῥωμαίων ἐπιτροπὴν, διδόασι πρῶτον μὲν χώραν τὴν ὑπάρχουσαν αὐτοῖς, καὶ πόλεις τὰς ἐν ταύτῃ· σὺν δὲ τούτοις ἄνδρας καὶ γυναῖκας, τοὺς ὑπάρχοντας ἐν τῇ χώρᾳ καὶ ταῖς πόλεσιν ἅπαντας· ὁμοίως ποταμοὺς, λιμένας, ἱερὰ, τάφους συλλήβδην· ὥστε πάντων εἶναι κυρίους Ῥωμαίους· αὐτοὺς δὲ τοὺς διδόντας ἁπλῶς, μηκέτι μηδενός. Γενομένης δὲ τῆς ἀνθομολογήσεως τοιαύτης ὑπὸ τῶν Καρχηδονίων, καὶ μετ' ὀλίγον εἰσκληθέντων αὐτῶν εἰς τὸ συνέδριον, ἔλεγεν ὁ στρατηγὸς τὴν τῆς

συγκλή-

Συγκλήτου γνώμην. Ὅτι καλῶς αὐτῶν βεβουλευμένων, δίδωσιν αὐτοῖς ἡ σύγκλητος, τήν τ' ἐλευθερίαν, καὶ τοὺς νόμους, ἔτι δὲ τὴν χώραν ἅπασαν, καὶ τὴν τῶν ἄλλων ὑπαρχόντων κτῆσιν, καὶ κοινῇ καὶ κατ' ἰδίαν. οἱ δὲ Καρχηδόνιοι ταῦτ' ἀκούσαντες, ἔχαιρον· δόξαντες ὡς ἐν κακῶν αἱρέσει, καλῶς σφίσι κεχρῆσθαι τὴν σύγκλητον· ἅτε τῶν ἀναγκαιοτάτων καὶ μεγίστων αὐτοῖς συγκεχωρημένων. Μετὰ δὲ ταῦτα τοῦ στρατηγοῦ διασαφοῦντος, διότι τεύξονται τούτων, ἐὰν τριακοσίους ὁμήρους εἰς τὸ Λιλύβαιον ἐκπέμψωσιν, ἐν τριάκονθ' ἡμέραις, τοὺς υἱοὺς τῶν ἐκ συγκλήτου καὶ τῆς γερουσίας, καὶ τοῖς ὑπὸ τῶν ὑπάτων παραγγελλομένοις πειθαρχήσωσιν· ἐπὶ ποσὸν ἠπόρησαν, ποῖα διὰ τῶν ὑπάτων αὐτοῖς ἔσται παραγγελλόμενα· πλὴν τότε γε ἐξαυτῆς ὥρμησαν, σπεύδοντες ἀναγγεῖλαι τῇ πατρίδι περὶ τούτων. Παραγενόμενοι δ' εἰς τὴν Καρχηδόνα, διεσάφουν τοῖς πολίταις τὰ κατὰ μέρος. οἱ δὲ διακούσαντες, τἄλλα μὲν ἐνδεχομένως ἐνόμιζον βεβουλεῦσθαι τοὺς πρεσβευτάς· περὶ δὲ πόλεων μὴ γεγονέναι μνείαν, εἰς μεγάλην ἐπίστασιν αὐτοὺς ἦγε, καὶ πολλὴν ἀμηχανίαν. Ἐν δὲ τῷ καιρῷ τούτῳ φασὶ Μάγωνα τὸν Βρέτιον χρήσασθαι λόγοις ἀνδρώδεσι καὶ πραγματικοῖς. Δύο γὰρ, ὡς ἔοικε, καιροὺς ἔφασκεν εἶναι τοῦ βουλεύσασθαι περὶ σφῶν καὶ τῆς πατρίδος· ὧν τὸν μὲν ἕνα παρεῖσθαι· δεῖν γὰρ οὐ μὰ Δία νῦν διαπορεῖν, τί διὰ τῶν ὑπάτων αὐτοῖς παραγγελθήσεται, καὶ διὰ τί περὶ πόλεων οὐδεμίαν ἐποιήσατο μνείαν ἡ σύγκλητος· ἀλλὰ καθ' ὃν καιρὸν ἐδίδοσαν τὴν ἐπιτροπήν· δόντας

Senatus ſententiam. Quod rectam conſilii viam iniiſſent, concedere illis Patres libertatem, leges ſuas, & agrum inſuper omnem, & omnium aliorum bonorum poſſeſſionem, quę ad Remp. aut ad privatos pertineret. his auditis lætari Carthaginienſes: quod putarent clementer ſecum, ut in malis, Senatum agere; qui maxima quæque & ſummè neceſſaria ſibi concederet. Poſtea adjiciente Cos. iſta eos eſſe impetraturos, ſi intra dies triginta obſides trecentos Lilybæum miſerint, ſenatorum aut ſeniorum liberos: & ea fecerint quæ Coss. imperarent: dubitatum aliquandiu eſt à legatis, cujuſmodi futura eſſent, quæ Conſules imperarent. Cæterum ex urbe profecti extemplo ſunt, ut de iis quæ geſta fuerant nuntium in patriam afferrent. Carthaginem ut ventum, omnia ordine civibus expoſuerunt. Qui iis auditis, cætera ſic ſatis commode à legatis fuiſſe adminiſtrata exiſtimantes; quod tamen urbium nulla eſſet mentio facta, cauſſam vehementer requirebant; eaque res mirifice anxios & ſollicitos illos habebat. Fama eſt, Magonem Bretium illo tempore oratione uſum & forti & prudente: quum diceret, duo tempora Carthaginienſes habuiſſe ad deliberandum de ſua & patriæ ſalute: quorum alterum eſſet ab iis prætermiſſum: nam quærendi quidnam Conſules eſſent imperaturi, & cur nullam Senatus urbium fecerit mentionem, non mehercule tempus jam eſſe; verùm tunc fuiſſe, cum arbitrio Romanorum ſeſe permitterent.

Nunc

Nunc postquam id fecissent, certò statuere eos debere, omnia quæ forent imperata facienda esse, nisi quid plane superbum, & inopinatum imperaretur. id enim si eveniret, denuò fore ipsis deliberandum; num ditioni suæ illatum bellum sustinere, & quæcunque manare ab eo mala solent, vellent tolerare: an potius adventum hostium horrentes, quæcunque forent imperata ultro facerent. Quum omnes præsentis belli metu, & propter incerta casuum, ad parendum Romanis inclinarent, decretum est, Lilybæum obsides esse mittendos. Confestim igitur trecentos è juventute delectos, mittunt; non sine magnis ejulatibus & lacrymis; ut pote quum necessarii & cognati sui quemque illorum prosequerentur: maximeque propter mulieres miserabilis ejus spectaculi facies erat. Posteaquam Lilybæum obsides appulerunt, Consules illos Q. Fabio Maximo tradiderunt: quoniam illo tempore Siciliam ex Prætura nactus Fabius regebat. qui eos Romam tutò curavit deferendos; ubi fuerunt simul omnes in unum è navalibus conclusi. Et obsides quidem hoc pacto collocati ibi sunt: duces verò interim exercitus ad Uticæ promontorium classem appellunt: quod ubi Carthaginem fuit nuntiatum, suspensi omnium civium animi, pleni metus propter exspectationis incertitudinem, fuerunt. visum tamen illis faciendum, ut legatos mitterent, quæsituros à Consulibus, quid facto opus esset; illisque nuntiaturos, Carthaginienses paratos esse

δεῖ, σαφῶς γινώσκειν, διότι πᾶν τὸ παραγγελλόμενον ἐπιδεκτέον ἐστὶν, ἐὰν μὴ τελέως ὑπερήφανον ᾖ, καὶ παρὰ τὴν προσδοκίαν· εἰ δὲ μὴ, τότε πάλιν βουλεύεσθαι, πότερα δεῖ προσδέχεσθαι τὸν πόλεμον εἰς τὴν χώραν, καὶ πάσχειν ὅ, τι ποτ' ἂν οὗτος ἐπιφέρῃ τῶν δεινῶν· ἢ καταῤῥωδήσαντας τὴν τῶν πολεμίων ἔφοδον, ἐθελοντὴν ἀναδέχεσθαι πᾶν τὸ προσταττόμενον. Πάντων δὲ διὰ τὸν ἐφεστῶτα πόλεμον, καὶ διὰ τὸ τῆς προσδοκίας ἄδηλον, φερομένων ἐπὶ τὸ πειθαρχεῖν τοῖς παραγγελλομένοις, ἔδοξε πέμπειν τοὺς ὁμήρους εἰς τὸ Λιλύβαιον· καὶ παραυτίκα καταλέξαντες τριακοσίους τῶν νέων, ἐξέπεμπον μετὰ μεγάλης οἰμωγῆς καὶ δακρύων· ἅτε προπεμπόντων ἕκαστον τῶν ἀναγκαίων καὶ συγγενῶν· καὶ μάλιστα τῶν γυναικῶν ἐκκαιουσῶν τὴν τοιαύτην διάθεσιν. Ἐπεὶ δὲ κατέπλευσαν εἰς τὸ Λιλύβαιον, οἱ μὲν ἐξαυτῆς παρεδόθησαν διὰ τῶν ὑπάτων Κοΐντῳ Φαβίῳ Μαξίμῳ· συνέβαινε γὰρ τοῦτον ἐπὶ τῆς Σικελίας τετάχθαι στρατηγὸν τότε· δι' οὗ παρακομισθέντες ἀσφαλῶς εἰς τὴν Ῥώμην, συνεκλείσθησαν ὁμοῦ πάντες εἰς τὸ τῆς * ἑκκαιδεκήτου νεώριον. Καὶ τῶν μὲν ὁμήρων ἐκεῖσε ὑπαρχόντων, οἱ στρατηγοὶ κατήχθησαν εἰς τὴν τῆς Ἰτύκης ἄκραν. Τούτων δὲ προσπεπτωκότων τοῖς Καρχηδονίοις, ὀρθὴ καὶ περίφοβος ἦν ἡ πόλις, διὰ τὴν ἀδηλότητα τῶν προσδοκωμένων. οὐ μὴν ἀλλ' ἔδοξεν αὐτοῖς πρεσβευτὰς πέμπειν τοὺς πευσομένους τῶν ὑπάτων τί δεῖ ποιεῖν, καὶ διασαφήσοντας ὅτι πρὸς πᾶν τὸ

παραγ-

παραγγελλόμενον, ἕτοιμοι πάντες εἰσιν. τῶν δὲ πρεσβευτῶν ἀφικομένων εἰς τὴν τῶν Ῥωμαίων παρεμβολὴν, καὶ τοῦ συνεδρίου συναχθέντος, εἰσελθόντες οἱ πρέσβεις διελέγοντο κατὰ τὰς ἐντολάς. ὁ δὲ πρεσβύτερος τῶν ὑπάτων ἐπαινέσας αὐτῶν τὴν πρόθεσιν καὶ προαίρεσιν, ἐκέλευε παραδιδόναι τά τε ὅπλα καὶ τὰ βέλη πάντα χωρὶς δόλου καὶ ἀπάτης. οἱ δὲ πρέσβεις ποιήσειν μὲν ἔφασαν τὸ παραγγελλόμενον, σκοπεῖσθαι δ᾽ αὐτοὺς ἠξίουν τὸ συμβησόμενον, ἐὰν ἅπαντες μὲν παραχωρήσωσι τῶν ὅπλων, ἐκεῖνοι δὲ λαβόντες, ἀποπλεύσωσιν. ὅμως ταῦτα ἔδωκαν.

quæcunque forent imperata facere. Postquam legati in castra Romanorum venissent, & in concilio mandata quæ acceperant exposuissent: major natu è Consulibus laudato ipsorum consilio & voluntate, arma telaque omnia sine dolo & fallaciis tradere eos jussit. legati facturos se quidem imperata responderunt: orare tamen Romanos, cogitarent etiam atque etiam, quid esset futurum, si Carthaginienses tradidissent arma, ipsique in discessu illa exportarent. hæc tamen mox tradiderunt.

Ἐκ τοῦ ΛΓ λόγου.

Ex Historia XXXIII.

ΡΜΓ.

CXLIII.

Καταρχὴ τῆς μετὰ ταῦτα γενομένης Ῥωμαίοις διαφορᾶς ὁλοσχεροῦς πρὸς τὸ τῶν Ἀχαιῶν ἔθνος.

Principium simultatum & odii quod postea Romani conceperunt adversus gentem Achaorum.

ΟΤΙ παραγινομένων ἐκ Πελοποννήσου τῶν περὶ τὸν Αὐρήλιον πρεσβευτῶν, καὶ διασαφούντων τὰ συμβεβηκότα περὶ αὐτοὺς, ὅτι παρ᾽ ὀλίγον τοῖς ὅλοις ἐκινδύνευσαν, καὶ λεγόντων μετ᾽ αὐξήσεως καὶ καινολογίας· οὐ γὰρ ὡς κατὰ περιπέτειαν ἐπ᾽ αὐτοὺς ἥκοντος τοῦ δεινοῦ διεσάφουν· ἀλλ᾽ ὡς κατὰ πρόθεσιν ὡρμηκότων τῶν Ἀχαιῶν, ἐπὶ τὸ παραδειγματίζειν αὐτούς· ἡ σύγκλητος ἠγανάκτησεν μὲν ἐπὶ τοῖς γεγονόσιν, ὡς οὐδέποτε· καὶ παραχρῆμα πρεσβευτὰς κατέστησε τοὺς περὶ τὸν Ἰούλιον· καὶ τούτους

QUUM ea legatio cujus princeps fuerat Aurelius Romam è Peloponneso rediisset, & quæ sibi accidissent, renuntiasset; quàm prope esset factum, ut & vitæ & omnium rerum periculum adirent: atque eam rem ipsi verborum insusitata atrocitate auxissent: (neque enim sic illa narrabant, ut casu in tantum periculum incidisse videri possent: sed quasi certo consilio eos invasissent Achæi, ut exemplum in ipsos statuerent:) indignari Senatus, ut si unquam aliâs: & statim legationem decernere: cujus princeps Julius fuit. mox cum hujusmodi mandatis

datis ii legati sunt missi: leviter ac moderatè ut increparent Achæos, & de injuria accepta cum iis expostularent: magis tamen ut eos cohortarentur, ne pessimorum consiliorum auctoribus aureis præberent: neve alienari se à populi Rom. amicitia per imprudentiam sinerent. adhuc tempus esse emendandi quod peccatum fuisset; si auctores sceleris culpam præstare cogerent. Ex quibus constare liquidò potuit unicuique, ne illa quidem mandata quæ Aurelio data fuerant, eò spectasse, ut gentis Achæorum dissiparetur concilium: sed ut pavore terroreque injecto pervicaciam & odium Romani nominis castigarent. Erant qui existimarent, simulatè hæc agi à Romanis; quod manente adhuc Carthagine nondum ei bello finis erat impositus. sed aliter omnino res habuit. nam quia Acheorum gentem dudum in amicitiam suam receperant, plusque in ea fidei esse credebant, quàm in ullo alio Græciæ populo, concussis armis terrere eos decreverant, quòd spiritus supra quàm par esset attollerent: bellum vero suscipere, aut omnino illos inimicare nullo modo volebant.

ἔπεμπε δοῦσα τοιαύτας ἐντολάς. Διότι δεῖ μετρίως ἐπιτιμήσαντας καὶ μεμψαμένους ἐπὶ τοῖς γεγονόσι, τὸ πλεῖον παρακαλεῖν καὶ διδάσκειν τοὺς Αχαιοὺς· μήτε τοῖς ἐπὶ τὰ χείριστα παρακαλοῦσι προσέχειν, μήτ' αὐτοὺς λαθεῖν εἰς τὴν πρὸς Ῥωμαίους ἀλλοτριότητα διαπεσόντας· ἀλλ' ἔτι καὶ νῦν ποιήσασθαι τὴν διόρθωσιν τῶν ἠγνοημένων, ἀπερεισαμένους τὴν ἄγνοιαν ἐπὶ τοὺς αἰτίους τῆς ἁμαρτίας. Ἐξ ὧν καὶ λίαν δῆλον ἐγένετο, διότι καὶ τοῖς περὶ τὸν Αὐρήλιον ἔδωκε τὰς ἐντολὰς, οὐ διασπάσαι βουλομένη τὸ ἔθνος· ἀλλὰ πτοῆσαι, καὶ καταπλήξασθαι βουλομένη τὴν αὐθάδειαν καὶ τὴν ἀπέχθειαν τῶν Αχαιῶν. Τινὲς μὲν οὖν ὑπελάμβανον καθ' ὑπόκρισιν τοὺς Ῥωμαίους .... διὰ τὸ μένειν ἀτελῆ τὰ κατὰ Καρχηδόνα. τὸ δ' ἀληθὲς οὐχ οὕτως εἶχε· ἀλλὰ παραδεδεγμένοι τὸ ἔθνος ἐκ πολλοῦ χρόνου, καὶ νομίζοντες ἔχειν αὐτὸ πιστὸν μάλιστα τῶν Ἑλληνικῶν, ἐκπλῆξαι μὲν ἔκριναν διὰ τὸ φρονηματίζεσθαι πέρα τοῦ δέοντος· πόλεμον δ' ἀναλαβεῖν, ἢ διαφορὰν ὁλοσχερῆ πρὸς τοὺς Αχαιοὺς οὐδαμῶς ἐβούλοντο.

CXLIV.

Sexti legati Romanorum in Achaiam adventus.

Romanorum studium conservandi Achæos; & è contrario, ipsorum Achæorum fatalis amentia, per quam exitium ipsi sibi mox acciverunt.

ΡΜΔ.

Σέξτου τοῦ Ῥωμαίων πρεσβευτοῦ ἄφιξις εἰς τὴν Αχαΐαν.

Ῥωμαίων τὸ κηδεμονικὸν τῶν Αχαιῶν, καὶ ἐν τούτῳ αἰτία αὐτῶν τῶν Αχαιῶν ἡ δαιμονοβλάβεια ὀλέθρου αὐτοῖς μετ' ὀλίγον προξένος.

ΟΤΙ δὲ οἱ περὶ τὸν Σέξτον προάγοντες ἐκ τῆς Ῥώμης εἰς τὴν Πελοπόννησον, ἀπήντησαν τοῖς περὶ τὸν Θεαρίδαν, οἳ ἦσαν πρεσβευταὶ πεμφθέντες ὑπὸ τῶν Ἀχαιῶν, παραστησόμενοι καὶ διδάξοντες τὴν σύγκλητον, ὑπὲρ τῶν εἰς τοὺς περὶ τὸν Αὐρήλιον γενομένων ἀσελγημάτων. οἷς καὶ συμμίξαντες οἱ προειρημένοι, παρεκάλεσαν αὐτοὺς ἀνακάμπτειν εἰς τὴν Ἀχαΐαν· ὅτι περὶ πάντων τούτων ἔχουσιν ἐντολὰς αὐτοὶ διαλέγεσθαι τοῖς Ἀχαιοῖς. Παραγενομένων δὲ τῶν περὶ τὸν Σέξτον εἰς τὴν Πελοπόννησον, καὶ διαλεγομένων τοῖς Ἀχαιοῖς ἐν τῇ τῶν Αἰγιέων πόλει, καὶ προφερομένων πολλοὺς καὶ φιλανθρώπους λόγους· καὶ τὸ περὶ τοὺς πρεσβευτὰς ἔγκλημα παραπεμπόντων, καὶ σχεδὸν οὐδὲ προσδεομένων δικαιολογίας, ἀλλὰ βέλτιον ἐκδεχομένων τὸ γεγονὸς αὐτῶν τῶν Ἀχαιῶν· καθόλου δὲ παρακαλούντων μὴ πορρωτέρω προβῆναι τῆς ἁμαρτίας, μήτε τῆς εἰς αὐτοὺς, μήτε τῆς εἰς τοὺς Λακεδαιμονίους· τὸ μὲν σωφρονοῦν μέρος, ἀσμένως ἀπεδέχετο τὰ λεγόμενα· καὶ λίαν ἐνετρέπετο συνειδὸς αὐτῷ τὰ πεπραγμένα, καὶ πρὸ ὀφθαλμῶν λαμβάνον τὰ συμβαίνοντα τοῖς πρὸς Ῥωμαίους ἀντιταττομένοις. τὸ δὲ πλῆθος τῶν ἀνθρώπων, ἀντιλέγειν μὲν οὐδὲν εἶχε τοῖς ὑπὸ τῶν περὶ τὸν Σέξτον λεγομένοις δικαίοις, ἀλλ᾽ ἦγε τὴν ἡσυχίαν· ἔμενε δὲ νοσοῦν καὶ διεφθαρμένον. Οἱ δὲ περὶ τὸν Δίαιον καὶ Κριτόλαον, καὶ πάντες οἱ μετέχοντες αὐτοῖς τῆς αὐτῆς γνώμης· οὗτοι δὲ ἦσαν ὥσπερ ἐπίτηδες ἐξ ἑκάστης πόλεως, κατ᾽ ἐκλογὴν οἱ χείριστοι, καὶ τοῖς θεοῖς ἐχθροὶ, καὶ λοιμῶν αἴτιοι... τὸ δὲ ἔθνος, καθάπερ ἡ παροιμία ἔφη, οὐ μόνον τὰ

SEXTUS Roma in Peloponnesum tendens, in Thearidam cæterosque legatos incidit, quos Achæi miserant, ut de Aurelio qui in legatione sua fuerat fœdo facinore violatus, rationem Senatui redderet, & rei veritatem ipsum doceret. Cum his locutus Sextus, auctor suasorq; iis extitit, in Achajam revertendi. sibi enim esse datum negotium, ut de his omnibus cum Achæis ageret. Qui postquam in Peloponnesum venit, cum Achæis in Ægiensium urbe colloquium habuit. & quum esset ejus oratio prolixa humanitate temperata, nullamque de scelere in legatos admisso faceret mentionem, ut ne excusatione quidem ulla propemodum opus esse videretur; sed clementius quàm ipsi Achæi, illud factum interpretaretur; hortaretur denique eos, ut neque Romanos neque Lacedæmonios, injuriis lacessere amplius vellent: saniori quidem Achæorum parti gratissimi erant hujusmodi sermones: terrebat enim optimum quemque admissi facinoris conscientia: jamque ob oculos illis erant omnia mala quæ populi Romani hostibus evenire solent. At vulgus hominum, etsi quid opponeret justissimæ Sexti orationi habebat nihil, ac propterea silebat: nihilominus tamen ægram mentem & corruptam servabat. In his fuere Diæus, Critolaus, & quicunque alii ejusdem cum istis consilii participes erant. qui ex omnibus civitatibus quasi de industria delecti fuerant, pessimus quisque, & diis exosus, pestiferi quidam homines. At gens Achæorum, non solùm quæ dextra dabantur à Romanis, ut est in proverbio, læva accipiebat manu; sed planè, ut verbo expediam, delirabat. existimabant enim universi, Romanos propter bella quæ in Africa atque Hispania gerebant, metu Achæorum, ne & ipsi arma in ipsos sumerent, quiduis pati & quidvis dicere paratos esse. Iccirco suum hoc tempus esse rati, legatis quidem benigne respondent: velle se nihilominus Thearidam legatum Romam ad Senatum mittere: ipsi interim Tegeam irent, & cum Lacedæmoniis agerent, ut de consensu omnium finis aliquis huic bello imponatur. Hoc dato responso, miseram gentem in societatem destinatæ pridem malitiæ suæ deinceps trahunt. neq; hoc sane mirum; quum & rerum omnium rudes & pravi homines essent, qui ad gubernacula publicæ rei tunc sedebant. Ultima verò pernities hoc modo est consummata. Nam quum Tegeam Sextus venisset, eoque Lacedæmonios adduxisset, ut pactum aliquod cum Acheis inirent super satisfactione, tum pro cæteris injuriis, tum pro iis quas bello acceperant, donec mitterentur à Romanis, qui de summa rerum statuerent: coacto concilio, qui circa Critolaum erant faciendum decreverunt, ut cæteri quidem ad indictum cœtum non venirent: sed solus Critolaus Tegeam se conferret. Eò igitur ille, postquam Sextus omnem prope jam spem ejus adventus amiserat, pervenit: ubi verò ceptum de controversiis disputari cum Lacedæmoniis, nihil remittere Critolaus; quod diceret

-διδόμενα τῇ δεξιᾷ παρὰ Ῥωμαίων, ἐδέχοντο τῇ λαιᾷ χειρί· καθόλου δὲ καὶ συλλήβδην παρέπαιον τοῖς λογισμοῖς. ὑπέλαβον γὰρ τοὺς Ῥωμαίους, διά τε τὰς ἐν τῇ Λιβύῃ καὶ τὰς κατὰ τὴν Ἰβηρίαν πράξεις, δεδιότας τὸν ἀπὸ τῶν Ἀχαιῶν πόλεμον, πᾶν ὑπομένειν, καὶ πᾶσαν προΐεσθαι φωνήν· διὸ νομίσαντες ἴδιον τὸ παρὸν, ἀπεκρίθησαν φιλανθρώπως τοῖς πρεσβευταῖς· τοὺς μὲν περὶ τὸν Θεαρίδαν ὅμως ἀποστέλλειν εἰς τὴν σύγκλητον· αὐτοὶ δὲ παρακολουθήσαντες εἰς τὴν Τεγέαν, καὶ κοινολογηθέντες τοῖς Λακεδαιμονίοις, ἵνα γένηταί τις ὡμολογημένη λύσις περὶ τοῦ πολέμου...... Ταῦτα δ' ἀποκριθέντες, ἐν τοῖς ἑξῆς ἦγον ἐπὶ τὴν πάλαι προκειμένην αὐτοῖς ἄγνοιαν τὸ ταλαίπωρον ἔθνος· καὶ τοῦτ' εἰκότως συνέβαινε γίνεσθαι, δι' ἀπειρίαν καὶ κακίαν τῶν κρατούντων. Τὸ δὲ τέλος τῆς ἀπωλείας, ἠνύσθη τοιῷδέ τινι τρόπῳ· παραγενομένων γὰρ εἰς τὴν Τεγέαν τῶν περὶ τὸν Σέξτον, καὶ τοὺς Λακεδαιμονίους ἐπισπασαμένων χάριν τοῦ σύμφωνον αὐτοῖς γίνεσθαι πρὸς τοὺς Ἀχαιοὺς τήν τε περὶ τῶν προγεγονότων ἐγκλημάτων δικαιοδοσίαν, καὶ τὴν κατὰ τὸν πόλεμον, ἕως ἂν πέμψωσι Ῥωμαῖοι τινὰς περὶ τῶν ὅλων ἐπισκεψομένους· συνεδρεύσαντες οἱ περὶ τὸν Κριτόλαον, ἔκριναν πλείστους μὲν ἄλλους διακλῖναι τὴν ἀπάντησιν· τὸν δὲ Κριτόλαον προάγειν εἰς τὴν Τεγέαν. Ὁ μὲν οὖν προῃρημένος, ἤδη σχεδὸν ἀπηλπικότων τῶν περὶ τὸν Σέξτον ἦλθε. γινομένης δὲ συγκαταστάσεως πρὸς τοὺς Λακεδαιμονίους, εἰς οὐδὲν συγκατέβαινεν· φήσας οὐκ ἔχειν ἐξουσίαν οὐδὲν οἰκονομεῖν ἄνευ τῆς τῶν πολλῶν γνώμης· ἐπανοίσειν δὲ τοῖς Ἀχαιοῖς εἰς τὴν ἑξῆς, ἔφη, σύνοδον, ἥτις ἔμελλε γενέσθαι μετὰ μῆνας ἕξ. Διὸ σαφῶς ἐπιγνόντες οἱ περὶ τὸν Σέξτον, ἐθελοκακοῦντα τὸν Κριτόλαον, καὶ δυσχεραίνοντες ἐπὶ τοῖς ἀπαντωμένοις, τοὺς μὲν Λακεδαιμονίους ἀπέλυσαν εἰς τὴν οἰκείαν· αὐτοὶ δ᾽ ἐπανῆγον εἰς τὴν Ἰταλίαν, κατεγνωκότες ἄγνοιαν καὶ μανίαν τοῦ Κριτολάου. Ὁ δὲ Κριτόλαος χωρισθέντων τούτων, ἐπιπορευόμενος κατὰ τὸν χειμῶνα τὰς πόλεις, ἐκκλησίας συνῆγε, προφάσει μὲν χρώμενος, ὅτι βούλεται τὰ ῥηθέντα πρὸς τοὺς Λακεδαιμονίους, καὶ πρὸς τοὺς ἐν τῇ Τεγέᾳ διασαφεῖν αὐτοῖς· τῇ δ᾽ ἀληθείᾳ κατηγορίαν ποιούμενος Ῥωμαίων, καὶ πᾶν τὸ λεγόμενον ὑπ᾽ ἐκείνων ἐπὶ τὸ χεῖρον ἐκδεχόμενος· ἐξ ὧν δυσμένειαν καὶ μῖσος ἐνειργάζετο τοῖς ὄχλοις. Ἅμα δὲ τούτοις, παρήγγειλε τοῖς ἄρχουσι, μὴ πράττειν τοὺς ὀφειλέτας, μηδὲ παραδέχεσθαι τοὺς ἀπαγομένους εἰς φυλακὴν πρὸς τὰ χρέα, καὶ τοὺς ἐράνους ἐπιμόνους ποιεῖν, ἕως ἂν λάβῃ τὰ τοῦ πολέμου κρίσιν. λοιπὸν ἐκ τῆς τοιαύτης δημαγωγίας, πᾶν τὸ λεγόμενον ὑπ᾽ αὐτοῦ πιστὸν ἐγίνετο, καὶ πρὸς πᾶν τὸ παραγγελλόμενον ἕτοιμον ἦν τὸ πλῆθος· περὶ μὲν οὖν τοῦ μέλλοντος ἀδυνατοῦν προνοεῖσθαι, τῇ δὲ παρ᾽ αὐτοῦ χάριτι, καὶ ῥᾳστώνῃ δελεαζόμενον. Ὁ δὲ Κόϊντος ὁ Καικίλιος ἐν τῇ Μακεδονίᾳ τάδε πυνθανόμενος, καὶ τὴν ἐν Πελοποννήσῳ γενομένην ἀκρισίαν καὶ ταραχήν, ἐξέπεμψε πρεσβευτάς, Γνάϊον Παπίριον, καὶ τὸν νεώτερον Σκηπίωνα Ἀφρικανόν· σὺν δὲ τούτοις Αὖλον Γαβίνιον, καὶ

absque populi consensu de nulla re statuere se posse: cæterùm omnia se ad Achæos proximo conventu, qui post sex menses erat celebrandus, dixit relaturum. Sextus igitur, qui certò cognoverat Critolaum data potestate de industria uti nolle, iniquo animo quod acciderat ferens, Lacedæmoniis domum suam dimissis, ipse in Italiam rediens, hoc de Critolao judicium retulit, & pravi ingenii hominem esse, & plane furiosum. Critolaus enimvero post horum discessum, civitates omnes per hiemem circumiēs, populum ubiq; in concionem vocare: in speciem quidem, ut quæ acta cum Lacedæmoniis essent, & cum aliis qui Tegeam convenerant, exponeret: re autem vera, ut Romanos accusaret, omnia illorum dicta in deterius interpretans. qua ratione efficiebat, ut vulgi turba ubique inimicitias atque odium ingens Romani nominis conciperet. Simul cum magistratibus egit, ut exigendi nomina jus ne esset, neve ducenten sequi æris alieni gratiâ necesse esset, ad belli finem usq; debitorum solutione dilata. His artibus delinitæ plebes, quicquid ille diceret pro certo habere: quicquid imperaret, velle exsequi. Quippe multitudo futuri improvida, præsenti ejus beneficio, & commodo, quod inde capiebat inescabatur. Q. Cæcilius Macedoniæ Præses cognito quàm pravis consiliis, quàm perturbatè res in Peloponneso administrarentur, Cn. Papirium & Scipionem Africanum juniorem legatos misit; & unâ cum his Aulum Gabinium & C. Fannium. Hi quum Achæorum concilium Corinthi celebraretur, forte & ipsi eodem tempore illuc adveniunt: productique ad populum, singulari humanitate conditos sermones habent, iis plane geminos; quibus ante Sextus fuerat usus: summo studio impedire contendentes, ne Achæi, vel propter discordias quæ illis erant cum Lacedæmoniis, vel propter alienatam mentem à populi Romani amicitia, odium illius penitus susciperent. Hæc turbæ quum audirent, continere se nequiverunt: sed legatos subsannantes, cum tumultu ac clamore concione ejecerunt. tanta enim hominum in officinis degere assuetorum, & sordidas artes exercentium multitudo convenerat, quanta vix temere aliâs. & quum omnes tunc civitates, stultitia, quasi populari quodam morbo, tenerentur; Corinthiorum tamen præ cæteris publica extitit amentia insignita. Pauci quidam fuere, quibus legatorum oratio adprime placebat. at Critolaus occasionem nactus qualem ferme poterat optare, concionem etiam pariter secum furentē, & alienatam mente, adversus magistratus cepit insurgere: eos quoq; irridens, qui à se in Rep. dissidebant: tum autem Romanos legatos licenter appellabat, & amicos quidem velle se habere Romanos dicebat: sin dominos sibi ipse accivisset, nunquam in eo acquieturum hortari denique Achæos, ac dicere, si viri essent, socios non defuturos: sin autem semiviri, dominos. multa item alia in eam sententiam proprii lucri caussa jactans, & ad fallendum

Γάϊον Φάννιον. Οἳ καὶ συνηγμένων τῶν Ἀχαιῶν εἰς Κόρινθον, κατὰ τύχην ἐλθόντες εἰς τοῦτον τὸν καιρὸν, καὶ παραχθέντες εἰς τὰ πλήθη, διετίθεντο πολλοὺς οὗτοι καὶ φιλανθρώπους λόγους, παραπλησίους τοῖς τῶν περὶ τὸν Σέξτον· πᾶσαν ἐνδεικνύμενοι φιλοτιμίαν, χάριν τοῦ μὴ παραβῆναι τοὺς Ἀχαιοὺς εἰς ὁλοσχερεστέραν ἀπέχθειαν πρὸς Ῥωμαίους, μήτε διὰ τῆς πρὸς Λακεδαιμονίους προφάσεως, μήτε διὰ τῆς πρὸς αὐτοὺς ἐκείνους ἀλλοτριότητος. ὧν οἱ μὲν πολλοὶ διακούοντες, οὐδαμῶς ἀνείχοντο· χλευάζοντες δὲ τοὺς πρέσβεις, μετὰ θορύβου καὶ κραυγῆς ἐξέβαλλον. καὶ γὰρ συνηθροίσθη πλῆθος ἐργαστηριακῶν καὶ βαναύσων ἀνθρώπων, ὅσον οὐδέποτε· πᾶσαι μὲν ἐκόρυζον αἱ πόλεις, πανδημεὶ δὲ καὶ μάλιστά πως ἡ τῶν Κορινθίων· ὀλίγοις δέ τισι καὶ λίαν ἤρεσκε τὰ λεγόμενα διὰ τῶν πρεσβευτῶν. ὁ δὲ Κριτόλαος, ὥσπερ κατ' εὐχὴν ὑποθέσεως ἐπιλημμένος, καὶ θεάτρου συνενθουσιῶντος, καὶ παρεστηκότος ταῖς διανοίαις, κατανίστατο μὲν τῶν ἀρχόντων· διέσυρε δὲ τοὺς ἀντιπολιτευομένους, ἐνεπαρρησιάζετο δὲ τοῖς τῶν Ῥωμαίων πρεσβευταῖς, φάσκων βούλεσθαι μὲν Ῥωμαίους φίλους ὑπάρχειν· δεσπότας δ' οὐκ ἂν εὐδοκήσαι κτησάμενος. καθόλου δὲ παρῄνει λέγων· ὡς ἐὰν μὲν ἄνδρες ὦσιν, οὐκ ἀπορήσουσι συμμάχων· ἐὰν δ' ἀνδρόγυνοι, κυρίων. καὶ πολλὰ δή τινα πρὸς ταύτην τὴν ὑπόθεσιν ἐμπορεύων καὶ μεθοδευόμενος, ἐκίνει καὶ παρώξυνε τοὺς ὄχλους. Ἐποίει δ' ἐμφάσεις, καὶ περὶ τοῦ μὴ τυχόντως χρῆσθαι ταῖς ἐπιβολαῖς· ἀλλὰ καὶ τῶν βασιλέων τινὰς, καὶ τῶν πολιτευμάτων ἔνια κοινωνεῖν αὐτῷ τῆς προθέσεως. Τῶν δὲ τῆς γερουσίας, βουλομένων ἐπιλαμβάνεσθαι καὶ κωλύειν αὐτὸν τῶν τοιούτων λόγων, περισπασάμενος τοὺς στρατιώτας, κατανίστατο κελεύων προσελθεῖν, ἐγγίσαι, τολμῆσαί τινα μόνον ἅψασθαι τῆς χλαμύδος. Καθόλου δ' ἔφη, πολὺν ἤδη χρόνον παρακατεσχηκὼς αὐτὸν, οὐκ ἔτι δύνασθαι καρτερεῖν, ἀλλ' ἐρεῖν τὸ φαινόμενον. δεῖν γὰρ οὐ Λακεδαιμονίους, οὐδὲ Ῥωμαίους ἀγωνιᾶν οὕτως, ὡς τοὺς ἐξ αὐτῶν συνεργοῦντας τοῖς ἐχθροῖς· εἶναι γάρ τινας, τοὺς πλεῖον Ῥωμαίοις εὐνοοῦντας, καὶ Λακεδαιμονίοις, ἢ τοῖς σφετέροις πράγμασι· καὶ τούτων πίστιν ἔφερεν. Ἔφη γὰρ Εὐαγόραν τὸν Αἰγιέα, καὶ τὸν Τριταιέα Στρατήγιον, πάντα τὰ λεγόμενα δι' ἀπορρήτων ἐν ταῖς συναρχίαις διασαφεῖν τοῖς περὶ τὸν Γνάϊον· τοῦ δὲ Στρατηγίου, συμμεμιχέναι μὲν τοῖς ἀνθρώποις ὁμολογοῦντος, καὶ μετὰ ταῦτα συμμίξειν φάσκοντος, φίλοις οὖσι καὶ συμμάχοις· ἀναγγελκέναι δὲ ὀρκιζόμενος μηδὲν τῶν ἐν ταῖς συναρχίαις εἰρημένων· ὀλίγοι μέν τινες ἐπίστευον· οἱ δὲ πλείους προσεδέχοντο τὰς διαβολάς. ὁ δὲ Κριτόλαος παροξύνας τοὺς ὄχλους, διὰ τῆς τούτων κατηγορίας ἔπεισε τοὺς Ἀχαιοὺς, πάλιν ψηφίσασθαι, λόγῳ μὲν τὸν πρὸς Λακεδαι-

comminiscens, hominum fæcem commovebat, atque concitabat. Quinetiam ex dictis factisque suis intelligi volebat, non temere hæc se moliri; verum & Regum nonnullos, & quasdam etiam Resp. conspirare secum in eodem proposito. & quum reprehendere ipsum Senatus vellet, & ne ejusmodi sermones haberet impedire, manu militari succinctus, ad vim faciendam se comparabat; jubens magistratum ut accederet, appropinquaret sibi, auderet aliquis vel chlamydem suam attingere. Postremo dixit, quum perdiu se continvisset ægre, temperare jam sibi non posse, quominus animi sui sententiam aperiret: debere Achæos, non tam de Lacedæmoniis aut Romanis esse sollicitos, quàm de civibus qui cum hostibus facerent. esse enim nonnullos qui Romanis & Lacedæmoniis magis quàm suæ Reip. faveant. ejus verò certum argumentum esse dicebat, quod Euagoras Ægiensis, & Strategius Trittæensis omnia quæ arcanò dicerentur in conventibus magistatuum, Gnæo renuntiarent. Strategio verò, locutum quidem se cum Romanis fatente & posthac etiam locuturum confirmante; ut pote qui amici ac socii gentis Achæorum essent; sed renuntiasse quicquam illis eorum quæ in cōventibus magistratuum essent dicta, cum jurejurando negante; pauci fuere qui fidem illius verbis haberent; plures pronis auribus calumnias admiserunt. Critolaus vero criminatione istorum multitudine concitata, Achæis persuasit, ut denuo bellū decernerent, verbis quidem adversum

ſum Lacedæmonios: revera adverſus Romanos. hoc amplius iniquum alterum decretum expreſſit; ut quęcumque aliquis loca expeditione iſta cepiſſet, eorum dominus eſſet. Hoc ille pacto effecit, ut ſolus in Achæorum gente monarchicam, prope dixerim, potentiam obtineret. Atque his ita præſtructis, ſedulo id cepit agere, ut res novas moliretur, & Romanos aggrederetur: ſine cauſſa ille quidem; ſed contra potius rem auſus maxime impiam atque injuſtiſſimam. E legatis Cnæus Athenas eſt profectus, inde Spartam; temporum occaſiones eo loci præſtolaturus: alius Naupactum abiit; reliqui duo ad Cæcilii adventum uſque Athenis ſubſtiterunt. Ea tum in Peloponneſo rerum facies erat.

μονίους πόλεμον, ἔργῳ δὲ τὸν πρὸς Ῥωμαίους· καὶ προσεμέτρησεν ἕτερον ψήφισμα παράνομον· ὥστε κυρίους εἶναι τοὺς ἀνθρώπους, * οὓς ἂν ἐπὶ στρατοπεδείᾳ αἱρήσονται· δι' ὃ τρόπον τινὰ μοναρχικὴν ἀνέλαβεν ἐξουσίαν· οὗτος μὲν οὖν ταῦτα διοικησάμενος, ἐγίνετο περὶ τὸ πραγματοκοπεῖν, καὶ Ῥωμαίοις ἐπιβάλλειν τὰς χεῖρας, οὐδενὶ λόγῳ τοῦτο πράττων· ἀλλὰ πάντων ἀσεβεστάτοις καὶ παρανομωτάτοις ἐπιβαλόμενος. Τῶν δὲ πρέσβεων, ὁ μὲν Γνάϊος, ἐς Ἀθήνας ἀπῆρεν, κἀκεῖθεν εἰς Λακεδαίμονα, προσεδρεύσων τοῖς καιροῖς· ὁ δὲ ἄλλος εἰς Ναύπακτον· οἱ δὲ δύο μέχρι τῆς τοῦ Καικιλίου παρουσίας ἔμειναν ἐν ταῖς Ἀθήναις. Καὶ τὰ μὲν κατὰ τὴν Πελοπόννησον ἐν τούτοις ἦν.

ΕΚ ΤΩΝ

ΠΟΛΥΒΙΟΥ

ΤΟΥ ΜΕΓΑΛΟΠΟΛΙΤΟΥ

ΙΣΤΟΡΙΩΝ ΕΚΛΟΓΑΙ

ΠΕΡΙ ΑΡΕΤΗΣ ΚΑΙ ΚΑΚΙΑΣ.

EX LIBRIS HISTORIARUM

POLYBII

MEGALOPOLITANI

EXCERPTA

DE VIRTUTIBUS ET VITIIS.

ΥΠΟΘΕΣΙΣ

ΤΟΥ ΠΕΡΙ ΑΡΕΤΗΣ ΚΑΙ ΚΑΚΙΑΣ ΒΙΒΛΙΟΥ ΠΡΩΤΟΥ.

ARGUMENTUM

LIBRI PRIORIS, DE VIRTUTIBUS ET VITIIS.

Editore & interprete Henrico Valesio.

QUICUNQUE olim sive Reges, sive sortis privatę homines, mente fuerunt, neque voluptatibus depravata, neque mollicie corrupta, sed animi nobilitatem intemeratam ad virtutem conservarunt: hi profecto & inter labores durarunt, & otium in literis consumpserunt. Ac si qui illorum vitam in studiis diligentius egissent, eruditionis amore inflammati aliquid impensiore cura conscripserunt, partim quod multiplicis doctrinæ suæ certum aliquod posteris monimentum relinquere averent: partim etiam immortalis memoriæ desiderio, quam apud lectores consequerentur. Quoniam verò per tot annorum curricula & res immensę quotidie exoriebantur & scri-

ὍΣΟΙ τῶν πάλαι ποτὲ βασιλέων τε καὶ ἰδιωτῶν μὴ τὸν νοῦν παρεσύρησαν ἡδοναῖς ἢ κατεμαλακίσθησαν, ἀλλὰ τὸ τῆς ψυχῆς εὐγενὲς ἀκηλίδωτον ἀρετῇ συνετήρησαν· οὗτοι δὴ οὗτοι καὶ πόνοις ἐνεκαρτέρησαν, καὶ λόγοις ἐνησχολήθησαν, καὶ ἄλλος ἄλλο τι τῶν ὅσοι λογικώτερον ἐπεβίωσαν, παιδείας ἐρασταὶ γεγονότες σπουδαιότερόν τινα συνεγράψαντο. τοῦτο μὲν τῆς σφῶν αὐτῶν πολυμαθίας δεῖγμα ἐναργὲς τοῖς μετέπειτα καταλιπεῖν ἱμειρόμενοι· τοῦτο δὲ καὶ εὔκλειαν ἀείμνηστον ἐκ τῶν ἐντυγχανόντων καρπώσασθαι μνώμενοι. ἐπεὶ δὲ ἐκ τῆς τῶν τοσούτων ἐτῶν περιδρομῆς ἄπλετόν τι χρῆμα καὶ πραγμάτων ἐγίγνετο, καὶ λόγων ἐπλέκετο, ἐπ' ἄπειρόν τε καὶ ἀμήχανον ἡ τῆς ἱστορίας εὐρύνετο συμπλοκή. ἔδει δ' εἴπερ ἐπίστερον πρὸς τὰ χείρω τῆς τῶν ἀνθρώπων προαίρεσιν μετατίθεσθαι χρόνοις ὕστερον, καὶ ὀλιγώρως ἔχειν πρὸς τὰ καλά, καὶ ῥαθυμότερον διακεῖσθαι πρὸς τὴν τῶν φθασάντων γενέσθαι κατάληψιν, κατόπιν γινομένης τῆς ἀληθοῦς ἐπιτεύξεως· ὡς ἐντεῦθεν ἀδηλίᾳ σκιάζεσθαι τὴν τῆς ἱστορίας ἐφεύρεσιν, πῆ μὲν σπάνει βίβλων ἐπωφελῶν, πῆ δὲ πρὸς τὴν ἐκτάδην πολυλογίαν δειμαινόντων καὶ κατοκνούντων. ὁ τῆς Πορφύρας ἀπόγονος Κωνσταντῖνος ὁ ὀρθοδοξότατος καὶ χριστιανικώτατος τῶν πώποτε βεβασιλευκότων, ὀξυωπέστερον πρὸς τὴν τῶν καλῶν κατανόησιν διακείμενος, καὶ δραστήριον ἐσχηκὼς νοῦν, ἔκρινε βέλτιστον εἶναι καὶ κοινωφελές, τῷ τε βίῳ ὀνησιφόρον, πρότερον μὲν ζητητικῇ διεγέρσει βίβλους ἄλλοθεν ἄλλας ἐξ ἁπάσης ἑκασταχοῦ οἰκουμένης συλλέξασθαι, παντοδαπῆς καὶ πολυειδοῦς ἐπιστήμης ἐγκύμονας· ἔπειτα τὸ τῆς πλατυεπείας μέγεθος καὶ ἀκοὰς ἀποκναῖον, ἄλλως τε καὶ ὀχληρὸν καὶ φορτικὸν φαινόμενον τοῖς πολλοῖς, δεῖν ᾠήθη καταμερίσαι τοῦτο εἰς λεπτομέρειαν, ἀνεπιφθόνως τε προθεῖναι πᾶσι κοινῇ τὴν ἐκ τούτων ἀναφυομένην ὠφέλειαν· ὡς ἐκ μὲν τῆς ἐκλογῆς προσεχεστέρως καὶ ἐνδελεχέστερον κατεντυγχάνειν τοὺς τροφίμους τῶν λόγων, καὶ μονιμώτερον ἐντυποῦσθαι τούτοις τὴν τῶν λόγων εὐφράδειαν. μεγαλοφυῶς τε καὶ εὐεπηβόλως πρὸς ἐπὶ τούτοις καταμερίσαι εἰς ὑπο-

pta contexebantur: historiæ conscriptio semper latius sese propagans, infinita jam reserat, & quæ humani ingenii vim excederet. Enimverò aliter evenire non poterat, quin hominum studia & voluntates posterioribus temporibus ad deteriora se inclinarent, honesta susque deque haberent, & ad cognoscendas priorum sæculorum res evaderent negligentiores: investigatione veri semel neglecta. Ita ut historiæ cognitio tenebris obvoluta redderetur incerta, tum propter librorum utilium inopiam, tum quia ad illa tot & tanta volumina vulgo homines expavescebant. Idcircò Constantinus Porphyrogeneta Imperator omnium qui unquam fuerunt rectæ fidei tenacissimus & Christianissimus, ingenio præditus ad rerum pulchrarum perceptionem acutissimo, ea denique præstans intelligentia, ut facilè quidvis ad effectum perduceret, illud primo fore optimum est ratus & vulgo omnibus utile: ut libros undique ex omnibus orbis partibus doctrina varia refertos conquireret: deinde vastam illam librorum molem, quæ lectores enecabat (cum præsertim molesta plerisque omnibus & tædii plena ea res videretur) in partes minutas putavit distribuendam: & luculentam utilitatem quæ poterat inde percipi, oculis hominum exponendam. Adeò ut hoc delectu habito majori attentione & assiduitate lectioni incumbere studiosi queant, & sermonis facundiam altius ac penitius animo imprimere. Hoc amplius Imperator magno & felici conatu Opus universum in tractatus diversos nuſos numero tres & quinquaginta cenſuit diſtribuendum, in quibus quidquid magnificum habet hiſtoria, incluſum continetur. neque ineſt quidquam hiſtoriæ inſertum, quod partitionem hanc in hoſce tractatus effugerit. Neque vero ob diviſionem ſententiarum, ſeries Operis totius ullo modo corrumpitur. Verum ſervat hæc Synopſis, vel ut verius dicam, hæc rerum cognatarum adunatio in ſingulis partibus concinnandis unicuique tractatui convenientem rationem. Horum verò tractatuum præſens hic qui DE VIRTUTIBUS ET VITIIS inſcribitur, ordine eſt quinquageſimus. Primus autem inſcriptionem habet DE IMPERATORUM RENUNCIATIONE. Continetur etiam hoc procemio quos patres habeant, & auctores ſingula ſcripta, & quotum parta ſint ingeniis; ne Excerpta hæc nominibus careant, & habeantur non pro legitimis, ſed pro ſpuriis & ſubdititiis fœtibus. Sunt autem hæc excerpta ex Annalibus infra ſubjectis.

I. *Ex Ioſephi Antiquitatum libris.*
II. *Ex Gregorio Monacho.*
III. *Ex Chronico Ioannis Malelæ.*
IV. *Ex Ioannis Antiocheni Chronico.*
V. *Ex Diodori Siculi univerſali hiſtoria.*
VI. *Ex Nicolai Damaſceni univerſali hiſtoria.*
VII. *Ex Herodoto Halicarnaſſeo.*
VIII. *Ex Thucydide.*
IX. *Ex Xenophontis libris de Inſtitutione Cyri, & de Expeditione Cyri Paryſatidis filii.*

θέσεις διαφόρους, τρεῖς ἐπὶ τοῖς πεντήκοντα τὸν ἀριθμὸν οὔσας, ἐν αἷς καὶ ὑφ' αἷς ἅπασα ἱστορικὴ μεγαλουργία συγκλείεται. κ' οὐκ ἔστιν οὐδὲν τῶν συγκειμένων, ὃ διαφεύξεται τὴν τοιαύτην τῶν ὑποθέσεων ἀπαρίθμησιν, οὐδὲν τὸ παράπαν ἀφαιρουμένης τῆς τοῦ λόγου ἀκολουθίας τῇ διαιρέσει τῶν ἐννοιῶν· ἀλλὰ σύσσωμον σωζούσης, καὶ ἑκάστῃ ὑποθέσει προσαρμοζομένης τηλικαύτης οὐ συνόψεως, ἀληθέστερον δ' εἰπεῖν, οἰκειώσεως. ὧν κεφαλαιωδῶν ὑποθέσεων ἡ προκειμένη αὕτη καὶ ἐπιγραφομένη, ΠΕΡΙ ΑΡΕΤΗΣ ΚΑΙ ΚΑΚΙΑΣ, πεντηκοστὴ οὖσα τυγχάνει. τῆς πρώτης τὸ ἐπώνυμον λαχούσης ΠΕΡΙ ΒΑΣΙΛΕΩΝ ΑΝΑΓΟΡΕΥΣΕΩΣ· ἐμφαίνει δὲ τουτὶ τὸ προοίμιον τίνας οἱ λόγοι πατέρας κέκτηνται, καὶ ὅθεν ἀποκυΐσκονται, ὡς ἂν μὴ ὦσιν αἱ κεφαλαιώδεις ὑποθέσεις ἀκατονόμαστοι καὶ μὴ γνήσιοι, ἀλλὰ νόθοι τε καὶ ψευδώνυμοι. εἰσὶ δ' ἐκ τῶν ὑποτεταγμένων χρονικῶν,

α' Ἰωσήπου ἀρχαιολογίας.
β' Γεωργίου μοναχοῦ.
γ' Ἰωάννου τοῦ ἐπίκλην Μαλέλα χρονικῆς.
δ' Ἰωάννου Ἀντιοχέως χρονικῆς ἱστορίας.
ε' Διοδώρου Σικελιώτου καθολικῆς ἱστορίας.
ς' Νικολάου Δαμασκηνοῦ καθολικῆς ἱστορίας.
ζ' Ἡροδότου Ἁλικαρνασσέως.
η' Θουκυδίδου.
θ' Ξενοφῶντος Κύρου παιδείας καὶ ἀναβάσεως Κύρου τοῦ Παρυσάτιδος.

ι' Ἀῤῥια-

ι' Ἀρριανοῦ Ἀλεξ.....

ια' Διονυσίου Ἁλικαρνησσέως Ῥωμαϊκῆς ἱστορίας.

ιβ' Πολυβίου τοῦ Μεγαλοπολίτου Ῥωμαϊκῆς ἱστορίας.

ιγ' Ἀππιανοῦ Ῥωμαϊκῆς τῆς ἐπίκλην βασιλικῆς.

ιδ' Δίωνος Κοκκιανοῦ Ῥωμαϊκῆς ἱστορίας. καὶ οἱ ἐφεξῆς ἐν τῷ δευτέρῳ τεύχει ἐπιγράψονται.

X. *Ex Arriani historia de rebus gestis Alexandri.*

XI. *Ex Dionysii Halicarnassei historia Romana.*

XII. *Ex Polybii Megalopolitani historia Romana.*

XIII. *Ex Appiani historia Romana quæ inscribitur Regia.*

XIV. *Ex Dionis Cocceiani historia Romana.*

Sequentes auctores in secundo libro recensebuntur.

ΙΑΜΒΟΙ ΣΗΜΑΙΝΟΝΤΕΣ

τὴν βασιλικὴν ἀγωγήν.

Αἰὼν ὁ μακρὸς ὥσπερ ἄνθη τοὺς λόγους
Ἁπανταχοῦ γῆς εἶχεν ἐσκεδασμένους,
Ἀνθοῦντας, οὐ πέμποντας εὔπνοον χάριν.
Τανῦν δὲ τούτους εὐσεβὴς Κωνσταντῖνος
Δρέψας, ἀγείρας ἐμμελεῖ μουσουργίᾳ
Προὔθηκε πᾶσι θελκτικὴν εὐοσμίαν,
Ὅσοις λόγου μέτεστιν εὐώδεις λόγους.
Ὃν τοῖς λόγοις στέφοιμεν ὡς λόγων φίλον.
Ἀσυγκρίτως γὰρ ἐν μέδουσιν ἐκπρέπει.
Λάμπων, προφαίνων χρηστότητα τοῦ κράτους
Γίγας φεραυγὴς ὥσπερ ἡλίου φάος
Ἐχθροῖς ἅπασιν, εὐνόοις θ' ὑπηκόοις.
Οὐκοῦν βοάτω πρὸς θεὸν πᾶς τις μέροψ.
Τιθωνὸν αὐτὸν δεῖξον ἄλλον ἐν χρόνοις.
Ὡς ἂν τὰ λῷστα τῷ βίῳ συνεισφέρει.

JAMBICI VERSUS DE STUDIIS

Constantini Porphyrogenetæ.

Immensa lapsi temporis longinquitas
Diserta passim scripta dissipaverat,
Florida, at odoris destituta gratia:
Collecta quæ nunc cum labore sedulo
Communicasti litteratis omnibus,
Auguste Constantine, principum decus.
Igitur amantem litterarum principem
Ab litteratis concelebrari decet.
Namque ille Reges inter eximius nitet
Tanquam Gigas solisve flammivomi jubar,
Clementiamque ostentat imperii sui
Simul benevolis subditis, & hostibus.
Ergo universi fundite has Deo preces:
Annos ci donare Tithoni velis,
Bona erogare pergat ut mortalibus.

ΕΚΤΗΣ ΙΣΤΟΡΙΑΣ ΠΟΛΥΒΙΟΥ

Μεγαλοπολίτου, βιβλ. ς΄.

EX POLYBII MEGALOPOLITANI

Histor. Lib. VI.

Lucius Demarati Corinthii filius Romam se contulit, tum in se ipso, tum in opibus suis magnam spem collocans. Easque ob causas nulli se in Repub. inferiorem fore sperabat. Uxorem quoque habebat cùm ad alia utilem, tum ad res agendas consilio & industria præditam. Romam igitur ingressus, ac civitate donatus statim ad Regis obsequium sese accommodavit: atque ob liberalitatem, & ingenii dexteritatem, maxime vero propter liberalem à puero institutionem, brevi maximam gratiam atque auctoritatem apud Regem est consecutus. Ac progres-

ΟΤΙ Λεύκιος ὁ Δημαράτου τοῦ Κορινθίου υἱὸς εἰς Ῥώμην ὥρμησε, πιστεύων αὑτῷ τε καὶ τοῖς χρήμασι, πεπεισμένος οὐδενὸς ἔλαττον ἕξειν ἐν τῇ πολιτείᾳ διά τινας ἀφορμάς. ἔχων γυναῖκα χρησίμην πρός τ' ἄλλα, καὶ πρὸς πᾶσαν ἐπιβολὴν πραγματικὴν εὐφυῆ συνεργόν. παραγινόμενος δ' εἰς τὴν Ῥώμην, καὶ τυχὼν τῆς πολιτείας, εὐθέως ἡρμόσατο πρὸς τὴν τοῦ βασιλέως ἀρέσκειαν. ταχὺ δὲ διὰ τὴν χορηγίαν, καὶ διὰ τὴν τῆς φύσεως ἐπιδεξιότητα, καὶ μάλιστα διὰ τὴν ἐκ παίδων ἀγωγήν, ἁρμόσας τῷ προεστῶτι μεγάλης ἀποδοχῆς ἔτυχε καὶ πίστεως παρ' αὐτῷ. χρόνου δὲ προδὲ προϊόντος εἰς τοῦτ' ἦλθε προσδοχῆς, ὥστε συνοικεῖν καὶ συγχρηματίζειν τῷ Μαρκίῳ τὰ κατὰ τὴν βασιλείαν. ἐν δὲ τούτοις ἐπ' ἀγαθῷ πᾶσι γινόμενος καὶ συνεργῶν, καὶ συγκατασκευάζων τοῖς δεομένοις ἀεί τι τῶν χρησίμων, ἅμα δὲ καὶ τῇ τοῦ βίου χορηγίᾳ μεγαλοψύχως εἰς τὸ δέον ἑκάστοτε καὶ σὺν καιρῷ χρώμενος, ἐν πολλοῖς μὲν ἀπετίθετο χάριν, ἐν πᾶσι δ' εὔνοιαν ἐνειργάσατο καὶ φήμην ἐπὶ καλοκἀγαθίᾳ, καὶ τῆς βασιλείας ἔτυχεν.

su temporis eò gratiæ processit, ut regni negotia unà cum Marcio administraret. In qua ille administratione cùm omnium civium utilitati prospiceret, ac singulos qui ab eo quidpiam postulabant, gratia atque opera sua adjuvaret, ac divitiis suis pro loco ac tempore magnifice uteretur, multos quidem sibi devinctos beneficiis tenebat, benevolentiam vero ac laudem virtutisque famam apud omnes sibi comparaverat, quocirca & regnum adeptus est.

Ὅτι πάντα χρὴ τὰ τῆς ἀρετῆς ἔργα τοὺς καλῶς ἀσκοῦντας, ἐκ παίδων ἀσκεῖν, μάλιστα δὲ τὴν ἀνδρείαν.

Eos qui rectę institutioni student, cùm omnes virtutes statim à puero condiscere atque exercere oportet, tum maximè fortitudinem.

Ὅτι τινὲς τῶν λογογράφων τῶν ὑπὲρ τῆς καταστροφῆς τοῦ Ἱερωνύμου γεγραφότων, πολύν τινα πεποίηνται λόγον, καὶ πολλήν τινα διατέθεινται τερατείαν, ἐξηγούμενοι μὲν τὰ πρὸ τῆς ἀρχῆς αὐτοῦ γινόμενα σημεῖα, καὶ τὰς ἀτυχίας τὰς Συρακουσίων, τραγῳδοῦντες δὲ τὴν ὠμότητα τῶν τρόπων, καὶ τὴν ἀσέβειαν τῶν πράξεων, ἐπὶ δὲ πᾶσι τὸ παράλογον· καὶ τὸ δεινὸν τῶν περὶ τὴν καταστροφὴν αὐτοῦ συμβάντων, ὥστε μήτε Φάλαριν, μήτ' Ἀπολλόδωρον, μήτ' ἄλλον μηδένα γεγονέναι τύραννον ἐκείνου πικρότερον· * καὶ παῖς παραλαβὼν τὴν ἀρχὴν, εἶτα μῆνας οὐ πλείω τριῶν καὶ δέκα βιώσας, μετήλλαξε τὸν βίον. κατὰ δὲ τὸν χρόνον τοῦτον, ἕνα μέν τινα καὶ δεύτερον ἐστρεβλῶσθαι, καί τινας τῶν φίλων καὶ τῶν ἄλλων Συρακουσίων ἀποκτανθῆναι δυνατόν· ὑπερβολὴν δὲ γεγονέναι παρανομίας, καὶ παρηλ-

Ex Lib. VII.

Quidam historiæ scriptores qui de Hieronymi interitu scripsere, plurimis verbis ad commovendam admirationem abusi sunt; dum partim prodigia quæ illius tyrannidem præcessere narrant, & Syracusanorum calamitates, partim crudelitatem ingenii ac res ab eo impiè gestas tragicorum more exaggerant, ac postremò novitatem atque atrocitatem eorum quæ in ipsius obitu acciderunt, ut nec Phalaris, neque Apollodorus, neque alius porrò quisquam illo acerbior tyrannus unquam extiterit. Qui tamen cùm admodum puer regnum suscepisset, atque exinde non ampliùs quàm menses tredecim vixisset, statim è vita discessit. Hoc autem temporis spatio fieri sane potuit, ut unus aut alter cruciatus sit, & ex ipsius amicis ac reliquis Syracusanis nonnulli interfecti fuerint, singularem verò crudelitatem atque inauditam impieta-

* f. καίτοι.

pietatem illam fuiſſe minime credibile eſt. Ac natura quidam temerarium atque injuſtum illum fuiſſe fatendum omninò eſt: nulli tamen ante dictorum tyrannorum eſt conferendus. Sed qui particulares hiſtorias conſcribunt, cùm argumenta brevia atque anguſta tractanda ſuſceperint, mihi videntur rerum inopia laborantes eò neceſſitatis adduci, ut res exiguas in immenſum extollant, ac de rebus ne mentione quidem dignis multa verba faciant. Quidam etiam præ judicii inopia in idem vitium incurrunt. Quantò enim rectiùs quis hujuſmodi ſermonem qui librorum explendorum cauſa narrationibus cumuli vicem adjici ſolet, ad Hieronem potiùs ac Gelonem tranſtuliſſet, omiſſo Hieronymo. Hic enim audiendi diſcendique cupidis longè gratior ſermo atque utilior foret. Namque Hiero primum quidem Syracuſanorum ac ſociorum principatum ſua induſtria ſibi comparavit, cùm neque opes, neque gloriam, neque aliud porrò quidquam à fortuna paratum habuiſſet, præterea nemine è civibus occiſo aut in exilium miſſo, nemine vel moleſtia affecto, ſuo Marte Syracuſanorum regnum eſt adeptus, quod quidem maximam habet admirationem. Illud verò non minus mirabile, quòd regnum non modò ita eſt aſſecutus, ſed etiam iiſdem artibus conſervavit. Nam cùm annos quatuor & quinquaginta regnaverit, patriæ quidem ſuæ pacem, ſibi vero ſecurum ab inſidiis regnum præſtitit, atque adeò invidiam quæ ſumma quæque comitari ſolet, effu-

λαγμένην ἀσέβειαν οὐκ εἰκός. καὶ τῷ μὲν τρόπῳ διαφερόντως εἰκαῖον αὐτὸν γεγονέναι καὶ παράνομον φατέον. οὐ μὴν εἴς γε σύγκρισιν ἀκτέον οὐδενὶ τῶν προειρημένων τυράννων. ἀλλά μοι δοκοῦσιν οἱ τὰς ἐπὶ μέρους γράφοντες πράξεις, ἐπειδὰν ὑποθέσεις περιλήπτους ὑποστήσωνται καὶ στενάς, πτωχεύοντες πραγμάτων ἀναγκάζεσθαι τὰ μικρὰ μεγάλα ποιεῖν, καὶ περὶ τῶν μηδὲ μνήμης ἀξίων πολλούς τινας διατίθεσθαι λόγους· ἔνιοι δὲ καὶ δι' ἀκρισίαν εἰς τὸ παραπλήσιον τούτοις ἐμπίπτουσιν. ὅσῳ γὰρ ἄν τις εὐλογώτερον καὶ περὶ ταῦτα τὸν ἀναπληροῦντα τὰς βίβλους, καὶ τὸν ἐπιμετροῦντα λόγον τῆς διηγήσεως εἰς Ἱέρωνα καὶ Γέλωνα διάγοιτο, παρεὶς Ἱερώνυμον. καὶ γὰρ τοῖς φιληκόοις ἡδίων οὗτος καὶ τοῖς φιλομαθοῦσι τῷ παντὶ χρησιμώτερος. Ἱέρων μὲν γάρ, πρῶτον μὲν δι' αὑτοῦ κατεκτήσατο τὴν Συρακουσίων καὶ τῶν συμμάχων ἀρχήν, οὐ πλοῦτον, οὐ δόξαν, οὐχ ἕτερον οὐδὲν ἐκ τῆς τύχης ἕτοιμον παραλαβών· καὶ μὴν οὐκ ἀποκτείνας, οὐ φυγαδεύσας, οὐ λυπήσας οὐδένα τῶν πολιτῶν, δι' αὑτοῦ βασιλεὺς κατέστη τῶν Συρακουσίων· ὃ πάντων ἐστὶ παραδοξότατον. ἔτι δὲ τό, μὴ μόνον κτήσασθαι τὴν ἀρχὴν οὕτως, ἀλλὰ καὶ διαφυλάξαι τὸν αὐτὸν τρόπον· ἔτη γὰρ ν' καὶ τέτταρα βασιλεύσας, διετήρησε μὲν τῇ πατρίδι τὴν εἰρήνην, διεφύλαξε δ' αὑτῷ τὴν ἀρχὴν ἀνεπιβούλευτον, διέφυγε δὲ τὸν ταῖς ὑπεροχαῖς παρεπόμενον φθόνον.

ὅς γε

ὅς γε πολλάκις ἐπιβαλόμενος ἀποθέσθαι τὴν δυναστείαν, ἐκωλύθη κατὰ κοινὸν ὑπὸ τῶν πολιτῶν. εὐεργετικώτατος δὲ καὶ φιλοδοξότατος γενόμενος εἰς τοὺς Ἕλληνας, μεγάλην μὲν αὑτῷ δόξαν, οὐ μικρὰν δὲ Συρακουσίοις εὔνοιαν παρὰ πᾶσιν ἀπέλιπε. καὶ μὴν ἐν περιουσίᾳ καὶ τρυφῇ, καὶ δαψιλείᾳ πλείστῃ διαγενόμενος, ἔτη μὲν ἐβίωσε πλείω ϟ'. διεφύλαξε δὲ τὰς αἰσθήσεις ἁπάσας, διετήρησε δὲ πάντα καὶ τὰ μέρη τοῦ σώματος ἀβλαβῆ. τοῦτο δέ μοι δοκεῖ σημεῖον οὐ μικρὸν, ἀλλὰ παμμέγεθες εἶναι βίου σώφρονος.

Ὅτι Γέλων πλείω τῶν ν' βιώσας ἐτῶν, σκοπὸν προέθηκε κάλλιστον ἐν τῷ ζῆν, τὸ πειθαρχεῖν τῷ γεννήσαντι, καὶ μήτε πλοῦτον, μήτε βασιλείας μέγεθος, μήτ' ἄλλο περὶ πλείονος ποιήσασθαι μηδὲν τῆς πρὸς τοὺς γονεῖς εὐνοίας καὶ πίστεως.

Ὅτι Γόργος ὁ Μεσσήνιος οὐδενὸς ἦν δεύτερος Μεσσηνίων πλούτῳ καὶ γένει, διὰ δὲ τὴν ἄθλησιν κατὰ τὴν ἀκμὴν πάντων ἐνδοξότατος ἐγεγόνει τῶν περὶ τοὺς γυμνικοὺς ἀγῶνας φιλοστεφανούντων. καὶ γὰρ κατὰ τὴν ἐπιφάνειαν καὶ κατὰ τὴν τοῦ λοιποῦ βίου προστασίαν, ἔτι δὲ κατὰ τὸ πλῆθος τῶν στεφάνων, οὐδενὸς ἐλείπετο τῶν καθ' αὑτόν. καὶ μὴν ὅτε καταλύσας τὴν ἄθλησιν, ἐπὶ τὸ πολιτεύεσθαι καὶ τὸ πράττειν τὰ τῆς πατρίδος ὥρμησε, καὶ περὶ τοῦτο τὸ μέρος οὐκ ἐλάττω δόξαν ἐξεφέρετο τῆς πρότερον ὑπαρχούσης αὐτῷ· πλεῖστον μὲν ἀπέχειν δοκῶν τῆς τοῖς ἀθληταῖς παρεπομένης ἀγωνίας, πρακτικώτατος δὲ καὶ νουνεχέστατος εἶναι νομιζόμενος περὶ τὴν πολιτείαν.

git. Qui cùm sæpius principatui se abdicare tentasset, à civibus publicè est prohibitus. Cùmque esset liberalissimus in Græcos & cupidissimus gloriæ, & maximam sibi famam & Syracusanis non mediocrem apud omnes benevolentiam conciliavit. Denique cum in omnium rerum abundantia ac deliciis summaque copia degeret, annos tamen amplius nonaginta vixit, sensusque omnes & cuncta corporis membra integra ac sana retinuit, quod mihi quidem certissimnm temperantiæ argumentum videtur.

Gelo annos amplius quinquaginta cùm vixerit, hunc pulcherrimum vitæ scopum sibi proposuit, ut parenti morem gereret, ac nec divitias nec regni majestatem, neque aliud quidquam benevolentia ac fide quæ parentibus debetur pluris faceret.

Gorgus Messenius opibus ac generis splendore Messeniorum nulli secundus; quod ad Athleticam verò laudem attinet, in adolescentia omnium qui in gymnicis ludis coronæ studio decertant celeberrimus fuerat. Nam & formæ dignitate, & totius vitæ exteriore cultu, præterea etiam coronarum numero nulli ætatis suæ concedebat. Quinetiam postquam relictis certaminibus gymnicis ad Rempub. & negotia patriæ tractanda se contulit, hac quoque ex parte non minorem quàm ex ante acta vita gloriam retulit. Nam & plurimum abesse videbatur ab illo stupore qui athletas fere comitari solet, & ad res gerendas gnavissimus, ac prudentissimus in Rep. habebatur.

Hîc

Hic verò, ait Polybius, orationis cursum sistere ac pauca de Philippo dicere lubet, eo quod hoc illi initium mutationis & proni in pejora impetus fuit. Atque iis qui in Repub. versantur si aliquem ex historia fructum percipere cupiant, nullum illustrius exemplum proponi posse arbitror. Nam cùm ob regni ipsius famam, tum ob indolis præstantiam illustres, atque omnibus Græcis notissimi in utramque partem hujus Regis impetus fuerunt, notissimi quoque casus qui utraque ejus instituta consecuti sunt. Nam quemadmodum simulac regnum accepit, Thessalia simul ac Macedonia atque omnes Regni ejus provinciæ omni obsequio ac benevolentia eum amplexæ sunt, quanta neminem Regum antea, tametsi adhuc adolescens regnum Macedoniæ suscepisset, id verò inde perspici facilè potest. Cùm enim belli adversus Ætolos, ac Lacedæmonios suscepti causa continuè à Macedonia distineretur, non modò ex supra dictis gentibus nulla rebellavit, sed nec vicinorum quisquam Barbarorum Macedoniæ fines contingere est ausus. Jam benevolentiam erga illum ac studium omnium amicorum, & maximè Alexandri ac Chrysogoni, ne quidem exprimere dicendo quisquam possit, nec quot ac quanta brevissimo temporis spatio beneficia contulerit in Peloponnesios, ac Bœotos, simùlque Epirotas & Acarnanas. Quod si quid tantisper exaggerando dicere licet, jure optimo

Ὅτι φησὶν ὁ Πολύβιος, ἐγὼ δὲ κατὰ τὸ παρὸν ἐπιστήσας τὴν διήγησιν βραχέα βούλομαι διαλεχθῆναι περὶ Φιλίππου, διὰ τὸ ταύτην τὴν ἀρχὴν γενέσθαι τῆς εἰς τοὔμπαλιν μεταβολῆς αὐτοῦ καὶ τῆς ἐπὶ χεῖρον ὁρμῆς, καὶ μεταθέσεως. δοκεῖ γάρ μοι τοῖς καὶ κατὰ βραχὺ βουλομένοις τῶν πραγματικῶν ἀνδρῶν περιποιεῖσθαι τὴν ἐκ τῆς ἱστορίας διόρθωσιν, ἐναργέστατον εἶναι τοῦτο παράδειγμα. καὶ γὰρ διὰ τὸ τῆς ἀρχῆς ἐπιφανὲς, καὶ διὰ τὸ τῆς φύσεως λαμπρὸν, ἐκφανεστάτας συμβαίνει καὶ γνωριμωτάτας γεγονέναι πᾶσι τοῖς Ἕλλησι τὰς εἰς ἑκάτερον τὸ μέρος ὁρμὰς τοῦ βασιλέως τούτου, παραπλησίως δὲ καὶ τὰ συνεξακολουθήσαντα ταῖς ὁρμαῖς ἑκατέραις ἐκ παραθέσεως. ὅτι μὲν οὖν αὐτῷ μετὰ τὸ παραλαβεῖν τὴν βασιλείαν τά τε κατὰ Θετταλίαν καὶ Μακεδονίαν, καὶ συλλήβδην τὰ κατὰ τὴν ἰδίαν ἀρχὴν οὕτως ὑποτέτακτο, καὶ συνέκλινε ταῖς εὐνοίαις ὡς οὐδενὶ τῶν πρότερον βασιλέων. καίτοι νέῳ ὄντι παραλαβόντι τὴν Μακεδόνων δυναστείαν, εὐχερὲς καταμαθεῖν ἐκ τούτων. συνεχέστατα γὰρ αὐτοῦ περισπασθέντος ἐκ Μακεδονίας, διὰ τὸν πρὸς Αἰτωλοὺς καὶ Λακεδαιμονίους πόλεμον, οὐχ οἷον ἐστασίασέ τι τῶν προειρημένων ἐθνῶν, ἀλλ' οὐδὲ τῶν περιοικούντων ἐτόλμησε βαρβάρων οὐδεὶς ἅψασθαι τῆς Μακεδονίας. καὶ μὴν περὶ τῆς Ἀλεξάνδρου καὶ Χρυσογόνου, καὶ τῶν ἄλλων φίλων εὐνοίας, καὶ προθυμίας εἰς αὐτὸν, οὐδ' ἂν εἰπεῖν τις δύναιτ' ἀξίως, 1 τῆς δὲ Πελοποννησίων καὶ Βοιωτῶν, ἅμα δὲ τούτοις Ἠπειρωτῶν, Ἀκαρνάνων, ὅσων ἑκάστοις ἀγαθῶν ἐν βραχεῖ χρόνῳ παραίτιος ἐγένετο· καθόλου γε μὴν 2 ἤδη μικρὸν ὑπερβολικώτερον εἰπεῖν, οἰκειότατ' ἂν οἶμαι περὶ Φι-

1 ἴσ. τῶν. 2 ἴσ. εἰ δεῖ.

λίππου τοῦτο ῥηθῆναι, δι' ὅτι κοινός τις οἷον ἐρώμενος ἐγένετο τῶν Ἑλλήνων, διὰ τὸ τῆς αἱρέσεως εὐεργετικόν. ἐκφανέστατον δὲ καὶ μέγιστον δεῖγμα περὶ τοῦ τί δύναται προαίρεσις καλοκἀγαθικὴ καὶ πίστις, τὸ πάντας Κρηταιεῖς συμφρονήσαντας καὶ τῆς αὐτῆς μεταλαβόντας συμμαχίας, ἕνα προστάτην ἑλέσθαι τῆς νήσου Φίλιππον, καὶ ταῦτα συντελεσθῆναι χωρὶς ὅπλων καὶ κινδύνων, ὃ πρότερον οὐ ῥᾳδίως ἂν εὕροι τις γεγονός. ἀπὸ δὲ τῶν κατὰ Μεσσηνίους ἐπιτελεσθέντων, ἅπαντα τὴν ἐναντίαν ἐλάμβανε διάθεσιν αὐτῷ, καὶ τοῦτο συνέβαινε κατὰ λόγον. τραπεὶς γὰρ ἐπὶ τὴν ἀντικειμένην προαίρεσιν τῇ πρόσθεν, καὶ ταύτῃ προστιθεὶς ἀεὶ τὸ ἀκόλουθον, ἔμελλε καὶ τὰς τῶν ἄλλων διαλήψεις περὶ αὐτοῦ τρέψειν εἰς τἀναντία, καὶ ταῖς τῶν πραγμάτων συντελείαις 1 ἐγκρήσειν ἐναντίαις ἢ πρότερον. ὃ καὶ συνέβη γενέσθαι, δῆλον δὲ τοῦτο ἔστι τοῖς προσέχουσιν ἐπιμελῶς, διὰ τῶν ἑξῆς ῥηθησομένων πράξεων.

Ὅτι ὁ Ἄρατος θεωρῶν τὸν Φίλιππον ὁμολογουμένως τόν τε πρὸς Ῥωμαίους ἀναλαμβάνοντα πόλεμον, καὶ κατὰ τὴν πρὸς τοὺς συμμάχους αἵρεσιν ὁλοσχερῶς ἠλλοιωμένον, πολλὰς εἰσενεγκάμενος ἀπορίας καὶ σκήψεις, μόλις ἀπετρέψατο τὸν Φίλιππον· ἡμεῖς δὲ 2 τοῦτο κατὰ τὴν ε΄. βίβλον ἡμῖν ἐν ἐπαγγελίᾳ καὶ φάσει μόνον εἰρημένου, νῦν δι' αὐτῶν τῶν πραγμάτων τὴν πίστιν εἰληφότος, βουλόμεθα προσαναμνῆσαι τοὺς συνεφιστάνοντας τῇ πραγματείᾳ, πρὸς τὸ μηδεμίαν τῶν ἀποφάσεων ἀναπόδεικτον μηδ' ἀμφισβη-

1 f. ἐγκύρσειν. 2 mſ. τοῦτο.

id de Philippo dici poſſe exiſtimo, amorem ac delicias Græcorum omnium illum fuiſſe, ob illius prolixam de omnibus bene merendi voluntatem. Quantum autem valeat præclarum vitæ inſtitutum ac concepta ſemel opinio, hoc celeberrimo & maximo teſtimonio demonſtrari poteſt, quod omnes ſimul Cretenſes concordia inter ſe ac ſocietate inita unum Philippum Dictatorem ad res inſulæ conſtituendas publicè elegerunt, quodque citra vim ac periculum cuncta effecta ſunt, quod ſuperiori memoria haud facilè quis factum eſſe recordetur. At verò ob crudelitatem ac perfidiam qua ille in Meſſenios eſt uſus, omnia illi in contrarium vertere, idque ſane jure optimo. Nam cum vitæ inſtitutum priori contrarium eſſet amplexus, ac quotidie malum malo cumularet, conſentaneum erat ut contrariam de illo opinionem cuncti conciperent, & ipſe contrarios longeq; alios quàm anteà rerum ſucceſſus experiretur. Quod quidem ei poſteà contigit, ut ex iis quæ deinceps narrabimus, attentus hiſtoriæ lector manifeſtè perſpiciet.

Aratus cùm Philippum videret bellum adverſus Romanos apertè ſuſcipere, atque erga ſocios longè alia ac priùs voluntate affectum eſſe, variis difficultatibus ac rationibus in medium allatis, ægrè Philippum ab incepto deterruit. Cæterùm cùm id quod in libro quinto ſimpliciter tantum & abſolutè poſuimus, nunc rebus ipſis confirmetur, admonendos eſſe hîc duximus hiſtoriæ lectores, ne qua fortè propoſitio abſque demonſtratioſtratione à nobis relinquatur. Nam cum bellum Ætolicum narrantes eo loci conſtitiſſemus, quo Philippum diximus nimio animi impetu porticus, & reliqua donaria Thermi oppidi deſtruxiſſe, atque hujus facti culpam non tam ipſum in Regem ob illius adhuc ætatem, quam in Regis amicos & Comites conferri debere, de Arato quidem aſſeruimus reliquam ejus vitam hujuſmodi omne facinus ab eo amoliri, Demetrii autem Pharii prorſus tale vitæ inſtitutum fuiſſe : atque id nos poſteà oſtenſuros eſſe tum polliciti, hunc in locum ſermonis illius demonſtrationem diſtulimus. quando ſcilicet Philippus Demetrio quidem præſente, ut in Meſſenicarum rerum narratione oſtendimus, Arato autem uno duntaxat die tardiùs delato, teterrima facinora aggredi cœpit, & deguſtato ſemel humano cruore, & ſocios trucidandi fœduſque omne violandi initio ſumpto, non ex homine lupus, quod in Arcadica eſt fabula, ut ait Plato, ſed ex legitimo Rege acerbus tyrannus evaſit. Sed altero etiam longè certiori argumento declarari poteſt, utriuſque hominis ſecta ac ſententia, illo ſcilicet conſilio quod de Meſſeniorum arce uterque Regi dedit, de quo ſupra commemoravi, ut jam de iis quę in Ætolia geſta ſunt nullus ſit dubitandi locus. Quę cum ita ſint, quæ in utroque fuerit inſtituti diverſitas facilè colligi poteſt. Nam quemadmodum Philippus Arati conſilium ſecutus Meſſeniis quod ad arcem pertinet fidem ſervavit, & ingenti ut

τουμένην καταλιπεῖν. καθ᾽ ὃν γὰρ καιρὸν ἐξηγούμενοι τὸν Αἰτωλικὸν πόλεμον ἐπὶ τοῦτο τὸ μέρος τῆς διηγήσεως ἐπέστημεν· ἐν ᾧ Φίλιππον ἔφαμεν τὰς ἐν Θέρμῳ στοὰς καὶ τὰ λοιπὰ τῶν ἀναθημάτων θυμικώτερον διαφθεῖραι· καὶ δεῖν τούτων τὴν αἰτίαν οὐχ οὕτως ἐπὶ τὸν βασιλέα διὰ τὴν ἡλικίαν, ὡς ἐπὶ τοὺς συνόντας αὐτῷ φίλους ἀναφέρειν, τότε περὶ μὲν Ἀράτου τὸν βίον ἐφήσαμεν ἀπολογεῖσθαι τοῦ μηδὲν ἂν ποιῆσαι μοχθηρὸν, Δημητρίου δὲ τοῦ Φαρίου τὴν τοιαύτην εἶναι προαίρεσιν· δῆλον δὲ τοῦτο ποιήσειν ἐπηγγειλάμεθα διὰ τῶν ἑξῆς ῥηθησομένων, εἰς τοῦτον ὑπερθέμενοι τὸν καιρὸν τὴν πίστιν τῆς στερηθείσης ἀποφάσεως· ἐν ᾧ παρὰ μίαν ἡμέραν Δημητρίου μὲν παρόντος ὡς ἀρτίως ὑπὲρ τῶν κατὰ Μεσσηνίους ὑπεδείξαμεν, Ἀράτου δὲ καθυστερήσαντος, ἤρξατο Φίλιππος ἅπτεσθαι τῶν μεγίστων ἀσεβημάτων· καὶ καθάπερ ἂν ἐγγευσάμενος αἵματος ἀνθρωπείου, καὶ τοῦ φονεύειν, καὶ παρασπονδεῖν τοὺς συμμάχους, οὐ λύκος ἐξ ἀνθρώπου, κατὰ τὸν Ἀρκαδικὸν μῦθον, ὥς φησιν ὁ Πλάτων, ἀλλὰ τύραννος ἐκ βασιλέως ἀπέβη πικρός. τούτου δ᾽ ἐναργέστερον ἔτι δεῖγμα τῆς ἑκατέρου γνώμης τὸ περὶ τῆς ἄκρας συμβούλευμα τὸ ῥηθὲν ἐν τοῖς πολιτικοῖς, πρὸς τὸ μηδὲ περὶ τῶν κατ᾽ Αἰτωλοὺς διαπορεῖν. ὧν ὁμολογουμένων εὐμαρὲς ἤδη συλλογίσασθαι τὴν διαφορὰν τῆς ἑκατέρου προαιρέσεως. καθάπερ γὰρ νῦν Φίλιππος πεισθεὶς Ἀράτῳ διεφύλαξε τὴν πρὸς Μεσσηνίους πίστιν ἐν τοῖς κατὰ τὴν ἄκραν, καὶ μεγάλῳ τὸ δὴ λεγενόμενον ἕλκει τῷ προγεγονότι περὶ τὰς σφαγὰς, μικρὸν ἴαμα προσέθηκεν. οὕτως ἐν τοῖς κατ' Αἰτωλοὺς Δημητρίῳ κατακολουθήσας ἠσέβει μὲν εἰς τοὺς θεοὺς, τὰ καθιερωμένα τῶν ἀναθημάτων διαφθείρων· ἡμάρτανε δὲ περὶ τοὺς ἀνθρώπους, ὑπερβαίνων τοὺς τοῦ πολέμου νόμους· ἠστόχει δὲ τῆς σφετέρας προαιρέσεως ἀπαραίτητον καὶ πικρὸν ἑαυτὸν ἀποδεικνύων ἐχθρὸν τοῖς διαφερομένοις. ὁ δ' αὐτὸς λόγος καὶ περὶ τῶν κατὰ Κρήτην· καὶ γὰρ ἐπ' ἐκείνων Αράτῳ μὲν καθηγεμόνι χρησάμενος περὶ τῶν ὅλων· οὐχ οἷον ἀδικήσας, ἀλλ' οὐδὲ λυπήσας οὐδένα τῶν κατὰ τὴν νῆσον, ἅπαντας μὲν εἶχε Κρηταιεῖς ὑποχειρίους, ἅπαντας δὲ τοὺς Ἕλληνας εἰς τὴν πρὸς αὐτὸν εὔνοιαν ἐπήγετο διὰ τὴν σεμνότητα τῆς προαιρέσεως. οὕτω πάλιν ἐπακολουθήσας Δημητρίῳ, καὶ παραίτιος γενόμενος Μεσσηνίοις τῶν ἄρτι ῥηθέντων ἀτυχημάτων, ἅμα τήν τε παρὰ τοῖς συμμάχοις εὔνοιαν, καὶ τὴν παρὰ τοῖς ἄλλοις Ἕλλησιν ἀπέβαλε πίστιν· τηλικαύτην τοῖς νέοις βασιλεῦσι ῥοπὴν ἔχει καὶ πρὸς ἀτυχίαν, καὶ πρὸς ἐπανόρθωσιν τῆς ἀρχῆς ἡ τῶν παρεπομένων φίλων ἐκλογὴ καὶ κρίσις, ὑπὲρ ἧς οἱ πλείους οὐκ οἶδ' ὅπως ῥᾳθυμοῦντες οὐδὲ τὴν ἐλαχίστην ποιοῦνται πρόνοιαν.

Ὅτι Φίλιππος παραγενόμενος εἰς τὴν Μεσσήνην ἔφθειρε τὴν χώραν δυσμενικῶς, θυμῷ τὸ πλεῖον ἢ λογισμῷ χρώμενος. ἤλπιζε γὰρ, ὡς ἐμοὶ δοκεῖ, βλάπτων συνεχῶς, οὐδέποτε ἀγανακτήσειν οὐδὲ μισήσειν τοὺς κακῶς πάσχοντας· προήχθην δὲ καὶ νῦν καὶ διὰ τῆς προτέρας βίβλου σαφέστερον ἐξηγήσασθαι περὶ τούτων, οὐ

ajunt vulneri, cædes dico quas in urbe ediderat, leve medicamentum adhibuit: sic in bello adversus Ætolos Demetrio obsecutus, & Deos impiè offendebat, quorum donaria vastabat, & humano generi injuriam faciebat jura belli transgrediendo. ac præterea contra institutum ac propositum sibi ab initio scopum peccabat, dum implacabilem atque acerbum adversariis hostem se prębebat. Idem in rebus Cretensibus existimandum est. Namque in iis quamdiu Arati consilio est usus, neminem ex tota insula non modò injuria, sed ne molestia quidem afficiens, cùm omnes Cretenses dicto audientes habuit, tum vero omnes Græcos gravitate consilii ad sui amorem pellexit. At contra magistro usus Demetrio, cùm Messeniis eas, quas memoravi, calamitates intulisset, unà sociorum benevolentiam, atque apud omnes Græcos fidei opinionem amisit. Tantùm in Regum adolescentia ad infelicitatem aut ad confirmationem regni valet delectus amicorum & Comitum. de quo tamen plerique nescio cujusmodi negligentia minimè laborant.

Ex Lib. VIII. pag. 721.

Philippus Messeniam ingressus, agros hostiliter vastare cœpit, ira magis quàm consilio ductus. Sperabat enim, ut mihi quidem videtur, cùm assiduè aliis damnum inferret, miseros homines nunquam id moleste laturos, neque ipsum odio habituros esse. Ac de his quidem & nunc & superiore libro enucleatius verba ut facerem impulsus sum, non ob

eas

eas tantùm causas, quas priùs adduxi, sed etiam eò quod historiæ scriptores partim damna omnia à Philippo Messeniis illata silentio prætermiserint: partim benevolentia in Principes aut contrà metu, impietatem ac crudelitatem illam, qua in Messenios sæviit Philippus, non modò vitio non verterint, verumetiam tanquam præclarum facinus laude prosecuti sint. Nec verò in iis solùm quæ ad Messenios pertinent, idem admissum est, ab iis qui res Philippi in literas retulerunt, sed etiam in aliis plerisque. Quo fit ut eorum libri historiæ quidem nullam speciem, sed potius encomii formam habeant. Ego vero ita existimo, nec vituperari falso, nec laudari Reges oportere, (quod tamen plerique fecerunt). sed singulorum factis ac consiliis consentaneum assiduè sermonem accommodandum. Verum fortasse id dictu facile, factu autem imprimis arduum est. Multæ enim ac variæ necessitates in vita occurrunt, quibus fracti homines ea quæ sibi videntur liberè loqui aut scribere vetantur. Quamobrem nonnullis quidem eorum danda est venia, aliis vero minimè indulgenda. Ac maximè omnium Theopompus hac in parte reprehensionem meretur, qui cùm initio historiæ Philippi, hac maximè causa se ad scribendum impulsum esse dixisset, quod Philippo Amyntæ filio parem virum nunquam antea Europa protulisset, repente tum in ipso procemio, tum per totam historiam eum in mulieres intemperantissimè exarsisse memorat,

μόνον διὰ τὰς πρότερον ἡμῖν εἰρημένας αἰτίας, ἀλλὰ καὶ διὰ τὸ τῶν συγγραφέων τοὺς μὲν ὅλως παραλελοιπέναι τὰ κατὰ τοὺς Μεσσηνίους. τοὺς δὲ καθόλου διὰ τὴν πρὸς τοὺς μονάρχους εὔνοιαν ἢ τἀναντία φόβον, οὐχ οἷον ἐν ἁμαρτίᾳ γεγονέναι τὴν εἰς τοὺς Μεσσηνίους ἀσέβειαν Φιλίππου καὶ παρανομίαν, ἀλλὰ τοὐναντίον ἐν ἐπαίνῳ καὶ κατορθώμασι τὰ πεπραγμένα διασαφεῖν ἡμῖν. οὐ μόνον δὲ περὶ Μεσσηνίους τοῦτο πεποιηκότας ἰδεῖν ἐστὶ τοὺς γράφοντας τοῦ Φιλίππου τὰς πράξεις, ἀλλὰ καὶ περὶ τῶν ἄλλων παραπλησίως. ἐξ ὧν ἱστορίας μὲν οὐδαμῶς ἔχειν αὐτοῖς συμβαίνει διάθεσιν τὰς συντάξεις, ἐγκωμίου δὲ μᾶλλον. ἐγὼ δ' οὔτε λοιδορεῖν ψευδῶς. φημὶ δεῖν τοὺς μονάρχους, οὔτ' ἐγκωμιάζειν, ὃ πολλοῖς ἤδη συμβέβηκεν· τὸν ἀκόλουθον δὲ τοῖς προγεγραμμένοις ἀεὶ καὶ τὸν παρέποντα ταῖς ἑκάστων προαιρέσεσι λόγον ἐφαρμόζειν. ἀλλ' ἴσως τοῦτ' εἰπεῖν μὲν εὐμαρὲς, πρᾶξαι δὲ καὶ λίαν δυσχερὲς, διὰ τὸ πολλὰς καὶ ποικίλας εἶναι διαθέσεις καὶ περιστάσεις· αἷς εἴκοντες ἄνθρωποι κατὰ τὸν βίον, οὔτε λέγειν, οὔτε γράφειν δύνανται τὸ φαινόμενον. ὧν χάριν τισὶ μὲν αὐτῶν συγγνώμην δοτέον, ἐνίοις γε μὴν οὐ δοτέον· μάλιστα δ' ἄν τις ἐπιτιμήσειε περὶ τοῦτο τὸ μέρος Θεοπόμπῳ. ὅς γ' ἐν ἀρχῇ τῆς Φιλίππου συντάξεως δι' αὐτὸ μάλιστα παρορμηθῆναι φήσας πρὸς τὴν ἐπιβολὴν τῆς πραγματείας, διὰ τὸ μηδέποτε τὴν Εὐρώπην ἐνηνοχέναι τοιοῦτον ἄνδρα παράπαν, οἷον τὸν Ἀμύντου Φίλιππον, μετὰ ταῦτα παραπόδας ἔν τε τῷ προοιμίῳ, καὶ παρ' ὅλην δὲ τὴν ἱστορίαν, ἀκρατέστατον μὲν αὐτὸν ἀποδείκνυσι πρὸς γυναῖκας

ὥστε καὶ τὸν ἴδιον οἶκον 1 ἐσφαλκέναι τὸ καθ' αὑτὸν διὰ τὴν περὶ τοῦτο τὸ μέρος ὁρμὴν καὶ προστασίαν· ἀδικώτατον δὲ καὶ κακοπραγμονέστατον περὶ τὰς τῶν φίλων καὶ συμμάχων κατασκευάς. πλείστας δὲ πόλεις ἐξηνδραποδισμένον καὶ πεπραξικοπηκότα μετὰ δόλου καὶ βίας, ἐκπαθῆ δὲ γεγονότα καὶ περὶ τὰς 2 ἀκροποσίας ὥστε καὶ μεθ' ἡμέραν πλεονάκις μεθύοντα καταφανῆ γενέσθαι τοῖς φίλοις. εἰ δέ τις ἀναγνῶναι βουληθείη τὴν ἀρχὴν τῆς ἐνάτης καὶ μ' αὐτοῦ βίβλου, παντάπασι ἂν θαυμάσαι τὴν ἀτοπίαν τοῦ συγγραφέως. ὅς γε χωρὶς τῶν ἄλλων τετόλμηκε καὶ ταῦτα λέγειν· αὐταῖς γὰρ λέξεσιν, αἷς ἐκεῖνος κέχρηται, κατατετάχαμεν. εἰ γάρ τις ἦν ἐν
„ τοῖς Ἕλλησιν ἢ τοῖς βαρβάροις φη-
„ σὶ λάσταυρος ἢ θρασὺς τὸν τρόπον,
„ οὗτοι πάντες εἰς Μακεδονίαν ἀ-
„ θροιζόμενοι πρὸς Φίλιππον, ἑ-
„ ταῖροι τοῦ βασιλέως προσηγορεύ-
„ οντο. καθόλου γὰρ ὁ Φίλιππος τοὺς
„ μὲν κοσμίους τοῖς ἤθεσι καὶ τῶν ἰδίων
„ βίων ἐπιμελουμένους ἀπεδοκίμα-
„ ζε. τοὺς δὲ πολυτελεῖς καὶ ζῶντας ἐν
„ μέθαις καὶ κύβοις ἐτίμα, καὶ προῆ-
„ γεν. τοιγαροῦν οὐ μόνον ταῦτ' ἔχειν
„ αὐτοὺς παρεσκεύαζεν, ἀλλὰ καὶ τῆς
„ ἄλλης ἀδικίας καὶ βδελυρίας ἀ-
„ θλητὰς ἐποίησεν. τί γὰρ τῶν αἰσχρῶν
„ ἢ δεινῶν αὐτοῖς οὐ προσῆν; ἢ τί τῶν
„ καλῶν καὶ σπουδαίων οὐκ ἀπῆν; ὧν
„ οἱ μὲν ξυρόμενοι καὶ λεαινόμενοι
„ διετέλουν ἄνδρες ὄντες· οἱ δὲ ἀλ-
„ λήλοις ἐτόλμων ἐπανίστασθαι πώ-
„ γωνας ἔχουσι· καὶ περιήγοντο μὲν
„ δύο καὶ τρεῖς τοὺς ἑταιρευομένους,
„ αὐτοὶ δὲ τὰς αὐτὰς ἐκείνοις χρήσεις
„ ἑτέροις παρείχοντο. ὅθεν καὶ δι-

1 Suidas in ἐσφαλκέναι. 2 f. ἀκρατοπ. ex Suida in ἐκπαθής.

adeò ut propter illius hac in parte cupiditatem atque insaniam domus Regia in periculum inciderit. Eundem prætereà injustissimum atque erga amicos ac socios perfidissimum describit : & qui urbes plurimas per vim ac fraudem captas in servitutem redegerit. Eundem quoque ebrietati valde deditum fuisse narrat, adeò ut diurno etiam tempore ebrius ab amicis plerumque sit deprehensus: quod si quis libri noni ac quadragesimi principium in manus sumpserit, scriptoris omnino importunitatem mirabitur. qui inter cætera hæc etiam dicere non dubitavit, eadem enim verba quibus ille usus est, hic apponenda esse duximus.
„ Nam si quis inter Græcos
„ aut barbaros impudicus erat ac
„ protervus, illico Macedoniam ad
„ Philippum delatus, sodalis Regis
„ vocabatur. Omnino enim Philip-
„ pus modestos ac frugi homines
„ respuebat : helluones autem ac
„ prodigos, & vino atque aleæ dedi-
„ tos colebat, atque evehebat ma-
„ ximè. Itaque non solum in suis
„ illis pristinis vitiis eos confirmabat,
„ verumetiam ad omnis nequitiæ
„ ac spurcitiæ certamen provoca-
„ bat. quòd enim turpitudinis ac
„ flagitii genus eis non inerat? quid
„ contra honestatis ac virtutis non
„ deerat? cum hi quidem rasi ac læ-
„ vigati essent, illi vero viros barba-
„ tos constuprare non dubitarent.
„ ac duos quidem tresve meritorios
„ pueros secum circumducebant,
„ cæterum ipsi eandem sui copiam
„ aliis faciebant. Quamobrem me-

,, ritò quis non amicos illos, sed ami-
,, cas, nec milites, sed meretrices
,, potiùs appellasset. nam cùm na-
,, tura essent cruenti, morbo tamen
,, erant cinædi. atque ut paucis ab-
,, solvam, præsertim cùm tot ac
,, tanta mihi negotia incumbant,
,, sic apud me existimo, quotquot
,, amici ac Comites Philippi dice-
,, bantur, teterrimas fuisse belluas,
,, quales nec Centauri qui Pelium
,, incoluere, nec Læstrygones qui
,, Leontinos campos tenuisse perhi-
,, bentur, nec ulla alia hujusmodi
,, monstra extiterunt. Hanc vero acerbitatem ac linguæ temeritatem Theopompi quis non meritò damnet? non enim eo solùm quod proposito suo contraria ac pugnantia loquitur, objurgandus est, sed quia cum de Rege ipso, tum de ejus amicis falsa dicit, ac maxime quod mendacium suum putidè ac turpiter protulit. Nam si de Sardanapalo aliquo, aut de ejus sodalibus sermo esset institutus, vix quisquam hac verborum turpitudine uti sustineret: tametsi hujus hominis institutum atque intemperantiam ex ipsa sepulchri inscriptione satis colligamus, sic enim habet inscriptio:.

Hæc habeo quæ edi, quæque exsaturata libido
Hausit, ———

de Philippo autem ejúsque comitibus nemo est qui non vereatur, non dico mollitiem aliquam, aut etiam impudentiam eis affingere, sed contra ne laudationem eorum aggressus vim ac fortitudinem, & cæ-

,, καίως ἄν τις αὐτοὺς οὐχ ἑταίρους 1
,, ὑπελάμβανεν εἶναι, οὐδὲ στρατιώ-
,, τας, ἀλλὰ χαμαιτύπας προση-
,, γόρευσεν. ἀνδροφόνοι γὰρ τὴν φύσιν
,, ὄντες, ἀνδροπόρνοι τὸν τρόπον ἦσαν.
,, ἁπλῶς δ᾽ εἰπεῖν, ἵνα παύσωμαι
,, φησὶ μακρολογῶν, ἄλλως τε καὶ
,, τοσούτων μοι πραγμάτων ἐπικεχυ-
,, μένων, ἡγοῦμαι τοιαῦτα θηρία γε-
,, γονέναι, καὶ τοιοῦτον τρόπον τοὺς φί-
,, λους καὶ τοὺς ἑταίρους Φιλίππου
,, προσαγορευθέντας, οἵους οὔτε τοὺς
,, Κενταύρους τοὺς τὸ Πήλιον κατα-
,, σχόντας, οὔτε τοὺς Λαιστρυγόνας τοὺς
,, τὸ Λεοντίνων πεδίον οἰκήσαντας, οὔτ᾽
,, ἄλλους οὐδ᾽ ὁποίους. ταύτην δὲ τήν τε πικρίαν καὶ τὴν ἀθυρογλωσσίαν τοῦ συγγραφέως τίς οὐκ ἂν ἀποδοκιμάσειεν; οὐ γὰρ μόνον ὅτι μαχόμενα λέγει πρὸς τὴν αὑτοῦ πρόθεσιν, ἄξιός ἐστιν ἐπιτιμήσεως, ἀλλὰ καὶ διότι κατέψευσται τοῦ τε βασιλέως καὶ τῶν φίλων, καὶ μάλιστα διότι τὸ ψεῦδος αἰσχρῶς καὶ ἀπρεπῶς διατέθειται. εἰ γὰρ περὶ Σαρδαναπάλλου τις ἢ τῶν ἐκείνου συμβιωτῶν ἐποιεῖτο τοὺς λόγους, μόλις ἂν ἐθάῤῥησε τῇ κακοῤῥημοσύνῃ ταύτῃ χρήσασθαι. οὗ τὴν ἐν τῷ βίῳ προαίρεσιν καὶ τὴν ἀσέλγειαν διὰ τῆς ἐπιγραφῆς τῆς ἐπὶ τοῦ ταφου τεκμαιρόμεθα. λέγει γὰρ ἡ ἐπιγραφή.

Ταῦτ᾽ ἔχω ὅσσ᾽ ἔφαγον καὶ ἐφύ-
βρισα καὶ μετ᾽ ἔρωτος
Τερπν᾽ ἔπαθον.

περὶ δὲ Φιλίππου καὶ τῶν ἐκείνου φίλων εὐλαβηθείη τις ἂν οὐχ οἷον εἰς μαλακίαν καὶ ἀνανδρίαν ἔτι δὲ ἀναισχυντίαν λέγειν, ἀλλὰ τοὐναντίον μήποτ᾽ ἐγκωμιάζειν ἐπιβαλλόμενος οὐ δυνηθῇ καταξίως εἰπεῖν τῆς ἀνδρείας καὶ φιλοπο-

1 ἀλλ᾽ ἑταίρας adde ex Athenæo lib. 6. pag. 260.

νίας, καὶ συλλήβδην τῆς ἀρετῆς τῶν προειρημένων ἀνδρῶν. οἵ γε προφανῶς ταῖς σφετέραις φιλοπονίαις καὶ τόλμαις ἐξ ἐλαχίστης μὲν βασιλείας ἐνδοξοτάτην καὶ μεγίστην Μακεδόνων ἀρχὴν κατεσκεύασαν. χωρὶς δὲ τῶν ὑπὸ Φιλίππου πράξεων, αἱ μετὰ τὸν ἐκείνου θάνατον ἐπιτελεσθεῖσαι μετ' Ἀλεξάνδρου, πᾶσιν ὁμολογουμένην τὴν ἐπ' ἀρετῇ φήμην παραδεδώκασι περὶ αὐτῶν. μεγάλην γὰρ ἴσως μερίδα θετέον τῷ προεστῶτι τῶν ὅλων Ἀλεξάνδρῳ, καίπερ ὄντι νέῳ παντελῶς. οὐκ ἐλάττω μέντοι γε τοῖς συνεργοῖς καὶ φίλοις. οἳ πολλαῖς μὲν καὶ παραδόξοις μάχαις ἐνίκησαν τοὺς ὑπεναντίους· πολλοὺς δὲ καὶ παραβόλους ὑπέμειναν πόνους καὶ κινδύνους, καὶ ταλαιπωρίας. πλείστης δὲ περιουσίας κυριεύσαντες, καὶ πρὸς ἁπάσας τὰς ἐπιθυμίας πλείστης εὐπορήσαντες ἀπολαύσεως, οὔτε κατὰ τὴν σωματικὴν δύναμιν οὐδέποτε διὰ ταῦτ' ἠλαττώθησαν, οὔτε κατὰ τὰς ψυχικὰς ὁρμὰς οὐδὲν ἄδικον οὐδὲ ἀσελγὲς ἐπετήδευσαν. ἅπαντες δ', ὡς ἔπος εἰπεῖν, βασιλικοὶ καὶ ταῖς μεγαλοψυχίαις, καὶ ταῖς σωφροσύναις, καὶ ταῖς τόλμαις ἀπέβησαν Φιλίππῳ, καὶ μετ' Ἀλεξάνδρῳ συμβιώσαντες. ὧν οὐδὲν ἂν δέοι μνημονεύειν ἐπ' ὀνόματος. μετὰ δὲ τὸν Ἀλεξάνδρου θάνατον οὕτω περὶ τῶν πλείστων μερῶν τῆς οἰκουμένης ἀμφισβητήσαντες, παραδόσιμον ἐποίησαν τὴν ἑαυτῶν δόξαν ἐν πλείστοις ὑπομνήμασιν. ὥστε τὴν μὲν Τιμαίου τοῦ συγγραφέως πικρίαν ἣ κέχρηται κατ' Ἀγαθοκλέους τοῦ Σικελίας δυνάστου καίπερ ἀνυπέρβλητον εἶναι δοκοῦσαν,

teras tantorum hominum virtutes dicendo adæquare non valeat: qui ut constat sua industria ac magnitudine animi, regnum Macedoniæ ex tenuissimo amplissimum ac celeberrimum effecerunt :: ac præter ea quæ sub Philippo gessere, res ab iisdem post illius obitum in commilitio Alexandri gestæ receptam apud omnes virtutis famam eis comparaverunt. Magna enim fortasse hujus gloriæ pars Alexandro, cujus auspiciis cuncta gerebantur, tametsi admodum adolescenti tribuenda est, non minor tamen ejus Comitibus ac ministris debetur: qui multis & maximis præliis hostes superarunt, multosque ac difficillimos casus & labores ac pericula perpessi sunt. atque maximarum opum compotes facti, cum omnibus copiis ad explendas cupiditates idoneis abundarent, tamen nec corporis vires ideo illis imminutæ sunt, neque animi studia ad injustitiam ac libidinem deflexerunt: sed universi quotquot Philippi ac deinde Alexandri Comites fuerunt, & animi magnitudine, & temperantia, & audacia prorsus Regia extiterunt: quos quidem nominatim recensere haudquaquam necesse est. Post obitum autem Alexandri, cum de maximis partibus orbis terrarum inter se decertassent, famam nominis sui plurimis historiæ monimentis testatam posteris reliquerunt. Quo fit ut Timæi quidem maledicentia qua adversus Agathoclem Siciliæ tyrannum invectus est, tametsi omnes modestiæ fines excedat, rationem tamen aliquam habere

habere videatur: quippe inimici & mali hominis & tyranni vituperationem inſtituit. At vero Theopompi maledicentia omni ratione deſtituitur Nam cum de Rege optima indole ad virtutem prædito ſcribere inſtituiſſet, nihil eſt tam turpe & tam grave quod in opere ſuo non dixerit. Reliquum eſt ut vel ipſo in principio ac veſtibulo hiſtoriæ ſuæ mendax & adulator fuiſſe dicatur, aut certè in particularibus ſuis demonſtrationibus amens penitus ac puerilis: ſi quidem importuna ac merito caſtiganda vituperatione id ſe conſecuturum eſſe ſperavit, ut & ſibi major auctoritas, & laudationibus Philippi major fides accederet. Sed neque ipſum conſilium antedicti ſcriptoris ab ullo homine probabitur, qui cùm res Græciæ inde, ubi deſinit Thucydides, ſcribere eſſet aggreſſus, poſtquam ad Leuctrica tempora ac res Græciæ celeberrimas pervenit, ipſam quidem Græciam cum ſuis factis valere juſſit: commutato autem argumento Philippi geſta ſcribere conſtituit. Atqui longè præſtantius erat ac juſtius, in Opere Rerum Græcarum geſta Philippi quam in geſtis Philippi res Græciæ comprehendere. Neque enim quiſquam Regio nomine ac fortè etiam poteſtate præoccupatus, ad nomen perſonamque Græciæ opportunè tranſeunti manum injiceret ac vetaret: à Græcia autem ſumpto principio, nemo ſanæ mentis ubi paululum legendo proceſſerit, ad Regis ſpeciem atque vitam repentè

1 leg. μεταβαλὼν. 2 leg. τυχὸν.

ὅμως λόγον ἔχειν· ὡς γὰρ κατ' ἐχθροῦ, καὶ πονηροῦ καὶ τυράννου διατίθεται τὴν κατηγορίαν. τὸ δὲ Θεοπόμπου μηδ' ὑπὸ λόγον πίπτειν. προθέμενος γὰρ ὡς περὶ βασιλέως εὐφυεστάτου πρὸς ἀρετὴν γεγονότος, οὐκ ἔστι τῶν αἰσχρῶν καὶ δεινῶν ὅπερ ἀπολέλοιπεν. λοιπὸν, ἢ περὶ τὴν ἀρχὴν καὶ προέκθεσιν τῆς πραγματείας ἀνάγκη ψεύστην καὶ κόλακα φαίνεσθαι τὸν ἱστοριογράφον. ἢ περὶ τὰς κατὰ μέρος ἀποφάσεις ἀνόητον καὶ μειρακιώδη τελείως. εἰ διὰ τῆς ἀλόγου καὶ ἐπικλήτου λοιδορίας, ὑπέλαβε πιστότερος μὲν αὐτὸς φανήσεσθαι, παραδοχῆς δὲ μᾶλλον ἀξιωθήσεσθαι τὰς ἐγκωμιαστικὰς ἀποφάσεις αὐτοῦ περὶ Φιλίππου. καὶ μὴν οὐδὲ περὶ τὰς ὁλοσχερεῖς διαλήψεις οὐδεὶς ἂν εὐδοκήσειε τῷ προειρημένῳ συγγραφεῖ. ὅς γε ἐπιβαλόμενος γράφειν τὰς Ἑλληνικὰς πράξεις, ἀφ' ὧν Θουκυδίδης ἀπέλιπεν, καὶ συνεγγίσας τοῖς Λευκτρικοῖς καιροῖς, καὶ τοῖς ἐπιφανεστάτοις τῶν Ἑλληνικῶν ἔργων, τὴν μὲν Ἑλλάδα μεταξὺ καὶ τὰς ταύτης ἐπιβολὰς ἀπέρριψε. μεταλαβὼν 1 δὲ τὴν ὑπόθεσιν, τὰς Φιλίππου πράξεις προὔθετο γράφειν. καίτοι γε πολλῷ σεμνότερον ἦν καὶ δικαιότερον τῇ περὶ τῆς Ἑλλάδος ὑποθέσει τὰ πεπραγμένα Φιλίππῳ συμπεριλαβεῖν, ἤπερ ἐν τῇ Φιλίππου τὰ τῆς Ἑλλάδος. οὐδὲ γὰρ προκαταληφθεὶς ὑπὸ βασιλικῆς δυναστείας, 2 καὶ τυχὼν ἐξουσίας, οὐδεὶς ἂν ἐπέσχε σὺν καιρῷ ποιήσασθαι μετάβασιν ἐπὶ τὸ τῆς Ἑλλάδος ὄνομα καὶ πρόσωπον. ἀπὸ δὲ ταύτης ἀρξάμενος καὶ προβὰς ἐπὶ ποσὸν, οὐδ' ὅλως οὐδεὶς ἂν ἠλλάξατο μονάρχου πρόσχημα καὶ βίον ἀκεραίῳ χρώμενος γνώμη. καὶ τί δήποτ' ἦν τὸ τὰς τηλικαύτας ἐναντιώσεις βιασάμενον παρελθεῖν τὸν Θεόπομπον; εἰ μὴ νὴ Δία ὅτι ἐκείνης μὲν τῆς ὑποθέσεως τέλος ἦν τὸ καλόν· τῆς δὲ κατὰ Φίλιππον τὸ συμφέρον. οὐ μὴν ἀλλὰ πρὸς μὲν ταύτην τὴν ἁμαρτίαν, καθὸ μετέβαλε τὴν ὑπόθεσιν, ἴσως ἂν εἶχέ τι λέγειν, εἴ τις αὐτὸν ἤρετο περὶ τούτου. πρὸς δὲ τὴν κατὰ τῶν φίλων αἰσχρολογίαν οὐκ ἂν οἶμαι δυνηθῆναι λόγον αὐτὸν ἀποδοῦναι· συγχωρῆσαι δὲ διότι πολύ τι παρέπεσε τοῦ καθήκοντος. Φίλιππος δὲ τοὺς μὲν Μεσσηνίους πολεμίους γεγονότας οὐδὲν ἄξιον ἠδυνήθη λόγου βλάψαι, *& cætera quæ leguntur in Excerptis è l. 8. cap. 9.*

Ὅτι Καύαρος ὁ βασιλεὺς τῶν ἐν τῇ Θρᾴκῃ Γαλατῶν βασιλικὸς ὑπάρχων τῇ φύσει καὶ μεγαλόφρων, πολλὴν μὲν ἀσφάλειαν παρεσκεύαζε τοῖς περιπλέουσι τῶν ἐμπόρων εἰς τὸν Πόντον· μεγάλας δὲ παρείχετο χρείας τοῖς Βυζαντίοις ἐν τοῖς πρὸς τοὺς Θρᾷκας καὶ Βιθυνοὺς πολέμοις.

Ὅτι Ξέρξου βασιλεύοντος πόλεως Ἀρμόσατα, ἣ κεῖται πρὸς τῷ καλῷ πεδίῳ καλουμένῳ, μέσον Εὐφράτου καὶ Τίγριδος, ταύτῃ τῇ πόλει παραστρατοπεδεύσας Ἀντίοχος ὁ βασιλεύς, ἐπεβάλετο πολιορκεῖν αὐτήν. θεωρῶν δὲ τὴν παρασκευὴν τοῦ βασιλέως ὁ Ξέρξης, τὸ μὲν πρῶτον αὐτὸν ἐκποδὼν ἐποίησε· μετὰ δέ τινα χρόνον δείσας μὴ τοῦ βασιλείου κρατηθέντος ὑπὸ τῶν ἐχθρῶν, καὶ τἄλλα τὰ κατὰ τὴν βασιλείαν αὐτῷ διατραπῇ, μετεμελήθη καὶ διεπέμψατο πρὸς τὸν Ἀντίοχον, φάσκων βούλεσθαι συνελθεῖν εἰς λόγους. οἱ μὲν οὖν πιστοὶ τῶν φίλων οὐκ ἔφασκον δεῖν προΐεσθαι τὸν νεανίσκον

converti partiatur. Quid verò erat quod Theopompum cogeret, tot ac tantas contrarietates contemnere? nisi mehercle quod illius quidem argumenti finis erat honestus, hujus autem operis de gestis Philippi erat finis utilior. Enimvero quod ad illud peccatum mutati argumenti pertinet, si quis Theopompum interrogaret, suppeteret illi fortasse aliqua defensio. Illius autem maledicentię quàm in Philippi amicos effudit, nullam ab eo rationem reddi posse arbitror, sed fatendum ipsi esse multum se ab officio & verò aberrasse. Cæterum Philippus Messenios hostes declaratos, &c. quæ leguntur in lib. VIII. cap. 9.

Cavarus Gallorum qui in Thracia siti sunt regulus cum Regia indole ac magnitudine animi prędıtus esset, & mercatoribus in Pontum navigantibus securitatem magnam præstitit, & Byzantiis in bello adversus Thraces ac Bithynos magno adjumento fuit.

Cum Antiochus castris positis ad Armosata (urbs est inter Euphratem & Tigridem sita in campo qui pulcher dicitur) urbis obsidionem appararet, Xerxes illius urbis regulus intellecto Regis apparatu primùm quidem fuga sibi consuluit. Postea veritus ne occupata ab hostibus regiâ regnum ipsius omne everteretur, consilium suum damnavit, Legatisque ad Antiochum missis libenter cum eo collocuturum se esse dixit. Et Antiochi quidem amici ajebant dimittendum non esse juvenem tiem quem in potestate haberent; sed occupata urbe ejus imperium Mithridati sororis Antiochi filio tradendum esse. At Rex posthabito eorum consilio, evocato ad se juveni inimicitiam condonavit, ac tributorum quæ ab illius patre debebantur maximam ei partem remisit. acceptisque confestim trecentis talentis, ac mille equis, jumentisque totidem una cum ornamentis ac phaleris regnum ejus ipse ordinavit. & copulata eidem sorore Antiochide, omnes harum regionum incolas ad sui amorem allexit ac provocavit, cum magno ac prorsus regio animo in his usus esse videretur.

Ex lib. IX.

Carthaginensium duces qui hostibus superiores fuerant, sui ipsorum compotes esse non poterant. & qui bellum adversus populum Romanum suscepisse videbantur, ipsi inter se hostiliter dissidebant. ac præ cupiditate atq; ambitione Pœnis insita assidue altercabantur. Inter quos Hasdrubal Gisconis filius ob potestatem eò insolentiæ processit, ut ab uno è sociis tota Hispania fidelissimo Indibile, (qui Carthaginensium causa olim regno ejectus, & ob fidem in eos ac benevolentiam nuper in regnum restitutus fuerat) pecuniam flagitare non dubitaverit. quod cum ille facere neglexisset sua erga Carthaginienses constanti fide fretus: Hasdrubal conficta adversus eum calumnia, filias suas obsides dare ipsum coegit.

Omnium quæ Romanis ac Carthaginensibus eo tempore evenie-

λαβόντα εἰς χεῖρας. ἀλλὰ συνεβούλευον κυριεύσαντα τῆς πόλεως, Μιθριδάτῃ παραδοῦναι τὴν δυναστείαν, ὃς ἦν υἱὸς τῆς ἀδελφῆς αὐτοῦ κατὰ φύσιν. ὁ δὲ βασιλεὺς τούτων μὲν οὐδενὶ προσέσχε· μεταπεμψάμενος δὲ τὸν νεανίσκον διελύσατο τὴν ἔχθραν. ἀφῆκε δὲ τὰ πλεῖστα τῶν χρημάτων ἃ συνέβαινε τὸν πατέρα προσοφείλειν αὐτῷ τῶν φόρων. λαβὼν δὲ παραχρῆμα τριακόσια τάλαντα παρ᾽ αὐτοῦ καὶ χιλίους ἵππους, καὶ χιλίους ἡμιόνους μετὰ τῆς ἐπισκευῆς, τά τε κατὰ τὴν ἀρχὴν ἅπαντα κατέστησε. καὶ συνοικίσας αὐτῷ τὴν ἀδελφὴν Αντιοχίδα, πάντας τοὺς ἐκείνων τῶν τόπων ἐψυχαγώγησε καὶ προσεκαλέσατο, δόξας μεγαλοψύχως καὶ βασιλικῶς τοῖς πράγμασι κεχρῆσθαι.

Ὅτι οἱ τῶν Καρχηδονίων ἡγεμόνες κρατήσαντες τῶν ὑπεναντίων, σφῶν αὐτῶν οὐκ ἠδύναντο κρατεῖν. καὶ δόξαντες τὸν πρὸς Ῥωμαίους πόλεμον ἀνῃρηκέναι, πρὸς αὐτοὺς ἐστασίαζον. καὶ παρατριβόμενοι * διὰ τὴν ἔμφυτον Φοίνιξι πλεονεξίαν καὶ φιλαρχίαν. ὧν ὑπάρχων Ἀσδρούβας ὁ Γέσκωνος εἰς τοῦτο κακοπραγμοσύνης προήχθη διὰ τὴν ἐξουσίαν, ὥστε τὸν πιστότατον τῶν κατ᾽ Ἰβηρίαν φίλον Ἀνδοβάλην πάλαι μὲν ἀποβαλόντα τὴν ἀρχὴν διὰ Καρχηδονίους, ἄρτι δὲ πάλιν ἀπειληφότα διὰ τὴν πρὸς ἐκείνους εὔνοιαν, ἐπεβάλετο χρημάτων πλῆθος αἰτεῖν. τοῦ δὲ παρακούσαντος διὰ τὸ θαῤῥεῖν ἐπὶ τῇ προγεγενημένῃ πίστει πρὸς τοὺς Καρχηδονίους, ψευδῆ διαβολὴν ἐπενέγκας, ἠνάγκασε τὸν Ἀνδοβάλην δοῦναι τὰς ἑαυτοῦ θυγατέρας εἰς ὁμηρείαν.

Ὅτι τῶν ἑκατέροις Ῥωμαίοις φημὶ καὶ Καρχηδονίοις προσπιπτόντων καὶ

* deest διετέλουν.

συμβαι-

συμβαινόντων εἷς ἦν ἀνὴρ αἴτιος καὶ μία ψυχή. λέγω δὲ τὴν Αννίβου. τά τε γὰρ κατὰ τὴν Ἰταλίαν ὁμολογουμένως οὗτος ἦν ὁ χειρίζων, τά τε κατὰ τὴν Ἰβηρίαν διὰ τοῦ πρεσβυτέρου τῶν ἀδελφῶν Ἀσδρούβου, μετὰ δὲ ταῦτα διὰ τοῦ πρεσβύτου Μάγωνος. οἱ γὰρ τοὺς τῶν Ῥωμαίων στρατηγοὺς ἀποκτείναντες ἅμα, κατὰ τὴν Ἰβηρίαν ἦσαν οὗτοι. καὶ μὴν τὰ κατὰ τὴν Σικελίαν ἔπραττε, τὰς μὲν ἀρχὰς διὰ τοὺς περὶ τὸν Ἱπποκράτην· ὕστερον δὲ διὰ Μυττόνου τοῦ Λίβυος. ὁμοίως δὲ καὶ κατὰ τὴν Ἑλλάδα καὶ τὴν Ἰλλυρίδα. καὶ τὸν ἀπὸ τούτων τῶν τόπων φόβον ἀνατεινόμενος ἐξέπληττε καὶ περιέσπα Ῥωμαίους διὰ τῆς πρὸς Φίλιππον κοινοπραγίας. οὕτω μέγα τι χρῆμα καὶ θαυμάσιον ἀνὴρ καὶ ψυχὴ δεόντως ἁρμοσθεῖσα κατὰ τὴν ἐξ ἀρχῆς σύστασιν, πρὸς ὅ τι ἂν ὁρμήσῃ τῶν ἀνθρωπίνων ἔργων. ἐπεὶ δ᾽ ἡ τῶν πραγμάτων διάθεσις εἰς ἐπίστασιν ἡμᾶς εἶχε περὶ τῆς Αννίβου φύσεως, ἀπαιτεῖν ὁ καιρὸς δοκεῖ μοι τὰς μάλιστα διαπορουμένας ἰδιότητας ὑπὲρ αὐτοῦ δηλῶσαι· τινὲς μὲν γὰρ ὠμὸν αὐτὸν οἴονται γεγονέναι καθ᾽ ὑπερβολὴν, τινὲς δὲ φιλάργυρον. τὸ δ᾽ ἀληθὲς εἰπεῖν ὑπὲρ αὐτοῦ καὶ τῶν ἐν πράγμασιν ἀναστρεφομένων οὐ ῥᾴδιον. ἔνιοι μὲν γὰρ ἐλέγχεσθαί φασι τὰς φύσεις ὑπὸ τῶν περιστάσεων. καὶ τοὺς μὲν ἐν ταῖς ἐξουσίαις καταφανεῖς γίνεσθαι, κἂν ὅλως τὸν πρὸ τοῦ χρόνον ἀναστέλλωνται· τοὺς δὲ πάλιν ἐν ταῖς ἀτυχίαις. ἐμοὶ δ᾽ ἔμπαλιν οὐχ ὑγιὲς εἶναι δοκεῖ τὸ λεγόμενον. οὐ γὰρ ὀλίγα μοι φαίνονται, τὰ δὲ πλεῖστα, ποτὲ μὲν διὰ τὰς τῶν φίλων παραθέσεις, ποτὲ δὲ διὰ τὰς τῶν πραγμά-

bant, unum caput atque una mens in causa erat, Hannibal scilicet. Namque in Italia quidem, ut inter omnes constat, ipse omnia gerebat. Hispaniam vero per seniorem è fratribus Hasdrubalem, ac deinde per Magonem majorem administrabat. ab his enim ambo Prætores Romani in Hispania cæsi fuere. preterea in Sicilia prius quidem Hippocratis, deinde Myttoni Afri ministerio res regebat. pariterque in Græcia ac per Illyricum, quibus ex locis formidinem intentans ob societatem cum Philippo initam terrebat assidue ac distinebat Romanos. Tantum in omnibus rebus, quas aggredi placuerit, hominis mens valet, ad consilium semel captum probe directa ac conformata. Sed quoniam ipse rerum status ad notandum Hannibalis ingenium nos perpulit, haudquaquam alienum fuerit, meo quidem judicio, singularia quædam in illo homine de quibus alii aliter sentiunt declarare. Sunt enim qui existimant crudelissimum eum fuisse; sunt qui avaritiæ deditum. Cæterum cum in ipso tum in omnibus qui maximas res obeunt veritatem plane assequi difficile est. Etenim nonnulli animum uniuscujusque ex fortuna ac temporibus maximè deprehendi ajunt: atque hos quidem in imperio ac potestate, illos in calamitatibus ingenium suum prodere, tametsi antea texerint. Ego vero huic illorum sententiæ non accedo. Qui enim magnas res tractant, nunc amicorum gratia nunc ob varietates temporum ac casuum

plurima

plurima contra suum institutum & dicere & facere coguntur. quod in multis ex superiori memoria si quis animum adjecerit facile deprehendet. quis est enim qui nesciat, Agathoclem Siciliæ tyrannum cum inter initia constituendæ dominationis sævissimus esset habitus, posteaquam satis confirmatam eam esse existimavit, omnium clementissimum & mitissimum esse visum? Quid Spartanus Cleomenes? Nonne idem Rex optimus, tyrannus autem acerbissimus, idem cum privatus esset, jucundissimus ac beneficentissimus fuisse dicitur. Et tamen haud credibile est in eadem natura adeo inter se contrarias inesse constitutiones. Sed revera plerique principes pro inclinationibus ac mutationibus temporum flectere se ac convertere coacti, sæpenumero longe diversum ab ingenio suo institutum foris ostendunt. quare tantum abest ut hujusmodi factis eorum animus prodatur, quin potius absconditur. Idem ob amicorum gratiam & usum accidere solet non solum Imperatoribus ac Principibus & Regibus, verumetiam urbibus. Ab Atheniensibus pauca admodum reperias acerbe facta, plurima vero benigne ac graviter, quamdiu Aristides & Pericles Reipublicæ præfuerunt: at contra dum Cleo & Chares civitatis principes fuere. Lacedæmoniis quoque Græciæ principibus quæcunque Rex Cleombrotus gessit, cuncta ex civili ac sociali consilio sunt

των ποικιλίας ἄνθρωποι παρὰ τὰς ἑαυτῶν προαιρέσεις ἀναγκάζεσθαι καὶ λέγειν καὶ πράττειν· γνοίη δ' ἄν τις ἐπὶ πολλῶν τῶν ἤδη γεγονότων ἐπιστήσας. τίς γὰρ Ἀγαθοκλέα τὸν Σικελίας τύραννον οὐχ ἱστόρηκε, διότι δόξας ὠμότατος εἶναι κατὰ τὰς πρώτας ἐπιβολὰς καὶ τὴν κατασκευὴν τῆς δυναστείας, μετὰ ταῦτα νομίσας βεβαίως ἐνδεδέσθαι τὴν Σικελιωτῶν ἀρχήν· πάντων ἡμερώτατος δοκεῖ γεγονέναι καὶ πρᾳότατος. ἔτι δὲ Κλεομένης ὁ Σπαρτιάτης, οὐ χρηστότατος μὲν βασιλεύς, πικρότατος δὲ τύραννος, εὐτραπελώτατος δὲ πάλιν ἰδιώτης καὶ φιλανθρωπότατος; καίτοι γε οὐκ εἰκὸς ἦν περὶ τὰς αὐτὰς φύσεις τὰς ἐναντιωτάτας διαθέσεις ὑπάρχειν. ἀλλ' ἀναγκαζόμενοι ταῖς τῶν πραγμάτων μεταβολαῖς συμμετατίθεσθαι, τὴν ἐναντίαν τῇ φύσει πολλάκις ἐμφαίνουσι διάθεσιν ἔνιοι τῶν δυνατῶν πρὸς τοὺς ἐκτός. ὥστε μὴ οἷον ἐλέγχεσθαι τὰς φύσεις διὰ τούτων, τὸ δ' ἐναντίον ἐπισκοτεῖσθαι μᾶλλον. τὸ δ' αὐτὸ καὶ διὰ τὰς τῶν φίλων παραθέσεις εἴωθε συμβαίνειν οὐ μόνον ἡγεμόσι καὶ δυνάσταις καὶ βασιλεῦσιν, ἀλλὰ καὶ πόλεσιν. Ἀθηναίων γοῦν εὕροι τις ἂν ὀλίγα μὲν τὰ πικρά, πλεῖστα δὲ τὰ χρηστὰ καὶ σεμνὰ τῆς πολιτείας Ἀριστείδου καὶ Περικλέους προεστώτων· Κλέωνος δὲ καὶ Χάρητος τἀναντία. Λακεδαιμονίων ἡγουμένων τῆς Ἑλλάδος, ὅσα μὲν διὰ Κλεομβρότου τοῦ βασιλέως πράττοιτο, πάντα συμμαχικὴν εἶχε τὴν αἵρεσιν,

αἵρεσιν. ὅσα δὲ δι' Ἀγησιλάου τοὐναντίον. ὥστε καὶ τὰ τῶν πόλεων ἔθη ταῖς τῶν προεστώτων διαφοραῖς συμμεταπίπτειν. Φίλιππος δὲ ὁ βασιλεὺς ὅτε μὲν Ταυρίων ἢ Δημήτριος αὐτῷ συμπράττοιεν, ἦν ἀσεβέστατος· ὅτε δὲ πάλιν Ἄρατος ἢ Χρυσόγονος, ἡμερώτατος. παραπλήσια δέ μοι δοκεῖ τούτοις καὶ τὰ κατ' Ἀννίβαν γεγονέναι. καὶ γὰρ περιστάσεσι παραδόξοις καὶ ποικίλαις ἐχρήσατο, καὶ φίλοις τοῖς ἔγγιστα μεγάλας ἐσχηκόσι διαφοράς. ὥστε καὶ λίαν ἐκ τῶν κατ' Ἰταλίαν πράξεων δυσθεώρητον εἶναι τὴν τοῦ προειρημένου φύσιν. τὰς μὲν οὖν τῶν περιστάσεων ὑποβολάς, εὐχερὲς καὶ διὰ τῶν μετὰ ταῦτα ῥηθησομένων καταμαθεῖν. τὰς δὲ τῶν φίλων οὐκ ἄξιον παραλιπεῖν. ἄλλως τε καὶ διὰ μιᾶς γνώμης [1] ἱκανὴν τοῦ πράγματος ἔμφασιν λαβεῖν. καθ' ὃν γὰρ καιρὸν Ἀννίβας ἐξ Ἰβηρίας τὴν εἰς Ἰταλίαν πορείαν ἐπενόει στέλλεσθαι μετὰ τῶν δυνάμεων, μεγίστης προφαινομένης δυσχρηστίας περὶ τὰς τροφάς, καὶ τὴν ἑτοιμότητα τῶν ἐπιτηδείων τοῖς στρατοπέδοις· ἅτε καὶ κατὰ τὸ μῆκος ἀνήνυτον ἔχειν τι δοκούσης τῆς ὁδοῦ, καὶ κατὰ τὸ πλῆθος καὶ τὴν ἀγριότητα τῶν μεταξὺ κατοικούντων βαρβάρων. τότε δοκεῖ καὶ πλεονάκις ἐν τῷ συνεδρίῳ περὶ τούτου τοῦ μέρους ἐμπιπτούσης ἀπορίας, εἷς τῶν φίλων Ἀννίβας ὁ Μονομάχος ἐπικαλούμενος ἀποφήνασθαι γνώμην. διότι μία τις ὁδὸς αὐτῷ προφαίνεται, δι' ἧς ἐστιν εἰς Ἰταλίαν ἐλθεῖν ἐφικτόν. τοῦ δ' Ἀννίβου λέγειν κελεύσαντος διδάξαι δεῖν ἔφη τὰς δυνάμεις ἀνθρωποφαγεῖν, καὶ τούτῳ ποιῆσαι συνήθεις. ΖΗΤΕΙ ΤΑ

1 deest ἰξὸν.

profecta. quæ vero sunt ab Agesilao gesta, contrariam speciem habent. Adeo civitatum ingenia pro varietate ducum immutantur. Rex item Philippus quoties Taurione ac Demetrio ministris utebatur, pessimus erat. quoties verò ex Arati aut Chrysogoni consilio agebat, clementissimus. Idem quoque Hannibali contigisse existimo: nam & varios atque inopinos casus est expertus, & amicorum contraria prorsus indole præditorum consuetudine usus est. adeo ut ex his quæ in Italia gessit difficillimum sit hominis illius ingenium conjicere. Ac casuum quidem quibus conflictatus est magnitudinem cùm ex antè dictis, tum ex iis quę postea memorabimus, discere in promptu est. Amicorum autem illius discrepantiam omittere minime oportet; præsertim cùm ex uno exemplo idonea totius rei cognitio percipi possit. Etenim quo tempore Annibal cum copiis in Italiam trajicere cogitabat, cùm maxima difficultas sese objiceret in annona & commeatibus ad alendum militem comparandis. (quippe & ipsa itineris magnitudo atque occurrentium barbarorum numerus ac ferocitas prope inexplicabilem difficultatem afferebat) re sæpius in medio proposita, cunctisque è concilio variè ambigentibus, unus ex Hannibalis amicis Hannibal cognomento Monomachus hanc sententiam dixisse fertur; unicam sibi porro viam videri, qua in Italiam perveniri possit. Rogante verò Hannibale eam ut aperiret, ad esum inquit humanæ carnis militem condocefaciendum esse. RELIQUA

QUÆ QUÆRENDA SUNT IN EXCERPTIS STRATEGEMATUM. At Hannibal tum quidem ad hujus consilii audaciam & efficaciam nihil habuit quod opponeret. sed ut rei ipsius periculum faceret, neque ipse, neque amicorum quisquam in animum inducere potuit. Hujus Monomachi cuncta illa facinora esse dicuntur, quæ sunt in Italia crudeliter gesta, & quæ Hannibali vulgò tribuuntur. horum etiam non minima pars casibus ac temporibus accepto ferri debet. Cæterùm Hannibal supra modum avarus fuisse, atque amico avaro Magone usus videtur, qui res in Brutiis administrabat. Atque hanc ego rem cùm ab ipsis Carthaginensibus accepi: (indigenæ enim non modò ventorum stationes, ut proverbio dicitur, sed & popularium hominum mores optimè norunt) tum à Masinissa distinctius didici. Is in genere de omnium Pœnorum, sed maximè de Hannibalis ac Magonis cognomento Samnitis avaritia argumenta afferebat. Inter cætera enim ajebat antedictos homines jam inde à prima ætate in Republica simul versatos, ac multis urbibus cùm in Hispania, tum in Italia partim vi, partim deditione potitos, nunquam tamen in ejusdem facti societatem ambos venisse, sed ipsos veriùs quàm hostes id semper providisse, ut invicem disjuncti nunqam in expugnatione alicujus oppidi alter alteri occurreret. ne qua inter ipsos dissensio ex hujusmodi rebus oriretur, neve prædam ac lucrum partiri opus esset, cùm ambo-

1 Suidas in ἐγχώριον.

ΛΟΙΠΑ ΕΝ ΤΩ ΠΕΡΙ ΣΤΡΑΤΗΓΗΜΑΤΩΝ. Αννίβας δὲ πρὸς μὲν τὸ τόλμημα καὶ τὸ πρακτικὸν τῆς ἐπινοίας οὐδὲν ἀντειπεῖν ἐδυνήθη. τοῦ δὲ πράγματος λαβεῖν ἔννοιαν, οὔθ' αὐτὸν, οὔτε τοὺς φίλους ἐδυνάτο πεῖσαι. τούτου δὲ τἀνδρὸς εἶναι φασὶν ἔργα, καὶ τὰ κατὰ τὴν Ἰταλίαν εἰς Αννίβαν ἀναφερόμενα περὶ τῆς ὠμότητος· οὐχ ἥττον δὲ καὶ τῶν περιστάσεων. φιλάργυρός γε μὴν δοκεῖ γεγονέναι διαφερόντως, καὶ φίλῳ χρῆσθαι φιλαργύρῳ Μάγωνι, τῷ κατὰ τὴν Βρεττίαν χειρίζοντι. ταύτην δὲ τὴν ἱστορίαν ἐγὼ παρέλαβον μὲν καὶ παρ' αὐτῶν Καρχηδονίων. 1 ἐπιχώριοι γὰρ οὐ μόνον τὰς τῶν ἀνέμων στάσεις κατὰ τὴν παροιμίαν, ἀλλὰ καὶ τὰ τῶν ἐγχωρίων ἀνθρώπων ἤθη κάλλιστα γινώσκουσιν. ἔτι δὲ Μασσανάσσου ἀκριβέστερον διήκουσα φέροντος ἀπολογισμούς. καθόλου μὲν περὶ πάντων Καρχηδονίων, μάλιστα δὲ περὶ τῆς Αννίβου καὶ Μάγωνος τοῦ Σαυνίτου προσαγορευομένου φιλαργυρείας. πρὸς γὰρ τοῖς ἄλλοις ἔφη γενναιότατα κεκοινωνηκότας ἑαυτοῖς πραγμάτων τοὺς προειρημένους ἀπὸ τῆς πρώτης ἡλικίας, καὶ πολλὰς μὲν πόλεις κατ' Ἰβηρίαν, πολλὰς δὲ κατὰ τὴν Ἰταλίαν εἰληφότας ἑκατέρους, τὰς μὲν κατὰ κράτος, τὰς δὲ ἐκ παραδόσεως· οὐδέποτε μετεσχηκέναι τῆς αὐτῆς πράξεως ἀλλήλοις, ἀλλὰ ἀεὶ μᾶλλον ἑαυτοὺς ἢ τοὺς πολεμίους 2 στρατηγεῖν, χάριν τοῦ μὴ συμπαρεῖναι θάτερον θατέρῳ πόλεως καταλαμβανομένης. ἵνα μήτε διαφέρωνται πρὸς σφᾶς ἐκ τῶν τοιούτων, μήτε μερίζωνται τὸ λυσιτελὲς, ἐφαμίλλου τῆς

2 καταστρατηγεῖν.

ὁπερο-

ὑπεροχῆς αὐτῶν ὑπαρχούσης· πλὴν ὅτι γε καὶ τὴν Ἀννίβου φύσιν οὐ μόνον ἡ τῶν φίλων παράθεσις, ἔτι δὲ μᾶλλον ἡ τῶν πραγμάτων περίστασις ἐβιάζετο καὶ μετετίθετο πολλάκις, ἔκ τε τῶν προειρημένων καὶ τῶν λέγεσθαι μελλόντων ἐστὶ φανερόν. ἅμα γὰρ τῷ γενέσθαι τὴν Καπύην τοῖς Ῥωμαίοις ὑποχείριον, εὐθέως ἦσαν, ὥσπερ εἰκός, αἱ πόλεις μετέωροι, καὶ περιέβλεπον ἀφορμὰς καὶ προφάσεις τῆς πρὸς Ῥωμαίους μεταβολῆς. ὅτε δὴ καὶ δοκεῖ μάλιστα δυσχρηστηθεὶς Ἀννίβας εἰς ἀπορίαν ἐμπεσεῖν ὑπὲρ τῶν ἐνεστώτων. οὔτε γὰρ τηρεῖν τὰς πόλεις πάσας πολὺ διεστώσας ἀλλήλων δυνατὸς ἦν, καθίσας εἰς ἕνα τόπον τῶν πολεμίων, καὶ πλείοσι στρατοπέδοις ἀντιπαραταττόντων· οὔτε διαιρεῖν εἰς πολλὰ μέρη τὴν αὑτοῦ δύναμιν οἷός τ' ἦν. εὐχείρωτος γὰρ ἔμελλε τοῖς ἐχθροῖς ὑπάρξειν, καὶ διὰ τὸ λείπεσθαι τῷ πλήθει, καὶ διὰ τὸ μὴ δύνασθαι πᾶσιν αὐτοῖς συμπαρεῖναι. διόπερ ἠναγκάζετο τὰς μὲν προδήλως ἐγκαταλείπειν τῶν πόλεων, ἐξ ὧν δὲ τὰς φρουρὰς ἐξάγειν. ἀγωνιῶν μὴ κατὰ τὰς μεταβολὰς τῶν πραγμάτων συγκαταφθερῇ τοὺς ἰδίους στρατιώτας, ἐνίας γὰρ καὶ [1] παρασπονδῆσαι ὑπέμεινε μετανιστὰς εἰς ἄλλας πόλεις, καὶ ποιῶν ἀναρπάστους αὐτῶν τοὺς βίους. ἐξ ὧν προσκόπτοντες οἱ μὲν ἀσέβειαν, οἱ δ' ὠμότητα κατεγίνωσκον. καὶ γὰρ ἁρπαγὴ χρημάτων ἅμα τοῖς προειρημένοις καὶ φόνοι, καὶ βίαιοι προφάσεις ἐγίγνοντο, διά τε τῶν ἐξιόντων καὶ διὰ τῶν εἰσιόντων στρατιωτῶν εἰς τὰς πόλεις. ἑκάστων ὑπειληφότων, ὅσον οὐκ ἤδη τοὺς ὑπολειπομένους μεταβαλεῖσθαι πρὸς τοὺς ὑπεν-

[1] mſ. δεῖς. f. δεῖν, & ἐνίας γοῦν.

rum æqualis foret dignitas. Quod verò non ſolùm amicorum conſuetudo, ſed & temporum neceſſitas interdum Hannibalis ingenium detorquebant, tum ex ſuprà dictis, tum ex his quæ deinceps proſequemur clariſſimum fit. Poſtquam enim Capua à Romanis in ditionem redacta eſt, ſtatim cunctæ civitates animis ut ſolet ſuſpenſę, occaſiones cauſaſque ad Romanos defieiendi circumſpiciebant. Quo tempore Hannibal de præſenti rerum ſtatu ambigens, maximis difficultatibus conflictatus fuiſſe videtur. Nam neque univerſas civitates procul inter ſe diſſitas continere poterat ipſe uno in loco ſedens, atque hoſte pluribus locis ſparſo exercitu ingruente, neque in plures partes diſtribuere & carpere copias ſuas poterat, ne hoſti facilem victoriam præberet. cùm & numero inferior eſſet, neque univerſis opem ſimul ferre poſſet. Quare cogebatur has quidem civitates apertè derelinquere, ex illis verò præſidium educere, veritus ne fortunæ rerumque mutatione etiam milites ſui corrumperentur. quinetiam nonnullos contra fœdera violare ſuſtinuit, transductis in alias urbes civibus, atque eorum opibus in prædam conceſſis. Ex quibus cùm in offenſionem plurium veniſſet, alii impietatem, alii crudelitatem ei objiciebant. Nam præter illa quæ modò memoravi, direptiones bonorum & cædes & violentæ calumniæ ab egre-

militibus exercebantur: cùm ſinguli exiſtimarent reliquos propediem ad Romanorum partes defecturos eſſe.

Quam

Quamobrem difficile admodum est de Hannibalis ingenio aliquid affirmare, cum ob amicorum consuetudinem, tum ob temporum & casuum varietatem. Fama tamen obtinuit, apud Carthaginenses avarum, apud Romanos verò crudelem eum fuisse.

Ex Libro X.

Dicturi de rebus à P. Scipione in Hispania gestis atque in universum de omnibus iis quæ toto vitæ spatio confecit, necessarium esse duximus auditorem præmonere de ingenio hujus viri atque secta. Nam cùm penè omnium superiori memoria celeberrimus extiterit, quis & qualis fuerit scire omnes cupiunt, quàq; indole, & quo rerum usu prȩditus tot tantasque res perfecit. Sed coguntur in ignoratione versari, aut certè conjecturâ falli. propterea quod qui de illo viro scripsère, multùm à veritate aberrarunt. vera autem esse quæ à nobis nunc dicuntur, ex narrationis nostræ serie iis demùm patebit, qui pulcherrima ac fortissima illius facinora observare possunt. Et scriptores quidem alii omnes. &c. *quæ edita sunt in libro decimo c. 2.*

Euryleo Prætor Achæorum ignavus erat, & à re militari prorsus alienus. Cæterùm cùm ad principium rerum Philopœmenis narrationis ordine pervenerimus, operȩ pretium facturus videor, quemadmodum magnorum omnium virorum ingenium atque institutionem ostendere conati sumus, si in hoc quoque viro idem præstemus. Absurdum enim sit scriptores quidem de Originibus

* f. πρὸ.

αντίους. ἐξ ὧν καὶ λίαν δυσχερὲς ἀποφήνασθαι περὶ τῆς Αννίβου φύσεως, διά τε τὴν τῶν φίλων παράθεσιν καὶ τὴν τῶν πραγμάτων περίστασιν. κρατεῖ γε μὴν ἡ φήμη, παρὰ μὲν Καρχηδονίοις ὡς φιλαργύρου, παρὰ δὲ Ῥωμαίοις ὡς ὠμοῦ γενομένου αὐτοῦ.

Οἱ μέλλοντες ἱστορεῖν τὰ πραχθέντα Ποπλίῳ κατὰ τὴν Ἰβηρίαν, συλλήβδην δὲ πάσας τὰς κατὰ τὸν βίον ἐπιτελεσθείσας αὐτῷ πράξεις· ἀναγκαῖον ἡγούμεθα τὸ προεπιστῆσαι τοὺς ἀκούοντας ἐπὶ τὴν αἵρεσιν καὶ φύσιν τἀνδρός. * τὸ γὰρ σχεδὸν ἐπιφανέστατον αὐτὸν γεγονέναι τῶν πρὸ τοῦ, ζητοῦσι μὲν πάντες εἰδέναι τίς ποτ' ἦν, καὶ ἀπὸ ποίας φύσεως ἢ τριβῆς ὁρμηθεὶς τὰς τηλικαύτας καὶ τοσαύτας ἐπετελέσατο πράξεις. ἀγνοεῖν δὲ καὶ ψευδοδοξάζειν ἀναγκάζονται, διὰ τὸ τοὺς ἐξηγουμένους ὑπὲρ αὐτοῦ παραπεπαικέναι τῆς ἀληθείας. ὅτι δὲ ἐστὶν ὑγιὲς τὸ νυνὶ λεγόμενον ὑφ' ἡμῶν, δῆλον ἔσται διὰ τῆς ἡμετέρας ἐξηγήσεως, τοῖς ἐπισημαίνεσθαι δυναμένοις τὰ κάλλιστα καὶ παραβολώτατα τῶν ἐκείνῳ πεπραγμένων. οἱ μὲν οὖν ἄλλοι, *& cætera quæ edita sunt in l. X. cap. 2.*

Οἱ Εὐρυλέων ὁ τῶν Ἀχαιῶν στρατηγὸς ἄτολμος ἦν καὶ πολεμικῆς χρείας ἀλλότριος. τοῦ δὲ καιροῦ τοῦ κατὰ τὴν διήγησιν ἐφεστηκότος ἡμᾶς ἐπὶ τὴν ἀρχὴν τῶν Φιλοποίμενος πράξεων καθήκειν ἡγούμεθα, καθάπερ καὶ περὶ τῶν ἄλλων τῶν ἀξιολόγων ἀνδρῶν, τὰς ἑκάστων ἀγωγὰς καὶ φύσεις ἐπειράθημεν ὑποδεικνύναι, καὶ περὶ τούτου ποιῆσαι τὸ παραπλήσιον. ἔστι γὰρ ἄλογον τὰς μὲν τῶν πόλεων κτίσεις τοὺς συγγραφέας, καὶ πότε, καὶ πῶς καὶ διὰ τίνων ἐπεκτίσθησαν, ἔτι δὲ τὰς διαθέσεις καὶ περιστάσεις μετ' ἀποδείξεως ἐξαγγέλλειν· τὰς δὲ τῶν τὰ ὅλα χειρισάντων ἀνδρῶν ἀγωγὰς καὶ ζήλους παραπωπᾶν, καίτοι ταύτης τῆς χρείας μεγάλην ἐχούσης τὴν διαφοράν. ὅσῳ γὰρ ἄν τις καὶ ζηλῶσαι καὶ μιμήσασθαι δυνηθείη μᾶλλον τοὺς ἐμψύχους ἄνδρας τῶν ἀψύχων κατασκευασμάτων· τοσούτῳ καὶ τὸν περὶ αὐτῶν λόγον διαφέρειν εἰκὸς ἐπανόρθωσιν τῶν ἀκουόντων. εἰ μὲν οὖν μὴ κατ' ἰδίαν ἐπεποιήμεθα τὴν περὶ αὐτοῦ σύνταξιν, ἐν ᾗ διεσαφοῦμεν, καὶ τίς ἦν καὶ τίνων, καὶ τίσιν ἀγωγαῖς ἐχρήσατο νέος ὤν, ἀναγκαῖον ἦν ὑπὲρ ἑκάστου τῶν προειρημένων φέρειν ἀπολογισμόν. ἐπεὶ δὲ πρότερον ἐν τρισὶ βιβλίοις ἐκτὸς ταύτης τῆς συντάξεως τὸν ὑπὲρ αὐτοῦ πεποιήμεθα λόγον, τήν τε παιδικὴν ἀγωγὴν διασαφοῦντες, καὶ τὰς ἐπιφανεστάτας πράξεις, δῆλον ὡς ἐν τῇ νῦν ἐξηγήσει πρέπον ἂν εἴη, τῆς μὲν νεωτερικῆς ἀγωγῆς καὶ τῶν νεωτερικῶν ζήλων κατὰ μέρος ἀφελεῖν. τοῖς δὲ κατὰ τὴν ἀκμὴν αὐτοῦ κεφαλαιωδῶς ἐκεῖ δεδηλωμένοις ἔργοις προσθεῖναι καὶ κατὰ μέρος, ἵνα τὸ πρέπον ἑκατέρᾳ τῶν συντάξεων τηρῶμεν. ὥσπερ γὰρ ἐκεῖνος ὁ τόπος ὑπάρχων ἐγκωμιαστικὸς ἀπῄτει τὸν κεφαλαιώδη καὶ μετ' αὐξήσεως τῶν πράξεων ἀπολογισμόν, οὕτως ὁ τῆς ἱστορίας κοινὸς ὢν ἐπαίνου καὶ ψόγου, ζητεῖ τὸν ἀληθῆ καὶ τὸν μετ' ἀποδείξεως, καὶ τῶν ἑκάστοις παρεπομένων συλλογισμῶν. Φιλοποίμην τοίνυν πρῶτον μὲν ἔφυ καλῶς, ἦν γὰρ ἐξ ἀνδρῶν τῶν ἐπιφανεστάτων κατ' Ἀρκαδίαν τραφεὶς δὲ καὶ παιδευθεὶς ὑπὸ Κλέανδρον Μαντινέα, πατρικὸν μὲν αὐτοῖς ξένον

urbium, earumque constitutionibus & casibus, quo modo & quando sunt, & à quibus conditæ, accuratè commemorare. Clarissimorum autem virorum qui Rempub. gesserunt, institutionem ac studia prætermittere; cùm tamen in altero longè major sit utilitas. Nam quò facilius est vivos spirantesque homines, quàm inanima ædificia æmulari atque imitari, tantò institutus de hujusmodi viris sermo præstat ad emendationem & fructum auditorum. Quod nisi jam de antedicto viro proprium volumen composuissem, in quo & genus hominis & in adolescentia educationem aperui, necesse nunc mihi esset de iisdem rebus sermonem instituere. Sed quoniam tribus jam libris extra hoc historiæ corpus, de puerili ejus institutione, ac celeberrimis factis abundè disserui, consentaneum in præsenti fuerit, de ejus quidem adolescentis educatione ac studiis minuta quæque ac singularia detrahere, iis verò quæ virili ætate gessit, quorum summa dumtaxat capita ibi delibavimus, nunc sigillatim cuncta adjicere, ut in utroque opere decorum servetur. Nam quemadmodum rerum per capita narrationẽ cum amplificatione ille laudationis locus postulabat, ita hic historię locus medius inter laudem ac vituperationem verum ac minime fucatũ cum demonstratione atq; omnium consequentium nexu sermonem requirit. Igitur Philopœmen claro genere ortus, (siquidem ejus majores totius Arcadię erant clarissimi) altus atque institutus est à Cleandro Mantiniensi, paterno

terno hoſpite, viro Mantinienſium omnium principe, qui tunc temporis fortè exulabat. Poſtea adoleſcentiam ingreſſus, Ecdemum ac Demophanem ſectari cœpit. Hi genere Megalopolitani erant, cæterùm tyrannorum odio patriâ profugi, atque Arceſilai Philoſophi convictu uſi, cùm exules eſſent, tamen libertatem patriæ ſuæ reſtituerunt, conſpiratione in Ariſtodemũ tyrannum facta. quin etiam in evertendo Nicocle Sicyoniorum tyranno Aratum opera ſua adjuverunt. præterea à Cyrenæis evocati, præclarè eis præfuerunt, ac libertatem eis ſuam conſervarunt. Horum in convictu diu verſatus in adoleſcentia Philopœmen, brevi inter æquales ſuos eminuit, & audaciâ & laboribus cum in bello, tum in venando fortiter tolerandis. Erat autem & in ipſo victu accuratus, & in omni apparatu tenuis, cùm hanc ſententiam à ſuprà dictis viris accepiſſet, fieri non poſſe ut is Reipublicæ rectè præeſſet, qui in privata vita eſſet negligens: neque à diripienda publica pecuniâ ſibi temperaturum qui ſumptuoſius viveret quàm privati reditus ferrent. Iis autem quæ modò dicebam temporibus Præfectus Equitum ab Achæis creatus, cùm equitum turmas omnibus modis corruptas atque animis penitùs fractas accepiſſet; non ſolùm meliores quàm antea fuiſſent, ſed etiam hoſtibus præſtantiores brevi temporis ſpatio præſtitit, omnibus ad veram exercitationem atque efficax æmulandi ſtudium excitatis. Nam plerique alii in eo Magiſtratu conſtituti, par-

ὑπάρχοντα· φυγαδεύοντα δὲ κατ᾽ ἐκείνους τοὺς καιρούς, ὄντα δὲ Μαντινέων ἐπιφανέστατον. μετὰ δὲ ταῦτα παραγενόμενος εἰς ἡλικίαν ἐγένετο ζηλωτὴς Ἐκδήμου καὶ Δημοφάνους. οἱ τὸ μὲν γένος ἦσαν ἐκ Μεγάλης Πόλεως, φυγόντες δὲ τοὺς τυράννους καὶ συμβιώσαντες Ἀρκεσιλάῳ τῷ φιλοσόφῳ, κατὰ μὲν τὴν φυγὴν, ἠλευθέρωσαν μὲν τὴν αὑτῶν πατρίδα, συστησάμενοι δὲ κατ᾽ Ἀριστοδήμου τοῦ τυράννου πρᾶξιν. συνελάβοντο δὲ καὶ τῆς καταλύσεως τοῦ Σικυωνίων τυράννου Νικοκλέους, κοινωνήσαντες Ἀράτῳ τῆς ἐπιβολῆς. ἔτι δὲ Κυρηναίων αὐτοὺς μεταπεμψαμένων, ἐπιφανῶς προέστησαν καὶ διεφύλαξαν αὐτοῖς τὴν ἐλευθερίαν. οἷς κατὰ τὴν πρώτην ἡλικίαν ἐπὶ πολὺ συμβιώσας, διέφερε μὲν εὐθέως τῶν καθ᾽ αὑτὸν περί τε τὰς ἐν τοῖς κυνηγίοις κακοπαθείας καὶ τόλμας· περί τε τὰς ἐν τοῖς πολεμικοῖς. ἦν δὲ καὶ περὶ τὸν βίον ἐπιμελὴς, καὶ λιτὸς κατὰ τὴν περικοπὴν, παρειληφὼς παρὰ τῶν προειρημένων ἀνδρῶν τοιαύτας τινὰς δόξας ὡς οὐχ οἷόν τε τῶν κοινῶν προστατεῖν καλῶς τὸν ὀλιγωροῦντα τῶν κατὰ τὸν ἴδιον βίον· οὔτε μὴν ἀπέχεσθαι τῶν τῆς πατρίδος, ὅστις πολυτελέστερον ζῇ τῆς κατὰ τὴν ἰδίαν ὕπαρξιν χορηγίας. πλὴν κατασταθεὶς ὑπὸ τῶν Ἀχαιῶν ἱππάρχης ἐν τοῖς προειρημένοις καιροῖς, καὶ παραλαβὼν τὰ συντάγματα τῶν ἱππέων παντὶ τρόπῳ κατεφθαρμένων, καὶ ταῖς ψυχαῖς τῶν ἀνδρῶν ἡττημένας· οὐ μόνον αὐτοὺς ἑαυτῶν βελτίους, ἀλλὰ καὶ τῶν ὑπεναντίων κρείττους ἐν ὀλίγῳ χρόνῳ κατεσκεύασε, πάντας εἰς ἀληθινὴν ἄσκησιν καὶ ζῆλον ἐπιτευκτικὸν ἐμβιβάσας. τῶν μὲν γὰρ ἄλλων οἱ πλεῖστοι καὶ τῶν καθισταμένων ἐπὶ τὴν προειρημένην ἀρχήν, οἱ μὲν διὰ τὴν ἰδίαν ἀδυναμίαν ἐν τοῖς ἱππικοῖς, οὐδὲ τοῖς πλησίον τολμῶσιν [1] οὐδὲν ὧν καθήκει προστάττειν. οἱ δὲ τῆς στρατηγίας ὀρεγόμενοι, διὰ ταύτης τῆς ἀρχῆς ἐξεθελδούονται τοὺς νέους, καὶ παρασκευάζουσιν εὔνους (συναγωνιστὰς εἰς τὸ μέλλον, οὐκ ἐπιτιμῶντες τῷ δεομένῳ, δι' οὗ τρόπου σώζεται τὰ κοινά, συμπεριστέλλοντες τὰς ἁμαρτίας, καὶ μικρᾷ χάριτι μεγάλα βλάπτοντες τοὺς πιστεύοντας. εἰ δέ ποτε γένοιντο τῶν [2] ἀρχόντων τινὲς τῇ τε κατὰ σῶμα χρείᾳ δυνατοί, πρός τε τὸ τῶν κοινῶν ἀπέχεσθαι πρόθυμοι, πλείω κακὰ τῶν ὀλιγωρούντων διὰ τὴν κακοζηλίαν ἀπεργάζονται τοὺς πεζούς, ἔτι δὲ μᾶλλον τοὺς ἱππεῖς. ΖΗΤΕΙ ΕΝ ΤΩ ΠΕΡΙ ΣΤΡΑΤΗΓΗΜΑΤΩΝ.

Ὅτι Φίλιππος ὁ βασιλεὺς Μακεδόνων μετὰ τὸ ἐκτελέσαι τὸν τῶν Νεμέων ἀγῶνα, αὖθις εἰς Ἄργος ἐπανῆλθε, καὶ τὸ μὲν διάδημα καὶ τὴν πορφύραν ἀπέθετο, βουλόμενος αὐτὸν ἴσον τοῖς πολλοῖς, καὶ πρᾷόν τινα καὶ δημοτικὸν ὑπογράφειν. ὅσῳ δὲ τὴν ἐσθῆτα δημοτικωτέραν περιετίθετο, τοσούτῳ τὴν ἐξουσίαν ἐλάμβανε μείζω καὶ μοναρχικωτέραν. οὐ γὰρ ἔτι τὰς χήρας ἐπείρα γυναῖκας, οὐδὲ τὰς ὑπάνδρους ἤρκειτο μοιχεύων· ἀλλ' ἐκ προστάγματος ἣν αὐτῷ φανείη προσπέμψας ἐκάλει, ταῖς δὲ μὴ παραχείρας συνυπακουούσαις ἐνύβριζε, κώμους ποιούμενος ἐπὶ τὰς οἰκίας. καὶ τῶν μὲν τοὺς υἱεῖς, τῶν δὲ τοὺς ἄνδρας ἀνακαλούμενος ἐπὶ προφάσεσιν ἀλόγοις διέσειεν, καὶ πολλὴν

1 mſ. οὐδὲν ἂν καθῆκεν προστάττειν. 2 f. ἱππαρχούντων.

tim ob imperitiam pugnę equeſtris, ne proximis quidem quidquam quod facto opus eſt mandare poſſunt: partim quod Præturam votis appetunt, hoc Magiſtratu juvenes ſibi devinciunt, atque eorum gratiam ac benevolentiam ſibi in poſterum ad ſuffragia comparant: minimè objurgando cùm res póſtulat, (qua ratione Reſpub. conſervatur) ſed diſſimulando delicta, ac parva ejuſmodi gratia maximum iis damnum inferentes, à quibus Præfecturam Equitum acceperunt. Quod ſi qui interdum Præfecti reperiantur rei militaris peritiâ ac robore prædi-ti, & ab omni peculatu longè alieni: ii tamen ob pravam æmulationem gravius corrumpunt pedites, ac multo magis Equites, quàm qui officio ſuo deſunt. RELIQUA PETENDA SUNT EX STRATEGEMATUM EXCERPTIS.

Philippus Macedonum Rex curatis Nemeorúm ludis Argos regreſſus eſt, poſito diademate ac purpura, ut eo pacto cæteris ſe in ſpeciem æquaret, comemque ac popularem oſtenderet. Verùm quanto civiliorem habitum induerat, tanto majorem ſibi ac magis regiam licentiam ſumpſerat. Neque enim jam mulieres viduas ſollicitabat, aut maritas; ſed ſi qua oculis placuerat, pro imperio ad ſe evocabat. quæ non illicò paruiſſent, iis contumeliam faciebat, pro ædibus earum comiſſabundus. atque harum quidem liberos, harum viros accitos varia cauſatus territabat, maximamque

impu-

impudentiam ac libidinem oſtentabat. Quamobrem cùm, quamdiu Argis moratus eſt, inſolenter potentiâ abuſus eſſet, multos ac præcipuè modeſtiſſimum quemque Achæorum offendit. tamen ob bella quæ undique imminebant, inviti injuriam ferre cogebantur.

Nemo è ſuperioribus Regibus plures virtutes Philippo, nemo eodem plura vitia ad regnum attulit. ac mihi videntur virtutes quidem à natura ei inſitæ fuiſſe, vitia verò proceſſu ætatis acceſſiſſe, quemadmodum ſeneſcentibus equis evenire ſolet. De quibus nos non in proœmio, quod cæteri ſcriptores facere conſueverunt, ſententiam noſtram proponimus; ſed ubi ad res ipſas ventum eſt, conſentaneum iis ſermonem accommodantes, de Principibus viris ac Regibus judicium noſtrum affirmamus. hujuſmodi enim obſervationem arbitramur cùm ſcriptori tum legentibus commodiorem eſſe.

Finis libri X.

Ex Libro XI.

Philippus ad Trichonidem paludem progreſſus, poſtquam Thermum advenit, quo in oppido Apollinis templum erat, quæcunque ex donariis prius intacta reliquerat, tum omnia rurſus diſturbavit, & tunc & antea pravo animi impetu actus. Nam ex concepto adverſus homines furore ad violandos etiam Deos ferri, ſummæ dementiæ eſt.

ἀσέλγειαν ἐναπεδείκνυτο καὶ παρανομίαν. διὸ καὶ χρώμενος τῇ κατὰ τὴν παρεπιδημίαν ἐξουσίᾳ ἀναίδην, πολλοὺς ἐλύπει τῶν Ἀχαιῶν, καὶ μάλιστα τοὺς μετρίους ἄνδρας. πιεζόμενοι δὲ βίᾳ τῷ πανταχόθεν αὐτοῖς περιεστάναι τὸν πόλεμον, ἠναγκάζοντο καρτερεῖν καὶ φέρειν τὰ παρὰ φύσιν.

Ὅτι Φιλίππου οὔτ' ἀγαθὰ μείζω τις φαίη πρὸς βασιλείαν οὐδεὶς τῶν πρότερον, οὐδὲ κακὰ τούτου τοῦ βασιλέως. καί μοι δοκεῖ τὰ μὲν ἀγαθὰ φύσει περὶ αὐτὸν ὑπάρξαι· τὰ δὲ κακὰ προβαίνοντι κατὰ τὴν ἡλικίαν ἐπιγενέσθαι, καθάπερ ἐνίοις ἐπιγίνεται γηράσκουσι τῶν ἵππων. 1 ἅπερ ἡμεῖς οὐκ ἐν τοῖς προοιμίοις ὥσπερ τῶν λοιπῶν συγγραφέων προφερόμεθα τὰς τοιαύτας διαλήψεις· ἀλλ' ἐπ' αὐτῶν τῶν πραγμάτων ἀεὶ τὸν καθήκοντα λόγον ἁρμόζοντες ἀποφαινόμεθα, περί τε τῶν βασιλέων καὶ τῶν ἐπιφανῶν ἀνδρῶν, νομίζοντες ταύτην οἰκειοτέραν εἶναι καὶ τοῖς γράφουσι, καὶ τοῖς ἀναγινώσκουσι τὴν ἐπισημασίαν.

Τέλος τοῦ δεκάτου λόγου τῆς Πολυβίου ἱστορίας.

ΛΟΓΟΣ ια'.

Ὅτι Φίλιππος προσθεὶς ἐπὶ τὴν Τριχωνίδα λίμνην, καὶ παραγενόμενος εἰς τὸν Θέρμον ἔνθα ἦν ἱερὸν Ἀπόλλωνος, ὅσα πρότερον ἀπέλειπε τῶν ἀναθημάτων, τότε πάλιν ἅπαντα διελωβήσατο. κακῶς μὲν προτοῦ, κακῶς δὲ τότε χρώμενος τῷ θυμῷ. τὸ γὰρ τοῖς ἀνθρώποις ὀργιζόμενον εἰς τὸ θεῖον ἀσεβεῖν, τῆς πάσης ἀλογιστίας ἐστὶ σημεῖον.

1 mſ. καθάπερ.

Ὅτι πολλὰ ἱστορεῖ ψευδῆ ὁ Τίμαιος ὥς φησι Πολύβιος ὁ Μεγαλοπολίτης, καὶ δοκεῖ τὸ παράπαν οὐκ ἄπειρος ὢν οὐδενὸς τῶν τοιούτων, ὑπὸ δὲ τῆς φιλονεικίας ἐπισκοτούμενος, ὅταν ἅπαξ ἢ ψέγειν ἢ τοὐναντίον ἐγκωμιάζειν τινὰ πρόθηται, πάντων ἐπιλανθάνεται, καὶ πολύ τι τοῦ καθήκοντος παρεκβαίνει. πλὴν ταῦτα μὲν ἡμῖν ὑπὲρ Ἀριστοτέλους εἰρήσθω, πῶς καὶ τί προσέχων τοιαύτην ἐποιήσατο τὴν περὶ τῶν Λοκρῶν ἐξήγησιν. τὰ δὲ λέγεσθαι μέλλοντα περὶ Τιμαίου καὶ τῆς ὅλης συντάξεως αὐτοῦ, καὶ καθόλου περὶ τοῦ καθήκοντος τοῖς πραγματευομένοις ἱστορίαν, τοιάνδε τινὰ λήψεται τὴν ἀπάντησιν. ὅτι μὲν οὖν ἀμφότεροι κατὰ τὸν εἰκότα λόγον πεποίηνται τὴν ἐπιχείρησιν, καὶ διότι πλείους εἰσὶ πιθανότητες ἐν τῇ κατ' Ἀριστοτέλην ἱστορίᾳ, δοκῶ πᾶς ἄν τις ἐκ τῶν εἰρημένων ὁμολογήσειν. ἀληθὲς μέν τοι γε καὶ καθάπαξ διαστῆναι περί τινος οὐδέν ἐστιν ἐν τούτοις. οὐ μὴν ἀλλ' ἔστω τὸν Τίμαιον εἰκότα λέγειν μᾶλλον. διὰ ταύτην οὖν τὴν αἰτίαν δεήσει πᾶν ῥῆμα καὶ πᾶσαν φωνὴν ἀκούειν, καὶ μόνον οὐ θανάτου κρίσιν ὑπέχειν, τοὺς ἐν ταῖς ἱστορίαις ἧττον εἰκότα λέγοντας; οὐ δήπου· τοῖς μὲν γὰρ κατ' ἄγνοιαν ψευδογραφοῦσιν ἔφαμεν δεῖν διόρθωσιν εὐμενικὴν καὶ συγγνώμην ἐξακολουθεῖν, τοῖς δὲ κατὰ προαίρεσιν ἀπαραίτητον κατηγορίαν. ἢ δεικτέον οὖν τὸν Ἀριστοτέλην κατὰ τὸν ἄρτι λόγον τὰ περὶ Λοκρῶν εἰρηκότα χάριτος ἢ κέρδους ἢ διαφορᾶς ἕνεκεν. ἢ μηδὲ τολμῶντας τοῦτο λέγειν, ὁμολογητέον ἀγνοεῖν, καὶ παραπαίειν τοὺς τοιαύτῃ χρωμένους ἀπεχθείᾳ καὶ πικρίᾳ κατὰ τῶν πέλας,

Ex Libro XII.

Multa hujusmodi Timæus malâ fide retulit, ac mihi quidem videtur minimè harum rerum ignorantiâ lapsus, sed potius pertinacia occæcatus quoties laudare aliquem aut vituperare statuit, repente sui ipsius oblivisci atque omnes officii leges excedere. Atque hæc quidem pro Aristotele à nobis dicta sint, cur & quibus argumentis impulsus hæc de Locris commemoravit. Ceterùm occasionem hinc opportunè nactus videor, de tota Timæi historia atque in universum de historici officio deinceps narrandi. Igitur utrumque ex conjectura duntaxat locutum esse, atque Aristotelis narrationem veri esse similiorem, cuncti, ut arbitror, ex iis quæ disservi, satis intelligunt: ut verò his in rebus veritatem distinctè assequaris atque asseveres, ne fieri quidem potest. sed fingamus si placet Timæum probabiliora dixisse. Ideone eos qui minus probabilia afferunt, adeo acerbè accipi oportebit, ac tantum non capitis judicium subire? Minimè verò. Etenim iis qui ignorantia lapsi falsa in historiis retulere, veniam ac correctionem benivolè commodandam esse ostendimus: qui autem id facinus consilio admisere, eos citra veniæ spem objurgandos. Aut igitur ea quæ Aristoteles de Locris prodidit, gratiæ aut utilitati aut inimicitiæ dedisse monstrandus est: aut si nemo est qui id asserere ausit, fateri oportet graviter aberrare eos, qui ejusmodi odio & acerbitate feruntur, cujusmodi Timæus

in

in Aristotelem est usus. Ait enim audacem illum ac levem & temerarium fuisse, ac de civitate Locrorum gnaviter mentitum, cùm coloniam ex fugitivis mancipiis, mœchis ac plagiariis collectam esse dixit: atque hæc illum ea auctoritate affirmare, quasi unus è Ducibus fuisset, & ad Cilicias portas novissimè Persas fudisset; ac non potius odiosus seròque eruditus esset Sophista, atque is qui celebrem pharmacopolæ officinam paulo ante clausisset. Præterea parasitum eundem appellat, qui in aulas atque ædes omnes ultro insilire solitus sit, & helluonem & cuppedinarium ac gulæ ubique servientem. Quod si quis ex illa circumforanea ac petulanti multitudine hujusmodi verba in judicio effutiret, ne ferendus quidem mihi videtur, quippe modestiæ fines transgressus; scriptorem autem rerum gestarum, ac germanum auctorem historiæ nunquam hujusmodi quidquam cogitaturum, nedum scriptis mandaturum esse arbitror. sed inspiciamus propius Timæi sententiam, & utriusque rationes quibus de hac colonia uterque est usus, invicem componamus, ut manifestius fiat uter magis reprehensionem mereatur. Affirmat igitur eodem in libro Timæus, se haudquaquam conjectura nuda adductum, sed certissimis argumentis exploratam rei veritatem tenere. Ad Locros enim qui in Græcia sunt, profectum se esse narrat, atque hos primùm quidem sibi fœdera ostendisse in tabulis incisa, quæ etiamnum visuntur, quibus hujusmodi præfixum sit exordium,

οἷα κέχρηται Τίμαιος κατ' Ἀριστοτέλους. φησὶ γὰρ αὐτὸν εἶναι θρασὺν, εὐχερῆ, προπετῆ, πρὸς δὲ τούτοις καταπετολμηκέναι τῆς τῶν Λοκρῶν πόλεως, εἰπόντα τὴν ἀποικίαν αὐτῶν εἶναι δραπετῶν οἰκετῶν, μοιχῶν, ἀνδραποδιστῶν. καὶ ταῦτα λέγειν αὐτὸν φησὶν οὕτως ἀξιοπίστως, ὥστε δοκεῖν ἕνα τῶν ἐστρατηγηκότων ὑπάρχειν, καὶ τοὺς Πέρσας ἐν ταῖς Κιλικίαις πύλαις ἄρτι παρατάξει νενικηκότα διὰ τῆς αὐτοῦ δυνάμεως, ἀλλ' οὐ σοφιστὴν ὀψιμαθῆ καὶ μισητὸν ὑπάρχοντα, καὶ τὸ πολυτίμητον ἰατρεῖον ἀρτίως ἀποκεκλεικότα· πρὸς δὲ τούτοις εἰς πᾶσαν αὐλὴν καὶ σκηνὴν ἐμπεπηδηκότα, πρὸς δὲ γαστρίμαργον, ὀψαρτυτὴν, ἐπὶ στόμα φερόμενον ἐν πᾶσι. δοκεῖ δή μοι τὰ τοιαῦτα μόλις ἄνθρωπος ἀγύρτης καὶ προπετὴς ἐπὶ δικαστηρίου ῥιψολογῶν ἀνεκτὸς φανῆναι· μέτριος μὲν γὰρ οὐ δοκεῖ. συγγραφεὺς δὲ κοινῶν πράξεων καὶ προστάτης ἱστορίας ἀληθινὸς, οὐδ' ἂν αὐτὸς αὑτῷ διανοηθῆναι, * μή τι δὴ καὶ γράφειν τολμῆσαι τοιοῦτον· σκεψώμεθα δὴ καὶ τὴν αὐτοῦ τοῦ Τιμαίου προαίρεσιν, καὶ τὰς ἀποφάσεις συγκρίνωμεν ἐκ παραθέσεως, ἃς πεποίηται περὶ τῆς αὐτῆς ἀποικίας. ἵνα γνῶμεν πότερος ἄξιός ἐστι τῆς τοιαύτης κατηγορίας. φησὶ τοιγαροῦν κατὰ τὴν αὐτὴν βίβλον οὐκέτι κατὰ τὸν αὐτὸν εἰκότα λόγον χρώμενος τοῖς ἐλέγχοις, ἀλλ' ἀληθινῶς αὐτὸς ἐπιβαλὼν εἰς τοὺς κατὰ τὴν Ἑλλάδα Λοκροὺς ἐξετάζειν τὰ περὶ τῆς ἀποικίας· τοὺς δὲ πρῶτον μὲν ἐπιδεικνύειν αὐτῷ συνθήκας ἐγγράπτους, ἔτι καὶ νῦν διαμενούσας

* ms. μήτι.

πρὸς τοὺς ἐξαπεσταλμένους. αἷς ὑπογεγράφθαι τὴν ἀρχὴν τοιαύτην· ΩΣ ΓΟΝΕΥΣΙ ΠΡΟΣ ΤΕΚΝΑ. πρὸς δὲ τούτοις εἶναι δόγματα, καθ' ἃ πολιτείαν ὑπάρχειν ἑκατέροις παρ' ἑκατέροις. καθόλου δὲ ἀκούοντας τὴν Ἀριστοτέλους ἐξήγησιν περὶ τῆς ἀποικίας, θαυμάζειν τὴν ἰταμότητα τοῦ συγγραφέως. μεταβὰς δὲ πάλιν ἐπὶ τοὺς ἐν Ἰταλίᾳ Λοκρούς, εὑρίσκειν ἀκολούθους καὶ τοὺς νόμους φησὶ τοὺς παρ' αὐτοῖς καὶ τοὺς ἐθισμούς, οὐ τῇ τῶν οἰκετῶν ῥᾳδιουργίᾳ, τῇ δὲ τῶν ἐλευθέρων ἀποικίᾳ. πάντως γὰρ καὶ τοῖς ἀνδραποδισταῖς ἐπιτίμια τετάχθαι παρ' αὐτοῖς· ὁμοίως τοῖς μοιχοῖς, τοῖς δραπέταις, ὧν οὐδὲν ἂν ὑπάρχειν εἰ συνῄδησαν αὑτοῖς ἐκ τοιούτων πεφυκόσι. πρῶτον δὴ διαπορήσαι τις ἄν, πρὸς τίνας τῶν Λοκρῶν παραγενόμενος ἐπυνθάνετο περὶ τούτων. εἰ μὲν γὰρ συνέβαινε καθάπερ τοὺς ἐν Ἰταλίᾳ Λοκροὺς μίαν πόλιν ἔχειν, οὕτω καὶ τοὺς κατὰ τὴν Ἑλλάδα· τυχὸν οὐκ ἔδει διαπορεῖν, ἀλλ' ἦν ἂν εὐθεώρητον. ἐπεὶ δὲ δύω ἔθνη Λοκρῶν ἐστί, πρὸς ποτέρους ἦλθε καὶ πρὸς ποίας πόλεις τῶν ἑτέρων· καὶ παρὰ τίσιν εὗρε τὰς συνθήκας ἀναγεγραμμένας; οὐδὲν γὰρ ἡμῖν διασαφεῖται τούτων. καίτοι διότι τοῦτ' ἴδιόν ἐστι Τιμαίου, καὶ ταύτῃ παρημίλληται τοὺς ἄλλους συγγραφέας καὶ καθόλου τῇδέ πη 1 τῆς ἀποδοχῆς (λέγω δὲ κατὰ τὴν ἐν τοῖς χρόνοις καὶ ταῖς ἀναγραφαῖς ἐπίδειξιν τῆς ἀκριβείας, καὶ τὴν περὶ τοῦτο τὸ μέρος ἐπιμέλειαν) δοκῶ πάντες γινώσκομεν. διὸ καὶ θαυμάζειν ἐπάξιον, πῶς οὔτε τὸ τῆς πόλεως ὄνομα παρ' οἷς εὗρεν, οὔτε τόπον ἐν ᾧ συμβαίνει τὴν συνθήκην ἀναγεγρά

1 deest τυγχάνει.

UT PARENTES ERGA LIBEROS DECET. Præterea etiam decreta publica extare, quibus civitatis jus commune inter se habeant: Denique auditâ Aristotelis narratione de hac colonia, temeritatem hominis miratos esse. Deinde ad Locros qui in Italia incolunt delatum, leges apud illos & consuetudines hujusmodi reperisse se testatur, quæ non mancipiorum levitati, sed ingenvorum hominum coloniæ convenirent. pœnas quinetiam adversus plagiarios, itidemque in adulteros ac fugitivos ab illis esse constitutas. quæ certè nunquam fecissent, si conscii sibi essent, se ex ejusmodi hominibus orginem ducere. Sed primò quidem jure quis dubitaverit, quosnam è Locris in Græciam delatus de his rebus interrogavit. Nam si quemadmodum Locri qui in Italia sunt, ita etiam in Græcia Locri unam civitatem haberent, nullus dubitationi locus superesse videretur. Jamverò cùm duæ sint in Græcia gentes Locrorum, utram gentem, quas urbes alterius è suprà dictis gentibus adiit Timæus? apud quos fœdera illa conscripta reperit? nihil enim de his distinctè docet. Et tamen proprium id esse Timæi, atque hoc uno illum cum cæteris scriptoribus contendere, & historiam suam maximè jactare studium dico ac diligentiam in temporum rerumque notatione, omnes ut opinor intelligimus. Quamobrem mirari subit, cur neque urbis nomen in qua id reperit, neque locum in quo id

foedus

fœdus incisum est, nec Magistratus à quibus Commentarios accepit, & cum quibus collocutus est, nobis commemoravit: ne cui dubitandi locus relinqueretur, sed ùrbe ac loco designatis rei veritas requiri posset. Igitur qui hæc omnia prætermisit, conscius sibi esse mendacii deprehenditur. Nam Timæum si quid hujusmodi nactus esset, nunquam id omissurum fuisse, sed ambabus, quod ajunt, ulnis amplexurum, ex his perspicuum est. Nam qui Echecratis testimonio nominatim innititur, (quocum ait se de Locris, qui in Italia sunt, sermonem habuisse, & à quo id sese accepisse memorat, atque ut ne ab levi ac spernendo auctore audiisse videatur, illud adjungit, hujus Echecratis patrem mandatu Dionysii tyranni olim legationem obiisse.) an idem unquam publicum scriptum aut antiquam tabulam nactus reticuisset? Etenim hic ipse est, qui Ephoros à prima institutione cum Spartanorum Regibus comparat, qui Magistratus Atheniensium, & sacerdotes Junonis apud Argivos cum Olympiorum victoribus confert, & qui in Commentariis publicis civitatum, errorem hac in re admissum ob trimestris spatii differentiam redarguit. Hic est qui tabulas post ædem sacram, qui apud Phliasios monumenta publici hospitii primus reperit. ipse inquam Timæus, quem neque hujusmodi quidquam ignorasse fas est, neque cùm invenisset, præteriisse credendum, nec si est mentitus, ullatenus ei condonandum est.

φῆσαι διεσάφησεν ἡμῖν, οὔτε τοὺς ἄρχοντας τοὺς δείξαντας αὐτῷ τὴν ἀναγραφὴν, καὶ πρὸς οὓς ἐποιεῖτο τὸν λόγον, ἵνα μηδενὶ διαπορεῖν ἐξῇ, ἀλλ' ὡρισμένου τοῦ τόπου καὶ τῆς πόλεως ἐνῇ τοῖς ἀμφισβητοῦσιν εὑρεῖν τὴν ἀκρίβειαν. ὁ δὲ πάντα ταῦτα παραλελοιπὼς, δῆλός ἐστι συνειδὼς αὑτῷ κατὰ πρόθεσιν ἐψευσμένῳ. διότι γὰρ τῶν τοιούτων ἐπιλαβόμενος οὐδὲν ἂν παρέλειπε Τίμαιος, ἀλλὰ 1 περὶ τὸ δὴ λεγόμενον ἀμφοῖν ταῖν χεροῖν ἐπέφυ, προφανὲς ἐκ τούτων. ὁ γὰρ πρὸς τὴν Ἐχεκράτους πίστιν ἀπερεισάμενος ἐπ' ὀνόματος, 2 πῶς φησὶ περὶ τῶν ἐν Ἰταλίᾳ Λοκρῶν ποιήσασθαι τοὺς λόγους, καὶ παρ' οὗ πυθέσθαι περὶ τούτων, καὶ προσεξειργασμένος, ἵνα μὴ φανῇ τοῦ τυχόντος ἀκηκοὼς· ὅτι συνέβαινε τὸν τούτου πατέρα πρεσβείας κατηξιῶσθαι πρότερον ὑπὸ Διονυσίου· ἧττον γ' ἂν οὗτος δημοσίας ἀναγραφῆς ἐπιλαβόμενος, ἢ παραδοσίμου στήλης παρεσιώπησεν; ὁ γὰρ τὰς συγκρίσεις ποιούμενος ἀνέκαθεν τῶν Ἐφόρων πρὸς τοὺς βασιλεῖς τοὺς ἐν Λακεδαίμονι· καὶ τοὺς ἄρχοντας τοὺς Ἀθήνησι, καὶ τὰς ἱερείας τὰς ἐν Ἄργει παραβάλλων πρὸς τοὺς Ὀλυμπιονίκας, καὶ τὰς ἁμαρτίας τῶν πόλεων περὶ τὰς ἀναγραφὰς τὰς τούτων ἐξελέγχων παρὰ τρίμηνον ἐχούσας τὸ διαφέρον, οὗτός ἐστι· καὶ μὴν ὁ τὰς ὀπισθοδόμους στήλας· καὶ τὰς ἐν ταῖς φλιαῖς τῶν νεῶν προξενίας ἐξευρηκὼς Τίμαιός ἐστιν. ὃν οὔθ' ὑπάρχοντι τῶν τοιούτων ἀγνοεῖν, οὔθ' εὑρόντα παραλιπεῖν πιστευτέον, οὔτε ψευσαμένῳ συγγνώμην δοτέον οὐδαμῶς·

1 leg. ἀπρὶξ. 2 leg. πρὸς ὄν.

 πικρὸς

πικρὸς γὰρ γεγονὼς καὶ ἀπαραίτητος ἐπιτιμητὴς τῶν πέλας, εἰκότως ἂν καὶ ὑπὸ τῶν πλησίον αὐτὸς ἀπαραιτήτου τυγχάνοι κατηγορίας. οὐ μὴν ἀλλὰ περιφανῶς ἐν τούτοις ἐψευσμένος, μεταβὰς ἐπὶ τοὺς ἐν Ἰταλίᾳ Λοκροὺς, πρῶτον μέν φησι τήν τε πολιτείαν καὶ τὰ λοιπὰ φιλάνθρωπα τοῖς Λοκροῖς ἀμφοτέροις Ἀριστοτέλη καὶ Θεόφραστον κατεψεῦσθαι τῆς πόλεως. ἐγὼ δ᾽ οὐκ ἀγνοῶ μὲν, ὅτι * καὶ ταύτῃ τῇ πραγματείᾳ ἀναγκασθήσομαι παρεκβαίνειν διοριζόμενος καὶ διαβεβαιούμενος περὶ τούτων. οὐ μὴν ἀλλὰ διὰ ταύτην τὴν αἰτίαν εἰς ἕνα τόπον ὑπερεθέμην τὸν περὶ Τιμαίου λόγον, ἵνα μὴ πολλάκις ἀναγκάζωμαι τοῦ καθήκοντος ὀλιγωρεῖν.

Ὅτι Τίμαιός φησι Δημοχάρην ἡταιρηκέναι μὲν τοῖς ἄνω μέρεσι τοῦ σώματος, οὐκ εἶναι δ᾽ ἄξιον τὸ ἱερὸν πῦρ φυσᾶν, ὑπερβεβηκέναι δὲ τοῖς ἐπιτηδεύμασι τὰ Βότρυος ὑπομνήματα καὶ τὰ Φιλαινίδος καὶ τῶν ἄλλων ἀναισχυντογράφων· ταύτην δὲ τὴν λοιδορίαν καὶ τὰς ἐμφάσεις, οὐχ οἷον ἄν τις διέθετο πεπαιδευμένος ἀνὴρ, ἀλλ᾽ οὐδὲ τῶν ἀπὸ τέγους ἀπὸ τοῦ σώματος εἰργασμένων οὐδείς. οὐδ᾽ ἵνα πιστὸς φανῇ κατὰ τὴν αἰσχρολογίαν, καὶ τὴν ὅλην ἀναισχυντίαν καὶ προσκατέψευσται τἀνδρὸς κωμικόν τινα μάρτυρα προσεπισπασάμενος ἀνώνυμον· πόθεν δ᾽ ἐγὼ καταστοχάζομαι τοῦτο; πρῶτον μὲν ἐκ τοῦ πεφυκέναι καὶ τετράφθαι καλῶς Δημοχάρην, ἀδελφιδοῦν ὄντα Δημοσθένους. δεύτερον ἐκ τοῦ μὴ μόνον στρατηγίας αὐτὸν ἠξιῶσθαι παρ᾽ Ἀθηναίοις, ἀλλὰ καὶ τῶν

* f. κἀν.

Nam cùm alios ipse acerbè atque inclementer objurgare soleat, jure merito ab aliis pari inclementia tractabitur. Ceterùm in his reus manifesti mendacii convictus, ubi ad Locros in Italia degentes transivit, primum quidem Aristotelem ait ac Theophrastum in his quæ ad Remp. Locrorum & civilia apud utrosque Locros instituta pertinent, mentitos esse. Ego verò non ambigo, mihi in hoc opere necesse fore ab instituto cursu interdum divertere, ut meam de hujusmodi rebus sententiam proferam ac confirmem. Sed tamen vel eò maximè sum adductus, ut hunc de Timæo sermonem unum in locum conferrem, ne sæpius à proposito recedere cogerer.

Idem Timæus scribit Democharem superioribus corporis partibus impudicum fuisse, neque dignum qui ignem sacrum flatu accenderet. eundemque Botryis ac Philænidis, aliorumque hujusmodi lascivię scriptorum commentarios obscœnitate sua superasse. Istud verò convicium atque eam turpitudinem non solùm nemo paulo humanior protulerit, sed ne uilus quidem ex iis qui in fornice quæstum corpore fecerunt. Hic deinde ut suis obscœnis atque impudentibus maledictis fidem adstrueret, mendacium quoque adversus eundem virum confinxit, Comico quodam absque nomine teste advocato. Cæterùm mentiri Timæum ego inde conjicio, primùm quod Demochares & natus est & educatus liberaliter, quippe Demosthenis sororis filius. deinde quod non Præturâ solùm, sed & cæteris honoribus ab Athe-

Atheniensibus est ornatus. quæ profectò nunquam esset adeptus, si hujusmodi probris contaminatus fuisset. Itaque Timæus mihi quidem videtur non tam Democharem quàm Athenienses conviciis incessere, qui talem virum evexerint, eique Remp. ac singulorum vitam commendarint. sed longe aliter se res habet. neque enim Archedicus poëta Comicus hęc unus de Demochare dixisset, ut vult Timæus, sed cùm ex Antipatri familiaribus multi, in quem Demochares multa dixit, quæ non ipsum modò Antipatrum, sed ejus etiam heredes atque amicos offendere poterant, tum verò plurimi ex iis qui diversas in Rep. partes sequebantur, inter quos fuit & Demetrius Phalereus. quem quidem ille non leviter in historia sua perstrinxit. Ait enim eam ejus administrationem fuisse, atque ejusmodi rebus insignem, propter quas publicanus aliquis aut vilis opifex sese efferant. Nam quod multa in urbe vili precio væneant, quodque abundent copiæ ad victum necessariæ, eò maximè Demetrium gloriari scribit, & quod testudo fidicularum ope gradiens, ac salivam expuens, in pompa ei præibat; ac præterea per theatrum juvenes dimittebantur canentes, Atheniensium civitatem concessa cæteris Græcis omnium honestarum rerum gloriâ, Cassandro in omnibus dicto audientem esse. atque illum ait horum non puduisse. Et tamen neque Demetrius, neque alius quisquam hujusmodi quid de Demochare dixit. Quo fit ut testimonium patriæ Timæi acerbitati anteponendum

ἄλλων τιμῶν. ὧν οὐδὲν ἂν αὐτῷ συνεξέδραμε τοιαύταις ἀτυχίαις παλαίοντι. διὸ καὶ δοκεῖ μοι Τίμαιος οὐχ οὕτω Δημοχάρους κατηγορεῖν ὡς Ἀθηναίων· οἳ τοιοῦτον ἄνδρα προῆγον, καὶ τοιούτῳ τὴν πατρίδα καὶ τοὺς ἰδίους βίους ἐνεχείριζον. ἀλλ' οὐκ ἔστι τούτων οὐδέν. οὐ γὰρ ἂν Ἀρχέδικος ὁ κωμῳδιογράφος ἔλεγε ταῦτα μόνος περὶ Δημοχάρους, ὡς Τίμαιός φησιν· ἀλλὰ πολλοὶ μὲν ἂν τῶν Ἀντιπάτρου φίλων, καθ' οὗ πεπαρρησίασται πολλὰ καὶ δυνάμενα λυπεῖν οὐ μόνον αὐτὸν Ἀντίπατρον, ἀλλὰ καὶ τοὺς ἐκείνου διαδόχους καὶ φίλους γεγονότας· πολλοὶ δὲ τῶν ἀντιπεπολιτευμένων, ὧν ἦν καὶ Δημήτριος ὁ Φαληρεύς. οὗ κεῖνος οὐ τὴν τυχοῦσαν πεποίηται κατηγορίαν ἐν ταῖς ἱστορίαις· φάσκων αὐτὸν τοιοῦτον γεγονέναι προστάτην τῆς πατρίδος· καὶ ἐπὶ τούτοις σεμνύνεσθαι κατὰ τὴν πολιτείαν, ἐφ' οἷς ἂν καὶ τελώνης σεμνυνθείη βάναυσος. ἐπὶ γὰρ τῷ πολλὰ καὶ λυσιτελῶς πωλεῖσθαι κατὰ τὴν πόλιν, καὶ δαψιλῆ τὰ πρὸς τὸν βίον ὑπάρχειν πᾶσιν, ἐπὶ τούτοις φησὶ μεγαλαυχεῖν αὐτόν. καὶ διότι κοχλίας αὐτόματος βαδίζων προηγεῖτο τῆς πομπῆς αὐτῷ σίαλον ἀναπτύων· σὺν δὲ τούτοις ἄνθρωποι διεπέμποντο διὰ τοῦ θεάτρου, 1 διότι δὴ πάντων τῶν τῆς Ἑλλάδος καλῶν ἡ πατρὶς παρακεχωρηκυῖα τοῖς ἄλλοις, ἐποίει Κασσάνδρῳ τὸ προσταττόμενον· ἐπὶ τούτοις αὐτὸν οὐκ αἰσχύνεσθαί φησιν. ἀλλ' ὅμως οὔτε Δημήτριος, οὔτ' ἄλλος οὐδεὶς εἰρήκει περὶ Δημοχάρους τοιοῦτον οὐδέν. ἐξ ὧν ἐγὼ βεβαιότερον τὸ τῆς πατρίδος ἡγούμενος μαρτύριον,

1 deest ᾄδοντες.

ἢ τὴν

ἢ τὴν Τιμαίου πικρίαν· θαρρῶν ἀποφαίνομαι μηδενὶ τὸν Δημοχάρους βίον ἔνοχον εἶναι τῶν τοιούτων κατηγορημάτων. καίτοι γὰρ εἰ κατ' ἀλήθειαν ὑπῆρχέ τι τοιοῦτον ἀτύχημα περὶ Δημοχάρην, ποῖος καιρὸς ἢ ποία πρᾶξις ἠνάγκασε Τίμαιον ταῦτα κατατάττειν εἰς τὴν ἱστορίαν· καθάπερ γὰρ οἱ νοῦν ἔχοντες, *& cætera quæ leguntur in lib.* XII. *cap.* 6. *usque ad illa* γεγονότα ἐν ταῖς ἱστορίαις. ἡμεῖς δὲ τὸ μὲν ἐπιμετροῦν τῆς ἀπεχθείας αὐτοῦ χαίρειν ἀφήκαμεν, τὰ δ' οἰκεῖα τῆς προθέσεως αὐτοῦ οὐ παρελείψαμεν.

Ὅτι κατὰ τοῦ Ἐφόρου Τίμαιος πλείστην πεποίηται καταδρομήν, αὐτὸς ὢν δυσὶν ἁμαρτήμασιν ἔνοχος· τῷ μὲν ὅτι πικρῶς κατηγορεῖ τῶν πέλας ἐπὶ τούτοις, οἷς αὐτὸς ἔνοχός ἐστιν. τῷ δὲ διότι καθόλου διέφθαρται τῇ ψυχῇ, τοιαύτας ἀποφάσεις ἐκτιθέμενος ἐν τοῖς ὑπομνήμασι, καὶ τοιαύτας ἐντίκτων δόξας τοῖς ἐντυγχάνουσι. πλὴν εἰ τὸν Καλλισθένην θετέον εἰκότως κολασθέντα μεταλλάξαι τὸν βίον, τί χρὴ πάσχειν Τίμαιον; πολὺ γὰρ ἂν δικαιότερον τούτῳ νεμεσήσαι τὸ δαιμόνιον ἢ Καλλισθένει. ἐκεῖνος μὲν οὖν ἀποθεοῦν Ἀλέξανδρον οὐκ ἐβουλήθη. Τίμαιος δὲ μείζω ποιεῖ Τιμολέοντα τῶν ἐπιφανεστάτων θεῶν, καὶ Καλλισθένης μὲν ἄνδρα τοιοῦτον, ὃν πάντες μεγαλοφυέστερον ἢ κατ' ἄνθρωπον γεγονέναι τῇ ψυχῇ συγχωροῦσιν. οὗτος δὲ Τιμολέοντα τὸν οὐχ οἷον δόξαντά τι πεπραχέναι μεγαλεῖον, ἀλλ' οὐδ' ἐπιβαλόμενον. μίαν δὲ τοῦ βίου γραμμὴν διανύσαντα, καὶ

esse ratus, constanter affirmare ausim Democharis vitam ab omni ejusmodi crimine puram atque integram fuisse. Sed tametsi hac culpa revera laborasset Demochares, quæ vero res aut ratio Timęum cogebat, id ut historiæ mandaret? Nam quemadmodum viri prudentes, &c. *quæ leguntur in lib.* 12. *cap.* 6. *usque ad illa verba*, Quę gesta sunt, non commemoret. *quibus adde.* Nos verò, id quod nimium videbatur, odii illius causa rejecimus; quod autem ejus instituto conveniebat, non prætermisimus

Idem Timæus Ephorum vehementer insectatus est, cum ipse duobus peccatis sit obnoxius. uni quidem, quòd alios acerbè criminetur ob ea maximè delicta quibus ipse constringitur. alteri verò, quod ingenio fuerit planè corrupto, qui ejusmodi sententias commentariis suis prodiderit, easque opiniones legentium animis intuderit. Sed si Callisthenem meritò pœnas dedisse statuendum est, quid Timæum pati oportet? Huic enim multò justius numen infensum fuerit quàm Callistheni. quippe Callisthenes Alexandrum in Deorum numerum referre noluit. Timæus vero Timoleontem supra omnes Deos attollit. Et Callisthenes quidem eum virum, quem omnes præstantiore vi mentis quam humana ferat conditio fuisse consentiunt. Hic verò Timoleontem, qui non modo nihil magnificum videtur gessisse, sed ne suscepisse quidem, & qui unicum in tota vita spatium decucurrit, atque illud

parum

parum illustre præ orbis terrarum magnitudine, intervallum scilicet quod est Corintho Syracusas usque. Sed prorsus mihi videtur Timæus persuasum habuisse, si Timoleon qui in sola Sicilia tanquam in acetabulo gloriam captasset, celeberrimis tamen heroibus comparandus esse videretur, ita & seipsum tametsi de Italia tantum ac Sicilia tractavisset, cum iis scriptoribus meritò comparatum iri, qui universi orbis historiam condiderunt. Hæc igitur pro Aristotele ac Theophrasto & Callisthene, itemque pro Ephoro ac Demochare adversus Timæi convicia dicta sufficiant, simulque adversus eos qui hunc scriptorem absque ambitione veritatem proferre persuasum habent.

De Timæi autem secta atque instituto meritò quis dubitaverit. Etenim ipse dicit Poëtas & Historicos frequenti earundem vocum in scriptis suis repetitione ingenia sua prodere solere. atque Homerum quod hoc verbo δαιτρεύειν (quod est cibos distribuere) sæpius utitur, helluonem sese satis ostendere. Aristotelem quoque qui suis in Commentariis passim obsonia condiat, obsonii appetentem & catillonem fuisse. Idem de Dionysio tyranno, qui lectos ornaret diligenter, & velorum bonitatem ac varietatem studiose inquireret assiduè. Ita etiam de Timæo consequenter existimandum est, vario ac moroso ingenio illum fuisse. Etenim in aliorum quidem vitiis objurgandis

ταύτην οὐδὲ σπουδαίαν τρόπον τινὰ πρὸς τὸ μέγεθος τῆς οἰκουμένης· λέγω δὲ τὴν ἐκ τῆς πατρίδος εἰς Συρακούσας. ἀλλά μοι δοκεῖ πεπεῖσθαι Τίμαιος, ὡς ἂν Τιμολέων πεφιλοδοξηκὼς ἐν αὐτῇ Σικελίᾳ καθάπερ ἐν ὀξυβάφῳ, σύγκριτος φανῇ τοῖς ἐπιφανεστάτοις τῶν ἡρώων, κἂν αὐτὸς ὑπὲρ Ἰταλίας μόνον καὶ Σικελίας πραγματευόμενος, εἰκότως παραβολῆς ἀξιωθῆναι τοῖς ὑπὲρ τῆς οἰκουμένης καὶ τῶν καθόλου πράξεων πεποιημένοις τὰς συντάξεις. περὶ μὲν οὖν Ἀριστοτέλους, καὶ Θεοφράστου, καὶ Καλλισθένους· ἔτι δ' Ἐφόρου καὶ Δημοχάρους ἱκανὰ ταῦθ' ἡμῖν ἐστὶ πρὸς τὴν Τιμαίου καταδρομήν, ὁμοίως δὲ καὶ πρὸς τοὺς ἀφιλοτίμως πεπεισμένους ἀληθεύειν τὸν συγγραφέα τοῦτον.

Ὅτι διαπορεῖν ἐστὶ περὶ τῆς αἱρέσεως Τιμαίου· φησὶ γὰρ τοὺς ποιητὰς καὶ συγγραφέας διὰ τὴν ὑπεράγαν πλεονασμὸν ἐν τοῖς ὑπομνήμασι διαφαίνειν τὰς ἑαυτῶν φύσεις. λέγων τὸν μὲν ποιητὴν ἐκ τοῦ 1 δαιτρεύειν πολλαχοῦ τῆς ποιήσεως, ὡσανεὶ γαστρίμαργον παρεμφαίνειν: τὸν δ' Ἀριστοτέλην ὀψαρτύοντα πλεονάκις ἐν τοῖς συγγράμμασιν, ὀψοφάγον εἶναι καὶ λίχνον· τὸν αὐτὸν τρόπον ἐπὶ τοῦ Διονυσίου τοῦ τυράννου κλινοκοσμοῦντος καὶ τὰς τῶν ὑφασμάτων ἰδιότητας καὶ ποικιλίας ἐξεργαζομένου συνεχῶς. ἀνάγκη τὸ ἀκόλουθον ποιεῖσθαι τὴν διάληψιν, καὶ δυσαρεστεῖσθαι κατὰ τὴν προαίρεσιν. οὗτος γὰρ ἐν μὲν ταῖς τῶν πέλας κατηγορίαις πολλὴν

1 Suidas in δαιτρεύειν.

ἐπι-

ἐπιφαίνει δεινότητα καὶ τόλμαν· ἐν δὲ ταῖς ἰδίαις ἀποφάσεσιν ἐνυπνίων καὶ τεράτων καὶ 1 θυμῶν ἀπιθάνων, καὶ συλλήβδην δεισιδαιμονίας ἀγεννοῦς καὶ τερατείας γυναικώδους ἐστὶ πλήρης. οὐ μὴν ἀλλὰ διότι γε συμβαίνει διὰ τὴν ἀπειρίαν καὶ κακοκρισίαν πολλοὺς ἐνίοτε καθάπερ εἰς τοὺς παρόντας τρόπον τινὰ μὴ παρεῖναι, καὶ βλέποντας μὴ βλέπειν, ἐκ τῶν εἰρημένων γε νῦν καὶ τῶν Τιμαίῳ συμβεβηκότων γέγονε φανερόν.

Ὅτι περὶ τοῦ ταύρου τοῦ χαλκοῦ τοῦ παρὰ Φαλάριδος κατασκευασθέντος ἐν Ἀκράγαντι, εἰς ὃν ἐνεβίβαζεν ἀνθρώπους, κἄπειτα πῦρ ὑποκαίων ἐλάμβανε τιμωρίαν παρὰ τῶν ὑποταττομένων τοιαύτην· ὥστε ἐκπυρουμένου τοῦ χαλκοῦ, τὸν μὲν ἄνθρωπον πανταχόθεν παροπτώμενον καὶ περιφλεγόμενον διαφθείρεσθαι, κατὰ δὲ τὴν ὑπερβολὴν τῆς ἀλγηδόνος ὁπόταν βοήσειεν, μυκηθμῷ παραπλήσιον τὸν ἦχον ἐκ τοῦ κατασκευάσματος προσπίπτειν τοῖς ἀκούουσι. τούτου δὲ τοῦ ταύρου κατὰ τὴν ἐπικράτειαν Καρχηδονίων μετενεχθέντος ἐξ Ἀκράγαντος εἰς Καρχηδόνα, καὶ τῆς θυρίδος διαμενούσης περὶ τὰς συνομοσίας, δι᾽ ἧς συνέβαινε καθίεσθαι τοὺς ἐπὶ τὴν τιμωρίαν· καὶ ἑτέρας αἰτίας, δι᾽ ἣν ἐν Καρχηδόνι κατεσκευάσθη τοιοῦτος ταῦρος οὐδαμῶς δυναμένης εὑρεθῆναι τὸ παράπαν· ὅμως Τίμαιος ἐπέβαλε καὶ τὴν κοινὴν φήμην ἀνασκευάζειν καὶ τὰς ἀποφάσεις τῶν ποιητῶν καὶ συγγραφέων ψευδοποιεῖν. φάσκων μήτ᾽ εἶναι τὸν ἐν Καρχηδόνι ταῦρον ἐξ Ἀκράγαντος, μήτε γεγονέναι τοιοῦτον ἐν τῇ προειρημένῃ πόλει. καὶ πολλοὺς δέ τινας εἰς τοῦτο τὸ μέρος διατέθειται λόγους, κατὰ τοῦ Τιμαίου, τί ποτε δεῖ λέγειν ὀνο-

magnam gravitatis & celsi animi speciem ostendit: in suis verò narrationibus ipse somniis & prodigiis refertus est, & fabulis ab omni fide remotis, ac postremò degeneri ac muliebri superstitione. Igitur nonnullis præ imperitia ac judicii pravitate usuvenire, ut cùm præsentes sint, tamen abesse videantur, & videntes quodammodo non videant, ex his quæ Timæo contigisse ostendimus, perspici potest.

Agrigenti taurus olim æneus fuit à Phalaride fabricatus, in quem homines vivos immittebat, ac deinde supposito igne miseros eo supplicio cruciabat, ut ære concalefacto inclusi, & undique ardentes interirent; ac si quando præ doloris acerbitate exclamarent, sonus mugienti tauro similis exaudiretur. hic taurus cùm iis temporibus quibus Pœni Siciliæ imperium obtinebant, Agrigento Carthaginem translatus sit, maneatque etiamnum fenestra circa ejus interscaplia, qua damnati immittebantur, cumque nulla demùm alia causa reperiri potuerit, propter quam hujusmodi taurus Carthagine fabricatus sit: nihilominus Timæus communem ac pervulgatam famam evertere est aggressus, & Poëtarum atque Historicorum testimonia falsi convincere. Affirmat enim Taurum qui Carthagine est, Agrigento advectum non esse, neque ejusmodi taurum Agrigenti unquam extitisse. atque in hanc sententiam multa dicit, adversus illam Timæi, quo-

1 leg. μύθων ex Suida in δεισιδαιμονία.

modo

modo appellem nescio. nullum est enim tam acerbũ genus convicii, quo ille adversus alios utitur, quod huic illius facto non arbitrer convenire. Rixosum igitur ac mendacem illum fuisse atque impudentem, satis superque in superioribus ostendimus. Quod verò philosophiæ imperitus, prorsusque indoctus scriptor fuerit, ex his quæ mox dicentur perspicuum fiet. Nam in primo & vicesimo libro, sub finem, in illa Timoleontis exhortatione hæc ait, ,, *Cùm orbis terrarum sit omnis divisus in tres partes, & hæc quidem Asia, illa autem Africa, tertia Europa appelletur.* Hæc porrò, non dico Timæum, sed ne Margitem quidem illum protulisse, credibile nulli videatur. quis est enim adeo ignarus non illorum, qui historias conscribunt?

ματα καὶ ῥήματα· πάντα γὰρ ἐπιδέχεσθαί μοι δοκεῖ τὰ πικρότατα τὸ γένος, οἷς ἐκεῖνος κέχρηται κατὰ τῶν πλησίον. ὅτι μὲν οὖν ἐστι φιλαπεχθὴς, καὶ ψεύστης, καὶ τολμηρὸς, σχεδὸν ἱκανῶς ἐκ τῶν προειρημένων ὑπεδείχθη. διότι δ' ἀφιλόσοφός ἐστι καὶ συλλήβδην ἀναγωγὸς συγγραφεὺς, ἐκ τῶν λέγεσθαι μελλόντων ἔσται συμφανές. ἐν γὰρ τῇ μιᾷ καὶ εἰκοστῇ βίβλῳ, καὶ ταύτης ἐπὶ τελευτῇ, λέγει κατὰ τὴν τοῦ Τιμολέοντος παράκλησιν ταῦτα. διότι τῆς γῆς τῆς ὑπὸ τῷ κόσμῳ κειμένης εἰς τρία μέρη διῃρημένης, καὶ τῆς μὲν Ἀσίας, τῆς δὲ Λιβύης, τῆς δ' Εὐρώπης προσαγορευομένης. ταῦτα γὰρ οὐχ οἷον Τίμαιον εἰρηκέναι τις ἂν πιστεύσειεν, ἀλλ' οὐδὲ τὸν λεγόμενον Μαργίτην ἐκεῖνον. τίς γὰρ οὕτως ἐστὶν ἀδαὴς οὐ λέγω τῶν περὶ ὑπομνήματα γεγονότων;

ΖΗΤΕΙ.

Ex Libro XIII.

Ætoli cùm ob bellorum assiduitatem, tum ob suum in privata vita luxum paulatim ac sine sensu gravissimum æs alienum contraxerunt. Quare ad res novas animis propensi Duumviros legibus scribendis constituerunt, Dorimachum & Scopam, quos & ingenio factiosos esse norant, & quod ad facultates spectat, multis delictorum nominibus implicitos. Hi accepta potestate leges scripsere.

Ὅτι Αἰτωλοὶ διά τε τὴν συνέχειαν τῶν πολέμων, καὶ διὰ τὴν πολυτέλειαν τῶν βίων, ἔλαθον οὐ μόνον ἄλλους, ἀλλὰ καὶ σφᾶς αὐτοὺς κατάχρεοι γενηθέντες. διόπερ οἰκείως διακείμενοι πρὸς καινοτομίαν τῆς οἰκείας πολιτείας, εἵλοντο νομογράφους Δωρίμαχον καὶ Σκόπαν, θεωροῦντες τούτους κατά τε τὰς προαιρέσεις κινητικοὺς ὑπάρχοντας, καὶ κατὰ τὰς οὐσίας ἐνδεδεμένους εἰς πολλὰ τῶν βιωτικῶν συναλλαγμάτων. οἱ καὶ παραλαβόντες τὴν ἐξουσίαν ταύτην ἔγραψαν νόμους.

Scopas Ætolorum Prætor, frustratus principatu, cujus maximè causâ leges conscribere ausus fuerat, Alexandriam cogitabat, ratus sese illius urbis opibus inopiam suam atque immensam animi cupiditatem facilè expleturum; sed reverat

Ὅτι Σκόπας ὁ Αἰτωλῶν στρατηγὸς, ἀποτυχὼν τῆς ἀρχῆς, ἧς χάριν ἐτόλμα γράφειν τοὺς νόμους, μετέωρος ἦν εἰς τὴν Ἀλεξάνδρειαν. ταῖς γὰρ ἐκεῖθεν ἐλπίσι πεπεισμένος ἀναπληρώσειν τὰ λείποντα τοῦ βίου, καὶ τὴν τῆς ψυχῆς πρὸς τὸ πλεῖον

ἐπιθυ-

ἐπιθυμίαν. ἀλλ' ἀκόρεστος ἦν. τούτῳ γὰρ εἰς Ἀλεξάνδρειαν ἀφικομένῳ χωρὶς τῶν ἐκ τῶν ¹ ὑπέρων ὠφελείας, ὧν ἦν αὐτὸς κύριος διὰ τὸ πιστεύεσθαι περὶ τῶν ὅλων· καὶ τῆς ἡμέρας ἑκάστης ὀψώνιον ἐξέθηκεν ὁ βασιλεὺς αὐτῷ μὲν δεκαμναιαῖον· τοῖς δὲ ἐπί τινος ἡγεμονίας μετ' αὐτὸν τεταγμένοις μναιαῖον. ἀλλ' ὅμως οὐκ ἠρκεῖτο τούτοις, ὃς τὸ πρότερον προσκαρτερῶν τῷ πλείονι διετέλεσε. μέχρι διὰ τὴν ἀπληστίαν καὶ παρ' αὐτοῖς τοῖς διδοῦσι φθονηθεὶς, τὸ πνεῦμα προσέθηκε τῷ χρυσίῳ.

Ὅτι Ἡρακλείδης, &c. *quæ leguntur in lib. 13. cap. 2.*

Ὅτι Δαμοκλῆς, ὁ μετὰ Πυθίωνος πεμφθεὶς κατάσκοπος πρὸς Ῥωμαίους, ὑπηρετικὸν ἦν σκεῦος, εὐφυὴς καὶ πολλὰς ἔχων ἀφορμὰς εἰς πραγμάτων οἰκονομίαν.

Ὅτι τῶν Λακεδαιμονίων τύραννος Νάβις ἔτος ἤδη τρίτον ὑπῆρχεν. ὃς ὁλοσχερὲς μὲν οὐδὲν ἐπεβάλετο, &c. *quæ leguntur in lib. 13. usque ad* διέφθειρε τῶν ἐξαρνουμένων· καὶ τὰ λοιπὰ δὲ ἦν τούτοις ὅμοια καὶ σύστοιχα κατὰ τὴν ἀρχήν. ἐκοινώνει μὲν γὰρ τοῖς Κρησὶ τῶν κατὰ θάλατταν λῃστῶν· εἶχε δὲ καθ' ὅλην τὴν Πελοπόννησον ἱεροσύλους, ὁδοιδόκους, φονέας, οἷς μερίτης γινόμενος τῶν ἐκ τῆς ῥαδιουργίας λυσιτελῶν, ὁρμητήριον καὶ καταφυγὴν παρεῖχε τούτοις τὴν Σπάρτην. πλὴν κατά γε τοὺς καιροὺς τούτους ξένοι τῶν ἀπὸ τῆς Βοιωτίας εἰς τὴν Λακεδαίμονα παρεπιδημήσαντες ἐψυχαγώγησάν τινα τῶν τοῦ Νάβιδος ἱπποκόμων ὥστε συναποχωρῆσαι μεθ' ἑαυτῶν, ἔχοντα τὸν λευκὸν ἵππον, ὃς ἐδόκει διαφορώτατος εἶναι τῶν ἐκ τῆς τυ-

cupiditate erat inexplebili. Namque Alexandriam delatus, præter commoda atque emolumenta militiæ, cui ipse præfectus erat, cùm rerum summa ejus fidei committeretur, in singulos dies decem minas stipendii nomine ab Rege accipiebat; cæteris in inferiori gradu constitutis unica mina dabatur. Neque his tamen contentus, adhuc plura ut antea concupiscebat: donec ob hujusmodi cupidinem etiam ipsis qui ei tantas opes largiebantur invisus, auro simul ac spiritu privatus est.

Enimvero Heraclides, &c. *quæ leguntur, in libro 13. cap. 2.*

Erat Damocles industrius minister, & ad res tractandas apprimè utilis. Istum unâ cum Pythione ad speculanda Romanorum consilia missus fuerat.

Nabis Lacedæmoniorum tyrannus, &c. *quæ extant in libro 13. cap. 4. usque ad illa verba*, Hoc modo multos sustulit, qui pecunias dare recusabant.] Reliqua erant in ejus imperio his similia ac consentanea. Maritimarum enim prędarum societatem cum Cretensibus injerat, ac per universam Peloponnesum sacrilegos, latrones & sicarios sparsos habebat, quibus ipse, particeps lucri hujusmodi scelere parti, arcem ac refugium Spartam præbebat. Fortè iis temporibus peregrini ex Bœotia Lacedæmonem profecti, quendam ex Nabidis equisonibus sollicitaverant, ut cum ipsis unà iter faceret, capto priùs equo albo, qui totius Regii stabuli generosissimus habe-

1 ὑπαίθρων leg.

batur.

batur. cumque assensisset equiso, repente missi a Nabide satellites comprehensum Megalopoli equisonem cum equo abduxere nemine refragante: mox peregrinis etiam manus injecere. At Bœoti initio quidem postulabant ut ad urbis Magistratum ducerentur. Sed cùm nemo commoveretur, quidam ex illis civium fidem implorare contenta voce cœpit. Concursu repente incolarum facto, cùm ad Magistratum ducendos esse omnibus placeret, missi à Nabide satellites dimissis peregrinis abscedere sunt coacti. At Nabis qui criminandi causas, ac speciosum belli prætextum jampridem quærebat, hunc tum nactus, continuò Proagoræ aliorumque armenta hostiliter abegit, quod principium belli fuit.

Ex libro XIV.

Ne quis autem fortè miretur, cur cùm singulis annis res omnes gestas conjunctim scribere soleamus, in solis Ægypti rebus commemorandis tanto à tempore repetitam narrationem instituimus; velim is sciat hujusmodi rationibus nos maximè eò adductos esse. Ptolemæus Rex, de quo hîc sermo est, cognomento Philopator, confecto in Cœlesyria bello, à studio rerum honestarum ad luxuriosum ac perditum vivendi genus se contulit, ut proximè à nobis ostensum est. [RELIQUA QUÆRENDA. DEERANT ENIM XLVIII. FOLIA, IN QUIBUS DE PTOLEMÆO ET ARSINOE CONTINEBATUR.] Sero tandem rerum necessitate compulsus in id bellum incidit, de quo nunc agimus. quo

ξενικῆς ἱπποστάσεως. τούτου δὲ πεισθέντος καὶ πράξαντος τὸ προειρημένον, καταδιώξαντες οἱ παρὰ τοῦ Νάβιδος εἰς τὴν Μεγάλην Πόλιν καὶ καταλαβόντες, τὸν μὲν ἵππον εὐθὺς ἀπῆγον, καὶ τὸν ἱπποκόμον οὐδενὸς ἀντιποιουμένου. μετὰ δὲ ταῦτα καὶ τοῖς ξένοις ἐπέβαλον τὰς χεῖρας. οἱ δὲ Βοιωτοὶ τὸ μὲν πρῶτον ἠξίουν ἄγειν αὐτοὺς ἐπὶ τὴν ἀρχήν. οὐδενὸς δὲ προσέχοντος ἀνεβόα τις τῶν ξένων, βοήθεια. συνδραμόντων δὲ τῶν ἐγχωρίων καὶ μαρτυρομένων τοὺς ἄνδρας ἐπανάγειν ἐπὶ τὴν ἀρχήν, ἠναγκάσθησαν προϊέμενοι τοὺς ἀνθρώπους οἱ παρὰ τοῦ Νάβιδος ἀπελθεῖν. ὁ δὲ 1 πάλιν ζητῶν ἀφορμὰς ἐγκλημάτων καὶ πρόφασιν εὔλογον διαφορᾶς, τότε λαβόμενος ταύτης, εὐθέως ἤλαυνε τὰ Προαγόρου θρέμματα καί τινων ἑτέρων. ἐξ ὧν ἐγένετο ἀρχὴ τοῦ πολέμου.

Οσῳ δέ τινες ἐπαποροῦντες, πῶς ἡμεῖς τὰς ἄλλας πράξεις ἁπάσας κατ' ἐνιαυτὸν γράφοντες τὰς παραλλήλους, περὶ μόνων τῶν κατ' Αἴγυπτον ἐν καιρῷ 2 τῷ νῦν ἐκ πλείονος χρόνου πεποιήμεθα τὴν ἐξήγησιν· ἡμεῖς δὲ τοῦτο πεποιήκαμεν διά τινας τοιαύτας αἰτίας. Πτολεμαῖος ὁ βασιλεὺς, περὶ οὗ νῦν ὁ λόγος, ὁ Φιλοπάτωρ μετὰ τὸ συντελεσθῆναι τὸν περὶ Κοίλην Συρίαν πόλεμον, ἀποστὰς πάντων τῶν καλῶν, ἐτράπη πρὸς βίον ἄσωτον καὶ τοιοῦτον οἷον ἀρτίως διεληλύθαμεν, ΖΗΤΕΙ. ΕΝΕΛΕΙΠΕ ΓΑΡ ΦΥΛΛΑ μη'. ΕΝ ΟΙΣ ΠΕΡΙ ΤΟΥ ΠΤΟΛΕΜΑΙΟΥ ΕΝΕΦΕΡΕΤΟ ΚΑΙ ΑΡΣΙΝΟΗΣ. ὄψε δέ ποτε βιασθεὶς ὑπὸ τῶν πραγμάτων ἐνέπεσεν εἰς τὸν νῦν δεδηλωμένον πόλεμον.

1 leg. πάλαι. 2 leg. πόσην.

ὃς χωρὶς τῆς εἰς ἀλλήλους ὠμότητος καὶ παρανομίας, οὔτε παράταξιν, οὔτε ναυμαχίαν, οὔτε πολιορκίαν, οὔθ' ἕτερον οὐδὲν ἔχει μνήμης ἄξιον. διόπερ ὑπεδράμομεν οὕτω καὶ μοὶ τῷ γράφοντι ῥᾳδίαν ἔσεσθαι καὶ τοῖς ἀναγινώσκουσιν εὐμαθεστέραν τὴν διήγησιν, εἰ μὴ κατ' ἐνιαυτὸν ἐπιψαύων μικρῶν καὶ οὐκ ἀξίων ἐπιστάσεως πραγμάτων ἀποδιδοίην τὸν λόγον· ἀλλ' εἰσάπαξ οἱονεὶ σωματοειδῆ ποιήσας τὴν τοῦ βασιλέως προαίρεσιν ἀπαγγέλλοιμι περὶ αὐτῆς.

Ὅτι Μολπαγόρας τις ἦν παρὰ τοῖς Κίοις ἀνὴρ καὶ λέγειν καὶ πράττειν ἱκανὸς, κατὰ δὲ τὴν αἵρεσιν πλεονέκτης. ὃς πρὸς χάριν ὁμιλῶν τῷ πλήθει, καὶ τοὺς εὐκαιροῦντας τοῖς βίοις ὑποβάλλων τοῖς ὄχλοις· καί τινας μὲν εἰς τέλος ἀναιρῶν, τινὰς δὲ φυγαδεύων, καὶ τὰς οὐσίας τὰς τούτων δημεύων, καὶ διαδιδοὺς τοῖς πολλοῖς, ταχέως τῷ τοιούτῳ τρόπῳ περιεποιήσατο μοναρχικὴν ἐξουσίαν.

Ὅτι ὁ Φίλιππος κύριος γενόμενος τῆς τῶν Κιανῶν πόλεως περιχαρὴς ἦν, ὡς καλήν τινα καὶ σεμνὴν πρᾶξιν [1] ἐπιτελεσάμενος, *&c. quae edita sunt in lib.* XV. *cap.* 22.

Ὅτι Φίλιππος κατὰ τὸν ἀνάπλουν ἕτερον ἐφ' ἑτέρῳ παρασπόνδημα μεταχειριζόμενος προσέσχε περὶ μέσον ἡμέρας πρὸς τὴν τῶν Θασίων πόλιν, καὶ ταύτην φιλίαν οὖσαν ἐξηνδραποδίσατο.

Ὅτι Σωσίβιος ὁ ψευδεπίτροπος Πτολεμαίου ἐδόκει γεγονέναι σκεῦος ἀγχίνουν καὶ πολυχρόνιον, ἔτι δὲ κακοποιὸν ἐν βασιλείᾳ, ὃς πρώτῳ μὲν ἀρτύσαι φόνον Λυσιμάχῳ, ὃς

quidem in bello præter mutuam crudelitatem atque inhumanitatem, nullum pedestre, nullum navale prælium, nulla obsidio, nihil denique quidquam memoria dignum extitit. Quamobrem cùm scribenti mihi, tum legentibus faciliorem & planiorem fore narrationem existimavi, si non per singulos annos minima queque nec observatu digna carpens atque delibans verba facerem; sed simul ac semel quasi uno corpore complexus, hujus Regis studia ac mores aperirem.

Ex Libro XV.

Molpagoras quidam fuit apud Cianos vir cùm ad dicendum, tum ad agendum promptus, sed ingenio ambitiosus. Is populi benevolentiam captans, & locupletissimos homines damnandos populo objiciens, nonnullis etiam neci datis, aut in exilium pulsis, bona eorum publicans, atque inter multitudinem dividens, brevi regiam potestatem sibi comparavit.

At Philipus urbis Cianorum potitus, *&c. quæ extant libro* 15. *cap.* 22.

Philippus per reditum alios subinde atque alios contra fœderis leges violans, circiter meridiem Thasum appulit, eamque, licet amicam ac sociam, in servitutem redegit.

Hic Sosibius subditicius Ptolemæi tutor, callidus ac recoctus & maleficus in aula minister videtur fuisse. ac primo quidem omnium Lysimacho Ptolemæi filio, & Arsinoes Lysi-

1 mſ. ἐπιτελεσμένος. in editionibus Τελεσμ.

machi

machi filiæ necem comparasse. Deinde Magæ filio Ptolemæi ac Berenicæ Magæ filiæ. Posteaque Berenicæ Ptolemæi Philopatoris matri. Itemque Cleomeni Spartano, ac postremò Arsinoæ Berenices filiæ.

Agathocles falsus Ptolemæi tutor: postquam celeberrimum quemque è medio removit, ac multitudinis furorem restitutione stipendiorum compressisse sibi visus est, è vestigio ad pristinos mores rediit; ac dignitates omnes Palatii tum vacuas, amicis suis concessit; producto ex ultimis ac servilibus ministeriis vilissimo quoque atque impudentissimo. Ipse dies noctésque in vino atque iis quæ vinum consequi solent, libidinibus agebat; nec nuptis, nec sponsis, nec virginum pudori parcens, atque hæc cuncta cum intolerabili superbia factitabat. Quare cùm præsentem rerum statum universi ægrè ferrent, nullum autem solatium ac remedium adhiberetur; contrà, potius insolentia, superbia, ac desidia quotidie invalesceret, rursus pristinum vulgi odium exarsit, cunctiq; clades & calamitates regni ab his hominibus profectas memoria repetebant. Sed cùm idoneus vir deesset, cujus ductu atque opera iram suam in Agathoclem & Agathocliam effunderent, interim quiescebant, unicam spem adhuc in Tlepolemo habentes, qua se tantisper sustentabant.

Rex Antiochus initio quidem

1 mſ. μάγα καὶ Πτολ. τῆς Βερσινίκης.
2 Suidas in Σωσίβιος.

ἦν υἱὸς Ἀρσινόης τῆς Λυσιμάχου, καὶ Πτολεμαίου. δευτέρῳ δὲ 1 Μάγα τῷ Πτολεμαίου καὶ Βερενίκης τῆς Μάγα. τρίτῃ δὲ Βερενίκῃ τῇ Πτολεμαίου μητρὶ τοῦ Φιλοπάτορος, τετάρτῳ Κλεομένει τῷ Σπαρτιάτῃ· πέμπτῃ θυγατρὶ Βερενίκης Ἀρσινόῃ.

Ὅτι Ἀγαθοκλῆς ὁ ψευδεπίτροπος Πτολεμαίου ἐπεὶ τοὺς ἐπιφανεστάτους τῶν ἀνδρῶν ἐκποδὼν ἐποίησε, καὶ τὸ πολὺ τῆς τοῦ πλήθους ὀργῆς παρακατέσχε τῇ τῶν ὀψωνίων ἀποδόσει· παραπόδας εἰς τὴν ἐξαρχῆς συνήθειαν ἐπανῆλθε. καὶ τὰς μὲν τῶν φίλων χώρας ἀνεπλήρωσε, παρεισαγαγὼν ἐκ τῆς διακονίας καὶ τῆς ἄλλης ὑπηρεσίας τοὺς εἰκαιοτάτους καὶ θρασυτάτους. αὐτὸς δὲ τὸ πολὺ τῆς ἡμέρας καὶ τῆς νυκτὸς ἐν μέθῃ διέτριβε, καὶ ταῖς τῇ μέθῃ παρεπομέναις ἀκρασίαις; οὐ φειδόμενος οὔτ' ἀκμαζούσης γυναικὸς, οὔτε νύμφης, οὔτε παρθένου, καὶ πάντα ταῦτα ἔπραττε μετὰ τῆς ἐπαχθεστάτης φαντασίας· ὅθεν πολλῆς μὲν καὶ παντοδαπῆς γινομένης δυσαρεστήσεως, οὐδεμιᾶς δὲ θεραπείας οὐδὲ βοηθείας προσαγομένης· τὸ δ' ἐναντίον ἀεὶ προσεπαγομένης ὕβρεως, ὑπερηφανίας, ῥαθυμίας, 2 ἀνεθυμιᾶτο πάλιν ἐν τοῖς πολλοῖς τὸ προϋπάρχον μῖσος, καὶ πάντες ἀνενεοῦντο τὰ προγεγονημένα περὶ τὴν βασιλείαν ἀτυχήματα διὰ τοὺς ἀνθρώπους τούτους. τῷ δὲ μηδὲν ἔχειν πρόσωπον ἀξιόχρεον τὸ προστησόμενον, καὶ δι' οὗ τὴν ὀργὴν εἰς τὸν Ἀγαθοκλέα καὶ τὴν Ἀγαθόκλειαν ἀποσείσονται, τὴν ἡσυχίαν ἦγον. ἔτι μίαν ἐλπίδα καραδοκοῦντες τὴν κατὰ τὸν Τληπόλεμον, καὶ ταύτῃ προσανέχοντες.

Ὅτι Ἀντίοχος ὁ βασιλεὺς ἐδόκει

κατὰ μὲν τὰς ἀρχὰς γεγονέναι μεγαλεπίβολος καὶ τολμηρὸς, καὶ τοῦ προτεθέντος ἐξεργαστικός. προβαίνων δὲ κατὰ τὴν ἡλικίαν ἐφάνη πολὺ καταδεέστερος αὐτοῦ καὶ τῆς τῶν ἐκτὸς προσδοκίας.

Ὅτι Φίλιππος ὁ βασιλεὺς παραγενόμενος εἰς τὸ Πέργαμον, καὶ νομίζων οἷον αὐτόχειρ Ἀττάλου γενέσθαι, πᾶσαν αἰτίαν ἐναπεδείκνυτο. χαριζόμενος γὰρ οἱονεὶ λυσσῶντι τῷ θυμῷ, τὸ πλεῖον τῆς ὀργῆς οὐκ εἰς τοὺς ἀνθρώπους, ἀλλ' εἰς τοὺς θεοὺς διετίθετο· κατὰ μὲν γὰρ τοὺς ἀκροβολισμοὺς ῥᾳδίως αὐτὸν ἀπέρυκον διὰ τὰς τῶν τόπων ὀχυρότητας, οἱ τὸ Πέργαμον παραφυλάττοντες· ἀπὸ δὲ τῆς χώρας οὐδὲν ὠφελεῖτο, τῷ προνενοῆσθαι τὸν Ἄτταλον ὑπὲρ τούτων ἐπιμελῶς. λοιπὸν, εἰς τὰ τῶν θεῶν ἕδη καὶ τεμένη διετίθετο τὴν ὀργὴν, ὑβρίζων οὐκ Ἄτταλον, ὥς γέ μοι δοκεῖ, πολὺ δὲ μᾶλλον ἑαυτόν. οὐ γὰρ μόνον ἐνεπίμπρα καὶ κατασπῶν ἔρριπτε τοὺς νεὼς καὶ τοὺς βωμοὺς, ἀλλὰ καὶ τοὺς λίθους ἔθραυε πρὸς τὸ μηδὲ πάλιν ἀνασταθῆναι μηδὲν τῶν καταφθαρμένων. ἐπεὶ δὲ τὸ Νικηφόριον ἐλυμήνατο, τὸ μὲν ἄλσος ἐκτεμὼν, τὸν δὲ περίβολον διαρρίψας, τούς τε ναοὺς ἐκ θεμελίων ἀνέσκαψε πολλοὺς καὶ πολυτελεῖς ὑπάρχοντας, ὥρμησε τὰς μὲν ἀρχὰς ἐπὶ Θυατείρων, ἐκεῖθεν δὲ ποιησάμενος τὴν ἀναζυγὴν εἰς τὸ Θήβης πεδίον εἰσέβαλε, νομίζων εὐπορήσειν λείας μάλιστα περὶ τούτους τοὺς τόπους. ἀποπεσὼν δὲ καὶ ταύτης τῆς ἐλπίδος, καὶ παραγενόμενος εἰς Ἱερὰν κώμην, διεπέμπετο πρὸς Ζεῦξιν, παρακαλῶν αὐτὸν σῖτον χορηγῆσαι, καὶ τὰ λοιπὰ

maximarum rerum capax esse visus est, & ad perficiendum id quod semel suscepisset, singulari audacia præditus: sed in ipso progressu ætatis longè cum seipso, tum externorum hominum expectatione inferior apparuit.

Ex Libro XVI.

Philippus cùm Pergamum usque venisset, tantumnon in manus suas Attalum venisse ratus, nullum crudelitatis specimen omisit. animo enim rabie quadam percito obsecutus, iram suam in Deos magis quàm in homines effudit. atque in velitationibus quidem, facilè à militibus qui Pergamum custodiebant, ob locorum munitiones repellebatur. ex agris autem nullam prædam faciebat, quippe cùm Attalus diligenter hujusmodi omnibus providisset. Quod erat reliquum: in Deorum simulacra ac templa sæviebat, non Attalo, ut mihi quidem videtur, sed sibi ipsi injuriam faciens. Neq;enim solùm inflammabat templa, aras disturbabat, sed etiam lapides ipsos confringebat, ne dissipatæ ædes posthac restitui possent. Ac postquam Nicephorium vastavit, luco penitùs exciso, eversoque septo, multaque ibidem ac preciosissima fana solo æquavit; principio quidem versus Thyatira est profectus, mox inde reflexo itinere Campum petiit, qui Thebes appellatur, ratus se per eas regiones maxima præda potiturum esse. Qua spe iterum frustratus, delatusque ad Hieran Comen, Legatos ad Zeuxim misit, postulans ut commeatum subministrare, ac reliqua ſibi præſtare ex præſcripto fœderis vellet. At Zeuxis parere quidem fœderi velle ſe imprimis ſimulabat, ſed reipſa nolebat Philippum opibus ac potentia augere.

Cæterùm, quod ab initio fuerit inſtitutum Nabidis Lacedæmoniorum tyranni, ac quomodo expulſis civibus ſervos ad libertatem vocavit, ac dominorum uxoribus & filiabus matrimonii jure conjunxit, ſatis ſuperque ſuperioribus libris oſtendimus; ac præterea quomodo pótentiam ſuam tanquam aſylum quoddam cunctis ob impietatem ac malitiam patriâ profugis oſtentans, perditorum hominum colluviem Spartam congregavit. Nunc verò quemadmodum iis temporibus quæ ſuperiùs notavi, ſocius cùm eſſet Ætolorum, Elidenſium ac Meſſeniorum, iiſque omnibus ubi opus eſſet, opem ferre teneretur cùm ex juramento ſolenniter præſtito, tum ex fœdere; nihilominus calcata omni fide Meſſeniorum urbem violare eſt aggreſſus, deinceps referam.

Sed quoniam nonnulli ex iis qui particulares hiſtorias condiderunt, de his quoque temporibus ſcripſêre, quibus ea quæ proximè memoravi, Meſſeniis ac cæteris ſociis contigerunt, fert animus pauca de iis diſſerere. Dicam autem, non de omnibus, ſed de iis duntaxat qui memoratu maximè digni atque illuſtres extiterunt. Hi ſunt Zeno atque Antiſthenes Rhodii, quos multis ex cauſis nobiliſſimos eſſe exiſtimavi. Nam & illis temporibus vixerunt,

συμπράττειν κατὰ τὰς συνθήκας. [ὁ δὲ Ζεῦξις ὑπεκρίνετο μὲν ποιεῖν τὰ κατὰ τὰς συνθήκας, οὐκ ἐβούλετο δὲ ἀληθινῶς σωματοποιεῖν τὸν Φίλιππον.] *hæc poſtrema addidi ex Suida in* σωματοποιεῖν.

Ὅτι κατὰ τὴν Πελοπόννησον, τίνα μὲν ἐξ ἀρχῆς προαίρεσιν ἐνεστήσατο Νάβις ὁ τῶν Λακεδαιμονίων τύραννος, καὶ πῶς ἐκβαλὼν τοὺς πολίτας ἠλευθέρωσε τοὺς δούλους, καὶ συνῴκισε ταῖς τῶν δεσποτῶν γυναιξὶ καὶ θυγατράσιν· ὁμοίως δὲ καὶ τίνα τρόπον ἀναδείξας τὴν ἑαυτοῦ δύναμιν οἷον ἄσυλον ἱερὸν τοῖς ἢ δι' ἀσέβειαν ἢ πονηρίαν φεύγουσι τὰς ἑαυτῶν πατρίδας, ἤθροισε πλῆθος ἀνθρώπων ἀνοσίων εἰς τὴν Σπάρτην, ἐν τοῖς πρὸ τούτων δεδηλώκαμεν. πῶς δὲ καὶ τίνα τρόπον κατὰ τοὺς προειρημένους καιροὺς, σύμμαχος ὑπάρχων Αἰτωλοῖς, Ἠλείοις, Μεσσηνίοις, καὶ πᾶσι τούτοις ὀφείλων καὶ κατὰ τοὺς ὅρκους, καὶ κατὰ τὰς συνθήκας βοηθεῖν, εἴ τις ἐπ' αὐτοὺς ἴοι, παρ' οὐδὲν ποιησάμενος τὰς προειρημένας πίστεις, ἐπεβάλετο παρασπονδῆσαι τὴν τῶν Μεσσηνίων πόλιν, νῦν ἐροῦμεν.

Ὅτι φησὶ Πολύβιος, ἐπεὶ δέ τινες τῶν τὰς κατὰ μέρος γραφόντων πράξεις γεγράφασι καὶ περὶ τούτων τῶν καιρῶν, ἐν οἷς τά τε κατὰ Μεσσηνίους, καὶ τὰ κατὰ τὰς προειρημένας συμμαχίας συνετελέσθη, βούλομαι βραχέα περὶ αὐτῶν διαλεχθῆναι. ποιήσομαι δὲ οὐ πρὸς ἅπαντας, ἀλλ' ὅσους ὑπολαμβάνω μνήμης ἀξίους εἶναι καὶ διαστολῆς. εἰσὶ δ' οὗτοι Ζήνων καὶ Ἀντισθένης οἱ Ῥόδιοι· τούτους δὲ ἀξίους εἶναι κρίνω διὰ πλείους αἰτίας. καὶ γὰρ κατὰ τοὺς καιροὺς γεγόνασι, καὶ 1 περὶ περὶ πεπολίτευνται, καὶ καθόλου πεποίηνται τὴν πραγματείαν, οὐκ ὠφελείας χάριν, ἀλλὰ δόξης καὶ τοῦ καθήκοντος ἀνδράσι πολιτικοῖς. τῷ δὲ τὰς αὐτὰς γράφειν ἡμῖν πράξεις, ἀναγκαῖόν ἐστι μὴ παρασιωπᾶν, ἵνα μὴ τῷ τῆς πατρίδος ὀνόματι καὶ τῷ δοκεῖν οἰκειοτάτας εἶναι Ῥοδίοις τὰς κατὰ θάλατταν πράξεις, ἡμῶν ἀντιδοξούντων πρὸς αὐτούς, ἔνιοι μᾶλλον ἐπακολουθήσωσιν ἐκείνοις ἢ περὶ ἡμῖν οἱ φιλομαθοῦντες. οὗτοι τοιγαροῦν ἀμφότεροι, πρῶτον μὲν τὴν περὶ Λάδην ναυμαχίαν οὐχ ἥττω τῆς περὶ Χίον, ἀλλ' ἐνεργεστέραν καὶ παραβολωτέραν ἀποφαίνουσι· καὶ τῇ κατὰ μέρος τοῦ κινδύνου χρείᾳ καὶ συντελείᾳ, καὶ καθόλου φασὶ τὸ νίκημα γεγονέναι κατὰ τοὺς Ῥοδίους. ἐγὼ δὲ διότι μὲν δεῖ ῥοπὰς διδόναι ταῖς αὐτῶν πατρίσι τοὺς συγγραφέας συγχωρήσαιμ' ἄν, οὐ μὴν τὰς ἐναντίας τοῖς συμβεβηκόσιν ἀποφάσεις ποιεῖσθαι περὶ αὐτῶν. ἱκανὰ γὰρ τὰ κατ' ἄγνοιαν γινόμενα τοῖς γράφουσιν, ἃ διαφυγεῖν ἄνθρωπον δυσχερές. ἐὰν δὲ κατὰ προαίρεσιν ψευδογραφῶμεν, ἢ πατρίδος ἕνεκεν, ἢ φίλων, ἢ χάριτος, τί διοίσομεν τῶν ἀπὸ τούτου τὸν βίον ποριζομένων; ὥσπερ γὰρ ἐκεῖνοι τῷ λυσιτελεῖ μετροῦντες, ἀδοκίμους ποιοῦσι τὰς αὑτῶν συντάξεις· οὕτως οἱ πολιτικοὶ τῷ μισεῖν ἢ τῷ φιλεῖν ἑλκόμενοι, πολλάκις εἰς ταὐτὸ τέλος ἐμπίπτουσι τοῖς προειρημένοις. διὸ δεῖ καὶ τοῦτο τὸ μέρος ἐπιμελῶς τοὺς μὲν ἀναγινώσκοντας παρατηρεῖν, τοὺς δὲ γράφοντας αὐτοὺς

1 f. περὶ ἵπ.

& Rempublicam administrarunt, atque postremò non utilitatis propriæ causâ, sed gloriæ studio, prout viros decet in Repub. versatos, ad scribendum se contulerunt. Sed quoniam easdem res ac nos ipsi historiæ mandarunt, pauca admonere necesse habeo: ne historiæ studiosi, patriæ celebritate, eaque opinione inducti, quod rei navalis gloria Rhodiorum propria esse videtur, si quando ab illis scriptoribus dissentiamus, illorum sententiæ libentius quàm nostræ accedant. Igitur ambo illi primum quidem ajunt prælium illud navale ad Laden non inferius fuisse alterâ ad Chium pugnâ, sed longè acrius ac formidolosius. Et cùm particulatim in singulis pugnæ momentis, atque in rei discrimine tum in summa victoriam penes Rhodios stetisse affirmant. Ego verò scriptores rerum gestarum paululum in patriæ suæ gratiam inclinare debere equidem non diffiteor: ita tamen ut ne adversus rei veritatem ei faveant. Etenim supersunt alia peccata plurima, in quę ex veri ignoratione scriptores incurrunt; quæ quidem cùm homines nati simus, vitare difficile est. Quod si de industria falsum scientes scribamus, aut in patriæ, aut in amicorum gratiam, quid interest inter nos atque eos qui ejusmodi facto victum sibi comparant? Nam quemadmodum veritatem illi utilitate sua metiendo, scriptis suis auctoritatem detrahũt; sic viri in Rep. exercitati, sæpenumero odio aut amore attracti, in idem atque illi vitium incidere solent. Proinde lectores ab hac parte diligenter sibi cavere oportet,

oportet, ac scriptores quoque ipsos. Atque hoc ex iis quæ in manibus nunc habemus, perspicuum est. Nam cùm auctores illi superiùs nominati sigillatim fateantur, in pugna navali ad Laden, duas Rhodiorum quinqueremes cum ipsis hominibus ab hoste esse captas, & in ipso discrimine cùm navis una vulnerata, jamjamque submergenda dolonem sustulisset, multos ex proximis navibus exemplum secutos, in altum refugisse, tandemque Præfectum classis cum paucis relictum idem invitum fecisse: ac tum quidem in Myndiam tempestate ejectos, postridie ad insulam Co delatos aufugisse. Hostes verò & quinqueremes captas ad naves suas religasse, & subductis navibus ad insulam Ladem in ipsis Rhodiorum castris stationem fecisse Præterea Milesios rei eventu obstupefactos, non Philippo solùm, sed etiam Heraclidi urbem ingressis coronas obtulisse. Hæc cùm illi fateantur quæ victos manifestò arguunt, nihilominus cùm in singulis partibus tũ generali sententia Rhodios victores pronuntiant. idque cùm etiamnum in prytaneo extent litteræ, his de rebus tum maximè à Navarcho scriptæ ad Senatum Magistratusque Rhodiorum: eæque non Antisthenis ac Zenonis narrationi, sed nostræ potius consentientes. Postea iidem auctores subjungunt de injuria contra fœderis leges Messeniis illata. Quo loco scribit Zeno Nabim Lacedæmone profectum, trajecto Eurota fluvio juxta rivum qui Hoplites vocatur, via

1 Suidas in ἀπευρῶσαι.

παραφυλάττεσθαι. δῆλον δ' ἐστὶ τὸ λεγόμενον ἐκ τῶν ἐνεστώτων. ὁμολογοῦντες γὰρ οἱ προειρημένοι διὰ τῶν κατὰ μέρος, ἐν τῇ περὶ Λάδην ναυμαχίᾳ δύο μὲν αὐτάνδρους πεντήρεις τῶν Ῥοδίων ὑποχειρίους γενέσθαι τοῖς πολεμίοις· ἐκ δὲ τοῦ κινδύνου μιᾶς νηὸς ἐπαραμένης τὸν δόλωνα διὰ τὸ τετρωμένην αὐτὴν θαλαττοῦσθαι, πολλοὺς καὶ τῶν ἐγγὺς τὸ παραπλήσιον ποιοῦντας ἀποχωρεῖν πρὸς τὸ πέλαγος, τέλος δὲ μετ' ὀλίγων καταλειφθέντα τὸν ναύαρχον ἀναγκασθῆναι ταυτὸ τοῖς προειρημένοις πράττειν. καὶ τότε μὲν εἰς τὴν Μυνδίαν 1 ἀπευρώσαντας καθορμισθῆναι· τῇ δ' ἐπαύριον ἀναχθέντας εἰς Κῶ, διᾶραι τοὺς πολεμίους· τὰς δὲ πεντήρεις ἐνάψασθαι, καὶ καθορμισθέντας ἐπὶ τὴν Λάδην, ἐπὶ τῇ κείνων στρατοπεδείᾳ ποιήσασθαι τὴν ἔπαυλιν. ἔτι δὲ τοὺς Μιλησίους καταπλαγέντας τὸ γεγονὸς, οὐ μόνον τὸν Φίλιππον ἀλλὰ καὶ τὸν Ἡρακλείδην στεφανῶσαι διὰ τὴν ἔφοδον. ταῦτα δ' εἰρηκότες ἃ προφανῶς ἐστιν ἴδια τῶν ἡττημένων, ὅμως καὶ διὰ τῶν κατὰ μέρος καὶ διὰ τῆς καθολικῆς ἀποφάσεως νικῶντας ἀποφαίνουσι τοὺς Ῥοδίους. καὶ ταῦτα τῆς ἐπιστολῆς ἔτι μενούσης ἐν τῷ πρυτανείῳ, τῆς ὑπ' αὐτοὺς τοὺς καιροὺς ὑπὸ τοῦ ναυάρχου πεμφθείσης περὶ τούτων τῇ τε βουλῇ καὶ τοῖς πρυτάνεσιν, οὐ ταῖς Ἀντισθένους καὶ Ζήνωνος ἀποφάσεσιν, ἀλλὰ ταῖς ἡμετέραις. ἑξῆς δὲ τοῖς προειρημένοις γράφουσι περὶ τοῦ κατὰ Μεσσηνίους παρασπονδήματος. ἐν ᾧ φησὶν ὁ Ζήνων ὁρμήσαντα τὸν Νάβιν ἐκ τῆς Λακεδαίμονος, καὶ διαβάντα τὸν Εὐρώταν ποταμὸν παρὰ τὸν ὁπλίτην προσαγορευόμενον πορεύεσθαι διὰ τῆς ὁδοῦ τῆς στενῆς παρὰ τὸ Πολιάσιον, ἕως ἐπὶ τοὺς κατὰ ἔλλας ἀφίκετο τόπους. ἐντεῦθεν δὲ ἐπὶ Θαλάμας ἐπιβαλόντα κατὰ Φάρας παραγενέσθαι πρὸς τὸν Πάμισον ποταμόν. ὑπὲρ ὧν οὐκ οἶδα πῶς χρὴ λέγειν. τοιαύτην γὰρ φύσιν ἔχει τὰ προειρημένα πάντα συλλήβδην, ὥστε μηδὲν διαφέρειν τοῦ λέγειν, ὅτι ποιησάμενός τις ἐκ Κορίνθου τὴν ὁρμὴν καὶ διαπορευθεὶς τὸν Ἰσθμὸν, καὶ συνάψας ταῖς Κυρωνίσιν, εὐθέως ἐπὶ τὴν Κοντοπορείαν ἐπιβάλετο καὶ παρὰ τὰς Μυκήνας ἐποιεῖτο τὴν πορείαν εἰς Ἄργος. ταῦτα γὰρ οὐχ οἷον παρὰ μικρόν ἐστιν, ἀλλὰ τὴν ἐναντίαν διάθεσιν ἔχει πρὸς ἄλληλα, καὶ τὰ μὲν κατὰ τὸν Ἰσθμόν ἐστι καὶ τὰς Σκιρωνίδας πρὸς ἀνατολαῖς τοῦ Κορίνθου. τὰ δὲ κατὰ τὴν Ποντοπορείαν καὶ Μυκήνας, ἔγγιστα πρὸς δύσεις χειμερινάς. ὥστ' εἶναι τελέως ἀδύνατον ἀπὸ τῶν προηγουμένων ἐπιβαλεῖν τοῖς προειρημένοις τόποις. τὸ δ' αὐτὸ καὶ περὶ τοὺς κατὰ τὴν Λακεδαίμονα συμβέβηκεν. ὁ μὲν γὰρ Εὐρώτας καὶ τὰ περὶ τὴν Σελλασίαν κεῖται τῆς Σπάρτης ὡς πρὸς τὰς θερινὰς ἀνατολάς. τὰ δὲ κατὰ Θαλαμίας, καὶ Φάρας, καὶ Πάμισον ὡς πρὸς τὰς χειμερινὰς δύσεις. ὅθεν οὐχ οἷον ἐπὶ τὴν Σελλασίαν, ἀλλ' οὐδὲ τὸν Εὐρώταν δέον ἐστὶ διαβαίνειν τὸν προτιθέμενον παρὰ Θαλαμίας ποιεῖσθαι τὴν πορείαν εἰς τὴν Μεσσηνίαν. πρὸς δὲ τούτοις φησὶ τὴν ἐπάνοδον ἐκ τῆς Μεσσήνης πεποιῆσθαι τὸν Νάβιν κατὰ τὴν πύλην τὴν φέρουσαν ἐπὶ Τέγεαν. τοῦτο δ' ἐστὶν ἄλογον. πρόκειται γὰρ τῆς Τεγέας ἡ Μεγάλη Πόλις ὡς πρὸς τὴν Μεσσήνην, ὥστ' ἀδύνατον εἶναι καλεῖσθαί τινα πύλην παρὰ τοῖς Μεσσηνίοις ἐπὶ Τέγεαν.

quam Sthenem, ſeu Anguſtam vocant, iter feciſſe ſecundùm Poliaſium, donec ad Sellaſiæ agrum pervenit. Inde Thalamas delatum per oppidum Pharas ad Pamiſum fluvium veniſſe. De quibus equidem quid dicam non habeo. Prorſus enim idem eſt ac ſi diceres Corintho profectum quempiam, trajecto Iſthmo poſtquam Scironidas ad petras acceſſit, rectà Contoporiam veniſſe, ac ſecundùm Mycenas iter Argos feciſſe. Hæc enim haudquaquam levi differentia, ſed planè contrario ſitu ſibi invicem ſunt oppoſita. quippe Iſthmus & Scironia ſaxa ad ortum ſunt Corintho. Contoporia autem ac Mycenæ proximè ad occaſum Hibernum. Proinde fieri nullo modo poteſt, ut qui iter illud teneat ad loca ſuperiùs memorata, unquam accedat. Idem quoque contingit in illa Nabidis profectione. Namque Eurotas & ager Sellaſiorum ad Orientem æſtivum Spartæ ſiti ſunt, Thalamæ verò & Pharæ ac Pamiſus amnis proximè ad occaſum hibernum. Quo fit non modò ut Sellaſiam pervenire, ſed ne Eurotam quidem trajicere poſſit is qui per Thalamas in Meſſeniam iter inſtituerit. Inſuper ſcribit Nabidem Meſſenâ reverſum eſſe portâ qua iter eſt Tegeam. quod eſt abſurdum. Namque ex adverſo Tegeæ, versùs ipſam Meſſenam, ſita eſt Megalopolis, ut nulla penitùs porta apud Meſſenios ita vocari poſſit ad Tegeam,

1 mſ. βελλ. hic & infra.

Eſt

Est quidem apud eos porta, quæ Tegeatis appellatur, quâ Nabis domum reversus est. qua re inductus Zeno, proximam Messenæ Tegeam esse existimavit, cùm tamen aliter res habeat. Nam Laconicus ac Megalopolitanus ager Messeniam inter ac Tegeatidem interjacet. Postremò affirmat idem Zeno, Alpheum ab ipso statim fonte occultatum, postquam per longinqua terræ spatia subterraneus fluxit circa Lycoam Arcadiæ oppidum sese egerere. At hic fluvius non procul à suis fontibus infra terram subiens, ac per decem stadia occultus, rursus erumpit, ac deinceps per Megalopolitanum agrum fluens, initio quidem modicus, postea incremento accepto, celebris universam illam regionem permeat per ducenta stadia, & sic demùm Lycoam attingit, adscito jam flumine Lusio confragosus, nec vado permeabilis. DESUNT NONNULLA. Enimvero cuncta hujusmodi mihi quidem peccata esse videntur, sed quæ excusationem ac veniam admittant. Hæc enim ex ignoratione veri profecta sunt. Illud verò in descriptione pugnæ navalis ex innato erga patriam amore fluxit. Quamquam non immeritò aliquis Zenonem accuset, quod non in ipsa rerum inquisitione neque in argumenti sui tractatione, sed in dictionis elegantia plurimum studium impendit. atq; in eo sæpiusculè se jactat, quod & pleriq; alii scriptores celeberrimi nominis fecêre. Ego verò, curam quidem ac studium in eo collocandum esse censeo, ut res gestę eleganter atq; ornatè proferantur; neq;

ἀλλ' ἐστι παρ' αὐτοῖς πύλη Τεγεᾶτις προσαγορευομένη, καθ' ἣν ἐποίησε τὴν ἐπάνοδον Νάβις· ᾧ πλανηθεὶς, ἔγγιον ὑπέλαβε τὴν Τέγεαν εἶναι μόνον. τὸ δ' ἐστιν οὐ τοιοῦτον, ἀλλ' ἡ Λακωνικὴ καὶ ἡ Μεγαλοπολῖτις χώρα μεταξὺ κεῖται τῆς Μεσσηνίας καὶ Τεγεάτιδος. τὸ δὲ τελευταῖον. φησὶ γὰρ τὸν Ἀλφειὸν ἐκ τῆς πηγῆς εὐθέως κρυφθέντα καὶ πολὺν ἐνεχθέντα τόπον ὑπὸ γῆς, ἐκβάλλειν περὶ Λυκόαν τῆς Ἀρκαδίας. ὁ δὲ ποταμὸς οὐ πολλὴν τόπον ἀπέχων τῆς πηγῆς καὶ κρυφθεὶς ἐπὶ δέκα στάδια, πάλιν ἐκπίπτει, καὶ τὸ λοιπὸν φερόμενος διὰ τῆς Μεγαλοπολίτιδος, τὰς μὲν ἀρχὰς ἐλαφρὸς, εἶτα λαμβάνων αὔξησιν, καὶ διανύσας ἐπιφανῶς πᾶσαν τὴν προειρημένην χώραν ἐπὶ σ' σταδίους, γίνεται πρὸς Λυκόαν ἤδη προσειληφὼς καὶ τὸ τοῦ Λυσίου ῥεῦμα, καὶ παντελῶς ἄβατος καὶ βαρύς. ΖΗΤΕΙ, ΟΛΙΓΑ ΔΙΕΛΕΙΠΕ. οὐ μὴν ἀλλὰ καὶ πάντα μοι δοκεῖ τὰ προειρημένα διαπτώματα μὲν εἶναι, πρόφασιν δὲ ἐπιδέχεσθαι καὶ παραίτησιν. τὰ μὲν γὰρ δι' ἄγνοιαν γέγονε· τὸ δὲ περὶ τὴν ναυμαχίαν διὰ τὴν πρὸς τὴν πατρίδα φιλοστοργίαν. εἴ τις οὖν εἰκότως ἂν Ζήνωνι μέμψαιτο, διότι τὸ πλεῖον οὐ περὶ τὴν τῶν πραγμάτων ζήτησιν, οὐδὲ περὶ τὸν χειρισμὸν τῆς ὑποθέσεως, ἀλλὰ περὶ τὴν τῆς λέξεως κατασκευὴν ἐσπούδακε, καὶ δῆλός ἐστι πολλάκις ἐπὶ τούτῳ σεμνυνόμενος, καθάπερ καὶ πλείους ἕτεροι τῶν ἐπιφανῶν συγγραφέων. ἐγὼ δὲ, φημὶ μὲν δεῖν πρόνοιαν ποιεῖσθαι καὶ σπουδάζειν ὑπὲρ τοῦ δεόντως ἐξαγγέλλειν τὰς πράξεις. δῆλον γὰρ ὡς οὐ μικρά, μεγάλα δὲ συμβάλλεται τοῦτο πρὸς τὴν ἱστορίαν· οὐ μὴν ἡγεμονικώτατόν γε καὶ πρῶτον αὐτὸ παρὰ τοῖς μετρίοις ἀνδράσι τίθεσθαι. πολλοῦ γε δεῖν· ἀλλὰ γὰρ ἂν εἴη κάλλιω μέρη τῆς ἱστορίας, ἐφ' οἷς ἂν μᾶλλον σεμνυνθείη πολιτικὸς ἀνήρ. ὃ δὲ λέγειν βούλομαι, γένοιτ' ἂν οὕτω μάλιστα καταφανές. ἐξηγούμενος γὰρ ὁ προειρημένος συγγραφεὺς τήν τε Γάζης πολιορκίαν καὶ τὴν γενομένην παράταξιν Ἀντιόχου πρὸς Σκόπαν ἐν κοίλῃ Συρίᾳ περὶ τὸ Πάνιον, περὶ μὲν τὴν τῆς λέξεως κατασκευὴν δῆλός ἐστιν ἐπὶ τοσοῦτον ἐσπουδακώς, ὡς ὑπερβολὴν τερατείας μὴ καταλιπεῖν τοῖς τὰς ἐπιδεικτικὰς καὶ πρὸς ἔκπληξιν τῶν πολλῶν συντάξεις ποιουμένοις. τῶν γε μὴν πραγμάτων ἐπὶ τοσοῦτον ὠλιγώρηκεν, ὥστε πάλιν ἀνυπέρβλητον εἶναι τὴν εὐχέρειαν καὶ τὴν ἀπειρίαν τοῦ συγγραφέως. προθέμενος γὰρ πρώτην διασαφεῖν τὴν τῶν περὶ τὸν Σκόπαν ἔνταξιν, τῷ μὲν δεξιῷ κέρατι φησὶ τῆς ὑπωρείας ἔχεσθαι τὴν φάλαγγα μετ' ὀλίγων ἱππέων, τὸ δ' εὐώνυμον αὐτῆς καὶ τοὺς ἱππεῖς πάντας τοὺς ἐπὶ τούτου τεταγμένους ἐν τοῖς ἐπιπέδοις κεῖσθαι· τὸν δ' Ἀντίοχον ἐπὶ μὲν τῆς ἑωθινῆς ἐκπέμψαι φησὶ τὸν πρεσβύτερον υἱὸν Ἀντίοχον, ἔχοντα μέρος τι τῆς δυνάμεως, ἵνα προκαταλάβηται τῆς ὀρεινῆς τοὺς ὑπερκειμένους τῶν πολεμίων τόπους. τὴν δὲ λοιπὴν δύναμιν ἅμα τῷ φωτὶ διαβιβάσαντα τὸν ποταμόν, μεταξὺ τῶν στρατοπέδων ἐν τοῖς ἐπιπέδοις ἐκτάττειν, τιθέντα τοὺς μὲν φαλαγγίτας ἐπὶ μίαν εὐθεῖαν κατὰ μέσην τὴν τῶν πολεμίων τάξιν, τῶν δ' ἱππέων τοὺς μὲν ἐπὶ τὸ λαιὸν κέρας τῆς φάλαγγος, τοὺς δ' ἐπὶ τὸ δεξιόν, ἐν οἷς εἶναι καὶ τὴν κατάφρακτον ἵππον, ἧς ἡγεῖτο πά-

enim exigua, ſed maxima inde utilitas hiſtoriæ accedit; ita tamen, ut ne prima ac potiſſima ea pars à viris moderatis habeatur. tantum abeſt: Aliæ enim ſunt præſtantiores hiſtoriæ partes, in quibus vir rerum civilium gnarus, juſtiùs ſeſe oſtentet. Exempli gratia, Hic idem ſcriptor ubi Gazæ obſidionem atque illud prælium narrat, quo Antiochus in Syria Cœle ad oppidum Panium cum Scopa conflixit, in ſermonis ornatu tantum ſtudium poſuiſſe deprehenditur, ut illos etiam qui ex profeſſo ad oſtentationem ac plauſum ſcripta ſua componunt, longo intervallo ſuperarit. In rebus autem ipſis adeò negligens fuit, ut hac levitate illius atq; imperitiâ nulla major eſſe poſſit. Ordinem enim inſtructæ à Scopa aciei priore loco dicere exorſus, in dextro quidem cornu phalangem cum modica parte equitatus ad pedem montis conſtitiſſe ſcribit; cornu verò ejuſdem ſiniſtrum, atque omnes in eo cornu ordinatos equites planiciem tenviſſe. Cæterum Antiochum prima luce partem copiarum Præfecto majore è filiis Antiocho præmiſiſſe, ut editiora montium loca quæ hoſtibus imminebant, occuparet. Sole demùm illuceſcente, trajecto cum reliquis copiis fluvio, inter utraque caſtra in planicie aciem inſtruxiſſe, ac phalangem quidem rectâ medię hoſtium aciei oppoſuiſſe. Equitatus verò partem ad ſiniſtrum phalangis cornu conſtituiſſe, partem ad dextrum, in quo & cataphracti erant equites, quibus Antiochus junior

erat

erat præfectus. Deinde subdit, Elephantos ante ipsam phalangem in prima acie certis intervallis ordinatos fuisse cum equitibus Tarentinis, quibus præerat Antipater. Intervalla autem belluarum sagittariis ac funditoribus Antiochum complevisse. Ipsum cum ala amicorum, quam Hetæricen vocant, & corporis custodibus post belluas stetisse. Atque his ita præmissis mox juniorem Antiochum, quem in planicie è regione sinistri hostium cornu Cataphractis equitibus præfectum posuerat, eundem ait subitò ex collibus coortum, equites quibus Ptolemæus Æropi filius præerat, in fugam vertisse, ac diu persecutum esse: qui quidem Ptolemæus Ætolos in planicie ad læ vam positos ducebat; ipsas autem phalanges ubi congressæ invicem sunt, acre prælium fecisse. Atqui non animadvertit prorsus fieri non potuisse ut in prima acie consistentibus Elephantis & equitibus, levique armatura phalanges inter se congrederentur. Postea subjicit, Macedonum phalangem loci iniquitate pressam, urgentibus cum maximè Ætolis, pede presso recessisse: Elephantos verò cùm cedentes reciperent, atque in hostem ferrentur, magno adjumento fuisse. Porrò qua ratione elephanti à tergo phalangis fuerint, aut ita mutati, quod magnum commodum attulerint, intelligere difficile est. Simul enim ac legiones inter se conflixere, dijudicare belluæ non possunt uter cedentium amicus, uter hostis sit. Præterea equitatum ait Ætolorum insitata belluarum specie inter pugnandum territum esse.

σης ὁ νεώτερος Ἀντίοχος τῶν υἱῶν. μετὰ δὲ ταῦτα φησὶ τὰ θηρία προτάξαι τῆς φάλαγγος ἐν διαστήματι, καὶ τοὺς μετ' Ἀντιπάτρου Ταραντίνους· τὰ δὲ μεταξὺ τῶν θηρίων πληρῶσαι τοῖς τοξόταις καὶ σφενδονήταις. αὐτὸν δὲ μετὰ τῆς ἑταιρικῆς ἵππου καὶ τῶν ὑπασπιστῶν κατόπιν ἐπιστῆσαι τοῖς θηρίοις. ταῦτα δὲ ὑποθέμενος τὸν μὲν νεώτερον Ἀντίοχον φησὶν, ὃν ἐν τοῖς ἐπιπέδοις ἔθηκε κατὰ τὸ λαιὸν τῶν πολεμίων, ἔχοντα τὴν κατάφρακτον ἵππον, τοῦτον ἐκ τῆς ὀρεινῆς ἐπενεχθέντα τρέψασθαι τοὺς ἱππέας τοὺς περὶ τὸν Πτολεμαῖον τὸν Ἀερόπου καὶ καταδιώκειν, ὃς ἐτύγχανε τοῖς Αἰτωλοῖς ἐπιτεταγμένος ἐν τοῖς ἐπιπέδοις ἐπὶ τῶν εὐωνύμων. τὰς δὲ φάλαγγας ἐπεὶ συνέβαλον ἀλλήλαις, μάχην ποιεῖν ἰσχυράν. ὅτι δὲ συμβαλεῖν ἀδύνατον ἦν, τῶν θηρίων καὶ τῶν ἱππέων, καὶ τῶν εὐζώνων προτεταγμένων, τοῦτο οὐκέτι συνορᾷ. μετὰ δὲ ταῦτα φησὶ καταπροτερουμένην τὴν φάλαγγα ταῖς εὐχρηστίαις, καὶ πιεζομένην ὑπὸ τῶν Αἰτωλῶν ἀναχωρεῖν ἐπὶ πόδα· τὰ θηρία τοὺς ἐγκλίνοντας ἐκδεχόμενα, καὶ συμπίπτοντα τοῖς πολεμίοις μεγάλην παρέχεσθαι χρείαν. πῶς δὲ ταῦτα γέγονεν ὀπίσω τῆς φάλαγγος, οὐ ῥᾴδιον καταμαθεῖν, ἢ πῶς γινόμενα παρείχετο χρείαν μεγάλην. ὅτε γὰρ ἅπαξ αἱ φάλαγγες συνέπεσον ἀλλήλαις, οὐκέτι δυνατὸν ἦν κρῖναι τὰ θηρία, τίς ὑποπιπτόντων φίλιος ἢ πολέμιός ἐστι. πρὸς δὲ τούτοις φησὶ τοὺς Αἰτωλῶν ἱππέας δυσχρηστεῖσθαι κατὰ τὸν κίνδυνον διὰ τὴν ἀσυνήθειαν τῆς τῶν θηρίων φαντασίας. ἀλλ' οἱ μὲν ἐπὶ

τοῦ δετοῦ δεξιοῦ ταχθέντες ἐξ ἀρχῆς ἀκέραιοι διέμενον, ὡς αὐτός φησι. τὸ δὲ λοιπὸν πλῆθος τῶν ἱππέων τὸ μερισθὲν ἐπὶ τὸ λαιὸν, ὑποφεύγει πᾶν ὑπὸ τῶν περὶ τὸν Ἀντίοχον ἡττημένον. ποῖον δὴ μέρος τῶν ἱππέων ἦν κατὰ μέσην τὴν φάλαγγα τὸ τοὺς ἐλέφαντας ἐκπληττόμενον; ποῦ δὲ ὁ βασιλεὺς γέγονε; καὶ τίνα παρέσχηται χρείαν ἐν τῇ μάχῃ τὸ κάλλιστον σύστημα περὶ αὐτὸν ἐσχηκὼς καὶ τῶν πεζῶν καὶ τῶν ἱππέων; ἁπλῶς γὰρ οὐδὲν εἴρηται περὶ τούτων. ποῦ δ᾽ ὁ πρεσβύτερος τῶν υἱῶν Ἀντίοχος, ὁ μετὰ μέρους τινὸς τῆς δυνάμεως προκαταλαβόμενος τοὺς ὑπερδεξίους τόπους; οὗτος μὲν γὰρ οὐδὲ εἰς τὴν στρατοπεδείαν ἀνακεχώρηκεν αὐτῷ μετὰ τὴν μάχην, εἰκότως· δύο γὰρ Ἀντιόχους ὑπέθετο τοῦ βασιλέως υἱοὺς ὄντας, ἑνὸς τοῦ τότε συνεστρατευμένου. πῶς δ᾽ ὁ Σκόπας ἅμα μὲν 1 αὐτῷ πρῶτος, ἅμα δ᾽ ἔσχατος ἀναλέλυκεν ἐκ τοῦ κινδύνου; φησὶ γὰρ αὐτὸν ἰδόντα τοὺς περὶ τὸν νεώτερον Ἀντίοχον ἐκ τοῦ διώγματος ἐπιφαινομένους κατὰ νώτου τοῖς φαλαγγίταις, καὶ διὰ τοῦτο τὰς τοῦ νικᾶν ἐλπίδας ἀπογνόντα ποιεῖσθαι τὴν ἀποχώρησιν· μετὰ δὲ ταῦτα συστῆναι τὸν μέγιστον κίνδυνον κυκλωθείσης τῆς φάλαγγος ὑπό τε τῶν θηρίων καὶ τῶν ἱππέων, καὶ τελευταῖον ἀποχωρῆσαι τὸν Σκόπαν ἀπὸ τοῦ κινδύνου. ταῦτα δέ μοι δοκεῖ καὶ καθόλου τὰ τοιαῦτα τῶν ἀλογημάτων πολλὴν ἐπιφέρειν αἰσχύνην τοῖς συγγραφεῦσι· διὸ δεῖ μάλιστα μὲν πειρᾶσθαι πάντων κρατεῖν τῶν τῆς ἱστορίας μερῶν· καλὸν γάρ. εἰ δὲ μὴ τοῦτο δυνατὸν, τῶν ἀναγκαιοτάτων καὶ τῶν μεγίστων ἐν αὐτῇ πλείστην ποιεῖσθαι πρόνοιαν.

1 leg. αὐτὸς.

Atqui in dextro locati cornu, incolumes atque integri perſtitere, ut idem refert. Cæteri equites in ſiniſtro cornu diſtributi, ab juniore Antiocho ſuperati, terga verterunt. quinam igitur ſunt equites illi in media phalange poſiti, qui belluarum adſpectu cohorruerunt? Ubinam Rex ipſe adfuit; quem ſui uſum in pugna præbuit? cùm lectiſſimum & peditum & equitum agmen circa ſe haberet? Neque enim de his quidquam omnino dicit, ubinam gentium eſt major Antiochus, qui cum parte exercitus præmiſſus ſuperiora loca occupaverat? hic enim ne confecto quidem prælio in caſtra reverſus dicitur. atque id meritò. duos enim Antiochi filios poſuit, cùm tamen unicus tum ad bellum cum patre ſit profectus. Quomodo item Scopas primus ſimul ac poſtremus ex pugna diſceſſit? Etenim Scopam ſcribit, cùm juniorem Antiochum à perſequendo reverſum à tergo legionariis inſtare cerneret, tum penitùs de victoria deſperantem ſe recepiſſe. poſtea verò maximum in diſcrimen adductam rem eſſe incluſa inde ab elephantis, inde ab equitibus phalange, Scopamque poſtremum ceſſiſſe ex diſcrimine. Hæc verò atque ejuſmodi cætera errata magno pudori ſcriptoribus eſſe exiſtimo. Proinde maximè quidem enitendum eſt, ut omnes hiſtoriæ partes ac numeros impleamus; id enim inprimis laudabile eſt. Sin verò id aſſequi non poſſumus, maximè in præcipuis ac ſummè neceſſariis ejus partibus elaborandum eſt.

Atque

Atque hæc ut dicerem eò sum adductus, quod perinde ut in cæteris artibus ac studiis, sic etiam in historia veram germanamque speciem & utilitatem plerumque negligi videam: illum verò ornatum ad ostentationem & pompam compositum laudari ac probari, tanquam magnū aliquid atque mirabile. cùm tamen id genus ut ferè in pictura & factu ipso, & approbatione facilius sit. Cæterùm de illa situs Laconicæ ignoratione, eò quod gravis esse is error videretur, ad ipsum Zenonem literas scribere non dubitavi, hominis ingenui esse arbitratus, non ex alienis erratis gloriam captare, quod nonnulli solent, sed cùm nostris, tum etiam alienis commentariis utilitatis publicæ gratia, quantum in nobis est, curam atque emendationem adhibere. Porrò ipse acceptâ epistolâ, cùm exemplaria emendari non posse cerneret, quia jam in vulgus edita essent, ęgrè quidem admodum, ut conjicere est, id tulit. cæterùm consilium nostrum benivolè probavit. Idem quoque ab his qui nos sequentur ipsemet postulo, sicubi fortè in hoc opere de industria mentitus, aut veritatem sciens, dissimulasse compertus fuero, ut acerbè citra veniæ spem increpare ne dubitent: sin verò ignoratione lapsus, veniam indulgeant; ac maximè omnium nobis, propter operis magnitudinem rerumque copiam quas hîc complexi sumus.

Tlepolemus, qui Ægyptiaci regni negotia administrabat, ætate quidem juvenis erat, atque in militari

1 f. πράττειν.

ταῦτα μὲν οὖν προήχθην εἰπεῖν θεωρῶν νῦν καθάπερ καὶ ἐπὶ τῶν ἄλλων τεχνῶν, καὶ ἐπιτηδευμάτων, τὸ μὲν ἀληθινὸν καὶ πρὸς τὴν χρείαν ἀνῆκον ἐν ἑκάστοις ἐπισεσυρμένον. τὸ δὲ πρὸς ἀλαζονείαν καὶ φαντασίαν ἐπαινούμενον καὶ ζηλούμενον, ὡς μέγα τι καὶ θαυμάσιον· ὃ καὶ τὴν κατασκευὴν ἔχει ῥᾳδιεστέραν, καὶ τὴν συνδέκησιν ὀλιγοδεεστέραν, καθάπερ αἱ λοιπαὶ τῶν γραφῶν· περὶ δὲ τῆς τῶν τόπων ἀγνοίας τῶν κατὰ τὴν Λακωνικήν, διὰ τὸ μεγάλην εἶναι τὴν παράπτωσιν, οὐκ ὤκνησα γράψαι καὶ πρὸς αὐτὸν Ζήνωνα, κρίνων καλὸν εἶναι τὸ μὴ τὰς τῶν πέλας ἁμαρτίας ἴδια προτερήματα νομίζειν, καθάπερ ἔνιοι ποιεῖν εἰώθασιν· ἀλλὰ μὴ μόνον τῶν ἰδίων ὑπομνημάτων, ἀλλὰ καὶ τῶν ἀλλοτρίων καθόσον οἷοί τε ἐσμὲν, ποιεῖσθαι πρόνοιαν καὶ διόρθωσιν χάριν τῆς κοινῆς ὠφελείας. ὁ δὲ λαβὼν τὴν ἐπιστολὴν, καὶ γνοὺς ἀδύνατον οὖσαν τὴν μετάθεσιν, διὰ τὸ προεκδεδωκέναι τὰς συντάξεις, ἐλυπήθη μὲν ὡς ἔνι μάλιστα φαίνεται. ποιεῖν δὲ οὐδὲν εἶχε. τήν γε μὴν ἡμετέραν αἵρεσιν ἀπεδέξατο φιλοφρόνως. ὃ δὴ κἂν ἐγὼ παρακελευσαίμι 1 περὶ αὐτοῦ καθ' ἡμᾶς καὶ τοὺς ἐπιγινομένους, ἐὰν μὲν κατὰ πρόθεσιν εὑρισκώμεθά που κατὰ πραγματείαν διαψευδόμενοι, καὶ παρορῶντες τὴν ἀλήθειαν, ἀπαραιτήτως ἐπιτιμᾶν. ἐὰν δὲ κατ' ἄγνοιαν, συγγνώμην ἔχειν, καὶ μάλιστα πάντων ἡμῖν διὰ τὸ μέγεθος τῆς συντάξεως, καὶ διὰ τὴν καθόλου περιβολὴν τῶν πραγμάτων.

Οὐχ ὁ Τληπόλεμος ὁ τὰ τῆς βασιλείας τῶν Αἰγυπτίων πράγματα μεταχειριζόμενος ἦν μὲν κατὰ τὴν

ἡλικίαν

ἡλικίαν νέος, καὶ κατὰ τὸ συνεχὲς ἐν στρατιωτικῷ βίῳ διεγεγόνει μετὰ φαντασίας. ἦν δὲ καὶ τῇ φύσει μετέωρος καὶ φιλόδοξος, καὶ καθόλου πολλὰ μὲν εἰς πραγμάτων λόγον ἀγαθὰ προσεφέρετο, πολλὰ δὲ καὶ κακά. στρατηγεῖν μὲν γὰρ ἐν τοῖς ὑπαίθροις, καὶ χειρίζειν πολεμικὰς πράξεις δυνατὸς ἦν, καὶ ἀνδρώδης ὑπῆρχε τῇ φύσει, καὶ πρὸς τὰς στρατιωτικὰς ὁμιλίας εὐφυῶς διέκειτο. πρὸς δὲ ποικίλων πραγμάτων χειρισμὸν δεόμενον ἐπιστάσεως καὶ νήψεως, καὶ πρὸς φυλακὴν χρημάτων, καὶ καθόλου τὴν περὶ τὸ λυσιτελὲς οἰκονομίαν ἀφυέστατος ὑπῆρχε πάντων· ᾗ καὶ ταχέως οὐ μόνον ἔσφηλεν, ἀλλὰ καὶ τὴν βασιλείαν ἠλάττωσε. παραλαβὼν γὰρ τὴν τῶν χρημάτων ἐξουσίαν, τὸ μὲν πλεῖστον μέρος τῆς ἡμέρας κατέτριβε σφαιρομαχῶν καὶ πρὸς τὰ μειράκια διαμιλλώμενος ἐν τοῖς ὅπλοις. ἀπὸ δὲ τούτων γινόμενος εὐθέως πότους συνῆγε καὶ τὸ πλεῖον μέρος τοῦ βίου περὶ ταῦτα, καὶ σὺν τούτοις εἶχε τὴν διατριβήν. ὃν δέ ποτε χρόνον τῆς ἡμέρας ἀπεμέριζε πρὸς ἐντεύξεις, ἐν τούτῳ διεδίδου, μᾶλλον δ' εἰ δεῖ τὸ φαινόμενον εἰπεῖν, διερρίπτει τὰ βασιλικὰ χρήματα τοῖς ἀπὸ τῆς Ἑλλάδος παραγεγονόσι πρεσβευταῖς, καὶ τοῖς περὶ τὸν Διόνυσον τεχνίταις, μάλιστα δὲ τοῖς περὶ τὴν αὐλὴν ἡγεμόσι καὶ στρατιώταις· καθόλου γὰρ ἀνανεύειν οὐκ ᾔδει. τῷ δὲ πρὸς χάριν ὁμιλήσαντι πᾶν ἐξ ἑτοίμου τὸ φανὲν ἐδίδου. τὸ λοιπὸν, ηὔξανε τὸ κακὸν ἐξ αὑτοῦ λαμβάνον τὴν ἐπίδοσιν. πᾶς γὰρ ὁ παθὼν εὖ παρὰ τὴν προσδοκίαν, καὶ τοῦ γεγονότος χάριν καὶ τοῦ μέλλοντος ὑπερεβάλλετο ταῖς τῶν λόγων εὐχα-

vita assiduè cum splendore versatus; ingenio autem tumido, gloriæque avido. Denique & multas ad rerum administrationem animi & corporis virtutes, & multa vitia attulerat. Namque exercitum ducere, res bellicas tractare idoneus erat inprimis; naturâ quoque robustus, & ad militares congressus ac sermones aptissimus. Ad civilium autem rerum tractationem, quæ attentionem ac vigilantiam animi desiderant, & ad pecuniæ custodiam, atque in universum ad utilitatis rationem ineundam, ineptissimus erat omnium mortalium. Itaque brevi non solùm ipse concidit, sed regnum etiam labefactavit. Pecuniæ enim regiæ administrationem nactus, maximam diei partem pilæ lusu, & armorum exercitatione cū adolescentibus conterebat. Ab his deinde ad convivia & compotationes transibat, ac maximam vitæ partem his in rebus atque in hujusmodi contubernio exigebat. quod si interdum aliquod diei tempus audiendis negotiis vacabat, tum verò distribuebat, aut ut veriùs dicam, dissipabat regiam pecuniam, eamque Legatis è Græcia advectis, & scenicis artificibus, ac maximè degentibus in aula Ducibus ac militibus erogabat. Prorsus enim recusare & abnuere non poterat; sed unicuique qui ad ejus gratiam aliquid dixisset, quidquid ad manum erat, temerè donabat. quod malum ipsomet fovente atque augente postea increbuit: quicunque enim præter spem beneficium ab eo acceperant, cum ob præteritum, tum futuri spe in agenda gratia omnibus eum laudibus

dibus cumulabant. Cumque ipſe laudes ſuas ab omnibus prædicari acciperet, & in conviviis Tlepolemum ad ſingula pocula appellari, audiret quoque inſcriptiones & ludicra carmina per urbem ab acroamatis de ipſo cani ſolita, tandem efferri cœpit, magiſque ac magis in dies intumeſcere, atque ad peregrinas ac militares largitiones eò facilius ferri. Quamobrem indignati aulici, omnia ejus facta dictaque improbabant, atque ejus faſtum ægrè ferebant. Contrà verò Soſibium comparantes admirabantur. Namque hic Regis curam majori prudentia gerere videbatur, quàm ejus ætas ferret, atque in congreſſibus cum extraneis eam ſpeciem atque auctoritatem ſervare, quàm locus ejus ac dignitas poſtulabat. Regii enim & annuli & corporis cuſtodia ipſi mandata erat. Circa hæc tempora Ptolemæus Soſibii filius à Philippo ex Macedonia eſt reverſus. qui quidem priuſquam Alexandriâ ſolviſſet, cùm ſuopte ingenio, tum ob paternas opes faſtu turgebat. Poſtquam verò in Macedoniam appulſus, cum illius aulæ juventute familiariter verſatus eſt, Macedonum virtutem in ipſa calceamenti ac veſtis proprietate poſitam eſſe ratus, cuncta hujuſmodi ſtudioſè æmulatus tum aderat; atque ex hac ſua profectione quod cum Macedonibus congreſſus fuiſſet, unum modò ſe virum eſſe ſibi perſuaſerat, cæteros verò Alexandrinos mancipia ac fatuos eſſe. Quamobrem ſtatim Tleplemo obtrectare cœpit. Porrò univerſis aulicis ei faventibus, eò quod Tlepolemus ne-

ειστείαις. ὁ δὲ πυνθανόμενος τὸν γινόμενον ἐκ πάντων ἔπαινον ὑπὲρ αὐτοῦ, καὶ τὰς ἐν τοῖς πότοις 1 ἐπιλύσεις, ἔτι δὲ τὰς ἐπιγραφάς, καὶ τὰ διὰ τῶν ἀκροαμάτων εἰς αὐτὸν ᾀδόμενα παίγνια κατὰ τὴν πόλιν, εἰς τέλος ἐχαυνοῦτο καὶ μᾶλλον ἀεὶ καὶ μᾶλλον ἐξετυφοῦτο, καὶ προχειρότερος ἐγίνετο πρὸς τὰς ξενικὰς καὶ στρατιωτικὰς χάριτας. ἐφ᾽ οἷς οἱ περὶ τὴν αὐλὴν ἀσχάλλοντες πάντα παρεσημαίνοντο, καὶ βραχέως αὐτοῦ τὴν αὐθάδειαν ὑπέφερον, τὸν δὲ Σωσίβιον ἐκ παραθέσεως ἐθαύμαζον. ἐδόκει γὰρ οὗτος τοῦ τε βασιλέως προεστάναι φρονιμώτερον ἢ κατὰ τὴν ἡλικίαν, τήν τε πρὸς τοὺς ἐκτὸς ἀπάντησιν 2 ἀξίαν ποιεῖσθαι τῆς ἐγκεχειρισμένης αὐτῷ πίστεως· αὕτη δ᾽ ἦν ἡ σφραγὶς, καὶ τὸ τοῦ βασιλέως σῶμα. κατὰ δὲ τὸν καιρὸν τοῦτον ἀνακομιζόμενος ἧκε παρὰ τοῦ Φιλίππου Πτολεμαῖος ὁ Σωτιβίου· καὶ πρὶν μὲν οὖν ἐκ τῆς Ἀλεξανδρείας ἐκπλεῦσαι, πλήρης ἦν τύφου διά τε τὴν ἰδίαν φύσιν, καὶ διὰ τὴν περιγεγενημένην ἐκ τοῦ πατρὸς εὐκαιρίαν. ὡς δὲ καταπλεύσας εἰς τὴν Μακεδονίαν, συνέμιξε τοῖς περὶ τὴν αὐλὴν νεανίσκοις, ὑπολαβὼν εἶναι τὴν Μακεδόνων ἀνδρείαν ἐν τῇ τῆς ὑποδέσεως καὶ τῇ τῆς ἐσθῆτος διαφορᾷ, παρῆν ταῦτα πάντα ἐζηλωκώς. καὶ πεπιστευμένος αὐτὸν μὲν ἄνδρα γεγονέναι διὰ τὴν ἐκδημίαν, καὶ διὰ τὸ Μακεδόσιν ὡμιληκέναι. τοὺς δὲ κατὰ τὴν Ἀλεξάνδρειαν ἀνδράποδα καὶ βλάκας διαμένειν. διόπερ εὐθέως ἐζηλοτύπει καὶ παρετρίβετο πρὸς τὸν Τληπόλεμον. πάντων δ᾽ αὐτῷ συγκατατιθεμένων τῶν περὶ τὴν αὐλήν, διά τε τὸν Τληπόλεμον καὶ τὰ πράγματα,

1 f. ἐπικλήσεις. 2 mſ. ἄξιος.

καὶ τὰ

καὶ τὰ χρήματα μὴ ὡς ἐπίτροπον, ἀλλ' ὡς κληρονόμον χειρίζειν, ταχέως ηὐξήθη τὰ τῆς διαφορᾶς. καθ' ὃν καιρὸν ὁ Τληπόλεμος προσπιπτόντων αὐτῷ λόγων δυσμενικῶν ἐκ τῆς τῶν αὐλικῶν παρατηρήσεως καὶ κακοπραγμοσύνης, τὰς μὲν ἀρχὰς παρήκουε καὶ κατεφρόνει τῶν λεγομένων. ὡς δέ ποτε καὶ κοινῇ συνεδρεύσαντες ἐτόλμησαν ἐν τῷ μέσῳ καταμέμφεσθαι τὸν Τληπόλεμον, ὡς κακῶς χειρίζοντα τὰ κατὰ τὴν βασιλείαν, οὐ παρόντος αὐτοῦ, τότε δὴ παροξυνθεὶς συνῆγε τὸ συνέδριον, καὶ παρελθὼν ἐκείνους μὲν ἔφη λάθρα καὶ κατ' ἰδίαν ποιεῖσθαι κατ' αὐτοῦ τὰς διαβολάς. αὐτὸς δ' ἔκρινε κοινῇ καὶ κατὰ πρόσωπον αὐτῶν ποιήσασθαι τὴν κατηγορίαν. ΖΗΤΕΙ ΕΝ ΤΩ ΠΕΡΙ ΔΗΜΗΓΟΡΙΩΝ.

Ὅτι μετὰ τὴν δημηγορίαν ἔλαβε καὶ τὴν σφραγῖδα παρὰ Σωσιβίου, καὶ ταύτην παρειληφὼς ὁ Τληπόλεμος, λοιπὸν ἤδη πάντα τὰ πράγματα κατὰ τὴν αὑτοῦ προαίρεσιν ἔπραττεν.

Ὅτι Ἀντιόχου τοῦ βασιλέως τὴν τῶν Γαζαίων πόλιν πορθήσαντος φησὶν ὁ Πολύβιος· ἐμοὶ γὰρ καὶ δίκαιον ἅμα καὶ πρέπον εἶναι δοκεῖ τὸ τοῖς Γαζαίοις ἀποδοῦναι τὴν καθήκουσαν μαρτυρίαν. οὐδὲν γὰρ διαφέροντες ἀνδρείᾳ τῶν κατὰ κοίλην Συρίαν πρὸς τὰς πολεμικὰς πράξεις, ἐν κοινωνίᾳ πραγμάτων καὶ τῷ τηρεῖν τὴν πίστιν πολὺ διαφέρουσι· καὶ συλλήβδην ἀνυπόστατον ἔχουσι τὴν τόλμαν. κατὰ γὰρ τὴν Περσῶν ἔφοδον ἐκπλαγέντων τῶν ἄλλων διὰ τὸ μέγεθος τῆς δυναστείας, καὶ πάντων ἐγχειρισάντων σφᾶς αὐτοὺς καὶ τὰς πατρίδας Μήδοις, μόνοι τὸ δεινὸν ὑπέμειναν, πάντες τὴν πολιορκίαν ἀναδεξάμενοι· κατὰ γὰρ τὴν Ἀλεξάνδρου παρουσίαν

gotia ac pecuniam regiam, non ut curator, sed quasi hæres administrabat, brevi dissensio in majus aucta est. At Tlepolemus cùm infensi de ipso sermones ab aulicorum observatione ac malitia profecti ad eum deferrentur, initio quidem hæc spernebat, sed postea quam consilio publicè habito cùm Tlepolemus abesset, de prava ejus administratione palàm conqueri sunt ausi, commotus tum demùm consilium coëgit, atque in medium progressus, ipsos quidem clàm & singulos seipsum calumniari dixit. Sibi verò in animo esse adversus ipsos simul omnes coràm accusationem instituere. RELIQUA PETENDA SUNT EX EXCERPTIS CONCIONUM.

Postquam Tlepolemus dicendi finem fecisset, annulum quoque a Sosibio accepit, quo accepto, cuncta deinceps arbitratu suo administravit.

De Gazensium urbe ab Antiocho vastata hæc Polybius scribit. Mihi verò æquum atque opportunum hic videtur Gazæos meritò virtutis testimonio minimè fraudare. Nam cùm fortitudine in rebus bellicis nihil à reliquis Cœlesyriæ incolis differant, tamen in societate ineunda ac servanda fide longè illos superant, & invicta quadam audacia utuntur. Nam cùm Persæ olim in Syriã irrupissent, cunctis potentiæ magnitudine attonitis, seque ac urbes suas ultrò dedentibus, soli Gazæi resistere ausi, obsidionem pertulêre. Expeditione quoque Alexandri, cùm non modò

uni-

universi deditionem fecissent, sed & Tyrus vi capta, atque in servitutem redacta esset, atque adversus vim & impetum Alexandri nulla propemodum salutis spes resistentibus appareret; soli è Syris non cessêre, sed ad omne discrimen parati nihil intentatum reliquêre. Eadem constantiâ nunc quoque usi reperiuntur. Nam dum Ptolemæo fidem præstare student, nihil penitùs ab illis est omissum. Quamobrem ut sigillatim in hoc nostro opere viros fortes collaudare solemus, ita & civitates quæ rerum honestarum studia, sive exemplo à majoribus tradito, sive sua sponte sectantur, suæ virtutis laude afficere oportet.

Philippus Rex ineunte jam hyeme qua P. Sulpitius Galba Romæ Consul creatus est, Bargyliis moratus, cùm Attalum & Rhodios intelligeret non modò copias navales non dimittere, sed remige etjam ac militibus naves instrvere, majorique animo vigiliis ac custodiæ oræ maritimæ incumbere, ipse maxima in difficultate versabatur, multaque ac varia consilia animo agitabat. Simul enim eruptionem è portu Bargyliorum timebat, ac maritimum discrimen prævidebat. Ex alia parte Macedonicis rebus diffidens, prorsus hyemare in Asia nolebat, quippe Ætolos verebatur ac Romanos. Neque enim ignorabat legationes, quæ utpote confecto jam Punico bello Romam undique adversus ipsum mittebantur. Proinde maxima anxietate distractus, cogebatur interim ibidem sedens, lupino,

1 deest τι.

οὐ μόνον τῶν ἄλλων παραδεδωκότων αὐτούς, ἀλλὰ καὶ Τυρίων ἐξηνδραποδισμένων μετὰ βίας, καὶ σχεδὸν ἀνελπίστου τῆς σωτηρίας ὑπαρχούσης τοῖς ἐναντιουμένοις πρὸς τὴν ὁρμὴν καὶ βίαν τοῦ Ἀλεξάνδρου, μόνοι τῶν κατὰ Συρίαν ὑπέστησαν καὶ πάσας ἐξελέγξαντες ἐλπίδας. τὸ δὲ παραπλήσιον ἐποίησαν καὶ κατὰ τοὺς ἐνεστῶτας καιρούς. οὐδὲν γὰρ ἀπέλειπον τῶν ἐνδεχομένων σπουδάζοντες διαφυλάξαι τὴν πρὸς τὸν Πτολεμαῖον πίστιν. διὸ καθάπερ καὶ κατ' ἰδίαν ἐπισημαινόμεθα τοὺς ἀγαθοὺς ἄνδρας ἐν τοῖς ὑπομνήμασι, τὸν αὐτὸν τρόπον χρὴ καὶ κοινῇ τῶν πόλεων τῶν ἐπ' ἀγαθῷ ποιησάσθαι μνήμην, ὅσαι [1] τῶν καλῶν ἐκ παραδόσεως τε καὶ προθέσεως πράττειν εἰώθασιν.

Ὅτι Φίλιππος ὁ βασιλεὺς τοῦ χειμῶνος ἤδη καταρχομένου καθ' ὃν Πόπλιος Σολπίκιος ὕπατος κατεστάθη ἐν Ῥώμῃ· ποιούμενος τὴν διατριβὴν ἐν τοῖς Βαργυλίοις, θεωρῶν καὶ τοὺς Ῥοδίους καὶ τὸν Ἄτταλον οὐχ οἷον διαλύοντας τὸ ναυτικόν, ἀλλὰ καὶ προσπληροῦντας ναῦς, καὶ φιλοτιμότερον προσκειμένους ταῖς φυλακαῖς, δυσχερῶς διέκειτο, καὶ πολλὰς καὶ ποικίλας εἶχε περὶ τοῦ μέλλοντος ἐπινοίας. ἅμα μὲν γὰρ ἠγωνία τὸν ἐκ τῶν Βαργυλίων ἔκπλουν, καὶ προεωρᾶτο τὸν κατὰ θάλατταν κίνδυνον. ἅμα δὲ τοῖς κατὰ τὴν Μακεδονίαν πράγμασι διαπιστῶν, οὐδαμῶς ἐβούλετο παραχειμάζειν κατὰ τὴν Ἀσίαν. φοβούμενος μὲν οὖν καὶ τοὺς Αἰτωλοὺς καὶ τοὺς Ῥωμαίους. καὶ γὰρ οὐδ' ἠγνόει τὰς ἐξαποστελλομένας κατ' αὐτοῦ πρεσβείας εἰς Ῥώμην, διότι τοῦ πέρας εἶχε τὰ κατὰ τὴν Λιβύην. ἐξ ὧν ἐδυσχρηστεῖτο μὲν ὑπερβαλλόντως, ἠναγκάζετο δὲ κατὰ τὸ παρὸν ἐπιμένων αὐτοῦ, τὸ δὴ λεγόμενον, λύκου βίον ζῆν. παρ' ὧν μὲν γὰρ ἁρπάζων καὶ κλέπτων, τοὺς δὲ ἀποβιαζόμενος, ἐνίους δὲ παρὰ φύσιν αἰκάλλων διὰ τὸ λιμώττειν αὐτοῦ τὸ στράτευμα· ποτὲ μὲν ἐσιτεῖτο κρέα, ποτὲ δὲ σῦκα, ποτὲ δὲ σιτάρια βραχέα παντελῶς, ὧν τινὰ μὲν αὐτῷ Ζεῦξις ἐχορήγει, τινὰ δὲ Μυλασεῖς, καὶ Ἀλαβανδεῖς, καὶ Μάγνητες. οὓς ὁπότε μέν τι δοῖεν, ἔσαινεν, ὅτε δὲ μὴ δοῖεν, ὑλάκτει καὶ ἐπεβούλευεν αὐτοῖς. τέλος ἐπὶ τὴν Μυλασέων πόλιν πράξεις συνεστήσατο διὰ Φιλοκλέους, ἐσφάλη δὲ διὰ τὴν ἀλογίαν τῆς ἐπιβολῆς. τὴν δ' Ἀλαβανδέων χώραν ὡς πολεμίαν κατέφθειρε, φήσας ἀναγκαῖον εἶναι πορίζειν τῷ στρατεύματι τὰ πρὸς τὴν τροφήν [παρὰ δὲ Μαγνήτων ἐπεὶ σῖτον οὐκ εἶχον, σῦκα ἔλαβε. διὸ καὶ Μυοῦντος κυριεύσας τοῖς Μάγνησιν ἐχαρίσατο τὸ χωρίον ἀντὶ τῶν σύκων.]

Ὅτι ὁ Τίτος στρατηγὸς ἦν τῶν Ῥωμαίων. τούτῳ δὲ ἐγεγόνει πάντα κατὰ νοῦν, &c. *quæ edita sunt in libro* XVII. *cap.* 12.

Ὅτι φησὶν ὁ Πολύβιος περὶ προδοτῶν. ἐμοὶ ἔστι πολλάκις μὲν, καὶ ἐπὶ πολλοῖς θαυμάζειν ἐπέρχεται τῶν ἀνθρωπίνων ἁμαρτημάτων, μάλιστα δ' ἐπὶ τῷ κατὰ τοὺς προδότας· διὸ καὶ βουλόμεθα τὰ πρέποντα τοῖς καιροῖς διαλεχθῆναι περὶ αὐτῶν. καίτοι γε οὐκ ἀγνοῶ διότι δυσθεώρητον ὁ τόπος ἔχει τι καὶ δυσπαράγραφον. τίνα γὰρ ὡς ἀληθῶς προδότην δεῖ νομίζειν, οὐ ῥᾴδιον ἀποφήνασθαι. δῆλον γὰρ ὡς οὔτε τοὺς ἐξ ἀκεραίου συμπειθομένους τῶν ἀνδρῶν πρός τινας βασιλεῖς ἢ δυνάστας 1 κοινωνεῖν πραγμάτων, εὐθέως προδότας νομιστέον· οὔτε τοὺς κατὰ περιστάσεις μεταθέντας τὰς αἰ-

ut ajunt, ritu vivere: ab his enim per furtum ac latrocinium, ab his vi rapiens, aliis præter ingenium blanditus, eò quod ejus copiæ fame laborabant, modò carnes, modò ficus, interdum frumentum oppidò modicum vescebatur. quorum partem ei Zeuxis, partem Mylasenses & Alabandenses & Magnetes suppeditabant, eisque cùm aliquid offerrent, adulabatur; cùm nihil dabant, allatrabat, & insidias comparabat. Denique Mylasensium oppido structis operâ Philoclis insidiis, ob imprudentiam frustratus recessit, & Alabandensium agros quasi hostiles vastavit, causatus alimenta militi suo conquirenda esse.

Ex libro XVII.

Omnia Tito ex animi sententia succedebant, &c. *quæ edita sunt in libro* 17. *cap.* 12.

Mihi verò sæpenumero mirari subit hominum in plerisque rebus ignorantiam, sed maximè in eo quod ad proditores spectat. Quamobrem operæpretium fore arbitror pauca de iis pro tempore ac loco disserere, atque hunc locum judicatu & explicatu difficilem esse, equidem non ignoro; qui enim revera proditor sit existimandus, definire haud facile est. Etenim constat, neque eos qui rebus integris societatis cum Regibus aut principibus ineundæ auctores sunt, neque eos qui ob temporum necessitatem cives suos ab amicitia ac societate jam con-

1 mſ. *νίαν*.

stitu-

stitutâ, ad nova fœdera cum aliis ferienda traducunt, proditores habendos esse. Multùm certè abest. quippe hujusmodi homines sæpè maximorum bonorum civibus suis auctores fuêre. Ac ne longiùs exempla repetamus, ex his quæ præ manibus nunc habemus, id facillimè perspici potest. Nisi enim Aristænetus ab Philippi societate Achæos ad amicitiam populi Romani opportunè tum traduxisset, actum erat de gente Achæorum. At nunc præter securitatem quam singulis Achæis ea tempestate præstitit, inter omnes constat ei viro, atque huic ejus consilio incrementum Reipublicæ Achæorum deberi. Itaque is non ut proditor, sed ut optime meritus, ac servator gentis ab omnibus colebatur. Idem de aliis quoque dicendum est, qui pro rerum ac temporum necessitate eadem in Republica præstant. Quare etiam Demosthenes, vir alioqui maxima laude dignus, in hac parte alicui reprehendendus fortè videatur, quod viris totius Græciæ celeberrimis temerè & absque judicio turpissimi criminis notam inussit. Etenim Cercidam & Hieronymum & Eucampidam in Arcadia, Messenæ Iphiadis filios Neonem & Thrasylochum, Argis Myrtim & Teledamum & Mnasiam, Daochum similiter ac Cineam in Thessalia, apud Bœotos autem Theogitonem ac Timolaum proditores Græciæ fuisse dicit, eò quod Philippi societatem essent amplexi. Alios quoque plures ex singulis civitatibus nominatim recenset,

τῶν πατρίδων ἀπό τινων ὑποκειμένων πρὸς ἑτέρας φιλίας καὶ συμμαχίας, οὐδὲ τούτους, πολλοῦ γε δεῖ. ἐπεί τοι γε πολλάκις οἱ τοιοῦτοι μεγίστων ἀγαθῶν γεγόνασιν αἴτιοι ταῖς ἰδίαις πατρίσιν. ἵνα δὲ μὴ πόρρωθεν τὰ παραδείγματα φέρωμεν, ἐξ αὐτῶν τῶν ἐνεστώτων ῥαδίως ἔσται τὸ λεγόμενον καταφανές. εἰ γὰρ μὴ σὺν καιρῷ τότε μετέρριψε τοὺς Ἀχαιοὺς Ἀρισταίνετος ἀπὸ τῆς Φιλίππου συμμαχίας πρὸς τὴν Ῥωμαίων, φανερῶς ἄρδην ἀπωλώλει τὸ ἔθνος. νῦν δὲ χωρὶς τῆς παρ' αὐτὸν τὸν καιρὸν ἀσφαλείας ἑκάστοις περιγινομένης, αὐξήσεως τῶν Ἀχαιῶν ὁμολογουμένως ὁ προειρημένος ἀνήρ, κἀκεῖνο τὸ διαβούλιον, αἴτιος ἐδόκει γεγονέναι. διὸ καὶ πάντες αὐτὸν οὐχ ὡς προδότην, ἀλλ' ὡς εὐεργέτην καὶ σωτῆρα τῆς χώρας ἐτίμων. ὁ δ' αὐτὸς ἂν εἴη λόγος καὶ περὶ τῶν ἄλλων, ὅσοι κατὰ τὰς τῶν καιρῶν περιστάσεις τὰ παραπλήσια τούτοις πολιτεύονται καὶ πράττουσιν. ᾗ καὶ Δημοσθένην κατὰ πολλά τις ἂν ἐπαινέσας, ἐν τούτῳ μέμψαιτο, διότι πικρότατον ὄνειδος τοῖς ἐπιφανεστάτοις τῶν Ἑλλήνων εἰκῇ καὶ ἀκρίτως προσέρριψε, φήσας ἐν μὲν Ἀρκαδίᾳ τοὺς περὶ Κερκιδᾶν, καὶ Ἱερώνυμον, καὶ Εὐκαμπίδαν προδότας γενέσθαι τῆς Ἑλλάδος, ὅτι Φιλίππῳ συνεμάχουν. ἐν δὲ Μεσσήνῃ τοὺς Φιλιάδου παῖδας Νέωνα καὶ Θρασύλοχον· ἐν Ἄργει δὲ τοὺς περὶ Μύρτιν καὶ Τελέδαμον, καὶ Μνασίαν. παραπλησίως ἐν Θετταλίᾳ μὲν τοὺς περὶ Δάοχον καὶ Κινέαν· παρὰ δὲ Βοιωτοῖς τοὺς περὶ Θεογείτονα καὶ Τιμόλαν. σὺν δὲ τούτοις καὶ πλείους ἑτέρους ἐξηρίθμηται κατὰ πόλιν ὀνομάζων. καίτοι γε πάντων μὲν τῶν προειρημένων ἀνδρῶν πολλὴν ἐχόντων λόγον καὶ φαινόμενον ὑπὲρ τῶν καθ' αὑτοὺς δικαίων· πλεῖστον δὲ τῶν ἐξ Ἀρκαδίας καὶ Μεσσήνης. οὗτοι γὰρ ἐπισπασάμενοι Φίλιππον εἰς Πελοπόννησον, καὶ ταπεινώσαντες Λακεδαιμονίους, πρῶτον μὲν ἐποίησαν ἀναπνεῦσαι καὶ λαβεῖν ἐλευθερίας ἔννοιαν πάντας τοὺς τὴν Πελοπόννησον κατοικοῦντας. ἔπειτα δὲ τὴν χώραν ἀνακομισάμενοι καὶ τὰς πόλεις, ἃς παρῄρηντο Λακεδαιμόνιοι κατὰ τὴν εὐκαιρίαν, Μεσσηνίων, Μεγαλοπολιτῶν, Τεγεατῶν, Ἀργείων, ηὔξησαν τὰς ἑαυτῶν πατρίδας ὁμολογουμένως. ἀνθ' ὧν οὐ πολεμεῖν ὤφειλον Φιλίππῳ καὶ Μακεδόσιν, ἀλλὰ πάντα κατὰ δύναμιν συνεργεῖν, ὅσα πρὸς δόξαν καὶ τιμὴν ἀνῆκεν. εἰ μὲν οὖν ταῦτ' ἔπραττον ἢ φρουρὰν παρὰ Φιλίππου δεχόμενοι ταῖς πατρίσιν, ἢ καταλύοντες τοὺς νόμους ἀφῃροῦντο τὴν ἐλευθερίαν καὶ παρρησίαν τῶν πολιτῶν χάριν τῆς ἰδίας πλεονεξίας ἢ δυναστείας, ἄξιοι τῆς προσηγορίας ἦσαν ταύτης. εἰ δὲ τηροῦντες τὰ πρὸς τὰς πατρίδας δίκαια κρίσει πραγμάτων διεφέροντο, νομίζοντες οὐ ταὐτὸ συμφέρειν Ἀθηναίοις εἶναι καὶ ταῖς ἑαυτῶν πόλεσιν, οὐ δήπου διὰ τοῦτο καλεῖσθαι προδότας ἐχρῆν αὐτοὺς ὑπὸ Δημοσθένους. ὁ δὲ πάντα μετρῶν πρὸς τὸ τῆς ἰδίας πατρίδος συμφέρον, καὶ πάντας ἡγούμενος δεῖν τοὺς Ἕλληνας ἀποβλέπειν πρὸς Ἀθηναίους, εἰ δὲ μή, προδότας ἀποκαλεῖν, ἀγνοεῖν μοι δοκεῖ καὶ πολὺ παραπαίειν τῆς ἀληθείας. ὃ πεποίηκε Δημοσθένης, ἄλλως τε

tametsi omnes illi multis & gravissimis rationibus factum suum defendere possint, atque in primis Arcades ac Messenii. Namque hi accito in Peloponnesum Philippo, cum Lacedæmonios depressissent, primùm quidem id effecerunt ut universi Peloponnesii respirare, & libertatis speciem aliquam concipere possent. Deinde recuperato agro atque oppidis & urbibus, quas Spartani cùm potentiâ valerent, Messeniis, Megalopolitanis, Tegeatibus atque Argivis eripuerant, rebus suis maximum incrementum attulêre. Pro quibus sanè meritis æquum erat, non ut Philippo ac Macedonibus bellum indicerent, sed potius ut pro virili parte honori illius & gloriæ servirent. Quod si id præstitissent, aut præsidio Macedonum in civitates suas recepto, aut Republica ac legibus sublatis libertatem ciuibus suis ademissent, suæ ipsorum potentiæ confirmandæ causa; esset cur eo nomine digni esse viderentur. sin verò omnibus officiis patriæ satisfacientes, judicio duntaxat in Republica gubernanda, & providentiâ præstiterunt cæteris, haudquaquam communes rati Atheniensibus ac suis civitatibus temporum esse rationes, non idcirco à Demosthene proditores dici debuerunt. Atenim ille patriæ suæ utilitate cuncta permensus, idque persuasum habens universos Græcos civitatem Atheniensium spectare oportere, sin minus, proditores esse appellandos, falli & à veritate procul aberrare mihi quidem videtur: præsertim cum ea quæ tum Græciæ contigerunt, non

non Demosthenis ipsius, sed Eucampidæ & Hieronymi ac Cercidæ & Iphiadis liberorum consilia suo suffragio comprobarint. Etenim Athenienses quidem immodica adversus Philippum contentione, in maximas tandem calamitates delapsi sunt, accepta ad Chæroneam clade. ac nisi Regis ipsius magnitudo animi & gloriæ cupiditas obstitisset, longè graviora ex Demosthenis consiliis adhuc perpessi fuissent. Contrà Arcadibus & Messeniis cum universis securitas à Spartanorum viribus ope illorum virorum præstita est, tum singulatim ipsorum civitatibus multa & maxima commoda accesserunt. Quibus igitur maximè id nomen competat, distinctè affirmare difficile est: sed proximè ad veritatem accesserit, qui eis tribuet quotquot difficillimis Reipublicæ temporibus, sive incolumitatis & utilitatis propriæ causa, sive ob dissensionem cum illis qui contrarias in Republica partes tuentur, patriam hostibus tradunt: vel quotquot admisso in urbem præsidio, externisque auxiliis ad consilia sua & conatus ad exitum perducendos abusi, patriam potentiorum imperio subjiciunt. Hujusmodi omnes proditorum nomine meritò censeantur: quibus nullus unquam fructus, nullum operæpretium, sed prorsus alia omnia contigerunt, ut inter omnes constat. Itaque, ut initio dixi, mirari subit, quid in animo habentes, & quibus demum rationibus adducti homines, in eam calamitatem præcipites feruntur.

1 ms. συγχωρέμ. 2 l. πλείω δυναμένων.

δὴ καὶ τῶν συμβάντων τότε τοῖς Ἕλλησιν οὐ Δημοσθένει μεμαρτυρηκότων, ὅτι καλῶς προεωράθη τὸ μέλλον, ἀλλ' Εὐκαμπίδᾳ καὶ Ἱερωνύμῳ, καὶ Κερκιδᾷ, καὶ τοῖς Φιλιάδου παισίν. Ἀθηναίοις μὲν γὰρ τῆς πρὸς Φίλιππον ἀντιπαραγωγῆς τὸ τέλος ἀπέβη τὸ πεῖραν λαβεῖν τῶν μεγίστων συμπτωμάτων ἀτυχήσασι τῇ μάχῃ περὶ Χαιρώνειαν. εἰ δὲ μὴ διὰ τὴν τοῦ βασιλέως μεγαλοψυχίαν καὶ φιλοδοξίαν, καὶ πορρωτέρω τὰ τῆς ἀτυχίας ἂν αὐτοῖς προέβη διὰ τὴν Δημοσθένους πολιτείαν. διὰ δὲ τοὺς προειρημένους ἄνδρας, κοινῇ μὲν Ἀρκάσι καὶ Μεσσηνίοις ἀπὸ Λακεδαιμονίων ἀσφάλεια καὶ ῥᾳστώνη παρεσκευάσθη. κατ' ἰδίαν δὲ ταῖς αὐτῶν πατρίσι πολλὰ καὶ λυσιτελῆ συνεξηκολούθησε. τίσιν οὖν εἰκότως ἂν ἐπιφέροι τις τὴν ὀνομασίαν ταύτην, ἔστι μὲν δυσπαράγραφον. μάλιστα δ' ἂν προστρέχοι πρὸς τὴν ἀλήθειαν ἐπὶ τοὺς τοιούτους φέρων, ὅσοι τῶν ἀνδρῶν κατὰ τὰς ὁλοσχερεῖς περιστάσεις, ἢ τῆς ἰδίας ἀσφαλείας καὶ λυσιτελείας χάριν, ἢ τῆς πρὸς τοὺς ἀντιπολιτευομένους διαφορᾶς ἐγχειρίζουσι τοῖς ἐχθροῖς τὰς πόλεις. ἢ καὶ νὴ Δία πάλιν, ὅσοι φρουρὰν εἰσδεχόμενοι καὶ [1] συγχρώμενοι ταῖς ἔξωθεν ἐπικουρίαις πρὸς τὰς ἰδίας ὁρμὰς καὶ προθέσεις, ὑποβάλλουσι τὰς πατρίδας ὑπὸ τὴν τῶν [2] πλεόνων δυνάμεων ἐξουσίαν. τοὺς τοιούτους ὑπὸ τὸ τῆς προδοσίας ὄνομα μετρίως ἄν τις ὑποτάττοι πάντας. οἷς λυσιτελὲς μὲν ἀληθῶς ἢ καλὸν οὐδὲν οὐδέποτε συνεξηκολούθησε, τὰ δ' ἐναντία πᾶσιν ὁμολογουμένως. ἢ καὶ θαυμάζειν ἔστι πρὸς τὸν ἐξαρχῆς λόγον, πρὸς τί ποτε βλέποντες ἢ τίσι χρώμενοι διαλογισμοῖς ὁρμῶσι πρὸς τὴν τοιαύτην ἀτυχίαν. οὔτε γὰρ ἔλαθε πώποτε προδοὺς οὐδεὶς πόλιν, ἢ στρατόπεδον, ἢ φρούριον, ἀλλὰ κἂν παρ᾽ αὐτὸν τὸν τῆς πράξεως καιρὸν ἀγνοηθῇ τις, ὅ γε ἐπιγινόμενος χρόνος ἐποίησε φανεροὺς ἅπαντας, οὐδὲ μὴν γνωσθεὶς οὐδεὶς, οὐδέποτε μακάριον ἔσχε βίον· ἀλλ᾽ ὡς μὲν ἐπίπαν ὑπ᾽ αὐτῶν τούτων, οἷς χαρίζονται τυγχάνουσι τῆς ἁρμοζούσης τιμωρίας. χρῶνται μὲν γὰρ τοῖς προδόταις οἱ στρατηγοὶ καὶ δυνάσται πολλάκις διὰ τὸ συμφέρον. ὅταν γε μὴν ἀποχρήσωνται, χρῶνται λοιπὸν ὡς προδόταις, κατὰ τὸν Δημοσθένην μάλ᾽ εἰκότως ἡγούμενοι τὸν ἐγχειρίσαντα τοῖς ἐχθροῖς τὴν πατρίδα καὶ τοὺς ἐξ ἀρχῆς φίλους, μηδέποτ᾽ ἂν εὔνουν σφίσι γενέσθαι, μηδὲ διαφυλάξαι τὴν πρὸς αὐτοὺς πίστιν. οὐ μὴν ἀλλ᾽ ἐὰν καὶ τὰς τούτων διαφύγωσι χεῖρας, τάς γε δὴ τῶν παραδοθέντων οὐ ῥᾳδίως ἐκφυγγάνουσιν. ἐὰν δέ ποτε καὶ τὰς ἀμφοτέρων τούτων ἐπιβουλὰς διολισθωσιν, ἥ γε παρὰ τοῖς ἄλλοις ἀνθρώποις φήμη τιμωρὸς αὐτοῖς ἕπεται παρ᾽ ὅλον τὸν βίον, πολλοὺς μὲν φόβους ψευδεῖς, πολλοὺς δ᾽ ἀληθεῖς παριστάνουσα, καὶ νύκτωρ, καὶ μεθ᾽ ἡμέραν. πᾶσι δὲ συνεργοῦσα καὶ συνυποδεικνύουσα τοῖς κακόν τι κατ᾽ ἐκείνων βουλομένοις. τὸ δὲ τελευταῖον οὐδὲ κατὰ τοὺς ὕπνους ἐῶσα λήθην αὐτοὺς ἔχειν τῶν ἡμαρτημένων. ἀλλ᾽ ὀνειρώττειν ἀναγκάζουσα πᾶσαν [illegible] ἐπιβουλῆς καὶ περιπετείας, [illegible] ἑαυτοῖς τὴν ὑπάρχουσαν ἐκ πάντων ἀλλοτριότητα πρὸς [illegible] τὸ κοινὸν μῖσος. ἀλλ᾽ ὅμως τοια[illegible]ας ἐχόντων οὐδεὶς οὐδέποτε [illegible] ἢ τόσου τε προδότου. πλὴν τελείως ὀλίγων τινῶν. ἐξ ὧν εἰκότως εἴ[illegible] ἄν, ὅτι τὸ τῶν ἀνθρώπων

Neque enim quisquam cùm aut exercitum, aut urbem, aut præsidium prodidisset, unquam látuit: sed tametsi in ipso facinore latuerit, mox secuto tempore est detectus. Nullus porrò eorum deprehensus reliquum vitę feliciter duxit. sed ut plurimum ab iis ipsis quibus gratificati sunt, meritâ pœnâ afficiuntur. Plerumque enim duces ac principes utilitatis suę causâ illorum opera uti solent; cæterùm ubi rem ad exitum perduxerunt, iisdem tanquam proditoribus utuntur, sicut ait Demosthenes. idque sanè jure optimo. quippe ita existimant, eum qui patriam ac veteres amicos hostibus prodiderit[1], nunquam benevolum ac fidum suis partibus futurum. Quod si illorum manus fortè effugerint, at eorum quos prodiderint non effugient. Sin verò utriusque partis insidias declinaverint, fama certè ultrix ubique terrarum eis imminet quoad vivunt, multasque modò inanis, modò veri metus causas dies noctesque suggerit, & eorum inimicis suffragatur, ac varias nocendi ansas subministrat. Postremò ne noctu quidem scelerum suorum eos oblivisci patitur, sed omnis generis insidias atque casus in somnis exhorrescere cogit, ut qui sibi conscii sint, malevolentiæ omnium hominum & publici in seipsos odii. Quæ cùm ita sint, nihilominus tamen nemini unquam cui opus esset, proditor defuit. Proinde non injuriâ quis dixerit, hominum ge-

1 Hæc edita sunt in libri 17. c. 13.

nus

nus cùm verſutiâ & calliditate cætera animalia ſuperare videatur, multa tamen dici poſſe cur deterrimum habeatur. Nam cæteræ animantes quæ ſolis corporis cupiditatibus ſerviunt, per has duntaxat in fraudem labuntur. at humanum genus variis præterea opinionibus inductum, non pauciora per imprudentiam peccat quàm naturæ vitio. Atque hæc quidem de his à nobis dicta ſint.

Attalus Rex antea quidem à Sicyoniis impensè colebatur, ex quo ſacrum Apollinis agrum grandi pecunia eis redemerat: in cujus beneficii gratiam coloſſum ejus decem cubitûm altitudine juxta Apollinem in foro poſuerunt. tum verò cùm decem talenta civitati dono dediſſet, & decem millia medimnûm frumenti; majori benevolentia eum complexi, & auream ſtatuam illi decreverunt, & ſolenne ſacrum quotannis fieri lege lata ſanxerunt. His honoribus affectus Attalus, Cenchreas abiit.

Nabis tyrannus relicto ad præſidium urbis Argivorum Timocrate Pellenenſi, cujus fide atque operâ in graviſſimis negociis utebatur Spartam regreſſus, paucis poſt diebus uxorem eò remiſit, mandans ut cùm primùm Argos veniſſet, cogendæ pecuniæ incumberet. Illa Argos ingreſſa, crudelitatem Nabidis longo intervallo ſuperavit. Nunc enim ſingulas illuſtres feminas, nunc ſimul plures genere inter ſe junctas domum accerſendo, vi ac tormentis omnibus compellebat, donec non aureum modò ornatum, ſed veſtem

γένος δοκοῦν πανουργότατον εἶναι τῶν ζώων, πλείω ἔχει λόγον τοῦ φαυλότατον ὑπάρχειν. τὰ μὲν γὰρ ἄλλα ζῶα ταῖς τοῦ σώματος ἐπιθυμίαις αὐταῖς δουλεύοντα, διὰ μόνας ταύτας σφάλλεται. τὸ δὲ τῶν ἀνθρώπων γένος καὶ προσδεδοξοποιημένον, οὐχ ἧττον διὰ τὴν ἀλογιστίαν ἢ διὰ τὴν φύσιν ἁμαρτάνει. καὶ ταῦτα μὲν ἡμῖν ἐπὶ τοσοῦτον εἰρήσθω.

Ὅτι ὁ βασιλεὺς Ἄτταλος ἐτιμᾶτο μὲν καὶ πρότερον ὑπὸ τῆς τῶν Σικυωνίων πόλεως διαφερόντως, ἐξ οὗ τὴν ἱερὰν χώραν τοῦ Ἀπόλλωνος ἐλυτρώσατο χρημάτων αὐτοῖς οὐκ ὀλίγων. ἀνθ' ὧν καὶ τὸν κολοσσὸν αὐτοῦ τὸν δεκάπηχυν ἔστησαν παρὰ τὸν Ἀπόλλωνα τὸν περὶ τὴν ἀγοράν. τότε δὲ πάλιν αὐτοῦ δέκα τάλαντα δόντος καὶ μυρίους μεδίμνους πυρῶν, πολλαπλασίως ἐπιταθέντες ταῖς εὐνοίαις, εἰκόνα τε χρυσῆν ἐψηφίσαντο καὶ θυσίαν αὐτῷ συντελεῖν κατ' ἔτος ἐνομοθέτησαν. Ἄτταλος μὲν οὖν τυχὼν τῶν τιμῶν τούτων ἀπῆρεν εἰς Κεγχρεάς.

Ὅτι Νάβις ὁ τύραννος ἀπολιπὼν ἐπὶ τῆς τῶν Ἀργείων πόλεως Τιμοκράτην τὸν Πελληνέα, διὰ τὸ μάλιστα τούτῳ πιστεύειν 1 καὶ χρῆσθαι πρὸς τὰς ἐπιφανεστάτας πράξεις, ἐπανῆλθεν εἰς τὴν Σπάρτην, καὶ μετά τινας ἡμέρας ἐξέπεμψε τὴν γυναῖκα, δοὺς ἐντολὰς παραγενομένην εἰς Ἄργος περὶ πόρον γίνεσθαι χρημάτων. ἡ δὲ ἀφικομένη πολὺ κατὰ τὴν ὠμότητα Νάβιν ὑπερέθετο. ἀνακαλεσαμένη γὰρ τῶν γυναικῶν τινὰς μὲν κατ' ἰδίαν, τινὰς δὲ κατὰ συγγένειαν, πᾶν γένος αἰκίας καὶ βίας προσέφερε. μέχρι σχεδὸν ἁπασῶν οὐ μόνον τὸν

1 mſ. κεχρῆσθαι.

χρυσοῦν ἀφείλετο κόσμον, ἀλλὰ καὶ τὸν ἱματισμὸν τὸν πολυτελέστατον.

Οἷς ποτὲ συμβέβηκε τὸ ταῖς μὲν ἐν ταῖς ἐπιτυχίαις ἐξουσίαις, &c. *quæ edita sunt in lib.* XVII. *c.* 29.

Ἤδη γὰρ κατὰ τὴν Ἑλλάδα τῆς δωροδοκίας ἐπιπολαζούσης καὶ τοῦ μηδένα μηδὲν δωρεὰν πράττειν, καὶ τοῦ χαρακτῆρος τούτου νομιστευομένου παρὰ τοῖς Αἰτωλοῖς, οὐκ ἐδύναντο πιστεύειν διότι χωρὶς δώρων ἡ τηλικαύτη μεταβολὴ γέγονε τοῦ Τίτου πρὸς τὸν Φίλιππον· οὐκ εἰδότες τὰ Ῥωμαίων ἔθη καὶ νόμιμα περὶ τοῦτο τὸ μέρος. [ἀλλ' ἐξ αὑτῶν τεκμαιρόμενοι καὶ συλλογιζόμενοι, διότι τὸν μὲν Φίλιππον εἰκὸς ἦν προτείνειν πλῆθος χρημάτων διὰ τὸν καιρόν· τὸν δὲ Τίτον μὴ δύνασθαι τούτοις ἀντοφθαλμεῖν] ἐγὼ δὲ κατὰ μὲν τοὺς ἀνωτέρω χρόνους καὶ κοινὴν ἂν ποιούμενος ἀπόφασιν ἐθάῤῥησα ἂν περὶ πάντων Ῥωμαίων εἰπεῖν, ὡς οὐδὲν ἂν πράξαιεν τοιοῦτον. λέγω δὲ πρότερον ἢ τοῖς διαποντίοις αὐτοὺς ἐγχειρῆσαι πολέμοις, ἕως ἐπὶ τῶν ἰδίων ἐθῶν καὶ νομίμων ἔμενον. ἐν δὲ τοῖς νῦν καιροῖς περὶ πάντων μὲν οὐκ ἂν τολμήσαιμι τοῦτ' εἰπεῖν. κατ' ἰδίαν μέντοι γε περὶ πλειόνων ἀνδρῶν ἐν Ῥώμῃ θαῤῥήσω ἂν ἀποφήνασθαι, διότι δύνανται τὴν πίστιν ἐν τούτῳ τῷ μέρει διαφυλάττειν· μαρτυρίας δὲ χάριν ὁμολογούμενα δύο ὀνόματα, τοῦ μὴ δοκεῖν ἀδύνατα λέγειν. Λεύκιος μὲν γὰρ Αἰμύλιος ὁ Περσέα νικήσας, κύριος γενόμενος τῆς Μακεδόνων βασιλείας, ἐν ᾗ

1 hæc supplevi ex Excerptis legationum Polybii, pag. 1097.

quoque preciosissimam ferè universis ademit.

Ex Libro XVIII.

Accidit hoc & aliis fortasse jam antè, &c. *quæ edita sunt in lib.* 17. *cap.* 29.

Jam enim inter Græcos grassabatur sordida hæc munerum captatio, gratis nemine quidquam faciente. quæ morum nota cùm ubique pro legitima obtineret apud Ætolos, persuadere sibi illi non poterant gratuito contigisse eam Titi erga Philippum voluntatis mutationem, ignari moris hac in parte institutique Romanorum. verùm ex seipsis conjectura ducta perquam probabile esse disputabant, Philippum quidem tempori servientem, pecuniæ vim magnam offerre; Titum verò oculos contrà attollere non sustinere. Ego verò superioribus quidem temporibus generaliter pronuncians, de omnibus Romanis affirmare non dubitaverim, eos hujusmodi aliquid nunquam esse facturos; antequam scilicet transmarina suscepissent bella, dum consuetudines moresque majorum servabant. Nunc verò his temporibus de omnibus quidem asserere id non ausim, sed sigillatim de pluribus civibus Romanis id asseverare haudquaquam verear, eos hac in parte fidem atque integritatem præstare posse. Ne cui autem fortè falsa commentus esse videar, duorum virorum exempla apud omnes sine controversia recepta hîc adducam. L. Æmilius, is qui Persem superavit, regno Macedonum potitus, in quo præter reli-

quam

quam supellectilem & cæteras opes, auri argentique plus quàm sex millia talentûm in thesauris ipsis reperta sunt, non modò nihil ex iis concupivit, sed ne ipse quidem spectare ea dignatus, per alios cuncta administravit, tametsi rei familiaris amplam copiam non haberet, quin potius inopiâ laboraret. Etenim cùm haud multò post Persicum illud bellum è vita abiisset, Pub. Scipio & Q. Maximus naturales ejus filii, cùm uxori dotem quinque ac viginti talenta restituere vellent, tanta difficultate pecuniæ laboraverunt, ut prorsus tandem dissolvere id nomen non potuerint, nisi domestica supellectile & mancipiis, & præterea aliquot prædiis priùs distractis. Quod si fortasse id alicui incredibile videbitur, veritatem ejus rei assequi in promptu est. Nam cùm pleraque ac maximè bujusce generis facinora ab ipsis Romanis in dubium revocentur, propter mutuas contentiones atque inimicitias, hoc quod dixi uno omnium consensu firmari quisquis interrogaverit; deprehendet. Pub. item Scipio, naturâ quidem Lucii filius, Publii verò Africani, qui Magnus cognominatus est, adoptione nepos, Carthaginis compos factus, quæ urbs totius orbis locupletissima habebatur, nihil ex ea prorsus neque emptionis titulo, neque alia ratione comparatum in privatum usum traduxit: quamvis ille non magnis opibus abundaret, sed modicis facultatibus, utpote Romanus, esset instructus. Neque verò solùm à Cartha

τῆς ἄλλης χωρὶς κατασκευῆς καὶ χορηγίας, ἐν αὐτοῖς εὑρέθη τοῖς θησαυροῖς ἀργυρίου καὶ χρυσίου πλείω τῶν ἑξακισχιλίων ταλάντων, οὐχ οἷον ἐπεθύμησε τούτων τινὸς, ἀλλ' οὐδ' αὐτόπτης ἠβουλήθη γενέσθαι. δι' ἑτέρων δὲ τὸν χειρισμὸν ἐποιήσατο τῶν προειρημένων. καίτοι κατὰ τὸν ἴδιον βίον οὐ περιττεύων τῇ χορηγίᾳ, τὸ δ' ἐναντίον ἐλλείπων μᾶλλον· μεταλλάξαντος γοῦν αὐτοῦ τὸν βίον οὐ πολὺ κατόπιν τοῦ πολέμου, βουληθέντες οἱ κατὰ φύσιν υἱοὶ Πόπλιος Σκιπίων, καὶ Κόιντος Μάξιμος ἀποδοῦναι τῇ γυναικὶ τὴν φερνὴν εἴκοσι τάλαντα καὶ πέντε, ἐπὶ τοσοῦτον ἐδυσχρηστήθησαν, ὡς οὐδ' εἰς τέλος ἐδυνήθησαν, εἰ μὴ τὴν ἐνδουχίαν ἀπέδοντο καὶ τὰ σώματα, καὶ σὺν τούτοις ἔτι τινὰς τῶν κτήσεων. εἰ δέ τισιν ἄπιστον τὸ λεγόμενον ἐοικέναι δόξει, ῥᾴδιον ὑπὲρ τούτου λαβεῖν πίστιν. πολλῶν γὰρ ἀμφισβητουμένων παρὰ Ῥωμαίοις, καὶ μάλιστα περὶ τοῦτο τὸ μέρος διὰ τὰς πρὸς ἀλλήλους ἀντιπαραγωγὰς, ὅμως τὸ νῦν εἰρημένον ὑφ' ἡμῶν, ὁμολογούμενον εὑρήσει παρὰ πᾶσιν ὁ ζητῶν. καὶ μὴν Πόπλιος Σκιπίων ὁ τούτου μὲν κατὰ φύσιν υἱὸς, Ποπλίου δὲ τοῦ μεγάλου κληθέντος κατὰ θέσιν υἱωνὸς, κύριος γενόμενος τῆς Καρχηδόνος ἥτις ἐδόκει πολυχρημονεστάτη τῶν κατὰ τὴν οἰκουμένην εἶναι πόλεων, ἁπλῶς τῶν ἐξ ἐκείνης οὐδὲν εἰς τὸν ἴδιον βίον μετήγαγεν, οὔτ' ὠνησάμενος, οὔτ' ἄλλῳ τρόπῳ κτησάμενος οὐδέν. καίπερ οὐχ ὅλως εὐπορούμενος κατὰ τὸν βίον, ἀλλὰ μέτριος ὢν κατὰ τὴν ὕπαρξιν ὡς Ῥωμαῖος. οὐχ οἷον δὲ τῶν ἐξ αὐτῆς τῆς Καρχηθῖνος ἀπέσχετο μόνον, ἀλλὰ καὶ καθόλου τῶν ἐκ τῆς Λιβύης οὐδὲν ἐπιμιχθῆναι πρὸς τὸν ἴδιον εἴασε βίον. περὶ δὲ τούτου πάλιν τἀνδρὸς ὁ ζητῶν ἀληθινῶς, ἀναμφισβήτητον εὑρήσει παρὰ Ῥωμαίοις τὴν περὶ τοῦτο τὸ μέρος δόξαν. ἀλλὰ γὰρ ὑπὲρ μὲν τούτων οἰκειότερον λαβόντες καιρὸν, ποιησόμεθα ἐπιπλεῖστον διαστολήν· ὁ δὲ Τίτος ταξάμενος ἡμέραν, *& caetera, quae edita sunt in Excerptis legationum, p.* 1097 *quae ad librum* 18. *pertinent.*

Οἷς φησὶν ὁ Πολύβιος ἐν τῷ ιη' λόγῳ ὅτι Ἄτταλος ἐτελεύτησε τὸν βίον. ὑπὲρ οὗ δίκαιόν ἐστι, καθάπερ καὶ περὶ τῶν ἄλλων εἰθίσμεθα, ποιεῖν, καὶ περὶ τούτου νῦν ἐπιφθέγξασθαι τὸν ἁρμόζοντα λόγον. ἐκείνῳ μὲν γὰρ ἐξ ἀρχῆς ἄλλο μὲν οὐδὲν ἐφόδιον ὑπῆρξε πρὸς βασιλείαν τῶν ἐκτὸς, πλούτου δὲ μόνον. ὃς μετὰ νοῦ μὲν καὶ τόλμης χειριζόμενος, ὡς ἀληθῶς μεγάλην παρέχεται χρείαν πρὸς πᾶσαν ἐπιβολήν. ἄνευ δὲ τῶν προειρημένων, τοῖς πλείστοις κακῶν παραίτιος πέφυκε γίνεσθαι καὶ συλλήβδην ἀπωλείας. καὶ γὰρ φθόνους γεννᾷ καὶ ἐπιβουλὰς, καὶ πρὸς διαφθορὰν σωμάτων καὶ ψυχῆς μεγίστας ἔχει ῥοπάς· ὀλίγαι δέ τινες εἰσὶ ψυχαὶ παντάπασιν, αἱ ταῦτα δυνάμεναι διωθεῖσθαι τῇ τοῦ πλούτου δυνάμει. διὸ καὶ τοῦ προειρημένου ἄξιον ἀγασθῆναι τὴν μεγαλοψυχίαν, ὅτι πρὸς οὐδὲν τῶν ἄλλων ἐπεβάλετο χρῆσθαι τοῖς χορηγίοις, ἀλλὰ πρὸς βασιλείας κατάκτησιν. οὗ μεῖζον ἢ κάλλιον οὐδὲν οἷόν τέ ἐστιν οὐδ' εἰπεῖν. ὃς τὴν ἀρχὴν ἐνεστήσατο τῆς προειρημένης ἐπιβολῆς, οὐ μόνον διὰ τῆς εἰς τοὺς φίλους εὐεργεσίας καὶ χάριτας, ἀλλὰ καὶ διὰ τῶν κατὰ πόλεμον ἔργων· νικήσας γὰρ μάχῃ Γαλάτας, ὃ βαρύ

ginensi præda abstinvit, sed omnino nihil ex Africæ divitiis cum suis bonis commisceri est passus. Atque hanc hujus viri in eo genere gloriam apud Romanos indubitatam esse si quis inquirere voluerit, comperiet. Verùm de his omnibus commodiori loco distinctè & accuratè tractabimus. At Titus constitutâ cum Philippo die, *&c. quæ edita sunt in Excerptis Legationum, cap.* 6. *pag.* 1097.

Attalus Rex è vita discessit, quem quidem, ut & in aliis omnibus facere consuevimus, suo elogio ornare, jus fasque est. Huic enim viro nullum ad spem regni subsidium præter divitias fortuna dederat. quæ si cum prudentia & audacia administrentur, maximas ad omnem conatum afferunt utilitates. secùs, gravium malorum ac postremò interitus causa plerisque esse solent. Nam & invidiam & insidias pariunt, & ad corporis animique perniciem maxima habent momenta. Ac paucissima ingenia reperias, quæ divitiarum adminiculo hujusmodi mala propulsare possint. Quare illius viri magnitudinem animi mirari convenit, qui nullius alterius rei causa, sed ad regnum sibi comparandum opibus uti instituit, quo certè nihil majus aut illustrius dici potest. atque id primum aggressus est non modò liberalitate & gratia erga amicos, sed etiam auxilio rei militaris: Superatis enim prælio Galliis quæ gens maximè ter-

ribilis

ribilis ac bellicosissima tum in Asia erat, tum primùm regium nomen palam sibi adscivit. qua dignitate per quatuor & quadraginta annos potitus, (vixit enim annis duobus & septuaginta) singulari modestia & gravitate cum uxore ac liberis vixit, & sociis omnibus atque amicis fidem præstitit: ac postremò præclarissimis rebus est immortuus, pro libertate Græciæ contendens. quodque præcipuum est, quatuor filiis adolescentibus relictis regnum adeo stabile ac firmum transmisit, ut ad tertiam stirpem tranquilla & pacata ejus possessio pervenerit.

Polycrates Cypri Præfectus jam inde à Ptolemæi patris temporibus, &c. *quæ edita sunt in libro 17. cap. ult.*

Ex Libro XX.

Bœotorum res jamdudum malè habebant, atque à pristino illo vigore ac Reipublicæ splendore longè aberant. Nam Bœoti cùm Leuctricis temporibus maximam gloriam ac potentiam adepti essent, nescio quo pacto paulatim deinceps utramque imminverunt Prætore Amæocrito. exinde verò non imminuerunt solùm, sed prorsus ad contraria studia conversi, pristinam laudem extinxerunt. Cùm enim Achæi in bellum cum Ætolis eos conjecissent, Bœoti amicitia & societate cum Achæis facta, posthac assiduè adversus Ætolos pugnabant: cumque Ætoli in Bœotiam cum exercitu aliquando irrupissent, Bœoti cum omni juventute egressi,

τατον καὶ μαχιμώτατον ἔθνος ἦν τότε κατὰ τὴν Ἀσίαν, ταύτην ἀρχὴν ἐποιήσατο, καὶ τότε πρῶτον αὑτὸν ἔδειξε βασιλέα. τυχὼν δὲ τῆς τιμῆς ταύτης, καὶ βιώσας ἔτη δύω πρὸς τοῖς ό. τούτων δὲ βασιλεύσας μ΄. καὶ δ΄. σωφρονέστατα μὲν ἐβίωσε καὶ σεμνότατα πρὸς γυναῖκα καὶ τέκνα· διεφύλαξε δὲ τὴν πρὸς πάντας τοὺς συμμάχους καὶ φίλους πίστιν· ἐναπέθανε δὲ ἐν αὐτοῖς τοῖς καλλίστοις ἔργοις, ἀγωνιζόμενος ὑπὲρ τῆς τῶν Ἑλλήνων ἐλευθερίας. τὸ δὲ μέγιστον δ΄. υἱοὺς ἐν ἡλικίᾳ καταλιπὼν, οὕτως ἡρμόσατο τὰ κατὰ τὴν ἀρχὴν, ὥστε μέχρι παίδων ἀστασίαστον παραδοθῆναι τὴν βασιλείαν.

Ὅτι Πολυκράτης ὁ τῆς Κύπρου ἄρχων ἐπὶ Πτολεμαίου τοῦ παιδὸς, &c. *quæ sunt edita inter Excerpta lib. 17. cap. ult.*

ΛΟΓΟΣ κ΄.

Ὅτι Βοιωτοὶ ἐκ πολλῶν ἤδη χρόνων καχεκτοῦντες ἦσαν, καὶ μεγάλην εἶχον διαφορὰν πρὸς τὴν γεγενημένην εὐεξίαν, καὶ δόξαν αὐτῶν τῆς πολιτείας. οὗτοι γὰρ μεγάλην περιποιησάμενοι καὶ δόξαν καὶ δύναμιν ἐν τοῖς Λευκτρικοῖς καιροῖς, οὐκ οἶδ᾽ ὅπως κατὰ τὸ συνεχὲς ἐν τοῖς ἑξῆς χρόνοις ἀφῄρουν ἀμφοτέρων ἀεὶ τῶν προειρημένων, ἔχοντες στρατηγὸν Ἀμαιόκριτον. ἀπὸ δὲ τούτων τῶν καιρῶν οὐ μόνον ἀφῄρουν, ἀλλ᾽ ἁπλῶς εἰς τἀναντία τραπέντες, καὶ τὴν προϋπάρχουσαν δόξαν ἐφ᾽ ὅσον οἷοί τ᾽ ἦσαν ἠμαύρωσαν. Ἀχαιῶν γὰρ αὐτοὺς πρὸς Αἰτωλοὺς ἐκπολεμωσάντων, μετασχόντες τούτοις τῆς αὐτῆς αἱρέσεως, καὶ ποιησάμενοι συμμαχίαν, μετὰ ταῦτα κατὰ τὸ συνεχὲς ἐπολέμουν πρὸς Αἰτωλούς. ἐμβαλόντων δὲ μετὰ δυνάμεως εἰς τὴν Βοιωτίαν τῶν Αἰτωλῶν, ἐκστρατεύσαντες πανδη-

πανδημεί, καὶ τῶν Ἀχαιῶν ἠθροισμένων καὶ μελλόντων παραβοηθεῖν, οὐκ ἐκδεξάμενοι τὴν τούτων παρουσίαν συνέβαλον τοῖς Αἰτωλοῖς. ἡττηθέντες δὲ κατὰ τὸν κίνδυνον οὕτως ἀνέπεσον ταῖς ψυχαῖς, ὥστ' ἀπ' ἐκείνης τῆς χρείας, ἁπλῶς οὐδενὸς ἔτι τῶν καλῶν ἀμφισβητεῖν ἐτόλμησαν· οὐδ' ἐκοινώνησαν οὔτε πράξεως, οὔτ' ἀγῶνος οὐδενὸς ἔτι τοῖς Ἕλλησι μετὰ κοινοῦ δόγματος, ἀλλ' ὁρμήσαντες πρὸς εὐωχίαν καὶ μέθας, οὐ μόνον τοῖς σώμασιν ἐξελύθησαν, ἀλλὰ καὶ ταῖς ψυχαῖς. τὰ δὲ κεφάλαια τῆς κατὰ μέρος ἀγνοίας ἐχειρίσθη παρ' αὐτοῖς τὸν τρόπον τοῦτον. μετὰ γὰρ τὴν προειρημένην ἧτταν εὐθέως ἐγκαταλιπόντες τοὺς Ἀχαιοὺς, προσένειμαν Αἰτωλοῖς τὸ ἔθνος. ἀνελομένων δὲ καὶ τούτων πόλεμον μετά τινα χρόνον πρὸς Δημήτριον τὸν Φιλίππου πατέρα, πάλιν ἐγκαταλιπόντες τούτους, καὶ παραγενομένου Δημητρίου μετὰ δυνάμεως εἰς τὴν Βοιωτίαν, οὐδενὸς πεῖραν λαβόντες τῶν δεινῶν ὑπέταξαν σφᾶς αὐτοὺς ὁλοσχερῶς Μακεδόσι. βραχέος δὲ αἰθύγματος ἐγκαταλειπομένου τῆς προγονικῆς δόξης, ἦσάν τινες οἱ δυσαρεστοῦντες τῇ παρούσῃ καταστάσει, καὶ τῷ πάντα πείθεσθαι Μακεδόσι. διὸ καὶ μεγάλην ἀντιπολιτείαν εἶναι συνέβαινε τούτοις πρὸς τοὺς περὶ τὸν Ἀσκώνδαν, καὶ Νέωνα τοὺς Βραχύλλου προγόνους· οὗτοι γὰρ ἦσαν οἱ μάλιστα τότε μακεδονίζοντες. οὐ μὴν ἀλλὰ τέλος κατίσχυσαν οἱ περὶ τὸν Ἀσκώνδαν, γενομένης τινὸς περιπετείας τοιαύτης. Ἀντίγονος μετὰ τὸν Δημητρίου θάνατον ἐπιτροπεύσας Φιλίππου, πλέων ἐπί τινας πράξεις πρὸς τὰ ἔσχατα τῆς Βοιωτίας πρὸς

non expectato Achæorum auxilio, qui copias contraxerant, jamque præsto erant futuri, cum Ætolis conflixerunt. Quo in prælio victi, adeo animos desponderunt, ut nullum deinceps certamen de laude & gloria suscipere ausi fuerint, neque ullius præclari facinoris aut prælii societatem cum ullo Græcorum ex publico decreto coïverint: sed ad convivia & crapulas conversi, & animorum vim & corporum fregerint. Quæ res, (ut singula ab his imprudenter facta in unum conferam,) ita evenit. Post suprà dictam cladem, relicta statim Achæorum societate, Ætolis gentem adjunxerunt. Cùm verò Ætoli bellum adversus Demetrium Philippi patrem aliquanto post suscepissent, his rursus relictis, Demetrio cum copiis Bœotiam ingresso, se suaque omnia dedidere, nullo priùs tentato belli discrimine. Cæterùm cùm modica quædam scintilla pristinæ majorum gloriæ adhuc in quibusdam viveret, erant qui præsentem rerum statum atque impensum illud erga Macedones obsequium ægrè ferrent. Proinde his maximæ in Republica dissensiones atque altercationes fuere cum Asconda ac Neone Brachyllis majoribus. Hi enim Macedonum partes studiosissimè fovebant. Tandem verò Ascondæ factio superior evasit hoc pacto. Antigonus is qui post Demetrii obitum Philippi tutelam gessit, cujusspiam negotii causâ, ad extremos Bœotiæ fines cùm navigaret, repentè æstu maris circa

Labry-

Labrynam exorto naves ejus in sicco destitutæ sunt. Ac tum fortè perlatâ famâ Antigonum in Bœotiam irruptionem parare, Neo Præfectus equitum, custodiendæ regionis causa universum equitatum Bœotorum circumducens, laboranti Antigono, & eo casu tum maximè turbato, supervenit. cumque maximo damno Macedonas afficere posset, præter ipsorum spem visus est iis pepercisse; quod ejus factum cæteris quidem Bœotis placuit, at Thebani minimè approbaverunt. Cæterùm Antigonus accedente paulò post mari, allevatisque navibus, Neoni quidem multam gratiam habuit, quod in attonitos eo periculo impetum non fecisset. ipse institutam in Asiam navigationem persecutus est. Itaque victo postea Cleomene Spartano Lacedæmonis potitus, curatorem urbis Brachyllem reliquit. Neque verò tunc duntaxat hujus familiæ curam habuit, sed continuè partim ipse, partim Philippus pecuniam viresque suppeditantes, brevi contrariam Thebis factionem afflixere, cunctosque ad colendas Macedonum partes præter admodum paucos compulere. Hujusmodi ex causa familiæ quidem Neonis & gratia apud Macedones & ingentes opes accesserunt. At Respublica Bœotorum in eam perturbationem adducta erat, ut per quinque ac viginti ferè annos continuum apud illos justitium fuerit, nec de privatis contractibus, nec

Λαβρυμάν, παραδόξου γενομένης ἀμπώτεως ἐκάθισαν πρὸς τὸ ξηρὸν αἱ νῆες αὐτοῦ. κατὰ δὲ τὸν καιρὸν τοῦτον προσπεπτωκυίας τῆς φήμης, ὅτι μέλλει κατατρέχειν τὴν χώραν Ἀντίγονος, Νέων ἱππαρχῶν τότε, καὶ πάντας τοὺς Βοιωτῶν ἱππεῖς μεθ' αὑτοῦ περιαγόμενος χάριν τοῦ παραφυλάττειν τὴν χώραν, ἐπεγένετο τοῖς περὶ τὸν Ἀντίγονον ἀπορουμένοις, καὶ δυσχρηστουμένοις διὰ τὸ συμβεβηκός. καὶ δυνάμενος μεγάλα βλάψαι τοὺς Μακεδόνας, ἔδοξε φείσασθαι παρὰ τὴν προσδοκίαν αὐτῶν. τοῖς μὲν οὖν ἄλλοις Βοιωτοῖς ἤρεσκε τοῦτο πράξας, τοῖς δὲ Θηβαίοις οὐχ ὅλως εὐδόκει τὸ γεγονός. ὁ δ' Ἀντίγονος ἐπελθούσης μετ' ὀλίγον τῆς πλήμμυρας, καὶ κουφισθεισῶν τῶν νεῶν, τῷ μὲν Νέωνι μεγάλην εἶχε χάριν ἐπὶ τῷ μὴ συνεπιτεθεῖσθαι σφίσι κατὰ τὴν περιπέτειαν. αὐτὸς δὲ τὸν προκείμενον ἐτέλει πλοῦν εἰς τὴν Ἀσίαν. διὸ καὶ μετὰ ταῦτα νικήσας Κλεομένη τὸν Σπαρτιάτην, καὶ κύριος γενόμενος τῆς Λακεδαίμονος, ἐπιστάτην ἀπέλιπε τῆς πόλεως Βραχύλλην. οὐ μόνον δὲ ταύτην αὐτῶν ἔσχε τὴν πρόνοιαν, ἀλλὰ καὶ κατὰ τὸ συνεχές, ὅτε μὲν αὐτὸς, ὅτε δὲ Φίλιππος χορηγοῦντες καὶ συνεπισχύοντες ἀεὶ, ταχέως κατηγωνίσαντο τοὺς ἐν ταῖς Θήβαις αὐτοῖς ἀντιπολιτευομένους, καὶ πάντας ἠνάγκασαν μακεδονίζειν πλὴν τελέως ὀλίγων τινῶν. τὰ μὲν οὖν κατὰ τὴν οἰκίαν τὴν Νέωνος τοιαύτην ἔλαβε τὴν ἀρχὴν, καὶ τῆς πρὸς Μακεδόνας συστάσεως καὶ τῆς κατὰ τὴν οὐσίαν ἐπιδόσεως. τὰ δὲ κοινὰ τῶν Βοιωτῶν εἰς τοσαύτην παρεγεγόνει καχεξίαν, ὥστε σχεδὸν εἴκοσι καὶ ε΄ ἐτῶν τὸ δίκαιον μὴ οἰεξῆχθαι παρ' αὐτοῖς, μήτε περὶ τῶν ἰδιωτικῶν συμβο-

συμβολαίων, μήτε περὶ τῶν κοινῶν ἐγκλημάτων. ἀλλ' οἱ μὲν φρουρὰς παραγγέλλοντες τῶν ἀρχόντων, οἱ δὲ στρατείας κοινὰς, ἐξέκοπτον ἀεὶ τὴν δικαιοδοσίαν. ἔνιοι δὲ τῶν στρατηγῶν καὶ μισθοδοσίας ἐποίουν ἐκ τῶν κοινῶν τοῖς ἀπόροις τῶν ἀνθρώπων. ἐξ ὧν ἐδιδάχθη τὰ πλήθη τούτοις προσέχειν καὶ τούτοις περὶ ποιεῖν τὰς ἀρχάς. δι' ὧν ἔμελλε τῶν μὲν ἀδικημάτων καὶ τῶν ὀφειλημάτων οὐχ ὑφέξειν δίκας, προσλήψεσθαι δὲ τῶν κοινῶν ἀεί τι διὰ τὴν τῶν ἀρχόντων χάριν. πλεῖστα δὲ συνεβάλετο πρὸς τὴν τοιαύτην Ὀφέλτας, ἀεί τι προσεπινοῶν, ὃ κατὰ τὸ παρὸν ἐδόκει τοὺς πολλοὺς ὠφελεῖν, μετὰ δὲ ταῦτα πάντας ἀπολεῖν ἔμελλεν ὁμολογουμένως. τούτοις δ' ἠκολούθησε καὶ ἕτερος ζῆλος οὐκ εὐτυχής. οἱ μὲν γὰρ ἄτεκνοι τὰς οὐσίας οὐ τοῖς κατὰ γένος ἐπιγινομένοις τελευτῶντες ἀπέλειπον· ὅπερ ἦν ἔθος παρ' αὐτοῖς πρότερον, ἀλλ' εἰς εὐωχίας καὶ μέθας διετίθεντο, καὶ κοινὰς τοῖς φίλοις ἐποίουν. πολλοὶ δὲ καὶ τῶν ἐχόντων γενεὰς, ἀπεμέριζον τοῖς συσσιτίοις τὸ πλεῖον μέρος τῆς οὐσίας. ὥστε πολλοὺς εἶναι Βοιωτῶν, οἷς ὑπῆρχε δεῖπνα τοῦ μηνὸς πλείω τῶν εἰς τὸν μῆνα διατεταγμένων ἡμερῶν. διὸ καὶ Μεγαρεῖς μισήσαντες μὲν τὴν τοιαύτην κατάστασιν, μνησθέντες δὲ τῆς προγεγενημένης αὐτοῖς μετὰ τῶν Ἀχαιῶν συμπολιτείας, αὖθις ἀπένευσαν πρὸς τοὺς Ἀχαιοὺς καὶ τὴν ἐκείνων αἵρεσιν. Μεγαρεῖς γὰρ ἐξ ἀρχῆς μὲν ἐπολιτεύοντο μετὰ τῶν Ἀχαιῶν ἀπὸ τῶν κατ' Ἀντίγονον τὸν Γονατᾶν χρόνων.

de publicis controversiis jus redditum sit. Quippe Magistratus nunc præsidium, nunc expeditionem totius gentis indicendo, jurisdictionem assiduè differebant: atque è prætoribus nonnulli pecuniam publicam inter egentissimos cives dividebant. Quo factum est, ut plebs eis plurimùm favere, & Magistratus cunctos mandare suis suffragiis cœperit, cùm & maleficiorum, & æris alieni judicium ea ratione subterfugeret; & nova semper ex ærario lucra à Magistratibus popularem gratiam captantibus acceptura esset. Plurimùm ad hujusmodi corruptionem contulit Opheltas, qui in dies novi aliquid excogitabat, quod tum quidem in commune utile esse videbatur, sed postmodum certissimam omnibus perniciem allaturum erat. his accessit aliud pravum institutum. Orbi enim non agnatis, quæ priùs consuetudo apud illos erat, facultates suas relinquebant: Sed in convivia ac compotationes legabant, atque inter amicos suos, communes illas jubebant esse. Multique adeo quibus superstites erant liberi, maximam partem bonorum sodalitatibus hujusmodi dividebant: ita ut non pauci inter Bœotos essent, quibus per mensem plures suppeterent cœnæ, quàm mensis dies erant. Quamobrem Megarenses qui hujusmodi rerum statum odio habebant, revocatâ in memoriam pristinâ societate, quæ ipsis cum Achæis intercesserat, rursus ad Achæorum amicitiam sectamquè se transtulerunt. Quippe Megarenses principio quidem jam inde ab Antigoni Gonatæ temporibus sub Achæorum formula censebantur: postquam

postquam verò Cleomenes ad Isthmum præsedit, interclusi, consentientibus Achæis sese Bœotis adjunxere: sed paulò ante hæc tempora quæ nunc commemoramus, cùm Bœotorum administratio eis displiceret, denuò ad Achæorum partes transierunt. At Bœoti infensi quod despectui babiti esse sibi videbantur, universi cum exercitu adversus Megarenses profecti sunt. cumque illos valde spernerent, neque antè prævidissent Achæos auxilio adfore, confestim obsidionem urbis atque oppugnationem instituerunt. sed mox coorto inter eos terrore quodam panico, diffusoque rumore Philopœmenem cum Achæorum copiis adesse, effusi in fugam scalis ad mœnia relictis, cursu in patriam reverterunt. Hujusmodi Republica usi Bœoti, tamen tempora belli Philippici & Antiochini mirâ felicitate effugerunt: verùm secutis postea temporibus non evaserunt, sed quasi consultò compensans fortuna graviter eis insultare postmodum visa est, ut infra narrabitur.

Plerique Bœotorum alienati in Romanos animi causam prætexebant, Brachyllis cædem, & quod Titus adversus Coroneam cum exercitu esset profectus, ob frequentes civium Romanorum cædes, quæ per vias committebantur: sed revera animorum corruptio ex antè dictis rationibus conflata in causa erat. Nam cùm Antiochus Rex proximè Thebas venisset, Bœotorum magistratus obviam ei egressi, ac benevolè collocuti, Regem in urbem deduxerunt.

Finis libri XX.

ὅτε δὲ Κλεομένης εἰς τὸν Ἰσθμὸν προσεκάθισε, διακλεισθέντες προσέθεντο τοῖς Βοιωτοῖς μετὰ τῆς τῶν Ἀχαιῶν γνώμης. βραχὺ δὲ πρὸ τῶν νῦν λεγομένων καιρῶν δυσαρεστήσαντες τῇ πολιτείᾳ τῶν Βοιωτῶν, αὖθις ἀπένευσαν πρὸς τοὺς Ἀχαιούς. οἱ δὲ Βοιωτοὶ διοργισθέντες ἐπὶ τῷ καταφρονεῖσθαι δοκεῖν, ἐξῆλθον ἐπὶ τοὺς Μεγαρεῖς πανδημεὶ σὺν τοῖς ὅπλοις. οὐδένα δὲ ποιούμενοι λόγον τῶν Μεγαρέων, τῆς παρρησίας 1 αὐτῶν οὕτω θυμωθέντες πολιορκεῖν ἐπεβάλοντο, καὶ προσβολὰς ποιεῖσθαι τῇ πόλει. πανικοῦ δ' ἐμπεσόντος αὐτοῖς, καὶ φήμης ὅτι πάρεστι Φιλοποίμην τοὺς Ἀχαιοὺς ἔχων, ἀπολιπόντες πρὸς τῷ τείχει τὰς κλίμακας, ἔφυγον προτροπάδην εἰς τὴν οἰκείαν. τοιαύτην δ' ἔχοντες οἱ Βοιωτοὶ τὴν διάθεσιν τῆς πολιτείας, εὐτυχῶς πως διωλίσθον, καὶ τοὺς κατὰ Φίλιππον, καὶ τοὺς κατ' Ἀντίοχον καιρούς. ἐν γε μὴν τοῖς ἑξῆς οὐ διέφυγον, ἀλλ' ὥσπερ ἐπίτηδες ἀνταπόδοσιν ἡ τύχη ποιουμένη βαρέως ἔδοξεν αὐτοῖς ἐπεμβαίνειν. ὑπὲρ ὧν ἡμεῖς ἐν τοῖς ἑξῆς ποιησόμεθα μνήμην.

Ὅτι οἱ πολλοὶ πρόφασιν μὲν εἶχον τῆς πρὸς Ῥωμαίους ἀλλοτριότητος, τὴν ἐπαναίρεσιν τοῦ Βραχύλλου, καὶ τὴν στρατείαν ἣν ἐποιήσατο Τίτος ἐπὶ Κορώνειαν, διὰ τοὺς ἐπιγινομένους φόνους ἐν ταῖς ὁδοῖς τῶν Ῥωμαίων. τῇ δ' ἀληθείᾳ καχεκτοῦντες ταῖς ψυχαῖς διὰ τὰς προειρημένας αἰτίας. καὶ γὰρ τοῦ βασιλέως συνεγγίζοντος, ἐξῄεσαν ἐπὶ τὴν ἀπάντησιν οἱ τῶν Βοιωτῶν 2 ἄρξαντες· συμμίξαντες δὲ καὶ φιλανθρώπως ὁμιλήσαντες, ἦγον αὐτὸν εἰς τὰς Θήβας.

Τέλος τοῦ κ'. λόγου τῆς Πολυβίου ἱστορίας.

1 l. Ἀχαιῶν οὐκ ἐνθυμηθέντες. 2 leg. ἄρχοντες.

Ὅτι Παμφιλίδας ὁ τῶν Ῥοδίων ναύαρχος ἐδόκει πρὸς τοὺς πάντας καιροὺς εὐαρμοστότερος εἶναι τοῦ Πασιστράτου, διὰ τὸ βαθύτερος τῇ φύσει καὶ στασιμώτερος μᾶλλον ἢ τολμηρότερος ὑπάρχειν. ἀγαθοὶ γὰρ οἱ πολλοὶ τῶν ἀνθρώπων οὐκ ἐκ τοῦ κατὰ λόγον, ἀλλ' ἐκ τῶν συμβαινόντων ποιεῖσθαι τὰς διαλήψεις· ἄρτι γὰρ δι' αὐτὸ τοῦτο προκεχειρισμένοι τὸν Πασίστρατον διὰ τὸ πρᾶξιν ἔχειν τινὰ καὶ τόλμαν, παραχρῆμα μετέπιπτον εἰς τἀναντία ταῖς γνώμαις διὰ τὴν περιπέτειαν.

Ὅτι Διοφάνης ὁ Μεγαλοπολίτης μεγάλην ἕξιν εἶχεν ἐν τοῖς πολεμικοῖς, διὰ τὸ πολυχρονίου γεγονότος τοῦ πρὸς Νάβιν πολέμου τοῖς Μεγαλοπολίταις ἀστυγείτονος, πάντα συνεχῶς τὸν χρόνον ὑπὸ τὸν Φιλοποίμενα τεταγμένος τριβὴν ἐσχηκέναι τῶν κατὰ πόλεμον ἔργων ἀληθινήν. χωρίς τε τούτων κατὰ τὴν ἐπιφάνειαν, καὶ κατὰ τὴν σωματικὴν χρείαν ἦν ὁ προειρημένος ἀνὴρ δυνατὸς καὶ καταπληκτικός. τὸ δὲ κυριώτατον πρὸς πόλεμον ὑπῆρχεν ἀνὴρ ἀγαθὸς καὶ τοῖς ὅπλοις ἐχρῆτο διαφερόντως.

Ὅτι Μοαγέτης ἦν τύραννος Κιβύρας ὠμὸς γεγονὼς καὶ δόλιος· καὶ οὐκ ἄξιός ἐστιν ἐκ παραδρομῆς, ἀλλὰ μετ' 1 ἐπιστάσεως τυχεῖν τῆς ἁρμοζούσης μνήμης.

Ὅτι Πτολεμαῖος ὁ βασιλεὺς Αἰγύπτου, ὅτε τὴν Λύκων πόλιν ἐπολιόρκησε, καταπλαγέντες τὸ γεγονὸς οἱ δυνάσται τῶν Αἰγυπτίων ἔδωκαν σφᾶς αὐτοὺς εἰς τὴν τοῦ βασιλέως πίστιν. οἷς κακῶς ἐχρήσατο, καὶ εἰς κινδύνους πολλοὺς ἐνέπεσεν. παραπλήσιον δέ τι συνέβη καὶ κατὰ τοὺς καιρούς, ἡνίκα Πολυκράτης τοὺς ἀποστάτας ἐχειρώ-

Pamphilidas Rhodiorum navarchus ad omnia temporum momenta aptior Paſiſtrato videbatur. quippe ſagaciori ingenio, & majori conſtantia quàm audacia præditus erat. Pleríque enim homines non ex conſilio ac ratione, ſed ex eventu judicare ſolent: ſiquidem cùm Paſiſtratum nuper elegiſſent, eò maximè quod ad agendum audendumque ſtrenuus erat, tum repente ob illum caſum in contrariam ſententiam verſi omnes fuerunt.

Diophanes Megalopolitanus magno uſu rei militaris inſtructus fuit. bello enim adverſus Nabidem tyrannum diuturno & Megalopolitanis ipſis finitimo, ſub Philopœmenis diſciplina aſſiduè militans, veram ac feriam rerum bellicarum peritiam collegerat. Præterea ipſa ſpecie & corporis robore conſpicuus ac formidabilis erat. quodque eſt præcipuum, ſtrenuus bellator, & tractandorum inprimis armorum peritus.

Moagetes Cibyratarum tyrannus, crudelis fuit & callidus, neque ſtrictim, ſed accuratè merito elogio afficiendus eſt.

Cùm Ptolemæus Ægypti Rex Lycopolim obſediſſet, Ægyptiorum optimates rei novitate perculſi, regis fidei ſeſe omnes dediderunt. quos quidem rex acerbè accepit, eoque in multa diſcrimina eſt delapſus. Idem quoque iis temporibus accidit, quibus Polycrates defectores in poteſtatem re-

1 mſ. ἐπιτάσεως.

degit,

degit. Athinis etiim & Pausiras & Chesuphus & Irobastus, qui ex optimatibus Ægyptiorum reliqui erant, temporum necessitati cedentes, Sain venerunt, seque Regis fidei ultrò commiserunt. At Ptolemæus spretâ omni fide comprehensos homines & nudos ad currum revinctos traxit, ac paulò pòst neci dedit. Inde Naucratim profectus cum exercitu, assumptis mercenariis militibus, quos ei ex Græcia Aristonicus adduxerat, Alexandriam maritimo itinere est reversus, cùm nullam omnino partem rei militaris attigisset ex iniquo Polycratis consilio, tametsi annum ætatis quintum ac vicesimum ingressus.

Apollonias Regis Attali uxor, Eumenis mater, Cyzico oriunda erat, mulier ob plurimas causas memoria & laude digna. Nam & quod plebeïa cùm esset, tamen Regina adscita est, idq; fastigium usq; ad exitum vitæ retinvit, non meretriciis illecebris, sed modestia morumque gravitate quadam civili & probitate, eapropter virtutis suæ laudem meretur. & maximè quod cùm quatuor filios peperisset, incredibilem in cunctos benevolentiam atque amorem ad extremum usque spiritum conservavit, quamuis diuturno tempore marito superstes vixerit. Cæterum Attalus cum fratre in illo matris adventu in urbem Cyzicum, obsequio atque honore matri, ut par erat, præstito, maximam laudem est adeptus. Matrem enim ambo mediam utraque manu deducentes, templa ac cætera urbis loca cum co-

σαν. οἱ γὰρ περὶ τὸν Ἀθῖνιν καὶ Παυσίραν, καὶ Χέσουφον, καὶ τὸν Ἰροβάστον, οἵ περ ἦσαν ἔτι διασωζόμενοι τῶν δυναστῶν, εἴξαντες τοῖς πράγμασι παρῆσαν εἰς τὴν Σάιν, σφᾶς αὐτοὺς εἰς τὴν τοῦ βασιλέως ἐγχειρίζοντες πίστιν. ὁ δὲ Πτολεμαῖος ἀθετήσας τὰς πίστεις, καὶ δήσας τοὺς ἀνθρώπους γυμνοὺς ταῖς ἁμάξαις, εἷλκε καὶ μετὰ ταῦτα τιμωρησάμενος ἀπέκτεινε. καὶ παραγενόμενος εἰς τὴν Ναύκρατιν μετὰ τῆς στρατιᾶς, καὶ παραστήσαντος αὐτῷ τοὺς ἐξενολογημένους ἄνδρας ἐκ τῆς Ἑλλάδος Ἀριστονίκου, προσδεξάμενος τούτους ἀπέπλευσεν εἰς τὴν Ἀλεξάνδρειαν. τῶν μὲν τοῦ πολέμου πράξεων οὐδεμιᾶς κεκοινωνηκὼς διὰ τὴν Πολυκράτους ἀδικοδοξίαν, καίπερ ἔχων ἔτη πέντε καὶ εἴκοσιν.

Ὅτι Ἀπολλωνιὰς ἡ Ἀττάλου τοῦ πατρὸς Εὐμένους τοῦ βασιλέως γαμετὴ Κυζικηνὴ ἦν, γυνὴ διὰ πλείους αἰτίας ἀξία μνήμης καὶ παρασημασίας. καὶ γὰρ ὅτι δημότις ὑπάρχουσα βασίλισσα ἐγεγόνει, καὶ ταύτην διεφύλαξε τὴν ὑπεροχὴν μέχρι τῆς τελευταίας, οὐχ ἑταιρικὴν προσφερομένη πιθανότητα, σωφρονικὴν δὲ καὶ πολιτικὴν σεμνότητα καὶ καλοκαγαθίαν, καὶ δικαία τυγχάνειν τῆς ἐπ᾽ ἀγαθῷ μνήμης ἐστίν. καὶ καθόλου ὅτι τέτταρας υἱοὺς γεννήσασα, πρὸς πάντας τούτους ἀνυπέρβλητον διεφύλαξε τὴν εὔνοιαν, καὶ φιλοστοργίαν μέχρι τῆς τοῦ βίου καταστροφῆς, καίτοι χρόνον οὐκ ὀλίγον ὑπερβιώσασα τἀνδρός. πλὴν οἵ γε περὶ τὸν Ἄτταλον ἐν τῇ παρεπιδημίᾳ καλὴν περιεποιήσαντο φήμην, ἀποδιδόντες τῇ μητρὶ τὴν καθήκουσαν χάριτα καὶ τιμήν. ἄγοντες γὰρ ἐξ ἀμφοῖν τοῖν χεροῖν μέσην αὐτῶν τὴν μητέρα, περιῄεσαν τά θ᾽ ἱερὰ καὶ τὴν πόλιν μετὰ τῆς θεραπείας. ἐφ' οἷς οἱ θεώμενοι μεγάλως τοὺς νεανίσκους ἀπεδέχοντο καὶ κατηξίουν, καὶ μνημονεύοντες τῆς περὶ τὸν Κλέοβιν καὶ Βίτωνα, συνέκρινον τὰς αἱρέσεις αὐτῶν, καὶ τὸ τῆς προθυμίας τῆς ἐκείνων λαμπρὸν, τῇ τῆς ὑπεροχῆς τῶν βασιλέων ἀξιώματι συναναπληρῶντες. ταῦτα δ' ἐτελέσθη ἐν Κυζίκῳ μετὰ τὴν διάλυσιν τὴν πρὸς Προυσίαν τὸν βασιλέα.

Ὅτι Ὀρτιάγων ὁ βασιλεὺς τῶν ἐν τῇ Ἀσίᾳ Γαλατῶν ἐπεβάλετο τὴν ἁπάντων τῶν Γαλατῶν δυναστείαν εἰς αὑτὸν μεταστῆσαι. καὶ πολλὰ πρὸς τοῦτο τὸ μέρος ἐφόδια προσεφέρετο καὶ φύσει καὶ τριβῇ. καὶ γὰρ εὐεργετικὸς ἦν καὶ μεγαλόψυχος, καὶ κατὰ τὰς ἐντεύξεις εὔχαρις καὶ συνετός. τὸ δὲ συνέχον παρὰ Γαλάταις, ἀνδρώδης ἦν καὶ δυναμικὸς πρὸς τὰς πολεμικὰς χρείας.

Ὅτι Ἀριστόνικος ὁ τοῦ Πτολεμαίου τοῦ βασιλέως Αἰγύπτου εὐνοῦχος μὲν ἦν, ἐκ παιδίου δ' ἐγεγόνει σύντροφος τοῦ βασιλέως. τῆς δ' ἡλικίας προβαινούσης ἀνδρωδεστέραν εἶχεν ἢ κατ' εὐνοῦχον τόλμαν καὶ προαίρεσιν. καὶ γὰρ φύσει στρατιωτικὸς ἦν, καὶ τὴν πλείστην ἐποιεῖτο διατριβὴν ἐν τούτοις, καὶ περὶ ταῦτα. παραπλησίως δὲ καὶ κατὰ τὰς ἐντεύξεις ἱκανὸς ὑπῆρχε, καὶ τὸ κοινὸν νοῦν εἶχεν, ὃ σπάνιόν ἐστι. πρὸς δὲ τούτοις, πρὸς εὐεργεσίαν ἀνθρώπων ἐπεφύκει καλῶς.

Ὅτι Δεινοκράτης ὁ Μεσσήνιος ἦν οὐ μόνον κατὰ τὴν τριβὴν, ἀλλὰ καὶ κατὰ τὴν φύσιν αὐλικὸς καὶ στρατιωτικὸς ἄνθρωπος. τὸν δὲ πραγματικὸν τρόπον 1 ὑπέφαινε μὲν τέλειον, ἦν δὲ ψευδεπίγραφος καὶ ῥωπικός. ἔν τε γὰρ τοῖς πολεμικοῖς κατὰ μὲν τὴν εὐχέρειαν καὶ τὴν τόλμαν πολὺ διέφερε τῶν ἄλλων,

1 mſ. ἐπιφ.

mitatu regio perluſtrarunt. Proinde univerſi qui aderant, hoc ſpectaculo delectati, adoleſcentes vehementer laudabant: & Cleobidis ac Bitonis factum memoriâ repetentes, utrumque inter ſe comparabant: atque inſigni illorum alacritati, regale horum faſtigium æquabant. Hæc Cyzici geſta ſunt poſt pacem cum Pruſia Rege factam.

Ortiago Galatiæ regulus, omnium qui in Aſia ſunt Gallorum principatum ambibat. Ad hunc verò conatum & naturâ & uſu plurima adjumenta habebat. Etenim liberalitate ac magnitudine animi erat inſigni, & in congreſſu ac ſermonibus urbanus & prudens; quodque apud Gallos præcipuum habetur, fortiſſimus ac bello ſtrenuus erat.

Ariſtonicus Ptolemæi Regis Ægypti eunuchus quidem erat, à puero unà cum Rege in aula educatus. Progreſſu autem ætatis fortior ac generoſior evaſit, quàm Eunuchi natura ferre ſoleat. Nam ſuopte ingenio erat bellicoſus, & aſſiduè in rebus bellicis ſeſe exercebat. Idem in congreſſibus idonea dexteritate utebatur, quodque rarò admodum contingit, moderati ac civilis animi erat, ac poſtremò ad benè merendum de hominibus naturâ factus.

Erat Dinocrates Meſſenius non uſu ſolùm, ſed naturâ etiam aulicus ac militaris: prudentiam vero in rebus gerendis ſpecie quidem omnibus numeris abſolutam præferebat, reipſa autem adumbrata quædam & fucata civilis prudentiæ imago in ipſo inerat. Namque in bellicis rebus alacritate atque audacia cunctos

ante-

anteibat, & in ipso pugnæ discrimine erat conspicuus. Similiter in reliqua vitæ ratione, in sermonibus quidem venustus promptusque, in consuetudine autem ac convictu urbanus atque civilis, neque ab amore alienus. In rebus autem publicis ac civilibus animum intendere, & futura prudenter prævidere, seque adeo præmunire, & ad populum verba facere, prorsus non poterat. Qui cum maximorum causas malorum in patria excitavisset, nullius demùm momenti esse arbitrabatur quæ ageret. Sed idem vitæ institutum tenebat, nihil in futurum prospiciens, sed amoribus ac poculis de die indulgens, ac symphoniacorum cantibus aures commodans: tandem verò Titus ad statum in quo res essent, leviter attendere eum coëgit. Conspicatus enim hominem longâ & ad talos demissa veste in convivio saltantem, tacuit tum quidem; postridie verò cùm adjisset eum Dinocrates, & nescio quid suę patrię impetrare vellet: Equdem, inquit Titus, quod in me erit præstabo, cæterùm te miror, Dinocrates, quo pacto in convivio tibi saltare lubeat, cùm tantos motus in Græcia excitaris. Tum quidem paulisper ad se rediisse visus est, atque agnosse tandem, argumentum longè ab instituto ingenioque suo abhorrens, abs se susceptum fuisse. Cæterùm tunc temporis inter Titi comites in Græciam venerat, persuasus res Messeniorum ex arbitratu suo quamprimum constituendas esse.

Hisdem temporibus gravium malorum initium Regi Philippo,

καὶ λαμπρὸς ἦν ἐν τοῖς κατ' ἰδίαν κινδύνοις. ὁμοίως δὲ καὶ κατὰ τὴν ἄλλην διάθεσιν, ἐν μὲν ταῖς ὁμιλίαις εὔχαρις καὶ πρόχειρος ἦν, περὶ δὲ τὰς συνουσίας εὐτράπελος καὶ πολιτικός. ἄγαν δὲ τούτοις φιλέραστος. περὶ δὲ κοινῶν ἢ πολιτικῶν πραγμάτων ἀτενίσαι, καὶ προϊδέσθαι τὸ μέλλον ἀσφαλῶς, ἔτι δὲ παρασκευάσασθαι καὶ διαλεχθῆναι πρὸς πλῆθος εἰς τέλος ἀδύνατος. καί ποτε κεκινηκὼς ἀρχὴν μεγάλων κακῶν τῇ πατρίδι, τελείως οὐδὲν ᾤετο ποιεῖν. ἀλλὰ τὴν αὐτὴν ἀγωγὴν ἦγε τοῦ βίου, (προορώμενος οὐδὲν τῶν μελλόντων.) ἐρῶν δὲ καὶ καθωνιζόμενος ἀφ' ἡμέρας, καὶ τοῖς ἀκροάμασι τὰς ἀκοὰς ἀνατεθεικώς. βραχεῖαν δέ τινα τῆς περιστάσεως ἔμφασιν ὁ Τίτος αὐτὸν ἠνάγκασε λαβεῖν. ἰδὼν γὰρ αὐτὸν παρὰ πότον ἐν μακροῖς ἱματίοις ὀρχούμενον, παρ' αὐτὰ μὲν ἐσιώπησε· τῇ δ' αὔριον ἐντυγχάνοντος αὐτοῦ, καί τι περὶ πατρίδος ἀξιοῦντος, ἐγὼ μὲν ὦ Δεινόκρατες, ἔφη, ποιήσω τὸ δυνατόν· ἐπὶ δὲ σοῦ θαυμάζω, πῶς δύνῃ παρὰ [1] πότον ὀρχεῖσθαι, τηλικούτων πραγμάτων ἀρχὴν κεκινηκὼς ἐν τοῖς Ἕλλησι. δοκεῖ δὲ τότε βραχύ τι συσταλῆναι καὶ μαθεῖν ὡς ἀνοίκειον ὑπόθεσιν τῆς ἰδίας αἱρέσεως καὶ φύσεως ἀποδέδωκε, πλὴν [2] τότε παρῆν εἰς τὴν Ἑλλάδα μετὰ τοῦ Τίτου, πεπεισμένος ἐξ ἐφόδου τὰ κατὰ τὴν Μεσσήνην χειροθήσεσθαι κατὰ τὴν αὐτοῦ βούλησιν.

Ὅτι τῷ βασιλεῖ Φιλίππῳ καὶ τῇ συμπάσῃ Μακεδονίᾳ κατὰ τοῦ-

1 mſ. πότε. 2 mſ. τόγε.

τὸν τοῦ καιροῦ δεινή τις ἀρχὴ κακῶν ἐνέπεσε, καὶ πολλῆς ἐπιστάσεως καὶ μνήμης ἀξία. καθάπερ γὰρ ἂν εἰ δίκην ἡ τύχη βουλομένη λαβεῖν ἐν καιρῷ παρ' αὐτοῦ πάντων τῶν ἀσεβημάτων καὶ παρανομημάτων, ὧν εἰργάσατο κατὰ τὸν βίον, τότε παρέστησέ τινας ἐριννῦς καὶ ποινὰς, καὶ προστροπαίους τῶν δι' ἐκεῖνον ἠτυχηκότων· οἳ συνόντες αὐτῷ καὶ νύκτωρ, καὶ μεθ' ἡμέραν τοιαύτας ἔλαβον παρ' αὐτοῦ τιμωρίας, ἕως οὗ τὸ ζῆν ἐξέλιπεν, ὡς καὶ πάντας ἀνθρώπους ὁμολογῆσαι διότι κατὰ τὴν παροιμίαν, ἔστι δίκης ὀφθαλμὸς, ἧς μηδέποτε δεῖ καταφρονεῖν ἀνθρώπους ὑπάρχοντας. πρῶτον μὲν γὰρ αὐτῷ ταύτην παρεστήσαντο τὴν ἔννοιαν, ὅτι δεῖ μέλλοντα πολεμεῖν πρὸς Ῥωμαίους, ἐκ τῶν ἐπιφανεστάτων καὶ παραθαλαττίων πόλεων, τοὺς μὲν πολιτικοὺς ἄνδρας μετὰ τέκνων καὶ γυναικῶν ἀναστάτους ποιήσαντα μεταγαγεῖν μὲν εἰς τὴν, νῦν μὲν Ἠμαθίαν, τὸ δὲ παλαιὸν Παιονίαν προσαγορευομένην. πληρῶσαι δὲ καὶ Θρακῶν καὶ βαρβάρων τὰς πόλεις, ὡς βεβαιοτέρας αὐτῷ τῆς ἐκ τούτων πίστεως ὑπαρξούσης κατὰ τὰς περιστάσεις. οὗ συντελουμένου καὶ τῶν ἀνθρώπων ἀνασπαστῶν γινομένων, τηλικοῦτο συνέβη γενέσθαι πένθος καὶ τηλικοῦτον θόρυβον, ὥστε δοριάλωτον δοκεῖν ἅπασαν γίνεσθαι. ἐξ ὧν κατάραι καὶ 1 θεοκλυτήσεις ἐγίνοντο κατὰ τοῦ βασιλέως, οὐκέτι λάθρα μόνον, ἀλλὰ καὶ φανερῶς. μετὰ δὲ ταῦτα βουληθεὶς μηδὲν ἀλλότριον ὑποκαθέσθαι, μηδὲ δυσμενὲς μηδὲν ἀπολιπεῖν τῇ 2 βασιλείᾳ, ἔγραψε τοῖς ἐπὶ τῶν πόλεων διατεταγμένοις, ἀναζητῆσαι τοὺς υἱοὺς καὶ τὰς θυγατέρας τῶν ὑπ' αὐτοῦ Μακεδόνων ἀνῃ-

totique Macedoniæ accidit; quæ res notatu ac commemoratione in primis digna est. Prorſus enim ac ſi fortunâ omnium ſcelerum quæ tota anteacta vita commiſerat, pœnas opportunè expetere ab eo vellet, quaſdam furias & ultrices omnium quos nefariè violaverat diras tum ei admovit. qui quidem noctu atque interdiu ipſi imminentes, ejuſmodi pœnas ab eo exegerunt, donec ultimum ſpiritum vitæ fudit, ut confeſſi ſint omnes mortales, quendam eſſe, ut proverbio dicitur, juſtitiæ oculum, quem quidem ab hominibus ſperni haudquaquam fas ſit. Nam primùm hujuſmodi conſilium in animum ejus injecerunt, univerſam civium multitudinem cum uxoribus ac liberis, ex celeberrimis urbibus oræ maritimæ in Emathiam, quæ olim Pæonia dicta eſt, traducendam eſſe, Thracibuſque & aliis Barbaris habitandas urbes tradi oportere. quippe majori erga ipſum fide hæc genera hominum in omni fortuna fore. Quæ cùm effectui mandarentur, civeſque à penatibus abſtraherentur, tantus repente gemitus fremituſque eſt exortus, ut hoſtili expugnationi ac direptioni ſimillima res videretur. Proinde vota atque execrationes in caput Philippi non clam modò, ſed & palam concipiebantur. Poſtremò, cùm nihil infenſum ſuſpectumque domui Regiæ in medio relinquere ſtatuiſſet, Præfectis ſingularum urbium mandavit, ut liberos utriuſque ſexus eorum quos ipſe in-

1 Suidas θεοκλ. 2 mſ. βασιλέως.

terſeperfecisset, comprehensos custodiæ traderent. præcipuè quidem Admetum ac Pyrrichum Samumque, & reliquos, qui unà interierant significans, comprehensis tamen & aliis omnibus, quotquot Regis præcepto trucidati erant. adjecto etiam, ut ajunt, eo versu.

Stultus mactato sobolem qui patre relinquit.

Cùm verò plerique horum ob parentum fortunam celebres essent, celebris quoque eorum calamitas extitit & miseratione omnium digna. Tertiam fabulam fortuna induxit, simultatem inter Regis filios. In qua cùm alter alteri insidias struerent, atque ejus rei nuncii ad patrem afferrentur, cum cogitandum illi esset, uter ex filiis cædem ausurus esse videretur, & à quo maximè sibi in futurum esset cavendum, ne ipsemet senectâ ætate idem pateretur, his curis agitabatur dies atque noctes. Quibus malis ac perturbationibus mens illius distenta cum esset, quis non fateatur, Dei alicujus iram in ejus senium incubuisse, ob flagitia anteactæ vitæ? Id verò ex iis quæ deinceps referam, clarius elucebit. VIDE EXCERPTA DE MIRANDIS CASIBUS.

Philopœmenes Pretor Acheorum, virtute quidem nemini ex superiori memoria concedebat, sed fortuna sequiore usus est. Proximus ab eo erat Lycortas, nulla re inferior.

Philopœmenes per quadraginta continuos annos in populari ac vario Reipublicæ statu cum gloria versatus, invidiam tamen civium effugit,

I. MS. συνήθως.

ρημμένων εἰς φυλακὴν ἀποθέσθαι. μάλιστα μὲν φέρων ἐπὶ τοὺς περὶ Ἄδμητον, καὶ Πύῤῥιχον, καὶ Σάμον, καὶ τοὺς μετὰ τούτων ἀπολομένους. ἅμα δὲ τούτοις συμπεριέλαβε καὶ τοὺς ἄλλους ἅπαντας, ὅσοι κατὰ βασιλικὸν πρόσταγμα τοῦ ζῆν ἐστερήθησαν, ἐπιφθεγξάμενος ὥς φασι τὸν στίχον ταῦτον. (λείπει.

Νήπιος ὃς πατέρα κτείνας υἱοὺς καταλείπει.

ὄντων δὲ τῶν πλείστων ἐπιφανῶν διὰ τὰς τῶν πατέρων περιαγωγάς, ἐπιφανῆ καὶ τὴν τούτων ἀτυχίαν συνέβαινε γίνεσθαι καὶ παρὰ πᾶσιν ἔλεον. τρίτον δ' ἡ τύχη δρᾶμα κατὰ τὸν αὐτὸν καιρὸν ἐπεισήγαγε τὸ κατὰ τοὺς υἱούς. ἐν ᾧ τῶν μὲν νεανίσκων ἀλλήλοις ἐπιβουλευόντων, τῆς δ' ἀναφορᾶς περὶ τούτων ἐπ' αὐτὸν γινομένης, καὶ δέον διαλαμβάνειν, πότερον δεῖ γίνεσθαι τῶν υἱῶν φονέα, καὶ πότερον αὐτῶν δεδιέναι μᾶλλον κατὰ τὸν ἑξῆς βίον; μὴ γηράσκων αὐτὸς πάθῃ τὸ παραπλήσιον, ἐστροβλεῖτο νύκτωρ καὶ μεθ' ἡμέραν περὶ τούτων διανοούμενος. ἐν τοιαύταις δ' οὔσης ἀτυχίαις καὶ ταραχαῖς τῆς αὐτοῦ ψυχῆς, τίς οὐκ ἂν εἰκότως ὑπολάβοι θεῶν τινῶν αὐτῷ μῆνιν εἰς τὸ γῆρας κατασκῆψαι, διὰ τὰς ἐν τῷ παραγεγονότι βίῳ παρανομίας. τοῦτο δ' ἔτι μᾶλλον ἔσται δῆλον ἐκ τῶν ἑξῆς ῥηθησομένων. ΖΗΤΕΙ ΕΝ ΤΩ ΠΕΡΙ ΠΑΡΑΔΟΞΩΝ.

Ὅτι Φιλοποίμην ὁ τῶν Ἀχαιῶν στρατηγὸς ἀνὴρ ἦν τὴν κατ' ἀρετὴν περιττοῦ οὐδενὸς δεύτερος, τῆς τύχης μέντοι γ' ἥττων. μετὰ δὲ τοῦτον Λυκόρτας, ὃς ἦν οὐδὲν ἥττων τούτου.

Ὅτι Φιλοποίμην τετταράκοντα ἔτη I συνεχῶς φιλοδοξήσας ἐν δημοκρατικῷ καὶ πολυειδεῖ πολιτεύματι, πάντη πάντως διέφυγε τὸν τῶν πολλοῖς φθόνον, τὸ πλεῖον οὐ πρὸς χάριν, ἀλλὰ μετὰ παρρησίας πολιτευσάμενος. ὃ σπανίως ἄν εὕροι τις ἂν γεγονός.

Ὅτι Ἀννίβας ἑπτακαίδεκα ἔτη μείνας ἐν τοῖς ὑπαίθροις, καὶ πλείστοις ἀλλοφύλοις καὶ ἑτερογλώττοις ἀνδράσι χρησάμενος πρὸς ἀπηλπισμένας καὶ παραδόξους ἐλπίδας, ὑπ' οὐδενὸς οὔτ' ἐπεβουλεύθη τὸ παράπαν, οὔτ' ἐγκατελείφθη ὑπὸ τῶν συστρατευομένων.

Ὅτι Πόπλιος φιλοδοξήσας ἐν ἀριστοκρατικῷ πολιτεύματι, τηλικαύτην περιεποιήσατο, παρὰ μὲν τοῖς ὄχλοις εὔνοιαν, παρὰ δὲ τῷ συνεδρίῳ πίστιν, ὥστ' ἐν μὲν τῷ δήμῳ κρίνειν τινὸς ἐπιβαλλομένου κατὰ τὰ Ῥωμαίων ἔθη, καὶ πολλὰ μὲν κατηγορήσαντος καὶ πικρῶς, ἄλλο μὲν οὐδὲν εἶπε παρελθών, οὐκ ἔφη δὲ πρέπον εἶναι τῷ δήμῳ τῶν Ῥωμαίων, ἐξ οὗ ἀκούειν κατηγορούντων Ποπλίου Κορνηλίου Σκιπίωνος, δι' ὃν αὐτὴν τὴν τοῦ λέγειν ἐξουσίαν ἔχουσιν οἱ κατηγοροῦντες. ὧν ἀκούσαντες οἱ πολλοὶ παραχρῆμα διελύθησαν πάντες ἐκ τῆς ἐκκλησίας, ἀπολιπόντες τὸν κατηγοροῦντα μόνον.

Ὅτι κατὰ τοὺς αὐτοὺς καιροὺς ἦν τις ἐν τῇ Λακεδαίμονι Χαίρων, ὃς ἐτύγχανε τῷ πρότερον ἔτει πεπρεσβευκὼς εἰς τὴν Ῥώμην. ἄνθρωπος ἀγχίνους μὲν καὶ πρακτικός, νέος δὲ καὶ ταπεινὸς καὶ δημοτικῆς ἀγωγῆς τετευχώς. οὗτος ὀχλαγωγῶν καὶ κινήσας ὃ μηδεὶς ἕτερος ἐθάρρει, ταχέως περιεποιήσατο φαντασίαν παρὰ τοῖς πολλοῖς· καὶ τὸ μὲν πρῶτον ἀφελόμενος τὴν χώραν, ἣν οἱ τύραννοι συνεχώρησαν ταῖς ὑπολειφθείσαις τῶν φυγάδων ἀδελφαῖς, καὶ γυναιξὶ, καὶ

tametsi minimè ad gratiam; sed cùm constantia ac libertate res administraret: quod raro cuiquam contigisse reperias.

Hannibal cùm septemdecim annos in acie versatus sit, & plurimorum barbarorum linguâ ac moribus diversorum auxiliis usus fuerit ad res arduas ac propè desperatas, tamen à nemine ex commilitonibus insidias passus, à nemine unquam proditus fuit.

P. Scipio cùm Optimatum partes in Republica esset amplexus, tantam apud populum benevolentiam, tantam in Senatu auctoritatem sibi comparavit, ut apud populum quidem cùm ei nescio quis diem dixisset, ut Romanis moris est, multaque acerbè ei objecisset, ipse in medium progressus, aliud nihil responderit; sed id unum dixerit, non decere populum Romanum accusatoribus P. Cornelii Scipionis auscultare; cujus ope ipsa accusandi facultas accusatoribus parta sit. quibus auditis, statim universa plebs è concione discessit, accusatore solo in rostris relicto.

Per ea tempora Lacedæmone erat quidam Chæron, qui anno superiori legationem Romæ obierat. vir gnavus quidem ac solers, sed tum temporis admodum juvenis, & infimæ sortis nec liberaliter educatus. Hic concionabundus cùm eam rem commovisset, quam nemo tentare ausus fuerat, famam apud populum brevi comparavit. At principio quidem agrum quem tyranni sororibus ac conjugibus exulum matribusque ac liberis concesserant, ipse

infimis

infimis hominibus temerè atque inæqualiter pro arbitrio suo divisit. Deinde publicâ pecuniâ quasi privatâ abusus, vectigalia decoquere cœpit, absque ulla lege, aut publico decreto, aut Magistratus auctoritate. Quam rem ægrè ferentes nonnulli, id egerunt ut Quæstores ærarii publici legibus constituerentur. Id cùm animadverteret Chæron, conscius sibi ipse malè administratæ publicæ pecuniæ, Apollophanem è collegio Quæstorum, virum clarissimum, qui unus ejus peculatum ac furta deprehendere valebat, interdiu è balneo redeuntem submissis percussoribus interfecit. Cujus rei nuncio ad Achæos delato, cum universa populi multitudo eum casum acerbè ferret, confestim Prætor magnis itineribus Spartam profectus, & Chæronem ipsum comprehensum caussam dicere jussit de Apollonidis cæde damnatumque in carcerem conjecit: & reliquos quæstores hortatus est, ut de publica pecunia quæstionem seriò exercerent; utque operam darent, uti exulum propinquis bona nuper à Chærone adempta restituerentur.

Philopœmenes & Aristænus Achæi, neque ingenio simili fuerunt, neque eandem in Republica sectam sequebantur. Namque Philopœmenes quidem, & animo & corpore ad res militares egregiè factus; contrà Aristænus ad res civiles consilio & eloquentia promptior erat. Inter utriusque autem in Rep.

μητράσι, καὶ τέκνοις, ταύτην δέδωκε τοῖς λεπτοῖς εἰκῆ, καὶ ἀνίσως κατὰ τὴν ἰδίαν ἐξουσίαν. μετὰ δὲ ταῦτα τοῖς κοινοῖς ὡς ἰδίοις χρώμενος, ἐξεδαπάνα τὰς προσόδους, οὐ νόμου στοχαζόμενος, οὐ κοινοῦ δόγματος, οὐκ ἄρχοντος. ἐφ' οἷς τινὲς ἀγανακτήσαντες, ἐσπούδαζον καταστῆναι δοκιμαστῆρες τῶν κοινῶν κατὰ τοὺς νόμους. ὁ δὲ Χαίρων θεωρῶν τὸ γινόμενον, καὶ συνειδὼς αὐτῷ κακῶς κεχειρικότι τὰ τῆς πόλεως, τὸν ἐπιφανέστατον τῶν δοκιμαστήρων Ἀπολλωνίδην, καὶ μάλιστα δυνάμενον ἐρευνῆσαι τὴν πλεονεξίαν αὐτοῦ, τοῦτον ἀποπορευόμενον ἡμέρας ἐκ βαλανείου προσπέμψας τινὰς ἐξεκέντησεν. ὧν προσπεσόντων τοῖς Ἀχαιοῖς, καὶ τοῦ πλήθους ἀγανακτήσαντος ἐπὶ τοῖς γεγονόσιν, ἐξ αὐτῆς ὁ στρατηγὸς ὁρμήσας καὶ παραγινόμενος εἰς τὴν Λακεδαίμονα, τόν τε Χαίρωνα περιήγαγεν εἰς κρίσιν ὑπὲρ τοῦ φόνου, τοῦ κατὰ τὸν Ἀπολλωνίδην· καὶ κατακρίνας ἐποίησε δέσμιον. τούς τε λοιποὺς δοκιμαστῆρας παρώξυνε πρὸς τὸ ποιεῖσθαι τὴν ζήτησιν τῶν δημοσίων ἀληθινήν. φροντίσαι δὲ καὶ περὶ τοῦ κομίσασθαι τὰς οὐσίας τοὺς τῶν φυγάδων ἀναγκαίους πάλιν, ἃς ὁ Χαίρων αὐτῶν ἀφείλετο βραχεῖ χρόνῳ πρότερον.

Ὅτι Φιλοποίμενα καὶ Ἀρίσταινον τοὺς Ἀχαιοὺς συνέβη, οὔτε τὴν φύσιν ὁμοίαν σχεῖν, οὔτε τὴν αἵρεσιν τῆς πολιτείας. ἦν γὰρ ὁ Φιλοποίμην εὖ πεφυκὼς πρὸς τὰς πολεμικὰς χρείας, καὶ κατὰ τὸ σῶμα, καὶ κατὰ τὴν ψυχήν. ὁ δ' ἕτερος πρὸς τὰ [1] πολιτικὰ τῶν διαβουλίων. τῇ δ' αἱρέσει κατὰ τὴν πολιτείαν οὐ πολὺ διέφερον ἀλλήλοις. τῆς γὰρ Ῥωμαίων ὑπεροχῆς ἤδη

1 Suidas addit καὶ λογικά.

τοῖς Ἑλληνικοῖς πράγμασιν ἐμπεπλεγμένης ὁλοσχερῶς, κατά τε τοὺς Φιλιππικοὺς, καὶ τοὺς Ἀντιοχικοὺς καιροὺς, ὁ μὲν Ἀρίσταινος ἦγε τὴν ἀγωγὴν τῆς πολιτείας οὕτως, ὥστε πᾶν τὸ πρόσφορον Ῥωμαίοις ἐξ ἑτοίμου ποιεῖν, ἔνια δὲ καὶ πρὶν ἢ προστάξαι ἐκείνους. ἐπειρᾶτο μέντοιγε τῶν νόμων ἔχεσθαι δοκεῖν, καὶ τὴν τοιαύτην ἐφείλκετο φαντασίαν, εἴκων ὁπότε τούτων ἀντιπίπτοι τις προδήλως, τοῖς ὑπὸ Ῥωμαίων γραφομένοις. ὁ δὲ Φιλοποίμην, ὅσα μὲν εἴη τῶν παρακαλουμένων ἀκόλουθα τοῖς νόμοις, καὶ τῇ συμμαχίᾳ πάντα συγκατήνει καὶ συνέπραττεν ἀπροφασίστως· ὅσα δὲ τούτων ἐκτὸς ἐπιτάττοιεν, οὐχ οἷός τ' ἦν ἐθελοντὴς συνυπακούειν. ἀλλὰ τὰς μὲν ἀρχὰς ἔφη δεῖν δικαιολογεῖσθαι, μετὰ δὲ ταῦτα πάλιν ἀξιοῦν. εἰ δὲ μηδ' οὕτως πείθοιεν, τέλος οἷον ἐπιμαρτυρομένους εἴκειν, καὶ τότε ποιεῖν τὸ παραγγελλόμενον.

Ὅτι Περσεὺς ἀνανεωσάμενος τὴν φιλίαν τὴν πρὸς Ῥωμαίους, εὐθέως ἑλληνοκοπεῖν ἐπεβάλετο, κατακαλῶν εἰς τὴν Μακεδονίαν καὶ τοὺς τὰ χρέα φεύγοντας, καὶ τοὺς πρὸς καταδίκης ἐκπεπτωκότας, καὶ τοὺς ἐπὶ βασιλικοῖς ἐγκλήμασι Μακεδονίαν παρακεχωρηκότας. καὶ τούτων ἐξετίθει προγραφὰς εἴς τε Δῆλον καὶ Δελφοὺς, καὶ τὸ τῆς
1 Ἰτωνίας Ἀθηνᾶς ἱερόν· διδοὺς οὐ μόνον τὴν ἀσφάλειαν τοῖς κα-

1 mſ. σιτω.

gerenda inſtitutum id interfuit. Nam cum Romanorum potentia bello Philippico & Antiochino penitùs ſe rebus Græciæ immiſcuiſſet, Ariſtænus quidem ita Remp. moderabatur, ut quicquid è re populi Romani eſſet, lubentiſſimè faceret; quædam etiam ultrò antequam populus Romanus mandaſſet. Interim tamen operam dabat ut leges ubique ſervare videretur, atque eam ſpeciem præ ſe ferebat. cedens interdum, ſi qua lex mandatis populi Romani apertè repugnabat. At Philopœmenes & ipſe quidem poſtulatis Romanorum, quæcunque à legibus ac fœdere gentis Achæorum non diſcedebant, ſine controverſia aſſentiebatur: quæcumque verò præter leges ac fœdera imperabantur, adduci non poterat, eis ſponte ut parêret: ſed primò quidem rationibus contrà allatis, deinde verò precibus contendendum eſſe ajebat. quod ſi ne ſic quidem flectere illos potuiſſent, tunc demùm tanquam Divûm fidem conteſtatos cedere, atque imperata facere oportere.

Ex Libro XXVI.

Perſeus renovata cum populo Rom. amicitia, confeſtim Græcos ſibi conciliare omnibus modis cœpit. Nam quotquot æris alieni cauſa aut judicio condemnati ſolum verterant, quique ob majeſtatis crimina, Macedoniâ exceſſerant, univerſos in Macedoniam evocavit, edictis in inſula Delo ac Delphis, & in templo Ironiæ Minervæ palam propoſitis; quibus non modò impunitatem, ſed etiam bonorum omnium reſtitutionem cum fructibus

bus ab eo tempore ex quo quiſque exularet, poſtliminio redeuntibus concedebat. Univerſis præterea Macedonibus fiſcalia debita remiſit, cunctoſque ob ſuſpicionem, aut crimen majeſtatis vinctos cuſtodiâ liberavit. His geſtis cùm multorum animos arrexiſſet, præclaram omnibus Græcis ſpem in ſe oſtendebat, quinetiam in reliquo vitæ apparatu regiam dignitatem præferebat. Nam & ſpecie erat honeſta, & corpore ad omne opus bello & pace obeundum valido; atque in vultu ſupercilium & dignitas non incongrua ætati ejus aderat. Vitaverat etiam paternam in mulieres atque in conviviis intemperantiam. Ac Perſei quidem principatus hujuſmodi exordium habuit.

πεπρεσδομένοις, ἀλλὰ καὶ τῶν ὑπαρχόντων κομιδὴν, ἀφ' ὧν ἕκαστος ἔφυγε· παρέλυσε δὲ καὶ τοὺς ἐν αὐτῇ τῇ Μακεδονίᾳ τῶν βασιλικῶν ὀφειλημάτων. ἀφῆκε δὲ καὶ τοὺς ἐν ταῖς φυλακαῖς ἐγκεκλεισμένους ἐπὶ βασιλικαῖς αἰτίαις. ταῦτα δὲ ποιήσας πολλοὺς τε μετεωροδικῶν καλὰς ἐλπίδας 1 ὑπεδείκνυε πᾶσι τοῖς Ἕλλησιν ἐν αὑτῷ. ἐπέφαινε δὲ καὶ κατὰ τὴν ἐν τῷ λοιπῷ βίῳ προστασίαν τὸ τῆς βασιλείας ἀξίωμα. κατά τε γὰρ τὴν ἐπιφάνειαν ἦν ἱκανὸς, καὶ πρὸς πᾶσαν σωματικὴν χρείαν τῶν διατεινουσῶν εἰς τὴν πραγματικὴν τρόπον εὔθετος. κατά τε τὴν ἐπίφασιν εἶχεν ἐπισκύνιον καὶ τάξιν οὐκ ἀνοίκειον τῆς ἡλικίας. ἐπεφεύγει δὲ καὶ τὴν πατρικὴν ἀσέλγειαν, τήν τε περὶ τὰς γυναῖκας καὶ τὴν περὶ τοὺς πότους, καὶ τὰ μὲν προοίμια τῆς Περσέως ἀρχῆς τοιαύτην 2 εἶχε διάθεσιν.

Philippus Rex poſtea quidem quam opibus auctus eſt, & Græciam in poteſtate habuit, omnium perfidiſſimus fuit ac flagitioſiſſimus; ubi verò adverſam fortunam eſt expertus, omnium modeſtiſſimus. poſtremò poſtquam res ejus funditùs labefactatæ ſunt, ad omnem futuri temporis caſum comparans ſeſe, regnum ſuum confirmare omnibus modis atque artibus contendebat.

Ὅτι Φίλιππος ὁ βασιλεὺς ὅτε μὲν ηὐξήθη, καὶ τὴν κατὰ τῶν Ἑλλήνων ἐξουσίαν ἔλαβε, πάντων ἦν ἀπιστότατος καὶ παρανομώτατος. ὅτε δὲ πάλιν τὰ τῆς τύχης ἀντέπνευσε, πάντων μετριώτατος. ἐπεὶ δὲ τοῖς ὅλοις πράγμασιν ἔπταισε, πρὸς πᾶν τὸ μέλλον ἁρμοζόμενος, ἐπειρᾶτο κατὰ πάντα τρόπον σωματοποιεῖν τὴν αὑτοῦ βασιλείαν.

Ex Libro XXVII.

Erat Cotys cùm ſpecie ipſa, tum militari fortitudine inſignis. Præterea ingenio prorſus Thracum diſſimilis: quippe ſobrietatem ac clementiam & ſolertiam quandam liberalem eminus præferebat.

ΛΟΓΟΣ κζ.

Ὅτι ὁ Κότυς ἦν ἀνὴρ καὶ κατὰ τὴν ἐπιφάνειαν ἀξιόλογος, καὶ πρὸς τὰς πολεμικὰς χρείας διαφέρων· ἔτι δὲ κατὰ τὴν ψυχὴν πάντα μᾶλλον ἢ Θρᾷξ. καὶ γὰρ νήπτης ὑπῆρχε, καὶ πρᾳότητα καὶ βάθος ὑπέφαινεν ἐλευθέριον.

1 mſ. ὑποδεικνύντι. 2 mſ. εἶχε.

Ὅτι Πτολεμαῖος ὁ στρατηγὸς ὁ κατὰ Κύπρον οὐδαμῶς Αἰγυπτιακὸς γέγονεν, ἀλλὰ νουνεχὴς καὶ πρακτικός· παραλαβὼν γὰρ τὴν νῆσον ἔτι νηπίου τοῦ βασιλέως ὄντος, ἐγίνετο μὲν ἐπιμελῶς περὶ συναγωγὴν χρημάτων. ἐδίδου δ' ἁπλῶς οὐδὲν οὐδενὶ, καίπερ αἰτούμενος πολλάκις ὑπὸ τῶν βασιλικῶν διοικητῶν, καὶ καταλαλούμενος πικρῶς ἐν τῷ μηδὲν προΐεσθαι. τοῦ δὲ βασιλέως εἰς ἡλικίαν παραγεγονότος, συνθεὶς πλῆθος ἱκανὸν χρημάτων ἐξαπέστειλεν, ὥστε καὶ τὸν Πτολεμαῖον αὐτὸν, καὶ τοὺς περὶ τὴν αὐλὴν εὐδοκῆσαι τῇ πρότερον αὐτοῦ συστολῇ, καὶ τῷ μηδὲν προΐεσθαι.

Ὅτι Κέφαλος ἧκεν ἐξ Ἠπείρου, ἔχων μὲν καὶ πρότερον ἤδη σύστασιν πρὸς τὴν Μακεδόνων οἰκίαν, τότε δὲ διὰ τῶν πραγμάτων ἠναγκασμένος αἱρεῖσθαι τὰ τοῦ Περσέως. ἡ δ' αἰτία τοῦ συμβαίνοντος ἐγένετο τοιαύτη. Χάροψ ἦν Ἠπειρώτης ἀνὴρ τἄλλα μὲν καλὸς κἀγαθὸς, καὶ φίλος Ῥωμαίων, ὃς Φιλίππου τὰ κατὰ τὴν Ἤπειρον στενὰ κατέχοντος, αἴτιος ἐγένετο τοῦ Φίλιππον μὲν ἐκπεσεῖν ἐκ τῆς Ἠπείρου, Τίτον δὲ καὶ τῆς Ἠπείρου κρατῆσαι καὶ τῶν Μακεδόνων. οὗτος υἱὸν ἔσχε Μαχάταν, οὗ Χάροψ ἐγένετο. τούτου ἀντίπαιδα κατὰ τὴν ἡλικίαν ὄντα, τοῦ πατρὸς μεταλλάξαντος ὁ Χάροψ μετὰ τῆς καθηκούσης προστασίας εἰς τὴν Ῥώμην ἀπέστειλε, χάριν τοῦ καὶ τὴν διάλεκτον καὶ τὰ γράμματα τὰ Ῥωμαϊκὰ μαθεῖν. τοῦτο τὸ μειράκιον πολλοῖς συνήθης γενόμενος, ἐπανῆλθε μετά τινα χρόνον εἰς τὴν οἰκείαν. ὁ μὲν οὖν πρεσβύτερος Χάροψ μετήλλαξε τὸν βίον. τὸ δὲ

Ptolemæus Præfectus Cypri, nulla re Ægyptius fuit sed prudens ac strenuus inprimis. Nam cùm insulæ Præfecturam Rege admodum puero accepisset, cogendæ quidem pecuniæ studiosè incubuit: cæterùm nemini prorsus quidquam dabat, tametsi à curatoribus ac dispensatoribus regiæ pecuniæ sæpissimè flagitaretur, graviterque incusaretur, quod reditus insulæ penes se retineret. Sed postaquam Rex adolescentiam attigit, collectam satis magnam pecuniæ vim Alexandriam misit, adeò ut Ptolemæus & cæteri omnes aulici priorem illius parsimoniam ac diligentiam vehementer probarint.

Cephalus tum ex Epiro quoq; adfuit, & antiqua amicitia ac gratia Regiæ Macedonum domui obstrictus, & tum ad Persei partes colendas necessitate temporum compulsus tali causa. Charopus quidam Epirota fuit, vir cæteroqui probus, amicus populi Rom. qui cùm Philippus artissimas Epiri fauces occupavisset, unus præcipuè effecerat ut & Philippus Epiro excideret, & Titus Epiri simul ac Macedonum potiretur. Hujus ex Machata filio Charopus nepos fuit, quem admodum adolescentem patre orbatum, avus Charopus cum honesto comitatu Romam misit, quo & linguam Romanam, & litteras perdisceret. Hic adolescens Romæ plurimis familiariter usus, postmodum in patriam reversus est, quo tempore senior Charopus è vita discessit. At juvenis suopte ingenio

levis,

levis, omnique malicia refertus, contendere atque obtrectare viris clarissimis cœpit. Ac principio quidem nulla ejus ratio habebatur, sed Antinoüs longè ætate & gloria antecellens, Rempublicam cum Cephalo arbitratu suo administrabat. Conflato autem Persico bello, statim Charopus eos viros apud populum Romanum criminari instituit, gratiam quæ illis apud Regiam Mecedonum domum comparata erat, argumento adducens. Et omnia illorum dicta ac facta tum maximè observando; atque in pejus detorquendo; nunc veritati adjiciens, nunc detrahens, auctoritatem fidemque adversus eos sibi comparavit. At Cephalus, vir singularis prudentiæ ac constantiæ; etiamtum in optima sententia erat. Deos enim immortales precatus fuerat ut bellum ne conflaretur, neve de rerum summa decerneretur. sin gerendum bellum esset, statuerat ex fœderis præscripto Romanos juvare; præter fœderis autem leges nihil ultrò facere, atque in nullo obsequi indecorè ac turpiter. Cæterùm, cùm Charopus criminationi illius acriter insisteret, & quicquid non pro Romanis fieret; insidiosè agi causaretur, initio quidem & ipse & Antinoüs hominem spernebant, quippe nullius sui consilii à Romanorum societate alieni, conscii cùm essent. Postea verò cùm Hippolochum & Nicandrum & Lochagum Ætolos sine causa Romam perduci cernerent, & Lycisci calumniis fidem adhiberi, qui tum in Ætolia eandem sectam ac Cha-

μειράκιον μετέωρον ὂν τῇ φύσει, καὶ πάσης πονηρίας ἔμπλεον ἐκοιωνία, καὶ παρετρίβετο πρὸς τοὺς ἐπιφανεῖς ἄνδρας. τὰς μὲν οὖν ἀρχὰς οὐδεὶς ἦν αὐτοῦ λόγος, ἀλλ' οἱ προκατέχοντες καὶ ταῖς ἡλικίαις καὶ ταῖς δόξαις οἱ περὶ τὸν Ἀντίνουν ἐχείριζον τὰ κοινὰ κατὰ τὰς αὐτῶν γνώμας. τοῦ δὲ πολέμου τοῦ Περσικοῦ συστάντος, εὐθέως διέβαλλε τὸ μειράκιον τοὺς προειρημένους ἄνδρας πρὸς Ῥωμαίους. ἀφορμῇ μὲν χρώμενος τῇ προγεγενημένῃ συστάσει τῶν ἀνδρῶν πρὸς τὴν Μακεδόνων οἰκίαν. κατὰ δὲ τὸ παρὸν πάντα παρατηρῶν, καὶ πᾶν τὸ λεγόμενον ἢ πραττόμενον ὑπ' αὐτῶν ἐπὶ τὸ χεῖρον ἐκδεχόμενον, καὶ τὰ μὲν ἀφαιρῶν, τὰ δὲ προστιθεὶς, ἐλάμβανε πιθανότητας κατὰ τῶν ἀνθρώπων. ὁ δὲ Κέφαλος τἄλλα τε φρόνιμος καὶ στάσιμος ἄνθρωπος, καὶ κατὰ τοὺς καιροὺς τούτους ἐπὶ τῆς ἀρίστης ὑπῆρχε γνώμης. εὐχόμενος γὰρ ηὔξατο τοῖς θεοῖς μὴ συστῆναι τὸν πόλεμον, μηδὲ κριθῆναι τὰ πράγματα. πραττομένου δὲ τοῦ πολέμου, τὰ κατὰ τὴν συμμαχίαν ἐβούλετο δίκαια ποιεῖν Ῥωμαίοις. πέρα δὲ τούτου μηδὲ προστρέχειν ἀγεννῶς, μηθ' ὑπηρετεῖν μηδὲν παρὰ τὸ δέον. τοῦ δὲ Χάροπος ἐνεργῶς χρωμένου ταῖς κατ' αὐτοῦ διαβολαῖς, καὶ 1 πᾶσαν παρὰ τὴν Ῥωμαίων βούλησιν γινόμενον εἰς ἐθελοκάκησιν ἄγοντος, τὸ μὲν πρῶτον οἱ προειρημένοι κατεφρόνουν, οὐδὲν αὐτοῖς συνειδότες ἀλλότριον βουλομένοις Ῥωμαίων. ὡς δὲ τοὺς περὶ τὸν Ἱππόλοχον καὶ Νίκανδρον καὶ Λοχαγὸν εἶδον τοὺς Αἰτωλοὺς ἀναγομένους εἰς τὴν Ῥώμην ἀπὸ τῆς ἱππομαχίας ἀλόγως, καὶ τὰς διαβολὰς τὰς ἐκ τῶν περὶ Λυκίσκον πεπιστευμένας κατ'

1 leg. πᾶν.

αὐτῶν, οἵτινες κατὰ τὴν Αἰτωλίαν τὴν αὐτὴν αἵρεσιν εἶχον τῷ Χάρωπι, τὸ τηνικάδε προειδόμενοι τὸ μέλλον ἐβουλεύοντο περὶ αὐτῶν. ἔδοξεν οὖν αὐτοῖς πάντως πεῖραν λαμβάνειν, ἐφ' ᾧ μὴ προέσθαι σφᾶς αὐτοὺς ἀκρίτως, σώους δὲ εἰς τὴν Ῥώμην ἐπανάγεσθαι διὰ τὰς Χάρωπος διαβολάς. οὕτω μὲν οὖν οἱ περὶ τὸν Κέφαλον ἠναγκάσθησαν παρὰ τὰς αὐτῶν προαιρέσεις ἑλέσθαι τὰ τοῦ Περσέως.

Ὅτι οἱ περὶ Θεόδοτον καὶ Φιλόστρατον ἐποίησαν ἀσεβὲς πρᾶγμα καὶ παράσπονδον ὁμολογουμένως. πυθόμενοι γὰρ τὸν ὕπατον τῶν Ῥωμαίων Αὖλον Ὁστίλιον παραγίνεσθαι κομιζόμενον εἰς Θετταλίαν ἐπὶ τὸ στρατόπεδον, καὶ νομίζοντες εἰ παραδοῖεν τὸν Αὖλον τῷ Περσεῖ, μεγίστην μὲν πίστιν προσενέγκασθαι, μέγιστα δ' ἂν βλάψαι κατὰ τὸ παρὸν Ῥωμαίους, ἔγραφον τῷ Περσεῖ συνεχῶς ἐπισπεύδειν. ὁ δὲ βασιλεὺς ἐβούλετο μὲν ἐξ αὐτῆς προάγειν, καὶ συνάπτειν. τῶν δὲ Μολοττῶν κατὰ τὸν 1 Λῶον ποταμὸν τὴν γέφυραν κατειληφότων ἐκωλύετο τῆς ὁρμῆς, καὶ πρῶτον ἠναγκάζετο διαμάχεσθαι πρὸς τούτους. συνέβη δὲ τὸν Αὖλον εἰς τοὺς Φανοτεῖς παραγενόμενον καταλῦσαι παρὰ Νέστορι τῷ Κρωπίῳ, καὶ παραδοῦναι καθ' αὑτοῦ τοῖς ἐχθροῖς καιρὸν 2 ὁμολογούμενον, εἰ μὴ τύχη τις ἐβραβευσε πρὸς τὸ βέλτιον, οὐκ ἄν μοι δοκεῖ διαφυγεῖν. νῦν δὲ δαιμονίως πως ὁ Νέστωρ τὸ μέλλον ὑποπτευσάμενος, ἐξ αὐτῆς ἠνάγκασε μετελθεῖν εἰς γείτονα τῆς νυκτός· καὶ ἀπογνοὺς τὴν διὰ τῆς Ἠπείρου πορείαν ἀνήχθη καὶ πλεύσας εἰς Ἀντικυ-

1 mſ. λωτ. 2 leg. ῥᾳδίως ὄν.

ropus inſtituerat: tum demum proſpicientes animo conſilium de rebus ſuis cepere, ſtatueruntque ſubeundum eſſe diſcrimen, neque ullatenus ferendum ut criminationibus Charopi conſtricti Romam indicta cauſa perducerentur. Ita Cephalus ad Perſei partes invitus tranſire eſt coactus.

Per hoc tempus à Theodoto ac Philoſtrato grave ac nefarium facinus ſuſceptum eſt. Nuncio enim accepto Aulum Hoſtilium Conſulem pop. Rom. in Theſſaliam ad exercitum proficiſcentem adventare, rati ſe, ſi Aulum in manus Perſei traderent, maximam gratiam apud Regem inituros, ac graviſſimum Romanis damnum allaturos in præſentia eſſe, aſſiduè ad Regem litteras dabant ut quamprimum acceleraret. At Rex in animo quidem habebat illicò progredi & obviam ire. Sed cùm Moloſſi pontem Loi fluminis intercepiſſent, impetus ejus retardabatur; priùs enim dimicandum cum Moloſſis erat. At Hoſtilius in Phanotenſium urbem delatus, diverſatuſque apud Neſtorem Cropium, opportunam planè adverſus ſe inſidiarum anſam hoſtibus præbuerat, quam niſi benignior quædam fortuna deflexiſſet, prorſus effugere nullo modo poterat. Sed Neſtor mira ſagacitate rem odoratus, confeſtim in proximam civitatem migrare eum noctu juſſit. Ille itinere per Epirum relicto, na-

vibus

vibus Anticyram advectus, inde in Thessaliam contendit.

Pharnaces omnium ex superiori memoria Regum iniquissimus fuit.

Attalus qui Elatiæ hybernabat, cùm pro certo haberet Eumenem fratrem acerbissimè ferre quod universæ Peloponnesi civitates imagines ipsius ac statuas, & reliqua honoris monimenta communi decreto sustulerant, quo animo erga fratrem esset occultè dissimulans, ad nonnullos Achæorum interpretibus missis, id agere est molitus, ut non modò imagines & statuæ, sed & decreta honoris ejus causâ tabulis incisa, restituerentur. Id verò agebat Attalus, tum quia persuasum habebat gratissimam eam rem fratri fore, tum maximè ut amorem suum erga Eumenem fratrem & magnitudinem animi hoc testimonio declararet.

Per id tempus grave admodum & indignum facinus à Cretensibus admissum est. tametsi enim multa ejusmodi in Creta insula fieri solent, nihilominus hoc de quo nunc sermo est, cæteris omnibus antistare visum est. Nam cùm non societas solùm, sed etiam commune civitatis jus cum Apolloniatis, ipsis intercederet, ac postremò omnia jura quæ ab hominibus sacrosancta habentur, utrisque communia essent, cùm ejus fœderis tabulæ sacramento utrinque firmatæ juxta ipsum simulacrum Jovis Idæi fixæ extarent, tamen calcata fœderis religione Apolloniatarum urbem occuparunt. virisque omnibus trucidatis, ac bonis eorum direptis, uxores ac liberos,

ραν, ἐκεῖθεν ἐποιήσατο τὴν ὁρμὴν εἰς Θετταλίαν.

Ὅτι Φαρνάκης πάντων τῶν πρὸ τοῦ βασιλέων ἐγένετο παρανομώτατος.

Ὅτι Ἄτταλος χειμάζων ἐν Ἐλατείᾳ, καὶ σαφῶς εἰδὼς τὸν ἀδελφὸν Εὐμένη λυπούμενον ὡς ἔνι μάλιστα, καὶ βαρύνοντα ἐπὶ τῷ τὰς ἐπιφανεστάτας αὐτοῦ τιμὰς ἠθετῆσθαι ὑπὸ τῶν ἐν Πελοποννήσῳ διὰ κοινοῦ δόγματος, ἐπικρυπτόμενος δὲ πρὸς πάντας τὴν περὶ αὐτὸν ὑπάρχουσαν διάθεσιν, ἐπεβάλετο διαπέμπεσθαι πρός τινας τῶν ἐν Ἀχαΐᾳ, σπουδάζων ἀποκατασταθῆναι τἀδελφῷ αὐτοῦ μὴ μόνον τὰς ἀναθηματικάς, ἀλλὰ καὶ τὰς ἐγγράπτους τιμάς. τοῦτο δ' ἐποίει πεπεισμένος μεγίστην μὲν [1] ἀνακινεῖν ταύτην χάριν προσενέγκασθαι, μάλιστα δ' ἂν τὸ φιλάδελφον καὶ γενναῖον τῆς αὐτοῦ προαιρέσεως ἐναποδείξασθαι τοῖς Ἕλλησι διὰ ταύτης τῆς πράξεως.

Ὅτι οἱ Κρῆτες ἀνάξιον κατὰ τὸν καιρὸν τοῦτον ἐποίησαν πρᾶγμα, δεινὸν καὶ παράσπονδον ὁμολογουμένως. καίπερ πολλῶν τοιούτων γινομένων κατὰ τὴν Κρήτην, ὅμως ἔδοξεν ὑπεραίρειν τὴν συνήθειαν τὸ τότε γινόμενον. ὑπαρχούσης γὰρ αὐτῆς οὐ μόνον φιλίας, ἀλλὰ συμπολιτείας πρὸς Ἀπολλωνιάτας καὶ καθόλου κοινωνίας πάντων τῶν ἐν ἀνθρώποις νομιζομένων δικαίων, καὶ περὶ τούτων κειμένης ἐνόρκου συνθήκης παρὰ τὸν Δία τὸν Ἰδαῖον, παρασπονδήσαντες τοὺς Ἀπολλωνιάτας, κατελάβοντο τὴν πόλιν, καὶ τοὺς μὲν ἄνδρας κατέσφαξαν, τὰ δὲ ὑπάρχοντα διήρπασαν, τὰς γυναῖκας καὶ τὰ τέκνα,

1 f. ἂν ἐκείνῳ.

καὶ τῶν

καὶ τὴν πόλιν, καὶ τὴν χώραν διανειμάμενοι κατεῖχον.

Ὅτι Ἀντίοχος ὁ βασιλεὺς ἦν καὶ πρακτικὸς καὶ τοῦ τῆς βασιλείας ὀνόματος ἄξιος, πλὴν τῶν κατὰ τὸ Πηλούσιον στρατηγημάτων.

ΛΟΓΟΣ κη΄.

Ὅτι φησὶ Πολύβιος προότερον ἐπιστήσαντες τοὺς ἀναγινώσκοντας ἐπὶ τὴν περὶ Δείνωνος καὶ Πολυαράτου διάληψιν. μεγάλης γὰρ οὔσης τῆς περιστάσεως καὶ τῆς μεταβολῆς οὐ μόνον παρὰ τοῖς Ῥοδίοις, ἀλλὰ σχεδὸν ἁπάσαις ταῖς πολιτείαις, χρήσιμον ἂν εἴη τὰς προαιρέσεις τῶν παρ᾽ ἑκάστοις πολιτευομένων ἐπισκέψασθαι καὶ γνῶναι, τίνες φανήσονται τὸ κατὰ λόγον πεποιηκότες, καὶ τίνες παραπεπτωκότες τοῦ καθήκοντος· ἵνα οἱ ἐπιγινόμενοι ὡσανεὶ τύπων ἐκτιθεμένων δύνωνται κατὰ τὰς ὁμοίας περιστάσεις τὰ μὲν αἱρετὰ διώκειν, τὰ δὲ φευκτὰ φεύγειν ἀληθινῶς, καὶ μὴ περὶ τὸν ἔσχατον καιρὸν τῆς ζωῆς ἀπολεπτοῦντες τὸ πρέπον, καὶ τὰς ἐν τῷ προγεγονότι βίῳ πράξεις αὐτῶν ποιῶσι. συνέβαινε τοιγαροῦν τρεῖς διαφορὰς γενέσθαι τῶν ἐμπεσόντων εἰς τὰς αἰτίας κατὰ τὸν πρὸς Περσέα πόλεμον. ὧν μία μὲν ἦν τῶν οὐχ ἡδέως μὲν ὁρώντων κρινόμενα τὰ ὅλα, καὶ τὴν τῆς οἰκουμένης ἐξουσίαν ὑπὸ μίαν ἀρχὴν πίπτουσαν, οὔτε δὲ συνεργούντων, οὔτ᾽ ἀντιπραττόντων ἁπλῶς Ῥωμαίοις οὐδὲν, ἀλλ᾽ οἷον ἐπιτετραφότων τῇ τύχῃ περὶ τῶν ἀποβησομένων. ἑτέρα δὲ τῶν ἡδέως ὁρώντων κρινόμενα τὰ πράγματα, καὶ βουλομένων νικᾶν τὸν Περσέα, μὴ δυναμένων δὲ συνεπισπᾶσθαι τοὺς ἰδίους πολίτας, καὶ τοὺς ὁμοεθνεῖς πρὸς τὴν αὐτῶν γνώμην. τρίτη

omnemque agrum inter se divisecrunt.

Erat Antiochus Rex strenuus inprimis, & maximas res animo agitans, prorsusque, si excipias ea quæ ad Pelusium gessit, nomine regio dignissimus.

Ex Libro XXVIII.

Lectores priùs admonendos esse duximus de Dinonis ac Polyarati instituto. Nam cùm gravissimi casus & mutationes non solùm apud Rhodios, sed in cæteris quoque civitatibus acciderint, operæprecium fuerit dispicere consilia singulorum qui Reip. præerant, & quinam rectè ac constanter se gesserint, quinam officio suo defuerint videre, ut posteri tanquam ex proposito exemplo discant, ubi similes casus ingruerint, honesta quæque persequi ac fugere contraria. ne si sub exitum vitæ ab officio discesserint, omnem anteactæ victæ suæ laudem commaculasse videantur. Tria erant genera eorum qui bello Persico in suspicionem venerant. primum, illorum qui ægrè ferebant rerum summam dijudicari, imperiumque orbis terrarum uni genti addici. hi nulla re neque adjuvabant, neque adversabantur Romanis, sed quasi eventum fortunæ permiserant. Alterum genus erat eorum, qui de summa rerum decerni libenter cernebant, ac superiores Persei partes esse optabant quidem, sed cives suos ac populares in suam sententiam pertrahere non valebant. Tertium genus eorum

homi-

hominum erat, qui civitates suas ad Persei societatem auctoritate sua traduxerant. Quo autem modo singuli se gesserint, perspicere in promptu est. Gentem Molossorum cum ipsis contrariæ factionis hominibus ad Persei Regis partes transtulerunt Antinoüs & Theodotus ac Cephalus. Iidem imminente extremo discrimine adversus præsentem fortunam congressi fortiter pugnantes occubuerunt. Quamobrem omni laude prosequendi sunt, quòd semetipsos prodere atque indignam anteacta vita fortunam experiri haudquaquam sustinuerint. At verò in Achaia & apud Perrhæbos ac Thessalos multò plures ob quietem ac silentium accusabantur, quasi tempus captarent, ac Perseo taciti faverent: sed neque ullum ejusmodi sermonem in medio protulisse, neque ad Perseum de ea re litteras misisse deprehensi sunt, verùm ab omni crimine integros se præstitêre. Proinde mirum non est si ejusmodi homines judicium subire minimè detrectabant, atque in innocentia sua spes positas habebant. Neque enim pusilli animi levius argumentum est, sibi ipsum mortem consciscere nullius conscium culpæ, interdum contrariæ in Republica factionis, interdum potentioris metu: quàm vitæ desiderio plus quàm par sit teneri. Præterea apud Coos ac Rhodios, & in aliis civitatibus nonnulli palam Perseo favebant. qui pro Macedonibus verba facere, & Romanos accusare, ac societatem cum Perseo publicè suadere cùm ausi essent, tamen cives

οἱ δὲ τῶν συνεπισπασαμένων καὶ μεταρριψάντων τὰ πολιτεύματα πρὸς τὴν Περσέως συμμαχίαν. πῶς οὖν ἕκαστοι τούτων ἐχείρισαν τὰ καθ' αὑτούς, σκοπεῖν πάρεστι. μετέρριψαν πρὸς Περσέα τὸ τῶν Μολοσσῶν ἔθνος Ἀντίνους, καὶ Θεόδοτος, καὶ Κέφαλος, μετ' αὐτῶν τῶν ἀντιπεσόντων ταῖς ἐπιβολαῖς αὐτῶν ὁλοσχερῶς. καὶ περιστάντος τοῦ κινδύνου, καὶ συνεγγίζοντος τοῦ δεινοῦ, πάντες ὁμόσε στάντες τοῖς παροῦσιν, ἀπέθανον γενναίως. διόπερ ἄξιον ἐπαινεῖν τοὺς ἄνδρας ἐπὶ τῷ μὴ προέσθαι μηδὲ περιιδεῖν σφᾶς αὐτοὺς εἰς ἀναξίαν διάθεσιν ἐμπεσόντας τοῦ προγεγονότος βίου. καὶ μὴν ἐν Ἀχαΐᾳ, καὶ παρὰ Θετταλοῖς καὶ Περραιβοῖς ἔσχον αἰτίαν καὶ πλείους διὰ τὴν ἡσυχίαν, ὡς ἐφεδρεύοντες τοῖς καιροῖς καὶ φρονοῦντες τὰ Περσέως. ἀλλ' οὔτε λόγον ἐν τῷ μέσῳ τοιοῦτον ἐξέβαλον, οὔτε γράφοντες, οὔτε διαπεμπόμενοι πρὸς τὸν Περσέα περί τινος ἐφωράθησαν, ἀλλὰ διεφύλαξαν ἀνεπιλήπτους ἑαυτούς. τοιγαροῦν εἰκότως οὗτοι καὶ δικαιολογίαν καὶ κρίσιν ὑπέμενον, καὶ πάσας ἐξήλεγχον τὰς ἐλπίδας. οὐ γὰρ ἔλαττόν ἐστιν ἀγεννίας σημεῖον, τὸ μηδὲν αὑτῷ συνειδότα μοχθηρὸν προεξάγειν ἐκ τοῦ ζῆν αὑτόν, ποτὲ μὲν τὰς τῶν ἀντιπολιτευομένων ἀνατάσεις καταπλαγέντα, ποτὲ δὲ τὴν τῶν κρατούντων ἐξουσίαν, τοῦ παρὰ τὸ καθῆκον φιλοζωεῖν. καὶ μὴν ἐν Ῥόδῳ καὶ Κῷ, καὶ πλείοσιν ἑτέραις πόλεσιν ἐγένοντό τινες οἱ φρονοῦντες τὰ Περσέως, οἳ καὶ λέγειν ἐθάρρουν περὶ Μακεδόνων ἐν τοῖς ἰδίοις πολιτεύμασι, καὶ κατηγορεῖν μὲν Ῥωμαίων, καὶ καθόλου συνίστασθαι πρὸς τὸν Περσέα κοινοπραγίαν, οὐ δυνηθέντες

δὲ μεδὲ μεταρρῖψαι τὰ πολιτεύματα πρὸς τὴν τοῦ βασιλέως συμμαχίαν. τούτων δ' ἦσαν ἐπιφανέστατοι παρὰ μὲν τοῖς Κῴοις Ἱπποκρίτης καὶ Διομέδων ἀδελφοὶ, παρὰ δὲ Ῥοδίοις Δείνων καὶ Πολυάρατος. ὧν τίς οὐκ ἂν καταμέμψαιτο τὴν προαίρεσιν; οἳ πρῶτον μὲν τοὺς πολίτας συνίστορας ἔχοντες πάντων τῶν σφίσι πεπραγμένων, καὶ τῶν εἰρημένων, ἔπειτα δὲ τῶν γραμμάτων ἑαλωκότων καὶ πεφωτισμένων καὶ τῶν παρὰ τοῦ Περσέως πρὸς ἐκείνους διαπεμπομένων, καὶ τῶν πρὸς τὸν Περσέα παρ' ἐκείνων, ἅμα δὲ καὶ τῶν ἀνθρώπων ὑποχειρίων γεγονότων τῶν διαπεμπομένων παρ' ἑκατέρων καὶ πρὸς ἑκατέρους, οὐχ οἷοί τ' ἦσαν εἴκειν οὐδ' ἐκποδὼν ποιεῖν ἑαυτοὺς, ἀλλ' ἀκμὴν ἠμφισβήτουν. τοιγαροῦν προσκαρτεροῦντες καὶ φιλοζωοῦντες πρὸς ἀπεγνωσμένας ἐλπίδας, καὶ τὸ δοκοῦν εἶναι περὶ αὐτοὺς τολμηρὸν καὶ παράβολον ἀνέστρεψαν, ὥστε παρὰ τοῖς ἐπιγινομένοις μηδ' ἔσχατον ἐλέου καὶ συγγνώμης τόπον καταλιπεῖν. ἐλεγχόμενοι γὰρ κατὰ πρόσωπον ὑπὸ τῶν ἰδίων χειρογράφων καὶ τῶν ὑπουργῶν, οὐ μόνον ἀτυχεῖν, ἔτι δὲ μᾶλλον ἀναισχυντεῖν ἔδοξαν. Θόας γάρ τις ἦν τῶν πλοϊζομένων, ὃς καὶ πολλάκις εἰς τὴν Μακεδονίαν ἐπεπλεύκει διαπεσταλμένος ὑπὸ τῶν προειρημένων. οὗτος ἐν τῇ μεταβολῇ τῶν πραγμάτων συνειδὼς αὑτῷ τὰ πεπραγμένα, δείσας ἀπεχώρησεν εἰς τὴν Κνίδον. τῶν δὲ Κνιδίων αὐτὸν εἰς φυλακὴν ἀποθεμένων, ἐξαιτηθεὶς ὑπὸ τῶν Ῥοδίων ἦλθεν εἰς τὴν Ῥόδον. κἀκεῖ διὰ τῶν βασάνων ἐλεγχόμενος ἀνθωμολογεῖτο, καὶ σύμφωνος ἦν πᾶσι τοῖς ἐκ τῶν αἰχμαλώτων γραμμάτων συνθήμασιν, ὁμοίως δὲ καὶ ταῖς ἐπιστολαῖς ταῖς παρά τε τοῦ Περσέως ἀποστελλομέναις πρὸς τὸν Δείνω-

suos ad regias partes pertrahere non potuerant. Horum præcipui apud Coos Hippocritus & Diomedon fratres, Rhodi Dino & Polyaratus fuere. quorum consilium quis est qui non meritò damnaverit? Qui cùm cives suos testes haberent omnium dictorum & factorum suorum, præterea interceptis litteris quas ad Regem Perseum miserant, quasque ab illo acceperant, comprehensis denique interpretibus atque internunciis, qui utrimque commeare soliti erant, nihilominus cedere fortunæ, ac se è medio eripere non sustinebant. Ita vitæ desiderio capti, ac profligatas spes secuti cùm perstitissent, fortitudinis atque audaciæ quæ ipsis inesse videbatur, laudem imminuerunt, ut ne ullum quidem veniæ locum apud posteros sibi reliquerint. Convicti enim suismet ipsorum chirographis ac ministris, non infelices, sed impudentissimi esse videbantur. Erat quidam ex internunciis Thoas, qui à suprà dictis missus sæpè in Macedoniam navigarat. Hic rebus jam inclinatis, conscientia facinoris ac metu Cnidum confugit. cumque eum Cnidii in custodiam compegissent, vindicatus à Rhodiis Rhodum remissus est; ubi habita de ipso quæstione cuncta confessus, prorsus cum omnibus interceptarum litterarum notis, cumque epistolis, tum à Dinone, tum à

Per-

Perseo ultrò citroque missis consentiebat. Itaque mirum videbatur qua ratione speque adductus Dino superesse adhuc, atque hujusmodi ludibrio traduci sustinebat. Sed Polyaratus & imprudentiâ & ignaviâ Dinonem longè superavit. Nam cùm C. Popilius Ptolemæo Regi mandasset, ut Polyaratum mitteret Romam, Rex & Polyaratum & patriam reveritus, Romam quidem mittère eum haudquaquam decrevit, sed Rhodum potius, quod & ipse Polyaratus postulabat. Igitur navigio impositum & Demetrii cujusdam ex amicis custodiæ traditum Rhodum destinavit, litteris etiam ad Rhodios de illius transvectione datis. At Polyaratus Phaselidem appulsus nescio quid animo cogitans sumtis verbenis atque infulis ad penetrale urbis confugit. quem quidem si quis tum interrogasset quid sibi vellet, pro certo habeo dicere haud potuisse. Nam si in patriam reverti optabat, quid velamenta prætendere opus fuit, cùm eò à custodibus deduceretur? sin Romam proficisci malebat, etiam invito illuc eundum erat. Quidnam igitur reliquum potest esse? alius enim præterea locus nullus extabat, in quo securè posset consistere. Cæterùm cùm Phaselitæ Rhodum misissent, postulantes ut Polyaratum ipsi accipere asportareque vellent, Rhodii prudenter reputantes navem quidem apertam quâ deduceretur, miserunt: cæterùm Præfecto navis accipere illum in navem inter-

να, καὶ παρὰ τούτων πρὸς ἐκεῖνον. ἐξ ὧν θαυμάζειν ἦν τίνι ποτὲ λογισμῷ χρώμενος ὁ Δείνων προσανείχετο ζῆν, καὶ τὸν παραδειγματισμὸν ὑπέμενε τοῦτον. πολὺ δὲ κατὰ τὴν ἀβουλίαν, καὶ κατὰ τὴν ἀγεννίαν ὁ Πολυάρατος ὑπερέθετο τὸν Δείνωνα. τοῦ γὰρ Ποπιλίου προστάξαντος Πτολεμαίῳ τῷ βασιλεῖ τὸν Πολυάρατον ἀναπέμπειν εἰς τὴν Ῥώμην, ὁ βασιλεὺς εἰς μὲν τὴν Ῥώμην οὐκ ἔκρινε πέμπειν, ἐντρεπόμενος τὴν πατρίδα καὶ τὸν Πολυάρατον, εἰς δὲ τὴν Ῥόδον ἀποστέλλειν διέλαβε, κἀκείνου τοῦτο παρακαλοῦντος. παρασκευάσας οὖν λέμβον καὶ παραδοὺς αὐτὸν Δημητρίῳ τινὶ τῶν φίλων ἐξαπέστειλεν. ἔγραφε δὲ καὶ τοῖς Ῥοδίοις ὑπὲρ τῆς ἐκπομπῆς. ὁ δὲ Πολυάρατος προσσχὼν Φασηλίδι κατὰ πλοῦν, καὶ διανοηθεὶς ἄττα δήποτ' οὖν, λαβὼν θαλλοὺς κατέφυγεν ἐπὶ τὴν κοινὴν ἑστίαν. ὃν εἴ τις εἴρετο τί βούλεται, πέπεισμαι μὴ δυνατὸν ἔχειν εἰπεῖν. εἰ μὲν γὰρ εἰς τὴν πατρίδα μολεῖν ἐπεθύμει, τί θαλλῶν ἔδει; τοῦτο γὰρ προὔκειτό σφισι τοῖς ἄγουσιν αὐτόν. εἰ δ' εἰς τὴν Ῥώμην, καὶ μὴ βουλομένου κείνου τοῦτ' ἔδει γενέσθαι κατ' ἀνάγκην. τί οὖν καταλείπεται ἕτερον; ἄλλος γὰρ τόπος ὁ δεξόμενος αὐτὸν μετ' ἀσφαλείας οὐκ ἦν. οὐ μὴν ἀλλὰ τῶν Φασηλιτῶν πεμψάντων εἰς τὴν Ῥόδον, καὶ παρακαλούντων κομίζεσθαι καὶ παραλαμβάνειν τὸν Πολυάρατον, νουνεχῶς οἱ Ῥόδιοι διαλαβόντες, ἄφρακτον μὲν ἐξαπέστειλαν τὸ παραπέμψον. ἀναλαβεῖν δ' εἰς τὴν ναῦν ἐκώλυσαν τὸν ἄρχοντα, διὰ τὸ προστετάχθαι τοῖς ἐκ τῆς Ἀλεξανδρείας εἰς Ῥόδον ἀποκαταστῆσαι τὸν ἄνθρωπον. παραγενομένης δὲ τῆς νεὼς εἰς τὴν Φασηλίδα, καὶ τοῦ μὲν Ἐπιχάρους, ὃς ἦν ἄρχων τῆς νεώς, οὐ βουλομένου δέχεσθαι τῷ πλοίῳ τὸν ἄνθρωπον, τοῦ δὲ Δημητρίου τοῦ προχειρισθέντος ὑπὸ τοῦ βασιλέως διὰ τὴν ἀναπομπὴν κελεύοντος ἀνίστασθαι καὶ πλεῖν αὐτόν, καὶ τῶν Φασηλιτῶν συνεπισχυόντων αὐτῷ διὰ τὸ δεδιέναι, μήτις ἐκ Ῥωμαίων σφίσι διὰ ταῦτα μέμψις ἐπανενεχθήσοι· καταπλαγεὶς τὴν περίστασιν, ἐνέβη πάλιν τὸν λέμβον πρὸς τὸν Δημήτριον. κατὰ δὲ τὸν ἀπόπλουν ἐπιλαβόμενος ἀφορμῆς εὐκαίρου, προσδραμὼν κατέφυγε πάλιν εἰς Καῦνον. κἀκεῖ παραπλησίως ἐδεῖτο τῶν Καυνίων βοηθεῖν. τούτων δὲ πάλιν ἀποτριβομένων αὐτὸν διὰ τὸ τετάχθαι μετὰ Ῥοδίων, διεπέμπετο πρὸς Κιβυράτας, δεόμενος αὐτὸν δέξασθαι τῇ πόλει καὶ πέμψαι παραπομπήν. εἶχε γὰρ ἀφορμὴν πρὸς τὴν πόλιν διὰ τὸ τετράφθαι παρ' αὐτῷ τοὺς παῖδας Παγκράτους τοῦ τυράννου. τῶν δὲ πεισθέντων καὶ ποιησάντων τὰ παρακαλούμενα, παραγενόμενος εἰς τὴν Κιβύραν, εἰς ἀπορίαν ἐνέβαλεν αὐτόν τε καὶ τοὺς Κιβυράτας μείζω τῆς πρότερον, ἢ ὅτε παρὰ τοῖς Φασηλίταις ἦν. οὔτε γὰρ ἔχειν παρ' αὐτοῖς ἐθάρρουν αὐτόν, διὰ τὸ δεδιέναι τὸν ἀπὸ Ῥωμαίων κίνδυνον. οὔθ' ἅμα πέμπειν εἰς τὴν Ῥώμην ἐδύναντο, διὰ τὴν ἀπειρίαν τῶν κατὰ θάλατταν ἔργων, ἅτε μεσόγαιοι τελέως ὑπάρχοντες. λοιπὸν ἠναγκάζοντο πρεσβεύειν εἰς τὴν Ῥόδον, καὶ πρὸς τὸν στρατηγὸν εἰς Μακεδονίαν, ἀξιοῦντες παραλαβεῖν τὸν ἄνθρωπον. τοῦ δὲ Λευκίου γράψαντος τοῖς μὲν Κιβυράταις τηρεῖν ἐπιμελῶς τὸν Πολυάρατον καὶ

dixere, quoniam Alexandrinis Rhodi hominem sistere mandatum fuisset. Nave igitur Phaselidem delatâ, cùm Epichares Præfectus Polyaratum navigio excipere abnueret, contrà Demetrius, cujus custodiæ commendatus ab Rege fuerat, exurgere hominem ac proficisci juberet, urgerentque adeò Phaselitæ, veriti ne id sibi apud populum Romanum fraudi esset, perculsus casus gravitate, Demetrii navigium rursus conscendit. Verùm in excensione opportunitatem nactus, iterum confugit Caunum contento cursu. ac similiter quiritando Cauniorum auxilium implorabat, à quibus repulsam passus eò quod Rhodiis contributi essent, clam ad Cibyratas misit, postulans ut in urbem reciperetur, mitterenturq; qui ipsum tutò deducerent. Notus autem Cibyratis eò erat, quod liberi Pancratis tyranni educati apud eum fuerant. Cùm assensissent Cibyratæ & postulatis parvissent, ipse Cibyram delatus, & seipsum & Cibyratas in graviorem quàm antea difficultatem conjecit. Neque enim retinere illum penes se audebant metu populi Romani, neque porrò Romam deportare ob imperitiam rei maritimæ, quippe penitùs mediterranei poterant. quod erat reliquum, legationem Rhodum mittere, & in Macedoniam ad Proconsulem cogebantur, rogantes ut accipere hominem vellent. At L. Æmylius cùm Cibyratis quidem scripsisset, ut Polyaratum in arta cu-

stodia

ſtodia haberent, Rhodumque deducerent: Rhodiis verò, ut eundem maritimo itinere Romam tutò deferri curarent, re ab utriſque, ut imperatum erat, perfectâ, tandem Polyaratus Romam venit, cùm & imprudentiam & mollitiem animi ſui quaſi ſpectaculo traduxiſſet, quantum in ſe erat. traditusque non à Ptolemæo ſolùm Rege eſſet; ſed etjam à Phaſelitis & Cibyratis ac Rhodiis inconſtantiæ ſuæ cauſâ. quorſum verò de Dinone ac Polyarato prolixior à nobis inſtituta narratio eſt? Minimè certè ut eorum calamitati inſultare videar. id enim abſurdum omninò eſſet: ſed ut quaſi ob oculos poſita eorum imprudentia cæteros commonefaciam, ſi quando in ſimilia tempora inciderint, ut fortius meliusque ſibi conſulant.

Erat in more inſtitutoque Ætolorum latrociniis atque hujuſmodi ſceleribus victum parare. Ac quandiu iis Græciam populari licuit, eâ prædâ ſe ſuſtentare conſueverant, omnem agrum pro hoſtico ducentes. Poſtea verò Romanis rerum potitis, cùm aliena diripere haudquaquam ſinerentur, in ſemetipſos rabiem verterunt. ac primùm quidem civili bello nullum crudelitatis genus prætermiſêre. recenti autem memoriâ guſtato mutuo cruore in cæde illa ad Arſinoïam patrata, animis efferati nihil jam detrectabant, adeò ut ne Principibus quidem qui Rempublicam gerebant, conſultandi locum modumve ullum darent. Itaque temeritate & violentia ac cædibus plena erant cuncta in Ætolia.

κομίζειν εἰς τὴν Ῥόδον, τοῖς δὲ Ῥοδίοις φροντίζειν τὴν κατὰ θάλατταν παραπομπὴν, ἵνα μετ᾽ ἀσφαλείας εἰς τὴν Ῥωμαίων ἀνακομισθῇ, πειθαρχησάντων δ᾽ ἀμφοτέρων τοῖς γραφομένοις, τούτῳ τῷ τρόπῳ συνέβη τὸν Πολυάρατον ἐλθεῖν εἰς τὴν Ῥώμην· ἐκθεατρίσαντα μὲν τὴν ἀβουλίαν τὴν αὑτοῦ καὶ τὴν ἀγεννίαν, ἐφ᾽ ὅσον οἷός τ᾽ ἦν, ἔκδοτον δὲ γινόμενον. οὐ μόνον παρὰ Πτολεμαίου τοῦ βασιλέως, ἀλλὰ καὶ παρὰ Φασηλιτῶν, καὶ παρὰ Κιβυρατῶν, καὶ παρὰ Ῥοδίων διὰ τὴν ἰδίαν ἄνοιαν. τίνος οὖν χάριν τὸν πλείω λόγον πεποίημαι περὶ Πολυαράτου καὶ Δείνωνος; οὐχ ἵνα συνεπεμβαίνειν δόξω ταῖς ἐκείνων ἀτυχίαις. καὶ γὰρ ἄτοπόν γε τοῦτο τελέως. ἀλλ᾽ ἵνα φανερὰν ποιήσας τὴν ἐκείνων ἀβουλίαν, βέλτιον παρασκευάσω καὶ βουλεύεσθαι καὶ φρονεῖν, τοὺς κατὰ τὰς περιστάσεις εἰς παραπλησίους ἐμπίπτοντας καιρούς.

Οἱ Αἰτωλοὶ τὸν βίον ἀπὸ λῃστείας καὶ τῆς τοιαύτης παρανομίας εἰώθεισαν ἔχειν. καὶ ἕως μὲν ἐξῆν τοὺς Ἕλληνας φέρειν καὶ λεηλατεῖν, ἐκ τούτων ἐπορίζοντο τοὺς βίους, πᾶσαν γῆν ἡγούμενοι πολεμίαν. μετὰ δὲ ταῦτα Ῥωμαίων ἐπιστάντων τοῖς πράγμασι, κωλυθέντες τῆς ἔξωθεν ἐπικουρίας, εἰς ἑαυτοὺς κατήντησαν. καὶ πρότερον μὲν κατὰ τὸν ἐμφύλιον πόλεμον, οὐκ ἔστιν ὃ τῶν δεινῶν οὐκ ἔπραξαν. βραχεῖ δὲ ἀνώτερον χρόνῳ γεγευμένοι τοῦ φόνου τοῦ κατ᾽ ἀλλήλων ἐν ταῖς κατὰ τὴν Ἀρσινοΐαν σφαγαῖς, ἕτοιμοι πρὸς πᾶν ἦσαν, ἀποτεθηριωμένοι τὰς ψυχὰς, ὥστε μηδὲ βουλὴν διδόναι τοῖς προεστῶσι. διόπερ ἦν ἀκρισίας καὶ παρανομίας, καὶ φόνου πλήρη τὰ κατὰ τὴν Αἰτωλίαν.

καὶ τῶν πραττομένων παρ' αὐτοῖς ἐκ λογισμοῦ μὲν καὶ προθέσεως οὐδὲν ἐπετελεῖτο, πάντα δ' εἰκῇ καὶ φύρδην ἐπράττετο, καθάπερ εἰ λαίλαπός τινος ἐκπεπτωκυίας εἰς αὐτούς.

Ὅτι κατὰ τὴν Ἤπειρον παραπλήσια τούτοις ἔπραττον. ἐφ' ὅσον γὰρ οἱ πολλοὶ τῶν ἀνθρώπων μετριώτεροι τῶν κατὰ τὴν Αἰτωλίαν ἦσαν, ἐπὶ τοσοῦτον ὁ προεστὼς αὐτῶν ἀσεβέστερος, καὶ παρανομώτατος ὑπῆρχε τῶν ἄλλων· δοκῶ γὰρ μὴ γεγονέναι μηδ' ἔσεσθαι θηριωδέστερον ἄνθρωπον, μηδὲ σκαιότερον Χαρόπου.

Ὅτι τοῦ περὶ Καλλικράτην μίσους καὶ Ἀνδρωνίδαν καὶ τοὺς λοιποὺς ὁμογνώμονας τούτων, οὕτως ἄν τις τεκμήραιτο. τῆς γὰρ τῶν Ἀντιγονείων πανηγύρεως ἐν τῇ Σικυῶνι συντελουμένης, καὶ τῶν βαλανείων ἁπάντων ἐχόντων τάς τε [1] κοινὰς μακρὰς καὶ πυέλους ταύταις παρακειμένας, εἰς ἃς οἱ κομψότεροι τῶν ἀνθρώπων εἰώθασι κατ' ἰδίαν ἐμβαίνειν. εἰ ταύταις ὅστις καθίη τῶν περὶ τὸν Ἀνδρωνίδαν καὶ Καλλικράτην, οὐδεὶς ἐτόλμα τῶν ἐφεστώτων ἔτι κατιέναι, πρὶν ἢ τὸν βαλανείτην τὸ μὲν ὑπάρχον ὕδωρ ἀφιέναι πᾶν, ἕτερον δὲ καθαρὸν ἐγχέαι. τοῦτο δ' ἐποίουν ὑπολαμβάνοντες ὡσανεὶ μιαίνεσθαι καθιέντες εἰς ταυτὸ τοῖς προειρημένοις ὕδωρ. τοὺς δὲ συριγμοὺς τοὺς ἐν ταῖς κοιναῖς πανηγύρεσι τῶν Ἑλλήνων καὶ τοὺς χλευασμοὺς ὅτε τις ἐπιβάλοι κηρύττειν τινὰ τῶν προειρημένων, οὐδ' ἂν ἐξηγήσαιτο ῥᾳδίως οὐδείς. ἐθάρρει δὲ καὶ τὰ παιδάρια κατὰ τὰς ὁδοὺς ἐκ τῶν διδασκαλείων ἐπανάγοντα κατὰ πρόσωπον αὐτοὺς προδότας ἀποκαλεῖν. τοιαύτη

1 f. σκηνάς. 2 Suidas in συριγμούς.

& quæcumque ab iis tum agebantur, non consilio ac ratione, sed tumultuariè ac temerè fiebant, prorsus quasi atrox quædam procella in Rempub. eorum incubuisset.

Eadem in Epiro rerum facies erat: quantò enim hic modestiores homines quàm in Ætolia erant, tantò sceleratior ac nequior horum princeps fuit. Prorsus enim sic existimo nec tetriorem, nec sæviorem Charopo superiori memoriâ neminem extitisse, neque porrò postea extiturum.

Cæterùm quantum omnium odium adversus Callicratem fuerit & Andronidam, ac reliquos ejusdem factionis, vel hinc liquidò perspici potest. Nam cùm solenne sacrum quod Antigonia vocant, Sicyone celebraretur, atque in omnibus balneis tabernacula essent, iisque adposita solia, in quæ elegantissimus quisque seorsum descendere consuevit, si fortè Andronidas aut Callicrates lavandi causa in solium aliquod descenderat, nullus posthac eò descendere sustinebat, priusquam balneator pristina aqua omni egesta, puram nitidamque de novo adfudisset. quippe persuasum cuncti habebant contaminari se, si eadem ac illi aqua lavarentur. Quibus verò sannis ac sibilis in publicis Græciæ conventibus exciperentur, si quando aliquis quempiam ex iis voce præconis laudare esset ausus, ne dicendo quidem satis exprimi possit. Ipsi pueri è scholis redeuntes, coram proditores eos compellare per vicos non verebantur. Tanta omnium offensio.

ſenſio, tantumque odium adverſus illos homines gliſcebat.

Ex Libro XXXI.

C. Sulpitius Gallus præter cætera imprudenter ab eo facta quæ proximè commemoravi, in Aſiam delatus, edicta per celeberrimas civitates propoſuit, quibus jubebat ut quicumque Eumenem Regem accuſare vellet, ad diem certum Sardibus præſto eſſet. Ipſe cùm Sardes veniſſet, poſita in gymnaſio ſella, per decem dies audiendis accuſatoribus vacavit, omnis generis probra ac convicia in Regem libentiſſimè admittens, omnemque criminandi anſam amplectens, quippe qui ingenio eſſet vano, atque ex diſſenſione cum Eumene gloriam captaret.

At in Syria Antiochus Rex avidus parandæ pecuniæ, ad templum Dianæ in Elymaidem exercitum movit, quò cùm perveniſſet, ſpe ſua fruſtratus, eò quod barbari accolæ tantum ſcelus fieri prohiberent, regreſſus Tabis, quæ Perſidis civitas eſt, è vivis diſceſſit, inſania, ut quidam ajunt, correptus ob quædam ſigna atque oſtenta, quæ ob violatam religionem templi ab infenſo numine edita erant.

Mortuo Lucio Æmylio, maximum & pulcherrimum morum illius teſtimonium cunctis apparuit. qualis enim illius frugalitas dum in vivis eſſet, opinione omnium celebrabatur, talis re ipſa poſt obitum ipſius reperta eſt. quod revera maximum eſſe virtutis indicium nemo inficias ierit. Nam cùm unus ſui temporis plurimam

τις ὑπέδραμε προσκοπὴ καὶ μῖσος κατὰ τῶν προειρημένων.

ΛΟΓΟΣ λα'.

Ὅτι Γάϊος ὁ Γάλλος χωρὶς τῶν ἄρτι ῥηθέντων ἀλογημάτων παραγενόμενος εἰς τὴν Ἀσίαν, ἐκθέματα κατὰ τὰς πόλεις ἐξέθηκε τὰς ἐπιφανεστάτας, κελεύων εἴ τις βούλεται κατηγορεῖν Εὐμένους τοῦ βασιλέως, ἀπαντᾷν εἰς Σάρδεις ἐπί τινα χρόνον ὡρισμένον. μετὰ δὲ ταῦτα παραγενηθεὶς αὐτὸς εἰς τὰς Σάρδεις, ἀποκαθίσας ἐν τῷ γυμνασίῳ ἐπὶ δέχ' ἡμέρας διήκουε τῶν κατηγορούντων, πᾶσαν ἐπιδεχόμενος αἰσχρολογίαν καὶ λοιδορίαν κατὰ τοῦ βασιλέως, καὶ καθόλου πᾶν ἕλκων πρᾶγμα καὶ κατηγορίαν, ἅτε παρεστηκὼς ἄνθρωπος τῇ διανοίᾳ, καὶ φιλοδοξῶν ἐν τῇ πρὸς Εὐμένην διαφορᾷ.

Ὅτι κατὰ τὴν Συρίαν Ἀντίοχος ὁ βασιλεὺς βουλόμενος εὐπορῆσαι χρημάτων προέθετο στρατεύειν ἐπὶ τὸ τῆς Ἀρτέμιδος ἱερὸν εἰς τὴν Ἐλυμαΐδα. παραγενόμενος δ' ἐπὶ τοὺς τόπους καὶ διαψευσθεὶς τῆς ἐλπίδος, διὰ τὸ μὴ συγχωρεῖν τῇ παρανομίᾳ τοὺς βαρβάρους οἰκοῦντας περὶ τὸν τόπον, ἀναχωρῶν ἐν Τάβαις τῆς Περσίδος ἐξέλιπε τὸν βίον, δαιμονήσας ὥς ἔνιοί φασι· διὰ τὸ γενέσθαι τινὰς ἐπισημασίας τοῦ δαιμονίου κατὰ τὴν περὶ τὸ προειρημένον ἱερὸν παρανομίαν.

Ὅτι τὸ μέγιστον καὶ κάλλιστον σημεῖον τῆς Λευκίου Αἰμιλίου προαιρέσεως μεταλλάξαντος τὸν βίον ἐγένετο πᾶσιν ἔκδηλον. οἷος γὰρ ὁ τρόπος ζῶντος αὐτοῦ ἐδοξάζετο, τοιοῦτος εὑρέθη ὁ βίος μεταλλάξαντος· ὃ μέγιστον εἴποι τις ἂν ὑπάρχειν τεκμήριον ἀρετῆς. ὁ γὰρ πλεῖστον μὲν τῶν κατ' αὐτὸν ἐξ Ἰβηρίας χρυσὸν εἰς τὴν Ῥώμην μετειληχώς, μεγίστων δὲ θησαυρῶν κύριος γενόμενος ἐν Μακεδονίᾳ, πλείστης δὲ περὶ τὰ προειρημένα τετευχὼς ἐξουσίας, τοσοῦτον ἀπέλιπε τὸν ἴδιον βίον, ὥστε μὴ δύνασθαι τὴν φερνὴν τῇ γυναικὶ διαλῦσαι πᾶσαν ἐκ τῶν ἐπίπλων, εἰ μὴ τῶν ἐγγείων τινὰς προσαπέδοντο κτήσεων. ὑπὲρ ὧν ἡμεῖς τὰ κατὰ μέρος ἐν τοῖς πρὸ τούτων εἰρήκαμεν. ἐξ ὧν εἴποι τις ἂν καταλελύσθαι τὴν δόξαν τῶν θαυμαζομένων παρὰ τοῖς Ἕλλησι περὶ τοῦτο τὸ μέρος ἀνδρῶν· εἰ γὰρ τὸ διδομένων χρημάτων ἐπὶ τῷ τοῦ διδόντος συμφέροντι, τούτων ἀπέχεσθαι θαυμαστόν ἐστιν, ὃ λέγεται γεγονέναι περί τε τὸν Ἀθηναῖον Ἀριστείδην, καὶ περὶ τὸν Θηβαῖον Ἐπαμινώνδαν, τὸ κύριον γενόμενον αὐτὸν ἁπάσης τῆς βασιλείας, καὶ λαβόντα τὴν ἐξουσίαν ὡς βούλεται χρήσασθαι, μηδενὸς ἐπιθυμῆσαι, πόσῳ θαυμαστότερόν ἐστιν; εἰ δ' ἄπιστον τὸ λεγόμενον δόξει ἐοικέναι τισίν, ἐκεῖνο δεῖ λαμβάνειν ἐν νῷ, διότι σαφῶς ὁ γράφων ᾔδει μάλιστα Ῥωμαίους ἀναληψομένους εἰς τὰς χεῖρας τὰ βιβλία ταῦτα, διὰ τὸ τὰς ἐπιφανεστάτας καὶ τὰς πλείστας αὐτῶν πράξεις ἐν τούτοις περιέχεσθαι· παρ' οἷς οὔτ' ἀγνοεῖσθαι ταῦτα δυνατόν, οὔτε συγγνώμης τεύξεσθαι τὸν [1] ψευδολογούμενον εἰκός. διόπερ οὐδεὶς ἂν ἑκὼν εἰς πρόδηλον ἀπιστίαν καὶ καταφρόνησιν ἔδωκεν αὑτόν. καὶ τοῦτο μνημονευέσθω παρ' ὅλην τὴν πραγματείαν ἡμῖν, ὅταν τι παράδοξον δοκῶμεν λέγειν περὶ Ῥωμαίων. τῆς δὲ κατὰ τὴν διήγησιν ἐφόδου καὶ τῶν καιρῶν ἐφεστηκότων ἡμᾶς ἐπὶ

1 mſ. ψευδολόγον.

pecuniam ex manubiis Hiſpaniæ in ærarium populi Romani retuliſſet, ac maximarum opum in Macedonia compos fuiſſet, atque utrobique ſummam auctoritatem ac licentiam habuiſſet, ejuſmodi facultates reliquit, ut ſupellectilis auctione factâ redigi non potuerit unde dos uxori ejus redderetur, niſi præterea etiam fundi aliquot venditi fuiſſent. De quibus in ſuperioribus libris à nobis affatim dictum eſſe meminimus. Proinde non immeritò quis dixerit hujuſmodi exemplo opprimi gloriam eorum, quos eo nomine Græci maximè admirantur. Nam ſi abſtinere à pecunia quæ pro dantis utilitate offertur, admiratione digna res eſt, quod Ariſtidem Athenienſem, ac Thebanum Epaminondam feciſſe narrant, quanto eſt mirabilius, ipſum compotem totius regni cum ſumma abutendi licentia ac poteſtate, nihil tamen concupiſſe. Quod ſi cui id incredibile fortè videbitur, is velim reputet, nobis qui hæc ſcribebamus prævisum fuiſſe, maximè in Romanorum manus hos libros eſſe venturos, cùm celeberrimæ ac maximæ res populi Romani geſtæ iis continerentur: ab iis verò neque ignorari res ſuas poſſe, neque mentito veniam datum iri. Quapropter haudquaquam credibile eſt, quemquam de induſtria fidem atque auctoritatem apertè ſibi derogare voluiſſe. Atque id in omni noſtro opere monitum velim, quotieſcumque præter omnium opinionem aliquid videbimur de Romanis dixiſſe. Cæterùm cùm ipſa narrationis ac temporum ſeries ad laudem hujus familiæ

liæ

liæ nos deduxerit, quod ſuperiori in libro polliciti ſumus, id nunc in gratiam eorum qui diſcendi cupidi ſunt, exequi placet. Etenim dicturum me promiſeram, cur, quove pacto in tantum faſtigium crevit, & ante tempus Romæ eluxit junioris Africani gloria. ac præterea quomodo amicitiæ ac conſuetudini quæ Polybio cum eo fuit, tantum incrementum acceſſit, ut non modò Italiam ac Græciam illius amicitiæ fama pervaſerit, ſed remotiſſimis etiam gentibus utriuſque ſtudium animorumque conjunctio nota fuerit. Igitur quemadmodum principium conciliandæ inter utrumque amicitiæ ex commodato librorum uſu, ac ſermone de his habito fluxit, ſuprà à nobis relatum eſt. Poſtea procedente conſuetudine cùm Græci Romam evocati per municipia Italiæ diſtribuerentur, Fabius & Scipio Lucii filii gratia apud Prætorē effecere ut Polybius Romæ maneret. Quo facto cùm familiaritas in dies creſceret, fortè is caſus evenit. Egreſſis ſimul omnibus ex Fabii domo, Fabius quidem in forum, Polybius verò alteram in partem cum P. Scipione diverſus deflexit. Cumque ambo paululum progreſſi eſſent, tum Publius leniter ac modeſtè locutus, ac rubore quodam ſuffuſus: Quid illud, inquit, eſt, Polybi, quod cùm ambo fratres unâ utamur menſâ, in tuis ſermonibus nunc interrogando, nunc reſpondendo aſſiduè orationem ad fratrem convertis, me prætermiſſo? Nimirum eandem de me opinio-

τὴν οἰκίαν ταύτην, βούλομαι τὸ κατὰ τὴν προτέραν βίβλον ἐν ἐπαγγελίᾳ καταλειφθὲν συνεκπληρῶσαι τῶν φιληκόων ἕνεκα. προϋπεσχόμην γὰρ διηγήσασθαι διὰ τί καὶ πῶς ἐπὶ τοσοῦτο προέκοψε, καὶ θᾶττον ἢ καθῆκεν ἐξέλαμψεν ἡ τοῦ Σκιπίωνος ἐν τῇ Ῥώμῃ δόξα· σὺν δὲ τούτῳ πῶς ἐπὶ τοσοῦτον αὐξηθῆναι συνέβη τῷ Πολυβίῳ τὴν πρὸς τὸν προειρημένον φιλίαν καὶ συνήθειαν· ὥστε μὴ μόνον ἕως τῆς Ἰταλίας καὶ τῆς Ἑλλάδος ἐπιδιατεῖναι τὴν περὶ αὐτῶν φήμην, ἀλλὰ καὶ τοῖς πορρωτέρω γνώριμον γενέσθαι τὴν αἵρεσιν καὶ συμπεριφορὰν αὐτῶν. διότι μὲν οὖν ἡ καταρχὴ τῆς συστάσεως ἐγενήθη τοῖς προειρημένοις ἔκ τινος χρήσεως βιβλίων καὶ τῆς περὶ τούτων λαλιᾶς, δεδηλώκαμεν. προβαινούσης δὲ τῆς συνηθείας, καὶ τῶν ἀνακεκλημένων ἐκπεμπομένων ἐπὶ τὰς πόλεις, 1 διέπεσον ὅ, τε Φάβιος καὶ ὁ Σκιπίων οἱ τοῦ Λευκίου νεανίσκοι πρὸς τὸν στρατηγὸν, μεῖναι τὸν Πολύβιον ἐν τῇ Ῥώμῃ. γενομένου δὲ τούτου καὶ τῆς συμπεριφορᾶς ἐπὶ πολὺ προκοπτούσης, ἐγένετο συγκύρημά τι τοιοῦτον. ἐκπορευομένων γάρ ποτε κατ' αὐτὸ πάντων ἐκ τῆς οἰκίας τῆς τοῦ Φαβίου, συνέβη τὸν μὲν Φάβιον ἐπὶ τὴν ἀγορὰν ἀπονεῦσαι, τὸν δὲ Πολύβιον ἐπὶ θάτερα μετὰ τοῦ Σκιπίωνος. προαγόντων δ' αὐτῶν ὁ Πόπλιος ἡσυχῇ καὶ πρᾴως τῇ φωνῇ φθεγξάμενος, καὶ τῷ χρώματι γενόμενος ἐνερευθὴς, τί δὲ, φησὶν, ὦ Πολύβιε, δύο τρώγομεν ἀδελφοὶ, καὶ διαλέγῃ συνεχῶς, καὶ πάσας τὰς ἐρωτήσεις καὶ τὰς ἀποφάσεις ποιῇ πρὸς ἐκεῖνον, ἐμὲ δὲ παραπέμπεις; ἢ δῆλον ὅτι καὶ σὺ περὶ ἐ-

1 f. διέσπευσαν.

μου τὴν αὐτὴν ἔχεις διάληψιν, ἣν καὶ τοὺς ἄλλους πολίτας ἔχειν πυνθάνομαι. δοκῶ γὰρ εἶναι πᾶσιν ἡσύχιός τις καὶ νωθρὸς ὡς ἀκούω, καὶ πολὺ κεχωρισμένος τῆς Ῥωμαϊκῆς αἱρέσεως καὶ πράξεως, ὅτι κρίσεις οὐχ αἱροῦμαι λέγειν. τὴν δ' οἰκίαν οὔ φασι τοιοῦτον ζητεῖν προστάτην ἐξ ἧς ὁρμῶμαι, τὸ δ' ἐναντίον. ὃ καὶ μάλιστά με λυπεῖ. ὁ δὲ Πολύβιος ξενισθεὶς τῇ τοῦ μειρακίου καταρχῇ τῶν λόγων, οὐ γὰρ εἶχε πλέον ἐτῶν ὀκτωκαίδεκα τότε, μὴ πρὸς θεῶν, Σκιπίων, ἔφη, μηδὲ λέγε ταῦτα, μηδ' ἐν νῷ λάμβανε τὸ παράπαν. οὐδὲ γὰρ καταγινώσκων οὔτε παραπέμπων ἐγώ σε ποιῶ τοῦτο, πολλοῦ γε δεῖ. ἀλλὰ τῷ πρεσβύτερον εἶναι τὸν ἀδελφὸν, ἔν τε ταῖς ὁμιλίαις ἄρχομαι ἀπ' ἐκείνου, καὶ λήγω πάλιν εἰς ἐκεῖνον ἐν ταῖς ἀποφάσεσι καὶ συμβουλίαις, καὶ πρὸς ἐκεῖνον ἀπερείδομαι, δοκῶν καί σε τῆς αὐτῆς μετέχειν γνώμης. ἐκεῖνό σου 1 τε μὴν ἄγαμαι νῦν ἀκούων, ὅτι δοκεῖ σοι 2 τὸ πρᾳότερον εἶναι τοῦ καθήκοντος τοῖς ἐκ ταύτης τῆς οἰκίας ὁρμωμένοις. δῆλος γὰρ εἶ διὰ τούτων μέγα φρονῶν. ἐγὼ δὲ κἂν αὐτὸς ἡδέως σοι συνεπιδοίην ἐμαυτὸν, καὶ συνεργὸς γενοίμην εἰς τὸ καὶ λέγειν τι καὶ πράττειν ἄξιον τῶν προγόνων. περὶ μὲν γὰρ τὰ μαθήματα, περὶ ἃ νῦν ὁρῶ σπουδάζοντας ὑμᾶς καὶ φιλοτιμουμένους, οὐκ ἀπορήσετε τῶν συνεργησόντων ὑμῖν ἑτοίμως καὶ σοὶ κἀκείνῳ. πολὺ γὰρ δή τι φῦλον ἀπὸ τῆς Ἑλλάδος ἐπιρρέον ὁρῶ κατὰ τὸ παρὸν τῶν τοιούτων ἀνθρώπων. εἰς

nem habes, quam & cæteros cives habere audio. quibus placidus lentusque esse videor, & à moribus institutisque Romanorum longè alienus, eò quod causis actitandis minimè studeo. Atqui ajunt familiam ex qua ortus sum, non ejusmodi, sed planè alium virum postulare. quod profecto maximâ me ægritudine afficit. At Polybius orationе adolescentis obstupefactus, (namque octavum & decimum annum ætatis tum maximè agebat) per Deos; inquit, quæso Scipio, noli hęc ita in animum inducere. Neque enim aut contemptu, aut neglectu tui id facere soleo, multùm abest. Sed quoniam major natu est Fabius, in colloquiis familiaribus ab eo inchoare, & in eum desinere consuevi, illumque in sermonibus ac præceptis maximè spectare, cùm te eodem animo eademque sententia atque illum præditum esse persuasum habeam. Cæterum indolem tuam magnoperè laudo, quod vitio esse existimes, remissioris esse ingenii quàm par sit ei qui ex tanta familia originem ducat. Id enim haud pusilli certè animi argumentum est. Ego verò operam meam atque industriam libenter tibi commodaverim, in hoc ut ea dicas & facias quæ majorum tuorum gloriâ sint digna. Nam quod attinet ad disciplinas, quibus vos acriter incumbere in præsentia video, tibi ac fratri nunquam magistrorum copia deerit. quandoquidem plurimos ejusmodi homines intueor ex Gręcia in hanc urbem quotidie cōfluentes:

1 f. γε μὴν. 2 deest ὄνειδος.

ad ea verò quæ te, ut ais, nunc angunt, aptiorem me ipso administrum ac socium conatus tui haudquaquam reperies. Hæc adhuc cùm diceret Polybius, utraque manu dextram ejus apprehendens, atque ex intimo affectu comprimens Scipio, Utinam, inquit, diem illum videam, quo tu cæteris omnibus posthabitis, mei curam geras, meoque in contubernio degere velis. tum ego demùm mihi videbor & familiâ & majoribus meis non indignus. At Polybius partim quidem gaudio exultabat, cùm eum impetum, eumque juvenis affectum videret. partim verò angebatur, cùm amplitudinem opesque illius familiæ animo cogitaret. Cæterùm post hanc stipulationem nunquam juvenis à Polybio longiùs recessit, sed illius congressum omnibus semper rebus anteposuit. Atque exinde cùm in ipsis negociorum articulis constantiæ suæ experimentum alter alteri continuè præberet, paternam quandam cognationique similem benevolentiam invicem ac necessitudinem contraxerunt. Principio quidem pudoris ac continentiæ gloriam adolescens sibi comparare studuit, eaque parte æquales suos omnes anteire. Sed cùm ejusmodi laurea ardua esset, multumque haberet difficultatis, tum verò maximè in urbe insidiis appetebatur, ob corruptam illius temporis disciplinam. Alii enim in meritorios pueros, alii in meretrices effusi, plerique acroamatis & compotationibus, atque hujusmodi luxuriæ addicti erant, cum Græcorum in eo genere

δὲ τὰ λυπηκότα σε νῦν καὶ καθὼς φῇς, δοκῶ μηδένα συναγωνιστὴν καὶ συνεργὸν ἄλλον εὑρεῖν ἂν ἡμῶν ἐπιτηδειότερον. ἔτι δὲ ταῦτα λέγοντος τοῦ Πολυβίου, λαβόμενος ἀμφοτέραις χερσὶ τῆς δεξιᾶς αὐτοῦ, καὶ πιέσας ἐμπαθῶς· εἰ γὰρ ἐγὼ ταύτην φησὶν, ἴδοιμι τὴν ἡμέραν, ἐν ᾗ σύμπαντα τἄλλα δεύτερα θέμενος ἐμοὶ προσέξεις τὸν νοῦν, καὶ μετ' ἐμοῦ συμβιώσεις. δόξω γὰρ αὐτόθεν εὐθέως ἐμαυτῷ καὶ τῆς οἰκίας ἄξιος εἶναι καὶ τῶν προγόνων. ὁ δὲ Πολύβιος τὰ μὲν ἔχαιρε θεωρῶν τὴν ὁρμὴν καὶ τὴν ἀποδοχὴν τοῦ μειρακίου, τὰ δὲ διηπορεῖτο λαμβάνων ἐν νῷ τὴν ὑπεροχὴν τῆς οἰκίας καὶ τὴν εὐκαιρείαν τῶν ἀνδρῶν. πλὴν ἀπό γε ταύτης τῆς ἀνθομολογήσεως, οὐκέτι τὸ μειράκιον ἐχωρίσθη τοῦ Πολυβίου, πάντα δ' ἦν αὐτῷ δεύτερα τῆς ἐκείνου συμπεριφορᾶς. ἀπὸ δὲ τούτων τῶν καιρῶν λοιπὸν ἤδη κατὰ τὸ συνεχὲς ἐπ' αὐτῶν τῶν πραγμάτων πεῖραν αὑτῶν διδόντες ἀλλήλοις, εἰς πατρικὴν καὶ συγγενικὴν ἦλθον αἵρεσιν καὶ φιλοστοργίαν πρὸς ἀλλήλους. πρώτη δέ τις ἐνέπεσεν ὁρμὴ καὶ ζῆλος τῶν καλῶν, τὸ τῆς ἐπὶ σωφροσύνῃ δόξαν ἀναλαβεῖν, καὶ παραδραμεῖν ἐν τούτῳ τῷ μέρει τοὺς κατὰ τὴν αὐτὴν ἡλικίαν ὑπάρχοντας. ὢν δὲ μέγας οὗτος καὶ δυσέφικτος ὁ στέφανος, εὔθηρατος ἦν κατ' ἐκεῖνον τὸν καιρὸν ἐν τῇ Ῥώμῃ διὰ τὴν ἐπὶ τὸ χεῖρον ὁρμὴν τῶν πλείστων. οἱ μὲν γὰρ εἰς ἐρωμένους τῶν νέων, οἱ δ' εἰς ἑταίρας ἐξεκέχυντο, πολλοὶ δὲ εἰς ἀκροάματα καὶ πότους, καὶ τὴν ἐν τούτοις πολυτέλειαν, ταχέως ἡρπακότες ἐν τῷ Περσικῷ πολέμῳ τῶν τῶν Ἑλλήνων εἰς τοῦτο τὸ μέρος εὐχέρειαν. καὶ τηλικαύτην τις ἐνεπεπτώκει περὶ τὰ τοιαῦτα τῶν ἔργων ἀκρασία τοῖς νέοις, ὥστε πολλοὺς μὲν ἐρώμενον ἠγορακέναι ταλάντου. συνέβη δὲ τὴν προειρημένην αἵρεσιν οἷον ἐκλάμψαι κατὰ τοὺς νῦν λεγομένους καιρούς, πρῶτον μὲν διὰ τὸ καταλυθείσης τῆς ἐν Μακεδονίᾳ βασιλείας, δοκεῖν ἀδήριτον αὐτοῖς ὑπάρχειν τὴν περὶ τῶν ὅλων ἐξουσίαν. ἔπειτα διὰ τὸ πολλὴν ἐπίφασιν γενέσθαι τῆς εὐδαιμονίας περὶ τοὺς κατ' ἰδίαν βίους καὶ περὶ τὰ κοινά, τῶν ἐκ Μακεδονίας μετακομισθέντων εἰς τὴν Ῥώμην χορηγιῶν. πλὴν ὅ γε Σκιπίων ὁρμήσας ἐπὶ τὴν ἐναντίαν ἀγωγὴν τοῦ βίου, καὶ πάσαις ταῖς ἐπιθυμίαις ἀντιταξάμενος, καὶ κατὰ πάντα τρόπον ὁμολογούμενον καὶ σύμφωνον ἑαυτὸν κατασκευάσας κατὰ τὸν βίον, ἐν ἴσως πέντε τοῖς πρώτοις ἔτεσι πάνδημον ἐποιήσατο κατὰ τὴν ἐπ' 1 αὐτοεξίᾳ καὶ σωφροσύνῃ δόξαν. μετὰ δὲ ταῦτα κατὰ τὸ συνεχὲς ὥρμησεν ἐπὶ τὸ περὶ τὰ χρήματα μεγαλοψυχίᾳ καὶ καθαρότητι διενεγκεῖν τῶν ἄλλων. πρὸς δὲ τοῦτο τὸ μέρος καλὴν μὲν ὑποδοχὴν εἶχε τὴν μετὰ τοῦ κατὰ φύσιν πατρὸς συμβίωσιν, καλὰς δ' ἐκ φύσεως ὁρμὰς αὐτὸς ἐπὶ τὸ δέον. πολλὰ δὲ αὐτῷ καὶ ταὐτόματον συνήργησε πρὸς τὴν ἐπιβολὴν ταύτην. 2 πρώτη μὲν γὰρ αὐτῷ μετήλλαξε τὸν βίον ἡ τοῦ κατὰ θέσιν πατρὸς μήτηρ, ἥτις ἦν ἀδελφὴ μὲν τοῦ κατὰ φύσιν πατρὸς αὐτοῦ Λευκίου, γυνὴ δὲ τοῦ κατὰ θέσιν πάππου Σκιπίωνος τοῦ μεγάλου προσαγορευθέντος. ταύτης ἀπολιπούσης οὐσίαν μεγάλην κληρονόμος ὤν, πρῶτον ἐν τούτοις ἔμελλε πεῖραν δώσειν τῆς ἑαυτοῦ προαιρέσεως. συνέβαινε δὲ τὴν

ſtudia bello Perſico ſtatim adſciviſſent. Tanta porrò intemperantia tum juventus eò ferebatur, ut nonnulli puerum delicatum talento emerent. Quod quidem inſtitutum præcipuè iis temporibus, de quibus nunc agimus, viguit ac floruit. primùm quòd everſo Macedonum regno imperium orbis terrarum penes populum Romanum ſine controverſia ſtare videbatur. deinde quia Macedonicis opibus Romam tranſlatis, maximæ felicitatis ſpecies quædam, & privatis ſingulorum, & publicis rebus acceſſerat. At P. Scipio diverſam vivendi rationem ſecutus, cunctiſque cupiditatibus adverſatus, atque in reliquo victu eundem tenorem ſervans, ſihique ipſe conſentiens, pervulgatam apud omnes modeſtiæ ac continentiæ laudem eſt adeptus priore illo quinquennio. Poſtea verò confeſtim inſtituit magnificentiâ atque integritate in pecunia danda atque capienda cæteros ſuperare. ad quam virtutem naturalis patris ipſius diſciplina magnum ei ſtimulum admoverat, & natura ingentem impetum dederat. Sed & fortuna conatum ejus magnoperè adjuvit. Nam cùm mater patris ipſius adoptivi abiiſſet è vita, quæ Lucii Æmilii naturalis patris ſoror, Scipionis autem Africani cognomento majoris conjux fuerat, ipſe locupletiſſimâ ejus mulieris hereditate aditâ, primum animi ſui ſpecimen tum edere incepit. quippe antedicta

1 mſ. αὐτὸ ἀξίᾳ. 2 mſ. πρώτην.

muher

mulier maximo omnis generis apparatu in solenni matronarum pompa uti solita erat, ut quæ in Scipionis Africani matrimonio & fortuna vixisset. Nam præter muliebrem mundum pilentique ipsius ornatum, & canistra, & pocula, ac cætera ad sacrificium necessaria, partim aurea, partim argentea in maximis solennitatibus circumferebat. ancillarum quoque ac servorum comitatus haudquaquam dispar erat. Universum hunc apparatum statim ab obitu Æmiliæ, id enim mulieri nomen fuit, Scipio matri suæ donavit: quæ jampridem à L. Æmilio repudiata, artiorem quam pro splendore generis rem familiarem habebat. Proinde cùm antea à solenni pompa abesse consuevisset, tum fortè publico ac celebri sacrificio progressa cum apparatu Æmiliæ, iisdem pilento, bigis ac mulionibus, reliquas mulieres advertit: quæ Scipionis benignitatem animique magnitudinem collaudantes, sublatis in cœlum manibus universæ P. Scipioni fausta omnia apprecabantur. Atque id cùm ubique præclarum, tum Romæ admirabile videatur esse, qua in urbe nemo quidquam sponte alteri de suo donat. Ab hujusmodi initio virtus P. Scipionis rumore omnium celebrari cœpta est, utpote muliebri sexu natura garrulo, & in omnibus rebus immoderato. Deinde filiabus Scipionis magni, patris

Αἰμιλίαν, τοῦτο γὰρ ἦν ὄνομα τῇ προειρημένῃ γυναικὶ, μεγαλομερῆ τὴν περίστασιν ἔχειν ἐν ταῖς γυναικείαις ἐξόδοις, ἅτε συνηκμακυῖαν τῷ βίῳ καὶ τῇ τύχῃ τῇ Σκιπίωνος. χωρὶς γὰρ τοῦ περὶ τὸ σῶμα καὶ τὴν ἀπήνην κόσμου, καὶ τὰ κανᾶ, καὶ τὰ ποτήρια, καὶ τἄλλα τὰ πρὸς τὴν θυσίαν ποτὲ μὲν ἀργυρᾶ, ποτὲ δὲ χρυσᾶ πάντα συνεξηκολούθει κατὰ τὰς ἐπιφανεστάτας ἐξόδους αὐτῇ. τό τε τῶν παιδισκῶν καὶ τὸ τῶν οἰκετῶν τῶν παρεπομένων πλῆθος ἀκόλουθον ἦν τούτοις. ταύτην δὴ τὴν περικοπὴν ἅπασαν εὐθέως μετὰ τὸν τῆς Αἰμιλίας τάφον ἐδωρήσατο τῇ μητρὶ, ᾗ συνέβαινε κεχωρίσθαι μὲν ἀπὸ τοῦ Λευκίου πρότερον ἤδη χρόνοις πολλοῖς, τὴν δὲ τοῦ βίου χορηγίαν ἐλλειπεστέραν ἔχειν τῆς κατὰ τὴν εὐγένειαν φαντασίας. διὸ τὸν πρὸ τοῦ χρόνον ἀνακεχωρηκυίας αὐτῆς ἐκ τῶν ἐπισήμων ἐξόδων, τότε κατὰ τύχην οὔσης ἐπιφανοῦς καὶ πανδήμου θυσίας, ἐκπορευομένης αὐτῆς ἐν τῇ τῆς Αἰμιλίας περικοπῇ καὶ χορηγίᾳ, πρὸς τοῖς ἄλλοις καὶ τῶν ὀρεοκόμων καὶ τοῦ ζεύγους, καὶ τῆς ἀπήνης αὐτῆς ὑπαρχούσης, συνέβη τὰς γυναῖκας θεωμένας τὸ γεγονὸς ἐκπλήττεσθαι τὴν τοῦ Σκιπίωνος χρηστότητα καὶ μεγαλοψυχίαν, καὶ πάσας προτεινούσας τὰς χεῖρας εὔχεσθαι τῷ προειρημένῳ πολλὰ καὶ ἀγαθά. τοῦτο δὲ πανταχῇ μὲν ἂν εἰκότως φαίνοιτο καλὸν, ἐν δὲ Ῥώμῃ καὶ θαυμαστόν. ἁπλῶς γὰρ οὐδεὶς οὐδενὶ δίδωσι τῶν ἰδίων ὑπαρχόντων ἑκὼν οὐδέν. πρώτη μὲν οὖν αὕτη καταρχὴ τῆς ἐπὶ καλοκἀγαθίᾳ φήμης αὐτῷ συνεκύρησε, καὶ μεγάλην ἐποίησε προκοπήν. ἅτε τοῦ τῶν γυναικῶν γένους καὶ λάλου, καὶ καταφεροῦς ὄντος ἐφ' ὅ τι ἂν ὁρμήσῃ. μετὰ δὲ ταῦτα ταῖς Σκιπίωνος μὲν τοῦ μεγάλου θυγατράσιν, ἀδελφαῖς δὲ τοῦ κατὰ

I θέσιν

1 θέσιν πατρὸς λαβόντος, αὐτὸν ἔδει τὴν ἡμίσειαν ἀποδοῦναι τῆς φερνῆς. ὁ γὰρ πατὴρ συνέθετο μὲν ἑκατέρᾳ τῶν θυγατέρων μʹ. τάλαντα δώσειν. τούτων δὲ τὸ μὲν ἥμισυ παραχρῆμα τοῖς ἀνδράσιν ἐδώκει ἡ μήτηρ, τὸ δ' ἥμισυ κατέλειπεν ἀποθνήσκουσα προσοφειλόμενον. ὅθεν ἔδει τὸν Σκιπίωνα διαλύειν τοῦτο τὸ χρέος ταῖς τοῦ πατρὸς ἀδελφαῖς. κατὰ δὲ τοὺς Ῥωμαίων νόμους δέον ἐν τρισὶν ἔτεσιν ἀποδοῦναι τὰ προσοφειλόμενα χρήματα τῆς φερνῆς ταῖς γυναιξὶ, προδοθέντων τῶν πρώτων ἐπίπλων εἰς δέκα μῆνας κατὰ τὸ παρ' ἐκείνοις ἔθος, εὐθέως ὁ Σκιπίων συνέταξε τῷ τραπεζίτῃ τῶν κʹ καὶ εʹ ταλάντων 2 ἑκατέρᾳ ποιήσασθαι τὴν ἀνταπόδοσιν ἐν τοῖς δέκα μησί. τοῦ δὲ Τιβερίου καὶ τοῦ Νασικᾶ Σκιπίωνος, οὗτοι γὰρ ἦσαν ἄνδρες τῶν προειρημένων γυναικῶν, ἅμα τῷ διελθεῖν τοὺς δέκα μῆνας προσπορευομένων πρὸς τὸν τραπεζίτην, καὶ πυνθανομένων εἴ τι συντέτακται Σκιπίων αὐτῷ περὶ τῶν χρημάτων, κἀκείνου κελεύοντος αὐτοὺς κομίζεσθαι, καὶ ποιοῦντος τὴν διαγραφὴν ἑκατέρᾳ τῶν εἴκοσι καὶ πέντε ταλάντων, ἀγνοεῖν αὐτὸν ἔφασαν. δεῖν γὰρ αὐτοὺς οὐ πᾶν κατὰ τὸ παρὸν, ἀλλὰ τὸ τρίτον μέρος κομίζεσθαι κατὰ τοὺς νόμους. τοῦ δὲ φάσκοντος οὕτως αὐτῷ συντετάχεναι τὸν Σκιπίωνα, διαπιστήσαντες προσῆγον ἐπὶ τὸν νεανίσκον διειληφότες ἐκεῖνον ἀγνοεῖν. καὶ τοῦτ' ἔπασχον οὐκ ἀλόγως. οὐ γὰρ οἷον πεντήκοντα τάλαντα δοίη τις ἂν ἐν Ῥώμῃ πρὸ τριῶν

1 deerat in mſ. 2 mſ. τέραν.

adoptivi ſororibus dimidium dotis ſolvendum erat. Siquidem pater quadraginta talenta utrique filiæ dotis nomine daturum ſe ſpoponderat: cujus pecuniæ dimidiam quidem partem mater utrique genero numeraverat præſentem, dimidiam verò in ære alieno moriens reliquerat. quare id nomen à P. Scipione diſſolvendum erat adoptivi patris ſororibus. Porrò cùm reliquum ejus pecuniæ quæ dotis nomine debetur, jure civili populi Romani annua bima trima die mulieribus numerandum ſit, inſtrumento ac ſupellectile priùs intra decem menſes præſtitis ex more qui apud illos obtinet;: Scipio ſtatim argentario mandavit, quinque & viginti talenta utrique intra decem proximos menſes perſolveret. Cùm verò Tiberius Gracchus & Scipio Naſica, quibus antedictæ mulieres nupſerant, elapſo menſe decimo confeſtim ad argentarium veniſſent, rogaſſentque num quid de ea pecunia mandati ab Scipione haberet, atque ille pecuniam accipere eos juberet, & quinque ac viginti talenta utrique numeraret, tum ii errare illum dixerunt; non enim univerſam ſimul pecuniam, ſed tertiam tantum partem in præſentia legibus deberi. Cumque ille ſubjiceret ita ſibi mandatum eſſe a Scipione, diffiſi juvenem adierunt, labi eum ignoratione arbitrati. idque profecto haud ſine cauſa. Etenim non modò quinquaginta talenta ante triennium nemo, ſed ne unum quidem ante præſtitutam diem quiſquam Romæ ſolvat. tantam unusquiſque diligentiam in pecu-

pecunia, utilitatem in tempore collocat. Cæterùm cùm Scipionem convenissent, percuntati quid argentario in mandatis dedisset, cùm ille diceret mandasse ut omnis simul pecunia sororibus solveretur, illi præ se curam ejus ferentes, errare eum subjecerunt: ipsi enim suâ ipsius pecunia uti in longum adhuc tempus legibus licere. At Scipio hæc sibi probè comperta & cognita esse respondit, sed cum extraneis quidem stricto jure uti solere, cum propinquis autem & amicis candidè ac generosè agere quantum fieri posset. quare ut omnem pecuniam ab argentario acciperent rogabat. Quibus auditis, Tiberius & Nasica taciti domum reversi sunt, & Scipionis magnitudine animi stupefacti, & suam nimis attentam diligentiam damnātes, tam etsi inter civitatis principes essent. Mortuo deinde post biennium naturali patre L. Æmilio, ipse cum fratre Fabio heres relictus, præclarum facinus ac memoria dignum gessit. Nam L. Æmilius cùm absque liberis esset, propterea quod ipsi quidem in alias familias adoptione migraverant, cæteri verò quos heredes familiæ, sacrorum & nominis sui alebat, fato prærepti omnes erant, hereditatem ipsis reliquerat. At Scipio cùm fratrem suum videret re familiari minus quàm se instructum esse, universam hereditatem quæ sexaginta eoque amplius talentis æstimabatur, fratri concessit. Sic enim demum Fabius opibus æqualis ipsi erat futurus.

1 mſ. αὐτὸν. 2 deest in mſ. 3 4 deest in mſ. utraque vox.

ἐτῶν, ἀλλ' οὐδὲ τάλαντον ἐν περὶ τῆς τεταγμένης ἡμέρας. τοιαύτη τις ἐστὶ καὶ τηλικαύτη παρὰ πάντας ἅμα μὲν ἀκρίβεια περὶ τὸ διάφορον, ἅμα δὲ λυσιτέλεια περὶ τὸν χρόνον. οὐ μὴν ἀλλὰ προσπορευθέντων αὐτῶν καὶ πυνθανομένων πῶς τῷ τραπεζίτῃ συνέταξε; τοῦ δ' εἰπόντος, ἀποδοῦναι πᾶν τὸ χρῆμα ταῖς ἀδελφαῖς, ἀγνοεῖν αὐτὸν ἔφασαν, ἅμα τὸ κηδεμονικὸν ἐμφανίζοντες. ἐξεῖναι γὰρ 1 αὐτῷ κατὰ τοὺς νόμους χρῆσθαι τοῖς διαφόροις ἱκανὸν ἐπὶ χρόνον. ὁ δὲ Σκιπίων ἔφη ἀγνοεῖν τούτων οὐδέν. ἀλλὰ πρὸς μὲν τοὺς ἀλλοτρίους τὴν ἐκ τῶν νόμων ἀκρίβειαν τηρεῖν, τοῖς δὲ συγγενέσι καὶ φίλοις ἁπλῶς χρῆσθαι 2 καὶ γενναίως κατὰ δύναμιν. διὸ παραλαμβάνειν αὐτοὺς ἐκέλευε πᾶν τὸ χρῆμα παρὰ τοῦ τραπεζίτου. οἱ δὲ περὶ τὸν Τιβέριον ταῦτ' ἀκούσαντες, ἐπανῆγον σιωπῶντες, καταπεπληγμένοι μὲν τὴν τοῦ Σκιπίωνος μεγαλοψυχίαν, κατεγνωκότες δὲ τῆς αὐτῶν μικρολογίας, καίπερ ὄντες οὐδενὸς δεύτεροι Ῥωμαίων. μετὰ δ' ἔτη δύο μεταλλάξαντος τοῦ κατὰ φύσιν πατρὸς αὐτοῦ Λευκίου, καὶ καταλιπόντος κληρονόμους τῆς οὐσίας αὐτόν τε καὶ τὸν ἀδελφὸν Φάβιον, καλόν τι καὶ μνήμης ἄξιον ἐποίησεν. ὁ γὰρ Λεύκιος ὑπάρχων ἄτεκνος, διὰ τὸ τοὺς 3 μὲν εἰς ἑτέρας οἰκίας ἐκδεδόσθαι, τοὺς δ' ἄλλους υἱοὺς οὓς ἔτρεφε διαδόχους 4 αὐτοῦ καὶ τοῦ γένους πάντας μετηλλαχέναι, τούτοις ἀπέλιπε τὴν οὐσίαν. ὁ δὲ Σκιπίων θεωρῶν αὐτοῦ τὸν ἀδελφὸν καταδεέστερον ὄντα τοῖς ὑπάρχουσιν, ἐξεχώρησε πάντων τῶν ὑπαρχόντων, οὔσης τῆς ὅλης τιμήσεως ὑπὲρ ἑξήκοντα τάλαντα, διὰ τὸ μέλλειν οὕτως ἴσον ὑπάρχειν αὐτῷ κατὰ τὴν οὐσίαν τὸν Φάβιον.

γενομέγινομένου δὲ τούτου περιβοήτου, προσέθηκεν ἕτερον τούτῳ δεῖγμα τῆς αὐτοῦ προαιρέσεως ἐμφανέστερον. βουλομένου γὰρ τἀδελφοῦ μονομαχίας ἐπὶ τῷ πατρὶ ποιεῖν, οὐ δυναμένου δὲ δέξασθαι τὴν δαπάνην διὰ τὸ πλῆθος τῶν ἀναλισκομένων χρημάτων, καὶ ταύτης τὴν ἡμίσειαν εἰσήνεγκεν ὁ Σκιπίων ἐκ τῆς ἰδίας οὐσίας. ἔστι δ᾽ οὐκ ἐλάττων ἡ σύμπασα τριάκοντα ταλάντων, ἐάν τις μεγαλομερῶς ποιῇ. φήμης περὶ αὐτοῦ διδομένης, μετήλλαξεν ἡ μήτηρ. ὁ δὲ τοσοῦτον ἀπέχετο τοῦ κομίσασθαι ὧν πρότερον ἐδωρήσατο, περὶ ὧν ἀρτίως εἶπον. ὥστε καὶ ταῦτα καὶ τὴν λοιπὴν οὐσίαν τὴν τῆς μητρὸς ἅπασαν ἀπέδωκε ταῖς ἀδελφαῖς, ἧς οὐδὲν αὐταῖς προσῆκε κατὰ τοὺς νόμους. διὸ πάλιν τῶν ἀδελφῶν παραλαβουσῶν τόν τε ἐν ταῖς ἐξόδοις κόσμον καὶ τὴν περίστασιν τὴν τῆς Αἰμιλίας, πάλιν ἐκαινοποιήθη τὸ μεγαλόψυχον καὶ φιλοίκειον τῆς τοῦ Σκιπίωνος προαιρέσεως. ταῦτα μὲν οὖν προκατεσκευασμένος ἐκ τῆς πρώτης ἡλικίας Πόπλιος Σκιπίων, προῆλθε πρὸς τὸ φιλοδοξεῖν σωφροσύνῃ καὶ καλοκἀγαθίᾳ· εἰς ἣν ἴσως ἑξήκοντα τάλαντα δαπανήσας, τοσαῦτα γὰρ ἦν προέμενος τῶν ἰδίων, ὁμολογουμένην ἔχε τὴν ἐπὶ καλοκἀγαθίᾳ φήμην. οὐχ οὕτω τῷ πλήθει τῶν χρημάτων τὸ παρακείμενον κατεργασάμενος, ὡς τῷ καιρῷ τῆς δόσεως καὶ τῷ χειρισμῷ τῆς χάριτος. τὴν δὲ σωφροσύνην περιεποιήσατο, δαπανήσας μὲν οὐδέν, πολλῶν δὲ καὶ ποικίλων ἡδονῶν ἀποσχόμενος προσεκέρδανε τὴν σωματικὴν ὑγείαν καὶ τὴν εὐεξίαν, ἥτις αὐτῷ παρ᾽ ὅλον τὸν βίον παρεπομένη πολλὰς ἡδονὰς καὶ καλὰς ἀμοιβὰς ἀπέδωκεν, ἀνθ᾽ ὧν

Quod factum cùm in ore omnium versaretur, ipse aliud apertius animi sui specimen adjecit. Cùm enim Fabius gladiatores in funere patris edere vellet, neque eum sumptum ob magnitudinem apparatus facilè posset sustinere, Scipio dimidiam impensæ partem de suo est largitus. Hujusmodi verò impensa si quis magnifice spectacula edere velit, non minor triginta talentis solet esse. Pervulgata hujus rei fama mater Scipionis paulò post decessit. Ex cujus bonis ille ea quæ olim donaverat, de quibus superiùs dixi, non modò non recepit, sed & ea omnia, & universam matris hereditatem sororibus remisit, tametsi nulla pars hereditatis legibus ad eas pertineret. Proinde cùm Scipionis sorores rursus cum ornatu paratuque Æmiliæ in solenni matronarum pompa procederent, iterum ejus in suos benevolentia ac magnitudo animi in memoriam famamque revocata est. His ab ineunte ætate studiis usus Scipio, modestiæ & elegantiæ laudem est assecutus. & impensis quidem sexaginta talentis, tantum enim de suo largitus est, elegantiæ apud omnes gloriam comparavit, magis ex opportunitate ac dexteritate in conferenda gratia, quàm ex pecuniæ magnitudine. Modestiæ verò & continentiæ laudem retulit absque ullo quidem sumptu: Sed multis variisque repressis cupiditatibus, optimam præterea corporis valetudinem lucrifecit, qua per totum vitæ spacium continua usus, amplissimam merce-

mercedem abstinentiæ suæ, atque honestissimas cepit voluptates. Jam verò cùm ultimæ ac præcipuæ partes sint fortitudinis, cùm in omni Republica, tum præsertim Romæ, præcipua quadam in eo genere exercitatione opus erat. Ad quod studium maximam illi opportunitatem obtulit fortuna. Nam cùm Macedonum Reges venationi plurimùm studerent, solitique essent Macedones loca ad feras congregandas aptissima huic usui dicare: hujusmodi septa toto quidem belli Persici tempore eadem qua priùs cura fuerant custodita, cæterùm per quatuor continuos annos intacta atque illibata ab omni venatu permanserant, Rege aliis negotiis tummaximè distracto. quocirca ferarum omnis generis erant plenissima. Confecto autem bello L. Æmilius eam exercitationem ac voluptatem quæ est in venando, convenientissimam juventuti ratus esse, & venatores Regios conciliavit Scipioni, & omnem venandi licentiam ei concessit. Qua ille accepta Rex propemodum sibi esse visus, totum illud tempus quo legiones post victoriam in Macedonia perstiterunt, in eo consumpsit. Cumque & amplissima ei facultas suppeteret, & ipse ætate cum maximè floreret, & natura in eam rem esset propensior, tanquam generosi catuli constantior ejus ac diuturnior in venando impetus fuit. Quamobrem Romam postquam venit, adjuncto Polybii in ea parte studio atque

πρότερον ἀπείχετο τῶν προχείρων ἡδονῶν. λοιποῦ δ' ὄντος τοῦ κατὰ τὴν ἀνδρείαν καὶ κυριωτάτου σχεδὸν ἐν πάσῃ μὲν πολιτείᾳ, μάλιστα δ' ἐν τῇ Ῥώμῃ, μεγίστην ἔδει καὶ τὴν ἄσκησιν περὶ τοῦτο τὸ μέρος ποιήσασθαι. καλὸν μὲν οὖν τι πρὸς ταύτην τὴν ἐπιβολὴν αὐτοῦ καὶ διὰ τῆς τύχης ἐγένετο συνέργημα. τῶν γὰρ ἐν Μακεδονίᾳ βασιλικῶν μεγίστην ποιουμένων σπουδὴν περὶ τὰς κυνηγεσίας, καὶ Μακεδόνων ἀνειμένων τοὺς ἐπιτηδειοτάτους τόπους πρὸς τὴν τῶν θηρίων συναγωγήν, ταῦτα συνέβη τὰ χωρία τετηρῆσθαι μὲν ἐπιμελῶς καθάπερ καὶ πρότερον, πάντα τὸν τοῦ πολέμου χρόνον, κεκυνηγῆσθαι δὲ μηδέποτε 1 διὰ τῶν τεττάρων ἐτῶν διὰ τοὺς περισπασμούς· ἐξ οὗ θηρίων ὑπῆρχε πλήρη παντοδαπῶν. τοῦ δὲ πολέμου λαβόντος κρίσιν, ὁ Λεύκιος καλλίστην ὑπολαμβάνων καὶ τὴν ἄσκησιν, καὶ τὴν ψυχαγωγίαν ὑπάρχειν τοῖς νέοις τὴν περὶ τὰ κυνηγέσια, τούς τε κυνηγοὺς συνέστησε τοὺς βασιλικοὺς τῷ Σκιπίωνι, καὶ τὴν ἐξουσίαν τὴν περὶ τὰ κυνηγέσια παρέδωκε τούτῳ πᾶσαν. ἧς ἐπιλαβόμενος ὁ προειρημένος καὶ νομίσας οἱονεὶ βασιλεύειν, ἐν τούτῳ 2 κατεγίνετο πάντα τὸν χρόνον, ὅσον ἐπέμεινε τὸ στρατόπεδον μετὰ τὴν μάχην ἐν τῇ Μακεδονίᾳ. γενομένης δὲ μεγάλης ἐξουσίας περὶ τοῦτο τὸ μέρος, ὥστε κατὰ τὴν ἡλικίαν ἀκμαίως ἔχοντος αὐτοῦ, καὶ κατὰ φύσιν οἰκείως διακειμένου, καθάπερ εὐγενοῦς σκύλακος ἐπίμονον αὐτοῦ συνέβη γενέσθαι τὴν περὶ τὰς κυνηγεσίας ὁρμήν. διὸ καὶ παραγενόμενος εἰς τὴν Ῥώμην, καὶ προσλαβὼν τὴν τοῦ Πολυβίου πρὸς τοῦτο τὸ μέρος ἐνθουσια-

1 addidi ex conject. 2 f. κατεσίνετο.

σμόν,

σμὸν, ἐφ' ὅσον οἱ λοιποὶ τῶν νέων περὶ τὰς κρίσεις καὶ τοὺς χαιρετισμοὺς ἐσπούδαζον, κατὰ τὴν ἀγορὰν ποιούμενοι τὴν διατριβὴν, καὶ διὰ τούτων συνιστάνειν ἑαυτοὺς ἐπειρῶντο τοῖς πολλοῖς, ἐπὶ τοσοῦτον ὁ Σκιπίων ἐπὶ ταῖς κυνηγεσίαις ἀναστρεφόμενος, καὶ λαμπρὸν ἀεί τι ποιῶν καὶ μνήμης ἄξιον, καλλίω δόξαν ἐξεφέρετο τῶν ἄλλων· οἷς μὲν γὰρ οὐκ ἦν ἐπαίνου τυχεῖν εἰ μὴ βλάψαιέν τινα τῶν πολιτῶν· ὁ γὰρ τῶν κρίσεων τρόπος τοῦτ' ἐπιφέρειν εἴωθεν. ὁ δ' ἁπλῶς οὐδένα λυπῶν ἐξεφέρετο τὴν ἐπ' ἀνδρείᾳ δόξαν πάνδημον, ἔργῳ πρὸς λόγον ἁμιλλώμενος. τοιγαροῦν ἐν ὀλίγῳ χρόνῳ τοσοῦτον παρέδραμε τοὺς καθ' αὑτὸν, ὅσον οὐδείς πω μνημονεύεται Ῥωμαίων. καίπερ τὴν ἐναντίαν ὁδὸν πορευθεὶς ἐν 1 φιλοξενίᾳ τοῖς ἄλλοις ἅπασι πρὸς τὰ Ῥωμαίων ἔθη καὶ νόμιμα. ἐγὼ δὲ πλείω πεποίημαι λόγον ὑπὲρ τῆς Σκιπίωνος αἱρέσεως ἐκ τῆς πρώτης ἡλικίας, 2 ἡδεῖαν μὲν ὑπολαμβάνων εἶναι τοῖς πρεσβυτέροις, ὠφέλιμον δὲ τοῖς νέοις τὴν τοιαύτην ἱστορίαν· μάλιστα δὲ βουλόμενος πίστιν παρασκευάζειν τοῖς μέλλουσι λέγεσθαι ἐν ταῖς ἑξῆς βίβλοις περὶ ἀνδρὸς, πρὸς τὸ μήτε διαπορεῖν τοὺς ἀκούοντας διὰ τὸ παράδοξόν τι φαίνεσθαι τῶν συμβαινόντων μετὰ 3 γε ταῦτα περὶ αὐτὸν, μήτ' ἀφαιρουμένους τἀνδρὸς κατὰ λόγον γεγονότα κατορθώματα τῇ τύχῃ προσάπτειν, ἀγνοοῦντας τὰς αἰτίας ἐξ ὧν ἕκαστα συνέβη γενέσθαι, πλὴν τελέως ὀλίγων, ἃ δεῖ μόνα προσάπτειν τῇ τύχῃ καὶ ταὐτομάτῳ. ταῦτα μὲν οὖν ἐπὶ τοσοῦτον ἡμεῖς διεληλυθότες κατὰ τὴν

1 f. φιλοδοξίᾳ. 2 mſ. ἰδίαν.

ardore, quantum temporis in judiciis ac ſalutationibus reliqui juvenes conterebant, forum aſſiduè prementes, eoque ſtudentes commendare ſe multitudini, tantum Scipio venationibus impendens, atque interim præclarum aliquid & ad memoriam inſigne agere nunquam deſiſtens, præſtantiorem cæteris gloriam eſt adeptus. Illis enim ſine alicujus civis damno laus contingere non poterat. quippe judiciorum ordo & natura id ferre ſolet. At verò ille nemini moleſtiam faceſſens, fortitudinis laudem ſibi apud omnes comparavit, virtute atque inſignibus factis cum fama ipſa contendens. Proinde brevi inter æquales ſuos tantum enituit, quantum ſuperiori memoria Romæ nemo, idque cùm planè contrarium moribus inſtitutiſque Romanorum ad laudem & gloriam curſum tenuiſſet. Ego verò quæ ſtudia Scipionis in adoleſcentia fuerint, ideò pluribus enarrare volui, quod & ſenioribus jucundam & utilem juventuti harum rerum cognitionem fore arbitratus ſum: eoque potiſſimùm conſilio, ut iis quæ de illo viro deinceps ſum dicturus, fidem præmunirem, ne fortè qui hæc legent, ob magnitudinem novitatemque eorum quæ huic viro contigerunt, in ambiguo hæreant, neve res illius certo conſilio geſtas Fortunæ tribuant, cùm cauſas ignorabunt ex quibus ſingulæ res ſunt profectæ, præter admodum paucas, quas ſolas caſui ac fortunæ aſſignare licet. atque his obiter quaſi per excurſum com-

3 mſ. δέ.

memoratis, nunc in viam redimus, ex qua narratio noſtra divertit.

Ætolicæ res rectè ſunt compoſitæ extincto apud eos civili bello poſt obitum Lyciſci. Similiter mortuo Mnaſippo Coronæo Bœotia in meliore ſtatu erat. Itemque Acarnania ſublato è vivis Chremata. Prorſus enim quædam quaſi luſtratio atque expiatio contigit tum univerſę Græciæ, peſtibus Reipublicæ è medio remotis. Namque & Charopus ille Epirota hoc ipſo anno Brunduſii deceſſit. Sed res Epiri adhuc inquietæ erant ac turbatæ ut antea, ob ſævitiam atque nequitiam Charopi poſt victoriam de Perſeo partam.

Nam cùm L. Anicius cauſa cognita viros celeberrimos condemnaſſet, alios verò ad cauſam dicendam Romam abduxiſſet, quotquot vel leviſſima ſuſpicione contingebantur, tum Charopus pleniſſimam quidvis agendi licentiam nactus, nullum crudelitatis genus omiſit, partim per ſe ipſe, partim amicorum operâ uſus. quippe cùm ipſe admodum juvenis erat, tum verò perditiſſimus ac leviſſimus quiſque cauſâ diripiendæ alienæ pecuniæ ad eum confluxerat. Maximam porrò auctoritatem ac fidem omnibus illius factis addiderat, utque non ſine conſilio, ſed ex ſententia populi Romani cuncta agi viderentur, effecerat vetus amicitia quæ illi cum pleriſque primariis viris Romæ intercedebat, ac præterea ſuffragium Myrtonis ſenis & Nicanoris ejus filii.

1 mſ. Κυρωναίων. 2 addidi ex Conject. 3 mſ. δέ.

παρέκβασιν, αὖθις ἐπάνιμεν ἐπὶ τὴν ἐκτροπὴν τῆς ὑποκειμένης διηγήσεως.

Ὅτι τὰ κατὰ τὴν Αἰτωλίαν καλῶς διετέθη, κατεσβεσμένης ἐν αὐτοῖς τῆς ἐμφυλίου στάσεως μετὰ τὸν Λυκίσκου θάνατον, καὶ Μνασίππου τοῦ 1 Κορωναίου μεταλλάξαντος τὸν βίον βελτίων ἦν ἡ διάθεσις κατὰ τὴν Βοιωτίαν. ὁμοίως δὲ καὶ κατὰ τὴν Ακαρνανίαν Χρεμάτα γεγονότος ἐκποδών. σχεδὸν γὰρ ὡσανεὶ καθαρμόν τινα συνέβη γενέσθαι τῆς Ἑλλάδος, τῶν ἀλιτηρίων αὐτῆς ἐκ τοῦ ζῆν μεθισταμένων. καὶ γὰρ καὶ τὸν Ἠπειρώτην Χάροπα συνεκύρησε κατὰ τὸν ἐνιαυτὸν τοῦτον ἐν Βρεντεσίῳ μεταλλάξαι τὸν βίον. τὰ δὲ κατὰ τὴν Ἤπειρον ἔτι ἐν ἀκαταστασίαις ἦν, καὶ ταραχαῖς 2 καθάπερ τοῖς ἐπάνω χρόνοις, διὰ τὴν Χάροπος ὠμότητα καὶ παρανομίαν, ἐξ οὗ συνέβη τελεσθῆναι τὸν πρὸς Περσέα πόλεμον.

Ὅτι μετὰ τὸ κατακρῖναι Λεύκιον Ἀνίκιον καὶ τοὺς μὲν τῶν ἐπιφανῶν ἀνδρῶν, τοὺς δὲ ἀπαγαγεῖν εἰς τὴν Ῥώμην, ὅσοι καὶ βραχεῖαν ὑποψίαν εἶχον, τότε λαβὼν ὁ Χάροψ τὴν ἐξουσίαν ὃ βούλοιτο πράττειν, οὐκ ἔστι τῶν δεινῶν ὁποῖον οὐκ ἐποίει; τὰ μὲν δι' αὑτοῦ, τὰ δὲ διὰ τῶν φίλων· ἅτε νέος μὲν ὢν αὐτὸς κομιδῇ, συνδεδραμηκότων δὲ πρὸς αὐτὸν τῶν χειρίστων καὶ τῶν εἰκαιοτάτων ἀνθρώπων, διὰ τὸν ἐκ τῶν ἀλλοτρίων νοσφισμόν. εἶχε δὲ οἷον ἐφεδρείαν καὶ ῥοπὴν πρὸς τὸ πιστεύεσθαι διότι πράττει κατά τινα λόγον ἃ ποιεῖ καὶ μετὰ τῆς Ῥωμαίων γνώμης, τήν τε προϋπάρχουσαν αὐτῷ σύστασιν καὶ πρὸς τοὺς προειρημένους, καὶ πρὸς ταύτῃ Μύρτωνα πρεσβύτην ἄνθρωπον καὶ τὸν υἱὸν αὐτοῦ Νικάνορα, τἄλλα 3 γε μετρίους ἀνθρώπους καὶ δοκοῦντας εἶναι Ῥωμαίων φίλους. οἱ πολύπ κεχωρισμένοι τὸν πρὸ τοῦ χρόνον ἁπάσης ἀδικίας, οὐκ οἶδ' ὅπως τότε συνεπέδωκαν αὐτούς, εἰς τὸ συνεπισχύειν καὶ κοινωνεῖν ταῖς τοῦ Χάροπος ἀνομίαις. ἐπειδὴ δ' ὁ προειρημένος τοὺς μὲν κατὰ τὴν ἀγορὰν ἀναφανδὸν ἐφόνευσε, τοὺς δ' ἐν ταῖς ἰδίαις οἰκίαις, ἐνίους δ' ἐπὶ τῶν ἀγρῶν καὶ κατὰ τὰς ὁδοὺς ἐπαποστέλλων ἐδολοφόνησε, καὶ πάντων τῶν τεθνεώτων ἐξηνδραποδίσατο τοὺς βίους, ἄλλην ἐπενόησε μηχανήν. 1 περιέγραφε γὰρ τοὺς εὐκαιροῦντας τοῖς βίοις φυγάδας, οὐ μόνον ἄνδρας, ἀλλὰ καὶ γυναῖκας. ἀναταθεὶς δὲ τὸν φόβον τοῦτον, ἐχρηματίζετο ἀεί, τοὺς μὲν ἄνδρας δι' ἑαυτοῦ, τὰς δὲ γυναῖκας διὰ τῆς μητρὸς Φιλότιδος. πάνυ γὰρ 2 εὐφυὴς ἐγένετο κατὰ τοῦτο τὸ πρόσωπον, πρὸς δὲ βίαν καὶ πλεῖόν τι δυνάμενον συνεργεῖν ἢ κατὰ γυναῖκα. ἐπειδὴ δὲ πάντας ἐξηργυρίσαντο κατὰ τὸ δυνατόν, εἰσῆγον εἰς τὸν δῆμον οὐδὲν ἧττον ἅπαντας τοὺς περιγεγραμμένους. οἱ δὲ πολλοὶ τῶν ἐν τῇ Φοινίκῃ τὰ μὲν διὰ τὸν φόβον, τὰ δὲ καὶ δελεαζόμενοι διὰ τῶν περὶ τὸν Χάροπα, κατέκριναν οὐ φυγῆς, ἀλλὰ θανάτου πάντας τοὺς προσαγγελθέντας ὡς ἀλλότρια φρονοῦντας Ῥωμαίων. οὗτοι μὲν οὖν πάντες ἔφυγον, ὅτε Χάροψ ὥρμησεν εἰς τὴν Ῥώμην, ἔχων χρήματα καὶ τοὺς περὶ τὸν Μύρτωνα μεθ' αὑτοῦ, βουλόμενος ἐπισφραγίσασθαι διὰ τῆς συγκλήτου τὴν αὑτοῦ παρανομίαν. ἐν ᾧ καιρῷ κάλλιστον μὲν ἐγένετο δεῖγμα τῆς Ῥωμαίων αἱρέσεως, κάλλιστον δὲ θέαμα πᾶσι τοῖς Ἕλλησι τοῖς παρεπιδήμοις, μάλιστα δὲ τοῖς ἀνακεκλημένοις. ὅ, τε γὰρ Μάρκος

1 mſ. προσέγραφε. 2 leg. εὐφυὴς

Qui cùm alioqui ſatis modeſti & amici populi Romani viderentur, ſemperque antea ab omni flagitio procul abfuiſſent, tum neſcio quo pacto ſeipſos ſcelerum Charopi fautores ac ſocios adjunxerant. At verò ille ubi alios in medio foro palàm trucidavit, alios in ſuis domibus, nonnullos in agris, aut per vias ſubmiſſis percuſſoribus interfecit, atque omnium protinus facultates invaſit, tandem alia machina graſſari cœpit. Locupletiſſimum enim quemque, nec viros ſolùm, ſed & matresfamilias exules proſcripſit. quo metu incuſſo ipſe aſſiduè viros quidem per ſe, at mulieres matris Philotidis operâ ſpoliabat. Fuit enim hæc mulier ad omnia maximè idonea, ſed quæ ad vim ac ſcelus plus adjumenti quàm pro muliere afferre poſſet. Poſtquam demùm univerſos pecuniâ ſpoliarunt, nihilo ſecius cunctos qui proſcripti erant, populi judicio permiſêre. At plurimi in urbe Phœnica partim metu, partim blanditiis à factione Charopi inducti, univerſos quibus alienatus à Romanis animus crimini dabatur, non exilio, ſed capitali ſententia condemnarunt. Hi omnes in exilium abjerunt, quo tempore Charopus comite Myrtone cum magna pecuniæ vi Romam eſt profectus; eo conſilio ut ſcelus ſuum Senatus auctoritate confirmaret. Tunc temporis verò pulcherrimum ſpecimen morum pop. Rom. & gratiſſimum cùm omnibus Grecis, tum maximè iis qui ob quaſdam ſuſpiciones Romam evocati erant, ſpectaculum apparuit. Etenim M. Æ-

ἰγ. τοῦτο τὸ πρόσ.

milius

milius Lepidus Pontifex Max. & Princeps Senatus, & L. Æmilius, is qui Perſeum vicit, maximâ vir auctoritate ac potentia præditus, cùm accepiſſent quę Charopus geſſerat in Epiro, domo ſua ei interdixerunt. Cujus rei fama per urbem diſperſa, Græci quicunque aderant, maximo ſunt gaudio affecti, & Romanorum adverſus improbos odium magnis laudibus extulerunt. Poſtmodum introductus in Senatum Charopus, haudquaquam inter honoratos ſedere eſt juſſus, neque ullum à Senatu reſponſum certum accepit. ſed legatis propediem ad res Illyrici componendas profecturis, id in mandatis daturum Senatus reſpondit, ut quæcunque acta in Epiro erant, inquirerent. At Charopus egreſſus è Curia, reſponſum quidem Senatus reticuit, confictum autem alterum pro re atque utilitate ſua reſponſum divulgavit, quaſi omnia ejus acta Senatus probaſſet.

Eumenes Pergami Rex corpore quidem erat infirmo atque imbecilli, ſed animi vigore infirmitatem corporis compenſabat. vir in pleriſque rebus nulli ætatis ſuæ Regum ſecundus; in rebus autem graviſſimis ac pulcherrimis omnium maximus ac ſplēdidiſſimus. Qui primùm quidem cùm regnum paucis ac tenuibus oppidulis coarctatum à patre accepiſſet, ampliſſimis temporis ſui imperiis parem dominationem ſuam præſtitit, non tam fortunæ auxilio & caſu quodam, quàm ſolertiâ & induſtriâ ſuâ. Deinde præ cæteris

ἀρχιερεὺς ὢν καὶ πρῶτος τῆς συγκλήτου γραφόμενος, ὅ, τε Λεύκιος ὁ τὸν Περσέα νικήσας μεγίστην ἔχων πίστιν καὶ δύναμιν, πυνθανόμενοι τὰ πεπραγμένα τῷ Χάροπι κατὰ τὴν Ἤπειρον, ἐκώλυσαν εἰς τὰς οἰκίας αὐτῶν εἰσιέναι τὸν Χάροπα. οὗ γενομένου περιβοήτου πάντες ἐγηθύνθησαν οἱ παρεπιδημοῦντες περιχαρεῖς, ἀποδεχόμενοι τὸ μισοπόνηρον τῶν Ῥωμαίων. μετὰ δὲ ταῦτα τοῦ Χάροπος εἰσελθόντος εἰς τὴν σύγκλητον, 1 οὐ συνεκάθετο τοῖς ἀξιουμένοις, οὐδ' ἐβουλήθη δοῦναι ῥητὴν ἀπόκρισιν. ἀλλὰ τοῖς ἀποστελλομένοις πρεσβευταῖς ἔφη δώσειν ἐντολάς, ἐπισκέψασθαι περὶ τῶν γεγονότων. ὁ δὲ Χάροψ ἀναχωρήσας ταύτην μὲν τὴν ἀπόκρισιν ἀπεσιώπησε, γράψας δὲ πρὸς τὴν ἰδίαν ὑπόθεσιν ἁρμόζουσαν ἀπήγγελλεν ὡς συνευδοκούντων Ῥωμαίων τοῖς ὑπ' αὐτοῦ πεπραγμένοις.

Ὅτι Εὐμένης ὁ βασιλεὺς τῇ μὲν σωματικῇ δυνάμει παραλελυμένος ἦν, τῇ δὲ τῆς ψυχῆς λαμπρότητι προσανταῖχεν. ἀνὴρ ἐν μὲν τοῖς πλείστοις οὐδενὸς δεύτερος τῶν καθ' αὐτὸν βασιλέων γενόμενος, περὶ δὲ τὰ σπουδαιότατα καὶ κάλλιστα μείζων καὶ λαμπρότερος. ὅς γε πρῶτον μὲν παραλαβὼν παρὰ τοῦ πατρὸς τὴν βασιλείαν συνεσταλμένην τελέως εἰς ὀλίγα καὶ λιτὰ πολισμάτια, ταῖς μεγίσταις τῶν καθ' αὐτὸν δυναστῶν ἐφάμιλλον ἐποίησε τὴν ἰδίαν 2 ἀρχήν. οὐ τύχῃ τὸ πλεῖον συνεργῷ χρώμενος, οὐδ' ἐκ περιπετείας, ἀλλὰ διὰ τῆς ἀγχινοίας καὶ φιλοπονίας, ἔτι δὲ πράξεως τῆς αὐτοῦ. δεύτε-

1 hic inſere cap. 127. legationum Polybii. 2 mſ. τύχην, ſed Suidas ἀρχήν.

ρον φιλοδοξότατος ἐγένηθη, καὶ πλείστας μὲν τῶν καθ' αὐτὸν βασιλέων πόλεις Ἑλληνίδας εὐεργέτησε, πλείστους δὲ κατ' ἰδίαν ἀνθρώπους ἐσωματοποίησε. τρίτον, ἀδελφοὺς ἔχων τρεῖς καὶ κατὰ τὴν ἡλικίαν καὶ πρᾶξιν, πάντας τούτους συνέχε πειθαρχοῦντας αὐτῷ καὶ δορυφοροῦντας, καὶ σώζοντας τὸ τῆς βασιλείας ἀξίωμα. τοῦτο δὲ σπανίως εὕροι τις ἂν γεγονός.

Ὅτι Ἄτταλος ὁ ἀδελφὸς Εὐμένους παραλαβὼν τὴν ἐξουσίαν, πρῶτον ἐξήνεγκε δεῖγμα τῆς αὐτοῦ προαιρέσεως καὶ πράξεως τὴν Ἀριαράθου καταγωγὴν ἐπὶ τὴν βασιλείαν.

Ὅτι Προυσίας μετὰ τὸ νικῆσαι τὸν Ἄτταλον, μετὰ τὸ παρελθεῖν πρὸς τὸ Πέργαμον παρασκευασάμενος θυσίαν πολυτελῆ προσήγαγε πρὸς τὸ τέμενος τοῦ Ἀσκληπιοῦ, καὶ βουθυτήσας, καὶ καλλιερήσας, τότε μὲν ἐπανῆλθεν ἐπὶ τὴν παρεμβολήν· κατὰ δὲ τὴν ἐπιοῦσαν καταστήσας τὴν δύναμιν ἐπὶ τὸ Νικηφόριον, τούς τε νεὼς ἅπαντας διέφθειρε, καὶ τὰ τεμένη τῶν θεῶν. ἐσύλησε δὲ καὶ τοὺς ἀνδριάντας καὶ τὰ λίθινα τῶν ἀγαλμάτων. τὸ δὲ τελευταῖον καὶ τὸ τοῦ Ἀσκληπιοῦ ἄγαλμα βαστάσας, περιττῶς ὑπὸ Φυλομάχου κατεσκευασμένον ἀπενήνοχεν ὡς αὐτὸν, ᾧ τῇ πρότερον ἡμέρᾳ κατασπένδων ἐβουθύτει καὶ κατηύχετο, δεόμενος, ὅπερ εἰκὸς, ἵλεων αὐτῷ γενέσθαι καὶ εὐμενῆ κατὰ πάντα τρόπον. ἐγὼ δὲ τὰς τοιαύτας διαθέσεις καὶ πρότερον εἴρηκά που περὶ Φιλίππου ποιούμενος τὸν λόγον μανικάς· τὸ γὰρ ἅμα μὲν θύειν καὶ διὰ τούτων ἐξιλάσκεσθαι τὸ θεῖον προσκυνοῦντα καὶ λιπαροῦντα τὰς τραπέζας καὶ τοὺς βωμοὺς ἐξάλλως, ὅπερ ὁ Προυσίας εἴθιστο ποιεῖν,

ætatis suæ Regibus gloriæ cupidissimus fuit, atque unus plurimas Græciæ civitates, ac plurimos singillatim homines beneficiis suis locupletavit. Denique fratres cùm haberet tres, & ætate & industria pollentes, eos in officio omnes continuit, & morigeros custodesque regni ac dignitatis suæ habuit satellites. quod raro admodum contigisse reperias.

Attalus Eumenis frater postquam regnare occœpit, primum ingenii atque industriæ suæ specimen dedit restituto in regnum Ariarathe.

Prusias victo Attalo, Pergamum ingressus cum sumptuoso sacrificii apparatu, Æsculapii templum adiit: mactatisque victimis cùm perlitasset, tum quidem in castra est reversus. Postridie verò copiis ad Nicephorium adductis, templa omnia vastare, delubra ac statuas Deorum immortalium & imagines spoliare ac diripere cœpit. Postremò & ipsum Æsculapii simulacrum insigni artificio à Phylomacho fabricatum, humeris suis impositum abripuit, cui pridie libaverat, hostiasque & vota obtulerat, propicium ac benignum (ut mos est) ipsius numen sibi apprecatus. Ego verò hujusmodi hominum mores etiam antea, cùm de rebus Philippi agerem, furiosos me dicere memini. Etenim simul victimas cædere, Deosque propicios orare, omnemque aram ac lapidem exquisito quodam genere adorare & venerari flexis genibus, & muliebri superstitione, quod Prusias facere solebat: atque

que interim eadem fana labefactare, eorumque eversione contumeliam Diis facere, quis neget animi[1]id esse rabie perciti, hominisque de statu mentis deturbati? Quod quidem tum Prusiæ contigit. Nam cùm nullum in oppugnatione generosi animi facinus edidisset, sed prorsus imbelli ac muliebri animo adversus Deos hominesque esset usus, exercitum Elæam traduxit, & tentatâ urbis obsidione cùm nihil proficeret, eò quod Sosander Regis collactaneus cum præsidio militari urbem ingressus, impetum ipsius repellebat, Thyatira navibus contendit. Porrò inter redeundum fanum Dianæ, quod est in Hiera come, vi illata spoliavit. Apollinis quoque Cynii delubrum circa Temnum non spoliavit solùm, sed etiam igni tradidit. Atque his peractis domum rediit, illato & hominibus & Diis immortalibus bello. Sed & pedestres ejus copiæ fame ac sanguinis profluvio in reditu laborarunt, adeò ut sceleribus Prusiæ pœna à Diis è vestigio repræsentata esse videretur.

Aristocrates Prætor Rhodiorum erat ille quidem specie ipsa plena dignitatis ac terroris. Quamobrem Rhodii idoneum belli ducem atque egregium imperatorem sese habere crediderant. verum enimverò sua spe longè frustrati sunt. Nam cùm ad res ipsas tanquam ad fornacem accessisset, instar adulterinæ

1 addidi ex conject.

γυνοπετῶν δὲ γυναικιζόμενος· ἅμα δὲ ταῦτα καὶ λυμαίνεσθαι, καὶ διὰ τῆς τούτων καταφθορᾶς τὴν εἰς τὸ θεῖον ὕβριν διατίθεσθαι, πῶς οὐκ ἂν εἴποι τις εἶναι θυμοῦ λυττῶντος ἔργα, καὶ ψυχῆς ἐξεστηκυίας τῶν λογισμῶν; ὃ δὲ τότε συνέβαινε γίνεσθαι περὶ τὸν Προυσίαν· ἀνδρὸς μὲν γὰρ 1 ἔργον οὐδὲν ἐπιτελεσάμενος κατὰ τὰς προσβολὰς, ἀγεννῶς δὲ καὶ γυναικοθύμως χειρίσας δὲ τὰ πρὸς θεοὺς, καὶ τὰ πρὸς ἀνθρώπους, μετήγαγε τὸ στράτευμα πρὸς Ἐλαίαν· καὶ καταπειράσας τῆς Ἐλαίας, καί τινας προσβολὰς ποιησάμενος, οὐδὲν δὲ πράττειν δυνάμενος διὰ τὸ Σώσανδρον τὸν τοῦ βασιλέως σύντροφον εἰσεληλυθότα μετὰ στρατιωτῶν, εἴργειν αὐτοῦ τὰς ἐπιβολὰς, ἀπῆρεν ἐπὶ Θυατείρων. κατὰ δὲ τὴν ἐπάνοδον τὸ τῆς Ἀρτέμιδος ἱερὸν τῆς ἐν ἱερᾷ κώμῃ μετὰ βίας ἐσύλησεν. ὁμοίως καὶ τὸ τοῦ Κυνίου Ἀπόλλωνος τέμενος τοῦ περὶ Τέμνον οὐ μόνον ἐσύλησεν, ἀλλὰ καὶ τῷ πυρὶ διέφθειρεν. καὶ ταῦτα διαπραξάμενος ἐπανῆλθεν εἰς τὴν οἰκίαν, οὐ μόνον τοῖς ἀνθρώποις, ἀλλὰ καὶ τοῖς θεοῖς πεπολεμηκώς. ἐταλαιπώρησε δὲ καὶ τὸ πεζικὸν στράτευμα τῷ Προυσίᾳ κατὰ τὴν ἐπάνοδον ὑπό τε τοῦ λιμοῦ καὶ τῆς δυσεντερίας, ὥστε παρὰ πόδας ἐκ θεόπτου δοκεῖν ἀπηντῆσθαι μῆνιν αὐτῷ διὰ ταύτας τὰς αἰτίας.

Ὅτι Ἀριστοκράτης ὁ τῶν Ῥοδίων στρατηγὸς, ἦν μὲν κατὰ τὴν ἐπιφάνειαν ἀξιωματικὸς καὶ καταπληκτικός· διόπερ ἐκ πάντων τούτων ὑπέλαβον οἱ Ῥόδιοι τελέως ἀξιόχρεων ἡγεμόνα καὶ προστάτην ἔχειν τοῦ πολέμου. διεψεύσθησαν μέντοι γε τῶν ἐλπίδων. ἐλθὼν γὰρ εἰς τὰς πράξεις ὥσπερ εἰς πῦρ, καθάπερ τὰ κίβδηλα τῶν νομισμάτων, ἀλλοῖος ἐφάνη. τοῦτο δ' ἐγένετο δῆλον ἐπ' αὐτῶν τῶν ἔργων.

Ὅτι Ἀρχίας βουλόμενος τὴν Κύπρον προδοῦναι τῷ Δημητρίῳ καὶ φωραθεὶς, καὶ εἰς κρίσιν ἀχθεὶς, καλωδίῳ τῷ ἐκ τῆς αὐλαίας [1] παραπετασμάτων ἑαυτὸν ἀπεκρέμασε. τῷ γὰρ ὄντι διὰ τὰς ἐπιθυμίας κενοὶ κενὰ λογίζονται, κατὰ τὴν παροιμίαν. καὶ γὰρ ἐκεῖνος δόξας φ' τάλαντα προσλήψεσθαι, καὶ τὰ προϋπάρχοντα χρήματα καὶ τὸ πνεῦμα προσαπέβαλεν.

Ὅτι κατὰ τοὺς καιροὺς τούτους καὶ Πριηνεῖς ἐνέπεσον παραλόγῳ συμφορᾷ. δεξάμενοι γὰρ παρ' Ὀλοφέρνους ὅτ' ἐκράτησε τῆς ἀρχῆς ἐν παρακαταθήκῃ υ' τάλαντα, ἀπῃτοῦντο κατὰ τοὺς ἑξῆς χρόνους ὑπ' Ἀριαράθου, ὅτε μετέλαβε τῆς ἀρχῆς. οἱ μὲν οὖν Πριηνεῖς, ὡς ἐμοὶ δοκεῖ, ὀρθῶς ἵσταντο φάσκοντες οὐδενὶ προήσεσθαι τὰ χρήματα ζῶντος Ὀλοφέρνους, πλὴν αὐτῷ τῷ παραθεμένῳ. ὁ δ' Ἀριαράθης πολλοῖς ἐδόκει παραπίπτειν τοῦ καθήκοντος, ἀπαιτῶν τὴν ἀλλοτρίαν παραθήκην. οὐ μὴν, ἀλλ' ἕως μὲν τούτου τάχ' ἄν τις ἔχοι συγγνώμην αὐτῷ καταπειράζοντι, τῷ δοκεῖν τῆς ἐκείνου βασιλείας εἶναι τὰ χρήματα. τὸ δὲ καὶ πορρωτέρω προβαίνειν ὀργῆς καὶ φιλοτιμίας, οὐδαμῶς ἐδόκει γίνεσθαι κατὰ λόγον. [2] κατὰ δὲ τοὺς νῦν λεγομένους καιροὺς ἐπαποστείλας ἐλεηλάτει τὴν χώραν τῶν Πριηνέων συνεργοῦντος Ἀττάλου, καὶ παροξύνοντος διὰ τὴν ἰδίαν διαφορὰν, ἣν εἶχε πρὸς τοὺς Πριηνεῖς. πολλῶν δὲ καὶ σωμάτων καὶ θρεμμάτων ἀπολλυμένων, καὶ πρὸς τῇ πόλει πτωμάτων γινομένων, ἀ-

1 mſ. παραπετασμένων. Suidas παραπ. 2 l. πλὴν κατὰ.

monetæ longè alius apparuit. quod in ipſis negociorum articulis clarum fuit.

Archias Cyprum Demetrio prodere cùm vellet deprehenſus, & in judicium adductus, funiculo veli, quod aulæ prætendebatur, ſe ſuſpendit. Revera enim decepti cupiditatibus homines vani vana agitant, ut eſt in veteri proverbio. Namque ille quingenta ſe talenta accepturum dum ſperat, & quas antea poſſidebat opes, & præterea ſpiritum amiſit.

Hiſdem temporibus Prienenſes in gravem calamitatem præter ſpem inciderunt. Nam cùm ab Oroferne, quo tempore in Cappadocia regnabat, quadringenta talenta eis commendata eſſent, poſtea Ariarathes in regnum reſtitutus, eam pecuniam à Prienenſibus repetiit. At Prienenſes meo quidem judicio rectè atque ordine faciebant, cùm dicerent, quamdiu Orophernes in vivis eſſet, nemini alteri ſe eam pecuniam reddituros, niſi ipſi qui eam depoſuerat. Et Ariarathes multum peccare pleriſque videbatur, qui alienum depoſitum repeteret. Enimvero hactenus fortaſſe veniâ dignus fuerit ille qui periculum faciebat, tentabatque id auferre, quod fiſci ipſius eſſe videbatur. At verò iracundia ac pertinacia ulterius ferri, nullatenus rationi conſentaneum poteſt videri. Tamen ille immiſſis prędatoribus agrum Prienenſem vaſtare cæpit, adjuvante Attalo & ob ſuam cum Prienenſibus privatam ſimultatem eum incitante. Porrò cùm magna cædes hominum ſimul ac pecorum paſſim fieret, & ad ipſas civitatis portas quidam

dam trucidarentur, tamen Prienenſes ſuccurrere nequaquam poterant. Igitur cùm legationem ad Rhodios miſiſſent, tandem ad præſidium populi Ro. confugerunt. Sed Ariarathes cuncta quæ dicerentur parui faciebat. Ita Prienenſes qui in tantæ pecuniæ ſumma magnam ſpem poſuerant, contarium prorſus eventum ſunt experti. Etenim Oropherni quidem depoſitum fideliter reddiderunt, ſed ab Ariarathe Rege malè multati ob illud depoſitum graviſſimis calamitatibus injuriâ conflictati ſunt. DEESSE VIDENTUR NONNULLA. Cui non meritò videatur Bergæum Antiphanem longo intervallo ſuperaſſe, adeò ut nemo unquam tantam ejus veſaniam æquaturus ſit.

Pruſias Rex Bithyniæ aſpectu erat deformis, tametſi judicio & ſagacitate haudquaquam ſpernendus. cæterùm corporis ſpecie dimidiato homini ſimilis, & ad res bellicas planè ignavus ac mollis. Neque enim ſolùm timidus, ſed præterea laboris impatiens atque omninò effæminatus in omni vita & animo & corpore erat. Quod genus vitii cùm omnes mortales, tum maximè Bithyni in Regibus ferre non poſſunt. Idem ingenti libidine ad omnes corporis voluptates ardebat. Diſciplinarum autem liberalium ac philoſophiæ atque hujuſmodi ſermonum prorſus expers. Denique virtutis atque honeſti ne ſenſum quidem ullum habebat: ſed interdiu noctuque Sardanapalli cujuſdam vitam ducebat. Quamobrem ſimulac vel minima ſpes multitudini affulſit Bithynorum, omnes impetu effuſo

μύνασθαι μὴν οὐχ οἷοί τ' ἦσαν οἱ Πριηνεῖς, ἐπρέσβευον δὲ καὶ πρὸς Ῥοδίους, μετὰ δὲ ταῦτα ἐπὶ Ῥωμαίους κατέφυγον. ὁ δὲ οὐ προσεῖχε τοῖς λεγομένοις. καὶ Πριηνεῖς μὲν μεγάλας ἔχοντες ἐλπίδας ἐπὶ τῷ πλήθει τῶν χρημάτων, τοῖς ἐναντίοις ἐνεκύρησαν. τῷ μὲν γὰρ Ὀλοφέρνει τὴν παραθήκην ἀπέδωκαν, ὑπὸ δὲ τοῦ βασιλέως Ἀριαράθου ἱκαναῖς τισὶ βλάβαις περιέπεσον ἀδίκως διὰ τὴν παραθήκην· πῶς οὐκ ἂν εἰκότως 1 δόξοιεν ὑπερβεβηκέναι καὶ ἀπολεληρηκέναι τὸν Βεργαῖον Ἀντιφάνην, καὶ καθόλου μηδενὶ καταλιπεῖν ὑπερβολὴν ἀπονοίας τῶν ἐπιγινομένων.

Ὅτι Προυσίας ὁ βασιλεὺς εἰδεχθὴς ὢν κατὰ τὴν ἔμφασιν, καίπερ ἐκ συλλογισμοῦ βελτίων ὑπάρχων· ἥμισυς ἀνὴρ κατὰ τὴν ἐπιφάνειαν, καὶ πρὸς τὰς πολεμικὰς χρείας ἀγεννὴς καὶ γυναικώδης. οὐ γὰρ μόνον δειλὸς ἦν, ἀλλὰ καὶ πρὸς τὰς κακοπαθείας ἀλλότριος, καὶ συλλήβδην ἐκτεθηλυμμένος, καὶ τῇ ψυχῇ, καὶ τῷ σώματι παρ' ὅλον τὸν βίον. ὅπερ ἥκιστα βούλονται περὶ τοὺς βασιλεῖς ὑπάρχειν ἅπαντες μέν, μάλιστα δὲ τὸ τῶν Βιθυνῶν γένος. πολλὴ δέ τις ἀσέλγεια καὶ περὶ τὰς σωματικὰς ἐπιθυμίας αὐτῷ συνεξηκολούθει. παιδείας δὲ καὶ φιλοσοφίας καὶ τῶν ἐν ταύταις θεωρημάτων ἄπειρος εἰς τέλος ἦν, καὶ συλλήβδην τοῦ καλοῦ, ὅ τι ποτέ ἐστιν οὐδ' ἔννοιαν εἶχε. Σαρδαναπάλλου δὲ βάρβαρον βίον ἔζη καὶ μεθ' ἡμέραν καὶ νύκτωρ. καὶ γὰρ οὖν ἅμα τῷ βραχείας ἐλπίδος τὸ τῶν βασιλευομένων πλῆθος λαβέσθαι, ἀμετάκλητον ὀρ-

1 mſ. ξειεν.

μένην ἔχειν εἰς τὸ μὴ μόνον ἀλλότρια φρονεῖν τοῦ βασιλέως, ἀλλὰ καὶ τιμωρείαν βούλεσθαι παρ' αὐτοῦ λαμβάνειν.

Ὅτι Μασανάσσης ὁ ἐν Λιβύῃ τῶν Νομάδων βασιλεὺς, ἀνὴρ ἦν τῶν καθ' ἡμᾶς βασιλέων ἄριστος καὶ μακαριώτατος, ὃς ἐβασίλευσεν ἔτη πλείω τῶν ξ'. ὑγιεινότατος ὢν καὶ πολυχρονιώτατος. ϙ' γὰρ ἐτῶν ἐγεγόνει. ἐγένετο δὲ καὶ δυναμικώτατος τῶν καθ' αὑτὸν κατὰ τὴν σωματικὴν ἕξιν. ὃς ὅτε
1 μὲν ἱστάναι δέοι, στὰς ἐν τοῖς αὐτοῖς ἴχνεσι δι' ἡμέρας ἔμενε. καθεζόμενος 2 δὲ πάλιν οὐκ ἠγείρετο. καὶ τὴν ἐπὶ τῶν ἵππων κακοπάθειαν ἡμέραν καὶ νύκτα συνεχῶς διακαρτερῶν, οὐδὲν ἔπασχεν. σημεῖον δὲ τῆς σωματικῆς αὐτοῦ δυνάμεως· ἔχων ϙ' ἔτη καθ' ὃν καιρὸν μετήλλαξε τὸν βίον, υἱὸν ἀπέλιπε τεττάρων ἐτῶν ὄνομα Στέμβανον, ὃν μετὰ ταῦτα Μικίψης υἱοποιήσατο· πρὸς δὲ τούτῳ υἱοὺς τέσσαρας. διὰ δὲ τὴν πρὸς ἀλλήλους τούτων εὔνοιαν, διετήρησε τὸν ὅλον βίον πάσης ἐπιβουλῆς καὶ παντὸς οἰκείου μιάσματος ἀμοιρον αὐτοῦ γενέσθαι τὴν βασιλείαν. τὸ δὲ μέγιστον καὶ θειότατον τούτου, τῆς γὰρ Νομαδίας ἁπάσης ἀχρήστου τὸν πρὸ τοῦ χρόνον ὑπαρχούσης, καὶ νομιζομένης ἀδυνάτου τῇ φύσει πρὸς ἡμέρους καρποὺς ὑπάρχειν, πρῶτος καὶ μόνος ὑπέδειξε διότι δύναται πάντας ἐκφέρειν τοὺς ἡμέρους καρποὺς, οὐδ' ὁποίας ἧττον, ἑκάστῳ τῶν καρπῶν ἐν διαστάσει μυριοπλεθρεῖς ἀγροὺς κατασκευάσας παμφόρους. τῇ μὲν οὖν ἐκείνου μεταστάσει ταῦτ' ἄν τις εὐλόγως ἐπιφθέγξαιτο καὶ δικαίως. ὁ δὲ Σκιπίων παραγενόμενος εἰς τὴν 3 Κίρταν ἡμέρᾳ τρίτῃ μετὰ τὸν τοῦ βασιλέως θάνατον, διῴκησε καλῶς πάντα.

non ad defectionem modò, sed ad pœnas etiam de Rege sumendas ferri cœpere.

Masinissa Numidarum in Africa Rex, vir fuit nostra ætate Regum optimus, & fortunatissimus, qui annis plusquam sexaginta regnum tenuit, optima valetudine ac longissimâ vita. Etenim ad annum usque nonagesimum vixit. Idem omnium ætatis suæ hominum robustissimo corporis habitu fuit. quippe ubi standum esset, in iisdem vestigiis totum diem perstabat, contrà sedens in sella, non ante vesperam exurgebat. Jam verò laborem in equitando dies noctesque fortiter tolerans, nullo incommodo vexabatur. Argumento ejus vigoris sit, quod nonaginta annos natus cùm ex vita decessit, quadriennem filium reliquit, nomine Stembalem, qui postea à Micipsa est adoptatus: ac præterea liberos quatuor. Quorum mutua concordia ac benevolentia regnum suum quoad vixit, insidiarum, omnisque domestici piaculi expers præstitit. quodque præcipuum est ac penè divinum, cùm omnis Numidia antea temporis infructuosa esset, nec gignendis fructibus ullatenus idonea esse crederetur, ipse primus ac solus demonstravit nullum esse fructum quem producere illa non posset eadem fertilitate qua cæteræ regiones, cùm ipse agros innumerabiles singulis fructuum generibus per intervalla cōsitos feracissimos reddidisset. Huic igitur mortuo eam laudem jure merito quis accinat. At Scipio tertio post Masinissæ obitum die Cirtam delatus, cuncta prudentissimè constituit.

Hasdru-

1 ms. μεταστῆναι. 2 addidi ex conject. 3 ms. σκίρτ.

Hasdrubal Carthaginensium Præfectus, ingenio erat vano & jactabundo, sed in rebus gerendis ab imperatoria virtute longè aberat. Vanitatis autem illius argumenta supersunt multa. Primum enim cum Gulussa Rege Numidarum colloquium habiturus, loricâ ac reliquis tectus armis accessit, chlamydem ex purpura Tyria gestans fibula adstrictam, stipatusque decem machærophoris. Deinde à satellitio progressus viginti ferè pedum spacio, vallo ac fossâ munitus, Regi per nutum significavit ut ad se accederet, cùm tamen contrarium fieri debuisset. Sed Gulussa ut erat simplici ingenio, more gentis Numidarum, solus ad eum accessit. Cumque appropinquasset, interrogavit cujusnam metu thorace omnibusque armis contectus venisset. Ille cùm Romanos metuere se dixisset: Si ita esset, inquit Gulussa, nunquam te in urbem inclusisses, nullâ præsertim necessitate impulsus. verùm agedum, quid est quod postulas? Ego verò, ait Hasdrubal, à te peto, ut apud Imperatorem Rom. legationem obire velis, ac spondere nos imperata esse facturos: tantùm ut ab hac misera civitate abstineat. At Gulussa, Puerile, inquit, videtur esse quod flagitas, vir bone. Quæ enim rebus adhuc integris legatione missa, sedentibus etiam tum Uticæ Romanis impetrare non potuistis, qua nunc ratione adductus tibi concedi postulas, cùm undique terra ac mari operibus circundatus, nullâ propemodum salutis reliqua spe teneare. Hasdrubal verò falli eum respondit.

Ὅτι Ἀσδρούβας ὁ στρατηγὸς Καρχηδονίων κενόδοξος ἦν καὶ ἀλαζὼν, καὶ πολὺ κεχωρισμένος τῆς πραγματικῆς καὶ στρατηγικῆς δυνάμεως· πολλὰ δέ εἰσι σημεῖα τῆς ἀκρισίας αὐτοῦ. πρῶτον μὲν γὰρ παρῆν ἐν πανοπλίᾳ, ἡνίκα Γολοσσῇ συνεγίνετο τῷ τῶν Νομάδων βασιλεῖ, πορφυρίδα θαλαττίαν ἐπιπεπορπημένος, μετὰ μαχαιροφόρων δέκα. ἔπειτα προάξας ἀπὸ τῶν δέκα ὅσον εἴκοσι πόδας ἀπέστη, καὶ προβεβλημένος τάφρον καὶ χάρακα, κατένευε τῷ βασιλεῖ προσιέναι πρὸς αὐτὸν, καθῆκον γίνεσθαι τοὐναντίον. οὐ μὴν ἀλλ' ὁ Γολοσσῆς ἀφελῶς ἔχων Νομαδικῷ τινὶ τρόπῳ, μόνος προσῄει πρὸς αὐτὸν, καὶ προσεγγίσας [1] εἴρετο, τίνα φοβούμενος τὴν πανοπλίαν ἔχων ἥκει; τοῦ δ' εἰπόντος ὅτι Ῥωμαίους, οὐκ ἂν ἄρ', ἔφησεν ὁ Γολοσσῆς, ἔδωκας σαυτὸν εἰς τὴν πόλιν μηδεμίαν ἔχων ἀνάγκην. πλὴν τί βούλῃ καὶ τί παρακαλεῖς; φησίν. ὁ δ' Ἀσδρούβας, ἐγώ φησι πρεσβευτήν σε παρακαλῶ γενέσθαι πρὸς τὸν στρατηγὸν, καὶ πᾶν ἀναδέχεσθαι διότι ποιήσομεν τὸ προσταττόμενον, μόνον [2] ἀπέχεσθαι τῆς ταλαιπώρου πόλεως ταύτης. καὶ ὁ Γολοσσῆς, παιδικὴν δοκεῖς μοι, φησίν, ἀξίωσιν ἀξιοῦν, ὦ βέλτιστε. ὑπὲρ ὧν γὰρ ἐξ ἀκεραίου πρεσβευόμενοι ἔτι καθημένων ἐν Ἰτύκῃ Ῥωμαίων οὐκ ἐδύνασθε πείθειν, τίνι λόγῳ νῦν ἀξιοῖς ταῦτά σοι συγχωρεῖσθαι, περιτετειχισμένος καὶ κατὰ γῆν, καὶ κατὰ θάλατταν, καὶ σχεδὸν ἅπαξ ἀπεγνωκὼς τὰς τῆς σωτηρίας ἐλπίδας. ὁ δ' Ἀσδρούβας ἀγνοεῖν αὐτὸν ἔφη.

1 Suidas ἤρετο. 2 ἔσθε ms.

καὶ γὰρ ἐπὶ τοῖς ἔξωθεν συμμάχοις ἀκμὴν καλὰς ἐλπίδας ἔχειν. οὐ γάρ που τὰ περὶ τοὺς Μαυρουσίους ἠκηκόει, καὶ τὰ περὶ τῶν ὑπαίθρων δυνάμεων ὅτι σώζονται· καὶ οὐκ ἀπελπίζειν τὰ κατ᾽ αὐτούς. μάλιστα δὲ πεποιθέναι τῇ τῶν θεῶν συμμαχίᾳ καὶ ταῖς ἐν ἐκείνοις ἐλπίσιν. οὐ γὰρ περιόψεσθαι σφᾶς περιφανῶς παρασπονδουμένους, ἀλλὰ πολλὰς δώσειν ἀφορμὰς πρὸς σωτηρίαν. διὸ παρακαλεῖν ἠξίου τὸν στρατηγὸν, καὶ τῶν θεῶν ἕνεκεν καὶ τῆς τύχης φείσασθαι τῆς πόλεως. εἰδότα σαφῶς, διότι μὴ δυνάμενοι τυχεῖν τούτου κατασφαγήσονται πρότερον ἢ παραχωρήσουσι ταύτης. τότε μὲν οὖν ταῦτα καὶ παραπλήσια διαλεχθέντες ἐχωρίσθησαν, ταξάμενοι μετὰ τρίτην ἡμέραν πάλιν συμπορεύεσθαι. τοῦ δὲ Γολόσσου μεταδόντος τῷ στρατηγῷ περὶ τῶν εἰρημένων, γελάσας ὁ Πόπλιος, ταῦτα μέλλων ἀξιοῦν, ἔφη, τοιαύτην καὶ τηλικαύτην ἀσέβειαν εἰς τοὺς αἰχμαλώτους ἡμῶν ἐνεδείξω, καὶ νῦν ἐπὶ τοῖς θεοῖς τὰς ἐλπίδας 1 ἔχῃς. παραβεβηκὼς (2 τοὺς θείους) καὶ τοὺς τῶν ἀνθρώπων νόμους. τοῦ δὲ βασιλέως βουλομένου τι προσυπομιμνήσκειν τὸν Σκιπίωνα, καὶ μάλιστα διότι συντελεῖ ἐπείγεσθαι τοῖς πράγμασι· χωρὶς γὰρ τῶν ἀδήλων, καὶ τὴν κατάστασιν τῶν ὑπάτων ἤδη συνεγγίζειν, ἧς δεῖν ἔφη στοχάζεσθαι, μὴ τοῦ χειμῶνος προκαταλαβόντος, ἐπελθὼν ἕτερος ἀκονιτὶ λάβῃ τὴν ἐπιγραφὴν τῶν ἐκείνου πόνων καὶ δὴ τούτων λεγομένων ἐπιστήσας ὁ στρατηγὸς ἐκέλευσεν ἀναγγέλλειν, διότι δίδωσι τὴν ἀσφάλειαν αὐτῷ καὶ γυναικὶ, καὶ τέκνοις, καὶ δέκα τῶν συγ-

nam & foris sociorum auxiliis plurimùm se confidere. (quippe nondum audierat ea quæ in Mauritania evenerant) & copias suas quæ regioni præsiderent, adhuc salvas esse. neque porrò seipsos de rebus suis desperare, maximè verò in ope Deorum immortalium spem habere. Non enim suam ipsorum injuriam ab Diis neglectum iri, qui apertè contra fœderis leges violarentur, sed multas ad salutem opportunitates sibi oblaturos Deos esse. Proinde rogabat ut Imperatorem moneret, Deorum ac fortunæ causa civitati parcere ut vellet, & pro certo haberet, ni id impetrarint, prius omnes mactandos esse quàm deditionem facturos. His tum ac similibus dictis è colloquio discesserunt, constituto rursus in perendinum diem congressu. Porrò cùm Gulussa sermones utrimque habitos Imperatori renunciasset, subridens Scipio: Hæccine, inquit, postulaturus tali tantaque impietate in captivos es nostros usus, & nunc in Deorum ope spem positam habes? quum divina & humana jura violaris. Inde Rex Scipionem admonere cum institisset, utile esse ipsius rationibus finem bello imponere. Nam præter incertos casus, Martemque communem, comitia quoque Consularia prospiciendum esse, ne appetente hyeme superveniens alter titulum ac lauream ipsius laborum sine sudore interciperet. Hæc cùm animadverteret Scipio, Gulussam id Hasdrubali renunciare jussit, ipsi uxorique ac liberis, & propinquorum amico-

1 mſ. ἔχῃν. 2 addidi ex conject.

rumque

rumque familiabus decem, veniam ac ſecuritatem Scipionem concedere: præterea decem talenta ut ex bonis ſuis capiat, ac ſervos ſex, quos ex omni familia elegerit. His mandatis ſatis humanis Gulufſa tertio die ad condictum cum Haſdrubale colloquium venit. At ille paludamento purpureo armiſque omnibus ornatus, cum magno apparatu lentoque greſſu rurſus adfuit, prorſus ut tyrannos qui in tragœdiis ſpectantur, longè ab ea pompa abeſſe diceres. Erat quidem ille naturâ obeſus. tum verò ventrem ſaginâ probè ſuffarſerat; & colore præter naturam erat aduſto atque fuſco, ut in mercatu alicubi degere videretur inſtar ſaginatorum boum: non civitatem regere tot ac tantis circundatam calamitatibus ut eas nemo ſatis exprimere oratione poſſit. Cæterùm congreſſus cum Gulufſâ, & auditis conditionibus quæ ipſi ab Imperatore Romano offerebantur, femur identidem percutiens, Deorumque ac fortunæ invocans fidem, nunquam eum diem affore dixit, quo Haſdrubalem ſtantem atque everſam Carthaginem unà Sol videat. patriæ enim conflagrantis ruinam prudentibus viris pulcherrimum rogi ornamentum eſſe. Quocirca quoties illius dicta quis ſpectaverit, mirabitur hominem, orationiſque pondus & gravitatem obſtupeſcet. Quod ſi illius in Rep. adminiſtranda rationem intuebitur, idem hominis ignaviam ac molliciem profectò mirabitur. Qui primùm quidem reliquis civibus fame funditùs pereuntibus, ipſe convivia agitabat, & ſecundas menſas

συγγενῶν φίλων οἰκίαις, σὺν δὲ τούτοις δέκα τάλαντα λαβεῖν ἐκ τῶν ἰδίων ὑπαρχόντων, καὶ τῶν οἰκετῶν ἐξ ἀνάγκης οὓς ἂν αἱρεῖται. ταῦτα μὲν οὖν ὁ Γολοσσῆς ἔχων τὰ φιλάνθρωπα, συνήει πρὸς τὸν Ἀσδρούβαν τῇ τρίτῃ τῶν ἡμερῶν. ὁ δὲ πάλιν ἐξεπορεύετο μετὰ μεγάλης ἀξίας ἐν τῇ πορφυρίδι, καὶ τῇ πανοπλίᾳ βάδην, ὥστε τοὺς ἐν ταῖς τραγῳδίαις τυράννους πολύ τι προσοφείλειν. ἦν μὲν οὖν καὶ φύσει σάρκινος, τότε δὲ 1 κοιλίαν εἰλήφει, καὶ τῷ χρώματι παρὰ φύσιν ἐπικεκαυμένος ἦν. ὥστε δοκεῖν ἐν πανηγύρει που διαιτᾶσθαι παραπλησίως τοῖς σιτευτοῖς βουσίν, ἀλλὰ μὴ τηλικούτων καὶ τοιούτων κακῶν προεστάναι, ὧν οὐδ' ἂν ἐφίκοιτο τῷ λόγῳ διεξιὼν οὐδείς. οὐ μὴν ἀλλ' ἐπεὶ συνῆλθε τῷ βασιλεῖ καὶ διήκουσε τῶν ὑπὸ τοῦ στρατηγοῦ προτεινομένων, πολλάκις τὸν μηρὸν πατάξας, τοὺς θεοὺς καὶ τὴν τύχην ἐπικαλεσάμενος, οὐδέποτε ταύτην ἔσεσθαι τὴν ἡμέραν ἔφασκεν, ἐν ᾗ συμβήσεται τὸν ἥλιον Ἀσδρούβαν βλέπειν ἅμα καὶ τὴν πατρίδα κυρπολουμένην. καλὸν γὰρ ἐντάφιον εἶναι τοῖς εὖ φρονοῦσι τὴν πατρίδα, καὶ τὸ ταύτης πῦρ. ὥσθ' ὅταν μὲν εἰς τὰς ἀποφάσεις αὐτοῦ τις βλέψειε, θαυμάζειν τὸν ἄνδρα καὶ τὸ μεγαλόψυχον τῶν λόγων· ὅτε δ' εἰς τὸν χειρισμὸν τῶν πραγμάτων, τὴν ἀγεννίαν καταπλήττεσθαι, καὶ τὴν ἀνανδρίαν. ὃς πρῶτον μὲν τῶν ἄλλων πολιτῶν διαφθειρομένων ὁλοσχερῶς ὑπὸ τοῦ λιμοῦ, πότους αὐτὸς συνῆγε, καὶ δευτέρας τραπέζας παρετίθετο πο-

1 ex Suida correxi mſ. καὶ λίαν.

λυτελεῖς,

λυπελεῖς, καὶ διὰ τῆς ἰδίας εὐεξίας παρεδειγμάτιζε τὴν ἐκείνων ἀτυχίαν. ἄπιστον μὲν γὰρ ἦν τὸ τῶν ἀποθνησκόντων πλῆθος· ἄπιστον δὲ τὸ τῶν αὐτομολούντων καθ' ἡμέραν, διὰ τὸν λιμόν. ἔπειτα τοὺς μὲν διαχλευάζων, οἷς δ' ἐνυβρίζων καὶ φονεύων κατεπλήττετο τοὺς πολλοὺς, καὶ τούτῳ τῷ τρόπῳ συνεῖχε τὴν ἐξουσίαν, ἣν μόλις ἂν χρήσαιτο τύραννος ἐν εὐτυχούσῃ πόλει, καὶ δυσυχηκυίᾳ πατρίδι. διὸ καὶ λίαν δοκῶ καλῶς ἡμῖν εἰρῆσθαι, διότι προστάτας πραγμάτων ὁμοιοτέρους τῶν παρὰ τοῖς Ελλησι τότε καὶ παρὰ τοῖς Καρχηδονίοις ὑπαρξάντας οὐκ ἂν εὕροι τις ῥᾳδίως. τοῦτο δ' ἔσται δῆλον, ὅταν ἐκ παραθέσεως τὸν 1 περὶ ἐκείνων ποιησόμεθα λόγον.

Ὅτι Πυθέας ἦν μὲν ἀδελφὸς Ἀκαλίδου τοῦ σταδιέως, υἱὸς δὲ Κλεομένους· κακῶς δὲ βεβιωκώς, καὶ δοκῶν ἑαυτῷ παρακεχωρῆσθαι τὴν πρώτην ἡλικίαν. ὁμοίως δὲ καὶ κατὰ τὴν πολιτείαν θρασὺς καὶ πλεονέκτης, καὶ δι' Εὐμένους καὶ Φιλεταίρου σωματοποιησάμενος τὰς προειρημένας αἰτίας.

Ὅτι τοῦ Κριτολάου τοῦ στρατηγοῦ τῶν Ἀχαιῶν μετηλλαχότος, καὶ τοῦ νόμου κελεύοντος, ἐπὰν συμβῇ τι περὶ τὸν ἐνεστῶτα στρατηγὸν, τὸν προγεγονότα διαδέχεσθαι τὴν ἀρχὴν, ἕως ἂν καθήκουσα σύνοδος γένηται τῶν Ἀχαιῶν, ἐπέβαλε τῷ Διαίῳ χειρίζειν καὶ προεστάναι τῶν κοινῶν πραγμάτων. διόπερ ἐκπέμψας εἰς τὰ Μέγαρα, καὶ παραγενόμενος εἰς Ἄργος, ἔγραψε ταῖς πόλεσι πάσαις, τῶν οἰκογενῶν καὶ παρατρόφων τοὺς ἀκμάζοντας ταῖς ἡλικίαις εἰς μυρίους καὶ δισχιλίους ἐλευ-

1 mſ. ὑπὲρ ἐκποιώμεθα.

opiparè inſtructas apponebat, ſuæque cutis nitore ac pinguedine aliorum calamitatem traducebat. Eorum enim qui quotidie præ fame aut peribant, aut transfugiebant, numerus credi vix poteſt. Deinde aliis illudebat, alios contumeliâ afficiebat. cædes etiam faciendo plurimis terrori erat. Hujuſmodi artibus poteſtatem eam retinuit, qua vix ullus in civitate fortunata aut infortunata in patria tyrannus uteretur. Quamobrem non ſine cauſa dixiſſe mihi videor, Reipublicæ Principes ſimiliores iis qui tum & Carthagine, & in Græcia fuerunt, haud facile poſſe reperiri. Id verò aliquantò clarius erit, cùm utroſque invicem comparabimus.

Erat Pytheas Acatidis Stadiodromi frater, filius verò Cleomenis: qui cùm nequiter vixiſſet, primam illam ætatem ſibi condonatam eſſe exiſtimabat. Eadem audacia & cupiditate in Republica gerenda eſt uſus. quæ vitia Eumenis & Philetæri favore & gratia aluit.

Mortuo Critolao Prętore Achæorum, cùm legibus ſtatutum eſſet, ſi quid humanitùs Prætori hujus anni accidiſſet, ut is qui priore anno Prætor fuiſſet, in ejus locum eſſet ſubſtitutus, donec ſolennis Comitiorum dies veniſſet: cura & adminiſtratio Reipublicæ ad Diæum pertinebat. Is igitur cùm præſidium militum ad oppidum Megara miſiſſet, Argos ingreſſus, litteras ad omnes Græciæ civitates dedit, quibus mandabat, ut ex vernis atque alumnis ætate florentiſſimos ad duodecim hominum millia manumitterent, armiſque inſtru-

instructos Corinthum destinarent. Hanc tyronum præstationem temerè & inæqualiter qui illius mos erat, singulis urbibus indixit. Quibus verò alumnorum numerus deerat, ii ex aliis quibuslibet servis functionem suam implere jubebantur. Sed cùm publicam inopiam videret ob bellum quod cum Lacedæmoniis nuper gestum erat, locupletissimos cùm viros, tum mulieres eam collationem polliceri ac præstare privatim coëgit, simulque edixit ut omnes puberes armati Corinthum convenirent. Proinde per omnes passim civitates justitium ac tumultus & desperatio animorum erat, cunctique eos qui in bello ceciderant, beatos prædicabant, horum qui proficiscebantur vicem dolebant, & quasi eventum animo præsagientes universi in gemitus effundebantur. Porrò abductionem illam servorum molestè ferehant, cùm hos quidem recens manumissos viderent, reliquos verò eadem spe libertatis arrectos atque inflatos. Præterea viri quidem opes omnes suas conferre inviti adigebantur; matres autem familias demptum sibi ac liberis suis ornatum quasi de industria in pestem ac perniciem suam conferebant. Quę cùm simul omnia fierent, horror eorum quæ quotidie singillatim accidebant, sensum ac cogitationem de ipsa rerum summa hominibus adimebat. qua quidem cogitatione facilè prospicere potuissent, sese omnes cum uxoribus ac liberis in perniciem certissimam præcipites trahi.

θρεμμάτων, καὶ καθοπλίσαντας πέμπειν εἰς τὸν Κόρινθον· ἐμέριζε δὲ ταῖς πόλεσι τὴν ἐπιβολὴν τῶν σωμάτων εἰκῇ καὶ ἀνίσως, καθάπερ καὶ περὶ τῶν ἄλλων ἔπραττεν. οἷς δ' ἂν ἐλλείπῃ τὸ τῶν παρατρόφων πλῆθος, ἀναπληροῦν ἔδει τοῖς ἑκάστοις καθήκουσαν μοῖραν ἐκ τῶν ἄλλων οἰκετῶν. θεωρῶν δὲ τὴν ἀπορίαν τὴν ἐν τοῖς κοινοῖς ἰσχυρὰν οὖσαν διὰ τὸν πρὸς Λακεδαιμονίους γεγονότα πόλεμον, ἐπαγγελίας ποιεῖσθαι συνηνάγκαζε, καὶ κατ' ἰδίαν εἰσφέρειν τοὺς εὐπόρους, οὐ μόνον τοὺς ἄνδρας, ἀλλὰ καὶ τὰς γυναῖκας. ἅμα δὲ τούτοις παρήγγειλε πανδημεὶ τοὺς ἐν ταῖς ἡλικίαις ἀθροίζεσθαι μετὰ τῶν ὅπλων εἰς τὴν Κόρινθον. ἐξ ὧν συνέβαινε γίνεσθαι τὰς πόλεις πλήρεις ἀκρισίας, ταραχῆς, δυσθυμίας. καὶ τοὺς μὲν ἀπολωλότας ἐπῄνουν, τοὺς δ' ἐκπορευομένους ἠλέουν, καὶ προσκατεκλαίοντο πάντες ὡσανεὶ προορώμενοι τὸ μέλλον. τὴν δὲ τῶν οἰκετῶν ἀνάστασιν καὶ τὸν ἐπισυρμὸν βαρέως ἔφερον, ὡς ἂν τῶν μὲν ἠλευθερωμένων ἄρτι, τῶν δὲ λοιπῶν πρὸς τὴν ἐλπίδα ταύτην μεμετεωρισμένων. ἅμα δὲ τούτοις οἱ μὲν ἄνδρες εἰσφέρειν ἠναγκάζοντο παρὰ τὴν αὐτῶν προαίρεσιν ὅ τι τις ἔχειν δείξειεν, αἱ δὲ γυναῖκες ἀφαιρούμεναι σφῶν αὐτῶν καὶ τῶν ἰδίων τέκνων τὸν κόσμον, ὥσπερ ἐπίτηδες εἰς αὐτὸν τὸν ὄλεθρον εἰσέφερον. ἁπάντων δὲ τούτων ἐν ἑνὶ καιρῷ συμβαινόντων, ἡ τῶν κατὰ μέρος ἀεὶ προσπιπτόντων κατάπληξις ἀφῃρεῖτο τῶν ἀνθρώπων τὴν ὑπὲρ τῶν ὅλων ἐπίστασιν καὶ διάληψιν· δι' ἧς ἔμελλον προνοεῖσθαι ὅτι πάντες εἰς πρόδηλον ὄλεθρον ἄγονται μετὰ τέκνων καὶ γυναικῶν.

λοιπὸν, οἷον ὑπὸ χειμάῤῥου τινὸς λάβρου περιωθούμενοι καὶ φερόμενοι μετὰ βίας, ἐπηκολούθουν τῇ τοῦ προεστῶτος ἀνοίᾳ καὶ παρακοπῇ. Ἠλεῖοι μὲν γὰρ καὶ Μεσσήνιοι κατὰ χώραν ἔμενον, προσδοκῶντες τὸν ἀπὸ τοῦ στόλου κίνδυνον. οὓς οὐδὲν ἂν τῶν παρόντων ὤνησεν, εἴπερ ἐφάνη τὸ νέφος ἐκεῖνο κατὰ τὴν ἐξ ἀρχῆς πρόθεσιν. Πατρεῖς δὲ καὶ τὸ μετὰ τούτων συντελικὸν βραχεῖ χρόνῳ πρότερον ἐπταίκει κατὰ τὴν Φωκίδα, καὶ ἦν τὸ συμβαῖνον πολλῷ τῶν κατὰ Πελοπόννησον ἐλεεινότερον. οἱ μὲν γὰρ ἐκ τοῦ ζῆν παραλόγως αὐτοὺς ἐξῆγον, οἱ δὲ ἔφευγον ἐκ τῶν πόλεων, ἀνοδίαις πρὸς οὐδὲν ὡρισμένον ποιούμενοι τὴν ἀναχώρησιν, διὰ τὴν ἔκπληξιν τῶν γινομένων ἐν ταῖς πόλεσι. καὶ οἱ μὲν ἦγον ἐκδώσοντες ἀλλήλους τοῖς πολεμίοις ὡς ἀλλοτρίους γεγονότας Ῥωμαίων, οἱ δὲ ἐμήνυον καὶ κατηγόρουν τῶν πέλας, οὐδενὸς ἐπιζητοῦντος κατὰ τὸ παρὸν τὴν τοιαύτην χρείαν. οἱ δὲ μεθ' ἱκετηρίας ἀπήντων ὁμολογοῦντες παρεσπονδηκέναι, καὶ πυνθανόμενοι τί δεῖ πάσχειν, μηδέπω μηδενὸς ἐπιζητοῦντος λόγον ὑπὲρ τούτων. πάντα δ' ἦν πλήρη ἐρχομένης [1] φαρμακείας τῶν ῥιπτούντων ἑαυτοὺς εἰς τὰ φρέατα καὶ κατὰ κρημνῶν, ὥστε κατὰ τὴν παροιμίαν κἂν ἐχθρὸν ἐλεῆσαι θεασάμενον τὴν τότε περιπέτειαν τῆς Ἑλλάδος. τὸν μὲν γὰρ πρὸ τοῦ χρόνον ἐσφάλλοντο, καὶ τοῖς ὅλοις ἔπταιον ἐνίοτε, ποτὲ μὲν ὑπὸ πραγμάτων διαφερόμενοι, ποτὲ δὲ παρασπονδούμενοι διὰ τῶν μοναρχῶν. κατὰ δὲ τοὺς νῦν λεγομένους καιροὺς

1 Suidas in φαρμακεία & in περιπέτεια.

Cæterùm quasi torrentis cujusdam impetu abrepti, & violenter impulsi, ductoris dementiam ac vesaniam sequebantur. Elidenses quidem ac Messenii domi sedentes, classis Romanæ adventum pavidi expectabant. quibus nulla res tum saluti esse potuisset, si ea procella quò ab initio tendebat, eò incubuisset. Patrenses verò cum iis qui eadem formula censebantur, paulò antea in Phocide clade affecti fuerant. Eratque eorum casus omnium Peloponnesiorum maximè miserabilis; alii enim absque causa mortem sibi consciscebant, alii è patria fugientes, temerè vagabantur, quò tenderent incerti, metu eorum quæ in civitatibus gerebantur. Hi sese invicem in manus hostium tradebant, tanquam Romanorum partibus adversatos. Illi deferebant accusabantque proximos, cùm ejusmodi operam nemo tum ab eis requireret. Nonnulli velamenta supplicum prætendentes, fœdus abs se violatum esse ultrò fatebantur, & quam pœnam commeruissent interrogabant, cùm nemo esset qui rationem horum adhuc postularet. Jamque hominibus quasi malo carmine incantatis, plena erant omnia eorum qui se in puteos ac per scopulos præcipitabant, prorsus ut hostis etiam, quod proverbio dicitur, casum Græciæ tum miseratus fuisset. Nam superiori quidem memoria Græci aliquot clades experti, nonnunquam etiam funditus collapsi sunt, nunc ob mutuas inter se dissensiones, nunc Regum perfidiâ decepti. Sed tunc temporis ex Ducum temeritate, suaque

ſuaque ipſorum imprudentiâ maximis calamitatibus conflictati ſunt. Ipſi etiam Thebani è patria fugientes, civitatem prorſus vacuam reliquerunt. Inter quos & Pytheas cum omni familia in Peloponneſum transgreſſus, hac illac palabundus per regionem errabat.

Cùm Diæus Prætor à plebe conſtitutus Corinthum veniſſet, Andronidas à Q. Cæcilio Metello miſſus, cum aliquot aliis acceſſit. Sed Diæus ante eorum adventum cùm famam præſeminaſſet, hoſtibus illos favere, multitudini cunctos tradidit. Itaque comprehenſi vinctique cum omni contumelia perducti ſunt. Philo etiam Theſſalus tum advenit benignas Achæis conditiones ferens. quibus auditis nonnulli aſſenſum præbebant, inter quos & Strattius erat jam affecta ætate. qui Diæum amplexus, blandicuſque orabat ut pacis conditiones à Cæcilio oblatas acciperet. Sed Senatores nihil Philonis ſermonibus commovebantur, quippe qui exiſtimarent haudquaquam communem omnium ſalutem ſpectari; ſed utilitatis atque incolumitatis propriæ cauſa hæc ab iis proponi. Hujuſmodi opinione præventi, conſilium de ſumma Repub. inierunt, quo fit ut omni parte aberráverint. Conſcii enim ſibi ipſi facinorum ſuorum nunquam in animum inducere poterant, fore ut Romani ipſos miſeratione ac venia proſequerentur. Fortiter verò pro Repub. omnes caſus tolerate, nullumque periculum pro communi ſalute detrectare, ut viros decebat gloriæ cupidos, qui ſe principes ac modera-

ἠτύχησαν ἀτυχίαν ὁμολογουμένην, διὰ τὴν τῶν προεστώτων ἀβουλίαν καὶ διὰ τὴν ἰδίαν ἄνοιαν. οἱ δὲ Θηβαῖοι ἐκλιπόντες πανδημεὶ τὴν πόλιν ἔρημον τελέως κατέλιπον, ἐν οἷς καὶ Πυθέας εἰς Πελοπόννησον ἀποχωρήσας μετὰ γυναικὸς καὶ τῶν τέκνων ἠλᾶτο κατὰ τὴν χώραν.

Ὅτι τοῦ Διαίου παρόντος εἰς τὴν Κόρινθον καθεσταμένου στρατηγοῦ διὰ τῶν πολλῶν, ἧκον οἱ περὶ τὸν Ἀνδρωνίδαν παρὰ τοῦ Καικιλίου. καθ' ὧν προδιαδοὺς τὴν φήμην ὡς συμφρονούντων τοῖς ἐχθροῖς, 1 παρέβαλε τοὺς ἀνθρώπους τοῖς ὄχλοις. ὥστε μετὰ πάσης ὕβρεως συλληφθέντας ἀναχθῆναι δεδεμένους. ἧκε δὲ καὶ Φίλων ὁ Θετταλὸς πολλὰ φιλάνθρωπα τοῖς Ἀχαιοῖς προτείνων, ὧν ἀκούοντες συνέπραξάν τινες τῶν ἐκ τῆς χώρας, ἐν οἷς ἦν καὶ Στράττιος ἤδη γηραιὸς ὤν. ὃς ἐμπλεκόμενος καὶ λιπαρῶν ἐδεῖτο τοῦ Διαίου, πεισθῆναι τοῖς ὑπὸ τοῦ Καικιλίου προτεινομένοις. οἱ δὲ συνεδρεύσαντες τοῖς μὲν ὑπὸ τοῦ Φίλωνος λεγομένοις οὐ προσεῖχον. οὐκ ἐνόμισαν γὰρ κοινὴν εἶναι τὴν σωτηρίαν, ἀλλὰ διὰ τὸ σφέτερον συμφέρον καὶ τὴν αὐτῶν ἀσφάλειαν ἐν πλείστῳ τιθεμένων ταῦτα λέγειν. πρὸς οὖν τὸν τοιοῦτον σκοπὸν ἐβουλεύσαντο περὶ τῶν ἐνεστώτων. εἰ καὶ πάντων ἅμα διήμαρτον. σαφῶς γὰρ σφίσι τὰ πεπραγμένα συνειδότες οὐδαμῶς ἐδύναντο πιστεῦσαι, διότι τύχοιεν ἄν τινος ἐλέους παρὰ Ῥωμαίων. τὸ δ' ὑπὲρ τῶν πραγμάτων καὶ τῆς τῶν πολλῶν σωτηρίας παθεῖν ὅ, τι δέοι γενναίως, οὐδ' ἐν νῷ καθάπαξ ἐλάμβανον, ὅπερ ἦν ἀνδρῶν φι-

1 leg. ἦ.

λοδόξων

λοδόξων καὶ προεστάναι φασκόντων τῆς Ἑλλάδος. ἅμα γὰρ πῶς ἔμελε καὶ πόθεν παραστήσεσθαι τοῦτο τὸ φρόνημα τοῖς προειρημένοις; ἦσαν γὰρ οἱ [1] βουλευόμενοι Δίαιος καὶ Δαμόκριτος ἄρτι τῆς καθόδου τετευχότες, διὰ τὴν ἐνεστῶσαν ἀκρισίαν· σὺν δὲ τούτοις Ἀλκαμένης, Θεοδέκτης, Ἀρχικράτης. ὑπὲρ ὧν τίνες ἦσαν καὶ τίνα φύσιν ἕκαστος εἶχε, καὶ τίνα προαίρεσιν καὶ βίον, εἴρηται διὰ πλειόνων. ὅθεν ἐν τοιούτοις ὄντος τοῦ διαβουλίου, καὶ τὸ τέλος ἀκόλουθον ἐξέβη τῶν δοξάντων. παραυτίκα μὲν οὖν συνέκλεισαν οὐ μόνον τοὺς περὶ τὸν Ἀνδρωνίδαν καὶ Λάγιον, ἀλλὰ καὶ τὸν ὑποστρατηγὸν Σωσικράτη, ἐπενέγκαντες αἰτίαν ὅτι προεστάτησεν τοῦ διαβουλίου, καὶ συναποφῆναι τὸ πέμπειν πρὸς τὸν Καικίλιον, καὶ συλλήβδην πάντων εἴη τῶν κακῶν αἴτιος. ἐς δὲ τὴν ἐπαύριον καθίσαντες δικαστὰς, τοῦ μὲν Σωσικράτους κατεδίκασαν θάνατον· καὶ δήσαντες, καὶ στρεβλοῦντες προσεκαρτέρουν, ἕως διέφθειραν τὸν ἄνθρωπον, οὐδὲν εἰπόντα τῶν ἐκείνοις προσδοκωμένων. τὸν δὲ Λάγιον, καὶ τὸν Ἀνδρωνίδαν, καὶ τὸν Ἄρχιππον ἀφῆκαν, ἅμα μὲν τοῦ πλήθους εἰς ἐπίστασιν παραγινομένου διὰ τὴν ὑπὲρ τῆς εἰς τὸν Σωσικράτη παρανομίας, ἅμα δὲ τοῦ Διαίου λαβόντος παρὰ μὲν Ἀνδρωνίδου τάλαντον, παρὰ δὲ Ἀρχίππου μ΄ μνᾶς. οὐδὲ γὰρ ἐπὶ τοῦ σκάμματος ὢν, τὸ δὴ λεγόμενον, ἐδυνάτο λῆξαι τῆς περὶ τοῦτο τὸ μέρος ἀναισχυντίας, καὶ παρανομίας ὁ προειρημένος. παραπλήσια δὲ τούτοις ἔπραξε καὶ βραχεῖ χρόνῳ πρότερον, εἰς Φιλῖνον τὸν Κορίνθιον. προθεὶς γὰρ αἰτίαν ὅτι διαπέμπεται πρὸς [2] μὲν Χαλκίδα,

tores Græciæ ferebant, id verò ne in mentem quidem ipſis veniebat. Quo enim pacto, aut unde demùm ejuſmodi magnitudo animi antedictis hominibus accidere potuiſſet? Etenim principes tum in concilio ſedebant Diæus atque Damocritus nuper ab exilio revocati ob publicam temporum perturbationem, cumque his Alcamenes, Theodectes, & Archicrates, quorum hominum quę indoles ac natura fuerit, quæque inſtituta vitæ ratio, pluribus ſuprà commemoravi. Igitur cùm ex hujuſcemodi hominibus conſilium conſtaret, conſentanea quoque decreta prodierunt. Namque illicò Andronidam & Lagium in carcerem compegere, ſimulque Soſicratem Vicarium, crimini dantes quod cum concilio præſideret, & mittendæ ad Cæcilium legationis, & omnium omnino malorum auctor fuiſſet. Poſtridie conſtitutis judicibus, Soſicratem quidem capitali ſententia damnarunt, vinctumque omni tormentorum genere ad necem uſque cruciarunt. qui quidem pro ſpe atque expectatione eorum nihil dixit. Lagium verò & Andronidam & Archippum dimiſere: partim quia plebs ob ſævitiam in Soſicratem exercitam, non mediocriter commota erat: partim quia Diæus talentum ab Andronida, ab Archippo quadraginta minas acceperat. Nam nec in ipſo, ut ajunt, ſtadio poſitus, ab hujuſmodi impudentia ac ſcelere abſtinere poterat. Idem paulò antea præſtiterat in cauſa Philini Corinthii. Criminatus enim quod Chalcidem clam nun-

1 mſ. βουλόμενοι. 2 fortè τὴν.

cio

cios mitteret, & Romanis faveret, ipſum cum adoleſcentibus filiis alterum in alterius conſpectu tormentis ac virgis ad mortem cecidit. Porrò cùm is omnium ſtupor, atque ejuſmodi imprudentia eſſet, cujuſmodi ne apud Barbaros quidem facilè poſſit reperiri, jure merito aliquis quæſierit, qui factum ſit ut non funditùs omnes perierint. Equidem ſic exiſtimo fortunam quandam ingenioſam & callidam reſtitiſſe ductorum dementiæ ac furori, quæ cum ſtoliditate eorum hominum propelleretur, & tamen gentem Achæorum omnino ſervare vellet, ad id quod reliquum erat ſe convertit, ut optimi luctatores facere ſolent; videlicet ut celeriter Græci ac nullo negocio vincerentur. quod quidem ab illa eſt præſtitum. Atque ita factum eſt ut neque ira ac furor Romanorum ulteriùs exardeſceret, neque legiones ex Africa transportarentur, neque Principes Græciæ iis moribus prædìti, quos ſuprà memoravi, proſperæ alicujus pugnæ ſucceſſu elati, inſigne aliquod ſpecimen impietatis ſuæ in populares ſuos ederent. Quid enim in ſuos facturi erant, ſi quam opportunitatem ſecundumque eventum nacti fuiſſent, clarum & conſequens eſt ex iis quæ antea retuli. Tunc verò illud vetus dictum in omnium ore verſabatur: niſi celeriter periiſſemus, nunquam ſalui fuiſſemus.

A. Poſtumius Albinus, quantum ad genus ſpectat, illuſtris fuit. Erat enim è clariſſima familia oriundus, ſed ingenio garrulus fuit & loqua-

καὶ τὰ Ῥωμαίων φρονεῖ, τόν τε Φιλῖνον καὶ τοὺς υἱοὺς αὐτοῦ μαστιγῶν καὶ στρεβλῶν ἐν συνόψει πάντας ἀλλήλων οὐ πρότερον ἔληξε, πρὶν ἢ διέφθειρε τὰ μειράκια καὶ τὸν Φιλῖνον. τοιαύτης δὲ τῆς ἀνοίας καὶ τῆς ἀκρισίας συμβαινούσης περὶ πάντας, οἵαν οὐδ' ἂν ἐν Βαρβάροις εὕροι τις ῥαδίως, δῆλον ὡς εἰκότως ἄν τις ἐπιζητήσαι, πῶς οὐκ ἄρδην ἀπώλοντο πάντες. ἐγὼ γὰρ ἂν εἴποιμι, διὸ δοκεῖ μοι καθάπερ ἂν εἰ τύχη τις 1 ἀντερείσαι πανοῦργος καὶ τεχνικὴ πρὸς τὴν ἄνοιαν καὶ μανίαν τῶν ἡγουμένων, ἥτις ἐξωθουμένη πάντη καὶ πάντως ὑπὸ τῆς ἀνοίας τῶν προεστώτων, βουλομένη δὲ κατὰ πάντα τρόπον σώζειν τοὺς Ἀχαιοὺς, ἐπὶ τὸ καταλειπόμενον ἦλθεν ὥσπερ ἀγαθὸς παλαιστής· τοῦτο δ' ἦν τὸ ταχέως σφῆλαι, 2 καὶ ῥᾳδίως ἡττῆσαι τοὺς Ἕλληνας, ὅπερ ἐποίησε. διὰ γὰρ τοῦτο συνέβη μήτε τὴν Ῥωμαίων ὀργὴν καὶ θυμὸν ἐκκαυθῆναι πορρωτέρω, μηδ' ἐλθεῖν τὰς ἐκ τῆς Λιβύης δυνάμεις, μήτε τοὺς προεστῶτας, ὄντας μὲν οἵους εἶπον, ἐπιλαβομένους δὲ προτερήματος ἀποδείξασθαι τὴν αὑτῶν ἀσέβειαν εἰς τοὺς ὁμοφύλους. τί γὰρ εἰκὸς ἦν πρᾶξαι τούτους κατὰ τῶν ἰδίων ἐπιλαβομένους ἀφορμῆς τινὸς ἢ προτερήματος, δῆλον ἐστιν ἐκ τῶν προειρημένων διὰ τὸ κατὰ λόγον: ἅπαντες δὲ τότε τὴν παροιμίαν ταύτην διὰ στόματος εἶχον, ὡς εἰ μὴ ταχέως ἀπωλόμεθα, οὐκ ἂν ἐσώθημεν.

Ὅτι Αὖλος Ποστούμιος ἄξιος γέγονεν ἐπισημασίας ἀπ' ἐντεῦθεν. οἰκίας μὲν γὰρ ἦν καὶ γένους πρώτου, κατὰ δὲ τὴν ἰδίαν φύσιν στωμύλος

1 mſ. ἀντερείσῃ. addidi ex conject.

καὶ λάλος, καὶ πέρπερος διαφερόντως· ἐπιθυμήσας δὲ εὐθέως ἐκ παίδων τῆς Ἑλληνικῆς ἀγωγῆς καὶ διαλέκτου, πολὺς μὲν ἦν ἐν τούτοις καὶ κατακορής· ὥστε δι' ἐκεῖνον καὶ τὴν αἵρεσιν τὴν Ἑλληνικὴν προσκόψαι τοῖς πρεσβυτέροις, καὶ τοῖς ἀξιολογωτάτοις τῶν Ῥωμαίων. τέλος δὲ καὶ ποίημα γράφειν καὶ πραγματικὴν ἱστορίαν ἐνεχείρησεν, ἐν ἧ διὰ τοῦ προοιμίου παρεκάλει τοὺς ἐντυγχάνοντας συγγνώμην ἔχειν, ἐὰν Ῥωμαῖος ὢν μὴ δύναται κατακρατεῖν τῆς Ἑλληνικῆς διαλέκτου, καὶ τῆς κατὰ τὸν χειρισμὸν οἰκονομίας. πρὸς ὃν οἰκείως ἀπηντηκέναι δοκεῖ Μάρκος Πόρκιος Κάτων. θαυμάζειν γὰρ ἔφη, πρὸς τίνα λόγον ποιεῖται τοιαύτην παραίτησιν. εἰ μὲν γὰρ αὐτῷ τὸ τῶν Ἀμφικτυόνων συνέδριον συνέταττε γράφειν ἱστορίαν, ἴσως ἔδει προσφέρεσθαι ταῦτα καὶ παραιτεῖσθαι. μηδεμίας δ' ἀνάγκης οὔσης ἐθελοντὴν ἀπογράψασθαι, κἄπειτα παραιτεῖσθαι συγγνώμην ἔχειν ἐὰν βαρβαρίζῃ, τῆς ἁπάσης ἀτοπίας εἶναι σημεῖον· καὶ παραπλήσιον, 1 ὡς ἂν εἴ τις εἰς τοὺς γυμνικοὺς ἀγῶνας ἀπογραψάμενος πυγμὴν ἢ παγκράτιον, παρελθὼν εἰς τὸ στάδιον, ὅτε δέοι μάχεσθαι, 2 παραιτῆτο τοὺς θεωμένους συγγνώμην ἔχειν, ἐὰν μὴ δύνηται, μήτε τὸν πόνον ὑπομένειν, μήτε τὰς πληγάς. δῆλον γὰρ ὡς εἰκὸς γέλωτα τὸν τοιοῦτον ὀφλεῖν καὶ τὴν δίκην ἐκ χειρὸς λαμβάνειν. οὕτως ἔδει καὶ τοὺς τοιούτους ἱστοριογράφους, ἵνα μὴ κατετόλμων τοῦ καλῶς ἔχοντος. παραπλησίως δὲ καὶ κατὰ τὸν λοιπὸν βίον ἐζηλώκει τὰ χείριστα τῶν Ἑλληνικῶν. καὶ

cior, ac singulari levitate præditus. Qui cùm statim à puero Grecanicam linguam ac disciplinam adamavisset, nimius in his & ad nauseam usque putidus fuit, adeò ut ipsius causa apud viros ætate & auctoritate eminentissimos populi Romani, Græcanica institutio malè audiret. Denique & poëma & historiam rerum gestarum scribere est aggressus: In cujus procemio veniam à lectoribus sibi concedi postulat, si fortè civis Romanus Græcæ dictionis elegantiam, & in ipsa rerum tractatione congruam dispositionem planè assequi non potuerit; cui facetè respondisse videtur M. Porcius Cato. Mirari enim se dixit quam ob causam is ejusmodi veniam flagitaret. Etenim si concilium Amphictyonum id illi mandasset ut historiam conscriberet, fortasse hujusmodi deprecatione opus fuisset. Cùm verò nulla necessitate impulsus ad scribendum accesseris, veniam postea petere, si fortè barbarè sis locutus, extremæ imprudentiæ est; & perinde ac si quis inter pugiles aut pancratio certaturos nomen suum in Gymnicis ludis professus, postmodum stadium ingressus, ubi pugnandum esset, à spectatoribus peteret, veniam ut sibi darent, si laborem & plagas ferre non posset. Quare ut hujusmodi vir manifestò risum simul præsentesque pœnas debiturus est, ita etiam tales historiæ scriptores explodi oporteret, ne quid supra vires aggredi auderent. Cæterùm idem Albinus in reliqua omni vitæ ratione, pessima quæque Græcorum studia æmulatus fuerat. Nam,

1 mſ. ὡς ἄγευστον addit. 2 τοῦτο Suidas in αὐλος & in παραιτεῖτο.

& vo-

& voluptatibus deditus erat, & impatiens laboris, ut ex iis rebus quas præ manibus habemus, liquidò apparet. Qui cùm primus in Græciam pervenisset, quo tempore in Phocide pugnatum est, valetudinem causatus, Thebas recessit, ne discrimini interesset. Terminato autem prælio, primus ad Senatum de re feliciter gesta litteras scripsit, singula quæque narrans quasi ipse pugnæ interfuisset.

At Polybius contrà pluribus docere & demonstrare cœpit, Philopœmenem, quod & superioribus libris ostendimus, ejusmodi fuisse, qui mandatis populi Romani interdum quidem adversaretur, sed hactenus tantùm ut proponeret suaderetque ea quæ sibi videbantur, neque id porrò temerè faceret. Specimen verò illustre animi illius, & sinceræ erga populum Romanum benevolentiæ testimonium extitisse bello Philippico & Antiochino. Nam cùm illis temporibus unus omnium Græcorum maxima auctoritate polleret, cùm ob suam, tum ob gentis Achæorum potentiam: tamen in amicitia ac fide erga populum Romanum constanter eum permansisse. auctorem etiam & approbatorem fuisse decreti illius, quo Achæi nondúm transgressis in Græciam Romanis, bellum Antiocho atque Ætolis indixerunt, cùm cæteri ferè Græci à partibus & à causa populi Romani alienati essent. Quibus auditis decem Legati, studium & consilium Polybii comprobantes, Philopœmenis memoriam servarunt, ejusque honores omnes in civitatibus illiba-

γὰρ φιλήδονος ἦν καὶ φυγόπονος. τοῦτο δ' ἔσται δῆλον ἐξ αὐτῶν τῶν ἐνεστώτων. ὃς πρῶτος παρὼν ἐν τοῖς κατὰ τὴν Ἑλλάδα τόποις, καθ' ὃν καιρὸν συνέβαινε γίνεσθαι τὴν ἐν Φωκίδι μάχην, σκηψόμενος ἀσθένειαν εἰς Θήβας ἀνεχώρησε, χάριν τοῦ μὴ μετασχεῖν τοῦ κινδύνου. συντελεσθείσης δὲ τῆς μάχης, πρῶτος ἔγραψε τῇ συγκλήτῳ περὶ τοῦ κατορθώματος προσδιασαφῶν τὰ κατὰ μέρος, ὡς μετεσχηκὼς αὐτὸς τῶν ἀγώνων.

Ἐπεβάλετο διδάσκειν διὰ πλειόνων ἀκολούθως τοῖς ἐν ἀρχαῖς ἡμῖν εἰρημένοις περὶ τἀνδρός. ταῦτα δ' ἦν ὅτι διαφέροιτο μὲν πρὸς Ῥωμαίους πολλάκις ὑπὲρ τῶν ἐπιταττομένων, διαφέροιτο δὲ ἐπὶ τοσοῦτον ἐφ' ὅσον διδάσκειν καὶ πείθειν ὑπὲρ τῶν ἀμφισβητουμένων, οὐδὲ τοῦτο ποιεῖν 1 εἰκός, πεῖραν δὲ τούτου ποιεῖν τῆς προαιρέσεως αὐτὸν ἀληθινὴν ἔφη, καὶ, τὸ δὴ λεγόμενον, ἐκ πυρὸς παρεσχῆσθαι χάριν, κατὰ τοὺς Φιλιππικοὺς καὶ κατὰ τοὺς Ἀντιοχικοὺς καιρούς. πλείστην γὰρ ἔχοντα ῥοπὴν τότε τῶν Ἑλλήνων, καὶ διὰ τὴν αὑτοῦ δύναμιν καὶ τὴν τῶν Ἀχαιῶν, ἀληθινώτατα διατετηρηκέναι τὴν πρὸς Ῥωμαίους φιλίαν. μετασχόντα δὲ τοῦ δόγματος τοῖς Ἀχαιοῖς, ἐν ᾧ πτεξαμμῦαι πρότερον τῆς Ῥωμαίων διαβάσεως Ἀντιόχῳ καὶ τοῖς Αἰτωλοῖς τὸν ἀπὸ τῆς χώρας πόλεμον ἐξήνεγκαν, τῶν ἄλλων Ἑλλήνων σχεδὸν ἁπάντων ἀπηλλοτριωμένων τῆς Ῥωμαίων φιλίας. ὧν οἱ δέκα διακούσαντες καὶ τὴν προαίρεσιν ἀποδεξάμενοι τοῦ λέγοντος, συνεχάρησαν κατὰ μόνους αὐτοῦ τὰς τιμὰς ὑπάρχειν ἐν

1 leg. εἰκῇ. πεῖραν δὲ τῆς προαιρέσ.

πάσαις ταῖς πόλεσι. λαβόμενος δὲ τῆς ἀφορμῆς ταύτης Πολύβιος, εἰκόνας ᾐτήσατο τὸν στρατηγὸν, καίπερ ἤδη μετακεκομισμένας εἰς Ἀκαρνανίαν ἐκ Πελοποννήσου. λέγω δὲ τὰς Ἀχαιοῦ καὶ τὰς Ἀράτου, καὶ Φιλοποίμενος, ἐν οἷς ἀγασθὲν τὸ πλῆθος αὐτοῦ τὴν προαίρεσιν, ἔστησεν αὐτοῦ λιθίνην εἰκόνα.

Οἱ μετὰ τὴν κατάστασιν τῶν δέκα ἣν ἐποιήσαντο ἐν τῇ Ἀχαΐᾳ, οὕτω οἱ δέκα τῷ ταμίᾳ τῷ μέλλοντι πωλεῖν τὴν οὐσίαν τοῦ Διαίου συνέταξαν ὅ τι ποτ᾽ ἂν ἐκλέξασθαι βουληθῇ τῶν ὑπαρχόντων ὁ Πολύβιος, ὑφελόντα καὶ δοῦναι δωρεὰν, τἄλλα πωλεῖν τοῖς ὠνουμένοις. ὁ δὲ προειρημένος τοσοῦτον ἀπέχε τοῦ προσδέξασθαί τι τῶν τοιούτων, ὡς καὶ τοὺς φίλους παρεκάλεσε καθόλου μηδενὸς ἐπιθυμῆσαι τῶν ὑπὸ τοῦ ταμίου πωλουμένων. συνέβαινε γὰρ τοῦτον ἐπιπορευόμενον τὰς πόλεις, πάντων τῶν τῷ Διαίῳ κοινωνησάντων πωλεῖν τὰς οὐσίας, τῶν καὶ κατακριθέντων ὅσοι μὴ παῖδας ἢ γονέας εἶχον. ὧν τινες μὲν οὐ προσέσχον, οἱ δὲ κατακολουθήσαντες τῇ συμβουλίᾳ, καλλίστην δόξαν ἐξηνέγκαντο παρὰ τοῖς πολίταις. ταῦτα δὲ διοικήσαντες ἐν ἓξ μησὶν οἱ δέκα, καὶ τῆς ἐαρινῆς ὥρας ἐνισταμένης ἀπέπλευσαν εἰς τὴν Ἰταλίαν, καλὸν δεῖγμα τῆς Ῥωμαίων προαιρέσεως ἀπολελοιπότες πᾶσι τοῖς Ἕλλησιν. ἐνετείλαντο δὲ τῷ Πολυβίῳ χωριζόμενοι, τὰς πόλεις ἐπιπορεύεσθαι, 1 καί περὶ οἱ ἄνθρωποι ἀμφιβάλλουσι διευκρινῆσαι, μέχρι τοῦ συνήθειαν ἔχωσι τῇ πολιτείᾳ καὶ τοῖς νόμοις. ὃ δὴ καὶ μετά τινα χρόνον ἐποίησε,

2 leg. καὶ περὶ ὧν.

tos passi sunt manere. Hac Polybius occasione arrepta, imagines Achæi, Aratique & Philopœmenis, quæ jam ex Peloponneso transportatæ in Acarnaniam erant, à proconsule petiit: cujus rei causa Achæi virtutem ipsius laudantes, statuam ei è marmore posuerunt.

Rebus in Achaïa probè constitutis, decem Legati quæstori qui auctionem bonorum Dięi facturus erat in mandatis dederunt, ut quicquid Polybius & ex illius bonis optare ac seligere vellet, seposito gratisque donato, cætera licitantibus adjudicaret. Sed Polybius tantùm abfuit ut quidquam eorum acciperet; quin & amicos hortatus est, nihil ut eorum quæ à quæstore venundabantur, concupiscerent. Etenim quæstor populi Romani singulas civitates circumïens, quicunque consiliorum Dięi participes fuerant, quique à decem Legatis condemnati erant, quibuscunque eorum nec liberi, nec uxores superessent, horum omnium facultates hastâ positâ vendebat. Cæterùm consilium Polybii nonnulli insuper habuerunt. quicunque autem ei parverunt, maximam laudem à popularibus suis retulère. At decem legati his intra semestre spatium ita constitutis, veris initio in Italiam navigarunt, cùm pulcherrimum virtutis morùmque populi Romani exemplum Græcis omnibus reliquissent. In ipso autem digressu mandaverunt Polybio, ut singulas urbes obiret, earùmque controversias dijudicaret. donec constitutioni provincię, legibusque datis assuevissent. Quod & Polybius aliquanto pòst præstitit, ita

ita ut Græci præscripto Reip. statu acquiescerent, neque vel minima de ulla re difficultas cùm publicè, tum privatim in legibus superesset. Quã-obrem cùm & antea semper hominem magnoperè colvissent, tum verò ultimis illis temporibus singulæ urbes omni honorum genere vivum & mortuum cumularũt, omnia ejus acta communi assensu comprobantes, idque jure optimo à se fieri omnes opinabantur. Nisi enim ille hæc perfecisset, legesque ac formulas juris dicundi civitatibus scripsisset, ubique justitium, plenaque omnia turbarum & tumultus erãt futura. Itaque pulcherrimum in omni vita id facinus Polybii fuisse haud dubium est.

Ac Proconsul postquam concilium decem legatorum ex Achaïa discessit, restaurato templo ac luco qui in Isthmo est, ornato etiam Jovis Olympiaci & Delphici Apollinis fano, postmodum singulas civitates objit, ab omnibus & privatim summis gratulationibus exceptus. idque sanè jure optimo: prorsus enim integer ac puris mãnibus ex provincia rediit, summaque humanitate in omnibus est usus; tametsi maximam opportunitatem ac licentiam in Achaïa nactus esset. Nam sicubi ab officio interdum videtur recessisse, mihi quidem non ab ipso, sed ab amicis & comitibus id profectum esse videbatur. quod quidem manifestissimum extitit in Chalcidensium equitum cæde.

Ptolemæus Ægypti Rex in prælio vulneratus decessit, vir, ut quidam sentiunt, maxima laude & gloria

περὶ τὸ τοὺς αἰθιώπους στέρξαι τὴν δεδομένην πολιτείαν, καὶ μηδὲν ἀπόρημα μήτε κατ' ἰδίαν, μήτε κατὰ κοινὸν ἐκ τῶν νόμων γενέσθαι περὶ μηδενός. διὸ καὶ καθόλου μὲν ἐξ ἀρχῆς ἀποδεχόμενοι καὶ τιμῶντες τὸν ἄνδρα, περὶ τοὺς ἐσχάτους καιροὺς καὶ τὰς προειρημένας πράξεις εὐδοκούμενοι κατὰ πάντα τρόπον, ταῖς μεγίσταις τιμαῖς ἐτίμησαν αὐτὸν κατὰ πόλεις, καὶ ζῶντα, καὶ μεταλλάξαντα. πάντες δ' ἔκριναν κατὰ λόγον τοῦτο ποιεῖν. μὴ γὰρ ἐξεργασαμένου τούτου καὶ γράψαντος τοὺς περὶ τῆς κοινῆς δικαιοδοσίας νόμους, ἄκριτα πάντα ἦν καὶ πολλῆς γέμοντα ταραχῆς. διὸ καὶ τοῦτο κάλλιστον Πολυβίῳ πεπρᾶχθαι νομιστέον, πάντων τῶν προειρημένων.

Ὅτι ὁ στρατηγὸς τῶν Ῥωμαίων μετὰ τὸ χωρισθῆναι ἐξ Ἀχαΐας τὸ συνέδριον, ἐπισκευάσας τὸν ἐν Ἰσθμῷ τόπον, καὶ κοσμήσας τὸν ἐν Ὀλυμπίᾳ καὶ Δελφοῖς νεὼν, ταῖς ἑξῆς ἡμέραις ἐπεπορεύετο τὰς πόλεις τιμώμενος ἐν ἑκάστῃ καὶ τυγχάνων τῆς ἁρμοζούσης χάριτος. εἰκότως δὲ [1] τιμᾶσθαι συνέβαινεν αὐτὸν καὶ κοινῇ, καὶ κατ' ἰδίαν. καὶ γὰρ ἐγκρατῶς καὶ καθαρῶς ἀνεστράφη, καὶ πρᾴως ἐχρήσατο τοῖς ὅλοις πράγμασι, μέγαν καιρὸν ἐν τοῖς Ἕλλησιν ἔχων, καὶ μεγάλην ἐξουσίαν. καὶ γὰρ ἐν οἷς ἐδόκει παρεωρακέναι τι τῶν καθηκόντων, ἐμοὶ μὲν οὐκ ἐφαίνετο δι' ἑαυτὸν τοῦτο πεποιηκέναι, διὰ δὲ τοὺς παρακειμένους φίλους. τοῦτο δ' ἦν καταφανέστατον ἐν τοῖς κατὰ τῶν Χαλκιδέων ἱππεῦσιν οὓς ἀνεῖλεν.

Ὅτι Πτολεμαῖος ὁ τῆς Συρίας βασιλεὺς κατὰ τὸν πόλεμον πληγεὶς ἐτελεύτησε τὸν βίον, κατὰ μέν τινας μεγά-

1 ms. καὶ.

λων ἐπαίνων καὶ τιμῆς ὢν ἄξιος, κατὰ δέ τινας τοὐναντίον. πρᾶος μὲν γὰρ ἦν καὶ χρηστὸς εἰ καί τις ἄλλος τῶν προγεγονότων βασιλέων. σημεῖον δὲ τούτου μέγιστον. ὃς πρῶτον μὲν οὐδένα τῶν ἑαυτοῦ φίλων ἐπ' οὐδενὶ τῶν ἐγκλημάτων ἐπανείλετο, δοκῶ δὲ μηδὲ τῶν ἄλλων Ἀλεξανδρέων μηδένα δι' ἐκεῖνον ἀποθανεῖν. ἔπειτα δόξας ἐκπεσεῖν ἀπὸ τῆς ἀρχῆς ὑπὸ τἀδελφοῦ, τὸ μὲν πρῶτον ἐν Ἀλεξανδρείᾳ λαβὼν κατ' αὐτοῦ 1 καιρὸν ὁμολογούμενον, ἀμνησικάκητον ἐποιήσατο τὴν ἁμαρτίαν. μετὰ δὲ ταῦτα πάλιν ἐπιβουλεύσαντος τῇ Κύπρῳ, κύριος γενόμενος ἐν 2 Λαπίθῳ τοῦ σώματος ἅμα καὶ τῆς ψυχῆς αὐτοῦ, τοσοῦτον ἀπέχε τοῦ κολάζειν ὡς ἐχθρὸν, ὥστε καὶ δωρεὰς προσέθηκε παρὰ τὰς πρότερον ὑπαρχούσας αὐτῷ κατὰ συνθήκας, καὶ τὴν θυγατέρα δώσειν ὑπέσχετο. κατὰ μέντοι γε τὰς ἐπιτυχίας καὶ κατορθώσεις ἐξελύετο τῇ ψυχῇ, καί τις οἷον ἀσωτία καὶ ῥᾳθυμία περὶ αὐτὸν Αἰγυπτιακὴ συνέβαινεν, καὶ κατὰ τὰς τοιαύτας διαθέσεις εἰς περιπετείας ἐνέπιπτεν.

dignus, quamuis alii secùs existimant. Clemens enim & benignus si quis unquam superiori memoria Rex, certè hic fuit, cujus rei argumenta supersunt certissima. Qui primùm quidem neminem ex amicorum numero ullam ob causam occidit. ac, ni fallor, nullus civis Alexandrinus ab eo est interfectus. Deinde cùm à fratre Alexandriâ expulsus esse videretur, primò Alexandriȩ ulciscendi illius opportunitatem nactus, culpam ei condonavit. Postea verò cùm idem rursus Cyprum occupare molitus esset captum in urbe Lapitho tantùm abfuit ut supplicio afficeret quasi hostem, quin potius præter munera quæ ipsi antea ex pactione pendebat, alia rursus adjecit, suamque ei filiam collocaturum promisit. Verumenimverò rebus secundis lætisque successibus vigorem animi remittebat, & quædam quasi luxuria' ac mollicies Ægyptiaca in eo inerat: quam ob causam sæpenumerò in magnum discrimen est adductus.

1 mſ. κατὰ τὴν. 2 mſ. ἀλπίθω.

ΤΕΛΟΣ ΤΗΣ ΙΣΤΟΡΙΑΣ

Πολυβίου Μεγαλοπολίτου.

POLY-

POLYBIANÆ *HISTORIÆ* FRAGMENTA E VARIIS SCRIPTORIBUS *per* FULVIUM URSINUM ET ISAACUM CASAUBONUM collecta.

EX LIBRO VI.

ΠΑΡΑ Ῥωμαίοις ὥς φησι Πολύβιος ἐν τῇ ἕκτῃ, ἀπείρηται γυναιξὶ πίνειν οἶνον· τὸν δὲ καλούμενον πάσσον πίνουσι. τοῦτο δὲ ποιεῖται μὲν ἐκ τῆς ἀσταφίδος, καὶ ἐστὶ παραπλήσιος πινόμενος τῷ Αἰγοσθενείῳ γλυκεῖ, καὶ τῷ Κρητικῷ· διὸ πρὸς τὸ κατεπεῖγον τοῦ δίψους χρῶνται αὐτῷ. Λαθεῖν δέ ἐστιν ἀδύνατον τὴν γυναῖκα πιοῦσαν οἶνον. πρῶτον μὲν γὰρ οὐδ' ἔχει οἴνου κυρείαν ἡ γυνή· πρὸς δὲ τούτοις, φιλεῖν δεῖ τοὺς συγγενεῖς τοὺς αὐτῆς, καὶ τοὺς τοῦ ἀνδρὸς, ἕως ἐξανεψίων· καὶ τοῦτο ποιεῖν καθ' ἡμέραν, ὁπόταν ἴδῃ πρῶτον. λοιπὸν ἀδήλου τῆς ἐντυχίας οὔσης, τίσιν ἀπαντήσῃ, φυλάττεται. τὸ γὰρ πρᾶγμα, κἂν γεύσηται μόνον, οὐ προσδεῖ διαβολῆς. *Athenæus lib.X.*

Καὶ τόπος δέ τις οὕτω καλεῖται; Ῥύγκος, περὶ Στράτον τῆς Αἰτωλίας, ὥς φησι Πολύβιος ἐν ἕκτῃ ἱστοριῶν. *Athenæus libro III.*

ΟΛΚΙΟΝ, πόλις Τυρρηνίας, Πολύβιος ἕκτῳ. *Stephanus de urbibus.*

ΩΣΤΙΑ, πόλις Ἰταλίας, Πολύβιος ἕκτῳ. Ἔκτισε δὲ καὶ πόλιν Ὠστίαν ἐπὶ τοῦ Τιβέριδος. *Idem.*

EX LIBRO VII.

Πολύβιος δ' ἐν τῇ ἑβδόμῃ Καπυησίους τοὺς ἐν Καμπανίᾳ, διὰ τὴν ἀρετὴν τῆς γῆς πλοῦτον περιβαλλομένους ἐξοκεῖλαι εἰς τρυφὴν καὶ πολυτέλειαν, ὑπερβαλλομένους τὴν περὶ Κρότωνα καὶ Σύβαριν παραδεδομένην φήμην. οὐ δυνάμενοι οὖν, φησὶ, φέρειν τὴν παροῦσαν εὐδαιμονίαν, ἐκάλουν τὸν Αννίβαν. Διόπερ ὑπὸ Ρωμαίων ἀνήκεστα δεινὰ ἔπαθον. Πετηλινοὶ δὲ τηρήσαντες τὴν πρὸς Ρωμαίους πίστιν, εἰς τοσοῦτον καρτερίας ἦλθον πολιορκούμενοι ὑπ' Αννίβα, ὥστε μετὰ τὸ πάντα μὲν τὰ κατὰ τὴν πόλιν δέρματα καταφαγεῖν· ἀπάντων δὲ τῶν κατὰ τὴν πόλιν δένδρων τοὺς φλοιοὺς, καὶ τοὺς ἁπαλοὺς πτόρθους ἀναλῶσαι, καὶ ἕνδεκα μῆνας ὑπομείναντες τὴν πολιορκίαν, οὐδενὸς βοηθοῦντος οὐδὲ συνευδοκοῦντος Ρωμαίων, παρέδωκαν ἑαυτούς. *Athenæus libro XII.*

ΜΑΣΣΥΛΟΙ, Λιβυκὸν ἔθνος. Αρτεμίδωρος. Πολύβιος ἐν ἑβδόμῳ Μασσυλεῖς αὐτοὺς φησι. *Stephanus. Eustathius in Dionysium paullo aliter:* Πολύβιος δὲ Μασσυλεῖς γράφει αὐτούς. *quum tamen ex Stephano sumpserit Eustathius.*

ΩΡΙΚΟΣ, πόλις ἐν τῷ Ιονίῳ κόλπῳ. λέγεται ἀρσενικῶς ὡς Πολύβιος ἑβδόμῳ οἱ δὲ τὸν Ωρικὸν κατοικοῦντες, οἳ καὶ πρῶτοι κεῖνται παρὰ τὴν εἰσβολὴν πρὸς τὴν Αδρίαν, ἐκ δεξιῶν εἰσπλέοντι. *Stephanus & Eustathius in Dionysium.*

EX LIBRO VIII.

Πολύβιος δ' ἐν ὀγδόῃ ἱστοριῶν, Καύαρός φησιν ὁ Γαλάτης, ὢν τ' ἄλλα ἀνὴρ ἀγαθὸς, ὑπὸ Σωστράτου τοῦ κόλακος διεστρέφετο, ὃς ἦν Χαλκηδόνιος τὸ γένος. *Athenæus libro.* VI.

ΑΓΚΑΡΑ, πόλις Ιταλίας, ὡς Αντία, Αδρία. τὸ ἐθνικὸν, Αγκαράτης, ὡς Πολύβιος ὀγδόῃ. *Stephanus.*

ΔΑΣΣΑΡΙΤΑΙ, ἔθνος Ιλλυρίας. Πολύβιος ὀγδόῳ. *Idem.*

EX LIBRO IX.

Πολύβιος δ' ἐν τῇ ἐννάτῃ τῶν ἱστοριῶν, καὶ ποταμόν τινα ἀναγράφει Κύαθον καλούμενον, περὶ Αρσινόην πόλιν Αἰτωλίας. *Athenæus libro X.*

ΑΡΣΙΝΟΗ, πόλις Λιβύης. τὸ ἐθνικὸν Αρσινοήτης. καὶ Αρσινοεὺς ἐπὶ τῆς Αἰτωλικῆς, ὡς Πολύβιος ἐννάτῃ. *Stephanus.*

ΑΓΑΘΥΡΣΑ, πόλις Σικελίας, ὡς Πολύβιος ἐννάτῃ. *Idem.*

ΑΤΕΛΛΑ, πόλις Οπικῶν Ιταλίας, μεταξὺ Καπύης καὶ Νεαπόλεως. τὸ ἐθνικὸν οὐκ Ατελλαῖος, ὡς Αγυλλαῖος· ἀλλ' Ατελλανὸς, ὡς Πολύβιος ἐννάτῃ. Ατελλανοὶ παρέδοσαν ἑαυτούς. *Idem.*

ΣΥΝΙΑ, Θετταλίας πόλις. Πολύβιος ἐννάτῳ. *Idem.*

EX LIBRO X.

ΑΠΑΣΙΑΚΑΙ, Μασσαγετῶν ἔθνος. Στράβων ἑνδεκάτῃ, καὶ Πολύβιος δεκάτῃ. *Stephanus.*

ΑΧΡΙΑΝΗ, πόλις Ὑρκανίας. Πολύβιος δεκάτῃ. *Idem.*

ΚΑΛΛΙΟΠΗ, πόλις Παρθυαίων. Πολύβιος δεκάτῃ. *Idem.*

EX LIBRO XI.

ΕΛΛΟΠΙΟΝ, πόλις Αἰτωλίας. Πολύβιος ἑνδεκάτῃ. *Stephanus.*

ΙΛΟΥΡΓΕΙΑ, πόλις Ἰβηρίας. Πολύβιος ἑνδεκάτῃ. *Idem.*

ΦΥΤΑΙΟΝ, πόλις Αἰτωλίας. Πολύβιος ἑνδεκάτῃ. *Idem.*

EX LIBRO XII.

Πολύβιος δ' ὁ Μεγαλοπολίτης ἐν τῇ δωδεκάτῃ τῶν ἱστοριῶν· Φίλιππος, φησὶν, ὁ Περσέως πατὴρ, ὅτε τὴν Ἀσίαν κατέτρεχεν, ἀπορῶν τροφῶν, τοῖς στρατιώταις παρὰ Μαγνήτων, ἐπεὶ σῖτον οὐκ εἶχεν, σῦκα ἔλαβε. διὸ καὶ Μυοῦντος κυριεύσας, τοῖς Μάγνησιν ἐχαρίσατο τὸ χωρίον ἀντὶ τῶν σύκων. *Athenæus lib. III.*

Τίμαιος δ' ὁ Ταυρομενίτης ἐκλαθόμενος ἑαυτοῦ (ἐλέγχει δ' αὐτὸν εἰς τοῦτο Πολύβιος ὁ Μεγαλοπολίτης διὰ τῆς δωδεκάτης τῶν ἱστοριῶν) οὐκ εἶναι ἔφη σύνηθες τοῖς Ἕλλησι δούλους κτᾶσθαι. *Athenæus lib VI.*

Πολύβιος δ' ἐν τῇ δωδεκάτῃ τῶν ἱστοριῶν, γίγνεσθαί φησι παρόμοιον τῷ λαγῷ ζῷον, τὸ κούνικλον καλούμενον, γράφων οὕτως. Ὁ δὲ κούνικλος καλούμενος, &c. *Athenæus lib. IX. Extat locus hodieque. Vide paginam* CMXI.

Ἱστορεῖ περὶ τοῦ ἐν Λιβύῃ καλουμένου λωτοῦ αὐτόπτης γενόμενος ὁ Μεγαλοπολίτης Πολύβιος ἐν τῇ δωδεκάτῃ τῶν ἱστοριῶν λέγων οὕτως. Ἔστι δὲ τὸ δένδρον ὁ λωτὸς οὐ μέγα, τραχὺ δὲ καὶ ἀκανθῶδες. ἔχει δὲ φύλλον χλωρὸν παραπλήσιον τῇ ῥάμνῳ, μικρὸν βαθύτερον, καὶ πλατύτερον. ὁ δὲ καρπὸς τὰς μὲν ἀρχὰς ὅμοιός ἐστι καὶ τῇ χρόᾳ καὶ τῷ μεγέθει ταῖς λευκαῖς μυρτίσι ταῖς τετελειωμέναις· αὐξανόμενος δὲ τῷ μὲν χρώματι γίνεται φοινικοῦς, τῷ δὲ μεγέθει ταῖς στρογγύλαις ἐλαίαις παραπλήσιος· πυρῆνα δ' ἔχει τελέως μικρόν. ἐπὰν δὲ πεπανθῇ, συνάγουσι· καὶ τὸν μὲν τοῖς οἰκέταις μετὰ χόνδρου κόψαντες, σάττουσιν εἰς ἀγγεῖα· τὸν δὲ, τοῖς ἐλευθέροις, ἐξελόντες τὸν πυρῆνα, συντιθέασιν. ὡσαύτως καὶ σιτεύονται τοῦτον. ἔστι δὲ τὸ βρῶμα παραπλήσιον σύκῳ, καὶ φοινικοβαλάνῳ· τῇ δ' εὐωδίᾳ, βέλτιον. γίνεται δὲ καὶ οἶνος ἐξ αὐτοῦ βρεχομένου, καὶ τριβομένου δι' ὕδατος, κατὰ μὲν τὴν γεῦσιν ἡδὺς, καὶ ἀπολαυστικὸς, οἰνομέλιτι χρηστῷ παραπλήσιος, ᾧ χρῶνται χωρὶς ὕδατος. οὐ δύναται δὲ πλέον δέκα μένειν ἡμερῶν. διὸ καὶ ποιοῦσι κατὰ βραχὺ πρὸς τὴν χρείαν· ποιοῦσι δὲ καὶ ὄξος ἐξ αὐτῶν. *Athenæus lib. XIV.*

ΙΠΠΩΝ, Λιβύης πόλις. Πολύβιος δυοκαιδεκάτῃ. *Stephanus.*

ΣΙΓΓΑ, ὡς Πολύβιος δυοκαιδεκάτῃ. *Idem,*

ΤΑΒΑΘΡΑ, πόλις Λιβύης. Πολύβιος δυοκαιδεκάτῃ. *Idem.*

ΧΑΛΚΕΙΑ, πόλις Λιβύης. ὁ Πολυΐστωρ ἐν Λιβυκῶν τρίτῳ, ὡς Δημοσθένης· ᾧ μεμφόμενος Πολύβιος ἐν τῇ δωδεκάτῃ, ὧδε γράφει. ἀγνοεῖ δὲ μεγάλως καὶ περὶ τῶν χαλκείων. οὔτε γὰρ πόλις ἐστὶν, ἀλλὰ χαλκουργεῖα. *Idem.*

EX LIBRO XIII.

Πολύβιος δ' ἐν τῇ τρισκαιδεκάτῃ τῶν ἱστοριῶν, Φιλίππου τοῦ καταλυθέντος ὑπὸ Ῥωμαίων, κόλακα γενέσθαι Ἡρακλείδην τὸν Ταραντῖνον, τὸν καὶ τὴν βασιλείαν αὐτοῦ πᾶσαν ἀνατρέψαντα. *Athenæus lib. VI.*

Hodie in omnibus Polybii libris etiam mss. legitur Ἡρακλείδης, *non* Ἡρακλείδης. *Vide paginam* CMXXXVI.

Περὶ δὲ Αἰτωλῶν Πολύβιος μὲν ἐν τῇ τρισκαιδεκάτῃ τῶν ἱστοριῶν φησὶν, ὡς διὰ τὴν τῶν πολέμων συνέχειαν, καὶ τὴν τῶν βίων πολυτέλειαν, κατάχρεοι ἐγένοντο. *Athenæus libro XII. vide pag.* MCCCCI.

ΑΔΡΑΝΗ, πόλις Θρακικὴ, ἡ μικρὸν ὑπὲρ τῆς Βερενίκης κεῖται, ὡς Θεόπομπος. Πολύβιος δὲ, διὰ τοῦ η τὴν μέσην λέγει, ἐν τρισκαιδεκάτῃ, Αδρήνη. *Stephanus.*

ΑΡΕΙΟΣ ΠΑΓΟΣ. ἔστι καὶ Θρᾴκης ἔρημον πεδίον, χαμαιπετῆ δένδρα ἔχον, ὡς Πολύβιος τρισκαιδεκάτῃ. *Idem.*

ΔΙΓΗΡΟΙ, ἔθνος Θρᾴκιον. Πολύβιος ιγ'. *Idem.*

ΙΛΑΤΤΙΑ, πόλις Κρήτης. Πολύβιος τρισκαιδεκάτῳ. *Idem.*

ΚΑΒΥΛΗ, πόλις Θρᾴκης, οὐ πόῤῥω τῆς τῶν Αστῶν χώρας. Πολύβιος τρισκαιδεκάτῃ. *Idem.*

ΜΕΛΙΤΟΥΣΣΑ, πόλις Ἰλλυρίας. Πολύβιος τρισκαιδεκάτῳ. *Idem.*

ΛΑΜΠΕΤΙΑ, πόλις Βρεττίας. Πολύβιος τρισκαιδεκάτῃ. *Idem.*

ΣΙΒΥΡΤΟΣ, πόλις Κρήτης. τὸ ἐθνικὸν Σιβύρτιος, ὡς Πολύβιος ἐν τρισκαιδεκάτῃ. *Idem.*

ΧΑΤΤΗΝΙΑ, χώρα τρίτη Γεῤῥαίων. Πολύβιος ιγ'. Ἔστι δ' ἡ Χαττηνία, τἄλλα μὲν λυπρά. κώμαις δὲ καὶ πύργοις διεσκεύασται, διὰ τὸ εὐκαιρον τῶν Γεῤῥαίων. οὗτοι γὰρ αὐτὴν νέμονται. ἔστι δὲ τῆς Ἐρυθρᾶς θαλάττης. οἱ πολῖται, Χαττηνοί. ὡς, αὐτὸς μὲν παρήγγειλε φείδεσθαι τῆς τῶν Χαττηνῶν χώρας. *Idem.*

EX LIBRO XIV.

Πολύβιος δ' ἐν τῇ τεσσαρεσκαιδεκάτῃ, Αγαθοκλέους τοῦ Οἰνάνθης υἱοῦ, ἑταίρου δὲ τοῦ Φιλοπάτορος βασιλέως, κόλακα γενέσθαι Φίλωνα. *Athenæus libro VI. Ita scribendus hic Athenæi locus. Vide quæ notamus ad librum Historiarum XV.*

Πολύβιος δ' ἐν τῇ τεσσαρεσκαιδεκάτῃ τῶν ἱστοριῶν, Κλεινοῦς φησὶ τῆς

οἰνοχόοἰνοχοούσης αὐτῷ εἰκόνας πολλὰς ἀνακεῖσθαι κατὰ τὴν Ἀλεξάνδρειαν μονοχίτωνας, καὶ ῥυτὸν ἔχειν ἐν ταῖς χερσίν· αἱ δὲ κάλλισται τῶν οἰκιῶν φησὶν οὐ Μυρτίου, καὶ Μνησίδος, καὶ Ποθεινῆς προσαγορεύονται; καίτοι Μνῆσις μὲν ἦν αὐλητρὶς, καὶ Ποθεινή· Μύρτιον δὲ μία τῶν ἀποδεδειγμένων καὶ κοινῶν δεικτηριάδων. τοῦ δὲ Φιλοπάτορος βασιλέως Πτολεμαίου οὐκ Ἀγαθόκλεια ἡ ἑταίρα ἐκράτει ἡ καὶ πᾶσαν ἀνατρέψασα τὴν βασιλείαν; *Athenæus lib.* XIII.

EX LIBRO XVI.

Παραθήσομαι δὲ τὰς ἐπιστολὰς Ἀντιόχου τοῦ Μεγάλου τοῖς στρατηγοῖς περὶ αὐτοῦ γραφείσας· προδιελθὼν ὡς μαρτυρεῖ τούτοις ἡμῶν τοῖς λόγοις Πολύβιος ὁ Μεγαλοπολίτης. Ἐν γὰρ τῇ ἑκκαιδεκάτῃ τῶν ἱστοριῶν αὐτοῦ φησὶν οὕτως. Ὁ δὲ τοῦ Πτολεμαίου στρατηγὸς Σκόπας ὁρμήσας εἰς τοὺς ἄνω τόπους, κατεστρέψατο ἐν τῷ χειμῶνι τὸ τῶν Ἰουδαίων ἔθνος. Λέγει δ' ἐν τῇ αὐτῇ βίβλῳ, ὡς τοῦ Σκόπα νικηθέντος ὑπὸ Ἀντιόχου, τὴν μὲν Βαταναίαν καὶ Σαμάρειαν, καὶ Ἄβιλα καὶ Γάδαρα παρέλαβεν Ἀντίοχος. μετ' ὀλίγον δὲ προσεχώρησαν αὐτῷ καὶ τῶν Ἰουδαίων οἱ περὶ τὸ ἱερὸν, προσαγορευόμενον Ἱεροσόλυμα, κατοικοῦντες. ὑπὲρ οὗ καὶ πλεῖον ἔχειν λέγοντες, καὶ μάλιστα διὰ τὴν περὶ τὸ ἱερὸν ἐπιφάνειαν, εἰς ἕτερον καιρὸν ὑπερθήσομεν τὴν διήγησιν. Καὶ Πολύβιος μὲν ταῦτα ἱστόρηκεν. *Iosephus Antiquitatum* Iudaïcarum, *libro* XII. *capite* III.

ΙΕΡΑ ΚΩΜΗ, δῆμος Καρίας. Πολύβιος ἑκκαιδεκάτῃ. *Stephanus.*

ΚΑΡΘΑΙΑ, μία τῶν ἐν Κῷ τετραπόλεως. οἱ οἰκοῦντες Καρθαεῖς. Πολύβιος 15. *Idem.*

ΜΑΝΤΥΑ πόλις Ῥωμαίων. τὸ ἐθνικὸν, Μαντυανός. Πολύβιος ἑκκαιδεκάτῃ. *Idem.*

EX LIBRO XVIII.

ΑΓΡΙΑΙ, ἀρσενικῶς, ἔθνος Παιονίας, μεταξὺ Αἵμου καὶ Ῥοδόπης. παρὰ Πολυβίῳ δὲ διὰ τοῦ αι. εὑρέθη δὲ ἐν ὀκτωκαιδεκάτῃ. τὸ γὰρ τῶν Ἀχαίων ἔθνος *Stephanus.*

ΜΕΔΙΩΝ, πόλις πρὸς τῇ Αἰτωλίᾳ. Πολύβιος ὀκτωκαιδεκάτῃ. *Idem.*

EX LIBRO XX.

Πολύβιος δ' ὁ Μεγαλοπολίτης ἐν τῇ εἰκοστῇ φησὶ τῶν ἱστοριῶν, ὡς Βοιωτοὶ μεγίστην δόξαν λαβόντες μετὰ τὰ Λευκτρικὰ, κατὰ μικρὸν ἀνέπεσον ταῖς ψυχαῖς, καὶ ὁρμήσαντες ἐπ' εὐωχίας καὶ μέθας, συνέθεντο καὶ κοινώνεια τοῖς φίλοις. πολλοὶ δὲ τῶν ἐχόντων γενεὰς, ἀπεμέριζον τοῖς συσσιτίοις τὸ πλέον τῆς οὐσίας· ὥστε πολλοὺς εἶναι Βοιωτῶν, οἷς ὑπῆρχε δεῖπνα τοῦ μηνὸς πλείω τῶν

εἰς τὸν

εἰς τὴν μίαν διὰ τεταγμένων ἡμερῶν. Διόπερ Μεγαρεῖς μισήσαντες αὐτῶν τὴν τοιαύτην κατάστασιν, ἀπένευσαν εἰς τοὺς Ἀχαιούς. *Athenæus l.X.V.p.1432.*

Ἀντίοχος δ' ὁ Μέγας ἐπικαλούμενος, ὃν Ῥωμαῖοι καθεῖλον, ὡς ἱστορεῖ Πολύβιος ἐν τῇ εἰκοστῇ, παρελθὼν εἰς Χαλκίδα τῆς Εὐβοίας, συνετέλει γάμους, πεντήκοντα μὲν ἔτη γεγονὼς, καὶ δύο τὰ μέγιστα τῶν ἔργων ἀνειληφὼς, τήν τε τῶν Ἑλλήνων ἐλευθέρωσιν, ὡς αὐτὸς ἐπηγγέλλετο, καὶ τὸν πρὸς Ῥωμαίους πόλεμον. ἐρασθεὶς γοῦν παρθένου Χαλκιδικῆς, κατὰ τὸν τοῦ πολέμου καιρὸν, ἐφιλοτιμήσατο γῆμαι, οἰνοπότης ὢν, καὶ μέθαις χαίρων. Ἦν δ' αὕτη Κλεοπτολέμου μὲν θυγάτηρ, ἑνὸς τῶν ἐπιφανῶν, κάλλει δὲ πάσας ὑπερβάλλουσα· καὶ τοὺς γάμους συντελῶν ἐν τῇ Χαλκίδι, αὐτόθι διέτριψε τὸν χειμῶνα, τῶν ἐνεστώτων οὐδ' ἥν τινα ποιούμενος πρόνοιαν. ἔθετο δὲ καὶ τῇ παιδὶ ὄνομα Εὔβοιαν. ἡττηθεὶς οὖν τῷ πολέμῳ, ἔφυγεν εἰς Ἔφεσον μετὰ τῆς νεογάμου. *Athenæus lib. X.*

EX LIBRO XXVI.

Ἀντίοχος ὁ Ἐπιφανὴς μὲν κληθεὶς, ἐπιμανὴς δ' ἐκ τῶν πράξεων ὀνομασθεὶς, βασιλεὺς δ' ἦν οὗτος τῶν Συριακῶν, τῶν ἀπὸ Σελεύκου, περὶ οὗ φησι Πολύβιος τάδε. ὡς ἀποδιδράσκων ἐκ τῆς αὐλῆς ἐνίοτε τοὺς θεράποντας οὗ τύχοι τῆς πόλεως, αὐτῶν ἐφαίνετο δεύτερος καὶ τρίτος· μάλιστα δὲ πρὸς τοῖς ἀργυροκοπείοις εὑρίσκετο, καὶ χρυσοχοείοις εὑρησιλογῶν, καὶ φιλοτεχνῶν πρὸς τοὺς τορευτὰς καὶ τοὺς ἄλλους τεχνίτας. ἔπειτα καὶ μετὰ δημοτῶν ἀνθρώπων συγκαταβαίνων ὡμίλει ᾧ τύχοι· καὶ μετὰ τῶν παρεπιδημούντων συνέπινε τῶν εὐτελεστάτων. ὅτε δὲ τῶν νεωτέρων αἴσθοιτό τινας συνευωχουμένους, οὐδεμίαν ἔμφασιν ποιήσας, παρῆν ἐπικωμάζων μετὰ κεραμίου καὶ συμφωνίας· ὥστε τοὺς πολλοὺς διὰ τὸ παράδοξον ἀφισταμένους φεύγειν. πολλάκις δὲ καὶ τὴν βασιλικὴν ἀποθέμενος ἐσθῆτα, τήβενναν ἀναλαβὼν περιῄει κατὰ τὴν ἀγορὰν ἀρχαιρεσιάζων καὶ τοὺς μὲν δεξιούμενος, τοὺς δὲ, καὶ περιπτύσσων, παρεκάλει φέρειν αὐτῷ τὴν ψῆφον, πότε μὲν ὡς ἀγορανόμος γένηται· ποτὲ δὲ καὶ ὡς δήμαρχος. τυχὼν δὲ τῆς ἀρχῆς, καὶ καθίσας ἐπὶ τοῦ ἐλεφαντίνου δίφρου, κατὰ τὸ παρὰ Ῥωμαίοις ἔθος, διήκουε τῶν κατὰ τὴν ἀγορὰν γινομένων συναλλαγμάτων, καὶ διέκρινε μετὰ πολλῆς σπουδῆς καὶ προθυμίας. Ἐξ ὧν εἰς ἀπορίαν ἦγε τῶν ἀνθρώπων τοὺς ἐπιεικεῖς. οἱ μὲν γὰρ ἀφελῆ τινα αὐτὸν εἶναι ὑπελάμβανον· οἱ δὲ μαινόμενον. καὶ γὰρ περὶ τὰς δωρεὰς ἦν παραπλήσιος. Ἐδίδου γὰρ τοῖς μὲν ἀστραγάλους δορκαδείους· τοῖς δὲ φοινικοβαλάνους· ἄλλοις δὲ χρυσίον. καὶ ἐξ ἀπαντήσεως δέ τισι τυγχάνων, οὓς μὴ ἑωράκει ποτὲ, ἐδίδου δωρεὰς ἀπροσδοκήτους. Ἐν δὲ ταῖς πρὸς τὰς πόλεις θυσίαις, καὶ ταῖς πρὸς τοὺς θεοὺς τιμαῖς, πάντας ὑπερέβαλε τοὺς βεβασιλευκότας. τοῦτο δ' ἄν τις τεκμήραιτο ἔκ τε τοῦ παρ' Ἀθηναίοις Ὀλυμπιείου, καὶ τῶν περὶ τὸν ἐν Δήλῳ βωμὸν ἀνδριάντων. Ἐλούετο δὲ κἀν τοῖς δημοσίοις βαλανείοις, ὅτε δημοτῶν ἦν τὰ βαλανεῖα πεπληρωμένα, κεραμίων εἰσφερομένων αὐτῷ μύρων τῶν πολυτελεστάτων. Ὅτε καί τινος εἰπόντος, μακάριοι ἐστὲ ὑμεῖς ὦ βασιλεῖς, οἱ καὶ τοιούτοις χρώμενοι, καὶ ὄζοντες ἡδύ· ὁ δὲ μηδὲν τὸν ἄνθρωπον προσειπὼν, ὅπου ἐκεῖνος τῇ ἑξῆς ἐλούετο, ἐπεισελθὼν, ἐποίησεν αὐτοῦ καταχυθῆναι τῆς κεφαλῆς μέγιστον κεράμιον πολυτελεστάτου μύρου, τῆς στακτῆς καλουμένης· ὡς πάντας ἀναστάντας κυλίεσθαι λουομένους τῷ μύρῳ, καὶ διὰ τὴν γλισχρότητα καταπίπτοντας γέλωτα παρέχειν, καθάπερ καὶ αὐτὸν τὸν

βασι-

βασιλέα. Ὁ δ' αὐτὸς οὗτος βασιλεὺς ἀκούσας τοὺς ἐν Μακεδονίᾳ συντετελεσμένους ἀγῶνας ὑπὸ Αἰμιλίου Παύλου τοῦ Ῥωμαίων στρατηγοῦ, βουλόμενος τῇ μεγαλοεργίᾳ καὶ τῇ δωρεᾷ ὑπερᾶραι τὸν Παῦλον, ἐξέπεμψε πρέσβεις καὶ θεωροὺς εἰς τὰς πόλεις, καταγγελοῦντας τοὺς ἐσομένους ἀγῶνας ὑπ' αὐτοῦ ἐπὶ Δάφνης· ὡς πολλὴν γενέσθαι τῶν Ἑλλήνων σπουδὴν εἰς τὴν ὡς αὐτὸν ἄφιξιν. ἀρχὴν δ' ἐποιήσατο τῆς πανηγύρεως τὴν πομπείαν οὕτως ἐπιτελεσθεῖσαν. Καθηγοῦντό τινες Ῥωμαϊκὸν ἔχοντες καθοπλισμὸν ἐν θώραξιν ἁλυσιδωτοῖς ἄνδρες ἀκμάζοντες ταῖς ἡλικίαις πεντακισχίλιοι· μεθ' οὓς Μυσοὶ πεντακισχίλιοι συνεχεῖς ἦσαν· Κίλικες δ' εἰς τὸν τῶν εὐζώνων τρόπον καθωπλισμένοι τρισχίλιοι, χρυσοῦς ἔχοντες στεφάνους. ἐπὶ δὲ τούτοις Θρᾷκες τρισχίλιοι, καὶ Γαλάται πεντακισχίλιοι· ἄλλοι δ' ἀργυράσπιδες, οἷς ἐπηκολούθει μονομάχων ζεύγη διακόσια τεσσαράκοντα. τούτων κατόπιν ἦσαν ἱππεῖς Πισαῖοι μὲν χίλιοι, πολιτικοὶ δὲ τρισχίλιοι. ὧν οἱ μὲν πλείους ἦσαν χρυσοφάλαροι καὶ χρυσοστέφανοι, οἱ δ' ἄλλοι ἀργυροφάλαροι. Μετὰ δὲ τούτους ἦσαν οἱ λεγόμενοι ἑταῖροι ἱππεῖς. οὗτοι δὲ ἦσαν εἰς χιλίους πάντες χρυσοφάλαροι. τούτοις συνεχὲς ἦν τὸ τῶν φίλων σύνταγμα, ἴσον καὶ κατὰ τὸ πλῆθος καὶ κατὰ τὸν κόσμον. ἐπὶ δὲ τούτοις ἐπίλεκτοι χίλιοι. οἷς ἐπηκολούθει τὸ καλούμενον ἄγημα, κράτιστον εἶναι δοκοῦν σύστημα τῶν ἱππέων περὶ χιλίους. τελευταία δ' ἦν ἡ κατάφρακτος ἵππος οἰκείως τῇ προσηγορίᾳ τῶν ἵππων καὶ τῶν ἀνδρῶν ἐσκεπασμένων τοῖς ὅπλοις. ἦσαν δὲ καὶ αὐτοὶ χίλιοι καὶ πεντακόσιοι. πάντες δ' οἱ προειρημένοι εἶχον πορφυρᾶς ἐφαπτίδας, πολλοὶ δὲ καὶ διαχρύσους καὶ ζωωτάς. ἑξίππα μὲν ἦν ἑκατὸν, τέθριππα δὲ τεσσαράκοντα. ἔπειτα ἐλεφάντων ἅρμα, καὶ συνωρίς. καθ' ἕνα δὲ εἵποντο ἐλέφαντες διεσκεδασμένοι τριάκοντα καὶ ἕξ. τὴν δ' ἄλλην πομπὴν λέγειν ἐστὶ δυσέφικτον, ὡς ἐν κεφαλαίῳ δὲ λεκτέον. Ἔφηβοι μὲν γὰρ ἐπόμπευσαν εἰς ὀκτακοσίους, χρυσοῦς ἔχοντες στεφάνους· βόες δ' εὐτραφεῖς περὶ χιλίους· θεωρίαι δὲ βραχὺ λείπουσαι τριακοσίων· ἐλεφάντων δ' ὀδόντες ὀκτακόσιοι. τὸ δὲ τῶν ἀγαλμάτων πλῆθος, οὐ δυνατὸν ἐξηγήσασθαι· πάντων γὰρ τῶν παρ' ἀνθρώποις λεγομένων ἢ νομιζομένων θεῶν ἢ δαιμόνων, προσέτι δὲ ἡρώων εἴδωλα διήγετο, τὰ μὲν κεχρυσωμένα, τὰ δ' ἠμφιεσμένα στολαῖς διαχρύσοις. καὶ πᾶσι τούτοις οἱ προσήκοντες μῦθοι κατὰ τὰς παραδεδομένας ἱστορίας ἐν διασκευαῖς πολυτελέσι παρέκειντο. εἵπετο δ' αὐτοῖς καὶ Νυκτὸς εἴδωλον καὶ Ἡμέρας, Γῆς τε, καὶ Οὐρανοῦ, καὶ Ἠοῦς καὶ Μεσημβρίας. τὸ δὲ τῶν χρυσωμάτων καὶ ἀργυρωμάτων πλῆθος, οὕτως ἄν τις ὑπονοήσειεν, ὅσον ἦν· ἑνὸς γὰρ τῶν φίλων Διονυσίου τοῦ ἐπιστολιογράφου χίλιοι παῖδες ἐπόμπευσαν, ἀργυρώματα ἔχοντες, ὧν οὐδὲν ἔλαττον ὁλκὴν εἶχε δραχμῶν χιλίων. βασιλικοὶ δὲ παῖδες παρῆλθον ἑξακόσιοι, χρυσώματα ἔχοντες. ἔπειτα γυναῖκες ἐκ χρυσῶν καλπίδων μύροις ἔρραινον, εἰς διακοσίας. ταύταις δ' ἑξῆς ἐπόμπευον ἐν χρυσόποσι μὲν φορείοις, ὀγδοήκοντα γυναῖκες· ἀργυρόποσι δὲ, πεντακόσιαι καθήμεναι πολυτελῶς διεσκευασμέναι. Καὶ τῆς μὲν πομπῆς τὰ ἐπιφανέστατα ταῦτα ἦν. Ἐπιτελεσθέντων δὲ τῶν ἀγώνων καὶ μονομαχιῶν καὶ κυνηγεσίων κατὰ τριάκονθ' ἡμέρας, ἐν αἷς τὰς θέας συνετέλει, πέντε μὲν τὰς πρώτας ἐν τῷ γυμνασίῳ πάντες ἐκ χρυσῶν ὁλκείων ἠλείφοντο κροκίνῳ μύρῳ. ἦν δὲ ταῦτα πεντεκαίδεκα, καὶ κιναμωμίνου τὰ ἴσα καὶ ναρδίνου. παραπλησίως δὲ καὶ ταῖς ἑξῆς εἰσεφέρετο τήλινον, ἀμαράκινον, κρίνινον· πάντα διαφέροντα ταῖς εὐωδίαις. ἔστρωτο δὲ

εἰς δίωεἰς διωχίαν, ποτὲ μὲν χίλια τρίκλινα, ποτὲ δὲ χίλια πεντακόσια, μετὰ τῆς πολυτελεστάτης διασκευῆς. ὁ δὲ χειρισμὸς ἐγίνετο τῶν πραγμάτων δι᾽ αὐτοῦ τοῦ βασιλέως. ἵππον γὰρ ἔχων εὐτελῆ, παρέτρεχε παρὰ τὴν πομπήν· τοὺς μὲν προάγειν κελεύων, τοὺς δ᾽ ἐπέχειν. Κατὰ δὲ τοὺς πότους αὐτὸς ἐπὶ ταῖς εἰσόδοις ἐφιστάμενος, οὓς μὲν εἰσῆγεν, οὓς δ᾽ ἀνέκλινε· καὶ τοὺς διακόνους τοὺς τὰς παραθέσεις φέροντας αὐτὸς εἰσήγαγεν. καὶ περιπορευόμενος, οὗ μὲν προσεκάθιζεν, οὗ δὲ προσανέπιπτε· καὶ ποτὲ μὲν ἀποθέμενος μεταξὺ τὸν ψωμὸν, ποτὲ δὲ τὸ ποτήριον, ἀνεπήδα, καὶ μετανίστατο, καὶ περιῄει τὸν πότον, προπόσεις λαμβάνων ὀρθὸς, ἄλλοτε παρ᾽ ἄλλοις· ἅμα δὲ καὶ τοῖς ἀκροάμασι προσπαίζων. Προϊούσης δ᾽ ἐπὶ πολὺ τῆς συνουσίας, καὶ πολλῶν ἤδη κεχωρισμένων ὑπὸ τῶν νομίμων, ὁ βασιλεὺς εἰσεφέρετο ὅλος κεκαλυμμένος· καὶ εἰς τὴν γῆν ἐτίθετο, ὡς εἷς ὢν δῆτα τῶν μίμων. καὶ τῆς συμφωνίας προκαλουμένης, ἀναπηδήσας ὠρχεῖτο. καὶ ὑπεκρίνετο μετὰ τῶν γελωτοποιῶν, ὥστε πάντας αἰσχυνομένους φεύγειν. ταῦτα δὲ πάντα συνετελέσθη, ἐξ ὧν τὰ μὲν ἐκ τῆς Αἰγύπτου ἐνοσφίσατο παρασπονδήσας τὸν Φιλομήτορα βασιλέα παιδίσκον ὄντα· τὰ δὲ καὶ τῶν φίλων συμβαλλομένων. ἱεροσυλήκει δὲ καὶ τὰ πλεῖστα τῶν ἱερῶν. *Athenæus libro V. & libro X.*

Ἀλλ᾽ οὐ Περσεὺς ὁ ὑπὸ Ρωμαίων καθαιρεθεὶς (κατ᾽ οὐδὲν γὰρ τὸν πατέρα Φίλιππον ἐμιμήσατο) οὔτε γὰρ περὶ γυναῖκας ἐσπουδάκει, οὔτε φίλοινος ἦν· ἀλλὰ καὶ οὐ μόνον αὐτὸς μέτριον ἔπινε δειπνῶν, ἀλλὰ καὶ οἱ συνόντες αὐτῷ φίλοι, ὡς ἱστορεῖ Πολύβιος ἐν κζ΄. *Athenæus libro X.*

EX LIBRO XXIX.

Εν δὲ τῇ εἰκοστῇ ἐννάτῃ ὁ αὐτὸς Γενθίωνα φησὶ τὸν τῶν Ἰλλυριῶν βασιλέα διὰ τὴν πολυποσίαν πολλὰ ποιεῖν ἀσελγῆ κατὰ τὸν βίον, νύκτωρ τε ἀεὶ καὶ μεθ᾽ ἡμέραν μεθύοντα· ἀποκτείναντα δὲ καὶ Πλευρατον τὸν ἀδελφὸν, γαμεῖν μέλλοντα τὴν τοῦ Μενουνίου θυγατέρα, αὐτὸν γῆμαι τὴν παῖδα, καὶ ὠμῶς χρῆσθαι τοῖς ἀρχομένοις. *Athenæus libro X.*

EX LIBRO XXXI.

Κάτων δ᾽ ἐκεῖνος, ὡς Πολύβιος ἱστορεῖ ἐν τῇ πρώτῃ καὶ τριακοστῇ τῶν ἱστοριῶν, ἐδυσχέραινε καὶ ἐκεκράγει, ὅτι τινὲς τὰς ξενικὰς τρυφὰς εἰσήγαγον εἰς τὴν Ρώμην· τριακοσίων μὲν δραχμῶν κεράμιον ταρίχων Ποντικῶν ὠνησάμενοι· μειράκια δ᾽ εὔμορφα ὑπερβαλλούσης ἀγρῶν τιμῆς. *Athenæus lib. VI.*

Εν δὲ τῇ τριακοστῇ πρώτῃ ὁ αὐτὸς Πολύβιος φησὶ, συντελοῦντα αὐτὸν (τὸν Ἀντίοχον) ἀγῶνας, συγκαλέσαι πάντας Ἕλληνας, καὶ τῶν βουλομένων τοὺς πολλοὺς ἐπὶ τὴν θέαν. καὶ πλείστων παραγινομένων ἐν τοῖς γυμνασίοις, πάντας ἐκ χρυσῶν ὁλκείων ἤλειφε κροκίνῳ μύρῳ, καὶ κινναμωμίνῳ, καὶ ναρδίνῳ, καὶ ἀμαρακίνῳ, καὶ κρινίνῳ. καὶ συγκαλῶν αὐτοὺς εἰς εὐωχίαν, ποτὲ μὲν χίλια τρίκλινα, ποτὲ δὲ χίλια πεντακόσια συνεπλήρου μετὰ πολυτελεστάτης

παρα·

παρασκευῆς. καὶ ὁ χειρισμὸς τῆς διακονίας δι' αὐτοῦ ἐγίνετο· κατὰ γὰρ τὰς εἰσόδους ὑφιστάμενος, οὓς μὲν εἰσῆγεν, οὓς δὲ ἀνέκλινεν. καὶ τοὺς διακόνους δὲ τοὺς τὰς παραθέσεις φέροντας, αὐτὸς εἰσῆγεν, καὶ περιπορευόμενος οὗ μὲν προσεκάθιζεν, οὗ δὲ προσανέπιπτεν. καὶ ποτὲ μὲν ἀποθέμενος μεταξὺ τὸν ψωμὸν, ποτὲ δὲ τὸ ποτήριον, ἀνεπήδα καὶ μετανίστατο, καὶ περιῄει τὸν πότον προπόσεις λαμβάνων ὀρθὸς ἄλλοτε παρ' ἄλλοις. ἅμα δὲ τοῖς ἀκροάμασι προσπαίζων, καὶ ὑπὸ τῶν μίμων εἰσεφέρετο ὅλος συγκεκαλυμμένος, καὶ ἐτίθετο εἰς τὴν γῆν, ὡς εἷς ὢν τῶν μίμων. καὶ τῆς συμφωνίας προσκαλουμένης ὁ βασιλεὺς ἀναπηδήσας, ὠρχεῖτο καὶ προσέπαιζε τοῖς μίμοις, ὥστε πάντας αἰσχυνέσθαι. τοιαῦτα ἀπεργάζεται τοὺς ταλαιπώρους ἡ πρὸς τὴν μέθην ἀπαιδευσία. *Athenæus libro X. vide fragmentum ex lib. XXVI.*

EX LIBRO XXXII.

Ὀροφέρνην τὸν ὀλίγον χρόνον Καππαδοκίας βασιλεύσαντα, καὶ παριδόντα τὰς πατρίους ἀγωγὰς, φησὶν ἐν τῇ τριακοστῇ δευτέρᾳ, εἰσαγαγεῖν τὴν Ἰακὴν καὶ τεχνιτικὴν ἀσωτίαν. *Athenæus libro X.*

EX LIBRO XXXIII.

Καὶ Δημήτριον δέ φησι τὸν ἐκ τῆς Ῥώμης τὴν ὁμηρείαν διαφυγόντα ἐν τῇ τρίτῃ καὶ τριακοστῇ βασιλεύσαντα Σύρων, πολυπότην ὄντα, τὸ πλεῖστον τῆς ἡμέρας μεθύσκεσθαι. *Athenæus lib. X. Vide pag.* MCCCXI.

EX LIBRO XXXIV.

Πολύβιος δὲ ὁ Μεγαλοπολίτης ἐν τετάρτῃ καὶ τριακοστῇ τῶν ἱστοριῶν περὶ τῆς ἐν Ἰβηρίᾳ Λυσιτανίας χώρας διαλεγόμενος φησὶν, ὅτι βάλανοί εἰσι κατὰ βάθος ἐν τῇ αὐτόθι θαλάττῃ πεφυτευμέναι, ὧν τὸν καρπὸν σιτουμένους τοὺς θύννους πιαίνεσθαι. *Athenæus libro VI.*

Τὴν κατὰ τὴν Λυσιτανίαν (χώρα δ' ἐστὶν αὕτη τῆς Ἰβηρίας, ἣν νῦν Ῥωμαῖοι Ἱσπανίαν ὀνομάζουσιν) διηγούμενος εὐδαιμονίαν Πολύβιος ὁ Μεγαλοπολίτης ἐν τῇ τετάρτῃ καὶ τριακοστῇ τῶν ἱστοριῶν φησὶν· ὡς αὐτόθι διὰ τὴν τοῦ ἀέρος εὐκρασίαν, καὶ τὰ ζῶα πολύγονα, καὶ ἄνθρωποι, καὶ οἱ ἐν τῇ χώρᾳ καρποὶ οὐδέποτε φθείρονται. ῥόδα μὲν γὰρ αὐτόθι καὶ λευκόϊα, καὶ ἀσπάραγοι, καὶ τὰ παραπλήσια τούτοις, οὐ πλεῖον διαλείπει μηνῶν τριῶν. τὸ δὲ θαλάττιον ὄψον, καὶ κατὰ τὸ πλῆθος, καὶ κατὰ τὴν χρηστότητα, καὶ κατὰ τὸ κάλλος μεγάλην ἔχει διαφορὰν πρὸς τὰ γινόμενα ἐν τῇ καθ' ἡμᾶς θαλάττῃ. καὶ ὁ μὲν τῶν κριθῶν Σίκλος, μέδιμνός ἐστι, δραχμῆς. ὁ δὲ τῶν πυρῶν, ἐννέα ὀβολῶν Ἀλεξανδρινῶν. τοῦ δ' οἴνου, δραχμῆς ὁ μετρητής. καὶ ἔριφος ὁ μέτριος ὀβολοῦ, καὶ λαγώς. τῶν δ' ἀρνῶν τριώβολον καὶ τετρώβολον ἡ τιμή. ὗς πίων, ἑκατὸν μνᾶς ἄγων, πέντε δραχμῶν, καὶ πρόβατον δυοῖν. τάλαντον

δὲ σύκων,

εἰς εὐωχίαν, ποτὲ μὲν χίλια τρίκλινα, ποτὲ δὲ χίλια πεντακόσια, μετὰ
πολυτελεστάτης διασκευῆς. ὁ δὲ χρηματισμὸς ἐγίνετο τῶν πραγμάτων διὰ αὐ
τοῦ βασιλέως. ἵππον γὰρ ἔχων εὐτελῆ, παρέτρεχε παρὰ τὴν πομπήν· τοὺς μ
προάγειν κελεύων, τοὺς δὲ ἐπέχειν. Κατὰ δὲ τοὺς πότους αὐτὸς ἐπὶ ταῖς εἰσ
όδους ἐφιστάμενος, οὓς μὲν εἰσῆγεν, οὓς δὲ ἀνέκλινε· καὶ τοὺς διακόνους τοὺς τ
παραθέσεις φέροντας αὐτὸς εἰσήγαγεν. καὶ περιπορευόμενος, οὗ μὲν προσεκ
άθιζεν, οὗ δὲ προσανέπιπτε· καὶ ποτὲ μὲν ἀποθέμενος μεταξὺ τὸν ψωμόν, πε
δὲ τὸ ποτήριον, ἀνεπήδα, καὶ μετανίστατο, καὶ περιῄει τὸν πότον, προπόσεις λα
βάνων ὀρθός, ἄλλοτε παρ' ἄλλοις· ἅμα δὲ καὶ τοῖς ἀκροάμασι προσέπαιζε.
Προϊούσης δὲ ἐπὶ πολὺ τῆς συνουσίας, καὶ πολλῶν ἤδη κεχωρισμένων ὑπὸ
νομίμων, ὁ βασιλεὺς εἰσεφέρετο ὅλος κεκαλυμμένος· καὶ εἰς τὴν γῆν ἐτίθε
ὡς εἷς ὢν δῆτα τῶν μίμων. καὶ τῆς συμφωνίας προκαλουμένης, ἀναπηδήσ
ὠρχεῖτο. καὶ ὑπεκρίνετο μετὰ τῶν γελωτοποιῶν, ὥστε πάντας αἰσχυνομέν
φεύγειν. ταῦτα δὲ πάντα συνετελέσθη, ἐξ ὧν τὰ μὲν ἐκ τῆς Αἰγύπτου ἐ
σφίσατο παρασπονδήσας τὸν Φιλομήτορα βασιλέα παιδίσκον ὄντα· τὰ
τῶν φίλων συμβαλλομένων. ἱεροσυλήκει δὲ καὶ τὰ πλεῖστα τῶν ἱερῶν. *At*
naeus libro V. & libro X.

Ἀλλ' οὐ Περσεὺς ὁ ὑπὸ Ῥωμαίων καθαιρεθεὶς (κατ' οὐδὲν γὰρ τὸν πατ
Φίλιππον ἐμιμήσατο) οὔτε γὰρ περὶ γυναῖκας ἐσπουδάκει, οὔτε φίλοινος
ἀλλὰ καὶ οὐ μόνον αὐτὸς μέτριον ἔπινε δειπνῶν, ἀλλὰ καὶ οἱ συνόντες αὐτῷ
λοι, ὡς ἱστορεῖ Πολύβιος ἐν κζ'. *Athenaeus libro X.*

EX LIBRO XXIX.

Ἐν δὲ τῇ εἰκοστῇ ἐννάτῃ ὁ αὐτὸς Γενθίωνά φησι τὸν τῶν Ἰλλυριῶν βασιλέα
διὰ τὴν πολυποσίαν πολλὰ ποιεῖν ἀσελγῆ κατὰ τὸν βίον, νύκτωρ τε ἀεὶ καὶ μεθ' ἡ
μέραν μεθύοντα· ἀποκτείναντα δὲ καὶ Πλευρατον τὸν ἀδελφόν, γαμεῖν μέλλ
τὴν τοῦ Μενουνίου θυγατέρα, αὐτὸν γῆμαι τὴν παῖδα, καὶ ὠμῶς χρῆσθαι
ἀρχομένοις. *Athenaeus libro X.*

EX LIBRO XXXI.

Κάτων δὲ ἐκεῖνος, ὡς Πολύβιος ἱστορεῖ ἐν τῇ πρώτῃ καὶ τριακοστῇ τῶν
ριῶν, ἐδυσχέραινε καὶ ἐκεκράγει, ὅτι τινὲς τὰς ξενικὰς τρυφὰς εἰσήγαγο
τὴν Ῥώμην· τριακοσίων μὲν δραχμῶν κεράμιον ταρίχων Ποντικῶν ὠνησά
νοι· μειράκια δὲ εὔμορφα ὑπερβαλλούσης ἀγρῶν τιμῆς. *Athenaeus lib.*

Ἐν δὲ τῇ τριακοστῇ πρώτῃ ὁ αὐτὸς Πολύβιός φησι, συντελοῦντα α
(τὸν Ἀντίοχον) ἀγῶνας, συγκαλέσαι πάντας Ἕλληνας, καὶ τῶν βουλομένων
πολλοὺς ἐπὶ τὴν θέαν. καὶ πλείστων παραγενομένων ἐν τοῖς γυμνασίοις, π
τας ἐκ χρυσῶν ὁλκείων ἤλειφε κροκίνῳ μύρῳ, καὶ κινναμωμίνῳ, καὶ ναρ
καὶ ἀμαρακίνῳ, καὶ κρινίνῳ. καὶ συγκαλῶν αὐτοὺς εἰς εὐωχίαν, ποτὲ
χίλια τρίκλινα, ποτὲ δὲ χίλια πεντακόσια συνεπλήρου μετὰ πολυτελεστ

διακονίας. καὶ ὁ χλευασμὸς τῆς διακονίας δι' αὐτοῦ ἐγίνετο· κατὰ γὰρ τὰς εἰσόδους ὑφιστάμενος, οὓς μὲν εἰσῆγεν, οὓς δὲ ἀνέκλινεν. καὶ τοὺς διακόνους δὲ τοὺς τὰς παραθέσεις φέροντας, αὐτὸς εἰσῆγεν, καὶ περιπορευόμενος οὗ μὲν προσεκάθιζεν, οὗ δὲ προσανέπιπτεν. καὶ ποτὲ μὲν ἀποθέμενος μεταξὺ τὸν ψωμόν, ποτὲ δὲ τὸ ποτήριον, ἀνεπήδα καὶ μεθίστατο, καὶ περιῄει τὸν πότον προπόσεις λαμβάνων ὀρθὸς ἄλλοτε παρ' ἄλλοις. ἅμα δὲ τοῖς ἀκροάμασι προσπαίζων, καὶ ὑπὸ τῶν μίμων εἰσεφέρετο ὅλος συγκεκαλυμμένος, καὶ ἐτίθετο εἰς τὴν γῆν, ὡς εἷς ὢν τῶν μίμων. καὶ τῆς συμφωνίας προσκαλουμένης ὁ βασιλεὺς ἀναπηδήσας, ὠρχεῖτο καὶ προσέπαιζε τοῖς μίμοις, ὥστε πάντας αἰσχύνεσθαι. τοιαῦτα ἀπεργάζεται τοὺς ταλαιπώρους ἡ περὶ τῇ μέθῃ ἀπαιδευσία. *Athenæus libro X. vide fragmentum ex lib. XXVI.*

EX LIBRO XXXII.

Ὀροφέρνην τὸν ὀλίγον χρόνον Καππαδοκίας βασιλεύσαντα, καὶ παριδόντα τὰς πατρίους ἀγωγάς, φησὶν ἐν τῇ τριακοστῇ δευτέρᾳ, εἰσαγαγεῖν τὴν Ἰακὴν καὶ τεχνικὴν ἀσωτίαν. *Athenæus libro X.*

EX LIBRO XXXIII.

Καὶ Δημήτριον δέ φησι τὸν ἐκ τῆς Ῥώμης τὴν ὁμηρείαν διαφυγόντα ἐν τῇ τρίτῃ καὶ τριακοστῇ βασιλεύσαντα Σύρων, πολυπότην ὄντα, τὸ πλεῖστον τῆς ἡμέρας μεθύσκεσθαι. *Athenæus lib. X. Vide pag.* MCCCXI.

EX LIBRO XXXIV.

Πολύβιος δ' ὁ Μεγαλοπολίτης ἐν τετάρτῃ καὶ τριακοστῇ τῶν ἱστοριῶν περὶ τῆς ἐν Ἰβηρίᾳ Λυσιτανίας χώρας διαλεγόμενος φησὶν, ὅτι βάλανοί εἰσι κατὰ βάθος ἐν τῇ αὐτόθι θαλάττῃ πεφυτευμέναι, ὧν τὸν καρπὸν σιτευμένους τοὺς θύννους πιαίνεσθαι. *Athenæus libro VI.*

Τὴν κατὰ τὴν Λυσιτανίαν (χώρα δ' ἐστὶν αὕτη τῆς Ἰβηρίας, ἣν νῦν Ῥωμαῖοι Ἱσπανίαν ὀνομάζουσι.) διηγούμενος εὐδαιμονίαν Πολύβιος ὁ Μεγαλοπολίτης ἐν τῇ τετάρτῃ καὶ τριακοστῇ τῶν ἱστοριῶν φησίν· ὡς αὐτόθι διὰ τὴν τοῦ ἀέρος εὐκρασίαν, καὶ τὰ ζῶα πολύγονα, καὶ ἄνθρωποι, καὶ οἱ ἐν τῇ χώρᾳ καρποὶ οὐδέποτε φθείρονται. ῥόδα μὲν γὰρ αὐτόθι καὶ λευκόια, καὶ ἀσπάραγοι, καὶ τὰ παραπλήσια τούτοις, οὐ πλεῖον διαλείπει μηνῶν τριῶν. τὸ δὲ θαλάττιον ὄψον, καὶ κατὰ τὸ πλῆθος, καὶ κατὰ τὴν χρηστότητα, καὶ κατὰ τὸ κάλλος μεγάλην ἔχει διαφορὰν πρὸς τὸ γινόμενον ἐν τῇ καθ' ἡμᾶς θαλάττῃ. Καὶ ὁ μὲν τῶν κριθῶν Σίκλος, μέδιμνός ἐστι, δραχμῆς. ὁ δὲ τῶν πυρῶν, ἐννέα ὀβολῶν Ἀλεξανδρινῶν. τοῦ δ' οἴνου, δραχμῆς ὁ μετρητής. καὶ ἔριφος ὁ μέτριος ὀβολοῦ, καὶ λαγώς. τῶν δ' ἀρνῶν τριώβολον καὶ τετρώβολον ἡ τιμή. ὗς δὲ πίων, ἑκατὸν μνᾶς ἄγων, πέντε δραχμῶν, καὶ πρόβατον δυεῖν. τάλαντον

δὲ σύκων,

δὲ σύκων, τριῶν ὀβολῶν. μόσχος δραχμῶν πέντε, καὶ βοῦς ζύγιμος δέκα: τὰ δὲ τῶν ἀγρίων ζώων κρέα σχεδὸν οὐδὲ καταξιοῦται τιμῆς, ἀλλ' ἐν ἐπιδόσει καὶ χάριτι τὴν ἀλλαγὴν ποιοῦνται τούτων. *Athenæus initio lib. VIII.*

Πολύβιος δ' ἐν τῇ τετάρτῃ καὶ τριακοστῇ τῶν ἱστοριῶν, μετὰ τὴν Πυρήνην φησὶν ἕως τοῦ Νάρβωνος ποταμοῦ πεδίον εἶναι, δι' οὗ φέρεσθαι ποταμοὺς Ἰλέβερνιν καὶ Ῥόσκυνον ῥέοντας παρὰ πόλεις ὁμωνύμους, κατοικουμένας ὑπὸ Κελτῶν. ἐν οὖν τῷ πεδίῳ τούτῳ εἶναι τοὺς λεγομένους ἰχθῦς ὀρυκτούς. εἶναι δὲ τὸ πεδίον λεπτόγεων, καὶ πολλὴν ἄγρωστιν ἔχον πεφυκυῖαν. ὑπὸ δὲ ταύτην διάμμου τῆς γῆς οὔσης ὑπὸ δύο καὶ τρεῖς πήχεις, ὑπορρεῖν τὸ πλαζόμενον ὑπὸ τῶν ποταμῶν ὕδωρ. μεθ' οὗ ἰχθύες κατὰ τὰς παρεκχύσεις ὑποτρέχοντες ὑπὸ τὴν γῆν, χάριν τῆς τροφῆς (φιληδοῦσι γὰρ τῇ τῆς ἀγρώστεως ῥίζῃ) πεποιήκασι πᾶν τὸ πεδίον πλῆρες ἰχθύων ὑπογείων, οὓς ἀνορύττοντες λαμβάνουσιν. *Athenæus lib. VIII.*

ΑΙΘΑΛΗ, νῆσος Τυρσηνῶν. Πολύβιος δ' ἐν τριακοστῇ τετάρτῃ λέγει, Αἰθάλειαν τὴν Λῆμνον καλεῖσθαι, ἀφ' ἧς ἦν ὁ Γλαῦκος, εἷς τῶν τὴν κόλλησιν σιδήρου εὑρόντων. *Stephanus.*

EX LIBRO XXXVII.

ΜΟΥΣΕΙΟΝ, τόπος περὶ τὸν Ὄλυμπον τὸν ἐν Μακεδονίᾳ. Πολύβιος τριακοστῇ ἑβδόμῃ. *Stephanus.*

EX INCERTIS POLYBIANÆ HISTORIÆ LIBRIS FRAGMENTA, ITEM, POLYBII IPSIUS ELOGIA EX varijs auctoribus simul collecta.

E STRABONIS GEOGRAPHUMENIS.

LIBRO PRIMO.

ΕΤΙ δὲ μετὰ τούτους, Ἐρατοσθένης τε καὶ Πολύβιος, καὶ Ποσειδώνιος ἄνδρες φιλόσοφοι.

Ἐπεὶ οὐ περὶ ἅπαντας φιλοσοφεῖν ἄξιον· περὶ Ἐρατοσθένη δὲ, καὶ Ποσειδώνιον, καὶ Ἵππαρχον, καὶ Πολύβιον, καὶ ἄλλους τοιούτους καλόν.

Ὅπερ καὶ Πολύβιός φησι περὶ τῆς Ὀδυσσέως πλάνης ἐπιχειρῶν.

Καὶ Πολύβιος δ' ὀρθῶς ὑπονοεῖ τὰ περὶ τῆς πλάνης· τὸν γὰρ Αἴολον, τὸν προσημαίνοντα τοὺς ἔκπλους ἐν τοῖς κατὰ τὸν πορθμὸν τόποις ἀμφιδρόμοις οὖσι καὶ δυσἔκπλοις, διὰ τὰς παλιρροίας, ταμίαν τε εἰρῆσθαι τῶν ἀνέμων, καὶ βασιλέα νενομίσθαι φησί· καθάπερ Δαναὸν μὲν, τὰ ὑδρεῖα τὰ ἐν Ἄργει παραδείξαντα, Ἀτρέα δὲ, τοῦ ἡλίου τὸν ὑπεναντίον τῷ οὐρανῷ δρόμον, μάντεις τε, καὶ ἱεροσκοπουμένους ἀποδείκνυσθαι βασιλέας· τούς θ' ἱερέας τῶν Αἰγυπτίων, καὶ Χαλδαίους, καὶ μάγους, σοφίᾳ τινὶ διαφέροντας τῶν ἄλλων, ἡγεμονίας καὶ τιμῆς τυγχάνειν παρὰ τοῖς πρὸ ἡμῶν· οὕτω δὲ καὶ τῶν θεῶν ἕνα ἕκαστον τῶν χρησίμων τινὸς εὑρετὴν γενόμενον, τιμᾶσθαι. Ταῦτα δὲ προοικονομησάμενος, οὐκ ἐᾷ τὸν Αἴολον ἐν μύθου σχήματι ἀκούεσθαι, οὐδ' ὅλην τὴν Ὀδυσσέως πλάνην· ἀλλὰ μικρὰ μὲν προσμεμυθεῦσθαι, καθάπερ καὶ τῷ Ἰλιακῷ πολέμῳ· τὸ δ' ὅλον, περὶ Σικελίαν καὶ τῷ ποιητῇ πεποιῆσθαι, καὶ τοῖς ἄλλοις συγγραφεῦσιν, ὅσοι τὰ περιχώρια λέγουσι τὰ περὶ τὴν Ἰταλίαν, καὶ Σικελίαν. Οὐκ ἐπαινεῖ δὲ οὐδὲ τὴν τοιαύτην τοῦ Ἐρατοσθένους ἀπόφασιν, διότι φησὶ τότ' ἂν εὑρεῖν τινα ποῦ Ὀδυσσεὺς πεπλάνηται, ὅταν εὕρῃ τὸν σκυτέα τὸν συῤῥάψαντα τὸν τῶν ἀνέμων ἀσκόν. Καὶ τοῦτο δ' οἰκείως εἰρῆσθαι τοῖς συμβαίνουσι περὶ τὸ Σκύλλαιον, καὶ τὴν θήραν τῶν γαλεωτῶν τὸ ἐπὶ τῆς Σκύλλης.

Αὐτοῦ δ' ἰχθυάᾳ σκόπελον περιμαιμώωσα,
Δελφῖνάς τε, κύνας τε, καὶ εἴ ποθι μεῖζον ἕλῃσι
Κῆτος....

Τοὺς γὰρ θύννους ἀγεληδὸν φερομένους παρὰ τὴν Ἰταλίαν, ἐπειδὰν ἐμπέσωσι καὶ κωλυθῶσι τῆς Σικελίας ἅψασθαι, περιπίπτειν τοῖς μείζοσι τῶν ζῴων, οἷον δελφίνων, καὶ κυνῶν, καὶ ἄλλων κητωδῶν· ἐκ δὲ τῆς θήρας αὐτῶν πιαίνεσθαι τοὺς γαλεώτας, οὓς καὶ ξιφίας λέγεσθαι, καὶ κύνας φησί. Συμβαίνειν γὰρ ταυτὸν ἐνθάδε, καὶ κατὰ τὰς ἀναβάσεις τοῦ Νείλου, καὶ τῶν ἄλλων ὑδάτων, ὅπερ ἐπὶ πυρὸς, καὶ ὕλης ἐμπιπραμένης· ἀθροιζόμενα γὰρ τὰ θηρία φεύγειν τὸ πῦρ, ἢ τὸ ὕδωρ, καὶ βορὰν γίνεσθαι τοῖς κρείττοσι. Ταῦτα δ' εἰπὼν διηγεῖται τὴν τῶν γαλεωτῶν θήραν, ἣ συνίσταται περὶ τὸ Σκύλλαιον· σκοπὸς γὰρ ἐφέστηκε κοινὸς τοῖς ὑφορμοῦσιν ἐν δικώποις σκαφιδίοις πολλοῖς, δύο καθ' ἕκαστον σκαφίδιον· καὶ ὁ μὲν ἐλαύνει, ὁ δ' ἐπὶ τῆς πρῴρας ἕστηκε δόρυ ἔχων, σημήναντος τοῦ σκοποῦ τὴν ἐπιφάνειαν τοῦ γαλεώτου· φέρεται δὲ τὸ τρίτον μέρος ἔξαλον τὸ ζῷον· συνάψαντος δὲ τοῦ σκάφους, ὁ μὲν ἔπληξεν ἐκ χειρὸς· εἶτ' ἐξέσπασεν ἐκ τοῦ σώματος τὸ δόρυ χωρὶς τῆς ἐπιδορατίδος· ἀγκιστρώδης τε γάρ ἐστι, καὶ χαλαρῶς ἐνήρμοσται τῷ δόρατι ἐπίτηδες· καλῴδιον δ' ἔχει μακρὸν ἐξημμένον· τοῦτ' ἐπιχαλῶσι τῷ τρωθέντι, ἕως κάμῃ σφαδάζον, καὶ ὑποφεῦγον· τότε δ' ἕλκουσιν ἐπὶ τὴν γῆν, ἢ εἰς τὸ σκάφος ἀναλαμβάνουσιν, ἐὰν μὴ μέγα εἴη τελέως τὸ σῶμα· κἂν ἐκπέσῃ δὲ εἰς τὴν θάλατταν τὸ δόρυ, οὐκ ἀπόλωλεν· ἔστι γὰρ πηκτὸν ἔκ τε δρυὸς, καὶ ἐλάτης· ὥστε βαπτιζομένου τοῦ δρυΐνου βάρει, μετέωρον εἶναι τὸ λοιπὸν, καὶ εὐανάληπτον· συμβαίνει δέ ποτε καὶ τιτρώσκεσθαι διὰ τοῦ σκαφιδίου τὸν κωπηλάτην, διὰ τὸ μέγεθος τοῦ ξίφους τῶν γαλεωτῶν, καὶ τὸ τὴν ἀκμὴν τοῦ ζώου συαγρώδη εἶναι, καὶ τὴν θήραν. Ἔκ τε δὴ τῶν τοιούτων εἰκάζοι τις ἂν, φησὶ περὶ Σικελίαν γενέσθαι τὴν πλάνην κατὰ τὸν Ὅμηρον, ὅτι τῇ Σκύλλῃ προσῆψε τὴν τοιαύτην θήραν, ἣ μάλιστ' ἐπιχώριός ἐστι τῷ Σκυλλαίῳ. Καὶ ἐκ τῶν περὶ τῆς Χαρύβδεως λεγομένων ὁμοίων τοῖς τοῦ πορθμοῦ πάθεσι. τὸ δὲ,

Τρὶς μὲν γάρ τ' ἀνίησιν.

ἀντὶ τοῦ δίς, γραφικὸν εἶναι ἁμάρτημα, ἢ ἱστορικόν. Καὶ τὰ ἐν τῇ Μήνιγγι δὲ, τοῖς περὶ τῶν Λωτοφάγων εἰρημένοις συμφωνεῖ. Εἰ δέ τινα μὴ συμφωνεῖ, μεταβολὰς αἰτιᾶσθαι δεῖ, ἢ ἄγνοιαν, ἢ καὶ ποιητικὴν ἐξουσίαν, ἣ συνέστηκεν ἐξ ἱστορίας, καὶ διαθέσεως, καὶ μύθου. τῆς μὲν οὖν ἱστορίας ἀλήθειαν εἶναι τέλος, ὡς ἐν νεῶν καταλόγῳ τὰ ἑκάστοις τόποις συμβεβηκότα λέγοντος τοῦ ποιητοῦ· τὴν μὲν πετρήεσσαν, τὴν δὲ ἐσχατόωσαν πόλιν, ἄλλην δὲ πολυτρήρωνα, τὴν δ' ἀγχίαλον· τῆς δὲ διαθέσεως ἐνέργειαν εἶναι τὸ τέλος· ὡς ὅταν μαχομένους εἰσάγῃ· μύθου δὲ, ἡδονὴν καὶ ἔκπληξιν. Τὸ δὲ πάντα πλάττειν, οὐ πιθανὸν, οὐδ' Ὁμηρικόν· τὴν γὰρ ἐκείνου ποίησιν, φιλοσόφημα πάντας νομίζειν, οὐχ ὡς Ἐρατοσθένης φησὶ, κελεύων μὴ κρίνειν πρὸς τὴν διάνοιαν τὰ ποιήματα, μηδ' ἱστορίαν ἀπ' αὐτῶν ζητεῖν. Πιθανώτερόν τε τὸ,

Ἔνθεν δ' ἐννῆμαρ φερόμην ὀλοοῖς ἀνέμοισιν,

ἐν βραχεῖ διαστήματι δέχεσθαι· οἱ γὰρ ὀλοοὶ οὐκ εὐθύδρομοι· ἢ ἐξωκεανίζειν, ὡς ἂν οὐρίων πνεόντων συνεχῶς. Συνθεὶς δὲ τὸ διάστημα τὸ ἐκ Μαλεῶν ἐπὶ στήλας, σταδίων δισμυρίων, καὶ δισχιλίων πεντακοσίων, εἰ (φησὶ) τοῦτο θείημεν ἐν ταῖς ἐννέα ἡμέραις διηνύσθαι ἰσοταχῶς, ἑκάστης ἂν ἡμέρας ὁ πλοῦς συμβαίνοι σταδίων δισχιλίων πεντακοσίων. Τίς οὖν ἱστόρηκεν ἐκ Λυκίας, ἢ Ῥόδου δευτεραῖόν τινα ἀφιγμένον εἰς Ἀλεξάνδρειαν, ὄντος τοῦ διαστήματος σταδίων τετρακισχιλίων; Πρὸς δὲ τοὺς ἐπιζητοῦντας πῶς τρὶς εἰς Σικελίαν ἐλθὼν, οὐδ' ἅπαξ διὰ τοῦ πορθμοῦ πέπλευκεν Ὀδυσσεὺς, ἀπολογεῖται· διότι καὶ οἱ ὕστερον ἔφευγον ἅπαντες τὸν πλοῦν τοῦτον. τοιαῦτα μὲν εἴρηκεν.

LIBRO II.

Πολύβιος δὲ ποιεῖ ζώνας ἕξ· δύο μὲν τὰς τοῖς ἀρκτικοῖς ὑποπιπτούσας· δύο δὲ τὰς μεταξὺ τούτων τε, καὶ τῶν τροπικῶν καὶ τοῦ ἰσημερινοῦ.

Ὁ δὲ Πολύβιος, τοῦτο μὲν οὐκ εὖ, τὸ ποιεῖν τινας ζώνας τοῖς ἀρκτικοῖς διοριζομένας· δύο μὲν τὰς ὑποπιπτούσας αὐτοῖς· δύο δὲ τὰς μεταξὺ τούτων, καὶ τῶν τροπικῶν· εἴρηται γὰρ, ὅτι τοῖς μεταπίπτουσι σημείοις οὐχ ὁριστέον τὰ ἀμετάπτωτα· οὐδὲ τοῖς τροπικοῖς δὲ τῆς διακεκαυμένης ὅροις χρηστέον· καὶ γὰρ καὶ τοῦτ' εἴρηται. Τὴν διακεκαυμένην μέντοι δίχα διαιρῶν, πρὸς οὐ φαύλην ἐπίνοιαν φαίνεται κεκινημένος· πρὸς ἣν, καὶ ὅλην δίχα διαιροῦμεν εὐφυῶς τὴν γῆν, εἴς τε τὸ βόρειον ἡμισφαίριον, καὶ τὸ νότιον τῷ ἰσημερινῷ· δῆλον γὰρ, ὅτι διαιρεῖται κατὰ ταύτην τὴν τομὴν, καὶ ἡ διακεκαυμένη ποιεῖ τινὰ ἐπιτηδειότητα· ὥστε καὶ τὸ ἡμισφαίριον ἑκάτερον ἐξ ὅλων συντετάχθαι τριῶν ζωνῶν ὁμοειδῶν τῶν ἐν θατέρῳ. Ἡ μὲν οὖν τοιαύτη τομὴ δέχεται τὴν εἰς ἓξ ζώνας διαίρεσιν· ἡ δὲ ἑτέρα οὐ πάνυ. Εἰ οὖν τις διὰ τῶν πόλων δίχα τέμνης τὴν γῆν, οὐκ ἂν εἰκότως ἑκάτερον τῶν ἡμισφαιρίων τό, τε ἑσπέριον, καὶ τὸ ἀνατολικὸν τέμνοις εἰς ζώνας ἕξ, ἀλλὰ ἡ εἰς πέντε ἀρκοῦσα ἂν εἴη· τὸ γὰρ ὁμοιοπαθὲς τῶν τμημάτων ἀμφοτέρων τῆς διακεκαυμένης ὃ ποιεῖ ὁ ἰσημερινὸς, καὶ τὸ συγκεῖσθαι, περιττὴν, καὶ περίεργον ἀποφαίνει τὴν τομήν· ὁμοειδῶν μὲν

οὐσῶν

οὐσῶν καὶ τῶν εὐκράτων, καὶ τῶν κατεψυγμένων, ἀλλ' οὐ συγκειμένων· οὕτως οὖν καὶ τὴν ὅλην τὴν ἐκ τῶν πέντων ἡμισφαιρίων ἐπινοουμένην ἀρκούντως ἂν εἰς πέντε διαιρείης. Εἰ δ' ὥσπερ Ἐρατοσθένης φησίν, ὑποπίπτουσα τῷ ἰσημερινῷ ἐστιν εὔκρατος, καθάπερ καὶ ὁ Πολύβιος ὁμολογεῖ· προστίθησι δ' οὗτος, καὶ διότι ὑψηλοτάτη ἐστί· διόπερ καὶ κατομβρεῖται· τῶν βορείων νεφῶν κατὰ τοὺς ἐτησίας ἐκεῖ τοῖς ἀναστήμασι προσπιπτόντων πλείστων· πολὺ κρεῖττον τρίτην τὴν εὔκρατον ταύτην ποιεῖν στενήν τινα, ἢ τὰς ὑπὸ τοῖς τροπικοῖς συνάγειν. Συνηγορεῖ δὲ τούτοις καὶ τὰ τοιαῦτα, ὧν μέμνηται καὶ Ποσειδώνιος· τὸ καὶ τὰς μεταστάσεις ὀξυτέρας εἶναι τὰς εἰς τὰ πλάγια· ὡς δ' αὕτως, καὶ τὰς ἀπ' ἀνατολῆς ἐπὶ δύσιν τοῦ ἡλίου· ὀξύτεραι γὰρ αἱ κατὰ μέγιστον κύκλον τῶν ὁμοταχῶν κινήσεων. Ἐνίσταται δ' ὁ Ποσειδώνιος τῷ Πολυβίῳ, διότι φησὶ τὴν ὑπὸ τῷ ἰσημερινῷ οἴκησιν ὑψηλοτάτην· οὐδὲ γὰρ εἶναι κατὰ τὴν σφαιρικὴν ἐπιφάνειαν ὕψος διὰ τὴν ὁμαλότητα· οὐδὲ δὴ ὀρεινὴν εἶναι τὴν ὑπὸ τῷ ἰσημερινῷ, ἀλλὰ μᾶλλον πεδιάδα, ἰσόπεδόν πως τῇ ἐπιφανείᾳ τῆς θαλάττης· τοὺς δὲ πληρώσαντας τὸν Νεῖλον ὄμβρους, ἐκ τῶν Αἰθιοπικῶν ὀρῶν συμβαίνειν. Ταῦτα δ' εἰπὼν ἐνταῦθα, ἐν ἄλλοις συγχωρεῖ, φήσας, ὑπονοεῖν ὄρη εἶναι τὰ ὑπὸ τῷ ἰσημερινῷ, πρὸς ἃ ἑκατέρωθεν ἀπὸ τῶν εὐκράτων ἀμφοῖν προσπίπτοντα τὰ νέφη, ποιεῖν τοὺς ὄμβρους. Αὕτη μὲν οὖν ἡ ἀνομολογία φανερά.

Πολύβιος δὲ τὴν Εὐρώπην χωρογραφῶν, τοὺς μὲν ἀρχαίους ἐᾶν φησι· τοὺς δ' ἐκείνους ἐλέγχοντας ἐξετάζειν Δικαίαρχόν τε, καὶ Ἐρατοσθένη, τὸν τελευταῖον πραγματευσάμενον περὶ τῆς γεωγραφίας, καὶ Πυθέαν, ὑφ' οὗ παρακρουσθῆναι πολλούς· ὅλην μὲν τοι Βρεττανικὴν ἐμβατὸν ἐπελθεῖν φάσκοντος, τὴν δὲ περίμετρον πλειόνων τεττάρων μυριάδων ἀποδόντος τῆς νήσου· προσιστορήσαντος δὲ καὶ τὰ περὶ τῆς Θούλης καὶ τῶν τόπων ἐκείνων, ἐν οἷς οὔτε γῆ κατ' αὐτὸν ὑπῆρχεν ἔτι, οὔτε θάλαττα, οὔτ' ἀήρ, ἀλλὰ σύγκριμά τι ἐκ τούτων πλεύμονι θαλαττίῳ ἐοικός· ἐν ᾧ φησι τὴν γῆν καὶ τὴν θάλατταν αἰωρεῖσθαι, καὶ τὰ σύμπαντα, καὶ τοῦτον ὡς ἂν δεσμὸν εἶναι τῶν ὅλων, μήτε πορευτὸν, μήτε πλωτὸν ὑπάρχοντα. τὸ μὲν οὖν τῷ πλεύμονι ἐοικὸς αὐτὸς ἑωρακέναι, τἆλλα δὲ λέγειν ἐξ ἀκοῆς· ταῦτα μὲν τὰ τοῦ Πυθέου· καὶ διότι ἐπανελθὼν ἐνθένδε, πᾶσαν ἐπέλθοι τὴν παρωκεανῖτιν τῆς Εὐρώπης, ἀπὸ Γαδείρων ἕως Τανάϊδος. Φησὶ δ' οὖν ὁ Πολύβιος, ἄπιστον καὶ αὐτὸ τοῦτο, πῶς ἰδιώτῃ ἀνθρώπῳ, καὶ πένητι τοσαῦτα διαστήματα πλωτὰ, καὶ πορευτὰ γένοιτο; τὸν δ' Ἐρατοσθένη διαπορήσαντα εἰ χρὴ πιστεύειν τούτοις, ὅμως περί τε τῆς Βρεττανικῆς πεπιστευκέναι καὶ τῶν κατὰ Γάδειρα καὶ τὴν Ἰβηρίαν· πολὺ δέ φησι βέλτιον τῷ Μεσσηνίῳ πιστεύειν ἢ τούτῳ· ὁ μέν τοί γε εἰς μίαν χώραν τὴν Παγχαίαν λέγει πλεῦσαι· ὁ δὲ καὶ μέχρι τῶν τοῦ κόσμου περάτων κατωπτευκέναι τὴν προσάρκτιον Εὐρώπην πᾶσαν ἣν οὐδὲ τῷ Ἑρμῇ πιστεύσαι τις λέγοντι. Ἐρατοσθένη δὲ τὸν μὲν Εὐήμερον Βεργαῖον καλεῖν, Πυθέᾳ δὲ πιστεύειν· καὶ ταῦτα δὲ, μήτε Δικαιάρχῳ πιστεύσαντος. Τὸ μὲν οὖν μήτε Δικαιάρχου πιστεύσαντος, γελοῖον· ὥσπερ ἐκείνῳ χρήσασθαι κανόνι προσῆκον, καθ' οὗ τοσούτους ἐλέγχους αὐτὸς προφέρεται. Ἐρατοσθένους δὲ εἴρηται ἡ περὶ τὰ ἑσπέρια καὶ τὰ ἀρκτικὰ τῆς Εὐρώπης ἄγνοια. Ἀλλ' ἐκείνῳ μὲν καὶ Δικαιάρχῳ συγγνώμη, τοῖς μὴ καταδοῦσι τοὺς τόπους ἐκείνους. Πολυβίῳ δὲ, καὶ Ποσειδωνίῳ τίς ἂν συγγνοίη; Ἀλλὰ μὴν Πολύβιός γε ἐστὶν ὁ ὅλας δογματικὰς καλῶν ἀποφάσεις ἃς ποιεῖται περὶ τῶν ἐν τούτοις τοῖς τόποις διαστημάτων, καὶ ἐν ἄλλοις πολλοῖς, ἀλλ' οὐδ' ἐν οἷς ἐκείνους ἐλέγχει καθαρεύων. Τοῦ γοῦν Δικαιάρχου μυρίους μὲν εἰπόντος τοὺς ἐπὶ στήλας ἀπὸ τῆς Πελοποννήσου σταδίους, πλείους δὲ τούτων τοὺς ἐπὶ τὸν Ἀδρίαν μέχρι τοῦ μυχοῦ· τοῦ δ' ἐπὶ στήλας τὸ μέχρι τοῦ πορθμοῦ, τρισχιλίους ἀποδόντος· ὡς γίνεσθαι τὸ λοιπὸν ἑπτακισχιλίους τὸ ἀπὸ πορθμοῦ μέχρι στηλῶν· τοὺς μὲν τρισχιλίους ἐᾷν φησιν, εἴτ' εὖ λαμβάνονται, εἴτε μή· τοὺς δ' ἑπτακισχιλίους οὐδετέρως, οὐδὲ τὴν παραλίαν ἐμμετροῦντι, οὔτε τὴν διὰ μέσου τοῦ πελάγους. Τὴν μὲν γὰρ παραλίαν ἐοικέναι μάλιστ' ἀμβλείᾳ γωνίᾳ βεβηκυίᾳ ἐπί τε τοῦ πορθμοῦ καὶ τῶν στηλῶν, κορυφὴν δ' ἐχούσῃ Νάρβωνα· ὥστε συνίστασθαι τρίγωνον βάσιν ἔχον τὴν διὰ τοῦ πελάγους εὐθεῖαν, πλευρὰς δὲ τὰς τὴν γωνίαν ποιούσας τὴν λεχθεῖσαν· ὧν ἡ μὲν ἀπὸ τοῦ πορθμοῦ μέχρι Νάρβωνος, μυρίων ἐστὶ καὶ πλειόνων ἢ διακοσίων ἐπὶ τοῖς χιλίοις· ἡ δὲ λοιπὴ μικρῷ λοιπὸν ἐλαττόνων ἢ ὀκτακισχιλίων. Καὶ τὸ πλεῖστον μὲν διάστημα ἀπὸ τῆς Εὐρώπης ἐπὶ τὴν Λιβύην ὁμολογεῖσθαι κατὰ τὸ Τυρρηνικὸν πέλαγος σταδίων οὐ πλειόνων ἢ τρισχιλίων· κατὰ τὸ Σαρδόνιον δὲ λαμβάνειν συναγωγήν· ἀλλ' ἔστω φησὶ καὶ ἐκεῖνο τρισχιλίων· προσειλήφθω δ' ἐπὶ τούτοις δισχιλίων σταδίων, τὸ τοῦ κόλπου βάθος τὸ κατὰ Νάρβωνα, ὡς ἂν κάθετος ἀπὸ τῆς κορυφῆς ἐπὶ τὴν βάσιν τοῦ ἀμβλυγωνίου· δῆλον οὖν φησιν ἐκ τῆς παιδικῆς μετρήσεως, ὅτι ἡ σύμπασα παραλία ἡ ἀπὸ τοῦ πορθμοῦ ἐπὶ στήλας ἔγγιστα ὑπερέχει τῆς διὰ τοῦ πελάγους εὐθείας, πεντακοσίοις σταδίοις· προστεθέντων δὲ τῶν ἀπὸ τῆς Πελοποννήσου ἐπὶ τὸν πορθμὸν τρισχιλίων, οἱ σύμπαντες ἔσονται στάδιοι αὐτοὶ ἐπ' εὐθείας, πλείους ἢ διπλάσιοι ὧν Δικαίαρχος εἶπε· πλείους δὲ τούτων τοὺς ἐπὶ τὸν μυχὸν τὸν Ἀδριατικὸν δεήσει, φησί, θεῖναι κατ' ἐκεῖνον. Ἀλλ' ὦ φίλε Πολύβιε φαίη τις ἄν, ὥσπερ τούτου τοῦ ψεύσματος ἐναργῆ παρίστησι τὸν ἔλεγχον ἡ πεῖρα ἐξ αὐτῶν ὧν εἴρηκας αὐτός, εἰς μὲν Λευκάδα ἐκ Πελοποννήσου ἑπτακοσίους· ἐντεῦθεν δὲ τοὺς ἴσους εἰς Κέρκυραν, καὶ πάλιν ἐντεῦθεν εἰς τὰ Κεραύνια τοὺς ἴσους, καὶ ἐν δεξιᾷ εἰς τὴν Ἰαπυγίαν. ἀπὸ δὲ τῶν Κεραυνίων τὴν Ἰλλυρικὴν παραλίαν σταδίων ἑξακισχιλίων ἑκατὸν πεντήκοντα· οὕτως κἀκεῖνα ψεύσματά ἐστιν ἀμφότερα, καὶ ὃ Δικαίαρχος εἶπε, τὸ ἀπὸ πορθμοῦ ἐπὶ στήλας εἶναι σταδίων ἑπτακισχιλίων, καὶ ὃ σὺ δοκεῖς ἀποδεῖξαι. Ὁμολογοῦσι γὰρ οἱ πλεῖστοι λέγοντες τὸ διὰ πελάγους μυρίων εἶναι καὶ δισχιλίων· συμφωνεῖ δὲ τοῦτο καὶ τῇ ἀποφάσει τῇ περὶ τοῦ μήκους τῆς οἰκουμένης· μάλιστα γὰρ εἶναί φασι μυριάδων ἑπτά· τούτου δὲ τὸ ἑσπέριον τμῆμα τὸ ἀπὸ τοῦ Ἰσσικοῦ κόλπου μέχρι τῶν ἄκρων τῆς Ἰβηρίας, ἅπερ δυσμικώτερά ἐστι, μικρὸν ἀπολείπει τῶν τρισμυρίων. συντιθέασι δ' οὕτως· ἀπὸ μὲν τοῦ Ἰσσικοῦ κόλπου μέχρι τῆς Ῥοδίας, πεντακισχιλίους· ἐντεῦθεν δ' ἐπὶ Σαλμώνιον τῆς Κρήτης, ὅπερ ἐστὶ τὸ ἑῷον ἄκρον, χιλίους· αὐτῆς δὲ τῆς Κρήτης μῆκος πλείους ἢ δισχιλίους ἐπὶ Κριοῦ μέτωπον· ἐντεῦθεν δ' ἐπὶ Πάχυνον τῆς Σικελίας τετρακισχιλίους καὶ

πεντακο-

πεντακοσίους, καὶ ἀπὸ Παχύνου ἐπὶ πορθμὸν πλείους ἢ χιλίους· εἶτα τὸ δίαρμα τὸ ἐπὶ στήλας ἀπὸ πορθμοῦ μυρίους τρισχιλίους· ἀπὸ στηλῶν δὲ ἐπὶ τὰ τελευταῖα τοῦ ἱεροῦ ἀκρωτηρίου τῆς Ἰβηρίας περὶ τρισχιλίους. Καὶ ἡ κάθετος δὲ οὐ καλῶς εἴληπται· εἴπερ ἡ μὲν Ναρβὼν ἐπὶ τοῦ αὐτοῦ παραλλήλου ἵδρυται σχεδόν τι τῷ διὰ Μασσαλίας, αὕτη δὲ τῷ διὰ Βυζαντίου, καθάπερ καὶ Ἵππαρχος πείθεται· ἡ δὲ διὰ τοῦ πελάγους ἐπὶ τοῦ αὐτοῦ ἐστὶ τῷ διὰ πορθμοῦ καὶ τῆς Ῥοδίας· ἀπὸ δὲ τῆς Ῥοδίας εἰς Βυζάντιον ὡς ἂν ἐπὶ τοῦ αὐτοῦ μεσημβρινοῦ κειμένων ἀμφοῖν, περὶ πεντακισχιλίους, ὡς εἰρήκασι σταδίους· τοσοῦτοι γὰρ ἂν εἶεν καὶ οἱ τῆς εἰρημένης καθέτου. Ἐπεὶ δὲ καὶ τὸ μέγιστον δίαρμα τοῦ πελάγους τούτου τὸ ἀπὸ τῆς Εὐρώπης, ἐπὶ τὴν Λιβύην πεντακισχιλίων που σταδίων λέγουσιν ἀπὸ τοῦ μυχοῦ τοῦ Ἀδριατικοῦ κόλπου· δοκεῖ μοι πεπλανημένως λέγεσθαι τοῦτο, ἢ πολὺ τὴν Λιβύην κατὰ τοῦτο τὸ μέρος προσνεύειν ἐπὶ τὴν ἄρκτον, καὶ συνάπτειν τῷ διὰ τῶν στηλῶν παραλλήλῳ. Καὶ τοῦτο οὐκ εὖ λέγεται, τὸ, πλησίον τῆς Σαρδόνος τὴν λεχθεῖσαν κάθετον τελευτᾶν· οὐ γὰρ παραπλήσιον, ἀλλὰ πολὺ δυσμικώτερον εἶναι τὸ δίαρμα τοῦτο τῆς Σαρδόνος, ὅλον σχεδόν τι ἀπολαμβάνον ἐν τῷ μεταξὺ πρὸς τῷ Σαρδονίῳ τὸ Λιγυστικὸν πέλαγος. Καὶ τῆς παραλίας δὲ τὰ μήκη πεπλεόνασται· πλὴν οὐκ ἐπὶ τοσοῦτόν γε. Ἑξῆς δὲ τὰ τοῦ Ἐρατοσθένους ἐπανορθοῖ, τὰ μὲν εὖ, τὰ δὲ χεῖρον λέγων ἢ ἐκεῖνος. Ἐξ Ἰθάκης μὲν γὰρ εἰς Κέρκυραν τριακοσίους εἰπόντος, πλείους φησὶν εἶναι τῶν ἐνακοσίων. ἐξ Ἐπιδάμνου δὲ εἰς Θεσσαλονίκειαν ἐνακοσίους ἀποδόντος, πλείους τῶν δισχιλίων φησί· ταῦτα μὲν εὖ. Ἀπὸ δὲ Μασσαλίας ἐπὶ στήλας λέγοντος ἑπτακισχιλίους, ἀπὸ δὲ Πυρήνης ἑξακισχιλίους, αὐτὸς λέγει χεῖρον πλείους ἢ ἐνακισχιλίους τοὺς ἀπὸ Μασσαλίας, ἀπὸ δὲ Πυρήνης μικρὸν ἐλάττους ἢ ὀκτακισχιλίους· ἐγγυτέρω γὰρ τῆς ἀληθείας ἐκεῖνος εἴρηκεν. Οἱ γὰρ νῦν ὁμολογοῦσιν εἴ τις τὰς τῶν ὁδῶν ἀνωμαλίας ὑποτέμνοιτο, μὴ μείζω τῶν ὀκτακισχιλίων σταδίων εἶναι τὸ μῆκος τὴν σύμπασαν Ἰβηρίαν ἀπὸ Πυρήνης ἕως τῆς ἑσπερίου πλευρᾶς. Ὁ δ᾽ αὐτὸν τὸν Τάγον ποταμὸν, ὀκτακισχιλίων σταδίων τίθησι τὸ μῆκος ἀπὸ τῆς πηγῆς μέχρι τῶν ἐκβολῶν· οὐ δήπου τὸ σὺν τοῖς σκολιώμασιν, (οὐ γὰρ γεωγραφικὸν τοῦτο,) ἀλλ᾽ ἐπ᾽ εὐθείας λέγων· καίτοι γε ἀπὸ Πυρήνης αἱ τοῦ Τάγου πηγαὶ πλέον διέχουσιν ἢ χιλίους σταδίους. Πάλιν δὲ τοῦτο μὲν ὀρθῶς ἀποφαίνεται, ὅτι ἀγνοεῖ τὰ Ἰβηρικὰ ὁ Ἐρατοσθένης, καὶ διότι περὶ αὐτῆς ἔσθ᾽ ὅπου τὰ μαχόμενα ἀποφαίνεται· ὅς γε μέχρι Γαδείρων ὑπὸ Γαλατῶν περιοικεῖσθαι φήσας ἔξωθεν αὐτῆς, εἴ γε τὰ πρὸς δύσιν τῆς Εὐρώπης μέχρι Γαδείρων ἔχουσιν ἐκεῖνοι· τούτων οὖν ἐκλαθόμενος κατὰ τὴν τῆς Ἰβηρίας περίοδον, τῶν Γαλατῶν οὐδαμοῦ μέμνηται· τὸ μῆκος τῆς Εὐρώπης ὅτι ἔλαττόν ἐστι τοῦ συνάμφω τῆς τε Λιβύης καὶ τῆς Ἀσίας ἐκθεὶς, οὐκ ὀρθῶς τὴν σύγκρισιν ποιεῖται· τὸ μὲν γὰρ στόμα τὸ κατὰ στήλας φησὶν, ὅτι κατὰ τὴν ἰσημερινὴν δύσιν ἐστὶν, ὁ δὲ Ταίαϊς ῥεῖ ἀπὸ θερινῆς ἀνατολῆς· ἐλαττοῦται ἡ τῶν συνάμφω μήκους, τῷ μεταξὺ τῆς θερινῆς ἀνατολῆς καὶ τῆς ἰσημερινῆς· τοῦτο γὰρ ἡ Ἀσία προλαμβάνει πρὸς τὴν ἰσημερινὴν ἀνατολὴν τοῦ πρὸς τὰς ἄρκτους ἡμικυκλίου. Χωρὶς γὰρ τοῦ προσκελοῦς ἐν

ἑσπέρια καὶ τὰ ἀρκτικὰ τῆς Εὐρώπης ἄγνοια. Ἀλλ' ἐκείνῳ μὲν καὶ Δικαι συγγνώμη, τοῖς μὴ καταιδοῦσι τοὺς τόπους ἐκείνους. Πολυβίῳ δὲ, καὶ Ποσ τίς ἂν συγγνοίη; Ἀλλὰ μὴν Πολύβιός γε ἐστὶν ὁ ὅλας δογματικὰς καλῶ φάσεις ἃς ποιεῖται περὶ τῶν ἐν τούτοις τοῖς τόποις διαστημάτων, καὶ ἐν ὁ πολλοῖς, ἀλλ' οὐδ' ἐν οἷς ἐκείνους ἐλέγχει κατορθοῦν. Τοῦ γοῦν Δικ χου μυρίους μὲν εἰπόντος τοὺς ἐπὶ στήλας ἀπὸ τῆς Πελοποννήσου σταδίους, οὓς δὲ τούτων τοὺς ἐπὶ τὸν Ἀδρίαν μέχρι τοῦ μυχοῦ· τοῦ δ' ἐπὶ στήλας· χρι τοῦ πορθμοῦ, τρισχιλίους ἀποδόντος· ὡς γίνεσθαι τὸ λοιπὸν ἑπτα χιλίους τὸ ἀπὸ πορθμοῦ μέχρι στηλῶν· τοὺς μὲν τρισχιλίους ἐᾶν φησὶν εὖ λαμβάνονται, εἴτε μή· τοὺς δ' ἑπτακισχιλίους οὐδετέρως, οὐ παραλίαν ἐμμετροῦντι, οὔτε τὴν διὰ μέσου τοῦ πελάγους. Τὴν παραλίαν ἐοικέναι μάλιστ' ἀμβλείᾳ γωνίᾳ βεβηκυίᾳ ἐπί τε τοῦ πορθ τῶν στηλῶν, κορυφὴν δ' ἐχούσῃ Νάρβωνα· ὥστε συνίστασθαι τρίγωνον βάσ τὴν διὰ τοῦ πελάγους εὐθεῖαν, πλευρὰς δὲ τὰς τὴν γωνίαν ποιούσας χθείσας· ὧν ἡ μὲν ἀπὸ τοῦ πορθμοῦ μέχρι Νάρβωνος, μυρίων ἐ πλειόνων ἢ διακοσίων ἐπὶ τοῖς χιλίοις· ἡ δὲ λοιπὴ μικρῷ λοιπὸν ἐ νων ἢ ὀκτακισχιλίων. καὶ τὸ πλεῖστον μὲν διάστημα ἀπὸ τῆς Εὐρώπης ἐπὶ· βύην ὁμολογεῖσθαι κατὰ τὸ Τυρρηνικὸν πέλαγος σταδίων οὐ πλειόνων ἢ χιλίων· κατὰ τὸ Σαρδόνιον δὲ λαμβάνειν συναγωγήν· ἀλλ' ἔστω φ: ἐκεῖνο τρισχιλίων· προσειλήφθω δ' ἐπὶ τούτοις δισχιλίων σταδίων, κόλπου βάθος τὸ κατὰ Νάρβωνα, ὡς ἂν κάθετος ἀπὸ τῆς κορυφῆς ἐ βάσιν τοῦ ἀμβλυγωνίου· δῆλον οὖν φησὶν ἐκ τῆς παιδικῆς μετρήσεω ἡ σύμπασα παραλία ἡ ἀπὸ τοῦ πορθμοῦ ἐπὶ στήλας ἔγγιστα ὑπερέχει τῆς πελάγους εὐθείας, πεντακοσίοις σταδίοις· προστεθέντων δὲ τῶν ἀπὸ τῆς ποννήσου ἐπὶ τὸν πορθμὸν τρισχιλίων, οἱ σύμπαντες ἔσονται στάδιοι ἀ εὐθείας, πλείους ἢ διπλάσιοι ὧν Δικαίαρχος εἶπε· πλείους δὲ τούτ ἐπὶ τὸν μυχὸν τὸν Ἀδριατικὸν δεήσει, φησὶ, τιθέναι κατ' ἐκεῖνον. Ἀλλ' Πολύβιε φαίη τις ἄν, ὥσπερ τούτου τοῦ ψεύσματος ἐναργῆ παρίστ ἔλεγχον ἡ πεῖρα ἐξ αὐτῶν ὧν εἴρηκας αὐτὸς, εἰς μὲν Λευκάδα ἐκ Πι νήσου ἑπτακοσίους· ἐντεῦθεν δὲ τοὺς ἴσους εἰς Κέρκυραν, καὶ πάλιν ἐ εἰς τὰ Κεραύνια τοὺς ἴσους, καὶ ἐν δεξιᾷ εἰς τὴν Ἰαπυγίαν. ἀπὸ δὲ τῶν Κερ τὴν Ἰλλυρικὴν παραλίαν σταδίων ἑξακισχιλίων ἑκατὸν πεντήκοντα· οὕτ κεῖνα ψεύσματά ἐστιν ἀμφότερα, καὶ ὃ Δικαίαρχος εἶπε, τὸ ἀπὸ π ἐπὶ στήλας εἶναι σταδίων ἑπτακισχιλίων, καὶ ὃ σὺ δοκεῖς ἀποδεῖξαι. (γοῦσι γὰρ οἱ πλεῖστοι λέγοντες τὸ διὰ πελάγους μυρίων εἶναι καὶ δισχιλίω φωνεῖ δὲ τοῦτο καὶ τῇ ἀποφάσει τῇ περὶ τοῦ μήκους τῆς οἰκουμένης· μάλ εἶναι φασὶ μυριάδων ἑπτά· τούτου δὲ τὸ ἑσπέριον τμῆμα τὸ ἀπὸ τ κοῦ κόλπου μέχρι τῶν ἄκρων τῆς Ἰβηρίας, ἅπερ δυσμικώτερά ἐστι, μικρ λείπει τῶν τρισμυρίων. συντιθέασι δ' οὕτως· ἀπὸ μὲν τοῦ Ἰσσικοῦ μέχρι τῆς Ῥοδίας, πεντακισχιλίους ἐνθένδ' ἐπὶ Σαλμώνιον τῆς Κρήτης, ὑ· τὸ ἑῷον ἄκρον, χιλίους· αὐτῆς δὲ τῆς Κρήτης μῆκος πλείους ἢ δισχιλ Κριοῦ μέτωπον· ἐντεῦθεν δ' ἐπὶ Πάχυνον τῆς Σικελίας τετρακισχιλί πεντακοσίους, καὶ ἀπὸ Παχύνου ἐπὶ πορθμὸν πλείους ἢ χιλίους· εἶτα τὸ δίαρμα τὸ ἐπὶ στήλας ἀπὸ πορθμοῦ μυρίους τρισχιλίους· ἀπὸ στηλῶν δὲ ἐπὶ τὰ πλευτᾶια τοῦ ἱεροῦ ἀκρωτηρίου τῆς Ἰβηρίας περὶ τρισχιλίους. Καὶ ἡ κάθετος δὲ οὐ καλῶς εἴληπται· εἴπερ ἡ μὲν Ναρβὼν ἐπὶ τοῦ αὐτοῦ παραλλήλου ἵδρυται σχεδὸν τι τῷ διὰ Μασσαλίας, αὕτη δὲ τῷ διὰ Βυζαντίου, καθάπερ καὶ Ἵππαρχος πείθεται· ἡ δὲ διὰ τοῦ πελάγους ἐπὶ τοῦ αὐτοῦ ἐστὶ τῷ διὰ πορθμοῦ καὶ τῆς Ῥοδίας· ἀπὸ δὲ τῆς Ῥοδίας εἰς Βυζάντιον ὡς ἂν ἐπὶ τοῦ αὐτοῦ μεσημβρινοῦ κειμένων ἀμφοῖν, περὶ πεντακισχιλίους, ὡς εἰρήκασι σταδίους· τοσοῦτοι γὰρ ἂν εἶεν καὶ οἱ τῆς εἰρημένης καθέτου. Ἐπεὶ δὲ καὶ τὸ μέγιστον δίαρμα τοῦ πελάγους τούτου τὸ ἀπὸ τῆς Εὐρώπης, ἐπὶ τὴν Λιβύην πεντακισχιλίων που σταδίων λέγουσιν ἀπὸ τοῦ μυχοῦ τοῦ Ἀδριατικοῦ κόλπου· δοκεῖ μοι πεπλανημένως λέγεσθαι τοῦτο, ἢ πολὺ τῆς Λιβύην κατὰ τοῦτο τὸ μέρος προσνεύειν ἐπὶ τὴν ἄρκτον, καὶ συνάπτειν τῷ διὰ τῶν στηλῶν παραλλήλῳ. Καὶ τοῦτο οὐκ εὖ λέγεται, τὸ, πλησίον τῆς Σαρδόνος τὴν λεχθεῖσαν κάθετον τελευτᾶν· οὐ γὰρ παραπλήσιον, ἀλλὰ πολὺ δυσμικώτερον εἶναι τὸ δίαρμα τοῦτο τῆς Σαρδόνος, ὅλον σχεδόν τι ἀπολαμβάνον ἐν τῷ μεταξὺ πρὸς τῷ Σαρδονίῳ τὸ Λιγυστικὸν πέλαγος. Καὶ τῆς παραλίας δὲ τὰ μήκη πεπλεόνασται· πλὴν οὐκ ἐπὶ τοσοῦτόν γε. Ἑξῆς δὲ τὰ τοῦ Ἐρατοσθένους ἐπανορθοῖ, τὰ μὲν εὖ, τὰ δὲ χεῖρον λέγων ἢ ἐκεῖνος. Ἐξ Ἰθάκης μὲν γὰρ εἰς Κέρκυραν τριακοσίους εἰπόντος, πλείους φησὶν εἶναι τῶν ἐννακοσίων. ἐξ Ἐπιδάμνου δὲ εἰς Θεσσαλονίκειαν ἐννακοσίους ἀποδόντος, πλείους τῶν δισχιλίων φησί· ταῦτα μὲν εὖ. Ἀπὸ δὲ Μασσαλίας ἐπὶ στήλας λέγοντος ἑπτακισχιλίους, ἀπὸ δὲ Πυρήνης ἑξακισχιλίους, αὐτὸς λέγει χεῖρον πλείους ἢ ἐννακισχιλίους τοὺς ἀπὸ Μασσαλίας, ἀπὸ δὲ Πυρήνης μικρὸν ἐλάττους ἢ ὀκτακισχιλίους· ἐγγυτέρω γὰρ τῆς ἀληθείας ἐκεῖνος εἴρηκεν. Οἱ γὰρ νῦν ὁμολογοῦσιν εἴ τις τὰς τῶν ὁδῶν ἀνωμαλίας ὑποτέμνοιτο, μὴ μείζω τῶν ὀκτακισχιλίων σταδίων εἶναι τὸ μῆκος τὴν σύμπασαν Ἰβηρίαν ἀπὸ Πυρήνης ἕως τῆς ἑσπερίου πλευρᾶς. Ὁ δ' αὐτὸν τὸν Τάγον ποταμὸν, ὀκτακισχιλίων σταδίων τίθησι τὸ μῆκος ἀπὸ τῆς πηγῆς μέχρι τῶν ἐκβολῶν· οὐ δήπου τὸ σὺν ταῖς σκολιώμασιν, (οὐ γὰρ γεωγραφικὸν τοῦτο,) ἀλλ' ἐπ' εὐθείας λέγων· καίτοι γε ἀπὸ Πυρήνης αἱ τοῦ Τάγου πηγαὶ πλέον διέχουσιν ἢ χιλίους σταδίους. Πάλιν δὲ τοῦτο μὲν ὀρθῶς ἀποφαίνεται, ὅτι ἀγνοεῖ τὰ Ἰβηρικὰ ὁ Ἐρατοσθένης, καὶ διότι περὶ αὐτῆς ἔσθ' ὅπου τὰ μαχόμενα ἀποφαίνεται· ὅς γε μέχρι Γαδείρων ὑπὸ Γαλατῶν περιοικεῖσθαι φήσας ἔξωθεν αὐτῆς, εἴ γε τὰ πρὸς δύσιν τῆς Εὐρώπης μέχρι Γαδείρων ἔχουσιν ἐκεῖνοι· τούτων οὖν ἐκλαθόμενος κατὰ τὴν τῆς Ἰβηρίας περίοδον, τῶν Γαλατῶν οὐδαμοῦ μέμνηται· τὸ μῆκος τῆς Εὐρώπης ὅτι ἔλαττόν ἐστι τοῦ συνάμφω τῆς τε Λιβύης καὶ τῆς Ἀσίας ἐκθεὶς, οὐκ ὀρθῶς τὴν σύγκρισιν ποιεῖται· τὸ μὲν γὰρ στόμα τὸ κατὰ στήλας φησὶν, ὅτι κατὰ τὴν ἰσημερινὴν δύσιν ἐστὶν, ὁ δὲ Τάναϊς ῥεῖ ἀπὸ θερινῆς ἀνατολῆς· ἐλαττοῦται δὴ τῶν συνάμφω μήκους, τῷ μεταξὺ τῆς θερινῆς ἀνατολῆς καὶ τῆς ἰσημερινῆς· τοῦτο γὰρ ἡ Ἀσία προλαμβάνει πρὸς τὴν ἰσημερινὴν ἀνατολὴν τοῦ πρὸς τὰς ἄρκτους ἡμικυκλίου. Χωρὶς γὰρ τοῦ περισκελοῦς ἐν πράγ-

πράγμασιν εὐκαταποδύτοις, καὶ ψεῦδός ἐστι τὸ, ἀπὸ θερινῆς ἀνατολῆς τὸν Τάναιν ῥεῖν· ἅπαντες γὰρ οἱ ἔμπειροι τῶν τόπων, ἀπὸ τῶν ἄρκτων ῥεῖν φασιν εἰς τὴν Μαιῶτιν· ὥστε τὰ στόματα τοῦ ποταμοῦ, καὶ τὸ τῆς Μαιώτιδος, καὶ αὐτὸν τὸν ποταμὸν ἐφ' ὅσον γνώριμός ἐστιν, ἐπὶ τοῦ αὐτοῦ μεσημβρινοῦ κεῖσθαι. Οὐκ ἄξιον δὲ λόγου τινὲς εἶπον, οἱ μὲν ἀπὸ τῶν κατὰ τὸν Ἴστρον τόπων αὐτὸν τὰς ἀρχὰς ἔχειν, καὶ ἀπὸ τῆς ἑσπέρας· οὐκ ἐνθυμηθέντες ὡς μεταξὺ ὁ Τύρας, καὶ Βορυσθένης καὶ Ὕπανις μεγάλοι ποταμοὶ ῥέουσιν εἰς τὸν Πόντον, ὁ μὲν τῷ Ἴστρῳ παράλληλος, ὁ δὲ τῷ Ταναΐδι· οὔτε δὲ τοῦ Τύρα τῶν πηγῶν κατωπτευμένων, οὐδὲ τοῦ Βορυσθένους, οὐδὲ τοῦ Ὑπάνιος, πολὺ ἂν εἴη ἀγνωστότερα τὰ ἐκείνων ἀρκτικώτερα· ὥσθ' ὁ δι' ἐκείνων ἄγων ἐπὶ τὴν Μαιῶτιν τὸν Τάναϊν, εἶτ' ἐπιστρέφων ἐπ' αὐτὴν, (αἱ γὰρ ἐκβολαὶ φανερῶς ἐν τοῖς προσαρκτίοις μέρεσι τῆς λίμνης δείκνυνται, καὶ τούτοις ἑωθινωτάτοις) πλαστὸς ἂν τις εἴη καὶ ἀπέραντος λόγος. ὡς δ' αὔτως ἀπέραντος καὶ ὁ διὰ τοῦ Καυκάσου πρὸς ἄρκτον φήσας ῥεῖν, εἶτ' ἐπιστρέφειν εἰς τὴν Μαιῶτιν· εἴρηται γὰρ καὶ τοῦτο. Ἀπὸ μέντοι τῆς ἀνατολῆς οὐδεὶς εἴρηκε τὴν ῥύσιν· καὶ γὰρ εἰ ἔρρει οὕτως, οὐκ ἂν ὑπεναντίως τῷ Νείλῳ, καὶ τρόπον τινὰ κατὰ διάμετρον ῥεῖν αὐτὸν ἀπεφαίνοντο οἱ χαριέστεροι, ὡς ἂν ἐπὶ τοῦ αὐτοῦ μεσημβρινοῦ παρακειμένου πως τῆς ῥύσεως οὔσης ἑκατέρῳ ποταμῷ. Ἥ τε τοῦ μήκους τῆς οἰκουμένης μέτρησις, κατὰ παραλλήλου τῷ ἰσημερινῷ ἐστιν, ἐπειδὴ καὶ αὐτὴ ἐπὶ μῆκος οὕτως ἐκτέταται, ὥστε καὶ τῶν ἠπείρων ἑκάστης οὕτω δεῖ λαμβάνειν τὸ μῆκος μεταξὺ μεσημβρινῶν δυοῖν κείμενον. Τά τε μέτρα τῶν μηκῶν σταδιασμοί εἰσιν, οὓς θηρεύομεν, ἢ δι' αὐτῶν ἐκείνων ἰόντες, ἢ τῶν παραλλήλων ὁδῶν, ἢ πόρων. Ὁ δὲ τοῦτον ἀφεὶς τὸν τρόπον καινὴν εἰσάγει τὴν μεταξὺ τῆς τε θερινῆς ἀνατολῆς, καὶ τῆς ἰσημερινῆς τμήματι τοῦ ἀρκτικοῦ ἡμικυκλίου. Πρὸς δὲ τὰ ἀμετάπτωτα, οὐδεὶς κανόσι καὶ μέτροις χρῆται τοῖς μεταπτωτοῖς, οὐδὲ τοῖς κατ' ἄλλην καὶ ἄλλην σχέσιν λεγομένοις πρὸς τὰ καθ' αὑτὰ, καὶ διαφορὰν οὐκ ἔχοντα. Τὸ μὲν οὖν μῆκος ἀμετάπτωτον, καὶ καθ' αὑτὸ λέγεται· ἀνατολὴ δ' ἰσημερινὴ καὶ δύσις, ὡς δ' αὔτως χειμερινή τε καὶ θερινὴ, οὐ καθ' αὑτὴν, ἀλλὰ πρὸς ἡμᾶς· ἡμῶν δ' ἄλλοτ' ἄλλῃ μεταχωρούντων, ἄλλοτ' ἄλλοι τόποι καὶ δύσεών εἰσι καὶ ἀνατολῶν ἰσημερινῶν τε καὶ τροπικῶν· τὸ δὲ μῆκος μένει ταυτὸν τῆς ἠπείρου. Τάναϊν μὲν οὖν καὶ Νεῖλον οὐκ ἄτοπον πέρας ποιεῖσθαι, θερινὴν δ' ἀνατολὴν ἢ ἰσημερινὴν καινόν. Προπεπτωκυίας δὲ τῆς Εὐρώπης ἄκραις πλείοσι, βέλτιον μὲν οὗτος εἴρηκεν Ἐρατοσθένους περὶ αὐτῶν, οὔπω δὲ ἱκανῶς. Ἐκεῖνος μὲν γὰρ τρεῖς ἔφη· τὴν ἐπὶ τὰς στήλας καθήκουσαν, ἐφ' ἧς ἡ Ἰβηρία· καὶ τὴν ἐπὶ τὸν πορθμὸν, ἐφ' ἧς ἡ Ἰταλία· καὶ τρίτην τὴν κατὰ Μαλέας, ἐφ' ἧς τὰ μεταξὺ τοῦ Ἀδρίου, καὶ τοῦ Εὐξείνου, πάντ' ἔθνη, καὶ τοῦ Τανάϊδος. Οὗτος δὲ τὰς μὲν δύο τὰς πρώτας ὁμοίως ἐκτίθεται· τρίτην δὲ τὴν κατὰ Μαλέαν καὶ Σούνιον, ἐφ' ἧς ἡ Ἑλλὰς πᾶσα καὶ ἡ Ἰλλυρὶς καὶ τῆς Θρᾴκης τινά· τετάρτην δὲ τὴν κατὰ τὴν Θρᾳκίαν χερρόνησον, ἐφ' ἧς τὰ κατὰ τὴν Σηστὸν καὶ Ἄβυδον στενά· ἔχουσι δ' αὐτὴν Θρᾷκες· πέμπτην δὲ τὴν κατὰ τὸν Κιμμερικὸν Βόσπορον καὶ τὸ στόμα τῆς Μαιώτιδος. Τὰς μὲν οὖν δύο τὰς πρώτας, δοτέον. Ἁπλοῖς γάρ τισι περιλαμβάνονται κόλποις, ἡ μὲν τῷ μεταξὺ τῆς Κάλπης καὶ τοῦ ἱεροῦ ἀκρωτηρίου ἐν ᾧ τὰ Γάδειρα, καὶ τῷ μεταξὺ στηλῶν,

καὶ τῆς

καὶ τοῦ Σικελικοῦ πελάγους· ἡ δὲ τούτῳ τε καὶ τῷ Ἀδρίᾳ· καίτοι γε τῆς Ἰαπύγων ἄκρας παρεμπιπτούσης, καὶ τὴν Ἰταλίαν δικόρυφον ποιούσης ἔχει τινὰ ἀντέμφασιν· αἱ λοιπαὶ δ' ἔτι ἐναργέστερον ποικίλαι καὶ πολυμερεῖς οὖσαι, ζητοῦσιν ἄλλην διαίρεσιν.

LIBRO III.

Τοὺς δ' ἐνοικοῦντας Τουρδητανούς τε, καὶ Τουρδούλους προσαγορεύουσι. οἱ μὲν, τοὺς αὐτοὺς νομίζουσιν· οἱ δ' ἑτέρους. ὧν ἐστι καὶ Πολύβιος, συνοίκους φήσας τοῖς Τουρδητανοῖς πρὸς ἄρκτον, τοὺς Τουρδούλους.

Λέγει δ' ὁ Πολύβιος καὶ μέχρι τῆς Λατίνης ἐκπέμπεσθαι τὴν βάλανον ταύτην.

Πολύβιος δὲ τῶν περὶ Καρχηδόνα νέαν ἀργυρείων μνησθεὶς, μέγιστα μὲν εἶναί φησι· διέχειν δὲ τῆς πόλεως ὅσον εἴκοσι σταδίους, περιειληφότα κύκλον τετρακοσίων σταδίων, ὅπου τέτταρας μυριάδας ἀνθρώπων μένειν τῶν ἐργαζομένων, ἀναφέροντας τότε τῷ δήμῳ τῶν Ῥωμαίων καθ' ἑκάστην ἡμέραν δισμυρίας καὶ πεντακισχιλίας δραχμάς. Τὴν δὲ κατεργασίαν τὴν μὲν ἄλλην ἐῶ· μακρὰ γάρ ἐστι. τὴν δὲ συρτὴν βῶλον τὴν ἀργυρῖτιν φησὶ κόπτεσθαι, καὶ κοσκίνοις εἰς ὕδωρ διαρπᾶσθαι· κόπτεσθαι δὲ πάλιν τὰς ὑποστάσεις, καὶ πάλιν διηθουμένας ἀποχεομένων τῶν ὑδάτων κόπτεσθαι· τὴν δὲ πέμπτην ὑπόστασιν χωνευθεῖσαν ἀποχυθέντος τοῦ μολύβδου, καθαρὸν τὸ ἀργύριον ἐξάγειν.

Τῇ δὲ τῆς χώρας εὐδαιμονίᾳ καὶ τὸ ἥμερον καὶ τὸ πολιτικὸν συνηκολούθησε τοῖς Τουρδητανοῖς, καὶ τοῖς Κελτικοῖς δὲ διὰ τὴν γειτνίασιν, ὡς εἴρηκε Πολύβιος, καὶ διὰ τὴν συγγένειαν.

Πολύβιος δὲ τὰ τῶν Οὐακκαίων, καὶ τῶν Κελτιβήρων ἔθνη, καὶ χωρία διεξιὼν, συλλέγει ταῖς ἄλλαις πόλεσι καὶ Σεγεσάμαν, καὶ Ἰντερκατίαν.

Πολυβίου δ' εἰπόντος τριακοσίας αὐτῶν (Κελτιβήρων) καταλῦσαι πόλεις Τιβέριον Γράκχον, κωμῳδῶν φησι (Ποσειδώνιος) τοῦτο τῷ Γράκχῳ χαρίσασθαι τὸν ἄνδρα, τοὺς πύργους καλοῦντα πόλεις, ὥσπερ ἐν ταῖς θριαμβικαῖς πομπαῖς. Καὶ ἴσως οὐκ ἄπιστον τοῦτο λέγει· καὶ γὰρ οἱ στρατηγοὶ καὶ οἱ συγγραφεῖς ῥᾳδίως ἐπὶ τοῦτο φέρονται τὸ ψεῦσμα, καλλωπίζοντες τὰς πράξεις

Καὶ Δικαίαρχος δὲ καὶ Ἐρατοσθένης καὶ Πολύβιος, καὶ οἱ πλεῖστοι τῶν Ἑλλήνων περὶ τὸν πορθμὸν ἀποφαίνουσι τὰς στήλας.

Φησὶ δὲ Πολύβιος κρήνην ἐν τῷ Ἡρακλείῳ τῷ ἐν Γαδείροις εἶναι, βαθμῶν ὀλίγων κατάβασιν ἔχουσαν εἰς τὸ ὕδωρ, πότιμον δὲ εἶναι· ἣν ταῖς παλιρροίαις τῆς θαλάττης ἀντιπαθεῖν, κατὰ μὲν τὰς πλήμας, ἐκλείπουσαν· κατὰ δὲ τὰς ἀμπώτεις, πληρουμένην. αἰτιᾶται δ', ὅτι τὸ πνεῦμα τὸ ἐκ τοῦ βάθους εἰς τὴν ἐπιφάνειαν τῆς γῆς ἐκπίπτον, καλυφθείσης μὲν αὐτῆς ὑπὸ τοῦ κύματος, κατὰ τὰς ἐπιβάσεις τῆς θαλάττης, εἴργεται τῶν τοιούτων ἐξόδων οἰκείων. ἀναστρέψαν δὲ εἰς τὸ ἐντὸς, ἐμφράττει τοὺς τῆς πηγῆς πόρους, καὶ ποιεῖ λειψυδρίαν. γυμνωθείσης δὲ πάλιν, εὐθυπορῆσαν ἐλευθεροῖ τὰς φλέβας τῆς πηγῆς, ὥστ' ἀναβλύειν εὐπόρως.

Mox: Τὰς δ᾽ αἰτίας εἰπεῖν τοῦ συμβαίνειν ταῦτα οὕτως, ὡς ἐν χαλεποῖς ἀποδέχεσθαι δεῖ· εἰκὸς μὲν οὕτως ἔχειν ὡς ὁ Πολύβιός φησιν.

LIBRO IV.

Περὶ δὲ τῶν τοῦ Ῥοδανοῦ στομάτων, Πολύβιος μὲν ἐπιτιμᾷ Τιμαίῳ, φήσας εἶναι μὴ πεντάστομον, ἀλλὰ δίστομον· Ἀρτεμίδωρος δὲ τρίστομον λέγει.

Ὁ Λίγηρ μεταξὺ Πικτόνων καὶ Ναμνητῶν ἐκβάλλει· πρότερον δὲ Κορβίλων ὑπῆρχεν ἐμπορεῖον ἐπὶ τούτῳ τῷ ποταμῷ· περὶ ἧς εἴρηκε Πολύβιος, μνησθεὶς τῶν ὑπὸ Πυθέου μυθολογηθέντων· ὅτι Μασσαλιωτῶν μὲν τῶν συμμιξάντων Σκηπίωνι, οὐδεὶς εἶχε λέγειν οὐδὲν μνήμης ἄξιον, ἐρωτηθεὶς ὑπὸ τοῦ Σκηπίωνος ὑπὲρ τῆς Βρεττανικῆς, οὐδὲ τῶν ἐκ Ναρβῶνος, οὐδὲ τῶν ἐκ Κορβιλῶνος, αἵπερ ἦσαν ἄρισται πόλεις τῶν ταύτῃ· Πυθέας δ᾽ ἐθάρρησε ψεύσασθαι τοσαῦτα.

Πολύβιος δὲ προστίθησι τοῖς δυσὶ φύλοις τῶν Λιγύων τοῖς λεχθεῖσι, τό, τε τῶν Ὀξυβίων, καὶ τὸ τῶν Δεκιήτων.

Πολύβιος καὶ ἰδιόμορφόν τι ζῶον γεννᾶσθαι ἐν ταῖς Ἄλπεσιν, ἐλαφοειδὲς τὸ σχῆμα, πλὴν αὐχένος καὶ τριχώματος· ταῦτα δὲ ἐοικέναι κάπρῳ· ὑπὸ δὲ τῷ γενείῳ πυρῆνα ἴσχειν ἴσον σπιθαμιαῖον, ἀκρόκομον, πωλικῆς κέρκου τὸ πάχος.

Ἔτι φησὶ Πολύβιος ἐφ᾽ ἑαυτοῦ κατ᾽ Ἀκυληΐαν μάλιστα, ἐν τοῖς Ταυρίσκοις τοῖς Νωρικοῖς, εὑρεθῆναι χρυσεῖον οὕτως εὐφυές, ὥστ᾽ ἐπὶ δύο πόδας ἀποσύραντι τὴν ἐπιπολῆς γῆν, εὐθὺς ὀρυκτὸν εὑρίσκεσθαι χρυσόν. τὸ δ᾽ ὄρυγμα μὴ πλειόνων ὑπάρχειν, ἢ πεντεκαίδεκα ποδῶν. εἶναι δὲ τοῦ χρυσοῦ τὸ μὲν αὐτόθεν καθαρόν, κυάμου μέγεθος ἢ θέρμου, τοῦ ὀγδόου μόνον ἀφεψηθέντος. τὸν δέ, δεῖσθαι μὲν χωνείας πλείονος, σφόδρα δὲ λυσιτελοῦς. συνεργασαμένων δὲ τοῖς βαρβάροις τῶν Ἰταλιωτῶν ἐν διμήνῳ, παραχρῆμα τὸ χρυσίον εὐωνότερον γενέσθαι τῷ τρίτῳ μέρει, καθ᾽ ὅλην τὴν Ἰταλίαν. αἰσθομένους δὲ τοὺς Ταυρίσκους, μονοπωλεῖν ἐκβάλλοντας τοὺς συνεργαζομένους.

Ὁ δ᾽ αὐτὸς ἀνὴρ περὶ τοῦ μεγέθους τῶν Ἄλπεων καὶ τοῦ ὕψους λέγων, παραβάλλει τὰ ἐν τοῖς Ἕλλησιν ὄρη τὰ μέγιστα, τὸ Ταΰγετον, τὸ Λύκαιον, Παρνασσόν, Ὄλυμπον, Πήλιον, Ὄσσαν· ἐν δὲ Θρᾴκῃ Αἷμον, Ῥοδόπην, Δούνακα. Καί φησιν, ὅτι τούτων μὲν ἕκαστον μικροῦ δεῖν αὐθημερὸν εὐζώνοις ἀναβῆναι δυνατόν. αὐθημερὸν δὲ καὶ περιελθεῖν· τὰς δ᾽ Ἄλπεις, οὐδ᾽ ἂν πεμπταῖος ἀναβαίη τις· τὸ δὲ μῆκός ἐστι δισχιλίων καὶ διακοσίων σταδίων, τὸ παρῆκον παρὰ τὰ πεδία. Τέτταρας δ᾽ ὑπερβάσεις ὀνομάζει μόνον· διὰ Λιγύων μὲν τὴν ἔγγιστα τῷ Τυρρηνικῷ πελάγει· εἶτα τὴν διὰ Ταυρίνων, ἣν Ἀννίβας διῆλθεν· εἶτα τὴν διὰ Σαλασσῶν· τετάρτην δέ, τὴν διὰ Ῥαιτῶν· ἁπάσας κρημνώδεις. Λίμνας δὲ εἶναί φησιν ἐν τοῖς ὄρεσι πλείους μέν, τρεῖς δὲ μεγάλας· ὧν ἡ μὲν Βήνακος ἔχει μῆκος πεντακοσίων σταδίων, πλάτος δὲ ἑκατὸν πεντήκοντα, ἐκρεῖ δὲ ποταμὸς Μίγκιος· ἡ δ᾽ ἑξῆς Οὐερβανός, τετρακοσίων· πλάτος δὲ τριάκοντα στενωτέρα τῆς προτέρας· ἐξίησι δὲ ποταμὸν τὸν Τίκινον· τρίτη δὲ Λάριος, μῆκος ἐγγὺς τριακοσίων

κοσίων σταδίων, πλάτος δὲ τριάκοντα· ποταμὸν δὲ ἐξίησι μέγαν Αδουαν· πάντες δ' εἰς τὸν Πάδον συρρέουσι.

LIBRO V.

Φησὶ δὲ Πολύβιος, πεζῇ μὲν εἶναι τὴν παραλίαν τὴν ἀπὸ Ιαπυγίας μέχρι πορθμοῦ, καὶ τρισχιλίων σταδίων. κλύζεσθαι δὲ αὐτὴν τῷ Σικελικῷ πελάγει· πλέοντι δὲ καὶ πεντακοσίων δέουσαν.

Εκ δὲ Ποπλωνίου εἰς Κόσσαν ἐγγὺς ω'. οἱ δέ, χ', φασί. Πολύβιος δ' οὐκ εἶναι τοὺς πάντας αυλ', λέγει.

Πολύβιος δ' ἐμφαίνει, δύο ἔθνη νομίζων ταῦτα. Οπικοὺς γάρ φησι καὶ Αυσονας οἰκεῖν τὴν χώραν ταύτην περὶ τὸν Κρατῆρα.

LIBRO VI.

Μετὰ δὲ ταῦτα τὸ Λακίνιον, Ηρας ἱερόν, πλούσιον ποτὲ ὑπάρξαν, καὶ πολλῶν ἀναθημάτων μεστόν· τὰ διαστήματα δ' οὐκ εὐκρινῶς λέγεται· πλὴν ὥς γε ἐπὶ τὸ πολὺ σταδίους ἀπὸ πορθμοῦ μέχρι Λακινίου, Πολύβιος ἀποδίδωσι δισχιλίους καὶ τ'.

Πολύβιος δὲ τῶν τριῶν Κρατήρων, τὸν μέν, καπερρυηκέναι φησὶν ἐκ μέρους, τοὺς δὲ συμμένειν· τὸν δὲ μέγιστον τὸ χεῖλος ἔχειν περιφερὲς ὄν, πέντε σταδίων. κατ' ὀλίγον δὲ συνάγεσθαι, εἰς ν' ποδῶν διάμετρον. καθ' οὗ βάθος εἶναι τὸ μέχρι θαλάττης, σταδιαῖον, ὥστε καθορᾶν ταῖς νηνεμίαις.

Πολύβιος δ' ἀπὸ τῆς Ιαπυγίας μεμιλιάσθαι φησί. καὶ εἶναι, μίλια φξβ' εἰς Σίλαν πόλιν· ἐντεῦθεν δ' εἰς Ακυληΐαν ροή.

Πολιτείαν δὲ Ρωμαῖοι συνεστήσαντο μικτήν, ἔκ τε μοναρχίας, καὶ ἀριστοκρατίας. κοινωνοῖς δ' ἐχρήσαντο Σαβίνοις τε καὶ Λατίνοις. οὐκ εὐγνωμόνων δ' οὐδ' ἐκείνων ἀεὶ τυγχάνοντες, οὔτε τῶν ἄλλων πλησιοχώρων, ἠναγκάζοντο τρόπον τινὰ τῇ ἐκείνων καταλύσει, τὴν σφετέραν ἐπαύξειν. Ουτω δ' αὐτοῖς καὶ κατ' ὀλίγον προϊοῦσιν εἰς ἐπίδοσιν, συνέβη τὴν πόλιν αἰφνιδίως ἀποβαλεῖν, παρὰ τὴν ἁπάντων δόξαν, παρὰ δόξαν δὲ καὶ ἀπολαβεῖν. ἐγένετο δὲ τοῦτο ὥς φησι Πολύβιος, ἔτει ἐννεακαιδεκάτῳ μετὰ τὴν ἐν Αιγὸς ποταμοῖς ναυμαχίαν, καὶ τὴν ἐπ' Ανταλκίδου γενομένην εἰρήνην.

LIBRO VII.

Πρὸς μὲν οὖν τῷ Πόντῳ, τὸ Αιμόν ἐστιν ὄρος μέγιστον τῶν ταύτῃ καὶ ὑψηλότατον, μέσην πως διαιροῦν τὴν Θρᾴκην, ἀφ' οὗ φησὶ Πολύβιος ἀμφοτέρας καθορᾶσθαι τὰς θαλάττας, οὐκ ἀληθῆ λέγων. καὶ γὰρ τὸ διάστημα μέγα τὸ πρὸς Αδρίαν, καὶ τὰ ἐπισκοτοῦντα πολλά.

Τοιαῦτα καὶ τοῦ Ερατοσθένους ἔνια παρακούσματά ἐστιν λαοδογματικῶς, καθάπερ Πολύβιος φησὶ καὶ περὶ αὐτοῦ, καὶ περὶ τῶν ἄλλων λέγων συγγραφέων.

Τῶν δ' Ἠπειρωτῶν ἑβδομήκοντα πόλεις Πολύβιός φησιν ἀνατρέψαι Παῦλον τὸν Αἰμίλιον μετὰ τὴν Μακεδόνων καὶ Περσέως κατάλυσιν. Μολοττῶν δ' ὑπάρξαι τὰς πλείστας. πέντε δὲ καὶ δέκα μυριάδας ἀνθρώπων ἐξανδραποδίσασθαι.

Ἐκ δὲ τῆς Ἀπολλωνίας εἰς Μακεδονίαν ἡ Ἰγνατία ἐστὶν ὁδὸς πρὸς ἕω βεβηματισμένη κατὰ μίλιον· καὶ κατεστηλωμένη μέχρι Κυψέλου, καὶ Ἕβρου ποταμοῦ. μιλίων δ' ἐστὶ πεντακοσίων τριάκοντα πέντε. λογιζομένων δέ, ὡς μὲν οἱ πολλοὶ τὸ μίλιον ὀκταστάδιον, τετρακισχίλιοι ἂν εἶεν στάδιοι, καὶ ἐπ' αὐτοῖς διακόσιοι ὀγδοήκοντα ἑκατόν· ὡς δὲ Πολύβιος προστιθεὶς τῷ ὀκτασταδίῳ δίπλεθρον, ὅ ἐστι τρίτον σταδίου, προσθετέον ἄλλους σταδίους ἑκατὸν ἑβδομήκοντα ὀκτώ, τὸ τρίτον τοῦ τῶν μιλίων ἀριθμοῦ.

Ἡ μὲν οὖν πᾶσα Ἰγνατία καλεῖται· ἡ δὲ πρώτη ἐπὶ Κανδαυΐας λέγεται ὄρους Ἰλλυρικοῦ διὰ Λυχνιδίου πόλεως καὶ Πυλῶνος, τόπου ὁρίζοντος ἐν τῇ ὁδῷ τήν τε Ἰλλυρίδα καὶ τὴν Μακεδονίαν· ἐκεῖθεν δ' ἐστὶ παρὰ Βαρνοῦντα διὰ Ἡρακλείας, καὶ Λυγκηστῶν, καὶ Ἐορδῶν εἰς Ἔδεσσαν καὶ Πέλλαν μέχρι Θεσσαλονικείας· μίλια δ' ἐστί, φησὶ Πολύβιος, ταῦτα διακόσια ἑξήκοντα ἑπτά.

LIBRO VIII.

Οἱ δ' ἐν τῇ κοινῇ τῆς ἱστορίας γραφῇ (τὴν τῆς Ἑλλάδος γεωγραφίαν ἐπραγματεύσαντο) χωρὶς ἀποδείξαντες τὴν τῶν ἠπείρων τοπογραφίαν· καθάπερ Ἔφορός τε ἐποίησε καὶ Πολύβιος.

Item: Ἡ τῆς Πελοποννήσου περίμετρος μὴ κατακολπίζοντι, τετρακισχιλίων σταδίων, ὡς Πολύβιος.

Πολύβιος δὲ τὰ συμβάντα περὶ τὴν ἅλωσιν (τῆς Κορίνθου) ἐν οἴκτου μέρει λέγων, προστίθησι, καὶ τὴν στρατιωτικὴν ὀλιγωρίαν τὴν περὶ τὰ τῶν τεχνῶν ἔργα, καὶ τὰ ἀναθήματα. Φησὶ γὰρ ἰδεῖν παρών, ἐρριμμένους πίνακας ἐπ' ἐδάφους, πεττεύοντας δὲ τοὺς στρατιώτας ἐπὶ τούτων. ὀνομάζει δ' αὐτούς, Ἀριστείδου γραφὴν τοῦ Διονύσου· ἐφ' οὗ τινὲς εἰρῆσθαί φασι τὸ οὐδὲν πρὸς τὸν Διόνυσον· καὶ τὸν Ἡρακλέα τὸν καταπονούμενον τῷ τῆς Δηιανείρας χιτῶνι. τοῦτον μὲν οὖν οὐκ ἑωράκαμεν ἡμεῖς· τὸν δὲ Διόνυσον ἀνακείμενον ἐν τῷ Δημητρείῳ τῷ ἐν Ῥώμῃ, κάλλιστον ἔργον ἑωρῶμεν.

Πολυβίου δ' εἰρηκότος τὸ ἀπὸ Μαλεῶν ἐπὶ τὰς ἄρκτους μέχρι τοῦ Ἴστρου διάστημα περὶ μυρίους σταδίους, εὐθύνει τοῦτο Ἀρτεμίδωρος οὐκ ἀτόπως.

LIBRO IX.

Ἔφορος δ' οὗ τὸ πλεῖστον χρώμεθα διὰ τὴν περὶ ταῦτα ἐπιμέλειαν, καθάπερ καὶ Πολύβιος μαρτυρῶν τυγχάνει, ἀνὴρ ἀξιόλογος.

LIBRO X.

Τοιοῦτος δ' ὢν Ἔφορος, ἑτέρων ὅμως κρείττων ἐστὶ, καὶ αὐτὸς ὁ ἐπισπουδασμένος οὕτως ἐπαινέσας αὐτὸν Πολύβιος, καὶ φήσας περὶ τῶν Ἑλληνικῶν καλῶς μὲν Εὔδοξον, μάλιστα δ' Ἔφορον ἐξηγεῖσθαι περὶ κτίσεων, συγγενειῶν, μεταναστάσεων, ἀρχηγετῶν· ἡμεῖς δέ φησι τὰ νῦν ὄντα δηλώσομεν, καὶ περὶ θέσεως τόπων, καὶ διαστημάτων· τοῦτο γάρ ἐστιν οἰκειότατον χωρογραφίᾳ. Ἀλλὰ μὴν σύγε, ὦ Πολύβιε, ὁ δογματικὰς ἀποφάσεις περὶ τῶν διαστημάτων καὶ τῶν ἄλλων εἰσάγων, οὐκ ἐν τοῖς ἔξω τῆς Ἑλλάδος μόνον, ἀλλὰ καὶ ἐν τοῖς Ἑλληνικοῖς νὴ Δία διδοῖς εὐθύνας, τὰς μὲν Ποσειδωνίῳ, τὰς δ' Ἀρτεμιδώρῳ, τὰς δ' ἄλλοις πλείοσι. *Ita scribendus est hic locus.*

LIBRO XI.

Εἰρηκότες δὲ πολλὰ περὶ τῶν Παρθικῶν νομίμων ἐν τῇ ἕκτῃ τῶν Ἱστορικῶν Ὑπομνημάτων βίβλῳ, δευτέρᾳ δὲ, τῶν μετὰ Πολύβιον, παραλείψομεν ἐνταῦθα, μὴ ταυτολογεῖν δόξωμεν.

LIBRO XIV.

Λέγει δὲ καὶ Πολύβιος περὶ τῶν ἐκεῖ, μάλιστα δεῖν πιστεύειν ἐκείνῳ. ἄρχεται δὲ ἀπὸ Σαμοσατέων τῆς Κομμαγηνῆς, ἣ πρὸς τῇ διαβάσει, καὶ τῷ ζεύγματι κεῖται. εἰς δὲ Σαμόσατα ἀπὸ τῶν ὅρων τῆς Καππαδοκίας τῶν περὶ Τόμισαν ὑπερθέντι τὸν Ταῦρον, σταδίους εἴρηκε τετρακοσίους, καὶ πεντήκοντα.

LIBRO XVII.

Ὁ γοῦν Πολύβιος γεγονὼς ἐν τῇ πόλει (Ἀλεξανδρείᾳ) βδελύττεται τὴν τότε κατάστασιν· καὶ φησὶ τρία γένη τὴν πόλιν οἰκεῖν· τό τε Αἰγύπτιον, καὶ τὸ ἐπιχώριον φῦλον ὀξὺ, καὶ πολιτικὸν, καὶ τὸ μισθοφορικὸν πολὺ, καὶ ἀνάγωγον. ἐξ ἔθους γὰρ παλαιοῦ ξένους ἔτρεφον τοὺς τὰ ὅπλα ἔχοντας, ἄρχειν μᾶλλον, ἢ ἄρχεσθαι δεδιδαγμένους διὰ τὴν τῶν βασιλέων οὐδένειαν. τρίτον δ' ἦν γένος τὸ τῶν Ἀλεξανδρέων, οὐδ' αὐτὸ εὐκρινῶς πολιτικὸν διὰ τὰς αὐτὰς αἰτίας, κρεῖττον δ' ἐκείνων ὅμως. καὶ γὰρ εἰ μιγάδες, Ἕλληνες ὅμως ἀνέκαθεν ἦσαν, καὶ ἐμέμνηντο τοῦ κοινοῦ τῶν Ἑλλήνων ἔθους. ἠφανισμένου δὲ καὶ τούτου τοῦ πλήθους, μάλιστα ὑπὸ τοῦ Εὐεργέτου τοῦ Φύσκωνος, καθ' ὃν ἧκεν εἰς τὴν Ἀλεξάνδρειαν ὁ Πολύβιος.

E DIO-

E DIONYSII HALICARNASSEI LIBRIS.

In primo Antiquitatum Romanarum.

Πρωτον, ὅσα κἀμὲ εἰδέναι, τὴν Ῥωμαϊκὴν ἀρχαιολογίαν ἐπιδραμόντος Ἱερωνύμου τοῦ Καρδιανοῦ συγγραφέως, ἐν τῇ περὶ τῶν Ἐπιγόνων πραγματείᾳ· ἔπειτα Τιμαίου τοῦ Σικελιώτου· ἅμα δὲ τούτοις Ἀντιγόνου τε καὶ Πολυβίου καὶ Σιληνοῦ.

Οἱ παρανεγνωκότες Ἱερώνυμον, ἢ Τίμαιον, ἢ Πολύβιον τοὺς ὑποσεσυρκότας τὴν γραφήν.

Νῦν μέντοι (τὸ Παλάντιον) Παλάτιον ὑπὸ Ῥωμαίων λέγεται· συγχέαντος τοῦ χρόνου τὴν ἀκρίβειαν· καὶ παρέχει πολλοῖς ἀτόπων ἐτυμολογιῶν ἀφορμάς. ὡς δέ τινες ἱστοροῦσιν, ὧν ἐστι καὶ Πολύβιος ὁ Μεγαλοπολίτης, ἀπό τινος μειρακίου Πάλαντος αὐτόθι τελευτήσαντος.

Οὐ γὰρ ἠξίουν, ὡς Πολύβιος ὁ Μεγαλοπολίτης, τοσοῦτον μόνον εἰπεῖν, ὅτι κατὰ τὸ δεύτερον ἔτος τῆς ἑβδόμης Ὀλυμπιάδος τὴν Ῥώμην ἐκτίσθαι πείθομαι· οὐδ᾽ ἐπὶ τοῦ παρὰ τοῖς Ἀγχιστεῦσι κειμένου πίνακος ἑνὸς καὶ μόνου τὴν πίστιν ἀβασάνιστον ἀπολιπεῖν.

IN LIBRO

περὶ Συνθέσεως Ὀνομάτων.

Τοῖς ἀρχαίοις ὀλίγου δεῖν πᾶσι, ἐπίδοσις (ἐπιστροφὴ) ἦν τοῦ συντιθέναι δεξιῶς τὰ ὀνόματα· τοῖς δὲ μεταγενεστέροις οὐκέτι, πλὴν ὀλίγων· χρόνῳ δὲ ὕστερον παντάπασιν ἠμελήθη· τοιγάρτοι τοιαύτας συντάξεις κατέλιπον, οἵας οὐδεὶς ὑπομένει μέχρι κορωνίδος διελθεῖν. Φύλαρχόν τε λέγω καὶ Δοῦριν, καὶ Πολύβιον, &c.

EX JOSEPHO.

Antiquitatum Iudaicarum Lib. XII. Cap. XIII.

Ἀντιοχος νόσου μηκυνομένης, καὶ αὐξανομένων τῶν παθῶν συνεὶς ὅτι μέλλει τελευτᾶν, συγκαλεῖ τοὺς φίλους· καὶ τήν τε νόσον αὐτοῖς χαλεπὴν οὖσαν ἐμήνυεν, καὶ τοῦτο ὅτι πάσχει κακώσας τὸ Ἰουδαίων ἔθνος παρεδήλου, συλήσας τε τὸν ναὸν, καὶ τοῦ Θεοῦ καταφρονήσας· καὶ ταῦτα λέγων ἐξέπνευσε ὥστε θαυμάζειν Πολύβιον τὸν Μεγαλοπολίτην· ὃς ἀγαθὸς ὢν ἀνὴρ, ἀποθανεῖν λέγει τὸν Ἀντίοχον, βουληθέντα τὸ τῆς ἐν Πέρσαις Ἀρτέμιδος ἱερὸν συλῆσαι. τὸ γὰρ μηκέτι ποιῆσαι τὸ ἔργον βουλευσάμενον, οὐκ ἔστι τιμωρίας ἄξιον. εἰ δὲ διὰ τοῦτο Πολυβίῳ δοκεῖ καταστρέψαι τὸν βίον Ἀντίοχον οὕτως· πολὺ πιθανώτερον

διὸ

διὰ τὴν ἱεροσυλίαν τοῦ ἐν Ἱεροσολύμοις ναοῦ τελευτῆσαι τὸν βίον. Ἀλλὰ περὶ μὲν τούτου οὐ διαφέρομεν, τοῖς τὴν ὑπὸ τοῦ Μεγαλοπολίτου λεγομένην αἰτίαν, παρὰ τὴν ὑφ' ἡμῶν ἀληθῆ νομίζουσιν.

EX PLUTARCHI VITIS, & aliis Libris.

In Æmilio Paulo.

ΗΣΤΕΙΣ οὖν ὁ Αἰμίλιος δίδωσιν αὐτοῖς οὐχ ὅσους Πολύβιος εἴρηκεν, ἀλλ' ὅσους αὐτὸς ὁ Νασικᾶς λαβεῖν φησί, γεγραφὼς περὶ τῶν πράξεων τούτων ἐπιστόλιον πρός τινα τῶν βασιλέων.

Ὁ μὲν οὖν Νασικᾶς ἐνταῦθα διενυκτέρευσεν. τῷ δὲ Περσεῖ τὸν Αἰμίλιον ἀτρεμοῦντα κατὰ χώραν ὁρῶντι, καὶ μὴ λογιζομένῳ τὸ γινόμενον, ἀποδρὰς ἐκ τῆς ὁδοῦ Κρὴς αὐτόμολος, ἧκε μηνύων τὴν περίοδον τῶν Ῥωμαίων. ὁ δὲ συνταραχθεὶς, τὸ μὲν στρατόπεδον οὐκ ἐκίνησε, μυρίους δὲ μισθοφόρους ξένους, καὶ δισχιλίους Μακεδόνας Μίλωνι παραδοὺς, ἐξαπέστειλεν, παρακελευσάμενος ταχῦναι, καὶ καταλαβεῖν τὰς ὑπερβολάς. τούτοις, ὁ μὲν Πολύβιος φησὶν, ἔτι κοιμωμένοις ἐπιπεσεῖν τοὺς Ῥωμαίους. ὁ δὲ Νασικᾶς ὀξὺν ἀγῶνα περὶ τοῖς ἄκροις γενέσθαι καὶ κίνδυνον.

Ὁ δὲ τῶν Μακεδόνων βασιλεὺς, ὥς φησι Πολύβιος, τῆς μάχης ἀρχὴν λαμβανούσης ἀποδειλιάσας, εἰς πόλιν ἀφιππάσατο, σκηψάμενος Ἡρακλεῖ θύειν, δειλὰ παρὰ δειλῶν ἱερὰ μὴ δεχομένῳ, μηδ' εὐχὰς ἀθεμίτους ἐπιτελοῦντι.

In Pelopida.

Ἦσαν δὲ δύο μόραι Λακεδαιμονίων· τὴν δὲ μόραν Ἔφορος μὲν ἄνδρας εἶναι πεντακοσίους φησίν· Καλλισθένης δ' ἑπτακοσίους· ἄλλοι δέ τινες ἐννακοσίους, ὧν Πολύβιός ἐστιν.

In Marcello.

Ἀννίβαν δὲ Μάρκελλος, ὡς μὲν οἱ περὶ Πολύβιον λέγουσιν, οὐδ' ἅπαξ ἐνίκησεν, ἀλλ' ἀήττητος ἀνὴρ δοκεῖ διαγενέσθαι μέχρι Σκηπίωνος.

In Catone.

Ὑπὲρ δὲ τῶν ἐξ Ἀχαΐας φυγάδων ἐντευχθεὶς διὰ Πολύβιον ὑπὸ Σκηπίωνος, ὡς πολὺς ἐν τῇ συγκλήτῳ λόγος ἐγίνετο, τῶν μὲν διδόντων κάθοδον αὐτοῖς, τῶν δ' ἐνισταμένων. mox: ψηφισθείσης δὲ τῆς καθόδου τοῖς ἀνδράσιν, ἡμέρας ὀλίγας οἱ περὶ τὸν Πολύβιον διαλιπόντες, αὖθις ἐπεχείρουν εἰς τὴν σύγκλητον εἰσελθεῖν, ὅπως ἃς πρότερον εἶχον ἐν Ἀχαΐᾳ τιμὰς οἱ φυγάδες

φυγάδες ἀναλάβοιεν, καὶ τῆς Κάτωνος ἀπεπειρᾶτο τῆς γνώμης. ὁ δὲ μειδιάσας, ἔφη, τὸν Πολύβιον, ὥσπερ τὸν Ὀδυσσέα, βούλεσθαι πάλιν εἰς τὸ τοῦ Κύκλωπος σπήλαιον εἰσελθεῖν, τὸ πιλίον ἐκεῖ καὶ τὴν ζώνην ἐπιλελησμένον.

Πολύβιος μὲν γε φησὶ τῶν ἐντὸς Βαίτιος ποταμοῦ πόλεων ἡμέρᾳ μιᾷ τὰ τείχη κελεύσαντος αὐτοῦ περιαιρεθῆναι. πάμπολλαι δ' ἦσαν αὗται, γέμουσαι μαχίμων ἀνδρῶν.

In Philopœmene.

Χρόνῳ δὲ ὕστερον ἐγκαλέσας τι τοῖς Λακεδαιμονίοις στρατηγῶν ὁ Φιλοποίμην, τοὺς μὲν φυγάδας κατήγαγεν εἰς τὴν πόλιν, ὀγδοήκοντα δὲ Σπαρτιάτας ἀπέκτεινεν, ὡς Πολύβιος φησίν. ὡς δὲ Ἀριστοκράτης, πεντήκοντα καὶ τριακοσίους.

Φιλοποίμην δεξάμενος τὸ φάρμακον ἠρώτησεν, εἴ τι περὶ τῶν ἱππέων, καὶ μάλιστα Λυκόρτα (*hic Polybii pater;*) πεπυσμένος ἐστιν. *Mox:* Οἱ δ' ἐν ἡλικίᾳ μετὰ τῶν προβούλων συνελθόντες εἰς Μεγάλην πόλιν οὐδ' ἡντιναοῦν ἀναβολὴν ἐποιήσαντο τῆς τιμωρίας· ἀλλ' ἑλόμενοι στρατηγὸν Λυκόρταν, εἰς τὴν Μεσσηνίαν ἐνέβαλον. *Deinde:* Τὸ δὲ σῶμα καύσαντες αὐτοῦ, καὶ τὰ λείψανα συνθέντες εἰς ὑδρείαν, αὐτὴν ἐκόμιζεν ὁ τοῦ στρατηγοῦ τῶν Ἀχαιῶν παῖς Πολύβιος, καὶ περὶ αὐτὸν, οἱ πρῶτοι τῶν Ἀχαιῶν.

Οὐσῶν δὲ πολλῶν μὲν εἰκόνων αὐτοῦ, μεγάλων δὲ τιμῶν, ἃς αἱ πόλεις ἐψηφίσαντο, Ῥωμαῖος ἀνὴρ ἐν τοῖς περὶ Κόρινθον ἀτυχήμασι τῆς Ἑλλάδος, ἐπεχείρησεν ἀνελεῖν ἁπάσας, καὶ διώκειν αὐτὸν, ἐνδεικνύμενος, ὥσπερ ἔτι ζῶντα, Ῥωμαίοις πολέμιον καὶ κακόνουν γενέσθαι. Λόγων δὲ λεχθέντων, καὶ Πολυβίου πρὸς τὸν συκοφάντην ἀντειπόντος, οὔθ' ὁ Μόμμιος, οὔτε οἱ πρέσβεις ὑπέμειναν, ἀνδρὸς ἐνδόξου τιμὰς ἀφανίσαι.

In Agide & Cleomene.

ιὸ καὶ τὸ δεύτερον ἐγχείρημα τοῦ Κλεομένους ἔδοξε μὲν τετολμῆσθαι παραβόλως καὶ μανικῶς, ἐπράχθη δὲ μετὰ πολλῆς προνοίας, ὡς φησὶ Πολύβιος.

Ὃ καὶ μάλιστα τὴν δυστυχίαν τοῦ Κλεομένους οἰκτροτέραν ἐποίησεν. εἰ γὰρ ἡμέρας δύο μόνας ἐπέσχε, καὶ παρήγαγε φυγομαχῶν, οὐκ ἂν ἐδέησεν αὐτῷ μάχης, ἀλλ' ἐφ' οἷς ἠβούλετο διηλλάγη πρὸς τοὺς Ἀχαιοὺς, ἀπελθόντων τῶν Μακεδόνων. νῦν δὲ, ὥσπερ εἴρηται, διὰ τὴν ἀχρηματίαν ἐν τοῖς ὅπλοις τὸ πᾶν θέμενος, ἠναγκάσθη δισμυρίοις (ὡς Πολύβιος φησὶ) πρὸς τρισμυρίους ἀντιπαρατάξασθαι.

In Ti. & C. Gracchis.

Ἀλλ' οἱ πλείους, ὡς ἡμεῖς γράφομεν, ἱστοροῦσι. καὶ Πολύβιος μετὰ τὴν Σκηπίωνος Ἀφρικανοῦ τελευτὴν, τοὺς οἰκείους φησὶν ἐκ πάντων προκρίνανκρίναντας τὸν Τιβέριον δοῦναι τὴν Κορνηλίαν, ὡς ὑπὸ τοῦ πατρὸς ἀνέκδοτον, καὶ ἀνέγγυον ἀπολειφθεῖσαν.

In Bruto.

Αὐτὸς ἄχρι τῆς ἑσπέρας ἔγραφε συντάττων Ἐπιτομὴν Πολυβίου.

In Arato.

Ὁ Πολύβιος δὲ αὐτὸν ἐκ πολλοῦ φησὶ καὶ πρὸ τῆς ἀνάγκης ὑφορώμενον τὸ θράσος τὸ τοῦ Κλεομένους, κρύφα τῷ Ἀντιγόνῳ διαλέγεσθαι, καὶ τοὺς Μεγαλοπολίτας προκαθιέναι δεομένους Ἀχαιῶν ἐπικαλεῖσθαι τὸν Ἀντίγονον. οὗτοι γὰρ ἐπιέζοντο μάλιστα συνεχῶς τῷ πολέμῳ, ἄγοντος αὐτοὺς καὶ φέροντος τοῦ Κλεομένους. ὁμοίως δὲ καὶ Φύλαρχος ἱστόρηκε περὶ τούτων, ᾧ, μὴ τοῦ Πολυβίου μαρτυροῦντος, οὐ πάνυ τι πιστεύειν ἄξιον ἦν. ἐνθουσιᾷ γὰρ, ὅταν ἅψηται τοῦ Κλεομένους, ὑπ' εὐνοίας, καὶ καθάπερ ἐν δίκῃ τῇ ἱστορίᾳ, τῷ μὲν ἀντιδικῶν διατελεῖ, τῷ δὲ συναγορεύων.

In Libro Γυναικῶν ἀρεταί.

Χιομάραν δὲ συνέβη τὴν Ὀρτιάγοντος αἰχμάλωτον γενέσθαι μετὰ τῶν ἄλλων γυναικῶν, ὅτε Ῥωμαῖοι καὶ Γναῖος ἐνίκησαν μάχῃ τοὺς ἐν Ἀσίᾳ Γαλάτας, &c. ταύτῃ μὲν ὁ Πολύβιος φησὶ διὰ λόγων ἐν Σάρδεσι γενόμενος θαυμάσαι, τό, τε φρόνημα, καὶ τὴν σύνεσιν.

Περὶ τῆς Ῥωμαίων τύχης.

ΕΙ δὲ ὥσπερ Πολύβιος ἐν τῇ δευτέρᾳ βίβλῳ περὶ τῆς τότε τὴν Ῥωμαίων πόλιν καταλαβόντων ἱστόρηκε Κελτῶν ἀληθές ἐστιν, ὅτι προσπεσούσης αὐτοῖς ἀγγελίας φθείρεσθαι τὰ οἴκοι ὑπὸ τῶν προσοίκων Βαρβάρων, ἐμβεβληκότων εἰς τὴν χώραν καὶ κρατούντων, ἀνεχώρησαν εἰρήνην θέμενοι πρὸς τὸν Κάμιλλον, &c.

Εἰ πρεσβυτέρῳ πολιτευτέον.

Ὁ γὰρ οὕτως ἀσκηθεὶς τὸν τρόπον, οὐκ ἐν παλαίστραις καὶ κηρώμασιν ἀκινδύνως εὐρύθμων σοφιστῶν, ἀλλ' ὡς ἀληθῶς ἐν Ὀλυμπιακοῖς καὶ Πυθικοῖς ἀγῶσι Ἆθλος ἵππῳ πῶλος ὡς ἅμα τρέχει, κατὰ Σιμωνίδην· ὡς Ἀριστείδης Κλεισθένει, καὶ Κίμων Ἀριστείδῃ, καὶ Φωκίων Χαβρίᾳ, καὶ Κάτων Μαξίμῳ Φαβίῳ, καὶ Σύλλᾳ Πομπήιος, καὶ Φιλοποίμενι Πολύβιος. νέοι γὰρ οὗτοι πρεσβυτέροις ἐπιβάλλοντες, εἶτα οἷον παραβλαστάνοντες καὶ συνεξανιστάμενοι ταῖς ἐκείνων πολιτείαις καὶ πράξεσιν, ἐμπειρίαν καὶ συνήθειαν ἐκ τούτων πρὸς τὰ κοινὰ μετὰ δόξης καὶ δυνάμεως.

Μασσανάσσην δ' ἱστορεῖ Πολύβιος, ἐνενήκοντα μὲν ἐτῶν ἀποθανεῖν, τετραετὲς καταλιπόντα παιδάριον ἐξ αὑτοῦ γεγεννημένον· ὀλίγῳ δ' ἔμπροσθεν τῆς τελευτῆς, μάχῃ νικήσαντα Καρχηδονίους, ὀφθῆναι τῇ ὑστεραίᾳ πρὸ τῆς σκηνῆς ῥυπαρὸν ἄρτον ἐσθίοντα, καὶ πρὸς τοὺς θαυμάζοντας εἰπεῖν, ὅτι τοῦτο ποιεῖ...

Πολιτικὰ παραγγέλματα.

Καὶ καρπὸν οὐκ ἐκ φιλίας ἡγεμονικῆς λαμβάνοντες, οἷον ἔλαβε Πολύβιος καὶ Παναίτιος, τῇ Σκηπίωνος εὐνοίᾳ πρὸς αὐτοὺς μεγάλα τὰς πατρίδας ὠφελήσαντες.

Συμποσιακῶν Δ.

Ὦ Σόσσιε Σενεκίων, τοῦ Πολυβίου Σκηπίωνι παραινοῦντος Ἀφρικανῷ, μὴ πρότερον ἐξ ἀγορᾶς ἐπανελθεῖν, ἢ φίλον τινὰ ποιήσασθαι, &c.

Ex Appiani Alexandrini Libyco.

ΕΠΙ πολὺ δ' ἔννους ἐφ' ἑαυτοῦ γενόμενός τε καὶ συνιδὼν ὁ Σκηπίων, ὅτι καὶ πόλεις καὶ ἔθνη, καὶ ἀρχὰς ἁπάσας δεῖ μεταβαλεῖν, ὥσπερ ἀνθρώπους δαίμονα· καὶ τοῦτ' ἔπαθε μὲν Ἴλιον, εὐτυχής ποτε πόλις· ἔπαθε δὲ καὶ Ἀσσυρίων, καὶ Μήδων, καὶ Περσῶν ἐπ' ἐκείνοις ἀρχὴ μεγίστη γενομένη· καὶ ἡ μάλιστα ἔναγχος ἐκλάμψασα ἡ Μακεδόνων· εἴτε ἑκών, εἴτε προφυγόντος αὐτὸν τοῦδε τοῦ ἔπους,

Ἔσσεται ἦμαρ ὅταν ποτ' ὀλώλῃ Ἴλιος ἱρή,
Καὶ Πρίαμος, καὶ λαὸς ἐϋμελίω Πριάμοιο.

Πολυβίου δ' αὐτὸν ἐρομένου σὺν παρρησίᾳ· (καὶ γὰρ ἦν αὐτοῦ καὶ διδάσκαλος) ὅ, τι βούλοιτο ὁ λόγος· φασὶν οὐ φυλαξάμενον, ὀνομάσαι τὴν πατρίδα σαφῶς· ὑπὲρ ἧς ἄρα εἰς τ' ἀνθρώπεια ἀφορῶν, ἐδεδίει. καὶ τάδε μὲν Πολύβιος αὐτὸς ἀκούσας, συγγράφει.

Ex Athenæi Dipnoſophiſtis.

LIBRO PRIMO.

Τοιοῦτον δέ τινα ὑφίσταται τῇ κατασκευῇ, καὶ λαμπρότητι Πολύβιος, Ἴβηρός τινος βασιλέως οἰκίαν· ὃν καὶ ἐζηλωκέναι λέγει τὴν τῶν Φαιάκων τρυφήν, πλὴν τοῦ τοὺς κρατῆρας ἐν μέσῳ τῆς οἰκίας ἑστάναι πλήρεις οἴνου κριθίνου, ἀργυροῦς ὄντας καὶ χρυσοῦς.

LIBRO II.

Καὶ ὁ τῆς Αἰγύπτου δὲ βασιλεὺς δεύτερος, ὁ Φιλάδελφος ἐπίκλην, ἐκδοὺς τὴν αὐτοῦ θυγατέρα Βερενίκην Ἀντιόχῳ τῷ Συρίας βασιλεῖ, ἐν ἐπιμελείᾳ εἶχε πέμπειν αὐτῇ τὸ ἀπὸ τοῦ Νείλου ὕδωρ· ἵνα μόνου τοῦ ποταμοῦ τούτου ἡ παῖς πίνῃ, ὡς ἱστορεῖ Πολύβιος. Ἡλιόδωρος δέ φησι τὸν Ἐπιφανῆ Ἀντίοχον, ὃν διὰ τὰς πράξεις Πολύβιος ἐπιμανῆ καλεῖ.

LIBRO VI.

Σκηπίων γοῦν ὁ Ἀφρικανὸς ἐπίκλην, ἐκπεμπόμενος ὑπὸ τῆς συγκλήτου ἐπὶ τὸ καταστήσασθαι τὰς κατὰ τὴν οἰκουμένην βασιλείας, ἵνα τοῖς προσήκουσιν ἐγχειρισθῶσιν, πέντε μόνους ἐπήγετο οἰκέτας, ὡς ἱστορεῖ Πολύβιος, καὶ Ποσειδώνιος. καὶ ἑνὸς ἀποθανόντος κατὰ τὴν ὁδοιπορίαν, ἐπέστειλε τοῖς οἰκείοις ἄλλον ἀντ' ἐκείνου πριαμένους πέμψαι αὐτῷ.

LIBRO XIV.

Περὶ δὲ τῶν τραγῳδῶν φησὶν ὁ Πολύβιος, ὅτι ἐὰν ἐπιβάλωνται λέγειν, δέξω ποιῶν διαχλευάζειν.

EX PAUSANIA.

In Arcadicis.

ἜΣΤΙ δὲ Μαντινεῦσι ναὸς διπλοῦς μάλιστά που κατὰ μέσον τοίχῳ διειργόμενος. Τοῦ ναοῦ δὲ τῇ μὲν ἄγαλμά ἐστιν Ἀσκληπιοῦ, &c. ἐνταῦθα ἀνὴρ ἐπείργασται στήλῃ Πολύβιος ὁ Λυκόρτα.

Μεγαλοπολίταις δὲ ἐπὶ τῆς ἀγορᾶς ἐστὶν ὄπισθεν τοῦ περιβόλου τοῦ ἀνειμένου τῷ Λυκαίῳ Διῒ, ἀνὴρ ἐπειργασμένος ἐπὶ στήλῃ Πολύβιος Λυκόρτα. Γέγραπται δὲ καὶ ἐλεγεῖα ἐπ' αὐτῷ λέγοντα, ὡς ἐπὶ γῆν καὶ θάλασσαν πᾶσαν πλανηθείη· καὶ ὅτι σύμμαχος γένοιτο Ῥωμαίων· καὶ παύσειεν αὐτοὺς ὀργῆς ἐς τὸ Ἑλληνικόν. Συνέγραψε δὲ ὁ Πολύβιος οὗτος καὶ ἄλλα ἔργα Ῥωμαίων· καὶ ὡς Καρχηδονίοις κατέστησαν ἐς πόλεμον. αἰτία δὲ ἥτις ἐγένετο αὐτοῦ, καὶ ὡς ὀψὲ οὐκ ἄνευ κινδύνων μεγάλων Ῥωμαίοις Σκηπίωνά τινα Καρχηδονιακὸν ὀνομάζουσι, τέλος τε ἐπιθέντα τῷ πολέμῳ· καὶ τὴν Καρχηδόνα καταβαλόντα εἰς ἔδαφος. ὅσα μὲν δὴ Πολυβίῳ παραινοῦντι ὁ Ῥωμαῖος ἐπείθετο, ἐς ὀρθὸν ἐχώρησεν αὐτῷ· ἃ δὲ οὐκ ἠκροᾶτο διδάσκοντος γενέσθαι οἱ λέγουσιν ἁμαρτήματα. Ἑλλήνων δὲ ὁπόσαι πόλεις εἰς τὸ Ἀχαϊκὸν συνετέλουν, παρὰ Ῥωμαίων εὕροντο αὗται Πολύβιον σφίσι πολιτείας τε καταστήσασθαι, καὶ νόμους θεῖναι.

Ἐπὶ δὲ τῷ τετάρτῳ (τύπῳ τῷ παρὰ τῇ Δεσποίνῃ ἐν Ἀκακησίῳ) Πολύβιος ὁ Λυκόρτα· καὶ οἱ ἐπίγραμμά ἐστιν· ΕΞ ΑΡΧΗΣ ΤΕ ΜΗ ΑΝ ΣΦΑΛΗΝΑΙ ΤΗΝ ΕΛΛΑΔΑ ΕΙ ΠΟΛΥΒΙΩι ΤΑ ΠΑΝΤΑ ΕΠΕΙΘΕΤΟ, ΚΑΙ ΑΜΑΡΤΟΥΣΗι ΕΚΕΙΝΟΝ ΒΟΗΘΕΙΑΝ ΓΕΝΕΣΘΑΙ ΜΟΝΟΝ.

Καὶ οὐ πολὺ ἀπωτέρω Πολυβίου σφίσιν (τοῖς Παλλαντιεῦσι) ἀνδριάς ἐστιν.

Πρὸς δὲ τῷ ἱερῷ τῆς Εἰλειθυίας (παρὰ Τεγεάταις) ἔστι Γῆς βωμός· ἔχεται δὲ τοῦ βωμοῦ λίθου λευκοῦ στήλη· ἐπὶ δὲ αὐτῇ Πολύβιος ὁ Λυκόρτα· καὶ ἐπὶ ἑτέρᾳ στήλῃ τῶν παίδων τῶν Ἀρκάδος Ἔλατός ἐστιν εἰργασμένος.

EX LUCIANO.

IN LONGÆVIS.

ΠΟΛΥΒΙΟΣ δὲ ὁ Λυκόρτα, Μεγαλοπολίτης, ἀγρόθεν ἀνελθὼν, ἀφ' ἵππου κατέπεσε· καὶ ἐκ τούτου νοσήσας, ἀπέθανεν ἐτῶν δύο καὶ ὀγδοήκοντα.

EX ÆLIANO DE ACIEBUS INSTRUENDIS.

Capite Primo.

ΠΥΡΡΟΣ τε ὁ Ἠπειρώτης Τακτικὰ συνέγραψε· καὶ Ἀλέξανδρος ὁ τούτου υἱὸς, καὶ Κλέαρχος. ἔτι δὲ Παυσανίας, Εὐάγγελός τε, καὶ Πολύβιος ὁ Μεγαλοπολίτης, ἀνὴρ πολυμαθὴς Σκηπίωνι συγγενόμενος.

Capite III.

Ὅρον δὲ τῆς Τακτικῆς ἔθετο Αἰνείας μὲν, ἐπιστήμην εἶναι πολεμικῶν κινήσεων. Πολύβιος δὲ, ἄν τις πλῆθος Τακτικὸν παραλαβὼν, τοῦτο συγκρίνῃ, καὶ καταλοχίσας συλλοχίσῃ, παιδεύσῃ τε χρησίμως τὰ πρὸς τὸν πόλεμον.

Capite XIX.

Τούτῳ δὲ τῷ σχήματι τῆς ἴλης κέχρηται Πολύβιος, ἀνδρῶν μέντοι ξδ', ἐν σχήματι τοῦ Λ στοιχείου.

Et hæc quidem nominatim ex Polybio Ælianus: nos verò alibi docemus, totum illius aureolum libellam pene ad verbum è Polybio esse descriptum.

EX ACHILLE STATIO.

Prolegomenis in Aratum.

ΠΡΩΤΟΣ Παρμενίδης περὶ ζωνῶν ἐκίνησε λόγον· περὶ δὲ τοῦ ἀριθμοῦ αὐτῶν πολλὴ διαφωνία τοῖς μετ' αὐτὸν γέγονεν. οἱ μὲν γὰρ ἓξ αὐτὰς εἶπον, ὡς Πολύβιος, καὶ Ποσειδώνιος, τὴν διακεκαυμένην εἰς δύο διαιροῦντες.

EX EUSEBII CHRONICO.

LIBRO PRIMO.

ΟΓΔΟΗι καὶ εἰκάδι Ὀλυμπιάδι Κόρυβος Ἠλεῖος ἀνεγράφη στάδιον νικήσας, καὶ ἡ κατ' αὐτὸν Ὀλυμπιὰς πρώτη ἐτάχθη, ἀφ' ἧς Ἕλληνες ἀριθμεῖν τι δοκοῦσιν ἀκριβῶς χρονικόν. Ταῦτα Ἀριστόδημος ἱστορεῖ, καὶ συνᾴδει τούτῳ Πολύβιος.

E ZOSIMI HISTORIA.

LIBRO PRIMO.

ΠΟΛΥΒΙΩι τῷ Μεγαλοπολίτῃ, μνήμῃ παραδοῦναι τὰ καθ' αὐτὸν ἀξιόλογα τῶν ἔργων προελομένῳ, καλῶς ἔχειν ἐφάνη δι' αὐτῶν ἐπιδεῖξαι τῶν πράξεων, ὅπως οἱ Ῥωμαῖοι μετὰ τὸν τῆς πόλεως οἰκισμὸν ἑξακοσίοις ἔτεσι τοῖς περιοίκοις προσπολεμήσαντες, μεγάλην ἀρχὴν οὐκ ἐκτήσαντο· μέρος δέ τι τῆς Ἰταλίας ὑφ' ἑαυτοὺς ποιησάμενοι, καὶ τούτου μετὰ τὴν Ἀννίβα διάβασιν, καὶ τὴν ἐν Κάνναις ἧτταν ἐκπεπτωκότες, αὐτοῖς δὲ τοῖς τείχεσι τοὺς πολεμίους ὁρῶντες ἐπικειμένους, εἰς τοσοῦτον μέγεθος ἤρθησαν τύχης, ὥστε οὐδὲ ὅλοις τρισὶ καὶ πεντήκοντα ἔτεσι μὴ μόνον Ἰταλίαν, ἀλλὰ καὶ Λιβύην κατακτήσασθαι πᾶσαν, ἤδη δὲ καὶ τοὺς Ἴβηρας ὑφ' ἑαυτοὺς καταστῆσαι· ἐπεὶ δὲ τοῦ πλείονος ἐφιέμενοι, τὸν Ἰόνιον ἐπεραιώθησαν κόλπον, Ἑλλήνων τε ἐκράτησαν, καὶ Μακεδόνας παρέλυσαν τῆς ἀρχῆς· αὐτόν τε ὃς τηνικαῦτα τούτων ἐβασίλευε, ζωγρείᾳ ἑλόντες εἰς τὴν Ῥώμην ἀνήγαγον.

In voce ἑξακοσίοις *inesse mendum vel auctoris vel librarii, docemus ad primam Polybii Historiam.*

Πολυβίου ὅπως ἐκτήσαντο Ῥωμαῖοι τὴν ἀρχὴν ἐν ὀλίγῳ χρόνῳ διεξελθόντος, ὅπως ἐν οὐ πολλῷ χρόνῳ σφῇσιν ἀτασθαλίῃσιν αὐτὴν διέφθειραν, ἔρχομαι λέξων.

LIBRO V.

Δοκοῦσι δέ πως τὰ πλοῖα ταῦτα (de Liburnicis loquitur) ταχυναυτεῖσθαι πεντηκοντόρων οὐχ ἧττον, κατὰ πολὺ τῶν τριηρικῶν ἐλαττούμενα, πλείστοις ἔτεσι τῆς τούτων ἐκλιπούσης δημιουργίας· εἰ καὶ Πολύβιος ὁ συγγραφεὺς ἐκπίπτεσθαί πως ἔδοξε τῶν ἐξηρικῶν πλοίων τὰ μέτρα· οἷς φαίνονται πολλάκις κεχρῆσθαι Ῥωμαῖοι καὶ Καρχηδόνιοι πολεμήσαντες πρὸς ἀλλήλους.

EX EVAGRIO SCHOLASTICO.

Historiæ Ecclesiasticæ

LIBRO V.

Αἱ δὲ κατὰ Ῥωμαίους πράξεις πᾶσαν κοσμικὴν ἱστορίαν ἐν αὐταῖς περιλαμβάνουσαι, ἢ εἴπη καὶ ἄλλο γέγονεν εἴτ' ἐς αὐτοὺς διαφερομένων, εἴτε καὶ καθ' ἑτέρων πραττόντων, πεπόνηται Διονυσίῳ μὲν τῷ Ἁλικαρνασεῖ ἀπὸ τῶν λεγομένων Ἀβοριγίνων τὴν ἱστορίαν ἑλκύσαντι μέχρι τοῦ Ἠπειρώτου Πύρρου. ἐξ ἐκείνου δὲ Πολυβίῳ τῷ Μεγαλοπολίτῃ καταγαγόντι ἕως τῆς Καρχηδόνος ἁλώσεως.

EX PHOTIO PATRIARCHA

Constantinopoleos.

TMEMATE LXXXIII.

Διεξεῖσι (Διονύσιος ὁ Ἁλικαρνασσεὺς) ἐν πολλῇ λεπτολογίᾳ, τήν τε τῆς Ῥώμης οἴκισιν, καὶ τὴν Ῥέμου καὶ Ῥωμύλου γέννησιν· καὶ ἁπλῶς ἐφεξῆς ἅπαντα· μέχρις ὅτου Ῥωμαίοις ὁ πρὸς Πύρρον τὸν Ἠπειρώτην πόλεμος συνέστη. διέρχεται δὲ καὶ αὐτὸν ἐκεῖνον, καὶ τελευτᾷ εἰς τὴν ρ΄ καὶ κη΄ Ὀλυμπιάδα, ἔτους ἐνεστηκότος αὐτῆς τρίτου· ἀφ' ἧς καὶ φησὶν ἀπάρξασθαι τὸν Μεγαλοπολίτην Πολύβιον τῆς ἱστορίας.

EX XIPHILINO DIONIS

Breviatore.

IN AUGUSTO.

Ἀμείνων δ' ἂν ἦν καὶ ὁ Δίων, μὴ πέρα τοῦ δέοντος αὐτὰ (τὰ σημεῖα καὶ τέρατα) τεθηπὼς, ἀλλά τι καὶ Πολυβίῳ προσεσχηκώς· ὅστις ἅλωσιν γράψας τῆς Καρχηδόνος, καὶ τῆς Ἑλλάδος δούλωσιν, καὶ πρὸ τούτων τὴν μεγάλην τῶν Ῥωμαίων ἐκείνην ὑπὸ Ἀννίβου καὶ πολυχρόνιον κάκωσιν· οὐδαμοῦ τερατολογῶν φαίνεται, οὐδὲ σημεῖα ταῖς λοιπαῖς πόλεσι πρὸ τῆς συμφορᾶς γενόμενα διηγούμενος· εἰ μὲν οὐδ' ἂν γενέσθαι νομίζων, μεμπτός· πλήρης γὰρ τῶν τοιούτων ἡ ἱστορία· εἰ δ' ὡς οὐχ ἱστορήσας γε αὐτὸς, συγγνωστός· συγγραφὴν γὰρ προκεχείριστο.

E CONSTANTINO PORPHYROGENNETA IMP. IN LIBRO ΠΕΡΙ ΘΕΜΑΤΩΝ.

Themate II.

ΚΑΛΟΥΣΙ δὲ οἱ παλαιοὶ μεγάλην τε καὶ μικρὰν Καππαδοκίαν· μεγάλην μὲν τὴν ἀπὸ Καισαρείας τε καὶ τοῦ Ταύρου, καὶ ἕως τῆς Ποντικῆς θαλάσσης, ἣν διορίζει Ἅλυς μὲν ποταμὸς ἐκ δυσμῶν, Μελιτηνὴ δὲ ἐξ ἀνατολῶν. Καὶ αὕτη μὲν ἡ μεγάλη Καππαδοκία. καὶ τούτων μάρτυς Πολύβιος, ὁ τὴν Ῥωμαϊκὴν ἱστορίαν γεγραφώς, ὃς διορίζει τὴν Καππαδοκίαν, ἀπό τε Ταύρου καὶ Λυκαονίας, καὶ ἕως τῆς Ποντικῆς θαλάττης. Καὶ αὐτὴ γὰρ ἡ Νεοκαισάρεια, ἥ τε Κολόνεια καὶ ἡ Μελιτηνὴ σύμπασα, Καππαδοκία λέγονται. ἔστι δὲ τὸ ὄνομα Περσικόν. Πέρσης γάρ τις ἀνὴρ ἐν κυνηγίῳ Ἀρταξέρξῃ τῷ βασιλεῖ, ἢ οὐκ οἶδα ἄλλῳ τινί, λέων προσαπαντήσας, τοῦ ἵππου τοῦ βασιλέως ἐδράξατο· καὶ κατὰ τύχην εὑρεθεὶς ὁ Πέρσης ἐν τῷ τοῦ θηρὸς συναντήματι τὸν ἀκινάκην ἀπασάμενος, ἐρρύσατο τὸν βασιλέα παρὰ μικρὸν κινδυνεύοντα, καὶ τὸν λέοντα ἐθανάτωσεν· οὗτος οὖν ὁ Πέρσης ἐπί τινος ὄρους ὑψηλοτάτου ἀναβάς, καὶ πᾶσαν τὴν γῆν περισκοπήσας ὅσην ὀφθαλμὸς ἀνθρωπινὸς περιβλέπει κατὰ ἀνατολὰς καὶ δυσμάς, ἄρκτον τε καὶ μεσημβρίαν, δωρεὰν παρὰ τοῦ βασιλέως πᾶσαν εἴληφε. ταῦτα δὲ ἱστορεῖ Πολύβιος.

E STEPHANO BYZANTINO

ΠΕΡΙ ΠΟΛΕΩΝ.

ΑΙΓΟΣΘΕΝΑ, πόλις Μεγαρίδος, οὐδετέρως, ὡς Παυσανίας· τὸ ἐθνικὸν ὤφειλεν Αἰγοσθενεύς, ὡς Μεγαρεύς· Πολύβιος δ' Αἰγοσθενίτην φησίν.

ΑΚΡΑΓΑΝΤΕΣ. Πολύβιος τὸν ποταμὸν καὶ τὴν πόλιν ἀπὸ τῆς χώρας ὀνομάζει Ἀκράγης, διὰ τὸ εὔγειον.

ΑΛΛΟΒΡΥΓΕΣ. Πολύβιος καὶ διὰ τοῦ ι αὐτοὺς καλεῖ Ἀλλόβριγας.

ΑΡΚΕΣΙΝΗ. Πολύβιος ἀρσενικῶς τὴν Ἀρκεσίνην φησί.

ΑΡΠΥΙΑ, πόλις ἐν Ἰλλυρίδι παρ' Ἐγχελέαις. Πολύβιος. τὸ ἐθνικὸν Ἀρπυιήτης, τροπῇ τοῦ α εἰς η. ἔστι γὰρ Ἀρπυιάτης.

ΒΡΕΤΤΙΑ νῆσος ἐν τῷ Ἀδρίᾳ. τὸ ἐθνικὸν ἔδει Βρεττιανός, ὡς Πολύβιος τὸ θηλυκόν· ἐπὶ Βρεττιανῶν * τόπων· νῦν δὲ Βρέττιοι λέγονται. *Vide mox locum ex Etymologico.*

ΒΥΖΑΝΤΕΣ. Πολύβιος δὲ Βυσσάτιδα χώραν εἶναί φησι περὶ τὰς Σύρτεις, ἐν δυοκαίδεκα σταδίοις μὲν οὖσαν τὴν περίμετρον. ἔστι δὲ τῷ σχήματι περιφερής.

ΜΕΓΑΛΗΠΟΛΙΣ· οἱ πολῖται, Μεγαλοπολῖται· ἀφ' ἧς καὶ Πολύβιος, τεσσαράκοντα βιβλία γράψας.

ΝΩΛΑ, πόλις Αὐσόνων· Νώλαν δὲ αὐτὴν Πολύβιος φησί· τὸ ἐθνικὸν. Νώλιος. Πολύβιος δὲ Νωλανεῖς αὐτοὺς φησι.

ΠΑΝΟΡΜΟΣ, πόλις Σικελίας καὶ λιμὴν, ὡς Πολύβιος.

ΠΑΡΘΟΣ, πόλις Ἰλλυρική· λέγεται δὲ καὶ ὀρσενικῶς, ὡς Πολύβιος.

EX HESYCHIO.

ΦΡΕΑΤΟΤΥΠΑΝΑ, ὄργανα τινὰ, παρὰ Πολυβίῳ.

Ex Etymologico magno.

BΡΕΤΤΑΝΟΙ, ἔθνος ἀπὸ Κελτοῦς, τῆς Βρεττανοῦ θυγατρός. Βρεττία δὲ ἡ νῆσος ἐν τῇ Ἀδρίᾳ, ποταμὸν ἔχουσα Βρέντιον· οἱ δὲ Βρεττανίδαι· καὶ τὸ ἐθνικὸν ἔδει Βρεττιανὸς, ὡς Πολύβιος· νῦν δὲ λέγονται Βρέντιοι.

EX SUIDA.

HIC grammaticus in laudando Polybio, omnium sui ordinis hominum fuit longe diligentiſsimus. Laudat autem varie, & fine vario. Interdum hiſtoriæ gratia: & tum pluſcula fere deſcribit. nonnunquam verò & pericopas integras. interdum verborum cauſſa: & tum pauciſsimas, ut plurimum, dictiones apponit. Quæ igitur aliquem hiſtoriæ fructum præ ſe ferebant, aut præceptum aliquod ad vitam utile; ea ſeparatim collecta, primo loco heic exhibentur. Deinde illa, in quibus Polybianæ voces aut explicantur, aut ſaltem adnotantur. Poſtremò addita eſt obſervatio de nonnullis utriuſque generis locis, quæ non adjecto auctoris nomine ex eodem nobiliſsimo hiſtorico grammaticus hic deſcripſit. Omiſſa ſunt quæ in extantibus hodieque inveniuntur. Quæ vox autem majuſculis literis exprimetur, ea erit unde locus eſt deſcriptus.

Lixarum qui Romana caſtra ſequebantur deſcriptio.

1 Λεῖξαι ἐκαλοῦντο στρατιῶται. τοῦτο δ' ἦν τὸ γένος τῶν ἐργαστικῶν, καὶ παρεπιστρατευομένων ἀνθρώπων· ὃ πάσης τάξεως ἐκτὸς ὑπάρχον, οὔτε χιλιάρχου λόγον, οὔτε στρατηγοῦ ἐποιεῖτο, διὰ τὸ μὴ γινώσκειν τὸ (τῷ) κερδαίνειν ἐκ παντὸς τρόπου, δικαίως καὶ ἀδίκως. διόπερ ἀπερίσπαστον ὂν, πᾶν γένος ἐπινοεῖ κακίας, καὶ πᾶσαν εἰσφέρεται μηχανὴν πρὸς τοῦτο τὸ μέρος. ἱκανὸν δ' ὑπάρχον οὔτε πρὸς τὰς πολεμικὰς ἐπιβολὰς, οὔτε πρὸς τὰς καθ' ἑαυτῶν, διὰ τὸ μήθ' ὅπλα, μήτε πίστιν ἔχειν, ἀναγκάζεται κοινοῦσθαι τοῖς στρατιώταις, καὶ συναποδεικνύειν τούτοις, τὰς ἐπινοίας, χάριν τοῦ προσλαμβάνειν τὴν ἐκ τούτων ἐπικουρείαν, καὶ χρῆσθαι συνεργοῖς τούτοις, καὶ κερδῶν, καὶ φόνων. καὶ ἐγένοντο πάντες λίχνοι, καὶ πᾶν ἐπληρώθη τὸ στρατόπεδον ῥᾳδιουργίας, καὶ πορνείας.

For-

Fortunæ inane esse nomen. Polybii de regimine mundi sententia.

2 Τύχη. εἰ χρὴ τύχην λέγειν ἐπὶ τῶν τοιούτων. μήποτε γὰρ αὕτη μὲν κενῶς κληρονομεῖ τοιαύτην φήμην. αἴτιοι δ' εἰσὶν οἱ χειρίζοντες τὰς πράξεις· τὸ τῆς αὐτοῖς ἐπιτρέχειν σεμνότητα καὶ μέγεθος. μήποτε δὲ τοὐναντίον. *Iungenda hæc cum iis quæ tot locis adversus Fortunam dicuntur à Polybio. Sed quid senserit Polybius de providentia Dei res omnes regente, docet Suidas, qui integram ejus historiam diligentissime legerat; & quidem homo Christianus. Sic ille:* Τύχη παρ' Ἕλλησιν ἀπρονοήτου κόσμου διοίκησις· ἢ φορὰ ἐξ ἀδήλων εἰς ἄδηλον καὶ αὐτόματον. οἱ δὲ Χριστιανοὶ Θεὸν ὁμολογοῦμεν διοικεῖν τὰ πάντα. καὶ Πολύβιός φησι. *recte & vere hic Criticus. idq; nos libro primo Commentariorũ nostrorum fuse demonstravimus.*

Phameas, sive Phaneas dux contra Scipionem.

3 Τὰς προφυλακὰς βλέπων ὁ Φαμέας, ὢν οὐκ ΑΨΥΧΟΣ, ἐξέκλινε τὰς πρὸς τὸν Σκηπίωνα συμπλοκάς. καί ποτε συνεγγίσας ταῖς ἐφεδρείαις, προβαλόμενος ὀφρὺν ἀπότομον, ἀπέστη καὶ πλείω χρόνον.

Consilium Scipionis: cavendi suis, quam nocendi hosti, potior cura esse debet.

4 Αἱ σημαῖαι τῶν Ῥωμαίων συνεπεφεύγεσαν εἰς βουνόν. καὶ πάντων δόντων γνώμας, ὁ Σκηπίων ἔφη, ὅταν ἐξ ἀκεραίου βουλεύωνται, δεῖν πλείω ποιεῖσθαι πρόνοιαν τοῦ μηδὲν παθεῖν, ἢ τοῦ δράσαι κακῶς τοὺς ἐχθρούς. *Idem consilium dabat Fabius Cunctator Minutio. vide librum III. pag. CCCXLI. ubi notamus plura.*

Scipio Africanus vir fortunatus.

5 Ὡσανεὶ καὶ τὸ αὐτόματον καὶ τύχη τις ΕΣΩΜΑΤΟΠΟΙΕΙ τὰς τοῦ Σκηπίωνος πράξεις, ὥστ' ἐπιφανεστέρας ἀεὶ καὶ μείζονας φαίνεσθαι τῆς προσδοκίας. *Vide paulo supra in* τύχη. *& quæ de Scipione scribuntur libro X.*

Acarnanum ex odio & metu Ætolorum externatio.

6 Οἱ δὲ Ἀκαρνᾶνες πυνθανόμενοι τὴν τῶν Αἰτωλῶν ἔφοδον ἐπὶ σφᾶς, τὰ μὲν ΑΠΑΛΓΟΥΝΤΕΣ ταῖς ἐλπίσι· τὰ δὲ καὶ θυμομαχοῦντες, ἐπί τινα παράστασιν κατήντησαν. καὶ αὖθις. ἀπαλγοῦντας δὲ αὐτοὺς ὑπὸ τοῦ πολλοῦ ἰλίγγους ἐπερρώννυσεν. *Acarnanum* ἀπάλγησιν *&* παράστασιν, *cujus meminit Polybius libro* XVI. *pagina* MXXVI. *declarant Livii hæc verba, lib.* XXVI.

Adverſus Ætolos Acarnanum gens, & viribus impar, & jam mœnia OEniadon Naxumque amiſſa cernens, Romanaque inſuper arma ingruere, ira magis inſtruit, quam conſilio bellum, conjugibus liberiſque & ſenioribus ſupra ſexaginta annos in propinquam Epirum miſſis, ab quindecim ad ſexaginta annos conjurant, niſi victores ſe non redituros: qui victus acie exceſſiſſet, eum ne quis urbe, tecto, menſa, lare reciperet, diram exſecrationem in populares, obteſtationem quam ſanctiſſimam potuerunt, adverſus hoſpites compoſuerunt.

Ad Acarnanes pertinet ſequens quoque fragmentum, cum ſuperiore jungendum.

7 Εἰ δέ τις λειπόμενος μὴ θάνοι, φύγοι δὲ τὸν κίνδυνον, τοῦτον μήτε πόλει δέχεσθαι, μήτε πυρὸς ΕΝΑΥΕΙΝ· περὶ τούτων ἀρὰς ἐποιήσαντο. πᾶσι μὲν, μάλιστα δὲ Ἠπειρώταις, εἰς τὸ μηδένα δέξασθαι τῶν φευγόντων τῇ χώρᾳ. *Sequitur apud Livium:* precatique ſimul Epirotas ſunt, ut qui ſuorum in acie cecidiſſent, eos uno tumulo contegerent, adhiberentque humatis titulum: Hic ſiti ſunt Acarnanes qui adverſus vim atque injuriam Ætolorum pro patria pugnantes mortem oppetierunt.

Reges Ægypti Cœlæ Syriæ imperium ſibi vindicant.

8 Ὁ δὲ Πτολεμαῖος ἰδὼν τοὺς ἑαυτοῦ προγόνους ἐσχηκότας τὴν Κοίλην Συρίαν, παρασκευὰς ἐποιεῖτο μεγάλας, ΑΜΦΙΣΒΗΤΩΝ ταύτης. ἤλπιζε γὰρ τὴν ἀδίκῳ πολέμῳ πρότερον ἀντειλημμένην, τότε δικαίως τοῖς αὐτοῖς νόμοις ἀνακτήσασθαι. *Vide quæ notamus ad pag.* DLXXII.

In omni incepto, quis futurus ſit conſilii exitus mature cogitandum.

9 ΑΝΑΔΡΟΜΗ γίγνοιτο, κἂν σφαλλοίμεθα. Δεῖ πρόχειρον ἔχειν ἀεὶ τὸν στίχον τοῦτον. Τοῦτο μὴ ποιήσας Λεύκιος ὁ Ῥωμαῖος μεγάλως ἐσφάλη. Οὕτω παρ' ὀλίγον σφάλλεται τὰ μέγιστα τῶν πραγμάτων ἀγομένων ἀκρισίᾳ. ἱκανὰ τῶν τοιούτων ὑποδείγματα τοῖς εὖ φρονοῦσιν, ἥτε Πύρρου τοῦ τῶν Ἠπειρωτῶν βασιλέως βία καὶ πάροδος εἰς Ἄργος. ἥτε Λυσιμάχου στρατιὰ διὰ Θρᾴκης ἐπὶ Δρομιχαίτην τὸν βασιλέα τῶν Ὀδρυσῶν. καὶ πολλὰ δὲ τούτοις ἕτερα παραπλήσια.

Conſilium ſalutare in ſuſcipiendo bello.

10 Δεῖ τοὺς ὀρθῶς βουλευομένους περὶ τοῦ πολέμου, καθάπερ καὶ τοὺς ἐν ταῖς ἀρρωστίαις, μηδὲν ἧττον τῶν ΕΠΙΓΕΝΝΗΜΑΤΩΝ ποιεῖσθαι λόγον, ἢ τῶν

ἐξ ἀρχῆς

ἐξ ἀρχῆς ὑποκειμένων παθῶν. ἐπιγεννήματα· τὰ ἐξ ὑστέρου τοῖς τραύμασιν ἀναφυόμενα.

Principium inconstantia.

11 Πάντες μὲν γὰρ οἱ βασιλεῖς καὶ φίλους προσαγορεύουσι καὶ συμμάχους τοὺς κοινωνήσαντας τῶν αὐτῶν ἐλπίδων· ΚΑΘΙΚΟΜΕΝΟΙ δὲ τῶν πράξεων, ΠΑΡΑ ΠΟΔΑΣ οὐ συμμαχικῶς ἀλλὰ δεσποτικῶς χρῶνται τοῖς πιστεύσασι.

Æmilia Scipionis Africani prioris uxor.

12 Χωρὶς γὰρ τοῦ περὶ τὸ σῶμα καὶ τὴν ΑΠΗΝΗΝ κόσμου, καὶ τὰ κανᾶ καὶ τὰ ποτήρια, καὶ τἄλλα τὰ πρὸς θυσίαν ἀργυρᾶ πάντα καὶ χρυσᾶ, συνεξηκολούθει κατὰ τὰς ἐπιφανεῖς ἐξόδους Αἰμιλίᾳ τῇ τοῦ Σκηπίωνος γαμετῇ. ταύτην τὴν περικοπὴν ἐδωρήσατο τῇ τῆς Αἰμιλίας μητρί. *Vide pag.* MCCCCLIX.

Scipionis casus ex equo.

13 Ὁ δὲ ἵππος ὁ τοῦ Σκηπίωνος, ἐδυσχέρησε μὲν ἀπὸ τῆς πληγῆς· οὐ μὴν ὁλοσχερῶς ΕΣΦΑΛΜΗΣΕ. διόπερ ὀρθὸς ἀπέπεσεν ἐπὶ τὴν γῆν ὁ Σκηπίων.

Frugalitas Philopœmenis: nam de eo accipio. Vide pag. DCCCLXXVII. potest & de aliquo duce Rom. capi.

14 Ἄξιος μὲν ὁ ἀνὴρ ἐπαινεῖσθαί τε καὶ θαυμάζεσθαι, μάλιστα δὲ τῆς ΑΥΤΑΡΚΕΙΑΣ τοῦ βίου, ἣ φιλοσοφία τις αὐτοδίδακτος ἐγένετο περὶ αὐτόν, ἣν ἐν πολλοῖς ἐπεδείξατο πράγμασιν.

Romanorum disciplina militaris & prudentia.

15 Οὐκ ἂν ἁμάρτοι τις εἰπών, τὰς μὲν ΜΕΛΕΤΑΣ τῶν Ῥωμαίων, χωρὶς αἵματος παρατάξεις· τὰς δὲ παρατάξεις, μεθ' αἵματος μελέτας.

16 Ταῦτα εἰρήσθω χάριν τῆς Ῥωμαίων εὐβουλίας, καὶ τῆς ἀνοίας τῶν ὀλιγωρούντων τῆς ἐκτὸς συγκαταθέσεως, ΑΥΤΟΤΕΛΕΙΣ δὲ νομιζόντων εἶναι πρὸς τὸ κατορθοῦν τὰς σφετέρας δυνάμεις.

Timæi virulentum & superstitiosum ingenium.

17 Οὗτος ἐν μὲν ταῖς τῶν πέλας κατηγορίαις πολλὴν ἐπιφαίνει δεινότητα καὶ τόλμαν· ἐν δὲ ταῖς ἰδίαις ἀποφάσεσιν, ἐνυπνίων καὶ τεράτων καὶ μύθων ἀπιθάνων &c. *Vide pag.* MCCCC.

Vulgi inconstantia.

18 Οἱ γὰρ πολλοὶ τῶν ἀνθρώπων, οὐκ ἐκ τῶν κατὰ λόγον, ἀλλ' ἐκ τῶν συμβαινόντων ἀγαθοὶ ποιεῖσθαι τὰς ΔΙΑΛΗΨΕΙΣ, (τὰς τοῦ νόος ὁρμὰς) ἄρτι γὰρ δι' αὐτὸ τοῦτο προσεκεχελεισμένον τὸν Πεισίστρατον, διὰ τὸ πρᾶξιν ἔχειν τινὰ καὶ τόλμαν, παραχρῆμα μετέπιπτον εἰς τἀναντία ταῖς γνώμαις διὰ τὴν περιπέτειαν. *Vide pag.* MCCCCXXXIV.

Cretenses metu pœnæ tumultuantur.

19 Οἱ δὲ Κρῆτες φοβούμενοι μὴ τιμωρίας τύχωσι, ΑΝΕΣΕΙΟΝ τὰ πλήθη· παρακαλοῦντες τὴν ἐξ αἰῶνος παραδεδομένην ἐλευθερίαν φυλάττειν.

Romanorum cautio in bellis suscipiendis.

20 Οἱ γὰρ Ῥωμαῖοι πρόνοιαν ἐποιοῦντο μηδέποτε πρότεροι τὰς χεῖρας ἐπιβάλλειν τοῖς πέλας, μηδ' ἄρχοντες φαίνεσθαι χειρῶν ἀδίκων, ἀλλ' ἀεὶ δοκεῖν ἀμυνόμενοι ΕΜΒΑΙΝΕΙΝ εἰς τοὺς πολέμους.

Carthaginenses eo facilius deleti à Romanis, quia à Massanissa fuerant attriti.

21 Μασσανάσσην δὲ Καρχηδόνι αἴτιον τῆς ΑΝΑΣΤΑΣΕΩΣ γενέσθαι, πάμπαν αὐτὴν ἀσθενῆ Ῥωμαίοις ὑπολιπόντα. *Ita scribendum esse hunc locum, argumento est historiæ veritas.*

Romani navale instituunt Tarracone.

22 Οἱ Ῥωμαῖοι τὰς μὲν ναῦς ἀνεώλκησαν· τοὺς δ' ἐν τῷ Ταῤῥακῶνι συναθροίσαντες ἐκ τῶν προγεγονότων ἐλαττωμάτων, ΕΠΙΝΕΙΟΝ ἐποίησαν ἐπὶ τῷ προκαθίσαντας ἐπὶ τῆς διαβάσεως, διαφυλάξαι τοὺς συμμάχους.

Agri Brutiorum populatio.

23 Ὁ δὲ Μάρκος δοὺς πίστεις ὑπὲρ ἀσφαλείας, ἔπεισεν αὐτοὺς ἐκχωρεῖν εἰς Ἰταλίαν, ΕΦ ΩΙ λαμβάνοντας μέτρημα παρὰ τῶν Ῥηγίνων, πορθεῖν τὴν Βρεττανίαν, κυρίους ὄντας, ὧν ἂν ἐκ τῆς πολεμίας ὠφεληθῶσι.

Achæi elegantiæ cultus student; arma negligunt. Junge cum narratione de Philopœmene libro XI. pag. DCCCLXXVI.

24 Τοῖς γὰρ πλείστοις ὑπεγεγόνει τις ζῆλος ἐκ τῆς τῶν ἄλλων ἀλαζονείας, καὶ τῆς ἀκαιρίας. ἐσπούδαζον γὰρ περὶ τὰς ἀκολουθίας, καὶ τὰς ἐσθῆτας διαφερόντως. καί τις ἦν περὶ τοὺς πλείστους καλλωπισμὸς ὑπερέχων τὴν ἐκ τοῦ βίου χορηγίαν. ὅπλων δὲ οὐδὲ τὸν ἐλάχιστον ἐποιοῦντο λόγον.

Messeniorum democratia factionibus turbata.

25 Οὔσης δημοκρατίας παρὰ τοῖς Μεσσηνίοις, καὶ τῶν μὲν ἀξιολόγων ἀνδρῶν πεφυγα-

προφυγαδευμένων, τῶν δὲ καταπεκληρουχηκότων τὰς τούτων οὐσίας, ἐπικρατούντων τῆς πολιτείας, δυσχερῶς ὑπέφερον τὴν τούτων ΙΣΗΓΟΡΙΑΝ οἱ μένοντες τῶν ἀρχαίων πολιτῶν.

Prava æmulatio magnorum virorum.

26 Οἱ δὲ πολλοὶ τὰ μὲν ἔργα τῶν εὐτυχούντων οὐ πειρῶνται μιμεῖσθαι, τὰ δὲ πάρεργα ζηλοῦντες, ΕΚΘΕΑΤΡΙΖΟΥΣΙ τὴν ἑαυτῶν ἀκρισίαν.

Animorum præparatio ad pugnam.

27 Πάντων τῶν κατὰ τὸν πόλεμον ἐνεργημάτων, μεγίστην ῥοπὴν ἔχουσι, καὶ πρὸς τὸ ΛΕΙΠΕΣΘΑΙ, καὶ πρὸς τὸ νικᾶν, αἱ ψυχαὶ τῶν ἀγωνιζομένων.

Celtibericum Rom. bellum sæpe sopitum ac denuo suscitatum. πύρινος πόλεμος.

28 Πύρινος πόλεμος ὁ Ῥωμαίων πρὸς Κελτίβηρας συσταθείς. θαυμαστὴν γὰρ εἶχε τὴν ἰδιότητα, τήν τε συνέχειαν τῶν ἀγώνων. τοὺς γὰρ κατὰ τὴν Ἑλλάδα πολέμους, καὶ τοὺς κατὰ τὴν Ἀσίαν, ὡς ἐπίπαν μία μάχη κρίνει, σπανίως δὲ δευτέρα· καὶ τὰς μάχας αὐτὰς εἷς καιρὸς ὁ κατὰ τὴν πρώτην ἔφοδον, καὶ σύμπτωσιν τῆς δυνάμεως. κατὰ δὲ τοῦτον τὸν πόλεμον τἀναντία συνέβαινε τοῖς προειρημένοις. τοὺς μὲν γὰρ κινδύνους ὡς ἐπίπαν ἡ νὺξ διέλυε· τῶν ἀνδρῶν, οὔτ' εἴκειν τῇ ψυχῇ, οὔτε παρακαθιέναι τοῖς σώμασι βουλομένων διὰ τὸν κόπον, ἀλλ' ἐξ ὑποστροφῆς καὶ μεταμελείας αὖθις ἄλλας ἀρχὰς ποιουμένων· τόν γε μὴν ὅλον πόλεμον καὶ τὴν συνέχειαν τῆς ἐκ παρατάξεως διακρίσεων ὁ χειμὼν ἐπιπόνως διεῖργε. καθόλου γὰρ εἴ τις διανοηθείη πύρινον πόλεμον, οὐκ ἂν ἕτερον ἢ τοῦτον νοήσαι.

Res gestæ ab Antiocho cum Gerræis, in expeditione Babylonica.

29 Οἱ δὲ Γερραῖοι ΑΞΙΟΥΣΙ τὸν βασιλέα μὴ καταλῦσαι τὰ παρὰ τῶν θεῶν αὐτοῖς δεδομένα. ταῦτ' ἔστιν ἀΐδιον εἰρήνην καὶ ἐλευθερίαν. ὁ δὲ ἑρμηνευθείσης οἱ τῆς ἐπιστολῆς ἔφη συγχωρεῖν τοῖς ἀξιουμένοις. *In libris Suidæ perperam scriptum* οἱ δὲ γεραιοί. *Iungendus hic locus cum alio ejusdem Polybii apud Stephanum in voce* Χαττηνία: *quem supra descripsimus.*

30 Κυρωθείσης δὲ τῆς ἐλευθερίας τοῖς Γερραίοις, ἐστεφάνωσαν παραχρῆμα τὸν Ἀντίοχον τὸν βασιλέα πεντακοσίοις ἀργυρίου ταλάντοις· χιλίοις δὲ λιβανωτοῦ· καὶ διακοσίοις τῆς λεγομένης ΣΤΑΚΤΗΣ. καὶ ἐποιεῖτο τὸν πλοῦν ἐπὶ Τύλον τὴν νῆσον. καὶ ἐποιεῖτο τὸν ἀπόπλουν ἐπὶ Σελευκείας. ἦσαν δὲ τὰ ἀρώματα ἐν τῇ Ἐρυθρᾷ θαλάττῃ.

Tres

Cretenſes metu pœnæ tumultuantur.

19 Οἱ δὲ Κρῆτες φοβούμενοι μὴ τιμωρίας τύχωσι, ΑΝΕΣΕΙΟΝ πλήθη· παρακαλοῦντες τὴν ἐξ αἰῶνος παραδεδομένην ἐλευθερίαν φυλάττε

Romanorum cautio in bellis ſuſcipiendis.

20 Οἱ γὰρ Ῥωμαῖοι πρόνοιαν ἐποιοῦντο μηδέποτε πρότεροι ταῖς χεῖρ ἐπιβάλλειν τοῖς πέλας, μηδ' ἄρχοντες φαίνεσθαι χειρῶν ἀδίκων, ἀλλ' ἀεὶ κεῖν ἀμυνόμενοι ΕΜΒΑΙΝΕΙΝ εἰς τοὺς πολέμους.

Carthaginenſes eo facilius deleti à Romani quia à Maſſaniſſa fuerant attriti.

21 Μασανάσσην δὲ Καρχηδόνι αἴτιον τῆς ΑΝΑΣΤΑΣΕΩΣ γενέσ πάμπαν αὐτὴν ἀσθενῆ Ῥωμαίοις ὑπολιπόντα. *Ita ſcribendum eſſe hi locum, argumento eſt hiſtoriæ veritas.*

Romani navale inſtituunt Tarracone.

22 Οἱ Ῥωμαῖοι τὰς μὲν ναῦς ἀνείλκυσαν· τοὺς δ' ἐν τῷ Ταρράκωνι ἀθροίσαντες ἐκ τῶν προγεγονότων ἐλαττωμάτων, ΕΠΙΝΕΙΟΝ ἐποίη ἐπὶ τῷ προκαθίσαντας ἐπὶ τῆς διαβάσεως, διαφυλάξαι τοὺς συμμάχους.

Agri Brutiorum populatio.

23 Ὁ δὲ Μάρκος δοὺς πίστεις ὑπὲρ ἀσφαλείας, ἔπεισεν αὐτοὺς ἐκ χω εἰς Ἰταλίαν, ΕΦ' ΩΙ λαμβάνοντας μέτρημα παρὰ τῶν Ῥηγίνων, πορθεῖν τὴν Β ττιανὴν, κυρίους ὄντας, ὡς ἂν ἐκ τῆς πολεμίας ὠφεληθῶσι.

Achæi elegantiæ cultus ſtudent; arma negli gunt. Junge cum narratione de Philopœmene libro XI. pag. DCCCLXXVI.

24 Τοῖς γὰρ πλείστοις ὑπεργεγόνει τις ζῆλος ἐκ τῆς τῶν ἄλλων ἀλαζονε, καὶ τῆς ἀκαιρίας. ἐσπούδαζον γὰρ περὶ τὰς ἀκολουθίας, καὶ τὰς ἐσθῆτας διαφε-τως. καί τις ἦν περὶ τοὺς πλείστους καλλωπισμὸς ὑπερέχων τὴν ἐκ τοῦ χορηγίαν. ὅπλων δὲ οὐδὲ τὸν ἐλάχιστον ἐποιοῦντο λόγον.

Meſſeniorum democratia factionibus turbata.

25 Οὔσης δημοκρατίας παρὰ τοῖς Μεσσηνίοις, καὶ τῶν μὲν ἀξιολόγων ἀνδ πεφυ

πεφυγαδευμένων, τῶν δὲ κατακεκληρουχηκότων τὰς τούτων οὐσίας, ἐπικρατούντων τῆς πολιτείας, δυσχερῶς ὑπέφερον τὴν τούτων ΙΣΗΓΟΡΙΑΝ οἱ μένοντες τῶν ἀρχαίων πολιτῶν.

Prava æmulatio magnorum virorum.

26 Οἱ δὲ πολλοὶ τὰ μὲν ἔργα τῶν εὐτυχούντων οὐ πειρῶνται μιμεῖσθαι, τὰ δὲ πάρεργα ζηλοῦντες, ΕΚΘΕΑΤΡΙΖΟΤΣΙ τὴν ἑαυτῶν ἀκρισίαν.

Animorum præparatio ad pugnam.

27 Πάντων τῶν κατὰ τὸν πόλεμον ἐνεργημάτων, μεγίστην ῥοπὴν ἔχουσι, καὶ πρὸς τὸ ΛΕΙΠΕΣΘΑΙ, καὶ πρὸς τὸ νικᾶν, αἱ ψυχαὶ τῶν ἀγωνιζομένων.

Celtibericum Rom. bellum ſæpe ſopitum ac denuo ſuſcitatum. πύρινος πόλεμος.

28 Πύρινος πόλεμος ὁ Ῥωμαίων πρὸς Κελτίβηρας συσταθείς. θαυμαστὴν γὰρ εἶχε τὴν ἰδιότητα, τήν τε συνέχειαν τῶν ἀγώνων. τοὺς γὰρ κατὰ τὴν Ἑλλάδα πολέμους, καὶ τοὺς κατὰ τὴν Ἀσίαν, ὡς ἐπίπαν μία μάχη κρίνει, σπανίως δὲ δευτέρα· καὶ τὰς μάχας αὐτὰς εἰς καιρὸς ὁ κατὰ τὴν πρώτην ἔφοδον, καὶ σύμπτωσιν τῆς δυνάμεως. κατὰ δὲ τοῦτον τὸν πόλεμον τἀναντία συνέβαινε τοῖς προειρημένοις. τοὺς μὲν γὰρ κινδύνους ὡς ἐπίπαν ἡ νὺξ διέλυε· τῶν ἀνδρῶν, οὔτ' εἴκειν τῇ ψυχῇ, οὔτε παρακαθιέναι τοῖς σώμασι βουλομένων διὰ τὸν κόπον, ἀλλ' ἐξ ὑποστροφῆς καὶ μεταμελείας αὖθις ἄλλας ἀρχὰς ποιουμένων· τόν γε μὴν ὅλον πόλεμον καὶ τὴν συνέχειαν τῆς ἐκ παρατάξεως διακρίσεων ὁ χειμὼν ἐπιπόνως διεῖργε. καθόλου γὰρ εἴ τις διανοηθείη πύρινον πόλεμον, οὐκ ἂν ἕτερον ἢ τοῦτον νοήσειε.

Res geſtæ ab Antiocho cum Gerræis, in expeditione Babylonica.

29 Οἱ δὲ Γερραῖοι ΑΞΙΟΥΣΙ τὸν βασιλέα μὴ καταλῦσαι τὰ παρὰ τῶν θεῶν αὐτοῖς δεδομένα. τοῦτ' ἔστιν ἀΐδιον εἰρήνην καὶ ἐλευθερίαν. ὁ δὲ ἑρμηνευθείσης οἱ τῆς ἐπιστολῆς ἔφη συγχωρεῖν τοῖς ἀξιουμένοις. *In libris Suidæ perperam ſcriptum* οἱ δὲ γεραιοί. *Iungendus hic locus cum alio ejuſdem Polybii apud Stephanum in voce* Χαττηνία: *quem ſupra deſcripſimus.*

30 Κυρωθείσης δὲ τῆς ἐλευθερίας τοῖς Γερραίοις, ἐστεφάνωσαν παραχρῆμα τὸν Ἀντίοχον τὸν βασιλέα πεντακοσίοις ἀργυρίου ταλάντοις· χιλίοις δὲ λιβανωτοῦ· καὶ διακοσίοις τῆς λεγομένης ΣΤΑΚΤΗΣ. καὶ ἐποιεῖτο τὸν πλοῦν ἐπὶ Τύλον τὴν νῆσον. καὶ ἐποιεῖτο τὸν ἀπόπλουν ἐπὶ Σελευκείας. ἦσαν δὲ τὰ ἀρώματα ἐν τῇ Ἐρυθρᾷ θαλάττῃ.

Tres

Tres modi discendi rem bellicam. Achæorum duces.

31 Οὐ τριῶν ὄντων τρόπων, καθ' οὓς ἐφίενται πάντες ΣΤΡΑΤΗΓΙΑΣ οἱ κατὰ λόγον αὐτῇ προσιόντες, πρώτου μὲν διὰ τῶν ὑπομνημάτων, καὶ τῆς ἐκ τούτων κατασκευῆς· ἑτέρου δὲ τοῦ μεθοδικοῦ, καὶ τῆς παρὰ τῶν ἐμπείρων ἀνδρῶν παραδόσεως· τρίτου δὲ τοῦ διὰ τῆς ἐπ' αὐτῶν τῶν πραγμάτων ἕξεως καὶ τριβῆς· πάντων ἦσαν τούτων ἀνεννόητοι οἱ τῶν Ἀχαιῶν στρατηγοὶ ἁπλῶς.

Thasii liberantur à servitute Philippi.

32 ΣΥΓΧΩΡΕΙΝ ΤΟΝ ΒΑΣΙΛΕΑ ΦΙΛΙΠΠΟΝ ΕΙΝΑΙ ΘΑΣΙΟΥΣ ΑΦΡΟΥΡΗΤΟΥΣ, ΑΦΟΡΟΛΟΓΗΤΟΥΣ, ΑΝΕΠΙΣΤΑΘΜΕΥΤΟΥΣ. *hoc est*, σταθμὸν μὴ δεχομένους, ἤτοι ἀγγαρείαν. *Est autem hæc particula fœderis cum Philippo icti. confer cum Legationum Tmemate IX. & historia Livii libro XXXIII.*

Præmia fortium apud Rom.

33 Τοὺς δὲ ἐτίμησε χρυσοῖς ὑφάσμασι καὶ λόγχαις, βουλόμενος ΑΚΟΛΟΥΘΟΝ εἶναι τοῖς ἔργοις τὴν διὰ τῶν λόγων ἐπαγγελίαν.

Naturam munitionum esse ancipitis usus.

34 Τὰ ἐπιφανέστατα τῶν ὀχυρωμάτων ὡς ἐπίπαν κοινὴν ἔχει τὴν φύσιν. γνοίη δ' ἄν τις τὸ λεγόμενον ἐκ τῶν περὶ τὰς ΑΚΡΟΠΟΛΕΙΣ συμβαινόντων. αὗται γὰρ δοκοῦσι μὲν μεγάλα συμβάλλεσθαι πρὸς ἀσφάλειαν τῶν πολεμίων, ἐν οἷς ἂν ὦσι, καὶ πρὸς τὴν τῆς ἐλευθερίας φυλακήν· γίνονται δὲ πολλάκις αἴτιαι δουλείας, καὶ κακῶν ὁμολογουμένων, ὥς φησι Πολύβιος. *Sunt verba Damascii veteris philosophi Stoici, & historici apud Suidam. videtur Damascius respexisse Polybii locum de Psophide, pag. CDLXV. aut alicujus urbis historiam, ita captæ ut capiuntur Sardes, pag. DCCV.*

Bucaras fluvius.

35 Βουκάρας ποταμός· Πολύβιος· κατὰ τὴν εἰς θάλασσαν ἐκβολὴν τοῦ Βουκάρα ποταμοῦ. *Vide quæ observamus in Commentariis ad pag. CV. nam Bucaram vocat quem nostri libri Macarem.*

L. Æmilii Pauli admiratio Macedonicæ phalangis.

36 Λεύκιος δ' ὁ ὕπατος οὐχ ἑωρακὼς φάλαγγα τὸ παράπαν, ἀλλὰ τότε πρῶτον

πρῶτον ἐπὶ τοῦ Περσέως, πολλάκις ἀνθωμολογεῖτο πρός τινας τῶν ἐν τῇ Ῥώμῃ, μηδὲν ἑωρακέναι φοβερώτερον Μακεδόνων ΦΑΛΑΓΓΟΣ. καί τοιγε πολλὰς οὐ μόνον τεθεαμένος, ἀλλὰ καὶ κεχειρισμένος ἀγῶνας, εἴ καί τις ἄλλος.

Ejusdem admiratio ſuper Jovis Olympii ſimulacro.

37 Λεύκιος Αἰμύλιος παρῆν εἰς τὸ τέμενος τὸ ἐν Ὀλυμπίᾳ. καὶ τὸ ἄγαλμα θεασάμενος, ἐξεπλάγη· καὶ τοιοῦτον εἶπεν, ὅτι μόνος αὐτῷ δοκεῖ ΦΕΙΔΙΑΣ τὸν παρ' Ὁμήρῳ Δία μεμιμῆσθαι. διότι μεγάλην ἔχων προσδοκίαν τῆς Ὀλυμπίας, μείζω τῆς προσδοκίας εὑρηκὼς εἴη τὴν ἀλήθειαν. καθάπερ οἶμαι Μυρμηκίδιον ἀποπεπτωκὸς τῇ Φειδίου τέχνῃ.

Factiones apud Ænios.

38 Συνέβαινε δὲ τοὺς ΑΙΝΙΟΥΣ πάλαι μὲν στασιάζειν, προσφάτως δὲ ἀποκλίνειν τοὺς μὲν πρὸς Εὐμένη, τοὺς δὲ πρὸς Μακεδονίαν.

Lapateni.

39 Ὁ δὲ Λεύκιος προχειριζόμενος διαπέμπεσθαι πρὸς τοὺς Λαπαθηνούς, καὶ λαλεῖν ὑπὲρ ΕΠΙΤΡΟΠΗΣ, ἀπροσδόκητος ἦν εἰς τὸ μέλλον.

Magni ducis dotes.

40 Νοῦν ἔχειν καὶ τόλμαν δεῖ τοὺς στρατηγούς, ἅπερ ἐστὶ κυριώτατα πρὸς τὰς ἐπισφαλεῖς καὶ παραβόλους πράξεις.

Urbium defectio à Perſeo ad Romanos.

41 Πολλαὶ δὲ πόλεις προσετίθεντο τῶν μεσογαίων τοῖς Ῥωμαίοις, ΑΓΩΝΙΩΣΑΙ τὰς Περσικὰς δυνάμεις.

Catonis de Scipione Africano judicium.

42 Ἐν γὰρ τῇ Ῥώμῃ Μάρκον Πόρκιον ἀκούσαντα τὰς ἀριστείας Σκηπίωνος, εἰπεῖν· Οἶος πέπνυται· τοὶ δὲ σκιαὶ ΑΙΣΣΟΥΣΙΝ. *in voce* Κάτων. *Hunc Polybii locum à Livio ſic expreſſum narrat Florus Epitome libri XLIX.* Scipionis virtutem & Cato vir promptioris multo ad vituperandum linguæ, in ſenatu ſic proſecutus eſt ut diceret reliquos qui in Africa militarent umbras militare: Scipionem vigere.

Duelli usus apud Romanos.

43 Τὸ μὲν παλαιὸν ΑΠΟ ΤΟΥ ΚΡΑΤΙΣΤΟΥ ἐγίνετο παρὰ Ῥωμαίοις ἡ μονομαχία· ἐν δὲ τοῖς καθ' ἡμᾶς πολλαὶ οὐδὲ εὕρηνται.

Dux magnus per se agere velle non debet.

44 Διὰ τοῦτο δοκεῖ μοι μάλιστα περιπεσεῖν τοῖς ΑΚΛΗΡΩΜΑΣΙ, διὰ τὸ πάντων βούλεσθαι στοχάζεσθαι, καὶ μερίζεσθαι εἰς διάφορα.

Lunæ eclipsis circa Persei casum.

45 Οὔσης τῆς σελήνης ἐκλιπούσης ἐπὶ Περσέως τοῦ Μακεδόνος, ἐκράτησεν ἡ φήμη παρὰ τοῖς πολλοῖς ὅτι βασιλέως ἔκλειψιν σημαίνει· καὶ τοῦτο τοὺς μὲν Ῥωμαίους εὐθαρσεστέρους ἐποίησε· τοὺς δὲ Μακεδόνας ἐταπείνωσε ταῖς ψυχαῖς· οὕτως ἀληθές ἐστι τὸ περιφερόμενον· ὅτι ΠΟΛΛΑ ΚΑΙΝΑ ΤΟΥ ΠΟΛΕΜΟΥ. *vel scribe,* πολλὰ κενά. *nam dicitur utrumque. & hoc posterius magis ex mente Polybii.*

Fabii Cunctatoris monitum Æmilio Cos. datum.

46 Φάβιος δὲ καταθέμενος τὴν ἀρχήν, παρῄνει τοῖς περὶ τὸν Αἰμύλιον, τριβαῖς τοῦ πολέμου μακραῖς τὸ ΑΚΡΑΙΦΝΕΣ καὶ ἀκάθεκτον τῆς τοῦ Ἀννίβου καταναλίσκειν φύσεως.

Aes Corinthium ex incendio Corinthi.

47 Τὸ δὲ ΤΕΤΗΚΟΣ καὶ συνερρυηκὸς ἀργύρεον καὶ χρυσίον ἀναζητοῦντες, ὑπὸ τοῦ πυρὸς πλεῖστοι Ῥωμαίων διεφθάρησαν.

De Perseo rege plures loci Polybii in unum collecti.

48 Περσεὺς ἀνανεωσάμενος τὴν πρὸς Ῥωμαίους φιλίαν, εὐθέως ἑλληνοκοπεῖν ἐπεβάλλετο· κατακαλῶν εἰς τὴν Μακεδονίαν καὶ τοὺς διὰ τὰ χρέα φυγάδας· καὶ τοὺς πρὸς καταδίκας ἐκπεπτωκότας· καὶ τοὺς ἐπὶ βασιλικοῖς ἐγκλήμασι παρακεχωρηκότας. καὶ τούτων ἐξετίθει προγραφὰς εἴς τε Δῆλον καὶ Δελφούς· διδοὺς οὐ μόνον τὴν ἀσφάλειαν τοῖς καταπορευομένοις· ἀλλὰ καὶ τῶν ὑπαρχόντων κομιδὴν ἀφ' ὧν ἕκαστος ἔφυγε· παρέλυσε δὲ καὶ τοὺς ἐν αὐτῇ τῇ Μακεδονίᾳ τῶν βασιλικῶν ὀφειλημάτων. ἀφῆκε δὲ καὶ τοὺς ἐν ταῖς φυλακαῖς ἐγκεκλεισμένους ἐπὶ βασιλικαῖς αἰτίαις· ταῦτα δὲ ποιήσας, πολλάκις μετεωροδοκῶν καλὰς ἐλπίδας ὑποδεικνύναι πᾶσι τοῖς Ἕλλησιν ἐν αὐτῷ. ἐπέφαινε δὲ καὶ κατὰ τὴν ἐν πολέμῳ προστασίαν, τὸ τῆς βασιλείας ἀξίωμα· κατά τε γὰρ τὴν ἐπιφάνειαν

φάνεσαί τ' ἦν ἱκανὸς, καὶ πρὸς πᾶσαν σωματικὴν χρείαν, τὴν διατείνουσαν εἰς τὸν πραγματικὸν τρόπον, εὔθετος. κατά τε τὴν ἐπίφασιν εἶχεν ἐπισκύνιον, καὶ τάξιν οὐκ ἀνοίκειον τῆς ἡλικίας· ἐπεπεφεύγει δὲ καὶ τὴν πατρικὴν ἀσέλγειαν, τήν τε πρὸς τὰς γυναῖκας, καὶ τὴν περὶ τοὺς πότους. Describitur à Suida hic illustris Polybii locus, in voce Περσεύς; non apposito auctoris nomine. Sed res & dictio auctorem suum manifestissime arguunt. Præterea ipse Suidas in voce καπηλῶν principium describens, Polybii nomen apposuit. Pro μετεωρεδοκῶν, scribendum, μετέωρος ὢν δοκῶν: vel μετέωρος ὢν ἐδόκει. Cum ait Polyb. κατὰ τὴν ἐπίφασιν εἶχεν ἐπισκύνιον, significat Perseum præ se tulisse vultum ad severitatem compositum. ἐπισκύνιον appellat, quam alii βαρύτητα ἐπισκυνίου. sic apud Ciceronem supercilium. Pergit Suidas, quibusdam interjectis, quæ ab hoc Perseo sunt aliena. Περσεὺς ἀναθαρρῶν ἤδη κατ' ὀλίγον μετὰ τὴν φυγὴν, Νικίαν καὶ Ἀνδρόνικον, οὓς ἐπὶ τὸν καταποντισμὸν τῶν χρημάτων καὶ τὸν καταποντισμὸν τῶν νεῶν ἐπεπόμφει, περιποιήσας αὐτῷ καὶ τὰς ναῦς καὶ τὰ χρήματα, συνίστορας ἡγούμενος αἰσχροῦ φόβου καὶ ἑτέροις ἐξαγγέλλειν, ἀπέκτεινεν ἀθεμίστως. καὶ ἀπὸ τοῦδε εὐθὺς ἐκ μεταβολῆς ὠμὸς καὶ δύσχερὴς ἐς ἅπαντας ἐγένετο. καὶ οὐδὲν ὑγιὲς οὔτε διεβούλευεν ἔτι οὔτ' ἦν. ἀλλ' ὁ πρὶν πιθανώτατος ἐς εὐβουλίαν, καὶ λογίσασθαι δεξιὸς, καὶ εὐτολμότατος ἐς μάχας· ὅσα γε μὴ σφάλλοιτο δι' ἀπειρίαν· ἀθρόως τότε καὶ παραλόγως ἐς δειλίαν καὶ ἀλογιστίαν ἐτράπετο· καὶ ταχὺς καὶ εὐμετάθετος ἄφνω, καὶ σκαιὸς ἐς πάντας ἐγένετο, ἀρχομένης αὐτὸν ἐπιλείπειν τῆς τύχης· ὅπερ ἐστὶ πολλοὺς ἰδεῖν (deest verbum πάσχοντας, aut tale quid:) μεταβολῆς περιούσης ἀλογωτέρους γινομένους ἑαυτῶν. Pro καὶ τὸν καταποντισμὸν τῶν νεῶν, scribo, τὸν ἐμπρησμὸν vel κατεμπρησμὸν τῶν ν. ex Livio libro XLIV. ubi habes eandem historiam. Secundum ista addit Suidas, ex eodem, ut videtur, Polybio: ἡ τοῦ Περσέως ναῦς, τά τε ἄλλα ἐξήσκητο μεγαλοφυῶς, καὶ τὴν εἰρεσίαν ἐπὶ δέκα ἓξ στοίχων εἶχε πεποιημένην: Iungenda his sunt quæ de eodem Perseo è Polybio describit alibi hic grammaticus. ΑΠΕΔΕΙΛΙΑ. ἐδεδίει· Πολύβιος· ὁ δὲ Περσεὺς μίαν ἔχων πρόληψιν, ἢ νικᾷν καὶ θνήσκειν (ἀντὶ τοῦ ἔννοιαν) τότε οὐχ ὑπέμεινε τῇ ψυχῇ· ἀλλ' ἀπεδειλία, καθάπερ οἱ πρόοπται τῶν ἱππέων. Alibi. ΚΑΧΕΚΤΟΥΝΤΕΣ, κακῶς τὴν ἕξιν διατεθειμένοι, ἀσθενοῦντες. Πολύβιος. ὁ δὲ Περσεὺς προσαγόμενος τὸν χρόνον καὶ τὸν πόνον ἐξελύετο τῇ ψυχῇ. καθάπερ οἱ καχεκτοῦντες τῶν ἀθλητῶν· ὅτε γὰρ τὸ δεινὸν ἐγγίζοι, καὶ δέοι κρίνεσθαι περὶ τῶν ὅλων, οὐχ ὑπέμεινε τῇ ψυχῇ.

VOCES POLYBII AB EODEM

SUIDA ADNOTATÆ.

1 Ἀθεσίαν. οἱ δὲ Ῥωμαῖοι συλλογισάμενοι τὴν τῶν Γαλατῶν ἀθεσίαν. καὶ αὖθις Πολύβιος. ἐπικρύπτειν ἅπασι τὴν ἀθεσίαν αὐτῶν καὶ τὴν ἀβεβαιότητα.

2 Ἀκέραιος. τοὺς μὲν γὰρ ἀηττήτους ὄντας ἐξ ἀκεραίου διαγω-

νίσασθαι

νίσασθαι πρὸς σφᾶς. ἀντὶ τοῦ ἐξ ὅλου. θέλων ἀκεραίοις χρήσασθαι ταῖς τῶν Κελτῶν ὁρμαῖς. *integra alacritate Gallorum, prius quam eos relinqueret animi impetus. non ut Suidas interpretatur* ἐξ ὁλοκλήρου. καὶ αὖθις. οὐ δυνάμενος δὲ πεῖσαι ἐξ ἀκεραίου διὰ τὴν εὐλάβειαν καὶ ἀπραγίαν τοῦ προειρημένου βασιλέως, ἠναγκάσθη φ τάλαντα προτεῖναι. καὶ δὴ συγκατέθετο βοηθήσειν ὁ Σέλευκος. *idem.* οὐ βουλόμενοι ἀκέραιον ἐπενεγκεῖν τὴν φήμην αὐτοῦ, ἤρξαντο διασύρειν αὐτόν.

3 Ἀκραιφνής. βοήθειά τις παραγίνεται· καὶ ἀκραιφνὴς γενομένη πολλὴν ἐποίησε τὴν ῥοπήν· τοῖς μὲν Ῥωμαίοις ἐπὶ τὸ ἀθυμότερον· τοῖς δὲ Βαρβάροις ἐπὶ τὸ εὐθυμότερον. τουτέστι, δυνατή, ὁλόκληρος.

4 Ἀλαζονεία. τοῖς γὰρ πλείστοις ὑπεγεγόνει τις ζῆλος οὐκ εὐτυχὴς ἐκ τῆς τῶν ἄλλων ἀλαζονείας καὶ ἀκαιρίας.

5 Ἀλογία. οἱ δὲ πάντες ἅμα ἀνακραγόντες ἐξ αὐτῆς οἱονεὶ παρελύθησαν. ταχὺ δὲ τοῦ λόγου διαδοθέντος εἰς τὸ πλῆθος, οὐκέτι συνέβαινε γίνεσθαι τὴν ἀλογίαν. ἀλλ' οἱ μὲν ἐπὶ τοὺς πρεσβύτας ὥρμων, ὡς αἰτίους σφίσι τῶν κακῶν ὄντας τούτων· οἱ δ' ἐπὶ τοὺς κατειλημμένους τῶν Ἰταλικῶν, καὶ εἰς τούτους ἀπερείσαντες τὸν θυμόν· οἱ δὲ πρὸς τὰς πύλας τῆς πόλεως. *de obsessis Carthagine aut in alia urbe, & ad extrema redactis loquebatur. similis historia libro XVI de Abydenis. Pro* πρεσβύτας, *scribo* πρεσβευτάς. *pro* ἀπερείσαντες, ἀπηρείσαντο, *nisi aliquid deest. Est autem familiaris Polybio vox,* ἀλογία.

6 Ἀλογιστία. ὀλίγοι δέ τινες ἦσαν οἱ κατανεύσαντες· οἱ δὲ πλείονες ἀντέπιπτον. ὧν οἱ μὲν ἀλογιστίαν, οἱ δὲ μανίαν ἔφασαν εἶναι, τὸ παραβάλλεσθαι καὶ κινδυνεύειν τῷ βίῳ. *vide infra in* ἀνεννόητος. τὸ δὲ τῶν ἀνθρώπων γένος, οὐχ ἧττον διὰ τὴν ἀλογιστίαν ἢ τὴν φύσιν ἁμαρτάνει.

7 Ἀναγωγή. καὶ γίνεται ἀναγωγὴ τῶν νηῶν, οὔτε κατὰ τὸ πλῆθος τῆς ἐπιβαινούσης αὐτῷ στρατιᾶς· οὔτε κατὰ τὴν τῶν ὅπλων λαμπρότητα, ἢ τὴν ἄλλην ὑπὲρ τὸ ἀναγκαῖον ἐς κάλλος παρασκευήν. καὶ αὖθις. οἱ δὲ κατασκευασάμενοι τὰ κατὰ τὴν Αἴγυπτον, ἐπὶ Κύπρου, κἀκεῖθεν ἐπὶ Συρίας τὴν ἀναγωγὴν ἐποιήσαντο. *In editis Suidæ libris non legitur Polybii nomen : quod videtur Fulvius Vrsinus in scriptis codicibus invenisse: alioquin caussa non erat cur hæc Polybio tribuerentur.*

8 Ἀναδέξασθαι. τοὺς κατὰ πλοῦν ἀφυστεροῦντας ἐκ τῆς Μεσσήνης ἀναδεχόμενος. *item.* πρὶν ἀναδέξασθαι τοὺς ἐσκεδασμένους ἐν ταῖς προνομαῖς· πάνυ γὰρ βουληθῆναι τὸν Φίλιππον ἀναδέξασθαι, καὶ καταφανῆ γενέσθαι Ῥοδίοις τὴν ἐν τούτοις αὐτοῦ προαίρεσιν. ἣ καὶ τὸν Ἡρακλείδην ἀπέλυσε τῆς ὑποψίας. *hic est Heraclida Tarentinus, unus è Philippi ducibus : cujus ille opera est usus in vexandis Rhodiis. vide libri XIII. fragmentum alterum.*

9 Ἀνάπειρα. τῶν δὲ ναυτικῶν δυνάμεων κατὰ θάλατταν ταῖς ἀναπείραις καὶ ταῖς εἰρεσίαις ἐγύμναζον. *Scribe,* τὰς δὲ τῶν ναυτ. δ. *nisi deest aliquid.*

10 Ἀναπαθείς. οἷς δὲ ἀναπαθεὶς, καὶ τὸν ἐξ αὐτοῦ φόβον ἐπικρεμάσας. καὶ ἀναπατικῶς κελεύων. ἀντὶ τοῦ, προστακτικῶς, ἐμβριθῶς. τὰ μὲν φιλάνθρωπα

παρεστώτων· τὰς δὲ ὑπερηφάνους ἀνατάσεις καὶ ἀπειλήσεις ἔλεγον. καὶ ἀνάτασις, ἡ μετὰ πικρίας καὶ θρασύτητος ἀπειλή. Πολύβιος. οἱ μὲν οὖν περὶ Μητρόδωρον καταπλαγέντες τὴν ἀνάτασιν Φιλίππου τοῦ βασιλέως, ἐπανῆλθον.

11 Ἀνεννόητος. οὐ δεῖ παραβάλλεσθαι καὶ κυβεύειν τῷ βίῳ, τὸ παράπαν ἀνεννόητον ὄντα τῆς μάχης καὶ τῆς Βαρβαρικῆς χρείας. *Similis locus supra, in ἀλογιστία.*

12 Ἀνήνυτος. μεγίστης προφαινομένης δυσχρηστίας περὶ τὰς τροφάς· ἅτε καὶ τὸ μῆκος ἀνήνυτον ἔχειν δοκούσης τῆς ὁδοῦ.

13 Ἀνηρτημένοι. οἱ δὲ ταῖς ψυχαῖς ἀνηρτημένοι κατεφρόνησαν μὲν τῶν κοινῶν τῆς ἱκεσίας νόμων· παρ' οὐδὲν δὲ ἡγήσαντο τὴν τῶν συγγενικῶν ἀφιδρυμάτων καὶ θεῶν εὐσέβειαν.

14 Ἀνυσικωτέρα· ὡς Ἀρχιμήδης ἐν Συρακούσαις μόνος πολλῶν Ῥωμαίων. *Vide quæ notamus in Commentariis ad pag. L. & infra ex auctore Anonymo.*

15 Ἀπαξίωσις. ὁ δὲ Φίλιππος ἐδυσχέραινεν ἐπὶ τῇ τῶν Κερκυραίων ἀπαξιώσει. τοῦτ' ἔστι, καταφρονήσει.

16 Ἀπαραγγέλτως. καὶ πανταχόθεν ἀπαραγγέλτως ἠθροίζοντο.

17 Ἀπελογίζετο. ὁ δὲ εἰσελθὼν ἀπελογίζετο τὰς αἰτίας, δι' ἃς πεφυγὼς εἴη τὸν Φίλιππον.

18 Ἀπέστησεν. ἐκεῖνον γὰρ οὔτε σκότος, οὔτε χειμῶνος μέγεθος ἀπέστησεν οὐδέποτε τῆς προθέσεως· ἀλλὰ καὶ ταῦτα διαθούμενος, καὶ τὰς ἀρρωστίας ἐκπονῶν, καθῆστο, καὶ διευτυχήκει πάντα τὸν χρόνον. ἀποσχόντες τῆς ἰδίας παρατάξεως ἐφ' ἱκανόν τινα τρόπον (τόπον) οἱ μὲν πλείους ἀπέστησαν· δύο δὲ ἐπὶ πολὺ προῆλθον. αὐτὶ τοῦ ἐπέσχον τὸν δρόμον.

19 Ἀπηρείσατο. ὁ δὲ ἀπορῶν τοῖς ὅλοις, πέρας, ἐπί τινα τοιαύτην ἐλπίδα κατὰ τὸ παρὸν ἀπηρείσατο τὴν ἐνεστῶσαν ἀπορίαν.

20 Ἁπλῶς. οὐ καιρὸς ἀφυέστερος οὐ γέγονεν ἁπλῶς.

21 Ἀπόκλητοι. οὔτε τὴν κοινὴν προσδεξάμενοι σύνοδον, οὔτε τοῖς ἀποκλήτοις συμμεταδόντες, τὰς αὐτῶν κρίσεις διαλαβόντες, πόλεμον ἐξήνεγκαν. τριάκοντα τῶν ἀποκλήτων προεχειρίσαντο τοὺς συνεδρεύσοντας μετὰ τοῦ βασιλέως. ὁ δὲ συνῆγε τοὺς ἀποκλήτους, καὶ διαβούλιον ἀνεδίδου περὶ τῶν ἐνεστώτων. *Quæ dicuntur hic de triginta Apocletis, è Liuii versione intelligi possunt, libro XXXV. ubi de Ætolorum concilio locutus, addit:* Hæc vicit sententia, imperatoremque Regem Antiochum appellandum censuerunt, & triginta principes, cum quibus si qua vellet, consultaret, delegerunt. Ita, dimisso concilio, multitudo omnis in suas civitates dilapsa est. Rex postero die cum Apocletis eorum, unde bellum ordiretur, consultabat.

22 Ἀπολεγόμενος. ὁ δὲ παρῃτεῖτο τοὺς Ἀχαιοὺς ἀπολεγόμενος τὴν ἀρχήν.

23 Ἀπόστασις. οὐδενὸς ἐπεγνωκότος τῶν πολιτῶν τὸ συμβαῖνον διὰ τὴν ἀπόστασιν, ἅτε μεγάλης οὔσης τῆς πόλεως. *hic* ἀπόστασις *est distantia, intervallum: aliter in sequenti chria: quæ etiam videtur esse Polybii:* ὁ δὲ ἀμείβεται τὴν εὐεργέτην ἀποστάσει.

24 Ἀποσφαλμήσας. ὁ δὲ ἵππος ἀπὸ τῆς πληγῆς ἀποσφαλμήσας, ἐφέρετο ῥύδην διὰ τοῦ μεταξὺ τόπου τοῦ στρατοπέδου. ἀντὶ τοῦ σφαλείς.

25 Ἀποτριβόμενος. ὁ δὲ Ἀννίβας ἐν κακοῖς ὢν, ἔμενε τοὺς πολεμίους ἀποτριβόμενος. ἀντὶ τοῦ ἐμποδίζων, ἀπείργων.

26 Ἀπουρώσαντες. τότε μὲν εἰς τὴν Μυωδίαν ἀπουρώσαντες καθορμισθῆναι, μὴ χρωμένους οὐρίῳ ἀνέμῳ. *Pro* εἰς τὴν Μυωδίαν, *alii codices habent,* εἰς τὴν λιμένα.

27 Ἀποχρησάμενος. τὴν Βαρβάρων ἐξαίτησιν σπονδῶν ποιησαμένων, μεταδοὺς καὶ σὺν ἀποχρησάμενος τοῖς προτερήμασι, μεγίστην παρὰ τοῖς Βαρβάροις δικαιοσύνης ἀπέλιπε δόξαν. ἀντὶ τοῦ, οὐ κατεπαρθείς. καὶ αὖθις. οἱ δὲ περὶ Πόπλιον ἠπείγοντο, σπεύδοντες συνάψαι, καὶ συναποχρήσασθαι ταῖς τῶν Βαρβάρων ὁρμαῖς.

28 Αὐλαία. ἀκούων ταῦτα πάντα διὰ τῆς αὐλαίας, ἐγέλα ὁ βασιλεύς. *de Antigono Rege hæc dicuntur. Vide Senecam, libro III. De ira, capite, XXII.* ὁ δὲ λαβὼν ἐκ τῆς παραπεπετασμένης αὐλαίας καλώδιον, αὑτὸν ἀπεκρέμασε.

29 Βάρος. προορώμενος δὲ καὶ καταρρωδῶν τὸ βάρος καὶ τὸ φιλόνεικον τῶν ἀνθρώπων. ἐπισημηνάμενος δὲ τοῦ Σικυῶνος τὴν ὀχυρότητα, καὶ τὸ βάρος τῆς τῶν Ἀργείων πόλεως, ἦλθεν εἰς Ἐπίδαυρον. ἐπολυπραγμόνησαν ἀκριβῶς τῆς πόλεως τὴν θέσιν καὶ τὸ βάρος.

30 Βαρυνόμενος. ὁ δὲ ἐξαναστὰς προῆγε τὰ μὲν ὑπὸ τῆς ἀρρωστίας, τὰ δὲ ὑπὸ τῆς ἡλικίας βαρυνόμενος εἶχε γὰρ ἑβδομηκοστὸν ἔτος.

31 Βασανίζειν. τότε νομίσας τὴν ἐκ πυρὸς ἔχειν βάσανον, ἀπελύθη τῆς ὑποψίας.

32 Γεφυρίζων. *mendose laudatur Polybius in hac voce: nam locus heic descriptus auctoris est multo posterioris; qui de Sulla scripserat, aut potius, ut videtur, Appiani more, Plutarchi verba descripserat. eum vide in vita Sullæ.*

33 Δαψιλῶν. *corrige ista fœde corrupta, è libro nono, pag. DCCLXXV. ubi locus extat integer.*

34 Διαβιασάμενος. διαβιασάμενος δὲ τὴν ἀσθένειαν τῇ συνηθείᾳ τῇ περὶ τὴν πορείαν ἐξ Ἄργους εἰς Μεγαλόπολιν αὐθημερόν.

35 Διάληψις. ἐνθύμησις ἢ γνῶσις. Πολύβιος. Διὰ γὰρ τὴν ὑπερβάλλουσαν ἐπὶ τοῦτο τὸ μέρος ἐπιθυμίαν, ἣν ὑπὲρ αὐτοῦ διάληψις, ὡς οὐδὲν προυργιαίτερον ποιουμένου κατὰ τὸν βίον, τοῦ κυνηγετεῖν. *Videntur hæc pertinere ad historiam de fuga Demetrii Regis ex urbe: quam habes, Legationum fragmento CXIV. continebatur autem l. XXXVI. Historiæ Polybianæ ut docet Athenæus.* Οἱ γὰρ πολλοὶ τῶν ἀνθρώπων,

σὺν

οὐκ ἐκ τῶν κατὰ λόγον, ἀλλ' ἐκ τῶν συμβαινόντων ἀγαθοὶ ποιεῖσθαι τὰς διαλήψεις. ταῖς τοῦ νοὸς ὁρμαῖς. ἄρτι γὰρ δι' αὐτὸ τοῦτο προκεχειρισμένον τὸν Πεισίστρατον, διὰ τὸ πρᾶξιν ἔχειν τινὰ καὶ τόλμαν· παραχρῆμα μετέπιπτον ἐς τἀναντία τῆς γνώμης, διὰ τὴν περιπέτειαν. Pro προκεχ. τὸν Π. *scribendum est, nisi deest aliquid,* προκεχειρισμένου τοῦ Πεισιστράτου. *esse autem ista Polybii, vel illa familiaris ipsi locutio arguit,* διὰ τὸ πρᾶξιν ἔχειν καὶ τόλμαν. *neque rectè vir doctus aliter sensit.* Παραπλησίως καὶ τὰ πλήθη, ὁμοίως τούτοις ἔχει τὰς διαλήψεις ὑπὲρ τῶν κοινῶν, τῆς φύσεως αὐτοὺς διδασκούσης. *Qui sequitur apud Suidam locus de gladiis Romano & Gallico, extat pag CLXVIII.*

36 Δίαρμα. ἅμα δὲ πρὸς τὸν ἀπὸ Λιβύης πλοῦν καὶ πελάγιον δίαρμα λίαν εὐφυῶς ἔκειτο τοῖς Καρχηδονίοις ἡ πόλις. ἦν μὲν γὰρ ἀπὸ τοῦ χάρακος ἐπὶ θαλάττης ἑκατὸν εἴκοσι στάδια. τὸ δὲ δίαρμα βραχὺ πλεῖον ἢ ξ. καὶ διὰ τοῦτο ἦν ἀδηλότης καὶ νουνέχεια τῆς ἐπιφύσεως. εἶδον ὄψιν γεγεφυρωμένου τοῦ θαλαττίου διάρματος ἀπὸ τοῦ Βυζαντίου ἕως Καλχηδόνος.

37 Διαστολή. οὐ χρὴ θαυμάζειν εἰ φιλοτιμότερον ἐξηγούμεθα τὰ κατὰ τὸν Σκηπίωνα, καὶ πᾶν τὸ ῥηθὲν ὑπ' αὐτοῦ μετὰ διαστολῆς ἐξαγγέλλομεν. *Exponimus hunc locum in Commentariis ad pag. XIV. nam Suidas minus rectè interpretatur,* διαχώρησις, ἐξοχή.

38 Διατακτικώτερον. τοῦτ' ἄμεινον ὑπολαμβάνοντες εἶναι καὶ διατακτικώτερον, τὸ μήτε τῶν καιρῶν, μήτε ταῖς ἐκκλησιαστικαῖς καὶ παραστατικαῖς διαθέσεσι παραγίνεσθαι τῶν ἐναντίων. *Post vocem* καιρῶν *deest aliquid. Scribo,* μήτε τῶν καιρῶν ἀμελεῖν.

39 Διεσκευασμένην. μετὰ δόλου γεγραμμένην. ἐκπέμπουσι τῶν Κρητῶν τινὰς, ὡς ἐπὶ λῃστείαν, δόντες ἐπιστολὴν διεσκευασμένην.

40 Διετρίτη. τῶν Λιβύων τὰ σκάφη μικρὰ ὄντα, ταῖς Ῥωμαϊκαῖς ναυσὶν ὑποτρέχοντα διετρίτη τὰς πρύμνας, καὶ τὰ πηδάλια ἐξέκοπτεν.

41 Διεψευσμένοι. πάντων τούτων ἦσαν διεψευσμένοι οἱ Αἰτωλοί.

42 Δικαιοδοσία. ὅταν ᾖ τὸ δίκαιον ἐκλαβεῖν παρὰ τῶν ἀδικησάντων, ἢ κατὰ νόμους, ἢ κατά τινας ἄλλας ὑποκειμένας δικαιοδοσίας. *hoc est, vel secundum alias moribus hominum receptas rationes luendæ injuriæ, & satisfaciendi: putà, per arbitros, & legationes intercedentium populorum. cujus rei paßim in Polybio & Livio exempla. nam Suidas perperam,* ἀντὶ τοῦ εὐλόγους ἀφορμάς.

43 Δυεῖν. ἀπελθεῖν εἰς πόλιν, ἢ δυεῖν μὲν ἡμερῶν ἀπεῖχε. δυεῖν προελέσθαι θάτερον, ἢ τὸ, ἢ τό.

44 Δυσθετήσας. ὁ δὲ Νάβις δυσθετήσας ταῖς συνθήκαις, οὐ προσεῖχε τοῖς γραφεῖσιν. δυσθετούμενος τοῖς συμβαίνουσι.

45 Δυσαπολμεῖν. ἐς παραπλησίαν διάθεσιν ἦλθον τοῖς ἐν ταῖς πολυχρονίαις ἀρρωστίαις δυσαπολμοῦσι.

46 Αἴρειν. ὁ δὲ προαπεστὼν αἴρεται νίκην εὐτυχεστάτην.

47 Εθελοντὴν. τοῖς βουλομένοις πάντα κίνδυνον ἐθελοντὴν ὑπομένειν. ἐκ παντὸς ἐπέλεξε τοῦ στρατεύματος ἐθελοντὴν τοὺς ἀρίστους.

48 Εκθεατρίζειν. οὐ μόνον ἑαυτοὺς ἐξεθεάτριζον, ἀλλὰ καὶ τὴν Ελλάδα κατέστρεψαν.

49 Εκκλείουσι. κωλύουσιν, εἴργουσιν. Πολύβιος. ἐπεὶ τὸν Φίλιππον ἐκκλείουσιν οἱ καιροὶ, βούλεσθαι τὸν βασιλέα τὴν ἐπιγραφὴν τῆς πράξεως, ἐκείνῳ περιποιῆσαι, ὡς ἐν εὐεργεσίᾳ προσφέρων τούτῳ τοὺς λόγους.

50 Εκμηρυσάμενος. ὁ δὲ ἐκμηρυσάμενος τὴν δύναμιν ἐκ τῶν δυσχωριῶν, κατεστρατοπέδευσε. *quæ præcedit hanc chria apud Suidam nullo auctoris nomine adjecto, Polybii est, è libro* III. *vide p.* CCLXXXIII. *Subjicitur postea:* ὁ δὲ ἐκμηρυσάμενος τῷ πλείω τῶν πολεμίων πάντα, κατὰ Χαλδαῖος ἦν.

51 Εκ συγκειμένου. τότε δὲ καὶ ἐς τάξιν τινὰ ὥσπερ ἐκ συγκειμένου κατέστησαν, καὶ ἐν κόσμῳ τὸν ἀγῶνα ἐποίησαν.

52 Εκφανεστάτας. τὸ γὰρ μάλιστα λυποῦν ἀεὶ τῶν ἐν χερσὶν ὄντων, ἐκφανεστάτας ἔχει τὰς χαράς.

53 Εμβριθεστάτην. εἷλε δὲ πόλιν Ορτόβριγα, δυναμοῦσαν κατὰ τὸ μέγεθος, καὶ κατὰ τὸ πλῆθος τῶν ἀνθρώπων ἐμβριθεστάτην εἶναι. *Vrsini codices hunc locum Polybio attribuunt. Suspicor auctoris esse recentioris Polybio: qui descripsisset res gestas in Hispania à Claudio Marcello qui Nobiliori successit. nam scribendum est,* εἷλε δὲ πόλιν Νορτόβριγα. *intelligitur urbs Bæticæ, quæ Ptolomæo,* Νερτόβριγα *dicitur: Appiano* Νερτόβριγες *in Hispanicis: cujus verba huc fortasse referenda:* Νεργόβριγας μὲν Αρουάκκων (*scrib.* Αρευάκκων) πεντακισχίλιοι κατέλαβον.

54 Ενέπεσε. ἐνέπεσε δὲ τις ὁρμὴ τῷ Σκηπίωνι καὶ διαπόρησις, εἰ δεῖ συμβαλεῖν καὶ μονομαχῆσαι πρὸς τὸν Βάρβαρον.

55 Εξαίσιον. ἐπιγίνεται χειμὼν μέγεθος ἐξαίσιον.

56 Εξαυτῆς. ἐξαυτῆς οἱ προειρημένοι βιβλιαφόρον ἔπεμπον πρὸς τὸν Περσέα, διασαφοῦντες τὸ γεγονός.

57 Εξοδία. πάνδημον ἐξοδίαν ποιησάμενοι καθῆκαν ἐνέδραν. *Prior locus à Suida laudatus extat pag.* DCCXXXVI.

58 Εξοινος. ἔξοινοι γεγονότες, κατὰ τὰς σκηνὰς ἐρριμμένοι πάντες, οὔτε παραγγέλμασι ἁπλῶς ἤκουον, οὐδὲ τοῦ μέλλοντος ἐλάμβανον οὐδ' ἥντινα οὖν πρόνοιαν.

59 Επιβάθρα. ὁ δὲ Φίλιππος ἠβούλετο περιελέσθαι Ῥωμαίων τὰς ἐν τούτοις τοῖς τόποις ἀφορμὰς καὶ τὰς ἐπιβάθρας (ὧν) ἐμπείρως ἔχουσι. ἵνα ἐὰν πρόθηται διαβαίνειν αὖθις εἰς τὴν Ασίαν, ἐπιβάθραν ἔχῃ τὴν Αβυδον.

60 Επιβολαί. ὁ Σκηπίων ἀπεκρίνετο, μηδαμῶς εἶναι Ῥωμαίοις ἔννομον ἐν ἐπαίνῳ ποιεῖσθαι τὰς κατὰ τῶν στρατηγῶν τοῖς ἀρχομένοις ἐπικεχειρημένας ἐπιβολάς.

61 Επὶ κεφαλαίου. μνησθεὶς δ' ἐπὶ κεφαλαίου τῶν γεγονότων αὐτοῖς ἐλαττωμάτων, καὶ θεὶς πρὸ ὀφθαλμῶν τὰ τῶν Μακεδόνων προτερήματα.

62 Επίπνοια. οἱ δὲ Ῥωμαῖοι θείας ἐπιπνοίας τινὸς ἐπεπλήρωντο, τὴν προθυμίαν ἀνανταγωνίστῳ θέντι φραξάμενοι.

63 Επι-

63 Επισημαίνεσθαι. τοὺς μὲν χάρισι, τοὺς δὲ κολάσεσιν, ὡς τοῖς ἄλλοις παράδειγμα εἶεν, ἐπισημαίνεσθαι.

64 Επίστασις. τὰ δὲ τῶν πόλεων πράγματα ἀλλοιοτέρας ἔτυχεν ἐπιστάσεως καὶ μεταβολῆς.

65 Επίφασις. διὰ τὸ πολλὴν γενέσθαι ἐπίφασιν τῆς εὐδαιμονίας, περί τε τοὺς κατ' ἰδίαν βίους, καὶ περὶ τὰ κοινὰ τῶν ἐκ Μακεδονίας μετακομισθεισῶν εἰς τὴν Ῥώμην χορηγιῶν. κατὰ μὲν τὴν ἐπιφάνειαν ἐποίει τ.ά. τῇ δὲ ἀληθείᾳ περὶ τὰς παρασκευὰς εἶχεν.

66 Επιφυόμενος. περιπλεκόμενος. ὁ δὲ ταῖς χερσὶν ἐπιφυόμενος ἐδεῖτο βοηθῆσαι τοῖς ἀκληρώμασι. νυκτὸς γενομένης ἐπεφύοντο τοῖς δυσίν.

67 Επῳδές. πάσης ἐπῳδῆς καὶ γοητείας καὶ περιάμματος πεῖραν ἐλάμβανον.

68 Επραξικόπει. ὁ δὲ ἐπραξικόπει τὴν πόλιν, ἐκ πολλοῦ κατασκευαζόμενος ἐν αὐτῇ προδότας. *propria vox Polybii* πραξικοπεῖν. *Vide Commentariorum librum primum.*

69 Εργαστικός. ἰδίως δὲ τῶν πολιτικῶν, καὶ τῆς τῶν ἐργαστικῶν κατασκευῆς.

70 Εργου ἐπὶ τοῦ δυσχεροῦς. Πολύβιος· οἱ δὲ Ῥωμαῖοι πολιορκοῦντες τοὺς Συρακουσίους, ἔργου εἴχοντο, οὐ λογισάμενοι τὴν Ἀρχιμήδους δύναμιν.

71 Ερύκειν. τὸ κυριώτατον ἦν τὸ τὸν πόλεμον ἐρύκειν ἀπὸ Μακεδονίας.

72 Εσχεδίαζον. ἁπλῶς δὲ πάντα κατὰ τὸ συνεχὲς ἐκ τῆς ἀρχῆς ἄχρι τέλους ἐσχεδιάσθαι καὶ διημαρτῆσθαι.

73 Ευδοκουμένην. τὸ δὲ λέγειν ἀληθινῶς ταῦτα, πίστιν ἔφη ποιήσειν εὐδοκουμένην.

74 Ευήθως ἐκλογιζόμενοι τὰ παρόντα καὶ παιδικῶς.

75 Ευκαιρία. ὁ δὲ θαυμάσας τὴν τῆς πόλεως θέσιν καὶ τὴν τῆς ἀκροπόλεως εὐκαιρίαν, πρός τε τοὺς ἐντὸς ἰσθμοῦ καὶ τοὺς ἐκτὸς ἀπολαμβανομένους τόπους. οἱ δὲ ἐθαύμαζον τὴν ἀρετὴν τῆς χώρας, καὶ τὰς κατὰ Νεῖλον εὐκαιρίας. *Vrsini codices Polybio hæc adſcribunt: nos autem putamus eidem tribuendam præcedentem* περικοπὴν *de ſitu urbis Epheſi.* Αντίοχος ὁ βασιλεὺς πάνυ ὠρέγετο τῆς Εφέσου, διὰ τὴν εὐκαιρίαν· τῷ δοκεῖν μὲν κατὰ Ιωνίας, καὶ τῶν ἐφ' Ελλησπόντου πόλεων, καὶ κατὰ γῆν καὶ κατὰ θάλασσαν ἀκροπόλεως ἔχειν θέσιν.

76 Ευπερίοπτον. εὐκαταφρόνητον. ἠσθάνετο γὰρ τὴν τῶν Μακεδόνων ἀρχὴν εὐπερίοπτον ἐσομένην, εἰ δὴ τῆς πρώτης πείρας οἱ ἐπαναστάντες κρατήσειαν.

77 Ευρεσίλογος. φλύαρος, ἐτυμολόγος. Πολύβιος· ἔχων δὲ καὶ πλείω λέγειν, ἀγωνιῶ, μὴ δόξω τισὶν ὑμῶν οὐκ ἀναγκαίως εὑρεσιλογεῖν.

78 Ευφυΐα. ἦν δὲ ὁ Δαμοκλῆς ὑπηρετικὸν σκεῦος εὐφυές, καὶ πολλὰς ἔχων ἀφορμὰς εἰς πραγμάτων οἰκονομίαν. *vide in* σκεῦος.

79 Εφεδρος. ἔφεδροι γίνονται τοῖς καιροῖς καὶ ἑτοίμως διάκεινται πρὸς τὸ πάλιν ἀντοφθαλμεῖν τούτοις. Μεσολαβηθεὶς δ' ὁ νέος ἐξ ἐχθρῶν ὑπερκειμένων, καὶ ἐφέδρων, εἰς τὸ ἄντρον εἰσκριθείς, ἐπίπονον βίον συνεστήσατο καὶ θηριώδη.

80 Εφ' ᾧ. καὶ συνέθεντο μεθέξειν τῆς κοινῆς συμμαχίας, ἐφ' ᾧ λαμβάνειν κ τάλαντα κατ' ἐνιαυτόν.

81 Ζωγρείᾳ. οἱ δὲ γενόμενοι ζωγρείᾳ κύριοι τοῦ στρατηγοῦ, τοῦτον ἀνεσταύρωσαν.

82 Εἰκοβολεῖν. φῶς ἑαυτοῖς παρεσκεύαζον, εἰς τὸ μήτε σφάλλεσθαι, μήτε εἰκοβολεῖν.

83 Ἡρμόσαντο. οἱ δὲ ἡρμόσαντο πρὸς τὴν βούλησιν, καὶ συνέθεντο δέκα τάλαντα δώσειν. οἱ δὲ στρατιῶται πάντα (πάντες) ἡρμόζοντο πρὸς τὴν εἰς οἶκον ἐπάνοδον.

84 Ἱππαφέσεων. παραπλήσιόν τι πάθος ἔφασκε τοῖς ἐπὶ τῶν ἱππαφέσεων. οἷον εἰκὸς ἐφιστάμενοι ἐκ τῶν αἱρομένων πυρσῶν.

85 Θυμομαχοῦντες. οἱ δὲ τὰ μὲν ἀπαλγοῦντες ταῖς ἐλπίσι, τὰ δὲ θυμομαχοῦντες, ἐπί τινα παράστασιν κατήντησαν.

86 Καθῆκον. τολμῶσι πέρα τοῦ δέοντος, καὶ ποιοῦσι παρὰ τὸ καθῆκον.

87 Κανθήλιος. ἐν γὰρ τοῖς ἐπιδεδεμένοις φορτίοις τὰ κανθήλια λαβόντας ἐκ τοῦ ὄπισθεν, προθέσθαι πρὸ αὐτῶν ἐκέλευσε τοὺς πεζούς· οὗ γενομένου, συνέβη παρὰ ταύτας χάρακας, ἀσφαλέστατον γενήσεσθαι τὸ πρόβλημα.

88 Καταβολή. ἐκ καταβολῆς πεντήκοντα ναῦς ναυπηγήσασθαι· πεντήκοντα δὲ ὑπαρχουσῶν, κατελθεῖν ἐκ τῶν νεωρίων. οἱ δὲ πειραταὶ θεασάμενοι τὸν ἐπίπλουν τῶν Ῥωμαϊκῶν πλοίων, ἐκ καταβολῆς ἐποιοῦντο τὴν ἀναχώρησιν.

89 Καταπροδοθέντων. ἦν οὐχ οἷόν τε ἀναλαβεῖν, μὴ οὐχὶ καταπροδοθέντων τῶν πεφυγαδευμένων.

90 Καταταχήσων. τὸ μὲν οὖν πρῶτον ὥρμησε καταταχήσων· καταπεπεργύμενος δὲ ὑπὸ τῶν ἐπιβατικῶν.

91 Κατέχειν. ὁ δὲ Πόπλιος, κατέχε τῆς Αἰτωλίας εἰς Ναύπακτον.

92 Καταινέσαντες. οὐ δὲ καταινέσαντος, τὸ νῦν εἶναι κατὰ πᾶσιν ὑπόσπονδοι. ὀλίγοι δέ τινες ἦσαν οἱ καταινέσαντες· οἱ δὲ πλείονες ἀντέπιπτον.

93 Κατοιμώξας. καὶ πολλὰ μὲν αὐτὸν κατοιμώξας, ὅτι παρὰ μικρὸν ἔλθοι τοῦ λαβεῖν Ἄτταλον ὑποχείριον.

94 Κεραία. καθελόμενος τοὺς ἱστοὺς καὶ τὰς κεραίας, ἔζευξε τούτοις αὐτὰς βιαίως πρὸς ἀλλήλας.

95 Κομιδῇ. τῆς εἰς τοὔμπροσθεν κομιδῆς καὶ τῆς ὅλης ἐπιβολῆς ἀπέστη.

96 Λιτοῖς. μαθὼν δ' ἐξ αὐτομόλου διασαφήσαντος, ὅτι ἑορτὴν ἄγουσι πάνδημον, καὶ τοῖς σιτίοις λιτοῖς χρῶνται διὰ τὴν σπάνιν, τῷ δὲ οἴνῳ δαψιλεῖ, ἐπολιόρκει.

97 Μεθοδικῶς. πάντα δὲ τὰ λεγόμενα μεθοδικῶς περὶ τῶν πράξεων ἐπωπτευκώς, εἰ καί τις ἕτερος τῶν καθ' ἡμᾶς.

98 Μνησικακεῖν. τοῦ μνησικακεῖν ἐπὶ τοῖς γεγονόσιν, οὐδ' ἥντιναοῦν ἔμφασιν ἐποίουν οἱ Ῥωμαῖοι.

99 Μύωψ. ὁ δὲ προσθεὶς τοὺς μύωπας ἐξ ἀμφοτέρων τῶν μερῶν, ἤλαυνε κατὰ κράτος.

100 Νοῦν ἔχειν καὶ τόλμαν δεῖ ἅπερ ἐστὶ κυριώτατα πρὸς τὰς ἐπισφαλεῖς καὶ παραβόλους πράξεις.

101 Νῶλα. *vide excerpta è Stephano, unde habet Suidas. pro* Νωλανοὶ *apud Stephanum est* Νωλανεῖς. *minus rectè.*

102 Ὀργή. διόπερ, ὡς οὐδέποτε μᾶλλον, ὀργὴ καὶ περίφοβος ἦν ἡ τῶν Ῥω-

μαίων

μαίων πόλις ἐγεγόνει, προσδοκῶσα τὸ συμβησόμενον. τὰ ἔθνη τῆς Ἰβηρίας ὀρθῶς αὐτοῖς ἀντικαθιστάμενα. ἀντὶ τοῦ, ἀναίδην, ἀποτόμως.

103 Ορμητήριον. τὸ φρούριον. οἱ Παιόνοι τὸ κατ' ἀρχὰς τοῦ πολέμου λαβόντες, ὁρμητήριον ἐπεποίηντο καὶ εἰς ὑποδοχὴν τῶν λαφύρων ἐξηρήκεσαν. *poteſt dubitari an ſit* Polybii *hic locus, propter mentionem* Pannonio*rum, ut ad Suetonium monebamus.*

104 Οὐχ οἷον. οὐχ οἷον οὐ προσεῖχε τοῖς λεγομένοις, ἀλλ' οὐδ' ἦν ἐπὶ χρόνῳ ἀποφαινόμενος ταῦτα. *Scrib.* ἀποφαινομένου.

105 Οχλος. οὔτε ἐξετάσαι τὸν ἄνθρωπον οἷόν τε ἦν ἀκριβῶς, ἀσθενείᾳ σώματος ὀχλούμενον, οὔτε ἐρωτᾶν εὐλαβείᾳ τοῦ ὀχλώδους.

106 Παλίγκυρτος. τῶν πολεμίων αὐτομάτως καθάπερ ἐς παλίγκυρτον αὐτοὺς καθεικότων, δυνάμενος κρατῆσαι τῶν ἐχθρῶν, τούτους παρέλιπε.

107 Παρατετολμηκότες καὶ τελέως ἀπελπίσαντες τὴν σωτηρίαν.

108 Παρέργως. οὐ μὴν οὐδὲ τὸ πάρεργον ἄξιον σιωπῆσαι καθάπερ ἀγαθοῦ τεχνίτου. περὶ τοῦ Σκιπίωνος λέγων ὁ Πολύβιος.

109 Περιβαλλόμενος. ὁ δὲ Ἄτταλος περιβαλλόμενος πλείω λόγον, ὑπεμίμνησκεν αὐτοὺς τὴν ἀνέκαθεν τῶν προγόνων ἀρετήν.

110 Περικοπή. ταύτην τὴν περικοπὴν ἐδωρήσατο τῇ τῆς Αἰμιλίας μητρί. τουτέστι τὴν ὕπαρξιν. *item,* ἅτε μηδεμίαν ἐχούσης πραγματικὴν ἔμφασιν τῆς περικοπῆς αὐτῶν. τοῦτ' ἔστι, τῆς ἐνεργείας. περικοπή, μέρος τι τῆς ὑποθέσεως. ὁ δὲ προῆγε ποιήσας εὔστολον τὴν ἀκολουθίαν, καὶ τὴν περικοπὴν τῆς ἐκδημίας.

111 Περιπαθῶς. μήθ' ἑαυτὸν ῥίψαι κατὰ κρημνοῦ περιπαθὴς γινόμενος.

112 Πραξικοπήσας. ὁ δὲ Οὔρβιος πραξικοπήσας νυκτὸς κατέλαβε τὸ μέρος τῆς ἀκροπόλεως, καὶ τοὺς Ῥωμαίους εἰσήγαγε.

113 Πρᾶξις. κατὰ τὴν ἐν τῇ πατρίδι Φίλων τρίτην (τὴν) πρᾶξιν κατασκευασαμένου καὶ προσενεγκόντος τῷ Φαβίῳ τὸν λόγον.

114 Προσαγγελία. τῷ δὲ Πτολεμαίῳ γινομένης προσαγγελίας παρεῖναι τὸν Ἀρχίαν.

115 Προσανέχειν. ὁ δὲ πᾶν ὑπομένειν ἐδόκει, προσανέχων ταῖς τῶν Αἰγυπτίων ἐπαρκείαις. *item,* ὁ δὲ Δημήτριος προσανέχων τῇ παρουσίᾳ τοῦ διαπεσταλησομένου πρὸς αὐτόν.

116 Προσδέξασθαι δέ, τὸ δὴ λεγόμενον, πρὸς τὰς πλευρὰς τοὺς πολεμίους.

117 Προσπεσόντων δὲ τούτων εἰς Τάραντα, καὶ τοὺς Θουρίους, ἠγανάκτει τὰ πλήθη.

118 Προστασία. ὁ δὲ ἐξέπεμψε τὸν Πόπλιον μετὰ μεγάλης προστασίας. καὶ τὸν ἴδιον οἶκον ἐσφαλκέναι, διὰ τὴν πρὸς τοῦτο τὸ μέρος ὁρμὴν καὶ προστασίαν.

119 Πρόστιμα. οἱ δὲ ἔδωκαν τῷ βασιλεῖ πεντήκοντα τάλαντα, πρόστιμον τῆς ἁμαρτίας.

120 Πρὸς τρόπων. ὁ δὲ Ἀντίοχος πρὸς τρόπων αὐτῷ καὶ παραδόξου γινο-

γινομένης τῆς ἐπαγγελίας, ὑπερχαρὴς ὤν, πάντα ὑπισχνεῖτο.

121 Πταίειν. καὶ παροιμία, μὴ πολλάκις πρὸς τὸν αὐτὸν λίθον πταίειν, ἔχοντα καιρὸν ὁμολογούμενον.

122 Ῥαβδοῦχοι. παρῆν ῥαβδοῦχος παρὰ τοῦ στρατηγοῦ καλῶν τὸν βασιλέα.

123 Ῥᾳδιέστερον. ἀλλὰ πολὺ ῥᾳδιεστέραν καὶ συντομωτέραν συνέβη γενέσθαι τὴν Ἀσδρούβου παρουσίαν εἰς Ἰταλίαν.

124 Σάμβυκες. εἶδος μηχανήματος πολιορκητικοῦ, ὥς φησι Πολύβιος. περὶ δὲ τῆς κατασκευῆς αὐτοῦ, γέγραπται ἐν τῷ περὶ ἐκφράσεως. *Non extat locus quo nos rejicit. Vide Polybium libro VIII.*

125 Σιτομετρεῖν. ὁ δὲ Φίλιππος διαδοὺς ὅτι μέλλει σιτομετρεῖν, ἐκήρυξεν ὅσοι μὴ πλεῖον ἔχουσι τριάκοντα ἡμερῶν σῖτον, ἀπογράφεσθαι πρὸς αὐτόν.

126 Σωματοποιεῖν. ὁ δὲ Ζεῦξις, ὑπεκρίνετο μὲν ποιεῖν τὰ κατὰ τὰς συνθήκας· οὐκ ἠβούλετο δὲ ἀληθινῶς σωματοποιεῖν τὸν Φίλιππον. ἐσωματοποίησε δὲ τοὺς ἵππους· ἀνεκτήσατο δὲ τὰ σώματα καὶ τὰς ψυχὰς τῶν ἀνθρώπων. οἱ δὲ ἠναγκάζοντο παντὶ τῷ λεγομένῳ προσέχειν, καὶ πᾶσαν ἐλπίδα σωματοποιεῖν καὶ προσδέχεσθαι. ὁ δὲ ἔφασκε δεῖν μὴ περιϊέσθαι τοὺς ἐχθροὺς ἐκ τῶν χειρῶν, μηδὲ σωματοποιεῖν τὴν τόλμαν αὐτῶν φυγομαχοῦντα. ὁ δὲ βραχείας ἐπιλαβόμενος ἐλπίδος ἐκ τῶν πολιορκουμένων, ἐσωματοποίει ταύτην. ὁ δὲ ὡς κηδεμονικὸς φίλος πᾶν ἐμηχανᾶτο δι' οὗ τὰ τῶν ἐχθρῶν σωματοποιήσει, τοῖς δὲ σφετέροις πράγμασι περιστήσει τοὺς μεγίστους κινδύνους.

127 Σπουδάσων. καί τινα τῶν μακρῶν πλοίων ἐξαπέστειλε, σπουδάζων τῷ στρατοπέδῳ τὰ πρὸς τὴν χρείαν. *hæc ita apud Suidam: sed mutila & supplenda ex pag.* LXXV.

128 Στείλασθαι. ἀντὶ τοῦ κρύψαι. ὀλίγοι δέ τινες δεδιότες, μήποτε οὐ δυνάμενοι στείλασθαι, καταφανεῖς γένωνται, ἀνέφερον τὸ χρυσίον. ὁ δὲ Περσεὺς, ἐβουλεύετο (ἐβούλετο) μὲν στέλλεσθαι· οὐ μὴν ἠδύνατό γε κρύπτειν τὸ γεγονός.

129 Στέρξω. νῦν δ' οὐ πρὸς ἡμῶν γὰρ ἐπιορκεῖν, τὰ παρόντα στέργομεν.

130 Συντάξας. ἐντειλάμενος. Πολύβιος· συντάξας ἐλαύνειν κατὰ σπουδὴν ὅσον ἔχει δυνάμεως.

131 Συντάξεις. ταῦτα ἐν ταῖς περὶ τοῦ συντάξεσι δεδηλώκαμεν.

132 Συστήσας. τοῦτον ἐξαπέστειλε συστήσας ἱππεῖς πεντακοσίους δυναμένους ἔτι πονεῖν.

133 Τελεσιουργήσας. περὶ τὸ τῆς τάφρου χεῖλος τελεσιουργήσας τὴν πρᾶξιν. ἐπ' αὐτὴν τὴν τοῦ τελεσιουργὸν κατεβακχεύοντο πρᾶξιν χωρεῖν, σώφρονι μανίᾳ τινὶ ἐς συμπλοκὴν ἐξοιστρώμενοι. *dubito an sint Polybii: aliena enim sunt ab ejus gravitate & stilo.*

134 Τύλος. τῆς πέτρας αὐτοῖς δυσχρηστίας παρεχούσης διὰ τὸ δεῖν τρῆμα ποιεῖν ἐν αὐτῇ, τοῖς τύλοις κρατοῦσι τὴν σύριγγα τῆς προσαγομένης.

135 Ὑπερέβησαν. κάμψαντες δὲ τὴν παχεῖαν ὑπερέβησαν εἰς ἔκνομον. *corrige Suidam*

Suidam è Polybio, pag. XXXVI. est enim ridicule corruptus locus.

136 Φαντασία. εἰδὼς γὰρ ὅτι φαντασία περὶ αὐτόν ἐστιν, ὡς ἔχοντα χρήματα μεθ' ἑαυτοῦ πλείω, ἡρμόσατο πρὸς τὴν ὑπόθεσιν ἐνδεχομένως. Οἱ δὲ Ρωμαῖοι μετὰ μεγάλης φαντασίας, καὶ συμπαθείας τοῦ δήμου, προῆγον ἐπὶ τὰς πράξεις.

137 Φειδίας. καθάπερ οἶμαι Μυρμηκίδην ἀντιταττόμενον τῇ Φειδίου τέχνῃ.

138 Φυλακία. ὁ δὲ κατεῖχεν ἀμφότερα τὰ κατεσκευασμένα φυλάκια, πεντήκοντα πόδας διεστῶτα ἀλλήλων.

139 Χάρμα. τὸν δὲ ἅμα χάρμα καὶ ἄλγος ἔλαβε φρένας. dubito an sint Polybii: sunt enim ποιητικώτερα.

140 Χειρισμόν. ἐπιχείρησιν. Πολύβιος. ὅταν γένηται ταῦτα κατὰ χειρισμὸν ἰσοταχῆ. perperam editum ἰσοτυχῆ locus est in disputatione περὶ πυρσείας. vide pag. DCCCLVII.

141 Χορήγια. μὴ οἷον κατὰ θάλατταν τὰς παρασκευὰς καὶ τὰ χορήγια παρακομίζειν τοῖς στρατοπέδοις, μηδὲ ἐπὶ ὑποζυγίων· ἀλλ' ἐν πήραις δέχ' ἡμερῶν ἔχοντας ἐφόδια.

142 Χρεωκοπεῖται. τῆς παρὰ τοῖς Αἰτωλοῖς χρεωκοπίας κατὰ τὴν Θετταλίαν ζηλωθείσης, καὶ πάσης πόλεως εἰς στάσεις καὶ ταραχὰς ἐμπιπτούσης.

143 Ψυχαγωγεῖν. οὗτοι μὲν περὶ ταῦτα διέτριβον, ψυχαγωγοῦντες τὰς δυνάμεις.

DE IIS QUÆ TACITO AUCTORIS nomine è Polybio Suidas descripsit.

Ea vero multa sane sunt, & præclara: quod non difficulter deprehendet quisquis hunc auctorem paullo diligentius legerit. Nam exempli caussa, locus in ἐνάπαντες laudatus, extat editionis hujus pagina CCLXXVI. in ἔθελα, pag. CMLXXX. vocem εὐπερίκοπτος, & quæ in ea habet Suidas, ad Polybium pertinere, conjectura primum mihi persuasit, deinde scripti codices; ex quorum auctoritate eam dictionem Polybio restituimus pag. DCCCLXXVII. Quæ de Antigono in ea voce commemorat, desumpta sunt è libro quinto, pag. CDXCIX. quæ de Agathocle, è libro XIII. pag. CMXVIII. quæ de Polycrate, è libro XVIII. pag. MLXXVI. de locis ad insidiandum aptis quæ in vocibus πτερίναι ῥιπίδι leguntur, deprompta sunt è libro III. pag. CCCX. In dictione Πόπλιος de Scipione Africano priore plurima referuntur, quæ sunt omnia ad verbum descripta e fragmento altero l. X. Polybii tamen nomen in principio non apponitur: sed post multa in medio inseritur, quasi priora aliunde essent petita. Sic passim alibi pluriū aut pauciorum verborum loca hujus auctoris sine nomine in vulgatis

Suidæ codicibus deſcribuntur. Contra, Fulvii Vrſini vetus codex multa Polybio attribuit, quæ in editis carent auctore. Inde eſt quod nos quoque in digerendis præcedentibus Fragmentis Vrſini fidem ſecuti, & judicium noſtrum, multa Polybio vindicavimus, quæ in Suidæ libris nullum habent auctorem. E cæteris quæ nullo auctore laudantur, neque in Polybii reliquiis hodie reperiuntur; nonnulla ad hiſtoriam pertinent: nonnulla voces explicant, quæ pro eo uſu quem habemus dictionis Polybianæ, hujus ſcriptoris eſſe partim ſuſpicamur, partim non dubitamus affirmare. Vtriuſque generis exempla, è multis quæ poteramus afferre, pauca hæc ſunto.

Ὁ δὲ Πτολεμαῖος εἰδὼς τοὺς ἑαυτοῦ προγόνους ἐσχηκότας τὴν Κοίλην Συρίαν, παρασκευὰς ἐποιεῖτο μεγάλας, ἀμφισβητῶν ταύτης· ἤλπιζε γὰρ τὴν ἀδίκῳ πολέμῳ πρότερον αἱρεθεῖσαν, τότε δικαίως τοῖς αὐτοῖς νόμοις ἀνακτήσασθαι. *in voce* ἀμφισβητεῖν *ex incerto auctore hæc habentur; quæ Polybii videntur eſſe. Vide quæ notamus in Commentariis ad pagin. DLXXII. ex aliis Polybii locis.*

In voce Ἀννίβας *quædam de Hannibale afferuntur è tertia Polybii Hiſtoria. ſed & ex iis quæ deinceps ſequuntur multa arbitror ejuſdem auctoris eſſe, è libris qui hodie deſiderantur.*

In voce Ἀσδρούβας *bis poſita, quæ de duobus Carthaginienſium ducibus dicuntur, quorum fuit utrique nomen Aſdrubali, ea ex Hiſtoria Polybii, niſi fallor, ſunt deſcripta. Guluſſa de quo ibi mentio, is eſt regulus cujus Polybium meminiſſe ait Plinius lib. VIII. cap. X.*

In vocibus Πόπλιος Σκιπίων *&* Σκιπίων *variis locis multa narrat de Scipione aut Scipionibus, præter illa quorum antè memini; quæ non ſine cauſſa putem ex hoc ſcriptore magna ex parte eſſe deprompta.*

In voce Σκόπας, *quæ dicuntur de Scopa Ætolo, qui Alexandriæ periit, ea Polybio ut adſcribam non invitus, cum alia ſuadent, tum quæ ſcribit ipſe de eodem Scopa, libro XVII. fragmento ultimo.*

In nomine Τίμαιος *quæ dicuntur de maledicendi ſtudio, quod fuit in Timæo ſummum, ſaltem ex parte videntur eſſe è Polybio decerpta: qui eo nomine Timæum male oderat. Vide librum XII.*

In nomine Χαίρων, *quæ uberius commemorantur de Chæronis Lacedæmonii pravo ingenio & rebus geſtis, fallor aut pura puta ſunt Polybii verba; cui conjecturæ & res & dictio faciunt fidem. Non etiam dubito quin è Polybii Hiſtoriis ſit hauſtum prudentiſſimum illud Scipionis ſive præceptum, ſive conſilium, quod in verbo* πειράζειν *ita refertur.* Σκηπίων ὁ Ῥωμαῖος συνεβούλευσεν οὕτως· ἢ μὴ πειράζειν, ἢ οὕτως ὥστε ἐκ παντὸς τρόπου τέλος ἐπιθεῖναι τῇ πράξει. τὸ γὰρ δὶς περὶ τὸ αὐτὸ πειράζειν, ἅμα μὲν ἐπισφαλὲς, ἅμα δὲ καταφρόνησιν ποιεῖ γενέσθαι παντελῶς. Scipio Romanus hoc conſilium dabat: aut tentare non oportet; aut ſic tentare, ut omnibus viribus quod inſtituiſti coneris perficere.

nam

nam bis ad eundem lapidem offendere, simul periculosum est, & contemptui obnoxium prorsus reddit. *Lego enim*, δὶς πρὸς τὸν αὐτὸν λίθον προσκόπτειν. *certè* πρὸς τὸν αὐτὸν πταράζειν *quid sit nescio.*

In προτείνειν *leguntur hæc:* προτείνειν αὐτῷ ὁ τάλαντα, παραχωρήσαντα τῆς Κύπρου· καὶ τ' ἄλλα συνακολουθήσοντα λυσιτελῆ καὶ τίμια παρ' αὐτῷ συνεπιδεικνύειν, προσενηνεγμένῳ τὴν χρείαν ταύτην. *refero ad contentiones Ptolemæorum fratrum super regno Cypri, Polybio fuse descriptas, ut apparet è Legationum eclogis, CXV. CXVII. & CXXXII. Sed de hoc genere satis: plura hujusmodi in Commentariis observamus. Sequuntur*

VOCES AB EODEM SUIDA ADNOTATæ sine auctoris nomine, quas validæ conjecturæ persuadent nobis esse Polybii.

1 Ἀβλεπτήματα. ἁμαρτήματα. ὁ δὲ Φέρων ἐκαρτέρει τὰ τῶν ἰδιωτῶν ἀβλεπτήματα. τὰ δὲ τῶν λογικωτέρων αὐτὸν ἴδια. καὶ ἀβλεπτοῦντες. οἱ δὲ ἀβλεπτοῦντες καὶ αἰδούμενοι ἀντοφθαλμεῖν πρὸς τὸν Φίλιππον, ἐβοήθουν.

2 Ἀβουλεῖ. ὁ δὲ οὐ σφόδρα στοχαζόμενος τῆς τοῦ βασιλέως γνώμης, ἀβουλότατα διεπράξατο.

3 Ἀδοξεῖται. οὐκ ἀποδεκτόν ἐστι τὸ νικᾶν παρὰ Ῥωμαίοις, ἄνευ παραγγέλματος. ἀδοξεῖται γάρ.

4 Ἀλάστωρ. ὁ δὲ ἔγραφε πικρῶς καὶ παραστατικῶς, ἀλάστορας ἀποκαλῶν καὶ παλαμναίους διὰ τῆς ἐπιστολῆς· εἰ οὕτως προήσονται τοὺς τόπους, μηδὲν παθόντες ἢ ἰδόντες κακόν. *Vide quæ observamus ad librum primum, de vocum* παράστασις, παραστατικὸς *&* παραστατικῶς *peculiari apud Polybium usu; & quæ Suidas ipse in iis vocibus.*

5 Ἁρμοζόμενος. ὁ δὲ νυκτὸς ἐπῄει τὰς εἰσόδους, ἁρμοζόμενος πρὸς τὴν ὑποκειμένην πρόθεσιν.

6 Διαφείς. ὁ δὲ διαφεὶς τοὺς ἡγεμόνας ἐκίνει τὴν πρωτοπορείαν.

7 Ἐκτενῶς. *Locus extat pag.* DCCXXXII. *Inde corrige* τὴν βῶλιν, *pro* τὸν βῶλον.

8 Ἐμπλασσόμενοι. οἱ δὲ Καρχηδόνιοι ἀλλήλοις ἐμπλασσόμενοι καὶ περιπίπτοντες τοῖς θηρίοις ἀπέθνησκον.

9 Ἔπαυλις. τότε μὲν οὖν ἀμφότεροι τὴν ἔπαυλιν ἐπὶ τοῦ χώματος ἐποιήσαντο, οἵτε Ῥωμαῖοι καὶ οἱ Καρχηδόνιοι. τοῦτ' ἔστι τὴν κοίτην.

10 Ἐπιλογισάμενος. καὶ ἐφ' ὧν ἐνόμιζε πλεονεκτήσειν κατὰ τὴν μάχην ἐπιλογισάμενος, πείθει.

11 Ἐπιτακτικῶς. τοὺς δὲ πρὸς αὐτὸν πρεσβεύοντας ἐπιτακτικῶς αὐτῷ διαστέλλειν περὶ τούτων.

12 Ἐπι-

12 Ἐπιφοράν. οἱ δὲ πεισθέντες καὶ παραδόντες ἑαυτοὺς εἰς τὴν ἐπιφορὰν τῶν πολεμίων ἀπέθανον γενναίως. *Suidas interpretatur* ἐπέλευσιν: *sed* ἐπιφορὰ *Polybio gravius sonat: est enim impetus hostis magna vi irruentis.*

13 Θωράκιον τὸ τοῦ ἐλέφαντος. Ἀννίβας ὁ Καρχηδονίων στρατηγὸς φέρων τῶν ἐλεφάντων τὰ θωράκια, τοῖς τῶν θηρίων οἰκιδίοις ἐπὶ πλεῖστον ὕψος τοὺς κλάδους ἀποκόπτων, ἀσφαλῆ καὶ ῥαδίαν τὴν ὁδοιπορίαν κατεσκεύασε.

14 Καθήρηντο τὰς γνώμας, ἀντὶ τοῦ εἰς δειλίαν ἐνέπιπτον. Οἱ δὲ πλέονες καθήρηντο τὰς γνώμας ἐπὶ τοσοῦτον, ὥστε τῆς πίστεως τῆς πρὸς τοὺς βασιλέας ὑπὸ τοῦ περιδεοῦς ἀφίσαντο.

15 Καθιγμένος. ὁ δὲ βασιλεὺς καθιγμένος καὶ ταύτης τῆς ἐπιβολῆς, ἐγένετο πρὸς ἀναζυγήν.

16 Παρασχηματίζειν. τοὺς τοῦ βασιλέως στρατιώτας διέβαλε, φάσκων τούτοις μὴ παρασχηματίζειν, οὐδεμίαν ἀληθινὴν χρείαν παρεχομένους. τοῦ ἀληθοῦς παραπεπτωκότος. *non tamen ausim affirmare Polybii hæc esse. Lego autem,* μηδὲν παρασχηματίζων, *aperte significans & sine ambagibus, aut oratione figurata.*

17 Προσανανεωσάμενος. ὁ δὲ Μάρκος προσανανεωσάμενος τὴν τοῦ τείχους ταπεινότητα, ἐπεβάλετο καταπειράζειν τῆς ἐλπίδος. τοῦτ' ἔστιν ἀνακαινίσας καὶ ἀνεγείρας.

18 Προσηρεικότος. προσαρμόσαντος. ὁ δὲ κατεσκεύασε στοὰς, καὶ διὰ τούτων προσηρεικότος τῷ τείχει τὰς χελωνοφόρους μηχανάς. *Voces artis bellicæ sunt* προσερείδειν & στοαὶ, *de quibus multa diximus libro primo Commentariorum in Polybium.*

19 Προσκήνιον. τὸ πρὸ τῆς σκηνῆς παραπέτασμα. ἡ δὲ Τύχη παρελκομένη τὴν πρόφασιν καθάπερ ἐπὶ προσκήνιον, παρεγύμνωσε τὰς ἀληθεῖς ἐπινοίας. *perperam Suidas supparum & proscenium interpretatione sua confundit. alibi Polybius voce* ἐξώστρα *eandem sententiam expressit,* τῆς Τύχης ὥσπερ ἐπίτηδες ἐπὶ τὴν ἐξώστραν ἀναβιβαζούσης τὴν ὑμετέραν ἄγνοιαν. *Sed hæc sunto satis. Multa enim omittimus, quæ vix dubitamus esse* γνήσια *Polybii, ut quæ habentur in voce* πρωτόπειρος, *in* ἐπιδυομένη, *in* καταταχούμενοι, *in* συνεπιχύσας; *sic enim scribendum: estque familiaris vox Polybio: in* σύπη, *pro quo male scribitur in Suida* σίπη. *vide infra ex Anonymo.*

De Polybio & ejus Historia ex eodem Suida.

Πολύβιος Λύκουργος (*imo* Λυκόρτου) ἀπὸ Μεγάλης πόλεως τῆς Ἀρκαδίας· καθηγησάμενος Σκηπίωνος τοῦ Ἀφρικανοῦ, ὅτε καὶ Παναίτιος ὁ φιλόσοφος· γεγονὼς κατὰ Πτολεμαῖον τὸν ἐπικληθέντα Εὐεργέτην. οὗτος ἔγραψε τὴν μακρὰν ἱστορίαν Ῥωμαϊκὴν, ἐν βιβλίοις μ. ἄρχεται δὲ ἀπὸ τῆς φυγῆς Κλεομένους τοῦ Σπαρτιάτου, καὶ Φιλίππου τοῦ Περσέως υἱοῦ (*imo* πατρὸς) τῇ διαδοχῇ τῶν Μακεδόνων τὰ ἑξῆς ἐπισυνάπτων Ῥωμαίων. Ἰστέον ὅτι διαδέχεται τὴν Πολυβίου ἱστορίαν Ποσειδώνιος Ὀλβιοπολίτης σοφιστής· ἔγραψε δὲ καὶ Στράβων Ἀμασεὺς Τὰ μετὰ Πολύβιον ἐν βιβλίοις μγ.

Ποσειδώνιος Ἀλεξανδρεὺς φιλόσοφος στωϊκὸς καὶ μαθητὴς Ζήνωνος τοῦ Κιτιέως ἔγραψεν ἱστορίαν τὴν μετὰ Πολύβιον ἐν βιβλίοις νβ. ἕως τοῦ πολέμου τοῦ Κυρηναϊκοῦ καὶ Πτολεμαίου. *malim* Πτολεμαϊκοῦ. *intelligit bellum quod Ptolemæus Philometor Ægypti Rex cum Ptolemæo fratre Cyrenes & Cypri regnum sibi vindicante geßit. quod Polybius descripserat, ut ex Legationibus constat. Sed insigniter heic fallitur Suidas, Posidonium Stoicum Zenonis discipulum confundens cum Posidonio Olbiopolita sophista. qui error est immanis.*

Βροῦτος ἔγραψεν Ἐπιστολὰς, καὶ τῶν Πολυβίου τοῦ ἱστορικοῦ βιβλίων Ἐπιτομήν.

E CODICE URBINATI, EPITOMEN *Historiæ Polybianæ continente.*

Τὸ γὰρ ἀδύνατον ἐν τῷ ψεύδει μόνον, οὐδ' ἀπολογίαν ἐπιδέχεται τοῖς ἁμαρτάνουσι.

Πρᾶγμα ποιῶν φρονίμου, καὶ νουνεχοῦς ἀνδρὸς, τὸ γνῶναι κατὰ τὸν Ἡσίοδον, ὅσῳ πλέον ἥμισυ παντός.

Τὸ γὰρ μανθάνειν ἀψευστεῖν πρὸς τοὺς θεοὺς, ὑπότυπός ἐστι τῆς πρὸς ἀλλήλους ἀληθείας.

Ἐν γὰρ τοῖς πλείστοις τῶν ἀνθρωπείων ἔργων, οἱ μὲν κτησάμενοι, πρὸς τὴν τήρησιν. οἱ δ' ἕτοιμα παραλαβόντες, πρὸς τὴν ἀπώλειαν εὐφυεῖς εἰσιν.

Οὕτως οἱ πλείους τῶν ἀνθρώπων τὸ κουφότατον ἥκιστα φέρειν δύνανται· λέγω δὲ τὴν σιωπήν.

Τί γὰρ τῶν αἰσχρῶν ἢ δεινῶν αὐτοῖς οὐ προσῆν; ἢ τί τῶν καλῶν, καὶ σπουδαίων οὐκ ἀπῆν;

Πᾶσα γὰρ ἐλευθερία μετ' ἐξουσίας πολυχρονίου φύσιν ἔχει κόρον λαμβάνειν τῶν ὑποκειμένων, κἄπειτα ζητεῖ δεσπότην. τυχοῦσα γε μὴν τούτου, πάλιν μισεῖ.

Οὐκ ἐκ τῶν ἔξω κοσμεῖται πόλις.

Οὕτως μέγα τι φύεται χρῆμα καὶ θαυμάσιον, ἀνὴρ καὶ ψυχὴ δεόντως ἁρμοσθεῖσα κατὰ τὴν ἐξ ἀρχῆς σύστασιν πρὸς ὅ, τι ἂν ὁρμήσῃ τῶν ἀνθρωπίνων ἔργων.

Τὸ γὰρ τοιοῦτον ἦθος ἀεὶ βούλεται διαφυλάττειν ἡ τῶν Ἀθηναίων πόλις.

Πᾶσαν γὰρ δημοκρατικὴν συμμαχίαν καὶ φιλίας πολλῆς δεῖσθαι, διὰ τὰς ἐν τοῖς πλήθεσι γιγνομένας ἀλογίας.

Οἱ γὰρ πολλοὶ τὰ μὲν ἔργα τῶν εὐτυχούντων οὐδὲ πειρῶνται μιμεῖσθαι· τὰ δὲ πάρεργα ζηλοῦντες, μετὰ βλάβης ἐνθεατρίζουσι τὴν ἑαυτῶν ἀκρισίαν.

Τοῖς

Τοῖς μὲν γὰρ κατ᾽ ἄγνοιαν ψευδογραφοῦσιν, ἔφαμεν δεῖν διόρθωσιν εὐμενικὴν, καὶ συγγνώμην ἐξακολουθεῖν· τοῖς δὲ κατὰ προαίρεσιν, ἀπαραίτητον κατηγορίαν.

Ἀλλὰ περὶν, τὸ δὴ λεγόμενον, ἀμφοῖν τοῖν χεροῖν ἐπέφυ, προφανὲς ἐκ τούτων.

Τὸ μὲν ἐπιτιμῆσαι τοῖς πέλας ἐστὶ ῥᾴδιον· τὸ δ᾽ αὐτὸν ἀναμάρτητον παρέχεσθαι, χαλεπόν.

Ὅτι παρ᾽ οἷς ἔφυ τοῦτο φυτὸν, οὐδέ ποτε κατέληξε πρότερον, ἢ μεγάλοις κακοῖς περιβαλεῖν τοὺς ἅπαξ αὐτῷ χρησαμένους.

Πᾶς ὁ παθὼν εὖ παρὰ τὴν προσδοκίαν, καὶ τοῦ γεγονότος χάριν καὶ τοῦ μέλλοντος ὑπερεβάλλετο ταῖς τῶν λόγων εὐχαριστίαις.

Πολεμοῦντας γὰρ δεῖ τοὺς ἀγαθοὺς ἄνδρας βαρεῖς εἶναι καὶ θυμικούς. ἡττωμένους δὲ γενναίους καὶ μεγαλόφρονας· νικῶντάς γε μὴν μετρίους καὶ πραεῖς καὶ φιλανθρώπους.

Οὐδεὶς γὰρ οὕτως οὔτε μάρτυς ἐστὶ φοβερὸς, οὔτε κατήγορος δεινὸς, ὡς ἡ σύνεσις ἡ ἐγκατοικοῦσα ταῖς ἑκάστων ψυχαῖς.

Τὸ δὴ λεγόμενον, τρέχωσι τὴν ἐσχάτην.

Ad superiora fragmenta notæ.

Descripta sunt pulcherrima hæc fragmenta ex antiquissimo Serenissimi Ducis Urbini codice, qui Epitomen continet Historiæ Polybianæ, à primo ejus libro ad XVII. *finem. Edidit eadem & Fulvius Ursinus; verum, ut apparet, aliena fide. Sciendum igitur, auctorem Epitomes, sive ille fuit M. Brutus, sive alius, in conficiendis his Eclogis, interdum etiam breviores quasdam excerpsisse sententias; quæ in Urbinati codice extra paginam in mundo, suis quæque locis, sunt descriptæ. Exempli gratiâ. Sub finem libri primi ad excerpta de bello Sociali Carthaginiensium, in ora codicis est hæc gravissima sententia adnotata:* Οὕτως ἔστι κατὰ πάντας τὰς ἁμαρτίας μεγάλην ἔχει διαφορὰν ἡ μετριότης, καὶ τὸ μηδὲν ἀνήκεστον ἐπιτηδεύειν ἑκουσίως. *quæ extat pag.* CXXIII. *Eadem ratio servata ubique. Quin igitur verè Polybiana ista sint, per illum optimum codicem dubitare nobis non licet.*

Τὸ γὰρ ἀδύνατον.) *In Urbinati exemplari hæc sunt adnotata è regione horum verborum libro VI.* ἢ καὶ συμψεύδονται ἔστι συγχωροῦνται πάντες οἱ μόναρχοι. *Vide pag.* DCXXIX.

Πρᾶγμα ποιῶν φρ.) *In Urbinati alieno loco sunt hæc posita, è regione istorum,* ἀντισπωμένης δὲ τοῦ ἐκ. *pag.* DCXXXIX.

Τὸ γὰρ μανθάνειν α᾽.) *Ibidem hæc leguntur, plane loco non suo. Est verò divina horum verborum sententia: quibus statuit auctor, totius justitiæ fundamentum esse pietatem.*

Ὑπότυψίς ἐστι τ᾽.) *Hæc vera lectio: non* ὑποτύπωσις, *quod substituerat Ur-*

rat Vr-

rat Vrsinus. Polybii *vox est, quam exposuimus in Commentariis ad illa verba,* ἀποτύψας τ̃ διαβολὴν, *è pag.* DXXXIX.

Εἰ γὰρ τις κτλ.) *Non longe à superioribus sequebantur ista in Vrbinati: ex quo potest intelligi non pauca desiderari hodie è libro sexto.*

Οὕτως οἱ κτλ.) *Ad principium libri octavi hæc vetus codex habet; ubi de fidei pignoribus disseritur.*

Τὸ κουφότατον ἥκιστα φ.) *Eleganter silentium appellat rem levissimam: videtur* Platonem *imitatus, cujus sunt verba in* XI. *Legum:* ἐκ λόγων κούφου πράγματος, ἔργῳ μίση τε καὶ ἔχθραι βαρύταται γίγνονται. *brevius idem libro* IV. κούφων καὶ πτηνῶν λόγων βαρυτάτη ζημία.

Τί γὰρ τ̃ αἰσχρῶν ἢ δ.) *Apposita sunt narrationi flagitiorum & scelerum* Philippi, *quæ habetur pag.* DCCXXII. *Imitatus erat Ælianus, si verè Suidæ codices hæc illi adscribunt.* τοιγαροῦν οὐ μόνον ταῦτ' ἔχειν αὐτοὺς παρεσκεύαζεν, ἀλλὰ καὶ τ̃ ἄλλης ἀδικίας καὶ βδελυρίας ἀθλητὰς εἶναι· τί γὰρ τ̃ αἰσχρῶν καὶ δεινῶν αὐτοῖς οὐ προσῆν; ἢ τί τ̃ καλῶν καὶ σπουδαίων οὐκ ἀπῆν; Puto *tamen ipsa hæc esse* Polybii *verba de cohorte amicorum* Philippi *loquentis. Imitatus &* Nicetas Choniates *in Balduino:* εἰς τοσαύτας ὁ τυραννίδας διαιρεθείσης τ̃ Ἑσπέρας, τί μὲν τῶν καλῶν οὐκ ἀπῆν; τί δὲ τ̃ κακῶν οὐ παρῆν.

Πᾶσα γὰρ ἐλευθερία.) *Ad illa verba pag.* DXXXI. οὐ γινομένου διαπιστῆ.

Οὐκ ἐκ τ̃ ἔξω κ.) *Ad tertium libri noni fragmentum, de statuis & ornamentis, captarum Syracusarum, Romam allatis.*

Οὕτως μέγα τι φύεται κτλ.) *Ad illa verba libri* IX. *p.* DCCLXXVII. τοὺς δὲ στρατηγίας ἀντιποιουμένους &c.

Τὸ γὰρ τοιοῦτον ἦθος) *ad illa verba paginæ* DCCXCV. προθυμίαν γὰρ φίλων συμφ. *quæ apparet esse mutila.*

Πᾶσαν γὰρ δημοκρατ.) *Ad illud libri* x. *breve fragmentum, quo Ætoli &* Peloponnesii *de societate Romanorum queruntur.*

Πολλῆς δεῖται,) *deest aliquid.* πολλῆς προσοχῆς *aut* συγγνώμης, *aut tale quid.*

Οἱ γὰρ πολλοὶ τὰ μ.) *Appositissimè hæc sunt in Vrbinati adnotata ad* Philopæmenis *orationem, qua suadet Achæis ut elegantiorem cultum ab amictu transferant ad arma. Libro* XI. *pag.* DCCCLXXVI. *Vere* Polybii *esse, probat Suidas in* ἐκθετεῖ.

Τοῖς μὲν γὰρ κατ' ἀγν.) *Ad disputationem de origine Locrorum Epizephyriorum, libro* XII. *pag.* CMXIII. *In eodem libro paullo post eadem sententia non multo aliis verbis repetitur.*

Ἀλλὰ πρὶν τὸ δὴ λεγ.) *Non longè à superioribus in Vrbinati hæc sequuntur: sed parum integra & corrupta. Meminit & Suidas in verbo* ἐπίφυ. Pro ἀλλὰ πρὶν, *fortasse* ἀλλ' ἄπειξ. *Ad libri ejusdem verba ultima ejus fragmenti quo de Zaleuci* lege *agitur, inveni in*

eodem

eodem optimo & vetustissimo codice hæc verba, sed mirifice ibi depravata: ἐπεὶ Δωρλάδι ἔστω κόρα εἰς ἄνδρ' ἐοικεῦσα· εἶμα καὶ ἀμπέχονον. quæ non ex Polybii Historia arbitror esse excerpta: sed ab erudito Critico nescio quare hoc loco adnotata.

Τὸ μὲν ἐπιτιμῆσαι τ.) Ad disputationem adversus Callisthenem, quæ eodem libro XII. habetur.

Οὐ παρ' οἷς ἔφυ τὸ φυτὸν) Ad libri XIII. prima verba. φυτὸν igitur hic est avaritia.

Πᾶς ὁ παθὼν εὖ παρά τ.) Appositissime hæc adscripta sunt in Urbinati ad illum locum libro XVI. ubi agit de miraculis in majus vulgo efferri solitis. Ejus rei caussa, inter plures quæ afferri possunt, hæc est non postrema. Vide pag. MXVIII.

Πολεμοῦντες γὰρ δ.) Ad illa verba e libro XVII. Τίτος δὲ μετὰ τὴν μάχην π. pag. MLXX. Leguntur hodieque alio loco apud Polybium: unde fortasse huc sunt translata. Simile de Romanis, Legationum tmemate LXIX.

Οὐδεὶς γὰρ οὕτως οὐ.) Ad minutum fragmentum hæc pertinent, quod extat pagina eadem. συνέσεως habet codex Urbinas, pro συνειδήσεως, conscientia.

Τὸ δὴ λεγόμενον τρέχουσι τὴν ἐσχάτην.) Ad sequens fragmentum. Utitur & alibi. Libro primo sub finem: οἷον ἐσχάτην τρέχοντες ταύτην ἐξαπέστελλον πρὸς τὸν Βάρκαν.

EX LIBRO MANUSCRIPTO

Anonymi Tactici.

Extat in Christianissimi Regis Bibliotheca inter alios rei Tacticæ scriptores, auctor incertus mediæ ætatis, & Christianus, qui de toleranda obsidione scripsit. Libri titulus ita concipitur. Ὅπως χρὴ τὸν τῆς πολιορκουμένης πόλεως στρατηγὸν πρὸς τὴν πολιορκίαν ἀντιτάττεσθαι. καὶ οἷοις ἐπιτηδεύμασιν ταύτην ἀποκρούεσθαι. In eo scripto multa docentur super proposito argumento egregia & scitu digna. Sæpe etiam exempla afferuntur ex antiqua memoria petita. Observavimus pleraque illorum è Polybii Historiis esse descripta: licet auctor Polybii nullam faciat nominatim mentionem. Sed potest excusari, quia magna ejus libri pars in regio codice desideratur. Est animus, faciente Deo, & hoc scriptum & alia similis argumenti quorum testimoniis passim in Commentariis nostris utimur, publici juris facere. Interim pauca heic describemus, ex iis præsertim quæ hodie in Polybianis reliquiis non extant.

DE.

DE SYRACUSIS A MARCO MARCELLO ET APPIO OBSESSIS.

Τῶν Ῥωμαίων πολιορκούντων τὰς Συρακούσας· Ἄππιος δ' ἦν ἡγεμὼν καὶ τῆς μὲν πεζῆς &c. τοιαύτην ἡτοίμασεν παρασκευὴν ὁ προειρημένος ἀνήρ. *Sequuntur deinde apparatus Archimedis & Marcelli de quibus noster libro VIII. nam ea ſaltem pars hodieque ſupereſt. ſed multo plura è deſcriptione ejus obſidionis haut dubie deſiderantur. In iis igitur quæ adſcripſimus Anonymi verbis, multa agnoſco Polybiana. neque verò dubitari de eo poteſt: nam Suidas in* ἀνυσικωτέρα *omnem dubitandi anſam præcidit.*

ECHINI OPPIDI OBSESSIO PER PHILIPPUM: de qua Polybius libro IX. ſub finem.

Πόπλιος ὁ τῶν Ῥωμαίων στρατηγὸς καὶ Δορίμαχος ὁ τῶν Αἰτωλῶν, τοῦ Φιλίππου πολιορκοῦντος τὴν Ἐχιναιέων πόλιν· καὶ τὰ πρὸς τὸ τεῖχος καλῶς ἀσφαλισαμένου· καὶ τὰ πρὸς τὴν ἐκτὸς ἐπιφάνειαν, τοῦ στρατοπέδου τάφρῳ καὶ τείχει ὀχυρωσαμένου· παραγενόμενοι αὐτοί, ὁ Πόπλιος στόλῳ· ὁ δὲ Δορίμαχος πεζικῇ καὶ ἱππικῇ δυνάμει, καὶ προσβάλλοντες τῷ χάρακι, καὶ ἀποκρουσθέντες, τοῦ Φιλίππου μᾶλλον ἰσχυρῶς ἀγωνισαμένου· οἱ Ἐχιναιεῖς παρέδοσαν ἑαυτοὺς τῷ Φιλίππῳ· οὐ γὰρ οἷοί τε ἦσαν οἱ περὶ τὸν Δορίμαχον τῇ τῶν δαπανημάτων ἐνδείᾳ ἀναγκάζειν τὸν Φίλιππον, ἐκ θαλάσσης ταῦτα πορίζόμενον. *Marcus Conſul, eſt M. Fulvius Nobilior, qui cum collega Cn. Manlio Volſone honorem illum geſſit circa finem Olympiadis CXLVII. Hic Fulvius cum exercitu in Epirum & Græciam venit.*

OBSIDIO AMBRACIÆ OPPIDI ÆTOLORUM, per MARCUM FULVIUM Cos:

Αἰτωλοὶ ὑπὸ τοῦ τῶν Ῥωμαίων ὑπάτου Μάρκου πολιορκούμενοι τῇ προσβολῇ τῶν μηχανημάτων καὶ τῶν κριῶν, γενναίως ἀντιπαρετάξαντο. οὗτος γὰρ ἀσφαλισάμενος τὰ κατὰ τὰς στρατοπεδείας, τρία μὲν ἔργα κατὰ τὸ Πύρραιον προσῆγε διὰ τῶν ἐπιπέδων τόπων, διεστῶτα μὲν ἀπ' ἀλλήλων, παράλληλα δέ· τέταρτον δὲ κατὰ τὸ Ἀσκληπιεῖον· πέμπτον δὲ κατὰ τὴν ἀκρόπολιν. Γινομένης δὲ τῆς προσαγωγῆς ἐνεργοῦς κατὰ πάντας ἅμα τοὺς τόπους· ἐκπληκτικὴν συνέβαινε γίγνεσθαι τοῖς ἔνδον τὴν τοῦ μέλλοντος προσδοκίαν. Τῶν δὲ κριῶν τυπτόντων ἐνεργῶς τὰ τείχη, καὶ τῶν δορυδρεπάνων ἀποσυρόντων τὰς ἐπάλξεις· ἐπειρῶντο μὲν οἱ κατὰ τὴν πόλιν ἀντιμηχανᾶσθαι πρὸς ταῦτα· τοῖς μὲν κριοῖς διὰ κεραιῶν ἐνιέντες σηκώματα μολυβδινά, καὶ λίθους, καὶ στύπη δρύινα. τοῖς δὲ δρεπάνοις σιδηρᾶς περιτιθέντες ἀγκύρας καὶ καταχόντες ταῦτα ἔσω τοῦ τείχους· ὥστε ἐπὶ τὴν ἔπαλξιν συντριβέντος τοῦ δέῤῥεος, ἐγκρατεῖς γίνεσθαι τῶν δρεπάνων. τὸ δὲ πλεῖον ἐπεξιόντες ἀψύχως ἐμάχοντο, ποτὲ μὲν ἐπιτιθέμενοι νύκτωρ τοῖς ἐπικοιτοῦσιν ἐπὶ τῶν ἔργων· ποτὲ δὲ τοῖς ἐφημερεύουσι μεθ' ἡμέραν προφανῶς, καὶ τριβὴν ἐνεποίουν τῇ πολιορκίᾳ.

Plane illustris locus, & quem non periisse rei literariæ intersit. Polybii autem hæc esse, utut auctor dissimulet, & mediocriter versati in ejus lectione statim agnoscent fatebunturque. Accedit Livii testimonium, qui more suo historiam hanc è Polybio convertit. Eum vide initio libri XXXVIII. atque ex illo cognoscimus oppidum, cujus nomen hic auctor non adjecit, esse Ambraciam. δρυδρέπανα *Livius vertit,* asseres falcatos ad detergendas pinnas. στηκώματα μολύβδινα, libramenta plumbi. κεραῖαι, tollenones. στύπη δρύϊνα, stipites robustos. *Suidas ex eodem, ut remur, Polybio;* Στύπη. πηγνύντες εἰς τὴν γῆν ὀρθὰ τὰ στύπη, ψαύοντα ἀλλήλων ἐν ἡμικυκλίου σχήματι. *ubi perperam editum* στύππη. *est enim à* στύπος. *Pro* καὶ καταχόντες, *videtur scripsisse Polybius* καὶ ἀνασπῶντες.

EX VARRONIS
LIBRO IV.
De Lingua Latina.

LANA. Græcum: ut Polybius, & Callimachus scribunt.

EX CICERONIS LIB. III.
DE OFFICIIS.

SED, ut laudandus Regulus in conservando jurejurando: sic decem illi, quos post Cannensem pugnam juratos ad Senatum misit Annibal, se in castra redituros ea, quorum erant potiti Pœni, nisi de redimendis captivis impetravissent: si non redierunt, vituperandi. de quibus, non omnes uno modo. nam Polybius, bonus auctor imprimis, scribit, ex decem nobilissimis, qui tum erant missi, novem revertisse, à Senatu re non impetrata: unum ex decem, qui paullò post, quàm egressus erat è castris, redisset, quasi aliquid esset oblitus, Romæ remansisse. reditu enim in castra, liberatum se esse jurejurando interpretabatur: non recte. fraus enim adstringit, non dissolvit perjurium. fuit igitur stulta calliditas, perverse imitata prudentiam. itaque decrevit Senatus, ut ille veterator & callidus, vinctus ad Annibalem duceretur. *Vide Polybium, sub finem libri sexti.*

IDEM

IDEM EPISTOLARUM AD FAMILIARES LIBRO V. AD LUCEIUM.

Deesse mihi nolvi quin te admonerem, ut cogitares conjunctene malles cum cæteris rebus nostra contexere, an ut multi Græci fecerunt; Callisthenes Troicum bellum, Timæus Pyrrhi, Polybius Numantinum, qui omnes à perpetuis suis historiis ea quæ dixi bella separaverunt; ita tu quoque item civilem conjurationem ab hostilibus externisque bellis sejungeres.

EX T. LIVIO.

E LIBRO XXX.

Morte subtractus, spectaculo magis hominum, quàm triumphantis gloriæ Syphax est. &c. hunc regem in triumpho ductum Polybius hautquaquam spernendus auctor tradit.

IN PRÆCEDENTEM LIVII LOCUM

ANIMADVERSIO.

Polybius hautquaquam spernendus auctor,) *hoc est, præcipuæ auctoritatis scriptor, & præstantissimus. est enim figurata oratio; quam sic esse omnino exponendam, & docent veteres grammatici, & usus nobilissimorum auctorum evincit. Male merentur de Polybio, pejus de ipso Livio, qui in sequiorem partem hoc elogium interpretantur. neque audiendus eruditissimus Ursinus, qui frigidam hanc esse queritur laudationem, & vituperationi proximam; eoque nomine cum Livio gravissime expostulat. Quis mediocriter versatus in Græcis Latinisque auctoribus potest ignorare, majus aliquid persæpe hoc loquendi genere significari, quàm simplici affirmatione? Primus ille ingeniorum parens hujusmodi* μειώσεων *exemplum dedit.* Ὀδυσσ. ρ *de Antinoo frater ait;* οὔ τι κάκιστος Ἀργείων, non pessimus, *id est*, præstantissimus inter Argivos. *ipse mox explicat;* πέρι δ' ἄλλων φασὶ γενέσθαι, excelluisse præ cæteris. Ἰλιάδ. α *Achilles dicitur bellator* οὐκ ἀφαυρότατος Ἀχαιῶν; *qui inducitur ubique virtute bellica omnium Achæorum sine controversia primus. Sic jusjurandum, quod est fidei firmamentum validissimum, & ut literæ sacræ loquuntur,* πάσης αὐτοῖς ἀντιλογίας πέρας εἰς βεβαίωσιν, *Euripidi in Hippolyto dicitur* πίστις οὐ μικρὰ fides, *sive* fidei argumentum non parvum. *Idem poëta initio Orestæ, de Apolline loquens, qui Oresti cædis maternæ patrandæ fuerat auctor;* πρὸς οὐχ ἅπαντας εὔκλειαν φέρων, nequaquam apud omnes bonum illi nomen concilians; *hoc eſt, deteſtandum & abominabilem apud omnes cum reddens. ſic enim neceſſario exponendum, niſi volumus ineptire. In Polymnia Herodoti, occiſio filii per patrem, dicitur* ἀνεπίτλητος συμφορὴ; *& alius item graviſſimus caſus,* ἄχαρις συμφορὴ *ibidem. quod imitans Dionyſius Halicarnaſſeus, parricidium vocat* ἄχαριν συμφοράν. *idem, Romanam hiſtoriam* οὐκ ἐλαχίστην τῶν ὑποθέσεων *dixit, quum vellet intelligi omnium nobiliſſimum argumentum. apud eundem gloriatur Æneas, ſe* πόλεως οὐ τῆς ἀφανεστάτης γενέσθαι, *id eſt, urbe eſſe ortum celeberrimi nominis. nam* Quis genus Æneadûm, quis Troiæ neſciat urbem? *Sic etiam in ſancto Euangelio de urbe in qua* ὁ Θεάνθρωπος *Dominus noſter carnem humanam aſſumpſit,* οὐδαμῶς ἐλαχίστη εἶ. *Muſis eximie charus poëta dicitur Theocrito,* ὃν Μοίσαισιν ἀπεχθής. *Ita accipiendum illud apud hiſtoricos frequens dicendi genus,* ἐν οὐδενὶ κόσμῳ ῥίπτειν ὅπλα, nullo cum decore, *id eſt, per ſummum dedecus. nam quid apud antiquos probroſius quam arma abjeciſſe? Æneas noſter;* Ἀχρηστόν ἐστι πλείους εἶναι τὰς ἀχρείους οὕτως διορυχωρείας ἐν τῇ πόλει. inutile, *inquit,* eſt; *imo vero cum primis periculoſum, ut ſtatim ipſe docet. quis vero Græci ſermonis adeo rudis quin ſciat, facundiſſimos ſcriptores* οὐχ ἥκιστα non minimè *cum dicunt, velle intelligi* μάλιστα, maxime. *nam ita eruditiſſimi quique veterum criticorum exponendum eſſe docent. Nec vero minus Latini ſcriptores hanc elegantiam adamarunt. Cicero in epiſtola quadam ad Brutum,* ſummæ induſtriæ virum *Varronem appellat; quem paullo ante dixerat,* non ſine induſtria verſari in ſtudiis. *idem libro III. in Verrem de Agyrinenſibus,* Sunt homines Siculi non contemnendi; *& ſtatim,* Agyrinenſes viri fortiſſimi judicium ſe paſſuros eſſe dicebant. *Deiotarus eidem dicitur alibi,* homo minime ſtultus, *id eſt, cum primis ſapiens. Sic Brutus ad Ciceronem;* Legiones armo, paro; ſpero me non peſſimum exercitum habiturum ad omnes caſus & impetus hominum. *Horatio Pythagoras dicitur,* non ſordidus auctor Naturæ verique *libro primo Carminum; prorſus ut in Melpomene Herodoti appellatur idem Pythagoras;* ὁ οὐκ ἀσθενέστατος σοφιστής. *Sed mentem Livii quis aptior interpretari, quam ipſe Livius? Sciant igitur ſtudioſi, genus hoc dicendi nobiliſſimo illi hiſtorico per quam eſſe familiare. Ita libro XXII Pœnos, quorum erat agmen latè diſperſum, Romanis confertim irruentibus expoſitum,* haut ſane impenetrabiles *dixit; hoc eſt, faciliime penetrabiles. nam hoc proprium attenuatæ aciei &* βάθος οὐκ ἐχούσης, *ut ſciunt Tacticæ periti. Libro eodem;* Hannibal id damnum haud ægerrimè pati. *ex ſequentibus apparet, Hannibalem, qui jam animo præceperat victoriam Cannenſem paullo poſt inſecutam, vehementer lætatum eſſe, modicâ hac ſuorum jacturâ,* velut ineſcatam, *ut ſubjicit Livius,* temeritatem ferocioris conſulis, ac novo-

ac novorum maxime militum esse. *libro XXV.* signo dato ad diripienda hospitia Romana passim discursum est: & fuit prędæ aliquantum. *imo vero præda congesta est longe maxima. Polybius unde totam historiam habet Livius pag. DXXXVI.* πολλῶν δὲ καὶ παντοδαπῶν κατασκευασμάτων ἀθροισθέντων ἐκ τῆς διαρπαγῆς, καὶ γινομένης ὠφελείας τοῖς Καρχηδονίοις ἀξίας τῶν προσδοκωμένων ἐλπίδων. *non hoc voluit negare Livius: sed suam loquendi consuetudinem tenuit. Sic statim ibidem* vallo urbem ab arce intersepire statuit; non sine ulla etiam spe, cum prohibentibus opus Romanis, manus posse conseri. *heic,* non sine ulla etiam spe *valet, quod Græci dicere solent, cum caussas consiliorum explicant;* σαφῶς γινώσκων ὅτι. *libro XXVII.* Classis Romana hautquaquam læta præda Naupactum rediit. *id est, amissa præda, & detrimentum passa, atque à Philippo cæsa, ut ipse ostendit. libro XXXII.* Erat autem non admodum simplex habitus animorum inter Achæos, *Sequentia lege: non dubitabis, quin illa verba* non admodum simplex *exponenda sint, mire varius, & anceps. Addam his unicum exemplum è plurimis, quæ possem afferre; sed ejusmodi, ut nullum eo possit esse illustrius. Libro* XXXIII. Collectis reliquiis naufragii, quum res non in eo esset, ut Cyprum tentaret, minus opulento agmine quam profectus erat, Seleuciam rediit. *loquitur de Antiocho, qui in Ægyptum ingenti classe navigans, tempestate cum omnibus suis ferme perierat. hic igitur* minus opulento agmine, *Liviana est miosis, pro, miserabili & adflictissimo agmine. Præcedit enim:* Inde profectum eum, ad capita quæ vocant Sari fluminis, fœda tempestas oborta prope cum omni classe demersit. multæ naves ejectæ: multæ ita haustæ mari, ut nemo in terram enaverit. magna vis hominum ibi interiit, non remigum tantum, militumque ignotorum, sed etiam insignium amicorum.

EX LIBRO XXXIV.

Ingens numerus erat bello Punico captorum, quos Hannibal, quum à suis non redimerentur, venundederat. Multitudinis eorum argumentum est, quod Polybius scribit, centum talentis eam rem Achæis stetisse: quum quingenos denarios pretium in capita, quod redderetur dominis statuissent. mille enim ducentos ea ratione Achaia habuit.

EX LIBRO XXXVI.

Nec præter quingentos qui circa Regem Antiochum fuerunt, ex toto exercitu quisquam effugit: etiam ex X. millibus militum, quos Polybio

Polybio auctore trajecisse secum Regem in Græciam, scripsimus, exiguus numerus.

EX LIBRO XXXIX.

Hic vitæ exitus fuit Hannibalis. Scipionem & Polybius & Rutilius hoc anno mortuum scribunt.

EX LIBRO XLV.

Hæc de Prusia nostri scriptores. Polybius eum regem indignum majestate nominis tanti tradit: pileatum, capite raso, obviam ire legatis solitum, libertumque se Pop. Rom. ferre; & ideò insignia ordinis ejus gerere. Romæ quoque cùm venisset in Curiam summisisse se, & osculo limen curiæ contigisse: & deos servatores suos Senatum appellasse: aliamque orationem non tam honorificam audientibus, quàm sibi deformem habuisse.

EX VELLEI LIBRO POSTERI.

Diversi imperatoribus mores, diversa fuere studia: quippe Scipio tam elegans liberalium studiorum, omnisque doctrinæ & auctor, & admirator fuit, ut Polybium, Panætiumque præcellentes ingenio viros domi militiæque secum habuerit.

EX PLINII LIBRO III. CAP. V.

Ultra Siciliam ad Salentinos, Ausonium mare Polybius appellat.

EX LIBRO IV. CAP. XXII.

In ipso verò capite Bæticæ, ab ostio freti pass. LXXV. M. Gadis, longa ut Polybius scribit, XII. M. pass. lata, III. M.

CAP. XXIII.

Polybius latitudinem Europæ ab Italia ad Oceanum scripsit undecies centena mille quinquaginta esse; etiamtum incomperta magnitudine ejus. *alia lectio,* vicies centena.

EX LIBRO V. CAP. I.

Fuere & Hannonis Carthaginensium ducis Commentarii, Punicis rebus florentissimis explorare ambitum Africæ jussi: quem secuti ple-

rique

tique è Græcis, nostrisque, ad alia quædam fabulosa, & urbes multas ab eo conditas, ibi prodidêre, quarum nec memoria ulla, nec vestigium extat. Scipione Æmiliano res in Africa gerente, Polybius Annalium conditor, ab eo accepta classe, scrutandi illius orbis gratia circumvectus, prodidit à monte eo ad occasum versus saltus plenos feris, quas generat Africa: ad flumen Anatim CCCCLXXXV. M. pass. ab eo ad Lixum, CCV. M. pass.

EX CAP. IV.

Tertius sinus dividitur in geminos, duarum Syrtium vadoso ac reciproco mari diros. ad proximam quæ minor est, à Carthagine, CCC. M. pass. Polybius tradit. ipsæ C. M. pass. aditu. CCC. M. ambitu.

EX LIBRO VI. CAP. XXXI.

Polybius in extrema Mauretania contra montem Atlantem à terra stadia VIII. abesse prodidit Cernen.

EX LIBRO VIII. CAP. X.

Magnitudo dentium (de elephantis loquitur) videtur quidem in templis præcipua: sed tamen in extremis Africæ, quà confinis Æthiopiæ est, postium vicem in domiciliis præbere; sepesque in iis, & pecorum stabulis pro palis elephantorum dentibus fieri, Polybius tradit, auctore Gulussa regulo.

CAP. XVI.

Polybius Æmiliani comes in senecta hominem appeti à leonibus refert, quoniam ad persequendas feras vires non superant. tunc obsidere Africæ urbes: eaque de causa crucifixos vidisse se cum Scipione, quia cæteri metu pœnæ similis absterrerentur eadem noxa.

EX ÆMILIO PROBO, SIVE CORNELIO NEPOTE.

Quibus Coss. Hannibal interierit, non convenit. namque Atticus M. Claudio Marcello, & Q. Fabio Labeone Coss. mortuum in Annali suo scriptum reliquit. At Polybius Æmilio Paulo, & Cn. Bæbio Tamphilo. Sulpicius autem, P. Cornelio Cethego & Bæbio Tamphilo.

EX A. GELLII LIB. VII. CAP. XIV.

Erant isti philosophi, Carneades ex Academia: Diogenes, Stoicus: Critolaus, Peripateticus. & in Senatum quidem introducti; interprete

 usi

uſi ſunt C. Acilio Senatore. Sed ante ipſi ſeorſum quoque quiſque oſtentandi cauſa, magno conventu hominum diſſertaverunt. tum admirationi fuiſſe ajunt Rutilius & Polybius philoſophorum trium, ſui cujuſque generis facundiam. Violenta inquiunt & rapida Carneades dicebat: Scita & tereti Critolaus: modeſta Diogenes & ſobria.

EX B. HIERONYMO.
COMMENTARIO IN DANIELEM,
CAP. XI.

Polybius & Diodorus qui Bibliothecarum ſcribunt hiſtorias, narrant Antiochum Epiphanem non ſolum contra Deum feciſſe Judææ; ſed avaritię facibus accenſum, etiam templum Dianæ in Elymaide, quod erat ditiſſimum, ſpoliare conatum; oppreſſumque à cuſtodibus templi, & vicinis circum gentibus, & quibuſdam phantaſiis atque erroribus, verſum in amentiam, ac poſtremum morbo interiiſſe. Et hoc ei accidiſſe commemorant, quia templum Dianæ violare conatus ſit. *Vide ſupra quæ ex Ioſepho ſunt allata.*

EX PAULO OROSIO. LIBRO IV.
CAPITE XX.

Poſtea Flamininus Proconſule Philippum regem, & cum eo Thracas, Macedones, Illyrios, multaſque præterea gentes, quæ in auxilium ei venerant, ſubegit. Victi Macedones caſtra amiſerunt. octo millia hoſtium eodem die cęſa, quinque millia capta Polybius ſcribit.

LIBRO V. CAP. III.

Nam cùm Metellus Pr. Achæos Bœotioſque conjunctos duobus bellis, hoc eſt, primo apud Thermopylas, iterum in Phocæis deviciſſet: quorum priore bello occiſa eſſe viginti millia, ſecundo ſeptem millia cæſa, Claudius hiſtoricus refert: Valerius Antias in Achaia pugnatum, & viginti millia Achæorum cum duce ſuo Diæo, cecidiſſe confirmat. Polybius Achivus, quamvis tunc in Africa cum Scipione fuerit, tamen quia domeſticam cladem ignorare non potuit, ſemel in Achaia pugnatum Critolao duce aſſerit. Diæum verò adducentem ex Arcadia milites ab eodem Metello Pr. oppreſſum cum exercitu docet.

EX RODERICO SANTIO EPISCOPO PALENTINO.

HISTORIÆ HISPANICÆ.

Parte III. Cap. XVII.

Quum parta victoria contra Abenaye regem Maurorum milites Ramiri de dividendo spolia contenderent, quæ pauca admodum erant, Ramirus singulis militibus singulos nummos argenteos solum distribuit; dicens quod apud Q. Curtium, Alexandrum in pari casu dixisse fertur: Longe melius fore, pauperes domum redire, quàm divites extra eam mori. Sic & Catonem Seniorem dixisse ait Polybius. Nam quum libram argenti militibus suis distribuisset, ait felicius esse ut multi cum argento, quàm pauci cum auro à bello reverterentur.

CAP. XXVI.

Qua revelatione perterritus Fernandus, facto mane canonicis Ecclesiæ Compostellanæ revelavit: & compertum est ita evenisse. Sæpe enim divino nutu in somnis revelantur futura, quemadmodum ait Polybius.

Parte IV. Cap. XVIII.

Illico Bajonam applicuit princeps de Gales, primogenitus Regis Angliæ, magnis copiis munitus, Regi Petro præsidia allaturus: cujus potentiam non parum verebantur barones Henrico faventes. Sed fertur Henricum forti animo eos ad bellum confortasse, dixisseque verbum, quod Regem Agidem ad Lacedæmonios retulisse Polybius asserit. Cum enim ad Mantineam contra plures hostes pugnaturus esset, ait, eum qui multis vult dominari, opus esse ut cum multis quoque pugnaret.

Hæc Rodericus: quæ ut apparet, non ex ipso Polybio sumebat ipse: verum ex aliis illorum temporum scriptoribus, qui Polybium vere an falso ut erat ejus sæculi mos, laudabant, cum omnis eruditio melior ignorabatur, Græcorum autem scriptorum vix nomina oppidò pauci norant. Inde est, quod capite XXXIX. *Polybius in rebus Trajani Augusti laudatur. Adeo veteris memoriæ homines ejus ætatis erant rudes. Etiam de fide allatorum è capite* XXVI. *tertiæ partis vehementer dubito. videtur enim narratio de somnio Attilæ quam ibi subjicit, ex illo describi auctore, quem Polybium indigetat. Præterea Polybii meminisse ad conciliandam insomniis auctoritatem, parum hujus nostri genio atque ingenio convenit.*

FRAGMENTA POLYBIANA

ex variis Auctoribus per

HENRICUM VALESIUM
COLLECTA.

EX LIB. VI.

Μόνοις δὲ ἐλευθέροις ἐφίησιν ὁ νόμος ἐφηβεύειν. ἐχρῆν δὲ τὸν ἔφηβον ἐν τῇ χλανίδι τὴν δεξιὰν ἔχειν ἐνειλημένην, διὰ τὸ ἀργὴν εἶναι εἰς ἔργα καὶ λόγους εἰς ἐνιαυτὸν, καὶ μὴ προϊέναι τὴν χεῖρα. ἔνδημον δὲ χρὴ εἶναι τὸν ἐφηβεύοντα. ἡ δὲ ἐφηβεία κανὼν ἦν ὀρθοῦ βίου καὶ ὑγιοῦς. *Ex Suida in* ἔφηβος.

Φάβιος Πίκτωρ συγγραφεὺς Ῥωμαίων, οὗτος λέγει ἄρχοντι Ῥωμαίων μὴ ἐξεῖναι μηδενὶ σφετερίσασθαι ἐκ τοῦ δημοσίου οὐδ᾽ ὁτιοῦν. *ex Suida in* Φάβιος.

Ex Lib. VIII.

Μαθὼν δὲ ἐξ αὐτομόλου διασαφήσαντος ὅτι ἑορτὴν ἄγουσι πάνδημον, καὶ τοῖς μὲν σιτίοις λιτοῖς χρῶνται διὰ τὴν σπάνιν, τῷ δὲ οἴνῳ δαψιλεῖ, ἐπολιόρκει. *Suidas in* λιτοῖς.

Τοὺς δὲ Ῥωμαίους θαρρεῖν συνέβαινε κρατοῦντας τοῦ περὶ τὰς Ἐπιπολὰς χωρίου. *Suidas in* ἐπιπολαί.

Ὑσκάνα πόλις Ἰλλυρίδος οὐδετέρως. Πολύβιος η′. *Stephanus.*

Ex Lib. IX.

Ἀγάθυρνα πόλις Σικελίας ὡς Πολύβιος ἐννάτῃ. *Stephanus.*

Ὁ δὲ Μάρκος δοὺς πίστεις ὑπὲρ ἀσφαλείας ἔπεισεν αὐτοὺς ἐκχωρεῖν εἰς Ἰταλίαν, ἐφ᾽ ᾧ λαμβάνοντας μέτρημα παρὰ τῶν Ῥηγίνων πορθεῖν τὴν Βρεττιανὴν, κυρίους ὄντας ὧν ἂν ἐκ

SOLIS autem ingenuis ac libertinis lex tirocinium agere permittit. Tirones porrò anni spatio dextram toga involutam habere oportet, neque manum protendere, utpote quæ ab omni opere & oratione per annum cesset. Peregrè autem proficisci non licet tironi. Eratque trocinium norma vitæ rectè ac sanctè compositæ.

Fabius Pictor in annalibus suis ait Magistratui populi Romani non licere quidquam ex publico in sinum suum congerere.

Ex Libro VIII.

Livius lib. xxv. in obsidione Syracusarum hæc sic vertit. Occasionem obtulit transfuga nuncians diem festum Dianę per triduum agi, & quia alia in obsidione desint, vino largiùs epulas celebrari.

Captis verò Epipolis, animus & audacia accesserat Romanis.

Uscana Illyrici oppidum.

Ex libro IX.

Agathyrna oppidum Siciliæ.

M. Valerius Lævinus fide salutis data, eis persuasit ut in Italiam trajicerent, ea conditione ut stipendio à Rheginis accepto popularentur Brutium agrum, & quæcunque ex

hostili

hostili agro caperent, ea jure dominii retinerent.

Phorunna urbs Thraciæ.

Ex libro. XIII.

Martis quem vocant Campus est in Thracia incultus, in quo arbores sunt humiles ac pusillæ.

Labæ & Sabæ oppida sunt Chatteniæ. est autem Chattenia regio in ditione Gerræorum.

Ex Libro XIV.

Sed Prytanes (ii sunt Magistratus Rhodiorum) cùm Philippum ob perfidiam qua in rebus Creticis usus fuerat, suspectum jam haberent, Heraclidem quoque dolosè ab eo submissum esse suspicabantur.

Ex Libro XVI.

Babrantium, locus est in insula Chio.

Gitta, urbs Palæstinæ.

Ella, locus in Asia, emporium Regis Attali.

Insubres, gens in Italia.

Candasa, castellum Cariæ.

Ex Libro XIX.

Cynoscephalæ, collis est in Thessalia.

Ex Libro XX.

Corax, mons est inter Callipolim ac Naupactum.

Ex Lirro XXXI.

Lucius quoque Anicius, is qui Il-

τῆς πολεμίας ὠφεληθῶσι. *Suidas in* ἐφ᾽ ᾧ.

Φόρουννα πόλις Θρᾴκης. Πολύβιος ἐννάτῳ. *Stephanus.*

Ex Lib. XIII.

Ἄρειον πεδίον. ἔστι δὲ Θρᾴκης ἔρημον πεδίον, χαμαιπετῆ δένδρα ἔχον, ὡς Πολύβιος τρισκαιδεκάτῃ. *Steph.*

Λάβαι ὡς Σάβαι πόλις Χαττηνίας. Πολύβιος τρισκαιδεκάτῳ· τὸ ἐθνικὸν, Λαβαῖος, ὡς Σαβαῖος, τῆς αὐτῆς χώρας ἀμφότεραι. ἡ γὰρ Χαττηνία Γερραίων ἐστὶ χώρα. *Stephan.*

Ex Lib. XIV.

Διαπιστοῦντες δὲ οἱ Πρυτάνεις ἤδη τῷ Φιλίππῳ διὰ τὴν περὶ τὰ Κρητικὰ κακοπραγμοσύνην, καὶ τὸν Ἡρακλείδην ὕποπτον ἐγκάθετον εἶναι. *Suidas in* Πρυτάνεις.

Ex Lib. XVI.

Βαβράντιον, τόπος περὶ Χίον· Πολύβιος ἑκκαιδεκάτῳ.

Γίττα, πόλις Παλαιστίνης. Πολύβιος ἑκκαιδεκάτῳ.

Ἔλλα, χωρίον Ἀσίας, Ἀττάλου βασιλέως ἐμπόριον. Πολύβιος ἑκκαιδεκάτῳ.

Ἴνσοβροι, ἔθνος Ἰταλικόν. Πολύβιος ις΄.

Κάνδασα, φρούριον Καρίας. Πολύβιος ἑκκαιδεκάτῳ. *Stephanus Grammaticus.*

Ex Lib. XIX.

Κυνὸς Κεφαλαὶ, λόφος τῆς Θετταλίας. Πολύβιος ἐννεακαιδεκάτῳ. *Stephanus.*

Ex Lib. XX.

Κόραξ, ὄρος μεταξὺ Καλλιπόλεως καὶ Ναυπάκτου. Πολύβιος εἰκοστῷ. *Stephanus.*

Ex Lib. XXX.

Λεύκιος δὲ Ανίκιος Ἰλλυριὰς κα-

καταπολεμήσας, καὶ αἰχμάλωτον ἀγαγὼν Γένθιον τὸν τῶν Ἰλλυριῶν βασιλέα σὺν τοῖς τέκνοις, ἀγῶνας ἐπιτελῶν τοὺς ἐπινικίους ἐν τῇ Ῥώμῃ, παντὸς γέλωτος ἄξια ἐποίησεν, ὡς Πολύβιος ἱστορεῖ ἐν τῇ τριακοστῇ. μεταπεμψάμενος γὰρ τοὺς ἐκ τῆς Ἑλλάδος ἐπιφανεστάτους τεχνίτας, καὶ σκηνὴν κατασκευάσας μεγίστην ἐν τῷ Κίρκῳ, πρώτους εἰσῆγεν αὐλητὰς ἅμα πάντας. οὗτοι δ' ἦσαν Θεόδωρος ὁ Βοιώτιος, Θεόπομπος, Ἕρμιππος καὶ Λυσίμαχος, οἵτινες ἐπιφανέστατοι ἦσαν. τούτους δὲ στήσας ἐπὶ τὸ προσκήνιον μετὰ τοῦ χοροῦ, αὐλεῖν ἐκέλευσεν ἅμα πάντας. τῶν δὲ διαπορευομένων τὰς κρούσεις κατὰ τῆς ἁρμοζούσης κινήσεως, οὐκ ἔφη καλῶς αὐτοὺς αὐλεῖν· ἀλλ' ἀγωνίζεσθαι μᾶλλον ἐκέλευε. τῶν δὲ διαπορούντων, ὑπέδειξέ τις τῶν ῥαβδούχων ἐπιστρέψαντας ἀπαγαγεῖν ἐπ' αὐτοὺς, καὶ ποιεῖν ὡσανεὶ μάχην. ταχὺ δὲ συννοήσαντες οἱ αὐληταὶ, καὶ λαβόντες οἰκείαν ταῖς ἑαυτῶν ἀσελγείαις μεγάλην ἐποιήσαντο σύγχυσιν. συνεπιστρέψαντες γὰρ τοὺς μέσους χοροὺς πρὸς τοὺς ἄκρους, οἱ μὲν αὐληταὶ φυσῶντες ἀδιανόητα καὶ διαφέροντες τοὺς αὐλοὺς, ἀπῆγον ἀνὰ μέρος ἐπ' ἀλλήλους. ἅμα δὲ τούτοις ἐπικτυποῦντες οἱ χοροὶ καὶ συνεπεισιόντες τὴν σκηνὴν, ἐπεφέροντο τοῖς ἐναντίοις, καὶ πάλιν ἀνεχώρουν ἐκ μεταβολῆς. ὡς δὲ καὶ περιζωσάμενός τις τῶν χορευτῶν ἐκ τοῦ χοροῦ στραφεὶς ἦρε τὰς χεῖρας ἀπὸ πυγμῆς πρὸς τὸν ἐπιφερόμενον αὐλητὴν, τότ' ἤδη κρότος ἐξαίσιος ἐγίνετο, καὶ κραυγὴ τῶν θεωμένων. ἔτι δὲ τούτων ἐκ παρατάξεως ἀγωνιζομένων, ὀρχησταὶ δύο εἰσήγοντο μετὰ συμφωνίας εἰς τὴν ὀρχήστραν.

lyrios debellavit, & Gentium eorum Regem cum liberis in triumphum duxit; ludis quos victoræ causa edidit, maximum risum concitavit, ut narrat Polybius libro tricesimo. Accitis enim è Græcia clarissimis artificibus, exstructaque in Circo amplissimâ scenâ, primos induxit tibicines simul omnes: Theodorum Bœotum, Theopompum, Hermippum ac Lysimachum, qui tum totius Græcię celeberrimi habebantur. Hos cùm in proscenio statuisset unà cum choro, simul canere omnes jussit. Illis verò modulato ac numeroso digitorum motu tibias percurrentibus, Anicius misit qui admonerent, hujusmodi cantum non placere, jussitque ut potius certarent. Cùm ambigerent tibicines, hærerentque ancipites, quidam è lictoribus significavit, ut in se mutuò versi concurrerent, ac pugnæ speciem ederent. Postquam quid sibi Anicius vellet intellexêre, convenientem lasciviæ suæ licentiam nacti, omnia permiscuerunt. Medios quippe cum summis confundentes choros, ipsi quidem insana quædam ac temeraria tibiis canentes, in se vicissim mutuo impetu ferebantur. Simul verò perstrepentes chori, scenamque quatientes in adversos ruebant, ac rursus quasi terga dantes recedebant. Sed ubi nescio quis è choro præcincta veste repente sese obvertens, in tibicinem adversum manus sustulit, tanquam pugilatu dimicaturus, ingens plausus clamorque spectantium excitatus est. Illis verò inter se adhuc dimicantibus, repente in orchestram saltatores duo processere cum symphonia;

phonia;

onia : simul quatuor pugiles cum
icinibus & buccinatoribus in sce-
m conscenderunt. Qui cùm si-
il omnes inter se certarent, longè
itissimum erat spectaculum. De
gœdis verò si quid dicere aggre-
r, vereor ne quibusdam ludere vi-
r ac jocari.

καὶ πύκται τέσσαρες ἀνέβησαν ἐπὶ τὴν σκηνὴν μετὰ σαλπιγκτῶν καὶ βυκανιστῶν. ὁμοῦ δὲ τούτων πάντων ἀγωνιζομένων ἄλεκτον ἦν τὸ συμβαῖνον. περὶ δὲ τῶν τραγῳδῶν ἐὰν ἐπιβάλωμαι λέγειν, δόξω τισὶ διαχλευάζειν. *Ex Athenæo libro 14.*

IRAGMENTA POLYBIANA

ex incertis libris.

Fragmenta Polybiana ex incertis libris.

CESTROSPHENDO-

næ machinæ descriptio.

Livius in fine libri 43. hunc Po-
ii locum sic vertit : Maximè ce-
sphendonis vulnerabantur. Hoc
bello novum genus teli inven-
ı est. Bipalme spiculum hastili
icubitali infixum erat, crassitu-
e digiti. Huic ad libramen pinnæ
, velut sagittis solet, circunda-
tur. Funda media duo funalia
paria habebat. cùm majori sinu
atum funditor rotaret, excussum
it glans emicabat.

Κέστρος, ξένον ἦν γένος τὸ εὕρημα κατὰ τὸν Περσικὸν πόλεμον. τὸ δὲ βέλος τοιοῦτον, διπάλαιστον ἦν, ἴσον ἔχον τὸν αὐλίσκον τῇ προβολῇ. τούτῳ ξύλον ἐνήρμοστο τῷ μὲν μήκει σπιθαμιαῖον, τῷ δὲ πάχει δακτυλιαίαν ἔχον τὴν διάμετρον. εἰς δὲ τούτου τὸ μέσον ἐσφήνωτο πτερύγια τρία ξύλινα βραχέα παντελῶς. τοῦτο δυεῖν κώλων ἀνίσων ὑπαρχόντων τῆς σφενδόνης, εἰς τὸ μέσον ἐνηγκυλίζετο τῶν κώλων εὐλύτως. λοιπὸν, ἐν μὲν τῇ περιαγωγῇ τεταμένων τούτων ἔμενεν. ὅτε δὲ παραλυθείη θάτερον τῶν κώλων, κατὰ τὴν ἄφεσιν ἐκπίπτον ἐκ τῆς ἀγκύλης καθαπερεὶ μολυβδὶς ἐκ τῆς σφενδόνης ἐφέρετο. καὶ προσπίπτον μετὰ βιαίας πληγῆς, κακῶς διετίθει τοὺς συγκυρήσαντας. *Ex Suida in* Κέστρος.

HERACLII OPPIDI

expugnatio.

Heracleum oppidum nova qua-
ı & inusitata ratione captum est.
V sùs partem humillimam muro-
ı Popillius tria signa militum lo-
t, ac primi quidem signi milites
satis supra capita scutis sese præ-
nierunt, prorsus ut species imbri
tecti appareret, per quod aqua
via delabitur. deinde reliqua duo
a.

Σημαία τάξις πολεμική, δι᾽ ἧς τὸ Ἡράκλειον ἥλω. ἰδίαν τινὰ ἅλωσιν ἐχούσης τῆς πόλεως. ἐφ᾽ ἑνὸς μέρους ἐπ᾽ ὀλίγον τόπον, οὔσης ταπεινοῦ ἦν τεῖχος, οἱ Ῥωμαῖοι τρεῖς σημαίας προσεχείρισαν. καὶ οἱ μὲν τῆς πρώτης τοὺς θυρεοὺς ὑπὲρ τῆς κεφαλῆς ποιήσαντες συνέφραξαν. ὥστε τῇ τῶν ὅπλων πυκνότητι κεραμωτῷ καταρ-ύτῳ γίνεσθαι παραπλήσιον. ἐφεξῆς δὲ ἕτεραι δύο. *Ex Suida in* σημαία, *&* κεραμωτόν.

Ἴδιον

καταπολεμήσας, καὶ αἰχμάλωτον ἀ-
γαγὼν Γένθιον τὸν τῶν Ἰλλυριῶν βασιλέα σὺν τοῖς τέκνοις, ἀγῶνας ἐπιτελῶν τοὺς ἐπινικίους ἐν τῇ Ῥώμῃ,
παντὸς γέλωτος ἄξια ἐποίησεν, ὡς
Πολύβιος ἱστορεῖ ἐν τῇ τριακοστῇ.
μεταπεμψάμενος γὰρ τοὺς ἐκ τῆς Ἑλλάδος ἐπιφανεστάτους τεχνίτας, καὶ
σκηνὴν κατασκευάσας μεγίστην ἐν
τῷ Κίρκῳ, πρώτους εἰσῆγεν αὐλητὰς ἅμα πάντας. οὗτοι δ' ἦσαν
Θεόδωρος ὁ Βοιώτιος, Θεόπομπος,
Ἕρμιππος καὶ Λυσίμαχος, οἵτινες
ἐπιφανέστατοι ἦσαν. τούτους δὲ στήσας
ἐπὶ τὸ προσκήνιον μετὰ τοῦ χοροῦ, αὐλεῖν ἐκέλευσεν ἅμα πάντας. τῶν δὲ
διαπορευομένων τὰς κρούσεις κατὰ τῆς
ἁρμοζούσης κινήσεως, οὐκ ἔφη καλῶς
αὐτοὺς αὐλεῖν· ἀλλ' ἀγωνίζεσθαι μᾶλλον ἐκέλευε. τῶν δὲ διαπορούντων, ὑπέδειξέ τις τῶν ῥαβδούχων ἐπιστρέψαντας
ἀπαγαγεῖν ἐπ' αὐτοὺς, καὶ ποιεῖν
ὡσανεὶ μάχην. ταχὺ δὲ συννοήσαντες οἱ αὐληταὶ, καὶ λαβόντες οἰκείαν
ταῖς ἑαυτῶν ἀσελγείαις μεγάλην
ἐποιήσαντο σύγχυσιν. συνεπιστρέψαντες γὰρ τοὺς μέσους χοροὺς πρὸς
τοὺς ἄκρους, οἱ μὲν αὐληταὶ φυσῶντες ἀδιανόητα καὶ διαφέροντες τοὺς
αὐλοὺς, ἀπῆγον ἀνὰ μέρος ἐπ' ἀλλήλους. ἅμα δὲ τούτοις ἐπικτυποῦντες οἱ χοροὶ καὶ συνεπισείοντες
τὴν σκηνὴν, ἐπεφέροντο τοῖς ἐναντίοις, καὶ πάλιν ἀνεχώρουν ἐκ μεταβολῆς. ὡς δὲ καὶ περιζωσάμενός τις
τῶν χορευτῶν ἐκ τοῦ χοροῦ στραφεὶς ἦρε
τὰς χεῖρας ἀπὸ πυγμῆς πρὸς τὸν ἐπιφερόμενον αὐλητὴν, τότ' ἤδη κρότος
ἐξαίσιος ἐγίνετο, καὶ κραυγὴ τῶν θεωμένων. ἔτι δὲ τούτων ἐκ παρατάξεως
ἀγωνιζομένων, ὀρχησταὶ δύο εἰσήγοντο
μετὰ συμφωνίας εἰς τὴν ὀρχήστραν.

lyrios debellavit, & Gentiu orum
Regem cum liberis in triu phum
duxit; ludis quos victoræ c a edidit, maximum risum co avit,
ut narrat Polybius libro tr imo.
Accitis enim è Græcia claris nis artificibus, exstructaque in C o amplissimâ scenâ, primos indı t tibicines simul omnes: The orum
Bœotum, Theopompum, rmip-
pum ac Lysimachum, qui m totius Græcię celeberrimi hab antur.
Hos cùm in proscenio statu et unà
cum choro, simul canere or es jussit. Illis verò modulato ac n eroso
digitorum motu tibias perc renti-
bus, Anicius misit qui adm erent,
hujusmodi cantum non plac e, jussitque ut potius certarent Cùm
ambigerent tibicines, hær ntque
ancipites, quidam è lictorib igni-
ficavit, ut in se mutuò versi ncur-
rerent, ac pugnæ speciem erent.
Postquam quid sibi Anici vellet
intellexêre, convenienter lasciviæ suæ licentiam nacti, om a permiscuerunt. Medios quip cum
summis confundentes cho , ipsi
quidem insana quædam ac nera-
ria tibiis canentes, in se vicis mutuo impetu ferebantur. Sir verò
perstrepentes chori, scenamc quatientes in adversos ruebant, rursus
quasi terga dantes recedeba Sed
ubi nescio quis è choro præci ta veste repente sese obvertens, i ibici-
nem adversum manus sustul tanquam pugilatu dimicaturus ngens
plausus clamorque spectant o excitatus est. Illis verò inter se ac c dimicantibus, repente in orcl tram
saltatores duo processere cu ym-
p nia;

phonia: simul quatuor pugiles cum tubicinibus & buccinatoribus in scenam conscenderunt. Qui cùm simul omnes inter se certarent, longè gratissimum erat spectaculum. De tragœdis verò si quid dicere aggrediar, vereor ne quibusdam ludere videar ac jocari.

καὶ πύκται τέσσαρες ἀνέβησαν ἐπὶ τὴν σκηνὴν μετὰ σαλπιγκτῶν καὶ βυκανιστῶν. ὁμοῦ δὲ τούτων πάντων ἀγωνιζομένων ἄλεκτον ἦν τὸ συμβαῖνον. περὶ δὲ τῶν τραγῳδῶν ἐὰν ἐπιβάλωμαι λέγειν, δόξω τισὶ διαχλευάζειν. *Ex Athenæo libro 14.*

FRAGMENTA POLYBIANA
ex incertis libris.

CESTROSPHENDONÆ machinæ descriptio.

Livius in fine libri 43. hunc Polybii locum sic vertit: Maximè cestrosphendonis vulnerabantur. Hoc illo bello novum genus teli inventum est. Bipalme spiculum hastili semicubitali infixum erat, crassitudine digiti. Huic ad libramen pinnæ tres, velut sagittis solet, circundabantur. Funda media duo funalia imparia habebat. cùm majori sinu libratum funditor rotaret, excussum velut glans emicabat.

HERACLII OPPIDI expugnatio.

Heracleum oppidum nova quadam & inusitata ratione captum est. Versùs partem humillimam murorum Popillius tria signa militum locavit, ac primi quidem signi milites densatis supra capita scutis sese præmunierunt, prorsus ut species imbricati tecti appareret, per quod aqua pluvia delabitur. deinde reliqua duo signa.

Fragmenta Polybiana ex incertis libris.

Κέστρος, ξένον ἦν τοῦτο τὸ εὕρημα κατὰ τὸν Περσικὸν πόλεμον. τὸ δὲ βέλος τοιοῦτον, διπάλαιστον ἦν, ἴσον ἔχον τὸν αὐλίσκον τῇ προβολῇ. τούτῳ ξύλον ἐνήρμοστο τῷ μὲν μήκει σπιθαμιαῖον, τῷ δὲ πάχει δακτυλιαίαν ἔχον τὴν διάμετρον. εἰς δὲ τούτου τὸ μέσον ἐσφήνωντο πτερύγια τρία ξύλινα βραχέα παντελῶς. τούτου δυεῖν κώλων ἀνίσων ὑπαρχόντων τῆς σφενδόνης, εἰς τὸ μέσον ἐνηγκυλίζετο τῶν κώλων εὐλύτως. λοιπὸν, ἐν μὲν τῇ περιαγωγῇ τεταμένων τούτων ἔμενεν. ὅτε δὲ παραλυθείη θάτερον τῶν κώλων, κατὰ τὴν ἄφεσιν ἐκπίπτον ἐκ τῆς ἀγκύλης καθαπερεὶ μολυβδὶς ἐκ τῆς σφενδόνης ἐφέρετο. καὶ προσπίπτον μετὰ βιαίας πληγῆς, κακῶς διετίθει τοὺς συγκυρήσαντας. *Ex Suida in* Κέστρος.

Σημαία τάξις πολεμική, δι' ἧς τὸ Ἡράκλειον ἥλω. ἰδίαν τινὰ ἅλωσιν ἐχούσης τῆς πόλεως. ἐφ' ἑνὸς μέρους ἐπ' ὀλίγον τόπον, οὗ ταπεινὸν ἦν τεῖχος, οἱ Ῥωμαῖοι τρεῖς σημαίας προεχειρίσαντο. ὧν οἱ μὲν τῆς πρώτης τοὺς θυρεοὺς ὑπὲρ τῆς κεφαλῆς ποιήσαντες συνέφραξαν. ὥστε τῇ τῶν ὅπλων πυκνότητι κεραμωτῷ καθάπερ οὕτω γίνεσθαι παραπλήσιον. ἐφεξῆς δὲ ἕτεραι δύο. *Ex Suida in* σημαία, *&* κεραμωτόν.

Ἴδιος

Ἴδιον ἔχουσιν οἱ Κελτίβηρες κατὰ τὸν πόλεμον· θεωροῦντες γὰρ τοὺς παρ' αὐτοῖς πεζοὺς πιεζομένους, παρακαταβάντες ἀπολείπουσι τοὺς ἵππους ἑστῶτας ἐν τάξει. ἄκρως γὰρ τοῖς ἀγωγεῦσι τῶν ἵππων πασσαλίσκους μικροὺς ἀπηρτηκότες ἐπιμελῶς πήξαντες, πειθαρχεῖν διδάσκουσι τοὺς ἵππους ἐν τάξει. μέχρις ἀνακάμψαντες ἀνασπάσωσι τοὺς παττάλους. *Ex Suida in* ἴδιον & Κελτίβηρες.

Ὁ δὲ Μάρκος Ῥωμαίων στρατηγὸς ἐβούλετο ὑπολυθεὶς τοῦ πολέμου πρὸς Λυσιτανοὺς μεταβαλεῖν τὸν πόλεμον, καὶ τὸ λεγόμενον ἐκδύσας τὴν ἀνδρωνῖτιν εἰς τὴν γυναικωνῖτιν κωμάσαι. *Ex Suida in* Ἀνδρωνῖτις & κωμάσαι.

Οἱ γὰρ Ῥωμαῖοι οὐ τὴν τυχοῦσαν πρόνοιαν ἐποιοῦντο τοῦ μὴ κατάρχοντες φαίνεσθαι χειρῶν ἀδίκων· μηδ' ἀναιρούμενοι τοὺς πολέμους τὰς χεῖρας ἐπιβάλλειν τοῖς πέλας· ἀλλ' ἀεὶ δοκεῖν ἀμυνόμενοι καὶ κατ' ἀνάγκην ἐμβαίνειν εἰς τοὺς πολέμους. *Ex Suida in* ἀμυνόμενοι & ἀναιρούμενοι & ἐμβαίνειν.

Ὅτι Σκιπίων ἑταίρας, καὶ θύτας, καὶ μάντεις ἐξήλαυνε τοῦ στρατοπέδου, οἷς διὰ τὰς δυσπραξίας οἱ στρατιῶται περιδεεῖς γεγονότες ἐχρῶντο. *Suidas in* ἑταίρα.

Ὅτι Περσεὺς ὁ Μακεδὼν κατὰ πᾶσαν τὴν Μακεδονίαν κατασκοπιαζόμενος Πυρσουρείδας, διὰ τούτων ὀξέως ἐμάνθανε τὰ πανταχῆ γινόμενα. *In* Πυρσουρείδες.

Ὅτι Φιλοποίμην μετὰ δευτέραν

bel m educebat, altero post profecti-
onia die imperabat militibus ut pro
bid: frumento tridui annonam para-
tanhaberent, quoties uno amplius
ie:norandum erat: quoties autem
uqus, quatridui.

ἡμέραν ἀπὸ τῆς πρὸς πόλεμον ἐξόδου παρήγγειλε τὰ δύο σιτα τρία ποιεῖν ὅτε βούλοιτο μίαν ἡμέραν προσλαβεῖν. ὅτε δὲ δύο, τέτταρα. In σῖτα.

:ATARACTÆ LAPSUS.

ivius lib. 27. hunc locum sic ex-
pret: : Porta cataractâ dejectâ clausa
eraleam partim vectibus levant par-
timinibus subducunt in tantum al-
tituinis, ut subire tecti possent. Vix-
duatis patebat iter, cùm perfugæ
certim ruunt per portam, & cùm
sexcuti ferè intrassent, remisso fune
quoispensa erat cataracta, magno
soni cecidit. [Ita comprehensos Sa-
lapi pro mœnibus in crucem sustul:.

Οἱ δὲ καταρράκται οὓς εἶχον ὀλίγον ἐξωτέρω διὰ μηχανημάτων ἀνημμένους αἰφνίδιον καθῆκαν, καὶ ἐπιβάλλοντο. καὶ τούτους καταγχόντες πρὸ τοῦ τείχους ἀνεσκολόπισαν. Ex Suida in ἡμμένοι.

TRULLÆ IGNIFERÆ DESCRIPTIO.

Tulla ignem ferens, quâ usus est
Pauiratus Præfectus classis Rhodio-
rumrat autem hujusmodi: Ab utra-
queoræ parte anchoræ duæ in.in-
teri parietum superficie juxta se
invin positæ erant, quibus aptati
controminebant in mare. Ex con-
torufastigio trulla multum conce-
ptumgnem gerens catenâ ferreâ de-
pendat, adeò ut quotiescunque in
advets aut ex transverso impetus
fieret in hostilem quidem navem e-
vibratur ignis, à propria autem nave
longbscederet inclinationis causa.

Πυρφόρος ᾧ ἐχρήσατο Παυσίστρατος ὁ τῶν Ῥοδίων ναύαρχος, ἦν δὲ κημὸς, ἐξ ἑκατέρου δὲ τοῦ μέρους τῆς πρώρας ἄγκυραι δύο παρέκειντο παρὰ τὴν ἐντὸς ἐπιφάνειαν τῶν τοίχων. εἰς ἃς ἐνηρμόζοντο κοντοὶ προτείναντες τοῖς κύμασιν εἰς θάλασσαν. ἐπὶ δὲ τὸ τούτων ἄκρον ὁ κημὸς ἁλύσει σιδηρᾷ προσήρτητο πλήρης πυρός. ὥστε παρὰ τὰς ἐμβολὰς καὶ παρεμβολὰς εἰς μὲν τὴν πολεμίαν ναῦν ἐκτινάττεσθαι πῦρ, ἀπὸ δὲ τῆς οἰκείας πολὺ ἀφεστάναι τόπον διὰ τὴν ἔγκλισιν. Suidas in πυρφόρος.

GALLORUM MATRIS
Ideæ vaticinatio.

C Manlius Consul ponte perfecto transgressus Sangarium flumen,
quodo nimiam altitudinem transiri
vadon poterat, castra juxta ripam
posu Ibi Galli matris magnæ ab
Attid & Battaco antistitibus Pessi

Γναῖος ὁ ὕπατος Ῥωμαίων διεχόμενος ἐγεφύρωσε τὸν Σαγγάριον ποταμὸν τελέως κοῖλον ὄντα καὶ δύσβατον· καὶ παρ' αὐτὸν τὸν ποταμὸν στρατοπεδευσάμενος παραγίνονται Γάλλοι παρὰ Ἄττιδος καὶ Βαττάκου τῶν

Ἴδιον ἔχουσιν οἱ Κελτίβηρες κατὰ τὸν πόλεμον· θεωροῦντες γὰρ τοὺς παρ' αὐτοῖς πεζοὺς πιεζομένους, παρακαταβάντες ἀπολείπουσι τοὺς ἵππους ἑστῶτας ἐν τάξει. ἄκροις γὰρ τοῖς ἀγωγεῦσι τῶν ἵππων πασσαλίσκους μικροὺς ἀπηρτηκότες ἐπιμελῶς πήξαντες, πειθαρχεῖν διδάσκουσι τοὺς ἵππους ἐν τάξει, μέχρις ἀνακάμψαντες ἀνασπάσωσι τοὺς πασσάλους. *Ex Suida in* ἴδιον & Κελτίβηρες.

Ὁ δὲ Μάρκος Ῥωμαίων στρατηγὸς ἐβούλετο ἀπολυθεὶς τοῦ πολέμου πρὸς Λυσιτανοὺς μεταβαλεῖν τὸν πόλεμον, καὶ τὸ λεγόμενον ἐκδύσας τὴν ἀνδρωνῖτιν εἰς τὴν γυναικωνῖτιν κωμάσαι. *Ex Suida in* Ἀνδρωνῖτις & κωμάσαι.

Οἱ γὰρ Ῥωμαῖοι οὐ τὴν τυχοῦσαν πρόνοιαν ἐποιοῦντο τοῦ μὴ κατάρχοντες φαίνεσθαι χειρῶν ἀδίκων· μηδ' ἀναιρούμενοι τοὺς πολέμους τὰς χεῖρας ἐπιβάλλειν τοῖς πέλας· ἀλλ' ἀεὶ δοκεῖν ἀμυνόμενοι καὶ κατ' ἀνάγκην ἐμβαίνειν εἰς τοὺς πολέμους. *Ex Suida in* ἀμυνόμενοι & ἀναιρούμενοι & ἐμβαίνειν.

Ὅτι Σκιπίων ἑταίρας, καὶ θύτας, καὶ μάντεις ἐξήλαυνε τοῦ στρατοπέδου, οἷς διὰ τὰς δυσπραξίας οἱ στρατιῶται περιδεεῖς γεγονότες ἐχρῶντο. *Suidas in* ἑταίρα.

Ὅτι Περσεὺς ὁ Μακεδὼν κατὰ πᾶσαν τὴν Μακεδονίαν κατασκευαζόμενος Πυρσουείδας, διὰ τούτων ὀξέως ἐμάνθανε τὰ πανταχῇ γινόμενα. *In* Πυρσουείδες.

Ὅτι Φιλοποίμην μετὰ δευτέραν

CELTIBERO[ ]
Strategema.

Celtiberi id singulare h[ ] præliis. Nam ubi peditatu[ ] [f]u ab hostibus premi animad[ ] [ver]tunt, desiliunt ex equis, eosdemq[ ] [e]quos in acie stantes relinquunt, [q]uippe summis equorum habenis a[ ] [ ]ensos habent paxillos exiguos, q[ ] [ ]bus in terram depactis assuefactos h[ ] [ ]ent quos stare in acie, donec re[ ] [ ]si p[a]xillos revellant.

MARCI CONSILI[U]M.

At Marcus Prætor soluti [ ] bel[ ] cum Lusitanis, in animo [ ] [h]eb[ ] bellum aliò transferre. & qu[ ] est in vetere proverbio, relictis [ ] [vir]orum ædibus, in mulierum atria [ ] [co]missatum ire.

ROMANORUM CAU[TE]LA.

Omni diligentia providel[an]t Romani, ne ipsi ultrò injuriam [in]tulisse, neve susceptis bellis vicin[os] [a]ppetiisse viderentur, sed ut po[ ] [ ]s vim illatam repellentes, & necess[i]te adducti suscipere viderentur b[ell]a.

SCIPIONIS DISCIP[LI]N[A] Militaris.

P. Scipio meretrices & [sacri]fi[cu]los & vates quibus milites [ ] [Ro]mani ob acceptas clades timore [pe]rculsi fractique utebantur, castris [ex]pulit.

PERSEI STRATEGE[M]A.

Perses Macedonum Rex [pe]r universam Macedoniam pharo[s] [con]stru[x]erat, è quibus igne sublato [ ]de omnibus quę acciderent brev[ ] [c]ertior fiebat.

PHILOPOEMEN[I]S Strategema.

Philopœmenes quando o[ ] [ ]as ad [ ]llum

bellum educebat, altero post profectionem die imperabat militibus ut pro bidui frumento tridui annonam paratam haberent, quoties uno amplius die morandum erat: quoties autem duobus, quatridui.

CATARACTÆ LAPSUS.

Livius lib. 27. hunc locum sic expressit: Porta cataractâ dejectâ clausa erat. eam partim vectibus levant partim funibus subducunt in tantum altitudinis, ut subire tecti possent. Vixdum satis patebat iter, cùm perfugæ certatim ruunt per portam, & cùm sexcenti ferè intrassent, remisso fune quo suspensa erat cataracta, magno sonitu cecidit. [Ita comprehensos Salapiani pro mœnibus in crucem sustulere.

TRULLÆ IGNIFERÆ DESCRIPTIO.

Trulla ignem ferens, quâ usus est Pausistratus Præfectus classis Rhodiorum. erat autem hujusmodi: Ab utraque proræ parte anchoræ duæ in interiori parietum superficie juxta se invicem positæ erant, quibus aptati conti prominebant in mare. Ex contorum fastigio trulla multum conceptum ignem gerens catenâ ferreâ dependebat, adeò ut quotiescunque in adversos aut ex transverso impetus fieret, in hostilem quidem navem evibraretur ignis, à propria autem nave longè abscederet inclinationis causa.

GALLORUM MATRIS Ideæ vaticinatio.

Cn. Manlius Consul ponte perfecto transgressus Sangarium flumen, quod ob nimiam altitudinem transiri vado non poterat, castra juxta ripam posuit. Ibi Galli matris magnæ ab Attide & Battaco antistitibus Pessi

ἡμέραν ἀπὸ τῆς πρὸς πόλεμον ἐξόδου παρήγγειλε τὰ δύο σιτία τρία ποιεῖν ὅτε βούλοιτο μίαν ἡμέραν προσλαβεῖν. ὅτε δὲ δύο, τέτταρα. In σιτία.

Οἱ δὲ καταῤῥάκται οὓς εἶχον ὀλίγον ἐξωτέρω διὰ μηχανημάτων ἀνημμένους αἰφνίδιον καθῆκαν, καὶ ἐπεβάλοντο. καὶ τούτους καταςχόντες πρὸ τοῦ τείχους ἀνεσκολόπισαν. Ex Suida in ἠρμένοι.

Πυρφόρος ᾧ ἐχρήσατο Πασίστρατος ὁ τῶν Ῥοδίων ναύαρχος, ἦν δὲ κημὸς, ἐξ ἑκατέρου δὲ τοῦ μέρους τῆς πρώρας ἄγκυραι δύο παρέκειντο παρὰ τὴν ἐντὸς ἐπιφάνειαν τῶν τοίχων. εἰς ἃς ἐνηρμόζοντο κοντοὶ προτείναντες τοῖς κύμασιν εἰς θάλασσαν. ἐπὶ δὲ τὸ τούτων ἄκρον ὁ κημὸς ἁλύσει σιδηρᾷ προσήρτητο πλήρης πυρός. ὥστε παρὰ τὰς ἐμβολὰς καὶ παρεμβολὰς εἰς μὲν τὴν πολεμίαν ναῦν ἐκταράττεσθαι πῦρ, ἀπὸ δὲ τῆς οἰκείας πολὺ ἀφεστάναι τόπον διὰ τὴν ἔγκλισιν. Suidas in πυρφόρος.

Γναῖος ὁ ὕπατος Ῥωμαίων διερχόμενος ἐγεφύρωσε τὸν Σαγγάριον ποταμὸν τελέως κοῖλον ὄντα καὶ δύσβατον· καὶ παρ' αὐτὸν τὸν ποταμὸν στρατοπεδευσάμενος παραγίνονται Γάλλοι παρὰ Ἄττιδος καὶ Βαττάκου τῶν ἐκ Πεσσινοῦντος ἱερέων τῆς μητρὸς τῶν θεῶν, ἔχοντες προστηθίδια καὶ τύπους. φάσκοντες προσαγγέλλειν τὴν θεὸν νίκην καὶ κράτος. οὓς ὁ Γνάϊος φιλανθρώπως ὑπεδέξατο. *Suidas in* Γάλλοι.

Ἐναγίζουσιν ὅμως τῷ Ξανθικῷ Μακεδόνες καὶ καθαρμὸν ποιοῦσι σὺν ἵπποις ὡπλισμένοις. *Suidas in* ἐναγίζων.

Οἱ Κελτίβηρες τῇ κατασκευῇ τῶν μαχαιρῶν πολὺ διαφέρουσι τῶν ἄλλων. καὶ γὰρ κέντημα πρακτικὸν καὶ καταφορὰν ἔχει δυναμένην ἐξ ἀμφοῖν ταῖν χεροῖν. ἧ καὶ Ῥωμαῖοι τὰς πατρίους ἀποθέμενοι μαχαίρας ἐκ τῶν κατ' Ἀννίβαν, μετέλαβον τὰς τῶν Ἰβήρων, καὶ τὴν μὲν κατασκευὴν μετέλαβον· αὐτὴν δὲ τὴν χρηστότητα τοῦ σιδήρου καὶ τὴν ἄλλην ἐπιμέλειαν οὐδαμῶς δύνανται μιμεῖσθαι. *Suidas in* μάχαιρα.

nunte missi cum typis & imaginibus à pectore demissis occurrêre, nuntiantes Deam Romanis victoriam & imperium offerre. Eos Manlius perquàm humaniter excepit.

SOLENNE LUSTRANDI apud Macedones.

Macedones mense Xanthico parentalia celebrant, lustrantque exercitum cum equis armatis.

CELTIBERORUM GLADII.

Celtiberi gladiorum fabricâ excellunt, quippe eorum gladii & mucrone sunt valido, & ad cæsim utraque manu feriendum apti. Quamobrem Romani jam inde ab Annibalicis temporibus, abjectis ensibus patriis, Hispanici gladii usum adscivere, ac formam quidem ipsam ac fabricam imitati sunt; bonitatem autem ferri ac reliquam curam & industriam assequi haudquaquam potuerunt.

FRAGMENTA POLYBII

EX

Suida ordine alphabetico digesta.

1 Ἀδικοδοξία. ὁ δὲ στρατηγὸς οὐ δυνάμενος ἐνεγκεῖν τὴν ἀδικοδοξίαν τῶν ταῦτα λεγόντων.

2 Ἀναζυγαῖς, ἀναστροφαῖς. Πολύβιος. ὁ δὲ Φίλιππος οὐδενὶ κόσμῳ ποιησάμενος τὴν ἀναζυγήν, καὶ τὸν ἀνάπλουν δι[illegible] εἰς Κεφαλληνίαν κατῆρεν. οἱ δὲ Ῥωμαῖοι τῶν γεγονότων οὐδὲν ὅλως εἰδότες [illegible] ἀναζυγὴν ἐποιοῦντο.

3 Ἀναλεξάμενος. μόλις δὲ τῶν Καρχηδονίων ἀπὸ τῆς καταπλήξεως ἀναλεξαμένων, μόνος ὁ Βλάνων καλούμενος οἰκείαν τῆς περιστάσεως φωνὴν προϊέμενος εἶπε. *Ex Diodori Excerptis legat. cap. 27.*

4 Ἀνάλημμα. κατανοήσας τὸ βάρος τῶν ἀναλημμάτων, καὶ ὡς ἀδύνατον ἐκλῦσαι τὰ τείχη, ἐκ χειρὸς τὴν μάχην ἐποίησε.

5 Ανα-

Ἀνασείειν. ὁ δὲ τοὺς Συρακουσίους ἀνασείων, καὶ τῆς ἐλευθερίας ἀπο[...]τὴν ἐπαγγειλάμενος.

Ἀνεδέχετο. ὁ δὲ ἀνεδέχετο τὴν Ἀσδρούβου παρουσίαν, καὶ ἀντὶ τοῦ ἐξήνεγ-[...]ο δὲ τούτοις πιστεύων ἀνεδέχετο τὸν πρὸς Ἀριαράθην πόλεμον.

Ἀνεπιστάτως. ἄνευ ἐπιστασίας. οὐκ ἄξιον ἀνεπιστάτως παραδραμεῖν τῶν τοιούτων.

Ἀντεῖχον. ἡ σύγκλητος ὑπολαβοῦσα τοὺς Αἰτωλοὺς ἀντέχειν ταῖς κατὰ τῶν [...]χου ἐλπίσιν, ἀπράκτους ἀπέστειλε τοὺς πρεσβευτὰς εἰς τὴν Ἑλλάδα. *Ex [...]ori Excerptis legat. cap. 8.*

Ἀντιπαράκλησις. εἰς τοιαύτην προθυμίαν παρέστη τὸ πλῆθος, ὥστε πλησίαν ἐνθουσιασμοῦ τὴν ἀντιπαράκλησιν γίνεσθαι τῶν δυνάμεων.

Ἀντιπερίσπασμα. ἐξαπέστειλαν στρατηγὸν, βουλόμενοι ἀντιπερίσπασμα ποιεῖν τοῖς Κελτοῖς τοῖς μετὰ Ἀννίβου.

Ἀψικορεία. εἰδὼς τῶν Νομάδων τὴν ἀψικορείαν, καὶ τὴν ἀθεσίαν τὴν πρὸς [...]πους. καὶ αὖθις. σιωπηλικὸν δεῖ εἶναι πρὸς τοὺς φίλους καὶ μηδαμοῦ [...]ερον.

Δείξαντες. οἱ δὲ αἰφνιδίως ἐπεκθέουσι τῷ τάγματι, καὶ διὰ τὸ φά-[...] δείξαντες προσπίπτουσι τοῖς Ῥωμαίοις. *legendum est* διήξαντες.

Δεισιδαίμων. ὁρῶν δὲ τοὺς στρατιώτας δεισιδαιμονοῦντας ἐπὶ τοῖς ση-[...], ἐφιλοτιμεῖτο διὰ τῆς ἰδίας ἐπινοίας καὶ στρατηγίας μεταθεῖναι τὰς τού-[...]ους εὐλαβείας.

Διαζηλοτυπούμενοι. οἱ δὲ διαζηλοτυπούμενοι πρὸς τὸν Σκιπίωνα, [...]λοντο διασύρειν τὰς πράξεις αὐτοῦ.

Διαπεσούσης. ἔδοξεν οὖν ἐπισφαλὲς ἔχειν τι κοινωνῆσαι αὐτοῖς τῆς πρά-[...] δὲ διαπεσούσης καὶ συντελεσθείσης τῆς ἐπιβουλῆς.

Διασπεύσας. τοὺς μὲν στρατιώτας διασπεύσας· τοὺς δὲ χιλιάρχους [...]καλέσας ἅψασθαι τῆς πράξεως.

Διατροπή. τῶν δὲ Καρχηδονίων πολὺν κλαυθμὸν μετὰ δακρύων προϊε-[...], διατροπὴ μεγάλη τὸ συνέδριον ἐπεῖχε. *Ex Diodoro cap. 27. legat.*

Διεξάγονται. μεθυσκομένους καὶ ῥᾳδίως διεξάγοντας τὰ κατὰ τὴν φυ-[...].

Διέξειν. ἀπείρξειν. οὕτω γὰρ διέξειν τὰς χεῖρας καὶ φροντιεῖν τοῦ μηδὲν [...]μα ποιήσειν τὴν Παρουσίαν εἰς αὐτούς.

Δυσχεραινόμενος. ὁ δὲ Ἀννίβας δυσχερεστούμενος ἤδη τοῖς πράγμασι [...]ἔπεμπεν εἰς Καρχηδόνα ταύτην τὴν πρόστασιν διασαφῶν.

Ἐμφαλκωμένοις. ἔπειτα κάλοις ἐμφαλκωμένοις ἀπὸ τοῦ ἀνωτάτω [...]ησαν διὰ πήγματος. περὶ κεροῦ μηχανικοῦ.

Ἐξέδρα. ὁ δὲ κατεῖχε χωμάτων, ὧν τὸ μὲν κατὰ τὴν βόρειον ἐξέδραν ἦ[...]υ τῶν δύο πυλῶν ἦν. καὶ αὖθις, κατῴκησε πλησίον τοῦ μουσείου καὶ τῆς [...]ς.

Ἐξ ὁμολόγου. εἰς ὁλοσχερῆ δὲ κρίσιν ἐξ ὁμολόγου καταβαίνειν οὐχ [...]ην κατὰ πρόσωπον.

τῶν ἐκ Πεσσινοῦντος ἱερέων τῆς μητρὸς τῶν θεῶν, ἔχοντες προστηθίδια καὶ τύπους. φάσκοντες προσαγγέλλειν τὴν θεὸν νίκην καὶ κράτος. οὓς ὁ Γνάϊος φιλανθρώπως ὑπεδέξατο. *Suidas in* Γάλλοι.

Ἐναγίζουσιν ἔνην τῷ Ξανθικῷ Μακεδόνες καὶ καθαρμὸν ποιοῦσι σὺν ἵπποις ὡπλισμένοις. *Suidas in* ἐναγίζων.

Οἱ Κελτίβηρες τῇ κατασκευῇ τῶν μαχαιρῶν πολὺ διαφέρουσι τῶν ἄλλων. καὶ γὰρ κέντημα πρακτικὸν καὶ καταφορὰν ἔχει δυναμένην ἐξ ἀμφοῖν ταῖν χεροῖν. ἢ καὶ Ῥωμαῖοι τὰς πατρίους ἀποθέμενοι μαχαίρας ἐκ τῶν κατ᾽ Ἀννίβαν, μετέλαβον τὰς τῶν Ἰβήρων, καὶ τὴν μὲν κατασκευὴν μετέλαβον· αὐτὴν δὲ τὴν χρηστότητα τοῦ σιδήρου καὶ τὴν ἄλλην ἐπιμέλειαν οὐδαμῶς δύνανται μιμεῖσθαι. *Suidas in* μάχαιρα.

nunte missi cum typis & i aginit
à pectore demissis occurrê nunti
tes Deam Romanis victor n &
perium offerre. Eos Manli per
humaniter excepit.

SOLENNE LUST

apud Macedones

Macedones mense Xant t
talia celebrant, lustrantque xerciti
cum equis armatis.

CELTIBERORUM (ADII

Celtiberi gladiorum fa câ ex
lunt, quippe eorum glad t muc
ne sunt valido, & ad cæ utra
manu feriendum apti. Q mobr
Romani jam inde ab Anni icis te
poribus, abjectis ensibus, riis,
spanici gladii usum adscis e, ac
mam quidem ipsam ac fal tam i
tati sunt; bonitatem aut n fe
reliquam curam & indu iam
qui haudquaquam potuer t.

FRAGMENTA POLYB

EX

Suida ordine alphabetico digest

1 Ἀδικοδοξία. ὁ δὲ στρατηγὸς οὐ δυνάμενος ἐνεγκεῖν ' ξίαν τῶν ταῦτα λεγόντων.

2 Ἀναζυγαῖς, ἀναστροφαῖς. Πολύβιος. ὁ δὲ ιλ οὐδενὶ κόσμῳ ποιησάμενος τὴν ἀναζυγὴν, καὶ τὸν ἀνάπλουν διὰ ραῖος Κεφαλληνίαν κατῆρεν. οἱ δὲ Ῥωμαῖοι τῶν γεγονότων οὐδὲν ὅλως δότες ἀναζυγὴν ἐγίνοντο.

3 Ἀναλεξάμενος. μόλις δὲ τῶν Καρχηδονίων ἀπὸ τῆς καταπλ ως ἀν ξαμένων, μόνος ὁ Βλάνων καλούμενος οἰκεῖον τῆς περιστάσεως φων περι εἶπε. *Ex Diodori Excerptis legat. cap. 27.*

4 Ἀνάλημμα. κατανοήσας τὸ βάρος τῶν ἀναλημμάτων, καὶ ὡς ἀ ώχ ἐκλῦσαι τὰ τείχη, ἐκ χειρὸς τὴν μάχην ἐποίησε.

5

5 Ἀνασείειν. ὁ δὲ τοὺς Συρακουσίους ἀνασείων, καὶ τὴν ἐλευθερίαν ἀποκαταστήσειν ἐπαγγειλάμενος.

6 Ἀνεδέχετο. ὁ δὲ ἀνεδέχετο τὴν Ἀσδρούβου παρουσίαν, καὶ ἀντὶ τοῦ ἐξήνεγκεν. ὁ δὲ τούτοις πιστεύων ἀνεδέχετο τὸν πρὸς Ἀριαράθην πόλεμον.

7 Ἀνεπιστάτως. ἄνευ ἐπιστασίας. οὐκ ἄξιον ἀνεπιστάτως παραδραμεῖν περὶ τῶν τοιούτων.

8 Ἀντέχει. ἡ σύγκλητος ὑπολαβοῦσα τοὺς Αἰτωλοὺς ἀντέχειν ταῖς κατὰ τὸν Ἀντίοχον ἐλπίσιν, ἀπράκτους ἀπέστειλε τοὺς πρεσβευτὰς εἰς τὴν Ἑλλάδα. *Ex Diodori Excerptis legat. cap. 8.*

9 Ἀντιπαράκλησις. εἰς τοιαύτην προθυμίαν παρέστη τὸ πλῆθος, ὥστε παραπλησίαν ἐνθουσιασμῷ τὴν ἀντιπαράκλησιν γίνεσθαι τῶν δυνάμεων.

10 Ἀντιπερίσπασμα. ἐξαπέστειλαν στρατηγὸν, βουλόμενοι ἀντιπερίσπασμα ποιεῖν τοῖς Κελτοῖς τοῖς μετὰ Ἀννίβου.

11 Ἀψικορία. εἰδὼς τὴν Νομάδων τὴν ἀψικορίαν, καὶ τὴν ἀθεσίαν τὴν πρὸς ἀνθρώπους. καὶ αὖθις. συντηρητικὸν δεῖ εἶναι πρὸς τοὺς φίλους καὶ μηδαμοῦ ἀψίκορον.

12 Δείξαντες. οἱ δὲ αἰφνιδίως ἐπεκθέουσι τῷ τάγματι, καὶ διὰ τῆς φάραγγος δείξαντες προσπίπτουσι τοῖς Ῥωμαίοις. *legendum est* διήξαντες.

13 Δεισιδαίμων. ὁρῶν δὲ τοὺς στρατιώτας δεισιδαιμονοῦντας ἐπὶ τοῖς σημείοις, ἐφιλοτιμεῖτο διὰ τῆς ἰδίας ἐπινοίας καὶ στρατηγίας μεταθεῖναι τὰς τοῦ πλήθους εὐλαβείας.

14 Διαζηλοτυπούμενοι. οἱ δὲ διαζηλοτυπούμενοι πρὸς τὸν Σκιπίωνα, ἐπεβάλοντο διασύρειν τὰς πράξεις αὐτοῦ.

15 Διαπεσούσης. ἔδοξεν οὖν ἐπισφαλὲς ἔχον τι κοινωνῆσαι αὐτοῖς τῆς πράξεως καὶ διαπεσούσης καὶ συντελεσθείσης τῆς ἐπιβολῆς.

16 Διαπτούσας. τοὺς μὲν στρατιώτας διαπτούσας· τοὺς δὲ χιλιάρχους παρακαλέσας ἅψασθαι τῆς πράξεως.

17 Διατροπή. τῶν δὲ Καρχηδονίων πολὺν κλαυθμὸν μετὰ δακρύων προϊεμένων, διατροπὴ μεγάλη τὸ συνέδριον ἐπεῖχε. *Ex Diodoro cap. 27. legat.*

18 Διεξάγονται. μεθυσκομένους καὶ ῥᾳδίως διεξάγοντας τὰ κατὰ τὴν φυλακήν.

19 Διέξειν. ἀπείρξειν. οὕτω γὰρ διέξειν τὰς χεῖρας καὶ φροντιεῖν τοῦ μηδὲν ἀδίκημα ποιῆσαι τὴν παρουσίαν εἰς αὐτούς.

20 Δυσχρηστούμενος. ὁ δὲ Ἀννίβας δυσχρηστούμενος ἤδη τοῖς πράγμασι διεπέμπετο εἰς Καρχηδόνα ταύτην τὴν περίστασιν διασαφῶν.

21 Ἐμφαλκωμένος. ἔπειτα κύλοις ἐμφαλκωμένοις ἀπὸ τοῦ ἀνωτάτω ἀνήρτησαν διὰ πήγματος. περὶ κελοῦ μηχανικοῦ.

22 Ἐξέδρα. ὁ δὲ κατῆρχε χωμάτων, ὧν τὸ μὲν κατὰ τὴν βόρειον ἐξέδραν ἦν μεταξὺ τῶν δύο πυλῶν ἦν. καὶ αὖθις, κατῴκησεν πλησίον τοῦ μουσείου καὶ τῆς ἐξέδρας.

23 Ἐξ ὁμολόγου. εἰς ὁλοχερῆ δὲ κρίσιν ἐξ ὁμολόγου καταβαίνειν οὐχ οἷός τε ἦν κατὰ πρόσωπον.

24 Ἐπιμετρῶ. ὥσπερ ἐπιμετρούσης καὶ συνεπαγωνιζομένης τοῖς γεγονόσι τῆς τύχης.

25 Ἐπιπολαῖς. τοὺς δὲ Ῥωμαίους θαῤῥεῖν συνέβαινε κρατοῦντας τοῦ περὶ τὰς ἐπιπολὰς χωρίου.

26 Ἐπισταθμευόμενοι. οἱ δὲ Φωκεῖς τὰ μὲν ὑπὸ τῶν ἀπολειφθέντων Ῥωμαίων ἐν ταῖς ναυσὶν ἐπισταθμευόμενοι, τὰ δὲ τὰς ἐπιταγὰς δυσχερεῖς φέροντες ἐστασίαζον.

27 Ἐπὶ τῶν ὑποκειμένων. πρέσβεις δὲ ἔπεμπον διασαφοῦντας, Πόπλιον μὲν εὐδοκεῖν τὴν εἰρήνην· τοὺς δὲ ἐν τῷ συνεδρίῳ διαφέρεσθαι, καὶ φάναι διαφέρειν ἐπὶ τῶν ὑποκειμένων.

28 Εὐκαιρεῖν. ὁ δὲ ἐκάλει τῶν πολιτῶν τοὺς δοκοῦντας εὐκαιρεῖν τοῖς βίοις.

29 Εὐλαβῶς, ὁ δὲ Φίλιππος ὁρῶν τοὺς Ἀχαιοὺς εὐλαβῶς διακειμένους πρὸς τὸν κατὰ Ῥωμαίων πόλεμον, ἐσπούδαζε κατὰ πάντα τρόπον ἐμβιβάσαι αὐτοὺς εἰς ἀπέχθειαν.

30 Εὖ πεφυκώς. παρεκελεύσατο ἐμβαίνειν τοὺς στρατιώτας. καὶ γὰρ ἦν εὖ πεφυκὼς, εἰ καὶ πρὸς ἄλλό τι, πρὸς τὸ θάρσος ἐμβαλεῖν, καὶ συμπαθεῖς ποιῆσαι τοὺς παρακελευομένους.

31 Εὐψυχία. καθάπερ γὰρ ἐπὶ τῆς Ἐπαμινώνδα καὶ Πελοπίδα, καὶ Βρασίδα, καὶ Κλεομβρότου τελευτῆς, καὶ διὰ τὴν ἐν τῷ ζῆν ἀρετὴν, καὶ τὴν ἐν τῷ τελευτᾶν εὐψυχίαν ἀδυνατοῦσιν οἱ συγγραφεῖς ἀξίους εὑρίσκειν λόγους τῆς προκαθηγουμένης τῶν ἀνδρῶν ἐννοίας.

32 Ἐφεδρεία. παρὰ Ῥωμαίοις θάνατος πρόστιμον τῷ λιπόντι τὴν ἐφεδρείαν. *Vide pag. 669. lib. 6.*

33 Ἐφέσεις. ἀπὸ δὲ τῆς τῶν στρατιωτῶν γνώμης λαβὼν ἔφεσιν περὶ τοῦ στρατηγοῦ, ξένην καὶ παράδοξον βοήθειαν ἐποιήσατο πρὸς τὴν ὑποκειμένην κατάστασιν.

34 Ἐφιστάμενος. ὁ δὲ ἐπορεύετο ἄλλοτε, καὶ ἄλλοτε ἐφιστάμενος. ὅσον δ' ἂν χρόνον τὸ ἡγούμενον τοῦ στρατεύματος ἐπιστῇ, τοσοῦτον ἀνάγκη χρόνον δι' ὅλου τοῦ στρατεύματος γίνεσθαι τὴν ἐπίστασιν.

35 Ἥλικες. οὕτως ἐλέγοντο οἱ Ἀντιόχου τοῦ Ἐπιφανοῦς Μακεδόνιον στῖφος ὑψηλοὶ πάντες ὀλίγον ὑπὲρ ἀντίπαιδας, τὸν Μακεδονικὸν τρόπον ὡπλισμένοι τε καὶ πεπαιδευμένοι. ὅθεν καὶ τὴν ἐπίκλησιν εἶχον.

36 Ἡλίκον. ὅτι Φάβιος ἐνετέλλετο μὴ τοιαύτην πείθεσθαι σπουδὴν ὑπὲρ τοῦ βλάψαι τοὺς πολεμίους, ἡλίκην ὑπὲρ τοῦ μηδὲν αὐτοὺς παθεῖν δεινόν.

37 Ἠλλοιωμένος. οὐδὲν ἠλλοιωμένος ὑπὸ τῶν συμβεβηκότων δυστυχημάτων· ἔτι δὲ βεβαιότερον μένων ἐπὶ τῆς ἐξ ἀρχῆς διαλήψεως.

38 Ἡμιολίας. ταχὺ δὲ τοὺς κέλητας, καὶ τὰς ἡμιολίας ὑπερεθμήσας ἀνήχθη σπεύδων καταλαβεῖν τὴν τῶν Ἀχαιῶν σύνοδον. καὶ αὖθις. λῃσταί τινες εἰς πολυχειρίαν καὶ πειρατικαῖς ἡμιολίαις τῇ Λακωνικῇ προσενεχθέντες εἰς τὰ χωρία ἐπιστάμενοι λείαν ἀπήγαγον.

39 Ἴδιον.

39 Ἴδιον. τὸ γὰρ συμβαῖνον ἴδιον ἦν καὶ παρηλλαγμένον. καὶ αὖθις. οἱ δὲ ἐ λυπραγμόνησαν ἀκριβῶς τά τε ἄλλα καὶ τὰς περὶ τὴν φάρον ἰδιώτητας. Vide Diodorum in Excerptis legat. c. 32.

40 Καταβολή. τῶν δὲ Μακεδόνων ἐκ καταβολῆς συνερεισάντων τοῖς βαρβάροις, εὐθέως ἐκκλίναντες ἔφυγον.

41 Κατὰ ζυγόν. ὡς ἂν ἐκ τοσούτου πλήθους, κατὰ ζυγὸν οἱονεὶ μονομαχίας τινὸς συνεστώσης φιλοτιμίας.

42 Καταψήσας. Πολύβιος. τοὺς δὲ παῖδας πρὸς ἕνα προσαγόμενος καὶ καταψήσας θαρρεῖν ἐκέλευε.

43 Καταμέμφομαι. πολλὰ τὸν βασιλέα Εὐμένη καταμεμψάμενοι.

44 Καταναστάς. ὁ δὲ διὰ τὸ τάχος τῆς εἰρεσίας ἀπέπλευσε καταναστὰς μ. νηὶ παντὸς τοῦ τῶν ἐναντίων στόλου.

5 Καταξιοπιστεύεσθαι. ἵνα δὲ μὴ δόξωμεν τῶν τηλικούτων ἀνδρῶν κατα οπιστεύεσθαι, μνησθησόμεθα μιᾶς παραλλάξεως.

6 Κατατρίψειν. οὐ γὰρ ἐδόκει αὐτῷ τὸν ἐν Τυρρηνίᾳ πόλεμον ἀτελῆ καταλείποντι, περὶ τῶν ἐκεῖ πόλεων πραγματεύεσθαι· δεδοικότι μὴ κατατρίψειν ἅπαντα τὸν τῆς ἀρχῆς χρόνον οὐ πολὺν ὄντα περὶ τὰς ἐλάττους ἀσχολ νος πράξεις.

7 Κατεξαναστάντες. διὸ κατεξαναστάντες τοῦ μέλλοντος, παρῃτήσαντο τοὺς Πρυτάνεις ἐκπέμψαι πρεσβευτάς, εἰς τὴν Ῥόδον συνεπιλαβέσθαι τῆς ἐλευθερίας.

8 Κατεριθευόμενοι. τὸ δ' ἐναντίον κατεριθευομένου τοῦ βασιλέως καὶ τῆς χώρας ἀπεχομένου, καὶ κατὰ τὴν δικαιοδοσίαν ἐξακριβοῦντος ἐντελῶς, ἔλαθον ἐκλυθέντες ταῖς διανοίαις, καὶ ὀλιγωρήσαντες τῆς σφῶν αὐτῶν ἀσφαλείας.

9 Κατευδοκήσας. ὁ δὲ κατευδοκήσας τῷ νεανίσκῳ κατὰ τὴν ἀπάντησιν, τοῦτον ἀπέλυσε παραχρῆμα ἐς τὸ Πέργαμον.

0 Κατηργηκέναι. τὸν δὲ καθήμενον περὶ τὰ Τύανα κατηργηκέναι καὶ καὶ περιΐεσθαι τοὺς καιρούς.

1 Λιμόψωρος. ὑπὸ δὲ τοῦ ψύχους, καὶ τῆς ἀνηλειψίας, καὶ τῆς ταλαιπωρίας ἐπιγεγόνει σχεδὸν τοῖς ἵπποις, ὁμοίως δὲ καὶ τοῖς ἀνδράσιν ὁ λεγόμενος ἀπὶ λιμόψωρος καὶ τοιαύτη καχεξία.

2 Μεγαλεπίβολος. ἐδόκει γὰρ ὁ βασιλεὺς οὗτος μεγαλεπίβολος καὶ τολμηρὸς εἶναι, καὶ τοῦ προτεθέντος ἐξεργαστικός.

3 Μεγαλεῖον. οἱ δὲ τῷ Μάγωνι προσπολεμοῦντες τὸν Αἰγύπτιον, πρᾶξαι μὲν ὁλοσχερές τι καὶ μεγαλεῖον οὐχ οἷοί τ' ἦσαν.

4 Μετέωρος. πάλαι μετέωρος ὢν εἰς τὴν τῆς Ὀλυμπίας θέαν ὥρμη. De Æmilio Paulo.

5 Ὀπτεύεσθαι. ὁ δὲ τὸ μέλλον ἐμφρόνως ὀπτευσάμενος εἰς ἔννοιαν, ἦλ τὴν φρουρὰν ἀποτρίψασθαι τὴν παρὰ Πτολεμαίου.

6 Ὀπτευομένη. ἐξ αὐτῆς δὲ τῆς τῶν πρέσβεων ἐμφάσεως ὀπτευόμενοι, εἰς παντοδαπὰς οἰμωγὰς καὶ θρήνους ἔπιπτον.

24 Ἐπιμετρῶ. ὥσπερ ἐπιμετρούσης καὶ συνεπαγωνιζομένης τ[...] γεγονόσι τῆς τύχης.

25 Ἐπιπολαῖς. τοὺς δὲ Ῥωμαίους θαῤῥεῖν συνέβαινε κρατοῦ[...] τοῦ περὶ τὰς ἐπιπολὰς χωρίου.

26 Ἐπισταθμευόμενοι. οἱ δὲ Φωκεῖς τὰ μὲν ὑπὸ τῶν ἀπολειφ[...] ὑπὸ Ῥωμαίων ἐν ταῖς ναυσὶν ἐπισταθμευόμενοι, τὰ δὲ τὰς ἐπιταγὰς δ[...]ᾶ φέροντες ἐστασίαζον.

27 Ἐπὶ τῶν ὑποκειμένων. πρέσβεις δὲ ἔπεμπον διασαφοῦντες Πόπλιον μὲν εὐδοκεῖν τὴν εἰρήνην· τοὺς δὲ ἐν τῷ συνεδρίῳ διαφέ[...]θαι, καὶ φάναι διαφέρειν ἐπὶ τῶν ὑποκειμένων.

28 Εὐκαιρεῖν. ὁ δὲ ἐκάλει τῶν πολιτῶν τοὺς δοκοῦντας εὐκαιρεῖν τοῖ[...]ίοις.

29 Εὐλαβῶς. ὁ δὲ Φίλιππος ὁρῶν τοὺς Ἀχαιοὺς εὐλαβῶς [...]κειμένους πρὸς τὸν κατὰ Ῥωμαίων πόλεμον, ἐσπούδαζε κατὰ πάντα [...]πον ἐμβιβάσαι αὐτοὺς εἰς ἀπέχθειαν.

30 Εὖ πεφυκώς. παρεκελεύσατο ἐμβαίνειν τοὺς στρατιώτας. [...] γὰρ ἦν εὖ πεφυκὼς, εἰ καὶ πρὸς ἄλλο τι, πρὸς τὸ θάρσος ἐμβαλεῖν, κ[...] συμπαθεῖς ποιῆσαι τοὺς παρακελευομένους.

31 Εὐψυχία. καθάπερ γὰρ ἐπὶ τοῦ Ἐπαμινώνδου καὶ Πελοπίδ[...] καὶ Βρασίδου, καὶ Κλεομβρότου τελευτῆς, καὶ διὰ τὴν ἐν τῷ ζῆν ἀρετὴν, καὶ [...]ὰ τὴν ἐν τῷ τελευτᾶν εὐψυχίαν ἀδυνατοῦσιν οἱ συγγραφεῖς ἀξίους εὑρίσ[...] λόγους τῆς προκαθηγουμένης τῶν ἀνδρῶν ἐννοίας.

32 Ἐφεδρεία. παρὰ Ῥωμαίοις θάνατος πρόστιμον τῷ λιπόντι [...] ἐφεδρείαν. *Vide pag. 669. lib. 6.*

33 Ἐφέσεις. ἀπὸ δὲ τῆς τῶν στρατιωτῶν γνώμης λαβὼν ἔφεσιν περὶ [...] στρατηγοῦ, ξένην καὶ παράδοξον βοήθειαν ἐποιήσατο πρὸς τὴν ὑποκ[...]μένην κατάστασιν.

34 Ἐφιστάμενος. ὁ δὲ ἐπορεύετο ἄλλοτε, καὶ ἄλλοτε ἐφιστάμενο[...]όσον δι᾽ αὖ χρόνον τὸ ἡγούμενον τοῦ στρατεύματος ἐπιστῇ, τοσοῦτον ἀναγ[...] χρόνον δι᾽ ὅλου τοῦ στρατεύματος γίνεσθαι τὴν ἐπίστασιν.

35 Ἥλικες. οὕτως ἐλέγοντο οἱ Ἀντιόχου τοῦ Ἐπιφανοῦς Μα[...]δίων στῖφος ὑψηλοὶ πάντες ὀλίγον ὑπὲρ ἀντίπαιδας, τὸν Μακεδονικ[...] τρόπον ὡπλισμένοι τε καὶ πεπαιδευμένοι. ὅθεν καὶ τὴν ἐπίκλ[...]ν εἶχον.

36 Ἡλίκον. ὅτι Φάβιος ἐνετέλλετο μὴ τοιαύτην πείθεσθαι α[...]δην ὑπὲρ τοῦ βλάψαι τοὺς πολεμίους, ἡλίκην ὑπὲρ τοῦ μηδὲν αὐτοὺς [...]θεῖν δεινόν.

37 Ἠλλοιωμένος. οὐδὲν ἠλλοιωμένος ὑπὸ τῶν συμβεβηκότων [...] σχημάτων· ἔτι δὲ βεβαιότερον μένων ἐπὶ τῆς ἐξαρχῆς διαλήψεως.

38 Ἡμιολίας. ταχὺ δὲ τοὺς κέλητας, καὶ τὰς ἡμιολίας ὑπερ[...]ημήσας ἀνήχθη σπεύδων καταλαβεῖν τὴν τῶν Ἀχαιῶν σύνοδον. καὶ αὐθ[...] λησταί τινες εἰς πολυχρείαν καὶ πειρατικαῖς ἡμιολίαις τῇ Λακωνικῇ [...]νεχθέντες εἰς τὰ χωρία ἐπιστάμενοι λείαν ἀπήγαγον.

39 δίον.

39 Ἴδιον. τὸ γὰρ συμβαῖνον ἴδιον ἦν καὶ παρηλλαγμένον. καὶ αὖθις. οἱ δὲ ἐπολυπραγμόνησαν ἀκριβῶς τά τε ἄλλα καὶ τὰς περὶ τὴν φάραγγα ἰδιότητας. *Vide Diodorum in Excerptis legat. c. 32.*

40 Καταβολή. τῶν δὲ Μακεδόνων ἐκ καταβολῆς συνερεισάντων τοῖς βαρβάροις, εὐθέως ἐκκλίναντες ἔφυγον.

41 Κατὰ ζυγόν. ὡς ἂν ἐκ τοσούτου πλήθους, κατὰ ζυγὸν οἱονεὶ μονομαχικῆς τινὸς συνεστώσης φιλοτιμίας.

42 Καταψήσας. Πολύβιος. τοὺς δὲ παῖδας πρὸς ἕνα προσαγόμενος καὶ καταψήσας θαρρεῖν ἐκέλευε.

43 Καταμέμφομαι. πολλὰ τὸν βασιλέα Εὐμένη καταμεμψάμενοι.

44 Καταναστάς. ὁ δὲ διὰ τὸ τάχος τῆς εἰρεσίας ἀπέπλευσε καταναστὰς μιᾷ νηὶ παντὸς τοῦ τῶν ἐναντίων στόλου.

45 Καταξιοπιστεύεσθαι. ἵνα δὲ μὴ δόξωμεν τῶν τηλικούτων ἀνδρῶν καταξιοπιστεύεσθαι, μνησθησόμεθα μιᾶς παραλλάξεως.

46 Κατατρίψειν. οὐ γὰρ ἐδόκει αὐτῷ τὸν ἐν Τυρρηνίᾳ πόλεμον ἀτελῆ καταλείποντι, περὶ τῶν ἐκεῖ πόλεων πραγματεύεσθαι· δεδοικότι μὴ κατατρίψειν ἅπαντα τὸν τῆς ἀρχῆς χρόνον οὐ πολὺν ὄντα περὶ τὰς ἐλάττους ἀσχολούμενος πράξεις.

47 Κατεξαναστάντες. διὸ κατεξαναστάντες τοῦ μέλλοντος, παρῃτήσαντο τοὺς Πρυτάνεις ἐκπέμψαι πρεσβευτὰς εἰς τὴν Ῥόδον συνεπιλαβέσθαι τῆς ἐλευθερίας.

48 Κατεριθευόμενοι. τὸ δὲ ἐναντίον κατεριθευομένου τοῦ βασιλέως καὶ τῆς χώρας ἀπεχομένου, καὶ κατὰ τὴν δικαιοδοσίαν ἐξακριβοῦντος ἐπιμελῶς, ἔλαθον ἐκλυθέντες ταῖς διανοίαις, καὶ ὀλιγωρήσαντες τῆς σφῶν αὐτῶν ἀσφαλείας.

49 Κατευδοκήσας. ὁ δὲ κατευδοκήσας τῷ νεανίσκῳ κατὰ τὴν ἀπάντησιν, τοῦτον ἀπέλυσε παραχρῆμα ἐς τὸ Πέργαμον.

50 Κατηργηκέναι. τὸν δὲ καθήμενον περὶ τὰ Τύανα κατηργηκέναι καὶ καταπροΐεσθαι τοὺς καιρούς.

51 Λιμόψωρος. ὑπὸ δὲ τοῦ ψύχους, καὶ τῆς ἀνηλειψίας, καὶ τῆς ταλαιπωρίας ἐπεγένετο σχεδὸν τοῖς ἵπποις, ὁμοίως δὲ καὶ τοῖς ἀνδράσιν ὁ λεγόμενος ἅπασι λιμόψωρος καὶ τοιαύτη καχεξία.

52 Μεγαλεπίβολος. ἐδόκει γὰρ ὁ βασιλεὺς οὗτος μεγαλεπίβολος καὶ τολμηρὸς εἶναι, καὶ τοῦ προτεθέντος ἐξεργαστικός.

53 Μεγαλεῖον. οἱ δὲ τῷ Μάγωνι συμπολεμοῦντες τὴν Λιγυστίνην, πρᾶξαι μὲν ὁλοσχερές τι καὶ μεγαλεῖον οὐχ οἷοί τ' ἦσαν.

54 Μετέωρος. πάλαι μετέωρος ὢν εἰς τὴν τῆς Ὀλυμπίας θέαν ὥρμησε. De Æmilio Paulo.

55 Ὀτλεύεσθαι. ὁ δὲ τὸ μέλλον ἐμφρόνως ὀτλευσάμενος εἰς ἔννοιαν, ἦλθε τὴν φρουρὰν ἀποτρέψασθαι τὴν παρὰ Πτολεμαίου.

56 Ὀτλευομένη. ἐξ αὐτῆς δὲ τῆς τῶν πρέσβεων ἐμφάσεως ὀτλευόμενοι, εἰς παντοδαπὰς οἰμωγὰς καὶ θρήνους ἔπιπτον.

57 Παράθεσις. βουλόμενος δ᾽ ἐκ παραθέσεως ὑπόδειγμα ποιεῖσθαι τῆς αὐτοῦ προαιρέσεως, ἧς εἶχε πρὸς τοὺς πεπιστευκότας αὐτῷ, καὶ τοὺς ἀπειθοῦντας, ἐπολιόρκει.

58 Παρείραντα. Πολύβιος. οὔτ᾽ ἐπιβαλέσθαι παρείραντα τὴν χεῖρα δυνατὸν ἅτε πυκνῶν οὐσῶν.

59 Παρῶναι. ὁ δὲ ἔπλει παρόπλους ποιησάμενος τοὺς σιδηρῶν παρώνας. ἧκον γὰρ Ῥοδίοις εἰς συμμαχίαν.

60 Παριέναι. οἱ δὲ διεμαρτύροντο τὸν Φίλιππον μὴ παριέναι τὸν καιρὸν, μηδὲ καταμέλλειν.

61 Πλαδαρόν. Πολύβιος. τὰ μὲν ἄλλα καλῶς ἔχειν αὐτῷ πρὸς τὴν χρείαν· τὸ δὲ δόρυ πλαδαρὸν εἶναι.

62 Προέσθαι. λαβὼν δὲ τὸ ξίφος Πόρκιος Μάρκος καὶ καταληφθεὶς ὑπὸ τῶν πολεμίων ἐφονεύετο κρίνων τὴν ψυχὴν προέσθαι μᾶλλον ἢ τὴν μάχαιραν, καὶ πολλὰ λαβὼν θαύματα παραδόξως ἐσώθη.

63 Προπεπωκότες. προπεπωκέναι δὲ παρὰ τὴν συνουσίαν πολλὰ μὲν ἀργυρώματα τῶν προειρημένων· πολλὰ δὲ χρυσώματα τῷ Προυσίᾳ.

64 Προσεπιμετρῶν. προσεπιμετρῶν ἀεὶ τῷ δεομένῳ πρὸς τὸ παρὰ πάντων ὁμολογουμένως γίνεσθαι τὴν ἐπὶ τούτοις χάριν.

65 Προσαστασάμενος. ὁ δὲ παρακαλέσας αὐτὸν καί τι προσαστασάμενος τοιοῦτον. ἀεὶ δ᾽ ὁπλοτέρων ἀνδρῶν φρένες ἠερέθονται.

66 Πρὸς αὐτοῦ. ὁ δὲ οὐ κατ᾽ αὐτοῦ, ἀλλὰ πρὸς αὐτοῦ εἶναι νομίσας τὰ συμβαίνοντα περὶ τοὺς ἐναντίους, ἐγίνετο περὶ τὸν Μάρκον σπουδάζων τὴν τόλμαν ἀφελέσθαι καὶ προκαταλαβεῖν αὐτοῦ τὴν ὁρμήν.

67 Ῥαθυμεῖν. πάντων εὐδαιμονιζόντων τὸν Πόπλιον καὶ παρακαλούντων ἀναπαύεσθαι καὶ ῥαθυμεῖν ἐπὶ πέρας ἐπιτέθεικε τῷ πολέμῳ, μακαρίζειν αὐτοὺς ἔφη, ὅτι τοιαύτας ἔχουσι τὰς διαλήψεις.

68 Ῥεμβώδεις. τὸ γὰρ πολιορκίας ῥεμβώδους γινομένης, ὁ μὲν Σκόπας ἦρξε καὶ διεβέβλητο νεανικῶς. καὶ αὖθις. εὑρὼν δὲ αὐτοὺς διαβεβλημένους κατὰ τὸ τέμενος ἀόπλους, τούτους ἀπέκτεινε.

69 Ῥύματα. Πολύβιος. ἐπὶ τούτοις ἐπέστησαν τὰς ἱππηγοὺς, ῥύματα δόντες ἐξ αὐτῶν ταῖς τοῦ τρίτου στόλου ναυσί.

70 Σεμνομυθοῦντι. ὁ δὲ σεμνὸς Ἀνδρόβολος προσέπεσε τῷ στρατηγῷ πρὸς τὰ γόνατα ἐπιλελησμένος τῆς μεγαλορρημοσύνης.

71 Συνεπιστεῦσαι. ὁ δὲ ἐκέλευε τοὺς κρατίστους συνεπιστεῦσαι τὰς ἄρξας.

72 Συνεπιχύσας. δύναμιν παρέχων κωλύειν τὸν Ἀντίοχον παραπλεῖν οὐκ ἀπεχθείας χάριν, ἀλλ᾽ ὑφορώμενος μὴ Φιλίππῳ συνεπιχύσας ἐμπόδιον γίνεται τῇ τῶν Ἑλλήνων ἐλευθερίᾳ.

73 Συνεσπειραμένοι. τό τε πυκνὸν καὶ συνεσπειραμένον ἐπὶ ταῖς ἀνελίξεσιν, οὐκ ἔξω τινὸς ἀπονοίας καὶ τόλμης κατεφαίνετο. ταραχή τε ἐπιχεῖ καὶ παρακελευσμὸς τοῖς κατ᾽ οὐρὰν τεταγμένοις· αἵ τε ἀναστροφαὶ τῶν κοντοφόρων ἄλλοτε ἀλλαχοῦ τὰς ἐμβολὰς ποιούμεναι πολυειδῆ καὶ ποικίλον ἀπειργάζοντο τὸν πόλεμον.

74 Τα-

74 Ταμιεύεται. ὅτι σωφρόνων ἐστὶν ἀνθρώπων, ὅταν μὲν εὖ πράττωσι ταμιεύεσθαι τὰς τύχας. ὅταν δ' εἰς ταπεινὰς καὶ φαύλας ἔλθωσι, μηδὲν ὑπομένειν ἀγεννές.

75 Φιλανθρωπηθείς. ὁ δὲ Ἀσδρούβας ἐβουλήθη τούτῳ συμμίξας καὶ φιλανθρωπηθεὶς ἀπελθεῖν εἰς τοὺς ἔξω τόπους.

76 Φρονηματισμόν. θεασάμενοι δὲ τὸν φρονηματισμὸν τῶν ἀνθρώπων ἔν τε ταῖς κατ' ἰδίαν ὁμιλίαις καὶ ταῖς κατὰ κοινὸν ἐντεύξεσιν, ἐξ αὐτῆς ἐπανῆλθον ἐς τὸν στρατηγόν.

77 Ὑποκαθημένης. διὸ παρ' ὑποκαθημένης ἐκ τούτων αὐτῶν τῆς ὀργῆς, βραχέα προσυγκινήσαντος τοῦ Φιλίππου ταχέως ὑπήκουσαν.

78 Χρεία. ὁ δὲ ὑπελάμβανεν ὑγιασθεὶς ἐκ τοῦ τραύματος ἀληθινὴν παρέξεσθαι χρείαν τοῖς κοινοῖς πράγμασι.

79 Ὑρτακὸς ἢ καὶ Ὑρτακῖνος πόλις Κρήτης. ὁ πολίτης Ὑρτακῖνος. Πολύβιος δὲ τὸ θηλυκὸν Ὑρτακίνη. *Stephanus.*

80 Φίλιπποι πόλις Μακεδονίας, αἱ πρότερον Κρηνίδες. ὁ πολίτης Φιλιππεύς, Φιλιππηνὸς δὲ παρὰ Πολυβίῳ. *Idem.*

Indiculus librorum Polybii.

Ἐπεὶ δὲ πρότερον ἐν τρισὶ βιβλίοις ἐκτὸς ταύτης τῆς συντάξεως τὸν περὶ αὐτοῦ πεποιήμεθα λόγον, &c. *Ex Polybio pag.* MCCCLXXXVIII.

Πολύβιος οὖν ὁ ἱστοριογράφος πεπραγμάτευται βιβλίον, ὃ ἐπιγραφὴν ἔχει ΠΕΡΙ ΤΗΣ ΠΕΡΙ ΤΟΝ ΙΣΗΜΕΡΗΝΟΝ ΟΙΚΗΣΕΩΣ. αὕτη δ' ἐστὶν ἐν μέσῃ τῇ διακεκαυμένῃ ζώνῃ· καὶ φησὶν οἰκεῖσθαι τοὺς τόπους καὶ εὐκρατοτέραν ἔχειν τὴν οἴκησιν τῶν περὶ τὰ πέρατα τῆς διακεκαυμένης ζώνης οἰκούντων. *Ex Gemino in Isagoge Astronomica.*

Πολύβιος Λυκόρτου υἱὸς ἔγραψε τὴν μακρὰν ἱστορίαν Ῥωμαϊκὴν ἐν βιβλίοις τεσσαράκοντα. *Ex Suida.*

Σκύλαξ Καρυανδεὺς μαθηματικὸς καὶ μουσικὸς ἔγραψεν ἀντιγραφὴν πρὸς τὴν Πολυβίου ἱστορίαν.

FRAGMENTA POLYBII
ex Suidâ per
JACOBUM GRONOVIUM
COLLECTA.

Ἀγωγή. Ἦγαγε δὲ ὁ ξενολόγος καὶ Λακεδαιμόνιον ἄνδρα τῆς Λακωνικῆς ἀγωγῆς μετεσχηκότα, καὶ τριβὴν ἐν τοῖς πολεμικοῖς ἔχοντα σύμμετρον. *Ex lib. I. cap. 32.*

Ἀγωνιῶ. Ἀγωνιῶν δὲ τὴν ἀθεσίαν τῶν Κελτῶν, καὶ τὰς ἐπιβουλὰς τὰς περὶ τὸ σῶμα.

σῶμα. *Ex lib. III. cap. 78. Et ex hoc loco emendandus Suidas in voce* Ἀθεσία, *ubi hoc idem fragmentum: sed pro quatuor postremis verbis ibi legitur* καὶ ἐπισφαλμένας *(quomodo allegavit Fulvius) ac quia nil melius potuit, vertit interpres* jam intentatas.

Ἀδήρητος. Τὴν λείαν τῶν πολεμίων ἤλπισεν ἀδήρητον περιαιρεῖν. *Non additur Polybii nomen: non tamen dubito, quin sit distortum ex lib. III. cap. 93. de Fabio.* Τὴν μὲν λείαν αὐτῶν ἤλπισεν ἀδηρίτως περισυρεῖν.

Ἀθεραπευσία. Τὸ δὲ στρατόπεδον, ταῖς τῶν σωμάτων ἀθεραπευσίαις κακῶς ἀπήλλαττεν. *Ex libri III. cap. 60.*

Ἀλκή. Πολύβιος· οἶδε γὰρ καὶ λόγων ἀλκὴ θανάτου καταφρονεῖν.

Ἀλλοπρόσαλλος. Οὐ γὰρ μόνον δειλὸς ἦν ὁ Περσικῆς βασιλεὺς, ἀλλὰ καὶ πρὸς τὰς κακοπαθείας ἀλλοπρόσαλλος. *Ex pag. 1471. Sed ibi legitur* ἀλλότριος, *& rectius.*

Ἀλφειός. *Priorem narrationem Suidas hausit ex pag. 1411. nisi quod ibi legatur* διακόσια στάδια· *apud Suidam* δέκα σταδίους.

Ἀνάληψις. Σπουδὴν ἐποιεῖτο ὑπὲρ ἀναλήψεως καὶ θεραπείας τῶν ἀνδρῶν, οὐχ ἧττον δὲ καὶ τῶν ἵππων. *Ex libro III. cap. 87.*

Ἀνάρειος. Βουλόμενος ἀναρείους, καὶ πρὸς τὸ μέλλον ἀπαρασκεύους λαβεῖν τοὺς ὑπεναντίους. *Ex lib. III. cap. 71. Neque enim est Menandri fragmentum, ne quem decipiat Suidas.*

Ἀνασώσων. Τήν τε χώραν καὶ τὰς πόλεις, ἃς ἀπὸ Ῥωμαίων ἀπολωλεκότες ἕκαστοι τυγχάνουσιν, ἀνασώσων. *Ex libri III. cap. 77. Sed ibi melius,* ὑπὸ Ῥωμαίων, *tum, &* συνανασώσων, *cujus prima syllaba excidit per praecedens verbum.*

Ἀνεδίδοτο. Ὁ δὲ συναθροίσας τοὺς φίλους, ἀνεδίδου διαβούλιον τί δέον εἴη πράττειν. *Habet Ursinus. Suspicor confictum ex legatione I.*

Ἀνεκαλοῦντο. Οἱ δὲ Ἔφοροι ἀνεκαλοῦντο αὐτὸν εἰς τὰς συναρχίας, ὡς ἂν τὰ ἀπολωλότα τοῖς Μεσσηνίοις ἀποκαταστήσῃ. *Grammaticus & auctorem lectori invidit, & multa intervertit, nonnulla quoque mutavit. Est autem Polybii. ex libro V. cap. 4.*

Ἀνεπισήμαντον. Οὐκ ἄξιον ἀνεπισήμαντον παραλιπεῖν τὸν Ἀσδρούβαν ἄνδρα ἀγαθὸν γενόμενον. *Ex libro XI. cap. 2. Ubi neniam summi Imperatoris exorditur. Imitatus autem Polybium est Diodorus, qui in Excerptis pag. 282. de eodem:* Οὐκ ἐῶσιν εἴασε τὴν τοῦ ἀνδρὸς ἀρετὴν φημὶ δὴ τοῦ Ἀσδρούβου ἀνεπισήμαντον.

Ἀνθρωπίνως. Καὶ συμβέβηκε *&c. Ut viderunt alii. Ex lib. XVII. cap. 29.*

Ἄνθρωπος. Τὸ τῶν ἀνθρώπων γένος *&c. Integrum habes in lib. XVII. cap. 13. & rursum pag. 1424. Infra quoque in τῷ* Διδαξοποιημένον *ejusdem fragmenti pars refertur, nisi quod perperam ibi,* προσδεδιδαχσμένον.

Ἀνοδία. Οἱ δὲ πλείους, ἀνοδίᾳ καὶ κατὰ τὰς νήσους διεσπάρησαν. *Legendum,* ἀνοδίαις κινοδίαν κατὰ τὴν νῆσον. *Sic habes & optimo sensu lib. III. cap. 19.*

Ἀντιπεποιημένοι. Οἱ δὲ Ῥωμαῖοι ἀντιπεποιημένοι τῆς κατὰ θάλατταν ἐλπίδος, διπλασίως ταῖς ὁρμαῖς πρὸς τὸν πόλεμον ἐχρῶντο. *Ex libri I. cap. 24. nisi quod ibi est* ἐπερρώσθησαν, *& melius.*

Ἀντιποιηθέντα. ὁ δὲ Ἄρατος καταμανθάνων τὸν Ἀντίγονον πρᾶξιν ἔχοντα καὶ σύνεσιν καὶ πίστεως ἀντιποιούμενον, τοὺς δὲ βασιλεῖς φύσει μὲν οὐδένα νομίζοντας οὔτ' ἐχθρὸν οὔτε πολέμιον (*lege* φίλον) ἐπεβάλλετο λαλεῖν πρὸς τὸν εἰρημένον βασιλέα, καὶ συμπλέκειν τὰς χεῖρας. *Ex lib. II. cap. 47.*

Ἀπαντᾶν. οὐ μὴν ἀλλὰ τούτων ἀπαντωμένων, οὐδὲν ἱκανὸν ἦν πρὸς τὸ κωλύειν τὴν ὁρμὴν τῶν Ῥωμαίων. *ex libro X. cap. 13. Fere similia lib. I. cap. 52.*

Ἀπεπίστευον. οἱ γὰρ Ῥωμαῖοι πρὸς τοὺς ὑλώδεις τόπους ὑπόπτως εἶχον πρὸς ἐνέδρας, ἐν δὲ τοῖς ἐπιπέδοις καὶ ψιλοῖς ἀπεπίστευον. *Ex lib. III. cap. 71.*

Ἀποδοκιμάσας. ὁ δὲ Ἀννίβας ἀποδοκιμάσας τὸν ἐξ ἀρχῆς ὑπάρχοντα αὐτοῖς καθοπλισμὸν, ἅμα τῷ νικῆσαι τῇ πρώτῃ μάχῃ, παραχρῆμα τοῖς Ῥωμαίων ὅπλοις καθώπλισε τὰς δυνάμεις. *Ex libro XVIII. c. 24.*

Ἀπολέμητον. Καταίραντες εἰς χώραν εὐδαίμονα, καὶ πολλῶν χρόνων ἀπολέμητον. *Ex lib. III. cap. 90.*

Ἀπολογισμός. ὁ δὲ Ξάνθιππος παραγινόμενος εἰς χεῖρας ἔφερε τοῖς ἄρχουσι τοὺς ἀπολογισμοὺς παρὰ τί νῦν σφάλλοιντο καὶ πῶς δύναιντο τοὺς ἐναντίους νικᾶν. *Ex lib. I. cap. 32.*

Ἀποξυσμοῦνται. αἱ γὰρ μάχαιραι τῶν Γαλατῶν ταῖς κατασκευαῖς μίαν ἔχουσιν τὴν πρώτην καταφορὰν καιρίαν. ἀπὸ δὲ ταύτης εὐθέως ἀποξυσμοῦνται καμπτόμεναι κατὰ μῆκος καὶ πλάτος ἐπὶ τοσοῦτον, ὥστε κἂν μὴ δῷ τις ἀναστροφὴν τοῖς χρωμένοις ἐρείσαντας πρὸς τὴν γῆν ἀπευθῦναι τῷ ποδὶ, ταχέως ἄπρακτον εἶναι τὴν δευτέραν πληγήν. *Reponendum* τελέως ἄπρακτον, *ut legitur apud Polybium lib. II. cap. 33.*

Ἀποσκευή. Μετὰ δὲ τὰς δυνάμεις πάσας συνέταξε τούτοις καὶ τὴν ἀποσκευὴν, ἵνα πρός τε τὸ παρὸν εὐπορῶσι τῶν ἐπιτηδείων. πρὸς γὰρ τὸ μέλλον ἀφροντίστως εἶχε περὶ τῶν σκευοφόρων, λογιζόμενος, ὡς ἐὰν ἅψηται τῆς πολεμίας, ἡττηθεὶς μὲν οὐ προσδεήσεται τῶν ἀναγκαίων. κρατῶν δὲ τῶν ὑπαίθρων, οὐκ ἀπορήσει τῶν ἐπιτηδείων. *Horum prima finxit Suidas, reliqua sunt in lib. III. c. 79.*

Ἀποσταυροῦντες. Κύκλῳ τὸ νησίζον τῆς χερρονήσου ὀχυρὸν ἀποσταυροῦντες καὶ περιχαρακοῦντες. *Ex lib. IV. c. 56. Perperam in duo fragmenta velut diversorum auctorum diducitur apud Suidam & explicatur. Habes eodem modo lib. XVI.* Οὐ μὴν ἀλλ' ὅ γε Φίλιππος τὰ μὲν ἀποσταυρώσας, τὰ δὲ περιχαρακώσας.

Ἀποστομοῦν. Προέθετο τὰς διώρυγας ἀποστομοῦν τὰς ἐπιφανεστάτας. *Suspicor cæteris ad complendum sensum, ut solet, à Suida adjectis ortum hoc fragmentum ex lib. V. c. 63. quanquam ibi legatur* ἀναστομοῦν.

Ἀπραγμόνων. Ἀπραγμόνων καὶ τὴν ἡσυχίαν ἀναγκαζομένων ἄγειν, ἀλλὰ καινοτομήσειν τι πάλιν κατ' ἐκείνων. *Sic supplendus ille locus, de quo*

Æmilius Portus sibi non liquere confitetur. Sumtus est ex libro III *cap.* 70.

Ἀπροθέτως. Τὰ μὲν ἀπροθέτως &c. *Habent alii. Ex libro* IX. *c.* 11.

Αὐλῶνες. ὁ δὲ κατεστρατοπέδευσε λαβὼν αὐλῶνα μεταξὺ τῆς αὑτοῦ καὶ τῆς πολεμίων στρατοπεδείας. *Ex lib.* XI. *cap.* 30.

Αὐτοπαθῶς. ὁ δὲ ἀνακρινόμενος ὑπὲρ ἑκάστου αἰεδίδου λόγον. οὐ μὴν ἀλλ' αὐτοπαθῶς καὶ γενναίως ὑπέμενε τοὺς ἐλέγχους. *Ex l.* VIII. *cap.* 14. *quem locum si conferas, intelliges quam bona sit interpretatio Porti, tota contra sensum. Sequitur:* ὁ δὲ Ἀννίβας δόξας αὐτοπαθῶς ἅμα καὶ ἀληθῶς εἰρηκέναι, πιστεύεται. *quod fragmentum videtur idem esse cum sequenti tertio, cujus sensus plane similis est, & conceptum ex l.* III. *cap.* 11. *Vidit utraque Fulvius.*

Βάναυσος. Καὶ τοῖς ἐκ τῆς ἀγορᾶς βαναύσοις φέρειν προσέταξε βέλη, καὶ παραβάλλειν ἔξω παρὰ τὸ θεμέλιον τοῦ τείχους. *Ex lib.* 1. *cap.* 40. Denuo *sequitur.* ἐπὶ τούτοις σεμνυνόμενοι κατὰ τὴν πολιτείαν, ἐφ' οἷς ἂν καὶ πλάνης σεμνυνθείη βάναυσος. &c. *pag.* 1397.

Βαρυδαίμων. ὁ γὰρ Κρὴς ὑπάρχων καὶ φύσει ποικίλος, πᾶν ἐβάσταζε πρᾶγμα, καὶ πᾶσαν ἐπίνοιαν ἐψηλάφα. *Ex lib.* VIII. *c.* 13.

Βοτρυοσταγῆ ἔργα. ὑποβεβηκέναι δὲ τοῖς ἐπιτηδεύμασι τὰ Βότρυος ὑπομνήματα καὶ τὰ Φιλαινίδος καὶ τῶν ἄλλων αἰσχρογράφων. *Vide pag.* 1396 *sed perperam in Græcis ibi legitur* ὑποβεβηκέναι. *Tum & glossema fragmento huic apud Suidam præfixum non convenit, & omnino deest aliquid.*

Δαιτρός. Τίμαιός φησι τοὺς ποιητὰς καὶ τοὺς συγγραφεῖς, διὰ τῶν ὑπεράνω πλεονασμῶν ἐμφαίνειν τὰς ἑαυτῶν φύσεις & *quæ sequuntur, habes pag.* 1399. *nisi quod putem rectius* ἐμφαίνειν *apud Suidam legi quam* διαφαίνειν.

Δημαγωγός. ὁ Φλαμίνιος ὀχλοκόπος (*leg.* ὀχλοκόπος) καὶ δημαγωγὸς τέλειος, πρὸς ἀληθινῶν δὲ καὶ πολεμικῶν πραγμάτων χειρισμὸν οὐκ εὐφυής. *Ex lib.* III. *c.* 80. *Partem ejusdem fragmenti renarrat Suidas in* τῷ Ὄχλου.

Δημοκρατία. Ὅτι Πολύβιος φησὶν, ὡς δημοκρατία ἐπανελομένη &c. *ut notavit Fulvius. Ex lib.* XI. *cap.* 11.

Διαγωνιάσαντες. οἱ δὲ διαγωνιάσαντες μὴ διὰ τὸ προσηπλάκας δόξωσι καταπεπλῆχθαι τοῖς ὅλοις ἐξῆγον ἅμα τῷ φωτί. *Ex lib.* XI. *cap.* 31. *ubi tamen editum* μὴ προσηπλάκας δόξωσι καὶ καταπεπλῆχθαι.

Διακεχυμένοι. Τινὲς δὲ τῶν νεανίσκων ἀπλύτων πρὸς Γάϊον διακεχυμένοι καί τι καὶ προσπαίζοντες ἀλλήλοις. *Habent alii. Ex Polybii l.* VIII *c.* 22.

Διαλαβών. ὁ δὲ διαλαβὼν τὰς ὁδοὺς φυλακαῖς. *Ex lib.* IV. *c.* 67. *quæ totidem verbis memini me legisse apud Plutarchum.*

Διαμησάμενος. Διαμησάμενος τὴν χίονα τὴν ἐπ' αὐτῇ, ἐξῳκοδόμει τὸν κρημνόν. *Ex lib.* III. *cap.* 55.

Δίαρσις. οἱ δὲ Ῥωμαῖοι συνδραμόντες ἐς τὰς χεῖρας, τοὺς Κελτοὺς ἀπράκτους ἐποιήσαν, ἀφελόμενοι τὴν ἐκ διάρσεως αὐτῶν μάχην. ὅπερ ἐστὶν ἴδιον Γαλατικῆς χρείας, διὰ τὸ μηδαμῶς κέντημα τὸ ξίφος ἔχειν. *Ex l.* II. *c.* 33.

Διαχών. Πολύβιος. ὁ δὲ διαχὼν τῶν πολεμίων ὡς τρία στάδια, κατεστρατοπέδευσε μεταξὺ λαβὼν τὸν ποταμόν.

Διαφέρων. Πυνθανόμενος τὴν πόλιν ὀχυρῶσθαι καὶ πλῆθος ἀνθρώπων διαφερόντων εἰς αὐτὴν ἠθροῖσθαι. *Ex libro* III. *c.* 18. *præterquam quod ibi legatur* ὀχυρὰν εἶναι.

Διεψευσμένοι. Διεψεύσθησαν δὲ τοῖς λογισμοῖς. κατεπλάγησαν γὰρ αὐτοὺς Ἀννίβας, ἐξελὼν τὴν πόλιν. *Ex libro* III. *c.* 16.

Διισθμήσαντα. Παρεκάλει αὐτὸν βοηθεῖν τοὺς λέμβους διισθμήσαντα. *Ex libro* IV. *c.* 19.

Δικαιοπραγεῖν. Καὶ μηδὲν δικαιοπραγεῖν τῶν πάρεξ προστατιομένων. *Legendum* ἰδιοπραγεῖν. *Nec enim dubito, quin Grammaticus corruptam lectionem secutus id fragmentum sumpserit ex libro* VIII. *c.* 21.

Δόξαν. Δοξάζων ἑαυτὸν ὑπὸ τῶν ἐναντίων καταφρονεῖσθαι. *Ex l.* III. *c.* 82.

Δυσπιδίκους. Περὶ δὲ τῶν πιθ.εσώτων δυσπιδίκους παρέχοι τοὺς ἠδικηκότας. *Ex libro* IV. *c.* 4.

Εγχώριον. Εγχώριοι γὰρ οὐ μόνον τὰς τῶν ἀνέμων στάσεις &c. *p.* 1385. *Habetur quoque in* Ανέμων στάσεις.

Εξυγροστατεῖτο. Εξυγροστατεῖτο τοῖς Ῥωμαίοις ὁ πόλεμος *Ex l.* I. *c.* 20.

Εκκαλέσασθαι. Εκκαλέσασθαι σπουδάζων τοὺς ἐπὶ πραγμάτων τεταγμένους πρὸς τὰς τῶν Ῥωμαίων ἐλπίδας. *Ex Libro* III. *cap.* 69. *Sed aut Grammatici inertiâ aut librariorum vitio vox* Ῥωμαίων *huic loco obvenit pro* Καρχηδονίων, *ut illic videre est, aut scripsit* τὰς κατὰ τῶν Ῥωμαίων.

Εκκαλεῖται. Ο δὲ Κεκίλιος θεωρῶν αὐτὸν καταπεθαρρηκότα, βουλόμενος ἐκκαλεῖσθαι τὴν ὁρμὴν αὐτοῦ, συνεῖχε τοὺς στρατιώτας ἐντὸς τῶν πυλῶν. *Ex libro* I. *capite* 40.

Εκδέχη. Οὐκ ὀρθῶς, ὦ στρατηγὲ, τοὺς ἡμετέρους ἐκδέχη λόγους. *Ex libro* X. *c.* 18.

Εκλεγόμενος. ὁ δὲ καταπιστεύων τοῖς πράγμασιν, ἔσπευδε δι' αὐτοῦ κρῖναι τὰ ὅλα. Διόπερ οὐ τὸν τῶν πραγμάτων ἐκλεγόμενος καιρὸν, ἀλλὰ τὸν ἴδιον, ἔμελλε τοῦ δέοντος σφαλήσεσθαι. *Ex libro* III. *cap.* 70, *omissis quibusdam.*

Εκλογιστίαν. Εμπείρως καὶ φρονίμως ἐκλογιζόμενος. *Ex libro* III. *c.* 33.

Ἐκ μεταβολῆς. Οἱ δὲ μετὰ ταῦτα ἐκ μεταβολῆς ὡς ἐπ' Ολυμπίας. *Imperfectam sententiam supplere potes ex lib* IV. *c.* 10, *inde enim hausit.*

Εκπεφυσημένον. Ορῶν δὲ τὸν Μάρκον ἐκπεφυσημένον. *Ex lib.* III *c.* 103.

Εκπλαγεῖς. Εκπλαγεῖς γενόμενοι οἱ Λίβυες διὰ τὸ παράδοξον ἐκκλίναντες ἔφυγον. *Ex libro* I. *cap* 76. Οὕτως ἐκπλαγεῖς ἦσαν καὶ κατάφοβοι τὸ μέλλον. *Ex lib.* III. *fine capitis* 107.

Εκκυβεύειν. Οἰόμενος κατὰ τὴν ποιητὴν δῆλον εἶναι, οὐδαμῶς ἔκρινεν ἐκκυβεύειν, οὐδὲ παραβάλλεσθαι τοῖς ὅλοις, ἦγε δὲ τὴν ἡσυχίαν ἐπὶ τῷ χάρακι. *Sumtum ex libro* III. *c.* 94.

Ἐκ χειρὸς βοηθεῖν τοῖς πράγμασι. Πολύβιος. *Familiaris auctori hæc locutio, ut vix ausim dicere certi loci respectu Grammaticum id annotasse. Habes lib.* III. *c.* 104. ἐπιπαρέσται βοηθῶν ἐκ χειρός. *Libro* V. *cap.* 62. Οἱ δὲ περὶ τὸν Πτολεμαῖον τοῦ μὲν ἐκ χειρὸς βοηθεῖν τοῖς σφετέροις πράγμασιν, οὐδ᾽ ἐπιβολὴν εἶχον. *Libro* 10. τοῖς Ῥωμαίοις ἐκ χειρὸς καὶ κατὰ πολὺν τόπον διὰ τῶν βοηθούντων ἐπικουρείας ὑπαρχούσης. *Fine libri* XVI. οἱ δὲ μισθοφόροι ἐκ χειρὸς ἐβοήθουν. *Etsi fere dicam eum habuisse in animo verba secundo loco citata.*

Ἐμβελές. Ὁ δὲ Ἀρχιμήδης παρεσκευάσατο ὄργανα πρὸς ἅπαν ἐμβελὲς διάστημα, πόρρωθεν μὲν ἐπιπλέοντας τοῖς εὐτονωτέροις καὶ μείζοσιν. ὅτε δὲ ταῦθ᾽ ὑπερπετῆ γίγνοιτο, τοῖς ἐλάττοσιν. *Quæ deficiunt, suppleri possunt ex libro* VIII. *c* 6. *inde sumtum.*

Ἐμπιπρεῖν. Φήσας γεγονέναι πλείω χρόνον ἐν ταῖς Σάρδεσι καὶ τῶν τόπων ἐμπιπρεῖν. *Ex libro* VIII. *c.* 12.

Ἔμφασιν. Ὁ δὲ Φίλιππος ἀνεχώρησε διαταραχθείς. Ποιῶν δὲ ἔμφασιν ὡς ἐπί τινα τῶν ἐν Πελοποννήσῳ πράξεων ἐπιστροφῶς. *Ex libro* V. *c.* 110. *Sequentes duæ de eadem voce* περικοπαὶ *sunt eædem, & sumtæ ex pag.* 1396.

Ἐμφαντικῶς. Ὁ δὲ παρεκάλει βραχέως μὲν, ἐμφαντικῶς δὲ τοῦ παρόντος κινδύνου. *Ex libro* XI. *c.* 10.

Ἐνδυομενία. Τὴν μὲν ἐνδυομενίαν ἅπασαν ἐκ τῶν οἰκιῶν ἐξήρπασαν τά τε ἔπιπλα. *Legendum* ἐνδυμενία *&* ἐνδυμενίαν. *Habes enim lib.* IV. *c.* 72. *Quod quia Polybii esse ignorabat alioquin doctissimus Portus, sibi non liquere testatur, & Endyomeniam, regionem ambiguum an civitatem, interpretatur.*

Ἐνεργόν. Πολύβιος οἱ δὲ ἐξαναστάντες, ἐνεργὸν ἐποιήσαντο τὴν πορείαν καὶ τὴν ἔφοδον.

Ἐνίεσαν. Καὶ τοῖς πύργοις πῦρ ἐνίεσαν. *Verbum est Polybii* 1. 48. Τοσούτῳ πλεῖον δυσχρηστίας περὶ τοὺς ἐνιέντας ἦν τὸ πῦρ.

Ἐξεκέκλητο. Ταχὺ δὲ ἐξεκέκλητο αὐτοὺς πρὸς τὴν πρᾶξιν, ἅτε οἰκείους ὄντας τῶν τοιούτων ἐγχειρημάτων. *Ex libro* IV. *c.* 59.

Ἐξεμηρύσατο. Ὁ δὲ Ἀνανίας ἐν ὅλῃ τῇ νυκτὶ μόλις ἐξεμηρύσατο τὰς χαράδρας. *Interpres Suidæ V. Cl. bona fide Ananiam exposuit, quasi Iosephi aut alterius Iudæi fragmentum foret. Ridicule. legendum* Ἀννίβας. *Et habet Polybius libro* III. *c.* 53.

Ἐξηνδραποδισμένον. Πλείστας δὲ πόλεις ἐξηνδραποδισμένον καὶ πεπραξικοπηκότα. *Ex pag.* 1376. *Idem hoc sed paucis mutatis & auctius leges in* Πραξικοπήσας.

Ἐπισημηνάμην. Τίς οὐκ ἂν ἐπισημήναιτο καὶ θαυμάσειε τὸν προειρημένον ἐπὶ τούτοις ἡγεμόνα; *Quæ licet clara sint, sibi tamen non liquere profitetur in:*

tur interpres, & mira est ejus explicatio, quam potuisset emendare, inspecto libro IX. c.9. unde Suidas hausit. Est autem Polybio frequens hæc per interrogationem exclamatio, & iisdem vocibus. Vide & in ἐπισημήνασθαι.

Ἐπιβολή. Ἔστι μὲν γὰρ ὅτε καὶ ταὐτόματον ἀντέπραξε ταῖς ἐπιβολαῖς τῶν ἀγαθῶν ἀνδρῶν. ἔστι δ' ὅτε πάλιν κατὰ τὴν παροιμίαν ἐσθλὸς ἐών, ἄλλου κρείττονος ἀντέτυχε. *Habet Fulvius. Cæterum non dubito hic ex Grammatico aliquid deperditum: nec Hylli aut Euchemi ulla apud Megalopolitam mentio. locus horum verborum est in libro* XV. *c.* 16.

Ἐπικάθηται. Ὁ δὲ διατειχίζει τὴν πόλιν ἀπὸ τῆς ἄκρας, ἵνα μηδεὶς ἔτι φόβος ἐπικάθηται τοῖς Ταραντίνοις ἀπὸ τῶν κατεχόντων τὴν ἀκρόπολιν. *Ex libro* VIII. *c.* 27.

Ἐπιπολάς. Ἐπιπολαστικῶς καὶ κατακόρως χρώμενοι τῇ κραυγῇ. *Ex libro* IV. *c.* 12.

Ἐπιπρεπείας. Ὁ δὲ Ἀννίβας ὁ Καρχηδονίων στρατηγὸς κατεσκευάσατο περιθετὰς τρίχας ἁρμοζούσας ταῖς κατὰ τὰς ὁλοσχερεῖς διαφορὰς τῶν ἡλικιῶν ἐπιπρεπείαις, καὶ ταύταις ἐχρῆτο συνεχῶς μετατιθέμενος. *Ex l.* 3. *c.* 78.

Ἐπιστροφῆς. ὁ δὲ δεινὸν ἡγεῖτο τὸ γινόμενον καὶ κοινῆς αὐτοὺς ἐπιστροφῆς ἔφη τεύξεσθαι. *Ex libro* IV. *c.* 4.

Ἔπραττον. Ἐπεσπῶντο τοὺς Αἰτωλοὺς καὶ τούτοις ἔπραττον τὴν πόλιν. *Ex libro* IV. *c.* 17.

Ἐργαστήριον. Οὐκ ἔστι κατὰ τὸν Ξενοφῶντα ὃς θεασάμενος τὴν πόλιν ἐκείνην οὐκ ἂν εἶπε πολέμου ἐργαστήριον. *Ex lilro* X. *c.* 20.

Ἔφαμμα. Οἱ μὲν γὰρ τὰς ἀναξυρίδας καὶ τοὺς εὐπετεῖς τῶν σάγων ἔχοντες περὶ αὐτοὺς ἐξήταζον. οἱ δὲ διὰ φιλοδοξίαν ταῦτ' ἀπορρίψαντες γυμνοὶ μετὰ τῶν ὅπλων ἔστησαν. ὑπολαβόντες οὕτως ἔσεσθαι πρακτικώτερον, διὰ τὸ τινὰς τῶν τόπων βατώδεις ὄντας ἐμπλέκεσθαι τοῖς ἐφάμμασιν. *Ex libro* II. *c.* 28.

Εἰκότα. Συλλογιζόμενος ἐκ τῶν εἰκότων τὸ συμβησόμενον. *Ita lib.* III. *c.* 93.

Ἥμισυς. Ἥμισυς ἀνὴρ Προυσίας *&c. pag.* 1471.

Ἠταίρηκεν. Ἠταιρηκέναι δὲ τοῖς ἄνω μέρεσι *&c. pag.* 1396.

Ἰβυκανητῶν. Ἰβυκανητῶν καὶ σαλπικτῶν πλήθους. *& in* Ἰβύκινον. Κατὰ τὴν συμπλοκὴν τῶν Κελτῶν πρὸς Ῥωμαίους ἀναρίθμητον ἦν τι τῶν ἰβυκανητῶν καὶ σαλπικτῶν πλῆθος. οἷς ἅμα τοῦ παντὸς στρατοπέδου παιανιζόντος κραυγὴ ἦν συμμιγής, ὡς καὶ τοὺς παρακειμένους τόπους ἠχεῖν καὶ δοκεῖν προΐεσθαι φωνὴν ἐκπληκτικήν. *Quæ desumsit, non bona tamen cum fide, ex lib.* II. *c.* 29. *& ridere jubet Lipsius libro* IV. *Militiæ Romanæ.*

Ἰσοϋψεῖς οἰκίαι καὶ παράλληλοι τῷ τείχει. *Suspicor sumtum ex lib.* IX. *c.* 20. *Habes etiam* κλίμακα ἰσοϋψῆ τῷ τείχει *lib.* VIII. *c.* 5.

Θέρεια. οἱ δὲ Καρχηδόνιοι εἰς τὴν ἐπιφερομένην θέρειαν ἀνήχθησαν τριακοσίοις ναυσί. *Ex libro* I. *c.* 25. *etsi Grammaticus in legendo illo loco festinarit; nam de Romanis hoc dicitur.*

Καθυφεῖντο. Πολλοὶ δὲ καθυφεῖντο ἑαυτοὺς ὁλοσχερῶς διὰ τὴν ἔνδειαν καὶ συνέχειαν τῶν πόνων. *Ex lib.* III. *c.* 60.

Καρδιο-

Καρδιοφύλαξ. Χάλκωμα σπιθαμιαῖον πάντη πάντως. ὃ περιετίθετο πρὸ τῆς στέρνων. οἱ δὲ, ἀντὶ τούτου, ἁλυσιδωτοὺς χιτῶνας περιετίθεντο περὶ τοὺς θώρακας. *Vide l.* VI. *c.* 21, *ne cum Porto fateaaris non liquere.*

Καταγκόρευ. Ἀπὸ τοῦ τῶν γυναικῶν γένους καὶ λάλου καὶ καταγκόρευ ὄντος. *ex pag.* 1459.

Κατάλυσις. Τῷ δὲ ἐπὶ τὴν Ῥωμαϊκὴν κατάλυσιν ἐπιγράψαι, τούτῳ θάνατον ὥρισεν Ἀννίβας τὴν ζημίαν. *Ex libro* VIII. *c.* 26.

Καταναστάς. ὁ δὲ διὰ τὸ τάχος τῆς εἰρεσίας ἀπέπλευσε καταναστὰς μιᾷ νηὶ παντὸς τοῦ τῶν ἐναντίων στόλου. *Ex libro* 1. *cap.* 46.

Κατέχον. οἱ δὲ Ῥωμαῖοι ἀνήχθησαν τριακοσίαις ναυσὶ καὶ κατέχον εἰς Μεσσήνην, ὅθεν ἀναχθέντες ἔπλεον. *Ex libro* 1. *cap.* 25. *ibi habes & sequens.* Προσέσχον τῷ Λιλυβαίῳ.

Κατ' ἀρχὴν αὐτὸ γενέσθαι. Ὁ δὲ στρατηγὸς νομίζων αὐτῷ κατ' ἀρχὴν γενέσθαι τὴν τῶν Ἀχαιῶν ὁρμὴν προεστήκειν ὡς ἐπὶ τὸν πόλεμον. *Ex libro* XI. *c.* 9. *Credo autem pro vulgato* τὸν πόλεμον *Suidam scripsisse* τὴν πόλιν: *est enim in Polybio vox* Μαντίνειαν, *quam ille in incertam more solito mutavit. Inde quoque videbis* προεστήκειν *legendum esse, ut dubitabat Portus.*

Κατουρῶσαι. Τὸ δὲ λοιπὸν πλῆθος ἐπιλεγόμενον τοὺς ἰσοὺς κατουρῶσαν ἀπεχώρει. *Ex lib.* 1. *cap.* 61.

Κενταυρικῶς. οἵους οὔτε τοὺς κενταύρους τοὺς τὸ Πήλιον ἔχοντας, οὔτε τοὺς Λαιστρυγόνας τοὺς τὸ Λεοντῖνον πεδίον οἰκήσαντας. *Pag.* 1377.

Κηρύκειον σύνθημα φιλίας ἦν τοῖς βαρβάροις, συναντᾶν στεφάνους ἔχοντας καὶ θαλλούς, ὥσπερ τὸ κηρύκειον τοῖς Ἕλλησι, διασαφοῦντας ὅτι πάρεισι διὰ ταῦτα βουλόμενοι μήτε ποιῆσαι μήτε παθεῖν τι δυσχερές. *Ex lib.* III. *c.* 52. *etsi non nihil tortum. Ex quo loco emendabis etiam allegata Suidæ in voce* Σύνθημα· *quæ verba cum sint corruptissima, pejus adhuc ex conjectura interpolat Æmilius Portus.*

Κλεομένης. ὃς κακῶς μετήλλαξε τὸν βίον, ἀνὴρ γενόμενος καὶ πρὸς τὰς ὁμιλίας ἐπιδέξιος &c. *Ex lib.* V. *cap.* 39.

Κόννους. ἐδωρεῖτο δὲ πᾶσι τὰ πρέποντα· τοῖς (*lege* ταῖς) μὲν παισὶ κόννους καὶ ψέλλια. τοῖς δὲ νεανίσκοις δράμβας (*lege* ῥάμβας) καὶ μαχαίρας. *Ex lib.* X. *cap.* 18. *Habet etiam Ursinus.*

Κεραοκοπεῖν. οἱ δὲ τοὺς πύργους κεραοκοπεῖν ἐπεχείρησαν. *Ex lib.* 1. *c* 42.

Κοίτη. ὁ δὲ παρήγγειλεν ἔρχεσθαι κοιταίους. *Ita quidem lib.* V. *c.* 17.

Λάσταυρος. εἴ τις ἐν τοῖς Ἕλλησιν, ἢ τοῖς βαρβάροις λάσταυρος τὸν τρόπον, οὗτοι πάντες ἑταῖροι τοῦ βασιλέως ἦσαν. *pag.* 1376

Λέμβος. Πλεῖν δὲ λέμβοις λ' καὶ πολεμεῖν τοῖς Αἰτωλοῖς κατὰ θάλατταν. *Ex lib.* IV. *c.* 29.

Λειπόμεθα. ἅμα τῷ τὸν στρατηγὸν εἰπεῖν τοῖς ὄχλοις, ὅτι λειπόμεθα μάχῃ μεγάλῃ, τηλικαύτην συνέβη γενέσθαι τὴν διατροπήν. *Ex lib.* III. *c.* 85. *Quod si vidisset Æmilius Portus, non vertisset* Dux militibus dixit.

Λοιμώδης. Δυσκρασία ἀέρος καὶ τροπή, λοιμικὴ κατάστασις λέγεται. *Suspicor*

spicor Polybiana ab eo explicari. Certe l. VI. c. 3. habes διὰ λοιμικὰς περιστάσεις.

Μαλακία. Καὶ μάλιστα διὰ τὰς μαλακίας τῶν Κελτῶν, καὶ φυγοπονίας, ὥρισε τὸν ἀδελφὸν οὐραγεῖν. *Ex libro* III. *c.* 79.

Μανιάκης. Μανιάκαις καὶ περιχειρίοις ἦσαν κατακεκοσμημένοι. *Ex libri* II. *capite* 29. *Sed ibi est* Μανιάκοις.

Μεγαλομερεία. Ὁ στόλος αὐτῶν περὶ ιέ μυριάδας ὑπῆρχεν. ἐφ' οἷς οὐχ οἷον ἄν τις παρὼν καὶ γινόμενος ὑπὸ τὴν ὄψιν, ἀλλὰ κἂν ἀκούων καταπλαγείη τὸ τοῦ κινδύνου μέγεθος καὶ τὴν τῶν πολιτευμάτων ἀμφοτέρων μεγαλομερείαν καὶ δύναμιν. *Ex libro* I. *c.* 26.

Μεθοδικῶς. Ὁ γὰρ τρόπος τῶν κλιμάκων τῶν ἐν τοῖς τείχεσι προστεταγμένων εὐχερὴς καὶ ἀδιάπτωτος, ἐὰν λαμβάνηται μεθοδικῶς. *Ex lib.* V. *c.* 98.

Μερίτης. Καὶ πολλὰ περιελασάμενοι σώματα, καὶ θρέμματα, τούτων οὐδένος μερίτην ἐποιήσαντο τῶν ἁλόντων. *Ex lib.* IV. *c.* 29. *Suspicor autem à Suida scriptum* τοῦτον.

Μερίτης. Ὁ δὲ φύλαξ εὐθὺς ἀνοίγει, ἐλπίζων καὶ πρὸς αὐτόν τι διατείνειν τὴν εὐαγρίαν, διὰ τὸ μερίτην αὐτὸν ἀεὶ γίνεσθαι τῶν εἰσφερομένων. *Ex lib.* VIII. *cap.* 24.

Μοναρχία. Ἡ τῶν μονάρχων ἀσφάλεια τὸ παράπαν ἐν τῇ τῶν ξένων εὐνοίᾳ κεῖται καὶ δυνάμει. *Ex libro* II. *c.* II.

Νεαλής. Πολύβιος. τοὺς πολεμίους ἀκεραίους ὄντας καὶ νεαλεῖς. *In iis, quæ habemus, non exstant hæc ipsa: est tamen vox Polybiana.* III. 73. Ἀκέραιοι γὰρ καὶ παρατεταγμένοι νεαλεῖς. X, 14. κατὰ δὲ τὴν πύλην καὶ τὸν ἰσθμὸν νεαλεῖς ποιήσας τοὺς στρατιώτας.

Νεοττάς. ἐφεῖλκον καὶ ἵππους νεοττὰς τρεῖς ἅμα καὶ τέτταρας τοῖς ἀγωγεῦσι. *libro* III. *c.* 43.

Νῆφε. Ἀλλ' ἔστιν αἴτιον τοῦ μὴ πρόχειρον ὑπάρχειν, τὸ παρ' Ἐπιχάρμῳ καλῶς εἰρημένον Νῆφε, καὶ μέμνησο ἀπιστεῖν. ἄρθρα ταῦτα φρενῶν. *Ex l.* XVI. *c.* 30. *Habet hoc idem in* Πρόχειρος. *Quamvis neutro loco recte Æmilius ceperit.*

Νομή. Τὴν νομὴν τοῦ πυρὸς ἐνεργὸν συνέβη γενέσθαι καὶ πρακτικήν. *Ex lib.* I. *c.* 48.

Οἰκείως. Πολύβιος. Οἰκείως δὲ ταῦτα συνέβαινε γίνεσθαι καὶ παρὰ Καρχηδονίοις. *Ex libro* VIII. *cap.* 3.

Ὅλος καὶ πᾶς. πρὸς τὸ παραβάλλεσθαι καὶ διακινδυνεύειν ὅλος καὶ πᾶς ἦν. *Ex libro* III. *c.* 58.

Ὀρθήν. Πολύβιος. τούτων δὲ προσαγγελθέντων τοῖς Καρχηδονίοις, ὀρθὴ καὶ περίφοβος ἦν ἡ πόλις διὰ τὴν ἀδηλότητα τῶν προσδοκωμένων. *ex legat.* 142.

Ὀρθοί. Οἱ δὲ Ῥωμαῖοι μαθόντες ὅτι Ἀννίβας πολιορκεῖ τὰς δυνάμεις, ὀρθοὶ ταῖς διανοίαις καὶ περίφοβοι πάντες ἦσαν, ὡς καὶ πρὸς τὰ ὅλα διατεινούσης τῆς ἐνεστηκυίας κρίσεως. *Ex libro* IX. *c.* 5.

Οὔριος. Λαβὼν οὔριον ἄνεμον καὶ λαμπρὸν ἐκπετάσας πᾶσι τοῖς ἀρμένοις καὶ καταπυρώσας, ἐπ' αὐτὸ τὸ στόμα τοῦ λιμένος ἐποιεῖτο τὸν πλοῦν, ἔχων καθωπλισμένους ἄνδρας ἐπὶ τῶν καταστρωμάτων. Ex libro I. c. 44.

Οὐχ οἷον προσεῖχον αὐτοῖς, ἀλλ' ἁπλῶς οὐδ' ἀκούσειν ἠξίουν. lege ἀκούειν. Ex lib. I. c. 43.

Ὠφελείας. ὁ δὲ Πόπλιος εἰσελθὼν εἰς πόλιν ἐκέλευσε κτείνειν ἅπαντας τοὺς παρατυχόντας καὶ μηδενὸς φείδεσθαι, μηδὲ πρὸς τὰς ὠφελείας ὁρμᾶν, μέχρις ἂν ἀποδοθῇ τὸ σύνθημα. Ex lib. X. c. 15.

Πάντα ἐν ἐλάττονι θέμενοι ἀδεῶς ἐπόρθουν. Ex lib. IV. c. 6.

Παραβάλλεσθαι. ὁ δὲ παραβαλλόμενος, καὶ διαβαίνων πρὸς τὸν Δορύμαχον πλεονάκις. Ex lib. IV. c. 57. ubi tamen editum προσβαλλόμενος. Suidam probo & ita Polybium scripsisse persuasus sum ut lib. I. c. 70. id verbum adhibet: ὁ δὲ Γέσκων παρεβάλλετο καὶ προσεκαρτέρει. lib. VII. c. 6. συνόπτος ἦν ἡ τόλμη τῶν ἀναβαινόντων καὶ παραβαλλόντων. sequens fragmentum supra citavit in vocibus ὅλος καὶ πᾶς.

Παραβόλως. Πολύβιος. μετὰ δὲ ταῦτα πρὸς ἡλίκην δυναστείαν παραβόλως αὐτοφθαλμίσας. lege ἥσας. Ex lib. II. c. 24.

Παραπόδας. παραπόδας ἀκρατέστατον μὲν αὐτὸν δείκνυσι πρὸς γυναῖκας. pag. 1375.

Παραποδίζειν. βατώδεις ὄντας τοὺς τόπους, ἐμπλέκεσθαι τοῖς ἐφάμμασι, καὶ παραποδίζειν τὴν τῶν ὅπλων χρείαν Ex lib. II. c. 28.

Παιδομαθῆ. νέον μὲν, ὁρμῆς δὲ πλήρη καὶ παιδομαθῆ περὶ τὰ πολεμικά. Ex lib. III. c. 71.

Περιπετείαι) Primum est ex pag. 1478. & repetitur in Φαρμακείας, ut observavit Valesius. Secundum est pag. 345. Cæterum in Suida pro illis τοῦ ἀνθρώπου (corrigit Portus τῶν ἀνθρώπων) forte leg. τοῦ αὐτοῦ, est enim & sequens fragmentum ex Polybio p. 1467. de Eumene.

Περισπᾶν. ἦν δὲ τοῖς Ῥωμαίοις πρόθεσις ἐς Λιβύην πλεῖν καὶ τὸν πόλεμον ἐκεῖ περισπᾶν. Ex lib. I. c. 26.

Περίστασις. Primum hujus glossæ fragmentum est ex pag. 1459. Secundum est ex lib. III. c. 98. Tertium ex lib. I. c. 32.

Πιστωσάμενος. Τὸν δὲ ὁ Σωσίβιος διὰ πλειόνων λόγων πιστωσάμενος καὶ παρασκευάσας εὔνουν ἑαυτῷ. Ex lib. VIII. c. 12.

Πληρώματα. ὁ δὲ ἀναλαβὼν τὰ πληρώματα καὶ τοὺς αἰχμαλώτους ἧκεν εἰς τὴν Ῥώμην. Ex lib. I. c. 29. Τὴν δὲ ναῦν καταρτίσαντες πληρώματι ἐπιλέκτῳ. ex ejusdem lib. c. 48.

Πραξικοπήσας. ὁ δὲ στρατηγὸς πρῶτον μὲν πραξικοπήσας κατέσχε τὴν τῶν Ἐρεβησέων (lege Ερβησσέων) πόλιν, καὶ παρείλετο τὰς ἀγοράς. ex lib. I. c. 19. ut eo loco monstravit Casaubonus. Quam recte Æmilius Portus intellexerit,

ἐστήσατο πρᾶξιν ἐπὶ τοὺς Αἰτωλοὺς διά τινος &c. ex lib. V. cap. 96. cujus partem denuo habes in τῷ Φανοτεῦσιν, quod vidit Casaubonus. Πραί-

Πραίφεκτοι. δώδεκα ἄρχοντες &c. ex lib. VI. c. 24. ex ejusdem libri c. 19. petenda emendatio fragmenti in voce Πρίγκιπες· inde enim desumtum videtur, sed corruptissimè nunc legitur. Quæ leguntur in voce σημαία, inde quoque sumta apparet.

Πρόθεσις. Πολύβιος· οὐδὲ τοῖς Ῥωμαίοις πρόθεσις ναυμαχῆσαι. Forte ex lib. I. c. 26.

Προκείμενον. ὁ δὲ τοιούτοις χρώμενος λογισμοῖς, μένειν ἠξίου τὸν Τιβέριον ἐπὶ τῶν προκειμένων. ex lib. III. c. 70. Καὶ αὖθις, ἐμοὶ δὲ τὸ προκείμενον ἤνυστο.

Προσαγγελία. ἧκον ὑπὸ νύκτα πρὸς τὸν Φίλιππον, φάσκοντες συνωρμηκέναι τινὰς αὐτοῖς. τούτους δ' ἀπαγγέλλειν, ὅτι καταλίποιεν ἐν Ῥηγίῳ πεντήρεις Ῥωμαϊκάς. ὁ δὲ διαταραχθεὶς ἐκ τῆς προσαγγελίας ἔφυγε. ex lib. V. capite 110.

Προσηγγελμένοις. τοῖς προσηγγελμένοις ἐπιτρεχέσαντες, οὐδὲν προουργιαίτερον ποιήσετε μετὰ ταῦτα τοῦ βοηθεῖν σφίσι κατὰ δύναμιν. ex lib. IV. c. 66. Sed ibi nunc legitur προηγγελμένοις, quorum utrumque tolerari queat.

Πρὸς Κρῆτα κρητίζων. ὁ δὲ ἠγνόει τὸ δὴ λεγόμενον πρὸς Κρῆτα κρητίζων. ex lib. VIII. c. 16.

Προσαπορδουμένων. προσαπορδουμένων δ' αὐτῷ τῶν ἠδικημένων, τοὺς μὲν διέσυρε χλευάζων. τῶν δὲ κατηύχετο. τοὺς δὲ ἐξέπληττε λοιδορῶν. ex lib. IV. c. 3.

Πτερίνῳ. Ἐπικοσμοῦνται οἱ Ῥωμαῖοι πτερίνῳ στεφάνῳ &c. ex l. VI. c. 21.

Ῥᾳδιουργός. τί δή ποτ' ἐστὶν, ὅτι τοῖς αὐτοῖς καὶ διὰ τῶν αὐτῶν ἀπατώμενοι πάντες, οὐ δυνάμεθα λῆξαι ἀνοίας; τοῦτο γὰρ τὸ γένος τῆς ῥᾳδιουργίας πολλάκις ὑπὸ πολλῶν ἤδη γέγονε, καὶ τὸ μὲν παρὰ τοῖς ἄλλοις διαχωρεῖν, ἴσως οὐ θαυμάσιον, τὸ δὲ παρ' οἷς ἡ πηγὴ τῆς τοιαύτης ὑπάρχει κακοπραγμοσύνης, θαυμαστόν. ex lib. XVII. c. 30. quamvis ibi vox ultima non est, repetenda intellectu ex superioribus. & ex hoc Suidæ loco illius fragmenti initium extenditur. Οὐδὲν διαφέρει τὸ κατ' ἰδίαν ἀδίκημα τῶν κοινῶν ἢ πλήθει καὶ μεγέθει τῶν συμβαινόντων, καὶ γὰρ κατ' ἰδίαν τὸ τῶν ῥᾳδιουργῶν καὶ κλεπτῶν φῦλον τούτῳ μάλιστα τῷ τρόπῳ σφάλλεται, τῷ μὴ ποιεῖν ἀλλήλοις τὰ δίκαια, καὶ συλλήβδην τὰς εἰς αὐτοὺς ἀθεσίας. ex lib IV. c. 29. unde patet voculam διὰ post συλλήβδην hinc excidisse, ut vidit Portus.

Ῥῦμα. Ῥύματα δὲ καὶ πλεῖα ταῖς σχεδίαις ἀνῆψαν, οἷς ἔμελλον οἱ λέμβοι ῥυμουλκοῦντες οὐκ ἐάσειν φέρεσθαι κατὰ τοῦ ποταμοῦ. Βίᾳ δὲ πρὸς τὸν ῥοῦν κατέχοντες διακομιεῖσθαι τὸ ὅλον ἔργον κατὰ τοῦ ποταμοῦ. ex libri III. c. 46. Ἐπὶ τούτοις ἐπέστησαν τὰς ἱππηγοὺς, ῥύματα δόντες ἐξ αὐτῶν ταῖς τοῦ τρίτου στόλου ναυσίν. ex libri I. c. 26. Sequentia verba ἐρυμούλκουν τὰς ἱππηγοὺς ναῦς, separate debent poni, est enim nova περικοπὴ, & ut suspicor sumta ex capite sequenti, etsi ibi sit ῥυμουλκούντων.

Σάλος. κατέλαβον πολισμάτιον, ἀλίμενον μὲν, σάλους δὲ ἔχον, καὶ προσβολὰς περικλειούσας ἐκ τῆς γῆς εὐφυεῖς. leg. προσβολάς. ex lib. I. c. 53.

Σιτοβο-

Σιτοβολίοις. τὰς οἰκίας τῆς πόλεως ἀκεραίους διεφύλαξε, καὶ τὰ τείχη, βουλόμενος σιτοβολίοις χρήσασθαι πρὸς παραχειμασίαν. ex lib III. c. 100.

Σκορπίδια. ὁ δὲ Ἀρχιμήδης πάλιν ἑτέραν ἡτοιμάκει παρασκευὴν &c. ex libro VIII. c. 6.

Στάσις. γίνεταί τις ἀνέμου στάσις ἔχουσα τηλικαύτην φορὰν, ὥστε τὰς στοὰς σαλεύειν. ex lib. I. c. 48.

Στιβιά ἢ στίβος. καὶ Πολύβιος. (*ita recte judico supplesse Portum.*) κατὰ τὸν αὐτὸν στίβον. *Habes enim ita libro* II. *cap.* 25. & *quamvis ibi sit* κατὰ τῶν αὐτῶν στίβον, *non dubito tamen, quin* ἀρσενικῶς, *ut ait Suidas, auctor hic extulerit, & scripserit* κατὰ τὸν αὐτῶν, (*non* αὐτὸν, *ut Suidas*) *cum etiam lib.* III. *c.* 53. *legas*, ὑποζύγια τοῖς στίβοις ἑπόμενα.

Συναγομένων. Συναγομένων δὲ λιμῷ τῶν Καρχηδονίων, διὰ τὸ πλῆθος τῶν συγκεκλεισμένων ἀνδρῶν ἐν τῇ πόλει. *ex libri* 1. *cap.* 18, *quo loco & sequens Suidæ fragmentum invenies.*

Συνθηματικῶς. ἐπιστολὰς ἔγραψε συνθηματικῶς, καθάπερ ἔθος ἦν αὐτοῖς. ὥστε τὸν κυριεύσαντα τῆς ἐπιστολῆς μὴ δύνασθαι γνῶναι μηδὲν τῶν ἐν αὐταῖς γεγραμμένων. *ex libro* VIII *c.* 14.

Συνουσία. ὡς ἂν ὑποκρινόμενοι τοὺς ἐκ συνουσίας ἐπανάγοντας, ἔτι δὲ μᾶλλον ἠλλοιωμένους ὑπὸ τῆς μέθης. *Ex l.* VIII. *c.* 22. *Plenius hoc fragmentum habetur in* ὑποκρίνεσθαι, *cujus & explicationem & emendationem ex eodem loco Polybii petes: quicquid enim Portus adducit nugatorium est totum.*

Σύνοψις. ὁ δὲ ἐβουλεύετο καταστρατοπεδεύσαι τοῖς Καρχηδονίοις ἐν συνόψει, μάλιστα γὰρ οὕτως ἐκφοβήσειν αὐτοὺς ὑπελάμβανε. *ex l.* XIV. *c.* 10. *eodem modo lib.* III. *c.* 66. Ἀννίβας δὲ παραγενόμενος παρέταξε τὴν δύναμιν ἐν συνόψει τοῖς ὑπεναντίοις.

Σύστασις. ὁ δὲ οἰκείως διέκειτο πρὸς τοὺς Καρχηδονίους πατρικὴν ἔχων σύστασιν. *ex lib*, 1. *c.* 78. & *habet Ursinus.*

Τενάγη. κατὰ τὴν εἰς θάλατταν ἐκβολὴν τοῦ Βουκάρα ποταμοῦ συνθεωρήσας κατά τινας ἀνέμων στάσεις ἀποθινούμενον τὸ στόμα, καὶ τεναγώδη γινομένην τὴν παρὰ τὸ στόμα πάροδον, τηρήσας τὸ προειρημένον σύμπτωμα διεβίβασε τὴν στρατιάν. *ex libri* 1. *c.* 75.

Τὴν ταχίστην. ὁ δὲ φιλοτίμως εἶχε πρὸς τὸ τὴν ταχίστην κρῖναι τὰ ὅλα. *ex libri* III. *c.* 70.

Τελάελοι. *Quæ hic habet Suidas & notarat Ursinus sumsit ex libro* 1. *capite* 26.

Τροχάζειν. Τὴν μὲν πρώτην ἡμέραν ἐκέλευσε τροχάζειν ἐπὶ λʹ σταδίους ἐν τοῖς ὅπλοις. *ex libro* X. *capite* 20.

Τύπη. ὥστε συνέβαινεν ὑπὸ τοῦ πυρὸς τὰς βάσεις τῶν πύργων καὶ τὰ τύπη τῶν κριῶν ἀχρειωθῆναι. *ex libri* I. *c.* 48.

Ὑπεραλγῆ. ὑπεραλγὴς ὢν διὰ τὴν βαρύτητα τῆς ἐπενεχθείσης ὀφθαλμίας αὐτῷ. *ex lib.* III. *c.* 79.

Φατί.

Φατέ. Φατέον ἡγεμόνος ἀγαθοῦ ἔργον εἶναι, τὸ μὴ δεῖν μηδέ ποτε χωρὶς προθέσεως, μηδ᾽ ἐκ πάσης ἀφορμῆς ποιεῖσθαι τοὺς ὁλοσχερεῖς κινδύνους, καὶ μάλιστα εἰ τυγχάνοι τις ὢν ἀπαράσκευος. *Habet Fulvius. Miſcet Polybiana Suidas, nec male id quidem hoc loco: ſed ad explendam penitus hanc notatu dignam ſententiam vel* δεῖν *vellem abjectum, vel additum* νομίζειν. τὸ νομίζειν μὴ δεῖν. *Ex libri* III. c. 69.

Φερεκάκους. Συναγαγὼν ἱππεῖς ὄντας φερεκάκους διαφερόντως παρεκάλεσε. *Ex libri* III. c. 71.

Φέρτρον. τότε καὶ τὸν πεφιλημένον ἔχοντα τὸν υἱὸν (*interpres:* tunc & illum dilectum amicum dixit venire cum filio. *Supine ſatis & quam maxime ridicule. Lege.* τότε καὶ τόν τε Φιλήμενον ἔχοντα τὸν υἱὸν, *quod potuerat diſcere à Leopardo lib. V. Emend. c.* 10.) ἐν φέρτρῳ, καὶ Λίβυας ὡσεὶ χιλίους. ὡς δὲ ἤγγισε τῷ τείχει, ἔλεγεν ἀνοίγειν ταχέως, ὅτι βαρύνονται. φέρουσι γὰρ σῦν ἄγριον. ὁ δὲ φύλαξ ἀνοίγει θαυμάσας τὴν διαγρίαν. *Ex libro* VIII. c. 24.

Φεψάλῳ. ἀλλ᾽ ἀποσκοτουμένους ὑπὸ τῆς εἰς αὐτοὺς φερομένης λιγνύος καὶ τῶν φεψαλύγων, ἔτι δὲ τοῦ καπνοῦ πολυπληθείας, οὐκ ὀλίγους ἀπόλλυσθαι. *Ex libri* I. c. 48.

Φόρος. τοῖς ἐναντίοις ὁρῶν ἄνεμον καὶ λαμπρὸν καταπνέοντα, σφίσι δὲ δυσχερῆ, πρὸς αὐτὸν ἄνεμον κοίλης καὶ τραχείας οὔσης τῆς θαλάσσης, διηπόρει τί δεῖ χρῆσθαι τοῖς παροῦσι. *Omiſſum primo eſt* φόρον, *quod fecit ſimilitudo vocis* ὁρῶν. *Tum poſt* δυσχερῆ *interſerenda hæc:* γινόμενον τὸν ἀνάπλουν. *Nam quam belle ſcierit ea tantopere defecta velut integra explicare Æmilius Portus, lector ipſe evolvat. Polybiana ſunt, & ſumta ex libri* I. c. 60.

Φρεατία. φρεατίας δὲ εἶχεν ὁ τόπος ἀγνοουμένας. *Ex libro* X. c. 25.

Χειμασκήσαντα. Διάλειψιν εἶχε τὰ στρατόπεδα χειμασκήσαντα βελτίω τὰ πράγματα ὑπελάμβανε γενήσεσθαι. *Interpretem hic nihil moror. Vt ſenſum aliquem habeas, poſt* εἶχε *ponenda* στιγμὴ *& pro* πράγματα *legendum* παρ᾽ αὐτῶν *&* διάληψιν *pro* διάλειψιν. *Certe enim deſcripſit Suidas ex Polybii libro* III. c. 70.

Χρήσιμον. οἱ δὲ οὕτω διεφθάρησαν, ὡς μήτε τῶν ναυαγίων μηδὲν γίνεσθαι χρήσιμον ἀλλ᾽ ἀχρειωθῆναι αὐτούς. *Ex libri* I. c. 54.

Ψιλόν. τὰ δὲ θηρεία ὕστερον ἑάλω ψιλὰ τῶν Ἰνδῶν. *Ex libro* XI. c. 1.

Ψυχομαχοῦντες. οἱ δὲ Ῥωμαῖοι ψυχομαχοῦντες σχεδὸν ἤδη ιέ ἔτη τῶν κατὰ θάλατταν πραγμάτων ὁλοσχερῶς ἀφεστηκότες. *Hoc cum ſequenti ejuſdem gloſſæ fragmento ſumtum ex libri* I. c. 59. *Inde corriges.*

Ex Stephano Byzantino.

Ἀπεράντεια, πόλις Θεσσαλίας. Πολύβιος εἰκοστῷ. *Vide legat.* XXVI.

Βάδιζα, πόλις τῆς Βρεττανίας. Πολύβιος τρισκαιδεκάτῳ. *Sic enim* *supplendam putaveramus lacunam, quæ est in vulgatis, & postea ostensum mihi ab illis, qui multis locis recidivum Stephanum imputabunt, ita in MSS. legi.*

Γαλάδραι. πόλις Μακεδονίας ἐν Πιερίᾳ. Πολύβιος δ᾽ ἐν τρίτῳ Γαλαδραϊκόν φησι. *Numerus proculdubio falsus. Forte* τριακοστῷ τρίτῳ.

Λάμια. πόλις Θεσσαλίας τῶν Μηλιέων. Πολύβιος.

Μολκηνοί. χωρίον Ἰβηρίας, ἄποικον Ῥωμαίων. Πολύβιος τρίτῳ.

Ταμάσσος, πόλις Κύπρου. ἔστι γὰρ καὶ Ταμέση πόλις Ἰταλίας καὶ ποταμός. Πολύβιος δ᾽ ἐν τῷ πρώτῳ Τεμεσίαν τὴν πόλιν καλεῖ. *Nusquam gentium illic, nec potest ibi fuisse. F.* Πολύβιος δ᾽ εἰκοστῷ πρώτῳ.

Ex Arriano περὶ τέχνης τακτικῆς.

Καὶ μὴν καὶ Παυσανίου ἐστὶ συγγράμματα ὑπὲρ τούτων, Εὔρις δ᾽ ἂν καὶ Εὐαγγέλου, ἀλλὰ καὶ Πολυβίου τοῦ Ἀρκάδος, ὃς καὶ Σκιπίωνι τῷ Ῥωμαίῳ ξυνεγένετο, πολλοὺς καὶ μεγάλους πολέμους διαπολεμοῦντι ἄλλους τε, καὶ ἐν ᾧ καὶ Καρχηδόνα τὴν ἐν Λιβύῃ εἷλέ τε καὶ ἠνδραπόδισεν.

ISAACI CASAUBONI
in
HISTORIÆ POLYBIANÆ SYNOPSIN CHRONOLOGICAM

ad Candidum & φιλοπολύβιον lectorem

PRÆFATIO.

UUM sine accurata temporum adnotatione omnis rerum gestarum narratio sit cæca & fabulæ non dissimilis; diligenter huic parti prospexisse, non postrema eorum qui historias scribunt, aut interpretantur, laus jure censeatur. Est vero ejus rei observatio eo difficilior, quo latius susceptæ ad enarrandum materiæ argumentum patet. Nam qui aliquod singulare gestum describunt, aut privati alicujus hominis vitam commemorant, aut civitatis unius anguste dominantis res explicant; semel prehenso narrationis principio, atque eo certis notis insignito; in reliquis ordine subtexendis, prout quæq; acciderunt, non multum sane laborant. At qui plurium diversorum populorum, aut magni imperii res gestas stilo peragere instituerunt; hi cautione duplici opus habent prior ad singulas propositi operis partes pertinet; quo nimirum, sic omnia explicent, ne in historia eâdem ὕστερα πρότερα *committant. altera ad partium diversarum connexum & comparationem spectat: ut quæ tempore eodem apud varias gentes contigerint, simul, ac loco eodem, quoad ejus fieri poterit, commemorentur. Quemadmodum enim qui Canones Chronologicos compingunt, diversarum gentium tempora colligentes, ea inter se comparant, & annos annis opponunt; qui dicitur illis* συγχρονισμός: *sic qui legitimas historias componunt, atque eas de multis simul populis, aut etiam de universis, paullo qui sint nobiliores, (quæ appellatur* καθολικὴ ἱστορία *aut* κοινή*) curam vel præcipuam*

ὁμοχρονεῖν, & *congruentia temporibus inter ſe conjungendi, debent habere. Præclare Lucianus in eruditiſſimo libello, quo hiſtoriæ ſcriptorem præceptis neceſſariis inſtruit:* πρὸς πάντα, *inquit,* προϊδέτω, καὶ ὡς δυνατὸν ὁμοχρονείτω. καὶ μεταπετέσθω ἀπ' Ἀρμενίας μὲν εἰς Μηδίαν. ἐκεῖθεν δὲ ῥοιζήματι ἑνὶ εἰς Ἰβηρίαν· εἶτα εἰς Ἰταλίαν, ὡς μηδενὸς καιροῦ ἀπολείπηται. *ex quibus verbis obſervationis hujus neceſſitas pariter & difficultas poteſt intelligi. non enim temere exceptionem illam adjicit Lucianus,* quantum fieri poterit: *quoniam aliquando cauſſæ interveniunt, cur aliter ſit faciendum. Propterea magni interdum ſcriptores in ſuis Annalibus rei diverſorum annorum in alienum tempus conjicere ſatius ducunt, quàm poſteriora à prioribus ſeparare. cauſſam affert Tacitus in XII. Annalium:* ne diviſa haud perinde ad memoriam ſui valeant. *Quæ etiam* ratio *eſt, cur è veteribus nonnulli, ut fere Herodotus, & aperte magis Suetonius hiſtoriam per ſpecies quàm per tempora tractare malverint. Sed neſcit legitima hiſtoria, hoc eſt; ea quam Græci* διεξοδικὴν *aut* πραγματικήν, *Latini fere Annales nominant, aliam methodum, præter ipſam temporum ſeriem & conſequentiam: cum ea tamen, quam paullo antè dicebamus, exceptione. In temporum autem* ratione, *non omnes qui Reip. Romanæ res poſteris tradiderunt, aut univerſales hiſtorias ſcripſerunt, eandem ſecuti ſunt viam. Salluſt. T. Liv. C. Tacit. & cæteri Romani, ad Faſtos Conſulares omnem ſuam temporum obſervationem retulerunt: neque ullam aliam ad deſignanda temporis intervalla epocham aut notam, niſi Conſulum anni cujuſque nomina, adhibuerunt. nulla apud eos, ne in externis quidem Græcorum aliorumve populorum rebus exponendis, aut Olympiadum aut ullorum magiſtratuum, niſi admodum* rara, *in eum finem mentio. Ipſos quinetiam annos Vrbis, quod ſæpe ſubjit mirari, vix attingunt; plerique etiam in totum omittunt. At non ita Græci homines: qui, ut in omni genere doctrinarum, ſic etiam in hac parte majore ſe literarum uſu præditos probarunt. Horum igitur diligentiſſimi quique, Romanos Conſules quum non prætermitterent; hoc amplius, Romana tempora cum aliarum gentium temporibus comparare non mediocriter ſtuduerunt. Sic Halicarnaſſenſis Dionyſius cum Faſtis Romanis, annos Olympiadum & Athenienſium* ἄρχοντας *ſive Prætores ſemper componit. Polybius vero & Diodorus Siculus, qui non unius populi Romani, ſed omnium toto Orbe tunc cognito hiſtoriam ſcribendam ſuſceperant; etiam præcipuorum regnorum ſucceſſiones in ſuis ſcriptis pari diligentia adnotarunt: ea autem erant, Macedonum in Europa, Syromacedonum in Syria & ſuperioribus Aſiæ partibus, Ptolemæorum in Ægypto: item Pergamenorum, Bithynorum, Cappadocum & Armeniorum in reliqua cis Taurum Aſia. eſt etiam exorta temporibus illis Arſacidarum Parthorum in Perſide dominatio:*

tio: de qua ut de cæteris omnibus sive Europæ, sive Asiæ regnis, aut Rebuspublicis insignioribus, Polybius & Diodorus in suis universalibus historiis egerunt, & cum facta memorabilia, tum præcipue dominantium τὰς διαδοχὰς exposuerunt; quæ est Chronologiæ politicæ atque historicæ anima; sicut τὰς ἀκριβεστέρας καὶ ἐπιστημονικωτέρας motus cælestes, & siderum defectiones. Sed Diodori quidem simplex & semper sibi similis in temporibus designandis ratio est: singulos enim annos Olympiadicos perpetua serie adnotans, reliquas omnes temporum observationes ad Olympiades refert atque illis accommodat. In Polybii vero ingenti olim opere, ut scopi illius possunt varii animadverti, quod alibi ostendimus; sic etiam quæ ad temporum rationem attinent, varie ab eo esse tractata licet observare: In Præparationis libris, hoc est primo & secundo, quum res diversæ commemorentur, nulla fere inter se connexione junctæ; inchoata libro primo series annorum, in secundo non continuatur: sed nova rursus ab alio principio instituitur: in ea utique parte, quæ est de rebus à Gallis in Italia gestis; itemque in illis quæ de Republica Achæorum scribuntur. ita evenit, ut vetustiora posterius, recentiora prius narrentur: pleraque enim libro priore Apparatus contenta, multis quæ libro ejus altero narrantur, sunt recentiora. Ne in legitima quidem Historia, quæ Præparationem excipit, οἰκονομία ubique eadem. Nam quia res Græcorum & Asiaticorum tertio primum anno Olympiadis CXL[a] Romanis & Punicis ceperunt misceri; non ante finem ejus Olympiadis per annos singulos Historiam suam distinguere Polybius instituit. Consilium hoc suum ipse aperit, & rationem ejus explicat, cum alibi, tum istis verbis luculentè pag. DXXVI. Πρὸς τὸ εὐπαρακολούθητον καὶ σαφῆ γίνεσθαι τὴν διήγησιν οὐδὲν ἀναγκαιότερον ἐπὶ ταύτης τῆς Ὀλυμπιάδος ἡγούμεθα εἶναι, τοῦ μὴ συμπλέκειν ἀλλήλαις τὰς πράξεις· ἀλλὰ χωρίζειν καὶ διαιρεῖν αὐτὰς καθ' ὅσον ἐστὶ δυνατόν. μέχρις ἂν ἐπὶ τὰς ἑξῆς Ὀλυμπιάδας ἐλθόντες, κατ' ἔτος ἀρξώμεθα γράφειν τὰς κατ' ἄλληλα γινομένας πράξεις. Hæc ille in quinta Historia. Sextus liber, non rerum gestarum historiam, sed politicam digressionem longe gravissimam, et auctoris instituto necessariam complectitur: estque adeo liber ille πολιτικὴ διατριβὴ verius, quam ἱστορικὴ πράξεων συγγραφή. Quare ante librum septimum narratio Polybiana κατ' ἔτος distincta non fuit. ab eo libro quæ deinceps sequebantur ad finem quadragesimi, omnia fuisse annuatim descripta, serie continua more fastorum & Annalium, nullum est dubium. propterea Plinius Polybium ANNALIUM CONDITOREM in quinto appellat. Neque tamen ita rigide gestorum ordinem in singulis partibus suæ narrationis auctor prudentissimus servaverat; ut perspicuitatis & τοῦ πρέποντος non potiorem semper rationem duceret. Quare illa cujus ante mentionem fecimus cautione quum necessariò sæpe uteretur;

tur;

tur; in tot tantarumque rerum adeo sibi invicem permixtarum explicatione, ὕστερα πρότερα non raro commiserat; rebusque ita postulantibus, consiliorum exitus interdum prius quàm initia exposuerat. Nam verbi gratia; Romanas res tractans hujus aut illius anni principio, responsa legatis populorum Græciæ aut Regum data, prius aliquando retulerat, quàm de eorundem legatorum missione egisset. qua ex re ne aliquid obscuritatis oriretur, solitus est in longiorum sermonum ἀποθέσεσιν, & transitionibus ab uno anno ad alium, eorum quæ alieno loco dicta videri poterant, lectorem diligenter admonere, atque ut ipse alicubi loquitur, τὰς ἑκάστων ἀρχὰς καὶ συντελείας παρυπομιμνήσκει, καθ' ὁποίους ἐγένοντο καιρούς. In Legationum ecloga LXXX de hac re sic scribitur. Quos sermones apud Senatum isti legati habuerint, quæ à Patribus responsa tulerint, & quomodo omne genus humanitatis & comitatis experti redierint; in expositione rerum Italicarum jam diximus. Est verò lector nobis sæpe hujus admonendus, sicut etiam studiose facimus: quod non raro orationes habitas à legatis, & data illis responsa, cogimur prius exponere, quàm de ipsorum legatione decreta & de missione verba fecerimus. Quoniam enim, per annos singulos res gestas quæ temporibus inter se congruunt scribentes, quæ apud quamque gentem sunt facta, summatim uno tempore conamur referre; perspicuum est, id scriptioni nostræ necessario evenire. *Vides magni eruditique hominis circa hanc partem studium ac diligentiam. Vides operis universi χρηματισμὸν καὶ οἰκονομίαν, ut ejus pater non semel appellat. Sed hæc olim fuêre, benigne Lector: nam in hodiernis reliquiis adeo pristina facies operis integri est corrupta; ut videri possint qui secundæ ac tertiæ partis Eclogas excerpserunt, præcipuè autem secundæ, id egisse de industria, ne ulla nisi oppidò tenuia superessent ejus diligentiæ vestigia, qua scriptor exactissimus in temporum adnotatione, & rerum variis in partibus τῆς οἰκουμένης gestarum συγχρονισμοῖς, usus erat vel maxima. Omissi sunt anni Olympiadici; omissæ Regum successiones. Consulum item Rom. plerorumque nomina, & Prætorum civitatium Græciæ. nihil denique ab Eclogariis in ea quæ restant Excerpta, secundæ præsertim partis, est relatum, quod magnam τῶν συγχρονισμῶν rationem ipsos habuisse demonstret. Nam quod Olympiades aliquot reperiuntur indicatæ, & quorundam etiam magistratuum nomina; quid refert? quum neque Olympiadici anni cum annis Coss. comparentur; neque vel illarum Olympiadum anni sint appositi. Politica nimirum documenta colligere, ut alio loco ostendimus; non autem Polybianæ Historiæ accuratam Epitomen conficere, qui ista excerpserunt in animo habebant. Nos igitur, quibus erat propositum nihil quicquam eorum prætermittere, quæ ad illustrationem auctoris optimi posse desiderari judicabamus; postquam singulis Eclogis sua argumenta præ-*

ta præ-

ta præfixissemus, quò illa pertinerent indicantia; ad majorem lucem tam partis primæ, quæ integra quidem ad nos pervenit; sed variam & parum apertam notationem temporum habet, ut docuimus; quàm duarum insequentium, quæ librorum amissorum Excerpta continent; Synopsin hanc Chronologicam universæ Historiæ Polybianæ concinnavimus. Cujus opellæ necessitatem omnes intelligere necesse est, qui ad lectionem seriam operis hujus aliquando se accinxerint. utilitatem vero tirones minus in historiis antiquis exercitati, quibus potissimum ire consultum voluimus, longe maximam utendo experientur. Nam historia quævis, maxime autem universalis, luce temporum destituta, quid aliud censeri debet, nisi domus vastæ, quæ nullum penitus lumen admittit, imago quædam? Hinc illud est, quod in superioribus Polybii editionibus, rerum diversissimarum Eclogæ in secunda parte, ceu historia eadem nihil interrupta, absurde & ridicule continuabantur: non enim intelligebant illi Critici, quàm diversorum temporum narrationes in unum deformem cinnum compingerent. nunc per hanc Synopsim, & ea quæ adjecimus argumenta, quò fere singula sint referenda etiam pueri nullo labore intelligent. Iam quæ de Rep. Achæorum adnotavimus, tot viris magnis illustri, quæ item de Polybii vita, parum adhuc in vulgus nota, cui non erit gratum cognoscere? Porrò in ista Synopsi contexenda, quum id unum spectaverimus, ut Polybianæ Historiæ facem præferremus: nostrarum omnino fuit partium, sive in principalium successionum temporibus designandis, sive in anno cujusque gesti, non quid esset per se verum, sed quid Polybius tradidisset inquirere. Vt mirari nemo debeat, in nonnullis rationes nostras cum observationibus doctissimorum Chronologorum, sive antiquorum, sive neotericorum, non plane congruere. Ac quoniam hujusmodi diversitatum caussas in Commentariis diligenter exposuimus; petimus ab æquo Lectore, ut consilium nostrum in talibus ne prius damnet, quàm rationes nostras cognoverit atque expenderit. in plerisque enim, aut Polybii aliusve alicujus probi scriptoris auctoritate disertis verbis expressa sumus ducti, aut valida conjectura, sive necessaria consequentia. Postremo cogitent velim qui hæc legent, aliud esse tumultuariam annorum collectionem certo fine concinnare; ut nos fecimus; aliud doctrinam temporum ex artis χρονολογικῆς præceptis ex professo tradere; quod nos hoc loco non profitemur.

HISTORIÆ UNIVERSÆ POLYBII SYNOPSIS CHRONOLOGICA, IN TEMPORA quatuor tributa.

TEMPUS PRIMUM.

ΤΑ ΠΡΟ ΤΗΣ ΠΡΟΠΑΡΑΣΚΕΥΗΣ
SIVE

Antiquiora tempora præparatione Polybiana, quorum obiter Polybius meminit.

Ab Anno conditi Mundi circiter MMMCC. *ante quartam & ultimam captivitatem Iudaicam, quando Nabuchodonosorus Rex Babylonis Sedekiam abduxit, templum incendit, & cum universa urbe diruit,* CLXII. *ante natum Dominum nostrum* JESUM CHRISTUM DCCL *aut* DCCLI.

Olympiades VII.	Athenarum Archontes	Urbis Romæ anni.
I		
II		1 ROMAM hoc secundo septimæ Olympiadis anno fuisse conditam, scripserat Polybius, ut est auctor Dionys. Halic. lib. I. Palilia igitur Romæ Polybiana incidunt in annum Iphiti sive Olympiadic. XXVII. aut XXVI currentem, duobus mensibus ante initium ejus XXVII. At Palilia Catoniana

XXIV anno

			xxiv anno Iphiti congruunt. Varroniana xxiii.
III			
IV			
LXVIII			
I	Iſagoras.	245	Regifugium. Primi Romæ Consules, Junius Brutus, M. Horatius. Hoc anno primum fœdus ictum eſſe inter Romanos & Carthaginienſes ſcribit Polybius libro III. p. 245. Dedicatio ædis Capitolinæ. ibid.
II		246	
III		247	
IV		248	Porſena Romam aggreditur. Horatius Cocles reſciſſo ponte vim ejus ſuſtinet. Polybius lib. VI. p. 691.
LXXIV			
I	Leoſtratus	270	
II	Nicodemus	271	
III		272	
IV	Aphepſion	273	Xerxes Græciam invadit exeunte hoc anno, vel ut alii ſcribunt, proximo incipiente. Polyb. lib. III. p. 245. ait fuiſſe annum XXVIII. à primis Romæ Coss.
XCII			
I	Callias	342	
II	Theopompus	343	
III	Glaucippus	344	
IV	Diocles	345	Athenienſes Chryſopolim ad Pontum obtinent, & portorium primi inſtituunt. libro IV. p. 434

TEMPUS II.

ΤΑ ΤΗΣ ΠΡΟΠΑΡΑΣΚΕΥΗΣ

SIVE

TEMPORA DUOBUS LIBRIS

præparationis Polybianæ contenta.

XCIII

I Euctemon 346
II Antigenes 347
III Callias 348
IV Alexias 349 Clades Athenienſium ad Ægoſpotamos victore Lyſandro, qui bello Peloponneſiaco finem impoſuit. libro I. p. 7.

XCVII

I Philocles 362
II Nicoteles 363
III Demoſtratus 364
IV Antipater 365 ROMA capta à Gallis, qui paullo ante in Italiam tranſierant, & Romanos Alienſi clade affecerant. incidit ἅλωσις in annum centeſimum & vigeſimum à Regifugio. meminit Polybius libro I. p. 7. l. II. p. 148. Græci Italici hoc anno ad Elorum flumen vincuntur à Dionyſio tyranno. lib. prim. p. 7.

XCVIII

I Pyrgion 366 Rhegium obſidetur à Dionyſio.
II Theodotus 367 Dionyſius Rhegium capit. lib. I. p. 7. Pax inter Græciæ populos, Antalcidæ legati nomine dicta. lib. primo & ſexto, pag. 685.
III Myſtichides 368
IV Dexitheos 369

CII

I Laciſthenes 382

II

II	Phrasiclides	383	
III	Dyscinetus	384	Pugnâ Leuctricâ eversæ Lacedæmoniorum opes. lib. I. p. 7. lib. II. 176. lib. IV. 479. Megalopolis urbs Arcadiæ coit è pluribus vicinis populis, lib. IV pag. 419.
IV	Lysistratus	385	Messenii reduces è longo exilio patriam instaurant. ibid.
CIV			
I	Timocrates	390	
II	Chariclides	391	Pugna apud Mantineam dubiæ victoriæ, propter Epaminondæ mortem. l. IV. p. 419. & lib. IX. p. 760.
III	Molon	392	
IV	Nicophemus	393	
CV			
I	Callidemides	394	
II	Eucharistus	395	
III	Cephisodotus	396	Galli trigesimo circiter anno post captam Urbem redeunt, & Albam usque progrediuntur, libro II. pag. 148
IV	Agathocles	397	
CVII			
I	Aristodemus	402	Fœdus secundum inter Romanos & Carthaginienses, cujus meminit Polybius libro III. p. 248. in hunc annum conjicimus; Orosium secuti, qui libro III. cap. 7. auctor est, anno V. C. quadringentesimo secundo inter illos duos populos ictum esse fœdus. quod autem Orosius fœdus illud primum vocat, nos secundum facimus, non est mirum. nam & Orosius & alii omnes præter unum Polybium, fœdus primum ignorarunt.
II	Thessalus	403	
III	Apollodorus	404	

IV Callimachus 405

CVIII

I Theophilus 406
II Themiſtocles 407
III Archias 408
IV Eubulus 409 Galli anno duodecimo exacto poſt expeditionem proximam iterum arma capiunt, Romam petunt, & à Romanis fugantur, libro II. pag. 149

CXII.

I Niceratus 422 Galli anno XIII poſt bellum ultimum, fœdus cum Pop. Rom. faciunt. libro II. pag. 149
II Ariſtophanes 423
III Ariſtophon 424
IV Cephiſſophon 425

CXIX.

I Pherecles 450
II Leoſtratus 451
III Nicocles 452 Galli poſtquam annos XXX in fœdere manſerant, arma denuo movent adverſus Romanos. lib. II. p. 149.
IV Calliarchus 453

CXXI.

I Nicias 458
II Nicoſtratus 459 Galli cladem inſignem accipiunt in agro Sentinati. quum P. Decius Cos. patris exemplum ſecutus ſe devoviſſet. libro ſecundo pag. 150
III Olympiodorus 460
IV Philippus 461

CXXIII.

I 466
II Philippus. 467
III 468

IV

IV 469 Galli anno decimo post novissimum bellum obsident Arretium. Romani priore anno vincuntur, deinde altero vincunt. libro II. pag. 150.

OBSERVAT. POLYBIUS Lib. II.

OLYMP. CXXV. *Capit. 41. & 71. circa hanc Olympiadem intra breve spatium obiisse primos Alexandri Magni successores: in regno Syriæ, Seleucum; Alexandriæ, Ptolemæum Lagi F. Macedoniæ, Lysimachum & Ptolemæum Ceraunum. Nos ad lucem Polybianæ historiæ, eorum qui deinceps sunt secuti successiones & tempora adnotabimus, atque inter se comparabimus.*

REGES

	ÆGYPTI. PTOLEMÆUS. PHILADEL.	SYRIÆ. SELEUCUS.	MACEDONIÆ LYSIMACH.	*Anni V.C.*	Coss.
I	1	31	5	470	P. Cornelius Dolabella, Cn. Domitius Calvinus.
		ANTIOCHUS SOTER	PTOLEMÆUS CERAUNUS.		
II		1	1	471	C. Fabricius Luscinus, Q. Æmilius Pappus.

Galli ad lacum Vadimonis nobili clade affecti à Cos. Dolabella. lib. II. p. 151

SENA colonia condita in Gallia Cisalpina. ibid.

Ptolemæus Philadelphus patri succedit, & regnat annos XXXVIII. sive ut Josephus ait XXIX. Initium ejus quidam in annum Olympiadicum CCCCXCII. conjiciunt, hoc est ultimum superioris Olympiadis. Chronicum Eusebii cum Polybio consentit.

Seleuco succedit Antiochus ὁ Σωτὴρ. qui regnat annos XIX.

Post Lysimachum regnum obtinet Ptolemæus Ceraunus, menses circiter IX.

Boji

Olymp.	*Ægyp.*	*Syr.*	*Maced.*	*V. R.*	
			SOSTHENES.		Boji cæduntur à C. Fabricio & pacem petunt. lib. II. p. 151 Ptolemæo Ceraunо à Gallis capto & occiso succedit Sosthenes. annos fere II.
III	3	2	1	472	L. Æmilius Barbula, Q. Marcius Philippicus.
			ANTIGONUS GONATAS.		Circa hæc tempora Patræenses Reip. Achæorum jaciunt fundamenta. lib. II. p. 179 Sosthenes cujus regnum Brennus everterat, successorem habuit Antigonum Gonatam Demetrii Poliorcetæ F. qui regnat annos XXXVI. Alii dicunt XXXIV. ut in Eusebianis Excerptis Josephi Scaligeri, pag. 49. ubi etiam dicitur Antigonus προβασιλεῦσαι ἔτη ιβ τῆς Ἑλλάδος.
IV	4	3	1	473	P. Valerius Lævinus, T. Coruncanius Nepos. Pyrrhus in Italiam à Tarentinis accersitur. lib. I. pag. 9. Rhegini præsidium Romanum in urbem recipiunt. ibid. Tertium fœdus inter Romanos & Carthaginienses ictum. lib. III. 250.
CXXV					
I	5	4	2	474	P. Sulpitius Saverio, P. Decius Mus. Romani Pyrrhum acie vincunt.
II	6	5	3	475	C. Fabricius Luscinus II. C. Æmilius Pappus II. Galli Delphicum templum spoliant. lib. I. p. 8. lib. II. p. 151. Pars superstes eorum Gallorum, naves nacta, in Asiam trajicit. ibid. & lib. IV. p. 436.

III

Olymp.	Ægyp.	Syr.	Maced.	V. R.	
III	7	6	4	476	P. Cornelius Rufinus II. C. Junius Brutus II.
IV	8	7	5	477	Qu. Fabius Gurges II. C. Genutius Clepsina. Ægienses in Achaia jungunt se Patræensibus, & alias civitates excitant, ad Remp. Achæorum constituendam. lib. II. p. 179
CXXVI					
I	9	8	6	478	M. Curius Dentatus III. L. Cornelius Lentulus. Pyrrhus redit in Italiam. Hiero Præturam Syracusarum suscipit, lib. I. p. 11. & Pausanias Ηλιακῶν libro II.
II	10	9	7	479	Ser. Cornelius Merenda, M'. Curius Dentatus IV.
III	11	10	8	480	C. Fabricius Luscinus IV. C. Claudius Canina.
IV	12	11	9	481	L. Papirius Cursor II. Sp. Carvisius Maximus II.
CXXVII					
I	13	12	10	482	L. Quintius Gulo Claudus, L. Genutius Clepsina. Rhegium liberatur à Romanis, & in perfidam legionem à Genutio Cos. animadvertitur. lib. prim. pag. 10. Aratus Sicyonius nascitur.
II	14	13	11	483	C. Genutius Clepsina II. C. Cornelius Blasio.
III	15	14	12	484	C. Fabius Maximus Pictor, Qu. Ogulnius Gallus, Hiero rebus gestis clarus & potens, Rex Syracusarum salutatur. Videndus Commentarius ad lib. I. pag. 12.
IV	16	15	13	485	P. Sempronius Sophus, Appius Claudius Crassus.

CXXVIII					
I	17	16	14	486	A. Atilius Regulus, L. Julius Libo.
II	18	17	15	487	D. Junius Pera, Fabius Pictor.
III	19	18	16	488	Q. Fabius Maximus Gurges III. L. Mamilius Vitulus. Mamertini in Sicilia à Rege Hierone & Pœnis vexati, Romanos in eam inſulam accerſunt. lib. I. p. 12. Hactenus Timæi Hiſtoria: quam excepit Polybii Præparatio. lib. I. p. 6.
IV	20	19 ANTIOCHUS THEOS.	17	489	Appius Claudius Caudex, M. Fulvius Flaccus. Belli Punici primi annus I. Hoc primum anno Romani cum exercitu mare tranſeunt, & in Siciliam veniunt: ibique cum Pœnis & Hierone rem gerunt. lib. I. p. 14. Soteris in locum regnat Antiochus cognomine impio THEOS dictus, per annos XVI.
CXXIX					
I	21	1	18	490	M'. Valerius Maximus, M'. Octacilius Craſſus. Pax data Hieroni à Romanis. de quo adeundi Commentarii.
II	22	2	19	491	L. Poſtumius Megillus, Q. Mamilius Vitulus, lib. I. p. 22. Agrigentum per menſes ſeptem obſidetur a Rom. Coſſ. & capitur, p. 24.
III	23	3	20	492	L. Valerius Flaccus, T. Octacilius Craſſus pag. 27. Romani hoc primum anno ad rem nauticam animos applicant, & claſſem parant. ibid.

IV

Olymp.	Ægyp.	Syriæ.	Maced.	V. R.	
IV	24	4	21	493	Cn. Cornelius Scipio Asina, C. Duilius Nepos. p. 30. Cn. Cornelius Cos. tradit se Pœnis. Duilius primus Roman. classe vincit. p. 30. 32.
CXXX.					
I	25	5	22	494	L. Cornelius Scipio, C. Aquilius Florus. Bellum in Sicilia lente administratur. Pol.
II	26	6	23	495	A. Atilius Calatinus, C. Sulpitius Paterculus. p. 34. Nihil memorabile in Sicilia neque Pœni neque Rom. Pol.
III	27	7	24	496	C. Atilius Regulus, Cn. Cornelius Blasio. p. 35. Ancipiti Marte pugnant in mari Carthaginienses & Romani. p. 35.
IV	28	8	25	497	L. Manlius Volso Longus, M. Atilius Regulus II. p. 37. Romani classem instruunt navium CCCXXX. Pœni CCCL. pugna commissa penes Romanos stat victoria. p. 41. Regulus in Africam trajicit. pag. 42. ibi primo vincit, deinde vincitur & vincîtur. ad p. 50. atque hæc partim isto partim sequente anno gesta.
CXXXI.					
I	29	9	26	498	Ser. Fulvius Nobilior, M. Æmilius Paullus. p. 52. Naufragium classis Romanæ. p. 53. Circa hæc tempora in Rep. Achęorũ cepit creari PRÆTOR unus loco duorũ & scribę. Prętor primus fuit Marcus Carynensis II. 181.
II	30	10	27	499	Cn. Cornelius Scipio Asina II.

Olymp.	Ægyp.	Syr.	Maced.	V. R.	
					A. Atilius Calatinus II. p. 55. Prætor Achęorum Marcus Carynensis.
III	31	11	28	500	Cn. Servilius Cæpio, C. Sempronius Blæsus. pag. 55. Romanorum alterum naufragium. Pol. Prętor Achęorum Marcus Carynensis. Philopœmen nascitur. vide in morte.
IV	32	12	29	501	C. Aurelius Cotta P. Servilius Geminus. Horum Coss. non meminit Polybius. Pœni cedentibus Romanis mare obtinent. Pol. Prætor Achæorum Marcus Carynensis.
CXXXII					
I	33	13	30	502	L. Cęcilius Metellus, Cn. Furius Pacilius. pag. 56. Aratus Sicyonius juvenis annorum XX. patriam suam Reip. Achæorum adjungit, & fit Prætor. lib. II. p. 181.
II	34	14	31	503	C. Atilius Regulus II. L. Manlius Volso p. 57. Hunc vero annum Polybius pag. 59. appellat annum XIV. belli hujus. de quo plura in Commentariis. Romani classem reparant, & Lilybæum obsident. Pol. His Coss. ait Justinus, Arsaces à Regibus Syriæ Macedonibus deficit & Arsacidarum imperium inter Parthos instituit. de Arsace Polyb. lib. IX. pag. 833. sub finem Olympiadis CXLII. Sed ille Arsaces vel

Olymp.	*Ægyp.*	*Syr.*	*Maced.*	*V. R.*	
					vel alius est, prioris successor, vel male ejus rebellium hoc anno assignatur à Justino: & aliter alii tradunt.
III	35	15	32	504	Claudius Pulcher, L. Junius Pullus. pag. 71. Romani iterum mari cedunt. pag. 78.
IV	36	16	33	505	C. Aurelius Cotta II. P. Servilius Geminus II. Hannibal nascitur.
		SELEUCUS CALLINICUS.			Post Antiochum Theon regnat Seleucus Callinicus, annos XXIII.
CXXXIII					
I	37	1	34	506	L. Cæcilius Metellus II. M. Fabius Buteo. Polyb. 81. Amilcar Pœnus rem strenue gerit toto triennio, de quo Polyb. p. 82.
II	38 PTOLEMÆUS EVERGETES.	2	35	507	M. Octacilius Crassus II. M. Fabius Licinus. Philadelpho successit Ptolemęus Evergetes, annos XXVI.
III	1	3	36	508	M. Fabius Buteo II. C. Atilius Bulbus.
			DEMETRIUS.		Antigono Gonatę successit Demetrius Philippi pater, & regnat annos X.
IV	2	4	1	509	A. Manlius Torquatus Atticus, C. Sempronius Blæsus II. Romani tertio mare tentant. p. 84.
CXXXIV.					
I	3	5	2	510	C. Fundanius Fundulus, C. Sulpitius Gallus. Aratus Prætor Achæorum II. Acrocorinthum astu occupat, expulso Antigoni præsidio. lib. II p. 181.
II	4	6	3	511	C. Lutatius Catulus, A. Postumius Albinus, p. 84.

Olymp.	*Ægyp.*	*Syr.*	*Maced.*	*V.R.*	
					Victoria Romanorum de Pœnis ad Ægates. p. 87.
III	5	7	4	512	Q. Lutatius Catulus Cerco, A. Manlius Torquatus II. Bello Punico primo finis imponitur, pace data Pœnis. p. 88. Fit tum inter eos populos fœdus quartum. de quo Polybius lib. III. pag. 252. Romani cum Faliscis bellum gerunt. 91. Bellum ξενικὸν. Carthaginiensium, quod & Africum sive Libycum est dictum, hoc anno inchoatur. pag. 91.
IV	6	8	5	513	C. Claudius Cento, M. Sempronius Tuditanus.
CXXXV.					
I	7	9	6	514	C. Mamilius Turrinus, Q. Valerius Flaccus.
II	8	10	7	515	Sempronius Gracchus, P. Valerius Falto. Bellum adversus mercenarios finitur à Pœnis, annis tribus & mensibus quatuor exactis à principio, non ut Livius ait, quinque annis. p. 123. Fœderi inter Romanos & Pœnos adduntur ἐπισυνθῆκαι. p. 124. & lib. III. pag. 253. Amilcar Barca mittitur in Hispanias, lib. II. p. 126. lib. III. p. 231.
III	9	11	8	516	L. Cornelius Lentulus, Qu. Fulvius Flaccus. Tumultus Gallicus annos fere XLV. post pacem initam. p. 151. Circa hæc tempora Ætoli Mydionios bello premunt regnantibus in Macedonia Demetrio, in Illyrico Agrone. initio libri II.
IV	10	12	9	517	P. Cornelius Lentulus, C. Licinius Varus.

Galli

Olymp.	Ægyp.	Syr.	Maced.	V.R.	
					Galli legatione ad Romanos missa, agrum Ariminensem repetunt. auctor Zonaras. Demetriacum bellum inter Demetrium regem Macedoniæ & Ætolos gestum, in hunc aut superiorem annum videtur incidere. meminit Polybius. lib. II. p. 184. & p. 188.
CXXXVI.					
I	11	13	10	518	C. Atilius Bulbus II. T. Manlius Torquatus.
			ANTIGONUS DOSON.		Demetrio succedit Antigonus cognomine Δώσων, vitricus & tutor Philippi qui Demetrii F. & regnat annos XV. non plenos. lib. II. 183.
II	12	14	1	519	L. Postumius Albinus, Sp. Carvilius Maximus.
III	13	15	2	520	Qu. Fabius Maximus, M'. Pomponius Matho.
IV	14	16	3	521	M. Æmilius Lepidus, M. Publicius Malleolus.
					Lex Agraria Flaminia fertur, & bellum Gallicum recrudescit. l. II. pag. 152, quinto a fine proximi tumultus anno, ait Polyb.
CXXXVII.					
I	15	17	4	522	M. Pomponius Matho II. C. Papirius Maso.
					Agroni regi Illyriorum circa hoc tempus mortuo succedit Teuta uxor. p. 129.
II	16	18	5	523	M. Æmilius Barbula, M. Junius Pera.
					Cn & Lucius Coruncanii ad Teutam legati mittuntur. lib. II. p. 134.
III	17	19	6	524	L. Postumius Albinus, Cn. Fulvius Centumalus.
					Romanorum expeditio terra marique contra Illyrios. lib. II. p. 137.

Olymp.	*Ægyp.*	*Syr.*	*Maced.*	*V. R.*	
					Asdrubal in Hispaniæ præfectura Amilcari succedit. lib. II. p. 126 & 140.
					Romani cum Asdrubale fœdus renovant. lib. III. p. 253.
IV	18	20	7	525	Sp. Carvilius Maximus Fabius II. Q. Maximus II.
					Ineunte vere pax data Teutæ. libro II. p. 139.
					Prima Romanorum legatio ad Achæos & Ætolos. p. 140.
					Altera legatio ad Athenienses & Corinthios. ibid.
CXXXVIII.					
I	19	21	8	526	P. Valerius Flaccus, M. Atilius Regulus.
					Circa hæc tempora Ætoli cum Antigono Macedoniæ & Cleomene Lacedæmoniorum regibus, conspirant adversus Achæos; unde postea ortum Cleomenicum bellum, traducto Antigono ad Achęorum partes, Arati prudentia. lib. II. p. 183. *& deinceps.*
II	20	22	9	527	M. Valerius Messala, L. Apustius Fullo.
III	21	23	10	528	L. Æmilius Papus C. Atilius Regulus.
					Bellum Gallicum Cisalpinum ducibus Concolitano & Aneroesto exarsit: anno post legem Flaminiam octavo. lib. II. p. 153.
		SELEUCUS CERAUNUS.			Seleuco Callinico exstincto regnat Seleucus Ceraunus annos fere IV.
IV	22	1	11	529	Q. Fulvius Flaccus II. T. Manlius Torquatus.
					Bellum Gallicum durat. l. II. p. 165.
CXXXIX					
I	23	2	12	530	C. Flamin. Nepos. P. Furius Philo Cos.

Olymp.	*Ægyp.*	*Syr.*	*Maced.*	*V.R.*	
					Cos. Flaminius cum Gallis felicius quam prudentius rem gerit libro II. p. 166.
II	24	3	13	531	M. Claudius Marcellus, Cn. Cornelius Scipio II. Post devictos Insubres, Gæsatas, & Gallos alios cum universo nomine Gallico est pacificatum libro II. pag. 170. Prætor Achæorum Timoxenus lib. IV. p 383. Cleomenicum bellum eodem gestum tempore cum Gallico, finitum est hoc anno, & Cleomenes ad Selasiam victus, fugit in Ægyptum. lib. II. 211.
III	25	4	14	532	P. Cornelius Asina. M. Minucius Rufus. Istri adversus Romanos arma movent & vincuntur, à Cos. Scipione.
		ANTIOCHUS MAGNUS.			Post Seleucum regnat in Syria & Asiæ parte Antiochus Magnus, annos XXXVI. lib. III p. 216. libro IV. 377. lib. V. p 537.
			PHILIPPUS.		Post Antigonum Tutorem succedit Philippus Demetrii F. annos XLII.
IV	26	1	1	533	L. Veturius Philo, C. Lutatius Catulus. Asdrubali mortuo succedit in præfectura Hispaniæ Hannibal. lib. II. 172. lib. III. p. 234. Prima πολιτεύματα Hannibalis, & res gestæ contra Olcades, aliosque Hispaniæ populos. l. III p. 234. Saguntini legatos Romam missitant. p. 236. Prætor Achæorum Aratus l. IV. 387. & sæpe. Clades Achæorum ad Caphyas culpa Arati. p. 392.

Olymp. Ægyp. Syr. Maced. V. R.

produxerat Aratus, à quorum fine historiæ suæ legitimæ principium duxit Polybius. lib. I. p. 3. lib. IV. p. 376.

Ariarathes per hæc tempora regnum Cappadociæ adit. l. IV p. 377.

Prusias Gallos oram Hellespontiacam infestantes cædit. lib. IV. extremo.

TEMPUS III.

ΤΑ ΤΗΣ ΠΡΑΓΜΑΤΙΚΗΣ ΙΣΤΟΡΙΑΣ

τὸ ἐξ ἀρχῆς προθέσεως.

SIVE

RES GESTÆ ANNORUM LIII, QUIBUS ait Polybius contineri initium, incrementum & consummationem magnitudinis imperii Po. Ro. quod solum argumentum principio auctor sibi proposuerat, cum adjectione paucorum annorum pacis. Vide initium libri primi; & quæ in eum locum disseruimus. fuse idem in principio tertiæ historiæ.

OBSERVAT POLYBIUS, CONTIGISSE superiore Olympiade & hujus initio, ut omnium fere partium orbis tunc cogniti regna & imperia à novis successoribus adirentur. eamque non postremam fuisse causam motuum deinceps insecutorum. libro II. extremo & libri IV. initio.

PTOLEM. PHILOPATOR.

CXL.

I 1 2 2 534 M. Livius Salinator, L. Æmilius Paulus. Æmilius contra Demetrium Pharium & Illyrios mittitur: Polyb. lib. III. p. 238. inde triumphum reportat. lib IV. p. 459.

Romani exscidio Sagunti audito per legatos deposcunt Hannibalem. lib. III. & IV. pag. 460.

Hanni-

Olymp. Ægyp. Syr. Maced. V. R. Hannibal rebus in Hispania compositis bello contra Romanos se accingit. lib. III. 262.

Ptolemæus Philopator Evergetę succedit, & regnat annos XVII.

Prætor Achæorum Aratus Arati F. lib. IV. pag. 424.

Prætor Ætolorum Scopas. libro IV. 424. & 460.

Bellum Sociale duce Philippo Rege ab Achæis geritur contra Ætolos & socios. lib. IV. 447. & seq.

Philippus cogitur bellum Ætolicum omittere, & redit in Thessaliam. 459.

Cleomenes tertio anno postquam in Ægyptum venerat perit, lib. IV. 422. 530.

Lacedæmone ejus morte audita creantur reges Agesipolis & Lycurgus. lib. IV. pag. 423.

Achæus Asiam cis Taurum obtinet, & novum regnum condit. libro IV. 377. & 438.

Rhodiorum bellum cum Byzantiis. pag. 425.

Prusias Rhodiis se adjungit. p. 438.

Populi Cretæ bellum inter se gerunt de quo vide. p. 443.

Mithridates Rex Sinopenses vexat. 446.

Eclipsis Lunę circa hæc tempora terret Gallos in Asia, lib. V. p. 586.

II 2 3 3 535 P. Cornelius Scipio T. Sempronius Longus.

Hic primus est annus belli Punici II. quod fere Polybius Hannibalicum vocat.

Senatus Scipionem in Hispaniam, Sempronium in Africam proficisci jubet. 268.

Olymp. Ægyp. Syr. Maced. V.R.

Placentiam & Cremonam colonias Rom. deducunt. ibid.

Hannibal ſuperatis Alpibus vincit Scipionem ad Ticinum. p. 302.

Ἀριϛεία P.Scipionis hujus F. qui poſtea dictus Africanus; quum annorum eſſet XVII. lib. X. p. 804.

Hannibal vincit Sempronium ad Trebiam. p. 313.

Prætor Achæorum Eperatus, initio lib. V.

Prætor Ætolorum Dorimachus. ibid.

Philippus ad bellum Sociale ſive Ætolicum redit. p. 460. atque id per æſtatem gerit, deinde ſub hiemem in Macedoniam revertitur. p. 486.

Lycurgus Rex fugit Sparta & ad Ætolos concedit. p. 524.

Antiochus & Ptolemæus de Cœle Syria primo per legatos contendunt: deinde ad arma ſe convertunt. lib. IV. p. 425.

III 3 4 4 *536* C. Flaminius II. Cn. Servilius Geminus. Polyb. lib. III. p. 316.

In Etruria ad Thraſymenum clades ingens accepta à Rom. 325.

Q. Fabius Maximus creatur Dictator, M. Minucius Rufus M. E: p. 331.

Minucius par imperium cum Dictatore accipit. pag. 352.

Cn. Scipio in Hiſpania cum Hannone bene pugnat. p. 316.

Pub. Scipio ad fratrem Cnæum mittitur. pag. 344.

Prætor Achæorum Aratus ſenior. lib. V. p. 525. & p. 601.

Prætor Ætolorum Agetas. 601.

Philippus bene geſtis rebus in regni

Olymp.	*Ægyp.*	*Syr.*	*Maced.*	*V.R.*	
					gni finibus, ad bellum Ætolicum gerendum redit in Peloponnesum. p. 612. Eidem Nemeorum trietericum ludicrum spectanti, nuntius de clade ad Thrasymenum adfertur. ibid. Sociale bellum finitur. 612. Hoc primum anno res Græcorum rebus Romanorum & Pœnorum misceri ceptæ. p. 617. Pugna ad Rhaphiam insignis, & Ptolemæi victoria. lib. V. p. 593 Induciæ in annum fiunt inter Ptolemæum & Antiochum. 597.
IV	*4*	*5*	*5*	537	Æmilius Paulus II. C. Terentius Varro. lib. III. p. 355. lib. V, 622. Clades Romanorum ad Cannas. 367. Timoxenus Prætor Achæorum. lib. V. p. 618. Agelaus Naupactius Prætor Ætolorum. p. 620. Philippus rebus compositis in Illyrico cum Scerdilaida, classem parat & transire in Italiam frustra contendit, p. 622. Ptolemæus bellat cum Ægyptiis. 619. Antiochus Taurum superat & Achæum bello persequitur. p. 597. 620.
CXLI. *I*	*5*	*6*	*6*	538	Titus Sempronius Gracchus, Q. Fabius Maximus III. Prætor Achæorum Aratus. Philippus Rex fœdus init cum Hannibale. lib. VII p. 699. Quę de eodem & Demetrio Phario atque Arato narrantur. p. 704. hoc anno videntur accidisse. etsi Plutarchus ita narrat quasi gesta priusquam rebus Italicis se immisceret Philippus. Hie-

Olymp.	*Ægyp.*	*Syriæ.*	*Maced.*	*V.R.*	
					Hieroni Regi mortuo ſuccedit Hieronymus; qui mox illud regnum funditus evertit l. III. p.220. Legationum tmemate I. & Fragmentorum. p. 1386. Achæus Sardes ſe recipit, & ibi obſidetur. lib. VII. 704.
II	*6*	*7*	*7*	*539*	Q. Fabius Maximus IV. M. Claudius Marcellus III. Marcellus Cos. in Sicilia res gerens, Leontinos oppugnat. eo refer fragmentum lib. VII. p. 698. item Syracuſas, lib. VIII. p. 716. Sardium urbs prçter arcem, capitur ab Antiocho altero obſidionis anno. lib. VII. p. 705. Meſſeniis hoc anno vel ſequente turbas cientibus, redit Philippus in Peloponneſum. lib. VIII. p. 721. Prætor Achæorum Aratus ſepties decies, veneno tollitur à Philippo. ibid. & Plutarchus.
III	*7*	*8*	*8*	*540*	Qu. Fabius, Qu. Fabii Maximi F. T. Sempronius Gracchus. Quot legionibus hoc & ſequenti anno bellum geſſerint Romani obſervat Polyb. lib. VIII. p. 714. Philippus in Illyrico bellum gerens Liſſum occupat. lib. VIII. 723.
IV	*8*	*9*	*9*	*541*	Q. Fulvius Flaccus III. Appius Claudius Pulcher. Tarentum ab Hannibale capitur præter arcem. lib. VIII. p. 736. Capua à Romanis Coss. obſidetur. lib. IX. 755. Valerius Lævinus Prætor in Macedoniam miſſus, amicitiam cum Ætolis jungit, & ſocietatem belli adverſus Philippum. quo refer fragmentum lib. IX. p. 780. & quæ de ejus fœderis legibus dicuntur. pag. 794. & 873.

Ait

Olymp. Ægyp. Syr. Maced. V. R.

Ait Justinus lib. XXIX. eo tempore civitates Græciæ legationibus Philippum fatigasse. idem plane & Polybius libro X pag. 853. Hoc initium est belli Philippici I.

Scipiones in Hispania cæduntur à Celtiberis proditi. lib. X. p. 807.

P. Scipionis Ædilitas hoc anno commemoratur à Livio. Polybius libro X. p. 806.

Philippus cum Phthiotis Thessalis bellans, Echinum obsidet. lib. IX. pag 796.

CXLII.

I 9 10 10 542 P. Sulpitius Galba, Cn. Fulvius Centumalus II.

Hannibal, quò obsessam Capuam liberet, Romam contendit. libro IX. pag. 757.

Claudius Marcellus Syracusis expugnatis, & Sicilia devicta Romam rediens inter cætera ad triumphum ornandum tabulas & alia Syracusarum ornamenta secum defert. eò pertinet libri IX. fragmentum. p. 763.

P. Scipio P. Scipionis F. post cædem patris & patrui in Hispanias cum imperio extraordinario proficiscitur. lib. X. ubi res ab eo gestæ describuntur.

II 10 11 11 543 M. Claudius Marcellus IV. M. Valerius Lævinus II.

Agrigentum à Lævino Cos. res in Sicilia gerente occupatur. quò pertinet fragmentum libro IX. p. 779.

III 11 12 12 544 Q. Fabius Maximus V. Q. Fulvius Flaccus IV.

Tarentum recipitur à Fabio. videtur ad eam historiam pertinere primum X libri fragmentũ.

IV 12 13 13 545 M. Claudius Marcellus V. T. Quintius Crispinus.

Hannibal dolo Coss. circumvenit; Marcellus occiditur, alter fugit qui extremo anno Romæ ex morbo moritur lib. X. p. 839.

Edeco, Indibilis, Mandonius Hispaniæ reguli Scipioni se adjungunt. pag. 844. &c.

Scipio ad Bætulam Asdrubalem Hannibalis fratrem vincit & fugere ex Hispaniis cogit. 849.

Ad ferendam opem Ætolis cum Phi-

Olymp.	*Ægyp.*	*Syr.*	*Maced.*	*V. R.*	
					Philippo bellum gerentibus veniunt in Græciam cum classibus P. Sulpitius & Rex Attalus. p. 853.
					Veniunt & legationes undique ut pacem componant. ibid.
					Prætor Achæorum Cycliadas. Livius lib. XXVII.
					Hoc anno Achæi cum Ætolis Eleisque haut procul Messene prosperam pugnam fecerunt, ait Livius è Polybio. hæc est quam Plutarchus pugnam ad Larissum vocat: ubi Philopœmenis privati virtus enituit.
					P. Sulpitius sævit in Æginetas cum apud eos hibernaret. Legationum XLI. p. 1181.
					Antiochi de Euthydemo in superioribus Satrapiis victoria. 864.

CXLIII. De hac Olympiade accipienda Livii verba lib. XXVII. in anno superiore quo designati sunt Coss. sequentes. *L. Manlius trans mare legatus iret, viseretque quæ res ibi gererentur: simul quod Olympiæ ludicrum ea æstate futurum erat, quod maximo cœtu Græciæ celebratur.*

I	13	14	14	546	M. Livius Salinator II. C. Claudius Nero.
					Asdrubal in Italia perit, ab utroque Coss. victus. initio lib. XI.
					Prætor Achæorum Nicias. Livius libro XXVIII.
II	14	15	15	547	Q. Cæcilius Metellus, L. Veturius Philo.
					P. Scipio in Hispania Asdrubalem Gisgonis F. & Magonem vincit lib. XI. pagin. 889. seditionem ortam è fama de obitu suo componit. p. 896.
					Indibilem ἀποστάτην vincit; ac mox, Romam ex Hispania quinto anno postquam eo advenerat, redit. 903

Præ-

Olymp.	Ægyp.	Syr.	Maced.	V. R.	
					Prætor Achæorum Philopœmen. Machanidas Lacedæmoniorum tyrannus finitimo bello Achæos urens à Philopœmene superatus ad Mantineam perit. lib. XI. 876. Huic prælio interfuit Polybius Megalopolita quidam, diversus à patre hujus Historiæ, qui ne natus quidem tum fuit; ut sequentia ostendunt. p. 883. Machanidæ in Lacedæmoniorum tyrannide successit Nabis de cujus feritate Polyb. l. XIII. p. 938. Antiochus cum Euthydemo pacem facit. p. 907.
III	15	16	16	548	P. Cornelius Scipio, L. Licinius Crassus. P. Scipionem trajicere in Africam parantem, remoratur occasio capiendi proditione Locrorum urbem; de qua urbe Polybius in ea historia multa scripserat. libro XII. Prætor Achæorum Philopœmen II. Nemea celebrantur hoc anno, quibus interest Philopœmen. Plutarchus in vita.
IV	16	17	17	549	M. Cornelius Cethegus, P. Sempronius Tuditanus. Philippus Ætolos à Romanis desertos, (neglectæ eo biennio res in Græcia erant) quibus voluit conditionibus ad petendum & paciscendum subegit pacem. Livius lib. XXIX. vestigium orientis discordiæ inter Rom. & Ætolos extat. lib. X. 831. Prætor Achæorum post Philopœmenem Lysippus teste Plutarcho: incertum tamen an hoc anno.

CXLIV.

olymp.	*Ægyp.*	*Syr.*	*Maced.*	*V. R.*	
CXLIV.					
1	17	18	18	550	Cn. Servilius Cæpio, C. Servilius Geminus.

Cæpioni Brutii, Servilio Etruria provincia evenit: de his accipienda verba initio lib. XIV.

P. Scipio Uticam obsidet, nec tamen Syphacis reconciliandi curam ex animo dimittit. verba Livii libro XXIX. è Polybii libro XIV. pag. 942.

Scipio hibernaculis Syphacis & Asdrubalis incensis maxima eos clade afficit. p. 947.

Syphax Sophonisbæ victus precibus reparat exercitum: adveniunt Celtiberorum copiæ: Pœnos acie vincit Scipio. p. 954.

Hannibal Italiam relinquit & in Africam appellit. lib. XV. p. 961.

Ptolemæo Philopatori succedit Ptolemæus Epiphanes, adhuc puer regnatque annos XXIV.

PTOLEMÆUS EPIPHANES.

Per hæc tempora Phi ppus pacata Græcia ad amplificandum imperium versus Orientem animum appulit. quod ille dum urget inceptum, hæc fecit partim isto partim proximis annis.

Rhodios bello lacessit. libro XIII pag. 936.

Cum Antiocho facta pactione regnum Ptolemæi Epiphanis pueri divisit. lib. III. pag. 220. & libro XV. 985.

Prusiæ opem ferens adversus Cianos socios Ætolorum urbem funditus evertit. pag. 988.

Lysimachiam Ætolis fœdere junctam occupat. XVII. p. 1037.

POLY-

Olymp. Ægyp. Syr. Maced. V. R.

POLYBIUS circa hoc tempus nascitur. vide in Olympiade CL. & in fine hujus Synopseos.

II 1 19 19 551 Tib. Claudius Nero, M. Servilius Geminus.

Spem pacis perfidia Pœnorum violatam novus ardor excipit. libro XV. pag. 963.

Scipio & Hannibal conveniunt ad colloquium. p. 967.

Pœni duce Hannibale ultimo prælio devincuntur à Scipione. pagina 976.

Aula pueri Ptolemęi turbatur seditionibus procerum, Tlepolemi & Agathoclis, cujus meminit etiam B. Hieronymus in Danielem. libro XV. p. 991.

III 2 20 20 552 Cn. Cornelius Lentulus, P. Ælius Pætus.

His Coss. bello Punico II. finis est impositus, & pax data Carthaginensibus lib. XV. p. 981.

P. Scipio Africanus triumphat. lib. XVI. p. 1019.

Syphax triumphatus moritur in carcere. 1020.

Philippus navali pręlio ad Chium vincitur à Rege & Rhodiis, sed ancipiti victoria. l. XVI. p. 1006. hujus pugnę meminit obiter Livius in sequentibus Coss.

Prinassenses & Jassenses à Philippo obsessi. p. 1015. 1016.

Prætor Achæorum Philopœmenes. auctor Livius. lib. XXI.

IV 3 21 21 553 P. Sulpitius Galba, C. Aurelius Cotta.

His Coss. vel paullo antè quam priores exirent, certe paucis mensibus post pacem Carthaginensibus

Olymp. Ægyp. Syr. Maced. V. R.

datam, ait Livius, Macedonicum bellum Philippicum serio decretum est, & agi cepit: quod à Lævino Prætore multis ante annis fuerat inchoatum, specie adjuvandi socios Ætolos.

His Coss. Abydus obsidetur à Philippo ait Livius. vide Polyb. libro XVI. p. 1023.

Attalus Rex Athenas venit. Legationum ecloga III.

Prætor Achæorum Cycliades. hic auctore Livio Philopœmeni successit. Philopœmen ne sibi privato deesset occasio exercendæ virtutis imperatoriæ, ait Plutarchus, accitus à Gortyniis in Cretam abit: Nabide interim Megalopolitanos & Achæos vexante, ut scribunt iidem.

Scopas Ætolus Ptolemæo merens ex Alexandria in Ætoliam venit ξενολογήσων, & cogit magnum exercitum. Livius, XXXI. ex Polybio.

CXLV

I 4 22 22 *554* L. Cornelius Lentulus, P. Villius Tappulus.

Quum Villio Macedonia obtigisset nihil gestum est.

Prætor Achæorum Cycliades. Suspicamur è Livio, qui ait fuisse ejectum quod ad Philippum res traheret.

II *5* 23 23 *555* T. Quintius Flamininus, Sex. Ælius Pætus Catus.

Quum Macedonia provincia Flaminino evenisset, atque is in Epiri faucibus bene pugnasset cum Rege, mox secutum est colloquium inter Flamininum legatis civitatum Græciæ comitatum, & Philippum:

Olymp. Ægyp. Syr. Maced. V. R.

lippum: de quo Polyb. libro XVII.

Induciæ conveniunt ad duos menses. p. 1044.

Prætor Achæorum Aristænus qui Romanis favebat. Livius ex Polybio. lib. XXXII.

Achæorum populi præter Megalopolitanos, Dymæos & quosdam Argivorum, recedunt à societate Philippi & fœdere cum Attalo & Rhodiis, qui Rom. erant partium, facto, in amicitiam à Rom. accipiuntur. Livius.

III 6 24 24 556 C. Cornelius Cethegus, Qu. Minutius Rufus.

Ambo Coss. ob tumultum Gallicum in Italia manent. libro XVII. p. 1045.

Flamininus ad Cynoscephalas Philippum vincit. p. 1056.

Ætoli graves incipiunt esse Tito, & odium incipit, quod mox erupit. Legat. ecloga. VI.

Titi cum Philippo colloquium ad Tempe. ibid. 1097. pax data Philippo, libertas Græcis. ibid

Prætor Achæorum Diophanes. Pausanias in Arcadicis.

Antiochus Scopam Ætolum ducem Ptolemæi superat; Syriæ urbes recipit; & cum Judæis agit benigne. Polyb. lib. XVI. Fragmentorum p. 1491. Eusebius in hoc anno.

IV 7 25 25 557 L. Furius Purpureo, M. Claudius Marcellus.

His Coss. X. legati in Græciam venerunt. Legationum ecloga VII.

Græci in ludis Isthmicis liberi pronuntiantur. ecloga IX.

Bœoti deficiunt à Rom. VIII.

Olymp.	*Ægyp.*	*Syr.*	*Maced.*	*V.R.*	
					Lysimachiæ conventus. l. XVII. p. 1070. Lucii Cornelii ad Ptolemæum legatio. Legat. X. & Livius. Philippi ad Bœotos XI. Scopę in aula Alexandrina cædes. p. 1073. Ptolemæi Regis ante legitimam regnandi ętatem Ανακλητήρια. 1076.
CXLVI					
I	8	26	26	*558*	M. Portius Cato L. Valerius Flaccus. T. Flamininus bellum gerit cum Nabide tyranno: ac mox dat illi pacem. Livius ex Polybio. Hannibal solum vertit, & Tyrum primo, deinde ad Antiochum venit. lib. III. p. 231. CXLVII Prætor Achæorum Aristænus. Livius. Nemeorum ludicro præficitur Q. Flamininus.
II	*9*	27	27	*559*	P. Cornelius Scipio Africanus II. P. Sempronius Longus.
III	10	28	28	*560*	L. Cornelius Merula, Qu. Minutius Thermus.
IV	11	*29*	*29*	*561*	L. Quintius Flamininus, Cn. Domitius Ahenobarbus. Antiochus filiam Cleopatram Ptolemæo despondet Raphiæ in Syria. Livius ex Polybio: qui meminit obiter Legationum ecloga LXXXII. Hannibal apud Antiochum se excusat. Livius & Polyb. l. III. 232. Antiochus Hellespontum trajicit; & in Eubœæ Chalcide hibernat. Legat. XII. Attalus Rex venit Romam. *Livius.* lib. XXXV.

Antio-

Olymp.	Ægyp.	Syr.	Maced.	V. R.	
					Antiochici belli & Ætolici annus primus.
					Prætor Achæorum Philopœmenes: Pausanias, Plut. Livius libro XXXV. ex Polybio: qui res contra Nabidem mari gestas à Philopœmene, in eum annum confert qui sequitur quo Coss. Scipio & Glabrio sunt designati. de quo plura in Commentariis ad libri XVI. ultimam eclogam.
					Lycortas Polybii pater, equitibus præerat in hac expeditione. Livius.
					Hoc etiam anno Nabide ab Ætolis cæso, Philopœmen societati Achæorum Lacedæmonios adjungit. ibid.
XLVII					
1	12	30	30	562	P. Cornelius Scipio Nasica, M'. Acilius Glabrio.
					Acilio Græcia obvenit: qui Heraclea capta Ætolos petere pacem compellit. Legat. ecloga XIII. XVI. & XVII.
					C. Livius Rom. classis præfectus cum ducibus Antiochi qui Ephesum in Asiam redierat pugnat navali certamine & vincit. ea est victoria de qua Polyb Leg. ecloga XVI.
					Hoc & sequente anno Philippus Romanos adjuvat in bello contra Antiochum & Ætolos. ideo Senatus mox Demetrium qui erat obses Romæ patri Philippo remittit. Legat. XV.
					Lacedæmonii legatos Romam mittunt de obsidibus & castellis oræ maritimæ quibusdam: item de exulibus quos ab Achæis restitui

Olymp.	*Ægyp.*	*Syriæ.*	*Maced.*	*V. R.*	
					ſtitui jubent Rom. Ecloga XIV. Prætor Achæorum Diophanes. Livius ex Polybio, lib. XXXVI.
II	13	31	31	563	L. Cornelius Scipio, C. Lælius Nepos. L. Scipioni, qui poſtea dictus Aſiaticus Græcia decreta: ille in Græciam venit. Legat. XVII. mox in Aſiam primus ducum Ro. cum fratre P. Scipione Africano ſibi legato trajicit, & res bene gerit cum Antiocho. Legat. XIX. XXII. Amphiſſa oppugnatur ab Acilio: Athenienſes pro Ætolis intercedũt. XVII. Seleucus Antiochi F. bellum in Aſia parat. XVIII. Eumenes ab Antiocho premitur Pergami. ille Achæorum copias acerſit. Legat. XX. XXI. Antiochus poſt acceptam cladem in mari Sardes concedit, & legatos de pace ad Scipiones mittit. XXIII. XXIV. XXV.
III	14	32	32	564	M Fulvius Nobilior, Cn. Manlius Volſo. In Senatu Ro cauſſam ſuam diſceptant Eumenes Rex & Rhodiorum legati. XXV. Fulvius Cos. Ætoliam nactus provinciam venit in Græciam, & cum illis bellum gerit. XXVI. Ambraciam obſidet. XXVII. & pag. 1545. Ac tandem Ætolos petere pacem cogit. XXVIII. Manlius Cos. cui Aſia provincia evenit, bellum gerit cum Gallogręcis & aliis Aſiæ populis, XXIX. XXX. I. II. III. IV. Prętor Achæorum Philopœmenes,

Olymp.	Ægyp.	Syr.	Maced.	V.R.	
					nes, legem fert, ut in omnibus civitatibus quæ Achaici concilii essent invicem conventus agerentur, non ut semper antè Ægii solum. Livius ex Polybio, lib. XXXVIII. Lan castellum orę maritimę ubi erant exules, oppugnant Lacedæmonii. Philopœmen caussam exulum tuetur: auctores injuriæ dedi postulat: quosdam ad caussam dicendam evocat, qui mox sunt occisi. hæc est illa cædes in Compasio. ecloga XXXVII. hominum L. ut ex Polybio refert Plut. alii, CCCL. Lacedæmonii à societate Achæorum discedunt: Romanis sese dedunt. Philopœmen mœnia Spartę diruit: Lycurgi leges antiquat, novam Reip. formam instituit. exules restituit. Lacedæmonii & Ægienses Fulvium in Peloponnesum accersunt. hæc gesta sunt isto & sequente anno. Livius ex Polybio: & tanguntur Eclogis XXXVII. XLI. & XLII.
IV	15	33	33	565	M Livius Salinator, M. Valerius Messala. Anno ultimo hujus Olympiadis, Manlius proconsul cum X legatis Ephesi hibernans, negotium pacis & fœderis cum Antiocho perfecit. XXXV. XXXVI. XXXIX. PrętorAchęorum Philopœmen, continuato magistratu, ait Livius ex Polybio. Legati mittuntur Romam a Lacedęmoniis, & ab eorum exulibus: qui suam causam legationemque Achæis injunxerunt. Lycortas & Diophanes Megalopolitani principes legationis Achæorum.

Olymp.	Ægyp.	Syr.	Maced.	V.R.	
CXLVIII.					
I	16	34	34	566	M. Æmilius Lepidus. C. Flaminius Nepos. Lepidus Cos. per literas legatis Lacedæmoniorum datas, Achæos increpat. XXXVII. Demetrius legatus Ptolemæi ad Achæos de renovando fœdere. Lycortas ad Ptolemæum mittitur cum aliis. ibid. Bœoti Romanis & Achæis inimicantur. XXXVIII.
II	17	35	35	567	Sp. Postumius Albinus, Qu. Martius Philippus. Prætor Achæorum Aristænus, ecloga XLI. In concilio Achæorum Eumenis legati audiuntur, & alii. item Lycortas legationem renuntiat. ibid.
III	18	36	36	568	App. Claudius Pulcher, M. Sempronius Tuditanus. Legati Eumenis & populorum Græciæ de Philippo queruntur apud Senatum. XL. Q. Cæcilius legatus ad Philippum Achæos invisit. XLI.
		Seleuc. Philopator.			Antiocho Magno successit Seleucus Philopator, & regnat annos XII.
IV	19	1	37	569	P. Claudius Pulcher, L. Porcius Licinius. Qu. Cęcilio Romam reverso Appius Claudius in Græciam & Macedoniam legatur. XLII. XLIV. Prætor Achæorum Lycortas Polybii pater, legatis Romanis dat Clitore concilium. XLIII. & Livius è Polybio, lib. XXXIX. Appius Cretam adit. XLV.

CXLIX.

Olymp.	*Ægyp.*	*Syr.*	*Maced.*	*V.R.*	
CXLIX.					
I	20	2	38	570	Q. Fabius Labeo, M. Claudius Marcellus. Legationes undique Romam veniunt contra Philippum. XLVI. Q. Martius legatus in Macedoniam mittitur. XLVIII. renunciat legationem. LI. Bellum Achæorum & Messeniorum. Livius ex Polybio. de eo Polybius eclogis LII. LIII. LIV. Philopœmen Achæorum Prætor octavùm, annos LXX. natus, capitur a Messeniis, & necatur. LII. P. Scipionem Africanum hoc anno mortuum scripserat Polybius, ait Livius XXIX Demetrius Philippi F. ad patrem reversus Roma, ejus odium fraude Persei incurrit. ecloga L.
II	21	3	39	571	L. Æmilius Paulus, Cn. Bæbius Tamphilus. His Coss. Hannibalem obiisse, scripserat Polybius, ait Cornelius Nepos. Prætor Achæorum Lycortas, mortem Philopœmenis ulciscitur. LII. Lycortas concilium Achæorum habet Sicyone. Sparta recipitur in concilium Achæorum. LIII. Bippus legatus Achęorum ad Ro. item aliæ legationes. LIII. LIV.
III	22	4	40	572	P. Cornelius Lentulus, M. Bæbius Tamphilus. Bellum inter Eumenem Ariarathemque & Pharnacem, Legat. LV. Fiunt induciæ inter Pharnacem & Eumenem; qui statim Attalum & reliquos fratres Romam mittit. LVI.

Olymp.	*Ægyp.*	*Syr.*	*Maced.*	*V.R.*	
IV	23	5	41	573	A. Postumius Albinus, C. Calpurnius Piso. Prætor Achæorum Hyperbatus. LVIII. Legati decernuntur ad Ptolemæum Epiphanem, Lycortas, Polybius, Lyc. F. & Aratus Arati F. LVII. Erat tum Polybius minor ætate legitima capessendi Remp. ut ipse ait. ætas legitima videtur fuisse annorum XXX. ex eo quod dicitur ecloga LXXXIX. fuerit igitur tunc Polybius annos natus XXIV. aut paullo plures. Callicrates legatus Achæorum ad Rom. prodit libertatem patriæ. LVII. Romani caussam exulum Lacedæmoniorum serio contra Achæos suscipiunt. LVIII. Hoc anno fit inclinatio Reip. Achæorum in deterius, & incipit ejus παρακμὴ καὶ φθορά. ibidem.
CL.					
I	24	5	42	574	Qu. Fulvius Flaccus, L. Manlius Acidinus. T. Sempronius Gracchus Prætor citeriorem Hispaniam nactus provinciam, Celtiberorum CCC oppida delevit. auctor Polybius. Vide pag. 1503. è Strabone. Prætor Achæorum Callicrates: qui exules Lacedæmoniorum & Messeniorum restituit. LVIII. Eumenes & Ariarathes cum Pharnace pacem faciunt. LIX.
	PTOLEMÆUS. PHILOMETOR.		PERSEUS.		Ptolemæo Epiphani mortuo succedit Ptolemæus Philometor. annis XXXV. Post Philippi obitum regnat Perseus, annos XI.

II

Olymp.	*Ægyp.*	*Syr.*	*Maced.*	*V. R.*	
II	1	6	1	575	M. Junius Brutus, A. Manlius Volſo. Bellum adverſus Iſtros & Carmelum eorum regulum. Livius. Laodice Perſei ſponſa Rhodi apparatu magnifico excipitur, & ad illum deducitur. LX.
III	2	7	2	576	C. Claudius Pulcher, T. Sempronius Gracchus. Claudius Iſtriam, Sempronius Sardiniam ſortitur. Livius XLI. ex quo apud Polyb. in ecloga LX. pro Αγρίους videtur emendandum Σάρδους. His Coss. Lyciorum legati Romæ auditi ſunt contra Rhodios. LX. illi purgant ſe legationibus. ibid. & LXI.
IV	3	8	3	577	Qu. Petilius Spurinus, Cn. Cornelius Scipio Hiſpalus. Huic anno videtur congruere Dardanorum legatio, de qua LXII.
CLI.					
I	4	9	4	578	P. Mutius Scævola, M. Æmilius Lepidus II.
II	5	10	5	579	Sp. Poſtumius Albinus Paululus, M. Mutius Scævola.
III	6	11	6	580	L. Poſtumius Albinus, M. Popillius Lænas. Prætor Achæorum Xenarchus. Livius XLI. Hoc anno quum Seleucus Philopator annum XII. regni eſſet ingreſſus, eidem mortuo ſucceſſit Antiochus Epiphanes. regnavit annos XI.
		ANTIOC. EPIPHANES.			
IV	7	1	7	581	C. Popillius Lænas, P. Ælius Ligur. Cn. Servilius Cæpio, Ap. Claudius Cento, T. Annius Luſcus, legati

gati

Olymp.	*Ægyp.*	*Syriæ.*	*Maced.*	*V.R.*	
					gari ad res repetendas ad Perseum missi, renuntiandamque amicitiam regi, redeunt, & relatione sua ut bellum contra Perseum decernatur efficiunt. Livius. Antiochus Ægypti regno imminens, ambigendo de Cœlesyria caussam belli quærit. *Livius.*
CLII.					
I	8	2	8	582	*P.* Licinius Crassus, C. Cassius *L*onginus. Legati mittuntur in Græciam Qu. Martius, A. Atilius, *P.* & Ser. Cornelii Lentuli, & L. Decimius. in Cretam vero hi tres, A. Postumius Albinus, C. Decius, A. *L*icinius Nerva. *L*ivius. hi sunt quorum sparsim apud Polybium mentio in eclogis, LXIII. LXIV. & sequentibus. Martius legatus & Perseus Rex colloquuntur LXV. Prætor Achæorum Archon. LXIII. videtur esse frater Xenarchi. de utroque Livius XLI. C. *L*ucretius Prætor classem provinciam sortitus Cephalleniam & Rhodios in fide per literas continet LXVI. Persei legatio ad Bœotos LXVI. Legati Persei Urbe & Italia expelluntur *L*XVII. Belli Macedonici II. annus primus. P. *L*icinius Cos. male pugnat cum Perseo: qui pacem victor petit. *L*XIX. Legati Antiochi & *P*tolemæi Romam veniunt bello pro Cœlesyria jam inchoato. LXXII.
II	9	3	9	583	A. Hostilius Mancinus, A. Atilius Serranus.

Man-

lymp. Ægyp. Syr. Maced. V. R.

Mancino Macedoniam obvenisse, & in Græcia etiam post exactum Consulatus annum mansisse, testis ecloga LXXIII.

Exeunte superiore anno, aut hujus initio tres legati circum insulas missi, T. Claudius, P. Postumius, M. Junius. Livius lib. XLII.

Antiochus premit bello Ptolemæum; cujus Anacleteria celebrantur. LXXVIII.

III 10 4 10 584 Qu. Martius Philippus II. Qu. Servilius Cæpio.

Persei res gestæ cum Gentio.

A. Hostilius proconsul hibernans in Thessalia C. Popillium & Cn. Octavium circum Græcas civitates mittit. LXXIII.

Hoc tempore Lycortas & Polybius metu Rom. potentiæ, neque Perseum neque Rom. ab Achæis juvari volebant. sed factio contraria vicit, non sine horum offensione apud Rom. ibid.

Prætor Achæorum Archon qui ad Romanos res trahebat. p. 1244.

Martio Cos. in Thessaliam adventante Archon Achæorum copias cogit; interim Polybium ad Cos. mittit: qui cum eo locutus, domum mox redit, & petitionem Appii Centonis prudentia sua eludit. LXXVIII.

Antiochus venit in Ægyptum, & legationes excipit mittitque. LXXXI. II. III. IV.

IV 11 5 11 585 L. Æmilius Paulus II. C. Licinius Crassus.

Æmilius Paulus Cos. venit in Græciam. Perseus cum Gentio agit. LXXXV.

Rhodii

Olymp. Ægyp. Syr. Maced. V. R.

Rhodii arbitros agunt. LXXXV. LXXXVI.

Perseus vincitur. legati Rhodiorum male accipiuntur Romæ LXXXVIII.

Initio hujus anni Martio in Macedonia hibernante, quum in Ægypto regnarent Ptolemæi duo, major & minor, & per legatos auxilia
ab Achęis petiissent, & nominatim II
Lycortam ut socialibus copiis præesset, ac Polybium ut equestribus,
res impeditur. LXXXIX. XCI. III
C. Popillii Lænatis legatio nobilis ad Antiochum. XCII. IV
Eclipsis Lunæ circa Persei cladem. de qua in Fragmentis. p. 1526 CLIV.

Annorum LIII. *& historiæ* πραγματικῆς τ̃ ἐξ ἀρχῆς προθέσεως, *finis.* I
Sequebantur pauci anni pacis, de quibus vide pag. 222. lib. III.

II

CLIII.

Olymp.	*Ægyp.*	*Syriæ.*	*V. R.*	
I	12	6	586	Qu. Ælius Pœtus, M. Julius Pennus.

Victo Perseo legati X. ad res Macedoniæ ordinandas mittuntur. XCIV.

E civitatibus Græciæ legati ad Paulum mittuntur illi qui Romanis faverant. ibid.

Callicrates ex Achaia legatus stimulat Romanos adversus eos qui ipsis parum faverant amore patriæ. Mille Achæi & amplius hoc vel sequente anno Romam evo- III
cantur, ac mox per urbes Italiæ divisi, ibidem continentur, ad annum XVII. eo anno liberantur qui supererant vix CCC. Pausanias in Achaicis. Isti sunt quos passim Polybius vocat τοὺς κατῃτιαμένους, *eos qui fuerant accusati*; vel τοὺς ἀνακεκλημένους, *qui in Italiam evocati*. Plutarchus in Catone Censorio & alibi, τοὺς φυγάδας; quia Italia illis fuit exilium. qui etiam Polybium

Olymp.	*Ægyp.*	*Syr.*	*V.R.*	
				bium in his fuisse docet; & declarat ipse Polybius. vide eclogas CV. CXXII. CXXVIII. CXXXVII.
				Attalus Regis Eumenis frater Romam venit. XCIII.
				Rhodii variis legationibus placare Romanos student. XCIII. CIV.
				Cotyis Regis filius captivus liberatur. XCVI.
II	13	7	587	C. Sulpitius Gallus, M. Claudius Marcellus.
				Prusias Rex Romam venit. XCVII.
III	14	8	588	T. Manlius Torquatus, Cn. Octavius Nepos.
IV	15	9	589	A. Manlius Torquatus, Qu. Cassius Longinus.
CLIV.				
I	16	10	590	T. Sempronius Gracchus, M. Juventius Talna.
II	17	11	591	P. Cornelius Scipio Nasica, C. Martius Figulus.
		ANTIOC. EUPATOR		Antiocho Epiphane mortuo regnat Antiochus Eupator, annos II.
				His Coss. Cn. Octavius Sp. Lucretius & L. Aurelius ad constituendum regem Syriæ mittuntur, postquam Demetrius Seleuci F. obses Romæ dimitti se petiisset. CVII.
				Cn. Octavius legationis princeps à Leptine occiditur. CXIV. CXXII.
III	18	1	592	M. Valerius Messala, C. Fannius Strabo.
				Ariarathe Rege Cappadociæ mortuo Ariarathes F. accipit regnum, & amicitiam per legatos cum Pop. Rom. renovat CIX. & Livii Epitome XLVI.
				His Coss. Demetrius Roma clam aufugit, consilio quidem usus Polybii Romæ tunc inter exules Achæos, sed libere agentis: ministerio vero aliorum. CXIV.
				Hoc etiam anno videtur Romam venisse

Olymp.	Ægyp	Syr.	V.R.	
				nisse Ptolemæus junior, opem adversus fratrem petens. CXIII.
IV	19	2	593	L. Anicius Gallus, M. Cornelius Cethegus.
		DEMETRIUS SOTER.		Post Eupatorem regnat in Syria Demetrius ὁ Σωτὴρ, (is qui Roma aufugerat) annos XII. ait Polybius lib. III. pag. 224. Sic in Chronico Eusebii, & Scaligeri Excerptis. p. 55. non ut alii IX.
				Massanissa fretus Pop. Rom. amicitia Carthaginienses bello lacessit. deinde cum ipse tum Carthaginienses ad Senatum legatos mittunt hoc vel sequente anno. CXVIII.
CLV.				
I	20	1	594	Cn. Cornelius Dolabella, M. Fulvius Nobilior.
II	21	2	595	M. Æmilius Lepidus, C. Popillius Lænas II.
				Hi videntur esse Coss. quorum Polybius meminit ecloga CXXI.
				Attalus Rex venit Romam. Legatio Demetrii Regis Romam missa, quæ etiam Leptinem atque Isocratem cædis Cnæi auctores adduxit. CXX. & CXXII. Legatio Achæorum pro Polybio & aliis evocatis. ibid. & CXXIX.
				Missi à Senatu legati, qui inter Massanissam & Carthaginienses de agro judicarent. Livius XLVII.
III	22	3	596	Sex. Julius Cæsar, L. Aurelius Orestes.
				His Coss. venit Romam Ariarathes Cappadociæ rex: venerunt & legationes Regum Demetrii atque Holophernis. vide eclogam CXXVI.
				Epitoma Livii lib. XLVII. Legatio alia Achæorum pro evocatis. CXXX.
				Ariarathes Cappadociæ rex consilio Demetrii Regis Syriæ & viribus pulsus regno, à Senatu restitutus est.

Olymp.	Ægyp.	Syriæ.	V. R.	
IV	23	4	597	L. Cornelius Lentulus, C. Martius Figulus. His Coss. bellum Dalmaticum geri cepit. Cauſſas belli hujus habes ecloga CXXIV. & CXXV. ubi obſervatur hunc fuiſſe annum XII. à belli Perſici fine. Erat tum temporis Polybius in Italia inter evocatos ex Achaia; ſed multum apud proceres Romanos gratia valens: itaque Locris magnum beneficium impetrat. libro XII. pag. 913.
CLVI.				
I	24	5	598	P. Cornelius Scipio Naſica, M. Claudius Marcellus II. Maſſilienſibus per legatos in Senatu querentibus de Oxubiis Liguribus, decernitur legatio ad res inſpiciendas. CXXXI.
II	25	6	599	Q. Opimius Nepos, L. Poſtumius Albinus. Bellum contra Oxubios Ligures Opimio Cos. mandatur. CXXXII. Epitome Livii XLVII. His Coss. Ptolemæus junior iterum venit Romam. ibid. Hiſtoriam belli inter Pruſiam & Attalum ac Nicomedem Pruſiæ filium, pacem irritam inter illos conciliatam à tribus Ro. legatis; nec non cædem Pruſiæ, à filio poſt unum alterumve annum interfecti, hoc loco videtur narraſſe Polybius, ante quam priori parti Hiſtoriæ ſuæ finem imponeret. CXXXV. CXXXVI. vide Appiani Mithridatica, & Epitomen Livii libro L.

TEMPUS IV.

ΤΑ ΤΗΣ ΠΡΑΓΜΑΤΙΚΗΣ ΙΣΤΟΡΙΑΣ ΤΗΣ ΔΕΥΤΕΡΑΣ ΣΥΝΤΑΞΕΩΣ.

sive

HISTORIÆ POLYBIANÆ ALTERA pars posterius adjecta: res gestas continens à principio belli Celtiberici, ad finem Punici III. & Achaici à Mummio gesti. *Vide librum III. pag.* 224.

Olymp.	*Ægyp.*	*Syriæ.*	*V. R.*	
III	26	7	600	Qu. Fulvius Nobilior, T. Annius Luscus. His Coss. bellum Celtibericum est inchoatum, & Cos. Fulvius adversus eos est missus. Appianus in Ibericis.
IV	27	8	601	M. Claudius Marcellus III. L. Valerius Flaccus. Cos. Claudio provincia Celtiberia evenit. Celtiberi inducias pacti cum Claudio, Romam legatos mittunt. Cos. in Lusitaniam arma transfert.
CLVII.				
I	28	9	602	L. Licinius Lucullus, A. Postumius Albinus. L. Licinius Cos. in Hispaniam ad Celtibericum bellum mittitur. Atque his Coss. accidit illa Romanę pubis consternatio, de qua Polybius p. 1346 qui tamen ad superiorem annum refert; nisi est aliquis error admissus. Vide Liv. lib. XLVIII. & Appianum, qui Licinium Cos. legato usum scribit P. Cornelio Æmiliano Africano, qui postea Carthaginem & Numantiam delevit.
II	29	10	603	L Quintius Flaminius, M. Acilius Balbus. His Coss. bellum Punicum III. est in-

Olymp.	*Ægyp.*	*Syriæ.*	*V.R.*	
				eſt inchoatum: de cujus initiis Polybius ecloga CXLII.
				Prætor Achæorum Menalcidas. Pauſanias in Achaïcis. Hic Oropios in contentione illa cum Athenienſibus juvit, quam ex Polybio attingit A. Gellius li. VII. ca. XIV. plura Plutarchus in Catone Cenſorio.
				Hoc anno Evocatis ex Achaia conceditur à Senatu libertas abeundi quo vellent, in gratiam maxime Polybii. Plutarchus & Pauſanias.
III	30	11	604	L. Marcius Cenſorinus, M? Manilius Nepos.
				Andriſcus qui & Pſeudophilippus Romà aufugit, & venit in Macedoniam, regnum ſibi vindicans, ut Perſei filio.
				Bellum Macedonicum III.
				Prætor Achæorum Diæus. Hujus improbitate bellum conflatur inter Achæos & Lacedæmonios. Pauſanias.
IV	31	12	605	Sp. Poſtumius Albinus, L. Calpurnius Piſo.
				Metellus Prætor bellum gerit in Macedonia, & legatos inde mittit ad res Peloponneſi inſpiciendas. Pauſ. tangit Polybius. lib.III. 224.
		ALEXANDER BALA.		Poſt Demetrium regnat in Syria Alexander ὁ Βαλᾶ, vel Balles. nam varie effertur hoc cognomen. ut & regni tempus incertum. Joſephus ait annos V. lib. XIII. cap. VIII. Euſebius X. cum menſibus VII. Scaligeriana Excerpta. pa. 55. ita. Ἀλέξανδρος ὁ τοῦ Βαλᾶ, υἱὸς Ἀντιόχου τοῦ Ἐπιφανοῦς Δημήτριον τὸν Σελεύκου καθελὼν, ἔτη ε· οἱ δὲ ἔτη θ.

 at pag.

Olymp.	*Syriæ.*	*Ægyp.*	*V. R.*	
				at pag. 57. eorundem, tribuuntur huic anni X. Prætor Achæorum Damocritus.
CLVIII.				
I	32	1	606	P. Cornelius Scipio Africanus, C. Livius Drusus. Scipio in Africam mittitur ad bellum Punicum conficiendum : qui Polybium comitem sibi adjunxit. Metellus per legatos bello Achæorum & Lacedæmoniorum finem imponit ; quod tamen mox scelere Diæi & Menalcidæ recrudescit. Pausan. de Metelli victoria, Achæorum clade, Velleius Paterc. Prætor Achæorum Diæus II. Mittuntur Roma cum alii tum Aurelius Orestes de quo in ecloga CXLIII, & CXLIV. ad disceptandum controversiam inter Achæos & Lacedæmonios. habetur concilium Corinthi : ubi legati Rom. violantur. ibidem, & Pausanias, Thearidæ & Sexti legationes. CXLIV.
II	33	2	607	Cn. Cornelius Lentulus, L. Mummius Achaicus. Anni hujus initio aut superioris fine, Carthago à Scipione est capta, præsente & adjuvante Polybio. Ammianus lib. XXIV. de Juliano. *Legerat Æmilianum Scipionem cum historiarum conditore Polybio Megalopolitano Arcade, & triginta millibus, portam Carthaginis impetu simili subfodisse. Sed fides recepta scriptorum veterum, recens factum defendit. Æmilianus enim testudine lapidea tectam successerat portam ; sub qua tutus & latens, dum moles saxeas detegunt*

Olymp.	Ægyp.	Syriæ.	V. R.	
				gunt hostes, urbem nudatam irrupit. Prætor Acheorum Critolaus. Quum è Macedonia in Græciam Metellus venisset, ut res Achæorum, Lacedæmoniorum & Thebanorum componeret; Critolaus cum eo dimicat acie, & clade magna Achæi afficiuntur. Hoc gestum initio consulatus Mummii; qui mox cum exercitu in Græciam venit. Pausanias.
III	34	3	608	Q. Fabius Maximus Æmilianus, L. Hostilius Mancinus. Prætor Achæorum Diæus III, Hic cum Mummio congressus, victus fugatusque Achæorum & universæ Græciæ calamitatem consummavit, ut ait Polyb. libro III. & Pausauias. Mummius tertio post victoriam die Corinthum ingreditur, eam diripit, & incendio consumit. Hujus calamitatis Polybium fuisse spectatorem ex ipso refert Strabo in Fragmentis pag. 1506. itaque fallitur Orosius, qui negat fuisse tunc in Græcia Polybium, quando cum Mummio pugnavit Diæus.
IV	35	4	609	Ser. Sulpitius Galba, L. Aurelius Cotta. Hoc anno videtur finem habuisse bellum Achaicum: nam post Corinthi excidium, nihil memorabile gestum legitur. tempus autem reliquum in ordinando statu Achaiæ, hoc est universæ Græciæ, quæ ab illo tempore Achaia dicta, est consumptum. Appianus tamen belli hujus finem conjicit in Olympiadem LX & expressius Pau-

Olymp. Ægyp. Syriæ. V. S.

ſanias; ὁ πόλεμος ἔσχεν οὗτος τέλος, Ἀντιθέου μὲν Ἀθήνησιν ἄρχοντος, Ὀλυμπιάδι δ' ἑξηκοστῇ πρὸς ταῖς ἑκατὸν, ἣν ἐνίκα Διόδωρος Σικυώνιος. quod permirum mihi quum videatur, amplius de eo peritis cogitandum.

In Achaici belli fine deſiiſſe Hiſtoriam Polybii teſtis ipſe l. III. p. 224.

Deſcripſerat Polybius & bellum Numantinum ſed opere ſeparato à perpetua ſua Hiſtoria, ut diſerte M. Tullius teſtatur, in epiſtola ad Luceium. Id bellum per multos tractum annos, excidio Numantiæ quam delevit Scipio, (qui & Carthaginem) eſt terminatum, anno proximo poſt Conſulatum ipſius, V. C. DCXX. Coss. P. Mutio Scævola, L. Calpurnio Piſone Frugi. Olympiadis CLXI. anno altero. Quum autem oſtenderimus natum Polybium circa annum V. C. DL. quia conſtat teſtimonio Luciani ad octuageſimum ſecundum vitam illum produxiſſe; liquet inde obiiſſe ipſum circa annum à primis Romæ Palilibus DCXXXII. cui congruit ex ſuperiore deſcriptione primus Olympiadis CLXIV. ante natum Regem Meſſiam, circiter CXX. priusquam M. Tullius naſceretur annis XVII. Obiit autem Polybius, cum è prædio ſuo urbem Megalopolim repeteret, equo delapſus. quo mortis genere, cum alii magni viri vitam finierunt, tum etiam Leopoldus Dux Auſtriæ, princeps clariſſimus, anno Domini CIↃ CXXIII.

Laus Deo.

ΑΙΝΕΙΟΥ ΤΑΚΤΙΚΟΝ ΤΕ

ΚΑΙ ΠΟΛΙΟΡΚΗΤΙΚΟΝ ΥΠΟΜΝΗΜΑ,

περὶ τοῦ

ΠΩΣ ΧΡΗ ΠΟΛΙΟΡΚΟΥΜΕΝΟΝ ΑΝΤΕΧΕΙΝ.

ÆNEÆ VETUSTISSIMI SCRIPTORIS COMMENTARIUS TACTICUS ET OBSIDIONALIS:

Quomodo obſeſſum reſiſtere oporteat.

ISAACUS CASAUBONUS *recenſuit, publicavit,* & NOTIS *illuſtravit.*

POLYBIUS LIBRO X.

Αἰνείας βουληθεὶς διορθώσασθαι τὴν τοιαύτην ἀπορίαν, ὁ τὰ περὶ τῶν Στρατηγικῶν ὑπομνήματα συντεταγμένος, βραχύ τι προὐβίβασε.

Æneas quum hunc errorem emendare inſtituiſſet, is, qui de rebus ad officium imperatoris pertinẽtibus Commentarios vulgo notos compoſuit; aliquantum promovit.

ÆLIANUS de INSTRUENDA ACIE

CAPITE PRIMO.

Ἐξειργάσαντο δὲ τὴν θεωρίαν τῆς Τακτικῆς, Αἰνείας τε διὰ πλειόνων, ὁ Στρατηγικὰ βιβλία ἱκανὰ συνταξάμενος· ὧν ἐπιτομὴν ὁ Θετταλὸς Κινέας ἐποίησε.

Tacticum argumentum perpolivit pluribus ſcriptis Æneas; is qui libros de Officio imperatoris non paucos compoſuit: quorum Epitomen Theßalus Cineas confecit.

EX SUIDA.

Αἰνείας. οὗτος ἔγραψε περὶ πυρσῶν, ὥς φησι Πολύβιος· καὶ περὶ στρατηγημάτων ὑπόμνημα.

Æneas. hic ſcripſit de facibus pyrſeutarum, ut ait Polybius. ſcripſit & Commentarium de ſtratagematis. Fallitur Suidas: vide Notas.

PRAEFATIO.

Quum in omnibus, paullo ſaltem inſtructioribus & nobilioribus, Europæ Bibliothecis, multa hodieque Græcorum, qui de re militari aut machinis bellicis ſcripſerunt, extent monumenta; nullum è cunctis minus eſt in vulgus notum, quam iſtud hactenus fuit, quod in ditiſſima Chriſtianiſſimi Regis libraria inventum, deſcripſimus, & in generoſæ pariter atque eruditæ juventutis gratiam vulgavimus. Nam Athenæi quidem, Heronis Apollodori, Philonis, Julii Africani, item Mauricii Leoniſque Auguſtorum, nec non aliorum, qui adhuc ſuperſunt ejus generis ſcriptores, ad hanc diem inediti, docti viri non pauci mentionem in ſcriptis ſuis fecerunt, eorumque libros ſibi lectos oſtenderunt. Æneæ verò hujus qui meminiſſet, neotericorum inveni prorſus neminem. niſi quod Conradi Geſneri indicio didicimus, hujus libri exemplar in Vaticana Romæ ſervari. Quod ſi me non fallit conjectura, è Romano codex regius manavit. quanquam is non Romæ fuit deſcriptus, ſed in hac ipſa urbe, manu Angeli Bergicii hominis Græci, qui ante annos dumtaxat ſexaginta ex alio exemplari, allato ex Italia, quod neſcimus cujus fuerit, regium charactere elegantiſſimo depinxit, & inter cæteros libros Bibliothecæ Græcos dedicavit, quos Franciſcus Magnus, parens ille Muſarum, ac diſciplinarum inſtaurator, & Hen-

Henricus II. Fr. F. in Italia ſibi & Græcia conquiri vel deſcribi juſſerunt. Porrò hic ſcriptor, non illos ſolum univerſos, quos modo nominavi, vetuſtate longe ſuperat: verùm etiam, Græcorum omnium, qui de rei militaris ſcientia aliquid ſerio ſcripſerunt, pene fuit primus. Nam Ælianus, homo erudititiſſimus, qui Trajani & Hadriani temporibus vivebat, quum ab ultima antiquitate diſciplinæ Tacticę auctores repeteret; ſecundum Homerum & eos qui Homeri Τακτικὴν expoſuerant, ÆNEAM ante omnes recenſet. & addit Ælianus, Theſſalum Cineam, prudentiſſimum illum Pyrrhi Regis amicum & conſiliarium, Æneæ Commentarios Στρατηγικοὺς, ſive, de iis quæ ad Imperatoris officium pertinent, in compendium redegiſſe. Id operis non ſolum apud Græcos, ſed etiam apud Romanos, in magno quondam pretio fuiſſe comperior. Nam Romani proceres, quos alibi dicebamus, rei bellicę ſcientiam ex hiſtoriarum maximè & Tacticorũ lectione, quo tempore in provincias cum imperio proficiſcebantur, ſolitos fuiſſe ſibi comparare; ad Κύρου παιδείαν Xenophonteam Tactica ſcripta Æneæ, ſive Cineæ Epitomen, adjungebant, eamque diligentiſſimè legebant. Cicero in epiſtola quadam ad Papirium Pætum: *Summum me ducem literæ tuæ reddidere. plane neſciebam te tam peritum eſſe rei militaris. Pyrrhi te libros & Cineæ video lectitaſſe. itaque obtemperare cogito præceptis tuis.* & mox; *Neſcis quo cum imperatore tibi negotium ſit.* Κύρου παιδείαν, *quam contriveram legendo, totam in hoc imperio explicavi.* Ex iis quæ diximus de ſumma hujus ſcriptoris vetuſtate poteſt conſtare: nam Cineas Epicurum Athenis docentem audivit, ut ſignificat M. Tullii De Senectute liber. Epicurus autem Athenas commigravit circa finem Olympiadis CXVIII. Idem Cineas anno altero Olympiadis CXXV legatus Romam, miſſu Pyrrhi,

venit.

venit. Æneam verò, è cujus ſcriptis uberrimis Epitomen ſuam Cineas confecit, ipſo Cinea vetuſtiorem aliquot ſaltem annis fuiſſe, nemo, opinor, negaverit. Ut non abs re poſſit dubitari, ſitne ne hic ille Æneas Stymphalius, Arcadum imperator, qui, ſicut teſtatur Xenophon in ſeptimo Ἑλληνικῶν, circa tempora pugnę ad Mantineam, hoc eſt, anno Olympiadis XIV vivebat, & res Arcadum, non ſine laude fortitudinis & prudentiæ, adminiſtrabat. idioma ſane Peloponneſiorum, ac nominatim Arcadum, probe ſibi notum fuiſſe, capite XXVII de voce πάνειον agens, oſtendit. Equidem, ut pro vero affirmare hoc non auſim, ita de eo nullus dubito; Æneam noſtrum, aut æqualem illorum temporum fuiſſe, aut non longo certè intervallo ab illis abfuiſſe. Argumento ſit etiam illud, quod machinas obſidionales commemorans, quæ Ariſtotelis ætate, ut ipſe ſcribit, frequentius paullo uſurpari à Græcis hominibus incipiebant; arietis quidem & αἰπλεῶν, necnon catapultæ & teſtudinis, ſaltem leviter meminit; helepoleos verò & προσβόλων manganorum, ac ſimilium quæ poſterius ſunt inventa, nullam facit mentionem. Jam quum ſoleat auctor iſte præcepta ſua, illarum rerum quæ antea contigiſſent, exemplis illuſtrare; non temere ullum toto libro geſtum reperias, quod decima ſupra centeſimam Olympiade non ſit prius atque antiquius. Quoniam autem Æneæ nomen, non hodie atque heri, ut initio dicebamus, ſed ab aliquot retro ſæculis vulgo ignorabatur; librarius qui regium codicem deſcripſit, ſive potius Critici illi, qui vetuſtiora regio exemplaria recenſuerant, titulum libro ancipitem præſcripſerant, ΑΙΝΕΙΟΥ Ἢ ΑΙΛΙΑΝΟΥ. Nos ſine cunctatione vocem vitio adjectam ſuſtulimus. Nam verum germanumque Æneæ opus hoc eſſe, non Æliani, certa atque indubitata etiam Polybii auctoritate poſſumus confir-

confirmare. Scribit Polybius libro X. de signis disserens per sublatas faces dari olim solitis, (πυρσοὺς & φρυκτοὺς Græci vocant,) Æneam in suis de re militari Commentariis super eo argumento multa observasse. idem prorsus hic quoque scriptor de se testatur: qui propterea rationem attollendi faces in hoc scripto prætermittere se ait; quia alio in opere multis ea de re tractarit, ad quod lectorem rejicit, ne, ut ait, bis idem scribere cogatur. Verba illius sunt capite VII. ὡς δ' ἔδει τοῦτο γίνεσθαι, καὶ ὡς αἴρειν τοὺς φρυκτούς, ἐν τῇ Παρασκευαστικῇ βίβλῳ πλειόνως εἴρηται· ὅθεν δεῖ τὴν μάθησιν λαμβάνειν· ἵνα μὴ δὶς περὶ τῶν αὐτῶν γράφειν συμβῇ. Quod autem ait Polybius, scripsisse Æneam ΠΕΡΙ ΤΩΝ ΣΤΡΑΤΗΓΙΚΩΝ ΥΠΟΜΝΗΜΑΤΑ, DE IIS QUÆ AD IMPERATORIAM ARTEM PERTINENT COMMENTARIOS; is fuit generalis titulus omnium librorum, quos de universa re militari Æneas composuerat. Ælianus appellat ΣΤΡΑΤΗΓΙΚΑ ΒΙΒΛΙΑ. Operis vero singulę partes inscriptiones sibi proprias habuerunt. Nam verbi gratia, pars hæc, quæ de toleranda obsidione agit, Πολιορκητικὸν ὑπόμνημα inscribitur. Sic illa pars quæ erat de bellorum apparatibus, Παρασκευαστικὸν ὑπόμνημα indicem fuit nacta. auctor ipse Παρασκευαστικὴν βίβλον nominat, ut capite VII. & VIII. interdum Παρασκευαστικὸν simpliciter, omissa voce ὑπόμνημα, ut capite XX. alibi Ποριστικὴν βίβλον, ut capite XIV. neque enim aliter accipiendum. Simillime pars illa in qua Æneas de re castrensi tractaverat, Στρατοπεδευτικὴ βίβλος fuit inscripta: quod è capite XXI discimus. idem de reliquis etiam partibus est censendum. Auctor est Suidas, scripsisse Æneam Περὶ τῶν στρατηγημάτων ὑπομνήματα. sed est illius grammatici μνημονικὸν peccatum. locum enim Polybii, quem in animo habebat, corrumpit, & Strategica confundit cum Stratagematis: quæ non parum diversa esse argumenta, norunt qui

literas

literas Græcas vel summatim & ἀκροθιγῶς attigerunt. Vide Julii Frontini præfationem in librum quartum suorum. Alium præterea librum scripserat Æneas, exempla continentem diversorum eventorum, maxime autem, ut arbitror, rerum bellicarum; cui titulum indiderat ΑΚΟΥΣΜΑΤΑ. de quo dicturi sumus ad caput XXXVIII. Atque hæc sunt quæ de Ænea & ejus scriptis habemus comperta. Cui viro tantum vetustas tribuit, ut pleraque illius in sua scripta ad verbum transferrent, qui post ipsum, de re militari aliquid componebant. Exemplo erit Julius Africanus, doctus cum primis & antiquus scriptor: quem ex hoc ipso Commentario multa capita ἔπος πρὸς ἔπος descripsisse, iisque usum pro suis in libro de Bellorum apparatibus, suis locis infra probabimus. Postremo lectores monitos volumus; regium codicem, quo uno sumus usi, fideliter à nobis in hac editione fuisse expressum: nisi quod mendas leviores, de quibus dubitari non poterat, prope infinitas sustulimus. Qui meliora exemplaria nacti fuerint, ii vel conatus nostros adjuvent; vel certe, quod nos optavimus, ipsi perficiant; atque ut boni patres familias, publicam rem literarum candido animo augeant. Omnino merebatur pulcherrimus hic liber, vel propter auctoris vetustatem, ut Latina eum veste donaremus, atque uberiore Commentario explicaremus. quod hoc tempore præstare quum per varias curas & occupationes nobis non licuerit; breves saltem hasce Notas, velut pignus navandæ σὺν Θεῷ operæ raptim exaravimus. Periti rerum, quorum est de hujusmodi scriptis ferre sententiam, si hunc Æneę Commentariolum legerint, non dubitabunt, scio, pronuntiare, ab auctore profectum, qui earum rerum quibus de scribebat, magnum usum habebat, & judicio non mediocri valebat.

ΤΑΔΕ ΠΕΡΙΕΧΕΙ ΤΟ Πολιορκητικὸν ὑπόμνημα τοῦ ΑΙΝΕΙΟΥ.		INDEX CAPITUM, quæ in ÆNEÆ commentario de toleranda obsidione continentur.	
	Προοίμιον.		*Præfatio.*
α	Περὶ τῆς τῶν σωμάτων συντάξεως.	1	*Hominum ordinatio, & obsessorum in varias manus tributio.*
β	Περὶ τῶν τῆς πόλεως εὐρυχωρειῶν, καὶ πῶς δεῖ τυφλοῦν αὐτάς.	2	*De areis in urbe vacuis, & quomodo sint obstruendæ.*
γ	Ἐν προσφάτῳ φόβῳ ἐν τῇ πόλει, τί δεῖ ποιεῖν.	3	*Ubi metus repentinus oppidanos invasit, quid opus facto.*
δ	Περὶ συσσήμων.	4	*De signis.*
ε	Περὶ πυλωρῶν.	5	*De portarum custodibus.*
ϛ	Περὶ ἡμεροσκόπων.	6	*De diurnis speculatoribus.*
ζ	Πῶς δεῖ τοὺς ἔξω τῆς πόλεως ἀθροίζειν εἰς τὴν πόλιν.	7	*Quomodo cogendi sint in urbem, qui extra urbem sunt in agris.*
η	Πῶς δεῖ τὴν χώραν δυσείσβολον κατασκευάζειν.	8	*Qua ratione aditus in regionem difficiles & impeditos reddere oporteat.*
θ	Τί δεῖ ποιεῖν θρασυνομένων τῶν πολεμίων.	9	*Si hostis sese inferat audacius, quid opus facto.*
ι	Παραγγέλματα πρὸς φυλακὴν πόλεως.	10	*Præcepta ad urbis custodiam pertinentia.*
ια	Ἐπιβουλαί.	11	*De insidiis.*
ιβ	Περὶ συμμάχων ἃ δεῖ προνοεῖν.	12	*De sociis, & quæ sint in ea parte prospicienda.*
ιγ	Ξενοτροφία.	13	*Mercenarii militis alendi ratio.*
ιδ	Ὑπόδειξις εἰς ὁμόνοιαν.	14	*Ad conservandam inter obsessos concordiam.*

15 Qua

AI-

ΜΕΓΑΛΟΠΟΛΙΤΟΥ

ΙΣΤΟΡΙΩΝ

ΤΟΜΟΣ ΤΡΙΤΟΣ.

POLYBII LYCORTÆ F. MEGALOPOLITANI HISTORIARUM

TOMUS TERTIUS,

Continens

Æneæ Vetuſtiſſimi Tactici Commentarium de Toleranda Obſidione,

ET

Notas utriuſque CASAUBONI *in* POLYBIUM,

ACCURANTE

JACOBO GRONOVIO.

AMSTELODAMI,

Apud JOANNEM JANSSONIUM à WAESBERGE, & JOANNEM à SOMEREN. *Anno* 1670.

ΑΙΝΕΙΟΥ

ΤΑΚΤΙΚΟΝ ΤΕ

ΚΑΙ ΠΟΛΙΟΡΚΗΤΙΚΟΝ ΥΠΟΜΝΗΜΑ,

περὶ τοῦ

ΠΩΣ ΧΡΗ ΠΟΛΙΟΡΚΟΥΜΕΝΟΝ ΑΝΤΕΧΕΙΝ.

Uoties aliqui mortalium, relicta patria, certamina & pericula extra fines suos subeunt; ii si quā terra marive fortunam adversam fuerint experti, superstitibus illorum propria regio atque urbs, manent salvæ: ut perire cuncti funditus non queant. iis vero, qui de rebus omnium maximis sunt periclitaturi, sacris, patria, parentibus, liberis, atque aliis, nec par nec simile propositum est certamen. nam hi si salvi evaserint, & hostes fortiter repulerint, terribiles adversariis evadent; ut nemo facile in posterum moliri aliquid adversus eos velit: sin autem, ignavos in defendendis periculis sese præbuerint; nulla de cætero spes salutis restat reliqua. De talibus igitur tantisque rebus decertaturos, neque in belli apparatibus, neque in alacritate animorum, fas est quicquam prætermittere: quin potius, multis, atque adeo omne genus rebus est eis prospiciendum, quo ne culpa saltem suamet ipsorum, detrimentum ullum accipiant: aut si casus aliquis intervenerit, cæteri tamen quibus Fortuna pepercerit, ut res lapsas in pristinum locum restituant: sicut Grecorum nonnulli, quum ad ultima pervenis-

ΣΟΙΣ τῶν ἀνθρώπων ἐκ τῆς αὐτῶν ὁρμωμένοις χώρας, ὑπερόριοί τε ἀγῶνες καὶ κίνδυνοι συμβαίνουσιν, ἄν τι σφάλμα γένηται κατὰ γῆν ἢ θάλασσαν, ὑπολείπεται τοῖς περιγενομένοις αὐτῶν οἰκεία τε χώρα καὶ πόλις· ὥστε οὐκ ἂν ἄρδην πάντες ἀναιρεθείησαν· τοῖς δὲ ὑπὲρ τῶν μεγίστων μέλλουσι κινδυνεύειν, ἱερῶν καὶ πατρίδος, καὶ γονέων καὶ τέκνων καὶ τῶν ἄλλων, οὐκ ἴσος οὐδὲ ὅμοιος ἀγών ἐστιν. ἀλλὰ σωθεῖσι μὲν, καὶ καλῶς ἀμυναμένοις τοὺς πολεμίους, φοβεροὺς τοῖς ἐναντίοις καὶ δυσεπιθέτους εἰς τὸν λοιπὸν χρόνον εἶναι· κακῶς δὲ προσενεχθεῖσι πρὸς τοὺς κινδύνους, οὐδεμία ἐλπὶς σωτηρίας ὑπάρξει. Τοὺς οὖν ὑπὲρ τοσούτων καὶ τοιούτων μέλλοντας ἀγωνίζεσθαι, οὐδεμιᾶς παρασκευῆς καὶ προθυμίας ἐλλιπεῖς εἶναι δεῖ· ἀλλὰ πολλῶν καὶ παντοίων ἔργων πρόνοιαν ἐκτέον, ὅπως διά γε αὐτοὺς μηδὲν φανῶσι σφαλέντες· εἰ δέ τι ἄρα σύμπτωμα γένηται· ἀλλ' οἵ γε λοιποὶ τὰ ὑπάρχοντα εἰς ταὐτό ποτε καταστήσαμεν· καθάπερ τινὲς τῶν Ἑλλήνων εἰς τὸ ἔσχατον ἀφικόμενοι, πάλιν ἀνέλαβον ἑαυτούς.

1 ΤΗΝ οὖν τῶν σωμάτων σύνταξιν σκεψαμένους πρὸς τὸ μέγεθος τῆς πόλεως, καὶ τὴν διάθεσιν τοῦ ἄστεως, καὶ τῶν φυλάκων τὰς καταστάσεις, καὶ περιοδίας, καὶ ὅσα ἄλλα σώμασι κατὰ τὴν πόλιν χρηστέον, πρὸς ταῦτα τοὺς μερισμοὺς ποιητέον. τοὺς μὲν γὰρ ἐκπορευομένους δεῖ συντετάχθαι πρὸς τοὺς ἐν τῇ πορείᾳ τόπους, ὡς χρὴ πορεύεσθαι, διά τε τὰ ἐπικίνδυνα χωρία καὶ ἐρυμνά, καὶ στενόπορα καὶ πεδινά, καὶ ὑπερδέξια καὶ ἐνεδρευτικά, καὶ τὰς τῶν πολεμίων διαβάσεις, καὶ τὰς ἐκ τῶν τοιούτων παρατάξεις. τὰ δὲ τέλη καὶ * πολιτοφυλακῆς ὄντα. πρὸς μὲν τὰ τοιαῦτα οὐδὲν δεῖ συντετάχθαι· πρὸς δὲ τοὺς ἐν τῇ πόλει τόπους, καὶ τὸν παρόντα κίνδυνον. Πρῶτον μὲν οὖν αὐτὸν ἀπονεῖμαι δεῖ τοὺς φρονιμωτάτους τε καὶ ἐμπείρους μάλιστα πολέμου, οἳ περὶ τοὺς ἄρχοντας ἔσονται· ἔπειτα λοιπὸν ἀπολέγειν σώματα δυνησόμενα μάλιστα πονεῖν, καὶ μερίσαντα λοχίσαι, ἵνα εἴς τε τὰς ἐξόδους καὶ τὰς κατὰ πόλιν περιοδίας, καὶ τὰς τῶν πονουμένων βοηθείας, ἢ εἴς τινα ἄλλην ὁμότροπον ταύτης λειτουργίαν ὑπάρχωσιν οὗτοι προστεταγμένοι τε καὶ δυνατοὶ ὄντες ὑπηρετεῖν. εἶναι δὲ αὐτοὺς εὔνους τε, καὶ τοῖς καθεστηκόσι πράγμασιν ἀρεσκομένους. μέγα γὰρ πρὸς τὰς τῶν ἄλλων ἐπιβουλὰς τοῦτο ἀθρόον ὑπάρχον ἀντ' ἀκροπόλεως· φόβος γὰρ ἂν εἴη τοῖς ἐναντία θέλουσιν ἐν τῇ πόλει. ἡγε-

ſent malorum, è calamitatibus tamen emerſerunt.

In corporum ordinatione conſiderandum eſt, ut pro magnitudine civitatis, pro ſitu & conditione oppidi, pro eo vigilum numero qui eſt conſtituendus, pro aliis item miniſteriis, quę in urbe obſeſſa à certis corporibus obiri debent, partitio eorum inſtituatur. Et illi quidem qui extra muros proficiſcuntur, ſecundum naturam locorum debent ornari, ad quę mittuntur, & per quæ tranſeundum; periculis putà expoſita aut munita, anguſtiis arctata, aut plana, edita in altum, aut inſidiis locandis nata; item, in quibus hoſtes ſint amnem trajecturi, aut ubi ex tali aliqua occaſione acie ſit dimicandum. in illis vero inſtruendis copiis, quæ intra muros remanſuræ ſunt, cuſtodiæ urbis deputatæ; non ea quæ modo diximus ſunt ſpectanda; ſed eorum potius locorum quę in urbe ſunt, ac præſentis periculi haberi ratio debet. Primum igitur, prudentiſſimos quoſque & rei bellicæ peritiſſimos eximere oportet, qui magiſtratibus præſto ſemper ſint futuri: tum autem è cæteris corpora ſeligenda ſunt, laboris patientiſſima; atque ex his certæ militum manus conſcribendæ; qui ad erumpendum in hoſtem, ad circuitiones urbanarum vigiliarum, ad ſubmittenda preſſis auxilia, & ſimilia his alia miniſteria deſtinati, iis muneribus exſequendis futuri ſint pares. Porro iſtos bene in civitatem eſſe animatos, & in præſente rerum ſtatu aequieſcere oportet. nam adverſus clandeſtinas aliorum

aliorum molitiones, corpus hoc congregatum, inſtar arcis cujuſdam, magno fuerit præſidio. metu enim continebitur factio contraria, ſi qua in urbe fuerit. Ducatus vero & cura horum viro tradatur; cum cætera prudenti, & robuſto; tum etiam, quem ex mutatione rerum plurima pericula maneant. è reliquis, valentiſſimi quique ſtatura corporis & juventa eligendi, qui in excubiis atque mœnibus collocentur. jam quę ſupereſt multitudo, pro longitudine noctium & modo vigiliarum, in plures paucioreſve manipulos debet deſcribi. è plebis vero turba, alii in foro, alii in theatro collocantor; alii in vacuis areis, ſi quæ ſunt in urbe; ne qua penitus illius pars defenſoribus ſit nudata. Enimvero plures in urbe areas eſſe inutiles, nihil quicquam juvat. ne ſi qui forte res novare voluerint, & in illis occupandis aliorum conatus antevertere, diverſis opus ſit militum agminibus, qui foſſis cavatis eas obſtruant, & quam maxime fieri poteſt reddant impervias, ſi qui forte res novas moliri, atque illas occupare, voluerint. Lacedęmonii quum in eorum agrum Thebani irrupiſſent, proximas ſibi quiſque ædes demoliendo, & è maceriis muriſque, alii alibi ſaccos terra & lapidibus opplendo; atque, ut ajunt, ſacris ex ære tripodibus, qui penes eos erant multi & magni, in eam rem utendo; quum hiſce omnibus aditus tranſituſque oppidi ſui, & vacuas omnes areas, obturare occupaſſent, hoſtem perrumpere intra muros conantem, repreſſerunt. Platæenſes, quum Thebanos ſilentio noctis urbem ſuam eſſe ingreſſos didiciſſent; animadverſa paucitate illorum;

μὼν δὲ καὶ ὁ ἐπιμελητὴς αὐτῶν, ἔστω
τά τε ἄλλα φρόνιμος καὶ εὔρωστος.
καὶ ᾧ ἂν πλεῖστοι κίνδυνοι εἶεν μεταβολῆς γινομένης. τῶν δὲ λοιπῶν τοὺς
ῥωμαλεωτάτους ἡλικίᾳ καὶ νεότητι
ἐκλέξαντα ἐπὶ τὰς φυλακὰς καθιστάναι καὶ τὰ τείχη. Τὸ δὲ περιὸν
πλῆθος μερίσαντα πρὸς τὸ μῆκος
τῶν νυκτῶν καὶ τῶν φυλακῶν, τὸ πλῆθος κατανεῖμαι. Τῶν δὲ ὄχλων
τοὺς μὲν εἰς τὴν ἀγοράν, τοὺς δὲ εἰς
τὸ θέατρον· τοὺς δὲ ἄλλους, εἰς τὰς
οὔσας ἐν τῇ πόλει εὐρυχωρίας, ἵνα
μηδὲν ἔρημον ᾖ εἰς δύναμιν τῆς πόλεως. Ἀχρηστον δὲ εἶναι τὰς ἀχρεί- 2
ους οὔσας εὐρυχωρίας ἐν τῇ πόλει·
ἵνα μὴ σωμάτων εἰς αὐτὰς δέῃ τυ-
φλοῦν παραφέροντα, καὶ ὡς μάλιστα
ἀβάτους ποιοῦντα, τοῖς νεωτερίζειν
βουλομένοις καὶ προκαταλαμβάνειν
αὐτάς. Λακεδαιμόνιοι δὲ Θηβαίων
ἐμβαλόντων, ἔκ τε τῶν ἐγγυτάτω οἰκιῶν διαλύοντες καὶ ἐκ τῶν αἱμασιῶν
καὶ τειχῶν ἄλλοι κατ' ἄλλους τόπους
φορμοὺς γῆς καὶ λίθων πληροῦντες·
φασὶ δὲ καὶ τοῖς ἐκ τῶν ἱερῶν χαλκοῖς τρίποσιν, ὄντων πολλῶν καὶ μεγάλων, χρησάμενοι, καὶ τούτοις προσ-
αποπληρώσαντες τάς τε εἰσβολὰς
καὶ τὰς διόδους, καὶ τὰ εὐρύχωρα τοῦ
πολίσματος, ἐκώλυσαν τοὺς εἰσβάλλειν ἐπιχειροῦντας εἰς αὐτὸ τὸ πόλισμα. Πλαταιεῖς δὲ, ἐπεὶ ᾔσθοντο
νύκτωρ ἐν τῇ πόλει Θηβαίους ὄντας,
καταννοήσαντες οὐ πολλοὺς αὐτοὺς ὄντας,
οὐδὲ ἔργων τῶν προσηκόντων ἁπτομέ-
νους· οἰόμενοι γε μέντοι κατέχειν

τὴν πόλιν ἐνόμιζον, ἐπιθέμενοι ῥᾳδίως κρατήσειν. τεχνάζουσιν οὖν ἐπιβουλὴν τοιάνδε. Τῶν ἀρχόντων οἱ μὲν ὁμολογίας ἐποιοῦντο τοῖς Θηβαίοις ἐν τῇ ἀγορᾷ· οἱ δὲ παρήγγελλον κρύφα τοῖς ἄλλοις πολίταις, ἀθρόους μὲν ἐκ τῶν οἰκιῶν μὴ ἐξιέναι· καθ' ἕνα δὲ καὶ δύο τοὺς κοινοὺς τοίχους διορύττοντας, λαθραίως παρ' ἀλλήλους ἀθροίζεσθαι. ἑτοιμασθέντος δὲ πλήθους ἀξιομάχου, τὰς μὲν ὁδοὺς καὶ τὰς ῥύμας ἐτύφλωσαν ἁμάξαις ἄνευ ὑποζυγίων· ὑπὸ δὲ σημεῖον ἀθροισθέντες, ἐφέροντο ἐπὶ τοὺς Θηβαίους. ἅμα δὲ τούτοις τὰ γύναια καὶ οἱ οἰκέται ἦσαν ἐπὶ τοῖς κεράμοις. ὥστε βουλομένων τῶν Θηβαίων προσάγειν καὶ ἀμύνασθαι ἐν σκότει, οὐκ ἐλάττω ὑπὸ τῶν ἁμαξῶν βλάβην, ἢ ὑπὸ τῶν προσκειμένων αὐτοῖς ἀνθρώπων γενέσθαι. οἱ μὲν γὰρ ἄπειροι ὄντες ᾗ χρὴ σωθῆναι διὰ τὰς φράξεις τῶν ἁμαξῶν· οἱ δὲ ἔμπειροι διώκοντες, ταχὺ πολλοὺς ἔφθειραν. Ἐξοιστέον δὲ καὶ τὰ ὑπεναντία τούτοις· ὡς μιᾶς μὲν οὔσης εὐρυχωρίας, κίνδυνον εἶναι τοῖς ἐν τῇ πόλει, ἂν προκαταλαμβάνωσιν οἱ ἐπιβουλεύοντες. κοινοῦ γὰρ καὶ ἑνὸς ὄντος τόπου τοιούτου, τῶν φθασάντων ἂν εἴη τὸ ἔργον. δύο δὲ ἢ τριῶν ὄντων τοιούτων τόπων, τάδε ἂν εἴη τὰ ἀγαθά· εἰ μὲν ἕνα ἢ δύο καταλαμβάνοιεν τόπους, τὸν λοιπὸν ἂν τοῖς ἐναντίοις ὑπάρχειν· εἰ δὲ πάντας, καταληφθέν-

cognito etiam, ipsos nihil earum rerum curare, quibus attendere debebant; qui tamen in sua jam potestate urbem esse sibi persuadebant; existimarunt, si hostem adorirentur, non difficilem sibi fore victoriam. dolum igitur è vestigio hunc comminiscuntur. Magistratuum alii in foro de pactorum conditionibus cum Thebanis agunt: alii, cæteris civibus clam præcipiunt, ut separatim quidem è domibus suis ne egrederentur; sed singuli aut bini simul parietibus intergerinis perfossis, occultè alii apud alios congregarentur. ubi idonea multitudo convenit, *vias* urbis & vicos plaustris absque jumentis obstruxerunt; deinde ad datum signum manu facta, in Thebanos irruerunt. simul & mulierculę & famuli in tectis stabant. ex quo evenit, ut Thebanis per tenebras rem gerere volentibus, & defendere sese, non minus damni plaustra afferrent, quam qui ipsos urgebant Platæenses. nam illi quidem, utpote quà evadendum esset ignari, propter plaustrorum sepimenta hærebant: hi vero contra, cum certa scientia hostem persequentes, cito multos eorum occiderunt. Sed & rationes his contrarię in medium sunt adducendę. quippe si una dumtaxat sit area vacua, atq; eam conjurati sibi asserere antevertèrint, magno in periculo oppidani versentur. nam ubi unicus tantum est locus ejusmodi, omnibus communis, in prçoccupantium diligentia posita est palma. sin autem loca ejusmodi fuerint duo aut tria, hæc sequentur commoda. si factio contraria unum alterumve eorum ceperit, reliquus saltem diversa sentientibus restat; sin omnia

loca

loca conspirati occuparint, separati hoc pacto & divisi infirmiores erunt ad resistendum adversariis, in unum conglobatis; utpote qui per singulas urbis partes divisi non erunt. atque ita etiam in cæteris deliberationibus, quæ insunt contraria doctrinæ jam scriptæ, suspicari & cogitare oportet; ne quid forte secius inconsideratè eligas. Si fuerit urbs inordinata, atque eam subitus terror invaserit, facile aliquis cives ordinaverit, & in opportunis ad tuitionem oppidi locis collocaverit; si unicuique tribuum certam murorum partem sorte attribuerit; ad cujus defensionem earum singulæ, simulatque aliquid increpuerit, sese conferant. pro multitudine autem civium, quæ in quaque tribu censentur, partem murorum custodiunto. his ita constitutis, è quaque tribu eos qui firmissimo sunt ad labores corpore, seligere convenit, ad stationem in foro habendam, aut ad circuitiones, aut si quid est aliud, in quo talium hominum opera sit necessaria. Similiter ubi munitio aliqua sociorum præsidio tenetur, singulis *gentibus* pars certa murorum custodienda attribuitor. Si cives inter se mutuis suspicionibus laborent, ad loca singula, unde in muros ascenditur, fidos homines collocare oportet, qui, si quis alius conetur conscendere, sint impedituri. Pacis tempore ita ordinandi cives sunt. Ante omnia unicuique vicorum rhymarcha, sive vicanus præfectus est preponendus, vir moderatissimus & prudentissimus; ad quem, si quid noctu ex inopinato contigerit, sint conventuri: & proximos quidem

τες ἂν καὶ μερισθέντες ἀσθενεστέ-
ρως διακέοιντο πρὸς τοὺς ὑπεναντίους ἀθρόους ὄντας, εἰ μὴ ἐν ἑ-
κάστῳ μέρει ὑπάρχοιεν τῶν ἐν τῇ
πόλει. ὡς δ᾽ αὕτως καὶ κατὰ τῶν
ἄλλων πάντων βουλευμάτων χρὴ τὰ
ἐναντία ὑπεναντίοις τοῖς προγεγραμμένοις ὑπονοεῖν, ἵνα μὴ ἀπερισκέ-
πτως τι ἕτερον αἱρῆσθε. Ἐκ προσφάτου δὲ ἐγχωρίου φόβου ἀσυν- 3
τάκτῳ πόλει, τάχιστα ἄν τις εἰς
σύνταξιν καὶ φυλακὴν τῆς πόλεως
τοὺς πολίτας καταστήσαι, εἰ ἑκάστῃ φυλῇ μέρος τι τοῦ τείχους κλή-
ρῳ ἀποδείξειεν· ἐφ᾽ ὃ ἐλθοῦσαι
αὐτοῦ, αἱ φυλαὶ φυλάξουσι. κατὰ
πολυπλήθειαν δὲ φυλῆς ἑκάστης
τὸ μέρος τοῦ τείχους φυλασσέτω-
σαν. ἔπειτα οὕτως ἐφ᾽ ἑκάστης φυλῆς, τοὺς δυναμένους τοῖς σώμασι
πονέσαι, ἀπολεγῆναι εἰς τὴν ἀγορὰν
καὶ τὰς περιοδίας, καὶ εἴ που ἄλλο
δεῖ χρῆσθαι τοιούτοις ἀνθρώποις.
ὁμοιοτρόπως δὲ καὶ φρουρίου ὑπὸ
συμμάχων φρουρουμένου, μέρος
τι τοῦ τείχους τῶν συμμάχων ἑκάστῳ
ἀποδιδόσθω φυλάττειν. ἐὰν δὲ
πολῖται ἐν ὑποψίᾳ πρὸς ἀλλήλους ὦσι, κατὰ ἀνάβασιν ἑκάστην
τοῦ τείχους δεῖ ἐπιστῆσαι ἄνδρας πι-
στούς, οἳ κωλυταὶ ἔσονται, ἄν τις
ἐπιχειρῇ ἄλλος ἀναβαίνειν. Ἐν
εἰρήνῃ δὲ καὶ ὧδε χρὴ συντετάχθαι τοὺς πολίτας. Πρῶτον
μὲν ῥύμης ἑκάστης ἀποδεῖξαι ῥυ-
μάρχην ἄνδρα τὸν ἐπιεικέστατόν
τε καὶ φρονιμώτατον. πρὸς ὃν
ἐάν τι ἀπροσδοκήτως νυκτὸς γένηται, συναθροισθήσονται· καὶ

δὲ τὰς ἐγγυτάτω ῥύμας τῆς ἀγορᾶς εἰς τὴν ἀγορὰν ἄγειν τοὺς ῥυμάρχας. τοὺς δὲ θεάτρου τὰς ἐγγυτάτω ῥύμας εἰς τὸ θέατρον, εἴς τε τὰς ἄλλας ἑκάστους ἐγγύτατα εὐρυχωρίας ἀθροίζεσθαι τοὺς ῥυμάρχας μετὰ τῶν ἐξενηνεγμένων παρ' αὐτοὺς τὰ ὅπλα. οὕτω γὰρ ἂν τάχιστα ἔστε τοὺς προσήκοντας ἕκαστοι τόπους ἀφίκοιντο, καὶ ἐγγυτάτω τῶν σφετέρων οἴκων εἶεν, διαπέμποιέν τε ἂν οἰκονομοῦντες πρὸς τοὺς κατ' οἶκον, τέκνα καὶ γυναῖκας, οὐ πόρρω αὐτῶν διατελοῦντες. τῶν τε ἀρχόντων δεῖ προκεκληρῶσθαι εἰς ὃν ἕκαστοι τόπον ἐλθόντες τῶν συνειλεγμένων ἐπὶ τὰ τείχη ἀποστελοῦσι, καὶ τῶν λοιπῶν ἕνεκα ἐπιμελείας ἡγεμόνες ἔσονται, ἂν πρ[illegible]ὺς ἡγεμονεύσωσιν ὧδε. Εὐθύτατα δὲ αὐτοῖς πεποιῆσθαι σύσσημα, ἀφ' ὧν μὴ ἀγνοήσουσι τοὺς προσιόντας αὐτοῖς· ἤδη γὰρ τοιόνδε συνέβη. Χαλκὶς ἡ ἐν Εὐρίπῳ κατελήφθη ὑπὸ φυγάδος ὁρμωμένου ἐξ Ἐρετρείας, τῶν ἐν τῇ πόλει τινὸς τεχνασαμένου τοιόνδε κατὰ τὸ ἐρημότατον τῆς πόλεως, καὶ πύλας οὐκ ἀνοιγομένας ἔχον, ἔφερεν πῦρ ἐν γαστρίνῃ, φυλάσσων τὰς ἡμέρας καὶ τὰς νύκτας· ἔλαθεν νυκτὸς τὸν μοχλὸν διαπρίσας, καὶ δεξάμενος ταύτῃ τοῖς στρατιώταις. ἀθροισθέντων δὲ ἐν τῇ ἀγορᾷ ὡς δισχιλίων ἀνδρῶν, ἐσημάνθη τὸ πολεμικὸν σπουδῇ· πολλοὶ δὲ τῶν Χαλκιδέων, δι' ἄγνοιαν ἀπώλλυντο· οἱ γὰρ ἐκφοβηθέντες, ἵεντο φέροντες τὰ ὅπλα πρὸς τοὺς πολεμίους, ὡς πρὸς

foro vicos, in forum deducent præfecti; theatro vero proximos, in theatrum; & ita ſinguli præfecti cum iis qui arma domo attulerint, ad proximas ſibi areas convenient. hoc namque pacto fiet, ut & citiſſime, & ad convenientia ſibi loca, quique perveniant; utque domibus ſuis proximi, miſſitando ad domeſticos, liberos atque uxores, propria negotia curent; non longo à ſuis intervallo diſſiti. Iam ipſos quoque magiſtratus, ſorte loca urbis diviſiſſe prius inter ſe oportet; ut ſciant, quò quiſque profectus, partem copiarum quæ coierint, ad muros mittent: qui etiam ad cætera munia cum cura obeunda, duces aliis ſe prębebunt, ſi ſtatim iſto pacto civibus præiverint. Omnium verò primum ſigna obſeſſos inſtituiſſe oportet, per quæ eos dignoſcere qui ad ſe accedent poterunt. jam enim antè tale quid evenit. Chalcis urbs eſt ad Euripum; hanc quidam exul, Eretria profectus, occupavit: quum civium aliquis hujuſmodi ſtratagemate eſſet uſus. In parte urbis omnium maxime deſerta, & cujus portæ non aperiebantur, ſive ad excubias, ſive ad vigilias iret, ignem in teſta deferebat. atque is portarum obicem quum nemine animadvertente ſerra noctu ſecuiſſet, eo patefacto aditu milites admiſit. poſtquam in forum ad duo millia hominum conveniſſent, claſſicum ſonari acriter cepit. ibi tum multi Chalcidenſium per ignorantiam interierunt. quippe, qui metu perculſi, arma ſumunt, & hoſtibus ſe adjungunt; quum unuſquiſque illorum

ſerius

ſerius ad eos, ceu ad amicos, perveniſſe ſe arbitraretur. ita plurimi eorum modo ſinguli, modò bini interficiebantur; donec tandem urbe jam capta, quid rei geſtum eſſet cognoverunt. Qui igitur bellum gerunt, & quidem propinquo hoſte, ante omnia eos oportet, ſi quos terra marive ad facinus aliquod perpetrandum urbe emittant, ſic mittere, ut ſigna compoſita habeant, qua diurna, quà nocturna, per quæ ſicunde hoſtis apparuerit, dignoſcere valeant, amicine ſint an inimici. atque ubi rei gerendæ cauſſa fuerint quidam profecti, mittendi etiam ſunt, qui omnia ſignificent; ut & ejuſmodi expeditionum caſus, qui in urbe remanent, vel à longiſſimo intervallo & quam primum, notos habeant. multum namque juverit, temporis amplius habuiſſe, quò te adverſus imminens periculum prępares. Quę porrò iis acciderint, qui hoc non obſervant, antè geſtorum narratione declarabitur: ut ad rectum conſilium diligendum, ſit exempli & liquidi teſtimonii copia. Piſiſtrato Athenienſium imperatori, nuntiatum eſt, decreviſſe Megarenſes, ubi ad littus Atticum appuliſſent, conjugibus Athenienſium Theſmophoria Eleuſine celebrantibus, noctu inſidias parare. eo cognito Piſiſtratus prævertit, & Megarenſibus dolum ſtruit. qui ut egreſſi in littus ſunt, quaſi nemo eos animadvertiſſet, & à mari aliquanto longius proceſſerunt; exurgens Piſiſtratus inſidiatoribus ſuperior extitit; plurimoſque adeo illorum occidit, & naves quibus fuerant delati cepit. deinde navigiis

φίλους αὐτοὺς ἕκαστος δοκῶν ὕστερον παραγίνεσθαι. οὕτως ἂν καθ' ἕνα καὶ δύο οἱ πλεῖστοι ἀπώλλυντο, μέχρι χρόνῳ ὕστερον ἔγνωσαν τὸ συμβαῖνον, τῆς πόλεως ἤδη κατεχομένης. Πολεμοῦντας οὖν χρὴ καὶ ἐγγὺς ὄντων τῶν πολεμίων, πρῶτον μὲν τὰ ἀποστελλόμενα ἐκ τῆς πόλεως κατὰ γῆν ἢ κατὰ θάλατταν ἐπί τινα πρᾶξιν πρὸς τοὺς ὑπομένοντας μετὰ συσσήμων ἀποστέλλεσθαι καὶ ἡμερινῶν καὶ νυκτερινῶν, ἵνα μὴ ἀγνοῶσι πολεμίων αὖθις ἐπιφαινομένων, εἰ φίλιοι ἢ πολέμιοί εἰσιν. ἐπὶ δὲ πρᾶξιν πορευθέντων καὶ πέμπειν τινὰς γνωσομένους. ἵνα καὶ τὰ τοιαῦτα ὡς ἐκ πλείστου τῶν ἀπόντων οἱ ὑπομένοντες ἴδωσι. μέγα γὰρ ἂν φέροι πρὸς τὸ μέλλον ἐκ πλείονος παρασκευάζεσθαι. τοῖς δὲ μὴ οὕτω πράττουσιν, ἃ συμβέβηκεν ἐμφανισθήσεται ἐκ τῶν ἤδη γενομένων· ἵνα ἐπὶ παραδείγματος καὶ μαρτυρίου καθαροῦ παραλέγηται· Πεισιστράτῳ γὰρ Ἀθηναίων στρατηγοῦντι, ἐξηγγέλθη ὅτι οἱ ἐκ Μεγάρων οἱ ἐπιχειροῖεν ἀφικόμενοι πλοίοις, ἐπιθέσθαι νυκτὸς ταῖς Ἀθηναίων γυναιξὶ, Θεσμοφόρια ἀγούσαις ἐν Ἐλευσῖνι. ὁ δὲ Πεισίστρατος ἀκούσας, προσενέδρευσεν. ἐπεὶ δὲ οἱ ἐκ τῶν Μεγάρων ὡς λεληθότες ἀπέβησαν, καὶ ἀπὸ τῆς θαλάττης ἐγένοντο, ἐξαναστὰς ὁ Πεισίστρατος, τῶν ἐνεδρευόντων τε ἀνδρῶν ἐκράτησε, καὶ διέφθειρε τοὺς πλείστους, καὶ τῶν πλοίων οἷς ἀφίκοντο ἐγκρατὴς ἐγένετο. ἔπειτα παραχρῆμα ταῖς ἑαυτοῦ στρατιώταις πληρώσας τὰ πλοῖα, ἔλαβε τῶν γυναικῶν τὰς ἐπιτηδειοτάτας συμπλεῦσαι, καὶ κατήγετο εἰς τὰ Μέγαρα ὀψὲ ἀποτέρω τῆς πόλεως· κατιδόντες οὖν τὰ πλοῖα προσπλέοντα, ἀπηύτων πολλοὶ τῶν Μεγαρέων, αἵ τε συναρχίαι, καὶ οἱ ἄλλοι θεώμενοι ὡς εἰκὸς αἰχμαλώτους ἀριθμούς ὡς πλείστας· καὶ μετ' ἐγχειριδίων ἀποβάντες, τοὺς μὲν καταβαλεῖν, ὅσους δ' ἂν δυνῶνται τῶν ἐπιφανεστάτων συναρπάζειν εἰς τὰ πλοῖα· καὶ οὕτως ἐπράχθη. δῆλον οὖν ὅτι μετὰ συσσήμων καὶ μὴ ἀγνοουμένων πρὸς ἀλλήλους τὰς ἀθροίσεις καὶ τὰς πέμψεις δεῖ

5 ποιεῖσθαι. Ἔπειτα πυλωροὺς καθιστάναι μὴ τοὺς τυχόντας, ἀλλὰ φρονίμους καὶ ἀγχίνους, καὶ μὴ ὑπονοεῖν δυναμένους ἀεί τι τῶν εἰσκομιζομένων. ἔτι δὲ καὶ εὐπόρους, καὶ οἷς ἐνέχυρα ἐν τῇ πόλει ὑπάρχει· τέκνα καὶ γυναῖκας λέγω· ἀλλὰ μὴ οἵτινες δι' ἔνδειαν, ἢ συναλλαγμάτων ἀνάγκην, ἢ δι' ἄλλην τινὰ ἀπορίαν, πεισθεῖεν ὑπό τινων, ἢ αὐτοὶ παρακελεύσαιεν ἄν τινας ἐπὶ νεωτερισμόν. Λεύκων δὲ ὁ Βοσπόρου τύραννος καὶ τῶν φρουρῶν τοὺς χρεωφειλέτας διὰ κυβείαν, ἢ δι' ἄλλας ἀκολασίας

6 ἀπομίσθους ἐποίει. Χρὴ δὲ καὶ ἡμεροσκόπους πρὸ τῆς πόλεως καθιστάναι ἐπὶ τόπῳ ὑψηλῷ καὶ ὡς ἐκ πλείστου φαινομένῳ· ἡμεροσκοπεῖν δὲ ἐφ' ἑκάστῳ χωρίῳ τρεῖς τοὐλάχιστον, μὴ τοὺς τυχόν-

è vestigio milite completis, mulieres Atticas, quæ commodissime navigare simul poterant, secum assumsit; & Megara sub vesperam paullo ab urbe longius naves appulit. Multi igitur Megarensium, ut vident naves adventare, prodeunt obviam; cum omnes simul magistratus, tum cæteri; quò videlicet, captivarum mulierum quàm plurimarum spectaculo fruerentur. Athenienses escensione facta, partim conficere Megarenses jubentur; partim ut quam possent plurimos ex illustrissimis civium in naveis corriperent. & ita factum est. ex quo potest intelligi, sive cogendus sit miles, sive ad res gerendas mittendus, signis compositis, ut se invicem ignorare nequeant, id esse faciendum. Secundum hæc custodes portarum constituere oportet, non temere quosuis; sed viros prudentes ac sollertes, quique omnia quę in urbem inferentur, valeant suspectare: ad hæc, in re lauta versantes, & quibus pręsto sint in urbe fidei pignora; liberos dico, & conjugia, non autem eos, qui propter egestatem, aut aliquam necessitatem, quam contrahendo sibi imposuerint, aut ob aliud inopię genus, situri sint se à nonnullis impelli, aut ipsi alios impulsuri ad res novandas. Leuco vero Bospori tyrannus, etiam milites præsidiarios, qui propter aleam, aut aliud intemperantiæ genus æs alienum contraxissent, ære dirutos faciebat. Pręterea oportet hemeroscopos (*ii sunt diurni speculatores,*) in loco edito, & qui è longissimo intervallo sit conspicuus, collocare. in singulis autem specularum locis, tres minimum hemeroscopos statio-

ſtationem agere, neceſſe: atque eos, non quos caſus fortuitus objecerit, ſed belli peritos: ne ſpeculator præ imperitia aliquid opinatus, det ejus rei ſignum, aut nuntium in urbem deferat, & ſine cauſſa negotium oppidanis faceſſat. Solet hoc evenire eis, qui rationes diſponendæ aciei, aut gerendi belli quum ignorent; quoties aliquid hoſtes faciunt aut agunt, utrum deſtinato conſilio, an caſu aliquo ea gerantur non intelligunt. at peritus, quem hoſtilis apparatus non fugit, non multitudo, non iter, & ſi qui alii ſunt exercituum motus; is demum veritatem renuntiabit. Si loca ejuſmodi non reperiantur, è quibus data ſigna videri in urbe queant; alios aliis in locis collocabis, qui ſublata in altum ſigna ſuſcipient, atque ea porrò in oppidum tranſmittent. hoc amplius hemeroſcopi pedum celeritate polientes ſunto: ut ſi qua inciderint, quæ ſignis declarari nequeant, ſcitu tamen neceſſaria, celeriter advenire poſſint, & quoad ejus fieri queat, è longinquo intervallo nuntium deferant. Optimum vero fuerit, ſi equitationi apta ſint loca, & equi ſuppeditent, equites cęteris ſpeculatoribus adjungere, ut per illos eo citius omnia nuncientur. Emittendi autem ſunt urbe hemeroſcopi, mane ſummo, aut noctu; ne ſpeculatores hoſtium eos ad ſuas ſpeculas euntes deprehendant. Teſſeram hemeroſcopi unam atque eandem habento, *ab urbana diverſam*: ne ſi forte ab hoſte capiantur, aut volentes aut nolentes, oppidanorum teſſeram poſſint prodere. Monentor etiam hemeroſcopi,

τας, ἀλλ' ἐμπείρους πολέμου, ὅπως μὴ δι' ἄγνοιαν δοξάζον τι ὁ σκοπὸς σημάνῃ ἢ διαγγείλῃ εἰς τὴν πόλιν, καὶ ματαίως ὀχλῇ τοῖς ἀνθρώποις. πάσχουσι δὲ ταῦτα οἱ ἄπειροι τάξεων καὶ πολέμου· ἀγνοοῦντες τὰς τῶν πολεμίων ἐργασίας καὶ πράξεις, εἴτε ἐκ παρασκευῆς πράσσεται, εἴτε καὶ παρὰ ταὐτόματον. ὁ δὲ ἔμπειρος, γνοὺς τὴν τῶν πολεμίων παρασκευήν, καὶ πλῆθος καὶ πορείας καὶ τὴν ἄλλην κίνησιν τοῦ στρατεύματος, οὕτω τὴν ἀλήθειαν ἐμφανιεῖ. ἐὰν δὲ μὴ ὑπάρχωσι τοιοῖδε τόποι, ὥστε καὶ εἰς τὴν πόλιν ἀπ' αὐτῶν φαίνεσθαι τὰ σημεῖα· ἄλλους ἐπ' ἄλλοις τόποις διαδεκτῆρας εἶναι τῶν αἰρομένων σημείων, οἳ σημαίνουσιν εἰς τὴν πόλιν. εἶναι δὲ τοὺς ἡμεροσκόπους καὶ ποδώκεις, οἳ ὅσα μὴ οἷά τε διὰ τῶν σημείων δηλοῦν, ἀλλ' αὐτῶν τιν' ἂν δέῃ ἐξ ἀνάγκης ἀγγέλλειν, δύνωνται ταχὺ ἀφικνεῖσθαι, καὶ ὡς ἐκ πλείστου ἀγγέλλωσιν. ἄριστον δὲ ἱππασίμων ὄντων τῶν τόπων, καὶ ὑπαρχόντων ἵππων, ἱππέας συνείρειν, ἵνα διὰ τῶνδε θᾶσσον ἀγγέλληται. πέμπεσθαι δ' ἐκ τῆς πόλεως τοὺς ἡμεροσκόπους ὄρθρου, ἢ νυκτὸς ἵνα τοῖς τῶν πολεμίων σκοποῖς μὴ κατάδηλοι ὦσιν ἡμέρας πορευόμενοι ἐπὶ τὰ ἡμεροσκοπεῖα. Σύνθημα δὲ ἔχειν αὐτοὺς ἓν καὶ τὸ αὐτό. ὅπως μήτε ἑκόντες, μήτε ἄκοντες, ἐὰν συλληφθῶσιν ὑπὸ τῶν πολεμίων, εἰπεῖν ἔχωσι τὸ τῶν ἐν τῇ πόλει σύνθημα. Παραγγέλλεσθαι δὲ

τοῖς ἡμεροσκόποις αἴρειν τὰ σύσσημα ἐνίοτε, καθάπερ οἱ πυρ-
7 σευταὶ τοὺς πυρσούς. Ὅταν δ' ἡ
χώρα ἔγκαρπος διάκειται, μὴ
πόῤῥω ὄντων τῶν πολεμίων, εἰκὸς
πολλοὺς τῶν ἐν τῇ πόλει περὶ τοὺς
ἐγγὺς χώρους διατελεῖν, γλιχο-
μένους τοῦ καρποῦ. τούτους δ' οὖν
εἰς τὴν πόλιν ἀθροίζειν ὧδε χρή.
πρῶτον μὲν τοῖς ἔξω ἅμα ἡλίῳ δύ-
νοντι σημαίνειν ἀπιέναι εἰς τὴν πό-
λιν· ἐὰν δὲ καὶ ἐπὶ πλέον τῆς χώρας
ἐσκεδασμένοι ὦσιν, ὑπὸ διαδε-
κτήρων σημαίνεσθαι, ὅπως πάντες
ἢ οἱ πλεῖστοι, παραγίνωνται εἰς πόλιν. ἐπειδὰν δὲ τούτοις σημανθῇ,
ἀπιέναι οὕτως τοῖς ἐν τῇ πόλει,
δειπνοποιεῖσθαι· τὸ δὲ τρίτον σημαίνειν εἰς φυλακὴν ἰέναι καὶ κα-
θίστασθαι. ὡς δὲ δεῖ τοῦτο γίνεσθαι,
καὶ ὡς αἴρειν τοὺς φρυκτοὺς, ἐν
τῇ Παρασκευαστικῇ βίβλῳ πλεί-
όνως εἴρηται· ὅθεν δεῖ τὴν μάθησιν λαμβάνειν. ἵνα μὴ δὶς περὶ
8 τῶν αὐτῶν γράφειν συμβῇ. Μετὰ
δὲ ταῦτα εἰς τὴν χώραν προσδεχομένων πλείω καὶ μείζω δύναμιν
πολεμίων, πρῶτον μὲν τὴν χώραν
* δυσεπικατασκευάζειν, καὶ τοὺς
ποταμοὺς δυσδιαβάτους καὶ πλείους, πρός τε τὰς ἀποβάσεις τῶν
πολεμίων εἰς τὰ ψαμμώδη καὶ στε-
ρεὰ ὅσα καὶ οἷα χρὴ κατασκευάζεσθαι δολώματα τοῖς ἀποβαίνου-
σι, τοῖς τε ἐν τῇ χώρᾳ καὶ τῇ πόλει,
λιμέσιν, οἷα εἰς τούτους δεῖ φράγματα παρασκευάζεσθαι πρὸς τὸ
μὴ εἰσπλεῖν, ἢ τὰ εἰσπλεύσαντα
μὴ δύνασθαι ἐκπλεῦσαι. τά τε
καταλιμπανόμενα ἑκουσίως, εἰς
χρείαν δὲ φέροντα τοῖς ἐναντίοις·
οἷον πρός τε τειχοποιίαν, ἢ σκηνο-

ut ſigna interdum ita attollant, ſicut pyrſeutæ ſolent faces, quas πυρσοὺς Græci dicunt. Quoties vicino hoſte ſunt in agris fruges fructuſque, veriſimile fit, eorum cupiditate multos oppidanorum rure verſari. hos igitur cogere in urbem iſto pacto oportet. Primò ſub occaſum Solis detur ſignum iis qui extra muros ſunt, abeundi in urbem: qui ſi per plures agri partes fuerint diſſipati; per alios ſignorum ſuſceptores ſignificetur eis, ut vel omnes vel quam plurimi in oppidum veniant. Ubi ſignum iſtis datum fuerit concedendi intra muros; oppidani cœnam ſumere alio ſigno jubentor. tertium deinceps eſto, ut ad conſtituendas vigilias eatur. quomodo autem hæc fieri debeant, & quo pacto faces à pyrſeutis attollendæ ſint, in libro de Rei Bellicæ apparatibus uberius eſt dictum. inde petatur ejus rei ſcientia; ne bis de iiſdem ſcribere nobis contingat. His proviſis, ubi plures majoreſque hoſtium copiæ exſpectantur; regionem primò ita concinnare oportet. ut quam difficillimus ſit in illam aditus; item fluvios ut trajici ægrè queant; atque ii ut ſint plures efficere. præterea hoſtibus, qui ſive in ſabuleta, ſive in terram firmam applicuerint, quæ & quantæ dum appellunt fraudes ſint ſtruendæ; necnon portus, qui in urbe ditionéve fuerint, qua arte conſepiendi ſint, ut ne illos quiſquam ingrediatur, aut ſi quid fuerit ingreſſum, ne egredi inde valeat: tum autem ea quæ relinquere ipſe quidem volueris, hoſtibus tamen alicui poſſint eſſe uſui, (putà ad muros ædifi-

candos

candos, aut tabernacula facienda, aut rem ullam aliam :) quomodo hæc reddenda sint inutilia, aut qua ratione corrumpenda & penitus perdenda; sive ea sint esculenta, sive potulenta, aut fruges fructusue qui in agris reperiuntur, aut res aliæ ; item aquæ regionis non fluentes, quo pacto ad bibendum inhabiles reddi queant: omnium, inqam, istorum efficiendi rationes, hic quidem prætermittuntur ; ne si illa declararentur, cresceret in immensum hoc volumen; at in libro de Rei Bellicæ apparatibus de iis perfectè est actum. Si ii qui te invadunt majore audacia adversus te ferantur, ita agendum. Omnium primò, loca quædam regionis tuæ, per eam quæ fuit ordinata militiam, debes occupare: deinde militibus tuis aut civibus in concionem vocatis, cum alia prædicere illis convenit, quasi dolus quidam in hostes à te paretur ; tum ut per noctem, simul ac tuba cecinerit, omnes militaris ætatis juvenes armis induti, & certo in loco congregati, ducem suum sequantur. cujus rei nuntius ad castra oppidumve hostium perlatus, idoneus est avertere eos à suis inceptis. atque hæc ita si gesseris, amicis animum addideris, ut qui tentare aliquid audeas, neque metuas: hostibus verò terrorem incusseris ; ut propterea in suis finibus quieti sese contineant. Dandum insuper est hoc quoque præceptum : ut cives qui jumenta possidebunt, vel mancipia, ad vicinos populos, ea furtim traducant: quippe qui in oppidum illa non sint introducturi. quibus hospitii jus cum nemine intercedit, ut apud eum sua

ποίαν, ἢ ἄλλην τινὰ πρᾶξιν, ὡς δεῖ ἀχρεῖα ποιεῖν ἢ φθείροντα ἀφανίζειν, τά τε βρωτὰ καὶ ποτὰ, καὶ τὰ καθ' ἀγροὺς ἔγκαρπα, καὶ τὰ ἄλλα κατὰ τὴν χώραν στάσιμα ὕδατα ὡς ἄποτα δεῖ ποιεῖν. περὶ μὲν οὖν τούτων πάντων ὧδε μὲν νῦν παραλείπεται, ὡς δεῖ ἕκαστον τούτων γίνεσθαι, ἵνα μὴ καὶ ταῦτα λίαν πολλὰ δηλοῦται. γέγραπται δὲ τελέως περὶ αὐτῶν ἐν τῇ Παρασκευαστικῇ βίβλῳ.
Αν δὲ θρασυνέσθαί 9
τι ἐπιχειρῶσιν οἱ ἐπιόντες πρός σε, τάδε ποιητέον. Πρῶτον μὲν χρὴ σώμασι τόπους τινὰς τῆς οἰκείας χώρας καταλαβεῖν· ἔπειτα ἐκκλησιάσαντα τοὺς αὐτοῦ στρατιώτας ἢ πολίτας, ἄλλα τε προειπεῖν αὐτοῖς, ὡς ὑπαρχούσης τινὸς αὐτοῖς πράξεως εἰς τοὺς πολεμίους· καὶ ὅταν νυκτὸς σημαίνῃ τῇ σάλπιγγι, ἑτοίμους εἶναι τοὺς ἐν τῇ ἡλικίᾳ ἀναλαβόντας τὰ ὅπλα καὶ ἀθροισθέντας εἰς χωρίον ῥητὸν, ἕπεσθαι τῷ ἡγουμένῳ. Διαγγελθέντων οὖν τούτων εἰς τὸ στρατόπεδον τῶν πολεμίων, ἢ τὴν πόλιν δύναται ἀποτρέψαι ὧν ἐπιχειροῦσι πράττειν. τούτων δὲ οὕτω πραχθέντων, τοῖς μὲν φιλίοις θάρσος ἐμποιήσεις ἐπιχειρῶν τι, ἀλλ' οὐ δεδιώς· τοῖς δὲ πολεμίοις φόβον ἐμπαρασκευάσεις ἐπὶ τῶν αὐτῶν ἠρεμεῖν.
Δεῖ 10
δὲ καὶ τάδε παρηγγέλθαι, τῶν πολιτῶν τοῖς κεκτημένοις ζεύγη, ἢ ἀνδράποδα, ὑπεκτίθεσθαι εἰς τοὺς προσοίκους· ὡς οὐκ εἰσαξόντων εἰς τὴν πόλιν. οἷς δ' ἂν μὴ ὑπάρξῃ ξενία παρ' οὓς θήσονται, πρὸς τοὺς ἄρχοντας δημοσίᾳ

παραδιπαραγγέλλεσθαι τοῖς προσοίκοις, παρασκευάζοντας δι' ὧν σωθήσεται τὰ ὑπεκτιθέμενα. Ἔπειτα κηρύγματα ποιεῖσθαι τοιάδε διὰ τινὸς χρόνου, φόβου καὶ ἀποτροπῆς τῶν ἐπιβουλευόντων ἕνεκεν κατακομίζειν τὰ ἐλεύθερα σώματα καὶ τοὺς καρποὺς ἐν τῇ πόλει. τοῦ δ' ἀνηκουστοῦντος, ἐξουσίαν εἶναι τῷ βουλομένῳ ἀζημίῳ ἄγειν καὶ φέρειν τὰ ἐκ τῆς χώρας· τάς τε ἑορτὰς κατὰ πόλιν ἄγειν. συλλόγους τε ἰδίους μηδαμοῦ μήτε ἡμέρας μήτε νυκτὸς γίνεσθαι. τοὺς δὲ ἀναγκαίους ἢ ἐν πρυτανείῳ, ἢ ἐν βουλῇ, ἢ ἐν ἄλλῳ φανερῷ τόπῳ. μηδὲ θύεσθαι μάντιν ἰδίᾳ καὶ ἄνευ τοῦ ἄρχοντος· μηδὲ δειπνεῖν κατὰ συσσιτίας· ἀλλ' ἐν ταῖς αὐτῶν οἰκίαις ἑκάστους· ἔξω γάμου καὶ περιδείπνου, καὶ ταῦτα προαπαγγείλαντας τοῖς ἄρχουσι· ἐὰν δὲ ὦσι φυγάδες, ἐπικηρύσσειν, ὃς ἂν ἀστῶν ἢ ξένων ἢ δούλων ἀπικινῇ, ἃ ἑκάστῳ τούτων ἔσται. καὶ ἐάν τις τινὶ τῶν φυγάδων συγγίνηται, ἢ παρ' ἐκείνων τισὶν, ἢ ἐπιστολὰς πέμψῃ ἢ δέξηται, εἶναί τινα κίνδυνον ἢ ἐπιτίμιον αὐτῷ. τῶν δὲ ἐκπεμπομένων καὶ εἰσαγομένων ἐπιστολῶν, εἶναι ἐπισκόπησιν, πρὸς οὓς οἰσθήσεται πρότερον. ὅπλα οἷς ἐστιν ἑνὸς πλείω ἀπογράφεσθαι, καὶ ἐξάγειν μηδένα μηδὲν ὅπλον, μηδὲ ἐνέχυρον δέχεσθαι. στρατιώτας μὴ μισθοῦσθαι, μηδὲ ἑαυτὸν μισθοῦν ἄνευ τῶν ἀρχόν-

deponant; hi, proviso unde alentur corpora subducenda, apud finitimos populos magistratibus ea commendent. Deinde autem, per certa temporis intervalla præconis voce edicendum, terrendi gratiâ inimicos insidiantes, & ab inceptis suis avertendi; ut liberæ personæ, & fructus universi intra muros convehantur: si quis non paruerit, jus fasque esse volentibus, agere ferre omnia quę fuerint cunque in agris reperta. Dies festi in urbe agitentur. Conventus privati nulli usquam, neque interdiu, neque noctu coguntor: necessarii publicis de rebus, aut in Prytaneo, aut in Curia, aut in alio omnibus conspicuo loco habentor. Ne quis vates privatim, & sine magistratu sacrificato. Nulla item una cœnantium conuivia agitantor: sed unusquisque in suis ædibus cœnato: præterquam si nuptiarum epulæ celebrentur, aut è funere silicernium: idque magistratibus fuerit prius significatum. Si exulabunt ab urbe nonnulli, edicendum erit, si quis civium, aut peregrinorum, aut servorum pedem porta extulerit, quæ pœnæ quemque eorum maneant: si quis item aliquem exulum conveniat, aut eum qui ab exule missus fuerit, aut literas mittat recipiátue, periculum aliquod fore illi adeundum, aut pœnam luendam. Epistolarum quæ ad exteros mittuntur, aut quæ in urbem admittuntur, sunto inspectores ad quos prius deferantur. Arma si quis plura unis habeat, apud magistratum profitetor. nemo genus ullum armorum urbe efferto; neque pignoris loco capito. Milites conducendi, aut ad militiam locandi operam

operam ſuam, ſine auctoritate magiſtratus, nemini jus eſto Nullus neque civis neque inquilinus abſque commeatu navem ſoluito, appellentibus nauigiis denuntiator, ut eo loco ſtationem capiant, qui portæ, aduenientibus indicandæ, fuerit proximus. Peregrini cum in urbem accedent, arma in aperto & præ manibus ferunto: atque ea ſtatim illis adimuntor. hoſpites ne quis ſuſcipiat, ne ipſi quidem caupones, inſciis magiſtratibus: tum autem magiſtratus adnotanto apud quem & quando peregrinus aliquis divertit. iidem etiam quot noctibus cauponas ab exteriore parte claudunto. Per certa intervalla temporis, qui miſeri & inutiles facti fuerint, præconio exire oppido jubeantur. Finitimi, qui vel ſtudiorum gratia vel quamlibet aliam ob cauſſam in urbe fuerint, nomina apud magiſtratum profitentor. Cum legationibus quas civitates, tyranni *vel* principes, aut exercitus publice miſerint, ſermones ſerere, promiſcuè omnibus qui volverint, ne impune liceat: quin potius fideliſſimi civium deliguntor, qui perpetuo cum legatis, quamdiu manebunt in urbe, ſunt futuri. Quarum rerum in urbe fuerit inopia, frumenti, olei, aut ſimilis alius, ſi quis eas invexerit; huic pro copia rerum invectarum propoſitæ ſunto uſuræ; & corona detur eidem honoris gratiâ: nauclero item impune datur èvectio atque invectio. Luſtrationes armatorum ſæpius fiunto. peregrini qui forte illo tempore in urbe verſabuntur, in certum locum traducuntor; aut in ædibus manento:

τῶν· ἐκπλεῖν μηδένα ἀστῶν, μηδὲ μέτοικον ἄνευ συμβόλου. τά τε πλοῖα προσηγγέλθαι ὁρμίζεσθαι, καθ' ἃς πύλας τοῖς ἐρχομένοις ῥηθήσεται. ξένους τοὺς ἀφικνουμένους, τὰ ὅπλα ἐμφανῆ καὶ πρόχειρα φέρειν. καὶ εὐθὺ αὐτῶν παρῆσθαι. καὶ αὐτοὺς μηδένας ὑποδέχεσθαι, μηδὲ τοὺς πανδοχέας ἄνευ τῶν ἀρχόντων. τοὺς δὲ ἄρχοντας ἀπογράφεσθαι, καὶ παρ' ᾧ τινι, ὅτ' ἂν καταγάγωνται. τὰς δέ νύκτας ὑπὸ τῶν ἀρχόντων τὰ πανδοχεῖα ἔξωθεν κλείεσθαι· διὰ χρόνου δέ τινος, ὅσοι ἂν ταλαπείριοι αὐτῶν ὦσιν ἐκκηρύττεσθαι· ὁμοίως δὲ ἢ κατὰ παιδείαν, ἢ καὶ ἄλλην τινὰ χρείαν ἐπιδημοῦντας, ἀπογράφεσθαι. ταῖς δὲ δημοσίαις ἀφικνουμέναις πρεσβείαις ἀπὸ πόλεων, ἢ τυράννων, ἢ στρατοπέδων, οὐ χρὴ ἐν αὐτοῖς τὸν ἐθέλοντα διαλέγεσθαι· ἀλλ' ἀεί τινας τῶν πολιτῶν τοὺς πιστοτάτους, οἳ μετ' αὐτῶν συντελοῦσι, μέχρις ἂν ἐνδημῶσιν οἱ πρέσβεις. καὶ ὧν ἂν σπανίζῃ ἡ πόλις σίτου ἢ ἐλαίου, ἢ ἄλλου τινός, τῷ εἰσάγοντι κατὰ πλῆθος τῶν εἰσαγομένων τόκους προκεῖσθαι, καὶ στέφανον δίδοσθαι εἰς τιμήν. τῷ δὲ ναυκλήρῳ ἀνολκὴν καὶ καθολκήν. ἐξοπλισίας τε πυκνὰς ποιεῖσθαι· καὶ ξένους τοὺς ἐνδήμους τὸν καιρὸν τοῦτον μεθίστασθαι εἰς χωρίον ῥητόν, ἢ κατ' οἶκον διατελεῖν·

ἢ δὲ

ἢ δ' ἂν ἄλλῃ φαίνηται, ζημίαν προκεῖσθαι, ὡς ἀδικοῦντι. ὅταν τε σημήνῃ, τὰ τούτοις ἐμπόρια καὶ πρατήρια κλείεσθαι, καὶ τὰ λύχνια καταςβέννυσθαι, καὶ τῶν ἄλλων μηδένα ἔτι παρεῖναι. ὅταν δέ τινι ἀναγκαῖόν τι συμβῇ, μετὰ λαμπτῆρος βαδίζειν ἕως ἂν παραγγελθῇ. καὶ ὃς ἂν καταμηνύσῃ τινὰ ἐπιβουλεύοντα τῇ πόλει, ἢ ὅ, τι αὐτῶν προγεγραμμένων τι πρασσόμενον ἐξαγγείλῃ, ἀγγέλθαι τε αὐτῷ ἀργύριον, καὶ τὸ ἀγγελθὲν ἐμφανῶς προκεῖσθαι ἐν ἀγορᾷ, ἢ ἐπὶ βωμοῦ, ἢ ἐν ἱερῷ, ἵνα προχειρότερόν τις τολμήσῃ μηνύειν τι τῶν προγεγραμμένων. Ἐπὶ δὲ μονάρχῳ, ἢ στρατηγῷ, ἢ φυγάδι δυναστεύοντι, χρὴ καὶ τάδε προκηρύττεσθαι. ΕΑΝ ΔΕ ΤΙ ΚΑΙ ΑΥΤΟΣ ΠΑΘΗ Ο ΑΠΟΚΤΕΙΝΑΣ, ΤΟΙΣ ΤΕΚΝΟΙΣ ΑΥΤΟΥ ΑΠΟΔΙΔΟΣΘΑΙ ΤΟ ΑΓΓΕΛΘΕΝ ΑΡΓΥΡΙΟΝ· ΕΑΝ ΔΕ ΜΗ ΗΙ ΤΕΚΝΑ, ΤΩ ΕΓΓΥΤΑΤΩ ΓΕΝΟΜΕΝΩ· καὶ ἐάν τις τῶν ζωόντων τῷ φυγάδι, ἢ μονάρχῳ, ἢ στρατηγῷ πράξῃ τι τῶν προκειμένων, ἀποδίδοσθαι, καὶ κάθοδον αὐτῷ εἶναι. διὰ γὰρ ταῦτα προχειροτέρως ἂν ἐγχειροῖεν. ἐν δὲ ξενικῷ στρατοπέδῳ τοιάδ' ἀναγγέλλειν, σιγὴν πάντων ἀκουόντων κηρύξαι. ΕΙ ΤΙΣ ΒΟΥΛΕΤΑΙ ΑΠΙΕΝΑΙ ΜΗ ΑΡΕΣΚΟΜΕΝΟΣ ΤΟΙΣ ΠΑΡΟΥΣΙΝ, ΕΞΕΙΝΑΙ ΑΠΑΛΛΑΤΤΕΣΘΑΙ· ΑΛΛ' ΥΣΤΕΡΟΝ ΠΕΠΩΛΗΣΕΤΑΙ. τὰ δ' ἐλάσσω τούτων ἀδικήματα, κατὰ τὸν νόμον τὸν

qui eorum alio loco fuerit conſpectus, huic, tanquam auctori injuriæ, multa dicta esto. horum item emporia, & loca ubi commercia exercent, ſimulac datum erit ſignum, ut claudantur; lucernæ ut exſtinguantur; ac ne aliorum quidem quiſquam ut adſit. neceſſitas ſi quem urgeat, cum laterna ingrediatur: donec præceptum fuerit, *ne quis exeat.* Si quis alium in Rempublicam conſpirantem indicaverit, aut eorum quæ antè ſcripta ſunt aliquid agentem detulerit; huic ut certa pecunia pronuntietur: & ut ſumma pronuntiata, in foro palam ſit expoſita, aut ſuper ara, aut in æde ſacra; quò tanto libentius aliquis indicium eorum quæ ſuperius ſcripta ſunt, profiteri audeat. ubi verò de monarcho agitur, aut belli duce, aut exule dominationem obtinente; præconio hoc amplius eſt addendum; QUOD SI QUID EI ACCIDERIT, QUI ILLUM PEREMERIT, PECUNIA PRONUNTIATA LIBERIS EJUS REDDETUR: SI LIBEROS NON HABEAT, PROXIMO AGNATO. Si quis è familiaribus aut domeſticis exulis, aut tyranni, aut ducis, aliquid eorum quæ pręcedunt patrarit; dependi huic dicta ſumma debet, ac præterea reditus ab exilio concedi: iſto enim pacto invitati, promptius rem aggredientur. Si de mercenario exercitu agetur, oportet imperato ſilentio, omnibus audientibus hęc edicere: SI QUIS, QUOD PRÆSENTEM RERUM STATUM NON PROBET, VELIT ABIRE; ABSCEDENDI JUS ILLI ESSE; POSTEA IDEM HOC SI TENTAVERIT, VÆNUM DABITUR. Minora iſtis peccata, ex lege propoſita puta puniantur vinculis aut multa. Si quis excercitui nocere deprehendatur, aut numerum copiarum imminuere, capital esto. Secundum hæc, cæteris ordinibus prospiciendum est: & primò illud inquirendum, an sit inter cives concordia; quoniam obsidii tempore summum id est bonum. si non consentiant, contrariæ factionis capita præcipue, & eos qui auctores Reipublicæ fuerint ut aliquid faceret, *unde orta est discordia*, transferre aliò nihil tale suspicantes oportet, & honesto quodam prætextu emittere; velut ad legationem obeundam, aut alia civitatis negotia gerenda. Exemplo sit quod Dionysius fecit: qui Leptinem fratrem habens, Syracusiorũ populo valde charum, magnis præsidiis fultam ejus potentiam quum animadverteret, atque ipse ejus fidem suspectaret; traducere eum alio cupiens, palàm ille quidem fratrem eijcere non instituit: gnarus, civium benevolentiam magnas illi vires conciliaturam, & omnino tumultum aliquem exoriturum. igitur Dionysius Leptinem hac arte aggreditur: mittit illum cum exigua stipendiariorum manu in urbem nomine Himeram; jussum, quod erat ibi præsidium educere, & novum inducere. ubi Himeram Leptines pervenit, misit qui juberent tantisper ibi manere, usque dum ipse acciret. Cum urbs aliqua obsides hosti dedit, adventante ejus exercitu parentes obsidum & genere propinquos secedere urbe oportet, donec finita

προκείμενον, δεσμὸς ἢ ζημία. ἐὰν δέ τις φαίνηται βλάπτων τι τὸ στράτευμα, ἢ διαλύων τὸ στρατόπεδον, θάνατος ἔστω ἡ ζημία. μετὰ δὲ ταῦτα τῶν ἄλλων πράξεων ἐπιμέλειαν ποιητέον· καὶ πρῶτον ἐπισκεπτέον εἰ ὁμονοοῦσιν οἱ πολῖται, ὡς ἂν ὄντος μεγίστου τούτου ἀγαθοῦ ἐν πολιορκίᾳ· εἰ δὲ μὴ, τοὺς τὰ ἐναντία φρονοῦντας τοῖς παροῦσι πράγμασι, καὶ μάλιστα ἡγεμόνας τε καὶ αἰτίους γενομένους ἐν τῇ πόλει, πράξεώς τινος, μεθιστάναι αὐτοὺς ἀνυπόπτως, μετὰ προφάσεως εὐλόγου ἐκπέμποντα ἄλλῃ, ὡς πρέσβεις τε, καὶ ἐπ' ἄλλας δημοσίας ἐργασίας. Οἷον καὶ Διονύσιος ἔπραξε, Λεπτίνην τὸν ἀδελφὸν αὐτοῦ, ἔχοντα Συρακουσίων τοῦ πλήθους οἰκείως, καὶ ὁρῶν κατὰ πολλὰ ἰσχυρὸν αὐτὸν ὄντα, γενόμενος αὐτῷ ἐν ὑποψίᾳ τινὶ, καὶ θέλων αὐτὸν μεταστήσασθαι· φανερῶς μὲν οὐκ ἐπεχείρει ἐκβάλλειν αὐτὸν, γνοὺς ὅτι περὶ αὐτὸν πολλὴ μετ' εὐνοίας ἰσχὺς ἔσοιτο, καὶ νεώτερον ἄν τι γένοιτο. τεχνάζει δὲ τοιόνδε τρόπον. πέμπει αὐτὸν μετὰ ξένων ὀλίγων εἰς πόλιν, ὄνομα Ἱμέραν, κελεύων φρουρὰν, τὴν μὲν ἐξαγαγεῖν, τὴν δὲ καταστῆσαι. γενομένου δ' αὐτοῦ ἐν τῇ Ἱμέρᾳ, πέμψας ἐκέλευσεν αὐτοῦ περιμένειν, μέχρις ἂν αὐτὸς μεταπέμψηται. Πόλεως δ' ὁμηρευομένης, ὅτ' ἂν ἐπ' αὐτὴν στρατιὰ γίνηται, τοὺς γονεῖς τῶν ὁμηρευόντων, καὶ τοὺς ἐγγὺς τῷ γένει, μεθίστασθαι ἐκ τῆς πόλεως, ἄχρις ἂν ἡ πολιορκία παρέλθῃ.

ἵνα μὴ ἐφορῶσιν ἐν ταῖς προσαγωγαῖς τῶν πολεμίων τοὺς αὑτῶν παῖδας συμπροσαγομένους καὶ τὰ ἔσχατα πάσχοντας. ἐγχωρεῖ γὰρ αὐτοὺς ἔνδον ὄντας, καὶ ὑπεναντίον τι πρᾶξαι· ἐὰν δὲ ἄρα δυσχερὲς μετὰ τῶνδε τῶν προφάσεων ἐκπέμπειν· συνελάγειν αὐτοὺς, ὡς ἐλάχιστον μετέχοντας ἔργων καὶ πράξεων· καὶ μήτε ὅπου ἔσονται, μήτε ὅ, τι πράξουσι προειδέναι· καὶ ὡς ἥκιστα ἐπὶ σφῶν αὐτῶν διατηροῦντας καὶ νύκτα καὶ ἡμέραν· καὶ ἄλλας ἐπ' ἄλλας πράξεις καὶ λειτουργίας αὐτοῖς τὸ πλῆθος ἐπιρρεῖν αὐτοπόπτως· μεθ' ὧν ὄντες ἐν φυλακῇ μᾶλλον ἔσονται, ἢ φυλάξουσί τι. ἔστωσαν δὲ διειλημμένοι ὡς εἷς παρὰ τρεῖς. οὕτω γὰρ ἂν διακείμενοι, ἥκιστα ἂν δύναιντο νεωτερίσαι. Ἔτι τοίνυν μηδὲ εἰς τὰς κοίτας λαμπτῆρας φέρεσθαι, μηδὲ ἄλλο νυκτερινὸν φέγγος. Ἤδη γάρ τινες, ἐπεὶ πάντη ἐξείργοντο μηδὲν νεωτερίσαι θέλοντες, μηδὲ πρὸς τοὺς πολεμίους τι πρᾶξαι, τοιόνδε τεχνάζουσι. σὺν γὰρ τοῖς ἀκολούθοις καὶ στρώμασι φερομένοις εἰς τὰς φυλακὰς, λύχνα, οἱ δὲ, δᾷδας, οἱ δὲ λαμπτῆρας· ἵνα δὲ πρός τι κοιτασθῶσι τοῦτον τὸν φεγγαῖον σύσσημον ἐποιήσαντο. διὸ δεῖ πάντα τὰ τοιαῦτα ὑποπτεύειν.

11 Ἔτι δὲ καὶ τῶν πολιτῶν δεῖ τοῖς ἀντιπροθυμουμένοις προσέχειν τὸν νοῦν, καὶ μηδὲν εὐθέως ἀποδέχεσθαι διὰ τάδε. ῥηθήσονται δὲ ἑξῆς αἱ ἐπιβουλαὶ ἐν τῆς βίβλου,

citò eorum conſilium ullum

ſit obſidio : ne dum adverſarii machinas ad muros admovent, liberos itidem ſuos admoveri & ultima pati ſupplicia videant. fieri enim poteſt, ut hi ſi tum in oppido reperiantur, aliquid contra utilitatem publicam moliantur. quod ſi durum eſt, ejuſmodi metus prætexentem illos emittere ; ſic ſunt habendi , ut quæ publicé fiunt aut aguntur , rarenter admodum participent : neque prius reſciſcant ubi ſint collocandi , aut quid acturi. danda etiam opera eſt, ut quam rariſſimè aut interdiu aut noctu ſoli ipſi inter ſe agitent : ſed in aliis atque aliis actionibus & munerum functionibus occupentur, per quæ omni amota ſuſpicione, multitudo hominum ad eos confluet, inter quos cuſtodientur potius, quàm ut ipſi quicquam cuſtodiant. Sunto autem ita diviſi, ut unum terni obſeruent. ſic enim efficietur, ut ſeditionem ciere minime queant. Ad hæc videndum , ne ad vigiliarum ſtationes laternæ ferantur, aut ullum aliud lumen nocturnum. Reperti namq; ſunt rerum novarum cupidi, qui poſtquam erat eis præciſa facultas omnis exſequendi quod volebant, & cum hoſte clandeſtina conſilia communicandi, dolo hujuſmodi uterentur : comitati pediſſequis ſtragula ſibi deferentibus quando excubitum eunt, alii lucernas, alij tædas, *aut faces*, alii laternas ferunt; ut per hoc lumen ſignũ dent, ad quam muri urbiſue partem vigilias agãt. quare hæc omnia ſuſpecta eſſe debent. Sed & cives erga civitatem male animatos obſervare attente oportet, neque amplecti, propter ea quæ jam dicentur.

tur. nam

tur. nam exempli gratia, deinceps afferentur è Libro *exemplorum* conjurationes urbanę à magistratibus aut privatis initæ; & quomodo earum nonnullę objecto impedimento dissipatę fuerint. Quum proditio ageretur urbis Chii, unus è magistratibus proditionis particeps collegas suos decipiens, hac illis oratione quod voluit persuasit. Nam quia pax esset, dixit portus claustrum in terram extractū, siccandum esse & pice inunguendū: vetera navium armamenta vendenda: è navalibus ea reficienda, quæ compluta stillas transmittant: conjunctam item navalibus porticum, necnon turrim in qua magistratus plurimum degebant, ipsam quoque navalibus junctam; ut hac occasione, iis qui navalia, porticum & turrim erant occupaturi, scalæ essent præparatæ. dedit etiam consilium, ut multitudini militum præsidiariorum stipendia adimerentur: quo videlicet, sumptus civitas faceret quàm minimos. alia item similia his quum diceret, collegis persuasit, quæ proditoribus & insidiantibus ad loca illa capienda futura erant usui. quamobrem ad talium consiliorum auctores, animum semper oportet attendere. Simul de muro appendit retia capiendis cervis apta & apris; fingens velle se illa siccare: itemque alibi aprugna *alia*, quorum funes exterius pendebant. atque horum ope milites noctu ascenderunt. In Argivorum urbe adversus cives factiosos hoc gestum est. Quum inibi essent divites, ut plebem secundo aggrederentur, & ea fine peregrinos milites accirent; Tribunus plebis co-

παραδείγματος ἕνεκεν, ὅσαι κατὰ πόλιν ἐξ ἀρχόντων, ἢ ἰδιωτῶν γεγόνασι, καὶ ὡς ἔνιαι αὐτῶν κωλυθεῖσαι διελύθησαν. Χίου γὰρ μελλούσης προδίδοσθαι, τῶν ἀρχόντων τις συμπροδιδοὺς καὶ ἀπατῶν τοὺς ἄρχοντας, ἔπεισε λέγων· ὡς ἐπειδὴ εἰρήνη εἴη, τόν τε λιμένος τὸ κλεῖθρον εἰς γῆν ἀνασπάσαντας, ξηράναι δεῖ καὶ πισσαλοιφῆσαι, καὶ τὰ παλαιὰ τῶν νεῶν ἄρμενα ἀποδόσθαι· τῶν τε νεωρίων ἐπεσκευάσαι τὰ στάζοντα, καὶ τὴν ἐχομένην αὐτῶν στοὰν καὶ τὸν πύργον, ἐν ᾧ διῃτῶντο οἱ ἄρχοντες, ἐχόμενον τῆς στοᾶς. ἵνα ἐκ προφάσεως κλίμακες προσφερθῶσι τοῖς μέλλουσι καταλαμβάνειν τὰ νεώρια, καὶ τὴν στοὰν, καὶ τὸν πύργον. ἔτι δὲ συνεβούλευε καὶ τὸ πλῆθος τῶν τὴν πόλιν φυλασσόντων ἀπόμισθον ποιῆσαι· ἵν᾽ ὡς ἐλάχιστον δῆθεν ἀνάλωμα τῇ πόλει ᾖ· καὶ ἄλλα τούτοις ὁμότροπα λέγων, ἔπεισε τοὺς συνάρχοντας ἅπερ ἔμελλον τοῖς προδιδοῦσι καὶ ἐπιθεμένοις συνοίσειν πρὸς τὴν κατάληψιν· ὥστε ἀεὶ δεῖ προσέχειν τοῖς τὰ τοιαῦτα πλειοῦν σπουδάζουσιν· ἅμα δὲ τοῦ τείχους ἐπιδήσας κατεκρέμασε δίκτυα ἐλάφεια καὶ σύεια, ὡσεὶ ξηράναι θέλων, καὶ ἄλλη σύεια ἔξω τοὺς κάλους ἔχοντα, καθ᾽ ἅπερ ἐν νυκτὶ ἀνέβησαν στρατιῶται. Πρὸς δὲ ἀντιστασιώτας, τοιόνδε ἐπράχθη ἐν Ἄργει. Μελλόντων γὰρ τῶν πλουσίων τὴν δευτέραν ἐπίθεσιν ἐπιτίθεσθαι τῷ δήμῳ, καὶ ξένους ἐπαγομένων· ὁ τοῦ δήμου προστάτης προαισθόμενος τὸ μέλλον τῶν ἐπιθησομένων τινὰς, τῶν ὑπεναντίων ὄντων τῷ δήμῳ ἄνδρας δύο, προσποιησάμενος φίλους εἶναι ἀπορρήτους, πολεμίους αὐτῷ καθίστησιν αὐτοὺς, καὶ ἐποίει κακῶς ἐν τῷ φανερῷ· σιγῇ δὲ τὰ ἐκ τῶν ἐναντίων βουλεύματα ἤκουε παρ' αὐτῶν· ἐπεὶ δὲ ἐν τῷ ἐσάγεσθαι τοὺς ξένους ἦσαν οἱ πλούσιοι· ἅμα δὲ καὶ τῶν ἐν τῇ πόλει τινὲς ἦσαν ἕτοιμοι, καὶ εἰς τὴν ἐπιοῦσαν νύκτα ἔμελλε τὸ ἔργον ἔσεσθαι· ἔδοξε τῷ τοῦ δήμου προστάτῃ τάχιστα ἐκκλησίαν συναγαγεῖν, καὶ τὸ μέλλον μὴ προειπεῖν, ἵνα μὴ πᾶσα ἡ πόλις ταραχθῇ. εἰπόντα δὲ ἄλλα τε καὶ ὅτι συμφέρον εἴη ἐν τῇ ἐπιούσῃ νυκτὶ σὺν τοῖς ὅπλοις πάντας οἷς ἔχει παρεῖναι ἐν τῇ αὐτοῦ φυλῇ, * ὄντας ἕκαστον· ἐὰν δέ τις ἄλλως ἐκθῆται τὰ ὅπλα, ἢ ἄλλῃ ἐξενεγκάμενος φανῇ, ὡς προδότης καὶ ἐπιβουλεύων τῷ δήμῳ, πασχέτω τι, τοῦτο δὴ αὐτό, ἵνα κατὰ τὰς φυλὰς ὄντες οἱ πλούσιοι, μὴ δύνωνται εἰς ταυτὸ ἀθροισθέντες, μετὰ τῶν ξένων ἐπιθέσθαι· ἀλλ' ἐν ταῖς φυλαῖς ὄντες διακεχωρισμένοι ὦσιν ἐν πολλοῖς ὀλίγοι φυλέται· καλῶς δὲ δοκεῖ καὶ ἀγχινόως μετ' ἀσφαλείας διαλῦσαι τὸ μέλλον. Παραπλησίως δὲ ἐν Ἡρακλείᾳ ἐν τῷ Πόντῳ οὔσῃ δημοκρατίας καὶ ἐπιβουλευόντων τῶν πλουσίων τῷ δήμῳ, καὶ μελλόντων ἐπιτίθεσθαι, προγνόντες οἱ προστάται τοῦ δήμου τὸ μέλλον, οὐσῶν αὐτοῖς τριῶν φυλῶν, καὶ τεσσάρων ἑκατοστύων, ἔπεισαν τὸ πλῆθος ἑξήκοντα εἶναι ἑκατοστύας· ἵνα ἐν

gnito quid ageretur, duos viros è factione contraria populo quum arcana amicitia sibi conciliasset, inimicos sibi illos reddidit, atque adeo palàm multum illis nocebat: cæterum clam idem per illos adversariorum consilia cognoscebat: ubi tempus venit, quo peregrinum militem divites erant in urbem recepturi; simul oppidanorum nonnullis ad eam rem paratis, adeo ut proxima nocte peragi opus deberet; visum est faciendum Tribuno plebis ut concionem quam citissime convocaret, proditione interim, ne urbs tota perturbaretur, dissimulata. ibi cum alia, tum hæc quoque dixit: E re civitatis futurum, ut sequente nocte omnes cives cum armis quæ haberet quisque, in sua tribu adesset, ac centuria sua: quod si quis arma è domo sua transferret alio, aut id fecisse deprehenderetur; is tamquam proditor, & qui plebi insidiatur, luat has pœnas. hoc autem ideo fecit Tribunus, ut divisi per tribus divites non possent in unum congregati plebem cum peregrino milite adoriri: sed dispersi per suas quisque tribus, pauci tribules inter multos agerent. ita pulcro & subtili commento visus hic est, proditionem quæ parabatur, sine ullo discrimine impediisse. Simile huic est, quod Heracleæ Ponticæ accidit: ubi quum penes plebem summum esset imperium, & divites plebi insidias pararent; ac jamiam adorturi eam essent; Tribuni plebis qui prius resciverant quid ageretur, auctores plebi fuerunt ut civitatem antea divisam in tribus tres, centurias quadraginta, partirentur in tur in centurias sexaginta : ut in his divites & vigilias & publicas omnes alias functiones obirent. euenit igitur, ut dispersis per centurias divitibus, pauci in singulis ubique adessent inter plures è plebe. Simile item est, quod Lacedæmone antiquitus accidit. Magistratus delato sibi indicio cognoverunt, esse in urbe conjurationem ; & conjuratis invadendi signum esse, quando pileum capite sustulissent. illi conjuratos quominus invasionem facerent, hujusmodi præconio inhibuerunt : QUI PILEUM COGITANT TOLLERE NE TOLLANT. Corcyræ etiam, quum divites, & qui ad paucos restrahebant, insurrecturi adversus plebem essent: (fuit tum in urbe & Chares dux populi Atheniensium, cum præsidio, qui conjuratis favebat :) tale vaframentum fuit excogitatum. Quidàm è ducibus militis præsidiarii, postquam cucurbitulas sibi admovissent, & sectiones in corpore fecissent, cruentati in forum procurrerunt, ceu vulneribus affecti : simul alii quoque milites, ad id præparati, arma è vestigio efferunt. faciunt idem & Corcyrensium quicumque erant conspirationis conscii, cæteris quid rerum ageretur ignorantibus. quibus in concionem vocatis, Tribunis plebis, tanquam seditionis auctoribus, manus est injecta. ita divites omnia in ciuitate ad suam utilitatem commutarunt. Cum in urbe erunt sociorum auxilia, cavendum est, ne unquam socii una agitent ; sed ita dividantur, ut de male animatis in civitatem est dictum ; idque ob illas ipsas, quæ expositæ sunt, caus-

ταύταις, καὶ εἰς τὰς φυλακὰς, καὶ εἰς τὰς ἄλλας λητουργίας φοιτᾶν οἱ πλούσιοι. Συνέβαινε δὴ ἐν ταύταις διεσκεδασμένους εἶναι τοὺς πλουσίους, καὶ ἐν ταῖς ἑκατοστύσιν ὀλίγους ἑκάστοθι παραγίνεσθαι ἐν πολλοῖς δημόταις. Ὁμότροπον δέ τι τούτῳ καὶ παλαιὸν ἐν Λακεδαίμονι γενέσθαι. Μηνυθείσης γὰρ ἐπιβουλῆς τοῖς ἄρχουσιν, ὅτι ὅταν ὁ πῖλος ἀρθῇ ἐπιθήσονται, ἔπαυσαν τοὺς ἐγχειροῦντας ἐπιθέσθαι, κήρυγμα ἀναγγείλαντες, ΤΟΥΣ ΤΟΝ ΠΙΛΟΝ ΜΕΛΛΟΝΤΑΣ ΑΡΑΙ ΜΗ ΑΡΑΙ. Ἐν Κορκύρᾳ δὲ ἐπανάστασιν δέον γενέσθαι ἐκ τῶν πλουσίων καὶ ὀλιγαρχικῶν τῷ δήμῳ· ἐπεδήμει δὲ καὶ Χάρης ὁ Ἀθηναῖος, φρουρὰν ἔχων, ὃς παρὼν συνήθελε τῇ ἐπαναστάσει· ἐτεχνάσθη τοιόνδε. Τῶν τῆς φρουρᾶς τινες ἄρχοντες σικύας προσβαλλόμενοι καὶ τομὰς ἐν τῷ σώματι ποιησάμενοι καὶ αἱματωθέντες, ἐξέδραμον εἰς τὴν ἀγορὰν ὡς πληγὰς ἔχοντες. ἅμα δὲ αὐτοῖς εὐθὺς προπαρεσκευασμένοι οἵ τε ἄλλοι στρατιῶται τὰ ὅπλα ἐξηνέγκαντο. καὶ τῶν Κερκυραίων οἱ ἐπιβουλεύοντες, τῶν ἄλλων ἀγνοούντων τὸ πρᾶγμα, καὶ εἰς ἐκκλησίαν παρακληθέντων, συνελάμβανον τοὺς προστάτας τοῦ δήμου, ὡς ἐπαναστάσεως γινομένης ἐξ αὐτῶν, καὶ τὰ ἄλλα μεθίστασαν πρὸς τὸ συμφέρον αὑτοῖς. Χρὴ δὲ καὶ συμ- 12
μάχων εἰς τὴν πόλιν, μήποτε ἅμα διατελεῖν τοὺς συμμάχους ἀλλὰ διεσκεδάσθαι ὁμοτρόπως τῶν αὐτῶν ἕνεκεν τοῖς προειρημένοις·

τοῦ δὲ αὐτοῦ καὶ μετὰ ξένων μισθοφόρων μέλλοντί τῳ πράσσειν, ἀεὶ χρὴ ὑπερέχειν πλήθει καὶ δυνάμει τοὺς ἐπαγομένους πολίτας τῶν ξένων. εἰ δὲ μή, ἐπ' ἐκείνοις γίνονται αὐτοί τε καὶ ἡ πόλις· οἷον Χαλκηδονίοις πολιορκουμένοις παρόντες σύμμαχοι, βουλομένων τὰ αὐτοῖς συμφέροντα, οὐκ ἔφησαν οἱ φρουροὶ ἐπιτρέψειν, ἐὰν μὴ Κυζικηνοῖς δοκῇ εἶναι συμφέροντα· ὥστε τοῖς Χαλκηδονίοις τὴν φρουρὰν ἔσω οὖσαν πολὺ φοβερωτέραν εἶναι τῶν περικαθημένων πολεμίων. Δεῖ οὖν μήποτε εἰς πόλιν οἰκείαν μείζω δύναμιν ἐπ' αὐτὸν δέχεσθαι τῆς ὑπαρχούσης τοῖς πολίταις· ξένοις τε χρώμενον ἀεὶ δεῖ τὴν πόλιν πολλῷ ὑπερέχειν τῆς τῶν ξένων δυνάμεως· οὐ γὰρ ἀσφαλὲς ξενοκρατεῖσθαι, καὶ ἐπὶ μισθοφόροις γίνεσθαι. Οἷον καὶ Ἡρακλεώταις τοῖς ἐν τῷ Πόντῳ συνέβη· ἐπαγόμενοι γὰρ ξένους πλείονας τοῦ προσήκοντος, πρῶτον μὲν τοὺς ἀντιστασιώτας ἀνεῖλον· ἔπειτα αὐτοὺς καὶ τὴν πόλιν ἀπώλεσαν, τυραννευθέντες ὑπὸ τοῦ εἰσαγαγόν-
13 τος τοὺς ξένους. Ἂν δὲ δὴ ξενοτροφεῖν, ὧδε ἂν ἀσφαλέστατον γίνοιτο. Χρὴ τοῖς ἐν τῇ πόλει εὐπορωτάτοις προστάξαι κατὰ δύναμιν ἑκάστῳ παρέχειν ξένους ἑκάστους, τοὺς μὲν τρεῖς, τοὺς δὲ δύο, τινὰς δὲ ἕνα. ἀθροισθέντων δὲ ὅσων δέοι, διελεῖν αὐτοὺς εἰς λόχους, καὶ καταστῆσαι ἐπ' αὐτοὺς τῶν πολιτῶν τοὺς πιστοτάτους λοχαγούς. τὸν δὲ μισθὸν καὶ τὴν τρο-

chagi sive ductores ordinum iis

sas. Similiter etiam, quoties peregrino ac mercenario milite uti cogitas, videndum, ut numero semper & viribus cives qui sequuntur signa peregrinis sint superiores. alioquin in potestate illorum & cives & urbs ipsa fuerit. Exemplo sunto Chalcedonenses; qui obsidione aliquando cincti, ac socios in urbe habentes, consilia sibi salutaria quum agitarent; negare præsidiarii milites, se permissuros, nisi Cyzicenis illa fore sibi ex usu essent visa. adeo ut Chalcedonensibus terribilius esset præsidium intra muros receptum, hoste obsidente. Cavendum igitur est, ne in urbem tuam adsciti militis majores copias admittas, quam civium tuorum sint vires. quod si peregrino & mercenario utaris auxilio, semper civiles copias vires externas multum superare est necesse. neque enim tutum est, prestare potentia in urbe peregrinos, & in mercenarii militis potestate cives esse. Testimonio sit casus Heracleotarum ad Pontum; qui peregrinos Heracleam quum accivissent majore quàm par erat numero; primò factionem contrariam sustulerunt; deinde & se & civitatem suam perdiderunt, occupata ab illo qui peregrinum militem induxerat, urbis tyrannide. Quod si miles prçsidiarius fuerit alendus; ejus faciendi ratio hçc erit tutissima. Ditissimis quibusque civium imperandum est, ut milites, pro suis quisque facultatibus, alii ternos, alii binos, quidam unum exhibeant. horum ubi idoneus numerus est coactus, describendi sunt ordines, quos Græci lochos dicunt, & lo- præficiendi è fidelissimis civium. Mer-

Mercedem & alimentum, mercenarii ab iis qui conduxerunt accipiunto: partim ipsis de suo erogantibus, partim & civitate nonnihil conferente. Mansio militum esto in eorum ædibus, quibus operam suam locarunt. publica verò ministeria, vigilias, & quæcumque alia magistratus imperaverint, à ductoribus ordinum congregati obeunto. Post aliquantum verò temporis iis qui in alendo milite impensas prius fecerint, pecunia redditor: eo tamen deducto, quod tributi nomine singuli cives publico tenentur pręstare. hoc namque pacto, expeditissime, tutissime, & minimo sumptu mercenarius miles poterit ali. Et cum factiosis quidem civibus, rerum novarum cupidis, ita est agendum. Porrò multitudo civium eo maxime tempore in concordiam debet adduci: cum aliis conciliando artibus, tum etiam obæratos usurarum exiguitate relevando, aut in totum usuras remittendo. quod si gravius periculum immineat, sortis quoque pars aliqua, vel etiam tota est remittenda: quoniam id genus homines, numero cæteris prævalentes & occasionibus imminentes, omnium maxime civitati sunt terribiles. Illi prętereà qui victus quotidiani laborant inopia, ut ejus copiam habeant prone æqua & sine molestia divitum, quoties usus postulaverit, procurari queant; quibus item rationibus pecunia in eos usus parari possit, videndum: de quibus omnibus nos in libro de Præsidiis belli comparandis, perspicuè scripsimus. His ita provisis, si vel nuntius vel pyrseutę signi-

θὴν οἱ ξένοι παρὰ τῶν μισθωσαμένων λαμβανόντων· τὸ μὲν ἐκ παρ' αὐτῶν, τὸ δὲ καὶ τῆς πόλεως συμβαλλομένης· καὶ διασταθμεύεσθαι ἐν ταῖς τῶν μισθωσαμένων οἰκίαις· οἱ δὲ τὰς λειτουργίας, ἐπὶ τὰς ἐκγιλίας, καὶ τὰ ἄλλα ἐπιτάγματα ἐκ τῶν ἀρχόντων, ἀθροιζόμενοι ὑπὸ τῶν λοχαγῶν, ὑπηρετείτωσαν. κομιδὴ δὲ τοῖς προαναλίσκουσιν εἰς τοὺς ξένους χρόνῳ ἐνὶ γινέσθω, ὑπολογιζομένοις ὑπὸ τῶν εἰς τὴν πόλιν εἰσφερομένων παρὰ ἑκάστου τελῶν· οὕτω γὰρ ἂν τάχιστά τε καὶ ἀσφαλέστατα καὶ εὐτελέστατα ξενοτροφηθείη. Τοῖς μὲν οὖν ἐν τῇ πόλει ὑπεναντία θέλουσι τοῖς καθεστηκόσι, προσφέρεσθαι ὡς προγέγραπται.

1 Τὸ δὲ πλῆθος τῶν πολιτῶν εἰς ὁμόνοιαν πῶς μάλιστα χρὴ προάγειν, ἄλλοις τε ὑπαγόμενον αὐτοὺς, καὶ τοὺς χρεωφειλέτας κουφίζοντα τόκων βραχύτητι, ἢ ὅλως ἀφαιροῦντα. ἐν δὲ τοῖς λίαν ἐπικινδύνοις, καὶ τῶν ὀφλημάτων τι μέρος, καὶ πάντα. ὅταν δὲ ὡς πλεῖστοι καὶ φοβερώτατοι ἔφεδροι εἰσιν οἱ τοιοίδε ἄνθρωποι, τούς τε ἐν ἀπορίᾳ ὄντας τῶν ἀναγκαίων εἰς εὐπορίαν καθιστάναι· καὶ ὅπως ἴσως καὶ ἀλύπως τοῖς πλουσίοις τοῦτο τὸ χρῆμα πράττοιτο, καὶ ἐξ οἵων πόρων πορίζοιτο· καὶ περὶ τούτων ἐν τῇ Ποριστικῇ βίβλῳ δηλωτικῶς γέγραπται.

15 Κατασκευασθέντων δὲ τούτων, ἄν τι ἀγγελθῇ ἢ πυρσευθῇ βοηθείας δεόμε-

δεόμενον, ἐξιέναι ἐπὶ τὰ κακούμενα τῆς χώρας. τοὺς δὲ στρατηγοὺς παρόντας εὐθὺς συντάττειν· ἵνα μὴ σποράδην καὶ κατ' ὀλίγους ἐξιόντες ἐπὶ τὰ αὐτῶν ἀπολλύωνται δι' ἀταξίαν καὶ κόπον ἄκαιρον ἐνεδρευόμενοί τε ὑπὸ τῶν πολεμίων καὶ κακὰ πάσχοντες· ἀλλὰ χρὴ τούς τε παραγινομένους ἐπὶ τὰς πύλας ἀθροίζεσθαι μέχρι τινὸς πλήθους ὡς λόχου ἢ διλοχίας· εἶτα συνταχθέντας καὶ ἡγεμόνος αὐτοῖς φρονίμου δοθέντος, οὕτως ἐκπέμπεσθαι, καὶ προάγειν ὄντας ἐν τάξει ὡς μάλιστα. ἔπειτα καὶ κατ' ἄλλο * πάθος οὕτως ἐκπέμπειν καὶ * ἐντύχῃ μέχρις οὗ ἱκανοὶ δοκῶσιν ἐκβεβοηθηκέναι· ἵνα καὶ ἐν τῇ πορείᾳ ἐχόμενα ᾖ τὰ μέρη, καὶ ἐὰν τὰ μέρη μέρος δέῃ βοηθῆσαι, ἐάν τε ἅμα πάντα δέῃ, ῥᾳδίως ὑπάρχῃ συμμίσγειν ἀλλήλοις καὶ μὴ δρόμῳ πόῤῥωθεν παραγίνωνται· πρὸ δὲ αὐτῶν δεῖ πρώτους τοὺς ὑπάρχοντας ἱππέας, καὶ κούφους ἐξιέναι, μηδὲ τούτους ··· ···· προεξερευνῶντάς τε καὶ προκαταλαμβανόντας τὰ ὑψηλὰ τῶν χωρίων· ἵν' ὡς ἐκ πλείστου προειδῶσιν οἱ πολῖται τὰ τῶν πολεμίων· καὶ μηδὲν ἐξαίφνης αὐτοῖς προσπίπτῃ. περί τε τὰς καμπὰς τῶν χωρίων, καὶ τὰς βάσεις τῶν ἀκρολοφιῶν, καὶ τὰς ἐκτροπὰς τῶν ὁδῶν, ὅπου ἂν τρίοδοι ὦσιν, εἶναι σημεῖα· ἵνα μὴ περὶ ταῦτα σχίζωνται ἀπ' ἀλλήλων οἱ ὑπολελειμμένοι, δι' ἄγνοιαν τῆς ὁδοῦ. ἀπιόντας τε εἰς τὴν πόλιν προφυλαγ-

itineris ignari, invicem ren

ficaverint submisso auxilio alicubi esse opus; ad partes agri quas hostis incursat est proficiscendum. Statim igitur oportet, ut duces ipsi præsentes copias ordinent: ne passim, & simul pauci, ad sua quisque prędia properantes ab urbe, incompositi, & inutili labore vexati, pereant, hostibus insidias struentibus, & male eos accipientibus. Quin potius faciendum, est, ut qui ad portas conveniunt, ad eam usque multitudinem congregentur, quæ uni aut alteri locho, *manipulo aut cohorti* sit suffectura: deinde istos in ordinem digestos, duce etiam imposito viro prudente, emittere oportet; ut servatis quàm maximè fieri poterit ordinibus, ad hostem contendant. deinde alia item manus cogenda, atque ita emittenda, ac rursus alia, si ita fors ferat: donec videbuntur esse idonei qui auxiliatum exierint. ut ●am in itinere agmen sit continuum; tum etiam sive per partes, unam pluresve, opem ferre oporteat, sive omnes simul; facile conjungi invicem queant, neque curriculo procul adveniant. Primos autem exire convenit ante horum agmen, equites quos civitas habebit, & levem armaturam: ne hos quidem inexploratò; sed omnia diligenter explorantes, & loca edita occupantes. ut quam primum resciscant cives, quid hostes agant, aut ubi sint; & ut repentinum eis nihil contingat. tum autem circa prędiorum flexus, collium radices, viarum diverticula, & ubicumque trivia exticerint, signa poni debent; ne qui in extremo agmine fuerint relicti, circa illa loca, ut potetur. Sed & eos qui redeunt in urbem,

multis

multis de causis pedem referre cautè oportet: maximè autem, ne in præparatas ab hoste insidias præcipitent. Jam enim prioribus temporibus, cum ad ferendam pressis opem parũ caute oppidani exiissent, tale quid accidit. Fecerant Triballi in agrum Abderitarum impressionem: Abderitæ in hostem egressi, collatis signis victoriam pulcherrimam retulerũt. pugna enim commissa, multos prostrarunt, & magnam atque pugnacem multitudinem devicerunt. Triballi detrimento accepto mæsti, ad sua reversi, post refectas vires, in Abderitarum fineis denuo redierunt. ac positis prius insidiis, agrum eorum populabundi, eò perveniunt, ut non longe ab urbe Abderis abessent. Abderitæ enimvero victoria antè parta feroces, hostem contemnere, ac simul cuncti, totis viribus, summa alacritate in Triballos erumpere. illi contra, in insidiarum locum Abderitas allicere. cum quidem dicitur, cædes omniũ maxima brevissimo tempore fuisse edita, ut quidem ex uno oppido, ejus magnitudinis neque enim qui remanserant audita cęde eorum qui prius exierant, accurrere ad ferendam opem desinebant; sed quũ invicem sese cohortarentur, unusquisque iis qui posterius exiissent, auxiliatum festinabat, donec in deserta urbe, nemo amplius vir esset. Melior igitur fuerit modus alter suppetias ferendi, quoties hostis fines invasit. Ac primo, non confestim auxiliatum est accurrendum; meminisse enim debemus, homines ante auroram cum in ordinem cogi posse ægerrimè, tum maximè esse impara-

μένως ἀναχωρεῖν πολλῶν ἕνεκεν· καὶ μάλιστα ἐνέδρας φοβούμενον πολεμίων. Ἤδη γὰρ περὶ βοήθειαν ἀφύλακτον τοιόνδε συνέβη. Τριβαλλῶν ἐμπεσόντων εἰς τὴν Ἀβδηριτῶν χώραν, ἐπεξελθόντες Ἀβδηρῖται, καὶ παράταξιν ποιησάμενοι κάλλιστον ἔργον εἰργάσαντο· συμβαλόντες γὰρ κατέβαλον πολλοὺς, καὶ ἐνίκων πλῆθος πολὺ καὶ μάχιμον· οἱ δὲ Τριβαλλοὶ ἀγανακτήσαντες τῷ συμβάντι, ἀπαλλαγέντες καὶ ἀναλαβόντες αὐτοὺς, πάλιν ἀφικόμενοι εἰς τὴν χώραν, καὶ ἐνέδρας προκαθίσαντες, ἔκειρον τὴν χώραν τὴν Ἀβδηριτῶν, οὐ πόῤῥω τῆς πόλεως. οἱ δὲ Ἀβδηρῖται ὑπερφρονήσαντες αὐτῶν διὰ τὸ προειργασμένον ἔργον, ἐπεβοήθουν πασσυδὶ πάσῃ ῥώμῃ καὶ προθυμίᾳ· οἱ δὲ ὑπῆγον αὐτοὺς εἰς τὰς ἐνέδρας· ὅπου δὴ λέγεται ἐκ μιᾶς πόλεως, τοσαύτης γε τὸ μέγεθος, πλείστους ἐν ἐλαχίστῳ χρόνῳ ἀπολέσθαι. οὐδὲ γὰρ ἀκούσαντες τὸν ὄλεθρον τῶν πρῶτον ἐπεξελθόντων, οἱ ἄλλοι ἐπέσχον τῆς βοηθείας· ἀλλ᾽ ἄλλος ἄλλον παρακαλῶν, ἔσπευδε βοηθεῖν τοῖς ἐπεξελθοῦσι, μέχρις ἠρημώθη ἡ πόλις ἀνδρῶν.
Οὐδ᾽ οὖν ἄλλος τρόπος βοη- 16
θείας βελτίων ἂν εἴη ἐπὶ τοὺς ἐμβεβληκότας. πρῶτον μὲν οὖν οὐ χρὴ εὐθὺ βοηθεῖν· εἰδότα ὅτι ἀσυντακτότατοι ἂν καὶ ἀπαράσκευοι περὶ τὴν ἕω εἶεν οἱ ἄνθρωποι· τῶν μὲν ἐπειγομένων τὰ

οἰκεῖα σώζειν ὡς τάχιστα ἐκ τῶν ἀγρῶν· ἑτέρων δὲ πεφοβημένων εἰς τοὺς κινδύνους προϊέναι, οἷα εἰκὸς προσφάτως ἠγγελμένων· ἄλλων δὲ πάμπαν ἀπαρασκεύων ὄντων. Χρὴ οὖν τὴν μὲν βοήθειαν εὐτρεπίζειν ἀθροίζοντα ὅτι τάχος, ἅμα τῶν μὲν τὸ δεῖμα ἀφαιρούμενα· τοῖς δὲ θάρσος ἐμποιοῦντα· τοὺς δὲ ὁπλίζοντας. Δεῖ γάρ σε εἰδέναι ὅτι τῶν πολεμίων οἱ μετὰ ξυνέσεως καὶ ἐπιστήμης γινόμενοι ἐν * πόλει μιᾷ, κατ' ἀρχὰς μὲν τὸ ἰσχυρότατον αὐτῶν ἐν τάξει ἄγουσι, προσδεχόμενοι τινὰς ἐφ' ἑαυτοὺς, καὶ ἑτοίμως ἔχοντες ἀμύνεσθαι. τινὲς δὲ διασπαρέντες αὐτῶν κατὰ τὴν χώραν ἀδικοῦσιν· ἄλλοι δ' ἂν ἐνεδρεύοιεν προσδεχόμενοι τινὰς βοηθοῦντας ὑμῶν ἄτακτον βοήθησιν. Δεῖ οὖν μὴ εὐθὺς αὐτοὺς προσκείμενον ἐνοχλεῖν· ἀλλ' ἐᾶσαι τούτους πρότερον θαῤῥῆσαι καὶ καταφρονήσαντάς σου ἐπὶ λεηλάτησιν καὶ πλεονεξίαν ὁρμῆσαι. ἅμα δ' αὖ οὗτοι σιτίων καὶ πόσεως πληρούμενοι καὶ οἰνωθέντες ἀμελεῖς, καὶ ἀπειθεῖς τοῖς ἄρχουσι γίνοιντο. ἐκ δὲ τούτων εἰκὸς μοχθηροὺς αὐτῶν τοὺς ἀγῶνας καὶ τὴν ἀποχώρησιν συμβαίνειν, ἐάν περ γέ σου αὐτοῖς εὐκαίρως ἐπιθήσῃ. ἑτοιμασμένης γάρ σοι τῆς βοηθείας εἰς τὸν παρηγγελμένον τόπον, καὶ ἐσπαρμένων ἤδη τῶν πολεμίων πρὸς ἁρπαγὴν, οὕτω χρὴ αὐτοῖς προσκεῖσθαι. τοῖς μὲν ἱππεῦσι προκαταλαμβάνοντας τὰς ἀποχωρήσεις. Τοῖς δ' ἐπιλέκτοις ἐνέδρας ποιούμενον, τοῖς δ' ἄλλοις

tos; aliis ad præripienda inimicis quę rure habent summa festinatione contendentibus: aliis ita territis, tum primum videlicet, hostium adventu nuntiato, ut pericula subire detrectent: aliis penitus imparatis. Decet igitur ad ferendam opem sese parare, copias, quanta maxima celeritate poterit, cogendo; hos pavore liberando: illis animos faciendo; inermes armis instruendo. Sciendum namque tibi est, semper hostes, qui quidem judicio & bellandi scientia sint præditi, ubi in hosticum pervenerunt, principio robur exercitus sui sub signis ducere; quod non defuturos existiment, qui adversus se prodeant, ad quos repellendos ipsi stant parati: atque interim pauci ex eorum numero per agros prędas agunt: alii fortasse insidiantur; illud pręstolantes, ut vos agmine incomposito & vago suppetias veniatis. Quare non illico instare & urgere hostem convenit: sed sinendi sunt primi invasores, fiduciam animo concipere, ut te contemnant, & ad populationem agrorum, ac prędam parandam se conferant. simul, par est futurum, ut cibo vinoque repleti, ac temulenti, curam remittant, & ducibus parere negligant. quę ubi acciderint, quis dubitat male ipsos pugnaturos, & pedem ex acie relaturos? si modò tu opportune illos invaseris. tum demum autem ingruere in hostem sit commodum, quando tuæ quidem copiæ in condictum locum convenerunt; hostiles verò ad res diripiendas jam sunt dissipatę. ita ut equitibus tuis loca occupes per quę patebit reditus; selecto milite, insidias illi struas; alia tuorum parte,

more

more velitum discurrendo illi appareas; te interim, graviter armatos, non magno intervallo à pręmissis distantes, denso agmine sub signis ducente. Porrò inimicos eò loci invade, ubi neque invitus ad pugnam cogi poteris; & pugnam capessens, nihilo quam hostis deteriore loco sis futurus. Propter expositas igitur caussas, è re fuerit interdum hostem missum facere, & sinere, quantam maximam volet agrorum partem perpopulari: quo videlicet, ex deprędatione genere omni spoliorum onusti, tanto facilius tibi dent pœnas: namque & capta omnia recipientur; & qui te injuriis lacessiverunt, suppliciis quibus digni sunt afficientur. Quod si præpropere ad repellendum hostem duxeris; tuos quidem, ut pote imparatos & inordinatos in periculum conjeceris; inimici verò, nondum magna ex maleficio parta pręda, adhuc sub signis manentes, prius evaserint, quàm ipse pœnas ab iis exegeris. multo igitur sit satius, connivendo, ut ante scriptum est, tunc cum minime cavebunt eos adoriri. Si prius quam resciveris, aut paratus fueris, præda ex agro tuo fuerit abducta; cave in pers. quendo hoste, vias easdem ingrediaris, aut loca eadem adeas. sed ab ea quidem parte fac pauci tuorum appareant; & ut persequentes hostem non assequantur: idque de industria; ita tamen, ut fraudem inimici non suspectent. aliam vero manum cum idoneis copiisquam citissime proficisci jube, & aliis itineribus contendere. isti postquam hostem anteverterint, in illius finibus insidias disponunto. fit autem verisimile,

κούφως ἐπιφαινόμενον αὐτοῖς· τοὺς δ᾽ ὁπλίτας ἀθρόους ἐν τάξει ἄγοντας, μὴ πόῤῥω ἢ τῶν προσφθέντων μερῶν. Ἐπιτίθεσο δὲ τοῖς πολεμίοις, ἐν οἷς ἄκων μὲν μὴ μαχήσῃ· μαχόμενος δὲ μὴ ἔλαττον ἕξεις τῶν πολεμίων. διὰ ὅσω τὰ πρότερα εἰρημένα, λυσιτελεῖ ποτε ἀφεῖναι καὶ ἐάσαι τοὺς πολεμίους, ὡς πλείστην κατασῦραι τῆς χώρας· ἵνα ἢ λεηλατοῦντες καὶ διαπεπληρωμένοι λαφύρων, ῥᾳδίως σοι τὴν δίκην δώσουσι. τά τε γὰρ ληφθέντα πάντα σώζοιντο· οἵ τ᾽ ἀδικήσαντες κατ᾽ ἀξίαν λάβοιεν τὰ ἐπιτίμια. Ὀξέως δ᾽ αὖ βοηθήσας, τοῖς μὲν σαυτοῦ ἀπαρασκεύοις τε καὶ οὐ τεταγμένοις κινδυνεύσεις, οἵ τε πολέμιοι μικρὰ μὲν αὖ φθάσαιεν κακουργήσαντες· ἐν τάξει δ᾽ ἂν ἔτι ὄντες, ἀτιμώρητοι ἂν ἀπέλθοιεν. πολὺ δὲ κρεῖσσον, ὡς γέγραπται, ἐνδόντα ἀφυλάκτως διακειμένοις αὐτοῖς ἐπιθέσθαι. ἐὰν δέ σε λάθῃ ἢ φθάσῃ τὰ ἐκ τῆς χώρας λεηλατηθέντα, οὐ χρὴ τὴν δίωξιν ποιεῖσθαι αὐτὰς ὁδοὺς καὶ τοὺς αὐτοὺς χώρους· ἀλλὰ τῇδε μὲν ὀλίγους ἐπιφαίνεσθαι καὶ διώκοντας, μὴ ἐπικαταλαμβάνειν ἑκουσίως καὶ ἀνυπόπτως· ἄλλο δὲ πλῆθος μετὰ ἀξιοχρέου δυνάμεως σπεύδειν κατ᾽ ἄλλας ὁδοὺς ὅτι τάχιστα πορευόμενον· καὶ φθάσαντος ἐν τῇ τῶν ἀγόντων χώρᾳ περὶ τὰ ὅρια ἐνεδρεῦσαι· φθάσαι δέ σε εἰκός ἐστι πρότερον εἰς τὴν ἐκείνων

ἀφικόἀφικνούμενον διὰ τὸ λείαν ἄγοντας αὐτοὺς βραδυτέρως πορεύεσθαι· τὴν δ' ἐπίθεσιν αὐτοῖς ποιεῖσθαι δειπνοποιουμένοις. οἱ γὰρ λεηλατήσαντες ἔν τε τῇ αὐτῶν ἤδη γεγονότες, καὶ ἐν ἀσφαλεῖ ὄντες, πρὸς τὸ ῥαθυμότερον τρεπόμενοι, ἀφυκτοτέρως ἂν διακέοιντο. ἄριστον δ' ἵνα νεοκμῆσι τοῖς στρατιώταις χρήσῃ, ὑπαρχόντων γε πλοίων, κατὰ θάλατταν τὴν δίωξιν ποιεῖσθαι. τό τε γὰρ φθάσαι καὶ τὰ ἄλλα εἰς τὸ δέον σοι συμβήσεται, ἐὰν μὴ καταφανὴς πλέων ὑπ' αὐτῶν. Κυρηναίους καὶ Βαρκαίους λέγεται, καὶ ἄλλας τινὰς πόλεις, ταῖς ἁμαξηλάταις τε ὁδοῖς καὶ μακραῖς βοηθείαις ἐπὶ συνωρίδων καὶ ζευγῶν βοηθεῖν. κομισθέντων δ' εἰς τὸ προσῆκον, καὶ ἑξῆς τῶν ζευγῶν παραταχθέντων, ἀποβαίνοντες οἱ ὁπλῖται καὶ ἐν τάξει γενόμενοι, εὐθὺς νεοκμῆτες προσεφέροντο τοῖς πολεμίοις. οἷς οὖν εὐπορία ζευγῶν, καλὸν τὸ πλεονέκτημα· ταχύ τε καὶ νεοκμῆτας τοὺς στρατιώτας εἰς τὸ δέον ἐλθεῖν· εἴησαν δὲ ἂν αἱ ἅμαξαι εὐθὺς καὶ ἔρυμα ταῖς στρατοπεδείαις. οἵ τε τραυματίαι, καὶ εἴ τι ἄλλο γένοιτο σύμπτωμα τοῖς στρατιώταις, ἐπὶ τούτοις ἀπάγοιντ' ἂν εἰς τὴν πόλιν. καὶ ἐὰν μὲν ᾖ ἡ χώρα μὴ εὐείσβολος, ἀλλ' ὀλίγαι ὦσιν αἱ εἰσβολαὶ καὶ στεναί, προκατασκευάσαντα αὐτὰ ὡς προγέγραπται, οὕτω μεταθέντας ἐπὶ τῆς εἰσβολῆς ἐναντιοῦσθαι τοῖς ἐπιχειροῦσι καὶ βουλομένοις πρὸς τὴν πόλιν

posse te antevertere, & priorem in ejus fineis venire; quia grave pręda agmen segnius iter conficit. Tunc autem impetum in hostem facito, quando cœna sumitur. nam qui prędas abegerunt, ubi ad sua redierunt, securitatem jam nacti, ad otium & negligentiam conversi, incautius, ut plurimum agunt. Ut autem recente ad pugnam milite utaris, optimum fuerit, si modò navium suppetet copia, ut hostem mari persequaris: nam & pręvertere inimicos, & alia omnia commode peragere sic poteris: cum hoc tamen, si te inimici navigantem non animadverterint. Fama est, Cyrenenses & Barcęos atque alias quasdam civitates, quadrigis aut bigis in viis curulibus ad itinera uti solitos, & cum longè aliquo suppetias esset eundum. deinde ut eò ventum quo tendebatur, curribus ordine locatis & in unam seriem continuam dispositis, degressi de vehiculis graviter armati, ac statim in aciem ordinati, viribus integris cum hoste manus conserebant. pręclarum igitur commodum est, quod ex eo consequuntur, quibus curruum facilis est copia: ut nimirum citò ac recens miles ad rem bene gerendam sit comparatus. accedit, quod plaustra etiam munimenti usum castris brevi opera valent pręstare. præterea vulnerati, aut si qua alia calamitas interveniat, curribus deferri commodissime queant in urbem. Si regio faciles aditus non habeat, sed paucis locis adeatur, atque iis angustis; danda opera est, ut iis munitis quomodo antea dictum est, & tributis copiis, in omni aditu conantibus irrumpere, & ad oppidum tenden-

tendentibus, te opponas: sed prius de signis convenisse oportet, ac facibus pyrseutarum, quibus alii aliorum casus notos sibi facient: ut singulę copiarum partes opem ferre sibi invicem, si res postulaverit, queant. sin autem difficiles regio aditus non habeat, & multis è locis multi simul possint irrumpere; occupanda vobis sunt loca regionis, quę difficilem hosti transitum ad urbem sint redditura. si ne ejusmodi quidem loca reperiuntur; quod unum super est, tumulos ad urbem occupabis tibi amicos: unde & pugnare cum aliquo tuo commodo; & pugna excedere, fretus opportunitate loci, poteris, & quoties libuerit, urbem repetere. igitur, si fines ingressus hostis oppidum versus pergat, vos oportet iis locis profectos, pugna hostem lacessere. Quoties autem inimicos adorieris, curabis, ut aliquo majore tuo commodo ob locorum peritiam, id fiat. quippe gnarus naturæ locorum, multo superior eris, pergens ad quæ volueris cunque loca, tibi quidem nota, & apta sive ad cavendum, sive ad persequendum, item ad fugiendum, & recedendum in urbem, modò clam, modò palàm. qui doctus accedes, qua in parte agri commeatus vobis parati habeantur, quum contra, hostibus regio sit insueta, ipsi imperiti, & omnibus quæ dixi commodis destituti. non autem ignoratis, eum qui notitia regionis careat, non dicam eorum quæ animo destinat, perficere nihil posse; verùm etiam, saluti suę vix atque ægrè consulere. si modò regionis incolæ adoriri hostem voluerint; nam sane, si nihil omnino audeant, omnia

προσιέναι· προδιαδεξαμένους καὶ φρυκτοῖς γνωρίζοντας τὰ ἀλλήλων πάθη· ὅπως τὰ μέρη βοηθῇ ἄν τι δέωνται ἀλλήλων. ἂν δὲ μὴ δυσείσβολος ᾖ ἡ χώρα, * ἤδη πολλαχῇ πολλοὺς εἰσβάλλειν, χρὴ ὑμᾶς καταλαβεῖν τῆς χώρας τόπους, ὥς τε τοῖς πολεμίοις χαλεπὴν εἶναι τὴν πάροδον ἐπὶ τὴν πόλιν. ἐὰν δὲ μηδὲ ταῦτα ὑπάρχῃ, τὸ λοιπὸν καταλαβεῖν ἐγγὺς τῆς πόλεως χωρία σύμμαχα, πρὸς τὸ μάχεσθαί τι πλεονεκτικῶς καὶ εὐαπαλλάκτως * ἔχων τὸ χωρίον, ὅταν βούλει ἀπιέναι πρὸς τὴν πόλιν. καὶ οὕτως ἐμβαλόντες οἱ πολέμιοι εἰς τὴν χώραν πρὸς τὴν πόλιν πορεύονται, καὶ ἄρχειν ὑμᾶς τῆς μάχης ἐκ τῶν χωρίων τούτων ὁρμωμένους. Τὰς δὲ ἐπιθέσεις αὐτοῖς ποιεῖσθαι ἀεὶ πλεονεκτοῦντα ἐκ τῆς χώρας τῇ συνηθείᾳ. πολὺ γὰρ προέξεις προειδὼς τὰ χωρία, καὶ προάγων εἰς τόπους οἵους ἂν σὺ βούλει, σοὶ μὲν γνωστοὺς καὶ ἐπιτηδείους, καὶ φυλάξασθαι καὶ διῶξαι, καὶ φυγεῖν καὶ ἀπιέναι εἰς τὴν πόλιν λαθραίως καὶ φανερῶς. ἔτι δὲ καὶ τὰ ἐπιτήδεια προειδότα ὅπου ἂν τῆς χώρας ὑπάρχῃ ὑμῖν, τοῖς δὲ πολεμίοις ἀσυνήθεις καὶ ἀγνῶτας καὶ λελειμμένους πάντως τούτων. εἰδότας ὅτι ἄπειρον ὄντα τῆς χώρας οὐ μόνον ἀδύνατον πρᾶξαί τι ὧν θέλει, ἀλλὰ καὶ σωθῆναι χαλεπὸν τῶν γε ἐν τῇ χώρᾳ βουλομένων ἐπιχειρεῖν πρὸς

πάντα, * ἢ ἀτόλμως ἢ δειλῶς
διακείμενοι σφάλλοιντο, διότι
μηδὲν τῶν τοιούτων εἰκάζειν. διενέγκοι γὰρ ἂν τοῖς ἑτέροις ὅσον
εἰ τοῦ μὲν νυκτὸς   τοῖς δὲ
ἡμέρας εἰ οἷόν τε πῶς ἢ οὕτω ἀμφο-
γίνεσθαι. ὑπάρχοντος δέ σοι
ναυτικοῦ πεπληρῶσθαι τὰς ναῦς.
οὐ γὰρ ἐλάσσω τοὺς πολεμίους
ὀχλήσουσιν οἱ ἐν ταῖς ναυσὶν,
ἐάν τε παραπλέων ὑπάρχῃ πρὸς
τὰ ἐπιθαλάσσια χωρία, καὶ τὰς
παρὰ θάλασσαν ὁδοὺς· ἵν᾽ ὑπὸ
ὑμῶν τε ὀχλῶνται, καὶ ὑπὸ τῶν
νηῶν, κατὰ νώτου αὐτῶν τὴν ἀπό-
βασιν ποιουμένων. Ταῦτα δὲ οὕτως πράττων, ἀπαρασκευασο-
τάτοις ἂν τοῖς πολεμίοις ἐπιθεῖσθε, καὶ παρὰ δόξαν τὰ ἀφ᾽
17 ὑμῶν αὐτοῖς ἀποβαίη. Ἐν δὲ μὴ
ὁμονοούσῃ πόλει καὶ ὑπόπτως
πρὸς ἀλλήλους ἐχόντων, χρὴ προνοοῦντα εὐλαβεῖσθαι τὰς μετ᾽ ὄχλου
ἐξόδους ἐπὶ θεωρίαν λαμπάδος
καὶ ἱπποδρομίας, καὶ τῶν ἄλλων
ἀγώνων, ὅσαι γε ἱεροποιίαι πανδημεὶ ἐκτὸς τῆς πόλεως, καὶ σὺν
ὅπλοις πομπαὶ ἐκπέμπονται: ἔτι
καὶ περὶ τὰς πανδήμους νεωλκίας, καὶ τὰς συνεκφορὰς τῶν
τελευτησάντων. ἔνι γὰρ καὶ ἐν
τοιῷδε καιρῷ σφαλῆναι τοὺς ἑ-
τέρους. παράδειγμα δ᾽ ἐξαί-
σω γινόμενον πάθος. Ἑορτῆς
γὰρ * δήμου ἔξω τῆς πόλεως
Ἀργείων γινομένης, ἐξῆγον πομπὴν σὺν ὅπλοις τῶν ἐν τῇ ἡλικίᾳ συχνῶν. τῶν δὲ ἐπιβουλευ-

metuant; detrimentum ac cladem merito accipiant: qui quidem eorum quæ modò dicebamus nihil quicquam animi conjectura prospexerint. Enimvero periti imperitis tantum prętant, velint modò, quantum pugnantes interdiu pugnantibus noctu; si posset ulla ratione fieri, ut eo pacto dimicantium inter se pugna simul contingeret. Si rei navalis copia tibi fuerit, naves remigio cęterisque rebus sunt instruendæ. non enim minus hosti incommodabunt in navibus armati; si modò classis oram maritimam legens loca mari proxima, & vias ad mare infestet: ut & à vobis negotium hosti tempore eodem facessatur, & à classico milite, à tergo illius in terram descendente. Hęc ita si feceritis, inimicos cum maxime imparatos adoriemini; & res illis vestræ longe aliter quàm opinabantur succedent. In urbe parum concorde, & cujus cives sibi sunt invicem suspecti, providentia utendum, & illis diebus cavendum, quando populus ad facis accensę *sive Lampadedromiæ* spectaculum, aut curules ludos, vel alia certamina extra muros magnâ turbâ se effundit. quoties videlicet sacra celebrantur, quæ extra urbem ab universo populo solent agitari; aut similes pompæ cum armis ducuntur. Illis item diebus cavendum, quando ad subducendas naves *cum maria clauduntur*, multitudo simul omnis effunditur; aut cum defunctorum exsequiæ celebrantur. potest enim fieri in divisa civitate, ut factio altera per ejusmodi occasionem supplantata corruat. In exemplum afferam casum qui accidit. In Argivorum urbe die quodam publicæ solemnitatis, cives pompam pubis frequentis armatę extra muros duxerunt. conjuratorum item multi

ulti sese ornarunt, & pariter cum
:teris ad pompam celebrandam ar-
a induerunt. ubi perventum est ad
lem sacram & altare; plerique ci-
ım armis longiuscule à templo de-
sitis, ad preces & aram se contule-
nt. conjurati, partim eo loco re-
anserunt, ubi arma fuerant relicta;
i magistratibus & primoribus ci-
:atis dum fiunt preces sese adjun-
re; vir viro adstare: & quidem cum
gionibus: quibus mox istos con-
ɉerunt. at cæteri cum armis in ur-
m contenderunt. Pars altera insi
antium, quæ in oppido remanse-
:, armis succincta quæ interim co-
erat, urbis loca tali incepto con-
uentia occupat. ita, ex iis qui extra
uros erant, solos admiserunt con-
rati quos volebant. Quare ab hujus
neris insidiis nullo non tempore
agna cura est cavendum. Chii ve-
, quoties Liberalia agitabant, soliti
mpas magnificas ad Liberi patris
am ducere, ante omnia custodi-
is & magna vi armatorum vias
uniunt, quibus itur in forum. quod
stitutum, rerum novarum cupidis
n mediocre adfert impedimen-
m. Optimum verò fuerit, ut ma-
stratus primò cum iis quas dixi-
us armatorum copiis, sacra fa-
ınt: deinde ubi è turba magistra-
s excessit; cęteri tum demum con-
niant. Postea verò quàm urbem
gressi omnes adsunt, ubi jam adve-
:rascit, sumendæ cœnæ & ad vigi-
s eundi dari signum debet. atque
:erim dum sese vigiles præparant,
portæ recte claudantur, diligenter
curandum. quippe ubi duces mol-
er se ac segniter gerunt, circa por-

ὄντων καὶ αὐτοὶ παρεσκεύαζον,
καὶ αὐτοῖς * συνηθροίζοντο ὅπλα
εἰς τὴν πομπήν. καὶ ἐγένετο περὶ
τῷ ναῷ τε καὶ τῷ βωμῷ· οἱ μὲν
πολλοὶ τὰ ὅπλα θέμενοι ἀποτέρω
τοῦ ναοῦ, περὶ τὰς εὐχάς τε καὶ τὸν
βωμὸν ὥρμησαν. τῶν δ' ἐπιβουλευόντων οἱ μὲν ἐπὶ τῶν ὅπλων
ὑπέμειναν· οἱ δὲ ταῖς ἀρχαῖς
τε καὶ τῶν πολιτῶν τοῖς προέχουσι
παρέστησαν ἐν ταῖς εὐχαῖς, ἀνὴρ
ἀνδρὶ, ἔχοντες ἐγχειρίδια. καὶ
τοὺς μὲν κατεβεβλήκεισαν· οἱ δὲ
αὐτῶν εἰς τὴν πόλιν σὺν τοῖς ὅ-
πλοις ἔσπευσαν. ἕτεροι δὲ τῶν
ἐπιβουλευόντων ὑπομείναντες ἐν
τῇ πόλει, μετὰ τῶν προεσταλισθέν-
των ὅπλων προκατέλαβον οὓς
προσῆκε τόπους τῆς πόλεως· ὥς
τε δέξασθαι τῶν ἔξω οὓς ἐβούλοντο. διὸ δεῖ πρὸς τὰς τοιαύτας
ἐπιβουλὰς ἐν οὐδενὶ καιρῷ ἀφυλάκτως διακεῖσθαι. Χῖοι δὲ ἄ-
γοντες τὰ Διονύσια καὶ πέμποντες
πομπὰς λαμπρὰς περὶ τοῦ Διονύσου τὸν βωμὸν, προκαταλαμβάνουσι τὰς εἰς τὴν ἀγορὰν φερούσας ὁδοὺς φυλακαῖς καὶ δυνάμεσι πολλαῖς. κώλυμα δὲ ἦν οὐ
μικρὸν τοῖς βουλομένοις νεωτερίζειν. Ἄριστον δὲ τὰς ἀρχὰς πρῶτον μετὰ τῆς προειρημένης δυνάμεως
ἱεροποιῆσαι· τούτων δὲ ἐκ τοῦ ὄχλου
ἀπαλλαγέντων, οὕτω τοὺς ἄλλους
συνιέναι. Ὅταν δὲ οἱ εἰσπορευ- 18
θέντες παραγένωνται, καὶ δείλη γίνηται, σημαίνειν δειπνοποιεῖσθαι
καὶ εἰς φυλακὴν ἰέναι· ἐν ᾧ δὲ
οἱ φύλακες εὐτρεπίζονται, ἐν τούτῳ περὶ τῶν πυλῶν ἐπιμελητέον ὅ-
πως καλῶς κλείωνται. περὶ γὰρ
τὰς βαλάνους πολλὰ σφάλματα
γίνεται

πάντα, * ἢ ἀτόλμως καὶ δειλῶς
διακείμενοι σφάλλοιντο, διόπερ
μηδὲν τῶν τοιούτων εἰκάζειν. διενέγκοι γὰρ ἂν τοῖς ἑτέροις ὅσον
εἰ τῆς μὲν νυκτὸς τοῖς δὲ
ἡμέρας εἰ οἷόν τε πῶς ἢ τοῦτο ἀμφοτέροις γίνεσθαι. ὑπάρχοντος δέ σοι
ναυτικοῦ πεπληρῶσθαι τὰς ναῦς.
οὐ γὰρ ἐλάσσω τοὺς πολεμίους
ὀχλήσουσιν οἱ ἐν ταῖς ναυσὶν,
ἐάν τε παραπλέων ὑπάρχῃ πρὸς
τὰ ἐπιθαλάσσια χωρία, καὶ τὰς
παρὰ θάλασσαν ὁδοὺς· ἵν᾽ ὑπὸ
ὑμῶν τε ὀχλῶνται, καὶ ὑπὸ τῶν
νηῶν, κατὰ νώτου αὐτῶν τὴν ἀπό-
βασιν ποιουμένων. Ταῦτα δὲ οὕτως πράττων, ἀπαρασκευαστο-
τάτοις ἂν τοῖς πολεμίοις ἐπιθεῖσθε, καὶ παρὰ δόξαν τὰ ἀφ᾽
17 ὑμῶν αὐτοῖς ἀποβαίη. Ἐν δὲ μὴ
ὁμονοούσῃ πόλει καὶ ὑπόπτως
πρὸς ἀλλήλους ἐχόντων, χρὴ προνοοῦντα εὐλαβεῖσθαι τὰς μετ᾽ ὄχλου
ἐξόδους ἐπὶ θεωρίαν λαμπάδος
καὶ ἱπποδρομίας, καὶ τῶν ἄλλων
ἀγώνων, ὅσαι γε ἱεροποιίαι πανδημεὶ ἐκτὸς τῆς πόλεως, καὶ σὺν
ὅπλοις πομπαὶ ἐκπέμπονται· ἔτι
καὶ περὶ τὰς πανδήμους νεωλκίας, καὶ τὰς συνεκφορὰς τῶν
τελευτησάντων. ἔνι γὰρ καὶ ἐν
τοιῷδε καιρῷ σφαλῆναι τοὺς ἑ-
τέρους. παράδειγμα δ᾽ ἐξαίσιον γενόμενον πάθος. Ἑορτῆς
γὰρ * δήμου ἔξω τῆς πόλεως
Ἀργείων γινομένης, ἐξῆγον πομπὴν σὺν ὅπλοις τῶν ἐν τῇ ἡλικίᾳ συχνῶν. τῶν δὲ ἐπιβουλευ-

metuant; detrimentum a merito accipiant: qui qu rum quæ modò diceban quicquam animi conjectu xerint. Enimvero periti tantum prҿstant, velint mo tum pugnantes interdiu p bus noctu; si posset ulla rati ut eo pacto dimicantium in gna simul contingeret. Si r copia tibi fuerit, naves rem risque rebus sunt instruen enim minus hosti incomm in navibus armati; si modò ram maritimam legens l proxima, & vias ad mare in & à vobis negotium hosti eodem facessatur, & à classi à tergo illius in terram desc Hҿc ita si feceritis, inim maxime imparatos adorie res illis vestræ longe aliter q nabantur succedent. In url concorde, & cujus cives sit vicem suspecti, providen dum, & illis diebus cavendu do populus ad facis accensҿ *Lam padedromiæ* spectaculum, les ludos, vel alia certam muros magnâ turbâ se effur ties videlicet sacra celebran extra urbem ab universo pc lent agitari; aut similes pom armis ducuntur. Illis item d vendum, quando ad subduc ves *cum maria clauduntur*, do simul omnis effunditur; defunctorum exsequiæ cele

potest enim fieri in divisa civitate, ut factio altera per ejusmo sionem supplantata corruat. In exemplum afferam casum qui In Argivorum urbe die quodam publicæ solemnitatis, cives p pubis frequentis armatҿ extra muros duxerunt. conjuratoru multi sese ornarunt, & pariter cum cæteris ad pompam celebrandam arma induerunt. ubi perventum est ad ædem sacram & altare; plerique civium armis longiuscule à templo depositis, ad preces & aram se contulerunt. conjurati, partim eo loco remanserunt, ubi arma fuerant relicta; alii magistratibus & primoribus civitatis dum fiunt preces sese adjungere; vir viro adstare: & quidem cum pugionibus: quibus mox istos confoderunt. at cæteri cum armis in urbem contenderunt. Pars altera insidiantium, quæ in oppido remanserat, armis succincta quæ interim coëgerat, urbis loca tali incepto congruentia occupat. ita, ex iis qui extra muros erant, solos admiserunt conjurati quos volebant. Quare ab hujus generis insidiis nullo non tempore magna cura est cavendum. Chii verò, quoties Liberalia agitabant, soliti pompas magnificas ad Liberi patris aram ducere, ante omnia custodibus & magna vi armatorum vias muniunt, quibus itur in forum. quod institutum, rerum novarum cupidis non mediocre adfert impedimentum. Optimum verò fuerit, ut magistratus primò cum iis quas diximus armatorum copiis, sacra faciant: deinde ubi è turba magistratus excessit; cęteri tum demum conveniant. Postea verò quàm urbem ingressi omnes adsunt, ubi jam advesperascit, sumendæ cœnæ & ad vigilias eundi dari signum debet. atque interim dum sese vigiles præparant, ut portæ recte claudantur, diligenter est curandum. quippe ubi duces molliter se ac segniter gerunt, circa por-

ὄντων καὶ εἴ τι παρεσκεύαζον, καὶ αὐτοῖς * συνηθροιοῦντο ὅπλα εἰς τὴν πομπήν. καὶ ἐγγύετο περὶ τῷ ναῷ τε καὶ τῷ βωμῷ· οἱ μὲν πολλοὶ τὰ ὅπλα θέμενοι ἀπωτέρω τοῦ ναοῦ, περὶ τὰς εὐχάς τε καὶ τὸν βωμὸν ὥρμησαν. τῶν δ' ἐπιβουλευόντων οἱ μὲν ἐπὶ τῶν ὅπλων ὑπέμειναν· οἱ δὲ ταῖς ἀρχαῖς τε καὶ τῶν πολιτῶν τοῖς προέχουσι παρέστησαν ἐν ταῖς εὐχαῖς, ἀνὴρ ἀνδρὶ, ἔχοντες ἐγχειρίδια. καὶ τοὺς μὲν κατεβεβλήκεισαν· οἱ δὲ αὐτῶν εἰς τὴν πόλιν σὺν τοῖς ὅπλοις ἔσπευδον. ἕτεροι δὲ τῶν ἐπιβουλευόντων ὑπομείναντες ἐν τῇ πόλει, μετὰ τῶν προσταλισθέντων ὅπλων προκατέλαβον οὓς προσῆκε τόπους τῆς πόλεως· ὥστε δέξασθαι τῶν ἔξω οὓς ἐβούλοντο. διὸ δεῖ πρὸς τὰς τοιαύτας ἐπιβουλὰς ἐν οὐδενὶ καιρῷ ἀφυλάκτως διακεῖσθαι. Χῖοι δὲ ἄγοντες τὰ Διονύσια καὶ πέμποντες πομπὰς λαμπρὰς περὶ τοῦ Διονύσου τὸν βωμὸν, προκαταλαμβάνουσι τὰς εἰς τὴν ἀγορὰν φερούσας ὁδοὺς φυλακαῖς καὶ δυνάμεσι πολλαῖς. κώλυμα δὲ ἦν οὐ μικρὸν τοῖς βουλομένοις νεωτερίζειν. Ἄριστον δὲ τὰς ἀρχὰς πρῶτον μετὰ τῆς προειρημένης δυνάμεως ἱεροποιῆσαι· τούτων δὲ ἐκ τοῦ ὄχλου ἀπαλλαγέντων, οὕτω τοὺς ἄλλους συνιέναι.
Οταν δὲ οἱ εἰσπορευ- 18
θέντες παραγένωνται, καὶ δείλη γίνηται, σημαίνειν δειπνοποιεῖσθαι καὶ εἰς φυλακὴν ἰέναι· ἐν ᾧ δὲ οἱ φύλακες εὐτρεπίζονται, ἐν τούτῳ περὶ τῶν πυλῶν ἐπιμελητέον ὅπως καλῶς κλείωνται. περὶ γὰρ τὰς βαλάνους πολλὰ σφάλματα

γίνεται

γίνεται διὰ τὰς τῶν ἀρχόντων μαλακίας. ὅταν γὰρ ἐπὶ τὰς πύλας τις αὐτῶν ἐλθὼν κλεῖσαι μὴ αὐτουργὸς γίνηται, ἀλλὰ παραδοὺς τὴν βάλανον τῷ πυλωρῷ κλεῖσαι κελεύῃ, τάδε κακουργεῖται ὑπὸ πυλωρῶν βουλομένων νυκτὸς δέξασθαι τοὺς πολεμίους. Ὁ μέν τις ἡμέρας εἰς τὴν βαλανοδόκην τῶν πυλῶν ἄμμον παρενέβαλεν· ὅπως ἡ βάλανος ἔξω μένῃ καὶ μὴ ἐμβάληται εἰς τὸ τρύπημα. Φασὶ δὲ καὶ ἐμβεβλημένας βαλάνους ὧδε ἐξαιρεθῆναι· ἐμβαλλομένης κατ' ὀλίγον ἄμμου εἰς τὴν βαλανοδόκην, σείεσθαι ἀψοφητί, ἵνα μηδεὶς αἴσθηται. μετέωρος οὖν ἡ βάλανος ἐγίνετο, περιπιπτούσης τῆς ψάμμου, ὥστε ῥαδίως αὐτὴν ἐξαιρεθῆναι. Ἤδη δὲ πυλωρὸς δεξάμενος τὴν βάλανον παρὰ στρατηγοῦ ἐμβαλεῖν, ἐντεμὼν λάθρα σμίλῃ ἢ ῥίνῃ τὴν βάλανον, βρόχον λίνου περιβαλὼν ἐνέβαλεν. εἶτα μετ' ὀλίγον τῷ λίνῳ ἀνέσπασεν. ἄλλος δὲ προετοιμάσας ἐν γεργάθῳ λεπτῷ ἔβαλεν προσημμένου λίνου, καὶ ὕστερον ἀνέσπασεν. ἐξῃρέθη δὲ καὶ ἀνακρουσθεῖσα ἡ βάλανος. ἔτι δὲ καὶ θερμασίῳ λεπτῷ ἐξῃρέθη. Χρὴ δὲ τοῦ θερμασίου τὸ μὲν ἓν μέρος εἶναι οἷον σωλῆνα· τὸ δὲ ἕτερον πλατύ. ὥστε τῷ μὲν σωληνοειδεῖ ὑπολαμβάνειν τὴν βάλανον .... τῷ δὲ ἐπιλαμβάνειν. Ἕτερος δὲ ἔλαθε τρέψας τὸν μοχλὸν μέλλων ἐμβάλλειν, ἵνα μὴ κατέλθῃ εἰς τὸ

obicem clam intorqueret, cum

tarum pessulos fraudes multæ committuntur. Quando enim dux aliquis ad claudendas portas venit, nec tamen suamet ipsius manu id exsequitur, sed tradito custodi portę pessulo, eum jubet claudere; hujusmodi texuntur doli à portarum custodibus, qui hostes noctu volunt admittere. Quidam interdiu in eam claustri partem, quę pessulum recipit, sabulum injecit; adeo ut pessulus extra maneret, nec foramen suum ingrederetur. Ajunt etiam pessulos qui immissi fuerant, sic fuisse exemtos. quum paullatim in receptaculum pessuli arena infunderetur, sine strepitu concutiebatur, ne quis intelligeret. igitur, quum pessulus propter accedens sabulum in altum sublatus fuisset; facile fuit eum eximere. Accidit etiàm, ut portæ custos qui pessulum à duce acceperat immittendum; quum scalpro aut lima ipsum leviter insecuisset, atque è filo laqueum circumjecisset, ita pessulum immitteret; deinde autem non multo post eundem filo retraheret. Alius rebus ante præparatis, in reticulum subtile unde filum adnexum pendebat, pessulum immisit; idemque postea retraxit. interdum etiam pessulus exemtus est, quum fuisset actus magna vi retrorsum. exemtus item est, & vasculo, *sive instrumento tenui, quod thermastium Græci vocant:* cujus quidem partem alteram si punculi *aut canaliculi* similem oportet esse; alteram verò latam; ut parte ea quæ canaliculum refert, pessulum subtus comprehendat; altera verò parte desuper apprehendat. Fuit qui inibi esset; ut pessulum immitteret, ne hic ne hic in foramen suum descenderet; quo postea impulso, porta patuit. In Achaiæ urbe *Eræa*, proditores quidam peregrinum militem clam admittere volebant. hi primò, pessuli mensuras hoc pacto ceperunt. Quum de die mature in pessuli foramen fili subtilis ac firmi laqueum demisissent; fili autem capita extantia pendere sivissent; sic tamen ut non apparerent; postquam orta nocte pessulus est immissus, fili capita *proditor* retraxit, & simul tum laqueum, tum pessulum: quem quidem, mensurarum ratione inita, rursus demiserunt. deinde ad exemplum acceptarum pessuli mensurarum claves hoc modo fecerunt. sipunculum & acum storeis consuendis aptam opera fabri ferrarii fabricarunt. & sipunculus quidem eadem, qua vulgo solet, figura est factus, acus verò partem quidem minorem, quæ in acumen desinit, ad similitudinem aliarum acuum fecerunt quibus tegetes consuuntur: ansa verò cava erat, sicut ferrum bipennis aut tuditis cavum habet, quà manubrium immittitur. & apud fabrum quidem, manubriū est immissum; postea verò quam inde res fuit ablata, manubrium est exemtum, ut pessulo admota ei aptaretur. magna autem providentia effectum videtur, ut nihil omnino faber ferrarius suspicaretur; neq; de sipunculo, cujus gratiâ factus esset; neque acus quò spectaret. Quidam, quum esset pessulus in suò foramine, ambitus mensuram ità ceperunt. lutum figulinum linteo subtili ex omni parte illeverunt, deinde instrumento quodam id demiserunt: tum autem

τρύπημα ἡ βάλανος, καὶ ὕστερον ἐωσθεῖσα ἀνοιχθῇ. Περὶ Ἀχαΐαν δ' ἐν πόλει .... ἐπιχειροῦντες κρυφίως δέξασθαι ξένους· πρῶτον μὲν τῆς βαλάνου ἔλαβον τὰ μέτρα τρόπῳ τοιῷδε. προκαθέντες ἐν τῇ ἡμέρᾳ εἰς τὴν βαλανοδόκην λίνου λεπτοῦ καὶ ἰσχυροῦ βρόχον, καὶ τὰς ἀρχὰς ἔξω οὔσας ἀφανεῖς, ὡς ἐν τῇ νυκτὶ ἐνεβλήθη ἡ βάλανος, ἀνέσπασε τὰς ἀρχὰς τοῦ λίνου τοῦ βρόχου καὶ τὴν βάλανον. λαβόντες δὲ τὰ μέτρα αὐτῆς πάλιν καθῆκαν. ἔπειτα πρὸς μέτρα οὕτω τῆς βαλάνου βαλανάγραν ἐποιήσαντο τρόπῳ τοιῷδε· ἐχαλκεύσαντο σίφωνά τε καὶ φορμοραφίδα. ἦν δὲ ὁ μὲν σίφων ἐργασθεὶς καθάπερ εἴωθε γίνεσθαι· τῆς τε φορμοραφίδος τὸ μὲν ὀξὺ καὶ πολὺ μέρος εἰργάσατο καθάπερ ταῖς ἄλλαις φορμοραφίσιν· ἡ δὲ λαβὴ ἦν κοίλη ὥσπερ συρακίου, ἢ στελέα, ἐμβάλλεται. καὶ παρὰ μὲν τῷ χαλκεῖ ἐνεβλήθη τὸ στελεὸν, ἀπενεχθέντος δὲ, ἐξῃρέθη ὥστε πρὸς τὴν βάλανον προσαχθεῖσαν ἁρμόσαι. προνοητικῶς δὲ δοκεῖ ποιηθῆναι πρὸς τὸ τὸν χαλκέα μηδὲν ὑποπτεῦσαι, ὅ τε σίφων οὗ ἕνεκα ἐργασθεὶς εἴη· καὶ ἡ φορμοραφὶς, καὶ τὰ ἅρμενα γίνεσθαι. Ἤδη δέ τινες ἐν τῇ βαλανοδόκῃ οὔσης βαλάνου, τὸ περίμετρον ὧδε ἔλαβον. πηλὸν Κεραμεικὸν περιελίξαντες ὀθονίῳ λεπτῷ καθῆκαν δεμένῳ, πιέζοντες περὶ τὴν βάλανον τὸν πηλὸν, ἔπειτα ἀνέσπασαν τὸν πηλὸν, καὶ ἔλαβον τὸν τύπον τῆς βαλάνου, πρὸς ὃν τὴν βάλανον ἐποιήσαντο. Συμβάλλεται γίνεσθαι Τημένῳ Ῥοδίων ἐν Ἰωνίᾳ Τέως πόλις εὐμεγέθης, * προδοθεῖσα ὑπὸ τοῦ πυλωροῦ. ἄλλά τε οὖν προσσυνέθεντο καὶ νύκτα ἀσέληνον καὶ σκοτεινὴν, ἐν ᾗ ἔδει τὸν μὲν ἀνοῖξαι, τὸν δὲ μετὰ ξένων εἰσελθεῖν. ἔπειτα εἰς τὴν ἐπιοῦσαν νύκτα παρὴν τῷ πυλωρῷ ἀνὴρ, ὅς τις ἐπεὶ ὀψὲ ἦν, καὶ φυλακαί τε ἐπὶ τοῦ τείχους καθίσταντο, καὶ αἱ πύλαι ἔμελλον κλείεσθαι. σκότους οὖν ἤδη ὄντος ἀπηλλάσσετο ἐκδήσας ἀρχὴν ἀγκυνθίδος λίνου κλωστοῦ, ὅπερ οὐκ ἔμελλε ῥᾳδίως διαρραγῆναι. τὴν δὲ ἀγκυνθίδα ἐπορεύθη * ἀπηλλάσσων ἀπὸ τῆς πόλεως πέντε στάδια, ὅπῃ ἔμελλον οἱ εἰσπορευόμενοι ἥξειν. ἐπεὶ δὲ παρὴν ὁ στρατηγὸς κλεῖσαι τὰς πύλας, καὶ ἔδωκε κατὰ τὸ ἔθος ἐμβαλεῖν τὴν βάλανον, δεξάμενος ἐνέτεμεν λαθραίως ἀψοφητὶ ῥίνῃ ἢ σμίλῃ τὴν βάλανον, ὥς τε ἐνέχεσθαι λίνῳ· εἶτα βρόχον περιθεὶς, καθῆκε τὴν βάλανον ἐχομένην ὑπὸ τοῦ λίνου· μετὰ δὲ ταῦτα κινήσας τὸν μοχλὸν, καὶ ἐπιδείξας τῷ στρατηγῷ κεκλεισμένην τὴν πύλην, εἶχεν ἡσυχίαν. Χρόνου δὲ προϊόντος, ἀνασπάσας τὴν βάλανον, τὴν ἀρχὴν τοῦ σπάρτου πρὸς αὑτὴν ἔδησε· τοῦ δ᾽ ἕνεκεν, ὅτι εἰ καθυπνώσας τύχῃ ἐγερθείη σπώμενος ὑπὸ τοῦ λίνου. ὁ δὲ Τήμενος παρῆν διεσκευασμένος μεθ᾽ ὧν ἐ-

circa pessulum prementes lutum, id postea retraxerunt. inde figuram & modum pessuli acceperunt; & ad id exemplum clauem fecerunt. Teon Rhodiorum civitatem satis magnam, à portæ custode proditam, in Temeni potestatem venire aliquando contigit. cùm igitur de aliis antea inter eos convenerat, tum ut illunem atque obscuram noctem observarent; qua nocte oportebat, custodem quidem portam aperire; Temenum verò cum militibus ingredi. cum autem postridie res geri deberet, sub noctem venit homo ad custodem, ubi advesperasset, quando jam in muro vigilię collocabantur, & portę mox erant claudendæ. hic igitur ad primas tenebras urbe excessit, postquam fili glomerati, quod facile rumpi non posset, extremum portis alligasset. pergit deinde homo ire, fili glomum evolvens, ad passus ab urbe DCXXV. quò erant venturi, qui urbem cogitabant ingredi. Venit dux ad portas claudendas; qui ut erat solitus, custodi pessulum tradit indendum. custos eo accepto, lima aut scalpro, occultè sic ut nullus strepitus audiretur, pessulum insecuit; quò melius filum hæreret: deinde laqueum circa pessulum aptavit; eumque ita alligatum in foramen suum demisit. Secundum hęc ubi vectem commovisset. ac portam clausam duci ostendisset, mansit quietus. Post aliquantum temporis pessulum quum retraxisset, spartei funiculi extremum sibi alligavit. atque hoc eo consilio, ut si forte obdormiret, per funiculum tractus evigilaret. Temenus rebus omnibus instructus, iis comitatus qui-

buscum

buſcum erat urbem ingreſſurus, ad condictum locum adeſt, ubi ille erat, qui glomum tenebat: ita autem cum portæ cuſtode antea Temeno convenerat; ut poſtquam in eum locum veniſſet, funiculum traheret. quod ſi cuſtos omnia quæ volebat parata haberet; debuit is ad caput funiculi villum *aut floccum* lanæ alligare; atque ita dimittere: ut eo viſo Temenus ad portas confeſtim accurreret: ſin cuſtos propoſitum exſequi ſuum nequiviſſet, nulla re alligata funiculum dimittebat. ita fiebat, ut Temenus, qui longo adeo ſpatio ab urbe diſtabat, inſecuturos præverteret, ac prius quàm animadvertiſſet quiſquam, finibus Teiorum excederet: per funiculum enim intra urbem alligatum, intelligebant, quando progredi ulterius non poterant. Sed & iſto quoque pacto urbs fuit prodita à portę cuſtode. Quoties portæ erant claudendæ conſuetudinem ſervavit, accepta ſitula exeundi, ceu aquam peteret. ad fontem ubi venerat, lapides ponebat in loco hoſtibus noto. illi eò ventitabant, & è lapidibus poſitis, quæcumque cuſtos urbis vellet ſignificare, cognoſcebant. nam ſi proditores prima vigilia cuſtodiebant; in conſtituto loco lapidem unum ponebat: ſi ſecunda, duos: ſi tertia, tres: ſi quarta, quatuor. hoc amplius, deſignabat iſte in qua parte muri, & in qua vigilum ſtatione fors proditoribus cecidiſſet. atque hoc pacto quę volebat ſignificans, urbem prodidit. Quamobrem omnes hoc genus fraudes animo conjicere, & cavere par eſt: & ut portas dux ipſe claudat, neque alii peſſulum tradat.

μελλεν εἰσπορεύεσθαι εἰς χωρίον ῥητὸν πρὸς τὴν ἀκανθίδα ἔχοντα. ἦν δὲ προσυγκείμενον τῷ Τημένῳ πρὸς τὸν πυλωρὸν, ἐλθὼν εἰς τὸν χῶρον σπᾶν τὸ σπάρτον. καὶ εἰ μὲν ἦν ἕτοιμα τῷ πυλωρῷ ἅπερ ἤθελε, προσεπιδῆσαι πρὸς τὴν ἀρχὴν τοῦ λίνου μαλλὸν ἐρίου καὶ ἀφεῖναι· ὅπερ ἰδὼν ὁ Τήμενος, ἔμελλε σπεύδειν πρὸς τὰς πύλας· εἰ δ' ἀπετύγχανεν ὁ πυλωρὸς τοῦ θελήματος, οὐδὲν προσάψας ἀφῆκε τὸ λίνον· ὥστε τὸν Τήμενον ἐκ πολλοῦ φθάσαι τε καὶ λαθεῖν ἀπαλλαγέντα. ᾐσθάνοντο οὖν ἐν τῇ νυκτὶ τὸ σπάρτον ὑπάρχον ἐν τῇ πόλει· οὐχ οἷόν τε ἦν προϊέναι. τρόπον δὲ κατὰ τόνδε προεδόθη ἡ πόλις ὑπὸ πυλωροῦ. συνήθες ἐποιήσατο ἐπεὶ μέλλοιεν αἱ πύλαι κλείεσθαι; ὑδρίον ἔχων * εἰσιέναι ὡς ἐφ' ὕδωρ· ἀφικνούμενος δὲ ἐπὶ τὴν κρήνην, λίθους ἐπίθει εἰς τόπον γνωστὸν τοῖς πολεμίοις· ἐφ' οὗ φοιτῶντες εὕρισκον διὰ τῶν τιθεμένων λίθων ἅπερ θέλοι δηλοῦν ὁ τῆς πόλεως φύλαξ. εἰ μὲν γὰρ πρώτην φυλάσσοιεν, ἕνα λίθον ἐπίθει πρὸς τὸν συγκείμενον τόπον. εἰ δὲ δευτέραν, δύο· εἰ δὲ τρίτην, τρεῖς· εἰ δὲ τετάρτην, τέτταρας. ἔτι δὲ καὶ ᾗ τοῦ τείχους, καὶ κατὰ τίνων φυλάκων λελόγχοι. τούτῳ δ' οὖν τῷ τρόπῳ σημαίνων ἐνέδωκε. Ταῦτα δεῖ οὖν συμβαλλόμενον πάντα φυλάττεσθαι, καὶ τὰς πύλας αὐτὸν ἄρχοντα κλείειν, καὶ μὴ ἄλλῳ διδόναι

τὴν βάλανον· προσφέροντα δέ τι
τοιοῦτον, τὸν μοχλὸν ἀφανίζειν·
ἤδη γάρ τινες ἐπιφανέντες ὑπεναν-
τίοι, ἐβιάσαντο πάλιν κλεῖσαι,
9 τοῦ μοχλοῦ παρόντος. διὸ δεῖ
πάντα τὰ τοιαῦτα προνοεῖν. Δια-
πρίοντα δὲ μοχλὸν, ἔλαιον ἐ-
πιχεῖν· θᾶσσον γὰρ καὶ ἀψοφητὶ
μᾶλλον πρισθήσεται· ἐὰν δὲ καὶ
σπόγγος ἐπί τε τὸν πρίονα καὶ τὸν
μοχλὸν ἐπιδεθῇ, πολλῷ κουφό-
τερος ὁ μοχλὸς ἔσται. πολλὰ
δ' ἄν τις καὶ ἄλλα ὁμότροπα τούτοις γράψαι ἀλλὰ ταῦτα μὲν
0 παρετέον. Εἰς δὲ τὸ τούτων μηδὲν κακουργεῖσθαι, χρὴ πρῶτον μὲν,
στρατηγὸν μὴ δεδειπνηκότα δι' αὑτοῦ
τὴν κλεῖσιν καὶ τὴν ἐπιμέλειαν
ποιεῖσθαι, μηδὲ ἄλλῳ πιστεύειν ῥαθύμως διακείμενον. ἐν δὲ ἐπικινδύνοις, καὶ πάμπαν συνόντα δεῖ
περὶ ταύτην εἶναι. ἔπειτα τὸν μοχλὸν σεσιδηρῶσθαι διὰ μήκους τρι-
φῇ ἢ τετραχῇ. ἄπριστος γὰρ ἔ-
σται· ἔπειτα βαλάνους ἐμβάλλεσθαι
τρεῖς μὴ ὁμοτρόπους· τούτων δὲ
ἕκαστον φυλάττειν ἄνδρα τῶν στρατη-
γῶν· εἰ δὲ πλείονες εἴησαν, πάλῳ
καθ' ἡμέραν τοὺς λαχόντας. ἄριστον δὲ τὰς βαλάνους μὴ ἐξαιρετὰς
εἶναι· ὑπὸ δὲ λεπίδος σιδηρᾶς κατέχεσθαι, ἵνα μὴ πλέον ἐξαιρουμένη
μετεωρίζηται τῷ καρκίνῳ· ἢ ὥς
τι μοχλῷ ὑποθεῖσθαι ἐπικλειομέ-
νων τῶν πυλῶν καὶ ἀνοιγομένων. τὸν δὲ
καρκίνον ἐσκευάσθαι, ὅπως ὑπὸ τὴν
λεπίδα κάθηται, καὶ ῥᾳδίως τὴν βάλανον μετεωρίζῃ. Ἀπολλωνιᾶται
δὲ ἐν τῷ Πόντῳ παθόντες τι τῶν προγεγραμμένων, κατεσκεύασαν τὰς
πύλας κλείεσθαι ὑπὸ σφύρας τε

eorum aliquid accidisset, quæ

Quod si tale quid ipse moliaris, ne usquam obex compareat efficiendū: nam aliquando usuvenit, ut cives portam quę fuerat aperta, ad conspectum hostis per vim denuo clauderent. quare omnibus hisce periculis est prospiciendum. Qui vectem serra dissecat, oleum affundat: nam & citius & minore strepitu dissecabitur: quod si super serram superque obicem spongiam alligaveris, multo lenior obex erit. possent similia his multa alia adjici; verùm ista quidem sunt omittenda. At ne fraus ulla hujus generis tibi fieri queat; ante omnia oportet ut dux prius quàm cœnet, ipse per se portas claudat, neque ita remissus sit ac deses, ut alii fidem habeat. quoties verò majus aliquod periculum imminet, in hoc negotio ducem vel maxime attentum & sollicitum esse oportet. ad hæc, obex ferreis laminis muniendus tribus aut quatuor, paris longitudinis cum ipso obice. ita enim serrâ dissecari non poterit. deinde pessuli tres dissimilis figuræ sunt adhibendi; quorum singulos totidem duces custodiant: qui si plures tribus fuerint; illi custodiunto, quibus quotidie sors contigerit. Optimum etiam fuerit, ut pessulus exemtilis ne sit. sed ut ei continendo ferrea squama, *sive tabella*, imponatur: ne forte dum attollitur, sublimius attollatur à cancro, *sive forcipe*, quàm sit necesse, ut cum portæ aperiuntur & clauduntur, obici supponatur. ipsum cancrum sic convenit esse fabricatum, ut sub tabella subsidat, & pessulum facile attollat. Apolloniatæ Pontici postquam illis commemoravimus; portas urbis ab

ingenti

ingenti malleo claudi curarunt, qui sonum edit quàm maximum: ut ex omni fere oppidi parte, cum clauduntur aut aperiuntur portę, audiatur: adeo & malleus est grandis, & omnia claustra bene ferrata. Idem fit etiam Æginę. Porrò ubi clausę sunt portæ, vigilibus quà tessera, quà signa muta sunt danda, ut iis acceptis ad stationes quisque suas dimittantur. Tractatio de instrumentorum præparatione, & de iis quæ in amica regione sunt pręstruenda; de iis item quæ in tuo agro perdere oportet, aut inutilia hostibus reddere; hoc quidem loco a me pręternittitur; in libro vero De Apparatibus perfecte ea declarantur. At de vigiliarum constitutione, de circuitionibus, de Panicis terroribus, nec non de tesseris & aliis signis mutis, pluribus quidem in libro De Castrametatione quomodo illa fiant scribendum; nonnulla tamen de iisdem etiam hoc loco disseremus. Nocturnarum vigiliarum, quoties periculum subest, & hostis ad urbem vel castra consedit, hujusmodi est ratio. Prętorem qui summę rei præest, & qui illum comitantur, circa Curiam, & forum, si quid in eo firmitudinis, stationem habere oportet: sin minus, locum urbis totius munitissimum, & qui è longissimo intervallo sit conspicuus, sibi delegisse convenit. Circa Prętorium autem tendere ac semper morari debent tubicen & dromoceryces, quos præcones cursores dicamus licet: ut sive dandum sit alicujus rei signum, sive aliquid imperandum, Prætori sint ad manum: & ut cum alii vigiles omnium quę imminent fiant certio

μεγάλης καὶ κτύπου παμμεγέθους
γιγνομένου, ὡς σχεδὸν κατὰ πᾶσαν
τὴν πόλιν ἀκούεσθαι, ὅταν κλείωνται
ἢ ἀνοίγωνται πύλαι· οὕτω μεγάλα τε καὶ σεσιδηρωμένα πάντα
κλεῖθρα· τὸ δὲ αὐτὸ καὶ ἐν Αἰ-
γίνῃ· ὅταν δὲ αἱ πύλαι κλει-
σθῶσι, τοῖς φύλαξι σύνθημα καὶ
παρασύνθημα δόντας, ἐπὶ τὰ
φυλάκια διαπέμψαι. Περὶ δὲ 21
ὁρμημένων ἑτοιμασίας, καὶ ὅσα περὶ χώραν φιλίαν παρασκευ-
άζειν, ἢ τὰ ἐν τῇ χώρᾳ ὡς δεῖ ἀ-
φανίζειν, ἢ ἀχρεῖα ποιεῖν τοῖς ἐναντίοις, ὧδε μοι παραλείπεται·
ἐν δὲ τῇ Παρασκευαστικῇ περὶ τούτων τελείως δηλοῦται. περὶ δὲ φυλάκων καταστάσεως, καὶ περιο-
δειῶν, καὶ πανείων, καὶ συνθημάτων καὶ παρασυνθημάτων, τὰ μὲν
πολλὰ ἐν τῇ Στρατοπεδικῇ βίβλῳ
γραπτέον, ὃν τρόπον δεῖ γίνεσθαι.
ὀλίγα δὲ αὐτῶν καὶ νῦν δηλώσομεν. Νυκτοφυλακεῖσθαι ἐν μὲν 22
τοῖς κινδύνοις καὶ προκαθημένων
ἤδη ἐγγὺς πολεμίων πόλει ἢ στρατοπέδῳ, τὸν μὲν στρατηγὸν τὸν τοῦ ὅλου
ἡγεμόνα καὶ τοὺς μετ᾽ αὐτοῦ τετάχθαι δεῖ περὶ τὰ ἀρχεῖα, καὶ
τὴν ἀγορὰν, ἐὰν ὀχυρότητος
μετέχῃ· εἰ δὲ μή, προκατειληφέ-
ναι τόπον τῆς πόλεως ἐρυμνότατόν
τε καὶ ἐπὶ πλεῖστον ἀπ᾽ αὐτοῦ τῆς πόλεως ὁρώμενον. περὶ δὲ τὸ στρατήγιον σκηνοῦν καὶ διατελεῖν ἀεὶ τὸν
σαλπιγκτὴν καὶ τοὺς δρομοκήρυκας, ἵν᾽ ἐάν τι δέῃ σημῆναι ἢ πα-
ραγγεῖλαι ἐξ ἑτοίμου ὑπάρχωσι·
καὶ εἴτε οἱ ἄλλοι φύλακες τὸ μέλλον
αἴσθωνται, καὶ οἱ περίοδοι ὅπου

ἔσῃ

ἐὰν ὄντες τύχωσι κατὰ περιοδίαν τῆς πόλεως. ἔπειτα τούς τε ἐπὶ τοῦ τείχους φύλακας, καὶ τοὺς ἐν τῇ ἀγορᾷ, καὶ ἐπὶ τῶν ἀρχείων καὶ τῶν εἰς τὴν ἀγορὰν εἰσβολῶν, καὶ τοῦ θεάτρου καὶ τῶν ἄλλων κατεχομένων χωρίων, διὰ βραχέων φυλάσσειν, καὶ πολλὰς εἶναι τὰς φυλακὰς, καὶ ἅμα πολλοὺς ἀνθρώπους. ἐν γὰρ τῷ δι' ὀλίγου φυλάσσειν, οὐκ ἂν κατὰ μῆκος χρόνου δύναιτό τις πρᾶξαί τι πρὸς τοὺς πολεμίους, καὶ νεωτερίσαι φθάσας· ἧττόν τ' ἂν ὑπνηλοὶ ἐγίγνοντο διὰ βραχέος φυλασσόντων· τῷ τε πολλοὺς ἅμα φυλάσσειν, μᾶλλον δύναιτο ἐκφερομυθεῖσθαί τι τῶν πρασσομένων· ἐγρηγορέναι τε ὡς πλείστους ἄμεινον ἐν τοῖς κινδύνοις καὶ πάντα φυλάξαι ἐν τῇ νυκτὶ, ἵν' ὡς πλεῖστοι καθ' ἑκάστην φυλακὴν περιφυλάσσωσι· ἐὰν δὲ ὀλίγοι τε καὶ μακρὰς φυλάσσωσιν, ὕπνος τ' ἂν ἐγγίγνοιτο διὰ τὸ μῆκος τῶν φυλακῶν, καὶ εἴ τινές τι ἐγχειροῖεν νεωτερίσαι, παρέχοι ἂν αὐτοῖς τοῦ χρόνου τὸ μῆκος, καὶ φθάσαι καὶ λαθεῖν πράξαντάς τι πρὸς τοὺς πολεμίους. Διὸ δεῖ τὰ τοιαῦτα μὴ ἀγνοεῖν· ἔτι δὲ χρὴ ἐν τοῖς κινδύνοις καὶ τάδε προνοεῖν· τῶν φυλάκων μηδένα προγινώσκειν, μήτε ὅπου στήσει, μήτε ὅπου φυλάξει τῆς πόλεως, μήτε τῶν αὐτῶν ἀεὶ τοὺς αὐτοὺς ἡγεῖσθαι, ἀλλ' ὡς πυκνότατα πάντα μεθιστάναι τὰ περὶ τὴν πολιφυλακίαν. οὕτω γὰρ ἂν ἥκιστά τις δύναιτο τοῖς ἔξω προδιδοὺς, δηλοῖν τι, ἢ προσδέξασθαι παρὰ τῶν πολεμίων, μὴ προειδό-

res, tum etiam circitores, in quacumque parte oppidi eo tempore circuitionem obeant. Oportet deinde, ut custodes, quique in muris sunt, quique in foro, aut curia stationes habent; necnon qui fori, theatri, & aliorum locorum, quæ præsidio tenentur, aditus observant, brevis temporis vigilias agant; ut & multæ earum sint stationes, & simul in singulis multi homines. Nam cum vigiles per brevia intervalla mutantur; nemo poterit facile per longitudinem temporis, occultè aliquid cum hoste machinari, nec rerum novarum molitionem, ad finem perducere. ad hęc, breveis agentibus vigilias, minus obrepat somnus. quando autem plures simul custodiunt, facilius multo emanare poterit eorum aliquid quæ clam parantur. Pręstat etiam quando aliquid existit periculi, quàm plurimos vigilare, & omnia per noctem observare; quò in singulis vigilum stationibus plurimi sint procustodes; *ita* περιφύλακες *appellantur.* Quod si è paucis vigilię constent, atque illę multarum sint horarum; & somnus facile obrepet propter longiores ęquo vigilias; & si qui res novas moliantur, ipsa longitudo temporis hoc illis pręstabit, ut ea quæ machinati cum hostibus fuerint, ad finem optatum perducant & lateant. iccirco hęc quę diximus non sunt ignoranda. Hoc amplius, ubi imminet periculum hac providentia utendum: ut nemo vigilum norit, neque ubi stationem habebit, neque in qua urbis parte vigilabit. item, ut non semper iidem iisdem ducibus utantur; sed ut quam frequentissime rationes universę quę

ad urbis

ad urbis custodiam pertinent, mutentur. hoc namque pacto, minime poterit aliquis, urbē exteris prodens, aut significare eis aliquid, aut ab illis quicquam accipere; qui quidem nescient, in qua murorum parte ea nocte proditores erunt, nec quibuscum; sed plane futuri erunt ignari. Etiam illud observandum, ut qui excubias interdiu egerunt, vigilias insequente nocte non agant. negligit enim unusquisque id facere, cujus faciendi gratia ex instituto quodam ordinario in publicum prodit. E custodibus qui stant in muro, procustodes suum munus ita obire poterunt. è singulis vigiliarum stationibus, per singulas vigilias ito procustos vir unus ad proximam stationem: ex illa item alius ad sequentem: & ex aliis porrò similiter ad alias. præceptum autem esto omnibus, ut dato signo idem faciant. hoc pacto, & multi simul circuitionem facient; & parvum singuli spatium emetientur. neque autem apud eosdem iidem simul diu morabuntur; quum subinde alii procustodes apud alios vigiles sint futuri. Hęc si ita administrentur; quoties res novas moliri vigiles fuerint aggressi, *occulta consilia explorandi procustodibus erit facultas.* Porrò vigiles stare invicem adversos expediet: quoniam ea ratione, in omnem partem omnia ab illis conspicientur: miniméque ab hostibus capientur, clam ad ipsos progressis: quod aliquoties jam circa hemeroscoporum speculas accidisse, antea demonstravimus. Hibernis & caliginosis noctibus, suadent nonnulli; ut extra muros alii atque alii lapides jaciantur: & ut qui jacient, quasi aliquos viderent, interrogent, Quinam sint? posse enim fieri, ut casu fortuito animadvertantur quidam muris appropinquan-

των ὅπη τοῦ τείχους τὴν νύκτα ἔσονται, μηδὲ μεθ' ὧν, ἀλλ' ἀγνοοῦντες τὸ μέλλον καὶ τοὺς ἡμέρας φυλάξαντας, μὴ φυλάσσειν νυκτός. οὐ γὰρ ἐπιτήδειον περιϊέναι, ἀμελεῖ ἕκαστος πράσσειν. Προφυλάσσοιέν τ' ἂν ἐκ τῶν ἐπὶ τῷ τείχει φυλάκων περίφυλακες ὧδε. ἐξ ἑκάστου γὰρ φυλακίου καθ' ἑκάστην φυλακὴν τῶν περιφυλασσόντων, εἷς ἀνὴρ ἐπὶ τὸ ἐχόμενον φυλάκιον, καὶ ἀπ' ἐκείνου ἄλλος εἰς τὸ ἐχόμενον. καὶ ἀπὸ τῶν ἄλλων εἰς τὰ ἄλλα. παραγγέλθω δὲ ποιεῖν ἅπαντας τοῦτο ἀπὸ συσσήμου· καὶ οὕτω πολλοί τε καὶ ἅμα περιοδεύουσι, καὶ μικρὸν ἕκαστος χωρίον κινηθήσεται. καὶ οὐδ' ἅμα οἱ αὐτοὶ παρὰ τοῖς αὐτοῖς διατελοῦσι τύχῃ, ἄλλων φυλάκων παρ' ἄλλοις γινομένοις περὶ φύλαξιν. τούτου δὲ οὕτω πρασσομένου, ὁπόταν τι ἐκ τῶν φυλάκων νεωτερισθείη, τοὺς δὲ * περιφυλάσσωσιν ἀντιπροσώπους ἀλλήλοις ἑστάναι· οὕτω γὰρ ἂν πάντη ἀπ' αὐτῶν βλέποιντο, καὶ ἥκιστα ὑπό τινων ἀχθεῖεν, λάθρα προσελθόντων· ἅπερ ἤδη γεγονότα περὶ τὰ ἡμεροσκόπια δεδήλωται. ἐν δὲ ταῖς χειμεριναῖς καὶ σκοτειναῖς νυξίν, * ἄλλην αὐτοὺς λίθους βάλλειν εἰς τὸ ἔξω μέρος τοῦ τείχους. καὶ ὡς δὴ ὁρωμένους τινὰς ὑπ' αὐτῶν, ἐρωτώντων τίνες εἶεν. ἀπὸ ταὐτομάτου γὰρ ἂν γνωσθεῖεν τινὲς προσπελάζοντες. ἂν δὲ δοκῇ καὶ εἰς τὸ ἔσω μέρος τῆς πόλεως τὸ αὐτὸ ποιεῖν. οἱ δέ τινες τοῦτό φασι βλαβερὸν εἶναι. τοὺς γὰρ προσιόντας τῶν πολεμίων ἐν τῷ σκότῳ προαισθάνεσθαι οὐ γὰρ * προσηγαῖον ἐστὶ διὰ τὴν φωνήν τε τῶν περιόδων καὶ τὸ βάλλειν· ἀλλὰ μᾶλλον εἰς τὸν σιγώμενον τόπον. ἄριστον δ' ἐν τοιαύταις νυξὶν ἔξω τοῦ τείχους κύνας προσδεδέσθαι νυκτερεύοντας. οἳ ὑπὸ ἐκ πλείονος ἐμφανιοῦσι τὸν ἐκ τῶν πολεμίων κατάσκοπον, ἢ αὐτόμολον προσπελάζοντα τῇ πόλει λαθραίως, ἢ πῃ ὁρμώμενον αὐτομολοῦντα. ἅμα δὲ καὶ τὸν φύλακα ἐὰν τύχῃ καθεύδων ἐγείρουσι διὰ τὸν ὑλαγμόν. ᾗ δ' ἂν τῆς πόλεως εὐπροσοδώτατα καὶ εὐεπίθετα τοῖς πολεμίοις ᾖ, τῇδε φύλακας καθιστάναι τοὺς τὰ πλεῖστα κεκτημένους, καὶ ἐντιμοτάτους τε καὶ τῶν μεγίστων μετέχοντας τῇ πόλει· μάλιστα γὰρ ἂν αὐτοῖς προσήκει μὴ πρὸς ἡδονὰς τρέπεσθαι, ἀλλὰ μεμνημένους ἂν Προσέχειν δὲ ταῖς, πανδήμοις ἑορταῖς χρὴ τῶν κατὰ πόλιν φυλάκων ὅσοι ἐν σώμασι μάλιστα ὕποπτοι, τοῖς αὐτῶν καὶ ἄπιστοι, ἀφίεσθαι ἀπὸ τῶν φυλακείων κατ' οἰκίας ἑορτάζειν. τοῦτο ἅμα μὲν πολυωρεῖσθαι δόξουσιν, ἅμα δὲ οὐδὲν ἂν ἐπ' αὐτοῖς εἴη πρᾶξαι. ἀντὶ δὲ τούτων ἄλλους εἰς τὰ φυλάκεια καθιστάναι πιστοτέρως ἔχοντας. περὶ γὰρ τὰς ἑορτὰς καὶ τοιούτους καιροὺς μάλιστα οἱ βουλόμενοί τι νεωτερίζειν, ἐγχειροῦσιν. Ὅσα δὲ πάθεα γέγονε περὶ τοὺς

occasiones, cupidi rerum novates. quod si ita fuerit visum, etiam intra urbem & partem alteram murorum idem posse fieri. sunt alii qui noxium esse istud autument. nam hostes qui ad mœnia accedunt, præsentire nemo possit, cum propter circitorum vocem, tum propter lapidum conjectionem. melius namque in loco silente id posse fieri. Optimum verò sit, per tales noctes, extra muros canes vinciri; qui perpetem noctem ibi maneant. quippe hi è longiore intervallo, hostium speculatorem indicabunt, aut veterem transfugam muris clam succedentem, aut novum aliquo erumpentem. vigilem qui forte obdormierit, iidem excitabunt. In ea urbis parte quà facillime adiri potest, & quæ hostium insidiis maxime est opportuna, collocandi vigiles, qui plurimum possident, quique honoratissimi censentur, & in publicis rebus partem maximam obtinent. his enim potissimum convenit, non indulgere tum voluptatibus; sed potius, ut memores *magnitudinis periculi quod ipsos manet, attenti sint ad urbis custodiam.* Publicorum festorum diebus ad custodes urbanos attendendum, qui per corpora in civitate instituta tributi, suis perfidiæ sunt suspecti; ut è stationibus dimissi, celebritatem festi in sua quisque domo agitent. simul enim præcipuum quendam sibi habitum honorem putabunt; simul, clam aliquid moliendi facultate carebunt. horum autem loco, alii ad stationes submittendi, quorum fides integrior. nam diebus maxime festis & per ejusmodi rum tentare aliquid solent. quot autem

tem calamitates occasione talium temporum sint acceptæ, aliis in scriptis declaratur. Hoc amplius, illud quoque egregium, ut scalæ, aut gradus ad conscendendos muros temere omnibus ne pateant, sed sint clausi: ne cui urbem prodere hostibus volenti, occupare ascensum in mœnia liceat. sed potius, quos ipse volueris esse custodes in muris, ii ut necessario ibi maneant, nunquam *interim* descendentes. quod si aliqui muros extrinsecus conscenderint, nec fuerint animadversi, *videndum* ut in urbem facile & celeriter descendere non queant: nisi voluerint alii in alios desilientes, periculum adire, nec tamen latere, neque destinata perficere. Conveniat autem hæc circa gradus observatio, etiam tyranni *aut principis* alicujus arci. Post navale ad Naxum certamen, Nicocles præsidii præfectus, multorum insidiis appetitus, clusiles ascensus quum fecisset, custodes in muris constituit; extra urbem autem circuitiones cum canibus obibat: exspectabantur enim proditores quidam extrinsecus adventuri. Ubi omnes idem in civitate sentiunt & nemo quicquam suspicatur; in vigiliis per muros dispositis, noctu lucernas intra laternas lucere oportet: ut ad quoscumque aliquis accesserit, illi hostile Prætori per laternam dent signum. si laterna, propter loci alicujus impedimentum, lumen suum ad Prætorem non transmittat; succedito alius, qui signum suscipiens, lumine laternæ rem significet. Prætor ejus quod fuerit sibi indicatum, certiores alios vigiles tubæ clangore facito; aut per

στοιχείῳ τοὺς καιροὺς ἐν ἄλλοις δηλοῦται. * ὁμαλὸν δὲ ἅμα τούτοις μηδὲ τὰς ἀναβάσεις ἐπὶ τὸ τεῖχος εὐπόρους εἶναι, ἀλλὰ κλειστάς· ἵνα μηδενὶ ἐγγίνηται προκαταλαμβάνειν ἐπὶ τοῦ τείχους βουλομένῳ ἐνδοῦναι τοῖς πολεμίοις. ἀλλ' ὅσοι φύλακες οὓς ἂν σὺ βούλει ἐξ ἀνάγκης ἐπὶ τοῦ τείχους διατελοῦντες καὶ μὴ καταβαίνοντες. ἄν τέ τινες ἔξωθεν τῆς πόλεως λάθωσιν ὑπερβάντες, μὴ ῥᾳδίως διὰ ταχέων καταβαίνωσιν ἀπὸ τοῦ τείχους εἰς τὴν πόλιν· ἐὰν μὴ θέλωσιν ἐπ' ἀλλήλων καταπηδῶντες κινδυνεύειν, καὶ μήτε λαθεῖν, μήτε φθάσαι· πρέποι δ' ἂν τὸ παρασκεύασμα τοῦτο περὶ τὰς ἀναβάσεις καὶ ἐν τυράννου ἀκροπόλει. μετὰ δὲ τὴν ἔξω ναυμαχίαν ἐπιβουλευόμενος ὁ φρούραρχος Νικόκλης ἀναβάσεις κλειστὰς ποιήσας, κατέστησε φύλακας ἐπὶ τῷ τείχει· ἔξω δὲ τῆς πόλεως, περιοδείας ἐποιεῖτο μετὰ κυνῶν· προσεδέχοντο γὰρ ἔξωθεν τινὰ ἐπιβουλήν. Ἐν ὁμονοοῦσι δὲ καὶ μηδενὸς ὑποπτεύοντος ἐν τῇ πόλει, ἐν τοῖς τείχει φυλακείοις, δεῖ τὰς νύκτας λύχνα καίεσθαι λαμπτῆρσιν, ἵνα καθ' οὓς ἄν τι προσπελάζῃ, πολέμιον αἴρωσι τῷ στρατηγῷ τῷ λαμπτῆρι. ἐὰν δὲ μὴ φαίνηται πρὸς τὸν στρατηγὸν ὁ λαμπτὴρ, τόπου κωλύοντος, ἄλλος διαδεκτὴρ ὑπολαμβανέτω λαμπτῆρι, φαινέτω τῷ στρατηγῷ. ὁ δὲ στρατηγὸς τὸ ἐμφανιζόμενον αὐτῷ τοῖς ἄλλοις φύλαξι δηλούτω σάλπιγγι, ἢ τοῖς δρομοκήρυξιν, ἢ ὁποτέρως ἂν συμφέρῃ. Κατὰ δὲ τοὺς καιροὺς τούτους, καὶ οὕτω περὶ τὰς φυλακὰς διαπελόντων, παραγγελλέσθω τῷ ἄλλῳ ὄχλῳ, ὅταν σημειωθῇ, μηδένα ἐξιέναι· ἐὰν δέ τις ἐξίῃ ἐπί τινα πρᾶξιν, ἀναγκαῖον μετὰ λαμπτῆρος πορεύεσθαι, ἵνα πόῤῥωθεν κατάδηλος ᾖ τοῖς περιοδεύουσι. μηδ' ἐργάζεσθαι μηδένα δημιουργὸν κατὰ τέχνην, ἵνα μὴ ψόφοι ἀπό τινων γίνωνται τοῖς φύλαξιν. ὃν δ' ἂν τρόπον ἴσως καὶ κοινῶς μακροτέρων ἢ βραχυτέρων νυκτῶν γινομένων ἅπασιν αἱ φυλακαὶ γίγνοιντο, πρὸς κλεψύδραν χρὴ φυλάσσειν· ταύτην δὲ αὐτῆς κεκηρῶσθαι τὰ ἔσωθεν· καὶ μακροτέρων μὲν γινομένων τῶν νυκτῶν, ἀφαιρεῖσθαι τοῦ κηροῦ, ἵνα πλέον ὕδωρ χωρῇ. βραχυτέρων δὲ προσπλάσσεσθαι, ἵνα ἔλασσον δέχηται. περὶ μὲν οὖν φυλακῶν ἰσότητος, ἱκανῶς μοι δεδηλώσθω. Εν δὲ τοῖς ἀκινδυνοτέροις τοὺς ἡμίσεας τῶν προγεγραμμένων εἰς τὰς φυλακὰς καὶ περιοδίας χρὴ τετάχθαι· καὶ οὕτω τὸ ἥμισυ τῆς στρατιᾶς νύκτα ἑκάστην φυλάξει. ἀκινδύνων δὲ καὶ εἰρηναίων ὄντων, ἐλάχιστά τε καὶ ἐλαχίστους τῶν ἀνθρώπων ὀχλεῖν, καὶ ἐ περιοδείαν χρὴ τῶν στρατηγῶν σκυταλίδα ἔχουσαν σημεῖον παρὰ τοῦ στρατηγοῦ παραδίδοσθαι τῷ πρώτῳ φύλακι. τοῦτον δὲ τῷ ἐχομένῳ, καὶ ἕτερον ἑτέρῳ, μέχρι περιενεχθῇ ἡ σκυταλὶς κύκλῳ τὴν πόλιν, καὶ κομισθῇ παρὰ τὸν στρατηγόν· προειρῆσθαι δὲ τοῖς περιφύλαξιν, μὴ πορρωτέρω περιενεγκεῖν τὴν σκυ-

præcones curſores; ſive utro modo licuerit. Dum hæc fiunt, & omnes circa vigilias, ut dixi, occupantur; reliquæ multitudini præcipiendum; ne poſtquam datum ſignum fuerit, domo quiſquam exeat: ſi quis coactus neceſſitate exierit, ut cum laterna ingrediatur, quò circitoribus è longinquo fiat manifeſtus. item, ne quis opifex artem manuariam exercens, opus faciat: ne forte ſoni à nonnullis eorum edendi, ad vigiles perveniant. Cæterum, ut ſive longiores ſive breviores noctes fuerint, omnium vigiliarum par & communis ratio ſit, ad clepſydram vigiliæ agendæ. hujus autem clepſydræ pars interior cera oblinenda; & cum productiores ſunt noctes, detrahendum de cera, quo plus aquæ capiatur: contractioribus verò noctibus, amplius allinendum; quò minus capiatur. ac de æqualitate quidem vigiliarum, ſatis dictum eſto. Quando autem minus eſt periculi, ſuffecerit ad vigilias & circuitiones, partem dimidiam eorum de quibus antè ſcripſimus attribui. ita fiet, ut pars altera exercitus ſingulis vigilet noctibus. ubi vero nullum plane periculum oſtenditur, & pax viget; quàm minimum negotii hominibus, atque id quàm pauciſſimis, faceſſendum. Qui ad circuitionem à ducibus ſuis mittuntur, parvam ſcytalam habento, notatam à Prætore. hanc circitor primo vigili ad quem venerit, tradito: hic proximo; alius alii; donec ſcytalis per totam circumlata urbem, orbe impleto ad Prætorem fuerit relata. præmonendi autem ſunt circitores, ne ultra proximos

ximos vigiles scytalidem perferant. Si cum venit circitor, desertum à vigile locum invenerit; omnino faciendum illi, ut scytalidem ei reddat à quo accepit. ut Prætor rem intelligat, & eum vigilem cognoscat, qui non suscepit, sed stationem suam deseruit. Cuicumque autem *mercenariorum* vigiliæ ex ordine obeundæ fuerint; si ad condictum locum non se stiterit; lochagus, sive centurio aut ductor ordinis, hujus custodiam confestim vendito ei quem primum invenerit idoneum; atque alium vicem illius vigilias acturum substituito. deinde prior mercenarius illi qui vigiliam emerit, pretium de sua pecunia numerato. die autem sequente Tribunus multam legibus institutam ab eo exigito. Quoties clandestinæ parantur eruptiones in hostem pro mœnibus castrametantem, hac utendum cautione. Ante omnia cavendum, ne quis ad inimicos transfugiat: deinde, ut nullum sub divo lumen existat: ne forte ferventioris ingenii aliquis, vel studio erga civitatem, quod paratur manifestum faciat. Latratus item canum, & gallorum gallinaceorum cantus de medio tollendi: & parte aliqua corpore inusta, vox illis eo tempore adimenda. nam hæc animalia dilu culò vocem edentia, futuri dant significationem. Fuerunt qui tale quid facerent. Seditione per simulationem ex probabili caussa apud se excitata, dein captata opportunitate temporis, egressi urbe, atque ex inopinato hostem adorti, rem bene gesserunt. Quidam intra muros conclusi, erumpendi consilio suscepto, portas quidem in conspectu ho-

ταλίδα τοῦ ἐχομένου φύλακος. ἐὰν δὲ ἐλθὼν καταλάβῃ τόπον ἔρημον φύλακος, πάντ' ἀποδιδόναι παρ' οὗ ἔλαβε τὴν σκυταλίδα· ἵν' αἴσθηται ὁ στρατηγὸς καὶ γνῷ τὸν μὴ παραδεξάμενον, ἀλλ' ἐκλιπόντα τὴν φυλακήν. Ὃς δ' ἂν φυλακῆς αὐτῷ οὔσης μὴ παρῇ εἰς τὸ τεταγμένον, ὁ λοχαγὸς αὐτοῦ παραχρῆμα τὴν φυλακὴν ἀποδόσθαι δ' ἂν εὑρίσκῃ καὶ καταστησάτω ὅστις ὑπὲρ αὐτοῦ φυλάξει· ἔπειτα πρόξενος ἐξ αὐτοῦ ἀποδιδότω τῷ περιαμένῳ τὴν φυλακήν· ὁ δὲ ταξίαρχος αὐτὸν τῇ ὑστεραίᾳ ζημιούτω τῇ νομι-
ζομένῃ ζημίᾳ. Ἐπεξόδους δὲ 23
ποιούμενον λαθραίως ἐν νυκτὶ τοῖς προκαθημένοις πολεμίοις, τάδε προνοεῖν. πρῶτον μὲν φυλάξαι ὅπως μὴ ἐξαυτομολήσῃ· ἔπειτα φῶς ὑπαίθριον μηδὲν εἶναι· ἵνα μήθ' ὑπὲρ τῆς πόλεως ἀνὴρ πυρωδέστερος ὢν τοῦ ἄλλου ἐκφάνῃ τὸ μέλλον. τούς τε τῶν κυνῶν ὑλαγμοὺς, καὶ τῶν ἀλεκτρυόνων τὰς φωνὰς ἀφανίζειν, ἄφωνα ποιοῦντα τόνδε τὸν καιρὸν, ἐπικαύσαντά τι τοῦ σώματος. ἤδη γὰρ αἱ τούτων φωναὶ ὄρθιου φθεγγόμεναι, ἐκφαίνουσι τὸ μέλλον. Ἐποιήσαντο δέ τινες καὶ τοιόνδε· στασιασμοῦ προσποιητοῦ μετὰ προφάσεως εὐλόγου γινομένου, παρ' αὐτοῖς, καιρὸν τηρήσαντες καὶ ἐπεξελθόντες, ἐπέθεντο παρ' ἐλπίδα τοῖς πολεμίοις, καὶ κατώρθωσαν. Ἤδη δέ τινες τειχήρεις ὄντες, καὶ ὧδε ἐλθόντες, τὰς μὲν πύλας ἀνέδειμαν ὁρατῶς τοῖς πο-

λεμίοις.

λεμίοις. ᾗ δὲ μάλιστα εὐεπιθέτως εἶχεν τοῖς ἐναντίοις, ταύτῃ κατεπέτασαν ἀγγεῖον, καὶ αἴρησαν διὰ χρόνου τινός· ὥστε κατ' ἀρχὰς μὲν θαυμάσαι τοὺς πολεμίους· ὕστερον δὲ καὶ πολλάκις γινομένου, ἀμέλειαν εἶχον· οἱ δὲ ἐν τῇ πόλει ἐν νυκτὶ διελόντες τὸ τεῖχος ὅσον ἤθελον, καὶ ἀντοικοδομὴν παρασκευασάμενοι, κατεπέτασαν τὸ ἱστίον. τηρήσαντες δὲ καιρὸν ἐπεξελθόντες ἐπέθεντο παραδόξως τοῖς πολεμίοις. ποιοῦντες δὲ ταῦτα, ἐφύλασσον μήτις αὐτομολήσῃ. Διὸ δεῖ μηδὲν τῶν τοιούτων παρορᾶν. Οὐ μὴν οὐδ' ἐν ταῖς νυξὶν ἀσκέπτως μετ' ὄχλου ἐκπορευτέον, οἷα καὶ ἐν τοῖς τοιούτοις καιροῖς τῶν ἐπιβουλευόντων τινὲς τεχνάζουσι· οἱ μὲν ἔσω τῆς πόλεως, οἱ δὲ καὶ ἔξωθεν προσάγεσθαι βουλόμενοι τοιοῖσδε ἀπατήμασι, πυρσεύσαντές τι, ἢ ἐμπρήσαντες νεώριον, ἢ γυμνάσιον ἱερὸν πάνδημον, ἢ δι' ὅπερ ἂν ἔξοδος γένοιτο πλήθους ἀνθρώπων καὶ οὐ τῶν τυχόντων. προνοοῦντα οὖν καὶ τὰ τοιαῦτα μὴ ἑτοίμως ἀποδέχεσθαι. * πρᾶξις δὲ καὶ ὧδ' ἐξοισθήσεται ἐξ ἀρχόντων προετοιμάσαντες κατὰ τὴν χώραν θόρυβον γενέσθαι, καὶ ἐκ τῶν ἀγρῶν εἰς τὴν πόλιν ἀγγελθῆναι κλωπῶν ἐπιβουλήν· δι' ὅπερ ἔμελλον οἱ πολῖται σπεύδειν εἰς βοήθειαν. γινομένου δὲ τούτου, οἵ γε ἄρχοντες καὶ οἱ συνελθόντες τοὺς πολεμίους παρεκάλουν εἰς βοήθειαν. ἐπεὶ δὴ ἠθροίσθη τὸ πλῆθος τῶν πολι-

partes transierant, cives hortari,

ſtium inędificarunt; quę autem pars mœnium ad invadendos inimicos erat commodiſſima, ab ea parte velum expanderunt; idque poſt temporis aliquantum ſuſtulerunt. initio mirari hoſtes; deinde quum ſæpius fieri idem cernerent, rem neglexerunt. at oppidani, quum in muro noctu foramen quantum volebant feciſſent, & in locum diruti muri alium concinnaſſent, velum oppanderunt: deinde maturitate temporum exſpectata, eruptionem faciunt, & nihil tale cogitantes inimicos invadunt: atque hæc illi dum parabant, ne quis interim ad hoſtem tranſiret, diligenter cavebant. quare nihil ejuſmodi contemnendum. Sed vitandum & illud; ne inconſideratè cum turba noctu fiat eruptio: quo genere doli proditores interdum utuntur: dum alii intra urbem, alii extra, oppidanos ut temere prodeant his & ſimilibus fraudibus conantur allicere: *putà* facibus accenſis aliquid ſignificarunt; aut navale ſuccenderunt; aut gymnaſium ſacrum, ad univerſi populi uſus expoſitum; aut *talem omnino locum*, cujus gratiâ multitudo hominum, atque eorum non vilium, ſit extra muros proditura. quare multo ante iſta providenda, nec temere ſimiles nuntii ſuſcipiendi. Proferetur verò etiam hîc res geſta à magiſtratibus. Hi, proviſo ut tumultus in agris excitaretur; etiam ut ex agris in urbem, de clandeſtina prędonum invaſione nuntius afferretur, curarunt: gnari, oppidanos eo audito ad ferendam opem erupturos. Secundum hæc magiſtratus & qui in illorum ut auxiliatum exirent. ubi multitudo

ad portas

ad portas armis instructa convenit, hunc dolum comminiscuntur. monuerunt magistratus coactas copias, oportere ut in tres partes dividerentur, ad ponendas paullo ab urbe longius insidias: simul pręcepta incepto convenientia, quæque audientibus nullam fraudis suspicionem moverent, eis dederunt. ita eductos cives locis idoneis collocarunt; insidias videlicet hosti fines ingresso structuros: ipsi plures manus è proditionis consciis assumunt, & tanquam exploraturi quæ nuntiata fuerant, agmen præcedunt: quippe ante alios velle se pericula adire, ut hoste conspecto pedem sensim referentes, in insidias scilicet eum protraherent. verum isti ad certum locum profecti, ubi præparatæ ipsis erant peregrinæ copiæ, clam mari advectæ; iis assumptis, prius quam animadverteret quisquam, in urbem eas introduxerunt; tanquam cives qui in hostem exierant, reducerent. deinde quum mercenario illo milite urbem occupassent; civium in insidiis locatorum alios exilio multarunt; alios in urbem receperunt. Debent igitur omnia ejusmodi consilia esse suspecta, neque unquam noctu urbana multitudo in hostem temere educenda. In dandis tesseris cautio necessaria est, pręsertim exercitu è colluvie plurium urbium aut populorum coacto; ne si unius rei duplex appellatio fuerit, cum ambiguitate tessera detur. verbi gratia; DIOSCURI, TYNDARIDÆ. rei species una, nomina duo diversa. aut cum hęc dantur; MARS, ENYALIUS: MINERVA, PALLAS: GLADIOLUS, PUGIO:

τῶν πρὸς τὰς πύλας σὺν ὅπλοις, τοιόνδε ἐτεχνάσαντο. προεῖπον οἱ ἄρχοντες τοῖς ἠθροισμένοις, ὅπως τρία μέρη αὐτοὺς γενομένους δεῖ ἐνεδρεῦσαι, μικρὸν ἀπωτέρω τῆς πόλεως, παραγγείλαντες ἃ προσῆκε πρὸς τὰ μέλλοντα, τοῖς δ' ἀκούουσιν ἦν ἀνύποπτα. καὶ τοὺς μὲν ἐξαγαγόντες ἐκάθισαν εἰς χωρία ἐπιτήδεια ὡς ἐνεδρεύσοντας τοῖς ἐμβεβληκόσι πολεμίοις· αὐτοὶ δὲ λαβόντες σώματα αὐτοῖς συνίστορα τῆς πράξεως, προεπορεύοντο ὡς κατασκεψόμενοι τὰ ἀγγελλόμενα· καὶ προκινδυνεύοντες τῶν ἄλλων, ἵνα δῆθεν προαγάγοιεν τοὺς πολεμίους εἰς τὰς ἐνέδρας, ὡς ὑποφεύγοντες. πορευθέντες δὲ εἰς τόπον ὅπου ἦν αὐτοῖς ξενικὸν προητοιμασμένον κρυφαίως κομισθὲν κατὰ θάλατταν, ἀναλαβόντες ἔφθασαν, καὶ ἔλαθον εἰσαγαγόντες εἰς τὴν πόλιν κατ' ἄλλας ὁδοὺς, ὡς τοὺς ἐπεξελθόντας, πολίτας πάλιν ἀπαγαγόντες· τὴν δὲ πόλιν καταλαβόντες τοῖς ξένοις, τῶν ἐν ταῖς ἐνέδραις ὄντων τοὺς μὲν ἐφυγάδευον, τοὺς δὲ ἐδέχοντο. Διὸ δεῖ πάντα τὰ τοιαῦτα ὑποπτεύειν, καὶ μὴ ἀλογίστως νύκτωρ εἰς πολεμίους ἔξοδον πλήθους ποιεῖσθαι. Παραδιδόντα 2
δὲ συνθήματα δεῖ προνοεῖν, ἐὰν τύχῃ τὸ στράτευμα μιγάδες ὄντες ἀπὸ πόλεων ἢ ἐθνῶν· ὅπως μὴ ἂν παρέχῃ τὸ ἓν εἶδος δύο ὀνόματα, ἀμφιβόλως παραδοθήσεται· οἷον τάδε. ΔΙΟΣΚΟΥΡΟΙ, ΤΥΝΔΑΡΙΔΑΙ· περὶ ἑνὸς εἴδεος δύο ὀνόματα οὐ ταυτά. καὶ ἄλλοτε δὲ, ΑΡΗΣ ΕΝΥΑΛΙΟΣ· ΑΘΗΝΑ ΠΑΛΛΑΣ. ΞΙΦΟΣ, ΕΓΧΕΙΡΙΔΙΟΝ. ΛΑΜ-

ΛΑΜΠΑΣ, ΦΩΣ καὶ ἄλλα ὁμότροπα τούτοις· ἅπερ δυσμνημόνευτά ἐστι παρὰ τὰ νομιζόμενα ἑκάστῳ ἔθει τῶν ἀνθρώπων καὶ βλάβην φέρει ἐὰν κατὰ γλῶσσάν τις παραγγέλλῃ ἢ κοινόν τι ἅπασιν. ἐν μιγάσι δ' οὖν ξένοις οὐ δεῖ τὰ τοιαῦτα παραγγέλλειν, οὐδ' ἐν ἔθνεσι συμμάχοις· οἷον Χαρειδήμῳ Ὠρείτῃ περὶ τὴν Αἰολίδα συνέβη καταλαβόντι Ἴλιον τρόπῳ τοιῷδε. Τῷ δ' ἄρχοντι τοῦ Ἰλίου ἦν οἰκέτης ἐκπορευόμενος ἐπὶ λείαν ἀεί· καὶ μάλιστα ἐν ταῖς νυξὶν ἐξεπορεύετο καὶ εἰσεπορεύετο εἰς ἀγρὸν ..... τὰ ἀχρεωθέντα ἑκάστοτε. ἐν δὲ τῷ χρόνῳ τούτῳ καταμαθὼν ὁ Χαρίδημος ταῦτα πράσσοντα, οἰκειοῦται, καὶ εἰς λόγους κρυφαίως ἀφικόμενος, διομολογεῖται καὶ ἔπεισεν αὐτὸν ἐκπορευθῆναι ἐν ῥητῇ νυκτὶ ὡς ἐπὶ λείαν· μεθ' ἵππου δ' ἐκέλευσεν αὐτὸν ἐξελθεῖν ἐν τῇ νυκτί· ἵνα αἱ πύλαι αὐτῷ ἀνοιχθεῖεν, ἀλλὰ μὴ κατὰ τὴν διάλυσιν, ἢ τὴν ἐκτομίδα πυλίδα, ὥσπερ εἰώθει, εἰσέλθοι. γενόμενος δ' ἔξω καὶ διαλεχθεὶς τῷ Χαριδήμῳ, ἔλαβε παρ' αὐτοῦ ξένους ὡς τριάκοντα τεθωρακισμένους, καὶ ἔχοντας ἐγχειρίδια, καὶ ὅπλα καὶ περικεφαλαίας κρυφαίας. ὡς ἀπήγαγέ τε οὖν αὐτοὺς ἐν τῇ νυκτί, ἐν ἐσθῆτι φαύλῃ καὶ ἔκρυψε τὰ ὅπλα, καὶ ὁμοιώσας αἰχμαλώτοις μετ' ἄλλων γυναικῶν καὶ παιδαρίων, καὶ τούτων ὡς αἰχμαλώτων, εἰσεπορεύετο ἀνοιχθεισῶν αὐτῷ τῶν πυλῶν διὰ τὸν ἵππον· ὅπου δὴ εὐθὺς οἱ

FAX, LUMEN, & similia his: quæ ubi discrepant à recepta appellatione apud singulas hominum gentes, difficulter memoriæ inhærent. potestque ea res damnum afferre; si quis exoticam appellationem rei omnibus communis det loco tesseræ. quare in exercitu è variarum atque inter se permixtarum gentium auxiliis conflato, aut inter socios populos, tessera ejusmodi non est utendum. Exemplo sit, quod Charidemo Oritæ, in Æolide rerum potienti, contigit, postquam Ilium hoc modo cepisset. Præfectus urbis Ilii famulum habuit, solitum ad prædas agendas semper egredi: maximè autem noctu & egrediebatur, & ingrediebatur, quæ ceperat in urbem subinde introducens. interea loci Charidemus, cognito hæc illum factitare, hominem sibi conciliat, & clandestinum cum eo colloquium habet. ibi paciscuntur ambo, & persuadet famulo Charidemus, ut constituta nocte, quasi prædatum iret, oppido egrederetur. jussit autem illum in equo nocte illa exire; ut porta illi penitus aperiretur; neque ut alias erat solitus, per adapertas portæ fores, aut portula tantum sectitia patefacta ingrederetur. famulus urbe egressus, & cum Charidemo collocutus, milites loricatos triginta, pugiones, clypeos, & galeas occultas habentes, ab eo accipit. quos ut silentio noctis abduxit, malis concinnavit indumentis, arma occuluit, & captivis aliis similes ipsos reddidit. ita cum cæteris mulieribus & puerulis, ipsis quoque in speciem captivis, porta propter equum aperta, est ingressus. milites statim ut sunt intromistromissi, cædis initium faciunt: ac cæso portæ custode, ad alia immania conversi facinora, portas in potestatem redegerunt. a quibus non longè quum abesset Charidemus, armatorum ordines è vestigio accurrunt, & urbem occupant. mox etiam ipse cum universis viribus ingreditur. Simul, hoc etiam Charidemus fecit. partem exercitus in insidiis locavit; qui futurum provideret, ut suppetias captæ urbi nonnulli venirent. atque ita accidit. nam Athenodorus Imbrius, qui non longè aberat, & exercitum habebat, ferre opem Iliensibus est conatus. qui etiam ipse, vicissim quod res erat conjectura assecutus, nequaquam per illas vias in quibus insidiæ fuerant dispositæ Ilium profectus, sed aliud insistens iter, per noctem latuit & ad portas accessit. quin & hujus nonnulli milites in turba, quasi de Charidemi exercitu essent, fefellerunt cum cæteris ingredientes. verùm isti, prius quam majore numero ingrederentur, per tesseram sunt agniti. alii eorum foras se proripuerunt, alii circa portas perierunt. nam his quidem tessera data fuerat TYNDARIDÆ; illis verò DIOSCORI. adeo parum afuit, quominus repente urbs ab Athenodoro denuò reciperetur. Dandæ igitur pro tesseris sunt voces facile recordabiles, & destinatis actionibus germanæ & maxime convenientes. cujusmodi sunt hæc: si venatum prædam eatur, DIANA AGROTERA venatrix. si ad facinus aliquod furtim gerendum; MERCURIUS DOLOSUS, sive dolorum præses. si ad vim fa-

εἰσελθόντες ἔργου εἴχοντο. τόν τε πυλωρὸν ἀποκτείναντες, καὶ εἰς ἄλλας ξένας πράξεις ὁρμήσαντες, καὶ τῶν πυλῶν ἐγκρατεῖς ὄντες· ἐφ᾽ ἃς εὐθὺς οὐ πόῤῥω ὄντος τοῦ Χαριδήμου παρῆσαν τάξεις, καὶ κατέλαβον τὸ πόλισμα. μετὰ δὲ ταῦτα καὶ αὐτὸς εἰσεπορεύθη μετὰ πάσης δυνάμεως· ἅμα δὲ τούτοις καὶ τοιόνδε ἔπραξε. τοῦ στρατεύματος τινὶ μέρει ἐνέδρας ἐποιήσατο· προνοήσας ὅτι παρέσοιτο βοήθεια ἐπὶ τὸ χωρίον. ὅπερ καὶ συνέβη. εὐθὺς γὰρ αἰσθόμενος Ἀθηνόδωρος Ἴμβριος, ὢν οὐ πόῤῥω μετὰ στρατεύματος, ἐπειρᾶτο βοηθεῖν ἐπὶ τὸ χωρίον· ἔτυχε δὲ καὶ αὐτὸς ἀγχίνως πάλιν ὑποπτεύσας· καὶ οὐ ταῖς ἐνεδρευομένας ὁδοὺς ἐπορεύθη πρὸς τὸ Ἴλιον· ἀλλὰ ἄλλας πορευθεὶς, ἔλαθέ τε ἐν νυκτὶ καὶ ἦλθεν πρὸς τὰς πύλας· καὶ ἔλαθόν τινες συνελθόντες εἰς τὴν πόλιν ἐν τῷ θορύβῳ, ὡς τοῦ Χαριδήμου ὄντες στρατεύματος. ἐπειδὴ δὲ περὶ τοὺς πλείονας εἰσελθεῖν, ἐγνώσθησαν τῷ συνθήματι. καὶ οἱ μὲν ἐξέπεσον αὐτῶν, οἱ δὲ περὶ τὰς πύλας διεφθάρησαν· τοῖς μὲν γὰρ ἦν τὸ σύνθημα ΤΥΝΔΑΡΙΔΑΙ. τοῖς δὲ ΔΙΟΣΚΟΡΟΙ. καὶ παρὰ τοσοῦτο ἐγένετο πάλιν μὴ ἀντικαταληφθῆναι παραχρῆμα ὑπὸ τοῦ Ἀθηνοδώρου ἐν τῇ αὐτῇ νυκτί. Παραγγέλλειν δεῖ χρὴ τὰ συνθήματα εὐμνημονευτά τε, καὶ μάλιστα ὡς ἀδελφὰ ταῖς μελλούσαις πράξεσι γίνεσθαι. οἷον τάδε. ἐπὶ μὲν ἄγραν πορευόμενος, ΑΡΤΕΜΙΝ ΑΓΡΟΤΕΡΑΝ. ἐπὶ δὲ κλοπήν τινα πρᾶξιν, ΕΡΜΗΝ ΔΟΛΙΟΝ. ἐπὶ δὲ ἐπὶ δὲ βιασμὸν, ΗΡΑΚΛΕΑ. τοῖς δὲ φανεροῖς ἐγχειρήμασιν, ΗΛΙΟΝ καὶ ΣΕΛΗΝΗΝ, καὶ ὡς μάλιστα ὁμότροπα τούτοις καὶ κοινότατα πᾶσιν. Ἰφικράτης δὲ, οὐδὲ τὸ αὐτὸ σύνθημα ἐκέλευε τὸν περίοδόν τε καὶ φύλακας ἔχειν· ἀλλὰ ἕτερον ἑτέρῳ διδόναι· ἵνα ὁ μὲν τὸ πρῶτον ἐρωτηθεὶς ἀποκρίνηται ΖΕΥΣ ΣΩΤΗΡ, ἐὰν τοῦτο ἔχων τύχῃ· ὁ δ' αὖ ἐρωτηθεὶς, ΠΟΣΕΙΔΩΝ. οὕτω γὰρ ἂν ἥκιστα σφάλλοιντο ὑπὸ τῶν πολεμίων· καὶ ἐξαυτομολοῖτο τὸ σύνθημα· πλάνης δὲ γινομένης τοῖς φύλαξιν ἀπ' ἀλλήλων συρίγμασι χρῆσθαι πρὸς αὐτούς· τοῦτο δὲ προσυγκεῖσθαι· πλὴν γὰρ τῷ εἰδότι ἄγνωστον τοῖς ἄλλοις ἔσται, ἐάν τε Ἕλληνες, ἐάν τε Βάρβαροι ὦσι. προενθυμεῖσθαι δὲ τῶν κυνῶν, μὴ διὰ τὸ συριγμὸν ἀσύμφορον ἐξ αὐτῶν ᾖ. ἐχρήσαντο δὲ αὐτῷ καὶ ἐν Θήβαις, ὅτε τὴν Καδμείαν καταλαβόντες ἐσκεδάσθησαν νυκτὸς, καὶ ἠγνόησαν ἑαυτοὺς, πρὸς συριγμὸν συνελέγοντο. Τὰ δὲ συνθήματα ἐρωτᾶσθαι κοινῶς τοῖς τε περιοδεύουσι καὶ περιφύλαξιν, οὐδὲν γὰρ προσήκει τὸν ἕτερον ἐρωτᾶν. ὁ γὰρ περίοδος καὶ πολέμιος ἂν ἐρωτῴη.

25 Ενιοι δὲ παρασυνθήματι χρῶνται, τῶν τε πανείων ἕνεκεν, καὶ πρὸς τὸ γνωρίζειν μᾶλλον τοὺς φίλους. εἶναι δὲ δεῖ παρασυνθήματα ὡς ἰδιαίτατα καὶ δυσγνωστότατα τοῖς πολεμίοις· εἴη δ' ἂν τὰ παρασυνθήματα τοιάδε. ἐν μὲν ταῖς σκοτειναῖς νυξὶ, τό τε σύνθημα ἐρωτᾶν καὶ φωνεῖν τι μᾶλλον καὶ ψόφον ἐμφανίσαι· τὸν δὲ ἐρωτώμενον

adjicere, ac sonum aliquem

ciendam, HERCULES. si palàm aliquid instituitur, SOL & LUNA. item alia his similia, atque omnibus communissima. Iphicrates vero præcipiebat, ut vigili ac circitori eadem tessera ne daretur, sed utrique diversæ. ut is qui prius fuerit interrogatus, respondeat, JUPITER SERVATOR, si contigerit hanc illi datam esse tesseram; posteriùs vero interrogatus, NEPTUNUS. hoc enim pacto minime decipiatur ab hostibus: minimeque ad eosdem per transfugas tessera deferatur. Si per errorem vigiles à sese invicem aberrarint, sibilo inter se utantur. sed de eo prius oportet convenisse. nam præter eum qui fuerit conscius, nemo, neque Græcus, neque Barbarus id signi intelliget. prius tamen de canibus cogitandum; ne propter sibilum aliquid ex iis capiatur incommodi. usi eo sunt Thebis, qui arce Cadmea capta dissipati sunt: qui quum alii alios ignorarent, ad sibilum sunt congregati. Porro de tessera interrogari, communiter & circitores debent & procustodes: nam alterum dumtaxat interrogari, nihil attinet: quippe etiam hostis, tanquam circitor, queat interrogare. Non desunt qui muto signo utantur, cum propter Panicos terrores, tum ut amicos melius dignoscant. hæc vero signa maxime propria utentibus, inimicis maxime ignota & ad cognoscendum difficillima esse debent. Exempla mutorum signorum hæc sunto. quando noctes sunt tenebrosæ, tesseram rogare, & hoc amplius vocem aliquam manifesto edere: eum verò qui fuerit inrit interrogatus, & tesseram respondere, & aliam insuper vocem adjicere, & sonum quendam manifesto e dere. quando lux clara est, eum qui tesseram rogat, pileum detrahere. aut si manu teneat, capiti imponere; licet etiam in faciem pileum adducere, & à facie reducere. licet item hastam inter accedendum figere, aut transferre in sinistram; aut sublatam tenere vel attollere: eum verò qui rogatur, & tesseram respondere, & horum aliquid, de quo prius convenerit facere. Periculosis temporibus, circuitio facienda est, primo quidem in foro duobus lochis, sive manipulis cohortibusve, congregatis: quæ alternis vicibus ad muros accedent armis, quorum fuerit copia, probe instructæ: mutum item signum exacte debent tenere; ut è longiore intervallo sese invicem dignoscant. Primæ vigiliæ circitores incœnatos oportet circuire: nam qui primam cœnati circumeunt, negligentius & intemperantius munus suum obeunt. Circuire autem sine laterna convenit; nisi admodum sæviat hiems, & densæ sint tenebræ. sin aliter, laterna affulgeto: non in altum quidem; tegatur enim aliquo: sed in terram dumtaxat, & quę ante pedes sunt, lumen emittito. In urbe quæ equos alit, & equitationi est apta, equites ad circuitionem adhibendi. nam per frigora & pluvias, noctesque longas, citius absolvatur circuitio. Quidam etiam super muris circuitionem faciunt; ita ut alii quæ extra muros fiunt, observent; alii, quæ intra muros. Habento

τό τε σύνθημα ἀποκρίνεσθαι, καὶ
ἄλλο προσυγκείμενον φωνῆσαι; ἢ
ψόφον ἐκφωνίσαι· ἐν δὲ τοῖς
φανεροῖς χρόνοις, τὸν μὲν ἐρω-
τῶντα τὸ σύνθημα τὸν πῖλον ἀφελέσθαι, ἢ ἐν τῇ χειρὶ ἔχοντα ἐπιθεῖναι. ἔστι δὲ καὶ ἐπαγαγέσθαι τὸν
πῖλον ἐπὶ τὸ πρόσωπον, καὶ ἀπα-
γαγέσθαι ἀπὸ τοῦ προσώπου. ἔστι
δὲ καὶ τὸ δόρυ καταπῆξαι προσιόν-
τα, ἢ εἰς τὴν ἀριστερὰν μεταλαβεῖν, ἢ
ἔχειν ἐν τῇ χειρὶ ἄραντα, ἢ ἀνε-
λέσθαι. τὸν δὲ ἐρωτώμενον, τό τε
σύνθημα ὑποκρίνεσθαι καὶ τούτων
τι προσυγκείμενον ποιῆσαι. Πε- 26
ριοδεύειν ἐν τοῖς κινδύνοις, πρῶτον μὲν τῶν ἐν τῇ ἀγορᾷ ἠθροισμένων
λόχων δύο, ὑπὸ τὸ τεῖχος ἐναλλὰξ ἀλλήλοις διεσκευασμένους
τοῖς ὑπάρχουσιν ὅπλοις· καὶ παρασύνθημα ὡς ἀκριβῶς ἐκ πλείονος διαγνῶναι ἑαυτούς. τοὺς δὲ
τὴν πρώτην φυλακὴν περιοδεύοντας, ἀδείπνους χρὴ περιοδεύειν·
τυγχάνουσι γὰρ οἱ τὴν πρώτην προ-
φυλάσσοντες ἀπὸ δείπνου ὄντες ῥα-
θυμοτέρως τε καὶ ἀκολαστοτέρως δι-
ακείμενοι· περιοδεύειν δὲ ἄνευ
λαμπτῆρος, ἂν μὴ λίαν χειμὼν ᾖ
καὶ σκότος· εἰ δὲ μὴ οὕτω, ὁ λαμπτὴρ φεγγέτω· εἰς ὕψος μὲν μη-
δέν· κεκαλύφθω γάρ τινι. ἐπὶ
δὲ τὴν γῆν καὶ τὰ περὶ τῶν ποδῶν
μόνον φεγγέτω. ἐν ἱπποτροφού-
σῃ δὲ πόλει καὶ ἐν ἱππασίμῳ, χειμῶνος ἱππεῦσι περιοδεύειν. ἐν γὰρ
τοῖς ψύχεσι καὶ * δήλοις, καὶ μήκεσι
τῶν νυκτῶν, θᾶσσον ἀνύοιτο ἂν ἡ πε-
ριοδεία. ἐὰν δὲ ἅμα τούτοις καὶ ἐπὶ
τοῦ τείχους περιοδεύωσιν, ὥστε τινὰς μὲν εἰς τὰ ἔξω τοῦ τείχους ἐπι-
σκοπεῖσθαι, τινὰς δὲ τὰ ἔσω· ἔχειν

δὲ καὶ περιοδεύοντας λίθους ἐν ταῖς σκοτειναῖς νυξὶ, καὶ βάλλειν ἄλλην καὶ ἄλλην εἰς τὸ ἔξω μέρος τοῦ τείχους· οἱ δὲ οὐκ ἐπαινοῦσι τοῦτο διὰ τὰ προγεγραμμένα, ἐν ὑποψίᾳ ὄντων ἀλλήλοις. Χρὴ δὲ τὰς περιοδείας εἶναι κάτω τοῦ τείχους, καὶ μὴ ἀναβαίνειν τοὺς περιόδους πλὴν τῶν φυλακῶν· καὶ ἐὰν στράτευμα κεκακοπάθηκε μάχῃ λειφθὲν, ἢ διὰ τὸ πλῆθος ἀποβαλεῖν, ἢ ἐκ τραυμάτων, ἢ συμμάχων ἀποστάσει, ἢ δι' ἄλλο τι σύμπτωμα ἀθυμῇ, καὶ τεταπεινωμένον ᾖ ἐπικίνδυνά τε ᾖ πολεμίων ἐγγὺς ὄντων, χρὴ τὰ προγεγραμμένα περὶ τὰς φυλακὰς πράσσειν καὶ τὰς περιόδους· ἐν τοῖς τοιούτοις καιροῖς πυκνάς τε χρὴ περιοδεύειν, καὶ οὐ δεῖ προθυμεῖσθαι ἐν ταῖς περιοδείαις εὑρίσκειν τινὰς τῶν προφυλασσόντων ἀμελεστέρως διακειμένους διὰ ὕπνον ἢ κάματον. οὐ γὰρ συμφέρει οὕτω διακείμενον τὸ στράτευμα ἔτι ἀθυμότερον καθιστάναι. εἰκὸς δὲ ὅταν εὑρεθῇ αἰσχρόν τι ποιῶν ἀθυμεῖν· ἀλλὰ μᾶλλον πρὸς θεραπείαν τε καὶ ἀνάληψιν αὐτῶν τρέπεσθαι. καὶ τοὺς περιόδους ἐν τοῖς τοιούτοις καιροῖς ἐκ πλείονος χωρίου καταδήλους εἶναι προσιόντας τοῖς φύλαξι, φωνοῦντάς τι πόρρωθεν, ὅπως ἂν ἐγερθῇ ἐὰν καθεύδῃ ὁ προφύλαξ, καὶ παρασκευάσηται ἀποκρίνεσθαι τὸ ἐρωτώμενον. ἄριστον δὲ αὐτῶν τῶν στρατηγῶν ἐν τοῖς τοιούτοις καιροῖς ἐπιμελῶς ἕκαστον περιοδεύειν μετὰ τῶν αὐτῶν ἀποδεκτῶν ἀνδρῶν. ὑπεναντίως

lectorum ſuorum manu cir-

etiam circitores cum noctes ſunt tenebris obſcuræ, lapides; & alium atque alium extra muros jaciunto. ſunt tamen qui hoc non laudent, quoties ſuſpecti alii aliis ſunt cives. Circuitiones ad imos muros fieri debent, circitoribus non aſcendentibus, præter vigiles. Si exercitus poſtquam male pugnavit, afflictus eſt; aut ſi quia multos ſuorum deſideravit, aut quia vulnera multa accepit, vel propter defectionem ſociorum. aut propter alium aliquem caſum, animis conciderit, atque ad humilitatem fuerit redactum; ac propterea in periculo res verſetur, vicino hoſte; omnia quidem obſervanda ſunt, quę de vigiliis & circuitionibus antea ſcripſimus: & circuitiones tali tempore ſæpius repetendæ ſunt: ſed cave id agas de induſtria, ut aliquos invenias è cuſtodibus aut procuſtodibus, qui propter ſomnum, aut laſſitudinem ex labore, negligentius officio fungantur. non enim expedit, ſic miſere jam affecto exercitui, animos magis adhuc frangere: quod quidem futurum ſit veriſimile, ſi turpis aliquid admiſiſſe fuerit deprehenſus. quin danda tibi potius opera eſt, ut res afflictis procures, curando corpori & viribus reficiendis neceſſarias: & ut circitores ejuſmodi temporibus, quando ad vigiles accedunt è longioris intervalli loco fiant manifeſti, voce aliqua procul edita, ut princeps cuſtodum ſi dormiat excitetur, & ad reſpondendum quod fuerit interrogatus ſeſe comparet. Optimum vero fuerit talibus temporibus, unumquemque ducum diligenter cum ſecumire. quando autem contrario modo

modo affectus est exercitus, impensiore studio & severitate à vigilibus disciplina est exigenda. Dux verò nunquam hora eâdem circuire debet: sed privatim per se tempus sumere: ne milites multo ante notum habentes ducis adventum, ea potissimum hora intente custodiant. Sunt & qui monita hujusmodi probent: Præfecto enim urbi præceptum datur à nonnullis; si propter metum aliquem aut morbum nolit ipse circuire; scire tamen velit is qui vigilum per singulas stationes officio non fungantur; hoc esse faciendum. Omnes qui in muro vigilias agunt de hoc prius oportet convenisse, ut laternas cuncti habeant: & ut una ex illis sit, ad quam principes vigilum omnes suas attollent: ea vero laterna è loco attollitor, unde omnes qui super muris sunt vigiles ipsam sunt visuri. si nullus in oppido extet locus ejusmodi, exstruatur è nonnullis rebus moles quantæ maxime poterit altitudinis. inde illa unica laterna attollitor: & ad hanc è singulis stationibus vigiliarum suas quisque attollunto. numerus deinde ineatur: ita scietur, utrum omnes vigilum principes sustulerint; an vigilum numero aliquis defuerit. Solent cum in urbe tum in castris tumultus & timores repentini, quà noctu, quà interdiu excitari, qui à nonnullis Pania, *sive Panica* dicuntur. est autem id nomen Peloponnesiorum proprium, maxime Arcadum. Eos igitur, qui hujusmodi tumultus sedare voluerint, jubent quidam ex compacto constituta cum oppidanis habere signa; quibus editis intelligent, Pani-

δὲ τούτοις διακειμένου τοῦ στρατεύματος, ἐπιστρεφεστέρως τοὺς φύλακας ἐξετάζειν. ἐφοδεύειν τε τὸν στρατηγὸν μηδέποτε τὴν αὐτὴν ὥραν· ἀλλὰ ἰδίᾳ λαμβάνοντα· ἵνα μὴ προειδότες σαφῶς ἐκ πολλοῦ χρόνου τὴν ἄφιξιν τοῦ στρατηγοῦ οἱ στρατιῶται, ταύτην μάλιστα τὴν ὥραν φυλάσσωσιν. ἀποδέχονται δέ τινα καὶ τάδε· ἐπαγγελλομένων τινῶν, καὶ κελευόντων τὸν πολίαρχον, ἐὰν μὴ θέλῃ περιοδεύειν διὰ φόβον τινα, ἢ ἀρρωστίαν, θέλῃ δὲ εἰδέναι τοὺς μὴ φυλάσσοντας καθ' ἑκάστην φυλακὴν, τάδε ποιεῖν χρή. Λαμπτῆρας εἶναι προσυγκείμενον πᾶσι τοῖς ἐπὶ τῷ τείχει φύλαξιν, καὶ πρὸς ὃν πάντες αἰταίρουσιν οἱ περιφύλακες. αἰρέσθω δὲ ἐκ τόπου, ὅθεν πάντες ὄψονται οἱ ἐπὶ τοῦ τείχους φύλακες. ἐὰν δὲ μὴ ὑπάρχῃ ὁ τοιοῦτος τόπος, παρασκευασθήτω ἔκ τινων ὕψος ὡς μέγιστον· ἔπειτα ἀπὸ τούτου αἰρέσθω λαμπτὴρ, καὶ πρὸς τοῦτον ἀνταίρεσθαι τοὺς ἄλλους καθ' ἕνα ἕκαστον ἀφ' ἑκάστου φυλακείου. ἔπειτα ἀριθμεῖσθαι· καὶ οὕτως εἰδέναι εἰ πάντες ἦραν οἱ περιφύλακες·
ἢ ἐκλείπεταί τις τῶν φυλάκων. Τοὺς 27
δὲ περὶ πόλιν ἢ στρατόπεδον ἐξαίφνης θορύβους καὶ φόβους γινομένους νυκτὸς ἢ μεθ' ἡμέραν, ἅπερ ὑπό τινων καλεῖται πάνεια· ἔστι δὲ τὸ ὄνομα Πελοποννήσιον, καὶ μάλιστα Αρκαδικόν. τοῦτο οὖν τινὲς κελεύουσι καταπαύειν, θέλοντες αὐτὰ προσυγκεῖσθαι τοῖς ἐν τῇ πόλει, σημεῖα διδόντες· γνώσονται δὲ ὅτι ἐστὶ πάνειον· ἔστω

δέ. αἰσθήσονται πυρὸς τι προσυγκείμενον ἐπὶ χώρου ἐκ κατόπτου πᾶσιν εἰς δύναμιν τοῖς ἐν τῇ πόλει. ἄριστον δὲ προπαρηγγέλθαι καθ' οὓς ἂν τῶν στρατιωτῶν γένηται φόβος, κατὰ χώραν ἠρεμεῖν, καὶ ἀναβοᾶν Παιᾶνα, ἢ ὅτι εἴη πάνιον. καὶ τοὺς ἀκούοντας ἀεὶ τῷ πλησίον παραγγέλλειν· καθ' οὓς ἂν τοῦ στρατεύματος μὴ ἀντιπαιανίζουσιν, εἰδέναι κατὰ τούτους τὸν φόβον ὄντα. ἐὰν δέ τι φοβερὸν ὁ στρατηγὸς αἴσθηται, τῇ σάλπιγγι σημαίνειν. Τοῦτο δ' ἔστω γνωστὸν, ὅτι εἴη τὸ πολέμιον· μάχης δὲ γινομένης καὶ νικηθέντων, ὡς τὰ πολλὰ γίνονται φόβοι· ἐνίοτε μὲν καὶ ἡμέρας: καὶ νυκτὸς δὲ καὶ πάνυ· ὥστε ἧσσόν τι τοῦτο γίνεσθαι χρὴ, εἰ τὴν νύκτα παρήγγελται τοῖς στρατιώταις πᾶσι, κατὰ τὰ ὅπλα εἶναι ὡς μάλιστα· ὡς ἐσόμενόν τι περὶ αὐτούς. προειδότας οὖν εἰκός ἐστιν ἐάν τι γίνηται, μὴ ἀπροσδοκήτοις προσπεσεῖν, μηδὲ ὑπὸ φόβων ἐξαπιναίων ταράσσεσθαι καὶ ἀπόλλυσθαι. Εὐφράτας δὲ ὁ Λακώνων ἁρμοστὴς ἐπὶ Θρᾴκης, ἐπεὶ αὐτῷ πυκνὰ ἐγίνοντο ἐν τῷ στρατεύματι τῆς νύκτας φόβοι, καὶ οὐκ ἠδύναντο ἄλλῳ τρόπῳ παῦσαι τοιόνδε παρήγγειλεν. εἰς νύκτα ὅταν τις θόρυβος γίνηται, ἀνακαθίζειν αὐτοὺς εὐθὺς πρὸς τὰ ὅπλα ἐν τῇ εὐνῇ. ἀνίστασθαι δὲ μηδένα ὀρθόν· ἂν δέ τις ἴδῃ τινὰ ὀρθὸν, παρήγγειλεν ἐν πᾶσιν, ὥσπερ πολεμίῳ τῷ ἐπαναστάντι

cum eſſe terrorem. Sunto autem, exempli gratia: ignis ſignum aliquod de quo prius convenerit, animadvertent in loco edi, qui omnibus in urbe, quoad ejus fieri poterit, eſt conſpicuus. Optimum verò ſit premonitos eſſe omnes milites, ut ii apud quos pavoris initium fuerit exortum, quieti in loco ſe contineant; alii PÆANA inclament, aut terrorem eſſe Panicum, quam vocem ut quiſque audiverit, ad proximum tranſmittet. in qua igitur parte Pæanis acclamatio non fuerit reddita, ſcire licet apud eos metum verſari. at ſi quid Prætor metuendum eſſe intellexerit, tuba dare ſignum debet. eſto autem notum omnibus eo ſigno hoſtem deſignari. Die pugnæ, cum accepta eſt clades, ut plurimum timor homines occupat; interdum quidem & de die; noctu vero vel maxime. hunc minorem aliquanto contingere neceſſe eſt, ſi omnibus militibus fuerit præceptum, ut quoad ejus fieri poterit, perpetem noctem *in ſtationibus* apud arma ſe teneant. fore enim ut aliquid ipſis accidat. fit igitur veriſimile, ubi hoc milites cognoverint, non ex inopinato eventurum ipſis, ſi quid evenerit; neque ipſos ſubitis terroribus turbatum perditumque iri. Euphratas Lacedæmoniorum harmoſta in Thracia, quum in ejus exercitu frequentes timores nocturni exorirentur; quia ſedare eos aliter non poterat, hoc mandatum dedit. quando aliquis nocturnus tumultus extiterit, ut illico milites ad arma in ſtragulis reſiderent; exurgeret ſtaretve rectus nemo: ſi quis ſtantem rectum aliquem vidiſſet, imperavit omnibus, ut pro hoſte haberent

quicum-

quicumque surrexisset. sic enim cogitabat Euphratas; propter metum, quem hoc præceptum afferret, neminem ejus obliturum. ad hæc, ut serio istud esse mandatum intelligeretur, & ut terror injiceretur; orto tumultu vulneratus est è melioribus & honestioribus aliquis; at non letaliter: è vilioribus vero nonnulli sic, ut mors etiam sequeretur. quo facto parvere homines, & præ metu desiere tumultuari, atque è cubilibus prætrepide exurgere. Etiam hoc modo Panicus terror est sedatus. Tumultus nocturnus castra occupaverat: præco facta audientia pronuntiat, SI QUIS NOMEN EJUS DETULERIT, QUI EQUUM ADMISSUM PRIMUS FUERIT PERSECUTUS, PER QUEM TURBATUS EST EXERCITUS. Oportet autem si quid in exercitu simile noctu contigerit, per singulas vigilias cuique locho, *sive* cohorti, aut ordini, *centurionem unum aut alterum* in cornibus apponi, qui si aliquem è somno aut alia de caussa exorientem tumultum præsentiat, præsto confestim est futurus, & *militem* continebit, ac coërcebit. quod ad cæteram multitudinem; cuique contubernio unus ad custodiendum apponatur: ut si qua existat perturbatio, hi qui vanos metus esse cognoscent, tumultum apud se quisque eorum componat. Contra si in hostili exercitu velis ipse tumultum ciere: immitte in eorum castra vaccas armentales cum tintinnabulis, & jumenta quæ prius vino potaveris. Die orto vigiles è stationibus non statim dimittendi, prius quàm, inquisitione habita, extra muros omnia esse tuta

χρῆσθαι. διὰ γὰρ τὸν φόβον τοῦ παραγγελθέντος, οὐδένα ᾤετο ἂν ἀμνημονῆσαι. πρὸς δὲ τούτοις, ὅπως ἀληθὲς τὸ παράγγελμα, μετὰ φόβου ἡγεμόνος τινὸς θορύβου ἐπλήγη τις τῶν σπουδαιοτέρων ἀνδρῶν οὐχὶ θανατηφόρως· τῶν δὲ φαύλων τινὲς, ὥς τε καὶ ἀποθανεῖν. συμβάντος δὲ τούτου, ὑπήκουσάν τε οἱ ἄνθρωποι καὶ διαλαβόμενοι ἐπαύσαντο τῶν τε θορύβων, καὶ τοῦ περιδεῶς ἐξανίστασθαι ὑπὸ τῶν κοιτῶν. ἐπαύθη δὲ καὶ τοιῷδε τρόπῳ. Στρατοπέδῳ θορυβουμένῳ νυκτὸς, κηρύξας σιγῇ ὁ κῆρυξ ἀνήγγειλε ΤΟΝ ΜΗΝΥΣΑΝΤΑ, ΤΟΝ ΑΦΕΘΕΝΤΑ ΙΠΠΟΝ ΔΙΩΚΕΙΝ ΘΟΡΥΒΗΘΗΝΑΙ· χρὴ δ' ἄν τι τοιοῦτον ἐν ταῖς νυξὶ πάσχῃ στράτευμα, καθ' ἑκάστην φυλακὴν καθεστάναι ἑκάστου λόχου ἢ τάξεως ἐπὶ τοῖς κέρασιν· ὅπως ἐάν τινα αἰσθάνωνται ἐκ τοῦ ὕπνου, ἢ ἄλλων ἐρχόμενον θόρυβον, εὐθὺ παρὼν καθέξει, καὶ κωλύσει αὐτίκα. τοῦ δὲ ἄλλου πλήθους ἀπὸ συσσιτίου ἑκάστου ἄνδρα παραφυλάσσειν· ὅπως ἐάν τις φόβος γένηται, οὗτοι δὲ εἰδότες τοὺς ματαίους φόβους, καταπαύσωσι τοὺς παρ' αὐτῷ ἕκαστος. αὐτὸ δὲ θορυβεῖν τὸ τῶν ἐναντίον στράτευμα, δαμάλεις τὰς ἀγελαίας μετὰ κωδώνων ἀφιέντες εἰς τὸ στρατόπεδον, καὶ ἄλλα ὑποζύγια οἶνον ποτίσας. Γενομένης δὲ ἡμέρας χρὴ τοὺς φύλακας εὐθὺ ἀφιέναι ἐκ τῶν φυλακείων, πρὶν ἢ τὰ ἔξω περιοδευθέντα ἐμφανισθῇ καὶ καθαρῶς εἶναι πολεμίων· καὶ οὕτω ἀπιέναι τοὺς ἀπὸ τῶν φυλακείων μὴ ἅπαντας· ἀλλὰ κατὰ μέρη, ὅπως ἀεί τινες ἐπὶ τοῖς φυλακείοις διατελῶσιν.

28 Προνοεῖσθαι δὲ καὶ τάδε ἐν φόβῳ οὔσης πόλεως· πύλας τὰς μὲν ἄλλας κεκλεῖσθαι· μίαν δ' ἀνεῷχθαι, ᾗ ἂν δυσπροσοδώτατον ᾖ τῆς πόλεως, καὶ ἐπὶ πλεῖστον ἀπ' αὐτῆς μέλλουσιν ὁρᾶσθαι οἱ προσιόντες· καὶ ἐν ταύτῃ ἐκτομάδα, ἵνα σώματα μὲν ἀνθρώπων κατὰ τὴν ἐκτομάδα πυλίδα ἐξίῃ καὶ εἰσίῃ καθ' ἕνα· οὕτω γὰρ ἂν ἥκιστά τις λανθάνῃ αὐτομολῶν, ἢ κατάσκοπος εἰσιὼν, ἐάνπερ γε ᾖ ὁ πυλωρὸς .. πᾶν γὰρ ἀνοίγεσθαι ὑποζυγίων ἕνεκεν καὶ ἁμαξῶν τε ἀγωγίμων ἐπισφαλές. καὶ ἐάν τι δέῃ εἰσενέγκασθαι σίτου ἢ ἐλαίου ἢ οἴνου ἐν τάχει, ἢ τῶν ὁμοτρόπων τούτοις, ἁμάξαις ἢ σωμάτων πλήθει, ταῦτα χρὴ κατὰ τὰς ἐγγυτάτας πύλας κομίζειν· καὶ ὡς ἂν τάχιστα καὶ ῥᾷστα εἰσκομισθῶσι. τὸ δ' ὅλον μὴ ἀνοίγεσθαι πρωῒ τὰς πύλας ἀπροσκέπτως, ἀλλ' ὀψιαίτερον. ἔξω τε μηδένα ἀφίεσθαι πρὶν ἢ ἐξερευνήσῃ τὰ περὶ τὴν πόλιν. ἔτι τε μήτε πλοῖα κατὰ ταύτας ὁρμίζεσθαι, ἀλλ' ἀπωτέρω· ὡς ἤδη γε καὶ πολλαὶ πράξεις ἀνοιχθεισῶν ἀμφοτέρων πυλῶν γεγόνασι, ἐπιτεχνασμάτων καὶ προφάσεων τοιῶνδε, ἐφ' ἑνὸς ἔργου πολλὰ παραπλησίως τούτῳ πραχθέντα. Πύθων μὲν ὁ Κλαζομένιος καὶ τῶν ἐν τῇ πόλει τινῶν

ab hostibus significatum fuerit. tum demum recedunto vigiles è stationibus; non tamen omnes *simul*; sed per partes; ne custodibus stationes unquam nudentur. Huic quoque rei, quando in metu civitas versatur, providendum: ut cæterę omnes portæ sint clausæ; una dumtaxat aperta; quà difficillime urbs aditur; & unde videri è spatio quam longissimo poterunt, qui appropinquaverint. in hac porta esto portula sectitia; ut corpora, dumtaxat hominum & quidem singula, per eam ingrediantur atque egrediantur. nam hoc pacto, (adsit modò custos prudens) minime fallet aliquis; sive transfuga exeat, sive explorator introeat. totam portam jumentorum caussa & plaustrorum aperiri, atque eorum quæ vænum afferuntur, periculosum. Si quid frumenti, aut olei, aut vini si forte, similiumve rerum, vel plaustris, vel multitudine bajulantium inferendum sit in urbem: ad proximas portas eæ res convehi debent; ac celeriter & facile, quoad ejus fieri poterit, intra muros recipi. Omnino verò cavendum, ne primo mane portę inconsideranter aperiantur; verum aliquanto serius. nemo item est emittendus, nisi prius exploratis locis circa urbem. Cavendum etiam, ne prope eas portas quæ aperientur, naves appellant; sed aliquanto longius. nam apertis ambabus portis *majore minoreque*, multæ jam antea molitiones clandestinæ sunt patratæ, fraudibus atque occasionibus hujusmodi: unum enim exemplum afferam; unde multa quę similiter gesta sunt, poterunt intelligi. Pytho Clazomenius, & qui in urbe in urbe se illi adjunxerant, observata diei parte, qua maxima erat omniũ quies, plaustris de industria præparatis, quæ dolia invehebant, Clazomenas occupavit: plaustris in ea porta subsistentibus, è regione cujus milites mercenarii non procul oppido clam locati; quum alios civium fefellissent, alios antevertissent, nonnulli etiam illorum intra mœnia inceptum adjuvissent, urbem ceperunt. Iphidiades Abydenus Parium ad Hellespontum occupare volens, cum alia ad conscendendos noctu muros clam præparavit; tum etiam plaustra virgultis spinisque implevit, & portis jam clausis, accedere ad muros jussit; tanquam civium Parianorum essent illa plaustra. quæ postquam portæ sese admoverunt, noctem ibi sub dio, quasi hostes metuerent, egerunt. jussi autem erant, qui plaustra agebant, tempore constituto illa succendere; quò portę fores cremarentur: ut postquam ad restinguendum incendium Pariani accurrissent, Iphidiades ab alia parte urbem ingrederetur. Hujusmodi exempla visum mihi colligere, ut omni tempore caveatis, neque præ simplicitate nimia temere quemquam suscipiatis. Nunc de vasis agemus & oneribus, sive instrumentis quæ res vehendas capiunt; quibus in urbem illatis, quum intra ipsa occultum aliquid lateret, urbs & arx aliquando sunt occupatę. nam ab id genus fraudibus cavendum est, neque committendum, ut incogitantiâ circa illa peccetur. maxime vero ad portę custodem ea cura certis temporibus pertinet; quando aliquid foris adveniens, intrare urbem est necesse.

συνελθόντων, τηρήσας τελέως τὸ
ἡσυχώτατον τῆς ἡμέρας, ἁμάξαις
ἐκ παρασκευῆς πίθους εἰσαγαγούσαις κατέλαβε Κλαζομενὰς
ἐν ταῖς πύλαις τῶν ἁμαξῶν, καθ'
ἃς ξένων προϋπαρχόντων κρυφαίως ὑπέρω τῆς πόλεως, τοὺς μὲν τῶν
πολιτῶν λαθόντες, τοὺς δὲ φθά-
σαντες, τινὰς δὲ τῶν ἔσω συνερ-
γοὺς ἔχοντες, κατέχον τὴν πόλιν.
Ἰφιδιάδης τε Ἀβυδηνὸς κατὰ Ἑλλήσποντον καταλαμβάνων Πάριον,
ἄλλα τε περὶ τὴν ἀνάβασιν, νυκτὸς
ἐπὶ τοῦ τείχους λάθρα παρεσκευάσατο, καὶ ἁμάξας πληρώσας
φρυγάνων καὶ βάτων, παρέπεμψε
πρὸς τὸ τεῖχος, ἤδη τῶν πυλῶν
κεκλεισμένων, ὡς τῶν Παριανῶν
οὔσας τὰς ἁμάξας. ἔτι ἐγγὺς
ἐλθοῦσαι πρὸς τὰς πύλας, ηὐλί-
ζοντο, ὡς φοβούμεναι πολεμίους.
ἃς ἔδει ἐν καιρῷ τινὶ ὑφαφθῆναι,
ἵνα αἱ πύλαι ἐμπρησθῶσι καὶ
πρὸς τὸ σβεννύειν τῶν Παριανῶν
ὁρμησάντων, αὐτὸς κατ' ἄλλον τόπον εἰσέλθῃ. δοκεῖ δέ μοι συναγαγόντα δηλωτέον, ἵνα δὴ φυ-
λάσσησθε, καὶ ἐν οἷς καιροῖς
ἕκαστα, ἵνα * τις μηδὲν εὐήθως
ἀποδέχητε. Περὶ δὲ τῶν εἰσκο- 29
μιζομένων εἰς τὴν πόλιν ἀγγείων
τε καὶ φορημάτων, ἐν οἷς ἄν τι
κρυφαῖον ἐνείη, οἷς ἤδη πόλις
καὶ ἡ ἀκρόπολις κατελήφθη, νῦν
δηλωθήσεται· ἅπερ φυλάξασθαι
δεῖ, καὶ μὴ ἀφροντίστως αὐτῶν
ἔχειν· καὶ μάλιστα τὸν πυλωρὸν
ἔν τισι καιροῖς, ὅταν ἔξωθέν τι ἢ
ἔσω δέῃ. Παραδείγματος ἕνεκεν ἐπὶ πράξει γεγενημένα· κα-

ἐλήφθη γὰρ πόλις, ἔσωθέν τινων συνεθελόντων ἐν ἑορτῇ πανδήμῳ, τρόπῳ τοιῷδε. Πρῶτον μὲν τοῖς προενδημήσασι ξένοις ἐπὶ τὸ μέλλον, καὶ τῶν πολιτῶν τοῖς ἀνόπλοις τε καὶ συνεργοῖς ἐσομένοις εἰσεκομίσθησαν θώρακες λιναῖοι, καὶ στολίδια καὶ περικεφαλαῖα, ὅπλα, κνημῖδες, μάχαιραι, τόξα, τοξεύματα ἐν κιβωτοῖς ὡς φορτηγικοῖς κατεσκευασμένα, ὡς ἱματίων ἐνόντων καὶ ἄλλων ἀγωγίμων· ἅπερ οἱ ἐλλιμενισταὶ ἀνοίξαντες, καὶ ἰδόντες ὡς ἱμάτια μόνον, κατεσημήναντο, μέχρι τιμήσονται οἱ εἰσαγαγόντες. καὶ ταῦτα μὲν ἐτέθη ἐγγὺς τῆς ἀγορᾶς ὅπου ἔδει. ἐν δὲ ταρσοῖς καὶ ῥιπτοῖς καὶ ἱστοῖς ἡμιϋφάντοις δοράτια καὶ ἀκόντια ἐνειλυμένα εἰσηνέχθη, καὶ ἐτέθη ὅπου ἕκαστα συνέφερεν ἀνυπόπτως. ἐν δ' ἀγγείοις ἀχύρων καὶ ἐρίων, πέλται καὶ μικρὰ ἀσπίδια ἐν τοῖς ἐρίοις καὶ ἀχύροις κεκρυμμένα, καὶ ἄλλα δυσογκότερα ἐν σαργάναις ἀσταφίδος καὶ σύκων πλήρεσιν· ἐγχειρίδια δὲ ἐν ἀμφορεῦσι πυρῶν καὶ ἰσχάδων καὶ ἐλαιῶν. εἰσηνέχθη δὲ ἐγχειρίδια καὶ ἐν σικύοις πέποσι γυμνὰ ἀπωσμένα κατὰ τοὺς πυθμένας εἰς τὸ σπέρμα τῶν σικυῶν. ὁ δ' ἐπιβουλεύων τε καὶ ἡγεμὼν ἔξωθεν εἰσηνέχθη ἐν φρυγάνων φορήματι. νυκτὸς δὲ γενομένης, καὶ ἀθροισθέντων τῶν ἐπιθησομένων, ἕκαστος ὃν ἔδει τηρήσαντες καιρὸν,

Exemplo erit res ita gesta. nam urbs occupata fuit, quam nonnulli intus prodebant, per festi publici solemnitatem, isto pacto. Omnium primò, militibus mercede conductis, qui ob id ipsum prius in oppidum venerant; necnon civibus, qui armis carebant, & incepti participes erant futuri, thoraces linei, sagula, galeæ, scuta, item ocreæ, gladii, arcus, sagittæ; omnia hæc, inquam, intra urbem sunt allata, in capsis, composita instar onerum quibus dossuaria jumenta mercatorum onerantur, quasi vestes essent & merces aliæ. hæc quum vidissent publicani qui in portu stationem habent, ceu vestimenta essent, & nihil præterea, sigillo obsignarunt; donec mercatores qui invexerant merces indicarent. & hæ quidem capsæ prope forum conveniente loco sunt repositæ. inter crates verò, & viminea opera, & telam semitextam illatæ sunt hastæ, & jacula involuta; positaque sunt omnia iis locis ubi nullam suspicionem erant allatura. jam in vasis aceris & lanæ, peltæ paruique clypei inerant, acere & lana occultati: alia item, quæ propter molis suæ modum commodius gestantur, sportis inerant, vua passa & ficubus plenis: in orcis frumenti, caricarum & olivarum, erant pugiones. alii item in cucumeribus peponibus sunt illati, quum nudi intra cucumerum semina essent adacti. at doli architectum ipsum & ducem, qui extra urbem erat, in virgultorum onus abditum intulerunt. ubi nox advenit, postquam omnes convenissent, & singuli tempus aptum captassent, quo alii è civibus pleni vino erant, alios publica solemnitas tenebat occupatos, agendi sumtum est principium. Primò igitur solutum est onus virgultorum : atque inde statim emergens dux præsto fuit. dein alii crates evolvere, ad sumendas hastas & jacula : alius vasa aceris & lanæ aperire : quidam sportas rescindere : nonnulli capsis apertis arma promere : alii orcas frangere : ut eo citius pugiones arriperent, atque hęc omnia, ad signum quod intra urbem datum fuerat, simul administrabantur ; quum non magno spatio conjurati invicem distarent ; eratque adeo quod tunc fiebat, simile, ut cum acies ad pugnam instruitur. Postquam omnes arma sibi apta induerunt, pars conjuratorum ad turres occupandas abit, & portas quibus alios sperabant ingressuros : pars curiam & inimicorum suorum domos invadunt : alii alia loca aggrediuntur. Quidam similia his incepta quum pararent & clypeis egerent; quoniam nulla ratio alia apparandi necessaria, & arma inferendi suppetebat; vimina & artifices simul, ita *uti diximus*, introduxerunt. hi palàm quidem alia vasa texebant; noctu verò, arma, galeas, & clypeos, quibus ansas aptarunt coriaceas aut ligneas. Sed neque navigiorum, quæ nocte vel die appellunt, sive illa sint magna, sive parva, cura atque inspectio debent negligi : quinimo intrare in illa custodes portus oportet; & ut Apostolei, (*ita rei maritimæ quosdam præfectos dicebant*,) merces quæ advehuntur inquirant : memores, Sicyonios, hac observatione neglecta, detrimentũ ingens accepisse.

ἐν ᾧ μάλιστα οἰνωμένοι ἦσαν οἱ ἄλλοι κατὰ τὴν πόλιν, οἱ δὲ ἐν ἑορταῖς· πρῶτον μὲν τὸ φρύγημα ἐλύθη· καὶ ἐξ αὐτοῦ ὁ ἡγεμὼν ἕτοιμος ἦν· ἔπειτα ἄλλοι μὲν αὐτῶν τοὺς ταρσοὺς ἐξέλισσον πρὸς τὰς λήψεις τῶν δοράτων καὶ ἀκοντίων· ἕτεροι δὲ τὰ ἄγγη τῶν ἀχύρων καὶ ἐρίων· οἱ δὲ τὰς σαργάνας ἀνέτεμον. ἄλλοι δὲ τὰς κιβωτοὺς ἀνοίγοντες τὰ ὅπλα ἐξῄρουν· οἱ δὲ τοὺς ἀμφορέας συνέτριβον. ἵνα ταχεῖα ἡ λῆψις τῶν ἐγχειριδίων γένοιτο. ἅμα δὲ ταῦτα καὶ οὐ πόρρω ὄντα ἀλλήλων ἐπορσύνετο ἀπὸ σημείου τοῦ ἐν τῇ πόλει, καὶ ὡς φάλαγξ.

γενόμενοι ὁπλισθέντες δὲ ἕκαστοι τοῖς προσήκουσιν ὅπλοις, οἱ μέν τινες αὐτῶν ἐπὶ πύργους ὥρμησαν καταλαβεῖν, καὶ πύλας καθ' ἃς καὶ ἄλλους προσεδέχοντο· οἱ δ' ἐπὶ τὰ ἀρχεῖα καὶ τὰς ἐναντίων οἰκίας· οἱ δὲ ἄλλοι ἄλλων τόπων εἴχοντο. εἰς δὲ ὁμοίας πράξεις τῶν εἰρημένων δεόμενοί τινες ἀσπίδων, ἐπεὶ οὐδενὶ ἄλλῳ τρόπῳ ἠδύναντο ἑτοιμάσασθαι, οὐδὲ εἰσαγαγέσθαι ὅπλα καὶ ἐργάτας ἅμα οὕτως εἰσηγάγοντο. καὶ ἐν μὲν τῷ φανερῷ ἄλλα ἀγγεῖα ἔπλεκον, ἐν δὲ ταῖς νυξὶν ὅπλα, περικεφαλαίας καὶ ἀσπίδας. αἷς ὄχανα περιετίθεσαν σκύτινα καὶ ξύλινα· ἀλλὰ μὴν οὐδὲ τῶν κατὰ θάλασσαν προσορμιζομένων πλοίων νυκτὸς καὶ ἡμέρας, οὔτε μεγάλων οὔτε μικρῶν ἀδιασκέπτως ἔχειν· ἀλλ' ἐμβαίνοντας τούς λιμενοφύλακάς τε καὶ ἀποστολέας εἰδέναι αὐτοῖς τὰ ἀγώγιμα· ἐνθυμουμένους ὅτι καὶ Σικυώνιοι ἀμελήσαντες τῶν τοιούτων μεγάλα ἐσφάλησαν.

30 Προνοεῖν δὲ καὶ τὰ ἐπὶ πρᾶσιν εἰσα-
γόμενα, καὶ εἰς τὴν ἀγορὰν ἐκτιθέ-
μενα ὅπλα· τά τε ἐπὶ τῶν καπη-
λείων, καὶ παντοπωλείων ἀθροισθέντων πλῆθός τι γένοιτο. ὅπως
μηδενὶ ἕτοιμα ᾖ τῶν βουλομένων
νεωτερίζειν. εὔηθες γὰρ, τῶν ἀ-
φικνουμένων ἀνδρῶν ἀφαιρεῖσθαι
τὰ ὅπλα· ἐν δὲ τῇ ἀγορᾷ καὶ ταῖς
συνοικίαις ἀθρόα ὑπάρχειν, συ-
ρφάκους τε ἀσπίδων, καὶ ἐγχειριδίων κιβώτια. Διὸ δεῖ τὰ εἰσα-
φικνούμενά τε καὶ ἠθροισμένα ὅπλα
μὴ ἐκφέρεσθαί τε εἰς τὴν ἀγορὰν
καὶ νυκτερεύειν, ὅπου ἂν τύχῃ
ἀλλὰ πλὴν Δείγματος, ὅσον δὲ
ἄλλο πλῆθος ἐκτίθοιτό τις, εἶναι
31 δημόσια κρίνειν. Περὶ δὲ ἐπιστολῶν κρυφαίων, παντοῖαι μὲν
εἰσὶν αἱ πέμψεις. προσυγκεῖσθαι δὲ δεῖ πέμψαντι καὶ δεχομένῳ
ἰδίᾳ· αἱ δὲ λανθάνουσαι μάλιστα τοιαίδε ἂν εἶεν. ἐπέμφθη
ἐπιστολὴ ὧδε· εἰς φορτία ἢ ἄλλα
σκεύη ἐνεβλήθη βιβλίον, ἢ ἄλλο
τι δράμα τὸ τυχὸν καὶ μεγέθει καὶ
παλαιότητι· ἐν τούτῳ δὲ γέγραπται ἡ ἐπιστολὴ ἐπιστιζομένων
γραμμάτων ἢ δευτέρου ἢ τρίτου·
ἐπὶ στιγμαῖς δὲ ἐλαχίσταις καὶ ἀ-
δηλοτάταις πλὴν τῷ πεμπομένῳ·
εἶτα ἀφικομένου τοῦ βιβλίου παρ'
ὃν δεῖ, ἐξεγράφετο. καὶ τὰ ἐπισεση-
μασμένα γράμματα θεὶς ἐφεξῆς
τὰ ἐκ τοῦ πρώτου στίχου καὶ δευτέρου καὶ
τὰ ἄλλα ὡσαύτως, ἐγνώριζε τὰ
ἐπισταλέντα. ὀλίγα δ' ἄν τις θέ-

Prospiciendum etiam est armis illis, quæ vænalia inferuntur, & in foro promercalia exponuntur: item illis quæ in cauponis & pantopoliis solent reperiri. quæ si fuerint unum in locum collata, multa erunt. Videndum igitur ne volentibus statum civitatis sollicitare parata hæc sint. facinus enim sit nimiæ stultitiæ, peregre advenientibus arma detrahere; quum interea in foro & in amplissimis eorum diversoriis, multa extent congregata; necnon armaria clypeorum, & pugionum arcæ plenæ. Quamobrem quæcumque arma aut fuerint invecta, aut alias collecta reperientur in urbe, ea neque proferri in forum; neque usquam, alibi locorum nisi in Digmate haberi noctu debent; omnia verò quæ contra hanc formam publice aliquis exposuerit, ea publico esse quæsita judicari debent. Quod attinet ad literas occultas, varia quidem & multiplex ratio est illas mittendi: sed de quibusdam privatim inter se convenisse prius oportet eum qui misit, & eum qui accepit. quæ maxime fallere possunt rationes hæ sunt. Missa est epistola isto pacto. Liber, aut poëtę fabula, (cujuscumque magnitudinis aut vetustatis codex esset) injectus est in onera, aut alia vasa. in libro autem scripta fuit epistola, punctis notatis super literas *utiles*; putà, secundam aut tertiam. puncta autem illa literis imposita, minima esse debent, & quæ minime appareant, nisi ei ad quem epistola mittitur. ubi deinde liber ad eum pervenit, cui deferendus erat, epistola est ab eo descripta. compunctas enim notis literas ordine collocans, è primo versu selectas, deinde secundo, atque ita è cæteris, quæ in epistola fuerant comprehensa cognovit. Quod si

pauca

pauca literis ſignificare aliquis voluerit ; hoc etiam modo qui priori eſt affinis, utetur. Epiſtolam longiorem de rebus nonnullis palàm & apertè ubi ſcripſerit ; idem in iſta quoque epiſtola faciet, notas imponens literis ; quicquid volueris ſignificaturas. nota autem eſto, quoad ejus fieri poterit, parum manifeſta, punctis quibuſdam impoſitis, aut interductibus longiuſculis. ita apud alios res ſuſpicione omni carebit: ei verò ad quem mittitur, nota erit epiſtola. Mittatur homo nuntium aliquem ferens, aut etiam epiſtolam de rebus aliis manifeſtis. in profecturi vero tabellarii ſolum calceorum indatur epiſtola atque conſuatur, ipſo inſcio. ut autem nihil ſcriptis noceant neque lutum neque aquæ, ſcribatur in candido plumbo, quod malleo ad magnam tenuitatem fuerit ductum, ne literæ aquis deleantur. ubi tabellarius quò oportebat pervenerit, ipſo noctu quieſcente, ſolvat hoſpes ſuturas calceamentorum. poſtquam literas exemerit, legerit, alia clam ſcripſerit, ipſo adhuc dormiente, poſtremò inſuerit, hominem dimittat ; exaratis literis aliis quas dabit ei palàm ferendas. hoc pacto nemo alius, ac ne tabellarius quidem ipſe, conſilii erit conſcius. danda autem opera eſt, ut ejuſmodi ſuturæ fiant, quæ nullo pacto manifeſtæ ſint futuræ. Epheſum hoc modo literæ ſunt allatæ, & in urbem admiſſæ. Homo quidam eſt miſſus, habens epiſtolam in foliis ſcriptam: folia autem ulceri impoſita, ad tibiam erant alligata. Poſſit etiam inferri ſcriptura, auribus mulierum appenſa, in plumbeis chartis convoluta, quæ pro inauribus

λων ἐπιστεῖλαι, καὶ ὧδε ποιῆσαι παρόμοιον τούτῳ· ἐπιστολὴν γράψας περί τινων φανερῶς ἐν πλείοσιν, ἐν ταύτῃ τῇ ἐπιστολῇ τὸ αὐτὸ ποιεῖν ἐπισημαινόμενον· γράμματα δὲ ὅτε ἐμφανῆ, ὥσπερ ἐν * βούλῃ· τὴν δ' ἐπισημασίαν εἶναι ὡς ἀδηλωτάτην ἐπὶ στιγμαῖς διὰ πολλοῦ, ἢ γραμμαῖς παραμήκεσιν. ἃ τοῖς μὲν ἄλλοις μηδεμίαν ὑπόνοιαν ἕξει· τῷ δὲ πεμπομένῳ γνωστὴ ἔσται ἡ ἐπιστολή. Πεμπέσθω ἀνὴρ ἀγγελίαν φέρων τινὰ, ἢ καὶ ἐπιστολὴν περὶ ἄλλων φανερῶν· τοῦ δὲ μέλλοντος πορεύεσθαι κρυφαίως αὐτοῦ εἰς τὸ τῶν ὑποδημάτων πέλμα ἐντεθήτω εἰς τὸ μεταξὺ βιβλίον, καὶ καταρραπτέσθω· πρὸς δὲ τοὺς πηλοὺς καὶ τὰ ὕδατα, εἰς κασσίτερον ἠλασμένον λεπτὸν γραφέσθω, πρὸς τὸ μὴ ἀφανίζεσθαι ὑπὸ τῶν ὑδάτων τὰ γράμματα· ἀφικομένου δὲ παρ' ὃν δεῖ, καὶ ἀναπαυομένου ἐν τῇ νυκτὶ, ἀναλυέτω τὰς ῥαφὰς τῶν ὑποδημάτων. καὶ ἐξελὼν, καὶ ἀναγνοὺς, ἀναγράψας λάθρα ἔτι τούτου καθεύδοντος, καὶ ἐγκαταρράψας ἀποστελλέτω τὸν ἄνδρα, ἐπιστείλας καὶ δοὺς τι φέρειν φανερῶς. οὕτως οὖν οὔτε ἄλλος οὔτε ὁ φέρων εἰδήσει. χρὴ δὲ τὰς ῥαφὰς τῶν ὑποδημάτων ὡς ἀδηλοτάτας ποιεῖν. Εἰς Ἔφεσον δ' εἰσεκομίσθη γράμματα τρόπῳ τοιῷδε. Ἄνθρωπος ἐπέμφθη ἐπιστολὴν ἔχων φύλλοις γεγραμμένην· τὰ δὲ φύλλα ἐφ' ἕλκει καταδεδεμένα ἦν ἐπὶ κνήμην. εἰσενεχθείη δ' ἂν γραφὴ καὶ ἐν τοῖς γυναικῶν ὠσὶν ἐχούσαις ἀντ' ἐνωτίων ἐνειλημμένοις λε-

πτοῖς

τοῖς μολιβδίνοις. ἐκομίσθη δὲ ἐπιστολὴ περὶ προδοσίας εἰς τὸ στρατόπεδον ἀντικαθήμενον πολέμιον, ὑπὸ τῶν προδιδόντες, ὧδε. Τῶν ἐξιόντων ἱππέων ἐκ τῆς πόλεως εἰς προνομὴν τῆς πολεμίων ἑνὶ ἐγκατερράφη ὑπὸ τὰ πτερύγια τοῦ θώρακος, βιβλίον ἐν ᾧ ἐντέταλτο, ἐάν τις ἐπιφαίνᾳ τῶν πολεμίων ἤδη, πεσεῖν ἀπὸ τοῦ ἵππου ὡς ἄκοντα καὶ ζωγρηθῆναι· παραγενομένου δὲ ἐν τῷ στρατοπέδῳ, ἀποδοθῆναι τὸ βιβλίον ὡς δεῖ ὑπηρέτῃ. Ἄλλος δὲ ἱππέα ἐκπέμπων, εἰς τὴν ἡνίαν τοῦ χαλινοῦ βιβλίον ἐνέγραψεν. ἐγένετο δὲ περὶ ἐπιστολὴν τοιόνδε. πόλεως γὰρ πολιορκουμένης, ἐπεὶ παρῆλθεν ἔσω τῆς πόλεως ὁ κομίζων τὰς ἐπιστολὰς, τῷ μὲν προδιδόντι ᾧ προσέφερεν, οὐκ ἀποδίδωσι· πρὸς δὲ τὸν ἄρχοντα τῆς πόλεως ἦλθε μηνύων, καὶ τὰς ἐπιστολὰς ἐδίδου. ὁ δ' ἀκούσας ἐκέλευε ταύτας μὲν τὰς ἐπιστολὰς οἷς ἔφερεν ἀποδοῦναι· τὰς δὲ παρ' ἐκείνων, εἰ ἀληθές τι μηνύοι, παρ' αὐτὸν ἐνεγκεῖν. καὶ ὁ μηνύων, ταῦτ' ἔπραξεν. ὁ δὲ ἄρχων λαβὼν τὰς ἐπιστολὰς, καὶ ἀνακαλεσάμενος τοὺς ἀνθρώπους, τὰ σημεῖα ἐδείκνυε τῶν δακτυλίων, ἅπερ ὡμολόγουν αὐτοῖς εἶναι· καὶ λύων τὰ βιβλία, ἐδήλου τὸ πρᾶγμα. τεχνικῶς δὲ δοκεῖ φωρᾶσαι *, ὅτι τὰς πεμπομένας παρὰ τοῦ ἀνθρώπου, ὅτι καὶ ἔλαβε. ἦν γὰρ αὐτοῖς ἀρνηθῆναι καὶ φάσκειν ἐπιβουλεύεσθαι ὑπό τινος. τὰς δ' ἀντιποστελλομένας λαβὼν, ἀσυμπλέκτως ἤλεγξε. Κομίζεται δὲ καὶ ὧδε. Κύστιν ἰσομεγέθη ληκύθῳ ὁπόση ἂν βούλει πρὸς τὸ πλῆθος τῶν γραφη-

erunt. Allata etiam eſt à proditore quodam epiſtola de proditione, in caſtra hoſtium è regione caſtrametantium, iſto pacto. Equitum ad populandos inimicorum fines exeuntium, uni ſub thoracis alis conſuta eſt epiſtola; cui equiti mandatum fuerat, ut ſicunde hoſtes apparerent, de equo ſuo caderet; idque ſibi invito accidiſſe ſimularet, ac capi ſe vivum operam daret. poſtquam ad caſtra foret ventum, daret epiſtolam cui oportebat Alius equitem urbe emittens, frenorum habenis epiſtolam inſuit. Accidit vero & hujuſmodi caſus circa literas. Urbs quædam obſidebatur. in hanc quum eſſet lator literarum ingreſſus, proditori quidem, cui eas afferebat, non tradidit. ſed ad magiſtratum adiit, rei indicium deferens, atque ei dat literas. ille re cognita, epiſtolas quidem reddi eis juſſit, cui afferebat: quas autem ab iis acciperet, ut eas, ſi vera eſſent quæ indicabat, ad ſe deferret. quod fuerat juſſus index fecit. magiſtratus literis acceptis, auctores earum accerſit; ſigna annulorum eis oſtendit; fatentur illi ſua eſſe ſigna tum apertis literis, rem omnem patefacit. qui mihi videtur magna arte verum indagaſſe; quòd literas ab exteris miſſas à tabellario non acceperit. proditores enim & negare, & ab aliquo ſibi inſidias ſtrui, dicere poterant. nunc reſponſa ad illas literas in poteſtate habens; fraudem ita arguit, ut proditores mutire contra nihil poſſent. Deferuntur etiam iſto pacto. Veſicam magnitudine parem ampullæ, cujuſcumque illam magnitudinis eligere volueris pro copia rerum ſcribenscrib darum, inflatam, dein firme ligat, siccato. postea atramento, cui p sculum glutini admixtum, scrib super ipsa quicquid volueris. ubi ja literæ siccæ fuerint, flatum vesic xime; & compressam indito in am ullam. os autem vesicæ promin ultra ampullæ operculum. secun um hæc, ubi vesicam, quæ amp æ est indita, inflatam, ut quàm naxime poterit fieri distendatur, o impleveris; quod prominet illius tra ampullam circuncide, & ejus c apta sic, ut nullum ejus vestigi appareat. hanc ampullam prob bturatam feras in aperto licet. c ippe oleum quod ei inest, pelluceb neque aliud quicquam ei inesse a arebit. Factum antea hoc etiam ; quidam in tabella lignea quum cripsisset, ceram superillevit, & cer alia inscripsit. deinde ut ventum ad eum cui scribebatur; is cera tersa, & lectis quæ scripta erant postquam alia similiter scripsisse hominem dimisit. Dicitur etiam uidam, in buxeam tabellam quum scripsisset atramento quàm optin, scripturam sivisse desiccari m autem albo illito, ne literæ appar ent, fecisse. postquam igitur a eum ventum, cui epistola mitti r; is tabellam in aquam immisit ita quicquid fuerat scriptum in aq apparebit. Scribi etiam queat in tab la pictoris quicquid volueris. deind hac dealbata & siccata, Lucifer ues pingendus, aut quidvis aliud o libidine; puta, vestimentum um, equus albus; aut si mavi lius coloris, nigro excepto. deind alicui tabella est danda;

σμένων, φυσήσας καὶ ἀποδήσας σφόδρα ξηρᾶναι, ἔπειτα ἐπ' αὐτῆς γράψαι ὅ,τι ἂν βούλει μέλανι κατακόλλῳ. ξηρανθέντων δὲ τῶν γραμμάτων, ἔξελε τὴν πνοὴν τῆς κύστιδος, καὶ συμπιέσας εἰς λήκυθον ἐνθεῖναι· τὸ δὲ στόμα τῆς κύστιδος, ὑπερεχέτω τοῦ πόματος τῆς ληκύθου. ἔπειτα φυσήσας τὴν κύστιν ἐν τῇ ληκύθῳ ἐνοῦσαν ἵνα διαταθῇ ὡς μάλιστα ἐλαίου ἐμπλήσαντα, περιτεμεῖς τῆς κύστιδος τὸ ὑπερέχον τῆς ληκύθου, καὶ προσαρμόσαι τῷ στόματι ὡς ἀδηλότατα. καὶ βύσαντα τὴν λήκυθον, κομίζειν φανερῶς. διαφανές τε οὖν τὸ ἔλαιον ἔσται ἐν τῇ ληκύθῳ, καὶ οὐδὲν ἄλλο φανεῖται ἐνόν. ὅταν δὲ ἔλθῃ παρ' ὃν δεῖ, ἐξεράσας τὸ ἔλαιον, ἀναγνώσεται φυσήσας τὴν κύστιν, καὶ ἐκσπογγίσας. καὶ κατὰ ταυτὰ εἰς τὴν αὐτὴν γράψας, ἀποστελλέτω. Ἤδη δέ τις ἐν δέλτῳ ἐνξύλῳ γράψας, κηρὸν ἐπέθηκε, καὶ ἄλλα εἰς τὸν κηρὸν ἐνέγραψεν. εἶτα ὅταν ἔλθῃ παρ' ὃν δεῖ, ἐκκνίσας τὸν κηρὸν, καὶ ἀναγνοὺς, γράψας πάλιν, ὡσαύτως, ἀπέστειλε. Λέγεται καὶ εἰς πυξίον γράψαντα μέλανι ὡς βελτίστῳ, ἐᾶν ξηρανθῆναι· ἔπειτα λευκώσαντα, ἀφανίζειν τὰ γράμματα. ὅταν οὖν ἀφίκηται παρὰ τὸν πεμπόμενον, λαβόντα εἰς ὕδωρ θεῖναι τὸ πυξίον. φανεῖται οὖν ἐν τῷ ὕδατι ἀκριβῶς ἅπαντα τὰ γεγραμμένα. γράφοιτο δ' ἂν καὶ εἰς πινάκιον ἡρωϊκὸν ἅπερ ἂν βούλει· ἔπειτα καταλευκῶσαι, καὶ ξηράναντα γράψαι, ἱππέα φωσφόρον, ἢ ὅ, τι ἂν βούλει ἱματισμὸν λευκὸν, καὶ τὸν ἵππον λευκόν. εἰ δὲ μή,

καὶ ἄλλῳ

στοῖς μολιβδίνοις. ἐκομίσθη δὲ καὶ
ἐπιστολὴ περὶ προδοσίας εἰς τὸ στρατόπεδον ἀντικαθημένων πολεμίων,
ὑπὸ τοῦ προδιδόντος, ὧδε. Τῶν ἐξιόντων ἱππέων ἐκ τῆς πόλεως εἰς προνομὴν τῶν πολεμίων ἑνὶ ἐγκατερράφη ὑπὸ τὰ πτερύγια τοῦ θώρακος,
βιβλίον ἐν ᾧ ἐντέταλτο, ἐάν τις ἐπι-
φαίνηται τῶν πολεμίων ἤδη, πεσεῖν
ἀπὸ τοῦ ἵππου ὡς ἄκοντα καὶ ζωγρη-
θῆναι· παραγενομένου δ' ἐν τῷ
στρατοπέδῳ, ἀποδοθῆναι τὸ βιβλίον
ὡς δεῖ ὑπηρέτῃ. Ἄλλος δὲ ἱππέα ἐκπέμπων, εἰς τὴν ἡνίαν
τοῦ χαλινοῦ βιβλίον ἐνέγραψεν. ἐ-
γένετο δὲ περὶ ἐπιστολὴν τοιόνδε. πόλεως γὰρ πολιορκουμένης, ἐπεὶ
παρῆλθεν ἔσω τῆς πόλεως ὁ κομίζων
τὰς ἐπιστολάς, τῷ μὲν προδιδόντι
ᾧ προσέφερεν, οὐκ ἀποδίδωσι· πρὸς
δὲ τὸν ἄρχοντα τῆς πόλεως ἦλθε μηνύων, καὶ τὰς ἐπιστολὰς ἐδίδου. ὁ δ'
ἀκούσας ἐκέλευε ταύτας μὲν τὰς
ἐπιστολὰς οἷς ἔφερεν ἀποδοῦναι· τὰς
δὲ παρ' ἐκείνων, εἰ ἀληθές τι μηνύοι,
παρ' αὐτὸν ἐνεγκεῖν. καὶ ὁ μηνύων,
ταῦτ' ἔπραξεν. ὁ δὲ ἄρχων λαβὼν
τὰς ἐπιστολάς, καὶ ἀνακαλεσάμενος τοὺς ἀνθρώπους, τὰ σημεῖα ἐ-
δείκνυε τῶν δακτυλίων, ἅπερ ὡμολόγουν αὐτοῖς εἶναι· καὶ λύων τὰ βιβλία, ἐδήλου τὸ πρᾶγμα. τεχνικῶς
δὲ δοκεῖ φωράσαι *, ὅτι τὰς πεμπομένας παρὰ τοῦ ἀνθρώπου, ὅτι
καὶ ἔλαβε. ἦν γὰρ αὐτοῖς ἀρνηθῆναι καὶ φάσκειν ἐπιβουλεύεσθαι
ὑπό τινος. τὰς δ' ἀντιποστελλομένας λαβών, ἀσυμπλέκτως ἤλεγξε. Κομίζεται δὲ καὶ ὧδε. Κύστιν ἰσομεγέθη ληκύθῳ ὁπόση ἂν
βούλῃ πρὸς τὸ πλῆθος τῶν γραφη-

erunt. Allata etiam est à p
quodam epistola de prodit
castra hostium è regione c
tantium, isto pacto. Equi
populandos inimicorum fin
tium, uni sub thoracis alis
est epistola; cui equiti ma
fuerat, ut sicunde hostes ap
de equo suo caderet; idque
to accidisse simularet, ac c
vum operam daret. postquā
stra foret ventum, daret e
cui oportebat. Alius equit
emittens, frenorum haben
lam insuit. Accidit vero & h
di casus circa literas. Urbs
obsidebatur. in hanc quum e
literarum ingressus, prodi
dem, cui eas afferebat, non
sed ad magistratum adiit,
cium deferens, atque ei d
ille re cognita, epistolas qui
di eis jussit, cui afferebat: qu
ab iis acciperet, ut eas, si ve
quæ indicabat, ad se deferr
fuerat jussus index fecit. ma
literis acceptis, auctores ea
cersit; signa annulorum eis
fatentur illi sua esse signa t
tis literis, rem omnem patef
mihi videtur magna arte ve
dagasse; quòd literas ab ext
sas à tabellario non acceperi
tores enim & negare, & a
sibi insidias strui, dicere
nunc responsa ad illas litera
state habens; fraudem ita a
proditores mutire contra n
sent. Deferuntur etiam ist
Vesicam magnitudine par
pullæ, cujuscumque illam n
dinis eligere volueris pro cop

scribendarum, inflatam, dein firme ligatam, siccato. postea atramento, cui plusculum glutini admixtum, scribe super ipsa quicquid volueris. ubi jam literæ siccæ fuerint, flatum vesica exime; & compressam indito in ampullam. os autem vesicæ promineto ultra ampullæ operculum. secundum hæc, ubi vesicam, quæ ampullæ est indita, inflatam, ut quàm maxime poterit fieri distendatur, oleo impleveris; quod prominet illius extra ampullam circuncide, & ejus ori apta sic, ut nullum ejus vestigium appareat. hanc ampullam probe obturatam feras in aperto licet. quippe oleum quod ei inest, pellucebit: neque aliud quicquam ei inesse apparebit. Factum antea hoc etiam est; quidam in tabella lignea quum scripsisset, ceram superillevit, & ceræ alia inscripsit. deinde ut ventum est ad eum cui scribebatur; is cera detersa, & lectis quæ scripta erant; postquam alia similiter scripsisset, hominem dimisit. Dicitur etiam quidam, in buxeam tabellam quum scripsisset atramento quàm optimo, scripturam sivisse desiccari: tum autem albo illito, ne literæ apparerent, fecisse. postquam igitur ad eum ventum, cui epistola mittitur; is tabellam in aquam immisit. ita quicquid fuerat scriptum in aqua apparebit. Scribi etiam queat in tabella pictoris quicquid volueris. deinde hac dealbata & siccata, Lucifer eques pingendus, aut quidvis aliud pro libidine; puta, vestimentum album, equus albus; aut si mavis alius coloris, nigro excepto. deinde alicui tabella est danda;

σεμένων, φυσήσας καὶ ἀποδήσας σφόδρα ξηρᾶναι, ἔπειτα ἐπ' αὐτῆς γράψαι ὅ, τι ἂν βούλει μέλανι καζακόλλῳ. ξηρανθέντων δὲ τῶν γραμμάτων, ἔξελε τὴν πνοὴν τῆς κύστιδος, καὶ συμπιέσας εἰς λήκυθον ἐνθεῖναι· τὸ δὲ στόμα τῆς κύστιδος, ὑπερεχέτω τοῦ πώματος τῆς ληκύθου. ἔπειτα φυσήσας τὴν κύστιν ἐν τῇ ληκύθῳ ἐνοῦσαν ἵνα διατεθῇ ὡς μάλιστα ἐλαίου ἐμπλήσαντα, περιτεμεῖς τῆς κύστιδος τὸ ὑπερέχον τῆς ληκύθου, καὶ προσαρμόσαι τῷ στόματι ὡς ἀδηλότατα. καὶ βύσαντα τὴν λήκυθον, κομίζειν φανερῶς. διαφανές τε οὖν τὸ ἔλαιον ἔσται ἐν τῇ ληκύθῳ, καὶ οὐδὲν ἄλλο φανεῖται ἐνόν. ὅταν δὲ ἔλθῃ παρ' ὃν δεῖ, ἐξεράσας τὸ ἔλαιον, ἀναγνώσεται φυσήσας τὴν κύστιν, καὶ ἐκσπογγίσας. καὶ κατὰ ταυτὰ εἰς τὴν αὐτὴν γράψας, ἀποστελλέται. Ηδη δέ τις ἐν δέλτῳ ἐνξύλῳ γράψας, κηρὸν ἐπέθηκε, καὶ ἄλλα εἰς τὸν κηρὸν ἐνέγραψεν. εἶτα ὅταν ἔλθῃ παρ' ὃν δεῖ, ἐκκνίσας τὸν κηρὸν, καὶ ἀναγνοὺς, γράψας πάλιν, ὡσαύτως, ἀπέστειλε. Λέγεται καὶ εἰς πυξίον γράψαντα μέλανι ὡς βελτίστῳ, ἐᾶν ξηρανθῆναι· ἔπειτα λευκώσαντα, ἀφανίζειν τὰ γράμματα. ὅταν οὖν ἀφίκηται παρὰ τὸν πεμπόμενον, λαβόντα εἰς ὕδωρ θεῖναι τὸ πυξίον. φανεῖται οὖν ἐν τῷ ὕδατι ἀκριβῶς ἅπαντα τὰ γεγραμμένα. γράφοιτο δ' ἂν καὶ εἰς πινάκιον ἡρωϊκὸν ἅπερ ἂν βούλει· ἔπειτα καταλευκῶσαι, καὶ ξηράναντα γράψαι, ἱππέα φωσφόρον, ἢ ὅ, τι ἂν βούλει ἱματισμὸν λευκὸν, καὶ τὸν ἵππον λευκόν. εἰ δὲ μὴ,

καὶ ἄλλῳ

καὶ ἄλλα χρώματα, πλὴν μέλανος. ἔπειτα δοῦναί τινι ἀναθεῖναι ἐγγὸς τῆς πόλεως, εἰς ὃ ἐὰν τύχῃ ἱερὸν, ὡς εὐξάμενος. ὅταν δὲ δεῖ ἀναγνῶναι τὰ γεγραμμένα, χρὴ ἐλθόντα εἰς τὸ ἱερὸν, καὶ γνόντα τὸ πινάκιον συσσήμῳ τινὶ προσυγκείμενα, ἀπενείκαντα εἰς οἶκον, θεῖναι εἰς ἔλαιον. πάντα οὖν τὰ γεγραμμένα φανεῖται. πασῶν μὲν ἀδηλοτάτη πέμψις, πραγματωδεστάτη δὲ, νῦν μοι διὰ γραμμάτων ἐμφανισθήσεται· ἔστι δὲ τοιάδε. Ἀστράγαλον εὐμεγέθης τρυπῆσαι εἰς εἴκοσι καὶ τέτταρα τρήματα. ἓξ εἰς ἑκάστην πλευρὰν τοῦ ἀστραγάλου· ἔστω δὲ τὰ τρυπήματα τοῦ ἀστραγάλου ἀφ' ἧς ἂν πλευρᾶς ἄρξῃ τὸ Ἄλφα καὶ τὰ ἐχόμενα, ἅπερ ἐν ἑκάστῃ πλευρᾷ γέγραπται. μετὰ δὲ ταῦτα, ὅταν τινὰς θέλῃς ἐν αὐτῇ τίθεσθαι λόγους, λίνῳ διείρειν ἐὰν τῇ διέρσει τοῦ λίνου, ἀρξάμενος ἐκ τῆς πλευρᾶς τοῦ ἀστραγάλου ἐν ᾗ τὸ Ἄλφα ἐστι, παρελθὼν τὰ ἐχόμενα τούτων γράμματα, ὅταν ἔλθῃ εἰς πλευρὰν οὗ ταῦτά ἐστι, διείρειν πάλιν· παρεὶς δὲ τούτου τὰ ἐχόμενα, ὅπου συμβαίνει εἶναι· καὶ πάλιν παρεὶς τὰ ἐχόμενα τούτου ὅπου ἔνεστι διείρειν τὸν λίνον· καὶ οὕτω τὰ ἐπίλοιπα τοῦ λόγου ἀντιγράφων ἐνείρει εἰς τὰ τρυπήματα, ὥσπερ ὄνομα. ἔσται οὖν περὶ τὸν ἀστράγαλον ἀγαθὶς λίνου πεμπομένη. δεήσει δὲ ἀναγινώσκοντα ἀναγράφεσθαι εἰς δέλτον τὰ δηλούμενα γράμματα ἐκ τῶν

ista leget, literas per foramina

qui in templo, quod primum fuerit extra urbem obvium, eam pro donario suspendat, ceu religione voti obligatus. Quando autem legere quæ scripta sunt oportebit; ad ædem sacram accedendum, & per signum quod prius convenerit tabula agnita, & domum allata, in oleo ponere ipsam oportet. omnia igitur quę scripta sunt fient manifesta. Declarabitur nunc à me ratio mittendi epistolas, illa quidem omnium occultissima; sed & operosissima. est autem hæc. In talo satis magno foramina quatuor & viginti facito: sena videlicet in quoque latere. Sunto autem tali foramina literæ *Græcorum*. tu vero memento in quo latere prima literarum Alpha fuerit locata, & illi proximæ. cum igitur sermonem aliquem volueris exprimere, fili trajectione per foramina id tibi faciendum. in trajectione autem fili, orsus ab eo tali latere ubi est Alpha *atque per id foramen trajecto filo*, proximè notatas literas transgressus; postquam ad latus illud perveneris, ubi est Jota, trajice rursum. proximas deinde literas iterum omitte, donec illuc veneris ubi est *Delta*; ibi filum trajice. præteri denuo proximè sequentes literas, usque dum sit ventum ad *Ypsilon*. eo loci filum ut prius trajice: atque ita fac in cæteris literis hujus sermonis, ΑΙ ΔΥΝΑΜΕΙΣ ΑΠΕΣΤΗΣΑΝ; EXERCITUS FIDEM MUTARUNT. scriptionis, inquam, loco, trajectione fili in cunctis literis utere, quasi esset nomen unum. Erit igitur quod mittetur, velut glomus quidam fili circa talum. illū verò qui designatas in pugillaribus aut tabellis descri-

describere oportebit. porrò exempli contrario ordine fiet atque inserto. sed quod literæ inverso ordine in pugillaribus describentur, id verò nil refert: non enim propterea minus sermo cognoscetur. quanquam plus sane operis est in cognoscendis quæ scripta sunt, quàm in opere ipso conficiendo. Concinnius autem hoc fiet si lignum unius quasi spithamæ vel dodrantis, secundum literarum numerum fuerit perforatum: deinde linum per foramina trajiciatur. Quoties autem bis in idem foramen fuerit filum trajiciendum, sicut litera eadem bis continenter scribitur: prius quàm posteriorem trajectionem facias, filum circa lignum circumjicito. Fiet idem & hoc pacto. Tali aut ligni loco orbem ligneum lævigato: deinde in ejus ambitu literarum XXIV elementa perforato. vitandæ autem suspicioni, alia quoque per medium orbem facito foramina: linum autem, per elementa continuatim ita disposita, filum trajice. si quando autem littera eadem bis occurrat scribenda, filo prius inserto in foramina medii circuli, iterum in literam eandem filum insere. literas appello foramen unumquodque. Hoc quoque à nonnullis factum; ut in subtilissima charta, *sive alia ad scribendum materia*, longos versus literis subtilibus scriberent; ita ut epistola propter molis modum esset ad ferendum commodissima: deinde ea subjecta est tunicæ humero: & extrema tunica eandem in partem replicata. videtur igitur extra omnem suspicionem futura epistolæ latio, sive quis tunicam induat, sive

τρυπημάτων. ἀνάπαλιν δὲ γίνεται ἡ * ἐξίωσις τῇ ἐνέρσει. διαφέρει δὲ οὐδὲν τὰ γράμματα ἀνάπαλιν γραφῆναι εἰς δέλτον. οὐδὲν γὰρ ἧττον γνωσθήσεται. καταμαθεῖν δὲ πλεῖστον ἔργον ἐστὶ τὰ γεγραμμένα, ἢ τὸ ἔργον αὐτὸ γενέσθαι. εὐπρεπέστερον δ' ἂν τοῦτο γίνοιτο, ξύλου ὡς σπιθαμιαίου τρυπηθέντος, ὅσα γε τὰ στοιχεῖα τῶν γραμμάτων, ἔπειτα ὡσαύτως ἐνείρειν τὸ λίνον εἰς τὰ τρυπήματα· ὅπου δ' ἂν εἰς τὸ αὐτὸ τρύπημα συμβῇ δὶς ἐνείρεσθαι, ὥσπερ τὸ αὐτὸ γράμμα δὶς ἐφεξῆς γράφεσθαι· προπεριελίξαντα τὸ λίνον περὶ τὸ ξύλον ἐνείρειν. γίνοιτο δ' ἂν καὶ ὧδε. ἀντὶ τοῦ ἀστραγάλου καὶ ξύλου, ποιήσας κύκλον ξύλινον λεᾶναι καὶ τρῆσαι ἐφεξῆς κύκλῳ τὰ στοιχεῖα τῶν γραμμάτων, τὰ τέτταρα καὶ εἴκοσι. ὑποψίας δὲ ἕνεκεν καὶ ἄλλα ἐν μέσῳ τοῦ κύκλου τρυπῆσαι. ἔπειτα οὕτω εἰς τὰ στοιχεῖα ἐφεξῆς ὄντα, τὸ λίνον ἐνείρειν· ὅταν δὲ δὶς τὸ αὐτὸ γράμμα συμβαίνει, γράφειν ἐκ τῶν ἐν μέσῳ τρυπημάτων, περιενείροντα, εἰς τὸ αὐτὸ γράμμα ἐνεῖραι. γράμματα δὲ λέγω τὸ τρύπημα. Ἤδη δέ τινες εἰς τὸ βιβλίον γράψαντες ὡς λεπτότατον μακροὺς στίχους, καὶ λεπτὰ γράμματα, ἵν' ὡς εὐογκοτάτη γίνηται ἡ ἐπιστολή. εἶτα ἐπὶ τῷ ὤμῳ τοῦ χιτῶνος ὑποθέντες, καὶ ἀποπτύξαντες τοῦ χιτωνίσκου ἐπὶ τῷ ὤμῳ, ἀνύποπτος δὴ δοκεῖ εἶναι ἡ κομιδὴ τῆς ἐπιστολῆς καὶ ἐνδεδυκότος τινὸς τὸν χιτω-

καὶ ἄλλῳ χρώματι, πλὴν μέλανος. ἔπειτα δοῦναι τινὶ ἀναθεῖναι ἐγγὸς τῆς πόλεως, εἰς ὃ ἐὰν τύχῃ ἱερὸν, ὡς εὐξάμενος. ὅταν δὲ δεῖ ἀναγνῶναι τὰ γεγραμμένα, χρὴ ἐλθόντα εἰς τὸ ἱερὸν, καὶ γνόντα τὸ πινάκιον συσσήμῳ τινὶ προσυγκείμενον, ἀπενείκαντα εἰς οἶκον, θεῖναι εἰς ἔλαιον. πάντα οὖν τὰ γεγραμμένα φανεῖται. πασῶν μὲν ἀδηλοτάτη πέμψις, πραγματωδεστάτη δὲ, νῦν μοι διὰ γραμμάτων ἐμφανισθήσεται· ἔστι δὲ τοιάδε. Ἀστράγαλον εὐμεγέθη τρυπῆσαι εἰς εἴκοσι καὶ τέτταρα τρήματα. ἓξ εἰς ἑκάστην πλευρὰν τοῦ ἀστραγάλου· ἔστω δὲ τὰ τρυπήματα τοῦ ἀστραγάλου ἀφ' ἧς ἂν πλευρᾶς ἄρξῃ τὸ Αλφα καὶ τὰ ἐχόμενα, ἅπερ ἐν ἑκάστῃ πλευρᾷ γέγραπται. μετὰ δὲ ταῦτα, ὅταν τινὰς θέλῃς ἐν αὐτῷ τίθεσθαι λόγους, λίνῳ διείρειν ἐὰν τῇ διέρσει τοῦ λίνου, ἀρξάμενος ἐκ τῆς πλευρᾶς τοῦ ἀστραγάλου ἐν ᾗ τὸ Αλφα ἐστι, παρελθὼν τὰ ἐχόμενα τούτων γράμματα, ὅταν ἔλθῃ εἰς πλευρὰν οὗ ταῦτά ἐστι, διείρειν πάλιν· παρεὶς δὲ τούτου τὰ ἐχόμενα, ὅπου συμβαίνει εἶναι· καὶ πάλιν παρεὶς τὰ ἐχόμενα τούτου ὅπου ἔνεστι διείρειν τὸν λίνον· καὶ οὕτω τὰ ἐπίλοιπα τοῦ λόγου ἀντιγράφων ἐνείρειν εἰς τὰ τρυπήματα, ὥσπερ ὄνομα. ἔσται οὖν περὶ τὸν ἀστράγαλον ἀγαθὶς λίνου πεμπομένη. δεήσει δὲ τὸν ἀναγινώσκοντα ἀναγράφεσθαι εἰς δέλτον τὰ δηλούμενα γράμματα ἐκ τῶν

ista leget, literas per foramina

qui in templo, quod prim extra urbem obvium, eam rio suspendat, ceu religion ligatus. Quando autem le; scripta sunt oportebit; ad cram accedendum, & pe quod prius convenerit tabu & domum allata, in ol ipsam oportet. omnia igitu pta sunt fient manifesta. I tur nunc à me ratio mitten las, illa quidem omnium ma; sed & operosissima. hæc. In talo satis magno quatuor & viginti facito: licet in quoque latere. Sun tali foramina literæ *Græc* vero memento in quo late literarum Alpha fuerit loca proximæ. cum igitur serm quem volueris exprimere, ctione per foramina id til dum. in trajectione autem ab eo tali latere ubi est Al *per id foramen trajecto filo* notatas literas transgressu quam ad latus illud perve est Jota, trajice rursum. pro inde literas iterum omitte, luc veneris ubi est *Delta*; trajice. præteri denuo pr quentes literas, usque dur tum ad *Ypsilon* eo loci filu trajice: atque ita fac in cæt hujus sermonis, ΑΙ ΔΥ ΑΠΕΣΤΗΣΑΝ; EXERCIT MUTARUNT. scriptionis, loco, trajectione fili in cun utere, quasi esset nomen ur igitur quod mittetur, veh quidam fili circa talum. illi designatas in pugillaribus a

it
it pri
s liter
ΜΕ
FIDE
qu
s li
n.
glo
erò qu
tabelli
descri

describere oportebit. porrò exemptio contrario ordine fiet atque insertio. sed quod literæ inverso ordine in pugillaribus describentur, id verò nihil refert: non enim propterea minus sermo cognoscetur. quanquam plus sane operis est in cognoscendis quę scripta sunt, quàm in opere ipso conficiendo. Concinnius autem hoc fiet, si lignum unius quasi spithamæ vel dodrantis, secundum literarum numerum fuerit perforatum: deinde filum per foramina trajiciatur. Quoties autem bis in idem foramen fuerit filum trajiciendum, sicut litera eadem bis continenter scribitur: prius quàm posteriorem trajectionem facias, filum circa lignum circunducito. Fiet idem & hoc pacto. Tali aut ligni loco orhem ligneum lævigato: deinde in ejus ambitu literarum XXIV elementa perforato. vitandæ autem suspicioni, alia quoque per medium orhem facito foramina: tum autem, per elementa continua serie ita disposita, filum trajice. si quando autem littera eadem bis occurrat scribenda, filo prius inserto in foramina medii circuli, iterum in literam eandem filum insere. literas appello foramen unumquodque. Hoc quoque à nonnullis factum; ut in subtilissima charta, *sive alia ad scribendum materia*, longos versus literis subtilibus scriberent; ita ut epistola propter molis modum esset ad ferendum commodissima: deinde ea subjecta est tunicæ humero: & extrema tunica eandem in partem replicata. videtur igitur extra omnem suspicionem futura epistolæ latio, sive quis tunicam induat, sive

τρυπημάτων. ἀνάπαλιν δὲ γίνεται ἡ * ἐξίωσις τῇ ἐνέρσει· διαφέρει δὲ οὐδὲν τὰ γράμματα ἀνάπαλιν γραφῆναι εἰς δέλτον. οὐδὲν γὰρ ἧττον γνωσθήσεται. καταμαθεῖν δὲ πλεῖστον ἔργον ἐστὶ τὰ γεγραμμένα, ἢ τὸ ἔργον αὐτὸ γενέσθαι. εὐπρεπέστερον δ᾽ ἂν τοῦτο γίνοιτο, ξύλου ὡς σπιθαμιαίου τρυπηθέντος, ὅσα γε τὰ στοιχεῖα τῶν γραμμάτων, ἔπειτα ὡσαύτως ἐνείρειν τὸ λίνον εἰς τὰ τρυπήματα· ὅπου δ᾽ ἂν εἰς τὸ αὐτὸ τρύπημα συμβῇ δὶς ἐνείρεσθαι, ὥσπερ τὸ αὐτὸ γράμμα δὶς ἐφεξῆς γράφεσθαι· προπεριελίξαντα τὸ λίνον περὶ τὸ ξύλον ἐνείρειν. γίνοιτο δ᾽ ἂν καὶ ὧδε. ἀντὶ τοῦ ἀστραγάλου καὶ ξύλου, ποιήσας κύκλον ξύλινον λεᾶναι καὶ τρῆσαι ἐφεξῆς κύκλῳ τὰ στοιχεῖα τῶν γραμμάτων, τὰ τέτταρα καὶ εἴκοσι. ὑποψίας δὲ ἕνεκεν καὶ ἄλλα ἐν μέσῳ τοῦ κύκλου τρυπῆσαι. ἔπειτα οὕτως εἰς τὰ στοιχεῖα ἐφεξῆς ὄντα, τὸ λίνον ἐνείρειν· ὅταν δὲ δὶς τὸ αὐτὸ γράμμα συμβαίνει, γράφειν ἐκ τῶν ἐν μέσῳ τρυπημάτων, προενείροντα, εἰς τὸ αὐτὸ γράμμα ἐνεῖραι. γράμματα δὲ λέγω τὸ τρύπημα. Ἤδη δέ τινες εἰς τὸ βιβλίον γράψαντες ὡς λεπτότατον μακροὺς στίχους, καὶ λεπτὰ γράμματα, ἵν᾽ ὡς εὐογκοτάτη γίνηται ἡ ἐπιστολή. εἶτα ἐπὶ τῷ ὤμῳ τοῦ χιτῶνος ὑποθέντες, καὶ ἀποπτύξαντες τοῦ χιτωνίσκου ἐπὶ τῷ ὤμῳ, ἀνύποπτος δὴ δοκεῖ εἶναι ἡ κομιδὴ τῆς ἐπιστολῆς καὶ ἐνδεδυκότος τινὸς τὸν χιτω-

νίσκον,

νίσκον, καὶ οὕτω φερόμενον. Μαρτύριον δὲ ὅτι τὰ εἰσπεμπόμενα μετ' ἐπιβουλῆς χαλεπὸν φυλάξαι. Οἱ γοῦν περὶ Ἴλιον ἄνθρωποι ἐκ τοσούτου χρόνου καὶ οὕτω διατεταγμένοι, οὔπω δύνανται φυλάξαι μὴ εἰσελθεῖν αὐτοῖς τὰς Λοκρίδας. καίτοι τοσοῦτον ἐστὶν αὐτοῖς ἐστὶν ἡ σπουδὴ καὶ ἡ φυλακή. ἀλλ' ὀλίγοι προσέχοντες τῷ λαθεῖν, λανθάνουσι πολλὰ εἰσάγοντες σώματα. Παρὰ δὲ τοῖς παλαιοτέροις, καὶ τοιόνδε ποτὲ ἐτεχνάσθη. Ποτίδαιαν γὰρ θέλων προδοῦναι Τιμόξενος Ἀρταβάζῳ, προσυνέθεντο ἀλλήλοις, ὁ μὲν τῆς πόλεως τι χωρίον. ὁ δὲ τοῦ στρατοπέδου εἰς ὅπερ ἐτόξευον, ὅ,τι ἂν τι ἤθελον ἀλλήλοις ἐμφανίσαι. οἱ δὲ τοῦ τοξεύματος περὶ τὰς * πύλας γλυφὰς ἑλίξαντες τὸ βιβλίον καὶ πτερώσαντες, ἐτόξευον εἰς τὰ προσυγκείμενα χωρία. ἐγένετο δὲ καταφανὴς ὁ Τιμόξενος προδιδοὺς τὴν Ποτίδαιαν. τοξεύων γὰρ Ἀρτάβαζος εἰς τὸ προσυγκείμενον, ἁμαρτὼν τοῦ χωρίου διὰ πνεῦμα καὶ φαύλην πτέρωσιν, βάλλει ἀνδρὸς Ποτιδαιάτου τὸν ὦμον· περὶ δὲ τὸν βληθέντα περιέδραμεν ὄχλος, οἷα φιλεῖ γίνεσθαι ἐν τῷ πολέμῳ· αὐτίκα δὲ τὸ τόξευμα λαβόντες, ἔφερον ἐπὶ τοὺς στρατηγούς. καὶ οὕτω καταφανὴς ἐγένετο ἡ πρᾶξις. Ἱστιαῖος δὲ βουλόμενος τῷ Ἀρισταγόρᾳ σημῆναι, ἄλλως μὲν οὐδαμῶς εἶχεν ἀσφαλῶς δηλῶσαι, ἅτε φυλασσομένων τῶν ὁδῶν, καὶ οὐκ εὐπόρου γράμματα λαθεῖν φέροντα, τῶν δούλων τὸν πιστότατον ἀποξυρήσας ἔστιξε· καὶ ἐπέσχεν ἕως ἀνέφυσαν αἱ τρί-

ita ferat. Quod autem ejus rei quæ ſubdole immittitur, difficilis cautio ſit; teſtimonio probari poteſt. Nam qui Ilium colunt homines à tanto tempore in eo laborantes, & tanta diligentia ad hoc diſpoſiti, nondum cavere poſſunt, quominus Locrides Ilium ingrediantur: qui tamen in eam rem ſtudii tantum impendant, & tanta cautione utantur. ſed nimirum pauci ad fallendum attendentes fallunt; & ita multas in urbem Locridas inducunt. A vetuſtioribus verò etiam hujuſmodi dolus eſt uſurpatus. Quum Timoxenus Potidæam prodere Artabazo vellet; mutua inter ipſos conventione facta, conſtituerunt loca, alter urbis, alter caſtrorum, quò ſi quid invicem notum ſibi facere optarent, ſagittas mitterent. ipſi autem circa ſagittæ crenas epiſtolam voluentes, ac pennas deinde addentes, deſignata loca petebant. ſed accidit, ut fraus Timoxeni Potidęam prodentis palàm fieret. nam Artabazus quum in locum conſtitutum ſagittas jaceret, à ſcopo aberrans virum Potidæatam in humero feriit. ad quem vulneratum turba undique, ut fieri amat in bello, accurrit. hi ſtatim ſagittam acceptam ad duces attulerunt. atque ita fraus patuit. Hiſtiæus ſignificare aliquid Ariſtagoræ cupiens, quum nulla ratione alia facere id poſſet: quippe cuſtodibus vias obſidentibus; ut difficile eſſet ei qui literas ferret, latere: ſervorum fideliſſimo caput raſit; raſum ſtigmatibus inuſſit; deinde eum donec renaſcens capillus ſuccreviſſet detinuit. quod

ut priut primùm accidit, Miletum proficisci ipsum jubet. nullum aliud notis inusto dans mandatum, nisi hoc; ut postquam Ephesum ad Aristagoram pervenisset, juberet eum caput sibi stigmatiæ radere, atque illud inspicere. stigmata autem, quid esset opus facto declarabant. Scribi potest etiam hoc modo. Convenire prius oportet, literarum vocalium loco, puncta positum iri: tot nempe puncta, quota est in ordine literarum vocalis notanda. Exemplum hcc esto:

Dionysius pulcher.

D· :: N::: S:· S P::· LCH··R

Heraclides venito.

H·· R· CL:· D·· S V·· N:· T::

Item alia ratio; in locum vocalium, quidvis aliud substituatur. Et literæ quidem istiusmodi in certum locum deferendæ sunt, ei notum ad quem diriguntur. ut hic, simulac tabellarius in urbem venerit, vendiderit, emeritve aliquid; eo ipso cognoscat literas sibi venisse; easque in eo qui convenit loco esse. ita si fiat, neque is qui fert, cui ferat noverit: neq; eum qui accepit, accepisse, notum cuiquam fuerit. Multi in Epiro canibus in eam rem sic utuntur. Canem vinctum abducunt: deinde lorum circa collum applicant, cui epistola est inscripta: mox noctu, sive interdiu dimittunt; qui necessariò ad eum locum abit, unde est abductus: atque hoc Thessalonicensium est inventum. Cæterum epistolæ de talibus rebus allatæ, statim sunt aperiendæ. Astyanacti tyranno Lampsaci missa epistola fuerat, indicium ejus conjurationis continens, per quam periit: idque propterea quod literas non il-

χες. εἶτα ταχίστα ἔπεμπεν εἰς Μίλητον, ἐπιστείλας τῷ ἐπεστιγμένῳ ἄλλο μὲν οὐδέν. ἐπειδὰν δὲ ἀφίκηται εἰς Μίλητον πρὸς Ἀρισταγόραν, κελεύειν ξυρήσαντα κατιδεῖν εἰς τὴν κεφαλήν. τὰ δὲ στίγματα ἐσήμαινεν ἃ δεῖ ποιεῖν. Γράφειν δὲ καὶ ὧδε· προσυνθεμένους τὰ φωνήεντα γράμματα ἐν κεντήμασι τίθεσθαι, ὁπόσον ἂν τύχῃ ἕκαστον ὂν ἐν τοῖς γραφομένοις, τοσαύτας στιγμὰς εἶναι· οἷον δὴ τοῦτο.

ΔΙΟΝΥΣΙΟΣ ΚΑΛΟΣ.

Δ:: ::· Ν::: Σ:: ::·Σ Κ. Λ::. Σ

ΗΡΑΚΛΕΙΔΗΣ ΗΚΕΤΩ.

::Ρ· ΚΛ ..:: Δ·:Σ :.Κ·· Τ:::·

Καὶ τόδε ἄλλο· ἀντὶ τῶν φωνηέντων γραμμάτων τίθεσθαί τι δεῖ. Καὶ τάδε τὰ πεμπόμενα γράμματα εἴς τινα τόπον τῷ πεμπομένῳ δῆλον. ὡς δῆλον γίνεσθαι, ἐλθόντος τοῦ ἀνθρώπου εἰς τὴν πόλιν καὶ πωλοῦντός τι ἢ ὠνουμένου, ὅτι ἥκει αὐτῷ γράμματα, καὶ κεῖται ἐν τῷ προρρηθέντι τόπῳ· καὶ οὕτως οὔτε ὁ φέρων οἶδε ὅτῳ ἠνέχθη· οὔτε ὁ λαβὼν γνωστὸς ἔσται ὅ, τι ἔχει. πολλοὶ δὲ κατ' Ἤπειρον κυσὶν ἐχρήσαντο ὧδε· ἀπαγαγόντες * δεσμὸν περιέθηκαν περὶ τὸν αὐχένα ἱμάντα, ἐν ᾧ ἐπιστολὴ ἐγέγραπτο. εἶτα ἀφῆκαν νυκτὸς ἢ μεθ' ἡμέραν πρὸς ὃν ἐξ ἀνάγκης ἔμελλεν ἥξειν, ὅθεν ἀπήχθη. ἔστι δὲ τοῦτο Θεσσαλονικόν. Χρὴ δὲ τὰς παραγινομένας εὐθὺς ἀνοίγειν δέλτους. Ἀστυάνακτι δὲ τυράννῳ Λαμψάκου πεμφθείσης ἐπιστολῆς, ἐν ᾗ γεγραμμένα ἦν μηνύοντα τὴν ἐπιβουλήν, ἀφ' ἧς ἀνῃρέθη, διὰ τὸ μὴ εὐθὺς ἀνοῖξαι, καὶ ἀναγνῶναι τὰ

γεγραμμένα, ἀλλ' ἀμελήσαντος αὐτοῦ, πρὸς ἄλλοις δὲ γενομένου πρότερον, διεφθάρη τὴν ἐπιστολὴν ἔχων περὶ τοὺς δακτύλους. Διὰ τὴν αὐτὴν αἰτίαν καὶ ἐν Θήβαις ἡ Καδμεία κατελήφθη· τῆς τε Λέσβου ἐν Μιτυλήνῃ τὰ παραπλήσια τούτοις ἐπράχθη. Γλοῦς δὲ βασιλέως ναύαρχος, παρὰ βασιλέα ἀναβάς, ἐπεὶ οὐχ οἷόν τε ἦν ὑπομνήματα ἐν βιβλίῳ ἔχοντα εἰσιέναι παρὰ βασιλέα· ἦν δὲ αὐτῷ περὶ πολλῶν τε καὶ μεγάλων διαμνημονευτέον, ἐγράψατο εἰς τὰ διαστήματα τῆς χειρὸς τῶν δακτύλων, περὶ ὧν ῥητέον ἦν αὐτῷ. Περὶ τῶν τοιούτων ἐπιμέλειαν τῷ πυλωρῷ ποιητέον, ὡς ἂν μηδὲν λανθάνηται εἰς τὴν πόλιν εἰσφερόμενον, μήτε ὅπλον, μήτε γράμματα. Πρὸς δὲ τὰς τῶν ἐναντίων
32 προσαγωγὰς μηχανήμασιν ἢ σώμασιν ἐναντιοῦσθαι ὧδε. Πρῶτον μὲν εἰς τὰ ὑπεραιρόμενα ἐκ πύργων ἢ ἱστῶν, ἢ τῶν ὁμοτρόπων τούτοις, * οἷς προσαχθέντα ὑπεραίρειν χρὴ ἱστοῖς ἀδιατμήτοις περιβληθέντα καταπελτῶν ὑπὸ * πνεόντων. ἄλλα δὲ ὑποθυμιᾷν καπνὸν πολύν, ὑφάπτων ὡς μέγιστον πῦρ πνέοντα ἀνταείρεσθαι πύργους ξυλίνους, ἢ ἄλλα ὕψη ἐκ φορμῶν πληρουμένων ψάμμου, ἢ ἐκ λίθων ἢ ἐκ πλίνθων. ἴσχοι δ' ἂν τὰ βέλη καλάμων ταρσοὶ ὀρθίων, καὶ πλαγίων συντιθεμένων. Ἡτοίμασται δὲ καὶ τοῖς εἰς τὰ τείχη μηχανήμασιν εἰσαράττουσι κριῷ καὶ τοῖς ὁμοτρόποις, τούτων ἐρύματα. σάκκους ἀχύρων πληροῦντα προκρεμαννύειν, ἀγγεῖα ἐρίων, καὶ ἀσκοὺς βοείους, νεοδάρτους πεφυσημένους, ἢ πε-

lico aperuit, neque iis contenta legit. quum igitur rem neglexisset, atque alia negotia huic prævertisset, epistolam digitis tenens interiit. Cadmea quoque Thebis eandem ob caussam est capta. sed & Mitylenæ in Lesbo similia his acciderunt. Glus Persæ navarchus ascenderat ad Regem: in cujus conspectum qui admittuntur, fas eis non est ullum commentarium in manibus habere. quũ igitur de multis magnisque rebus memoricer esset ipsi agendum, dicendorum capita in ipsis intervallis quæ digitos manus separant, scripsit. De his & similibus portæ custos debet esse sollicitus; ne quid, sive armorum, sive literarum clam in urbem inferatur. Quando autem hostis accessionem facit ad muros, sive machinis, sive hominum corporibus, sic resistendum. Ac primò adversus ea quæ supra muros attolluntur, è turribus vel malis, aut simili modo alio; oportet sublimiores machinas attollere, & funibus intendere; tegminibus munitas impenetrabilibus: suffitus quoque earum rerum adhibere, quæ fumi multum emittent. accendendus etiam est ignis maximus. Turres quoque ligneæ ex adverso erigendæ, & aliæ moles altæ, è corbibus arena plenis, aut lapidibus, vel lateribus. Possint etiam tela repellere, crates ex arundinibus textæ quà erectis, quà transversariis. Ad hæc fuere, qui adversus arietem, & id genus machinas in mœnia irruentes, præparata munimina haberent; saccos aceribus plenos, pro muris appensos, vasa item lana referta, & utres inflatos è recen-

te corio

te corio boum; necnon alia id genus similiter impleta. Quando portam vel aliam muri partem machina quatit; laqueo prominentem partem, sive rostrum, oportet avertere; quò machina murum ferire nequeat. Præparandum etiam est saxum plaustrale, quod dimissum in terebram incidat, eamque conterat. atque id saxum è tignis projectis est emittendum, cancri prehensione suspensum. ut autem à terebra saxum non aberret, perpendiculum prius demittendum; quod ubi rectâ in terebram incidet, saxum protinus est laxandum. Plurimum etiam juverit contra machinas mœnia perforantes, hęc esse præparata. cognito ad quam partem murorum hostis machinam fit admoturus, oportet te quoque arietem arieti contrarium comparare; interiore muri parte perfossa, usque ad lateres partis exterioris, ne prius inimici rescifcant. ubi autem appropinquaverit tundentis machinæ rostrum; tum demum intrinsecus ariete contrario tundendum; cujus quidem ictus ictu alterius est multo vehementior. Adversus magnas machinas, super quibus multi armati admoventur, & ex quibus tela mittuntur, cùm alia, tum catapultæ & fundæ atque etiam in tecta arundinacea sagittæ igniferæ: adversus ista, inquam, machinamenta curare oppidani debent, ut quà accessionem ad muros ipsa sunt factura, cuniculos occultos fodiant, quò machinarum rotę impressę sidant cuniculosque subeant. Post ista, è saccis arena impletis, & lapidibus, pro copia præsente, interior munitio eri-

πληρωμένων τινῶν ἄλλα τούτοις ὁμότροπα. καὶ ὅταν ἢ πύλην ἢ ἄλλο τι τοῦ τείχους διακόπτῃ, χρὴ βρόχῳ τὸ προέχον ἀναλαμβάνεσθαι, ἵνα μὴ δύνηται προσαπίπτειν τὸ μηχάνημα. παρασκευάζεσθαι δὲ ὅπως λίθος ἁμαξοπληθὴς ἀφιέμενος ἐμπίπτῃ καὶ συντελέσῃ τὸ τρύπανον. τὸν δὲ λίθον ἀφίεσθαι ἀπὸ τῶν προωστῶν, ἐχόμενον ὑπὸ καρκίνων. ὅπως δὲ μὴ ἁμαρτάνῃ τοῦ τρυπάνου ὁ λίθος φερόμενος, καθετῆρα χρὴ προαφίεσθαι· καὶ ὅταν αὕτη πέσῃ ἐπὶ τὸ τρύπανον, εὐθὺ τὸν λίθον ἐπαφίεσθαι. Ἄριστον δὲ πρὸς τὰ διακόπτοντα τὸ τεῖχος, καὶ τόδε παρεσκευάσθαι· ὅταν γνώσῃ προσάγεσθαι τοῦ τείχους ταύτῃ, χρὴ ἔσωθεν αὐτῷ παρασκευάζειν ἀντικριὸν, διορύξαντα τοῦ τείχους μέχρι τοῦ ἄλλου μέρους τῶν πλίνθων, ἵνα μὴ προειδῶσι πρότερον οἱ πολέμιοι· ὅταν δὲ ἐγγὺς ᾖ τὸ διακόπτον, οὕτως ἔσωθεν τῷ ἀντικριῷ παίειν, καὶ πολὺ ἰσχυρότερον ὁ ἀντικριὸς γίνεται. πρὸς δὲ τὰ μεγάλα μηχανήματα, ἐφ' οἷς σώματά τε πολλὰ προσάγεται καὶ βέλη ἐξ αὐτῶν ἀφίεται ἄλλα τε καὶ καταπέλται, καὶ σφενδόναι· εἰς τὰς ὀροφίνας οἰκίας, καὶ πυρφόρα τοξεύματα. πρὸς δὲ ταῦτα τὰ μηχανήματα, πρῶτον μὲν χρὴ τοὺς ἐν τῇ πόλει κρυφαίως ὑπορύσσειν κατὰ τὰς προσαγωγὰς τοῦ μηχανήματος· ἵνα οἱ τροχοὶ τῶν μηχανημάτων ἐμπίπτοντες δύωσιν εἰς τὰ ὑπορύγματα. ἔπειτα ἔσωθεν ἀνταίρειν ἐκ φορμῶν πληρουμένων ψάμμου, καὶ λίθων ἐκ τῶν ὑπαρχόντων

ἔρυμα, ὅπερ τοῦ τε μηχανήματος
ὑπερέξει, καὶ τὰ ἐκ τῶν ἐναντίων
βέλη ἀργὰ ποιήσει. προκαλύπτειν δὲ ἅμα τούτοις καὶ γυμνὰ παραπετάσματα ἢ ἱστία, ἐρύματα
τῶν εἰσαφιεμένων. ἅπερ χρήσιμά τε τὰ
ὑπερπίπτοντα, τῶν βελῶν, καὶ ῥᾳδίως
συλλεγήσεται. χαμαιπετὲς γὰρ μηδὲν
ἔσται. τὸ δὲ αὐτὸ ποιεῖν, καὶ ᾗ ἂν ἄλλῃ
τοῦ τείχους ὑπερπετῆ γινόμενα τὰ βέλη, τοὺς ὑπερετοῦντάς τε καὶ τοὺς δια-
πορευομένους βλάπτει καὶ τιτρώ-
σκει. ᾗ δ' ἂν τοῦ τείχους χελώνη
προσαχθεῖσα δυνήσηταί τι τοῦ
τείχους. διορύξαι ἢ καταβαλεῖν.
ταύτῃ χρὴ ἐναντιοῦσθαι παρε-
σκευασμένον· πρὸς μὲν τὸ διόρυγμα πῦρ ποιεῖν πολύ· πρὸς
δὲ τὸ πέσημα τοῦ τείχους, τάφρον
ἔσωθεν ὀρύσσειν, ἵνα μὴ εἰσέλθω-
σι· καὶ ἅμα ἀνταείρειν τειχίζοντα
33 πρότερον ἢ πεσεῖν τὸ τεῖχος, ᾗ
διορύσσεται, ἂν μὴ ἄλλως δύνῃ
κωλύειν. Χρὴ δὲ ταῖς προσενεχθείσαις χελώναις ἐπιχεῖν πίσσαν καὶ στυππεῖον, καὶ θεῖον ἐπι-
βάλλειν· ἔπειτα φλογωθέντα φά-
κελλον καὶ ἐξάψαντα ἐπαφιέναι
σχοίνῳ ἐπὶ τὴν χελώνην. τὰ δὲ
τοιαῦτα προτιθέμενα ἀπὸ τοῦ
τείχους, ἐπιβάλλεται τοῖς προσ-
αγομένοις μηχανήμασι· πιμπρά-
ναι χρὴ ταῦτα ὧδε. παρεσκευάσθω ξύλα οἷον ὑπερμεγέθη δὲ
πολλῷ μείζω. καὶ εἰς μὲν τὰ ἄκρα τοῦ
ξύλου καὶ ἄνω καὶ κάτω χωρὶς πυρὸς
σκευασίας ἰσχυράς· τὸ δὲ εἶδος γινέσθω οἷον κεραυνὸς τὸ γραφόμενον·
τοῦτο δὲ ἀφιέναι χρὴ εἰς τὸ προσαγό-

genda; quæ ſupra machinam *hoſtium* erigetur, & tela illorum reddet inutilia. ſimul, tegendi cauſſa prætendi vel deſuper intendi nuda vela, cum alia tum nautica, debent, præſidio futura adverſus tela, quæ intra urbem immittentur; nam & tranſgredientia muros tela inhibebunt, & ut facilis eorum ſit collectio præſtabunt: quippe nullum eorum in terram cadet, atque hoc idem faciendum, quacumque in parte urbis tela ultra muros delata lædunt vulneribuſq; afficiunt miniſteria, & eos qui per vias ingrediuntur. Sicubi autem teſtudo admota muro, ſuffodere, aut dejicere partem ejus aliquam potuerit; huic malo præparandum eſt hoc remedium. contra foramen quod hoſtis fodiendo fecerit, ingens excitandus eſt ignis. è regione autem dejecti muri foſſa interior ducenda; ne inimici ingrediantur. ſimul faciendum, ut murum *interiorem* contra ruinam ædificando attollas, prius quàm murus ſuffoſſus cadat; ſi aliter conatum adverſariorum impedire nequeas. Teſtudinibus quas hoſtis admoverit, pix infundenda; ſtuppa item & ſulphur injiciendum; deinde virgultorum faſcem inflammatum fune ſive amento conjicere in teſtudinem oportet. atque hæc & ſimilia de muro protenſa, machinis admovendis deſuper immittuntur. Modus autem eaſdem comburendi hic erit. Præparentur ligna ad inſtar ſagittarum, ſed prælonga & majora multo. ad cujuſque ligni extrema cum à ſuperiore, tum ab inferiore parte ſeparatim aptentur materiæ ad concipiendum ignem efficaces & validę. eſto autem teli hujus figura, quali ſolent fulmina depingi. hoc igitur in machinam quæ admovetur

vetur conjicere oportet; ita præparatum, ut illi infigatur, & ut telo ſemel infixo ignis inhæreat duretque. Quod ſi in urbe aut muro turres aliquæ fuerint ligneæ; proviſa his debent eſſe præſidia, quò ne cremari ab hoſtibus queant. *id præſtabunt cum alia*, tum coria cruda, præſertim ſi plura juncta opponantur. Si portis fuerit ignis injectus, ligna ſunt aggerenda; & ignis maximus excitandus; donec foſſa interior ducta fuerit. ad hoc quæ erunt neceſſaria, ex copia præſente, *ſuppeditandum*; ſin minus, ruinâ proximorum ædificiorum *ſaluti conſulendum*. Si hoſtes ad munitiones tuas incendendas, apparatus concipiendo igni efficaces & validos admoverint; incendium aceto reſtinguendum. non enim facile erit, ignem accendere. magis tamen juverit, ſi prius ligna aceto linantur. nam à materia aceto illita ignis abſtinet. Eos autem qui è locis ſummè editis ignem reſtingunt, munimen aliquod faciei oppoſitum habere convenit; ut ab invadente flamma minus ſentiant incommodi. Ignem autem validum, & qui nulla arte reſtinguatur, ita parabis. picem, ſulphur, ſtuppam, mannam, thus, *ſive, mannam thuris*, tædæ ramenta accende; & adverſus hoſtem admove, ſi quid illius ſuccendi volueris. Quando ſcalæ applicantur, ſic reſiſtendum. Si ſcalæ admotę ſumma ſuperent mœnia; poſtquam is qui ſcandit ad ſummum ſcalarum pervenit, tunc aut hominem aut ipſas ſcalas lignea furca repellere oportet: ſi quidem alia ratione facere id nequeas, quòd ex in-

μενον μηχάνημα, ἐσκευασμένον οὕτως, ὥς τε ἐμπήγνυσθαι εἰς τὸ μηχάνημα καὶ ἐπιμένειν τὸ πῦρ ἐμπαγέν-
τος αὐτοῦ. ἔπειτ' ἄν τινες ὦσι τῆς
πόλεως ξύλινοι πύργοι ἢ τοῦ τείχους, τί χρὴ τούτοις ὑπάρχειν
πρὸς τὸ μὴ ἐμπίπρασθαι ὑπὸ τῶν πολεμίων. πλείους καὶ βύρσας πρὸς
τὴν τάξιν. ἐὰν δὲ ἐμπρησθῶσι πύλαι
πρὸς τὸ φέρεσθαι ξύλα καὶ ἐμβάλ-
λοντα ὡς μέγιστον τὸ πῦρ ποιεῖν,
μέχρις οὗ ταφρεύσηται ἔσωθεν·
καὶ ἄν τι δέῃ ἐκ τῶν σοι συνυπαρ-
χόντων, τάχιστα· εἰ δὲ μὴ ἐκ τῶν
ἐγγύτατα οἰκιῶν καθαιρουμένων.
Ἐὰν δέ τινες πολέμιοι) 34
ἐμπιμπράναι ἰσχυρῶς σκευασίαι πρὸς τὸ πῦρ, σβεννύειν χρὴ
αὐτὸ ὄξει· οὐ γάρ ἐστι ῥᾳδίως ἐξ-
άπτεσθαι. μᾶλλον δὲ τὸ * προ-
αλείφειν· τούτου γὰρ πῦρ οὐχ ἅ-
πτεται. τοὺς δὲ κατασβεννύντας
ἀπὸ ὑψηλοτάτων, ἔχειν περὶ τὸ
πρόσωπον ἔρυμα ἵνα ἧσσον ὀχλῶνται προσπαιούσης αὐτοῖς τῆς φλο-
γός. Αὐτὸ δὲ πῦρ σκευάζειν 35
ἰσχυρὸν, τῷδε, ὅπερ οὐ πάντη κα-
τασβέννυται· πίσσαν, θεῖον, στυππεῖον, μάνναν, λιβανωτὸν, δα-
δὸς πρίσματα ἐναντίως ἐξάπτον-
τα προσφέρειν, ἐὰν βούλῃ τῶν πολεμίων τι ἐμπρησθῆναι. Ταῖς 36
δὲ τῶν κλιμάκων προσθέσεσιν ἀντι-
οῦσθαι· ἐὰν μὲν ὑπερέχῃ τοῦ τείχους ἡ κλίμαξ προστεθεῖσα, χρὴ
ὅταν ἐπ' ἄκρων ᾖ ὁ ἀναβαίνων, τότε ἀπῶσαι τὸν ἄνδρα, ἢ τὴν κλίμακα ξύλῳ δικρῷ· ἐὰν μὴ ἄλλως
κωλύειν δύνῃ διὰ τὸ ὑπερδέξιε-

σθαι. ἐὰν δὲ ἄρτι ἀνίῃ ἡ κλίμαξ, τὴν μὲν κλιμακομένην οὐχ οἷόν τε ἀπωθεῖν, τοὺς δὲ ὑπερβαίνοντας χρὴ ἀπῶσαι. ἐὰν δὲ ταῦτα μὲν δοκῇ εἶναι, πεποιῆσθαι χρὴ οἷον θύραν ἐκ σανίδων. ἔπειτα ἐπεὰν προσφέρηται ἡ κλίμαξ ὑποπροστιθέναι τῇ κλίμακι τῇ προσφερομένῃ ὅταν ᾖ προσίῃ ἡ κλίμαξ πρὸς τὴν θύραν, ἐξ ἀνάγκης ὑπαχθείσης τῆς θύρας, ἡ κλίμαξ πίπτει, σπονδύλου προϋποτεθειμένου, οὐδὲ προσταθῆναι
7 δυνήσεται. Τοὺς δὲ ὑπορύσσοντας ὧδε κωλύειν. ἐὰν δοκῇ ὑπορύσσεσθαι ὡς βαθυτάτην ἐκτὸς χρὴ τάφρον ὀρύσσεσθαι. ὅπως εἰς τὴν τάφρον τὸ ὑπόρυγμα ἀφίκηται, καὶ οἱ ὑπορύσσοντες ὀρθῶσιν. ἐὰν δέ σοι ὑπάρχῃ καὶ τειχίον τειχίσαι εἰς αὐτὴν ὡς ἰσχυρότατον ἐκ μεγίστων λίθων. ἐὰν δὲ μὴ ὑπάρχῃ τειχίσαι λίθους, ξύλων φορυτὸν κομίσαντα. ἂν δὲ τὰ ὑπορύγματα τῆς τάφρου περαιτίζῃ, ταύτῃ ἐπιβάλλοντες ξύλα καὶ τὸν φορυτὸν ἐμπρῆσαι. καὶ τὰ ἄλλα καλασκεπάσαι, ὅπως ὁ καπνὸς εἰς τὸ διόρυγμα πορεύσηται, καὶ κακῶς ποιῇ τοὺς ἐν τῷ ὀρύγματι ὄντας. ἐνδέχεται δὲ καὶ πολλοὺς ἀπολέσθαι αὐτῶν ὑπὸ τοῦ καπνοῦ. ἤδη δέ τινες καὶ σφῆκας καὶ μελίσσας εἰς τὸ διόρυγμα ἀφέντες, ἐλυμήναντο τοὺς ἐν τῷ ὀρύγματι ὄντας. χρὴ δὲ καθ' ὅν τινα τόπον ὀρύσσουσιν ἀνθυπορύσσειν καὶ ἀντιστᾶσθαι, καὶ ἐμπιπράναι τὸ ἐν τῷ ὀρύγματι μαχόμενον. παλαιὸν δέ τι λέγεται. Ἄμασιν Βαρκαίους πολι-

feriore loco sagittis petaris. Si scalæ jam *firmiter muris sunt aptatæ*, ipsę quidem repelli non possunt, sed quicumque scandendo ad summa pervenerint sunt detrahendi. Si hæc vix posse fieri videantur, ex asseribus tabulatum instar forium conficiendum; deinde ubi scalæ admovebuntur, ipsis quæ applicantur scalis fores illę objiciendę atque adeo supponendæ sunt. quando igitur scalæ ad fores accesserint, subductis foribus & ope vertibularum antè subjectarum, retroactis, cadere ipsas necessum est: itaq; è regione illius loci applicari non poterunt. Eos qui cavant cuniculos ita impedire oportet. Si videatur hostis cuniculos suffodere, fossa altissima extra muros percutienda; ut ad fossam cuniculus perveniat, & fossores oculis subjiciantur. debes etiam, si suppeditet copia, modicæ altitudinis murum in fossa, firmissimum è saxis maximis struere: si ad structuram muri saxa non suppetant, congeriem lignorum & quisquiliarum eò comportando. si cuniculus ad fossam fuerit perductus, ligna & quisquiliarum congeriem succende: atque alia omnia contegens effice ut fumus cuniculum ingrediatur, & cunicularios vexet. potest enim fieri, ut multos eorum fumus exstinguat. Fuerunt etiam, qui vespis atque apibus in cuniculum immissis, magno ibi hostes incommodo affecerunt. Prętерea oportet, ut quo in loco cuniculum hostis fodiet, ipse quoque contrarium cuniculum fodias; intra quem inimicis resistens, quicquid ex adverso pugnabit, combures. Narratur vetus historia hujusmodi. Amasis

masis olim Barcęos obsidens, cuniculos fodere incepit. illi cognita Amasidis molitione, vehementer angi & magna sollicitudine affici; ne forte hostis, prius quàm deprehenderetur, voti compos fieret. de his apud sę cogitans faber quidam ærarius, rationem hanc invenit. clypei æramentum circumferens, & supra murum ponens, aures ei parti admouebat. & alia quidem, ad quæ æs applicuerat, muta erant; qua vero regione cuniculus suffodiebatur, ibi sonus edebatur. Barcæi igitur, fossa è regione cavata, multos è fodientibus occiderunt. quare nunc quoque *viri militares* eo invento utuntur, ut locum deprehendant, ubi cuniculus suffoditur. Et machinationibus quidem adversariorum qua ratione sit resistendum, hactenus est expositum. at cuniculos agere si qui volent, validissimum adversus hostem sepimentum hoc fuerit. Duûm plaustrorum temones in unum colligabis, utrumque in partem alteram plaustri sui porrigens; ita ut sublimes attollantur, eodem vergentes. tum autem varia ligna & texta viminea & quæcumque alia sepimentis faciendis apta, desuper injecta inter se vincies. luto etiam interdum inunges; verùm hoc fit rarissime. hanc igitur structuram ope rotarum, & adducere quocumque volueris, & reducere poteris. atque sub hoc munimento latebunt qui cuniculos agent. Quando autem hostes vel machinis, vel hominum vi muros adoriuntur; defensores intra oppidum in tres partes debent esse tributi: ut parte una pugnante, altera quiescat, tertia ad certamen se pręparet: atque ita

ορύσσοντα, ἐπεὶ ἐπεχείρει ὀρύσσειν· οἱ δὲ Βαρκαῖοι αἰσθόμενοι τὸ ἐπιχείρημα τοῦ Ἀμάσιδος, ἠπορεῦντο μὴ λάθῃ ἢ φθάσῃ· ἔπειτα ἀνὴρ χαλκεὺς ἀνεῦρεν ἐνθυμήσας, ἀσπίδος χάλκωμα ἐπιφέρων, τοῦ τείχους ἐπαΐων προσίσχειν πρὸς τάδε. τῇ μὲν δὴ ἄλλῃ, κωφὰ ἦν πρὸς ἃ προσίσχει τὸ χάλκωμα· ᾗ δὲ ὑπωρύσσετο, ἀντήχει· ἀντορύσσοντες οὖν οἱ Βαρκαῖοι, ταύτῃ ἀπέκτειναν πολλοὺς τῶν ὑπορυσσόντων. ὅθεν καὶ νῦν χρῶνται, αὐτῷ ἐν τῇ νυκτὶ γνωρίζοντες ᾗ ὑπορύσσεται. καὶ οἷς μὲν προσήκειν τὰ ἐκ τῶν ἐναντίων τεχνάσματα ἀντιώμενα ἀμύνεσθαι δεδήλωται. τοῖς δὲ ὑπορύσσειν μέλλουσιν, ὧδε ἂν γένοιτο ἰσχυρότατον φράγμα. Χρὴ δύο ἁμαξῶν τοὺς ῥυμοὺς εἰς τὸ αὐτὸ δῆσαι, συμπελάσαντα κατὰ τὸ ἕτερον μέρος τῆς ἁμάξης, ὅπως μετεωρισθῶσιν οἱ ῥυμοὶ εἰς τὸ αὐτὸ νεύοντες. ἔπειτα ὅπως ἐπινδεῖν ἄλλα ξύλα καὶ ῥιπούς καὶ ἄλλα φράγματα. σπανιάκις δὲ πηλῷ καταλεῖψαι. ἔσται οὖν τοῦτο καὶ προσαγαγεῖν ὅπου βούλει τοὺς τροχοὺς καὶ ἀπαγαγεῖν. ὑπὸ δὲ τούτῳ τῷ φράγματι τοὺς ὑπορύσσοντας εἶναι. Ἐν δὲ ταῖς προσ- 38
βολαῖς τῶν πολεμίων πρὸς τὸ τεῖχος, μηχανήμασιν ἢ καὶ σώμασι, χρὴ διατετάχθαι τοὺς ἐν τῇ πόλει μαχομένους τρία μέρη, ὅπως οἱ μὲν μάχωνται· οἱ δὲ ἀναπαύωνται· οἱ δὲ παρασκευάζωνται καὶ νεοκμῆτες ἀεὶ ἐπὶ τοῦ τεί-

χους ὦσι. δεῖ δέ τινας καὶ ἄλλους ἐπιλελεγμένους πλήθει πλείονι μετὰ τοῦ στρατηγοῦ ξυμπεριϊέναι κύκλῳ τὸ τεῖχος, ἐπικουροῦντας ἀεί τινι πονουμένῳ μέρει. τὸ γὰρ ἐπιὸν μᾶλλον οἱ πολέμιοι φοβοῦνται τοῦ ὑπάρχοντος καὶ παρόντος ἤδη. τάς τε κύνας δεσμεῖν τὸν καιρὸν τοῦτον. μετὰ γὰρ ὅπλων καὶ θορυβούντων καὶ ἀνθρώπων τρεχόντων κατὰ τὴν πόλιν, δι' ἀήθειαν ὁρῶσαι αἱ κύνες ὀχλοῖεν ἂν ἀπροσκέμμεναι. Τοῖς τε ἐπὶ τοῦ τείχους μαχομένοις παραινεῖν, οἷα ἑκάστῳ δεῖ· τοὺς μὲν ἐπαινοῦντα, τῶν δὲ δεόμενον· ὀργῇ δὲ μηδένα μετιέναι τῶν τυχόντων ἀνθρώπων. ἀθυμότεροι γὰρ εἶεν ἄν. εἰ δέ τινας δεῖ μετιέναι ἀμελοῦντας καὶ ἀκοσμοῦντας, τοὺς τὰ πλεῖστα κεκτημένους, καὶ ἐν τῇ πόλει δυναμένους μάλιστα μετέχοντας. εἴη γὰρ ἄν τι τοῦτο καὶ τοῖς ἄλλοις παράδειγμα. ἐν οἷς δὲ καιροῖς ἕκαστα τούτων δεῖ παρεῖναι ἐν τοῖς Ἀκουσμάσι γέγραπται. Χερμάδια δὲ μὴ ἐπιτρέπειν ἀκαίρως ἀφιέναι. παρεσκευάσθαι δὲ ὅπως καὶ τὰ ἀφέντα ἐν τῇ ἡμέρᾳ ἐν νυκτὶ ἀναλέγηται ὧδε. κατακρεμαννύειν χρὴ ἐν κοφίνοις ἄνδρας κατὰ τοῦ τείχους, οἵτινες ἀναλέξουσιν· οὕτως δὲ ἄνδρας χρὴ τοὺς ἀναλέξοντας τὰ χερμάδια ἀναβαίνειν εἰς τὸ τεῖχος κατακρεμασθέντων .... ἢ ταῖς ἐκ τῶν σχοινίων κλίμαξι πεποιημέναις. Ταύτας δισσὰς εἶναι τὸν ἀριθμὸν τοῖς ἀναλέγουσιν ἀνθρώποις, ὅπως ἐάν τινες πονῶσι, τα-

ſemper, qui muros propugnabunt, integris erunt corporis viribus. Oportet etiam ſelectorum aliam manum numeroſiorem unâ cum ipſo Prætore, muros aſſidue luſtrare: quæ ſubinde, ut quæque pars opprimetur, ſuppetias feret. hoſtes enim id quod poſtea accedit magis formidant, quàm quod jam adeſt ac præſens eſt. Canes etiam hoc tempore vinciendi, qui alioquin, armis per urbem ſtrepentibus, & hominibus huc illuc currentibus, inſolita ſpecie moti, obuios appetent. Qui de muro pugnant, variis hortatibus, pro cujuſque meritis ſunt excitandi: alios laudabis, alios rogabis: irâ vero neminem inferioris ſortis proſequeris. quippe alacritatem pugnandi hoc illis pacto imminueris. quod ſi propter negligentiam aut immodeſtiam in aliquos oportuerit animadvertere; in eos potius qui plurimum poſſident, & qui in civitate plurimum poſſunt, animadvertito. ſimul enim alios quoque exemplo terrueris. quibus autem potiſſimum temporibus, horum unumquodque debeat uſurpari, in libro Auditarum narrationum eſt expoſitum. Saxa manualia ut temere jaciantur, permittendum non eſt. quò autem jacta interdiu poſſint noctu legi, hoc apparatu eſt utendum. impoſitos cophinis viros funibus demittere oportet, qui conjecta ſaxa ſint collecturi. quo etiam pacto, poſtquam ſaxa fuerint collecta, eos viros conſcendere mœnia oportet; cophinis iterum per funes demiſſis; aut ſcalis in eam rem utendum, è funibus confectis: quas quidem ſcalas haberi à collectoribus bi-

nas connas convenit; ut si nonnulli eorum aliquid offenderint, protinus ascendant. nam portæ quidem noctu aperiendæ non sunt: sed scalis hujusmodi utendum, si usus postulaverit. Præterea obsessos dolis hoc genus uti par est. In porta, & quidem in parte interiore, fossa percutienda, transitu hinc atque hinc relicto. exeant deinde milites pauci, qui velitatione facta hostem alliciant; ut unà cum ipsis fugientibus in urbem irrumpat. igitur oppidanis, qui intra muros fugâ se recipient, per vias hinc inde ad transeundum relictas ingrediendum erit. at hostes, qui neque antea quicquam de fossa cognoverint, neq; præsentem videbunt; quippe superpositis rebus quibusdam occultatam; irruituros, atq; intra urbem perituros, suadet ratio. illo vero tẽpore, per oppidi vias & pro fossa, armatorum partẽ stare dispositam est necesse. Si plures hostes se inferãt, & volueris eos in potestate habere; portã *cataractam* de projectura suspensam quæ mediæ portę desuper incumbit, pręparabis, è lignis crassissimis compactam; atque eadem ferrata esto. quoties igitur irruentes hostes libitum erit excipere, portã hanc rectà dejicito: hæc enim & ingressis exeundi facultatẽ eripiet; & ne plures possint introire impediet. quum pręsertim, qui stant super muros, portis appropinquantem hostem telis petãt. Semper autẽ oppidanos & qui ab illis stãt pręmonitos esse oportet; si per vim denuo inimici irruperint, in qua parte urbis congregari omnes debeãt; ut etiã loci discrimine amici à cęteris dignoscãtur. alioquin difficile, ut misti è pluribus gentibus

χὺ ἀναβαίνωσι. πύλας γὰρ μὴ
ἀνοίγεσθαι νυκτός. ἀλλὰ ταῖς
τοιαύταις κλίμαξι χρῆσθαι καὶ
ἄν τινα βούληται. Χρὴ δὲ πο- 39
λιορκουμένους καὶ τὰ τοιαῦτα τεχνάζειν ἐν ταῖς πύλαις, καὶ εἰς
τὸ ἔσω μᾶλλον μέρος ὀρύξαντας
τάφρον ἔνθεν καὶ ἔνθεν πάροδον
λιπόντας· ἔπειτα ἐπεξελθόντας τινὰς ἀκροβολίζεσθαι καὶ προσάγειν
τῶν πολεμίων, ὥστε συνδραμεῖν εἰς
τὴν πόλιν. τοὺς μὲν οὖν ἐκ τῆς
πόλεως καταφεύγοντας, ἐς τὴν
πόλιν χρὴ ἔνθεν καὶ ἔνθεν παρὰ τὰς
λελειμμένας παρόδους εἰστρέχειν.
τοὺς δὲ τῶν πολεμίων συνειστρέχον-
τας εἰκός ἐστι μὴ προειδότας τὴν τάφρον, ἅμα τε καὶ κεκρυμμένης
οὔσης εἰσπίπτειν καὶ φθείρεσθαι ἔσω
τῆς πόλεως ἐν τῷ καιρῷ .... τούτων δὲ εἶναι συντεταγμένους τινὰς ἐν ταῖς διόδοις, καὶ πρὸς τοῖς
ὀρύγμασι πυλῶν χώραις .....
ἐὰν δὲ πλείονες τῶν πολεμίων ἐ-
πεισφέρωνται, καὶ βούλει αὐτοὺς ἔχειν,
χρὴ ἡτοιμάσθαι ἄνωθεν ἀπὸ τοῦ
μεσοπύλου * πύλην ξύλων ὡς παχυτάτων καὶ σεσιδηρῶσθαι αὐτήν.
ὅταν οὖν βούλει ὑπολαβεῖν τοὺς
εἰστρέχοντας πολεμίους, ταύτην ἀ-
φιέναι ὀρθήν. καὶ αὐτή τε .... τοὺς
πολεμίους χήσει μὴ εἰσιέναι. ἅμα
δὲ καὶ τῶν ἐπὶ τοῦ τείχους βαλλόντων
τοὺς πρὸς ταῖς πύλαις πολεμίους.
χρὴ δὲ τοῖς φίλοις ἀεὶ προειρῆσθαι,
ἐάν ποτε αὖθις πολέμιοι συνεισπί-
πτωσιν ὅπῃ τῆς πόλεως συνα-
θροισθήσονται, ὅπως τῷ τόπῳ
οἱ φίλοι διαγινώσκωνται. οὐ γὰρ
ῥᾴδιον μιγάδας τε ὄντας μεθ'

ὅπλων καὶ μετὰ θορύβων συνεισπεσόντας διαγινώσκεσθαι. ἤδη δὲ τοῖς θρασυνομένοις τέλεον, καὶ προσπελάζουσι τῷ τείχει ἐγγύτερον τοῦ προσήκοντος νυκτὸς ἢ μεθ' ἡμέραν, βρόχους ἡμέρας μὲν κρυφαίους κατεσκεύασαν· νυκτὸς δὲ ἀκρύπτους· οἷς περισσοβαλλόμενοι ἀκροβολισμοῖς τῶν εἰσπεσόντας ἀνασπάσουσιν. ἔστω δὲ ὁ μὲν βρόχος, ὅπλου ὡς ἰσχυροτάτου. τὸ δὲ ἕλκον, ἐπὶ δύο πήχεις ἅλυσις τοῦ μὴ διατμηθῆναι. τὸ δ' ἄλλο, ὅθεν ἕλκουσι, σχοίνου. ὅλως δὲ ἔσω καταρκρέμαται καὶ ἀνασπᾶται ὅπλοις ἢ κηλωνείοις. οἱ δὲ πολέμιοι, ἐὰν διατέμνειν ἐπιχειρῶσι, πρὸς ταῦτα πάλιν οἱ ἔσωθεν κηλωνείοις χρῶνται καθιέντες, ἵνα μὴ διατέμνηται. αἱ γὰρ ἁλύσεις πρὸς τὰ τοιαῦτα πραγματῶδες καὶ δυσμεταχείριστον, ἅμα δὲ ἀλυσιτελές.

40 Ἂν δὲ ἡ πόλις μεγάλη, καὶ μὴ ἱκανοὶ ὦσιν οἱ ἐν τῇ πόλει ἄνθρωποι περιΐστασθαι ἐν κύκλῳ τὴν πόλιν, τοῖς δὲ ὑπάρχουσι θέλῃς αὐτὴν διαφυλάξαι· χρὴ τῆς πόλεως ὅσα ἂν ᾖ εὐπρόσοδα οἰκοδομεῖν ὕψει ἐκ τῶν ὑπαρχόντων, ἵνα ἄν τινες τῶν πολεμίων ἢ λαθραίως ἢ βίᾳ ἀναβῶσιν, ἐν ἀπειρίᾳ γινόμενοι, μὴ δύνωνται καταπηδᾶν ἀφ' ὑψηλῶν. ἀλλὰ ἅπασι μὴ ἔχοντες ὅπῃ καταβαίνωσι· παρὰ δὲ τὰ ᾠκοδομημένα ἔνθεν καὶ ἔνθεν, φυλασσόντων ὑπαρχόντων ἀνθρώπων, ἵνα τοὺς καταπηδῶντας ἀπὸ τῶν ὑψηλῶν διαφθείρωσιν. Διονύσιος δὲ πόλιν ὑποχείριον ποιησάμενος ἀνδρῶν τῶν ἐν τῇ πόλει

homines, qui cum armis & tumultu irruperint, sese invicem agnoscant. Non defuerè, qui plane jam audacter se inferenti hosti & propius muros succedenti sive noctu sive interdiu, laqueos prępararent, per diem quidem occultos, per noctem verò non occultos; quò inimicos velitationibus quum pertraxisset, irretitos laqueis trahebant. is laqueus è fune validissimo confici debet: pars autem illa quę trahet, catena esto duum cubitorum, ne abscindi queat. reliqua pars, quam apprehendunt qui hostem trahunt, è fune erit. omnino enim captus hostis aut prævalidis funibus, aut tollenonibus intra urbem suspensus trahitur. si hostes vincula resecare conentur; rursus obsessi tollenonibus utuntur, & *impedituros ne præcidantur* demittunt. catenæ enim ad talia, operosa res, ægre tractabilis, & simul inutilis. Si urbs magna fuerit, neque suffecerit numerus inclusorum ad illam in orbem cingendam; volueris tamen oppidum ea quæ adest hominum copia defendere; oportet in illis locis quà facilior patet aditus, moles quasdam altas exstruere, ex iis rebus quæ ad manum aderunt; ut si qui hostium vel vi, vel clam conscenderint, consilii inopes desilire è locis sublimibus nequeant: sed præcluso descensu nullam prorsus *viam destinata perficiendi inveniant.* porrò ad latera molium exstructarum, disponuntur utrinque præsidia, pro copia hominum quæ suppetet; ut si qui ex alto desilierint, eos occidant. Dionysius, urbis cujusdam potitus, quum oppidani partim mortui essent, partim aufugissent, retinere

τεθνηκότων, τῶν δὲ πεφευγότων, ἠθέλησε καταχεῖν. ἐπεὶ δὲ μείζων ἦ ὥστε ὑπὸ ὀλίγων φυλάσσεσθαι, ἐπιμελητὰς μὲν οὖν τινας μετ' ὀλίγων οὓς ἐνεδέχετο ..... τῶν δὲ ἐν τῇ πόλει τὰ μέγιστα δυναμένους οἰκέτας συνῴκισε τῶν δεσποτῶν τὰς θυγατέρας καὶ γυναῖκας καὶ ἀδελφάς. οὕτω γὰρ ἂν ᾤετο μάλιστα πολεμιωτάτους ἔσεσθαι τοῖς δεσπόταις καὶ αὐτῷ πιστοτέρους. Σινωπεῖς δὲ πρὸς Δαταμᾶν πολεμοῦντες, ἐπεὶ ἐν κινδύνῳ ἦσαν, καὶ σπάνει ἀνδρῶν, τῶν γυναικῶν τὰ ἐπιεικέστατα σώματα μορφώσαντες, καὶ ὁπλίσαντες ὡς ἐς ἄνδρας μάλιστα, ἀντὶ ὅπλων καὶ περικεφαλαίων τούς τε κάδους, καὶ τὰ ὁμότροπα τούτοις δόντες χαλκώματα, περιῆγον τοῦ τείχους ᾗ μάλιστα οἱ πολέμιοι ὄψεσθαι ἔμελλον. βάλλειν δὲ οὐκ εἴων αὐτάς. πόρρωθεν γὰρ κατάδηλος βάλλουσα γυνή. ποιοῦντες δὲ ταῦτα, τοὺς αὐτομόλους ἐφύλαττον, μὴ διαγγελθῇ. ἐὰν δὲ θέλῃς ἐπὶ τῷ τείχει περιόδους πλείους φαίνεσθαι, χρὴ περιιέναι ἐπὶ δύο ἔχοντας τὰ δόρατα, τὸν ἕνα εἶχεν ἐπὶ τῷ ἀριστερῷ ὤμῳ· τὸν δ' ἕτερον ἐπὶ τῷ δεξιῷ καὶ οὕτω φανοῦνται εἰς τέσσαρας· ἐὰν δὲ τρία περιίωσι, τὸν μὲν πρῶτον ἄνδρα, ἐπὶ τῷ δεξιῷ ὤμῳ ἔχειν τὸ δόρυ· τὸν δ' ἕτερον, ἐπὶ τῷ ἀριστερῷ. καὶ οἱ ἄλλοι κατὰ ταυτά. καὶ οὕτω φανοῦνται εἷς, δύο. περὶ δὲ τροφῆς ἀσίτου, καὶ ὧν σπάνις ἐν πολιορκίᾳ, καὶ ὑδάτων, ὡς δεῖ πό-

item quomodo aquæ ad potum

πιμα

ὅπλων καὶ μετὰ θορύβων συνεισπίπτοντας διαγινώσκειν. ἤδη δὲ τοῖς θρασυνομένοις τέλεον, καὶ προσπελάζουσι τῷ τείχει ἐγγύτερον τοῦ προσήκοντος νυκτὸς ἢ μεθ' ἡμέραν, βρόχους ἡμέρας μὲν κρυφαίους καθίεσαν· νυκτὸς δὲ ἀκρύπτους· οἷς προσπαλαόμενοι ἀκροβολισμοῖς τὸν εἰσπεσόντα ἀνασπῶσιν. ἔστω δὲ ὁ ὁ μὲν βρόχος, ὅπλου ὡς ἰσχυροτάτου. τὸ δὲ ἕλκον, ἐπὶ δύο πήχεις ἄλυσις τοῦ μὴ διατμηθῆναι. τὸ δ' ἄλλο, ὅθεν ἕλκουσι, σχοῖνος. ὅλως δὲ ἔσω κατακρέμαται καὶ ἀνασπᾶται ὅπλοις ἢ κηλωνείοις. οἱ δὲ πολέμιοι, ἐὰν διατέμνειν ἐπιχειρῶσι, πρὸς ταῦτα πάλιν οἱ ἔσωθεν κηλωνείοις χρῶνται καθιέντες, ἵνα μὴ διατέμνηται. αἱ γὰρ ἁλύσεις πρὸς τὰ τοιαῦτα πραγματώδεις καὶ δυσμεταχείριστοι, ἅμα δὲ ἀλυσιτελεῖς.

40 Ἂν ᾖ ἡ πόλις μεγάλη, καὶ μὴ ἱκανοὶ ὦσιν οἱ ἐν τῇ πόλει ἄνθρωποι περιΐστασθαι ἐν κύκλῳ τὴν πόλιν, τοῖς δὲ ὑπάρχουσι θέλῃς αὐτὴν διαφυλάξαι· χρὴ τῆς πόλεως ὅσα ἂν ᾖ εὐπρόσοδα οἰκοδομεῖν ὕψει ἐκ τῶν ὑπαρχόντων, ἵνα ἄν τινες τῶν πολεμίων ἢ λάθρα ἢ βίᾳ ἀναβῶσιν, ἐν ἀπειρίᾳ γινόμενοι, μὴ δύνωνται καταπηδᾶν ἀφ' ὑψηλῶν. ἀλλὰ ἄπειροι μὴ ἔχοντες ὅπῃ καταβαίνωσι· παρὰ δὲ τὰ ᾠκοδομημένα ἔνθεν καὶ ἔνθεν, φυλασσόντων ὑπαρχόντων ἀνθρώπων, ἵνα τοὺς καταπηδῶντας ἀπὸ τῶν ὑψηλῶν διαφθείρωσι. Διονύσιος δὲ πόλιν ὑποχείριον ποιησάμενος ἀνδρῶν τῶν ἐν τῇ πόλει

homines, qui cum armis & tumu
tu irruperint, sese invicem agn
scant. Non defuerè, qui plane ja
audacter se inferenti hosti & propi
muros succedenti sive noctu sive i
terdiu, laqueos ppararent, per die
quidem occultos, per noctem ve
non occultos; quò inimicos veli
tionibus quum pertraxissēt, irreti
laqueis trahebant. is laqueus è fu
validissimo confici debet: pars a
tem illa quę trahet, catena esto duu
cubitorum, ne abscindi queat. re
qua pars, quam apprehendunt q
hostem trahunt, è fune erit. omi
no enim captus hostis aut prævali
funibus, aut tollenonibus intra u
bem suspensus trahitur. si hostes vi
cula resecare conentur; rursus obse
tollenonibus utuntur, & *impeditu*
ne præcidantur demittunt. cate
enim ad talia, operosa res, ægre t
ctabilis, & simul inutilis. Si urbs m
gna fuerit, neque suffecerit nume
inclusorum ad illam in orbem ci
gendam; volueris tamen oppidu
ea quæ adest hominum copia defe
dere; oportet in illis locis quà facili
patet aditus, moles quasdam altas e
struere, ex iis rebus quæ ad manu
aderunt; ut si qui hostium vel vi, v
clam conscenderint, consilii inop
desilire è locis sublimibus nequear
sed præcluso descensu nullam pro
sus *viam destinata perficiendi inv*
niant. porrò ad latera molium exstr
ctarum, disponuntur utrinque pr
sidia, pro copia hominum quæ su
petet; ut si qui ex alto desilierint, e
occidant. Dionysius, urbis cujusda
potitus, quum oppidani partim mo
tui essent, partim aufugissent, ret
nei

nere eam in potestate volebat. quoniam autem major ea erat quàm ut à paucis custodiri posset; curatores quosdam è suis cum paucis è civibus qui reperiri potuerunt, oppido præficit. ut quisque autem civis plurimum in civitate potuerat, hujus servis filias, uxorem, sorores, nuptum dedit. rebatur enim Dionysius, hoc pacto se consecuturum, ut heris hostes infestissimi evaderent, sibi amicissimi. Sinopenses cum Datama bellum gerentes, ubi jam in periculum res erat adducta, viris deficientibus, mulieres quarum erant ad hoc inceptum accommodatissima corpora, concinnarunt, & ad instar virorum quam maximè fieri poterat armarunt. armorum, sive clypeorum loco & galearum, cados & similia his vasa ex ære iis dederunt. deinde mulieres, per illas maxime partes murorum circumduxerunt. unde, illas hostes erant conspecturi· cęterùm tela jacere eas non finebant; mulier enim jaciens, vel è longinquo spatio sese prodit, atque hæc cum facerēt Sinopenses ne per transfugas res emanaret, diligenter cavebant. Si volueris plures in muró circitores apparere; binos in circuitione procedere oportet, ita dispositos, ut unius ordinis milites super humero finistro hastas gerant, alter super dextro. ita videbuntur esse quatuor. Si terni circumeant, primus super dextro humero hastam habeto; alter super finistro: eadem ratio in cæteris servanda. hoc pacto unus vir speciem duorum præbebit. De alimentis, frumento, & cæteris, quibus ad tolerandam obsidionem est opus; item quomodo aquæ ad potum

τεθνηκότων, τῶν δὲ πεφευγότων, ἠθέλησε καταχεῖν. ἦν δὲ μείζων ἢ ὥστε ὑπὸ ὀλίγων φυλάσσεσθαι, ἐπιμελητὰς μὲν οὖν τινας μετ᾽ ὀλίγων οὓς ἐνεδέχετο ..... τῶν δὲ ἐν τῇ πόλει τὰ μέγιστα δυναμένους οἰκέτας συνῴκισε τῶν δεσποτῶν τὰς θυγατέρας καὶ γυναῖκας καὶ ἀδελφάς. οὕτω γὰρ ἂν ᾤετο μάλιστα πολεμιωτάτους ἔσεσθαι τοῖς δεσπόταις καὶ αὐτῷ πιστοτέρους. Σινωπεῖς δὲ πρὸς Δαταμᾶν πολεμοῦντες, ἐπεὶ ἐν κινδύνῳ ἦσαν, καὶ σπάνει ἀνδρῶν, τῶν γυναικῶν τὰ ἐπιεικέστατα σώματα μορφώσαντες, καὶ ὁπλίσαντες ὡς ἐς ἄνδρας μάλιστα, ἀντὶ ὅπλων καὶ περικεφαλαίων τούς τε κάδους, καὶ τὰ ὁμότροπα τούτοις δόντες χαλκώματα, περιῆγον τοῦ τείχους ᾗ μάλιστα οἱ πολέμιοι ὄψεσθαι ἔμελλον. βάλλειν δὲ οὐκ εἴων αὐτάς. πόρρωθεν γὰρ καταδῆλος βάλλουσα γυνή. ποιοῦντες δὲ ταῦτα, τοὺς αὐτομόλους ἐφύλαττον, μὴ διαγγελθῇ. ἐὰν δὲ θέλῃς ἐπὶ τοῦ τείχους περιόδους πλείους φαίνεσθαι, χρὴ περιιέναι ἐπὶ δύο ἔχοντας τὰ δόρατα, τὸν ἕνα στοῖχον ἐπὶ τοῦ ἀριστεροῦ ὤμου· τὸν δ᾽ ἕτερον ἐπὶ τοῦ δεξιοῦ καὶ οὕτω φαίνονται εἰς τέσσαρας· ἐὰν δὲ τρία περιίωσι, τὸν μὲν πρῶτον ἄνδρα, ἐπὶ τοῦ δεξιοῦ ὤμου ἔχειν τὸ δόρυ· τὸν δ᾽ ἕτερον, ἐπὶ τοῦ ἀριστεροῦ. καὶ οἱ ἄλλοι κατὰ ταὐτά. καὶ οὕτω φανοῦνται εἷς, δύο. περὶ δὲ τροφῆς ἀσίτου, καὶ ὧν σπάνις ἐν πολιορκίᾳ, καὶ ὑδάτων, ὡς δεῖ πόζῆμα ποιεῖν, ἐν τῇ Παρασκευαστικῇ βίβλῳ δεδήλωται. ἐπεὶ δὲ ταῦθ' ἡμῖν εἴρηται, περὶ ναυτικῆς τάξεως δίειμι.

aptæ reddi queant, in libro De apparatibus eſt expoſitum. Atque his ita declaratis, de claſſis diſpoſitione dicere aggrediar.

Περὶ τοῦ ναυτικοῦ στρατεύματος.

Ναυτικοῦ δὲ στρατεύματος δύο εἰσὶ στόλοι.

Λείπει πολλά.

F I N I S.

Ενὶ καὶ μόνῳ ΘΕΩι δόξα καὶ χάρις.

POPVLI, VIRI, LOCA IN EXEMPLIS AB ÆNEA ALLATIS NOMINATIM MEMORATA.

ISAA-

ISAACI CASAUBONI
IN
ÆNEAM
NOTÆ.

TAKTIKON) Græci Τακτικὴν dixerunt illam partem scientiæ militaris, quam qui tenent, acies instruere norunt. Ælianus θεωρίαν τακτικὴν appellat. hujus artis peritos propriè Τακτικοὺς vocarunt. hoc sensu accipi vox ista in hac ἐπιγραφῇ non potest. plane enim de ordinanda acie hic non agitur. Fortasse scribendum, τοῦ Τακτικοῦ. ut intelligatur Æneas eorum unus fuisse, quos veteres vocabant Tacticos; quales erant Xanthippus Lacedæmonius, de quo Polybius libro primo, & Theodotas Rhodius, de quo Lucianus in Zeuxide sive Antiocho, & alii. Si nihil mutemus, Τακτικὸν idem erit atque στρατηγικόν. nam etsi verè Xenophon dixit Παιδείας libro primo, ὅτι μικρόν τι μέρος εἴη στρατηγίας τὰ Τακτικά: obtinuit tamen, quod docemus alibi, ut latius hæc vox accipiatur, & ad universæ militaris disciplinæ peritiam extendatur. Sic Leonis Imperatoris libri de re militari in nonnullis codicibus ita inscribuntur, τῶν ἐν πολέμοις Τακτικῶν σύντομος παράδοσις: in aliis aliter, ut dicemus ad caput VII. Tres igitur erunt hujus Commentarii inscriptiones, hoc modo exponendæ. TAKTIKON. idem est ac si στρατηγικὸν dixisset, quem fuisse indicem universi operis, ostendimus. Sed integrum quidem opus Τακτικὸν vel Στρατηγικὸν ὑπόμνημα simpliciter inscribebatur: partes vero singulæ, non simpliciter, sed cum adjectione proprium argumentum indicante, iccirco sequitur heic, ΚΑΙ ΠΟΛΙΟΡΚΗΤΙΚΟΝ ad significandum, pertinere hunc Commentarium ad eam partem Strategici, quæ erat de obsidionibus. Porro obsidionalis materiæ duo sunt loci: nam aut qui obsident præceptis instruuntur, aut qui obsidionem patiuntur. Πολιορκητικὰ propriè dipriè dicuntur, quæ obſidenti ſcribuntur. cujuſmodi ſunt Apollodori Poliorcetica. quo in libro machinæ ſcalæque deſcribuntur obſidentibus aut invadentibus utiles. Sed videtur Æneas partem utramque hujus argumenti ſeparatis ſcriptionibus tractaſſe: quarum alteram tantum hodie habemus, quæ præcepta complectitur obſeſſis convenientia. Propterea adjectum eſt in hac epigraphe, ΠΕΡΙ ΤΟΥ ΠΩΣ ΔΕΙ ΠΟΛΙΟΡΚΟΥΜΕΝΟΝ ΑΝΤΕΧΕΙΝ. In Leonis Augusti Πολεμικῶν παρασκευῶν conſtitutione xv, quæ περὶ πολιορκίας inſcribitur, utraque pars ſeparatim explicatur. Extat etiam in Chriſtianiſſimi Regis Bibliotheca ejuſdem argumenti liber eximius Philonis mechanici harum rerum peritiſſimi, in quo de fabrica turrium, murorum & aliarum munitionum primò agitur: deinde tolerandæ obſidionis dantur præcepta: poſtremo tentandæ oppugnationis rationes docentur. Similis ex parte diſpoſitio apud Flavium Vegetium in ejus Πολιορκητικῷ: quæ prior pars eſt libri quarti: In Julii Frontini Strategematicωn libris, tertius totus eſt πολιορκητικός. cujus prima xi capita exempla continent, quæ oppugnandis urbibus uſui ſint: reliqua ſex, quæ obſeſſos inſtruere poſſint.

Ad cap. I. Appellat Æneas σωμάτων σύνταξιν ordinationem oppidanorum & quem Tactici vocant λοχισμὸν, centuriationem & relationem in numeros: quare etiam ipſe verbo λοχίζειν utitur. Sed illa conſcriptio exercitus, de quà Ælianus cæterique Tactici, tunc habet locum, quando ſuſcipitur expeditio, & εἰς τὰ ὅπλα ἐξῆ eſt prodeundum. in hac σύνταξει & cives & quicumque alii in urbe obſidenda remanſuri ſunt, recenſentur, deſcribuntur, & in corpora varia dividuntur; quibus certa munia curanda attribuuntur: & ſinguli armis cæteriſque rebus neceſſariis ad mandatam provinciam exſequendam, inſtruuntur: quæ omnia Æneas verbis σύνταξις & συντάττεσθαι hic intelligit. Primo igitur in duas partes univerſa multitudo dividitur; τῶν ἐκπορευομένων, quibus eruptiones in obſidentem hoſtem faciendæ mandantur: & τῶν τειχηρῶν qui intra muros defenſioni urbis vacant. deinde hæc pars in varias claſſes diſtinguitur. Non poterat Æneas aliunde commodius ordiri, quàm ab hoc præcepto, ad ſervandam εὐταξίαν & confuſionem vitandam prorſus neceſſario: ut valde mirer poſteriores ſcriptores, cùm Græcos tum Latinos, qui in eodem argumento ſunt verſati, nullam hujus rei mentionem feciſſe. Tangit tamen aliqua ſaltem ex parte Leo Conſtit. xv. 14. ubi certos homines ad certa miniſteria jubet deſtinari. Ἀφορίσεις δὲ, inquit, καὶ τοὺς ἀνθρώπους, τοὺς ἐπὶ ἑκάστῃ χρείᾳ ἁρμόζοντως ἐργάζεσθαι καὶ κάμνειν τοῖς πόνοις ὀφείλοντας. καὶ δεῖ ὁρίσαι τίς ποίαν χρείαν ποιεῖν ὀφείλει. atque hoc præceptum dat Leo non obſeſſo, verum obſidenti.

Τὰ δὲ τειχηρὰ καὶ * πολιτοφυλακῆς οὕτω, π.) Appoſuimus aſteriſcum

riſcum voci depravatæ in regio codice. Scribendum, τὰ δὲ τ. καὶ πρὸς πολιτοφυλακίαν ὄντα *pars illa quæ intra muros manet, ac civium custodiæ eſt deputata.* Vox militiæ eſt πολιτοφυλακεῖν aut πολιοφυλακεῖν, *præſidio urbem tenere.* ſine τ Polybius Legationum tmemate ſexto. πολιτοφύλαξ, ut λιμενοφύλαξ apud hunc cap. XXIX. etſi autem τ inſerto ſemper legitur in regio πολιτοφυλακεῖν, & πολιτοφύλαξ; proprie tamen differunt πολιοφυλακεῖν & πολιτοφυλακεῖν· illud eſt urbem cuſtodire; hoc cives obſervare & ab iis cavere. ſed hæc proprietas non ſervatur. in ſecundo Politicorum & quinto πολιτοφύλακες ϛρατηγοῖς adjunguntur, ſuntque illi quibus urbis cuſtodia eſt commiſſa.

Πρῶτον μὲν οὖν αὐτὸν ἀπονεῖμαι δεῖ τ.) Scribe αὐτῶν. id eſt, ex numero virorum, qui præſidio urbi ſunt futuri, quos τάξεις modo vocavit.

Οἱ περὶ τοὺς ἄρχοντας ἔσονται.) Conſilium militare intelligit; de quo multa notamus in Commentariis ad Polybium. Exemplum hujus præcepti habes apud Livium libro XXIV, in rebus turbatis Syracuſanorum.

Εἶναι δὲ αὐτοὺς εὔνους καὶ τοῖς καθεστηκόσι πράγμασι ἀρεσκομένους) vide infra capite X. ubi de hoc ſummæ prudentiæ præcepto pluribus agitur. opponuntur his quos vocat Æneas τοὺς ἀντιπεπονθότας [illegible]. in idiotiſmo noſtro vocamus *les mal contens.* Polybius libro primo τοὺς ταραχέκτοντας καὶ κινητικούς. ad quem locum de cauſſa eximii præcepti hujus & uſu fuſe diſſeruimus.

Ad cap. 2. Sæpe factum eſt, ut urbs quam hoſtis repentina invaſione occupaverat, quæque jam plane capta videbatur; oppidanis, vel in arcem, vel in alium locum munitum, aut qui muniri poterat, ſeſe recipientibus, atque inde impetum in hoſtem facientibus, victores repelleret & ſe liberaret, quod non accidiſſet, niſi locus fuiſſet ubi conſiſterent cives, & animos ex fuga colligerent, & unde in adverſarios erumperent. hæc ſunt loca quæ Græci ὁρμητήρια ſignificantiſſima voce appellant, ut docuimus ad primum librum Polybii. qui libro II. Romanum Coſ. Flaminium graviter reprehenſum ait fuiſſe, quod in ordinanda ſuorum contra Inſubres acie, nullum à tergo locum vacuum ad ſe recipiendum, ſi vis major urgeret, reliquerat. Hic igitur quærit Æneas, utrum ſit melius plures ejuſmodi εὐρυχωρίας & areas vacuas eſſe in urbe obſeſſa, an dumtaxat unam. Afferuntur in utramque partem rationes & exempla. Dubitandi cauſſa eſt; quia ſæpe evenit, ut quæ res ſaluti nonnullis fuit, eadem aliis perniciem afferat: iccirco omnes arces & munitiones ancipitis uſus eſſe, dicebat Polybius, in Fragmentis pag. 1524. Porrò appellatione εὐρυχωριῶν intelliguntur fora, plateæ, theatra & ſimilia his alia loca. vide caput III. Sed & murorum quædam ſunt εὐρυχωρίαι. Philo in Poliorcetico: τῶν δὲ τειχῶν τειχέων ἁπάντων αἱ ἐκθέσεις καὶ ἐγκλίσεις καὶ τὰ ἐπικάμπια καὶ αἱ εὐρυχωρίαι ἁρμοττόντως τοῖς ὑπάρχουσι τόποις λαμβάνονται.) ejuſmodi areæ in ſtructura murorum ſunt quæ noſtris dicuntur, *plate formes.*

Λακεδαιμόνιοι γὰρ Θηβαίων ἐμβαλόντων,) Anno altero Olympiadis CII cum Laconicam Epaminondas invaſit. notiſſima hiſtoria.

5. Φασὶ δὲ καὶ τοῖς ἐκ τῶν ἱερῶν χαλκοῖς τρίποσιν, ὄντων καὶ πολλῶν καὶ μεγάλων χρησάμενοι,) Notat ut rarum & obſervatu dignum, etiam vaſa ſacra, ut tripodes diis conſecratos, ad obſtruendos aditus, aut complendas foſſas fuiſſe adhibitos. Egimus ea de re multis ad iſta Polybii verba è libro primo, χώσας φορμοῖς ἀχύρων σεσαγμένοις τὰς τάφρους. Cornelius Tacitus Hiſtoriarum libro IV de oppugnatione Capitolii, quò Sabinus fuerat compulſus. *Faces in prominentem porticum jacere, & ſequebantur ignem. ambuſtaſque Capitolii fores penetraſſent, ni Sabinus revulſas undique ſtatuas, decora majorum, in ipſo aditu vice muri objeciſſet.*

Πλαταιεῖς δὲ ἐπεὶ ᾔσθοντο νυκτὸς ἐν τῇ πόλει Θηβαίους ὄντας,) Res geſta anno altero Olympiadis LXXXVII. Lege Thucydidem initio libri ſecundi. Diodorum Siculum libro XII.

Ὡς δ᾽ αὔτως καὶ κατὰ τῶν ἄλλων πάντων θελημάτων) κατὰ pro ἐπί; quod auctoris idiotiſmum eſſe puto, non librarii mendum. & θέλημα pro deliberatione & conſilio. alius dixiſſet potius θεώρημα, aut πρόβλημα, vel σκέμμα. ſed Æneas etiam in ſequentibus eam vocem uſurpat.

Ἵνα μὴ ἀπαρασκεύως τι ἔπεργον αἱρῆσαι.) Scribendum αἱρήσαιο: vel αἱρήσαις; pro quo Attici αἱρήσειας.

Ad cap. 3. Etiam hoc caput pertinet ad σωμάτων σύνταξιν, de qua in primo eſt actum. ibi præcipiebat Æneas civitati quæ proſpiciens futuram obſidionem, mature ſuis rebus poteſt conſulere. hujus verò capitis duæ ſunt partes. prior in eorum ſcripta eſt gratiam, qui ἀσύντακτοι quum ſint & incompoſiti, ſubito atque repentino jamjam imminentis invaſionis nuntio turbantur. docet qua ratione urbs quæ deſcriptionem & σωμάτων σύνταξιν antea non fecerit, commode diſponi ad reſiſtendum hoſti queat. in altera parte rationem affert Æneas, qua fieri poterit, ut urbs aliqua nunquam imparata, neque inhabilis ad reſiſtendum hoſti invadenti, deprehendatur. Ratio autem illa eſt: ſi pacis tempore urbis ſpatium in certum ῥυμῶν ſive vicorum aut regionum numerum deſcribatur; & ſingulis regionibus ῥυμάρχαι, hoc eſt, præfecti regionum, aut magiſtri vicorum præficiantur; ad quos tumultu exorto univerſæ ῥύμης habitatores cum armis accedant; ut ſinguli rhymarchæ ſuæ præfecturæ viros in locum ſibi attributum ad cuſtodiendum, puta, forum vel theatrum, vel aliquam plateam, deducant.

Εἰς ὃν ἕκαστοι τρόπον ἐλθόντες τῶν συλλεγέντων ἐπὶ τὰ τείχη ἀποστελοῦσι.

λῶσι. Deest aliquid perficiendæ sententiæ. Scribo, τῶν συλλεγομένων πολεμίων ἐπὶ τὰ τείχη ἀπ.

Ad cap. 4. Sicut signorum in bellis varius & multiplex est usus; ita genera eorum plura à Tacticis sunt enumerata. vocalium, quæ uoce aut scripto eduntur: ut tesseræ & illa πλατεῖα & ξυλήφια de quibus Polybius libro sexto. semivocalium; quæ tuba, buccina, cornu, aut, hodierno more, tympanis, dantur. mutorum: atque horum duæ species; ordinaria & perpetua, σημεῖα proprie dicta. ut aquilæ, dracones, vexilla, labarum. extraordinaria & πρόσκαιρα, inter agendum dari solita; quæ Græci Tactici παρασυνθήματα nominant; ut cum flagello aut manu aliquid significatur, aut agitatione vestis: aut per noctem flammis, per diem fumo, vel excitato pulvere. unde est illa distinctio, cujus etiam hic auctor meminit, συσσήμων ἡμερινῶν καὶ νυκτερινῶν, signorum diurnorum & nocturnorum. In hoc libro tria sunt de signis capita. tertium hoc, quod περὶ συσσήμων inscribitur; XXIV quod περὶ συνθημάτων, & proxime illud sequens, quod περὶ παρασυνθημάτων. Vox σύσσημον generalis est, & ad omnia signorum genera potest extendi. σύσσημον enim est, omne signum de quo inter duos pluresve convenit. Docet heic Æneas, quoties urbs aliqua obsidetur, diligenter signorum dandorum institutum in omni inceptione, & ut ipse loquitur κατὰ τὰς ἀθροίσεις καὶ τὰς πέμψεις, sive cogantur in unum copiæ intra muros, sive foras mittantur, esse observandum; quò possint inimici ab amicis dignosci. tum autem appositis exemplis ob oculos ponit, quantum in neglectu signorum sit periculi; dum ignoratione veri ad inimicos ceu amicos acceditur, aut simili modo peccatur.

Ἔφερε πῦρ ἐν γαστρίῳ) Non dicit in quem usum ferret hunc ignem: utrum ad calefaciendum se; qui mos est tenuiorum. atque ita mulierculas quæ in foro stationem habent, ut olitrices, & alias, item mendicos cernere hodieque est, velut portatiles focos circumgestare: an ut in secando vecte portæ illo igne aliquo pacto uteretur. capite X honestiores cives excubitum missi ferunt secum alii lucernas, alii tædas aut faces, alii laternam: ignis in testa nulla fit mentio. γαστρίῳ, aut fortasse γάστραινα, vox idiotismi Æneæ, pro γάστρα; est vas capacius in fundo, quàm circa labra: vel est ὁ πυθμὴν γαστροειδὴς σκεύους, ut ollæ fictilis fundus.

Ἐλαθε νυκτὸς τὸν μοχλὸν διαπρίσας) Vide infra, capite XVI.

Καὶ δεξάμενος πάντα τοὺς στρατιώτας) Legendum omnino censeo, καὶ δεξάμενος ταύτῃ τοὺς στρατιώτας. noctu, inquit, *nemine animadvertente, vectim portæ dissecuit: & per apertam portam milites admisit.*

Ὡς πρὸς φίλους αὐτοὺς ἔχοντος δοκῶν ὕστερον παραγίνεσθαι.) elegantissimè. tanto studio, ait, ad hostem festinabant, ut non possent sibimetipsis satisfacere; sed sese increparent singuli tanquam cessatores, & qui

 omnium

omnium ultimi ad suorum (erant autem inimici,) agmen forent accessuri.

Τὰ ἀποστελλόμενα ἐκ τῆς πόλεως,) id est τοὺς ἀποστελλομένους. locutio in historicis & re militari frequens. τὰ πεζικὰ, pro αἱ πεζικαὶ δυνάμεις. sic τὰ ναυτικὰ, τὰ ἐπιβατικὰ, & id genus alia.

Μετὰ συσσήμων ἀποστέλλεσθαι καὶ ἡμερινῶν καὶ νυκτερινῶν.) Simile præceptum apud Leonem Const. xv. 79. cum in aliqua munitione præsidium collocatur, ut hostium impetum moretur, tradenda illis esse signa, quibus utentes & noctu & interdiu sui status significationem dare queant. Δώσεις δὲ σημεῖον τοῖς ἐν τῷ ὀχυρῷ τόπῳ ἀποκλεισθεῖσι, τὸ μὲν ἐν τῇ ἡμέρᾳ, τὸ δὲ ἐν τῇ νυκτὶ ὀφείλουσι ποιεῖν, δι' οὗ φανερὸν ἔσται σοι ἐν ποίᾳ εἰσὶν οἱ ἀποκλεισθέντες καταστάσει.

Ἐπὶ δὲ πρᾶξιν προσδιδόντων καὶ πέμπειν τινὰς γνωσομένους. Lego γνωρισομένους. plane ita postulante sententia, quæ hæc est. quoties cohors aliqua pluresve in expeditionem mittuntur, adjungendos esse certos homines, quibus non aliud curæ sit, nisi ut quæ emissis acciderint, aut quæ ipsi fecerint, oppidanis significent. hoc si fecissent Megarenses, cladem quæ statim narratur non accepissent.

Πεισιστράτῳ γὰρ Ἀθηναίων στρατηγοῦντι,) Vetustissima historia est, & quæ juvene Pisistrato accidit. nam Pisistratus bello contra Megarenses ductu ipsius gesto, eam gloriam erat consecutus, quæ duci victori aditum ad tyrannidem patefecit. iccirco ait Herodotus de occupata tyrannide loquens, πρότερον εὐδοκιμήσας ἐν τῇ πρὸς Μεγαρέας γενομένῃ στρατηγίῃ. Cæterum Æneæ narratio cum verbis Julii Frontini conferenda libro IV, capite ultimo. *Pisistratus Atheniensis, quum excepisset Megarensium classem, qua illi Eleusin noctu applicuerant, magnaque edita cæde eorum ultus esset suos; eadem quæ ceperat navigia Atheniensi milite complevit, quibusdam matronis habitu captivarum in conspectu locatis? qua facie decepti Megarenses, tanquam suis, & cum successu renavigantibus, effusi obvii, inermesque rursus oppressi sunt.*

Ὁ δὲ Πεισίστρατος ἀκούσας προεπενέδρευσε.) Melius προενήδρευσε. *antequam appellerent Megarenses, se cum suis in insidiis collocavit.*

Ἀπλώτων πολλοὶ τῶν Μεγαρέων αἵ τε συναρχίαι.) *prodierunt obviam cum alii Megarensium multi, tum magistratus omnes simul.* συναρχίαι pro οἱ ἄρχοντες ὁμοῦ, vetus est Hellenismus. Aristoteles Politicorum libro IV capite XIV: ἐν ἄλλαις πολιτείαις βουλεύονται αἱ συναρχίαι συνιοῦσαι.

Καὶ μετ' ἐγχειριδίων ἀποβάντες, τοὺς μὲν καταβαλεῖν.) cum præcedentibus ista non cohærent: de Pisistrato enim & Atheniensibus dicuntur. deinde infinitivus καταβαλεῖν, verbum aliud deesse arguit. ac fortasse pluscula desiderantur in regio. Lego, ὁ δὲ ἐκέλευσε, μετ' ἐγχειριδίων ἐσβάντων ἀποβάντας, τοὺς μ. *Pisistratus suis imperavit, ut cum pugionibus egressi in terram; obvios Megarenses partim prosternerent, partim è nobilioribus quotquot possent in suas naves raperent.* sane verbum ἐκέλευσε vel παρήγγελε aut simile deesse; probant sequentia, ὡς οὕτως ἐπράχθη, de executione rei imperatæ dici solita.

Ad Cap. 5. Affinis argumenti sunt capita hujus libri v, xviii, xix, xx, & xxviii. in quibus omnibus de portis urbis obsessæ, vel seris clavibusque illarum agitur; & de periculis, quę obsessos manent, nisi huic parti summa prudentia atque vigilantia prospexerint: cujus rei exemplis referta est omnis quà vetus quà recens historia. Docet hoc capite Æneas, portę alicujus custodiam nemini esse credendam, qui duas istas non habuerit conditiones: ut sollertia judicioque valeat; ne facilis sit stratagemate aliquo decipi, ab iis qui vel portam occupare voluerint, vel milites, aut arma, aut literas clam in urbem inferre: de quibus periculis plura deinceps dicentur Aeneæ: item; ut in re sit non angusta, sed potius dives. nota ratio est ex Aristotelis Politicis, neque tacet Aeneas. Leo Imperator Constit. xv, 57. brevius hoc, & minus accuratè; Καὶ τὰς πύλας δὲ τῆς πόλεως πιστοῖς ἀνδράσι δεῖ παραδοθῆναι. Fidis, ait, hominibus portas urbis oportet tradere. atqui parum est ad illa quæ dicebamus cavenda, fideles esse τοὺς πυλωροὺς, nisi etiam sollertia, judicium, & rei bellicæ usus accedant.

καὶ ἀγχίνους καὶ μὴ ὑπονοεῖν δυναμένους ἀεί τι τῶν εἰσκομιζομένων. Omnino tollenda est negatio; aut ejus loco substituenda vox εὖ vel similis. Sunto, inquit, portarum custodes, sollerti & acri ingenio viri: quare? *quò possint omnia quæ in urbem importabuntur, suspectare.* hoc est, suspectando fraudem detegere & arguere, si quæ forte subsit. vide caput xxix cum duobus sequentibus. δύνασθαι ὑπονοεῖν τι, concise dictum, pro, δύνασθαι ἐξ ὑπονοίας τεκμαίρεσθαί τι. suspicio est sive suspicacitas, quæ animum prudentis advertit: inventio autem rei latentis & occultæ, ἀγχινοίας & acuminis ac judicii est opus. Fortasse autem deest præpositio περὶ ante illa τῶν εἰσκομιζομένων.

οἷς ἐνέχυρα ἐν τῇ πόλει ὑπάρχει· τέκνα καὶ γυναῖκας λέγω.) hujus non semel monet Æneas. Vide Polybium super fidei pignoribus graviter disserentem initio libri octavi.

Λεύκων ὁ δὲ Βοσπόρου τύραννος,) De Bosporanis regibus, vel, sicut Æneas, Aristoteles & alii nominant, tyrannis, olim ad septimum Strabonis quædam observavimus, & ejus imperii τὰς διαδοχὰς exposuimus. Leucon hic, cujus multa mentio apud veteres, quemque dilaudaverat Chrysippus, anno IIII Olympiadis XCVI mortuo patre regni successionem crevit.

Ad Cap. 6. Hoc capite Æneas docet, obsessam urbem, vel quæ in ibi est ut obsideatur, diligenter curare debere, ut locis opportunis dispositos habeat speculatores, quos Græci ἡμεροσκόπους appellant. Inter vigilum & excubias agentium ordines, re & nominibus diversos, σκοποὶ sive κατάσκοποι & speculatores censentur; qui ad securitatem urbis aut castrorum in sublimibus speculis, unde sit in longinqua conspectus, stationes habent. Hi, ut quantum est φυλάκων, distinguntur in diurnos & nocturnos; item eos, qui intra muros, & qui extra muros speculantur. Hemeroscopi igitur Aeneæ sunt, qui extra munitiones, in sublimi aliquo loco positi speculantur, & agrarias faciunt. hos Aeneas etiam σκοποὺς vocat, ut passim historici, vel σκοπὰς, ut Xenophon. ea est generis appellatio omnibus speculatoribus communis. in militia Xenophontea speculatores suum præfectum habent, quem σκοπάρχην appellabant. Hemeroscopis affines erant, ut extremo capite monet auctor, πυρσευταὶ, specularum incensores, de quorum ministerio & ingeniosa arte ad decimam Polybii historiam copiose disservimus. Affines etiam fuêre olim hemeroscopis hemerodromi, quos propterea Livius Græca quum verteret SPECULATORES simpliciter nominat. differebant tamen, ut mox dicemus. Hoc capite explicat Aeneas, in constituendo hemeroscopo, & loco ad ἡμεροσκοπεῖον eligendo, quæ spectari debeant: quæ item hemeroscopi sint munia.

Χρὴ δὲ καὶ ἡμεροσκόπους πρὸ τῆς πόλεως καθιστάναι, ἐπὶ τόπων ὑψηλῶν,) Collocabantur hemeroscopi, vel in arte factis speculis, vel in locis natura sua editis. In III Hellenicorum Xenophontis speculatores conscendunt μνήματα & τύρσεις, tumulos monumentorum, & turres in usum specularum excitatas. ascendebant & summos colles aut montium vertices, unde possent data signa percipi, interdum & arbores pro speculis erant. in quinto Polyæni, Archebius Heracleota tubicinem ad speculandum in arbore collocat.

ἡμεροσκοπεῖν δὲ ἐφ' ἑκάστῳ χωρίῳ τρεῖς τουλάχιστον,) Ternos minimum hemeroscopos speculatum mitti præcipit. More Romano excubiæ è militibus quatuor constabant, ut ostendit Polybius libro sexto. in Græcorum historiis quinos ac denos id est πεμπάδας & δεκάδας singula interdum φυλακεῖα capiebant, apud Xenophontem in sexto Παιδείας decem in specula observant: ἡμεῖς ἐσμὲν μία δεκὰς, οἱ ἐπὶ ταύτῃ τῇ σκοπῇ. In disciplina militari Augustorum Mauricii & Leonis aliorumq; ejusdem ætatis Tacticorum, eorum qui extra urbem aut castra vigilias agunt, plures stationes collocantur. quædam vallo & munitionibus admoventur propius; aliæ submoventur longius. propiores octonum militum iubentur esse, & ἐσώβιγλα appellantur; quasi dicas interiores vigilias: remotiores quæ ἐξώβιγλα, ceu exteriores vigiliæ dicuntur, quaternum: iccirco etiam τετράδιον, id est quaternionem, vocabant. quod si ternas vigilum aut speculatorum stationes vel etiam plures pro urbe aut castris collocarent, semper id servatum, ut quò propior

propior vallo eſſet ſtatio, eo plurium eſſet hominum. Leo conſtitutione XVII, 100. Τὰς δὲ σκούλκας ἢ βίγλας ἐν τοῖς ἀναγκαίοις καιροῖς μὴ ποιοῦ ἁπλᾶς ἀπὸ ἑνὸς μέρους, ἀλλὰ διαφόρους καὶ ἀλλεπαλλήλους κατὰ τὴν τοῦ τόπου θέσιν, καὶ ἀπὸ διαστήματος. mox; καὶ τοὺς μὲν ἐν τῇ πρώτῃ βίγλᾳ ὄντας, ὀλιγωτέρους ποίει. τοὺς δὲ μετ' ἐκείνους ἐν τῇ δευτέρᾳ, πλείους. καὶ τοὺς ἐν τῇ τρίτῃ ἔτι πλείους. In ſexto Παιδείας ſpeculatores κατέχουσι σκοπιὰς ἄλλας πρὸ ἄλλων. erant igitur ſpeculæ plures, aliæ citeriores, aliæ ulteriores: quæ proprie προφυλακαὶ dictæ, & qui in illis ſtationibus προφύλακες, de quo plura capite XXII.

Ὅπως μὴ δι' ἄγνοιαν δοξάζον ᾖ ὁ σκοπὸς) Scribe δοξάζων. *opinans.* at neutro genere δοξάζον eſſet pro δοκοῦν.

πάσχουσι δὲ τοῦτο οἱ ἄπειροι τάξεων καὶ πολέμου.) rectè: ſed & qui rei militaris peritiſſimi habentur, ſi ſint meticuloſi, faciunt idem. nam etiam iſti ſæpe, quod non viderunt pro viſo renuntiant, ut de P. Conſidio Cæſar obſervat. & ſunt multa ſimilia exempla.

ὁ δὲ ἐμπείρους γνοὺς τὴν τῶν πολεμίων διάταξιν,] Lege Conſtitutionem Leonis XVII. in cujus poſteriore parte de hoc ſpeculatorum officio & induſtria erudite admodum diſſeritur. Leoni κατάσκοποι ſunt exploratores, qui mercatorum fere habitu caſtra & urbes hoſtium adeunt: αἱ βίγλαι vel οἱ βιγλάτορες aut βιγλεῦται, ſunt vigiles aut ſpeculatores, qui in hoſticum non mittuntur. eruditus interpres, qui harum vocum differentias non obſervat, multa confundit.

εἶναι δὲ τοὺς ἡμεροσκόπους καὶ ποδώκεις, οἳ ὅσα μὴ οἷά τε διὰ σημείων δηλοῦν, ἀλλ' αὐτ.) Obſerva hemeroſcoporum duplex fuiſſe officium; prius, ut inde è ſpecula ſignum darent rei ſibi viſæ. id autem ſignum vel fumo, vel agitatione veſtis, interdum & tuba, ut modò dicebamus è Polyæno, dabatur; aut ſimili alio modo, de quo inter mittentes ac miſſos convenerat. ignis verò iſtis nullus uſus, qui interdiu ſpecularentur. altera officii pars erat, ut ſi quid incidiſſet, quod ſignis conventis exprimere non poſſent, nuntium ipſi deferrent. Propterea Æneas heic exigit etiam pernicitatem pedum. Atque ita eveniebat, ut qui prius fuerat ἡμεροσκόπος, fieret ἡμεροδρόμος. proprie tamen hemerodromi curſores erant & ſtatores principum, quibus ipſi pro tabellariis utebantur. vide Suidam & librum de mundo qui Ariſtoteli adſcribitur.

ἄριστον δὲ ἱππασίμων ὄντων, καὶ ὑπαρχόντων ἱππέων, ἱππέας συνείρειν) Etiam in militia Romana cum equitum tum peditum ſtationes pro munitionibus agrarias faciebant; ſed, ut videtur, ſeparatim. heic verò Æneas in eadem ſtatione hemeroſcoporum peditibus equites adjungit. nam id eſt συνείρειν; conjungere & συνάπτειν. ratio autem manifeſta: nam illis tantum erant equi utiles, qui à remanentibus in ſpecula, ad deferendum nuntium mittebantur. Erat autem ejuſmodi ſtationum mos; ut frenatis equis equites diem totum perſtarent. quem morem apud Romanos correxit Paulus Æmilius, ut ſcribit Livius libro XLIV.

Συνθήματα δ' αὐτοὺς ἔχειν ἓν καὶ τὸ αὐτό) Satis clarum è ratione ſubjecta, mendum his verbis ineſſe. Aut igitur negative concipienda oratio, hoc pacto; ἔχειν οὐχ ἓν καὶ τ. habento inquit, ſpeculatores iſti qui foras prodeunt, teſſeram non eandem cum urbanis cuſtodibus, ſed diverſam & ſibi propriam: vel plura verba deſunt: quam ſententiam in vertendo ſumus ſecuti.

Ad Cap. 7. Quemadmodum caſtra ſi recte ſunt conſtituta, quod Vegetius ait, & probat Polybius libro ſexto, quaſi civitatem muratam videntur ſecum portare; ita urbem, quam hoſtis vicinus premit, caſtrorum imaginem jure dixeris. non enim aliis fere inſtitutis urbes defenduntur, quàm illis ipſis in quibus nititur ſalus caſtrorum. quare ſolet Æneas præcepta ſua urbis caſtrorumve defenſioni promiſcue accommodare, ut cap. XXII. & aliis locis. Ejuſmodi eſt, quod heic præcipit de ſigno ſub occaſum ſolis ter dando; primò, ut qui per agros ſparſi ſunt in urbem ſeſe recipiant: iterum, ut eadem hora cœnent omnes; illis videlicet exceptis, quos vigiliarum ſtationes tunc tenent: tertiò, ut à cœna excubitum ſimul mittantur, quorum is fuerit dies. Sic ἐν ταῖς ἀναστρατοπεδείαις, cum diſcedebatur è caſtris, ter ſignum dari fuiſſe ſolitum conſtat. Vide Polybium lib VI. pag. 674. loquitur quidem ibi Polybius de Romanis: ſed & veteres Græcos jam inde à temporibus Æneæ eodem more fuiſſe uſos, ex eorum hiſtoriis fuſe ibi probamus. de more vero clangendi buccina ad cœnandum, plura dicemus, Deo dante, ad Polybii pag. 668.

ἐπειδὰν δὲ τούτοις σημανθῇ ἀπιέναι, οὕτως τοῖς ἐν τῇ πόλει δειπνοποιεῖσθαι.) *ubi vero iſtis ſignum datum fuerit, ut in urbem proficiſcantur, tum iis qui in urbe ſunt cœnæ ſumendæ dandum eſt ſignum.* Suppleo enim orationem imperfectam, & lego δεῖ σημαίνειν δειπνοποιεῖσθαι. quanquam verbum δεῖ ſæpius omittit noſter, more Græcorum.

ὡς δὲ δεῖ τὸ γίνεσθαι καὶ ὡς αἴρειν τοὺς φρυκτούς,) Videtur dicere, ea de quibus modò locutus eſt ſigna, facibus & πυρσεία edi fuiſſe ſolita: quod non ita eſt. nam ante noctem concubiam & tenebras obortas fruſtra faces accendantur. atqui ante illam horam vigilias locatas eſſe, & illa omnia ſigna fuiſſe edita oportuit. Refero igitur hæc verba ad iſta, in fine capitis ſuperioris poſita; *Præcipiendum eſt hemeroſcopis, ut ſigna, quibus ipſi utuntur, ſic interdum attollant, quomodo ſpecularum incenſores ſuas faces ſolent.* cum iſtis plane quæ heic dicuntur congruunt; *quod quo pacto fieri oporteat, & ut faces ſint attollendæ, in libro De apparatibus belli dictum eſt.* Mirum tamen quis caſus hæc ita ſeparaverit. Sed hujuſmodi trajectionibus ſæpiſſimè peccatum eſſe in antiquorum libris ſæpe queſti ſumus. Vide Animadverſionum in Athenæum librum V. cap. XXV.

ἐν τῇ

ἐν τῇ Παρασκευαστικῇ βίβλῳ πλειόνως εἴρηται.) Partem hanc fuisse Strategici ab Aenea compositi, antea ostendimus. Quoniam autem in cognitione eorum quæ ad bellicos apparatus pertinent, non minima militaris scientiæ pars est posita; iccirco multi è veteribus eo titulo scripta bellica ediderunt, ut Philo vetustus scriptor, de cujus Poliorcetico mentionem ante fecimus. In eo libro auctor loquens de fontium aquis, hoste adveniente veneno inficiendis; ita subjicit; τίνα δὲ ταῦτά ἐστιν ἐν τοῖς Παρασκευαστικοῖς ἡμῖν δεδήλωται. Julii quoque Africani opus eruditum, cujus etiam antè meminimus, in nostro codice inscribitur, Πρὸς πολεμίους παρασκευαί· in aliis, Πολεμικῶν παρασκευαί. in regio Κεστοί; de qua inscriptione & auctoris ætate multa alibi disserimus. Leonis etiam Augusti libri militares in codicibus melioribus hunc præ se ferunt indicem, Πολεμικῶν παρασκευῶν διατάξεις. at in XII Constitutionis Leoninę titulo, περὶ παρασκευῆς πολέμου, aliud est: nam ibi πόλεμος pro μάχη ponitur, & pugnam significat. sic apud Julium Africanum νυκτοπόλεμος legitur pro νυκτομαχία, pugna nocturna, cujus rationes explicat cap. LXX. & ita voces illas Gręci Latinique scriptores etiam antiqui confundunt; sed hæc obiter.

Ad Cap. 8. Duo genera consiliorum hoc capite non explicantur, sed strictim attinguntur, tanquam exposita antè in libro De bellorum apparatibus. Prius est illorum quę suspicienda sunt, ut advenienti hosti aditus aut omnino præcludatur, sive ille terra, sive mari veniat; aut certè quàm difficillimus reddatur. qua de re nonnihil præcipitur cap. XVI. alterum est, eorum quæ iniri debent, quo omnis hosti pręripiatur utilitas, earum rerum, quæ in agris relinquuntur, quæque natura sua plurimum utilitatis ad belli incepta valent afferrę. ut ædificia, ligna, pahula, & omne esculentorum poculentorumve genus, aut aliorum commeatuum. Æneas ait, omnia quæ istiusmodi sint, aut de medio esse tollenda, ut non compareant ad hostis adventum, aut corrumpi & inutilia reddi debere. Multa in Poliorceticis Græcorum super hoc argumento leguntur, quæ nunc prætermitto.

πρῶτον μὲν τὴν χώραν δυσεπιβατοκατασκευάζειν.) Lego, τὴν χώραν δεῖ δυσεπίβατον κατασκευάζειν.

καὶ τοὺς ποταμοὺς δυσδιαβάτους.) Trajectio amnium difficilis redditur dejectis pontibus, aut castellis ad transitnm inædificatis, & præsidio firmatis: aut etiam sepimento in ipsis aquis structo è cratibus, aut trabibus intertextis. posterior Gręcia λέσας aut λέζας id genus munitionum appellavit. Constantinus Imperator in Institutione Romani F. capite penultimo, de Simeone Principe Bulgariæ loquens, qui classem Constantinopolitanam Turcos in Bulgariæ fines transmittere conantem, impediit. Οὗτος ὁ Συμεὼν ὁ ἄρχων Βουλγαρίας, μαθὼν τὴν τοῦ πλωΐμου πρὸς τὸν ποταμὸν ἄφιξιν, καὶ ὅτι μέλλει τὸ πλώϊμον τοὺς Τούρκους κατ' αὐτοῦ προφάσει, ἐποίησεν λείζας, ἥτις πλοκοὺς ἰσχυροὺς πάνυ καὶ στερεμνοὺς, ὥστε μὴ δύνασθαι τοὺς Τούρκους μεταβῆναι. in aliis ſcriptis Græcorum λαισὰς aut λαίζας appellari obſervo crates, & quæ vetuſtiores dicebant γέῤῥα. Leſſis Conſtantini ſimilia ſunt φράγματα portuum, quorum mox facit mentionem Æneas. de quibus omnibus multa obſervamus in Commentariis Polybianis.

καὶ πλείους,) Efficiendum ut pro amne uno plures tranſire opus ſit hoſtibus, prius quàm ad urbem accedant. ut ſi ex uno Nili alveo plures deriventur, & novæ foſſæ percutiantur; aut ſi quantum aquarum circumſurgentibus jugis oritur, in unum alveum vertatur, atque is hoſti objiciatur. Simili ſtratagemate Germani opera Cæcinæ obruunt apud Tacitum libro 1. Annalium.

ὡς δεῖ ἀχρεῖα ποιεῖν, ἢ φθείροντα ἀφανίζειν.) Non diſpliceat, ἀχρεῖα ποιεῖν φθείροντα, ἢ ἀφανίζειν. capite XXI ubi hæc repetuntur verbum φθείροντα omittitur; τὰ ἐν τῇ χώρᾳ ὡς δεῖ ἀφανίζειν, ἢ ἀχρεῖα ποιεῖν τοῖς ἐναντίοις. In Anonymi Poliorcetico ita præcipitur. Θερίζειν δεῖ δὲ καὶ τὰς χώρας, κἂν μήπω πρὸς θερισμὸν ἔφθασαν· καὶ προαφανίζειν πᾶσαν χρείαν πρὸς δύο ἢ τριῶν ἡμερῶν διαστήματα, οὐ μόνον ἀλόγων, ἀλλὰ καὶ ἀνθρώπων· ἵνα καὶ ἐν τούτῳ δυσθυμήσωσιν οἱ ἐχθροὶ, πόνον περὶ τὴν δαπάνην ὑπομένοντες.

Ad Capp. 9. & 10. Congeruntur hoc & ſequenti capite præcepta plurima & utiliſſima, quibus tunc eſt utendi tempus, cum hoſtis ſuperatis omnibus impedimentis, propius muros accedit, & urbs ſerio obſideri incipit.

ὡς ὑπαρχούσης τινὸς αὐτοῖς πράξεως εἰς τοὺς πολεμίους,) *Tanquam ipſi molitionem aliquam in hoſtem parent.* ſed in his & ſimilibus locutionibus militarium ſcriptorum, πρᾶξις proditionis ſignificationem habet. unde πραξικοπεῖν, vox Polybii, proditione urbem capere, aut tentare. ſic infra capite XXII, τὰ προσαστόμενα, *conſilia & coitiones proditorum.*

διαγγελθέντων οὖν τούτων εἰς τὸ στρατόπεδον τῶν πολεμίων, ἢ τὴν πόλιν,) Urbem intellige, non eam cujus obſidio paratur; ſed vicinam aliquam, unde profecturi ſint, qui obſidionem moliuntur.

τοῖς δὲ πολεμίοις φόβον ἐμπαρασκευάσεις ἐπὶ τῶν αὐτῶν ἠρεμῶν.) *Adverſariis terrorem incuties, in agro ipſorum quietus manens.* abſurda ſententia, & quæ nullo pacto ſuperioribus cohæreat. probabilius ſit, ἐπὶ τῶν σαυτοῦ ἠρεμῶν, *quum interim domi maneas.* ſed non dubito ſcribendum, ὥστ' ἐπὶ τῶν αὐτῶν ἠρεμεῖν. *adeo ut in ſua ipſorum terra ſint quieturi.* conſilio videlicet inchoandæ obſidionis omiſſo aut ſaltem intermiſſo.

ὑπεκτίθεσθαι εἰς τοὺς προσοίκους,] Solent qui ad tolerandam obſidionem ſeſe comparant, omnem inermem atque inutilem turbam, ut ſenes decrepitos, liberos tenerioris ætatis, uxores, ægrotos & ſimiles per-

ſonas

ſonas in amicam urbem transferre, tantiſper ibi cuſtodiendas: quod ὑπεκτίθεσθαι heic dicitur. Euripides in Hecuba ὑπεκπέμπειν & λάθρα ἐκπέμπειν. Virgilius, *furtim mandarat alendum*. propriè ὑπεκτίθεσθαι eſt clam periculo eximere; ut in Electra Sophoclis; ἥτις σὲ χερῶν κλέψασ' Ὀρέστην τῶν ἐμῶν ὑπεξέθου· Sed heic monet Æneas, etiam jumenta & mancipia, quæ in obſeſſa urbe nulli futura ſint uſui, aliò eſſe deducenda. de iis autem potiſſimum loquitur, quæ in agris haberi ſolent, & ad villæ inſtrumentum pertinent. apparet è ſubjecta ratione; ὡς οὐκ εἰσαξόντων εἰς τὴν πόλιν, *quia introducendi in urbem poteſtas non dabitur.*

Οἷς δ' ἂν μὴ ὑπάρξῃ ξενία παρ' οὓς θήσονται, πρὸς τοὺς ἄρχοντας δημοσίᾳ παρατίθεσθαι τοῖς προξένοις.) Olim qui in aliquam urbem peregrinus advenerat, is tribus modis hoſpitium poterat nanciſci. Prima ratio fuit, per teſſeram hoſpitalem, & illud jus hoſpitii. quod in eum finem cum amicis colebant in multis civitatibus. Altera fuit ratio, ubi hæc deerat, ut ad πανδοχεῖα & tabernas meritorias diverterent, Si ne hujus quidem rei facultas ſuppetebat, quod nullum eſſet in urbe πανδοχεῖον, tertia ſupererat ratio, ut ad magiſtratum adirent, & de hoſpitio ſibi provideri peterent. quod vocabant ξενίαν λαμβάνειν. Plutarchus in Catone Uticenſi; τοῦτον τὸν τρόπον ἐποιεῖτο τὴν ἀποδημίαν. προὔπεμπεν ἅμ' ἡμέρᾳ τὸν ἀρτοποιὸν καὶ τὸν μάγειρον, ὅπου καταλύσειν ἔμελλεν. οἱ δὲ, πάνυ κοσμίως καὶ μεθ' ἡσυχίας εἰσελθόντες ἂν εἰς τὴν πόλιν, εἰ μηδεὶς τύχοι τῷ Κάτωνι φίλος ὢν αὐτόθι πατρῷος, ἢ γνώριμος, ἐν πανδοχείῳ τὴν ὑποδοχὴν αὐτῷ παρεσκεύαζον, ἐνοχλοῦντες οὐδενί· πανδοχείων δὲ μὴ ὄντων, οὕτως πρὸς τοὺς ἄρχοντας τραπόμενοι, ξενίαν ἐλάμβανον. Simile eſt, quod præcipit hoc loco Æneas; qui metu obſidionis in alienam urbem jumenta & mancipia deducunt, amicis hoſpitio ſibi junctis, commendare illa debere: aut ſi nullos in ea urbe amicos habeant, magiſtratus eſſe conveniendos, & tectum ab illis petendum. tabernę meritorię nullam heic facit mentionem; qui tamen in alia re poſt pauca πανδοχείων meminit.

κατακομίζειν τὰ ἐλεύθερα σώματα καὶ τοὺς καρποὺς ἐν τῇ πόλει) Hoc eſt εἰς τὴν πόλιν. quam antiptoſin illius ætatis Helleniſmus rarius admittit; recentior creberrime frequentat.

τάς τε ἑορτὰς κατὰ πόλιν ἄγειν.) Intellige feſta privatarum ſolennitatum, ut vocat Tertullianus, vel gentilitia, vel alia minoris celebritatis, nec πάνδημα. nam ad feſta univerſæ urbis communia agitanda, etiam extra muros procedebant, ſi ita mos patrius poſtularet, ut dicetur Æneę cap. XVII.

εἶναι ἐπισκόπησιν, παρ' οὓς οἰσθήσεται πρότερον.) Nihil heic mendę, ſed eſt idem loquendi genus, quo paullo ante utebatur; οἷς ἂν μὴ ὑπάρξῃ ξενία, παρ' οὓς θήσονται. ξενία, pro ξένοι. ἐπισκέπησις pro ἐπίσκοπος. ſimiles multę elegantię in hoc ſcriptore. ἐπίσκοπος veteribus Gręcis dicebatur,

 quiſ-

quiſquis alicui negotio aut loco fuerat præfectus. ſic Cicero, qui initio belli civilis oræ maritimæ à Formiis præerat, ἐπίσκοπον ſe appellat. E tractatu Anonymi de toleranda obſidione colligimus, fuiſſe olim moris, ut cura & adminiſtratio annonæ in urbe obſeſſa Epiſcopo traderetur. ſed hoc aliud eſt genus Epiſcoporum : nam ille auctor fuit Chriſtianus.

στρατιώτας μὴ μισθοῦσθαι, μηδὲ ἑαυτὸν μισθοῦν ἄνευ τῶν ἀρχόντων.) Hoc quare dicat ex iis intelligi poteſt, quæ capite XIII dicturus eſt Æneas. vide etiam ad caput XXII.

καὶ ὅπλα αὐτῶν παρῆσθαι.) Scribendum παρῃρῆσθαι. capite XXX, τῶν ἀφικνουμένων ἀνδρῶν παραιρεῖσθαι τὰ ὅπλα. ubi hunc locum reſpicit. Hodie non ſolum in obſeſſis urbibus mos hic & plures alii, quos hoc loco Æneas attingit, ſervantur: verum etiam in omnibus oppidis aut arcibus, quæ præſidio tenentur. Atque hæc militaria inſtituta ut & alia non pauca, quæ hoc libro commemorantur, vetuſtiſſimis illis Græcis fuiſſe nota, abſque Ænea noſtro eſſet, vix hodie ſciremus.

διὰ χρόνου δὲ ξένος ὅσοι ἂν ταλαιπώροι αὐτῶν ὦσιν, ἐκκηρύττεσθαι.) αὐτῶν, id eſt, τῶν ξένων. Senſus igitur erit; cum in urbem obſeſſam fuerint admiſſi peregrini aliqui, aut milites mercenarii, (nam utrumque vox ξένος ſignificat) per certa intervalla temporum eos eſſe recognoſcendos; & omnes qui facti fuerint bello inutiles, edicto eſſe extrudendos urbe. ταλαιπώρος vox poëtica; quo genere dictionum & Plato & cæteri etiam Attici in ſoluta oratione interdum delectantur. ſignificat hominem calamitoſum & miſerum, qui mala multa ſit paſſus. apud poëtam proprium eſt erronum & peregrinornm epithetum. Πολλοὶ δὴ ξεῖνοι ταλαπείριοι ἐνθάδ' ἵκοντο. heic, ut dixi, eum deſignat, qui ad belli munia factus eſt inutilis. ejuſmodi homines expelli intereſt obſeſſorum : qui neminem libenter alunt, cujus opera ad urbis defenſionem non aliquid conferat. Putet aliquis, pro αὐτῶν ſcribendum eſſe ἀστῶν: ut etiam in civibus idem fuiſſe ſervatum intelligatur. ſed prior interpretatio recta.

τοῖς δὲ δημοσίαις ἀφικνουμέναις πρ.) Melius, δημοσίᾳ.

οὐ χρὴ ἐν αὐτοῖς τὸν ἐθέλοντα διαλέγεσθαι.) Si menda carent illa verba ἐν αὐτοῖς τὸν ἐθέλοντα, ſenſus eſt : Quoties in oppidum obſeſſum legati venerint publice aliunde miſſi, non debere liberum eſſe peregrinis qui in urbe tum fuerint, ut ſi qui eorum velint, legatos illos alloquantur. ἐν αὐτοῖς igitur, τοῖς ξένοις, quibus opponit cives, & quidem τῶν πολιτῶν τοὺς πιστοτάτους.

οἱ μετ' αὐτῶν συμπλοῦσι,) An potius συμμένουσι?

τῷ εἰσάγοντι κατὰ πλῆθος τῶν εἰσαγομένων τόκους παρέχεσθαι.) *ut cujus rei inopia in urbe fuerit, ei qui magnam illius rei copiam invexerit, parata ſit uſura mercium invectarum.* quid opus eſt uſuram illi de publico

blico pendi, qui vendendis mercibus suis magnum lucrum potest facere? Intelligendum, merces illatas non exponi vænum publicè; sed à magistratu legitimo pretio coemi, ut earum distributio publica auctoritate fiat. Vult igitur Æneas, mercatori præter omnem pecuniam, quam in emptionem aut vecturam, olei putâ, frumentive impenderit, etiam usuras ejus pecuniæ pendi, pro more civitatis aut mercatorum.

τῷ δὲ ναυκλήρῳ ἀνολκὴν καὶ καθολκὴν) hoc est, plenum jus immunitatis & *ἀτελείας*: ut sive onustas aliquò genere mercium naves adducant in portum, sive è portu solvant, ne quid eo nomine portorii aut vectigalis *τοῖς ἐλλιμενισταῖς* dependere teneantur. perperam in regio scriptum, *καθολικὴν*, pro *καθολκήν*.

καὶ τὰ λύχνα κατασβεννύναι.) Ita emendavimus corruptam in regio scripturam, *καὶ τὰ ἴχνη κ.*

δεσμὸς ἢ ζημία.) Scribendum, *ἡ ζημία*.

Οἷον καὶ Διονύσιος ἔπραξε. Λεπτίνην τὸν ἀδελφὸν αὐτοῦ,) Hic est Leptines quem classi suæ Dionysius aliquando præfecit, & cujus opera multum est usus: quem etiam Diodorus fratrem Dionysii fuisse ostendit. ut libro XIV in Olympiade XCVII. *ἦν δὲ ὁ στόλος προσπλέων Διονυσίου τοῦ τυράννου, καὶ ναύαρχος ὑπῆρχεν αὐτῷ Λεπτίνης ὁ ἀδελφός.*

ἵνα μὴ ἐφορῶσιν ἐν ταῖς προσαγωγαῖς τῶν πολεμίων τοὺς αὑτῶν παῖδας συμπροσαγομένους καὶ τὰ ἔσχατα πάσχοντας.) Est hoc quoque preceptum magnæ prudentiæ plenum. Monet Æneas fore ex usu, si imminente oppugnatione submoveantur ex urbe cives, quorum liberos hostis pro obsidibus in potestate habet. periculum enim esse, si hostis tormenta urbi admovens, corpora eorum oppidanis loco pluteorum objiciat, aut si eos torquere incipiat, quò defensores ad iniquas conditiones adigat; ne parentes spectaculi atrocitate victi, pravorum consiliorum auctores & suasores existant. Respicit Æneas stratagema olim magnis ducibus non rarò usurpatum; qui periculo captivorum aut obsidum, salutem sibi aut victoriam quæsiverunt. Agathoclem narrat Diodorus Siculus libro XX. appulsa ex inopinato classe ad littus Uticensium, trecentos cives, & in his nonnullos è principibus civitatis, in eorum agris cepisse; deinde tormento quod muris admovebat, eos appendisse; ut necesse oppidanis esset, vel suos occidere, si vellent urbem defendere; vel si parcerent suis, hostem intra mœnia recipere. Similis historia apud Josephum *Ἁλώσεως* libro primo, cap. II. & apud alios alia. Radevicus de gestis Friderici I. Imperatoris, lib. II. cap. XLVII. *Effrenatis vero animis Cremensium Princeps obsistendum putans, obsides eorum machinis alligatos, ad eorum tormenta, quæ vulgo mangas vocant, & intra civitatem novem habebantur, decrevit objiciendos. Seditiosi, quod etiam apud Barbaros incognitum, & dictu quidem horrendum, auditu vero incredibile, non minus crebris ictibus turres impellebant: neque eos que eos sanguinis naturalis vinculi communio, neque ætatis movebat miseratio.* Par Rhetogenis constantia in obsidione urbis Centobrigæ bello Celtiberico, apud Valerium Maximum libro v capite primo. verùm hæc pluribus alias.

μεθ' ὧν ὄντες ἐν φυλακῇ μᾶλλον ἔσονται, ἢ φυλάξουσί τι.) Similis cautio proponitur à Leone Augusto, Constit. xv, 56. ἐὰν δὲ καὶ διχοστασία ἐστὶ παρ' ἐνίων ἐν τῇ πόλει, ἢ τῷ κάστρῳ, δέον εἴη κἀκείνους ἐρευνεύσαι, καὶ συμμίξαι ἐν τοῖς τοῦ τείχους πεδατούροις τοῖς στρατιώταις. ἐκ τούτου γὰρ οὐδὲ δύναιρο ὑπόστασιν μελετῆσαι, ἢ κατὰ τοῦ κοινοῦ, ἢ καθ' ἑαυτῶν· ἀλλὰ καὶ δουλεύοντες φυλακὴν τῆς πόλεως πιστεύθῆναι, ἐρυθριῶσι νεωτερίσαι. ἢ ἐὰν μὴ τοῦτο, πάντως αὐτοὺς περιεξαγαγεῖν ἀλλαχοῦ. in quibus verbis πεδατοῦροι τοῦ τείχους non sunt podismi, sed loca in muris, vel intra muros, ubi stationes vigilum & excubitorum solent collocari. sic areas illas quę *ἀὐρυχωρίαι* dicebantur capite 11 & quas à Philone inter partes murorum commemorari ostendebamus, pedaturas cum Leone licet appellare. Alium modum cavendi à suspectis, die præsertim festo, proponit Aeneas capite xxii.

ὡς εἰς παρά τελοί.) Ita emendavimus scripti libri errorem, qui habet, ὡσὶ παρά τε.

ἔτι τοίνυν μηδὲ εἰς τὰς κοίτας λαμπτῆρας φέρεσθαι.) Milites qui ad custodiam nocturnam ibant, centonem fere aliquem, aut impilia secum deferebant, quibus per vacuas horas, cum eorum sors & vices non essent, incubabant, inde *κοίτας* appellarunt illa loca ubi erant vigiliarum stationes & *φυλακεῖα.* sed & castra ita dixerunt, ut ad sextum Polybii fuse probamus. De usu autem λαμπτῆρος in vigiliis ad danda signa, plura Aeneas capite xxii.

ἵνα δὲ πρὸς τί κοιτασθῶσι τοῦτον τὸ φεγγαῖον σύσσημον ἐποιήσαντο,) Si vera hæc lectio est, ὁ φεγγαῖος, idem erit atque ὁ λαμπτὴρ, fax lucens, aut laterna. ego de hac dictione dubito, quam alibi legere non memini. Scribendum vero, ἵνα δὴ πρὸς τί κοιτασθῶσι τοῦτο τὸ φεγγαῖον (aut potius, τοῦτο τὸ φέγγος,) σύσσημον ποιήσωνται. *ut indicio hujus facis sive laternæ, significent hosti ad quam partem murorum stationem sint nacti.* capite xviii, quo loco proditorum artes varias auctor describit: ἔτι δὲ καὶ ἢ τοῦ τείχους, καὶ κατά τι τῶν φυλάκων λελόγχει.

Ad Cap. 11 Jam dictum est, quàm sint in urbe obsessa metuendi, qui in præsente Reip. forma non acquiescunt, & rebus novis student, quos Aeneas ἀντιπροθυμουμένους appellat. nam hi mutationis cupidi, occasioni semper imminent, quam obsidio, longa præsertim, facile potest illis suggerere. Appellatione autem τῶν ἀντιπροθυμουμένων intelliguntur tã cives quàm alii, ut socii & externi, sive mercenarii milites. de quibus omnibus agit Aeneas hoc capite, & duobus proxime sequentibus, quæ communi epilogo clauduntur in fine xiii. Hoc igitur capite Aeneas

Aeneas exempla affert consiliorum ex ejusmodi caussa initorum ad mutandum Reip. statum; simul remedia commemorat, quæ viri prudentes adhibuerunt, ne quid civitas sua detrimenti caperet.

ῥηθήσονται δὲ ἑξῆς αἱ ἐπιβουλαὶ ἐκ τῆς βίβλου) Quid appellat τὴν βίβλον? ego suspicor librum intelligi, quem auctor titulo Ἀκουσμάτων composuerat; de quo vide ad caput XXXVIII.

Χίου γὰρ μελλούσης προδίδοσθαι,) Refero ad antiquissima tempora, quando erant in populo Chiorum, qui oligarchiæ studerent; erant qui democratiæ. unde illæ mutationes de quibus philosophus in quinto Politicorum. illis temporibus multas in illa insula atque urbe seditiones extitisse, observat Aelianus Ποικίλης libro XV. cap. XXV.

τῶν ἀρχόντων τις συμπροδιδοὺς καὶ ἀπατῶν τοὺς ἄρχοντας.) Melius, τοὺς συνάρχοντας. statim, ἔπεισε τοὺς συνάρχοντας, ἀντὶ ἐμ.

ὥστε λιμένος τὸ κλεῖθρον εἰς γῆν ἀνασπάσαντας,) Faucibus portus solet claustrum imponi arte varia. fere autem catena ferrea valde robusta ori portus insereb atur, ut de Cyziceno scribit Ammianus libro. XXVI. interdum lignea erant hæc claustra, ut illud cujus hic Aeneas meminit, quod sequentia verba ostendunt.

Μελλόντων γὰρ τῶν πλουσίων τὴν δευτέραν ἐπίθεσιν ἐπιτίθεσθαι τῷ δήμῳ,) Postquam Argis nobilissimum & vetustissimum regnum in Melta Lacidis filio esset finitum, democratia obtinuit, cujus multo ante jacta erant fundamenta. auctor est Aristoteles Politicorum libro III Argis, quemadmodum Athenis, ostracismi institutum esse observatum: ex quo apparet sequiorem populum universam Remp. obtinuisse, & plus pauperes quàm divites potuisse. hinc illæ diuitum adversus democratiam conspirationes, quarum hoc loco Aeneas meminit. Porrò ex his verbis colligitur, duas insignes extitisse Argis conjurationes antequam hæc Aeneas scriberet. Prior accidit anno tertio Olympiadis nonagesimæ, ut narrat Diodorus Siculus libro XII. Ejus seditionis mentionem facit Aristoteles, Politicorum libro V capite IV. ubi γνωρίμους appellat philosophus, id est, nobiles quos noster τοὺς πλουσίους. Diodorus, τοὺς κατ' ἐκλογὴν κεκριμένους τῶν πολιτῶν χιλίους: quos ait virtute & censu cæteris præstitisse. eum vide in anno priore; quo Argiui eam de Lacedæmoniis victoriam retulerunt, quam ait Aristoteles nobilibus insurgendi & mutandæ Reip. occasionem dedisse. tum igitur instituta in urbe Argivorum Oligarchia; sed quæ diuturna non fuit: octavo enim mense exacto, sublata divitum dominatione, ad populare imperium res iterum rediere. Putamus nos, haut multo post illa tempora secundam istam divitum conspirationem contigisse, quam heic describit Aeneas. Quum autem singulari prudentia popularis magistratus conatus iste divitum nullum hahuishabuisset exitum, secuta est tertia conjuratio eorundem, quę miseranda cęde omnium opulentorum, atque etiam ipsorum demagogorum; (ii popularis status columina erant) finem invenit. gestum hoc anno tertio Olympiadis CII ut narrat Diodorus. Hanc tertiam conjurationem Aeneas ignorare non potuit, ut quæ ejus sæculo acciderit. quare quod ait de secunda seditione non ita accipiendum, quasi duæ dumtaxat fuerint.

εἰπόντα δὲ ἄλλα τε.) Scribe, *εἰπόντι.* nempe *τῷ τοῦ δήμου προστάτῃ*: is fuit demagogorum, qui democratiæ Argivorum prora & puppis erant, præcipuus aliquis, & ejus ordinis princeps.

*σὺν τοῖς ὅπλοις πάντας οἷς ἔχει, ἐν τῇ αὐτοῦ φυλῇ * ὄντας ἑκατόν.*) Locum vitii manifestum asterisco insignivimus. Corrigo autem, *ἐν τῇ αὐτοῦ φυλῇ, ἐν τοῖς ἑκατοστύσι*; vel, *ἔν τε τῇ αὐτοῦ ἑκατοστυΐ.* Ex sequenti exemplo de exorta apud Heracleam Ponticam seditione, cum de sententia, tum de lectione hujus loci poterit constare. Auctor hujus consilii propositum habuit, societatem divitum dissipare: ne seorsim à cæteris civibus congregati in unum, Reip. statum sollicitarent: jubet igitur, ut adsint omnes in sua tribu: & quo magis eos dividat, quemque in sua centuria præsto esse præcipit. *ἑκατοστὺς* in partitione civitatis est quem Dionysius Halicarnasseus nominat *λόχον*, Romani centuriam, licet præcise numerus centenarius non servetur. quò plures autem erant centuriæ, eo magis divitum potentia infringebatur. Simile strategema politicum, vel ut appellat Aristoteles, sophisma, in descriptione Romani populi in centurias XCIII. observat Dionysius Halic. libro IV. Notabunt tirones numeri enallagen, huic scriptori mire familiarem, cum ait, *πάντας οἷς ἔχει*· pro *ἔχουσι*, nisi suppleatur vox *ἕκαστος*. cap. X. *καὶ ξένους τοὺς ἐνδήμους μεθίστασθαι. ἢ γὰρ ἂν ἄλλῃ φαίνηται.* pro, *φαίνονται*, aut scribendum *φαίνηταί τις.*

παραχέτω τι, τοῦτο δὴ αὐτὸ, ἵνα κ.) Distinxeram; *παραχέτω τι. τοῦτο δ'.* sed deest verbum. scribendum igitur, *τοῦτο δ' ἐποίησεν, ἵν.*

Παραπλησίως δὲ ἐν Ἡρακλείᾳ ἐν τῷ Πόντῳ οὔσης δημοκρατίας.) E libro quinto Politicorum Aristotelis scimus, fuisse quidem Heracleæ ad Pontum democratiam: sed quæ multas varietates persæpe experta, aliquando etiam in oligarchiam fuerit conversa.

οὐσῶν αὐτῶν τριῶν φυλῶν, καὶ τεσσάρων ἑκατοστύων,) Ridicula res; tres tribus in quatuor Centurias fuisse divisas. verum quidem est, quod antè dicebamus, *ἑκατοστὺν* numero centenario *ἀποτόμως* non definiri: sed lectionis absurditatem ea res non tollit. Corrigendum censeo, *καὶ τεσσαράκοντα ἑκατοστύας.* habuit, inquit, Heraclea Ponti tribus tres, centurias XL: sed astu primorum è plebe auctus est centuriarum numerus, ut essent sexaginta. Hoc putamus verum; alioquin poteramus Æneę verba aliter interpretari, ut singulæ trium tribuum in quaternas centu-

rias inrias intelligantur fuisse distinctæ. Sic Athenis unaquæque è quatuor tribubus in tres partes dividebatur, quas ipsi τρίττυας & φρατρίας aut ἔθνη vocabant. ita fierent omnino ἑκατοστύες duodecim. sed non fit mihi probabile, ob eam quæ heic narratur caussam, priorem Centuriarum numerum quintuplo fuisse auctum.

ἐν Κερκύρᾳ δ' ἐπανάστασιν δέον γενέσθαι ἐκ τῶν πλουσίων καὶ ὀλ.) Populum Corcyrensem factionibus in sese divisum, inaudito fere exemplo furoris sæviisse interdum in propria viscera, testis est historia Thucydidis & Diodori Siculi. circa illa tempora eum quoque motum accidisse, cujus heic Æneas meminit, arguit Charetis ducis Atheniensium inserta mentio. hic enim est Chares, de quo Xenophon in Hellenicis & omnes illorum temporum scriptores. vide Diodorum libro XVI.

σικύας προβαλλόμενοι, καὶ τομαὰς ἐν τῷ σώματι ποιησάμενοι.) Scribendum προσβαλόμενοι. in re cucurbitularum verbum est signatum προσβολὴ apud medicos, non προβολή. Aristoteles libro III Rhetoricorum; κέκληκεν εἶπε τὴν σικύας προσβολήν. Cratinus, σικύαν προσβάλλω σοι. Est autem stratagematis hujus inventio antiquissima, idque à multis usurpatum jam inde à Pisistrati Atheniensis temporibus.

ἅμα δ' αὐτοῖς εὐθὺς πρ.) Restitue distinctionem corruptam. ἅμα δ' αὐτοῖς, εὐθὺς προπαρεσκευασμένοι, οἵτε ἄλλοι στρατιῶται τὰ ὅπλα ἐξηνέγκαντο, καὶ τῶν Κερκυραίων οἱ ἐπιβουλεύοντες. τῶν δ' ἄλλων ἀγν.

Ad Cap. 12. Polybius libro primo ad narrationem belli socialis Carthaginiensium se accingens, ait, ex illius historiæ cognitione, hunc maximum lectores fructum esse percepturos; ut discant, quid metuere debeant, & cui maxime malo providere multo ante oporteat eos, qui milite externo & mercenario utuntur. Pertinet eodem & capitis hujus doctrina. duo enim proponuntur ab Ænea præcepta, circa socios & militem conductitium servanda. Prius est, ut sparsim habeantur, neque permittantur unum corpus per se in urbe constituere obsessa: altero monet cavendum etiam & etiam, ne majores auxiliorum vires in urbem admittantur, quam sint urbanæ copiæ: quod Æneas appellat ξενοκρατεῖσθαι. deinde appositione exemplorum doctrinæ suæ fidem adstruit.

Χρὴ δὲ συμμάχων εἰς τὴν πόλιν,) Deest aliquod verbum, quod sequentibus ista connectat. puta, βοηθησάντων, aut ἐλθόντων, vel simile. Ubi ferendæ opis caussa in oppidum socii venerint, cavendum est, ne simul conjuncti maneant, sed ut dispergantur, per urbem; eo pacto & iisdem de caussis, atque οἱ ἀντιπροθυμούμενοι, id est, cives quorum voluntas erga Remp. est suspecta, & à quibus quomodo sit cavendum proximo capite vidimus. Sic exponi debent illa verba, ὁμοτρόπως τῶν αὐτῶν ἕνεκεν τοῖς προειρημένοις.

οὐκ ἔφασαν οἱ Φρουροὶ ἐπιτρέψειν,) negarunt se id permissuros

milites

milites præsidiarii, quos Chalcedonenses Cyzico acciverant.

εἰς πόλιν οἰκείαν μείζω δύναμιν ἐπ' αὐτὸν δέχεσθαι τῆς ὑπαρχούσης τοῖς πολίταις.) Lego, μείζω δ. ἐπακτὸν δέχ. eleganter opponit δύναμιν ἐπακτὸν auxilia exterorum atque accita aliunde, τῇ ὑπαρχούσῃ τοῖς πολ. hoc est copiis urbanis, quæ ex ipsis civibus constant.

τυραννηθέντες ὑπὸ τοῦ εἰσαγαγόντος τοὺς ξένους,) Accipio ista verba; (nec possunt aliter,) de auctore primo ejus tyrannidis, quæ temporibus Æneæ apud Heracleotas rerum potiebatur. is autem fuit Clearchus, qui initio Olympiadis CIIII τὸ γένος ὢν ἐξ Ἡρακλείας τῆς ἐν τῷ Πόντῳ ἐπέθετο τυραννίδι, ait Diodorus Siculus libro XV. vide Memnonis Excerpta.

Ad Cap. 13. Etiam hoc capite de milite externo & conductitio agitur. Aperit Æneas rationem τοῦ ξενοτροφεῖν τάχιστά τε καὶ ἀσφαλέστατα καὶ εὐτελέστατα, conscribendi alendique militis mercenarii citissime, tutissime & minima impensa. Id futurum ait, si colligendi quidem & exhibendi sive alendi cura ditioribus civium demandetur; ipsis verò militibus duces è civibus præficiantur, quorum injussu nihil quicquam illis, ne minimarum quidem rerum, in civitate liceat. sumptus verò à privatis factos bona fide refundendos esse de publico; eo solum deducto, quod communi omnium jure tributi nomine aut ἐπιδόσεως, ut Athenienses vocabant, fuerat præstandum. Simile quid Romanos factitasse tempore necessario docet Polybius pag. 84, & sæpe Livius.

κατὰ δύναμιν ἑκάστῳ παρέχειν ξένους] Verbum παρέχειν hoc loco significat, non solum exhibere, atque alere, sed etiam conquirere militem & conducere: quod proprium erat munus eorum, qui dicebantur ξενολόγοι, Romanis conquisitores ad delectum. at Græcos in eam rem opera privatorum quandoque uti solitos, docent illa quoque verba capitis X. στρατιώτας μὴ μισθοῦσθαι, μηδὲ ἑαυτὸν μισθοῦν ἄνευ τῶν ἀρχόντων. vide ad cap. XXII.

Ad Cap. 14. Docuit quomodo cavere oporteat ab iis qui rebus novandis student, quod in præsenti civitatis statu non acquiescant: nunc docet qua ratione provideri queat, ne cives bene alioquin erga publicam rem animati, in odium ejus ex privata caussa veniant. tollendum nempe malum, quod sæpe civitates dividit; cum pars altera omnes divitias ad se trahit; altera ære alieno oppressa, tabulas novas cogitur desiderare. Ex quinto Politicorum, & historia tum Romana, tum Græca, notum hoc pestis genus.

καὶ ἐξ ὧν πόνων πορίζοιτο,) Corrigo, πόρων πορ. rationes colligendæ pecuniæ Græci πόρους vel πόρους χρημάτων nominant.

ἐν τῇ Ποριστικῇ βίβλῳ.) Jam diximus, videri librum eundem intelligi quem sæpius nominat τὴν Παρασκευαστικὴν βίβλον. fortasse tamen verius est, Æneam Strategici sui partem aliquam ita inscripsisse, in qua sepa-

ſeparatim egerat περὶ πόρου χρημάτων, & rationes explicuerat pecuniæ in uſum belli expediendæ: qua de re in publicis Demoſthenis orationibus multa diſſeruntur. vide Oeconomicorum Ariſtotelis librum II. qui eò totus ſpectat.

Δηλωτικῶς γέγραπται.) enucleate ſcriptum eſt. δηλωτικῶς pro σαφῶς aut ἀκριβῶς, eſt idiotiſmus auctoris.

Ad capp. 15.& 16. De eruptionibus in hoſtem faciendis hoc & ſequenti capite agitur. Suſcipitur erumpendi conſilium, vel ultro & certa deliberatione: cum ſuis viribus ita confidunt defenſores, ut ad repellendum hoſtem obſidentem, vel aliquo damno inſigni afficiendum, idoneos ſe putant: vel ex occaſione, aut neceſſitate cogente; cum hemeroſcopi aut pyrſeutæ vel alii nuntii admonuerint accurrendum eſſe, ad opem ferendam, & hoſtem cohibendum; quæ propriè Græcis βοήθεια dicitur. nam βοηθεῖν eſt, ad clamorem oppreſſorum accurrere, opis ferendæ; πρὸς τὴν βοὴν θέειν. hoc eruptionis genus quantis cum periculis ſit conjunctum, & quo pacto ſit eo utendum, docet Æneas.

Ἐπειδὰν καὶ κατ᾽ ἄλλο * πίθος οὕτως ἐκπέμπειν καὶ * ἐντύχῃ μέχρις οὗ ἱκανοὶ δοκοῦσιν ἐκβεβοηθηκέναι.) Et mutilus eſt iſto loco regius codex, & corruptus. Corrigo & ſuppleo hoc pacto: ἐπειδὰν καὶ κατ᾽ ἄλλο πλῆθος οὕτως ἐκπέμπειν, καὶ πάλιν κατ᾽ ἄλλο αὖ τύχῃ, μέχρις οὗ ἱκανοὶ δοκῶσιν ἐκβ. dixit Æneas; cum ad ferendam opem proditur in hoſtem, non exeundum eſſe ſparſim & ſoluto ordine: ſed coacta in unum manu idonea militum; putà unius cohortis, aut duarum; nunc addit; *deinde aliam item manum cogere oportet, atque ita emittere; ac rurſus aliam, ſi ita contingat, donec videbuntur eſſe idonei qui auxiliatum exierint.* πίθος pro πλῆθος ita ſcripſit hoc loco exſcriptor, ut capite XXII. σωμάτων πίθει. pro quo neceſſario fecimus nos σ. πλήθει.

Ἵνα καὶ ἐν τῇ πορείᾳ ἐχόμεναι ᾖ τὰ μέρη μέρος δέῃ βοηθ) *ut cum in itinere agmen ſit continuum; tum etiam, ſive per partes, unam pluresve, opem ferre oporteat, ſive omnes ſimul; facile conjungi invicem queant, neque curriculo procul adveniant.* Lego & diſtinguo, ἵνα καὶ ἐν τῇ πορείᾳ ἐχόμενα ᾖ τὰ μέρη· καὶ ἐάν τε μέρη ἢ μέρος δέῃ βοηθῆσαι, ἐάν τε ἅμα πάντα δέῃ, ῥᾳδίως ὑπάρχῃ συμμίσγειν ἀλλήλοις καὶ μ. Lege Polybium libro quarto de cauſſis diſſerentem acceptæ cladis ad Caphyas ab Arato. Sunt in hiſtoriis ſimilium peccatorum nuſquam non obvia exempla: & vita quotidiana nova ſubinde ſuggerit, iis quæ olim acciderunt plane gemina. Vidimus & nos Allobrogico bello, cladi Abderitanæ quæ ſubjicitur ab Ænea, par fere detrimentum ex ſimili cauſſa acceptum; cum urbs, quam vicinus hoſtis tempore meſſis laceſſebat, ad parvam manum liberandam, quæ in periculo verſari nuntiabatur; tota propemodum, ſoluto agmine, ut cuique miſerorum civium erat commodum, prorsus ἀπορρίψω καὶ ἀτάκτως παραβοηθοῦσα sese citatim effudisset.

Μηδὲ τούτους .... προεξεροδυνῶντας) Scribendum, μηδὲ τούτους ἀφυλάκτως ἀλλὰ προεξ.

Τριβαλλῶν ἐμπεσόντων εἰς τὴν Αβδηριτῶν χώραν.) Rem gestam narrant historici anno primo Olympiadis CI. vide Diodorum Siculum libro XV: qui tamen aliter paullo rem explicat.

Τοὺς δὲ ὁπλίζοντας.) Scribendum, ὁπλίζοντα. nisi est numeri enallage qua tantopere delectatur hic scriptor. sed heic non probem.

Οὐκ τῶν πολεμίων οἱ μετὰ ξυνέσεως καὶ ἐπιστήμης γινόμενοι * ἐν πόλει μιᾷ.) Scribo, ἐν πολεμίᾳ. *hostes qui cum judicio & scientia bellandi versantur in hostico.*

Τοῖς μὲν ἱππεῦσι προκαταλαμβάνοντας, τ.) Scribe, προκαταλαμβάνοντα, ut statim ποιούμενον. præcessit enim σοί. corrige etiam distinctionem corruptam in regio: τοῖς μὲν ἱππεῦσι προκαταλαμβάνοντα τὰς ἀποχωρήσεις· τοῖς δ' ἐπιλέκτοις ἐνέδρας ποιούμενον. τοῖς δ' ἄλλοις. & statim ἐν τάξει ἄγοντα, non ἄγοντας· nisi quis velit has quoque enallagas, quamvis duras, militari stilo auctoris condonare.

Τοῖς δ' ἄλλοις κούφως ἐπιφαινόμενον αὐτοῖς.) Ferri potest vox κούφως. viderint tamen eruditi, num potius scribendum sit κούφοις.

Μὴ πόρρω δὲ τῶν προσφθέντων μερῶν) hoc vult; gravem armaturam, quæ sub signis ducitur in hostem, non longo intervallo separari debere ab iis partibus aciei, quas dixit esse præmittendas. tres autem partes præmisit; equites, selectorum manum, qui sunt collocati in insidiis, & levem armaturam, quæ jussa hostem lacessere. Hæc quum ita sint, quid sibi velit dictio προσφθέντων non capio: nam προταχθέντων, aut προπεμφθέντων sententia videtur postulare.

Ἐν οἷς ἄκων μὲν μὴ μαχήσῃ.) Restituimus negationem quæ in exemplari regio desiderabatur. manifesto errore. nam summi ducis summa in eo spectatur prudentia, si nunquam eò descenderit, ubi cogi posset contra animi sententiam pugnæ aleam subire.

Διὰ οὖν τὰ πρότερα εἰρημένα) Melius, τὰ πρότερον εἰρ.

Μὴ ἐπικαταλαμβάνειν ἑκουσίως καὶ ἀνυπόπτως.) Videntur deesse quædam verba, perficiendæ sententiæ necessaria. Æneæ mens, opinor, est hæc. Si te inscio hostis prædam ex agro tuo abigere prævertit; non esse eum persequendum eadem via, aut regionis parte eadem, quam ipse fuerit ingressus: sed in eam quidem partem paucos moratores esse mittendos, qui speciem persequentium præbeant; re vera tamen, neminem apprehendant; sed potius subsistant, aut etiam fugiant, si hostis in ipsos se converterit. fugiant, inquam; ita tamen, ut nullam hosti suspicionem doli præbeant. cæterùm, aliam manum cum idoneis viribus via alia mittendum esse, quæ citatim contendens, in ho-

stium

stium fines prius perveniat, quàm onustum præda adversariorum agmen. ibi locorum parandas esse insidias; ubi hostis de via defessus, jam securus, nihil hostile cogitans, sed de curando corpore dumtaxat sollicitus, poterit opprimi.

Αφυκτοτέρως ἂν διακέοιντο.) *incommodius se habebunt ad fugã evadendum*. ita possumus interpretari vocem regii codicis ἀφυκτοτέρως. sed verius est, scripsisse Æneam ἀφυλακτοτέρως *incautius*. negligentiores erunt in cavendo. sic capite XVII. ἀφυλάκτως διακεῖσθαι.

Κυρίωαίοις καὶ Βαρκαίοις λέγεται.) Invenimus scriptum Κρίωαίοις. nullum est dubium Cyrenenses intelligi. non sunt autem Cyrenæi & Barcæi populi diversi; nam Barce, ut auctor est Strabo, ditionis Cyrenæorum oppidum fuit. de curribus Cyrenæorum & Barcæorum extant lepidi versus Antiphanis apud Athenæum; de quibus plura scripsimus Animadversionum libro III, cap. XXI. Hesychius; Βαρκαίοις ὄχοις. Λιβυκοῖς. οὗτοι γὰρ ἐσπούδαζον περὶ ἱπποτροφίαν. φασὶ δὲ αὐτοὺς καὶ πρώτους ἁρμά ζεῦξαι; διδαχθέντας ὑπὸ Ποσειδῶνος· τὸ δὲ ἡνιοχεῖν, ὑπὸ Αθηνᾶς, ὡς Μνασέας ἐν τοῖς περὶ Λιβύης. verba quæ exponit hic eruditissimus criticus, sunt Sophoclis ex Electra.

* Ηδη πολλαχῆ πολλοὺς εἰσβάλλειν) Scribo, καὶ ῥάδιον ἡ πολλαχῆ τῶ. repetenda syllaba ρα ex præcedenti voce χώρα, quod mendarum genus est usitatissimum, ut sæpe probavimus.

Χρὴ ὑμᾶς καταλαβεῖν τῆς χώρας τόπους, ὦ.) Si ita scripsit, τόπους absolutè dixit, pro τόπους τοιούτους, vel ὑψηλούς. quod autem sequitur, ἐὰν δὲ μηδὲ ταῦτα ὑπάρχῃ, interpretor, si nulla fuerint in agro loca edita, unde hosti commode possit resisti.

Προς τὸ μάχεσθαί τι πλεονεκτικῶς καὶ διαπαλλάκτως * ἔχων τὸ χωρίον,) Obscurus & mutilus locus. Sententiam ita capio. adventante hoste, loca edita ad urbem esse occupanda, ut possis inde cum tuo commodo & hostis incommodo pugnam capessere, pugnandique finem facere, habens in tua potestate ejusmodi locum, cujus præsidio confidas: possis etiam, cum volueris, in oppidum te recipere. Minima mutatione, nisi gravius mendum subest, locum ita concinnem; πρὸς τὸ μάχεσθαί τε πλεονεκτικῶς, καὶ διαπαλλάκτως, ἔχων τὸ χωρίον; καὶ ὅταν βούλῃ ἀπιέναι πρὸς τὴν πόλιν.

† Καὶ οὕτως ἐμβαλόντες οἱ πολέμιοι εἰς τὴν χώραν πρὸς τὴν πόλιν πορεύονται, καὶ ἄρχειν ὑμ.) Hæc quoque oratio sonat vitium. Scribi potest; καὶ οὕτως ἐὰν ἐμβαλόντες οἱ πολέμιοι εἰς τὴν χώραν, πρὸς τὴν πόλιν πορεύωνται, δεῖ ἄρχειν ὑμᾶς τῆς μ. *& hoc pacto, si hostes, fines vestros ingressi, ad urbem iter instituant, oportet vos ejusmodi locis utentes pro receptaculis, pugna ipsos lacessere*. cum ait, ἐκ τῶν χωρίων τούτων ὁρμωμένους, perinde est ac si diceret, locis occupatis utendum esse ἀντὶ ὁρμητηρίων, quæ sunt arces belli & sedes, unde quoties commodum est, proditur in hostem.

Τοῖς δὲ πολεμίοις ἀσυνήθεις καὶ ἀγ.) Scrib. τοὺς δὲ πολεμίους.

Τῶν γε ἐν τῇ χώρᾳ βουλομένων ἐπιχειρεῖν πρὸς πάντα * ἢ ἀτόλμως καὶ δ.) Et hic locus negligentiam librariorum arguit. Lego; τῶν γε ἐν τῇ χώρᾳ βουλομένων ἐπιχειρεῖν· πρὸς πάντα γὰρ ἀτόλμως καὶ δειλῶς διακείμενοι σφάλλοιντο, διὰ τὸ μηδὲν τῶν τοιούτων εἰκάζειν.

Διενέγκοι γὰρ τοῖς ἑτέροις, ὅσον εἰ τοῖς μὲν νυκτός . . . τοῖς δὲ ἡμ.) Verba auctoris divinare cognita ſententia, non fuerit difficile. hoc vult: inter peritum locorum & imperitum, tantum eſſe diſcriminis, quantum eſſet inter duos pugnam conſerentes, quorum alter noctu, alter interdiu pugnet. quoniam autem ſimile hoc rem ponit plane impoſſibilem, ut duobus inter ſe dimicantibus, eodem momento alteri Sol luceat, alterum tenebræ noctis obcæcent, addit θεραπείαν durioris dicti, *ſi modò hoc fieri poſſet*. Scribendum igitur, διενέγκοι γὰρ ἂν τοῖς ἑτέροις (vel πρὸς τοὺς ἑτέρους) ὅσον εἰ οἱ μὲν νυκτὸς μάχοιντο, ὁ δὲ ἡμέρας· εἰ οἷόν τέ πως ἦ τοῦτο ἅμα γίνεσθαι. poteſt etiam ſcribi, οἱ δὲ ἡμέ. ut ſit familiaris Æneæ enallage.

Ταῦτα δὲ οὕτως πράττων, ἀπ.) Mira numeri mutatio, niſi ſcripſit πράττοντες. nam ſequitur ἐπιθεῖσθε & τὰ ἀφ᾽ ὑμῶν.

Ad cap. 17. Conjungendum eſt hoc caput cum iis, quæ ante dicta ſunt de earum civitatium periculis, in quibus cives inter ſe diſſident, & pars eorum αἰπιβουλεύεται. Monet heic Aeneas, tunc maxime ab ejuſmodi factionibus eſſe metuendum, cum ritu quodam patrio effundi extra muros oppidani ſolent. Ut cum ſacra quædam ſuburbana, aut ſolenne aliquod ludicrum celebratur: aut cum navibus ſubductis maria clauduntur: aut quando funus alicui publicum ducitur. affert exempla conjurationum ea occaſione factarum. poſtremò, ordinem in illorum ſacrorum celebratione ſervandum præſcribit.

Ἐπὶ θεωρίαν λαμπάδος.) Exempli gratia; Athenis extra urbem in Academia certamen λαμπαδηδρομίας peragebatur, quod deſcribit Pauſanias in Atticis. tale quid alias quoque nonnullas è Græciæ urbibus factitaſſe declarant iſta Aeneæ verba; niſi ad populum Atticum reſpiciebat auctor cum hæc ſcriberet.

Καὶ ἱπποδρομίας,) velut in eadem urbe Athenarum; nam ludi curules in Academia agebantur; eoque ſpectatum veniebant ſenatus & reliqui cives. Xenophon Hipparchico; ὅταν γε μὴν ἐν τῇ ἱπποδρόμῳ ἐν Ἀκαδημίᾳ ἱππεύειν δέῃ, ἔχω τάδε παραινέσαι· & ſtatim, οὕτω γὰρ τὸ ἀσφαλὲς καὶ τὸ καλὸν θεάσεται ἡ βουλή. in eodem libro habes & alias exercitationes equitum, & tranſvectiones, ad quas ſpectandas, magna frequentia accurrebatur. Inſecutis verò temporibus etiam ad Circenſes more Romano agendos pleraſque urbes Græcanicas Circos in ſuburbiis ſibi ſtruxiſſe, teſtis eſt hiſtoria.

Οσαι

Ὅσαι γε ἱεροποιΐαι πανδημεὶ ἐκτὸς τῆς πόλεως.) non solum extra muros in suburbiis sacrorum solennia quædam à multis civitatibus agitari olim solita; verùm etiam in proximis vicis. ut ab Atheniensibus mystica & Jacchica Eleusine: à Romanis, in monte Albano: ab Antiochensibus, apud Daphnen, qui locus quinque millibus passuum distabat ab eorum urbe: licet προάστιον Ἀντιοχείας diceretur. atque hæc sacra neglexisse, inexpiabile scelus censebatur. Similes ritus apud alios populos.

Καὶ σὺν ὅπλοις πομπαὶ ἐκπέμπονται.) ducebantur ab Atheniensibus variæ: quasdam describit Xenophon in Hipparchico.

Ἔτι καὶ περὶ τὰς πανδήμους νεωλκίας.) Diem intelligo, quo mare claudebant, navibus omnibus in terram subductis. eum diem videntur Græci publica festivitate insigniisse; quemadmodum natalem navigationis, cum mare aperiebatur, solenni certamine, publicoque spectaculo multarum gentium celebrari solitum, auctor est Vegetius; quem de utroque die vide libro IV capite XXXIX. meminerunt & Græci scriptores.

Ἔνι γὰρ καὶ ἐν τοιᾷδε ἡμέρᾳ σφαλῆναι τοὺς ἑτέρους.) factionem alteram dissidentis civitatis vocat τοὺς ἑτέρους.

Ἑορτῆς γὰρ δήμου ἔξω τῆς π.) Sic regius codex; imminuta sine dubio voce: nam verum erat, ἑορτῆς γὰρ πανδήμου.

Καὶ αὐτοῖς * συνηπλοῦντο ὅπλα.) An scripserat συνηροῦντο, vel συνανηροῦντο. *unà cum cæteris arma sumpserant.* vereor tamen ut hæ conjecturæ sint veræ.

Ad Capita 18, 19, 20. Tribus hisce capitibus, ut jam ante ad quintum attigimus, de seris, clavibusque portarum agitur. aperiuntur fraudes admitti solitæ, cum is penes quem sunt claves, officio suo negligenter fungitur, & proditoribus doli parandi opportunitatem incuria sua præbet. variæ item rationes proponuntur, quibus technæ perfidorum possint impediri. Summum verò remedium in fide & diligentia ducis statuitur, cui id curæ incumbit: quem opera aliena in claudendis aperiendisue portis uti debere negat præcise: vult enim ipsum per se munus suum exsequi; & quidem, priusquam cœnam sumat, ne qua forte oblivio aut cessatio interveniat. Clavium cura in Græcorum urbibus, penes στρατηγοὺς & Prætores erat, aut penes polemarchos; sicut de Aetolis narrat Polybius lib. IV. in Romana militia. Tribunorum munus fuit, claves portarum suscipere, teste Macro lege XII Digestis, De re militari. Aeneas noster in obsessa urbe tres claves diversas cujusque portæ jubet fieri, atque eas totidem ducibus committi, quos non male Tribunos appellaveris.

Ἀλλὰ παραδοὺς τὴν βάλανον τῷ πυλωρῷ κλεῖσαι κελεύει.) Appellatione βαλάνου intelligit Æneas συνεκδοχικῶς, quicquid olim deferre secum

 soliti,

soliti, qui ad claudendas portas sese accingebant. nam apud veteres longe diversa claustrorum ratio fuit. atque nunc est; quod nemo ex omnibus antiquis scriptoribus ita manifeste ostendit, atque hic noster. Græci βαλάνου vocem ad multa transtulerunt, quæ formam glandis aliquo modo referrent, & in aliquod foramen immitterentur. In humano corpore quid appellent anatomici βάλανον, & quare, nolo dicere. similem ob caussam & remedii genus pessis affine βάλανον medici dixerunt. etiam in mundo muliebri corallium aut tale quid è monili collum ambiente (Græci ὅρμον nominant) dependens, βαλάνου appellatione affecerunt. Aristophanes Lysistrata. Ω χρυσοχόε τὸν ὅρμον ὃν ἐσκεύασας, Ορχουμένης μου τῆς γυναικὸς ἑσπέρας, Η βάλανος ἐκπέπτωκεν ἐκ τοῦ τρήματος. Hesychius; βάλανος, τὰ ἐξηρτημένα τῶν ὅρμων περὶ τὸν τράχηλον. Eadem sine dubio servata est analogia, cum instrumento claudendi βαλάνου nomen indiderunt. erat enim ferrum breve, quod per μοχλὸν immissum, postibus ipsum μοχλὸν affigebat, & ne amoveri posset præstabat. μοχλὸς lignum fuit vecti simile, quod fores non sinebat aperiri. ideo *obex* Latinis est dictus. vocatur & *sera*. Glossarium, μοχλὸς θύρας, *sera*. appellarunt & *vectem*, ut passim B. Hieronymus & alii sacræ paginæ interpretes. Ligneum hunc obicem fuisse docet Æneas, qui majoris firmitudinis caussa & ne serra posset dissecari, præcipit τὸν μοχλὸν σεσιδηρῶσθαι διὰ μήκους τριχῆ ἢ τετραχῆ, *obicem tribus aut quatuor è partibus muniri laminis ferreis in longum appositis*. hi sunt *ferrati obices* Latinorum. Marcellinus libro XXI. *Alii ferratos portarum obices effringendos adorti, vulgo ignibus petebantur*. Sed & ferreos atque æreos obices fieri olim solitos, vel historia sacra doceat, quæ μοχλῶν χαλκῶν ac σιδηρῶν, cum in Regum libris, tum alibi sæpe facit mentionem. hic obex postibus affixus non erat: nam in aperienda porta eum removebant. Varro de lingua Latina lib. VI. *reserare ab serra dictum, id est aperire, hinc etiam seræ, quibus remotis fores panduntur*. Festi verba, nisi commode accipiantur, contrariam continere sententiam videntur; perperam & falso. nam in voce *asserere* ita scriptum. *unde etiam seræ appellantur, quia foribus admotæ opponuntur, defixæ postibus, quemadmodum ea, quæ terræ inseruntur*. Falsum, inquam, est seras, hoc est, τὸν μοχλὸν fuisse postibus defixum, ut quæ terræ inseruntur: id enim non obici, sed pessulo convenit, ut mox dicemus. Removere seras Græcis μοχλὸν ἀφαιρεῖν. Plutarch. Pelopida: θεράποντος αἰσθομένου προϊόντος ἔνδοθεν καὶ τὸν μοχλὸν ἀφαιροῦντος. B. Chrysostomus homilia in Berenicem & Prosdocen: εἰ μὴ συνέθλασε τὸν μοχλὸν τὸν σιδηροῦν, οὐκ ἂν αἱ παρθένοι ἴσχυσαν αὐτὸν ἀφελέσθαι. Propterea monet Æneas, si quis portam dolo voluerit occupare, eum debere τὸν μοχλὸν ἀφανίζειν, dare operam ne obex usquam compareat. Interdum non removendo obicem, sed attol-

attollendo, aut in aliam partem torquendo, portam aperiebant; Græcis, παραφέρειν τὸν μοχλόν. Heliodorus libro sexto: ἡ δὲ ὡς κατελήφθη σχήματος ἐπὶ τὰς θύρας ὁρμήσασα, τόν τε μοχλὸν παρλώεγκε, καὶ τὰς εἴσοδον τῷ πρεσβύτῃ διέστελλε. Quemadmodum autem vectis fores clausas tenebat, sic vectem sive obicem, βάλανος continebat: id erat, sicut diximus, ferrum, quod per obicem trajiciebant. Aristophanes Vespis. Ωθεῖ σὺ πολλοὺς τῶν λίθων πρὸς τὴν θύραν· Καὶ τὴν βάλανον ἔμβαλλε πάλιν εἰς τὸν μοχλόν. noster capite XX. ἔπειτα βαλάνους ἐμβάλλεσθαι εἰς τὸν μοχλὸν μὴ ὁμοτρόπους. Narrat Thucydides in secunda historia, tumultuantibus Platæensibus, quorum urbem hostis noctu erat ingressus, unum è civibus portam, quam apertam invenerat, clausisse, injecto in obicem, loco βαλάνου, ferro cuspidis. quod defigebant in terram cum hastæ rectæ incumbebant. verba Thucydidis: τῶν δὲ Πλαταιέων τις τὰς πύλας ᾗ ἐσῆλθον καὶ αἵπερ ἦσαν ἀνεῳγμέναι μόναι, ἔκλεισε, στυρακίῳ ἀκοντίου ἀντὶ βαλάνου χρησάμενος εἰς τὸν μοχλόν. quid sit βάλανος ita explicat ibi vetus scholiastes: βάλανός ἐστι τὸ βαλλόμενον εἰς τὸν μοχλὸν σιδήρεον, ὃ καλοῦμεν μάγγανον. & recte ibi reprehendit scholiastes eos, qui στυράκιον in superioribus verbis Thucydidis, interpetabantur de hastili, sive hastæ ligno, quod dicebant in obicem fuisse immissum. atqui σύραξ, σαυρωτὴρ & οὐρίαχος ferrum illud significant quod diximus, & quod n altero hastæ extremo ἐπιδορατίδα oppositam habet. Romanis proprie cuspis, cui opponitur mucro. Virgilius: *hunc venientem cuspide longa, Hunc mucrone ferit.* Porro ferrum hoc quod βάλανον appellari dicimus, per obicem trajectum, excipiebatur in claustro à foramine, quod Æneas, modò βαλανοδόκην proprio nomine, modò communi τρύπημα aut τρῆμα appellat. Sequitur statim; ὁ μέν τις ἡμέρας εἰς τὴν βαλανοδόκην τῶν πυλῶν ἄμμον παρενέβαλεν, ὅπως ἡ βάλανος ἔξω μένῃ. καὶ μὴ ἐμβάλληται εἰς τὸ τρύπημα. postea; ἕτερος ἔλαθε τρίψας τὸν μοχλὸν, μέλλων ἐμβάλλειν, ἵνα μὴ κατέλθῃ εἰς τὸ τρύπημα ἡ βάλανος. Latini βάλανον *pessulum* quasi paruum πεσσὸν, dixerunt ob expositam ante caissam. non enim derivatur pessulus à pede, ut nugantur grammatici: sed vox est Græcæ originis. Marcellus Empiricus capite XVII. *in eo loco vel foramine, in quo januæ pessuli descendunt, quicquid sordium repereris collige.* vides *pessulum in foramen descendere*, ut apud Æneam modò, κατέλθῃ εἰς τὸ τρύπημα ἡ βάλανος. Apud comicos tamen cum dicitur *foribus* vel *ostio obdi pessulus*, non satis scio utrum βάλανος intelligatur, an μοχλὸς parvus, & obex: cui proprie verbum *obdere* videtur convenire. Sane ut in Aulularia Plauti fores occluduntur ambobus pessulis: sic apud Polybium libro XV, αἱ θύραι ἀποκλείονται διπλοῖς μοχλοῖς. elegantissimus vero scriptor Sulpitius Severus pessulum appellavit, quod vasi alicujus ori obditur ad obturandum. locus est Dialogo quarto de B. Martini virtutibus: *preshyter*

 hodie-

hodieque fatetur, obdendi pessuli, quo claudi diligentius servanda consueverunt, in vitro illo spatium non fuisse. loquitur de vitrea ampulla olearia in qua oleum sub Martini benedictione creverat, quoad exundante copia superne deflueret. *obdere pessulum* Sulpitius dixit, quod Græci βύσαι τὴν λήκυθον, ut noster, capite XXXI. Quemadmodum autem illud foramen quo descendit pessulus sive βάλανος, Græci βαλανοδόκην dixerunt; sic claves quæ pessulum adducunt & reducunt, βαλανάγρας nominarunt; quippe quæ τὸν βάλανον ἀγρεύουσι, pessulum venantur, id est, attrahunt aut retrahunt. Porro ex hoc Aeneæ loco apparet, tribunum qui mane portam aperiebat, non solum βαλανάγρας sive claves, sed etiam βάλανον hoc est pessulum abstulisse secum: quare etiam, cum ad claudendum veniebat, & claves & pessulum domo secum adferebat, sicut heic diserte scribit Aeneas. erant enim apud veteres pessuli exemptiles; quod tamen Aeneas improbat; monens, debere eos esse affixos postibus, & lamina ferrea contegi, sicut hodie in nostris seris fieri videmus. ait enim capite XX. ἄριστον δὲ τοὺς βαλάνους μὴ ἐξαιρετοὺς εἶναι· ὑπὸ δὲ λεπίδος σιδηρᾶς κατέχεσθαι. Ex eodem capite discimus, non solum μοχλοὺς plures, quod paullo ante ostendimus, admotos fuisse ad occludendas fores, sed etiam balanos plures. ternas enim diverso artificio confieri jubet Aeneas.

Ὅπως ὁ βάλανος ἔξω γένηται καὶ μὴ ἐμ.) Ita emendavimus depravatam scripturam: ἐξογένηται μὴ ἐμ.

Ἐντεμὼν λάθρα ἢ σμίλῃ ἢ ῥίνῃ τὸν βάλανον.) Probavimus balanum ferream fuisse: quod videtur refellere Aeneas cum ad ejus incisionem adhibet σμίλην scalprum. non enim est aptum instrumentum σμίλη secando ferro. sed aliud est τέμνειν *secare*, aliud ἐντέμνειν, *incidere*: ut cum in baculo vel paxillo, quem funiculo alligare volueris, fit incisio, ne funiculus defluat, sed hæreat vinculum, atque ut paullo post ait Aeneas πρὸς τὸ συνέχεσθαι λίνον. potest autem etiam scalpro incisura aliqua in ferro fieri. & auctor σμίλῃ adjungens ῥίνην, tum hic, tum paullo post in exemplo Temeni, satis ostendit, ad veram incisionem lima fuisse opus.

Ἄλλος δὲ περιειλημμένος ἐν γυργάθῳ λεπτῷ ἐνέβαλεν προσημμένον λίνον, καὶ ὕστερον ἀνέσπασε.) Ait, doli auctorem, foramini in quod pessulus erat descensurus, aptasse reticulum lini subtilis, quo minus fraus animadverteretur; ut postquam pessulus esset foramen ingressus, tractione fili sive funiculi, simul pessulus attraheretur, & clausura resolveretur. Huic fraudi locus non fuisset, si claustrum lamina ferrea fuisset obtectum, de qua modò dicebamus. γύργαθον esse reticulum, probavimus ad Theophrasti Characteres. paullo post in urbis Achaicæ exemplo, βρόχος videtur pro eodem usurpari, λίνον προσημμένον interpretor, filum, sive funiculum alligatum, ut trahi posset claustrum, & eo quasi manubrio agitari ac concuti. in subjecto exemplo vocat τὰς ἀρχὰς τοῦ

λίνου

λίνου capita, sive extrema fili, per quæ apprehendi potest, non secus atque per propendentem laciniam prehendimur.

Ἔτι δὲ καὶ θερμαστίῳ λεπτῷ ἐξηρέθη.) Plane fabrum ferrarium esse oporteat, & quidem rerum priscarum admodum callentem, qui hæc se postulet penitus intelligere. verba tamen ipsa, interpretatione nostra, nisi fallor, expressimus. θερμάστιον vasis est appellatio, ut & θερμαστρίς; de qua voce sic Hesychius: θερμαστρὶς σκεῦος παραπλήσιον καρκίνῳ ᾧ χρῶνται οἱ χρυσοχόοι. comparat thermastridem cum alio vase quo utuntur aurifices & cancrum vocant. sicut medici καρκίνον appellant genus vinculi sive fasciæ, divisæ in plures lacinias; quarum usus est in vinciendo & astringendo; sic & aurarii fabri atque claustrarii, artium suarum propria instrumenta, καρκίνους appellarunt, propter aliquam cum astacis & cancellis multipedibus similitudinem. cancri usum in fabrica claustrorum ostendit Æneas. capite xx. idem capite xxxii auctor est, saxa ingentia de summis muris hoc instrumento solita suspendi, ut in ascendentes demitterētur at θερμαστρὶς ut ex superioribus colligimus, velut forcipula denticulata erat, qua utebantur ad prehendendum. non dissimilis usus fuit & θερμαστίου, ut ex verbis Æneæ datur intelligi. nam præstat eundem usum cum reticulo, cujus modò facta mentio. forma tamen longe diversa, ut ex descriptione constat, quam subjicit Æneas.

Ὥστε τῷ μὲν σωληνοειδεῖ ὑπολαμβάνειν, ... τῷ δ' ἐπιλαμβάνειν.) Lego, τῷ δὲ πλατεῖ ἐπιλαμβ. ex præcedentibus auctoris verbis. Propriè locum habent verba ὑπολαμβάνειν & ἐπιλαμβάνειν, cum duæ res corpus aliquod ita continent, ut pilam cava ambarum palmarum, invicem junctarum, quarum altera alteri est supposita.

Περὶ Ἀχαΐαν δ' ἐν πόλει .... ἐπιχειροῦντες δέξασθαι ξένους.) duo in hac oratione sunt hiatus. nam præter nomen urbis, etiam post verbum ἐπιχειροῦντες deest aliquid. Corrigendū; Περὶ Ἀχ. δ' ἐν πόλει Ἡραιέων ἐπιχειροῦντές τινες δέξ. ξ. appellat urbem Achæorum Heræam, quæ sita quidem fuit in Arcadum finibus, ut docet Pausanias: sed quam modò Elei, modò Achęi sui juris fecerunt. quare etiam Philippus Persei pater, quo tempore res Peloponnesi auctoritate sua regebat, Achęis tum hanc urbem, tum Alipheram reddidit, ut est auctor Livius lib. xxvii. Quinetiam tunc ipsum quando is dolus est patratus, quem hic describit Æneas, id agebant proditores, ut urbem Achæis subjicerent, & Diœtę Prętori Achęorum eam traderēt. Historiā breviter narrat Polyęnus lib. ii his verbis. Διοίτας στρατηγὸς Ἀχαιῶν, τὴν Ἡραιέων πόλιν φανερῶς ἑλεῖν οὐ δυνάμενος, ἀφανῶς εἷλε, φθείρας μεγάλοις χρήμασι τῶν Ἡραιέων τινάς. Οἱ φοιτῶντες ἐπὶ τὰς πύλας πολλάκις, καὶ καθομιλοῦντες τοὺς πεπιστευμένους τὰς κλεῖδας τῶν πυλῶν, καὶ σὺν αὐτοῖς πίνοντες, ἔλαθον ἀπομαξάμενοι τὰς βαλανάγρας, καὶ τὰ ἐκμαγεῖα τῷ Διοίτᾳ διέπεμψαν· ὁ δὲ παραπλησίας καὶ ἴσας κλεῖδας ταῖς δημοσίαις κατασκευάσας, ἀντέπεμψεν αὐτοῖς, νύκτα συνθεμένοις, καθ' ἣν, οἱ μὲν ἀνέῳξαν τὰς πύλας, ὁ δὲ

Διοίτας

Διοίτας μετ' ὀλίγον στρατιωτῶν εἰσῆλθε. Omnino eandem puto eſſe hiſtoriam cujus meminerunt Æneas & Polyænus: etſi rei narratio aliquantum eſt diverſa; ut fere amat in expoſitionibus rerum occultarum, & quarum conſcii fuere perpauci. Æneas ait, ipſos proditores extracto arte ſubtili peſſulo, menſuram ejus iniiſſe, & cognito ejus modo, claves ſibi in ipſa urbe curaſſe conficiendas. Polyænus aliter; proditores quum blanditiis decepiſſent cuſtodes clavium, earumque attrectandarum facultatem eſſent nacti, figuram ipſarum cera aut argilla macerata, expreſſiſſe, & ſtatim illum typum ad Diœtam Prætorem Achæorum miſiſſe, qui in alia urbe claves ad propoſitum exemplar juſſit confieri.

Περικαθέντες ἐν τῇ ἡμέρᾳ εἰς τὸν βαλανοδ.) Eſt idem dolus quem ſine exemplo ante propoſuit. βρόχον heic appellat, quem modò γύργαθον, ut jam monuimus. λίνον Græcis non ſimpliciter filum, ſed etiam funiculum ſubtiliorem ſignificat. quomodo heic accipiendum.

Καὶ τὰς ἀρχὰς ἔξω οὔσας ἀφανεῖς,) Lego ἐάσας, non οὔσας. corruperunt qui non concoquebant pene perpetuam huic ſcriptori figuram. nam dixerat, περικαθέντες: ſed conſtat ſibi, cum ſtatim ſubjicit ἀνέσπασε. Appellat auctor ἀρχὰς extrema, πέρατα, & quod Gallicus idiotiſmus dicit *les bouts*. Sic ἀρχὰς λίνου & ἀρχὰς σπάρτου ſæpius leges in hoc libello. Vetus criticus apud Suidam in διαξῆναι. τῶν ἐρίων οἱ μαλλοὶ ἔχουσι τὰς ἀρχὰς καὶ τὰς κορυφὰς πεπιλημένας. locus quem Suidas explicat, eſt Ariſtophanis è Lyſiſtrata. Sic apud Hippocratem De officina chirurgi, ἀρχαὶ ἐπιδέσμων; de quibus verbis prolixe diſputat Galenus in Commentario ſecundo.

Ἀνέσπασε τὰς ἀρχὰς τοῦ λίνου τὸν βρόχον,) Scrib. καὶ τὸν βρόχον· qui trahebat, funiculi extrema tenebat manibus, eaque trahebat: ſed hæc laqueum adduxerunt, laqueus τὴν βάλανον, cui fuerat applicitus.

Ἔπειτα πρὸς μέτρα οὕτω τῆς βαλάνου βαλανάγραν ἐποιήσαντο τρόπῳ τοιῷδε.) Vox οὕτω aut vacat & tollenda eſt, aut aliquid deſideratur. vertimus nos, quaſi οὕτω ληφθέντα ſcriptum eſſet. βαλανάγραν eſſe clavem & antè dicebamus, & demonſtrat hæc narratio. in verbis Polyæni quæ adduximus, βαλανάγραι & κλεῖδες pro eodem ponuntur. Xenophon libro quinto rerum Græciæ: παραδοὺς αὐτῷ τὴν βαλανάγραν τῶν πυλῶν, εἶπε μηδένα παριέναι εἰς τὴν ἀκρόπολιν. Polyænus libro primo: Βρασίδας Ἀμφίπολιν προδοθεῖσαν εἷλε, καὶ τοῖς προδόταις κελεύει κλεῖσαι τὰς πύλας· ὁ δὲ βαλὼν (ſcr. λαβὼν) τὰς βαλανάγρας ἔρριψεν ὑπὲρ τὸ τεῖχος. ſic & libro v. in Clitarcho, βαλεῖν τὰς βαλανάγρας ὑπὲρ τὸ τεῖχος. in his igitur & ſimilibus locis βαλανάγραι ſunt claves: quæ tamen interpretatio non ſemper convenit. Polybius libro VII. de occupata urbe Sardium loquens: ἵν' ἐπειδὰν ὑπερβάντες αὐτοὶ πρὸς τὴν παρακειμένην παραγίνωνται πύλην, οἱ μὲν ἔξωθεν προσπεσόντες πειρῶνται διακόπτειν

τοὺς στρατὰς στροφεῖς, καὶ τὸ ζύγωμα τῶν πυλῶν· αὐτοὶ δὲ τὸν μοχλὸν εἴσωθεν καὶ τὰς βαλανάγρας. hoc loco voce βαλαναγρῶν non possunt claves intelligi, nisi quis sensu etiam communi careat. iccirco *claustra* vertimus, non claves. appello claustrum, quod Gallicus idiotismus, *la serrure*. Sic & apud Aratum κλεῖς, & apud Latinos poëtas, *clavis* pro claustro. Tibullus,

Quid tenera tibi conjuge opus, tua si bona nescis
Servare? frustra clavis inest foribus.

Ἐχαλκεύσαντο σίφωνα καὶ φορμοραφίδα,) Clavis duæ sunt partes præcipuæ: scapus ipse, ut sic dicam, hoc est, pars illa, quæ hodie aut ναστὸς & solida fieri solet, aut cava. cum est solida, non male hanc partem appellaveris cum Plinio *radium ferreum*: cum est cava, tubus quidam est paruus & canaliculus, ab altera parte pervius: propterea etiam σιφὼν Æneę dicitur, sipo, vel sipunculus, aut fistula. altera pars est quę in claustrum inserta, ferrum balani ducit aut reducit. atque hæ duę partes in clavi cohærent, & unum corpus continuum efficiunt. isti vero proditores, qui clavem locare faciendam non audebant, ne fraus ipsorum detegeretur; duas partes clavis quas diximus, separatim sibi conficere fabrum jusserunt; dissimulato proposito jungendi illa duo quæ imperabant, in usum clavis. Quod paruum ex ære aut ferro potius tuhum fieri sibi mandant; quia hujusmodi tuborum multiplex potest usus esse; omni prorsus res carvit suspicione. in altera parte clavis majore opus fuit cautione, ne faber intelligeret quò pertineret opus imperatum. id erat φορμοραφὶς, acus ad storeas & tegetes consuendas apta. nam tegetes acu contexi declarat verbum, quod etiam Demosthenes usurpavit φορμοραφεῖσθαι, pro eo quod D. Paulus dixit σκηνοποιεῖσθαι. apparet has acus & forma & magnitudine à cæteris fuisse diversas, ut hodieque sunt illæ quibus segestria & sacci è crassiore tela consuuntur. Porrò isti proditores, quò suspicionem omnem fraudis amolirentur, velle se fingunt, in posticam partem hujus acus ansam inserere ex obvio quovis ligno: quum revera cavum illud in postica parte acus, non ad indendum manubrium destinarent; sed ad sipunculum de quo dixit, recipiendum: ut ex duabus hisce partibus clavem absolverent.

Ἡ δὲ λαβὴ ἦν κοίλη ὥσπερ συρακίου.... ἢ στελέα ἐμβάλλεται.) Lacuna quam heic vides, in regio codice multis partibus major est. ego deesse arbitror non multa. Lego igitur, ὥσπερ συρακίου στελεὰ, ἢ στελεὸν ἐμβάλλεται. & mox τὸ στελεόν. in hasta quid sit συράκιον paullo ante dicebamus. proprie jaculi genus est è styrace arbore. hoc loco pro cuspide hastæ aut jaculo qui possit accipi non video. nam est quidem κοίλη cuspis; cujus cavitas hastilis alterum extremum recipit. sed ea cavitas an στελεὰ dici possit, doctioribus judicandum relinquo. nam apud poëtam & alios στελεὴ foramen significat, quale est in ferro securis

aut

aut tuditis, in quod manubrium inseritur. neque aliter grammatici interpretantur: στλεγγὰ τὸ τρῆμα τοῦ πελέκεως δι' οὗ τὸ στλεὸν ἐνείρεται, ἣν τρύμην Ἀττικοὶ λέγουσι.

Ὡς τι πρὸς τὸν βάλανον προσαρχθεῖσαν ἁρμόσαι.) capio sic; acum, cui in officina fabri aptatum fuerat manubrium, postquam domum fuit allata, dempto manubrio conjunctam esse cum tubo, quæ erat pars altera hujus instrumenti, quo usuri erant pro clave. quid heic faciat vox βάλανον nescio.

Καὶ ἡ φορμοραφὶς καὶ τὰ ἄρμενα γίνεται.) Non est plena sententia. instrumenta ad opus faciendum necessaria Græci ἄρμενα vocant. & patet latissime vocis hujus significatio, ut cap. XXI. paullo post, ἀρμένῳ καθῆκαν, *demiserunt in claustrum aliquo instrumento.*

Πηλὸν Κεραμεικὸν περιελίξαντες ὀθονίῳ λ.) Lego, πηλὸν κεραμικὸν, & de macerata argilla ad figlina fingenda interpretor. ad hujusmodi ἐκμαγεῖα exprimenda cera est aptissima.

Συμβάλλεται γίνεσθαι Τημένῳ Ροδίων ἐν Ἰωνίᾳ Τέως πόλις.) In Joniæ velut umbilico erat Teos, urbs quondam clara: quam ad populi Rhodiorum imperium aliquando pertinuisse testis Æneæ hic locus. Sed notent lectores Hellenismum, συμβάλλεται γίνεσθαι Τημένῳ, pro, συνέβη γίνεσθαι ὑπὸ Τημένῳ *contigit ut veniret in Temeni potestatem.*

Προειδότα ὑπὸ τοῦ πυλωροῦ,) Mira literarum metathesis. nam scribendum προδοθεῖσα ὑπ. neque deest quicquam.

Ἐπιστὰς εἰς τὸν ἐπιοῦσαν νύκτα πυρλῶ τ.) In exemplari erat inserta vox προσαχθῆναι ante πυρλῶ. quæ nisi plura verba desunt, locum hic nullum habet.

Καὶ αἱ πύλαι ἔμελλον κλείεσθαι.) Post hæc verba desunt hæc aut similia, ἔμελλεν ἀπιέναι. vel certe in præcedentibus vox ὅστις tollenda, & sententia aliter distinguenda.

Ἐκδήσας ἀρχὴν ἀκανθίδος λίνου κλωστοῦ) Et hic & duobus sequentibus locis scriptus liber eodem modo est corruptus. nam ἀκανθὶς λίνου, quid sit nemo Græce doctus divinabit: at glomum fili Græcis dici ἀγαθίδα, nemo ignorat. Lege ἀγαθῖδος λίν. Sensus est; eum qui à Temeno ad portæ custodem architectum doli, fuerat missus, cum ineunte nocte oppido exivit, glomerati fili glomum gestasse, quod inter eundum evolvebat; quum caput fili ad interiorem portę faciem, prius quam egrederetur alligasset. Sic Theseus, cum labyrinthum erat ingressurus, glomum fili accepit; cujus extremum primis foribus erat alligatum: quod autem in glomo convolutum erat, ipse eundo evoluebat. sed Theseus quidem ad vitandum errorem viarum, hoc subtili commento est usus; iste vero, ad signum proditori dandum, vel ab eo accipiendum.

Τὴν δὲ ἀκανθίδα ἐπορεύθη * ἀπιλάσαν) Lege, τὴν δὲ ἀγαθίδα ἐπορεύθη ἀνελίσ-

ἀνελίσσων. inter eundum, fili glomum evolvebat, & ut sic dicam deglomerabat: quod proprie in arte textoria dicitur ἐκμηρύεσθαι. unde illam vocem Tactici sunt mutuati pro agmen explicare, & velut in longum filum exporrigere, ut pluribus exponimus in Commentariis Polybianis.

Μετὰ δὲ ταῦτα κινήσας τὸν μοχλὸν καὶ ἐπιδείξας τῷ στρατηγῷ κεκλεισμένην τὴν πύλην.) Apparet fuisse moris, ut quoties alicujus opera dux esset usus in claudenda porta; ille qui claves acceperat, re peracta, quò fidem faceret provinciam bene esse curatam; compellato duce obicem agitaret, & fores clausas illi ostenderet. quare hic quoque proditor, facit idem: sed dicis caussa dumtaxat, & moris usurpandi.

Τὴν ἀρχὴν τοῦ σπάρτου πρὸς αὑτὴν ἔδησε.) Imo αὑτὸν non αὑτήν, & ita in exemplari: *sibi alligavit caput funiculi.* plane ita erat necesse, ut attractione funiculi posset iste expergefieri; quem ait Aeneas fuisse finem hujus alligationis. Funiculus autem hic, attracto filo, de quo antea dictum, simul trahebatur. at filum per aliquod foramen forium fuit trajiciendum: nisi forte aliquâ se commissura laxaverat.

Πρὸς τὸ τὴν ἀκανθίδα ἔχοντα.) Scrib. ἀγαθίδα.

Ἠσθάνοντο οὖν ἐν τῇ νυκτὶ τὸ σπάρτον ὑπάρχον ἐν τῇ πόλει· οὐχ οἷόν τε ἦν προϊέναι.) Ex præcedentibus colligimus, convenisse inter proditorem & Temenum, ut quando omnia forent ad perficiendum quod moliebantur præparata, funiculus laxaretur. quare sensum horum verborum esse reor: quia funiculus, cujus caput intra urbem erat, non laxabatur; ex eo intellexisse Temenum, nihil dum intus esse satis paratum: ac propterea ulterius pergendum sibi non esse. in verbis auctoris quædam sunt animadvertenda. σπάρτον dixit, quum τὴν ἀρχὴν τοῦ σπάρτου intelligeret: non enim totus funiculus erat intra muros, sed alterum tantum extremorum. deinde τὸ σπάρτον ὑπάρχον, si ita scripsit, purus putus est Atticismus, pro τοῦ σπάρτου ὑπάρχοντος. postremo scribendum est, ἐν πόλει, ὅτι οὐχ οἷόν τε ἦν πρ.

Τρόπον δὲ κατὰ τόνδε προεδόθη ἡ πόλις ὑπὸ τοῦ πυλωροῦ.) Est alia historia, à superiore separanda, quare melius scribas; Τρόπον δὲ καὶ τόνδε.

*Ὑδρίον ἔχων * εἰσιέναι ὡς ἐφ' ὕδωρ.*) Nisi defectus est codex pluribus verbis, omnino scribendum, ἐξιέναι.

Ἕνα λίθον ἐπίθει πρὸς τὸν συγκείμενον τόπον.) Certæ atque indubitatæ conjecturæ telo portentum scriptæ lectionis confecimus, ἀνθ' ὧν ἐπίθει.

Προσόντα δέ τι ποιοῦντα τὸν μοχλὸν ἀφανίζειν.) Miror dari hoc loco & sequenti etiam capite, præcepta ei qui proditionem urbis moliatur accommodata. Solent quidem Tactici utriusque consilii rationes explicare; repugnandi, inquam, & oppugnandi. sed Æneæ idjam id jam propositum non erat: quem initio dicebamus. titulo libelli sui ea sola esse pollicitum, quæ ad defensionem urbis sunt utilia.

Ἀπολλωνιάτῃ δὲ ἐν τῷ Πόντῳ.) Apolloniæ olim multæ, ideo cognominibus distinctæ. hæc illa est; de qua Strabo libro septimo, quam Aristoteles appellat Ἀπολλωνίαν τὴν ἐν τῷ Εὐξείνῳ Πόντῳ. in laterculo urbium eo nomine dictarum apud Stephanum De urbibus, ista recensetur ordine XXII. antiqua fuit Milesiorum colonia, urbs quondam potens; sed quæ per civium dissensiones multas fortunæ varietates fuit experta; quarum meminit philosophus Politicorum libro quinto capite III. & VI.

Κατεσκεύασαν τὰς πύλας κλείεσθαι ὑπὸ σφύρας μεγάλης,) nimirum ita foribus portæ appositus aut appensus erat malleus arte mechanica; ut cum patere fores vellent, vis illius inhiberetur, & pondus sustineretur: cum autem claudendæ portæ essent, malleus laxaretur, qui toto pondere irruens in fores, cum sonitu eas impellebat, & portam claudebat. Diversa fuit ratio cataractæ, de qua inferius capite XXXIX.

Οὕτω μεγάλαι τε καὶ σεσιδηρωμένα πάντα τὰ κλεῖθρα.) *adeo magnæ ipsæ erant, & omnia claustra ferrata:* utrumque valet ad soni magnitudinem intendendam. Ait, μεγάλαι, nempe πύλαι. id est fores, non autem porta. sed Græci, πυλῶν appellatione tam illud inane intelligunt quod pervios muros facit, quàm fores, quæ inane illud opplent. malim tamen scribi μεγάλα, ut referatur ad κλεῖθρα. alioquin μεγάλαι positum fuerit pro παχεῖαι. nam ad forium magnitudinem nihil addi potest; ad crassitudinem plurimum. Quum autem σιδηροῦσθαι de iis dicatur, quæ ferrea non sunt, sed ferro muniuntur, ut supra exponebamus, cogitandum quid sibi Æneas velit, cum dicit omnia claustra σεσιδηρῶσθαι. neque enim omnibus claustrorum partibus, id verbi convenit; sed tantum vecti, & si quid aliud fuit ligneum inter partes claustrorum.

Ἐπὶ τὰ φυλάκια διαπέμψαι.) hoc est, δεῖ διαπέμψαι. & fortasse ita scripserat.

Ad cap. 21. Quæ supererant de proposito argumento dividit in duo capita; alibi explicandorum, quæ heic se prætermissurum ait: & deinceps explicandorum; quæ ipsa tamen eo brevius se heic tractaturum ostendit, quia in Commentario de re castrensi uberius de iisdem vel jam scripserat, vel erat scripturus.

Περὶ δὲ ἀρμένων σκευασίας,) per ἄρμενα intelligo heic, non solum belli instrumenta defensoribus necessaria; sed etiam quas appellat Vegetius *species pro defensione murorum præparandas*; cujusmodi sunt, bitumen, sulphur, pix liquida, & alia quæ ab eodem enumerantur capite VIII. libri quarti. Philo in Poliorcetico suo has species recenset: ferrum, æs, lateres, saxa, cophinos, ligones, amas, plaustra,

securés,

ſecures, alveolos, ſaccos è ſtoreis, & erones, coria, picem, plumbum, ſulphur, funes quà craſſos quà ſubtiles, palos, algam, ſtuppas, ligna καύσιμα ad comburendum, materiam ad naves, perticas item, & trabes, (ipſe appellat ξύλα στρογγύλα καὶ τετράγωνα,) remos, tabulas palmeas, quarum uſum multiplicem oſtendit, Arabium pharmacum, conchylium quod in lacu reperiri ait, quem tamen ipſe non deſignat; item viſcum, ſalamandras, venena viperarum & aſpidum, naphtha Babylonicum, poſtremò oleum incendiarium. Diverſæ ſpecies ſunt, quæ ad alendum incluſos pertinent; aut ad curandum vulneratos: de quorum omnium præparatione nihil in hoc libro Æneas, at Philo multa de illis. vide & Vegetium libro IV. capite VII.

Ad cap. 22. Varia proponuntur hoc capite monita ad vigilias ſpectantia. quà de re præclare multa Polybius in militia Romana; ubi ſingula diligenter illuſtravimus.

Τὸν μὲν στρατηγὸν τὸν τοῦ ὅλου ἡγεμόνα,) τοῦ ὅλου dixit, pro τῶν ὅλων. Sic enim potius Græci loquuntur. τὰ ὅλα paſſim Polybio aliiſque, vel τὰ ὅλα πράγματα, ſumma rerum, ſive ſummum imperium. ὁ τῶν ὅλων ἡγεμὼν, *qui ſummæ rei præeſt*, ut vertit Livius, vel ut idem alibi, *cui ſumma reſp. tuenda permiſſa eſt.* hoc monui, quia in regio codice ſcriptum τοῦ ἴλου: mendo manifeſto, nec aliter corrigendo.

Περὶ δὲ τὸ στρατήγιον σκηνοῦν καὶ διατελεῖν ἀεὶ τὸν σαλπιγκτὴν καὶ τοὺς δρομοκήρυκας,) In Græcorum militia κήρυκες & δρομοκήρυκες ea munia obeunt, quæ in Romana nuntii, ſpeculatores, & accenſi Prætorum. Eſt verò quod heic proponitur præceptum prudentiæ plenum & magnò imperatori convenientiſſimum. Vult enim Æneas, imperatorem, qui urbi caſtriſve quæ oppugnantur præeſt, in illuſtri & conſpicuo omnibus loco conſiſtere, unde ſaluti omnium proſpiciat, & quæ fieri velit, per tubicinem & dromocerycas univerſis præcipiat. Oppius ſive Hirtius Africani belli capite IV de Cæſare in caſtris ſuis obſeſſo. *Cæſar jubet milites omnes intra munitiones minutatim modeſteque ſine tumultu aut terrore ſe recipere, atque in opere conſiſtere: equitibus autem, qui in ſtatione fuerant, præcipit, ut uſque eo locum obtinerent, in quo paullo ante conſtitiſſent, donec ab hoſte miſſum telum ad ſe perveniret: alii quoque equitatui edicit, uti quiſque ſuo loco paratus armatuſque præſto eſſet. at hæc non ipſe per ſe coram cum de vallo perſpecularetur, ſed mirabili peritus ſcientia bellandi in prætorio ſedens, per ſpeculatores & nuntios imperabat, quæ fieri volebat.*

Καὶ εἴτε οἱ ἄλλοι φύλακες τὸ μέλλον αἴσθοιντο,) Niſi deſunt quædam, ſcribendum, καὶ οἵ τε ἄλλοι φύλ. plana eſt ſententia quam expreſſimus, τὸ μέλλον eſt præſens aliquod periculum, cujus notitia ad ducem repente provenit.

Ηττον

Ἧττον τ' ἂν ὕπνοι ἐπιγίνοιντο διὰ βραχέος φυλασσόντων.) Invenimus ſcriptum, ἥττον τ' αὖ ὕπνοι. fecimus ἧττον. pro ἐπιγίνοιντο, malim ὕπνοι ἐγγίγνοιντο. minus oboriantur ſomni. ſic mox ὕπνος τ' αὖ ἐγγίγνοιτο.

Ἵν' ὡς πλεῖστοι καθ' ἑκάστην φυλακὴν προφυλάσσωσι.) Obſervamus apud hunc ſcriptorem vocum προφυλάττειν & προφύλακες uſum quendam peculiarem, & notionem diverſam ab ea quam cæteri ſcriptores illis tribuunt: nam apud Thucydidem, Xenophontem, Polybium & alios Græcorum hiſtoricos, προφυλακαὶ ſunt, ſtationes pro muris urbis, aut vallo caſtrorum poſitæ. quod ſi plures ſtationes collocarentur, ut dicebamus ad caput quintum, προφύλακες veteribus Græcis vocabantur, quos corruptus Helleniſmus ἐξώβιγλα appellavit, id eſt exteriores vigilias; quibus opponebant, ἐσώβιγλα, interiores & munitionibus propiores. Sic & apud B. Chryſoſtomum de ſatellitibus & admiſſionalibus loquentem, qui in magnatum aulis januas atque aditus cuſtodiunt, φύλακες & προφύλακες diſtinguuntur. προφύλακες ſunt, qui ab hero longiſſime abſunt, & primi ab adeuntibus conveniuntur. Æneæ vero προφύλακες non pro muris, ſed in ipſis muris & intra urbem cuſtodias agunt. Sequitur ſtatim: προφυλάσσοιέν τε ἂν ἐκ τοῦ ἐπὶ τοῦ τείχους φυλάκων προφύλακες ὧδε. vides inter plures φύλακας unius φυλακείου, quod nos hodie vocamus, *vn corps de garde* fuiſſe προφύλακας unum vel plures. ii erant inter ſtationarios primi, & munia vigilum curabant intentius quàm cæteri. itaque horum erat, circitoribus interrogantibus reſpondere. capite XXVI. clariſſime hoc docetur. Ait ibi Æneas, *Oportet ut circitores ejuſmodi temporibus quando ad vigiles accedunt, è longiore intervallo manifeſtum ſui dent indicium, voce aliqua procul edita, ut ſi forte dormiat* ὁ προφύλαξ *procuſtos*, ſive *princeps cuſtodum, excitetur, & ad reſpondendum quòd fuerit interrogatus ſeſe comparet.* horum etiam erat proximam ſtationem obire, & ſi dormirent vigiles excitare. quod Aeneæ dicitur modò ſimpliciter προφυλάσσειν, modò προφυλάσσειν εἰς τὸ ἐχόμενον φυλακεῖον, ut ſtatim in iſto capite, ubi mos hic pluribus explicatur. non progrediebatur autem ὁ προφύλαξ ultra proximam vigiliam; ſed ſtatim poſt ejus adventum proficiſcebatur ex illa ſtatione alius προφύλαξ ad proximam: & ita deinceps, donec ſtationum univerſarum orbis eſſet abſolutus. Erat igitur genus quoddam circuitionis; quare etiam περιοδεύειν, ἀντὶ τοῦ προφυλάττειν manifeſto uſurpat Aeneas poſt pauca. ut contra capite XXVI. προφυλάττειν pro περιοδεύειν. proprie tamen res ſunt diverſæ περιοδεύειν, circumire vigilias cum ſigno per omnes ſtationes deferendo, ut capite illo dicetur; & προφυλάσσειν, proximam vigiliam ſine ſigno adire. quare Aeneas quum in hoc capite inſtitutum τοῦ. προφυλάσσειν expoſuiſſet, capite XXVI. de circuitione ex profeſſo agit. qui etiam capite XXIV. τοὺς περιοδεύοντας & τοὺς προφύλακας facit diverſos.

Τῶν

Τῶν φυλάκων μηδένα προγινώσκειν, μήτε ὅπου στήσεται, μήτε ὅπου φυλ.) Philo in Poliorcetico de vigilibus: καὶ μὴ εἰδέναι αὐτοὺς καθ' ὃν τόπον φυλάσσουσι τὸ τεῖχος· ἵνα μὴ δύνωνται προδοῦναι τοῖς πολεμίοις τὴν πόλιν.

Ἀλλ' ὡς πυκνότατα πάντα μεθιστάναι τὰ περὶ τὴν πόλιν φυλακίων.) Ibidem Philo; καὶ οὗ αἱ ἐπιστῇ τῶν στρατιωτῶν ἢ τῶν πολιτῶν φυλακῇ, ὀρθῶς ἔχει μεταλλάσσειν αὐτῶν τὰς ἐγκοιτίας καὶ τὰς φυλακάς. neque tantum stationes consuetas vigilibus sæpe mutare fuerit utile, sed etiam alia omnia quæ ad custodiam urbis pertinent: imprimis ipsas claves; quarum formam magni duces subinde mutare soliti; quidam bis in mense. Procopius Gotthicorum libro I. de Belisario Romam oppugnante à Vitige obsessam: δὶς ἑκάστου μηνὸς τάς τε κλεῖς ἁπάσας ἀφανίζων, ἀνενεοῦτο ἀεὶ εἰς ἕτερον σχῆμα· καὶ τοὺς φύλακας εἰς φυλακτήριον ἄλλο μακράν που ἄποθεν τοῦ προτέρου ἀντικαθίστη. & plura ibidem lege in eam sententiam.

Οὐ γὰρ ἐπιτήδειον περιϊέναι, ἀμελεῖ ἕκαστος πράσσειν.) *Omnes homines ea munera negligenter curant, ad quæ obeunda, consuetudine quadam ducuntur.* ita interpretor hæc verba sane obscura: sed in quibus prudentiæ singularis sententia continetur. Duplex affertur ratio cur ordo & tota ratio vigiliarum subinde mutari debeat. prior erat, ut proditionibus obviam iretur. deinde altera hæc subjicitur; quia mortalium ea natura est, ut consuetudo faciendi aliquid, diligentiam minuat. Cæsar belli Gallici libro VIII. *Cæsar præsidio pabulationibus mittit, qui subitas hostium incursiones sustinerent: quod quum quotidie fieret, & jam consuetudine diligentia minueretur, quod plerumque accidit diuturnitate, Bellovaci insidias disponunt.* Idem Cæsar belli civilis libro III. *cum diuturnitas oppugnationis negligentiores Octavianos effecisset, nacti occasionem meridiani temporis, in proxima Octavii castra irruperunt.* Hirtius de bello Africo: *Cæsar paucis diebus ibi commoratus, dum hostes quotidiano instituto, sæpe idem faciendo, in negligentiam ducerentur.* porro ubi semel prius institutum ceptum est negligi, accedente mox consuetudine peccatū quamvis magnum paruum videtur, sicut præclare B. Augustinus ait. Atque hujus rei observationem magnis imperatoribus pulcherrimorum stratagematum occasionem præbuisse, alibi fusè demonstramus. Exemplum habes non inelegans capite XXIII, in eo qui velum pansum de muris sæpius demisit sustulitque: ubi sunt auctoris verba, ὕστερον δὲ καὶ πολλάκις γινομένου ἀμέλειαν εἶχον.

Τῶν περιφυλασσόντων εἷς ἀνὴρ ἐπὶ τὸ ἐχόμενον φυλακεῖον.) Dele illud *: quod ab iis est adjectum, qui non cogitabant, περιφυλασσόντων Atticam vocem esse pro περιφυλασσέτωσαν. ut paullo post, ἐρωτώντων pro ἐρωτάτωσαν. sic in superioribus, φυλασσόντων, ὑπηρετούντων, λαμβανόντων.

Ἄλλων φυλάκων παρ' ἄλλοις γινομένοις πρὸς φύλαξιν.) quid hæc sibi velint nemo intelliget, qui vates non fuerit. Hellenismo erit consultum si scribatur ἄλλων φυλάκων παρ' ἄλλοις γινομένων περιφύλαξιν. sed rursus hæc lectio sententiæ non quadrat: neque enim dictum est custodes venire debere ad περιφύλακας; verùm contra. An igitur scribemus, mutata distinctione, πυκνὰ ἄλλων περιφυλάκων παρ' ἄλλοις γινομένων φύλαξι. *quum crebro alii circuitores* sive *procubitores ad alios veniant vigiles.*

Ὅταν τι ἐκ τῶν φυλάκων νεωτερισθείη, τοὺς δὲ * περιφυλάσσωσιν αἴτιπερ.) Hic quoque locus divinationis indiget, non autem mediocris ingenii. Non dubito deesse plura verba post vocem νεωτερισθείη. deinde autem scribendum censeo; ὅσοι δὲ περιφυλάσσωσιν, αἴτιπερ. jam ostendimus περιφύλακας eos fuisse, qui omnes vigilum partes obibant diligentius aliis.

Ἀπερ ἤδη γεγονότα περὶ τὰ ἡμεροσκόπια δεδήλωται.) obiter dumtaxat attigit, quod ait se dixisse; nam illa verba respicit capitis sexti, ἐὰν συλληφθῶσιν ὑπὸ τῶν πολεμίων.

Ἐν δὲ ταῖς χειμεριναῖς καὶ σκοτειναῖς νυξὶν, * ἄλλῳ αὐτοὺς λίθους βάλλειν εἰς τὸ ἔξω μέρος τοῦ τείχους.) Quæ sunt omissa, restitue ut in fine Græci textus annotavimus. Quæ desunt autem supple, ac scribe: ἄλλῳ καὶ ἄλλῳ αὐτ. λ. β. infra capite XXVI, ubi hic locus tangitur: ἔχειν δὲ καὶ περιοδεύοντας λίθους ἐν ταῖς σκοτειναῖς νυξὶ, καὶ βάλλειν ἄλλῳ καὶ ἄλλῳ εἰς τὸ ἔξω μέρος τοῦ τείχους.

Καὶ ὡς δὴ ὁρωμένους τινὰς ὑπ' αὐτῶν, ἐρωτώντων.) Nihil mutandum; sed illa ὁρωμένους τινὰς accipienda pro ὁρωμένων τινῶν.

Οἱ δέ τινες τοῦτό φασι βλαβερὸν εἶναι.) Philo tamen in Poliorcetico non omittit. Δεῖ δὲ καὶ βάλλειν ἐκ τῶν καρβαλιώνων λίθοις ὡς μεγίστοις τοὺς πλησιάζοντας τῷ τείχει. *oportet saxis quam maximis eos qui propius ad mœnia accedunt, petere è tuguriolis supra muros.* καρβατίωνες Philoni sunt casulæ in summis muris ædificari solitæ, quas citima Latine loquentium ætas appellavit garitas. Gulielmus Brito Philippidos libro II.

> *Nonnisi rarus erat, qui muris staret in altis:*
> *Omnibus ad tutas fugientibus vltro garitas.*

Idem Philo postea hujusmodi casulas speculatorias & jaculatorias, καρβατίνας appellat, nisi est vitium codicis. καρβατίναι δέ σοι οἰκίαι, καὶ ἐκ τῶν καρβατινῶν βάλλοντες καὶ οἱ λιθοβόλοι, καὶ οἱ τοξόται, καὶ οἱ σφενδονῆται. Vegetius *tuguriola* nominat, sic scribens libro IV. capite XXVI. *in ipsis muris aut turribus tuguriola collocanda; in quibus vigiles hibernis mensibus ab imbribus, vel frigore; æstivis defendatur à Sole.*

Περαιωθήνεται ..... οὐ γὰρ * περιστηγαῖον ἐ.) Magnum & per librum regium aut ingenium nostrum δυσίατον vulnus. capite XXVI ubi laudatur

datur hic locus, hoc tantum ait auctor; οἱ δὲ οὐκ ἐπῄνεσαν τοῦτο διὰ τὰ προγεγραμμένα, ἐν ὑποψίᾳ ὄντων ἀλλήλοις. Suspicamur sententiam hujusmodi fuisse: propterea non probari à nonnullis, ut lapides extra muros à circitoribus jaciantur; quia cum clamoribus & magno strepitu id soleat fieri: quæ res impedit, quominus percipi queant, si qui silentio noctis leniter & suspenso vestigio muris succedere conentur.

Ἔξω τοῦ τείχους κύνας προσδεδέσθαι νυκτερεύοντας.) Canum in bellis multus olim usus. interdum ad dimicandum, ut de Colophoniis & aliis notat Solinus Polyhistore capite XX. aliquando ad conquirendum hostem latitantem, ut de Philippo observat Polyænus libro quarto. sæpissime verò ad custodiam urbis aut arcis, quod hic docet Æneas. traductum videtur exemplum à custodia templorum & basilicarum; de quo Seneca, De brevitate vitæ capite XI. Auctor est Plutarchus, Aratum, capta arce Corinthi urbis Acrocorintho, ad loci custodiam canes quinquaginta cum totidem cynegis & ductoribus ibi alvisse. Hos canes extra muros noctu duci præcipit Æneas, & alligatos ibi relinqui. alii solutos & liberos portis oppidi excluserunt. Procopius Gothicorum libro I, de Belisario Romæ obsesso: τῶν στρατιωτῶν τινας, καὶ οὐχ ἥκιστα Μαυρουσίων ἔξω ἔπεμπεν· οἱ ἀμφὶ τὴν τάφρον διανυκτερεύειν ἀεὶ ἔμελλον. καὶ ξὺν αὐτοῖς κύνας ἠφίει, ὅπως δὴ μηδὲ ἀποθέν τις ἐπὶ τὸ περίβολον ἰὼν διαλάθοι. Potest his adjici alius canum in bellis usus, ad nuntios deferendos; de quo extat testimonium Æneæ cap. XXXI. Qui recentiores historias Hispanorum & aliorum populorum legerunt, sciunt esse hodie, qui ad similia ministeria canibus utantur.

Ἢ τῇ ὁρμωμένῳ αὐτομολοῦντα.) Tangit aliam canum utilitatem in re bellica, ad transfugas deprehendendos, qui ad hostem facere transitionem conantur. Polyænus libro II de Agesipoli Mantineam obsidente. Ἀγησίπολις μαθὼν τὰ δρώμενα, κύνας περὶ τὸ στρατόπεδον ἠφίει πολλούς· πλείονας δὲ κατὰ τὸ μέρος τὸ πρὸς τὴν πόλιν· ὅπως μηδεὶς αὐτομολοίη φυλαττόμενος ὑπὸ τῶν κυνῶν ἁλῶναι.

Ὅσα δὲ πάθεα γέγονε περὶ τοῦ στοιχείου τοὺς καιρούς) Mira depravatio; nam scripserat sine dubio Æneas, περὶ τοὺς τοιούτους καιρούς. sicut paullo antè, περὶ τὰς ἑορτὰς καὶ τοιούτους καιροὺς μάλιστα οἱ ε.

* ὁμαλὸν δὲ ἅμα τούτοις μ.) Lego, καλὸν δὲ ἅμα τούτοις.

Μετὰ δὲ τὴν ἔξω ναυμαχίαν ἐπιβουλευόμενος ὁ φρούραρχος Νικοκλῆς,) Nicocles hic, non est, opinor, ille Salaminis in Cypro rex Teucri ἀπόγονος, Euagoræ F. Isocrati decantatus. sed est, dux aliquis, fortasse Atheniensium, qui præsidio urbem, cujus nomen auctor non indicat, tenere jussus fuerat. id enim est φρούραρχος, *præsidii præfectus*. Quid appellet auctor τὴν ἔξω ναυμαχίαν, difficilis quæstio est. Scio insularum continenti propinquarum latus τὸ πρὸς τὸ πέλαγος νεῦον, quod aversum est à terra, & altum mare spectat, appellari historicis τ̃ ἔξω πλευρὰν. unde ἔξω πλεῖν dicunt iidem pro altum petere. ſed hic nullum inſulæ nomen eſt appoſitum. Legendum conjicio, μετὰ τ̃ ἐν Νάξῳ ναυμαχίαν. Naxus inſula, jam inde à Piſiſtrati temporibus occupata Athenienſibus, auctore Herodoto; quum prima omnium ſociarum inſularum ſervitutis jugum exviſſet, armis in ordinem eſt coacta. & nobilis item eſt illa Chabriæ ad Naxum victoria navalis, quam anno ultimo Olympiadis centeſimæ de Pollide Lacedæmoniorum navarcho retulit. vide Diodorum libro XV.

Ἐν τῷ περὶ φυλακείοις,) ἐν τοῖς ἐν τῷ π. φ.

Δεῖ τὰς νύκτας λύχνια καίεσθαι λαμπτῆρσι) hoc eſt ἐν λαμπτῆρσι: & ita fortaſſe ſcripſerat. λαμπτὴρ ſæpe Græcis eſt laterna, ut ad Suetonium monebamus: ubi laternæ militaris formam deſcribebamus è Julio Africano. laternæ ut plurimum erant corneæ, quarum Plautus meminit & Olympiodorus in Meteorologicorum πράξει XLIX. in illis de quibus Africanus, & quarum uſus in vigiliis & circuitionibus, tria latera corio nigro contegebantur, uno tantum ad lumen tranſmittendum relicto. alii laternas ligneas in eos uſus parabant. nam ſcribit Philo mechanicus in Poliorcetico: σκηνίδας τε καὶ ἐφοδείας τὰς προσηκούσας ποιητέον, ἐν αἷς χρήσονται ξυλίνοις λαμπτῆρσιν, ἵνα ὑπὸ τοὺς πόδας μόνον φαίνωνται, καὶ μὴ καταφανεῖς ποιῶσι τοὺς ἐφοδεύοντας τοῖς ὑπεναντίοις. de hoc genere laternarum capienda verba Æneæ capite XXVI ubi circuitionum præcepta proponuntur. ὁ λαμπτὴρ φεγγέτω· εἰς ὕψος μὲν μηδέν· κεκαλύφθω γάρ τινι· ἐπὶ δὲ τ̃ γῆν, καὶ τὰ πρὸ τ̃ ποδῶν μόνον. Obſervabis in Ænea ad dationem ſigni λαμπτῆρας ſic attolli à vigilibus, ut ſolent faces à pyrſeutis.

ὅταν σημανθῇ μ.) pro σημεῖον δοθῇ. quod non temere leges in hac re.

ὃν δ' ἂν τρόπον ἴσως καὶ κοινῶς μακροτέρων ἢ βραχυτέρων νυκτῶν γινομένων ἅπασιν αἱ φυλακαὶ γίνοιντο, πρὸς κλεψύδραν χρὴ φυλάττειν.) Veteres horologiis uſos, quæ aquis guttantibus horas dividebant, æquè noctium ac dierum, ex Plinii libro ſeptimo & Caſſiodori ſecundo notum eſt. ſed hujuſmodi horologiorum poſterius fuit inventum, quum uſus clepſydrarum apud Græcos fuerit antiquiſſimus. Uſi ſunt clepſydris Græci primò, deinde & Romani, in foro, quod nemo ignorat; & in militia. de Græcis teſtatur hic locus Æneæ. Vegetius libro III capite VIII. *In quatuor partes ad clepſydram ſunt diviſæ vigiliæ; ut non amplius quàm tribus horis nocturnis neceſſe ſit vigilare.* Cæſar libro quinto in deſcriptione Britanniæ: *certis ex aqua menſuris breviores eſſe noctes, quàm in continente videbamus.* clepſydras intelligi nemo tam fungus eſt quin ſtatim intelligat: etſi vocem Græcam Romanæ civitatis princeps refugit. at Græcus interpres ineptè, ut alia multa; ὕδατος μέτροις τισί, quum debuiſſet, κλεψύδραις. Porro harum clepſydrarum facit mentionem Julius Africanus capite XL. quod

caput

caput propterea hic placuit describere, ut ex comparatione verborum Æneæ cognoscerent lectores, unde sua Africanus desumpserit, vel potius pene ad verbum descripserit, & quidem dissimulato auctoris nomine. Sic ille:. Κλεψύδρα, πάνυ χρήσιμον τὸ κτῆμα πρὸς τὰς νύκτωρ φυλάσσοντας, μακροτέρων ἢ βραχυτέρων νυκτῶν γινομένων. αὕτη δὲ συμβάλλεται οὕτως. χρὴ κεκηρῶσθαι αὐτῆς τὰ ἔσωθεν· καὶ μακροτέρων γινομένων τῶν νυκτῶν, ἀφαιρεῖσθαι τοῦ κηροῦ, ἵνα πλέον ὕδωρ χωρῇ· βραχυτέρων δὲ προσπλάσσεσθαι, ἵνα ἔλασσον δέχηται. τὸ δὲ ταύτης ὀπὴν ἀκριβῶς δεῖ ποιεῖσθαι, δι' ἧς τὸ τῆς προθυμίας ὕδωρ ἐκρεῖ *Clepsydra res est, nocturnis custodibus, sive productiores, sive contractiores noctes sint, cum primis utilis. hæc ita compingitur. interiora clepsydræ cera oportet esse oblita. & longiores quidem si fuerint noctes, de cera est auferendum; quo plus aquæ ipsa capiat: sin autem breviores, amplius allinendum: quo minus aquæ contineat. foramen verò illius, per quod aquæ effluit quantum ipse cupis, accurate debet eße confectum.*

ὀχλεῖν, καὶ ἐ..... περιοδείας χρὴ τῶν στρατηγῶν σκυταλίδα ἔχουσαν (.) Hæc est scripta lectio, miris modis deformata. Scribo; ὀχλεῖν. κατὰ δὲ τὰς περιοδείας χρὴ σκυταλίδα ἔχουσαν σημεῖον παρὰ τοῦ στρατηγοῦ παραδίδοσθαι τῷ πρώτῳ φύλακι. sustulimus voces otiosas τῶν στρατηγῶν. pro quibus legendum esse fortasse τῶν στρατιωτῶν adnotatum erat in regio. neutra vox, quod ego sciam, ferri potest. Ad rem ipsam quod attinet, Græcorum militiæ institutum hic narratur, in quo tota circuitionis utilitas continetur. nam circumitio vigiliarum eo spectat, ut in eos qui vigilias non objerint, aut male objerint, possit animadverti. quò igitur delinquentes deprehenderentur, instituta fuit ea σκυταλίδος περιφορὰ καὶ παράδοσις, quam hoc loco describit Æneas. Σκυτάλην nemo ignorat significare lignum teres. σκυταλὶς ejusmodi lignum est, sed minus quàm ordinaria scytala. in hoc ligno figura quædam & signum exprimebatur ut à cæteris distingueretur: simillima his fuerunt illa ξυλήφια βραχέα τελέως, ἔχοντα χαρακτῆρα, quorum in Romana militia Polybius meminit libro sexto. Ait auctor, ejus formæ taleam à Tribuno tradendam esse illi qui circuitionem primus obibit. hunc verò lignum acceptum ad proximam vigilum stationem deferre debere, atque ibi tradere τῷ φύλακι, id est illi vigilum, qui in circumeundi munere ipsi est successurus; illum ad proximam stationem signum debere deferre, & alteri similiter tradere; qui porrò idem sit facturus; donec orbe vigiliarum omnium confecto, ad Tribunum qui dedit scytalis revertatur. quod si circitor aliquam stationem à vigilibus desertam invenerit, ut cui tradat scytalidem non habeat; retro ad Tribunum pedem referre illum debere, ut Tribunus vitio intellecto, per centurionem desertæ stationi statim prospiciat, & mox in desertores animadvertat. Hæc ratio & utilitas est ejus instituti, quod hoc loco Æneas

 describit.

describit. Alii Græci in eam rem non scytalide, sed nola sive tintinabulo utebantur. nam τῇ τῆς σκυταλίδος περιφορᾷ καὶ παραδόσει, simillimum fuit institutum τῆς περιφορᾶς τοῦ κώδωνος καὶ παραδόσεως: circitores enim ad proximam stationem tintinabulum deferebant & alteri tradebant, qui & ipse rursus faciebat idem. Romanæ verò militiæ consuetudo, partim similis, partim dissimilis. Scytalidi respondet illud χάρφος ut appellat Polybius, id est lignum minutum, in quo erat aliquid inscriptum. at ratio utendi hoc ligno multum diversa. Sed de istis omnibus ubertim σὺν Θεῷ ad VI Polybii.

Πάντα ἀντιδιδόναι παρ' οὗ ἔλαβε τὴν σκυταλίδα) Quid est πάντα? non enim reddendum est aliud, quàm scytalidem. Forte scribendum, παραχρῆμα ἀντιδιδόναι, vel ἀποδιδόναι.

Τὸν μὴ παραδεξάμενον, ἀλλ' ἐκλιπόντα τὴν φυλακήν.) quid si stationem quidem non deserverit, sed dormiens fuerit deprehensus? miror Æneam alterum hoc vigiliarum peccatum prætermittere, & hoc loco & mox iterum de pœna desertoris cum loquitur. Polybius de circitoribus Romanis verba faciens, ἐὰν δ' εὕρῃ κοιμώμενον, ἢ λελοιπότα τινὰ τὴν τάξιν.

Ος δ' ἂν φυλακῆς αὐτῷ οὔσης μὴ παρῇ εἰς τὸ τεταγμένον,) Procopius de circitoribus à Belisario institutis, in urbe Roma à Gotthis obsessa. τοῖς ἐν τῷ περιβόλῳ ἄρχοντας ἐς νύκτα ἑκάστην ἑτέρους ἔφισῃ. οἷς δὴ ἐπέκειτο, μέτρον τι τοῦ τείχους περιϊοῦσιν, ἐκ περιτροπῆς ἀναγράφεσθαι τὰ τῶν φυλάκων ὀνόματα· καὶ ἤν τις ἐνθένδε ἀπολειφθείη, ἕτερον μὲν ἀντ' αὐτοῦ καταστήσασθαι ἐν τῷ παραυτίκα. ἀνάστρέφειν δὲ τῇ ὑστεραίᾳ εἰς αὐτὸν, ὅς τίς ποτε ὁ ἀπολειφθεὶς εἴη, ὅπως δὴ κόλασις ἡ προσήκουσα ἐς αὐτὸν γένοιτο. Simillime ut præcepit Æneas, desertoris in locum suhito alium hi quoque circitores substituebant, & die insecuto in reum militaris delicti animadvertebant.

Ο λοχαγὸς αὐτοῦ παραχρῆμα τὴν φυλακὴν ἀποδόσθω) *centurio confestim ejus custodiam vendito.* ἀποδόσθω verbum ita accipiendum esse arguunt sequentia ἀποδιδότω τῷ πριαμένῳ τὴν φυλακήν. Porro *vendere custodiam*, sive *vigiliam*, interpretor, aliquem conducere qui & commoda illa percepturus sit, quæ desertor capiebat, & vicem illius vigilias acturus, & cæteras λειτουργίας omnes præstiturus. Heic notandum est, in conductitio solum milite & mercenario, non autem in cive, istud Æneæ præceptum posse locum habere. de more autem & modo militis conducendi ad urbis defensionem, dictum antè capite XIII; nonnihil & capite nono. ex illis locis apparet, μίσθωσιν & conductionem potius fuisse quàm veram venditionem aut emptionem, de qua hoc loco agitur; licet Æneas verbis utitur legitimæ emptioni convenientibus. non dissimile est, quod Romani *emere militem* vel *auxilia* dixerunt, pro conducere. At quod in jure Romano passim legitur de

militia

militia empta, vendita aut legata, plane res diversa est, neque horsum ullo modo pertinet.

Ἔπειτα πρόξενος ἐξ αὐτοῦ ἀποδιδέτω τῷ πελαμένῳ τὴν φυλακήν.) Quemadmodum apud Romanos tesseræ frumentariæ iis dabantur, quos ad frumentationem volebant admitti: sic videntur apud Græcos privati homines qui conductos à se milites alebant, ut fuit ante expositum, signum aliquod dedisse, & velut tesseram hospitalem; ut scirent singuli, quò sese reciperent, & cujus hospitio uti deberent. eam tesseram Æneas heic φυλακὴν appellat *custodiam*, quia quasi pignus est mercedis pro custodia debitæ. nam ὁ πελάμενος τὴν φυλακὴν, is est qui in locum & munera desertoris succedens, jus nactus est fruendi tessera illius, & omnibus commodis.

Ἄφωνα ποιοῦντα τόνδε τὸν καιρὸν, ἐπικαύσαντα τὸ στόμα τοῦ.) Ut canes & gallos gallinaceos inusta parte aliqua corporis, quod ait Æneas, dolor reddit mutos; sic etiam equos vetat hinnire, ex hac aut simili causa concitus dolor. adeo verum est, quod dicebat Plato, οὐδὲν ζῶον λυπούμενον ᾄδει. Julius Africanus capite IX observat, equorum hinnitum in rebus bellicis magnum interdum momentum facere. eamque adeo rem Aristomeni Messenio pulcherrimi stratagematis ansam præbuisse, quo Lacedæmonios devicit. Parthos vero quoties vellent efficaciter equos suos impedire, quominus inter pericula hinnirent, solitos vinculo valido caudam illis vehementer adstringere; ita ut acrem ex ea constrictione dolorem caperent. τῇ γὰρ ὀδύνῃ, inquit, τῆς ἐπιδέσεως ὁ ἵππος ἀλγῶν τὸ αὐτὸν μὲν θυμὸν φυλάττει καὶ τάχος· μόνον δὲ τὸ φώνημα ἴσχει.

Ad Cap. 23. Monita & cautiones proponuntur iis necessariæ, qui eruptionem in hostes sunt facturi: de quibus ante dictum capite XV & sequente.

Φυλάξαι ὅπως μὴ ἐξαυτομολήτη.) Scrib. μήπις ἐξαυτ. ut mox. ἐφύλασσον μήπις αὐτομολήσῃ.

Ἵνα μήθ' ὑπὲρ τῆς πόλεως ἀνὴρ πυρ.) quid auctor sibi velit istis verbis non capio.

Καὶ ὧδε ἐλθόντες) quò? aut quid sibi voces istę volunt? apparet deesse aliquid, neque mendo hæc verba carere.

Ταύτῃ καταπετάσαι ἀγγεῖον,) magnum linteamen instar veli appellat ἀγγεῖον. mox vocat ἱστίον. sed vocum ἄγγος & ἀγγεῖον amplissima significatio est. capite XXIX ἄγγεσιν ἀχύρων, id est φορμοῖς, vel σάκκοις.

Πυρσεύοντες τι, ἢ ἐμπρήσαντες) πυρσεύσαντες editum oportuit, ut in autographo.

* πρᾶξις δὲ καὶ ὧδε ἐξοισθήσεται ἐξ ἀρχόντων προετοιμ.) Nisi gravius acceptum est vulnus scribo, πρᾶξις δὲ καὶ ὧδε γεγενημένη ἐξοισθήσεται ἐξ ἀρχόντων. Προετοιμ. est transpositio non invenusta, pro ὧδε γεγενημένη ἐξ ἀρχόντων. verbo ἐκφέρειν non semel sic utitur. capite secundo: ἐξοίσειον

ἱστέον δὲ καὶ τὰ ὑπεναντία τούτοις. capite XVII. παράδειγμα δ' ἐξοίσω γινόμενον πάθος. alibi verbum hoc omittit ἔξωθεν supplendum. capite XXIX. παραδείγματος ἕνεκεν ἐπὶ πράξει γεγενημένα.

οἵ γε ἄρχοντες καὶ οἱ συνελθόντες, τοὺς πολεμίους παρεκάλουν εἰς βοήθειαν.) Omnino τοὺς πολίτας scribendum, quamvis repugnante scripto exemplari.

ὡς κατασκεψόμενοι τὰ ἀγγελλόμενα.) Non dubitavimus ita corrigere scriptam lectionem, ὡς καταληψόμενοι. potest scribi etiam ὡς καταψόμενοι. mox δῆθεν scripsimus, quum invenissemus μηθέν. & statim ἰδὼν αὐτοῖς ξενικὸν προητοιμασμένον κρυφαίως κομισθὲν κατὰ θάλ. pro depravatissima ms. scriptura, κρύψαι ὡς κομισθέντες κ. θ.

Ad Cap. 24. Proponuntur observationes & cautiones variæ super tesseris dandis. σύνθημα Græcis historicis tesseram plurimum significat, quod vocale signum est, ut dicebamus ad caput IV. sæpe tamen generali notione pro signo, ἀντὶ συστήματος καὶ σημείου, capitur. ut cum scribit Polybius libro primo, οἱ Καρχηδόνιοι συνθήματος ἀρθέντος ἐκ τῆς Αμίλκου νεὼς μετεβάλλοντο. iterum ἀρθέντων τῶν συνθημάτων ἐφ' ἑκατέρας τῆς ναυαρχίδος συνέβαλον. nam ἀρθῆναι τὸ σύνθημα, de tessera dici non potest: sed potius εἰπεῖν, δηλοῦν, παραδιδόναι, & παρέρχεσθαι vel παριέναι, apud Xenophontem & alios.

παρὰ τὰ νομιζόμενα ἑκάστῳ ἔθει τῶν ἀνθρώπων.) Lego ἔθνει.

ἐὰν κατὰ γλῶσσάν τις παραγγέλλῃ ἢ κοινόν τι ἅπασι.) Delenda vocula ἢ ante κοινόν. si rem communiter omnibus notam, pro tessera dans, dialecto peregrina utatur: ut si Athenis, vel inter Athenienses dei nomen tesseræ loco velit dare, & pronuntiet σιός; aut inter Lacedæmonios Θεόι. notum quid sit γλῶσσα, unde Glossarium, & γλώσσαις λαλεῖν, apud Apostolum.

Οἷον Χαριδήμῳ Ὠρείτῃ.) Hic est Charidemus Oritanus, cujus res gestas fuse persequitur Demosthenes in oratione adversus Aristocratem, quam pleriq; censent habitam Olympiadis CVII anno primo. ibi etiam meminit orator capti Ilii a Charidemo, ut & Plutarchus initio Sertorii & alii. Aristoteles quoque in II Oeconomicorum inter illos qui parandæ pecuniæ subtiles rationes excogitarunt, hunc commemorat.

Περὶ τῆς Αἰολίδα συνέβη καταλαβόντι Ἴλιον) hoc est, quo tempore in Æolidis parte dominabatur. Aristoteles, Χαρίδημος Ὠρείτης ἔχων τῆς Αἰολίδος τινὰ χωρία. eo igitur tempore cepit Ilium Charidemus, in Phrygia vicina situm, non in Æolide.

εἰσεπορεύετο εἰς ἀγρὸν .... τὰ ἀγρευθέντα ἑκάστοτε.) Nihil puto deesse. lego εἰσεπορεύετο εἰσάγων τὰ ἀγρ.

Οἰκέτου καὶ εἰς λόγους κρυφαίως ἀφικνόμενος.) Alii narrant aliter: famulum hunc, quum de more prædatum exiisset, à Charidemo fuisse

captum

captum. Polyænus libro tertio, Χαρίδημος Ἰλιέων λεηλατηκότων αὐτοῦ τὴν χώραν, οἰκέτην Ἰλιέα προσελθόντα ἐπὶ λείαν συλλαβὼν, μεγάλοις δώροις ἔπεισε προδοῦναι τὴν πόλιν.

Μεθ' ἵππου δ' ἐκέλευσεν αὐτὸν ἐξελθεῖν ἐν τῇ νυκτί.) Etiam beic auctorum narrationes dissentiunt. nam Polyænus scribit Charidemum ipsum famulo equum dedisse abducendum inter cætera prædæ dolo concessæ. sed Æneas de re loquitur, quæ sua proculdubio aut patrum memoria contigerat. In eo omnes consentiunt, fatalem Troiæ hunc equum fuisse, & caussam præcipuam cur à Caridemo caperetur. & observant veteres, propter equos, aut per equos ter captum fuisse Ilium: primo cepisse Herculem propter Laomedontis equas; iterum Agamemnonem dolo equi duratei usum: tertio nunc Charidemum. Plutarchus initio Sertorii; ἑάλω δὲ τὸ Ἴλιον ὑφ' Ἡρακλέους διὰ τὰς Λαομέδοντος ἵππους, καὶ ὑπὸ Ἀγαμέμνονος διὰ τοῦ δουρείου προσαγορευθέντος ἵππου. τρίτον δ' ὑπὸ Χαριδήμου, ταῖς πύλαις ἵππου τινὸς ἐμπεσόντος, ἀποκλεῖσαι ταχὺ τῶν Ἰλιέων μὴ δυνηθέντων. epigramma vetus.

Carminis Iliaci libros consumpsit asellus:
Hoc fatum Troiæ est, aut equus aut asinus.

Ἀλλὰ μὴ κατὰ τὴν διάλυσιν ἢ τὴν ἐκτομίδα πυλίδα, ὥσπερ εἰώθει, εἰσέλθοι.) Interpretor διάλυσιν, de portarum foribus hiantibus, potius quam apertis. Latini historici *semiapertas fores portæ* vel *adapertas* dicere solent ut Livius. alii *semiclausas* ut Marcellinus. *adaperire* est διαλύειν, aut ὑπανοίγειν, non autem ἀνοίγειν. vulgo dicemus, *entreouurir*. πυλὶς paruam portam proprie significat; & quam historici ῥινοπύλην aut παραπορτίδα nominant; Livius *portulam*. Sed hoc loco πυλὶς de foribus, non de alia porta dicitur. pars igitur forium, quæ aperta portulam in ipsis foribus efficit, appellatur ab Ænea πυλὶς ἐκτομὶς sive ἐκτομὰς, *portula exsectitia*. aliter Græcam exprimere non possumus. per hanc non admittebantur jumenta, sed tantum homines, atque ii non nisi singuli. infra capite XXVIII. προνοεῖσθαι δεῖ ἐν τῇ πύλῃ ἐκτομάδα ἵνα σώματα μόνον ἀνθρώπων κατὰ τὴν ἐκτομάδα πυλίδα ἐξίῃ καὶ εἰσίῃ καθ' ἕνα. Julius Africanus hunc locum describens ἐκτομάδα similiter appellat. ἐκτομὰς ut ἐκβολὰς, *ejectitia vulua*.

Ἔτυχε δὲ καὶ αὐτὸς ἀγχίνως πάλιν ἀνθυποπτεύσας.) Neminem dubitaturum arbitror, recte hæc à nobis esse concepta, quæ in exemplari ita erant: ἔτυχε δὲ καὶ αὐτὸς ..... ἀγχίνως πάλιν ἂν .... ὑποπτεύσας.

Ἐπὶ μὲν ἄγραν πορευόμενος) est quidem ἄγρα venatio non autem deprædatio: beic tamen de venatione prædæ bellicæ accipiendum. usus autem est de industria illa voce, ut conuenientiam instituti ostenderet cum nomine Dianæ ἀγροτέρας.

Ἐπὶ δὲ κλοπήν τινα πράξεων. ΕΡΜΗΝ ΔΟΛΙΟΝ.) Omnibus in universum consiliis clandestinis Mercurium præesse stulta antiquitas habuit persuasum. Chorus apud Sophoclem in Electra de Oreste ultionem patris moliente. Ο Μαίας δὲ παῖς Ἑρμῆς σφ᾽ ἄγει δόλον σκότῳ Κρύψας πρὸς αὐτὸ τὸ τέρμα, κοὐκέτ᾽ ἀμμένει.

Ἰφικράτης δὲ) hujus multa celebrantur à scriptoribus inventa bellica, & res gestæ præclarè. Polyæno imprimis, quem vide libro tertio.

Τὸν περίοδόν τε καὶ φύλακα ἔχειν.) hoc est, τὸν προφύλακα; & fortasse ita scripsit, ut statim τοῖς περιοδεύουσι καὶ προφύλαξι. vide ad caput XXII. Nova autem ratio vitandæ fraudis in re tesserarum hic proponitur ab Iphicrate instituta; ut duplex in castris tessera versaretur, una vigilum proprie, altera circitorum. utramque autem utrisque notam esse oportuit. nam ut circitor procustodem, sic procustos circitorem interrogabat. Invenio apud Philonem, de duplici tessera præceptum hujusmodi. ξένα δὲ καὶ διπλᾶ δοτέον ἐστὶ τὰ συνθήματα· ἵν᾽ ἐργωδῶς οἱ πολέμιοι καταμανθάνωσιν αὐτὰ, ἐὰν καὶ ἐξάκουστον ἀπὸ τοῦ τείχους τὸ γίνηται. & fateor quidem rationem hanc vulgari esse aliquanto severiorem; sed & multo operosior eadem & difficilior.

Ο δ᾽ αὖ ἐρωτηθείς.) Erat scriptum ἄν. potest etiam, ὁ δ᾽ ἀντερωτηθείς.

Και ἐν Θήβαις ὅτε τὴν Καδμείαν καταλαβόντες ἐσκεδάσθησαν νυκτός.) Fallor aut scribendum, ὅτε οἱ τὴν K. ut intelligatur hęc dispersio & error accidisse, cum in eo essent ut arcem occuparent, non post occupatam Cadmeam, quod altera lectio significat. obscure autem & breviter Æneas, rem quæ ipsius ætate acciderat, ceu notam omnibus, tantum attingit. non enim dubium est contigisse hunc casum, vel quum Phœbidas Lacedæmonius Cadmeam cepit, anno tertio Olympiadis nonagesimæ nonæ: vel quum Pelopidas eam recepit sequentis Olympiadis anno tertio. cujus posterioris ἁλώσεως mentio fit iterum capite XXXI.

Τὰ δὲ συνθήματα ἐρωτᾶσθαι κοινῶς τοῖς τε περιοδ.) Plane quid sibi velit auctor istis verbis non possum conjectura assequi. est enim & corrupta, & fortasse etiam mutila sententia. In tantis tenebris unum succurrit, videri Æneam redire ad Iphicratis institutum, & hoc dicere: communiter illud esse servandum, & circitori & procustodi, ut alter alterum vicissim de tessera sese interrogent. nam alioqui si non duplici tessera utantur, sed simplici dumtaxat, posse etiam hostem, qui datam procustodi tesseram, aliquo casu cognoverit, (quod multis modis potest accidere) sub speciè circitoris latere. Hæc mea suspicio est; quam si quid melius doctiores & acutiores excogitarint, περιχαρὴς admittam & gratias habebo.

ὁ γὰρ περίοδος καὶ πολέμιος ἀνερωτῶν.) Verti quasi scriptum esset ὡς γὰρ περίοδος καὶ πολέμιος ἂν ἐρωτῴη. *nam etiam hostis ceu circitor possit de tessera interrogare.* Sensum jam exposuimus. similis sententia apud Onosandrum necessitatem παρασυνθήματος hac demonstrantem

tem ratione; quia poſſit fieri, ut hoſtis qui ſimplicem teſſeram reſciverit, ea utatur tanquam amicus. ἵνα μὴ, inquit, μόνον γινομένης ποτὲ ταραχῆς, πιστεύσωσι τῷ λεγομένῳ συνθήματι (τοῦτο γὰρ δύνανται καὶ πολέμιοι καταλαβέσθαι πολλάκις ἀκούοντες) ἀλλὰ καὶ τῷ παρασυνθήματι. Horſum quoque ſpectant Philonis verba, quæ infra ſubjeci: μεταλλακτέον δέ ποτ᾽ ἐστὶ καὶ τὰ συνθήματα. ἵνα εἰ τῶν ἔνδοθέν τις κακουργῶν τὸ σύνθημα δῷ τοῖς πολεμίοις· ἢ αὐτοὶ νυκτὸς ὑποτάξαντες τῷ τείχει λάβωσιν, ἀχρεῖον αὐτοῖς ᾖ, γινομένης τῆς μεταλλαγῆς. *Teſſeras interdum mutare oportet; ut ſi quis incluſorum fidem violans inimicis teſſeram indicet, aut ipſi per noctem mœnibus ſuccedentes, ſignum audiant; facta mutatione teſſeræ, ea res ſit ipſis inutilis.*

Ad Cap. 25. ΠΑΡΑΣΥΝΘΗΜΑΤΑ de quibus hoc loco agitur, ſigna eſſe muta, ut appellat Vegetius, ad quartum caput jam oſtendimus. Meminit horum Polybius libro nono in luculenta digreſſione, quæ eſt de inſtitutione imperatoris. τὸ δὲ τελευταῖον, ait, συνθημάτων καὶ παρασυνθημάτων, ἔτι δὲ ἐκλογῆς, δι᾽ ὧν καὶ μεθ᾽ ὧν ἐνεργηθήσεται τὸ κριθὲν, οὐκ ὀλιγωρητέον. ea eſſe muta ſigna, & vocalibus opponi, variéque fieri, ut nutu manus, armis colliſis, aut concuſſis, haſta inclinata, aut enſe huc illuc agitato, docet Onoſander his verbis: τὸ δὲ παρασύνθημα μὴ διὰ φωνῆς λεγέσθω, ἀλλὰ διὰ σώματος γινέσθω, ἢ νεύματι χειρὸς, ἢ ὅπλων συγκρούσει, ἢ ἐγκλίσει δόρατος, ἢ παραφορᾷ ξίφους. Apud alios Tacticos ſigna ejuſmodi non παρασυνθήματα nominantur, ſed ὑποσυνθήματα. ſcribit enim Philo in ſuo Poliorcetico; τούτοις καὶ τοῖς ἀμφοδάρχαις συνθήματα καὶ ὑποσυνθήματα παρὰ τῶν στρατηγῶν δίδοσθαι δεῖ· τὸ μὲν φωνῆεν, τὸ δὲ ἄφωνον. idem ſcriptor poſtquam de mutatione teſſeræ ea dixiſſet quæ modo recitavimus, ſubjicit de utilitate mutorum ſignorum, & variis eorum modis hæc: Διὰ τὰ ὑποσυνθήματα καταφανεῖς γίνονται οἱ λάθρα ἐπὶ τὸ τεῖχος ἀναβάντες· ἔστι δὲ τὰ ὑποσυνθήματα τοιαῦτα. ἀπαιτήσαντα δεῖ τὸ σύνθημα ἀφελέσθαι τὴν καυσίαν, ἢ τὸν πῖλον, ἢ τὴν περικεφαλαίαν ἐὰν ἔχῃ, ἢ πρόσκωπον τὸ ἐγχειρίδιον ποιῆσαι, ἢ τὴν δεξιὰν ἐμβάλλειν, ἢ τῆς χλαμύδος ἐπιλαβέσθαι. *Mutorum ſignorum ope, illi fiunt manifeſti, qui muros clam conſcenderunt. Signa autem muta hujuſmodi ſunt: poſtquam teſſeram exegerit, oportet cauſiam vel pileum tollere, vel galeam ſi habuerit, aut pugionem vel enſem capulo prehendere, aut illi dextram injicere, aut chlamydis laciniam apprehendere.* Leo Auguſtus Conſtitutione XIX ubi de pugna navali dantur præcepta, poſtquam dixit hoc ſignorum genere eſſe utendum; in declarando eorum uſu verbum ὑποσημαίνειν uſurpat, ſicut Philo ὑποσύνθημα. Sic Imperator § 41. τὸ δὲ σημεῖον ὑποσημαινέσθω ἢ ὀρθὸν ἱστάμενον ἢ ἐπὶ δεξιὰ ἢ ἀριστερὰ κλινόμενον, ἢ ὑψούμενον, ἢ ταπεινούμενον, ἢ ὅλως ἀφαιρούμενον, ἢ μετατιθέμενον, ἢ διὰ τῆς ἐν αὐτῷ κεφαλῆς ἄλλοτε ἄλλως φαινομένης ἀλλασσόμενον, ἢ διὰ σχημάτων, ἢ διὰ χρωμάτων. *Signum illud dato ſignificationem,*

vel

vel stans erectum, vel ad dextram sinistramve inclinatum, vel concussum vel sublime factum, vel depressum, aut omnino sublatum, aut transpositum; aut per verticem alias aliter apparentem immutatum, aut figurarum vel colorum variatione. Est vero observandum, in expositione παρασυνθημάτων à cæteris dissentire Æneam. quum enim probaverimus disertis Onosandri & Philonis verbis παρασύνθημα id ipsum esse signorum genus, quod Latini mutum vocant, quia neque voce neque sono editur: noster tamen inter παρασυνθημάτων exempla, etiam vocem aliam præter tesseram & sonum ponit; ἄλλο προσυγκείμενον φωνῆσαι, ἢ ψόφον ἐμφανίσαι. confundit igitur Æneas discrimen quod Tactici statuunt inter signa vocalia, semivocalia, muta, ut dicebamus ad caput quartum; ubi etiam docuimus, distingui παρασυνθήματα, inter ordinaria & extraordinaria, quę dicuntur Græcis τὰ ἐκ τοῦ καιροῦ.

Ad Cap. 26. Jam diximus ad caput XXII: quo loco discrimen exposuimus, quod fuit olim inter circitores & περιφύλακας.

καὶ παρασύνθημα ὡς ἀκριβῶς ἐκ πλείονος διαγνῶναι ἑαυτούς) Videtur scribendum, παρασυνθήματι, vel παρασυνθήμασι.

Περιοδεύειν δὲ ἄνευ λαμπτῆρος, ἂν μὴ λίαν χειμὼν ἢ καὶ σκότος.) Philo contra, ἐκκλησίας τε καὶ ἐφοδείας τὰς προσηκούσας ποιητέον ἐν αἷς χρήσονται ξυλίνοις λαμπτῆρσι. Vide ad caput XXII.

Καὶ τὰ περὶ τῶν ποδῶν μόνον φεγγέτω.) in regio vox ποδῶν desideratur; ob nimiam videlicet convenientiam cum præcedentibus περὶ τῶν. qui est familiarissimus librariis error. Philo, quem ante attulimus, ἵνα ὑπὸ τοὺς πόδας μόνον φαίνωνται.

*Ἐν γὰρ τοῖς ψύχεσι καὶ * ὄμβροις.)* Probabilis est, si minus vera, lectio quam sumus secuti, καὶ ὑετοῖς. potest & πάγοις, cum gelu concreta sunt omnia.

Ἐὰν δὲ ἅμα τούτοις καὶ ἐπὶ τοῦ τείχους περιοδεύωσι,) Oratio est imperfecta. Scripsit fortasse Æneas ἔνιοι δὲ ἅμα τούτοις καὶ ἐπὶ τοῦ τείχους περιοδεύουσι. *Sunt etiam qui circuitionem faciant super ipsis muris.* Alioquin pugnare secum auctor videbitur, qui statim subjiciat, χρὴ δὲ τὰς περιοδείας εἶναι κάτω τοῦ τείχους, καὶ μὴ ἀναβαίνειν τοὺς περιόδους. quomodo enim circuitio fiet super ipsis muris, si circitores mænia vetantur ascendere? nulla erit pugna, si hoc posterius ex sententia sua dicere Æneam intelligamus; illud prius ex aliorum.

Διὰ τὰ προγεγραμμένα) locus ad quem rejicit lectorem extat capi. 22.

Πλὴν τῶν φυλακῶν,) Scribo φυλάκων.

Ἢ διὰ τὸ πλῆθος ἀποβαλεῖν, ἢ τραυμάτων, ἢ συμμ.) Ita regius. Legendum, ἢ ἐκ τραυμάτων. *propter accepta vulnera;* hoc est propter multitudinem vulneratorum. Mox tolli potest lacuna atque ita scribi. καὶ παραπεπτωκότων ἢ ἐπικινδυνά τε ἢ πολεμίων ἐγγὺς ὄντων.

Μετὰ τῶν αὐτῶν ἀποδεκτῶν ἀνδρῶν.) Scribendum ἀπολέκτων. mos est militiæ,

militiæ, ut singulis ducibus præsto semper sit manus selectorum militum, plurium pauciorumve, pro dignitate ducis. Scribe deinde, ἀποδείχον) δέ τινες καὶ τάδε.

Καὶ πρὸς ὃν πάντες ἀντιμέρευσιν οἱ προφύλακες.) Planior futura sententia, si scribatur, καὶ εἷς, πρὸς ὃν π. Vult Æneas, omnes murales custodes paratos habere suos λαμπτῆρας ad dandum signum. præter quos, alium in loco maxime edito jubet collocari, quem omnes speculatores & procustodes teneantur diligenter observare, si quod inde signum dabitur.

Ad Cap. 27. De Panicis terroribus est hoc caput. docet quomodo & sedari in amico exercitu queant & excitari in hostili.

Ἀπὸ τῶν ὑπό τινων καλεῖται Πάνεια.) Non Πάνεια sed Πανικὰ, vel Πανικοὺς θορύβους historici Græcorum vocant. quod addit Æneas nomen esse Peloponnesium; haut scio an ad vetustam ejus peninsulæ appellationem alludat, quando dicebatur Πανία. Hesychius Πανία, ἡ Πελοπόννησος. sed consentiunt omnes Græci, ejusmodi pavores & δείματα ἄλογα καὶ ἐκ μηδεμιᾶς αἰτίας, à Pane credita fuisse immitti. quod præter grammaticos scribunt disertè Phurnutus de diis, Pausanias in Phocicis & Polyænus libro primo. quæ etiam fuisse Æneæ sententia videtur, addentis, propriam Arcadum eam esse vocem. Nam Arcadiæ tutelaris Deus Pan. Simillime Romani à Fauno Deo agresti hujusmodi lymphaticos furores immitti existimabant, ut scribit Dionysius Halicarnass.

Τοῦτο δὲ ὑπό τινες, κελεύουσι καταπαύειν, θέλοντες αὐτὰ σημεῖα προσυγκεῖσθαι τοῖς ἐν τῇ πόλει διδόντες γνωσ.) Corrupta lectio & distinctio sententiam perdiderunt, quam ex istis nemo eliciat bonam. Fortasse codex est defectus, quod vox διδόντες arguit, si modo auctoris illa est; quod non puto. Lego totum locum sic: ἔστι δὲ τὸ ὄνομα Πελοποννήσιον, καὶ μάλιστα Ἀρκαδικὸν τοῦτο. τινὲς οὖν κελεύουσι, καταπαύειν θέλοντες αὐτὰ, προσυγκεῖσθαι τοῖς ἐν τῇ πόλει σημεῖα, δι' ὧν γνώσονται, ὅτι ἐστὶ Πάνειον.

Ἔστω δέ. αἰσθήσονται πυρός τι προσυγκείμενον ἐπὶ χ.) Potest ferri hæc lectio: sed quia in tam depravato codice omnia mihi sunt suspecta, non verebor conjecturam meam afferre. Fortasse igitur scripserat Æneas: ἔστω δὲ (nempe σημεῖα) οἷον τόδε. πυρ. fortasse etiam ulcus subest τοῦ ἡμετέρας χειρουργικῆς κρεῖττόν τι.

Ἄριστον δὲ προπαρηγγέλθαι καθ' οὓς ἂν τῶν στρατιωτῶν γένηται φόβος κατὰ χώραν ἠρεμεῖν, καὶ ἀναβ.): Scribendũ, τοὺς δὲ ἀναβοᾶν. ut hi quidem silentiũ teneant, alii vero rumpant, & clament. Non dissimilis ratio est, qua olim usus Alexander in componendo exercitu, quem Panicus terror turbaverat. tubicinem enim læti aliquid canere imperavit, quod erat remedium pavoris: deinde proximos sibi tribunos & centuriones jussit arma ponere, & idem mandatũ prope adstantibus dare, eosq; jubere, ut idem facerent, donec

donec ad ultimum agmen nuntius pervenisset: Polyænus ita narrat libro IV. ὁ βασιλεὺς ἐκέλευσε τῷ σαλπιγκτῇ δοῦναι σημεῖον ἀφοβίας. τοῖς δὲ προστάταις τῶν πεζῶν, θέσθαι τὰ ὅπλα πρὸ τῶν ποδῶν· καὶ τοῦτο φράζειν τοῖς μετ' αὐτούς. καὶ δὴ πάντες τοῦτο ποιήσαντες, ἔμαθον τὴν αἰτίαν τοῦ φόβου.

ὥστε ἠσσόντι τοιούτου γίνεσθαι χρή, εἰ τὴν νύκτα παρήγγελται τοῖς στρατιώταις πᾶσι κατὰ τὰ ὅπλα εἶναι ὡς μάλιστα) dixit Æneas κατὰ τὰ ὅπλα; si ita scripsit, pro eo quod alii solent παρὰ τὰ ὅπλα; vel ἐπὶ τῶν ὅπλων μένειν. in quibus loquendi generibus appellatione ὅπλων intelliguntur τὰ φυλακεῖα, stationes vigiliarum. unde illæ locutiones apud Xenophontem; quas etiam doctissimi viri male acceperunt, θέσθαι τὰ ὅπλα, *disponere stationes*, & ἀνίστασθαι ἀπὸ τῶν ὅπλων, *discedere à vigilia aut excubiis*; ac similes multæ, fusè à nobis expositæ in Commentariis Polybii.

ἀνακαθίζειν αὐτοὺς εὐθὺς πρὸς τὰ ὅπλα ἐν τῇ εὐνῇ) intellige de cubilibus, non quæ in tentoriis separata singuli habebant; sed quæ in ipso vigiliarum loco, ubi custodiebant: quem propterea appellabant etiam τὰς εὐνάς, aut τὰς κοίτας, ut jam ante monebamus, & multis alibi probamus.

ὅπως ἀληθὲς τὸ παράγγελμα, μετὰ φόβου ἡγεμόνος τινὸς θ.) Nullum hic locum habet τὸ ἡγεμόνος. Profecto legendum, aut hoc aut simili modo. ὅπως ἀληθὲς τὸ παράγγελμα μετὰ φόβου ἡγοῖντο, γινομένου τινὸς θορύβου.

ἐξανίστασθαι ἐκ τῶν κοιτῶν) Sic scribendum, non ὑπὸ τῶν κ. quod nescio quo errore irrepsit.

ἐπειδὴ γὰρ καὶ τοιῷδε τρόπῳ.) de re gesta loqui Æneam nullum est dubium: etsi auctor nomen ducis dissimulat qui hoc gessit. Atque hoc sæpe facit Æneas. extat libro tertio Polyæni inter præclare facta & inventa Iphicratis, narratio historiæ adeo similis, ut penitus eandem esse existimem. quamquam non omni ex parte convenit Æneæ cum Polyæno. sed in aliarum quoque rerum narrationibus similes dissensiones inter hos duos scriptores observamus. illud dolendum, pulcherrimam historiam apud utrumque scriptorem depravate admodum legi. Æneas, si mentem ejus capio, ita narrat. quum terror versaretur in castris, Iphicratem, cui constabat inanem & Panicum esse metum, ut hoc militibus tumultuantibus paventibusque persuaderet, utque eos à veri mali metu liberaret, hujusmodi præconium voce præconis proclamari per exercitum jussisse; SI QUIS NOMEN ILLIUS DETULERIT A QUO EQUUS FUIT DIMISSUS, PER QUEM TURBATUS EST EXERCITUS, HUIC FORE PARATUM PRÆMIUM. posteriorem partem hujus præconii, quæ est de præmio, (quod Græci proprie vocant μήνυτρον, Romani Jurisconsulti *indicium*, Apulejus *indicinæ præmium*,) & Æneas & Polyænus omiserunt, ut parum necessariam sermoni instituto. sed vox μηνύειν quo utuntur ambo, satis arguit indici propositum fuisse præmium, ut pœnæ ab alio exigerentur. Lego igitur Æneæ verba:

κηρύξας

κηρύξαι (Σιγὴν ὁ κήρυξ ἀνήγγειλε τ̄ ἀφένλα τ̄ ἵππον, δἰ ὃν κ̧ θορυβηθῆναι. est quidem in regio τ̄ ἀφεθέντα & διώκειν; sed in Polyæno diserte τ̄ ἀφεντα. Lectionem regii codicis si tueri volumus, præconium tale editum fuerit. SI QUIS NOMEN EJUS DETULERIT, QUI EQUUM DIMISSUM PRIMUS FUERIT PERSECUTUS, PER QUEM TURBATUS EST EXERCITUS, &c. tum fuerit legendum, τ̄ μlωύσαντα ..... τ̄ ἀφεθέντα ἵππον διώκειν, δἰ ὃν κ̧ θορ. in lacuna deest, τ̄ ἄρξαντα aut τ̄ ἐπιβαλόμενον, aut tale quid. Polyæni locus ita legitur, ἐκήρυξεν, ὃς ἂν μlωύσῃ τ̄ ἀφέντα..... τ̄ νόμον ἐς τὰ ὅπλα. ὡς δὴ πανικοῦ γεγονότος. ita meus codex, in alio quem mihi utendum concessit vir clarissimus, & omnium ore laudari dignissimus, Jacobus Bongarsius, nullum est mutilati codicis indicium. Mens Polyæni, opinor, fuit; præconis voce præmium fuisse promissum ei qui nomen illius detulisset, qui male custodito equo, potestatem illi fecisset forâs erumpendi & progrediendi etiam ἐς τὰ ὅπλα, id est ad stationes vigiliarum, sicut modò exponebamus. Quare lego, τ̄ ἀφέντα τ̄ ἵππον ἐς τὰ ὅπλα. quæ sequuntur non sunt pars τοῦ κηρύγματος; sed sunt verba Polyæni, ad declarandum scopum hujus præconii, ὡς δὴ Πανικοῦ γεγονότος. quasi diceret, Iphicratem hoc commento voluisse militibus persuadere, inani ipsos terrore fuisse territos.

Καθ' ἑκάστlω φυλακlὼ καθιστάναι ἐκ.) lego, καθ' ἐκ. φυλακὴν φύλακας καθ. aut φύλακα. mens clara ex interpretatione nostra.

αὐτὸ ἢ τὸ θορυβεῖν τὸ τ̄ ἐναντίων στράτευμα, δαμάλεις ταῖς ἀγελαίας μετὰ κωδώνων ἀφιέντες.) In primis verbis subesse vitium paret. Lego, πρὸς δὲ τὸ αὐτὸν θορυβ. vel sine voce αὐτόν. deinde postulat scribi sententia, ἀφιέναι δεῖ, vel ἀφιέναιτε & mox πολίσαι. Quod ad rem attinet, propositæ heic rationi turbandi exercitus hostium, simile fuit stratagema Hannibalis, quo Dictatorem Fabium Maximum delusit, bobus dimissis, quibus ad cornua fasciculos sarmentorum alligaverat. Vide tertiam Polybii historiam, ubi plura similia exempla adnotavimus.

χρὴ τοὺς φύλακας αὐτοῦ ἀφιέναι ἐκ τ̄ φυλακείων,) Manifesta est sententiæ absurditas, nisi restituatur negatio. Lege, οὐκ αὐτοῦ ἀφιέναι.

Ad Cap. 28 In regio exemplari pro titulo vox πυλωρικὰ huic capiti est præfixa. proponuntur enim cautiones necessariæ in claudendis urbium portis. Julius quoque Africanus, quum paucis immutatis totum caput describeret, Πυλωρικὸν similiter inscripsit.

κ̧ ἐν ταύτῃ ἐκτομάδα,) Legendum ἐκτομάδα δεῖ εἶναι. Africanus; κ̧ ἐν αὐτῇ τῇ πύλῃ δεῖ ἐκτομάδα. nempe εἶναι. quod tamen verbum neuter codex agnoscit. quid sit portula ἐκτομας, diximus ad caput XXIV.

ἵνα σώματα μὲν ἀνθρώπ.) τὸ μὲν vitium decurtati codicis ostendit: desideret enim alterum membrum. Puto corrigendum μόνον: etsi aliter etiam

etiam Africani codex; qui ita descripsit. ἵνα σώματα μὲν ἀνθρώπων διὰ ταύτης εἰσίῃ ἓν καθ᾽ ἕν.

ἐὰν πέρ γε ἢ ὁ πυλωρὸς νοῇ..... ἀνοίγεσθαι, ὑπ.) Ita omnino locus extat in autographo regio. apud Julium verò Africanum in meo exemplari sic legitur, ἐὰν περ ὁ πυλωρὸς ἦν ὁ ἥρως. πᾶν δ᾽ ἄν. Corrigo ex his vestigiis ἐὰν περ ὁ πυλωρὸς ἢ νοήμων. πᾶν δ᾽ ἀνοιγ. In fine periodi scripsimus ἐπισφαλὲς, quum invenissemus ἐπὶ σφὰς nullo sensu. emendatio vero evidentissimę certitudinis. Africanus tamen pro eo habet ἀποτρέπω, in cæteris, nulla varietas.

ἐν τάχει) Videntur alieno loco posita. quid si εἰ τύχῃ? neutrum agnoscit Africanus.

κατὰ τὰς ἐχυρωτάτας πύλας κομίζειν.) Julius Africanus, ταῦτα εἰσκομίζεσθαι δεῖ προεξιόντος στρατεύματος. *hæc intra urbem inferre oportet, educto prius exercitu.* postrema verba de armatorum manu prius educenda quàm fores portæ penitus pandantur, non videntur Æneæ: ab Africano prudenter adjectam fuisse hanc necessariam cautionem existimo.

ὡς ἤδη καὶ..... πολλαὶ πράξεις αὐ) Lego, καὶ πολλαὶ πολλάκις πρ. At quæ statim sequuntur, καὶ προφάσεων τοιῶνδε, ἐφ᾽ ἑνὸς ἐργ. male cohærent, hoc pacto separanda; καὶ π. τοιῶνδε...... ἐφ᾽ ἑνὸς ἐρ. deest in intercapedine, δηλώσω.

Πύθων ὁ Κλαζομένιος καὶ τῶν ἐν τῇ πόλει εἶναι συνελθόντων.) Pythonem Clazomenium, quod nunc meminerim, historia vetus non commemorat: docet tamen Aristoteles, in quinto civilis doctrinæ, quæ huc pertineant; de seditionibus apud Clazomenios frequentibus, quum naturâ loci velut divisa in duas civitates ea urbs esset.

ἁμάξαις ἐκ παρασκευῆς πίθους εἰσαγαγούσαις) Melius εἰσαγούσαις.

κατέλαβε Κλαζομενὰς ἐν ταῖς πύλαις τῶν ἁμαξῶν.) Quod toties diximus, heic quoque repetere cogimur: librarios veteres illum quasi communem locum fraudis habuisse, cum in dictionibus conjunctis eædem aut similes syllabæ reperiebantur. nam verborum ejusmodi alterum fere omittebant, sive totum, sive ex parte. accidit hoc isti quoque loco, ubi post vocem Κλαζομενὰς affinis dictio est omissa. Corrigendum, κατέλαβε Κλαζομενάς, μενουσῶν ἐν ταῖς πύλαις τῶν ἁμαξῶν.

Ἰφιάδης τε Ἀβυδηνὸς καὶ Ἑλλ.) Videtur esse Iphiades Abydenus, qui orta Abydi seditione inter sodalitates, quæ in civitate illa plures erant; quum cæteræ consensissent, ut tantisper rerum potiretur ea sodalitas cujus caput ipse erat, civium sodalitate sibi junctorum opibus abusus est, ut patriæ dominationem occuparet. raræ admodum historiæ testem habeo Aristotelem libro quinto Politicorum. ἐν τῇ εἰρήνῃ, inquit, διὰ τὴν ἀπιστίαν τὴν πρὸς ἀλλήλους ἐγχειρίζουσι τὴν φυλακὴν στρατιώταις καὶ ἄρχοντι μεσιδίῳ· ὃς ἐνίοτε γίνεται κύριος ἀμφοτέρων· ὅπερ συνέβη ἐν Ἀβύ-

Ἀβύδῳ ἐπὶ τῶν ἑταιρειῶν, ὧν ἦν μία ἡ Ἰφιάδου. utra autem nominis hujus ſcriptio ſit verior, Ἰφιάδης ut in libris Ariſtotelis, an Ἰφιδιάδης ut noſter codex, nihil pronuntio. Scribe mox, αὕτη ἐγγὺς ἐλθοῦσα. non ἔτι. & ἵνα πρὸς τὸ σβεννύειν. non καὶ πρ. propter ſequens εἰσέλθῃ.

Δοκεῖ δέ μοι συναγαγόντα δηλωτέον εἶ.) Si narrata antè exempla reſpicit, ſcribam; ἔδοξε δέ μοι συναγαγόντι τάδε δηλ. *viſum mihi faciendum, ut hæc exempla colligerem, & vobis exponerem.* Fortaſſe tamen Æneas non deſcriptas hoc libro hiſtorias reſpicit, ſed alibi deſcribendas; nempe in libro Ἀκουσμάτων, quò lectorem ſuum non ſemel rejicit. Totum locum male acceptum ita concipio. Δοκεῖ δέ μοι συναγαγόντι τάδε (vel τὰ τοιαῦτα) δηλωτέον. ἵνα δὴ φυλάσσηται ἐν ἰδίοις καιροῖς ἕκαστα, ἵνα τε μηδὲν ἀήθως ἀποδέχηται.

Ad Cap. 29. & 30. Afferuntur variæ rationes importandi clam in urbem, cum armorum omne genus, tum alia proditionem molientibus neceſſaria. Ideo autem iſta narrantur, ut obſeſſi fraudum hujuſmodi gnari, ab illis ſibi caveant. Hanc quoque partem Julius Africanus de Ænea mutuatus, pleraq; heic contenta in ſui operis caput LI transtulit & ad verbum deſcripſit. Ejus capitis initium eſt: Περὶ τῆς τῶν ὅπλων λάθρα εἰσκομιδῆς, ἥτις ἐστὶν αὕτη ἐκτέθειται τοῖς μὲν παλαιοῖς πολλάκις πεπραγμένη· ἡμῖν δὲ παράδειγμα γενομένη, πρὸς τὸ πράττειν εἰ θέλομεν καὶ μὴ πάσχειν ὡς εἰδότες. Εἰ μὲν οὖν ἐστὶν ἑορτὴ πάνδημος, &c. ex Ænea leviter immutata.

εἰσεκομίσθησαν θώρακες λινοῖ.) Julius Africanus, εἰσκομίζεσθαι δεῖ θώρακας νέους. ita meus liber; quem ante annos XXVI Andreas Darmarius homo Græcus, pene contra aurum mihi rependit. in regia bibliotheca paucula tantum hujus ſcriptoris capita â principio & à fine inveniuntur. Non dubium ſcripſiſſe Africanum λινοῦς. de veterum lineis loricis multa alibi.

Καὶ περικεφαλαῖα ὅπλα,) Scribe περικεφαλαίας, ὅπλα. Græci ὅπλα cum dicunt abſolute, clypeos & ſcuta intelligunt.

Ἀφ' οὗ οἱ ἐλλιμενισταὶ ἀνοίξαντες, καὶ ἰδόντες ὡς ἱμάτια μόνον κατεσημήναντο, μέχρι τιμήσονται οἱ εἰσαγαγόντες) Brevius Julius Africanus; qui æſtimationem & τίμησιν vult factam, non ab iis ad quos merces pertinebant, ut Æneas, ſed ab ipſis publicanis & portitoribus, qui vectigal portus exigebant. Sic ille: ἀφ' οὗ οἱ ἐλλιμενισταὶ ἀνοίξαντες καὶ ἰδόντες, ὡς ἱμάτια μόνον τιμήσονται. ex veterum lectione ſcimus, fuiſſe moris, ut merces in portum illatas portitores deſcriberent. atque ejuſmodi ἀπογραφῆς ἐλλιμενιστῶν portus Byzantini in oratione Demoſthenis contra Phormionem, habetur mentio.

Ἐν δὲ ταρσοῖς καὶ ῥιποῖς καὶ ἱστοῖς ἡμιυφάντοις δοράτια καὶ ἀκόντια ἐνειλημμένα εἰσηνέχθη.) Julius Africanus; ἐν δὲ ταρσοῖς καὶ ῥιπῶσι καὶ ἱστοῖς ἡμιυφαντοῖς δοράτια ἀκόντια ἐνειλημμένα. in lectione noſtra melius omnia habent. nam ῥιποὺς non autem ῥιπτοὺς, Græci appellant crates è viminibus aut calamis, arundinibusve. Dioscorides libro primo de melini confectione; βάλε εἰς ἀγγεῖον πλατύστομον ἐπιθεὶς ῥίπον ἐκ καλάμου, ἢ ψίαθον ἀραιάν. fere idem significat ac ῥίψ, quod est usitatius. etiam ἡμιϋφάντοις melius quam ἡμιϋφαντικοῖς. intelligit telas nondum perfectas neque detextas. i. telæ autem & omnes texturæ, præsertim quæ radio fiunt, non λείαις & appensis ponduseulis, dum texuntur circa jugum volvuntur. Hujus jugi loco posse hastas substitui dicit Æneas: ex quo fieri queat conjectura de latitudine telarum apud veteres. quam etiam ob caussam ἱστὸν ἐποίχεσθαι *telam percurrere* poëta dixit, pro texere. ut non sine ratione in sacris literis hastæ forma vulgari crassiores majoresque quatuor locis cum ligno altero textoriæ artis comparentur; quod Hebræi dicunt *manor*, LXX modò μέσακλον modo ἀντίον. Latinus interpres *liciatorium*; quia circa hoc lignum sic voluuntur licia telæ texendæ, ut tela texta circa ipsum jugum. In telis semitextis transferendis, utrumque simul gestari oportuit; & jugum & liciatorium: quare in eadem tela duæ hastæ potuerunt occultari.

πρῶτον μὲν τὸ φρόνημα ἐλύθη.) Omnino corigendum τὸ φόρημα. dixit modò; ducem qui summæ rei erat præfectus, fuisse illatum in urbem intra sarmentorum similiumue ignorum tenuium fasciculos. nunc ait, ante omnia solutos esse illos fasciculos. quare mirum est etiam in Julii Africani codice hæc describentis φρόνημα isto loco legi. res ipsa refellit, & sequentia verba. καὶ ἐξ αὐτοῦ ὁ ἡγεμὼν ἕτοιμος ἦν. idem liber paullo ante pro φόρημα habet ἐμφόρημα: quod non probo.

Καὶ ὡς φάλαγξ ... γινόμενον ὁπλισθέντες ἦσαν.) Lego καὶ ἦν ὡς φάλαγξ ἀθροιζομένη· τὸ γινόμενον. i ὅπλ.

Οὐδὲ εἰσαγάγεσθαι ὅπλα ... καὶ ἐργάζεις ἅμα οὕτως εἰσηγάγοντο.) Puto deesse vocem οἰσύας: nam ex sequentibus constat liquido galeas & clypeos è vimine istos texuisse.

Ἀλλὰ μὴν οὐδὲ τὰ κατὰ θάλασσαν προσορμιζομένων πλοίων κ.) Quia modò loquebatur de armis & similibus rebus, quæ intra mercium onera absconditæ in urbem inferuntur; opportunè monet, non esse permittendum temere ut ulla navis, sive parva, sive magna, ex improviso ad portum appellat, & propius portas veniat. Julius Africanus alio loco ista invenit collocata, aut ipse collocanda censuit. descripsit enim hæc verba ad finem capitis XXVIII, quod πυλωρικὸν inscribi diximus.

Ἀδιασκέπτως ἔχειν.) eadem scriptura apud Africanum: alioquin haut abs re putet aliquis scribendum, οὐ δεῖ ἀσκέπτως ἔχειν.

Τοὺς λιμενοφύλακάς τε καὶ ἀποστολέας) Tria hominum genera commemorat Æneas, ad quos cura navium ad portum appellentium, vel è portu solventium, pertinuit. τοὺς λιμενοφύλακας, qui sunt milites præsidiarii ad custodiam portus collocati: τοὺς ἐλλιμενιστὰς publicanos & portitores,

titores, quorum erat munus, vectigalia portus curare, merces adnotare, describere & providere ne fraus ærario fieret: τοὺς ἀποστολέας, quorum propriè fuerunt partes apud Athenienses solvendi è portu dare potestatem. nam ἀπόστολους vocabant triremium vel aliarum navium emissionem; unde ἀποστολεῖς dicti; οἱ ἐπὶ τῆς ἐκπομπῆς τῶν τριήρων ἀποδεδειγμένοι, inquit Harpocration. sed Æneas apostolorum munus extendit latius; ostenditque jus illis fuisse rimandi & scrutandi omnes merces in portum illatas.

Καὶ πανζωπωλείων ἀθροισθέντων πλῆθός τι γένοιτο.) Corrigendum; παντοπωλείων. ὧν ἀθροισθέντων &c.

Παραιρεῖσθαι τὰ ὅπλα) Sic oportuit, non quod irrepsit ἀφαιρεῖσθαι; vide caput nonum.

Συράκους τε ἀσπίδων) Scribendum σωράκους. significat hic σώρακος capsam aut aliud vas ad res reponendas. Sic etiam vocabant genus clitellarum vel astrabæ ad ligna devehenda. quare Hesychius non solum ἀγγεῖον esse ait, sed etiam ξυλοκανθήλιον. paullo aliter apud Juvenalem Satira IV. *modo longa coruscat Soraco veniente abies. atque altera pinum plaustra vehunt.*

Καὶ νυκτερεύειν ὅπου ἂν τύχῃ ἄλλα πλὼ Δείγματος,) Distingue & lege καὶ νυκτερεύειν ὅπου ἂν τύχῃ ἄλλῃ, πλὴν Δείγματος. ὅσον δ' ἄλλῃ π.λ. In portu Athenarum Piræeo fuit locus Digma nominatus, ob eam caussam, quæ ad Theophrasti Characteres nobis est exposita, capite περὶ ἀλαζονείας. ex verbis autem istis Æneæ licet intelligere, non illum solum portus Attici locum ita fuisse dictum, sed communiter in Græciæ emporiis omnia loca ad quę deferebantur τὰ δείγματα, & mercium indicia sive probæ, ut vocem usurpem Ammiani Marcellini. Ælianus in epistola Demyli ad Blepsiam. οὐδ' ἀρκούμενος τοῖς παροῦσιν, Αἰγυπτίους δὲ Σύρους φαντάζεται, καὶ περιβλέπει τὸ Δεῖγμα. describit hominem qui à cultura agrorum ad mercaturam toto animi impetu se convertit; ac proinde nihil nisi fora & mercatuum loca cogitat. id vocat scriptor venustus, περιβλέπειν Δεῖγμα. nam ita concipiendus & exponendus est ille locus. In verbis Æneę possunt illa πλὼ δείγματος etiam aliter accipi quasi esset scriptum, πλὼ δείγματος χάριν. nisi quod satis fit ad specimen emere volentibus exhibendum.

Ad Cap 31. Quemadmodum obsessis, aut alias in periculo versantibus, nihil queat accidere optabilius, nihil interdum salutarius, opportunitate fidelis nuntii: sic nihil est quod hostes hostibus magis invideant, aut cujus facultatem diligentius sibi invicem conentur præripere, quam hujus ingentis boni, nuntios mittendi & accipiendi. Propterea jam olim à primis bellorum temporibus multa ab ingeniosis hominibus subtiliter cepere inveniri, ad significationem absentibus dandam earum rerum, quas ipsorum intererat scire. Nobilissimum omnium hoc genus inventorum fuit illud, quod facibus accensis ea arte peragebatur, quam ab antiquissimis temporibus repertam, & Græcis hominibus usitatam, postea perpolivit hic ipse Æneas, Polybius verò noster perfecit: nam per faces pyrseutæ necessarios pro tempore nuntios sic transmittebant, ut per epistolas calamo & atramento exaratas solet. verùm hæc ratio, neque omnium locorum erat, neque omnium temporum: multis enim provisis opus fuit, ut illa subtiliore arte sua pyrseutæ uterentur. accedit, quod inter privatos nullus πυρσείας potest esse usus. Quum igitur scriptio literarum prope sola & unica, certe expeditissima & communissima ratio sit, significandi absentibus quæ volueris cunque; multum omnibus sæculis homines ingeniosi, ac præsertim militares, laborarunt, partim ut occultos scribendi modos & omnibus præter scribentem, & eum ad quem scribitur ignorabiles, excogitarent: partim ut literas quoquomodo scriptas occultando, securitati eorum consulerent, quorum opera in deferendis arcanis suis utebantur. Ad hos duos scopos, scribendi inquam & mittendi literas secreto ac μυστικῶς; referuntur omnes illi modi xx, quos isto capite describit Æneas: plerosque horum sine dubio ex historia & experientia aliorum auctor cognoverat; nonnullos ipse primus excogitavit, homo in talibus multum & sollerter versatus, ut etiam Polybius ostendit libro x. Occultas hasce literas Græci συνθηματικὰς dixerunt, & συνθηματικῶς γράφειν epistolam scribere adhibitis notis, de quibus convenit inter mittentem & τὸν πεμπόμενον: sic novè appellat Æneas in hac tractatione, eum cui mittuntur literæ. συνθήματα sunt, *compositæ notæ*. Tibullus *Blandaque compositis abdere verba notis*. Suidas γράφειν συνθηματικῶς exponit συμβολικῶς: quod etsi potest commode accipi, quia σύμβολον aliquando est idem ac σύνθημα, tessera, nota ad dignoscendum sese invicem: tamen aliud est mentem suam συνθηματικῶς declarare, aliud συμβολικῶς; ut cum Indathyrsus rex Scytharum Dario post Danubium trajectum minitanti, pro responso misit, murem, ranam, gallinam, sagittam, aratrum; quæ σύμβολα quàm varie fuerint exposita, videre est apud Clementem in quinto Stromateo. at συνθηματικῶς γράφειν quid sit, declarat Polybii locus, quem & Suidas affert sine auctoris nomine. sic ille octavo libro: καὶ παραχυλίσαι, τῷ Ἀριανῷ συνθέντες (vel potius ἐπιθέντες, ut probavimus in Commentariis,) τὰς παρὰ τὸν Ἀχαιὸν ἐπιστολὰς γεγραμμένας συνθηματικῶς, καθάπερ ἔθος ἦν αὐτοῖς, οὕτως, ὥστε τὸν κυριεύσαντα τῆς ἐπιστολῆς μὴ δύνασθαι γνῶναι μηδὲν τῶν ἐν αὐτῇ γεγραμμένων. paullo ante aliter expresserat: ἐτάξατο πέμψειν τὸν Ἀριανὸν πρὸς τὸν Ἀχαιὸν, ἔχοντα παρά τε τοῦ Νικομάχου καὶ Μελαγκόμα συνθήματά τε καὶ γράμματα. nam ita omnes membranæ etiam vetustissimæ Serenissimi Ducis Urbini locum istum exhibent; non autem συνθηματικὰ γράμματα: quam tamen veram

ram puto lectionem esse: quia de epistola intelligendum συνθηματικῶς scripta: non de literis cum tessera separatim missis: quod est institutum aliud & diversum, veteribus pariter usurpatum. Livius libro XXXIV de Hannibale: *Aristonem Tyrium, nactus Ephesi, Carthaginem cum mandatis mittit, edit nomina eorum, quibus conventis opus esset: instruit etiam secretis notis per quas haud dubie agnoscerent sua mandata esse.* non dicit Livius dedisse Hannibalem Aristoni synthematicas literas, sed συνθήματα καὶ γράμματα, secretas notas & epistolas. Possunt appellari synthematicæ etiam illæ epistolæ, quarum inter proceres Romanos fuit usus in commendatione amicorum. nam quum propter ambitionem suam multos quotidie amicis provincias obtinentibus cogerentur commendare, ac sæpe etiam vix sibi leviter notos; serias commendationes à perfunctoriis distinguebant, nota apposita quæ convenerat. Cicero ad Q. Valerium Orcam: *Cuspianorum omnium commendationis caussam hac tibi epistola exponendam putavi. reliquis epistolis tantum faciam, ut notam apponam eam, quæ mihi tecum convenit, & simul significem de numero esse Cuspii amicorum.* atque in hunc usum plures fuisse notas usurpatas, pro diverso gradu quem in amicitia commendantis obtinebat commendatus, declarat proverbium, *de meliore nota commendare.* Porrò ut in cæteris omnibus rebus, ita in scriptione synthematicarum epistolarum posteriora sæcula adeo profecerunt, ut multa vel è subtilissimis veterum inventis ad literarum tegenda arcana, cum hodiernorum Politicorum rationibus mystice scribendi collata, jocus & lusus puerilis queant videri. Sed multo magis mirabilis eorum sollertia & capitale ingenium, qui universa occulte scriptarum epistolarum mysteria & αἰνιγματώδεις labyrinthos variorum alphabetorum, exquisitissima subtilitate excogitatorum, atque inter se mirabili varietate & perplexitate permixtorum, certis conjecturis enucleare sciunt, & omnibus sese expedire difficultatibus, quæ ejus facultatis expertibus, humanum captum jure videantur superare. Possem commemorare quæ proximo civili bello præstita sunt in eo genere plane stupenda, à præstantissimo mathematico, summi ingenii viro, Francisco Vieta, quæ item ab aliis; quorum divina industria & inaudita ingenii felicitas Regi Christianissimo usui persæpe fuit maximo. nam quod præcipue equidem sum demiratus, καὶ οὐδὲ νῦν παύομαι θαυμάζων, etiam in synthematicis epistolis ea lingua scriptis quam non intelligebat Vieta & alii ejusdem artis callentes, id ipsum præstabant; ut scripturæ arcana & omnes quas vocant siphras, retegerent, & descriptas epistolas quæ fuerant interceptæ, peritis linguæ traderent exponendas. sed neque id nobis nunc est propositum, & res vulgo in hac aula nota est omnibus. Ad veteres redeo, & Æneam nostrum; cui uni scriptori curiosi rerum veterum, præser-

 tim

tim militarium, plura in hac parte ſunt debituri, quam cæteris omnibus vel Græcis vel Latinis auctoribus antiquis. nullus enim hodie, quod ſciam, ſupereſt, qui ſuper hac pulcherrima antiquitate, aliquid ex profeſſo nos doceat, ſicut hic facit. ex iis verò ſcriptoribus priſcis, qui in bibliothecis latent, attigerunt hunc locum duo eximii Tactici, Julius Africanus, & Philo mechanicus: ſed ille quidem negligenter admodum & perfunctoriè; paucos enim modos ex Æneæ noſtri ditiſſimo penu prompſiſſe contentus, novi nihil quicquam affert de ſuo. Philo quoque diligentia longe inferior eſt Aeneæ: quod tamen eo minus miror, quia ſingularem de hoc argumento tractatum à ſe editum profitetur. ſermonem enim de literis ita claudit. πολλοὶ δὲ καὶ ἄλλοι τρόποι εἰσὶ τῶν κρυφίως ἀποστελλομένων γραμμάτων, ὡς δηλώσομεν ἐν τῷ εἴδει, τῷ περὶ ἐπιστολῶν τῶν κρυφαίως ἀποστελλομένων.

προσυγκεῖσθαι δὲ δεῖ πέμψαντι καὶ δεχομένῳ ἰδίᾳ.) Melius ἴδια. ac fortaſſe deeſt vox σύστημα. Et eſt quidem optima atque expeditiſſima ratio, cum inter mittentem & accipientem prius convenit de notis uſurpandis, aut mittendi modo. ſæpe tamen etiam nulla præcedente conventione ſynthematicæ literæ utiliter ſunt miſſæ; cum poſt longam hæſitationem, tandem ſagaci alicujus conjectura ad veri inveſtigationem eſt perventum. Exemplum eſt apud Herodotum in literis Demarati; quarum artificium quum non aſſequerentur Spartani, Gorgo Cleomenis filia eſt aſſecuta. ſimilis Ammiani Marcellini æſtuatio in Procopii literis intelligendis, ut ipſe narrat libro XVIII.

Εἰς φορτία ἢ ἄλλα σκεύη ἐνεβλήθη βιβλίον, ἢ ἄλλο τι γράμμα τὸ τυχὸν καὶ μεγέθει καὶ παλαιότητι. Primus hic eſt modus Æneæ, ad rationem ſcribendi pertinens. ſane ingenioſiſſimus, & noſtra quoque ætate non ſemel uſurpatus. Artificium ſcribendi in eo poſitum, ut literæ utiles propoſito argumento declarando, aliis pluribus atque iis inutilibus permixtæ cæteros omnes fallant præter τὸν πέμποντα & τὸν πεμπόμενον, inter quos de hac ratione ſcribendi convenit. Modi hujus ſexcentæ ideæ fingi poſſunt: nam vel in libro aliquo notari literæ poſſunt, ita ut nihil ipſe ſcribas: vel in epiſtola quam de aliis rebus ipſe ſcripſeris: quem modum utrunque tangit Æneas. item, literæ utiles, ab inutilibus aut ratione figuræ, aut adjectione ad figuram, aut detractione, aut aliqua alia innovatione diſtingui queant. præterea locus illis varie poteſt aſſignari: atque eæ vel ſingulæ in uno verſu aut pagina capi, vel plures, vel etiam verba integra ſeligi. Æneas inter utiles literas & inutiles diſcrimen ſtatuit ἐπιστιγμαῖς, id eſt punctis adjectis ad legitimam ſcriptionem, hoc pacto, α̇ β̇ γ̇. poſſunt etiam intra literam puncta notari, vel infra, aut ad latera. prudenter verò monet Æneas, has notas & ἐπιστίγμας ſubtiles admodum eſſe debere, & quæ facile etiam curioſos oculos fugiant. Quod ait *in onera jumentorum, aut alia vaſa, liber eſt injectus*, ad ſcripto-

rum

rum occultationem ſpectat, quod diverſum eſt à ſcriptione occulta, ut modò dicebamus. recte autem monet Æneas, in quocunque fere vaſorum genere literas poſſe occultari. cujus rei exempla multa ſuggerit hiſtoria. Fuerunt qui in corbes fructuum plenos, literas conjicerent: fuere qui intra aucupum arundines abſconderent. quidam in defunctorum loculos injecerunt. Dio de Cereali & Antonio Priſco loquens, Romam contra Vitellium pro Veſpaſiano venientibus, cum in Capitolio Sabinus obſidebatur: *οὗτοι πρῶτον μὲν δι' ἀγγέλων τινῶν, ἔς τε λάρνακας μετὰ τῶν νεκρῶν, καὶ ἐς δρίχους ὀπώραν ἔχοντας ἢ καὶ καλάμους. ὀρνιθοθηρῶν τὰ γράμματα ἐμβάλλοντες, πάντα τὰ ἐν τῇ πόλει ἐμάνθανον, καὶ πρὸς ἐκείνας ἐβουλεύοντο.* Quod ad arundines attinet, id verò ſæpius factum. Patres quoque concilii Epheſini, quum poſt damnationem Neſtorii ab ejus fautoribus viæ & aditus omnium portarum ita eſſent præcluſi, ut S. Synodi literæ nulla ratione Conſtantinopolim poſſent inferri, ſimili aſtutia ſunt uſi, & per mendicum literas miſerunt calamo incluſas; in Actis res ita narratur. *ἐξ οἰκονομίας θεοῦ ἔρχεται ἐπιστολὴ ἀπὸ Ἐφέσου γραφεῖσα πρὸς τοὺς ἁγίους ἐπισκόπους καὶ μοναστὰς πεμφθεῖσα δι' ἐπαίτου, δηλονότι αὐτὴν ἐς κάλαμον ἔσω. καὶ οὕτως ἐπαιτῶν καὶ ἐπιφερόμενος τὸν κάλαμον ταύτην εἰσῆγε.* Apud Cedrenum Leonis Imperatoris epiſtola ad Andronicum mittitur circa cereum convoluta. Multi in aliqua armorum parte occultarunt: velut in balteo, ut apud Frontinum Campani. Marcellinus libro XVIII. *reverſis exploratoribus noſtris, in vaginæ internis, figuris notarum membranam reperimus ſcriptam.* Neque deſunt exempla eorum, qui literas membranis mandatas jumentis in averſam partem infulſerunt, vel venationi, aut lepori incluſerunt, ut obſervat Frontinus, & de Harpago narrant Herodotus ac Polyænus. Addit Æneas nihil intereſſe, quo libro ad hoc inceptum utaris; putà poetæ alicujus heroici aut tragici vel comici, vel lyrici codice; vel etiam oratoris, ſive hiſtorici. quod etſi verum eſt, ad vitandam tamen ſuſpicionem narium ſagacium, commodiſſimum fuerit, librum aliquem adhiberi ex iis quorum eſt frequentiſſimus uſus; quales ſunt inter Chriſtianos libri precum quotidianarum & pſalmorum, aliorumue hymnorum ſacrorum.

Ἐν τούτῳ δὲ γέγραπται ἡ ἐπιστολὴ ἐπιστιζομένων γραμμάτων ἢ δευτέρου ἢ τρίτου.) Exemplum eſto hujuſmodi. Præfectus urbis obſeſſæ ad provinciæ Præſidem qui ſummæ rerum præeſt, epiſtolam in hæc verba vult ſcribere. *Λιμὸς ἐπείγει. ἐπανάστασις μέλλει γίνεσθαι. πλείους τριῶν ἡμερῶν μένειν, οὐ δυνάμεθα.* Hic igitur, quia epiſtolam ſcribere non poteſt, in Homeri codice, qui Iliadem continet, literas *ἐπιστιγμαῖς* notat, ad ſuperiorem ſcripturam neceſſarias. deinde hunc codicem per unum è ſtatoribus ſuis ad Præſidem provinciæ curat deferendum. Præſes accepto codice, literas quas obſervabit notatas excerpet, ac ſeorſimi in charta adnotabit. ita paullatim progrediendo, ſuperius epiſtolium exprimet. literæ autem adnotatæ in codice Homeri, ac ſeligendæ, ſunt hæ. In primo Iliadis verſu duæ erunt notatæ; λ, ι. in ſecundo, quatuor; μ, ο, σ, ε. in tertio, duæ; ε, ι. quia autem in ſequentibus aliquot verſibus nullum γ occurrit, à tertio ad XIII tranſiliendum; in quo tres literæ notabuntur; γ, ε, ι. eadem ratione progrediemur in cæteris. Idem quoque dicendum, ſi Virgilii Æneidem mittere volueris, & literas in ea notare ad ſcriptionem hujus epiſtolii neceſſarias. *Fames urget: ſeditio paratur: ultra dies tres durare non poſſumus.* aut iſtius: *Si copias portæ amni propinquæ admoveris, per eam patebit aditus proxima nocte, hora tertia.*

Ἐπὶ στιγμαῖς δ' ἐλαχ.) Semper ſcribe, ἐπιστιγμαῖς. ita differunt στιγμαὶ & ἐπιστιγμαὶ, *puncta & puncta poſterius adjecta*, ut συνθήκη & ἐπισυνθήκη apud Polybium: διαθήκη & ἐπιδιαθήκη apud Joſephum: item διαταγὴ & ἐπιδιαταγὴ, in libris ſacris. In Hebraico veteris Teſtamenti contextu ἐπιστιγμὰς proprie & eleganter appellaveris, pūcta illa ſimilia vocali cholem, aut accentui rebhiah, quę in vocibus XV reperiuntur, ultra legitimorum punctorum rationem, deſuper appuncta, ut loquitur Hieronymus.

Ὀλίγα δ' ἄν τις θέλων ἐπιστεῖλαι, καὶ ὧδε ποιήσας παρόμοιον τούτῳ.) Alter modus, hoc ſolum à ſuperiore diverſus, quod non mittitur codex alicujus ſcriptoris, ſed ſcribitur epiſtola grandior, in qua brevior contineatur: literis paſſim notatis ad ejus ſcripturam neceſſariis: Semper autem in ſcribendis hujus argumenti epiſtolis, meminiſſe præcepti oportet, quod pyrſeutis datur à Polybio: ut nimirum, ad verba quàm pauciſſima, atque ea pauciſſimarum, ſi pote, literarum redigatur id quod ſignificare volumus: quemadmodum in eis exemplis quæ modo propoſuimus. Παράδειγμα ſecundi iſtius modi hoc eſto. juvat enim præire exemplo generoſæ juventuti, ad ſimiles exercitationes. Contigit in urbe obſeſſa (id ſæpe eveniſſe nemo ignorat,) ut præſidiarius miles, è ſociorum urbibus ad defenſionem accitus, adverſus oppidanos conſpiraret, & de intromittendo hoſte conſilia clandeſtina iniret. præfectus urbi re cognitâ; ut tanti caſus certiorem Præſidem provinciæ, aut alios amicos faciat, ſcribit hoc epiſtolium. *οἱ σύμμαχοι προδόται γίνονται. οὐχ ἕδρας ἀκμή. Socii produnt urbem: celeri auxilio eſt opus.* hujus nuntii ſententia, ut diſſimuletur, ſcribetur epiſtola prolixior, in qua literæ utiles erunt ſubtiliter notatæ hoc pacto.

Ὁ δεῖνα τῷ δεῖνι εὖ πράττειν.

Καλῶς ποιεῖς εἰς τὴν ἐγγεγραμμένην ἐπανελθών· κἂν γὰρ τῷ τινὶ παλαιῶν οὐκ ἀκόμψως εἴρηται, πᾶσαν γῆν τῷ σοφῷ οἰκείαν εἶναι πατρίδα· οὐ μέντοι ἁπλῶς γε οὕτως, οὐδὲ ἀδιορίστως τὸ ῥητὸν ἐκδέχεσθαι καλῶς ἂν ἔχοι. πολὺ δὲ μᾶλλον ἐκείνης τῆς τοῦ ῥήτορος χρείας μεμνῆσθαι χρεὼν τοὺς καλοὺς κἀγαθοὺς τῶν ἀντῶν ἀνδρῶν, τῆς πασῶν τῶν παροιμιῶν ταύτην ἀποφαινούσης ἀπανθρωποτάτην. Σὲ δὲ, ὦ τάν, παιδείας σφοδρὸν οὕτως ἐραστὴν ὄντα, καὶ λίαν ἐμφιλοχωρεῖν τῇ σῇ πατρίδι, διά τε ἄλλα πλεῖστα ὅσα εἰκός· ἐν οἷς καὶ τὸ ὑπέρλαμπρον αὐτῆς ἀξίωμα· οὐχ ἥκιστα δὲ καὶ διὰ τὴν ἀπόλαυσιν τῆς καθημερινῆς ξυνουσίας τῶν περὶ λόγους· ὧν εἶναι οἰκητήριον ἡ καλὴ τῶν Ἀθηναίων πόλις, τὸ σεμνὸν τῆς Ἑλλάδος ἔρεισμα, ἐν δίκῃ αὐχεῖ. εἰ γὰρ καὶ ἐλύπησάν σε, ἴσως δὲ καὶ ἠδίκησάν γε, τῶν πολιτῶν τινές· οὐ πρέπει σε ὅμως, ἄνδρα συνετὸν καὶ εὐγνωμοσύνῃ διαφέροντα, εἰς τοσοῦτον μικροψυχίας ἥκειν, ὥστε διὰ τὴν ὀλίγων ἄγνοιαν, πρὸς αὐτὴν τὴν πόλιν, καὶ ὅλον τὸ τῆς πολιτείας σύστημα, ἀπαραίτητον ἐνστήσασθαι ὀργὴν καὶ μῖσος. Ναὶ δέομαί σου καὶ ἀντιβολῶ Πρός τε θεῶν μακάρων, καὶ θνητῶν ἀνθρώπων, λῆγε τῆς βαρυοργησίας, καὶ πρὸς τοὺς παροργίσαντας τέλος διαλλαχθεὶς, τὸ ἐπιεικὲς ἅμα καὶ μεγαλόφρον τῶν σῶν τρόπων ἔργῳ πίστωσον. στρεπταὶ μέν τε φρένες ἐσθλῶν. συνημερῶν ἀεί μοι διαβιῴης, ὦ ἱερὰ καὶ τριπόθητος κεφαλή. ἔρρωσο. ἐν Θήβαις, τοῦ Ἀλαλκομενίου μηνὸς, ὅς ἐστι παρ' ὑμῖν Ἀθηναίοις Μαιμακτηριὼν, τῇ ἕκτῃ ἐπὶ δέκα.

Quid est in hujus epistolæ contextu, quod in hostium manus delatum veri suspicionem ullam possit movere; Utiles autem literas ἐπιστιγμαῖς, ut pręcipit Æneas, designavimus; quę tamen in ipsa scriptione melius dissimulabuntur. verum id, per artem chalcographicam fieri commodè non poterat.

Γράμματα δὲ ὅτε ἐμφανῆ ὥσπερ ἐν * βύλη.) Hæc quidem corruptissima & spurcissima sunt; in quibus tamen veræ lectionis indubitata latent vestigia. Emendo, γράμματα δὲ τάδε ἐμφανεῖ ὅσα περὶ ἂν βούλῃ.

Τὴν δὲ ἐπισημασίαν εἶναι ὡς ἀδηλοτάτην ἐπιστιγμαῖς διὰ πολλοῦ.) repetit quod jam dixit, ut epistigmæ subtilissime notentur, & quam maxime fieri poterit, parum sint manifestæ. sed addit, διὰ πολλοῦ *longo intervallo à se distantes*, quæ etiam cautio eodem pertinet, estque ad dissimulandum id quod agitur efficacissima. nam si in singulis paginis una dumtaxat litera, vel ad summum altera fuerit notata, quis tam erit sagax, qui dolum possit olfacere? Quum in Belgio captivus tenebatur ab Hispano Franciscus Lanovius, vir nobilissimus, probitatis & veræ fortitudinis καὶ παντοίης ἀρετῆς absolutum exemplar; amici illius, impetrata venia libros mittendi, quorum lectione tempus falleret; hac ratione usi sunt, ut arcana cum eo consilia communicarent. γραμμαὶ παραμήκεις sunt virgulæ longiusculæ, ad latus literarum subtiliter ductæ. Aristoteles in Rhetoricis, παραγραφὴν γραφέως appellat. Cicero vertit, *interductum librarii*.

Πεμπέσθω ἀνὴρ ἀγγελίαν φ.) Tertius hic est modus ab Ænea propositus In præcedentibus subtilitas præcipua versabatur in scriptione: hîc nullum acuminis specimen editur in scribendo, sed potius in occulendis lidis literis de re ſeria. binæ enim ſcribuntur; unæ apertę, & quæ palàm feruntur, fallendo tantum hoſti: alteræ clandeſtinæ, quæ oculis ſubducuntur quàm maxime fieri poteſt. occulendi rationem proponit Æneas, ut in calceorum ſola indantur, atque ita à tabellariis geſtentur rei inſciis, neque arcani ullo pacto conſciis. Hæc quoque ratio ingenioſa eſt; ac poſteris Aeneæ admodum probata. quare & Julius Africanus & Philo mentionem ejus fecerunt; hic quidem brevius, ille verò totidem pene verbis locum Aeneæ deſcribens. Ovidius

Scilicet obſtabit cuſtos ne ſcribere poßis:
Sumendæ detur, quum tibi tempus aquæ?
Conſcia quum poßit ſcriptas portare tabellas:
Quas tegat in medio faſcia lata ſinu.
Quum poßit ſolea chartas celare ligatas:
Et vincto blandas ſub pede ferre notas.

Εἰς τὸ τῶν ὑποδημάτων πέλμα ἐντεθήτω εἰς τὸ μεταξὺ βιβλίον.) εἰς τὸ μεταξὺ πέλμα explica è verbis Philonis, ita ſcribentis; ἀνὰ μέσον τῶν ὑποδημάτων τοῦ ἐμβλήματος καὶ τοῦ καττύματος ῥαφείσης τῆς ἐπιστολῆς, *in medio ipſorum calceamentorum, inter ſolum interius, & ſoleam exteriorem.* Aeneas πέλμα appellat ἀδιορίστως univerſam illam calceorum partem, quæ ſolo pedis ſubeſt, ſive illud ſit ex pluribus coriis compoſitum, ſive ex unico, ut in æſtivis calceis quos *ſcarpinos* vulgò appellamus, veteres Græci ἀπλᾶς, nempe ὑποδέσεις, & μονόπελμα ὑποδήματα. etiam carbatinæ ruſticorum, ſimplici corio conſtabant. Heſychius, καρβατίνη, μονόπελλον. è Philonis verbis hiſce diſcimus, quando plura coria ad ſoleam ſuppingendam accuduntur, interiora & pedi propiora, dici ἐμβλήματα, exteriora καττύματα. quanquam non abſurde fortaſſe ἔμβλημα, interpretemur de panno è lana coacta, quo interiora calceorum aliquando muniebant, ceu udonibus. Athenæus libro XII de calceis Demetrii regis: ἦν ἡ ὑπόδεσις κατὰ μὲν τὸ σχῆμα τῆς ἐργασίας σχεδὸν ἐμβάτης πίλημα λαμβάνων τῆς πολυτελεστάτης πορφύρας. mihi prior interpretatio magis probatur.

Εἰς κασσίτερον ἐλασμένον λεπτὸν γραφέσθω,) Vetuſtiſſimum eſt inventum tenues è plumbo albo, vel etiam quovis alio, laminas procudere in uſum ſcriptionis: quas poſtea in formam cylindri voluebant, ut alia librorum volumina. Pauſanias Meſſenicis: ἀνοίξας δὲ εὗρε κασσίτερον ἐληλασμένον ἐς τὸ λεπτότατον. ἐπέλλυτο δὲ ὥσπερ τὰ βιβλία. ἐνταῦθα, δὲ μεγάλων θεῶν ἐγέγραπτο ἡ τελετή. Vetus ſcriptor apud Suidam: εἰς ἐλασμοὺς μολύβδου γράφοντες. Auctor eſt Dio, libro XLVI. Decimum Brutum Mutinæ obſeſſum de adventante ſubſidio factum eſſe certiorem per literas in charta plumbea exaratas, & ad librorum inſtar convolutas, quę ab urinatoribus noctu ei ſunt perlatæ: ἐς ἐλασμὸν μολύβδου λεπτὸν ἐγγράψαντές τινα ἀπείλιξαν αὐτὸν ὥσπερ τι χαρτίον, καὶ κολυμβητῇ

νυκτὸς

νυκτὸς ὑφύδρῳ διενέγκεῖν ἔδωσαν, Frontinus, libro III. *Hirtius Cos. ad Decimum Brutum, qui Mutinæ ab Antonio obsidebatur, literas subinde misit, plumbo scriptas quibus ad brachium religatis, milites Scultellam amnem transnabant.* Obſervo etiam fuiſſe, qui in tabella ærea arcana ſua ſculperent, & poſtea placentam fingerent, in cujus medio tabella abdita latebat; quæ inter alios panes in peram conjectos delata eſt παρ' ὃν ἔδει, ut loquitur Aeneas, à mendico, aut ſimilis conditionis gregali. Eunapius in Hiſtoriis: ὁ δὲ φέρων γράμματα ἐν χαλκῷ στατῆ περιπεπλασμένα, καθεὶς ἐν πήρᾳ, ἐπιθεὶς τε καὶ ἄρτους ὁμοίους, ὡς μὴ ἵνα γνῶναι τὸ ἀπόρρητον. Porro iſtiuſmodi laminas è plumbo Græci modò πέλματα, modò λεπίδας, ſæpius ἐλασμοὺς vocant. interdum χάρτας μολιβδίνους, ut Lyſimachus, & Suetonius, *chartas plumbeas.*

ἀναλυέτω τὰς ῥαφὰς τῶν ὑποδημάτων.) filis præciſis, quibus calceorum ſoleæ conſuuntur. Græcis communiter ἱμάντες, proprie ῥομφεῖς quaſi ῥαμφεῖς à ῥάπτω Gallicus idiotiſmus *ligneul.*

ἄλλα γράψας λάθρα ἐπὶ τούτων καθ.) priore ſcriptura tundendo, ut arbitror, deleta, & alia in ejus locum ſubſtituta. ἄλλα γράψας editum voluimus, non ἀναγράψας, neque aliter etiam Africanus.

Εἰς Ἔφεσον δ' εἰσεκομίσθη γράμματα τρόπῳ τοιῷδε.) Quartus Æneæ modus myſticè ſcribendi, & occulte literas mittendi. duplex hic ſubtilitas; priori quod pro papyro chartave, aut alia conſueta ad ſcribendum materia, folia ſunt adhibita: deinde quod ad diſſimulandum hunc foliorum uſum, ulceri ea ſunt impoſita; quæ res eſt uſitatiſſima & ab omni ſuſpicione fraudis remotiſſima.

ἐπιστολὴν ἔχων ἐν φύλλοις γεγραμμένην.) Scripſere veteres in variis foliis, præſertim verò palmæ: ſed folia de quibus loquitur Æneas, maluacea fortaſſe fuerunt. nam iſtis veteres & ad curanda ulcera ſunt uſi, & ad ſcribendum. medici inter μαλακτικὰ folia maluæ ſylueſtris ponunt. de ſcriptione etiam certum eſt: Heluius Cinna in epigrammate.

Lævis in aridulæ maluæ deſcripta libello
Pruſiaca vexi munera navicula.

Fuere qui cortice, ob id ipſum detracto quercui, uterentur, inopia chartæ; fibula veſtis pro ſtilo, atque ita literas exararent. Plutarchus initio Pyrrhi: ἄχρι τις ἐννοήσας, καὶ περιελὼν δρυὸς φλοιὸν, ἐνέγραψε πόρπῃ γράμματα, φράζοντα τήν τε χρείαν, καὶ τὴν τύχην τοῦ παιδός. Cedrenus ſcribit φλοιὸν eſſe κυρίως *librum*: ſed non cujuſuis arboris liber apta eſt ad ſcribendum materia. Invenimus & μύκητα id eſt fungum pro charta inſcriptum, & ad Trajanum Dacicum bellum gerentem miſſum. auctor Xiphilinus ex Dione.

Εἰσενεχθείη δ' ἂν γραφὴ καὶ ἐν τοῖς γυναικῶν ὠσίν.) Quintus modus atque is ab Ænea excogitatus, quod declarat ipſe, cum ait, εἰσενεχθείη, *poſſit inferri*, non autem εἰσηνέχθη. ſic etiam verbum γράφοιτο accipiendum in modo in modo XII, & in XIII γίνοιτο δ᾽ ἂν καὶ ὧδε· nam quum ita loquitur, fieri posse quod scribit significat, non factum esse; aliter autem de notis experientia exemplis. Monet Æneas literas plumbo scriptas, de quibus modo dicebat, posse custodes portarum fallere, si pro inauribus fœminis appendantur.

Ἐχούσαις ἀντ᾽ ἐνωτίων ἐνειλημμένοις λεπτοῖς μολιβδίνοις.) Oedipum ista desiderant. quanquam ne Oedipus quidem ista sic scripta intelligat. Lego ἐχούσῶν (nempe τὴν γραφὴν) ἀντ᾽ ἐνωτίων ἐν εἰλυμμένοις λεπτοῖς μολ. de hoc plumbo jam diximus.

Ἐκομίσθη δὲ καὶ ἐπιστολὴ περὶ προδοσίας εἰς τὸ στρατόπεδον ἀντικαθήμενον πολέμιον.) Melius ἀντικαθημένων πολεμίων. Sextus modus non scribendi mystice, sed mittendi subtiliter literas quoquo modo scriptas. Non dissimile exemplum in historia Romana. Frontinus: *Campani diligenter Romanis, à quibus obsessi erant, custodias agentibus, quendam pro transfuga subornatum miserunt, qui occultatam balteo epistolam, inventa effugiendi occasione ad Pœnos pertulit.*

Βιβλίῳ ἐν ᾧ ἐνετ) Scribe, ἐνὶ ἐγκατερράφη ὑπὸ τὰ πτερύγια τοῦ θώρακος βιβλίον, ᾧ ἐνετ]. & illud ᾧ refer ad personam.

Ἀποδοθῆναι τὸ βιβλίον ὡς δεῖ ὑπηρέτῃ.) Non dubito scribendum ᾧ δεῖ id est, illi ad quem mittebatur epistola, quem Æneas solet τὸν πεμπόμενον dicere, vel ὃν δεῖ. quare vox ὑπηρέτῃ nisi aliquid deest, prorsus παρέλκει.

Ἄλλος δὲ ἱππέα ἐκπέμπων, εἰς τὴν ἡνίαν τοῦ χαλινοῦ βιβλίον ἐνέῤῥαψε.) Si proba est hæc lectio & inscripta est freni habenis epistola, simile erit ei quod de aliis legimus; qui ut auctor est Frontinus, *interiora vaginarum inscripserunt.* Ego non puto ita scripsisse Æneam, sed potius ἐνέῤῥαψε, id est, *frænorum habenis insuit.* Septimus autem hic modus pene idem est cum sexto. sed Æneas exempla heic diversæ experientiæ commemorat, magis quàm rationes diversas.

Ἐγένετο δὲ καὶ περὶ ἐπιστολὴν τοιόνδε.) Non est alius modus, sed monitum auctoris sub exemplo, ad lectoris cautionem in talibus intendendam.

Τὰ γὰρ παρ᾽ ἐκείνων,) quæcunque accepisset ab illis: sive mandata sive literas. sed malim, τὰς γὰρ π.

* Οὐ τὰς πεμπομένας παρὰ τοῦ ἀνθρώπου ὅτι καὶ ἔλαβε.) Fortasse aliquid deest: sententia tamen plena erit si ita concipias: ὅτι τὰς π. παρὰ τοῦ ἀνθρώπου οὐκ ἔλαβε, *quod missas ab homine extero literas non accepit à tabellario.* nam τοῦ ἀνθρώπου interpretor de eo qui scribebat ad proditorem; vel potius proditores: Æneas enim more suo in numero parum est religiosus.

Κομίζεται καὶ ὧδε.) Octavus modus: quem & Philo probavit: nam inter pauca hunc describit, ex Ænea, ut videtur, licet non Aeneę verbis;

brevius

brevius enim & obscurius rem explicat. at Aeneæ expositio planissima est. & nostra interpretatio declarationis alterius non eget.

Κύστιν ἰσομεγέθη ληκύθῳ ὁπόση ἂν ᾖ.) Philo sic; εἰς κύστιν τὴν ὧν βούλει γραφέντων, εἶτα εἰς λήκυθον καινὴν σύμμετρον τῇ κύστει αὐτῆς πιθείσης.

Μέλανι καταχόλλῳ.) Atramenti plures species & cognomina, Plinius & medici prodiderunt. κατάκολλον interpretor, tectorium. nam γραφικῷ sive librario glutinum non admiscebant. Plinius lib. xxxv, capit. vi. *Omne atramentum sole perficitur, librarium gummi, tectorium glutino admixto.*

Επειδὰν φυσήσας τὴν κύστιν ἐν τῇ ληκύθῳ ἐνοῦσαν ἵνα δι.....θῃ ὡς μάλιστα) Lego ἵνα διαταθῇ ὡς μ. inflatur enim vesica, ut distendatur. atque hoc certissimum. in compendio Philonis simpliciter εἶτα φυσηθείσης. sequitur in verbis Philonis καὶ μετὰ ταῦτα βρεχθείσης: quod non est apud Aeneam, neque video quò pertineat.

Ηδη δέ τις ἐν δέλτῳ ἐνξύλῳ γράψας κηρὸν ἐπέθηκε, καὶ ἄλλα εἰς κηρὸν ἐνέγραψε.) Nonus hic modus cum sequente decimo pene unum & idem sunt. ad utrumque adhibentur tabellæ, & cera aut aliud quid tabellis superinducitur: in utraque arcanum tabellarum ligno inscribitur: sed in nono cera superducta aliam scriptionem recipit quæ non occultatur: in decimo vacua facies exterior mittitur. δέλτιν ἔνξυλον dixit, quia è multiplici materia fiebant; osse, ebore, argento, auro.

Λέγεται καὶ εἰς πυξίον γράψαντα μέλανι ὡς βελτίστῳ ἔπειτα λευκώσαντα ἀφανίζειν τὰ γράμματα.) Decimus modus. Videtur alludere ad notissimam Demarati historiam. Justinus libro ii. *Demaratus rex Lacedæmoniorum qui apud Xerxem exulabat, ne inopinato bello opprimerentur, omnia in tabellis ligneis magistratui perscribit: easdem cera superinducta delet: ne aut scriptura sine tegmine; aut recens cera dolum proderet.* Uberius Herodotus unde & Trogus & Polyænus & alii sumpserunt: δελτίον δίπτυχον λαβὼν, (Polyænus πτύχα ἀκήρωτον) τὸν κηρὸν αὐτοῦ ἐξέκνησε· καὶ ἔπειτα ἐν τῷ ξύλῳ τοῦ δελτίου ἔγραψε τὴν βασιλέως γνώμην. ποιήσας δὲ ταῦτα, ὀπίσω ἐπέτηξε τὸν κηρὸν ἐπὶ τὰ γράμματα. Demarati industriam qui imitarentur non defuerunt. Justinus libro xxi, de Hamılcare Rhodano Pœno, in Alexandri aula versante. *atque ita consiliis ejus exploratis, in tabellis ligneis vacua desuper cera inducta civibus suis omnia perscribebat.* Igitur, ut dixi, videri queat Aeneas illum modum describere quo usus Demaratus: sed obstat vox λευκώσαντα: qua significat istum de quo sentiebat, non cera infusa scripturam delevisse, ut fecit Demaratus; sed creta similive terra dealbasse. quare etiam modus retegendı literas diversus; noster ait, ligneam tabellam in aqua positam, scripturam ostendisse; nimirum eluta creta. at Demarati tabellæ lectæ sunt cera erasa, quod κηρὸν κνᾶν dixit Herodotus, rem fuse narrans.

Φανεῖται

Φανεῖται οὖν ἐν τῷ ὕδατι ἀκριβῶς ἅπαντα τὰ γεγραμμένα.) Literas mystice scribendi una hæc ratio est; ita scribere, ut mox literæ non appareant, nisi aliquo adhibito præsidio. produntur hodie modi varii id efficiendi: nos aliquot hic adnotabimus è lectione veterum. Plinius libro XXXVI. cap. VIII. *Tithymallum nostri herbam lactariam vocant, alii lactucam caprinam: narrantque lacte ejus inscripto corpore, cum inaruerit, si cinis inspergatur, apparere literas: & ita quidam adulteras alloqui maluere quàm codicillis.* Ovidius.

Caverit hæc custos: pro charta conscia tergum
Præbeat; inque suo corpore verba ferat.
Tuta quoque est, fallitque oculos è lacte recenti
Littera: carbonis pulvere tange, leges.
Fallet & humiduli quæ fiet acumine lini,
Et feret occultas pura tabella notas.

Philo mechanicus de literis loquens occultis, quas ipse ἀφανεῖς appellat: γράφονται ἐπιστολαὶ εἰς καυσίαν καινὸν ἢ εἰς τὸν χρῶτα, κηκῖδος θλασθείσης, καὶ ὕδατι βραχείσης· ξηρανθέντα δὲ γράμματα ἄδηλα γίνεται. χαλκοῦ δὲ ἄνθους τριφθέντος (ὥσπερ ἐν ὕδατι τὸ μέλαν) καὶ ἐν τούτῳ σπόγγου βραχέντος ὅταν ἀποσπογγισθῇ τούτῳ φανερὰ γίνεται. *Scribuntur literæ quæ non apparent, in nova causia, aut in corpore, galla confracta, & aqua madefacta: eæ literæ ubi inarverunt non sunt conspicuæ: at si atramentum sutorium in aqua triveris, & spongiam in eam intinxeris, deinde scripturam spongia terseris, literæ fient conspicuæ.* Auctor est Cedrenus in Constantino Duca; Nicolaum quendam ad Thomam Logothetam literas occultas scripsisse in nigro linteamine; quod aqua lavandum abstergendumque fuit, ut literæ possent videri. οὗτος, inquit, ἐν ὀθόνῃ μελαίνῃ γράμματα γράψας ἀπεστάλκει τῷ λογοθέτῃ Θωμᾷ· καὶ τῆς ὀθόνης ῥυφθείσης δι' ὕδατος φανερὰ τὰ γράμματα γέγονεν.

Γράφοιτο δ' ἂν καὶ εἰς πινάκιον ἡρωϊκὸν ἅπερ ἂν βούλει.) Est modus undecimus superiori quidem adfinis, sed multum tamen diversus, & operosior. in priore modo scriptura albo inducebatur simpliciter: heic albo, vel alio quovis præter nigrum, colore, qui pingentis arte imaginem aliquam referat. quid appellet πίνακα ἡρωϊκὸν alii viderint; ego γραφικὸν lego; ex ipsa narratione auctoris.

Ἱππέα φωσφόρον) intelligo Luciferum, curru vehentem, quem albi equi trahebant. ita poëtæ & pictores fingebant: ut contra Noctis currum nigris equis instruebant. quę propterea poëtæ dicitur ἐλάσιππος νυχαυγής.

Ὡς δεξόμενος.) imò vero δεξάμενος; tanquam religione adactus voti à te suscepti, cujus fueris damnatus.

Πασῶν μὲν ἀδηλοτάτη πέμψις, πραγματωδεστάτη δὲ νυνί μοι διὰ γραμμάτων δηλωθήσεται.) Duodecimum heic modum proponit Aeneas, haut dubie

dubie à ſemet inventum : quem ex eo deſcribit Julius Africanus capite LIII, & appellat τρόπον πανουργότερον. & eſt revera ſubtile inventum; quod praxeos operationem magis quam verborum explicationem deſideret.

Εστω δὲ τὰ τρυπήματα τοῦ ἀστραγάλου .... ἀφ᾽ ἧς ἂν πλευρᾶς ἄρξῃ τὸ Αλφα κ.) Supplendum quod in libro regio deeſt hoc loco è codice Africani, qui ita deſcribit. ἔστω δὲ τὰ τρυπήματα στοιχεῖα· διαμνημόνευε δὲ ἀφ᾽ ἧς ἂν πλευρᾶς ἄρξηται τὸ ᾱ καὶ τὰ ἐχόμενα, &c.

Λίνῳ διείρειν ἐὰν ...... τῇ διέρσει τοῦ λίνου, ᾱ.) Quæ heic deſunt videntur extare apud Africanum, ſed admodum corrupte in noſtro codice. in quo, ut & in regio Aeneæ, διαιρέσει & διαιρεῖν pro διείρειν & διέρσει craſſo errore ſcriptum eſt hoc loco ſæpius. ſic ille; λίνῳ δῆσαι διαιροῦντα δὲ δηλοῦν ἐν τ. Corrigo ex iſtis veſtigiis; λίνῳ δεῖ σε διείροντα δηλοῦν· ἐν δὲ τῇ διέρσει τοῦ λ.

Τὰ ἐχόμενα τούτων παραγράμματα, ὅταν ἔλθῃ εἰς πλευρὰν οὗ ταῦτά ἐστι, διείρειν πάλιν.) Scriptum in regio, οὗ τὸ ἰῶτα ἐστι, δ. quorſum autem heic mentio literæ iota potius quam alius? omnino corruptiſſima hæc ſunt. Videtur ab Aenea propoſitum fuiſſe exemplum ad docendam ſubtilis inventi praxim : puta, αἱ δυνάμεις ἐνδιδόασι, vel λιμώττουσι. Mirum tamen, nihilo melius iſta ſcribi apud Africanum, ſcriptorem adeo vetuſtum. ſic enim ejus codex habet. Τὰ ἐχόμενα τοῦ ἰῶτα γράμματα, ὅταν ἔλθῃ εἰς πλευρὰν οὗ τὸ ἰῶτα γράμμα ἐστι διείρειν. καὶ πάλιν παρεὶς τ.

ὅπου συμβαίνει ...... εἶναι.) Africani codex una voce plenior ὅπου εἶναι συμβαίνει, διείρειν. deeſt nomen literæ per cujus foramen filum trajiciendum, & heic & in proxime ſequentibus verbis, quæ ab Aenea ſunt omiſſa.

Ανάπαλιν δὲ γίνεται ἡ * ἐξίωσις τῇ ἐνέρσει.) Nihil poteſt ſignificare vox ἐξίωσις quod ſententiæ loci hujus conveniat, Lego ἡ ἐξαίρεσις τῇ ἐνέρσει. in regio eſt ἐνέρξει, quod & analogiæ repugnat, & uſui ſcriptorum. Liber Africani & in proxime præcedentibus verbis, & hic quoque corruptiſſimus : ἀναπ. γινομένης τῆς ἀξιώσεως ἐν ἄρξει.

γίνοιτο δ᾽ ἂν καὶ ὧδε) XIII modus pene idem cum modo expoſito.

Ηδη δέ τινες εἰς βιβλίον γράψαντες ὡς λεπτότατον, μακροὺς στίχους) XIV modus. docetur ratio commode occultandi intra veſtem epiſtolam. vult ſcribi in prælongo pittacio, ſed anguſto; ut id plicatum ori foraminis illius in tunica, per quod brachia inſeruntur, applicetur, & extremus pannus in eam partem replicetur. ita fiet ut quia minimum tumoris ita poſitum pittacium excitabit, oculos ὁδοφυλάκων facile fugiat. non diſſimilis occultandi modus docetur à Philone, intra cauſiam quæ eſt διπλῆ.

Οἱ γοῦν περὶ Ιλιον ἄνθρωποι ἐκ τοσούτου χρόνου, καὶ οὕτω διαπεπτασμένοι

μὴ εἰσμὴ εἰσελθεῖν αὐτοῖς τὰς Λοκρίδας.) Anno poſt Ilii excidium tertio, quum peſte graviſſima vexarentur Locrenſes, edita ſors eſt ab Apolline, non aliter mali finem inventuros, quàm ſi ad placandam Minervam Ilienſem, ob imminutam Caſſandræ virginitatem ab Ajace, univerſæ genti Locrorum infenſam, binas Locrides virgines ſorte lectas per annos mille continuos Ilium mitterent. Hiſce virginibus Trojani inſidias ſtruere ſoliti, eaſque crudeliſſime enecare, ſummo ſtudio caventes, ne urbis aditus ipſis pateret. hiſtoria eſt nobiliſſima, quam pluribus narrat Lycophron & ad illum Tzetzes. tangunt Polybius libro XII, Strabo libro XIII, Plutarchus de ſera numinis vindicta, & alii. Quod autem initio harum Notarum dicebamus, de vetuſtate hujus ſcriptoris poſſe ex hoc loco fieri conjecturam, verum eſt. nam Æneas perſpicue oſtendit ſua adhuc ætate morem illum, vel potius tetram ſuperſtitionem fuiſſe obſervatam. at Tzetzes, auctorem Timæum laudans, deſitum hunc morem ſcribit, poſt confectum bellum Phocicum. conſtat autem Phocico bello impoſitum eſſe finem à Philippo, anno tertio Olympiadis CVIII. Tzetzis verba ſunt; χιλίων δὲ ἐτῶν παρελθόντων μετὰ τὸν Φωκικὸν πόλεμον, ἐπαύσαντο τῆς τοιαύτης θυσίας, ὥς φησι Τίμαιος ὁ Σικελός. puto verum eſſe quod dixit Timæus de tempore quo immane inſtitutum, miteſcentibus in dies magis magiſque hominum ingeniis, omitti cepit. quod tamen videtur ſignificare, exiiſſe mox à bello Phocico mille annorum tempus ab Apolline memoratum cum vera temporum ratione parum congruit. nam ab excidio Ilii ad primam Olympiadem, eruditiſſimi quique veterum annos dumtaxat quadringentos & octo putarunt: inde ad victoriam Philippi de Phalæco & Phocenſibus anni CCCCXXXI, aut CCCCXXXII. fit ſumma annorum DCCCXL. Scribit tamen B. Hieronymus, libro primo adverſus Jovinianum, Locrides virgines Ilium ex more fuiſſe miſſas, per annos circiter mille.

Λανθάνουσι πολλὰ εἰσάγοντες σώματα.) Videtur nihil deeſſe. poteſt ſcribi λανθάνουσι τοὺς Ἰλιέας πολλὰ εἰς.

Παρὰ δὲ τοῖς παλαιοτέροις καὶ τοιόνδε ποτὲ ἐτεχνάσθη.) Hic eſt modus omnibus ſæculis uſitatus: licet videatur Æneas tanquam ſingulare exemplum ex vetuſtate repetere. deſcribit autem pene ad verbum verba Herodoti de Timoxeno, qui clandeſtina conſilia cum Artabazo Potidæam obſidente communicabat, epiſtolis ad crenas ſagittarum religatis, quas invicem mittebant. Locus Herodoti eſt in octava Muſa, Sic in Plutarchi Cimone, Chii, qui in exercitu Cimonis erant Phaſelitas obſidentis, cum obſeſſis communicant, τοξεύοντες ὑπὲρ τὰ τείχη βιβλίδια, προσκείμενα τοῖς ὀϊστοῖς. Auctor eſt Nicetas Choniates, Andronicum in obſidenda urbe Pruſa literas ſagittis affixas miſſitaſſe, quibus ad deditionem vel proditionem cives hortabatur. Nicetas eleganter vocat διαέρια γράμματα. ex eodem auctore diſcimus, ferrum

adimi

adimi ſolitum ſagittis quibus literæ alligabantur. ſic ille in obſidione Zeugmini: σὺν ὀλίγοις τῶν ἔνδοθι, τὰ Ῥωμαίων φρονοῦντες, καὶ ἀτράκτοις ἀποδήσαντες βιβλία προσδέοντες, ταῦτα πρὸς τὸ Ῥωμαϊκὸν στράτευμα νυκτὸς ἐξετόξευον. Nec tantum arcus adhibiti ad hujuſmodi epiſtolas mittendas, ſed etiam catapultæ ὀξυβελεῖς, & telis emittendis aptæ. Narrat Polyænus lib. II. Cleonymum regem Lacedæmoniorum, quum Trœzenem obſideret, diſpoſitis circa urbem catapultis, tela jaculatum eſſe, quibus erat inſcriptum, Ἥκω τὴν πόλιν ἐλευθερώσων. Alii in eam rem fundis utentes, jaculabantur glandes inſcriptas. Hirtius de bello Hiſpanienſi capite II. *Per idem temporis glans miſſa eſt inſcripta, quo die ad oppidum capiendum incederent, ſeſe ſcutum eſſe poſituros*; paullo poſt; *indicium glande ſcriptum miſit per quod certior fieret Cæſar quæ in oppido ad defendendum compararentur.* non erant autem veræ glandes in quibus ſcribebatur, ſed teſſeræ quadratæ, ut tali vel taxilli. ideo Appianus in Mithridatico, non μολυβδίδας appellat, ſed πέσσους ἐκ μολίβδου πεποιημένους, tribus locis in narratione obſeſſarum à Sulla Athenarum.

Οἱ δὲ τὰ τοξεύματα περὶ τὰς * πύλας γλυφὰς ἑλίξαντες τὸ βιβλ.) Corrigendum ex Herodoto quem deſcribit, περὶ τὰς γλυφίδας ἑλίξαντες τὸ β.

Ἱστιαῖος δὲ βουλόμενος τῷ Ἀρ.) XVI modus, ipſe quoque ex Herodoto petitus, cujus verba etiam heic deſcribuntur. Scribere in cute nuntii uſitatum antiquis, ut ad decimum modum oſtendimus.

Γράφειν δὲ καὶ ὧδε.] Credo olim pro ingenioſo habitum hunc modum XVII: quo hodie ſi quis utatur, ludibrium profectò debeat. quem enim mediocris ingenii moretur omiſſio vocalium in vernacula lingua; quum etiam pueri, in Hebraicis aliquantum exercitati, ſcripta Biblica punctis vocalibus carentia non difficile aſſequantur? atqui in literarum forma heic ab Ænea præſcripta, non omittuntur penitus vocales; ſed earum loco puncta ſubſtituuntur. itaque pene puerile hoc mihi inventum videtur. Plus aliquanto ingenii fuit in Julii Cæſaris & Auguſti epiſtolis, quarum myſteria Suetonius & A. Gellius nos docent.

Ὁπόσον ἂν τύχῃ ἔνχστον ὂν ἐν τοῖς γραφομένοις τοσαύτας στιγμὰς εἶναι.] Interpretor ἐν τοῖς γραφομένοις cum literæ continua ſerie diſponuntur, ut fit in alphabetis: vel quum vocales ſeparatim à conſonantibus in ordinem digeruntur. Librarii quum hęc non intelligerent, in deſcribendo exemplo quod ſubjicitur, ſuaviter delirarant: nam in codice quo ſumus uſi, punctis omiſſis, ſuper ſingulas conſonantes ſingulæ virgulæ ſunt ductæ. Sive igitur Græce ſcribas, ſive Latinè, vocalium & punctorum hæc erit ratio.

α. ε.. η:· ι:: ο::· υ::: ω:::·

a. e.. i:· o:: u::·

Καὶ τόδε ἄλλο ἀντὶ τῶν φωνηέντων γραμμάτων τίθεσθαί τι δεῖ.) deest in extremo vox ἄλλο. pro vocalibus ponendum aliud quid: putà, figuras signorum cœlestium, aut animalium, aut alias de industria confictas figuras, de quibus convenerit. Esto igitur hic modus XVIII: in quo fœcunda ingenia maximam sese exercendi facultatem habent.

Καὶ τάδε τὰ πεμπόμενα γράμματα εἰς τ.) Scribo καὶ τόδε. τὰ πεμπόμενα γρ. illis verbis Καὶ τόδε significat novum à se modum proponi, qui erit XIX. alioquin poterant videri ista cum præcedentibus cohærere.

Πολλοὶ δὲ κατ' Ἤπειρον κυσὶν ἐχρήσαντο ὧδε.] Ultimum hunc & vigesimum literas clam mittendi modum, ex Ænea describit Africanus. de canum usu multiplici in belli facinoribus, dicebamus ad caput XXII. κατ' Ἤπειρον scripsimus, majuscula litera: ut dicat Æneas, in Epiro id plurimum fieri solitum, ubi sunt Molossi canes, obeundis hoc genus ministeriis idonei, & aliis, qui minores sunt, & corpore & viribus tutiores. neque obstat quod sequitur, ἔστι δὲ τὸ Θεσσαλονικόν, vel ut habet Africanus Θεσσαλῶν. nam potuit Thessalorum inventum esse, licet ætate auctoris nostri, Epirotæ id inventum crebrius usurparent. si quis tamen κατ' ἤπειρον, pro, in continente & quoties terra potest iter confici maluerit, per me liberum illi esto. Mirum vero, Æneam qui tanta diligentia (ut quidem adeo vetustus auctor,) omnes rationes epistolas occulte mittendi commemorat, columbarum non meminisse, quas internuntias in rebus magnis olim aliquando fuisse, certum est, & observat Plinius libro decimo, probatque exemplo illius qua Mutinensi obsidione Decimus Brutus & Hirtius Consul fuerunt usi. rem commemorat, & pluribus explicat Frontinus libro III. id inventum antiquius esse sæculo Æneæ, liquido probat Anacreontis oda, scripta à suavissimo poeta in columbam qua ipse utebatur internuntia in eo carmine ait columba; Ἐγὼ δ' Ἀνακρέοντι Διακονῶ τοσαῦτα. Καὶ νῦν, ὁρᾷς ἐκείνου Ἐπιστολὰς κομίζω. sed silentii Æneæ, hæc sine dubio caussa est; quoniam in rebus seriis opera columbarum ad nuntios deferendos nemo adhuc temporibus illis fuerat usus: id namque obsidione Mutinensi primum esse factum, etiam Plinius, tanto junior Ænea, credidit. antea in amatoriis saltem & ludicris epistolis sæpius idem factitasse qua Græcos quà Romanos certo constat. Exemplo Mutinæ edito simila posterioribus temporibus edita sunt ubivis terrarum. in Oriente vero, & olim & nunc vulgatissima res est, columbas ad ejusmodi jussa paratas habere. Legant οἱ φιλομαθοῦντες, si lubet, quæ super hoc Notis suis ab Sphæram Barbaricam Manilii scripsit, decus illud æternum ævi sui, JOSEPHUS SCALIGER; vir, aut heros potius, & quidem heroë magno satus, in tantum laudandus, in quantum virtus & meliores literæ possunt intelligi. quarum ille δαιμόνιος ἀνὴρ magnitudinem,

tudinem, amplitudinem, majeſtatem denique pęne ſolus quum animo viderit, ingenio fuerit complexus, divina & ſine exemplo felici induſtria; per totum vitæ curriculum bene de iis mereri nunquam ceſſarit; quantam in nupero ejus obitu Reſpublica literaria fecerit jacturam, quantum & quàm ἀνήκεστον vulnus acceperit; omnes intelligunt eruditi; in quorum pectoribus probitas, candor, φιλαλήθεια, & gratus animus; nimis, ah nimis, raræ hoc ſæculo virtutes, habitant; certè quorum mentes à rationis uſu, atque adeo ſenſu communi ὑπὸ θηλωδίας καὶ θεοβλαβείας non exaruerunt. Nos; qui vivum pari ſemper proſecuti veneratione ſumus & pietatis affectu, atque optimum parentem noſtrum, quique literas ἐκπαθῶς amamus; neque acerbiſſimi nobis caſus recordari ſine mœſtiſſimo gemitu, ſine ægerrimis ſuſpiriis, ſine profuſiſſimis lacrymis poſſumus: neque porro avocare animum ab ejus memoria, & acerrimo doloris hujus ſenſu, valemus. Quod igitur unum ſupereſt; dolorem noſtrum & luctum ἄφατον recordatione virtutis & præſtantiæ τοῦ νῦν μακαρίτου ſolamur. Atque in hac cogitatione quum eſſemus nuper toti, carmen repente effudimus, quod placuit infra ſubjicere, æquis lectoribus profeſſione pietatis erga defuncti manes, ut ſpero, excuſandum.

ΕΙΣ ΙΩΣΗΠΟΝ ΣΚΑΛΑΝΟΝ, ΤΟΝ ΙΟΥΛΙΟΥ ΚΑΙΣΑΡΟΣ ΣΚΑΛΑΝΟΥ, ΜΕΛΟΣ.

μεγίστου παῖ πατέρος μέγιστε,
Εξ ἴσου Μοῦσαι Χάριτές τε κεδναὶ,
Εκθορόντ' ἐκ νηδύος ὃν φίλαντο,
ΣΚΑΛΑΝΕ δῖε.
Τίς δυνάιτ' ἀνδρῶν σέθεν ἐξικέσθαι
Τοῦ κλέους ἐσθλοῦ, ἔπεσιν γεραίρων
Η σὲ, ἢ τοῦ σεῖο γενῆ ἀγαυὸν,
Θαῦμα βροτοῖσι;
Καίσαρος ῥώμην καὶ Αρηΐ' ἔργα,
Καίσαρος πυκνὰς πραπίδας, σοφοῖο τε
Νοῦ, ὅλη ἐκπλὴξ κελαδεῖ δύσις τε;
Αντολία τε.
Οἷα δ' ἔκλαμπρόν συ λαβὼν ἔπειτα
Κλῆρον, ἔκπυστον φάτιν αἴσιον τ', εὐ-
φημίαν αὐτὸς πατρὶ οὐδὲν ἧττον
Αντιπροσῆψας.
Αμφὶ σοὶ πρῶτον φάος ἠλίοιο
(Μοῖρα δ' ὤπηδει θεόθεν·) βλέποντι

Γέντο πρεσβείσταις Ἀρετῇ θ' ἅμιλλα,
Τῇ Σοφίᾳ τε.
Ἡ μὲν οἰκείου ἔθελξέ σ' αὐτῇ,
Ἡ δὲ σῆς ἴυγγι δαμεῖσα μορφῆς,
Ὅσσα περὶ ξεινήια δῶρα γ' ἔχον,
Σοὶ πόρεν ἄμφω.

Ἀμφέπειν ἁγνὸν βίοτον, τ' ἀληθὲς
Εὐσεβῶς ἀσκεῖν, κρατέειν παθῶν τε,
Θεῖον ἡ θείη Ἀρετὴ γέρας σοι
Ἐγγυάλιξε.

Μέτρα γῆς, καὶ τείρεα τᾶν ὀλύμπῳ,
Τὰς παραλλάξεις, ὁμαλὰς κινήσεις,
Καὶ περιηγήσεις Φαέθοντος, ἠδὲ
Λοξὰ κέλευθα,

Καὶ τροπὰς, καὶ ὑψώματα· τὰς σελήνης
Αὐξομειώσεις, κανόνας χρόνοιο·
Σειρίου καυθμοὺς, δύσιν Ὠρίωνος,
Πληϊάδων τε·

Τῶν πόλων ἐξάρματα, τοὺς ἀριθμῶν
Δυσπαλαίστους οὐρανίων λογισμοὺς,
Καὶ φύσιν πᾶσαν, Σοφία τορῶς σε
Ἐξεδίδαξε.

Δῶκε παιδείας τέλος ἄκρον ἥκειν·
Δῶκε πρωτεῖ' εὐεπίης μελιχρᾶς·
Δῶκ' ἀριστεῖα Κριτικῆς· ἔφηνε
Τὴν μακάρων τις,

Πάνσοφον τέχνην, ἰδὲ σωσίβιβλον,
Καὶ πλάνας δεινὴν ὀλοὰς ἐλέγχειν.
Γῆρυος πάσης μερόπων ἁπάντων
Δῶκ' ἐπαΐειν

Τῆς πάλαι, τῆς νῦν. Δαναὸς, Λατῖνος,
Κελτικὸν πᾶν φῦλον, Ἑβραῖος, Ἰνδὸς,
Αἰθίοψ, Χαλδαῖος, Ἄραψ, ἄκουεν
Σοῦ λαλέοντος.

Ἐντὶ λεχθέντων ἐνὶ χερσὶ πάντων
Μάρτυρες δέλτοι, σοφίας γέμουσαι,
Ἃς χάραξας, πουλυκαλίμησι φρεσὶν
Ἐκπολυπεύσας,

Φῆστος, Οὐάρρων, καὶ ὁ Παμφίλοιο,
Μυρίοι τ' ἄλλοι σοφοὶ, οὓς ἔσωσας,
Φαντὶ μαντείων ὄπι σοὶ στόμ' ἔσκε
Θῶκος ἀληθής.

Θυμὲ, τί σπεύδεις Λύδιον παρ' ἅρμα
Πεζὸς ἰχνεύειν; ἀετὸν διώκεις
Ἀρχὸν οἰωνῶν, μελανοχρόοιο
Γῆς ἐπὶ ἕρπων.
Δίζεται ῥαπτῇ σχεδίῃ περαιοῦν
Τὸν μέγαν Πόντον, σέθεν εἴπης ἔργα
ΣΚΑΛΑΝΕ, πρόφρων περιέλοιτ' ἀριθμεῖν,
Μεῖζον' ἀριθμοῦ.
Οἶδε καὶ Μῶμος στεφάνοις ὁποίοις
Ἐξ ἀέθλων, ὁσταλίοις τ' ἐμίχθης
Μουσικῶν· ὅσσας φθονερῶν ἅπαι νί-
κας ἐκόμιξας.
Χαῖρε δὴ, φύτλης βροτέης ἄγαλμα,
Κελτικῆς αὔχημα, λαχὼν ἄωτον
Τῶν ἐπισημῶν, ἀγαθῶν καλῶν τε
Σεμνολόγημα.
Χαῖρε νῦν ὄντως· ὅτε θνητὸν ἐκδὺς
Ἄτμενος σῶμ', ἀθάνατος γένου τε,
Καὶ μάκαρες, ἐν ἄφθιτος ἀφθίτοισι,
Κύδεϊ γαίεις.

*Ἀπαγαγόντες * δέσμον περιέθηκαν περὶ τὸν αὐχένα ἱμάντα,)* Omnino *δέσμιον* rectum eſt. etſi aliter præit codex Africani vocem *ἱμάντα* non agnoſcens; ita enim exprimit hæc verba, *καινὶ δεσμὸν περιθέντες περὶ τὸν αὐχένα.*

χρὴ δὲ τὰς διαπεμπομένας εὐθὺς ἀνοίγειν δέλτους.) Onoſander duces militares admonens, ut omnibus qui aliquid novi nuntiaturi advenient, facilem aditum præbeant, hanc rationem affert: *πολλάκις γὰρ ἐν ὀξεῖ τὸ δυνάμενον φρασθῆναι παρεισί τινες μηνύοντες*: fit enim ſæpe, ut adveniant quidam indicium rei deferentes, cui eo ipſo tantum temporis momento poteſt provideri, eadem ratio hic quoque locum habet. Notum Cæſaris exemplum, qui indicem conjurationis libellum ſiniſtra tenens eſt occiſus. ei hiſtoriæ plane gemina eſt, quam auctor narrat de Aſtyanacte priſco Lampſacenorum tyranno. atque hæc ratio eſt, cur divinus Hippocrates, & paſſim alii ſcriptores, præſertim hiſtorici, appellent *τὸν καιρὸν ὀξύν.*

Πρὸς ἄλλους δὲ γενομένου πρότερον,) *quum alios prius conveniſſet.* ſed ne dubitent tirones, Æneam aliud voluiſſe & ſcripſiſſe *πρὸς ἄλλοις.*

Διὰ τὴν αὐτὴν αἰτίαν καὶ ἐν Θήβαις ἡ Καδμεία κατελήφθη.) Teſtis eſt tritum apud Græcos proverbium *εἰς αὔριον τὰ σπουδαῖα.* Lege Plutarchum in Pelopida. de Cadmeæ occupatione ſuperius ad caput XXIV.

Γλοῦς δὲ βασιλέως ναύαρχος,) Offendimus ſcriptum Πλοῦς, tam falſò, quam verum eſt quod ſubſtituimus. mentio hujus apud Xe-

 nophon-

nophontem, in primo & secundo Ἀναβάσεως, ubi Glus vocatur. alii Glos efferunt, ut Polyænus libro septimo. quo loco ea narrantur de hoc Persa, quæ ab istis Æneæ non plane sunt aliena. Olim cum Polyænum edebamus, imposuit nobis depravata apud Diodorum Siculum lectio, Γαὼς, quam putavimus apud Polyænum restituendam. atqui verum ejus navarchi nomen fuit Γλοῦς aut Γλῶς, ut omnes Polyæni membranæ habent. Locus Diodori in Olympiade XCVIII ita habet, etiam in novissima viri eruditi editione. ὁ τῆς ναυτικῆς δυνάμεως ἡγούμενος, λεγόμενος δὲ Γαὼ: & deinde, ὁ δὲ τὸν στόλον τὴν ναυαρχίαν ἔχων Γαὼς, utroque loco scribendum Γλὼς, & ita semper

Ἐπεὶ οὐχ οἷόν τε ἦν ὑπομνήματα ἐν βιβλίῳ ἔχοντα παρὰ βασιλέα εἰσιέναι.) Nulla fuit apud Persas lex, quæ adituros ad regem vetaret caussæ suæ commentarios conficere; neque hoc dicit Æneas: sed uti potuisse negat, qui vel maxime confecissent: recte: impediebat enim usum commentarii, mos illius gentis sive lex, quæ intra digitabulum manus continere eos jubebat, qui regem adirent. capital enim in ea aula fuit, coram rege ἢ διασῶσαι διὰ τῆς κόρης τὰς χεῖρας, ut loquitur Xenophon; qui alibi χειρίδα nominat, quam hic κόρην.

Ad Cap. 32. Deinceps docentur obsessi, qua ratione hosti non jam procul à mœnibus, sed ad mœnia, aut in ipsis etiam muris pugnanti, sit resistendum. Æneas hanc partem obsidionis vocat τὰς προσαγωγὰς, ostenditque duobus modis fieri; vel μηχανήμασι, cum admoventur tormenta, aut aliæ adhibentur artes ad patefaciendum aditum. vel σώμασι, quum ipsis corporibus militum res geritur, aut scalas conscendentium, aut per dejectorum murorum ruinam vi facere sibi viam nitentium. σώματα sunt viri. Machinarum meminit auctor illarum dumtaxat, quod initio monebamus, quæ ætate ipsius in Græcia vulgo erant cognitæ. Poteramus de posterius inventis multa huc afferre, eximia & scitu non minus utilia, quàm jucunda: omnes enim Græcorum libellos de machinis bellicis, quos hactenus nancisci potuimus, diligenter excussimus: verùm id esset Commentarios uberes ac prolixos scribere, non quod opellæ hujus titulus pollicetur, breves Notas.

Προσαγωγὰς μηχανήμασιν ἢ σώμασι,) Ita solet ista disjungere. cap. XXXVIII. ἐν δὲ ταῖς προσβολαῖς τῶν πολεμίων πρὸς τὸ τεῖχος μηχανήμασιν ἢ σώμασι. aliquando conjungit, ut paullo post; πρὸς τὰ μεγάλα μηχανήματα, ἐφ᾽ οἷς σώματά τε πολλὰ προσάγεται, καὶ βέλη ἐξ αὐτῶν ἀφίεται. de turribus & machinis ambulatoriis, quæ dum admoventur, etiam militem simul admovent.

Πρῶτον μὲν εἰς τὰ ὑπεραιρόμενα ἐκ πύργων ἢ ἱστίων,) Legendum ἱστῶν. Ea vox isto loco potest varie accipi. veteres enim in obsidendis urbibus, ad militem suum attollendum, ut muris sublimior de superiore loco pugnaret cum hoste; aliquando ἱστοὺς, id est, malos navium adhibuerunt:

buerunt: aliquando ligna erecta in summis turribus collocata, quæ nominarunt è re ipsa quoque ἱστοὺς. De malis navium testis Procopius in prima Gotthicarum rerum historia. Narrat eximius ille scriptor; Belisarium in Africam classe tendentem, quum appulisset in Siciliam & ad deditionem ὁδοῦ παρέργου plerasque urbes compulisset; Gotthos qui Panormum tuebantur, ausos resistere, hoc pacto in ordinem coëgisse. Lembos sagittariis onustos, ad malos navium appendit, quæ portum ingressæ, proxime muros accesserant: ii milites de superiore loco obsessos sagittis petentes, incepti insolentia sic eos terruerunt, ut sine mora confestim sese dederent. εἰς τὸν λιμένα, inquit, τῶν νηῶν ὁρμισαμένων, τοὺς ἱστοὺς ξυνέβαινε τῶν ἐπάλξεων καθυπερτέρους εἶναι. αὐτίκα οὖν τοὺς λέμβους τῶν νηῶν ἅπαντας τοξοτῶν ἐμπλησάμενος, ἀπεκρέμασεν ἄκρων ἱστῶν. ὅθεν δὴ κατὰ κορυφὴν βαλλόμενοι οἱ πολέμιοι, ἐς δέος τε ἀμήχανον ἦλθον, καὶ Πάνορμον αὐτίκα ὁμολογίᾳ Βελισαρίῳ παρέδοσαν. Non dissimili arte & Timotheus Atheniensium dux Toronen, Macedoniæ sive Thraciæ urbem maritimam, cepit. Historiam narrat Polyænus libro III, cujus verba subjiciam, quia lucis egent. Τιμόθεος ἐπολιόρκει Τορώνην· οἱ μὲν Τορωναῖοι μεγάλα ὕψη ἀντανέστησαν, φορμῶν ψάμμου πληρουμένων. ὁ δὲ Τιμόθεος μηχανήμασι μακροτέροις ἐξ ἱστοῦ ἀκίδας προσθεὶς καὶ δρέπανα εἰς τὰ ἄκρα τοῦ ἱστοῦ ἐμβαλὼν, ταῖς ἀκίσιν τὰς διφθέρας ἐγχύων, τοῖς δὲ δρεπάνοις ἀνέτεμε τοὺς φορμοὺς, ὡς ῥεῖν τὴν ἄμμον. Narrationem satis obscure expositam ita capio. Timotheum ut molem à Toronæis excitatam è sportis arenæ & coriis oppansis, everteret, dorydrepanis usum è summo navis malo peculiaris artificii: nam quum vulgo dorydrepana constent è longurio & falce; Timotheus hoc amplius spiculum extremo ligno præfixit; ut spiculo coria perforaret, quod falce non poterat. μηχανήματα μακρότερα, puto esse longurios sive hastilia prælonga dorydrepani; quæ interdum ad malum summum alligabantur, ad similitudinem antemnæ. quare Diodorus Siculus lib. XVII δρεπανοφόρους κεραίας antemnas quibus falces erant præfixæ, ait fuisse oppositas arieti ad secandos funes, quibus incitabantur. interdum ab hominibus tractabantur ad summum malum evectis, qui vel in lembis appensis stabant ut modo apud Procopium, vel in pegmate & tabulato ob id ipsum excitato. quare illa ἐξ ἱστοῦ, interpretor, vel de alligatis ad malum hastilibus dorydrepanorum ad instar antemnarum; vel de hominibus eò subvectis. potuit & pluteum circa summum malum collocari turriculæ similitudine ornatum, ut in simili re apud Vitruvium. τὰ ἄκρα accipio de extremis longuriis non de summo navis malo. itaque illa verba τοῦ ἱστοῦ censeo delenda, nisi plura desunt. Totus locus ita vertendus. *Timotheus Toronen obsidebat. Toronæi altas moles contra erexerant, corbibus arena repletis. Timotheus machinis longioribus è malis navium porrectis spicula apposuit, & falces in extremis machinis;*

ſpiculis coria rumpebat: falcibus corbes diſſecabat, ut arena difflueret. De tignis erectis in ſumma turri, en teſtem locupletem, Apollodorum priſcum mechanicum in Poliorceticis ſuis. Ἐὰν θέλωμεν, ἐπὶ τοῦ πύργου τοῖς μεσοστάταις τούτοις ἄνω κατὰ μέτωπον ἰσοὺς παραστήσομεν τετραγώνους, ἀρτήματα κριῶν φέροντας. οἱ κριοὶ οὗτοι ἐνσείουσι ταῖς ἐπάλξεσι, καὶ λύουσι, καὶ τοὺς τειχομαχοῦντας ἐξωθοῦσι τοῦ τόπου. *Si libuerit ſuper turris meſoſtatis deſuper in fronte collocabimus* ἰσοὺς, *id eſt arrectaria, arietes rudentibus ſuſpenſos ferentia. atque ii arietes pinnas murorum ictibus tundunt, ſoluuntque; & propugnatores murorum loco cedere compellunt.* Nicetas Choniatas in Balduino, de Oreſtiadis urbis munitionibus loquens, & ejus obſidione ab Henrico Balduini fratre tentata. εὗρατο τοὺς πύργους τῆς πόλεως ἐπὶ τῶν ἄκρων δεξαμενὰς ἐκ δονάκων πεπηγμένας, ἐς πολὺ τοῦ ἀέρος ἀναβαίνοντας. ἀλλὰ καὶ τῶν ξυλίνων ἄνωθεν πύργων ἰσοὶ κατεπάγησαν, ἔχοντες οἷα καὶ ὄυα ἐπιχυθέντα ἐξάψαι τε φλόγα, καὶ εἰς μέγα περικαλέσασθαι πέφυκεν. ἐνιαχοῦ δὲ καὶ ἐπ' αὐτῶν παρυφαίνοντο τεχνικὰ πολεμιστῶν ἀνδρῶν ἀναπαύματα.

* Οἷς προσαχθέντα ὑπεξαίρειν χρὴ ποιν ἀεὶ.) Magnum heic vulnus codex regius accepit: nam pluſcula deeſſe verba res arguit. Æneas ſine dubio hoc præcipiebat: quoties turres muro admotæ fuerint ipſo altiores, altitudinem mœnibus eſſe addendam, ſed hoc variis modis quum fieri queat, ut docet Vegetius libro IIII cap. XIX, eam rationem quæ fuerat ab auctore propoſita divinare non poſſumus. Philo ita præcipit: Πρὸς τὰ μηχανήματα ὅταν ἐγγὺς ᾖ, καὶ τοὺς κριοὺς, καὶ τὰς ἐπιβάθρας, πρῶτον μὲν κατὰ τοῦτον τὸν τόπον ἐπαίρειν τὸ τεῖχος, οὐ καθελόντας τοὺς προϋπάρχοντας προμαχῶνας· ἀλλ' ἐπ' αὐτῶν τὴν οἰκοδόμησιν πεποιημένους, καὶ ἄλλους ἄνωθεν κατασκευάσαντας, καταστέγον ποιῆσαι ταύτῃ τὸ τεῖχος, ὅπως ἂν ὑπάρχωσι διπλοῖ πρὸς τὴν χρείαν. *Adverſus machinas cum propius fuerint admotæ, item arietes & epibathras* (eſt hoc genus aſcendentis machinæ, ut vocat Vitruvius: qui & *aſcenſum* vertit;) *ante omnia curandum, ut eo loco muro addas altitudinem: non quidem prioribus propugnaculis dejectis; ſed potius aliis deſuper exſtructis: ita ut ab ea parte murus tectum recipiat, & ſint duplicia propugnacula:* deinde explicat Philo quam habeant utilitatem duplicia propugnacula, ad injicendos machinis laqueos. & ſimiles defenſiones. Vegetius de turri, *Præterea partem muri ad quam machina conatur accedere, cæmento atque lapidibus, vel luto, ſive lateribus, poſtremo tabulatis exſtruendo faciunt altiorem; ne defenſores mœnium deſuper urbi ventura poßit opprimere. conſtat autem inefficax machinamentum reddi, ſi inveniatur inferius.*

Χρὴ ἐστὶν ἀδιατμήτοις περιβληθέντα καταπελάσαι ὑπὸ πνεόντων) In his verbis truſta ſunt duplicis ſententię. illa ἐστὶν ἀδιατμήτοις περιβληθέντα *rebus quibuſdam quæ ſecari non poſſunt involuta*, de coriis crudis aut ſimilibus rebus accipienda, quibus conteguntur munitiones, quædam

etiam

etiam munitionum partes involuuntur. ſic apud Vitruvium, non ſolum acies, ſed etiam catenæ quadruplices ex ferro factæ coriis crudis involuuntur. Verbum καταπηγάσι, oſtendit de pluteis aut re alia locutum auctorem, quæ funibus erigeretur, aut ſtans firmaretur: id verò optime convenit huic loco. nam etiam apud Apollodorum ſequitur poſt illa verba, quę paullo ante recitavimus: οἱ ἱστοὶ δὲ οὗτοι ἐκ τῶν παραστατῶν καὶ ἐπιζυγίδων καλωδίοις προσδεδεμένοι ἀποτεινέσθωσαν. *hæc autē erectaria è paraſtatis et epizygidibus* ſive *axiculis alligati rudentibus intendantur.* quid apud Vitruvium & Gręcos mechanicos ſint epiſtatę & epizygides, non eſt hic locus explicandi. Tirones ad eruditiſſimum Turnebum adeant, & illius Adverſaria conſulant. hujuſmodi funium in deſcriptione machinarum paſſim fit mentio. Gręci σχοινία, κάλως, & καλώδια itemque ὅπλα nominãt. Æneas quomodo appellarit heic, aut illa ὑπὸ πνεόντων quomodo ſint emendanda, divinare nequeo. niſi cui placeat ὑπὸ τεινόντων, ut de viris funes trahentibus intelligamus, non de ipſis funibus.

Ἀλλὰ δὲ ὑποθυμιᾶν καπνὸν πολὺν ὑφάπτων ὡς μέγιστον πῦρ πνέοντα.) Etiam hæc ſunt corrupta. docet reſiſtendum eſſe hoſti è turribus pugnanti, & fumo & igne. fumo tunc locus quando turres obſidentium altitudine muros ſuperant. ὑποθυμίασιν ſive ſuffitum ad excitandum fumum in hanc rem non memini legere uſurpatum; ſed in aliis potius bellicis facinoribus, ut cum adverſus cunicularios pugnatur, de quo capite XXXII. Vox πνέοντα iterum mihi hoc loco negotium faceſſit, ut modo πνεόντων, neque ſcio quid ea faciam.

Ὕψη ἐκ φόρμων πληρουμένων ψάμμου.) Polyænus paullo antè iiſdem verbis; ὕψη ἀντανέστησαν, φορμῶν πληρουμένων ψάμμου. de arena non temere uterque notat. nam implebantur φορμοὶ & aliis rebus ſæpius, ut acere, velut in prima Polybii hiſtoria.

Ἴσχοι δ' ἂν τὰ βέλη καλάμων ταρσοὶ ὀρθίων καὶ πλαγίων συντιθεμένων.) Crates conficiendi rationem obiter docet Æneas. ſunt verò crates ſive *ταρσοὶ, πλέγματα ἐκ ῥάβδων textura quædam virgarum.* Erant crates ad communem quidem uſum ſimplicius textę, ad belli verò neceſſitates denſius textæ, ut docet Ammianus libro XXI. Vitruvius libro X cap. XX. *circum tabulata collocentur crates ex tenvibus virgis creberrime textis*, vel *textæ.* Texebantur autem φορμηδὸν, ut loquitur Thucydides, vel ψιαθηδὸν aut ἐναλλὰξ, ut ſcholiaſtes illius interpretatur. id ipſum ſignificare Æneas voluit illis verbis ὀρθίων καὶ πλαγίων συντιθεμένων. Vitruvius in alia re ſic expreſſit libro VII, capite tertio: *ſi priores cannæ tranſverſariis arundinibus fixa ſunt, ſecundæ erectis figantur.*

Σάκκους ἀχύρων πληροῦντα προκρεμαννύειν.) Leo Auguſtus, §. 48. πρὸς τοὺς κριοὺς ἀντέχειν τυλάεια, σακκία τε γέμοντα ἀχύρων ἢ ψάμμου. eruditus interpres ſcriptum invenit τηλάεια & vertit *telaria.* atqui τυλάεια, funt culcitæ, centones & id genus omnia. nam id τύλη significat. Vegetius: *Adversum arietes vel falces sunt plura remedia. Aliquanti centones & culcitas funibus chalant* (ita recte Turnebus) *& illis opponunt locis quà cadit aries, ut impetus machinæ materia molliore fractus, non destruat murum.* Philo in Poliorcetico μαλάγματα communi nomine appellat omnia corpora mollia, quę ad eludendos tormentorum ictus ante muros appenduntur. Diodorus lib. XVII, μαλακὰς καὶ συνειλδόνας καταπτάσας. Pari ratione & à sagittis aut jaculis, obtensis velis, coriis, aut ciliciis, laxius pansis, ut notat Marcellinus, se defendebant: *neque enim*, ut ait Vegetius, *facile transeunt spicula quod cedit & fluctuat.* ideo Apollodorus ad testudines tegendas vult eis imponi δέρρεις βερυσσωμένας, μὴ περιτεινομένας, διπλᾶς, καὶ χαλάσματα ἐχούσας, ἵνα ἐκλύηται τὰ πεμπόμενα; quod & alibi repetit. Non solum autem mollia appenduntur contra arietem; sed etiam alia, tum adversus ictus machinarum, tum adversus incendia. imprimis tabulæ palmeæ, quæ præ duritie sua & ictibus resistunt & ignibus. è pluribus igitur inter se colligatis tabulatum efficiebant, quo muros defenderent. Philo: πρὸς τὰς πετροβόλους ὀρθῶς ἔχει τὰς ἐκ τῶν φοινίκων σανίδας συνδήσαντας κατακρεμάσαι πρὸ τοῦ τείχους. ἰσχυραὶ γὰρ εἰσι, καὶ δυσέκπρηστοι. etiam Vitruvius ad hos usus, tabulas palmeas præcipue desiderat: admittit tamen *& ex cætera materia; quæ maxime*, inquit, *habere potest virtutem; præter pinum aut alnum: hæc enim sunt fragilia & faciliter recipiunt ignem.* Posterior ætas ligna in hos usus appensa appellavit πόντλα: nam scribit Leo ibidem: Ανάκειται ταῖς τοιαύταις βολαῖς κιλίκια κρεμάμενα ἔξωθεν τοῦ τείχους κατὰ τὰς προμαχῶνας, ἢ σάρκινα, ἢ χοινία εἰλισμένα, ἢ πόντλα, ἤτοι ξύλα κρεμάμενα. καὶ πλινθὶς ἢ ἐν τοῖς προμαχῶσιν οἰκοδομουμένη. Interpres male illa accepit, ἤτοι ξύλα κρεμάμενα; quæ nihil aliud sunt, nisi vocis præcedentis interpretatio. nam πόντλα vox Latina est, & significatione & formatione immutata; ut σάρκινα, pro sarcinis, aut potius mole è congestis sarcinis. Non erat difficile horum omnium exempla ex historia sive Græca, sive Romana afferre: quibus nunc abstinemus, ne modum operis instituti excedamus. & sunt in studiosorum manibus, quæ de eo argumento scripsit Justus Lipsius, vir eruditione & ingenio præstantissimus, ac nobis dum vixit amicissimus. cujus memoriam frustra quidam hodie apud bonos infamant; dum furiosis scriptis suis, neque alio dignis auctore, quam Mænade aliqua Bacchica, fato functi commendatione, gratiam apud probos conciliare nituntur. non utique ausuri, si viveret ὁ μακαρίτης: quem toto animo & pectoris affectu rabiem illam caninam esse abominatum, & vita & scripta ostendunt: nos probare possemus literis non unis, quas ab eo acceptas inter κειμήλια servamus, si latratores istos faceremus tanti.

Ἀγγεῖα ἐρίων,) hoc quoque pertinet ad μαλάγματα. In Mithridatico Appianus; τοὺς κριοὺς φορμοῖς ἐρίων τῆς βίας ἐξέλυον.

Ἀσκοὺς βοείους νεοδάρτους, πεφυσημένους, ἢ πεπληρωμένων τινῶν.) Scribo, πεπληρωμένους. utres suspendere præcipit, vel inflatos, vel re aliqua fartos; puta; alga, acere, palea, stramento aut quisquiliis. Vitruvius in descriptione χωστρίδος testudinis; *maximeque recentibus percrudis coriis duplicibus consutis, fartis alga, aut paleis in aceto maceratis, circa tegatur machina tota.* ubi vides coria desiderari recentia, quæ appellat noster νεόδαρτα, Josephus νεόδορα. Alii, coria non consuta & farta appendebant, sed simplicia muris oppandebant, & quidem ita laxa, ut sinu suo omnes ictus exciperent atque eluderent. Nicetas in Balduino, de obsidione Didymotichi. οἱ ἐντὸς δρυφάκτους καὶ γέρρα πηξάμενοι, νεόδορα νάκη τοῖς τείχεσι περιπετάσαντες, ὡς περιολισθαίνειν αὖθις κολπουμένοις, ὅσα αἱ μηχαναὶ διηφίεσαν.

Χρὴ βρόχῳ τὸ προστίχον ἀναλαμβάνεσθαι.) Scribendum, τὸ προῦχον; prominentem machinæ partem, ut rostrum arietis. sic apud Thucydidem in Platæensium obsidione nobili: ἀπεκαύλιζε τὸ προέχον τῆς ἐμβολῆς. ibidem habes & de laqueis jam tum, & fortasse tum primum in hos usus adhibitis: τὰς μηχανὰς βρόχους περιβάλλοντες ἀνέκλων οἱ Πλαταιῆς. *Platæenses laqueos machinis circumdabant, & eas avertebant.* imitatur Appianus in Mithridatico: τοὺς κριοὺς λίθοις ἀπεκαύλιζον, ἢ βρόχοις ἀνέκλων. id dixit Aeneas ἀναλαμβάνεσθαι; alii in ea re verbo ἀνέλκειν usi. Dio in fragmentis Leunclavii; τοὺς κριοὺς τοὺς μὲν βρόχοις ἀνεῖλκον, τοὺς δὲ ἁρπάγαις ἀνέσπων. Livius in obsidione Heracleæ; *cum arie quaterentur muri, non laqueis, ut solet, exceptos declinabant.* nec prætermisit Vegetius, quem Lector vide. meminit & Philo in Poliorcetico.

Παρασκευάζεσθαι δὲ ὅπως λίθος ἁμαξοπληθὴς ἀφιέμενος ἐμπίπτῃ,) Vulgatissima olim res, è murorum pinnis & propugnaculis jacere in hostem saxa, vel minora, vel majora, aut alia ingentia pondera, ut trabes, sive è materia, sive è plumbo. Anonymus auctor, cujus ante meminimus. Ἀθροίζειν δεῖ καὶ ἀποτίθεσθαι ἐν τοῖς προμαχῶσι λίθους μέλανας, καὶ μικροὺς, καὶ βαρεῖς, καὶ δοκοὺς, καὶ σημονάρια παχέα, καὶ πολλὰ, δρύϊνα, κατὰ τὰς ἄκρας ὀξέα· ἵν᾽ ὁπότε καταῤῥιφθῆναι δέησεν, φόνον ἐργάζωνται πλεῖστον· διαῤῥηγνύωσι δὲ οὐ μόνον τὰς ἀσπίδας, ἀλλὰ καὶ τὰς λαίσας. *Congerere & condere in propugnacula oportet, saxa nigra & parva, & gravia; item trabes, ac brevia statumina crassa, & ligna querna multa, quæ habeant extrema acuta: ut tempore necessario conjecta, cædem patrent quàm plurimam; nec solum clypeos rumpant, sed etiam crates & pluteos.* Æneas minorum lapidum hic non meminit; sed solum vægrandium, & ut ipse appellat, plaustralium; minorum autem & χερμαδίων fiet mentio capite XXXVIII. Ad hæc ingentia pondera

dera jacienda, vel potius dejicienda, vetustissimi homines usi binis κεραίαις, hoc est tignis quæ muro affigebant, ut inter illa suspenderent aut trabes aut similia, cum opus esset, demittenda. id artificium fuse describitur Thucydidi, in Platæensium obsidione. Exemplum videtur translatum à re navali, aut eò traductum: nam antiqui in suis naumachiis ad saxorum conjectionem antemnis usi, quas κεραίας λιθοφόρους appellabant. Diodorus Siculus in descriptione pugnæ à Conone & Callicratida pugnatæ. πλεῖστοι δ' ὑπὸ τῶν λιθοφόρων κεραιῶν ἔπιπτον, ὡς ἂν ἐξ ὑπερδεξίων τόπων βαλλόντων λίθους ὑπερμεγέθεις τῶν Ἀθηναίων. alii tollenonibus in eam rem usi, ut apud Livium Ætoli in Ambraciæ defensione. quanquam in hoc Livii loco, non aliud profecto sunt tollenones quàm κεραῖαι: Polybius enim ut in Fragmentis ostendimus, dixerat: τοῖς κεροῖς διὰ κεραιῶν ἐνιέντες σηκώματα μολύβδινα, καὶ λίθους, ἢ στύπη δρύινα. verum hæc pluribus alibi expendenda. postea etiam petrariæ machinæ, hoc est ballistæ & catapultæ πετροβόλοι, in ipsis muris sunt collocatæ. ejusmodi fuerunt illa παλίντονα & μονάγκωνες quorum meminit Philo. ὡσαύτως, ait, ἀπὸ τῶν μηχανημάτων, καὶ ἀπὸ τῶν κεραιῶν λίθους μεγίστους ἀφιέντας καὶ τοῖς πετροβόλοις ἄνω βάλλοντας, τοῖς παλιντόνοις καὶ τοῖς μονάγκωσι. in quibus verbis, per machinamenta, intelliguntur tollenones, & similia instrumenta. per παλίντονα & monanconas, catapultarum muralium genus, quarum accuratior descriptio non est hujus loci. per κεραίας, vel illud artificium quod in historia Thucydidis fuse describi dicebamus: vel genus quoddam mangani in eo usus multis post seculis inventi, & de eo dicti nomine. invenio ejus mentionem apud Anonymum Tacticum; qui postquam dixisset, pugnandum è mœnibus esse, iis machinis, quas ipse appellat tetrareas & ἠλακάτας, id est colos, addit statim κεραίας, δυναμένας λίθους βαρεῖς πρὸ τοῦ τείχους ἀπὸ τῶν ἐπάλξεων ῥίπτειν. *Kereas, vim habentes jaciendi saxa gravia è propugnaculis mœnium ante ipsos muros.* nam Thucydidis κεραίαις non convenit hæc descriptio: quæ machinæ ipsæ per se non erant: sed pars tantum perficiendæ machinæ necessaria. Meminit etiam Philo idem cujusdam instrumenti, quod σωλῆνα *canalem* vocat; cujus erat usus, cum longius à muro submovendum erat saxum, aut quicquid fuit aliud, quod postea vellent dejicere in τὰς στοὰς καὶ τὰ μηχανήματα, & quas alii vocant belostases; de quibus ad primum Polybii fuse agimus. In hoc genere rarum defensionis instrumentum observavi apud veterem scriptorem, quod verbis ipsius indicare malo quàm meis. Anonymi Tactici cujus non semel fecimus mentionem, hæc verba sunt: εἰ δὲ καὶ λαίζας χωστρίδας οἱ ἐχθροὶ ἐπινοήσοντες εἶεν, ὥσπερ καὶ πολλοὶ τῶν παλαιῶν, χρὴ κόπρον ἀνθρωπείαν ἐκχέειν κατ' αὐτῶν, καὶ ἀποκρούεσθαι τούτους· ἥτις χρησιμεύσει πρὸς πᾶσαν μηχανὴν ἐγχωννυμένην· καὶ πρὸς αὐτὴν τὴν ἐκ τῶν ἀσπίδων γινομένην σύγκλεισιν. *Si hostes excogitarint testudines ad congestionem*

stionem fossarum, sicut veterum multi; conjectione stercoris humani repellere eos oportet: proderitque ejusdem rei effusio adversus quodvis machinarum genus: etiam adversus testudinem per densata scuta factam.

Καὶ συντρίβῃ τ̀ τρύπανον.) de ariete loquitur, & ait τ̀ τρύπανον, aut potius τὸ τρύπανον. videtur duo machinarum genera confundere, arietem & terebram; cujus multi veterum meminerunt. describitur à Vitruvio libro x cap. XVIII. & ab Apollodoro longe uberius in Poliorceticis. Polyænus libro sexto; Ἀθηνοκλῆς πολιορκούμενος πρὸς τοὺς κριοὺς καὶ τὰ τρύπανα, δοκοὺς μολυβδοῦς ποιήσας, πλαγίας παρέτεινεν ἐπὶ τοὺς ἐπάλξεις. In Philonis Poliorcetico tres diversæ machinæ junctim non semel recensentur, aries, terebra, & corvus. Et sunt omnino res diversæ aries & terebra, cum forma, tum usu, quem declarat eximie Apollodorus. neque puto, pro eodem posuisse res adeo diversas Æneam: sed familiari quadam sibi securitate, quum paullo ante dixisset, τοῖς εἰς τὰ τείχη μηχανήμασιν ἐμπίπτουσι, κριοῖς καὶ τοῖς ὁμοτρόποις, terebram heic posuit, non pro ariete, sed velut unum aliquod ex iis quæ appellatione τ̀ ὁμοτρόπων antea intellexerat. Quid si τὸ τύπανον scripserat Æneas? τύπανον, idem erit ac τύπος, pars arietis qua muri quatiuntur. voce τύπος Polybius utitur libro primo: ὥστε καὶ τὰς βάσεις τ̀ πύργων καὶ τὰ τύπη τ̀ κριῶν ὑπὸ τ̀ πυρὸς ἀχρειωθῆναι.

Τὸν δὲ λίθον ἀφιέναι ἀπὸ τ̀ προωστῶν, ἐχόμενον ὑπὸ καρκίνων.) προώστας interpretor capita lignorum prominentium, quæ pondus dejiciendum suspendebant, ut in descriptione Thucydidis duæ illæ κεραῖαι, de quibus antè diximus. nam hæ extra muros prominebant, ut diserte scribit maximus historicorum Olori F. ἀρτήσαντες ἀπὸ κεραιῶν δύο ἐπικεκλιμένων καὶ ὑπερτεινουσῶν ὑπὲρ τ̀ τείχους; *quum suspendissent ad duas antemnas* sive *tigna super murum inclinata & prominentia*. propterea Philo vocat τὰ ἐκκείμενα ξύλα, qui etiam docet eorum usum: ait enim, ἄνωθεν ἐκ τ̀ ἐκκειμένων ξύλων αἱ ὁρμιστηρίαι δέδενται τ̀ σανίδων καὶ τ̀ μαλαγμάτων, *desuper è tignis prominentibus alligata sunt retinacula asserum & rerum mollium, quæ ante muros appenduntur*. appellat ὁρμιστηρίας rudentes aut catenas per quas pondera suspenduntur: id enim est ὁρμίζειν, & καθορμίζειν aliquando. Aristoteles III De partibus: καθώρμισται ἡ κύστις ἐκ τ̀ νεφρῶν. paullo aliter apud Diodorum in obsidione Tyri, funes qui arietem suspendunt dicuntur ὁρμητηρίαι. ita enim scribitur: ταῖς δρεπανηφόροις κεραίαις τοὺς τ̀ κριῶν ὁρμητηρίας ὑποτέμνοντες, ἄχρηστον τ̀ τ̀ ὀργάνων βίαν ἐποίουν. non male docti viri ὁρμητηρίας in hoc loco interpretantur, funes quibus incitantur arietes. puto tamen ὁρμιστηρίας scripsisse Diodorum, & intelligi quæ mechanici vocant ἀρτήματα κριῶν. apud Thucydidem trabes suspenduntur non funibus, sed ἁλύσεσι μακραῖς σιδηραῖς, *catenis longis è ferro*. sic & saxa apud alios. Nicetas in

Baldui-

Balduino: videbat, inquit, in nonnullis turribus, καὶ λίθους δι᾽ ἁλύσεων ἠρτημένους, καὶ πρὸς τὰς χρείας τῶν καιρῶν μεταγομένους. Æneas noſter neutro modo ſaxa ſuſpendit, ſed καρκίνοις, quod forcipis genus quoddam eſſe ad caput XVIII dicebamus, & probamus alibi. Περιῶσται projectiones extra murum, ita dictæ, ut ἐξῶσται, mœniana; pro qua voce perperam viri quidam doctiſſimi cenſuerunt ſcribendum ἐξωστοαί. non enim eſt à στοὰ, ſed ab ἐξωθεῖν; ut περιῶσται à περιωθεῖν, quod verbi in eam rem proprie Græcis uſurpatur. Polyænus de Athenocle: οἱ δὲ ἀπὸ τῶν τειχῶν μόλιβδον τηκτὸν ἐν χαλκείοις περιωθοῦντες κατέχεον. Vertimus περιώστας *tigna projecta*. Vitruvium ſecuti in deſcriptione machinarum bellicarum. idem vocat & *projecturas*. qui etiam in deſcriptione teſtudinum, *ſubgrundas* quaſdam agnoſcit, quæ non male Græce reddantur περιῶσται. Sed & quas hodie vernaculus ſermo vocat in muris *les meurtrieres*, περιώστας poſſumus dicere. citima Græcorum ætas, niſi fallimur, ἄρκλας nominavit. Nicetas Choniates libro quarto rerum Manuelis Comneni; τινὲς τῶν μεγιστάνων Παιόνων, μίαν εἰσιόντες τῶν ἐκκρεμῶν τοῦ τείχους, καὶ περιδυτῶν, ἔξωθεν μηχανῶν· ἄρκλας οἶδε ταύτας ἡ κοινὴ καὶ πάνδημος φράσις καλεῖν. mox appellat, τοῦ τείχους τὸ περιεκκρεμάμενον ξύλινον σύμπηγμα.

Χρὴ ἔσωθεν ἀντιπαρασκευάζειν ἀντικριόν.) Meminit Philo, & vocat κριὸν τὸν ἀντιπαρασκευασθέντα. Tale quid & Vegetius libro III. capite XX. *Interdum longiſſimas ferratasque trabes opponunt machinæ venienti, eamque à muri vicinitate propellunt.* non tamen eſt Æneæ ἀντικριός.

Διορύξαντα τοῦ τείχους μέχρι τοῦ ἄλλου μέρους τῶν πλίνθων.) etſi ἄλλου dicit non ἑτέρου; videtur tamen de muro loqui compoſito è duplici laterum ordine: quorum alter exteriorem muri frontem efficit, ut appellat Vitruvius, alter interiorem: ſed inter duos ordines lateritios alia videntur fuiſſe interiecta.

πρὸς δὲ τὰ μεγάλα μηχανήματα) turres intelligit, è quarum tabulatis pugnabant milites omni telorum genere.

Καὶ βέλη ἐξ αὐτῶν ἀφίεται, ἄλλα τε καὶ καταπέλται καὶ σφενδόναι.) Catapultam cape, non quomodo poſteriora ſæcula, & Cęſar ipſe, pro machina petraria; ſed pro ea quæ tela graviora, & jacula atque haſtas mitteret. hæc prima notio, & prima forma catapultæ; quam Olympiade XCV Syracuſis invenit Dionyſius, ut auctor eſt Diodorus; qui modo appellat καταπέλτας ſimpliciter, modò ὀξυβελεῖς καταπέλτας. ut cum ait in prima ejus teli uſurpatione adverſus Imilconem ducem Carthaginienſium; ἀπὸ δὲ τῆς γῆς τοῖς ὀξυβελέσι καταπέλταις οἱ Συρακούσιοι χρώμενοι συχνοὺς τῶν πολεμίων ἀνῄρουν. καὶ γὰρ κατάπληξιν εἶχε μεγάλην τοῦτο τὸ βέλος διὰ τὸ πρώτως εὑρεθῆναι κατ᾽ ἐκεῖνον τὸν καιρόν. Ariſtoteles, qui Olympiadis XCIX principio eſt natus, meminit quidem catapultæ te-

lorum

lorum jaculatricis in tertio Nicomacheorum : ſed ut inventi tunc admodum recentis inter veræ Græciæ populos. idem enim libro ſeptimo Politicorum de machinis poliorceticis loquens, appellat eas inventa *νῦν εὑρημένα, quæ modo ſunt reperta.* de cauſſa nominis & figura, plura diſſerimus alibi. Funda, cujus Æneas hoc loco meminit, ea videtur eſſe quam Græci Achaicam vocabant. nam iſta potiſſimum uſos eſſe veteres in obſidionibus docet Suidas, & confirmat hiſtoria. qua de re plura alibi.

Εἰς δὲ τὰς ὀροφίνας οἰκίας τὰ πυρφόρα τοξεύματα.) Etſi Græcis ὄροφος aut ὀροφὴ omnis domus tectum appellatur; ὀροφίνην tamen οἰκίαν hic, de quavis domo quæ tectum habeat interpretari, ſtultum ſit & ridiculum : quum res ipſa demonſtret, κυρίως, hoc eſt, primęva ſignificatione eſſe eam accipiendam. ὄροφος proprie calami ſive arundinis parvę genus eſt, apud vetuſtiſſimos in tegendis domibus uſurpatum, quod & nomen ſignificat : eſt enim ab ἐρέφειν. Poëta Iliad. ω.-- ἀτὰρ καθύπερθεν ἔρεψαν λαχνῆεντ' ὄροφον λειμωνόθεν ἀμήσαντες. Interpretes poëtæ eo loco obſervant, quod ad tecta orophus adhibitus fuerit, id factum eſſe propter lanuginis ſupernaſcentis denſitatem. Sic illi : ὄροφος καλαμίσκου εἶδος ὑδροχαροῦς ἐπιτηδείου εἰς ὀροφήν· ὃς ἐν λειμῶνι ἐπανθεὶς δασεῖαν ἐπανθοῦσαν ἔχει λάχνην, ὅτε καὶ ἐστὶν ἀγαθὸς ἐρέφειν. ἀπ' αὐτοῦ δὲ διὰ τὴν παλαιοτάτην χρῆσιν, καὶ ἁπλῶς αἱ τῶν οἰκιῶν στέγαι πᾶσαι ὄροφοι λέγονται. Eſt igitur ὀροφίνη οἰκία, domus tecta arundinibus, vel fronde, vel ſcandulis, aut ſimili materia, quæ facile ignem concipit.

Χρὴ τοὺς ἐν τῇ πόλει κρυφαίως ὑπορύσσειν κατὰ τὰς προσαγωγὰς τοῦ μηχανήματος.) Vegetius libro IV, capite XX. *Cum Rhodiorum civitas oppugnaretur ab hoſtibus, & turris ambulatoria murorum altitudinem ac turrium omnium ſuperaret, mechanici ingenio inventum eſt tale remedium. Per noctem ſub fundamento muri cuniculum fodit, & illum locum ad quem die poſtero turris fuerat promovenda, nullo hoſtium ſentiente, egeſta terra cavavit intrinſecus: & cum rotis ſuis moles fuiſſet impulſa, atque ad locum qui ſubtus cavatus fuerat, perveniſſet, tanto ponderi ſolo cedente ſubſedit: nec jungi muris, aut moveri ulterius pòtuit.* Falſo putat Vegetius, tum primum à mechanico Rhodiorum fuiſſe dolum inventum, cujus præceptum hoc loco Æneas, multo vetuſtior, tradit.

Προκαλύπτειν δὲ ἅμα τούτοις καὶ γυμνὰ παραπετάσματα ἢ ἱστία, ἐρύματα τῶν εἰσαφιεμένων βελῶν.) Solent qui ſtant adverſus hoſtem in muro, oppanſis ciliciis, ſagis, velis, coriis, & id genus aliis rebus, ſaluti ſuæ conſulere : de eo genere defenſionis non loquitur heic Æneas; ſed de alio aliquantum diverſo. Vult enim ſagis aut velis deſuper contegi illa lòca, ad quæ tela hoſtium poſſunt pervenire. duplex expanſorum hoc pacto velorum utilitas notatur : nam & tela inhibebuntur, ne per illa

loca

loca ingredientibus noceant: & ipſorum telorum facilis collectio præſtabitur, cunctis ſuper velo aut ſago conſiſtentibus. Idem & in navibus olim factitatum, quando hoſtis imminebat infeſtus. Cornelius Siſena Hiſtoriarum lib. IV. *Puppeis aceto madefactis centonibus integuntur: quos ſupra, perpetuæ claſſi ſuſpenſa cilicia obtenduntur.*

Πρὸς μὲν τὸ διόρυγμα πῦρ ποιεῖν πολύ.) Obſerva ignem loco munitionis hoſti objiciendum præcipi: quod ſæpe factitatum ex variis occaſionibus, teſtis eſt hiſtoria. ignis excitati ab obſeſſis ut hic docemur, exemplum egregium apud Guilielmum Britonem in obſidione caſtri Guaillardi per Philippum Auguſtum libro VII Philippidos.

Poſtquam municipum nimius fragor impulit aures,
Illuc ſe vertunt; congeſtis undique lignis,
Ignem ſupponunt, ut ſic aut ardeat intus,
Aut via non pateat, qua prodeat hoſtis ad illos.

Ad morandum verò hoſtem aliâs inſecuturum, ſæpiſſime accenſum ignem legimus. Vide Cæſarem Gallici belli libro VIII: de Bellovacis Romanos fugientibus; Frontinum libro primo capite quinto; ubi non unum exemplum.

Τάφρον ἔνδοθεν ὀρύσσειν, ἵνα μὴ εἰσέλθωσι.) Si murus fuerit vel perforatus, vel dejectus, neque poterit hoſtis ab aditu ſubmoveri, ſupereſt una ſpes in novis munitionibus interius ducendis, quæ in hodierna militia vocantur, *des retranchemens;* Livius ſæpe hoc, *murum interiorem ducere:* cujus rei & inter belli præcepta monemur, & crebris in hiſtoria exemplis. antiquiſſimum eſt apud Thucydidem, â Platæenſibus editum; qui mature extruunt interiorem, ac proinde anguſtiorem, murum μηνοειδῆ, hoc eſt lunari forma: quæ fere ejuſmodi munitionum eſt figura, ſicut pluribus alibi dicemus.

Ad Cap. 34, 35, 36. Igniariæ rationes, obſeſſis cognitu utiles & neceſſariæ, tribus hiſce capitibus explicantur: quorum primo defenſores docentur, ignibus hoſtes vexare: altero cavere ne ſibi ignibus noceatur, atque adeo excitatum in ſuum damnum ignem exſtinguere. tertio, de artificioſo quodam igne agitur.

Χρὴ δὲ ταῖς προσενεχθείσαις χελώναις ἐπιχεῖν πίσσαν καὶ στυππεῖον καὶ θεῖον ἐπιβάλλειν.) Julius Africanus cap. XLVI Æneæ verba leviter immutata pro ſuis deſcribens, vocem στυππεῖον non habet. In teſtudines machinaſque alias propius muros admotas, ignes & res ignitæ, aut vehementer calefactæ conjici ſolitæ, duplici fine; ſive ut machinas incenderent, ſive ut machinarum impulſoribus, vel fodientibus muros ſub ipſis, nocerent. non ſolum igitur titiones ac faces jaciebant, ſed etiam aquam aut picem ferventem, oleum item fervens, & arenam calefactam. nam hæc & machinis erant infeſta, & ex illis, niſi probe forent contextæ, in capita ſubtus facientium opus guttatim defluebant, dirif-

que

que illos cruciatibus afficiebant. Apollodorus. Τούτοις τῶν χελωνῶν ξύλοις ἀποκρεμάσθωσαν δέῤῥεις τείχινοι, καὶ σανίδες προσηλώσθωσαν. ἵνα μήτε ἄμμος θερμὴ, μήτε πίσσα, μήτε ἔλαιον ἐπιχεόμενον ἐπιστάζῃ τοῖς ἐργαζομένοις. arena autem candefacta quam vim habeat, & quam horribile sit tormentum, ex Olai Magni Historia disci potest, libro IX, cap. XXIV & XXX. multum enim hodieque gentes Gotthicæ in defensionibus urbium adversus obsidentes, eo telo utuntur. Quæ hic præcipiuntur ab Ænea, pix, stuppa, sulphur; & ligna tenuia, ut sarmentorum & virgultorum fasces, usitatissimæ τῶν πυροβόλων materiæ, jam inde ab antiquissimis temporibus, fuere, Lege Thucydidem in Platæarum obsidione. Porro picem, oleum cæteraque alia liquida & χυτὰ ut arenam, è lebete vel olla ansas prælongas habente, aut sartagine interdum, fundebant. Herodianus libro VIII vocat κοῖλα σκεύη λαβὰς ἐπιμήκεις ἔχοντα. veteres Græci ejusmodi vasa proprie ἀστιόχους nominarunt; cujus rei unicum testem habemus Hesychium. ἀστίοχος, ait, ἄγγος περιφερὲς, εἰς ὃ ἐγχέοντες πίσσαν καὶ θεῖον καὶ στυππεῖον ἠφίεσαν. quamquam & alia in eosdem usus parata ita vocarunt, ut ligna sulphurata vel picata. nam addit. ἔστι δὲ καὶ γένος λίνου καὶ ξύλου ξηροῦ καὶ πεπισσωμένου. Apollodorus parari jubet χίδακας δυκεάτους, nec non ligna τεθειωμένα καὶ πεπισσωμένα. Observo etiam, ad liquida injicienda, quæ Philo appellat ὑγρὰ τεθερμασμένα, prælongis interdum usos fistulis, quas idem nominat, ἐνετῆρας. id nomen è libris Græcorum medicorum satis notum est. Vetus scriptor apud Suidam narrat, in prætoria nave Rhodiorum fuisse κημὸν πυρφόρον: id quoque vas simile fuit astiochis Hesychii. in sexto Polyæni Athenocles obsessus plumbum liquatum ἐν χαλκείοις προωθῶν effundit è muris. Latini, ut Ammianus, in hunc usum adhibent qualos, corbes, & sitellas è ferro; alii amphoras; ut Cn. Scipio, qui bello navali, amphoras pice & tæda plenas, in hostium classem jaculatus est, ut narrat Frontinus libro IV.

Παρεσκευάσθω ξύλα, οἷον ὑπερμεγέθη δὲ πολλῷ μείζω.) Lego & suppleo οἷον τόξα· ὑπερμεγέθη δὲ καὶ πολλῷ μείζω. Rationem conficiendi malleolos, aut falaricas heic nos docet Æneas. Latini malleolos dixerunt compositionem certam rerum aptarum ignem concipere; nam ut Cicero etiam docet pro Milone & alibi, ad incendia malleoli comparabantur. Fiebant variis modis: aliquando sine alia arte stuppas, spartumve, aut similem materiam in liquefactam picem sulphurve intingebant, & colligatum fascem jaciebant. Nonius: *Malleoli sunt manipuli spartei, pice contecti, qui incensi, aut in muros aut in testudines jaciuntur.* Plane ex hac descriptione malleolum recte vocaveris illam ἐσχεδιασμένην σύνθεσιν cujus modò auctor noster meminit: constabat enim è pice, stuppa, sulphure & virgultis in unum fascem colligatis. Sed alii fuere malleoli, ad quorum confectionem plus adhibebatur artis. concinnabantur enim ad instar sagittæ, ut ait Vegetius. Ammianus ita describit in digressione de machinis poliorceticis, libro XXIII. *Malleoli teli genus; figurantur hac specie. Sagitta est cannea inter spiculum & arundinem multifido ferro coagmentata, quæ in muliebris coli formam, quo nentur lintea stamina, concavatur ventre subtiliter & plurifariam patens; atque in alveo ipso ignem cum aliquo suscipit alimento. & sic emissa lentius arcu invalido, (jactu enim rapidiore extinguitur) si hæserit usquam, tenaciter cremat: aquisque conspersa acriores excitat æstus incendiorum; nec remedio ullo quàm superjacto pulvere consopitur.* Æneæ descriptio brevior & obscurior; quam tamen de hoc genere malleorum non incommode acceperis. Sed & ad falaricam auctoris verba possunt trahi; non illam quidem posterius inventam, quæ ballista mittebatur; sed quæ manu instar jaculi. nam Æneas ad hoc telum ligna vult parari ὑπερμεγέθη, hoc est longissima, cujusmodi est hastile falaricæ in descriptione Liviana & Vegetii: ideo cum fulmine comparat Æneas. Virgilius de Turno:

Sed magnum stridens contorta falarica venit,
Fulminis acta modo.

Καὶ εἰς μὲν τὰ ἄκρα τοῦ ξύλου καὶ ἄνω καὶ κάτω χωρὶς πυρὸς σκευασίας ἰσχυρᾶς.) Deest verbum ἐπιθῆς, aut aliud. τὸ χωρὶς refero ad antecedentia verba. intellige autem materias ad incendium collocatas non in extremis quidem teli, sed ad extremitates hinc inde, vacuo spatio in medio relicto ad prehensionem teli & conjectionem. Quoniam verò diserte subjicit Æneas, hoc telum πυρβόλον eam habuisse figuram, quæ ab antiquis fulmini tribuebatur: videntur utrinque illius extrema cuspidibus trisulcis fuisse præfixa. nam κεραυνοὶ ab utraque parte erant τριγλώχινες, ut sciunt qui animi saltem caussa veteres nummos, & alia antiquitatis monumenta inspexerunt. ea spicula valebant πρὸς τὸ ἐμπαγῆναι, sicut ait noster; semel enim adactum firmiter hærebat: quod in falarica Livius, in malleolo Marcellinus observant.

ἔπειτ' ἄν τινες ὦσι τῆς πόλεως ξύλινοι μόσυνες, ἢ τοῦ τείχους.) Potest abesse dictio ξύλινοι. nam ut apud Latinos falas qui dicit turres intelligit ligneas; sic qui μόσυνας apud Græcos. ex libris geographorum, & poetarum, qui iter Argonautarum descripserunt, satis compertum est, unde Mosynœci accolæ Ponti sic fuerint dicti. Dionysius Halicarnasseus libro primo de hoc populo: οἰκοῦσι ἐπὶ ξυλίνοις, ὥσπερ ἂν πύργοις, ὑψηλοῖς σταυρώμασι, μόσυνας αὐτὰ καλοῦντες. Nicetas in Alexio Comneno, libro primo: πολλοὶ τῆς πατρίδος ἄγχιστα πηξάμενοι μόσυνας, οὕτω διχθιῶ τῷ Πέρσῃ, προσέμειναν.

Ἐὰν δὲ ἐμπρησθῶσι πύλαι.) Lege Vegetium, libro IV capite quinto. Sequentia Æneæ verba ita scribi oportuit: προσφέρεσθαι δεῖ ξύλα, καὶ ἰμῶ. neque aliter describit Africanus, cujus caput XLVII mera est hujus Æniani descriptio.

Εὰν

Ἐὰν δέ τινες πολέμιοι . . . . . ται ἐμπιμπράμεναι ἰσχυραὶ σκευασίαι πρὸς τὸ πῦρ, σβεννύειν χρὴ αὐτὸ ὄξει.) Æneæ mentem exprimere conati ſumus: verba præſtare non poſſumus. Julius Africanus capite xxxix ſententiam non verba ipſa deſcripſit. Ait enim. ἐὰν ἡμῶν οἱ πολέμιοι πυρὶ κατασκευάσωσι τεῖχος, ἢ τι ἕτερον ἐμπρήσουσι, πῶς σκεδάσαι δυναίμεθα; σκεδάσομεν αὐτὸ συντόμως καταχέοντες ὄξος, deſumi iſta ex Ænea probant ſequentia apud Africanum. Aceti vim præcipuam eſſe ad reſtinguendum incendium, & pueri ſciunt.

Μᾶλλον δὲ τὸ προαλείφειν· τούτου γὰρ πῦρ οὐχ ἅπτεται.) Non ſolum ipſum per ſe acetum ignem reſtinguit, ſed etiam aceto illita, aut in eo macerata, ignem reſpuunt. iccirco Vitruvius & Hero mechanicus coria quibus machinę circa teguntur paleis jubent farciri, in aceto maceratis. Siſenna apud Nonium: *Puppes aceto madefactis centonibus integuntur.* Non prætermittendus Philonis mechanici locus: ἵνα μὴ ἐμπιπρῆται μήτε τὰ μηχανήματα, μήτε αἱ ἐπιβάθραι, μήτε αἱ χελῶναι, ταῖς σιδηραῖς καὶ χαλκαῖς χρηστέον ἐστὶ, καὶ ταῖς μολιβδαῖς κεραμίσι· καὶ τῷ φύκει διερῷ εἰς δίκτυα ἐμβαλόντα, καὶ τοῖς σπόγγοις νοτεροῖς, καὶ τοῖς κῳδίοις ὄξει βρέξαντα, ἢ ὕδατι, ἢ ἰξῷ· ἢ τῷ αἵματι τέφραν μίξαντα ἀλείφειν τὰ ξύλα. *ne machinæ crementur, neque epibathræ, neque teſtudines, tegulis (ſquamas* alii dicunt,) *utendum eſt ferreis, æreis, plumbeis: aut humente alga, ubi eam in retia conjeceris: vel ſpongiis madentibus: potes & velleribus, poſtquam illa aceto madefeceris, aut aqua, aut viſco: vel ſanguine ligna inungito, cui cinis fuerit permixtus.* meminit algæ adverſus incendium Vitruvius in ſimili ſermone. Hero vero plane ut Philo, retia jubet repleri vel muſco humido, vel algæ ſpecie, quam thalaſſopraſon dicunt. Cæterum Æneæ verba pene ad verbum videtur deſcripſiſſe & Polyænus libro ſexto in Athenocle: ἄριστον κώλυμα πυρὸς ἐπαλειφόμενον ὄξος. ἥκιστα γὰρ τούτου πῦρ ἅπτεται. ubi etiam habes de ſpongia quod modò referebamus è Philone: κώλυμα πυρὸς σπόγγος ὕδατος πλήρης προσηρτημένος. Addit Polyænus, fuiſſe qui machinas ab ignis periculo ſervarent χοῦν καὶ πηλὸν τετριχωμένον προσπάττοντες: intelligit argillam cum capillo ſubactam, quę olim ſolita ad eam craſſitudinem machinis induci, ut ignis omnino non poſſet eis nocere. auctor Vitruvius libro x. cap. xxi è Græcorum libris. Apollodorus non uno loco terram pinguem hoc nomine commendat; & quidem mixtis capillis. qua de re ita ſcribit: ταύταις πάσαις ταῖς χελώναις πυκνοὶ ἐμπηχθήσονται ἧλοι πλατυκέφαλοι, οἳ γῆν καθέξουσι λιπαρὰν μεμαλαγμένην, μὴ ἔλαττον δακτύλων δ τὸ πάχος, ἐπικεχρισμένην τοῖς πλαγίοις τῆς χελώνης τρίχες αὐτῇ μιγήσονται· ἵνα τηρήσωσιν αὐτὴν ἀρραγάδωτον.

Τοὺς δὲ κατασβεννύντας ἀπὸ τῶν ὑψηλοτάτων ἔχειν περὶ τὸ πρόσωπον ἔρυμα.) Africanus: τοὺς δὲ σβεννύντας ἀπὸ τῶν ὑψηλοτέρων δεῖ περὶ τὸ πρόσωπον ἔχειν ἔγρυμάτι, ἵνα ἧσσον ὀχλῶνται). ita in meo codice locus describitur. melius ἔρυμα.

Αὐτὸ δὲ πῦρ σκευάζειν ἰσχυρὸν, ὧδε, ὅπερ οὐ πάντη κατασβέννυται.) Non satis liquet, quò spectent hoc brevi capite comprehensa; utrumne auctor, materias igni concipiendo aptas simpliciter recensere propositum habeat; an rationem docere voluerit, aut saltem indicare, conficiendum ex illis genus aliquod ignis artificiosi. nam illa verba πῦρ σκευάζειν, quis neget doctrinam πυρὸς σκευαστοῦ spondere? ita Græci vocant, quem pyrotechnæ nostri vocant ignem artificiosum. quidam *ignem Græcum*. Cedrenus in Leone iconomacho, de miseris quibusdam monachis loquens; οἳ καὶ προσπελάσαντες τῷ Βυζαντίῳ ἡττῶνται, ἐμπρησθέντων αὐτῶν ἐντὸς νηῶν τῷ σκευαστῷ πυρί. intelligit autem Cedrenus, ignem artificiosum paullo antè à Callinico architecto excogitatum, qui illud inventum ex Heliopoli Ægypti ad Constantinum Pogonatum attulerat. auctor Zonaras, & Cedrenus ipse; qui *marinum ignem* vocat, quia in mari durabat. Sic ille: τότε Καλλίνικος ἀρχιτέκτων ἀπὸ Ἡλιουπόλεως τῆς Αἰγύπτου προσφυγὼν τοῖς Ῥωμαίοις, πῦρ θαλάσσιον κατασκευάσας τὰ τῶν Ἀῤῥάβων σκάφη κατέπρησεν ἐν Κυζίκῳ, σύμψυχα καταπεντίσας αὐτά. αὐτὸς οὖν ἐστὶν ὁ τὸ θαλάσσιον πῦρ ἐφευρών. Historia Miscella libro XIX. ita hæc expressit: *Tunc Callinicus architectus ab Heliopoli Syriæ ad Romanos profugus venit, qui marino igne confecto, Arabum vasa exussit, & una cum animalibus incendit.* alii vocant πῦρ ἔντεχνον vel ἐντέχνως κατασκευασθέν. plures dicunt πῦρ ὑγρὸν *ignem humidum*, quod inter humida, & humores ipsos vivat. ut Zonaras in Pogonato, Nicetas in Isaaco Angelo libro primo. horum ignium apud veteres Græcos vel Latinos nullam mentionem invenio; sed olei quod incendiarium vocatum fuisse ait Vegetius libro IV, capite octavo. meminit & capitibus XVIII & XLIV. simile fuit etiam oleum è maltha quo defendisse mœnia sua Cyzicenos, oppugnante Lucullo, testis Plinius libro II. capite CIV. Julius Africanus operis sui Tactici caput XLV inscripsit, αὐτόματον πῦρ ἅψαι. eo docet rationem pharmaci conficiendi, quo si arma hostium aut aliud quid inunxeris, atque id postea radiis solis objeceris, incendio sponte excitato omnia sint conflagratura.

Ad Cap. 36. Docet quo pacto obsessi resistere hosti debeant, qui scalas muris aut cum maxime admovet, aut jam admovit. Recte Æneas machinis scalas adjungit, quæ revera expeditæ quædam sunt machinæ. itaque Græci Tactici & mechanici de his quoque accuratè scripserunt. Qui rationes capiendarum urbium explicabant, genera scalarum, fabricam earum, usum & pericula exposuerunt: noster nihil horum, sed id solum quod ratio instituti operis postulabat; quomodo adversus scalis utentes pugnandum esset. meminit tamen Æneas obiter cap. XXXVIII scalarum militarium è funibus nexarum, quas Latini

quidam

quidam hiſtorici *ſcalas lineas* vocant. de his multa Hero. ſed nemo hoc argumentum uberius tractavit quàm Apollodorus. ex quo pauca viſum huc transferre. Τῶν προειρημένων μηχανημάτων εὐχερέστεραι εἰσὶν αἱ κλίμακες, καὶ εὐπόριστοι, καὶ εὐεργεῖς, καὶ εὔχρηστοι, καὶ εὐδιόρθωτοι. ἐπικίνδυνοι δὲ εἰσὶ μᾶλλον, καὶ ὅλαι ἐν τῇ ἐξουσίᾳ τῶν τειχοφυλάκων. ἄλλα τι γὰρ οὐ μόνον αὐτῶν εὐχερῆ, ἀλλὰ καὶ τῶν χρωμένων αὐταῖς ἔχουσι. προστιθέμεναι γὰρ τοῖς τείχεσιν, ἢ ἀνασπῶνται, ἢ ἐξωθοῦνται, ἢ κατάγνυνται, ἢ τὸ ἔσχατον, οὐκ ἐῶνται προστίθεσθαι. οἵ τε ἐπιβαίνοντες αὐταῖς ἀπ' ἀρχῆς μέχρι πέρατος κινδυνεύουσιν, ὑποκείμενοι τοῖς βλήμασι. προκόψαντες δὲ ὅλως, ἢ τὸ πλεῖστον μέρος αὐτῆς, ἵνα ὑψηλὸν ἔχουσι τὸ πτῶμα, ἐξωθοῦνται, καὶ συμπίπτουσι σὺν αὐτῇ· ἢ ἐπιβάλλεται αὐτοῖς βάρη ἐγγὺς οὖσι τῶν τειχῶν· καὶ κατακρημνίζονται. οὔτε μὴν βοήθεια πρόχειρος, ἀεὶ οὖσι ταπεινοτέροις τῶν πολεμίων. καὶ τῶν μὲν ἐν τῷ ὕψει ἑδραίως ἑστώτων· τῶν δὲ ταπεινῶν ἐπ' ἴχνου κανόνος, τοῦ βαθμοῦ τῆς κλίμακος. πρὸς τούτοις περισπῶνται, διὰ τὸ ἐπιλαμβάνεσθαι τῆς ἐκ τῶν χειρῶν βοηθείας. *Expoſitis antè machinis faciliores ſunt ſcalæ; faciles paratu, perfacilis fabricæ: magni res uſus, & quæ inceptum facile perficiat: verum eædem periculo magis quàm cæteræ machinæ ſunt expoſitæ; totæque adeo in poteſtate ſunt eorum qui muros propugnant. neque enim ipſæ dumtaxat, ſed etiam qui ipſis utuntur facile poſſunt in hoſtium poteſtatem venire. quippe dum muris admoventur, aut ſurſum ab obſeſſis attrahuntur, aut repelluntur aut franguntur, aut denique admoveri non ſinuntur. jam qui per illas conſcendunt, à principio ad finem uſque periclitantur, telis hoſtium expoſiti. nam ubi ad ſummas ſcalas pervenerunt, aut majorem earum partem ſunt emenſi, undè caſus eorum eſt altior, detruduntur, & cum ipſis ſcalis corruunt; aut poſtquam muris jam ſunt proximi, pondera ipſis injiciuntur, quæ eos dent deorſum præcipites. Defendere autem ſeſe, aſcendentibus non adeo facile eſt: quum ſemper humiliores ipſi ſint ſuis hoſtibus. præterea defenſores quidem, in ſublimi firmam ſtationem habent: horum verò, qui inferiores ſunt, veſtigia ſuper exili radio inſiſtunt, ſcalarum nempe gradu. adde, quod à defenſione avocantur: quominus enim manibus ſuis ſibi auxilio eſſe poſſint impediuntur.*

τότε ἀπῶσαι τὸν ἄνδρα, ἢ τὴν κλίμακα ξύλῳ δικρῷ.) Furcas intelligit, quas ad id ipſum fieri ſolitas & Livius teſtatur. paſſim in hiſtoriis exempla.

Ἐὰν δὲ ἄρτι αὐτὴ ..... ἡ κλίμαξ.) *Si ſcalæ jam firmiter muris ſint aptatæ.* hoc velle Æneam ſequentia fidem faciunt. ſcripſit igitur vel hoc, vel ſimili modo. ἐὰν δὲ ὀρθίως ἑδρασθῇ, (vel προστεθῇ) ἡ κλί.

Ἐὰν δὲ ταῦτα μὲν δοκῇ εἶναι.) Omnino vox una deeſt. Lego ἐὰν δὲ ταῦτα μὲν ἀδύνατα δοκῇ εἶναι: vel δυσχερῆ.

Πεποιῆσθαι χρὴ οἷον θύραν ἐκ σανίδων.) compagem plurium aſſerum invicem cohærentium, nominat θύραν ob formæ ſimilitudinem. docet

 igitur

igitur hac appellatione, fuiſſe illius tabulati figuram longiorem quàm latiorem: ita enim fores fiunt & feneſtræ. Sic accipiendum apud Livium ſcribentem ex Polybio in obſidione Ambraciæ; hoſti cuniculos cavanti, modo cilicia prætenta, modo fores raptim eſſe objectas. nam fores iſtæ, ſunt θύραι quales hic deſcribuntur; id eſt, plurium tabularum compages. Sic Diodorus Siculus libro XVIII. θύρας καταχεκεντρωμένας appellat, id eſt, *fores aculeatas*, quas Plutarchus & alii σανίδας κεντρωτάς. Valerius Maximus libro III. *tabulas plumbatas habentes clavorum cacumina.* quia erant illæ tabulæ longiores quam latiores. meminit harum tabularum etiam Philo, & vocat ſimpliciter θύρας. Eadem quoque fecit cauſſa cur θυρεὸς Græcis dicatur, quod Romani ſcutum vocabant. erat enim verè oblongum, non autem rotundum, ut ἀσπὶς & clypeus.

Ὑποπροτιθέναι τῇ κλίμακι τῇ προσφερομένῃ ....) ad ſententiam perficiendam, neceſſario repetenda ſunt illa, τὰς θύρας quæ tamen verba, facile ex præcedentibus quum ſuppleantur, aut nihil, aut aliud deeſt.

Ad Cap. 38. Cuniculorum faciendorum induſtria, oppugnantibus & repugnantibus ex æquo utilis. quemadmodum enim, qui obſident cuniculos cavant, ut ſubter muros in urbem pateat aditus: ſic ſæpe obſeſſi aut aggerem cuniculis leguntur ſubtraxiſſe, aut machinis adverſariorum aliquo modo nocuiſſe. Fit etiam interdum, ut intra cuniculos utrinque certetur. quo genere pugnæ inſigne olim fuit Ambraciæ obſidium, Polybio deſcriptum, ut in Fragmentis oſtenſum eſt, & Livio peraccuratè. Polyæno quoque libro VI. Æneas verò hoc capite, inſtituto ſerviens ſuo, quæ de cuniculis diſſerit, ad obſeſſorum utilitatem ac ſalutem refert. quædam tamen etiam in commune conſulit. Deſcripſit iſta pene ad verbum Africanus capite LV.

Ἐὰν δοκῇ ὑπορύσσεσθαι .... ὡς βαθυτάτην ἐκτὸς χρὴ τάφρον ὀρύσσεσθαι.) Videtur deeſſe τὰ τείχη, aut ſimile quid aliud. Idem præceptum apud Philonem, clarius expreſſum. nam ait. ſi hoſtis cuniculos agere in urbem fuerit aggreſſus, in eo ſpatio, quod eſt inter muros & loricam exteriorem, foſſam tantæ altitudinis eſſe ducendam, quanta eſt pars murorum, quæ terra tegitur: πρὸς τὰς μεταλλεύσεις ὀρυκτέον ἐστὶν ἀνὰ μέσον τοῦ τείχους καὶ τοῦ προτειχίσματος ἱκανὴν τάφρον, ἡλίκον ἐστὶ τὸ βάθος τῶν θεμελίων, τὸ κατὰ γῆς. ἵνα φανεροὶ γινόμενοι οἱ ὑπορύττοντες ῥᾳδίως διαφθαρῶσι, καὶ μηκέτι τῷ τείχει πλησιάζωσι.

Καὶ οἱ ὑπορύσσοντες ἀρθῶσι) legi cum vertebam, ὀφθῶσι. nam ἀρθῶσι tollantur, qui recte exponam, non video. mox ſcribe, τειχίσαι λίθοις, non λίθους.

Ἐὰν δὲ τὰ ὑπορύγματα τῆς τάφρου προσπέσῃ.) Scribendum, τῇ τάφρῳ πρ. *ſi cuniculus obſidentium inciderit in foſſam ab oppidanis cavatam.* ita deſcribit etiam Africanus. huc pertinent Philonis hæc: Δεῖ τοὺς ὑπορύξεσι τῶν τειχῶν λάθρα χρῆσθαι, καθάπερ καὶ νῦν χρῶνται μεταλλεύοντες. ἐὰν δὲ ἀντιμεταλλευόντων τῶν ἔνδοθεν συντρηθῇ, ἢ εἰς λεπτὸν συνέλθῃ τὸ ὄρυγμα, χρηστέον ἐστὶ τοῖς βουπόροις κέντροις, καὶ ταῖς ζιβύναις, καὶ τοῖς τρισπιθάμοις καταπέλταις, καὶ τοῖς διμναίοις πετροβόλοις. καὶ καπνιστέον τοὺς ἐν τοῖς μετάλλοις ὄντας. κοινὰ δέ ἐστιν ἀμφοτέρων ταῦτα, καὶ τῶν πολιορκουμένων καὶ τῶν πολιορκούντων. *Quoties ſubter muros cuniculi cavantur, occulte id faciendum, uti ſane cunicularios hodie facere videas. quod ſi oppidanis contrarium cuniculum ducentibus, foramen extiterit, aut ad intervallum tenue cavatio fuerit perducta; aculeis utendum quales bubulci geſtant, & ſibynis, necnon catapultis trium ſpithamarum, & balliſtis petrariis, quæ onera duum pondo jaculentur: fumo item vexare eos oportet, qui ſunt intra cuniculos. atque hæc monita, cum ad obſeſſos, tum ad obſidentes, ex æquo pertinent.* Sed hæc praxis melius docuerit, quam habes apud hiſtoricos ſæpe deſcriptam: in illa præſertim, cujus jam memini, Ambraciæ obſidione, hac maxime re memorabili, apud Livium fuſe expoſita lib. XXXVIII. inde pete.

Ἤδη δέ τινες καὶ σφῆκας καὶ μελίσσας εἰς τὸ διόρυγμα ἀφέντες ἐλυμήναντο τοὺς ἐν τῷ ὀρύγματι ὄντας.) O ſollertiam hominum prorſus admirandam in ſua ſalute, aliena pernitie procuranda! parum erat, quod equos, aſinos, canes, feles, tauros, ſues, camelos, elephantos, ipſos denique leones, ſibi militare ſæpe compulerunt; niſi ipſas etiam apiculas, condocefacerent in hoſtes pro ſe pugnare. Hoc verò mortales non raro factitaſſe, & vetus hiſtoria teſtis, & recens. de vetere ſcimus jam, id affirmante hoc loco Ænea. quare etiam Julius Africanus poſtquam docuit cunicularios fumo eſſe opprimendos; alterum hoc, velut ἐγκύκλιον in eoſdem telum affert in medium. λυμανεῖ δὲ, inquit, τοὺς ὀρύσσοντας, σφῆκας, καὶ μελίσσας ἀφεὶς εἰς τὸ διόρυγμα. *cunicularios vehementer vexaveris, ſi veſpas & apes in cuniculum immiſeris.* de recentis verò hiſtoriæ ſcriptoribus, non unum ſed plures poſſumus laudare, qui urbes obſeſſas apum præſidio defenſas memoriæ prodiderint. Sed legant ſtudioſi quæ ſuper ea re eruditè obſervata ſunt à præſtantiſſimo viro, Philippo Camerario Joachimi τοῦ πάνυ filio.

Ἀμάσιν Βαρκαίους πολιορκοῦντα,) Multi hujus hiſtoriæ meminerunt: ſed ante omnes Herodotus, unde & noſter habet. locus eſt in Melpomene.

Ἀσπίδος χάλκωμα ἐπιφέρων .... τοῦ τείχους ἐπάνω προσίσχειν πρὸς τάδε.) Nihil videtur deſiderari; ſed προσίσχεν legendum, non προσίσχειν. clarius pater hiſtoriæ: τὰ ὀρύγματα ἀνὴρ χαλκεὺς ἀνεῦρε ἐπιχάλκῳ ἀσπίδι, ὧδε ἐπιφρασθείς. περιφέρων αὐτὴν ἐντὸς τοῦ τείχεος, προσίσχε πρὸς τὸ δάπεδον τῆς πόλεος.

Ὅθεν καὶ νῦν χρῶνται αὐτῷ ἐν τῇ νυκτὶ γνωρίζοντες ᾗ ὑπορύσσεται.) χρῶνται, non referendum ad Barcæos, ſed ad communem hominum usum. mansit enim inter Græcos consuetudo explorandi cuniculos, admoto ad locum suspectum æramento. de Ambraciotis hoc ipsum narrat Polyænus in sexto. Anonymus scriptor, quem multa ex Polybio descripsisse in Fragmentis monebamus, ita scribit: ἐπειδὴ βάθος ἔχεν ἱκανὸν ἡ τάφρος, ἑξῆς ἔθηκαν παρὰ τὸ ἔνα τεῖχον τῆς τάφρου ἐγγὺς τοῦ τείχους χαλκώματα συνεχῆ, λεπτότατα ταῖς κατασκευαῖς, οἷον λεκάνας, καὶ ἕτερα ὅμοια τούτοις καὶ παρὰ ταῦτα διὰ τῆς τάφρου παριόντες ἠκροῶντο τοῦ ψόφου τῶν ὀρυττόντων ἔσωθεν. ἔπειτα ἐσημειώσαντο τὸν τόπον, καθ' ὃν ἐδήλου τινὰ τῶν χαλκωμάτων διὰ τῆς συμπαθείας. ἀντήχουν γὰρ πρὸς τὸν ἐκτὸς ψόφον.

Χρὴ δύο ἁμαξῶν τοὺς ῥυμοὺς εἰς τὸ αὐτὸ δῆσαι.) Plaustrorum compages, hic descripta, vineæ militaris, aut testudinis ὀρυκτίδος usum præstat: sed leviore opera est parabilis. Alius fuit plaustrorum usus in muniendo: qua de re multa nos in Commentariis Polybianis.

Ad Cap. 38. Monita proponuntur propugnatoribus tunc maxime observanda, quando res cum hoste geritur, per murorum ruinam irrumpere conante.

Χρὴ διατετάχθαι τοὺς ἐν τῇ πόλει μαχομένους τρία μέρη.) pro εἰς τρία μέρη. sic capite XXIII, τρία μέρη αὐτοὺς γενομένους δεῖ ἐνεδρεῦσαι. hæc tributio copiarum in tres partes, in plerisque bellicis facinoribus, maxime autem in obsidione toleranda, hodiéque est usitatissima. Est vero diversa hęc partitio ab illa, de qua primo capite. illa ex omnibus fiebat, qua civibus, qua peregrinis militibus: hęc ex solis militibus: illa ad universum obsidionis tempus pertinuit; hæc ad diem pugnæ, & adsultus.

Τὸ γὰρ ἐπιὸν μᾶλλον οἱ πολέμιοι φοβοῦνται τοῦ ὑπάρχοντος καὶ παρόντος ἤδη.) Ne hoc quidem vulgaris prudentiæ est præceptum. Vult Æneas præsto esse duci selectorum militum manum, ut quamcunque in partem hostis ingruerit, subsidium recens eò possit submittere. isti sunt quos ἐφέδρους Græci vocant. de quorum necessitate & summa utilitate multa disserimus in lucubrationibus Polybianis. Æneas veram caussam paucis hic aperit, cur sæpe manus parva ἐφεδρευόντων subsidio veniens, sit quàm efficacissima. ea autem est, quoniam ut Vegetius scribit, *subita conterrent hostes, usitata vilescunt.* aperte autem Æneas Thucydidem imitatur; apud quem Brasidas subsidium disponens post pugnam inchoatam superventurum, ait: ἐλπὶς γὰρ μάλιστα αὐτοὺς οὕτω φοβηθῆναι· τὸ γὰρ ἐπιὸν ὕστερον, δεινότερον τοῖς πολεμίοις τοῦ παρόντος καὶ μαχομένου.

ἐν οἷς δὲ καιροῖς ἕκαστα τούτων δεῖ πράττειν, ἐν τοῖς Ἀκούσμασι γέγραπται.) Priscis temporibus, cum vel nullæ vel paucæ adhuc legitimæ historiæ extarent, studiosi doctrinæ homines exempla proposito suo convenientia, quæ fando acceperant, ad subsidium memoriæ sibi aliisque adnotabant; eaque scripto mandabant. hæc sunt quæ Ἀκούσματα vocabant, hoc est, *auditiones* vel historias auditas. extat liber Aristotelis quem vulgo

vulgo Περὶ ἀκουσμάτων θαυμασίων inſcribunt; quum verus index ſit, Ἀκούσματα θαυμάσια. is liber ad doctrinam parandam & cognoſcenda naturæ miracula eſt à philoſopho compoſitus. qui verſabantur in rebus agendis, ſimilium obſervationum collectionem ad prudentiam colligendam referebant: quæ περὶ τὰ πρακτὰ quum verſentur; ad vitam hominum attendere, & facta eorum qui res gerunt adnotare; hoc verò eſt prudentiæ operam dare. Propterea philoſophus in primo civilis doctrinæ monebat viros politicos, ut diligenter attenderent τοῖς λεγομένοις σποράδην, δι᾽ ὧν ἐπιτετυχήκασί τινες, *divulgatis exemplis eorum, quibus conſilii alicujus experientia bono ceſſerit*. id quod diligentiſſime ipſum feciſſe alibi docemus. Non dubito pertinuiſſe eodem librum hunc Æneæ, quem Ἀκούσματα inſcripſerat. eo complexus erat auctor, ut apparet ex hoc loco, ſylvam magnam exemplorum ad rem militarem pertinentium. quæ quidem ille ita digeſſerat, ut facile poſſent lectores diſcere, quæ conſilia, quos exitus habere ſoleant: quæ pericula, quibus remediis indigeant: nam id Æneas non obſcure heic ſignificat. Quemadmodum autem omnes hiſtoriæ, quibus refertiſſima ſunt Politica Ariſtotelis, ex ejuſdem CLVIII Politiarum libris ſunt petita; ſic omnia exempla quibus uſus fuerat Æneas in hoc & aliis de re bellica libris, ex hoc libro Ἀκουσμάτων videntur ab eo fuiſſe deſumpta. quod declarant illa verba capitis XI. ἐνθήσονται δὲ ἑξῆς αἱ ἐπιβουλαὶ ἐκ τῆς βίβλου. *Liber* enim, ut ibi dicebamus, hic eſt Ἀκουσμάτων commentarius; cujus etiam mentionem facere videtur XXII capite & XXVIII.

Χερμάδια μὴ ἐπιτρέπειν ἀκαίρως ἀφιέναι.) χερμάδια opponuntur ἁμαξοπλήθεσι, id eſt manualia plauſtralibus ſive molaribus, de quorum dejectione dictum eſt cap. XXII. quare autem minora ſaxa parcè velit jaci, cauſſam non adfert. tale quid jam ſupra monebat, capite XXII, & XXVI repetebat.

Καταπρεμαννύειν χρὴ ἐν κοφίνοις ἄνδρας) Etiam apud Vegetiũ homines deponuntur funibus ex urbis obſeſſę muris, ac rurſus levantur in murum: non tamen ut ſaxa conjecta colligant; ſed ut machinas incendant.

Κατακρεμασθέντων....) Videtur deeſſe vox κοφίνων. duos modos affert demittendi homines, & rurſum levandi vel per corbes, vel per ſcalas è funibus confectas; quo de genere ſcalarum plura dicere nunc ſtudio brevitatis omittimus.

Ad Cap. 39. Tres heic rationes docentur obſeſſi, hoſtem inducendi in fraudem prima eſt, cum ſimulata fuga allicitur intra muros & foſſa ad id ipſum facta decipitur: altera, cum admiſſus item intra mœnia, porta cataracta dejecta intercluditur ei reditus: tertia fit per laqueos extra urbem extructos, qui ingenioſa arte à defenſoribus ducũtur & reducũtur.

Χρὴ δὲ πολιορκουμένους καὶ τὰ τοιαῦτα τεχνάζειν ἐν τοῖς πολ.) Julius Africanus capite LVII, ita deſcribit. Τοὺς πολιορκουμένους οὕτως δεῖ δολιεύ-

δολιεύεσθαι. ἐν ταῖς πύλαις εἰς τὸ ἔσω μᾶλλον μέρος ὀρύξαντας τάφρον, ἔνθεν καὶ ἔνθεν πάροδον λιπεῖν. & cætera usque ad κεκρυμμένης οὔσης. non enim plura describit.

Ὀρύξαντα τάφρον ἔνθεν καὶ ἔνθεν πάροδον λιπόντα.) Commentum ingeniosum, minus tamen usitatum. Sæpius enim legas, fossam ramis & frondibus contectam ; aut vias omnes tribulis & muricibus redditas esse infestas, noto tramite relicto, in quo nulla fraus præstructa. simulatione verò fugæ hostem in locum insidiarum allicere, plane translatitium est stratagema.

Καὶ φθείρεσθαι ἔσω τῆς πόλεως ἐν τῷ καιρῷ ..... τούτων δὲ εἶναι σ.) Distinguo & scribo : καὶ φθείρεσθαι ἔσω τῆς πόλεως. ἐν τῷ καιρῷ δὲ τούτῳ δεῖ εἶναι συντεταγμένους ἤδη ἐν ταῖς διόδοις, καὶ πρὸς τοῖς ὀρύγμασιν, ἐν ταῖς τῶν πυλῶν χώραις. ἐὰν δὲ πλ.

Καὶ βουλὴ αὐτοὺς ἔχειν,) Melius ἴσχειν.

Χρὴ ἡτοιμάσθαι ἄνωθεν ἀπὸ τοῦ μεσοπύλου * πύλη πυλῶν ὡς παχυτ.) Corruptissima lectio. non dubito de porta cataracta agi. Lego igitur χρὴ ἡτ. ἄνωθεν ἀπὸ τοῦ μεσοπύλου πύλην ὡς παχυτάτων. Cataractarum antiquissimum est inventum Græcorum, ut nomen arguit, quo etiam Livius est usus. Vegetius ita describit libro IV capite quarto, ubi docet quomodo caveatur ne portæ subjectis ignibus exurantur. *Sed amplius prodest, quod invenit antiquitas, ut ante portam addatur propugnaculum, in cujus ingressu ponitur cataracta ; quæ anulis ferreis ac funibus pendet ; ut si hostes intraverint, demissa eadem, extinguantur inclusi.* Fores cataractæ, quas vult Æneas constare è lignis sive tabulis crassissimis, tollenonibus similibusve machinis attollebantur & dejiciebantur ; quas è re Græci ἀνασπαστήρια appellant & χαλαστήρια ; ut apud Appianum, libro Ἐμφυλίων quarto, de Xanthiorum urbe loquentem. ubi habes memorabile exemplum ejus utilitatis quam affert cataracta: duo enim Romanorum millia intercipiuntur, ac miserrime pereunt.

Καὶ αὐτή τε.... τοὺς πολεμίους χήσει μὴ εἰσιέναι) Deest, opinor, verbum πεσοῦσα.

Βρόχους ἡμέρας μὲν κρυφαίους κατεσκεύασαν.) Radevicus de gestis Friderici Imperatoris, libro II. in obsidione Cremensium: cap. LVII. *Cremenses quum ab excursibus & audacia temere paullulum quievissent, alio ingenio, alioque commento nostros fallere cogitant & subvertere. Quædam enim instrumenta fabricant, muscipulis quidem simillima, sed pro qualitate humani corporis fortiora, eaque per vias circa vallum dispergunt ; quibus ignari multi hærentes, aut capi facile poterant, aut occidi.*

Ἔστω δὴ ὁ μὲν βρόχος, ὅπλου ὡς ἰσχυρότατου τὸ δὲ ἕλ.) Doli instrumentum hoc in tres partes distinguit Æneas. Sunt autem ejus partes revera duæ : una est βρόχος ipse, id est laqueus, qui vincit & nexum tenet. hunc

hunc vult esse ὅπλου ὡς ἰσχυροτάτου è rudente validissimo; ut vincti agitationem, nitentis evadere, & abrumpere laqueum sufferre valeat. altera pars est vinculum quod extenditur ab ipso laqueo ad manus trahentium. hoc vinculum Æneas in duas partes dividit: eam quæ laqueo proxima, quam appellat ipse τὸ ἕλκον, & è catena sine anulis ferreis constare vult, non fune; ne videlicet rumpi aut etiam abscindi à capto queat. modum hujus partis statuit Æneas duum cubitorum. altera pars vinculi est, quam manibus tenent auctores doli. hanc ipse appellat ὅθεν ἕλκουσι, & vult esse σχοίνου, hoc est funem è junco aut sparto, aut alia qualibet bene firma funium materia. hanc partem vinculi Æneas docet aptandam intra munitiones aut muros, ὅπλοις ἢ κηλωνείοις, rudentibus validissimis, aut tollenonibus; ut magna vi attractus laqueus magis magisque astringat captum, atque adeo intra munitiones protrahat.

Ὅλως δὲ ἔσω κατακρέμαται κ.) *intus suspenditur*, hoc est, suspensus intro pertrahitur. *intro* autem potest intelligi, intra vallum, aut περιτείχισμα, sive loricam, aut similes munitiones. vel etiam intra urbem. quod difficillimum esse quum videatur; auctoris tamen verba eò manifestissime nos ducunt.

Οἱ δὲ πολέμιοι ἐὰν δ.) intellige plures adversarios, qui vincto opem ferre voluerint.

Οἱ ἔσωθεν κηλωνείοις χρῶνται καθιέντες) *inclusi tollenonibus utuntur demittentes.* quid demittunt? milites, puto in corbibus qui vim vi repellant.

Ad Cap. 40. Proponuntur rationes aliquot supplendi militum defectus, quando major est urbis ambitus, quàm pro copia præsidii quod est intus.

Οἰκοδομεῖν ὕψ.) pro εἰς ὕψος. vel scribendum ὑψηλά, quomodo Julius olim Africanus descripsit capite LVIII. de addenda muris altitudine dictum est, capite XXXII. praxim habes apud Josephum Ἁλώσεως libro III. cap. XIII. Mox lego, ἐν ἀπορίᾳ γινόμενοι: & statim, φυλασσόντων ἐκ τῶν ὑπαρχόντων ἀνθρώπων.

Ἀλλὰ ..... ἅπασι μὴ ἔχοντες ὅπη καταβαίνωσι.) Lego & elegantem Hellenismum restituo, ἀλλ' ἀποροῦσι τοῖς πᾶσι. usitatius dicitur, ἀπορεῖν τοῖς ὅλοις.

Οὓς ἐνεδέχετο ....) Deest verbum ἀπίσησε, aut tale quid. Est verò tyrannorum solenne institutum, quod de Dionysio hic dicitur. vide quæ narrat Polybius libro XIII de Nabide Lacedæmoniorum tyranno: & quæ in eum locum observamus.

Σινωπεῖς δὲ πρὸς Δαταμᾶν πολεμοῦντες.) Existimo Datamem hunc esse, qui Olympiade CIV Cappadociam regebat Regis Persarum Satrapa; quod è Diodori Bibliotheca discimus. meminêre Datamis & alii multi

multi ſcriptores. vita vero extat deſcripta ab Æmilio Probo, ſive is eſt Cornelius Nepos. Sinope urbs ad Pontum nobilis, modò Cappadociæ, modò Paphlagoniæ fuit attributa.

Τῶν γυναικῶν τὰ ἐπιτηδειότατα σώματα μορφώσαντες, καὶ ὁπλίσαντες ὡς ἐς ἄνδρας μάλιστα.) Rodericus Toletanus De Rebus Hiſpanię libro III, capite XXIII. *Dominus Murtiæ egrediens contra, Arabes infeliciter eſt aggreſſus; & in urbis ambitu circumſeptus, cum eſſet providus & diſcretus, fecit mulierum capita circumcidi, ut in muris à foris apparentes, viri eminus crederentur, & cannæ quas manibus præferebant, lanceæ putarentur.*

Ἐὰν δὲ θέλῃς ἐπὶ τοῦ τείχους περιόδους πλείους φαίνεσθαι,) Africanus capite LIX deſcribens addit, ut videtur, de ſuo, ἐπὶ τοῦ τείχους ἢ χάρακι *ſuper muris aut vallo caſtrorum.* non abſurde: nam ut antea dicebamus, pleraque hoc libello contenta, defenſioni caſtrorum, non minus conveniunt quam urbis.

Καὶ οὕτω φανοῦνται εἰς δύο) Africani codex, φαν. εἰς δύο. *tres circitores apparebunt duo.* ſed non agit hîc Aeneas de minuenda ſpecie circumeuntium. qua de re extat apud Africanum caput LX caſtrenſi rei accommodatum.

Περὶ ναυτικῆς τάξεως δίειμι.) Tractationem de navali bello ſubjunxerat tractationi de obſidione toleranda; quia urbes maritimæ mari, non minus quam terra, poſſunt obſideri. idem & Vegetius fecit; cujus liber quartus, & πολιορκητικὸς eſt & ναυμαχικός. Fecerat idem etiam Philo mechanicus, ſicut ex iis conſtat quæ hodie leguntur in fine commentarii Poliorcetici illius.

R E-

RERUM ET VERBORUM *IN NOTIS AD ÆNEAM* PRÆCIPUE MEMORABILIUM INDEX.

Lan-

Ρύμαι

FINIS.

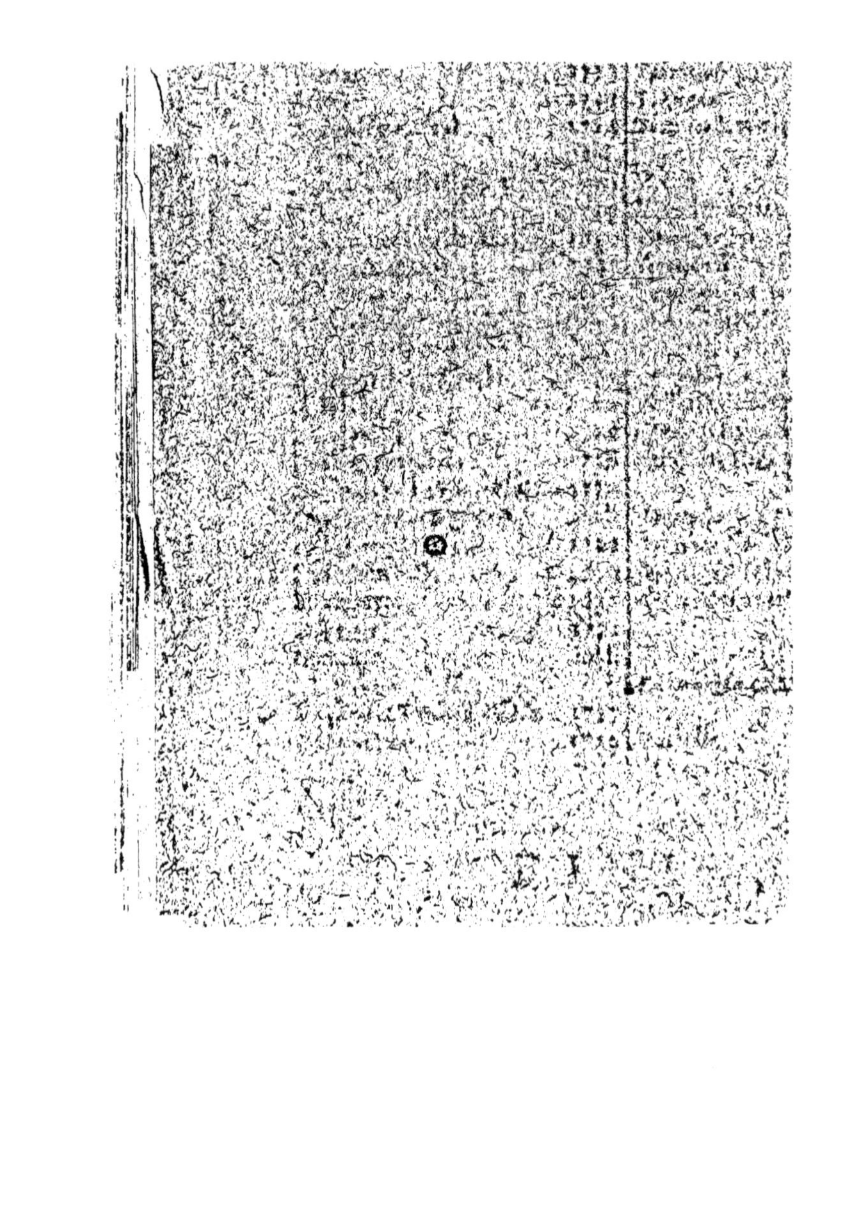

Lightning Source UK Ltd.
Milton Keynes UK
UKHW010910021118
331648UK00006B/154/P

9 780483 381261